张传玺 主编

中国历代契约粹编

（上册）

图书在版编目(CIP)数据

中国历代契约粹编：全3册/张传玺主编. —北京：北京大学出版社，2014.3
(博雅文渊阁)
ISBN 978-7-301-23863-9

Ⅰ.①中… Ⅱ.①张… Ⅲ.①契约—汇编—中国 Ⅳ.①D923-53

中国版本图书馆CIP数据核字(2014)第020576号

书　　名：中国历代契约粹编(全三册)
著作责任者：张传玺　主编
责 任 编 辑：张　晗
标 准 书 号：ISBN 978-7-301-23863-9/K·1020
出 版 发 行：北京大学出版社
地　　址：北京市海淀区成府路205号　100871
网　　址：http://www.pup.cn　　新浪官方微博：@北京大学出版社
电 子 信 箱：zpup@pup.cn
电　　话：邮购部 62752015　发行部 62750672　编辑部 62767315
出版部 62754962
印 刷 者：北京中科印刷有限公司
经 销 者：新华书店
787毫米×1092毫米　16开本　134.25印张　2800千字
2014年3月第1版　2014年3月第1次印刷
定　　价：398.00元(全三册)

序　言

我对契约产生兴趣，始于一九五八年秋至一九五九年夏。当时，我正参加云南省少数民族社会历史调查，为研究、说明傣族和彝族的封建领主土地所有制及农村公社残余，开始收集、研究土地契约。回北京后，我对这一问题继续进行研究，查阅了大量的文献资料，又大力收集、抄录历代契约。先在北京，后到外地。元以前的，有文必录。明以后的，选录典型。

曾为我提供帮助的单位有北京大学图书馆和经济系资料室、中国国家图书馆、天津市图书馆和博物馆、广西壮族自治区博物馆、安徽省博物馆、湖北省博物馆、青岛市博物馆、大同市博物馆、内蒙古大学图书馆、安徽师范大学图书馆、四川大学博物馆、中国历史博物馆、北京市门头沟区文管所、中国社会科学院民族研究所、云南省历史研究所资料室等。曾协助收集或提供资料的朋友有山东日照市涛雒镇的宋健青先生、河南濮阳市的张欣朴先生、北京大学法学院孙家红博士、中央民族大学黄义军博士、中国社会科学院文化人类学家史金波研究员、台湾中兴大学马先醒教授、日本埼玉大学籾山明教授、俄罗斯科学院东方学研究所圣彼得堡分所的科洛利教授等。我还从中国社会科学院历史研究所编《（所藏）徽州千年契约文书》（宋元明编），国家文物局古文献研究室、新疆维吾尔自治区博物馆、武汉大学历史系编《吐鲁番出土文书》，柳洪亮著《新出吐鲁番文书及其研究》（新疆人民出版社出版），荣新江、李肖、孟宪实主编《新获吐鲁番出土文献》（中华书局出版），胡海帆、汤燕编著《中国古代砖刻铭文集》（文物出版社出版），陈柏泉编著《江西出土墓志选编》，高立人主编《庐陵古碑录》，四川新都县编《清代地契史料》，日本东洋文库编《敦煌吐鲁番社会经济资料集》三《契约》，俄国莫斯科出版《东方文献·历史语言文学研究——一九七一年年鉴》等著作中有所汲取或参考。对上述朋友和单位表示感谢。

若干年来，我曾发表过一些有关的研究心得，有些论文收入中华书局出版的《契约史买地券研究》；部分契约资料及考释编为北京大学出版社出版的《中国历代契约会编考释》。这些工作都是在为今天所编的《中国历代契约粹编·附买地券举例》做准备。本书的思路和体例，可归纳为四个字：通、广、信、释。具体来说：通，中国通史体例，上溯远古，下至新中国建立前后与「土地改革」有关的契约；广，广被全国，包括若干历史上的民族契约；信，所收契约力求真实；释，注释清晰通俗。

参与工作的人员很多，主要有陈秉才、于振波、张守清、光磊、孙家红、刘曙光、张怡青、郭圣东、张俊朴、郭杏珍、黄义军、龚汝富、翦安等。所属单位有北京大学图书馆、中国历史博物馆、国家图书馆、北京大学法学院、首都经贸大学、中央民族大学、国家文物局、湖南大学岳麓书院、安徽省博物馆、江西省财政经济大学、天津市图书馆等。

仓促成书，捉襟见肘，缺点、错误一定不少，请热心朋友多多指正。

张传玺述于北京大学

二〇一〇年十月一日

二 凡例

一、本书所收历代契约原件、录文及重要资料约有两千五百件。上起原始无文字契约，中经周、汉、唐、明、清，下至民国和土改时期，绵亘四千余年。每件契约或契约资料，均前加标题，上冠序号，后有出处和考释。

二、所收契约以原件为主。其来源为各地出土的汉简、吐鲁番文书、敦煌文书、西夏文书和各省市图书馆、博物馆、高等学校、科研单位及民间收藏。部分摘自文献、谱牒、碑刻、器物、明清档案和各图书馆、博物馆、资料室所收「契约抄簿」等。此外，还有少量摘自西周铜器铭文、春秋、战国盟书和汉晋等文献中的契约资料。本书收录的契约来自诸多不同文献，其中许多是经过整理的现代出版物（如所收录的敦煌契约），格式各异；民间契约本身具有一定的随意性，不同时代、不同地区的契约在形式上也存在诸多差别。所以本书收录时，仅对种类、年代、地域等相近的契约大致整齐格式，以利读者阅读利用，不强求整齐划一。

三、收集契约的原则。总的原则是两个面向：在时间上，面向古今；在空间上，面向全国。西周至元代的力求全而善；自明、清至民国时期的，力求时间连贯，种类多样，内容典型。汉文契约之外，尽量著录少数民族文字契约（汉译本）。此外，还收有自东汉至民国时期部分买地券，附于各部分买卖契约之后。疑伪者亦收之，以备参考。

四、所收契约按时序编次。共分九大部分：一、原始无文字契约；二、西周、东周（春秋、战国）契约；三、西汉、东汉契约；四、三国、两晋、南北朝、高昌契约；五、隋、唐、吐蕃、五代契约；六、宋、辽、西夏、金、元、回鹘契约；七、明代契约；八、清代契约；九、民国至土地改革时期契约。每个部分的契约又按性质编排。主要类别为买卖、典当、租佃、借贷、雇佣、取予、赠送、赔偿、阄书（分书）、立嗣、放良、放妻、遗嘱及各种契约样文（格式）等。其中以买卖契约为主。买卖契约兼收红契、白契、官版契、草契、活卖契、找契、绝卖契、市券、文牒、问帐、公据、税给、补税契、契尾、推单、税票等。活卖契、典当契、借贷契三者性质不清者，酌情归类。自汉至民国时期各部分的买卖契之后均附有买地券。

五、契约统一标题。在可能的情况下，每题力求包含立契年代、地点、契主姓名、契约性质和红、白、官版契诸要素。买地券还包含契券的质料。年代用帝王年号纪年，注以公元。公元不明者不注。地点用契主属县。县不明，用郡、州、省或乡、里。

高昌、敦煌契约用此二地名，西夏契约不另注地名。红、白契不明者不注。每件契约的标题上均系有序号，以便检索。

六、所收契约为同年、同契主、同类性质、同类内容而有两份以上者，于标题下注以（甲）、（乙）或（之一）、（之二）等，以区分之。收自考古资料之契约均编注行次。契约缺文多处以〔前缺〕、〔后缺〕，缺文符号□、□、□或长省略号表示，缺文少处计字数以□充之，缺文已复原者以〔 〕明之，别字注正者以（ ）明之，引号分「 」、『 』两个层次，书名加《 》，地名、人名不加符号。已涂之废字不录，错讹字径改之；删节处注以略。

七、本书注释力求简明。注〔一〕为本契之出处。其他注以考证年代、地名、官职、器物、制度、契约性质、古今字义等为主。约定俗成的通假字，如计量单位之「毫、丝、忽」作「毛、系、勿」，「佰」作「伯」；地名「祁门县」作「祈门县」，军制「镶红旗」作「厢红旗」，契约用语「存照」作「存炤」、「支当」作「祇当」、「抵当」等，一般不注。仅对可能影响理解的，作简单说明。同一内容重复出现的，视是否造成阅读障碍决定是否重出注释。

八、所收契约之来源或出处，除某些契约原件或散见者必须注明原始出处外，其他契约之出处尽量选注两种资料比较集中或易见的图书、期刊，以便于读者检索；不一定注原始出处。

九、全书以简体字竖排出版。但民契往往具有随意性，而且很多撰写者文化程度不高，错字、别字、俗字在在皆有，甚至在同一契约中也常有同字、同一人名、地名前后不一的情况。对此，编者的原则是改繁体不改异体、俗体，对于错字、别字，尽量以下附括号的形式加以订正。

简明目录

契约正文

上册目录

契约正文

（三） 借贷契约……一六〇

（四） 雇佣契约……一七五

附一　买地券

（五）　雇佣契约和格式……六一三

导言

一　中国契约史导论

中国契约的历史，如从原始社会后期契约萌芽时期算起，到近现代，时长约近五千年。根据中国契约在发展演变过程中的一些主要特点，这五千年的契约史可划分为五个时期。现以各时期契约的主要特点为标题，分五段试述如下。

（一）中国古代契约的萌芽

契约是人类社会发展到一定时期的产物，其萌芽时间是在原始社会的后期。这时，由于社会生产力的发展。人类社会在生产上开始了各种形式的分工，农业、畜牧业、手工业等的生产出现了专业性、半专业性等情况，部落之间、氏族之间、家庭之间，由于生产或生活的需要，以有易无的情况产生、发展，出现了早期的交易关系。由于财产私有制的产生发展，人们除了财物的买卖关系之外，其租赁、抵押、典当、赠送、赔偿、遗产继承等关系也在产生、发展。这些财产关系用今天的法律术语来说，叫做债权或物权关系。由于个人或社会秩序的需要，关系双方或多方的权利与义务需要形成协议，并且此协议要制成契据，以为落实协议的保证，于是，最早的契约开始诞生并为社会所承认。

从古代文献的记载来看，中国契约的萌芽时间大约是在伏羲、神农、黄帝、尧、舜时期。其社会发展阶段为父系氏族公社时期，家庭组织和私有财产制度开始萌芽，商品交换关系产生。如《周易·系辞下》曰：「古者，包（伏）牺氏之王天下也……作结绳而为网罟，以佃以渔，盖取诸离。包牺氏没，神农氏作，斫木为耜，揉木为耒，耒耨之利，以教天下，盖取诸益。日中为市，致天下之民，聚天下之货，交易而退，各得其所，盖取诸噬嗑。」[一]《淮南子·齐俗训》曰：「尧之治天下也……其导万民也，水处者渔，山处者木，谷处者牧，陆处者农。地宜其事，事宜其械，械宜其用，用宜其人。泽皋织网，陵阪耕田。得以所有易所无，以所工易所拙。」[二]这些记载都说明了当时人们在生产上的自然分工及其以有易无的情况。随着交易和市场经济的发展和需要，作为商品交换关系中的媒介、支付手段、价值尺度和贮藏手段的货币也在不断的实践中被推选出来，主要有海贝。《史记·平准书》曰：「虞、夏之币，金为三品，或黄或白或赤；或钱或布或刀，或龟、贝。」[三]这段记述虽未必全属事实，但也不全是空穴来风。唯一的缺点是把漫长的历史过程浓缩于一个较短的时间中，还有则是将前后的币名颠倒，但此时正值货币的萌芽时期，而且已出现了早期货币的事实不应否定。在考古遗址中，新石器时代的末期，已有少量贝壳被发现。在稍后的二里头文化遗址中，不仅发现了海贝，还发现了仿海贝制作的骨贝、石贝等，数量仍不多。可是稍后于此时的遗址中，贝币渐多。进入商代，一般墓葬中，常发现有一两枚至十多枚、数十枚海贝。如在郑州白家庄七号墓（二里岗上层）随葬贝有四六〇枚，山东益都苏埠屯一号墓随葬贝有三七九〇枚，殷墟妇好墓出土贝有六千枚。以上的发现，有海贝，也有铜贝、玉贝及骨贝等。这些情况证明了在新石器时代的二里头文化乃至殷商遗址中出现的贝类，不是用于珍玩，而是用为货币。

那时有没有契约出现呢？关于此事，在文献中亦有迹可循。上引《周易·系辞下》曰：「包牺氏……仰则观象于天，俯则观法于地，观鸟兽之文，与地之宜，近取诸身，远取诸物，于是始作八卦，以通神明之德，以类万物之情。」汉许慎《说文解字·后叙》曰：「庖牺氏……始作《易》八卦，以垂宪象。及神农氏，结绳为治，而统其事。」[四]最早的八卦，应是一种契刻的记事符号，此类符号在新石器时代的陶器上有其踪迹。后人将其中之「一」分为长短两段，排列组合，赋予一定的意向，成为八卦。刻画符号、八卦或结绳等，用于记事是可以肯定的；但是否在经济关系中已用作契约性质的信物，则不易回答。可是此时有一种用于政治或组织关系中的信物，叫做「符」或「符契」的，可资参考。《史记·五帝本纪·黄帝纪》曰：「（黄帝）北逐荤粥，合符釜山。」《索隐》曰：「合诸侯符契圭瑞而朝于釜山。」[五]釜山在今河北怀来县北。符与契都是黄帝与各诸侯间的政治信物。《墨子·号令》曰：「大将使人行，守操信符。信不合及号不相应者，伯长以上辄止之，以闻太将。」[六]《韩非子·主道》曰：「是以不言而善应，不约而善增；言已应则执其契，事已增则操其符。符契之所合，赏罚之所生也。」[七]上述的情况都是讲符、契在政治、军事关系中的使用。实际上随着社会的发展，此物亦被使用于人们的多种关系中，例如经济关系中的买卖、债务等关系。《荀子·君道》曰：「合符节，别契券者，所以为信也。」[八]说明了此物已作为一种「信」物而广泛用于社会。

符、契等物都是用竹、木、金、石（玉）制作的。其制度是在用料上先刻画以符号（后世用文字），再一剖为二，叫做「别」，即汉刘熙《释名·释书契》曰：「莂，别也，大书中央，中破别之也。」[九]一剖为二，关系双方各执其一，就是「别契券」。双方将各执的一半相合为验时，就是「合符节」，简称之为「合符」、「合契」。符节契券的基本形制相同，总称之为「判书」。所以《周礼·秋官·朝士》有这样一条法律规定：「凡有责者，有判书以治则听。」郑玄解释曰：「判，半分而合者。」[十]

《周礼》记载，西周时将契约分为两类：一为「邦国约」，即帝王与诸侯或诸侯与诸侯间的契约，如上述黄帝与诸侯在釜山「合符」，或后代诸侯间的盟书（载书）之类。邦国约在西周的鼎彝铭文中仍可见其遗迹，尤其是西周末年郑桓公与商人的盟约及战国后期秦昭王与板楯蛮的盟约均可参考。一为「万民约」，如上引《周礼·秋官·朝士》所言民间的「债务」关系。万民约的实际情况早已不可考。

郑桓公名友，是周宣王之弟，初封于郑（今陕西华县）。因西周政局动荡，桓公恐惧，即于幽王三年（前七七九）与商人协议，开始了将其国东迁的活动。幽王八年（前七七四），桓公任幽王的司徒。十一年（前七七一），西周为犬戎攻灭，幽王、桓公均被杀。桓公子武公最后将国家迁至新郑（今属河南）。二五〇年后，郑大夫子产向强邻晋国的大夫韩起讲述这段历史时说：

昔我先君桓公与商人皆出自周，庸次比耦，以艾杀此地，斩之蓬蒿藜藋而共处之。世有盟誓，以相信也。曰：「尔无我叛，我无强贾，毋或匄夺；尔有利市宝贿，我勿与知。」恃此质誓，故能相保以至于今。今吾子以好来辱，而谓敝邑强夺商人，是教敝邑背盟誓也。[十一]

这个盟誓的文字虽不多，但对双方的权利与义务的规定和承诺，说得很清楚，而且已信守了二五〇余年。

秦昭王与板楯蛮订立盟约事，见于《后汉书·南蛮传》。文曰：「板楯蛮夷者，秦昭襄王时，有一白虎，常从群虎数游秦、蜀、巴、汉之境，伤害千余人。昭王乃重募国中有能杀虎者，赏邑万家，金百镒。时有巴郡阆中夷人，能作白竹之弩，乃登楼射杀白虎。昭王嘉之，而以其夷人，不欲加封，乃刻石盟要：『复夷人顷田不租，十妻不算，伤人者论，杀人者得以倓钱赎死。』盟曰：『秦犯夷，输黄龙一双；夷犯秦，输清酒一钟。』夷人安之。」[十二]

子产谈郑桓公与商人「世有盟誓」事，有「恃此质誓」之语，似为有文字书写的契约。秦昭王与板楯蛮人「刻石盟要」，盟要亦是有文字的契约。举此两例，借以了解早期契约在文字出现后，其于权利及义务的协议和表述情况。至于萌芽时期的契约，可再从我国历代的一些少数民族及邻近国家、民族的同类情况做一对比研究。

《后汉书·乌桓传》曰：「乌桓者，本东胡也。……大人有所召呼，则刻木为信。虽无文字，而部众不敢违犯。」[十三]

《晋书·四夷·肃慎氏》曰：「肃慎氏，一名挹娄……夏则巢居，冬则穴处。父子世为君长。无文墨，以言语为约。」[十四]

《南史·夷貊下·西域诸国·滑国》曰：「滑国者，车师之别种也。……无文字，以木为契。」[十五]

《隋书·地理志下·扬州》曰：「其俚人则质直尚信……巢居崖处，尽力农事。刻木以为符契，言誓则至死不改。」[十六]

《旧唐书·吐蕃上》曰：「其国人号其王为赞普，相为大论、小论，以统理国事。无文字，刻木结绳为约。」[十七]

宋周去非《岭外代答》卷十《蛮俗门·木契》曰：「傜人无文字，其要约以木契合二板而刻之，人执其一，守之甚信。」

《永昌府志·杂纪志·轶事·木刻》曰：「夷俗凡借贷赊傭通财期约诸事，不知文字，以木刻为符，各执其半。如约酬偿，毫发无爽。……今夷人交易，用木刻，各执一半，符合为信。」[十八]

《南史·夷貊下·东夷·新罗》曰：「新罗……无文字，刻木为信。」[十九]

《北史·僭伪附庸·倭》曰：「倭国，在百济、新罗东南水陆三千里……无文字，唯刻木结绳。」[二十]

上引的民族或国家在使用文字之前，都有一个刻木为契的时代。此时代对本民族来说，都处于氏族公社的后期，也就是文明入口的时期。木契的制作，都是以「半分而合」的「判书」形式被使用于经济关系之中，也就是萌芽时期的契约。这一情况在人类历史上带有极大的普遍性，也可以说是一种规律。同为判书，也会因不同的需要而有不同的制作方法，尤其是在文字产生以后，如西周时即分化为傅别、质剂、书契三种。纸张出现以后，其变化则更大。

（二）西周至春秋，邦国约与万民约并行

根据古代文献和考古资料，中国有文字契约的历史，可以上溯到西周时期。那时契约的使用范围有限，官府与契约的关系也只限于一般的督导管制与排难解纷；契约本身尚处于自发的、不很严格的阶段。后来随着社会经济的发展和人们的财产关系日益复杂，契约的使用范围不断扩大；又由于官府除对契约有督导、管制等责任外，还把人们缔结契约看作是进行残酷经济勒索的良机，并创立了「税契」制度和政策，这些因素对契约的使用和发展起了巨大的推动作用。

西周前期，社会经济不甚发展。当时加入流通过程的商品还仅限于动产，如奴婢、马牛和一般农业、手工业产品等；不动产如田地、房屋等除了由于政治因素而已存在的赏赐、没入关系外，由于经济因素而出现的包括抵押、典当、买卖关系，尚未发生。因此，契约作为缔约双方（或多方）有关权利、义务的协议，还不曾使用到土地关系之中。所以，文献只有关于一般商品关系即动产关系的契约的记载，不曾提到土地契约。如《周礼·地官·质人》曰：「质人掌成市之货贿，人民（奴婢）、牛马、兵器、珍异，凡卖儥者，质剂焉。大市以质，小市以剂。」郑玄注：「大市，人民、马牛之属，用长券；小市，兵器、珍异之物，用短券。」质人是管理市场的官员，质剂是买卖契约的名称，这样的质剂也叫做小约剂。因行用于民间，所以也叫做「万民约」。

当时土地实行国有制度，土地所有权属于周天子（王）。《诗·小雅·北山》曰：「溥天之下，莫非王土；率土之滨，莫非王臣。」这首诗歌说明了土地和臣民都属于周王。天子将土地和附着于土地上的农民分封给诸侯，这就是「授民授疆土」[一一]；诸侯将封区内的土地和臣民再分赐给他的卿大夫乃至于士。这些大大小小的贵族对于土地只有占有权，土地不能买卖，即所谓「田里不粥（鬻）」[一二]。

可是，至西周中期，随着社会经济的发展和王室的衰微，土地国有制开始动摇，首先在贵族领主之间出现了土地转让的现象。转让的形式还不是买卖，而是抵押、典当；而且在这种关系中已使用了契约。周恭王时的格伯簋铭文曰：「隹正月初吉癸子（巳），王才（在）成周。格白（伯）受良马乘于倗生，氒贳卅田，则析。」[一三]这是一份与土地有关系的抵押、典当契约文字。「正月初吉癸子」是订立契约的时间，「格白」和「倗生」是立约双方的名字，「良马乘」是四匹好马，是标的，「卅（三十）田」是契价，「贳」即贮，当是「赎」的假借字。《玉篇·贝部》曰：「赎，质也。」《说文·贝部》曰：「质，以物相赘。」「赘，以物质钱也。」「氒贳」就是抵押、典当。「则析」就是「交割」，「析券成议」。这些内容基本上具备了契约文字应有的条款，可能这是一份契约的原文。类似的铜器铭文还有不少。例如卫盉铭文曰：「矩白（伯）庶人取堇章于裘卫，才八十朋，氒贳，其舍田十田。」[一四]矩白庶人和裘卫是关系双方，堇章（瑾璋）是标的，八十朋贝和十田是契价，氒贳是抵押、典当关系。这也是一份与土地有关系的抵押、典当契约文字。

当时的契约都是「判书」制度，即「半分而合者」[二五]，一式两份。析券成议时，钱主与业主或左或右，各执一半。关于这一情况，在铜器铭文中也有反映。例如鬲从盨铭文中有「卑右鬲从」之语，矢人盘铭文中有「卑左执缨史正仲农」之语。前者谓「券契之右侧归鬲从存执」，后者谓「其左执券乃史正之官名仲农者所书也」[二六]。缨即要，为契约。这些铭文所记都与土地契约有关系。这样的土地契约叫做大约剂。因只使用于贵族领主或诸侯间，所以也叫做「邦国约」。

大、小约剂用什么制作呢？这是一个很重要的问题。《周礼・秋官・司约》曰：「凡大约剂书于宗彝，小约剂书于丹图。」郑玄注曰：「大约剂，邦国约也。书于宗庙之六彝，欲神监焉。小约剂，万民约也。丹图，未闻；或有雕器簠簋之属，有图象者与？《春秋传》曰：『斐豹，隶也，著于丹书。』今俗语有『铁券丹书』，岂此旧典之遗言？」孙诒让正义曰：「书于宗彝，谓刻铭重器；丹图，则著于竹帛，皆所以征信也。」从上引资料来看，当时的土地契约就叫做大约剂，也就是邦国约。从有析券之事来看，大约剂也是先按照通常的立契手续，用判书式的契约，写于一般材料上，双文各执一份。「书于宗庙之六彝」，是权利的一方所为，以便用法律的乃至神鬼的力量监督约束义务的一方守约不渝。贾公彦曰：「使人畏敬，不敢违之也。」[二七]此说有道理。格伯簋铭文最后曰：「𥁰(铸)保(宝)簋，用典格白田。」就是这个用意。孙诒让曰：「事重文繁，故铭勒彝器，藏于宗庙。」[二八]孙氏这样的解释是把「大约剂书于宗彝」的意义看作近于汉朝以后的某些「纪产碑」，也有一定的道理。[二九]

「小约剂书于丹图」是什么意思呢？郑玄认为小约剂也许是写在类似宗彝的普通雕镂漆器之上，即所谓「雕器簠簋之属，有图象者」。我认为「万民约」的使用普遍而且繁多，意义也不能和土地契约相比，似无图象于器物上之必要。贾公彦说「箸于竹帛」，即用竹帛为质剂，是可信的。

这时的契约共有三种，借贷契约叫做傅别，取予受入契约叫做书契，卖买、抵押、典当契约叫做质剂。封建国家或官府与契约的关系，如上所述，只在于据以调处缔约双方的争讼，确定私有权之存在与否，别无关系。《周礼・天官・小宰》曰：「以官府之八成经邦治：一曰听政役以比居，二曰听师田以简稽，三曰听闾里以版图，四曰听称责以傅别，五曰听禄位以礼命，六曰听取予以书契，七曰听卖买以质剂，八曰听出入以要会。」同书《秋官・士师》曰：「凡以财狱讼者，正之以傅别、约剂。」又《朝士》曰：「凡有责者，有判书以治则听。」这些资料都说明了当时的诉讼都是以契约为主要或唯一书证的。立契约时，一般都有中人、保人在旁，或中人兼充书契人。格伯簋铭文之「𢀛书史戠武」，矢人盘铭文之「史正仲农」，都是中人兼充书契人的。这些人在诉讼时，可以为人证。

当时，封建国家征收商业税的制度是存在的。《周礼・天官・大宰》曰：「以九赋敛财贿……七曰关市之赋。」这是通常的情况。《孟子・梁惠王下》曰：「昔者，文王之治岐也……关市讥而不征，泽梁无禁，罪人不孥。」《礼记・王制》曰：「古者……关讥而不征。」这些都是所谓的「仁政」，不是一般情况。但从这些记载来看，当时没有「税契」的迹象。

春秋时期，契约关系进一步发展，文献有关契约的记载也渐多。《左传》文公六年记载，晋之赵宣子为国政，实行了九项「新政」，其一为「由质要」。杜预注曰：「质、要，券契也。」此时的封建统治者已把整顿契约问题列为国家的要政之一，可见契约问题多么重要。其他记载，如《管子·问》：「问人之贷粟米有别券者几何家？」别券就是傅别。《管子·山至数》曰：「皮革筋角羽毛竹箭器械财物，苟合于国器君用者，皆有矩券于上。」戴注曰：「矩券，常券。」

西周和春秋时期，奴婢除了用于赏赐之外，也作为一种财产或商品被经常转让。如周孝王时的曶鼎铭文，记载了匡季用田和奴婢作为向曶赔偿的财物。文曰：「昔馑岁，匡暨厥臣廿夫寇曶禾十秭，以匡季告东宫。东宫迺曰：『求乃人，乃(如)弗得，汝匡罚大。』匡迺稽首于曶，用五田，用众一夫曰益，用臣曰疐、[曰]朏、曰奠，曰：『用兹四夫，稽首。』……东宫迺曰：『偿曶禾十秭，遗十秭，为廿秭。[如]来岁弗偿，则付卌秭。』迺或(又)即曶用田二，又臣[一夫]，凡用即曶田七田、人五夫。曶觅匡卅秭。」[三十]在鼎的另一段铭文中，还记载了「用匹马束丝」交换五个奴隶(五夫)和「买兹五夫，用百寽」之事。关于买卖奴婢的契约形式，肯定为质剂之长券。郑玄在注「丹图」时说到《春秋传》曰：『斐豹，隶也，著于丹书。』」事见《左传》襄公二十三年。杜注：「盖犯罪没为官奴，以丹书其罪。」即以红色书于简帛，可见此非买卖奴婢的契约。

这时土地国有制已开始瓦解，土地私有制产生，社会上由于经济的因素发生的土地转让关系日益发展。在这样的土地关系中使用契约的情况，由于缺乏资料，还不易说清楚。《礼记·典礼上》曰：「献田、宅者操书致。」又曰：「献粟者执右契。」《墨子·杂守》曰：「民献粟米、布帛、金钱、牛马、畜产，皆为置平贾，与主券书之。」《周礼·天官·玉府》郑玄注曰：「古者，致物于人，尊之则曰献。」书就是书契，是契约的一种。献田使用的书契可能是西周、春秋时期由于经济因素而发生的土地转让关系而使用的契约的一种。

（三）　战国至西晋，私约普及使用

战国时期是封建领主制迅速瓦解，封建地主制基本确立的时期，也是「工商食官」制破坏，私人工商业大发展的时期。这时契约使用的范围更加广泛。人们在各种政治、经济和社会关系中，都把契约看作是一种信物。如《荀子·君道》曰：「合符节、别契券者，所以为信也。」有关契约的具体事例也有很多。如《战国策·齐四》载孟尝君谓冯谖曰：「『先生不羞，乃有意欲为收责于薛乎？』冯谖曰：『愿之。』于是约车治装，载券契而行。……驱而之薛，使吏召诸民当偿者，悉来合券。券遍合，起矫命以责赐诸民，因烧其券。」在《史记·孟尝君列传》中也有同样的记载。

战国时期的雇佣劳动相当发展，在农业、手工业和商业中都使用雇工。在雇佣关系中也已使用契约。一般来说，长期的雇佣关系，应当使用书面契约；短期的雇佣关系可以使用口头契约。口头契约的基本内容应和书面契约相同，其社会和法律效力也相同。《韩非子·外储说左上》曰：「夫卖庸而播耕者，主人费家而美食，调布而求易钱者，非爱庸客也，曰『如是，耕者且深，耨者熟耘也。』庸客致力而疾耘耕者，尽巧而正畦陌畦畤者，非爱主人也。曰：『如是，羹且美，钱布且易云也。』」这对缔约双方各有关权利和义务的协议说得相当清楚。这一协议可能就是以口头契约的形式出现的。

战国时期，「田里不鬻」的原则已被废止了，不仅土地的抵押、典当、赠送等关系在发展，而且也已和其他商品一样，被公开买卖。参与买卖土地的有贵族、官僚，也有平民。在这样的情况下，原有的所谓「邦国约」已经不再适用了。「万民约」则一再扩大其使用范围，并终于成为土地契约的基本形式。但有关这时土地契约的资料很缺乏，无法了解其具体情况。

西汉前期，社会经济飞跃发展。《史记·货殖列传》曰：「富商大贾周游天下，交易之物莫不通，得其所欲。」在这样的情势下，契约的使用也日益广泛。从已有资料来看，土地契约至少有三种，即买卖契约、租佃契约和遗产继承契约。

今天能够看到的汉代的土地买卖契约以居延汉简中的《受奴卖田契》为最早。居延汉简「就其有年号的来说，起自汉武帝太初三年（前一〇二），迄于东汉光武帝建武七年（三一）」[三一]。这件契约大约属于这个时间。可惜约文的上部字迹已模糊不清，无法知其内容。下部清晰，内容明确。今录如下：

☐置长乐里受奴田卅五亩，贾钱九百，钱毕已。丈田即不足，计亩数环钱。旁人淳于次孺、王充、郑少卿，古酒旁二斗，皆饮之。[三二]

据汉代契约格式的通例，约文的前半部，应是书写立契时间、缔约双方的籍贯、身份、姓名等。

西周、春秋时期，不仅有「田里不粥」的原则，还有「墓地不请」的原则。《礼记·王制》孔颖达正义曰：「田地里邑既受之于公，民不得粥卖；家墓之地公家所给，族葬有常，不得辄请求余处。」可是土地私有制产生以后，这个原则和「田里不粥」一样，都被否定了。通过土地买卖手段并用缔结契约的方式以保证其土地私有权的观念也已支配了「墓地」问题，并且由于迷信思想而原原本本地反映到了冥间。具体说明这一问题的是在墓葬中出现了明器「买地券」。宋人陶穀曰：「葬家听术士说，例用朱书铁券，若人家契帖，标四界及主名，意谓亡者居室之执守者，不知争地者谁耶。」[三三]

传世和考古发掘的属于东汉至西晋时的「买地券」已有二十品之多。其形制和汉简相似。东汉中期的买地券券文与当时实用契约的约文基本相同，没有什么迷信语言。东汉末年以后，迷信语言渐多，如言田地四至时说「上至仓天，下至黄泉」[三四]；券后还有「如天帝律令」[三五]等语；但也就是这么几句。就整个契约的有效文字来说，和人间实用契约基本相同。买地券有铅质，亦有用玉、石、砖、瓦制成的。契文有朱书，亦有刻画的，其精神附会「丹书铁券」[三六]，以取「久远」之意。今将东汉《孙成买地券》铭文录下：

建宁四年九月戊午朔廿八日乙酉，左骏厩官大奴孙成从雒阳男子张伯始卖所名有广德亭部罗佰田一町，贾钱万五千，钱即日毕。田东比张长卿，南比许仲异，西尽大道，北比张伯始。根生土著毛物，皆属孙成。田中若有尸死，男即当为奴，女即当为婢，皆当为孙成趍走给使。田东、西、南、北以大石为界。时旁人樊永、张义、孙龙、异姓、樊元祖，皆知张约。沽酒各半。[三七]

建宁是东汉灵帝刘宏的年号。建宁四年是公元一七一年。

汉代的租佃关系相当发展，文献中有关租佃关系的记载也相当多；可是关于租佃关系的契约资料却很少。今天可以确知的，只有《汉书·沟洫志》中关于国家出租土地给农民而使用契约之事。《汉书·沟洫志》载汉武帝诏曰：「今内史稻田租挈重，不与郡同，其议减。」师古注曰：「租挈，收田租之约令也。郡谓四方诸郡也。」当时，封建国家以公田假与农民耕种的情况是很多的，首都所在地内史和四方各郡都存在，使用「租契」亦当是普遍现象，这是官府征收「假税」（田租）的重要根据和保证。「假民公田」的田租率与民间「或耕豪民之田，见税什五」[三八]的田租率相当。民间的租佃关系更加发展，也普遍使用了这种契约。

遗产继承契约和一般契约的性质有别，在宗法制突出的封建社会中，这种契约往往不是由双方或多方协商缔结的，而是由财产所有者或家长单方面决定其遗产继承人及继承方式，所以这种契约在当时叫做「遗令」，这种关系就是「遗嘱继承」。东汉末年的应劭在《风俗通》一书中记载了西汉后期的一个因财产继承权问题而争讼的故事，其中就谈到了「遗令」的内容。故事梗概是这样的：「沛中有富豪，家訾三千万。小妇子是男，又早失母；其大妇女甚不贤。公病困，恐死后必当争财，男儿判不全得，因呼族人为遗令。云：『悉以财属女，但以一剑与男，年十五以付之。』儿后大，姊不肯与剑，男乃诣官诉之。司空何武曰：『剑，所以断决也。限年十五，有智力足也。女及婿温饱十五年已幸矣。』议者皆服，谓武原情度事得其理。」[三九]这个故事说明了在汉代，为遗产继承而留下的「遗令」是得到社会承认的，也具有法律效力。这份遗令中写有立遗令者、家訾数量、继承人及继承方式，还有到场为证的「族人」。这些内容具备了法律文书的要求。

反映土地关系的文书中，还有一种刻有部分契约内容的摩崖。如西汉宣帝时的《扬量买山刻石》，文曰：「地节二年□月，巴州民扬量买山，直钱千万，作业冢，子孙永保其毋替。」[四十]又如东汉章帝时的《大吉买山地记》刻石，文曰：「昆弟六人，共买山地。建初三年，造此冢地，直三万钱。」[四一]这些刻石都不是契约，是纪产刻石，其性质与西周时的「大约剂书于宗彝」的性质相类。不过西周时期的土地属于国家所有，缔结大约剂的人，只有占有权；在西汉时，这些刻石者已有土地所有权了。

上述各种土地转让关系及与之有关的其他关系都是以土地私有制为基础，或以土地私有权的存在为前提的。不仅中国古代如此，世界其他国家或民族也是如此。关于此事，马克思主义经典作家有大量的研究和论述。例如关于土地转让问题，恩格斯说：「完全的、自由的土地所有权，不仅意味着毫无阻碍和毫无限制地占有土地的可能性，而且也意味着把它出让的可能性。」[四二]关于土地买卖问题，列宁说：「这种私有制的真正自由，没有土地买卖的自由是不行的。土地私有制意味着必须用资本来来购买土地。」[四三]关于地租问题，马克思说：「地租不管属于何种特殊的形态，它的一切类型，总有这个共通点：地租的占有是土地所有权由以实现的经济状态；并且地租又总是以土地所有权，以某些个别的人对于地球某些部分有所有权这一事实，作为假定。」[四四]关于「遗嘱继承」问题，马克思说：「同所有一般的民法一样，继承法并不是一种原因，而是一种结果，是从现存社会经济组织中得出的法律结论，这种经济组织是以生产资料即土地、原料、机器等的私有制为基础的。」[四五]列宁也说：「遗产制度以私有制为前提，而私有制则是随着交换的出现而产生的。」[四六]马克思在论述契约时又说：订结契约的双方，「必须彼此承认对方是私有者」[四七]。关于此事，在有些约文中也有反映。例如《晋太康五年杨绍买地瓦券》书有：「民有私约如律令。」[四八]《晋太康六年曹翌买地铅券》书有：「不得有侵抵之者，券书分明。」[四九]「杨绍券」的约文既说明了契约为民之「私约」，又指明了这种「私约」对于缔约双方的权利、义务有法律的约束力。

其他关系中的契约保留到今天的也有不少。其中最完整的要算汉简中的买卖衣物、布匹等的契约。如居延破城子出土的《欧威卖裘券》，文曰：「建始二年闰月丙戌，甲渠令史董子方买鄣卒欧威裘一领，直千百五十，约里长，钱毕已，旁人杜君隽。」[五十]建始为西汉成帝刘骜的年号，建始二年为公元前三一年。这件契约的形式、约文和土地契约基本相同。还有为贳（赊）买而立契约的。如《张中功贳买皂布章单衣券》，文曰：「七月十日，鄣卒张中功贳买皂布章单衣一领，直三百五十三，堠史张君长所。钱约至十二月尽毕已。旁人临桐使、解子房知券□□。」[五一]

秦汉时期，买卖奴婢的情况很多。刘邦刚夺得天下时，「大饥馑，凡米石五千，人相食，死者过半，高祖乃令民得卖子就食蜀汉」[五二]。天下安定，又下诏曰：「民以饥饿自卖为人奴婢者，皆免为庶人。」[五三]文帝时，晁错亦曰：「有卖田宅、鬻子孙以偿责者矣。」[五四]武帝时，「岁比不登，民待卖爵赘子，以接衣食」。如淳曰：「淮南俗卖子与人作奴婢，名为赘子，三年不能赎，遂为奴婢。」[五五]王莽曰：「又置奴婢之市，与牛马同兰。」[五六]西汉和东汉国家都制定有「卖人法」[五七]。西周、春秋时期，买卖奴婢使用契约。两汉时，买卖奴婢亦使用契约，已发现的《买女陶券》就是一份残存的买卖奴婢的契约[五八]。

战国至西晋时期和西周、春秋时期一样，官府不征「契税」，而是只管听讼。所以东汉郑众注《周礼·秋官·士师》：「若今时市买，为券书以别之，各得其一。讼则案券以正之。」[五九]

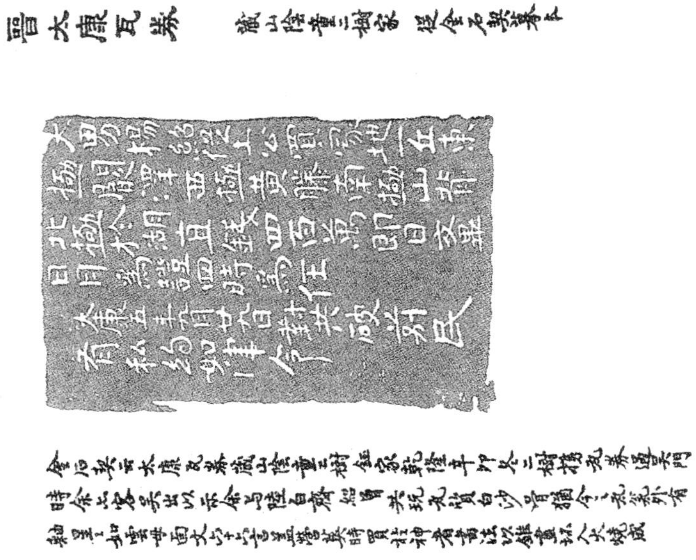

晋太康瓦券

藏山阴童二树家　从金石契摹本

晋太康瓦券（采自《金石索》）

（四）东晋至五代，官府以文券（红契）税契

三国、西晋时期，造纸技术进一步提高，用植物纤维制造的纸成本低廉、平滑合用。这种纸逐渐完全代替了简帛，成为主要的书写材料。用纸张制作契约，有两大优点，一为纸张面积大，书写方便，可以言尽其意，使约文进一步完善化；一为便于制作印记或标识，经久不变。这为后来出现文券或红契创造了条件。

文券是东晋初年出现的。在此前不久，中原地区先是发生「八王之乱」，相继又发生史称的「五胡乱华」，社会秩序大乱，生产遭到严重破坏。《晋书·食货志》：「至于永嘉（西晋怀帝年号，三〇七至三一三），丧乱弥甚。雍州以东，人多饥乏，更相鬻卖，奔迸流移，不可胜数。幽、并、司、冀、秦、雍六州大蝗，草木及牛马毛皆尽；又大疾疫，兼以饥馑，百姓又为寇贼所杀，流尸满河，白骨蔽野。刘曜之逼，朝廷议欲迁都仓垣（在今河南开封市西北）。人多相食，饥疫总至，百官流亡者十八、九。」西晋覆灭以后，司马氏又偏安江南，建立东晋王朝。但国库空虚，财政困难，统治很不稳定。同上书曰：「大兴（东晋元帝年号，元年为三一八年）元年，后军将军应詹表曰：『军兴以来，征战运漕，朝廷宗庙，百官用途，既已殷广，下及工商，流寓，僮仆不亲农桑而游食者以十万计。』」在这样的情况下，新上台的统治集团为了扩大税源，增加收入，巩固统治，首创「税契」和征收一般商品交易税的政策。「契税」名「输估」，不立契约的一般商品交易税名「散估」，总称之为「估税」。《隋书·食货志》曰：「晋自过江，凡货卖奴婢、马牛、田宅，有文券。率钱一万，输估四百入官，卖者三百，买者一百。无文券者，随物所堪，亦百分收四，名曰散估。」「文券」就是在缴纳「契税」时，官府盖了官印的契约，后代叫做红契或赤契。陶宗仪曰：「红契，买到者则其元主转卖于人，立券投税者是也。」[六十]未完税的契约，上无官印，叫做白契。李心传曰：土地买卖，「人多惮费，隐不告官，谓之白契」[六一]。白契则不合法。所以这样，只是由于漏纳契税，并不是由于盗卖了国家的财产，亦无其他原因。

在关于中国古代土地所有制形式问题的讨论中，有不少同志根据上引《隋书·食货志》等资料，得出这样的结论：「文券、文牒、文契（后世叫『红契』，因上有官印）就是皇权所订的法律的替身，没有皇权所承认的文牒、文契，土地的买卖是不允许的、非法的、不能成立的。这说明土地私有权的存在，在专制封建主义的中世纪，『就是全国范围内集中的土地所有权』——封建的土地国有制。」[六二]关于中国古代的土地所有制，自战国以后，已是私有制问题，在上面从契约使用范围扩大的角度已经谈到。关于私约转变为文券的问题，只是由于税契制度或政策产生造成的，上面也已谈到。因此，对于上引「土地国有制」的论点无需再驳了。这里仅再指出，如果用文券或谓之红契、赤契买卖的商品（标的），其所有权就属于封建国家，那么用文券、红契的不仅限于土地，还有房屋、奴婢、牛马等等，是否这些财物也都应属于封建国家？散估虽不用文券，但其性质与输估相同。如输估的有关财物的所有权属于封建国家，那么各种各样的输纳散估的商品，其所有权是否也应都属于封建国家？如是这样，当时的所有制

度就不是一个「封建的土地国有制」所能概括的了，那就是几乎一切生产、生活资料都属于封建国家了。自然，这样的看法是不符合当时的社会实际的。应当明确指出，文券或红契、赤契的出现，是与税制有关的问题，与所有制没有关系。

东晋税契，是打着「惩商励农」的幌子，实际情况并不如此。《隋书·食货志》曰：「以人竞商贩，不为田业，故使均输，欲为惩励。虽以此为辞，其实利在侵削。」这个评论符合事实。

税契和征收一般商品交易税的政策的创设，为封建国家的财政收入开拓了极好的税源。所以此项税制自创立之后，「历宋、齐、梁、陈，如此以为常」[六三]。而保证契税征收的重要手段，则是封建国家对契约关系的日益繁苛的干预。

十六国和北朝时期也是使用纸契，约文内容和款式与南方基本相同。在吐鲁番出土的文书中，还保存了不少属于这一时期的契约残件。其中有买卖田地、葡萄园、奴婢、骆驼等的契约，还有租赁、借贷宅舍、财物等的契约。北朝时期，虽然北魏和后来的北齐、北周都实行均田制，封建国家严格控制着土地，不许买卖，但民间土地买卖的现象依然存在。如《魏书·夏侯道迁传》曰：「长子夬……父时田园，货卖略尽；人间债负，犹数千余匹。」《通典》卷二《食货二田制下》引宋孝王《关东风俗传》曰：「帖卖者帖荒田七年，熟田五年，钱还地还，依令听许。」又曰：「露田虽复不听卖买，卖买亦无重责。贫户因王课不济，率多货卖田业。至春困急，轻致藏走。」从资料看去北方的统治者大约在这一历史阶段中未实行「税契」政策，所以人们的观念和西晋以前一样，认为所立契约是民间「私约」。如《高昌延昌二十二年（五八二）康长受从道人孟忠边岁出券》书有「民有私要，各自署名为信」[六四]之话。

隋和唐代前期，中国的南北再次统一，均田制普遍推行于全国。封建国家打着「田里不鬻，受之于公」[六五]的旗号，极力加强对于田地的控制。可是整个社会原是土地私有制这一事实实质上未曾改变。因之封建国家在推行均田制时，不得不对社会的现实让步。加强控制的律文，如《唐律疏议·户婚·诸卖口分田者》条规定：「诸卖口分田者，一亩笞十，二十亩加一等，罪止杖一百，地还本主，财没不追。」对社会现实让步的律文如「即应合卖者，谓永业田，家贫卖供葬；及口分田，卖充宅及碾硙邸店之类；狭乡乐迁就宽者，准令，并许卖之。其赐田欲卖者，亦不在禁限。其五品以上，若勋官永业地，亦并听卖」。出卖时，首先要投状申牒，就是报官请批，「不得私自鬻卖」。《诸妄认公私田》条规定：「田无文牒辄卖买者，财没不追。」从这些规定看，限制、干预更多于前朝，但买卖还是准许的。文献有关唐朝土地契税的情况不很清楚。当然不可能在业主「投状申牒」与钱主「立券」成交之后不纳契税。在敦煌和吐鲁番等地发现的唐代土地契约上，常写有「如先悔者，罚黄金三两，充入官家」[六六]，「如先悔者，罚麦贰拾驮，入军粮」[六七]等字样。有些契约的中保人还是低级地方军政官吏。据此，我认为在唐代缔结土地契约时也要纳税。

唐代的商品交易需要立券的很多。除田地外，还有宅舍、奴婢、马牛等大牲畜及车辆等大用具等，而且也需要报官「税契」。南朝的文券在唐代叫做「市券」，简称曰：「券」。《唐六典·太府寺·京都诸市令》曰：「凡卖买奴婢、牛马，用本司本部公验以立券。」「公验」是官府给予的一种证明文书。《唐律疏议·杂律·诸买奴婢马牛驼骡驴》条曰：「诸买奴婢、马牛驼骡驴，已过价，不立市券过三日，笞三十，卖者减一等。」

税契政策实行后，官府为了防止偷税漏税，也加强了对小吏和牙人的利用。胥吏、市牙亦乘税契之机，利用权势，敲诈勒索。唐德宗建中四年（七八三），实行「除陌法」，以征收商税。《旧唐书·食货志下》曰：「除陌法：天下公私给与、货易，率一贯旧算二十，益加算为五十。给与他物或两换者，约钱为率算之。市牙各给印纸[六八]，人有买卖，随自署记，翌日合算之。有自贸易不用市牙者，验其私簿。无私簿者，投状自集。其有隐钱百者没入，二千杖六十。告者赏十千，取其家资。」此法实行后，胥吏、市牙更「得专其柄，率多隐盗。公家所入，曾不得半，而怨讟之声嚣然满于天下」。唐代后期和五代时期，契税和市牙剥削更加严重。后唐兵部员外郎赵燕曰：「切见京城人买卖庄宅，官中印契，每贯抽税契钱二十文；其市牙人每贯收钱一百文，甚苦贫民。」[六九]此处市牙的勒索竟为契税的五倍，为契价的十分之一。

税契之后，固然文券或市券、红契、赤契制得到强制推行，可是隐不报官的白契或私约仍大量存在。一个根本的原因，是因为在当时的社会经济领域中，相当重视「卖买私约」，彼此信守这一道德观念。中保人在契约关系上起着极大的作用。因此，尽管封建国家三令五申地取缔白契，威胁以严刑峻法，可是白契仍在民间行用，而且为数巨大。在敦煌和吐鲁番发现的隋唐五代契约中，有买卖田地、瓜地、蒲桃园、果园、舍地、舍、奴、婢、妮子、儿、驼、牛、马、车、铛等的契约，有举借钱、银、麦、大麦、豆种、粟、粮、生绢、杂绢、锦、叠、布、毯、緤、褐等契约，有典、赁、租田地、房舍、菜园、车、牛等的契约，有典儿女及本身的契约，有雇长工、短工的契约，还有分家文书、放良文书、领物凭据、遗嘱等。在吐鲁番出土契约中，有不少书有「民有私要，要行二主，各自署名为信」[七十]之语。在敦煌出土契约中，多数书有「官有政法，人从私契」；「恐人无信，故立私契，用为后凭」；「恐人无信，故立私契，用为后验」[七一]等语。这些契约几乎看不出钤有官印的痕迹，可能都是白契，也是和逃避契税以及胥吏、市牙们的残酷勒索分不开的。

值得提出的是在这时已出现了契约的「样文」。英国人斯坦因在新疆发现的文书中有「分家遗嘱样文」一件、「分家书样文」三件、「遗书样文」三件、「放妻书样文」三件、「放良书样文」五件[七二]。样文是作为样品的文稿。样文的出现和流行，使约文的内容和程式逐渐走向科学化和规范化。

（五）北宋至民国，官府推行官版契纸和契尾

北宋统一以后，社会经济又有新的发展。在土地方面，由于均田制已被废除，买卖关系也空前频繁。城市中的商铺邸店林立，广大农村中的草市、墟市增多，以经纪为业的牙行大量出现。封建国家为在田地、房舍、奴婢及其他重要财产的频繁交易关系中榨取契税，逐步废除了旧式的文券、市券，代之以官契，后又增加了用作税契凭据的契尾。

在历史上，红契（赤契）也叫官契，这是和白契也叫私契的意思相对应的。这里所说的官契，不是指一般的红契，而是由官府印制的「官版契纸」，约出现于北宋后期，亦叫做「印纸」。此印纸与唐朝登记表性质的印纸在性质上已大不相同。

在「官版契纸」出现以前，封建国家已经在制定「标准契约」，以使约文规范化。北宋太宗太平兴国八年（九八三），国子监丞知开封府司录参军事赵孚上言：「庄宅多有争诉，皆由衷私妄写文契，说界至则全无丈尺，昧邻里则不使闻知，欺罔肆行，狱讼增益。请下两京[七三]及诸道州府商税院，集庄宅行人，众定割移典卖文契各一本，立为榜样。」[七四]这种「榜样」文契就是「标准契约」，或称之为「官制契约样文」。标准契约的推行，对促进契约条款的规范化，起了一定的作用。在赵孚建议之前相当长的时间里，社会上已有契约的样文在流传，如前所述；此后，契约样文仍继续在民间流传演变，有的被记录下来。如《新编事文类要启札青钱》一书载录了若干宋、元时期的田地、房屋等契约的样文[七五]，《尺牍双鱼》[七六]、《万宝全书》[七七]等载录了若干明、清时期的田地、房屋等契约的样文。以上这些契约样文的基本款式和内容大致相同，既符合当时社会的需要，也符合法律的要求。可能这都是民间的「秀才」们编写的。自契约样文流传，尤其是自标准契约推行之后，各地契约的形式和款式较快地由完善而趋向统一。

关于官版契纸的出现，《宋会要辑稿·食货·钞旁印帖》记载：「徽宗崇宁三年六月十日，敕诸县典卖牛畜契书并税租钞旁等，印卖田宅契书，并从官司印卖。除纸笔墨工费用外，量收息钱，助瞻（赡）学用。其收息不得过一倍。」官版契纸出现后，民间书写的契约被降为契约草稿的地位，叫做「草契」或「小契」，后来又叫做「白契纸」。按照官府规定，这样的契约不能闻官纳税，只有官版契纸才可做正契。《文献通考·征榷·牙契》记载南宋宁宗嘉定十三年（一二二〇），「今但立草契，请印纸粘接其后」。将草契与印纸粘连在一起，税契时，同时用印。印纸的使用，既保证了契税的征收，又增加了一项出卖印纸以赚钱的项目。

官版契纸的刊印，起初由「县典自掌」。由于县吏「往往多数空印，私自出卖，将纳到税钱上下通同盗用，是致每有论诉」。至南宋初年，改「委逐州通判，用厚纸，立千字文为号印造。约度县分大小，用钱多寡，每月给付诸县。置柜封记。遇人户赴县买契，当官给付」[七八]。再次下令曰：「自今民间竞产而执出白契者，毋得行。」[七九]南宋初年的措施主要是防范下级官吏通同作弊，贪污中饱；把契税和卖契纸钱最大限度地归于封建国家。

元代统治者很重视官版契纸的使用。官版契纸分为两联，正契部分叫做「契本」，存根部分叫做「契根」。元代初年，各处行省所用契纸均由「户部行下各处和买纸札印造，发去办课」。后来改变办法，「除四川、甘肃中书行省、陕西宣慰司所辖去处，用度不多，依旧户部印造发遣外，据江西四处行省所管地面合用契本，合拟就彼和买纸札工墨印造」[八十]。

明代也用官版契纸。明太祖朱元璋诏令：「凡买卖田宅、头匹，赴务投税。除正课外，每契本一纸，纳工本铜钱四十文，余外不许多取。」[八一]清代初年的官版契纸政策叫做「契纸契根之法」。契纸「预用布政司印信，发给州、县」[八二]，以备人户购用。这种官契上面，往往印有「绝卖文契」、「纸契」等字样。有些州县的官府还另印草契纸，强制卖给用户。这种草契纸和官契的文字基本相同，上面印有「便民契稿」、「××县契稿」等字样。这是在「白契底」之外又增加的「官契底」。在这样的契稿上，有的印着这样一席文字：「成交后，该牙即挂循环印簿，三日内着买卖主执稿赴县填给司颁契纸。如迟，以漏税论。」[八三]这就是封建官府以欺压和讹诈手段把另一副剥削的枷锁强加到人民的头上。雍正十三年（一七三五），由于胥吏、市牙利用税契之机侵公肥私，情况严重，清政府一度下令，「将契纸契根之法永行禁止」，「嗣后民间买卖田房，仍照旧例自行立契，按则纳税，地方官不得额外多取丝毫」[八四]。这样一来，白契大增，契税锐减。次年，即乾隆元年（一七三六），又复用官版契纸，迄于清末。民国时期，也用官版契纸。各地契纸的名称繁多，有官契、买契、新契纸、地契官纸、绝卖文契等名称。出卖契纸，曾是当时的政府和官僚们鱼肉人民的良机之一。如民国三年（一九一四），山东国税厅筹备处印行的契纸，每张价洋一圆，外加注册费一角。其价之高，为工本费的百倍以上。

契尾就是缴纳契税后，由官府扯给的收据。由于粘连在契约之后而得名。东晋税契制产生以后，至于唐代，是否已经行用契尾之制，文献缺乏记载。至少在南宋时，确已使用契尾。今天能够看到的契尾，以元代的为最早。今将元顺帝时晋江县发给税户阿老丁「税给」（即契尾）录下：

皇帝圣旨里泉州路晋江县：今据阿老丁用价钱中统钞六十锭，买到麻合抹花园山地。除已验价收税外，合行出给者。

右付本人阿老丁准此[八五]

至元二年十月初三日给

这个税给的文字简明扼要，除了作为收据的必备内容之外，没有什么不必要的附加成分。

明代的契尾也叫做「税尾」或「税票」，一般由各府拟定式样，颁发所属各县刊造，再由府编号、盖印，发回各县行用。内容不仅载有税契的文字，还有征收契税的原因、税率的变动、税契办法、钱主姓名和住址、产业座落和数量、业主姓名和住址等，文字冗长，内容繁杂，就像是一份「告示」。契尾分大尾和坐尾两联，叫做鸳鸯式。大尾发给税户，坐尾留存备查。明代自洪武十四年（一三八一）规定，各州县每过十年，重新编造黄册一次。黄册以户为主，详列丁口、田产及应负赋役，一式四份，分存各级官府，作为征发赋役的根据，这一事件叫做大造。平时买卖田地，待到大造之年，才闻官纳税、领取契尾。每契价一两，纳税银二分。天启以后，政治日趋腐朽，社会动荡不安，农民起义此起彼伏；再加上此后女真一再侵扰，军费开支浩大，辽饷、练饷、剿饷孔急，契税和其他正、杂、加派一样，成为封建国家财政急需。这时的契尾改用临时性的鸳鸯尾式，不待十年大造，而是随买随税。契尾文字之繁，超过元代的五到八倍。其篇幅之大，超过正契。契尾的印刷权也由县改隶府或布政司。今将天启七年（一六二七）的徽州府制，发给汪世著收执的契尾文字录下：

地字三百八十六号

直隶徽州府为辽饷亏额已多，杂饷久无确数，谨按省定数，按数定期以足饷额事：奉　部颁行辽饷册开：坐派徽州府递年税契银壹万两，解部济辽等因。奉此，奏查本府，向系十年大造，方行税契。故上轮于四十八年为始。遵照　部文，改用府尾。本府已经颁行格式，发属推收，攒造黄册，今已终局。以后民间置买，若仍照旧例十年税契，则银每年一万之数何从措处？必遵　部颁册开，年年税契，方足饷额。为此，合行另置鸳鸯尾式，颁发各属，照式印刷，编立字号，同簿送　府请印，转发各属。凡民间置买产业，责令随买随税。每两上纳税银叁分，给票付与该轮册里书算收执，以俟十年大造，总类造册。其大尾给与纳户粘契，坐尾同簿缴　府。如过一月不税者，许□人并卖主出首，产业半没入官，壹半给还原主。务要一契一尾，毋许弍、叁张粘连，混乱漏数。并有契无尾与用县印尾时，即系隐匿漏税，查出定将册里书算依律以漏税重究不贷。须至契尾者。

计开

一　祁门县十五都汪世著买到本乡

一图汪必昕土名　契十一张，价银弍拾肆两捌钱柒分整。该纳税契解　部济边银柒钱肆分陆厘壹整。

右给付买汪世著收照

天启七年六月　日给。[八六]

崇祯时期，明朝的社会、政治问题更加严重，反映到契尾内容中的情况显得十分紧迫。例如关于「辽饷」的提法，至有「榆关且嘉赖」[八七]之语。可见边防形势的严重。

清代前期的契尾也是官诰文牍连篇，「由布政司编号，给发地方官，粘连民契之后，填明价值银数，钤印给发，令民收执」[八八]。乾隆十四年（一七四九），以小吏夤缘为奸，造假偷漏，议改契尾格式，废鸳鸯式，分大尾为前后两个半幅，「前半幅照常细书业户等姓名、买卖田房数目、价银、税银若干；后半幅于空白处预钤司印，以备投税时，将契价、税银数目大字填写钤印之处。令业户看明，当面骑字截开，前幅给业户收执，后幅同季册汇送布政使查核。此系一行笔迹，平分为二，大小数目，委难改换」。这样的契尾也许比旧尾严密一些。自改用此尾之后，迄于清末，未再改动。

明清两代的统治者重视官版契纸的使用，更重视契尾的使用。因为「契尾之例，系投契之时，官为印给，不同契纸第由民间价买，致有滋扰可比」。因此，封建国家一再强调契尾的法律作用，并规定货卖田宅、马牛等，「止钤契纸，不连用契尾者」[八九]为违法。这样就使契尾获得与正契同等的法律地位。于是一份为官府承认的合法契约，往往要由三或四份文件粘起组成。如为三份，则是印纸、白契纸（税契时虽盖印，仍作为契底）、契尾。如有第四份，就是增加一份所谓的「便民契稿」。如再粘接上手契或上上手契，份数自然更多，有的多至七八件，甚至十余件，长可丈余。

民国时期，废除了冗长的契尾，改用「印单」，作为契税的收据。印单不一定要粘在契约之后。一九一三年，政府又开始征收印花税。对于土地及为其他任何商品交易而缔结的契约，在税契之外，还要再按契价的比率缴纳印花税。如契约上不贴足印花税票，此契约仍无法律效力。这自然是一种新增加的剥削项目。

从北宋至民国，官府为保证契税、田税的征收而采取的手段，重要的还有「投状申牒」和「批凿过割」两项。

投状申牒制始于唐代，宋、元时期继续行用。这时的文牒亦叫做「公据」或「勘合公据」，简称曰「据」。法律规定：业主欲出卖田宅，先请里正、主首呼集业主的房亲、耆邻，调查公勘所欲出卖产业的情况，后由里正、主首会同田主据实申报，官府核实给据，才能出卖。《元典章》卷十九《户部》五《典卖・买卖田宅告官推收》记载：元贞元年（一二九五），江西行省准中书咨：「……若委因贫困，必合典卖田宅，依上经官给据出卖。」又《通制条格》卷十六《典买田产事例》记载：大德七年（一三〇三）五月，中书省户部呈曰：「诸私相贸易田宅，即与货卖无异，拟合给据，令房亲邻人画字估价，立契成交，都省准呈。」今天能见到的民用公据全文，以元代的为最早。今将元顺帝至正时晋江县发给业主蒲阿友的公据全文录下：

皇帝圣旨里，泉州路晋江县三十七都住民蒲阿友状告：祖有山地一所，坐落本都东塘头庙西，今来阙银用度，就本山内拨出西畔山地：东至自家屋基，西至墙，南至路，北至本宅大石山及鱼池后为界，于上一、二果木，欲行出卖。缘在手别无文凭，未敢擅便，告乞施行，得此行据。三十七都里正、主首蔡大卿状申遵依，兹去呼集亲邻人曾大等，从公勘，当得蒲阿友所告前项山地，的〔系阿友承祖〕物业，中间并无违碍，就出到〔各〕人执〔结〕文状，缴连〔保结〕，申乞施〔行〕。得此，合行给日字三号半印勘合公据，付蒲阿友收执，〔前去立账〕，问亲邻，愿与不愿，依律成交。毕日，赍契付（赴）务投税，毋得欺昧税课，违错所有公据。须至出给者。

至正二十六年　月　日

右付蒲阿友准此[九十]

里正、主首是封建官府的爪牙，协助官府查验户口和田宅物业，「催督差税，禁止违法」[九一]。所谓「呼集亲邻」，公勘山地，有明确产业、方便典卖、避免争讼的一面；更重要的是为了督促业主和钱主及时「过割」，「赴务投税，毋得欺昧税课」。可见公据的作用，对官府来说，是很重要的。

明代十年大造时，要丈量田地，发给田帖，由各业主执照。「凡买卖田土，据帖推收。若共号分卖者，帖内注明，听新业主告县，另给壹纸。」[九二]田帖实际已取文牒、公据的地位而代之。这种制度一直行用到清代。

「批凿过割」制始创于南宋初年的李椿年。绍兴十二年（一一四二），李椿年为两浙转运副使，上疏言行「经界法」。「其法令民以所有田，各置砧基簿，图田之形状及其亩目、四至、土地所宜，永为照应。」「诸县各为坫（砧）基簿三，一留县，一送漕，一送州。凡漕臣若守、令交承，悉以相付。」[九三]砧基簿就是官府收藏的辖区内的田地底簿，附有田地图形。所绘田地比比相连，状如鱼鳞，所以也叫做「鱼鳞图」[九四]。李椿年疏还说：砧基簿建立后，「田不入簿者，虽有契、据可执，并拘入官」。这里所说的契，包括了官版契纸、红契在内，是合法的契约；这里所说的据，是勘合公据，也是官府发给的，当然也是合法的。可是砧基簿事确立，宋高宗即下诏：「人户田产，多有契书，而今来不上砧基簿者，皆没官。」[九五]如果「田不入簿」，虽有各种合法的契据，仍然违法，可见砧基簿的重要。之所以如此，是因为砧基簿是田地的底簿，也就是赋税征收的根据，事关封建国家命运，因此不同于一般。「批凿、过割」就是在田地买卖成交之后，缔约双方持契，据到官将有关产业过户，然后再投税印契，以完结这一买卖的全部法律手续。《宋会要辑稿·食货·钞旁印帖》曰：乾道七年（一一七一）十一月六日，「臣僚言：比年以来，富家大室典卖田宅，多不以时税契。有司欲为过割，无繇稽察。其弊有四焉：得产者不输常赋，无产者虚籍反存，此则催科不便，其弊一也；富者进产而物力不加多，贫者去产而物力不加少，此则差役不均，其弊二也；税契之直，率为乾没，则隐匿官钱，其弊三也；已卖之产，或复求售，则重叠交易，其弊四也。乞诏有司，应民间交易，并先次令过割，而后税契。凡进产之家，限十日内缴连小契自陈，令本县取索两家砧基、赤契，并以三色官簿；系是夏税簿、秋苗簿、物力簿，仰径自本县，就令本县主簿对行批凿。如不先经过割，即不许入户投税，仍以牙契一司专隶主簿厅，庶几事权归一，稽察易见。若主簿过割不时及批凿不尽，或已为批凿而一委于胥吏，不复点对稽察者，则不职之罚以例受制书而违者之罪。罪之如此，则四者之弊一旦可革，而公私俱便矣」。这个材料对于砧基簿之重要，和批凿、过割之必要，说得明确具体。李椿年的经界法只是在江南的部分地区实行过，后来，屡行屡废；可是在有些地区却也沿用下来。

明代的砧基簿叫做「鱼鳞图册」。朱元璋于洪武二年（一三八七），命各州县普遍丈量田地，绘制成鱼鳞图册，详细记载每乡每户田地的亩积、地形、四至、土质等[九六]。鱼鳞图册和黄册一样，是封建王朝对广大人民进行赋役剥削的重要保证。《明律·户律·田宅》规定：凡典买田宅，「不过割者，一亩至五亩笞四十，每五亩加一等，罪止杖一百，其田入官」。清代沿用明制，田宅交易之后，亦需经官过割。民国时期，也是如此。

从上述情况可以看出，宋代以后的封建国家征收契税都是以政治和法律手段为后盾的。宋代官府规定，缔结契约必须闻官税契，「违者论如法」[九七]。明代的律令规定：「凡典买他人田宅，法当税契，以纳额课。……若不税契者，则亏损官课，故笞五十；仍查契内价钱，追其一半入官。」[九八]正是由于这个原因，民间书写的契约上，「私约」、「私契」等字样日益少见，而「闻官纳完」、「过割税契」、「印税管业」等字样逐渐增多。从现存的契约上来看，即使民间书写的契约，也以红契为多；白契的比例，逐渐减少。

几点结论

通过对于土地契约历史的考察，有如下三点认识：

1. 契约使用情况的发展变化，直接反映了各个时期的社会经济状况及其发展变化。例如西周、春秋时期，实行封建土地国有制度，因之这时的土地契约只存在于贵族领主之间，所以此类契约被称之为「大约剂」或「邦国约」。这类契约的性质显然与已经私有化了的奴婢、马牛、兵器、珍异等的「小约剂」或「万民约」有很大不同。可是战国以后，土地私有制确立，情况就有很大变化。在土地关系中所谓「邦国约」已不存在，此时的土地契约也和小约剂相同，是「万民约」了。

土地契约由「邦国约」变为「万民约」，是我国古代土地契约史的一大发展，是当时的土地所有制形式发生了极大变化的必然现象。

2．税契政策的产生和实行，是古代国家的财政需要。在西周、春秋时期，国家征收「市税」。《周礼·地官·廛人》曰：「廛人掌敛市絘布、緫布、质布、罚布、廛布，而入于泉府。」郑玄注引郑司农云：「絘布，列肆之税布。」列肆之税就是市税，亦即交易税或营业税。两汉时期，市税是皇帝或诸侯王及列侯、封君的私家收入。属皇常者，归少府。《史记·平准书》曰：「山川、园池、市井租税之入，自天子以至于封君汤沐邑，皆各为私奉养焉，不领于天下之经费。」《后汉书·刘盆子传》记载：东汉初年，盆子「后病失明，赐荥阳均输地以为列肆，使食其税终身」。这也是衣食租税的一种形式。东晋创设税契政策，是在市税之外的另一新增税目。当时的契税和一般商品交易税都为契价或卖价的百分之四。唐、宋时期，契税通常为契价的百分之二、三，有时比率较高。如北宋初年，每贯抽税钱二十文；庆历四年（一〇四四），增至四十文；宣和四年（一一二二），淮、浙、江、湖、福建等七路，又增至六十文[九九]；至南宋乾道末年，「大率民间市田百千，则输于官者十千七百有奇，而请买契纸，贿赂吏胥之费不与」[一〇〇]。只契税一项，已超过契价的百分之十七了。淳祐九年（一二四九），提领户部奏曰：「合诸州纳牙契钱，上州百万，中州八十万，下州四十万。」[一〇一]《文献通考》卷十九《征榷》六《牙契》曰：「南宋宁宗时，臣僚言：「州县交易印契，所以省词讼，清税赋；而投报输直，亦有助于财计。」《续文献通考》卷四六《征榷》十八《杂征》曰：「民间置买田房，随契纳税，国课攸关。」这些记载反映了各代统治者都十分重视契税。明、清的契税一般也为契价的百分之二三。清末，典契曾上升到百分之六，买契曾上升到百分之九[一〇二]。

当然，上面所说的税率仅是封建国家的一般规定，人民所遭受的压榨，绝不限于这一数目。许多大小官僚利用职权，巧立名目，乘机勒索。例如，南宋乾道九年（一一七三），淮南运判冯忠嘉曰：「契勘人户典卖田宅，合纳牙税、契纸本钱、勘合朱墨头子钱。访闻州、县巧作名目，又有朱墨钱、用印钱，得产人钱。」[一〇三]在这样上下其手的情况下，民间缔结契约时隐不告官，纳契税的日少。封建官府为了保证契税的征收，就严刑峻法。如《大明律》规定：「凡典买田宅不税契者，笞五十，仍追田宅价钱一半入官。」[一〇四]实际各个朝代都是如此。

3．文券（红契）、契尾、公据和砧基簿的使用，是古代国家保证契税征收的重要手段。如上所述，东晋出现的文券之所以有别于前此的私约，是因它既是契约，又是税契的证据。此后，又由投状申牒（公据）到印契给尾，手续日益严密。可是，大官胥吏还是有可乘之机，因之又有利用「砧基簿」、「批凿」、「过割」之事。于是文券（红契）、契尾、公据、砧基簿结合起来，从四面八方控制或干预土地、房屋和各种财物的转让关系，目的只有一个，就是为了保证契税的征收，与财产所有权为国有制还是私有制没有关系。

【注】

[一]《周易》卷八，中华书局《十三经注疏》影印本，上册第八六页。

[二]《淮南子》卷十一，上海古籍出版社一九八九年版，第一一二页。

[三]《史记》卷三〇《平准书》。「金为三品，黄，黄金也；白，白银也；赤，赤铜也。」中华书局标点本，第一四四二至一四四三页正文及「索隐」。

[四]中华书局影印本，一九六三年第一版，第三一四页。

[五]中华书局标点本，第一册第六、七页。

[六]《墨子间诂》卷一五，《国学基本丛书》简编本，下册第三六三页。太将即大将。

[七]《韩非子集解》第一卷，商务印书馆《国学基本丛书》本第一册第二〇页。

[八]《荀子集解》第八卷，《国学基本丛书》简编本第三册第一页。

[九]《释名疏证补》，上海古籍出版社，第六卷第八页上。

[十]中华书局《十三经注疏》影印本，上册卷三五第八七八页。

[十一]《左传》昭公十六年，中华书局《十三经注疏》影印本，下册第二〇八〇页。

[十二]中华书局标点本，第二〇八〇页。算：人口税。

[十三]中华书局标点本，第十册第二九七九页。

[十四]中华书局标点本，第八册第二五三四页。

[十五]中华书局标点本，第六册第一九八四页。

[十六]中华书局标点本，第三册第八八八页。

[十七]中华书局标点本，第一六册第五二一九页。

[十八]道光重修《永昌府志》，保山辅文馆印本。

[十九]中华书局标点本，第三册第一九七三页。

[二十]中华书局标点本，第十册第三一三七页。

[二一]大盂鼎铭文。

[二二]《礼记·王制》。

[二三]郭沫若《两周金文辞大系图录考释》第二册第六五页，第七册第八一至八一页。科学出版社一九五七年出版。

[二四]岐山县文化馆、陕西省文管会《陕西省岐山县董家村西周铜器窑穴发掘简报》，《文物》一九七六年第五期。周恭王三年时器。

[二五]《周礼·秋官·朝士》郑玄注。中华书局《十三经注疏》影印本，上册卷三五第八七八页。

[二六]郭沫若《两周金文辞大系图录考释》第三册第一一一页、第七册第一二四页。科学出版社一九五七年出版。

[二七]《周礼·秋官·司约》贾公彦疏。《十三经注疏》上册第八八一页。

[二八]同上书，孙诒让正义。

[二九]这里所说「大约剂」虽为「邦国约」，但主要是经济性质，并不同于「载书」。载书是政治性质的盟书，盛行于春秋时期，为诸侯或当权贵族间政治会盟的文件。如《孟子·告子下》曰：「葵丘之会诸侯，束牲，载书而不歃血。」《左传》襄公九年曰：「晋士庄子为载书。」杜注曰：「载书，盟书。」

[三十]郭沫若《两周金文辞大系图录考释》第七册第九七至九九页。科学出版社一九五七年出版。

[三一]中国科学院考古研究所编《居延汉简甲编》陆《编辑后记》，科学出版社一九五九年出版。

[三二]同上书壹《图录正编》二五四四A、B。

[三三]陶榖《清异录·土筵席》。

[三四]河北省文化局文物工作队《望都二号汉墓》，文物出版社一九五九年出版，第一三页《〔光〕和五年砖地券》，原文「上」字不清楚。

[三五]罗振玉《地券征存·晋咸康四年朱曼妻砖地券》。

[三六]罗振玉《丙寅稿·汉王□卿买地铅券》。

[三七]罗振玉《蒿里遗珍》(一)。

[三八]《汉书·食货志上》引董仲舒语。

[三九]《太平御览》卷八三六引应劭《风俗通》，中华书局影印本一九五九年版第三七三六至三七三七页。

[四十]陆增祥《八琼室金石补正》卷二，文物出版社一九八五年出版。

[四一]同上书，卷三。

[四二]恩格斯《家庭、私有制和国家的起源》，人民出版社一九七二年版第一六四页。

[四三]列宁《社会民主党在一九〇五—一九〇七年俄国第一次革命中的土地纲领》，《列宁全集》第一三卷第二〇一页。

[四四]马克思《资本论》第三卷，人民出版社一九五六年版第八二八页。

[四五]马克思《总委员会关于继承权的报告》，《马克思恩格斯全集》第一六卷第四一五页。

[四六]列宁《什么是「人民之友」以及他们如何攻击社会民主主义者？》，《列宁全集》第一卷第一三三页。

[四七]马克思《资本论》第一卷，人民出版社一九七五年版第一〇二页。

[四八]钱大昕《十驾斋养新录》卷一五。

[四九]《南京附近六朝墓葬出土文物》，《文物参考资料》一九五五年第八期第九八页。又《南京近郊六朝墓的清理》，《考古学报》一九五七年第一期第一八九页。

[五十]中国社会科学院考古研究所编《居延汉简乙编》下册肆《释文》第一六页上，编号二六·一。

[五一]中国社会科学院考古研究所编《居延汉简甲乙编》下册肆《释文》第一八六页下，编号二六二·二九。

[五二]《汉书·食货志》(上)。

[五三]《汉书·高帝纪》(下)引高帝五年诏。

[五四]《汉书·食货志》(上)。

[五五]《汉书·严助传》颜注。

[五六]《汉书·王莽传》(中)。师古曰:「兰谓遮兰之,若牛马兰圈也。」兰与「栏」通。

[五七]《后汉书·光武帝纪》(上)。

[五八]郭沫若主编《中国史稿》第二册,人民出版社一九七九年版第一九〇页插图二十九。

[五九]《周礼·秋官·士师》郑玄注引郑司农语。中华书局影印本,上册券三五第八七五页。

[六十]陶宗仪《南村辍耕录》卷一七《奴婢》,中华书局一九五九年版第二〇八页。

[六一]李心传《建炎以来朝野杂记》甲集卷第一五《田契钱》。

[六二]贺昌群《关于封建的土地国有制问题的一些意见》,《新建设》一九六〇年二月号。

[六三]《隋书》卷二四《食货志》。中华书局标点本,第六八九页。

[六四]《吐鲁番出土文书》第一册,文物出版社一九八一年版,第一九一、一九二页。

[六五]《唐律疏议》卷一二《户婚上·诸卖口分田者》条,商务印书馆万有文库本第二册第一一二页。

[六六]中国科学院历史研究所资料室编《敦煌资料》第一辑第三〇一页《丙辰年(八九六或九六五)张骨子买宅舍契》。收入张传玺主编《中国历代契约会编考释》改题《后周显德三年(九五六?)敦煌宋欺忠卖舍契》。

[六七]《敦煌资料》第一辑第二八七页《唐大中六年(八五二)僧张月光易地契》。

[六八]印纸:唐朝官府印发的买卖商品登记表簿,用为征收交易税的根据。

[六九]《册府元龟》卷五〇四《邦计·关市》。

[七十]《高昌二人合夏葡萄园券》,《吐鲁番出土文书》第三册第二〇一页。

[七一]依次见《敦煌资料》第一辑第二九三页《未年安环清卖地契》、第二九八页《丙子年沈都和卖宅舍契》、第三一〇页《后唐天复九年安力子卖地契》。

[七二]见《敦煌资料》第一辑。

[七三]东京开封府(今河南开封市)和西京河南府(今洛阳市)。

[七四]《续资治通鉴长编》卷二四《太平兴国八年三月乙酉》条。

[七五]日本影印元泰定刊本。

[七六]明熊寅几撰。

[七七]清毛焕文增补本。

[七八]《宋会要辑稿》第一三八册《食货》三五之六《钞旁印帖》。

[七九]李心传《建炎以来系年要录》卷八七绍兴五年三月。

[八十]《元典章》卷二二《户部·契本·就印契本》。

〔八一〕王圻《续文献通考》卷二九《征榷考·杂征(中)·课钞》。

〔八二〕《清朝文献通考》卷三一《征榷考》六《杂征敛》。

〔八三〕《雍正十一年卢国柱卖房契》附《便民契稿》，原件藏北京大学图书馆。

〔八四〕《清朝文献通考》卷三一《征榷考》六《杂征敛》。

〔八五〕转引自施一揆《元代地契》，《历史研究》一九五七年第九期第八〇页。

〔八六〕原件藏北京大学图书馆。

〔八七〕《明崇祯五年巡按应天察院颁行契尾》，原件藏北京大学图书馆。

〔八八〕《乾隆十三年直隶布政司颁行契尾》，原件藏北京大学经济系。

〔八九〕以上均引自《清朝文献通考》卷三一《征榷》六《杂征敛》。

〔九十〕转引自《元代地契》，原载《历史研究》一九五七年第九期第八一页。缺字据有关文件试补。

〔九一〕《通制条格》卷一六《田令理民》。

〔九二〕《明万历十三年绍兴府山阴县刻印田地山荡帖》，原件藏北京大学图书馆。

〔九三〕李心传《建炎以来朝野杂记》甲集卷五《经界法》。

〔九四〕《宋史》卷一七三《食货志》(上一)曰：宁宗嘉定十年(一二一七)，魏豹文知婺州，「凡结甲册，户产簿、丁口簿、鱼鳞图、类姓簿二十三万九千有奇，创库柜以藏之，历三年而后上其事于朝」。据此知南宋时已有「鱼鳞图」之名，为砧基簿的异称。

〔九五〕《文献通考》五《田赋》五。

〔九六〕参看《明太祖实录》卷一八〇「洪武二十年二月」条。

〔九七〕《续资治通鉴长编》卷二四《太平兴国八年三月乙酉》条。

〔九八〕《大明律集解附例》卷五《户律·田宅·典买田宅·纂注》。

〔九九〕参看《文献通考》卷一九《征榷》六《杂征敛·牙契》。

〔一〇〇〕李心传《建炎以来朝野杂记》甲集卷一五《田契钱》，国学基本丛书本上第二〇九页。

〔一〇一〕俞文豹《吹剑录外集》。

〔一〇二〕《清朝续文通考》卷四六《征榷考》二十《杂征敛》。

〔一〇三〕《宋会要辑稿》第一百三十八册《食货》三五之一八《钞旁印帖》。

〔一〇四〕《大明律》卷五《户律·田宅》。

二 买地券文广例

导 言

两汉时期，随着土地私有制的发展，土地买卖也很盛行，作为土地私有权的证明文书——契约，被广泛使用于土地买卖的关系中。从那时起，土地契约原件，历代都有遗存并流传至今。我曾为中国古代「田宅买卖契约」设计过一个「契文广例」的框架。文曰：「田宅买卖契约是物权契约的一种。契约成立，同时履行，一般不保存义务。这样的契约的成立，主要有三个条件：一是当事人对标的有完全的所有权或完全的处分权；二是标的须确定；三是当事人意思表示不得违反一般法律许可行为及契约之原则。这三个条件表现在契约文字上，可分为如下八项则例：即买卖时间、业主姓名、标的（所卖田宅的坐落和四至）、钱主姓名、契价和交割、业主担保事项、业主署名画押、中保人署名画押等。」[一]当然买地券文的「广例」，不能照搬人间契约的这八项，应当产生于买地券文的实际。买地券文脱胎于人间土地买卖契约，这只是问题的一面；还有有别于人间契约的另一面，就是由钱主单方面设定，并使用于幽冥之间。使用时间自东汉至明清约一千八百年，其间券文有发展，有演变。它与人间契约的主要相同点，是以法律文书的形式维护钱主（买主）的权益；主要的不同点，是日趋迷信化、道教化，绝大部分内容日渐神乎其神。宋陶穀《清异录·土筵席》曰：「葬家听术士说，例用朱书铁券，若人家契帖，标四界及主名，意谓亡者居室之执守，不知争地者谁耶！」[二]据此情况，买地券文广例自应与人间的「契文广例」有同有异。买地券中杂有不少赝品，鱼目混珠，本文对可疑者，均不收录[三]。

我为买地券文设计的广例共有九项。依其在券文中的序列为：一、标题、券额；二、立券时间；三、钱主姓名；四、业主姓名；五、标的确定；六、券价与交割；七、业主担保与违约罚则；八、中保人署名与酒礼银；九、设神道以护法权。由于券文多出自民间的术士之手，文字水平不高，虽有底文可据，但一经写出，常常词不达意，前后重复，语句颠倒，内容粘连，在择取事例时，不易剪辑。为防以文害义，求得一目了然，在不影响分类的情况下，剪取时略有长短机动。券名初见时，用全标题。此标题为笔者拟定，包括年代、地点和原题在内。再引时，一律用「简称」，以节约篇幅。但简称中含「公元」，便于了解事例的年代。所谓「广例」，言其例类较广，不同者收之，大同小异者亦收之。雷同者，时代近则不收，久远者，酌收。「导言」之外，九项则例共收事目二七五条。对某些词、语、典、事，酌加注释或考证，以供参考。仓促成稿，疏漏在所难免，请热心朋友多多指正。

（一） 标题、券额

汉魏时期的民间契约虽已有大致的定式，但由于多数为民间私契，其文字的随意性较大，意思表示有欠规范，款式亦缺乏考究，更谈不到标题、券额之事。至东晋初年，官府创行税契制度，在已纳契税的契纸上盖以红印，名曰「文券」。这一措施在客观上推动了契约日益规范化。隋唐时期，创行「申牒」制度，就是业主在欲出卖较大的家产时，首先要向官府具文申报，官府同意后，发给「文牒」，并随之考察。考察属实，再给予「公验」，然后才可办理订立买卖契约事宜。此契约在交纳契税之後，盖以官印，叫做「市券」。《唐律疏议·户婚·诸妄认公私田》：「田无文牒辄卖买者，财没不追。」《唐六典·太府寺·京都诸市令》：「凡卖买奴婢、牛马，用本司本部公验以立券。」《唐律疏议·杂律·诸买奴婢马牛驼骡驴》：「诸买奴婢、马牛驼骡驴，已过价，不立市券过三日，笞三十，卖者减一等。」文牒、公验、市券为不同的文件，但基本内容相同，由于为官方制定，表述科学，因之促使契约更迅速规范化。大约就在此时，有些契约上出现了类似标题的文字。

所谓标题，就是契约的名称，冠于契前，居于首行，这是由券文的择由演变而来的。最早见于官府颁给的文牒、公验、市券之类上，而后才出现在民写的私约上。如《唐开元十九年（七三一）高昌商胡米禄山卖婢市券》[四]：「开元拾玖年贰月　日，得兴胡米禄山辞。」《唐开元二十年（七三二）高昌田元瑜卖婢市券》[五]：「开元贰拾年捌月　日，得田元瑜牒。」《唐大中五年（八五一）敕内庄宅使牒》[六]：「敕内庄宅使牒。」但「券额」在唐和五代时期，大约尚未出现。直到明清，始见于官印契纸上。

在买地券文之前列出标题，或冠以券额，就券文款式来说，是已完善化的标志。但其出现的时间都较晚，约在唐宋时期。出现的原因，有受人间官府与土地契约有关的公文程式的影响，还有道家「鬼律」的影响。应当说，后者的作用更直接一些。鬼律有《女青鬼律》[七]，还有大大小小各种名目的鬼律。如《青囊红》曰：「葬不立券，名为盗葬。」[八]《青乌鬼律》曰：「葬不买地，不立券，谓之盗葬。」[九]鬼律引入葬仪，而又有明确的导向，是促使买地券列出标题，冠以券额的重要原因。

买地券中最早的标题见于唐代后期。如《唐开成二年（八三七）弋阳县姚仲然买墓地石券》（以下简称《唐（八三七）姚仲然券》）[十]：「唐故将仕郎试洪州建昌县丞姚府君墓　券一所。」《后唐天成四年（九二九）犀浦县钱氏买地石券》（以下简称《后唐（九二九）钱氏券》）[十一]：「维天成四年[十二]，岁次己丑，十一月丙寅朔五日庚午，故钱氏地券。」最早的券额见于北宋中期。如《北宋嘉祐二年（一〇五七）南城县陈六娘买地石契》（以下简称《北宋（一〇五七）陈六娘契》）[十三]：「地契壹道」[十四]；《北宋崇宁四年（一一〇五）武宁县李宣义买地石券》（以下简称《北宋（一一〇五）李宣义券》）[十五]：「买地券。」[十六]此后，类似的事例渐多。但主要见于今江西省及其邻近地区；就全国范围来说，多数买地券并无标题，券额则更少。

一　唐（八三七）姚仲然券：

唐故将仕郎试洪州建昌县丞姚府君墓　券一所

二　后唐（九二九）钱氏券：

维天成四年，岁次己丑，十一月丙寅朔五日庚午，故钱氏地券

三　后蜀广政十八年（九五五）彭山县宋琳买地石券（以下简称《后蜀（九五五）宋琳券》）[十七]：

宋琳地券[十八]

四　北宋明道二年（一〇三三）阳曲县陶美买地砖券（以下简称《北宋陶美券》）[十九]：

墓至[二十]

五　北宋（一〇五七）陈六娘券：

地契壹道[二一]

六　北宋（一一〇五）李宣义券：

买地券[二二]

七　北宋大观二年（一一〇八）金溪县徐大娘买地石券（以下简称《北宋（一一〇八）徐大娘券》）[二三]：

徐氏地券[二四]

八　北宋大观二年（一一〇八）金溪县孙大郎买地石券（以下简称《北宋（一一〇八）孙大郎券》）[二五]：

孙君地券[二六]

九　北宋政和八年（一一一八）进贤县吴愿买地石券（以下简称《北宋（一一一八）吴愿券》）[二七]：

宋故吴助教地券[二八]

十　金正隆五年（一一六〇）辽阳县买地瓷券[二九]：

明堂之券[三十]

一一　南宋乾道七年（一一七一）华阳县赵世朝等买地石券（以下简称《南宋（一一七一）赵世朝券》）[三一]：

维大宋乾道七年[三二]，岁次辛卯，十月壬寅朔二十日辛酉，殁故赵世朝、熙朝地券[三三]

一二　南宋淳熙元年（一一七四）西城县滑璋买地砖券（以下简称《南宋滑璋券》）[三四]：

地券[三五]

一三　南宋淳熙十五年（一一八八）新淦县曾三十七买地石券（以下简称《南宋（一一八八）曾三十七券》）[三六]：

有宋曾公承事地券[三七]

一四　南宋庆元四年（一一九八）临川县朱济南买地石券（以下简称《南宋（一一九八）朱济南券》）[三八]：

宋　知　朝　朱　地

故　郡　请　公　券[三九]

一五　南宋嘉泰元年（一二〇一）宜黄县叶九买地石券（以下简称《南宋（一二〇一）叶九券》）[四十]：

叶九承事地券[四一]

一六　南宋嘉定四年（一二一一）清江县王德秀墓地石券[四二]：

有宋周氏地券[四三]

一七　南宋宝庆三年（一二二七）清江县王晟等墓地石券[四四]：

有　王　宣　地　券

宋　公　义　神　文[四五]

一八　南宋淳祐十年（一二五〇）清江县郑静阅买地石券（以下简称《南宋（一二五〇）郑静阅券》）[四六]：

地券[四七]

一九　元至元二十二年（一二八五）瑞州路蓝六娘买地陶契（以下简称《元（一二八五）蓝六娘契》）[四八]：

地契文[四九]

二十　元泰定三年（一三二五）南昌县李觉斋买地石券（以下简称《元（一三二五）李觉斋券》）[五十]：

券文[五一]

二一　明正统九年（一四四四）合肥县陶时买地砖券[五二]：

阴契券文

二二　明正统十一年（一四四六）南昌县余妙果买地砖券[五三]：

太上女青符券[五四]

二三　明景泰元年（一四五〇）沈阳中卫崔源买地石券（以下简称《明（一四五〇）崔源券》）[五五]：

墓券

二四　明天启六年（一六二六）仁和县郎斗金买地券[五六]：

地券

（二）立券时间

券文中所载立券时间，为缔约双方或数方的权利与义务生效的时间，非常重要。今天所见人间契约，在西周时即有此制，而且书于首行。如《周恭王三年（前九一九）裘卫典田契约资料》[五七]：「隹三年三月既生霸壬寅[五八]，王再旂于丰[五九]，矩白庶人取堇章（瑾璋）于裘卫，才（财）八十朋[六十]，氒贲（厥贮），其舍田十田[六一]。」两汉时期，契约进一步完善。书写立券的时间已具体到帝王年号，年份，月份，朔日干支，日数及日序干支，而且都写在券文的首行。如《西汉本始元年（前七三）居延陈长子卖官绔券》[六二]：「本始元年七月庚寅朔甲寅。」当然也有不用干支的，如《西汉神爵二年（前六〇）广汉县节宽德贯卖布袍券》[六三]：「神爵二年十月廿六日。」买地券书写立券的时间，大约在此类地券一出现就有了。至目前所知，最早的一件买地券为《东汉建初六年（八一）武孟靡婴买冢田玉券》（以下简称《东汉（八一）靡婴券》）[六四]，所书立券时间已由年号、年、月、日和日干支组成，即为「建初六年十一月十六日乙酉」[六五]，已相当完善了，所缺者仅为朔日干支，即「庚午朔」而已。又《东汉建宁二年（一六九）怀县王未卿买田铅券》（以下简称《东汉（一六九）王未卿券》）[六六]，所书立券时间为「建宁二年八月庚午朔廿五日甲午」[六七]，已增加了朔日干支，这比《靡婴券》更前进了一步。各券所书立券时间也如人间的契约一样，繁简不一。后代还有用太岁纪年者，亦有在立券时间之后书以建除十二辰者。自东晋以后，还有在年代之上冠以国号者，如宋、齐、梁、大唐、大周、皇宋、大金、大元国等等。自北宋开始，立券时间或写于券前，或写于券末，也有少数夹叙于券文中间者。

一　东汉（八一）靡婴券：

建初六年十一月十六日乙酉。

二　东汉（一六九）王未卿券：

建宁二年八月庚午朔廿五日甲午。

三　东汉光和元年（一七八）平阴县曹仲成买冢田铅券（以下简称《东汉（一七八）曹仲成券》）[六八]：

光和元年十二月丙午朔十五日。

四　三国吴凤凰三年（二七四）会稽郡孟壹买冢地锡券（以下简称《三国吴（二七四）孟壹券》）[六九]：

凤凰三年八月十九日，对共破券[七十]。

五　西晋太康五年（二八四）山阴县杨绍买冢地瓦莂（以下简称《西晋（二八四）杨绍莂》）[七一]：

太康五年九月廿九日，对共破莂[七二]。

六　西晋太康六年（二八五）江宁县曹翌买田铅券（以下简称《西晋（二八五）曹翌券》）[七三]：

太康六年元月廿四日[七四]

七　西晋元康元年（二九一）葛阳县李达买地砖券（以下简称《西晋（二九一）李达券》）[七五]：

元康元年十一月戊午朔廿七日乙酉[七六]，收[七七]。

八　西晋永宁二年（三〇二）枞阳县大中大夫买地铅券（以下简称《西晋（三〇二）大中大夫券》）[七八]：

永宁二年二月辛亥朔廿日庚子[七九]。

太岁在壬戌[八十]。

九　东晋咸康四年（三三八）丹徒县朱曼妻薛买地石券（以下简称《东晋（三三八）朱曼妻薛券》）[八一]：

晋咸康四年二月壬子朔四日乙卯。

十　南朝宋元嘉九年（四三二）仁仪里王佛女买墓田砖券（以下简称《南朝宋（四三二）王佛女券》）[八二]：

元嘉九年太岁壬申十一月壬寅朔廿日辛〔酉〕[八三]。

一一　北魏太延二年（四三六）苟头赤鲁买地瓦券（以下简称《北魏（四三六）苟头赤鲁券》）[八四]：

大延二年九月四日[八五]。

一二　南朝宋泰始六年（四七〇）始安县欧阳景熙买地石券（以下简称《南朝宋（四七〇）欧阳景熙券》）[八六]：

宋泰始六年十一月九日。

一三　南朝齐永明五年（四八七）始安县秦僧猛买地石券（以下简称《南朝齐（四八七）秦僧猛券》）[八七]：

齐永明五年太岁丁卯十二月壬子朔九日庚申。

一四　南朝梁天监十八年（五一九）潭中县覃华买地石券（以下简称《南朝（五一九）覃华券》）[八八]：

太岁己亥十二月四日[八九]。

一五　隋大业六年（六一〇）临湘县陶智洪买地陶券（以下简称《隋（六一〇）陶智洪券》）[九十]：

维大业六年太岁在庚午二月癸巳朔廿一日癸丑[九一]。

一六　武周延载元年（六九四）丹徒县伍松超买德地砖券（以下简称《武周（六九四）伍松超券》）[九二]：

维大周延载元年八月壬子朔九日庚申[九三]。

一七　唐大历四年（七六九）天山县张无价买地木契（以下简称《唐（七六九）张无价契》）[九四]：

维大历四年岁次己酉[九五]十二月乙未朔廿日甲寅。

一八　唐大顺元年（八九〇）南昌县熊十七娘买地木券（以下简称《唐（八九〇）熊十七娘券》）[九六]：

维大唐〔大顺〕庚戌九月甲申朔十三日丙申。

一九　北宋元祐元年（一〇八六）新喻县胡三郎买地石券[九七]：

维皇宋元祐元年岁次丙寅七月丙辰朔，临江军新喻县凤巢里下谗公保殁故胡三郎……克取今月十七日大吉安厝。

二十　北宋（一一〇八）徐大娘券：

维大宋岁次戊子大观二年八月二十八日殁故徐氏大娘卒，以次年十一月二十日茔葬。

二一　金明昌二年（一一九一）洛阳县赵通买地砖券（以下简称《金（一一九一）赵通券》）[九八]：

维大金明昌二年岁次辛亥七月丁未朔十五日辛酉。

二二　南宋（一二二七）王晟券：

维皇宋宝庆三年岁次丁亥九月丁丑朔越二十一日丁酉。

二三　元大德五年（一三〇一）南昌县黄金桂买地砖券（以下简称《元（一三〇一）黄金桂券》）[九九]：

维大元国大德五年辛丑……十月初二日巳时卜地葬南昌县长定乡陈桥之原为吉兆安厝。

二四　明洪武三十年（一三九七）滁州王氏妙安买地陶券[一〇〇]：

天运洪武三十年岁次丁丑四月望日。

二五　明万历二十七年（一五九九）兰州戴廷仁买地砖券[一〇一]：

万历二十七年岁次己亥八月丁巳朔越二十一日丁酉。

二六　明崇祯九年（一六三六）泰州沈南堂夫妇买地砖契[一〇二]：

崇祯九年岁次丙子季冬望月庚寅日。

二七　清康熙十八年（一六七九）通州程衡、夫人邓氏买地砖券[一〇三]

维康熙十八年岁次己未二月丙寅朔十三日戊寅。

（三）钱主姓名

钱主就是墓地的买主，是缔约关系中权利的一方，在券文中要署名是不言而喻的。业主是缔约关系中义务的另一方，在缔约之后的一定时间中承担着履行契约中规定的义务，当然也要署名。西周、春秋时的契约原貌今天已不易得知。但西汉时的契约尚可看到，这是人所共知之事。不过当时的署名习惯，钱主在先，还是业主在先，并无定制，大约随书契人的习惯或方便，先后无定。如《西汉神爵二年（前六〇）广汉县节宽德贯卖布袍券》：「广汉县节里男子节宽德卖布袍一，陵胡隧长张仲孙用贾钱千三百[一〇四]，约至正月□□。」此为先业主后钱主者。又如《西汉建昭二年（前三七）甲渠塞欧威贯卖裘券》[一〇五]：「甲渠令史董子方买鄐卒欧威裘一领，直七百五十。约至春，钱毕已」。[一〇六]此为先钱主，后业主者。大约在此时或稍晚，人们在实践中已意识到买卖契约不同于抵押、典当等契约，前者是绝契，或叫做绝卖契、死契，立契之後，「钱货两清」，彼此了断。后者则为活契，立契之后，在相当长的时间中，双方或多方一直存在着权利与义务的关系。因此，立死契的基本操作方式是由业主出具证明（契据），归钱主收执就可以了。因此，契文逐渐形成业主第一人称。关于此点，在汉简中看得很清楚。可是在买地券中则恰恰相反，是坚持先钱主、后业主的做法，这主要是与买地券的性质有密切关系。钱主并非都是死者本人，有的是死者之父母、子女、夫妻或孙辈。书钱主时，多述其籍贯、身份、官职及买墓地的原由等，在这一点上，也远远超过了人间契约。业主多是虚构的，因此处于次要地位。

一　东汉（八一）靡婴券：

武孟子男靡婴[一〇七]

二　东汉（一六九）王未卿券：

河内怀男子王未卿[一〇八]

三　东汉建宁四年（一七一）雒阳县孙成买田铅券（以下简称《东汉（一七一）孙成券》）[一〇九]：

左骏厩官大奴孙成[一一〇]

四　东汉熹平五年（一七六）广武乡刘元台买地砖券（以下简称《东汉（一七六）刘元台券》）[一一一]：

广〔武〕乡乐成里刘元台[一一二]

五　东汉（一七八）曹仲成券：

平阴都乡市南里曹仲成[一一三]

六　东汉光和二年（一七九）河南县王当买田铅券（以下简称《东汉（一七九）王当券》）[一一四]：

青骨死人王当、弟〔使〕偷及父元兴〔等〕[一一五]

七　东汉中平五年（一八八）雒阳县房桃枝买地铅券（以下简称《东汉（一八八）房桃枝券》）[一一六]：

雒阳大女房桃枝[一一七]

八　三国吴黄武四年（二二五）九江郡浩宗买地砖券（以下简称《三国吴（二二五）浩宗券》）[一一八]：

九江男子浩宗以□月客死豫章[一一九]

九　三国吴黄武六年（二二七）吴郡郑丑买地铅券（以下简称《三国吴（二二七）郑丑券》）[一二〇]：

吴郡〔男子〕郑〔丑〕年七十五，以元年六月□□〔江〕夏沙羡县物故[一二一]。

十　三国吴永安五年（二六二）丹阳县彭卢买地铅券（以下简称《三国吴（二六二）彭卢券》）[一二二]：

丹杨石城都〔乡〕□□〔校〕尉彭卢年五十九[一二三]，寄居沙羡县〔界〕物故。今岁吉良[一二四]，宿得天食[一二五]，可以建□，造作
无坊。

一一　三国吴（二七四）孟壹券：

吴故夷道督奋威将军诸暨都乡侯会稽孟赟息男壹为赟买男子周寿所有丹杨无湖马头山冢地一丘[一二六]。

一二　西晋（二八四）杨绍莂：

大男杨绍从土公买冢地一丘[一二七]。

一三　东晋咸康四年（三三八）丹徒县朱曼妻薛买地石券（以下简称《东晋（三三八）朱曼妻薛券》）[一二八]：

吴故舍人立节都尉晋陵丹徒朱曼故妻薛[一二九]

一四　南朝宋（四三一）王佛女券：

都乡仁仪里王佛女薄命[一三〇]，□□□□□下□黄泉[一三一]，今为佛女占买彭城郡□□□北乡垞城里村南龟山为墓田百
亩[一三二]。

一五　南朝宋元嘉十年（四三三）临湘县徐副买地石券（以下简称《南朝宋（四三三）徐副券》）[一三三]：

荆州长沙郡临湘县北乡白石里界官祭酒代元治黄书契令徐副年五十九岁，以去壬申年十二月廿六日醉酒寿终，神归三
天，身归三泉，长安蒿里。

一六　北魏（四三六）苟头赤鲁券：

苟头赤鲁从同军民车阿姚买地五十亩……买车高奥地卅亩[一三四]。

一七　南朝宋（四七〇）欧阳景熙券：

始安郡始安县都乡都唐里没故道民欧阳景熙[一三五]，今归蒿里[一三六]。

一八　南朝齐永明三年（四八五）涅阳县刘凯买地石券（以下简称《南朝齐（四八五）刘凯券》）[一三七]：

新出老鬼，太上老君符敕[一三八]：天一地二、孟仲四季、黄神后土、土皇土祖、土营土府、土文土武、墓上下左右中央墓主、
丘丞墓伯、冢中二千石、左右墓侯、五墓将军、营土将军、土中督邮、安都丞、武夷王、蒿里父老、都集伯伥、营域亭伥[一三九]、
部墓门亭伥、功曹、传送大吉小吉、胜先神後、太一征明、天魁天刚[一四〇]、从魁太冲、随斗十二神等[一四一]，南阳郡涅阳县都
乡上支里宋武陵王前军参事□□□参军事刘觊卌五[一四二]，以齐永明二年□□四月十五日□命，□□归三天，身归三
泉[一四三]，长安蒿里。父元山，宋衡阳王安西府主簿、天门太守、宋南谯王车骑参军、尚书都官郎。祖肃，将军参军事给事
中。旧墓乃在荆州熙心里，中府君今更新其丘宅兆[一四四]，在此江夏郡汝南县孟城山岗。

一九　唐（七六九）张无价契：

西州天山县南阳张府君张无价异域安宅兆[一四五]。以今年岁月□□，今龟筮协从，相地袭吉，宜于州城前庭县□□外角之原，安厝宅兆。

二十　唐开成二年（八三七）弋阳县姚仲然买墓地石券（以下简称《唐（八三七）姚仲然券》）[一四六]：

信州弋阳县新政军如里姚仲然年七十七，开成二年九月廿日，因往南山采药，遇仙不回，遂即致死。今买当乡地作墓。

二一　唐大中元年（八四七）安喜县刘元简买地砖券（以下简称《唐（八四七）刘元简券》）[一四七]：

刘元简为亡考押□（刘）□□（墓）于定州安喜县□虞乡晖同村……买地壹段壹拾亩[一四八]，充永业墓地[一四九]。

二二　唐大顺元年（八九〇）南昌县熊十七娘买地木券（以下简称《唐（八九〇）熊十七娘券》）[一五〇]：

洪州南昌县敬德坊殁故亡人熊氏十七娘□□□□□寿命已终，别无余犯。今……买得此地。

二三　后唐（九二九）钱氏券：

（钱氏）生居城邑，死安宅兆，龟筮叶从[一五一]，相地袭吉[一五二]。宜于犀浦县阳侯乡巴州里之原安厝[一五三]。

二四　南唐保大四年（九四六）范阳郡汤氏县君买地木券（以下简称《南唐（九四六）汤氏券》）[一五四]：

故范阳郡汤氏县君得寿行年五□□□[一五五]，不幸于三月三日身已亡殁，为……路，至今不回，想是命终，生时□□□□□用图书[一五六]，宜于府城西方[一五七]，去城约三里……（卖）墓地壹所。

二五　南汉（九二六）马二十四娘券：

大汉国内侍省扶风郡殁故亡人马氏二十四娘[一五八]，年登六十四，命终，魂归后土，用钱……买得……地一亩。

二六　北宋至和二年（一〇五五）瑞昌县君孙四娘子买地木券（以下简称《北宋（一〇五五）孙四娘子券》）[一五九]：

殁故瑞昌县君得寿年六十一，于三月二十日终于家[一六〇]……取当年七月二十九日己酉[一六一]，化龙乡祖茔西仄……买得吉地壹段[一六二]。

二七　北宋（一〇五七）陈六娘券：

建昌军南城县雅俗乡训俗里后潭新津保殁故亡人陈氏六娘[一六三]，行年七十八岁，命归泉路，忽被太山敕召灵魂禁司[一六四]，土公、土母、土伯、土历、上下二千石、禄墓门亭长、蒿里父老、武夷王等土□，陈氏六娘宰阴阳定生，孝顺□□，上即顺于天地，下即顺于父母。清清松竹，尚皆枯荣；人非王乔[一六五]，宁无凋落。遂赍银钱……永买得本□乙向地一开。

二八　北宋（一一〇五）李宣义券：

南赡部洲大宋国江南西路洪州武宁县年丰乡石门里知筠州上高县事李宣义，辛卯生，年五十四岁，于崇宁三年六月二十九日以疾终于上高官舍。至次年正月二十八日丁酉，归葬于本里龙潭南山之原。

二九　北宋（一一〇九）徐大娘券：

维大宋岁次戊子大观二年八月二十八日，殁故徐氏大娘卒，以次年十一月二十日茔葬。龟筮协从[一六六]，相地袭吉，宜于抚州金溪县归政乡周坊源鹧鸪岭安厝宅兆。

三十　伪齐阜昌八年（一一三七）虢县朱近买白地券（以下简称《伪齐（一一三七）朱近券》）[一六七]：

凤翔府虢县磻溪乡卢家社朱近于阜昌八年六月七日于令远扗（在）赵元处村南买到白地十亩[一六八]。

三一　金（一一九一）赵通券：

祭主畀赵通奉为殁故先祖父母诣灵，龟筮协从，相地袭吉。宜于河南府洛阳县金谷乡上清宫北後河村之原，安厝宅兆……买地一段。

三二　南宋（一一九八）朱济南券：

维大宋国江南西路抚州临川县左界具庆坊居住故知军朝请朱公于庆元三年岁次丁巳五月初三日以疾卒于正寝[一六九]，享年五十八岁。龟筮协从，相地袭吉，于四年九月二十五日庚申卜葬于本县静安乡卅八都土名上幕之原……买得阴地一段。

三三　金大安二年（一二一〇）曲沃县董玘坚俵等买地契（以下简称《金（一二一〇）董玘坚俵契》）[一七〇]：

普天下，唯南赡部州修罗王管界大金国河南东路绛州曲沃县褫祁乡南方村董玘坚俵、弟董明[一七一]，于泰和八年买了本村房亲董平冢墓一所[一七二]，东西两营[一七三]。

三四　元（一二八五）蓝六娘契：

维大元国江西道瑞州路在城河南岸庆善坊居住殁故蓝氏六娘[一七四]，元命壬午年九月初七日午时生，享年六十有三，不幸于乙酉年（一二八五）八月初二日午时身故。今命述人迁寻得受地一穴，坐落马俗乡四十六都[一七五]，地名青田岗，坐寅山，作申向。今年大利，卜取是日安葬……买得其地。

三五　元至元二十五年（一二八八）卫辉路齐□□买地砖契（以下简称《元（一二八八）齐□□契》）[一七六]：

祭主齐□□伏缘祖先掩逝，未卜兆营[一七七]，夙夜忧思，不遑所厝。今者，择此高原，来去朝迎，地□袭吉。地属卫辉路西关之原[一七八]，堪为宅兆。谨备綵，买到地壹段。

三六　明景泰七年（一四五六）上元县金福满买地券（以下简称《明（一四五六）金福满券》）[一七九]：

贯籍应天府上元县十三坊铁狮子衙官舍居住祭主孝男金福满洎家眷等[一八〇]，伏缘故太监金英神主存日[一八一]，阳年六十三。原命甲戌相八月十二日吉时受生[一八二]，大限于景泰七年六月初一日申时分寿终[一八三]。自从顷逝，未卜营坟[一八四]。夙夜忧思，未遑所厝。遂凭术者择此高原，龟筮协从，相地得吉。地属应天府江宁县安德乡英台寺山之畔，依辛酉山，乙卯向，堪为宅兆……买地一方。

三七　明成化十二年（一四七六）庐陵朱郡主买地券（以下简称《明（一四七六）朱郡主券》）[一八五]：

太上高皇帝敕□□[一八六]，大明江西宁府奏[一八七]：敕庐陵郡主朱氏[一八八]，原命生于前丁亥年四月二十五日未时[一八九]，不幸终于丙申年七月初十日酉时[一九〇]因往南山采药，路逢仙人，辞酒一盅，醉而不返……买到阴地一穴。

三八　明万历十七年（一五八九）上海县潘云买地券（以下简称《明（一五八九）潘云券》）[一九一]：

贯直隶松江府上海县高昌庙二十五保城隍庙界肇嘉浜水南奉道信士潘云五十六岁[一九二]，原命甲午十一月初四日受生[一九三]，大限于今年五月二十三日正寝。停柩在堂，未遑安厝。择取吉地一穴，坐落淡井庙界肇嘉浜水北，祖茔之穆[一九四]，坐壬向丙[一九五]。涓今吉辰[一九六]，斩草向金井流[一九七]，日用工营建定北，择于十月二十一日乙未吉时安厝。

（四）业主姓名

买地券对于业主的写法，与人间契约有很大的不同。主要不同之处有两点：其一，被动式。其二，神仙化。关于第一点，自汉至唐初的人间契约，其意思表示一般不体现主动与被动。但自唐代中期以后，体现业主主动的意思表示者渐多。如《吐蕃未年（八〇三？）敦煌尼明相卖牛契》[一九八]：「尼明相为无粮食及有债负[一九九]，今将前件牛出卖与张抱玉。」再如《吐蕃未年（八二七？）敦煌安环清卖地契》[二〇〇]：「上部落百姓安环清为突田债负，不办输纳，今将前件地出买（卖）与同部落人武国子。」又如《南宋淳祐十二年（一二五二）徽州李从致卖山田契》[二〇一]：「归仁都李从致、从卿、侄思贤等……今来无钱支用，众议将前项四至内山并田出卖与同里人胡南仕名下。」然而在买地券中则无此现象。从此类地券一出现，即钱主处于主动，业主处于被动。如《东汉（八一）靡婴券》：「武孟子男靡婴买马起宏、朱大弟少卿冢田。」《东汉（一七八）曹仲成券》：「平阴都乡市南里曹仲成从同县男子陈胡奴买长右亭部马领佰北冢田六亩。」

关于第二点，即将业主神仙化的问题，则是由于迷信思想与道教发展、影响的结果，也是钱主与术士商同创造的。不论此墓地是自有之地，还是新买之地，绝大多数都要设定卖地的业主，而且还都是天上或地下的神圣，而加以喧嚣夸张，以使此墓地不可侵犯。此制最早见于《三国吴（二二五）浩宗券》：「九江男子浩宗……从东王公、西王母买南昌东郭一丘。」后来更有发展。如《武周（六九四）伍松超券》：「今葬宅心乡堺□西丙向[二〇二]，塚（地）下先人蒿里〔三〕老[二〇三]、左右承（丞）、墓伯、土下二千石、〔安都丞〕、武夷王，买此冢塚。」这些说法都属于虚构。当然各券亦不相同，文字有简有繁。

一　东汉（八一）靡婴券：

买马起宏、朱大弟少卿冢田[二〇四]。

二　东汉（一六九）王未卿券：

从河南街邮部男袁叔威买皋门亭部什三陌西袁田三亩[二〇五]。

三　东汉（一七一）孙成券：

从雒阳男子张伯始卖（买）所名有广德亭部罗佰田一町[二〇六]。

四　东汉（一七六）刘元台券：

从同县刘文平妻〔买得〕代夷里冢地一处。

五　东汉（一七八）曹仲成券：

从同县男子陈胡奴买长右亭部马领佰北冢田六亩。

六　东汉（一八八）房桃枝券：

从同县大女赵敬买广德亭部罗西步兵道东冢下余地一亩。

七　三国吴（二二五）浩宗券：

从东王公、西王母买南昌东郭一丘。

八　三国吴赤乌八年（二四五）萧整买地铅券（以下简称《三国吴（二四五）萧整券》）[二〇七]：

从无湖西乡土主叶敦买地四顷五十亩[二〇八]。

九　三国吴（二六二）彭卢券：

□□丘父、土王买地。

十　三国吴（二七四）孟壹券：

买男子周寿所有丹杨无湖马头山冢地一丘[二〇九]。

一一　西晋（二八四）杨绍蒴：

从土公买冢地一丘。

一二　西晋（二八五）曹翌券：

买石子坑虎牙之田，地方十里[二一〇]。

一三　西晋（二九一）李达券：

今从天买地，从地买宅。

一四　东晋（三三八）朱曼妻薛券：

从天买地，从地买宅。

一五　北魏（四三六）苟头赤鲁券：

从同军民车阿姚买地五十亩……买车高奥地卅亩。

一六　南朝齐永明五年（四八七）始安县秦僧猛买地石券（以下简称《南朝齐（四八七）秦僧猛券》）[二一一]：

今买得本郡县乡里福乐坑□□纵广五亩地，立冢一丘[二一二]。

一七　北魏正始四年（五〇七）北坊张猥洛买田砖券（以下简称《北魏（五〇七）张猥洛券》）[二一三]：

从系民路阿兜买墓田三亩。

一八　南朝梁（五一九）覃华券：

今买宅在本郡骑唐里，纵广五亩地，立冢一丘，自葬[二一四]。

一九　隋（六一〇）陶智洪券：

今寄巴陵郡湘阴县治下里中东岂太阳山买地百亩……立地上宅[二一五]。

二十　武周（六九四）伍松超券：

今葬宅心乡堺□西丙向，垄下先人蒿里〔三〕老、左右承（丞）、墓伯、土下二千石、〔安都丞〕、武夷王，买此冢茔。

二一　唐（七六九）张无价契：

谨用五綵杂信[二一六]，买地一亩。

二二　唐元和九年（八一四）范阳县乔进臣买地砖牒（以下简称《唐（八一四）乔进臣牒》）[二一七]：

乔进臣买德地一段[二一八]。

二三　唐（八三七）姚仲然券：

今买当乡地作墓……地主张坚固[二一九]。

二四　唐（八九〇）熊十七娘券：

今……就蒿里父老、〔安〕都承（丞）、武夷王买得此地。

二五　南汉（九六二）马二十四娘券：

用钱……于地主武夷王边，买得左金吾街咸宁县北石乡石马保菖蒲观界地名云峰岭下坤向地一面[二二〇]。

二六　北宋熙宁八年（一〇七五）庐陵县江注买地石券（以下简称《北宋（一〇七五）江注券》）[二二一]：

实用钱谷币帛珍宝等就开皇地主处买得本州吉水县中鹄乡青原山、旧名若坑[二二二]，今更为祖庆岗阴地壹宂（穴），永为祖主。

二七　金（一二一〇）董玘坚傃契：

买了本村房亲董平冢墓一所。

二八　元至元三十年（一二九三）南昌县吴学宾买地石券[二二三]：

就后土富媪买地一区。

二九　元至治元年（一三二一）进贤县雷氏孺人买地石券[二二四]：

吉水绵延，佳穴开肇。秉诚为币，请命于后土尊神，神举以赠于吾，有光涓吉。

三十　明（一四七六）朱郡主券：

就将银钱……于东王公、西王母名下，买到阴地一穴。

（五）确定标的

标的是缔约当事人双方或数方权利义务指向的对象。在土地买卖关系中，不论是田地或是墓地，都要具体指明某块土地。这块土地要有明确的坐落、四至、面积等。在早期的买地券文中，标的都比较明确具体，与人间土地买卖契约所书无甚差别。如《东汉（八一）靡婴券》：「田，南广九十四步，西长六十八步，北广六十五[二二五]，东长七十九步。为田廿三亩奇百六十四步[二二六]……东，陈田比分[二二七]，北、西、南朱少比分。」《东汉（一七一）孙成券》：「卖（买）所名有广德亭部罗佰田一町……田东比张长卿，南比许仲异，西尽大道，北比张伯始……田东、西、南、北，以大石为界。」在买地券中，这样朴实无华地书写标的的状况，大约并不太久，即发生大变，主要原因是由于买地券的严重迷信化和道教化。如《东汉（一七九）王当券》：「买谷郏亭部三佰西袁田十亩……田有丈尺，卷（券）书明白。故立四角封界[二二八]，界至九天上，九地下。」[二二九]东晋以后，迷信程度日益严重。

一　东汉（八一）靡婴券：

田，南广九十四步，西长六十八步，北广六十五，东长七十九步。为田廿三亩奇百六十四步……东，陈田比分[二三〇]，北、西、南朱少比分。

二　东汉（一六九）王未卿券：

皋门亭部什三陌西袁田三亩[二三一]。

三　东汉（一七一）孙成券：

卖（买）所名有广德亭部罗佰田一町……田东比张长卿[二三二]，南比许仲异，西尽大道，北比张伯始……田东、西、南、北以大石为界。

四　东汉（一七六）刘元台券：

〔买得〕代夷里冢地一处……〔南〕至官道，西尽〔坟〕渎，东与房亲，北与刘景□为冢。

五　东汉（一七八）曹仲成券：

买长右亭部马领佰北冢田六亩……田东比胡奴，北比胡奴，西比胡奴，南尽松道。

六　东汉（一七九）王当券：

买谷郏亭部三佰西袁田十亩，以为宅[二三三]……田有丈尺，卷（券）书明白。故立四角封界，界至九天上，九地下，死人归蒿里地下。

七　东汉光和五年（一八二）蒲阴县刘公砖田券（以下简称《东汉（一八二）刘公券》）[二三四]：

自以家田三梁〔亭〕……得东佰索界八亩。南北长七十步，东西广九十六步。田有丈尺，券书明白，故立四角封界。

八　东汉（一八八）房桃枝券：

买广德亭部罗西步兵道东冢下余地一亩……田东、西、南比旧，北比樊汉昌。

九　三国吴（二二五）浩宗券：

买南昌东郭一丘……东邸甲乙[二三五]，西邸庚辛，南邸丙丁，北邸壬癸，以日与月副时。

十　三国（二六二）彭卢券：

买地，纵广三千步，东、西、南、北□界〔示〕。

一一　三国（二七四）孟壹券：

东出大道，西极山，南北、左右各广五十丈[二三六]。

一二　西晋（二八四）杨绍莂：

买冢地一丘，东极阚泽，西极黄滕，南极山背，北极于湖[二三七]。

一三　西晋（二九一）李达券：

今从天买地，从地买宅。东极甲乙，南极丙丁，西极庚辛，北极壬癸，中英〔央〕戊己。

一四　西晋（三〇二）大中大夫券：

〔江〕宁县赖乡漈湖里地，方员五顷八十亩……〔西〕方庚辛，北方壬癸，中英（央）戊己。

一五　东晋（三三八）朱曼妻薛券：

东极甲乙，南极丙丁，西极庚辛，北极壬癸，中极戊己，上极天，下极泉[二三八]。

一六　南朝宋（四三二）王佛女券：

占买彭城郡□□□北乡垞城里村南龟山为墓田百亩[二三九]，东〔至青〕龙，西至白虎，南至朱雀，北至玄武[二四〇]。

一七　南朝宋元嘉十九年（四四二）始兴县妳女买地石券（以下简称《南朝宋（四四二）妳女券》）[二四一]：

妳女〔始兴〕郡始兴县东乡新城里名村前〔掘土冢〕作丘墓，乡亭里邑地下死人、蒿里父老、墓乡右秩[二四二]、〔左〕右冢候、〔丘丞〕、墓伯、地下二千石、安都丞、武夷王，买此冢地，纵广五〔亩〕，于中掘凿〔葬埋〕妳女尸丧。

一八　南朝宋（四七〇）欧阳景熙券：

买此冢地，东至龙[二四三]，南至朱雀，西至白虎，北至玄武，上至黄天[二四四]，下至黄泉，四域之物，悉属死人。

一九　南朝齐（四八五）刘凯券：

旧墓乃在荆州熙心里，中府君今更新其丘宅兆，在此江夏郡汝南县孟城山岗……封域之内，东极甲乙，南极丙丁，西极庚辛，北极壬癸，上极青天，下极黄泉，从此土神买地。

二十　唐（七六九）张无价契：

买地一亩，东至青龙，西至白虎，南至朱雀，北至玄武，内方勾陈[二四五]，分掌四域，丘丞墓伯，封步界畔；道路将军，整齐阡陌。千秋万岁，永无咎殃。

二一　唐（八一四）乔进臣牒

乔进臣买德地一段，东至东海，西至山，南至釰各，北至长城[二四六]。

二二　唐（八三七）姚仲然券：

今买当乡地作墓，东至甲乙青龙，南至丙丁五岳，西至庚辛白虎，北至壬癸奔牛。

二三　唐（八九〇）熊十七娘券：

东至〔甲乙〕，西至〔庚辛〕，南至丙丁，北至壬癸，中央戊己，上至天苍，下至地砀。

二四　南汉（九六二）马二十四娘券：

买得左金吾街咸宁县北石乡石马保菖蒲观界地名云峰岭下坤向地一面[二四七]。上至青天，下极黄泉，东至甲乙麒麟，南至丙丁凤凰，西至庚辛章光，北至壬癸玉堂[二四八]。

二五　北宋（一〇七五）江注券：

其地东止甲乙青龙，南至丙丁朱雀，西止庚辛白兽[二四九]，北至壬癸玄武，上止苍天，下彻黄泉。

二六　北宋（一一〇八）徐大娘券：

买地一段，东西一百步，南北一百步，东至青龙，西至白虎，南至朱雀，北至真武[二五〇]。

二七　南宋（一一七一）赵世朝券：

其界：左至青龙，右至白虎，前至朱雀，后至玄武；中央勾陈，分掌四域；丘丞、墓伯，封步界畔；道路将军，整齐阡陌。千秋百载，永保元吉[二五一]。

二八　金（一一九一）赵通券：

买地一段：东西十五步，南北十六步二分。东至青龙，西至白虎，南至朱雀，北至玄武。内方勾陈，分〔掌〕穴域[二五二]；丘丞、墓伯，封步界畔；道路将军，齐整阡陌。千秋万载，永无殃咎。

二九　南宋（一一九八）朱济南券：

买得阴地一段，壬亥山，丙向，安厝宅兆。东止青龙，西止白虎，南止朱雀，北止玄武，上止青天，下止黄泉，中为亡人万年冢宅。

三十　元（一二八八）齐□□契

买到地壹段，南北长十六步，东西阔十四步一分八厘七毫五系[二五三]。东至青龙，西至白虎，南至朱雀，北至玄武。

三一　明（一四五〇）崔源券：

买到墓地一方，南北长四十六步，东西阔三十八步，左至青龙，右至白虎，前至朱雀，后至玄武，内方勾陈，管辟四域。

三二　明（一四七六）朱郡主券：

买到阴地一穴，坐落南昌府南昌县仪凤乡四十七都，地名赤岸山，午向。东至青龙，西至白虎，南至朱雀，北至玄武，上至青天，下至黄泉，五方四至为界安葬田[二五四]。

（六）券价与交割

券价通常叫做「契价」。本文为行文的方便，采用了「券价」之名。券价的议定与钱物的交割，是缔约过程的高潮，也是券契文书中的关键性内容。早期的买地券有关此项的写法，与人间契约基本相同。可能实有其事。如《东汉（一六九）王未卿券》，文曰：「袁田三亩，亩贾钱三千一百，并直九千三百。钱即日毕。」「钱即日毕」是否意味着「银货两清」，即钱、地互交了呢？当然不可如此认定。可是当时的人间契约确实如此书写。如汉简《西汉（前三七）欧威券》，文曰：「甲渠令史董子方买鄣卒欧威裘一领，直七百五十。约至春，钱毕已。」这种情况的存在，只能说是早期契约文字不够规范所致。在事实中，「银货两清」当不成问题。可是稍后的买地券虽在「交割」项上仍如此书写，但其下文却大讲钱主对标的占有权利的情况。明显体现了钱、地互交之事。如《东汉（一七一）孙成券》，文曰：「（买）田一町，贾钱万五千，钱即日毕。田……根生土著毛物，皆属孙成。」这一变化，大约是人间契约发展完善在买地券上的反映。两汉人间契约的原貌今天尚未找到，但在新疆出土的《西晋泰始九年（二七三）高昌翟姜女买棺约》[二五五]，明确地反映了这一变化。文曰：「大女翟姜女从男子栾奴买棺一口，贾练廿匹。练即毕，棺即过。」此约有人说是明器，但从全文来看，似是人间实用之物。不论是何物，此变化是明确无误的。

券价与交割的根本性变化是发生在南朝宋时(四二〇—四七九)，主要表现是券价迷信化、固定化，交割也趋向玄虚化。如《南朝宋(四四二)妳女券》，文曰：「买此冢地，纵广五〔亩〕……雇钱万万九千九百九十九，钱即日。」[二五六]《南朝宋(四七〇)欧阳景熙券》：「亡人以钱万万九千九百九文，买此冢地……即日毕了。」《南朝齐(四八五)刘凯券》曰：「雇钱八万万九千九百九十九文，毕了。」此例在「万万」之前多了一个「八」字。直到武周时，还是用「万万九千九百九十九文」。《唐(八一四)乔进臣牒》是用「九十九千九百九文」。自《唐(八三七)姚仲然券》起，改用「钱九万九千九百九十九文」，此后，此写法几乎成为定式。此定式有两点值得注意：一、「钱」字之前所用的名词逐步演进，由折钱、价钱、银钱、货泉而趋向用阳钱、冥货。二、对此钱数创造出了「九九之数」、「极九之数」、「极九阳之数」等词语。此两点形成，是买地券文进步的重要标志。两宋以后，此模式的使用更加普遍。还有的在「文」字之前加一个「贯」字[二五七]。或以「贯」代「文」。如此，其券价则上涨了一千倍。如《北宋(一一〇八)孙大郎券》：「谨用钱九万九千九百九十九贯文。」《南宋(一一九〇)胡氏夫人券》：「谨以货泉极九九之数。」[二五八]《金(一一九一)赵通券》：「谨用银钱九万九千九百九十九贯。」《金(一二一二)董玘坚傣券》：「准作价钱玖万玖千玖百玖拾玖文。」《明正德十年(一五一五)萧氏孺人券》：「谨以冥货极九阳之数。」[二五九]所以，元周密曰：「宋时造墓，必制买地券，在梓木上用朱砂书写：『用钱九万九千九百九十九文，买到某地。』」[二六〇]交割的对方，自然都是所谓的大小鬼神。此事的开端始于南朝宋时，唐之《姚仲然券》是确立用「九万九千九百九十九文」的标志。至明清，情况仍基本如此。

一　东汉(八一)靡婴券：

为田廿三亩奇百六十四步，直钱十万二千。

二　东汉(一六九)王未卿券：

袁田三亩，亩贾钱三千一百，并直九千三百。钱即日毕。

三　东汉(一七一)孙成券：

(买)田一町，贾钱万五千，钱即日毕。田东比张长卿，南比许仲异，西尽大道，北比张伯始。根生土著毛物，皆属孙成。田中若有尸死[二六一]，男即当为奴，女即当为婢，皆当为孙成趋走给使[二六二]。

四　东汉(一七八)曹仲成券：

冢田六亩，亩千五百，并直九千。钱即日毕……四比之内，根生伏账物一钱以上，皆属仲成。田中有伏尸□骨，男当作奴，女当作婢，皆当为仲成给使。

五　东汉光和七年(一八四)平阴县樊利家买田铅券(以下简称《东汉(一八四)樊利家券》)[二六三]：

田五亩，亩三千，并直万五千。钱即日异(毕)。田中根土著，上至天，下至黄[二六四]，皆□□行田，南尽佰(陌)北，东自比谞子，西比羽林孟□。

六　东汉(一八八)房桃枝券：

余地一亩，直钱三千。钱即毕。田中有伏尸，男为奴，女为婢。

七　三国吴(二二七)郑丑券：

合四亩半地，直钱三万。钱即日交毕，立此证。

八　西晋(二九一)李达券：

买地买宅，雇钱三百[二六五]，华巾三尺。

九　南朝宋(四三二)王佛女券：

雇钱□□□，有丹书钱券[二六六]，事事分明。

十　北魏(四三六)苟头赤鲁券：

从同军民车阿姚买地五十亩……顾布六匹……买车高奥地卅亩，顾布四匹[二六七]，即日过了。

一一　南朝宋(四四二)妳女券：

雇钱万万九千九百九十九[二六八]。钱即日[二六九]。

一二　南朝宋(四七〇)欧阳景熙券：

亡人以钱万万九千九百九文[二七〇]，买此冢地……即日毕了。

一三　南朝齐(四八五)刘凯券：

雇钱八万万九千九百九十九文[二七一]，毕了[二七二]。

一四　南朝齐(四八七)秦僧猛券：

雇钱万万九千九百九十文。四域之内，生根之物，尽属死人。即日毕了。

一五　北魏(五〇七)张猥洛券：

买墓田三亩……硕绢九匹。

一六　唐(七六九)张无价契：

谨用五彩杂信，买地一亩……今已牲牢酒饭，百味香新[二七三]，共为信契[二七四]。

一七　唐(八一四)乔进臣牒：

买德地一段……用钱九十九千九百九文，[二七五]其钱交付讫。

一八　唐(八三七)姚仲然券：

当地价金银钱九万九千九百九十九文……上至黄天[二七六]，下至黄泉，所有金玉宝并是亡人自收管。

一九　唐（八四七）刘元简券：

用钱伍拾伍贯文买地壹段，壹拾亩，充永业墓地……卖地领钱人乔元〔静〕[二七七]。

二十　唐（八九〇）熊十七娘券：

今用铜钱玖万玖阡（仟）玖百玖拾玖贯□□□□百疋，就蒿里父老、〔安〕都承（丞）、武夷王买得此地……田有顷亩，钱有千百。

二一　后唐（九二九）钱氏券：

其地谨用五綵铜钱买得[二七八]……今以牲牢酒礼，百味香新，共为信契，财地交付[二七九]。

二二　南唐昇元二年（九三八）颍川郡陈氏尊买地木券（以下简称《南唐（九三八）陈氏尊券》）[二八〇]：

方用金银钱伍百贯，宜于江都县同□界一所，具四至如后（略）[二八一]。

二三　南唐（九四六）汤氏县君券：

用上件钱绢九万九千九百九十九贯文，并惟谷、豆、麦、乱丝、断缯、断鸡子、五色信弊（币）等[二八二]，龙子冈墓地壹所[二八三]。

二四　南汉（九六二）马二十四娘券：

〔买〕坤向地一面……今日交券，应合四维[二八四]，分付受领。

二五　北宋（一一〇八）徐大娘券：

谨用钱九万九千九百九十九贯文，兼五彩信币，买地一段。东西一百步，南北一百步……今以牲牢酒饭，百味香新，共为信契，财地交相分付[二八五]。

二六　伪齐（一一三七）朱近券：

买到白地十亩……前用为一万九千九伯九十文，就皇天父、后土母、社稷十二边，买得前墓田周流一顷……四至分明。即日为财分付。

二七　金（一一九一）赵通券：

谨用银为九万九千九百九十九贯，又兼五綵信币，买地一段，东西十五步，南北十六步二分……今以牲牢酒饭，百味香新，共为信契，时（财）地交相分付。

二八　元（一二八八）齐□□券：

谨备钱綵，买到地壹段，南北长一十六步，东西阔一十四步一分八厘七毫五系……今备牲牢饤（饭），百味香新，共为信契。财地交相分付。

二九　明（一四四六）余妙果券：

原亡人生存之日，将阳钱九九之数，在于后土阴官处买得阴地一穴。

三十　明正统十二年（一四四七）太监王法兴买地石券[二八六]：

遂用阳钱五谷九万九千九百九十九贯九文九分九厘九毫，东王公、西王母处买到〔福地〕。

三一　明（一四五六）金福满券：

谨用钱九万九千九百九十九贯文，兼备綵币，买地一方。东西一百二十步，南北一百二十步……今具牲牢醴斋[二八七]，共为信契，财地交相各已分付。

三二　明（一五八九）潘云券：

谨用金钱九万九仟九百九十九贯文，兼五彩信帛，送土府开皇土主门下，给取券书执照……谨以牲醴之仪，共为信契，财地交相分付。

（七）　业主担保与违约罚则

业主担保与违约罚则的协议确定，是保证契约顺利执行的必要条件。因为在物业转让关系进行交割之后，钱主对于标的（如田地、墓地等）拥有权利，就是拥有所有权，此所有权具有排他性，这要在日后的实践中进行检验；业主对于标的在一定的时间中要承担着协议中规定的义务，就是对标的不确、产权不明等引致的事端要承担排除的责任。关于这一情况，缔约各方要形成协议，写入契约，就是所谓的业主担保与违约罚则。罚则一般包括违约一方要设法维护对方的合法权益，必要时要向对方支付约定的财物，叫做违约金等。汉朝的土地契约中已有此例，如《汉乐奴卖田券》：「丈田即不足，计亩数环（还）钱。」[二八八]此简大约是西汉末期的遗物。至东汉后期，此制在卖地券中已有反映。最早的一例为《东汉（一八四）樊利家契》：「若一旦田为吏民秦胡所名有，谓子自当解之。」谓子姓杜，为原业主。此业主担保与违约罚则毕竟尚嫌笼统，也不够严苛。此后由于术士们将《玄都》、《女青》等鬼律引入葬仪，使买地券有关罚则的书写更向具体化、神仙化、迷信化的方向发展。如《唐（八一四）乔进臣牒》：「如有忏恡，打你九千，使你做奴婢。」《南宋（一一九八）朱济南券》：「若辄干犯呵禁，将军、亭长收付河伯……故炁邪精，不得忤怪[二八九]。先有居者，速去万里。若违此约，地符（府）主吏自当其祸。」自此时至明清，这样的套语被一直沿用下来。

一　东汉（一八四）樊利家券：

若一旦田为吏民秦胡所名有[二九〇]，谓子自当解之[二九一]。

二　三国吴（二六二）彭卢券：

诸神不得抵道[二九二]。如□□地，当得〔焦〕豆〔生〕[二九三]，当桃卷复尧……神示……鉒春。

三 西晋（二八五）曹翌券：
不得有侵抵之者。

四 西晋（二九一）李达券：
今从天买地，从地买宅……若后志宅，当诣东王公、西王母是了。

五 西晋（三〇二）大中大夫券：
若有问谁所书，是鱼。鱼所在，深水游。欲得者，河伯求[二九四]。

六 东晋（三三八）朱曼妻薛券：
有志薛地，当询天帝[二九五]；有志薛宅，当询土伯。

七 南朝宋（四四二）妳女券：
不得使〔左右〕比居妄志此冢地。

八 南朝齐（四八五）刘凯券：
即日葬送，丘墓之神，地下□长，不得莫胡志记；坟墓千□、□涉不得随注。生人毋敢大意，明然奉行，一如泰清玄元、上三天无极大神太上老君陛下之青诏书律令。

九 北魏（五〇七）张狼洛券：
□券文后，各不得变海（悔）。若先改者，出北绢五匹[二九六]。画指为信[二九七]。

十 隋（六一〇）陶智洪券：
䔲送之[二九八]，不得更相鄣导[二九九]。天地水三官刓石为券[三〇〇]，张兼（坚）固、李定度明如奉行。冢成之后，□使里域吏官可问亡人犯座。毕事之后，千年不惊，万年不动。亡人安乐，子孙安隐。四时〔为信〕。

一一 武周（六九四）伍松超券：
皆〔先〕语人立契，〔不得〕使左右侵犯分堺。

一二 唐（七六九）张无价契：
若辄忓（干）犯诃禁者[三〇一]，将军、伯帐（长）收付河伯……故气邪精不得忓扰。先来居，永避万里。若违此约，地府主吏自当其祸。主人内外存亡安吉。

一三 唐（八一四）乔进臣牒：
其更不得忓恡。如有忓恡，打你九千，使你作奴婢。

一四　唐（八三七）姚仲然券：

男来认为奴，女来认以为婢。符到奉行。

一五　唐（八九〇）熊十七娘券：

此地若□□□□，退去千里，不得停留。

一六　后唐（九二九）钱氏券：

故气邪精，不得忏悋[三〇二]。先有居者，永避万里。若违此约，地府主吏自当其祸。主人内外存亡安吉。

一七　南唐（九四六）汤氏县君券：

故邪气各头回避。

一八　北宋（九八四）马隐券：

有别人怦（忏）悋，并是卖地人马隐□□□自管知（支）当，不〔涉〕石〔进之事〕[三〇三]。

一九　北宋（一〇七五）江注券：

宅兆所有，本处山神、土地一切神杀（煞）侧域冢亢（穴），邪精故炁，各不在争占之限。如违牒，赴太上诛斩[三〇四]。

二十　北宋（一一〇八）徐大娘券：

若辄干犯诃禁者，将军、亭长收付河伯……故气邪精，不得忏怪。先有居者，永避万里。若违此约，地府主吏自当其祸。主人存亡，悉皆安吉。

二一　北宋宣和三年（一一二一）德兴县张朴买地石券[三〇五]：

今奉太上老君给地券一道，永为公验。所在神祇，不得违科犯约。如有犯者，奉准敕斩之。急急如律令。

二二　南宋（一一七一）赵世朝券：

故炁邪精，不得忏犯。存亡安吉。

二三　南宋（一一九八）朱济南券：

若辄干犯呵禁，将军、亭长收付河伯……故炁邪精，不得忏怪。先有居者，速去万里。若违此约，地符（府）主吏自当其祸。

二四　金（一二一〇）董玘坚傣契：

若范河（犯诃）禁者，将军、亭长收付河伯……故气邪精，不得拦搁。先有居者，永避万里。若违此约，地主吏自当其祸[三〇六]。主人内外存亡，悉皆大安吉。

二五　元（一二八二）蓝六娘契：

如有精灵古器魍魉，自今不得乱占。先有居者，速避万里。如违此约，地府主吏自当其咎。亡存内外，委皆安吉。

二六　元（一二八八）齐□□契：

若有干犯，并令将军、亭长缚付河伯。

二七　明（一四四六）余妙果券：

敢有下邪小鬼侵犯墓坟，急准太上女青律令，先斩后奏。符券到处，星火奉行。

二八　明嘉靖十一年（一五三二）泰州徐蕃夫妇买地石券（以下简称《明（一五三二）徐蕃券》）[三〇七]：

山妖土怪及旧礼邪淫，不得妄有侵犯。如违，定照上青女青律令施行。

二九　明（一五八九）潘云券：

若辄干犯何（呵），将军、落长即行敕付河伯……若违此约，地府主吏目蒙华祸[三〇八]。主掌内外，悉皆安吉。山明水秀，地久天长，福及后者。

（八）中保人署名与酒礼银

中保人主要是指中介人和保证人，见于契约署名者，还有中见人、代书人等，有的身兼数角。保证人又叫做任人、任者、在旁、旁人等。旁与「傍」通，即见证人。在先秦，已有「保证」之说。《周礼·地官·大司徒》：「令五家为比，使之相保。」后来即用为个人担保。任与保通，由来已久。《周礼·秋官·大司寇》：「使州里任之，则宥而舍之。」贾公彦疏：「仍恐习前为非而不改，故使州长里宰保任乃舍之。」《汉书·赵充国传》：「丞相魏相曰：『臣愚不习兵事利害，后将军数画军册，其言常是，臣任其计可必用也。』」颜注：「任，保也。」

先秦契约的原貌已不可确知。但从汉简契约所见，已有中保人，时称「在旁」、「旁人」、「任者」、「知券」等等。如前引《汉乐奴卖田券》：「旁人：淳于次孺、王充、郑少卿。」《汉临邑县王广贯卖八稯布券》[三〇九]：「任者：闻少季、薛少卿。」上述情况在买地券中，已为常例。

酒礼银即酬金，亦称中礼银，或中银。此事很早即见于契约。如前引《乐奴卖田券》就在旁人署名之后，又书「古（沽）酒旁二斗，皆饮之」。是以宴饮的形式酬谢旁证人。在买地券中，此制大约为通常的做法。如《东汉（八一）靡婴券》：「时知券约：赵满、何非，沽酒各二千。」[三一〇]

在早期的买地券中，中保人署名和酒礼银情况与人间契约无大差异。可是随着社会上迷信思想的加重和道教的盛传，中保人日益神仙化，酒礼银的内容形式也在变化。这一变化主要是从三国时期开始，以吴国的江南地区最为明显。如《三国吴（二二五）浩宗券》：「任知卷（券）者：雒阳金僮子[三一一]，鹄与鱼[三一二]。鹄飞上〔天〕，〔鱼〕入渊[三一三]。郭师、吴信，券书为明。」[三一四]《南朝梁（五一九）覃华券》：「时任知：李定度、张坚固，以钱半百，分券为明。」东晋南朝时期，部分买地券罗列大小鬼神名称，多者达五十余，似是证人，又像监神，也像原业主。

一　东汉（八一）靡婴券：

时知券约：赵满、何非，沽酒各二千。

二　东汉（一六九）王未卿券：

时约者：袁叔威，沽酒各半[三一五]。

三　东汉（一七一）孙成券：

时旁人：樊永、张义、孙龙、异姓、樊元祖，皆知张约[三一六]，沽酒各半。

四　东汉（一七八）曹仲成券：

时旁人：贾、刘，皆知券约[三一七]。

五　东汉（一八四）樊利家券：

时旁人：杜子陵、李季盛，沽酒各半，钱千无五十[三一八]。

六　东汉（一八八）房桃枝券：

时旁人：樊汉昌、王阿顺，皆知卷（券）约，沽各半，钱千无五十。

七　三国吴（二二五）浩宗券：

任知卷（券）者：雒阳金偅子，鹄与鱼。鹄飞上〔天〕，〔鱼〕入渊。郭师、吴信，券书为明。

八　三国吴（二二七）郑丑券：

知者：东〔王公〕、〔西王母〕。

九　三国吴（二四五）萧整券：

乡尉：蒋玟，里帅：谢达[三一九]。证知：敦卖。证知：整买[三二〇]。

十　三国吴（二六二）彭卢券：

得知者：东王公、西王母。

一一　西晋（二八四）杨绍莂：

日月为证，四时为任。

一二　西晋（二九一）李达券：

任知者：东王公、西王女[三二一]。

一三　西晋（三〇二）大中大夫券：

若有问谁所书？是鱼[三一二]。鱼所在，深水游。欲得者，河伯求。

一四　东晋（三三八）朱曼妻薛券：

任知者：东王公、西王〔圣〕母。

一五　南朝（四三二）王佛女券：

时知者：东皇父、〔西王〕母。任者：王子侨[三一三]。傍人[三一四]：张亢根[三一五]。

一六　北魏（四三六）苟头赤鲁券：

时人：王阿经、苟头昨和、王吴生、苟头阿小、彭奥生、杨鲜等时知。

一七　南朝宋（四四二）妳女券：

分界时，有张坚固、李定度[三一六]，沽酒各半，共为卷（券）莂。

一八　南朝宋（四七〇）欧阳景熙券

时：王僑、赤松子[三一七]、李定、张故[三一八]，分券为明。

一九　南朝齐（四八五）刘凯券：

日月为证，星宿为明[三一九]。

二十　南朝齐（四八七）秦僧猛券：

时证知：李定度、张坚固。以钱半百[三二〇]，分券为明。

二一　北魏（五〇七）张猥洛券：

书券人：潘□。时人：路善王。时人：路荣孙。

二二　南朝梁（五一九）覃华券：

时任知：李定度、张坚固。以钱半百，分券为明。

二三　隋（六一〇）陶智洪券：

四时〔为信〕。

二四　武周（六九四）伍松超券：

时人任见：丙送（？）、张坚固、李定度，〔酤酒〕□□〔各〕伴（半），共为券别。

二五　唐（七六九）张无价契：

今已牲牢酒饭，百味香新[三二一]，共为信契。安厝已后，永保休吉。

知见人：岁月主者。保人：今日直符[三三二]。

二六 唐（八一四）乔进臣牒：

保人：张坚故[三三三]。保人：管公明。保人：东方朔[三三四]。见人：李定度。

二七 唐（八三七）姚仲然券：

何人书？水中鱼。何人读？高山鹿。鹿何在？上高山。鱼何在？在深泉。

二八 唐（八九〇）熊十七娘券：

谁为书？〔水中鱼〕。谁为读？九……

二九 后唐（九二九）钱氏券：

今以牲牢酒礼，百味香新，共为信契，财地交付……知见人：岁月主者。保人：今日直使[三三五]。

三十 南唐（九四六）汤氏县君券：

保人：岁月主。见人：今日直符神[三三六]。

三一 后周显德二年（九五五）定安县刘□合买地石券[三三七]：

书券人：石公曹，飞上天；读券人：金注，入黄泉；保人：张坚故；见人：李定度，各年万万九千九百九十九岁。此券永为记。

三二 南汉（九六二）马二十四娘券：

卖地主神仙：张坚固。知见神仙：李定度。证见领钱神仙：东方朔。领钱神仙：赤松子。量地神仙：白鹳仙[三三八]。书券积是东海鲤鱼仙。读券元是天上鹳。鹳上青天，鱼入深泉。岗山树水，各有分林。

三三 北宋（一〇五七）陈六娘券：

谁为书？水中鱼。□□读？天上鹤。鹤何在？飞上天。

三四 北宋（一〇七五）江注券：

时见：年直符。书契：月直符。

三五 北宋（一一〇九）徐大娘券：

今以牲牢酒饭，百味香新，共为信契。财地交相分付……知见人：岁月主，保人：今日直符[三三九]。

三六 伪齐（一一三〇）日近券：

保人：张陆、李定度。知见人：东王公、西王母。书契人：石功曹。读契人：金主簿。书契人飞上天，读契人入黄泉。

三七 金（一一九一）赵通券：

今以牲牢酒饭，百味香新，共为信契，时（财）地交付……如（知）〔见人〕：岁月星。保人：今日直符[三四〇]。

三八　南宋（一一九八）朱济南券：

知见人：张坚固。保人：李定度。书人：天官道士。

三九　金（一二一〇）董玘坚傣契：

今以牲牢酒饤（饭），百味香新，共为信契约。财地交相分付……知见人：是岁月主。保人：今今日日值符[三四一]。

四十　元（一二八八）齐□□契：

今备牲牢酒饤（饭），百味香新，共为信契。财地交相分付……知见：戊子岁乙卯日（月）。代保人：今日直符申[三四二]。

四一　明景泰五年（一四五四）鄱阳县周宽夫妇买地石券[三四三]：

先天引见人：东王公，先天依口代书人：西王母。先天太上敕旨：今日今时情愿领地价，龙神守穴，土地领见钱六千贯，交足无欠。

四二　明（一四五六）金福满券：

今具牲牢醴斋，共为信契。财地交相各已分付……知见人：岁月主。代保人：今日直符。

（九）　设神道以护法权

古人在对人世之事缺乏信心的情况下，常常梦想借助神道以壮大声威。《周易·观卦》：「观天之神道，而四时不忒，圣人以神道设教，而天下服矣。」因此，后人有假托鬼神之道以治人世之事者。此情况在买地券中也有反映。本来人间的买卖契约在「交割」之后，业主和中保人署了名，已万事大吉了。可是为了慎重，钱主多要求业主乃至中保人在名下画押、画指、书年，以表示负责。此一情况盛行于南北朝至唐朝的高昌地区，在已发现的吐鲁番和敦煌文书中很易见到。如《吐蕃未年（八二七？）敦煌安环清卖地契》：「官有政法，人从私契。两共平章，书指为记。地主：安环清年廿一。母：安年五十二。师叔：正灯（押）。姊夫：安恒子。见人：张良友。」圆点是画指节的记号。宋金以后，多在名下画押。如《金大定二十八年（一一八八）修武县马用父子卖地契》[三四四]：「自立契出卖地人，马用（押）。同立契人：马和（押）。引领人部下：王守玅（押）。写契人：本村王莹（押）。」

可是要买地券上的业主画押、画指、书年，困难很大。因为不仅许多业主为虚构，并无画押等的可能。即使实有其人，用画押、画指、书年来对付恶鬼，也不会奏效。唯一的办法，是向神仙求助，就是「神道设教，求助人神」[三四五]。此事最早见于东汉后期，如《东汉（一七六）刘元台券》：「如律令。」[三四六]《东汉（一七八）曹仲成券》：「如天帝律令。」至东晋以后，情况日益严重。如《南朝宋（四三三）徐副券》：「一如太清玄元上三天无极大道太上老君陛下女青诏书律令。」券文写至此，大约术士为维护墓主的土地所有权已尽了最大的努力，丧家对墓地法权的希望也只能如此了，因为道家的至高权威已到顶了。

一　东汉（一六九）王未卿券：

即日丹书铁券为约[三四七]。

二　东汉（一七六）刘元台券：

如律令。

三　东汉（一七八）曹仲成券：

如天帝律令。

四　三国吴（二二五）浩宗券：

券书为明，如律令。

五　三国吴（二七四）孟壹券：

对共破券。

六　三国吴天册元年（二七五）丹杨郡诸□买地铜券[三四八]：

民有知（私）约[三四九]，他如律令。

七　西晋（二八四）杨绍莂：

对共破莂。民有私约，如律令。

八　东晋（三三八）朱曼妻薛券：

如天帝律令司[三五〇]。

九　南朝宋（四三二）王佛女券：

如女青〔律令〕。

十　南朝宋（四四二）妳女券：

共为卷（券）莂。

座前[三五一]。

（道家符）[三五二]。

一一　南朝宋（四七〇）欧阳景熙券：

分券为明，如律令。

一二　南朝宋（四三三）徐副券：

一如太清玄元上三天无极大道太上老君地下女青诏书律令[三五三]。

一三　南朝齐(四八五)刘凯券：

生人毋敢大意，明然奉行，一如泰清玄元、上三天无极大神、太上老君陛下之青诏书律令。

一四　隋(六一〇)陶智洪券：

女青制地一如奉行　女青照下。

一五　唐(七六九)张无价契：

急急如律令。

一六　后唐(九二九)钱氏券：

急急如五帝女清律令[三五四]。

一七　南唐(九三八)陈氏尊券：

特急急如律令。

一八　南唐(九四六)汤氏县君券：

急急如律令(以上正面)

合同[三五五]，(以上背面)

一九　南汉(九六二)马二十四娘券：

太上治圣四方煞鬼之用[三五六]。

……

太上老君勅青诏书，急急如律令。

合同地券□□□[三五七]。

二十　北宋(一〇五五)孙四娘子券：

分明收掌[三五八]，急急如律令。　敕[三五九]。

二一　北宋(一〇七五)江注券：

急急如律令。

勅

二二　北宋(一一〇八)徐大娘券：

急急如太上律令。

二三 金(一一九一)赵通券：

急急如〔五〕帝女青律令。

二四 南宋(一一九八)朱济南券：

急急如太上律令。勅

二五 元(一二八二)蓝六娘券：

急急如太上五帝主者汝青律令。

二六 明(一四四七)王法兴券：

如违，依《女青天律》治罪。今立券者，右给付受地太监王法兴准此。

二七 明(一四五六)金福满券：

急急如五常(帝)使者女青律令。券付亡过太监金英神魂收执，永为照证。

二八 明(一五八九)潘云券：

急急如五帝女青君主者律令。敕谨券。

二九 明万历二年(一五七四)沅州林佐买地砖券[三六〇]：

天师给由阴阳地契券付故考林公讳佐冥府执照

三十 清康熙十八年(一六七九)通州程衡、夫人邓氏买地砖券[三六一]

急急如五帝使者女青律令。券立二本，一本安立明堂，一本给付程公墓中。

【注】

[一]张传玺《秦汉问题研究·中国古代契文程式的完善过程》，北京大学出版社一九九五年增订本第一版，第一八九页。

[二]《全宋笔记》第一编二，大象出版社二〇〇三年第一版，第一一二页。

[三]因疑伪而未收录者有西汉的王兴圭、宏光、诸葛敬，东汉的徐胜、李德、番延寿、赵奇、性待郎、崔坊、孟叔、马荣，魏晋南北朝的孙鼎、公孙仕、刘兰训等券。

[四]新疆维吾尔自治区博物馆、西北大学历史系考古专业《一九七三年吐鲁番阿斯塔那古墓群发掘简报》图一七《准给唐荣买婢券》，《文物》一九七五年第七期。「商胡」，券文作「兴胡」，以「商胡」为是。

[五]《中国社会经济史研究》一九八六年第二期，第六七—六八页。

[六]清王昶《金石萃编》卷一一四。

[七]见《道藏》第一八册《洞神部·诫律类》，亦名《青鬼律》、《女青玄都鬼律》、《玄都鬼律》，又第三册《洞真部·诫律类》有《玄都律文》。文物出版社、

上海书店、天津古籍出版社一九八八年出版。

〔八〕陈柏泉编著《江西出土墓志选编》附录《唐至明地券文》第五七八页《元吴学宾地券》（至元三十年十月），江西教育出版社一九九一年。传玺按：《晋书》卷七二《郭璞传》曰：郭璞从道士郭公受业，「公以《青囊中书》九券与之」。《青囊中书》亦名《青囊书》，为道家重要经典。

〔九〕同上书，第五八〇页《元陈氏地券》（延祐六年一月），亦见《考古》一九八七年第三期第二二八页拓片。青乌亦称青乌子，据传汉魏时期术士，著《相冢书》，已佚。后代治堪舆者奉为师祖，托名著述者很多。

〔十〕陈柏泉《江西出土地券综述》图一，《考古》一九八七年第三期，第二二三页。

〔十一〕本券藏四川大学博物馆，童恩正先生惠赠拓片。

〔十二〕天成：后唐明宗年号。

〔十三〕薛尧《江西南城、清江和永修的宋墓》图三《墓志拓本》，《考古》一九六五年第一一期，第五七二页。南城县：今属江西。

〔十四〕券文中的首例券额，楷书大字，自右至左旁行。

〔十五〕陈柏泉《江西出土地券综述》附录二，《考古》一九八七年第三期，第二三〇页。武宁县：今属江西。

〔十六〕券额，楷书大字，自右至左旁行。

〔十七〕四川省博物馆《四川彭山后蜀宋琳墓清理简报》，《考古通讯》一九五八年第五期，第二五页。

〔十八〕地券标题，在第二行中。

〔十九〕胡海帆、汤燕编著《中国古代砖刻铭文集》（上）第三四一页，图版一二八六《陶美买地券砖》北宋明道二年（一〇三三）。（下）第一二九页，图版说明一二八六。山西出土。（以下简称《砖刻铭文集》）

〔二十〕地券标题，为第一行。

〔二一〕券额，楷书大字，自右至左旁行。

〔二二〕券额，楷书大字，旁行。

〔二三〕陈定荣《江西金溪宋孙大郎墓》，《文物》一九九〇年第九期，第一八页，图一八「徐氏地券拓片」。金溪县：今属江西。

〔二四〕券额，楷书大字，自右至左旁行。

〔二五〕《文物》一九九〇年第九期，第一五—一八页释文，图一七「孙君地券」。

〔二六〕券额，楷书大字，自右至左旁行。

〔二七〕陈柏泉《江西出土地券综述》图三，《考古》一九八七年第三期，第二二五页。

〔二八〕券额，自右至左旁行，行书大字。

〔二九〕彭善国、徐戎戎《辽阳金正隆五年瓷质「明堂之券」》，《文物》二〇一〇年第一二期第八七—九一页，释文和图一、二、三。

〔三十〕明堂之券，券额，楷书略大，自右至左旁行。明堂墓前祭台。又称为券台。瓷质，有底座。《后汉书·独行传·范冉》：「其明堂之奠，干饭寒水，饮食之物，勿有所下。」李贤注：「此言明堂，亦神明之堂，谓圹中也。」

〔三一〕本券藏四川大学博物馆，承童恩正先生惠赠拓片。

[三二] 乾道，南宋孝宗年号。

[三三] 以上为券文前三行，地券标题。

[三四] 《砖刻铭文集》（上）第四三八页，图版《南宋滑璋券》。（下）图版说明一六七五。陕西安康出土。

[三五] 地券标题，为第一行。

[三六] 陈柏泉《江西出土地券综述》附录四，《考古》一九八七年第三期，第二三一页。

[三七] 首行，地券标题。

[三八] 陈定荣、徐建昌《江西临川县宋墓》，《考古》一九八八年第四期，第三二二—三二三页，有本券的录文和拓本。

[三九] 券额，十字，上下两字成行，自右向左排列，共五行。知郡：当为「知军」之误。据同出墓碑铭：「宋故知邵武军济南朱公之墓」。本券亦称「故知军」。宋太平兴国五年（九八〇）置邵武军，治邵武县，今属福建。朝请：为宋代散官「朝请大夫」或「朝请郎」之简称。朱曾任知邵武军，按元祐官品令有关规定，朱起码品位为从六品，应是朝请大夫。

[四十] 陈柏泉《江西出土地券综述》图五，《考古》一九八七年第三期，第二二六页。

[四一] 券额，自左至右旁行，楷书大字。

[四二] 薛尧《江西南城、清江、永修的宋墓》图六，《考古》一九六五年第一一期，第五七四页。

[四三] 券额，楷书大字，自右至左旁行。

[四四] 薛尧《江西南城、清江、永修的宋墓》图五，《考古》一九六五年第一一期，第五七三页。

[四五] 券额，十二字，上下两字成行，自右向左排列，共六行，楷书大字。

[四六] 陈柏泉《江西出土地券综述》图六，《考古》一九八七年第三期，第二二六页。

[四七] 券额，楷书大字，自右至左旁行。

[四八] 刘翔《江西高安县汉家山元墓》，《考古》一九八九年第六期，第五四〇页，图四「地契文拓本」。

[四九] 券额，自右至左旁行，楷书大字。

[五十] 陈柏泉《江西出土地券综述》附录七，《考古》一九八七年第三期，第二三一页。

[五一] 券额，旁行，楷书大字。

[五二] 《中国古代砖刻铭文集》（上）图版第一九三九《陶时买地券砖》。（下）图版说明一九三九。安徽合肥出土。

[五三] 陈柏泉《江西出土地券综述》，《考古》一九八七年第三期，第二二六页。

[五四] 券额，自右至左旁行，楷书大字。女青为太上老君的传令女神，《女青符》为《女青鬼律》。

[五五] 辽宁省博物馆文物队、鞍山市文物局文物组《鞍山倪家台崔源族墓的发掘》，《文物》一九七八年第一一期，第二二页拓片，第二五页释文。券额楷书大字，自右至左旁行。

[五六] 罗振玉《地券征存》。

[五七] 岐山县文化馆、陕西省文管会《陕西省岐山县董家村西周铜器窖穴发掘简报》，《文物》一九七六年第五期，第二七、三七页释文和图片。

［五八］既生霸：每月八、九日至十四、十五日。参看王国维《观堂集林》卷一《生霸死霸考》。

［五九］爯旂：周王举行建立太常(大旗)的典礼。

［六十］财八十朋：价值货币八十朋(贝)。

［六一］毕宾，其舍田十田：意为可租田十田。

［六二］中国社会科学院考古研究所编《居延汉简甲乙编》上册叁《图版》乙图版柒柒，编号九一·一。下册《释文》第六八页上，编号同。

［六三］罗振玉、王国维《流沙坠简·屯戍丛残考释·杂事类》第四七页上六；又图版第一六页下。广汉县：治今四川射洪南。

［六四］罗振玉《地券征存》。传出自山西忻州(今忻州市)。

［六五］建初：东汉章帝年号。

［六六］罗振玉《贞松堂集古遗文》卷一五。传出河南洛阳东北。

［六七］建宁：东汉灵帝年号。买地券首见用朔日干支。

［六八］〔日〕下中弥三郎《书道全集》卷三图版。传出陕西西安。

［六九］王俊《当涂县发现东吴晚期地券》，《文物》一九八七年第四期，第九二页拓片、摹本和释文。

［七十］券文分上下两列，本纪年与上列之券文分开，独立成行书于下列。破券，析券成议，同「破别」、「破莂」。

［七一］王国维《观堂集林》附《别集》卷二《杨绍莂跋》，罗振玉《地券征存·杨绍买地莂》。

［七二］本纪年在券文第五行。破莂，同破券。汉刘熙《释名·释书契》：「莂，别也，大书中央，中破别之也。」

［七三］《文物参考资料》一九五五年第八期，第九八页，《南京附近六朝墓葬出土文物》图三、四。

［七四］纪年月日均不用干支。

［七五］镇江博物馆《镇江东吴西晋墓》图一五和释文，《考古》一九八四年第六期，第五四一页。

［七六］元康：西晋惠帝年号。戊午朔：此朔日可疑。

［七七］收：古代术数家以「建除十二辰」卜吉凶。「收」为其中日名之一。《淮南子·天文训》：「亥为收，主大德。」

［七八］南京市文物保管委员会《南京板桥镇石闸湖晋墓清理简报》释文，图一七，无名氏，《文物》一九六五年第六期，第四四页。

［七九］永宁：西晋惠帝年号。辛亥朔：廿日当为「庚午」。

［八十］大岁：即「太岁」，凶神。旧历纪年所用值岁干支的别名，与干支纪年一致。

［八一］罗振玉《地券征存》。

［八二］罗振玉《贞松老人遗稿》甲四《石交录》卷二，第三〇页。跋：二十余年前，徐州农人耕地得。

［八三］元嘉：南朝宋文帝年号。

［八四］于省吾《双剑誃古器物图录》卷下四五。

［八五］大延：即「太延」，北魏太武帝年号。不用干支。

［八六］张传玺主编《中国历代契约会编考释》上册，第一二〇页注〔一〕。

[八七] 黄增夫、周安民《桂林发现南齐墓》，《考古》一九六四年第六期，第三二一页释文。

[八八] 本券拓片为校友蒋廷瑜惠赠，原件是一九八〇年三月出土于广西融安县大巷公社安宁大队黄家寨牛奶坡的一座古墓中。

[八九] 太岁己亥：南朝梁天监十八年。本券为首例未用帝王年号纪年而用太岁纪年者。

[九十] 熊传新《湖南湘阴县隋大业六年墓》，《文物》一九八一年第四期，第四三页图二三「原券拓片照片」。本文据照片校正。

[九一] 大业：隋炀帝年号。太岁在庚午：即方位在午。

[九二] 刘兴《武周延载伍松超地券》附拓片，《文物》一九六五年第八期，第五三—五四页。原券有一四七字，其中有武氏新字十个，为制版方便，均代之以普通汉字。

[九三] 大周：武则天改国号唐称周。本券始以国号冠于年号之首，且加以「大」字。延载：武氏年号之一。

[九四] 新疆维吾尔自治区博物馆、西北大学历史系《一九七三年吐鲁番阿斯塔那古墓群发掘简报》，《文物》一九七五年第七期，第二四页图二一。

[九五] 岁次：每年岁星所值的星次与其干支叫岁次。

[九六] 陈柏泉编著《江西出土墓志选编》附录《唐至明地券文》，第五五〇页。

[九七] 同上书，第五五三页。

[九八] 罗振玉《地券征存》。

[九九] 陈柏泉编著《江西出土墓志选编》附录《唐至明地券文》，第五七九页。

[一〇〇] 朱振文、夏天霞《安徽滁州市南小庄发现明墓》，《考古》一九九六年第十一期第八十七页。

[一〇一] 甘肃省文物考古研究所《兰州市兰工坪明戴廷仁夫妇墓》，《文物》一九九八年第八期，第六〇—六一页。

[一〇二] 《中国古代砖刻铭文集》（上）《图版》第五一七页，编号一九七三；（下）《图版说明·明》第三五八页，编号一九七三。

[一〇三] 《中国古代砖刻铭文集》（上）《图版》第五二一页，编号一九八八；（下）《图版说明·清》第三六二页，编号一九八八。北京通州出土。

[一〇四] 陵胡隧：隧名。隧，通「燧」，烽火亭。《文选》汉班叔皮（彪）《北征赋》：「登鄣隧而遥望兮，聊须臾以婆娑。」李善注：「《说文》曰：『隧，塞上亭，守烽火者也。』」

[一〇五] 中国社会科学院考古研究所编《居延汉简甲乙编》下册肆《释文》第一六页上，编号二六·一。

[一〇六] 约至春，钱毕已：约至明年春季，将契价全部付清。

[一〇七] 武孟：地名。子男：同「男子」。少年男子为户主者。《后汉书·明帝纪》：「赐天下男子爵，人二级。」李贤注：「《前书音义》曰：男子者，谓户内之长也。」

[一〇八] 河内：郡名。怀：县名，治今河南武陟西南。

[一〇九] 罗振玉《地券征存》。

[一一〇] 左骏厩官：太仆属下官署，主饲养马匹。大奴：奴婢首领。

[一一一] 蒋华《扬州甘泉山出土东汉刘元台买地砖券》，《文物》一九八〇年第六期，第五七页，买地券摹本。

[一一二] 广武：蒋华说：「据地方志载，厉王刘胥冢在『东武乡』，或是『广武乡』之误。此处缺字，可能是『武』字。」

[一一三]平阴：县名，治今河南孟津东北。

[一一四]洛阳博物馆《洛阳东汉光和二年王当墓发掘简报》地券文摹本。《文物》一九八〇年第六期，第五四页。

[一一五]弟〔使〕偷及父元兴为王当的同买人。

[一一六]罗振玉《地券征存》该券跋，《丙寅稿》页十九。

[一一七]大女：成年女子为户主者。

[一一八]罗振玉《地券征存》。

[一一九]九江：东汉郡名，治阴陵，今安徽凤阳南。三国时属曹魏淮南国。吴国无九江郡。豫章：三国吴国郡名，治南昌（今属江西）。

[一二〇]武汉市文物管理委员会《武昌任家湾六朝初期墓葬清理简报》图版一，《文物参考资料》一九五五年第一二期；程欣人《武汉出土的两块东吴铅券释文》，《考古》一九六五年第一〇期，第五二九页。

[一二一]元年：疑为「六年」之误。江夏：三国吴国郡名，治武昌，今湖北鄂城。沙羡县：汉置，三国吴为侯国，今湖北武昌县西南。物故：亡故、死亡。《汉书·苏建传》附《苏武传》：「单于召会武官属，前以降及物故，凡随武还者九人。」颜注：「物故，谓死也，言其同于鬼物而故也。一说，不欲斥言，但云其所服用之物皆已故耳。」

[一二二]武汉市文物管理委员会《武昌莲溪寺东吴墓清理简报》图版二，《考古》一九五九年第四期。又程欣人《武汉出土的两块东吴铅券释文》摹本，《考古》一九六五年第一〇期，第五二九页。

[一二三]丹杨：郡、县（侯国）名。此券为县名，治今安徽当涂东北小丹阳镇。都乡：坊厢的通称，都乡下为里。

[一二四]吉良：日子吉利。汉王充《论衡·讥日》曰：「《葬历》曰：『葬避九空地臽及日之刚柔，月之奇耦。』吉日无害，刚柔相得，奇耦相应，乃为吉良。不合此历，转为凶恶。」九空、地臽，《葬历》规定的忌日名称。

[一二五]天食：禀受于自然。参看《庄子·德充符》。

[一二六]孟赟的官衔之前冠以国号，此为首例，与三国分立有关。息男：亲生儿子，名壹，为父赟买冢地。

[一二七]大男：成年男子或长子为户主者。

[一二八]罗振玉《地券征存》。方介堪《晋朱曼妻薛买地宅券》有释文和拓片照片，见《文物》一九六五年第六期，第四八、四九页。

[一二九]舍人：《三国会要》卷九《职官》上《公卿庶职·中书通事舍人》注：《初学记》引《要略》云：「舍人掌宫中之政，出廪分财。」立节都尉：三国吴有立节中郎将，立节都尉缺载。丹徒：县名，今镇江东南丹徒镇。

[一三〇]薄命：天命短促，命运不好。

[一三一]黄泉：地下的泉水，葬身之地。《左传》隐公元年：郑伯誓曰：「不及黄泉，无相见也。」杨伯峻注：「黄泉，地下之泉。此二句犹言不死不相见。」

[一三二]占买：看过风水后购买。

[一三三]长沙市文物工作队《长沙出土南朝徐副买地券》，《湖南考古学辑刊》第一辑，一九八二年出版。

[一三四]苟头赤鲁与车阿姚当是同为鲜卑族。

[一三五] 道民：信奉道教或加入道教组织的人。

[一三六] 蒿里：本山名，在泰山之南，为死人归宿之地。

[一三七] 湖北省博物馆《武汉地区四座南朝纪年墓》，《考古》一九六五年第四期。

[一三八] 太上老君：道教尊奉老子（李耳）为太上老君，是主要天神。此称始见于《魏书·释老志》。但据《道藏》所收《三天内解经》说，西汉中期的道士张道陵之师即称太上老君，自谓「世人不畏真正而畏邪鬼，因自号为『新出老君。』」后来天师道徒亦称其祖师为「新出老鬼」，亦连称为「新出老鬼太上老君」。符敕：符命。

[一三九] 营域：当作「茔域」。伥：长的异体字。

[一四〇] 天魁、天刚：即北斗的河魁、天冈（罡）二星，合称「魁冈」、「魁罡」。

[一四一] 十二神：主十二方位的天神。

[一四二] 涅阳县：治今河南邓县东北。

[一四三] 三天：道家称清微天、禹余天、大赤天为三天。三泉：犹九泉、黄泉。

[一四四] 更新宅兆：迁其坟地自荆州至夏郡汝南县。宅兆，亦作为宅垗，坟墓的四界。《广雅·释邱》：「宅兆、茔域，葬地也。」

[一四五] 异域安宅兆：张无价原籍南阳，今葬于西州前庭县（唐宝应元年[七六二]以高昌县改）。安厝：安葬。

[一四六] 陈柏泉《江西出土地券综述》，《考古》一九八七年第三期，第二二三页。

[一四七] 罗振玉《地券征存》。据叶昌炽《语石》卷五校补。

[一四八] 刘元简为亡父买墓地。

[一四九] 永业：唐朝行均田制，田分为永业田和口分田两类。永业田世代承耕，不在还授之列。此券文谓永业募地，其意义与永业田同。

[一五〇] 江西省博物馆《江西南昌墓》，《考古》一九七七年第六期，第四〇二页该券释文，又图版拾贰一。

[一五一] 叶：「协」的古文，和、合之意。

[一五二] 袭吉：袭，合、调和；吉，吉利。

[一五三] 犀浦县：今四川郫县东。

[一五四] 石谷风、马人权《合肥西郊南唐墓清理简报》，《文物参考资料》一九五八年第三期，第六五—六七页，录文、图五、图六。

[一五五] 范阳郡：唐天宝初，改幽州总管府为范阳郡，治蓟县，今北京城西南。县君：命妇封号。《旧唐书·职官志二》：「五品若勋官三品有封，母、妻为县君。」得：原录文释「遗」。

[一五六] 图书：原指《河图》、《洛书》。《周易·系辞上》：「河出图，洛出书，圣人则之。」后世的谶纬、风水等迷信书籍亦称图书。

[一五七] 府城：庐州府城，今安徽合肥。

[一五八] 内侍省：官名，隋始置，管领内侍、内常侍等官。唐、五代沿用不改。扶风郡：治扶风，今属陕西。

[一五九] 苏州博物馆、江阴文化馆《江阴北宋「瑞昌县君」孙四娘子墓》录文、图三，《文物》一九八二年第一二期，第二九页。

[一六〇] 瑞昌：县名，今属江西。县君：命妇封号，但与唐和五代略有不同。《宋史·职官志十》《叙封》：「建隆三年（九六二），诏定文武群臣母妻封

号……庶子、少卿监、司业、郎中、京府少尹、赤县令、少詹事、谕德、将军、刺史、下都督、下都护、家令、率更令、仆，母封县太君；妻，县君。其余升朝官已上遇恩，并母封县太君；妻，县君。」

〔一六一〕二十九：下夺一「日」字。

〔一六二〕吉地：风水好的墓地。宋何薳《春渚纪闻·张鬼灵相墓术》：「然其家子弟，若有乘马坠此潭，几至不救者，即是吉地，而发祥自此始矣。」

〔一六三〕建昌军：北宋太平兴国四年（九七九）以建武军改名，治南城县。南城县今属江西。雅俗乡：《南城县志》卷一之二《疆界》云：「隅关之外西南为雅俗乡，在宋分里五。」

〔一六四〕太山：即泰山，上有碧霞元君庙。传说道教所尊奉的东岳大帝之女，宋真宗（九九七—一〇二二在位）封为天仙玉女碧霞元君，统摄岳府神兵，照察人间善恶。

〔一六五〕王乔：古仙，来去无踪，后无病而终。《后汉书·方术·王乔传》，谓乔为河东人，东汉时，为叶令。后堂前自天降下一玉棺，「乔曰：『天帝独召我邪？』乃沐浴服饰寝其中，盖便立覆。宿昔葬于城东，土自成坟」。亦说王乔即王子乔。

〔一六六〕龟筮协从：占卜都很好。古时占卜用龟，筮用蓍，视其象与数以定吉凶。

〔一六七〕罗振玉《地券征存》。

〔一六八〕阜昌八年：叶昌炽《语石》卷一《伪齐》：「余又收得阜昌八年虢县磻溪乡《朱近买地券》。豫僭号只七载，而引称『八年』，或乡曲尚未知其被废，或并初立未建元一年数之。」

〔一六九〕正寝：居屋之正室。后世称年老病死于家中为寿终正寝。

〔一七〇〕一九五九年一月一二日出土于山西侯马市侯马镇金代墓葬中。一九六一年春，校友蔡尔规手录券文惠赠。

〔一七一〕南赡部州：亦作「南瞻部洲」、「阎浮提洲」。佛经中所说的四大部洲之一。参见唐玄奘《大唐西域记序》。修罗王：修罗，阿修罗的省称。古印度神话中的恶神名，为天龙八部之五。

〔一七二〕房亲：家族近支宗亲。

〔一七三〕营：当作「茔」。

〔一七四〕江西道：旧「江南西道」的简称。瑞州路：治今江西高安。

〔一七五〕寻得受地一穴：「受地」为「寿地」之误。「一穴」原释作「而」。马俗乡：原释作「易俗乡」，均据拓本改。

〔一七六〕罗振玉《地券征存》。

〔一七七〕兆营：当作「兆茔」。

〔一七八〕卫辉路：「路」为元朝二级地方政区，隶属于省。卫辉路治汲县，今属河南。

〔一七九〕华东文物工作队《南京南郊英台寺山明金英墓清理记》，《文物参考资料》一九五四年第一二期，第六四页。

〔一八〇〕上元县：与江宁县同为应天府治，今江苏南京。洎：及，到。此处同「暨」。

〔一八一〕金英：明宣宗朝司礼太监，亲信用事。宣德七年（一四三二），赐免死诏。英宗前期亦甚贵幸。景泰时，因赃事废而不用。《明史》有传。神主：死者的灵位。这里是对死者的尊称。

［一八二］原命：即「元命」。古代六十岁为一甲子，到六十一岁，再逢生年之干支，称为「元命」。甲戌：明太祖洪武二十七年（一三九四）。受生：出生。

［一八三］大限：人的寿命的极限。亦指死期。

［一八四］营坟：茔坟。

［一八五］陈柏泉《江西出土地券综述》附录八。《考古》一九八七年第三期，第二一九页。

［一八六］太上高皇帝：朱元璋谥曰高皇帝，庙号太祖，当称「太祖高皇帝」。诰敕：诰命，皇帝的封赠命令。

［一八七］宁府：宁王府。朱元璋第十七子朱权于洪武二十四年（一三九一）封宁王。逾二年，就藩大宁（今内蒙古宁城西老哈河北岸大名城）。永乐二年（一四〇四）改封南昌（今属江西）。正统十三年（一四四八）去世。

［一八八］庐陵郡主朱氏：宁王朱权之女。《明史·礼》八《册亲王及王妃仪》附《册公主仪》：「凡皇姑曰大长公主，皇姊妹曰长公主，皇女曰公主，亲王女曰郡主，郡王女曰县主，孙女曰郡君……郡主以下受诰封，不册命。」

［一八九］前丁亥年：即永乐五年（一四〇七）。

［一九〇］丙申年：即成化十二年（一四七六），朱氏虚年七十岁。

［一九一］上海市文物保管委员会《上海市卢湾区明潘氏墓发掘简报》，《考古》一九六一年第八期，第四二五页。

［一九二］贯：上夺一「籍」字。信士：信奉佛教或道教的男子。

［一九三］甲午：当作「甲午年」或「甲午岁」，为明世宗嘉靖十三年（一五三四）。

［一九四］祖茔之穆：古代宗法制度，宗庙或墓地的辈次排列，以始祖居中，二世、四世、六世位于始祖的左方，称「昭」；三世、五世、七世位于右方，称「穆」，用来分别宗族内部的长幼、亲疏和远近。「祖茔之穆」即在祖茔之右方。

［一九五］坐壬向丙：壬，北方。《说文·壬部》：「壬，位北方也。」丙向：南方。《说文·丙部》：「丙，位南方。」

［一九六］涓：选择，择取。

［一九七］金井：墓穴。

［一九八］黄永武编《敦煌宝藏》第四四册，第四九一页，斯五八二〇、斯五八二六号。又中国科学院历史研究所编《敦煌资料》第一辑，第二八五—二九六页。

［一九九］尼：女僧，信佛出家的女子。梵语称女僧为比丘尼，简称尼，俗称尼姑。

［二〇〇］黄永武编《敦煌宝藏》第一一册，第一五九页斯一四七五号背面。又《敦煌资料》第一辑，第二九三—二九四页。

［二〇一］张传玺主编《中国历代契约会编考释》上，第五三四—五三五页。

［二〇二］堺同「界」。《集韵·怪韵》：「畍，或作堺，亦书作界。」

［二〇三］埊：同「地」。《玉篇·土部》：「埊，古地字。」

［二〇四］少卿：朱大弟字。

［二〇五］河南：县名，治今河南洛阳西郊涧水东岸。街邮部：河南城街邮之辖区。《文选》卷十潘安仁《西征赋》：「尔乃越平乐，过街邮，秣马皋门，

税驾西周。」李善注：「平乐，馆名也。郦善长《水经注》曰：『梓泽西有一原，古旧亭处，即街邮也。』」参阅《水经注》卷一六《谷水》。

［二〇六］町：亩积单位。

［二〇七］安徽省文物工作队《安徽南陵县麻桥东吴墓》本券图片、释文，《考古》一九八四年第一一期，第九七八页。

［二〇八］无湖：即芜湖县，今安徽芜湖东。

［二〇九］丹杨无湖：即丹阳郡芜湖县。

［二一〇］石子坑：地名。虎牙：将军号。

［二一一］黄增夫、周安民《桂林发现南齐墓》石地券释文，《考古》一九六四年第六期，第三二一页。

［二一二］本郡县乡里：为始安郡始安县都乡都唐里。

［二一三］罗振玉《地券征存》。端方《匋斋藏石记》卷六跋：「传出涿州，旧为刘燕庭所藏。」

［二一四］自葬：此券虽言「买宅」，实葬于自有之地中。

［二一五］亡：同冈。《正字通·山部》：「亡，俗冈字。」「买地」无原业主。

［二一六］五綵杂信：五綵，亦作「五采」，为青黄赤白黑五色。杂信，杂「信币」，即各种各样的彩礼。

［二一七］罗振玉《地券征存》。

［二一八］德地：为坟地的雅称。亦称德山、福地。

［二一九］张坚固：传说中的神仙。

［二二〇］咸宁县：隋之大兴县，唐改万年县，又改咸宁县，今陕西西安。

［二二一］陈柏泉《江西出土地券综述》，《考古》一九八七年第三期，第二二四页图二《宋熙宁八年江注地券》。

［二二二］开皇：道经以为年号或劫名，元始天尊开劫度人的年号之一。本券以为神仙。

［二二三］陈柏泉编著《江西出土墓志选编》附录《唐至明地券文》，第五七八页。

［二二四］同上书，第五八一页。

［二二五］五：五下夺一「步」字。

［二二六］奇：零数。

［二二七］比分：相邻。

［二二八］封界：堆土为界。封，堆土、起垄。《礼记·檀弓上》：「吾见封之若堂者矣。」郑注：「封，筑土为垄。」

［二二九］九天：天上的最高处。九地：地下的最深处。

［二三〇］陈田：端方《匋斋藏石记》卷一释作「陈西」。

［二三一］皋门亭：罗振玉《贞松堂集古遗文》卷一五跋曰：「案皋门亭，见《后汉书·后纪》：灵帝宋皇后归宋氏旧茔皋门亭。章怀注：《诗》云：乃立皋门。注云：王之郭门曰皋门。《汉官仪》曰：十二门皆有亭云云。是皋门亭部为负郭地。」王国维跋谓皋门「在今洛阳城东北，金墉城之西，金谷园故址之南」。

〔二三二〕比：比连，靠近。

〔二三三〕宅：葬地，墓穴。《礼记·杂记上》：「大夫卜宅与葬日。」孔疏：「宅，谓葬地。」

〔二三四〕河北省文化局文物工作队《望都二号汉墓》第一三页图版一六，文物出版社一九五九年版。

〔二三五〕邸：同「抵」，至。

〔二三六〕南北：南至、北至省。

〔二三七〕自「阚泽」至「湖」：王国维《观堂集林》附《别集》卷二《杨绍莂跋》：「文中『东极阚泽』。泽，即《吴志》立传之阚德润。德润，山阴人。此莂出于山阴，必谓其葬地也。又云『南极山背』，『北极于湖』。山，谓会稽南山；湖，谓鉴湖。区域甚广，与《浩宗券》之『南邸丙丁，北邸壬癸』略同，盖非实。缘买地券本施之鬼神，故不嫌其夸也。」按，王国维云：「此莂出于山阴」，故有此推测。钱大昕《十驾斋养新录》卷一五《杨绍买地莂》条跋：「顷岁，山阴单二如游洛阳，得石刻一方……盖晋时所刻。」此券出处之说有如此大的歧异，甚可疑虑。

〔二三八〕上极天，下极泉：当作「上极青天，下极黄泉」。

〔二三九〕彭城郡：治彭城县，在今江苏徐州。垞城里村：在彭城北，今徐州北。郦道元《水经注》卷二五《泗水》：「泗水又径留县（今沛县东南），而南径垞城东。」龟山：在垞城南，彭城北。《魏书·地形志》：「彭城有龟山。」山有石洞，深晦莫测，俗称仙人洞。

〔二四〇〕青龙、白虎、朱雀、玄武：星宿总名。青龙，东方七星宿的总名；白虎，西方七星宿的总名；朱雀，南方七星宿的总名；玄武，北方七星宿的总名。《三辅黄图》三《汉宫》：「苍（青）龙、白虎、朱雀、玄武，天之四灵，以正四方，王者制宫阙殿阁取法焉。」民间造室宅，营墓穴，有用此术，据以附会人事的吉凶祸福。四灵亦称四神。旧题晋郭璞《葬书》曰：「夫葬以左为青龙，右为白虎，前为朱雀，后为玄武。」堪舆之象，「玄武垂头」，「朱雀翔舞」，「青龙蜿蜒」，「白虎驯頫」。反乎此象，则不吉。

〔二四一〕廖晋雄《广东始兴发现南朝买地券》释文和图片，《考古》一九八九年第六期，第五六六页。

〔二四二〕右秩：当作「有秩」。

〔二四三〕东至龙：当作「东至青龙」。

〔二四四〕黄天：当作「青天」或「苍天」。

〔二四五〕勾陈：亦作「句陈」、「鉤陈」、「钩陈」，星官名。共六星，在紫微垣内，最近北极。《晋书·天文志》上：「北极五星，钩陈六星，皆在紫宫中。」

〔二四六〕自「东至」至「长城」：叶昌炽《语石》卷五曰：「『釖各』当为『釖阁』之驳文。『山海』、『釖阁』、『长城』，极言其寥廓无界，纯为虚构之词。」

〔二四七〕坤向：西南向。《周易·坤卦》：「西南得朋。」孔颖达正义：「坤位居西南。」

〔二四八〕章光、玉堂：墓葬四面的吉穴名称。吉穴名四禽，亦名四兽，为麒麟、凤凰、章光、玉堂。见《重校正地理新书》卷一三《取地合四兽法》。《续修四库全书》子部「术数类」。

〔二四九〕「白兽」：即白虎。风水书亦称「四神」为「四禽」、「四兽」。

〔二五〇〕真武：即「玄武」。宋真宗因避所尊圣祖赵玄朗讳，改玄武为真武。

〔二五一〕元吉：大吉。《周易·坤卦》：「黄裳元吉。」

〔二五二〕穴域：或作「四域」。

［二五三］系：当作「糸」，音同觅。《说文·糸部》：「细丝也，象束丝之形。」南唐徐锴《系传》：「一蚕所吐为忽，十忽为丝。糸，五忽也。」微量单位。十忽为丝，十丝为毫，十毫为厘，十厘为分。

［二五四］五方：东、西、南、北、中。四至：葬田四周的界限。

［二五五］新疆维吾尔自治区博物馆《吐鲁番阿斯塔那——哈拉和卓古墓群清理简报》，《文物》一九七二年第一期，第二二页图二八。

［二五六］钱即日：日下夺一「毕」字。

［二五七］贯：古代称串钱的绳索。贯亦为钱的单位，千钱为一贯。唐韩愈《司徒兼侍中中书令赠太尉许国公神道碑铭》：「而汴之库厩，钱以贯数者，尚余百万。」

［二五八］高立人主编《庐陵古碑录·南宋绍熙元年（一一九〇）庐陵县胡氏夫人买地石券》。

［二五九］高立人主编《庐陵古碑录·明正德十年（一五一五）永新县萧氏孺人买地石券》。

［二六〇］元周密《癸辛杂识》别集下《买地券》。

［二六一］尸死：尸体。《礼记·曲礼下》：「在床曰尸，在棺曰柩。」

［二六二］趋走：仆役被差遣。给使：供人役使。

［二六三］罗振玉《丙寅稿》页十八。

［二六四］根土著……下至黄：为「根生土著毛物……下至黄泉」省。

［二六五］雇钱：即契价，酬价。《后汉书·桓帝纪》：永寿元年二月，「其百姓吏民者，以见钱雇直」。李贤注：「雇犹酬也。」

［二六六］钱券：为「铁券」之误。

［二六七］顾：同「雇」，契价。

［二六八］始见「万万」之例，此后仍有。至唐后期改为「九万」。

［二六九］「日」下夺一「毕」字。

［二七〇］中夺「九十」二字。

［二七一］始见契价以「八万万」起首者。

［二七二］毕了：为「即日毕了」省。

［二七三］宴请中保人。

［二七四］信契：诚实不欺的契约。

［二七五］九十九千：即九十九贯。一贯为一千钱（文）。《汉书·武帝纪》：元狩四年（前一一九）「初算缗钱」。颜注引李斐：「一贯千钱，出算二十也。」

［二七六］黄天：当作「青天」或「苍天」。

［二七七］此为首例书「卖地领钱人」姓名者。

［二七八］五綵铜钱：各种铜钱。

［二七九］券文中首例书「财地交付」，即「银货两清」。

［二八〇］原件藏扬州市博物馆。一九六二年二月出土于扬州市瘦西湖乡南唐墓中。同年五月，余在扬州手录券文。

［二八一］有契价而无交割。以后仍有此种事例。如《北宋（一〇五五）孙四娘子券》等。

［二八二］五色信币：各种颜色的彩礼。

［二八三］龙子冈：「龙」上夺一「买」字。

［二八四］四维：四角，四隅。《小学绀珠》卷二：「四维：东南，巽；东北，艮；西南，坤；西北，乾。」在本券为四至之意，亦示四至均为吉穴。

［二八五］此券与同墓出的孙大郎券同为北宋大观年间今江西的制品，其券文所述契价与交割同八十年后金明昌时洛阳赵通券、九十年后南宋庆元时临川朱济南券，百年后金大安曲沃（今山西侯马）董玘坚僸券如出一辙，可见民间有样文流传。

［二八六］刘震、刘大文《河北遵化县发现一座明墓》《考古》一九九七年第四期，第九三页拓片。

［二八七］醴斋：当作「醴齐」，即醴酒。《周礼·天官·酒正》：「辨五齐之名，一曰泛齐，二曰醴齐，三曰盎齐，四曰缇齐，五曰沈齐。」都是味薄的酒。汉郑玄注：醴，「如今恬酒矣」。恬酒即甜酒。

［二八八］中国社会科学院考古研究所编《居延汉简甲乙编》下册肆《释文》二八〇页上，编号五五七·四。

［二八九］炁同「气」。《玉篇·火部》：「炁，古气字。」忏怪：当是「忤怪」。干犯，捣乱。

［二九〇］秦胡：假设的干犯者，或释作秦人、胡人来侵犯。名有：以私人名义占有土地。《史记·平准书》：「贾人有市籍者，及其家属，皆无得籍名田以便农。敢犯令，没入田僮。」《索隐》：「谓贾人有市籍，不许以名占田地。」

［二九一］解：排除，脱去。《礼·曲礼上》：「解屦不敢当阶。」《疏》：「解，脱也。」汉焦赣《易林·蒙之咸》：「忧祸解除，喜至庆来。」

［二九二］抵道：挡道，阻拦。

［二九三］生：下夺一「菜」字。

［二九四］河伯：河神。传说河伯名冯夷，或作冰夷、无夷。始见《庄子》、《楚辞》等。《史记·西门豹列传》记其事迹。魏晋以后，成为道教的重要神仙。

［二九五］询：或释作「诣」。

［二九六］此为在买地券中首例对违约者具体写明实行「罚金」者。

［二九七］画指为信。画指也叫做「画指模」。此为在买地券中首例画指者。此时人间契约已盛行署名、画指、书年之事。

［二九八］塟：同「葬」。《直音篇·艸部》：「塟，与葬同。」

［二九九］导：同「碍」、「礙」。《集韵·代韵》：「碍，《说文》：『止也。』」《南史》引《浮屠书》作导。」

［三〇〇］天地水三官：东汉末年，张角的太平道和张鲁、张修的五斗米道都奉天、地、水为「三神」，也叫做「三官」。《三国志·魏书·张鲁传》注引《典略》：太平道、五斗米道等「作三通，其一上之天，著山上；其一埋之地，其一沉之水，谓之三官手书」。刓，剜刻。《玉篇·刀部》：「刓，削也。」唐玄应《一切经音义》卷一三引《广雅》：「刓，镂也。」

［三〇一］忏犯：同「干犯」，触犯；干扰。《玉篇·心部》「忏，扰也」。诃：大声斥责，责备。《说文·言部》：「诃，大言而怒也。」

[三〇二]悋：同「吝」。

[三〇三]石进：钱主。此为在买地券中仅有的与人世间契约雷同的一件。在罚则中用「自管支当」之语为首例。

[三〇四]太上：太上老君。

[三〇五]陈柏泉编著《江西出土墓志选编》附录《唐至明地券文·宋张公地券》。原按：「墓主张公即张朴。」

[三〇六]地主吏：当作「地府主吏」。

[三〇七]江苏泰州市博物馆《江苏泰州市明代徐蕃夫妇墓清理简报》，《文物》一九八六年第九期，第三页。

[三〇八]目蒙华祸：当是「自蒙其祸」之意。

[三〇九]《居延汉简甲乙编》下册肆《释文》，第二〇六页，编号：二八七·一三。

[三一〇]二千：或释作「二半」，即「一斗」。或释作「二斗」。

[三一一]金偅子：即「金童子」、「金童」。《字汇补·人部》：「偅，与僮同。」亦作「童」。道家谓供仙人役使的童男女为金童玉女。

[三一二]鶮：同「鹤」。《集础·铎础》：「鹤，鸟名，或作鶮。」

[三一三]鱼入渊：当作「鱼入深渊」。

[三一四]信、券：二字据拓片补。

[三一五]各半：各半斗，即各五升。

[三一六]皆知张约：皆知业主张伯始所立之契约。北京大学图书馆藏拓片作「皆知倦约」。

[三一七]皆知券约：语后似夺「沽酒各半」等语。

[三一八]钱千无五十：罗振玉《丙寅稿》页一九跋《房桃枝买地铅券》曰：「钱千无五十者，殆谓以九百五十为千，非足陌也……前籍之载钱陌自梁始，观于此券，知东汉之世以九百五十为陌，足补载籍之阙。」按陌：通「佰」，为计算钱数的单位，钱一百为「陌」。

[三一九]乡尉、里帅：乡里小吏。

[三二十]敦卖，整买：叶敦卖地，萧整买地。

[三二一]西王女：当作「西王母」。

[三二二]鱼：为「代书人」，或「依口代书人」。

[三二三]王子侨：亦作「王子乔」，传说古代仙人。汉刘向《列仙传》：「王子乔者，周灵王太子也。好吹笙作凤鸣。游伊、洛之间，道士浮丘公接以上嵩山。」（《太平广记》卷四《王子乔》）

[三二四]傍人：亦作「旁人」，见证人。

[三二五]亢：亢的异体字。见《西狭颂》。

[三二六]「分界时」一句，或作「此冢地分界。时有张坚固」云云。

[三二七]王僑、赤松子：都是神话中的仙人。王僑亦写作王侨、王乔。赤松子亦写作赤诵子。《淮南子·齐俗训》：「今夫王乔、赤诵子，吹呕呼吸，吐故纳新；遗行去智，抱素返真；以游无眇，上通云天。」魏晋以后，为道教崇奉的神仙。

［三二八］李定、张故：当作「李定度、张坚固」。

［三二九］星宿：二十八宿之一，朱鸟七宿之第四宿，共七星。亦泛称二十八宿。或指列星。北齐颜之推《颜氏家训·归心》：「天地初开，便有星宿。」

［三三十］以钱半百：当为中礼费，表述不明。

［三三一］如此宴饮以酬中，为首见。

［三三二］直符：轮值主符神仙。甲寅日值符神（鬼）名「别状」。见《女青鬼律》卷一。以下值符鬼名出处同，不再注。

［三三三］张坚故：当作「张坚固」。

［三三四］东方朔：西汉武帝时官僚。至东汉以后，传说为道教神仙。曹植《辨道论》：「夫神仙之书，道家之言，乃言傅说上为辰尾宿，岁星降下为东方朔。」

［三三五］直使：同直符，值班神仙。庚午日值符神（鬼）名「柴方」。

［三三六］壬申日值符神（鬼）名「石松」。

［三三七］甘肃宁县博物馆张驰《甘肃宁县发现后周买地券》，《文物》一九九八年第六期，第七六页。

［三三八］鸖：同「鹤」。《龙龛手鉴·鸟部》：「鸖」同「鹤」。唐元稹《春六十韵》：「震动风千变，晴和鸖一冲。」

［三三九］庚申日值符神（鬼）名「义俚」。

［三四十］辛酉日值符神（鬼）名「义呼」。

［三四一］乙酉日值符神（鬼）名「聂下」。

［三四二］庚申日值符神（鬼）名「义俚」。

［三四三］陈柏泉编著《江西出土墓志选编》附录《唐至明地券文·明周宽与田氏地券》。

［三四四］清王昶《金石萃编》卷一五八《真清观牒》附《本观置买地土文契》。

［三四五］《后汉书·隗嚣传》：「（方）望至，说嚣曰：『足下欲承天顺民。辅汉而起，宜急立高庙，称臣奉祠，所谓神道设教，求助人神者也。』」按：高庙，汉高祖刘邦之庙。

［三四六］如律令：按照已有律令执行。王国维曰：「律令者，《史记·酷吏传》云：前主所是着为律，后主所是疏为令。《汉书·朱博传》云：三尺律令是也。汉时行下诏书，或曰如诏书，或曰如律令。苟一事为律令所未具而以诏书定之者，则曰如诏书……苟为律令所已定而但以诏书督促之者，则曰如律令……如律令一语，不独诏书，凡上告下之文，皆得用之……其后民间契约，道家符咒，亦皆用之。」（《观堂集林》第三册，第十七卷，第八四五—八四六页）

［三四七］丹书铁券：罗振玉《丙寅稿》跋：「券上涂朱，殆即券文所谓丹书也。」按：该券为铅质，象铁券。《后汉书·祭遵传》引范升疏：「丹书铁券，传于无穷。」买地券多用「丹书铁券」之语。

［三四八］王志高、周维林《南京江宁出土东吴买地券》，《中国文物报》一九九六年五月五日第一七期（总第四八二期）第一版。

［三四九］民有私约：「私约」一词在券文中首见。

［三五〇］ 司：为「同」字之半。始见于汉简，为汉代款缝制在买地券上的反映。

［三五一］ 座前：对尊长、神灵的敬称。唐李匡乂《资暇集》卷中《座前》：「身卑致书于宗属近戚，必曰座前，降几前之一等。案座者，座于床也。」

［三五二］ 买地券末首见符箓。道士用以招神驱鬼、治病延年的符，也称符箓。

［三五三］ 太清玄元：太清，或作「泰清」，为上天，道教谓元始天尊所居。晋葛洪《抱朴子・杂应》：「太清之中，其气甚刚，能胜人也。」玄元：道家所称为天地万物的本源，即道。

［三五四］ 五帝：天上五方之帝。东方苍帝，名灵威仰；南方赤帝，名赤熛怒；中央黄帝，名含枢纽；西方白帝；名白招拒；北方黑帝，名汁光纪。见孙瑴《古微书》九《春秋文耀钩》。又说道教供奉的五尊神。《云笈七籤》卷一八《老子中经》（一名《珠宫玉历》）载：「东方苍帝，东海君也。」「南方赤帝，南海君也。」「西方白帝，西海君也。」「北方黑帝，北海君也。」「中央黄帝君也。」《女清律令》即《女青鬼律》。

［三五五］ 买地券文中首见此「合同」例。

［三五六］ 此为券文之首行，十字连书，如符箓。

［三五七］ 此七个右半字为上侧刻，款缝，末三字不可识。

［三五八］ 分明收掌：与「对共破莂」同义，即析券成议。

［三五九］ 敕：也作「勅」、「勑」。官长告谕僚属，尊长告谕子孙，都称敕。清赵翼《陔馀丛考》卷二二《敕》：「诏敕为君上之词，本汉制。」魏晋以后，亦用于民间。道教则用于神仙的诏命。

［三六〇］《中国古代砖刻铭文集》（上）《图版》第五一二页，编号一九五八；（下）《图版说明・明》第三五二页，编号一九五八，《林佐买地券砖》。湖南芷江县出土。

［三六一］《中国古代砖刻铭文集》（上）《图版》第五二一页，编号一九八八；（下）《图版说明・清》第三六二页，编号，一九八八，《程之璋为父程衡、母邓氏买地券砖》。北京通州出土。

（二〇一一年元月十二日修改）

契约正文

一 原始无文字契约

一 肃慎族以言语为约[一]

肃慎氏，一名挹娄[二]……夏则巢居，冬则穴处。父子世为君长。无文墨，以言语为约。

【注】

[一]《晋书》卷九七《四夷·肃慎氏传》，中华点校本第八册第二五三四页。

[二]肃慎、挹娄，中国古族名，商、周时，居不咸山（今长白山）北至黑龙江中下游流域，东滨大海（今日本海），过氏族定居生活，时称肃慎。西汉以后，称挹娄。邑落各有大人，父子相传，从事农业、狩猎生产生活。

二 乌桓族刻木为信[一]

乌桓者，本东胡也[二]。……大人有所召呼[三]，则刻木为信。虽无文字，而部众不敢违犯。

【注】

[一]《后汉书》卷九十《乌桓传》，中华点校本第一〇册第二九七九页。

[二]中国古族名，因居匈奴（胡）以东故名。战国秦汉时，分为两大部，为乌桓与鲜卑，在今中国内蒙古东部及其以东的广大地区，南至燕山一带。

[三]大人，古代乌桓、鲜卑等族的部落首领名，由推举产生。《后汉书》卷九十《乌桓传》：「有勇健能理决斗讼者，推为大人，无世业相继。」每部大人统领数百乃至数千邑落。部众以大人健者名字为姓，故姓氏无常。至二世纪末，逐渐演变为世袭制，有些部落大人甚至自称王。

三　女真族原始盟约[一]

金之始祖讳函普……至完颜部居久之，其部人尝杀它族之人，由是两族交恶，哄斗不能解。……乃为约曰：「凡有杀伤人者，征其家人口一、马十偶[二]、牸牛十[三]黄金六两，与所杀伤之家。即两解，不得私斗。」曰：「谨如约。」女直（真）之俗：「杀人偿马牛三十」自此始。

【注】

[一]《金史》卷一《始祖函普本纪》。中华点校本第一册第二页。

[二]偶，一对。两匹马为一偶。

[三]牸牛，母牛。雌性的牲畜皆可曰牸。北朝魏贾思勰《齐民要术》六《养牛马驴骡》：「陶朱公曰：『子欲速富，当畜五牸。』」注：「牛、马、猪、羊、驴五畜之牸。」

四　西域滑国以木为契[一]

滑国者，车师之别种也[二]。……无文字，以木为契。与旁国通，则使旁国胡为胡书，羊皮为纸。……其言语待河南人译然后通。[三]

【注】

[一]《南史》卷七十九《夷貊下·西域诸国·滑国》，中华点校本第六册第一九八四页。

[二]车师，古西域国名，原名姑师，在今吐鲁番盆地，汉代为中西交通要冲。早期依附于匈奴，后归西汉的西域都护统辖。南北朝时，滑初为小国，后一度强大，向西发展，征服西域若干小国，达于中亚，开地千余里。有五谷，以面食及羊肉为粮。

[三]河南人，原为鲜卑慕容氏的一支，因迁居于赤水（今甘肃陇西县东渭河支流赤亭水）之南，因以为号。后有发展。《南史·夷貊下·河南》曰：「其界东至叠川，西邻于阗，北接高昌，东北通秦岭，方千余里，盖古之流沙地焉。」叠川约在今甘肃东南部。

五　吐蕃刻木、结绳为约[一]

其国（吐蕃）人号其王为赞普[二]，相为大论、小论，以统理国事。无文字，刻木、结绳为约。

【注】

[一]《旧唐书》卷一九六上《吐番上》，中华点校本第一六册第五二一九页。

[二]赞普，亦作「赞府」、「钱逋」。藏语音译，意为「雄强的男子」。吐蕃君长的称号。六世纪时，囊日论赞受平民拥戴，被加给「赞普」尊号，是为吐蕃君长称赞普之始。

六　俚人刻木为符契[一]

其俚人则质直尚信[二]……巢居崖处，尽力农事。刻木以为符契，言誓则至死不改。

【注】

[一]《隋书》卷三十一《地理下·扬州》，中华点校本第三册第八八八页。

[二]俚人，亦称里人、俚僚。中国古族名，百越的一支。三国至南北朝时，分布在今广西和广东的一些地区，汉代称乌浒人。隋唐时，有黄峒蛮或乌武僚等名称。为壮族和海南岛黎族的先民。

七　古黎民刻竹签为契约[一]

黎民买卖田土[二]，无文契票约[三]；但用竹签一片，售价若干，用刀划数目于签上，对劈为二，买者卖者各执其半以为信。日久转卖，则取原主之半签合而验之。

【注】

[一]袁枚《子不语》卷二《割竹签》。

[二]黎民，今黎族，主要居于今海南岛。

[三]票约，即契约。票，用作凭证的文书。

八　古瑶人刻木板为契[一]

瑶人无文字[二]，其要约以木契合二板而刻之，人执其一，守之甚信。

【注】

[一]宋周去非《岭外代答》卷十《蛮俗门·木契》。

[二]瑶人，中国少数民族之一，主要分布在今广西、湖南、云南、广东、贵州、江西等省（区）。其先民在秦汉时期，可能被称作武陵蛮、五溪蛮，唐、宋时，亦称猺人。

九　金齿人刻木为契[一]

土人缔约[二]，取一木杖，或方或圆，中分为二，各刻画二三符记于上，每方各执一片。负债人偿还债务后，则将债权人手中所执之半片收回。

【注】

[一]《马可波罗行记》第二卷第一百九十章《金齿州》。金齿，中国古族名，亦古地名。金齿州为元时称呼金齿人聚居的地区，主要指今云南保山市一带。

[二]土人，指金齿人，即今保山地区的傣族。

一〇　古傣族以木刻为符[一]

夷（傣）俗[二]，凡借贷赊庸通财期约诸事，不知文字[三]，以木刻为符，各执其半。如约酬偿，毫发无爽。……今夷人交易，用木刻，各执一半，符合为信。

【注】

[一]《永昌府志·杂纪志·轶事·木刻》。道光重刻《永昌府志》，保山辅文馆印本。永昌府，南诏置，治今云南保山市。元至元十一年（一二七四）降为永昌州。明洪武十五年（一三八二）复升为府，二十三年（一三九〇）废。嘉靖元年（一五二二）复置。一九一三年废。

[二]夷，百夷的简称。百夷，亦作「伯夷」、「僰夷」、「摆夷」，中国古族名。唐宋时期书作「白衣」。明初，钱古训、李思聪著《百夷传》，记述云南德宏地区傣族事迹颇详，因之百夷一称使用日广，逐渐代替金齿、白衣、白夷等，成为傣族的专称。因同音异写，又作伯夷、僰夷。自称傣仂、傣哪、傣雅、傣绷、傣端等。新中国建立后，根据自愿，统一称作傣族。

[三]傣文，傣文属于拼音文字类型，行款皆从左向右横书。已有七八百年的历史，主要用于官府文书和寺院经典。

二 西周、东周（春秋、战国）契约

一 西周成王四年（前一〇四〇）封姜太公于齐诰命[一]

及周成王少时，管、蔡作乱[二]，淮夷畔周[三]，及使召康公[四]命太公曰：「东至海，西至河，南至穆陵，北至无棣[五]。五侯九伯，实得征之[六]。」

【注】

[一]《史记》卷三十二《齐太公世家》。中华书局标点本第五册第一四八〇—一四八一页（以下凡引中华标点本者不再注明）。又同书第一四八九页引管仲曰：「昔召康公命我先君太公曰：『五侯九伯，若实征之，以夹辅周室。（夹辅周室：《集解》《左传》曰：「周公、太公股肱周室，夹辅成王也。」）』赐我先君履，（履：《集解》杜预曰：「所践履之界。」）东至海，西至河，南至穆陵，北至无棣。』」传玺按：《齐太公世家》曰：「武王已平商而王天下，封师尚父（姜太公）于齐营丘。」营丘，今山东淄博市东北临淄北。成王时，又加封之。

[二]管、蔡，管叔与蔡叔，周武王之弟。武王灭商，划分商京畿之地为三个区，由商纣王之子武庚领有一区，以管理商的遗民。管叔、蔡叔各领一区，以监督武庚和商之遗民。两年后，武王病逝，管、蔡与武庚发动叛乱。

[三]淮夷，《正义》孔安国云：「淮浦之夷，徐州之戎。」

[四]召康公，《集解》服虔曰：召公奭。

[五]《集解》服虔曰：「是皆太公始受封土地疆境所至也。」《索隐》：「服虔以为太公受封境界所至，不然也。盖言其征伐所至之域也。」传玺按：海，东海；河，黄河；穆陵，今山东临朐；无棣，今河北东南部。

[六]《集解》杜预曰：「五等诸侯，九州之伯，皆得征讨其罪也。」

二 西周成王四年（前一〇四〇）封伯禽于鲁诰命[一]

分鲁公[二]以大路、大旂[三]，夏后氏之璜[四]，封父之繁弱[五]，殷民六族：条氏、徐氏、萧氏、索氏、长勺氏、尾勺氏，使帅其宗氏，辑其分族，将其类丑[六]，以法则周公，用即命于周[七]，是使之职事于鲁[八]，以昭周公之明德。分之土田倍敦[九]，祝宗卜史[十]，备物典策[十一]，官司彝器[十二]，因商、奄之民[十三]，命以伯禽，而封于少皞之虚[十四]。

【注】

[一]《春秋左传》卷五四《定公四年传》。中华书局影印《十三经注疏》下册第二一三四页（以下再引此书不再注版本）。

[二]鲁公，名伯禽，周公旦之世子。《史记》卷三三《鲁周公世家》曰：武王去世，成王年少，周公「卒相成王，而使其子伯禽代就封于鲁」。鲁都曲阜，今山东曲阜市东古城。

[三]大路、大旂，杜注：「大路，金路，锡同姓诸侯车也。交龙为旂。《周礼》同姓以封。」《疏》正义曰：《周礼·巾车》云：「金路，建大旂以宾，同姓以封。」郑玄云：「金路，以金饰诸末。大旂，九旗之画交龙者。以宾，以会宾客。同姓以封，谓王子母弟以功德出封，若鲁、卫也。交龙为旂，司常文也。」

[四]夏后氏之璜，杜注：「璜，美玉名。」孔《疏》正义曰：「夏后氏所宝，历代传之，知美玉名也。」

[五]封父之繁弱，杜注：「封父，古诸侯也。繁弱，大弓名。」

[六]丑：原作「醜」。杜注：「醜，众也。」

[七]用即命于周，杜注：「即，就也。使六族就周，受周公之法制。」

[八]是使之职事于鲁，杜注：「共鲁公之职事。共，恭。」

[九]分之土田倍敦，杜注：「陪，增也。敦，厚也。陪本亦作倍，同。」孔《疏》引《正义》曰：「陪是加增之义。敦，厚。」释诂文也。言既封为大国，地方五百里。又分以土田，更增彼宽厚为七百里也。《明堂位》云：『封周公于曲阜，地方七百里。』」郑玄云：「地方七百里者，包附庸以大言之。」郭沫若曰：「倍敦应作附墉。」（见《奴隶制时代》第二七页。人民出版社一九七三年第二版。）

[十]祝宗卜史，杜注：「大祝、宗人、大卜、大史，凡四官。」《正义》：「祝、宗，接神之官。大卜，主卜。大史，主书。与此四等官人使之将归于鲁也。」大，同太。

[十一]备物典策，杜注：「典策，春秋之制。」孔《疏》：「服虔云：『备物，国之职物之备也。当谓国君威仪之物。若今繖扇之属，备赐鲁也。』」

[十二]官司彝器，杜注：「官司，百官也。彝器，常用器。」

[十三]商奄，杜注：「商、奄，国名也。」

[十四]少皞之虚，杜注：「少皞虚，曲阜也，在鲁城内。」

一三　西周成王四年（前一〇四〇）封康叔于卫诰命[一]

分康叔[二]以大路、少帛、綪茷、旃旌[三]、大吕[四]，殷民七族：陶氏、施氏、繁氏、锜氏、樊氏、饥氏、终葵氏，封畛土略：自武父以南及圃田之北竟[五]，取于有阎之土，以共王职[六]。取于相土之东都，以会王之东蒐[七]。聃季授土[八]，陶叔授民[九]。命以康诰，而封于殷虚[十]。皆启以商政，疆以周索。[十一]

【注】

[一]《春秋左传》卷五四《定公四年传》。《十三经注疏》下册第二一三四—二一三五页。

[二]康叔，杜注：「康叔，卫之祖。」《史记》卷三七《卫康叔世家》曰：「卫康叔，名封，周武王同母少弟也。」《索隐》：「康，畿内国名。」宋忠曰：「康叔从康徙封卫，卫即殷墟定昌之地。畿内之康，不知所在。」《世家》又曰：「周公旦以成王命兴师伐殷，杀武庚禄父、管叔，放蔡叔。以武庚殷余民封康叔为卫君，居河、淇间故商墟。」

[三]少帛、綪茷、旃旌，杜注：「少帛，杂帛也。綪茷，大赤，取杂草名也。通帛为旃，析羽为旌。」

[四]大吕，杜注：「钟名。」

[五]自武父以南及圃田之北竟：杜注：「畛，涂所径也。略，界也。武父，卫北界。圃田，郑薮名。」

[六]有阎，杜注：「有阎，卫所受朝宿邑，盖近京畿。」

[七]相土东都，杜注：「为汤沐邑，王东巡守以助祭泰山。」

[八]聃季，杜注：「聃季，周公弟，司空。」

[九]陶叔，杜注：「陶叔，司徒。」

[十]康诰、殷虚，杜注：「《康诰》，《周书》。殷虚，朝歌也。」朝歌：今河南淇县。

[十一]皆启以商政，疆以周索，杜注：「皆，鲁、卫也。启，开也。居殷故地，因其风俗，开用其政。疆理土地以周法。索，法也。」《正义》曰：「《王制》云：『凡居民材必因天地寒煖燥湿广谷大川异制。民生其间者异俗。修其教，不异其俗；齐其政，不易其宜。』是言王者布政，当顺民俗而施之也。此民习商之政为日已久，还因其风俗开道以旧政也。卫居殷虚，开以商政可矣。鲁亦开以商政者，王者所法不过二代。夏在卫西，鲁在卫东。夏政非鲁所及，与卫大同。以殷之余民有六族，将其丑类以即事于鲁，故与卫皆启以商政也。疆理土地以周法，则三代经界法皆有异，其异未尽闻也。」

一四　西周成王四年（前一〇四〇）封叔虞于唐（晋）诰命[一]

分唐叔[二]以大路，密须之鼓[三]，阙巩[四]、沽洗[五]，怀姓九宗，职官五正[六]。命以唐诰，而封于夏虚[七]。启以夏政[八]，疆以戎索。

【注】

[一]《春秋左传》卷五四《定公四年传》。《十三经注疏》下册第二一三五页。

[二]唐叔，杜注：「唐叔，晋之祖。」《史记》卷三九《晋世家》曰：「晋唐叔虞者，周武王子而成王弟。……（成王）封叔虞于唐。唐在河、汾之东，方百里，故曰唐叔虞。姓姬氏，字子于。」

[三]密须，杜注：「密须，国名。」

[四]阙巩，杜注：「甲名。」

[五]沽洗，杜注：「钟名。」

[六]怀姓九宗，职官五正：杜注：「怀姓，唐之余民。九宗，一姓为九族。职官五正，五官之长。」

[七]夏虚，杜注：「夏虚，大夏，今大原晋阳也。」今有三说：一、在今山西太原市西南古城营；二、在今山西翼城县东南；三、在今山西夏县西北。

[八]启以夏政，杜注：「因夏风俗开用其政。」

一五　西周恭王三年（前九一九）裘卫典田契约资料[一]

一　隹（惟）三年三月既生霸壬寅[二]，

二　王爯旂于丰[三]。矩白（伯）庶人取

三　堇章（瑾璋）于裘卫[四]，才（财）八十朋[五]，氒贾（厥贮），

四　其舍田十田[六]；矩或（又）取赤虎（琥）

五　两、麀桒（韨）两、桒（贲）韐一[七]，才（财）廿朋，其

六　舍田三田。裘卫廼彘（矢）告于

七　白（伯）邑父[八]、荧（荣）白（伯）、定白（伯）、䣄白（伯）、单白（伯）。白邑父、荧白、定白、䣄白、单

八　白（伯）廼令参（三）有嗣（司）：嗣土（司徒）敚（微）邑、嗣（司）

九　马单旟（旗）、嗣工（司空）邑人服，罪（逮）

十　受田：豩、趞，卫小子□，逆

一一　者其乡（飨）。卫用乍（作）朕文考惠

一二　孟宝般（盘），卫其万年永宝用。

【注】

[一]卫盉铭文，十二行。除第九、十两行九字外，每行十字，重文十二，合文二，共一三二字。释文和图片分别见《文物》一九七六年第五期岐山县文化馆、陕西省文管会《陕西省岐山县董家村西周铜器窖穴发掘简报》第二七页和三七页。又同期第五五页，唐兰《卫盉铭词译文》：

三年三月既生魄(霸)壬寅，王在丰邑举行建旗的礼。矩伯庶人在裘卫那里取了朝觐用的玉章，作价贝八十串。这租田，可以给田一千亩。矩又取了两个赤玉的琥，两件鹿皮披肩，一件杂色的椭圆围裙，作价贝二十串，可以给田三百亩。裘卫详细地告知伯邑父、荣父、定伯、𫘦(音亮)伯、单伯等执政大臣，大臣们就命令三个职官：司徒微邑，司马单旟，司空邑人服，到场付给田。燹扶、卫小子□，迎接的人举行宴会。卫用来做我的父亲惠孟的盘，卫一万年永远宝用。(全文题作《陕西省岐山县董家村新出西周重要铜器铭辞的译文和注释》)

[二]既生霸，每月八、九日至十四、十五日。王国维《生霸死霸考》：「余览古器物铭，而得古之所以名日者凡四：曰『初吉』，曰『既生霸』，曰『既望』，曰『既死霸』。因悟古者盖分一月之日为四分：一曰『初吉』，谓自一日至七、八日也；二曰『既生霸』，谓自八、九日以降至十四、五日也；三曰『既望』，谓十五、六日以后至二十二、三日；四曰『既死霸』，谓自二十三日以后至于晦也。」(《观堂集林》卷一)霸，或作「魄」。《说文・月部》：「霸，月始生魄然也。」段玉裁注：「霸、魄，叠韵。」又曰：「《汉志》所引《武成》、《顾命》皆作『霸』，后代『魄』行而『霸』废矣。」

[三]爯旂，周王举行建立太常(大旗)的典礼。《说文・冓部》：「爯，并举也。」旂应指太常。《周礼・春官・司常》：「国之大阅，赞司马颁旗物。王建太常，诸侯建旂。」郑玄注：「自王以下治民者，旗画成物之象。王画日月，象天明也。」

[四]矩，国族名。

[五]才，假借为「财货」之「财」。「财八十朋」，即价值货币(贝)八十朋。

[六]贮，《简报》释作「贾」。注〔四〕：「读为商贾的『贾』。『氒贮，其舍田十田。』就是说：『用买卖的方法，可以给土地十田。』释『贾』，亦见杨树达《积微居金文说》二七页。有同志认为应读为『租』。『氒租，其舍田十田。』是说『用租田的方法，可以给土地十田。』亦通。」按：「贮」释作「贮」。其义，郭沫若、唐兰、杨树达等各家有多种解释，但以释作「抵押」、「典当」关系较妥。因在当时的土地转让关系主要是抵押、典当关系。「贮」与「赎」，声纽相近，韵可旁转，可互通假。杨树达《积微居金文说》卷一《格伯簋跋》、卷二《曶鼎再跋》，均谓「卖」为「赎」之初文。王念孙《广雅疏证》卷三上《释诂》曰：「赇者，《玉篇》：赇，卖也。《广韵》云：贮也。谓贮货而卖之也。」《玉篇・贝部》曰：「赎，质也。」《说文・贝部》曰：「质，以物相赘。」「赘，以物质钱也。」西周时，土地所有权属于以周王为代表的国家。《诗・小雅・北山》：「溥天之下，莫非王土；率土之滨，莫非王臣。」这是一个普遍的所有制原则。一般贵族、封君、卿大夫等对其封国、采邑内的土地只有占有权，没有所有权。土地私有制在此时尚未发生，土地买卖关系亦不曾出现。即《礼记・王制》所说：「田里不粥。」因之此处铭文之「贮」字不是「土地买卖关系」，而应是先于土地买卖关系而发生的一种抵押、典当关系。言以十田为租借瑾璋的抵押物。

[七]麀𠦪，「麀」疑即「麃」。「𠦪」假借为「韍」。「麀𠦪」就是用鹿皮制作的韍。𠦪韐：此「𠦪」当读为「贲」。《说文・贝部》：「贲，饰也。」王肃《易》注：「贲，有文饰，黄白色。」韐，《诗・小雅・瞻彼洛矣》：「韎韐有奭。」笺：「韎韐，祭服之韠，合韦为之。」「贲韐」就是饰有黄白杂色的蔽膝。

[八]𡨦，读为矢。《尔雅・释诂》：「矢，陈也。」

一六　西周恭王五年（前九一七）裘卫租田契约[一]

一　隹（惟）正月初吉庚戌[二]，卫㠯（以）邦君

二　厉告于井白（邢伯）、白（伯）邑父、定白（伯）、𪴃白（伯）、白（伯）

三　俗父，曰厉曰[三]：「余执龏（恭）王卹（恤）工（功）[四]

四　于邵大（昭太）室东逆焚（禜）二川[五]。」曰：「余

五　舍女（汝）田五田。」正迺𬡨（讯）厉曰[六]：「女（汝）

六　贾（贮）田不（否）？」[七]厉迺许曰：「余寄（审）贾田

七　五田。」[八]井白（邢伯）、白（伯）邑父、定白（伯）、𪴃白（伯）、白（伯）俗

八　父迺顜（构）[九]。吏（使）厉誓。迺令参（三）有

九　𤔲（司）：𤔲土（司徒）邑人趞、𤔲（司）马颂人邦、𤔲（司）

十　工（空）隱（附）矩、内史友寺刍，帅𪓐（履）裘

一一　卫厉田三（四）[十]田。迺舍寓（宇）于乓（厥）邑[十一]：

一二　乓逆（厥朔）疆罪（逮）厉田[十二]，乓（厥）东疆罪（逮）散

一三　田，乓（厥）南疆罪（逮）散田罪（暨）政父田，

一四　乓西疆罪（逮）厉田。邦君厉罪（逮）付

一五　裘卫田：厉弔（叔）子夙（夙）[十三]、厉有𤔲（司）𩁹

一六　季、庆癸、𤼝褱（表）、荆人敢（敢）、井（邢）人

一七　倡屖。卫小子者，其乡朐（飨媵）·卫用

一八　乍（作）朕文考宝鼎。卫其万年

一九　永宝用。隹（惟）　王　五　祀。

【注】

[一]五祀卫鼎（卫鼎甲）铭文，十九行，除第八、十六、十七、十八行各十字，十九行七字外，每行十一字，重文五，合文一，共二〇七字。释文和图片分别见《文物》一九七六年第五期《陕西省岐山县董家村西周铜器窖穴发掘简报》第二七—二八页和三八页。又同期第五六页。

唐兰《五祀卫鼎(卫鼎甲)铭词译文》:

正月上旬庚戌,卫把邦君厉的话告知邢伯、伯邑父、定伯、𤠘伯、伯俗父等。厉说:「我办理共王勤政的事,在昭王的太室东北,临时禜(音咏)祭泾、渭两条大川的神,对我说:『给你种五百亩田。』执政们讯问厉说:『你租田吗?』厉承认说:『我确实要租给人田五百亩。』」邢伯、伯邑父、定伯、𤠘伯、伯俗父办成了,要厉立了誓。于是命令四个职官:司徒邑人𧻚、司马颈人邦、司空陶矩、内史友寺刍,带领着踏勘给裘卫的厉的田四百亩。于是给在这个邑里定下四界,北界到厉的田,东界到散的田,南界到厉的田和政父的田,西界到厉的田。邦君厉到场付给裘卫田。厉叔子夙,厉家的管事的𩰫(音崇)季、庆癸、燹(音险)𧝓(音表),荆人敢,邢人偈屖,卫小子者,举行宴会并送礼。卫用以做我的父亲的鼎,卫一万年永远宝用。这是王五年。(全文题作《陕西省岐山县董家村新出西周重要铜器铭辞的译文和注释》)

[二] 初吉,王国维曰:「谓(每月)一日至七、八日也。」(《生霸死霸考》)

[三] 邦君,见《尚书·大诰》、《酒诰》、《梓材》等篇。孔传释为「诸侯」。唐兰谓:「邦君当是王畿里面的小国国君。」曰厉曰:即「谓厉曰」。唐兰释作「厉说」。

[四] 䘏工,即「恤功」。《尚书·吕刑》:「乃命三后,恤功于民。」蔡传:「恤功,致忧民之功也。」

[五] 逆,应读为「朔」。「朔方」即北方。《尔雅·释训》:「朔,北方也。」「东朔」即东北。

[六] 正,《尔雅·释诂》:「正,长也。」郭注:「谓官长。」这里指的是邢伯、伯邑父、定伯、𤠘(音亮)伯、单伯这些官吏。

[七] 贮,唐兰释作「租田」的「租」。至确。《简报》注〔一三〕:「仍读为商贾的贾。这句话是说:『你交易土地否?』」欠妥。参看本书《周恭王三年(公元前九一九)裘卫典田契约资料》注〔六〕。

[八] 𡩜,《简报》注〔一四〕:「古文『審』字。《说文·釆部》:『審,悉也。』《增韵》:『详也,熟究也。』是審有知、明、深思熟虑之义。」

[九] 顜,唐兰曰:「与『构』字通。构,促成。《广雅·释诂》三:『构,成也。』」见唐兰译文注〔九〕。

[十] 帅履,履,履之本字。《说文·尸部》:「履,足所依也。」意即践。帅,亦有循义。《礼·王制》:「命乡简不帅教者以告。」郑注:「帅,循也。」「帅履」就是踏察地界之意。

[十一] 舍寓于厥邑,《说文·宀部》:「宇,屋边也。」这句话是说:「在这个邑里定下了田地的四边疆界。」

[十二] 逆疆,即「朔疆」、「北疆」。

[十三] 叔子,即「少子」。厉的少子名叫夙。

一七 西周恭王九年(前九一三)裘卫易林地契约[一]

一 隹(惟)九年正月既死霸庚辰[二],

二 王才(在)周驹宫,各(格)庙,眉敖(敖)者

三 膚为吏(使),见于王。王大黹(致)。矩取

四 眚(省)车：较(较)、苯(贲)𩋙(鞃)、虎(冟)(幎)、㣇(𢑚)𩎑(帏)、画
五 䡅、𠬪(鞭)[三]、师(席)、𩋾、帛(白)辔乘[四]、金鹿(镳)镻。
六 舍矩姜帛三两[五]。廼(乃)舍裘卫林
七 𤔲里。𡿪氒(厥)隹(惟)𩔔(颜)林[六]，我舍𩔔(颜)
八 陈大马两，舍𩔔(颜)𡚬(姒)虡𠯑(咬)，舍
九 𩔔(颜)有𤔲(司)寿商䝞裘[七]、盠冟(幎)[八]。矩
十 廼(乃)眔(暨)𨔶𦔻令寿商眔(暨)啻(意)曰：
一一 「𩕋(讲)」。𩕢(履)付裘卫林𤔲里·则乃
一二 成夆(封)亖(四)夆(封)，𩔔(颜)小子具叀(惟)夆(封)寿
一三 商𩰫(勠)[九]。舍盠冒梯𦍌(羝)皮二，𣥠(貔)
一四 皮二[十]，𤔲(业)舄𥫱(踊)皮二[十一]，朏帛(白)金一
一五 反(钣)[十二]，氒(厥)吴喜(鼓)皮二。舍𨔶虎冟(幎)、
一六 𡡉(琹)苯(贲)𦆫(韄)𩋙(鞃)，东臣羔裘，𩔔(颜)下
一七 皮二。眔(逮)受：卫小子家，逆者其
一八 䏰(媵)：卫臣虣朏。卫用乍(作)朕文
一九 考宝鼎。卫其𫀚(万)年永宝用。

【注】

[一] 九年卫鼎(卫鼎乙)铭文，十九行，除第十四行十一字外，每行十字，重文一，合文三，共一九五字。释文和图片分别见《文物》一九七六年第五期《陕西省岐山县董家村西周铜器窖穴发掘简报》第二八页和三九页。又同期第五六—五七页，唐兰《九年卫鼎(卫鼎乙)铭词译文》：

九年正月既死魄庚辰，王在周的驹宫，到了宗庙里。眉敖的使者者肤来见王，王举行盛大的接待礼。矩向裘卫取了一辆好车，附带车旁的钩子，车前横木中有装饰的把手，虎皮的罩子，长毛狸皮的车幔，彩画的、裹在车轭上的套子，鞭子，大皮索，四套白色的缰绳，铜的马嚼口等。又给了矩姜(当是矩的妻)六卷帛，矩给裘卫林𤔲(音拟)里。这林木是颜的，我又给了颜陈两匹大马，给了颜姒(当是颜的妻)一件青黑色的衣服，给了颜家管事寿商一件貉皮袍子和罩巾。矩就到𨔶(音廉)邻那里命令寿商和意办成了，踏勘付给裘卫的林𤔲里。于是在四面堆起土垄为界，颜小子办理立垄，寿商察看了。给了盠(音黎)冒梯两张公羊皮，两张羔羊皮，给业两块鞋筩子皮，给朏一块银饼，给厥吴两张喜皮。给了𨔶虎皮罩子，用柔软的带装饰的皮绳子裹的把手，给东臣羔羊皮袍，给颜两张五色的皮。到场受田的是卫小子宽，迎接的、送礼物的是卫臣虣(音暴)朏

（音匪）。卫用来做父亲的鼎，卫一万年永远宝用。（全文题作《陕西省岐山县董家村新出西周重要铜器铭辞的译文和注释》）

[二]既死霸，亦作「既死魄」。王国维曰：「谓（每月）自二十三以后至于晦也。」（《生霸死霸考》）

[三]㚒，《说文解字、革部》：「㚒，古文鞭。」

[四]帛辔乘，帛假借为「白」。《仪礼·聘礼》注：「物四曰乘。」缰辔四副，说明共用四马曳引。

[五]三两，即三匹。《说文解字·匸部》：「匹，四丈也。」王筠《句读》：「古之布帛，自两头卷之，一匹两卷，故古谓之两，汉谓之匹也。」

[六]䪼，即籀文颜字。见《说文解字·页部》。

[七]貈，今作「貉」。

[八]鍪冟，即「象幎」，猪皮做的车幎。象音失，《说文解字·彑部》：「象，豕也。」

[九]寿商𠭯，是说寿商也出了力。

[十]豵皮，小猪的皮。

[十一]𡗝，古文「业」字。

[十二]帛金一反，帛读为「白」，反假为「钣」。金属用钣计，故称「白金一钣」。

一八　西周恭王（前九二二—前九一〇）时格伯典田契约[一]

一　隹（惟）正月初吉癸子（巳）[二]，王才（在）成

二　周[三]。格白（伯）叏良马乘于倗生[四]，

三　氒（厥）贾丗（卅）田[五]，𠟭（则）析[六]。格白（伯）遻（还），殹妊

四　彶（及）佁人從。格白（伯）厍（安）彶甸。殷

五　人紉宦谷杜木，還谷旅。

六　桑涉东门。氒（厥）书史戠武

七　立𡨦成壘[七]，鑄（铸）保（宝）𣪘，用

八　典格白（伯）田[八]。其迈（万）年子子孙孙永保用。

【注】

[一]格伯𣪘（三）铭文，八行，行九至十二个字，重文二，徽号一（未录），共八十二字。图片和释文分别见郭沫若《两周金文辞大系图录考释》第二册第六五页下和第七册第八一页下—八二页上。

[二] 初吉，每月一日至七、八日。

[三] 成周，西周之东都洛邑。《书・洛诰》：「召公既相宅，周公往营成周。」故址在今河南洛阳市东郊白马寺之东。

[四] 叉（音漂），郭沫若曰：「《说文》『叉，上下相付也。读若《诗・摽有梅》』。」在此即是付义。乘：四匹马。

[五] 賨，即「贮」。郭沫若曰：「贮读为租，言格伯付良马四匹于倗生，其租为三十田。」按：贮在此当为「赎」的假借字，谓抵押、典当。详解见《裘卫典田契约资料》注〔六〕。

[六] 则析，析券成议。

[七] 氒书史戠武，即书吏及其名字，或为书券人兼证人及其名字。

[八] 典，郭沫若曰：「典，如今言记录或登录。」

一九　西周孝王二年（前八八三）曶买奴隶契约[一]

一　隹王三（四）月既眚（生）霸，辰才（在）丁酉，井弔才（在）异为[二]□（曶）

二　吏（使）氒小子𩵦吕（以）限讼于井弔：「我既卖女（汝）五□（夫）□（效）

三　父，用匹马、束丝。限誥曰𠭰，𠭰卑（俾）我赏（偿）马，效□（父）、□（则）

四　卑（俾）复氒（厥）丝束。𠭰效父乃誥𠭰曰于王参门□□

五　木榜，用償徙（诞）卖丝（兹）五夫，用百寽，非出五夫□□

六　𤼈・廼𠭰又𤼈眔趞金。」[三]井弔曰[四]：「才（载）王人廼卖用□

七　不逆付曶，母（毋）卑（俾）式于𠭰。」曶𠟭（则）拜頴首，受丝（兹）五〔夫〕，

八　曰陪，曰恒，曰耕，曰𩵦，曰眚，吏（使）寽吕告𠭰，廼卑（俾）□

九　吕（以），曶酉（酒）彶（及）羊、丝三寽，用致丝人。曶廼每（诲）于𠭰□（曰）：

十　「□□（汝其）舍𩵦矢五束。」曰：「弋（必）尚卑（俾）处氒邑，田〔氒〕

一一　田。」𠭰𠟭（则）卑（俾）复令（命）曰：「若（诺）。」

【注】

[一] 曶鼎铭文共有三节，本文为第二节，十一行，除第十行十六字、第十一行八字外，每行十八字，共一八六字。图片和释文分别见《两周金文辞大系图录考释》第三册第八三页和第七册第九六页下—九八页下。王国维曰：本节「书约剂」。（《生霸死霸考》）

[二] 井弔，井叔。

[三] 自「我既卖」至「罙趞金」，郭沫若曰：「均醆讼限之词。大意谓：『我曾以马一匹、丝一束，交于效父，以订赎汝之奴属五人。汝不从约，许我曰命舀还马于我。命效父还丝。舀与效父又约我于王参门改订券契，改用百寽之债以赎该五人之奴隶。并相约，如不出五夫，则再相告。并将原金退还。』」又曰：「据此可知当时奴隶贩卖公行。而奴隶之值，五人以实物交易时，约当马一匹，丝一束。以货币交易时，当债百寽。债乃金属货币也。因限两次爽约，遂成讼诉。为事本轻，故井叔之判词亦甚单简。」「誩」是「许」字之异文。「醆」、「贅」是同一人名。「旛」是「旂」字。

[四] 井弔（叔）曰，以下为判词。郭沫若述大意曰：「限乃王室之人，不应卖约既成而不付。应毋使舀有贰言。经井叔判定，舀获胜讼，终得购定五人，用羊、酒及丝三寽为赘以招致之。并命败诉者之舀赠胜讼者之醆以矢五束，即五百矢也。疑贅之田邑曾受舀凭陵，故乘胜讼并清理旧怨。言『必尚使醆居其邑，畋其田』也。舀既败诉，亦自无异词。」「舀」即限之臣属。

二〇　西周孝王二年（前八八三）匡季赔偿契约[一]

一　昔馑岁，匡众氒（厥）臣[二]廿大寇舀禾十秭[三]。㠯（以）匡

二　季告东宫。东宫廼曰：「求乃人，乃（如）弗得，女（汝）匡罚大。」匡

三　廼頴首于舀，用五田，用众一夫曰𢀛，用臣曰疐，□（曰）

四　朏，曰奠。曰：「用丝（兹）三夫頴首。」曰：「余无逌（攸）具寇，正□□

五　不□𢷶余。」舀或（又）㠯（以）匡季告东宫。舀曰：「弋（必）唯朕□□（禾是）

六　赏（偿）。」东宫廼曰：「赏（偿）舀禾十秭，遗（遗）十秭，为廿秭。□（如）

七　来岁弗赏（偿），鼎（则）付卌秭。」[四]廼或（又）即舀用田二，又臣□□（一夫）

八　凡用即舀田七田，人五夫。舀觅匡卅秭。[五]

【注】

[一] 舀鼎铭文第三节，八行，行十五至十八字不等，重文二，共一三五字。图片和释文分别见《两周金文辞大系图录考解》第三册第八三页和第七册第九七页上—九九页下。王国维曰：「书约剂。」（《生霸死霸考》）

[二] 匡众氒（厥）臣，郭沫若曰：「言匡之众及其臣。众指众人，乃耕作奴隶。」按：众、众人或为农奴。

[三] 秭，古数量词。《说文解字·禾部》：「五稯为秭。」又曰：「二秭为秅。」《仪礼》卷二二《聘礼》：「禾三十车，车三秅。」贾疏：「四秉曰筥，十筥曰稯，十稯曰秅，四百秉为一秅。」据此，秭为半秅，二百秉。《说文解字·又部》：「秉，禾束也。从又持禾。」即禾盈把曰秉。

[四] 自「用五田」至「付卌秭」，郭沫若曰：（匡季）愿以五田四夫为抵偿，而舀犹不满足，谓必偿还原禾。东宫乃判定偿还十秭，馈送十秭，树蓺廿秭。对于所寇共有四倍之罚。」

[五]自「即曶用田」至「世秭」，两造未依公判，而私自协议，匡再出二田一夫，即共七田、五夫，曶则觅（免）匡三十秭而了结。

二一　西周厉王二十五年（前八三三）鬲从易田契约[一]

一　隹王廿又五年七月既□□□□[二]（王）才（在）

二　永师田宫，令小臣成友（右）逆□□

三　内史无𩡧、大史旟曰：「章乎（之）畬

四　夫𠤳鬲从田[三]，其邑旃、𢃈、𦥑复

五　友（贿）鬲从其（之）田[四]，其邑𠭯、𢘅言二邑

六　臾（归）鬲从[五]。𡠧乎（之）小宫𠤳鬲从田[六]，其

七　邑彶眔句商兒眔雠，戋复

八　限余（赊）鬲从田[七]，其邑兢、𣏟、才

九　三邑，州、瀘二邑，凡复友（贿）。复友鬲

十　从田十又三邑。乎（厥）右鬲从，善夫克。[八]鬲

一一　从乍朕皇且（祖）丁公、文考叀公

一二　盨。其子子孙孙永宝用。

【注】

[一]鬲从盨铭文，十二行，行九至十四字不等，重文二，共一三八字。图片和释文分别见《两周金文辞大系图录考释》第三册第一一六页上和第七册第一二四页下。《考释》曰：此铭「是章、𡠧两人于同日以邑里与鬲从交换，王命史官典录其事。鬲从复自作器以记之」。

[二]王二十五年：王为厉王。据《史记·周本纪》，厉王三十七年，国人暴动，厉王奔于彘（今山西霍县）。次年为共和元年，即公元前八四一年。据此，厉王二十五年当为前八五四年。又据《鲁周公世家》，鲁真公十四年，周厉王出出奔彘。依推算，鲁真公十四年当厉王十六年。据此，厉王二十五年当为前八三三年。

[三]畬夫，官职名。𠤳：即钓，交易，取。

[四]复友，还付之意。言既钓其田，则还报以邑也。

[五]臾，「鬼」之异文，读为「归」，馈也。

[六]小宫，官职名。

［七］限余，当是「限赊」，言付以期限假借也。
［八］氒（厥）右鬲从，善夫克，郭沫若曰：「谓券契之右侧归鬲从存执。唯突出善夫克之名为异，或者其犹后世之证人耶？」

二二　西周厉王三十二年（前八二六）鬲攸从觅田契约[一]

一　隹卅又二年三月初吉壬辰，
二　王才（在）周康宫徲大室。鬲从
三　㠯（以）攸卫牧告于王曰：「女（汝）觅
四　我田牧[二]，弗能许鬲从。」王令
五　眚（省）。史南㠯（以）即虢旅[三]。虢旅迺吏（使）攸
六　卫牧誓曰：「我弗具付鬲从
七　其且（租），射（谢）分田邑，鼎（则）放。」攸卫
八　牧鼎（则）誓。从乍朕（朕）皇且（祖）丁公
九　皇考叀公障鼎。鬲攸从其
一〇　邁（万）年，子子孙孙永宝用。

【注】

［一］鬲攸从鼎铭文，十行，除第一行十一字、第五行十二字外，每行十字，重文四，共一〇三字。图片和释文分别见《两周金文辞大系图录考释》第三册第一一八页上第七册第一二六页下——一二七页上。郭沫若《青铜时代·周代彝铭进化观》一文将此器列为「专为书约剂而铸器」之一。
［二］女觅我田牧，谓「汝求我田野也」。《玉篇·见部》：「觅，索也。」《广韵、锡韵》：「觅，求也。」《尔雅·释地》：「郊外谓之牧。」
［三］虢旅，即虢叔旅。二字均有重文。

二三　西周厉王时（前八五七—前八二六）夨人赠田契约[一]

一　用夨𠈇（业）散邑，乃即散用田[二]。𥃩（眉）：自濡涉㠯（以）南至于大
二　沽，一弄[三]。㠯（已）陟[四]，二弄，至于边柳。逡（复）涉濡，陟雩覻（徂）䍜陕，

三　㠯(以)西弄于敄鹹桂木，弄于刍逨，弄于刍衜内。陟刍，

四　𤼷(登)于广湶，弄割(诸)析陕陵。陵刚析，弄于𦊭衜，弄于原衜，

五　弄于周衜。㠯(以)东弄于𩀂东疆右。还，弄于眉衜。㠯(以)南

六　弄于能逨衜。㠯(以)西至于琟莫(墓)眉(堳)[五]。井邑田：自根木衜

七　ナ(左)至于井邑弄衜㠯(以)东一弄，还㠯(以)西一弄，陟刚三

八　弄，降㠯(以)南弄于同衜，陟州刚，𤼷析降棫二弄。矢人

九　有𤔲(司)眉田羲、且、𢼸、武父、西宫襄、豆人虞丂、录贞[六]、师

一〇　氏右、眚、小门人䛴、原人虞芥、淮𤔲(司)工(空)虎孝、㗊豐父、

一一　琟人有𤔲(司)荆丂，凡十又五夫正眉矢舍(予)散田。𤔲(司)土(徒)

一二　屰寅、𤔲(司)马單䍃、䚄人𤔲(司)工(空)䭵君、宰遞父、散人小子眉

一三　田戎、𢼸父、效𦊭父，𣪕之有𤔲(司)橐州亳、焂从𩁹，凡散

一四　有𤔲(司)十夫。唯王九月辰才(在)乙卯，矢卑(俾)羲、且、䍃旅誓

一五　曰：「我𣧞(既)付散氏田器，有爽，实余有散氏心戝(贼)，𠟭(则)𢍜(隐)

一六　千罚千，𠊩(传)弃之。」羲、且、䍃旅𠟭(则)誓。乃卑(俾)西宫襄武父

一七　誓曰：「我既付散氏濕田𤰞田，余又(有)爽䜌(变)，𢍜千罚千。」

一八　西宫襄武父𠟭(则)誓[七]。氒(厥)受(授)图矢王于豆新宫东廷[八]。

一九　氒(厥)左执𦀚(要)史正仲农[九]。

【注】

[一] 矢人盘(散氏盘)铭文，十九行，除第十八行十八字、第十九行八字外，每行十九字，重文一，合文一，共三五一字。图片和释文分别见《两周金文辞大系图录考释》第三册第一二七页和第七册第一二九页。

[二] 即散用田，郭沫若曰：「谓因矢人营业于散邑，故用田以报散民。」「矢所报施于散氏之田有二：一为眉，一为井邑田。」王国维《散氏盘跋》云：「散氏者，即《水经・渭水注》大散关、大散岭之『散』。」「矢在散东。井在矢、散二国间而少居其北。」眉「在渭水之北。故汉右扶风有郿县」。(《观堂集林》卷十八)

[三] 弄，古「奉」字，假为封疆之「封」。

[四] 㠯陟，言自大沽折而北上。北地高，故言「陟」。

[五] 难，国族名。

[六] 虞丂、录贞，王国维云：「虞、录皆官名。录读为麓。」《说文解字·林部》：「麓，守山林吏也。从林鹿声。」又曰：「禁，古文从录。」「䍐父」、「效果父」亦一官一名。䍐为籥师，效为校人。

[七] 自「唯王九月」至「武父则誓」，郭沫若曰：「文末立誓者亦分为两组：鬳、且等为堳之田官，西宫襄等盖井邑田之田官。同是矢人有司而宣誓两出，即因各有所司之故。」

[八] 自「𠭯受」至「东廷」，郭沫若曰：「受者，授省。言经界既定，誓要既立，乃授其疆里之图于矢王。授图之地乃在『豆新宫东廷』。豆者，矢之属邑。上举矢之有司中有豆人，可证。」

[九] 𠭯左执缕史正仲农，谓其左执券乃史正之官名仲农者所书。缕即「契要」之「要」。《左传·文公六年》：「由质要。」杜注：「质、要，券契也。」

二四　西周幽王十年（前七七二）郑桓公友与商人盟誓[一]

子产谓晋大夫韩起曰：「昔我先君桓公与商人皆出自周[二]，庸次比耦，以艾杀此地[三]，斩之蓬蒿藜藋[四]，而共处之。世有盟誓，以相信也。曰：『尔无我叛，我无强贾[五]。毋或匄夺[六]。尔有利市宝贿，我勿与知[七]。』特此质誓[八]，故能相保，以至于今。」

【注】

[一]《春秋左传》卷四七《昭公十六年传》。《十三经注疏》下册第二〇八〇页。本文注主要采自杨伯峻编著《春秋左传注》，中华书局一九八一年版第四册第一三七九—一三八〇页。以下不再注明。

[二]《郑语》韦《注》：「桓公，郑始封之君，周厉王之少子，宣王之弟，桓公友也。」宣王封之于郑，在西都畿内棫林之地，即今陕西华县西北。周幽王之乱，桓公将家室财宝寄存于虢、郐之间，其后因取二国之地，都于今之河南新郑县。杜注云：「桓公东迁，并与商人俱。」

[三] 庸次比耦，犹言共同合作。艾同刈。艾杀，犹言清除。

[四] 四名代表各种野生草木。

[五] 杜注：「无强市其物。」

[六] 不乞求，不掠夺。

[七] 利市，犹言好买卖。宝贿，犹言奇货。

[八] 杜注：「质，盟信也。」（见哀公二十年传）

二五　东周襄王二十年（前六三二）王子虎与诸侯践土会盟[一]

癸亥[二]，王子虎盟诸侯于王庭[三]。要言曰[四]：「皆奖王室，无相害也！有渝此盟，明神殛之，俾队其师，无克祚国[五]，及而玄孙，无有老幼。」

【注】

[一]《春秋左传》卷一六《僖公二十八年传》。《十三经注疏》下册第一八二六页。
[二]癸亥，鲁僖公二十八年（前六三二）即周襄王二十年五月二十七日。
[三]王子虎盟诸侯于王庭：周襄王的代表王子虎与晋、齐、鲁、宋、蔡、卫、莒、郑等国国君会盟于践土。杜注：「践土宫之庭。书践土，别于京师。」践土，在今河南原阳西南。
[四]要言：盟约之词。
[五]祚，杜注：「奖，助也。渝，变也。殛，诛也。俾，使也。队，陨也。克，能也。」祚国，福佑国家。清郑珍《说文新附考》一《祚》曰：「『胙』是本字，『祚』是后起字。两字常错出误用。」现代学者王力曰：作为赏赐、回报及权利、地位之义使用时，「文献中胙、祚常错出互用。胙乃本字，而一般人反误认为『祚』是本字」。（《王力古汉语字典》第九九五页「胙」。中华书局二〇〇〇年出版）

二六　东周简王七年（前五七九）晋楚等诸侯弭兵之盟[一]

鲁成公十二年五月癸亥[二]，晋大夫士燮与楚二大夫公子罢、许偃会盟于宋国的都城西门外。盟曰：「凡晋、楚无相加戎，好恶同之。同恤菑危，备救凶患。若有害楚，则晋伐之；在晋，楚亦如之。交贽往来，道路无壅[三]。谋其不协，而讨不庭[四]。有渝此盟，明神殛之。俾队其师，无克胙国[五]。」

【注】

[一]《春秋左传》卷二七《成公十二年传》。《十三经注疏》下册第一九一〇页。
[二]癸亥，鲁成公十二年（前五七九）即周简王七年五月初四日。
[三]杜注：「贽，币也。」《疏》引《正义》曰：「《传》言交贽往来，谓聘使来去也。」
[四]杜注：「讨背叛不来在王庭者。」
[五]无克胙国，不能保佑其国家。详，参考上条注[五]。

二七　东周灵王十年（前五六二）晋、郑等诸侯同盟载书[一]

鲁襄公十一年（前五六二）秋七月，晋与郑等国同盟于亳。「乃盟。载书曰[二]：凡我同盟，毋蕴年[三]，毋壅利[四]，毋保奸[五]，毋留慝[六]，救灾患[七]，恤祸乱[八]，同好恶[九]，奖王室[十]。或间兹命[十一]，司慎、司盟[十二]，名山、名川[十三]，群神、群祀[十四]，先王先公[十五]，七姓十二国之祖[十六]，明神殛之[十七]，俾失其民，队命亡氏[十八]，踣其国家[十九]。」

【注】

[一]《春秋左传》卷三一《襄公十一年传》。中华书局影印《十三经注疏》下册第一九五〇页。

[二] 载书，春秋时期的诸侯或卿大夫、贵族之间所订立的盟约，亦称作盟书。《周礼·秋官·司盟》：「掌盟载之法。」郑玄注：「载，盟辞也。盟者书其辞于策，杀牲取血，坎其牲，加书于上而埋之，谓之载书。」

[三] 毋蕴年，杨伯峻《春秋左传注》第三册第九八九页注（以下只称杨注）曰：《说文》：「年，谷熟也。」《吕氏春秋·任地篇》高注：「年，谷也。」「此谓毋积粮而不救邻国之灾。」蕴年：杨注本作「蕴年」。传玺按：《说文·艸部》：「蕴，积也。」《玉篇·艸部》：「蕴，藏也，积也，蓄也。」杜注：「蕴积年谷，而不分灾。」

[四] 毋壅利，杜注：「专山川之利。」

[五] 毋保奸，杜注：「藏罪人。」杨注：「自是指庇护他国罪人。」

[六] 毋留慝，杨注：「慝音忒，邪恶也。此谓邪恶者速去之。」

[七] 救灾患，灾患，疑指自然灾害。

[八] 恤祸乱，杨注：「祸乱则指权利斗争。」

[九] 同好恶，善恶之标准统一，善者同好之，恶者同恶之。

[十] 奖王室，杜注：「奖，助也。」

[十一] 或间兹命，杨注：「间，犯也。」

[十二] 司慎，司盟，杨注：「《仪礼·觐礼·疏》云：『二司，天神。司慎，察不敬者；司盟，察盟者。』」

[十三] 名山，名川，杨注：「大山大川之神。」

[十四] 群神，群祀，杨注：「群神，各种天神。群祀，天神之外在于祀典者。」

[十五] 先王先公，杜注：「先王，诸侯之大祖，宋祖帝乙，郑祖厉王之比也。先公，始封君。大音泰。」

[十六] 七姓十二国，杨注：「晋、鲁、卫、曹、滕，姬姓；邾、小邾，曹姓；宋，子姓；齐，姜姓；莒，己姓；杞，姒姓；薛，任姓。十二国，此时郑尚未与盟，故不数之。说本俞樾《平议》。服虔《注》则谓郑与盟，晋主盟，不自数。」

[十七] 明神殛之，杨注：「殛音极，诛也。」

[十八] 队命亡氏，杨注：「队同坠，失落也。坠命犹言死其君主。氏，族氏。亡氏，犹言灭族。然郑樵《通志·氏族略·序》引此誓云：『氏所以别贵贱。贵者有氏，贱者无氏。今南方诸蛮比道犹存。以明亡氏则与夺爵失国同。』」

[十九] 踣其国家，杨注：「踣立毙，毙也。」

二八　东周威烈王二年（前四二四）晋国赵氏贵族盦章载书[一]

一　盦章自誓于君所[二]。所敢俞出入于赵化之所及子孙[三]，兟痣及其子乙，及其伯父叔父兄弟子孙，

二　兟恵及其子孙，兟繇、兟柕之子孙，兟諮、兟瘨之子孙，中都兟弲之子孙，兟木之子孙，跌及新君弟子孙，隥及新君

三　弟子孙，肖（赵）朱及其子孙，赵乔及其子孙，郙詨之子孙，邯郸重政之子孙，閔舍之子孙，遖（通）倨之子孙，史丑及其子孙，重癰

四　及子孙，邵城及其子孙，司寇或觵之子孙，司寇结之子孙，及群虖明（盟）者。章頣嘉之身及子孙[四]，

五　或复入于晋邦之中者，则永亟覫（视）之，麻臺非是[五]。既誓之后，而敢不巫觋祝史，

六　鼓綐绎之皇君之所[六]，则永亟覫之，麻臺非是。閔癸之子孙，窋（遇）之行道弗殺（杀），君其覫之。

【注】

[一] 山西省文物工作委员会编《侯马盟书》，一九七六年，文物出版社出版。本盟书是一九六五—一九六六年在山西侯马县出土的。共发现有五千余件，其中有六百余件的字迹清晰可辨。《侯马盟书》根据盟书内容分为六类：宗盟类、委质类、纳室类、诅咒类、卜筮类、其他类。其他类所收，为残碎而不易辨其内容者。本书所收之《盦章载书》选自《侯马盟书·委质类》。所用录文及注释主要参考高明著《中国古文字学通论》（北京大学出版社）下编第八章第一节三（二）《侯马载书选读》（二）《自誓于君所类载书》一第四二八—四二九页。所用标题为笔者自拟。

[二] 盦章自誓于君所，高注（一）：盦章「参加盟者之名」。誓，原作「资」。郭沫若释「质」。唐兰释「誓」，「当从唐兰释『誓』为宜」。

[三] 所敢俞出入于赵化之所及子孙……，高注（二）：「郭沫若云：『俞字假为偷』。唐兰谓：『俞读为渝。』当以唐兰为是。」

[四] 章頣嘉之身及子孙，高注（三）：「頣字，《说文》谓为『内头水中也』，读为没。《小尔雅·广言》：『没，终也。』『没嘉之身』，犹言终嘉之身。盟词乃谓终嘉之身及子孙，而敢或将赵化及其子孙等复入于晋国者，则永亟视之，麻夷非是。」

[五] 麻臺非是，「臺」即「夷」。《宗盟类载书》第四二七页高注（六）：麻夷非是：朱德熙、裘锡圭释作「昧雉彼视」。《公羊·襄公二十七年》记卫公子鱄以献公杀宁喜为不义，挈其妻子去国，将济于河，携其妻子而与之盟曰：「苟有履卫地食卫粟者，昧雉彼视。」何休注：「昧，割也。时割雉以为盟，犹曰视彼割雉，负此盟则如彼矣。」朱、裘二氏则谓：「《公羊》的『昧雉彼视』和侯马载书的『麻夷非是』，都是灭彼族氏的意思，只是文字写得不同，用语小有出入。」（参见《考古学报》一九七二年一期七三—七四页）

[六] 而敢不巫觋祝史，鼓綐绎之皇君之所，高注（四）：「就是让巫觋祝史荐牲于皇君之所，并加以说释。」

二九　东周赧王三十八年（前二七七）秦昭王与板楯蛮夷盟约[一]

秦昭襄王时[二]，有一白虎常从群虎数游秦、蜀、巴、汉之境，伤害千余人。昭王乃重募国中有能杀虎者，赏邑万家[三]，金百镒[四]。时有巴郡阆中夷人[五]，能作白竹之弩，乃登楼射杀白虎[六]。昭王嘉之，而以其夷人，不欲加封，乃刻石盟要：「复夷人顷田不租，十妻不筭[七]。伤人者论，杀人者得以倓钱赎死[八]。盟曰：秦犯夷，输黄龙一双；夷犯秦，输清酒一钟。」夷人安之。

【注】

［一］范晔《后汉书》卷八六《南蛮西南夷列传·板楯蛮夷》，中华书局标点本第十册第二八四二页。以下再引此书，不再注版本。

［二］秦昭襄王（前三二四—前二五一），即秦昭王，战国时秦国国君。名则，一名稷，为英明的君主。在位四十余年，革新政治，发展生产，对外实行远交近攻政策，为秦灭六国，统一中国，奠定了良好的基础。

［三］赏邑万家，食邑万户之侯。

［四］镒，古重量单位。一镒等于二十两，一说等于二十四两。

［五］阆中，县名。今属四川。夷人，为板楯蛮夷，简称板楯蛮，亦称「賨民」。为古巴人的一支，亦说为古僚人的一部分。

［六］李贤注：《华阳国志》曰「巴夷廖仲等射杀之」也。

［七］李贤注：「优宠之，故一户免其一顷田之税。虽有十妻，不输口筭之钱。」筭，亦作算。西汉称「算赋」。关于纳算赋人的年龄和负担量，秦国之制已不可考。西汉之制可以参考。《汉书》卷一上《高帝纪上》：「（四年）八月，初为算赋。」注引如淳曰：「《汉仪注》：民年十五以上至五十六，出赋钱，人百二十为一算，为治库兵车马。」

［八］李贤注：何承天《纂文》曰：「倓，蛮夷赎罪货也。」

三〇　东周雇农契约[一]

夫卖佣而播耕者，主人费家而美食，调布而求易钱者[二]，非爱庸客也。曰如是，耕者且深，耨者熟耘也[三]。庸客致力而疾耘耕者[四]，尽巧而正畦陌畦畤者，非爱主人也。曰如是，羹且美，钱布且易云也。……皆挟自为心也[五]。

【注】

［一］《韩非子集解》卷一一《外储说左上》，商务印书馆《国学基本丛书》本，中华民国二十四年三月三版第三册第二十五页。

［二］王先慎《集注》引顾广圻曰：「调当作请。易钱当作钱易。易去声，下同。」

［三］顾广圻曰：「熟上当有且字。耘当作云。此与下文钱布且易云也句对。不知者改作耘字。误甚。」

［四］顾广圻曰：「者字衍，耕句绝。」

［五］挟自为心：实现自己的心愿。指自己所期望的利益。此文反映了田主与雇农双方的意思表示是相对的、交叉的，但也是一致的、相互承认的，因之契约行为成立。

三　西汉、东汉契约　附　买地券

（一）买卖契约

三一　西汉元平元年（前七四）敦煌禽寇卒冯时赊卖橐络契[一]

元平元年七月庚子，[二]禽寇卒冯时卖橐络六枚杨柳所，约至八月十日与时小麦七石六斗。过月十五日，以日斗计。　盖卿任[三]（A）

麹小麦[四]（B）

【注】

[一] 吴礽骧、李永良、马建华《敦煌汉简释文》一《新中国建立后出土的汉简（十四）·玉门花海出土的汉简》。甘肃人民出版社一九九一年版第一五〇页。A为正面，B为背面。

[二] 七月庚子：七月朔为丙申，庚子为是月初五日。

[三] 任，担保，担保人。《周礼·秋官·大司寇》：「使州里任之，则宥而赦之。」

[四] 麹，亦作「麴」。酒母，釀酒或制酱用的发酵物。

三二　西汉本始元年（前七三）居延陈长子卖官绔券[一]

一　本始元年七月庚寅朔甲寅[二]，楼里陈长子卖官绔[三]。柘里黄子心[四]，贾八十[五]。

【注】

[一] 中国社会科学院考古研究所编《居延汉简甲乙编》上册叁《图版》乙图版柒柒，编号九一·一。下册肆《释文》第六八页上，编号同。一行二七字。

[二] 本始，西汉宣帝年号。七月甲寅为二十五日。

[三] 楼里，里名。卖主陈长子为楼里人。

[四] 柘里，里名。买主黄子心为柘里人。心，或释作「公」。

[五] 贾八十，贾同价，价八十钱。

三三　西汉地节二年（前六八）巴州扬量买山刻石[一]

一　地节二年□月[二]，

二　巴州民扬量

三　买山[三]，直钱千百。

四　作业□[四]，子孙

五　永保其毋替[五]。

【注】

[一] 陆增祥《八琼室金石补正》第二卷。跋：「高一尺九寸三分，广二尺。五行，行五字、六字。字径三四寸不等，分书。在平湖吴氏。」又跋：「右扬量买山刻石，在巴县出土，后归吴辛仲重光家。『业』下一字，辛仲释作『守』。审之，不似也。壬申夏，从松坪借录。」叶昌炽《语石》卷五《买地莂二则》：「若三巴扬量一刻，则伪托也。」

[二] 地节，西汉宣帝年号。□月，（日）下中弥三郎《书道全集》卷二《概说·释文·解说》第一五页释作「正月」（昭和五年版）。

[三] 巴州，里或县名。

[四] 作业□，跋：「第四行三字，是『分』字。余校刘子重家初拓本及此纸背，息心静验得之。」

[五] 毋替，同「无替」。废弃，废业。《尚书·周书·旅獒》：「无替厥服。」传：「使无废其职。」

三四　西汉元康二年（前六四）居延耐长卿贳买复绔券[一]

元康二年十一月丙申朔壬寅[二]，居延临仁里耐长卿贳买上党潞县直里[三]常寿字长孙青复绔一两，直五百五十，约至春钱毕已。

姚子方☐(简左侧上部有刻齿)

【注】

[一]甘肃省文物考古研究所等四单位编《居延新简》,文物出版社一九九〇年版第三四二页。原简编号:EPT57:72。文一行。
[二]元康,西汉宣帝年号。十一月丙申朔壬寅为初七日。
[三]潞县,西汉置,治今山西黎城县南古城。

三五　西汉神爵二年(前六〇)广汉县节宽德贳卖布袍券[一]

一　神爵二年十月廿六日[二],广汉县廿郑里男子节宽德卖布袍一[三],陵胡隧长张仲孙□所贾钱千三百[四],约至正月□□。任者□□□□□□(简面)

二　正月责付□□十。时在旁候史长子仲、戍卒杜忠知卷□[五]。沽旁二斗[六]。(简背)

【注】

[一]罗振玉、王国维《流沙坠简·屯戍丛残考释·杂事类》第四十七页上六;又图版第十六页下。王国维跋:「木简出敦煌西北,长二百三十二米里迈当,广八米里迈当。」按:米里迈当即毫米。据吴礽骧、李永良、马建华《敦煌汉简释文》第一七八页校订。
[二]神爵,西汉宣帝年号。
[三]广汉县,属广汉郡,治今四川射洪南。
[四]陵胡隧,隧名。隧,通「燧」,烽火亭。《文选》(汉)班叔皮〈彪〉《北征赋》:「登鄣隧而遥望兮,聊须臾以婆娑。」李善注:「《说文》曰:『隧,塞上亭,守烽火者也。』篆火从火,古字通。」
[五]时在旁,即后世契约上之「证人」。隧长、候史、戍卒,为居延驻军之小官和士卒。卷即「券」。
[六]沽旁二斗,沽,沽酒,酬劳证人。王国维跋:「是一袍之买卖亦有中费矣。」

三六　西汉神爵三年(前五九)资中县王褒僮约[一]

神爵三年正月十五日,资中男子王子渊从成都安志里女子杨惠买夫时户下髯奴便了[二],决卖万五千[三]。奴从百役使,不得有二言。晨起洒扫[四],食了洗涤;居当穿臼,缚箒裁盂[五];凿井浚渠,缚落锄园[六];研陌杜埤,地刻大枷[七];屈竹作杷,削治鹿卢[八]；出入不得骑马载车，踑坐大呶[九]；下床振头，垂钓刈刍；结苇腊纻[十]。沃不酪住酟醭[十一]，织履作麄[十二]；粘雀张乌[十三]，结网捕鱼；缴雁弹凫[十四]，登山射鹿；入水捕龟，浚园纵鱼[十五]；雁鹜百余，驱逐鸱鸟；持捎牧猪，种姜养芋；长育豚驹，粪除常洁；餧食马牛[十六]，鼓四起坐，夜半益刍。二月春分，被隄杜疆，落桑皮椶[十七]；种瓜作瓠，别茄披葱[十八]；焚槎发等，垄集破封[十九]；日中早蔧[二十]，鸡鸣起舂；调治马驴，兼落三重[二一]；舍中有客，提壶行酤[二二]；汲水作餔[二三]，涤杯整桉[二四]；园中拔蒜斮苏，切脯筑肉，臛芋脍鱼，炰鳖烹茶[二五]。尽具铺已盖藏，关门塞窦，餧猪纵犬。勿与邻里争斗，但当饭豆饮水，不得嗜酒。欲饮美酒，唯得染唇渍口，不得倾盂覆斗。不得辰出夜入，交关伴偶。舍后有树，当裁作船。上至江州[二六]，下到煎主[二七]，为府掾求用钱，推纺恶败椶索[二八]。绵亭买席[二九]，往来都洛[三十]，当为妇女求脂泽，贩于小市[三一]。归都担枲，转出旁蹉[三二]，牵犬贩鹅[三三]。武阳买茶[三四]，杨氏池中担荷[三五]。往来市聚，慎护奸偷。入市不得夷蹲旁卧，恶言丑骂。多作刀弓，持入益州，货易牛羊。奴自交精惠，[三六]不得痴愚。持斧入山，断槧裁辕。若残当作俎机、木屐及彘盘[三七]，焚薪作炭。石礨薄岸[三八]，治舍盖屋，书削代牍[三九]。日暮以归，当送干薪两三束。四月当坡，五月当获[四十]。十月收豆，多取蒲苎，益作绳索。雨墮无所为，当编蒋织箔[四一]。植种桃李梨柿柘桑，三丈一树，八赤为行[四二]。果类相从，纵横相当。果熟收敛，不得吮尝。犬吠当起，惊告邻里。枨门柱户[四三]，上楼击鼓[四四]。椅盾曳矛[四五]，还落三周。勤心疾作，不得遨游。奴老力索，种莞织薦[四六]。事讫欲休，当舂一石；夜半无事，浣衣当白。若有私敛，主给宾客[四七]。奴不得有奸私，事事当闻白。奴不听教，当笞一百[四八]。

【注】

[一]《古文苑》卷一七汉王褒《僮约》。《艺文类聚》卷三五亦载，文字略异。

[二]男子，少年男子为户主者。《后汉书·明帝纪》：「赐天下男子爵，人二级。」李贤注：「《前书音义》曰：男子者，谓户内之长也。」亦谓青、壮年男人。

王子渊，《汉书·王褒传》：「王褒字子渊，蜀人也。」褒为犍为郡资中县（今四川资阳县）人。《僮约》曰：褒「以事到煎上（章樵注：『玉叠山在成都西北，湔水出焉，亦名湔山。湔水所经行之地故名煎上。煎与湔同。』按：玉叠山当为玉垒山，在今灌县西北。湔水，今沱江及岷江上游的某支流），寡妇杨惠舍有一奴名便了，倩行酤酒。便了捍大杖上冢巅曰：『大夫（指杨惠故夫）买便了时，只约守家，不约为他家男子酤酒。』子渊大怒曰：『奴宁欲卖邪？』惠曰：『奴父许人，人无欲者。子即决卖券之。』奴复曰：『欲使，皆上。不上券，便了不能为也。』子渊曰：『诺。』即书本券文。

成都，今四川成都市。

便了，奴名。

[三]决卖，决，断，绝。决卖，绝卖，卖断。

万五千，契价万五千钱。

［四］酒，一作「早」。

［五］盂，《方言》：盂或谓之「盌」。

［六］缚落鉏园，缚落，捆绑篱落。鉏，同锄。

［七］研陌杜埤，地刻大枷，章樵注：「研治阡陌，穴隙则塞之。大枷，连枷也。打谷之具，筑禾稼之场，刻画地段，令广袤可运大枷打谷也。」

［八］杷，收麦器。鹿卢，引绳以汲井水之机关。

［九］载车，乘车。「载」一作「乘」。

踑坐，同「箕坐」。谓坐时两脚直伸张开，其形如箕。《礼记·曲礼》(上)：「坐毋箕。」

大呶，大声号呼喧闹。《诗·小雅·宾之初筵》：「宾既醉止，载号载呶。」

［十］结苇腊纑，章樵注：「编苇以为箪，治麻以作布。郑氏《诗笺》：竹苇曰箪。腊，缉治也。孟子其妻辟纑。注：缉，绩其麻曰辟，练其麻曰纑。音卢。」

［十一］沃不酪住酣醼，章樵注：「旧音徂模。沃，饮也。乳汁作浆曰酪。酣醼亦美浆醍醐之属。奴当甘麄淡，不得求美饮。」

［十二］麄(音同粗)，同「麤」。《方言》卷四：「扉、屦、麤，履也。」

［十三］乌，一作乌。

［十四］缴(音同灼)，射鸟时系于箭上的生丝绳。

［十五］浚园，浚治园中池以养鱼雁鹜鹅鸭之属。

［十六］食(音同似)，喂食。

［十七］被隄杜疆，落桑皮棧，隄、疆，田畔之空地，可耕锄种植。落，去其附枝及朽蠹者。割取棧榈之皮，可为绳索。

［十八］葱(音同匆)，葱的异体字，一种蔬菜。

［十九］自「焚」至「封」，章樵注：「地有枯柿就烧之，借火气以发土性。等，齐也。聚其灰土，剖其坚壤，皆治圃之法。」

［二十］熭(音同彗)，晒干。亦作「藧」。《汉书·贾谊传》引黄帝曰：「日中必藧，操刀必割。」颜注引臣瓒曰：「太公曰：日中不藧，是谓失时；操刀不割，失利之期。言当及时也。」师古曰：「此语见《六韬》。藧，谓暴晒之也。」王先谦补注：「卢文弨云：《颜氏家训》引贾谊策作『熭』。」又曰：「《说文》：熭，暴干火也(徐锴本无火字)。《玉篇》：熭，曝干也。此作『藧』，后人妄加『艸』耳。」

［二一］落，章樵注：「落当作烙，谓烧铁烙蹄，令坚而耐踏。《庄子·马蹄篇》：伯乐治马，烧之，剔之，刻之，维之。」

［二二］酤(音同沽)，酒，买酒，卖酒。行酤，买酒。

［二三］铺(音同晡)，食，饭。

［二四］涤杯整桉，杯同「杯」，饮食器。桉同「案」，摆设食品之具。

［二五］筑，炰，茶，筑与「祝」同，断也。炰，「炮」的异体字，烤也。茶，苦菜也。煮以为茹。

［二六］江州，章樵注：「汉中郡有江州县。蜀都众水至此会合。见《蜀都赋》。」按：江州县，西汉巴郡治，章注不确。

［二七］煎主，章樵注：「蜀郡有湔道。湔主，湔之县治也。」按：《汉书·地理志》「蜀郡」条作「湔氐道」。

〔二八〕「棱索」句，章樵注：「府掾，郡之吏胥。用钱，庸直也。棱索，所以串钱。纺即放字。损败者推弃之。」

〔二九〕绵亭，地名，约在绵竹，今四川绵竹东南。

〔三十〕都、洛，章樵注：「《地理志》：广汉郡有新都、雒县。注：章山，雒水所出，南至新都谷，入湔。有工官。」

〔三一〕脂泽，章樵注：「膏沐之物，小市所缺。」

〔三二〕担枲（音同喜）、旁蹉，枲，大麻。旁蹉，出小路。

〔三三〕贩，一作放。

〔三四〕武阳，犍为郡属县，今四川彭山县东。

〔三五〕杨氏池中担荷，杨氏池产荷。其茎，茄；其花，芙蓉；其实，莲；其根，藕，皆可贩卖。

〔三六〕惠，通「慧」。

〔三七〕「彘盘」句，残，残余。俎机，用以盛肉。屐，木履。彘盘，喂猪之牢。彘一作雉。

〔三八〕薄岸，章樵注：「皆水次为之，以防暴水之至。」

〔三九〕「代牍」句，削，木版也，古人以书。欲更书则削去之，故谓之削。牍，编木为之。

〔四十〕当获，割麦。

〔四一〕蒋，菰属，即茭白。「编蒋」似为编织席类。《史记·司马相如列传》引《子虚赋》：「莲藕菰芦。」《索隐》引郭璞云：「菰，蒋也。芦，苇也。」芦可编席。故疑此处之「编蒋」实借为「编芦」。

〔四二〕赤，通「尺」。（汉）《西岳石阙铭》：「张勋为西岳华山作石阙，高二丈二赤。」

〔四三〕枨（音同丞），门两旁所竖之木柱。

〔四四〕鼓，一作柝（音同拓），巡夜所敲的木梆。

〔四五〕钖，即矛。

〔四六〕莞，小蒲草，可以织席。

〔四七〕「宾客」句，章樵注：「私敛，谓收租索债之类。主以供给宾客。主犹掌也。」

〔四八〕笞，以杖打背或臀部。

三七　西汉建昭二年（前三七）甲渠塞欧威贳卖裘券〔一〕

一　建昭二年闰月丙戌〔二〕，甲渠令史董子方买鄣卒欧威裘一领〔三〕，直七百五十。约至春〔四〕，钱毕已〔五〕。旁人（一行）

二　杜君隽〔六〕（二行）

【注】

［一］中国社会科学院考古研究所编《居延汉简甲乙编》上册叁《图版》甲图版贰陆，编号一八七。下册肆《释文》一六页上，编号一六・一。文二行。

［二］建昭，西汉元帝年号。或释作「建始」，成帝成号。

［三］甲渠令史，甲渠，塞名，属居延都尉，今内蒙古额济纳旗南。令史，小官吏。鄣卒，守塞之卒。鄣，「障」的本字。

［四］约至春，或释作「约里长」、「给□□」等。

［五］钱毕已，价钱全部付清。

［六］旁人，旁证人。「杜君隽」下外侧画有三小横，是画两个指节的痕迹。此制始见于汉代，叫做画指或画指模，是画押的一种。就是在契约上自己的名下或名旁画上指节的长短，以为标记。这样的契约在当时叫做「下手书」。《周礼・地官・司市》郑玄注：「质剂谓两书一札而别之也，若今下手书。」贾公彦疏：「汉时下手书，即今（唐代）画指券，与古质剂同也。」《欧威券》是迄今所见最早的有明显的画指痕迹的契约。参看本书所收「高昌延寿十五年（六三八年）周隆海买田卷」注［二］。

三八　东汉建初元年（七六）山阴县大吉买山地记［一］

一　　昆弟六人［二］，

二　大　共买山地。

三　　建初元年，

四　吉　造此冢地［三］，

五　　直三万钱。

【注】

［一］见陆耀遹《金石续编》卷一，原题《会稽冢地刻石》。跋：「摩崖高三尺，广五尺。五行，行四字。额高二尺，广一尺。题『大吉』二字，并隶书。在浙江会稽县东南乌石村。」又曰：「建初元年，后汉章帝嗣位之始年也。迄今道光三年，凡千七百四十八年。县人杜孝廉煦偕弟春生访得之。予与南海吴布政荣光、仁和赵明经魏，显名山下。其地土名跳山，即乌石山也。『迮此』之『迮』，赵、杜释作『住』。钱唐何元锡释作『作』。临海洪州判颐煊释作『迮』，云『迮』即『造』字省『□』。予合数揭本辨之，『迮』字甚显，洪说无疑。『冢地』之『冢』，赵释作『众』，亦误。『冢』作『冢』，与《隶续》所载《延熹五年真道冢地碑》正同。杜春生字禾子，集会稽山阴金石，作《越中金石记》云：『是刻，土人传为钱武肃王微时贩盐，官军捕之，逃避

此山而免，因于石壁书「大吉」字。明人据入邑志。不知「大吉」下尚有二十字也。予亲剔落薛寸许，其文始见。金石家从未著录。即嘉泰以来，纂郡邑志者，亦所未睹。乃知「大吉」二字为冢地言。后人偶有见「钱」字者，因傅会为武肃矣。』洪颐煊《平津读碑记》云：『汉人造作，必记其所直之数。如《武氏石阙铭》：「造此石阙，直钱十五万。」「作师子，直四万。」盖其风俗然也。』」按：钱武肃王，名镠，为五代十国时吴越国王，卒谥武肃。落薛，即苔薛。落同「苔」。《管子·地员》：「五蘟之状，黑土黑落」注：「落，地衣也。」嘉泰，南宋宁宗赵扩的年号。武氏石阙在今山东济宁紫云山，东汉桓帝时建造。师子，即狮子。《汉书·西域传》：「乌弋地暑热，莽平……而有桃拔、师子、犀牛。」

[二]昆弟，兄弟。

[三]冢地，坟地。从「直三万钱」来看，当为一大山场。

三九　汉长乐里乐奴卖田券[一]

一　☐置长乐里乐奴田卅五亩[二]，贾钱九百，钱毕已。丈田即不足，计亩数环钱[三]。旁人淳于次孺、王充、郑少卿，古酒旁二斗[四]，皆饮之。

【注】

[一]《居延汉简甲乙编》上册叁《图版》甲图版壹柒玖，编号二五四四A、二五四四B；下册肆《释文》二八〇页上，编号五五七·四。一行，四六字。上残。

[二]「置长乐里」句，置，购买。长乐里，里名。乐奴，买田者。或释「受奴」。亩，亩积单位。

[三]计亩数环钱，为罚则。如所卖田地经丈量不足卖数，短少几亩，即计数退还卖价。环，借为還（还）。

[四]古酒，「古」与「沽」通。沽酒二斗以酬谢旁证人。斗或释作「升」。

四〇　汉七月十日居延县张中功贳买单衣券[一]

一　七月十日，鄣卒张中功贳买皂布章单衣一领[二]，直三百五十三。堠史张君长取钱[三]，约至十二月尽毕已[四]。旁人临桐史解子房知券□☐[五]

【注】

[一]《居延汉简甲乙编》上册叁《图版》甲图版壹零壹，编号一三七三。下册肆《释文》一八六页下，编号二六二·二九。一行，四九字。下缺。

〔二〕贳买，贳，赊欠。成交时，买主不即付契价。此为活契关系，所用券约为「书契制度」。《周礼·地官·质人》郑玄注：「书契，取予市物之券也。其券之象，书两札，刻其侧。」许慎《说文解字·刀部》：「券，别之书，以刀判契其旁，故曰契也。」刘熙《释名·释书契》：「契，刻也，刻识其数也。」此简右侧上半部有刻齿三，正合。《管子·轻重甲》曰：「定其券契之齿。」可见此制由来已久。后世的「合同」制导源于此。皂布章单衣，皂衣之一种。皂衣为汉代官吏制服。《汉书·谷永传》引《与王凤书》：「将军说其狂言，擢之皂衣之吏，厕之争臣之末。」又《萧望之传》颜注：「虽有四时服，至朝皆著皂衣。」

〔三〕堠史，堠，瞭望敌情的土堡。如斥堠、烽堠。堠史为烽堠小吏。亦作「候史」。取，或释作「所」。

〔四〕「约至」句，为买卖双方约定付清契价的时间。

〔五〕临桐史，应为旁证人解子房的官名。

四一 汉临邑县古胜贳卖九稯曲布券〔一〕

一 终古燧卒东郡临邑高平里古胜〔二〕，字浡翁〔三〕，贳卖九稯曲布三匹，匹三百卅三，凡直千。觻得富里 张公子所〔四〕，舍在里中二门东入。任者同里徐广君〔五〕。

【注】

〔一〕《居延汉简甲乙编》上册叁《图版》甲图版壹柒壹，编号二四一五。下册肆《释文》第二〇一页下，编号二八二·五。一行，五十五字。

〔二〕终古燧，燧名。燧与隧通。东郡，属兖州，治濮阳。临邑：县名。治今山东东阿县。

〔三〕浡翁，「浡」字模糊不清，劳干《居延汉简考释》释「海」字，《甲乙编》释「游」字。按：当释「浡」字，《汉书·扬雄传》引《解难》：「泰山之高不嶕峣，则不能浡滃云而散歊烝。」

〔四〕觻得，县名，属张掖郡，今甘肃张掖县西北。富里，里名。

〔五〕任者，担保人。同「任知者」。参见本书上册第二九页注〔一三〕。

四二 汉内黄县杜收贳卖鹑缕券〔一〕

一 戍卒魏郡内黄利居里杜收〔二〕，贳卖鹑缕一匹〔三〕，直千，广地万年燧长孙中前所，平六▨

【注】

[一]《居延汉简甲乙编》上册叁《图版》甲图版伍捌，编号六三四。下册肆《释文》七七页下，编号一一二·二七。一行，三一字，下缺。

[二]魏郡，两汉时属冀州，治邺。内黄，县名，属魏郡，治今河南内黄西北。

[三]贳卖，赊卖。卖，或释作「责」。

四三　汉贝丘县杨通贳卖八稯布券[一]

一　戍卒魏郡贝丘珂里杨通[二]贳卖八稯布八匹，匹直二百卅，并直千八百卌。卖郑富安里二匹不实贾，知券
常利里淳于中君。[三]

【注】

[一]《居延汉简甲乙编》上册叁《图版》甲图版壹贰伍，编号一六五六。下册肆《释文》第二一六页下，三一一·二〇。文两列，上列一行，下列两行。四六字。

[二]贝丘，《汉书·地理志》（上）：魏郡属县十八，有「斥丘」，治今河北成安县东南。无「贝丘」。清河郡属县有「贝丘」，都尉治，在今山东临清县南。

[三]珂里、富安里、常利里，均是里名。

四四　汉临邑县王广贳卖八稯布券[一]

一　惊虏隧卒东郡临邑吕里王广　□上字次君□贳卖八稯布一匹，直二百九十。觻得安定里随方子惠
所舍在上中门第二里三门东入。任者闻少季、薛少卿。

【注】

[一]《居延汉简甲乙编》上册叁《图版》甲图版壹柒贰，二四二六。下册肆《释文》第二〇六页，二八七·一三。

四五　汉代居延县孙游君卖衣残券[一]

一　☐陈袭一领，直千二百五十。居延如里孙游君所。约至

二 ▨□朝子真。故酒二斗。[二]

【注】

[一]甘肃省文物考古研究所等四单位编《居延新简》，文物出版社一九九〇年版，第三九四页。原简编号：EPT59:555。文二行。

[二]故酒，当作「沽酒」。

四六 汉代居延县兒(倪)子赣卖物残券[一]

一 ▨□千三百五十，兒(倪)子赣所，贾钱约至四月毕已▨(正面)(简左侧有小刻齿)

二 □□约至四月毕巳□□(背面)

【注】

[一]甘肃省文物考古研究所等四单位编《居延新简》，文物出版社一九九〇年版第五〇四页。原简编号：EPF22:419A及EPF22:419B。文正背各一行。

四七 汉代居延县少季欠钱残券[一]

一 □季□有以当钱。少季即不在，知责家见在亲□[二]

【注】

[一]魏坚主编《额济纳汉简》，广西师范大学出版社二〇〇五年三月出版，第八五页。原简编号：99ES16ST1:19。

[二]知责家：当是知见人，即证明人。

四八 汉代居延县某人欠钱残券[一]

一 □即不存，知责家中见□

【注】

[一] 魏坚主编《额济纳汉简》，广西师范大学出版社二〇〇五年三月出版，第八五页。原简编号：ES14SF1:4。

四九　汉代居延县隧长王子赣卖物残券[一]

一　□隧长王子赣卖第八卒□

二　□己任者，李子长知券约□

【注】

[一] 魏坚主编《额济纳汉简》，广西师范大学出版社二〇〇五年三月出版，第二〇七页，原简编号：ES9SF1:4。

五〇　汉代居延县隧卒莱意买官袭绔残券[一]

一　阳又卖同隧卒莱意官袭绔遮虏季游君所，直千六百五▨

【注】

[一] 甘肃省文物考古研究所等四单位编《居延新简》，文物出版社一九九〇年版，第五九页。原简编号：EPT11:3。文一行。

五一　汉代居延县尉史郑丰入马泉残券[一]

一　尉史郑丰入马泉四千少千五百，出三千五▨
虏卒张□▨（正面，37A）（简左上侧有刻齿）

二　今见五百七十一（背面，37B）

【注】

[一] 甘肃省文物考古研究所等四单位编《居延新简》，文物出版社一九九〇年版，第八八页。原简编号：EPT40：37A、37B。文正、背面各一行，正面「五百」以下分二小行。

五二　汉代居延县戍卒孔定贳卖剑券[一]

一　　戍卒东郡聊成孔里孔定[二]（以上为第一栏）

二　　贳卖剑一，直八百。觻得长杜里郭穉君所[三]，舍里中东家南入。任者，同里杜长完前上（以上第二栏）

【注】

[一] 甘肃省文物考古研究所等四单位编《居延新简》，文物出版社一九九〇年版第一七八页。原简编号：EPT51：84。

[二] 聊成，《汉书》卷二十八上《地理志上·东郡》作「聊城」。

[三] 觻得，县名，西汉置，治今甘肃张掖市西北。

五三　汉代居延县察微隧卒蔡□子贳卖缥复袍券[一]

一　　察微隧戍卒陈留郡傿宝成里蔡□子[二]七月中，贳卖缥復袍一领，直钱千一百。故候史郑武所

【注】

[一] 甘肃省文物考古研究所等四单位编《居延新编》，文物出版社一九九〇年版第一八一页。原简编号：EPT51：122。文一行。

[二] 傿，县名，西汉置，治今河南柘城县北。亦作「鄢」。

五四　汉代居延县隧卒王广贳卖莞皂绔残券[一]

一　　第八隧卒魏郡内黄右部里[二]王广贳卖莞、皂绔、橐絮装一两[三]，直二百七十。已得二百少七十。遮虏辟衣功所。

【注】

[一] 甘肃省文物考古研究所等四单位编《居延新简》，文物出版社一九九〇年版第一八一页。原简编号：EPT51：125。文一行。

[二] 内黄，县名，西汉置，治今河南内黄县西北。

[三] 莞等，莞，草名，即蒲草，可以制席。皂绔，黑色裤子。橐，即骆驼。装：当作「装」。两：一对。凡为二数者，皆称两。

五五　汉代居延县三堠吏张君长还钱残券[一]

一　☐☐☐☐☐盖衣丈二尺，尺十七，直二百四钱。三堠吏张君长所。钱约至十二月尽毕已。旁人，临桐吏解子☐☐☐☐

【注】

[一] 甘肃省文物考古研究所等四单位编《居延新简》，文物出版社一九九〇年版第二五〇页，原简编号：EPT52：323。文一行。

五六　汉代居延县隧卒史义买角布残券[一]

一　☐第九隧卒史义角布一匹，价钱五百，约至八月钱必已。[二]钱即不必☐[三]

【注】

[一] 魏坚主编《额济纳汉简》，广西师范大学出版社二〇〇五年版，第二五二页，原简编号：ES9SF4：22。

[二] 必，当作「毕」。钱必（毕）已，钱全部还清。

[三] 不必，当作「不毕」，即未还清。

五七　汉代居延县甲渠候长殷买器物残券[一]

一　甲渠候长殷买许子方穑☐[二]，买肩水尉丞程卿牛

二　ㄩ一，直钱三千五百。已入五百，少三千。烦愿☐☐

【注】

[一]甘肃省文物考古研究所等四单位编《居延新简》，文物出版社一九九〇年版第二八五页。原简编号：EPT53：73。文二行。

[二]䅜，(一)音同叉《集韵》：木折断声。(二)音同器《集韵》：插桎，林木貌。玺按：疑「插」字之误。䅜，插入。刺土之器，通「锸」。《战国策·齐六》：「坐而织蒉，立则杖插。」

五八　汉代居延县戍卒䜌何齐贳卖布匹券[一]

一　戍卒东郡聊成昌国里䜌何齐[二]贳卖七稯布三匹，直千五十。屋兰定里石平所[三]，舍在郭东道南。任者，屋兰力田亲功[四]临木隧

【注】

[一]甘肃省文物考古研究所等四单位编《居延新简》，文物出版社一九九〇年版第三〇六页。原简编号：EPT56：10。文一行。

[二]聊成，县名，当作「聊城」。治今山东省聊城市西北。

[三]屋兰，县名，西汉置，治今甘肃山丹县西北。北魏废。

[四]力田，乡间农官。汉时与孝弟并举，有孝弟力田科。《汉书·食货志上》：「二千石遣令长、三老、力田及里父老善田者受田器。」

五九　汉代居延县隧卒马赦贳卖袍物券[一]

一　第五隧卒马赦贳卖□□袍县絮装，直千二百五十。第六隧长王常利所。

二　今比平予赦钱六百[二]

【注】

[一]甘肃省文物考古研究所等四单位编《居延新简》，文物出版社一九九〇年版第三〇七页。原简编号：EPT：56：17。文二行。

[二]赦，卖主马赦。

六〇 汉代居延县贳卖官袍样文[一]

一 ☐贳卖官复袍若干领，直若干。某所。隧长王乙所 ☐

二 它财

【注】

[一]甘肃省文物考古研究所等四单位编《居延新简》，文物出版社一九九〇年版第三一三页。原简编号：EPT56：230。文二行。

六一 汉代鄯善国童格罗伽三十六年（东汉末）阿特耆耶兄弟卖地契[一]

一 时唯三十六年四月七日，伟大的国王、众王之王、

二 太上、胜利者、县法有道者、威德宏大的国王，童格罗伽天子

三 在位之际，毗陀镇税区保护人迦乌诺亚有一仲弟

四 名曰阿特耆耶。他将一些土地卖给祭司左特耶之子左多亚。

五 一块是大田野中的可耕地，能播种一弥里码种子[二]。另一块是郊外

六 的可耕地，能播种五硒种子[三]。其中一块地属于迦乌诺亚和

七 阿特耆耶共有。他们将其出卖，被左多亚买下，出价（金币？）……

八 布、地毯、麻布十二柞（扎）[四]。现〔有见〕证人出面作保：

九 祭司左特耶、长老贝特耶、税（务官）……

十 百户长查伽

【注】

[一]林梅村《尼雅新发现的鄯善王童格罗伽纪年文书考》，收入《北京大学百年国学文粹》考古卷第五五四页，北京大学出版社一九九八年出版。原《文字考释》曰：「这是一份有关精绝州毗陀镇土地买卖的契约文书，写于鄯善王童格罗伽在位第三六年。这份契约共买卖了两块田地。卖主为阿特耆耶和迦乌诺亚，均被祭司的儿子左多亚买下。祭司左特耶、长老贝特耶、佚名的税务官和百户长查伽等人出面为这桩买卖作保。」

[二]弥里码，度量衡单位。以播种量代替亩积。

[三]硒，度量衡单位。意义与弥里码同。一弥里码等于一目厘，等于二十硒。

[四]柞，应改为「扎」。柞，我因不明其意。于二〇一三年五月二十二日打电话向林梅村教授请教。他说：其字应作「提手」，是长度单位，为张开拇指和中指或食指的距离。他要我查一下辞典。我明白，这是用人体为计量单位之例，因此注以「扎」字。

六二　汉买女陶券[一]

一　▨〔王〕子侮以元羌二〔十〕

二　▨日买女三万▨

【注】

[一]《三代陶器拓片》。中国社会科学院历史研究所朱国钊同志惠赠照片。

附一　买地券

六三　东汉永平十六年(七三)偃师县姚孝经买地砖券[一]

一　永平十六年四月廿
二　二月，姚孝经买稿
三　伟家地约审，出
四　地有名者，以卷[二]
五　书从事。旁
六　中弟功，周文功。

【注】

[一]《考古》一九九二年第三期第二二七页，偃师商城博物馆《河南偃师东汉姚孝经墓》图四字砖拓本。原文曰：「字砖一块。编号M1∶37，泥质灰陶，方形。正面磨光，背面平整无纹。四边规整，边长40、厚5厘米。正面阴刻隶书六行，行六字至八字不等。笔划硬直，字体大小排列不匀。刻法不一，多数为阴刻尖底。」又收入文物出版社二〇〇八年出版胡海帆、汤燕编著《中国古代砖刻铭文集》(上)《彩色图版》第一页；《黑白图版》第六页，编号二〇；(下)《图版说明·东汉》第四页，编号二〇，《姚孝经买地券砖》。著录：洛阳市第二文物工作队《洛阳碑志选刊》(《书法丛刊》一九九六年二期)；《洛阳新获墓志》图版一；《中国砖铭》图版一一一。传玺按：本书收入本券时，据图版校正。

[二]卷，当作「券」字。

六四　东汉建初六年(八一)武孟靡婴买冢田玉券[一]

一　建初六年十一月十六日乙
二　酉[二]，武孟[三]子男靡婴买
三　马起宠、朱大弟少卿冢

四　田[四]。南广九十四步，西长六
五　十八步，北广六十五[五]，东长
六　七十九步。为田廿三亩
七　奇百六十四步[六]，直钱十万
八　二千。东，陈田比分[七]，北、西、南
九　朱少比分。时知券约赵
十　满[八]、何非。沽酒各二千[九]。

【注】

[一] 罗振玉《地券征存》。跋："刻玉版上。版高三寸，广一寸九分，表里共字十行，行八字至十一字不等，隶书。端忠敏公匋斋藏。"亦见《陶斋藏石记》卷一、《衡斋金石识小录》页四四。券为青玉质。传光绪壬辰（十八年，公元一八九二年）出山西忻州（今山西忻县）。初为潍贾王西泉所得，继入吴窓斋（大澂）手，后归端方。

[二] 建初，东汉章帝年号。

[三] 武孟，地名。子男，同「男子」。解见本书前录王褒僮约注[二]。

[四] 冢田，墓田。

[五] 六十五，「五」下脱一「步」字。

[六] 奇，零数。

[七] 陈田，《陶斋藏石记》卷一释作「陈西」。比分：相邻。

[八] 赵满，《陶斋藏石记》卷一释作「赵涌」。

[九] 二千，或释作「二半」，即「一斗」。或释作「二斗」。

六五　东汉建宁二年（一六九）怀县王未卿买田铅券[一]

建宁二年八月庚午朔廿五日甲午[二]，河内怀男子王未卿[三]从河南街邮部男袁叔威买皋门亭部什三陌西袁田三亩[四]。亩贾钱三千一百，并直九千三百。钱即日毕。时约者袁叔威[五]。沽酒各半[六]。即日丹书铁券为约[七]。

【注】

[一]罗振玉《贞松堂集古遗文》卷一五、《贞松堂吉金图》卷下、《丙寅稿》页十八。券广约建初尺四分，长尺一寸，如古简状，表里文字各一行。王国维推论出于今河南洛阳城之东北金谷园故址一带。

[二]建宁，东汉灵帝年号。

[三]河内，郡名，属司隶部。治怀，今河南武陟西南。王未卿，王国维《观堂集林》卷一八跋释作「王保卿」。

[四]河南，县名，治今河南洛阳市西。

皋门亭，罗振玉跋：「案皋门亭，见《后汉书·后纪》：灵帝宋皇后归宋氏旧茔皋门亭。章怀注：《诗》云：乃立皋门。注云：王之郭门曰皋门。《汉官仪》曰：十二门皆有亭云云。是皋门亭部负郭地。」王国维跋：皋门「在今洛阳城之东北，金墉城之西，金谷园故址之南」。

男，当作「男子」。

[五]约者，立约者。

[六]沽酒各半，买酒以酬谢证人。各半，各半斗（五升）。朱德熙、裘锡圭《战国时代的「料」和秦汉时代的「半」》：「东汉买地券讲到对『旁人』的酬劳常常说『沽酒各半』或『沽各半』，『半』也是指半斗。」（中华书局《文史》杂志第八辑）又《汉书·项籍传》引项羽曰：「今岁饥民贫，卒食半菽。」颜注：「孟康曰：半，五升器名也。臣瓒曰：士卒食蔬菜，以菽杂半之。师古曰：瓒说是也。菽谓豆也。」王先谦补注：「先谦曰：《史记》作芋菽。《集解》引徐广云：芋一作半。半，五升器也。《索隐》引王劭云：半，量器名，容五升也。是半本器名。此言卒须食五升菽耳，今无见粮，不堪供食。文本相承，瓒说非也。孟注斗字乃升之讹。」又一九七七年九月十日《人民日报》报道，山西太原发现西汉初年标准量器「尚方半」。一九八七年一月十一日《光明日报》报道，一九八二年，在陕西礼泉县红卫公社南晏村出土一战国秦所铸「半斗」量器，「形似瓢状，长二十六厘米，口宽十二厘米，深四点八厘米，上刻一百四十六个字。其中器底和两壁刻秦始皇和秦二世皇帝的三份诏书」，为秦的标准量器。这是我国在秦代量器中首次发现的铜质半斗量。定名为「两诏铜椭量」。

[七]丹书铁券，罗振玉曰：「券上涂朱，殆即券文所谓丹书也。」按：铅券，象铁券。《周礼·秋官·司约》：「小约剂书于丹图。」郑玄注曰：「小约剂，万民约也。丹图，未闻。……今俗语有『铁券丹书』，岂此旧典之遗言？」《后汉书·祭遵传》引范升疏：「丹书铁券，传于无穷。」买地券上多有「丹书铁券」之语。（宋）陶穀《清异录》四《土筵席》：「葬家听术士说，例用朱书铁券，若人家契帖，标四界及主名，意谓亡者居室之执守者，不知争地者谁耶？」

六六　东汉建宁四年（一七一）雒阳县孙成买田铅券[一]

一　建宁四年九月戊午朔廿八日乙酉，左骏厩官大奴孙成[二]从雒阳男子张伯始卖所名有广德亭部罗佰田一町[三]，贾钱万五千。钱即日毕。田东比张长卿，南

二　比许仲异，西尽大道，北比张伯始。根生土著毛物[四]皆属孙成。田中若有尸死[五]，男即当为奴，女即当为婢，皆当为孙成

趋走给使[六]。田东、西、南、北，以大石为界。时旁人樊永、张义、孙龙、异姓、樊元祖，皆知张约[七]。沽酒各半。

【注】

[一] 北京大学图书馆藏拓片。又罗振玉《蒿里遗珍》（一）、《地券征存》。《征存》跋：「高一尺六寸六分，广一寸三分。三行，行字多寡不等。刻铅版上，隶书。黄县丁氏藏。」

[二] 左骏厩官，饲养马的官署。大奴，官私奴仆的头目。孙成为左骏厩官奴仆的头日。「官大奴」亦见《书・王尊传》。又《张汤传》附《张延寿传》：外戚张放「又以县官事怨乐府游徼莽，而使大奴骏等四十余人群党盛兵弩，白昼入乐府，攻射官寺，缚束长吏子弟。斫破器物，宫中皆犇走伏匿」。按：骏为张氏奴仆的头目，称「大奴」。

[三] 卖，当作「买」。町，亩积单位名称。

[四] 毛物，一指兽类。《周礼・地官・大司徒》：「以土会之法，辨五地之物生。一曰山林。其动物宜毛物。其植物宜皁物，其民毛而方。」郑玄注：「毛物，貂、狐、貒、貉之属，缛毛者也。」一指土地上生长的五谷桑麻菜蔬等植物。《左传・隐公三年》：「涧谿沼沚之毛。」《昭公七年》：「食土之毛，谁非君臣。」杜注：「毛，草也。」不确切。《汉书・食货志》（下）：王莽时，「城郭中，宅不树艺者，为不毛，出三夫之布」。颜注：「树艺，谓种树果木及菜蔬。」这里指土地上的植物。西汉时期的土地契约，在土地的权利方面，多写有「毛物」，称「根生土著毛物」。

[五] 尸死，尸体。《礼记・曲礼》（下）：「在床曰尸，在棺曰柩。」又《吕氏春秋》卷十八《离谓》：「洧水甚大，郑之富人有溺者，人得其死者。」陈奇猷《校释》引毕沅曰：「死与尸同。」《意林》作「有人得富者尸」。

[六] 趋走，仆役被差遣。《吴越春秋・句践入臣外传》：「范蠡对（吴王夫差）曰：『蒙大王鸿恩，得君臣相保，愿得入备扫除，出给趋走，臣之愿也。』」给使，供人役使。《墨子・备梯》：「禽滑釐子事子墨子三年，手足胼胝，面月黧黑，役身给使，不敢问欲。」

[七] 皆知张约，北京大学图书馆拓片作「皆知倦约」。

六七 东汉熹平五年（一七六）广武乡刘元台买冢地砖券[一]

一 熹平五年七月庚寅朔十四日癸卯[二]，广〔武〕

二 乡乐成里刘元台从同县刘文平妻〔买得〕

三 代夷里冢地一处[三]，贾钱二万，即日钱毕。〔南〕

四 至官道，西尽〔坟〕渎，东与房亲，北与刘景□

五 为冢。时临知者[四]刘元泥、枕安居，共为卷（券）书。

六 平靳（折）不当卖而卖[五]，辛为左右所禁固[六]。平□

七　为是正。如律令[七]。

【注】

[一]《文物》一九八〇年第六期第五七页蒋华《扬州甘泉山出土东汉刘元台买地砖券》摹本。本券一九七五年出土于甘泉山以南、老虎墩以西的汉墓中。砖券外为七角柱形，内中空圆形，断成五截，可复原。券残长40、孔径1.2厘米。券有七面，每面宽约1.9厘米不等，每面刻隶体券文(填硃)各一行，一至六行为十六字，第七行为六字，共一〇二字。

[二]熹平，东汉灵帝年号。

[三]广武，蒋华说：「据地方志载，厉王刘胥冢在『东武乡』，或是『广武乡』之误。此处缺字，可能是『武』字。」

[四]临知者，知见人、见证人。

[五]新，蒋华说：「桑宝松同志据《说文解字》籀文释作『折』字。」

[六]辛，蒋华说：「此处似作汉铭中『辛』字解。」

[七]如律令，按照律令执行。王国维曰：「律令者，《史记・酷吏传》云：前主所是著为律，后主所是疏为令。《汉书・朱博传》云：三尺律令是也。汉时行下诏书，或曰如诏书，或曰如律令。苟一事为律令所未具而以诏书定之者，则曰如诏书。……苟为律令所已定而但以诏书督促之者，则曰如律令。……如律令一语，不独诏书，凡上告下之文，皆得用之。……其后民间契约，道家符咒，亦皆用之。」(《观堂集林》第三册第十七卷第八四五—八四六页。)陈槃《汉晋遗简识小七种》(一)《汉晋遗简偶述》贰拾《如律令》辨之甚详，可参考。(见中研院历史语言研究所专刊之六十三)

六八　东汉光和元年(一七八)平阴县曹仲成买冢田铅券[一]

一　光和元年十二月丙午朔十五日[二]，平阴都乡市南里曹仲成[三]，从同县男子陈胡奴买长

二　右亭部马领佰北冢田六亩，亩千五百，并直九千。钱即日毕。田东比胡奴，北比胡奴，

三　西比胡奴，南尽松道。四比之内，根生伏账物一钱以上，皆属仲成。田中有伏尸□骨，

四　男当作奴，女当作婢，皆当为仲成给使。时旁人贾、刘，皆知券约。□如天帝律令[四]。

【注】

[一]〔日〕下中弥三郎《书道全集》卷三图版。传出土于西安市，后归(日)中村不折收藏。铅券长一尺三寸，宽一寸五分。朱漆隶书，四行，行字不等。

[二]光和，东汉灵帝年号。十五日，下缺干支纪日「庚申」。

[三] 平阴，县名，属河南尹。治今河南孟津东北。
[四] 天帝，上帝。《荀子·正论》：「居如大神，动如天帝。」

六九　东汉光和二年（一七九）河南县王当买田铅券[一]

一　光和二年十月辛未朔三日癸酉，告墓上、墓下、中央主士[二]，敢告墓伯、魂门亭长、墓主、墓皇、墓臽：青骨死人王当、弟〔使〕偷及父元兴

二　〔等〕从河南 □□〔左仲敬〕子孙等，买谷郏亭部三佰西袁田十亩，以为宅[三]。贾直钱万。钱即日毕。田有丈尺，卷（券）书明白。故立四角封界[四]，界至九天上，九地下[五]。死人

三　归蒿里地下[六]，□〔得〕何〔花〕姓〔三得〕名佑（有）富贵，利子孙。王当、当弟使偷及父元兴等，当来人臧[七]，无得劳苦苛止易，勿徭使，无责生人父母、兄弟、妻子家室。生人无

四　〔责〕，各令死者无适负。即欲有所为，待焦大豆生[八]，铅卷（券）华荣，鸡子之鸣，乃与〔诸〕神相听。何以为真？铅卷（券）尺六为真。千秋万岁[九]，后无死者。如律令。

五　卷（券）成。田本曹奉祖田，卖与左仲敬等。仲敬转卖〔与王当〕、弟使偷、父元兴。约文□□，时知黄唯、留登胜[十]

【注】

[一]《文物》一九八〇年第六期，洛阳博物馆《洛阳东汉光和二年王当墓发掘简报》铅券摹本。洛阳涧西东汉墓出土。铅质，长条形。长40.5厘米，宽4厘米，厚0.2厘米。出土时已残断破裂。字阴刻，五行，行字不等；现存约二百五十余字。自右至左，竖列行文，隶书工整。字划里隐约可见涂朱痕迹。

[二] 主士，墓伯等，冥间主墓葬的神灵。

[三] 宅，葬地，墓穴。《礼记·杂记》（上）：「大夫卜宅与葬日。」孔疏：「宅，谓葬地。」

[四] 封界，堆土为界。封，堆土、起垄。《礼记·檀弓》（上）：「吾见封之若堂者矣。」郑注：「封，筑土为垄。堂，形四方而高。」

[五] 九天，天上的最高处。九地，地下的最深处。《孙子·形》：「善守者，藏于九地之下；善攻者，动于九天之上。」九，古人常用来表示数的极点。

[六] 蒿里，本山名，在山东泰山之南，传为人死后所归之地。《汉书·广陵厉王传》：「蒿里召兮郭门阅，死不得取代庸，身自逝。」颜注：「蒿里，死人里。」

[七] 臧，奴隶，亦称臧获。《荀子·王霸》：「如是，则虽臧获不肯与天子易势业。」杨倞注：「臧获，奴婢也。」《方言》曰：「荆淮海岱之间，骂奴曰臧，骂婢为获。燕齐亡奴谓之臧，亡婢谓之获。」（见王先谦《荀子集解》）

[八]焦大豆生，「生」下脱「菜」字。以下三句，言不可能发生之事。
[九]千秋万岁，千年万年，形容岁月长久。《韩非子·显学》：「今巫祝之祝人曰：『使若千秋万岁。』」
[十]知，知见人，知情人。

七〇　东汉光和五年（一八二）蒲阴县刘公砖田券[一]

一　〔光〕和五年二月〔戊子朔〕廿八日乙卯，□□□帝、神师，敢告墓上、墓下……土□、主士、墓□永

二　□地下二千石、墓主、墓皇、墓臽、东仟、西仟、南佰、北佰、丘丞、墓佰（伯）、东……南成北□魂□□□

三　□□中游徼、佰门卒史□[二]，太原太守中山蒲阴县所成里刘公[三]……早死，今日合墓□□□

四　□。〔上〕至仓（苍）天，下至黄泉[四]。青骨死人刘公则自以家田三梁〔亭〕……得东佰索界八亩。南北长七

五　十步，东西广九十六步。田有丈尺，券书明白，故立四角封界。□……□大□士，谨为刘氏之家解

六　除咎殃，五残六贼[五]。女□□猾七十二不殃天殆夜光[六]，八尸九敝，或有……侍何仲不壹。生死异路，

七　不得相妨。死人归蒿里戊己。地上地下，不娼前□。他□不……无适，有富利。生

八　人〔子〕孙□□□□□敢劳苦，无呼鸡□，无得〔苛〕中，无责……令死人无道

九　□即〔欲有〕得，待〔焦〕大豆生菜，段鸡上雏〔鸣〕，〔铅〕券〔华荣〕[七]……诸神〔相听〕。〔何以〕为尺？□桃□□

十　□□则绝道。上绝天文，下绝地理，绝墓葬□，□适除解。千秋万世……复死者，〔世〕世〔富〕贵，永宜子孙。……

【注】

[一]文物出版社一九五九年出版河北省文化局文物工作队编《望都二号汉墓》第十三页，图版十六。一九五五年在河北望都东关外所药村第二号汉墓出土。券砖质，涂粉，朱书。十行，行字不等。录文据报告并参校图版。墓主刘公以自家田为墓地，故此券非买地券，为私有土地的产权证明。
[二]自「□帝」以下至「佰门卒史」，均冥间主死人的大小神灵。「佰门」即「陌门」。
[三]太原，郡名，属并州，治晋阳，今山西太原市西南。刘公曾任太原太守。中山，诸侯王国名，属冀州，治卢奴，今河北定县。蒲阴，县名，属中山国，治今河北完县东南。地近今望都县。
[四]上至仓天，下至黄泉，为墓地上下界，与《王当券》之「界至九天上，九地下」的文义相同。
[五]五残六贼，五残，哑、聋、跛、断肢、侏儒。亦称五疾。《荀子·王制》：「五疾，上收而养之，材而事之。」六贼，或为色、声、香、味、触、法，导致种种烦恼者，佛经亦称六尘。

［六］夜光，月亮。《楚辞·天问》：「夜光何德，死则又育？」

［七］自「焦大豆」至「铅券华荣」，言不可能发生的事。段，乌卵孵不出。

七一　东汉光和七年（一八四）平阴县樊利家买田铅券[一]

光和七年九月癸酉朔六日戊寅，平阴男子樊利家从雒阳男子杜謌子、子弟□买石梁亭部桓千东比是佰北[二]，田五亩，亩三千，并直万五千。钱即日异（毕）。田中根土著[三]。上至天，下至黄[四]，皆□□行田，南尽佰（陌）北，东自比謌子[五]，西比羽林孟□[六]。若一旦田为吏民秦胡所名有，謌子自当解之[七]。时旁人杜子陵、李季盛。沽酒各半[八]，钱千无五十[九]。

【注】

［一］罗振玉《丙寅稿》页十八。跋：「此券最晚出，表里刻字各两行。」又曰：「此券近归金陵翁氏。夏间游沪江，得墨本，爰记其后。」

［二］平阴，县名，属河南尹，今河南孟津东北。

桓千东比是佰北，罗振玉曰：「谓桓阡之东，比氏陌之北。古『是』、『氏』通用。」

［三］田中根土著，即「田中根生土著毛物」之省文。

［四］上至天，下至黄，即「上至青天，下至黄泉」之省文。

［五］自比，与自己的田相临。

［六］羽林，郎官，为皇帝扈从军。

［七］自「若一旦」至「解之」，此为业主担保事项。即业主（卖主）对于标的在规定的时间内，承担着维护协议所定产权转让的义务。

［八］沽酒各半，解见本书前录王未卿券注［六］。罗振玉跋：「沽酒各半，与孙成券同，殆如后世买地卖地者各出酬金矣。《房（桃枝券）》省作『沽各半』，《建初玉地券》作『沽酒各二千』，义亦略同。」按：此说与朱、裘说殊。

［九］钱千无五十，《丙寅稿》页十九，罗振玉跋《房桃枝买地铅券》曰：「钱千无五十者，殆谓以九百五十为千，非足陌也。《隋书·食货志》载：梁世自破岭以东，八十为百，名曰东钱。江郢已上，七十为百，名曰西钱。京师以九十为百，名曰长钱。大同元年，天子乃诏用足陌。诏下而人不从，钱陌益少。至于末年，遂以三十五为百云。前籍之载钱陌自梁始；观于此券，知东汉之世以九百五十为陌，足补载籍之阙。」按：东汉的「足陌」问题，原因不明。《汉书·食货志》（下）引贾谊谏曰：「又民用钱，郡县不同。或用轻钱，百加若干。或用重钱，平称不受。」颜注引应劭曰：「时钱重四铢。法钱百枚，当重一斤十六铢。轻则以钱足之若干枚，令满平也。」又曰：「用重钱则平称有余，不能受也。」此或为汉代发生「足陌」问题的重要原因之一。

七二　东汉中平五年（一八八）雒阳县房桃枝买地铅券[一]

一　中平五年三月壬午朔七日戊午[二]，雒阳大女房桃枝[三]，从同县大女赵敬买广德亭部罗西步兵道

二　东冢下余地一亩，直钱三千。钱即毕。田中有伏尸，男为奴，女为婢。田东、西、南比旧，北比樊汉

三　昌。时旁人樊汉昌、王阿顺，皆知卷（券）约。沽各半[四]，钱千无五十。

【注】

[一]罗振玉《地券征存》。跋：「高一尺五寸一分，广一寸七分。三行，行字多寡不等。隶书，刻铅版上。藏于唐风楼。」《丙寅稿》页十九：「此券十年前出洛阳，予在海东时得之。」

[二]戊午，《丙寅稿》页十九：「券首称三月壬午朔七日戊午。考《长术》是年三月朔值壬午，与券合。惟七日当得戊子。券作戊午，误矣。」

[三]大女，成年女子。

[四]沽各半，为「沽酒各半」的省文。

七三　东汉□平□年河南县□孟叔买地铅券[一]

一　□平□年十月□□□□□辛亥，河南男子□孟叔从雒阳男子王孟山[二]、山子男元显、显子男富年买所名有（下阙五、六字）

二　（上阙五、六字）田□亩，贾钱万，即日毕。□钱□孟山、元显、富年。□田西北□□□□贾（下阙五、六字）

三　（上约阙八字）田□□从孟叔便□□□□□。上至苍天，下至〔黄泉〕。（下约阙十字）

四　（上阙六、七字）凡□□、樊□元，皆知卷（券）约。沽酒各〔半〕。

【注】

[一]罗振玉《芒洛冢墓遗文》四编《补遗》。原题《汉□孟叔买地券》，洛阳出土。券高一尺八寸二分，广二寸二分。四行，行字不等。隶书，刻铅版上。

[二]河南、雒阳，均县名，属河南尹。均在今洛阳市附近。

七四　东汉建安三年（一九八）崔坊买地铅券[一]

一　建安三年三月八日[二]，祭主崔坊[三]，伏缘先考奄逝以来[四]，葬地木卜[五]。延日者择此高原[六]，来

二　世朝近地，世袭吉日。时洋钱[七]于皇天后土处[八]，买到龙子冈阴地一区，始移分葬，永为阴宅[九]。千侯百岁[十]，永毋殃咎。

三　若有干犯[十一]，将军、亭长缚送致罪。先有居者，各相安好。分付工匠修，安厝已后[十二]，示保全吉。立券孝子崔坊。

【注】

[一] 刘体智编著《小校经阁金文拓本》卷一三《杂器》。今收入刘编著《善斋吉金录·任器录》第二十八册第六十四页。券长36.4厘米，宽3.9厘米。三行，行字不等。隶书，刻铅版上。传玺按：本券在本书一九九五年第一版上册第六五至六六页，编入「疑伪买地券」中。后经考证，认为应当归入正品，请参看二〇〇八年八月中华书局出版拙著《契约史买地券研究》第十八章《关于北京大学图书馆及外间著录九件买地券的疑伪问题》（见第三六〇至三〇七页）。

[二] 建安，东汉献帝年号。

[三] 祭主，主祭之人。

[四] 先考奄逝，先考，亡父。《礼记·曲礼》（下）：「生曰父。……死曰考。」奄逝，忽然死去。或谓「奄忽」。《后汉书·赵岐传》：「有重疾，卧蓐七年，自虑奄忽，乃为遗令敕兄子。」

[五] 木卜，不曾占卜。丧家用占卜的方法，以选择地势、方向等风水优异之地为墓地，以求死者安息，子孙幸福。

[六] 日者，以占候卜筮为业的人。《史记·日者列传》司马贞《索隐》：「案：名卜筮曰日者，以墨所以卜筮占候时日，通名日者故也。」按：此券文之「日者」，即后世之风水先生。

[七] 洋钱，洋与「祥」通。为祥和、吉祥、幸福之意。《说文·示部》：「祥，福也。从示羊声。一云善。」汉王充《论衡·状留》：「故夫转沙石者，湍濑也；飞毛芥者，猋风也。恬水，沙石不转；洋风，毛芥不动。」洋钱，即祥钱。

[八] 皇天后土，指天和地。皇天，尊言天。（汉）许慎《五经异义》引《尚书说》：「天有五号：尊而君之，则曰皇天……」后土，地神。《礼记·月令》：「季夏之月，「中央土……其神后土」。

[九] 阴地、阴宅，葬地、墓穴。《礼记·杂记》（上）：「大夫卜宅与葬日。」疏：「宅谓葬地。」后世称墓地为阴宅。

[十] 千侯百岁，当作「千秋万岁」。

[十一] 干犯，触犯法律。此处谓侵犯此墓地的土地所有权。

[十二] 安厝，安葬。（汉）班固《白虎通·崩薨》：「安厝之义，贵贱同。」《文选》（晋）潘安仁（岳）《寡妇赋》：「痛存亡之殊制兮，将迁神而安厝。」（唐）李

周翰注：「谓迁柩归葬也。」

七五　东汉中晚期犍为郡买地文刻石[一]

□冢直二万五[二]

【注】

[一] 贵州省文物考石研究所《贵州金沙县汉画像石墓清理》。《文物》一九九八年第十期第四四页图七《买地文拓片》，第四六页释文。

[二] 同上第四六页，《买地券》说明：「在墓门西侧封门石内壁上，竖行阴刻『□冢直二万五』六个汉隶文字（图七），为买地文。」又曰：「汉朝时期，这一带属犍为郡，为了更好地开发『西南夷』之地，便『募徙死罪及奸豪实之』，使他们在当地屯居。这座画像石汉墓或许反映了当时这一带的开发情况。」按：第一字似为「买」字。

附二　疑伪买地券

七六　西汉建元元年（前一四〇）荥阳邑王兴圭买田铅券[一]

一　建元元年夏五月朔廿二日乙巳[二]，武阳太守大邑荥阳邑朱忠[三]，有田在黑石滩，田二百町，卖与本邑王兴圭为有。众人李文信，贾钱二万五仟五佰。其当日交评[四]。东比王忠交，西比朱文忠，北比王之祥，南比大道。亦后各无言其田。王兴圭业。田

二　内有男死者为奴，有女死者为妣[五]。其日同共人，沽酒各半。

【注】

[一]〔日〕仁井田陞《中国法制史·土地法、取引法》第三三五页、四二五页。原件藏中村氏书道博物馆。二行，行字数不等。

[二]建元，西汉武帝年号。朔，干支缺，当为「甲申」。

[三]武阳太守，西汉无武阳郡。有武阳县，治今四川彭山东。大邑，西汉无大邑县。唐咸亨二年（公元六七一年），分晋原县置大邑县，治今四川大邑。西汉时为江原县地。荥阳邑，西汉无荥阳邑。有荥阳县，治今河南荥阳县东北。

[四]交评，当作「交毕」。

[五]妣，当作「婢」。

七七　西汉建元三年（前一三八）宏光□□买地砖券[一]

一　建元三年二月廿一

二　日甲□，宏光□□买

三　地一丘，云山之阳，东

四　极龟坎，西极玄坛[二]，

五　南极岗头，北极淤

六 □，值钱三千贯[三]，当
七 日付毕。天地为证，五
八 行为任。张执。

【注】

[一]（日）仁井田陞《中国法制史·土地法、取引法》第四二五页图版和录文。亦见《艺术丛编》第五册插图第九。民国二年（公元一九一三年）春，广州城北白云山下出土。此砖券长约七寸八分，宽约六寸八分。全文八行，行间有格，字格均阳刻。券文原为自左至右书写，文字均反书。仁井田陞说：「原砖未见，论者以为非伪，姑存俟鉴。」（该书第四五四页注九）

[二]极，至。《诗·大雅·崧高》：「崧高维岳，骏极于天。」郑笺：「极，至也。」坎，祭祀用的坑穴。《礼·祭法》：「四坎坛，祭四方也。」注：「祭山林丘陵于坛，川谷于坎，每方各为坎为坛。」

[三]贯，钱的单位名称，为一千钱。

七八　西汉黄龙元年（前四九）南阳郡诸葛敬买地铅券[一]

一 黄龙元年壬申五月丙子朔八日乙亥[二]，诸葛敬从南阳男子马吉庆卖所名有青茶埠部罗佰田一町[三]，直钱二万一千，钱即日毕[四]。田东比贺方[五]，南
二 比沈大义，西尽大道，北比郑江生。根生土着毛物，皆属诸葛敬。田中若有尸死，男即当为奴，女即当为婢，皆当为
三 诸葛敬趋走给使。田东西南北以大石为界。时，旁人丁阳、郭平皆知券约，沽酒各半。

【注】

[一]旧为刘铁云藏。北京大学图书馆有拓片。又见《小校经阁金文拓本》卷一三。此券长38.9厘米，宽3厘米。隶书，三行。第一行五十五字，第二行四十三字，第三行三十二字，共一百三十字。

[二]黄龙元年壬申五月丙子朔八日乙亥，黄龙，西汉宣帝年号。方诗铭说：「根据陈垣先生的《二十史朔闰表》，黄龙元年五月的朔日是壬寅，而不是丙子。根据壬寅朔来推算，八日应是己酉。这就是说，诸葛敬买地券的干支纪日是有问题的。另外，还有很重要的一点，即使承认本券的『五月丙子朔』是正确的，那么八日也应是癸未，而不是乙亥；同时，乙亥是丙子的前一天，因此朔日是丙子，这一月内也无论如何不应有乙亥。这说明本券所记的干支根本是错误的。」（《文物》一九七三年第五期方诗铭《从徐胜买地券论汉代「地券」的鉴别》第五三页）

[三]男子，男子为户主者。解见本书前录王褒《僮约》注[一二]。卖，当作「买」字。青茶埠部：上引《鉴别》作「青栾年部」。该文曰：「诸葛敬买地券所

记的这一町土地的所在地是『青栾年部』，徐胜买地券是『黑石滩部』，孙成买地券是『广德亭部』。再看其他地券是如何记载的，王未卿买地券是『皋门亭部』，樊利家买地券是『石梁亭部』，房桃枝买地券是『广德亭部』，皆与孙成买地券相同，与其他二券则都不相同。这就为我们提出一个问题，究竟哪一种记载方式符合汉代的历史实际。我们认为：多数地券中称『××亭部』是对的。诸葛敬买地券、徐胜买地券称『青栾年部』或『黑石滩部』，则是错误的。理由是：『亭部』完全符合汉代地方基层的行政区划。」佰，同「陌」。

[四] 钱即日毕，价钱当日交清。

[五] 比，及、至，相邻。

七九 东汉建武中元元年（五六）广阳郡徐胜买地铅券[一]

一 建武中元元年丙辰四月甲午朔廿八日乙酉[二]，广阳太守官大奴徐胜[三]，从武邑男子高纪成卖所名有黑石滩部罗佰田

二 一町[四]，贾钱二万五千。钱即日毕。田东比皇甫忠，南比孙仲信，西比张淮，北比大道。根生土着毛物皆属徐胜。田中

三 若有尸死，男即为奴，女即为婢，皆当徐胜给使。时旁人姜同、许义皆知券约。沽酒各半。

【注】

[一] 北京大学图书馆拓片长35.9、宽5.5厘米，又《文物》一九七二年第五期鲁波《汉代徐胜买地铅券简介》曰：「山东省博物馆收藏一件汉建武中元元年（公元五六年）徐胜买地铅券……长47、宽约4、厚0.2厘米。有隶书三行，第一行四十六字，第二行四十三字，第三行三十三字，共一百二十二字。」

[二] 建武中元元年丙辰四月甲午朔廿八日乙酉，建武，东汉光武帝年号。方诗铭说：「建武中元元年四月的朔日是己巳而不是甲午，二十八日是丙申而不是乙酉，都不符合。即使承认四月朔是甲午，二十八日应该是辛酉，也不是乙酉。同时，朔日是甲午，这一月内也无论如何不应有乙酉。这说明本券的干支也是错误的。」（《文物》一九七三年第五期方诗铭《从徐胜买地券论汉代「地券」的鉴别》第五三页）

[三] 广阳，郡名，属幽州，治今北京城西南。

[四] 武邑，县名，今属河北。

八〇 东汉延光四年（一二五）东郡李德买地铅券[一]

一 延光四年乙丑朔三日庚午[二]，东郡太守李德迁葬于黾池县[三]。买地一亩余，价直钱万二千。

二 东部李校尉，西部黄家后里，南部路，北和睦里。如地中伏有尸骸者，男为奴，女为婢。同第

三　三子迁葬于此。皆执券约。时年五十有六[四]。

【注】

[一] 上海博物馆藏。亦见《文物》一九六四年第十二期朱江《四件没有发表过的地券》。

[二] 延光四年乙丑朔三日庚午，延光，东汉安帝年号。方诗铭说：「券中仅记延光四年乙丑朔，无月分，这已经够奇怪了，而且这年当中从一到十二月没有一月是乙丑朔。更重要的，『乙丑朔』三日应该是丁卯，根本不会是庚午。这已经露出作伪的马脚了。」又说：「渑池土地的价格决不可能高达一亩万钱左右，在这个问题上再次显露出作伪的马脚。」还说：「把『知』字改为『执』字……又一次显露出他的作伪的马脚。」他的结论是：「从上举三方面来看，我认为，李德买地券也可能是伪造的。」（见《从徐胜买地券论汉代「地券」的鉴别》一文第五四页）

[三] 东郡，属兖州，治今河南省濮阳西南。黾池县：今河南渑池县。

[四] 时年五十有六，书年。但汉魏均未见在契约上有书年之例。

八一　东汉延熹四年（一六一）平阴县钟仲游妻买地铅券[一]

一　延熹四年九月丙辰朔卅日乙酉[二]，直闭[三]，黄帝告丘丞、墓伯、

地下二千石、墓左、墓右、主墓狱吏、墓门亭长[四]莫不

二　皆在[五]。今平阴[六]偃人乡苌富里钟仲游妻薄命蚤死[七]，今来下葬，自买万世冢田[八]，贾直九万九千钱[九]，即日毕。四

角

三　立封，中央明堂，皆有尺六桃卷（券）、钱布、铅人。时证知者：先□曾王父母□□□氏知也。自今以后，不得干□生人。

（正面）

四　有天帝教如律令。（背面）

【注】

[一] 罗振玉《贞松堂集古遗文》卷一五图片。释文参见吴天颖《汉代买地券考》，《考古学报》一九八二年第一期第三〇至三一页。

[二] 延熹至乙酉，东汉桓帝年号。其四年为公元一六一年。九月丙辰朔卅日乙酉，无误。

[三] 直闭，直，当值，逢到，闭，古代术数家以「建除十二辰」卜吉凶，「闭」为其中日名之一。《淮南子·天文训》曰：「丑为闭，主太阴。」在买地券中，此类不多。

[四] 黄帝至亭长，在买地券中，假托「黄帝告」地下神灵者未见。晚于《钟券》十八年的《东汉光和二年（一七九）河南县王当买田铅券》虚第一人称而

告地下神灵者，文曰：「光和二年十月辛未朔三日癸酉，告墓上、墓下、中央主士，敢告墓伯、魂门亭长……」（见《文物》一九八〇年第六期。）

［五］莫不皆在，此类用语未见于汉唐买地券。

［六］平阴，县名，治今河南孟津东北。

［七］薄命蚤死，此语不见于汉晋买地券，至南朝宋时始见。如《宋元嘉九年（四三二）王佛女买墓田砖券》，文曰：「都乡仁仪里王佛女薄命□□□□□下□黄泉。」但东汉后期的明器陶罐已有此例。如《熹平二年（一七三）张叔敬陶罐》，文曰：「但以死人张叔敬薄命蚤死。」（见郭象升《汉熹平二年张叔敬朱书辟央瓦盆文考释》，传一九三五年春修同蒲铁路时出土。《初平元年（一九〇）陶罐》，文曰：「□薄蚤死。」（中国科学院考古研究所洛阳考古发掘队《洛阳烧沟汉墓》第一五四页，一九五三年洛阳烧沟第一四七号墓出土，器号一三。）

［八］万世冢田：此类用语未见于汉晋买地券。

［九］九万九千，此「九九之数」甚可怀疑。其一，亩积不明，但书「九万九千」之天价，在东汉洛阳地区所出买地券，未见此例。如《建宁二年（一六九）怀县王未卿买田铅券》：「（买雒阳）田三亩，亩贾钱三千一百，并直九千三百。」《建宁四年（一七一）雒阳县孙成买田券》：「田一町，贾钱万五千。」《光和元年（一七八）平阴县曹仲成买田券》：「田六亩，亩千五百，并直九千。」《光和七年（一八四）平阴县樊利家买田铅券》：「田五亩，亩三千，并直万五千。」《中平五年（一八八）雒阳县房桃枝买地铅券》：「地一亩，直钱三千。」其二，「贾直九万九千」的写法，在买地券中，并非人间通用之实数，而是用于鬼神的常用虚数，史称「九九之数」。此写法也有一个形成过程。汉晋时期尚无此写法。到南朝宋时，始见于买地券。作「雇钱万万九千九百九十九」（《元嘉十九年（四四二）始兴县妳女买地石券》）等。直到中唐，才出现比较单纯而固定的「九九之数」，如《开成二年（八三七）弋阳县姚仲然买地石券》：「当地价金银钱九万九千九百九十九文。」（陈柏泉《江西出土地券综述》，《考古》一九八七年第三期第二二三页）《钟券》「贾直九万九千」之法，似严重超前。直到今日，我对《钟券》之真伪，尚不能决断。

八二　东汉建宁元年（一六八）五凤里番延寿买地砖[一]

一　建宁元年二月五凤里番延寿墓剏[二]（？）（右侧）

二　元年，九人从山公买山一

三　丘[三]于五凤里，葬父马卫将，

四　直钱六十万，即日交毕。分

五　置券台[四]，合剏大吉[五]。立右

六　建宁元年二月朔。

七　有私约者当律令[六]。（以上正面）

【注】

［一］〔日〕仁井田陞《中国法制史研究·土地法、取引法》第四〇六页图版（插图第七）、第四二〇—四二一页录文。传浙江省山阴县出土，后藏日本中村氏书道博物馆。砖券长约四寸八分，广三寸四、五分，厚约一寸二分—一寸四分。砖之右侧有文一行，正面有文六行，行字数不等。阳文。背面中央印有一个五铢钱。

［二］莂，与「萠」通，契券之一种。（汉）刘熙《释名·释书契》：「萠，别也，大书中央，中破别之也。」亦称傅别。

［三］山公，主管墓地之神。

［四］券台，墓前的祭台。（宋）陶穀《清异录》四《土筵席》：「葺墓前甃台若砖表之面，方长高不登三尺，号曰券台。贫无力，则每祭祀以籍尊俎，谓之土筵席。」

［五］合莂，即「合券」。「合莂大吉」，本书下录《三国吴神凤元年（二五二）钱唐孙鼎买地砖券》作「破萠大吉」。

［六］私约，民间买卖关系中所立的契约。汉代无税契制度，亦无官契、赤契、红契之名。谢承《后汉书》曰：「卖买私约。」（《后汉书·方术列传·公沙穆传》李贤注）当律令，同「如律令」。解见本书前录刘元台券注［七］。

八三　东汉熹平二年（一七三）雒阳县赵奇买地铅券[一]

一　熹平二年七月朔五日戊午[二]，雒阳刺使（史）赵奇购迁于雒阳东七里[三]，计地

二　廿八丈四尺。东家和陆里，西赵家后田。除淮阴太守第三子迁此冢[四]。世

三　垂延贻永万年。

【注】

［一］北京大学图书馆藏拓片。券高30.2、广4.2厘米。三行，前两行各二十七字，第三行六字。隶书，刻铅版上。

［二］熹平，东汉灵帝年号。

［三］雒阳刺使，当为雒阳人任刺史者。

［四］淮阴，东汉无淮阴郡，只有淮阴县。东魏始置淮阴郡。

八四　东汉中平五年（一八八）召陵县性待郎买地铅券[一]

一　中平五年三月壬午朔七日戊午[二]，雒阳东郡太守南阳召陵人性待郎迁于雒阳东冢下[三]，买地

二　廿五丈八尺。东至大路，西至大石头，南至大冢，北至石人。如地中伏尸，男为奴，女为婢。券卒年葬

三　地一顷，钱十五万，以供葬事殡。其年多故□□己酉□葬。

【注】

[一] 北京大学图书馆藏拓片。券高 33.3 厘米，宽 3.9 厘米，三行，行字多寡不等。隶书，刻铅版上。

[二] 戊午，当作「戊子」。误。

[三] 「雒阳东郡太守」句，雒阳，县名，属河南尹。汉代文例，「东郡太守」前不宜冠「雒阳」地名。南阳，郡名，属荆州刺史部。召陵，县名，属豫州刺史部之汝南郡。

八五　东汉召陵马荣买地铅券[一]

一　□□□〔年〕三月初七戊午，东郡太守马荣，南阳召陵人[二]，姓□，为博学，时人常推重之。初为郡功

二　〔曹[三]，举孝〕廉[四]，再迁，除交长[五]，后为东郡太守。元年十二月卒于官。买地于雒阳东地，计廿四丈五尺。

三　□□□姓。如地中伏尸，男为奴，女为婢。此券。卒年五十有七。

【注】

[一] 北京大学图书馆藏拓片。券高 32.3 厘米，宽 4 厘米。三行，前二行各三十六字，第三行二十三字。隶书，刻铅版上。

[二] 南阳召陵人，南阳郡无召陵县。

[三] 郡功曹，汉代郡太守府的重要官吏。《后汉书·百官志》(五)：郡国「皆置诸曹掾史。本注曰：诸曹略如公府曹，无东、西曹，有功曹，主选署功劳；有五官掾，署功曹及诸曹事」。

[四] 孝廉，汉代选举官吏的科目之一。《汉书·武帝纪》：「元光元年(前一三四年)冬十一月，初令郡国举孝廉。」颜注：「孝，谓善事父母者；廉，谓清洁有廉隅者。」孝与廉原为两科，至西汉后期，合而为一，称作「孝廉」。孝廉入选，即进入仕途。

[五] 交长，交县长。但汉无交县。

（二）　借贷契约

八六　西汉元延元年（前一二）东海郡师君兄贷钱券[一]

一　元延元年[二]三月十六日，师君兄贷师子夏钱八钱[三]，约五月尽，所子夏[四]若□卿奴□□□□□□□□

二　丞□时（？）。见者[五]，师大孟、季子叔

【注】

［一］连云港市博物馆、东海县博物馆、中国社会科学院简帛研究中心、中国文物研究所编《尹湾汉墓简牍》第一二二页图版（YM6D10反），第一二七页释文。

［二］西汉成帝刘骜年号。

［三］师君兄，名饶，字君兄。生前任东海郡功曹史。

［四］所子夏，所字似为「师」字之误。

［五］见者，即见人、中人、见证人。

八七　西汉千乘县董永贷钱契约[一]

前汉董永，千乘人[二]少失母，独养父。父亡，无以葬，乃从人贷钱一万。永谓钱主曰：「后若无钱还君，当以身作奴。」[三]

【注】

［一］《太平御览》卷四一一引刘向《孝子图》。

［二］前汉董永，（晋）干宝《搜神记》卷一《董永》作「汉」。《太平广记》卷五九《董永妻》引之，无朝代。《佚存丛书》本及韩本《古注蒙求注》卷中，作「后汉」。千乘，县名，今山东高青县高苑镇北。

［三］「后若无钱」句，为债务人董永向债权人钱主所做的义务承诺，即违约时的「罚则」。

八八　东汉建武六年(三〇)吞远置等贷茭四券[一]

☐回府告居延甲渠鄣候言：主驿马不侵候长业、城北候长宏☐(477A)

☐回居延以吞远置[二]茭千束[三]贷甲渠，[四]草盛伐茭偿毕已。言有(477B)

☐回将军令：所吞远置茭言，会六月廿五日。又言，偿置茭会七月廿日。建武[五]六年二月☐(477C)

☐回□□□驿马伐茭所三千束，毋出七月晦[六](477D)

【注】

[一]甘肃省文物考古研究所等四单位编《居延新简·破城子房屋二二(EPF22:477A、477B、477C、477D)》，文物出版社一九九〇年版，第五〇九页。共四券。

[二]吞远置，邮驿名。置，以马传为主的邮驿机构名称，为县级单位。

[三]茭千束，茭，蔬类，可做牛马饲料。束，小綑。

[四]甲渠，塞名。

[五]建武，东汉光武帝刘秀年号。

[六]晦，每月最后的一天。

八九　东汉中平三年(一八六)桐丘何君□借物木券[一]

一　中平三年二月，桐丘男子何君□[二]从临湘伍仲取[三](正面)

二　十月当还。以手书券信。司文[四](背面)

【注】

[一]长沙市文物考古研究所、中国文物研究所编《长沙东牌楼东汉简牍》，文物出版社二〇〇六年版第四六页图版正、背，第一一二页释文。原简编号一〇〇，木质，下部残断。正、背各存文一行，部分漫漶。原注释四：「关于本件的整体解说，详见本书王素《长沙东牌楼东汉简牍概述》。」

［二］原注释一：「桐丘」为长沙丘名。长沙吴简屡见「桐丘」，以及与之相关的「桐山丘」、「桐佃丘」、「桐唐丘」等。

［三］临湘伍仲，临湘，县名，秦置，治今湖南长沙市。伍仲，贷出者。原注释二：「伍」为长沙大姓，屡见于长沙吴简。

［四］原注释三：「同文」二字均仅存右半。将「同文」二字作为「合同」符信，本件为最早例证。

（三）取予文书

九〇　西汉居摄元年（六）敦煌步昌候长党、隧长尚收受就人麦券[一]

入郡仓元年[二]六月转二两　　居摄元年八月己未[三]，步昌候长党、隧长尚，受就人[四]龙勒万年里[五]▨（一二三四）
麦小石七十五石

【注】

[一]吴礽骧、李永良、马建华《敦煌汉简释文》一《新中国建立后出土的汉简》（二）《敦煌后坑墩采集的汉简》。甘肃人民出版社一九九一年版第一二七页。

[二]元年，即居摄元年，公元六年。

[三]己未，八月朔，丁巳；己未，初三，公历九月十四日。

[四]就人，就与「僦」通。即租赁，雇佣。就人，雇工。《说文解字·人部》：「僦，赁也。从人、就，就亦声。」《汉书·酷吏传·田延年》：「初，大司农取民牛车三两为僦，载沙便桥下，送致方上，车直千钱。」颜注：「僦，谓赁之与雇直也。」又曰：「方上，谓圹中也。」

[五]龙勒，县名，西汉置，治今甘肃敦煌西南南湖镇破城子。

九一　西汉居摄三年（八）敦煌步昌候史尹钦、隧长张博收受就人滑护粟券[一]

入郡仓[二]居摄三年正月癸卯[三]转两[四]　　居摄三年四月壬辰[六]大煎都步昌候史尹钦隧长张博受就人敦煌高昌里滑护字君房（一
粟小石[五]卌一石六斗六升大　　八二）

【注】

[一]吴礽骧、李永良、马建华《敦煌汉简释文》《新中国建立后出土的汉简》（一）《敦煌马圈湾出土的汉简》。甘肃人民出版社一九九一年版第二八页。

[二]郡仓，大约是敦煌郡属下的官家粮仓。

［三］居摄三年正月癸卯，居摄，西汉末年孺子婴时，王莽掌权的所用年号。《汉书·王莽传上》记载：平帝崩，孺子婴年仅二岁被选继位。太后被王莽所迫，下诏曰：「玄孙年在襁褓，不得至德君子，孰能安之？……其令安汉公（莽）居摄践祚，如周公（辅成王）故事。」明年，改元曰居摄。三年正月癸卯，为公元八年二月二十日，夏历正月二十五日。

［四］转两，《说文解字·车部》：「转，运也。」两，通「辆」。《尚书·周书·牧誓·序》：「武王戎车三百两。」《传》：「车称两。」转两，运粮车。

［五］粟小石：《宁可史学论集·有关汉代农业生产的几个数字》：「粟在汉代通指原粮，但有时也与去壳的小米不分。需要根据材料所说的情况具体分析。」又曰：「汉代量制有大石小石两种，一小石当大石六斗，一大石当一点六六六小石。从有关文献及考古材料看，当时通行的是大石。」（中国社会科学出版社一九九九年版第五三七页）此说可信。当时的税粮及漕运粟为原粮。

［六］四月壬辰，夏历四月十六日。

九二　西汉居摄三年（八）敦煌步昌候史尹钦、燧长张博收受就人张贺麦券［一］

郡仓居摄三年正月癸卯转一两半两
入麦小石五十六石二斗五升

居摄三年四月壬辰大煎都步昌候史尹钦燧长张博受就人敦煌利成里张贺字少平（二八三）

【注】

［一］吴礽骧等《敦煌汉简释文·敦煌马圈湾出土的汉简》第二八页。

九三　西汉居摄三年（八）敦煌候史尹钦受就人邓尊麦券之一［一］

郡仓居摄三年正月癸卯［二］转一两
入麦小石卅七石五斗

居摄三年三月戊辰［三］大煎都士吏牛党候吏尹钦受就人效谷［四］益寿里邓尊（二八四）

【注】

［一］吴礽骧等《敦煌汉简释文·敦煌马圈湾出土的汉简》第二八页。

［二］正月癸卯，正月己卯朔，二十五日癸卯。

［三］三月戊辰，三月戊申朔，三月二十一日戊辰。

［四］效谷，县名。西汉置，治今甘肃安西县西。

九四　西汉居摄三年(八)敦煌候史尹钦受就人邓尊麦券之二[一]

入麦小石十三石五升　　居摄三年三月戊辰大煎都士吏牛党、候史尹钦受就人效谷益寿里邓尊少不满车两未豢(二八五)

【注】

[一]吴礽骧等《敦煌汉简释文·敦煌马圈湾出土的汉简》第二八页。

九五　西汉(新)始建国二年(一〇)吞远置令史长受就人齐憙粟券[一]

出粟大石廿五石，车一两。始建国二年正月壬辰[二]，訾家昌里齐憙。就人同里陈丰，付吞远置令史长[三]。(一七五)

【注】

[一]甘肃省文物考古研究所等四单位编《居延新简·破城子探方五九》(EPT59:175)，文物出版社一九九〇年版，第三七一页。

[二]正月壬辰，夏历正月二十五日。

[三]吞远置，邮驿名称，汉武帝时设立于吞远隧，在今内蒙古额济纳旗境内。汉应劭曰：「汉改邮为置。置者，度其远近之间置之也。」(见《风俗通》)《龙龛手鉴·网部》：「置，驿传也。马递曰置。」《汉书·文帝纪》师古注：「置者，置传驿之所，因名置也。」令史长，置内的官吏。又EPT59:582为一邮驿道里簿，内有「媪围至居延置九十里，居延置至觻里九十里」的记载(同上《新简》第三九五至三九六页)，可见当时居延县境内设有两个「置」。

九六　(新)始建国二年(一〇)居延城仓丞廪粟券[一]

一　始建国二年十月癸巳朔乙卯[二]，城仓丞□移甲沟(渠?)候官令史鄣卒周仁等卌人省作府，以府

二　记廪城仓用粟百卅六石，令史□曰卒冯喜等十四人，廪五月尽八月，皆遣不当☐

(48A)

居延仓丞

尉史崇发行事□□

十月戊午卒同以来[三]

（48B）

【注】

[一]甘肃省文物考古研究所等四单位编《居延新简》第一〇至一一页《破城子探方四》（EPT4：48A、48B）

[二]乙卯，十月癸巳朔，其乙卯为二十三日。

[三]十月戊午，为十月二十六日。

九七　东汉元和四年（八七）敦煌僦人张季元付平望西部候长宪縻券[一]

出縻二斛[二]。元和四年八月五日。僦人张季元付平望

西部候长宪

（一九六〇）

【注】

[一]吴礽骧等《敦煌汉简释文》二，新中国建立前出土的汉简（一）《沙畹：斯坦因第二次中亚考察所获汉简》，第二〇八页。

[二]縻，粮食的一种，称縻子，即穄子。黍之不粘者。《大戴礼记·夏小正》：「（五月）初昏大火中……种黍、菽、縻时也。」清厉荃《事物异名录·蔬谷·黍》：「黍有二种：粘者为秫，可以酿酒；不粘者，黍。今关西总谓之縻子。粘者曰粘縻子，不粘者为饭縻子。」

九八　汉代十二月千秋隧长受苇券[一]

十二月甲辰，官告千秋隧长记到　转车过车

令载十束苇[二]，为期有教[三]（A）

千秋隧长故行（B）

【注】

[一]吴礽骧等《敦煌汉简释文·(三)敦煌后坑墩采集的汉简》,第一二七至一二八页。

[二]苇,芦苇。

[三]教,文体的一种,为上对下的告谕。

九九　汉代居延武贤隧长杜买等领钱券[一]

马泉五千九百[二]　出泉千,付令史良　出泉千,付故武贤隧长杜买
出泉千,付殄北隧长郓诩　出泉千,付□史徐严奉　(简右侧有刻齿)(11A)

出泉二百,捉万岁士吏冯晏奉　出泉千,士吏陈褒赋故高沙隧长□宣(11B)

【注】

[一]甘肃省文物考古研究所等四单位编《居延新简·破城子探方四》(EPT40:11A、B)。文物出版社一九九〇年第一版第八六页。(下页有此注,不要重)

[二]泉:古代钱币的名称。《周礼·地官·司徒》:「泉府上士四人。」郑玄注引郑司农曰:「故书泉或作钱。」贾公彦疏:「泉与钱,今古异名。」《汉书·食货志下》:「故货,山玉于金,利于刀,流于泉。」颜师古注引如淳曰:「流行如泉也。」

一〇〇　汉代居延甲渠临木隧长领弩矢券[一]

一　甲渠临木隧长□　六石赤耳具弩三,完婴缓衣弦自解弩一,
文中布不札□大下——　·遭机一,疾利鋗二,能□

二　卒郑凤代发[二]　五石赤胄具弩一,完婴缓衣弦解——　·槀矢二,□□折——

三　见二人　长辟二,其一顿破,肩□皆破,端毋其——　·槀矢六,折哻呼长四寸

四　候仓　坞上转射二所,深目中不辟除一所,转射空

五　　司　小不承长辟——　　·木枅二[三]，不事用
坞上转射一所[四]，深目中不辟除一所，转
射毋穉　　·辟□□毋积

【注】

[一] 中国社会科学院考古研究所编《居延汉简甲乙编》上册叁《图版》乙图版柒陆，编号八九·二一。下册肆《释文》六六页上，编号同。文三列，上列四行，中列、下列各五行。上、中列之间，大书半个「同」字。为「合同」契的一支。

[二] 发，或释作「茇」。

[三] 枅，或释作「枓」。

[四] 坞，或释作「墺」。

一〇一　汉代居延石恭自取絜券[一]

一　☐戍卒居延昌里石恭三年，署[二]居延代田亭二三年　二月丁丑自取

二　署武成隧五年，因署受絜八斤。

【注】

[一] 甘肃省文物考古研究所等四单位编《居延新简》第八页《破城子探方四》(EPT4:5)。

[二] 署，摄官。指代理、暂任或试充官职。

一〇二　汉代李广利奉絜券[一]

李广利　六月尽七月奉絜[二]七斤八两十八铢[三]　凡十四斤八两一铢(一四八〇)
八月尽九月奉絜六斤十五两七铢

【注】

［一］吴礽骧等《敦煌汉简释文》十二《敦煌酥油土出土的汉简》，第一四六页。

［二］奉絜，奉通「俸」。奉絜即俸絜。

［三］铢，古衡制单位。两之二十四分之一为一铢。

一〇三　汉代广昌候史孙毋忧奉钱券［一］

广昌候史敦煌富贵里孙毋忧未得二月尽五月积四月奉钱二千四百（一七五七）

【注】

［一］吴礽骧等《敦煌汉简释文》二《新中国建立前出土的汉简》（一）《沙畹：斯坦因第二次中亚考察所获汉简》，第一八五页。

（四）雇佣契约

一〇四　汉代敦煌戍卒赵柱庸役券[一]

戍卒上党郡屯留[二]暘石里公乘赵柱年廿四，庸[三]同县闾里公乘路通年卅三。有劾（二〇七七）

【注】

[一]吴礽骧等《敦煌汉简释文》二《新中国建立前出土的汉简》（一）《沙畹：斯坦因第二次中亚考察所获汉简》，第二二四页。

[二]屯留，县名，西汉置，治今山西屯留县南古城。

[三]庸，与「傭」通，简化作「佣」，受雇为主方劳动。如庸作、庸保、庸耕等。汉制，受雇而为人服徭役者，如「践更」、「过更」，可能也俗称为「庸」。《汉书·昭帝纪》：「更赋。」注引如淳曰：「更有三品，有卒更，有践更，有过更。古者，正卒无常人，皆当迭为之，一月一更，是谓卒更也。贫者欲得顾（雇）更钱者，次直者出钱顾之，月二千，是谓践更也。天下人皆直戍边三日，亦名为更，律所谓繇戍也。虽丞相子亦在戍边之调。不可人人自行三日戍，又行者当自戍三日，不可往便还，因便住一岁一更。诸不行者，出钱三百入官，官以给戍者，是谓过更也。」此制开隋、唐称代替力役的赋税制为「庸」的先河。如《北史·隋本纪·高祖文帝杨坚本纪》：开皇三年，「始令人以二十一成丁，岁役功不过二十日，不役者收庸」。《新唐书·食货志一》：「用人之力，岁二十日，闰加二日，不役者日为绢三尺，谓之庸。」在唐前期，庸与租、调成为主要赋役制度，即著名于史的租庸调制度。

一〇五　汉代居延库卒成更雇工契约[一]

一　张掖居延库卒弘农郡陆浑河阳里大夫成更廿四[二]，庸同县阳里大夫赵勋年廿九，贾二万九千。

【注】

[一]《居延汉简甲乙编》上册叁《图版》乙图版壹贰贰，编号一七〇·二；下册肆《释文》第一一五页下，编号一七〇·二。

[二]陆浑，县名，西汉置，今河南嵩县东北，库卒成更的原籍。大夫，爵位名称，为二十级爵之第五级。

一〇六　汉代居延戍卒郭赏庸役券[一]

戍卒河东郡北屈务里公乘郭赏年廿六[二]，庸同县横原里公乘闾彭祖年卌五[三]

【注】

[一]甘肃省文物考古研究所等四单位编《居延新简·破城子探方五一》(EPT51:86)，文物出版社一九九〇年第一版，第一七八页。

[二]公乘，爵位名。《汉书·百官公卿表上》：「(秦爵)八、公乘。」颜注：「言其得乘公家之车也。」

[三]同县，县名缺载。

（五）家约、策命、遗令

一〇七　西汉惠帝（前一九四—前一八八）时太中大夫陆贾养老家约[一]

（陆贾）乃病免家居[二]。以好畤田地善[三]，可以家焉。有五男，乃出所使越得橐中装[四]，卖千金，分其子，子二百金，令为生产。陆生常安车驷马，从歌舞鼓琴瑟侍者十人，宝剑直百金。谓其子曰：「与汝约：过汝，汝给吾人马酒食，极欲，十日而更[五]。所死家，得宝剑车骑侍从者。一岁中往来过他客，率不过再三过[六]，数见不鲜，无久慁公为也。」[七]

【注】

［一］《史记·陆贾列传》。亦见《汉书·陆贾传》。

［二］陆贾，楚人，以客从刘邦定天下。有口辩，官至太中大夫。惠帝时，吕太后用事，欲王诸吕，陆贾以病免家居。

［三］好畤，西汉县，治今陕西乾县东五里好畤村。

［四］使越得橐中装，刘邦称帝时，赵佗平秦时岭南三郡（桂林、南海、象郡），称南越武王。刘邦令陆贾使南越，说赵佗，令称臣。本传谓赵佗善遇陆贾。「赐陆生橐中装直千金，他送亦千金。」《集解》引张晏曰：「珠玉之宝也。装，裹也。」《正义》曰：「汉制：一金直千贯。」《汉书·武帝纪》：「初算缗钱。」颜注引李斐曰：「一贯千钱。」又《汉书》本传颜注亦曰：「有底曰囊，无底曰橐。言其宝物质轻而价重，可入囊橐以赍行，故曰橐中装也。」

［五］更，《汉书》本传颜注：「又改向一子处。」

［六］率不过再三过，《汉书》本传作「率不过再过」。颜注：「非徒至诸子所，又往来经过它处为宾客，率计一岁之中，每子不过再过至也。」

［七］「数见不鲜」句，《汉书》本传作「数击鲜」。颜注引服虔曰：「溷，辱也。吾常行，数击新美食，不久辱汝也。」师古曰：「鲜谓新杀之肉也。溷，乱也。言我至之时，汝宜数数击杀牲牢，与我鲜食。我不久住，乱累汝也。」溷与慁同。

一〇八　西汉初宣曲任公家约[一]

宣曲任氏之先[二]，为督道仓吏[三]。秦之败也，豪杰皆争取金玉，而任氏独窖仓粟。楚、汉相距荥阳也[四]，民不得耕种，米石至万，而豪杰金玉尽归任氏，任氏以此起富。富人争奢侈，而任氏折节为俭，力田畜。田畜人争取贱贾，任氏独取贵善。富者数世。

然《任公家约》[五]：「非田畜所出，弗衣食；公事不毕，则身不得饮酒食肉。」以此为闾里率，故富而主上重之。

【注】

[一]《史记·货殖列传》。

[二]宣曲，《集解》引徐广曰：「高祖功臣有宣曲侯。」《索隐》引《上林赋》云：「『西驰宣曲。』当在京辅，今阙其地也。」《正义》：「按其地合在关内。张揖云：宣曲，宫名，在昆池西也。」

[三]督道，《集解》骃案：「《汉书音义》曰：『若今吏督租谷，使上道输在所也。』韦昭曰：『督道，秦时边县名。』」

[四]荥阳，今河南荥阳东北。楚、汉相争时，项羽与刘邦长期对峙于此。

[五]任公家约，《汉书·货殖传》颜注：「任公，任氏之父也。言家为此私约制也。晋灼以为任用公家之约，此说非也。」

一〇九　西汉文帝后元七年（前一五七）文帝遗诏[一]

（后元）七年夏六月己亥[二]，帝崩于未央宫[三]。遗诏曰：「朕闻之：盖天下万物之萌生，靡不有死。死者，天地之理，物之自然，奚可甚哀！当今之世，咸嘉生而恶死，厚葬以破业，重服以伤生，吾甚不取。且朕既不德，无以佐百姓；今崩，又使重服久临[四]，以罹寒暑之数，哀人父子，伤长老之志，损其饮食，绝鬼神之祭祀，以重吾不德，谓天下何！朕获保宗庙，以眇眇之身托于天下君王之上，二十有余年矣。赖天之灵，社稷之福，方内安宁，靡有兵革。朕既不敏，常畏过行[五]，以羞先帝之遗德；惟年之久长，惧于不终。今乃幸以天年得复供养于高庙，朕之不明与嘉之，其奚哀念之有！其令天下吏民，令到出临三日[六]，皆释服。无禁取妇嫁女祠祀饮酒食肉。自当给丧事服临者，皆无践[七]。绖带无过三寸。无布车及兵器[八]。无发民哭临宫殿中。殿中当临者，皆以旦夕各十五举音，礼毕罢。非旦夕临时，禁无得擅哭（临）。以下，服大红十五月，小红十四日，纤七日，释服[九]。它不在令中者，皆以此令比类从事。布告天下，使明知朕意。霸陵山川因其故[十]，无有所改。归夫人以下至少使[十一]。」

【注】

[一]《汉书》卷四《文帝纪》，中华书局点校本第一册第一三一至一三二页。

[二]六月己亥，六月初一日，公历前一五七年七月六日。颜注臣瓒曰：「帝年二十三即位，即位二十三年，寿四十六也。」

[三]未央宫，西汉主要宫殿，原址在今陕西西安市西北郊汉长安故城内西南隅。

[四]师古曰：「临，哭也。……下云服临，当临者，音并同也。」

[五]过行，师古曰：「行有过失也。」

［六］令，即此诏书。
［七］颜注引孟康曰：「践，跣也。」晋灼曰：「《汉语》作跣。跣，徒跣也。」师古曰：「孟、晋二说是也。」
［八］颜注引应劭曰：「无以布衣车及兵器也。」
［九］颜注引服虔曰：「皆当言大功、小功布也。纤，细布衣也。」
［十］霸陵，汉文帝陵名，在今陕西西安市东北。
［十一］颜注引应劭曰：「夫人以下有美人、良人、八子、七子、长使、少使，皆遣归家，重绝人类。」

一一〇　西汉武帝元狩六年（前一一七）封皇子闳为齐王策[一]

维六年四月乙巳[二]，皇帝使御史大夫汤庙立闳为齐王[三]。於戏，小子闳[四]，受兹青社[五]！朕承祖考，维稽古，建尔国家，封于东土，世为汉藩辅。於戏念哉！恭朕之诏，惟命不于常。人之好德，克明显光。义之不图，俾君子怠[六]。悉尔心，允执其中，天禄永终。厥有愆不臧，乃凶于而国[七]，害于尔躬。於戏，保国艾民，可不敬与！王其戒之[八]。

【注】

［一］《史记》卷六〇《三王世家》，中华书局点校本第六册第二一一一页。又见《汉书》卷六三《武五子传》第九册第二七四九页，策文大同小异，可参考。
［二］西汉武帝元狩六年四月二十八日。
［三］张汤于庙授策。《索隐》：按《武帝集》，此三王策皆武帝手制。传玺按：三王，闳为齐王，旦为燕王，胥为广陵王。
［四］《索隐》：於戏音呜呼。戏或音羲。
［五］《集解》：张晏曰：「王者以五色土为太社，封四方诸侯，各以其方色土与之，苴以白茅，归以立社。」《索隐》蔡邕《独断》云：「皇子封为王。受天子太社之土。若封东方诸侯，则割青土，藉以白茅，授之以立社，谓之『茅土』。齐在东方，故云青社。」
［六］《索隐》：谓若不图于义，则君子懈怠，无归附心。
［七］愆，音同千，罪过。同「愆」。《汉书》卷六三《武五子传》作「厥有愆不臧，乃凶于乃国」。
［八］《集解》徐广曰：「立八年，无后，绝。」

一一一　西汉武帝元狩六年（前一一七）封皇子旦为燕王策[一]

维六年四月乙巳，皇帝使御史大夫汤庙立子旦为燕王。曰：「於戏，小子旦，受兹玄社[二]！朕承祖考，维稽古[三]，建尔国家，封于北土，世为汉藩辅。於戏！荤粥氏虐老兽心，[四]侵犯寇盗，加以奸巧边萌[五]。於戏！朕命将率徂征厥罪[六]。万夫长，千夫长，三十有二君皆来[七]，降期奔师[八]。荤粥徙域[九]，北州以绥[十]。悉尔心，毋作怨，毋俷德[十一]，毋乃废备[十二]。非教士不得从征[十三]。於戏，保国艾民，可不敬与！王其戒之[十四]。

【注】

[一]《史记》卷六〇《三王世家》第六册第二一一二页。亦见《汉书》卷六三《武五子传》。策文略简，王先谦《补注》曰：「班氏删之。」

[二]玄社，黑土，即北方的土地，也作「玄土」。

[三]《索隐》褚先生解云：「维者，度也。稽者，当也。言当顺古道也。」魏高贵手公云：「稽，同也。古，天也。谓尧能同天。」

[四]《索隐》按：《匈奴传》曰：「其国贵壮贱老，壮者食肥美，老者食其余，是虐老也。」《汉书》本传颜注引服虔曰：「薰鬻，尧时匈奴号也。」孟康曰：「甿音萌。」师古曰：「虐老，谓贵少壮而食甘肥，贱耆老而与粗恶也。兽心，言贪暴而无仁义也。」

[五]边萌，《索隐》边甿。韦昭云：「甿，民也。」《三仓》云：「边人云甿。」

[六]徂征，前征征讨。

[七]《集解》张晏曰：「时所获三十二帅也。」

[八]《集解》如淳曰：「偃其旗鼓而来降。」

[九]《集解》张晏曰：「匈奴徙东也。」

[十]《集解》臣瓒曰：「绥，安也。」

[十一]俷，《集解》徐广曰：「俷，一作『菲』。」《索隐》无菲德。苏林云：「菲，废也。本亦作『俷』，俷，败也。」孔文祥云：「菲，薄也。」《汉书》作「棐」。

[十二]《索隐》褚先生解云：「言无乏武备，常备匈奴也。」

[十三]《集解》张晏曰：「士不素习，不应召。」《索隐》韦昭云：「士非素教习，不得从军征发。故孔子曰：『不教人战，是谓弃之』是也。」

[十四]《集解》徐广曰：「立三十年，自杀，国除。」《汉书》本传曰：「旦立三十八年而诛，国除。」《汉书》为是。

一一二　西汉武帝元狩六年（前一一七）封皇子胥为广陵王策[一]

维六年四月乙巳，皇帝使御史大夫汤庙立子胥为广陵王[二]。曰：於戏，小子胥，受兹赤社[三]！朕承祖考，维稽古建尔国家，封于南土，世为汉藩辅。古人有言曰：「大江之南，[四]五湖之间[五]，其人轻心。杨州保疆[六]，三代要服，不及以政。」[七]於戏！悉尔心，战战兢兢，乃惠乃顺[八]，毋侗好轶，毋迩宵人[九]，维法维则。《书》云：「臣不作威，不作福[十]，靡有后羞。」於戏，保国艾民，可不敬与！王其戒之[十一]。

【注】

[一]《史记》卷六〇《三王世家》第六册第二一一三页。亦见《汉书》卷六三《武五子传》。策文略异。

[二]广陵，诸侯王国名，治广陵县，今江苏扬州市西北蜀冈上。

[三]赤社，广陵在南方，故称赤社。

[四]《正义》谓京口南至荆州以南也。

[五]《索隐》按：五湖者，具区、洮滆、彭蠡、青草、洞庭是也。或曰太湖五百里，故曰五湖也。

[六]《集解》徐广曰：「一作『壃』。」骃案：李奇曰「保，恃也」。

[七]《汉书》本传师古注曰：「要服，次荒服之内者也。正，政也。要音一遥反。」古代称离王城一千五百里至二千里的地区。《国语·周语上》：「夷蛮要服。」

[八]《汉书》本传师古注曰：「言当慈惠于下，忠顺于上也。」

[九]《集解》应劭曰：「无好逸游之事，迩近小人。」张晏曰：「侗音同。」《索隐》：褚先生解云：「无好轶乐驰骋戈猎。迩，近也。宵人，小人也。」

[十]《汉书》本传师古注曰：「《周书·洪范》云：『臣无有作威作福也。』」

[十一]《集解》徐广曰：「立六十四年，自杀。」《汉书》本传师古注曰：「言宜戒慎，勿令后有羞辱之事也。」

一一三　西汉武帝时（前一四〇—前八七）杨王孙先令[一]

杨王孙者，孝武时人也。学黄老之术，家业千金，厚自奉养生，亡所不致[二]。及病且终，先令其子[三]，曰：「吾欲赢葬，以反吾真[四]，必亡易吾意[五]。死则为布囊盛尸。入地七尺。既下，从足引脱其囊，以身亲土。」

【注】

[一]《汉书》卷六七《杨王孙传》，第九册第二九〇七页。

[二]原注〔一〕师古曰：「致，至也。」

[三]先令，原注〔二〕师古曰：「先令，为遗令。」

[四]反真，原注〔三〕师古曰：「赢者，不为衣衾棺椁者也。反，归也。真者，自然之道也。」赢同裸。

[五]原注〔四〕师古曰：「易，改也。」

一一四　西汉绥和元年（前八）沛中某富豪遗令[一]

沛中有富豪[二]，家訾三千万[三]。小妇子是男[四]，又早失母；其大妇女甚不贤。公病困，恐死后必当争财，男儿判不全得，因呼族人为遗令云[五]：「悉以财属女，但以一剑与男，年十五以付之。」儿后大，姊不肯与剑，男乃诣官诉之。司空何武曰[六]：「剑，所以断决也。限年十五，有智力足也。女及婿温饱十五年已幸矣。」议者皆谓武原情度事得其理。

【注】

［一］《太平御览》卷八三六引应劭《风俗通》。

［二］沛，郡国名；或其属县。郡（国）治相县，而沛自为县，因别称小沛，今江苏沛县。

［三］家訾，訾通「资」，家财。《史记·文帝本纪》：「（文帝）尝欲作露台，召匠计之，直百金。上曰：『百金，中民十家之产。吾奉先帝宫室，常恐羞之，何以台为？』」《公羊传·隐公五年》：「百金之鱼。」何注：「百金，犹百万也。古者，以金重一斤，若今万钱矣。」按：《史记·陆贾列传》《正义》曰：「汉制：一金直千贯。」与此说异。参看前引陆贾《家约》注〔四〕。「中民」或称「中家」，其资产约为十万钱，即十金。沛豪三千万，即三千金，当为巨富。

［四］小妇，妾，或称小妻。

［五］遗令，或称遗言、遗占，遗书。立遗令时，往往请族人代书并为之做证。

［六］何武，据《汉书·百官公卿表》（下），西汉成帝绥和元年（前八年）三月，廷尉何武为御史大夫。四月，为大司空。一年免。《汉书》本传：「绥和三（元）年，御史大夫孔光左迁廷尉，武为御史大夫。成帝欲修辟雍，通三公官，即改御史大夫为大司空。武更为大司空，封汜乡侯，食邑千户。」哀帝即位，免武。武「上大司空印绶，罢归就国」。后五岁，复为御史大夫。月余，徙为前将军。（《太平御览》卷六三九亦引此事，略详。不录。）按：何武处理此案时，为绥和元年四月至二年三月间。三月丙戌，成帝崩。

一一五　西汉哀帝（前六—前一）时颍川太守何并先令书[一]

（何并为颍川太守）疾病，召丞、掾[二]，作先令书曰[三]：「告子恢[四]：吾生素餐日久[五]，死虽当得法赙[六]，勿受。葬，为小椁，亶容下棺[七]。」

【注】

［一］《汉书·何并传》。哀帝于公元前六—前一年在位。

［二］丞、掾，郡守下的官吏。丞为重要官吏。《通典》卷三三《总论郡佐》：「郡之佐吏，秦汉有丞、尉，丞以佐守，尉典武职。」掾为职位较低的属吏，亦称掾史，主各曹事。

［三］先令书，亦称「先令」、「先令券书」。颜注：「先为遗令也。」又《汉书·景十三王传·赵敬肃王刘彭祖传》：缪王元「病，先令，令能为乐奴婢从

死」。颜注：「先令者，预为遗令也。」

[四]恢：并子，时随母居平陵，「不至官」。后为关都尉。

[五]素食，蔬食，无肉。

[六]法赙，颜注引如淳曰：「公令：吏死官，得法赙。」师古曰：「赠终者帛曰『赙』。」

[七]颜注，「言止作小椁，才容下棺而已，无令高大也。亶，读曰但。」

一一六　西汉元始五年（五）高都里朱凌先令券书[一]

一　元始五年九月壬辰朔辛丑亥[二]，高都
二　里朱凌：卢居新安里[三]，甚接其死。故请县、
三　乡三老、都乡有秩、左　　　里师（师）、田谭等[四]，
四　为先令券书[五]。凌自言：有三　父，子男女
五　六人，皆不同父。〔欲〕令子各知其父家次，子女以
六　君、子真、子方、仙君，父为朱　孙[六]。弟公文，父
七　吴衰近君[七]。　女弟弱君，父曲阿病长宾[八]。
八　妪言：公文年十五去家，自出为姓，遂居外，未尝
九　持一钱来归。妪予子真、子方自为产业。子女仙君、
十　弱君等贫，毋产业。五年四月十日[九]，妪以稻田一处，桑
一一　田二处，分予弱君。波（陂）田一处，分予仙君，于至十二月[十]。
一二　公文伤人为徒，贫，无产业。于至十二月十一日[十一]，仙君、弱君
一三　各归田于妪，让予公文。妪即受田，以田分予公文。稻田二处，
一四　桑田二处，田界易如故[十二]。公文不得移卖田予他人。时任
一五　知者[十三]：里师、伍人谭等[十四]，及亲属孔聚、田文、满真。
一六　先令券书明白，可以从事。

【注】

[一]《文物》一九八七年第一期，扬州博物馆《江苏仪征胥浦101号西汉墓》关于此《先令券书》的释文、摹本和图版，又参考同期陈平、王勤金《仪征胥

浦 101 号西汉墓〈先令券书〉初考》。本券为墓主朱凌临终前夕，与乡里小吏及亲族人等所立遗嘱，主要内容为遗产继承和产权转移问题。

[二] 元始，西汉平帝年号。

辛丑，朔日为壬辰，辛丑则为该月的初十日，为写定本券书的日子。「亥」，字形、字义尚无定论。

[三] 卢居，庐居、寄居。《释名·释宫室》：「寄止曰庐。」《说文解字·广部》：「庐，寄也。」

[四] 县、乡三老，皆由民间豪绅中推选出的协助县、乡政府执行教令的官吏。《汉书·高帝纪》：二年二月，「举民年五十以上，有修行，能帅众为善，置以为三老，乡一人。择乡三老一人为县三老，与县令、丞、尉以事相教」。都乡，汉代对坊厢的通称。《隶释》(一)《汉济阴太守孟郁修尧庙碑》记咸阳仲氏，属都乡高相里。

有秩，乡官。《后汉书·百官志》本注：「有秩，郡所署，秩百石，掌一乡人。」里师，里吏。上引《初考》曰：「有汉以来，里吏名目诸如里尹、里正、里长、里宰等等，不一而足，然未见里师。《周礼·地官》有『乡师』，『乡师之职，各掌其所治乡之教而听其治』，其职能与乡正仿佛。里师职掌或与乡师相似。」

[五] 先令券书，遗嘱。详解见前引《何并先令书》注[三]。

[六] 朱孙，妪之原配丈夫，生子女四人。其中以君为长男，可能就是为「先令券书」的朱凌。与妪同居共财。

[七] 吴衰近君，吴，县名，属会稽郡，今江苏苏州。衰近君为妪再婚之夫，吴人。生子公文，从父姓衰氏。

[八] 曲阿病长宾，曲阿，县名，属会稽郡，今江苏丹阳。病长宾为妪三婚之夫，曲阿人，生女弱君。

[九] 五年，元始五年。

[十] 至十二月，即至本年十二月为期限。

[十一] 十二月十一日，为公文刑满释放之日。

[十二] 田界易，易即「埸」。田界埸，田地的边界。

[十三] 任知者，亦称「任者」，即担保人。《说文解字·人部》：「任，符也。」徐锴《系传》：「任，保也。」段玉裁注：「如今言保举是也。」

[十四] 伍人，同伍之人。《汉书·酷吏传·尹赏传》：赏守长安令，「乃部户曹掾史与乡吏、亭长、里正、父老、伍人，杂举长安中轻薄少年恶子……悉籍记之」。颜注：「五家为伍。伍人者，各其同伍之人也。」谭，人名，或即田谭。

一一七　东汉延光三年(一二四)太尉杨震遗令[一]

(杨震遭谮害后)有诏遣归本郡[二]。震行至城西几阳亭，乃慷慨謂其諸子门人曰[三]：「死者，士之常分。吾蒙恩居上司，疾奸臣狡猾而不能诛，恶嬖女倾乱而不能禁，何面目复見日月！身死之日，以杂木为棺，布单被裁足盖形，勿归冢次，勿设祭祠。」因饮鸩而卒，时年七十余。

【注】

[一]《后汉书》卷五四《杨震列传》，中华点校本第七册第一七六六页。

[二]本传曰：「杨震字伯起，弘农华阴人也。」今陕西华阴县东南。

[三]《资治通鉴》卷五十《汉纪·安帝延光三年》作「夕阳亭」。胡三省注：「雒阳城西也。」

（六）合伙、结伴公约

一一八　西汉□年张伯等相与为服约[一]

一　□年三月辛卯，中服长张伯、□晁、秦仲、陈伯等七人[二]

二　相与为服约。入服钱二百　约二会钱备。不备勿与为同

三　服。即服，直行共侍。非前谒病不行者，罚日卅；毋人者庸贾；

四　器物不具，物责十钱。共事凡器物毁伤之及亡服共负之。

五　非其器物擅取之，罚百钱。服吏令会不会，日罚五十。

六　会而计不具者，罚比不会。为服吏全器物及人。服吏秦仲[三]。

【注】

[一]《文物》一九七四年第六期图版贰《江陵凤凰山十号墓出土木牍》。正面书五字标题：「中服共侍约。」背面为全部约文。

本录文据《考古》一九八九年第三期姚桂芳《江陵凤凰山十号汉墓「中服共侍约」牍文新解》。该文说：「中服共侍」应是一个区域性中型规模管理物资储备调配的组织。其约文内容大意释如下：

某年三月辛卯日，「中服共侍」这个组织的「服长」（领导者）张伯（即墓主人张偃的字）、会同□晁、秦仲、陈伯等七人在一起，商议订立了这份储备物资、调配货物工作中应共同遵守的规约。约文规定：

1　加入该组织，每人交管理费二百；

2　参加约定调配货物的聚会时，必须备齐钱款，钱不交齐备的，不给货物；

3　物资的储备、调配工作，由「中服共侍」直接进行；

4　因病不能行动而没有前往聚会的，每天罚卅钱，如果本人不能出席，应雇佣别人参加；

5　物资准备不足的，要扣款十钱；

6　在共同从事物资的储备、调配工作中，如果器物有损坏、失少的，由集体共同负责；

7　擅自拿取不是自己的物品，要罚款一百；

8　「服吏」通知聚会而不聚会的，每天罚款五十钱；虽去聚会，但财物账目不齐全的，罚钱和不去聚会相同；

9 设置服吏，由他集合物资和人员，服吏由秦仲担任。

按：黄盛璋《江陵凤凰山汉墓简牍及其在历史地理研究上的价值》说：此木牍「系合股做商贩的契约」。弘一《江陵凤凰山十号汉墓简牍初探》说：是「张伯等七人订的用船运输『器物』的契约」。（两文均见《文物》一九七四年第六期）裘锡圭《湖北江陵凤凰山十号汉墓出土简牍考释》说：「『服』应该是服役的意思。『中服』大概指由几批服役者分期完成的较大徭役中时间安排在中间的一期。订约的张伯等七人都是服长。」（《文物》一九七四年第七期）

［二］□年，当是西汉景帝□年。
张伯，名偃，字伯。乡官。为凤凰山十号汉墓之墓主。（《文物》一九七四年第六期，长江流域第二期文物考古工作人员训练班《湖北江陵凤凰山西汉墓发掘简报》）

［三］服，据木牍图版，作「𦙶」。《玉篇·肉部》：「𦙶，肉也。」薄半切。

一一九　东汉建初二年（七七）侍廷里父老僤买田约束石券［一］

一　建初二年正月十五日，侍廷里父老僤祭尊
二　于季、主疏左巨等廿五人共为约束石券［二］。里治中
三　乃以永平十五年六月中造起僤［三］，敛钱共有六万
四　一千五百，买田八十二亩。僤中其有訾次
五　当给为里父老者［四］，共以容田借与［五］，得收田
六　上毛物谷实自给［六］。即訾下不中［七］，还田
七　转与当为父老者，传后子孙以为常。
八　其有物故［八］，得传后代户者一人［九］。即僤
九　中皆訾下不中父老，季、巨等共假赁
十　田［十］。它如约束。单侯、单子阳、尹伯通、锜中都、周平、周兰、
一一　〔父老？〕周伟、于中山、于中程、于季、于孝卿、于程、于伯先、于孝、
一二　左巨、单力、于雅、锜初卿、左伯、文□、王思、锜季卿、尹太孙、于伯和、尹明功［十一］。

【注】

［一］《文物》一九八二年第十二期第十七、十八页释文和图片。亦见高文《汉碑集释》（河南大学出版社出版）。此石为一九七三年冬发现于河南省偃

师县缑氏公社郑瑶大队南村西北约一里处，现存偃师县文物管理委员会。券高一五四厘米，广八〇厘米，全石未经打磨，字刻于自然之石面上。隶书，无额，凡十二行，满行多则二十七字，少则十四字，计二百十三字。记述侍廷里中有出任「父老」资格的居民二十五人共同组织「父老僤」，集体购买土地，以供僤内成员充当父老时之费用。父老为汉代的乡官，无俸。里父老为主管一里事者。

[二] 自「侍廷里」至「石券」，侍廷里，里名，东汉属缑氏县（今河南偃师县东南）。《后汉书・百官志》：「里有里魁。……本注曰：里魁掌一里，百家。」《汉书・百官公卿表》（上）：「大率十里一亭，亭有长；十亭一乡，乡有三老、有秩、啬夫、游徼。」父老僤（音同惮），里中的一种自愿组成的互助性组织。僤亦作弹、单。祭尊：僤之官长，犹祭酒。桂馥《札朴》八《金石文字》：「古铜印有始乐单、万岁单祭尊等。」于季，人名，任祭尊者。主疏，亦僤之官长。左巨，人名，任主疏者。约束石券：契约的一种。《周礼・天官・小宰》郑玄注引郑众曰：「傅别，谓券书也……傅，傅著约束于文书；别，别为两，两家各得一也。」（汉）刘熙《释名》卷六《释书契》：「券，绻也，相约束缱绻以为限也。」王先谦《释名疏证补》引苏舆曰：「《文心雕龙》：券者，束也。明白约束以备情伪。」故契券亦谓之约束券。因刻于石，故谓之「约束石券」。

[三] 里治中，高文《汉碑集释》第一三页注〔三〕：「乡官名。」永平：东汉明帝年号。永平十五年为公元七二年。

[四] 有訾，訾同赀、资。有訾，有一定数量之家财，因之获得为乡官资格者。此制约始于先秦。如《史记・高祖本纪》：刘邦家有产业。刘邦「及壮，试为吏，为泗水亭长」。又《淮阴侯列传》：「淮阴侯韩信者，淮阴人也。始为布衣时，贫无行，不得推择为吏。」次当给，依次当充任。次，顺序。《史记・陈涉世家》：「（秦）二世元年七月，发闾左谪戍渔阳九百人，屯大泽乡。陈胜、吴广皆次当行，为屯长。」

[五] 容田，指买来的田地。借与，无偿借给耕种。

[六] 毛物，参看本书前录《孙成买田铅券》注[四]。

[七] 訾下不中，家财少而不到充任里父老的标准。此当指原已任里父老而后贫者，故有「还田转与当为父老者」之事。

[八] 物故，死亡。《汉书・苏建传》附《苏武传》：「单于召会武官属，前以降及物故，凡随武还者九人。」颜注：「物故谓死也，言其同于鬼物而故也。一说，不欲斥言，但云其所服用之物皆已故耳。」

[九] 代户者，继为户主者。

[十] 假赁，租佃。季、巨等僤内成员都可租种，但需交租。

[十一] 自「单侯」至「尹明功」，为立石券之二十五人姓名。

四　三国、两晋、南北朝、高昌契约　附　买地券

（一）　买卖契约

一二〇　西晋泰始九年（二七三）高昌翟姜女买棺约[一]

一　　　　司泰始九年二月九日，大女翟姜女从男子栾奴

（简面）

二　　　　买棺一口，贾（价）练廿匹[二]。练即毕，棺即过[三]。若有人名棺

三　　　　者[四]，约当召栾奴共了[五]。旁人马男，共知本约。

（简背）

【注】

[一]《文物》一九七二年第一期新疆维吾尔自治区博物馆《吐鲁番阿斯塔那——哈拉和卓古墓群清理简报》第二二页图二八、《新疆出土文物》图四二、《新疆历史文物》图一〇。本契约在一九六六—一九六九年间于吐鲁番阿斯塔那西晋墓（TAM53）出土，木简，两面书，简面上端有大草书一个「同」字的右半，下为约文一行；简背书有约文两行。共五三字。

[二]练，白色熟绢。《释名·释采帛》：「练，烂也，煮使委烂也。」《疏证补》：《华严经音义》引《珠丛》云：「煮丝令熟曰练。」

[三]练即毕，为「练即日毕」省。

[四]名，名有。私有之意。

[五]了，了结。《广雅·释诂》卷四上：「了……讫也。」

一二一 西晋元康(二九一—二九九)间石崇买奴券[一]

取东海巨盐，东齐羝羊，朝歌蒲荐，八板桃床，负之安邑[二]，梨栗之乡。常山细缣，赵国之编，许昌之总[三]，沙房之繇。作车当取高平荚榆之毂，无尾髑髅之状，大良白槐之幅[四]，河东茱萸之辋[五]。乱栉桑辕，大山桑光。长安□□[六]，双入白屋[七]。钉鏁巧手，出于上方。见好弓材[八]，可斫千张。山阴青槻，乌嗥拓桑[九]。张金好墨，过市数蠡[十]。并市豪笔，备即写书[十一]。嗥角帻道，金案玉椀。宜勤供笔[十二]，更作多辞。乃敛吾绢，□□而归[十三]。奴当种萝葍、胡荽[十四]，不亲不疏。

【注】

[一]《全上古三代秦汉三国六朝文·全晋文》卷三三石崇《奴券》。券文前有序，文曰：「余元康之际，出在荥阳东住。闻主人公言声太粗，须臾出趣吾车曰：『公府当怪吾家哓哓邪？中买得一恶羝奴，名宜勤，身长九尺余，力举五千斤，挽五石力弓，百步射钱孔。言读书，欲使便病。日食三斗米，不能奈何。』吾问公卖不，公喜，便下绢百匹。闻谓吾曰：『吾胡王子，性好读书。公府事一不上券，则不为公府作。』」券文如正文。亦见《太平御览》卷五九八《文部》一四《契卷》。文字稍异。「出在」作「至在」。「太粗」作「大高」。「吾问」作「吾闻」。「匹」作「疋」。「闻谓吾曰」作「闻请吾曰」。

[二]负之，《御览》作「真之」。

[三]总，车马之饰。《汉书·韩延寿传》：「驾四马，傅总，建幢棨。」颜注：「总，以缇缯饰镳辖也。」

[四]幅，《御览》作「辐」。是。

[五]河东，《御览》置「河东」二字于下句「乱栉」上。

[六]□□，《御览》无此二空字。

[七]白屋，《御览》作「白乌」。

[八]弓材，《御览》作「弓朴」。

[九]乌嗥拓桑，《御览》作「乌嗥柘桑」。是。

[十]数蠡，《御览》作「数之蠡」。

[十一]备即，《御览》作「备郎」。

[十二]宜勤，《御览》作「宜勅」。

[十三]乃敛吾绢，□□而归，《御览》作「乃敛吾绢而归」。是。谓买奴成议，奴主取契价而归事。

[十四]萝葍，《御览》卷九八〇《莱茹部》五《萝葍》作「罗勒」。

一二二　前凉升平十一年（三六七）高昌王念卖驼券[一]

一　升平十一年四月十五日[二]，王念以兹驼卖
二　与朱越，还得嘉驼，不相贼移。左来
三　右去，二主各了[三]。若还悔者[四]，罚毯十张
四　供献。时人欂显丰[五]，书券李道伯[六]，共
〔后缺〕

【注】

[一]《吐鲁番出土文书》第一册第五页。新疆阿斯塔那三九号墓出土，65TAM39：20。题解：「本件为蓝色书写。」

[二]升平，原注[一]：「东晋穆帝年号，凡五年（公元三五七—三六一年）。前凉张氏承用晋年号，原用西晋建兴纪年。从公元三六一年（升平五年）起，张玄靓改用东晋升平年号。张天锡嗣位后，仍沿用不改，直到升平二十年（公元三七六年）。升平十一年即张天锡嗣位的第五年。」

[三]二主，卖买双方，即驼主和钱主。

[四]还悔者，当作「返悔者」。

[五]时人，立券时在场的证人。

[六]书券，代笔人、代书人。

一二三　北凉建平四年（四四〇）高昌县支生贵卖田券[一]

一　建平四年十二月十六日[二]，支生贵田地南部干田[三]，
并床麦
二　五口与道人佛敬；交贾（价）毯十张，田即付，
三　毯即毕。各供先相和可，后成券。
四　各不得返悔；悔，部（倍）罚毯廿张[四]。二主
五　各自署名。倩道人佛敬，为治渠，杨
六　毅时见[五]。

【注】

[一]《文物》杂志二〇〇三年第十期王素《略谈香港新见吐鲁番田契券的意义——〈高昌史稿·统治编〉续论之一》，第七四页，原题《高昌道人佛敬夏田券》图二和释文。原说明：「纸质。20.5×13厘米。全六行，行三至一九字，行间有补字。墨书。」此券不是「夏」田券，而是「卖」田券；卖田主不是道人佛敬，而是支生贵，详情请参看北京大学出版社《国学研究》第十三卷拙著《关于香港新见吐鲁番契券的一些问题》第三六五页「二、此券是否为『夏田券』？」一段。

[二]建平四年，王素先生按：「『建平』原为北凉沮渠牧犍年号，在河西仅正式行用三年（四三七—四三九）；『四年』为公元四四〇年，应为高昌阚爽政权所奉用。」

[三]田地，王素按：「田地」为高昌东部县名，位于高昌通敦煌的大海道口，即今鲁克沁镇西柳中故城。在今新疆鄯善县西南。

[四]王素按：第二行补字，插入行中，似应连读为：「五口并床麦，与道人佛敬，交贾毯十张」云云。第四行重文符号误置，又脱一「者」字，改补完整应为：「各不得返悔，悔者部罚毯廿张。」部罚，或释作「倍罚」「赔罚」，皆通。

[五]倩道人等：原文似有严重脱漏。「倩」后脱「书」或「书人」等字。「治渠」似与契尾处之行文不合。「杨毅时见」之例也不合常规。「杨毅」似为人名，应接于上。「时见」，其下应有人名。

一二四　北凉承平八年（四五〇？）高昌石阿奴卖婢券[一]

一　承平八年，岁次己丑[二]，九月廿二日，翟绍远从石阿奴
二　买婢壹人，字绍女，年廿五。交与丘慈锦三张半。
三　贾（价）则毕，人即付。若后有何（呵）盗仞（认）名，仰本
四　主了。不了部（倍）还本贾（价）。二主先和后券[三]。券成
五　之后，各不得返悔。悔者，罚丘慈锦七张，入不
六　悔者。民有私要[四]，要行二主[五]，各自署名为信。
七　券唯一支[六]，在绍远边。倩书道护[七]。

【注】

[一]《吐鲁番出土文书》第一册第一八七页。哈拉和卓九九号墓出土，75TKM99:6(a)。

[二]承平八年，岁次己丑，原注〔一〕：「本件出自墓道中，似系由外扰入，故与该墓室中所出文书年代无关。本件纪年为『承平八年，岁次己丑』。据长历，北凉承平八年（公元四五〇年）应为庚寅，本件干支不符，误差一年，与哈拉和卓八八号墓所出《北凉承平五年道人法安、弟阿奴举锦券》相

同。因此，本件的『承平』也有可能不是北凉年号而是高昌王麹嘉的年号。而『己丑』应为公元五〇九年。因无确证，现仍列在北凉时期。又下件《义熙五年道人弘度举锦券》写在本件的另一面，干支也与东晋义熙不符，参看下件注[一]。」

[三]先和后券，先成交，后立契约。和，交易。《管子·问》：「市者……万人之所和而利也。」尹知章注：「和，谓交易也。」

[四]私要，私约。《左传》文公六年：赵宣子「始为国政……由质要」。杜预注：「质、要，券契也。」

[五]要行二主，业主、钱主各自履行契约协议。

[六]券唯一支，自西周至魏晋，契约主要用竹木简牍制成，是判书形式。《周礼·秋官·朝士》：「凡有责者，有判书以治则听。」郑玄注：「判，半分而合者。」判书分为两支，由缔约双方各执一支，合券为验，因之亦称「分支合同」。大约从南北朝中期开始出现了「单契」，主要使用于买卖关系中。即由业主一方立契给钱主一方收执。这种契约的产生和使用，与纸契的采用及契约本身的进步是分不开的。纸契比竹木契易于书写，且不易做假。本券是目前所见最早一份载明为单契的契约实物。

[七]倩书，即「倩书人」。

一二五　高昌永康十二年（四七七）张祖买奴券[一]

一　永康十二年润（闰）[二]十四日，张祖从康阿丑

二　买胡奴益富一人，年卅。交与贾行緤百叁

三　拾柒疋。贾（价）即毕，奴即付。奴若有人仍（认）

四　名[三]，仰丑了理，祖不能知。二主和合，共成券

五　书之后，各不得返悔。悔者，罚行緤贰

六　百柒拾肆疋，入不悔者。民有私要，要

七　行[四]，沽各半[五]。清[六]宋忠书信。

八　时见：祖强、迦奴、何养、苏高昌、

九　唐胡。

……………………………………（合同文）[七]

【注】

[一]荣新江、李肖、孟宪实主编《新获吐鲁番出土文献·洋海一号墓出土文献二》，原题《阚氏高昌永康十二年（四七七）闰月十四日张祖买奴券》（二〇〇八年四月版），第一二五页。原说明：「本件文书呈长方形，纸型完整。纸中间部分有折痕，背面为女性缺名随葬衣物疏。契约内容完

整，背面有「合同文」三个大字。

〔二〕原注①：「润」字下当漏「月」字。传玺按：是年北魏历闰十一月，南朝宋历闰十二月。

〔三〕仍（认）名：当释作「仞名」。「仞」借用作「认」。《字彙补·人部》：「仞，又与认识之认通。」《淮南子·人间训》：「非其事者勿仞也，非其名者勿就也。」《列子·天瑞》：「天地万物不相离也。仞而有之，皆惑也。」杨伯峻集释：「仞即认。」

〔四〕原注②：下当漏「二主」。

〔五〕「沽」下脱一「酒」字。

〔六〕「清」为释作「倩」，请人代书之谓。

〔七〕「合同文」三字在原书第一一五页图版97TSYM1：5和第一一六页《阚氏高昌缺名随葬衣物疏》之图版97TSYM1：5背面和释文，均未见。

一二六　高昌章和十一年（五四一）佐佛得卖田券[一]

一　章和〔十一年〕辛〔酉〕[二]……

二　从佐仏（佛）得买孔进渠薄田〔五〕亩半[三]……

三　度。北诣渠，东与氾寺供（共）畔，南与白条

四　〔西与供（共）〕曹令寺田分畔。交与〔叠〕……

五　……………………〔毕〕。四畔之内，长不……

六　……………………之后，各〔不〕……

七　……………………悔者。民……

八　……………………〔为〕信。沽各□[四]。

九　……………………倩书……

十　……………………□〔坐〕将阿顺

一一　……………………顺……

〔后缺〕

【注】

〔一〕《吐鲁番出土文书》第三册第七一—七二页。阿斯塔那四八号墓出土，66TAM48：23。原题《高昌章和十一年（公元五四一年）某人从左佛得边买田券》。

〔二〕章和，高昌麴坚年号。

〔三〕薄田，或称「部田」，为等级低下的田地的名称。一年只种一季，凡是佃部田租纳实物的，只交一季租。

〔四〕沽各□，当作「沽酒各半」。

一二七　高昌公元六世纪中期某人卖葡萄园券〔一〕

〔前缺〕

一　……………………………………到十月内收子□□

二　……………………过〔日〕期不偿，到六月一日已后，〔叠〕

三　……………四〔尺〕。桃（萄）〔东共〕和校郎、松龄寺桃（萄）

四　……郎、松龄…………〔二〕人分垣，西共□

五　……………………………………四限之内，长〔不〕□

六　□□□，人车水道如旧通〔二〕。后若有何〔道〕（呵盗）□□

七　〔者〕，仰本主了。二主先和后卷（券），券成之〔后，各不得返〕

八　悔。悔者，罚中行〔叠〕………〔入不悔者，民有〕

九　私要，要行二〔主〕，……

〔后缺〕

【注】

〔一〕《吐鲁番出土文书》第二册第一九七—一九八页，阿斯塔那九〇号墓出土，67TAM90:32。第一八七页《阿斯塔那九〇号墓文书》说明：「本墓出有高昌延昌八年（公元五六八年）张武儁妻翟氏墓表。所出文书中有纪年者为建昌四年（公元五五八年）。」按：建昌为高昌国王麴定茂年号。

〔二〕人车水道如旧通，为买卖双方协议的批凿项目。

一二八　高昌六世纪后期□奴卖薪契〔一〕

〔前缺〕

一　若新（薪）要使满好。若不好……
二　奴身东西无，仰妇儿上（偿）。若前却不上（偿），听〔拙家资〕，
三　平为新（薪）直。二主作卷（券）已竟，各不得返悔。悔者一
四　罚二，入不悔者。民祐（有）私要，行二主[二]，各自署名为
〔后缺〕
（背）
五　　　张憙奴　张阿婆奴　索多多

【注】

[一]《吐鲁番出土文书》第二册第三七八页。阿斯塔那三六五号墓出土，67TAM365：10（a）。原题《高昌□奴残券》。第三五六页《阿斯塔那三六五号墓文书》说明：本墓「所出文书有纪年者，起高昌延昌二十七年（公元五八七年），止延昌四十年（公元六〇〇年）」。本契的时间大约也在此时间前后。

[二] 行二主，「行」上脱一「要」字的重文符号。

一二九　高昌延寿四年（六二七）赵明儿买作人券[一]

一　延寿四年丁亥岁□□十八日，赵明儿从主簿赵怀祐
二　〔边〕买作人略奴[二]，年贰〔拾〕□□□价银钱叁佰捌拾文[三]。即日交
三　〔与钱〕贰佰捌拾文，残钱壹佰〔文〕，到了岁正月贰日偿钱使毕[四]。
四　〔若过期〕壹月，拾钱上生壹〔文〕。〔若〕后〔有〕人何道忍〔呵盗认〕名者，仰本
五　〔主〕承了。二主和同立〔券〕[五]。券〔成之后〕，各不得返悔。悔者，壹罚
六　贰，入不悔者。民有私要，要行二主，各自署〔名为信〕。
七　　　倩书　赵愿伯
八　　　时见　刘尸䄗
九　　　临坐　范养祐

【注】

［一］《吐鲁番出文书》第五册第一三四页。阿斯塔那三三八号墓出土，60TAM338：14/2（a）。

［二］作人，佚役、匠人等。《水经・若水注》引歌曰：「渡兰仓，为作人。」赵一清注：「作人，犹役徒也。」

［三］叁佰捌拾文，原注：「本件背面写有付钱记录两行：

1 〔廿〕八，赵明儿上钱「壹」□〔捌〕拾文；次十八，上钱壹佰文；

2 □〔上〕钱贰拾文；次拾〔捌〕日，上钱捌拾壹文。

四次付钱叁佰捌拾壹文。多付一文疑是过期加利息。其『廿八』、『十八』之下，均省略『日』字。」

［四］子岁，即「戊子岁」。为次年，即延寿五年。

［五］立，「立」下脱一「券」字。

一三〇 高昌延寿五年（六二八）赵善众买舍地券[一]

一 延寿五年戊子岁三月十八日，赵善众从得〔回〕伯、范庆悦二人边

二 □□城辛场地中舍地[二]，得回伯右地拾步[三]，即交与银钱肆文；次

三 范悦子边地拾步，与买价钱肆文。钱即日毕，舍地即日

四 付。舍方二人方。东〔诣〕张吝奴分垣[四]，南诣善众场地分垣，西

五 共赵海相坞舍分〔垣〕，北共张延守坞舍分垣。肆在之内[五]，长

六 不还，短不与；车行人盗（道）依旧通。若后右（有）人河（呵）盗偲佲（认名）〔者〕，

七 仰本主了。三主和同立券。券城〔成〕之后，各不得反悔。悔者壹

八 罚二入不悔者。民右（有）私要，要行二主，各自署名为

九 信。

十 清（倩）书道人西□

一一 时见范□□

一二 临坐张师□

【注】

［一］《吐鲁番出土文书》第三册第二四三—二四四页。阿斯塔那一三五号墓出土，69TAM135：2。

〔二〕舍地，宅舍地。
〔三〕步，长度名。其制历代不一：唐代以前通行「六尺为步」(见《汉书·食货志》)，唐以后以「五尺为步」(见《旧唐书·食货志》)。
〔四〕诣，至。
　　宻，音同客，意合。此处用于人名。分垣：以垣墙为界。分，区别。《玉篇·八部》：「分，隔也。」
〔五〕肆在：四至。

一三一　高昌延寿八年(六三一)孙阿父师买舍券〔一〕

一　□□〔八年〕辛卯岁十一月十八日〔二〕，孙阿父师从〔汜显〕□□
二　〔买〕东北坊中城里舍壹堀(区)〔三〕，即交与舍价银钱叁佰文。钱即毕，舍
三　付〔四〕。舍东共郭相憙舍分垣；舍南诣道，道南郭养养舍分垣；
四　……………………………〔分垣；北共〕翟左海舍分垣。舍肆在之内，
五　…………………………………若后有何(呵)盗忍佲(认名)，
六　…………………………………舍中有皇(黄)金伏藏，行舍
七　………………………………舍行上薪草、出粪处尽依
八　旧。若后有人河(呵)盗忍佲(认名)者，仰本主了。贰主和同立卷(券)。券成之后，各不
九　〔得〕返悔。者〔五〕，壹罚贰入不悔者。民有私要，要行贰〔六〕，各自署名为信。
十　□中阿耆女舍中得两涧(间)舍用盖宕　　倩　　书贾□□
一一　…………………〔买〕□□买舍去时舍〔时〕〔见〕□□□
〔后缺〕

【注】

〔一〕《吐鲁番出土文书》第五册第七四—七五页。阿斯塔那一〇号墓出土，64TAM10∶37。
〔二〕八年辛卯岁，原题解：「本件纪年年号已缺，仅存年数、干支。据《中国历史年表》，推知为延寿八年。」延寿为高昌国王麹文泰年号。
〔三〕阿父师，押署。
〔四〕舍付，原注〔一〕：「『付』上当脱一『即』字。」
〔五〕者，「者」上脱一「悔」字的重文符号。

〔六〕要行贰，「贰」下脱一「主」字。

一三二　高昌延寿十四年（六三七）雷善祐卖券[一]

一　□□〔十〕四年丁〔酉岁〕[二]………〔保〕谦从雷善祐边买

二　……………………………与买价银钱贰拾

三　…………………………钱拾文。到十一月十五〔日〕

四　……………………………拾钱后生钱□□

五　…………………………〔诣〕道，西共……

六　………〔分垣〕。〔园肆在〕之内，长不……

七　水道依旧通。若有人河（诃）盗偬佲（认名）者，一仰本〔主了〕。

八　□人□。若有先悔者，罚银钱壹伯文，入不悔〔者〕。

九　〔二主〕和同立卷（券）。券成之后，各不得返悔。悔者，一罚二，

十　………………………私要，要行二主，各自署名为

一一　〔信〕。　　　　时见康□叔

一二　　　　　　　临坐□帐姚[三]

〔后缺〕

【注】

〔一〕见《吐鲁番出土文书》第四册第三七—三八页。阿斯塔那一五号墓出土，64TAM15：29/2。

〔二〕丁酉岁，原题解：「本作年号残，唯剩『十四年丁酉』。据《中国历史纪年》，麹氏诸王建元有十四年，其干支又适为丁酉者，唯麹文泰之延寿十四年。本券买主姓氏残，据上下件推知为康保谦。」

〔三〕康□叔、帐姚，均押署。

一三三　高昌延寿十五年（六三八）司空文㤥卖田券[一]

一　延寿十五年戊戌岁五月廿八日，史□□从司空文㤥

二　边买石宕常田壹分[二]，承伍亩半肆拾步役。即交与买田(价)
三　〔银钱叁伯〕究(九)拾文，钱即华，田即付。田中役使，即〔随田行。其田〕
四　东诣渠，南诣道，西共郭庆怀田分畔，北诣渠。田肆在之内，长〔不〕
五　还，拒(短)不促(足)[三]。车行水道依旧通。若后有人阿盗偲佲(呵盗认名)者，仰本〔主〕
六　了。田中车行道，从大道中即入自田中。贰主和同立卷(券)，券城(成)之后，
七　各不得返悔。悔者壹罚贰，入不〔悔者。民〕有私要，要行贰主，
八　各自署名为信。
九　　　倩书□………阿阇(梨)
十　　　时见□………佑伯
一一　　　临〔坐〕□……延佑

【注】

[一]《新疆文物》一九八六年第一期第四六页，吴震《麹氏高昌国土地形态所有制试探》，引自(日)龙谷大学图书馆藏大谷文书三四六四、三四六六、二四〇五、三四六〇、三四六五。

[二]常田，等级较高的田地的名称。朱雷《吐鲁番出土北凉赀簿考释》：「『常田』则是指某种等级的土地。也有同志据『常』字解释为恒常可耕，无需轮休的土地。今检麹氏高昌到唐代的租佃契约，凡佃『常田』租纳实物者，皆分夏、秋两季交纳。虽然租额有差别，但都规定夏到五月交大麦，秋至十月交床或粟，表明这类土地一岁可种两造。而凡是佃『部田』租纳实物者，只交一季租，表明一岁只可种一造。据《北史·高昌传》记：『厥土良沃，谷麦一岁再熟。』当即是指此『常田』而言。故从赀簿中看到『常田』计赀最高，一亩三斛。」

[三]拒，同「短」。《文心雕龙·诠赋》：「至如郑庄之赋大隧，士蔿之赋狐裘，结言拒韵，词自己作。虽合赋体，明而未融。」范文澜注：「孙云唐写本『拒』作『短』。」

一三四　高昌延寿十五年(六三八)周隆海买田券[一]

一　延寿十五年戊戌岁六月一日，周隆海从周〔栢石〕边，买
二　东渠常田壹分，承壹亩半陆拾步役。即交与买价〔银〕
三　钱壹伯贰拾文。钱即毕，田即付。田中役使，即随田行。田东共周
四　隆海田分畔，南诣道，西诣渠，北共员海伯田分畔。田肆在之内，长

五　〔不还，短不足。车〕行水道，依旧〔通。若〕后有人阿（呵）盗偲佲（认名）者，仰本主

六　〔了。田中车行道，〕从大道中，即入自田〔中。贰主和同〕立券，券城（成）之后，各

七　〔不得返悔。悔者〕壹罚贰入不悔〔者。民有私〕要，要行贰主，各自

八　〔署名为信〕。　　　　ㄧ周隆海ㄧ至节ㄧ为明（证）[二]

九　倩书□　　阿阇（梨）

十　时见□　　憧□

一一　临坐□　　众德

一二　次 □ 饼 名 □ 人 構 三

一三　周 明 威 界 两 个，□ □ 庸（？）达[三]　入十保（？）

一四　上 件 公 界 三 个，共 成 海 隆　、 、 、

一五　「上 簿 了。」作 奴 史 坙（？）

一六　……………月……

【注】

〔一〕（日）东洋文库编《敦煌吐鲁番社会经济资料集·契约》录文第七至八页，图版第九页，大谷文书，一四六九十三四六一—一、二、三十三四五八十三四五九十三四六三。又《新疆文物》一九八六年第一期第四六—四七页，吴震《麹氏高昌国土地形态所有制试探》引。

〔二〕此为早期画指节的实例之一。至节，即「指节」。全文应作「周隆海指节为明证」，写于三个指节之中。为买主画指节之例。本书上册第三九页西汉《欧威卖裘券》画指于「旁人杜君隽」之下。不知是谁的指节。本书下录《北魏正始四年（五〇七）张猥洛买田砖券》有「画指为信」之语，与本券上引之语意义相同。画指一般取男左女右，以画中、食指指节为最多，画两节或三节。其形式有二：一是只画指，不写字；二是在指节中写以何指或名字。亦有在指节中填入年龄的，叫做「画指书年」。还有写其他文字的。

〔三〕庸达，当释作「虎达」。

一三五　高昌延寿十六年（六三九）康国六获卖婢契[一]

一　时唯秦城延寿年间[二]，天神、伟大的希利发、国王陛下嗣位之十六年，

二　汉语称五月，粟特语称十二月，[三]己亥岁，二十七日。

兹于秦城市场，当众人之面，沙门乘军，也即石族人乌塔之子[四]，从康国人突德迦之子六获处，得到一奴婢。此婢为曹族人，生于突厥斯坦，名曰优婆遮。他为此支付高纯度的卑路斯钱一二〇德拉克麦。沙门乘军以卖主不能赎回的条件将婢女优婆遮买下。她不欠债务，没有财产，无人追寻，未受非难。所以，他为子、孙、族人及后代买下作为永久财产。因此，沙门乘军本人及其子、孙、族人和后代对该婢女有权任意拷打、虐待、捆绑、买卖、抵押，作为礼物赠人，为所欲为。就像对待父亲传下的、祖父传下的、内族的、外族的或家生的女奴一样对待这个花钱买来作为永久财产的婢女。关于此婢女优婆遮之事，六获今后不得过问，他已被解除一切旧有权力，对她不再有约束。立此买婢契为凭，对旅居者、定居者、王公、大臣等所有人均有效。凡携带持有此买婢契者，可领走婢女优婆遮并作为奴婢占有，（他人）不得干预。这里有（保人）米国人秋兹迦之子狄施特利亚、康国人和卓之子名特、小石国人迦尔沙之子皮沙迦及何国人神喙之家生。这份买婢契由帕图尔之子乌浒安所书。经书佐帕图尔许可，受六获之委托，为优婆遮所同意。秦城书佐帕图尔验收[五]。

（画押符号）

婢（女契约）　　沙门乘军

【注】

［一］《文物》一九九二年第九期第四九页，林梅村《粟特文买婢契与丝绸之路上的女奴贸易》，第五一页译文。林文曰：「这份契约立于高昌国延寿十六年，也即唐贞观十三年（六三九年）己亥岁。最后一行写在文书背面。从内容看，它显然是为奴婢买主乘军所立。」

〔二〕秦城，林文曰：该字意为「中国城」，指高昌国都（今吐鲁番哈喇和卓古城），吐鲁番文书称之为「秦城」。

〔三〕粟特语，亦称「窣利语」。古代粟特人的语言。主要流行于中国西北部和中亚地区。

〔四〕石族及以下的康国、曹族、米国、小石国、何国等，都属于中亚地区的昭武九姓各部。在本契约中，石族人沙门乘军为婢女的买主，是个佛教徒。康国人六获为婢女的卖主。曹族人优婆遮为被卖婢女。米国人狄施特利亚、康国人名特、小石国人皮沙迦、何国人神喙之家生，都是此买卖婢女事件的保证人。

〔五〕此行林文作「契文二四行最后一字……」

一三六　高昌七世纪中期张元相买葡萄园券〔一〕

一　…………〔岁三〕月廿八日〔二〕，张元〔相〕……

二　…………〔渠〕蒲桃（葡萄）壹园〔三〕，承官役半亩陆〔拾〕……

三　□□〔价〕银钱伍拾文。钱即毕，桃（萄）即付。桃（萄）中……

四　□桃（萄）行。桃（萄）东诣渠，南诣道………分垣，北〔诣〕□。

五　桃（萄）肆〔在〕之〔内〕，长不还，促不□〔四〕。车行水〔道依〕旧通。若后

六　时有人〔呵盗认〕佲（名）者，仰本〔主〕了。二主和同立卷（券）。券成

七　之后，各〔不得返悔。悔者〕，〔壹罚〕二入不悔者。民有私要，

八　要行二主，〔各自署名为信〕。

九　　倩书　　赵庆富〔五〕

〔后缺〕

【注】

〔一〕《吐鲁番出土文书》第五册第五三—五四页。阿斯塔那一四〇号墓出土，69TAM140：18/4。

〔二〕□岁，原题解：「本件纪年已缺。据文中所存『岁』字及券文『承官役半亩陆拾』，知本件为高昌麹氏王朝时期契券。券中买主张元相之『相』字仅存左上角，本墓同出《高昌重光某年条列得部麦田、□丁头数文书》中亦有『张元相』。今据之补足，并列在前件之后。」又第五〇页《阿斯塔那一四〇号墓文书》说明：「本墓出有唐永徽六年（公元六五五年）张龙相墓志。又出有高昌重光四年（公元六二三年）至延寿九年（公元六三二年）的纪年文书。」

〔三〕蒲桃，即葡萄。以下「桃」均指葡萄园。

〔四〕促不□，当作「短不足」。
〔五〕赵庆富，押署。

一三七　高昌末年某人卖田契[一]

〔前缺〕

一　〔钱〕即毕，田即付。……
二　□赵永安分畔……肆在之内，〔长〕
三　〔不〕还，短不足。……二主先和〔后券〕，
四　〔券〕成之后，各不得〔返悔，悔者〕倍罚……
五　□□重更者……主厚绢〔入〕
六　〔不〕悔者。民有私要，要行〔二〕主，□□溉水道□
七　□道西□□，若不了，仰本主承了。二主〔自署名为信〕。
八　倩书孙……隆……
九　弟二男[二]……
十　弟三男……

〔后缺〕

【注】

〔一〕《吐鲁番出土文书》第三册第三六四—三六五页。阿斯塔那三一六号墓出土，60TAM316：80/1（a）。原题《某人买田契》。第三六三页《阿斯塔那三一六号墓文书》说明：「本墓经盗扰，无墓志及随葬衣物疏，所出文书亦无纪年，但一买田契系蓝笔书写。蓝笔书写之文书常见于高昌时期，因将本墓所出文书置于高昌时期之末。」
〔二〕弟二，当作「第二」，下为「第三」。为同卖人。

一三八　高昌张某卖葡萄园契[一]

〔前缺〕

一　……………〔壹〕佰步……

二　……〔交〕孔钱叁拾文……

三　……钱不毕，入四月卅[二]，拾钱……

四　……悉不知，仰张自承……

五　……安自承支（祇），仰张自……

六　……垣，南共董子海桃（萄）……

七　……垣，北住渠[三]。桃肆……

八　……〔后〕有人何道（呵盗）□者，……

九　……依旧通。

十　□见　吴海儿不解书至[四]……

一一　□书　曾相元

一二　□〔坐〕安客得不解书至……

【注】

[一]《吐鲁番出土文书》第五册第二五三—二五四页。阿斯塔那一一七号墓出土，69TAM117:57/2。原题解：「本件纪年已缺。同墓所出兼有麹氏高昌延寿年及唐初文书，难以确定年代，今列于后。又据契文『后有人何道』语，当是买卖契。契文于『四至』之后接写『桃肆……』，以下残损，当是『在之内』云云。因定本件为买卖葡萄园契。」

[二] 卅，此字下脱一「日」字。

[三] 北住渠，「住」当作「至」字。

[四] 不解书至，当作「不解书，指」。原意当为「吴海儿不解书，以指节为明」。下之「安客得」亦同。

一三九　高昌某人买物契[一]

〔前缺〕

一　……………妻相……

二　……………练六匹，练用……

三 ……………后有人何盗𢘆□(呵盗认名)……

四 ……〔罚〕白练廿匹，入悔[二]……

五 □〔书〕 宁欢保

六 白憙 相卌五

七 王相愿 卌 一

八 吴海儿五十

九 何善信卌

十 〔人〕 康董得[三]

〔后缺〕

【注】

[一]《吐鲁番出土文书》第五册第二五五—二五六页。阿斯塔那一一七号墓出土，69TAM117：57/1。原题《某人用练买物契》。原题解：「本件纪年已缺，今列于后，详上《某人买葡萄园契》题解。」

[二] 入悔，「入」下脱一「不」字。

[三] 契后六人皆画指，其中四人并书年。由此可见当时在契后署名的人，不论什么名义，几乎都可画指书年。

附一 买地券

一四〇 三国吴黄武四年(二二五)九江郡浩宗买地砖券[一]

一 黄武四年十一月癸卯朔廿八日庚午[二]，九江男子浩宗以□

二 月客死豫章[三]。从东王公、西王母买南昌东郭一丘，贾

三 □□五千，东邸甲乙，西邸庚辛，南邸丙丁，北邸壬癸[四]，以日

四 □月副时。任知卷(券)者[五]，雒阳金偅子[六]，鹄与鱼。鹄飞上

五 〔天〕，〔鱼〕入渊[七]。郭师、吴信。券书为明[八]，如律令[九]。

【注】

[一] 罗振玉《地券征存》。跋：「(券)高一尺五分，广四寸一分。五行，行字不等。隶书，刻专上。旧藏望江倪氏，今佚。」北京大学图书馆藏拓片，高24.9厘米，宽9.3厘米。

[二] 黄武，三国吴大帝年号。

[三] 九江，东汉郡，治阴陵，今安徽凤阳南。三国时属曹魏淮南国。吴无九江郡。豫章，三国吴郡名，治南昌，今南昌市。

[四] 邸，同「抵」，抵达，至。

[五] 任知券者，保证人，见知人。

[六] 金偅子，即「金童子」。偅同「僮」。《字汇补·人部》：「偅，与僮同。」即僮仆。亦作「童」。《左传·哀公十一年》：「公为与其嬖僮汪锜乘，皆死，皆殡。」杜注：「僮，本亦作童。」道家谓供仙人役使的童男女为金童玉女。《全唐诗》七六徐彦伯《幸白鹿观应制》：「金童擎紫药，玉女献青莲。」

[七] 鱼入渊，应作「鱼入深渊」。

[八] 「信」、「券」二字据拓片补。

[九] 如律令，解见本书前录《樊约利家券》注[七]。

一四一 三国吴黄武六年(二二七)吴郡郑丑买地铅券[一]

黄武六年十月戊戌朔十日辛未[二]。吴郡〔男子〕郑〔丑〕[三]，年七十五，以六年六月□□□〔江〕夏沙羡县物故[四]。今从主县买地

立冢。□□比：东比，西比，北比[五]。合四亩半地，直钱三万。钱即日交毕，立此证。知者东〔王公〕、〔西王母〕[六]。若后〔有〕安□□者，磐□〔所勒田记〕□〔埋穴〕□□□。

【注】

〔一〕《文物参考资料》一九五五年第十二期武汉市文物管理委员会《武昌任家湾六朝初期墓葬清理简报》图版一（文字因锈蚀不清）；《考古》一九六五年第十期第五二九页，程欣人《武汉出土的两块东吴铅券释文》。原释文未注明行次。本券一九五五年四月二十七日出自武汉一一三号墓。

〔二〕辛未，戊戌朔，十日非「辛未」，当为「丁未」。如十日为「辛未」，朔日当为「壬戌」。

〔三〕吴郡，治吴县，今江苏苏州市。

〔四〕江夏，三国吴郡名，治武昌，今湖北鄂城。沙羡县，汉置。三国吴为侯国。故城在今湖北武昌县西。

〔五〕四至，省略。

〔六〕东王公，神话中仙人，与西王母并称。《仙传拾遗》：「木公，亦云东王父，亦云东王公。盖青阳之元气，百物之先也。冠三维之冠，服九色云霞之服，亦号玉皇君。居于云房之间，以紫云为盖，青云为城。仙童侍立，玉女散香，直僚仙官，巨亿万计。各有所职，皆禀其命，而朝奉翼卫。」（《太平广记》卷一《木公》）西王母，神话中仙人。《集仙录》：「西王母者，九灵太妙龟山金母也。一号太虚九光龟台金母元君，乃西华之至妙，洞阴之极尊。」（《太平广记》卷五六《西王母》）按：东王公、西王母都是中国古代神话中的重要人物。西王母首先出现。战国时期，如《山海经》、《庄子》、《竹书纪年》、《穆天子传》等，颇述其事。至西汉时，记述犹多。主要述其为西方之主要神人。东王公亦称木公、东王父等，为东汉至魏晋时期盛专的神人。旧题（汉）东方朔撰《神异经》颇记其事。为东方主要神人。东汉时，东王公与西王母已并列。如《汉尚方镜铭》：「尚方作竟真大巧，上有仙人不知老；渴饮玉泉饥食枣，东王父、西王母。」自东汉后期以后，东王公与西王母成为道教崇奉的重要神仙，其形象、事迹得进一步构画、铺陈。

一四二　三国吴赤乌八年（二四五）萧整买地铅券[一]

一　赤乌八年十二月丁未朔六日壬子[二]，因郎中萧整从无（芜）湖西乡土主叶敦买地

二　四顷五十亩，贾钱三百五十万，即日交毕。乡尉蒋玟、里帅谢达，证知

三　敦卖，证知整买。先相可[三]，这以为析令[四]。

【注】

〔一〕《考古》一九八四年第十一期第九七八页，安徽省文物工作队《安徽南陵县麻桥东吴墓》本券图片、释文。券为铅锡合铸，长 27.7 厘米，宽 4.1 厘

米。两面均刻有文字，内容相同，各七十字，行字不等。

［二］赤乌，三国吴大帝年号。

［三］先相可，当作「先相和可」。

［四］以为析令，当作「以为律令」。

一四三　三国吴五凤元年（二五四）九江县黄甫买地砖券[一]

一　五凤元年十月十八日，大男九江黄甫年八十，今于莫府山后南边起冢宅。

二　从天买地，从地买宅。雇钱三百。东至甲庚，西至乙辛，北至壬癸[二]。若有

三　争地，当诣天帝。若有争宅，当诣土伯。如天帝律令。

【注】

［一］《中国古代砖刻铭文集》（上）《黑白图版》第一八九页，编号 721；（下）《图版说明·三国·吴》第一一六—一一七页，编号七二一，《黄甫买地券砖》（第一种）。一九七九年江苏南京中央门外幕府山出土，藏南京市博物馆。乾刻铭文。录书，三行，行字不等，计七八字（传玺按：衍「南至丙丁」四字，当是七四字）。长、宽、厚分别为 38.7、7.1、3.1 厘米。著录：南京市博物馆《南京郊县四座吴墓发掘简报》（《文物资料丛刊》八集，一九八三年）；《中国砖铭》图版三三一；《六朝风采》二〇六。传玺按：本券一式两件，文字相同，格式基本相同。《文集》分作两种收入。本书收第一种，第二种不再收录。

［二］四至用八干的错误严重。东至应作「甲乙」，西至应作「庚辛」。衍「南至丙丁」。第一种误补，第二种照缺。

一四四　三国吴太平二年（二五七）竟陵县张□□买地砖券[一]

一　太平二年十二月丁卯朔十日丙子夭男江夏竟陵张□

二　……从天买地，从地买宅，雇钱三□

三　东至甲乙，西至庚辛，南至丙丁，北至壬癸……

四　诣天帝。若有争宅，当诣土伯。如天帝律令！

【注】

[一]《中国古代砖刻铭文集》(上)《黑白图版》第一九一页,编号七二五;(下)《图版说明·三国·吴》第一一七页,编号七二五,《太平二年买地券砖》。江苏南京邓府山出土。乾刻铭文。隶书,四行,行二十字左右,计存六五字左右。尺寸不详。著录:《第五届中国书法史论国际研讨会论文集》一三五页图十。

一四五　三国吴永安二年(二五九)吴郡陈重买地砖券[一]

一　□□立武都尉[二]吴君[三]陈重今于莫府山[四]

二　下立起冢宅。从天买地,从地买宅,雇钱

三　五百。东至甲乙,南至丙丁,北至壬癸,西至

四　庚辛。[五]若有争地,当诣天〔帝〕[六]。若有争

五　宅,当诣土伯。如天帝肆令。

六　　　　永安二年十一月五日券

【注】

[一]南京博物馆《江苏南京市北郊郭家山东吴纪年墓》,《考古》一九九八年第八期第二六页图七拓本,第二五页释文。券长 19、宽 15、厚 3.6 厘米,出土时已断裂。

[二]立武都尉,(清)杨晨《三国会要》卷一。《职官下·武秩》之「吴」,有将军、校尉冠「立武」者,有都尉冠「扬武」、「建武」者,但无「立武都尉」。本《陈重买地砖券》可以补之。

[三]吴郡,东汉永建四年(一二九年)置,治吴县,今江苏苏州。

[四]莫府山,即幕府山,在今江苏南京市西。

[五]东至甲乙以下,《史记》卷二七《天官书》:「察日、月之行,以揆岁星顺逆。曰东方木,主春,日甲、乙。」「察刚气以处荧惑。曰南方火,主夏,日丙、丁。」「察日行以处位太白。曰西方(金,主)秋,日庚、辛。」「察日辰之会,以治辰星之位。曰北方水,太阴之精,主冬,日壬、癸。」券文之西与北之序颠倒。

[六]原释文有「帝」字,但原拓本夺「帝」字。

一四六　三国吴永安四年(二六一)丹阳郡大女买地砖券[一]

一　〔永〕安四年，太岁在辛巳，乙卯上朔，十一月十二日乙卯[二]，大女□

二　□□今□□兼东北白石[三]、莫府山前茆立冢

三　宅[四]。从天买地，从地买宅，雇钱五百。[五]东至甲乙，

四　南至丙丁，西至庚辛，北至壬癸[六]。若有争地[七]，当

五　诣天帝。若有争宅，当诣土伯。如天帝律令。

【注】

〔一〕南京市博物馆《江苏南京市北郊郭家山东吴纪年墓》，《考古》一九九八年第八期第二三页图四拓本，第二四页释文。券长 26、宽 11、厚 1.3 厘米，刻文内原填朱砂。

〔二〕时间有误。当作「太岁在辛巳，十一月甲辰朔，十二日乙卯」。

〔三〕白石，山名，在今安徽巢湖市东南。

〔四〕莫府山前前，第二个「前」字，原释作「茆」字，拓本似是「前」字，故改。此为衍字。

〔五〕五百，原释作「三」，据拓本改。

〔六〕甲乙、丙丁、庚辛、壬癸，均为方位代词，考释详见本书前条《东吴永安二年(二五九)吴郡陈重买地砖券》注〔五〕。

〔七〕若有，原释作「如有」，今据拓本改。

一四七　三国吴永安五年(二六二)丹阳县彭卢买地铅券[一]

一　永安五年七月辛丑朔十二日壬子[二]，丹杨石城都〔乡〕□□〔校〕尉彭卢年五十九[三]，寄居沙羡县〔界〕

二　物故。今岁吉良，宿得天食[四]，可以建□，造作无坊。谨请东陵、西陵、暮伯[五]、丘承、南栢、北栢、地下二千石[六]，

三　土公、神□，今造百世□冢。□□丘父、土王买地，纵广三千步，东、西、南、北□界〔示〕，得价钱万五千，

四　日毕[七]。诸神不得抵道。如□□地，当得〔焦〕豆〔生〕，当桃卷复尧

　　神示

五　钴春。得知者[八]，东王公、西王母[九]。如律令。

【注】

［一］《考古》一九五九第四期武汉市文物管理委员会《武昌莲溪寺东吴墓清理简报》图版二。又《考古》一九六五年第十期第五二九—五三〇页程欣人《武汉出土的两块东吴铅券释文》。《兰亭论辨》上编第九三页插图三四（摹本）。

［二］永安，三国吴景帝年号。

［三］丹杨，郡名，亦县（侯国）名。此处为县名。杨应作「阳」。《太康六年曹翌买田铅券》亦作「丹杨」。郡治建业，今江苏南京市。县治今安徽当涂东北小丹阳镇。都乡：坊厢的通称。都乡下为里。

［四］天食，谓禀受于自然。《庄子·德充符》：「圣人不谋，恶用知？不斲，恶用胶？无丧，恶用德？不货，恶用商？四者，天鬻也。天鬻者，天食也。」成玄英疏：「鬻，食也。食，禀也。天，自然也。以前四事，苍生有之，禀自大然，各率其性，圣人顺之，故无所用己也。」

［五］暮伯，当为墓伯，即主管陵墓之神。

［六］地下二千石，指土地神。

［七］日毕，当作「即日毕」。

［八］得知者，知见人，证人。

［九］东王公、西王母，皆指神仙。

一四八　三国吴建衡二年（二七〇）堂邑县许祀买地铅券［一］

一　建衡二年［二］十二月十四日，处士徐州广陵堂邑［三］□□买丹杨［四］江策□□□

二　地三顷，直钱三百万，伍知都监许祀。他如律令。

【注】

［一］南京博物院等《南京栖霞山甘家巷六朝墓群》，《考古》一九七六年第五期第三二二页图九铅地券拓本、释文。

［二］建衡，三国吴末帝孙皓年号。其二年为晋武帝司马炎泰始六年。

［三］堂邑，县名，治今江苏六合县北。

［四］丹杨，亦作丹阳，县名，治今安徽当涂县东北小丹阳。

一四九　三国吴凤凰三年（二七四）会稽郡孟赟买冢地锡券［一］

一　吴故夷道督、奋威将军诸暨都乡侯会稽孟赟息男壹为赟买男

二　子周寿所有丹杨无湖马头山冢地一丘[二]，东出大道，西极山，南北[三]。左右各广

三　五十丈，直钱五十万，即日交毕。关连桥刺奸齐，谨破券[四]，以解是为明。

（上列）

四　凤皇三年八月十九日，对共破券。

（下列）

【注】

[一]《文物》一九八七年第四期当涂县文物管理所王俊《当涂县发现东吴晚期地券》，第九十二页有拓片、摹本和释文。该券在该县龙山桥乡双梅村发现。券锡质，青色，呈扁条形。长35.8、宽4.3厘米，重350克。券文分两列，上列三行八十字，下列一行十三字。

[二]夷道，县名，属吴宜都郡，今湖北宜都县。夷道督：官名。吴于濒江及要地皆置都督，权轻者但称督，有夷道督等三十余员。奋威将军，第四品。诸暨，县，属会稽郡，今属浙江省。丹杨无湖：即丹阳郡芜湖县。

[三]南北，南至、北至略。

[四]破券，即折券成议。下文「对共破券」同。或谓「破别」。刘熙《释名·释书契》：「莂，别也，大书中央，中破别之也。」

一五〇　三国吴天册元年（二七五）丹杨郡诸□买地铜券[一]

杨州丹杨郡[二]□南行诸□□□□北极居左□

今作冢廓。从天买土，从地买宅，直钱一千万□

东去百步，西去百步，南去百步，北去百步。若有争宅□

（从上正面三行）

如律令。

天册元年[三]三月廿九日□□买地，

交雇贝钱一千万。民有知约，[四]他如律令。

（以上背面三行）

【注】

[一]《中国文物报》一九九六年五月五日第十七期（总第四八二期）第一版，王志高、周维林《南京江宁出土东吴买地券》。券作长条形，长30.7、宽2.8、厚0.5厘米。质地坚韧，推测是铜锡一类合金。券文两面直行阴刻，书体为隶书略楷意，部分券文因长期侵蚀，模糊难释，可释读文字达七十八个。

[二]丹杨郡，应作丹阳郡。西汉元封二年（前一〇九）以彰郡改置，治宛陵县（今安徽宣城县）。东汉建安二十五年（二二〇），孙权移郡治建业县（今江苏南京市）。

[三]天册，吴末帝孙皓年号。其元年为晋武帝司马炎咸宁元年。

[四]民有知约，当是「民有私约」之误。

一五一　西晋太康三年（二八二）始宁县黄仕买地砖券[一]

（正面）

一　太康三年十月十八日，天帝告墓伯，告墓长（？），告墓丞、土下诸神：男子扬州会稽始宁黄仕[二]，年□

二　八，字文理。生以天作父，地作母，生见日月，薄命蚤亡[三]。及今岁月良使，至此止格。造冢一增，已

三　诣五土[四]，资钱券（？）□，买此土地，当在土下。以例析篙作芦，当在土下；居饭下米，当追土下。礼

四　不责妻子妇小息。若能责生人，当须焦金生華，殷卵飞鸣。[五]。边能责之，下能使天，下作地，上

五　为天，日从西出。有得责下，亡人安乐，生人富贵。千万岁复无复有。如天帝令。

六　解□□□之

（背面）

东父蒴，天地可作

【注】

[一]《中国古代砖刻铭文集》（上）《黑白图版》第一九五页，编号七四二；（下）《图版说明·西晋》第一二一页，编号七四二，《黄仕买地券砖》。湿刻铭文。正面隶书券文，六行，行三五字左右，计一七三字。有竖界栏。背面篆隶书大字，行七字。尺寸不详。著录：《陶质晋太康三年墓志铭》（《书法》二〇〇一年三期）。本文参照释文和图版抄录。

[二]始宁，县名，西晋时治今浙江上虞县西南曹娥江西岸。

［三］原释：「筮命」，误。
［四］五土，山林、川泽、丘陵、水边平地、低窪地等五种土地。
［五］「金」与「殷」可疑。两句意为「焦豆开花，鸡蛋飞鸣」。

一五二　西晋太康五年（二八四）杨绍买冢地瓦莂[一]

一　大男杨绍从土公买冢地一丘[二]，东
二　极阚泽，西极黄滕，南极山背，
三　北极于湖[三]。直钱四百万。即日交毕。
四　日月为证，四时为任。
五　太康五年九月廿日[四]，对共破莂[五]。民
六　有私约，如律令。

【注】

［一］（明）徐渭《青藤书屋文集》卷四：「柳元穀以所得晋太康间冢中怀及瓦券来易余手绘二首。券文云：『大男杨绍从土公……』二物在会稽倪光简家中，于万历元年（一五七三）掘得之。地在山阴二十七都应家头之西。」又（清）钱大昕《十驾斋养新录》卷一五《杨绍买地券》条。跋：「顷岁，山阴童二如游洛阳，得石刻一方……盖晋时所刻。」（清）冯云鹏、冯云鹓《金石索·石索》六《晋太康瓦券》跋：「《金石契》云：『太康瓦券藏山阴童二树（钰）家。』乾隆辛卯冬，二树携瓦券过吴门时，余亦客吴。出以示余与陆白斋（绍曾）共玩。瓦质，白沙骨，犹今之瓦瓮，外有釉，星星如云母。面文六十六言。盖营葬时买于神者。书法以锥画，坯入火烧成。」王国维《观堂集林》附《别集》卷二《杨绍莂跋》：「此莂，匋瓦为之，状如半筩，面有两筠盖，象剖竹之形。」罗振玉《地券征存·杨绍买地莂》跋：券「高七寸三分，广四寸五分。五行，行字不等，草隶书，刻瓦上。旧藏山阴童氏，今佚」。《书道全集》卷四《释文解说》：「后归广东温氏。」
［二］大男，成年男子或长子为户主者。
［三］自「阚泽」至「湖」：王国维跋曰：「文中『东极阚泽』。泽，即《吴志》立传之阚德润。德润，山阴人。此莂出于山阴，必谓其葬地也。又云『南极山背』，『北极于湖』。山，谓会稽南山；湖，谓鉴湖。区域甚广。与《浩宗券》之南邸丙丁，北邸壬癸略同。盖非实缘买地券。本施之鬼神，故不嫌其夸也。」按：钱大昕谓「山阴童二如游洛阳，得石刻一方」。似此券非「出于山阴」。
［四］太康，西晋武帝年号。
［五］破莂，破券成议。

一五三　西晋太康六年(二八五)江宁县曹翌买田铅券[一]

一　太康六年元月廿四日,吴故左郎中立节校尉丹杨江宁

二　曹翌字永翔[二],年卅三亡。买石子坑虎牙之田,地方十里,直钱

三　百万,以葬。不得有侵抵之者。券书分明。

【注】

[一]《文物参考资料》一九五五年第八期第九八页《南京附近六朝墓葬出土文物》图三、四;又《考古学报》一九五七年第一期第一八九页《南京附近六朝墓葬出土文物》图三、四;又《考古学报》一九五七年第一期第一八九页《南京近郊六朝墓的清理》。此券于一九五五年春出于江宁丁甲山第一号墓。长 28.1 厘米,阔 5.3 厘米,厚 0.25 厘米,正面三行,行字不等,为田券。背面二行,行字不等,为《随葬衣物疏》。

[二]立节校尉,吴武职。《三国会要》卷十《职官下武秩》引吴骞云:「周处碑:父鲂,立节校尉;本传作昭义。」丹杨,即「丹阳」,郡名,治建业,今江苏南京市。江宁,县名。晋太康元年(二八〇)分秣陵立临江县,治今江宁县西南江宁镇。二年又改用此名。

一五四　西晋元康元年(二九一)葛阳县李达买地砖券[一]

一　元康元年十一月戊午朔廿七日乙酉收[二]

二　鄱阳葛阳李达年六十七[三],今从天买

三　地,从地买宅。东极甲乙,南极丙丁,西极庚

四　辛,北极壬癸,中英(央)戊己。买地买宅,雇钱三百,

五　华巾三尺。任知者东王公、西王女(母)。若后

六　志宅,当诣东王公、西王母是了。如律令。

【注】

[一]《考古》一九八四年第六期第五四一页,镇江博物馆《镇江东吴西晋墓》图一五和释文。此券为青灰色砖制,砖长 32.8、宽 14.2、厚 4 厘米,一面绳纹,另一面刻六行文字,行字不等,计九十四字。

[二]元康，西晋惠帝年号。戊午朔，元康元年十一月朔为庚辰，而非戊午；其二十七日为丙午，而非乙酉。是年其他十一个月的朔日均无戊午。此纪日错误。收，古代术数家以「建除十二辰」卜吉凶。「收」为其中日名之一。《淮南子·天文训》：「亥为收，主大德。」

[三]鄱阳，郡名，治广晋，今江西省鄱阳北。葛阳：县名，属鄱阳郡。治今江西弋阳西。

一五五　西晋永宁二年（三〇二）枞阳县大中大夫买地铅券[一]

一　永宁二年二月辛亥朔廿日庚子[二]，杨州庐江郡枞阳县大中大夫汝阴[三]□□□□□丹阳郡〔江〕

二　宁县赖乡漈湖里地，方员（圆）五顷八十亩，直钱二百万，即日交〔毕〕。〔西〕

三　方庚辛，北方壬癸，中英（央）戊己。证知冢前，如律令。

四　若有问谁所书，是鱼。鱼所在，深水游。欲得者，河伯求[四]。（以上正面）

五　大岁在壬戌。（以上背面）

【注】

[一]《文物》一九六五年第六期第四四页，南京市文物保管委员会《南京板桥镇石闸湖晋墓清理简报》释文，第四五页图一七。地券铅质，部分文字剥落，券长17.5、宽5.5，厚0.15厘米。正面刻文四行，满行三十五字。第一行漏写「阳」字，补刻于行右。第四行漏写「水」字，补刻于行右。

[二]永宁，西晋惠帝年号。辛亥朔，二十日当为「庚午」。干支纪日有误。

[三]杨州，即「扬州」。庐江郡，治舒县，今安徽舒城。枞阳县，今属安徽。汝阴，郡、县名，均治今安徽阜阳。

[四]河伯，河神。《史记·西门豹传》：「苦为河伯娶妇。」《正文》：「河伯，华阴潼乡人，姓冯氏，名夷。浴于河中而溺死，遂为河伯也。」按：河伯名冯夷，或作冰夷、无夷，始见于《庄子》、《楚辞》、《山海经》等，魏晋以后，成为道教所崇奉的重要神仙。

一五六　东晋咸康四年（三三八）丹徒县朱曼妻薛买地石券[一]

一　晋咸康四年二月壬子朔四日乙卯[二]

二　吴故舍人立节都尉晋陵丹徒朱曼

三　故妻薛[三]，从天买地，从地买宅。东极甲

四　乙，南极丙丁，西极庚辛，北极壬癸，中

五　极戊己[四]，上极天，下极泉[五]。直钱二百万

六　即日交毕。有志薛地，当询天帝[六]；有志
七　薛宅，当询土伯。任知者：东王公、西王
八　〔圣〕母。如天帝律令。　司[七]

【注】

[一] 罗振玉《地券征存》。又见《书道全集》卷四第一七八页《吴故舍人立节都尉朱曼妻买地宅券》拓片照片。《文物》一九六五年第六期方介堪《晋朱曼妻薛买地宅券》有释文和拓片照片（第四八、四九页）。方文曰：「券长 30、宽 17.2、厚 8.5 厘米。共八行，行十四字，第八行仅九字。全碑画有格线。石断为二，第一行『二月』字画边缘已剥落，篆文尚清晰可辨。第八行『母』上仅残留笔画，其下为司（合同）二字，是并写的半截体。」又曰：「此券于一八九六年，在平阳县宜山乡鲸头村石垟下山麓因农民打圹发现。为当地陈锡琛（篠垞）号筠庄者所得。」今券尚存。「石质粗劣，色灰白，裂纹颇深，已将断脱。左侧石面平滑，似曾作过磨刀石。」

[二] 咸康，东晋成帝年号。

[三] 舍人，《三国会要》卷九《职字》上《公卿庶职・中书通事舍人》注：「《初学记》引《要略》云：『舍人掌宫中之政，出廪分财。』或吴制如此。」立节都尉，《三国会要》卷十《职官下・武秩》，吴有立信、立义、立忠等都尉，有立信、立节等中郎将。立节都尉缺载。晋陵，吴时置毗陵典农校尉，治毗陵，今江苏常州市。西晋改为晋陵郡，治丹徒。今镇江市东南丹徒镇。朱曼，方介堪曰：「石垟下面临大海，地临偏僻，晋时还是一个荒岛。陈锡琛师吴承志根据《三国志》东吴《孙休传》考：朱曼系三国东吴贵族，留寓于此，当在孙皓废朱太后之后，因戚党牵连，流放或逃亡此地。其妻死后，即葬于山麓。同出的明器，也都是简朴粗糙之物（据刘绍宽记述），并无厚殓的迹象。」

[四] 戊己：拓片和《地券征存》录文均作「戌己」，误。

[五] 上极天，下极泉，为「上极青天，下极黄泉」省。

[六] 询，或释作「诣」字。

[七] 司，为「同」字之半，与汉简中之「廪给文书」同制，为此制使用于卖买契约（质剂）上之反映。

一五七　南朝宋元嘉九年（四三二）仕仪里王佛女买墓田砖券[一]

一　□元嘉九年[二]，太岁壬申，十一月壬寅朔廿日辛
二　〔酉〕，□□□□□□□都乡仁仪里王佛女薄命[三]，
三　□□□□□下□黄泉。今为佛女占买彭城郡
四　□□□北乡垞城里村南龟山为墓田百亩[四]，东

五　〔至青〕龙，西至白虎，南至朱雀，北至玄武[五]。雇钱四
六　□□□。有丹书钱[六]券，事事分明。时知者，东皇父，
七　〔西王〕母；任者，王子侨[七]，傍人[八]，张亢根。当□今元嘉
八　□□□□□日辛酉，归就后土蒿里[九]。如女青
九　〔律令〕。

【注】

〔一〕罗振玉《贞松老人遗稿》甲四《石交录》卷二第三十页。九行。一至八行，各十八字，第九行二字，共一四六字。跋：「二十余年前，徐州农人耕地得。」

〔二〕元嘉，南朝宋文帝年号。

〔三〕薄命，天命短促。

〔四〕彭城郡，治彭城县，今江苏徐州市。垞城里村：在彭城北，今徐州市北。郦道元《水经注》卷二五《泗水》：「泗水又径留且（今沛县东南），而南径垞城东。」龟山，在垞城南，彭城北。《魏书·地形志》：「彭城有龟山。」山有石洞，深晦莫测，俗称仙人洞。

〔五〕「东至青龙」至「北至玄武」，青龙，东方七星突的总名；白虎，西方七星宿的总名；朱雀，南方七星宿的总名；玄武，北方七星宿的总名。《礼记·曲礼》（上）：「行，前朱鸟（雀）而后武，左青龙而右白虎。」孔疏：「前南，后北，左东，右西；朱鸟、玄武、青龙、白虎，四方宿名也。」《三辅黄图》三《汉宫》：「苍（青）龙、白虎、朱雀、玄武，天之四灵，以正四方，王者制宫阙殿阁取法焉。」民间造室宅，营墓穴，亦用此术，据以附会人事的吉凶祸福。四灵亦称四神。

〔六〕丹书钱券，当作「丹书铁券」。

〔七〕王子侨，即王子乔，传说古仙人。《列仙传》：「王子乔者，周灵王太子也，好吹笙作《凤凰鸣》。游伊洛之间，道士浮丘公接以上嵩山。」（《太平广记》卷四《王子乔》）

〔八〕傍人，见证人。傍通「旁」。

〔九〕后土，土神。嵩里，死人的葬地。参看本书前录《东汉王当券》注〔六〕。

一五八　南朝宋元嘉十年（四三三）临湘县徐副买地石券[一]

一　宋元嘉十年，太岁癸酉，十一月丙申朔，廿七日壬戌辰时，新出太上老君符敕：天一地二，孟仲
二　四季，黄神后土，土皇上祖，土营土府，土文土武，土墓上墓下，墓左墓右，墓中央丘

三　墓主者，丘丞墓伯，冢中二千石，左右冢候，丘墓掾史，营土将军，土中督邮，安

四　都丞，武夷王，道上游罗将军，道左将军，道右将军，三道将军，蒿里父老，都

五　集伯伥，营域亭部，墓门亭长，天罰太一登明[二]，功曹传送，随斗十二神等，荆州

六　长沙郡临湘县北乡白石里[三]，界官祭酒[四]，代元治黄，书羿令徐副，年五十九岁，以去[五]壬

七　申年十二月廿六日醉酒寿终，神归三天，身归三泉，长安蒿里。副先生立者□墓，

八　乃在三河之中，地宅侠迮[六]，新创立此，本郡县乡里立作丘冢，在此山堽中，遵奉

九　太上诸君文人道法，不敢选时择日，不避地下禁忌，道行正真，不问龟筮。今已于此山堽，

十　为副立作宅兆。丘墓营域，东极甲乙，南至丙丁，西接庚辛，北到壬癸，上极青云，下座

一一　黄泉，东仟（西）佰，各有丈尺。东西南北地，皆属副。日月为证，星宿为明。即日葬送，板[七]到

一二　之日，丘墓之神，地下禁忌，不得禁呵志讶。玟墓宅兆，营域冢郭，宙系[八]亡者

一三　魂魄，使道理开通。丘墓诸神，咸当奉板，开示亡人道地，安其尸形，沐浴冠

一四　带。亡者开通道理，使无忧患，利护生人。至三会吉日，当为丘丞诸神言

一五　功举迁，各加其秩禄，如天曹科比。若有禁呵，不承天法，志讶冢宅，不

一六　安亡人，依玄都鬼律治罪。各慎天宪，明承奉行，一如太清玄元上三

一七　天无极大道太上老君地下女青诏书律令[九]。

（符箓）

【注】

[一]《湖南考古学辑刊》一九八二年第一辑，长沙市文物工作队《长沙出土南朝徐副买地券》第一二七至一二八页《徐副买地券》拓本和释文。文曰："徐副买地券是一平板青石镌刻而成，长 33、宽 26、厚近 2 厘米。券文直书十七行，满行二五至二六字不等。全文四九三字，无一泐损，通篇可释，是现知南朝买地券中文字最为完整的一方。字体真书略带隶意。文后有一图形，应为符录。"传玺按：券文之第七行倒二字不可识。原释文有不少误读。如第二行之"丘墓"作"五墓"，第三行之"冢候"作"丞侯"，第四行之"父老"作"文老"，第七行之"十二月"作"十二年"，第十一行之"板到"作"极到"，第十七行之"地下女青"作"地（陛）下女青"等皆是。本书用稿，已据拓本校正。又本书所收《南朝宋元嘉十六年（四三九）武昌县蒯谦买地砖券之一》，与《徐副券》的文字雷同，可以互证。

[二]登明，蒯谦券之一作"征明"。

[三]临湘县，秦置，治今湖南长沙市。隋开皇九年（五八九）改名长沙县。

[四]祭酒，可能是道教的一种职称。参看《三国志·魏志·张鲁传》。

[五]去，已过去的。此处言「去年」、「去岁」。

[六]侠迮，即「狭窄」。（清）朱骏声《说文通训定声·豫部》：「迮，俗字作窄。《广雅·释诂一》：『窄，陿也。』」

[七]板，书写道教符敕之桃木板，称桃板（版）或桃符板，用以驱鬼避邪。

[八]闬，同闭。《玉篇》卷一一《门部》：「闬」，闭的俗字。

[九]太清玄元，太清或作「泰清」，为上天，道教谓元始天尊所居。晋葛洪《抱朴子·内篇》卷一五《杂应》：「太清之中，其气甚刚，能胜人也。」玄元：道家所称为天地万物的本源，即道。

一五九　北魏太延二年（四三六）苟头赤鲁买地瓦券[一]

一　大延二年九月四日[二]，苟头赤鲁从同军民

二　车阿姚买地五十亩[三]，东齐瓦舍大道，西弘白雾

三　头浴[四]。顾布六匹[五]。中有一肶道，次南垺[六]。买车高奥地

四　卅亩，顾布四匹。即日过了。时人王阿经、苟头昨和、

五　王吴生、苟头阿小、彭奥生、杨鲜等时知。

【注】

[一]于省吾《双剑誃古器物图录》卷下四五。券宽12.8厘米，长25.6厘米。

[二]大延，即「太延」，北魏太武帝年号。

[三]苟头赤鲁，此人与以下数人当是长居代郡的鲜卑人。

[四]弘，同「引」。正，划定（疆界）。《左传·昭公元年》：「王伯之令也，引其封疆。」杜注：「引，正也，正封界。」此处作「至」解。

[五]顾，同「雇」，酬价。《后汉书·桓帝纪》：永寿元年二月：「其百姓吏民者，以见钱雇直。」李注：「雇犹酬也。」

[六]垺（音同盼，三声），平坦地。亦同「坋（音同愤）」，大堤。

一六〇　南朝宋元嘉十六年（四三九）武昌县蔄谦买地砖券之一[一]

一　元嘉十六年，太岁己〔卯十二月〕庚申〔朔二日辛酉〕[二]，新出太〔上老君符〕敕[三]；

二　天一地二[四]，孟仲四季，黄神后土、土〔皇土祖〕[五]、土管土府、土文土武、上墓下墓，

三　左墓右墓、中央墓主、丘丞墓伯、冢中二千石、〔左右冢候〕、丘墓掾史[六]、营
四　土将军、土中督邮、安都丞、武夷王、道上游罗将军、当道将[七]，
五　横道将军、断道将军、道上将军、道左将军、道右将军、中〔央〕
六　□军、三道将军、嵩里父老[八]、都集伯伥、管或亭部[九]、墓门亭长、天
七　魁地罡[十]、太上征明[十一]、功曹传送、随斗十二神，□武昌〔郡武〕昌县东乡新
八　千里，男生蔺谦年六十五岁，以今己卯岁二月九日巳时〔醉酒〕命〔终，身〕
九　归三泉，[十二]长安嵩里，□下地宅夹迮[十三]，〔自〕从祖父母
十　来葬在此石龟環里[十四]，□凭大道□正之法，不择日选〔时〕，
一一　不避地下禁忌，惟道是信。今已于此山岗为谦立作宅兆。丘墓
一二　营或，东极甲乙，南极丙丁，西极庚辛，北极壬癸，上极青云，下极黄
一三　泉。东仟西佰，各有丈尺。东西南北皆〔属〕谦。日月为证，星宿为
一四　明，即日〔葬〕送。板到之日，丘丞墓伯之神，地下禁忌，不得禁呵。志
一五　认坟墓宅兆营或冢椁，冃系亡者魂神，使道理不通，丘
一六　墓诸神，咸当奉板，开示亡人道地，〔安〕其尸〔形〕[十五]，沐浴冠带
一七　亡者。谦〔开〕通道理[十六]，永无忧患，利有生人[十七]，三会吉日，当冯丘墓诸
一八　〔神〕言〔功举迁，各加其秩禄，如天曹科比〕。若有禁呵，不承天法，志认冢
一九　宅，不安〔亡人，依玄鬼律治〕罪[十八]。各慎天〔宪〕，明承奉行，急急如
二十　太玄清〔元上三天无极大〕道〔太上老君〕[十九]地下女青诏书律令。
二一　灵座前[二十]

【注】

[一]《文物》二〇〇五年第十期，黄义军、徐劲松、何建萍《湖北鄂州郭家细湾六朝墓》第四二页买地券摹本图一四、图一五。又承黄义军惠增原摹本复印件。

[二]《蔺谦买地砖券》共有三件，是二〇〇二年十至十二月由湖北省文物考古研究所与鄂州市博物馆联合考古队在考古发掘中发现的。同为砖质，大小、格式亦相同。文字由于各有不同程度的浸蚀斑剥，但知文风不同，长短各异。但其人名、地名及生卒年月等，三券雷同，可以互补。三券在本书中编号为第一、二、三券。本券为第一券，凡加〔　〕者为补缺，所据为二、三两券。本处所据为第二券。

[三]据长沙市文物工作队《长沙出土南朝徐副买地券》(以下简称《徐副券》)补(见《湖南考古学辑刊》第一辑第一二七页)。「新出太上老君」是东晋以后道教人士托言道教创始人张道陵自称「新出太上老君」。《道藏》第二八册《三天内解经》卷上：「老子者，老君也。」又曰：东汉「汉安元年(一四二)壬午岁五月一日，老君于蜀郡渠亭山石室中与道士张道陵将诣昆仑大治新出太上，太上谓世人不畏真正而畏邪鬼，因自号为新出老君，即拜张为太玄都正一平气三天之师，付张正一明威之道，新出老君之制」。新出老君亦称「新出老鬼」。符敕，道教驱使鬼神的命令。敕的原义为「诫饬」、「告诫」。

[四]天一地二，语出《易·系辞》上：「天一，地二；天三，地四；天五，地六；天七，地八；天九，地十。」天地奇偶总括了天地万物之数。宋赵彦卫《云麓漫钞》卷一四：「天一生水，地二生火，天三生木，地四生金，天以其五而生土，五行备矣。」

[五]黄神、后土，道教的两位重要神灵。晋葛洪《抱朴子》内篇卷一七《登涉》：「古之人入山者，皆佩黄神越章之印……若有山川社庙血食恶神能作福祸者，以印封泥断其道路，则不复能神矣。」稍后，「黄神」与「后土」作为一对对应神灵被引入买地券中。「土皇土祖」见徐副券。

[六]左右冢候，见徐副券。

[七]当道将，下夺一「军」字。

[八]嵩里，当作「蒿里」。本山名，在泰山之南，为死人之葬地，或说是「归宿之地」。

[九]管或，或作「营或」，均为「营域」，或「茔域」之误。

[十]天魁地𦊓，原指北斗星的河魁、天冈(罡、𦊓)二星，合称「魁冈」，主吉凶。(见《抱朴子》内篇卷一五《杂应》)

[十一]太上征明：道教诸神之一。

[十二]身归三泉：三重泉，地下深处，与九泉同义。《汉书·鲍宣传》：「退入三泉，死亡所恨。」颜注：「三重之泉，言其深也。」

[十三]夹迮：即「狭窄」。见《徐副券》注[六]。

[十四]石龟圜里，里名。圜同「環」。《集韵·删韵》：「圜，通作環。」今简化作「环」。

[十五]《徐副券》作「安其尸形」。

[十六]《徐副券》作「亡者开通道理」。

[十七]《徐副券》作「利护生人」。

[十八]《徐副券》作「不安亡人，依玄都鬼律治罪」。

[十九]《徐副券》作「一如太清玄元上三天无极大道太上老君地下女青诏书律令」。《女青诏书》即《女青鬼律》，参看黄景春《早期道教神仙女青考》(《中国道教》二〇〇三年第二期)太玄清元，当作「太清玄元」。

[二十]灵座，灵位，供奉神主处。亦称「灵座前」。《南史·张裕传》附《张永传》：「服制虽除，犹立灵座。」

一六一　南朝宋元嘉十六年(四三九)武昌县蔺谦买地砖券之二[一]

一　元嘉十六年，太岁己卯，十二月庚申朔二月辛酉，武昌郡武昌县都乡石

二　龟環里，地下先人、蒿里父老、墓乡右秩、左右冢候、丘丞墓伯、地下二千
三　石、安都丞、武夷王，共买此地，从〔广五〕亩[二]，与武昌郡武昌县东乡
四　新平里前罗江□□□县令蔺谦，直钱〔万万〕九千九百九
五　十九文，即日毕了[三]。承玄都鬼律下女〔青〕诏书[四]：从军乱以来，普
六　天之下，死人听得随〔生人所〕在郡县乡里亭邑买地葬埋[五]。今皆于
七　□中掘〔土作冢葬埋〕[六]，□□的自保还归此冢，随地下死人俗□
八　□违者，□〔呵问左右〕[七]
□〔时知者〕：
九　张坚固、李〔定度，沽酒〕各半[八]，共为券莂
十　□延门水入亡□人以钱〔半百，分券为明。如律令〕。[九]

【注】

[一] 出处见第一砖券注[一]。

[二] 第三券作「纵广五亩」。

[三] 万万，《南朝宋元嘉十九年（四四二）始兴县妳女买地石券》：「雇钱万万九千九百九十九钱。」（廖晋雄《广东始兴发现南朝买地券》，《考古》杂志一九八九年第六期，以下简称《妳女券》）

[四] 第三券作「女青诏书」。

[五] 郡至邑，为大小政区和村落。

[六] 《妳女券》作「并皆兴（共）听妳女于此地中掘土作冢葬埋」。

[七] 呵问，大声责问。

[八] 《妳女券》作「时知者，张坚固、李定度，沽酒各半」。

[九] 《南朝齐永明五年（四八七）始安县秦僧猛买地石券》作「以钱半百，分券为明，如律令」。（《考古》一九六四年第六期第三二一页，黄增夫、周安民《桂林发现南齐墓》石地券释文）

一六二　南朝宋元嘉十六年（四三九）武昌县蔺谦买地砖券之三[一]

一　元嘉[二]

二　（无字）
三　〔十六〕太〔岁己卯十二月庚甲朔二日〕[三]辛酉，□〔武昌郡〕
四　武昌县令蔄〔谦六十〕五岁[四]，以今己卯〔岁二月〕九日〔巳时没故〕[五]。
五　玄都鬼律、地下女青诏书刊制：乱军以来，普天之下，〔死人〕听〔随生人所在葬埋〕[六]，
六　□石龟環里亭邑地下先人，嵩里父老，墓乡〔右〕秩，左右〔冢候，丘〕丞墓伯，
七　〔安都〕丞，武夷王，买此冢地。纵广五亩，于中〔掘葬埋谦尸丧。雇钱万万〕
八　〔九千〕九百九十〔九〕文[七]。即日〔毕〕了。地下先人，嵩里父老，墓乡〔右秩，左右冢候，丘〕[八]
九　丞墓伯，地下二千石，安都丞，武夷王，□共听谦于此地〔中，掘土作冢葬〕
十　〔埋〕[九]，不得左右比居，妄志认此地，侵犯〔分界〕。时知者：张坚固、〔李定度，沽〕
一一　〔酒各半[十]。共为券莂。〕
一二　灵座[十一]

【注】

〔一〕出处见第一砖券注〔一〕。
〔二〕刻于砖券右侧。
〔三〕第二券作「元嘉十六年，太岁己卯十二月庚申朔二日辛酉」。
〔四〕第一券作「蔄谦年六十五岁」。
〔五〕第一券作「以今己卯岁二月九日巳时醉酒命终」。《㚷女券》作「以去甲戌岁四月廿七日戌时没故」。
〔六〕第二券作「普天之下死人听得随□□在郡县乡里亭邑买地葬埋」。《㚷女券》作「普天下死人皆〔得〕听随生人所在郡县葬埋」。
〔七〕《㚷女券》作「雇钱万万九千九百九十九钱」。
〔八〕《㚷女券》作「墓乡右秩，左右冢候，丘丞墓伯」。
〔九〕《㚷女券》作「并皆共听㚷女于此地中掘土作冢葬埋」。
〔十〕《㚷女券》作「张坚固，李定度，沽酒各半」。
〔十一〕此二字不可识。在《㚷女券》的相同位置作「灵座」。

一六三　南朝宋元嘉十九年（四四二）始兴县㚷女买冢地石券[一]

一　〔元嘉十九年，太〕岁壬午，十一月癸卯朔，廿四日丙寅，始兴郡始兴县[二]〔东乡新城里〕

二　□□□□□五岁以去甲戌岁四月廿七日戌时[三]没故。玄都鬼律地下□□□[四]

三　□□□□从军乱以来，普天下死人皆〔得〕听随生人所在郡县葬埋。妳女

四　〔始兴〕郡始兴县东乡新城里名村前〔掘土冢〕作丘墓，乡亭里邑地下死人、

五　蒿里父老、墓乡右（有）秩、〔左〕右冢候、〔丘丞〕、墓伯、地下二千石、安都丞、武夷王，

六　买此冢地，纵广五〔亩〕。于中掘凿〔葬埋〕妳女尸丧。雇钱万万九千九百

七　九十九。钱即日[五]，乡□□地下死人，蒿里父老、墓乡右（有）秩、左右冢候、丘

（以上正面）

八　丞、墓伯、地下二千石、安都丞、武夷王，并皆兴听妳女于此地中

九　掘土作冢葬埋，不得使〔左右〕比居妄志此冢地。分界时，

十　有张坚固、李定度，沽酒各半，共为卷（券）莂。

一一　座前[六]　　（道家符箓）

（以上背面）

【注】

〔一〕《考古》一九八九年第六期第五六六页，廖晋雄《广东始兴发现南朝买地券》释文和图片。在同一地方共发现买地券两方，均用黄灰色石块琢磨而成，石质较软，底面均刻划竖行格线，格内竖刻文字，刻工较粗。第一方严重残缺，残存三十九字，为「元嘉十九年太岁壬午十一月癸卯朔廿」、「黄神后地」、「游罗将军、当道将军」等，可用以识补第二方。第二方残损较轻，残长24、宽10.7厘米，厚边5、薄边2厘米。正面刻划七行格，底面刻画二四五行格，每行格内刻二四至三一个字。共残字二一四字。按：此只是约数。如原释文「夕口村」，应释作「名村」，则少一字。

〔二〕始兴郡，治曲江县，今广东韶关市东南莲花岭下。始兴县，治今广东始兴县西北。

〔三〕甲戌，元嘉十一年，公元四三四年。

〔四〕玄都，神仙所居之处。

〔五〕钱即日，「日」下脱一「毕」。

〔六〕座前，对尊长、神灵的敬称。唐李匡乂《资暇集》卷中《座前》：「身卑致书于宗属近戚，必曰座前，降几前之一等。案座省，座于床也。」

一六四　南朝宋元嘉二十一年（四四四）曲江县□□买地砖券[一]

一　宋旦日元嘉廿一年，太岁甲申，九月癸巳朔，十四日丙午，新出太上老君。

二　符敕：天一地二，孟仲四季，黄神后土，土祖土府，土文土武，墓上墓下，
三　墓左墓右，墓中央墓主，丘丞墓伯，冢中二千石，左右冢侯，丘
四　墓掾史，营土将军，土中督邮，安都丞，武夷王，道上游罗将军，当
五　道将军，横道将军，断道将军，道左将军，道上将军，道右将军，中道
六　将军，立道将军，蒿里父老，都侯伯伥，营域亭部，墓门亭长，天魁地罡，太
七　上征明，功曹传送，随斗十二神等。始兴郡曲江县墓□太□□众□搨
八　□□□土。元嘉廿年十一月廿六日，醉酒命终。魂归三天，身归三泉。长
九　安蒿里，七界元□□□墓，乃在三河之中，地宅狭小，亡父母以乘垄沙本郡县立
十　丘冢，汉耶下，土老培□上，□□析立作丘，冢在此坑中，自□□，
一一　遵奉太上诸君文人道法，不感选时择日，不避地下禁忌，道行正义，不□□禁。今已于□宅兆丘墓营域，东极甲乙，南至丙丁，西接庚辛，此至壬癸，上极青云，下归黄泉，东仟西伯（陌），各有丈尺。东见西□□犀和，日月为证，星宿为明，即日葬送。极到之日，丘墓之神，地下禁忌，不得禁呵志讶。坟墓宅兆，营域冢郭，□系亡者魂魄，使道理不通，丘墓诸神，咸当奉极。开示亡人道地，安其屍者，休俗（沐浴）冠带，亡者开通道理，使无忧患。利获生人，至三会吉日，当归丘丞诸神言功举选，为各加禄□，如天曹科比。若有禁呵，不承天法，志讶冢宅，不安亡人，依玄都鬼律治罪。各慎天宪，明神奉行。急急如泰清玄元上三天无极太上老君北（陛）下女青诏书律令！

【注】

[一]《中国古代砖刻铭文集》（上）《黑白图版》第二三三页，编号八七三；（下）《图版说明·东晋》第一四七页，编号八七三，《元嘉廿一年买地券砖》。广东仁化出土。干刻铭文。隶书，面十一行，行字不等；背面行款不详；侧四行，行字不等，计存约五百字。长30、宽16、高5厘米。著录：《广东出土晋至唐文物》五八；《第五届中国书法史论国际研讨会论文集》二一三页图十七。传玺按：由于图版多处模糊不清，原释文也有多处不通。本书基本上照录原释文，少处据《南朝齐永明三年（四八五）涅阳县刘凯买地石券》补释。仅供参考，切勿引之。名词可参考《刘券》注。

一六五　南朝宋泰始六年（四七〇）始安县欧阳景熙买地石券[一]

一　宋泰始六年十一月九日[二]，始安郡始安县都乡
二　都唐里没故道民欧阳景熙[三]，今归

三　蒿里。亡人以钱万万九千九百九文，买此
四　冢地。东至龙[四]，南至朱雀，西至白虎，
五　北至玄武，上至黄天[五]，下至黄泉。四域
六　之物，悉属死人。即日毕了。时王僑、赤
七　松子[六]、李定、张故。分券为明[七]，如律令。

【注】

[一]原券为抗日战争时期，民夫为修湘桂铁路挖得。据《智慧》杂志第四五期第二〇页（一九四八年四月十六日）报道：「桂市北郊，近发现六朝古墓一所，内有瓶瓯明器颇多，土人不知其珍贵，任意捣毁，以致十九散佚，仅存者为殉葬时之『地券』石碑一方，现归省府秘书朱荫龙收藏。……原石高（市尺）五寸七分，宽三寸六分，文一百零一字，共七行，每行十八、十三字不等。石刻时代为宋泰始六年十一月……记者于朱氏寓所中得睹此石，石质细白，上部已裂为三段，惟字迹仍完好如初，字迹遒劲，古意盎然。」一九六三年三月二十二至三十日，翦伯赞教授访问桂林时，林半觉先生以拓片相赠，并云原券已佚，仅存此拓。拓片右下方有「粤西碑前，半觉拓校」小字二行。十年浩劫中，翦老的图书屡遭盗窃，此拓亦不翼而飞。翦老访问桂林时，我从行。当时请《桂林日报》摄影记者陈亚江同志为拓片拍照，此照幸存。一九八三年四月，我再访桂林，半觉先生卧病。在南宁时，得知广西壮族自治区博物馆无此券，亦无此拓。回京后，即将此照加印，寄赠该馆考古队长蒋廷瑜同志，请转交该馆收藏，借副完璧归赵之至意。

[二]泰始，南朝宋明帝年号。

[三]始安郡，治始安县，今广西桂林市。

[四]东至龙，当作「东至青龙」。

[五]黄天，当作「青天」。

[六]王僑（音同号四声）：「僑」在此处借为「乔」、「侨」。王僑即王乔（侨），赤松子亦称赤诵子，都是神话中的仙人。《淮南子·齐俗训》：「今夫王乔、赤诵子，吹呕呼吸，吐故纳新；遗行去智，抱素返真；以游无眇，上通云天。」魏晋以后，为道教崇奉的神仙。

[七]分券，券约分为两半。同「破莂」。

一六六　北魏太和元年（四七七）鹑觚县郭盉给买地砖券[一]

一　太和元年二月十日[二]，鹑觚民郭盉给从从兄仪宗买
二　地卅五亩[三]，要永为家业。与谷卌斛，要无寒盗。□

三　若有人庶忍[四]，仰倍（赔）还本物。谷时贾石五斗
四　直（值）五十□，布卌尺。地南有大道，道南郭寄地；西
五　有郭凤起地，东右（有）洛侯郭秦地，北临
六　堡南领（岭）。券破之后，各不得变悔。时
七　人郭元智、文照、郭寄、郭僧、郭秦、曾（？）仁。（以上正面）
八　　　　　　□明□　　　　（左侧下部三字）

【注】

[一]《文物》一九八三年第八期第九四页，刘庆柱《陕西长武县出土太和元年地券》释文和拓片。券长 36.4 厘米，宽 18.6 厘米，厚 5.4 厘米。券文七行，地券左侧下部还有三字，总计一百一十七字。本地券是前几年出土的。现存咸阳地区文管会。刘庆柱说：「过去所见地券均为幽契一类，而此券为生券。」

[二]太和，北魏孝文帝年号。

[三]鹑觚，县，属泾州赵平郡。治今甘肃灵台县东北，与今陕西长武县相邻。盉为「盉」字之讹。《字汇补·皿部》：「盉与孟同。」《韩敕修孔子庙后碑》：「盉秋之旬，升布天德。」

[四]忍：此字为「认」字省。下当脱一「名」字或「者」字。庶忍，或为「遮认」省。

一六七　南朝齐永明三年（四八五）涅阳县刘凯买地石券[一]

一　齐永明三年[二]，太岁乙丑，十一月甲子朔十二日乙亥，新
二　出老鬼、太上老君符敕：天一地二[三]、孟仲四季、黄神
三　后土、土皇土祖、土营土府、土文土武、墓上下左右中央
四　墓主、丘丞墓伯、冢中二千石、左右墓侯、五墓将军、
五　营土将军、土中督邮、安都丞、武夷王、蒿里父老、都集
六　伯伥[四]、营域亭伥[五]、部墓门亭伥、功曹、传送大吉小吉、胜
七　先神后、太一征明、天魁天刚[六]、从魁太冲、随斗十二神等[七]、
八　南阳郡涅阳县都乡上支里[八]、宋武陵王前军参军事[九]、

九　□□□□□参军事刘觊年卅五，以齐永明二年
十　□□四月十五日□命，□□归三天[十]，身归三泉[十一]，
一一　长安蒿里。父元山，宋衡阳王安西府主薄（簿）[十二]、天门太守[十三]、
一二　宋南谯王车骑参军事[十四]、尚书都官郎。祖肃，将军
一三　参军事给事中。旧墓乃在荆州熙心里，中府君今更新
一四　其丘宅兆[十五]，在此江夏郡汝南县孟城山亖[十六]。中府君敬奉
一五　太上老君，道行正直，不问龟蔡[十七]。封域之内，东极甲乙，
一六　南极丙丁，西极庚辛，北极壬癸，上极青云，下极黄泉。
一七　从此土神买地，雇钱八万万九千九百九十九文[十八]，毕了。
一八　日月为证，星宿为明。即日葬送。丘墓之神，地下□
一九　长，不得莫胡志记。坟墓千□、□涉不得随注。生人毋
二十　敢大意，明然奉行，一如泰清玄元、上三天无极大
二一　神、太上老君陛下之青诏书律令。

【注】

[一]《考古》一九六五年第四期，湖北省博物馆《武汉地区四座南朝纪年墓》第六期，郭沫若《由王谢墓志的出土论到兰亭序的真伪》附图一（拓片）、图二（释文）。郭文及拓片、释文亦收入《兰亭论辨》。本券于一九五六年二月在武昌东北郊河家大湾发现。券长 50、宽 23、厚 8 厘米，文二十一行，行十九至二十一字。

[二]永明，南朝齐武帝年号。

[三]太上老君，道教尊奉老子（李耳）为太上老君，是主要天神。东汉末年，孔融称老子为「李老君」。（《后汉书·孔融传》）北魏初年（拓跋嗣神瑞二年），则已称之为「太上老君」。《魏书·释老志》曰：「道家之原，出于老子。其自言也，先天地生，以资万类。上处玉京，为神王之宗；下在紫微，为飞仙之主。」又曰：「一切诸神，咸所统摄。」

[四]伥，此处为「首长」之「长」的异体字。

[五]营域，当作「茔域」。

[六]天魁、天刚，即北斗的河魁、天冈（罡）二星。合称「魁冈」、「魁罡」。

[七]十二神，主十二方位的天神。

[八]南阳郡，属雍州，治宛，今河南南阳市。《宋书·州郡志》三《雍州》：「晋孝武始于襄阳侨立雍州，并立侨郡县。宋文帝元嘉二十六年，割荆州之

襄阳、南阳、新野、顺阳、随五郡为雍州，而侨郡县犹寄在诸郡界。」涅阳县，治今河南邓县东北。都乡，县城坊厢的通称。南朝宋名将宗悫为南阳郡涅阳县都乡安众里人。见《宋宗悫母夫人墓志》。

［九］武陵王，名赞，字仲敷，明帝第九子。泰始六年（四七〇）生。当年封武陵王，食邑五千户。七岁，出为使持节、督南徐、〔徐〕、兖、青、冀五州诸军事、北中郎将、南徐州刺史。次年，迁持节、督郢州司州之义阳诸军事、前将军、郢州刺史。又次年，徙都督荆、湘、雍、益、梁、宁、南北秦八州诸军事、安西将军、荆州刺史，持节如故。其年死，时九岁，国除。（《宋书·孝武十四王列传·武陵王赞传》）前军参军事，「参军事」简称「参军」，为前将军等军府和王国的重要官员；有咨议、记室、录事及诸曹参军等。

［十］三天，道家称清微天、禹余天、大赤天为三天。旧题汉东方朔《十洲记》：「方丈洲在东海中央……有金玉琉璃之宫，三天司命所治之处。」

［十一］三泉，犹九泉、黄泉。《汉书·鲍宣传》引宣上书哀帝曰：「退入三泉，死亡所恨。」颜注曰：「三重之泉，言其深也。」

［十二］衡阳王，即衡阳文王，名义季，武帝第七子。元嘉元年（四二四）封衡阳王，食邑五千户。十六年，代临川王义庆都督荆、湘、雍、益、梁、宁、南北秦八州诸军事，安西将军，荆州刺史，持节如故，给鼓吹一部。时刘元山为安西将军府主簿。

［十三］天门，郡名，属荆州，治澧阳县，今湖南石门。

［十四］南谯王，名义宣，武帝第六子。元嘉元本封竟陵王，食邑五千户。九年，迁中书监，进号中军将军，加散骑常侍。又改封南谯王，又领石头戍事。二十一年，都督荆、雍、益、梁、宁、南北秦七州诸军事、车骑将军、荆州刺史，持节、常侍如故。三十年，改封南郡王，食邑万户。车骑参军事，车骑将军府参军事。

［十五］宅兆，坟墓的四界。《孝经·丧亲》：「卜其宅兆而安厝之。」注：「宅，墓穴也；兆，茔域也。」亦作「宅垗」。《广雅·释邱》：「宅垗、茔域，葬地也。」「今」，或释作「令」。

［十六］江夏郡，属郢州，治汝南县（侯国），今湖北武汉市武昌。「孟城山坰」释文作「孟城北」，不确。

［十七］龟蔡，谓占卜。古人以龟为灵物，灼龟甲以下，谓卜为龟。蔡，占卜用的大龟。

［十八］雇钱，价钱，直钱。

一六八　南朝齐永明五年（四八七）始安县秦僧猛买地石券[一]

一　齐永明五年，太岁丁卯，十二月壬子朔九日庚申，

二　湘州始安郡始安县都乡都唐里男民秦僧

三　猛，薄命终没，归蒿[二]里。今买得本郡县

四　乡里福乐坑□□纵广五亩地，立冢一丘，

五　雇钱万万九千九百九十文[三]。四域之内，生根之

六　物，尽属死人。即日毕了。时证知李定度、张

七　坚固。以钱半百。分券为明，如律令。

【注】

[一]《广西日报》一九六二年五月十八日、《光明日报》同年十二月十八日报道，又《考古》一九六四年第六期第三二一页黄增夫、周安民《桂林发现南齐墓》石地券释文。石券出土于广西桂林尧山，为滑石制成，色黄白。高 17.5 厘米，宽 11 厘米，厚 0.5 厘米。券文楷书，七行，行十三至十八字不等。字径一厘米，似用锥刻画而成。

[二]豪里，当作「蒿里」。

[三]万万，买地券有作「万万」者，亦有作「九万」者。

一六九　北魏正始四年（五〇七）北坊张猥洛买墓田砖券[一]

一　正始四年九月十六日[二]，北坊民张猥

二　洛从系民路阿兜买墓田三亩。南

三　齐王墓，北弘五十三步，东齐□墓，四弓十二

四　步[三]。硕绢九匹。其地保无□盗。若有人识者，

五　抑伏亩数出，兜好□□□□□□民私□。

六　□券文后，各不得变海[四]。若先改者，出

七　北绢五匹[五]。画指为信[六]。书券人潘□[七]

八　时人路善王　时人路荣孙。

【注】

[一]罗振玉《地券征存》。跋：券「高一尺五寸六分，广七寸七分。刻专上。字八行，正面六行，末二行在专侧，行字不等，正书。匋斋藏。」又《陶斋藏石记》卷六跋：「传出涿州，旧为刘燕庭所藏。」

[二]正始，北魏宣帝年号。

[三]四，当为「西」字之误。或「四弓」应释作「四引」，一引为十丈。一步为六尺。

[四]变海，当作「变悔」。

[五]此条为罚则。「出北绢五匹」，当归不悔者。

[六] 画指，也叫做画指模或画指节。

[七] 书券人，亦称「代书人」、「依口代书人」、「倩书」等。

一七〇　南朝梁天监十八年(五一九)潭中县覃华买地石券[一]

一　太岁己亥十二月四日[二]，齐熙郡覃中县都乡治下里
二　覃华薄命终没归蒿里[三]。今买宅在本郡
三　骑唐里，纵广五亩地，立冢一丘自葬。雇钱万
四　万九千九百九十九文。四域之内，生根之物，尽
五　属死人。即日结了。时任知李定度、张
六　坚固。以钱半百，分券为明。如律
七　令。

【注】

[一] 本券拓片为蒋廷瑜同志惠赠。原件是一九八〇年三月在广西融安县大巷公社安宁大队黄家寨牛奶坡的一座古墓中出土。滑石质，长方形，长18.8、宽12.8、厚2.2厘米。

[二] 己亥，蒋廷瑜来信说：「(本券)纪年只有干支『己亥』，没有年号。关于它的绝对年代，从墓葬形制和券文本身来看，很可能是梁天监十八年(五一九年)的。因为此墓同桂林南齐(永明)五年墓有许多相同的地方，地券文词也相同。年代应相近。在南齐前后属「己亥」的只有宋大明三年(四五九年)和梁天监十八年。再从行政区划来看，《宋书·州郡志》无齐熙郡，《南齐书·州郡志》才有齐熙郡，该郡是南齐新设的。券文有『齐熙』，当在南齐或其以后。」

[三] 齐熙郡，治齐熙县(今广西融水苗族自治县)。覃中县，当作「潭中县」。治今广西柳州市东南柳江东南岸。

附二　疑伪买地券

一七一　三国吴神凤元年(二五二)会稽孙鼎买地砖券[一]

一　会稽亭侯并领钱唐水军绥远
二　将军[二]，从土公买冢域一丘[三]，东、南极
三　凤凰山巅，西极湖，北极山尺。直钱八
四　百万，即日交毕。日月为证，四时
五　为信[四]。有私约者，当律令。……
六　大吴神凤元年壬申三月破莂大(?)吉[五]。(以上正面)
七　神凤元年壬申三月六日孙鼎作莂。(左侧)

【注】

[一]〔日〕仁井田陞《中国法制史研究·土地法、取引法》第四二二页插图第八和录文。传浙江杭县出土，后归日本东京大学东洋文化研究所收藏。砖券高五寸六分，广上约三寸一分，下约三寸三分，厚约九分五厘。正面文六行，行字数不等，阳文。左侧有字一行，即「神凤元年……」，亦阳文。行间无格。背面中央印有一个五铢钱。

[二]钱唐，县名，秦始置，东汉省入余杭，三国吴复置，为侯国，属吴郡。绥远将军，吴杂号将军。见杨晨《三国会要》卷一〇《职官》下《武秩》。

[三]土公，土地神，亦称土伯。冢域，坟墓。

[四]四时为信，当作「四时为任」。任，保证人。

[五]神凤，三国吴大帝年号。破莂，同「破券」，即立券成议。

一七二　西晋元康七年(二九七)建市公孙仕买地砖券[一]

一　元康七年二月十七日[二]，
二　建市公孙仕买地百亩，

三　顾钱卌万。东西西

四　东，自南自北。

【注】

[一]〔日〕仁井田陞《中国法制史研究·土地法、取引法》第四二三录文。文四行，行字不等，阴刻。

[二]元康，西晋惠帝年号。

一七三　北魏永安元年（五二八）谯县刘兰训买地铅券[一]

一　永平正始年七月八日癸未[二]，生于谯[三]。郡府丞官王将军长史[四]，六月六日拜，四年五月五日除中书待郎[五]。

二　买地颍阴县之北[六]，廿五丈四尺。夫人刘氏年五十四，字兰训，永安元年，岁在甲子[七]，三月十六日癸丑卒。□葬无资，

三　修素至此，又可嘉悼之。旧墓遇水，欲于此下权葬，其赐葬地一顷。元年四月廿日附葬。

【注】

[一]北京大学图书馆藏拓片。券高33.2、宽42厘米。三行，行字不等。正书，刻铅版上。

[二]永平正始，永平、正始，为北魏宣武帝的两个年号。正始在前。正始五年八月癸亥，冀州刺史、京兆王愉据州反。乙丑，假尚书李平镇北将军、行冀州事以讨之。丁卯，大赦，改元「永平」，以本年为永平元年。券文两年号颠倒。

[三]谯，郡名，治蒙县，今河南商丘市北。

[四]府丞，郡府中的重要官吏。长史，将军府中的重要长官。

[五]中书侍郎，亦称中书郎。是中书监、令的副职，参与朝政。

[六]颍阴县，治今河南许昌市。

[七]永安元年，岁在甲子，永安为北魏孝庄帝年号。元年为公元五二八年。是年岁在戊申而非甲子。

附三　百济国买地券

一七四　百济国乙巳年（五二五）斯麻王买地石券[一]

一　钱一万文　右一件[二]

二　乙巳年八月十二日[三]，宁东大将军

三　百济斯麻王以前件钱[四]，讼土王、

四　土伯、土父母[五]、上下众官、二千石，

五　买申地为墓[六]，故立券为明。

六　不从律令[七]。

【注】

[一]大韩民国文化财管理局编《武宁王陵》（发掘调查报告书）永岛晖臣慎日译本一九七四年十一月三和出版社出版第四六页买地券释文，图版十三之二，彩色照片；七九，武宁王妃志石里面（买地券）拓本。券文六行，直书右行，行字不等，楷书阴刻，行间有格，亦阴刻。又贾梅仙《朝鲜南部武宁王陵简介》，中国社会科学院考古研究所编《考古学参考资料》六第七六页「买地券释文」。「斯麻」为武宁之名，亦作「斯摩」。「武宁」为谥号。武宁王是文周王迁都熊津后百济国的最后一王（熊津时代共有四王，即文周王、三斤王、东城王、武宁王）。《三国史记·百济本纪》：「武宁王讳斯摩（或云隆），牟大王之第二子也。」牟大王即东城王。武宁王陵在韩国忠清南道公州郡公州邑宋山里。一九七一年七月发掘时，内有木棺两具，一为王棺，一为妃棺。在甬道中部有墓志两方，王与妃各一。王志石长四一·五、宽三五、厚五厘米，妃志石长、宽同王志，厚四·七厘米。妃志背面为斯麻王买墓地券。王死于癸卯年（五二三），葬于乙巳年（五二五）。王妃死于丙午年（五二六），己酉年（五二九）迁葬于王陵。王妃与王合葬时，以王之买地券之背面，逆刻妃志。王与妃合执一券，当在修王志时即已有计划。

[二]右一件，百济直书，以「右」为下，以「左」为上。同石背面的王妃墓志和同墓出土的斯麻王墓志均末书「立志如左」。

[三]乙巳年，《周书·异域上·百济传》：百济「又解阴阳五行，用宋《元嘉历》，以建寅月为岁首」。乙巳年，即百济国圣明王三年，中国南朝梁武帝普通六年，北魏孝明帝孝昌元年，公元五二五年。

[四]宁东大将军百济斯麻王，宁东大将军为中国南朝梁武帝给予百济国斯麻王的封号。《梁书·诸夷列传·东夷·百济传》：「普通二年（五二一），王余隆（斯麻）始复遣使奉表……其年，高祖诏曰：『行都督百济诸军事、镇东大将军百济王余隆，守藩海外，远修贡职，乃诚款到，朕有嘉焉。宜

率旧章，授兹荣命。可使持节都督百济诸军事、宁东大将军、百济王。』」

[五]土父母，此例少见。南朝券有书「东皇父、西王母」者；《高丽僧世贤买地券》则书「皇天父、后土母」。（罗振玉《地券征存》）

[六]申地，陵墓的地理方位。在王城熊津的西南。

[七]不从律令，此例少见。中国此时的买地券末多用「如律令」、「急急如律令」、「如天帝律令」、「如女青律令」等句。

（二） 租佃契约

一七五 北凉玄始十年（四二一）高昌县康黄头母子出赁舍券[一]

口子
一 玄始十年五月四日[二]，康黄头、受恩三〔人〕

与马雒赁参（叁）年，
二 以城东舍参（叁）内[三]，交与贾（价）毯搭仟（伍）

三 张。贾即毕，舍即付。二主先和后可，

四 乃为券书。券成之后，各不得

五 返悔[四]。悔者，罚毯卅张，入不悔者。

六 时人张光，书季芳[五]，共知言要。

七 沽各半[六]。

【注】

［一］《文物》杂志二〇〇三年第十期王素《略谈香港新见吐鲁番卖券的意义——〈高昌史稿·统治编〉续论之一》，第七三至七四页，原题《北凉马雒赁舍券》图一和释文。原说明：「纸质。24 × 26 厘米。全七行，行三至一五字，行间有补字。墨书。」

［二］玄始，十六国北凉沮渠蒙逊年号。

［三］参（叁）内：内房三间。内，内室。《汉书》卷四九《晁错传》曰：「先为筑室，家有一堂二内，门户之闭，置器物焉。」颜注引张宴曰：「二内，二房也。」王先谦《补注》引沈钦韩曰：「二内，东房西室也。」

［四］返悔，原作「扳悔」。扳，见《广韵》、《集韵》等书，音同班，为论争、辩驳、扭转之意。「扳悔」在本券中可粗通。释作「返」、「反」的别字较勉强。

［五］书季芳，书，当是「书券人」省。

［六］此两句原释作「共知言。要沽各半」。断句有误。言，约、誓也。《左传》哀公十四年：「司马曰：『君与之言。』」杜注：「使公与要誓。」《礼记·曲礼上》曰：「史载笔，士载言。」郑玄注：「言，谓会同盟要之辞。」要，《左传·文公六年》载，晋赵宣子为国政九项，其一，「由质要」。杜注：「由，用也。质、要，券契也。」《玉篇》卷六《臼部》：「今为要约字。」「言」与「要」可分用，亦可组成复合词，如「言要」或「要言」。如《左传·定公四年》，楚

「与随人要言」。杜注：「约谓要言也。」由此可知，本券之「言」与「要」为一个复合词，分开而各属上下句，则错。至于「沽各半」，为「沽酒各半」之省，自汉代以来，见于契约与买地券者极多。大同而小异，不须赘述。

一七六　北凉建平五年(四四一)高昌县张鄯善奴夏葡萄园券[一]

一　建平五年正月十一日，[二]道人佛敬以毯贰拾张□
二　张鄯善奴蒲陶一年。贾(价)即毕，蒲陶并绳
三　索即蹑畔相付。二主先相和可，不相逼强。
四　乃为券书。券成之后，各不得恢悔。[三]悔者，
五　倍罚毯肆拾张，入不悔者。民有私要，[四]律
六　所不断官租，酒仰敬[五]：时人张奴子，
七　书券弘通，共知言要。沽各半。[六]

【注】

[一]《文物》杂志二〇〇三年第十期王素《略谈香港新见吐鲁番契券的意义——〈高昌史稿·统治编〉续论之一》，第七四至七五页。原题《高昌张鄯善奴夏葡萄园券》图三和释文。原说明：「纸质。24.5×15厘米。全七行。行一一至一九字。墨书。」

[二]王素按：此处「建平五年」，即公元四四一年。「建平」原为北凉沮渠牧犍年号，在河西仅正式行用三年(四三七至四三九)；「五年」为四四一年，应为高昌阚爽政权所奉用。

[三]恢悔，原释文作「反悔」，误。恢，悔。《集韵·願韵》：「恢，悔也。」

[四]民有私要，私要就是「私约」，是私有财产的法律证明。在契券文字中，写有此种文字者，在买地券中，以《晋太康五年(二八四)杨绍买地瓦券》为最早。文曰：「民有私约，如律令。」见本书前录文。在人世间的契约中，在已发现并见于著录的实用券文中，此北凉建平五年(四四一)的《夏葡萄园券》应属于最早的一件。

[五]此句可能原本有误。原释文作「律所不断。官租酒仰敬」。亦不通。「律」下似有缺漏。本释文仅可参考。

[六]原释文作「书券弘通共知言。要沽各半」，释文的主要错误是将表示契约的「言要」一词拆开。详释参看本书上条注[六]。

一七七　高昌六世纪中期某人夏葡萄园券[一]

一　……………到十月内收子□□

二　……………过〔日〕期不偿，到六月一日已后，〔置〕

三　…………四〔尺〕。桃（萄）〔东共〕和校郎、松龄寺桃（萄）

四　……郎、松龄…………〔二〕人分垣，西共□

五　……………………………四限之内，长〔不〕□

六　□□□，人车水道如旧通〔二〕。后若有何〔道〕（呵盗）□□

七　〔者〕，仰本主了。二主先和后卷（券），券成之〔后，各不得返〕

八　悔。悔者，罚中行〔叠〕………〔入不悔者，民有〕

九　私要，要行二〔主〕，……

〔后缺〕

【注】

〔一〕《吐鲁番出土文书》第二册第一九七至一九八页，阿斯塔那九〇号墓出土，67TAM90：32。第一八七页《阿斯塔那九〇号墓文书》说明：「本墓出有高昌延昌八年（公元五六八年）张武携妻翟氏墓表。所出文书中有纪年者为建昌四年（公元五五八年）。」按：建昌为高昌国王麹宝茂年号。原题《卖葡萄园券》，误当作「夏」。

〔二〕人车水道如旧通，为买卖双方协议的批凿项目。

一七八　高昌延昌二十三年（五八三）张阿悏取碓垣券[一]

一　延昌廿三年水卯岁十二月七日[二]，张阿悏从□〔寺主〕

二　智演边取婆致垣四辟（壁）用碓[三]，要到辰岁六〔月〕

三　卅日[四]。张为寺主师垒垣尽使竟[五]。垣尺寸依〔然〕

四　汝（如）故，并大门卷（券）尽竟。垣根下使有三尺五□□

〔后缺〕

【注】

〔一〕《吐鲁番出土文书》第五册第一五三页。阿斯塔那三二六号墓出土，60TAM326：01/5。

〔二〕延昌：高昌麴乾固年号。水卯岁：当作「癸卯岁」。
〔三〕取，借贷。
〔四〕辰岁，即「甲辰岁」，为癸卯之次岁，延昌二十四年。言借贷期限至次年六月三十日。
〔五〕寺主，管理僧寺之主。东汉时立白马寺，有知事之名。东晋以后，始称寺主。寺主有两种，一为一寺之主。《续高僧传》卷五载：梁武帝敕任法云为光宅寺寺主；一为寺院三纲之一，主管一寺事务。《唐六典》卷四：「每寺上坐一人，寺主一人，都维那一人，共纲统众事。」宋代以后称「住持」。

一七九　高昌延昌二十四年（五八四）道人智贾夏田券〔一〕

一　延昌廿四年甲辰岁二月七日，道人智〔贾，从〕
二　田阿□众边夏南渠常田一亩〔二〕，交与银
三　钱五文。钱即毕，田即苻（付）〔三〕。秕（赀）租百役，更（耕）田人
四　悉不知；渠破水謫，田主不知。〔四〕二主和同〔立〕□□
〔后缺〕

【注】

〔一〕《吐鲁番出土文书》第五册第一五四页。阿斯塔那三二六号墓出土，60TAM326：10/6。亦见《文物》一九六二年七、八合期第八一页图版一；第七六、七七页吴震《介绍八件高昌契约》释文。
〔二〕夏（音同甲），通「假」。《释名·释天》：「夏，假也。宽假万物使生长也。」此处释为借、贷。《广雅·释诂》（二）：「假，借也。」《集韵·祃韵》：「假，以物贷人也。」「夏田」即「假田」，租种田地。常田，上等田的名称。《北史·高昌传》：「厥土良沃，谷麦一岁再熟。」即指此等田地。
〔三〕此言付现款租田，同于「租赀」，高昌地区普遍存在。
〔四〕此两项是关于租田人与田主双方权利、义务的规定。「水謫」，〔日〕池田温《中国古代の租佃契》（上）释作「水溢」。或释作「水謫」。

一八〇　高昌麴鼠儿等夏田举粟合券〔一〕

〔前缺〕
一　〔儿〕边夏中渠常田壹亩半，亩交与夏

二　价银钱拾陆文。田要迳（经）壹年。赀租佰役，
三　□〔悉〕不知；若渠破水讁，麴郎悉不知。夏田价
四　□□□，〔仰〕污子为鼠儿偿租酒肆斛伍斗。酒
五　□□多少，麴悉不知，仰污了。二主和同，即共立〔券〕。
六　〔券〕成之后，各不得返悔。悔者一罚二，入不悔者。民有
七　私要，要行二主，各〔自署名为信〕。
八　〔污〕子边举粟〔伍斛，到十月内〕……
九　〔壹〕斗。麴郎身东西无，粟生本仰妇儿上（偿）。
十　　倩书　索僧和
一一　□□□□□〔僧〕

【注】

[一]《吐鲁番出土文书》第五册第一五七—一五八页。阿斯塔那三二六号墓出土，60TAM326:01/7、01/8。原题《高昌□污子从麴鼠儿边夏田、鼠儿从污子边举粟合券》。题解：「本件纪年缺，但券云：『价租酒肆斛五斗。』酒租乃麴朝税制，故此契必作于麴氏高昌时期。」

一八一　高昌寺主智演夏田券[一]

〔前缺〕

一　寺主智演边夏力　渠田南长（常）田三〔亩〕[二]。〔亩〕
二　与夏价小麦贰斛五斗。若渠破水讁，仰〔耕〕
三　田[三]了；若紫（赀）租百役，仰寺主了。二主〔各〕□
四　□返悔。悔者壹罚二，入悔者[四]。民祐（有）〔私要〕，〔要〕
五　〔行二〕主，各自署名为信。
六　　　〔倩书〕□□师
七　□□　　□□□

【注】

[一]《吐鲁番出土文书》第五册第一五九页。阿斯塔那三二六号墓出土，60TAM326：01/3。题解：「本件无纪年，但契云『紫租佰役』，多见于麹氏高昌延昌以前夏田契。此后至唐代，例称『租殊百役』，本契当作于麹氏高昌时期。」亦见《文物》一九六二年七、八合期第八一页图版二、三；第七六页，吴震《介绍八件高昌契约》释文。

[二]常田，等级较高的田地的名称。

[三]耕田，此二字下脱一「人」字。

[四]入悔者，脱一「不」字。当作「入不悔者」。

一八二　高昌延昌二十六年（五八六）某人夏菜园券[一]

〔延〕昌廿六年丙〔午〕[二]……
崇边夏镇家……
银钱伍文。初〔年〕……
种菜壹乘。若不满三年，更……
〔钱〕三文，年年从三月十五日……
□地依次给水使遭。〔夏〕……
………………二主………
〔后缺〕

【注】

[一]《吐鲁番出土文书》第三册第一八七页。阿斯塔那三六四号墓出土，67TAM364：10/2。

[二]□昌廿六年丙午，原注〔一〕：「高昌延昌二十六年，岁在丙午，知『昌』上缺的是『延』字。」

一八三　高昌延昌二十七年（五八七）张顺和夏树券[一]

〔延〕昌〔廿七〕年丁未岁二月廿二日，张顺和从主簿[二]

二 ……十五株，要与〔夏〕
三 ……取。若棵桒（葉）之
四 ……〔取〕。要到十月内上（偿）
五 钱使毕。若不毕，听抴家财〔三〕，平为钱直。若〔身〕
六 东西无，仰婕（妻）儿使毕。二主先相和可，后为〔券〕
七 要。〔券〕之后〔四〕，各不得返悔。悔者壹罚二，入……

〔后缺〕

【注】

〔一〕《吐鲁番出土文书》第二册第三五七页。阿斯塔那三六五号墓出土，67TAM365：5。

〔二〕主簿，官名。汉以后中央各机构及地方郡、县官府都设有主簿，负责文书簿籍，掌管印鉴，为掾史之首。

〔三〕抴，同曳、拽、掣，拿取。

〔四〕券之后，当作「券成之后」。

一八四 高昌延昌二十八年（五八八）赵显曹夏田券〔一〕

一 延昌廿八年戊申岁四月廿九日，赵显曹从范阿六边
二 〔常〕田壹亩半〔二〕，交与夏价银钱九文。田要
三 □□（岁）〔壹〕年，到十月卅日。田中役使，仰田主了；渠
四 〔破水讁，仰〕耕田儿了。二主先相和可，后为倦（券）〔三〕，
五 ……〔之后〕，各不得返悔。〔悔〕者壹罚〔三〕
六 ……行二主，各自署
七 〔倩书〕道人道收
八 □□□□儿

【注】

〔一〕《吐鲁番出土文书》第二册第三〇二页。阿斯塔那三〇八号墓出土，67TAM308:8/1。

〔二〕从范阿六边，「边」下脱一「夏」字。

〔三〕「券」下脱一「书」或「契」字。

〔四〕「者」上脱一「悔」字。

一八五　高昌延昌二十八年（五八八）王幼谦夏麦田券〔一〕

一　〔延〕昌廿八年戊申岁十二月廿二日，王幼谦从主簿孟儁边〔二〕

二　〔夏〕镇家细中部麦田贰〔拾伍〕亩〔三〕，亩与夏价麦贰斛柒

三　斗。租在夏价中。……

四　贼破水旱，随大……

五　主先和后卷（券）。卷（券）成之〔后，各不得〕……

六　〔民〕有私要，要行二主，各自署名为信。

七　〔时〕见张忠苟　　倩书张顺和

【注】

〔一〕《吐鲁番出土文书》第二册第三五九页。阿斯塔那三六五号墓出土，67TAM365:7/1。

〔二〕主簿，官名。

〔三〕部田，或称「薄田」，为等级低下的田地的名称。

一八六　高昌延昌二十八年（五八八）某道人夏树券〔一〕

一　〔延〕昌廿八年〔戊〕〔二〕……

二　□伯崇边〔夏〕……

三　□与干大枣叁……

四　具，仰道人自高……
五　平为枣直。树……
六　罚银钱贰文。……
七　完具。若亡失树……
八　了。若风破大枯〔随〕……
九　返悔。悔者，〔壹〕……
〔后缺〕

【注】

〔一〕《吐鲁番出土文书》第三册第一八九—一九〇页。阿斯塔那三六四号墓出土，67TAM364：11。

〔二〕戊，延昌二十八年为「戊申岁」。

一八七　高昌延昌二十九年（五八九）王和祐等分夏田合券[一]

一　延昌廿九年己〔酉〕……
二　家常田，田壹〔亩〕
三　尊三亩，王和祐……
四　保三亩，和善憙……
五　僧阴二亩，索〔善〕……
六　永安取麦，使净好[二]。〔若〕……
七　听拙家财，平为〔麦〕……
八　水旱，随大匕列[三]，祖殳（租输）……
九　不得返悔。悔罚二〔倍〕[四]……
〔后缺〕

【注】

[一]《吐鲁番出土文书》第二册第三六一页。阿斯塔那三六五号墓出土，67TAM365:14。

[二]使净好，指麦中不得掺杂质。

[三]随大匕列(比例)，高昌地区的俗语，即随大流、按照本乡惯例。

[四]悔罚二，当作「悔者壹罚二」。

一八八 高昌延昌三十六年(五九六)宋某夏田券[一]

一 延昌卅六年〔丙辰岁〕二月廿日，宋……

二 边夏孔进渠常田叁亩，要迳(经)陆年。亩与大麦

三 陆斛，亩床陆斛[二]。若种粟，亩与粟柒斛。五月内〔偿〕

四 〔麦〕使毕，十月〔内上床使毕[三]。若过期不上偿〕……

五 壹斛上生麦、床壹斗[四]。床麦使净好，依官斛……

六 〔取〕床麦之日，依肠(场)取。取麦之[五]，要木酒二斗。渠破水

七 〔過〕，〔仰耕田人〕了；紫祖(赀租)百役，仰田主了。二主和同，各不〔得〕

八 〔返悔。悔者，一罚二，〕入不悔者。民有私要，要行〔二主〕，

〔后缺〕

【注】

[一]《吐鲁番出土文书》第二册第三二六—三二七页。阿斯塔那一五三号墓出土，72TAM153:39,40(a)。

[二]亩，「亩」下脱一「与」字。床(音梅)，粟类。同糜、穈。又称穄。王国维《流沙坠简·屯戍丛残考释·戍役类》跋：海头屯田，「其所种之谷有大麦，有小麦，有禾，有床。『床』字不见古字书。《集韵》始收此字，音忙皮切，乃『穈』之俗字也。释元应《一切经音义》卷不二云：『床字本作穈，禾穄也。关西谓之床，冀州谓之穄也。』卷十六复引《吕氏春秋》高诱注云：『关西谓之床，冀州谓之穄。』今本《吕氏春秋》注作『穄，关西谓之穈，冀州谓之鬃』。元应所引盖别本也。又案《说文》：『穈，穄也。』『穄，穈也。』二字互训。《玉烛宝典》引《苍颉篇》则云：『糜，穄也。』盖字本作『穈』，由『穈』而省为『糜』……复由『糜』而省为『床』。」又曰：「穈、穄者，北方之谷。《苍颉篇》：『穄，大黍也。似黍而不粘。关西谓之穈。』」

[三]以上记夏、秋两季交纳实物地租，夏到五月交大麦，秋到十月交床或粟。此与「租赁」式的租佃关系不同。与中原地区的一般租佃关系相同。

[四]生麦、床壹斗，为罚则，租上再生利。

〔五〕取麦之，「之」下脱一「日」字。

一八九 高昌延昌三十七年（五九七）张某赁舍券〔一〕

延昌卅七年丁巳〔岁〕……〔子〕边赁西分舍〔壹〕……〔残〕钱二文〔二〕，到叁月中……与钱贰文，残钱壹文……□不得徐（余）人入来〔三〕，〔张〕……□柱〔四〕，不得赁与徐（余）人，〔满〕……主和同〔立〕……〔各不〕得返悔。悔者壹罚〔贰，入不悔者〕。民有私要，〔要行二〕〔主，各〕自署名为信。 倩书 李儿□ 时见 索侯儿

【注】

〔一〕《吐鲁番出土文书》第二册第三二八页。阿斯塔那一五三号墓出土，72TAM153:35(b)。

〔二〕残钱，剩余的钱。即在立契时，已付了契价的大部分之后，尚欠的余额。

〔三〕徐（余）人，其他的人。

〔四〕柱，疑「住」字。

一九〇 高昌延昌三十八年（五九八）张显□租葡萄园券〔一〕

延昌卅八年戊午岁十月廿五日，参军张显□〔从〕□役取南园蒲（葡）桃（萄）宕▨东分，承官名向贰亩，要（约）迳（径）陆年□岁十月卅日远〔桃〕塲。桃中役使，未岁五月至巳前仰寺了，至巳后仰参军承了。参□〔至〕子岁〔尽〕，□〔租〕尽仰张参

五　□〔自〕承了，子［　　］仰张参军自承了。至巳后付〔寺〕
六　［　　］参军要（约）为了，被锦半张，若官常□□
七　［　　］二主，各不得返悔。悔者，一罚二，入〔不〕□□□
八　［　　］〔行〕二主，各自署名为信。
九　时见：侯桑保　〔倩〕书：苏法信

【注】

〔一〕柳洪亮《新出吐鲁番文书及其研究》第五〇页《阿斯塔那三八六号墓文书四》86TAM386：35／1a、35／3a、33／4a；第四一八页图版三三，高26、长26.5厘米。

〔二〕原注〔一〕：本件三片，可以拼合。背面书写《高昌延和四年（六〇五）连相忠等夏田券》。

一九一　高昌延和四年（六〇五）连相忠等夏田券〔一〕

一　［　　］乙丑岁正月二日，连相忠从马寺主惠岳
二　□□边夏张渠常田叁亩，要（约）迳（经）壹年。田要（约）用种
三　麦（？）到七月内，亩〔与夏价〕斫（斛）［　　］亩与夏
四　床伍斫。次相忠夏秋田柒［　　］粟拾肆
五　〔斫〕，要（约）与相忠耕牛［　　］
六　□□人从马寺主惠岳边夏［　　］
七　［　　］亩与夏价粟拾肆，要（约）［　　］
八　壹日。次马□麻从马寺主惠岳边夏张〔渠〕□
九　陆亩，田要（约）用种秋，到［　　］〔夏〕价〔粟〕□
十　□□〔要〕（约）耕牛壹［　　］
〔后缺〕

【注】

[一] 柳洪亮《新出吐鲁番文书及其研究》第五六页《阿斯塔那三八六号墓文书四》86TAM386：35/1b、35/2b、33/4b；第四一三页图版三八，高26、长26.5厘米。

[二] 本件写在《高昌延昌三十八年（五九八）参军张显□祖葡萄园券》背面，上距延昌三十八年最近的乙丑岁为高昌延和四年（六〇五）。

一九二　高昌赁马残券[一]

〔前缺〕

一　□□□马壹匹，得脱壹人，▭

二　□内偿秋究（九）拾研（斛），草▨▭

三　将吽共催驱使毕，若回〔来〕▭

四　吽悉不知，竹安自承▭

五　得返悔，悔者壹罚贰，人不悔者。民右（有）▭

六　□署名为[二]

七　　　〔倩〕书▭

【注】

[一] 柳洪亮《新出吐鲁番文书及其研究》第四二页《阿斯塔那三八七号墓文书四》86TAM387：38—2；第四一三页图版27，残高19、残长26.5厘米。本书改用简体字。

[二] 原注[一]：「为」下脱一「信」字。

一九三　高昌道人真明夏床田券[一]

一　……………………〔岁五〕月（竟）日，道人真明〔从〕时显明

二　…………埳床田柒亩[二]，亩与夏价叁斛，依官斗斛诣城

三　……〔赀输佰〕役，仰田主了；渠破水过，仰耕田人了。若风虫贼破[三]，水

四　……苗本主。二主先和，后为卷（券）要。券〔成之后〕……
五　……〔罚〕觅贰倍，入不悔者。……
六　倩〔书〕　……
七　……要使净取……

【注】

〔一〕《吐鲁番出土文书》第三册第一〇八页。阿斯塔那四八号墓出土，66TAM48：22。第六五页《阿斯塔那四八号墓文书》说明：「本墓所出文书中有纪年者，起章和十一年（五四一），止延昌三十六年（五九六）。」
〔二〕埳（音同坎）：《玉篇·土部》：「埳，陷也，与坎同。」
〔三〕风虫贼破，风灾和虫害。《诗·小雅·大田》：「去其螟螣，及其蟊贼。」注：「食根曰蟊，食节曰贼。」

一九四　高昌某人夏麦田券[一]

一　〔前缺〕
　　夏镇家南〔部麦〕田〔贰拾壹亩〕……
二　租在夏价中。依官斛斗取，使净好。若有灾汗（旱），〔随〕……
三　若渠破水適，仰耕（耕）田人了。二主先和后卷（券），券成之后，各不得〔返悔〕。
四　悔者，壹罚贰，入不悔者。民有私要，要行二主，各自署〔名〕
五　〔为信〕。〔时见〕〔赵阿〕老　倩书　道人惠奄

【注】

〔一〕《吐鲁番出土文书》第三册第一九一页。阿斯塔那三六四号墓出土，67TAM364：5。题解：「本墓所出二为《高昌延昌二十六年某人从□□崇边夏镇家菜园券》。阿斯塔那三六五号墓二为《高昌延昌二十八年王幼谦夏镇家麦田券》，此券亦是『夏镇家麦田』，今列于延昌二十八年（公元五八八年）后。」

一九五　高昌尼高参等二人赁舍券[一]

□□□□□〔卯〕岁五月十二日，女□□尼高参二人从索寺主
□□□赁。二人各赁舍壹坚(间)，□□□(赁)价钱贰文。高
〔参〕□赁价〔钱〕叁文。二人要(约)迳(经)壹年……
□庶余人。不得病死。若病死者，罚〔钱〕
与钱壹文，高参交与〔钱〕贰文。……
〔三〕主和同立〔券〕。〔券〕成之后，各不得返悔，……
〔私〕要，要行三主，各自署名为〔信〕
倩书　索善□
时见　……

【注】

〔一〕《吐鲁番出土文书》第三册第一九九页。阿斯塔那三六四号墓出土，67TAM364:29/2。第一八五页《阿斯塔那三六四号墓文书》说明：「本墓……所出文书有纪年者，起高昌延昌二十六年（公元五八六年）止延昌二十八年（公元五八八年）。」按延昌十一年为「辛卯」，二十三年为「癸卯」。

一九六　高昌夏某寺葡萄园券[一]

……………………………〔边夏〕樊渠
□〔寺葡萄壹园，要经〕……甜酱叁拾柒斛，十月
□头偿甜酱使毕。若……斗作壹斗沽酒。若
〔渠〕破水高過，仰治桃(萄)〔人了〕；〔若贵输佰役，仰〕桃〔萄〕主了[二]。年著索
□张、柱廿。二主和同□□，□□□□，〔各不〕得返悔。悔者
〔一〕罚二，入不悔者。〔民有私要，要行二主，各〕自署名〔为〕

七　〔信〕

〔后缺〕

【注】

[一]《吐鲁番出土文书》第二册第三三六页。阿斯塔那一五三号墓出土，72TAM153：36、37。第三二五页《阿斯塔那一五三号墓文书》说明：「本墓……所出纪年文书为高昌延昌三十六、七年（公元五九六、七年）。」

[二]桃人、桃主，应作「萄人」、「萄主」。桃，葡萄园之省称。

一九七　高昌曹、张二人夏葡萄园券[一]

〔前缺〕

一　园子秣㪷……………………〔文〕，要到七月竟，

二　与银钱贰拾□……………〔贰〕拾伍文，要到八月

三　卅日，偿钱贰拾□……………期不偿，壹月

四　拾钱上生钱壹……………身东西不在，曹仰

五　妇儿偿；张仰第（弟）……………。若二人前却不偿，

六　〔听〕抴二人家财，平〔为〕……………桃（萄）中梨枣尽

七　□桃（萄）行。若曹、张二人与冯寺主梨两斛。若桃〔萄〕水

八　□桃〔萄〕，二人还寺主桃（萄）。若树干漯（湿），不得近破。三主

九　〔合同〕立卷（券）。卷〔券〕成之后，各不得返悔。悔者壹罚贰，入〔不〕

十　〔悔者〕。民有私要，要行二主，各自署名为信。

一一　…………柱廿百一十七□。

一二　倩书　王仕祐

一三　□□　将沙弥

【注】

[一]《吐鲁番出土文书》第二册第三三七—三三八页。阿斯塔那一五三号墓出土，72TAM153∶38(a)。时间见上条注[一]。

一九八　高昌孟儁出夏□□残券[一]

一　……………………………………从主簿孟儁
二　……………………………………将进取，与　夏
三　……………………………………钱使毕。若不毕，
四　……………………………………无，仰妇儿上(偿)使毕。
五　……………………………………见即取。二主先相
六　和后卷(券)。券成之后，各不得返悔。悔者一罚二，入不悔者。民
七　私要[二]，要行二主，各自署名为信。
八　　倩书　张僧住
九　　时见　张元斌

【注】

[一]《吐鲁番出土文书》第二册第三七五—三七六页。阿斯塔那三六五号墓出土，67TAM365∶9/2。第三五六页《阿斯塔那六五号墓文书》说明：「本墓无随葬衣物疏，所出文书有纪年者起高昌延昌二十七年(公元五八七年)，止延昌四十年(公元六〇〇年)。」原题《高昌某人从孟儁边夏□残券》。

[二]民私要，「民」下脱一「有」字。

一九九　高昌□奴残券[一]

〔前缺〕

一　若新(薪)要〔使满好。若不好〕，……
二　奴身东西无[二]，仰妇儿上(偿)。若前却(钱缺)不上(偿)，〔听〕……

三　平为新（薪）直。二主作卷（券）已竟，各不得返悔。悔者一

四　罚二，入不悔者。民祐（有）私要，行二主[三]，各自署名为

〔后缺〕

【注】

[一]《吐鲁番出土文书》第二册第三七八页。阿斯塔那三六五号墓出土，67TAM365:10(a)。题解：「本件背面正中之下半部写有『张意奴、张阿婆奴、索多多』三人名。」又第三五六页《阿斯塔那三六五号墓文书》说明：「本墓无随葬衣物疏。所出文书有纪年者起高昌延昌二十七年（公元五八七年），止延昌四十年（公元六〇〇年）。」

[二]东西无：什么东西也没有。东西指财物。

[三]行二主：「行」上脱一「要」字。

二〇〇　高昌某二人合夏葡萄园券[一]

〔前缺〕

一　……………夏价银钱柒文。租殊（输）伯（佰）役，仰桃（萄）主了[二]；

二　〔渠〕破水谪，仰䅵（耕）田人了。三主和同立卷（券）。券成之后，各不

三　得返悔。悔者一罚二，入不悔者。民有私要，要行二

四　主，各自署佲（名）〔为信〕　〔时见〕□□

五　　　倩〔书〕……

【注】

[一]《吐鲁番出土文书》第三册第二〇一页。阿斯塔那三六四号墓出土，67TAM364:6。纪年参考本书前录《高昌尼高参等二人赁舍券》注[一]。

[二]桃主，葡萄园主。

二〇一　高昌张猫子等分夏田合券[一]

〔前缺〕

□□夏两………
肆亩半；张猫子夏……
陆钱价田　高师……
贰亩；卫阿中儿夏〔肆〕……
卢卢壹亩；　辛元忠……
万祐儿夏伍亩；　宋……
夏壹亩；　张显崇……
〔亩〕；　贾师保夏贰……
□；　庆哲师夏……
□；　守信夏壹亩
〔后缺〕

【注】

[一]《吐鲁番出土文书》第三册第二〇二—二〇三页。阿斯塔那三六四号墓出土，67TAM364：12。

二〇二　高昌义和三年（六一六）张相憙夏床田券[一]

〔义〕和三年丙子岁四月廿[二]……张相憙从左祐子边
〔夏〕部床田壹亩[三]，到十月内……斫（斛），床依官斫（斛）兜（斗）中取。〔床〕
〔使〕干净好；若净好，听□□□□。〔租〕殊（输）佰（佰）役，仰田主了；渠〔破〕
〔水〕谪，仰耕田人了。二主和〔同立券，券立之后〕，各不得返悔。悔者一罚二，入〔不〕
〔悔〕者。民有私要，要行二〔主〕，〔各自署名〕为信。风破水旱，随大〔匕列〕。
　　倩书　翟怀愿　　□□　〔冯〕众德
□月二日，取善保田壹亩，〔罚〕…………卷（券）同。张相轨书。即〔日〕，□□
□愿边夏宣威忠…………………亩，罚部（倍）斗斛[四]……
…………〔冯〕众〔德〕

【注】

［一］《吐鲁番出土文书》第四册第一七五页。阿斯塔那一五一墓出土，72TAM151:94。

［二］义和，高昌国王麹□年号。

［三］床田，种床之田。床，粟类。参看本书前录《高昌延昌三十六年（五九六）宋某夏田券》条注［二］。

［四］罚部，当作「罚倍」。

二〇三　高昌义和三年（六一六）氾马儿夏田券[一]

一　义和三年丙子岁润（闰）五月十九日，氾马儿从无良跋子

二　边夏旧堞（业）部田叁亩[二]，亩与夏价床伍……

三　内上（偿）床使毕，依官斛兜（斛斗）中取。床使毕干净好。若不干净〔好〕，

四　听向风常取。祖殊（租输）伯役，仰田主了；渠破水谪，仰

五　耕田人了。风虫贼破，随大匕列（例）。二主和同立卷（券），券成〔之后〕，

六　各不得返悔。悔者一罚二，入不悔者。民有私要，要行〔二主〕，〔各〕

七　自署名为信。

八　　　　倩书　张相熹

　　　　　时见　冯众德

【注】

［一］《吐鲁番出土文书》第四册第一七七页。阿斯塔那一五一号墓出土，72TAM151:13。

［二］跋子，原注〔一〕：「『跋』为无良跋子押署。」

二〇四　高昌重光四年（六二三）孟阿养夏菜园券[一]

一　〔重光四〕年癸未岁正月十八日[二]，孟阿养从〔赵寺〕

二　主法嵩边夏武成（城）渠菜垣（园）卅步[三]，要迳（经）伍年。未〔岁〕

三　中无夏价[四]。次四年中，年与夏价银钱贰文。〔阿〕

四　养夏葱，次夏韭，合二〇禾（乘）。菜垣（园）中役使[五]，渠〔破〕

五　水谪，仰阿养了。二主和同立卷（券）。券成之后，各〔不〕

六　〔得返悔〕。悔者壹罚二，入不悔者。民有〔私要，要〕

〔后缺〕

【注】

〔一〕《吐鲁番出土文书》第三册第三一〇页。题解：「本件原编号脱落。现据『赵□主法嵩』之名，暂附于本墓（阿斯塔那一三八号墓）之末。」

〔二〕重光，高昌国王麴文泰年号。

〔三〕寺主，佛教称谓。一寺之主，或寺院三纲之一。参看本书前录《高昌延昌二十三年（五八三）张阿悛取碓垣券》条注〔五〕。

〔四〕未岁，即「癸未岁」。

〔五〕菜垣（园）中役使，下似有脱漏，就有「仰园主了」。

二〇五　高昌重光四年（六二三）某人夏部麦田券[一]

一　□□□〔年〕癸未岁五月廿七日[二]……

二　□□边夏甲申岁部麦田北部[三]……

三　□交与大麦叁斛（斛）捌兜（斗）半。田要……

四　租殊（输）佰役，仰田主了；〔渠〕破水谪，仰〔耕田人〕

五　了。二主和同立卷（券）。券成之〔后〕，〔各〕不得返悔。〔悔〕

六　者〔壹〕罚二，入不悔〔者〕。民有〔私要〕，〔要〕行二〔主〕，〔各〕

七　〔自署〕名为信。　　〔倩书〕　□僧奴

八　　　　　　　　　　〔时见〕　□□

【注】

〔一〕《吐鲁番出土文书》第五册第五五页。阿斯塔那一四〇号墓出土，69TAM140：18/5。

〔二〕癸未岁，原题解：「本件年号、年数已缺，仅存干支。今据同墓出土《高昌延寿九年（公元六三二年）范阿僚举钱作酱券》推断，本件『癸未岁』当为重光四年。」重光，高昌国王麴文泰年号。

〔三〕甲申岁，为癸未岁之次岁，即重光五年，公元六二四年。

二〇六　高昌延寿元年（六二四）张寺主赁羊尿粪刺薪券〔一〕

一　□□□□□〔申〕岁润（闰）七月竟日〔二〕，张寺〔主〕……

二　□□□真回二边任（赁）羊尿粪〔三〕，要八月、九月；〔任〕（赁）□

三　□□壹车，此辛（刺薪）五车，要到舍，与严粟柒〔斛〕

四　□兜（斗）。三主和同立卷（券）。券成之后，各不得返悔。

五　〔悔者〕壹罚二，入不悔者。民有私要，要行二主，

六　〔各〕自署名为信。　　清（倩）书　　法岳师

七　　　　　　　　　　〔时见〕　　德取师

【注】

〔一〕《吐鲁番出土文书》第三册第二〇五页。阿斯塔那八〇号墓出土，67TAM80：13。

〔二〕申岁，题解：「本件纪年年号已缺，仅存『申岁闰七月』。据《中国历史纪年》及《二十史朔闰表》推断，知为延寿元年。」竟日是，一月最后的一天。

〔三〕二边，原注〔一〕：「『二』下脱一『人』字。」

二〇七　高昌延寿六年（六二九）郑海宝夏田券〔一〕

一　〔延寿〕六年己丑岁正月十日，郑海宝从贾〔二〕……

二　□〔夏〕东渠内阚寺常田肆亩，要迳（经）壹年，〔得〕……

三　……大麦伍斛，与秋伍斛，到五月内，上（偿）麦……

四 ……使毕。若过〔期〕□不〔毕〕，……

〔后缺〕

【注】

〔一〕《吐鲁番出土文书》第三册第二八〇页。阿斯塔那一五五号墓出土，72TAM155：31。

〔二〕郑海宝，「宝」原作「傅」。《汗简·人部》：「傅，宝。」《集韵·晧韵》：「宝，古作保。」

二〇八 高昌延寿六年（六二九）赵明儿夏田券[一]

一 □□〔六〕年己丑岁三月十二日[二]，赵明儿从赵伯怀〔边〕……

二 □□常田叁亩，即交与夏价银钱贰拾文，种田要〔经〕壹〔年〕。〔田〕

三 〔中役〕使，仰田主了；〔若渠破水谪，仰耕〕田人了。二〔主和〕同立卷（券），券城（成）

四 〔之后〕，各不〔得返悔〕，〔悔者一罚二，入不悔者〕。〔民〕右（有）私要，要行

五 〔二主〕，各自署名为信。

六 倩〔书〕 道人 □□

七 〔时见〕 张 □□

八 临〔坐〕 张 虎□

【注】

〔一〕《吐鲁番出土文书》第五册第一三六页。阿斯塔那三三八号墓出土，69TAM338：14/1。

〔二〕六年己丑岁，题解：「本件纪年残存『六年己丑岁』。据《中国历史纪年》，麹氏高昌纪元年号，六年为己丑者，唯有延寿六年。」

二〇九 高昌延寿九年（六三二）曹质汉、海富合夏麦田券[一]

一 □□□年壬辰岁十一月廿二日[二]，曹质汉、张参军作人海富贰人从□□

二 □〔边〕夏石乘南奇部麦田拾叁亩，要迳（经）伍孰（熟）年。年到七月□□

三　□□麦贰研(斛),使毕,净好。若不净好,听自常取。夏价依官研(斛)中取。□

四　□□手下宕取田中伍亩……………张奋武。田中租殊(输)伯〔役〕,□□□

五　□,渠破水谪,仰耕田……………………不得脱取。田中要□□

六　□□若脱田取时,罚……………………〔立〕卷(券),券成之后,各不得〔返〕

七　〔悔。悔〕者一罚二,入不悔〔者〕。…………………〔各自署〕名为信。

八　…………一指一节一为〔明〕

九　…………一指一节一为〔明〕

十　海〔富〕

一一　…………一指一节一为〔明〕

一二　…………一指一节一为〔明〕

【注】

〔一〕《吐鲁番出土文书》第五册第二四〇—二四一页。阿斯塔那一一七号墓出土,69TAM117:57/3。

〔二〕壬辰岁,《吐鲁番出土文书》第五册第二三九页《高昌延寿四年(公元六二七年)车庆元入钱条记》题解:「本件纪年残存干支『丁亥』。同墓所出唐代文书中,最早为贞观十六年(公元六四二年)夏田契,是年为壬寅岁。上溯距此最近之『丁亥』,即高昌延寿四年。以下诸件准此。」

二一〇　高昌田婆泰夏田券〔一〕

一　……………月四日,田婆泰从法剂

二　……………常田贰亩。亩到五月内,与夏

三　……………研(斛)伍兜(斗),粟陆研(斛)伍兜(斗),到五月

四　……………到十月内,上(偿)床粟使毕。到取

五　……………使净好,依官〔研〕(斛)兜(斗)中取。若不净

六　……………中…………了;若渠破水

七　〔谪,仰栟(耕)田人了。二主〕和同立卷(券)。券城(成)之后,

八　各不得反悔。悔者壹罚贰，入不悔者。

九　民右（有）〔私〕要，要行贰主，各自署名为

十　〔信〕　　　……西分

〔后缺〕

【注】

［一］《吐鲁番出土文书》第三册第二四五—二四六页。阿斯塔那一三五号墓出土，69TAM135:7。第二四二页《阿斯塔那一三五号墓文书》说明：「本墓无墓表及随葬衣物疏。所出文书中有纪年者为高昌延寿五年（公元六二八年）。」

（三）借贷契约

二一一　西凉建初十四年（四一八）高昌严福愿赁蚕桑券[一]

一　建初十四年二月廿八日[二]严福愿从阚

二　佥得赁叁薄蚕桑[三]贾（价）交与毯

〔后缺〕

【注】

[一]《吐鲁番出土文书》第一册第十七页。阿斯塔那一号墓出土，63TAM1:16。

[二]建初十四年，「建初」为西凉李暠年号，共十三年（四〇五—四一七）。公元四一七年，李歆改元嘉兴。此券之建初十四年当为嘉兴二年。

[三]赁，租借。

二一二　北凉承平五年（四四七？）高昌道人法安、弟阿奴举锦券[一]

一　承平五年，岁次丙戌，正月八日[二]，道人法安[三]

二　弟阿奴

三　从翟绍远举高昌所作黄地丘慈中

四　锦一张[四]；绵经绵纬，长九五寸[五]，广四尺五寸。

五　要到前年二月卅日[六]，偿锦一张半。

六　若过期不偿，月生行布三张。民有私

七　要，要行二主，各自署名为信。　故（沽）各半。

八　共员马一匹，各了。　倩书道人知骏

九　时见　道智〔惠〕永安[七]。

【注】

〔一〕《吐鲁番出土文书》第一册第一八一页。哈拉和卓八八号墓出土，75TKM88:1 (b)。

〔二〕承平五年，原注〔一〕：「承平是北凉沮渠无讳、沮渠安周的年号。据《长历》，承平五年（四四七）应是丁亥，本件作丙戌，干支不符。又哈拉和卓九九号墓扰人的《承平八年翟绍远买婢券》里承平八年作己丑，亦不符。两件契券中同见翟绍远人名，而干支都误差一年。本件另面为《西凉建初二年功曹书佐左谦奏为以散翟足□补西部平水事》，该件的干支为庚午，也与西凉建初的干支不符。据推测，该件可能属高昌阚氏王朝时期（四九〇，参见该件注一）。按一般情况，官府文书废弃后始用作私人的契券。本件的时间应较另面文书为晚。因此，倘若另面文书果属高昌阚氏王朝时期，则本件的丙戌应为公元五〇六年，而这个承平年号也就是高昌王麹嘉的年号。因无确证，现仍将本件列在北凉时期。」

〔三〕道人，僧人的别称。《世说新语·言语》：「竺法深在简文坐，刘尹〔惔〕问：『道人何以游朱门？』答曰：『君自见其朱门，贫道如游蓬户。』」亦称道士。道教徒亦称道人或道士。

〔四〕举，借贷。《梁书·王志传》：「京师有寡妇，无子。姑亡，举债以敛葬。既葬而无以还之。」高昌，地名，今新疆吐鲁番东哈拉和卓堡西南。东晋咸和中，前凉张骏置郡。北魏太平真君中，北凉沮渠无讳据高昌郡，次年称凉王，年号承平。

〔五〕九五寸，「九」下脱一「尺」字。

〔六〕前年，当作「来年」。

〔七〕时见，即「时见人」、「见证人」。道智惠，「道」下脱一「人」字。

二一三　高昌义熙五年（五一四）道人弘度举锦券〔一〕

义熙五年甲午岁四月四日〔二〕，道人弘度
从翟绍远举西向白地锦半张，长四尺，广
四尺。要到十月卅日还偿锦半张，即交
与锦生布八纵一匹。若过其（期）不偿，
一月生布壹丈〔三〕。民有私要，要行二主，
各自署名为信。沽各半〔四〕。倩书道护
若弘度身无，仰申智偿。
时见

【注】

〔一〕《吐鲁番出土文书》第一册第一八九页。哈拉和卓九九号墓出土，75TKM99（b）。

〔二〕义熙五年甲午岁，原注〔一〕：「本件写在上件的另面，纪年为『义熙五年甲午』。据文献记载，仅东晋有义熙年号（公元四〇五—四一八年）。其义熙五年干支应为『己酉』，与本件不合。而且东晋义熙共十四年，无甲午岁。本件另面为《北凉承平八年翟绍远买婢券》，买婢人与本件锦主同为翟绍远，倩书也同为道护，两件时代应相距不远。另面所记干支为己丑，如果另面的承平是北凉年号，则距其最近的一个甲午岁为公元四五四年，义熙五年当在此年。从当时高昌地区的政治形势推测，本件义熙可能是柔然所用的年号。但是，另面所记承平年号也可能是高昌王麹嘉的年号。如果是这样，则本件义熙年号亦应属高昌麹嘉时期。而义熙五年为公元五一四年。总之，本件的年代可以肯定不是东晋义熙五年；但如列为高昌麹氏王朝时期亦无确证。今仍据上件例，暂属北凉时期。按干支列于上件之后。」

〔三〕一月生布一丈，过期一个月，增加利息布一丈。

〔四〕沽各半，当作「沽酒各半」。

二一四　高昌和平元年（五五一）某人举叠锦券〔一〕

一　〔和平〕元年辛未〔岁三月二日，〕〔二〕……

二　□□边举中行叠六十匹〔三〕，要到八月……

三　□□□中行叠九十匹。若过期不偿，一匹上……

四　……………………………仰公偿。次取……

五　□□柏树叶锦四十尺，要到八月卅日偿……

六　□□六丈。若过期不偿，一月生锦四……

〔后缺〕

【注】

〔一〕《土鲁番出土文书》第五册第一五一页。阿斯塔那三二六号墓出土，60TAM326：01/4。

〔二〕元年辛未，原题解：「本件纪年残存『元年辛未』。据《中国历史纪年》，麹氏高昌纪元年号，元年为『辛未』者唯和平元年。」「和平」为高昌国王麹□年号。

〔三〕叠，亦作「㲲」，即细棉布。唐释慧琳《一切经音义》六四《四分尼羯磨白㲲》：「音牒。案㲲者，西国木锦花如柳絮，彼国土俗皆抽撚以纺为缕，织以为布，名之为㲲。」《新唐书·南蛮传》：「古贝，草也，缉其花为布，粗曰贝，精曰㲲。」同书《西域传》：高昌「有草名白叠，撷花可织为布。」

二一五　高昌延昌癸卯年(五八三)道人忠惠等八人举麦券[一]

延昌水(癸)卯岁四月十四日,〔罗〕□举大拾贰斛[二],次举小麦拾伍斛;次卫□□举小麦□斛究(九)斗,次举大麦柒斛伍斗;次道人忠惠举小麦拾叁斛,次道人〔众保〕举小麦拾斛,次……举小麦拾伍斛,次张京子举小〔麦〕贰斛,次曾〔僧念〕举小麦拾叁斛贰斗,次八斗。合八人,从杨〔宣明〕边举小麦。壹斗生壹半,要到八月内,价麦生本史(使)毕。若不毕,壹斛麦价上生壹斗。若身东西无后,仰妇价史(使)毕。若不毕,听拙家才(财),平为麦直。二主佫(各)得返悔[三]。悔者一罚二,入不悔者。民有私要行二主[四],各自署名信[五]。故(沽)各半[六]。

请(倩)书张京子

时见　张显□

【注】

[一]《新疆文物展览特刊》(一九五四年五月)目录第八号。又〔日〕《敦煌吐鲁番社会经济资料集》三《契约》(A)第十六页三九录文。原件哈拉和卓出土。

[二]举大,「大」下脱一「不」字。

[三]二主各得,「各」下脱一「麦」字。

[四]民有私要行二主,当作「民有私要,要行二主」。

[五]信,「信」上脱一「为」字。

[六]沽各半,「沽」下脱一「酒」字。

二一六　高昌延昌三十三年（五九三？）郭天护举钱券[一]

延昌卅三年（？）癸〔丑〕……护，从王思仁边举〔银〕钱拾贰文。要〔其〕钱九月内……贰拾四文。若身无，仰妻儿上〔偿〕。若……还，听拙家才（财）□□。二主先相和同立〔券，券成之后，不得返〕〔悔〕。悔者一罚二，入不悔者。民有私要，要行〔二主，各自署名为信。〕故（沽）各半[二]。

〔举钱〕郭天护　　倩书　　杨众僧

【注】

[一]〔日〕《敦煌吐鲁番社会经济资料集》三《契约》（B）图版第四页（三），又（A）录文第一六—一七页，大谷四八八六。

[二]故〔沽〕各半，「沽」下脱一「酒」字。

二一七　高昌赵阿头六举钱券[一]

……………〔十〕日，赵阿头六从张恭子边举……………………钱柒文半使毕。若过期不偿，壹月生〔钱〕……………偿使毕。若前却不偿，听拙家财，平为钱〔直〕。………不得返悔。悔者一罚二，入不悔者。民有私要，要行二主………〔信〕。

倩书鄯幼索

〔时〕见　　杨僧和

【注】

［一］《吐鲁番出土文书》第二册第三三九页。阿斯塔那一五三号墓出土，72TAM153：35（a）。第三二五页《阿斯塔那一五三号墓文书》说明：「本墓为男女合葬墓。无墓表及随葬衣物疏。女尸先葬，自其纸鞋拆出二九至三三号文书；男尸后葬，自其纸鞋拆出三四至四四号文书。所出纪年文书为高昌延昌三十六、七年（公元五九六、七年）。」

二一八　高昌某人举钱残券[一]

〔前缺〕

一　……………〔迳〕（经）五个月（还）……

二　…………若过其月不上（偿）[二]，壹月……

三　□□〔身〕东西无，仰妇儿上（偿）。若前〔却不偿〕，

四　〔听抴〕家财，平为前（钱）直。二主和同立〔券〕（券）。〔券〕

五　〔成〕之后，各不得返悔。悔者壹二[三]，入不悔者。〔民〕

六　〔有〕私要，要行二主，各自署名为信。

七　　　　倩书　李买和

八　　〔时　见〕　王〔万〕□

【注】

［一］《吐鲁番出土文书》第二册第三四〇页。阿斯塔那一五三号墓出土，72TAM153：42。时间参看本书上条注［一］。

［二］过其月，当为「过期」。

［三］壹二，「壹」下脱一「罚」字。

二一九　高昌阳某举钱残券[一]

〔前缺〕

一　□若阳身东西无[二]，仰妇儿偿。若前却不偿，听抴家〔财〕，

二 平为钱直。二主和同立卷（券）。券成之后，各不得返悔。悔者，一罚二[三]

三 〔民有私〕要，要行二主，各自署名为信。清（倩）书令狐德守。

〔后缺〕

【注】

[一]《吐鲁番出土文书》第二册第三四二页。阿斯塔那一五三号墓出土，72TAM153:44。时间参看本书二一七条注[一]。

[二] 身东西无，本人东西逃避找不到。又作身东西不在，亦同此义。

[三] 一罚二，「一罚二」下脱「入不悔者」一句。

二二〇 高昌良愿相、左舍子互贷麦布券[一]

一 □□□□□□岁四月廿二日，良愿相从左舍子边……

二 ……后生小麦五升，要到七月内偿麦使毕。若过〔期不〕

三 〔偿〕……斫（斛）上生麦一斗。要麦使净好，依左兜（斗）中取。若良〔愿〕

四 ……仰妇儿偿使毕。若前却不偿，听抴家财，平〔为〕

五 〔麦直。二〕主和同立卷（券）。券成之后，各不得返悔。悔者壹罚贰，入〔不〕

六 〔悔〕者。民有私要，要行二主，各自署名为信。次左舍子贷良

七 〔愿〕相八纵（緵）布叁疋，要到八月内偿贷布叁疋使毕。若布不中，一匹中

八 …… 倩书 王仕祐

九 〔时〕 〔见〕 □□儿

【注】

[一]《吐鲁番出土文书》第三册第六页。阿斯塔那三四号墓出土，64TAM34:11。第一页《阿斯塔那三四号墓文书》说明：「本墓无墓表及随葬衣物疏。所出文书中有纪年者，为高昌延和元年（公元六〇二年）契券。」此外，还有「戊岁」、「壬戌岁」等。此二券被推定为「延和元年」者。此券订立的时间大约与上三券的时间相当或稍前后。

二二二一　高昌□□胡从左舍子边举叠券〔一〕

一　……胡从左舍子〔边〕……
二　……偿举……
三　……月拾斤上升（生）……
四　……儿偿。若前却不偿。
五　〔听拙家财，平为〕叠〔直。二主和同〕立卷（券）已竟，各不得返悔。
六　〔悔者，一罚二，〕入不悔者。民〔有〕私要，要行二主，各自署名
七　〔为信〕　　倩书　张祐子
八　　　〔时〕见　　张安富

【注】

〔一〕《吐鲁番出土文书》第三册第七页，阿斯塔那三四号墓出土，64TAM34：13。本墓文书说明：「本墓无墓表及随葬衣物疏，所出文书中有纪年者，为高昌延和元年（六〇二年）契券。」参考〔日〕《敦煌吐鲁番社会经济资料集》三《契约》（A）录文第一九页四八。

二二二二　高昌延和元年（六〇二）道人元祐举钱券〔一〕

一　〔延和元年壬〕戌岁二〔月〕□□〔二〕，〔张〕寺主道人元祜从左〔三〕
二　……银钱贰□□□〔月内，钱壹文与大麦
三　……合与麦□□□〔若〕取钱为用，书寺上远
四　……主身东〔西无〕，□仰却后寺主上（偿）。若前却
五　……〔平〕为麦□□□□取麦之日，麦使净好。依
六　……先和〔后为券，券〕成之后，各〔不得〕返悔。
七　〔悔者一罚二〕，入不悔〔者。民〕有私要，要行二主，各
八　〔自署名为信〕。　　即日□〔麦〕二斗

九　　〔时〕见　云保忠

【注】

〔一〕《吐鲁番出土文书》第三册第二—三页。阿斯塔那三四号墓出土，64TAM34：12、14。

〔二〕戍岁，题解：「本件纪年已缺，仅存『戍岁』。据同墓出土借贷券数件，或存『壬戌岁』，或存『戍岁』，其中一件纪年完整，为『延和元年壬戌岁』（见本墓三《高昌延和元年（公元六〇二年）□□宗从左舍子边举大麦券》）。由此推断其他各件『戍岁』亦当为延和元年。」

〔三〕左，从同墓所出文书三、四、五号推断，此钱主当为「左舍子」。

二一三　高昌延和元年（六〇二）□□宗举大麦券[一]

一　延和元年壬戌岁三月卅日，□□〔宗〕从左舍子〔边〕举大麦〔伍〕□

二　〔究〕（九）兜（斗），壹兜（斗）后生麦柒升，要□六月内偿麦使毕。若过〔期〕□〔不〕

三　〔偿〕，壹月壹斛（斛）上生麦一斗。要麦使净好，依左兜（斗）中取。〔若〕

四　〔可〕宗身东西不在，仰妇儿偿使毕。若前却不偿，

五　〔听〕抴家财，平为麦直。二主和同立卷（券）。券成之后，各〔不〕

六　〔得返〕悔。悔者壹罚二，入不悔者。民有私要，要〔行二主〕，

七　〔各自署〕名为信。　倩书　王仕祐

八　　〔时〕见　郭僧忠

【注】

〔一〕《吐鲁番出土文书》第三册第五页。阿斯塔那三四号墓出土，64TAM34：10/2。

二一四　高昌延和五年（六〇六）隗簸箕等五人分举大麦合券[一]

一　〔延〕和五年丙寅岁二月廿日，合〔有〕五人……

二　隗簸箕举大〔麦壹斛（斛）〕…

三 养举大麦〔贰〕……
四 〔麦〕壹斛（斛）伍兜（斗）。麦一斗生作一斗七升……
五 □月不偿，一月壹斛（斛）麦上生……
六 □〔儿偿〕。若前却不偿，听抴家财，平为麦直。□□
七 ……〔卷〕（券）要。卷（券）要卷（券）成之后[二]，各不得返悔。悔〔者〕
八 壹罚二，入不悔者。〔民有私要〕，要行六主，各自署名为信。
九 □□ □□法贤
十 □□ □□□子
一一 ……奴〔取〕麦一斛，负罚生息依卷（券）同[三]。
一二 ……一斛，负罚生息依卷（券）同[四]。

【注】

[一]《吐鲁番出土文书》第三册第十四—十五页，阿斯塔那三二号墓出土，64TAM32：01/1、01/2。
[二] 卷（券）要，此一「卷（券）要」为衍文。
[三] 此条为契券写后的「批凿」。
[四] 此两条为契券写后的「批凿」。

二二五　高昌延和五年（六〇六）严申祐等六人分举大麦合券[一]

一 〔延和五年丙〕寅岁二月廿三日[二]日，合有六人，从□
二 ……举大麦伍斛，严申祐举大麦伍斛，张
三 ……大麦伍斛，赵怀祐
四 ……〔一〕斗生作一斗八升，到
五 五〔月内偿〕……〔一月〕壹斛（斛）麦上生
六 〔麦一斗〕。若〔六〕□□〔东〕西无，仰妇儿偿。若前却不偿，听
七 〔抴〕家财，平为麦直。七主先相和可，后为卷（券）〔要〕。

八 〔券成之后，各不得返悔。悔者〕……

九 〔有〕私要，要行七主，各自署〔名为信〕。

十 〔倩〕书……

一一 时见……

一二 即日解……

一三 依卷（券）同 倩〔书〕……

【注】

[一]《吐鲁番出土文书》第三册第十六—十七页。阿斯塔那三二一号墓出土，60TAM321：1/5。

[二] 丙寅岁，题解：「本件纪年已缺，仅存干支。据上件纪年，知为延和五年。人名上有朱点。」

二二六 高昌巳岁王庆祐等取银钱作孤易券[一]

一 ………巳岁二月二日[二]，王庆祐、刘〔婆〕□、张□□□

二 …………〔取〕银钱究〔九〕文。至三月卅日，钱壹文得

三 ………个。到作孤易之日，[三]要得钁一口，洛余一，孤〔易〕

四 ……〔树〕五〔寸，孤易〕破□□□〔赵〕不用，〔若孤〕……

五 ……………………十日孤易不毕，壹……

六 ……………若王、刘、张三人身东西无，仰妇儿收……

七 …………〔前〕却不上（偿），听拙家财，平为孤易直。四主和……

八 …………之后，各不得返〔悔。悔者〕一罚二，入不悔者。民〔有私要〕，

九 〔要行〕二主，各自署名为〔信〕。

十 倩〔书〕 〔高〕住儿

一一 时〔见〕 〔令〕狐□□

一二 …………令狐延庆取钱贰〔文〕……………………〔孤〕易……

一三 …………〔捉〕发簿依上卷（券）……

一四　……要间(涧)西冠曹坞……

【注】

〔一〕《吐鲁番出土文书》第三册第四十—四十一页。阿斯塔那三二〇号墓出土，60TAM320:01/6、01/7。

〔二〕巳岁，题解：「本件纪年残缺，仅存『巳岁』二字。据同墓出土高昌延和十年(公元六一一年)契券，推测本件『巳岁』或是延和八年(公元六〇九年)己巳岁。原件背面有墨书『□□卷』字样。」

〔三〕孤易，即贸易，由「贸易」讹为「贾易」，再讹为「孤易」。著名中亚地区民族语言历史学家季羡林先生在回答王素先生的询问信中说：「『孤易』二字，不是西域任何少数代族文字的音译……所谓『贾易』，实乃『贸易』之讹也。如此则『取银钱作孤易券』乃『取银钱作贸易券』，完全可以讲得通了。」(参看《文物》一九九〇年第九期王素《吐鲁番所出高昌取银钱作孤易券试释》。)

二二七　高昌□延怀等举大小麦券〔一〕

〔前缺〕

一　□〔麦〕贰斫(斛)。大麦一斗生作一斗半，小麦一斗生作一斗六升；到五月内偿

二　大麦使毕，到七月内偿小麦使毕。若过月不〔二〕，一月壹斫(斛)麦

三　上生麦一斗。到七月内，延怀边不得麦，取未岁桃(萄)中子秋〔三〕一年入

四　□海相。三主和同立卷(券)，券成之后，各不得返悔。悔者壹

五　〔罚二，入不〕悔者。民有私要，要行二主，各自署名〔为信〕。

六　若二人身东西无，仰妇儿偿。　　　倩书道人法贤

七　　　　　　　　　　　　　　　　〔时见〕　　田相保

【注】

〔一〕《吐鲁番出土文书》第三册第四十二页。阿斯塔那三二〇号墓出土，60TAM320:13/1、13/2。题解：「本件纪年残缺，与下件(《高昌延和十年(公元六一一年)田相保等八人举大小麦券》见本页)连写，本件居前，故置于此。」

〔二〕若过月不，「不」下脱一「偿」字。

〔三〕桃中子秋，原注〔二〕：「高昌有关葡萄园契券中习用语。又见于64TAM4:45《唐左憧憙夏葡萄园契》。」

二二八　高昌延和十年（六一一）田相保等举大小麦券[一]

一　延和十年辛未岁二月一日，合右七人从赵松柏边举大小麦[二]。大〔麦〕

二　壹兜（斗）生作兜（斗）半；小麦壹兜（斗）生作壹兜（斗）陆升。田相保取大〔麦〕□□

三　□□□兜（斗）；田何惨取大麦贰斛（斛）；范养祐取大麦仵斛（伍斛）……

四　仵兜（伍斗）；赵众僧〔取大麦贰斛（斛）；王何相取大麦捌斛（斛）；张何悦取小〕

五　麦肆斛（斛）；羊欢伯取大麦拾斛（斛），次取小麦壹斛（斛）；麹酉相取大麦肆

六　斛（斛）。大麦到五月内偿麦使毕，小麦到七月内偿小麦〔使毕〕。

七　〔若过月不〕上（偿），壹斛（斛）生麦壹兜（斗）。若八人申（身）〔东西无，仰妇儿偿。若〕

八　〔前却〕不上（偿），听拙家财，为麦直[三]。九主〔和同〕立卷（券）。券城（成）之后，各

九　〔不〕得返悔。悔者壹罚二，入不悔悔〔者[四]。民有私要，要行〕二主，

十　各自署名为〔信〕。

一一　　　　　　　　□□　　□□□

一二　　　　　　　时见　　胡礼

【注】

〔一〕《吐鲁番出土文书》第三册第四四—四五页。阿斯塔那三二〇号墓出土，60TAM320∶13/3、13/4。

〔二〕七人，当作八人。券内所记举麦者有八个人名。原注〔一〕：「券云：『若八人申〔身〕东西无』，又云『九主和同立券』，并可证。」

〔三〕为麦直，当作「平为麦直」。

〔四〕入不悔悔者，第二个「悔」字为重文符号，衍。

二二九　高昌延寿二年（六二五）田婆吉夏树券[一]

〔前缺〕

一　□□二年乙酉岁三月二日[二]，田婆吉从赵明儿边夏……

二　□□〔株〕，到六月十五日，上夏树偿银钱捌文。不得斤府（斧）上株。若〔过期〕

三　〔壹〕月，拾钱上生钱壹文。若前却不上（偿），听拙家财，平为钱〔直〕。

四　□〔身东西无〕……………〔券〕。券成之后，各不得返悔。悔〔者〕

五　〔一〕罚二，入不悔者。民右（有）私要，行二主[三]，各自署名为信。

六　倩书赵愿伯

七　时见张屯富

【注】

[一]《吐鲁番出土文书》第五册第一三二—一三三页。阿斯塔那三三八号墓出土，60TAM338:14/4。

[二] 二年乙酉岁，原题解：「本件纪年残存『二年乙酉』。券中赵明儿又见于同出之《延寿四年赵明儿买作人券》，知本券当距延寿四年不远。检《中国历史纪年》，麴氏高昌纪元年号，二年为乙酉者，唯延寿二年。」

[三] 行二主，「行」上脱一「要」字的重文符号。

二三〇　高昌延寿九年（六三二）范阿僚举钱券[一]

一　延寿九年，壬辰岁四月一日，范阿僚从道人元□□□

二　取银钱贰拾文。到十月，曹（槽）头与甜酱拾陆斛伍

三　斗，与诈（酢）叁斛[二]，与糟壹斛[三]。甜酱麹梅（霉）[四]，瓮子中取。到十月

四　曹（槽）头甜酱不毕，酱壹斗转为苦酒壹斗[五]。贰〔主和〕

五　同立卷（券）。券城（成）之后，各不得返悔。悔者〔壹罚二，入不〕

六　悔者。民有私要，要行贰主，各自署名为〔信〕。

七　倩书赵善得

八　时见张善祐

九　临坐康冬冬

【注】

[一]《吐鲁番出土文书》第五册第五六页。阿斯塔那一四〇号墓出土，69TAM140：18/2。

[二]诈，当作「酢」，醋本字。《急就篇》三：「酸咸酢淡辨浊清。」注：「大酸谓之酢。」北魏贾思勰《齐民要术》八《作酢法》注：「酢，今醋也。」

[三]糟中，未清带滓的酒。《礼记·内则》：「饮重醴、稻醴、清糟。」注：「糟，醇也。」

[四]麫梅，当作「麫霉」，酒母。

[五]苦酒，酸味的酒，或醋。

（四） 雇佣契约

二三一　高昌午岁武城诸人雇赵沙弥放羊券[一]

一　……………………………〔午岁十月〕廿五日赵沙弥为武城诸人放羊

二　………中羊三口，与粟一斗。从未岁正月，到未岁十月卅日，羊五口与〔钱〕……

三　□正月内偿放羊价钱使毕。羊朋大偿大，朋小偿小。若羊……

四　折骨，仰放羊儿[二]。若……

五　卅日，羔子入郡（群），与大麦一斗。若羊迳（经）宿完具（俱）死[三]，放羊儿悉不知。……

六　□上有破坏处，仰大放羊儿了。诸人和可后为卷（券）要。卷（券）〔成之〕

七　〔后〕□，〔各〕不得返悔。悔者壹罚二，入不悔者。民有私要，要行二主，〔各〕

八　…………………………………………〔放〕羊儿，放羊儿悉不知。

九　　　　　　　　　　　　□□〔法贤〕

〔后缺〕

【注】

〔一〕《吐鲁番出土文书》第五册第一五五—一五六页。阿斯塔那三二六号墓出土，60TAM326：01/9。

〔二〕仰放羊儿，原注〔一〕：「『儿』下疑夺一『了』字」。

〔三〕原注〔二〕：「此句旁有补字，已损，字多草率，不能全识，大意指若羊在其主人家过夜而有死损者。」

二三二　高昌延昌二十二年（五八二）康长受岁出券[一]

一　延昌廿二年壬寅岁二月廿二日，康长受

二　从道人孟忠边岁出，到十一月卅日还

三 入正作。岁出价，要得床、麦伍拾斛；麦

四 贰拾仵（五）[二]，床贰拾伍[三]，平斗中取，使净好。

五 若过其（期）不偿，听抴家财，平为麦直。

六 若长受身东西毛[四]，仰妇儿上（偿）。二主先和

七 后卷（券）。券成之后，各不得返悔。悔者一倍（赔）二，

八 入不悔者。民有私要[五]，各自署名为信。

九 时见 倩书道人法慈

十 侯三安

【注】

[一]《吐鲁番出土文书》第一册第一九一—一九二页。哈拉和卓九九号墓出土，75TKM99：9（b）。原题解：「本件出自墓道扰土中，系由墓外扰入，与该墓无涉。」

[二]「贰拾伍」下脱一「斛」字。

[三]「贰拾伍」下脱一「斛」字。

[四]身东西毛，当作「身东西无」。即「身无东西」。毛，无。《后汉书·冯衍传上》：「饥者毛食，寒者裸跣。」李贤注：「《衍集》『毛』字作『无』。今俗语犹然者，或古亦通乎？」

[五]民有私要，下当有「要行二主」一句。

二三三 高昌延和十二年（六一三）某人从张相憙三人边雇人岁作券[一]

一 □□□□□〔癸〕酉岁[二]正有〔廿〕……

二 ……张相憙三人边雇佛〔奴〕、□□、〔相〕儿用岁作[三]，要迳（经）〔壹年〕。

三 ……〔校〕（交）与雇价银钱贰拾□□，钱即毕，人即入作。若□

四 ……〔不〕作壹日，到年满头，壹〔日还〕上（偿）壹日。若客儿身病，听□

五 ……〔死〕，到头壹日还上（偿）壹〔日〕。〔若〕相儿其家中大小人行将作□

六 ……〔者〕，亡失作具，犯人苗□……〔悉〕不知。若相儿身独将□

七 ……〔行〕，亡失作具，六畜〔犯〕……仰相儿承了。作具亡〔失〕，

八　…………倍(赔)十。四主和同立卷(券)。〔券成〕之后，各不得返海(悔)。悔者〔一〕
九　〔罚二，入不〕悔者。民有私要，要行〔四主〕，各自署名为信。
十　　　　　　　　倩书　张相□
一一　　　　　　　时见　□善伯

【注】

〔一〕《吐鲁番出土文书》第四册第一五六——一五七页。阿斯塔那一五一号墓出土，72TAM151∶104。

〔二〕癸酉岁，《吐鲁番出土文书》第四册第一四八页《阿斯塔那一五一号墓文书》说明：本墓出土「文书中有纪年者，起高昌延和八年(公元六〇九年)。止高昌义和五年(公元六一八年)。」据此，「癸酉岁」当为高昌延和十二年，隋炀帝大业九年，公元六一三年。

〔三〕岁作，以一年为期的雇工。

二三四　高昌延寿元年(六二四)张寺主明真雇放羊儿券〔一〕

一　〔延寿元年〕甲申岁九月十日〔二〕，张寺主明真师从〔严〕……
二　□〔阳(羊)〕壹佰伍拾口，从九月十日至到腊月十五日，与雇价床□□
三　□伍斛(斛)，壹日与放阳(羊)儿壹分饼与糜贰兜(斗)。雇价十月上半□□
四　〔上〕使毕。阳(羊)不得出寺阶门。若出寺阶门住(柱)，壹罚贰，入张寺〔主〕。
五　冬至日，腊日，真罢放阳(羊)儿，仰张寺主边得贾(价)食。二主和同立〔券。券〕
六　〔成之后〕，各不得返悔。悔者一罚〔二，入不悔者。民有私要，要行二主〕，
七　〔各自署名〕为信。倩〔书〕……
八　　　　　　　　〔时见〕……

【注】

〔一〕《吐鲁番出土文书》第三册第二〇七页。阿斯塔那八〇号墓出土，67TAM80∶12。

〔二〕甲申岁，为高昌延寿元年，公元六二四年。《吐鲁番出土文书》第三册第二〇四页《阿斯塔那八〇号墓文书》说明：「本墓为男女合葬墓，出有高昌重光元年(公元六二〇年)严道高墓记。女尸入葬年代晚于重光元年，自其纸鞋拆出一二至一六号文书。又于墓道填土中，出有一〇号文书。本墓所出文书中有纪年者为高昌延寿元年(公元六二四年)。」

（五）廪给文书

二三五　三国魏景元四年（二六三）海头五佰陟领礁券[一]

一　☐五佰陟一口，礁一合[二]，司[三]景元四年八月八日，幕下史索卢灵[四]，□兼将张禄（简面）

二　☐录事掾关（押）☐（简背）

【注】

［一］《流沙坠简·屯戍丛残考释·杂事类》第五十一页下五十六页；又图版第十八页下。跋：「木简出蒲昌海北，长二百四十三米里迈当，广十三米里迈当。」券文，简面两列，上列一行，下列一行。两列间有半个『同』字。简背一行。

［二］「五佰陟」句，王国维考释：「『五伯』即『伍伯』。『陟』即『师』。『礁』字虽从石作，然恐非《说文》厉石之『礁』，而为『𨯵』之别字也。」按：五佰，即伍伯、伍长。晋崔豹《古今注·舆服》：「伍伯，一伍之伯。五人曰伍，五长为伯，故称伍伯。」

［三］司，王国维考释：「合字下『司』字，乃『同』字之半。此简乃取予文书，故先大书『同』字于中，后分为两，以为符验也。《周礼·小宰》：『听称责以傅别。』郑注：『傅别，谓为大手书于一札，中字中别之。』《释名》：『莂，别也，大书中央中破别之也。』此简『同』字半在他简，犹古傅别遗制。但古傅别字字皆大书而中剖之。此则仅剖一字耳。汉晋兵符每字中分以为合符时之验，唐之鱼符则于两符作牝牡二『同』字。制虽不同，犹当自此出也。」按：《周礼·天官·小宰》曰：「以官府之八成经邦治……四曰听称责以傅别……六曰听取予以书契，七曰听卖买以质剂……」同书《地官·质人》郑玄注曰：「书契，取予市物之券也。」又《天官·小宰》郑玄注曰：「书契，谓出予受入之凡要，凡簿书之最目，狱讼之要辞，皆曰契。」据此，此取予文书当为「书契」之一种，而非「古傅别遗制」。古书契的形式，郑玄曰：「书契……其券之象，书两札，刻其侧。」（《周礼·地官·质人》注）刻其侧，使成锯齿之形，以为合券的验证。如《管子·轻重篇》曰：「子大夫有五谷菽粟者，勿敢左右，请以平贾取之子，与之定其券契之齿。」后笔墨发明，书写方便，渐有不再刻齿而在两契上合书一个「同」字以为验证者。由此看来，此券实为古「书契」之遗制。更确切些说，是书契向「合同」制形式发展变化的形式。此券为右券。景元，三国魏元帝年号。

［四］幕下史、录事掾，均小吏。

二三六　三国魏咸熙二年（二六五）海头残券[一]

一　☐种厈咸熙二年四月[二]☐

【注】

[一]《流沙坠简·屯戍丛残考释·杂事类》第五十二页上五十八；又图版第十八页下。跋："「木简出蒲昌海北，长七十五米里迈当，广十五米里迈当。」文两列，上列一行，仅存一个「种」字，下列一行，亦残。两列中间半个「同」字。

[二]咸熙，三国魏元帝年号。

二三七　西晋泰始四年(二六八)海头削工等廪麨券[一]

一　麨二斛八斗当麦一斛四斗[二]，廪削工、伍佰、铃下、马下[三]𠂤泰始四年六月十一日受[四]。仓曹掾曹颜、

二　李卑羌五人，日食八升[五]，起六月十一日，尽十七日　　史令狐承付　　（简面）

三　伍佰穆成　消工郭受[六]

四　功曹史赵伦　主簿梁鸾　录事掾曹　监量掾阚[七]　马下穆奴

五　领下张豊　（简背）

【注】

[一]《流沙坠简·屯戍丛残考释·廪给类》第三十二页下—三十三页上二十八；又图版第十页下。跋："「木简出蒲昌海北，长二百三十八米里迈当，广十五米里迈当。」文，简面两列，上下列各两行，中间半个「同」字。简背三列，上列一行，中列三行，下列一行。

[二]麨，王国维考释："「麨者，麦屑也。卫宏官书，𪍿作麨。（慧琳《一切经音义》卷三十五引）《广雅》：𪍿谓之𪍿。则麨者，𪍿之别字也。《说文》，𪍿，小麦屑之核。《埤苍文字集略》（均慧琳《音义》引）亦皆云𪍿，𪎊，麦屑也。则𪍿、𪌮、𪍿三者一物也。小麦屑而𪎊之，则容积多，故麨二斛八斗当麦一（简文作一，疑二字之误）斛四斗。他谷日食六升者，麨日食八升也。」

[三]削工，治刀剑套者。《说文·刀部》："「削，鞞也。」伍佰，𤩽弩车前之卒。《后汉书·舆服志》（上）："「伍佰，公八人，中二千石、二千石、六百石皆四人，自四百石以下至二百石二人。」铃下，侍卒的一种。亦称「铃下卒」。南朝梁殷芸《殷芸小说》卷五《魏世人》："「魏凌云台至高……有铃下卒，着履登缘，如履平地。」周楞伽注："「铃下——侍卒之属。应劭《汉官仪》："「铃下侍阁辟车。」《续汉志》作「軨下」，指夹车旁飞軨之卒。軨、铃古通。马下，马前之卒。」

[四]泰始，西晋武帝年号。

[五]八升，王国维释作「八日食八斗」，误。

[六]消工，同「削工」。

[七]仓掾等，王国维考释："「仓曹掾、功曹史、主簿、录事掾皆见史志，独监量掾无闻。殆随事命名，不必有专职欤？下第三十三简有监仓掾亦同。」

二三八　西晋泰始五年（二六九）海头梁鸾残券[一]

一　☒☐三☐☰[二]　泰始五年十二月廿八日☐☒　（简面）

二　☐☐从史位车成岱[三]☒

三　☒主簿梁鸾[四]☒　（简背）

【注】

[一]《流沙坠简·屯戍丛残考释·杂事类》第五十二页下—五十三页上六十五；又图版第十九页上。跋：「木简出蒲昌海北，长九十六米里迈当，广十六米里迈当。」文，简面两列，上列一行，下列两行。两列间有五横。简背一行。

[二]☰，非半个「同」字，而是由「同」字省笔演化而来。或作四横，或作五横，以为合券验证的符号。类刻齿。此制不易断定其为右券抑为左券。

[三]从史，小吏。《汉书·兒宽传》：「时张汤为廷尉，廷尉府尽用文史法律之吏。而宽以儒生在其间，见谓不习事，不署曹，除为从史。」颜注：「从史者，但只随官僚，不主文书。」

[四]主簿，主文书簿籍之官吏，职位较高，掌管印鉴。

二三九　西晋泰始六年（二七〇）海头讨贼马☐廪大麦券[一]

一　大麦一斛五斗，食讨贼马☐

二　☰　泰始六年二月一日☐☒

三　日食五升，起二月一日尽卅日

【注】

[一]《流沙坠简·屯戍丛残考释·廪给类》第三十三页下二十九；又图版第十页下。跋：「木简出蒲昌海北，长一百五十二米里迈当，广十四米里迈当。」文两列，上列两行，下列一行，中间半个变形「同」字。

二四〇　西晋建兴十八年（三三〇）海头廪粟券〔一〕

一　同　建兴十八年三月十七日〔二〕，粟□胡楼□▨

二　一万石，钱二百。〔三〕

【注】

〔一〕《流沙坠简·屯戍丛残考释·廪给类》第三十四页上三十五；又图版第十一页上。跋：「木简出蒲昌海北，长一百六十米里迈当，广十四米里迈当。」文二行，文上有半个「同」字。

〔二〕建兴十八年，王国维考释：「考晋愍帝建兴年号，止于四年。此有建兴十八年者，前凉张氏不用江左纪元故也。《晋书·张寔传》：元帝即位于建业，改元太兴，寔犹称建兴六年，不从中兴之所改也。《张骏传》：太宁元年，骏犹称建兴十二年。是岁有黄龙见于揟次之嘉泉，右长史氾祎言于骏曰：『按建兴之年，是少帝始起之号。帝以凶终，理应改易。朝廷越在江南，音问隔绝。宜因龙改号，以章休征。』骏不从。至咸和八年，骏上疏于晋，犹称建兴二十一年。又据《资治通鉴目录》，则前凉建兴之号称至四十八年。此简书建兴十八年，亦固其所。由此观之，则张氏讫骏之世，未尝建元。《玉海》独谓骏改元太元，殆不然矣。」按：揟次，县名，属武威郡。《晋书·张骏传》作「揖次」。故城在今甘肃古浪县北。

〔三〕在「日粟□」三字上有一大字画押之左半。

(六) 终制、遗令、遗言

二四一 三国魏(东汉)建安二十五年(二二〇)曹操遗令[一]

二十五年春正月……庚子[二]，王崩于洛阳，年六十六[三]。遗令曰：「天下尚未安定，未得遵古也。葬毕，皆除服[四]。其将兵屯戍者，皆不得离屯部。有司各率乃职。敛以时服，无藏金玉珍宝。」[五]

【注】

[一]《三国志》卷一《魏书·武帝纪》第一册第五十三页。

[二]庚子，建安二十五年正月二十三日。

[三]《三国志》卷一《魏书·武帝纪》第一册第四十七页：建安二十一年五月，「天子进公爵为魏王」。

[四]除服，脱去丧服。谓不再守孝。

[五]《宋书》卷一五《礼二》：「魏武临终遗令曰：『天下南未安定，未得遵古。百官临殿中者，十五举音。葬毕便除服。其将兵屯戍者，不得离部。』文与《三国志》本略异。当皆非原文，而各取所需者。」

二四二 三国魏黄初三年(二二二)魏文帝曹丕终制[一]

《礼》：国君即位为椑[二]，存不忘亡也。昔尧葬谷林，通树之。禹葬会稽，农不易亩[三]。故葬于山林，则合乎山林。封树之制，非上古也，吾无取焉。寿陵因山为体，无为封树，无立寝殿[四]，造园邑，通神道[五]。夫葬也者，藏也，欲人之不得见也。骨无痛痒之知，冢非棲神之宅，礼不墓祭，欲存亡之不黩也[六]。为棺椁足以朽骨，衣衾是以朽肉而已。故吾营此丘墟不食之地，欲使易代之后不知其处。无施苇炭，无藏金银铜铁。一以瓦器，合古涂车刍灵之义。[七]棺但漆际会三过，饭含无以珠玉[八]，无施珠襦玉匣[九]，诸愚俗所为也。季孙以璵璠敛[十]，孔子历级而救之，譬之暴骸中原。宋公厚葬，君子谓华元、乐莒不臣，以为弃君于恶。汉文帝之不发霸陵，无求也[十二]；光武之掘原陵，封树也[十二]。霸陵之完，功在释之[十三]；原陵之掘，罪在明帝。是释之忠以利君，明帝爱以害亲也。忠臣孝子，宜思仲尼、丘明、释之之言，鉴华元、乐莒、明帝之戒，存于所以安君定亲，使魂灵万载无危，斯则贤圣之忠孝矣。自古及今，未有不亡之国，亦无不掘之墓也。丧乱以来，汉氏诸陵无不发掘，至乃烧取玉匣金缕，骸骨并尽，是焚如之刑，岂不重痛哉！祸由乎厚葬封树，「桑、霍为我戒」，不亦明乎？其皇后及贵人以下，不随王之国者，有终没皆葬涧西[十四]，前又以表其处矣。盖舜葬苍梧，二妃不从[十五]；延陵葬子，远在嬴、博[十六]。魂而有灵，无不之也。一涧之间，不足为远。若违今诏，妄有所变改造施，吾为戮尸地下，戮而重戮，死而重死。臣子为蔑死君父，不忠不孝，使死者有知，将不福汝。其以此诏藏之宗庙，副在尚书、秘书、三府。[十七]

【注】

[一]《三国志》卷二《魏书·文帝纪》第一册第八一—八二页。

[二]裴注：「臣松之按：《礼》，天子诸侯之棺有重数。棺之亲身者曰椑。」传玺按：《礼记·檀弓上》曰：「君即位而为椑，岁壹漆之。」注：「椑，谓杝亲尸者。」《檀弓上》又曰：「天子之棺四重……杝棺一，梓棺二。」椑，也叫作杝，是最里面的一层棺。

[三]裴注引《吕氏春秋》：「尧葬于谷林，通树之；舜葬于纪，市廛不变其肆；禹葬会稽，不变人徒。」

[四]寝殿，帝王陵墓的正殿，为祭祀之所。汉魏陵墓皆有园寝，称寝殿。殿中放置死者生前衣物或仿制品。

[五]神道，墓道。意为神行的道路，为墓区内重要建筑之一。《后汉书·中山简王焉传》：大为修冢茔，开神道。李贤注：「墓前开道，建后柱以为标，谓之神道。」

[六]黩，烦数，轻慢。《公羊传·桓公八年》：「（祭）亟则黩，黩则不敬。君子之祭也，敬而不黩。」注：「黩，渫黩也。」

[七]涂车刍灵，泥车和用第草扎成的人马。古时送葬用的明器。《礼记·檀弓下》：「涂车、灵刍，自古有之，明器之道也。孔子谓为刍灵者善，谓为俑者不仁。」

[八]饭含，以珠、玉贝、米等物纳于死者口中，称饭含。《汉书》卷九二《原涉传》：「削牍为疏，具祀衣被棺木，下至饭含之物，分付诸客。」

[九]珠襦玉匣，亦作「珠襦玉柙」，今称「金缕玉衣」，古代皇帝贵族的殓服。旧题汉刘歆《西京杂记》一：「汉帝送死，皆珠襦玉匣。」《汉书·董贤传》：「及至东园祕器，珠襦玉柙。」颜注：「《汉旧仪》云：东园秘器作棺梓……珠襦，以珠襦，如铠状，连缝之，以黄金为缕。要（腰）以下，玉为柙，至足，亦缝以黄金为缕。」

[十]季孙，史称季孙氏，春秋时期鲁国的贵族「三桓」之一，鲁桓公少子季友的后裔。《左传·定公五年》：「季平子行东野，还，未至，丙申，卒于房。阳虎将以玙璠敛，仲梁怀弗与。」注：「玙璠，美玉，君所佩。」

[十一]霸陵，西汉文陵。东今陕西者长安县东。

[十二]原陵，东汉光武帝陵。在今河南孟津县境。

[十三]释之，张释之，西汉前期任廷尉，严格执法。曾对汉文帝说：「法者，天子所与，天下公共也。」要求皇帝也依法行事，甚受汉文常尊重。

[十四]涧西，涧水以西。涧水，今河南洛阳市西洛水支流涧河的一段。

[十五]舜葬苍梧，舜，五帝之一。苍梧，即苍梧山，在今湖南宁远县南。《史记·五帝本纪·舜》：「（舜）南巡狩，崩于苍梧之野。」《集解》引《礼记》

曰：「舜葬苍梧，二妃不从。」皇甫谧曰：「或曰二妃葬衡山。」二妃，尧之二女，名娥皇、女英。

[十六] 延陵、嬴、博，延陵，即延陵季子。春秋时，吴公子季札封于延陵（今江苏武进），因有此称。博，在今山东泰安东南。嬴，在今山东莱芜西北。《左传·哀公十一年》：「（鲁）公会吴子代齐，五月，克博。壬申，至于嬴。」

[十七] 尚书，即尚书台，长官为尚书令，总揽朝廷一切政令。秘书，即秘书监，典司图籍。三府，太尉、司徒、司空设立的府署，合称三府。

二四三　三国蜀章武三年（二二三）蜀昭烈帝刘备遗诏[一]

先主遗诏敕后主[二]曰：「朕初疾，但下痢耳；后转杂他病，殆不自济。人五十不称夭，年已六十有余，何所复恨，不复有伤；但以卿兄弟为念。射君到，说丞相叹卿智量，甚大增修，过于所望。审能如此，吾复何忧！勉之，勉之！勿以恶小而为之，勿以善小而不为。惟贤惟德，能服于人。汝父德薄，勿效之。可读《汉书》、《礼记》，闲暇历观诸子及《六韬》、《商君书》，益人意智。闻丞相为写《申》、《韩》、《管子》、《六韬》一通已毕，未送，道亡，可自更求闻达。」临终时，呼鲁王[三]与语：「吾亡之后，汝兄弟父事丞相，令卿与丞相共事而已。」

【注】

[一]《三国志》卷三二《蜀书·先主传》第四册第八九一页裴注引《诸葛亮集》。

[二] 后主，刘禅，字公嗣，刘备的长子。刘备即帝位，章武元年（二二一），立为皇太子。十七岁时，刘备崩，继承皇位。

[三] 鲁王，刘备庶子，名永。章武元年立为鲁王。后主建兴八年（二三〇），改封甘陵王。

二四四　西晋泰始五年（二六九）临沂王祥遗令[一]

（王祥）[二]疾笃，著遗令训子孙曰：「夫生之有死，自然之理。吾年八十有五，启手何恨[三]。不有遗言，使尔无述。吾生值季末，登庸历试，无毗佐之勋，没无以报[四]。气绝但洗手足，不须沐浴，勿缠尸，皆澣故衣，随时所服。所赐山玄玉珮、卫氏玉玦、绶笥，皆勿以敛。西芒上土自坚贞，勿用甓石，勿起坟陇。穿深二丈，椁取容棺。勿作前堂，布几筵，置书箱、镜奁之具，棺前但可施床榻而已。糒脯各一盘，玄酒一杯，为朝夕奠。家人大小不须送丧，大小祥乃设特牲。无违余命！高柴泣血三年，夫子谓之愚[五]。闵子除丧出见，授琴切切而哀，仲尼谓之孝[六]。故哭泣之哀，日月降杀；饮食之宜，自有制度。夫言行可覆，信之至也；推美引过，德之至也；扬名显亲，孝之至也；兄弟怡怡，宗族欣欣，悌之至也；临财莫过乎让：此五者，立身之本。颜子所以为命，未之思也，夫何远之有！」其子皆奉而行之。泰始五年薨[七]。

【注】

[一]《晋书》卷三三《王祥传》，第四册第九八九页。

[二]王祥，字休徵，琅邪临时沂人。晋武帝时，拜太保，进爵为公，以睢陵公就第，位同保傅，在三司之右，禄赐如前。

[三]启手，即「启手足」。《论语·泰伯》：「曾子有疾，召门弟子曰：启予足，启予手。」儒家宣扬孝道，临终以得保全名誉身体为幸。后来即以启手足作为善终的代称。

[四]登庸，毗佐，登用，举用。毗佐，亦作「毘佐」。辅助。

[五]高柴，春秋时齐国人，一说卫人。字子羔，孔子弟子。《论语·选进》：（子曰：）「柴也愚。」朱熹注曰：「愚者，知不足而厚有余、」又引《家语》曰：「『执亲之丧，泣血三年，未尝见齿。避难而行，不径不窦。』可以见其为人矣。」

[六]闵子，春秋时鲁国人，名损，字子骞，孔子弟子。

[七]颜子，春秋时鲁国人，名回，字子渊，亦称颜渊，孔子弟子。好学，乐道安贫。在孔门中以德行著称。

二四五　西晋泰始八年（二七二）石苞终制[一]

〔王〕苞预为终制曰：「延陵薄葬[二]，孔子以为达礼；华元厚葬，《春秋》以为不臣，古之明义也。自今死亡者，皆敛以时服，不得兼重。又不得饭唅[三]，为愚俗所为。又不得设床帐明器也。定窆之后[四]，复土满坎，一不得起坟种树。昔王孙裸葬矫时[五]，其子奉命，君子不讥，况于合礼典者耶！」

【注】

[一]《晋书》卷三三《石苞传》，第四册第一〇〇三页。

[二]延陵，春秋时，吴国公子季札因封于延陵（今江苏武进），时人称之为延陵季子。

[三]饭含，见本书前录曹丕终制条注[八]。

[四]窆，将棺木葬入墓穴。《周礼·地官·乡师》：「及窆，执斧以涖匠师。」注引郑司农云：「窆，谓葬下棺也。」

[五]王孙，即西汉时的富人杨王孙，其先令事迹见本书《西汉武帝时（前一四〇—前八七）杨王孙先令》。

二四六　西晋建兴二年（三一四）张轨遗令[一]

在州十三年[二]，寝疾，遗令曰：「吾无德于人，今疾病弥留，殆将命也。文武将佐咸当弘尽忠规，务安百姓，上思报国，下以宁家。素棺薄葬，无藏金玉。善相安逊[三]，以听朝旨。」

【注】

[一]《晋书》卷八六《张轨传》，第七册第二二二六页。轨，西晋安定乌氏（今甘肃平凉西北）人。任凉州刺史。他联合汉族和域内少数民族首领，稳定当地的社会秩序。死后，子孙继续保有凉州六十余年。

[二]州，任凉州刺史。

[三]安逊，张轨子，名寔。时任晋西中郎将，领护羌校尉。轨卒，州人推寔摄父位。

二四七　隋开皇中（约五九一前后）颜之推终制[一]

死者，人之常分，不可免也。吾年十九，值梁家丧乱[二]，其间与白刃为伍者，亦常数辈。幸承余福，得至于今。古人云：「五十不为夭。」吾已六十余。故心坦然，不以残年为念。先有风气之疾，[三]常疑奄然，聊书素怀，以为汝诫。先君先夫人皆未还建邺旧山[四]，旅葬江陵东郭。承圣末[五]，已启求扬都[六]，欲营迁厝[七]。蒙诏赐银百两，已于扬州小郊北地烧砖，便值本朝沦没。流离如此，数十年间，绝于还望。今虽混一[八]，家道罄穷，何由办此奉营资费。且扬都污毁，无复孑遗。还被下湿，未为得计。自咎自责，贯心刻髓。计吾兄弟，不当仕进。但以门衰，骨肉单弱，五服之内[九]，傍无一人。播越他乡，无复资荫。使汝等沈沦厮役，以为先世之耻。故腼冒人间，不敢坠失。兼以北方政教严切，全无隐退者故也。今年老疾侵，傥然奄忽，岂求备礼乎！一日放臂，沐浴而已，不劳复魄[十]，殓以常衣。先夫人弃背之时，属世荒馑，家涂空迫。兄弟幼弱，棺器率薄，藏内无砖。吾当松棺二寸，衣帽已外，一不得自随。床上唯施七星板[十一]。至如蜡弩牙玉豚锡人之属，并须停省。粮罂明器，故不得营。碑志旒旐，弥在言外。载以鳖甲车[十二]，衬土而下，平地无坟。若惧拜扫不知兆域，当筑一堵低墙于左右前后，随为私记耳。灵筵勿设枕几，朔望祥禫[十三]，唯下白粥清水干枣，不得有酒肉饼果之祭。亲友来餟酹者，一皆拒之[十四]。汝曹若违吾心，有加先妣，则陷父不孝，在汝安乎？其内典功德，随力所至，勿刳竭生资，使冻馁也。四时祭祀，周孔所教，欲人勿死其亲，不忘孝道也。求诸内典，则无益焉。杀生为之，翻增罪累。若报罔极之德，霜露之悲，有时斋供。及七月半盂兰盆，望于汝也[十五]。孔子之葬亲也，云：

古者墓而不坟。丘，东西南北之人也，不可以弗识也。于是封之崇四尺[十六]。然则君子应世行道，亦有不守坟墓之时，况为事际所逼也。吾今羁旅，身若浮云，竟未知何乡是吾葬地。唯当气绝便埋之耳。汝曹宜以传业扬名为务，不可顾恋朽壤，以取湮没也。

【注】

[一]颜之推《颜氏家训》第七卷《终制篇》。上海中华书局《四部备要·子部》据《抱经堂丛书》本校刊印行。

[二]梁家，南朝梁。

[三]风气，病名。《素问·太阴阳明论》：「故阳受风气，阴受湿气。」

[四]建邺旧山，在建邺的祖宗墓地区。建邺，今江苏南京市。西晋时名建邺县，愍帝时改称建康。东晋南朝以为国都。《北齐书》卷四五《文苑·颜之推传》：「颜之推，字介，琅邪临沂人也。九世祖含，从晋元东渡，官至侍中、右光禄、西平侯。」颜之推博览群书，曾在梁、北齐、北周和隋朝前期任一般幕布僚或文学士等。

[五]承圣，南朝梁元帝年号，为公元五五二—五五五年。

[六]扬都，今江苏扬州。

[七]迁厝，迁灵柩。厝，停柩待葬。

[八]混一，犹言统一。隋灭陈，南此统一。

[九]五服，旧时丧服制度，以血缘之亲疏为差等，有斩衰、齐衰、大功、小功，缌麻五种名称，统称五服。五服之内，言血缘关系近者。

[十]复魄，《仪礼·士丧礼》：「复者一人。」注：「复者，有司招魂复魄也。」旧时为死者招魂的仪式。

[十一]七星板，旧时停尸床上及棺内放置的木板。上凿七孔，斜凿枧槽一道，使七孔相连，名七星板，大殓时纳于棺内。

[十二]鳖甲车，四轮低矮的灵车。

[十三]祥禫，祭名。父母死后十三个月而后祭，曰小祥。二十五个月而后祭曰大祥。二十二个月而后祭曰禫。

[十四]餟酹，餟，连续而祭。酹，以酒洒于地上而祭。

[十五]盂兰盆，盂兰，梵语音译，意为「救倒悬」。盂兰盆会亦称「盂兰盆节」，俗称「中元节」、「鬼节」，是佛教节日。每逢夏历七月十五日，佛教徒为追荐祖先而举行。《盂兰盆经》载，释迦弟子目连，看到死去的母亲至地狱受苦，如处倒悬，求佛救度。释迦要他至七月十五日备大百味饮食，供养十方僧众，可使母解脱。佛教徒据此神话创起盂兰盆会。据《佛祖法纪》卷三十七，中国自梁武帝时（五〇二至五四九在位）始设「盂兰盆斋」。节日期间，除施斋供僧外，寺院还举行通经法会以及举办水陆道场、放焰口、放灯等宗教活动。焰口为口吐火焰的饿鬼之名，放焰口就是为饿鬼诵经、供施饮食。亦为对死者追荐的佛事之一。

[十六]《礼记》卷六《檀弓上》引孔子曰：「吾闻之，古也墓而不坟。今丘也，东西南北之人也，不可以弗识也。」于是封之，崇四尺。

二四八　高昌延寿四年（六二七）汜显祐遗言文书[一]

一　延寿四年丁亥岁闰四月八日，参军显祐身平生在

二　时作夷（遗）言文书[二]。石宕渠蒲桃（萄）壹园与夷（姨）母。东北放（坊）中城里舍壹□

三　坻（区）与俗人女欢资。作人倣得与〔师〕……

四　婆受壹[三]，合子壹，与女孙〔阿〕……

五　壹具，阿夷（姨）出官中依常（衣裳）壹〔具〕。……

六　阿夷（姨）得葡桃（萄）壹园，生死尽自得用。……

七　师女，阿夷（姨）尽身命，得舍中柱（住）。若不舍中柱（住），不得赁舍与余人[四]。舍要得壹

八　坚（间）。阿夷（姨）身不出，养生用具是阿夷勿（姨物）。若阿夷（姨）出趣余人去，养生用具〔尽〕

九　□□。夷（遗）言文书同有贰本，壹本在夷（姨）母边，壹本在俗人女、师女贰人边。

〔作夷（遗）言文书〕……

十　〔后缺〕

（二）

〔前缺〕

一　（朱色倒右　民部

二　手掌　是汜显祐存在时守〔手〕曹

三　印纹）　卷（券）

（三）

〔前缺〕

一　（朱色右手掌　临坐　〔祠主〕……

二　印纹左半部）　左亲侍左右员延伯

【注】

[一]《吐鲁番出土文书》第五册第七〇—七二页。阿斯塔那一〇号墓出土，本件原为三件，64TAM10：38、64TAM10：41、64TAM10：42。原题解：「本件三片同拆自女鞋，内容密切相关，今姑列为一件。在(二)的一、二、三行上方空白处，有朱色倒手掌印纹(右手)。在(三)的一、二行上方，有朱色手掌印纹(右手)的左半部。」

[二] 参军，汉末以后诸王及将军之重要幕僚。

[三] 作人，雇工。儆得，作人的名字。

[四] 赁舍，出租住房。余人，其他人。

五　隋、唐、五代、吐蕃契约　附　买地券

（一）买卖契约、市券、文牒

二四九　唐贞观十八年（六四四）高昌张阿赵买舍券[一]

……年甲辰岁十一月九[二]，张阿赵从道人愿惠〔边〕□舍两间，交与银钱伍文。舍东诣张阿成，南〔诣〕道，西诣张赵养，北诣张阿成。四在之内，长不还，短不与。……佲（名）者，仰本〔主了〕。〔二主和可，后〕为卷（券）要。卷（券）成〔之〕〔后〕，各各不〔得返悔[三]。悔者一〕罚二，入不悔者。民有私〔要，要〕行二主，各自〔署〕名为信。

倩书　道人法贤

时见　□众养

【注】

[一]《吐鲁番出土文书》第五册第一三八——一三九页。阿斯塔那三三八号墓出土，60TAM338:14/5。

[二]□年甲辰岁，原题解：「本件纪年残缺，但有干支『甲辰岁』。同墓所出有纪年文书，最早为麹氏高昌延寿二年（公元六二五年），最晚为唐龙朔四年，即麟德元年（公元六六四年）。查麹氏高昌之延昌二十三年（公元五八四年）和唐贞观十八年（公元六四四年）都是甲辰。延昌二十三年下距唐龙朔四年，凡八十年，时距过长；且同出高昌文书均属延寿年间，别无此前纪年。故此『甲辰岁』应是唐贞观十八年。」十一月九，「九」下脱一

「日」字。

[三] 各各：衍一「各」字。

二五〇　唐贞观二十三年（六四九）高昌范欢进买马契[一]

一　贞观廿三年[二]……

二　乡卫士犯（范）欢〔进〕[三]……

三　于蒲州汾阴[四]……

四　弧父八岁[五]……

五　草，一仰……

六　海（悔）〔者〕……〔官〕有政法，民……

七　画指为〔信〕。

八　　　练主犯〔范〕欢进

九　　　马主王……

十　　　知见葛垣〔曲〕

　　　　　— —

一一　　知见李玮〔传〕

　　　　　— —

一二　　知见党积善[六]

　　　　　— — —

【注】

[一]《吐鲁番出土文书》第五册第一〇五—一〇六页。阿斯塔那三三七号墓出土，60TAM337：11/8，11/5。

[二] 贞观，唐太宗年号。

[三] 犯欢进，「犯」当作「范」。原题解：「据阿斯塔那三三八号墓所出《唐龙朔四年西州高昌县武城乡□运海等赁车牛契》知范为西州高昌县人。下同。」

〔四〕蒲州，属河东道，治河东。今山西永济县蒲州镇。汾阴，县名，治今山西万荣西南宝鼎。

〔五〕瓠（音同瓜）父，马名。《尔雅·释畜》：「白马黑唇，驱；黑喙，騧。」宋明帝「改『騧』为马边瓜，亦以『騧』字似『祸』字故也」。（《宋书·明帝纪》）

〔六〕买主、卖主均不画指，三位知见人均画指。

二五一　唐初高昌田阿丰卖舍券[一]

一　……………日[二]，赵怀愿从田刘通息阿丰边买东南[三]

二　……………舍贰坘[四]，即交与买价银钱拾文。钱即毕，舍即付。舍容

三　………天，下至皇泉[五]。舍中伏藏役使，即日尽随舍行。舍东共张

四　□举寺分垣，南共赵怀满分垣，西诣道，北诣道。舍肆在之内，长不

五　还，短不促（足）；车行人道依旧〔通〕……

六　了。贰主和同立卷（券）。券成之后，〔各不得返悔〕。〔悔〕者壹罚贰，入

七　〔不〕悔者。民有私要，要〔行二主，各自〕署名为信。　以息阿丰｜手不解｜书[六]　以至节为｜明

八　　　倩书　张　武　□

九　　　时见　刘　德　□

十　〔临坐〕□　〔下残〕

【注】

〔一〕《文物》一九六〇年第六期新疆维吾尔自治区博物馆《新疆吐鲁番阿斯塔那北区墓葬发掘简报》第二十页，原题《赵怀愿买舍文约》。阿斯塔那三〇一号墓出土。亦见《吐鲁番出土文书》第四册第一四五—一四六页，59TAM301：15/4—3。原题《唐西州高昌县赵怀愿买舍券》。按：此为卖舍券，业主为田阿丰，故改题。同墓所出文书兼有麹氏及唐代，其有纪年者为唐贞观十七年（六四三）。

〔二〕日，本券纪年已残，只存一「日」字。简报说：「从四界中『南共赵怀满分垣』来看，与上一件租约年代相近。」租约即《唐贞观十七年（公元六四三年）赵怀满秭（租）田契》。「秭」亦释作「耕」。

〔三〕息阿丰：为田刘通之媳，姓丰氏，故叫阿丰。

〔四〕坘（音同欧）：同「区」。谓房屋、住宅，犹间、所。

〔五〕……天，下至皇泉，当作「上至青天，下至黄泉」。此类文字多见于明器买地券，在人间的正式契约文字中极少见。

〔六〕至节，当作「指节」。

二五二　唐永徽元年（六五〇）高昌范欢进买奴市券[一]

〔永徽〕元年七月廿四日[二]，校尉[三]张〔怀〕……
……〔得〕赏口壹人奴，其人……
……已付火长[四]范欢〔进〕……
……情愿讫〔永〕……
……日还练使了……
……文入奴主……
……练使了……
〔后缺〕

【注】

〔一〕《吐鲁番出土文书》第五册第一〇八页。阿斯塔那三三七号墓出土，60TAM337：11/10。原题《范欢进买奴契》。

〔二〕永徽，唐高宗年号。

〔三〕校尉，武官名。《通典》卷三四《职官》十六《武散官·诸校尉附》：「大唐采前代诸校尉以下旧名，置自镇军将军以下为武散官。」

〔四〕火长，下级兵长。《新唐书》卷五〇《兵志》：「士以三百人为团，团有校尉；五十人为队，队有正；十人为火，火有长。火备六驮马。」

二五三　唐龙朔元年（六六一）高昌左憧憙买奴市券[一]

龙朔元年五月廿三日[二]，高昌县崇
化乡人前庭府卫士左憧憙[三]交用
水练陆疋[四]，钱伍文，柳中县五道乡蒲
昌府卫士张庆住边买奴壹人[五]，
字申得，年拾伍……不……奴及

六　练到日交相付……

七　叁日得悔。……

八　者，〔仰〕

九　为信。（押）

〔后缺〕

【注】

〔一〕《吐鲁番出土文书》第六册第四一〇页，阿斯塔那四号墓出土，64TAM4：44。原题《左憧憙买奴契》。

〔二〕龙朔，唐高宗年号。

〔三〕前庭府，唐驻高昌县的军府名称。《旧唐书·地理志三》：「西州中都督府，本高昌国。贞观十三年，平高昌，置西州都督府，仍立五县。」其中有高昌县。《元和郡县图志》卷四〇《陇右道下·西州》：「前庭县：贞观十四年置高昌县，取旧高昌国为名也。天宝元年改为前庭县。」高昌县原为汉车师前王之庭，因之在唐前期驻府兵，即用「前庭」之名。卫士，即「府兵」。唐行府兵制，士卒从军府所在地的壮丁中挑选，二十一岁入军，六十岁免役。其任务为轮流宿卫京师或戍守边地。

〔四〕水练，白色熟绢。以水煮之使熟，故称水练。

〔五〕「柳中县」至「张庆住」：谓「柳中县五道乡人充驻蒲昌军府卫士张庆住」。蒲昌、柳中为西州所领五县之二县。原契「柳中县」上脱一「从」或「于」字。

二五四　唐高昌赵荫子等博牛券[一]

一　……………………………〔卫〕士赵荫〔子〕

二　……………壹头牛，捌岁………用……

三　…………后有人寒盗识……

四　………内不食水草，任还本……

五　………保集日，别立市劝（券）[二]。两和……

六　………两本，各捉壹本。

七　　博牛人[三]赵荫—子—　—

八　　………王胡子—　—　—

九　□□人汜玄亮——　——
十　……张相—信—
一一　………□□绪—　—
一二　…〔人〕赵慈—恩—
一三　……人同闬城人—赵—……

【注】

[一]《吐鲁番出土文书》第六册第一八〇—一八一页，阿斯塔那三一七号墓出土，60TAM317:30/6(a)、30/10(a)。本件另面中央有契合字的左半（略）。第一七五页《阿斯塔那三一七号墓文书》说明：「本墓为合葬墓，出有《唐龙朔二年赵绪丰墓表》。文书出自男尸纸鞋，均缺纪年，年代当不晚于龙朔二年（公元六六二年）。」

[二]市券，官契。《唐律疏议·杂律·诸买奴婢马牛驼骡驴》条曰：「诸买奴婢、马牛驼骡驴，已过价，不立市券过三日，笞三十，卖者减一等。」

[三]博，交易、换取。《古今韵会举要·药韵》：「博，贸易也。」《诗词曲语辞汇释》卷五：「博，犹换也。」

二五五　唐总章元年（六六八）高昌张潘埴卖草契[一]

一　总章元年六月三日[二]，崇化乡人左憧憙交用银
二　钱肆拾[三]，顺义乡张潘埴边取草玖拾韦[四]。如到
三　高昌之日不得草玖拾韦者[五]，还银钱陆拾文。
四　如身东西不到高昌者[六]，仰收后者别还。若
五　草好恶之中，任为左意。如身东西不
六　在者，一仰妻儿及保人知（支）当。两和
七　立契，获指为信。如草□高昌□。
八　　　钱主左
九　　取草人—张—潘—埴
　　　— — —
十　保人竹阿阇利

一一　保人樊曾□　——

一二　同伴人和广护

【注】

[一]《吐鲁番出土文书》第六册第四二四—四二五页，阿斯塔那四号墓出土，64TAM4:32。原题《左憧憙买草契》。

[二]总章，唐高宗年号。

[三]拾，原注[一]：「此字原作『於』，从下读；后又改为『拾』，从上读，其下省一『於』字。」

[四]韦，原注[二]：「原件如此，难以辨识，是草的量词。」当释作「韦」、「围」。

[五]玖，「玖」下脱一「拾」字。

[六]高昌，高昌县城。崇化乡、顺义乡皆属高昌县。此契当是左憧憙买张潘塠之草，张包运至县城交货者。

二五六　唐咸亨四年（六七三）康国康乌破延卖驼契[一]

一　咸亨四年十二月十二日[二]西州前庭府队正〔杜〕[三]……

二　交用练拾肆疋[四]，于康国兴生胡康乌破〔延边〕[五]

三　买取黄敦（骢）驼壹头，年十岁。其驼及练〔即〕

四　交想（相）付了。若驼有人寒盗〔忍佫〕（呵盗认名）

五　者，一仰本主及保人酬（承）当，杜悉不知。叁日

六　不食水草，得还本主。[六]待保未集，且立

七　私契；保人集，别市契[七]。两和立契，获指

八　〔为〕验。

九　驼主康乌破—延— —

十　买驼人杜

一一　保人都护人敦

一二　保人同乡人康—莫遮— —

一三　　知见人张轨端

【注】

〔一〕《吐鲁番出土文书》第七册第三八九—三九〇页。阿斯塔那三五号墓出土，64TAM35：21。原题《西州前庭杜队正买驼契》。

〔二〕咸亨，唐高宗年号。

〔三〕前庭府队正，前庭府即驻高昌的军府。队正为下级武官，管五十人。参看本书前引《范欢进买奴市券》注〔四〕。

〔四〕用练，以练支付契价。唐代汉蕃交易不得以金货，通行以物易物之制，故此契为练、牛交易之契。《唐六典·户部·郎中》卷三：「凡有互市，皆为之节制。」注：「诸官司互市，唯得用帛练、蕃彩，自外并不得交易。其官市者，两分练、一人蕃彩，若蕃人须籴粮食者，监司勘酌其数，与州司相知，听百姓将物就互市所交易。」

〔五〕康国，西域国家，为昭武九姓之一。唐永徽时（六五〇—六五五），以其地为康居都督府。其地当在今中亚撒马尔罕北。兴生胡，即「商胡」。参看本书下录《升元二十一年康思礼券》注〔五〕。

〔六〕叁日不食水草，得还本主，此为关于买主的权利规定。《唐律疏议》卷二六《杂律·买奴婢牛马立券》：「买奴婢马牛驼骡驴等依令，并立市券。……若立券之后，有旧病，而买时不知，立券后始知者，三日内听悔。三日外，无疾病故相欺罔而欲悔者，市如法。」

〔七〕私契、市契，同上《疏议》：「令无私契之文，不准私券之限。」又曰：「两和市卖，已过价讫，若不立券，过三日，买者笞三十，卖者减一等。」「别市契」当作「别立市契」。市契即「市券」，官契。

二五七　唐开元十九年（七三一）高昌商胡米禄山卖婢市券〔一〕

一　开元拾玖年贰月　　日，得兴胡米禄山辞〔二〕：「今将婢失满儿年拾壹，于

二　西州市出卖与京兆府金城县人唐荣〔三〕，得练肆拾疋。其婢及

三　练即日分付了。请给买人市券者。」准状勘责问口，承贱

四　不虚。又责得保人石曹主等伍人，欵保不是寒良诱

五　等色者。勘责状同，依给买人市券。

六　　　　　　练主

七　用西州都督府印　　婢主兴胡米禄山

八　　　　　　婢失满儿年拾贰

九　　　　　　保人高昌县石曹主年卌六

十　　保人同县曹娑堪年卌八
一一　　保人同县康薄鼻年五十五
一二　同元　　保人寄住康萨登年五十九
一三　　保人高昌县罗易没年五十九[四]
一四　　史
一五　丞上柱国玄亮[五]　　券
一六　　史竹无冬

【注】

[一]《文物》一九七五年第七期，新疆维吾尔自治区博物馆、西北大学历史系考古专业《一九七三年吐鲁番阿斯塔那古墓群发掘简报》图一七《准给唐荣买婢券》。同期王仲荦《试释吐鲁番出土的几件有关过所的唐代文书》第三七—三八页释文。王文又收入沙知、孔祥星编《敦煌吐鲁番文书研究》，释文见一四八—一四九页。

[二]辞，米禄山卖婢给唐荣后，为申请「市券」给唐荣，作为执照而上报的状辞。《唐六典·大府寺·京都诸市令》曰：「凡卖买奴婢、牛马，用本司本部公验以立券。」《唐律疏议·杂律·诸买奴婢马牛驼骡驴》条曰：「诸买奴婢、马牛驼骡驴，已过价，不立市券过三日，笞三十，卖者减一等。」市券就是官契。

[三]年拾壹，下作「年拾贰」。金城县，治今陕西兴平县。

[四]保人，王仲荦文曰：「婢主米禄山和保人石曹主、曹娑堪、康薄鼻、康萨登，从他们的姓氏来看，原籍当是昭武九姓部落。保人罗易没，原籍可能是吐火罗。不过他们中间，除了康萨登称『寄住』以外，其余已由于长期居住而成为西州高昌县百姓。」

[五]丞，丞、史，皆都督府属佐官，主市券事。参看《旧唐书》卷四四《职官志》三《州县官员》。

二五八　唐开元二十年（七三二）高昌田元瑜卖婢市券[一]

一　开元贰拾年捌月　　日，得田元瑜牒称：「今将胡婢绿珠年拾叁岁，
二　于西州市出卖与女妇薛十五娘，得大练肆拾疋。今保见集[二]，
三　谨连元券如前[三]，请改给买人市券者。」准状勘责状同，问
四　口承贱不虚。又责得保人陈希演等五人，款保上件人婢不
五　是寒良诐诱等色。如后虚妄，主保当罪。勘责既同，依给

买人市券。　练主
用州印[四]　婢主田元瑜
胡婢绿珠年十三
保人瀚海军别奏上柱国陈希演年卌二
保人行客赵九思年卅八
保人行客许文简年卌二
保人王义温年廿五
同元　保人行客张义贞年卅二
史
丞上柱国玄亮　券
史康登

【注】

[一]《中国社会经济史研究》一九八六年第二期，第六七—六八页。阿斯塔那五〇九号墓出土，73TAM509:8/4/3。

[二]保见，为保人和见人的合称，亦称保见人，即保证人。参见蒋礼鸿《敦煌变文字义通释·保人和证人》。

[三]元券，婢主田元瑜买胡婢绿珠时所立市券。即上手契。

[四]州印，西州都督府印。

二五九　唐开元二十一年(七三三)西州康思礼卖马契[一]

马一匹，骝敦[二]，六岁。
开元廿一年正月五日[三]，西州百姓石染典交用大练拾捌
疋[四]，今于西州市买康思礼边上件马。其马
及练即日各交相分付了。如后有人寒
盗识认者，一仰主、保知(支)当，不关买人之事。恐
人无信，故立私契，两共和可，画指为记。

七　　练主

八　　马主别将康思礼年卅四

九　　保人兴胡罗也那年卌[五]

十　　保人兴胡安达汉年卌五

一一　保人西州百姓石早寒年五十

【注】

[一] 一九七三年吐鲁番阿斯塔那唐墓出土文书，TAM509。又《文物》一九七五年第七期，王仲荦《试释吐鲁番出土的几件有关过所的唐代文书》第三七页释文。王文又收入沙知、孔祥星编《敦煌吐鲁番文书研究》，释文见第一四六——一四七页。此为卖契，契尾只有「马主」和「保人」署押，「练主」未署押可证。因此，原题《石染典买马契》不妥，今改。

[二] 骝，黑鬣黑尾红马。

[三] 开元，唐玄宗年号。

[四] 石染典，商胡，从安西到西州经商。石姓居今中亚锡尔河上流塔什干一带，为隋唐时昭武九姓之一。

[五] 兴胡，王仲荦文曰：「保人三个中两个是『兴胡』即商胡，一个是西州百姓。从他们的姓氏来看，除了罗也那可能是吐火罗人以外，安达汉等都是原来居住在阿姆河以北的昭武九姓部落。他们之所以能在买卖两方的交易中担任保人，说明了他们早已长期安居在安西和北庭或西州、瓜州等地。现在只能从姓氏上还能够知道他们的原籍而已。」

二六〇　唐开元二十一年（七三三）西州石染典买骡契[一]

一　开元廿一年二月廿日，石染典交用大练壹拾

二　柒疋[二]，于西州市买从西归人杨荆琬青

三　草五岁[三]，近人颊膊有蕃印并私印，远人

四　赙损。其骡及练〔即〕日交相付了[四]。　如后寒盗

五　有人识认，一仰主、保知，不关买人之

六　□□□□□〔故立私〕契为记。

〔后缺〕

【注】

[一]《吐鲁番出土文书》第九册第五〇页。阿斯塔那五〇九号墓出土，73TAM509：8/7。

[二] 练，白色的熟绢。

[三] 青草，青颜色的母驴。草，牝驴。

[四] 骙，同「驴」。《玉篇》马部：「骙，马类。」《康熙字典·马部》：「《集韵》：『郎侯切，音娄，马类。一日大骡。又凌如切，音闾，与驴同。』」

二六一　唐开元二十九年（七四一）于阗兴胡安忽娑卖牛契[一]

一　开元廿九年六月十日，真容寺于谌城

二　交用大练捌匹，买兴胡安忽娑乌柏

三　特牛一头[二]，肆岁。其牛及练即日交相

四　付了。如后牛有寒盗[三]，并仰主、保

五　知（支）当，不忓（干）买人之事。两主对面[四]，

六　画指为记。

七　　　　练主

八　　　　牛主安忽娑年卅（押）

九　　　　保人安失药年卅二

十　　　　见人公孙策

【注】

[一] 金祖同《流沙遗珍》二、三图版；二页录文。谓英人斯坦因获自于阗（今新疆和田）。亦见中国科学院历史研究所资料室编《敦煌资料》第一辑第四五六页。

[二] 兴胡，即「商胡」。金祖同云：「系部属名，与安胡、强汉、利汉等协称。」（《流沙遗珍》释文第三页）安忽娑，安国商人名。安国为昭武九姓之一，在今中亚布哈拉，唐置安息州。特牛，公牛。《说文·牛部》：「特，朴特，牛父也。」《玉篇·牛部》：「特，牡牛也。」

[三] 寒盗，王树枏《新疆访古记》释「寒盗」二字谓系当时俗语，言人贫寒而为盗者。金氏云：此说「似牵强过甚。《流沙坠简》方技类有治伤寒马医方，是寒谓寒疾，盗则被盗也。」（见《流沙遗珍》释文第三页）以上两说，金说近之。

［四］两主对面，面下当有「平章」两字。

二六二　唐天宝（七四四—七五八）敦煌行客王修智卖胡奴市券[一]

一　□行客王修智牒称[二]：「今将胡奴多宝载拾叁[三]

二　□惠温，得大生绢贰拾壹疋，请给买人市券者。」依

三　□安神庆等，款保前件人奴是贱不虚。又胡奴多宝甘心□

四　□修智，其价领足者。行客王修智出卖胡奴多宝与□□

五　□绢贰拾壹疋，勘责状同，据保给券，仍请郡印。□□□

六　□罪

七　　　　绢主

八　郡印　奴主行客王修智载陆拾壹

九　　　　胡奴多宝载壹拾叁（以上为二九八号，以下为二九九号）

十　保〔人燉煌郡〕百姓安神庆载伍拾玖

一一　保人行客张思禄载肆拾捌

一二　保人燉煌郡百姓左怀节载伍拾柒

一三　保人健儿王奉祥载叁拾陆[四]

一四　保人健儿高千丈载叁拾叁

一五　市令秀昂　给券[五]　史（以下残）

〔后缺〕

【注】

［一］《文物》一九七二年第十二期第六九页，敦煌文物研究所资料室《从一件奴婢买卖文书看唐代的阶级压迫》（施萍婷执笔）有图片和释文。后收入沙知、孔祥星编《敦煌吐鲁番文书研究》。本文件由两纸拼成，编号为：敦研二九八、二九九。各书题名不一，有作「市券副本」者，有作「市券公验」者。笔者认为，此文件是在立市券之前，由官府批准的先行文件。只能叫做「公验」。如《唐六典·太府寺·京都诸市令》曰：「凡卖买奴婢、

牛马，用本司本部公验以立券。」

〔二〕行（音同杭）客，加入商行的商人。牒，申请状文。

〔三〕胡奴，西域各族人为奴者之泛称。载拾叁，年十三。「载」为「年」和「岁」的别称。《书·尧典》：「朕在位七十载。」《尔雅·释天》：「载，岁也。夏曰岁，商曰祀，周曰年，唐、虞曰载。」据《唐大诏令集》卷四、《唐会要》卷八十五，唐天宝三年（七四四），改「年」为「载」。《唐大诏令集》卷九，肃宗乾元元年（七五八），又改「载」为「年」，称「载」前后凡十四年。据此，知本契订立时间应在天宝三载至至德三载（七四四—七五八）之间。本公验皆改年为「载」。

〔四〕健儿，也称「官健」，是唐府兵制破坏以后戍卒的通称。开元二十六年以后，各地边军以「健儿」代替府兵，又称「长征健儿」，或称「兵防健儿」。参看《唐六典》卷五、唐长孺《唐书兵志笺证》。

〔五〕市令，市令、史，皆为郡下佐官，主交易券事。参看《旧唐书》卷四四《职官志三·州县官员》。

二六三　唐乾元二年（七五九）高昌康奴子卖牛契〔一〕

一　驾牛咽（㹀）犍〔牛〕……牛捌岁

二　乾元元贰年正月十日〔二〕　　交用钱〔三〕

三　叁阡伍伯文，于康奴子边买取前件牛。

四　其钱及牛即立契日各交相分付。如

五　立契已后，在路有人寒盗认识者，一仰

六　牛主康奴子知，不□□□□。〔恐人无〕

七　信，故立此契〔为〕□。

八　　钱主□

九　　牛主〔康〕□子年五十二　———〔四〕

十　　保人妻康年卌八——

一一　〔保人〕□忠感年卅　———

一二　□□曹庭勖年卅四　———

一三　　　　□契人　高元定

【注】

〔一〕《吐鲁番出土文书》第十册第二四一至二四二页。阿斯塔那五〇六号墓出土，73TAM506：4/33。

〔二〕乾元元贰年：原〔一〕：「贰」上衍一「元」字。

〔三〕本行「日」字以下原空四个字距离，然后接写。

〔四〕牛主以下至曹庭勖四人均在年龄之旁画指节，即「画指书年」。钱主与书契人均未画指书年。

二六四　唐上元二年（七六一）高昌姚令奇卖牛契[一]

一　　黑犍牛壹頭伍岁

二　上元二年七月廿日六[二]，马寺尼法□□

三　遂于西州市买焉耆行□

四　前件〔牛〕，准作钱〔壹〕□

五　其钱及牛，即□交相分〔付〕□

六　〔若〕后有寒〔盗〕及有人识□

七　主、保知□，不关买人之事。□

八　〔不〕许□诲（悔），如有先〔诲者，罚〕□

九　壹阡伍佰文〔入不〕诲人。□□〔共〕□

十　面平章，画指为记。

一一　扶车人　辛□年卅　牛主　姚令奇年□□

一二　　　　保□

一三　　　　保□

一四　　　　〔保〕□

〔后缺〕

【注】

〔一〕《吐鲁番出土文书》第十册第二九〇页。阿斯塔那五〇六号墓出土，73TAM506：04/17。

〔二〕廿日六，当作「廿六日」。「日」字古上角「√」号应在「六」字右上角。原件「六」字以下字小墨淡，显系后补。

二六五　唐大历十六年（七八一）杰谢合川百姓勃门罗济卖野驼契〔一〕

野驼壹头，父，拾岁。

大历十六年六月廿一日〔二〕，杰谢合川〔三〕百姓勃〔门罗济〕

等，为役次负税钱〔四〕，遂将前件驼卖……

作驼〔价钱〕壹拾陆阡文。其钱及驼〔当日〕

〔交〕相分付了。后有识认，一仰〔卖主知当，〕

不关买人之事。官有政法，〔人从私卖，〕

两共平章，画指为记。

钱主

驼主百姓勃门罗济〔年六十五〕

保人勃延仰年〔卅五〕

保人勿萨踵年〔六十一〕

保人末查年〔卅一〕

保人讫罗捺年〔廿？五〕

保人偏奴年卅一〔五〕

保人勿苟悉年卅四

【注】

〔一〕张广达、荣新江《圣彼得堡藏和田出土汉文文书考释》（《敦煌吐鲁番研究》第六卷，二〇〇二年，二二一—二四一页。）本文书原断为两片，可以直接缀合，上部略残，下部全残。又文书系双语所写，正文于阗文与汉文间隔书写，第八行钱主以下于阗文写在汉文上方空白处。图版见《俄藏敦煌文献》第一七册，二八七页上、二八八页上。

〔二〕大历十六年，大历为唐代宗年号，止于十四年。其十六年为德宗李适建中二年，即公元七八一年。

〔三〕杰谢合川，原注：「从汉语的语序来看，合川或是杰谢镇下的小地名。

〔四〕为役次负税钱，原注：「税役钱」。

〔五〕偏奴，原注：原作「奴偏」，旁有倒乙符号，今正之。

二六六　吐番未年（八〇三？）敦煌尼明相卖牛契〔一〕

〔前缺〕

一　黑牸牛一头三岁，并无印记。

二　未年润（闰）十月廿五日，尼明相为无粮食及

三　有债负〔二〕，今将前件牛出卖与张抱玉，准

四　作汉斗麦壹拾贰硕，粟两硕。其牛及麦

五　即日交相分付了。如后有人称是寒道（盗）

〔中缺〕

（以上是斯五八二〇号卷的后半段，以下是斯五八二六号卷。）

六　认识者，一仰本主卖（买）上好牛充替。立契后

七　有人先悔者，罚麦三石，入不悔人。恐人无

八　信，故立此契为记。

九　　　麦主

十　　　牛主　尼僧明相年五十五

一一　　保人　尼僧净情年十八〔三〕

一二　　保人　僧空照（押）

一三　　保人　王忠敬年廿六

一四　　见人　尼明兼

【注】

[一]《敦煌宝藏》第四四册第四九一页，斯五八二〇号、斯五八二六号。又《敦煌资料》第一辑第二九五—二九六页。

[二]尼，女僧，信佛出家的女子。梵语称女僧为比丘尼，简称尼，俗称尼姑。北魏杨衒之《洛阳伽蓝记一·胡统寺》：「入道为尼，遂居此寺。」

[三]怙（音同系）：害怕。《玉篇·心部》：「怙，怖也。」此外用于名字。

二六七　吐番寅年（八二二？）敦煌报恩寺常住用驴博牛契[一]

一　紫犍牛壹头[二]，捌岁。　无印　买□〔下缺〕

二　寅年正月十八日，报恩寺常住为无牛驱使[三]，寺主僧

三　□如今将青草驴壹头[四]，柒岁，更贴细布壹疋，博

四　〔换〕□□□驿户□□恭〔紫犍牛〕。其牛及驴布等

〔后缺〕

【注】

[一]《敦煌资料》第一辑第二九二页，斯六二三三。原题《寅年常住易牛契》。又〔日〕东洋文库《敦煌吐鲁番社会经济资料集三·契约》（B）图版第四一页（2），又（A）录文第八〇页。

[二]紫犍牛，紫色阉过的牛。《玉篇·牛部》：「犍，犗也。」唐玄应《一切经音义》卷一三：「犗，以刀去阴也。」犍牛肥大强壮。第一辑释「犍」作「揵」，不妥。

[三]常住，僧、道的寺舍、什物、树木、田园、仆畜、粮食等，统称为「常住物」，简称「常住」。《文苑英华》八六五唐李吉甫《杭州经山寺大觉禅师碑铭序》：「远近檀施，或一日累千金，悉命归于常住，为十方之奉。」又寺观中的主事者亦称「常住」，即寺主僧。

[四]青草驴，青色的母驴。

二六八　吐蕃寅年（八二二？）敦煌令狐宠宠卖牛契[一]

一　　紫犍牛壹头，陆岁，并无印记。

寅年正月廿日，令狐宠宠为无年粮、种子，今将前件牛出买(卖)与同部落武光晖[二]，断作麦汉㪷(斗)壹拾玖硕[三]。其牛及麦当日交相付了，并无悬欠。如后牛若有人识认，称是寒盗，一仰主、保知(支)当，不忓(干)卖(买)人之事。如立契后在三日内牛有宿疢[四]，不食水草，一任却还本主。三日已外，依契为定，不许休悔。如先悔者，罚麦伍硕，入不悔人。恐人无信，故立私契，两共平章，书指为记[五]。其壹拾玖硕麦内粟三硕。和。

牛主令狐宠宠年廿九 ——

兄和和年卅四 ———

保人宗广年五十二 ———

保人赵日进年卌五 ———

保人令狐小郎年卅九 ———

【注】

[一]《敦煌宝藏》第十一册第一六〇页，斯一四七五号背面。又《敦煌资料》第一辑第二九〇——二九一页。

[二] 部落，敦煌地区居民的编制单位。王尧、陈践《敦煌吐蕃文书论文集》第十六页三、注释①：「宁宗部落，即《敦煌本吐蕃历史文书》中所列的六十一东岱之一的部落，属于伍茹的编制。吐蕃军队中这一东岱东一占领并驻守敦煌，将当地居民编入军队管辖范围，形成部落，是吐蕃当时奉行的政策。宁宗部落是其一。此外，见于汉藏文卷子的，还有上、下部落、僧尼部落、丝绵部落、行人部落、阿骨萨部落、悉董萨部落、撩笼部落、中元部落等名称。」划分部落时间在公元七九〇年。

［三］汉㪷：唐制量的单位之一。吐蕃占敦煌后，社会上行用两套度量衡系统，即唐制和吐蕃制。两种度量之间，交互使用，可以互换。

［四］宿疢（音同趁），暗疾，老病。「疢」亦作「疢」。《玉篇・疒部》：「疢，俗疢字。」《说文・疒部》：「疢，热病也。」《周礼・考工记・弓人》：「老牛之角紾而昔，疢疾险中。」郑玄注：「牛有久病，则角里伤。」

［五］书指为记，亦作「画指为记」。本契为单式卖契，又是典型的「画指书年」的契式之一，业主、同卖人和保人都画指书年。

二六九　吐蕃未年（八二七？）敦煌安环清卖地契[一]

宜秋十里西支地壹段，共柒畦，拾亩。东道，西渠，南索晟，北武再再。未年十月三日，上部落百姓安环清，为突田债负，不办输纳，今将前件地出买（卖）与同部落人武国子。其地亩别断作斛㪷[二]汉斗壹硕陆斗[三]，都计麦壹拾伍硕，粟壹硕，并汉斗。一卖已后，一任武国子修营佃种。如后有人忓扰识认，一仰安环清割上地佃种与国子。其地及麦当日交相分付，一无悬欠。一卖□如若先翻悔[四]，罚麦伍硕，入不悔人。已后若恩勅，安清罚金伍两[五]，纳入官。官有政法，人从私契。两共平章，书指为记[六]。

地主安环清年廿一　　母安年五十二

师叔正灯（押）

姊夫安恒子　　见人张良友

【注】

[一]《敦煌宝藏》第十一册第一五九页，斯一四七五号背面。又《敦煌资料》第一辑图四及二九三—二九四页释文。

[二]斛㪷：即「斛斗」，计算粮食的量器，因之亦作粮食的代称。如《旧唐书·食货志下》：唐德宗建中三年（七八二）九月，户部侍郎赵赞上言：「请于两都并江陵、成都、扬、汴、苏、洪等州府，各置常平。……唯贮斛斗、疋段、丝麻等，候物贵则下价出卖，物贱则加价收籴，权其轻重，以利疲人。」又如《唐会要》八三《租税上》：「小户本钱不足，任纳丝绵、斛㪷。」

[三]硕，同「石」，量词，相当于十斗。

[四]翻悔，亦作「返悔」。

[五]安清，当作「安环清」。

[六]书指，原作「画指」，源于「画指书年」。后讹为「书指」。

二七〇　吐蕃猪年丝绵部落李天昌兄弟卖房基契[一]

猪年夏，丝绵部落李天昌兄弟二人之房基与王光英毗连。光英兄弟从天昌兄弟处以青稞两汉硕和粟米两汉硕，共四汉硕（作为购置房基之地价），按照过去商谈，已向天昌兄弟全数纳清。天昌一方立契人和证明人为毕顺子、梁兴子、刘英诺、宋平诺等在契约上盖印。购房之粮食，由幼弟谢国乃经手，国乃盖印。

【注】

[一]王尧、陈践《敦煌吐蕃文书论文集》第二十八—二十九页：二、译文：P.T.1086。《猪年购房基契》。这是一件原在敦煌分部落之后产生的吐蕃文契，出于丝绵部落。

二七一　唐大中五年（八五一）敕内庄宅使牒[一]

一　敕内庄宅使牒

二　万年县浐川乡陈村安国寺金经　□壹所[二]，计估价钱

三　壹伯叁拾捌贯伍伯壹　□文。

四　　舍叁拾玖间，杂树其（共）肆拾玖根[三]，地壹□亩玖分。

五　　庄居东道并菜薗，西李叔和，南龙道，北至道。

六　牒：前件庄准　敕出卖。勘案内　□正词状，请买价钱，
七　准数纳讫。其庄□　巡交割分付。仍帖买人知[四]，任便
八　为主。　□要有回改，一任货卖者奉　　使判　□者。
九　准判牒知，任为凭据者。故牒。
十　　判官内仆局丞彭　□
一一　　副使内府局令赐绯〔鱼袋〕刘行宣
一二　　使兼鸿胪礼宾等使特进知□□田绍宗[五]
一三　其价钱并人门悉是僧正言衣□　出[六]，并不忏同学门
一四　徒亲情等事。其正词即　　□俗名。从大中三年四月
一五　一日创造堂内　　□德壹拾叁事，并綵画两壁及砖
一六　座　　□綵赤白兼，上安鸱尾，修赎经藏等，　　□陆
一七　伯贯文。内壹伯贯文外施，余并□　　自出。又修塔及
一八　碑堂、北院砖堦、隔□　　　等，计当钱贰伯贯文，并是僧
一九　正言□
二十　又院内祖婆父并同学等　　　□壹所
二一　　大中五年正月十五日承袭　　　　　记
二二　　同学净真　同学常益　　　　　正信
二三　俗弟子李自迁[七]高行　　　　方

【注】

[一]《金石萃编》卷一一四。跋：「石横广四尺四寸五分，高二尺二寸八分。二十五行，行十四字。正书。在西安府学元秘塔碑阴。」按：唐朝管理政府官庄的官吏，称为庄宅使、宫使、宫苑使。管理皇帝私庄的中官，称为内庄宅使、内园使、内宫苑使。《金文录补》：「右牒题云：《敕内庄宅使牒》。按：万年为京兆府畿县。《长安志》：「万年有洪固、龙首、少陵、白鹿、薄陵、东陵、苑东七乡，面（而）无浐川乡。」安国寺在皇城外朱雀街东第一坊，为睿宗藩邸旧宅。景云元年（七一〇）立为寺，以所封安国为名。原属万年治内。此牒系安国寺僧正言出价承买，后列俗弟子姓名，若今之市券也。当时十六宅各有庄地，以内官主之，所谓庄宅使也。」钱大昕《潜研堂金石文跋尾》：「右《敕内庄宅使牒》一通。牒尾列衔者，曰判官内仆局丞彭□，曰副使内府局令赐绯□□刘行宣，曰使兼鸿胪礼宾等使特进知□□田绍宗。考《唐书·百官志》，内府局令正八品下，内仆局

丞正九品下，皆属内侍省。而内庄宅使之名，则《百官志》无之。盖唐自中叶以后，内侍用事，所设曹局繁多，史家不能悉载。《宋史·职官志》：唐设内诸司使，悉拟尚书省，如京仓部也，庄宅屯田也，皇城司门也，礼宾主客也，虽名品可效，而事任不同。（王旦语。）然宋以如京庄宅为武臣叙迁之衔，与唐制又异矣。牒后述僧正言出钱创造堂内彩画两壁，修赎经藏诸事，凡九行。大中五年正月十五日记。《金石文字记》以为六年四月者，误也。此文刻于大达法师塔碑之阴，正言即大达之弟子也。塔铭柳书行世，而碑阴推拓者少。予近始购得之。」牒，唐朝官府对官、私人等卖买土地、奴婢等财产的批准文件。参看本书下录《唐元和九年乔进臣买德地砖牒》[九]。

[二] 万年县浐川乡陈村安国寺，参看注[一]。又王昶跋：「《长安志》：浐水在万年县，东北流四十里，入渭。碑称『浐川乡陈村』，此乡必以浐水所经得名。《长安志》已不载，此乡则当在唐时四十五乡之内。毕制府《长安志注》，历引诸碑所载古乡名村名，而不及此，亦可以广所未备也。」

[三] 其肆拾玖根，「其」当作「共」。

[四] 怗买人，当作「帖买人」。帖，典押。

[五] 自「万年县」至「田绍宗」，为《敕内庄宅使牒》全文。此牒文分为两部分：自「万年县」至「北至道」，是业主为出卖产业而向官府写的诉状的内容摘要，其中包括了准备出卖的宅舍、田地的座落、数量、四至及其他附属财产等，还有预计的卖价。此申诉称为「投状」。官府据此勘案，一切属实，则予以批准，发给「文牒」，作为证明。此牒文自「牒」至「田绍宗」，为文牒批文。《唐律疏议·户婚中·妄认盗卖公私田》：「田无文牒辄卖买者，财没不追，苗子并入地主。」《通典·食货·田制下》开元二十五年令：「凡卖买（田地），皆须经所部官司申牒……若无文牒辄卖买，财没不追，地还本主。」唐朝前中期使用文牒，是对永业田和口分田的买卖施加限制。唐朝后期，均田制破坏，五代和北宋以后，已不存在均田制，但申牒之制却仍继续被沿用。这是因为此制的存在有利于官府对契税和田税的征收。因之当政者有意地使之保留下来。如《宋刑统》卷一三《户婚律·典卖指当论竞物业》：出卖典当田宅者，「皆得本司文牒，然后听之。若不相本问违而辄与及买者，物即还主，钱没不追。」

[六] 僧正言，即「比丘尼正言」。比丘尼，俗称尼姑。

[七] 自「其价钱」至「俗弟子李自迁」，王昶跋：「按：文云『不忏同学』。忏音干。《说文长笺》云：『忏』有『忏进』之意，故从『干』。此与《说文》训『极也』之义别。《新唐书·万寿公主传》：『无忏时事』，正与此同。后人直作『干』字矣。碑称同从师出家者为『同学』，俗家为俗弟子，皆始见此碑。至『院内祖婆父』，其称谓不可晓。」鸦尾，「鸦」同「鸱」。「鸦尾」即「鸱尾」，又称蚩尾、祠尾、鸱吻。为宫殿屋脊正脊两端的构件。旧题宋高承撰《事物纪原》卷八引吴处厚《玥箱杂记》：「海有鱼，虬尾似鸱，用以喷浪则降雨。汉柏梁台灾，越巫上厌胜之法。起建章宫，设鸱鱼之像于屋脊，以厌火灾，即今世鸱吻是也。」

二七二　唐大中五年（八五一）敦煌僧光镜赊买车钏契[一]

一　大中五年二月十二日[二]，当寺僧光镜，缘阙车小头钏壹交停事，
二　遂于僧神□边买钏壹枚，断作价直布壹伯尺，其
三　布限十月已后于儭司恒纳[三]。如过十月已后至十二月勾填，

四　更加贰拾尺。立契后，不许休悔；如先悔，罚布壹疋，入不

五　悔人。恐后无凭，答项印为验。（押）

负儭布人僧光镜（押）

见人僧龙心

见人僧智旼（押）

见人僧智恒达（押）

【注】

〔一〕黄永武主编《敦煌宝藏》，新文丰出版公司出版第十册第二一五页，斯一三五〇号。又中国科学院历史研究所资料室编《敦煌资料》第一辑第二八五页。原题《唐大中五年僧光镜负儭布契》。

〔二〕大中，唐宣宗年号。

〔三〕儭（音同衬），同嚫，布施。施捨财物给僧人。《南齐书·张融传》：「孝武起新安寺，僚佐多儭钱帛，融独儭百钱。」清翟灏《通俗编·货财·儭钱》：「作佛事者给僧直曰儭。」　儭司，佛寺中主儭事的部门。

二七三　唐大中六年（八五二）敦煌僧张月光博园田契[一]

一　〔宜秋平〕都南枝渠上界舍地壹畦壹亩，并墙及井水门前

二　〔道，张月光、〕张日兴两家合同共出入，至大道。东至张日兴舍平分，西至僧张法原薗及智通薗道，南至

三　〔张〕法原及车道井南墙。〔北〕至张日兴薗　智通薗道舍东开。又薗地参畦，共肆亩。东至张日兴薗。西至张达子道，南至张法原薗及子渠，并智通薗道，法原薗

四　□□墙下开四尺道，从智通舍至智通薗，与智通往来出入为主己。其法原薗东墙□□智通舍西墙，法原不许纥恡。北至何荣。又僧法原薗，与东无地分，井水共用。薗门与西车道

五　□分，同出入至大道。　又南枝下界地一段，叁畦，共贰拾亩。东至刘黑子及张和子，西至氾荣子庙。南至渠及周兴子，北至索进晟庙。

六　已上薗舍及车道、井水共计，并田地贰拾伍亩。大中年壬申十月

七　廿七日[三]，官有处分，许回博田地，各取稳便。僧张月光子父将上

八　件宜秋平都南枝渠薗、舍、地、道、池、井水，计贰拾伍亩，博僧吕
九　智通孟授葱同渠地伍畦，共拾壹亩两段。东至阎家及子渠，西至阎咄儿及建女道，南至子渠及张文秀，北至阎家。
十　又一段，东至阎家及麻黄，西至张文秀，南至荒，北至阎家。壹博已后，各自收地，入官措案为定，永
一一　为主己。又月光薗内有大小树子少多，薗墙壁及井水开道功直解，
一二　出买（卖）与僧吕智通。断作斛直，青草驴壹头，陆岁，麦两硕
一三　壹㪷，布叁丈叁尺。当日郊（交）相分付，一无玄（悬）欠。立契[三]，或有人
一四　忏恡薗林舍宅田地等，称为主记者[四]，一仰僧张月光子父知（支）当。
一五　并畔觅上好地充替，入官措案。上件斛直㪷驴布等，当日却
一六　分付智通。一定已后，不许休悔。如先悔者，罚麦贰拾驮入军
一七　粮，仍决丈（杖）卅。如身东西不在，一仰口承人知当。恐人无信，故立此契，用作
一八　后凭。薗舍田地主僧张月光『〇』保人男坚坚『〇』保人男手坚『〇』保人弟张日兴『押』
一九　男儒奴　侄力力　见人僧张法原（押）　见人于仏奴
二十　见人张达子　见人王和子　见人马宜奴
二一　见人杨千荣　见人僧善惠

【注】

[一]《敦煌宝藏》第一二八册，伯三三九四。又《敦煌资料》第一辑第二八六—二八七页。
[二]大中年壬申，当作「大中六年壬申岁」。
[三]立契，下脱「后」或「以后」等字。
[四]主记，与「主己」同。

二七四　丙子年（八五六）敦煌沈都和卖舍契[一]

一　慈惠乡百姓沈都和[二]，断作舍物，每尺两硕贰斗五升[三]，准地皮尺数，算著舍楱物
二　贰拾玖硕伍斗陆升九合五圭干湿谷米[四]。其舍及□，当日交相分付讫，并无

三　升合玄(悬)欠。自卖已后，一任丑挞男女收余居，世代为主。若右(有)亲因(姻)论治
四　此舍来者，一仰丑挞并畔(判)觅上好舍充替一院[五]。或遇恩敕大赦流行，亦
五　不在论理之限。两共对面平章为定，准格不许休悔。如若先悔
六　者，罚楼机绫一疋，充入不悔人。恐人无信，故立私契，用为后凭。
七　丙子年三月一日立契僧智进自手题之耳记也。
〔后缺〕

【注】

[一]北京图书馆藏，北图生字二十五号。又《敦煌资料》第一辑第二九八页。
[二]慈惠乡百姓，原作「慈惠百姓乡」。径改。
[三]每尺，每尺地皮的价钱。
[四]圭，量的单位。《汉书·律历志上》：「量多少者，不失圭撮。」李贤注引应劭曰：「四圭曰撮，三指撮之也。」又引孟康曰：「六十四黍为圭。」
[五]充替一院，应作「一院充替」。

二七五　唐乾符二年(八七五)敦煌陈都知卖地契[一]

一　厶坊东壁上空地一院[二]东西叁丈玖尺[三]，南北伍拾柒尺。
二　乾符二年乙未岁六月七日[四]，慈惠乡陈都知
三　为不稳便，将前件空地出卖与莫高
四　乡百姓安平子，断作价值

【注】

[一]〔日〕《敦煌吐鲁番社会经济资料集》三《契约》(B)图版第七三页(二)，又(A)录文第八二页，原题《唐乾符二年(八七五)六月七日慈惠乡陈都□卖地契》。亦见伯二五九五(一)，那波利贞《东亚经济论丛》三—二、四六页。
[二]厶(音同某)，同「某」。宋陆游《老学庵笔记》卷六：「今人书某为厶，皆以为俗从简便，其实古『某』字也。」《字汇·厶部》：「厶，与某同。」院，房屋围墙内的空地。

［三］叁，原释「参」，误。

［四］乙未岁，原释「乙未年」，误。

二七六　唐乾宁四年（八九七）敦煌张义全卖宅舍契（甲）[一]

一　永宁坊巷东壁上舍内东房子一口并屋木，东西

二　一丈叁尺五寸基，南比（北）贰丈贰尺五寸并基；东至张加闰，西至张义全，

三　南至氾文君，比至吴支□。又房门外院落地并簷□柱，东西

四　肆尺，南比一丈一尺叁寸；又门道地，南北二尺，东西三丈

五　六尺伍寸。其大门道三家共合出入。从乾宁四年丁巳

六　岁正月二十九日，平康乡百姓张义全为阙少粮用，遂

七　将上件祖父舍兼屋木出卖与洪润乡百姓令狐信通兄弟

八　都断作价直伍拾硕，内斛斗干货各半。其上件

九　舍价立契当日交相分付讫，一无悬欠。其舍一买

十　已后，中间若有亲姻兄弟兼及别人称为主已（记）者，

一一　一仰旧舍主张义全及男粉子、支子祇（支）当还替，不忓（干）

一二　买舍人之事。或有恩敕赦书行下，亦不在论理

一三　之限。一定已后，两不休悔；如有先悔者，罚麦叁拾

一四　驮[二]，充入不悔人。恐人无信，两共对面平章，

一五　故勒此契，各愿自押署，用后凭验。□信

【注】

［一］《敦煌宝藏》第三二册第九八页，斯三八七七背（二）。又《敦煌资料》第一辑第二八八—二八九页。又〔日〕《敦煌吐鲁番社会经济资料集》三《契约》，（A）录文第八三页，（B）图版第七七页。

［二］驮（音同堕），以马负载的计量单位。

二七七　唐乾宁四年（八九七）敦煌张义全卖宅舍契（乙）[一]

永宁坊巷东壁上舍东房子壹□　并屋木。东西壹丈叁尺伍寸〔并〕基，南北贰仗（丈）贰尺伍寸并基，东至张加闰，南至氾文君，西至张义全，北至吴翁□。又门外院落地，并簷櫨柱，东西肆尺，南北壹杖壹尺叁寸。又门道地，南北二尺，东西三丈陆尺五寸。其大门道　叁家合出入。从乾宁肆年丁巳岁正月拾贰日，平康百姓张义全，为缘阙小（少）粮用，遂将上件祖父舍兼屋木　出买（卖）与洪闰乡百姓令狐信通兄弟，都断作价直伍拾硕，内斛斗干货各半。其上件舍价　立契当日　交相分付讫，壹无玄（悬）欠。其舍〔一买〕已后，中间若有亲姻兄弟兼及别人称当为主者，一仰旧舍主张义全及男粉子，祇当还替，不忓买舍人之事。或有恩　敕赦书行不（下），亦不在论理之限。一定已后，两不休悔。如先悔者，罚麦贰拾硕充入不悔人。恐人无信，两共对面平章，故勒此契，各各亲自押署，用为后凭。

【注】

［一］《敦煌宝藏》第三二册第九八页，斯三八七七背（四）。又〔日〕《敦煌吐鲁番社会经济资料集》三《契约》（A）释文第八三页，（B）图版第七七页。

二七八　九世纪后期（？）敦煌阴国政卖地契[一]

……………………………………阴国政只是一身□

……………………………………动不得□□□

三 ……………………………………食不当□□□

四 ……………………………………其地断作乡□□□

五 …………………………………永世为业。其物及地□

六 □□〔分〕付讫，〔并无〕欠少。叔□〔阴国〕政百年□□□□

七 □□称为主者，一仰叔祇（支）当；并畔（判）觅上好地充替，如□

八 □已后，不许别房侄男寝（侵）劫。如若无辜（故）非理净论[二]，愿你

九 行天倾地陷。一定已后，更不许翻悔。如有再生翻悔，罚麦玖硕，

十 充入不悔之人。恐人无信，两共对面平章，故立私契，用〔为后〕

一一 〔凭〕。　地主叔阴国政一指节年一七十六

一二 同户侄阴再□[三]

一三 □……

一四 见人彭……

一五 见人何……

一六 见人耆寿[四]……

一七 节度押衙本乡[五]……

一八 河西管内都指挥使兼御史[六]……

【注】

〔一〕《敦煌宝藏》第一九册第七一页，斯二三八五。又《敦煌资料》第一辑第三〇四—三〇五页。

〔二〕净论，同「争论」。「净」通「争」。《战国策·秦》：「有两虎诤人而斗者。」注：「一作争。」

〔三〕同户侄阴再□，此侄非同卖人，因契文说：「阴国政只是一身。」亦非钱主，即买主。因末书「钱主」，而是书「同户侄」。此类人在《唐律》中称之为「房亲」。房亲在契上联署，是为了避免在买卖成交之后，发生亲族争财之事。《宋刑统》卷一三《户婚律·典卖指当论竞物业》引《唐元和六年（八一一）后来条理典卖物业敕文》：「应典卖倚当物业，先问房亲。房亲不要，次问四邻。四邻不要，他人并得交易。房亲着价不尽，亦任就得价高处交易。如业主、牙人等欺罔邻、亲，契帖内虚抬价钱；及邻、亲妄有遮恡者，并据所欺钱数与情状轻重，酌量科断。」

〔四〕耆寿，年老有才德者。亦指高寿，在乡中为人所尊敬者。

〔五〕节度押衙，节度使下属官员，掌仪仗侍卫。参看俞樾《茶香室四钞》十八《押衙》。

〔六〕河西，即河西道。《旧唐书》卷四〇《地理志三·河西道》：「贞观元年（六二七），分陇坻已西为陇右道。景云二年（七一一），以江山阔远，奉使者

艰难，乃分山南为东西道，自黄河以西，分为河西道。」本注：「此又从陇右道分出，不在十道之内。」都指挥使：官名，统兵将领。始置于唐末。《资治通鉴》卷二六九《后梁纪》四《均王乾化四年》：「吴都指挥使柴再用、米志诚帅诸将讨之。」胡三省注：「此都指挥使尽统诸将，非一都之指挥使。」

二七九　唐天复二年（九〇二）敦煌曹大行等换舍地契[一]

一　天成（复）贰年壬戌岁拾叁日[二]，赤心乡百姓曹大行

二　遂将前件舍地回换与洪润乡百姓令狐进通，取

三　同坊南壁上进通上□屋□两口，内一口无屋。东

四　西叁仗（丈）五尺，南比（北）一仗二尺并基。其舍准粮□□

五　斛㪷玖石[三]，内伍硕准折进通屋木，更肆硕当

六　日交相分付，一无玄（悬）欠。一定已后，其舍各自永为

七　主记。若有（后）有别人作主，一仰大行忔觅上好舍

八　充替。或有天恩赦流行，不在论理之限。共（两）共对

九　面平章，不许休悔。如先悔者，罚麦贰驮，入

十　不悔人。官有〔政〕法，人从此契，用为后凭。

【注】

[一]《敦煌宝藏》第三十二册第九九页，斯三八七七背面。又《敦煌资料》第一辑第三一一页。

[二]天成二年壬戌岁：天成为后唐明宗李亶的年号。天成二年（九二七）为「丁亥」而非「壬戌」。本契纪年有误。考令狐进通（或令狐信通），早则见于唐乾宁四年（八九七）《张义全卖宅舍契》，晚则见于丙子年（九一六年，后梁贞明二年）《王阿吴卖儿契》。本契仍以令狐进通为钱主，其年代似非后唐「天成二年丁亥岁（九二七）」，而应是唐昭宗「天复二年壬戌岁（九〇二年）」。本契之「天成」似为「天复」之误。拾叁日，上脱某月。

[三]斛㪷，即「斛斗」。此处意作「粮食」。

二八〇　丁卯年（九〇七？）敦煌张氏博换宅舍契[一]

一　丁卯九月十[二]……德于巷西壁张家舍内

二　……………………其舍两口并屋木全併
三　……………………有庑舍子、草迬（柱）子，并与
四　……………………再住地教叁伍尺剩[三]。幸德
五　……………………博换后，永世更不休悔。如
六　……………………充纳入　官。博换为定。
七　……………………后凭。舍主叔张怀义
八　……………………舍主张……
九　……………………舍主……
十　……………………〔禅门？〕法师广绍「广」
一一　……………………〔都〕头梁幸德

【注】

〔一〕〔日〕《敦煌吐鲁番社会经济资料集》三《契约》（B）图版第八一页（二），又（A）录文第八四页，伯二一六一（三）。

〔二〕丁卯，下脱一「岁」字。是年（九〇七年？）为唐哀帝天祐四年，亦后梁太祖（朱晃）开平元年。

〔三〕叁，原释「参」，误。

二八一　唐天复九年（九〇九）敦煌安力子卖地契[一]

一　□和渠地壹段两畦，共五亩。东至唐荣德，西至道、氾温子，
二　南至唐荣德及道，比（北）至子渠兼及道。又地壹段两畦，共贰
三　亩。东至吴通通，西至安力子，南至子渠及道，比至吴通通。
四　已上计地肆畦，共柒亩。曰：天复玖年己巳岁十一月七日[二]，洪润乡
五　百姓安力子及男擖搊等，为缘阙少用度，遂将本户口。
六　分地出卖与同乡百姓令狐进通，[三]断作价直生绢一疋，长肆仗（丈）。
七　其地及价当日交相分付讫，一无玄（悬）欠[四]。自卖以后其地永任进通
八　男子孙息侄世世为主记。中间或有回换户状之次[五]，任进通

九　抽入户内。地内所著差税河作，随地祇（支）当。中间若亲姻兄弟
十　及别人诤论上件地者，一仰口承人男擖搓兄弟祇（支）当，不忓（干）
一一　买人之事。或有恩　敕流行，亦不在论理之限。两共
一二　对面平章，准法不许休悔。如先悔者，罚上耕牛一头，
一三　充入不悔人。恐人无信，故立私契，用为后验。
地主安力子
〔后缺〕

【注】

［一］《敦煌宝藏》第三二册第一〇〇页，斯三八七七背面。又《敦煌资料》第一辑第三〇九—三一〇页。
［二］天复玖年，唐昭宗天复四年（九〇四）四月，改元天祐。八月，朱全忠杀昭宗，立哀帝，仍用天祐年号。天祐四年四月，朱全忠废哀帝自立，国号梁，建元开平。天复九年为中原地区梁开平三年。敦煌地处边远，当时仍用唐「天复」年号。
［三］口分地，亦称口分田，按人口分给的田地。唐行匀田制，丁男和十八岁以上的中男，各受永业田二十亩，口分田十八亩；老男、笃疾、废疾人等，各受口分田四十亩，寡妻妾各受口分田三十亩。如这些人为户主者，加授永业田二十亩，口分田二十亩。口分田不得买卖，在耕者死后即归还官府。《唐律》规定：百姓的口分田在由狭乡迁宽乡，或者卖充住宅、邸店、碾硙时，亦可出卖。（参看《唐律疏议》十二《户婚上·卖口分田》、《通典》卷一《食货二·田制下》）唐后期至五代时，均田制已破坏，土地买卖关系亦在发展。
［四］一无悬欠，〔日〕《敦煌吐鲁番社会经济资料集》三《契约》（A）录文第八四页释文脱「一」字。
［五］户状，即户籍，或称「户版」。登记户口和田地等重要财产。

二八二　丙子年（九一六）敦煌王阿吴卖儿契[一]

一　赤心乡百姓王再盈妻阿吴，为缘夫主早亡，男女
二　碎（岁）小，无人求（救）济，供急（给）依（衣）食，债负深圹（广）。今将福（腹）生
三　儿庆德，柒岁，时丙子年正月廿五日[二]，立契出卖与
四　洪润乡百姓令狐信通[三]，断作时价干湿共叁拾石。
五　当日交相分付讫，一无玄（悬）欠。其儿庆德自出卖与（以）
六　后，永世一任令狐进通家□□家仆，不许别人论

七　理。其物所买儿斛㪷[四]，亦□□。或有恩　敕〔流〕

八　行，亦不在论理之限。官有政法，人从私契。恐

九　后无凭，故立此契，用为后验。

【注】

[一]《敦煌宝藏》第三二册第九九页，斯三八七七号背面。又《敦煌资料》第一辑，第二九七页。

[二] 丙子年，本契别无纪年。买主为「洪润乡百姓令狐信通」。据第二二五页《张义全卖宅舍契》（甲）知，张卖宅舍，买主亦为「洪闰乡百姓令狐信通」，此两买主当是一人。而后者立契时间为唐乾宁四年（八九七），为丁巳年。在此期间的「丙子年」，先于「丁巳」的为唐宣宗大中十年（八五六），后于此年的为后梁末帝贞明二年（九一六）。本契上之「丙子年」约为梁之贞明二年。又令狐进通（即信通或其兄弟）于后唐天复九年（九〇九）曾买安力子地。此年亦近于本契丙子年（后梁贞明二年）。

[三] 令狐信通，下作「令狐进通」。

[四] 斛㪷，粮食的代称。

二八三　后梁贞明九年（九二三）敦煌留住卖奴契[一]

一　贞明九年癸未闰四月十[二]……乡□□

二　一人，年拾岁，字三奴，出□□〔慈惠〕乡百姓段□□，断作人价工绢□

三　疋半，一疋长叁丈八尺，幅阔壹尺九寸，堪暑大练。贰齿羊一口，……

四　准折绢半疋。其人及价当日交相分付，并无玄（悬）欠。中……

五　别人饰（识）认，称为主记者，仰留住觅于（？）年岁人充……

六　买了，世世代代永为段家奴仆。两共面对平章〔为定，准〕

七　法不悔。如若先悔者，罚麦拾驮，充入不悔人。恐〔人无信〕，

八　故勒此契，用为后凭。（押）

九　　　　　　　　出卖人都留住[三]

【注】

[一]〔日〕《敦煌吐鲁番社会经济资料集》三《契约》（B）图版第八六页（三），又（A）录文第八五页，伯357P1，潘重规《孔孟月刊》二五—一二、二。

〔二〕贞明九年，贞明只到七年（九二一）。九年（九二三）为龙德三年，也是后唐庄宗同光元年。癸未，下脱一「岁」字。

〔三〕都留住，原释「都头□」。

二八四　后唐清泰三年（九三六）敦煌杨忽律哺卖舍契[一]

〔前缺〕

修文坊巷西壁上舍壹所，内堂西头壹片，东西并基壹仗（丈）伍寸，南北并基壹仗伍尺。东至杨万子，西至张欺忠，南至邓坡山，北至薛安住。又院落地一蓧（条），东西壹仗（丈）肆尺，南北并基伍尺。东至井道，西至邓坡山，南至坡山及万子，北至薛安昇及万子。又井道四家停支（止）出入[二]，不许隔截。时清泰叁年丙申岁十一月廿三日[三]，百姓杨忽律哺为手头阙乏，今将父祖口分舍出卖与弟薛安子、弟富子二人，断作舍贾每地壹尺，断物壹硕贰㪷，兼屋木并枨，都计得物叁拾叁硕柒㪷。其舍及物当日交相分付讫，更无玄（悬）欠。向后或有别人识认者，一仰忽律哺祇当。中间如遇恩　勑大赦流行，亦不许论理。两共面对平间（章）[四]，准法不许休悔。如先悔者，罚青麦拾伍驮，充入不悔人。恐人无信，立此文书，用为后凭。田主兼字□。（押）

出卖舍主杨忽律哺　左头指

出卖舍主母阿张　右中指

同院人邓坡山（押）

同院人薛安昇（押）

见人薛安胜　（押）

见人薛安住　（押）

见人吴再住　（押）

二十　　见人押衙邓万延（押）

二一　　邻见人高什德

二二　（押）邻见人兵马使邓光俊　邻见人张威贤（押）

【注】

［一］《敦煌宝藏》第九册第六〇八页，斯一二八五。又《敦煌资料》第一辑第三一二—三一三页。

［二］停支（止）出入，停留或出入。

［三］清泰，后唐末帝李从珂年号。

［四］面对平间，当作「对面平章」。

［五］田主兼字，「田主」当是「钱主」或「舍主」，兼为「代书人」。

二八五　丁酉年（九三七）敦煌阴贤子买车具契［一］

一　丁酉年正月十九日，漠（莫）高乡百姓阴贤子，伏缘

二　家中为无车乘，今遂于兵马使氾金刚面上车

三　脚壹具并钏［二］，见过捌岁黰耕牛壹头［三］，准绢［四］

〔后缺〕

【注】

［一］《敦煌宝藏》第一三四册第九九页，伯四六三八号背（四）。又《敦煌资料》第二九九页。

［二］车脚，「车」上脱一「买」字。

［三］黰（音同真），黑貌。见《广韵》。

［四］准同「準」，折价。

二八六　后唐清泰四年（九三七）敦煌氾富川卖牛契［一］

一　清泰

二　三(四)年丁酉岁十二月[二]，洪闰乡百姓氾富川为家中力欠

三　小，田(填)纳两户地水七十亩[三]，全缘交(?)有定，母舍三口，两

四　家到面买(卖)六岁庚(耕)牛。全自相交却纳布，

五　凶自有布。如两相交却，还布得二疋者。如

六　先有者，还绢一疋。见人王骨子、见人阴买子、阴少儿。

【注】

[一]〔日〕《敦煌吐鲁番社会经济资料集》三《契约》(A)录文第八六页，斯二七一〇(二)。

[二]清泰三年，清泰元年为甲午(九三四)，三年为丙申(九三六)，丁酉岁当为清泰四年(九三七)。本契纪年有误。

[三]地水，是敦煌地区特有的称呼田产的专用名词，常见于敦煌文书中。亦称「田水」。这是因为敦煌地区的田地全靠渠水浇灌。离开渠水，田地就不能产粮。正因为田地与渠水是分不开的，所以出现了这样的称呼田产的名称。参看王永兴《隋唐五代经济史料汇编校注》第一编上第二〇七页。

二八七　后晋天福四年(九三九)京兆府韩勋卖宅契[一]

天福四年二月二十日[二]，买得安□界茉市南壁上韩勋□壹所，准作价钱肆□(缺)□如后：北至官街，东至草场，南至通城巷，西至太庙院。

卖宅人殿前丞旨韩勋年二十五　同卖宅人弟□〔下缺〕

同卖宅人母吴氏年五十八　保人前内侍省内常〔下缺〕

保人银青光禄大夫检校工部尚书康□〔下缺〕

庄宅牙〔下缺〕

【注】

[一]《金石萃编》卷一百二十一《五代三》。后周广顺三年《广慈禅院残牒》附录。跋：「碑(包括牒和契)上下残缺，高二尺七寸，广二尺六寸五分。两截书，行数字数无考，行书。在咸宁县。」又跋：「按碑残缺，第四行顺上一字不可见。牒尾署衔有『宣徽南院使判军府事袁』者，袁襄也。襄于广顺二年十月由宣徽南院使权知永兴军府事，见《旧史·周太祖纪》。此碑后列天福四年卖宅人姓氏。天福为晋高祖建元，盖刻碑时追书其事。

犹显德二年（公元九五五年）永兴军牒附书广顺二年重修水磨寺僧名也。」按：永兴军，五代汉置，宋因之，亦称京兆府。

〔二〕天福，后晋高祖石敬瑭年号。

二八八　后周显德三年（九五六？）敦煌宋欺忠卖舍契[一]

叁年丙辰岁十一月廿八日[二]，兵马使张骨子为无屋舍，遂买兵马使宋欺忠上件准尺数舍居住。断作舍价物，计斛㪷（斗）陆拾捌硕肆㪷（斗），内麦粟各半，其上件舍价物，立契日并舍两家各还讫，并无升合欠少，亦无交加。其舍一买后，任张骨子永世便为主记居住。中间或有兄弟房从及至姻亲忓恡，称为主记者，一仰舍主宋欺忠及妻男邻近稳便买舍充替，更不许异语东西。中间若有恩敕，亦不在论限。人从私契[三]。一买已后，更不许休翻悔。如先悔者，罚黄金叁两，充入官家。恐后无凭，故立此契，用为验耳。

舍主兵马使宋　　见人兵马使兼乡官李

〔后缺〕

【注】

〔一〕《敦煌宝藏》第一二七册第四六二页，伯三三三一。又《敦煌资料》第一辑第三〇〇—三〇一页。原题《张骨子买宅舍契》。此为卖契，故改题。

〔二〕叁年丙辰岁，《敦煌资料》第一辑第三〇〇页本契题解：「按此件契约写明『叁年丙辰』，唐五代三百多年中，年号三年而又逢丙辰者，只唐昭宗乾宁三年（八九六）及后周世宗显德三年（九五六），此件恐是乾宁三年或显德三年的契约。」

〔三〕人从私契，上当有「官有政法」句。

二八九　丙辰年（九五六）敦煌氾流□卖铛契[一]

一　丙辰年十二月十八日，神沙乡百姓兵马使氾流……
二　斗伍升铛壹口[二]，出卖与赤心乡百姓吕员〔住〕……
三　作铛价麦粟叁拾硕。其铛沽鲁客……
四　□□铛价，偿还叁岁㹀牛壹头[三]。其㹀……
五　…………………………员住麦两硕。两共对〔面平章〕
六　…………………………………先悔者，罚……
〔后缺〕

【注】

[一]《敦煌资料》第一辑第三〇二页，北图图字十四号。
[二]铛（音同撑），釜属，三足。《世说新语·德行》：「吴郡陈遗家至孝，母好食铛底焦饭。」
[三]㹀牛，母牛。㹀，雌性的牲畜北朝魏贾思勰《齐民要术》六《养牛马驴骡》：「陶朱公曰：『子欲速富，当畜五㹀。』」注：「牛、马、猪、羊、驴五畜之㹀。」

二九〇　丁巳年（九五七）敦煌唐清奴赊买牛契[一]

一　丁巳年正月十一日，通颊百姓唐清奴[二]，为缘家中欠
二　少牛畜，遂于同乡百姓杨忽律元面上买伍
三　岁耕牛壹头，断作价直生绢一疋，长叁丈
四　柒尺。其牛及价当日交相分讫为定[三]。用
五　为后凭[四]。（押）其绢限至（戊）午年十月[五]，利头填还。若于时限不还者，看乡元生利[六]。
六　　　　买牛人唐清奴（押）
七　　　　买牛人男定山（押）

八　知见人宋竹子（押）

【注】

[一]《敦煌宝藏》第一三三册第七三页，伯四〇八三。又《敦煌资料》第一辑第三〇三页。

[二]通颊，下脱一「乡」字。

[三]分讫，「分」下脱一「付」字。当作「分付讫」。

[四]用为后凭，此句前有脱文，当有「共立此契」等句。

[五]其绢限至戊午年十月，此为赊买文字，与本契前面所说「牛及价当日交相分讫」不一致。可能是在立契之后，买主临时发生经济困难所致。「用为后凭」下有押。再下之文字为「批凿」可证。

[六]自「时限」以下批在「十月」等字的右侧。

二九一　后周显德四年（九五七）敦煌吴盈顺卖地契[一]

南沙灌进渠中界有地柒畦，共叁拾亩。东至官薗，西至吴盈住，南至沙，北至大河。于时显德肆年丁巳岁正月廿五日立契[二]，燉煌乡百姓吴盈顺伏缘上件地水田苻，往来施功不便[三]，出卖与神沙乡百姓琛义深，断作地价每尺（亩）两硕，干湿中亭[四]，生绢伍疋，麦粟伍拾贰硕。当日交相分付讫，并无升合玄（悬）欠。自卖已后，永世琛家子孙男女称为主记为准[五]。有吴家兄弟及别人侵射此地来者[六]，一仰地主面上，并畔觅好地充替。中间或有恩赦流行，亦不在论理之限。两共对面平（章）为定[七]。准法不许休悔。如若先悔者，罚上马壹疋，充入不悔人。恐人无信，故立斯契，用为后验。（押）

【注】

[一]（日）《敦煌吐鲁番社会经济资料集》三《契约》（B）图版第一〇五页（一），又（A）录文第八八页，伯三六四九背（三）。

[二]丁巳岁，原释「丁巳藏」误。

[三]地水，是敦煌地区特有的称呼田产的专用名词。参看本书前引《后唐清泰四年氾富川契》注〔二〕。施功，原释「施行」误。

[四] 中亭，平均，平妥。

[五] 为准，原释「为唯(后)」，属下句。

[六] 侵射，侵求。射，追求，求取。《宋史·蒋偕传》：「给券诣京师射取钱货。」

[七] 平为定，平下脱一「章」字。

二九二 后周显德四年(九五七)敦煌窦飃飒卖地契[一]

一 菍东渠中界有地柒畦，共叁拾亩。东至河，西至道，南至沟，北至子渠。

二 于时显〔德〕四年丁巳岁正月廿五日立〔契〕[二]，燉煌乡百姓窦飃飒伏缘上件地水，佃

三 莳施〔功〕，往来不便[三]，

〔后缺〕

【注】

[一] 〔日〕《敦煌吐鲁番社会经济资料集》三《契约》(B)图版第一〇五页(1)，又(A)录文第八八页，伯三六四九背(三)。

[二] 显四年，显下脱一「德」字。正月廿五日立，立下脱一「契」字。

[三] 佃莳施：施下脱一「功」字。

二九三 五代敦煌姚文清买舍契[一]

〔前缺〕

一 出买(卖)与□□□

二 乡百姓姚文清，

三 断作舍贾(价)每

四 尺两石[二]，都计舍

五 物壹拾陆硕。

六 其物及[三]当日

七 交相分付，并无

玄（悬）欠升合[四]。自买〔已〕后，永世子孙世世男女作主，本家不得道东说西。后若房从兄弟及亲因（姻）论谨（竞）来者，为邻看上好舍充替。中间或有恩勅流行，亦不在论理知（之）限。两共对面平章为定。

〔后缺〕

【注】

〔一〕《敦煌宝藏》第四四册第三七六页，斯五七〇〇。又《敦煌资料》第一辑第三〇六—三〇七页。此契原件残缺，无年代。

〔二〕每尺，宅舍面积单位。

〔三〕其物及，下脱一「舍」字。

〔四〕升合（音同各）：均为量器单位。一升为十合。

二九四　隋大业六年（六一〇）临湘县陶智洪买地陶券[一]

一　维大业六年[二]，太岁在庚午，二月癸巳朔，廿一日癸丑，斩草没故道民陶智洪今居
二　长沙郡临湘县都乡吉阳里[三]，今寄巴陵郡湘阴县治下里中东崑太阳山买地
三　百亩[四]，东至甲乙，南至丙丁，西至庚辛，北至壬癸，中央戊己。东南西北堺域[五]，斩草定下，并柩上坐。
四　泪落下无众石，亡人年命寿尽，当还蒿里。地府官人、蒿里三老、墓乡右秩、左右冢候、丘丞、墓
五　伯、地下二千石、安都[六]武夷王、魂门监司、墓门亭长、山林将军、冥府吏等，今用故钱万万九千九百九十九
六　文买东阳山崑，卜其宅兆而安厝之。生属皇天，死属地泉。生死异域，勿使山神、土地五道趍走。
七　莖送之日[七]，不得更相鄣导[八]。天、地、水三官刓石为券[九]，张兼（坚）固、李定度明如奉行。冢成之后，勿
八　使里域真官呵问亡人犯座。毕事之后，千年不惊，万年不动。亡人安乐，子孙安隐（稳）。四时〔为信〕，□寿从
九　生人饮食，不得复连生人。女青制地，一如奉行。　女青照下。

【注】

[一]《文物》一九八一年第四期熊传新《湖南湘阴县隋大业六年墓》第四〇—四三页图一三，原券拓片照片。文曰：「原券于一九七二年出土于湖南湘阴县城关镇郊外一座砖室墓的「羡道内。长34、宽16.1、厚2.3厘米。陶质，火候尚高。正面边上刻花草纹，中间刻有十一行文字。行字不等。」传玺按：据原券拓片照，中间刻券全文共九行，而非十一行。释文据拓片・有的字迹不清或有误释。

[二]大业，隋炀帝年号。

[三]临湘县，秦置，治今湖南长沙市。隋开皇九年（五八九）已改为长沙县。

[四]湘阴县，治今湖南湘阴县西南。崑，同「冈」。《正字通・山部》：「崑，俗冈字。」

[五]堺，同「界」。《集韵・怪韵》：「畍，或作堺，亦书作界。」

[六]安都，都下当有「丞」字。「安都丞」为冥间官吏之一。

[七]莖，同葬。《直音篇・艸部》：「莖，与葬同。」

[八]导，同「碍」、「礙」。《集韵・代韵》：「礙，《说文》：『止也。』《南史》引《浮屠书》作导。」

〔九〕天地水三官，东汉末年，张角的太平道和张鲁、张修的五斗米道都奉天、地、水为「三神」，也叫「三官」。《三国志·魏书·张鲁传》注引《典略》：太平道、五斗米道等「作三通，其一上之天，著山上，其一埋之地，其一沉之水，谓之三官手书」。刓（音同玩）剜刻。《玉篇·刀部》：「刓，削也。」唐玄应《一切经音义》卷一三引《广雅》：「刓，镂也。」

二九五　武周延载元年（六九四）丹徒县伍松超买冢地砖券[一]

一　维大周延载元𠡦（年）八𠥱（月）壬子朔九𡆠（日）庚申[二]，润州丹徒县丰〔乐乡〕

二　丰乐里居住新安坊故人伍松〔超〕身谢天年[三]，今埊宅心乡堺

三　□西丙向[四]，埊下先人蒿里〔三〕老、左右承（丞）、墓伯、土下二千石、〔安都〕

四　〔丞〕、武夷王，买此冢埊，纵广五十亩，于中掘土，埊埋松超〔尸〕。

五　□□□万万九千九百九十〔九〕钱，即𡆠（日）使了。皆〔先〕语人立契，

六　〔不得〕使左右侵犯分堺。时人任见丙送（？）、张坚固、李定度。

七　〔酤酒〕□□〔各〕伴（半），共为券别。

【注】

〔一〕《文物》一九六五年第八期第五三—五四页，（镇江市博物馆）刘兴《武周延载伍松超地券》，附有拓片。此券于一九六四年二月发现于镇江市区西南阳彭山，砖质（已断为两截），有盖扣合。砖长 38.5、宽 18.5、厚 5.8 厘米。内涂以漆（？），刀刻楷书，刀锋隐约可见。券文七行，行字不等，共一四七字，其中有武氏新字十个。盖亦砖质，刻有「丰乐乡伍松超」楷书六字，字内涂朱。本书为了印刷之便，以下所收契约中的武氏新字一律改用普通汉字。

〔二〕延载，武则天称帝时的年号之一。武氏改国号为周。

〔三〕丹徒县，治今江苏镇江市。

〔四〕丙向，南方。《说文·丙部》：「丙，位南方。」

二九六　唐至德二载（七五七）南阳张公买地纸契[一]

一　维至二载[二]，岁次景酉朔

二　三月戊子[三]，南阳张公谨

三　以清酌之奠[四]，谨因今日今
四　时良功吉日，用钱五十千贯
五　文，帛练五十疋。谨于五土将军
六　买宅地一段，东西南北各廿步。其宅
七　上至黄天[五]，下至黄泉。一卖已后，不
八　得更相忏扰[六]。其契付五土将
九　军收领[七]

【注】

[一]《吐鲁番出土文书》第九册第二五四—二五六页。乌尔塘一号墓文书，71TWM1：2。原说明曰：本墓无墓志及随葬衣物疏。所出文书有纪年者，为唐至德二载（七五七）。乌尔塘在高昌故城北偏东约十二公里处。

[二]维至二载，至，至德省。载，年，详见本书前录《唐天宝年间王修智卖奴券》页注〔三〕。

[三]原注〔一〕：至德二载为丁酉。唐讳「丙」写作「景」，此处将「丁」作「景」，显误。按陈氏《朔闰表》，本年三月己酉朔无戊子。此必有脱误。

[四]南阳，郡、县名，治今河南南阳市。清酌，古代称祭祀用的酒。《礼·典礼》：「凡祭宗庙之礼，……酒曰清酌。」疏：「酌，斟酌也。言此酒甚清彻，可斟酌。」唐韩愈《昌黎集》卷二二《祭柳州李使君文》：「谨以清酌庶羞之奠，敬祭于故柳州李使君之灵。」

[五]黄天，当作皇天。

[六]忏扰，触犯。忏，通「干」。唐白居易《白氏长庆集》卷一四《和梦游春》诗：「危言诋阍寺，真气忏钩轴。」

[七]付五土将军收领，此为单式契约，五土将军为业主，当为出具事约的一方，钱主张公为收领契约的一方。买地券虚构情节，故会出现此类不合理的情况。

二九七　唐大历四年（七六九）天山县张无价买地木契[一]

一　维大历四年[二]，岁次己酉，十二月乙未朔，廿日
二　甲寅，西州天山县南阳张府君张无
三　价[三]，俱城安宅兆。以今年岁月隐便，今龟
四　筮协从[四]，相地袭吉。宜于州城前庭县界西北
五　角之原[五]，安厝宅兆[六]。谨用五綵杂信[七]，买地一

六　亩。东至青龙，西至白虎，南至朱雀，北至玄武。
七　内方勾陈[八]，分掌四域。丘丞墓伯，封步界
八　畔，道路将军，整齐阡陌。千秋万岁，永无咎
九　殃。若辄忓犯诃禁者，将军、庭帐(长)收付河伯。
十　今已牲牢酒饭，百味香新，共为信契。安厝已
一一　后，永保休吉。知见人：岁月主者；保人：今日直符[九]
一二　故气邪精，不得忓扰。先来居[十]，永避万里。若
一三　违此约，地府主吏自当其祸。主人内外安吉。
一四　急急如律令。

【注】

[一]《文物》一九七五年第七期，新疆维吾尔族自治区博物馆、西北大学历史系考古专业《一九七三年吐鲁番阿斯塔那古墓群发掘简报》。五〇六号墓出土。第二四页图二一为照片。又《吐鲁番出土文书》第十册第六—七页。73TAM506:05/(a)。题解曰：「本件朱书。背面横书『一人亥合』四字。」本文据《文书》本做了校订。

[二]大历，唐代宗年号。

[三]南阳，县名，属邓州，治今河南南阳市。为张无价原籍。张在西州为官上柱国。天山县在高昌县西，今托克逊东北。

[四]龟筮，占卦。古时占卜用龟，筮用蓍，视其象数以定吉凶。《书·洪范》：「龟筮共违于人，用静吉，用作凶。」

[五]前庭县，唐宝应元年(七六二年)以高昌县改名。

[六]安厝(音同措)，安葬。《文选》(晋)潘安仁(岳)《寡妇赋》：「痛存亡之殊制兮，将迁神而安厝。」(唐)李周翰注：「谓迁柩归葬也。」后亦指停放灵柩待葬或浅埋以待改葬。

[七]五彩杂信，五彩亦作「五采」、「五彩」，为青黄赤白黑五色。杂信，杂「信币」，即各种各样的彩礼。

[八]勾陈，亦作「句陈」、「钩陈」，星官名。共六星，在紫微垣内，最近北极。《晋书·天文志上》：「北极五星，钩陈六星，皆在紫宫中。」

[九]今日直符，今日的轮值主符神(鬼)。本日为甲寅，值符神名「别状」。直与「值」通。见《道藏》第一八册《女青鬼律》卷一。以下出现的值符，只注神名，不注出处。

[十]居，下脱一「者」字。

二九八　唐元和九年（八一四）范阳县乔进臣买德地砖牒[一]

一　元和九年九月廿七日[二]，乔进臣买

二　德地一段[三]。东至东海，西至山，南至

三　釰各，北至长城[四]。用钱九十九千九

四　百九文[五]。其钱交付讫。其得更不得忏

五　忺。如有忏忺，打你九千，使你作奴婢。

六　上至天，下至皇泉[六]。保人张坚故

七　　　保人管公明

八　　　保人东方朔[七]

九　　　见人李定度

十　涿州范阳县向阳乡永乐村敦义理

一一　南二里[八]　人乔进臣牒[九]

【注】

[一]罗振玉：《地券征存》。原题《乔进臣买地牒》。跋：券「高、广各一尺三寸一分，刻专上，十一行，行字不等。正书，左行」。

[二]元和，唐宪宗年号。

[三]德地，亦称德山、福地。指坟地。

[四]自「东至」至「长城」，叶昌炽《语石》卷五曰：「『釰各』当为『釰阁』之驳文。『山海』、『釼阁』、『长城』，极言其寥廓无界，纯为虚构之词。」

[五]九十九千，即「九万九千」。

[六]上至天，下至皇泉，当作「上至青天，下至黄泉」。

[七]东方朔，西汉武帝时人，官至太中大夫。性诙谐滑稽，善辞赋。至东汉时，传他为道人，姓金氏。《风俗通义·正失》王利器校注：《世说新语·规箴》篇注引《列仙传》：「朔是楚人，武帝时上书说便宜，拜郎中。宣帝初，弃官而去，共谓岁星也。」《开元占经》二三、《御览》五引《汉武故事》：「西王母使者至，东方朔死，使者曰：『朔是木帝精，为岁星，下游人中，以观天下。』」曹植《辨道论》：「夫神仙之书，道家之言，乃言傅说上为辰尾宿，岁星降下为东方朔。」

[八]涿州范阳县，今河北涿州市。

［九］牒，文牒。官府对官私人等卖买土地、奴婢等财产的批准文件。叶昌炽《语石》卷五：「末云『乔进臣牒』，亦不作『券』、『莂』字。」所以这样，是因唐朝行均田制，其买卖土地的私契必须写入辞状，送呈官府，申请文牒，才算合法。《通典·食货·田制下》，开元二十五年令：「凡卖买（田地），皆须经所部官司申牒。……若无文牒辄卖买，财没不追，地还本主。」此券称「牒」，意谓为「市券」。

二九九　唐开成二年（八三七）弋阳县姚仲然买墓地石券[一]

一　唐故将仕郎试洪州建昌县丞姚府君墓地

二　券一所[二]。信州弋阳县新政军如里姚仲然年七十七，

三　开成二年九月廿日[三]，因往南山采药，遇仙不回，

四　遂即致死。今买当乡地作墓，东至甲乙青龙，

五　南至丙丁五岳，西至庚辛白虎，北至壬癸奔

六　牛。当地价金银钱九万九千九百九十九

七　文。地主张坚固，保人李定度，见人东皇公、西

八　皇母。上至黄天，下至黄泉，所有金玉宝并

九　是亡人自收管。男来认为奴，女来认以

十　为婢。符到奉行。何人书？水中鱼。何人读？

一一　高山鹿。鹿何在？上高山。鱼何在？在深泉。急如律

一二　令　垅兮垅兮极也，哭兮哭兮止也。

【注】

［一］陈柏泉《江西出土地券综述》，《考古》一九八七年第三期第二二三页图一《唐开成二年姚仲然地券》。券正方形，石质阴刻，字十二行，行十六至十八字不等。

［二］将仕郎，散官名。隋置，为从九品文官阶。唐因之。建昌县，治今江西永修县西北艾城。县丞，从八品。

［三］开成，唐文宗年号。

三〇〇　唐大中元年（八四七）安喜县刘元简买地砖券[一]

一　维大中元年，岁次丁卯[二]，八月甲午朔廿一日甲寅□□

二　刘元简为亡考押□〔刘〕□□〔墓〕于定州安喜县[三]□

三　虞乡晖同村，于百姓乔元〔静边〕，用钱伍拾伍贯文[四]，买地

四　壹段，壹拾亩，充永业墓地[五]。东自至，西至吴侍御墓，

五　南自至，北自至。……卖地领钱

六　人乔元〔静〕……〔保〕人〔李〕□□、阎如岳。

七　东至青龙，西至白虎，南至朱〔雀〕，北至玄武，上至青天，

八　〔下至黄〕泉，并归刘氏。先有居者，远□万里。石券分明。

九　……知见人，岁月主者。一定以后，主人大富□。

【注】

［一］罗振玉：《地券征存》。原题《刘元简为亡考买地券》。跋：「专高一尺六寸五分，广九寸九分。九行，行字不等，正书。」据叶昌炽《语石》卷五校补。

［二］岁次，中国古代每年岁星所值的星次与其干支叫岁次。古以岁星纪年，也叫年次。岁星即木星。

［三］安喜县，今河北定县。

［四］贯，一千文（钱）。

［五］永业，唐朝行均田制，田分为永业田和口分田两类。永业田世代承耕，不在收授之限。永业田亦称世业田。此券之「永业墓地」谓「世业墓地」。

三〇一　唐大顺元年（八九〇）南昌县熊十七娘买地木券[一]

一　维大唐〔大顺〕庚戌九月甲申朔十三日丙申[二]，洪州南昌县敬德坊殁故亡人熊

二　氏十七娘[三]，□□□□□寿命已终，别无余犯。今用铜钱玖万玖阡（仟）玖

三　百玖拾玖贯□，□□□百疋，就蒿里父老、〔安〕都承（丞）、武夷王买得此地。

四　东至〔甲乙〕，西至〔庚辛〕，南至丙丁，北至壬癸，中央戊己，上至天苍，下至地碭。
五　□□□□□□□□□安葬熊氏十七娘神柩，尅用九月十三日归冢。
六　□□□□□□□□章光、玉堂、土伯凶殃，历罗府君，魂爽今下明堂，敕
七　□□□此地占土水□方园百里，藏上土历君侯、二千石不得呵止。
八　□□□人，有□□□□廓田有顷（？）亩，钱有千百。熊氏十七娘埋葬，谁敢
九　□□。立有四□□□注，墓舍四甬，道路将军主持步度。此地若
十　□□□□，退去千里，不得停留。证知
一一　□□□□□□□□□□□若有金银铜铁宝贝，悉属殁人掫有。
一二　□□□□□读□□□□□识朱书前券，死魂无乱。谁为书？
一三　〔水中鱼〕。谁为读？九□□□□□主人□人□□□万岁不得相关。
一四　〔急急如〕律令。□□□券。
□钱买得镇□□□□□□□□□。

【注】

〔一〕江西省博物馆《江西南昌唐墓》，《考古》一九七七年第六期第四〇二页该券释文，又图版拾贰（一）有该券照片。该券于一九七三年十一月中旬出土于南昌市北郊的一座唐墓中，为一略呈长方形木板。长42、宽37、厚3厘米。由于椁内胶结物粘着，残蚀严重，仅能辨认一部分墨书。

〔二〕大顺，唐昭宗年号。其庚戌年为大顺元年（八九〇）。

〔三〕南昌县，今江西南昌市。

三〇二　唐天复元年（九〇一）华阳县秦温买地石券[一]

维

大唐天复元年，岁次辛酉，十一月己卯朔，二十四日壬寅[二]。今有成都府华阳县灵关坊大道弟子秦温[三]，就当县界普安乡沙坎里，将信钱九万九千九百九十九贯文买地[四]，敬造千年之宅，万岁石城。今蒙就了，不敢不谘启，告天上、地下、土伯、山灵、地祇：左至青龙，右至白虎，前至朱雀，后至玄武[五]。今日封闹（封闭），诸神备守。温长生万岁，富贵长久。石人石契，不得慢临。若人吉宅，自有期（其）契。天番地倒，方始相会。今日吉良，告诸封闭。主人口口富贵高迁，子子孙孙永保万岁。急急如律令！

【注】

[一]《中国文物报》二〇〇六年三月八日第八版，台湾台北同庆堂施莉沙、蔡庆晖《从两块元代瓷券探寻『元青花』的足迹》。文曰：「此唐券当系一九四九年前成都地区出土，四川联合大学东区图书馆亦藏此石拓本。」

[二]年月日无讹，当是公历九八二年二月五日。

[三]华阳县，唐乾元元年（七五八）以蜀县改名，治今四川成都市。一九五二年撤销。

[四]信钱九万九千九百九十九贯文买地，原解说：「这里的九九九九九，应是指阴界的钱数，是一个虚数，而非实数。从以下的二块宋代买地券就可得到证明：宋代天圣十年（一〇三二）八月，并州的一块买地券：『大宋天圣十年岁次壬申，八月庚子朔，二十一日庚申，并州右厢开食店王信迁，奉上代父母，于阳曲县武台乡盈村税户白千处立契买到地一亩二分，置围两座，各长十一步，各阔九步，准作价钱九贯文，折计阴司钱九万九千九百九十九贯……卖地主白千，男白诚。』明道二年（一〇三三年）八月，并州的另一块买地券，也记录了墓主的家属购买这块墓地的情况：『明道贰年岁次癸酉，十月癸巳朔，八日庚子，陶美迁奉三世者主，在并州左第一厢大铁炉为活，买到阳曲县武台乡孟村百姓刘密地贰亩，准作价钱壹拾贰贯伍百文（市陌）。其地阳间并无差税，阴司东王公、西王母处，折钱九万九千九百九十九贯九文……』以上二块买地券，可以看出阳间用实价『九贯文』及『壹拾贰贯伍百文』买的地，都折合阴司的虚钱『九万九千九百九十九贯文』。也就是说，阳间不管用多少钱买地，都折阴司钱九九九九九贯文。大多数唐宋买地券上书写墓地的价钱时，往往只写：『仅（谨）用钱九万九千九百九十九贯文』等，这一习俗至元代也延用。」玺按：上述考证颇有参考价值。另有小小瑕疵述下：一、谓「另一块买地券也记录了墓主的家属购买这块墓地的情况」说，似不准确。其一，原买主为「并州右厢开食店王信迁」，后买主为「并州左第一厢大铁炉为活」陶美迁。两买主是否为「家属」关系，值得研究。其二，原买之墓地为「阳曲县武台乡盈村税户白千处立契买到地一亩二分」。后买之墓地为「阳曲县武台乡孟村百姓刘密地贰亩」。卖主的姓名、村名、亩积大小都不相同，是否可以判定两次买了同一家的同一块地？二、关于买地券上使用券价作九九之数的习俗，在元代之后仍存在，例如明代的买地券多有此例。可能使用的时期达于清代中期。

[五]青龙、白虎、朱雀、玄武，在买地券文中用「四灵」为四至，始见于魏晋时期。参看本书《买地券文广例》注释二一七。又本文原解说：「青龙、白虎、朱雀、玄武、勾陈分别是主管各个方位的神煞。宋代王洙等所纂集之《地理新书》，有一段文字说明若触犯这些神煞所引起的严重后果：『右，青龙，犯之，三年内害家长及子孙；朱雀，犯之，主县官文书、公讼争斗；白虎，犯之，主年内害子孙；玄武，犯之，散失钱财、盗贼』。当然如祭这些神，除了可免以上这些灾害，还能保佑子孙后代。」

三〇三　后唐天成四年（九二九）犀浦县钱氏买地石券[一]

一　维天成四年[二]岁次己丑，十一月丙寅朔五

二　日庚午，故钱氏地券。生居城邑，死安宅兆[三]。

三　龟筮叶从[四]，相地袭吉[五]。宜于犀浦县阳侯乡
四　巴州里之原安厝[六]。其地谨用五彩铜钱买
五　得[七]。东至青龙，西至白虎，南至朱雀，北至玄
六　武；内方勾陈[八]，分掌四域，丘承〔丞〕、墓陌〔伯〕，封步界
七　畔；道路将军，整齐阡陌。千秋万岁，永无殃
八　咎。诃禁之者，将军、亭长，收付河伯。今以牲
九　牢酒礼，百味香新，共为信契，财地交付。工
十　匠修茔安厝之后，永保贞吉。知见人，岁月
一一　主者；保人，今日直使。[九]故气邪精，不得忓恡。
一二　先有居者，永避万里。若违此约，地府主吏
一三　自当其祸。主人内外存亡安吉。急急如五
一四　帝女清律令十。

【注】

［一］本买地券为长方石版，高37厘米，广31厘米，十四行，行十六字。今藏四川大学博物馆。童恩正先生惠赠拓片。

［二］天成，后唐明宗李亶年号。

［三］宅兆，坟地，坟墓的四界。

［四］叶（音同协）：「协」的古文，和、合之意。

［五］袭吉，袭，合、调和；吉，吉利。

［六］犀浦县，今四川郫县东。宋废。

［七］五彩铜钱：各种铜钱。参看前录《唐大历四年张无价买地契》。买得，下脱买地数量。

［八］勾陈，星官名，在紫微垣内。参看前录《唐大历四年张无价买地契》注〔八〕。

［九］今日直使，即「今日直符」。庚午日，直符神名柴方。

［十］五帝，谓天上五方之帝。东方苍帝，名灵威仰；南方赤帝，名赤熛怒；中央黄帝，名含枢纽；西方白帝，名白招拒；北方黑帝，名汁光纪。见明孙瑴《古微书》九《春秋文耀钩》。

三〇四　南唐昇元二年（九三八）颍川郡陈氏尊买地木券[一]

一　维唐昇元二年[二]，大岁戊戌，月戊申朔五日壬子[三]，殁

二　故亡人颍川陈氏尊，六十九，天禄世

三　人开勘阴阳葬疏选栋，方用金银钱伍百贯，

四　宜于江都县同□界一所[四]，具四至如后：

五　东至甲乙青龙，西至庚辛白虎

六　南至丙丁朱雀，北至壬癸玄武。

七　勾陈[五]分掌四至至九

八　咸得其所。四至　亡人　外姓
　　此券　验□人

九　　特急急如律令

十　岁月见夫人光故

（以上正面）

一一　请券为验

（以上背面）

【注】

[一] 原件藏扬州市博物馆。一九六二年二月中旬出土于扬州市瘦西湖乡平山社南唐墓中。同年五月，余随导师翦伯赞先生访问扬州时，得见原件、并手录券文。券木质，高一尺九分，宽一尺三寸二分。墨书，券面文十行，行字不等；背文一行。

[二] 升元，南唐主李昪年号。

[三] 月，「月」上有脱字。

[四] 江都县，今江苏扬州市。

[五] 勾陈，星官名，详解见本书前录《唐大历四年张无价买地券》页注〔八〕。

三〇五　南唐保大四年（九四六）范阳郡汤氏县君买地木券[一]

一　维保大四年[二]，岁次丙午，四月辛酉朔十二（日壬申），
二　故范阳郡汤氏县君得寿行年五□□□[三]，
三　不幸于三月三日身已亡殁，为………
四　路至今不回。想是命终，生时□□□□□
五　用图书[四]，宜于府城西方[五]，去城约三里，□用
六　上件钱绢九万九千九百九十九贯文，并惟
七　谷、豆、麦、乱丝、断缯、断鸡子、五色信弊（币）等[六]，龙
八　子冈墓地壹所[七]，东至甲乙青龙，西至庚辛
九　白虎，南至丙丁朱雀，北至壬癸玄武，上至
十　苍天，下至黄泉。四至之内，内方勾陈，分
一一　掌四域；丘承（丞）、墓伯，封步界畔；道路将军，
一二　整直阡陌，千秋万岁，使无后难。保人，岁
一三　月主；见人，今日直符神。[八]故邪气各头回
一四　避[九]。急急如律令。

（以上正面）

合同

（以上背面）

【注】

[一]本券于一九五六年十一月出土于安徽合肥市西郊的南唐贵族墓葬中，木板制，方形略宽，墨书，正面正文十四行，行十五或十六字。背面中间偏上大书「合同」二字。见《文物参考资料》一九五八年第三期第六五—六六页石谷风、马人权《合肥西郊南唐墓清理简报》录文（文右行），第六七页图五（正面）、图六（背面）。

[二]保大，南唐主李璟年号。

［三］范阳郡，唐天宝初，改幽州总管府为范阳郡，治蓟县，今北京城西南。汤氏县君，汤氏，墓主。县君，命妇封号。《旧唐书·职官志二》：「五品若勋官三品有封，母、妻为县君。」得，原录文释「遗」。

［四］图书，原指《河图》、《洛书》。《易·系辞上》：「河出图，洛出书，圣人则之。」后世的谶纬、风水等迷信书籍亦称图书。

［五］府城，庐州府城，今安徽合肥市。

［六］五色信币，各种颜色的彩礼。

［七］龙子冈，「龙」上脱一「买」字。

［八］今日直符神，壬申日直符神名石松。

［九］故邪气，当作「故气邪精」。

三〇六　后周显德二年（九五五）定安县刘足合买闽地石券［一］

一　维大周显德二年，岁次乙卯，十

二　二月乙丑朔二日丙寅，亡人刘足

三　合为身亡［二］，宜于宁州定安县［三］神

四　福乡庞村人户张敬思边买得

五　闽地一所［四］，谨用钱帛交付讫。

六　东至青龙，西至白虎，南至朱雀。

七　北至玄武，上至苍天，下至黄泉。

八　一买以后，并是亡人永恒为主长

九　住。书券人：石公曹［五］，飞上天；读券

十　人：金注，入黄泉。保人：张坚故；见人：

一一　李定度。各年万万九千九百九

一二　十九岁。此券永为记。

【注】

［一］《文物》一九九八年第六期第七六页，张驰《甘肃宁县发现后周买地券》。文曰：「一九九一年夏，我馆（甘肃宁县博物馆）在清理库藏文物时，发现一件五代后周买地券。该券原出处未详。」又曰：「该券红褐色，石质，略呈方形，长三八、宽三三、厚五点六厘米。券文完整。自左至右竖行

楷书，阴刻，共一二行，满行一三个字，全文一四二字。」

[二] 刘足合，足作「足」之草书。

[三] 定安县，北魏的太平真君二年（四四一），治今甘肃宁县。金大定七年（一一六七）改名安定县。

[四] 闰地：空地。闰与「阙」通。

[五] 公曹：当作「功曹」。

三〇七 五代后蜀广政十八年（九五六）彭山县宋琳买地石券[一]

维

广政十八年，太岁乙卯，十二月乙亥朔二十日甲申[二]，大蜀国眉州彭山县乐阳乡北通零殁故宋琳地券[三]。然琳生居郡邑，死安宅兆。昨去十月二十三日倾背[四]，今葬协从，相地袭吉，宜于上代营内庚地，置造□宅。东至青庞，西至白虎，南至朱雀，北至玄武，上至青天，下至黄泉。内方勾陈，分掌四城（域）；丘承（丞）墓陌（伯），封步界畔；道路将军，整齐阡陌。阡（千）秋万岁，永无殃咎。若辄有犯诃禁者，将军、佰（陌）长付河伯。今用酒脯钱财，共为信契。财地交度，工匠修营，永保求（休）吉。知见人，岁月主者；保人，今日直苻（符）。故气邪精，不得忓吝。先有居者，各去万里。如为（违）此约者，地府主吏自当期（其）祸。主人内外存亡安吉。一如五帝使者女青召（诏）书契券。急急如律令。

【注】

[一] 四川省博物馆《四川彭山后蜀宋琳墓清理简报》，《考古通讯》一九五八年第五期第二五页。又见《中国文物报》二〇〇六年三月八日第八版，台湾台北同庆堂施莉莎、蔡庆晖《从两块元代家券探寻「元青花」的足迹》。

[二] 年号及年月日，广政为十国后蜀后主孟昶的年号。其十八年为后周世宗显德二年，太岁乙卯。唯此年的正月至十一月上半月，与公元九五五年对应，而其十一月十六日以后的月日则与九五六年的元月一日及其以后的月日相对应。因此，广政十八年十二月二十日为公元九五六年一月五日。又据徐锡祺编《新编中国三千年历日检索表》，广政十八年的十二月之朔日为乙丑，其二十日为甲申。如谓其朔日为乙亥，其二十日当为甲午，显然是一错都错。

[三] 彭山县，今属四川。

[四] 倾背，逝世，去世。多指长辈。宋苏轼《东坡集·续集四·与蒲诚之书》：「近得山南书，报伯母于六月十日倾背。」

三〇八 南汉大宝五年（九六二）扶风郡马二十四娘买地石券[一]

一 太上治圣四方煞鬼之用[二]

二 维大宝五年[三]，岁次壬戌，十月一日乙酉朔，
三 大汉国内侍省[四]、扶风郡殁故亡人马氏
四 二十四娘[五]，年登六十四，命终，魂归后土，用
五 钱玖万玖阡(仟)玖佰玖拾玖贯玖佰玖拾玖
六 文玖分玖毫玖厘[六]，于地主武夷王边，买得左
七 金吾街咸宁县[七]北石乡石马保菖蒲观界地名
八 云峰岭下坤向地一面[八]。上至青天，下极黄泉，东
九 至甲乙骐驎[九]，南至丙丁凤凰，西至庚辛章光，北
十 至壬癸玉堂[十]。阴阳和会，动顺四时。龙神守护，
一一 不逆五行。金木水火土，并各相扶。今日交券，
一二 应合四维[十一]。分付受领。百灵知见[十二]。一任生人兴功
一三 造墓，温葬亡人马氏二十四娘，万代温居，永
一四 为古记[十三]。愿买地内侍省、扶风郡殁故亡人马氏
一五 二十四娘券。卖地主神仙武夷王。卖地主神
一六 仙张坚固，知见神仙李定度，证见领钱神
一七 仙东方朔，领钱神仙赤松子，量地神仙白
一八 鹳(鹤)仙，书券积是东海鲤鱼仙，读券元是天
一九 上鹳。鹳上青天，鱼入深泉。岗山树水，各有分林。神仙若问
二十 何处追寻。太上老君敕青诏书，急急如律令。

合同地券□□□[十四]

【注】

[一] 罗振玉：《地券征存》。跋：「石高九寸，广一尺六寸六分。首行『太上治圣四方煞鬼之用』十字，连书，如符篆。券文十九行，行字不等。每行顺逆相间。上侧刻『合同地券□□□』七半字，末三字不可识。石出广州。」

[二] 太上，道家所奉太上老君的省称。《列仙全传》卷一：「老子者，太上老君也。」

[三] 大宝，南汉主刘张年号。

［四］内侍省，官名，隋始置，管领内侍、内常侍等官。唐、五代沿用不改。

［五］扶风郡，治扶风，今属陕西。

［六］玖毫玖厘，当作「玖厘玖毫」。

［七］咸宁县，隋之大兴县，唐改万年县，又改咸宁县，今陕西西安市。

［八］坤向，西南向。《易·坤卦》：「西南得朋。」孔颖达正义：「坤位居西南。」

［九］骐驎，即「麒麟」。古代传说兽名。

［十］玉堂，神仙所居处。旧题汉东方朔《十洲记》：「昆仑有流金之阙，碧玉之堂，西王母之所治也。」

［十一］四维，四角，四隅。《小学绀珠》卷二：「四维：东南，巽；东北，艮；西南，坤；西北，乾。」在本券为四至之意。

［十二］百灵，百神。晋陆机《陆士衡集》七《泰山吟》诗：「幽涂延万鬼，神房集百灵。」

［十三］古记，当作「主记」。

［十四］此行为款缝，存右半字。

三〇九　唐贞观二十二年（六四八）河南县桓德琮限期退还典宅钱契[一]

〔贞观〕廿二年〔八〕月十〔六〕日，河南县张〔元隆〕、〔索〕法惠等二人，向县诉：桓德琮〔典〕宅价钱，三月未得。今奉明府付坊正〔追〕向县[二]。坊正、坊民令遣两人和同，别立私契。其利钱限至八月卅日付了。其赎宅价钱限至九月卅日还了。如其违限不还，任元隆宅与卖宅取钱还足[三]，余乘（剩）任还桓琮[四]。两共和可，〔画〕指为验。（押）

负钱人　桓德一　琮一　琮一

男大义　一　一义一

同坊人　成敬嗣

一　一嗣一

坊正李　差　经

【注】

［一］《吐鲁番出土文书》第四册第二六九—二七〇页。阿斯斯那二〇四号墓出土，72TAM204：18。原题《桓德琮典舍契》。

［二］明府，唐人称县令为明府。坊正，管理一坊的小吏。《旧唐书·职官志二》：「百户为里，五里为乡。两京及州县之郭内，分为坊，郊外为村。里及坊、村皆有正，以司督察。」

［三］元隆宅，「宅」为衍文。

［四］桓琮，「桓」下脱一「德」字。

三一〇 唐大历（七六六—七七九）于阗许十四典牙梳契[一]

一 大历[二]……，许十四为急要钱用，〔交〕

二 无得处，遂将□□□牙梳一共典钱伍佰〔文〕[三]。

三 每月头〔分生利，□□〕钱，许十四自立限〔至〕□

四 月内将本利钱赎。如违限不〔赎〕，其梳、钱等

五 并没，一任将买（卖）。恐人无信，故立私契。两共〔平〕

六 章，〔画指为记〕。

七 钱主 · · ·

八 举人女妇许十四年廿六〔岁〕

九 同取人男进金年八岁

十 见人

【注】

[一]〔日〕仁井田陞《唐宋法律文书の研究》第三六五页。又《敦煌资料》第一辑第四五九页、四六八页，斯五八七二、五八七〇。

[二]大历，唐代宗年号，共十四年（七六六—七七九）。

[三]遂将，或释为「遂于」。

三一一 辛巳年（九二一？）敦煌何通子典儿契[一]

一 辛巳年五月八日立契。洪池乡百姓何通子，伏缘家中

二 常亏物用，往求无地[二]，获设谋机，遂将腹生男善宗典与押牙[三]

〔后缺〕

【注】

[一]《敦煌资料》第一辑第三二七页，北图余字八十一号。

[二] 往求无地，或释作「经求无地」。

[三] 腹生男，亲生儿子。

三一二　乙未年（九三五？）敦煌赵僧子典儿契[一]

乙未年十一月三日立契。塑匠都料赵僧子，伏缘家中户内有地水出来，阙少手上工物，无地方觅。今有腹生男苟子，只（质）典与亲家翁贤者李千定[二]，断作典直价数麦贰拾硕，粟贰拾硕。自典已后，人无雇价，物无利润。如或典人苟子身上病疾疮出病死者，一仰兄佛奴面上取于本物。若有畔（叛）上及城内偷㧗高下之时[三]，仰在苟子祗（支）当。忽若恐怕人无凭信，车无明月，二此（主）之间，两情不和，限至陆年。其限满足，容许修赎。若不满之时，不喜（许）修赎。伏恐后时交加，故立此契，用为后凭。

只（质）典身男苟子（押）

只（质）典口承兄佛奴（押）

商量取物父塑匠都料赵僧子（押）

知见亲情米愿昌（押）

知见亲情米愿□（押）

知见并畔村人杨清忽（押）

知见亲情开元寺僧愿通（押）

【注】

[一]《敦煌宝藏》第一三二册第四〇七页，伯三九六四。又《敦煌资料》第一辑第三二九—三三〇页。

[二]亲家翁，夫妻双方之父母互称对方为「亲家」，男称「亲家翁」，女称「亲家母」。民间喻典卖儿女两家为结亲，因亦互称「亲家」。

[三]高下，即「高下其手」，与「上下其手」同，谓营私舞弊。宋王闢之《渑水燕谈录》五《官制》：「太祖虑其任私，高下其手，乃置司寇参军。」

三一三　癸卯年（九四三？）敦煌吴庆顺典身契[一]

癸卯年十月廿八日，慈惠乡百姓吴庆顺兄弟三人商拟（议），为缘家中贫乏，欠负广深，今将庆顺己身典在龙兴寺索僧政家。见取麦壹拾硕，黄麻壹硕陆㪷，准麦叁硕贰㪷，又取粟玖硕，更无交加。自取物后，人无雇价，物无利头，便任索家駈驰[二]。比至还得物日[三]，不许左右。或若到家被恶人拘卷（勾结），盗切（窃）他人牛羊薗菜麦粟，一仰庆顺祇（支）当，不忓（干）主人之事。或若兄弟相争，延引抛功，便同雇人逐日加物叁㪷。如若主人不在，所有农〔具〕遗失，亦仰庆顺填倍（赔）。或若疮出病死，其物本在，仰二弟填还。两共面对商量为定。恐人无信，故立此契，用为后凭。又麦壹硕粟贰㪷。恐人不信，押字为凭。叔吴仏婢（押）

只（质）典兄吴庆顺（押）
同取物口承弟吴万升（押）
同取物口承弟吴庆信（押）
口承见人房叔吴仏婢（押）
见人安寺主　（押）

【注】

[一]《敦煌宝藏》第一二六册第四二九页，伯三一五〇。又《敦煌资料》第一辑第三三一——三三二页。

[二]駈驰：同「驱驰」。駈，「驱」的俗体字。汉焦延寿《易林》十六《中孚》之《屯》：「蝗啮我稻，駈不可去；实穗无有，但见空藁。」

[三]比至，及，到。意为直到偿还典金（物）之日以前。

三一四　后周广顺三年（九五三）敦煌龙章祐兄弟典地契[一]

广顺叁年，岁次癸丑[二]，十月廿二日立契。莫高乡百姓龙章祐，弟祐定，伏缘家内窘阙，无物用度，今将父祖口分地两畦子共贰亩中半只（质）典已（与）莲（连）畔人押衙罗思朝，断作地价其日见过麦壹拾伍硕[三]。字（自）今已后，物无利头，地无雇价。其地佃种限肆年内不喜（许）地主收俗（赎）。若于年限满日，便仰地主还本麦者，便仰地主收地。两共对面平章为定，更不计喜（许）休悔[四]。如若先悔者，罚青麦拾驮，充入不悔人。恐后无信，故勒次（此）契，用为后凭。（押）

地主弟龙祐定（押）

地主兄龙章祐（押）

只（质）典地人押衙罗思朝

知见父押衙罗安进（押）

知见人法律福海（知）

【注】

[一]《敦煌宝藏》第四册第一九页，斯〇四六六。又《敦煌资料》第一辑第三二四—三二五页。原题《罗思朝典地契》。因为龙氏兄弟出典，故改题。

[二]广顺，后周太祖年号。

[三]其日，即「即日」、「当日」。

[四]不计喜，当作「不许」。

（三） 租赁契约

三一五　唐贞观十四年（六四〇）高昌汜欢□赁舍契[一]

一　〔贞〕观十四年十月卅日，汜欢□□、边赁中门………

二　………下底舍壹隆，……厕。要迳（经）壹年……

三　………拾文，即………价银钱拾伍文……

四　………满须………合得户内……

五　………不毕，壹月拾□□生钱壹文。贰主和同……

六　………之后，各

【注】

〔一〕《吐鲁番出土文书》第四册第四页。哈拉和卓一号墓出土，64 TKM1：33(a)—2。原题解：「本件第一行原留空白，末未写完，当是草稿。」

三一六　唐贞观十四年（六四〇）高昌张某夏田契[一]

一　………………〔宝〕寺〔都〕□

二　………匡渠常田拾柒亩，亩与别[二]

三　……斫（斛），到十月内与夏价

四　………种床，与伍斫（斛）；种

五　………与耕田人。床、粟、麦要

六　………渠破水讁，仰耕田人承了。

七　………要迳（经）丑岁壹年用种。风

八　………壹车。治渠圣道张

九　………成之后，各不得返〔悔〕。
十　……〔民有〕私要，要行二〔主〕，
〔后缺〕

【注】

［一］《吐鲁番出土文书》第四册第四〇—四一页，阿斯塔那一五号墓出土，64TAM15：23。题解：「本件纪年已缺，共出文书有《贞观十五年赵相□夏田契》（见后）。贞观十五年为辛丑。本件契文中『要迳丑岁壹年用种』，应即指贞观十五年。根据其他内容完整的租佃契，立契时间通常在佃种年限的前一、二年，所以我们把这件定为贞观十四年所立。」

［二］亩与别，原注〔一〕：「疑倒，应作『亩别与』。」

三一七　唐贞观十五年（六四一）前后高昌某人夏田券[一]

〔前缺〕
一　……………〔夏价〕………………………………
二　□□寺研兜（斛斗）中取………………………
三　〔耕〕（耕）田人自〔承〕了。若租〔殊〕（输）……
四　〔仰耕田〕承了。若水出处稿…………………
五　壹车。若过期月不偿，听〔拙〕…………………
六　虫〔贼〕破，随大匕列。种大与大，种小……………
七　边得车牛壹乘并囊。二主和同……………
八　〔返〕悔。悔者一罚二，入不悔者。………………
〔后缺〕

【注】

［一］《吐鲁番出土文书》第四册第五八页。阿斯塔那一五号墓出土，64TAM15：22。第三一页《阿斯塔那一五号墓文书》说明：本墓「所出文书兼有麹氏高昌及唐代。其有纪年文年最早为高昌延寿十三年（公元六三六年），最晚为唐贞观十五年（六四一年）。」

三一八　唐贞观十五年（六四一）高昌赵相□夏田契[一]

一　贞观十五年正月三日，赵相……………
二　夏康寺柒顷碑舍后小康寺田…………
三　亩，与夏价麦高昌研（斛）中叁研（斛）伍
四　内上麦使毕。到十月内上秋…………
五　向常（飏）取。若过期月，上麦……………………
六　㪷（斗）。租储（输）佰役，仰田主〔了〕。……………………
七　〔券成〕之后，各不得返悔。……………………
八　………〔画〕指为信。
〔后缺〕

【注】

〔一〕《吐鲁番出土文书》第四册第四七页。阿斯塔那一五号墓出土，64TAM15:16。

三一九　唐贞观十六年（六四二）高昌某人夏田契[一]

一　〔贞〕观十六年二月……
二　□□渠常田叁亩，要……
三　□□价麦贰研（斛）伍兜（斗）……
四　□兜（斗）使毕净好，……
五　□上量取。次，康相……
六　□□粟贰斛伍斗……
七　□主了；渠破水過，仰……
八　〔不〕得返悔。立契获（画）〔指为信〕。

〔后缺〕

【注】

[一]《吐鲁番出土文书》第五册第二四七页。阿斯塔那一一七号墓出土，69TAM117:57/11。

三二〇 唐贞观十六年（六四二）高昌某人夏田券[一]

一 〔贞〕观十六年………

二 边夏大渠王[二]……要迳（经）壹年，到〔五月〕

三 〔内〕，亩与夏价大〔麦〕……内，亩与粟贰〔斛〕

四 伍兜。田官索……寺斛斗中。租殊（输）佰〔役〕，

五 〔仰〕田主了；渠破水〔謫，〕……〔和〕同立郑（券），券成之后，〔各〕

六 〔不〕得返悔。悔者一罚二，……〔要〕行二主，各自署名〔为〕

七 〔信〕。 ……… 僧□

八 ……… 一一 一

九 ……… 一一 □

十 吴海仁 一一 □

一一 知见人高师 道□

一二 临坐苻洛仁 一

【注】

[一]《吐鲁番出土文书》第五册第二四八页。阿斯塔那一一七号墓出土，69TAM117:57/10。

[二] 大渠主，当作「大王渠」。

三二一　唐贞观十七年（六四三）高昌赵怀满夏田券〔一〕

一　贞观十七年正月三日，赵怀满从〔张欢仁边夏〕……

二　步；张茵富贰亩。田壹亩，与夏价小麦贰斛（斛）……

三　依高昌斛斗中取。使干净好；若不好，听向风常（扬）取。赀

四　………………………………，仰耕田人了。若风破

五　水旱，随大匕列（例）。〔若〕到六〔月内〕，上麦使毕。若过六月不〔毕〕，

六　壹月壹斛上生壹兜（斗）。若前却不上（偿），听挫家财

〔平为〕

七　麦直。若身东西无，仰收后者上（偿）。三人……………

〔中缺〕

八　　田主　张欢仁　一一一

九　　田主　张茵富　一一一

十　　耕田人赵怀满　一一一

一一　倩书氾延守　一一

一二　〔知见〕□□□一一〔二〕

【注】

〔一〕《吐鲁番出土文书》第四册第一四二页—一四三页。阿斯塔那三〇一号墓出土，59TAM301:15/4—2。

〔二〕以上为画指节。两田主和耕田人均画指两节，倩书和知见两人均画指一节。此券为迄今所见最早的在租佃关系中，缔约双方都署名并都画指者。倩书和知见人画指，亦为迄今所见之最早者。此契可能一式两份，主佃各执一份。

三二二　唐贞观二十二年（六四八）高昌索善奴夏田契〔一〕

一　贞观廿二年十月卅日，索善奴

二　夏孔进渠常田肆亩，要迳（经）……
三　年别田壹亩，与夏价大麦五斛，与……
四　□□到五月内，偿麦使毕；到十月内，偿□〔使〕
五　毕。若不毕，壹月，麦秋壹研（斛）上生麦秋壹〔斗〕□。
六　若延引不偿，得抴家资，平为麦秋直。若身〔东〕
七　西无者，一仰妻儿及收后者偿了。取麦秋之
八　日，依高昌旧故平袁（圆）研（斛）中取。使净好。若不好，听
九　向风常（扬）取。田中租课，仰田主[二]。若有渠破水谪，仰佃
十　……
一一　〔画〕指为信。
一二　　　田主赵　———
一三　　佃田人索善奴[三]　———
一四　　知见人冯怀勗　—勗——
一五　　知见人刘海愿　———

【注】

[一]《吐鲁番出土文书》第五册第十八—十九页。阿斯塔那二四号墓出土，64TAM24:26。

[二] 仰田主，「主」下脱一「了」字。

[三] 此为在租佃契约中最早出现「佃田人」一词之例。

三二三　唐贞观二十三年（六四九）高昌傅阿欢夏田券[一]

一　〔贞观廿三〕年八月廿六日[二]，武城乡傅阿欢………
二　范酉隆边夏孔进渠廿四年中常田贰亩。即
三　交与夏价银钱拾陆文，钱即日交相付了。
四　□到廿四年春耕田时，傅范边不得田时[三]，壹□

五 谪银钱叁文入傅[四]。田中租殊（输）佰役，仰田主承了；渠〔破〕
六 〔水〕谪，仰傅自承了。两和立卷（券），画指为信。
七 田主 〔范〕酉隆 — — —
八 夏田〔人〕傅阿欢
九 知见〔人〕□□恩 — — —
十 知见……

【注】

[一]《吐鲁番出土文书》第五册第七六—七七页。阿斯塔那一〇号墓出土，64TAM10：34。

[二]□年，原题解：「本件纪年已缺。本契下文称『到廿四年春耕田时』。按租田人傅阿欢据其他文书，知是麹氏高昌末期至唐初人，则此『廿四年』应是贞观廿四年，立契当在贞观廿三年。」

[三]傅范边不得田时，原注〔一〕：「傅」下疑脱一「于」或「从」字。

[四]谪，罚。

三二四 唐初高昌傅阿欢夏田券[一]

〔前缺〕
一 ……阿欢从同乡人范酉〔隆〕
二 〔边夏〕孔进渠〔常〕田贰亩，亩〔即〕
三 交与银钱□文。钱即日交〔付〕
四 相了。租殊（输）佰〔役〕，仰田主承了；
五 渠破水[二]，仰佃〔耕〕人承了。田要□
六 □年中佃种。两和立契（押）
七 获（画）指为信。
八 钱主傅阿欢 — — —

九　夏田人范西隆　——　——　——
十　知见人左素胡　——　……
一一　知见人□□□

【注】

〔一〕《吐鲁番出土文书》第五册第七八—七九页。阿斯塔那一〇号墓出土，64TAM10：35。原题解：「本件纪年已缺。契中佃田人『傅阿』欢」与田主「范西隆」亦见于前件《贞观二十三年傅阿欢夏田契》，两件又拆自同一双纸鞋，今将本件置于该件之后。」

〔二〕渠破水，「水」下脱一「谪」字。

三二五　唐初高昌某人于□□子边夏田契[一]

一　…………月十………
二　……于同乡人□□子边夏………
三　………田贰〔亩〕六拾步，合……
四　…………………依高昌□〔斛斗中〕……
五　………………若租殊（输）〔佰役〕，壹仰田〔主〕……
六　………………仁。两主□可卷（券）契……
七　………………夏田〔人〕………
〔后缺〕

【注】

〔一〕《吐鲁番出土文书》第六册第一五七页。阿斯塔那七四号墓出土，67TAM74：1/5。本墓出有《唐显庆三年（六五八年）残墓志》。所出文书均属唐代，有纪年者仅一件，为显庆三年。

三二六　唐永徽二年（六五一）高昌孙容仁夏田契[一]

一　永徽二年十月一日，孙容仁于赵欢相〔边夏〕

二 渠常田肆亩，要经六年佃。年田壹亩，与夏价
三 □研(斛)到五月内，上麦使毕；十月内[二]，上秋〔麦使毕。若〕其〔期〕月不毕，□
四 ………………………………旧袁(圆)研(斛)中取。使
五 ……若不净好，听向风常(扬)取。租殊(输)伯(百)役，仰田主了。渠破水谪，
六 仰佃田人了。壹年与草肆围，与麸壹车[三]。两主和可，获(画)指为信。
七 田主见元 — — —
八 夏田人孙寥仁 — — —
九 知见□阿护 — — —
十 知见索阿侧

【注】

[一]《吐鲁番出土文书》第五册第二十页。阿斯塔那二四号墓出土，64TAM24∶28。

[二] 十月内，「十月」上脱一「到」字。

[三] 麸(音同易)，麦麸。《类篇》：「麦麹也。」《正字通》：「麦壳破碎者。」

三二七 唐永徽四年(六五三)高昌傅阿欢夏田契(甲)[一]

一 〔永徽〕四年四月十叁日，武城乡人傅〔阿欢〕[二]
二 于同乡人支丑□边夏左部渠麦田贰亩。〔即〕
三 交与银钱陆文，钱…………付了。□田
四 〔迳〕永徽五〔年〕内得田(佃)种。若……
五 役，壹仰田主承了；渠破水〔谪〕，壹仰更(耕)
六 田人承了。两和立〔契〕，获指为〔信〕。
七 ……………— —
八 〔知〕见人…… —
〔知〕见人…… —

【注】

〔一〕《吐鲁番出土文书》第五册第八〇页。阿斯塔那一〇号墓出土，64TAM10:36。

〔二〕傅□□，本墓为一男一女及一男孩合葬墓，出有「傅阿欢墓砖」一方，共出的文书亦有「傅阿欢」之名。知男尸为傅阿欢，亦即本契中的夏田人。

三二八　唐永徽四年（六五三）高昌傅阿欢夏田契（乙）[一]

〔前缺〕

一　…………常田贰亩，夏永徽五年中。田要迳（经）壹〔年佃种〕。

二　〔夏价〕银钱贰拾肆文。钱即〔立〕契日钱即毕了[二]。若〔租殊〕

三　〔佰役〕，仰田主了；渠破水谪，〔仰耕〕田人了。若风破水〔旱，随〕

四　〔大〕匕列。二主和同契[三]，官有〔政法〕，获指为信。（押）

五　　　　田主冯庆□　｜　｜　｜

六　　　　佃田人傅阿〔欢〕　｜　　｜　｜

七　　　　知见高延明

八　　　　倩书……

【注】

〔一〕《吐鲁番出土文书》第五册第八一—八二页。阿斯塔那一〇号墓出土，64TAM10:33。原题解：「本件纪年残缺。据契文『夏永徽五年中』推知，本契为永徽四年所立。」

〔二〕钱即〔立〕契日，「钱即」二字衍。

〔三〕二主和同契，「契」上脱一「立」字。

三二九　唐显庆四年（六五九）高昌张君行租田契[一]

〔前缺〕

一　田柒亩，要迳显庆伍年佃食。亩别与

二 夏价小麦汉㪷中陆㪷半。到陆月
三 内，偿麦使毕。若过期月不毕，壹
四 月壹硏（斛）上生麦壹㪷（斗）。取麦之日，使麦
五 净好。若不净好，听向风〔扬〕取。田中租殊（输）
六 伯〔百〕役，一仰田主了。渠破水谪，一仰租田人了。
七 风破水旱，随大匕例。两和立契，获
八 指为信。先悔者，罚 田主阴丑字一 —
九 麦伍硕，入不悔人。（押） 租田人队正张君行
十 保人孟友一 住一 —
一一 知见人队偪竹〔师奴〕[二]

奇[三]

【注】

〔一〕〔日〕仁井田陞《中国法制史研究·土地法、取引法》图版第一七(一)，大谷二八二八。又〔日〕池田温《中国古代の租佃契》(上)第一四—一五页释文。

〔二〕偪(音同傅)，假借为「副」。

〔三〕奇，此为「合同」二字之合体。原写于背面，为款缝，存右半字。由此句知本契为「合同」契，一式两份，田主、租田人各执一份。本契后部田主与租田人均署名，但只有田主画指，租田人不画指，知此份为租田人收执者。

三三〇 唐显庆五年(六六〇?)高昌孙沙弥子夏田契[一]

〔前缺〕

一 ……〔宁〕昌乡人董尾柱边夏石宕渠〔口〕
二 分常田贰亩。要迳六年壹年佃种。田壹
三 〔亩〕即日交与夏价银钱拾伍文。合与
四 〔银钱叁〕拾[二]，其钱、田交相付〔了〕……

〔中缺〕

五 〔耕田人承〕当。两主和可立契，获指为信。

六 田主董尾住 一 一 一[三]

七 夏田人孙沙弥子

八 知见人……

〔后缺〕

【注】

[一]《吐鲁番出土文书》第五册第八五—八六页。阿斯塔那一〇号墓出土，64TAM10:40。原题解：「本件无纪年。同墓所出唐代有纪年文书最晚为《龙朔元年（公元六六一年）孙沙弥子夏田契》（见下件）。孙沙弥子与本件夏田人同为一人，且两契拆自同一双纸鞋。龙朔元年的前一年显庆五年（六六〇年），可能是本件立契之年。显庆六年三月改元龙朔，当时不可能预见次年改元，所以契内写作『要迳六年壹年佃种』。但也可能『六年』指永徽，此契立于永徽五年（六五五年）。今排在永徽之后，龙朔之前。」

[二] 叁拾，下脱一「文」字。

[三] 董尾住，正文写作「董尾柱」。

三三一 唐龙朔元年（六六一）高昌左憧憙夏菜园契[一]

一 龙朔元年九月十四日，崇化乡人左憧憙

二 于同乡人大女吕玉𦈡边夏张渠菜园肆拾

三 步壹园。要迳伍年，佃食年伍[二]。即日交

四 ………钱捌拾（？）文。限一年，到九月卅日与伍〔文〕。

五 ………十月十……

六 ………钱半文，若………满依□□

七 □〔园〕□满，一罚三分。园中渠破水谪，仰

八 治园人了；祖殊（租输）伯役，仰园主了。榆树

九 一具付左。两和立契，画指为信。

十　　　　园主大女〔吕玉䞷〕

〔后缺〕

【注】

[一]《吐鲁番出土文书》第六册第四〇六—四〇七，阿斯塔那四号墓出土，64TAM4:42。

[二] 年伍，当作「伍年」。

三三二　唐龙朔元年（六六一）高昌孙沙弥子夏田契[一]

一　〔龙〕朔元年十一月廿六日，武城乡人孙沙弥子

二　于顺义乡人李虎祐边夏龙朔叁年

三　中石宕渠口分常田贰亩。亩别……………

四　斫〔斛〕。其麦、田即日交相〔付了〕

五　〔弥〕子。到孙佃田之日，李……

六　别（罚）贰，入不悔人。若孙不佃李田者，適壹别

七　（罚）贰，入不悔人。祖殊（租输）佰役，仰田主了；渠破水

八　〔謫〕，仰更（耕）田仁（人）承当。两主和可立契，获指为

九　〔信〕。　　　　田主李虎祐一　一　一

〔后缺〕

【注】

[一]《吐鲁番出土文书》第五册第八七页。阿斯塔那一〇号墓出土，64TAM10:39。

三三三　唐永徽六年或显庆六年（六五五或六六一）高昌某人夏田券[一]

〔前缺〕

一　……………………………………夏六年中南渠
二　……………………………………大麦柒斫〔斛〕，秋
三　……………………………………若不净，听向风
四　〔飏取〕。…………租殊（输）佰役，仰田主了。渠破〔水谪〕，
五　……………亭上使了。二主和同立券。卷成〔之后，各不〕
六　得返悔。悔者壹罚二，入不悔者。民〔有私要，要行二〕
七　主，各自署名为信。
八　　　　　　　　　　　　……—　—
九　　　　　　　　　……□□叙—　—
十　　　　　　　　　……□佛生—　—
一一　　　　　　　　……□海落—

【注】

［一］《吐鲁番出土文书》第六册第一七〇—一七一页，69TAM137：1/2，1/4—1。题解：「本件纪年已缺。同墓所出纪年文书有显庆四年、显庆五年。本件契文内称『夏六年中』田，虽不能确定所称『六年』为永徽六年或显庆六年，但二者必居其一。」

三三四　唐龙朔三年（六六三）高昌张海隆夏田契[一]

一　龙朔三年九月十二日武城乡人张海隆于
二　同乡人赵阿欢仁边夏取叁肆年中、
三　五年、六年中，武城北渠口分常田贰亩。海
四　隆、阿欢仁二人舍佃食。其耒牛、麦子[二]，
五　仰海隆边出。其秋麦二人庭（亭）分。若海隆
六　肆年、五年、六年中不得田佃食者，别（罚）钱伍拾文
七　入张；若到头不佃田者，别（罚）钱伍拾文入赵，
八　与阿欢仁草玖围。契有两本，各捉一本。两

九　主和同立契，获指〔为〕记。
十　　田主赵阿欢仁—　—　—
一一　　舍佃人张海隆—　—　—
一二　　知见人赵武隆—　—　—
一三　　知见人赵石子—　—　—
（以上正面）
一四　□□□
（以上背面）

【注】

〔一〕《吐鲁番出土文书》第五册第一一七—一一八页。阿斯塔那三三七号墓出土，60TAM337：18(a)。本件另面有若干半个字的笔画痕迹。原题解谓：「当是一式两份契纸，各自对折后，对连折缝所写的『合同』文记。今本件存所书左侧。」

〔二〕耒牛，犁牛。《庄子·胠箧》：「耒耨之所刺，方二千余里。」陆德明释文引李颐云：「耒，犁也。」

三三五　唐乾封元年（六六六）高昌左憧憙夏葡萄园契〔一〕

一　乾封元年八月七日，崇化乡人左憧憙……
二　□钱叁拾伍文，于同乡人王输觉边夏□
三　□渠蒲桃（葡萄）壹园，要得桃（萄）中子秫收领〔二〕。
四　到十月内还付桃（萄）。桃（萄）中渠破水適，仰夏桃（萄）子
五　秫人了。祖殊（租输）佰役，仰桃（萄）主了。桃（萄）中门辟（壁）
六　付左。两和立契，画指为信。（押）
七　　桃主　王—　—　—
〔后缺〕

【注】

[一]《吐鲁番出土文书》第六册第四二一页。阿斯塔那四号墓出土，64TAM4:45。

[二] 乾封，唐高宗年号。

三三六　唐乾封元年（六六六）高昌左憧憙夏田契[一]

〔前缺〕

一　上麦使……

二　向风飏取。……………之日，依平研（斛）

三　中取。若田有祖殊（租输）佰役，一仰

四　田主[二]，渠破水谪，一仰佃田人当。其

五　田从乾封二年中壹年佃食。两

六　和立契，获指为记。（押）

七　　田主　魏相憙　———

八　　夏田人左憧憙　———

九　　知见人　杜善欢　———

十　　知见左右翟隆子　———

一一　交用小麦贰研于竹苟仁[三]，夏胡麻井部田壹亩。

一二　　田主竹苟仁　———

【注】

[一]《吐鲁番出土文书》第六册第四一九—四二〇页，阿斯塔那四号墓出土，64TAM4：43。原题解：「本件纪年已缺，但契文指明『从乾封二年中壹年佃食』，按通例立契当在乾封元年。」

[二]田主，下脱一「了」字。

[三]竹荀仁，下脱一「边」字。此为左憧憙同时另租竹荀仁之田事，批于租魏相憙田契之后。文字略，大约也是租期一年。

三三七　唐总章三年（六七〇）高昌左憧憙夏菜园契[一]

一　总章三年二月十三日，左憧憙于张善
二　憙边夏取张渠菜园壹所，在白赤举
三　北分墙。其园叁年中与夏价大麦拾
四　陆研（斛），秋拾陆研（斛）[二]。更肆年，与银钱叁拾文。
五　若到佃时不得者[三]，壹罚贰入左。祖殊（租输）
六　伯役，仰园主[四]；渠破水谪，仰佃人当。为
七　人无信[五]，故立私契为验。（押）
八　　　　　钱主　左
九　　　　　园主　张善憙 | 　| 　|
十　　　　　保人　男君洛
一一　　　　保人　女如资
　　　　　　　　 | 　| 　|
一二　　　　知见人　王父师
一三　　　　知见人　曹感

【注】

[一]《吐鲁番出土文书》第六册第四二八—四二九页。阿斯塔那四号墓出土，64TAM4：33。

[二]秋，下有脱字，或脱一「麦」字。

［三］不得者，得下脱一「园」字。
［四］仰园主，下脱一「了」字。
［五］为人无信，当作「恐人无信」。

三三八　唐高昌某人夏田契［一］

〔前缺〕

一　……………夏价……

二　□□寺研兜（斛斗）中取［二］。……

三　耕田人自承了。若租殊（输）〔佰役〕……

四　仰耕田承了［三］。若水出处，稿（稾）

五　壹车。若过期月不偿，听抴〔家资〕……

六　虫贼破，随大匕列（例）。种大与大，种小〔与小〕……

七　边得车牛壹乘并囊。二主和同〔立契〕。……

八　返悔。悔者一罚二，入不悔者。……

〔后缺〕

【注】

［一］《吐鲁番出土文书》第四册第五八页。阿斯塔那一五号墓出土，64TAM15：22。
［二］研兜（斛斗），「粮食」的代称。
［三］耕田，「田」下脱一「人」字。

三三九　唐高昌权僧奴佃田契［一］

一　…………………………僧奴……

二　南渠常田壹分［二］；次薄田壹分［三］。贰分田中粪塸土，仰

三　权僧奴使足。□□田主。以田中耕牛、人力、麦子、粟子仰

四　僧奴承了。田…………少，贰人场上亭分。田中粪土不

五　遭好……………………………〔租输〕佰役，仰田〔主承了〕。

〔后缺〕

【注】

[一]《吐鲁番出土文书》第四册第五九页。阿斯塔那一五号墓出土，64TAM15:27。

[二] 常田，等级较高的田地的名称。

[三] 薄田，等级低下的田地的名称。

三四〇　唐高昌某人佃菜园契[一]

〔前缺〕

一　□钱□文，到八月内上钱使了。要经

二　贰年佃食。租殊(输)伯役，壹仰菜园主承了；

三　渠破水谪，仰佃菜人承了[二]。两和立契，

四　获(画)指为记。

〔后缺〕

【注】

[一]《吐鲁番出土文书》第六册第五八四页。阿斯塔那四〇号墓出土，65TAM40:35。

[二] 佃菜人，「菜」下脱一「园」字。

三四一　唐仪凤三年(六七八)柳中县左盈云租田契[一]

一　□凤叁年十月卅日，高宁乡人左盈〔云〕，交

二　〔麦〕壹拾硏（斛），粟壹拾硏，于同乡人辛阿塠

三　〔边〕祖（租）夏新渠口分常田贰□

四　〔麦〕粟即当立契，交相付□

五　□子日[二]，不得问佃时麦〔粟〕。□

六　□先悔者，别□

〔后缺〕

【注】

〔一〕荣新江、李肖、孟宪实主编《新获吐鲁番出土文献·二〇〇一年鄯善县征集文书二》，原题《唐仪凤三年（六七八）十月三十日西州柳中县高宁乡人左盈云租田契》（下）。第三六二页。原说明：「本件拆自纸鞋一号鞋面里第二层，一行年号存『凤』字。从同出有纪年文书推断，当为唐高宗仪凤年号。参见陈国灿《鄯善县新发现的一批唐代文书》，《吐鲁番学新论》，新疆人民出版社，二〇〇六年。」

〔二〕当是「夏（下）子日」。

三四二　唐仪凤（六七六—六七九）蒲昌县竹住海佃田契[一]

一　〔仪凤贰〕年拾月壹日，高昌县宁昌乡人卜老

二　〔师。仪凤贰〕年柒月拾（日），蒲昌县人竹住海于高昌县[二]

三　……………………………年，年别与租〔价〕

〔中缺〕

四　………取秋〔麦〕……〔依〕高昌平元硏（圆斛）……

五　………汝（如）不净好，听向风常（扬）取。若过麦月不〔毕，其〕

六　〔麦准〕法生利。到种田之日，竹不得田佃者，准前

七　………付。其竹取田之日，得南头佃种。租殊（输）

八　佰役，仰田主[三]；渠破水谪，仰佃人[四]。其田要迳仪凤□

〔后缺〕

【注】

〔一〕《吐鲁番出土文书》第七册第五三〇—五三一页。阿斯塔那三六三号墓出土，67TAM363：7/4。

〔二〕蒲昌县，在高昌东北，今吐鲁番东。《元和郡县图志》卷四十《陇右道下·西州》：「贞观十四年置。本名金蒲城，车师后王庭也。」本注：「西南至州一百八十里。」

〔三〕田主、佃人，下均脱一「了」字。

〔四〕田主、佃人，下均脱一「了」字。

三四三　唐□□元年高昌杜定欢赁舍契〔一〕

一　□□元年六月廿日〔二〕，高昌县崇化乡人杜定

二　欢从证圣寺三纲僧练伯边赁取里舍

三　中上下房伍口〔三〕…………有门壹具，其

四　舍中并得……

五　钱叁拾文……………钱拾伍〔文〕

六　到二年二月卅日，与钱拾伍文。其舍□

七　………年用坐。立契已后，不得悔〔四〕，若〔先

八　悔者，〕……钱肆拾文，人不悔人。两和

九　〔立契〕，画指为验。（押）

十　　　　　舍主僧

一一　　　　　赁舍人　杜定欢

〔中缺〕

一二　　　　　知见人　索宝悦

【注】

〔一〕《吐鲁番出土文书》第六册第五八七—五八八页。阿斯塔那四〇号墓出土，65TAM40：28。

〔二〕元年，纪年已残。《吐鲁番出土文书》第六册第五八〇页《阿斯塔那四〇号墓文书》说明：「本墓为合葬墓，男尸先葬，无墓志及随葬衣物疏，所出

文书亦无纪年。本墓出有《杜定欢赁舍契》，查与本墓同一茔区的四二号墓中，出《唐永徽二年（公元六五一年）杜相墓志》，并出有另一件《杜定欢赁舍契》，今将本墓姑置于高宗时期之末。」本契上之「元年」，当属高宗时期某一年号之「元年」。

[三] 三纲僧，寺院中统辖僧众的三个为首的僧人。中文称为上座、寺主（或典座）、维那。《大宋僧史略》卷中：「寺之设也，三纲立焉，若网置之巨纲，提之则正，故曰也。梵语摩之帝、悉替那、羯磨陀那，华言寺主、上座、悦众（即维那）。」

[四] 悔，上脱一「返」字。

三四四 唐高昌某人赁舍契[一]

一 ……过期限不毕，伍钱上日别生钱□

二 文入宅主。其病患有生死并得。若二人

三 有一人先悔者，罚银钱贰拾肆文。

〔后缺〕

【注】

[一]《吐鲁番出土文书》第六册第五八九页，阿斯塔那四〇号墓出土，65TAM40：29。本墓所出文书无纪年。本墓文书说明：「今将本墓姑置于高宗时期之末。」参看本书上条注[二]。

三四五 唐垂拱元年（六八五）酒泉城吕某租田契[一]

一 垂拱元年十一月十一日，酒泉城〔吕〕□

二 用小麦贰斫（斛）伍㪷（斗），粟贰斫伍㪷，于同〔城〕□

三 田尾仁并弟养欢二人边，租取□□□

四 常田壹亩。契讫垂拱贰□□

五 到夏子之日[三]不得□

六 □〔罚〕贰入吕。田中〔租〕□

七 □，〔两〕和立〔契〕，□

八 〔钱〕□

九 〔田〕□
十 同城□
一一 知见□
一二 知见□
一三 知见□

【注】

〔一〕荣新江、李肖、孟宪实主编《新获吐鲁番出土文献·二〇〇一年鄯善县征集文书五》，原题《唐垂拱元年（六八五）十一月十一日酒泉城吕某租取田尾仁等常田契》。（下）第三六四页。原说明：「本件拆自纸鞋三号鞋面第二层。参见陈国灿《鄯善县新发现的一批唐代文书》《吐鲁番学新论》，新疆人民出版社，二〇〇六年」。

〔二〕夏子之日，夏，「下」的借用字。本书《唐高昌载某租田契》作「如到下子之日不得田佃者，其钱壹罚贰，入（下缺）」。又本书《唐□元二年（七五九或七六一）高昌朱进明转租田契》作：「如到种田之日不得地佃者，一仰朱（进）明知（友）当，不干曹敏事。」

三四六　唐垂拱三年（六八七）酒泉城吕某租田契〔一〕

一 □〔拱〕三年正月十九日，酒泉城〔吕〕□
二 粟拾研（斛），于同城人焦伏护边□
三 □□渠叁年田贰亩，其田要迳（经）全
四 □如到夏子之日，不得田佃
五 □一日粟，壹罚贰入吕。田
六 □仰田主。渠破水谴，仰佃人。
七 □契，获（画）指为信〔二〕。
八 粟主□
九 田主□
十 □□一生□

一一 ▢仁
一二 ▢（住）一[三]

【注】

[一] 荣新江、李肖、孟宪实主编《新获吐鲁番出土文献·二〇〇一年鄯善县征集文书七》。原题《唐垂拱三年（六八七）正月十九日酒泉城吕某从焦伏护边租田契》。（下）第三六五页。原说明：「本件拆自纸鞋三号鞋面第二层。参见陈国灿《鄯善县新发现的一批唐代文书》，《吐鲁番学新论》，新疆人民出版社，二〇〇六年。」

[二] 据图版当释作「获指为记」。

[三] 以上三人名字之间似为画指节的痕迹。

三四七　唐垂拱三年（六八七）高昌杨大智租田契[一]

一 垂拱三年九月六日[二]，宁戎乡杨大智交▢
二 小麦肆斛，于前里正史玄政边[三]租取逃
三 走卫士和隆子[四]、新兴张寺潢口分田贰亩
四 半[五]。其租价用充隆子兄弟二人庸缫直[六]。
五 如到种田之时，不得田佃者，所取租价麦
六 壹罚贰，入杨。有人悋（吝）护者，仰史玄应当[七]。
七 两和立契，画指为记。
八 　　租田人　杨
九 　田　主　史玄政
　　一一一
十 　知见人　侯典仓
　　一一一

【注】

[一]《吐鲁番出土文书》第七册第四〇六页。阿斯塔那三五号墓出土，64TAM35：20。又《文物》一九七三年第十期新疆维吾尔自治区博物馆《吐鲁番县阿斯塔那—哈拉和卓古墓群发掘简报》第二四页图四二。

[二]垂拱，唐武则天年号。

[三]里正，乡里小吏。《通典》卷三《食货三·乡党·大唐》：「大唐令：诸户以百户为里，五里为乡，四家为邻，三家为保。每里置正一人（本注：若山谷阻险地远人稀之处，听随便量置），掌按比户口，课植农桑，检察非违，催驱赋役。」

[四]卫士，隋炀帝大业三年（六〇七），健全了卫府制，确立十六府，由十二卫分领府兵，「其军士，左右卫所领名为骁骑，左右骁卫所领名豹骑……左右候卫所领名佽飞，而总号卫士」（《隋书·百官志下》二十八卷）唐前期沿此称号，「凡兵士隶卫，各有其名。……总曰卫士」（《旧唐书·职官志二》卷四十三）。天宝十一年（七五二），卫士上番制废，改称「武士」。

[五]潢口分田，以潢田为口分田。潢田为一种田地的名称。但为何名「潢田」，其说不一。马雍说，潢田「应当指靠潢水灌溉的田」（马雍《麴斌造寺碑所反映的高昌土地问题》，《文物》一九七六年十二期。）朱雷则说：「『潢』字本意包含有『下处』之意。因而那些由于地势低洼，又近渠潢，或平时由于渠、潢水的渗透，或在行水浇灌之时，易于造成水浸渍现象的土地，被称为潢田。……其产量必低于『常田』。」（朱雷《吐鲁番出土北凉赀簿考释》，《敦煌吐鲁番文书研究》第二〇页）此「潢」或为渠名，或为「渠」字之误。

[六]庸緤（音同牒）直，以庸代役的价钱。《新唐书·食货志》：「用人之力岁二十日，闰加二日。不役者日为绢三尺，谓之庸。」緤，布名。《篇海类编·衣服类·系部》：「緤，西国布。」

[七]史玄，「玄」下脱一「政」字。

三四八　武周（六八九—七〇四）时吐鲁番吕勳子佃葡萄园契[一]

〔前缺〕

□□□壹园贰亩，初年十月槽头□□□□

□□□□到叁年中，与浆陆斫（斛），到肆[二]，与□□

□□□□，更无杂草菓。到叁年、肆年中，与梨袜[三]

□□□□〔斫〕，年合着柱索，到陶[四]满日，合还柱索。

□□□随时修理，必〔吕〕加功修理好者，转

□□□罚银钱贰拾文。若不佃和陶者，

□□□陶满日，合还柱索，契有两

八　▭□□□，两和立契，指为[五]
九　▭　陶主行本母一一一
十　　陶主行本母一一一
一一　　佃陶人吕憅子一一一
一二　　保人张蕴子一一一
一三　　保人
一四　　知见人赵一　留一　□一[六]

【注】

[一] 荣新江、李肖、孟宪实主编《新获吐鲁番出土文献·二〇〇一年鄯善县征集文书一二》。原题《武周吕憅子从和行本边佃葡萄园契》。(下)第三六九页。原说明：「本件拆自纸鞋一号鞋面最里层，年、月用武周新字(本书未保留——编者)，当为武周时期契约。背面有『和合』二字的左半。见陈国灿《鄯善县新发现的一批唐代文书》，《吐鲁番学新论》，新疆人民出版社，二〇〇六年。」

[二] 肆下脱一「年」字。

[三] 梨袜，当释作「标林」。林，木名，柱类。《集韵·末韵》：「林，木名。」《淮南子·本经训》：「标林以相支持。」高诱注：「标林，柱类。」标林也许与本契之「柱索」有关系。

[四] 陶，与「萄」通用。

[五] 当是「画指为信」。

[六] 以上五人均画指节。

三四九　武周天授元年(六九〇)敦煌张文信租田契[一]

一　天授元年壹月拾捌日[二]，武成乡人张文信〔于康〕
二　海多边租取枣树渠部四伍亩，〔直价一亩〕
三　麦小壹斛，就中交付叁亩价讫。余〔贰亩〕
四　〔租〕价到六月内分付使了。若到六月〔不了〕
五　者，壹罚贰入康。若到种田之日，不得田佃〔者〕，

六　壹斛罚贰斛入张文[三]。两和立契书，画指〔为记〕。

七　契两本，各执一本。

八　田主康海多

九　租田人张文信 ｜｜｜

十　知见人翟寅武 ｜｜

一一　知见人白六洛 ｜｜

一二　知见人赵胡单

【注】

[一] 中国科学院历史研究所资料室编《敦煌资料》第一辑第四五四页，马三一四。又《历史研究》一九六二年第六期第九九页孙达人《对唐至五代租佃契约经济内容的分析》。

[二] 天授，武则天称帝时的年号之一。

[三] 张文，「文」下脱一「信」字。或例同「入康」，则「文」衍。

三五〇　唐高昌张某出租葡萄园契[一]

〔前缺〕

一　……………………………府□□蒲陶（葡萄）一

二　〔园？〕…………贰拾文，余至拾月

三　还□[二]……………陶（萄）价。若到□□

四　日，不得陶（萄）〔者，其钱壹〕罚贰，文（入）张。陶（萄）□

五　中，并无种（？）……□索。至十月，任张……

六　将，十月付陶（萄）……。其陶（萄）要迳壹〔年〕

七　佃种。祖殊（租输）〔百役，仰范〕；渠破水谪，仰〔张〕[三]。

八　契有两本〔各执壹本，〕画指为信。
九　…………范洛文（？）□
十　……………………

一一一

〔后缺〕
（背存「合同」二字之右半）

【注】

[一]〔日〕池田温《中国古代の租佃契》（上）第二二—二三页。原题《唐年次未详（七世纪）租陶契》，第三一〇一、三一〇三、三一〇四号。
[二]余，剩余的租价，或作「残」。
[三]仰张、仰范，意为「仰张了」、「仰范了」。

三五一　武周长安三年（七〇三）高昌严苟仁租葡萄园契[一]

一　长安叁年三月二日[二]，严苟仁于麹善通边租取张渠蒲
二　陶（葡萄）一段，二亩。陶（萄）内有枣树大小拾根，四院墙壁并全。其陶（萄）
三　契限五年收佃。今年为陶（萄）内支槅短，当年不论价直。至辰
四　岁[三]，与租价铜钱肆伯捌拾文。到巳岁[四]，与租价铜钱陆伯肆拾文。
五　至午岁[五]，与租价铜钱捌伯文。至未岁[六]，一依午岁价，与捌伯文，年
〔后缺〕

【注】

[一]《吐鲁番出土文书》第七册第二七九页，67TAM93：2；《文化大革命期间出土文物》（一）图一二。
[二]长安，武则天称帝时的年号之一。
[三]辰岁，即「甲辰岁」，为长安四年。
[四]巳岁，即「乙巳岁」，为唐中宗神龙元年（七〇五）。

〔五〕午岁，即「丙午岁」，为神龙二年。

〔六〕未岁，即「丁未岁」，为神龙三年。

三五二　唐景龙二年（七〇八）高昌县肯义租田契〔一〕

一　景龙二年十一月八日，宁大〔乡〕▭

二　都维、寺主、徒众等边，租取□▭

三　秋田叁亩，其田总与床拾斫（斛），别取□▭

四　家平斫量还，□〔须〕净好，不许滥恶，其田▭

五　肯义平填，要迳叁〔熟〕，修理渠堰，仰肯方

六　▭大例，如年月未满，不得忠（中）途改夺，〔别〕

七　▭〔各执〕壹本，两和立契，画指为纪〔二〕。

八　田主

九　▭

十　田主

一一　佃人肯〔义〕▭

一二　知见人▭

一三　知见人▭

【注】

〔一〕荣新江、李肖、孟宪实主编《新获吐鲁番出土文献·二〇〇六年征集吐鲁番出土文献三六》，原题《唐景龙二年（七〇八）十一月八日西州高昌县宁大乡肯义租田契》，（下）第三二七页。原说明：「本件文书拆自墓主纸鞋。有大写的『合同文』字样。」

〔二〕「为纪」，当释作「为记」。

三五三　唐开元二十四年（七三六）高昌左小礼出租田契〔一〕

一　开元廿四年二月□□，张……

二　〔小〕麦贰斛□…………请〔地〕………

三　取白渠口分部田贰亩。其田要〔迳廿四〕、

四　廿五年佃种。〔如到种〕田之日，不得〔田〕

五　佃及改租别人，其所取麦，一罚二入张[二]。

六　两和立契，获（画）指为记。

七　　　　　　　麦主

八　保左孝礼[三]范福子 ——— 　贰亩田主左小礼 · · ·

九　　　　　　　保人同领妻母解四胜 ———

　　　　　　　倩书地主□ □ □ 阚

【注】

[一]〔日〕《敦煌吐鲁番社会经济资料集》三《契约》（A）录文第五八页一七五，（B）图版第二七页（一）大谷三一〇七。又唐耕耦《关于唐代租佃制的若干问题》，《历史论丛》第五辑第一〇〇页。

[二]张，当是「麦主」，即佃人之姓。

[三]保，下脱一「人」字。

三五四　唐天宝五载（七四六）高昌吕才艺出租田契[一]

一　天宝五载闰十月十五日[二]，　　交

二　用钱肆伯伍拾文，于吕才艺边

三　租取涧东渠口分常田一段，贰亩。东

四　渠，西废屯，南至□，北县公廨[三]。其地要

五　用天宝陆载佃食。如到下子之日，

六　□□得田佃者，其钱壹罚贰，入[四]。田
七　上所有租〔输〕百役，仰田〔主〕知（支）当。
八　〔中缺〕
九　　　　钱主
十　　　　田主吕才艺载五十八 ｜｜
一一　　　保人妻　李
一二　　　保人浑定仙
一三　　　保人
一四　　　倩书人浑仙

【注】

〔一〕金祖同《流沙遗珍》一八之一、二图版，第一八—一九页录文。原件残为二片。

〔二〕天宝，唐玄宗年号。天宝五载即天宝五年。《旧唐书·玄宗纪下》：天宝「三载正月丙辰朔，改年为载」。《书·尧典》：「朕在位七十载。」《尔雅·释天》：「载，岁也。夏曰岁，商曰祀，周曰年，唐虞曰载。」

〔三〕县公廨，当指县公廨田。《通典二·食货二·田制下》：「令在京诸司及天下府州县兼折冲府镇戍关津岳渎等公廨田、职分田各有差。」

〔四〕入，「入」下有脱漏。当作「入佃者」或「入钱主」。又《遗珍》将「入。田」与「知当」一片拼连时错位。

三五五　唐天宝七载（七四八）高昌杨雅俗与某寺互佃田地契[一]

一　……渠口分常〔田一段〕肆〔亩〕东西 南北
二　……平城南地一段叁□东西 南北
三　□□七载十二月十三〔日〕杨俗寄住
四　南平，要前件寺地营种，今将郡
五　城樊渠口分地彼此逐□□种。缘

六　田地税及有杂科税，〔仰〕□□□
七　各自知当。如已后不愿佃地者，
八　彼此收本地。契有两本，各執一
九　本为记。
十　　　地主杨雅俗载卄四　一一一
一一　　保人兄处俗载〔卄〕□　一一一
一二　　保人高澄载卄一　一[二]

【注】

[一]《吐鲁番出土文书》第十册第二七五—二七六页。阿斯塔那五〇六号墓出土，73TAM506：4/2。本件纪年残存「七载」，上缺年号。按唐自玄宗天宝三载（七四四）改年为载至肃宗至德三载（七五八）又改载为年，此处必是天宝七载。

[二]高澄之画指不全。

三五六　唐天宝十三载（七五四）高昌竹玄果出租田契[一]

一　天十三载十一月卄三日，杨晏交用〔小麦〕
二　肆㪷于竹玄果边，租天十四〔口〕分□□
三　贰亩。其地要经一周载□食。如□
四　之日不得田佃者，及改租与别〔人〕□□
五　价一罚式入杨。租〔殊〕□
六　代输。□
七　　　租田人□
八　　田主竹玄果载卅七

【注】

〔一〕《吐鲁番出土文书》第十册第二七九页。阿斯塔那五〇六号墓出土，73TAM506：04/7。

三五七　唐天宝十三载（七五四）高昌杨晏出租田契[一]

一　〔张〕元举男方晖，于杨晏边领得沙堰渠部田

二　贰亩，交领租价亩别弍㪷，其地要经天十四载

三　佃种。如到种田之日不得地佃及改租与□人

四　其麦一罚二入杨[二]。天十三〔载〕月廿八日张元举男

五　方晖

六　　　　　　　　　　见人〔李〕□□二[三]

【注】

〔一〕《吐鲁番出土文书》第十册第二八二页，阿斯塔那五〇六号墓出土，73TAM506：04/10—2。

〔二〕入杨，佃人是张方晖。据上文此「杨」字当是「张」字之误。

〔三〕二，可能是年龄残缺。

三五八　唐天宝十三载（七五四）高昌杨堰租田契[一]

一　（前缺）日[二]，高昌县人杨堰

　　（前缺）轮边租

二　（前缺）〔部田〕贰亩，其地沙堰渠□□

三　（前缺）其地用天十四载□〔种〕。

四　（前缺）租子，立契日交相付了。故立契为

五　□　　　　　　　　　麦主

六　　　　　　　　　　　田主韩伯轮□

七　　　　　　　　　　　　见人　何思忠

【注】

［一］《吐鲁番出土文书》第十册第二八一页，阿斯塔那五〇六号墓出土，73TAM506：04/10—1。

［二］本件立契年残缺，据契文内有「其地用天十四载□种」语，知立契之年当在天宝十三载。又此契和下《张元举男方晖佃田契》写在一纸上，契文也说「其地要经天十四载佃种」，立契年当同此契。

三五九　唐至德二载（七五七）高昌竹玄过、白如奕出租田契[一]

一　〔至〕德二载八月五日，杨晏交用小麦肆

二　□于竹玄过边〔租〕取沙堰渠口分部

三　□□亩，其地要□〔至德〕□载佃种。如到种

四　[　　]〔得〕田佃者，其麦一〔罚〕二入杨，若身

五　□西不在，一仰保等知〔当〕。为人〔无〕[二]

六　　　　　　　　麦主

七　　　　　　　　田□竹玄过载卅□

八　□交□〔小〕麦二㪷于白如奕边租取□□渠

九　□分部田一畝，其契准〔上〕。　田主　白如奕载卅

十　　　　　　　　……

【注】

［一］《吐鲁番出土文书》第十册第二八四—二八五页，阿斯塔那五〇六号墓出土，73TAM506：04/6。

［二］为人〔无〕，原注〔一〕：〔无〕下应有缺文，也可能是契稿，原来就没有写下去。

三六〇　唐至德二载（七五七）高昌曹孝绩出租田契[一]

一　至德二载九月廿六日，顺义乡人杨堰[　　]

二　麦各贰于曹孝绩边租取沙堰［　］
三　□贰要经至德三载佃种。如到［　］
四　□□及改租别人者，其麦一罚贰［　］
五　□□曹身东西不在，一仰妻［　］
六　〔杨〕当了。恐人无信，故立此契〔为〕
七　　田主曹孝［　］
八　　□人男□□年廿（下残）

【注】

［一］《吐鲁番出土文书》第十册第二八六页。阿斯塔那五〇六号墓出土，73TAM506：04/9。

三六一　唐□元二年（七五九或七六一）高昌朱进明转租田契[一]

一　□□高渠部田一段二十九亩，内壹拾陆亩旧主王祐（东渠，西渠，南甲屠祀，北渠。）
二　□元二年九月八日，曹忠敏于知田朱进明处租取蕇
三　思廉等上件地。进明先于蕇廉等边散于人处租
四　得[二]，今不亲营种，遂转租与前件人。每亩交用小麦
五　壹斗，租取上件地，来年佃种。如到种田之日不得
六　地佃者，一仰朱明知（支）当[三]，不干曹敏事[四]。段内更有别
七　人追理地子，并不干佃地人之〔事〕。两共平章，获（画）
八　指为记。　谨录契白如前。
九　　麦主〔曹忠敏〕
十　　田主朱进明年卌
一一　　保人□□琳年五十八
一二　　保〔人〕……

〔下缺〕

【注】

〔一〕《吐鲁番出土文书》第九册第一五四至一五五页，编号 64TAM37：21。原题作《唐□□二年曹忠敏租田契》。题解曰：本件纪年残缺，第二行「二年」上存一残笔。因墓出有大历三年（七六八）文书两件。本件残笔与契文第三行「先」字最后一笔相似，疑为「元」字。与大历相近之年号有「乾元」、「上元」。本件是乾元二年（七五九）或上元二年（七六一），今置于大历之前。

〔二〕尊廉，即尊思廉，为原田主之一。

〔三〕朱明，即朱进明，为二田主。契中称「知田」。

〔四〕曹敏，即曹忠敏，为租田者，契中称「麦主」。

三六二　唐大历三年（七六八）高昌僧法英租园契〔一〕

马寺园一区（下残）
大历三年十月廿四日，僧〔法〕
取上件园佃种，其园限叁年佃种。每年租价准〔麦〕
壹亩贰硕伍㪷，粟叁硕。其麦粟□至时熟，仰□
英依数送纳；其田税仰佃人自知。园内起三月□□
送多少菜，至十五日已后并生菜供壹拾束，束壹□。
如修理墙壁不如法，送菜阙少，不在□斛
㪷〔二〕，并须依□送付。如违限，任掣夺衣资〔杂〕物，平充
斛㪷直，并□别人。仍限叁年佃种。如修〔理〕□疏（蔬）如法，
斛㪷不〔阙〕，徒众不得中途改悔。其韭两畦，壹畦佃
人收，余壹畦分为叁分，两分入寺家，一分〔三〕□□。其韭至八月
一日更不得侵损，其冬藏蔓□北壁壹畦入寺
家。如收菜之时，有不如法，仰佃人□菜充替。其有
官科税诸杂，一仰佃人知当，不忓（干）〔寺〕□事。仍下葱子壹㪷

其子寺家出陆胜，佃人出肆胜，人功仰佃人。□□葱内可种芥，
寺家取壹伯束。契有两本，各執一本。其园内可种瓜，每日与寺
壹拾颗。两家平和，画指为记。地主
　　地主马寺尼净信年卌
　地主[五]
　　地主尼上坐[四]法葱年卅四

【注】

[一]《吐鲁番出土文书》第十册第二九二—二九三页，阿斯塔那五〇六号墓出土，73TAM506：04/1。本件背部右上角有「□要」二字。

[二]斛斗，粮食的代称。

[三]一分，「分」下脱一「入」字。

[四]上坐，亦作「上座」。佛教称谓。寺院三纲之一，职位在寺主、维那之上，为全寺之长。亦是出家年岁高者和有德行僧人的尊称。

[五]原文倒写。

三六三　唐高昌张小承与某人换种田地契[一]

〔张小〕承匡渠西奇口分常田五亩，东王令玮，南……西官田，北苏祀奴
……年十一月廿四日，□逐稳便，将上件地
……酒泉城口分价渠常田一段五
……〔家〕各十年〔佃〕□。加以后两家
……种，各自收本地。如营田以后，
〔租输百〕役，各自祇承，不得遮护。两
共平章，恐人无信，故立此契为记。
数内一亩地子，张处直　　地主张小承年卌二
边收麦两斛一斗。　　保人弟……
契有两本，〔各〕执一本。　　保人张处直

一一　　保人
（本件背面下部中间有「合同」二字左半）

【注】

[一]《吐鲁番出土文书》第十册第三〇三—三〇四页。阿斯塔那五〇六斯塔那五〇六号墓出土，73TAM506：04/16(a)。

三六四　唐鄯善县吕致德租田残契[一]

〔前缺〕

一　田〔主〕□□□▭
二　租田人吕致德
三　保人韩致奴一一一
四　知见人左猫乙一一一
五　知见人
六　知见人
七　▭地两[二]人：阿吕、白郎两人合种，如到种田之日，两人
八　▭廨田别种者，罚钱拾文。

【注】

[一]荣新江、李肖、孟宪实主编《新获吐鲁番出土文献·二〇〇一年鄯善县征集文书一八》（下），第三七三页，原题《唐吕致德租田契契尾》。原说明：「本件拆自纸鞋一号鞋面第三层。未见武周新字。参见陈国灿《鄯善县新发现的一批唐代文书》，《吐鲁番学新论》，新疆人民出版社，二〇〇六年。」

[二]原注①：「两」字被墨涂去。

三六五　唐鄯善县吕致德租葡萄园契[一]

〔前缺〕

一 □□□〔到十月〕
二 □〔肆〕㪷(斗)，其酒限到十月内偿斗(伍)
三 □㪷，精力好；苦酒壹㪷，取浆之
四 □〔陶〕垣壁崩破，随时修理。其中柱
五 □〔得〕支还支，得塠还塠[二]。立契已后，无
六 □〔钱〕伍拾文。契有两本，各捉壹本。其
七 □□穗随乡例。两主和合，获(画)指为
八 □　租陶人　吕致德一一一
九 陶主　〔张〕欢伯一一一
十 保人　左阿猫一一一
一一 知见人
一二 知见人
一三 □金子一一一[三]

【注】

[一] 荣新江、李肖、孟宪实主编《新获吐鲁番出土文献·二〇〇一年鄯善县征集文书一七》(下)，第三七二页。原说明：「本件拆自纸鞋一号鞋面表层，背涂墨。缺纪年，无武周新字。据同出文书，当为唐代。参见陈国灿《鄯善县新发现的一批唐代文书》，《吐鲁番学新论》，新疆人民出版社，二〇〇六年。」

[二] 塠，同「堆」。《广韵》：都回切，平灰端。如沙塠(堆)、土塠(堆)。亦作「落」解。《集韵·灰韵》：「塠，落也。」

[三] 以上四人均署名画指节。

三六六　唐高昌邓光□佃田契[一]

一 □〔堂〕　南壕　北道
二 □□□为无□□
三 □四年〔营〕种，春□还

四 □壹㪷，其麦粟立契□付
五 □不还，即□掣□
六 □麦粟直，春秋税子并仰
七 □事，〔租〕渠□役，寺家不知。
八 □先悔者，罚钱贰佰文
九 □章，画指〔为〕□
十 □寺
一一 □地人邓光□年□
一一
一二 保人妻张年廿五

【注】

[一]《吐鲁番出土文献》第十册第三〇七—三〇八页。阿斯塔那五〇六号墓出土，73TAM506:04/11。

三六七　唐高昌邓光实转租田契[一]

一 □亩　东道　西佛堂　南壕　北道
二 □日，客邓光实先于马
三 □种不办，今转〔租〕与
四 □依元契□〔壹〕
五 □田税并佃人知。
六 □渠百〔役〕寺家知。
七 □仰时依√
八 □身家具将

九 □□□或汙文□依

十 □□□经如佃种

一一 □□□与营种。恐人

一二 □□□指为念。

【注】

[一]《吐鲁番出土文书》第十册第三〇九—三一〇页。阿斯塔那五〇六号墓出土，73TAM506:04/4。原题《唐邓光实转租田亩契》。

三六八　唐高昌赵拂昏租田契[一]

〔前缺〕

一 □□□〔赵拂昏〕[二]租取马寺前件地来年

二 佃种，亩别准青麦亩捌㪷，粟亩别玖㪷，计麦壹

三 硕陆㪷，粟计壹硕捌㪷。其官税子仰拨昏输纳□

四 □□□家事。准往例，渠破水擿[三]，仰佃人。如下子之□

五 □□〔田〕佃者，仰寺家别处与上替。其麦伍月□

六 □□□〔月〕内付净好者。两家平和，画指为记。

七 田主　马寺尼

八 保人

九 保人

【注】

[一]《吐鲁番出土文书》第十册第三〇五—三〇六页，阿斯塔那五〇六号墓出土，73TAM506:04/15(a)。

[二] 赵拂昏：「赵」存左旁「走」，「拂」存「扌」，「昏」存「旨」。但据第三行作「拨昏」。

[三] 水擿：当作「水滴」。

三六九　唐高昌孙玄参租菜园契[一]

马寺菜园壹亩，东贾敏，西斯越麻□，南道，北王望。
孙玄参〔于〕□寺徒众边租取
青麦拾斛，粟拾斛。如取麦、粟
家资车牛杂物，平充麦直。□
拾束与寺家。秋菜一畦从南
入孙，一分与寺家。收秋与介壹伯束[二]，每日
一畦子，仰寺知当。其园税子，两家共知。
限，如限未满，改租别人者，罚钱参拾阡入孙。
园内修理疏菜不如法[三]，任改租别人。如园内
水罚，仰佃人。诸渠杂役，仰佃人。两主和同立此契□
本，各执一本为记。
园主

【注】

[一]《吐鲁番出土文书》第十册第三〇一—三〇二页，阿斯塔那五〇六号墓出，73TAM506：04/5(a)。本件背面中间有「和同」二字之左半，其右半当在另一本契上。

[二] 介，当作「芥」。

[三] 疏菜，当作「蔬菜」。

三七〇　唐高昌载某租田契[一]

〔前缺〕

一　如到下子之日不得田佃者，其钱壹罚贰，入[二]。田上
二　户傜[三]，一仰田主[四]。所有税子，一看大例。两主言和，立契为记。
三　　　　钱〔主〕
四　　　　〔田主〕载……
〔后缺〕

【注】

[一]〔日〕《敦煌吐鲁番社会经济资料集》三《契约》（B）图版第二九页，（A）录文第六二页，大谷四九一四。原题《唐年次未详某人租田契》。〔日〕池田温《中国古代の租佃契》（上）第六二页，原题《唐（八世纪）租田契》。
[二]入，「入」下有脱漏。当作「入佃人」或「入钱主」。
[三]户傜，当作「户徭」，即「租输百役」。
[四]一仰田主，「主」下脱一「了」字，或脱「知（支）当」二字。

三七一　唐高昌库师侍（？）出租田契[一]

〔前缺〕
一　麦王
二　田主库师侍（？）年卅五
三　保人同领母阚姜胜[二]
四　见并书智□[三]
五　保人什（然？）乌年五十六

【注】

[一]〔日〕《敦煌吐鲁番社会经济资料集》三《契约》（A）录文第六二页，大谷三一〇五。〔日〕池田温《中国古代の租佃契》（上）第二五—二六页，原题《唐年次未详（八世纪）某人从库师侍租田契》。
[二]阚姜胜，同领母即为田主库师侍之母。有些契约写作「主盟母」。此契，阚氏兼为「保人」，此例少见。

〔三〕见并书：即「见人」兼为「倩书人」。

三七二　吐蕃酉年（八二九？）敦煌索海朝租地帖[一]

一　索海朝租僧善惠城西阴安渠地两突[二]，每
二　年价麦捌汉硕，仰海朝八月末已前，依数
三　填还了。如违不还[三]，及有欠少不充，任将此
四　帖掣夺家资，用充麦直。其每年地子，三分
五　内二分亦同分付。　　酉年二月十三日索海朝立帖[四]
六　身或东西不在，仰保填还。　　见人及保弟晟子
七　　　　　　　　　　　　　　见人及保兄海奴[五]
八　　　　　　　　　　　　　　见人□□
九　　　　　　　　　　　　　　见人
十　　　　　　　　　　　　　　见人
一一　　　　　　　　　　　　　见人

【注】

〔一〕唐耕耦《关于唐代租佃制的若干问题》，《历史论丛》第五辑第九八—九九页，伯二八五八。原编十三行。又〔日〕《敦煌吐鲁番社会经济资料集》三《契约》（B）图版第五七页，（A）录文第一一四—一一五页。原题《索俊·海朝兄弟租地帖》，误。

〔二〕索海朝：〔日〕《资料集》之录文释作「索俊用」，误。

〔三〕如违，「违」下脱一「限」字。

〔四〕帖，契约的一种名称。《广韵·帖韵》：「帖，券帖。」

〔五〕海奴，〔日〕《资料集》录文释作「海朝」，误。

三七三　唐咸通二年（八六一）敦煌齐像奴租地契[一]

一　张桃渠地一段，两畦共贰拾亩……

咸通二年辛巳三月八日[二]……其人力，遂将上件地五亩一畦，……半并前一畦，计壹拾贰……至秋。像奴叁分内，仰请一分……半，亦共僧福智停头……两乡善……蒿芸浇溉收拾等。两……辛苦，今……抱功者，看闲芒（忙）月，两家计筭酬功。如后有人悋护，一仰弟齐兴清祇当。一定已后，不许翻悔。如先悔者，〔罚〕……军粮用。官有政法，人从私契。两共平章，用为后验。

地主齐像奴（押）

保人弟齐兴清（押）

见人僧愿成（押）

见人并书契僧明照

见人僧智谦

（以上正面）

……豆两石四斗　麦一石五斗　齐兴清麦两石二斗

……黄麻一石六斗　青麦两石　张□屯青

……

（以上背面）

【注】

[一]〔日〕《敦煌吐鲁番社会经济资料集》三《契约》（A）录文第一一五页，伯三六四三 P.14"（B）图版第七二页。

[二] 咸通，唐懿宗年号。

三七四　唐天复二年（九〇二）敦煌刘加兴出租地契[一]

天复二年，壬戌岁次[二]，十一月九日，慈惠乡百姓刘加兴城东头渠上口地四畦[三]，共十亩，阙乏人力，奠(佃)莳不得。遂租与当乡百姓樊曹子，奠(佃)种叁年，断作三年价直乾货斛斗壹拾贰石[四]，麦粟五石，布壹疋肆拾尺，又布三丈。布一疋，至到五月末分付。又布三丈，余到□上□并分付刘加兴。是日一任祖(租)地人奠(佃)莳三年。不许刘加兴三年除外，并不许刘加兴论限。其地及物，当日交相分付。两共对面平章，一定与(已)后，不得休悔。如休悔者，罚□大入不〔悔〕人。天复二年壬戌岁次十一月[五]九日，慈惠乡百姓樊曹子遂租当乡百姓刘加兴城东头渠上口地四畦，共十亩。

【注】

[一]《敦煌宝藏》第四四册第五七六页，斯五九二七号背面。又《敦煌资料》第一辑第三二〇—三二一页。原题《樊曹子租地契》。

[二]壬戌岁次，当作「岁次壬戌」。下同。

[三]口地，当作「口分地」，即「口分田」。下同。

[四]斛斗，粮食的代称。

［五］自此行以下，为重复习写的部分。

三七五　唐天复四年（九〇四）敦煌令狐法性出租地契[一]

一　天复四年[二]，岁次甲子，捌月拾柒日立契。神沙乡百姓僧
二　令狐法性[三]，有口分地两畦捌亩，请在孟受阳员渠上界。为要物色
三　用度，遂将前件地捌亩，遂共同乡邻近百姓
四　贾员子商量，取员子上好生绢壹疋，长
五　捌[四]；综毯壹疋，长贰仗（丈）五尺。其前件地祖（租）与员子贰拾
六　贰年佃种。从今乙丑年[五]，至后丙戌年末[六]，却付
七　本地主。其地内除地子一色，余有所差税，一仰
八　地主祇（支）当。地子逐年于□官员子逞纳。渠河口
九　作两家各支半。从今以后，有恩赦行下，亦不在语（论）
十　说之限。更亲姻及别称忍（认）主记者，一仰保人
一一　祇（支）当，邻近觅上好地充替。一定已后，两共
一二　对面平章，更不休悔。如先悔者，罚□□□
一三　送纳入　官。恐后无凭，立此凭俭（验）。
一四　　地主僧令狐法姓（性）
一五　　见人吴贤信
一六　　见人宋员住
一七　　见人都司判官氾恒世[七]
一八　　见人〔行司判〕官阴再盈
一九　　见人押衙张
二十　　都虞候贞[八]

【注】

［一］《敦煌宝藏》第一二六册第四三八—四三九页，伯三一五五号背面。又《敦煌资料》第一辑第三二二—三二三页。原题《贾员子租地契》。

［二］天复四年，《敦煌资料》第一辑第三二二页注：「『天复』是唐昭宗年号。天复四年四月，改元『天祐』。本卷书天复四年八月，已是天祐元年。边远地区知改元事较迟，故年号仍书『天复』。」

［三］僧，佛教徒，俗称「和尚」。有出家修行者；亦有在家修行者，即「居士」。令狐法性当为在家修行者。

［四］长捌，「长捌」下有脱文。

［五］乙丑年，唐哀帝天祐二年（九〇五）。

［六］丙戌年，后唐庄宗同光四年、明宗天成元年（九二六）。

［七］都司判官，唐代尚书省（又称尚书都省）下设左右司，总汇各司，谓之都司。担任临时职务的特派大臣可自选中级官员奏请充任判官，以资佐理所办事务，非正官。

［八］都虞候，唐代后期为藩镇的亲信武官。

三七六　唐天复七年（九〇七）敦煌高加盈以地租抵债契［一］

一　天复柒年丁卯岁三月十一日，洪池乡百姓高加盈，先

二　负欠僧愿济麦两硕、粟壹硕［二］，填还不办。今

三　将宋渠下界地伍亩，与僧愿济贰年佃种，充为

四　物价。其地内所著官布、地子、柴草等，仰地主

五　祇当，不忓（干）种地人之事。中间或有识认，称为地主者，

六　一仰加盈觅好地伍亩充地替。两共对

〔后缺〕

【注】

［一］唐耕耦《关于唐代租佃制的若干问题》，《历史论丛》第五辑第一一〇页。又〔日〕《敦煌吐鲁番社会经济资料集》三《契约》（B）图版第八一页，（A）录文第一一六—一一七页。

［二］先负，〔日〕《资料集》（A）录文释作「光寅」，人名。

三七七　乙亥年敦煌索黑奴等租地契[一]

乙亥年二月十六日[二]，燉煌乡百姓索黑奴〔程悦〕子二人，伏缘欠阙田地，遂于侄男索□护面上，于城东忧渠中界地柒亩，遂租种苽。其地断作价直，每亩壹硕二斗，不谏（拣）诸杂色目，并总收纳。共两面〔对平〕章[三]，立契已后，更不许休悔。如若〔先悔者，罚〕麦两驮，充入不悔人。恐人无信，故立此契，□□□□

租地人程〔悦〕子

租地人索黑奴（押）

见人汜悔保

【注】

[一]《敦煌宝藏》第四五册第七页，斯六〇六三号。又《敦煌资料》第一辑第三二六页。

[二]乙亥年，此件纪年只此「干支」。属于此一时期的「乙亥年」有二：一为唐宣宗大中九年（八五五），一为五代后梁末帝乾化五年或贞明元年（九一五）。暂采用后者。

[三]共两面对，当作「两共对面」。

（四）借贷契约

三七八　唐显庆四年（六五九）高昌白僧定举麦契[一]

显庆四年十二月廿一日，崇化乡人白僧定于武城乡王才欢边举取小麦肆研（斛）[二]，将五年马塠口分部田壹亩[三]，更六年胡麻井部田壹亩，准麦取田。到年年不得田耕作者，当还麦肆研（斛）入王才[四]。租殊（输）伯役，一仰田主；渠破水谪，一仰佃人。[五]两和立契，获（画）为信。

麦主王才欢

贷麦人白僧定　丨丨丨

知见人夏尾信

知见人王士开

知见人康海□　丨丨丨

【注】

[一]《吐鲁番出土文书》第七册第三七〇—三七一页，阿斯塔那二〇号墓出土，64TAM20：34。

[二]举，借债、称贷。《汉书·食货志上》：「取倍称之息。」颜注：「称，举也。今俗所谓举钱者也。」

[三]塠，同「堆」。五年，显庆五年。下「六年」同。

[四]王才，当作「王才欢」。

[五]「田主」、「佃人」，当作「田主了」，「佃人了」。

三七九　唐显庆五年（六六〇）天山县张利富举钱契[一]

显庆五年三月十八日，天山县南平
乡人张利富于高昌县崇化
乡人左憧憙边举取银钱拾文[二]，
月别生利钱壹文。到左还须
钱之日[三]，张即须子本俱还。若身
东西不在，一仰妻儿及保人等
代。若延弘（引）不还[四]，听掣家资
杂物，平为钱直。两和立契，
画指为信。

钱主
举钱人张利富 一一一
保人　康善获 一一一
知见人

【注】

[一]《吐鲁番出土文书》第六册第四〇四—四〇五页，阿斯塔那四号墓出土，64TAM4:38。

[二]天山县，《元和郡县图志》卷第四十《陇右道下·西州》：「贞观十四年置。」本注：「东至州一百五十里。」在今新疆托克逊东北。

[三]须，通「需」。

[四]弘，同「引」。延长。《易·系辞上》：「引而伸之。」

三八〇　唐龙朔元年（六六一）高昌龙惠奴举练契[一]

龙朔元年八月廿三日，安西乡人龙惠奴于崇化乡人右（左）憧憙边举取练叁拾疋，月别生利练肆疋。其利若出月不还，月别罚练壹疋入左。如憧憙须须练之日[二]，并须依时酬还。若身东西无，仰妻儿收后者偿。人（官）有正（政）法，人从私契。两和立契，获（画）指为信。

练主左

举练人龙惠奴　丨丨丨

保人男隆绪　丨丨丨

知见人魏左　丨丨丨

知见人樊石德　丨丨丨

保人康文憙　丨丨丨

【注】

[一]《吐鲁番出土文书》第六册第四〇八—四〇九页，阿斯塔那四号墓出土，64TAM4：34。

[二]须须，衍一「须」字。

三八一　唐麟德二年（六六五）高昌卜老师举钱契[一]

麟德二年正月廿八日[二]，宁昌乡人卜老师于高参军家人末豊边举取钱拾文[三]，月别生利钱壹文。若末豊须钱之日，本利具还。若身东西不在，一仰家妻儿收后上（偿）钱；听掣家财，平为钱直。两和立契，获指为信。

钱主高末豊

举人卜老师 一一一

保人翟子隆 一一一

知见人翟贞信 一一一

保人男石德

【注】

[一]《吐鲁番出土文书》第七册第五二六—五二七页，阿斯塔那三六三号墓出土，67TAM363:9。

[二] 麟德，唐高宗年号。

[三] 末豊，释作「未豐」、「未丰」，误。

三八二　唐麟德二年（六六五）高昌赵丑胡贷练契[一]

麟德二年八月十五日，西域道征人赵丑胡于同行人左憧熹边贷取帛练叁疋[二]。其练回还到西州拾日内还

四　练使了[三]。到过其(期)月不还，月别依
五　乡法酬生利。延引不还，听拽家财
六　杂物，平为本练直。若身东西不在，
七　一仰妻儿还偿本练。其练到安西
八　得赐物[四]，只还练两疋；若不得赐，始
九　还练叁疋。两和立契，获(画)指为验。
十　　练主左
一一　　　贷练人赵丑胡 ——
一二　　　保人白秃子 ——
一三　　　知见人张轨端 ——
一四　　　知见人竹秃子 ——

【注】

[一]《吐鲁番出土文书》第六册第四一二—四一三页，阿斯塔那四号墓出土，64TAM4:36。

[二] 征人，远行或出征的人。赵丑胡与左憧憙同为应征至安西的卫士。

[三] 西州，唐贞观十四年(六四〇)平高昌，以其地为西州，治高昌城。

[四] 安西，安西都护府。贞观十四年置于交河城，属陇右道。显庆三年(六五八)移治龟兹，今库车。

三八三　唐麟德二年(六六五)高昌张海欢、白怀洛贷银钱契[一]

一　麟德二年十一月廿四日，前庭府卫士张海欢于左憧
二　憙边贷取银钱肆拾捌文[二]，限至西州十日内还本
三　钱使了。如违限不偿钱，月别拾钱后生利钱壹
四　文入左。若延弘(引)注托不还钱，任左牵掣张家资

五　杂物、口分田桃(萄)，用充钱直取[三]。若张身东西没洛(落)者，一
六　仰妻儿及收后保人替偿。两和立契，画指为信。
七　同日，白怀洛贷取银钱贰拾肆文，还日、别部依
八　上券同。　　钱主　左
九　　　　　贷钱人张海欢　——
十　　　　　贷钱人白怀洛　——
一一　　　　保人张欢相　——
一二　　　　保人张欢德　——
海欢母替男酬练。若不上(偿)，依月生利。大女李台明　——
保人海欢妻郭如连　——
保人阴欢德　——

【注】

[一]《吐鲁番出土文书》第六册第四一四—四一五页，阿斯塔那四号墓出土，64TAM4:53。又张荫才《吐鲁番阿斯塔那左憧憙墓出土的几件唐代文书》，《文物》一九七三年第十期第七八页图三、第七四页释文。

[二]前庭府，唐制，驻高昌的军府名。张海欢为府卫士。

[三]钱直，钱子本值。

三八四　唐乾封元年(六六六)高昌郑海石举银钱契[一]

一　乾封元年四月廿六日，崇化乡郑海石于左憧
二　憙边举取银钱拾文，月别生利钱壹
三　文半。到左须钱之日，嗦(索)即须还。若郑延
四　引不还左钱，任左牵掣郑家资杂物、
五　口分田园，用充钱子本直取。所掣之物，
六　壹不生庸；公私债负停征，此物不在停

七　限。若郑身东西不在，一仰妻儿及收后保
八　人替偿。官有政法，人从私契。两和立契，
九　画指为信。
十　　　　钱主左
一一　　　举钱郑海石
一二　　　保人宁大乡张海欢
一三　　　保人崇化乡张欢相[二]
一四　　　知见人张欢德

【注】

[一]《吐鲁番出土文书》第六册第四一七—四一八页，阿斯塔那四号墓出土，64TAM4:39。又张荫才《吐鲁番阿斯塔那左憧憙墓出土的几件唐代文书》，《文物》一九七三年第十期第七八页图四、第七四页释文。

[二]保人张海欢、张欢相不仅画指，还注明籍贯。此例见于卫士和后代的商人契约中。

三八五　唐乾封三年（六六八）高昌张善憙举钱契[一]

一　乾封三年三月三日，武城乡张善憙于
二　崇化乡左憧憙边举取银钱贰拾文，
三　月别生利银钱贰文。到月满，张即须
四　送利。到左须钱之日，张并须本利酬还。
五　若延弘（引）不还，听左拽取张家财杂物，平为
六　本钱直。身东西不在[二]，一仰妻儿保人上（偿）钱使
七　了。若延引不与左钱者，将中渠菜园半亩，

八　与作钱质[三]，要须得好菜处。两和立契，
九　获指为验。左共折生钱，日别与左菜伍尺园，到菜干日。
十　钱主左
一一　举钱人张善憙 ——
一二　保人女如资 ———
一三　保人高隆欢 ——
一四　知见人张轨端 ——

【注】

[一]新疆维吾尔族自治区博物馆编《新疆出土文物》图八七（一九七五年出版）。又《吐鲁番出土文书》第六册第四二二—四二三页，阿斯塔那四号墓出土，64TAM4:40。

[二]身东西，「身」上脱一「若」或「若张」等字。

[三]质，抵押。《说文·贝部》：「质，以物相赘。」

三八六　唐总章三年（六七〇）高昌张善憙举钱契[一]

一　总章三年三月十三日，武城乡张善憙
二　于左憧憙边举取银钱肆拾文，
三　每月生利钱肆文。若左须钱之日，
四　张即子本具还。前却不还，任掣家
五　资，平为钱直。身东西不在，仰收后代
六　还。两和立契，获指为记。（押）
七　钱主 ——

贷钱人张善憙
保人男君洛
保人女如资
知见人高隆欢 ——
知见人王父师 ——
知见人曹感

【注】

[一]《吐鲁番出土文书》第六册第四三〇—四三一页，阿斯塔那四号墓出土，64TAM4:41。又《文物》一九七三年第十期第二三页图二七。

三八七　唐总章三年（六七〇）高昌白怀洛举钱契[一]

总章三年三月廿一日，顺义乡白怀洛于崇化乡左憧憙边举取银钱拾文，月别生利钱壹文。到月满日，白即须送利。左须钱之日，白即须子本酬还。若延引不还，听牵取白家财及口分[二]，平为钱直。仍将口分、蒲桃（葡萄）用作钱质。身东西不在，一仰妻儿酬还钱直。两和立契，获指为验。

钱主左
取钱人白怀洛 ———
保人严士洛 ———
知见人张轨端 ——
知见人索文达

一四　白怀洛负左憧憙枣树壹根，好者。

【注】

〔一〕《吐鲁番出土文书》第六册第四三二—四三三页，阿斯塔那四号墓出土，64TAM4：37。

〔二〕口分，即「口分田」或「口分地」等。

三八八　唐咸亨四年(六七三)酒泉城张尾仁举钱契[一]

一　〔咸〕亨四年正月贰拾伍日，酒泉城人张尾

二　仁于高昌县王文欢边举取银钱贰〔拾文〕[二]，

三　至当年□□，月别生〔利钱〕……

四　日生利具还。……

五　钱直。□身东西不在，仰妻儿及收〔后〕……

六　〔两〕和立契，画指为验。

七　　　　钱主王文欢

八　　　　举钱人张尾仁

九　　　　保人吴白师

十　　　　知见人辛□□

〔后缺〕

【注】

〔一〕《吐鲁番出土文书》第六册第五二五—五二六页，阿斯塔那十九号墓出土，64TAM19：45，46。

〔二〕酒泉城，肃州治。今甘肃酒泉。

三八九　附　唐咸亨五年（六七四）高昌王文欢诉张尾仁贷钱不还辞[一]

酒泉城人张尾仁。
……件人，去咸亨四年正月内立契，……
……银钱贰拾文，准乡法和立私契。……
拾文后〔生利〕钱贰文。其人从取钱已来……
索，延引不还。酒泉去州……
来去，常日空归。文欢……
急，尾仁方便取钱人……
〔后缺〕

【注】

〔一〕《吐鲁番出土文书》第六册第五二七—五二八页，阿斯塔那一九号墓出土，64TAM19：36。题解：「本件与上件《咸亨四年（公元六七三年）张尾仁举钱契》紧密相关，既称『去咸亨四年』，因知本件必写于咸亨五年（是年八月改元上元），或上元元年。」

三九〇　唐仪凤二年（六七七）高昌卜老师举钱契[一]

仪凤贰年玖月伍日，宁昌乡人〔卜老师于蒲昌〕
县人竹住海边举取银钱捌〔文。月别捌钱后生〕
〔利〕钱壹文，月满即须送利。若竹须钱〔之日，即〕
〔子〕本具还。若延引不还，任拽家财杂物及口分
〔田园〕平充钱[二]。身东西不在，壹仰妻儿收后者
〔偿钱使了。两和产契〕，画指为验。（押）
〔后缺〕

【注】

[一]《吐鲁番出土文书》第七册第五二九页，阿斯塔那三六三号墓出土，67TAM363：7/2。

[二] 平充钱，「钱」下脱一「直」字。

三九一　武周长安三年（七〇三）高昌曹保保举钱契[一]

一　长安三年二月廿七日[二]，顺义乡曹保保并母目

二　于史玄政边举取铜钱叁佰贰拾文。

三　月别依乡法生利入史，月满依数送

四　利；如史须钱之日，利本即须具还。如

五　延引不还，及无本利钱可还，将

六　来年辰岁石宕渠口分常田贰亩[三]折充

七　钱直。如身东西不在，一仰收后保人当

八　代知。两和立契，画指为信。

九　　　　钱主

十　　　　举钱人曹保保　曹宝宝 一一一

一一　　　母阿目十金 一一一

一二　　　保人女师子 一一一

一三　　　知见人杜孝忠

一四　　　知见人吴申感

【注】

[一]《吐鲁番出土文书》第七册第四五三—四五四页，阿斯塔那三五号墓出土，64TAM35：15。又《文物》一九七三年第十期第二五页图四五。

[二] 长安，武则天称帝时的年号之一。

[三] 辰岁，即「甲辰岁」，为「长安四年」。

三九二　唐景龙二年（七〇八）交河县宋悉感举钱契[一]

一　景龙贰年四月十七日[二]，交河县安乐城人

二　宋悉感于高昌县人成义感边铜钱叁佰

三　贰拾文[三]。至其年八月卅日内，陆拾肆文作緤花贰拾

四　斤；陆拾肆文至九月卅日内作乌麻高昌平㪷（斗）中玖

五　㪷（斗）；钱壹佰玖拾陆文作粟壹拾硏（斛）捌㪷（斗）。其物

六　至九月卅日内不得，壹罚贰入成。如身东西不

七　在，一仰收……………………不

〔后缺〕

【注】

[一]《吐鲁番出土文书》第七册第五〇四—五〇五页，阿斯塔那二三九号墓出土，75TAM239：12。

[二]景龙，唐中宗年号。

[三]铜钱，「铜钱」二字上脱一「举」字。举铜钱三百二十文。下述至八月、九月偿还三笔，为三百二十四文，用折实物。

三九三　唐开元八年（七二〇）高昌麹怀让举麦契[一]

一　开元八年九月五日，麹怀让于总

二　玄观边举取青麦壹硕捌㪷。其麦限

三　至来年五月卅日付了。如违限不付，其麦

四　……入观，并拽取随身家计，平充麦

五　〔直〕……保人代。恐人无信，故立此契。

六　……

七　　　麦主

□麦人　麹怀让　一一
□人　母孟元善　一
□人　……
〔后缺〕

【注】

[一]《吐鲁番出土文书》第八册第二八七—二八八页。阿斯塔那一八四号墓出土，72TAM184：6。

三九四　唐天宝十三载（七五四）敦煌道士杨神岳便麦契[一]

天宝十三载六月五日，龙兴观常住[二]为少种
粮，今于□□边直便枝麦捌硕。其麦限至八月还
纳足。如违限不还，一任□□牵掣常住
车牛杂物等，用充麦直。官有政法，人从
私契，两共平章，画指为验。
　　麦主
　　便麦人龙兴观道士杨神〔岳〕
　　保　人道士范志灯载卅五
　　保　人（缺名）
　　保　人紫极宫道士贺通□
龙兴观　杨神岳
还，恐无人信，故（下缺）

【注】

[一]见王卡《敦煌道教文献研究》第二四一页《天宝十三载龙兴观便麦契》。

[二]常住，僧、道称寺舍、田地、粮食、什物等为常住物，简称常住。又道观中的主事者，亦称常住。

三九五　唐乾元二年（七五九）高昌为少府家还安郎将瓮子请处分事牒[一]

安郎将瓮子一口[二]
　右件瓮子去年十二月内借来，拟供□
镇行军过设。今兵马不过，瓮子见□
　请还本主。请处分。
牒件状如前。谨牒。
　　乾元二年正月　日里正[三]王奉庆牒
　　　分付本主取领　光辅
　　　　白
　　　　　廿七日
少府家先借瓮子壹，正月廿八日付主安郎将领讫——
　　　　　　　见付人里正王奉庆

【注】

[一]《吐鲁番出土文书》第十册第二四四—二四五页。阿斯塔那五〇六号墓出土，73TAM506:4/35。原题《唐乾元二年里正王奉庆牒为还安郎将瓮子请处分事》。

[二] 瓮子，陶制盛器。

[三] 里正，乡里小吏。

三九六　唐乾元二年（七五九）高昌赵小相立限纳负浆钱牒[一]

□小相并妻左负阎庭浆六石，今平章取壹阡伍佰文[二]：
〔陆〕伯文限今月十八日纳，叁佰文限二月十五日纳，
　陆伯限伍月十日纳。
　　右缘家细累，请立限，
　　请于此输纳，不向交河县[三]。

四　右件通三限如前。如违一限，请夫妇

五　　各决十下。如东〔西〕逃避，一仰妻翁〔代纳〕[四]。

六　牒件状如前[五]。谨牒。

七　　　　乾元贰年　正月　日负浆人赵小相牒 ——

八　　　　　　　　　　妻左年卅 ——

九　　　　　　　　保人妻翁左义琛年六十 ——

【注】

〔一〕《吐鲁番出土文书》第十册第二四三页。阿斯塔那五〇六号墓出土，73TAM506：4/34。

〔二〕平章，商量处理。以下言限分三期输纳钱数。

〔三〕交河县，治今新疆吐鲁番西北雅尔湖村附近。

〔四〕妻翁，岳父。夫之父、妻之父皆可称翁。这里指负浆人赵小相之岳父，即保人、妻翁左义琛。

〔五〕牒，官判文书。

三九七　唐乾元三年（七六〇）高昌思让领还寺家借物牒[一]

一　………〔壹〕口，思让领得还〔寺家〕讫。让

二　□件百师于□□处借供少府家使。今

三　　却还寺讫。〔谨録状〕……

四　□件状如前。谨牒。

五　　　　乾元三年五月[二]……

【注】

〔一〕《吐鲁番出土文书》第十册第二四六页。阿斯塔那五〇六号墓出土，73TAM506：4/36。

〔二〕乾元三年五月，按乾元三年闰四月十九日改元「上元」。此即上元元年五月。

三九八　唐广德三年（七六五）交河县令狐义琁等连保请举常平仓粟牒〔一〕

〔前缺〕

一　保头令狐义琁请常平仓粟壹硕伍㪷，付身。（押）— — —

二　保内康义节准前粟壹硕，付身。　（押）— — —

三　保内颜玄感准前粟壹硕。感〔二〕（押）— — —

四　保内支奉仙准前粟两硕，付男皎（皎）盛领。（押）
（押）— — —

五　保内王令仙准前粟两硕，付身。令仙　— — —
— — —

六　　问得前件人等连保状，各请上件粟。至

七　时熟，依官数收纳。如保内人有人逃避，不辨输〔三〕

八　纳，连保之人能代输不？但义琁等各请前件粟，

九　时熟准数送纳。所有保内欠少，并请代纳。被问依实，

十　谨牒。

一一　　　　广德三年二月　日

【注】

〔一〕〔日〕《敦煌吐鲁番社会经济资料集》三《契约》（B）图版第三一页，（A）录文第三四页。又〔日〕仁井田陞《唐宋法律文书の研究》第三一九页。牒右骑缝欵有「交河县之印」。交河城在今新疆吐鲁番西北雅尔湖村之西。

〔二〕感，下脱一「领」字。即「颜玄感领」。

〔三〕辨，通「办」。《荀子·议兵》：「城郭不辨。」注：「辨，治也。或音办。」

三九九　唐广德三年（七六五）交河县卫元敬等连保请举常平仓粟牒[一]

一　保人前别将卫元敬年五十三[二]　一一一

二　保人郭行运年六十　一一一

三　保人索希进年卅　一一一

四　保人康智亮年卌六　一一一

五　保人宋良胤年廿五　一一一（押）

六　刘日升请举常平仓粟伍硕，日升领[三]。　一一一

七　门（问）得上件人款称：请举前件粟。

八　时熟官征收本利日，能代均纳否？仰

九　〔答，〕但元敬等保知上件人，官粟征日辨

十　……东西，及不辨输纳，连保人等

〔后缺〕

【注】

[一]（日）《敦煌吐鲁番社会经济资料集》三《契约》（B）图版第三一页，（A）录文第三四页。版右骑缝款有「交河县之印」。

[二]保人，此「保人」当作「保头」。

[三]刘日升，为本牒唯一举常平仓粟者，其他五人为保证人。此为本牒与其他四件「广德三年二月」牒之不同处。

四〇〇　唐广德三年（七六五）交河县牛大寿等连保请举常平仓粟牒[一]

〔前缺〕

一　保内牛大寿请……　一一一

二　保内王行质请两硕，付身领。（押）— — —
三　　问得上件人等各请前件粟。依官法征
四　〔利〕，至时熟征。保内有人逃避，不办输纳，连保之人
五　能代纳否？仰举（答）者，但大忠等各请前件粟[二]。如
六　〔至〕征收[三]，保内有不办输纳，连保人并请代
七　〔纳〕。被问依实，谨牒。
八　　　　　广德三年二月　日

【注】

[一]〔日〕《敦煌吐鲁番社会经济资料集》三《契约》（B）图版第三二页，（A）录文第三四—三五页。

[二]大忠，当是「保头」。

[三]征收，下脱「之日」二字。

四〇一　唐广德三年（七六五）交河县宋虔祐等连保请举常平仓粟牒[一]

一　保头宋虔祐请常平仓粟两硕，付身。（押）— — —
二　保内索崇光请粟两硕。— — —
三　保内宋义实请粟两硕，付男文复领。（押）— — —
四　保内梁由吾请粟叁硕，付身领。（押）· · ·
五　保内康智亮请粟叁硕，付男琼心领。（押）· · ·
六　　问得上件人状，各请前件粟。依官生利。如至时熟征〔收〕。
七　〔保内〕有人东〔西〕逃避，不办输纳，连保之人能代输纳否？但虔祐〔等〕，
八　〔各请〕前件粟。如至征收之日，保内有人东西不办输纳，〔连保〕

九　〔之人情〕愿代纳。被问依实，谨牒。
十　　　　　　广德三年二月　日

【注】

［一］〔日〕《敦煌吐鲁番社会经济资料集》三《契约》（B）图版第三二页，（A）录文第三五页。

四〇二　唐广德三年（七六五）交河县苏大方等连保请举常平仓粟牒[一]

一　保头苏大方请粟叁硕，付大方领。〔（押）—　—　—〕
二　保内康虔实请粟壹硕[二]，付妻王领。（押）—　—　—
三　保内曹景尚请粟两硕，付身领。（押）—　—　—
四　保内杨虔保请粟两硕，付身领。（押）—　—　—
五　保内卫草束请粟两硕，付身草束。（押）—　—　—
六　　问得状称：上件粟，至十月加叁分纳利者。仰答。〔如〕
七　保内有人东西逃避，不办输纳，连保之人能代〔输〕
八　纳〔或〕否者？　但大方〔等保〕知上件人所请常平仓〔粟〕，
九　如至□均摊代纳。被问〔依实，谨牒。〕
十　　　　　广德〔三年二〕月　日

【注】

［一］〔日〕《敦煌吐鲁番社会经济资料集》三《契约》（B）图版第三三页，（A）录文第三五页。
［二］康虔实，原释「康虔质」，误。

四〇三　唐大历十五年（七八〇）龟兹李明达便麦粟契[一]

一　大历十五年四月十二日，李明达为无粮用，

二 遂于蔡明义边便青麦一石七斗，
三 粟一石六斗。其麦限至八月内，□□□
四 付；其粟限至十月内，……
五 ……麦，一取上好……
六 □如取麦已……
七 如为（违）限不〔还〕，……
〔后缺〕

【注】

〔一〕黄文弼《塔里木盆地考古记》图版七一，第九四页释文。王永兴《隋唐五代经济史料汇编校注》第一编下第九三六页录文。

四〇四　唐大历十六年（七八一）龟兹杨三娘举钱契[一]

一 大历十六年三月廿日[二]，杨三娘〔为要〕
二 钱用，遂于药方邑举钱壹仟文，
三 〔每〕月纳贰伯（百）文，计六箇（个）月，本利并纳。
四 如取钱后，东西逃避，一仰保人等代
五 〔还，其〕钱每斋前纳。如违[三]，其钱请陪（赔）[四]。
六 □恐人无信，两共对面平章，画指为
七 记。
八 举钱人杨三娘年卌五　—　—　—
九 保人僧幽通年五十七（押）　—　—　—

【注】

〔一〕《敦煌资料》第一辑第四六〇页，原题《举钱残契四件》(一)，库木吐喇出土，大谷八〇四七。又〔日〕《敦煌吐鲁番社会经济资料集》三《契约》(B)图版第三四页，(A)录文第七四页。

〔二〕大历十六年，唐代宗「大历」只有十四年。次年为德宗建中元年。大历十六年为建中二年。

〔三〕如违，当作「如违时限不还」。

〔四〕请赔，下有脱文，当有赔钱若干。

四〇五 唐大历十六年（七八一）龟兹米十四举钱契〔一〕

一 〔大历〕十六年六月廿日，米十四为要

二 〔钱用〕，遂于药方邑举月抽钱壹

三 〔阡文〕。〔每〕月纳贰伯(百)文，限六箇月，〔本〕

四 〔利并纳〕。…………不纳及有逃…………

五 …………钱纳官…………

六 …………〔两共对面平〕章，书指为记〔二〕。

〔后缺〕

【注】

〔一〕〔日〕《敦煌吐鲁番社会经济资料集》三《契约》(B)图版第三四页，(A)录文第七五页，库木吐喇出土，大谷八〇五六。又《敦煌资料》第一辑第四六三页。

〔二〕书指，原作「画指」，即「画指节」的省称。后讹为「获指」、「书指」、「书纸」等。

四〇六 唐大历十七年（七八二）于阗霍昕悦便粟契〔一〕

一 大历十七年闰正〔月〕〔二〕……〔行官〕霍昕悦为

二 无粮用，交无〔得处，遂〕于护国寺僧虔英

三 边便粟壹拾柒硕〔三〕。其粟霍昕悦自立限至

四 九月内还。如违限〔不还〕，一任僧虔英牵掣霍
五 昕悦家资牛畜，将充粟直。有剩不追。恐人
六 无信，故立私契。两共对面平章，画指为记。
七 粟主
八 便粟人行官霍昕悦年卅七
九 同便人妻马三娘年卅五（押）
十 同取人女霍大娘年十五（押）

【注】

〔一〕《敦煌宝藏》第四四册第五二四页，斯五八七一。又《敦煌资料》第一辑第四六四页。

〔二〕大历十七年，「大历」只有十四年。其十七年应为「建中三年」。

〔三〕便粟，借粟。《资治通鉴》卷二七三《后唐纪》二庄宗同光二年（九二四）春正月：「豆卢革尝以手书便〔假〕省库钱数十万。」胡三省注：「今俗谓借钱为便钱，言借贷以便用也。」

四〇七　唐建中三年（七八二）于阗马令庄举钱契〔一〕

一 建中三年七月十二日〔二〕，健儿马令庄为急
二 要钱用〔三〕，交无得处，遂于护国寺僧虔
三 英边举钱壹仟文。其钱每月头分生利□
四 佰文。如虔英自要钱用，即仰马令庄本
五 利并还。如不得，一任虔英牵掣令庄家
六 资牛畜，将充钱直。有剩不追。恐人无〔四〕，故
七 立私契，两共平章，画指为记。
八 钱主

九　举钱人马令庄年廿

十　同取人母党二娘年五十[五]

一一　同取人妹马二娘年十二

【注】

[一]《敦煌宝藏》第四四册第五二二页，斯五八六七号。又《敦煌资料》第一辑第四六五页。

[二]建中，唐德宗年号。

[三]马令庄，《敦煌资料》第一辑释作「马令痣」。

[四]恐人无，「无」下脱一「信」字。

[五]党二娘，从《沙州文录补·附录》。《敦煌资料》第一辑释作「苑二娘」。〔日〕《敦煌吐鲁番社会经济资料集》三《契约》（A）录文释作「范二娘」。

四〇八　唐建中七年（七八六）于阗苏门悌举钱契[一]

一　建中七年七月廿[二]（下缺）

二　□□□苏门悌为切要钱用，今于□与□处

三　举钱壹拾伍仟文。其钱立定本年限八月内还

四　拾陆仟文。如违限不付，每月头分生利随月。如延

五　不付，即任夺掣家资，用充本利直。如东西不

六　在，一仰同取保人代还。官有政法，人从私契，

七　两共平章，画指为记。

八　　钱主　〔桑〕

九　　举钱人苏门悌年卅九

十　　保人　安芬年卅（押）

一一　建中九年十月五日，黎谢瑾波斯略契内行（？）

一二　钱壹拾仟文。（押）

【注】

〔一〕《敦煌资料》第一辑第四六六页。〔日〕《敦煌吐鲁番社会经济资料集》三《契约》（B）图版第三九页，（A）录文第七七页，斯五八六七。

〔二〕建中七年，「建中」只有四年（七八〇—七八三）。七八四年为兴元元年，七八五年为贞元元年，七八六年为贞元二年。

四〇九　唐建中八年（七八七）于阗苏嘉政举钱契〔一〕

一　…………家常住钱壹拾伍阡（仟），

二　…………计会。如违不还，昌（一）任

三　…………建中八年四月廿日〔二〕。

四　　　・・・

五　　　负钱人妻阿孙

六　　　负钱人男苏嘉政（？）年廿

　　　　　一　一　一

七　〔保〕人行官中郎廉奇〔三〕

【注】

〔一〕《敦煌资料》第一辑第四六七页，斯五八六九。又〔日〕仁井田陞《唐宋法律文书の研究》第二八三页。

〔二〕建中八年，「建中」只有四年。建中八年为贞元三年。

〔三〕廉奇，《敦煌资料》第一辑释作「廉寄」，误。

四一〇　唐某年高昌刘□达举麦契〔一〕

一　……月廿七，刘□达〔为〕

二　〔阙粮〕用，遂于　边举

三 〔青麦〕五斗，加柒生利。青麦五斗
四 ……本利共还壹硕□□□。
五 〔若〕违时限不还，壹任夺掣
六 〔家资〕杂勿（物）平充麦直。恐人
七 〔无〕信，故立契[二]。
八 麦主（押）
九 举麦人〔刘□达〕年卌
十 〔同〕取麦妻……年廿五

【注】

〔一〕〔日〕《敦煌吐鲁番社会经济资料集》三《契约》（B）图版第三〇页，（A）录文第三三页，大谷一〇三六。
〔二〕故立契，当作「故立私（或「此」）契，用为后验（或「凭」）」。

四一一　唐某年高昌严秃子贷麦契[一]

一 □□□年二月五日，顺义乡人严秃子并妻、男行
二 〔师等于武〕城乡人张君利边贷取大麦叁拾斛。其
三 〔麦限到八月〕卅日还了。若过月不了，一月壹斛上生利麦壹
四 〔斗。若延引〕不还，任听拽家资杂物，平为麦直。其
五 〔身东西〕不在，仰妻儿收后代还。两和立契，画指
六 〔为信。到〕桃、田籍帐了日，秃子此契合破，更不合还麦。
七 麦主张
八 〔取麦人〕严秃子 ｜｜｜
九 〔同取人〕妻赵 ｜｜

十　同取人男行师
一一　知见人赵申君
一二　知见人赵士达——

【注】

〔一〕《敦煌资料》第一辑五《契约、文书》附录《新疆、甘肃、内蒙古发现的契约、文书》第四七〇页，马三一三。又〔日〕《敦煌吐鲁番社会经济资料集》三《契约》（B）图版第二六页，（A）录文第三二—三三页。

四一二　吐蕃辛丑年（八二一）敦煌龙兴寺寺户团头李庭秀等请贷麦种牒〔一〕

一　龙兴寺户团头李庭秀、段君子、曹昌晟、张金刚等　状上
二　右庭秀等并头下人户，家无着积，种莳当
三　时。春无下子之功，秋乃凭何依托。今人户等各请
四　贷便，用济时难。伏望　商量，免失年计。每头请
五　种子伍拾驮，至秋输纳，不敢违迟。乞请处分。
六　牒件状如前。谨牒。
七　辛丑年二月　日团头李庭秀等牒（押）
八　团头段君子
九　团头曹昌晟（押）
十　团头张金刚（押）
一一　准状支给，至秋征纳。十
一二　三日。正勤。
一三　依上处分，付仓所由
一四　付。

【注】

［一］《敦煌资料》第一辑第三九七—三九八页，北图咸字五十九号背（五）。

四一三　吐蕃丑年（八二一）敦煌安国寺寺户氾奉世等请便麦牒[一]

一　安国寺　状上

二　　请便都司仓麦叁拾驮。

三　右奉世等人户为种逼莳校，阙乏种子年粮。

四　　今请便上件斛斗，自限至秋输纳。如违，

五　　请陪（赔）。伏望　商　量，请乞处分。

六　牒　件　状　如　前。谨　谍。

七　　　五年二月　　日寺户氾奉世等谨状

八　　　　户氾担奴

九　　　　户氾弟弟

十　　　　户康娇奴

一一　　　户赵小君

一二　　　户张胜朝

一三　康娇奴等四人各伍　　户孙太平

一四　驮，已下各壹驮半。十四

一五　日。正勤。

【注】

［一］《敦煌资料》第一辑第三九八—三九九页，北图咸字五九背（七）。

四一四　吐蕃丑年(八二一)敦煌开元寺寺户张僧奴等请便麦牒[一]

开元寺　　状上
　人户请便都司麦肆拾驮。
　　右僧奴等户，今为无种子年粮，请便上
　件斛斗，自限至秋依时输纳。如请限，请陪(赔)。
　伏望　商量，请乞处分。
牒　件　状　如　前。谨　牒。
　　　　丑年二月　　日寺户张僧奴等谨状(押)
　　　　　　　　　　　　户石奴子
付所由。晟奴已上五户，各便　　户石胜奴
伍驮。已下三记，各与壹驮　　户石焦
半。至秋收纳。十四日。　　户张晟奴
正勤。　　户张弟弟
　　　　　　　　　　　　户石再再
　　　　　　　　　　　　户石曲落

【注】

[一]《敦煌资料》第一辑第三九九—四〇〇页，北图咸字五九背(六)。

四一五　吐蕃丑年(八二一)敦煌报恩寺寺户团头刘沙沙请便麦牒[一]

报恩寺人户　　状上
　都司仓请便麦贰拾伍驮。

三 右缘当寺人户阙乏种子年粮，今请
四 前件麦，限至秋八月末填纳。伏望
五 高量，请垂处分。
六 牒件状如前。谨牒。
七 丑年二月 日头刘沙沙牒[二]
八 依计料支给，至秋征收。十七
九 日。正勤。
十 依教授处分，任发给。即日
一一 □□

【注】

[一]《敦煌资料》第一辑第四〇〇—四〇一页，北图咸字五九背（四）。

[二]头，上脱一「团」字。即寺户团头。

四一六 吐蕃丑年（八二一）敦煌金光明寺寺户团头史太平等请便麦牒[一]

一 金光明寺户 状上
二 团头史太平、户安胡胡、安进汉、安达子、僧奴
三 右件人户粮食罄尽，种子俱无，阙乏难为，
四 交不存济。请便麦贰拾驮，至秋依数填纳。伏望
五 教授和尚矜量，乞垂处分。
六 牒件状如前。谨牒。
七 丑年二月 日寺户史太平等谨牒[二]
八 依计料发给，至限收征。十
九 七日。正勤。

【注】

［一］《敦煌资料》第一辑第四〇一页，北图咸字五九背（九）。

［二］史太平，为「寺户团头」。

四一七　吐蕃丑年（八二一）敦煌灵修寺寺户团头刘进国等请便麦牒［一］

灵修寺户团头刘进国、头下户王君子、户麹海朝、户贺再晟。
已上户各请便种子麦伍驮，都共计贰拾驮。
右进国等贷便前件麦，其麦自限至秋，
依时进国自勾当输纳。如违限不纳，其
斛斗请倍（赔）。请乞处分。
牒　件　状　如　前。谨　牒。
丑年二月　日团头刘进国等谨牒（押）
户王君子
户麹海朝
户贺再晟
付所由，进国等共
便与壹拾伍驮。十四日。
正勤。

【注】

［一］《敦煌资料》第一辑第四〇一—四〇二页，北图咸字五九背（八）。

四一八　吐蕃丑年（八二一？）敦煌曹先玉便麦契［一］

丑年十二月廿八日，百姓曹先玉为少粮用，今于

二 便小麦贰硕。其麦自限至秋八月内还足。如违[二]，
三 即任掣夺家资牛畜等，用充麦直。如东西[三]，
四 （丑年腊月廿三日，僧明惠记。）[四]。
五 仰保人代还。两共平章，
六 画为记[五]。
七 麦主
八 便麦人
九 保人
十 保人
一一 保人

【注】

[一] 北京中国历史博物馆藏。〔日〕《敦煌吐鲁番社会经济资料集》三《契约》（A）录文第九四页。
[二] 如违，当作「如违限不还」。
[三] 如东西，当作「如身东西不在」。
[四] 此行字为批凿之语，与上下文不连接。
[五] 画为记，「画」下脱一「指」字。

四一九 吐蕃卯年（八二三？）敦煌马其邻等便麦床契[一]

一 〔卯〕年二月十一日，阿骨萨部落百姓马其邻，为
二 〔欠〕粮种子，今于灵图寺仏（佛）帐家麦内便仆（汉）〔斗〕
三 〔麦〕捌硕，限至秋八月内送纳寺仓足。如违〔限〕
四 〔不〕还，其麦请陪（赔）为壹拾陆硕，仍任将契为
五 领六（令律），牵掣家资杂物牛畜等，用充仏（佛）麦。
六 其有剩，不在论限。如身东西，一仰保人代〔还〕。

七 〔恐〕人无信，故立此契，书纸为记。
八 便麦人马其邻年卅
九 保人僧神宝年廿
十 见人僧谈颙
一一 见人陈滔
一二 见人龙齐荣
一三 同日[二]，当寺僧义英无种子床，于僧海清边便两番〔斗〕，
一四 限至秋，依契俱纳。如违，任前陪（赔）纳。便床僧义〔英〕
一五 入便麦两石，分付僧神宝。三月十四日记。见人僧谈惠
一六 见人道远
一七 见人神寂

【注】

[一]《敦煌宝藏》第十一册第一六四页，斯一四七五背面（十七、十八）。又《敦煌资料》第一辑第三九二—三九三页。

[二]自「同日」以下至「赔纳」为二月十一日的批凿，自「入便麦」至「三月十四日记」为后来的又一项批凿。

四二〇 吐蕃卯年（八二三？）敦煌翟米老便麦契[一]

一 〔卯〕年四月十八日，悉董萨部落百姓翟米
二 老为无斛㪷驱使，遂于灵图寺便仏（佛）帐
三 所便麦陆硕[二]，其麦请限至秋八月卅日〔还〕
四 足。如违限不还，其麦请倍（赔），仍任掣夺
五 家资牛畜，用充麦直。如身东西不在，
六 一仰僧志贞代纳[三]，不在免限。恐人无信，
七 故立此契。两共平章，书纸为记。其契
八 改陆字。 便麦人翟米老年廿六

保人弟突厥年廿[四]
见人
见人
书契人僧志贞

【注】

[一]《敦煌宝藏》第十一册第一六五页，斯一四七五背面(十九)。又《敦煌资料》第一辑第三九三—三九四页。
[二]陆硕，「陆」字有改笔。所以契后批有「其契改陆字」之语。
[三]僧志贞，为「书契人」。契有「代纳」之语，似为「同便麦人」或主要「保人」。
[四]《敦煌资料》第一辑释作「茅突厥」。

四二一 吐蕃酉年(八二九?)敦煌曹茂晟便豆种帖[一]

酉年三月一日，下部落百姓曹茂晟为无种子，遂于僧海清处便豆壹硕捌斗。其豆自限至秋八月卅日已前送纳。如违不纳，其豆请陪(赔)；一任掣夺家资杂物，用充豆直。如身东西，一仰保人代还。中间或有恩赦，不在免限。恐人无信，故立此帖[二]。两共平章，书指为记。

豆主
便豆人曹茂晟年五十 — — —
保人男沙弥法珪年十八[三]
见人
见人僧慈灯

【注】

[一]《敦煌宝藏》第十一册一五九页，斯一四七五号背面（五）。又《敦煌资料》第一辑第三五七页，题作《酉年曹茂晟便豆种契》。

[二]帖，证券、凭证、单据。《广韵·帖韵》：「帖，券帖。」

[三]沙弥，佛教称七岁以上二十岁以下受过十戒的出家男子。《魏书·释老志》：「其为沙门者，初修十诫，曰沙弥，而终于二百五十，则是足成大僧。」沙弥俗称「小和尚」。

四二二　吐蕃酉年（八二九？）敦煌张七奴便麦契[一]

一　酉年十一月，行人部落百性（姓）张七奴为纳窦不办[二]，

二　于灵图寺僧海清处便佡（佛）麦陆硕，其

三　麦限至秋八月内还足。如违限不还，

四　其麦请陪（赔）。如身东西，一仰保人等代还；

五　任牵掣家资杂物牛畜等[三]。恐人无信，

六　故立此契。两共平章，书纸为记。

七　　　　便麦人张七奴年卅（押）

八　　　　保人男黑奴十三

九　　　　保人张飚飒年十一

十　　　　见人索海奴

一一　　　　见人

一二　　　　见人

【注】

[一]《敦煌宝藏》第十一册第一六一页，斯一四七五背面（八）。又《敦煌资料》第一辑第三八四页。

[二]纳窦，「窦」同「突」，见《龙龛手鉴·穴部》。「纳窦」当是礼佛事。

[三]任牵掣，「任」上脱「一」或「仍」字。

四二三　吐蕃子年（八三二？）敦煌孙清便粟契[一]

子年二月廿三日，悉董萨部落百姓孙清为无粮用，今于永寿寺便仏（佛）物
粟汉㪷叁硕[二]。其粟请限至秋八月末送纳。如违[三]，倍（赔）[四]，仍任掣夺家资，用
充粟直。如身有东西不在，及依限不办填还[五]，一仰保人等依时限还
足。恐人无信，故立此契为凭。　便粟人孙清（押）
保人兄孙昌奴（押）
见人
见人僧宝积（押）
子年三月廿八日，僧宝积为无牛踖[六]，今于功德粟便豆汉㪷两硕捌㪷[七]。
子年四月二日，氾金茂便豆壹汉硕。

【注】

[一]〔日〕《敦煌吐鲁番社会经济资料集》三《契约》（A）录文第九八—九九页，伯四六八六（T 一二九七），（B）图版第五七页。

[二]佛物，亦称「常住物」，寺院财物。

[三]如违，为「如违限不还」省。

[四]倍，一般释为「赔」。此句当作「请赔陆硕」。

[五]不办，亦作「不辨」。

[六]踖（音同莝），碾碎了的豆子、玉米等。牛踖，用作牛饲料的豆子。

[七]功德粟，寺中之粟，属于佛物或常住物之一。

四二四　吐蕃寅年（八三四？）敦煌阴海清便麦粟契[一]

寅年二月十七日，丝绵百姓阴海〔清为无〕粮用，今于
处便麦肆硕，粟陆硕，并〔汉〕㪷。其麦粟自限至秋八月
卅日已前〔还〕足。如违限不还，即任掣夺家资杂物用

四　充麦粟直[二]。身有东西不在，一仰保人妻弟代还。中间如
五　有　恩赦，不在免限。恐人无信，故立此契。两共平
六　章，书纸为记[三]。（押）麦主
七　　　　　　便麦粟人阴海清年廿四
八　　　　　　弟阴通通年十五
九　　　　　　保人阴家进年廿九
十　　　　　　保人
一一　　　　　见人僧义超
一二　　　　　见人

【注】

[一]〔日〕《敦煌吐鲁番社会经济资料集》三《契约》（B）图版第五八页，（A）录文第九九页，伯三四四四P一、三四九一P二。

[二]用，原释作「中」，误。

[三]书纸，原释作「书指」，误。

四二五　吐蕃寅年（八三四？）敦煌赵朋朋便豆契[一]

一　寅年四月五日，上部落百姓赵朋朋为
二　无种子[二]，今于　处便豆两硕八斗，其豆自阴至秋
三　八月内还足。如违不还，一任掣夺家资
四　杂物，用充豆直。如身有东西不在，一仰
五　保人等代还。如后有　恩赦，不在免限。恐
六　人无信，故立此契。两共平章，书指为
七　记。义超　　　豆主
八　　　　　　便豆人赵朋朋年廿三

九　保人弟僧义超
……
十　见人僧法济
一一　见人僧惠朗

【注】

[一]（日）《敦煌吐鲁番社会经济资料集》三《契约》（A）录文第九九页，（B）图版第五八页（2），伯三四四四背（二）。
[二] 赵朋朋，原释作「赵明明」，误。

四二六　吐蕃寅年（八三四？）敦煌钘兴逸便麦契[一]

一　寅年六月，思董萨部落百姓钘兴逸，为无粮
二　用，今于　处便麦两硕五㪷[二]，并汉㪷。其麦并
三　限至秋八月内还足。如违限不还，一任掣
四　夺家资杂物，用充麦直。如身东西不
五　在，一仰保人等代还。恐人无信，故立此
六　契。两共平章，书纸为记。
（后缺）

【注】

[一]《敦煌宝藏》第一二一册第一八七页，伯二五〇二背（二）。又《敦煌资料》第一辑第三五三页。
[二] 今于处，「于」下脱麦主姓名。

四二七　吐蕃寅年（八三四？）敦煌宗荣奴便麦契[一]

一　寅年七月六日，丝董萨（部落）送乞本马价麦壹
二　驮半五㪷[二]，合出孔买宜将下□百姓宗荣奴。

其麦并限至秋八月内还足。如违限不还，一任掣夺家资杂物，用充麦直。如身不在有东西，一仰保

〔后缺〕

【注】

[一]《敦煌宝藏》第一二一册第一八七页，伯二五〇二背（一）。又《敦煌资料》第一辑第三五三—三五四页。

[二] 丝董萨，或作「悉董萨」、「思董萨」。麦壹驮半五㪷：或释作「麦壹驮，米五斗。」

四二八　吐蕃卯年（八三五？）敦煌武光儿典车便夏契[一]

卯年正月十九日，曷骨萨部落百姓武光〔儿〕为少粮、种子，于灵图寺便仏（佛）帐麦壹拾伍硕。其车壹乘为典。限至秋八月十五日已前，送纳足。如违限不纳，其〔车〕请不著领六（令律），住寺收将。其麦壹㪷倍（赔）为贰㪷。如身东西，一仰保人男五娘等代还。恐人无信，故立此契，书指为记。

便麦人武光儿

保人男五娘年十三

保人男张三年八岁

【注】

[一]〔日〕《敦煌吐鲁番社会经济资料集》三《契约》（B）图版第六〇页（一），（A）录文第一〇〇页三一六，伯三四二二背面。

四二九　吐蕃卯年（八一一？）敦煌张和子预借工钱帖[一]

卯年四月一日，悉董萨部落百姓张和子为无种子[二]，今于永康寺常住处取楄蓠价麦壹悉驮[三]，断造楄蓠〔芘篱〕贰拾扇[四]，长玖尺，阔六尺。其楄蓠限四月廿五日已前造了。如违其（期）限，楄蓠请倍（赔），麦壹驮倍（赔）两驮。恐人无信，故勒此契。卯年四月一日，张和和手帖[五]。中间或身东西，一仰保人等代还。

麦主

取麦人张和子年卌一

保人弟张贾子年廿五

见人汜老

见人康赞

见人齐生

【注】

[一]《敦煌宝藏》第五二册第三五〇页，斯六八二九号背（四）。又《敦煌资料》第一辑第三五五页。

[二]张和和，后署名作「张和子」。

[三]常住处，寺中「佛物处」。

[四]楄蓠，旁注「芘篱」，即「芘莉」，放置茶叶的竹器，又名箁筤。唐陆羽《茶经上》：「芘莉，一曰赢子，一曰箁筤。以二小竹长三尺，躯二尺五寸，柄五寸，以篾织方眼，如圃人土罗。阔二尺，以列茶也。」此「楄蓠」或为芘蓠之大者。

[五]手帖，亲自书写或亲自署名、画押的借贷契据。《资治通鉴》卷二八二《后晋纪三・高祖天福六年》：「诸省务以（陈）匡范贷帖闻。」胡三省注：「贷帖，贷钱之文书也。」书「和子」作「和和」。

四三〇　吐蕃巳年（八三七？）敦煌李和和等便麦粟契[一]

一　〔巳〕年二月六日，普光寺人户李和和为种子及粮用[二]，遂于灵
二　图寺常住处便麦肆汉硕、粟捌汉硕。典贰斗铁铛壹口。其
三　麦粟并限至秋八月内送纳足。如违限不还，其麦粟〔请〕
四　〔赔〕，仍任掣夺家资等物，用充麦粟直。如身不在，一仰
五　〔保〕人等代还。恐人无信，故立此契，用为后验。
六　　　便麦粟人李和和（押）
七　　保人男毛毛　—|—
八　同前年月日，僧广惠憧□于处便粟两汉硕捌斗[三]，其粟
九　同前契送纳为限。用为后验。便粟人广惠憧、保人
十　弟僧宝。〔印〕
一一　〔同〕前年月日，纥骨萨部落百姓王清清遂于
一二　……便种子麦肆汉硕，并同前契送〔纳为〕
一三　〔限。用为后验。〕　便麦人……
〔后缺〕

【注】

[一]《敦煌宝藏》第一二三册第三〇三页，伯二六八六（一）、（二）、（三）。又《敦煌资料》第一辑第三九五—三九六页。
[二]为，下脱「无」、「欠」或「阙少」等字。
[三]于，下脱一人名或粟主名称。

四三一　吐蕃巳年（八三七？）敦煌令狐善奴便刈价契[一]

一　巳年二月十日，康悉杓家令狐善奴为粮用[二]，今于龙

二　……………处便刈价麦壹硕陆斗[三]，限至秋七
三　月内刈麦壹拾亩。如主人麦熟吉报，依时请收刈，
四　如法荼緓了，不得为（违）时限。如若依时吉报不来，
五　或欠收刈不了，其所将斛斗[四]，请陪（赔）罚叁硕贰斗，
六　当日便顺佃（填）纳。如违[五]，一任掣夺家资杂物牛畜等，
七　用充麦直。其麦亦一任别雇人收刈。如身东西不在，
八　一仰保人代还。恐人无信，故立此契。两共平
九　章，书指为凭。
十　马明　　　　便刈价人令狐善奴年卅一　— — —
一一　　　　　　保人孙愿奴卅五　— — —
一二　　　　　　　　保人
一三　　　　　　　　见人解善
一四　　　　　　　　见人
一五　　　　　　　　见人
一六　（以上正面）
一七　巳年二月放刈契
（以上背面）

【注】

[一]《敦煌资料》第一辑第三八二—三八三页，原题《令狐善奴便麦契》。

[二]为粮用，「为」下脱一「无」或「阙」等字。

[三]便刈价麦，雇农（短工）向田主预借割麦的工钱。

[四]斛斗，粮食。

［五］如违，当作「如违限不还」。

四三二　吐蕃未年（八三九？）敦煌吴琼岳便粟契[一]

未年四月三日，纥骨萨部落百姓吴琼岳为无粮用[二]今于永寿寺僧　手下〔佛〕
物粟汉斗捌硕。其粟请限至秋八月末送纳。如违限，倍（赔）。一任掣夺家资杂物
等，用充粟直。中间身不在，一仰保人等代纳。恐人无信，故立此契为凭。
便粟人吴琼岳（押）保人男恩子　　保人僧灵俊（押）
琼岳洛易
保人男悉的□悉的□洛易五月十一日，吴琼岳便豆两硕捌斗。
保人男钟爱　保人僧
未年四月四日，纥骨萨百姓龙华子便捌斗贰胜（升）。华子洛易

【注】

［一］〔日〕《敦煌吐鲁番社会经济资料集》三《契约》（A）录文第一〇一页三二〇，（B）图版第六二页（2），伯三七三〇（四）背面。

［二］纥骨萨，亦作「曷骨萨」。

四三三　吐蕃未年（八三九？）敦煌张国清便麦契[一]

未年四月五日，张国清遂于　　处便麦
叁蕃驮。其麦并限至秋八月末还。如不
还，其麦请陪（赔），仍掣夺[二]。如中间身不在，
一仰保人代还。恐人无信，故立私契。两共
平章，书指为记。
　　麦主
便麦人张国清年卅三

八　保人罗抱玉年五十五
九　见人李胜
十　见人高子豊
一一　见人画允振
一二　报恩寺内分付。四月五日记。

【注】

[一]《敦煌宝藏》第三四册第三八六页，斯四一九二号背面。又《敦煌资料》第一辑第三五六页。
[二] 掣夺，下脱「家资财物」等字。

四三四　唐大中十二年（八五八）敦煌孟憨奴便麦粟契[一]

一　大中十二年四月一日，敦煌乡百姓孟憨奴为无粮用，今于
二　朝国边便麦陆硕，粟叁硕。其典勿（物）大华（铧）一孔，众釜一冨（畐）[二]。其
三　麦子自限至秋八月卅日还只纳足[三]。如为（违）不还，掣夺家
四　资〔杂〕勿（物），用[四]。如身东西不在，一仰保人代还。恐人无信，
五　故立私契，用为后验。书至（指）为记。
六　保人雷惠惠

【注】

[一]〔日〕《敦煌吐鲁番社会经济资料集》三《契约》（A）释文第一〇三页三二六，（B）图版第七二页，伯三一九二背（二）。
[二] 冨，当作「畐」，容器名，无足之鬲，与釜同类。〔日〕《资料集》释作「當」。
[三] 还只纳足，只，衍。
[四] 用，下有省略。当作「用充麦粟直」或「用充物直」。

四三五　丙午年(八八六?)敦煌翟信子欠麦粟契[一]

一　丙午年六月廿四日，翟信子及男定君二人，
二　先辛丑年[二]，于氾法律面上便麦陆石，粟两
三　石。中间其麦粟并惣(总)填还多分。今与算
四　会，智定欠麦肆硕，粟陆硕，并在信子及男
五　定君身上，至午年秋还本拾硕[三]。恐人无信，
六　故立此契，用留后验。　　欠物人男定君(押)
七　　　　　　　　　　　　欠物人父翟信子(押)

【注】

[一]《敦煌宝藏》第一三一册第三一七页，伯三八六〇。又《敦煌资料》第一辑第三七六页。
[二]辛丑年，丙午年前五年，公元八八一年。
[三]午年，即丙午年。

四三六　乙丑年(九〇五?)敦煌索猪苟便麦契[一]

一　乙丑年三月五日，索猪苟为少种子，遂于龙兴寺张法律
二　寄将麦叁硕，亦无只(质)典，至秋纳麦陆硕。其秋只纳得麦
三　肆硕，更欠麦两硕。直至十月，趁还不得。他自将大头钏
四　壹只，欠麦两硕，其麦后至十二月末。纳不就，便则至廛
〔后缺〕

【注】

[一]〔日〕《敦煌吐鲁番社会经济资料集》三《契约》(A)录文第一〇三页三二七，(B)图版第八〇页(二)，斯五八一一。

四三七　辛巳年（九二一？）敦煌康不子贷绢契[一]

一　辛巳年二月十三〔日〕立契。慈惠乡百姓康不子，为缘家内欠少疋帛，遂于

二　莫〔高〕乡百姓索骨子面上贷黄丝生绢壹〔疋〕[二]，长三仗（丈）柒尺五寸，幅阔贰

〔后缺〕

【注】

[一]《敦煌宝藏》第一二三册，伯二六三三背面。又《敦煌资料》第一辑第三六四页。

[二]生绢，似缣。《急就篇二》：「烝栗绢绀缙红燃。」注：「绢，生曰缯，似缣而疏者也。一名鲜支。」

四三八　辛巳年（九二一？）敦煌郝猎丹贷绢契[一]

一　辛巳年四月廿日，敦煌乡百姓郝猎丹家中欠少疋帛，

二　遂于张丑奴面上太（贷）生绢壹疋，长叁仗（丈）捌尺，福（幅）阔贰尺。

三　其绢利头须还麦粟肆硕，次（此）绢限至来年

四　田（填）还。若于限不还者，便著乡原生利[二]。

〔下略〕

【注】

[一]刘复《敦煌掇琐》中五五、二二九页，伯二八一七背面。

[二]乡原，亦作「乡元」。

四三九　癸未年（九二三？）敦煌王仢敦贷绢契[一]

一　癸未年三月廿八日立契，王仢敦力（为）□□□，遂于

二　押衙沈弘礼面上贷生绢壹疋，长四十尺，
三　幅阔壹尺八寸二分。伊州使到来之日[二]，限十五
四　日便须田（填）还，不许推延。绢利白毡一令[三]，长捌尺，
五　横五尺。入了便须还纳[四]，更无容面悉。犳敦身□
六　东西不在，一仰口承人丈白面上顾为本绢。恐无〔凭据〕，立此文书，故勒同契，用为后验。
〔后缺〕

【注】

［一］《敦煌资料》第一辑第三六三页，北图殷字四十一号。
［二］伊州，隋伊吾郡。唐贞观四年（六三〇）改置西伊州。六年，去「西」字。天宝元年（七四二）为伊吾郡。乾元元年（七五八）复为伊州。治伊吾，今新疆哈密。使到来，出使伊州归来。
［三］毡，用兽毛碾合成的铺垫用物。
［四］入了，即归来。

四四〇　癸未年（九二三？）敦煌沈延庆贷緤契[一]

一　癸未年四月十五日立契，平康乡百姓沈延庆
二　欠阙緤布，遂于张修造面上贷緤一疋，长
三　二丈七。黑（利）头还羊皮壹章（张）[二]。其緤限八
四　月末还于本緤。于月还不得者[三]，每月于乡元
五　生利[四]。共对到面平章[五]，更不许先（返）悔。〔先悔〕者罚麦
六　伍斗，充入不悔人。恐人无信，故〔立此〕契，用
七　唯（为）后验。书纸为凭。
〔后缺〕

【注】

［一］《敦煌资料》第一辑第三六六页，北图殷字四一号。
［二］黑头，「黑」为「里」之误。「里」当作「利」。「利头」即「利息」。
［三］于月，「月」下脱一「末」字。
［四］乡元，亦作「乡原」。
［五］共对到面，当作「两共对面」。

四四一　癸未年（九二三？）敦煌彭顺子便麦粟文书［一］

一　癸未年五月十六日，平康乡彭顺子
二　乏少粮用，遂于高通子便麦两硕［二］，至秋肆〔硕〕；
三　便粟两硕，至秋肆硕。只（质）典紫罗郡（裙）一要（腰）。若
四　身东西不在，一仰口承人妻张、二侄子面取□□［三］
五　交纳。恐为（后）无凭，立此文书。
〔后缺〕

【注】

［一］《敦煌资料》第一辑第三六七页，北图殷字四十一号。
［二］高通子，「子」下脱「边」或「面上」等字。
［三］面取，「面」下脱一「上」字。

四四二　乙酉年（九二五？）敦煌张保全贷绢契［一］

一　乙酉年五月十二日立契。莫高乡百姓张保全，伏缘家中欠少疋帛，遂于慈惠乡百姓李阿察面上贷黄丝生绢壹
二　疋，长叁仗（丈）捌尺尺［二］，福（幅）阔贰尺。其绢利头现还麦粟肆硕。其绢限至来年立契月日当须填还［三］。若于限不还
者，准乡

三　原例生利。若也保全身东西不平善者，一仰口承男长千面上取绢。两共对面平章已定。

（以上正面，三行，右行）

四　恐人无信，故勒此契，用为后凭。（押）

（以上背面）

【注】

［一］（日）《敦煌吐鲁番社会经济资料集》三《契约》（A）录文第一〇七页三四二，（B）图版第八八页（2）。

［二］尺尺，衍一「尺」字。

［三］来年立契月日，立契一周年时。

四四三　己丑年（九二九？）敦煌陈佛德贷褐契［一］

一　己丑年十二月十二日，陈仏（佛）德于僧长千面上贷红褐两

二　段［二］，白褐壹段。比至三月十五日，著还出褐叁段，白褐壹

三　段。若于时限不还者，便看乡原生利者。口承男丑

四　獃。

【注】

［一］《敦煌宝藏》第三六册第一五五页，斯四四四五。又《敦煌资料》第一辑第三六〇页。

［二］长千，永安寺僧。褐，用粗毛或粗麻织的布。

四四四　己丑年（九二九？）敦煌何愿德贷褐契［一］

一　己丑年十二月廿三日，龙家何愿德于南山买（卖）买［二］，欠小（少）褐，

二　遂于永安寺僧长千面上贷出褐叁段，白褐壹段。

三　比至南山到来之日，还褐六段。若东西不平善者，

四 一仰口承弟定德、丑子面上取本褐。若不还者，看
五 乡原生利。恐人无信，故立此契，用为后凭。（押）
六 口承弟定德（押）
七 口承丑子[三]（押）
八 取褐人何愿德（押）

【注】

[一]《敦煌宝藏》第三六册第一五五页，斯四四四五号。又《敦煌资料》第一辑第三六八页。
[二]南山，凉州姑臧县南二百三十里有姑臧南山，一名雪山，在今甘肃古浪县南。
[三]口承，「承」下脱「弟」或「男」等字。

四四五　甲午年（九三四？）敦煌邓善子贷绢契[一]

一 甲午年八月十八日，邓善子欠少疋物，
二 遂于邓上座面上贷生绢壹疋[二]，长叁
三 丈捌尺五寸，福（幅）壹尺九寸；又贷生绢壹
四 疋，长叁丈九尺，幅壹尺九寸。其绢限至十一月
五 填还。若违时限不还，于乡元生利。
六 恐人无信，故立此契，用为后凭。
七 贷绢人　邓善子（押）
八 见人　押衙张宗进
九 见人　上座　宗福
（以上正面）
十 生绢尺
（以上背面）

【注】

〔一〕《敦煌宝藏》第一二六册第三四〇页，伯三一二四。又《敦煌资料》第一辑第三六九页。
〔二〕上座，亦作「上坐」。佛教称谓。为寺院中的最高职位，或对有德行的僧人或寺院之长的尊称。

四四六　乙未年（九三五？）敦煌龙弘子贷绢契〔一〕

一　乙未年三月七日立契。押衙龙弘子往于西州充使〔二〕，欠
二　少绢帛，遂于押衙阎全子面上贷生绢壹疋，长肆
三　拾尺，福（幅）阔壹尺捌寸叁分。其绢，彼至西州回来之日还
四　绢。里（利）头立机细緤壹疋，官布壹疋。其绢限壹个月还。
五　若得壹个月不还绢者，逐月于乡原生里（利）。若身东西
六　不平善者，壹仰口承男某甲伍（祇）当；但别取本绢，无里（利）
七　头。两共对面平章立□，不喜（许）悔者，用为后验。
〔后缺〕

【注】

〔一〕《敦煌宝藏》第三六册第三七八页，斯四五〇四背（五）。又《敦煌资料》第一辑第三七〇页。
〔二〕龙弘子，或释作「就弘子」。

四四七　乙未年（九三五？）李应子欠驼价契〔一〕

一　乙未年四月九日，押衙李应子先欠高残子骆驼
二　价熟绢壹疋，长叁仗（丈）柒尺，福（幅）贰尺。其绢限至
三　四月，尽填还于尺数绢者。若于月数不得，
四　看生利。如若押牙（衙）东西不平善，一仰口承人
五　弟愿兴面上取绢。恐后交加，故勒此契，

六 用为后凭。（押）
七 欠駞价绢人押牙（衙）李应子（押）
八 口承弟 愿兴（押）

【注】
〔一〕（日）《敦煌吐鲁番社会经济资料集》三《契约》（B）图版第九二页（1），（A）录文第一四四页四五七，伯四八八五。

四四八 乙未年（九三五？）敦煌张定住贷绢契[一]

一 〔乙〕未年八月七日立契。龙勒乡百姓张定住，伏缘家中欠少疋帛，今
二 遂于莫高乡百姓张定奴面上贷帛生绢壹疋，长叁仗（丈）柒尺，
三 〔幅〕阔贰尺。其绢利头，现麦粟肆硕。其绢限至来年今月
四 日向数（当须）填还。若不还者，看乡元生利。若定住身不在，
五 仰口承男德子取上好绢者。（押）
六 贷绢张定住[二]
七 贷绢人德子[三]
八 知见人好子
九 知见人定兴

【注】
〔一〕（日）《敦煌吐鲁番社会经济资料集》三《契约》（B）图版第九二页（2），（A）录文第一〇八—一〇九页三五〇，伯三六〇三背面。
〔二〕贷绢，当作「贷绢人」。
〔三〕贷绢人，当作「贷绢人男」。

四四九 辛丑年（九四一？）敦煌罗贤信贷绢契[一]

一 辛丑年四月三日立契。押衙罗贤信入奏充使[二]

二 欠阙疋帛，遂于押衙范庆住面上贷生绢
三 壹疋，长叁扙(丈)玖尺，幅阔壹尺玖寸。其押衙
四 回来之日还纳于尺数本利两疋。若身东
五 西不善者，一仰口承弟兵马使罗恒恒衹(支)当。
六 恐后无凭，故立私契。(押)
七 贷绢人押衙罗贤信(押)
八 口承弟兵马使罗恒恒(押)
九 见人兵马使何
十 送路次玉腰带一呈，细帛一帖。

【注】

[一]《敦煌宝藏》第一二八册第三九一页，伯三四五八。又《敦煌资料》第一辑第三七二页。

[二] 入奏，谓入朝向君主进言或上书。

四五〇 辛丑年(九四一?)敦煌贾彦昌贷绢契[一]

一 辛丑年十月廿五日，贾彦昌缘往西州充使，遂
二 于龙兴寺上座心善面上贷生绢壹疋，长
三 叁拾柒尺贰寸，幅壹尺捌寸；又贷帛花
四 绵绫壹疋，长贰扙(丈)叁尺陆寸，幅壹尺玖寸
五 半。自贷后，西州回日，还利头好立机两疋，各
六 长贰扙(丈)伍尺。若路上般次不善者[二]，仰口承人弟
七 彦祐于(如)尺数还本绫本绵绫便休[三]。若真
八 善到，利头当日还纳，本物限入后壹月
九 还纳[四]。恐后无凭，故立此契。
十 贷物人贾彦昌(押)

一一　口承人弟贾彦祐

一二　见人赵留住

【注】

[一]《敦煌宝藏》第一二八册第三八二页，伯三四五三号。又《敦煌资料》第一辑第三七一页。

[二] 不善，亦作「不平善」。谓发生不幸事故。

[三] 本，原借的东西。此语指只还本，暂不还利头。

[四] 本物，原借的东西，与「本金」同。入后，回来后。

四五一　壬寅年（九四二？）敦煌龙钵略贷绢契[一]

一　壬寅年贰月十五日，莫高

二　乡百姓龙钵略欠阙疋

三　帛，遂于押衙王万端面

四　上贷生绢一疋，长三丈六

五　尺，福（幅）阔壹尺八寸。其绢

六　利头立机牒（緤）一疋。其钵

七　略任意博贾[二]。若平

八　善到日，限至壹月便

九　取于尺数本绢[三]。若钵

十　略身不平善者，仰者

一一　口承人兄定奴面上取于

一二　尺数绢[四]。若于卿（轻）

一三　慢绢主，掣夺家资，

一四　用凭（评）充绢贾。两共

一五　对面平章，不许悔[五]。

〔后缺〕

【注】

［一］《敦煌宝藏》第一二九册第三七三页，伯三六二七号。又《敦煌资料》第一辑第三七三——三七四页。

［二］博贾，交换，买卖。《古今韵会举要·药韵》：「博，贸易也。」

［三］「限至」至「本绢」，此句有错漏。原文应作「限至壹月还纳于尺数本绢」。

［四］「仰者」，「者」，衍。取于尺数绢，原文有脱漏。当作「取于尺数本绢便休」。

［五］不许悔，「许」下脱一「休」或「返」字。

四五二　乙巳年（九四五？）敦煌徐留通还绢契［一］

乙巳年六月五日立契。龙兴寺上座深善先于　官中有恩择（泽）绢柒疋［二］，当便兵马使徐留通招将觅职［三］，见便填还，得诸杂绢价两疋半，更残肆疋半绢［四］，诸杂断当更限五年填还者［五］。其绢壹疋，断价贰拾贰硕。已来，自后更不许道少说多者。两共面对（对面）平章，恐后无凭，故立此契，押字为定。（押）

还绢人兵马使徐留通（知）

还　人徐留庆［六］（知）

还绢人弟徐盈达（知）

见　人索流住（押）

丁未年三月十三日，还得高（绢）三疋半，麦粟拾硕。通。

【注】

［一］《敦煌宝藏》第一二六册第四一七页，伯三〇〇四号。又《敦煌资料》第一辑第三七五页。

[二]恩泽，皇帝、皇后赐给者。
[三]觅职，请托以求官职。《新唐书·薛登传》：「觅者，自求也。」
[四]更残，剩余部份。
[五]诸杂，「杂」下脱一「绢」字。
[六]还人，「还」下脱一「绢」字。

四五三　戊申年（九四八？）敦煌徐留通贷绢契[一]

戊申年四月十六日，兵马使徐留通往于西州充使，所有岁岁（些些）小事，兄弟三人对面商仪（议）：其留通觅官职之时，招邓上座绢恩择（泽）还纳，更欠他邓上座绢价叁疋半。或留通身东西[二]，仰兄留庆、弟盈达等二人面填还[三]。更不许道说东西。恐后无信，故立此契，用为后定（凭）。

兄留庆（押）
弟盈达（押）
见人弟留伍（押）

【注】

[一]《敦煌宝藏》第一二八册第四一七页，伯三四七二号。又《敦煌资料》第一辑第三七七页。本契内容与本书上册第三九二页《乙巳年（九四五年）敦煌徐留通还绢契》有关联，可参看。
[二]身东西，「西」下脱「无」或「不善」、「不平善」等字。
[三]二人面，「面」下脱一「上」字。

四五四　辛亥年（九五一？）敦煌康幸全贷绢契[一]

辛亥年四月十八日，押衙康幸全往于伊州充

二 使〔二〕，欠少货物。遂于耆寿郭顺子面上白丝
三 生绢壹疋〔三〕，长叁丈玖尺，幅阔壹尺玖寸。其
四 绢利头，鎶鉴壹个〔四〕，重断贰拾两。本绢幸全
五 到城日，限至九月填还。若限满不还者，又须
六 利。忽若推言，掣夺家资〔五〕。身若东西不平
七 善者，于口承弟幸连面上于幅尺准契
八 取本绢兼利。仍在

〔后缺〕

【注】

〔一〕《敦煌宝藏》第一二一册第二一六页，伯二五〇四号背面。又《敦煌资料》第一辑第三七八页。

〔二〕伊州，治伊吾，今新疆哈密。

〔三〕耆寿，年老有才德者。白丝生绢，「白」上脱一「贷」字。

〔四〕鉴，铜镜。《新唐书·魏徵传》：「以铜为鉴，可整衣冠。」

〔五〕掣夺家资，此句下当有「用充绢直」句。

四五五　丙辰年（九五六？）敦煌僧法宝贷绢契〔一〕

一 丙辰年三月廿三日，三界寺僧法宝往于西州充使，〔欠少绢帛〕，
二 遂于同寺法戒德面上贷黄丝生绢壹疋〔二〕长肆拾尺，〔幅宽壹尺〕
三 玖寸。其绢梨（利）头立机壹疋，到日填还。若于限不还者，〔于乡元〕
四 生利。若道上不平善者，并绢及利，壹仰口承人第（弟）□□〔面上〕
五 取本绢。两共对面平章为第（定）。不许开〔三〕，故立〔此契〕
六 用为后验。　押字为第（定）。

〔后缺〕

【注】

〔一〕《敦煌宝藏》第一二六册第九页，伯三〇五一号背面。又《敦煌资料》第一辑第三七九页。
〔二〕法戒德，当作「法律戒德」。
〔三〕不许开，当作「不许悔者」。

四五六　戊午年(九五八？)敦煌康员进贷绢契〔一〕

一　〔戊午〕年六月十六日立契〔二〕。兵马使康员进往于西州充使，欠少疋帛，
二　遂于兵马使索儿儿面上贷生绢壹疋，长肆拾尺，幅阔壹尺
三　玖寸。其绢断党(当)利头见还麦肆硕。其绢西州到来，限一月
四　填还。若于限不还者，便于乡例生利。若身东〔西〕不平
五　善者，一仰口承人男员进面上取本绢〔三〕恐人无信，故勒
六　私契，用为后凭。押字为定。
〔后缺〕

【注】

〔一〕《敦煌宝藏》第一二八册第四九三页，伯三五〇一号背(九)。又《敦煌资料》第一辑第三八一页。
〔二〕戊午年，本契年代已残缺。同纸另件契约的立契时间为「戊午年六月十六日」。该契下即书本契。大约二契同日书写。
〔三〕男员进，似有误。此「男」当是康员进之子。不应父子同名。

四五七　吐蕃某年敦煌严君便麦契〔一〕

一　□年四月十五日，沙州寺户严君为要斛斗驱使〔二〕，
二　〔今〕于灵图佛帐所便麦叁硕〔三〕，并汉升。其麦请
三　〔限〕至秋八月末还足。如违限不还，其麦请
四　〔赔〕，仍任将此契为令六(律)〔四〕，掣夺家资杂物，

五 〔用〕充麦直。如身东西不在，一仰保人等代还。
六 〔恐〕人无信，故立此契，书纸为凭。
七 便麦人严君年卅
八 保人刘归子年廿
九 保人
十 见人僧法英
一一 见人唐寺主
一二 见人志员

【注】

〔一〕《敦煌宝藏》第十一册第一六一页，斯一四七五号背面。又《敦煌资料》第一辑第三八六页。

〔二〕沙州，唐武德五年（六二二）置西沙州，治敦煌县（今甘肃敦煌县西）。贞观七年（六三三）改为沙州，天宝元年（七四二）改为敦煌郡，乾元元年（七五八）仍改沙州。寺户，归佛寺役使的民户。又称「佛图户」。此制盛行于北魏，沿用于隋唐。吐蕃统治时期，寺户制的主要特点：沙州都司（都僧统司）统领的沙州诸寺，在占有地产的同时，不完全占有寺户。寺户是有少量家资、农具和一定劳动兴趣的半自由人。身份世袭，编制为「团」，而又受内律统治的寺户，分种地段，定期上役，提供劳役租和代役租。寺户是中国土地上土生土长的农奴等级。（参看姜伯勤《论敦煌寺院的「常住百姓」》，见何兹全主编《五十年来汉唐佛教寺院经济研究》第一八五—一八六页。）

〔三〕灵图，寺名。佛帐所：亦称「佛物处」。

〔四〕令六，当作「令律」。《新唐书·刑法志》：「唐之刑法有四，曰律、令、格、式。」

四五八 吐蕃某年敦煌僧神宝便麦契〔一〕

一 □年二月十四日，当寺僧神宝为负任柒柒汉斗麦
二 〔贰〕硕捌斗〔二〕，今于灵图寺佛帐麦内便两硕捌斗。其
三 〔麦〕自限至秋八月卅日已前送纳足。如违其限不
四 〔还〕，其麦请陪（赔）伍硕陆斗。仍任将契为领六（令律），掣夺
五 〔家〕资杂物，用充麦直。如身东西，一仰保人代
六 还。恐人无信，故立此契。两共平章，书纸为记。

便人僧神宝年廿
保人任柒柒年□
见人僧神寂
见人
见人

【注】

〔一〕《敦煌宝藏》第十一册第一六二页，斯一四七五号背面。又《敦煌资料》第一辑第三八七页。

〔二〕当寺僧，可能是当寺人户，即寺户。

四五九　吐蕃某年敦煌索满奴便麦契〔一〕

□年四月廿二日当寺人户索满奴为无斛斗〔二〕，〔今〕
〔于灵〕图寺佛帐物内便麦两硕，并汉斗。其麦请〔限至〕
〔秋八〕月末还足。如违时限，其麦请陪（赔），仍任掣〔夺〕
〔家〕资杂物，用充麦直。如身东西，一仰保人〔代还〕。
〔恐人〕无信，故立此契，书纸为记。
便麦人索满奴年□
保人解沙年廿
见人僧惠眼
□□□僧惠眼便麦两硕，如依前不纳，其麦请还。
见人宋周兴
见人僧神宝
见人僧道珍

【注】

［一］《敦煌宝藏》第十一册第一六二页，斯一四七五号背面。

［二］当寺人户，寺户。斛斗，粮食的代称。

四六〇　吐蕃某年敦煌僧义英便麦契［一］

□年二月一日，当寺僧义英于海清手□便佛长(帐)青麦贰硕捌斗，并汉斗。其麦自限至秋八月内还足。如违其(期)〔限〕，请陪(赔)为伍硕陆斗；仍任将契为领(令)〔律〕，牵掣房资什物，用充青麦直。〔如〕身东西，一仰保人父等代还。恐人〔无〕信，故立此契，书指为记。

便麦僧义英年卅

保人父田广德年五十

见人　智舟

见人　灯判官

见人

【注】

［一］《敦煌宝藏》第十一册第一六二页，斯一四七五号背面。又《敦煌资料》第一辑第三八九页。

四六一　吐蕃某年敦煌赵卿卿便麦契［一］

□年三月廿七日，阿骨萨部落百姓赵卿卿为〔无〕〔种〕子，今于灵图寺佛帐家物内便麦两汉硕。

三 〔其〕麦自限至秋八月内送纳寺仓足。如违[二]，其麦〔请
四 赔〕为肆汉硕；仍任不著领六（令律），掣夺家资杂物
五 〔用〕充麦直。有剩不在论限。如身东西，一仰保人
六 〔代〕还。
七 　　　　　　便麦人　赵卿卿年卅
八 　　　　　　保　人　武光儿年卌
九 　　　　　　见　人　李意意

【注】

[一]《敦煌宝藏》第十一册第一六三页，斯一四七五号背面。又《敦煌资料》第一辑第三八九—三九〇页。

[二]如违，下当有「限」、「其限」、「期限」或「时限」等字。

四六二　吐蕃某年敦煌使奉仙便麦契[一]

一 〔同〕日，当加（家）人使奉仙便佛帐麦两硕，并汉㪷。其
二 〔麦自〕限八月内还足。如违，其麦请陪（赔）为肆硕。
三 〔如身〕东西，一仰保人代还。恐人无信，故立此契，
四 〔书〕指为记。
五 　　　　　　便麦人使奉仙年卌
六 　　　　　　保人男晟子年十四
七 　　　　　　见人僧神宝
八 　　　　　　见人　进光

【注】

[一]《敦煌宝藏》第十一册第一六四页，斯一[illegible]页。

四六三　吐蕃某年敦煌僧神寂等便麦契〔一〕

一　□年三月六日僧神寂为负债，今于当寺佛帐物内

二　〔便〕麦两硕陆㪷，并汉斗。其麦限至秋八月内送纳

三　〔当〕寺足。如违，其麦请陪（赔）伍硕贰㪷，仍任将〔契〕

四　〔为〕领六（令律），牵掣房资什物，用充麦直。有剩不

五　〔在〕论限。如身东西，一仰保人等代还。恐人无信，〔故〕

六　〔立〕此契，书指为记。

七　便麦僧神寂年廿五

八　保僧净心年卌

九　见人惠云

十　见人道远

一一　见人

一二　〔同〕日契，僧惠云便佛帐麦壹硕肆㪷，依前时□

一三　〔如〕身不在，依契陪（赔）征。并汉斗。便麦僧惠云年卌

〔后缺〕

【注】

〔一〕《敦煌宝藏》第十一册第一六四页，斯一四七五号背面。又《敦煌资料》第一辑第三九一—三九二页。契后之《惠云便麦契》为附批。

四六四　巳年敦煌令狐善奴便刈价麦契〔一〕

一　巳年二月十日，康悉杓家令狐善奴，为〔缺〕粮用，今于龙

二　□□□□□□□处便苅价麦壹硕陆斗〔二〕，限至秋七

三　月内苅麦壹拾亩。如主人麦熟吉报，依时请收苅。

四　如法□□了，不得为（违）时限。如若依时吉报不□，
五　或欠收苅不了，其所将斛㪷[三]，请陪（赔）罚叁硕贰㪷。
六　当日便须佃纳。如违，一任掣夺家资杂物牛畜等，
七　用充麦直。其麦亦一任苅，雇人收苅。如身东西不在，
八　一仰保人代还。恐人无信，故立此契。两共平
九　章，书指为凭。
十　　马　明　　便苅价人令狐善奴年卌一
一一　　　保人孙愿奴卌五
一二　　　保人
一三　　　见人解善
一四　　　见人
一五　　　见人
一六　　　见人

【注】

[一]《敦煌宝藏》第一二五册第四六六页，伯二九六四号背面。

[二] 苅，「刈」的俗体字。便苅价麦，预借帮割小麦的工钱。工钱用小麦偿付。

[三] 斛㪷，粮食的代称。

四六五　某年敦煌曹清奴押铛便豆麦契[一]

一　□□三月一日，中元部〔落百姓曹〕清奴为无种子，今于□□
二　寺僧□□手下佛物处便麦肆硕[二]，□豆壹〔硕〕。
三　自限至秋七月还纳。如违限不还，其典铛壹口[三]，没□
四　□请倍（赔）；仍任掣夺家资杂物，用充物直。〔如身〕
五　东西不在，一仰保人段兴子知（支）当代还。恐人

六 信[四]，故立此契，用为后凭。

七 便种子豆麦人曹清奴年……

八 保人段兴子年……

九 见人

十 见人

【注】

[一]《敦煌宝藏》第九册第六二四页，斯一二九一号。又《敦煌资料》第一辑第三八四页。

[二]佛物处，佛教亦称「常住处」。

[三]铛，有足锅。

[四]恐人信，「信」上脱一「无」字。

四六六　吐蕃某年敦煌某人便麦粟契[一]

〔前缺〕

一 汉斗。迁延不纳，今再立限至十一月五日，于寺□

二 纳。如依限不纳，其先契□□后，其麦粟请倍（赔）；

三 仍任掣夺家杂物，用充麦直。恐人无信，故

四 立此契，用为后凭，答印为记。（用藏文署押）

【注】

[一]〔日〕《敦煌吐鲁番社会经济资料集》三《契约》（A）录文第一〇三页三二五，伯二八四二（五）；（B）图版第六九页（一）（一四七）。

四六七　敦煌宁宗部落夏孜孜便麦契[一]

宁宗部落之夏孜孜因无种子及口粮，濒于贫困危殆，从永寿寺[二]三宝与十方[三]粮中，商借麦及青稞八汉硕[四]。还时定为当年

秋八月三十日，送至永寿寺之掌堂师[五]与沙弥梁兴河所在之顺缘库中。到时不还，或单独出走，借一还二。即或从孜孜家中牵走牲畜，抄去衣服用具，迳直从团头手中夺走也无辩解，更无讼词。若孜孜不在，着其子夏冲赍照前项所述交来。中证人　王悉道和周腊赍盖印。同时，孜孜自愿承担，印章加签字。

（下有圆形印章　四枚）

【注】

[一] 王尧、陈践《敦煌吐蕃文书论文集》第十六页，译文：P.T.1297，《宁宗部落夏孜孜永寿寺便麦契》。第十页，解题：「P.T.1297号敦煌吐蕃文书，全文十二行，原卷无题。」

[二] 永寿寺，敦煌十八大寺之一。建于吐蕃占领敦煌地区以后。

[三] 三宝与十方，原注③谓就是敦煌汉文卷子中译作「佛物」的具体内容。「三宝：一切佛陀即佛宝；佛陀所说教法即法宝；随其教法而修业者即僧宝。简单地说，就是佛、法、僧三宝。佛为觉知之义，法为法轨之义，僧乃和合之义，藏一切功德。十方：佛经称东、西、南、北、东南、西南、东北、西北、上、下为十方。梵语谓寺院为招提，即含此义。藏语十方，指十方常住。十方，现为僧物。总之，属佛寺的公共财物。」

[四] 汉硕，原注④：「汉语硕（石）的音译，又加上注释性的定语，在吐蕃文献中为常见的构词法。」

[五] 掌堂师，原注⑤：「寺庙中负责管理教育、纪律事宜的职事人员。」

四六八　敦煌中元部落百姓曹清奴便麦豆契[一]

□□三月一日，中元部（落百姓）曹清奴为无种子，今于□□寺僧□□□手下佛物处便麦肆硕□，豆壹□自限至秋七月还纳。如违限不还，其典铛壹□，没□□请倍。仍任掣夺家资杂物，用充物直。〔如清〕〔奴〕东西不在，一仰保人段兴子知当代还。恐人无信，故立此契，用为后凭。

便种子豆麦人曹清奴年[二]

保人段兴子年

见人

见人

【注】

[一] 王尧、陈践《敦煌吐蕃文书论文集》第十二页(二)斯一二九一《曹清奴便麦契》。(汉文)

[二] 年,此为契约上之书年制。其下当书年龄。

四六九 敦煌悉董萨部落百姓孙清便粟契[一]

一 二月二十三日,悉董萨部落百姓孙清为无粮用,今于永寿寺僧便佛物
二 汉斗叁硕,其票请限至秋八月末送纳。如违信,仍任掣夺家资用〔抵〕
三 粟直。如身东西不在,及依限不办填还,一仰保人等依时限还。
四 恐人无信,故立此契为凭。
五 　　便粟人孙清
六 　　保人孙昌奴
七 　　见人
八 　　见人僧宝积

【注】

[一] 王尧、陈践《敦煌吐蕃文书论文集》第十一页(一)伯四六八六,《悉董萨部落百姓孙清便粟契》(汉文)

四七〇 敦煌沙弥海恩借青稞契[一]

……海恩向……张和尚还所借青稞时间为:虎年春季三月……。倘若到时不还,折合上等绢缣,借一还二。能容三升(粮食)上好布袋之抵押吕亦不退还。如沙弥海恩到时不在,此粮找保人按上讨问,立即由赵和诺(等)三人偿还。保人:沙弥藏海秋、张呷旬等盖印,海恩及保人签字并按指印。

　　赵和诺(签字)

【注】

［一］王尧、陈践《敦煌吐蕃文书论文集》第二十七页：P.T.2127。原书第二十三页谓：「这是一份藏文民间借贷文书，反映了吐蕃在七八七年全面占有河、湟、瓜、沙以后，过了相当长一段时期，社会生活日趋安定，经济秩序恢复正常的情况。」这里用的是原书译本。

四七一　虎年敦煌悉董萨部落高杨赉借马契[一]

虎年冬，沙弥张能兴从悉董萨部落高杨赉处购得母马一匹。而马（卖后）杨赉又借回该马，定于兔年秋季八月内将马送还沙弥能兴家中。于此期间，母马若有死亡、丢失，照赔母马一匹；此母马若怀小驹，立即交与能兴。该马若未发生死亡或丢失，亦于夏季内通知。如有驹，则付与相应酬金。母马不孕，则由杨赉说明。杨赉到时不送马来，或借故生变，着由保人[二]……。杨赉及腊当当依照文契所述行事。彼二人签字。论玉卜藏、论腊卜藏腊悉顿、赵悉诺赉、何登公中证人盖印。

【注】

［一］王尧、陈践《敦煌吐蕃文书论文集》第二十九—三十页，P.T.1297《虎年借马契》。原件是敦煌分部落之后产生的藏文契约。

［二］保人可能名「腊当当」。

(五) 雇佣契约

四七二 唐永徽六年(六五五)高昌匡某雇易隆仁上烽契[一]

一 永徽六年十一月□日，武城乡匡□□

二 交用银钱肆文，…………乡人易隆仁往□

三 城上烽壹次，拾〔伍日。若〕烽上有逋留、官

四 罪，壹仰易自〔当罪承了〕；匡悉不知。两和立

五 契，获(画)指为〔信〕。

六 主…………

七 受雇易隆仁 ——

八 知见人傅隆护 ——

九 严武达

十 …………旨 一道 ——

【注】

[一]《吐鲁番出土文书》第五册第八四页。阿斯塔那一〇号墓出土，64TAM10:43,50。

四七三 唐永徽七年(六五六)高昌令狐相□受雇上烽券[一]

一 永徽七年七月十五〔日〕，……

二 〔银钱〕文半，用雇宁昌乡人令〔狐相〕□……

三 …………壹拾伍日[二]。烽上逋留、官罪，一仰令〔狐当罪〕

四 〔受了〕；范悉〕不知。若不承了，谪银钱拾文入

五　范。两和立获(画)卷(券)为信[三]。　钱……
　　　　　　　　　　　　　　　　　　　　一一一
六　　　　　　　　　知见　焦养□
七　　　　　　　　　受雇　令狐相□
〔后缺〕

【注】

[一]《吐鲁番出土文书》第五册第一一一——一一二页。阿斯塔那三三七号墓出土，60TAM337：11/2。
[二]壹拾伍日，「壹」下脱「次」字。
[三]两和立获卷为信：此句有脱漏，当作「两和立券，获(画)指为信」。

四七四　唐显庆三年(六五八)交河范欢进雇白憙欢上烽契[一]

一　显庆三年十一月二日，交河府卫士范欢进交
二　用银钱柒文[二]，雇前庭府卫士白憙欢[三]，用〔上〕
三　〔烽壹次〕拾五日。若有逋留、官罪，一〔仰白自当承了〕，
四　范悉不知。若更有别使白，计日还钱
五　……两主和可立契，获(画)指为信。(押)
六　　　　　钱主　范欢进一一一
〔后缺〕

【注】

[一]《吐鲁番出土文书》第五册第一四二页。阿斯塔那三三八号墓出土，60TAM338：32/4—1，32/4—2。
[二]交河府，军府，驻交河县。县属西州，治今新疆吐鲁番西交河城故址。卫士，隋、唐时府兵制士卒的总称。
[三]前庭府，军府，驻高昌县。县属西州。

四七五　唐龙朔四年（六六四）高昌范欢进等赁车牛契[一]

一　龙朔四年正月廿五日[二]，武城乡……

二　运海、范欢进、张……

三　六人赁……

四　具到□□□一道。……

五　文，更依乡价输送，〔车〕具有失脱，一仰

六　□□知（支）当。若车牛到赤亭[三]，□依价仰

七　……依乡价上（偿）。两和立契，获〔画〕指

八　〔为信〕。

九　　　　车牛主　张贵儿

十　　　　赁车牛人范〔欢进〕

一一　　　赁车牛人……

一二　　　赁车牛人翟……

一三　　　赁车牛人……

〔后缺〕

【注】

〔一〕《吐鲁番出土文书》第五册第一四五—一四六页。阿斯塔那三三八号墓出土，60TAM338∶32/2。

〔二〕龙朔四年，龙朔只有三年。《旧唐书》卷四《高宗本纪上》：龙朔三年「十二月庚子，诏改来年正月一日为麟德元年」。西州地处偏远，立此契者不知朝廷已改元。

〔三〕赤亭，属西州，为赤亭守捉驻地。在今新疆鄯善北。守捉，唐代边防军的单位名称，约统一千至二千士卒。

四七六　唐某年高昌张隆伯雇范住落上烽契[一]

一　……正月廿八日[二]，武城乡〔人张隆伯交用〕

二　〔银钱柒〕文，雇同乡人范住落用柳〔中上烽壹次〕

三　拾伍日[三]。即日与钱肆文，残钱叁〔文〕[四]，……

四　……回来[五]，上(偿)钱使毕。若烽上有……

五　……不在，并烽前忽有杂……

六　…………契以后，先有悔者，

七　………〔人〕从私契。两主和可，

八　〔画指为信〕　□〔雇〕人范住落

——

九　……张隆伯

——

十　………………

一一　〔倩〕书人赵武亮

【注】

[一]《吐鲁番出土文书》第五册第五九—六〇页。阿斯塔那一四〇号墓出土，69TAM40:17/5—2。

[二]本契纪年已残。据《吐鲁番出土文书》第五册第五〇页《阿斯塔那一四〇号墓文书》说明：「本墓出有唐永徽六年(公元六五五年)张龙相墓志。又出有高昌重光四年(公元六二三年)到延寿九年(公元六三二年)的纪年文书。」本契大约为七世纪中期的遗物。

[三]柳中，县，唐贞观十四年(六四〇)置，属西州都督府。治今新疆鄯善县西南鲁克沁。

[四]残钱，剩余的钱，即雇价未付的部分。

[五]回来，上烽归来。

四七七　唐某年高昌张隆伯雇□悦子上烽券[一]

〔前缺〕

一　□付县上丰(烽)壹十五日[二]。即日〔与〕钱〔肆文，残钱〕

二　□须十日至。若不，钱一日過钱半文[三]。若有谒(遏)留，仰

三 □悦子承，张隆伯悉不知。二主和同立卷(券)，券成

四 ……………………………壹罚二，入张………

〔后缺〕

【注】

〔一〕《吐鲁番出土文书》第五册第六一页。阿斯塔那一四〇号墓出土，69TAM140:17/2。本契纪年与本书第四二六页契约大致相同。

〔二〕壹十五日：「壹」下脱一「次」字。

〔三〕過，与「適」同，即「罚」。

四七八 唐某年高昌张玉埴雇解知德上烽契〔一〕

一 …………正月廿八日，武城乡〔人张玉埴〕

二 〔交用〕银钱八文，雇同人解知德当柳中□

三 〔上烽〕壹次拾伍日。其钱即日交相付〔了〕。

四 若烽上有逋留、官罪，壹仰解知德

五 当，张玉埴悉不知。〔若〕有先悔者，一罚

六 贰，入不悔人。〔两主和可，画〕指为记。

七 钱主〔张玉〕埴

八 受雇人〔解〕知德 ——

九 保人张振德 ——

十 知见人张仁豊 ——

【注】

〔一〕《吐鲁番出土文书》第五册第一六四—一六五页。阿斯塔那三二六号墓出土，60TAM326：10/1，10/2。原题解：「本件纪年残，但契内云『柳中县』，唐改高昌之田地县为柳中。又所出雇人上烽契纪年并是唐代。」按：本墓出《高昌延昌廿六年（五八六）将孟雍妻赵氏墓志》一方。所出文书兼有麴氏高昌及唐代。其有纪年者，最早为高昌和平元年（五五一），最晚为唐总章元年（六六八）。

四七九　唐某年高昌严某雇赵松上烽契〔一〕

一　……六月一日，高昌县人严………

二　□□文雇，取交河县人赵松……

三　□当交河上烽壹次拾伍日。其钱〔即日交〕

四　〔相〕付了。若烽有逋〔留、官罪，壹仰赵〕

五　当，严悉不知。若〔有先悔者〕，

六　□人随身……

七　□画指〔为信〕。

〔后缺〕

【注】

〔一〕《吐鲁番出土文书》第七册第二七〇页。阿斯塔那九三号墓出土，67TAM93：25。同书第二六八页《阿斯塔那九三号墓文书》说明：本墓「所出文书有二、一五、二六号三件。一六号为残片，二及一五号为武周长安二年（七〇二）、三年（七〇三）文书。女尸纸鞋上拆出文书为二三号至三〇号，共八件，缀合成六件。纪年皆缺，亦不见武周新字，当书于载初改行新字前。」

四八〇　唐某年高昌阳某雇人上烽契〔一〕

一　…………年六月一日〔二〕，高昌县〔人阳〕……

二　〔用银〕钱拾文，雇交河县人……

三　□用神仙烽上壹次拾伍日〔三〕……

四　即日交相付了。若烽上有逋〔留、官罪〕，
五　〔壹仰□自〕当，阳悉不知。……
六　……………………画指〔为信〕。
〔后缺〕

【注】

〔一〕《吐鲁番出土文书》第七册第二七一页。阿斯塔那九三号墓出土，67TAM93：24。
〔二〕本契约纪年约在武则天称帝之初。
〔三〕神山烽上壹次，当作「神山烽上烽壹次」。

四八一　唐某年高昌赵某雇李骀居上烽契[一]

一　……………………六月[二]……………海………
二　〔用银钱〕拾文雇………李骀居……
三　……………交何（河）上烽〔壹次拾伍日〕。其钱即日付〔了。若〕
四　烽上有逋留、官〔罪，壹〕仰李自当，赵
五　〔悉不〕知。□□〔壹〕别（罚）二，〔入不〕悔人。两和立契，获（画）
六　〔指〕为〔信〕。
七　钱〔主〕　赵
八　受〔雇人〕李〔骀〕居
〔后缺〕

【注】

〔一〕《吐鲁番出土文书》第七册第二七二页。阿斯塔那九三号墓出土，67TAM93：27(a)，28(a)。
〔二〕六月，本契纪年已残，约为武则天称帝之初的遗物。

四八二　吐蕃寅年(八二二?)敦煌瓦匠汜英振受雇契[一]

一　寅年八月七日，僧慈灯于东河庄造佛堂一所。〔为〕
二　无博士[二]，遂共悉东萨部落百姓汜英振平章，
三　造前佛堂，断作麦捌汉硕。其佛堂外面壹
四　丈肆尺，一仰汜英振垒，并细泥一遍。其佛堂从
五　八月十五日起首，其麦平章日，付布壹疋[三]，折麦
六　肆硕贰㪷。又折先负慈灯麦两硕壹㪷，余
七　欠汜英振壹硕柒㪷[四]，毕功日分付。一定已后，不
八　许休悔。如先悔者，罚麦叁驮，入不悔人。恐
九　人无信，故立此契。两共平章，书纸为记。
十　　　　　— — —
　　　博士汜英振年卅二(押)
一一　　　见人僧海德

【注】

[一] 北京图书馆藏。北图咸字五十九号背(三)。又《敦煌资料》第一辑第三三五页。
[二] 博士，对有某种技艺工匠的尊称，犹后世称师傅。这里是对泥瓦匠汜英振的尊称。
[三] 平章日，主、雇双方协议立契之日。断句作「其麦平章，日付布壹疋」非。
[四] 余欠，「剩余尚欠」之意。释作「余肆欠」者误。

四八三　虎年敦煌谢比西受雇契约[一]

虎年，比丘张海增……虎年……雇谢比西收割十畦青稞地，定于秋季七月收割。到时不割，往后延期或比西毁约……立即交给僧人(比丘)与当地产量相当之十畦青稞数。假如比西因摊派王差不能完成，仍照上述交付……。担保人：阴腊赉、郭悉诺

山、王玉悉顿、张孜孜等……比西父子按指印签字。

谢比西签字。

【注】

[一] 王尧、陈践《敦煌吐蕃文书论文集》第三十一—三十二页。P.T.1297₄《收割青稞雇工类》二、译文。

四八四　戊戌年(八七八?)敦煌令狐安定雇工契[一]

戊戌年正月廿五日立契。洪润乡百姓令狐安定，为缘家内欠阙人力，遂于龙勒乡百姓龙聪儿造作一年[二]。从正月至九末[三]，断作价直每月五斗。现与春肆个月价。与外勒到秋，春衣壹对，汗衫、褛裆并鞋壹两，更无交加。其人立契，便任入作，不得抛功，一日[四]，勒物一斗。忽有死生[五]，宽容三日，然后则须驱驱。所有农具付(什)等，并分付与聪儿，不得非理打损牛畜。违打倍(赔)在作人身。两共对面揰审平章，更不许休悔。如先者[六]，罚羊口，充入不悔人。恐人无信，故勒此契，用为后凭。

〔后缺〕

【注】

[一]《敦煌宝藏》第三二册第九九页，斯三八七七号背(五)。又《敦煌资料》第一辑第三四四页。

[二] 遂于，当作「遂雇」。

[三] 九末，「九」下脱一「月」字。

[四] 一日，当作「抛工一日」。

[五] 死生，指生病。

[六] 如先者，「先」下脱一「悔」字。

四八五　壬午年（九二二？）敦煌康保住雇工契[一]

一 壬午年正月一日立契。慈惠乡百姓唐保住为缘家中欠少人力，遂于莫
二 高乡百姓赵紧匠面上雇男造作壹周年[二]，从正月之（至）九月末，断作
三 每月壹驮[三]，春壹对[四]，汗衫壹领，褛裆壹腰，[五]，皮鞋壹两。如内
四 欠阙，住自排椤（比）。自雇如（已）后，不得抛工壹日。若亡示（忙时）抛工日
五 抛

【注】

[一]（日）《敦煌吐鲁番社会经济资料集》三《契约》（A）释文第一二一页三八九，伯二二四九号背。又见王永兴《隋唐五代经济史料汇编校注》第一编下第七〇〇页。

[二] 赵紧匠，原释作「赵紧近」。雇男，下当有人名，似脱漏。

[三] 每月壹驮，「每月」下脱「麦粟」二字。

[四] 春壹对，「春」下脱一「衣」字。

[五] 壹腰，即「一条」。《北史·柳袭传》：「赐彩三百匹，金九环带一腰。」

四八六　癸未年（九二三？）敦煌张修造雇驼契（甲）[一]

一 癸未年四月十五日，张修造遂于西州充使[二]，欠阙
二 驼弃（乘），遂于押衙王通通面上雇五岁父驼壹硕（头）[三]，
三 断作驼价官布十六匹，长柒捌[四]，到日还纳。
四 驼若路贼打病死，一仰要同行见；或若非里（理）押损走却，不驼主知（之）事[五]。
五 一仰修造……

【注】

［一］《敦煌资料》第一辑第三三八页，北图殷字四十一号。原题《癸未年张修造雇父驼契两件》(一)《雇五岁父驼契》。

［二］西州，唐贞观十四年(六四〇)平高昌，置西州。天宝元年(七四二)改为交河郡，乾元元年(七五八)复为西州。贞元七年(七九一)后，归吐蕃。「遂于」当作「今往」。

［三］父驼，公驼。

［四］长柒捌，有误。当作「长贰丈柒捌」。

［五］不驼主知事，当作「不干驼主之事」。

四八七　癸未年(九二三？)敦煌张修造雇驼契(乙)[一]

一　　癸未年七月十五日，张修造王(往)于西州充

二　　使，欠阙驼弃(乘)，遂于押衙价延德面上雇六岁

三　　父驼一头，断作驼价官布拾个，长二丈六、

四　　七。使入了[二]，限三日便须田(填)还，更不许推言。或

五　　若路上贼打，看为大礼(例)。或若病死，舌(舍)却雇价，

六　　立为本驼。若是驼高走煞，不〔关驼〕主诸

七　　事，一仰修造之(支)当。两共对面平章，更许先悔[三]。

八　　又(有)人悔者，罚麦壹硕，充入不悔人。

九　　恐人无凭，故立司(私)契，用为后验。

【注】

［一］《敦煌资料》第一辑第三三八页，北图殷字四十一号。原题《癸未年张修造雇父驼契两件》(二)《雇六岁父驼契》。

［二］使入了，使西州归来。「入」，由外至内。

［三］更许，当作「更不许」。「先悔」当作「返悔」。

四八八　后梁龙德四年(九二四)敦煌阴厶甲受雇契[一]

一　　龙德肆年甲申岁二月一日[二]，燉煌郡乡百姓张厶甲[三]为家内

阙少人力，遂雇同乡百姓阴厶甲，断作雇价从二月至九月末造作，逐月壹驮。见分付多少已讫。更残，到秋物出之时收领。春衣一对，长袖并裈，皮鞋一量（两）[四]。余外欠阙，仰自排枇[五]。入作之后，比至月满，便须兢心，勿二意，时向不离城内，城外一般获时造作，不得抛涤工夫。忽忙时，不就田畔蹭蹬闲行，左南直北。抛工一日，尅物贰斗。应有沿[六]身使用农具，兼及畜乘，非理失脱损伤者，陪（赔）在厶甲身上。忽若偷盗他人麦粟牛羊鞍马逃走，一仰厶甲亲眷〔支〕当。或若浇溉之时，不慎睡卧，水落在〔他〕处，官中书罚，仰自祇（支）当。亦不得侵损他〔人〕田苗针草，须守本分。大例，贼打输身却者，无亲表论说之分。两共对面平章为定。准法不许翻悔。如先悔者，罚上羊壹口，充入不悔人。恐人无〔信〕，故立明文，用为后验。（押）

由ㄅ乂叱　雇身厶甲[七]

由ㄅ乂叱　口承人厶甲

【注】

[一]《敦煌宝藏》第一四册第三八五页，斯一八九七号。又《敦煌资料》第一辑第三三三—三三四页。

[二]龙德肆年甲申岁，后梁末帝龙德只有三年。龙德三年，后唐庄宗建元同光。龙德四年当为同光二年。

[三]燉煌郡乡，「郡」字衍，为「敦煌乡」。

[四]裈（音同昆）：满裆裤。《急就篇二》：「襜褕、袷、複、褶、袴、裈。」颜师古注：「合裆谓之裈，最亲身者也。」一量，当作「一两」，即一双。古代鞋一双可称作一两。《诗·齐风》：「葛屦五两。」疏：「屦必两只相配，故以一两为一物。」或作「緉」。

[五]排枇，安排。

[六]沿，同「沿」。《龙龛手鉴·水部》：「沿」同「沿」。《正字通·水部》：「沿，同沿。俗省。」

[七]雇身厶甲，当作「雇身阴厶甲」。陆游《老学庵笔记》卷六：「今人书某为厶，皆以为俗从简便，其实古某字也。《谷梁》桓二年，蔡侯、郑伯会于邓。

范宁注曰：『邓厶地。』陆德明《释文》曰：『不知其国，故云厶地。本又作某。』」清顾炎武《日知录》卷二三《假名甲乙》：「《史记·万石君传》长子建、次子甲、次子乙、次子庆。甲、乙非名也，失其名而假以名之也。《韩安国传》，蒙狱吏田甲；《张汤传》，汤之客田甲；《汉书·高五王传》，齐宦者徐甲；《严助传》，闽越王弟甲，疑亦同此。」

四八九　甲申年（九二四？）敦煌韩壮儿受雇契[一]

一　甲申年三月五日[二]，敦煌乡百姓苏流奴，伏缘家内欠少人力，遂于效谷
二　乡百姓韩德儿面上雇壮儿，造作营种。从正月至九月末，断雇
三　价麦粟众亭陆硕[三]，限至来年正月〔填〕还。……
〔后缺〕

【注】

[一]《敦煌宝藏》第四三册第一九八页，斯五五〇九号背面。又《敦煌资料》第一辑第三四一页。

[二]三月，下作「正月」。敦煌雇契因家内缺少劳力而雇人者，正、二、三月皆有，以正月为多。

[三]断雇价，「断」下脱一「作」字。

四九〇　乙酉年（九二五？）敦煌邓仵子受雇契[一]

一　乙酉年二月十二日，乾元寺僧宝香为少人力，遂雇百姓邓仵
二　子捌个月，每月断作雇价麦粟壹驮，内麦地叁亩，粟地肆
三　亩，其地折柒个月[二]，余残月取匆（物）。春依（衣）长袖一并，襕裤一腰，皮鞋
四　一量（两）。从入雇已后，便须逐月逐日驱驱入作，不得抛却作功，如若
五　忙月抛一日[三]，勒匆（物）五斗；闲月抛一日，勒匆（物）壹斗。仵子手内所把陇
六　具一匆（物）已上，忽然路上违（遗）失，畔上睡卧，明明不与主人失却，一仰雇
七　人祇（支）当。如若有病患者，许五日将理，余日算价。节下休，乡
八　原例宽闲。如若当□□水□□□□他人庄舍苗子□□，

九 官罚羊来，一仰当六（？）人衹（支）当。一定已后，更不许休悔。如〔先〕

十 悔者，罚麦伍硕，充入不悔之人。恐人无信，两共对面〔平〕

一一 章，故立私契，用为后凭。

一二 售雇人邓仵子（押）

一三 口承人兄邓清子（押）

一四 见人

【注】

〔一〕〔日〕《敦煌吐鲁番社会经济资料集》三《契约》（A）释文第一二三页三九五，（B）图版第八八页（一）（一八三），伯二四一五号。

〔二〕折，折合、抵当、折换。

〔三〕抛一日：「抛」下脱一「工」字。

四九一　丙戌年、丁亥年（九二六、九二七？）敦煌令狐愿德支付身价契〔一〕

一 丙戌年正月廿九日，付令狐残奴侄愿德身价麦拾硕，其物还债用。

二 丁亥年正月廿日，付愿德身价粟捌硕，麦两硕，准折身价，并无玄（悬）

三 欠升合。（押）

四 其物便与令狐愿兴（押）

五 取物人愿德（押）

【注】

〔一〕王永兴《隋唐五代经济史料汇编校注》第一编上册第二〇四—二〇五页，斯五五〇四号。又〔日〕《敦煌吐鲁番社会经济资料集》三《契约》（A）释文第一四四页四五六，（B）图版第八八页（三）（一八五）。

四九二　辛卯年（九三一？）敦煌董善通等雇驼契〔一〕

一 辛卯年九月廿日，百姓善通〔二〕、张善保二人，往入京，欠少驰畜，遂于百姓刘达子面上雇拾岁黄驳驰壹头[三]，断作雇驼价生绢陆匹。其叁匹长叁拾尺[四]，又叁匹长三丈玖尺，又楼机壹匹[五]。看行，内（纳）骆驼价。将驰去后，比至到来，路上有危难，不达本州[六]，一看大礼（例）。若驰相走失者，雇价本在，于年岁却立本驰。或若道上疮出病死，须同行证盟（明）。立此文书，故勒私契，用为后验。（押）

驰主刘达子（押）

雇人董善通（押）

雇张善保[七]（押）

见人史兴子（押）

口承押衙张庆顺（押）

【注】

[一] 王永兴《隋唐五代经济史料汇编校注》第一编下册第七〇一—七〇二页，伯三四四八号背面。又〔日〕《敦煌吐鲁番社会经济资料集》三《契约》（A）释文第一二三页三九六，（B）图版第九〇页（一）（一八九）。

[二] 百姓善通，当作「××乡百姓董善通。」

[三] 驳驰，雄驰。《玉篇·马部》：「驳：音父，牡马也。」或释作「骆驰」，误。

[四] 叁拾尺，「叁」为「肆」字改。或释作「肆拾叁尺」，误。

[五] 壹匹，释作「黄匹」，误。

[六] 本州，即沙州，治敦煌县。原称敦煌郡，唐武德五年（六二二）改置西沙州，贞观七年（六三三）又改沙州，天宝元年（七四二）仍改敦煌郡，乾元元年（七五八）又改沙州。

[七] 雇，下脱一「人」字。

四九三　壬辰年（九三二？）敦煌雷粉搥出雇牛契[一]

壬辰年十月生六日[二]，洪池乡百姓厶乙阙少牛畜，遂雇同乡百姓雷粉搥黄自（牸）牛一头[三]，年八岁。十（正）月至九月末，断作雇价每月壹石，春价被四月叁日。若是自（牸）牛并（病）死者，不关雇人之是（事）。若驮高走煞（失），不关牛主诸（之）事。两共对面平障（章），不许休悔。如先悔者，一驮

〔后缺〕

【注】

〔一〕《敦煌宝藏》第四五册第二四六页，斯六三四一号。又《敦煌资料》第一辑第三四三页。

〔二〕十月生六日，当是「正月十六日」之误。

〔三〕自牛，当作「牸牛」，即母牛。《玉篇·牛部》：「牸，母牛也。」

四九四　后晋天福四年（九三九）敦煌姚文清雇工契[一]

天福肆年己亥岁正月壹日[二]，百姓姚文清为无人力[三]，遂雇同乡百姓程议深男一人[四]，断作雇价每月一驮，麦粟各半；春衣一对，长袖一领，汗衫一领，褐裤一腰，皮鞋一量（两）。余〔外〕欠缺，任自排〔备〕。自从入作已后，不得抛功一日。如若欠作一日，剋物二斗。不得偷他麦粟瓜果羊牛。忽若捉得，自身抵当。手上使用笼具失却，倍（赔）在自身。若逢贼打，一〔看〕大〔例〕。

〔后缺〕

【注】

〔一〕刘国、李桂英《敦煌研究》一九八七年二月，第八七页。原编号天津博一三六背面。又〔日〕《敦煌吐鲁番社会经济资料集》三《契约》（A）释文第一二五页四〇二。

〔二〕天福，五代后晋高祖石敬瑭年号。

〔三〕百姓，上当有「××乡」三字。

〔四〕男，「男」下当有人名。

四九五　丙午年（九四六？）敦煌宋强□雇驼契〔一〕

丙午年正月廿二日，洪润乡百姓宋〔强〕□，〔充〕使西州，欠少驼畜。遂于同乡百姓厶专甲面上故（雇）八岁驳驼一头〔二〕，断作驼价生绢一匹。正月至七月便须填还。于限不还者，准乡元礼（例）生理（利）。所有路上驼伤走失，驼□□□在，须立本驼。如若疮出病死者，得同行三人征（证）见，驼价本在。若身东西不平善者，一仰男厶专甲面上折雇价立本驼

〔后缺〕

【注】

〔一〕《敦煌宝藏》第一二三册第一三九页，伯二六五二号背面。又《敦煌资料》第一辑三四五页。

〔二〕驳（音同父）：牡马，公马。《玉篇·马部》：「驳，牡马也。」驳驼：公驼。

四九六　戊申年（九四八？）敦煌李员昌雇彭章三契〔一〕

戊申年正月十六日，燉煌乡百姓李员昌，为

缘家欠少人力[二]，遂于赤心乡百姓彭铁子男章三[三]，正月至九月末[四]；断作雇价每月麦粟壹驮，春衣汗衫壹礼(领)，⿰衤曼裆袜袖衣兰(襕)，皮鞋壹量(两)，共壹对。自雇已后，驱驱造作，不得右南直北闲行。若忙时抛一日[五]，尅勿(物)二斗；闲抛功一日[六]，尅物一斗。两共对平章[七]，不许休悔。如先悔者，罚麦叁驮，充入不悔[八]。恐人无信，故勒书记[九]，用为后凭。(押)

官著远田载草次

徐盈达

〔后缺〕

【注】

[一]《敦煌宝藏》第四三册第四九七页，斯五五七八号。又《敦煌资料》第一辑第三四六—三四七页。

[二]家欠少人力，「家」下脱一「内」字。

[三]遂于，当作「遂雇」。章三，下当有「造作一年」句。

[四]正月，「正」上脱一「从」字。

[五]抛一日，「抛」下脱一「功」字。

[六]闲，「闲」下脱一「时」字。

[七] 对平章，「对」下脱一「面」字。
[八] 不悔，下脱一「人」字。
[九] 书记，当作「此契」或「斯契」、「私契」。

四九七　乙卯年(九五五？)敦煌马盈德受雇契[一]

乙卯年正月一日，莫高乡百姓孟亚定阙少人力[二]，
遂雇龙勒乡百马富郎弟盈德一年造作[三]，
断作价直每月断物捌𣂷，至九月末造作。春
衣汗衫[四]，皮靴一两，所用锄镬(钁)[五]，主人无付。分与〔盈〕
德者失却，仰盈德祇当。若到家内付与主
人者，不忏(干)盈德之事。若盈德抛敌(掷)，忙日
抛却二(一)日，勒物一(二)斗；闲日勒物一斗。两共面对(对面)平
章，更不许休悔。如若先悔者，罚青麦
两驮，充入不悔人。恐人无信，故勒私契，用〔为〕
凭[六]，押字为验。(押)
兄富郎(押)
入作弟盈德(押)

【注】

[一] 王永兴《隋唐五代经济史料汇编校注》第一编下册第七〇〇页，伯二八八七号。又〔日〕《敦煌吐鲁番社会经济资料集》三《契约》(A)释文第一二六页四〇七，(B)图版第一〇一页(一)(二〇八)。
[二] 孟亚定，或释作「孟再定」。
[三] 龙勒乡百，「百」下脱一「姓」字。
[四] 汗衫，下脱「壹领」二字。
[五] 镬，「钁」省。《说文·金部》：「钁，大鉏也。」鉏，同「锄」。
[六] 用为凭，「为」下脱一「后」字。

四九八　丁巳年（九五七？）敦煌贺保定雇工契[一]

丁巳年四月七日立契。莫高乡百姓贺保定为缘家中欠少人力，遂雇赤心乡百姓龙员定男造作壹周年[二]，断作雇价每月壹驮，乾湿中亭，春衣壹对，汗衫壹领，袜（长）袖衣襕，褑裆壹腰，皮鞋壹两。自雇已后，便须驱驱造作，不得忙时左南直北。乱作抛功，一日尅物贰斗。忽若偷他人牛羊麦粟苽果菜茹，忽以捉得，陪（赔）在自身祇当。更若畔上失他主人农具铧镭镰刀锹镬（镬）袋器什物者，陪（赔）在作儿身上。若分付主人，不忓（干）作儿之事。或遇贼来打将，壹看大例。两共对面平章为定。准法不许休悔。者[三]，罚青麦伍驮，充入不悔人。恐人无信，故勒斯契，用为后凭。（押）

〔后缺〕

【注】

〔一〕王永兴《隋唐五代经济史料汇编校注》第一编下册第六九九页，伯三六四九号背（四）。又〔日〕《敦煌吐鲁番社会经济资料集》三《契约》（A）释文第一二七页四〇八，（B）图版第一〇五页（一）（二一五）。

〔二〕男，下脱人名。

〔三〕者，有脱漏。原句当作「若先悔者」。

（六）分家、放良、放妻文书和格式

四九九　戊申年（八二八？）敦煌善护、遂恩兄弟分家文书[一]

戊申年四月六日，兄善护、弟遂〔恩、诸〕亲□别，城外庄田及拾（舍）薗林，城内舍宅家资什物畜乘安（鞍）马等，两家停分[二]，〔使无〕偏。取其铠壹领，壹拾叁增，兄弟义让，□上大郎[三]，不入分数。其两家和同，对诸亲立此文书[四]。从今已后，不许净论。如有先是非者，决丈（杖）五拾。如有故违，山河违（为）誓。

城外拾（舍），兄西分叁口，弟东分叁口。院落西头小牛舞（庑）拾（舍），合。舍外空地各取壹分。南薗，于柰子树已西，大郎；已东，弟。北薗，渠子已西，大郎；已东，弟。树各取半。

地，水渠北地叁畦共壹拾壹亩半，大郎分。舍东叁畦，舍西壹畦，渠北壹畦，共拾壹亩，弟分。向西地肆畦共拾肆亩，大郎分。渠子西共叁畦拾陆亩，弟分。

□农地，向南仰大地壹畦五亩，大郎。又地两畦共五亩，弟。又向南地壹畦六亩，大郎。又向北仰地六亩，弟。寻渠玖亩地，弟。西边捌亩地，舍坑子壹[五]，大郎。长地五亩，弟。舍边地两畦共壹亩，渠北南头寻渠地壹畦肆亩，计五亩，大郎。北仰大地并畔地壹畦贰亩[六]。寻渠南头长地子壹亩，弟。比（北）头长地子两畦各壹亩，西边地子，弟；东边，兄。

大郎分釜壹口[七]，受玖㪷；壹㪷伍胜（升）锅壹，胜（升）半龙头铛子壹,铧壹孔,镰两张,鞍两具,镫壹具,被头子壹,剪刀壹,切(?)壹,锹壹张,马钩壹,碧绢壹丈柒尺,黑自(牸)牛壹半[八],对草马与大郎[九],镬壹具。

遂恩:铛壹口,并主鏊子壹面,铜钵壹,龙头铛子壹,[illegible]金壹付,镰壹张,安(鞍)壹具,大钎壹[十],铜灌子壹,钁壹具,绢壹丈柒尺,黑自(牸)牛壹半。

城内舍,大郎分堂壹口,内有库舍壹口,东边房壹口;遂恩分西房壹口,并小房子厨捨(舍)壹口。院落并磑舍子合。大门外舞(庑)舍地大小不等,后移墙停分。舞(庑)舍西分大郎,东分遂恩。大郎分故东盘,新车盘遂恩。贾(价)数壹仰取新盘者出。车脚二,各取壹。大郎全毂,遂恩破毂。

兄善护

弟遂恩

诸亲兄程进进

兄张贤贤

兄索神神(西藏文字署名)

【注】

[一]《敦煌宝藏》第一二三册第三〇二—三〇三页。又《敦煌资料》第一辑第四二三—四二五页。又〔日〕《敦煌吐鲁番社会经济资料集》三《契约》(A)释文第一三四页四三二,(B)图版第五五—五六页(一)(一二六—一二七)。斯一一三三二号(首二行),伯二六八五号。

[二]停分,平分。停,均匀,平均。

[三]大郎,即善护。

[四]诸亲,即「房亲」。《宋刑统》卷一三《户婚律·典卖指当论竞物业》转引唐元和六年(八一一)《后来条理典卖物业敕文》:「应典卖倚当物业,先问房亲。房亲不要,次问四邻。四邻不要,他人并得交易。」按:「先问房亲,次问四邻」的主要原因有二:一是古代聚族而居,数世共财之事很多,亲族人等对欲卖产业有优先权是合理的;二是房亲近邻房连地接,关系复杂,由亲邻认购或批退,可以减少或消除许多不必要的争执。

[五]坑子壹,「壹」下脱一「亩」字。

［六］贰亩，下脱「兄」或「大郎」等字。
［七］釜，量器。以下「锅」、「铛子」均为量器。
［八］黑自（牸）牛，黑母牛。
［九］对草马，谓以草马一匹对换大郎黑牸牛半头。
［十］大斫，大斧。同「斤」。《说文·斤部》：「斤，斫木也。」

五〇〇 吐番（八四〇前后）敦煌僧张月光、日兴兄弟分家文书[一]

〔前缺〕

在庶生观其族望，百从无革。是故在城舍宅，兄弟三人停分为定。余之赀产，前代分擘俱讫，更无再论。苟录家宅，取其东分。东西叁丈，南北，北至张老老门道，南师兄厨舍南墙□□□□定，东至叁家空地。其空地约旧墙外叁□□内取北分，缘东分舍见无居，置依旧堂□。见在椽木并簷，中分一间，依数与替。如无替，一任和子坼[二]其材梁以充修本。分舍枇篱亦准上。其堂门替木壹合，于师兄日兴边领讫。步碓壹合了。右件。月光、日兴兄弟，自恨薄福，不得百岁为期。日月屡移，不可一概即全（合）。兄友弟恭，遵承家眷。只恨生居乱世，长值危时，亡父丧母，眷属分离。事既如此，亦合如斯。躯（区）分已定，世代依之，一一分析[三]，兄弟无违。文历已讫，如有违者，一□犯其重罪，入狱无有出期。二乃于官受[四]鞭一阡（千）。若是师兄违逆，世世堕于六趣。恐后无凭，故立斯验。仰兄弟姻亲邻人为作证明。各各以将项印押暑（署）为记。其和子准上。

兄僧月光（押）　弟日兴（押）　侄沙弥道哲
弟和子（押）　姊什二娘　妹师胜贤
妹八戒胆娘　表侄郭日荣（押）　就
邻人索志温　邻人解晟
见人索广子
见人索将将
见人张重重
见人张老老
见人僧神宝
见人僧法惠
见人氾拾德

平都渠庄薗田地林木等，其年七月四日，就庄对邻人宋良升取平分割，故立斯文为记。兄僧月光，取舍西分壹半居住。又取舍西薗，从门道直北至西薗北墙，东至治谷场西墙，直北已西为定，其场西分壹半。口分地取牛家道西叁畦共贰拾亩。又取庿坑地壹畦拾亩[五]。又取舍南地贰亩。又取东涧舍坑已东地叁畦共柒亩。孟授〔地〕陆畦共拾伍亩内各取壹半。又东涧头生荒地各〔取〕壹半。大门道及空地车敝并井水两家合。其树各依地界为主。又缘少多不等，更于日兴地上，取白杨树两根。塞庭地及员佛图地两家亭分[六]。薗后日兴地贰亩或被论将，即于师兄薗南地内取壹半。弟日兴取舍东分壹半居住，并前空地，各取壹〔半〕。又取舍后薗，于场西北角直北已东，绕场东直南□□舍北墙，治谷场壹半。口分地，取七女道东叁畦共贰拾

四五　亩。又取舍南两畦共柒亩。又取阴家门前地肆亩。又取
四六　茴后地贰亩。又取东涧头舍方地柒亩。孟授地陆畦共
四七　壹拾伍亩内壹半。又东涧头生荒地各取壹半。〔大门道〕
四八　车敝井水合。塞庭地两家亭分。员佛图渠………………
〔后缺〕

【注】

〔一〕〔日〕《敦煌吐鲁番社会经济资料集》三《契约》（A）释文第一三七—一三八页四三四，（B）图版第六五—六七（一）（一四二—一四四），伯三七四四号。

〔二〕拆，分开。《论文·土部》：「拆，裂也。」亦作「拆」。《诗·大雅·生民》：「不拆不副，无菑无害。」阮元校勘记：「唐石经、相台本『拆』作『坼』。」

〔三〕分析，分家，分居。《说文解字·木部》：「析，制也。从木橐声。」判，分开。清黄六鸿《福惠全书·刑名·谋反大逆》：「谋反有……及期系伯叔等，亦不限已未析居，皆坐，而不及其孙。」

〔四〕六趣，佛教有「五趣」、「六趣」之用语。亦称「五道」、「六道」。五趣，言众生根据其生前善恶，有五种轮回转生的趋向。即地狱、饿鬼、畜生、人、天。言「六趣」或「六道」者，至上述五趣之外，再加上「阿修罗」，意译「不端正」、「非天」等。原为古印度神话的一种恶神。

〔五〕庿，同庙。《说文·广部》：「庙，尊先祖皃也。从广朝声。庿，古文。」

〔六〕亭分，平分。《史记·酷吏列传·张汤传》：「（汤）补廷尉史，亭疑法。」《集解》引李奇曰：「亭，平也，均也。」

五〇一　唐天复九年（九〇九）敦煌董加盈兄弟分家文书[一]

一　天复玖年己巳岁润（闰）八月十二日[二]，神沙乡百姓（赛田渠地，加和出买以人[三]，怀子、加和三人不关[四]。佛堂□亭支[五]。）
二　董加盈、弟怀子、怀盈兄弟三人，伏缘小失
三　父母，无主作活，家受贫寒，诸道客作[六]，
四　兄弟三人久□不谥。今对亲姻行巷，所有
五　些些贫资，田水家业，各自别居，分割如后：
六　兄加盈兼分进例与堂壹口，椽梁具全，并门；城外地
七　取索底渠地叁畦，共陆亩半；园舍三人亭支；

葱同渠地取景家园边地壹畦，共肆亩；又玖岁樱牸壹头[七]，共弟怀子合。

又葱同上口渠地贰亩半，加盈、加和出买（卖）与集，断作直麦粟拾硕、布一疋、羊一口。领物人董加和、董加盈、白留子。

弟怀子取索底渠地大地壹半，肆亩半；葱同渠地中心长地两畦，伍亩；城内舍堂南边舍壹口，并院落地壹条，共弟怀盈二亭分；除却兄加盈门道园舍，三人亭支；又玖岁樱牸牛一头，共兄加盈合；白羊（杨）树一、季（李）子树一，怀子、怀盈二人为主，不关加盈、加和之助。

弟怀盈取索底渠大地一半，肆亩半；葱同渠地东头方地兼下头，共两畦，伍亩；园舍三人亭支。城内舍，堂南边舍壹口，并院落壹条，除却兄门道，共兄怀子二人亭分。又叁岁黄草□壹头[八]。

右件家业，苦无什物。今对诸亲一一具实分割，更不许争论。如若无大没小，决杖十五下，罚黄金壹两，充官入用。便要后验。

润（闰）八月十二日立分书

兄董加盈（押）　见人阿舅石神神（押）

弟董怀子（押）　见人耆寿康常清（押）

弟董怀盈　见人兵马使石福顺

【注】

[一]《敦煌宝藏》第一七册第三〇页，斯二一七四号。又《敦煌资料》第一辑第四〇五—四〇七页。

[二] 天复九年己巳岁，当为「后梁开平三年己巳岁（九〇九）」。《敦煌资料》第一辑第四〇五页题解：「按唐昭宗天复仅三年。后梁开平三年为己巳年，如自天复元年下数，适为九年。」

[三] 出买以人，当作「出卖与人」。

[四] 怀盈、加和，当作「怀子、加盈、怀盈」。

[五] 亭支，亦作「亭分」。「亭」当作「停」，「亭分」当作「停分」，即「平分」。唐李山甫《项羽庙》诗：「停分天下犹嫌少，可要行人赠纸钱。」本文书用「三人亭支」，「二人亭分」。可见「亭支」与「亭分」有别。

[六] 客作，佣工。元陶宗仪《南村辍耕录》卷七：「今人之指佣工者曰客作，三国时已有此语。焦先饥则出为人客作。」《三国志·魏志·管宁传》：「动见模楷焉。」裴注引《魏略》：焦先「饥则出为人客作，饱食而已，不取其直」。

[七] 缨犉，当作「缨犉牛」。

[八] 黄草□壹头，当是「黄草马壹头」。草马，母马。章炳麟《新方言·释动物》：「今北方通谓牝马曰草马，牝驴曰草驴。」加盈、怀子各分一母牛，其三弟怀盈似不会分一「草驴」。

五〇二　九世纪敦煌分家文书格式[一]

一　　　分书
二　兄某告弟某甲□□□忠孝，千代同居。
三　今时浅狭，难立始终。□□子孙乖角[二]，不守
四　父条[三]；或有兄弟参商[四]，不□大体。既欲分荆
五　截树，难制颓波；□领分原，任从来意。家
六　资产业，对面分张；地舍园林，人收半分。
七　分枝各别，具执文凭，不许他年更相斗
八　讼。乡原体例，今亦同尘；反目憎嫌，仍须禁
九　制。骨肉情分，汝勿违之。兄友悌（弟）恭，尤须
十　转厚。今对六亲[五]，商量底定。始立分书，
一一　既无偏坡[六]，将为后验。人各一本，不许重
一二　论[七]。
一三　　某物　某物　某物　某物　某物

一四　　车　牛　羊　驼　马　驼畜　奴　婢
一五　　庄园　舍宅　田地乡管渠道四至
一六　右件家产并以平量，更无偏党丝发
一七　差殊[八]。如立分书之后，再有喧悖，请科重罪，
一八　名目入官，虚者伏法。年月日
一九　　　　　　　　　亲见
二十　　　　　　　　亲见
二一　　　　　　　亲见
二二　　　　　　兄
二三　　　　　　□
二四　　　　　　姊
二五　　　　　　妹

【注】

[一]《敦煌宝藏》第三五册第五四四页，斯四三七四号。又《敦煌资料》第一辑第四三一—四三二页。

[二]乖角，怪僻，错误。

[三]父条，父亲的教导。

[四]参商，二星名。参星在西，商星在东，此出彼没，永不相见。古代神话传说，高辛氏二子，伯名阏伯，季名实沈，二人不睦，互相征讨。帝尧迁伯阏于商丘，主商星（亦名辰星）；迁实沈于大夏，主参星。后因用以比喻兄弟不睦。事见《左传·昭公元年》子产语。

[五]六亲，《左传·昭公二十五年》以为「父子、兄弟、姑姊、甥舅、昏（婚）媾、姻亚」。后来说法不一。但为主要亲属和亲戚是一致的。

[六]偏坡，当作「偏陂」或「偏颇」。不公正，偏袒。《书·洪范》：「无偏无陂，遵王之义。」《传》：「偏，不平；陂，不正。」汉王符《潜夫论·交际》：「内偏颇于妻子，外僭惑于知友。」

[七]重论，当作「诤论」，即「争论」。

[八]更无偏党，公正，不偏袒。《书·洪范》：「无偏无党，王道荡荡。」

五〇三　十世纪敦煌分家文书格式（甲）[一]

一　　盖闻人之情义，山岳

为期。兄弟之恩，劫石不替。况二人等，忝为叔侄，智意一般。箱櫃无私，蓄积不异。结义之有，尚好让金之心[二]；骨肉之原，不可有分飞之愿[三]。叔唱侄和，万事周圆。妯娌谦恭，长守尊卑之礼；城隍叹念，每传孔怀[四]之能；怜(邻)里每嗟，庭荆有重滋之瑞。已经三代，不乏儒风。盖为代薄时漓[五]，人心浅促。佛教有氛氲之部，儒宗有异见之僁(衍)[六]。兄弟之流，犹从一智。今则更过一代，情义同前。恐怕后代子孙，改心易意，谤说是非。今闻家家中殷实，孝行七传。分为部分根原，免后子侄疑悞。盖为侄某乙等三人，少失父母，叔便为亲尊，训诲成人，未申乳哺之恩。今生房分，先报其恩。别无所堪，不忓分数，与叔某物色目[七]。前以结义，如同往日一般。已上物色，献上阿叔。更为阿叔殷勤成立活计，兼与城外庄田、车牛、駞马、家资、什物等，一物已上，分为两分，各注脚下，其名如后：

右件分割家㳂(沿)活具十(什)物，叔侄对坐，以诸亲近一一对直，再三准折均亭，抛钩为定[八]。更无曲受人情，偏藏活叶。世代两房断疑，莫生怨渥。然则异门前以结义，如同往日一般。上者更须临恩，陪(倍)加忧恤；小者更须去义，转益切勤。不令有唱荡五

五四　逆之子，一则令人尽
五五　笑，二乃污辱门风。
五六　一依分书为凭，各
五七　为居产。更若后生
五八　加谤，再说偏波[九]，便
五九　受五逆之罪，世代
六十　莫逢善事。兼有不
六一　存礼计，去就乖违，
六二　大者罚绫锦，少（小）者决
六三　肉至骨。分折（析）为定，
六四　更无休悔。如若更
六五　生毁低（诋），说少道多，
六六　罚锦壹匹，充助官
六七　门。恐后子孙不省，
六八　故勒分书，用为后凭（押）。

【注】

［一］《敦煌宝藏》第四四册第一六一页，斯五六四七号。又《敦煌资料》第一辑第四三二—四三七页。

［二］让金之心，为春秋时期管仲与鲍叔的故事。《史记·管仲列传》：「管仲曰：吾始困时，尝与鲍叔贾。分财利，多自与。鲍叔不以我为贪，知我贫也。」

［三］分飞，分离，离别。南朝陈徐陵《玉台新咏》九《古词·东飞伯劳歌》有「东飞伯劳西飞燕」句。后因称分别、分离为「分飞」。也称「劳燕分飞」。

［四］孔怀，即「兄弟」。《诗·小雅·常棣》：「死丧之威，兄弟孔怀。」北齐颜之推《颜氏家训·文章第九》：「孔，甚也；怀，思也。言甚可思也。陆机《与长沙顾母书》，述从祖弟士璜死，乃言『痛心拔脑，有如孔怀。』心既痛矣，即为甚思。何故言『有如』也？观其此意，当谓亲兄弟为『孔怀』。」

［五］代薄时漓：即「时代浇薄」。当时的社会风气浮薄。「漓」与「浇」通。《后汉书·朱穆传》：「常感时浇薄，慕尚敦笃，乃作《崇厚论》。」

［六］僁，同「愆」。唐玄应《一切经音义》卷三：「僁，今作愆。」

［七］色目，种类，名目。

［八］抛钩，亦作「投钩」，即「拈阄」。《慎子·威德》：「夫投钩以分财，投策以分马，非钩策为均也……此所以塞愿望也。」《洪武正韵·尤韵》：「钩，与

阄同。投钩，今俗谓拈阄。」

[九] 偏波，当作「偏陂」或「偏颇」。

五〇四　十世纪敦煌分家文书格式(乙)[一]

一　夫以同胎共气，昆季情深。玉叶金枝，相美兄

二　弟。将为同居一世，情有不知；鸟将两成，飞分四

三　海。堂烟(燕)习习[二]，冬夏推移。庭前荆树，犹自枯

四　觜。分离四海，中(终)归一别。今则兄厶乙、弟厶甲今对

五　枝亲村邻[三]，针量分割，城外庄田，城内屋舍，家

六　资什物及羊牛畜牧等，分为厶分为凭。右

七　件分割已后，一一各自支配。更不许道东说西，逆

八　说剩仗。后有不于(依)此契诤论者，罚绫壹匹，用

九　官中[四]；仍麦拾伍硕[五]，用充军粮。故勒斯契，用

十　为后凭。自今已后，别开门户。树大枝散，叶落

一一　情疎。恒山四鸟，赤有分飞。今对枝亲，分剖为

一二　定。

【注】

[一]《敦煌宝藏》第四八册第一九二页，斯六五三七号背面。又《敦煌资料》第一辑第四三七—四三八页。

[二] 习习，鸟类频频试飞。《说文·习部》：「习，数飞也。」

[三] 枝亲，亲属。亦作「枝戚」。

[四] 用官中，「用」下脱一「充」或「助」字。

[五] 仍麦拾伍硕，「仍」下脱一「罚」字。

五〇五　后唐清泰三年（九三六）敦煌某人放家童为良文书[一]

放家童青衣女厶甲[二]。若夫天地之内，人者为尊[三]。贵贱不同；皆由先业。贵者广修善本，咸得自然。贱者不造善因，而生下品。虽则二等，亦有尊卑。况厶甲自从纲羁来，累年駈（驱）驰[四]，有恭谨之心，侍奉不亏孝道。念慈（兹）谦顺，放女（汝）从良[五]。从今已后，任意随情。窈窕东西，大行南北。将此放良福分，先鹰（荐）过往婆父，逝慈亲，神生净土。不落三涂[六]；次及近合家康吉，大小咸安。

二四　故对诸亲，给此
二五　凭约。已后子孙男女
二六　更莫忼护，请山河作
二七　折（誓），日月证明。岳怀（坏）
二八　山移，不许改易。清
二九　泰三年厶月日给曹
三十　主厶甲放尽（书）一记[七]。

【注】

[一]《敦煌宝藏》第四四册第三八〇页，斯五七〇〇号。又《敦煌资料》第一辑第四〇八—四一〇页。
[二]青衣，婢女。自汉以后，以青衣为卑贱者之服。婢女多穿青衣，故以青衣为婢女之代称。
[三]天地之内，人者为尊，此语出自《孝经・圣治章》。原云：「天地之性人为贵。」性，生也。
[四]驱驰，同「驱使」。唐张鷟《朝野佥载》三《韦桃符》：「隋开皇中，京兆韦衮有奴曰桃符。……衮至左卫中郎，以桃符久从驱使，乃放从良。」
[五]从良，奴婢被释或赎身为平民。《太平广记》四八七蒋防《霍小玉传》：「长安有媒鲍十一娘者，故薛驸马家青衣也，折券从良，十余年矣。」通常作「放良」。《唐律疏议》第十二卷《户婚上・放部曲为良》《疏议》曰：「依户令，放奴婢为良，及部曲客女者，并听之。皆由家长给手书，长子以下连署，仍经本属，由牒除附。」
[六]三涂，佛教指地狱、饿鬼、畜生。亦称「三恶趣」。趣，归向的意思。《增一阿含经》十三：「若比丘有此三不善根者，堕三恶趣。」
[七]清泰，五代后唐末帝李从珂年号。

五〇六　十世纪敦煌某人放家童再宜为良文书[一]

一　家童再宜放书一道。夫人者，禀
二　父母而生。贵贱不等者，是因中修广乐
三　善行慈，杲（果）中获得自在之身，随心受报。贱
四　者是曩世积业，不辩尊卑，不信佛僧，侵
五　邻（凌）人物。今身缘会，感得贱中。不是无里（理）斫□[二]，
六　横加非狂；所修不等，细思合知。下品之中，赤（亦）

有两种：一般恭勤孝顺，长报曹主恩；一类更憎深慦（衍），长作后生恶业。耳闻眼见，不是虚传。向且再宜，自从皈管五十余年，长有鞠养之心，不生懈怠之意。执作无有亭（停）暇，放牧则不被（避）饥寒。念慈（兹）孝道之心，放汝出缠黑网。从今已往，任意宽闲。选择高官，充为公子。将次放良福分，先资亡过，不历三途[三]；次及现存，无诸尖（灾）障。愿后代子孙更莫改易。请山河作誓，日辰证知。日月倾移，誓言莫改。

【注】

[一]《敦煌宝藏》第四十八册第一九一页，斯六五三七号背面。又《敦煌资料》第一辑第四二六—四二七页。

[二]骈（音同信），马重。见《玉篇·马部》。或为「驱」之误。

[三]三途，当作「三涂」。佛教语，指地狱、饿鬼、畜生。参看本书上条注[六]。

五〇七　九世纪敦煌放良文书格式（甲）[一]

素本良家，贱非旧族。或桑梓堙没[二]，自鬻供亲；或种落支离[三]，因是为隶[四]。一身沦陷，累叶沉埋。兴言及兹，实所增叹。更念驱驱竭力，岁月将作，勤勤恪恭，晨昏匪怠。寻欲我并放，逡巡未闲。复遇犬戎大举，凌暴城池，攻围数重，战争非一。汝等皆亡躯殉节，供命输诚。能继头须之忠[五]，不夺斐豹之勇[六]。想兹多善，须〔得〕甄〔甄〕升。既申白刃之劳，且焚丹书之答。放从良兼改名，任□□□□

〔后缺〕

【注】

[一]《敦煌宝藏》第四四册第三七九页，斯五七〇六号。又《敦煌资料》第一辑第四四七页。

［二］桑梓，故乡。桑与梓原是古代常栽于住宅旁的树木。《诗·小雅·小弁》：「惟桑与梓，必恭敬止。」东汉以后，多用以喻故乡。《文选》汉张平子（衡）《南都赋》：「永世克孝，怀桑梓焉；真人南巡，睹旧里焉。」

［三］种落，少数民族的聚落。《三国志·魏志·夏侯渊传》：「诸羌在（韩）遂军者，各还种落。」此处喻家族。种落支离，谓家族败散。

［四］隶，奴隶，供贱役的人。《国语·周语下》：「子孙为隶，不夷于民。」韦昭注：「隶，役也。」

［五］头须，头发与胡须。《后汉书·岑彭传》引光武帝敕彭曰：「人苦不知足，既平陇，复望蜀。每一发兵，头须为白。」

［六］斐豹，春秋时期晋国执政范宣子的奴隶。范宣子与栾氏争权，欲杀掉栾氏的力臣督戎。即与斐豹约定，在斐豹杀死督戎后，宣子当焚毁丹书（登录斐豹为奴隶的名籍），解放斐豹。斐豹随杀督戎。（事见《左传·襄公二十三年》）

五〇八　九世纪敦煌放良文书格式（乙）［一］

一　奴
二　放良书。夫以三才之内［二］，人者为贵［三］。贵者是前世业通，人有高卑
三　六礼［四］。贱者是前缘负债，摘（谪）来下贱。前缘所及为尊贵，果
四　保（报）不同，充为下辈。今者家长病患，厶乙宿缘庆会，过生
五　我家，效力季（既）深，放汝出离。自今已后，如鱼在水，跃鳞翻波；
六　似鸟出笼，高飞自在。后有子孙兼及诸亲，更莫口该［五］，一任从良，随欢快
七　乐。宽行南北，遂意东西，自纵自由，高营世业。山河日月，并
八　作证盟。桑田遍（变）海，此终不改。谨立放书文凭用为后验。

【注】

［一］《敦煌宝藏》第三册第一七五页，斯三四三号背面。又《敦煌资料》第一辑第四四七—四四八页。

［二］三才，天、地、人。《易·说卦》：「昔者圣人之作《易》也，将以顺性命之理，是以立天之道，曰阴与阳；立地之道，曰柔与刚；立人之道，曰仁与义。兼三才而两之，故《易》六画而成卦。」

［三］人者为贵，见《孝经·圣治章》。

［四］六礼，《礼记·王制》：「司徒修六礼以节民性。」孔疏：「六礼谓冠一、昏二、丧三、祭四、乡五、相见六。」

［五］口该，此句当作「更莫该论」。

五〇九　九世纪敦煌放良文书格式（丙）[一]

婢

盖以人生于世，果报不同。贵贱高卑，业缘归异。上以使下，是先世所配。放伊从良，为后来之善。其婢厶乙多生同处。励力今时，效纳年幽（悠），放他出离。如鱼得水，任意沉浮；如鸟透笼，翱翔弄翼。娥媚秀柳，美娉窈窕之能（态）；拔鬓抽丝，巧逞芙蓉之好。徐行南北，慢步东西，择选高门，娉为贵室。后有儿侄，不许忏论。一任从良，荣于世业。山河为誓，日月证盟。依此从良，终不相遗者。于时年月日。谨立放书。

【注】

[一]《敦煌宝藏》第三册第一七六页，斯三四三号背面。又《敦煌资料》第一辑第四四八—四四九页。

五一〇　九世纪敦煌放良文书格式（丁）[一]

从良书

奴某甲、婢某甲，男女几人。吾闻从良放人，福山峭峻；压良为贱，地狱深怨（渊）。奴某等身为贱隶，久服勤劳；旦起肃恭，夜无安处。吾亦长兴叹息，克念在心。飧告先灵，放从良族。枯鳞见海，必遂腾波；卧柳逢春，超然再起。任从所适，更不该论。后辈子孙，亦无阑怯。官有正（政）

九 法，人从私断。若违此书，任呈官府。年
十 月日。郎父[二] 儿弟 子孙
一一 亲保
一二 亲见
一三 村邻
一四 长老
一五 官人
一六 官人

【注】

[一]《敦煌宝藏》第三五册第五四五页，斯四三七四号。又《敦煌资料》第一辑第四四九—四五〇页。

[二]郎父，唐代仆人称男主人为「郎父」或「郎」。清顾炎武《日知录》卷二四：「郎者，奴隶称其主人之辞。」

五一一 十世纪敦煌放良文书格式[一]

一 阿郎放奴婢书壹道[二]。 盖闻天地造化，遗（贵）贱有殊，
二 贫令流，前缘所配。其（某）专甲生居张腋（掖）[三]，慈能济命。遂
三 取重价，没在高门。侍奉更效，供丞事力。累年
〔后缺〕

【注】

[一]《敦煌宝藏》第四八册第一九二页，斯六五三七号背面。又《敦煌资料》第一辑第四五〇页。

[二]阿郎，奴婢对男主人之尊称。宋司马光《司马氏书仪》一《上内外尊属》：「古人谓父为阿郎，谓母为娘子，故刘岳《书仪》上父母书称阿郎娘子。其后，奴婢尊其主如父母，故亦谓之阿郎娘子。以其主之宗族多，故更以行第加之。」

[三]张掖，县名。今属甘肃。

五一二　九世纪敦煌放妻文书格式（甲）[一]

一　某专甲谨立放妻手书

二　盖说夫妇之缘，恩深义重。论谈共被之因，结誓幽（悠）远。凡当

三　夫妇之因，前世三年结缘，始配今生夫妇。若结缘不合，比（必）

四　是怨家，故来相对。妻则一言十口，夫则眅木（目）生嫌[二]。似猫鼠

五　相憎，如狼犾一处[三]。既以二心不同，难归一意。快会及诸亲，各

六　还本道。愿妻娘子相离之后，重梳蝉鬓，美扫娥媚，巧逞

七　窈窕之姿，选娉高官之主。解怨释结，更莫相憎。一别两

八　宽，各生欢喜。于时年月日，谨立手书。

【注】

[一]《敦煌宝藏》第三册第一七六页，斯三四三号背面。又《敦煌资料》第一辑第四四三页。

[二]眅（音同潘）木，当作「眅目」。《说文·目部》：「眅，多白眼也。」白眼，反目貌。

[三]狼犾（音同银）：狼与犬。《玉篇·犾部》：「犾，两犬相啮也。」「犾」亦作「犬犬」。《说文·犬犬部》：「犬犬，两犬相啮也。」徐灏注笺：「犬性不喜群，两犬相遇，往往相啮，故从二犬。独字从犬，亦此意也。」即两犬相咬。

五一三　九世纪敦煌放妻文书格式（乙）[一]

一　厶乡百姓某专甲放妻书一道

二　盖次伉俪情深，夫妇义长。幽怀合卺之欢，叹同

三　□牢之乐。夫妻相对，恰似鸳鸯，双飞并膝，

四　花颜共坐[二]。两德之美，恩爱极重。二体一心，死同棺

五　椁于坟下[三]。三载结缘，则夫妇相和；三年有怨，则

六　来作雠隟。今已不和，相（想）是前世怨家；贩（眅）目

生嫌[四]，作为后代憎嫉。缘业不遂，见此分离。聚会二亲[五]，夫与妻物色，具名书之。已归一别[六]，相隔之后，更选重官双职之夫，弄影庭前，美逞琴瑟合韵之态。解〔缘〕捨结，更莫相谈。三年衣粮，便畜〔献〕柔仪。伏愿娘子千秋万岁。时次某年厶月日

【注】

〔一〕（日）《敦煌吐鲁番社会经济资料集》三《契约》（A）释文第一五五页四九一，伯三七三〇背面（九）；（B）图版第一二一页（二）（二四五）。

〔二〕花颜，如花的容颜。唐李白《李太白诗》五《怨歌行》：「十五入汉宫，花颜笑春红。」

〔三〕死同棺椁于坟下，此句上脱「生同床枕于寝间」句。

〔四〕贩目，当作「眅目」。即「白眼」、「反目」貌。

〔五〕聚会二亲，下之「已归一别」句当置此句之下。

〔六〕已归一别，此句置「聚会二亲」句之下。

五一四　十世纪敦煌放妻文书格式（甲）[一]

盖闻妇夫之礼，是宿世之因，累〔劫〕共修，今得缘会。一从结契，要尽百年。如水如鱼，同欢终日。生男满十，并受公卿。生女柔容，温和内外。六亲欢美，远近似父子之恩；九族邕怡[二]，四时如不憎（曾）更改。奉上有谦恭之道，恤下无傥无偏[三]。家饶不尽之财，妯娌称长延之乐。何乃结为夫妇，不悦数年，六亲聚而成怨，邻里见而含恨。苏〔酥〕乳之合，尚恐异流；猫鼠同窠，安能得久。二人意

隔，大少不安。更若连流，家业破散。颠铛损却，至见宿活不残；擎锹筑瓮，便招困弊之苦。男饥耕种，衣结百穿；女寒绩麻，怨心在内。夫若举口，妇便生嗔；妇欲发言，夫则捻棒。相曾（憎）终日，甚时得见。饭饱衣全，意隔累年，五亲何得团会。干沙握合，永无此期。谓羊虎同心，一向陈话美词。心不合和，当头取办。夫觅上对，千世同欢，妇娉毫宋，鸳鸯为伴。所要活业，任意分将。奴婢驱驰，几个不勤。两共取稳，各白（自）分离；更无期[四]。一言致定，今请两家父母六亲眷属，故勒手书，千万永别。忽有不照验约，倚巷曲街，点眼弄眉，恩（思）寻旧事，便招解脱之罪。为留后凭，谨立。

【注】

[一]《敦煌宝藏》第四八册第一九三页，斯六五三七号背面。又《敦煌资料》第一辑第四四四—四四六页。

[二]邕怡，和睦，和谐。「邕」通「雍」、「雝」。

[三]无傥无偏，「傥」当作「党」。公正，不偏袒。

[四]更无期，此句疑有脱漏。

五一五　十世纪敦煌放妻文书格式（乙）[一]

女人及丈夫手书一道（押）

窃闻夫妇，前缘不同树者，禺（偶）结婚亲，数年不累。如猫鼠相诤，家中不肯贞顺，夷相各各别意。思量六亲情欢，要二夫妻立此之前，对问相看，如禽兽之累，更便相逐不得。今见父娘诸眷属等，以各自当投取散意逐欢，便得开之门。今日飢欢，及便得离别如云[二]。遂合散诸，再与清明、晓眼。后更不得侵怯。逐情今对六亲放者，皆生欢喜。立此文书者，押指节为凭。

【注】

[一]〔日〕《敦煌吐鲁番社会经济资料集》三《契约》（A）释文第一五四页四八九，伯四〇〇一号；（B）图版第一二〇页（二四二）。

[二]及，衍。

五一六　十世纪敦煌放妻文书格式（丙）[一]

放妻书一

盖以伉俪情深，夫妇语义重，幽怀合卺之欢，叹念同牢之乐[二]。夫妻相对，恰似鸳鸯；双飞并膝，花颜共坐。两德之美，恩爱极重。二体一心，生同床枕于寝间，死同棺椁于坟下。三载结缘，则夫妇相和；三年有怨，则来雠隙。今已不和，想是前世怨家；眅目生〔嫌〕[三]，作为后代增（憎）嫉。缘业不遂，见此分离。聚会二亲，以俱一别。所有物色书之。相隔之后，更选重官双职之夫；弄影庭前，美逞琴瑟合韵之态。械恐（解怨）舍结[四]，更莫相谈，千万永辞，布施欢喜。三年依（衣）粮，便献柔仪。伏愿娘子千秋万岁。时厶年厶月厶日厶乡百性（姓）厶甲放妻书道[五]。

【注】

[一]《敦煌宝藏》第四八册第一九一页，斯六五三七号背面。又《敦煌资料》第一辑第四四三—四四四页。

[二]同牢，古代婚礼中新夫妇同食的仪式。

[三] 眅目，反目。
[四] 械恐，当作「解怨」。「怨」为「缘」之别字。全句当作「解缘舍结」。
[五] 书道，「书」下脱一「一」字。

五一七 十世纪敦煌放妻文书格式（丁）[一]

一 夫妻相别书一道 盖闻人生壹世，夫妻语让□□
二 代修因，见存眷属。夫取妻意，妻取夫言。□□□
三 事奉郎姑叔伯，新妇便得孝名，日日即使□
四 今则夫妇无良，便作五逆之意。不敬翁嫁，不
五 敬夫主。不事六亲眷属，污辱皋门，连累兄
六 弟。父母前世修因不全，弟牙各不和目。今仪相
七 便分离，永别日月。渐见贫穷，便见卖男牵
八 女。今对两家六亲眷属，团坐亭腾商量，
九 当便相别分离。自别已后，愿妻再嫁富贵得
十 高。夫主再侵凌论理，一似如鱼德（得）水，壬（任）自波游；
一一 马如捊网，壬（任）山丘。愿君不信前言者，山河为誓，
一二 日月证明。愿君先者，男莫逢好妇，女莫逢好
一三 夫。

【注】

[一]〔日〕《敦煌吐鲁番社会经济资料集》三《契约》（A）释文第一五五——一五六页四九二，伯三二一二背（五）；（B）图版第一二二页（一）（二四六）。

五一八 十世纪敦煌放妻文书格式（戊）[一]

一 盖闻托盘上食，昔说梁鸿之妻[二]。把笔画眉，今（？）

二　传张敞之妇[三]。鲍永慊妻叱狗非礼而弃之[四]，太公恨
三　妇讥贫当(?)贵而不获(?)。今生(?)自从结为婚礼(?)，
四　不曾喜面相看。猫鼠为雠，参商结怨。二心
五　各异，反目相慊。定夺(?)各自生情，终久难成
六　经道。今再会两家亲眷，不要倍地亘(?)天，
七　莫道八卦无涉，五行相尅。盖是前因
八　不遂，今世相逢。覆水难收，冈(?)沙不合。
九　妻不徧(?)三年柴饩[五]，夫休说六载衣
十　粮。

〔后缺〕

【注】

[一]〔日〕《敦煌吐鲁番社会经济资料集》三《契约》(A)录文第一五六页四九三，斯六四一七背(四)；(B)图版第一二二页(二)(二四七)。

[二]托盘上食，为东汉人梁鸿、孟光夫妇相敬相爱的故事。《后汉书·逸民列传·梁鸿传》：梁鸿「遂至吴，依大家皋伯通，居庑下，为人赁舂。每归，妻为具食，不敢于鸿前仰视，举案齐眉」。

[三]把笔画眉，西汉京兆尹张敞的故事。《汉书·张敞传》：敞「又为妇画眉，长安中传张京兆眉怃」。

[四]鲍永慊妻，《后汉书·鲍永传》：西汉末，鲍永「事后母至孝。妻尝于母前叱狗，而永即去之」。

[五]饩，《玉篇·食部》：俗饭字。

（七） 治令、遗嘱和格式

五一九 唐开元九年（七二一）宰相姚崇治令[一]

八年，授太子少保，以疾不拜。明年卒，年七十二。赠扬州大都督，谥曰文献。十七年，追赠太子太保。崇析赀产，令诸子各有定分。治令[二]曰：

比见达宦之裔多贫困，至铢尺是竞，无论曲直，均受嗤诋。田宅水硙既共有之，至相推倚以顿废。陆贾、石苞，古达者也，亦先有定分以绝后争。

昔杨震、赵咨、卢植、张奂咸以薄葬，知真识去身，贵速朽耳。夫厚葬之家流于俗，以奢靡为孝，令死者戮尸暴骸，可不痛哉！死者无知，自同粪土，岂烦奢葬；使其有知，神不在柩，何用破赀徇侈乎？吾亡，敛以常服，四时衣各一称。性不喜冠衣，毋以入墓。紫衣玉带，足便于体。

今之佛经，罗什所译，姚兴与之对翻，而兴命不延，国亦随灭。梁武帝身为寺奴，齐胡太后以六宫入道[三]，皆亡国殄家。近孝和皇帝发使赎生，太平公主、武三思等度人造寺，身婴夷戮，为天下笑[四]。五帝之时，父不丧子，兄不哭弟，致仁寿，无凶短也。下逮三王，国祚延久，其臣则彭祖、老聃皆得长龄。此时无佛，岂抄经铸像力邪？缘死丧造经像，以为追福。夫死者生之常，古所不免，彼经与像何所施为？儿曹慎不得为此！

【注】

［一］《新唐书》卷一二四《姚崇传》，中华点校本第十四册第四三八一页。此治令为《旧唐书》本传《遗令》之异称。

［二］治令，亦作「治命」，合理的遗命。

［三］齐胡太后，「齐」为「北魏」之误。

［四］孝和皇帝，即唐中宗，武则天所生，后为其后韦氏毒死。太平公主，武则天所生，后阴谋政变，谋泄被杀。武三思，武则天侄，后阴谋废太子李重俊被杀。以上三人生前都崇信佛教，大力建寺造佛像。

五二〇 唐开元九年（七二一）宰相姚崇遗令[一]

崇先分其田园，令诸子侄各守其分，仍为遗令以诫子孙，其略曰：

古人云：富贵者，人之怨也。贵则神忌其满，人恶其上；富则鬼瞰其室，虏利其财。自开辟已来[二]，书籍所载，德薄任重而能寿考无咎者，未之有也。故范蠡、疏广之辈，知止足之分[三]，前史多之。况吾才不逮古人，而久窃荣宠，位逾高而益惧，恩弥厚而增忧。往在中书，遘疾虚备，虽终匪懈，而诸务多阙。荐贤自代，屡有诚祈，人欲天从，竟蒙哀允。优游园沼，放浪形骸，人生一代，斯亦足矣。田巴云：「百年之期，未有能至。」王逸少云：「俛仰之间，已为陈迹。」诚哉此言。

比见诸达官身亡以后，子孙既失覆荫，多至贫寒，斗尺之间，参商是竞[四]。岂唯自玷，仍更辱先，无论曲直，俱受嗤毁。庄田水碾，既众有之，递相推倚，或致荒废。陆贾、石苞，皆古之贤达也[五]，所以预为定分，将以绝其后争。吾静思之，深所叹服。

昔孔丘亚圣，母墓毁而不修；梁鸿至贤，父亡席卷而葬。昔杨震、赵咨、卢植、张奂，皆当代英达，通识今古，咸有遗言，属以薄葬。或濯衣时服，或单帛幅巾，知真魂去身，贵于速朽，子孙皆遵成命，迄今以为美谈。凡厚葬之家，例非明哲，或溺于流俗，不察幽明，咸以奢厚为忠孝，以俭薄为悭惜，至令亡者致戮尸暴骸之酷，存者陷不忠不孝之诮。可为痛哉，可为痛哉！死者无知，自同粪土，何烦厚葬，使伤素业。若也有知，神不在柩，复何用违君父之令，破衣食之资。吾身亡后，可殓以常服，四时之衣，各一副而已。吾性甚不爱冠衣，必不得将入棺墓；紫衣玉带，足便于身，念尔等勿复违之。且神道恶奢，冥涂（途）尚质，若违吾处分，使吾受戮于地下，于汝心安乎？念而思之。

今之佛经，罗什所译，姚兴执本，与什对翻[六]。姚兴造浮屠于永贵里，倾竭府库，广事庄严，而兴命不得延，国亦随灭。又齐跨山东，周据关右，周则多除佛法而修缮兵威，齐则广置僧徒而依凭佛力。及至交战，齐氏灭亡，国既不存，寺复何有？修福之报，何其蔑如！梁武帝以万乘为奴[七]，胡太后以六宫入道[八]，岂特身戮名辱，皆以亡国破家。近日孝和皇帝发使赎生，倾国造寿，太平公主、武三思、悖逆庶人、张夫人等皆度人造寺，竟术弥街，咸不免受戮破家，为天下所笑。经云：「求长命得长命，求富贵得富贵」，「刀寻段段坏，火坑变成池」。比来缘精进得富贵长命者为谁？生前易知，尚觉无应；身后难究，谁见有征。且五帝之时，父不葬子，兄不哭弟，言其致仁寿，无夭横也。三王之代，国祚延长，人用休息，其人臣则彭祖、老聃之类，皆享遐龄。当此之时，未有佛教，岂抄经铸像之力，设斋施物之功耶？《宋书·西域传》，有名僧为《白黑论》，理证明白，足解沈疑，宜观而行之。

且佛者觉也，在乎方寸。假有万像之广，不出五蕴之中，但平等慈悲，行善不行恶，则佛道备矣。何必溺于小说，惑于凡僧，仍将喻品，用为实录，抄经写像，破业倾家，乃至施身亦无所吝，可谓大惑也。亦有缘亡人造像，名为追福，方便之教，虽则多端，功德须自发心，旁助宁应获报？递相欺诳，浸成风俗，损耗生人，无益亡者。假有通才达识，亦为时俗所拘。如来普慈，意存利物，损众生之不足，厚豪僧之有余，必不然矣。且死者是常，古来不免，所造经像，何所施为？

夫释迦之本法，为苍生之大弊，汝等各宜警策，正法在心，勿效儿女子曹，终身不悟也。吾亡后必不得为此弊法。若未能全依正道，须顺俗情，从初七至终七，任设七僧斋。若随斋须布施，宜以吾缘身衣物充，不得辄用余财，为无益之枉事；亦不得妄出私物，徇追福之虚谈。

道士者，本以玄牝为宗，初无趋竞之教，而无识者慕僧家之有利，约佛教而为业。敬寻老君之说，亦无过斋之文，抑同僧例，失之弥远。汝等勿拘鄙俗，辄屈于家。汝等身没之后，亦教子孙依吾此法云。

【注】

[一]《旧唐书》卷九六《姚崇传》。中华点校本第九册第三〇二六～三〇二九页。

[二]开辟，指天地之初开。《文选》卷四八汉扬子云（雄）《剧秦美新论》：「配五帝，冠三王，开辟以来，未之闻也。」

[三]范蠡，春秋末年越国大夫。在协助越王勾践灭吴之后，离开越国，不贪禄位，归隐于民间经商。疏广，西汉宣常时任太子太傅，其侄受任少傅，在任五年，皆称病还乡。范蠡与二疏（疏广、疏受）等为后代文人用来作为「功成身退」的典范。

[四]参商，二星名。参在西，商在东，此出彼没，永不相见。古代神话传说，高辛氏二子不睦，因迁于两地，分主参、商二星。后因用以比喻兄弟不睦。见于《左传·昭公元年》。

[五]陆贾，西汉初年任太中大夫。石苞，西晋初年任大司马。生前都立有家约、终制，分其遗产，命令薄葬。

[六]罗什，「鸠摩罗什」的略称。后秦僧人，中国古代佛教四大译经家之一。父籍天竺，生于西域龟兹国（今新疆库车一带）。罗什所译，义皆圆通，影响很大。据说有弟子三五千人，著名者数十人，其中道生、僧肇、道融、僧叡，称「什门四圣」。姚兴，十六国时期羌族首领，后秦国君。在位时，整饬国政，释放自卖奴婢为良人，发展农业生产，提倡儒学，曾协助僧人鸠摩罗什翻译佛经。《晋书》卷一百十七《姚兴载记上》曰：「兴如逍遥园，引诸沙门于澄玄堂，听鸠摩罗什演说佛经。罗什通辩夏言，寻览旧经，多有乖谬，不与胡本相应。兴与罗什及沙门僧略、僧迁、道树、僧叡、道坦、僧肇、昙顺等八百余人，更出《大品》（《大品般若经》略称《大品经》，为印度佛教般若空宗经典的总集），罗什持胡本，兴执旧经，以相考校，其新文异旧者皆会于理义。续出诸经并诸论三百余卷。今之新经皆罗什所译。」（中华点校本第十册第二九八四—二九八五页。）

[七]梁武帝萧衍曾三次舍身同泰寺，为寺奴。群臣又聚巨额钱帛把他赎出。后侯景叛乱时，梁武帝被困在都城中因饥病而死。

[八]胡太后，北魏宣武帝妃，姓胡氏。孝明帝即位后，尊为皇太后，临朝执政。她信佛教，大事兴建佛寺、塔、石窟。预征六年的租调，民不聊生。后尔朱荣叛乱时，攻入洛阳，沉太后于黄河。

五二一　八四〇年（?）敦煌僧崇恩遗嘱[一]

〔前缺〕

一 ……………………庙业……………………
二 铧各壹孔，镰各壹张，铛锅各壹口，椀叠各□□□□□
三 具，车壹乘，楼（耧）壹具，莳壹副，粟楼（耧）壹具，□□□□
四 供使
五 □人王禄般施入三世净土寺充□□□授无穷地两突，延康〔地〕
六 两突，车牛乘驴农具，依当寺文籍，随事支给。
七 施入合城大众微薄房资，双缃绯坛柒条[二]，袈裟一条，□□
八 汗衫壹，紫绫夹裙衫壹对，□□□□京褐夹绫裙衫壹对，□
九 绫襖子壹，青绫里；紫□□□□□□□里，绯绫□□□
十 录（绿）绢襕，白练汗衫壹，赤黄绫夹袴两腰，绯绫被□□□，
一一 鹳（鹤）子皮裘一领，紫绫缦，故王□裘壹领，红袖缦□□□，
一二 紫绫履壹量（两），京皮靴壹量（两），并靴毡　拾伍两，金银间腰带壹□，
一三 银椀壹枚，故赤黄绫三衣横子壹，白方毡壹领，龙须席□，
一四 朱里椀壹，铜椀壹，铜叠子壹，坠铜盘子壹，蛮垒子□，
一五 漆叠子肆，画油木盛子贰并盖[三]，画油木钵子贰并盖，画油□□
一六 画油酱叠子贰，木油酱台（坛）子贰，酱醋杓（勺）子贰，铜匙筋（筯）壹□，
一七 画木叠子拾，独胡木盘壹，五岁草驴壹头，肆岁父驴壹〔头〕，
一八 青刚鞍几壹，录（绿）石枕壹枚，籐衺杖壹，绢扇壹柄。
一九 三世净土寺所有家具什物、车乘、供养具、佛衣，并别有文籍。□
二十 岁草马壹疋，充卖（买）寺南宅壹躯（区）。　舍肆口并院落。
二一 崇恩前后两政为所，由于常住三宝，或贷价忘取，不□
二二 招业累，将八窠上锦壹张，施入都司。
二三 报恩寺常住大床壹张，踏床壹张[四]，新车盘壹，施入佛殿□□
二四 用。
二五 与侄僧惠朗□□壹张，白练里草录（绿）交缘，拾伍两银椀壹，
二六 表弟大将阎英达，红锦襖子壹，绯绢里。

外生(甥)邓猪□□□信，□□　尼严定　已上五人□
緤壹□。
吴三藏[五]，紫绫袈裟壹条，紫绫庐山帽子一顶。
翟僧统[六]，青□□□长袖壹，草录(绿)襕，紫□……
梁僧政[七]，青绮夹长袖壹，绯蘘丝襕，……
已下僧政、法律、法师及诸寺老宿、禅律大〔德〕………〔帽〕
子一顶。
优婆姨清净意[八]，比至无常已来，支荗渠上地贰拾亩。先
清净意师兄法住在日，与牸牛壹，母子翻折为五头，一任受
用。与白绫壹疋，方耳铛壹口，柒两银盏壹，小牙盘子□
面。沙弥宜娘[九]，比至清净无常已来，承事清净意，不许东西。无常
已后，一任随情取意，放汝宽闲。肆岁特牛壹头[十]，布放修功德。清
净意无常已后，资生活具少小之间，亦与宜娘。
僧文信经数年间，与崇恩内外知家事，劬劳至甚，与耕
牛壹头，冬粮麦叁硕。
娲柴小女，在乳哺来作女养育，不曾违逆远心。今出嫡事人，已经
数载。老僧买得小女子一口，待老师终毕，一任与娲柴驱使，莫令为贱。崇
崇恩亡后衣服，白绫袜壹量(两)，浴衣一，长绢裈壹，赤黄绵壮
袴壹腰，京褐夹长袖壹，独织紫绫壮褾子壹领，紫绫裙衫
壹对，紫绪柒条，袈裟壹条，紫罗庐山冒(帽)子壹顶，覆面
绵壹长(张)，覆面青沙(纱)壹段。
上尚书剥草马壹疋，坠铜尺五面，悉罗壹。
侄僧惠朗(押)
表弟大将阎英达
侄都督索其
侄虞候索

五三　侄兵马索荣彻
五四　侄女夫张忠信
五五　侄女夫张忠均

〔后缺〕

【注】

[一]《敦煌宝藏》第一二八册第二三四—二三九页，伯三四一〇号。又《敦煌资料》第一辑第四一六—四一九页。

[二]紃（音同旬），粗线。

[三]盛子，盛食物的用具。《礼记·丧大记》：「食粥于盛，不盥。」注：「盛，谓今时杯杅也。」

[四]踏床，坐时承足之具，俗称脚踏子。

[五]三藏，通晓「三藏」（佛教典籍总称）的僧人称「三藏法师」，省称「三藏」。

[六]僧统，佛教僧官。亦称「沙门统」、「道人统」、「都统」、「昭玄统」等。

[七]僧政，佛教僧官。亦称「僧正」。宋释赞宁《大宋僧史略》卷中：「言僧正者何？正，政也。自正正人，克敷政令，故云也。」

[八]优婆姨，佛教称谓。亦作「优婆夷」。指接受五戒的在家女居士。亦通称一切在家的佛教女信徒，即所谓「信女」。

[九]沙弥，佛教称谓。指七岁以上二十岁以下受过十戒的出家男子。俗称「小和尚」。

[十]特牛，公牛。

五二二　唐大中六年（八五二）长安比丘尼正言疏[一]

比丘尼正言疏

正言自小入道[二]，谬烈（列）缁伦陪行伍[三]。今缘身婴风疾[四]，恐僧务多有故用悮（误）用。三宝　圣言[五]：所有罪障不敢覆，皆消灭。有少许觑利充众僧外[六]，请将自出钱买得废安所[七]，在万年县浐川乡；并先庄并院内家具什物[八]，兼庄内若外若轻若重；并嘱授

内供奉报圣寺三教谈论首座[九]；

答　制赐紫大德兼当寺主[十]；有手下弟子李自迁[十一]，并付。庄悉是自出钱物买得，尽不忓（干）诸同学等事，并皆无分。今法师为主[十二]，一舍永舍。生死纲维、和上、老宿、大德徒明谨疏[十三]。

大中六年四月廿五日疾病比丘正言疏[十四]。

公

宏

法迁　　正信

直岁贺迁

【注】

[一]《金石萃编》卷一一四跋："「石横广四尺八寸六分，高一尺六寸。十八行，行十二字。正书。」与《唐大中五年（公元八五一年）勅内庄宅使牒》同刻于元秘塔碑阴。又尾跋："「按此与勅牒连类而及。牒是官颁者，此《疏》是正言自立者。为永舍寺中之凭据。李自迁，俗家也。不曰『俗弟子』而曰『手下弟子』，当是皈依正言者。文云『少许瞡利』。瞡音『衬』。《广韵》：与『嚫』同。嚫，施也。《玉篇》：瞡，钱也。皆与此『瞡利』同义。碑书『谬烈缁伦』，『烈』当作『列』。」

[二]入道，出家为僧。《大宝积经》三六："「以净信心于佛法中，出家入道。」当道士亦称「入道」。

[三]谬烈（列）缁伦，意为「勉强列入僧众之中。」缁，浅黑色的僧衣。宋释赞宁《大宋僧史略》卷上《服章法式》："「问：『缁衣者色何状貌？』答：『紫而浅黑，非正色也。』」又以缁衣为僧的代称。

[四]身婴风疾，身患风疾。风疾，即「风痹」，手足麻木不仁。《灵枢经》卷二《寿夭刚柔》："「病在阳者命曰风，病在阴者命曰痹，阴阳俱病，命曰风痹。」

[五]三宝，佛教称佛、法、僧为「三宝」。佛，指创教者释迦牟尼；法，即佛教教义；僧，指继承、宣扬佛教教义的僧众。

[六]少许瞡利，不多的施舍于寺院的财物。参看注〔一〕。

[七]废安所，当作「废庵壹所」。废庵，倒塌荒芜的尼姑寺庙。

[八]什物，日常生活用具。亦称「什器」。《史记·五帝纪》：舜「作什器于寿丘」。司马贞《索隐》："「什，数也，盖人家常用之器非一，故以十为数，犹今云什物也。」

[九]三教谈论首座，佛教僧官名称。元释觉岸《释氏稽古略》卷三：唐宣宗大中十年，「敕法师辩章为三教首座」，此为设「三教首座」之始。

[十]赐紫，紫色袈裟。僧人衣紫，始于唐武则天时。当时僧法朗等九人重译《大云经》毕，则天赐袈裟、银龟袋，为僧人赐紫之始。参看《释氏要览》上《法衣》。大德，佛教对僧人的尊称。梵语为「婆檀陀」。唐元和以后，僧官和道士多加「大德」的称号。参阅唐赵璘《因话录》卷四《角部·僧史略》下《方等戒坛》。寺主，管理僧寺之主。

[十一]手下弟子，皈依正言的弟子。

[十二]法师，对僧人中之有经典修养者之尊称。

[十三]纲维，僧寺中知事僧的称谓。和上，即「和尚」。老宿，高僧。

[十四]比丘，「丘」下脱一「尼」字。正言为比丘尼，即尼姑。比丘，梵语音译词，意为和尚。

五二三　癸酉年（八五三？）敦煌杨将头遗物分配单[一]

癸酉年十月五日申时，杨将头遗留
与小妻富子伯师一口，又镜架匮子[二]，又舍一院；
妻仙子大锅壹口；定千与驴一头，白叠
袄子一，玉腰带两条；定女一斗锅子一口；
定胜鏊子一[三]，又匮壹口。

【注】

[一]《敦煌宝藏》第三六册第六一八页，斯四五七七号。又《敦煌资料》第一辑第四二二页，原题《杨将头分配遗物凭据》。
[二]匮，一种收藏东西的家具。亦作「樻」、「柜」。
[三]鏊子，烧器，如今之平锅，可烙饼。亦作「镦」。

五二四　唐咸通六年（八六五）敦煌尼灵惠唯书[一]

尼灵惠唯书[二]
咸通六年十月廿三日[三]，尼灵惠忽染疾病，日日渐加，恐
身无常[四]，遂告诸亲，一一分拆[五]。不是昏沉之语，并是醒
甦之言。灵惠只有家生婢子一[六]，名威娘，留与侄女潘娘。
更无房资。灵惠迁变之日[七]，一仰潘娘葬送营办。已
后更不许诸亲忮护。恐后无凭，并对诸亲，遂作唯
书，押署为验。
弟金刚
索家小娘子
外甥尼灵皈

一一　外甥十二娘　十二娘＝指印＝
一二　侄男康毛（押）
一三　侄男福晟（押）
一四　侄男胜贤（押）
一五　索郎水官
一六　左都督成真

【注】

[一]《敦煌宝藏》第一七册第二一七页，斯二一九九号。又《敦煌资料》第一辑第四〇三—四〇四页。

[二]唯书，遗嘱。

[三]咸通，唐懿宗年号。

[四]无常，佛教谓世间一切事物不能久住，都处于生灭成坏之中。故称无常。《涅槃经》一《寿命品》："是身无常，念念不住，犹如电光暴水幻炎。"此处谓尼灵惠将逝世。

[五]分折，"折"通"析"。汉扬雄《太玄经》七《玄摛》："常变错，故百事折。"注："四时杂乱，故曰百事分折。"

[六]家生婢，家奴之女为婢者。清赵翼《陔馀丛考》三八《家生子》："奴仆在主家所生子，俗谓之家生子。按《法苑珠林》记庸岭有大蛇为患，都尉、令长求人家生婢子，没有罪家女祭之，家生婢之名见此。然《汉书·陈胜传》秦令少府章邯免骊山徒、人奴产子。师古注曰：奴产子，犹人云家生奴也。《辍耕录》引之，以为家生子之据，更为明切。"

[七]迁变，僧尼死的婉称。亦作"迁化"或作"迁形"。参看《金石萃编》卷五七《唐道安禅师塔记》。

五二五　九世纪敦煌遗嘱格式[一]

一　吾今桑榆已逼[二]，钟漏将穷[三]；病疾缠身，暮年不差。日日承志
二　痊损，月月渐复更加。想吾四体不安，吾则似当不免。吾
三　与汝儿子孙侄家眷等，宿缘之会[四]，今为骨肉之深；未得志
四　排，遂有死奔之道。虽则辜负男女逝命，天不肯容。所是
五　城外庄田，城内屋舍，家活产业等，畜牧什物，恐后或有不
六　亭，争论偏并；或有无智，满说异端，遂令亲眷相憎，骨

七　肉相毁，便是吾不了事[五]。今闻吾惺(醒)悟之时，所有家产田
八　庄、畜牧、什物等，已上并以分配当自脚下，谨录如后：
九　　右件分配，并以(已)周讫。已后更不许论偏说剩。如若违吾语者，
十　吾作死鬼，掣汝门镗(堂)，来共汝语。一毁地下白骨，万劫是其
一一　怨家。二不取吾之语，生生莫见佛面。谨立遗书，限吾嘱矣。

【注】

[一]《敦煌宝藏》第三册第一八六页，斯三四三号背面。又《敦煌资料》第一辑第四三〇页。

[二]桑榆，喻日暮。《太平御览》三引《淮南子》：「日西垂，景在树端，谓之桑榆。」注：「言其光在桑榆上。」亦喻人至暮年。三国魏曹植《曹子建集》五《赠白马王彪》诗：「年在桑榆间，影响不能追。」

[三]钟漏，古计时器。「钟漏将穷」，犹「钟将鸣，漏将尽」。比喻年届迟暮。《魏书·游明根传》：「臣桑榆之年，钟鸣漏尽。」

[四]宿缘，佛教谓前生的因缘。《华严经》二五：「同行宿缘，诸清净众，于中止住。」

[五]不了事，不懂事，糊涂。《南史·蔡撙传》：武帝「曰：『卿殊不了事。』撙正色俯身拾牒起曰：『……臣撙少而仕宦，未尝有不了事之目。』」

五二六　十世纪敦煌遗嘱格式(甲)[一]

一　遗书一道。某尊(专)甲
二　身染患疾，已经累旬。种种医疗，未蒙神咸。今
三　醒索之时，对兄弟子侄诸亲等遗嘱：房资
四　产业、庄园舍宅，一一各支分数。例(列)名如下：右厶乙
〔中缺〕
五　生居杯幻，处在凡流。今复苦疾缠身，晨昏不
六　觉，准能报答因缘。房资贫薄，遗嘱轻微；
七　用表单心[二]，情(请)垂纳受，准前支给。恐有诤论，盟(冥)
八　路之间，故勒斯契，用为后凭。厶年月日遗书。

【注】

[一]《敦煌宝藏》第四八册第一九二页，斯六五三七号背面。又《敦煌资料》第四四〇—四四一页。

[二]单心，尽心。《晋书·慕容垂载记》：「陆下单马奔臣，臣奉卫匪贰，岂陛下圣明，鉴臣单心？皇天后土，实亦知之。」或为「丹心」之误。

五二七　十世纪敦煌遗嘱格式(乙)[一]

夫悲世事以哀。然命应南间[二]，气如风烛[三]。人生共寿百岁，七十者希[四]。蹔(暂)住世间之生荣，现而鲁电之光炎[五]。死时忽就，无路避逃。固病时渐加深重，吾想此疾，似不成人[六]。留嘱遗言，归他逝路。吾以生存之时，所造家业，一切委付生存[七]。闻吾惺(醒)悟，为留后语。吾若死后，或有喧[八]，则依吾嘱矣。更莫相遗，谨例(列)舍田、家产、畜牧等，及忆念录依后耳。长男厶甲、次男厶甲、某女，右通前当自己内分配。指领已讫，后时更不得啾唧[九]。吾自多生辜负汝等；今以劣弱，死路来奔；未及恩怜，便归空道。吾若死后，不许相诤。如若不听母言教，愿三十三天贤圣不与善道[十]；春(眷)属不令当恶，坏增百劫；他生莫见佛面，长在地狱，兼受畜生。若不听知，于(以)此为报。千万重情，莫失恩颜，死将足矣。时厶年厶月厶日，慈父遗书一道。

【注】

[一]《敦煌宝藏》第四八册第一九三页，斯六五三七号背面。又《敦煌资料》第一辑第四四一—四四二页。

[二]南间，或释作「南阎」。

[三]风烛，以风吹烛，喻人生命不长。《乐府诗集》四一古辞《怨诗行》：「百年未几时，奄若风吹烛。」

[四]七十者希，希与「稀」通。《杜工部草堂诗笺》十二《曲江二首》：「酒债寻常行处有，人生七十古来稀。」亦省称「古稀」，或作「古希」。

［五］现而鲁电之光炎，似当是「现而雷电之光炎」。「电光石火」，佛家语。喻人生短暂。

［六］不成人，谓礼不备。《礼记》卷二十三《礼器》：「礼也者，犹体也。体不备，君子谓之不成人。」后来称行为恶劣的人为不成人。此处似谓不能久于人世。

［七］生存，「存」下似脱一「者」字。

［八］或有喧，「喧」下有脱文。

［九］啾唧，细碎声。此处言争吵。

［十］三十三天，梵语「忉（音同刀）利天」，为欲界中之第六天，在须弥山顶上。中央为释天帝所住之处，四方有四峰，每峰各有八天，合称三十三天。见《佛地经论》五。

五二八　十世纪敦煌遗嘱格式（丙）［一］

遗书一道

某年月日，厶甲缘己身染患，恐有推迁［二］。今闻醒素之时，对兄弟子侄诸亲等遗嘱微尠［三］，抄录支分如后：

右厶乙身居怀质，处在凡流。今复苦疾缠身，晨昏准能保固缘［四］。房资贫薄，遗嘱径微，张表单心。请纳受［五］，准前支给。恐有诤论，立此文书，用为后凭。

某年月日某甲遗书一道。

【注】

［一］〔日〕《敦煌吐鲁番社会经济资料集》三《契约》（A）释文第一五四页四八九，伯四〇〇一号；（B）图版第一二〇页（二四三）。

［二］推迁，变迁，迁变，迁化。即死去。

［三］微尠（音同鲜）：很少。「尠」同「鲜」。「尟」的俗字。

［四］量昏准能保固缘，此句有脱漏错讹。本书前录十世纪敦煌遗嘱格式（甲）作「晨昏不觉，准能报答因缘。」

［五］请纳受，「请」下脱一「垂」字。

五二九 十世纪敦煌遗嘱格式（丁）[一]

〔前缺〕
先死门□近□□
……………后若
……………诤论。
今对六亲，分割为
定，及男女记数。
右件分割，准吾遗
嘱，分配为定。或有
五逆之子，不凭吾之
委嘱，忽有诤论，吾
作死鬼，亦乃不与
拥护。若有违此条
流，但将此凭呈官，
依格必当断决者。
父母遗书一道。

【注】

[一]《敦煌宝藏》第四四册第一五九页，斯五六四七号。又《敦煌资料》第一辑第四三九页。

五三〇 十世纪敦煌遗嘱格式（戊）[一]

吾报男某专甲
五（吾）以年侵蒲柳[二]，发

三 白桑为榆[三]；疾病

四 衰羸，渐加沉重。

五 阳乌过隟（隙）[四]，不容

六 顷刻之间；司命追

七 秋[五]，岂能蹔驻。吾

八 为汝父，爱念恩深；

九 庭训立身[六]，汝须莫

十 忘。好心襁负，岂忘

一一 乳餔之恩；回

一二 湿就干，终天难报。

一三 人命无定，倏忽魂

一四 飞。汝等若有孝道

一五 之心，多修福力，以

一六 荐亡人，共请十王。无

一七 令一手足之义，忽听

一八 谗邪。妯娌孤霜（孀），无

一九 违女范。莫使荆条

二十 枯梓[七]，堂燕分飞。和

二一 光同尘[八]，无乖反目。

二二 今以（与）汝别，痛亦何言。

二三 他劫来生，无因再

二四 萃。汝当奉教。

二五 时厶年厶月厶日。慈父母某专甲遗书。

【注】

［一］《敦煌宝藏》第四四册第一五九页，斯五六四七号。又《敦煌资料》第一辑第四三九—四四〇页。

［二］蒲柳，谓「蒲」和「柳」。二者均早落叶，故以喻人之早衰。唐李白《李太白诗》六《长歌行》：「秋霜不惜人，倏忽侵蒲柳。」

［三］桑为榆，「为」衍。「桑榆」喻日暮。

［四］阳乌过隟（隙），阳乌，神话指日中大乌。《文选》晋左思《蜀都赋》：「羲和假道于峻歧，阳乌回翼乎高标。」木杪曰标，凡高耸的物体如峰、塔等皆称为「高标」。此处与「白驹过隙」同义。

［五］司命，神名，主人的寿命。参看汉应劭《风俗通义》第八卷《司命》。

［六］庭训，教育子孙。《论语·季氏》记孔子在庭，其子伯鱼（鲤）趋而过之，孔子教以学《诗》、《礼》。后因称父教为「庭训」。

［七］椊（音同粹），木朽。见《集韵·至韵》。

［八］和光同尘，把光荣和尘浊同样看待。《老子》：「和其光，同其尘。」王弼注：「无所特显，则物无所偏争也。无所特贱，则物无所偏耻也。」

（八）笇会凭、代管产业、赠偿凭证

五三一　丁酉年（九三七？）敦煌牧羊人康富盈笇会凭[一]

丁酉年十一月三日〔立契〕，报恩寺徒众就大业寺齐座笇会[二]，牧羊人康富盈除死□外，分付见行羊数：大白羊羯壹拾贰口[三]　二止（齿）白羊羯肆口　大白母羊壹拾柒口　二止（齿）白母羊叁口　白羊儿落悉无伍口　白女落悉无柒口　又白羯贰口　计白羊大小伍拾口；大羖羊羯壹拾陆口[四]　二止（齿）羖羯壹口　大羖母羊壹拾肆口　二止（齿）羖母羊壹口　羖儿只无四口　女只无叁口　计羖羊大小叁拾玖口。一一诣实。

后笇为凭（押）

牧羊人康富盈（押）

牧羊人兄康富德（押）

牧羊人男员兴

【注】

[一]《敦煌宝藏》第三二册第六八五页，斯三九八四号。又《敦煌资料》第一辑第四一二—四一三页。

[二] 笇，同筭、算。《玉篇·竹部》：「笇，同筭。」

[三] 羯，被阉过的羊。《急就篇三》：「牂羖羯羠羝羭。」颜注：「羖之犗者为羯，谓劇之也。」劇，割去雄性牲畜的睾丸。

[四] 羖：通「羖」。黑色公羊。

五三二　庚子年（九四〇？）敦煌牧羊人康富盈笇会凭[一]

一　庚子年十月廿六日立契，报恩寺徒众就南沙庄上齐

二　座笇会，牧羊人康富盈除死□外，并分付见行羊籍：

三　大白羯羊壹拾叁口，白羊儿落悉无陆口，大白母羊

四　贰拾口，贰齿白母羊伍口，白羊女羔子陆口，白羊儿

五　羔子壹口，白女落悉无叁口，计白羊大小伍拾肆口；

六　大羖羊羯壹拾玖口，内替入母羊壹口，牧羊人□将去。贰齿羖羯壹口，羖儿羔子

七　伍口，大羖母羊壹拾壹口，贰齿羖母羊拾口，羖

八　女只无伍口，羖儿只两口，计羖羊大小伍拾叁口。

九　已前白羊、羖羊一一诣实，后笇为凭。（押）

十　　　　牧羊人男员兴（押）

一一　　　牧羊人康富盈（押）

一二　　　牧羊人兄康富德（押）

一三　其笇羊日，牧羊人说理，矜放羔子两口为定。又新旧

一四　定欠酥叁升子。

【注】

[一]《敦煌宝藏》第三四册第六四页，斯四一一六号。又《敦煌资料》第一辑第四一三—四一四页。

五三三　甲午年（九三四？）敦煌索怀义代管弟产文凭[一]

一　甲午年二月十九日[二]，索义成身着瓜州[三]，所有父祖口分地叁拾贰亩，分

二　付与兄索怀义佃种。比至义成到沙州得来日，所着　官司诸杂烽

三　子、官柴草等小大税役，并惣兄怀义应料[四]。一任施功佃种。若收得麦粟，〔任〕

四　自兄收稞粒，亦不论说。义成若得沙州来者，却收本地。渠河口作税役，不忓（干）
五　□兄之事。两共面平章[五]，更不许休悔。如先悔者，罚牡羊壹口。恐人无信，
六　故立文凭，用为后验。（押）
七　　　种地人　兄　索　怀　义　押
八　　　种地人　　　索　富　子　押
九　　　见　人　　　索　流（？）住　押
十　　见人书手判官　张　〔盈〕　押

【注】

[一]刘复《敦煌掇琐》中辑六〇、二四六—二四七页，伯三二五七号，原题《甲午年索义成义论种田契》。

[二]甲午年，即公元九三四年。时敦煌地区属甘州回鹘。中原纪年为后唐闵帝应顺元年，末帝改元清泰元年。

[三]瓜州，唐武德二年（六一九）置，治晋昌县，今甘肃安西县东南锁阳城。

[四]惣，「总」的异体字。

[五]两共面平章，「共」下脱一「对」字。

五三四　吐蕃寅年（八三四？）敦煌李条顺赔偿契[一]

一　寅年八月十九日，杨谦让共李条顺相诤，遂打损经（胫）
二　节儿断，令杨谦让当家将息。至廿六日，条顺师兄及诸亲等迎
三　将当家医理。从今已后，至病可日，所要药饵当直及将息物，亦
四　自李家自出。待至能行日，筭数计会。又万日中间，条顺不可
五　及，有东西营苟，破用合着多少物事，一一细筭，打牒共
六　乡闾老大计筭收领，亦任一听。如不稳便，待至营事了日
七　都筭，共人命同计会。官有政法，人从此契，故立为验，用
八　后为凭。
九　　　　僧师兄惠常

十　　僧孔惠素

一一　　见人薛卿子

【注】

[一]〔日〕《敦煌吐鲁番社会经济资料集》三《契约》（A）释文第一四二页四四四，斯五八一六；（B）图版第四五页（二）（一〇九）。又〔日〕仁井田陞《唐宋法律文书の研究》第四八〇—四八一页。

六　宋、辽、西夏、金、元、回鹘契约　附　买地契

（一）买卖契约、账、公据、税给、契尾和格式

五三五　北宋开宝八年（九七五）敦煌郑丑挞卖地舍契[一]

〔前缺〕

一　定难坊巷东壁上捨（舍）院子内堂壹口，东西并基壹丈贰尺五寸，南

二　北并基壹丈柒尺玖寸，南北并基贰丈壹尺半寸；又基下西房壹口，东西并基

三　叁丈捌尺肆寸，南北并基壹丈叁尺；又厨舍壹口，东西并基壹丈伍尺，南北并基

四　壹丈陆尺；又残地尺数叁丈八尺九寸。院落门道，东至烧不勿，西至氾□信，南至

五　　曲，北至街。维

六　大宋开宝八年岁次丙子三月一日[二]，立契莫高百姓郑丑挞[三]，伏缘家内贫乏，债

七　□深计，无许方求。今遂口分地舍出卖……

〔后缺〕

【注】

[一] 原件藏北京图书馆，生字二十五号。

[二] 开宝，宋太祖年号。开宝八年，岁次为「乙亥」。次年才是「丙子」。

[三] 立契，「契」下脱一「人」字。莫高：「高」下脱一「乡」字。

五三六　北宋太平兴国七年(九八二)敦煌吕住盈兄弟卖地契[一]

〔前缺〕

一　清城北宋渠中(上)界有地壹畦，北头壹□，共计肆亩。东至……

二　南至地田。于时，太平兴国柒年[二]，壬午岁，二月廿日，立契赤心〔乡百姓吕住盈及弟〕

三　阿鸾二人家内欠少，债负深广，无物填还，今……

四　与都头令狐崇清[三]断作地价每亩壹拾贰硕，通……

五　当日交相分付讫，无升合玄(悬)欠。自卖余(已)后，任……

六　有住盈、阿鸾二人能辩(办)修渎(收赎)此地来，便容许。……

七　兄弟及别人修渎(收赎)此地来者，便不容许修渎(收赎)。……

八　便入户。恩敕流行上，亦不在论理。不许休悔。者[四]，〔罚〕

九　□壹匹，充入不悔人。恐后无信，故立此契，用〔为后凭〕。

〔后缺〕

【注】

[一]《敦煌宝藏》第十册第四〇八页，斯一三九八号背面。

[二]太平兴国，宋太宗年号。

[三]都头，宋时下级军官，州县武职头目。

[四]者，上有脱漏。当作「如先悔者」。

五三七　北宋太平兴国七年(九八二)敦煌吕住盈等卖舍契[一]

〔前缺〕

一　临地防(坊)□巷子东壁上有舍壹院，内□舍南防(房)壹……

二　南至宋盈盈，北至自院落。于时太平兴国柒年，岁在〔壬午〕……

三　赤心乡百姓吕住盈及弟阿鸾二人家内……
四　今祖与卖都头令狐崇清[二]，东西并基壹〔丈〕……
五　仗(丈)贰尺，每尺两硕□□[三]。都计算著麦粟……
六　日交相分付讫，并无升合玄(悬)欠。自卖已后，……
七　若中间有兄弟及别人诤论此舍来者，一仰口承〔人〕……
八　二人面上□并邻舍充替。或有恩〔敕〕流行，若(亦)不在论理。不许……
九　黄麻玖驮，充入不悔人。恐后无信，故立此契，用为后凭。……
〔后缺〕

【注】

[一]《敦煌宝藏》第十册第四〇八—四〇九页，斯一三九八号背面。

[二]祖与卖，文句有误。当为「出卖与」。

[三]每尺，房舍面积。

五三八　北宋太平兴国九年(九八四)敦煌马保定卖舍契[一]

〔前缺〕
一　政教坊巷东壁上舍壹院，内西房壹口，东西并基贰仗(丈)伍尺，南北并基壹丈
二　贰尺三寸。东至安信住，西至安针子，南至杨定住，北至王保留子。时太平
三　兴国九年甲申岁四月二日，立契莫高乡百姓马保定，为缘家中□
四　阙，负债繁多，祝索之间，填还无计。今将前件祖父口分舍遂出买(卖)
五　与平康乡百姓武恒员，断作舍价每尺贰斗
〔后缺〕

【注】

[一]《敦煌宝藏》第三一册第五八〇—五八一页，斯三八三五号背面。

五三九　北宋淳化二年（九九一）敦煌韩愿定卖妮子契[一]

一　淳化二年[二]，辛卯岁，十一月十二日，立契押衙韩愿定，伏缘家中
二　用度不接，欠阙疋帛。今有家妮子名塩胜[三]，年可贰拾
三　捌岁，出卖与常住百姓朱愿松妻男等[四]，断偿人女价生
四　熟绢伍疋。当日现还生绢叁匹；熟绢两匹限至来年五
五　月尽填还。其人及价交相分付。自卖已后，任承朱家男
六　女世代为主。中间有亲性（姓）眷表识认此人来者[五]，一仰韩愿定
七　及妻七娘子面上觅好人充替。或遇　恩赦流行，亦不在再来
八　论理之限[六]。两共面对商议为定[七]，准格不许翻悔[八]。如若先悔者，
九　罚楼绫壹疋，仍罚大羯羊两口[九]，充入不悔人。恐人无信，故
十　勒此契，用为后凭。（押）其人在患比至十日已后，不用休悔者。（押）
一一　　　买（卖）身女人塩胜（押）
一二　　　出卖女人娘主七娘子[十]（押）
一三　　　出卖女人郎主韩愿定[十一]（押）
一四　　　同商量人袁富深（押）
一五　　　知见报恩寺僧丑挞（押）
一六　　　知见龙兴寺乐善安法律（押）
一七　内熟绢壹匹，断出褐陆段，白褐陆段，计拾贰段，各丈（长）一丈二。比至五日（月）
一八　尽还也。（押）

【注】

[一]《敦煌宝藏》第一四册第六三四页，斯一九四六号。

[二] 淳化，北宋太宗年号。

[三] 妮子，对婢女的称呼。《新五代史·晋家人传》：「吾有梳头妮子」。《通俗编·妇女》：「今山左目婢曰小妮子。」亦称少女。

[四]妻男，朱愿松之妻及其子。

[五]眷表，家属亲戚。中国古代称父亲的姊妹（姑母）的儿子为外兄弟，称母亲的兄弟（舅父）姊妹（姨母）的儿子为内兄弟。外为表，内为中，合称「中表」，后省称「表」。因有「姑表」、「姨表」之称。

[六]再来，衍。

[七]面对，当作「对面」。

[八]准格，亦作「准法」。

[九]羯羊，被阉过的羊。

[十]娘主，即「主母」，古代婢妾对女主人之称谓。

[十一]郎主，即「主父」，亦简称「郎」。

五四〇　辽咸雍元年（一〇六五）宛平县某人卖地券[一]

今卖自己在京宣化坊门里面街西小巷子内空闲地[二]。内有井一眼，槐树两株。东邻。南邻。西邻。北邻。

【注】

[一]钱大昕《潜研堂诗集》五自注。又《过归义废寺诗》：「一泓古井两树槐，券尾比邻署字皆。镭嶝模糊埋碧藓，古幢剥落卧空阶。老僧持钵身全病，过客寻碑眼独揩。听话间坊宣化事，刹那兴废漫牵怀。」自注：「寺有弥陀邑《特建起院碑》，载咸雍元年《卖地券》云（文同上）。」陈述《全辽文》卷八第一八三页《卖地券》跋：「宣化坊当亦在元旧城中，其名不见于元《一统志》，盖辽时旧名也。见朱一新《京师坊巷志稿》。」

咸雍：辽道宗耶律洪基年号。

[二]《日下旧闻考》卷五九《城市·外城西城一》：「善果寺在宣武门外西南二里白纸坊。」又曰：「善果寺之西半里许有菜圃，辽碑在焉。倚《晴阁杂抄》谓其地即归义寺。以碑考之，似别为一寺，而归义寺乃在其北也。碑乃乡人众建者，绝无文理，无撰人姓名，字亦半剥落，就其可见者读之，中数行叙买地契券以归义寺为北至，不云地即归义寺也。」按：《析津志辑佚》第六七页《寺观》：「归义寺在旧城时和坊，内有大唐再修归义寺碑。幽州节度掌书记荣禄大夫检校太子洗马兼侍御史上柱国张冉撰。略曰：归义金刹，肇自天宝岁。迫以安氏乱常，金陵史氏归顺，特诏封归义郡王，兼总幽燕节制，始置此寺，诏以『归义』为额。大中十年（八五六）庚子九月立石。」（《日下旧闻考》卷五九《城市》引《析津志》）又，大中十年为「丙子」，非「庚子」。

五四一　北宋元祐四年（一〇八九）苏轼为李方叔预拟卖马公据[一]

元祐元年[二]，予初入玉堂[三]，蒙　恩赐玉鼻骍[四]。今年出守杭州，复沾　此赐[五]。东南例乘肩舆[六]，得一马足矣。而

李方叔未有马[七]，故以赠之。又恐方叔别获嘉马，不免卖此，故为出公据[八]。四年四月十五日　轼书

附录：苏辙诗

方叔来别，子瞻馆于东斋。将行，子瞻以赐马赠之。

方叔作诗，次韵奉和　　辙[九]

小床卧客笑元龙[十]，弹铗无舆下舍中[十一]

五马不辞分后乘[十二]，轻裘初许弊诸公。

随人射虎气终在，徒步白头心颇同[十三]。

遥想据鞍横槊处[十四]，新诗一一建安风[十五]。

黄庭坚跋[十六]

翰林苏子瞻所得天厩[十七]，其所从来甚宠。加以妙墨作券，此马价应十倍。方叔豆羹常不继，将不能有此马御以如富贵之家。辄曰：非良马也，故不售。夫天厩虽饶马，其知名绝足[十八]，亦时有之尔；岂可求锡马尽良也！或又责方叔受翰林公之惠，当乘之往来田间，安用汲汲索钱[十九]。此又不识蚌痛者从旁论砭疽尔[二十]。甚穷亦难忍哉！使有义士能捐廿万，并券与马取之，不惟解方叔之倒县[二十一]，亦足以豪矣！众不可盖遇人中磊落者，试以余书示之。

元祐四年十月甲寅黄庭坚书赠李方叔

《弇州山人四部稿》[二十二]

子瞻以天厩赐马遗李方叔，使鬻之，而为书券；鲁直又为跋，索十万钱，大是佳话。然以子瞻故，硬差作伯乐，抑勒牙人[二十三]，亦见尔时词客之櫼耳[二十四]。

王杰碑跋

苏文忠公《马券帖》并《颍滨诗》[二十五]，黄山谷跋，其四石旧藏陆宣公祠[二十六]，岁久散失。顺治甲午[二十七]，宣公后裔求得之。寻有好事者购取其二，余二石遂湮榛芜中。今乾隆甲午[二十八]，岭南梁君宰嘉禾[二十九]，访购人间所藏二石，又于祠中墙角并获二石，而四石复完。

王昶按：「此石今在嘉兴县学流虹亭。《东坡先生年谱》：元祐元年，累迁翰林学士知制诰。四年三月，除知杭州。七月三日，到杭州任。其书此券在四月，则未出都时事也。弇州稿云：鲁直为跋『索十万钱。』今石刻跋云：『能捐廿万，并券与马取之。』彼此有异。此券石刻，昶在四川眉州苏公祠内见有券刻，与赵松雪真草文同嵌壁[三十]，极为精妙。但两刻不知孰先孰后矣。至此石之在嘉兴宣公祠，其原委未有详及者。」

【注】

[一]《金石萃编》卷一三九。跋：「券存二纸，各高四尺七寸，广二尺。作三截书，八行六行不等，行五字六字亦不等，行书。在嘉兴县学。」

[二]元祐，北宋哲宗年号。

[三]玉堂，宋时翰林院之雅称。《汉书·李寻传》载寻对曰：「寻位卑术浅，过随众贤待诏。食太官，衣御府，久污玉堂之署。」王先谦《补注》：「何焯曰：汉时待诏于玉堂殿，唐时待诏于翰林院。至宋以后，翰林遂并蒙玉堂之号。」时苏轼迁翰林学士，因谓「初入玉堂」。

[四]玉鼻骍，白鼻赤毛的马。苏轼《分类东坡诗》十五《戏周正孺二绝》之二：「天厩新颁玉鼻骍，故人共弊亦常情。」

[五]复沾此赐，又受赐以马。「沾赐」即「沾锡」，受到皇帝的赏赐。

[六]肩舆，即轿子。其制为二长竿，中设软椅以坐人。后加覆盖遮蔽物，为轿舆。东南水乡，故多用之。

[七]李方叔，名廌，字方叔，其先自郓徙华山。以学问称乡里。谒苏轼于黄州，贽文求知，轼誉为「张耒、秦观之流」。吕大防称其为「奇才」。轼卒，即绝进取，走汝、颍间，买宅居之。（见《宋史·文苑传六》，卷四四四。）

[八]公据，为官府批准业主典卖产业的证明文书。

[九]辙，苏辙，字子由，苏轼之弟，诗文与苏轼齐名。

[十]元龙，陈登字。登东汉末下邳人，历任广陵、东城太守，后封伏波将军。志向高迈。有次许汜去看他，他不把许汜放在眼里，自己睡在大床上，让客人睡在下床。后称人待客简慢，多曰「元龙高卧」。事见《三国志·魏书·陈登传》。

[十一]弹铗无舆，战国齐冯谖事。冯谖为孟尝君食客，欲求食有鱼，出有车，因弹铗而歌。事见《战国策·齐策四》、《史记·孟尝君列传》。

[十二]五马，太守的代称。此典故的来历，说法不一。但共同之点是太守出则御五马，因以「五马」为太守的代称。参看宋程大昌《演繁露》二《五马》、彭乘《墨客挥犀》四。不辤，同「不辞」。辤，「辞」的别体。汉焦延寿《易林》二《需》之《晋》：「不可辤阻，终无悔咎。」

[十三]徒步，平民。古代平民出行无车，因有是称。

[十四]据鞍，年老壮志不减。东汉初，将军马援年六十二岁，请出证。光武以其老，未许。援曰：「臣尚能披甲上马。」帝令试之。援据鞍顾眄，以示可用。帝笑曰：「矍铄哉！是翁也。」事见《后汉书·马援传》。横槊：行军在马上横戈吟诗。曹操在破荆州，驱兵东下时，曾于赤壁舰上，月夜横槊赋诗。

[十五]建安风：「建安风骨」的略称。东汉末建安时，曹操父子和建安七子的诗文，「志深而笔长」，「梗概而多气」。《旧唐书》卷一九〇下《杜甫传》：「曹氏父子鞍马间为文，往往横槊赋诗。」

[十六]黄庭坚，字鲁直，号山谷道人，为江西诗派之祖，与苏轼友善，并称苏黄。
[十七]天厩，皇帝御用养马房。
[十八]绝足，千里马。
[十九]汲汲，急切追求。
[二十]蛘，同「癢」。也作「蛘」、「痒」。《说文·虫部》：「蛘，搔蛘也。」
[二十一]倒县，即「倒悬」。头向下脚向上地被倒挂，比喻处境极困苦危急。《孟子·公孙丑》上：「民之悦之，犹解倒悬也。」
[二十二]《弇州山人四部稿》，书名。凡一七四卷，明王世贞撰。全书有诗部、赋部、文部、说部。弇州山人为王氏别号。
[二十三]抑勒，亦作「勒抑」，压制，克扣。牙人，以介绍买卖为业的人，即经纪人。亦称「牙郎」、「牙保」、「牙侩」。宋朝有「官牙」和「私牙」。
[二十四]词客，词人。唐李白《李太白诗》八《草书歌行》：「八月九日天气凉，酒徒词客满高堂。」機，渺小，不足道。
[二十五]颍滨，苏辙晚年，辞官居许州，地临颍河，因自号颍滨遗老。
[二十六]陆宣公，唐陆贽，字敬舆，卒谥宣。世称陆宣公。
[二十七]顺治甲午，顺治十一年，公元一六五四年。
[二十八]乾隆甲午，乾隆三十九年，公元一七七四年。
[二十九]嘉禾，即嘉兴县。宋置嘉禾郡于此，寻改嘉兴府。
[三十]赵松雪，即赵孟頫，号松雪道人。诗书画皆自成家。书称赵体，为书家所宗。

五四二　西夏天盛二十二年（一一七〇）寡妇耶和氏宝引母子卖地房契（西夏文汉译）[一]

一　天盛庚寅二十二年[二]，立卖契者寡妇耶
二　和氏宝引等，今将自属撒二石熟生地一
三　块[三]，连同院落三间草房、二株树等一并自愿
四　卖与耶和章千，议定价二全齿
五　骆驼、一二齿（骆驼）、一牛共四头[四]。此后其地
六　诸人不得争论。若有争论者时，宝引等管[五]。
七　若有翻悔时，不仅依律令承罪，
八　还依官罚交三十石麦。按所书文据实行。
九　地界司堂下有二十二亩，

北与耶和回鹘盛为界，东、南与耶和写为界，
西与梁嵬名山为界
立文契人耶和氏宝引（押）
同立契人没啰哥张（押）
同立契人没啰□鞭（押）
知人说合者耶和盛？（押）
梁犬千（押）　耶和舅盛（押）
没啰树铁　（押）
税已交（押）
八日（押）[六]

【注】

[一] 原件出土于内蒙古自治区额济纳旗黑水城遗址，今藏俄罗斯圣彼得堡东方学研究所手稿特藏部，编号：Инв.No.5010。麻纸，尺寸长48.5、宽22厘米。西夏文十九行，草书。以下西夏文契约释文皆为中国社会科学院民族学与人类学研究所研究员史金波提供。

[二] 天盛为西夏仁宗年号，共二十一年（一一四九—一一六九）。其庚寅二十二年（一一七〇）改元乾祐。

[三] 西夏计算土地面积除用顷、亩外，还用撒多少石种子的方法计算。经史金波考证测算，撒一石种子的地，为七—十亩左右。契约中「石」之前为两小横，可能是二石之意。与后文二十二亩大体相合。

[四] 原文为「二植」。

[五] 管，此「管」字在唐宋汉文契约中多用「支当」等词。

[六] 「税已交」和「八日」皆为草书大字，可能为职事人书写。

五四三　金大定二十八年（一一八八）修武县马愈父子卖地契[一]

出卖地业人，修武县七贤乡马坊村故税户马愈、男马用同弟马和[二]，自立契将本户下□□地二段，共计弍亩叁厘，立契卖与全真门弟子王太和、王崇德为永业[三]，修盖全真道庵。准得价钱壹拾陆贯文，各七□九伯。并据即目见定交割[四]。谨具开坐如后：

一、出卖村南竹茵地一段[五]：南北畛[六]，东长弍拾陆步伍分，西长弍拾陆步伍分，南阔壹拾陆步，北阔壹拾步。并次东一段：东长弍拾陆步，西长弍拾捌步半，南阔壹拾步，北无步。东至大河，西自至，南自至，北自至。并据钱、业主对目商议定：所有地内差税物力实钱，照依通捡去马愈户下贮脚　供输。所据地内竹竿树木，不系卖数。

天雨水透流，车牛出入，一依仍旧通行。

右件前顷（项）出卖地土，卖与全真门弟子等为永业。并不是衷私卑幼□交[七]，亦不是债欠准折，并无诸般违碍；又加立契日一色见钱交领，并□别无悬欠。恐人无信，故立此文为据。

大定二十八年十二月[八]。自立契出卖地人马用（押）

同立契人马和[九]（押）

引领人部下王守玅[十]（押）

写契人本村王莹　（押）

税说价钱壹拾陆贯文　廿三日

【注】

[一]清王昶《金石萃编》卷一五八《真清观牒》　附《本观置买地土文契》。王跋《真清观牒》：「石高七尺一寸五分，广三尺八寸八分。分两截书：上截，牒。大小字共十二行，行字多至廿九字，止。下截，田契。三十五行，行二十一字。正书。」又曰：「牒后载《本观置买地土文契》，所列各条与今人文契体例相仿。契中年月后，一曰立契出卖地人，即今之卖主也；一曰同立契人，即今之卖主亲族也；一曰引领人，即今之中人也；一曰写契人，即今之代书也。自大安（元年为一二〇九年）至今，越六百余年，而买卖地土之格大致相符。可知凡事皆有缘起，亦留心世务者所宜知也。」按：「大安」为赐《真清观牒》时之年号。此处应作「自大定至今」。

[二]修武县，金属河东南路怀州。今属河南。故税户马愈，立此契时，马愈已「故」。由契后的「立契出卖地人」署其子「马用」，「同立契人」署用之弟马和，而不再署「马愈」之名可知。

[三]全真门，道教两大派之一。亦称全真教、全真道、全真派。金世宗大定七年（一一六七），王重阳所创立。教旨以「澄心定意，抱元守一，存神固气」为「真功」；「济贫拔苦，先人后己，与物无私」为「真行」。功、行俱全，故名「全真」。此派主要流行于北方。另一派名「天师正一道」，主要流行于南方。

[四]目见定交割，买卖双方在中保人参与下，当面履行交易手续，并进行银货授受的行为。通过交割后，交易即告结束。

[五]竹茵，即「竹园」。茵，园的俗体字。

[六]畛，「畛」的俗体，界限之意。「南北畛」即田地为「南北向」，南北为长度，东西为阔度。

[七]衷私卑幼□交，即卑幼不经得尊长的准许，擅自出卖产业。金《皇统制》参照隋、唐、辽、宋法律编成，于皇统五年（一一四五）颁行。后经数次修

订，于泰和元年（一二〇一）编成《泰和律令敕条格式》，翌年颁行。已失传。《唐律疏议》卷一二《户婚上·卑幼私辄用财》：「凡是同居之内，必有尊长。尊长既在，子孙无所自专。若卑幼不由尊长，私辄用当家财物者，十匹笞十，十匹加一等，罪止杖一百。」此文可资参考。

［八］大定，金世宗年号。

［九］同立契人，即「同卖人」，亦署押。

［十］引领人，中介人，经纪人。宋、金时有官、私引领。

五四四　西夏天庆寅年（一一九四）梁盛犬卖骆驼契［一］

天庆寅年二月三日立契人梁盛犬等［二］，向梁喇嘛及梁那征茂等自愿卖全齿母骆驼及□□等［三］，价二石麦、三石杂粮等实已付。价、畜等别无悬欠［四］。其畜诸人同抄子弟［五］，有争论者有时，不仅依律令罪承，还依官罚交依三石。服。

立契人梁盛犬（押）

同立契子羌子（押）

知人尼积力隐隐子（押）

知人梁老房酉

【注】

［一］原件出土于内蒙古自治区额济纳旗黑水城遗址，今藏俄罗斯圣彼得堡东方学研究所手稿特藏部，编号：Инв.No.5214。麻纸，尺寸长192、宽20.5厘米，西夏文十行，草书，多件契约连写。

［二］天庆，西夏桓宗年号（一一九五—一二〇五），寅年为一一九五年。

［三］二字字义不清，疑为鞍鞯之类。

［四］别无悬欠，西夏文原意为「差异已连接」。

［五］抄，西夏社会基层最小军事组织单位。原二丁为一抄，有正军一人、负担一人组成，后又增加辅主若干。同抄人多为同姓或关系密切者。

五四五　南宋嘉定八年（一二一五）祁门县吴拱卖山地契[一]

录白附产户吴拱，祖伸户，有祖坟山一片，在义成都[二]
四保，场字号项七仁后坞弍拾柒号尚（上）山在坟后高
山[三]，见作熟地一段，内取叁角[四]，今将出卖与朱元兴。系拱
分，并买弟扦等分，共计一半，计价钱官会陆贯省[五]。
其山地东止高尖降及三保界，西止坟后
山，元（原）买项七山长坞心为界，北降[六]。今从卖后，一任
朱元兴闻官受税，锄作，变种杉苗为业。如有外
人栏（拦）占，并是拱自祇（支）当，不及受产人之事。所有本
户元买张敏中并弟扦等官印亲契[七]，共计弍道，
并缴付朱元兴执照[八]。其契内别有照使，供（拱）即别立领[九]，
于朱元兴名下领去。今恐人心无信，立此卖契为据。
嘉定捌年四月初一日[十]
　　　　　　　　吴拱（押）
　今于契后批领：项七仁后坞高山山地价钱前去足讫，
　并无少欠。今于契后批领为照。同前年　　月　　日。吴拱（押）[十一]
　　助押契人黄德和（押）[十二]

【注】

[一] 原件藏北京图书馆。

[二] 义成都，属祁门县。

[三] 项七仁后坞，地名。坞，四面高中间低的谷地。如山坳叫山坞。徽州多山和丘岭，因之多以「坞」字名地。尚山，即「上山」。山场根据荒毛情况，分为上、中、下三等。通常书作「尚、忠、夏」。

[四] 角，徽州亩积在宋元明时期，一般以六十步为一角，四角为一亩。但各县并不一致。如休宁县，上田以一百九十步、中田以二百二十步、下田以

三百步为一亩。

[五] 官会，即会子。南宋时国家发行的一种纸币。《宋史·食货志下》三《会子》：「(绍兴)三十年，户部侍郎钱端礼被旨造会子，储见钱，于城内外流转，其合发官钱，并许兑会子，输左藏库。……会子初行，止于两浙，后通行于淮、浙、湖北、京西。」会子由会子局印行，因称「官会」。省，省略，不计尾数。

[六] 北降，降，下坡。「北至降」省。

[七] 官印亲契，官印契，钤有官印的契约，也叫做「红契」或「赤契」。元陶宗仪《辍耕录》卷一七《奴婢》：「红契，买到者则其元主转卖于人立券投税者是也。」红契是合法的契约。无官印者，为漏税契约，即所谓「白契」。南宋李心传《建炎以来朝野杂记》甲集卷一五《田契钱》：「人多惮费，隐不告官，谓之白契。」白契是非法的，但民间仍大量使用。元买官印亲契，在此指上手契。亲契为卖主亲自画押的契约。

[八] 一并缴付，为移交上手契。上手契亦叫做「元买契」、「上首契」、「来脚契」或「上手干照」。出卖田宅等重要产业，都要以上手契为产权的证明。所谓「置买产业，皆须凭上手干照。」(朱熹《后村先生大全集》卷一九三《书判·饶州州院申潜彝招桂节夫周氏阿刘诉占产事》)「所买无上手，不可行用。」(《宋本明公书判清明集·户婚门·争业类·干照不明合行拘毁》)从宋朝开始，法律规定，业主、钱主交割时，业主要把有关的上手契随同新契，一并交付钱主收执，作为产业「绝卖」的重要证据之一。交付上手契的情况要写于新契上。立本契约双方的作法和本契约的写法都符合这些要求。

[九] 供即别立领，「供」为「拱」的别字，即吴拱。「别立领」，「别」下脱一「不」字。因契后有批领，知不会「别立领」。有些契约的契文写明「田、价交相分付」或「银货两清」的，往往不再有「批领」。

[十] 嘉定，南宋宁宗年号。

[十一] 自「今于」至「吴拱押」，为批领。「项七仁后坞」前似脱「今领」等字样。

[十二] 助押契人，此例少见，似与证明人同。

五四六　西夏乾定酉年(一二二五)吴寿长山卖牛契[一]

乾定酉年九月　日立契人吴寿长山[二]，今将自属一全齿黑牛自愿卖与命屈般若铁，议定价六十五缗钱。钱、畜别无悬欠。若于其畜有争论者时，原钱数一缗付二缗。服若个人翻悔不实时，当罚悔者付不悔者三十缗钱。[三]

八 立契者寿长山（押）

九 同立契吴慧茂（押）

十 知人赵八月犬

【注】

[一]原件甘肃省武威出土，今藏武威市博物馆。麻纸，尺寸长44、宽30厘米，西夏文十行，草书。

[二]「乾定」，西夏献宗年号（一二二四—一二二六），酉年为一二二五年。

[三]六、七两行似为后加。

五四七 南宋淳祐二年（一二四二）休宁县李思聪等卖田山赤契[一]

一 大□□附产户李思聪、弟思忠同母亲阿汪嘀议，情愿将父□□

二 □日置受得李舜俞祈门县归仁都土名大港山源梨字壹□□

三 次夏田[二]弍角四拾步弍号，忠田壹角。又四号山壹拾四亩。其四〔至〕

四 东至大溪，西至大降，南至胡官人山，随垅分水直下至大溪，北至

五 □□山，随垅分水直上，至大降，直下至大溪。今将前项四至内

六 田山四水归（扫）内[三]尽行断卖与祈门县归仁都胡应辰名下。三

七 面评议价钱官会拾柒界[四]壹百弍拾贯文省。其钱当□

八 契日一併交领足讫。其田山今从卖后，一任受产人闻官□

九 祖舜元户起割税乡（钱）[五]收苗为业。其田山内如有风水阴地，一仰

十 买主胡应辰从便迁葬，本家不在占拦。今从出卖之后，如

一一 有内外人占拦，并是出产人抵当，不及受产人之事。所有元典

一二 买上手赤契伍纸，随契缴付受产人收执照会。今恐人心

一三 无信，立此断卖田山文契为照。淳祐弍年十月十五日。李思聪（押）

一四 弟李思忠（押）

一五 母亲阿汪（押）

一六　见交𢇁(钱)人叔李余庆(押)

一七　　　　依口书契人李文质(押)

一八

一九　今于胡应辰名下交领前项契内拾柒[六](界)官会壹百式拾贯文省

二十　前去足讫。其𢇁(钱)别更不立碎领[七]，只此契后一领为照合□

二一　年月日　李思聪(押)　　弟李思忠(押)

　　　母亲阿汪(押)

　　　叔李余庆(押)

【注】

[一] 中国社会科学院历史研究所收藏整理《徽州千年契约文书》(宋元明编)卷一第五页。

[二] 夏田，即「下田」。参看本书前录《南宋嘉定八年吴拱卖山地契》注③。

[三] 归内，原作「帰内」，即「掃内」，今简作「扫内」，尽其所有，全部的。《史记·项羽本纪》：「且国兵新破，王坐不安席，埽境内而专属于将军。」帰：《说文》作「埽」。

[四] 官会拾柒界：官会，即会子，南宋官府发行的一种纸币。十七界，即「十七期」。宋朝分期发行纸币「交子」和「会子」，以三年为期，称作「界」。每一期发行的纸币都有定额，有地区范围，有一定数量的金属货币作现金准备。纸币如已破坏涂汙，不堪再用，可以兑换新纸币或金属货币。界(期)满时，可以上界之旧纸币兑换下界新发行的纸币。如因特殊情况，皇帝亦可下诏延长使用期限。各地发行纸币都从一界开始。《宋史》卷一八一《食货下三》曰：「会子、交子之法，盖有取于唐之飞钱。真宗时，张詠镇蜀，患蜀人铁钱重，不便贸易，设质剂之法，一交一缗，以三年为一界而换之。六十五年为二十一界，谓之交子。」(标点本第十三本第四四〇三页)又曰：南宋高宗绍兴「三十年(一一六〇)，户部侍郎钱端礼被旨造会子，储见钱，于城内外流转，其合发官钱，并许见会子输左藏库。」(第四四〇六页)本契谓「官会十七界」，是言自淳祐二年(一二四二)由官府发行的新的一界会子。又曰：淳祐「七年，以十八界与十七界会子更不立限，永远行使。」(第四四〇九页)

[五] 𢇁，俗体「钱」字。清王昶《金石萃编》卷一五八《真清观牒》附《本观置买地土文契》即《金大定二十八年(一一八八年)修武县马用父子卖地契》有曰：「准得价𢇁壹拾陆贯文。」此「𢇁」字自宋金以来，历代使用，至于民国时期。

[六] 拾柒，下脱「界」字。

[七] 碎领，零碎的收据。

五四八　蒙古国乙巳年(一二四五)西京武君福卖地文书[一]

一　城高祖师坟买地契[二]：西京刘宣差下武君福[三]，

二　今为要银使用，别无所得，遂将本户下〔宋家〕
三　荘（庄）村西南地壹段[四]，南北畛记地贰拾伍亩[五]，东至
四　韩老地，南至官道，西至韩大地，北至小道。□
五　地四至，立契出卖与（与）本京龙翔观
六　冯大师永远为主[六]。两议定价银贰拾伍两。立
七　契日各交分付讫。如日后但有诸般违碍，有
八　人争占，卖地主武君福一面代当无词。一定
九　已后，各不番悔。如有先番悔者，罚银壹拾两。
十　恐人无信，故立此文字为凭。
一一　乙巳年九月二十八日[七]。卖地人武君福　押
一二　同卖地母阿贾　押　邻人韩老　押
一三　　邻人韩大　押　见人王贞　押
一四　　西京都税使司给　年月同　使　押

附　西京龙翔万寿宫宗主冯道真墓志[八]

一　西京创建龙翔万寿宫宗主清虚德政助
二　国真人乃清虚之三祖也。道号青云子，
三　姓冯讳道真，西京大同县玉龙洞七峰
四　山人氏。壮岁出家，从教主
五　岳公道易真人，传授法箓。礼宗主
六　王玄庆为师。生于大定[九]二十九年己酉
七　十二月二十三日申时，升于
八　大朝乙丑年[十]六月初八日，春秋七十有
九　七[十一]。嗣法门人杨志祥、乔志通、李志常等
十　谨卜宅兆安葬于此。
一一　至元二年六月初八日门人杨　志祥等建

一二　　门人乔　志通　书

【注】

［一］吴天颖《汉代买地券考》曰：「在山西大同也出土过一件，即元代至元二年（一二六五）龙翔观观主冯道真墓内的一方石碑（现藏大同市博物馆），正面为死者墓志，背面镌有二十年前买地契的全文。就文字内容看，它与元代地契完全相同，模仿地契勒石入葬，其性质与建初玉券并无二致。但是，谁也不会把它当作『实在的土地买卖文书』。」传玺按：此契是一件人间买卖田地的契约录文。详情，请参看拙著《契约史买地券研究》下编《买地券研究》第十四章《为宋马隐与元冯道真两买地券辨「非」》。本文写作中，曾得到山西省文物局和大同市博物馆惠赠该契契文及冯道真碑文（墓志）的拓片和照片，在此一并致谢。

［二］高祖师，即冯道真。立墓志的嗣法门人杨志祥等称其为「清虚之祖」。

［三］西京，今山西大同。辽朝为西京，府名大同。金仍沿用辽旧名，为西京路治所。元世祖至元二十五年（一二八八），改西京为大同。

［四］庄：当为「庄」、「庒」的帖写，为「莊」的异体字。

［五］畛记：田地的界限。

［六］冯大师，冯道真，时为龙翔观万寿宫宗主。

［七］乙巳年，蒙古国太宗窝阔台死后，皇后乃马真称制（一二四二——一二四六）用年号。是年为南宋理宗淳祐六年，公元一二四六年。

［八］此墓志刻于元世祖忽必烈至元二年（一二六五），现藏山西省大同市博物馆。背面刻有《蒙古国乙巳年（一二四五）西京武君福卖地文书》。即《城高祖师坟买地契》。

［九］大定，金世宗完颜雍年号。其二十九年为南宋孝宗赵昚淳熙十六年。其十二月二十三日，为公元一一九〇年一月三〇日。

［十］升于大朝乙丑年，道家谓修道成仙，飞升登天，即言去世。大朝，言本朝，即元朝。乙丑年为元世祖忽必烈至元二年，时南宋度宗赵禥咸淳元年，即公元一二六五年。

［十一］春秋七十有七，年龄七十七岁。

五四九　南宋淳祐八年（一二四八）祁门县胡梦斗卖山赤契［一］

一　武山乡胡梦斗，今将龙昌下都如□源廿二号山

二　壹段，东止田，西止降，南止王富山地，北止康北楫地。

三　其山计叁亩，随田直上止降。今将出卖与同乡

四　人李武成，三面平议价夛（钱）十七界官会贰佰贯。

五　其价钱当日交领足讫。其山未卖已前，不曾与
六　家人外人交易。其山系西排，自有康如楫亲照。
七　□其上手并分付照证讫。如有四止不明，并是出产
八　□知当。其契请业主行官纳□起割税㐅(钱)入李
九　〔武〕成户供解。今恐人无信，立此卖契为凭。淳
十　祐八年六月十五日胡梦斗(押)
一一　　　　　见交钱人李叔孟(押)
一二　今于李武成手交去卖龙昌下都马槽坞西排山价
一三　□并㐅足讫，别无碎领，只此一领为为凭。淳
一四　祐八年六月十五日胡梦斗(押)

【注】

[一] 中国社会科学院历史研究所编《徽州千年契约文书》(宋元明编)卷一第六页。

五五〇　南宋淳祐十二年(一二五二)徽州李从致卖山田契[一]

归仁都李从致、从卿、侄思贤等，今自情愿将地名乾塘坞，系罪字号夏(下)山玖等拾玖号山肆亩[二]；又民字拾壹号夏(下)田壹角贰拾步。其山东至胡文质地，西至垄，南至坞口自众田，北至降。今来无钱支用，众议将前项四至内山并田出卖与同里人胡南仕名下。叁面伻(评)值，价钱拾捌界壹百陆拾贯文省。其钱当立契日以(一)并交领足讫，不零少欠文分。其山地内即无新坟旧塚。今从出卖之后，已任买主闻官纳完，迁做风水[三]，收苗，永远为业。如有肆至不名(明)，如有内外人占栏(拦)，并是出产人祗(支)当，不涉受产之事[四]。今恐人心无据，立此卖田山文字为照。

淳祐拾贰年柒月十五日[五]李从致　(押)

李从卿　(押)

李思贤　(押)

今于胡南仕名下领前项四至田山肆亩[六]、田壹角贰拾步契内价钱拾捌界官会壹百陆拾贯，前去足讫，并无少欠。别不立碎领[七]，只此契后壹领为照。同前月日。从致(押)

从卿（押） 思贤（押）

见交钱人 李贵和（押）

【注】

[一]原件藏北京大学图书馆。

[二]夏田，即下田。

[三]风水，旧时迷信，为建宅舍、营墓穴而宜选择的地点、地势、方向等。晋郭璞《葬经》：「葬者，乘生气也。气乘风则散，界水则止。古人聚之使不散，行之使有止，故谓之风水。」

[四]受产之事，「产」下当有一「人」字。

[五]淳祐，南宋理宗年号。

[六]四至田山，「田」字当是「内」字之误。

[七]碎领，凡因契价分数次付给，而卖主亦数次立领者，谓之「碎领」。

五五一 南宋宝祐三年（一二五五）祁门县周文贵卖山地契[一]

义成都周文贵，今自倩（情）愿将本都六保地名中义横坑宜字贰拾伍号夏（下）等山叁亩壹角弍拾步，其山东至降，西至坞心直出至田，南至周之发山，从小弯心至大石为界，直上至降，北至场及吴宅山。今将前项四至内山地并大小杉苗，一并出卖与休宁县三十乙都张仲文名下。三面伻（评）值，价钱拾捌官会柒拾叁贯文省[二]。其钱当立契日一并交收足讫，其契后更不批领[三]。其山见经界本家户下，其税钱将来于文贵户下起割[四]。今从出卖之后，如有四至不明及内外人占拦，并是出产人之（支）当，不及受产人之事。今恐人心无信，立此

一三 卖契文字为据。宝祐叁年八月十五日[五]。周文
一四 贵立。
一五 　书契见交钱人　高元圭（押）

【注】

[一]原件藏北京大学图书馆。
[二]拾捌，「捌」下脱一「界」字。
[三]批领，为领契价而批注于契约后边的字据。
[四]起割，即「过割」，亦称「推收」。为办理产权转移和赋税过户的手续。
[五]宝祐，宋理宗年号。

五五二　南宋景定元年（一二六〇）祁门县徐胜宗卖山地契[一]

一 义成都徐胜宗自　　，分得土名
二 字　百玖拾九　　壹亩，东止
三 上至降，下止田；西止李子宣高坵田，　　止
四 南至田。今无钱支用，愿将前项四至内山地、地上杉苗
五 尽行出卖归仁都胡　　应元名下。三面伻（评）议价钱拾
六 捌界官会叁拾叁贯文省。其钱当立契日一并交收
七 足讫，更不契后立领帖，只凭契为明。今从出卖之后，
八 一任买主闻官割税，收苗管业。如有四止（至）不明，及内外
九 人占兰（拦），并是卖产人衹（支）当，不及买之事[二]今恐人
十 心无信，立此断卖山地私苗　为契为照。景定
一一 元年正月十五日[三]。　徐胜宗（押）
一二 　　母亲阿朱花押（押）
一三 书契见交钱人李邦善（押）

【注】

［一］原件藏中国历史博物馆。

［二］买之事，「买」下脱一「人」字。

［三］景定，南宋理宗年号。

五五三　南宋景定五年(一二六四)祁门县项永和卖山地契[一]

一　义成都项永和今将父□□土名下坞食字号四十八号

二　夏(下)山壹亩，东至项遵山，西至项成山，从水坑弯心直上至

三　垄，南至降，北至大弯心及项隆地；又将土名南坑竹号

四　十四号尚山弍亩[二]，夏(下)地弍拾伍步。东至项允成山，从弯

五　心水坑随垄直上，至降；西至高尖，直下至水坑，及项成

六　田塍头，南至永成山，北至大水坑；又将土名叶家

七　坞白字号三号、八号内，取夏(下)地壹角弍拾柒步。东至

八　项遵山，西至山，南至项成地，北至项暹地。并山地尽行出

九　卖与同宗人项永高，三面伻(评)议价钱十八界官会伍

一〇　拾贯文省。其钱当立契日一并交收足讫，并无分文少

一一　欠，别不立碎领。如有内外人占兰(栏)，并是卖产人之(支)当

一二　取了，不及受产人知(之)事。今恐人心无信，立此断卖山

一三　地弍(三)处为据。景定伍年十月十五日。项永和(押)

一四　　　　依口书契人项永成(押)

一五　　　　见交钱人项文(押)

【注】

［一］原件藏安徽省博物馆，编号二六五九七。

［二］竹号，「竹」下脱一「字」字。尚山，即「上山」。

五五四　南宋咸淳三年(一二六七)徽州方伯淳卖山地契[一]

一　□□都方伯淳奉母亲指零(令),将自己标帐内

二　大坞县字号拾号夏(下)山贰亩;夏(下)地伍号,计伍步。

三　东止方思义自地,西止领(岭)及方文瑞山地,止田塝[二],南止

四　尖。今将前项山地并地内一应等物尽行出断卖

五　与李四登仕名下,面议价钱拾捌界官会柒拾

六　贯文省。其钱当日交收足讫,契后别不立领,只此

七　随契交足讫。今从出卖之后,一任受产人永远收

八　苗为业。如有四至不明及内外人占拦,并是出卖

九　人自行之(支)当,不涉受产之事[三]。今恐人心无信,立此卖

十　契为照。咸淳叁年三月十二日[四]。方伯淳(押)

　　母亲花押汪氏

　　见交钱人李仲□

【注】

[一]原件藏安徽省博物馆,编号二九六三七。

[二]止田塝,「止」上脱一「北」字。

[三]受产,「产」下脱一「人」字。

[四]咸淳,南宋度宗年号。

五五五　南宋咸淳六年(一二七〇)休宁县吴运幹卖山地契[一]

一　休宁县常乐里吴运幹宅有祖产在祈门县义成

二　〔都〕□四甲[二],地名国坑,系十叁号、十肆号尚(上)山壹段,东至

何坚山及坎家山，西至降，直下至乾塘；南抵休宁县界，北至吴种山及项成山，计陆亩。今为缺钱支纳，今情愿将前项四至内山地并苗，尽行出卖与祈门县义成都张日通、项永兴名下，取去时值价钱拾捌界官会壹百壹拾贯文省。其钱当立契日交收足讫，即无分文少欠；更不别立批收[三]。今从出卖之后，一任闻官受税，永远管业。如有内外人占拦及四至不明，并是本宅自行祇（支）当[四]，不干受产人之事。所是十肆号即系本宅分到祖业外，十叁号一时检寻入户未及[五]；日后检寻到日，给还[六]。如或不暇检寻，日后不在行使。今恐人心无信，立此卖契为据。

咸淳陆年玖月弌拾柒日　　卖契

吴元十一交补[七]（押）

母亲许孺人[八]（押）

前项山地即系祖产，无契可缴[九]。

王子源（押）

契内价钱交收足讫。同日（押）

书契见交钱　王子源（押）

吴交方（押）

【注】

[一] 原件藏北京图书馆。

[二] 祈门县，即「祁门县」。

[三] 更不别立批收，「批收」即「批领」。本契后已有批领，更不别立领。

［四］本宅，原业主家自称。

［五］入户，指上手契。

［六］给还，将上手契给予买主。

［七］吴元十一交补：似卖主吴运幹在立契前已故，由其十一岁之子吴元补立契约。

［八］母亲许孺人，吴元之母亲许孺人为「主盟人」。孺人，北宋徽宗政和二年（一一一二）规定，通直郎以上的母亲或妻，封孺人。

［九］无契可缴，指无上手契可缴。

五五六　元龙年（一二八〇）哈刺火州阿体卖奴草契（回鹘文、汉文对书）[一]

回鹘文契约汉译

龙年八月二十六日[二]，余阿体把斌通（善斌）卖了[三]，把九锭钞全数从薛赛大师拿了[四]，我把此文书交了[五]。证人巴抄提理。证人亦剌句。这个印鉴是我阿体的。我自己写的（这件文书）。

汉文契约原文

一　辰年八月二十六日，为赎善斌支钞数目下项[六]：

二　□九月十一日支钞时分，小于诸一家见，引年见，条六见。

三　大圣都通引去縻床里支钞时分，定惠见，宋

四　吾见。当日交钱捌锭钞讫。其钱阿体手接将去。

五　团里与母伴撒南娘子无（？）笔不与；领子后余

六　壹锭，又是大圣都通交付零钞不用二两的，当日

七　两家会（？）面取九锭领子讫了。其文字亲手自题。[七]

【注】

［一］《考古学报》一九五八年第二期，捷尼舍夫、冯家升《回鹘文斌通（善斌）卖身契三种附控诉主人书》（以下称「冯文」）。第一〇九页：《斌通（善斌）卖身契三种》此契是一九五三年冬天西北文物考察队在吐鲁番获得的。据说这些东西是好久以前附近农民在高昌古城亦都护舍利（Idiqut -šari）的一间破屋的土墙穴孔中偶尔发现的。发现后保存了好久，不肯拿出示人，直到解放后三年多才献出来。」「三种」契约都是为卖买斌通一人而写的，是一回事。本件为契约之草稿，或谓「草契」，原题《斌通（善斌）卖身契之一》，为回鹘文与汉文对书。长 20 厘米，宽 14 厘米。两种文字的

内容详细不一。

〔二〕龙年，汉文契约作「辰年」，《卖身契之三》作「庚辰」，同。冯文第一一五页说：「蒙、元有三个庚辰年：一在太祖十五年（一二二〇），一在世祖至元十七年（一二八〇），一在顺帝至元六年（一三四〇）。太祖十五年不大可能，因为契中有『钞』、『锭』等字，而且高昌畏兀儿降附蒙古不久，亲王『的斤』势力未衰。人民断不敢引贿赂切实，而使见于文契中。至于顺帝六年，高昌已在察合台汗国统治之下，文契不应有官府的汉文批语和汉文关防。惟世祖至元十七年最为合理，而且契文中有按察使一名更是有力的佐证。《元史》卷十一《世祖本纪》至元十八年五月『戊申，罢霍州畏兀按察司』，霍州即和州或火州，亦即高州，而这三张契约均写于至元十七年，则在罢按察使的前年。」

〔三〕斌通（善斌）：冯文第一一二页《小记》：「这个奴仆汉名『善斌』，而在回鹘文中则作『斌通』（bintung），这或者是因为保留原名善斌之『斌』而又加上主人都通之『通』而成的吧？」

〔四〕九锭钞，九锭中统钞。钞，中统元宝钞，亦称中统元宝交钞、中统交钞，元世祖忽必烈中统元年（一二六〇）印造。《元史》卷九三《食货志一》：中统元年「十月，又造中统元宝钞。其文以十计者四：曰一十文、二十文、三十文、五十文；以百计者三：曰一百文、二百文、五百文；以贯计者二：曰一贯文、二贯文。每一贯同交钞（中统二年始造交钞，以丝为本。）一两，两贯同白银一两。」中统钞五十两为一锭。此为中统钞分九等说。同书卷二〇六《叛臣·王文统传》：「是年（中统元年）冬，初行中统交钞，自十文至二贯文，凡十等，不限年月，诸路通行，税赋并听收受。」十等中当多出「三百文」一等。

薛赛大师，买主。

〔五〕文书，出卖奴仆斌通（善斌）的契约。

〔六〕赎，此处作「卖」字讲。

〔七〕冯文第一一〇—一一一页《小记》：「约中的人名很特殊，如汉文中的『善斌』，回鹘文中则作『斌通』。siwsaitaiši。与大圣都通音不合。『伴撒南娘子』或者是『胖三南娘子』的异体。其余小于诸、条六、引年等疑皆是汉人，定惠、宋吾更当是汉人。惟阿体（adaï∧ataï）是他的父亲的意思，在其他二种契约中都指的是一个人名。以上这些人疑皆是久居高昌而回鹘化了的汉人，所以契约是用回鹘文、汉文两种文字写的。」

五五七　元龙年（一二八〇）哈剌火州阿体卖奴正契（回鹘文汉译）[一]

龙年八月二十六日，余阿体都通因为需要通用的钞币，把我的名为斌通（善斌）的一个「契丹」男仆立下向薛赛大师借钱的文书[二]，合法地卖了九锭钞。余薛赛大师自立文书之日起，全数给了；余阿体一文不缺地全数拿了。这个奴仆（的身份）一直到千年万日（对他的主人）是有效的。薛赛大师有权所有他，如他情愿的话；如有不情愿时，他还可以转卖给别人。余阿体都通的兄弟、亲戚、朋友、堂侄、伯叔父等，不论谁，不得有所争论。今如有人借权绅妇人、外方使者之力企图把他卖了，那末这个人就应当以一个人的卖身价偿出两个人的卖身价。这事如有损害，有〔卖〕方承担，与买方薛赛大师无干。证人：巴克□秃尔。证人：巴亚诸。证人：呼图克赤。阿三契丹[三]。此印是我阿体都通的[四]。余腾里、呼提、塞文、补终应命书。

【注】

[一]《考古学报》一九五八年第二期，捷尼舍夫、冯家昇《回鹘文斌通（善斌）卖身契三种附控诉主人书》（以下称「冯文」）。原题《善斌卖身契之二》。冯文第一一一页：「这张契约长宽是 41 × 46 厘米，曾在故宫博物院展览过。在一九五四年《新疆文物展览特刊》制成图版。回鹘文行书尚不难于辨认。契约背面右下角有墨色汉文『善斌元契耳石䄪』七字。」

[二]契丹，此处指汉人。冯文第一一一页《注释》契丹「这个名称原指从十世纪到十二世纪之辽；但到了后来，尤其是十二、三世纪及其以后则指中国而言。至今阿拉伯、波斯以及苏联仍称中国曰『契丹』，新疆维族对汉族也曾如是称呼；但后来的含义有些不正确。」

[三]冯文第一一二页《小记》：「证人有三人，但没有一个和前约（之一）名字相同的，这或者是当日的习俗。交钱领人时有一些证人，立正式文契时又另有一些证人。」

[四]此印是我阿体都通的，本契约自左上迄右下，有四个圆印，可能是阿体盖的。

五五八　元龙年（一二八〇）哈剌火州薛赛大师买奴红契（回鹘文汉译）[一]

〔龙年〕八月〔二十六日……〕向

大军祝福以及向兄弟的孩子们祝福[二]。向首长们、向按察使[三]向新恩的戒师、向新恩的人们、向众僧、向众生的智慧以及向吾师上座祝福[四]。向我自己、向我的妻、向我的孩儿们以及向阿三·托瑞里·吐尔迷失祝福。阿体都通（都统）是不愉快的，他以沮丧的心情引领向亲戚朋友祝福，他说：「我不论把谁买卖了，我是心安理得的！」阿体都通的斌通（善斌）是一个结实的年青的契丹孩子……文书言明我拿九锭钞买到了。余薛赛大师把他作为我和我的妻的「大孩子」。他应当把我的房子和我的院子给照料好，如我们最后拿过来的话。建议以深井新恩为开始：我的乌拉马可以把我的人伕（斌通）驮载上[五]，如果他和我的乌拉马不能适应（大概指路上有病或其他意外的事）的话。斌通——我的人伕不得把他自己的身体因任何理由出卖给任何人。如果遇到高山深沙，那他完全有四面八方的自由。如果我们认为此文书是不同于一般闲话的，那末我们就不受那些蜚言谰语说我们献给

大军一锭金子啦，献给的斤弟兄们多少银锭啦[六]……给了新恩的中间人一只羊啦，等等威胁的束缚。

证人：四大天王神[七]，七姊妹迭林[八]……胡失丁

证人：亦剌句。证人：呼图赤·阿三。证人：特林赤·布格欣都

余薛赛大师之章。余秃剌克承薛赛大师之命而书。[九]

【注】

[一]《考古学报》一九五八年第二期，捷尼舍夫、冯家昇《回鹘文斌通（善斌）卖身契三种附控诉主人书》（以下称「冯文」）。原题《善斌卖身契之三》。冯文第一一三页：「这张文书现藏乌鲁木齐博物馆，回鹘文行书。纸面略有损毁，所以照片上有好几个地方难以辨认。一九五四年曾在故宫博物院展览过，同年在《文物参考资料》第十一期为图版之一。」本契上有关防大印一，中型印一，长方小印三，均不可识。大、中二印或是官家所盖，小印或是薛赛大师所盖，契文中有「余薛赛大师之印」。从左上角斜下到右下角，有三个「可」字，一定是官家的批字。

[二]大军，指蒙古驻屯军。

[三]按察使，官名，全称「提刑按察使」。蒙古建国初置，分察地方。后改为肃政廉访使。（参看《元史》卷八十六《百官志》）

[四]上座，对有德行的僧人或寺院之长的尊称。

[五]乌拉，马差。

[六]的斤，高昌贵族亲王。

[七]四大天王，佛家传说，帝释的外将，住须弥山四边，各护一方，因称「护世四天王」，简称「四天王」或「四大天王」，即东方天王多罗吒（治国主），南方天王毗瑠璃（增长主），西方天王毗留博叉（杂语主），北方天王毗沙门（多闻主）。参阅《法苑珠林》五《三界诸天会名》、《经律异相》一《四天王》。

[八]七姊妹，佛家传说的七母天。相传阎罗王有姊妹七人，称为七母，皆女鬼。一曰遮文荼或左问拿，二曰娇吠哩，三曰吠瑟拿微，四曰娇么哩，五曰燕捺利或印捺哩，六曰劳捺哩，七曰末罗呬弭。迭林，夫人之尊号。

[九]冯文第一一五页《小记》：「这张契约的右边有『庚辰禩捌月念六日给予新恩沙弥善斌收执』十八字。按『禩』即『祀』，等于年；庚辰年即龙年。」《书·伊训》：「惟元祀十有二月乙丑，伊尹祠于先王。」注：「祀，年也。夏曰岁，商曰祀，周曰年，唐虞曰载。」善斌幼年曾受过僧徒教育，读过经，因亦称「沙弥」。

五五九　元代初年苦叉（库车）土尔迷失的斤卖田园房屋契（畏兀儿文汉译）[一]

……余、土尔迷失的斤因需要大都[二]通用的钞币——和州带「高昌」字样的也一样。我由我的女婿，他拨迷失分到的耕田和挤奶子的地方……我经合法的手续，卖给法苏都。文书内言明中统宝钞八十锭。自立文书之日起，余、法苏都即将全数付给；余、土尔迷失的斤即将全数收到。因此，从今日起，他拨迷失的兄、弟、堂侄、伯叔父不论谁不得有所争执。今如有人倚仗有力仕绅或妇人[三]之力借故争执，甚至造谣说我们献给大军一锭金子，缴予地方官和胥吏一只羊，这些闲话皆无用。从今日起，此葡萄园、土地、水、房屋、院落，法苏都有权占有，如他情愿的话；如他不情愿，他可转让或卖给别人。纵然有捣乱之徒从中作害，与法苏都无干。

这个手印是我土尔迷失的斤的。（盖章）

这个手印是我塞温赤脱瑞里的。（签字）

这个手印是我提蒲都的。（签字）

这个手印是我维拨撒的。（签字）

这个手印是我辛秀的。（盖章）

这个手印是我驱勒克的。

这个手印是我证人提里哥乞牙的。（盖章）

这个手印是我证人铁木耳补化的。（盖章）

这个手印是我证人大山的。（签字）

这个手印是我证人岳拉失的。（盖章）

这个手印是我证人玉古伦赤不花的。（签字）

余、土尔步应我的亲戚土尔迷失的斤清楚的嘱托书。

【注】

［一］《历史研究》一九五四年第一期冯家昇《元代畏兀儿文契约二种》。原题《借钱卖地契约》。后附图版。此契约是一九二九年前西北科学考察团在新疆库车获得的。长六一・三厘米，宽四一・七厘米。细棉纸，颜色微黄。畏兀儿行书，共二十七行，每行字数多寡不等。第一行缺年月日极重要的部分，第四行完全缺。除此以外，只有几个字漫漶不清；大致是完整的。今藏中国社会科学院考古研究所。

［二］大都，今北京城。《元史・地理志》一：元世祖至元元年（一二六四），称中都。「四年，始于中都之东北置今城而迁都焉。九年，改大都。」由此，可见此契约应写于至元九年（一二七二）以后。又契文言用「中统宝钞」，元自世祖中统元年（一二六〇）始造交钞和中统元宝钞（即中统宝钞）。「然元宝、交钞行之既久，物重钞轻。（至元）二十四年（一二八七），遂改造至元钞。」（《元史・食货志》一）此后，虽然「中统、至元二钞，终元之世盖常行焉。」（同上）但实际是以至元钞为主。契文言：「需要大都通用的钞币」，买主付出的是「中统宝钞」，证明此契约应写于至元二十四年以前。

［三］「妇人」句，《元史・刑法志》四《诉讼》：「诸妇人辄代男子告辨争讼者，禁之。」

五六〇　元巴比卖房地产（？）契（畏兀儿文汉译）［一］

……今如有人倚仗豪绅说奉献……金子……锭啦，交了地方官和每个随员……钞……锭啦；除此以外，又逐一贿赂了七锭钞啦。这些话都是没有用的。有欺骗或危害等事……我已具书为证。

这个手印是我巴比的。（签字）

这个手印是我耨音茫古的。（盖章）
这个手印是我哈失的。（盖章）
这个手印是我玉素普的。（签字）
这个手印是我容林他拨迷失的。（签字）
这个手印是我浓里的。（签字）
证人沙宾，这个手印是我的。（签字）
证人阿力，这个手印是我的。（签字）
证人布阮奇，这个手印是我的。（盖章）
证人奇林布，这个手印是我的。（签字）
……………这个手印是我的。（签字）
………………………………（签字）
…………………………………
证人奇呼儿，这个手印是我的。[二]
证人撒里，这个手印是我的。（签字）
证人阿尔喀齐，这个手印是我的。（签字）

【注】

[一]《历史研究》一九五四年第一期冯家昇《元代畏兀儿文契约二种》。原题《残缺契约》。后附图版。此契约是中国科学院考古研究所在一九五一年夏天买到的。长 47.3 厘米，宽 56.1 厘米。细棉纸，色黑黄。残存契文末尾的几句话和签书人，共十六行。字小，又多漫漶，不易辨认。契后具名的十三人，另有两人只签字，名已残缺。契后亦残，当还有证人。契上盖有四方红印十二个，已看不清，或为地方官印章。

[二]奇呼儿以下三人，原写于哈失以下三人之上。因本次排版困难，移于最后。

五六一　元羊年敦煌腊赞卖儿马契约（藏文汉译）[一]

羊年春，尚腊桑与尚……等在将军衙署……比丘和尚张本嘉从蔡多部落甲杂腊赞处购马一匹，毛色、纹理为：儿马，白额，马身有叶状与骰点斑纹。若因此马发生任何大小纠纷，唯腊赞是问。为免发生其他官司，立此购马之约：马身如无残无缺，立即交与和尚本嘉。此马在夏季毛色如改变，纹理有增减[二]，立即找到证人填换契文。如此交易，若被认可，向售马人交付成色足（银）五两。如腊赞被派支王差或不在家，照前所应诺，找到中人（说合人）甲杂部落的洛宗木和彭岱苏赞。说合证人：论腊桑腊顿、论腊桑多子、吴高戎、周达来、哈华华、蒙达错、蒙尚结诸人立契约盖印，马主和应诺人按指印，旧契由和尚本嘉掌握。

（牙登苏赞盖印）

【注】

[一] 王尧、陈践译注《敦煌吐蕃文献选》第五九页，P.T.1297号。原题《购马契约》。

[二] 「马在夏季」句，夏季，马的毛色多变，纹理也有所增减，马驹尤为明显。

五六二　元前至元二十六年（一二八九）徽州汪周孙卖地契[一]

一　□□都汪周孙，今情愿将日新都江村源履字号尚（上）山乙伯八号，通计弍□

二　□□角叁十步；夏（下）地乙伯九号至乙伯十一号，通计伍拾步，本户分得拾弍□

三　□□伯十二号，通计乙角，本户分得十五步；夏（下）地乙伯拾三号，通计五步□

四　□□一步二分五厘。东止神林路，南止路及田，西止江元堑垄为界，北止降□[二]

五　□以直上止降。又温字号横茶坑尚（上）山三十一号、三十二号，通计叁角，本户分得□

六　□少。东、西止自地，南、北止胡宥等山及张晖山。其山地内元（原）安厝六九朝□[三]

七　□□连年生灾死亡。今与弟禅老商议，改移前去吉地安葬。今将上项

八　□柳木并空榔，尽数立契出卖与归仁都李光远名下。三面评议中统

九　（钞）伍拾贯文[四]，其钞当日交领足讫无欠。其山地并前项空榔，未卖已前，

十　不曾与家外人交易。如有占栏（拦）[五]，并是出产人自行知（支）当，不涉受产人之事。

一一　人无信[六]，立此卖契为照。

一二　至元二十六年二月初十日[七]。

一三　汪周孙（押）

一四　领前项契内价钞足讫无欠，别不立碎领，只此随契一领为照。

一五　八日[八]　汪周孙（押）

【注】

[一] 原件藏北京图书馆。

[二] 降，下。《说文》段注：「下为自上而下，以地言曰降，故从𨸏。」此处指山坡至平地交界处。

[三] 安厝，安葬。

[四] 中统钞，元代最重要的纸币。元世祖忽必烈中统元年（一二六〇）印造。称「中统元宝交钞」，分为十种，即：十文、二十文、三十文、五十文、一百文、二百文、三百文、五百文、一贯文省、二贯文省。以银为本，中统钞两贯同白银一两。后因大量印造，钞值跌落。《元史·食货志》只举出九种。同书卷二〇六《叛臣·王文统传》云：「是年冬，初行中统交钞，自十文至二贯文，凡十等。」

[五] 如有占拦，「如有」下脱「内外人」等字。

[六] 人无信，「人」上脱一「恐」字。

[七] 至元，元世祖忽必烈年号。

[八] 八日，初八日先收全部契价，至初十日，始立契约。

五六三　元前至元二十七年（一二九〇）徽州郑思通卖地红契[一]

一 □□□□□□□□□□□□□□□□□□
二 □□□□□□□□□兄郑文□本都土名□
三 □□□□□□□□□小坞夏（下）山柒亩，东止□
四 □□□□□□□□弯心，直上止降；西止坑□
五 □□□□□弯里小垄直心，上止□□官家山□
六 □。四止内亩步尽行倩（情）愿出卖与尤昌拾贰□
七 □□进士名下为主。叁面评议中统价钞计式拾
八 壹贯文省。其钞当立契日两相分付去足讫。其
九 上项山地未卖已前，与家外人亦无牵涉。如有
十 家外人占拦及四止亩步□差，并是出产人自行
一一 知（支）当，不涉买主知（之）事。今恐人心无信，故立此卖契。
一二 　至元式拾七年十月廿六日郑思通（押）

一三　　郑应龙（押）
一四　依口书契人周子成（押）
一五　□下领去前项契内价钞前□
一六　……零碎少欠，只此随契□乙领
一七　郑思通（押）　郑应龙（押）
一八　依口书契人周子成（押）

【注】

[一]原件藏安徽省博物馆，编号二九六四五。

五六四　元前至元二十八年（一二九一）祁门县李阿林卖山地赤契[一]

一　归仁都李河（阿）林有山一段，在抗□，土名杨梅山。今无
二　钞开修田亩，曾愿将前项杨梅山东字三百一十四号
三　夏山四厶（亩）弍角[二]，夏地弍角；又更字号黄小坞东排夏
四　□弍亩。其二号山地东至坮坳横边三胡四坞领，西至黄
五　小坞田及地，北至尖，南至溪。其前项山地并地内大小杉苗
六　尽行出卖与同都人李景高名下讫。三面平值中
七　统宝钞拾壹贯文省。其钞当日交足无欠，契
八　外更不立碎领，只此随契一领为凭。今从出卖后，
九　一任受产收苗管业。[三]如有四止不明及家外人占拦，
十　并是出产人支当，不涉受产人之事。今恐无信，立
一一　此契为用者。　杨梅山六百五十九号，黄小坞六百六十号
一二　至元二十八年五月十五日李阿林（押）
一三　　代书契人李注（押）

【注】

［一］中国社会科学院历史研究所编《徽州千年契约文书》（宋一元明编）卷一第七页。元朝曾两用「至元」年号。（一）元世祖年号（一二六四—一二九四），史称「前至元」；（二）元惠帝年号（一三三五—一三四〇），史称「后至元」。

［二］厶，同某。《玉篇·厶部》：「厶，厶甲也。」《字汇·厶部》：「厶，与某同。」宋陆游《老学庵笔记》卷六：「今人书某为厶，皆以为俗，从简便，其实古『某』字也。」与「亩」谐音，亦借用作亩字。厶、畞、畆同。

［三］受产，下夺「人」字。

五六五　元元贞二年（一二九六）龙源汪必招卖荒地白契[一]

龙源汪必招，今将承祖本都一保土名茗坦招州榜上荒地一块，系五百十四号，计税四分二厘五，本身合一半[二]。今凭中立契出卖与　　汪名前去为业。当日三面议时值价文（纹）银壹两整，在手足讫。其价契当日两明。未卖之先，并无重互交易。来历不明，壹并自理，不干买人之事。所有税粮随契推扒供解，再不复立推单[三]。今恐无凭，立此卖契为照。

元祯二年三月廿日[四]立契人　　汪必招　（押）

亲笔无中

【注】

［一］原件藏天津市图书馆。

［二］合一半，「合」下脱一「得」字。

［三］推单，亦名「推收单」，后代亦称「除户执照」、「收户执照」、「推收执照」等。为田宅易主，携契向官府申报「过户」后，官府给予的证明。

［四］元祯，当作「元贞」。元成宗年号。

五六六　元元贞二年（一二九六）徽州吴仪甫卖山地契[一]

一　归仁都吴仪甫昨父存日，标分得祖户下本都君

二　字号粒漆源尚（上）山玖亩，系八号东边里分。东至降，

三　西止田，南至叔深之山，北至□□彦山，从坞头弯底，发洪量
四　出五丈为界；向东直上至降。又将同处共号山地杉苗
五　尚(上)山八亩弍角四拾步，系粒漆坞头正面山，东西北
六　至降，南至坞头山脚底，直上至鸡心垄，至降。今将
七　前项捌至内山及大小杉苗木并地脚，尽行立契出卖与
八　同都人吴崧山名下。叁面伻(评)值，价钞壹拾伍贯文
九　省。其钞当立契日一并交收足讫。其山地今从卖后，任
十　买主管业。如有四止不明及家外人占拦，并是卖
一一　主祇(支)当，不涉买主之事。所是元(原)入户上手契要，一并缴
一二　付。今恐人心无凭，立此卖山文契为照。
一三　元贞弍年十二月十五日

吴仪甫(押)

一四　今领前项契内山价钞并行收去足讫无欠。同前月日。再
一五　批。　吴仪甫(押)
一六　依口代书见交钞兄吴文甫(押)

【注】

[一] 原件藏北京图书馆。

五六七　元至大元年(一三〇八)祁门县洪安贵等卖山地赤契[一]

一　归仁都洪安贵、安富、安和，为无钞支用，情愿将本保土名
二　吴坑源前坞，寔字号夏山壹拾柒亩。东至岭，抵李宅及冯
三　伯通山，随岭下至前段田末，下至溪，抵李宅山；西至岭，抵李大兴
四　山；南至尖；北至大溪西，至岭下，至大溪及大后漋为界。又将
五　墓背坞[二]，寔字号夏山壹拾肆亩，夏地壹亩，其山地

六 东至乾坑，西至降，南至岭，抵谢宅山；北至岭，抵谢宅山。今将
七 前项捌至内山地并地内杉木、果木等物，尽数立契出卖与同都
八 人谢良臣名下，面议中统价钞柒拾柒贯文。其钞立契日
九 一并交收足讫，并无少欠。契外不立碎领。交相[三]。其山地未卖已前，
十 即不曾与家外人交易。如有内外人占拦及四至、亩步、字号不
一一 不明[四]，并系出卖主自行祇当，不涉买主之事。其山地今从出卖
一二 之后，一任受产主收苗管业为主。其契请官投兑收税供解。今
一三 恐人心无信，立此卖契为照者。
一四 洪安贵（押）
一五 至大元年十一月十五日洪安富（押）
一六 洪安和（押）

【注】

[一] 中国社会科学院历史研究所编《徽州千年契约文书》（宋元明编）卷一第九页。
[二] 背，同「胔」字。《大戴礼记·用兵》：「六畜饽背。」孔广森补注：「背即胔字。凡从肉者，隶变为月。」
[三] 交相，衍字。
[四] 不不明，衍一「不」字。

五六八　元至大元年（一三〇八）祁门县税使司发给谢良臣税照[一]

一 徽州路总管府祁门县在城税使司
二 今据谢良臣赍到后项文契计价
三 中统钞柒拾柒贯赴
四 务投税税讫，本司照依
五 画验价钞例收税，附历讫，所有公据[二]，合
六 出给照验者。

七 右付　收执。准此

八 至大元年十一月　日给

九

十 税使司（印）

一一 （押）

【注】

[一] 中国社会科学院历史研究所编《徽州千年契约文书》（宋元明编）卷一第八页。原题作《祁门谢良臣置产税票》。

[二] 公据，参看本书后录《元至元二年（一三三六）晋江县务给付麻合抹卖花园屋基公据》注[一]公据。

五六九　元至大二年（一三〇九）徽州吴永吉卖山白契[一]

一 三都吴永吉承祖吴朝瑞户下土名六公坑父字六号方

二 四坞尚（上）山玖亩。其山东止降，西止坑，南北止垄，分水为界。其山合

三 得壹半，计肆亩弍角。今来无钞支用，情愿前项四止内山地

四 并大小杉苗内取壹半[二]，尽得立契出卖与祁门县归仁十都

五 □梅窻名下，三面伻（评）值价钞至元宝钞伍贯文省[三]

六 其钞当成契日一并交收足讫无欠。其山地并大小杉苗一

七 任受产人闻官收苗，永远管业。今从出卖之后，如有

八 四止不明及内外人占拦，并有出卖人知（支）当取了。所有上手

九 来历赤契当行缴付受产照会[四]。今恐人心无信，立

十 此卖山地并大小杉苗文契为照者。

一一 至大弍年十一月　日吴永吉（押）　契

一二 依口书契人汪达之（押）

一三 见交易人吴振之（押）

【注】

［一］原件藏北京大学图书馆。

［二］情愿，「愿」下脱一「将」字。

［三］至元宝钞，元世祖忽必烈至元二十四年（一二八七）发行至元宝钞。分为十一等，即五文、十文、二十文、三十文、五十文、一百文、二百文、三百文、五百文、一贯、二贯。和中统钞并行。一贯当中统钞五贯。

［四］受产，「产」下脱一「人」字。

五七〇　元延祐二年（一三一五）徽州胡显卿卖山地契[一]

一　□□都六保胡显卿□□□□□

二　坐落土名方家坞夏（下）山弍角，并大小杉苗杂

三　木。东至叶思聪田，西至大降，南至王伯松坟

四　前垄心，直上至降；北至胡彦远地，从垄心直下，

五　至田尾为界。内存坟□所。今来无钞支用，愿将

六　上项山地，以（一）应大小杉苗，尽行立契出卖与同

七　保人胡朝卿名下，面议价钱中统钞伍拾贯

八　文。其钞当立日壹并交足无欠。今从出卖之

九　后，一任买主自行管业收苗受税。其山如有

十　家外人占拦，并是卖山祇（抵）当，不及买主祗（之）事。

一一　所有上手赤契，壹并缴付。今恐无凭，立此卖

一二　契文书为用者。

一三　延祐弍年肆月拾伍日　　　胡显卿（押）

一四　　　　依口代书人胡云甫（押）

一五　　今领山契内价钞并收足讫。同前月日。再批（押）

【注】

[一] 原件藏北京图书馆。

五七一　元延祐二年（一三一五）祈门县汪子先卖田山赤契[一]

归仁都汪子先有田山壹段，坐落土名苦竹降，唐字一千四伯四十九号夏山弍亩、次不及田弍角令（零）陆步[二]。其田山东止岭，分水直下，止谢大年田；西止弯心低（抵）谢大年山；南止降，北止谢大年田。今无钞支（支）用，情愿径（经）官给据[三]，立契将前项四止内田山及山内大小杉木尽行出卖与同都人李□□□，三面评议中统价钱陆拾叁贯文。其钞当立契日壹并交足，契后别无碎领。其田山并杉苗木，今从卖后，壹任买主收苗管业。未卖之先，即不情（曾）与家外人交易。如有四止不明及家外人占拦，并是卖主之（支）当，不涉受业人之事。其上手亦（赤）契共弍昏，壹并缴付。今恐无凭，立此卖契文书为用者。

延祐弍年七月拾伍日汪子先（押）

代书契男汪子德（押）

【注】

[一] 中国社会科学院历史研究所编《徽州千年契约文书》（宋元明编）卷一第一〇页。

[二] 令，借用「零」字。本契文中之借用、俗体、错别字等，随文于字下用括号注出。以下各契同此。

[三] 据，即「公据」。为官府批准田宅业主典卖其产业的凭证。

五七二　元延祐二年（一三一五）祈门县务付李教谕买山田税给[一]

一　皇帝圣旨里，徽州路祈门县务[二]
二　今据李教谕赍文契壹纸，
三　用价钱中统钞壹拾叁锭[三]，
四　买受汪子先夏山、次不及田，赴
五　务投税讫。所有契凭。须
六　至出给者。
七　右付本人收执。准此
八　延祐二年七月　日（押）

【注】

[一] 原件藏安徽省博物馆，编号二九六四三。
[二] 祈门县务，祈门县管理贸易及收税的机构。
[三] 锭，原为金银货币的一种名称。有一定形状。如以五两或十两铸为一锭。此处则为中统钞的一个单位。中统钞一贯为一两，五十两为一锭。

五七三　元延祐二年（一三一五）徽州李梅孙卖山白契[一]

归仁都李梅孙梯己标分得及□续买受同分人李黄潸、李松聪、李于石各人文契，共山壹片，坐落义成都二保老里坑高坑源头，元（原）系结字号，李家并买，李黄潸等于内合得壹半，计尚（上）山内取陆亩叁角拾式步，东至田及吴宅山，西至降，南至水竹弯心小泷直上至降，北至高尖。今为无钞支用，情愿将前项四至内山合得山地并地内大小杉苗尽行立契出卖与本都李延检名下。三面评议时值价中宝钞玖百伍拾贯[二]。其钞当日交足无欠，契后别不立领。其山今从卖后，一任受产主收苗永远管业。如有家外人占栏（拦）及重叠交易，四至亩步不明，并是出产人支当，不涉受产人之事。本家亦不曾有挤苗文字。其入户文契[三]，当行缴付。今恐无信，立此卖山文契为用者。

延祐二年八月廿八日　　李梅孙　（押）　契

见交易人　　李和孙　　（押）

前项山除当行缴付之受李松聪及李见山批与契共两纸，其余入户上手与他产相连，不及缴付。同日

梅孙　（押）

【注】

[一] 原件藏天津市图书馆。

[二] 中宝钞，「中」下脱一「统」字。

[三] 入户文契，上手契。

五七四　元延祐三年（一三一六）敦煌也的迷石买婢税给[一]

一　永昌[二]税吏司

二　今据也的迷石用价ㄌ（钱）中统钞壹拾陆

三　定[三]，买到四维场无（？）县女一名，唤（？）女女，年一十七岁，

四　望准官牙人赴务投税，凡合行出给[四]。

五　　右付也的迷石准此

六　　延祐三年七月[五]　　日给

七　　　（押）

八　司

【注】

[一] 甘肃藏敦煌文献编委会、甘肃人民出版社、甘肃省文物局编（主编：段文杰，副主编：施萍婷）《甘肃藏敦煌文献》第二卷第二二七页上「图版」、第三一七页上《叙录》。原题：敦研附三八一《延祐三年永昌税吏司文书》（一—一）。原说明：「白麻纸。卷长 22 厘米，卷高 28.9 厘米。总七行。传玺按：图版实八行。画押作第七行。又一至四行的上二三排文字上盖有三个红指印。年月处齐年盖月为税吏司大红印。（甘肃人民出版社一九九九年九月第一版）

[二] 永昌，元代政区名。永昌路，元至元十五年（一二七八）置，治今甘肃永昌县。

［三］定，与「锭」通。习称中统钞一贯为一两。五十贯为一锭。
［四］给，收税的证据。
［五］此处盖有正方形税吏司官印，齐年盖月。又在税给第一至第四行的上部，并排盖有指印（指模）三个。

五七五　元延祐五年（一三一八）徽州李五三婆卖山地红契[一]

□□李五三婆元（原）有祖墓山地二处，在本都查坑源□方师弯，行字号尚（上）山半亩。其山东至里垅分水上横墩[二]，下至田；南至田，西至外垅，上至横墩，下至田；北至横墩。又同源贤字九号尚（上）山□亩。其山东至李提领山，西至李大明地，南至李□□及李永官田，北至平垣。今为无钞支用，情愿将八至内墓地内取一半，计贰角，出卖与同分人李永昌名下。三面评议中统价钞壹拾伍贯文。其钞当立契交足无欠[三]。契后〔更不〕别立碎领。今从出卖之后，一任买主自行文（闻）官管业。如有八至不明及外人占拦，并系卖主之（支）当，不涉买主之事。其祖墓坟地则不曾与外交易。今恐人心无凭，立此卖契为照者。

延祐伍年四月十五日李五三婆（押）

依口代书人谢贵甫（押）

【注】

［一］原件藏安徽省博物馆，编号二九六四四。
［二］上横墩，「上」下脱一「至」字。
［三］立契，「契」下脱一「日」字。

五七六　元延祐六年（一三一九）徽州汪润翁卖山地契[一]

十六都汪润翁有山地一段，坐落十八都七保，土名深渡胡家坞，上山四亩一角，元（原）系国字第一百二十八号，经理系出字一千四十五号。东至高尖，西至青龙臂篱堑，南至祖坟庵后左篱堑随垄分水直上至降，北至大坞下弦，内有父一三朝奉坟一穴，并庵基屋宅一所。今为无钱用度，情愿将前项四至内山地告给公处，存留父坟禁步及庵屋基地外，于空闲山地内取风水一穴，计尚山一亩，立契出卖与十五都郑廷芳名下迁造风水寿基为主。面议时价中统钞二千六百贯文，其钞当日交足无欠。其山地一凭郑廷芳不定年月于空闲地内迁造风水一穴，本家并无阻当。其山地即系润翁梯己产业[二]，他人并无分籍。未卖已前，与他人即无交易。如有一切不明，并系润翁自行支当，不涉廷芳之事。今恐无凭，立此为照。延祐六年十二月　日

汪润翁

奉书领钞男　汪志道

【注】

[一] 安徽省博物馆藏徽州祁门《郑氏誊契簿》。转录自刘和惠《元代徽州地契》（一）（南京大学学报专辑《元史及北方民族史研究集刊》一九八四年第八期）。

[二] 梯己：同「体己」。自己的私房钱。（元）杨瑀《山居新语》：「体己者，即今之所谓梯己也。」（清）翟灏《通俗编》二三《货财·梯己》引（宋）郑思肖《心史》：「元人谓自己物则曰梯己物。」

五七七　元延祐七年（一三二〇）祁门县□元振合族卖坟山赤契[一]

一　□元振等照得本宗有□祖妣四孺人胡氏墓山一□[二]
二　字陆号，坐落十二都溶口山背。昨于己酉年间[三]，被□
三　孙擅自于祖坟右臂白虎觜上创造坟堆，侵占□
四　人不容已者，举请元美出名，陈告到官，委官勘当□
五　□一力争论。径停四年，至皇庆壬子[四]，方得归结了当。至
六　系元美独自经理前项墓山入户供解。今来谓见元美□
七　彼处迁造新坟。以此众议，念是元美争论四年，用力甚多，

□□祖坟右臂白虎一山，约计贰亩，东止大弯心，直进止降；西□□孙坟地；北止大降，抵郑家山。今将前项四止内山尽数□□名下为主。面议价丩（钱）中统钞贰佰伍拾两。其钞对众收讫，□支费了当。其山一任元美自行掌管为主，迁造风水，并每□修祖茔，供解税粮。日后各家子孙永远不在（再）收赎占拦。立此义逊文书为用者。

延祐七年二月十五日

兄元振（押）
弟 应明（押）
应信（押）
侄 德楙（押）
义海
义兴（押）
德震（押）
义聪
海元（押）
侄孙壬孙（押）

【注】

〔一〕中国社会科学院历史研究所编《徽州千年契约文书》（宋元明编）卷一第一一页。
〔二〕孺人，宋以前为中等官吏之母或妻的封号，以后为官宦或士绅人家夫人的尊称。
〔三〕己酉，元武宗至大二年（一三〇九）。
〔四〕皇庆壬子，元仁宗皇庆元年（一三一二）。

五七八　元至治二年（一三二二）祁门县谢子英卖山地红契[一]

〔归〕仁拾都谢子英，今将承祖山壹号，坐落本保，土名□□

二 土名里谢七匠坟夏（下）山拾亩，土名捉鸡坞，□□
三 字三百七十五号。又土名刀梢坞，共计山四亩，土名
四 梨树坟坳心，随坑下至大坑，北至谢□全山[二]。今将
五 项四至内山地四分内取壹分[三]，尽行立契出卖
六 与同分谢兰蕙□□□人名下。三面评议中统价
七 钞柒拾二贯文。其钞交足无欠，契外不立碎领。
八 相只此随契一领为照[四]。其山未卖之先，即无家外
九 人交易。如有家外占拦，并是出产人自行成（承）当，不
十 干买主之事。其山出卖之后，请买主收税收苗
一一 管业为主。今恐无凭，立此文契为照者。
一二 至治二年五月初一日[五] 谢子英（押）
一三 见交易人冯福之（押）

【注】

[一] 原件藏安徽省博物馆，编号二六五九八。
[二] 随坑下至大坑，此句上脱东至、西至、南至的具体内容。
[三] 今将项，「将」下脱一「上」字。
[四] 相只此，「相」字衍。
[五] 至治，元英宗年号。

五七九 元泰定二年（一三二五）祈门县务给付李德昌买山田税给[一]

一 皇帝圣旨里，徽州路祈门县在城务
二 今据李德昌用价钱中统钞壹佰两[二]
三 置拨到李文贵契内□□□，赴务投税，
四 所有文契，合行出给者。

五　　　　右付本人收执。准此

六　泰定弍年肆月　日　给

【注】

〔一〕原件藏北京图书馆。

〔二〕两，原为金银货币的一种单位。元代，亦为中统钞的一个单位。中统钞一贯为一两，值白银五钱。

五八〇　元至顺三年（一三三二）徽州程宏老卖山地契〔一〕

六都程宏老，故父显卿存日，梯己标分得山地三段，俱坐落十五都六保。第一段土名兰溪下段源，系操字号，经理系万字六百五十五号下山二亩三角。东至里垄分水抵郑安仁山，西至外垄分水抵郑廷芳山，南至坞口抵郑廷芳地横过为界，北至高尖。第二段土名倪家湖上截，原系浮字号，经理系万字一千一百四十二号上地二角二十六步，东至郑佑新地，西至山降，南、北至郑梦龙地。第三段土名倪家湖下截，原系浮字二十号，经理系万字一千一百四十七号上地二亩三角三十三步。东至大溪，西至郑廷芳山，南至郑六进地，北至郑廷芳地。其前项三段地、山则系宏老梯己标分产业，他人则无分籍。又与程隽民叔侄、洪卿共标分得兰溪桥头地屋共一段，元系操字二号，经理万字五百二十六号，东至行路，抵郑廷芳地；西至郑秀鱼塘石塍，南至屋后洋沟外，抵郑秀地；北至大坑。三分中宏老合得一分，计下地一角一十步，土瓦屋一间半。今为无钱支用，奉母亲阿方指令，情愿将前项一十六至内地、山尽数立契出卖与十五都郑廷芳、郑天庆名下为主，面议时价中统价〔钞〕二十锭。

至顺三年五月十五日〔二〕　程宏老　母亲阿方

主盟堂叔　程宏卿

【注】

〔一〕安徽省博物馆藏徽州祁门《郑氏誊契簿》。转录自刘和惠《元代徽州地契》（三）（南京大学学报专辑《元史及北方民族史研究集刊》一九八四年第八期）。

〔二〕至顺，元文宗年号。

五八一　元至顺三年（一三三二）徽州王舜民卖山地契[一]

十六都王舜民昨父亲王得甫存日，买受得倪从正本都保樵溪口上岸住后坞尚（上）地一亩二角，夏（下）地二亩二角，原系逊字，经理系四百九十七号、九十八号、九十九号。其地山东上垄分水[二]，西至下垄分水，南至坞口住屋洋沟外结石塝，横过西岸结石为界，北至坞头大降，内有杉苗一林。其地并杉苗与兄舜英相共，十分中舜〔民〕得三分，舜英合得四分。今为无钱用度，自情愿将四至内自梯己合得地山、苗木尽数立契出卖与十五都郑廷芳名下为业，面议时价中统钞九百四十贯文。足讫[三]。

至顺三年十月十五日　　　　王舜民

见立契主盟　　王舜英

【注】

[一] 安徽省博物馆藏徽州祁门《郑氏誊契簿》。转录自刘和惠《元代徽州地契》（四）（原载南京大学学报专辑《元史及北方民族史研究集刊》一九八四年第八期）。

[二] 东上垄，「东」下脱一「至」字。

[三] 足讫，此句过简。当作「当立契日，两相交付足讫」。或为类似内容的写法。

五八二　元至顺四年（一三三三）祁门县胡苗志（？）卖山地契[一]

一　义成都六保胡苗志（？）承父仲□□山地□□，
二　坐落本保捽坑源土名吴八住后，其山坐字六佰
三　□拾壹号尚（上）山弍亩弍角，其地坐字六佰伍拾号。
四　其山地东至降，西至李宏地，南至胡昌孙山，北至胡
五　昌孙塘坞山，随座直上至降。今来无钞支用，
六　情愿将前项四至内山地并在山下脚小苗，尽
七　立契出并卖同分人黄汝舟名下[二]，叁面〔评〕
八　议中统价钞壹拾伍贯文。其钞当立契日领

交足无欠。其山地内所有上脚大木，本家已于壬申冬，自行用工砍斫搬援（？）出卖已。从今时，下脚小苗并山地内已（一）应苗种，尽行并卖与同片人名下，永远收苗受税为业。如有当号四至亩不明[三]，及家外人占拦，并是出卖人自行低（抵）当，不涉买产主之事。未卖之先，并不曾与内外人重项交易，亦无拼（？）苗文契在他人手。所有入户文契就行缴付。其税钱至于胡德文甫户起割前去。今恐人心无信，立此并卖文书为用者。

□□别不立碎领。（押）

至顺四年陆月初十日　　胡苗志（？）（押）

见立契人王英俊（押）

【注】

[一] 原件藏北京图书馆。

[二] 尽立契出并卖同分人，此句衍脱数字。原句当作「尽数立契并卖（或作『出卖』）与同分人」。

[三] 四至亩，「亩」下脱一「步」字。

五八三　元元统二年（一三三四）徽州冯子永等卖山地红契[一]

在城冯子永同弟子良今为户门无钱用度，自情愿将拾西都捌保土名小山，皆承祖经理吊字贰阡（仟）壹百捌拾号山壹角，玖拾号计山叁角。其山东至弯心上降，西至长岭降，南至双坞口处田，北至坞头坳。今将前项四至内山尽数立契出卖与西都谢能静名下为业。

面议时价梅花银肆钱，在手前去用度。其价并契当日两相交付明白。其山听自能静入山永远管业。未卖之先，即无家外人重复交易。如有一切不明，并系卖人之（支）当，不涉买人之事。自卖之后，二家各无言悔。如先悔者甘罚银壹钱，与不悔人用；乃以此文为用。今恐无凭，立此文契为照者。

元统贰年肆月初贰日[二]立契人冯子永（押）契

同弟　子良（押）

依口奉书人冯宗义（押）

【注】

[一]原件藏北京大学图书馆。

[二]元统，元惠宗年号。

五八四　元元统三年（一三三五）洪社客退还误占树木字据[一]

十二都二保洪社客有祖墓林壹段，坐落四都二保，土名张婆坞都。于元统叁年式月八日到彼看卫字有四都潘富二评事[二]砍斫杉木并株木在山。彼时用宝字铁号印讫。今二家凭社长众人入地内看视，即依控地内砍斫木植，不系坟地畔砍斫。今随即退宝字铁号付与潘富二评事。因用人王贤移前去本家，不在阻当。今恐人心无信，立此退号文书为用者。

元统三年三月初六日洪社客（押）

十　见退号人谢仁官人[三]（押）

【注】

[一] 中国社会科学院历史研究所编《徽州千年契约文书》（宋元明编）卷一第十四页。

[二] 评事，原为职官名。汉置廷尉平，与廷尉正、廷尉监同掌决断疑狱。魏晋改称评，隋称评事。后代在民间用以为对缙绅士人的敬称。

[三] 官人，对有一定社会地位有文化的男子的敬称。

五八五　元元统三年（一三三五）徽州郑关保孙卖山地红契[一]

一　拾伍都六保郑关保孙今共有山地壹段，坐落

二　□都六保，土名降头源榴坞，经理系万字壹阡（仟）弍

三　佰五十七号夏（下）山陆亩弍角；又夏（下）山陆亩。其山东至

四　田，西至大降，南至坞心，直出至田，直进至平坡外弯心，

五　直上至降；北至里垄分水，抵郑伯云山，直上至降，直下

六　至田；又将万字壹阡（仟）弍佰五十八号次不及田弍拾伍步，

七　东至郑一举田，西、北至自山，南至胡子华山。今蒙

八　官司举行停丧不□有父亲身故[二]，无钱安殡，

九　今托所生父亲立契[三]，将前项捌至内田山陆分中合得

十　壹分，出卖与同都人郑子寿、子俊二人名下为主，

一一　三面评议时直（值）中统价钞陆拾贯文。其钞当契

一二　日两相分付[四]，更不别立碎领。其山地未卖已前，家外

一三　即无公私交易。如有一切不明，并是卖主自行理

一四　直，不涉买主事[五]。今人无信[六]，立此卖契为照者。

一五　元统　叁　年　五　月初一　日　　郑关保孙（押）

一六　　　领钞主盟代书所生父郑社孙（押）

一七　其前项山地选让与兄　　主盟伯郑立孙（押）

一八 子寿名下为主。今批为照　　　　堂叔公郑满孙(押)
一九 者。弟　子俊批凿[七]

【注】

[一]原件藏安徽省博物馆,编号二六五九九。
[二]此句不通,似有脱漏。
[三]所生父亲,生身之父。《诗·小雅·小宛》:「夙兴夜寐,毋忝尔所生。」孔颖达疏:「故当早起夜卧行之,无辱汝所生之父祖已。」
[四]其钞当契日,「当」下脱一「立」字。
[五]买主事,「买主」下脱一「之」字。
[六]今人无信,当作「今恐无信」。不少契约皆书作「今人无信」,皆讹。
[七]此批凿是买主之一郑子俊将本契所载山地的所有权让于其兄郑子寿名下的证明。

五八六　元元统三年(一三三五)徽州郑满三郎卖山契[一]

一 拾伍都六保郑满三郎今共有山地壹段,坐落本
二 都降头源,土名榴坞,元(原)系盘字号经
三 理,系万字壹阡(仟)弍伯伍拾柒号夏(下)山,共计
四 陆亩弍角;又夏(下)山陆亩。其山东至田,西至大
五 降,南至坞心,直出至田,直进至平坡外弯
六 心,直上至降,北至裹垅分水,抵郑伯云山,
七 直上至降,直下至田。又同处字号万字壹阡(仟)贰
八 伯伍拾捌号次不及田贰拾伍步[二],东至郑一举田,
九 西、北至自山,南至胡子华山。其前项捌至内山田
十 叁分中合得壹分。今为无钞支用,情愿立契出卖
一一 与同都人郑子寿名下为主,面议时直(值)中统价
一二 钞壹伯贰拾伍贯文。其钞当立契日与相付,
一三 别无碎领。其田山未卖之前,与家外人即无

一四 公私交易。如有一切不明，并是卖主自行理直，
一五 不涉买主之事。今人无信，故立此卖契为用者。
一六 元统叁年八月初一日卖山人郑满三郎（押）
依口代书侄郑社孙（押）
见交易人侄郑立孙（押）

【注】

〔一〕原件藏北京大学图书馆。
〔二〕次不及田，元代徽州的田地分为五等，即上、中、下、次下、次不及。

五八七　元元统三年（一三三五）祁门县王景期等卖山地赤契[一]

一 十五都七保王景期、王景荣、王景华，元与王景祥□
二 □共承父王子龙梯己[二]有本都七保汪坑源土名小源
三 夏山壹拾陆亩叁角肆拾伍步。元系赤字号经理
四 方字壹伯柒拾号：东止坦末垅分水，下止坑及田；西
五 大降；南止田；北止牛角坞心，直上止尖，直下止田。内有杉
六 木一林。今为无钞攴（支）用，景期、景荣、景华情愿共将
七 前行四止内合得夏山壹拾亩叁拾玖步，并杉木〔尽〕
八 数玄契出卖与（与）
九 郑秀官人名下为主。[三]面议时直中统价钞肆拾贯
十 文。其钞当交足讫无欠[四]。其杉苗并山地未卖前
一一 与他人即无交易。如有一切不明，并系出卖主□□
一二 之当，不涉买主支事。今恐人心无信，立此卖契为
一三 照者。
一四 元统叁年乙亥岁八月初九日王景期（押）

王景荣（押）

王景华（押）

【注】

〔一〕中国社会科学院历史研究所编《徽州千年契约文书》（宋元明编）卷一第一三页。

〔二〕梯己，私有的财物。清翟灏《通俗编》二三《货财梯己》引宋郑思肖《心史》：「元人谓自己物则曰梯己物。」同「体己」。

〔三〕官人，多义词。此处为对有一定社会地位有文化的男子的敬称。

〔四〕当交足讫，当下脱一「日」字。

五八八　元元统三年（一三三五）祁门县郑俊卿卖山地赤契〔一〕

〔十〕五都三保郑俊卿□有山地壹段，坐落本都六保□□□桐岭下，元系禽字壹百二十三号，经理系万字壹仟□伯三十六号夏山壹拾伍亩；又夏山壹拾伍亩，尚山壹角。东至郑一德山，从陇分水，直上至降，下至田，西北周□□；南至郑商臣山，从大坵田塍直上至降；西至大降；北至高□□□陇分水直下至田。田水俱流，全系。今为无钞支用，情愿将前项四至内山地并杉木拾分中合得壹分，立契出卖与郑子才名下为主。面议时值中统价钞叁拾式贯[illegible]（钱）。其钞当立契日一并交足无欠。其山地并杉木卖已前与（与）家外人即无交易。如有一切不明，并系出产人自行祗当，不涉受产主之事。今人难凭，立此文契为用者。

元统三年乙亥岁拾月初一日郑俊卿（押）

【注】

[一] 中国社会科学院历史研究所编《徽州千年契约文书》(宋元明编)卷一第一五页。

五八九 元后至元二年(一三三六)晋江县麻合抹卖花园屋基帐[一]

泉州路录事司南隅排铺住人麻合抹，有祖上梯己花园一段，山一段，亭一所，房屋一间，及花果等木在内，并花园外房屋基一段，坐落晋江县三十七都，土名东塘头村。今欲出卖〔价〕钱中统钞一百五十锭。如有愿买者，就上批价，前来商议。不愿买者，就上批退。今恐〔人心〕难信，立帐目一纸[二]，前去为用者。至元二年七月　日帐目

立帐出卖孙男　麻合抹

同立帐出卖母亲时　邻

行　帐　官　牙黄隆祖

不愿买人姑忽鲁舍　姑比比　姑阿弥答　叔忽撒马丁[三]

【注】

[一] 施一揆《元代地契》。原文辑自福建晋江陈埭丁姓(道光修)家谱(原载《历史研究》一九五七年第九期第七九页)。

[二] 立帐目，帐，亦叫做「问帐」、「帐目」，是业主征求买主的书面文件。上面简要写明业主姓名、产业数量及座落、售价等。与公据一起，送往亲、邻，征求买主。如亲、邻不要，在帐上批明，叫做「批退」。亲邻不要，可由牙人作中，卖与其他的人。此制大约始于唐代。《大元通制·户婚》：「诸典资田宅，须从尊长画押给据立帐，历问有限房亲及邻人、典主。不愿交易者，限十日批退。违限不批退者，笞一十七。愿者限十五日议价，立契成交。违限不酬价者，笞二十七；任便交易。亲邻典主故相邀阻需求书字钱物者，笞二十七。主虚张高价，不相由问成交者，笞三十七；仍听亲邻典主百日收赎。限外不得争诉。业主欺昧故不交业者，笞四十七。亲领典主在他所者，百里之外，不在由问之限。」

[三] 不愿买人，即「批退者」。本帐批退者，都是业主麻合抹的近亲。

五九〇 元后至元二年(一三三六)晋江县务给付麻合抹卖花园屋基公据[一]

皇帝圣旨里，泉州路晋江务，据录事司南隅住民麻合抹状告：父沙律忽丁在日，原买得谢安等山园、屋基、山地，辟成花园，于内栽种花木，四围筑墙为界，及有花园外屋基地一段，俱坐落晋江县三十七都东塘头庙西保。递年立(例)，麻合抹通纳苗米二斗八升。原买山园屋基，东西四至，该载契书分晓。今来为□□□远，不能管顾；又兼阙钞经纪，欲将上项花园山地出卖。未敢擅

便，告乞施行，得此行据。三十七都里正、主首刘观志等申遵依呼集耆邻陈九等，从公勘，当得：上项花园山地，委系麻合抹承父沙律忽丁〔原〕买〔梯己〕物业，中间别无违碍。〔出〕到各人执结文状，缴连保结，申乞施行。得此，除外，合〔行告〕〔给〕又字九号半印勘合公据，付本人收执，前去立帐，〔遍问〕亲邻。愿与不愿执买，□便□人成交毕日，赍契〔赴务〕投税，合该产苗，依例推收，毋得欺昧违错。所有公据，合行出给者。至元二年九月十一日给

右付麻合抹收执准此[二]

【注】

[一] 施一揆《元代地契》。原文辑自福建晋江陈埭丁姓（道光修）家谱（原载《历史研究》一九五七年第九期第七九—八〇页）。

[二] 本件为「公据」。「公据」在唐宋时期，称做「文牒」。为官府批准田宅业主典卖其产业的证明。元代的公据因上有半个官印，所以叫做「半印勘合公据」。亦简称「据」。《通制条格》卷一六《田令·典卖田产事例》引大德七年（一三〇三）五月中书省户部呈：「诸私相贸易田宅，即与货卖无异，拟合给据。」

五九一　元后至元二年（一三三六）晋江县麻合抹卖花园屋基官契[一]

泉州路录事司南隅排铺住人麻合抹，有祖上梯己花园一段[二]，山一段，于内亭一座，房屋一间，及花果等木在内。坐落晋江三十七都东塘头庙西，四围筑墙为界。东至孙府山，西至谢家园，南至瑞峰庵田，北至谢家山；又花园西边屋基一段，东至小路，西至陈家厝，南至空地，北至谢家园。因为阙钞经纪用度[三]，将前项花园并屋基连土出卖。遂□晋江县〔颁〕给公勘据□明白[四]，立帖□问亲邻[五]，俱各不愿承支。今得蔡八郎引到在城东隅住人阿老丁前来就买，经官牙议定时价中统宝钞六十锭。其钞随立文契日一完领讫，〔不另〕批目。其花园并基地□□上手一应租契，听从买主收执，前去自行经理管业，并无克留寸土在内。所卖花园屋基，的系麻合抹梯己物业，即不是盗卖房亲兄弟叔伯及他人之业，并无诸般违碍，亦无重张典挂外人财物。如有此色，卖主抵（支）当，不涉买主之事。所有合该产钱，麻合抹户苗米二斗八升，自至元二年为始，系买主抵纳。今恐〔人心〕难信，立卖契一纸，付买主印税收为用者。元至元二年十月　日文契

情愿卖花园屋基人　麻合抹

同卖花园母亲　时邻

引　进　人　蔡八郎

知见卖花园屋基姑夫何暗都剌

代　书　人　林东卿

【注】

［一］施一揆《元代地契》。原文辑自福建晋江陈埭丁姓（道光修）家谱（原载《历史研究》一九五七年第九期第八〇页）。按：施文所收元代地契共八件，原分两组，至元二年四件为第一组，至正二十六年三件和至正二十七年一件为第二组。本件契约属第一组。施文二《说明》五：「两组地契，也或多或少地反映着元代阿拉伯商人侨居泉州的情形。第一组地契中所载卖主是沙律忽丁子麻合抹，母名时邻，姑名忽鲁舍、比比、阿弥答，叔名忽撒马丁，姑夫名何暗都剌；买主即第二组卖主蒲阿友之祖阿老丁。这些人当系阿拉伯商人无疑。如众所周知，泉州自五代以后，逐渐发展成为我国中古时代对外贸易的重要商埠。印度、波斯、阿拉伯以及南洋各地商人来此寓居经商的很多。南宋末年为泉州市舶司三十年。降元后以海船助元灭南宋的蒲寿庚，就是阿拉伯侨商。到了元代，随着泉州成为当时全国第一的对外贸易大商港，外商寓居的更多。……这两组地契，反映了元代阿拉伯商人确实不仅全家在泉州买地置产居住下来，而且更历经数代，如沙律忽丁至麻合抹为两代，阿老丁至蒲阿友为三代。由此，我们说中国人民善与外人友好往来，和平共处，以及与西南亚各族人民的文化交流有着久远的历史，并不是毫无根据的。」按：至正二十六年三件应为第二组，至正二十七年一件应为第三组。关于二、三两组契约等文件的情况，在各有关文件的注释中加以说明。

［二］梯己，同「体己」。自己的，私房财产。

［三］闽，同阙。见《五音篇海》。

［四］遂□晋江县□给公勘据□明白，此句除有的字不清楚外，也有的文字颠倒。原意当是「遂〔由〕晋江县〔颁〕给公据，勘〔合〕明白。」

［五］□问，当作「尽问」、「历问」或「取向」。

五九二　元后至元二年（一三三六）晋江县务给付阿老丁买花园山地税给[一]

皇帝圣旨里，泉州路晋江县，今据阿老丁用价钱中统钞六十锭，买到麻合抹花园山地。除已验价收税外，合行出给者。

至元二年十月初三日给　　　右付本阿老丁准此[二]

【注】

［一］施一揆《元代地契》。抄自福建晋江陈埭丁姓（道光修）家谱（原载《历史研究》一九五七年第九期第八〇页）。

［二］本件为「税给」，明清时期称做「契尾」。是缴纳契税的收据。《元典章·户部·田宅·典卖》：「今后典卖田宅，先行经官给据，然后立契，依例投税，随时推收。」

五九三　元后至元三年（一三三七）徽州郑周卖山地契[一]

一　十四都郑周今无钱用度，自情愿将自己用价

二　买授到十二都胡隆曙等名下山地壹号，坐落本都
三　三保土名拦山路，经理系凤字号　　号
四　计山伍亩。其山东止小坞田末，西止老，南止汪家
五　山，北止坑。其山拾陆分内本家买授得玖分，尽
六　数立契出卖与本都汪积祖名下为业。面
七　议时价稻谷肆拾叁秤。其谷并契当日两
八　相交付。其山未卖之先，即无家外人重伏（复）交
九　易。来历不明，卖人之当不涉买人之事。
十　内除本家祖坟四所。自成交之后，二家各无
一一　言悔，如有先者甘罚契内稻谷式拾秤，如（与）
一二　不悔人用。所有上首文契与别段山坞相
一三　连，未曾缴付。今恐人心无凭，立此文契为
一四　用者。
一五　元统伍年四月十五日[二]立契人郑周（押）契
一六　　　　代书男郑宗生（押）

【注】

[一]原件藏天津市图书馆。

[二]元统伍年，元统只有三年（一三三三—一三三五），其五年当为「至元三年（一三三七）」。

五九四　元后至元三年（一三三七）徽州郑立孙卖山地红契[一]

一　拾伍都六保郑立孙今有山地壹段，坐落本都六保土名
二　降头源榴坞，元（原）系盘字号，经理系万字一阡（仟）式伯伍拾
三　柒号夏（下）山，共陆亩式角；又夏（下）山陆亩。其山东至田，西至大降，
四　南至坞心，直进至平坡外弯心，直上至大降，直出至田，北至

五 里垅，分水抵郑伯云山，直上至降，直下至田；又同外万字
六 壹阡(仟)弍伯伍拾捌号次不及田弍拾伍步[二]，东至郑一举田，
七 西、北至自山，南至胡子华山。今将前项捌至内田山陆分中
八 合得壹分。今为无钞支用，情愿立契将前项山田[三]，尽数出卖
九 与同都人郑子寿名下为主。三面评议时直中统价钞
十 伍拾伍贯文。其钞当立契日两相分付足讫，别无碎领。
一一 其田山未卖已前，家外人即无公私交易。如有一切不明，
一二 并是卖主自行理直，不涉买主之事。今人无信[四]，立此卖
一三 契为用者。
一四 至元叁年拾月拾伍日。郑立孙(押) 契
一五 依口代书兄郑社孙(押)

【注】

[一]原件藏安徽省博物馆，编号二一〇四一。
[二]次不及田，为第五等田。
[三]将项山田，「项」上脱一「前」字。
[四]今人无信，当作「今恐人心无信」或「恐人无信」。

五九五　元后至元四年(一三三八)祁门县郑定孙等卖山地赤契[一]

一 拾伍都陆保黄竜源[二]郑定郎[三]与(与)兄荣郎、伯大寿公共□山
二 地〔三〕段，俱坐落本都。第壹段：叁保相思坑，土名林家山，夏
三 山壹拾玖亩叁角，元系□字壹伯贰拾号至壹伯弍拾
四 贰号，经理系木字壹阡贰伯捌拾壹〔号，东〕至林家山
五 坞心，抵郑思聪山，进直至坳[四]，出至郑廷芳田末，上至
六 分水，抵郑秀山，下至双坑口；西至田，随山脚直进堨头

七　芦树垄[五]，抵郑明山，上至降；南至双坞口田，北至大降。
八　第贰段：陆保斜路源，土名砂弯张二坡，夏山柒亩。元
九　系据字号，经理系万字壹阡陆拾肆号。　东至大
十　降，西至大坑；南至干坑，进中小垄分水，抵郑一举山，
一一　上至降；北至张二坞心，抵郑一德山，从坡心直上至降。
一二　第叁段：陆保黄竜源，土名田舍坞，夏山壹拾陆亩。
一三　元系盘字号，经理系万字壹阡贰伯柒拾伍号。
一四　东至大降，西至大坑，进从生坟坞口前头止，□□
一五　分水，上至大尖，南至日舍坞心，进半坞，转上至降。　北
一六　至大尖。　其前项壹拾贰至内山地肆分中，定孙
一七　合得壹分。　今为无钞支（支）用，情愿将前项壹拾
一八　贰至内合得山地尽数立契出卖与（与）同人[六]郑
一九　廷芳明（名）下为主，面议时直中统价钞贰伯贯
二〇　文。　其钞当日交足。　其山地未卖已前，与它人
二一　即无交易。　如有交加[七]一切不明，并定孙自
二二　行支当，不涉买主之事。　今人无信，立此卖
二三　契为用者。
二四　　至元四年十二月初日[八]郑定孙（押）契
二五　　　依口代书人黄季卿（押）

【注】

[一]中国社会科学院历史研究所编《徽州千年契约文书》（宋元明编）卷一第一六页。

[二]竜，同「龙」。《集韵·钟韵》：「龙，古作竜。」于省吾《双剑誃诸子新证·晏子春秋二》：「竜，即龙之别构。《汗简》亦作竜。」

[三]郑定郎，当是卖产主郑定孙的别名。

[四]坳，山间平地。

[五]堨，遏水的土堰。

［六］同人郑廷芳，当是同分人郑廷芳。

［七］交加，当是「交易」。

［八］初日，初下缺计日数字。

五九六　元至正元年（一三四一）徽州叶明夫卖山地契［一］

十六都四保紫溪源叶明夫梯己有山地二段，坐落本保紫溪源石际坞土名长垄及下坞凌东培，元（原）系身字号，今系五字三百号，二段夏（下）山共计九亩经理，外加下山五亩长垄山地一段，东至坑，西至大降，南至田广里双坑口直上至降，北至坞头高石坎从益心直上至大降；下坞凌东培山地，东至降，西至下坞凌坑心直上至大降，南至吴家湾口相对直上至降，北至大降。今为无钱用度，情愿将前项八至内山地亩步立契出卖与十五都郑廷芳名下为业，面议中统钞五百贯文。

至正元年十一月十五日　　叶明夫

奉书男　叶文甫

【注】

［一］安徽省博物馆藏徽州祁门《郑氏誉契簿》。转录自刘和惠《元代徽州地契》（六）（原载南京大学学报专辑《元史及北方民族史研究集刊》一九八四年第八期）。

五九七　元至正二年（一三四二）徽州胡季森等卖山地契［一］

十六都青龙胡季森，字信友，与兄仲友男圣祐孙，及兄业友共承父仁夫与叔乂夫共有十五都六保余家坳下土名冢坞山地一段，内有杉木一林，元系浮字四十一号并四十四号，东至外垄分水，西至里垄分水，南至冢头大降，北至坞口结石横过，系万字一千九十八号。其山地信友、仲友、业友合一半，计上山二亩、夏山四亩三角三十步。昨奉母亲指令，陆续将前项四至内合得山地并杉木尽数立契卖与十五都郑廷芳名下为主，该信友与兄仲友共断买得兄业友一分。今为无钱支用，情愿将前项四至内元典及断得业友一分其前项山地杉木尽数立契断卖与元受典主郑廷芳名下永远为主，面议时值中统钞二百贯文，其钞当日交足。

至正二年六月初三日　　胡信友　　圣佑孙

【注】

［一］安徽省博物馆藏徽州祁门《郑氏誊契簿》。转录自刘和惠《元代徽州地契》(八)(原载南京大学学报专辑《元史及北方民族史研究集刊》一九八四年第八期)。

五九八　元至正三年(一三四三)徽州胡祥卿等卖山地契[一]

十六都一保胡祥卿同弟胡仁卿，原与叔胡信友共承祖义夫有十五都六保余家坳冢坞夏(下)山四亩三角，元(原)系浮字号，经理系万字一千九十八号，东至坞口抵郑义郎地，西至冢坞头大尖，南、北至垄分水，内有杉木一林，昨祖母同父、叔陆续将上项四至内山地出典与郑廷芳名下讫。今为无钱支用，自情愿将前项原典山地合得一半杉木尽数立契断卖与典主郑廷芳名下永远为主，面议时价中统钞三百贯文足。

至正三年六月初一日　　胡祥卿　　胡双孙

【注】

［一］安徽省博物馆藏徽州祁门《郑氏誊契簿》。转录自刘和惠《元代徽州地契》(九)(原载南京大学学报专辑《元史及北方民族史研究集刊》一九八四年第八期)。

五九九　元至正五年(一三四五)徽州汪贵实卖山地契[一]

十五都汪贵实与叔元鹗共有本都四保土名黄荆坞口下蛟坑口上地山一段，东至黄荆坞口，西至汪三公坟坞口，南至溪，北许家山降，内贵实合得一半，计夏地六步半、夏山二亩二角，经理系赖字九百六十六号。今为无钱支用，情愿将前项四至内合得山地尽数立契出卖与同都人郑廷芳名下为主，三面评议时价钱中统钞四十贯文，当日立契，两相交付足讫。

至正五年十月十五日　　汪贵实

奉书男　　汪颐孙

【注】

［一］安徽省博物馆藏徽州祁门《郑氏誊契簿》。转录自刘和惠《元代徽州地契》(十)(原载南京大学学报专辑《元史及北方民族史研究集刊》一九八四

年第八期）。

六〇〇　元至正六年（一三四六）祁门县胡德玄卖田赤契[一]

一　…………□胡德玄与（与）兄子茂及伅长□□□
二　…………用。共有拾伍都陆保蓝溪源
三　□□□□□夏田肆亩壹角肆拾陆步，计租柒
四　拾弍秤，元系邑字号。东至郑〔廷〕芳田，西至自田
五　及郑世京田，南至郑世京墓地，北至坑。祖东□□
六　得壹半，计夏田贰亩伍拾叁步，计租叁拾陆秤，经
七　理系万字伍伯号。故父汉英存日，用价买受得伯长
八　□得夏田壹亩贰拾陆步半，其田贰亩伍拾叁步
九　□系子茂、德玄弍人梯己全得。今无钞支用，德玄
十　情愿将合得夏田壹亩贰拾陆步半计租〔壹拾捌〕
一一　秤，尽数立契出卖与（与）拾伍都郑廷芳名下为主。
一二　议时值中统钞伍伯肆拾贯文。其钞当日交足无欠。
一三　其田未卖已前，即无与人交易。如有不明，并系出卖
一四　主自行祗当，不涉〔买主之事，恐人无信〕，立此卖契〔为〕
一五　用者。
一六　　至正陆年捌月初三日　　胡德玄（押）契

【注】

〔一〕中国社会科学院历史研究所编《徽州千年契约文书》（宋元明编）卷一第一七页。

六〇一　元至正十一年（一三五一）贵池县谢安得等卖山地赤契[一]

见居池州府贵池县兴仁乡一保[二]谢安得、安常有承祖山地壹片，坐落祁门县归仁拾都八甲，土名大坞口，元与（与）谢显淑等相共，本宅合得一半，计山叁角，系经理吊字弍千一伯八十四号。其山东至岭，下至田畘头；西至岭，下至畘口路及田；南至田；北至降。今为无钱支用，情愿将前项四至内本家合得分法墓林山地尽行立契出卖与祁门县十都同分人谢子诚名下，面议时价中统宝钞叁拾贯文正。其钞并契当日两相交付。其山一听买人经理入户，迁造风水，永远管业。未卖之先，即不曾与内外人重复交易。如有一切不明及内外人占栏（拦），并是卖人之当，不及买人之事。其上手祖墓砧基文薄（簿）[三]，与别产相连，不及缴付，日后赍出，不在行用。今恐无凭，立此文契为用者。

至正十一年十二月初七日　出契人　谢安得（押）契

谢安常（押）

【注】

[一]中国社会科学院历史研究所编《徽州千年契约文书》（宋元明编）卷一第一八页。

[二]贵池县，五代吴顺义六年（九二六）改秋浦县置，治今安徽贵池县。

[三]砧基文簿，田地的图形簿，后代称为鱼鳞图册。始创行于南宋初年之李椿年。南宋李心传《建炎以来朝野杂记》甲集卷五《经界法》：绍兴十二年（一一四二）李椿年「为两浙转运副使，上疏言经界不正十害。……因上经界画一。其法，令民以所有田，各置坫（砧）基簿，图田之形状，及其亩目四至，土地所宜，永为照应。即由不入簿者，虽有契据可执，并拘入官。诸县各为坫基簿三：一留县，一送漕，一送州。凡漕臣若守令交承，悉以相付……十三年六月，诏颁其法于天下。」元、明沿用之。

六〇二　元至正(?)十一年(一三五一)徽州李戊孙等卖地白契[一]

一　□□□□李戊孙、李己孙、李寿孙、李福四孙，奉母亲
二　□□□□令，今将本都土名和师岭、戚字号夏地弍角，
三　东至溪；西至路及田；南至李和之夏地，直入至路上高
四　田塝为界，直出至大溪；北至胡元三官人地，立堑为界。今
五　为无钞支(支)用，曾具状经官告给地字四十三号公据，
六　愿将前项四至内地内取夏地壹角，并地内竹木杉木
七　及果木一应苗物，尽行立契断卖与(与)同都人胡宗
八　乙官人西谷名下，面议中统价钞弍拾五贯文。其钞当
九　立契日一并交收足讫无欠。其地并地内苗物竹果杉杂
十　木植，今从出卖之后，一任买主闻官纳税收苗，永远
一一　为业，□□四至不明及家外人拦占，并是卖主自行
一二　祗当，不涉买主之事。所是上件产段，实系祖产，即无
一三　上手缴付，见凭砧基该载。如要参证，赍出不词。今
一四　恐无凭，立此断卖契为用者。
一五　　至正(?)十一年十一月廿五日李戊孙亲书(押)
一六　□契内价钞随契一领收足无欠，同前月日。再批(押)
一七　　　李己孙(押)
一八　　　李寿孙(押)
一九　　　李福四孙福四孙[二](押)
　　　　　母亲阿胡(押)

【注】

[一]原件藏天津市图书馆。

[二]原文如此。李氏四孙当以戊、己寿、福为名。福居四，因名「李福四孙」。第二个「福四孙」当是衍文。

六〇三　元至正十三年(一三五三)徽州郑赵保卖山地契[一]

十五都郑赵保用价买到胡神孙山二号，坐落本都六保，土名竹园坞上下牛角湾。今为无钱用度，愿将其山二号并杉苗尽数立契出卖与同都人郑清卿名下为主，面议时价宝钞五十贯文。

至正十三年三月二十五日　　郑赵保

见交易人　胡神孙抄白

【注】

[一]安徽省博物馆藏徽州祁门《郑氏誊契簿》。转录自刘和惠《元代徽州地契》(十三)(原载南京大学学报专辑《元史及北方民族史研究集刊》一九八四年第八期)。

六〇四　宋龙凤五年(一三五九)徽州谢志高卖山地契[一]

一　谢志高今为缺物支用，自情愿将四都二保土名乌坑，
二　经理调字壹伯肆拾号上山壹拾贰亩贰角肆拾步。其〔山
三　东至□〕，西至田，南至余家山，北至余家山。今将前项四至内〔山
四　尽〕数立契出卖与四都康复轻名下。三面议价钱中〔钞
五　□〕贯。其钞当立契日一并收足。其山一任买主永远管业。
六　其山未卖之先，即不曾与家外人交易。如有家外人□□，
七　〔并是〕出产人自行之(支)当，不干受产人之事。所有上手赤〔契〕，
八　与叔谢兴发相共，不及分付。今恐无凭，立此文契为用〔者〕。
九　龙凤伍年七月十一日[二]立契人谢志高(押)
十　见交易人汪子富(押)

【注】

[一] 原件藏安徽省博物馆，编号二六五八五。

[二] 龙凤，元末农民起义军领袖韩林儿的年号。韩林儿之父韩山童为元末农民起义军首领。元至正十一年（一三五一），与刘福通等聚众起义，不久被捕牺牲。一三五五年春，韩林儿在亳州（今属安徽），为红巾军领导人刘福通拥立，称小明王，国号宋，年号龙凤。不久，移驻安丰（今安徽寿县）。

六〇五　宋龙凤十年（一三六四）徽州谢公亮退地白契[一]

一　拾都谢公亮□用价买受到谢士云住屋基地壹
二　片，坐落王坑源，经理唐字　号尚（上）地肆十步
三　半，夏（下）地叁拾九步。东至众墓地，西至谢升叔[二]，
四　南至自存门屋地，北至山。今为少货支用，愿
五　将前项地基出退赎与谢士云名下，面议价货
六　　贯文前去。其货物当立契日乙并收足
七　无欠。未卖之先，不曾与家外人交易。如退赎
八　之后，乙任买主为主，本宅即无阻当。所是（有）尚（上）手，
九　乙并缴付。如有漏落，日后不在行用。今恐无
十　凭，立此退契为用者。
一一　　龙凤拾年十一月廿五日　谢公亮（押）　契

【注】

[一] 原件藏安徽省博物馆，编号二六五八四。

[二] 谢升叔，下脱具体地点。

六〇六　宋龙凤十二年（一三六六）徽州谢志高卖山地白契[一]

一　……………情愿将本都八保山□

二 ……………………………………………夏山壹亩弎角
三 ……………………………………………东至降，西至谢
四 子善田，南至谢子善山，北至李家山。今将前项四至内尽
五 数立契出卖与本都谢子善名下。面议价钱货物
六 柒拾伍贯文。其货物当立契日一并收足无欠。其山
七 未卖之先，即不曾与家外人交易。如有家外占栏(拦)，
八 卖主祇当，不干买主之事。今恐人心无信，立此文契
九 为用者。
十 龙凤十二年[二]七月初一日　　　谢志高(押)契
一一 谢景荣(押)

【注】

[一] 中国社会科学院历史研究所编《徽州千年契约文书》(宋元明编)卷一第十九页。

[二] 龙凤年号，元末农民起义军领袖韩林儿称小明王，国号宋，年号龙凤。其十二年冬，朱元璋以迎韩林儿赴应天(今江苏南京)为名，使人将韩林儿沉死于瓜洲江中。

六〇七　元至正二十六年(一三六六)晋江县蒲阿友卖山地帐[一]

晋江县三十七都东塘头住人蒲阿友，祖有山地一所，坐落本处，栽种果木。今因阙银用度，抽出西畔山地，经官告据出卖。为无房亲立帐，尽卖山邻。愿者酬价，不愿者批退。今恐无凭，立此帐目一纸为照者。

至正二十六年八月　　日

立　帐　人　蒲　阿　友

不愿买山邻　曾大　潘大

【注】

[一] 施一揆《元代地契》。原文辑自福建晋江陈埭丁姓(道光修)家谱(原载《历史研究》一九五七年第九期第八〇页)。按：本件契约与以下二附件

合为泉州八件契约的第二组，其中缺少一「税给」。施一揆说：「至谓少验价收税一道手续，其因可能有二：一、验价收税手续已办，官给文据可能遗失，以致丁姓修家谱时未能列入；二、至正二十七年（公元一三六七年）正当元代崩溃的前夜，朱元璋重建汉族政权的形势已定，这时很有可能元代政令已经不能普遍彻底推行，卖主蒲阿友与买主潘五官立契成交后，根本没有赴官办理纳税过割手续。但是，一组地契仅遗失其中一纸，可能性似很少。因此，第二种原因的可能性比较大些。」

六〇八　元至正二十六年（一三六六）晋江县务给付蒲阿友卖山地公据[一]

皇帝圣旨里，泉州路晋江县三十七都住民蒲阿友状告：祖有山地一所，坐落本都东塘头庙西。今来阙银用度，就本山内拨出西畔山地：东至自家屋基，西至墙，南至路，北至本宅大石山及鱼池后为界[二]，于上一二果木，欲行出卖。缘在手别无文凭，未敢擅便，告乞施行，得此行据。三十七都里正、主首蔡大卿状申遵依，兹去呼集亲邻人曾大等，从公勘，当得：蒲阿友所告前项山地，的〔系阿友承祖〕物业，中间并无违碍。就出到〔各〕人执〔结〕文状，缴连[三]，申乞施〔行〕。得此，合行给日字三号半印勘合公据，付蒲阿友收执，〔前去立帐〕，问亲邻，愿与不愿。依律成交毕日，赍契付〔赴〕务投税，毋得欺昧税课违错。所有公据，须至出给者。

至正二十六年　　月　　日　　右付蒲阿友准此

【注】

〔一〕施一揆《元代地契》。原文辑自福建晋江陈埭丁姓（道光修）家谱（原载《历史研究》一九五七年第九期第八一页）。

〔二〕鱼池后，「后」下脱一「山」字。

〔三〕缴连，「缴连」下脱「保结」二字。

六〇九　元至正二十六年（一三六六）晋江县蒲阿友卖山地草契[一]

晋江县三十七都东塘头庙西保住人蒲阿友，父祖阿老丁在日，买得麻合抹花园及山，坐落本处。今来阙银经纪用度，就本山内拨出西畔山地连花园，东至自家屋基外地，西至墙，南至路，北至本宅大石山及鱼池后山为界。于上□有屋基并四角亭基及樟树果木等树及井一口在内，欲行出卖。经官告给日字三号半印勘合公据。为无房亲立帐，尽问山邻[二]，不愿承买，遂得本处庙东住人徐三叔作中，引至在城南隅潘五官前来承买，三面议定直时价花银九十两重，随契交领足讫。当将上项前〔山〕地连花园交付买主，照依四至管业为主。其山的系阿友承祖物业，与房亲伯叔兄弟无预，亦无重张典挂他人钱物。如有此色，卖主抵（支）当，不干买主之事。其山园该载产钱苗米一斗，自卖过后，从买主津贴阿友抵纳，父祖原买祖契，干碍祖坟，难以分析，就上批凿。今恐无凭，立此卖契一纸，缴连公据，付买主收执，前经官印税□□为照者[三]。

至正二十六年八月　　日文契　　卖山地人蒲阿友

作　中人徐三叔

【注】

[一] 施一揆《元代地契》。原文辑自福建晋江陈埭丁姓（道光修）家谱（原载《历史研究》一九五七年第九期第八一页）。

[二] 山邻，即指曾大、潘大。见前录《蒲阿友卖山地帐》。

[三] □□为照者，当作「〔管业〕为照者」或「〔永收〕为照者」。

六一〇　元至正二十七年（一三六七）晋江县蒲阿友卖园地官契[一]

晋江县三十七都东塘头庙西住人蒲阿友，父祖在日，买得麻合抹荔支园及山地，坐落本处。今来阙银用度，就本山内拨出西畔山地，连荔支树及六角亭一座、并门屋等处。东至自家花园，西至墙，南至姐姐住小屋，北至后山墙及路为界。欲行出卖，经官告给日字三号半印勘合公据。为无房亲立帐，尽问乡邻，不愿承买，托得本处庙东保住人徐三叔作中，引至在城南隅潘五官前来承买，三面议定价钱花银六（九）十两重，随立文契日交领足讫。当将上项山地连荔支园、六角亭等处，交付买主，照依四至管业为主。其山园内〔的〕系阿友承祖物业，与房亲、伯叔、兄弟并无干预，亦无重张典挂他人财物。如有此色，卖主抵当，不干买主之事。其园该载产钱苗米五升，自卖过后，从买主津帖阿友抵纳。父祖原买祖契，干碍坟山，难以分析，就上批凿。今恐无凭，立此卖契一纸，缴连公据，付买主收执，印税管业，永为用者。

至正二十七年二月　　日　　立卖山地荔支园人蒲阿友

知　见　人吴侄仔

作　中　人徐三叔

【注】

[一] 施一揆《元代地契》。原文辑自福建晋江陈埭丁姓（道光修）家谱（原载《历史研究》一九五七年第九期第八一—八二页）。施一揆说：「从两件文契（即至正二十六年第三件——蒲阿友卖山地官契——及至正二十七年一件）中看，很可能是第一件文契中卖地四至不够清楚的实，地价偏高，

地税过重等，因此第二件文契中四至有所修改，地价由花银九十两贬为花银六十两，地税由苗米一斗减为苗米五升。故至正二十七年一件，不是单出，似可并入第二组作为第四件。」按：此说非是。本件标的，仅与至正二十六年所卖者相连，其四至及其内荔支树、六角亭等，均与上件不同，其契价、产钱苗米数也皆不同。因此，此件绝非上件的改写者，契约史上亦无如此改写之例。惟丁氏家谱中，缺少与此契相关的「公据」、「帐」和「税给」三件，施文之说或可参考。不过亦只适用于缺「税给」事上。从契文内容看，当时是有「日字三号半印勘合公据」和「帐」的，批退者为「乡邻」。

六一一　元至正二十七年（一三六七）徽州吴凤郎卖山地红契[一]

十六都吴凤郎，今有祖产山地，坐落十四都十保，土名小岭下等处山地，东至武岭为界，西至罗堆将军庙为界，南、北降[二]。四水流归内山。山照依本保经理，系吴应孙、是应　尽数立契出卖与十八都郑添授郎名下前去，照依经理字号、土名、坐落逐号为业。三面议时值价钞拾柒贯伍伯文，书日收足[三]。之先，即无家外人重复[四]。一切不明，并是出产成（承）当[五]。自卖之后，即无悔易。如悔者，甘罚宝钞叁贯公用。所有一凭各处土名字号亩步未曾开写，听自受产人照号管业，家外人顺即无阻□□。今人必信，立此文契为用。

至正丁未年十月十二日　出契人　吴凤郎（押）契

见　人　郑通文（押）

吴四郎（押）

【注】

[一]原件藏天津历史博物馆。

[二]南北降，「北」下脱一「至」字。

[三]书日收足，此句意为「其价在书契日收足」。

[四]重复，下脱「交易」二字。

[五]出产，下脱一「人」字。

六一二　元至正某年祁门县谢子以卖山地契[一]

一　十都七保谢子以今有山壹片，坐落本

二 保土名大坑周家山，夏（下）肆拾亩[二]。其山东至谢一
三 清田，西至降，南至思明山，北至岭，下至坑，随坑
四 下至溪。今为无钞支用，情愿将前项四至内山
五 本家合得壹半，尽数立契出卖与弟谢
六 子诚名下，面议价钱中钞伍定（锭）式拾伍贯[三]。其
七 钞当立契日一并交足无欠。其山出卖之后，一
八 任买主收苗管业为主。如有亩步四至及
九 家外人占拦[四]，并是出产人知（支）当，不涉买主
十 之事。今恐无凭，立此文书为用者。
一一 至正年九月十三日[五]谢子以（押）契
一二 主盟父谢和甫（押）
一三 见人谢德翁（押）

【注】

[一]原件藏安徽省博物馆，编号二六六〇五。
[二]夏肆拾亩，「夏」下脱一「山」字。
[三]中钞，中统钞。
[四]亩步四至，谓亩步不足，四至不明。
[五]至正年，脱具体年份。

六一三　元至正某年休宁县吴寿甫卖田契[一]

一 休宁县淳义里叁拾壹都伍保吴寿甫承父户下有忠（中）田乙段[二]，
二 坐落本都伍保九根源口水碓坵，系竟字乙千三百九十四号，忠（中）田乙角
三 五十三步。其田东至吴瑞甫田，西至吴辰太田，南至瑞甫塝，北至
四 坑；又将本保土名梨木坞口塘堀尚（上）田乙丘，系竟字一千二百号，

五　计拾三步。其田东至吴龢之田，西至吴子寿田，南至吴龢之田，北至
六　吴成甫田。今来无钞支用，情愿将前项式处八至内田尽行立契
七　出卖与祈门县十一都　　　名下，三面议取时值中统
八　价钞贰佰玖拾贯文。其钞当成契日乙并交收足讫无欠。其
九　田每年上租玖秤。其田今从断卖之后，一任买主自行闻官
十　受税、收苗，永远管业。如有四至不明及家外人占拦，并是
一一　出产主自行衹（支）当，不及买主之事。所有入户契文与别产
一二　相连，不及缴付；如日后要用，于本家索出，即无难易。今
一三　恐人心无凭，立此出卖文书为照者。
一四　　至正　年拾式月拾伍日，吴寿甫（押）
一五　　　　　　　见交易人吴唐卿（押）
一六　今领去前项契价钱并收足讫。同前年月日再批（押）

【注】

[一]原件藏安徽省博物馆，编号二六六〇〇。

[二]忠田，即「中田」，为五等田之第二等。

六一四　元代典买房屋契式[一]

厶甲厶都姓　厶

右厶有梯己承分房屋一所，总计几间几架，坐落厶都，土名厶处。东至、西至、南至、北至。系厶人住坐。今因贫困，不能自存，情愿　到厶人为牙，将上项四至内房屋寸土寸木不留，尽底出卖或云典与厶里厶人为业。三面言议，断得时直价中统钞若干贯文。系是一色现钞，即非抑勒准折债负。其钞当已随契交领足讫，更无别领。所卖或云典其屋的系梯己承分物业，即非瞒昧长幼，私下成交。于诸条制并无违碍等事。如有此色，且厶有自用知当，不涉买或云典主之事。从立契后，仰本主一任前去管典云：约限几年备元钞取赎。如未有钞取赎，依元管佃。永为己物。向后子孙更无执占收赎之理。所有上手，一并缴连赴官印押。共约如前，凭此为用。谨契。

年　　月　　日出业人姓　ㄙ　号　契

知契　姓　ㄙ　号

牙　人姓　ㄙ　号

时见人姓　ㄙ　号

【注】

[一]《新编事文类要启札青钱》外集卷一一《公私必用·头匹》。

六一五　元代典买田地契式[一]

ㄙ里ㄙ都姓　ㄙ

右ㄙ有梯己承分晚田若干段，总计几亩零几步，产钱若干贯文。一段坐落ㄙ都，土名ㄙ处。东至、西至、南至、北至。系ㄙ人耕作，每冬交米若干石。今为不济，差役重难，情愿　到ㄙ人为牙，将上项四至内田段，立契尽底出卖或云典与ㄙ里ㄙ人为业。三面言议，断得时直价中统钞若干贯文，系是一色现钞。即非抑勒准折债负。其钞当已随契交领足讫，更无别领。所卖或云典其田，的系梯己承分物业，即非瞒昧长幼，私下成交，于诸条制并无违碍等事。如有此色，且ㄙ自用知当，合备别业填还，不涉买或云典主之事。从立契后，仰本主一任前去给佃管业典云：约限三冬备元钞取赎。如未有钞取赎，依元管佃。永为己物。去后子孙更无执占收赎之理，所有上手朱契，一并缴连赴官印押。前件产钱仰就ㄙ户下改割供输，应当差发。共约如前，凭此为用。谨契。

年　　月　　日　出业人姓ㄙ　号　契

知契　姓ㄙ　号

牙人　姓ㄙ　号

时见人姓ㄙ　号

【注】

[一]《新编事文类要启札青钱》外集卷一一《公私必用·头匹》。

六一六　元代判山木榜式[一]

某里某都姓　某

右某有梯己承分竹木山一片，坐落厶都，土名某处。东至、西至、南至、北至。见委某人看管。今为无钞应急用度，情愿　到某人为牙，将上项四至内，除杉木几根外，杂木尽底判卖与某里某人边。当三面言议，断得时直价中统钞若干贯文。其钞当已随手交领足讫，更无别领。所判本山杂木，的系梯己承分物业。即非瞒昧长幼，私下判卖祖宗坟所庇荫林木，于诸条制，并无违碍。如有此色，且某自用知当，不涉判主之事。从某日为始，仰本人一任前去交点斫伐，限在某日终不用。所有尅留杉木，却不许乘时日带斫伐。如或有违，定准盗论。故榜。

年　　月　　日　　山主姓　某　　号　榜

牙人姓　某　　号

【注】

[一]《新编事文类要启札青钱》外集卷一一《公私必用・头匹》。

六一七　元代买牛契式[一]

某乡某里姓　某

右某有某角某色牛牸一头，现年几岁。今因窘迫，召到某人为牙，将上项牛牸出卖与某人宅。当三面议断价钞若干贯文，当已随契交领足讫，更无别领。所卖其牛系是栏下所养牛只，即非盗卖人家头口。如有此色，且某自用知当，不涉买主之事。今恐向后无凭，故立此为用，谨契。

年　月　日　姓　　某　　号　契

牙人姓　　　号

【注】

[一]《新编事文类要启札青钱》外集卷一一《公私必用・头匹》。

六一八　元代买马契式[一]

某乡某里姓　厶

右某有某色牡马一匹，鞍辔齐全，现年几岁。今因消乏，托得某人为牙，将上项马匹出卖与某人宅。当三面言议断得时价中统钞若干贯文，其钞当日随契交领足讫，更无别领。所卖某马，系是某年用梯己钞两买到，某人底来历分晓，即非盗卖纲运及军中物色。如或有此，且某甘自知当，不涉买主之事。今恐仁理难凭，故立此为用，谨契。

年　月　日　姓　某　号　契

牙人姓　某　号

【注】

［一］《新编事文类要启札青钱》外集卷一一《公私必用·头匹》。

附一　买地券

六一九　北宋太平兴国九年（九八四）安喜县马隐父子卖坟地券[一]

一　安喜县□□□□□□园住人马隐、安琼、男安
二　嗣，男安化，同立契[二]，情愿卖自己地庄西南约□□
三　道南桑园地。其地东西□二十□步，南北二十四步。
四　其地马隐等情愿□石进□，永充为坟地。
五　石进及子孙为主。□有上坟□□□□□□
六　有别人怦（忏）悋[三]，并是卖地人马隐□□□
七　自管知（支）当，不〔涉〕石〔进之事〕。准得价银四贯伍伯。过
八　契文□并足。官有政法，不取私约为定。太平兴
九　国九年十一月四日。情愿卖坟地人马隐，同卖地人安琼、
十　同卖地人男安嗣，同卖地人衙推□尧[四]。

【注】

[一] 罗振玉《地券征存》。原题《宋马隐卖地券》。跋：「高一尺五寸，广九寸六分。十行，行字不等。正书。」传玺按：此原契为人间契约，非一般意义的「买地券」。现业主石氏在照录原契文时，由于衍漏而造成的严重错误，足可证明此事。参看张传玺著《契约史买地券研究》第十四章《为宋马隐与元冯道真两买地券辨「非」》，中华书局二〇〇八年出版。

[二] 安喜县，今河北定县。安琼，上脱一「男」字。第九行同。

[三] 忏悋（音同杆赁），干扰，触犯。《玉篇·心部》：「忏，扰也。」悋，同吝。

[四] 同卖地人，下脱「男安化」三字。衙推，五代、宋时称以医卜星命为业的人。南宋陆游《老学庵笔记》二：「今北人谓卜相之士为巡官。巡官，唐、五代郡僚之名。或谓以其巡游卖术，故有此称。然北方人市医皆称衙推，又不知何谓。」按：唐、五代军府或州郡属官亦皆有衙推。

六二〇　北宋明道二年(一〇三三)阳曲县陶美买地砖券[一]

一　　　　　　墓至
二　明道贰年，岁次癸酉，十月癸己(巳)朔，八日庚子，陶美迁奉三世者
三　主，在并州[二]左第一厢大铁炉为活。买到阳曲县[三]武台乡孟村百姓刘密
四　地贰亩，准作价钱壹拾贰贯伍伯文吊。陌其地[四]，阳间并无，美税阴司。
五　东王公、西王母处，折钱[五]九万九千九百九十九贯九文。内封壬□二座，前面
六　有衙地，右□买到地，回到分明。请事礼，乃卜其圣地，下卦吉应也。
七　是立延福之乡，非石丁宁集承葬道，保子孙则世世荣昌，金帛
八　年年有盛。明立券契，礼居成，贵达四方。有德之称，无侵厥
九　止。万百以记，子孙长知福地之宗，尅明斯理
十　后代，故作铭记
一一　　阳世葬主人陶美　男永吉　孙子泽雳
一二　　阳世地主人刘密　男刘海
一三　　西邻地主人代保孙□

【注】

[一] 胡海帆、汤燕编著《中国古代砖刻铭文集》(上)第三四一页，图版一二八六《陶美买地券砖》北宋明道二年(一〇三三)；(下)第二二九页，图版说明一二八六。山西出土。乾刻铭文。正书，一三行，行二四至二七字不等，计二三五字。著录：《中国砖铭》图版一一一四。(文物出版社二〇〇八年出版)

[二] 并州，北宋太平兴国(九七六—九八四)置，治阳曲，今山西太原市。

[三] 阳曲县，唐武德七年(六二四)改汾阳县为阳曲县，治今阳曲镇。北宋太平国七年(九八二)移治今太原市。

[四] 吊陌，费解。或应作「阡陌」。

[五] 折钱，折合钱；抵当钱。唐杜甫《铜瓶》诗：「蛟龙半缺落，犹得折黄金。」仇兆鳌注引杨慎曰：「折，当也。」

六二一　北宋康定元年（一〇四〇）峡江县戴氏十娘买地石券[一]

□□康定[二]元年岁庚辰拾贰月壬午朔，临江郡峡江县[三]玉笥乡和平里馆头桥北路四保，殁□□□戴氏十娘，行年六十九岁。因向后园玩□□，遇仙人赐酒，香魂迷而不返。〔以〕礼安殡，谨备□□□□九千九百九十九贯，镇信于东王公□□□□得土名湖罡塘东牌丁向地一坟[四]。其地东止甲乙青龙，南止丙丁朱雀，西止庚辛白虎，北止壬癸玄武，上止皇天，上止皇泉，永兴亡人作万年宅地。坟中所有凶恶鬼神，永不得争占。如有争占分会，林君武夷王诛斩。

保人：张坚故；见人：李览（定）度。

谁为书？水中鱼。谁为读？高山鹿。鹿何在？上高山。鱼何在？入深潭。

其亡，身上衣裳头具谨如前。有男三人，男孙九人，男息七人。

【注】

[一] 高立人主编《庐陵古碑录》第三六二页。原题《戴十娘券》。原注：「一〇四〇、青石质、56 × 55 × 1、峡江、二〇〇二年十二月十八月。」南昌，江西出版集团，江西人民出版社二〇〇七年出版。

[二] 康定，北宋仁宗年号，其元年为公元一〇四〇年。

[三] 临江郡、峡江县，均可疑。因宋、元两朝，均无临江郡与峡江县的建制。《宋史》卷八十八《地理志四》：「临江军，同下州。淳化三年（九九二）以筠州之清江建军。县三：清江、新淦、新喻。」临江军下无峡江县。《元史》卷六二《地理志五》《临江路总管府·清江县》注：「宋即县治置临江军。元至元十四年，升军为路，而县为倚郭。」《明史》卷四三《地理四·江西·临江府》：「临江府：本注：元临江路，宋江西行省。太祖癸卯年为府。领县四。」「峡江（县）：本注：府南。本新淦县之峡江巡检司，嘉靖五年四月改为县，析新淦县六乡地益之。南有玉笥山，又有赖江，亦名峡江，有黄金水流合焉。」《中国历史地名辞典》第六三〇页：「峡江县：明嘉靖五年（一五二六）升峡江镇置，治所即今江西峡江县。峡江站：元置，即今江西峡江县（巴丘）。明废。峡江镇：隋开皇中置，即今江西峡江县。明初置巡检司，嘉靖五年（一五二六）升为县。」

[四] 丁向地一坟，坟向座北朝南。

六二二　北宋皇祐二年（一〇五〇）新淦县道士颜君买地石券[一]

□□江南道临江军[二]新淦县[三]□□□承□□□□院羽化道士颜君，行年六十三岁。尘居浮世，死居棺椁，卜地求吉。以皇祐二年十一月甲申朔十□〔三〕日丙申，[四]谨用金银钱九万九千九百九十九，□禾綵信弊等，于皇天大人社主边购得，地名天柱罔，南庚未向，山作艮向[五]，□□穴安厝元宫。其地东止甲乙青龙，南止丙丁朱雀，西止庚辛白虎，北止壬癸玄武，上止青天，下止清泉。内方勾陈，分守四域。□□齐整，□□万岁，永无殃咎。将矛亡人，永作宅兆。千年不动，万年不移。

保人：张坚固；□□：李定度；书契人：功曹；读契人：主簿。

四圣和□□□□□□，所有凶神恶鬼，不得妄有争占。若违此券，主使自当其祸。主人□□□□□急急如太女青诏书

【注】

[一] 高立人主编《庐陵古碑录》第三六三页。原题《颜南地券》。原注：「一〇五〇、青石质、54×47×1.5、峡江、二〇〇二年十二月十八日。」江西人民出版社二〇〇七年出版。

[二] 临江军，北宋淳化三年（九九二）置，治今江西清江县西南临江。

[三] 新淦县，今江西新干县。

[四] 甲申朔之丙申日为「十三」日。

[五] 艮向，坐西南，朝东北。

六二三　北宋至和二年（一〇五五）瑞昌县君孙四娘子买地木券[一]

维皇宋至和二年[二]，岁次乙未，殁故瑞昌县君得寿年六十一[三]，于三月二十日终于家。取当年七月二十九乙酉[四]，化龙乡祖茔四仄[五]，用价钱九万九千九百九十九文，买得吉地壹段[六]东止甲乙青龙，西止庚辛白虎，南止丙丁朱雀，北止壬癸玄武。其他各分封步分明。或有四畔封疆道路之神，不得占恡，整济（齐）阡陌，丘丞之神，今宜日符[七]，分明收掌。急急如律令敕。

【注】

[一]《文物》一九八二年第十二期第二九页，苏州博物馆、江阴文化馆《江阴北宋「瑞昌县君」孙四娘子墓》录文、图三。券杉木质长 52、宽 40 厘米，墨书，右行，十行，行字不等。原券文只有券主封号，无姓名。据共出《金刚般若波罗蜜经》一卷之卷尾题记：「瑞昌县君孙氏四娘子谨舍挣财权赎此经」，知券主为孙四娘子。

[二]至和，北宋仁宗年号。

[三]瑞昌，县名，今属江西。县君，命妇封号。《宋史·职官志十·叙封》：「建隆三年（九六二），诏定文武群臣母妻封号：……庶子、少卿监、司业、郎中、京府少尹、赤县令、少詹事、谕德、将军、刺史、下都督、下都护、家令、率更令、仆，母封县太君；妻，县君。其余升朝官已上遇恩，并母封县太君；妻，县君。」

[四]二十九，「九」下脱一「日」字。

[五]仄，通「侧」，旁边。《尔雅·释水》：「氿泉穴出。穴出，仄出也。」郭璞注：「从旁出也。」陆德明释文：「仄，本亦作侧。」

[六]吉地，墓地。亦称福地。

[七]今宜日符，当作「今日直符（神）。」乙酉日直符神名聂下。

六二四　北宋嘉祐二年（一〇五七）南城县陈六娘买地石券[一]

一　维嘉祐二年岁次丁酉九月一日甲戌朔二十三

二　日丙申[二]，建昌军南城县雅俗乡[三]训俗里

三　后潭新津保殁故亡人陈氏六娘，行年七十

四　八岁，命归泉路，忽被太山勑召灵魂

五　禁司，土公、土母、土伯、土历、土下二千石、禄墓

六　门亭长、蒿里父老、武夷王等土□

七　陈氏六娘宰阴阳定生，孝顺□□。上即

八　顺于天地，下即顺于父母。清清松竹，尚皆

九　枯荣；人非王乔[四]，宁无彫落，遂赍银钱

十　玖千九百贯，□地名东陂乡家坑坤山

一一　下，永买得本□乙向地一开，为□年□□。

道

一二　其地东止甲乙，南止丙丁，西止庚辛，北止壬癸，〔中〕

一三　央畐（福）地为宅府[五]。有社里土地修墙造路，不□

一四　方滞。陈氏六娘仕（？）来。谁为书，水中鱼。□□

一五　读？天上鹤。鹤何在？飞上天。急急如律令。

【注】

〔一〕《考古》一九六五年第十一期第五七二页，薛尧《江西南城、清江和永修的宋墓》图三《墓志拓本》。本券于一九六五年四月发现于江西南城县县李营的宋墓中。券为青石质，长方形，两上角斜杀，上饰浮云纹。长42、宽38.5、厚1.5厘米。十五行，行字不等，阴刻，有竖格。

〔二〕嘉祐，北宋仁宗年号。

〔三〕建昌军，北宋太平兴国四年（九七九）以建武军改名，治南城县（今属江西）。雅俗乡，据《南城县志》卷一之二《疆界》云：「隅关之外西南为雅俗乡，在宋分里五。」

〔四〕王乔，即仙人王子乔。

〔五〕福地，指神仙所居之地。此处指墓穴。

六二五　北宋熙宁八年（一〇七五）庐陵县江注买地石券[一]

一　维南赡部洲大宋国吉

二　州庐陵县城外雍和坊

三　万岁巷殁故承奉郎守

四　秘书丞江府君甲寅降

五　生[二]。先于熙宁甲寅岁仲

六　夏甲子日卒于江州湖

七　口县官舍之正寝[三]，享年

八　六十岁。实用钱谷币帛

九　珍宝等就　开皇地主

十　处买得本州吉水县中

一一 鹄乡青原山[四]、旧名若坑、
一二 今更为祖庆岗阴地壹
一三 穴(穴)，永为祖主。卜取乙卯
一四 年正月巳(己)卯二十七庚
一五 申日安厝[五]。其地东止甲
一六 乙青龙，南至丙丁朱雀，
一七 西止庚辛白兽，北至壬
一八 癸玄武，上止苍天，下彻
一九 黄泉[六]。给付与殁故江秘
二〇 丞远年[七]。宅兆所有，本处
二一 山神、土地一切神杀(煞)侧
二二 域冢穴(穴)，邪精故炁(气)各不
二三 在争占之限。如违牒，赴
二四 太上诛斩。急急如律令。
二五 　　　　　　时见年直符

敕

二六 　　　　　　书契有直符

【注】

[一] 陈柏泉《江西出土地券综述》《考古》一九八七年第三期第二二四页图二《宋熙宁八年江注地券》。券长方石质，字阴刻二十六行，前二十四行行九字。直书，右行。一九七二年江西吉水县出土。

[二] 南瞻(赡)部洲，佛经中所说的四大部洲之一，在须弥山南面咸海里。庐陵县，治今江西吉安市西南。承奉郎，从八品上阶文散官。守，凡所任职事官高于寄禄官(本官)一品，称「守」某官。秘书丞，为秘书省属官，从七品。《宋史》卷一六四《职官四・秘书省》：「秘书省，监、少监、丞各一人，监掌古今经籍图书、国史实录、天文历数之事，少监为之贰，而丞参领之。」甲寅，大中祥符七年(一〇一四)。是年江注降生。

[三] 熙宁甲寅，熙宁七年(一〇七四)。湖口县，时属江南东路，今属江西。

[四] 开皇，道经以为年号或劫名，元始天尊开劫度人的年号之一。本券以为神仙。吉水县，在庐陵县东北，今属江西。

[五] 乙卯，熙宁八年（一〇七五）。朔日干支有误，当作「正月甲午朔」。

[六] 白兽，即白虎。西方七宿的总称。《晋书·天文志上》：「参，白兽之体。」《史记·天官书》：「参为白虎。」

[七] 江秘丞，当作「江秘书丞」。

六二六　北宋熙宁十年（一〇七七）蕲水县田三郎买地石券[一]

一　维南赡部州〔大〕宋国蕲州蕲水县[二]直河乡石桥里，苦

二　□保。今有殁故亡人田三郎，年六十五岁，于熙宁十

三　年三月初五日下世。往后蔄花遇仙人[三]，至酒，酒醉

四　不回，□归泉路。□用𭁈（钱）才九万九千九伯九

五　十九贯九百九十九文，买得亡人地一所，东止

六　甲乙青龙，南止丙丁朱雀，西止庚辛白虎，北止壬

七　癸玄武，中止戊己勾陈，上止皇天，下止后土，四

八　至内正系亡人为主。此间古气灵堙，先君幺

九　王，远去千里，不得争占。丘承（丞）墓伯，同共□

十　□□人在此永保。急急如律令。

一一　□见人：张坚古（固）、李定度。何人书，太上乌。何人

一二　读，海中鱼。乌非（飞）上天，鱼入水泉。急急如律令。

一三　丁己（巳）岁，熙宁十年十二月二十日，亡人田三郎。

【注】

[一]《考古》一九九三年第一期，黄冈地区博物馆、英山县博物馆《湖北英山三座宋墓的发掘》第三一页，图四《宋熙宁十年田三郎地券拓本》。说明：「地券二方。均为青灰石作成，呈长方形，上端两角被切削。保存完整。无额称，竖式直行。一方长 43、宽 39、厚 1.3 厘米。自右至左，直排阴刻楷书一三行，每行一二—二〇字不等，总计二二九字。内容除惯用的地券套语之外，还写明死者为田三郎，死亡时间是熙宁十年三月五日，下葬时间是熙宁十年十二月二十日等。此地券出自东室（图四）。另一方长 42、宽 38、厚 1.4 厘米。自右至左，直排阴刻楷书一三行，每行一三—一九字不等，总计二一七字。据券文有关内容可知，死者为孔氏，死于熙宁十年四月初二日，葬于熙宁十年十二月二十日。此地券出自西室（图五）。」传玺按：第三二页图五《宋熙宁十年孔氏地券拓本》模糊不清，本书未收录。

[二] 蕲水县，治今湖北浠水县。

[三] 后茵花，当作「后花茵」。简称「后茵」。茵，同「园」。《字汇·艸部》：「茵，同园。」《敦煌变文集·太子成道经》：「后茵之内，有一灵树，号曰无忧。」

六二七　北宋元祐元年（一〇八六）新余县胡三郎买地石券[一]

维皇宋元祐元年，岁次丙寅，七月丙辰朔，[二]，临江军新余县凤巢乡凤巢里下谗公保，殁故胡三郎，行年五十九岁，于去年三月十五日身亡。切以生居阎浮[三]，死安宅兆。龟筮叶宜，相地袭吉。今用钱禾香酒，共为信币，于皇天父邑社稷主边，买得德兴里、土名行桥西向地一穴。[四]。东止甲乙青龙，南止丙丁朱雀，西止庚辛白虎，北止壬癸玄武。上止皇天，下止冥泉。内方勾陈，分掌四域。丘丞墓伯，封疆界畔。道路将军，齐整阡陌。千秋万岁，永无殃咎。若有干犯，将军令长收付河伯。工匠修茔，克取今月二十七日大吉安厝。外内存亡，永保元吉。奉太上敕，急急如律令。书契人：功曹。读契人：主簿。保人：岁月主。知见人：直符。

【注】

[一] 陈柏泉《江西出土墓志选编》附录《唐至明地券文》五《宋胡三郎地券（元祐元年七月）》。原编者按：「胡三郎地券，一九八三年出土于新余市。券高 42.5，宽 37 厘米。石质，写刻，十五行。券石藏新余市博物馆。」又曰：「墓主胡三郎，不知其名讳，江西新余人。卒年五十九岁。」

[二] 七月丙辰朔，下脱二十七日壬午。

[三] 阎浮，梵语树名。阎浮提是阎浮树最多之洲，因称阎浮提（洲），即南赡部洲。俗谓中华及东方诸国。这里指中国。

[四] 西向，西属西方。此谓座东向西。

六二八　北宋绍圣四年（一〇九七）登封县李守贵买地石券[一]

一　维大宋国西京河南府登封县[二]天中乡

二　居住殁故亡人李守贵，今与（与）三同记满，未

三　有住葬之处。今选定绍圣[三]肆年十二月

四　二十九日己酉[四]大葬。愿比黄天父、后土母、

五　社稷主边，买得墓田壹所，周流壹顷，用钱

六　玖万玖阡玖百玖拾玖贯文。左至青

七　龙，右至白虎，前至朱雀，后至玄武，上至仓
八　天，下至黄泉，陆至分明。各有去处，其买地
九　钱分付与(与)天神明了，两无悬欠。一、书契人，
十　石功曹；一、读契人，金主薄(簿)。要见书契人，变
一一　飞鸟上天；若觅读契人，化鱼龙入东海。急
一二　急如律令。如地下有诸兰，夺付与五道将
一三　军，领过阎罗天子永判玄堂，李守贵住
一四　宅万代吉昌。一代保人如后：一、代保人
一五　张坚固，一、代保人李定度。见人如后：
一六　一、见天神[五]，一、见人地祁[六]
一七　　绍圣肆年十二月二十九日己酉大葬李守贵券契一本

【注】

[一]《文物》二〇〇一年第十期，郑州市文物考古研究所、登封市文物局《河南登封黑山沟宋代壁画墓》第六六页拓片，无录文。据介绍：一九九九年八日出土，券为石质，方形，长 39、宽 38、厚 10 厘米，上刻券文十七竖行，二六五字。

[二]西京，治今河南洛阳市。登封县，今登封市。

[三]绍圣，北宋哲宗赵煦年号。

[四]十二月二十九日己酉，十二月辛巳朔，二十九日己酉。

[五]见，下夺一「人」字。

[六]地祁，地祇，地神。《周礼》作「地示」。《周礼·春官·大宗伯》：「大宗伯之职，掌建邦之天神、人鬼、地示之礼，以佐王建保邦国。」《史记·司马相如列传》：「故圣王弗替，而修礼地祇，谒款天神。」

六二九　北宋元符二年(一〇九九)蓝田县王宗奉买地砖券[一]

一　　　券文一道地分耳。
二　维大宋永兴军[二]京兆府蓝田县
三　白鹿下乡槐真坊税户王宗奉，为

四 先亡父母，今谟[三]迁葬。用金九万九千九
五 百九十九贯文，买到墓一段，周流一顷。东
六 至青龙，西至白虎，南至朱雀，北至玄武。
七 见保人：李定度、张坚固。如有先
八 居者，远避千里之外。下此卷文，不
九 得乱有侵夺。故立券文，照对为
十 凭。元符二年己卯岁仲秋八月二十日
一一 庚时葬下为期。如律令！敕摄[四]。

【注】

[一] 胡海帆、汤燕编著《中国古代砖刻铭文集》（上）第三四二页，图版一二九三《王宗奉为父母买地券砖》；（下）第二三〇页，图版说明一二九三。一九五八年陕西蓝田县白鹿原槐真坊村出土，后存县文化馆。乾刻铭文。正书，十一行，行字不等，计一四一字。有竖界栏。长宽各36厘米。著录：应新、子敞《蓝田出土北宋买地券》（《文物》一九六五年五期）。

[二] 永兴军，误，原券军下夺一"路"字。永兴军路，北宋熙宁五年（一〇七二）置，治京兆府（今陕西西安市）。金皇统二年（一一四二）废。永兴军，北宋太平兴国二年（九七七）置，治永兴县（今湖北阳新县），次年改为兴国军。

[三] 谟，计划。

[四] 摄，威摄。

六三〇　北宋元符二年（一〇九九）彭泽县张愈买地石券[一]

一 维皇宋元符元年，岁次戊寅，二月二十五
二 日甲戌，江州彭泽县[二]五柳乡西城里，张君讳
三 愈，享年七十□岁。因往南山采药，遇见仙
四 人饮酒，蒙赐一盅，至今酩酊不回。遂用金
五 银钱九万九千九百九十九贯九文九分
六 九毫九厘九忽，于武夷王彪买[三]得家北溢
七 城山葬地一穴。东止甲乙，南止丙丁，西止

八　庚辛，北止壬癸，上止青天，下止黄泉，永为
九　亡人之宅。□□□□□善神不得侵掳，占
十　成□□□□□□□己卯年[四]十月十一日归
一一　葬此地。书人张坚固，见人李定度。若要相
一二　寻，但来东海。急急如律令。

【注】

[一]《考古》一九八七年第三期，陈柏泉《江西出土地券综述》第二三〇页附录一。原题《北宋元符二年张愈地券》。
[二]彭泽县，今属江西省。
[三]彪买，当作「摽买」或「标买」。
[四]己卯年，元符二年，为张愈去世之次年。

六三一　北宋崇宁三年（一一〇四）襄州张二娘买地砖券[一]

一　维南赡部州大宋国京西路山南东道襄州[二]左厢第二界
二　居住夫主刘密，昨于崇宁二年二月十七日，有妻张氏二娘
三　奄逝天命，见櫕[三]城东。卜以龟筮协从，相地袭吉。宜于当州
四　襄阳县三塘村安厝宅兆。谨用银钱三万九千九百九
五　十九贯文，兼五彩信币，买地壹段。东西八十一步半，南北七十
六　二步半。其地上至皇天，下至后土，东至青龙，西至白虎，前至朱
七　雀，后至玄武。内方勾陈，分擘掌四域，丘承墓伯，封地界畔。道
八　路将军，齐整阡陌。千秋万岁，永无殃咎，若輙干犯诃禁
九　者，将军、亭长收付河伯。余以酒菜饭食、百味香新，共为信
十　契，财地相交分付。工匠脩营安厝已后，永保休吉，知见
一一　人：岁月主；保人：今日直符。故气邪精，不得悭恪。先有居
一二　者，永避万里。若违此约，地府主吏自当其祸。主人内外存

一三　亡，悉皆安吉。急急如五帝使者女青律令。神明见了。
一四　契人：张坚固；见成契交地与张氏二娘人：李定度；见人：
一五　东王公，西王母；卖地人：皇天、后土。崇宁三年正月二十二日。
一六　钱主：张氏二娘。

【注】

[一]《江汉考古》一九八五年第三期《湖北襄樊唐基山宋墓·张氏二娘墓志砖拓本》。说明：「墓志砖，一方（2号）。有阴刻楷书十六行，共三百三十六字，文字排列形式是：一行正写，一行倒写，按『之』字形念法。（见录文）」释文据拓本校改。

[二]襄州，治今湖北襄阳市。

[三]櫕，同「櫕」。稾葬。即停放棺木，暂时不葬。章炳麟《新方言·释宫》：「江、淮、吴、越皆谓稾葬为櫕。」传玺按：山东日照旧时富裕之家。在未为死者修好墓室（做坟）之前先「櫕」之。其做法有二：一、停灵柩于特建小屋之中，叫做「丘」，或「停殡」；二、浅葬于土坑之中，叫做「稾葬」。

六三一　北宋崇宁四年（一一〇五）武宁县李宣义买地石券[一]

买地券

一　南赡部洲大宋国江南西路洪州
二　武宁县[二]丰乡石门里，知筠州上
三　高县事[三]李宣义，辛卯[四]生，年五十四
四　岁。于崇宁三年六月二十九，以
五　疾终于上高官舍。至次年正月二
六　十八日丁酉，归葬于本里龙潭南
七　山之源（原）。今用钱九万九千九百九
八　十九贯文，买得此地，永为坟冢。其
九　地东止甲乙，南止丙丁，西止庚辛，
十　北止壬癸，中央戊己，并是亡人占
一一　管。朱雀在前，玄武在后，青龙蟠于
一二　左，白虎踞于右，镇守方宫，神灵拥

一三　护。凡有精邪魍魉，不相刑尅。急急
一四　如律令。
一五　卖地人，张坚固。
一六　保见人，李定度。
一七　书契人，伍子胥。

【注】

[一]《考古》一九八七年第三期，陈柏泉《江西出土地券综述》第二三〇页附录二。原题《北宋崇宁四年李宣义地券》。长50、宽34厘米。

[二]武宁县，今属江西省。

[三]上高县，今属江西省。知县事简称「知县」，同「县令」。

[四]辛卯，宋仁宗赵祯皇祐三年，公元一〇五一年。

六三三　北宋大观三年（一一〇九）金溪县徐大娘买地石券[一]

徐　氏　地　券

一　维大宋岁次戊子大观二年八月二十八日殁
二　故徐氏大娘卒[二]，以次年十一月二十日茔葬，龟
三　筮协从，相地袭吉，宜于抚州金溪县归政乡周
四　坊源鹧鸪岭安厝宅兆[三]。谨用钱九万九千九百
五　九十九贯文，兼五彩信币，买地一段。东西一百
六　步，南北一百步。东至青龙，西至白虎，南至朱雀，
七　北至真武[四]。内方勾陈，分掌四域；丘丞、墓伯，分步
八　界畔；道路将军，齐整阡陌。千秋万岁，永无殃咎。
九　若辄干犯诃禁者，将军、亭长收付河伯。今以牲
十　牢酒饭百味香新，共为信契。财、地交相分付。工
一一　匠修营安厝已后，永保休吉。知见人，岁月主。保
一二　人，今日直符[五]。故气邪精，不得忏怪。先有居者，永

一三 避万里。若违此约，地府主吏自当其祸。主人存

一四 亡，悉皆安吉。急急如太上律令。

【注】

[一]陈定荣《江西金溪宋孙大郎墓》，《文物》一九九〇年第九期第一八页图一八《徐氏地券拓片》。地券青石质，委角，阴刻楷体，有四周框和竖线格。券首横书《徐氏地券》四个大字。高52、宽46.5、厚1.3厘米。徐氏为孙大郎之妻。

[二]大观，北宋徽宗年号。

[三]金溪县，今属江西。

[四]真武，传说北方之神。原称「玄武」，宋朝讳「玄」字，因改称「真武」。宋赵彦卫《云麓漫钞》九：「朱雀、玄武、青龙、白虎为四方之神。祥符（大中祥符，一〇〇八—一〇一六年）间，避圣祖（赵玄朗）讳，始改玄武为真武。」

[五]今日直符，今日，庚申，直符神名义俚。

六三四 北宋大观三年（一一〇九）金溪县孙大郎买地石券[一]

孙君地券

一 维大宋岁次戊子、大观二年十月初三日殁故

二 孙大郎卒，以次年十一月二十日茔葬，龟筮协

三 从，相地袭吉，宜于抚州金溪县归政乡周坊源

四 鹧鸪岭安厝宅兆。谨用钱九万九千九百九十

五 九贯文，兼五綵信币，买地一段。东西一百步，南

六 北一百步。东至青龙，西至白虎，南至朱雀，北至

七 真武[二]。内方勾陈，分掌四域；丘丞、墓伯，分步界畔；

八 道路将军，齐整阡陌。千秋万岁，永无殃咎。若辄

九 干犯诃禁者，将军、亭长收付河伯。今以牲牢酒

十 饭，百味香新，共为信契。财、地交相分付。工匠修

一一 营安厝已后，永保休吉。知见人，岁月主。保人，今日

一二 直符。故气邪精，不得忤怪。先有居者，永避万里。若

一三　违此约，地府主吏自当其祸。主人存亡，悉皆安
一四　吉。急急如太上律令。

【注】

[一] 陈定荣《江西金溪宋孙大郎墓》，《文物》一九九〇年第九期第一五—一八页释文、图一七《孙君地券》。地券青石质，委角，阴刻楷体，有四周框和竖线格。券首横书《孙君地券》四个大字。高52、宽46.5、厚1.3厘米。

[二] 真武，即「玄武」。

六三五　北宋政和四年（一一一四）罗田县胡夫人买地石券[一]

宋故胡氏墓

一　维南赡部……
二　合安保，今有〔殁〕……
三　于甲午年[二]九月初……
四　一段，安厝宅兆，五□□□岗……
五　金银钱财九万九千九百九十……
六　五谷买得此地一所，〔东止甲乙青龙〕，南止丙丁朱雀，西止
七　庚辛白虎，北止壬癸〔玄武，上〕止皇天，下止九泉，
八　内方勾陈，分步（掌）四城（域），□□□□□界畔[三]，道路将军，禁[四]
九　千秋万岁，永无殃祸，□□□□□□□约已定，如有□
十　悋者诃禁，收付河伯。主□□□〔先有〕居者，远避千里。
一一　此地并属亡者胡氏夫〔人〕□□□□灵快乐，家活
一二　兴隆。多生贵子，男孝□□□□□□〔代〕代荣光。
一三　世世富贵，田地胜强。□□□□□系什倍，男女
一四　命长。父慈子孝，年月□□□□□□文章。世代衣禄[五]，
一五　家道昕昌。钱帛进益，牛马□□。如律令勑。踏地界人，
一六　张坚固；书契人，李定度；将军亭长收付河伯。如要相

记

一七　寻讨，来东海东岸。急急如律，勑勑勑。政和四年十二

一八　月二十日辛酉壬戌朔胡氏夫人[六]　碑·记

【注】

[一]《江汉考古》一九八八年第一期《英山茅竹湾宋墓》附录《宋故相氏墓记》抄本。罗田县治今湖北罗田县东。

[二]甲午年，北宋徽宗赵佶政和四年，公元一一一四年。

[三]缺文当系「丘丞、墓伯，分步界畔」。

[四]以下似有大段缺文。

[五]衣禄，犹俸禄，亦为吃穿的福分。

[六]十二月二十日辛酉壬戌朔，据历书，本月为壬寅朔，二十日辛酉，壬戌为二十一日。原契文有误。

六三六　北宋政和八年（一一一八）进贤县吴公谨买地石券[一]

维皇宋岁次政和八年十一月己酉朔二十五日，有洪州进贤县真隐乡郑舍村居住吴公谨助教，[二]，行年四十七岁，以疾殁故。龟筮协从，相地袭吉。宜于本乡夏家原安厝宅兆。谨用钱九万九千九百九十九贯九十九文九分，问西夷王买得地一穴[三]，作亥山丙向[四]。其地东止甲乙，南止丙丁，西止庚辛，北止壬癸。上至青天，下至黄泉。六极之外，将与亡人为千年冢宅。其地下有金银铜铁，悉属亡人为主。四方先有住者，大者为邻里，小者为奴婢。木精禁杀，一切伏藏。凶恶之神，不得乱来争占。如有人神争占，请地主：张坚固、李定度。保见人：东王公、西王母。受钱人：天官道士。若索钱，来海畔。日出黄昏，乱□经络。谁为书？天上鹤。鹤何在？飞上天。谁为话？水中鱼。鱼在何？入深潭。急急如律令。

【注】

[一]陈柏泉《江西出土墓志选编》附录《唐至明地券文》八《宋吴助教地券（政和八年十一月）》。原编者按：「《吴助教地券》，一九七〇年出土于进贤县。券高九八、宽四八厘米。石质，写刻，十二行。券石藏江西省博物馆。」又曰：「墓主吴助教，讳愿（一〇七一——一一一七），字公谨，江西进贤人。牒补助教。」同时出土的有《宋故吴助教墓志铭》，见该书第九四—九六页。

[二]助教，官名。置于诸州，无职掌。或皇帝以特恩授士人，或用以安置犯有过失的官员，或作为纳粟授官名目。据其墓志所记，吴氏从未出仕，但有孝弟等令名，「县官以王宫助教牒召公应补，求免者数四，不得已从之。」由此可知吴公谨之有「助教」之称，为「皇帝以特恩授士人」者之例。

[三]问西夷王，当作「向武夷王」。

［四］亥山丙向，亥属北偏西北，与巳属南偏东南相对。丙属正南。

六三七　北宋宣和三年（一一二一）德兴县张公买地石券[一]

一　维宣和三年，岁次辛丑，九月壬戌朔□□□□□，大
二　宋国江南道饶州德兴县[二]银山乡仁□□□□□，殁
三　故中书舍人张公行年四十三岁，生居□□□□□
四　兆，以宣和二年四月初八日，忽因冥游遇□□□
五　西王母囊中美酒，乘醉不返，龟筮叶从，□□□□
六　宜利于本里珠潭源安厝宅兆。谨用银钱九万九千
七　九百九十九贯文，五彩信币等物，就此皇天大□□
八　主边，买得天心福地一穴，发作丙向[三]。东止甲乙青龙，
九　南止丙丁朱雀，西止庚辛白虎，北止壬癸玄武，内外（方）
十　勾陈，分掌四域；丘丞墓伯，封断界畔；道路将军，
一一　齐整阡陌。千秋万岁，永无殃咎。地主，张坚固；保人，李定度；
一二　见人，功曹；书人，玄武。地中□吏，皇神后土，土公土母，
一三　土家子孙，左右邻里，地中□府，将军社稷，见亡人过
一四　往，不得妄有勘责侵夺。亡人随身衣物，已给公□□，
一五　有□相侵夺者，奏上太上天帝付青衣使者□□。
一六　谁为书，是玄武。谁为读，是白虎。何人裁衣，云中织女。
一七　谁为修棺，洛阳□师。冥中圣教，给牒周游十方[四]，平生
一八　坐位分明。子午卯酉，福庆良久。寅申巳亥，资生不遇（迈）。[五]
一九　辰戌丑未，居家富贵。男女昌盛，年登百岁，无有妨害。
二〇　仓库盈溢，歌谣尽日。亡人随身衣物付与收掌。粮罂
二一　贮千年涌水不绝，五谷袋储万年之粮。今奉
二二　太上老君给地券一道，永为公验。所在神祇，不得违

二三　科犯约。如有犯者，奉□

二四　准敕斩之。急急如律令。

【注】

[一]《考古》一九八七年第三期，陈柏泉《江西出土地券综述》第二三〇—二三一页附录三。原题《北宋宣和三年张公地券》。长48、宽38厘米。

[二]德兴县，今属江西省。

[三]丙向，古代以十干配五方，丙为南方之位，因以指南方。《说文·丙部》：「丙，位南方。」宋龚鼎臣《东原录》：「《地理新旧志》：『江淮间宅与墓，则随五音取向；它则皆须西北高，东北下，流水辰巳间出，兼同用丙向为上。』非也。凡宫寺、祠庙、邮馆，皆无常主，故用丙向。宅舍则当各随本音。」

[四]十方，佛教谓东南西北及四维上下。《宋书·夷蛮传·呵罗单国》：「身光明照，如水中月，如日初出，眉间白豪，普照十方。」南朝陈徐陵《为贞阳侯重与王太尉书》：「菩萨之化行于十方，仁寿之功沾于万国。」

[五]不遇，「不迈」之误。不迈，不老也。《后汉书·皇甫规传》上疏：「凡诸败将，非官爵之不高，年齿之不迈。」迈，老。

六三八　北宋宣和六年（一一二四）新都县阎氏十八娘买地砖券[一]

一　维宣和六年，大岁甲辰，七月丙子朔，初七日，今有大宋

二　国剑南西川蜀郡成都府新都县化林乡

三　居住大道高姓殁故亡人阎氏十八娘，生居神邑，死

四　归蒿里。龟筮袭吉，元龟有四足[二]。即日用银钱财

五　伍百贯文，就此青天父，后土母，十二位社稷主边处

六　买得前件墓田壹所。东至青龙，西至白虎，南至

七　朱雀，北至玄武，上至青天，下至黄泉，中至明堂，四

八　至分明。即日钱财交付与天地神明了。其地保人张

九　坚固、李定度，仙人王乔，海中童子，青鸟、玄武等，登（证）

十　见人[三]，东王父、西王母；书券人，天上石功曹；读人，地下金

一一　主薄。书人了，归上天。读人了，入黄泉。葬己（已）后，富

一二　贵高迁[四]。地券壹通永镇墓。急急一如律

一三　令。　宣和六年袁家烧造地券一袖了。[五]

【注】

[一]《中国古代砖刻铭文集》(上)第三六四页,图版一三七九《阎氏十八娘买地券砖》。(下)第二四六页,图版说明一三七九。一九九六年四川成都金牛区天回乡甘油村出土。乾刻铭文。正书,一三行,行一五至二一字,计二三九字。有竖界栏。长38.7、宽38.7、厚3.4厘米。著录:成都市文物考古工作队《成都北郊甘油村发现北宋宣和六年墓》(《四川文物》一九九九年三期)。

[二]元龟,大龟。古代用于占卜。引申为可作借鉴的前事。

[三]登见人,登与「证」通,即「证见人」。

[四]富贵高迁,原释作「留贵高迁」,误。据图版改。

[五]褶:《说文》:「褶,祝褶也。从示,留声。」祝褶,即「祝由」。以祷咒治病。段玉裁注:「惠氏士奇曰:『《素问》黄帝曰:古之治病,可祝由而已。祝由,即祝褶也。』」

六三九　北宋靖康元年(一一二六)安陆县杜一娘买地铁券[一]

合同

一　维靖康元年,岁次丙午,三月丁卯朔,初七日癸酉,祭主郭

二　度等:伏为先妣杜氏一娘,以宣和二年[二]三月十三日殁故,

三　龟筮协从,祖(相)地袭吉。宜于德安府安陆县[三]太平乡

四　马子石村长乐之原安厝宅兆。谨用钱九万九千九百

五　九十九贯文,兼五綵信币,买地一段。东至青龙,

六　西至白虎,南至朱雀,北至玄武。内方勾陈,分擘

七　掌四域。　丘承(丞)墓伯,封步界畔。

八　道路将军,齐整阡陌。千秋千(万)岁,永无咎殃。若

九　辄干犯诃禁者,

十　将军、亭长收付

一一　河伯。余以牲牢酒饭、百味香新,共为信契。财地交

一二　相分付。工匠修茔安厝以后,永保休吉。知见人:岁

一三　月主；保人：今日真（直）符。故气邪精不得忓恪。先有

一四　居者，永避万里。若违此约，

一五　地府主吏命其当祸。主人内外存亡，悉皆安吉。

一六　急急如五帝使者女青律令。

【注】

[一]《文物》一九八九年第五期孝感市文化馆《湖北孝感大湾北宋墓》第七〇页图七《地券摹本》。说明：「地券一方。铁质。用朱砂书写，楷书一六行，共二五五字，正文前题二字，只存半边且模糊，据字形判断，应为『合同』。长31.5、宽22、厚1.5厘米。」

[二] 宣和，北宋徽宗赵佶年号之一。其二年，岁次庚子，为公元一一二〇年。

[三] 安陆县，今属湖北省。

六四〇　南宋绍兴三年（一一三三）瑞昌县刘三十八郎买地石券[一]

维宋绍兴三年，岁次癸丑，十一月朔二十一日壬申[二]。江州瑞昌县清盆乡上泉港南保，殁故亡人刘三十八郎，墓在此山岗。一生居城邑，死安宅兆。龟筮协从，其地袭吉。宜于本乡里社山岗安厝宅兆。谨用币九万九千九百九十九贯文，五色彩杂信，买地三十六亩。东止千，西止百，[三]左青龙，右白虎，前朱雀，后玄武。内方勾陈，外掌四域。丘丞墓伯，冢中二千石，封步界畔。道路将军，墓门亭长，收付河伯。[四]今以牲牢礼币、甘针食百味香杂[五]，共为信契。财地交付，工匠修营安厝已后，永保吉昌化。知见人：岁月主者；保人：将军今日直符。故气邪精，不得干扰。先有居者，不干主人内外之事。今使主人，内外存亡得安稳。急急如律令。五帝使者女青诏书律令。

【注】

[一] 陈柏泉《江西出土墓志选编》附录《唐至明地券文》十《宋刘三十八郎地券（绍兴三年十一月）》。原编者按：「刘三十八郎地券，一九八七年出土于瑞昌县。券高32、宽33厘米。石质，写刻，十行。券石藏瑞昌县博物馆。」又曰：「墓主刘三十八郎，不知名讳，江西瑞昌人。」又见《考古》一九七一年第一期，刘礼纯、周春香《江西瑞昌发现南宋纪年墓》。

[二] 十一月朔，十一月下脱「壬子」二字。

[三] 千、百，当作「阡」、「陌」。

［四］收付河伯，以上似脱漏「齐整阡陌。辄干犯诃禁者」等内容。

［五］此句似有错讹，当言「牲牢酒饭，百味香新」等事。

六四一　伪齐阜昌八年（一一三七）虢县朱近买田券[一]

一　凤翔府虢县磻溪乡卢家社朱近[二]于阜

二　昌八年六月七日[三]于令远扗赵元处村南

三　买到白地十亩，内阜新阑四□葬五父。

四　前用钱一万九千九伯九十文，就皇天父、

五　后土母、社稷十二边，买得前墓田周流一顷：

六　东至青龙，西至白虎，南至朱雀，北至

七　玄武，上至苍天，下至黄泉，四至分明。即日钱

八　财分付。天地神明。保人张陆、李定度。

九　知见人东王公、西王母。书契人石功曹。读

十　契人金主簿。书契人飞上天，读契人入

一一　黄泉。　急急如律令。

一二　绍兴九年岁次己未十一月一日戊寅朔，七

一三　〔甲〕申日迁葬。[四]　朱近

【注】

［一］罗振玉《地券征存》。跋：「高一尺三寸五分，广一尺三寸。十三行，行字不等。前十一行每行文字（顺逆）相间，正书。」叶昌炽《语石》卷一《伪齐》：「余又收得（刘豫伪齐）阜昌八年（一一三七）虢县磻溪乡《朱近买地券》。豫僭号祗七载，而此称『八年』，或乡曲尚未知其被废，或并初立未建元一年数之。」又卷五：「渭南赵乾生家藏有朱近墓券。」（按：券文与《征存》略异。）

［二］虢县，今陕西宝鸡县。

［三］阜昌，南宋初年，金人在旧北宋黄河流域地区立刘豫为皇帝，国号大齐，年号阜昌，都大名府。

［四］绍兴，南宋南宗年号。绍兴九年为公元一一三九年。七甲申日：当作「七日甲申」，或「七日申日」。

六四二　南宋绍兴十一年(一一四一)庐陵县刘三解元买地石券[一]

维皇宋绍兴十一年辛酉岁，十二月乙丑朔初九癸酉时，有大宋国南京应天府居住[二]、寄寓吉州庐陵县城内[三]，市南街北畔，殁故刘三解元，本命丙子年生[四]，享年四十六岁。于今年十一月初五日忽奉泰山所诏，魂归大夜。今卜吉日良时，宜安宅兆。用五宝钱禾信币，折九九之数，就于开皇地主处边，买得城下珠林山护国院侧兑山乙向[五]茔地一穴，用充山宅。其地东止甲乙，南止丙丁。西止庚辛，北止壬癸，上止皇天，下止后土。已上各以三百步为界。其地界内，应有精邪故炁，速须回避他方，不得妄有干犯亡人墓宅、应用物色。如有不从，仰山神土地，申付六丁神将[六]，收捉施行。风水相生，荫庇子孙，自然兴旺；居家富贵，男女昌盛，命登百岁，即无妨害。亡人所有随身衣物，付与收管。粮罌贮千涌之泉，五谷袋万载之粮。今奉太上给地券一枚，永为公据者[七]。

急急如律令。

牙保人：张坚固；见人：李定度；为书：功曹；为读：主簿。

【注】

[一]《庐陵古碑录》第一一九页。原题《宋刘三解元地券》。原注：「碑文竖排，左读。」「一一四一，青石质，40 × 28 × 3，敦厚，二〇〇三年二月二十三日。」江西人民出版社二〇〇七年出版。

[二]应天府，北宋景德三年(一〇〇六)升宋州置，治今河南商丘市。大中祥符七年(一〇一四)建为南京。金天会八年(一一三〇)改为归德府。南宋则仍沿旧称。

[三]庐陵县，治今江西吉安市。

[四]丙子，北宋哲宗绍圣三年(一〇九六)。

[五]兑山乙向，座西朝东。

[六]六丁，道教认为六丁(丁卯、丁巳、丁未、丁酉、丁亥、丁丑)为阴神，为天帝所役使；道士则可用符箓召请，以供驱使。《后汉书·梁节王畅传》：「从官卞忌自言能使六丁。」李贤注：「六丁，谓六甲中丁神也。若甲子旬中，则丁卯为神；甲寅旬中，则丁巳为神之类也。役使之法，先斋戒，然后其神至，可使致远方物及知吉凶也。」

[七]公据，官府的凭据。

六四三　南宋绍兴十三年(一一四三)庐陵县周氏六娘买地石券[一]

维皇帝绍兴十三年岁次癸亥，十二月癸未朔初三日乙酉[二]。即有大宋国江南西道吉州庐陵县宣化乡仁孝里茶园居住殁故太孺人周氏六娘，行年八十二岁。昨于绍兴辛酉[三]十一月初六日夜，乃思冥途，忽奉泰山诏去，魂归大夜[四]，命往西方。生居阎浮[五]，死安宅兆。今卜吉日良时，遂用钱禾五实，信币彩帛，共计九万九千九百九十九贯九百九十九文九分，并明香酒脯，时辛百味珍馐，共为信契。就于开皇地主土公土母处，买得本乡仁孝里地名罗侯之原填茔山，艮向阴地一穴[六]，用充亡人周氏太孺人山宅。其地东止甲乙青龙，南止丙丁朱雀，西止庚辛白虎，北止壬癸玄武，上止皇天，下止后土，内外去填茔各百步为界禁。内方勾陈，掌管四域，墓宅(伯)丘丞，分掌界分，道路将军，主管峰水，永无殃兆。各内外存亡，悉皆安吉。所有盛粮罂充千年之浆，五谷仓贮万年之粮。其地内若有精邪故炁先居者，今准此约，速须回避他方，即不得妄有侵佔，干犯禁围。辄有冒犯者，仰当界山神土地，速申五方天王，差神将收捉诛斩。今日今时，特奉太上老君敕命，给付亡人太孺人周氏六娘，永为公验[七]。急急如律令。勅。

牙保：张坚固；时见：李竞(定)度；敕为书石：功曹；给券：直符使。

【注】

[一]《庐陵古碑录》第一一九—一二〇页。原题《给宋故太孺人周氏地券》。原注：「碑文竖排左读。」「一一四三、青石质、34 × 28 × 3、敦厚，二〇〇三年二月二十八日。」江西人民出版社二〇〇七年出版

[二]癸未朔，公元一一四四年元月七日。

[三]绍兴辛酉，绍兴十一年(一一四一)。

[四]大夜，长夜。谓人死长眠地下。唐黄滔《伤翁处甥》诗：「青春成大夜，新雨坏孤坟。」

[五]阎浮，梵语阎浮提省，即南赡部洲。阎浮，树名。提即「提鞞波」之略，义译为洲。洲上阎浮树最多，故称阎浮提，或阎浮洲。俗谓阎浮提洲指中国及东方诸国，实则佛经专指印度言。参阅唐释玄应《一切经音义》十八《杂阿毗昙必论阎浮提》。

[六]艮向，座西南，朝东北。

[七]公验，官府开具的证件。《唐六典》卷二〇《太府寺·京都诸市令》：「凡卖买奴婢、牛马，用本司本部公验以立券。」宋以后沿用此制。

六四四　金天德二年(一一五〇)洛阳县钱择买地砖券[一]

一　维大金天德二年，岁次庚午，四月丁未朔，二十四月庚

二　午。奉为殁故钱择等诸灵大葬立券[二]。生居城
三　邑，死安宅兆。龟筮协从，相地袭吉。宜于河南
四　府洛阳县金谷乡南北张村之原，谨用银钱九
五　万九千九百九十九贯文，兼五彩信币，于　后土皇
六　地祇处，买地一段。坟域用地南北长二十一步，东西
七　阔一十七步。其地东至青龙，西至白虎，南至朱雀，
八　北至玄武；内方勾陈，分擘四域。今以牲牢、钱币，
九　共立信契。财地交相分付。工匠修营安厝己
十　后，永保祥吉。见知人，岁月星主；保人，今日直符。
一一　故气邪精不得忓恡。先有主者，永避万里。主人
一二　内外存亡，悉皆安吉。急急如五帝使者律令！

【注】

[一]《中国古代砖刻铭文集》（上）第四八八页，图版一八七三《钱择买地券砖》金天德二年（一一五〇）。（下）第三二九页，图版说明一八七三。一九九四年河南洛阳孟津县麻屯出土。乾刻铭文。正书，一二行，行二一字，计二一九字。长宽各29.5厘米。著录：洛阳市文物工作队《洛阳孟津县麻屯金墓发掘简报》（《华夏考古》一九九六年一期）。

[二]大葬，古谓按封建礼制举行的隆重葬礼。亦泛指正式葬礼。清方文《述哀》诗：「母柩难久停，须迁就原隰。大葬年未利，今且治攒室。」

六四五　金正隆五年（一一六〇）辽阳县王兴公买地瓷券[一]

一　维大金正隆五年[二]，岁次庚辰，七月
二　丁丑朔，廿七日癸卯。东京辽阳府
三　辽阳县[三]辽阳乡瓷窑务住故王兴公[四]
四　之券。因殁袭吉□本务之□南山之阳，
五　卜其宅兆。谨以银钱□五十□□头，马
六　五疋，贾茔之地，长□□□□至青

七　龙，南至朱雀，西至白虎，（北至）玄武。
八　内方勾陈，远[五]
九　擘掌四域。丘丞墓伯，封步界（畔）。道路
十　将军，齐整阡陌。千秋百世，永无（殃咎）。
一一　若辄干犯诃禁者，将军、亭长收
一二　付河伯。今以牲牢、酒饣、彩币诸物[六]，共
一三　为契信。财地交相分付。工匠修营安（厝）。
（背面多漫漶不清，未录）

【注】

[一] 彭善国、徐戎戎《辽阳金正隆五年瓷质「明堂之券」》。《文物》二〇一〇年第十二期第八八—九一页。有释文和图一、二、三。文曰：「此券略呈圭形，下端两侧内截，置于酱釉虎形底垫内（图一）。券板高41、宽26、厚4厘米，灰褐色粗瓷胎，施白色化妆土。正面上端勾绘长方形边框，书「明堂之券」，其下为买地券正文（图二）；背面也有文字，但多漫漶不清（图三）。边框及文字，均用铁彩勾勒或书写，再罩以透明釉，釉面多处已剥落。」本书释文据「图二券板正面」有所校正。

[二] 正隆，金海陵炀王完颜亮年号。

[三] 辽阳县，今辽宁省辽阳市老城区。

[四] 王兴公，原释「王公」，夺一「兴」字。

[五] 原文如此，有缺文。

[六] 饣，同「饭」。《玉篇·食部》：「饣，同饭。」汉枚乘《七发》：「楚苗之食，安胡之饣。」宋梅尧臣《寄酬睦州晏殿丞》：「岂不藉余润，况兹方饣蔬。」在宋、金、元的买地券文中，多有「牲牢酒饣（饭），百味香新」之句。本券据图片，亦似「饣」而非「铺」。径改。彩币，即五彩信币。泛指礼物。

六四六　南宋绍兴三十年（一一六〇）新淦县帅二郎买地石券[一]

维皇宋绍兴三十年岁次庚辰，十一月乙亥朔，二十八日壬寅。江南西路临江军新淦县文成坊小石桥畔街北居住殁故帅公二郎府君享年四十八岁。命随风烛，生处阎浮，死安宅兆。谨投龟筮叶从，相地袭吉，宜于本县钦风乡归正里安厝。特用银钱、五色彩信币帛等，就皇天父邑社主买得鹧鸪山当坑口兑山卯向地一穴[二]。

东止甲乙左青龙，南止丙丁前朱雀，

西止庚辛右白虎，北至壬癸后玄武。
内方勾陈，分掌四域。丘丞墓伯，各守界畔。
路道将军，不得干犯。千秋万岁，永无殃咎。
若辄干犯，河军主者、将军亭长收付河伯。
行令则地，各相交付。安厝已后，永保康宁。
故炁邪精，不得干预。若有居者，永逃避万里。
如违此约，地券主者自当其祸。主人内外，存亡安吉。
急急玉帝青女律

知见人：岁月主者；保见人：今日直符；书契人：功曹；读契人：主簿；买地人：帅公二郎府君[三]。

【注】

[一]《庐陵古碑录》第三八〇页。原题《殁故帅二郎地券》。原注：「一一六〇，青石质，55×35×2。新干。二〇〇二年十二月。」江西人民出版社二〇〇七年出版。

[二]兑山卯向，座西朝东。

[三]府君，旧时对已故者的敬称。多用于碑版文字。宋欧阳修《泷冈阡表》：「皇祖府君累赠金紫光禄大夫、太师中书令兼尚书令。」宋司马光《司马氏书仪·慰人父母亡疏状》：「先某位奄弃荣养」自注：「无官有素契，改先某位为先丈；无素契，为先府君。」

六四七　南宋乾道七年（一一七一）华阳县赵世朝等石地券[一]

一　维大宋乾道七年[二]，岁次辛卯，十
二　月壬寅朔二十日辛酉，殁故
三　　赵世朝、熙朝　地券。　生居
四　城邑，死安宅兆。卜筮叶从，相地
五　大吉，宜于此华阳县履贤乡福
六　地之原安厝[三]。其界：左至青龙，右
七　至白虎，前至朱雀，后至玄武；中

八 方勾陈，分掌四域；丘丞、墓伯，封
九 步界畔；道路将军，整齐阡陌。千
十 秋百载，永保元吉[四]。知见人，岁月
一一 主者；保人，今日直府[五]。故炁邪精[六]，
一二 不得忓犯。存亡安吉[七]。一如律令。

【注】

[一]本买地券为长方石版，高29.5厘米，广30厘米，十二行，行十二字。今藏四川大学博物馆。承童恩正先生惠赠拓片。

[二]乾道，南宋孝宗年号。

[三]华阳县，今四川成都市。

[四]元吉，大吉。《易·坤》：「黄裳元吉。」

[五]今日直府，亦作「今日直符」。辛酉日，直符神名义呼。

[六]故炁邪精，「炁」与「气」同。

[七]存亡安吉，为「主人内外存亡安吉」之省文。

六四八　南宋淳熙元年（一一七四）西城县滑璋买地砖券[一]

一 地券
二 维大宋淳熙元年，岁次甲午，九月乙酉朔，十三日
三 丁酉，主葬滑璋，奉为 先考先妣，并以亡兄本贯
四 永兴[二]，流移昭化[三]。顷缘兵革，稽奉迁茔。扪心追远，孝
五 礼殊亏。遂同长幼之心，共启孝诚之志。卜其宅兆，
六 安厝先灵。况乃龟筮协从，相地袭吉。宜于金州西
七 城县[四]界永宁乡第十一都洛河村大平坝安厝宅
八 兆。谨用钱九万九千九百九十九贯文，兼五彩信
九 币，买地一段。南北长二十步，东西阔一十八步四
十 分半。东至青龙，西至白虎，南至朱雀，北至玄武；内

一一 方勾陈，分擘掌四域；丘丞墓伯，封步界畔；道路将
一二 军，齐整阡陌。千秋万岁，永无殃咎。若辄干犯诃禁
一三 者，将军亭长收付河伯。今□牲牢、酒饭、百味香新
一四 共为信契。财地交相分付。工匠修营安厝已后，永
一五 保休吉。知见人：甲午岁、甲戌月主；保人：丁酉日直
一六 符。竹(故)气邪精，不得干恡。先有居者，永避万里。若违
一七 此约，地府主吏自当其祸。主人内外存亡，悉皆安
一八 吉。急急如五帝信者女青律令！
一九 　　淳熙元年岁次甲午九月十三日滑璋等券

【注】

[一]《中国古代砖刻铭文集》(上)第四三八页，图版一六七五《滑璋买地券砖》。(下)图版说明一六七五。二十世纪八十年代陕西安康市张滩出土，藏安康地区博物馆。乾刻铭文。正书，一九行，行最多一九字，计三三四字。长、宽各34厘米。著录：《安康碑石》一七页。

[二]永兴，古县名，治今湖北阳新县，明初废。

[三]昭化，古县名，治今四川广元县西南昭化镇。一九五九年废入广元县。

[四]西城县，古县名，治今陕西安康市，元废。

六四九　南宋淳熙二年(一一七五)临川县秦秘校买地石券[一]

维大宋国江南西路抚州临川县城内兴鲁坊寄居宝应寺千佛院秦秘校[二]，昨于淳熙元年、岁次甲午、十二月十四日暝坐而逝，享年四十。龟筮叶从，相地袭吉。宜于次年乙未十一月戊午二十五日壬申[三]，葬于临川县灵台乡十三都地名小谈源。用钱九万九千九百九十九贯，五彩信币，诣五土冥王、开皇地主司，买得阴地一穴。作巽山，乾亥向[四]，安厝宅兆。东止青龙，西止白虎，南止朱雀，北止玄武。上止青天，下止黄泉。中为亡人万年冢宅。内方勾陈，分掌四域。丘丞墓伯，封步界畔。道路将军，齐整阡陌。千秋永岁，悉无殃咎。四止之内，或有神祇，洎前亡后化，不得妄有争占，惊动亡人。若辄干犯呵禁，将军亭长收付河伯。财地交相分付。工匠修营安厝已后，山水朝迎，子孙昌炽，永保休吉。见人：张坚固。保人：李定度。书人：天官道士。故炁邪精，不得忤怪。先有居者，远去万里。若违此约，地符主吏自当其祸。孝宅内外，同皆安吉。急急如律令。

【注】

[一] 陈柏泉《江西出土墓志选编》附录《唐至明地券文》十一《宋秦秘校地券(淳熙二年十一月)》。编者按:「《秦秘校地券》,一九八五年出土于临川县。券高 36、宽 31 厘米。石质,写刻,十七行。券石藏临川县博物馆。」又曰:「墓主秦秘校,不知其名讳里籍,卒年四十岁。」

[二] 秘校,官名。原指秘书省校书郎。后沿用指新擢第者。清梁章钜《称谓录·进士》:「《卻扫编》:进士登科人,初官多授试秘书省校书郎,故至今新擢第人犹称秘校。」

[三] 戊午,有误,当作「戊申朔」。

[四] 巽山乾亥向,巽属东南,乾与亥属西北。巳亦属东南,与亥对应。此处似应为「巽巳山,乾亥向。」

六五〇 南宋淳熙十二年(一一八五)金溪县胡二娘买地砖券[一]

维皇宋淳熙十二年四月二十三日□□□□□抚州金溪县顺德乡二十七都樵□保,殁胡氏二娘,享年六十六岁。因去南山采药,忽逢仙人,赐酒一杯。生居火宅,死入泉台[二]。今用钱二万二千贯,就开皇地主边,买得阴地一穴。东止甲乙青龙,南止丙丁朱雀,西止庚辛白虎,[三]上止青天,下止黄泉;中□系亡人万年冢宅。千年万岁,荫益子孙。□下不得有人争占。如有人争占,□□即你亡人执此券,投东岳庙君作主,[四]先斩后奏。地主:张坚固、李定度。保人:丘丞、墓伯。书人:天上□□□。急急如律令。太上敕下。

【注】

[一] 陈柏泉《江西出土墓志选编》附录《唐至明地券文》十二《宋胡氏二娘地券(淳熙十二年四月)》。原编者按:「胡氏二娘地券,一九七三年出土于金溪县。券高 32、宽 42 厘米。砖质,写刻,十四行。」又曰:「墓主胡氏二娘,江西金溪人。卒年六十六岁。」

[二] 火宅、泉台:火宅,佛教语。多用以比喻充满众苦的尘世。《法华经·譬喻品》:「三界无安,犹如火宅。」泉台,墓穴。亦指阴间。唐骆宾王《乐大夫挽辞》之五:「忽见泉台路,犹疑水镜县。」

[三] 下脱「北止壬癸玄武」句。

[四] 东岳庙君,道教所奉泰山神。《云笈七签·五岳真形图序》:「东岳泰山君领群神五千九百人,主治死生,百鬼之主帅也。血食庙祀所宗者也。」中国古代帝王对泰山神屡加褒封。唐玄宗封之为「天齐王」;宋真宗大中祥符元年(一〇〇八)封之为「仁圣天齐王」;大中祥符四年(一〇一一)封之为「东岳天齐仁圣大帝」;元世祖至元二十八年(一二九一)封之为「东岳天齐大生仁皇帝」。旧时各地多有东岳庙,每年夏历三月二十八日为祭祀日。

六五一　南宋淳熙十五年（一一八八）新淦县曾三十七买地石券[一]

有宋曾公承事地券

一　维皇宋淳熙十五年，岁次戊申，十一月一日壬辰朔二十八日己未。
二　有江南西道临江军新淦县[二]安国乡西归里四十六都界步市
三　大桥巷街北居住，殁故曾公三十七承事，庚申建生[三]，享年七十有
四　四。于癸卯岁淳熙十年[四]四月初七日，运应灭度，[五]身辞人世。切以生
五　处阎浮[六]，死安宅兆。谨报龟筮，相地袭吉，宜于本县本里雷家岗
六　之原安厝。谨用钱帛万万贯匹，五采信币，酒脯牲牢等，仗凭蒿里
七　父老与神卿上官，就于
八　皇天父邑社主边，买得良山行龙，震山落穴，作庚向阴地一穴。左止
九　青龙，右止白虎，前止朱雀，后止玄武，内方勾陈，上下四国，各封半
十　为界。近修茔安厝已后，永作千年山宅，百世坟灵，子孙昌盛，
一一　富贵荣华，存亡安吉此吉。如有不正故炁邪精，妄敢干犯，即仰
一二　地券主同道路将军，收付河伯，行令永沉海者。须至戒曰：
一三　宅兆之阳，管在□箱，道路将军，守保安康。如违命约，万里之殃。
一四　何神不伏，何鬼不藏。仗斯秘语，化气灵光。今准奉
一五　太上五帝女青，急急如律令。
一六　卖地人，岁月主；保见人，直符；
一七　书契人，功曹；执契人，主簿。

【注】

[一]《考古》一九八七年第三期，陈柏泉《江西出土地券综述》第二三一页附录四。原题《南宋淳熙十五年曾三十七地券》。长 100、宽 63 厘米。

[二]新淦县，今江西省新干县。

[三]庚申建生，当作「庚寅」建生。是年为北宋徽宗赵佶大观四年，公元一一一〇年。

[四]是年为公元一一八三年。

［五］灭度，佛教语，谓僧人死亡。梵语涅槃、泥洹的意译。《大般涅槃经》二九《师子吼菩萨品》：「灭生死故，名为灭度。」

［六］阎浮，梵语，树名，亦作阎扶。亦作阎浮提的简称。阎浮提即南赡部洲。或译作赡部洲、剡浮洲、瞻部洲等。俗谓指中华及东方诸国，佛经专指印度。

六五二　金大定二十九年(一一八九)伊阳县董承祖买地砖券[一]

一　维大定二十九年闰五月二十六日己酉[二]，祭主董承祖以于天眷[三]

二　三年五月十九日殁故祖父董贵□，龟筮协从，相地袭吉，

三　宜于嵩州伊阳县宜阳乡董寨村西北源安□宅兆[四]。谨用

四　钱九万九千九伯(百)九十九贯文，兼五綵信币，买地一段。东西

五　一十九步，南北一十九步[五]。东至青龙，西至白虎，南至朱雀，北至

六　玄武。内方勾陈，分擘四域；丘承(丞)墓伯，封步界畔；道路将军，齐

七　整阡陌；千秋千(万)岁，永无殃咎。若輙干□□禁者，将军亭长

八　收付河伯。今以牲牢酒饭、百味香□□□□契财地交相分付。

九　工匠修营安厝已(以)后，永保安吉。知见人：岁月主；保人：今月直

十　符。故气邪精，不得□□。先有居者，永避□里。若违此□，地府

一一　主吏自当其祸。主人内外存亡，悉皆安吉。急急如五帝□者□□。

【注】

［一］《文物》一九九七年第九期刁淑琴《洛阳嵩县发现金代买地券》第七〇页。说明：买地券「为青灰色砖质，略呈方形，长 31.7、宽 33、厚 5.2 厘米。券文基本完整，从右至左竖行行楷朱书，共十一行，每行二二—二四字，约二七〇字。」券文图片不清。有录文。

［二］大定，金世宗年号。乙酉为「己酉」之误，改。

［三］天眷，金熙宗年号。其三年为公元一一四〇年。

［四］宜阳乡董寨村，今嵩县城关镇一带。见《嵩县志》，河南人民出版社一九九〇年出版。源，应作「原」。

［五］步，原文：「如按宋制一步五尺，一尺合今 0.316 米计，此坟域实际长，宽应各约 30 米。」

六五三　金大定二十九年(一一八九)东胜州邢禹买地砖券[一]

一 维大金大定二十九年，岁次巳(己)酉，八月九日，祭主邢
二 元泽，□贞元二年[二]四月十七日亡祖禹殒逝。协从相地，龟筮
三 袭(吉)[三]，宜于东胜州[四]南一里余，谨用钱贯兼五彩信币，买地一
四 段，安厝亡祖禹之灵。其地南北一十六步，东西阙(阔)一十四
五 步三分。东至青龙，西至白虎，南至朱雀，北至玄武，内方
六 勾陈，分擘四域；丘承(丞)墓伯，封步界畔；阡陌将军，瞻察前
七 后。今以牲牢、酒饭、百味香新，共为契约。财地交相分付。修
八 造圹，尊卑□位。安灵已后，内外存亡各保安宁。急急如律令！

(背面)

九 合同分券[五]

【注】

[一]《中国古代砖刻铭文集》(上)第四九〇页，图版一八八〇《邢元泽为祖邢禹买地券砖》；(下)第三三一页，图版说明一八八〇。一九九六年内蒙古托克托县城关镇出土。乾刻铭文。正书，八行，行二〇至二三字。计一七四字；砖背面骑缝一行四字(合同分券)。著录：闫建春、石俊贵《托克托县发现金代买地合同分券》(《内蒙古文物考古》一九九八年一期)。

[二]贞元二年，金海陵王完颜亮贞元二年，公元一一五四年。

[三]以上两句有严重脱漏。当作「龟筮协从，相地袭吉」。

[四]东胜州，辽置，治今内蒙古自治区托老托县。

[五]在背面，骑缝半字。

六五四　南宋绍熙元年(一一九〇)丰城县胡夫人买地石券[一]

维宋绍熙元年，岁在庚戌，正月丙辰朔，十八日癸酉。孝孙管颖实等[二]，谨衔哀昭告于兹山之神曰：顾惟此地山□乾亥，向则午

丙[三]。穴入于□，水朝于坤[四]。四顾回旋，吉□临熙，不卜其佳可知。已□先祖考[五]，以乾道九年十□(二)月壬申[六]，归兆于此，已十有三年矣。今先祖妣胡氏□□，忽于淳熙乙巳冬[七]十一月二十有七日以疾终，□□寿甫六十有七。兹奉祖妣之柩而附窆焉[八]。更祝□山之精，地之祇，凡左右前后之灵神，各奠厥位，悉□卫于四隅，毋忘有惊扰。□亡者安静于此，而垂庆□于后昆，永永无疆。则春秋祭祀，神其与之。谨告。

【注】

[一] 陈柏泉《江西出土墓志选编》附录《唐至明地券文》十四《宋胡氏地券(绍熙元年一月)》。原编者按："胡氏地券，一九七七年出土于丰城县。券高73、宽42厘米。石质，写刻，二十一行。券石藏江西省博物馆。"又曰："墓主胡氏，为管迪字立道府君之妻。卒年六十七岁。"又与本券同出者有《宋故胡氏夫人墓志铭》一通，载胡氏生平。收入《选编》第一五六页。

[二] 胡夫人墓志曰："男一人，曰异，后夫人二岁卒。女一，归龚汝砺。孙男二：颖实、颖德。孙女三：长归归(京)涣；次归熊之翰；季未行。"京涣，进士，为墓志铭撰并书者。

[三] 乾亥、午丙，乾、亥，属西北；午、丙，属正南。

[四] 坤，属西南。

[五] 先祖，管迪，胡夫人之夫。

[六] 乾道，南宋孝宗年号。其九年岁次癸巳，公元一一七三年。其十二月朔，当为公元一一七四年元月五日。又"十二月壬申"，有脱漏，当作"十二月己未朔，十四日壬申"。

[七] 淳熙乙巳冬，淳熙二年冬。

[八] 附窆，附葬于其夫管迪墓右。窆，葬时穿土下棺。

六五五　南宋绍熙元年(一一九〇)庐陵县胡氏夫人买地石券[一]

青乌子[二]曰：按《鬼律论》云："葬不买地立券，谓之盗葬。"乃作券文，曰：

胡氏夫人，生于政和六年丙申岁二月二十五日戌时，于淳熙十六年己酉岁六月初八日申时寿终于正寝，涓吉[三]绍熙元年四月乙酉而安厝之。问筮龟袭吉，厥路江西，厥州惟吉[四]，厥县庐陵[五]，乡曰儒行，原曰吉冈，祖茔之东张家塘，乾亥山，巽巳向[六]，为之宅兆。谨以货泉极九九之数[七]，币帛备五方之色[八]，就后土阴官鬻地一区。东止青龙，西抵白虎，南极朱雀，北距玄武。我疆尔界，有截其所。神禹所度，竖亥所步[九]。丘丞墓伯，禁切呵护。驱彼罔象，投畀兕虎。弗迷兽异，莫予敢侮。千龄亿年，永弃其苦。敢有干犯，神弗置汝。幽堂亭长，收付地下。主者按其罪罚，弗敢之赦[十]。安厝亡灵，永镇幽宅。天光下临，地德上载。

藏神合日，神迎鬼避。涂（途）车刍灵，是为器使。慺灵魑魅，莫能逢旃。妥亡佑存，罔有不详（祥）。山灵地神，实闻我言。谓予不信，有如皦日[十一]、梅仙[十二]真时在旁知[十三]。急急如女青律令。

太上灵文，镇安幽宫。亡灵永吉，子孙昌炽。（道符一帧）邪精伏藏，蛇鼠遁迹。急急如律令。

【注】

[一] 高立人主编《庐陵古碑录》第四、五页。原题《宋故胡氏夫人地券》。原注：「一一九〇，青石质，61×39×1。吉安市博物馆，二〇〇二年十一月二十七日。碑文竖排左读。」江西人民出版社二〇〇七年出版。

[二] 青乌子，传说中的古代堪舆家。或说黄帝时人，或说秦汉时人。《广韵·平青》引汉应劭《风俗通》：「汉有青乌子，善数术。」唐柳宗元《伯祖赵郡李夫人墓志铭》：「子孙百代承灵祉，谁之言者青乌子。」传玺按，《鬼律论》原话当作：「葬不斩草，买地不立券，谓之盗葬。」以下所收江西买地券引此文者，话语多有省缺。如「葬不买地立券，谓之盗葬」等。

[三] 涓吉，选择吉祥的日子。涓，选择。《文选》载左思《魏都赋》：「涓吉日，陟中坛。」张铣注：「涓，择也。」

[四] 吉州，治今江西省吉安市。

[五] 庐陵县，今江西省吉安市。

[六] 乾亥山，巽巳向，座西北偏北，向东南偏南。

[七] 极九九之数，极，顶点。即「九万九千九百九十九文」。

[八] 五方之色，古代以青、赤、黄、白、黑五色分别代表东、南、中、西、北五方。亦泛指各种颜色。

[九] 竖亥，神话传说中的人物。《淮南子·地形训》：「禹乃使太章步自东极，至于西极，二亿三万三千五百里，七十五步。使竖亥步自北极，至于南极，二亿三万三千五百里七十五步。」高诱注：「太章、竖亥。善行人，皆禹臣也。」

[十] 之赦，有作「云赦」者。

[十一] 皦日，明亮的太阳。多用于誓辞。《诗·王风·大车》：「谓予不信，有如皦日。」孔颖达疏：「谓我之言为不信乎，我言之信有如皦然之白日。」

[十二] 梅仙，姓梅的仙人。西汉末年，九江寿春人梅福，曾为郡吏和南昌县尉。后王莽专权，他弃官离家，不知所终。东汉起，有关他成仙的传说广被江南各地，多处有所谓他修炼成仙的遗迹。如今江西南昌市湾里区的梅岭，亦名飞鸣山，据传梅福曾在此地学道。岭上有梅仙坛，是当人的名胜之一。

[十三] 此话在其他券上有作「梅仙真人在旁见知」者。

六五六　南宋绍熙元年（一一九〇）清江县李氏买地石券[一]

维皇宋绍熙元年九月壬子朔，二十有二日癸酉。临江军清江县修德乡荷湖里杜叔义、叔礼、叔智、叔信等，以母亲李氏，享年八十有六，于先年十月庚子日[二]终于寝[三]。卜葬于崇德乡青郭之原。存日买得清江镇李通议户之产，栽植峦林。迁作乾亥山，巽向[四]，面揖阁皂张葛仙峰。左顾新城，右按武陵，后倚乎十万洲之境，山奇水秀。参详乎前贤阴阳地理之书，罔不协吉。永葬于斯，惟神护之。有诸干犯，惟神恕之。亡人其安，子孙其昌。神之与祭，久而不妄。

【注】

[一] 陈柏泉《江西出土墓志选编》附录《唐至明地券文》十五《宋李氏地券（绍熙元年九月）》。原编者按：「李氏地券，一九八〇年出土于清江县（今樟树市）。券高 55、宽 39 厘米。石质，写刻，十行。券石藏江西省博物馆。」又曰：「墓主李氏，江西清江人。杜叔义等之母。卒年八十六岁。」

[二] 先年十月庚子日，为淳熙十六年，岁次己酉（一一八九），十月丁亥朔十四日庚子。

[三] 终于寝，当作「终于正寝」。

[四] 乾亥山，巽向，乾、亥属西北，巽属东南。

六五七　金明昌二年（一一九一）洛阳县赵通买地砖券[一]

维大金明昌二年[二]，岁次辛亥，七月丁未朔十五日辛酉，
祭主畀赵通奉为殁故先祖父母诣灵龟筮协从[三]，
相地袭吉。宜于河南府洛阳县金谷乡上清宫北
后河村之原，安厝宅兆。谨用银钱九万九千九百九十九贯，
又兼五綵信币，买地一段：东西十五步，南北十六步二分。东
至青龙，西至白虎，南至朱雀，北至玄武。内方勾陈，分〔掌〕
穴域；丘丞、墓伯，封步界畔；道路将军，齐整阡陌。
千秋万载，永无殃咎。若辄犯诃禁者，将军、亭长
收付河伯。今以牲牢酒饭，百味香新，共为信契，时（财）
地交相分付。工匠修营（茔）安厝已后，永保休吉。如（知）
〔见人〕，岁月星[四]；保人，今日直符。[五]故气邪精，不得忓
〔悋；先有〕居者，永避万里。若违此约，地府主吏自
〔当其祸。主人〕内外存亡，悉皆安吉。急急如
五帝女青律令[六]

【注】

[一] 罗振玉《地券征存》。跋：「专高广各一尺三寸五分。十四行，行字不等。正书。」

[二] 明昌，金章宗年号。

[三] 灵龟，用以占卜的龟，用蓍草占卜。

[四] 岁月星，当作「岁月主」或「岁月星主」。

[五] 今日直符，辛酉日直符神名义呼。

[六] 五帝，道教供奉的五尊神。据《云笈七签》卷一八《老子中经》（一名《珠宫玉历》）载：「东方苍帝，东海君也」，「南方赤帝，南海君也」，「西方白帝，西海君也」，「北方黑帝，北海君也」，「中央黄帝君也。」

六五八　西夏乾祐二十三年（一一九二）窦依买地木券[一]

一　维大夏乾祐廿三年，岁次壬子，
二　二月二十九日壬申[二]，直祭主男窦依□□于西苑
三　外外咩布勒嵬卖地壹段，殁故龟筮〔协从〕，
四　相地袭吉，安厝宅兆。谨用银〔钱〕九万九千
五　九百九十九贯文，兼五彩信币，□买地□：
六　东西七步，南北七步，东至青竜[三]，西至白
七　虎，南至朱雀，北至玄武。内方勾陈，分擘
八　掌四域；丘丞、墓伯，封畔；道路将军，齐[四]
九　千秋伯万岁[五]，永无殃咎。□于□河（诃）禁者，
十　将军、亭长收付河伯。今牲〔牢〕酒〔饭〕
一一　香新，共为信契。财地交于分付。工匠修营
一二　安厝宅兆以后，永保休吉。知见人：岁一[六]。保人：
一三　今日直符。故气邪精，不得忓恡。先有
一四　居者，永避万里。若违此新（约），地府主
一五　使自当其祸。主人内外存亡，悉皆吉〔安〕。

一六　总如五帝使者女青律令。

【注】

[一]原件出土于甘肃省武威西郊响水河煤矿家属院西夏双人合葬墓，今藏武威市博物馆。木牍，松木质，长31.5厘米，宽17.5厘米，朱书汉文16行。录文首见姚永春《武威西郊西夏墓清理简报》（载《陇右文博》二〇〇二年二月）。所刊买地券照片字迹多有不清，录文中的□为难以识别者。有些字为史金波据照片及上下文和宋代此类买地券推补或校正。后承武威市博物馆惠赠地券照片，据以再校，多所增订。特此致谢。

[二]壬申，原释作「壬寅」，误。本年二月甲辰朔，其二十九日为「壬申」。

[三]竜，同「龙」。《集韵·钟韵》：「龙，古作竜。」于省吾《双剑誃诸子新证·晏子春秋二》：「竜，即龙之别构。《汗简》亦作竜。」隋佚名《董美人墓志铭》：「含华吐艳，竜章凤采。」今简化作「龙」。

[四]丘丞墓伯，以下两句有误。当作「丘丞墓伯，封步界畔，道路将军，齐整阡陌」。

[五]伯万岁，衍「伯」字。

[六]岁一，当作「岁月主」。

六五九　金明昌四年（一一九三）陇州赵海买地砖券[一]

一　维大金明昌四年，癸丑岁次，二月戊戌朔，十

二　七日甲寅，百日迁葬祭主赵海等，奉

三　殁故父赵海等改葬。龟筮协从，相地袭

四　吉。宜于陇州[二]千吴山乡平湖社村东北之元（原），

五　安厝宅兆。谨钱九万九千九百九十九贯，兼

六　五彩信币，买地一段。东西南北各长一十

七　三步。东至青龙，西至白虎，

八　南至朱雀，北至玄武；

九　内方勾陈，分擘四域；丘丞墓伯，封步界

十　畔；道〔路〕将军，齐整阡陌。千秋万岁，永

一一　保安吉。知见人，岁月主；保人，今日直符。

一二　故气邪精，不得忏恡。先有居者，永避

一三　万里。若违，自当其祸。主人内外存亡，
一四　安吉。急急如五帝使者女青律
一五　令！
一六　明昌四年癸丑岁次二月十七日券讫。
一七　　阴阳人[三]，博传昌；坯匠，王[四]；木匠，□。

【注】

[一]《中国古代砖刻铭文集》（上）第四九〇页，图版一八八二《赵海买地券砖》。（下）图版说明一八八二。一九九三年陕西千阳县冉家沟村出土。乾刻铭文。正书，一七行，行字不等，计一二五字。长30.5、宽30.5、厚5.5厘米。著录：宝鸡市考古队、千阳县文化馆《陕西千阳发现金明昌四年雕砖画墓》（《文博》一九九四年五期）。

[二]陇州，治汧阳县，今陕西千阳县西北。平胡社原释「平湖社」误。

[三]阴阳人，旧指以星相、占卜、相宅、相墓、圆梦等为业的人。亦称阴阳生、阴阳先生。《旧唐书·德宗纪下》：「四月丁丑，以久旱，令阴阳人法术祈雨。」宋孟元老《东京梦华录·娶妇》：「新妇下车子，有阴阳人执斗，内盛谷豆钱菓草节等，咒祝望门而撒。」《儒林外史》第二六回：「鲍廷玺又寻阴阳先生寻了一块地，择个日子出殡，只是没人题铭旌。」

[四]坯，烧制过的土坯。后多作「砖」。《宋书·孝义传·王彭》：「元嘉初，父又丧亡，家贫力弱，无以营葬……乡里并哀之，乃各出夫力助作坯。」

六六〇　南宋绍熙五年（一一九四）庐陵县葛彦迪买地石券[一]

青乌子曰：按《鬼律论》[二]云：「葬不买地立券，谓之盗葬」。乃作券文，曰：

主簿讳彦迪，生于政和二年壬辰岁九月十六日丑时，于绍熙〔五年〕甲寅岁七月十五日戌时寿终于正寝。涓吉绍熙五年闰十二月七日甲申而安厝之[三]。问筮龟袭吉，厥路江西，厥州惟吉，厥县庐陵，乡曰儒行，原曰吉冈，祖茔之东张家塘，乾亥山，巽巳向，为之宅兆。谨以货泉极九九之数，币帛备五方之色，就后土阴官鬻地一区。东止青龙，西抵白虎，南极朱雀，北距玄武。我疆尔界，有截其所。神禹所度，竖亥所步。丘丞墓伯，禁切呵护。驱彼罔象，投畀兕虎。弗迷兽异，莫予敢侮。千龄亿年，永弃其苦。敢有干犯，神弗置汝。幽堂亭长，收付地下。主者按其罪罚，弗敢之赦。安厝亡灵，永镇幽宅。天光下临，地德上载。藏神合日，神迎鬼避。涂（途）车刍灵，是为器使。夔灵魑魅，莫能逢旃。妥亡佑存，罔有不祥。山灵地神，实闻我言。谓予不信，有如皦日、梅仙真时在旁知。急急如女青律令。

太上灵文，镇安幽宫。亡灵永吉，子孙昌炽。（道符一帧）邪精伏藏，蛇鼠遁迹。

急急如律令。

【注】

[一] 高立人主编《庐陵古碑录》第七页。原题《宋故葛公主簿地券》。原注：「一一九四，青石质，58×39×1.5，吉安市博物馆，二〇〇二年十一月二十七日。碑文从左至右竖排。」江西人民出版社二〇〇七年出版。

[二] 本券样式与《南宋绍熙元年（一一九〇）庐陵县胡氏夫人买地石券》相同，凡名词术语应作注释者，均参考该券，不另作注。

[三] 本年闰八月，而非「闰十二月」。

六六一 金明昌七年（一一九六）长安县元氏买地砖券[一]

一 维大金明昌七年，岁次丙辰，五月庚辰朔，十七日，祭亡□□□

二 亡考元□已于明昌叁年七月十三日殁故。龟筮协从，

三 相地袭吉。宜于京兆府长安县□西乡□前社东南

四 原安厝宅兆。谨用钱九万九千九百九十九贯文，兼五

五 彩信币，买地壹段。东至青龙，西至白虎，南至朱雀，

六 北至玄武；内方勾陈，分掌四域；丘丞墓伯，封部（步）界畔；道

七 路将军，齐整阡陌；千秋万岁，永无殃咎。若有干

八 犯诃禁者，将停（亭）长收付河伯。今以牲牢、酒饭、百味

九 香新，奉立信契。财地交相分付。工匠修安厝

十 以后，永保休吉。知见人，岁月主；保人，今日直

一一 符。故〔气〕邪精不得〔忏〕恪[二]。先有居者，永避万里。若违此

一二 约，地府主使自当其祸。主人内外存亡，悉皆安吉。

一三 急急如

一四 五帝使者女青律令！

一五 合同[三]

【注】

[一]《中国古代砖刻铭文集》(上)第四九一页,图版一八八三《元氏买地券砖》。(下)第三三二页,图版说明一八八三。陕西西安出土,仁和韩氏旧藏。乾刻铭文。正书,一四行,行二〇字不等,计二四七字。29厘米×29.5厘米。著录:《艺风堂金石文字目》卷一四/一一八。

[二]气、忏二字脱漏,今补。

[三]骑缝半字。

六六二　南宋庆元四年(一一九八)临川县朱济南买地石券[一]

宋故
知郡
朝请
朱公
地券

一　维大宋国江南西路抚州临川县左界具庆坊居住

二　故知军朝请朱公于庆元三年岁次丁巳五月初三

三　日以疾卒于正寝[二]享年五十八岁。龟筮协从,相地袭

四　吉。于四年九月二十五日庚申卜葬于本县静安

五　乡卅八都,土名上幕之原,用钱九万九阡(千)九百九十

六　九贯文。五綵信币,诣五土冥王开皇地主司[三],买得阴

七　地一段,壬亥山,丙向,安厝宅兆。东止青龙,西止白虎,南

八　止朱雀,北止玄武,上止青天,下止黄泉,中为亡人万

九　年冢宅。内方勾陈,分掌四域。丘丞、墓伯,封步界畔,道

十　路将军,齐整阡陌。千秋永岁,悉无殃咎。四至之内,或

一一　有古迹神坛、前亡后化,不得妄有争占,惊动亡人。若

一二　辄干犯呵禁者,将军、亭长收付河伯。财、地相交分付。

一三　工匠修营安厝已后,山水朝迎,子孙昌炽,永保休吉。

一四　知见人张坚固,保人李定度,书人天官道士。故炁邪

一五　精不得忓怪。先有居者,速去万里。若违此约,地符主

一六　吏自当其祸。孝宅内外存亡,同皆安吉。急急如

一七　太上律令。　勑

【注】

［一］陈定荣、徐建昌《江西临川县宋墓》，《考古》一九八八年第四期第三二一—三三三页，有录文和铭文拓本。地券出于墓中，高 58、宽 40、厚 4 厘米，红砂石质。券文楷书阴刻，共十七行，前十五行行皆二十字，直书。

［二］券额十字，五行，大字横书，右起左行，行二字。知郡，当为「知军」之误。据同出墓碑铭：「宋故知邵武军济南朱公之墓」。知朱生前曾任「邵武知军」。邵武军属福建路，治今福建邵武。

［三］临川县，今江西抚州市。朝请，散官「朝请大夫」（从六品）或「朝请郎」（正七品）之简称。朱曾任知军，当是「朝请大夫」。

六六三　南宋庆元五年（一一九九）分宜县彭念一娘买地砖券［一］

维皇宋庆元五年十一月己丑朔，二十八日丙辰，江西袁州分宜县［二］郭福寿坊居住，故孺人彭氏念一娘［三］，行年五十一岁，身辞人世，命奄黄泉。今将不禾酒物于地主张坚固处，买得本县化全乡德全里地名长圹村，申山艮寅向［四］，受地一穴：东至甲乙青龙，南至丙丁朱雀，西至庚辛白虎，北至壬癸玄武；上至青天，下至黄泉。方阔一百二十步，与亡人永为山宅，千年不动，万年不移。所有亡人衣木，万年粮食等，并是生存置得。切虑地中或有五方无道鬼神，妄有侵占，奉太上老君敕，给地券一所，与亡人冥中自执为照。如有此色，即仰立圹太神收押赴蒿里所司，准太上老君敕斩之。急急如律令。卖地人：张坚固，牙保人：李定度。书券人：功曹。读券人：主簿。时见人：东王公、西王母。受地亡人：彭氏念一娘。

【注】

［一］陈柏泉《江西出土墓志选编》附录《唐至明地券文》十七《宋彭氏念一娘地券（庆元五年十一月）》。原编者按：「彭氏念一娘地券，一九六一年出土于分宜县。券高 29.3、宽 29.3 厘米。砖质，写刻，二十一行。券石藏江西省博物馆。」

［二］分宜县，原治今江西分宜县南。一九五九年徙今址。

［三］念一娘，即「廿一娘」、「二十一娘」。念，或作「廿」，即二十。清顾炎武《金石文字记》三《开业寺碑》：「碑阴多宋人题名，有曰：『……元祐辛未阳月念五日题。』以廿为念，始见于此。」

［四］申山艮寅向，申属西南，艮、寅属东北。

六六四　南宋嘉泰元年（一二〇一）宜黄县叶九买地石券[一]

叶九承事地券

一　维皇宋嘉泰元年，岁次辛酉，
二　六月己卯朔，越六日甲申。抚州
三　宜黄县仙桂乡上丰里，先溪中
四　□，殁故叶九承事，享年□十一，
五　为身□□，用银钱三千六百贯
六　就此开皇地主买得阴地一穴，□
七　山丁向[二]，元辰水□巽，庚辛长流。
八　保人：张坚固。证人：李定度。书人：功
九　曹。读人：传送。东至甲乙，南至丙
十　丁，西至庚辛，北至壬癸。四至内，
一一　亡人永为万年金陇。魍魉邪神
一二　不得争占。如违令者，□律令施行。

【注】

[一]《考古》一九八七年第三期，陈柏泉《江西出土地券综述》第二二六页图五《宋嘉泰元年叶九地券》。原券额与券文均左起右行。券文据陈柏泉《江西出土墓志选编》附录《唐至明地券文》十八《宋叶九承事地券》录文校订。

[二]丁向，即南向。

六六五　南宋嘉泰四年（一二〇四）庐陵县周必大买地石券[一]

宋少傅大观文益国公赠太师地券（额）

青乌子曰[二]：按《鬼律》云：「葬不斩草，买地〔不〕立券，谓之盗葬。」乃作券文曰：「维皇宋嘉泰四年，岁在甲子，十一月己未朔，十四日壬申吉。孤哀子周纶[三]，伏为先考少傅、大观文[四]益国公、赠太师，生于靖康丙午[五]七月十五日，薨于今年十月初一

日。卜以是冬十二年（月）丙申而安厝之。龟筮协从，厥州惟吉，厥县庐陵，乡曰儒林，原曰斗岗，以西兑山、甲卯向，为之宅兆[六]。谨以冥货极九阳之数[七]，币帛依五方之色，就于后土阴官鬻地一区。东止青龙，西抵白虎，南极朱雀，北拒玄武。内方勾陈，分治五土。彼疆此界，有截其所。神禹所步，竖亥所度。丘丞墓伯，禁切呵护。驱彼罔象，投畀凶虎。弗迷兽异，莫予敢侮。千龄亿年，永无灾苦。敢有干犯，神弗置汝幽堂，亭长收付地下，主者为罚无赦。乃命子墨客卿为寘真宅。天光下临，地德上载。藏神合朔，神迎鬼避。涂车刍灵[八]，是为器使。夔灵魑魅，莫能逢旃。妥亡佑存，罔有不祥。子子孙孙，克炽克昌。山灵地神，实闻此言。谓予不信，有如皦日。梅仙真时在旁知。急急如太上女青诏书律令。敕，急急如律令。敕，太上灵符，镇安幽宅。神魂有归，子孙永吉。邪精斥逐，蛇鼠徙迹。

【注】

[一]陈柏泉《江西出土墓志选编》附录《唐至明地券文》十九《宋周必大地券（嘉泰四年十二月）》。原编者按：「周必大地券，一九八二年出土于吉安市。券高200、宽100厘米，石质，写刻，十四行。券石文刻于周必大圹志之阴。藏吉安市博物馆。」又曰：「墓主周必大（一一二六—一二〇四），字子充，一字洪道，自号平园老叟，谥文忠，江西吉安人。宋宰辅大臣，文学家。《宋史》卷三九一有传。所著有《周文忠公全集》。」亦见高立人主编《庐陵古碑录》第八页。

[二]青乌子，汉代相地术士。相传其所著葬书亦名《青乌子》。《旧唐书·经籍志》：「《青乌子》三卷。」《宋史·艺文志》：「《青乌子》歌决二卷。」

[三]周纶，周必大子，南宋时，曾任朝请大夫，行大理司直。见《宋故左丞相少傅赠太师益国周公墓志》、《庐陵古碑录》第八页。周必大，《宋史》有传。南宋绍兴二十年进士。累官至兵部侍郎、右丞相、左丞相、观文殿大学士，封益国公，赠太师。

[四]大观文，官名，即观文殿大学士。宋朝置诸殿学士，出入侍从，以备顾问，无官位，无典掌，而资望极高。庆历八年（一〇四八），改延恩殿为观文殿，改紫宫殿学士为观文殿学士。皇祐元年（一〇四九），置大学士，曾任宰相者才能除授，以示尊崇。嗣后，置相出任外官必为大学士。《宋史·周必大传》：「（何澹）首劾必大。诏以观文殿大学士判潭州。澹论不已，遂以少保充醴泉观使，判隆兴府。不赴。复除观文殿学士，判潭州。复大观文。」

[五]靖康丙午，靖康元年（一一二六）。

[六]西兑山，甲卯向，座西朝东。原释「西兑山」，误。

[七]极九阳之数，通称「九九之数」。自唐朝后期以来，买地券多写作「九万九千九百九十九文」。传说古代有山名曰九阳。《吕氏春秋·求人》：「（禹）南至交阯、孙朴续樠之国，丹粟、漆树、沸水漂漂九阳之山。」高诱注：「南方积阳，阳数极于九，故曰九阳之山也。」称用冥货「极九阳之数」，极言其多。

[八]涂车刍灵，均是送葬用的明器。《礼记·檀弓下》：「涂车、刍灵，自古有之，明器之道也。」清孙希旦《集解》：「涂车、刍灵，皆送葬之物也。涂车即遣车，以采色涂饰之，以象金玉。」刍灵，用茅草扎成的人马。

六六六　金大安二年（一二一〇）曲沃县董玘坚僸买地券[一]

一　普天下，唯南赡部州[二]修罗王管界[三]大金国河南东路绛州曲沃
二　县[四]褫祁乡南方村董玘坚僸、弟董明，于泰和八年[五]，买了本村房亲董平
三　家墓一所，东西两营（茔），准作价钱玖万玖千玖百玖拾玖文。东至青龙，西至
四　白虎，南至朱雀，北至玄武，上至青天，下至黄泉。内方句陈，分擘掌四或（域）；丘丞墓
五　陌（伯），封界畔[六]；道路将军，齐整[七]；千秋万岁，永无殃咎。若范河（犯诃）禁者，将军、亭长收
六　付河伯。今以牲牢酒饣（饭），百味香新，共为信契。财地交相分付。工匠修营（茔）
七　安坟以后，永保休吉。知见人是岁月主，保人今今日值符[八]。故气邪精，不得
八　拦搁。先有居者，永避万里。若违此约，地主更自当其祸[九]。主人内外存亡，悉皆
九　大安吉。恐亡者或后人无信，故立地契为其据。
十　时大安二年十一月初一日[十]。　葬主董玘坚僸、弟董明同葬。

【注】

[一]一九五九年一月十二日出土于山西省侯马市侯马镇西北三华里之金代墓葬中。一九六一年，西北大学历史系教师蔡尔规（今名蔡葵）同志手录券文惠赠。蔡今在云南大学历史系任教。

[二]南赡部州，亦作「阎浮提洲」。佛经中所说的四大洲之一。唐玄奘《大唐西域记·序》：「七金山外，乃咸海也。海中可居者，大略有四洲焉。东毘提诃洲，南赡部洲，西瞿陀尼洲，北拘卢洲。金轮王乃化被四天下，银轮王则政隔北拘卢，铜轮王除北拘卢及西瞿陀尼，铁轮王则惟赡部洲。」（章巽校点本）

[三]修罗王，修罗，阿修罗的省称。梵语音译。亦作阿素洛。意译为非天。古印度神话中恶神名，为天龙八部之五。《翻译名义集》二《八部》：「一天、二龙、三夜叉、四乾闼婆、五阿修罗、六迦楼罗、七紧那罗、八摩睺罗伽。」

[四]曲沃县，今山西曲沃东北。

[五]泰和，金章宗年号。泰和八年为公元一二〇八年。

[六]丘丞、墓陌，封界畔，当作「丘丞、墓伯，封步界畔」。

[七]道路将军，齐整，当作「道路将军，齐整阡陌」。

[八]今今日日，衍「今日」二字。乙酉日值符神名聂下。

［九］地主吏，当作「地府主吏」。

［十］大安，金卫绍王完颜永济年号。泰和八年买墓地，大安二年补作此买地契。

六六七　南宋嘉定四年（一二一一）清江县周氏买地石券[一]

维皇宋嘉定四年，岁次辛未，十一月己酉朔，越十有一日己未。夫王德秀谨告于本里灵槎山之东，黄家旧宅园之神：「亡室周氏，生于绍兴己巳之十一月[二]，卒于嘉定四年之正月。今择兹土，营建幽宅。其地西兑山，行龙坐癸向丁[三]。前有方池，水光如镜。横小洲以为案。隔案之外，复有槎溪港。弓城之水左右，山势回环拥顾。龟筮协从，谓为吉壤。切惟兴役动土，斩草伐木，此固人所得，而杜绝所得而防闲。至于魑魅魍魉，邪祟妖怪，非人所能止戢，所能诛殛。敢丐明神，自今以往，守护此山，呵禁不祥，非惟存没受赐，乃所以彰神之休德。谨券。」

【注】

［一］陈柏泉《江西出土墓志选编》附录《唐至明地券文》二十《宋周氏地券（嘉定四年十一月）》。原编者按：「周氏地券，一九六五年出土于清江县（今樟树市）。券高 40、宽 32.5 厘米。石质，写刻，十五行。券石藏江西省博物馆。」又曰：「墓主周氏，江西清江（今樟树市）人。为王宣义讳德秀字季洪之妻。卒年六十三岁。」王宣义券见下文。

［二］绍兴己巳，为绍兴十九年，公元一一四九年。

［三］西兑山，行龙坐癸向丁，兑属西，癸属北，丁属南。

六六八　南宋嘉定十七年（一二二四）清江县杨氏买地石券[一]

维皇宋嘉定十七岁，年次甲申[二]十二月癸巳朔，越十七日己酉。孤哀子聂应麟，谨泣血以告于曲水溪山神而言曰：「吾母之生也，长我鞠我。吾母之死也，必当择吉地而安厝焉。然宅兆兴工，不无触犯之虞，惟阴嘿容畀之。其地乃曲水之原，行龙自坎，过龙于艮，坐寅甲作穴，以庚为向[三]。四山围绕，一水环抱。使葬之后，魑魅魍魉，咆唬于左右。牛鬼蛇神，毋得陆梁于前后。神既有以护卫，灵则得以安妥。春秋二祀，益当报其无穷之休焉。谨券。」

【注】

〔一〕陈柏泉《江西出土墓志选编》附录《唐至明地券文》二十一《宋杨氏地券（嘉定十七年十二月）》。原编者按：「杨氏地券，一九八〇年出土于清江县（今樟树市）。券高29.5、宽22.5厘米。石质，写刻，十二行。券石藏樟树市博物馆。」又曰：「墓主杨氏，江西清江人。聂应麟之母。」

〔二〕嘉定十七岁，年次甲申，当是「嘉定十七年，岁次甲申」之误。

〔三〕曲水之原，以下为述此地之风水之来龙去脉。龙，山势，风水术因山形地势逶迤曲折像龙故名。坎，正北。艮，东北。寅，东北偏东；甲，正东。穴，龙穴，山之气脉所结处，宜为墓穴。庚，属西。「坐寅甲作穴，以庚为何。」当是坐东北，向西南。

六六九　南宋宝庆三年（一二二七）清江县王宣义买地石券〔一〕

维皇宋宝庆三年，岁次丁亥，九月丁丑朔，越二十一日丁酉。孤哀子王晟、道昌、昱、昺，敢昭告于灵槎山之东，黄家旧宅园之神：「晟等昔观汉之夏侯婴〔二〕，尝驾至东都门，马跼地不前。使人掘地得石椁。书之曰：『佳城郁郁，公居此室。』婴叹曰：『天乎，吾死其安此乎？』因是而知人之归封，皆有定所，非偶然者。我先考百七宣义，存日讳德秀，字季洪，于嘉定辛未年〔三〕，亲择兹土，营建幽宅。已于是年十一月吉日〔四〕，奉我先妣周氏三孺人灵柩，安厝于旁。尝曰：『乐哉斯丘，我死其同归焉。』其地自西兑山，来龙摆拨起伏，有骨有脉，坐癸向丁〔五〕，前有池水，清澈如镜。横小洲以为案，案之外复绕以槎溪。弓城之水，明堂广阔，万马可容。左右山势回环拥顾，阴阳家云：是为吉壤。我先考生于绍兴壬申九月九日〔六〕，殁于宝庆丙戌九月朔日〔七〕，享年七十有五。今龟筮协从，晟等谨遵治命，奉先考之柩而合葬焉。窃惟先考平日勤谨谦和，雍容儒雅，事亲以孝，接物以仁，乡里称为善士。今考终，永新令尹张公洽为志其墓，善言善行备见乎辞；制帅李公鼎为书其碑〔八〕；宫使〔九〕汤公琦为题其额；皆所以表我先考为人之贤也。谅神亦知之素矣。自今以往，惟冀黄家旧宅园土地之神，与夫山伯土君，四围神将，常切守护，而呵禁其不祥，使我考妣二灵得以安休于此。以利子孙，则春秋祭祀，神亦与飨之。永永无穷，亦以彰神之休德云。谨券。」

【注】

〔一〕陈柏泉《江西出土墓志选编》附录《唐至明地券文》二十二《宋王宣义地券（宝庆三年九月）》。原编者按：「《王宣义地券》一九六五年出土于清江县（今樟树市）。券高84、宽49厘米。石质，写刻，二十一行。券石藏江西省博物馆。」又曰：「墓主王宣义，讳德秀。字季洪，江西清江人。卒年七十五岁。永新令张洽为撰墓志，制帅李鼎书丹，宫使汤琦题额。」

〔二〕夏侯婴，西汉沛县人，少与汉高祖刘邦友善，从起兵。西汉初至文帝时，任太仆。

〔三〕嘉定辛未年，嘉定四年，公元一二一一年。

〔四〕十一月吉日，十一月十一日。

［五］来龙去脉之风水情况见本书前引《南宋嘉定十七年清江县杨氏买地石券》注[三]。

［六］绍兴壬申，绍兴二十二年，公元一一五二年。

［七］宝庆丙戌，宝庆二年，公元一二二六年。

［八］制帅，宋制置使的简称。制置使为一路至数路地区统兵大员，掌经画边防军务。

［九］宫使，宫观使（亦称宫观官）的简称。

六七〇　南宋绍定二年（一二二九）进贤县舒氏买地石券[一]

维皇宋绍定二年十月己酉望越十二日辛酉。[二]孝男吴点，今先妣卜葬于住宅之西，以无筭币缗，就后土富媪，买宅一区为之安葬之地。左抵青龙，右抵白虎，前抵朱雀，后抵玄武。此疆彼界，永截其所。神禹所度，竖亥所步。丘丞墓伯，禁切呵护。安妥亡灵，千秋百岁。魑魅魍魉，各宜相避。敢有干犯，收付地下。主者按罪，罚弗及赦。命石丈人，子墨客卿，永为真宅。天光下临，地德上载。来龙向狩，亦闻此言。谓予不信，有如皎日。梅子真在旁知状。急急如律令。

【注】

［一］陈柏泉《江西出土墓志选编》附录《唐至明地券文》二十三《宋舒氏地券（绍定二年十月）》。原编者按：「舒氏地券，一九八七年出土于进贤县。券高 31、宽 68 厘米。石质，写刻，十三行。券石藏进贤县文物管理所。」又曰：「墓主舒氏，据同出土墓志载：江西进贤人。为宝庆二年进士、安庆县主簿吴庆之字子英之妻，承奉郎舒敏求之孙女。卒年六十九岁。」

［二］十月己酉望，越十二日辛酉，误。「越十二日辛酉」，当作「越十三日辛酉」。据徐锡祺《新编中国三千年历日检索表》第二一一页：绍定二年十月，乙未朔。其望，己酉。越十二日庚申，十三日辛酉。

六七一　南宋绍定五年（一二三二）江西黄王氏买地砖券[一]

一　　维皇宋故母王氏之□乙亥□月生[二]，不幸去年十二

二　　月初九庚申日，孝男日华□□□□

三　　□□好田，生于同邑，大族人也。得遇良媒，与□□

四　　□□□夫妇□□先，善处高堂，治家有法，礼义

五　　□□□□□子皆□养□□□，训诲无偏，生子二，弟

六　入立家室，有□有孙，养生有□，痛哉！夫何二弟
七　□□于母而佩我先亡，日华□孙敏学、志学独□□
八　□□□□隅既葬，地择兑山卯向[三]，水归辰巽为硕[四]。□
九　雀以来临，青龙白虎而共同维护。上至青天，下至黄
十　泉。地虎不食，地风不吹。荫益子孙，永保千秋。绍定
一一　五年正月廿三甲辰日，孝男日华，孙敏学、志学谨白。

【注】

［一］《中国古代砖刻铭文集》(上)第四三九页，图版一六八〇《黄日华为母王氏买地券砖》南宋绍定五年（一二三二）。(下)第三〇七页，图版说明一六八〇—一六八一。近年江西出土。藏山东淄博拿云美术博物馆。乾刻铭文，正行草兼书，十一行，行字不等，计二〇八字。长27.8、宽27.8、厚3厘米。附注：此砖拓片由淄博拿云美术博物馆刘健先生提供。

［二］乙亥，黄王氏之生年，南宋高宗绍兴二十五年（一一五五）。黄氏去世于理宗绍定四年（辛卯，一二三一），享年七十七岁。

［三］兑山卯向，座西朝东。

［四］辰巽，东南偏东。

六七二　南宋绍定五年（一二三二）江西黄公买地砖券[一]

一　维皇宋绍定伍年，岁次壬辰，三月壬午朔，廿有一壬寅日，孝男
二　日华，孙敏学、志学等，安厝
三　先父黄公十豖□之灵。嗟呼！
四　公生八十六年，每入市廛，唯酒是务。□岸称贤，闾阎伴
五　侣，事无不□，凡事一举，有始有终。生平梗直，疾妬不生。怨
六　心未常，治家有法。礼义温存，谋莹俗务而田园相逢，
七　□养蚕桑。官中二税以及时。凡有追呼，尽无相通。有田
八　林，有薄产，助足以乐饥。奈何，故岁母亲王氏不幸于腊
九　月之□□临卒哭之旬，吾父母修缘及此，夫妇相继而亡。

十　日华谨按古今之经典，葬双陇于隅之东，得死生共家。
一一　地择兑山卯[二]，水归辰巽，棺于戊巳[三]之中，龙神维护。各愿
一二　子孙昌莹[四]，永葬千年之福地，万古无□。绍定伍年三月
一三　廿有一，孝男日 华、孙敏学、志学等谨白。

【注】

[一]《中国古代砖刻铭文集》（上）第四四〇页，图版一六八一《黄日华为父黄公买地券砖》；（下）第三〇八页，图版说明一六八一。近年江西出土。藏山东淄博拿云美术博物馆。乾刻铭文，正行草兼书，一三行，行字不等，计二五〇字。长 27.8、宽 27.8、厚 3 厘米。附注：此砖拓片由淄博拿云美术博物馆刘健先生提供。

[二]兑山卯，原券卯下夺「向」字。座西朝东。

[三]戊巳，误，当作「戊己」。古代以十干配五方，戊己属中央，于五行属土，因以「戊己」代称土。

[四]昌莹，当作「昌荣」。昌盛繁荣。亦作「昌繁」。宋王禹偁《监察御史朱府君墓志铭》：「二十五年，一入乌府，终身不迁，余庆昌繁，施及后昆。」原释「各愿子孙昌莹（荣）」，误。

六七三　南宋绍定五年（一二三二）进贤县曾太君买地石券[一]

维皇宋江南西路隆兴府进贤县归仁乡文岭里，危仁杰将安葬亡室太君曾氏既有日矣。青乌子进曰：「按鬼谷律云：葬不买地，名曰盗葬。」乃立券文曰：「亡室同邑桲树牌，生于淳熙乙巳二月二十三日辰时[二]，以嘉泰癸亥岁归于我[三]。绍定壬辰十一月初二日巳时卒[四]，年四十有八。男一人：高，娶熊氏。女：乙娘，适池陂李梦发。孙男一人：计安。女孙一人：卯娘。以今年十二月甲申葬[五]。问于蓍龟，蓍龟协吉。其地在本县东归仁乡□田之原。谨荐诚为币，秉心为缗，就后土富媪，买地一区，艮山来龙，亥山出面，坐壬向丙[六]。东抵青龙，南止朱雀，西至白虎，北距玄武。此疆尔界，有截有所。神禹所度，竖亥所步。丘丞墓伯，禁切诃护。驱彼罔象，投畀豺虎。弗迷之兽，莫予敢侮。千龄亿载，长无灾苦。敢有干予，神弗置汝幽堂，亭长收付地下。主者按罪罚，弗敢云赦。乃命翰林主人，子墨客卿，合为左券。其财与地，交相授受。先有居者，当避来者。亡室居之，永为真宅。天光下临，地德上载。藏神合朔，神迎鬼避。涂车刍灵，是驾是使。魑魅魍魉，英熊逢旃。妥亡佑存，罔有不祥。山灵媪神，实闻此言。急急如律令。寻山定穴[七]：李淳风先生[八]、郭璞仙人[九]、白鹤仙人、张坚固、李定度。

【注】

[一]陈柏泉《江西出土墓志选编》附录《唐至明地券文》二十四《宋曾氏太君地券(绍定五年十二月)》。原编者按:「曾氏太君地券,一九八五年出土于进贤县。券高61、宽34厘米。石质,写刻,十八行。券石藏进贤县文物管理所。」又曰:「墓主曾氏,江西进贤人,危仁杰之妻。卒年四十八岁。」

[二]淳熙乙巳,淳熙十二年,公元一一八五年。

[三]嘉泰癸亥,嘉泰三年,公元一二〇三年。

[四]绍定壬辰,绍定五年,公元一二三二年。

[五]甲申:绍定五年十二月之朔日为丙子,其初九日为甲申。

[六]「艮山」以下为风水:艮,属东北;亥,属西北;壬,属正北;壬,属正南。坐北朝南。

[七]穴,圹穴、墓穴。《诗·王风·大车》:「谷则异室,死则同穴。」笺云:「穴,谓冢圹中也。」

[八]李淳风,唐代天文历算学家,造浑天仪,参与修撰史志。在后代的道术风水家中,把他说成是位神仙。

[九]郭璞,西晋学者,好经术,擅词赋。又通阴阳历算、卜筮之术。东晋初,为王敦记室参军,以劝阻敦起兵被杀。后代勘舆道术家说他是一位神仙。

六七四　南宋端平二年(一二三五)成都刘□颐买地石券[一]

一　大宋端平二年,太岁乙未,

二　正月乙未朔,二月丙申,

三　故刘□颐□□地券。生居城

四　邑,死安宅兆。筮叶从宜此

五　成都县延福乡福地。左

六　青龙,右白虎,前朱雀,后

七　玄武,内方勾陈,一如律令。

【注】

[一]《考古》二〇〇五年第十期第五六页。成都市文物考古研究所《成都市西郊外化成小区唐宋墓葬的清理》第五五页:「另有买地券一方(M5:9),出于左室。红砂石质。体近方形,长17、宽16.5、厚1.5厘米。石面刻楷书券文(略)。」第五六页,图一二:M五出土石买地券拓本

(M5∶9)。」本文参照拓本校录。

六七五　南宋嘉熙元年（一二三七）余干县李氏买地砖券[一]

一　维大宋嘉熙元年，岁次丁酉，五月初十日，
二　开封府祥符县[二]赵必性以先考提举吏
三　部乳母李氏，于三月二十一日殁故。龟
四　筮协从，相地〔袭吉〕，□于□□余干县[三]□市
五　之□山，为□□□□。〔谨〕用钱九万九千九
六　百九十九贯文，兼□□□□□□一段。西止青龙，
七　东止白虎，北止朱雀，南止玄武[四]，内
八　方勾陈，分掌四域。丘丞墓伯，封步界畔。道
九　路将军，齐整阡陌。千秋万岁，永无殃咎。若
十　辄干犯呵禁，将军□长[五]收付河伯。今以牲
一一　牢酒饭，百味香新，共为信誓。财地交相分
一二　付。工匠修营安厝已后，永保休吉。见人，岁
一三　月主；保人，今日直符[六]。故气邪精，不得干犯。
一四　先有居者，永避万里。若违此约，地府□□□
一五　□□□□□，内外存亡，悉皆安吉。急急如
一六　五帝主者女青律令。

【注】

[一]《考古》一九八七年第三期，陈柏泉《江西出土地券综述》第二三一页附录五。原题《南宋嘉熙元年李氏地券》。长21、宽31厘米。

[二]祥符县，北宋大中祥符三年（一〇一〇年）改浚仪县置，治今河南开封市。

[三]余干县，今属江西。

[四]以上用四神表方位均颠倒，应作「东止青龙，西止白虎，南止朱雀，北止玄武。」《礼记·曲礼上》：「行，前朱雀而后玄武，左青龙而右白虎。」

《疏》：「前，南；后，北；左，东；右，西。朱鸟、玄武、青龙、白虎，四方宿名也。」

[五]□长，当作「亭长」。

[六]今日直符，庚申日直符神名义俚。

六七六　南宋淳祐七年（一二四七）新淦县聂八宣教买地石券[一]

维皇宋淳祐七年六月初一日壬午朔有十日丁酉[二]，即有新淦县钦风乡福庆里鼓楼下保甲，殁故聂八宣教[三]，享年三十一岁。不幸于癸卯年五月初六日[四]，因往南山采药，路逢仙人赐酒，饮而迷魂不返，盖棺在堂。遂请青山白鹤仙人看寻，得本里地名围城之原，迁得阴地一穴。乾行龙作巽向[五]。地系是亡者用钱壹万贯，就开皇地主边买得。其地东止甲乙青龙，南止丙丁朱雀，西止庚辛白虎，北止壬癸玄武，上止皇天，下止黄泉。中作亡者万年山宅，益子荫孙，永为风水绵远之兆，兼有亡者随身棺木什物等。地中或有凶神恶煞，不许乱有争占。如违，准太上女青法律施行。急急如律令。敕。

卖地人：开皇地主[六]；引至人：蒿里父老；书契人：张坚固、□□□。

【注】

[一]《庐陵古碑录》第三八四页。原题《宋故先君聂八宣教地券》。原注：「一二四七、青石质、46×36、新干、二〇〇二年十一月六日。」江西人民出版社二〇〇七年出版。

[二]十日丁酉，误。壬午朔，其十日当是「辛卯」。丁酉为「十六日。」

[三]宣教，即宣教郎，原称宣德郎，为正七品下阶文散官。政和三年（一一一三）改名宣教郎。

[四]癸卯年，淳祐七年为丁未年（一二四七），其前癸卯年为淳祐三年（一二四三）。

[五]乾行龙作巽向，坐西北，朝东南。

[六]开皇，道书以为劫的名称之一。劫是一个巨大的时间单位。《隋书·经籍四·道经》：「（元始）天尊之体，常存不灭。每至天地开，或在玉京之上，或在穷桑之野，授以秘道，谓之开劫度人。然其开劫，非一度矣，故有延康、赤明、龙汉、开皇，是其年号。其间相去经四十一亿万载。」后开皇等名演化为神仙之名。

六七七　南宋淳祐十年（一二五〇）清江县郑静阅石地券[一]

地　券

一　维皇宋淳祐庚戌[二]九月朔，[三]，越十月九日
二　壬午，孤子郑文达、文端、文昌谨奉
三　先考君静阅居士[四]灵柩，窆于同里檀溪之
四　朴木边，用昭告于
五　兹山之神，曰：山墟水国，隐者终乎？生以徜
六　徉朴木边，一泓澄清，群峰耸奇，　先君乃
七　得寄傲此境，结屋于萧爽处，鸥鹭赏心，虎
八　豹远迹。越十年，望云[五]山游已遍之笔，终于
九　正寝，停柩已三阅秋风。一生林壑，兴想幽
十　冥间，终始在焉。议卜佳城，未有不曰宜于
一一　此者。有龙腾趴，自西兑[六]起，伏六七里，下枕
一二　溪流，坐乾向巽[七]，峰峦后先，水挹贪狼[八]，泓停
一三　卯、甲，迤逦归丑、艮[九]东流，皆协吉卜也。
一四　先君冤魄，衣冠万古安之。若夫扞掫，不若
一五　呵禁不祥，惟尔神之力是赖。庆流后裔，扶
一六　植通德门而光大焉。春秋祭祀与飨。谨券。

【注】

[一]《考古》一九八七年第三期，陈柏泉《江西出土地券综述》第二二六页图六《宋淳祐十年郑静阅地券》拓片。长 57、宽 44 厘米。

[二]淳祐庚戌，南宋理宗淳祐十年。

[三]九月朔，九月下脱「甲子」二字。

[四]居士，在家奉佛的人。隋慧远《维摩义记》：「在家修道，居家道士，名为居士。」北宋以后道教中人亦有称居士者。

[五]望云，仰望白云，顿生无限遐想。如《文选》陶渊明（潜）《始作镇军参军经典阿作》诗：「望云惭高鸟，临水愧游鱼。」

［六］兑，古人以八卦配八方，兑为西方。

［七］坐乾向巽，乾、巽，皆方位名。乾，西北方；巽，东南方。均见《易·说卦》。北魏郦道元《水经注·谷水》：「谷水侧历，左与北川水合。水有二源，并导北山，东南流，合成一水，自乾注巽，入于谷。」杨守敬按：「乾，西北；巽，东南。此以卦代。」（《水经注疏》，杨守敬、熊会贞疏，陈桥驿校，江苏古籍出版社一九八九年版中册第一三六七页。）

［八］贪狼，贪狼如狼。言水大汹涌。

［九］卯、甲、丑、艮，皆方位名称。古代阴阳五行家将天干、地支和四方相配，子和壬、癸在正北，卯和甲、乙在正东，午和丙、丁在正南，酉和庚、辛在正西。丑在子、卯之间，于位为东北偏北。《淮南子·天文训》：「子午、卯酉为二绳，丑寅、辰巳、未申、戌亥为四钩。」艮，亦属东北方。《易·说卦》：「艮，东北之卦也。」

六七八　南宋淳祐十二年（一二五二）浮梁县查曾九买地石券［一］

皇宋淳祐十二年，岁次壬子，七月癸未朔，初五日，殁故查公曾九朝奉，用钱九万九千九百九十九贯九百九十九文，就皇天父，后土母，社稷主，立契买得饶州浮梁县［二］福西上义都，土名大潮平烟竹坞地作阴宅安厝。其地亥山巳向［三］。东至甲乙，南至丙丁，西至庚辛，北至壬癸，上至青天，下至黄泉，界至分明。钱契两相分付讫。见人，年神；保人，月将；书契，功曹；印契，主簿。归葬之后，千年安吉，荫益子孙。如有精邪，远避千里，不得干犯。急如律令。

【注】

［一］《考古》一九八七年第三期陈柏泉《江西出土地券综述》第二二七页图七《宋淳祐十二年查曾九地券》。

［二］浮梁县，治今江西景德镇市北浮梁镇。

［三］亥山巳向，亥属西北，巳属东南。坐西北，朝东南。

六七九　南宋淳祐十二年(一二五二)南昌县余六墓地石券[一]

一　维皇宋淳祐十二年，太岁壬子，十二
二　月辛亥朔，越十日庚申，孤哀子余正子敢
三　昭告于墓岗之神曰：正子世有此土。今得吉卜，奉
四　先考六贡士[二]灵柩合葬于先妣邹
五　氏孺人[三]茔域。坐乾向巳[四]，左山右水，实
六　为吉藏。神其相之。魑魅魍魉，凭陵幽宫；豺狼狐兔，跳梁墓道，神其殛
七　之，以安先灵。春秋祭祀，
八　神预飨焉。苟越是盟，有如此石。敢告。

【注】

[一]《考古》一九八七年第三期，陈柏泉《江西出土地券综述》第二三一页附录六。原题《南宋淳祐十二年余六贡士地券》。长 49、宽 33 厘米。

[二]贡士，对举人的一种称呼。

[三]孺人，宋政和二年(一一一二)，以命妇封县君、郡君，名称不宜，乃改为通直郎以上封孺人，朝奉郎以上封安人，朝奉大夫以上封宜人等，并随其夫之官称。见《宋会要辑稿》五十册《仪制十》。

[四]坐乾向巳，乾，八卦之一，方位属西北。巳，地支之一，方向属东南。此言「坐西北，向东南」。

六八〇　南宋宝祐二年(一二五四)庐陵县张重四买地石券[一]

青乌子曰：按《鬼律》云：「葬不斩草、买地(不)立券，谓之盗葬。」乃作券文曰：

维皇宋宝祐二年，岁在甲寅十二月己巳朔，越十二日庚辰[二]，孤哀子张叔子伏为：先考重四宣義，生于绍熙庚戌九月十有八日[三]，终于嘉熙丁酉十一月二十七日[四]，以庚子岁闰月朔[五]，葬于庐陵县膏泽乡汪塘原。今卜此吉日，动土斩草，以是月十七日乙酉，改葬而安厝之，龟筮协从。州曰吉州，县曰吉水，乡曰中鹄，原曰洞源太平山，即壬亥山，巳丙向[六]，为之宅兆。谨以冥货极九九之数，币帛依五方之色，就于后土阴宫鬻地一区。东止青龙，西抵白虎，南极朱雀，北距玄武。内方勾陈，分治五土。彼

疆尔界，有截其所。神禹所度，竖亥所步。丘丞墓伯，禁切呵护。驱彼罔象，投畀兕虎。弗迷兽异，莫予敢侮。千龄亿年，永无灾苦。敢有干犯，神弗置汝。幽堂亭长，收付地下。主者按罪，弗敢云赦。乃命翰林主人，子墨客卿为作券文。亡灵允执，永镇幽宅。天光下临，地德上载。藏辰合朔，神迎鬼避。涂（途）车刍灵，是为器使。夔龙魍魅，莫敢逢旃。妥亡佑存，罔有不祥。子子孙孙，俾炽俾昌。山灵地神，实闻此言。谓予不信，有如皦日，梅仙真时在旁知。急急如太上女青诏书律令。

敕：太上灵符，镇安幽宅。亡灵永吉，子孙昌炽。邪精伏藏，蛇鼠遁迹。急急如律令。敕。玉女地券神咒：

太乙金璋，云绽辉光。六丁左侍，六甲右傍[七]。

青龙拱卫，白虎趋锵。朱雀正视，玄武当堂。

川原吉水，善应凶藏。五方五杀，不得飞扬。

今奉太上玉女神券咒，急急如律令。勅。

【注】

[一]《庐陵古碑录》第三三二—三三三页。原题《有宋张君重四宣义地券》。原注：「一二五四，青石质，68×34×1，吉水，二〇〇二年十月二十三日。」江西人民出版社二〇〇七年出版。

[二]十二月己巳朔，为公元一二五五年一月十日。

[三]绍熙庚戌，绍熙元年，公元一一九〇年。

[四]嘉熙丁酉，嘉熙元年，公元一二三七年。

[五]庚子岁闰月朔，嘉熙四年（一二四〇）闰十月庚甲朔。

[六]壬亥山，巳丙向，坐西北偏北，朝东南偏南。

[七]六甲，道教神名，供天帝驱使的阳神；道士可用符箓召请以祈禳驱鬼。《宋史·律历志四》：「六甲，天之使，行风雹，筴鬼神。」

六八一　南宋宝祐四年（一二五六）江夏县任忠训买地石券[一]

宋　一　维皇宋宝祐四年……八月己未〔朔〕…………

　　二　祖……信阳军……江夏县[三]□□□青城村居住。

故　三　孝婿朱文亮、孝儿任氏…………

任公总管[二]忠训契券

四　……于宝祐四年七月十九
五　日，在郢管下漕滩[四]，因病……
六　……地内坐甲
七　向庚[五]，为宅兆。体(谨)用钱九万九千九百九十九贯……
八　……〔东止〕青龙，〔西止〕白虎，〔南止〕朱雀，北止
九　玄武，内方〔勾陈〕……
十　……干犯呵禁，
一一　将军、亭长收……
一二　……永保□吉。□
一三　见人，岁月；保人，今日自保(直符)。……
一四　……〔自当〕其祸。主人内外
一五　存之(亡)，悉皆安〔吉〕。……

【注】

[一]《江汉考古》一九八六年第四期，《武汉青山宋墓》。文章介绍：此墓为两室，「买地券，砖质，一式二方，为正方形，边长为30.8厘米，厚4厘米。位于各室西端，面西而立。券文楷体朱书，因泥沙涂漫，大部分字迹已模糊不清。南室的一方，券首横书「宋故任公总管忠训契券」；北室的一方，券首横书「宋故蒋氏孺人契券」。每券正文各十五行，书写格式较特殊，为一行正书，一行倒书的循环颠倒排列。正文中仅前六行纪实，其余多为买地券中惯用的迷信用语。」

[二]总管，北宋末至南宋时，总管为地位较低的闲职。

[三]江夏县，治今湖北武汉市武昌区。

[四]郢，在今湖北江陵西北一带。

[五]坐甲向庚，甲的方向属东，庚属西。即坐东朝西。

六八二　南宋宝祐四年(一二五六)江夏县蒋氏孺人买地石券[一]

一　维皇宋宝祐四年，岁次丙辰，八月己未朔二十四日……

宋故蒋氏孺人契券

二 ……………………江夏县西兴乡青城村，
三 居住孝婿…………………………………
四 孺人享年六十五，于宝祐四年六月[二]
五 □□在襄阳府[三]……吉□于郢
六 江夏县青城村震山之原买到□田□义地内座甲向庚
七 宅托，护（兆，谨）用钱九万九千九百九十九贯文兼五彩信币，买
八 地一为（段），东止青龙，西止白虎，南止朱雀，北止玄武。内有□
九 分掌〔四域；丘丞墓伯，封步〕界畔；道路将军，齐整阡
十 陌；千秋万岁，永无〔殃〕咎。若〔有〕干犯〔呵〕禁，将军、亭长
一一 收府何（付河）伯。今以……味〔香〕新〔共〕为信誓。
一二 □地交〔相〕分付。…………永保〔安〕吉。见人：
一三 □□□主；保人：今〔日直〕符。□□邪精不得干犯。□有
一四 居者，永避万里。若违此约，地府□□当其祸。主□
一五 〔内〕外存之（亡），悉皆安吉。急急如玉（五）帝主者□□□□

【注】

[一]《江汉考古》一九八六年第四期，《武汉青山宋墓》。说明见前录《南宋宝祐四年（一二五六）江夏县任忠训买地石券》注[一]。

[二] 六月，由此时间证明蒋氏早于其夫任公死约一个月。

[三] 襄阳府，北宋宣和元年（一一一九）以襄州改置，治今湖北襄阳市襄城区。

六八三　南宋景定元年（一二六〇）新淦县王百四买地石券[一]

青乌子曰：按《鬼律》云：「葬不斩草，买地〔不〕立券，谓之盗葬。」乃作券文曰：「维皇宋景定元年，岁在庚申，乃八月丙申朔，越念一日丙辰[二]。孤子斗元，伏为先考王公百四秀才，生于嘉定己巳正月丁酉[三]，殁于淳祐癸卯二月乙卯[四]。已卜于是月甲寅日开山[五]，今二十一日丙辰而安厝之[六]。龟筮协从。军曰临江，县曰新淦[七]，乡曰扬名，原曰西江之枟木坑，即坎山午向[八]，为之宅兆。谨以冥货极九九之数[九]，币帛应五方之色，就于后土阴官，鬻地一区。东止青龙，西抵白虎，南极朱雀，北距玄武；内方勾

陈，分治五土。彼疆此界，有截有所。神禹所度，竖亥所步。丘丞墓伯，禁切呵护。驱彼罔象，投畀凶虎。弗迷兽异，莫予敢侮。千载亿年，永无灾苦。敢有干犯，神弗置汝幽堂，亭长收付地下。主者按罪，弗敢云赦。乃命翰林主人，子墨客卿，为作券文。亡灵允执，永镇幽宅。天光下临，地德上载。藏辰合朔，神迎鬼避。涂车刍灵，是为器使。夔灵魑魅，莫敢逢旃。妥亡佑存，罔有不祥。子子孙孙，俾炽俾昌。山灵地神，实闻此言。谓予不信，有如皎日。梅仙真时在旁知。急急如太上女青诏书律令。敕，太上灵符，镇安幽宅。亡灵永吉，子孙昌炽。邪精伏藏，蛇鼠□迹。急急如律令。敕。」

【注】

[一] 陈柏泉《江西出土墓志选编》附录《唐至明地券文》二十九《宋王百四地券（景定元年八月）》。原编者按：「王百四地券，一九八二年出土于峡江县。券高 67、宽 46 厘米。石质，写刻，十六行。券尾有符箓。券石藏峡江县博物馆。」又曰：「墓主王百四，据墓志，为王应白，字瑞伯，江西新淦人。」墓志见原书第二三一页《王应白府君圹志（景定元年八月）》。

[二] 念一日，二十一日。

[三] 嘉定己巳正月丁酉，为嘉定二年（一二〇九）正月乙未朔，初三日丁酉。

[四] 淳祐癸卯二月乙卯，淳祐三年（一二四三）二月戊申朔，初八日乙卯。

[五] 是月甲寅日开山，二月初七日开山修坟。

[六] 今二十一日丙辰，误。当作「今二十一日戊辰」。

[七] 新淦县，今江西新干县。

[八] 坎山午向，坎属正北，午属正南。坐北朝南。

[九] 极九九之数，即「九万九千九百九十九贯文」。

六八四　南宋景定二年（一二六一）瑞昌县杨梦斗买地砖券[一]

一 维皇宋景定二年，岁次辛酉，十二月初二日庚寅，江南西路

二 江州瑞昌县金城乡三村社接泥中保寄居杨梦斗，伏为所生

三 母吴氏，元命戊辰年[二]十月初六日丑时受生，不幸于今年四月

四 初三日辰时殁故。龟筮协从，相地惟吉。买券江州瑞昌县水宅

五 保刘师坑术坤山[三]之原，宅兆安厝。谨用价钱九万九千九百九十

六 九贯，五彩信币，买地一段。东止白虎，西止青龙，南止玄武，北止朱雀[四]；

七 内方勾陈，分掌四域；丘丞墓伯，封步疆界；道路将军，齐整阡陌。千秋
八 永无殃咎。若辄干犯诃禁，将军收捉。谨以酒饭、香新为信誓。财地交相
九 分付。工匠修营朔无死。先有居者，永避万里。若违此约，亦□□
十 乃其祸。主人内外悉皆安。急急如五帝使者女青律令。敕！见人张坚固，见人李定度。

【注】

[一]《中国古代砖刻铭文集》（上）第四四〇页，图版一六八二《杨梦斗为母吴氏买地券砖》。（下）第三〇八页，图版说明一六八二。一九八七年江西瑞昌县武蛟乡出土。乾刻铭文。正书，正向、倒向间刻，十行，行二三至三二字，计二九六字。长69.5、宽29厘米。著录：刘礼纯、周春香《江西瑞昌发现南宋纪年墓》（《考古》一九九一年第一期）。

[二]戊辰年，南宋宁宗嘉定元年，公元一二〇八年。

[三]坤山，座西南，朝东北。

[四]四神错位。当作「东止青龙，西止白虎，南止朱雀，北止玄武。」杨梦斗为进士出身，似不应有此错误。参看《考古》一九九一年一期第九四页。

六八五　南宋咸淳八年（一二七二）瑞昌县杨梦斗妻黄氏买地石券[一]

一 维皇宋咸淳八年十月二十八日，本贯[二]淮南西路安庆
二 府宿松县，今寄居江南西路江州瑞昌县金城乡三村
三 社接泥中保，礼部待省进士杨梦斗，以妻室黄氏殁故。
四 龟筮叶从，相地惟吉，宜于江州瑞昌县金城乡二十九
五 都，地名刘师坑之原为宅兆安厝。谨用九万九千九
六 百九十九贯文，兼五彩信币，买地一区。东止青龙，西止
七 白虎，南止朱雀，北止玄武。内方勾陈，分掌四域。丘丞墓
八 伯，谨肃界封。道路将军，齐整阡陌。若辄干犯呵禁，将军、
九 亭长收付河伯。今以牲牢酒饭，共为信誓。财地交相分
十 付。工匠修营，永保无咎。若违此约，地府□吏[三]自当其祸。
一一 主人内外存亡，悉皆安吉。急急如五帝主者女青律令。

【注】

[一] 陈柏泉《江西出土墓志选编》附录《唐至明地券文》三〇《宋黄氏地券(咸淳八年十月)》。原编者按:「黄氏地券,一九八三年出土于瑞昌县。券高36、宽25厘米。石质,写刻填朱,十一行。券石藏瑞昌县博物馆。」又曰:「墓主黄氏,安徽宿松人,礼部待省进士杨梦斗之妻。」本文参照《考古》一九八六年第十一期,瑞昌县博物馆《江西瑞昌县李洋湖南宋墓》第一〇五二页地券拓本和下页释文。券文分一一行,每行二一字,计二三一字。行向正、倒相间。

[二] 本贯,原籍,本来的籍贯。

[三] 当是「地府主吏」。

六八六　南宋末番禺颜老师买地砖券[一]

一　龙山落□番禺县[二]小北门外上塘村永

二　泰里竹丝岗,坐东南兼卯酉之原[三],左至

三　马宅,右至李宅,前至邓制军墓[四],

四　脚下黄大夫第。左青龙,右白虎,

五　前朱雀,后玄武,四至明白。凭中人

六　梁小九与张清河,堂买受与颜老

七　师看准,即行安葬。厥无异言。

八　皆寿万年

大吉昌宜

九　长宜子孙

十　大宋元年五月朔越八日吉时立券[五]

【注】

[一]《中国古代砖刻铭文集》(上)第四七二页,图版一八一三《颜老师买地券砖》。(下)第三二一页,图版说明一八一三。民国年间广东广州出土。乾刻铭文。正书,八行,行字不等,计一〇六字。中夹刻篆书古语二行一二字。(共十行)长23.5、宽23厘米。

[二] 番禺县,治今广东广州市。

[三] 卯酉,卯,东;酉,西。

[四] 制军,军职之名。

［五］此纪年粗疏严重。

六八七　元前至元十四年（一二七七）宣德府葛法成买地瓦券[一]

一　维大元国上都路宣德府[二]南开永宁坊居住孝男魏泉

二　□魏泉并家□□等，伏为

三　故母葛法成□□龟筮协从，相地袭吉，宜于本府东南安厝

四　宅兆。所□用钱九万九千九百九十贯文。兼五彩信币，买地

五　一□，东西□一十四，南北长一十五步，计积二百一十七步。东至青龙，

六　西至白虎，南至朱雀，北至玄武。内外勾陈，分掌四域。已择定至元十四，

七　岁次丁丑，五月己丑朔初二日庚寅甲时安葬。丘承墓伯，□步界畔。

八　道路将军，齐整阡陌。千秋万载，永无殃咎。若辄干犯河禁者，[三]

九　将军、亭长收付河伯。今以牲□酒饭，百味香新，共为信契。财地

十　交相分付。工匠安厝已后，〔永〕保休吉。知见人，岁月主；保人，今日直符。故

一一　气邪精，不得忏㤲。先有居者，永避万里。若违此约，地府主吏自

一二　当其祸。主人内外存亡，悉皆安吉。急急如

一三　五□使者女青律令。

【注】

［一］《文物》杂志，二〇〇八年第七期，张家口市宣化区文物保管所《河北宣化元代葛法成墓发掘简报》，第五二页，图一〇《买地券》；第五三页，买地券说明与释文。说明曰：买地券，一块（M1：16）。放在墓主人脑后，利用一块板瓦，在其上用朱砂书写文字。计一三行，满行二七字，其内容为买地券。长28.5、上宽15.4、下宽19.4、厚2.1厘米（图一〇）。

［二］宣德府，元中统四年（一二六三）以山西东路改置，治宣德县，今河北宣化县。

［三］河禁，当作「诃禁」、「呵禁」。

六八八　元前至元十六年（一二七九）庐陵县蒲宣义买地石券[一]

谨状。《青乌子鬼律论》云：「葬不斩草，买地不立券，谓之盗葬。」乃作券文，曰：

维大元国至元十六年，岁次己卯，秋七月丙午朔二十七日壬申，即有江西道吉州路吉安府录事司庐陵县城外雍和坊西街九曲横巷面西为居孤哀子彭道渊、道溥，重孙复亨，伏为先考蒲窗彭公宣义公，讳因，生于开禧丙寅三月初三日辰时[二]，终于己卯五月初六日戌时[三]。今卜吉日，动土斩草，以八月初九日甲申而安厝之。龟筮协从，州曰吉州，县曰庐陵，乡曰儒行，原曰青湖，坐申庚山，作寅甲向[四]，为之宅兆。谨以冥货极九九之数，币帛依五方之色，就于后土阴官鬻地一区。左止青龙，右抵白虎，前极朱雀，后距玄武。内方勾陈，分治五土。彼疆此界，有截其所。神禹所度，竖亥所步。丘丞墓伯，禁切呵护。欧（驱）彼罔象，投畀兕虎。弗迷兽异，莫予敢侮。千龄亿年，永无灾苦。敢有干犯，神弗置汝。幽堂亭长，收付地下。主者按罪，弗敢云赦。乃命翰林主人，子墨客卿，为作券文。亡灵允执，永镇幽宅。天光下临，地德上载。藏辰合朔，神迎鬼避。涂（途）车刍灵，是为器使。夔灵魑魅，莫敢逢旃。妥亡佑存，罔有不祥。子子孙孙，俾炽俾昌。山灵地神，实闻此言。谓予不信，有如皋日，梅仙真人时在旁知见。急急如太上女青诏书律令。敕。

太上灵符，镇安幽宅。亡灵永吉，子孙昌炽。邪精伏藏，蛇鼠遁迹。急急如律令。敕。（符一道）

太乙金璋，灵气辉光。六丁左侍，六甲右傍。
青龙拱卫，白虎趋锵。朱雀正视，玄武当堂。
川原吉水，善应凶藏。五方王煞，不得飞扬
今奉太上玉女神秘卷咒，急急如律令。敕。

【注】

[一]《庐陵古碑录》第十—十一页。原题《先考蒲窗彭公宣义地券》。原注：「一二七九，青石质，82×56，较厚，二〇〇六年四月十日。」江西人民出版社二〇〇七年出版。

[二] 开禧丙寅，南宋宁宗开禧二年，公元一二〇六年。

[三] 己卯，元至元十六年。

[四] 坐申庚山，作寅甲向，坐西南偏西，朝东北偏东。

六八九　元前至元二十五年（一二八八）卫辉路齐□□买地砖券[一]

一　维大元至元二十有五年，岁次戊子〔二〕日（月）丙辰初五日庚申[二]，祭主齐……
二　伏缘祖先掩逝，未卜兆营（茔），夙夜忧思，不遑所厝（措）。今者，择此高原，来去朝
三　迎，地□袭吉。地属卫辉路西关之原[三]，堪为宅兆。谨备钱綵，买到
四　地壹段，南北长一十六步，东西阔一十四步一分八厘七毫五系。东至青龙，西
五　至白虎，南至朱雀，北至玄武。内方勾陈，管分擘四域[四]；丘丞、墓伯，封步界畔；道
六　路将军，齐整阡陌。致使千秋百载，永无灾咎。若有干犯，并令将军、
七　亭长缚付河伯。今备牲牢酒饣（饭），百味香新，共为信契。财地交相
八　分付。今工匠修营（茔）安厝已后，永保休吉。
九　　知见戊子岁巳卯日（月）
十　代保人今日直符申[五]
一一　　故气精不得忓恡[六]。先有居者，永避他所。如
一二　　违此约，地府主吏自当其祸。助葬……〔主人内〕
一三　　外存亡，悉皆安吉。急急如律令。
一四　右付
一五　……准此　祭主齐……
一六　〔至〕元二十五年二月……

【注】

[一] 罗振玉《地券征存》。跋：「高广各一尺四寸。朱书，专上十六行，每行字数不等。正书。唐风楼藏。」
[二] 丙辰，「辰」下脱一「朔」字，或「初」当作「朔」字。
[三] 卫辉路，「路」为元朝二级地方政区，隶属于省。卫辉路治汲县（今属河南省）。
[四] 管分擘，多作「分掌」。
[五] 直符申，当作「直符神」。庚申日直符神名义俚。

［六］故气精，「精」一脱一「邪」字。忓恪，亦作「忓悋」。悋同「吝」。

六九〇　元前至元二十五年（一二八八）咸宁县吕氏买地砖券[一]

一　维大元至元二十五年，岁次戊子　月　朔　　安葬。祭主安西府咸
二　宁县[二]东关居住□□韩　于先亡祖考妣之丧，俱不记年月殁故。
三　又亡妻吕氏甲辰相，[三]享年四十三岁，于至元二十三年八月二十五日殁故。　龟筮
四　协从，相地袭吉。宜于本县竜（龙）[四]首乡朝堂社常乐坡正西原上道北，买
五　到坟地四亩，内安厝宅兆。谨用钱九万九千九伯（佰）九十九贯文，兼五綵
六　信币，置到坟一座，南北长一十二步五分，东西阔九步五分二厘，积一
七　伯一十九步。其地东至青竜，西至白虎，南至朱雀，北至玄武。内方
八　勾陈，分掌四域；丘丞墓伯，封步界畔；道路将军，齐整仟佰。千秋
九　百载，永无殃咎。若辄干犯诃禁者，将军、亭长收付河伯。今以牲牢
十　酒饭、百味香新，共为信契。财地交相分付。工匠修茔安厝已后，永保
一一　大吉。知见人：岁月主；保人：今日直符。故气邪精，不得忓恪。先有
一二　居者，永避万里。若违此约，地府主吏自当其祸。主人内外存亡，
一三　悉皆安吉。急急如
一四　□□□（五帝使）者女青律令。

【注】

［一］《文物》二〇〇四年第一期，西安市文物保护考古所《西安东郊元代壁画墓》第七二页图二一《砖地券铭文摹本》，第七〇—七一页释文。说明：「砖地券一件。发现时斜倚于砖棺床北壁正中，墓室北壁假门下。为一方形青砖，长 29.9、宽 29.4、厚 4.7 — 4.8 厘米。其上朱砂楷书铭文一四行，每行二三—三一字，共三二二字。个别字迹漫漶不清。」

［二］咸宁县，治今陕西西安市。

［三］甲辰相，是年为蒙古国乃马真皇后称制三年，南宋理宗淳祐四年，公元一二四四年。

［四］竜，同龙。《集韵·钟韵》：「龙古作竜。」于省吾《双剑誃诸子新证·晏子春秋二》：「竜，即龙之别构。《汗简》亦作竜。」

六九一　元前至元三十年(一二九三)南昌县吴学宾买地石券[一]

大元江西道龙兴路南昌县灌城乡悬榻里墨山下市□□，孝男次垚、次森，伏为皇考学宾厚轩吴公，存日名季玉，法名法道[二]。生于淳祐壬寅六月初六日丑时[三]，殁于至元壬辰正月初四月未时[四]。今以癸巳年十月二十七日己酉吉旦[五]，卜葬于同乡里地名龙朝岗，系艮山来龙，坐子向午[六]。按《青囊经》[七]云：「葬不立券，名盗葬。」故今□翰林主人、子墨客卿同□□券，就后土富媪买地一区。朱雀侍前，玄武卫后，青龙左蟠，白虎右踞。此疆彼□，有截有所。神禹所度，竖亥所步。惟此□□，是为吾父之墓。谨荐诚为币，秉心为缗，□此□券封越后土之神。既葬之后，咨尔墓□为予□殁。毋藏魑魅，毋穴狐兔。于□□年，不逢炎苦。相我后人，有斯佑。

【注】

[一]陈柏泉《江西出土墓志选编》附录《唐至明地券文》三十一《元吴学宾地券(至元三十年十月)》。原编者按：「吴学宾地券，一九六三年出土于南昌市。券高 55、宽 56 厘米。石质，朱书，十七行。券石藏江西省博物馆。」又曰：「墓主吴学宾，讳季玉(一二四二—一二九二)，号厚轩，江西南昌人。卒年五十一岁。」

[二]法名，又称戒名或法号。佛教徒受戒时，由本师授予的名号。《法苑珠林》卷八：「与其法名，大曰法缘，小曰法綵。」

[三]淳祐壬寅，南宋淳祐二年，公元一二四二年。

[四]至元壬辰，元至元二十九年，公元一二九二年。

[五]癸巳年，元至元三十年，公元一二九三年。

[六]艮山，坐子向午，艮，东北。子属正北，午属正南。坐北朝南。

[七]《青囊经》，《晋书·郭璞传》：「有郭公者，客居河东，精于卜筮，璞从之受业。公以青囊中书九卷与之，由是遂洞五行、天文、卜筮之术……璞门人赵载尝窃青囊书，未及读，而为火所焚。」后因以「青囊书」指道家典籍。堪舆术士有《青囊经》，原题《九天玄女青囊海角经》，前有托名郭璞序，相地者之称青囊术，本此。

六九二　元大德元年(一二九七)思州土司田惟城镇墓砖券[一]

一　思州公字局，故龙卫宣慰使[二]田惟城，元命癸

二　酉生人[三]，享年二十三岁，于乙未年[四]

三　七月二十日薨逝。卜此

四　丁山安葬[五]。祈后昆[六]绵

[七]

五　远，世禄炽昌者。急急

六　一如

七　太上诏书律令！

八　　丁酉大德[八]元年七月吉日诰下

【注】

[一]《中国古代砖刻铭文集》（上）第四九四页，图版一八九三《田惟城镇墓券砖》元大德元年（一二九七）。（下）第一二三五页，图版说明一八九三。贵州德江县出土，藏德江县文化馆。乾刻铭文。正书，八行，行字不等，中刻四字，共计七九字。长32、宽24厘米。中刻：「元亨利贞」。著录：《中国西南地区历代石刻汇编》一九册（贵州卷）八页。此非买地券，因出于边远地区，可作参考。

[二]思州、龙卫宣慰使，治今贵州务川县。思州公、龙卫宣慰使、田惟城，史无确切专证。《明史》卷三百十六《贵州土司列传·思南·思州附》（中华标点本第八一七六页）：「思南，即唐思州（治今贵州沿河县北）。宋宣和中，番部思祐恭内附，世有其地（移治今贵州务川县）。元改宣慰司。」明洪武初，析为二宣慰，属湖广。又《元史》卷六三《地理志六》：「思州军民安抚司。」本注：「婺川县。」又「龙泉平」。本注：「思州旧治龙泉。及火其城，即移治清江。至元十七年一二八〇，敕徙安抚司还旧治。」又卷九一《百官志七》：「播州、思州。」本注：「以上隶湖广省。」卷一八《成宗本纪一》：元贞元年（一二九五）二月：「思州田曷剌不花……来见（成宗皇帝）。」元张伯淳《养蒙文集》卷一，著有元成宗赠思州田惟贤「义敏侯」诏书。综合上述，可以推知：田氏当为本地民族的重要家族。可能在忽必烈进军思州时，田惟城归诚，受封思州公、龙卫宣慰使。忽必烈于至元三十一年（甲午，一二九四）正月二十二日去世。一年半后，也就是成宗元贞元年（乙未，一二九五）七月二十日，田惟城亦去世。田惟贤或是田惟城之弟，至少也是田氏土司的袭位者，因之受赠封为「义敏侯」。仍袭思州宣慰司或按抚司。

[三]癸酉，元世祖至元十年（一二七三），田惟城出生。

[四]乙未年，元成宗元贞元年（一二九五），田惟城去世。

[五]丁山，坐南朝北。

[六]后昆，后代子孙。《书·仲虺之诰》：「垂裕后昆。」亦作「后绲」。《隶释·汉绥民校尉熊君碑》：「追羡遗绩，纪述前勋，于是刊碑，以示后绲。」绵

远，亦作「繇远」，久远。

[七] 元亨利贞，《周易》乾卦之四德。《易·乾》：「《乾》：元亨利贞。」孔颖达疏：「元亨利贞者，是《乾》之四德也。」宋程颐《程氏易传》卷一：「元亨利贞，谓之四德。元者，万物之始；亨者，万物之长；利者，万物之遂；贞者，万物之成。」

[八] 大德，元成宗年号。其元年即元贞三年改元。

六九三　元大德五年（一三〇一）南昌县黄金桂买地砖券[一]

维大元国大德五年辛丑，江南西道龙兴路在城录事司集仙坊居住，室周氏，孝男贵仁、贵义、贵礼、贵智、贵信，孝媳妇邹氏、周氏，孝女闰娘、满娘，合家亲眷等，天主黄公副使存日，□□原命辛亥年九月初二日巳时受生[二]，于辛丑十年初二日巳时[三]，卜地葬南昌县长定乡陈桥之原为吉兆安厝。卜十一月□□日庚申[四]，迁坐幽室。谨用钱九万九千九百九十九文，买地一穴。东止青龙，南止朱雀，西止白虎，北止玄武。内方勾陈，□□□□，□□□□（分掌四域，道路将军），齐整阡陌。若辄干犯呵禁，将军亭长收付河伯。亿万斯年，永保休吉。今以牲牢酒礼、五彩信币，共为盟誓。财地两相交付讫。若违此约，地府□□□□□而其祸。□□内外存亡，悉皆安吉。急急如五帝主者女青律令。

【注】

[一] 陈柏泉《江西出土墓志选编》附录《唐至明地券文》三十二《元黄金桂地券（大德五年十一月）》。原编者按：「黄金桂地券，一九八二年出土于南昌县。券高36、宽36厘米。砖质，朱书。券藏江西省博物馆。」又曰：「墓主黄副使，讳金桂（一二五一—一三〇一），字国宝，江西南昌人。官为龙兴（今江西南昌）路织染局副使。不见于史传。」本编第二五八页收有《织染局副使黄金桂墓志铭（大德五年十一月）》。

[二] 辛亥年，南宋理宗淳祐十一年，公元一二五一年。

[三] 辛丑十年初二日，误。据同出的墓主墓志铭：「殁于大元大德五年辛丑十月丁卯日巳。」按：十月，丙寅朔。丁卯日，初二日。「十年」当是「十月」。

[四] 十一月□□日庚申，墓志作「是年十一月庚申日」。按：是年十一月丙申朔，二十五日为庚申日。

六九四　元延祐六年（一三一九）永丰县陈氏买地石券[一]

按《青乌鬼律论》云：「葬不〔斩草〕，买地不立券，谓之盗葬。」乃作券文曰：「大元延祐六年，太岁己未，正月丁巳朔，越五日辛酉，江西道吉州路永丰县东门外德庆坊石桥上居住，孝子吴天瑞、媳妇胡氏慧安、孙男佛祐、出适女奇真亲眷等，伏为先妣陈氏淑灵，生于宝祐丁巳九月十九日辰时[二]，殁于延祐丙辰正月初八日戌时[三]。今卜葬于东丰县龙云乡第三都泷原白竹坑之原。谨以冥货[四]，新开皇土主买地一区，以戊午年节气安葬[五]。丑艮山，坤未向[六]，是为之宅。东抵青龙，西至白虎，南极朱雀，北拒玄武。百步之内，四止之间，悉茔封之，有截其所。魑魅魍魉，莫敢予侮。山神地祇，谨切呵护。亿万斯年，永无灾苦。敢有干犯，神弗宥汝。伏愿亡灵，既葬之后，灵仪允执，永镇幽宅。天光下临，地德上载。阴神协吉，丘域储祥。水绕山环，藏风聚气。邪魔屏迹，子孙炽昌。罔有不臧，永膺多福。山川鬼神，实闻斯言。敕封地祇。太上灵符，□□〔永镇〕幽宅。亡人安静，子孙昌吉。

【注】

[一] 陈柏泉《江西出土墓志选编》附录《唐至明地券文》三十三《元陈氏地券（延祐六年一月）》。原编者按：「陈氏地券，一九七一年出土于永丰县，券高 58、宽 32 厘米。石质，写刻，十七行。券石藏江西省博物馆。」又曰：「墓主吴母陈氏，江西永丰人，卒年六十岁。」

[二] 宝祐丁巳，南宋理宗宝祐五年。公元一二五七年。

[三] 延祐丙辰，元仁宗延祐三年。公元一三一六年。

[四] 冥货，下缺有关冥货数额的文字记述。

[五] 戊午年，延祐五年。公元一三一八年。

[六] 丑艮山，坤未向，丑、艮，属东北；坤、未，属西南。坐东北，朝西南。

六九五　元延祐六年（一三一九）黄梅县安百四买地砖券[一]

一　维大元延祐六年，己未岁，十一月辛巳朔，越初四日甲

二　申，殁故安公百四承事[二]在日，元命辛酉年[三]五月十九

三　夜亥时受生，享年五十八岁。大限[四]不幸于延祐戊午[五]

四　四月十七日辰时殁故。龟筮协从，相地袭吉，宜于蕲

五　州路黄梅县[六]新城乡下新地里，土名杨家山之原，安厝宅兆，谨

六　用钱玖万玖阡玖佰玖拾玖贯，兼以五綵信弊（币），买地壹段。

七　东止青龙，南止朱雀，西止白虎，北止玄武；内方勾陈，分掌四

八　域；丘丞墓伯，封部界畔；道路将军，齐整阡陌；千秋万载，永无

九　灾咎。若有干犯诃禁者，将军、停（亭）长收付河伯。今以牲牢酒饭、百

十　味香新，共为信契。财地交相分付。工匠修营安厝已后，永保
一一　休吉。知见，岁月主；保人，今日直符。故气精邪，不得干悋。先有
一二　居者，永避万里。若违此约，地府主吏自当其祸。主人内外
一三　存亡，悉皆安吉。急急如
一四　太上玄遵（尊）五帝使者女青律令。今月初四日甲申　故约

【注】

[一] 湖北省博物馆编《湖北出土文物精粹》第二一三页，黄梅县西池窑厂出土。（文物出版社二〇〇六年出版）
[二] 承事，即承事郎的简称，文散官名，正七品，敕授。承事，亦为民间士绅的尊称。
[三] 元命辛酉，元命，天命。辛酉，蒙古（元）世祖忽必烈中统元年（一二六一）。
[四] 大限，生命的极限，寿数，死期。
[五] 延祐戊午，当作「戊午岁」。是年为延祐五年（一三一八）。
[六] 黄梅县，今属湖北省。

六九六　元至治元年（一三二一）进贤县雷氏孺人买地石券[一]

大元江西道龙兴路进贤县崇信乡龙驹里，孤哀子戴景仁处，卜先妣雷氏孺人归真之宅[二]。惟同里樟陇食，其地自仙峰发龙，起伏而北，纡回顾祖，坐癸向丁[三]，诸星朝护；匮库聚其前，诰轴展其后，禄马环其左，武曲临其右；吉水绵延，佳穴开肇。乃岁腊月辛亥[四]，秉诚为币，请命于后土尊神，神举以赠于吾，有光涓吉。兹辰以克终襄，爰立左券，征信毋忘。尚惟有神，是卫是防。魑魅魍魉，或侵疆用。俾先魂妥于幽藏，垂佑我后，世世安昌。春秋祭祀，终焉永臧。至治初元[五]岁次辛酉，十有二月二十一日庚申，孤哀子戴景仁谨立券。

【注】

[一] 陈柏泉《江西出土墓志选编》附录《唐至明地券文》三十四《元雷氏地券（至治元年十二月）》。原编者按：「雷氏地券，一九八八年出土于进贤县。券高57.5、宽30厘米。石质，写刻，十行。券石藏进贤县文物管理所。」
[二] 归真，佛教对人死的别称。《释氏要览》下《送终初亡》：「释氏死谓涅盘、圆寂、归真、归寂、灭度、迁化、顺世，皆一义也。」

[三] 坐癸向丁，癸属正北，丁属正南。坐北朝南。
[四] 腊月辛亥，十二月庚子朔，辛亥为十二日。
[五] 至治初元，至治元年。

六九七 元泰定二年（一三二五）南昌县李觉斋买地石券[一]

一 维
二 大元泰定二年，岁次乙丑，五月己酉越十二日庚申，江西道龙兴路南昌县[二]南关桥步
三 门外近上居，孝男李兴祖、荣祖，孝媳妇曹氏、闵氏，孝男孙贵、显、普，内外孝眷
四 等，同乘哀诚。伏为西归先考李公觉斋居士，元命丙午年[三]十一月二十一日巳时受生。享
五 年七十有九。不幸于乙丑年四月初四日辰时终寿，封棺停柩六七俄临[四]。庸备钱币采信，
六 买到南昌灌城乡悬榻里黄家郭村高郭一所，用作茔阡。左止青龙，右至白虎，前式朱雀，
七 后列玄武，中奠勾陈，四域□司，五方俱正。丘丞墓伯，庸肃封疆。道路将军，整严阡陌。择前
八 岁月日时良利，奉
九 灵窀穸[五]于此山内穴。坐坎向午[六]，伏冀
十 土府毗和，山神益卫。灵魂安稳，神煞潜藏。青龙镇于甲乙之隅，白虎护于庚辛之位，
一一 朱雀卫于南离，玄武奠于北坎[七]。明堂秀水，向坐奇峰。地脉源流，荫子孙之代代；阴灵气势，庆
一二 公相之绵绵。富贵盈门，镃基益盛[八]。上钦承于
一三 正律，下克副于哀祈。谨券。

【注】
[一]《考古》一九八七年第三期，陈柏泉《江西出土地券综述》第二三一转二一九页附录七。原题《元泰定二年李觉斋地券》。长 46、宽 42 厘米。
[二] 南昌县，今江西南昌市。
[三] 丙午，南宋理宗淳祐六年（一二四六年）。
[四] 六七俄临：六七很快即到。旧俗，人死后每隔七日为一忌日，要祭奠一次。到七七为止。六七俄临，七七也快到了。因应急于安葬。
[五] 窀穸，墓穴，或埋葬。《左传·襄公十三年》：「唯是春秋窀穸之事，所以从先君于祢庙者，请为灵者厉，大夫择焉。」《注》：「窀，厚也；穸，夜也。厚夜，犹长夜。春秋谓祭祀，长夜谓葬埋。」《疏》：「夜不复明，死不复生，故长夜谓葬埋也。」

［六］坐坎向午，坎，八卦之一，方位属北。午，地支之一，方向属南。此言「坐北向南」。
［七］甲乙、庚辛、离、坎，分别属于东、西、南、北。
［八］镃基，基业，家业。

六九八　元后至元五年（一三三九）临川县胡仲才、熊妙寿买地石券[一]

维大元后至元五年，岁次己卯，十一月乙卯朔，越三十日甲申，抚州临川县长乐乡长乐里湖南保居，孤哀子胡周孙、媳万氏、婿吴宗正、女二娘孝眷等，谨昭告于管城山后土之神而言曰：「先考东溪公讳仲才，生于宋咸淳壬申年八月初三亥时[二]，殁于是年[三]二月二十七戌时。母静庵道姑熊氏妙寿，丁卯年五月二十四辰时生[四]。先翁九日卒。涓吉是日合葬于斯乔岭，龙脉坐丑向未[五]，四水回环，藏风聚气，前塘汪洋；远山呈贵，允为幽宅。阴阳佳处，灵兮安妥。子孙昌炽，春秋祭祀，神其同与。谨券。

【注】

［一］陈柏泉《江西出土墓志选编》附录《唐至明地券文》三十六《元胡仲才暨熊妙寿地券（后至元五年十一月）》。原编者按：「胡仲才暨熊妙寿地券，一九八七年出土于进贤县。券高60、宽34厘米。石质，写刻，九行。券石藏进贤县文物管理所。」又曰：「墓主胡仲才（一二七二—一三三九），字东溪，江西临川（今入进贤）人。卒年六十八岁。」
［二］宋咸淳壬申年，宋咸淳八年。公元一二七二年。
［三］是年，元后至元五年。公元一三三九年。
［四］丁卯年，南宋咸淳三年。公元一二六七年。
［五］坐丑向未，丑属东北偏北，未属西南偏南。坐东北，朝西南。

六九九　元至正五年（一三四五）瑞州路蓝氏六娘买地陶券[一]

地

一　维大元国江西道瑞州路[三]，在城河南岸庆善坊居住
二　殁故蓝氏六娘，元命壬午年[四]九月初七日午时生，享年六
三　十有三，不幸于乙酉年[五]八月初二日午时身故。今命述
四　人止，寻得受地一穴，坐落虎俗乡四十六都，地名青田岗，

契文[二]

五　坐寅山，作申向[六]。今年大利，卜取是日安葬，用钱九万九千九
六　百九十九贯九百九十九文。在开皇地主买得其地，东止青
七　龙，西止白虎，南止朱雀，北止玄武，上至皇天，下至黄泉，中至
八　亡人墓宅。如有精灵古器魍魉，自今不得乱占。先有居
九　者，速避万里。如违此约，地府主吏自当其咎。亡存内外
十　委皆安吉。急急如太上五帝主者女青律令。
一一　寻龙点穴：郭鄴先生[七]。交正青鸟：白鹤仙人。
一二　书契张坚固。　　交钱李定度[八]。

【注】

[一] 刘翔《江西高安县汉家山元墓》，《考古》一九八九年第六期第五四〇页。地契为泥质灰陶板制，陶质较硬，板长 33、宽 26 厘米，板面微凸，竖刻阴文十二行，行字不等，行间有格。传玺按：据第五三九页图四《地契文拓本》校改。

[二] 地契文，阴刻三个大字，横贯契文上部，右起左行。

[三] 瑞州路，元至元十四年（一二七七）升瑞州置，治今江西高安县。

[四] 壬午年，元至元十九年（一二八二）。

[五] 乙酉年，元至正五年（一三四五）。

[六] 坐寅山，作申向，寅属东北，申属西南。即坐东北向西南。

[七] 郭鄴，即郭璞，东晋学者，道教奉为神仙人物。参看《洞仙传》。

[八] 张坚固、李定度，刘翔文曰："一九八五年五月，江西省文物工作队和临川县文物单位在临川莫源李村清理了一座葬于庆元四年（一一九八年）的南宋邵武知军李济南墓。……出有陶瓷俑七十件。而且大部分器底上有墨书题记。其中一件头戴高背巾帽，着圆领长衫，双手合掌于腹前作侍立状，底部有墨书『张坚固』。另一件头顶绾，髻发，双手合掌前腹，底部有墨书『李定度』。……证实了张坚固、李定度是作为所谓地府的官吏出现于宋元时期墓葬中的。"

七〇〇　元至正六年（一三四六）浮梁州舒英二买地瓷券之一[一]

一　维
二　大元至正六年，岁次丙戌，闰十月二十八日。饶州路浮梁

州兴西乡里仁都赵家建王公岭[二]，舒子仁以先考舒英二朝奉[三]，于至正四年七月初七巳时殁故。今以龟筮协从，相地惟吉，宜于本州安西乡鱼步都阳府滩竹坞山之原[四]，为宅兆安厝。谨用钱九万九千九百九十九贯文兼五练信币[五]，买地一段，东止青龙，西止白虎，南止朱雀，北止玄武。内方勾陈，分掌四域；丘丞墓伯，谨备界封；道路将军，齐整阡陌。若辄干犯诃禁，将军亭长收付河伯。今以清酌蔬菜[六]，共为信誓。财地交分付[七]。工匠修营，永保无咎。若违此约，地府主吏自当其祸。主人内外存亡，悉皆安吉。急急如五帝主者女青律令。

至正六年闰十月二十八日[八] 契

见人：年神

书人：月符

运钱人：主薄[九]

【注】

[一]《中国文物报》二〇〇六年三月八日第八版，台湾台北同庆堂施莉莎、蔡庆晖《从两块元代瓷券探寻「元青花」的足迹》。文曰：「二〇〇五年七月，随着伦敦佳士得春拍的槌声响起，元青花鬼谷罐拍出了中国艺术品有史以来的最高价，从此至正型元青花瓷器已经不止是中国人的国宝，而一跃成为世界级的艺术品明星。然而随着元青花热的不断升温，元青花仿品也以排山倒海之势滚滚而来……值此纷乱之际，笔者有缘收到了元代至正六年的二块瓷券……都是用瓷土烧成的。从券中文字内容来看，笔者认为，第一块是元代墓葬中的买地券，第二块是随葬瓷器之清单（遣册）。」这两券均收入本书。有关的重要解说，作为注文收入。本券为其一。

[二]饶州路及以下地名，原解说：据《元史·地理志第十四》记载：「饶州路，唐改鄱阳郡，仍改饶州，宋因之。元至元十四年，升饶州路总管府……浮梁州，唐以来为县，元元贞元年升州。」《明史》卷四三志第十九《地理四》记载：「饶州府。（本注：）元饶州路，属江浙行省……浮梁。（本注：）府东。元浮梁州。洪武初，降为县。」另据《景德镇陶录》卷一记载：「景德镇属浮梁之兴西乡，去城二十五里。在昌江之南，故称昌南镇。」……兴西乡在浮梁县西南，辖里仁、镇市等都。中华人民共和国成立前，属浮梁县二区里仁乡。中华人民共和国建立初期，为浮梁县一区里仁乡。至于「赵家建王公岭」则无从考据，应是里仁都内的一个村落。

[三]朝奉，原解说：「据《宋史》卷一七〇志第一百二十三《职官》十《杂制》记载：『太平兴国元年，改正议大夫为正奉，通议大夫为朝奉，朝议郎为朝奉。』显然『朝奉』至宋朝是一个官职，但这一官职元代已废除。北宋末年，民间已将『朝奉』这一称谓转指地方富豪和名绅，如《水浒传》里的祝朝奉便是。所以此文中的『朝奉』也应是地方富豪名绅的尊称。」按：上引史料见于《职官十・使职・叙阶之法》本注。以朝奉为地方乡绅的尊称，盛于南宋以后，旧时徽州人尤多称之。

[四]原解说：其墓葬所在地「本州安西乡鱼步都阳府滩竹坞山」。查阅《景德镇陶录》之景德镇地图，可见「阳府山」和「阳府滩渡」，推测阳府滩竹坞山也应在「阳府滩渡」的东北方，也就是今天浮梁县周边。

[五]五练，当释作「五綵」。

[六]蔬菜，当释作「蔬果」。

[七]财地交分付，原释文之「文」字当是「交分」之误。

[八]至正，元惠宗（顺帝）妥欢帖睦尔的年号之一。

[九]主薄，当作「主簿」。

七〇一　元至正六年（一三四六）浮梁州舒英二买地瓷券之二[一]

一　维
二　大元至正六年，岁次丙戌，闰十月二十八日，饶州路浮梁
三　州兴西乡里仁都赵家建王公岭，舒子仁以先考
四　舒英二朝奉，于至正四年七月初七日巳时殁故。今以龟筮
五　协从，相地惟吉，宜于本州安西乡鱼步都阳府滩竹
六　坞山之原，为宅兆安厝。谨用钱九万九千九百九十九贯
七　文兼五练信币[二]，买地一段。东止青龙，存青花白釉磁
八　九十九付；西止白虎，存刻花白釉磁九十九付；南止朱雀，存
九　红花白釉磁九十九付；北止玄武，存白花红釉磁九十九付[三]。
十　内方勾陈，分掌四域；丘丞墓伯，谨备界封，道路将
一一　军，齐整阡陌。若辄干犯诃禁，将军、亭长收付河伯。
一二　今以清酌蔬果[四]，共为信誓。财地交分付[五]。工匠修营，永
一三　保无咎。若违此约，地府主吏自当

一四　存

一五　　至正六年闰十月二十八日　契

见人：年神

书人：月符

运钱人：主薄[六]

【注】

[一]《中国文物报》二〇〇六年三月八日第八版，台湾台北同庆堂施莉沙、蔡庆晖《从两块元代瓷券探寻「元青花」的足迹》一文所收两券之二。两券相同的注释见于之一者，本券不再注。

[二]五练信币，当释作「五綵信币」。

[三]原解说：「因青龙属木，主东方，主青色，故在东方放上以青色为主的青花白釉磁。白虎属金，主西方，主白色，故在西方放上以白色为主的刻花白釉磁。朱雀属火，主南方，主红色，故在南方放上以红色为主的红花白釉磁。玄武属水，主北方，主黑色，可能当时景德镇窑并无黑釉磁，所以放了白花红釉磁。这是以瓷器所代表的不同颜色来增强青龙、白虎、朱雀、玄武四方神煞的法力，让它们好好地庇佑墓主人及其后代。这里把瓷器当作改善风水的法器使用。」

[四]蔬果：原释作「蔬菜」。

[五]财地交分付，原释夺一「相」字。

[六]主薄，当作「主簿」。

七〇二　元至正十一年（一三五一）广济县舒氏一小娘买地砖券[一]

一　维大元至正十一年三月初七日小石门里孝男

二　苏汉用等，以母亲舒氏一小娘于至正八年五月

三　十五日戌时殁故。龟筮叶吉，相地维吉。宜于开州

四　路[二]广济县[三]安乐乡小石门里石城中村周佃住基

五　为宅兆安厝。说（谨）用价为（钱）九万九千九百九十九贯

六　文，兼五彩信币，买地一段。东止青龙，西止白虎，南

七　止朱雀，北止玄武；内方勾陈，分掌四域。丘丞墓

八　伯，谨肃界封；道路将军，齐整阡陌。若辄有

九　干犯诃禁，将军、亭长收付河伯。今以牲牢、酒饭

十　共为信誓，财地交相分付。工匠修莹，永保无咎。

一一　若违此约，地府主吏自当其祸。主人内外存亡，悉

一二　皆安吉。急急如五帝主者女青律令！

一三　见人，东王公、西王母，蒿里父老；书，张坚固、李定杜（度）。

【注】

[一]《中国古代砖刻铭文集》（上）第四九六页，图版一九〇〇《苏汉用等为母舒氏一小娘买地券砖》，元至正十一年（一三五一）。（下）第三三六页，图版说明一九〇〇。一九八八年江西九江博物馆征集。干刻铭文。正书，正向，倒向间刻，双数行倒写，一三行，行一九字，计二三六字。长32、宽31.5厘米。亦见：吴水存《江西九江发现元代青花瓷器》（《文物》一九九二年六期第九四页）。

[二]开州路，吴水存文第九四页图一《买地券拓片》与《文集》图版同，亦作「开州路」。但元无开州路，只有开州，治所在濮阳县（今河南濮阳市），下属无广济县。据《元史·地理志二》载，广济县属「蕲州路」。出土舒氏一小娘买地券的墓葬在今九江市辖区范围合乎情理。原券铭文书「开州路」似误。

[三]广济县，治今湖北蕲春县东南梅川镇。

七〇三　元至正十三年（一三五三）定西州史孝恭等买地砖券[一]

一　维大元至正十三年，岁次癸巳，正月己巳

二　朔，初四日癸酉[二]，定西州[三]西街居孝男史孝

三　恭等，有父母史瑄，于壬辰岁[四]十二月十一

四　殁故。龟筮从，相地吉[五]。宜于本州庙山巉坡

五　下离山丙穴之原[六]，堪为宅兆。谨用九万

六　九千九百九十贯文，兼五彩信币，买地一

七　段。四方各一十七步。东止青龙，西止白虎，

八　南止朱雀，北止玄武；内方勾陈，分掌四域；

九　丘承墓伯，封步界畔；道路将军，齐整阡陌；
十　千秋万岁，永无殃咎。若辄干犯诃荣（禁），将军
一一　亭长收付河伯。今以牲牢、酒饭、百味香新，
一二　〔共为〕信契。财地交相分付。功匠修营安厝已后，
一三　永保休吉。见人，岁月主；保人，今日直符。故
一四　气邪精，不得干犯。先有居者，永避万里。若
一五　违右约，地府主吏自当其祸。主人内外存
一六　亡，悉皆安吉。急急如五帝主者女青律令！

【注】

〔一〕《中国古代砖刻铭集》（上）第四九六页，图版一九〇一《史孝恭等为父母买地券砖》，元至正十三年（一三五三）。（下）第三三六页，图版说明一九〇一。甘肃定西县出土。乾刻铭文。正书，一六行，行一六字，计二五六字。有方界格。尺寸不详。著录《中国砖铭》图版一一五九。

〔二〕正月己巳朔初四日癸酉，朔日误。这年的正月朔日为庚午，初四日为癸酉。

〔三〕定西州，金时治今甘肃定西县南。元时移治今定西县，改名安定州。

〔四〕壬辰岁，元至正十二年（一三五二）。

〔五〕以上两句通常写作「龟筮协从，相地袭吉。」

〔六〕离山丙穴，离、丙均属南方。坟似坐南朝北。

附二　高丽国买地券

七〇四　金皇统三年（一一四三）高丽国僧世贤买地券[一]

一　维皇统三年癸亥岁五月朔丁巳七日癸亥[二]，高丽国

二　兴王寺接松川寺住持妙能三重大师世贤

三　殁故。亡人乥人前一万万九千九百九十文[三]，就

四　皇天父、后土母、社稷十二边买得前件墓

五　田，周流一顷。东至青龙，南至朱雀，西至

六　白虎，北至玄武，上至苍天，下至黄泉，四至分

七　明。即日钱财分付。天地神明了。保人：张陆、

八　李定度。知见人：东王公、西王母。书契人：石

九　切（功）曹。读契人：金主簿。书契人飞上

一〇　天。读契人入黄泉。急急如律令。

【注】

[一] 罗振玉《地券征存》。注：「高一尺三寸，广一尺一寸四分。十行，行字不等，正书。藏高丽王家博物馆。」正倒相间，双数行倒写。

[二] 皇统，金熙宗完颜亶年号。金于太宗天会四年（宋钦宗靖康元年，一一二六年）正月围汴京。十二月，降北宋。是年高丽「国王王楷遣使奉表称藩」（《金史》卷一三五《列传·外国下·高丽》），用金年号。

[三] 乥，音乞。《改并四声篇海·乙部》引《川篇》：「乥，音乞。」《字汇补·卜部》：「乥，丘吉切，音乞。义阙。见《篇海》。」

（二）典当契约

七〇五　壬午年（九八二）敦煌郭定成典身契[一]

一　壬午年二月廿日立契。慈惠乡百姓郭定成，伏缘家内欠……

二　今租自身于押衙王永继家内只（质）典[二]，断作典价壹……

三　仗（丈）捌尺、福（幅）贰尺士布壹匹。自典余（以）后，王永押得驱使[三]……

四　渎（赎），不许王家把勒。人无雇价，物无利头。若不得抛工，数行□坐……

五　镰刀□器械，牛羊畜生（牲）。合宅若畔（叛）上，非理失却打破，裴（赔）在定成身上。……

六　活。若牛羊畜生（牲）非命打煞，不关主人之事。若其有病痛……

七　偷他人羊牛畜生（牲），园中菜茹瓜果，裴（赔）在定成身上，不关主〔人之事。若定〕

八　成身东西不平善者，一仰阿兄郭定昌面上取本物[四]。不许〔休悔。先悔者，罚麦〕

九　捌驮，充入不悔人。恐后无信，故立此契，用为后凭。□（押）

〔后缺〕

【注】

[一]《敦煌宝藏》第十册第四〇八页，斯一三九八号。又《敦煌资料》第一辑第三二八页。

[二]今租，「租」为「将」之误。

[三]王永押，当是「王永继押衙」或「押衙王永继」之误。

[四]本物，充原典价的财物。

七〇六　西夏天庆十一年（一二〇四）兀女浪粟典麦契[一]

一　〔天庆十一年五月〕初三日[二]，立文人兀女浪粟，今〔将〕

二　〔自己〕□□袄子裘一领，于裴　处〔典到大麦〕
三　〔五〕斗，加三利[三]；小麦五斗，加四利。共本利大麦〔一石〕
四　〔三〕斗五升。其典不充，限至来八月〔一日。不赎来时，一〕
五　任出卖不词。
六　　　立文人兀女〔浪粟〕（押）
七　　　知见人讹静□□（押）

【注】

[一] 本契及以下七〇七、七〇八、七〇九、七一〇、七一一、七一二、七一三、七一四、七一五、七一六十件，是史金波同志提供的。他的来信说：「西夏天庆年间典当残契存十五件，其中有四件所剩字数极少，无法复原，今不录。所录十一件残契，〔〕内为后补入者，□为所缺字无法补充者。」此十五件契约是英人斯坦因第三次到中国来盗劫文物时，在内蒙古额济纳黑水古城遗址取走的。由法人马伯乐收入所撰《斯坦因在中亚细亚第三次探险的中国古文书考释》一书中，并附有残契原件图片（一九五三年敦煌出版）。中国科学院历史研究所编《敦煌资料》第一辑收入《附录》中，本书选收了其中的十二件，参考了陈国灿《西夏天庆间典当残契的复原》（收入《西夏史论文集》，宁夏人民出版社一九八四年出版）一文。本契见《西夏史论文集》第三二五页第一件；又《敦煌资料》第一辑第四七四页（一），马四七四号。

[二] 天庆，西夏桓宗赵纯祐年号。

[三] 裴，姓裴名松。见本书下录《西夏天庆十一年（一二〇四）裷折典麦契》

七〇七　西夏天庆十一年（一二〇四）刘折兀埋典麦契[一]

一　〔天庆十一年〕五月初四日，立文人〔刘折兀埋，今将〕
二　〔自己〕□马毯一条，于裴　〔处典到小麦五斗，加四利，〕
三　〔共本利〕小（大）麦七斗[二]。其典〔不充，限〔至来八月一日。不赎来〕
四　〔时，一任〕出卖不词。
五　　　　立文人刘折兀埋（押）
六　　　　同典人来兀哩嵬（押）
七　　　知见人马能嵬（押）

【注】

〔一〕《西夏史论文集》第三三五页第二件；又《敦煌资料》第一辑第四七四—四七五页（二），马四七四号。

〔二〕小麦，当作「大麦」。陈国灿曰：「（本契缺文颇多，且本利以小麦计算，其它各契均无用小麦计算本利的。以前后各契借小麦还大麦加四利的惯例看，春借小麦五斗加四利，秋还大麦七斗才是合理的。「小麦七斗」可能是记帐人将「大麦七斗」笔误而成。至于从裴处典到的，只能是「小麦五斗加四利」。」

七〇八　西夏天庆十一年（一二〇四）康吃□典麦契〔一〕

一　天庆十一年五月五日，立文人康〔吃□，今将自〕
二　己旧皮毯一领，于裴　处典到〔大麦七斗，加三利〕，
三　共本利大麦九斗一升。其典不充，限〔至来八月一日〕。
四　〔不〕赎来时，一任出卖不词。
五　　　　　　　　立文人康吃□（押）
六　　　　　　　同典人笃屈哆遏（押）

【注】

〔一〕《西夏史论文集》第三三六页第三件；又《敦煌资料》第一辑第四七五页（三），马四七四号。

七〇九　西夏天庆十一年（一二〇四）吃□□□□典麦契〔一〕

一　天庆十一年五月初六日，立文人吃□□□□，〔今〕
二　将自己旧皮毯一领，于裴　处〔典到小麦三〕
三　〔斗〕，加四利，共本利大麦四斗二升。其典不〔充，限至来八〕
四　月初一日。不赎来时，一任出卖〔不词〕。
五　　　　　　　　立文人吃□□□□（押）
六　　　　　　　知见人武褚□□（押）

【注】

[一]《西夏史论文集》第三二六页第四件；又《敦煌资料》第一辑第四七六页（四），马四七四号。

七一〇　西夏天庆十一年（一二〇四）夜贺尼典麦契[一]

天庆十一年五月初七日，立文人夜贺尼，〔今将自己〕旧皮毯一领，苦皮四张，于裴　处典〔到小麦一石三斗，加〕三利，共本利大麦一石六斗九升[二]。其典不充，〔限至来八月〕四日。不赎来时，一任出卖不词。

立文人夜贺尼（押）

知见人武屈粟（押）

【注】

[一]《西夏史论文集》第三二六页第五件；又《敦煌资料》第一辑第四七六—四七七页（五），马四七四号。

[二]原写作「大麦一石七斗二升」。后在侧边改为「大麦一石六斗九升」。

七一一　西夏天庆十一年（一二〇四）夜利那征布典麦契[一]

〔天庆十〕一年五月初九日，立文人〔夜利那征布，今将〕〔自己〕白帐毡一领，皮毬一领，于裴　〔处典到大麦一石五斗〕，〔加三利〕，共本利大麦一石九斗五升。其典〔不充，限至来八月〕〔四日〕。不赎来时，一任出卖不词。

立文人夜利那征布（押）

同典人兀哆女□□（押）

【注】

〔一〕《西夏史论文集》第三二六页第六件；又《敦煌资料》第一辑第四七七页（六），马四七四号。

七一二　西夏天庆十一年（一二〇四）夜某典〔麦〕契[一]

〔前缺〕

一　〔不赎来〕时，乐一任出卖〔不词〕

二　　立文字人夜……

三　　同典人夜……

四　　同典人……

五　　书契智……

【注】

〔一〕《敦煌资料》第一辑，第四七八页（八），马四七五号。

七一三　西夏天庆十一年（一二〇四）某人典麦契（甲）[一]

一　〔天庆十一年五月初一日，立文人□□□□，今将自己袄〕

二　〔子裘一领，马毯〕一条，旧皮毯一领，于〔裴松处典到大麦一石，〕

三　〔加三利；小麦一石，加四利，共〕本利二石七斗。其典〔不充，限至来〕

四　〔八有初一〕日。不见〔来赎，一任出卖不词〕。

五　　□□屈卜[二]　　立文人□□□□

六　　　书契〔智〕□□

【注】

〔一〕《西夏史论文集》第三二七页第七件；又《敦煌资料》第一辑第四七七—四七八页（七），马四七五号。

[二]屈卜：可能是「知见人」的姓名或押字。

七一四　西夏天庆十一年（一二〇四）某人典麦契（乙）[一]

一　天庆十一年五月〔初一日，立文人□□□□，今将〕

二　〔自己〕马毯〔一条，皮裘一领，于裴松处典〕

三　到小〕麦五斗，〔加四利；大麦一石，加三利，共本利〕

四　〔大麦二〕石。其〔典不充，限至来八月一日。不赎来〕

五　〔时，一任出卖不词〕。

六　　　　　　　立文人字人□□□□

七　　　　　　〔书契〕□□□

【注】

[一]《西夏史论文集》第三二七页第九件；又《敦煌资料》第一辑第四七八页（九），马四七五号。

七一五　西夏天庆十一年（一二〇四）某人典麦契（丙）[一]

一　〔天庆十一年五月初〕二日，立文〔人□□□□，今将自〕

二　〔己〕皮毬一，旧〔皮毬〕一，〔白帐毡一，苦皮十张，于裴松〕

三　〔处〕典到大麦四石，〔加三利。其典不充，限至来〕

四　〔八〕月一日将本利〔大麦五石二斗来赎。不赎〕

五　〔来〕时，乐一任出卖不词。

六　　　　　　立文字人□□□□

七　　　　　书契　智□□

【注】

[一]《西夏史论文集》第三三七—三三八页第十一件；又《敦煌资料》第一辑第四七九页(十一)，马四七五号。

七一六　西夏天庆十一年(一二〇四)某人典麦契(丁)[一]

一　天庆十一年五月〔初三日，立文人□□□□，今将自己〕

二　皮毯一领，于裴〔松处典到大麦三斗，加三利；小麦七斗，加四利〕。

三　〔共本利〕大麦一石三斗七〔升。其典不充，限至来八月初一日。不赎〕

四　〔来时，一任〕出卖不词。

五　　　　立文字人□□□□

六　　　　书契　智□□

【注】

[一]《西夏史论文集》第三三八页第十二件；又《敦煌资料》第一辑第四七九页(十二)，马四七五号。

七一七　西夏天庆十一年(一二〇四)䅹折典麦契[一]

一　〔天庆十一年五月〕……〔立文字〕人䅹折

二　……于裴松处〔典到〕……

三　〔其典不〕充，限当年〔八月初一日〕。

四　〔不〕赎之时，〔一任出卖〕不词。

五　　　　立文字人䅹折[二]

【注】

[一]《敦煌资料》第一辑第四八〇页，马四七五号。

[二]䅹(音同挠)，《集韵》奴刀切。

七一八　元泰定三年（一三二六）徽州胡日和典山契[一]

一　十五都胡日和今有山壹段，在本都二保
二　土名板枥培，系量字号。东至坑心，南至大
三　降，北至大坑，西至麦园坞心上至尖，下出大坑抵
四　胡兴进山。今将前项四至内山本应伍分内得壹
五　分，尽数出典与同都人汪龙二官人
六　名下为主，面议典去中统钞四拾伍贯
七　前去足讫。未典已前，即不曾与家外人交易。
八　如有乙切不明，并是出典人自行理直。今恐人心
九　无信，故立文契为照者。其山断典收苗折利。
十　泰定三年十月二十二日
一一　胡日和（押）
一二　奉书人胡德龙（押）

【注】

[一]原件藏北京图书馆。

七一九　元致和元年（一三二八）徽州郑升甫典桑地契[一]

十六都郑升甫与兄震甫，共有桑地一段，坐落本都保土名樵潭本家住前园，原系迩字号，经理系大字四百六十三号上地一亩二角四十八步。东至大路，西至屋前篱堑横过为界，南至坑，北至倪云卿田。其地三分中升甫合得一分。今为无钱用度，奉父亲传翁指令，情愿将前项四至内合得桑地尽数立契出典与十五都郑廷芳名下为主，面议典去中统价钞五十七贯文。

致和元年八月十五日[二]

父传翁　郑升甫

代书人　王舜民

【注】

［一］安徽省博物馆藏徽州祁门《郑氏誊契簿》。转录自刘和惠《元代徽州地契》（二）（原载南京大学学报专辑《元史及北方民族史研究集刊》一九八四年第八期）。

［二］致和，元泰定帝年号。

七二〇　元至正二十二年（一三六二）兴州王清甫典地白契[一]

一　□兴州湾河川河西寨住人王清甫，今为要㽁（钱）使用[二]，无处展兑[三]。今将自己

二　寨后末谷峪祖业白地壹段[四]，约至伍晌（垧）[五]；河杨安白地两晌（垧），梨树

三　台白地两晌（垧），寨前面白地壹晌（垧），通白地拾晌（垧）[六]，并无至内[七]。今立

四　典契出典□[八]李寨王福元[九]耕种为主[九]。两和议定典地价㽁（钱）白

五　米玖硕，粟柒硕，当日两相并足，不致短少。不作年限。白米粟

六　到，地归李主[十]。如米粟不到，不计长年种佃。立典契已后，如

七　有远近房亲怜（邻）人前来争竞[十一]，并不干王福元之是（事），□是

八　地王清甫壹面代赏（偿）[十二]，承当不刻。恐后无凭，故立

九　典契文字□□□[十三]

十　至正廿二年十二月十三日　　立典契人王清甫

邻　人韩敬先（押）

见　人王　七（押）

见　人邢敬福（押）

书见人□文卿（押）

【注】

［一］《文物》杂志二〇〇四年第五期隆化县博物馆《河北隆化鸽子洞元代窖藏》第二三页《元至正廿二年王清甫典地契》释文。说明曰：「此文书保存较好，开头『兴州』前还有一字，似是『大』字。横26.8、纵35.2厘米。存墨书十五行。又封二图二，为本契照片。」

［二］㽁，当写作「㽁」，即「钱」字。本契第四行「议定典地价㽁」之「㽁」，清晰正确。清王昶《金石萃编》卷一五八《真清观牒》录《本观置买地土文契》

曰：「得价㸚壹拾陆贯文。」可参考，此字一直沿用到民国时期。

［三］展兑，展，当释作「聚」。书学会编《行草大字典》六画《耳部》「聚」可参考。

［四］白地，没有树木或建筑物的地。宋王明清《玉照新志》卷三：「时东西两岸居民稀少，白地居多。」

［五］晌，计算田地面积的单位。清高士奇《天禄识余·田索》：「今北方有田者，亦不计亩，但以人工穷日之力为数，曰有田若干晌云。」与「垧」并行。

［六］通白地拾晌，据图片，「通」下夺一「该」或「计」字。

［七］至内，当是「四至内」。是言四至内并无附着物。以下似有缺文。

［八］出典□，图片作「出典与」。「与」，即「與」字，在辽、金元时期，與、与、与三字并行。如《考古》二〇〇三年第四期辽中京博物馆李义《内蒙古宁城县发现辽代〈大王记结亲事〉碑》第九三—九四页拓片，有多个「与」字。此字沿用到民国时期。

［九］李寨王福元，当作「本寨王福元」。李当释作「本」。

［十］地归李主，当释作「地归本主」。

［十一］争竞，当作「争競」，简化字为「争竞」。

［十二］□是地王清甫，应释作「系是地主清甫」。

［十三］故立典契文字□□□，当释作「故立典契文字为用者」。

七二一　元代残典契［一］

（前缺）

一　限年月，㸚到归质［二］，两仪□□□

二　㸚（钱）中统料钞弍拾定整［三］。其㸚（钱）当

三　日交足，并无欠少。□立文字已后［四］，不□

四　蟠（翻）悔。如有先行蟠（翻）悔者［五］，罚钞伴□

五　蟠（翻）悔□□用［六］。恐后无凭，故立此典地

六　（后缺）

【注】

［一］《文物》杂志二〇〇四年第五期隆化县博物馆《河北隆化鸽子洞元代窖藏》第一九页图四三《民间契约》，第二三页《民间契约》释文。说明曰：「文书残，横16、纵24厘米，现存墨书五行。本书释文系在原释文基础上，又据图四三校正后的录文。改正原释文之处一一注明，以供参考。」

［二］㪷到归质，原释文「㪷」作「身」，误。「质」作「賥」，亦误。质，原件作「贀」。《改并四声篇海》引《搜真玉镜》：「音致。抵押。」《康熙字典·贝部》：「贀，《篇韵》：「音致，当也。」按：贀，疑即質字。」简化汉字当作「质」、「赆」。原句当释作「㪷（钱）到归质」。

［三］㪷中统料钞，原释作「（钱）□说料钞」。误失颇多。据图四三，（钱）之前夺一「㪷」字。「□」，尚存大半个「中」字。说，当释作「统」字。内蒙古钱币研究会、《中国钱币》编辑部合编《中国古钞图辑》（中国金融出版社一九八七年出版）收中统交钞数品，其统字均作「统」字，与「说」字相似。料钞，少见，可能是元朝赋税名「丝料」、「俸钞」的合称。

［四］原释作「当日交□□欠□□□已备不＿＿」。

［五］原释作「哪有先行」。

［六］缺释。

（三） 租佃契约和格式

七二二 吐番乙丑年（九六五？）敦煌祝骨子合种地契[一]

一 乙丑二月廿四日立契[二]。龙乡百姓祝骨子[三]，为缘家中地数窄
二 窦（狭），遂于莫高百姓徐保子面上合种地柒拾亩[四]。莫抛真
三 深，好生推剥种事，濠知浇管收苅，渠河口作，农种家衹（文）当。
四 唱之[五]。两共对面平章，不喜（许）翻悔。者[六]，罚上羊壹口。恐人
五 无信，雇（故）立私契，用为后凭。（押）

【注】

［一］〔日〕《敦煌吐鲁番社会经济资料集》三《契约》（B）图版第一〇八页，（A）录文第一一八页。伯三二七七号背面。
［二］乙丑，下脱「年」字。是年当为北宋太祖乾德三年，公元九六五年。
［三］龙乡，「龙」下脱一「勒」字。
［四］莫高，「高」下脱一「乡」字。
［五］唱之，以上有脱漏。
［六］者，「者」上脱一「悔」或「先悔」等字。

七二三 西夏天庆寅年（一一九四）梁老房酉租地契[一]

一 寅年正月二十九日立契人梁老房酉等[二]，今
二 包种普渡寺中梁喇嘛属八石撒处地一块，
三 议定地租二石八斗麦及三石六斗杂粮等[三]，
四 期限八月一日当还。日（期）过不还时，一石

五　还二石。本心服。
六　　　立契人梁老房酉(押)
七　　　同立契梁老房茂(押)
八　　　知人平尚讹山(押)
九　　　知人梁老房？(押)

【注】

[一]原件出土于内蒙古自治区额济纳旗黑水城遗址，今藏俄罗斯圣彼得堡东方学研究所手稿特藏部，编号：Инв. No. 5124。麻纸，尺寸长 19.2、宽 20.5 厘米，西夏文九行草书，多件契约连写。

[二]寅年，因与此契在同一纸上的文书皆为天庆寅年，此契亦应为天庆寅年(一一九四)。

[三]地租，西夏文原意为「地毛」。

七二四　西夏天庆寅年(一一九四)梁盛犬租骆驼契[一]

一　同日立契人梁盛犬等[二]，雇梁那征茂、喇嘛等
二　一二齿公骆驼[三]，议定力价二石八斗杂粮，
三　日限九月一日，现畜、力价等还付。(心)服。
四　　　立契人梁盛犬(押)
五　　　同立契子羌子(押)
六　　　知人梁驴子母(押)
七　　　知人尼积力隐隐子(押)

【注】

[一]原件出土于内蒙古自治区额济纳旗黑水城遗址，今藏俄罗斯圣彼得堡东方学研究所手稿特藏部，编号：Инв. No. 5124。麻纸，尺寸长 19.2、宽 20.5 厘米，西夏文七行，草书，多件契约连写。

[二]同日，因此契前契约日期为「天庆寅年二月三日」，此契时间应为天庆寅年(一一九四)。

[三] 喇嘛，即梁喇嘛。

七二五　西夏光定十二年（一二二二）李春狗等赁租饼房契[一]

光定十二年正月廿一日，立文字人李春狗、刘番家等，今于王元受处扑到面北烧饼房舍一位，里九五行动用等全。下项内：炉鏊一富（副），重四十斤，无底。大小铮二口，重廿十五斤。铁匙一张，鍸饼铲一张，大小槛二个，大小岸三面，升房斗二面，大小口袋二个，里九小麦本柒石伍斗。　　每月行价赁杂壹石伍斗，恒月系送纳。每月不送纳，每一石赔罚一石与元受用。扑限至伍拾日。如限满日，其五行动用，小麦七石五斗，回与王元受。如限日不回还之时，其五行动用、小麦本每一石赔罚一石；五行动用每一件赔罚一件与元受用。如本人不回与不辨之时，一面契内有名人当管填还数足，不词。只此文契为凭。

立文字人李春狗（押）

同立文字人李来狗

同立文字人郝老生（押）

立文字人刘番家（押）

同立文字人李喜狗

知见人王三宝

知见人郝黑见

【注】

［一］俄罗斯科学院东方研究所圣彼得堡分所、俄罗斯科学出版社东方文学部、上海古籍出版社编《俄藏敦煌文献》第一七册，第三一〇页，上海古籍出版社、俄罗斯科学出版社东方文学部二〇〇一年版。

七二六　元当何田地约式［一］

厶甲厶都姓　厶

右厶今得厶人保委，就厶处

厶人宅当何得田若干段，总计几亩零几步，坐落厶都，土名厶处。东至、西至、南至、北至。前去耕作。候到冬收成了毕，备一色乾净园米若干石，送至厶处仓所交纳，即不敢冒称水旱，以熟作荒，故行坐欠。如有此色，且保人自用知当，甘伏代还不词。谨约。

年　月　日佃人姓　厶　号　约

W K　保人姓　厶　号

【注】

［一］《新编事文类要启札青钱》外集卷一一《公私必用·人口》。

七二七　辛酉年（九六一？）敦煌陈宝山贷绢契[一]

一　辛酉年九月一日，立契……
二　便于弟师僧张坚面〔上贷〕绢壹匹，长叁丈
三　玖尺，福（幅）阔壹尺玖寸。其绢利闰（润），见还麦肆
四　硕。其绢限至来年九月一日填还本绢。若是
五　宝山身东西不在者，一仰口承人男富长
六　祗（支）当。于尺数还本绢者，切（掣）夺家资，
七　充为绢主（直）。两共面对□[二]，故勒私契，用
八　为后凭。其量绢尺在文书辈（背）上
九　为记。
十　　　　贷绢人男富长（押）
一一　　　贷绢人兄陈银山[三]（押）
一二　　　知见人兵马使陈流信（押）

【注】

[一]《敦煌宝藏》第四册第六三页，斯五六三二号（一）、（三）。又《敦煌资料》第一辑第三八〇页。
[二]两共面对□，此句有错漏，当作「两共面对平章」。
[三]陈银山，〔日〕《资料集》三《契约》（A）录文释作「陈报山」，不确。今从仁井田陞《取引法》七一三—七一四页释「陈银山」。又「银山」为「宝山」之兄，非一人。

七二八　甲子年（九六四？）敦煌氾怀通兄弟贷绢契[一]

甲子年三月一日立契，当巷氾怀通兄弟等，家内欠少匹白（帛），遂于李法律面上贷白生绢壹匹，长叁仗（丈）捌尺，福（幅）阔贰尺半寸。其绢贷后，到秋还利麦粟肆石，比至来年二月末，填还本绢。如若于时不还者，于看乡元，逐月生利。两共对面，贷绢为定，不许谓（违）格者[二]。

贷绢人文达（押）

贷绢人怀达

贷绢人怀住

贷绢人兄怀通

【注】

[一]《敦煌宝藏》第一二九册第九五页，伯三五六五号。又《敦煌资料》第一辑第三五八页。

[二]格，法律，法令。

七二九　丙寅年（九六六？）敦煌索清子贷绢契[一]

丙寅年三月十一日，平康乡百姓索清子，为缘家中欠匹帛，遂于莫高乡百姓袁祐住面上贷黄思（丝）绢生绢壹匹，叁仗（丈）陆尺陆寸[二]，福（幅）阔贰尺叁分。其绢头，壹看乡元例生梨（利）。其绢限至来年三月，于时〔日〕便须填还，于（与）尺寸本绢。若于时日不得还本绢者，〔准〕乡元例生梨（利）。若清子身东西不平善者，壹

七　（仰）家妻张代知（文）当。两共对面平章，不许
八　休悔。如先悔者[三]，恐人无信，故勒[四]，用为后验。
九　　　　贷绢人索清子
十　　　贷绢人房弟索又庆
一一　贷绢人叔父兵马使索揞撁

【注】

[一]（日）《敦煌吐鲁番社会经济资料集》三《契约》（A）录文第一一二—一一三页三、六一。
[二]叁丈，「叁」上脱一「长」字。
[三]如先悔者，下脱有关罚则语句。
[四]故勒，下脱「此契」或「私契」等字。

七三〇　辛未年（九七一？）敦煌梁保德取褐契[一]

一　辛未年四月二日，押牙梁保德往于甘州去[二]，欠少匹帛，
二　遂于洪润穆盈通面上[三]，取斜褐壹拾肆段，断生
三　绢壹匹，长叁仗（丈）玖尺，福（幅）贰尺壹甲（寸）。其绢不限时月。甘
四　州使来日还绢。若使命来者，限不来年正月[四]，在次觅
五　绢填还。于限不还者，绢利着梁押都头还[五]。两共对
六　坐商宜已定。恐人无凭，用为后验。（押）
七　　　买绢人梁押牙[六]（押）

【注】

[一]《敦煌宝藏》第三八册第四一二页，斯四八八四号。又《敦煌资料》第一辑第三六一页。
[二]押牙，亦作押衙。甘州，治张掖。今属甘肃。
[三]洪润，「润」下脱一「乡」字。

〔四〕「若使命」至「正月」，此句有脱漏。意为「若使命来日不还，限至来年正月」。
〔五〕梁押都头，亦称「梁押牙」。
〔六〕买绢人，当作「贷绢人」。

七三一　壬午年（九八二？）敦煌某人贷绢契〔一〕

一　壬午年七月（廿日立）
二　契。平康乡百姓某甲，伏缘家中欠少匹
三　帛，遂于赤心乡百姓宋清灰面
四　上贷白丝生绢一匹，长叁丈柒尺，幅
五　阔贰尺陆寸。其绢利头现还麦
六　粟肆硕。其绢限至未年却还本绢。
七　于看乡元生利〔二〕。若自身东西不平
八　善者，一仰口承男（昌方）面上
九　取好绢。恐后无信，故立此契，为欲（用为）
十　后凭。（押）

【注】

〔一〕〔日〕《敦煌吐鲁番社会经济资料集》三《契约》（A）录文第一一三页三六三，斯七六六号背（一）。
〔二〕于看乡元生利，此句之上当有「若于限不还者」等句。

七三二　甲申年（九八四？）敦煌曹延延贷绢契〔一〕

一　甲申年五月廿二日立契。平康乡百姓曹延延，伏缘家
二　中欠少匹帛，遂于龙勒乡百姓张万子面上贷白
三　丝生绢一匹，长叁仗（丈）七尺，幅阔贰尺柒寸。其绢利

四　头现还麦粟肆石。其绢限至来年。若
五　于限不还者，便青乡元生利。若或延延身东
六　西不平善者，一仰口承男吉成面上取好本绢壹匹。
七　恐人无信，故立此契，用为后凭。
八　　　　　　贷绢人延延（押）
九　　　　　　口承兄曹延昌（押）
十　　　　　　知见人河阿父奴（押）

【注】

〔一〕〔日〕《敦煌吐鲁番社会经济资料集》三《契约》（A）录文第一一三—一一四页三六四，（B）图 版第一一四页（一），斯七六六号背（三）。

七三三　某年敦煌张他没赞便粟麦契[一]

一　同月日，张他没赞为少粮[二]，便粟肆硕，便麦伍硕，典驴壹〔头〕。
二　其麦粟自限至秋八月内纳。如□不者，其典物没，其麦
三　粟请倍（赔）；仍任掣夺家资杂物，用充麦粟直。恐后无
四　凭，立契为验。

【注】

〔一〕〔日〕《敦煌吐鲁番社会经济资料集》三《契约》（A）录文第一〇四页三三〇 F，（B）图版第七四页，伯三六六六号背面。
〔二〕为少粮，「粮」下脱一「用」字。

七三四　吐蕃蛇年敦煌宋弟弟借青稞种子契（藏文汉译）[一]

蛇年春，宁宗木部落百姓宋弟弟在康木琼新垦地一突半[二]，本人无力耕种，一半交与王华子和土尔协对分耕种，种子由华子负责去借。共借种子二汉硕（石），秋季还债为四汉硕，其中二汉硕由宋弟弟归还。于秋季八月底前，弟弟不短升合交与华子。二

汉硕（种子）的抵押品为家畜母牛两头，交与华子手中，抵押品若失去，就不再还给青稞。万一宋弟弟外出不在或发生纠葛，承诺之数仍应交纳（指二汉硕青稞），可直接与其妻部落女石萨娘去讲论。中保证人曹银，阴叔叔立契[三]。本人和承诺人按指印。

（后有印章两枚，一枚上有宋弟弟字样——译者）

蛇年春，宋弟弟从悉董萨部落王华子家，当面借青稞二汉硕，定于今年秋季八月底前还清。

【注】

[一] 王尧、陈践译注《敦煌吐蕃文献选》第五五—五六页《二、社会经济文书》，原题《青稞种子借据》。

[二] 突，田亩的计量单位，在藏区至今还在使用，即二牛抬杠一天所耕的面积。一突等于唐制十亩。

[三] 立契，似应作「书契」。

七三五　西夏天庆寅年（一一九四）梁岁铁贷粮契[一]

一　天庆寅年正月二十九日，立契人梁岁

二　铁，今从普渡寺中粮经手人梁喇嘛等处贷十石

三　麦、十石大麦。自二月一日始，一月一斗有二升利，

四　至本利相等时还。日期过时，按官法罚交十石麦，心

五　服。

六　　　　立契约者梁岁铁（押）

七　　　　相接契子般若善（押）

八　　　　相接契梁生□（押）

九　　　　相接契□恧□恧禅定善（押）

十　　　　知人平尚讹山（押）

一一　　　　知人梁生□（押）

【注】

[一] 原件出土于内蒙古自治区额济纳旗黑水城遗址，今藏俄罗斯圣彼得堡东方学研究所手稿特藏部，编号：Инв. NO. 4762—6。麻纸，尺寸长52、

宽20.6厘米，西夏文十一行，草书，多件契约连写。

七三六　西夏乙亥年（一二一五）嵬移功合贷粮契[一]

一　乙亥年二月五日立契人嵬移功合[二]，今因需
二　麦到持粮阿俄等处，以自斗借一石五斗麦，
三　议定每月一石中当缴一斗半利，□□
四　需要时，借者、相借者及担保者等何人，
五　议定当按本利汇集偿还。本心服。
六　　　借麦立契人嵬移功合（押）
七　　　相借人子功合犬巴（押）
八　　　担保者论㨗慧照（押）
九　　　人耶和京俄山[三]

【注】

[一]原件出土于内蒙古自治区额济纳旗黑水城遗址，今藏内蒙古自治区文物考古研究所，编号：84H.F135:W75/20261。麻纸，尺寸长27、宽20厘米，西夏文行草书九行，照片见史金波、陈育宁《中国藏西夏文文献》（甘肃人民出版社、敦煌文艺出版社，二〇〇五—二〇〇七年）第十七册，一五三页。

[二]西夏乙亥年有三个，天祐民安六年（一〇九五）、天盛七年（一一五五）、光定五年（一二一五）。目前所见西夏文书绝大多数是西夏晚期，推测此文书时间为光定五年。

[三]借贷者在借契正文中记为阿俄，可能就是文契末的耶和京俄山。

七三七　西夏光定卯年（一二一九）梁十月狗贷粮契[一]

一　光定卯年三月六日立契约者梁十月
二　狗[二]，今于兀尚般若山持自本者老房势处借
三　一石五斗麦，每石有五斗利，共算为二

四　石二斗五升。期限同年八月一日
五　当聚集粮数来。日〔期〕过时，一石还二
六　石。本心服。当按文据所记还付。
七　　立契人梁十月狗（押）
八　　同借人兀尚老房狗（押）
九　　同借人梁九月狗
十　　同借人李满德（押）
一一　知人杨老房狗（押）
一二　知人杨？山（押）〔三〕

【注】

〔一〕原件出土于内蒙古自治区额济纳旗黑水城遗址，今藏俄罗斯圣彼得堡东方学研究所手稿特藏部，编号：Инв. No. 6371—16。麻纸，尺寸长53.7、宽20.6厘米，西夏文十二行，草书，多件契约连写。

〔二〕光定，西夏神宗年号（一二一一—一二二二），卯年为一二一九年。

〔三〕契尾上部有表示贷粮数量的算码和标示贷粮品种的符号。

七三八　西夏光定未年（一二二三）耶和小狗山贷粮典畜契〔一〕

一　光定未年四月二十六日，立契人耶和小
二　狗山〔二〕。今于移合讹阿金刚茂处借三
三　石杂粮，本利共计为四石五斗。典押一黑
四　母驴、一全齿骆驼、一幼驴等为典押。
五　典经手人梁氏善月宝、室子男功山
六　等经手。期限同年八月一日当聚齐谷
七　物交付。若不交付时，愿将所典牲畜交出。
八　心服。

九　　立契人小狗山(押)
十　　接契典经手人梁氏善月宝(押)
一一　接契典经手人室子男功山(押)
一二　同立契律移福成盛(押)
一三　同立契康盛乐(押)
一四　知人移讹腊月犬(押)

【注】

[一] 原件出土于内蒙古自治区额济旗黑水城遗址，今藏俄罗斯圣彼得堡东方学研究所手稿特藏部，编号：Инв. No. 754。麻纸，尺寸长 25.6、宽 18.4 厘米，西夏文十四行，草书。

[二]「光定」，西夏神宗年号(一二一一—一二二三)，未年有二，一为辛未(一二一一)，一为癸未(一二二三)。因神宗年号在辛未年七月才即位改元，此契为四月，因此应为癸未年。见王元林《〈西夏光定未年借谷物契〉考释》(《敦煌研究》二〇〇二年二期)。

七三九　西夏使军狗盛贷麦契[一]

一　　一人使军狗盛借五斗麦[二]，为一石[三]。
二　　　　　　　　　　　　借者狗盛

【注】

[一] 原件出土于内蒙古自治区额济纳旗黑水城遗址，今藏俄罗斯圣彼得堡东方学研究所手稿特藏部，编号：Инв. No. 7892—7。麻纸，尺寸长 21.4、宽 20.7 厘米，西夏文二行，草书。多件契约连写。此为西夏贷粮契中简约形式的代表。

[二] 使军，西夏社会中一没有完全人身自由的阶层，类似中原地区的「部曲」。

[三] 为一石，原意是变为一石之意，即借五斗，还一石。

七四〇　元后至元四年(一三三八)亦集乃路韩二取钱文字[一]

一　　立欠㫝(钱)文人亦集乃路耳卜渠住人

二　韩二[二]，今为要𫝀（钱）使用，别无得处，今欠到
三　石巡检中统宝钞弎拾柒两伍𫝀（钱）[三]。其
四　𫝀（钱）本人自限正月终交还。如至日不见
五　交还。系同取代保人一面替还无词。恐无[四]，
六　故立故立文字人为用[五]。
七　　至元四年十月廿日立文字人韩二（押）
八　　　同取代保人张二（押）
九　　　知　见　人葛二（押）

【注】

[一]《文物》一九八七年第七期，内蒙古文物考古研究所、阿拉善盟文物工作站《内蒙古黑城考古发掘纪要》第一九页释文，图版叁《内蒙古黑城出土文书》二《契约》。
[二]亦集乃路，元代的政区，至元二十三年（一二八六）以西夏黑水镇燕监军司改置，治亦集乃城（今内蒙古额济纳旗东南哈拉和图）。
[三]巡检，地方设于关隘要地的官吏。
[四]恐无，当作「恐口无凭」。
[五]故立故立，衍一「故立」。

七四一　元虎年（一二九〇或一三六二）亦集乃路王伦借麦字据[一]

一　立借小麦立字人亦集乃路沙尔渠（住人）王伦普（者？），自（今）为□少□□别□□□□保人□□
二　□□借□□利钱小麦叁硕[二]，沫子（？）壹硕，□□市官斗内。其小麦□沫子限至到七月中（终）交还□。如至日不还，同
　　取人（代）保人一面替还者。等（？）故立此字为用。
三　虎年三月□□　　借麦人王伦

【注】

[一]内蒙古自治区额济纳旗展览馆存，黑城（哈拉和图）出土，承胡戟校友于一九八一年九月抄赠于西安。

[二] 硕，容量单位，与「石」通。

七四二　元至正二十四年（一三六四）敦煌马哈麻借羊毛字据[一]

一　今为要羊毛使用，到上□□□□□

二　本县寄居住人河□简处借□□□

三　毛应（？）秤式拾觔，本人自限至□年

四　伍月终交还齐足。如交（至）日不还，照依

五　乡例出息。如取羊毛人走在东西，

六　或在家推调躲闪，保同取（？）代，保人情

七　愿替还不词。恐人无信，故立借羊

八　毛文字为用者。

九　　至正廿四年二月　　日立借羊毛文字人马哈麻（押）

十　　　　　　同取代保人阿同□（押）

一一　　　　　　保见人亦重麦（押）

一二　　　　　　知见人赵三□（押）

【注】

[一] 甘肃藏敦煌文献编委会、甘肃人民出版社、甘肃省文物局编（主编：段文杰，副主编：施萍婷）《甘肃藏敦煌文献》第二卷第二二八页图版、第三一七下《叙录》。原题：敦研附三八三《至正廿四年》借据（一——一）。本文参考图版与《叙录》释录。

七四三　元生谷批式[一]

某乡某里姓厶今与某人互相保委，情愿立批，就某里某人宅借得无息苗谷几石，前去耕田食用。约限到冬十月已里，备一色净谷赴仓交纳，不至少欠。如或过期，且保人甘当倍纳不词。谨约。

年　月　日　姓　某　号　批

保人姓　某　号

【注】

［一］《新编事文类要启札青钱》外集卷一一《公私必用·事产》。

(五) 雇佣契约和格式

七四四 辛酉年(九六一?)敦煌李继昌雇吴住儿契[一]

辛酉年十二十月十五日立契。沙乡百性(姓)李
继昌[二],伏缘家内阙乏人力,遂雇慈惠
乡百性(姓)吴再通男住儿造作一年,断作月价每
月麦粟众亭一驮。见与春三个月价,更残六
个月价,秋□填还。
〔后缺〕

【注】

[一]《敦煌宝藏》第二五册第二四七页,斯三〇一一号背(五)。又《敦煌资料》第一辑第三四八页。

[二] 沙乡,「沙」上脱一「神」字。

七四五 乙丑年(九六五?)敦煌王保定还舍价契[一]

乙丑年四月廿八日,于都头王保定边舍地贾(价),升合不欠并摠(总)
干湿填还足。屋木贾(价)未取,看好若取替,若两家折当不得者,其
居(屋)木延朝(期)本取。恐人无信,故勒私契,用为后凭。
还舍贾(价)人都头王保定
知〔见〕人王再定

【注】

〔一〕罗福苌《沙洲文录补》第三〇页背面，原题《还舍贾契》。又《敦煌资料》第一辑第三五九页。

七四六　甲戌年（九七四？）敦煌窦跛蹄雇邓延受契〔一〕

一　甲戌年正月一日立契。慈惠乡百姓窦跛蹄，伏缘家中欠
二　少人力，龙勒乡邓讷儿钵面上雇男延受〔二〕，造作一年，
三　从正月至九月末，断作雇价每月壹驮；春衣一对，汗
四　衫壹领，褐裆一腰，皮鞋壹两。自雇如〔已〕后，便须
五　兢兢造作，不得抛功壹月（日）。忙时抛功壹日，克物贰斗。
六　闲时抛功壹日，克物一斗。若作儿手上使用笼具、镰刀、锌镈、
七　鐅钁、袋器什等，畔上抛抶（失）打损，裴（赔）在作儿身，不关
八　主人之事。若收到家中，不关作儿之事。若作儿偷他瓜
九　果菜如羊牛等，忽如足（捉）得者，仰在作儿身上。若作儿病
十　者，算日勒价。作儿贼打将去，壹看大例。两共对面平章，
一一　准格不许番（翻）悔者已已〔三〕。若先悔者，罚青麦拾驮，充入不
一二　悔人。恐人无信，故立私契，用为凭〔四〕。（押）押字为定。延受（押）

〔后缺〕

【注】

〔一〕《敦煌资料》第一辑第三三六页，北图生字二十五号背（五），又〔日〕《敦煌吐鲁番社会经济资料集》三《契约》（A）释文第一二八页四一四，（B）图版第一〇九页（一）（二二二）。

〔二〕龙勒乡，「龙」上脱「遂于」二字。邓讷儿钵，或释作「邓纳儿钵」，误。

〔三〕已已，衍。

〔四〕用为凭，「为」下脱一「后」字。

七四七 癸未年（九八三？）敦煌樊再昇雇氾再员契[一]

一 癸未年正月一日立契。龙勒乡百姓贤者樊再昇，伏缘
二 家中欠少人力，遂于效谷乡百姓氾再员造作营种[二]。从
三 正月至九〔月〕末为期[三]，每月算价壹驮，春衣壹对，汗衫
四 壹领，褛裆壹腰，皮鞋壹两。自雇已后，便须驱驱。
五 不得抛敞功夫。如若忙时抛功壹日，尅物贰㪷。
〔后缺〕

【注】

[一]《敦煌宝藏》第四六册第六三八页，斯六四五二号背面。又《敦煌资料》第一辑第三三七页。
[二] 遂于，当作「遂雇」。
[三] 九，下脱一「月」字。

七四八 戊子年（九八八？）敦煌史氾三雇杜愿长契[一]

一 戊子年二月廿九日立契。梁户史氾三家中欠少人力，遂〔于〕
二 平康百姓杜愿弘面上雇弟愿长[二]，断作雇价每月断……
三 捌斗柒升。自雇已后，便须兢心造作，不得抛敞工扶（夫），〔春衣〕
四 汗衫一礼（领）。若忙时抛工一日，勒物贰斗；若闲时抛工一日，勒〔物一斗〕，
五 恐无交加[三]，故立私契，用为后凭。（押）
六 雇兄愿弘（押）
七 雇身弟愿长（押）

【注】

[一]《敦煌宝藏》第一三五册第一五八页，伯五〇〇八号。又《敦煌资料》第一辑第三四二页。

[二]平康，「康」下脱一「乡」字。

[三]恐无交加，当作「恐人无信」。

七四九　元至正二十一年（一三六一）兴州走儿出雇白契[一]

〔前缺〕

一　走儿[二]今立……

二　西寨[三]□王大……

三　楂（陆）拾定[四]□□□□□……

四　尽已后，但有……

五　计，并不于……

六　一面代赏（偿），不□……

七　□□□头疋[五]地土和小□……

八　□但有的大小差泼[六]提……

九　走出□入，不肯衣理作活，罚……

十　□倍。恐后无凭，故立过……

一一　为用□[七]（押）

一二　至正二十一年四月初八日□□[八]

代保人[九]李彦□

作媒人[十]小□□

【注】

[一]《文物》杂志二〇〇四年第五期隆化县博物馆《河北隆化鸽子洞元代窖藏》图四二《元至正二十一年四月民间契约》。文书残，横56、纵23厘米，现存墨书一四行。

〔二〕走儿，雇佣的一种，或雇工或卖儿之名。

〔三〕西寨，可能是「兴州湾河川河西寨。」

〔四〕陆拾定，陆，原件作「槤」，当是「陸（陆）」之误。槤，「掘」的讹字。《龙龛手鉴·木部》：「槤，误。《经音义》作掘，槤土也。在《拔悲经》。」定，旧时银币的计算单位。《金史》卷一二一《鄯阳传》：「赏银一定」。后加「金」旁作「锭」。

〔五〕头疋，指牛马驴骡驼等大牲畜。《元典章·圣政一·劝农桑》：「不以是何诸色人等，毋得纵放头疋，食践损坏桑果田禾。」

〔六〕差泼，当释作「差发」。金、元时期，官府向民户征派各种赋役的统称。元代向牧区民户征派牛马、车仗、人夫、羊肉、马奶等，向汉地民户征派科差、税粮、杂泛差役等。宋彭大雅《黑鞑事略》：「其赋敛谓之差发。」《元史》卷四《世祖一》：中统二年二月，「诏减免民间差发」。

〔七〕「用」之前有「为」字，清晰。「用」之下为「者」字，因兼作画押，形似草书「来」字。此三字当释「为用者」。

〔八〕此句当释作「初八日立过房□□」。过房与「过继」同意，谓无子而以兄弟之子或他人之子为子者。《元史》卷一〇五《刑法志·户婚》：「诸乞养过房男女者，听。转卖为奴婢者，禁之。奴婢过房良民者，禁之。」

〔九〕代保人，「为代书保人」省。

〔十〕媒人，古代介绍男女婚姻、说合过嗣、僱佣、买卖人口等事之人，均可称「媒人」。

七五〇　某年敦煌某人雇工契〔一〕

〔前缺〕

一　周年，断作雇价每月麦

二　粟壹驮；春衣壹对，长

三　袖衣襕，褛裆壹腰，皮

四　鞋壹两。从正月至九月

五　末。自雇已后，便须兢心造

六　作，不得抛敞工夫。如若忙时

七　抛工壹日，克物壹㪷〔二〕。所有

八　醴（农）具、镰刀、铧鐯

〔后缺〕

【注】

[一]《敦煌宝藏》第四三册第三二三页,斯五五三八号。又《郭煌资料》第一辑第三四九页。原题《雇契残卷两件》(一)。

[二]自「如若」至「壹斗」,此句中有脱漏。当作「如若忙时,抛工一日,克物二斗;闲时抛工一日,克物一斗」。

七五一　某年敦煌程住儿雇驴契[一]

〔前缺〕

一　……月十六日,队头程住儿今往甘州充使,

二　……遂于僧福性面上雇七岁怀身课(骒)[二]

三　……断作雇贾上好羊皮九张,到上州日

四　……分付。如若不还,便任掣夺便皮[三],贾

五　……归。仰住儿裴(赔)掣。如若身东西[四],

六　…………其驴走失,及非用损,雇

七　…………雇贾本在,仰立

八　本驴。今两共对面平章为定。恐人无信,

九　故立此契,用为后凭。书上四主字(押)

十　十二月十六日,雇驴人程住儿(押)

一一　口丞父兵马使程庆庆(押)

一二　见人徐贤者

一三　见人队头程憨奴(押)

一四　见人程善住(押)

一五　见人竹加进(押)

【注】

[一]《敦煌宝藏》第十册第四一八页,斯一四〇三号。又《敦煌资料》第一辑第三五一——三五二页。

[二]怀身课,当作「怀身骒」。骒,母马。此处当作「草驴」。

〔三〕 掣夺，抽取，强取。《宋刑统》第二十六《杂律》引《杂令》：「若违法积利，契外掣夺，及非出息之债者，官为理收。」

〔四〕 东西，「西」下脱一「无」或「不在」等字。

七五二　某年敦煌某人雇愿千契〔一〕

〔前缺〕

一　面上，雇男愿千。从正月至九月末，每月雇价麦粟壹驮，春

二　衣汗衫禮裆壹对，皮鞋壹两。自雇入作已后，便任勲小□

三　造作。若忙时抛功，一日克物二斟。所有庄上农具锹镬（鑊）镰

四　铧镩袋器实（什）物等，并分付作儿身上。或若收到〔家〕中

五　失脱者，不忓（干）作儿之是（事）。如或作儿偷他人园果菜茹，

六　赔在作儿身儿。或若作儿贼打章（将）去，一看大领（例）。两

七　共对面平章为定，不许休悔。如有先悔者，〔罚〕

八　青麦十驮，充入不悔人。

【注】

〔一〕〔日〕《敦煌吐鲁番社会经济资料集》三《契约》（A）释文第一三〇页四二一，原文右行，伯三〇九四号背面。

七五三　某年敦煌康富子雇工契约草稿〔一〕

一　厶年厶月　日，百姓康富子为缘欠少人力，遂雇厶乡百姓厶专

二　甲子〔二〕，雇使一周年，断作雇价每月多少，役事酌度。立

三　契已后，便须入作。所有笼具什物等，一仰受雇

四　人□什。若是放畜牧，畔上失却，狼咬煞，一仰售（受）雇人

五　祇（支）当与充替。若无替，克雇价物。一定已后，比年限

六　满，中间不得抛直。若有抛直，五日已外便知笇日克勿（物）。

七 若有年未满蓄（翻）悔者，罚在临时，入不悔人。官有政

八 法，人从私契。两共对面平章，书纸为记，用为后凭。

【注】

［一］（日）《敦煌吐鲁番社会经济资料集》三《契约》（A）释文第一五六页四九四，（B）图版第一二三页（二四八），伯三四四一号背（三）。

［二］厶专甲子，「子」下当有人名。

七五四　元当何房屋约式[一]

厶甲厶都姓　厶

右厶今得厶人保委，就厶处厶人〔边〕当何得房屋一所，计几间几架，门窗户扇并已齐全，坐落厶都，土名厶外。东至、西至、南至、北至，前去住坐。每年议断赁钞若干贯文，不至拖欠。自住坐后，只得添修，不敢毁拆及开置赌坊，停着歹人，塌卖私货，安生事端，连累邻佑。如有此色，且保人并自知（支）当，不涉本主之事。恐后无凭，立此为用。谨约。

年　月　日　佃人姓　某　号　约

保人姓　某　号

【注】

［一］《新编事文类要启札青钱》外集卷一一《公私必用·人口》。

七五五　元雇女子为妾书式[一]

厶乡厶里姓　厶

右某有亲生女名几姐，今已年高，未曾嫁事，诚恐耽误前程，遂与妻阿氏商议，情愿托得某人为媒，将本女不立年限，雇与厶里厶人为妾。即日交到礼物于后：

金钗一对　采段（缎）一合

已上共折中统钞若干贯文，交领足讫；更无别领。所雇本女几姐的□□女未曾许事他人。即目凭媒雇与厶人为妾，是某〔廿

心〕情愿，于条无㝵（碍）。如有此色，且媒人并自知当，不涉雇〔主〕之事。或女子几姐在宅，向后恐有一切不虞，并是天〔之〕命也，且某更无他说。今恐无凭，立此为用。谨书。

年　月　日父　姓　某　号　书

母　阿　氏　号

媒人姓　某　号

【注】

〔一〕《新编事文类要启札青钱》外集卷一一《公私必用·人口》。

七五六　元雇小厮契式〔一〕

厶乡某里姓　某

右某有亲生男子名某，年几岁。今因时年荒欠，不能供赡，情愿投得某人保委，将本男雇与厶里厶人宅充为小厮三年。当三面言议断，每年得工雇钞若干贯文。其钞当已预先借讫几贯，所有余钞候在年月满日结筭请领。自男某计工之后，须用小心伏事，听候使令，不敢违慢抗对无礼，及与外人通同搬盗本宅财货什物，将身闪走等事。如有此色，且保人并自知当，甘伏赔还不词。或男某在宅，向后恐有一切不虞，并是天之命也，且某即无他说。今恐仁理难凭，故立此为用，谨契。

年　月　日父　姓　厶　号　契

保人姓　某　号

【注】

〔一〕《新编事文类要启札青钱》外集卷一一《公私必用·人口》。

七五七　元雇脚夫契式〔一〕

某州某县某里脚夫姓　厶

右厶等今投得厶乡厶里行老姓厶保委，当何得厶处某官行李几担，送至某处交卸。当三面议断，工雇火食钞若干贯文，当先借讫上期钞几贯，余钞逐时在路批借，候到日结筭请领。且某等自交过担仗之后，在路须用小心照管。上下，不敢失落，至于中途亦不敢妄生邀阻需索酒食等事。如有闪走，且行老甘自填还上件物色，仍别雇脚夫承替，送至彼处交管。今恐无凭，立此为用。谨契。

年　月　日脚夫姓　厶　号　契
行老姓　某　号

【注】

［一］《新编事文类要启札青钱》外集卷十一《公私必用·人口》。

七五八　元雇船只契式[一]

厶州厶县厶处船户姓　某

右某今托得某乡某里船牙姓某保委，揽载得某处　某官行李几担，前到某处交卸。当三面言议断得工雇水脚钞若干贯文，当已借讫几贯为定，余钞候载到彼岸交卸了当，尽数请领。自装载后，须用小心看管，不敢上漏下湿。如有损坏，甘伏一一偿还不词。谨契。

年　月　日船户姓　某　号　契
船牙姓　某　号

【注】

［一］《新编事文类要启札青钱》外集卷一一《公私必用·人口》。

（六） 赠产、换地、陪嫁、析居、遗嘱文书

七五九　金大定二十八年（一一八八）长安县武十郎舍坟地记[一]

一　京兆府[二]西第一厢面柴市居住孙……

二　谨于长安县范西乡阁门社庄北安置新□，壹

三　座，方圆玖步，葬于叁位：

四　祖父祖母范四郎，尊父尊婆范五郎，

五　亡父亡母范六郎。

六　右讳于孙女婿武十郎舍坟地各玖步[三]，计地叁分六厘。

七　东至武，西至魏，南至武，北至张。

八　大定廿八年八月初九日葬。谨记。

【注】

[一]《中国古代砖刻铭文集》（上）第四八九页，图版一八七九《武十郎及妻舍坟地记砖》。（下）第三三一页，图版说明一八七九。陕西西安出土，湮阳端方旧藏。乾刻铭文。正书，八行，行字不等，计存一〇八字。砖缺右下边。长 31.5、宽 15 厘米。著录：《陶斋藏石记》卷四二／八。

[二] 京兆府，治长安，万年二县，今陕西西安市。

[三] 舍，施舍，赠送。

七六〇　元前至元三十年（一二九三）宛平县灵岳寺主持宗主云庵禅师遗诫[一]

灵岳寺田产地段四至开立于石

本寺并赡寺地土四至：东至秋林塔，南至歇场安，西至采家背后岭，北至三重岭，本寺栗园在内。

寺东刘宾涧山坡地壹段：东至独山尖，南至崖门子，西至秋林塔，北至银洞港。

村东皮鞋峪口山坡地一段：东至军刘二，南至人行小道，西至流水涧，北至贾禄……（缺二十三字）
村南马栏口水碾一所，碾房大小七间，出水游渠东至河心，南至河心，西至张顺，北至宋兴祖、宋祐。
右件地段四至山林园果乃常住恒产，仰觊后代主持并执事众不可不知也。

大元至元三十年　月　日遗诫

灵岳寺主持宗主云庵禅师

【注】

[一]灵岳寺在今北京市门头沟区斋堂北李家村，寺庙仍存，遗诫刻石在寺内。本件录文为门头沟区文物事业管理所包世轩同志惠赠。

七六一　元泰定二年（一三二五）祁门县李文贵等产权合同文书[一]

一　祁门县□都李文贵□□□□二人，备用梯己妻
二　财，置变得本里土名陌坑源瓦瑶坑山田壹段，系彼
三　字号忠田式亩式角□伍拾步。东至坑，南至张
四　家田，西至山自礼田园地[二]。又同处恃自号[三]，又凭坞
五　夏田壹挂□步，又次夏田式角壹拾式（步），南北至山，西
六　至小坑。同处过山式拾亩令（零）拾步；信字号李木坞，
七　夏田壹拾亩令（零）伍拾步；东至降，西至自山，南至
八　□□山，北至方今山。其山两边共计式号。今来面仪（议），
九　两家书立合同文书为定。各人收执照会，自后不
十　得争论。恐有日后先行争论者，甘罚中钞壹
一一　佰贯文[四]，入官支用；仍依合同文书为用。所是
一二　元（原）买人户契书，亦缴李□甫者。自其延祐式
一三　年经理[五]，亦从李德昌户供解税钱。如日后要
一四　行过割，不者邑难[六]。今恐无凭，利（立）此同文书合同
一五　为用者[七]。

一六　泰定二年叁月拾伍日　　李文聪（押）
一七　　　义母方氏三娘（押）
一八　　亲眷代书合同人吴熙甫（押）
一九　　　义父李文成（押）

【注】

［一］原件藏北京图书馆。

［二］自礼田，「自」上似脱一「北」字。

［三］自号，即「彼字号」。

［四］中钞，即中统宝钞。

［五］延祐二年，公元一三一五年。

［六］不者邑难，此句有错别字，意为：不得为难。

［七］同文书，「同」上脱一「合」字。

七六二　元泰定三年（一三二六）徽州谢智甫等析户合同文书［一］

一　拾都谢章甫同谢智甫、谢和甫共承祖谢显叔户，总
二　计弓手金民税钱叁拾叁贯柒伯伍拾捌文陆分壹厘。今
三　将本户金税分立壹户，计税钱　　　　。系
四　谢智甫和甫承认；弓手民税分立壹户，投金税　　　　分，
五　金壹钱整，共计　　　　，系谢章甫
六　承认。今来商议得：金户支费已有定额，其弓手户支
七　费不定，情愿众出备中统钞壹拾伍定（锭），贴承当弓手
八　户者。其钞将高田山岭下坞地内杉木发卖收用。卖出
九　余钞，两家均分。限定泰定肆年十二月以前变卖。如
十　过期不卖，请与金户者将见钞柒定（锭）半付还当

弓手户者。其式户税钱不以多寡税数为定。日下各验处所亩步叩算，承认分解。候第式次过税，各收入户供解。议定抽阄之后[二]，两家并不许悔易。如有先悔之人，罚中钞壹拾定（锭）[三]，与不悔人用；仍依此文为准。今恐无凭，立此析户合同文书为用者。

泰定叁年拾壹月弍日　　谢章甫（押）结立

谢智甫（押）

谢和甫（押）

见议亲眷李镇甫（押）

【注】

[一] 原件藏安徽省博物馆，编号二六六〇一。

[二] 抽阄，亦称「拈阄」、「抓阄」。为标分财物或决断事物的可否，常以标有记号的纸片、纸团或其他器具，以隐蔽方式，任取其一，以作决定者。

[三] 中钞，「中统宝钞」之省称。

七六三　元泰定三年（一三二六）徽州谢智甫等分家文书[一]

十都谢智甫同弟谢和甫并堂弟谢章甫共承祖户谢显叔户，在户总计金民弓手税钱叁拾肆贯壹伯弍拾伍文六分弍厘。元（原）作一户同共供解。今来智甫兄弟思之。为是各人名下税钱多寡不等，又兼弟兄分籍众多，、彼此供解不便。今商议，情愿将祖户谢显叔户分为弍户，其间金户自作一户，弓手自作一户。外余民税，弍户登答收割入户供解。其弓手户内元（原）该包免税钱壹拾肆贯柒伯捌拾伍文三分。今于金户内亦照数分立金税壹拾四贯柒伯捌拾伍文三分，入户供解外，余剩全免。金税壹贯弍伯壹拾四文，民税壹贯叁伯玖拾伍文，仍留在弓手户内补答供解。外有小户谢邦佐民税捌伯文，谢章甫承认解纳，见已行对众拈阄。其谢智甫、谢和甫分得供解金户，谢章甫分得供解弓手户及供解余投金税。今兄弟商议，为见弓手户计支持繁重，情愿将本都土名高田山岭下坞杉木壹处，尽数补贴谢章甫，作弓手户内支费。今后各照户名自行供解差役，彼此并无津贴。其杉木并听谢章甫自行为主管业发卖，智甫兄弟不在阻当。如卖木毕日，其山地仍系众分管业。限在泰定四年十二月以里砍斫。如过期不斫，仍是众分为主。所是弍户田土合该税数，限在泰定四年正月终以前对筭明白，多寡各于民税内推收入户。如过期不筭，将十都仙洞源谢家段田租尽数委要筭人收苗为主。如此议定之后，兄弟各人不许番（翻）悔。如先悔者，愿罚中统钞壹拾定（锭），舍助入官，修造公用；仍依此文为使。所是泰定叁年拾壹月贰拾日，先写结立文凭为是。议论不定，不在行用。今恐无凭，立此文书为照者。　（其金户谢智甫户内仍解纳祖户，）

民税弍贯壹伯玖拾四文柒分壹厘。　　谢智甫（押）

谢和甫（押）

谢章甫（押）

泰定叁年拾壹月弍拾四日　　谢智甫（押）

谢和甫（押）

谢章甫（押）

见立文书亲眷叶和卿（押）

㪺　　饶景星（押）

【注】

［一］原件藏安徽省博物馆，编号二六六〇四。

七六四　元泰定五年（一三二八）徽州谢俊民等标分祖产批照[一]

谢俊民同兄谢利仁共有祖屋基地壹片，伯叔父存日已行标分讫，只众存门屋及西边相对小屋各取壹间，同共出入往来。今为偶遭回禄，俊民与利仁各据标分地基做造屋宇，所是众存东西不便，今议各从便为业。俊民竟于门首抵利仁界取路壹条，两家同共出入往来。所是元（原）祖屋向东门屋外众存坦补贴取路，俊民自行为业。今后两家各据基地从便做造屋宇，并不许阻挡。下园元（原）临溪众存水碓路，见利仁背离掌管，日后做水碓，仍系众行无阻。今恐无凭，立批为照。

泰定五年戊辰三月十一日　　谢俊民（押）

见立批人　谢丙孙(押)

【注】

[一] 原件藏天津市图书馆。

七六五　元元统二年(一三三四)徽州吴桂山等三房使用旧居合同[一]

□□□□吴桂山、庭椿、庭梧、庭杞、庭梓元共居里坑口，桂山、庭椿、庭梧原居主边，庭杞、庭梓居客边。其厅屋前檐外新涨田叁大分，做过门屋。客边门屋内仓基，元系桂山分得管业，□保。今来桂山将主边屋基地并卖与庭椿、庭梧讫，客边门屋内仓基并卖与庭杞、庭梓讫。今后庭椿、庭梧、庭杞、庭梓两家各照旧居厅心直出至门屋，堦檐砌石外叁尺□从砌石为界。楗外至胡同外行路，及余田地，各依契凭分法众存，并不许妄行侵占，及迁造屋宇。其下劈上墩，亦保众存。长养竹木，遮护宅宇，并不许斫伐。如有先侵占□屋者，愿罚中钞壹拾锭[二]入官公用外，仍依此文为照。今恐人心无信，一样立此合同文书三本，各收一本为照者。

元统弍年十一月廿一日　　吴桂山(押)

吴庭椿(押)

庭梧(押)

庭杞(押)

庭梓(押)

主议吴静山(押)

庭梅(押)

见立合同胡颐高(押)

合同三张各收一本[三]

李芳洲（押）
代　书　戴明庆（押）

【注】

[一] 原件藏北京大学图书馆。

[二] 中钞壹拾锭，中钞当是「中统钞」的简称。关于中统钞称锭事，清叶名沣《桥西杂记·锭》：「《金史·食货志》：『旧例银每铤五十两。』是称银曰铤之始。至元时，乃改用锭字。」元时纸钞亦称「锭」。《元史·羊仁传》：「乃遍恳亲故，贷得钞百锭，历诣诸家求赎之。」

[三] 存右半字。

七六六　元后至元五年(一三三九)徽州王进孙等标分地山文书[一]

十六都王进孙同安孙，与十五都郑廷芳共有十六都土名樵溪口上岸住后尚地一亩、夏地二亩，东至上垄分水直上至大降，西止下垄分水直上至降，南至坞口住后埋石为界——横东西两下各上垄分水，北大降，原系逊字号，经理四字一千四百九十七号、九十八号、九十九号，其地山十二分中王进孙同安孙共合得七分。今为分籍不等，管业不便，众议将前项四至内地山及杉木品搭标分，取便管业，其坞口地随结石塝横过东、西各相对直上及垄，北至坞中长结石为界，横过随结石坎向东直上至垄，随结石坎向山脚随坞弦直进双坞口，又曲转向西从小湾下弦上坳垄为界，其前项地山并山木即系郑廷芳梯己标得，其坞头地一段东北山二培，东止垄分水直上至大降随垄下至坳垄，南至坞口长坦末结石坎横过向东直上至垄、向西山脚坞弦直进至双坞口又向小湾下弦直上至坳垄，北至大降，其前项山地并杉木即系王进孙、安孙二人梯己标分得。自今品搭标分各依标所管业为主，并不许翻悔。如先悔者，甘罚中统钞一百贯文与不悔人用，仍依此标分文书为准。今将地山样画图后书填界至，并此管业，庶日后不敢过界侵犯。今人少信，立此标分文书为用照者。

至元五年十二月十五日　　王进孙　　王安孙

郑廷芳

代书人　　王舜民

（图略）

【注】

［一］安徽省博物馆藏徽州祁门《郑氏誊契簿》。转录自刘和惠《元代徽州地契》（五）（原载南京大学学报专辑《元史及北方民族史研究集刊》一九八四年第八期）。

七六七　元至正二年（一三四二）徽州汪仲璋等划分地界文书［一］

十五都汪仲璋昨用价钱买受到汪子璋、关祐孙上截地山，东至寿孙地直出至大溪，西至福孙地直下至大溪，南、北至大溪；其天庆兄郑廷芳所买康道亨等吴绣堆地山，东至许家地，南至江桐湾心从平垄直上至许家地，北至大溪。今参照二家之契，即系互换四至。今凭亲眷言议，逊让各行取便管业，所是上截桑园平地系是汪仲璋管业为主；其溪塝上山南止汪仲璋平地额为界，俱是郑廷芳管业为主。自今议定之后，各依所分管业，各家不许互相过界侵犯。

汪仲璋
主盟兄汪仲宠
中见人郑华卿
郑立卿

至正二年正月二十五日

【注】

［一］安徽省博物馆藏徽州祁门《郑氏誊契簿》。转录自刘和惠《元代徽州地契》（七）（原载南京大学学报专辑《元史及北方民族史研究集刊》一九八四年第八期）。

七六八　元至正五年（一三四五）徽州郑安卿等分产文书［一］

十五都郑安卿、荣卿、椿卿、廷芳，共有本都七保康家园高门山桑地并山共三段，今为管业不便，将前项地段肥瘦品搭，分为十五段，立仁、义、礼、智、信五张，各据一筹管业为主。其山内除生坟茔二所，并柿木二根、株木四根、楮木一根，并系众存，同共为主，不在标分之内，如各人分地内及众存山内日后有迁造风水，并系众存，不许私自迁造。其余桑柘苗竹杂木等物，各据所分四至管业。自今抽分之后，各据所分四至埋石，永远管业为主。不许翻悔，如悔者，罚中统钞一百贯与不悔人用，仍依此文书为准者。

（下各分地界略）

至正五年乙酉二月二十二日　郑安卿　郑荣卿
郑椿卿　郑廷芳

【注】

［一］安徽省博物馆藏徽州祁门《郑氏誊契簿》。转录自刘和惠《元代徽州地契》（十一）（原载南京大学学报专辑《元史及北方民族史研究集刊》一九八四年第八期）。

七六九　元至正六年（一三四六）休宁县吴兰友为女陪嫁产业文书[一]

休宁县淳议（义）里吴兰友有女益娘，出嫁与祁门县十一都项偕甫宅。今来有忠（中）田壹坵，系商字，坐落土名水甽町。其田东至寿田，西至张家田，南至张家田，北至李家田。其田原上硬租贰拾壹秤[二]。今于内取租壹拾陆秤，批拨与益娘浆洗衣服用度。外有租伍秤。偕甫愿将已置到休宁县卅一都六保土名环滩坞塘堀，系买杨子云田，上租伍秤，对换，各人收租管业，随产供解。又将原买吴荣甫山，坐落土名下坞南坑贰处，共计四号。于内照依原买来脚文契，合得分法，批与女益娘以为手饰之资。所是原买文契随契缴付，日后子孙即无争论。其前项所批山田，今从批拨之后，一听益娘婿偕甫自行闻官受税，收苗长养，永远为业。水甽町田契与别产相连，未曾缴付。日后要用，本家赍出，照证不词。如有子孙争竞，一听偕甫将此文书赴官理治，准不存论[三]。今恐无凭，立批（此）契文书为用。

至正六年十月十五日　父吴兰友（押）

依口奉书人　吴唐孙（押）

【注】

[一]原件藏安徽省博物馆，编号二六六〇三。

[二]硬租，原定租额为正租。改订的记于账簿的有效租额为「实租」，亦名「硬租」。秤，重量单位。历代不同。《小尔雅·衡》：「斤十谓之衡，衡有半谓之秤。」《宋史》卷七四《律历一》：「得十有五斤为一秤之则。」民间之秤有大小之别。大秤百斤，小秤十斤至五十斤。徽州地区在元明清时，多用小秤，通常为二十斤。

[三]准不存论，当是「不准争论」之误。

七七〇　元至正十年（一三五〇）徽州胡鼎卿、郑贵夫换地文书[一]

十二都胡鼎卿有夏地一段，坐落十五都四保土名黄荆坞口上，系赖字九百四十四号。其地与十五都尊姑夫郑世京原买汪元鹗赖字九百四十二号山与九百十四号地抵界；鼎卿见于黄荆坞口山内迁造风水，其山鼎卿与世京宅黄荆坞九百四十九号田末抵界。今来结砌未便，凭亲眷郑贵夫言议，愿将赖字九百四十四号内取与郑世京抵界夏地上截一段，对换郑世京黄荆坞口新结石埭外小丘田一截，其田价地〔?〕对面结石埭为界。黄荆坞口田新结石埭以里仍系郑世京管业为主。新结石埭外小丘田一截，系胡鼎卿管业为主；其赖字九百四十四号夏地埋石以上系世京管业为主，新立埋石之下仍系胡鼎卿管业为主。今二家对换之后，据从评人言议，愿意对换，各不许悔。如悔者，愿罚中统钞一十贯与不悔人用，仍依此文书为准。今恐无凭，立此对换文书为用。

至正十年正月十五日　　胡鼎卿

主议对换人　郑贵夫

【注】

[一]安徽省博物馆藏徽州祁门《郑氏誊契簿》。转录自刘和惠《元代徽州地契》（十二）（原载南京大学学报专辑《元史及北方民族史研究集刊》一九八四年第八期）。

七七一　元至正十年（一三五〇）徽州吴德仁等分业合同[一]

一　吴德仁同弟海宁与　孺人庭梅，共承祖有上宅住地

二　一段，孺人庭梅共业主边德仁兄弟元（原）共业，客边□，

□孺人庭梅合得分法，已行卖与庭椿、庭梧、德仁兄弟名下。今两下商议，德仁情愿与庭椿、庭梧□□□取　便庭椿、庭梧管业，客边德仁兄弟管业。主边上截，与本家梯己佃火住地相连，房对面立楗埋石为界[二]。　两家界畔，众存路一条，计叁尺。庭椿、庭梧该贰尺，德仁兄弟该一尺。里到山，外至水圳。□路日后两下侵占及闭塞[三]。所有庭杞元（原）亦（已）买得□孺人分法，系存在德仁兄弟份内取分业。自今议立合同之后，各依此文管业，一任两下迁造屋宇，永远照依合同管业。所有水圳外余地，并依立楗为界，里至山，外至庭松屋地。今恐无凭，立此合同三本，各收一本为归照者。

至正十年庚寅岁二月十六日吴德仁（押）奇

见立合同吴寿卿（押）

【注】

［一］原件藏安徽省博物馆，编号二六六〇二。

［二］楗，柱。

［三］此句似有脱漏文字。原意应作：其路日后两下不得侵占及闭塞。

（七）筭会凭

七七二　庚申年（九六〇？）敦煌牧羊人王拙罗寔鸡领羊凭[一]

庚申十一月廿三日[二]，僧正道深见分付常住牧羊人
〔王〕拙罗寔鸡白羊、羖羊大小抄录[三]，谨具如后：
　见行大白羊羯陆口[四]　贰齿白羊羯肆口　大白母
　壹拾捌口　白羊儿落悉无柒口　白羊女落悉无
　伍口　已上通计肆拾口，一一并分付牧羊人王拙
　　罗寔鸡，后筭为凭。
　　　牧羊人王拙罗寔鸡（押）
　　　牧羊人弟王悉罗（押）

【注】

[一]〔日〕《敦煌吐鲁番社会经济资料集》三《契约》（A）释文第一一七页四〇九，ИВДХ1424。
[二]庚申，下脱一「年」字。
[三]僧正，佛教僧官，以高僧充任。常住牧羊人，寺户以牧羊为主业者。羖羊，黑色公羊。通「羝」。
[四]羯，被阉过的羊。

七七三　己亥年（九九九？）敦煌执黄麻人都师善清等执仓凭[一]

己亥年十二月二日，徒众就库舍院齐座筭会。先执
黄麻人法律惠兴、寺主定昌、都师戒宁三人手下主
持入换油黄麻除破外，合管回残黄麻肆拾伍硕贰斗

四 伍升壹合內，法律惠兴、寺主定昌、都师戒宁等三人，欠黄
五 麻陆硕叁斗伍升壹合。又僧正员行欠换油黄麻两硕。并分
六 付与后执仓黄麻人徐僧正、寺主李定昌、都师善清
七 三人身上讫。一一指实，后竿为凭。（押）
八 执黄麻人都师善清（押）
九 寺主戒福（押）
十 徐僧正（押）

〔前缺〕

【注】

[一]〔日〕《敦煌吐鲁番社会经济资料集》三《契约》释文第一四六—一四七页四七五，(B)图版第一一六页(一)(二三五)。

七七四　某年敦煌牧羊人王住罗悉鸡领羊凭[一]

〔前缺〕

一 口，当年儿白羊羔子两口　女羔子壹口，□□
二 已上通计白羊、羖羊、儿女大小贰伯
三 捌拾伍口，一一并分付牧羊人王住罗
四 悉鸡[二]，后竿为凭。
五 牧羊人王悉罗[三]（押）
六 准羔子数，合得苏伍㪷贰升[四]。　（押）牧羊人王住罗悉鸡（押）
七 牧羊人程万子（押）

【注】

[一]《敦煌宝藏》第四四册第六一八页，斯五九六四号。又《敦煌资料》第一辑第四一五页。原题《王悉罗等领羊凭据》。

［二］王住罗悉鸡，亦作「王拙罗寔鸡」。

［三］牧羊人王悉罗，为王住罗悉鸡之「弟」。

［四］苏，当作「酥」。

（八）领养、弃子、结义、放妻文书和格式

七七五　壬戌年（九六二？）敦煌胡再成养男契[一]

壬戌年三月三日，龙勒乡百姓胡再成，今则遂养同母弟王保住男清朵作为腹子，共弟男(永长)等二人同父儿子[二]。自养已后，便须孝养二亲。尽终之日，不发逆心。所有城内屋舍，城外地水，家(资)□□□并共永长、会子停之亭支[三]，一般各取一分。若有蹭蹬，往□□□□空身逐出门外，不许横说道理。或有相诤（争），再出□□□□□□□山河为誓，日月证明。故立此契，用为后验。（押）

养男清朵

报（保）人父王保住

知见人胡万昇（押）

知见人房侄胡再晟（押）

【注】

[一]《敦煌宝藏》第一二八册第三四三页，伯三四四三号。又《敦煌资料》第一辑第四一一页。

[二]同父儿子，清朵与永长、会子一样，作为「同父儿子」。

[三]停之亭支，此四字有衍误。当作「停支」，即「平分」。

七七六　北宋乾德二年（九六四）史氾三养侄为嗣文书[一]

乾德二年甲子岁九月廿七日[二]，弟史氾三前因不备，今无亲生之子，请屈叔侄亲枝姊妹兄弟团座商量，□□欲议养兄史粉

三 埴亲男愿寿，便作氾三覆（腹）生亲子。自今已后，其叔氾三切不得
四 二意三心，好须勾当，收新妇荣聘。所有□资地水活〔业〕什物等，
五 便共氾三子、息〔媳〕并及阿朵、准亭愿寿各取壹分，不令偏并。若或
六 氾三后有男女，并及阿朵长成人，欺屈愿寿，倚大猥情作私，别
七 荣小□，□故非理打棒，押（压）良为贱者。见在地水活业□□壹分，
八 前件兄弟例，愿寿所得麦粟债伍拾硕，便任叔氾三自折升合，
九 不得论算。其□□分愿寿自收，任便荣活。其男愿寿后收□妇，
十 渐渐长大，或不孝顺父娘，并及姊妹兄弟□，且娶妻亲之言，不
一一 肯作于活之计，猥情是他愿寿亲生阿耶，并及兄弟姊妹招换。
一二 不□上下，贪酒看肉，结般盗贼，他人更乃作□者，空身趁出，家
一三 中针草一无□数。其□债麦粟伍拾硕，升合不得欠少，当便□
一四 付。氾三将此文书呈告　官中，倍加五逆之〔罪〕[三]。今对亲枝众座
一五 再三商议，世世代代子孙□女，同为一活，押字证见为凭。天转
一六 地回，不

〔下缺〕

【注】

〔一〕罗福苌《沙州文录补》。

〔二〕乾德，北宋太祖年号。

〔三〕五逆，当作「忤逆」。不孝顺父母。

七七七　十世纪敦煌吴再昌养男契草稿〔一〕

一 百姓吴再昌先世
二 不种，获果不圆。今
三 生孤独壹身，更无

四　子息。忽至老头，无
五　人侍养。所以五
六　亲商量，养外甥
七　某专甲，易姓名为
八　如[二]。自后切须恭勤，
九　孝顺父母，恭敬宗
十　诸，恳（肯）苦力作。侍养
一一　六亲，成竖居本。莫
一二　信闲人拘闪，左南
一三　直北。若不孝顺者，
一四　仰至（诸）亲情当日趂（趁）
一五　却，更莫再看。两共
一六　对面平章为定，
一七　更无改亦（易）。如若不
一八　凭言约，互生翻
一九　悔者，便招五（忤）逆之
二〇　罪[三]。恐人无信，故勒
二一　私契，用为后凭。
二二　厶年月日厶专甲养男契。

【注】

[一]《敦煌宝藏》第四四册第一六一页，斯五六四七号。又《敦煌资料》第一辑第四二八—四二九页。

[二]易姓名，「易」或释作「男」字，误。下同。

[三]五逆，当作「忤逆」。不孝顺父母。

七七八　十世纪敦煌养男契约格式[一]

一　百姓厶专甲，先世不
二　种，获不圆[二]。今生孤独
三　壹身，更无子息。忽至
四　老头，无养人侍[三]。所以
五　五亲商量，养外甥
六　某甲，易姓名为如。自
七　后切须芥(恭)懃，孝顺
八　父母。恭敬尊诸，恳(肯)
九　苦力作。侍奉六亲，
十　成聚品本。莫信闲
一一　人抅闪，左南直北。若
一二　不孝顺，仰诸亲情
一三　当日趂却。更再看[四]。
一四　两共对面平章为定，无改
一五　易[五]。如若不凭言约，互生翻
一六　悔者，便招五(忤)逆之罪。恐
一七　人无信，故勒斯契，用为
一八　后凭。(押)百姓厶甲。

【注】

[一]〔日〕《敦煌吐鲁番社会经济资料集》三《契约》(A)释文第一五九页四九六，斯五七〇〇号；(B)图版第一三六页(一)。

[二]获不圆，「获」下脱一「果」字。

[三]无养人侍，文字颠倒。当作「无人侍养」。

［四］更再看，「更」下脱一「莫」字。

［五］无改易，「无」上脱一「更」字。

七七九　元天历二年（一三二九）徽州谢和孙摘立继子文书[一]

□□□谢和孙父亲胜四朝奉有贰子，长男谢旋孙、次男和孙。见长男旋孙有肆子；和孙有一子名助孙不幸早丧。今和孙拟欲摘旋兄次子佐孙，今来禀覆母亲。奉母亲主议，摘立兄旋孙次男佐孙继续和孙，成（承）接后嗣，奉祀香火。如和孙倘有亲出，所有户下物业仍与佐孙一体均分，不在难易。只以今来结立为使（始）[二]。如佐孙过之后[三]，贰家并不许悔易。如有悔易者，罚中统钞伍拾锭，与不悔人用；仍依文书为使。今恐无凭，立此结立文为照者[四]。

天历贰年五月初十日[五]　谢和孙　（押）　结立

谢阿李　（押）

【注】

［一］原件藏天津市图书馆。

［二］结立，立嗣文书。

［三］过之后，「过」下脱一「继」或「嗣」字。

［四］结立文，「文」下脱一「书」字。

［五］天历，元文宗年号。

七八〇　元觅子书式[一]

某乡某里姓　某

右某昨娶到阿氏为妻，相事年深，并无子息。诚恐老来无人供赡，遂托得某人为媒命，立某处某人第几男名某，见年几岁，以为嗣续，继绍祖宗，承替差发。自归家之后，且某如同嫡子看承，不敢嫌弃。幼训以诗书，长教其手艺，所有梯己置到物业，并与男某管佃。向后，即无异心别立内外亲房兄弟儿孙及有遗还之理。如违此约，甘罚中统钞若干贯文入　官公用不词，谨书。

年　月　日　姓　某　号　书

妻　氏　号

媒人姓 某 号
房长姓 某 号

【注】

[一] 见《新编事文类要启札青钱》外集卷一一《公私必用·人口》。

七八一 元弃子书式[一]

某乡某里姓 某

右某昨娶阿氏为妻，生下男子几人，每惭添累。今凭得某人为媒，情愿将第几男，名某，年几岁，抱与某处某人为子，继续祖宗，承当差发。自归家后，须索孝于二亲，睦于九族。倘或稽违，仰加教导。至于纳吉之时，甘陪某物若干，以助聘定之用。且厶即无退悔之心，向后长成，亦无鼓诱归宗之意。如违此约，甘罚钞若干贯文入 官公用不词，谨书。

年 月 日父 姓 某 号 书
母 阿 氏 号
媒人姓 某 号
房长姓 厶 号

【注】

[一]《新编事文类要启札青钱》外集卷一一《公私必用·人口》。

七八二 丙子年（九七六?）敦煌僧随愿与李福绍结为兄弟凭[一]

一 丙子年二月十一日，乾元寺僧随愿共乡司判官李福绍结
二 为弟兄，不得三心二意，便须一心一肚作个。或有一人所
三 作别心，对大佛刑罚。其弟兄所有病患之日，便
四 须看来。一人看端正，二乃兄弟名幸。有甚些些，

五 〔不〕得倍（背）逆，便仰有司。同心便欢悦之地。此师兄
六 〔与〕弟，不凭文字。愿山河为誓，日月证盟。地转
七 天回，执凭为验耳。弟兄乾元寺白禅院大法师兼
上座随愿[二]（押）弟子书手李福绍（押）

【注】

〔一〕《敦煌宝藏》第四五册第二一八页，斯六三〇〇号。又刘铭恕《斯坦因劫经录》第二三九页。〔日〕《敦煌吐鲁番社会经济资料集》三《契约》（A）录文第一四六页四七〇，（B）图版第一〇九页（三）（二二四）。

〔二〕大法师，佛教称谓。指通晓佛法并善于讲解以及致力修行传法的僧人。上座，佛教称谓。寺院三纲之一，为全寺之长。

七八三　宋开宝十年（九七七）敦煌宰报云放妻文书[一]

〔前缺〕

一 一从结契，要尽百年。如水如鱼同欢。生男满十，并受
二 公卿；生女柔容，温和内外。六亲叹美[二]，远近似
三 父子之情；九族悒（邕）怡[三]，四时而不曾更改。奉上有
四 谦恭之道，恤下无儅（党）无[四]。家饶不尽之财，妯娌
五 称延长之庆。何乃结为夫妻，六亲聚而成怨，九族
六 见而含恨。酥乳之合，上（尚）恐异流；猫鼠同窠，安能
七 见久。今对六亲，各自取意，更不许言夫说妇。
八 今妇一别，更选重官双职之夫，随情窈宓（窕）美齐，音
九 乐琴瑟合韵。伏愿郎娘子千秋万岁[五]，常
十 施欢喜。三年衣粮，便献药仪。　宰
一一 　报云
一二 　于时开宝十年丁丑岁放妻。

【注】

[一] (日)《敦煌吐鲁番社会经济资料集》三《契约》(A)释文第一四一页四四一，伯三二二〇号；(B)图版第一一〇页，(一)(二二五)。

[二] 叹美，本书前录《十世纪敦煌放妻文书格式(甲)》作「欢美」。

[三] 悒怡，当作「邕怡」。邕，和睦。通「雍」。

[四] 无，下脱一「偏」字。当作「无偏无党」。

[五] 郎娘子，「郎」字，衍。

七八四　某年敦煌□再盈放妻阿孟文书[一]

放妻书一道　盖闻夫天妇地，结因于三世之中。男阴女阳，纳婚于六礼之下[二]。理贵恩义深极，贪爱因浓[三]。生前相守抱白头，死后要同于黄土。何期二情称怨，三角憎多。无秦晋之同欢[四]，有参辰之别恨[五]。偿了赤索[六]，非系树阴。莫同宿世怨家，今相遇会。只是二要□敌，不肯藂遂[七]。家资须却少多，家活渐渐存活不得。今亲姻村老等与妻阿孟，对众平论，判分离别，遣夫主再盈讫。自后夫则任娶贤失(室)，同牢延不死之龙。妻则再嫁良媒，合卺契长生之奉。虑却后忘有搅扰，贤圣证之。促于万劫，千生常处□□乏趣。恐后无信，勒比文凭。略述尔由，用为验约。

【注】

[一] (日)《敦煌吐鲁番社会经济资料集》三《契约》(A)释文第一四一页四四二，伯四五二五(七)，(B)图版第一一〇页(二)、(二二六)。

[二] 六礼，旧时婚制有六礼，即纳采、问名、纳吉、纳征、请期、亲迎。见《仪礼》卷四《士昏礼》「下达纳采，用雁」疏。

[三] 浓，原件初作「情」字，旁注改「浓」字。

[四] 秦晋，春秋时，秦、晋两国世为婚姻，后代遂称两姓联姻为「秦晋之好」或「结为秦晋」。

[五] 参辰，二星名，分在东、西方，出没各不相见，因之比喻双方隔绝。《文选》汉苏子卿(武)诗之一：「昔为鸳与鸯，今为参与辰。」辰星也叫商星。

[六] 赤索，同「赤绳」，月下老人用以系有缘男女，结为夫妻。见唐李复言《续幽怪录》四《定婚店》。

[七] 藂，「丛」的异体字。

国家古籍整理出版专项经费资助项目

主编　张传玺

参编　陈秉才　史金波　张守清　光　磊　于振波

　　　孙家红　张怡青　黄义军　龚汝富

中国历代契约粹编

（中册）

张传玺 主编

北京大学出版社
PEKING UNIVERSITY PRESS

中册目录

七　明代契约　附　买地券

（一）买卖契约、契尾、税票、推单、钱粮收贴和格式　附　买地券

七八五　明洪武八年（一三七五）祁门县冯喜得卖山田白契[一]

拾西都冯喜得孙[二]，今为无钞支用，情愿将本都七保吴坑源经理唐字弍千八十七号夏山拾亩[三]。其山东至田；西至岭陇半山，抵銮友祖山；南至大岭，抵木瓜坞山，上至降[四]，下至木瓜坞口田；北至弯坞心坑及銮友吴坑坳山，下至路及谢闰身山。又将本都八保土名干坑口夏田壹亩、经理吊字　其田东至坑及朱家山，西至路，南至坑，北至塝[五]。今将前项八至内田并山杉苗、杉木、地骨[六]，尽数立契出卖与本都谢銮友名下，三面评议时价宝钞陆贯文[七]。其钞当立契日一并交足无欠。其山未卖已前，即不曾与家外人交易。如有家外人占拦，并是出产人之（支）当，不干受产人之事。出卖之后，一任买者收苗收税管业。今恐人心无凭，立此文契为用。

洪武八年十月十五日　　冯喜得孙（押）

依口代书人　冯得新（押）

【注】

[一] 原件藏北京大学图书馆。

[二] 拾西都，徽州下属六县，只有祁门县设十西都和十东都。据此知本契主为祁门县人。（参看《徽州府志》卷一《舆地志·厢隅乡都》）

[三] 经理，原为整顿田制之意，此处指田地图册，或谓之「经理簿」、「保簿」。《元史》卷九三《食货一·经理》：「经界废而后有经理。鲁之履亩，汉之覈田，皆其制也。夫民之强者田多而税少，弱者产去而税存，非经理固无以去其害；然经理之制，苟有不善，则其害又将有甚焉者矣。」经理往往

采用「以其家所有田，自实于官」。「富民黠吏并缘为奸。」虽有经理之名，弊端丛生。明之整顿田制，始于洪武二十年（一三八七）。《明史》卷七七《食货一》：「洪武二十年，命国子生武淳等分行州县，随粮定区。区设粮长四人，量度田亩方圆，次以字号，悉书主名及田之丈尺，编类为册，状如鱼鳞，号曰鱼鳞图册。」亦称「经理簿」

[四]降，下。此处指山坡至平地交界处。

[五]塝，读若「傍」。方言地畔。沟塍之畦畔处亦曰塝。《集韵》：「塝，地畔也。」

[六]地骨，又称田骨、田底，指土地所有权。田面，又称田皮，指土地使用权。明清时期，在田底权与田面权分离的地区，也就是一田二主的地区，买卖地骨就是指买卖田底权，即所有权，亦叫做大卖。买卖田面权就是只买卖土地使用权，亦叫做小卖。

[七]宝钞，明初沿用元朝钞法印行的纸币。洪武七年，设宝钞提举司。明年，造大明宝钞，通行民间。《明史》卷八一《食货五》：「（宝钞）以桑穰为料，其制方，高一尺，广六寸，质青色，外为龙文花栏。横题其额曰『大明通行宝钞』。……其等凡六：曰一贯，曰五百文、四百文、三百文、二百文、一百文。每钞一贯，准钱千文，银一两；四贯准黄金一两。」

七八六　明洪武十三年（一三八〇）祁门县李孟权卖山地白契[一]

十西都李孟权等，今有山地壹片，坐落本都七保，土名吴隐坑，系经理唐字三伯六号，夏山四亩壹角叁拾步[二]。东至岭，直下至田；南至降，西至坞心，北至坞口田。今为门户无钞支用，同母亲商议，情愿将前项肆至内山地，并地内大小杉苗，尽行立契出卖与十西都六保程子善等名下管业，三面评议时值价钱宝钞三贯。其钞当日收足，其山一听买人自行永远管业。未卖知（之）先，即不曾与家外人重叠交易[三]。如有亩步四至不明及家外人占拦，并卖人自行之（支）当[四]，不涉买人知（之）事。今恐无凭，立此文书为用者。

洪武拾叁年十一月二十九日

李孟权（押）契

李孟诚（押）

弟李伦（押）

【注】

[一]原件藏北京大学图书馆。

[二]角，小于亩的地积单位。一般是一亩等于四角，一角等于六十步。

[三]重叠交易，即重复典卖，以欺骗买主。《大明律》卷五《户律田宅·典卖田宅》：「若将已典卖与人田宅朦胧重复典卖者，以所得价钱计赃，准窃盗论，免刺，追价还主；田宅从原典买主为业。若重复典买之人及牙保知情者，与犯人同罪，追价入官。不知者不坐。」

〔四〕并卖人，「并」下脱一「是」字。

七八七　明洪武二十年（一三八七）祁门县王亥郎等卖田契[一]

二都王亥郎同五都王伯成，有王员于洪武廿年二月身故，无棺榔安葬。有众议将王员户内田一备[二]，坐落十东都四保，有字一千令（零）二十七号，其田陆分有零，坐落方村。其田东至，　西至　，南至　，北至　。今来无钞支用，情〔愿〕将前项四至内田本家合得分法，尽行出卖与五都洪均祥名下[三]，面议时钞壹贯文。其钞当立契日收足。其田出之后，一任买人自行闻官收税，收苗管业。未卖之先，即不曾与家外人〔重复交易〕。〔如有内外人〕占拦，并是出卖人之（支）当，不涉买人之事。今恐无凭，立此为照。

洪武二十年三月初一日

立文约人　王亥郎　王伯成

代书人　李建中

中见人　周子成

【注】

〔一〕北京图书馆藏明抄本祁门《洪氏历代契约》，又名《寿公祀业抄白簿》。下同。

〔二〕一备，一片、一块。一块田完具无残缺者为一备。

〔三〕洪均祥，祁门《洪氏历代契约抄》始祖。

七八八　明洪武二十一年（一三八八）祁门县胡叔商卖山骨白契[一]

十东都胡叔商承父胡伯远有山壹片，坐落七保，土名黄四坞，系朝字壹千二十二号，下山壹角[二]。其山东至降，西至地，南至方宅山，北至坑；又取壹千二十六号，其山东田，西尖，南弯路，北坑。今将前项八至内山骨[三]，尽行立契出卖与陈　名下。三面议作时价白银贰两整[四]。其山并契当日两相交付。其山今从出卖之后，一听买人永远受业。未卖之先，即无重复交易。如有来历不明，应是卖人之（支）当，不及买人之事。今恐当（无）凭，立此卖契为用者。

洪武贰拾壹年九月廿四日

立卖契人　胡叔商（押）
中见人　方仲得（押）

【注】

［一］原件藏北京大学图书馆。
［二］下山，为山田之等级，通常写作「夏山」。
［三］山骨，即山底，同于地骨。山亦有一山二主之事。山骨是指山的所有权，山皮是指山的使用权。
［四］时价白银贰两，《明史》卷八一《食货志五》：洪武八年「造大明宝钞，命民间通行。……禁民间不得以金银物货交易，违者罪之；以金银易钞者听」。可是民间仍用白银交易。《明太祖洪武实录》卷二五一洪武三十年三月甲子：「禁民间无以金银交易。时杭州诸郡商贾，不论货物贵贱，一以金银定价，由是钞法阻滞，公私病之，故有是命。」此后以金银交易者仍大量存在。

七八九　明洪武二十三年（一三九〇）祁门县宋宗荫卖山契[一]

在城宋宗荫[二]、宋张保，于洪武二十三年充当巡拦[三]，经涉国课[四]，无可措办。今同弟宋张保商议，自情愿将五都五保土名桑园坞，承祖宋子恭名目山一号，计山九亩有零，系经理水字一千八十九号。其山四至自有本保经理可照。其山本身三分中该得一分，尽数立契出卖与
洪宽名下为业。面议时值价钞三贯、夏绵布二疋。其钞布并契当〔日〕两相交付明白。其山即无家外人重复交易。一切来历不明，卖人之（支）当。如先悔者，甘罚契内钞布一半与不悔人用。今恐无凭，立此文契为照。
洪武二十三年七月二十日

立契人　宋宗荫
同弟　宋张保
中见人　宋仕弘

【注】

［一］录自北京图书馆藏明抄本祁门《洪氏历代契约抄》。
［二］在城，居住在县城内者。宜称「坊」。《明史》卷七七《食货一·户口》：「在城曰坊，近城曰厢，乡都曰里。」
［三］巡拦，由里长或乡民充任的一种巡视检查来往行人的差役。

[四] 国课，国家的赋税。

七九〇　明洪武二十四年（一三九一）祁门县汪森如卖山地红契[一]

拾西都八保汪森如昨用价买受到山地壹片，坐落本都七保，土名吴坑源，

计山壹亩贰角。其山东至降，西至溪及本宅田，南至岭下大石及溪，北至谢应祥山，随岭直上至降，下至田。于内本宅存留祖坟壹穴外，今将前项四至内山地并大小杉苗尽行立契出卖与同都七保住人李舒原名下。面议时值花银贰两重。其银当立契日一并收足无欠。未卖之先，即不曾与家外人交易。如有四至亩步不明及家外人占拦，并是卖人知（支）当，不涉买人之事。今恐无凭，立此出卖文契为照。

洪武廿四年五月廿一日　　汪森如（押）契

【注】

[一] 原件藏天津市历史博物馆。

七九一　明洪武二十四年（一三九一）祁门县冯伯润卖山地红契[一]

在城冯伯润承祖有山地壹片，坐落拾西都七保，土名吴坑原，经理唐（字）贰千捌拾柒号夏山贰拾伍亩。其山东至长岭，直上至降，直下至木瓜坞口田及谢翊先山；西至斗水岭路弯，上至降；南至降，比（北）至田。今为无钞支用，情愿将前项四至内山地并大小山上苗尽行立契出卖与十西都七保住人谢翊先名下，面议时值价钱宝钞叁贯肆伯文。其钞当立契日一并收足，其山地未卖之先即不曾与家外人交易。如有内外人占拦及一切不明，并是出卖人之（支）当，不涉买人之事。今从卖后，一听买人长养，永远管业。今恐无凭，立此文契为照。

洪武廿四年六月十二日　　冯伯润（押）契

【注】

[一] 原件藏北京大学图书馆。

七九二　明洪武二十五年（一三九二）祁门县胡高卖田白契[一]

太平里十二都九保住人胡高[二]，承父户下有田一坵[三]，坐落本都九保，壹字捌伯肆拾伍号，田壹亩壹厘玖毫。东至　　，西至　　，南至　　，北至　　。土名八亩段，佃息每年硬上干糯谷壹拾壹秤半尚田祖（租）[四]。今来为无钞支用，自情愿将前项四至内田尽行立契出卖与本里人汪猷名下，面议时值价钞伍贯文。其钞当成契日一手收足无欠。其田今从出卖之后，一任买人自行闻官受税收苗，永远管业为定。如有四至不明及重复交易，并是出产人祇（支）当，不及买人之事。所有上手入户来脚契文一并缴付[五]。今恐无凭，立此卖契文书为照。

契内又添价钞壹贯。

洪武二十五年二月日　　　　出产人　胡　高（押）契

　　　　　　　　　　　　　见人　朱胜祺（押）

前项契内价钞并收足讫。同年　　月　　日。（押）　再批。

【注】

[一] 原件藏北京大学图书馆。

[二] 太平里，查明朝祁门县设有六乡，并无太平里乡，疑为村名，当属十二都。据道光七年刊《祁门县志》卷三《舆地志·疆域》记载，十二都下有平里村，在县南五十里，可能是方志脱一「太」字。

[三] 坵，亦作「丘」，与区同义，为古田里区划单位。《匡谬正俗》曰：唐颜师古云：「晋宫阙名所载某舍若干区者，列如丘字。则知区、丘音不别矣。」《清律·户律·田宅·欺瞒田粮》附注：「方园一区为一坵。」即指用田埂隔开的一块一块的田地。

[四] 佃息，佃租。硬上干糯谷壹拾壹秤半尚田租，原定租额为正租，改订的记于账簿的有效租额为实租，亦名硬租。「尚」同「上」。「尚田租」即「上好的田租」。上干糯谷，上等晒干的糯谷。糯，糯之俗体。又名秫稻，米性其黏。见《正字通》。明清之秤有大小之别，大秤百斤，小秤十斤至五十斤。徽州地区之秤一般指小秤，通常为二十斤。亦有略大略小者。

[五] 上手、来脚，意思相同，均为上手契。

七九三　明洪武二十五年（一三九二）祁门县李彦善退地契文书[一]

休宁县卅三都李彦善昨用价钞买受到祁门十西都谢允恭名下王公尖立山木一片。今有十西都翊先赍出上手文契参照，系是翊先上人用受得谢允恭、谢升叔名下山地文契[二]。今二家系干亲眷[三]，不在（再）争竞。今彦善情愿将所买谢允恭山木文契退还谢翊先名下管业为始，本家日后即无阻当。就退契日收去价钞贰拾捌贯正，其钞当（日）收足讫。其山木未退之先，即不曾内外交易。如有内外占拦及一切不明，系退产人祇（支）当，不涉受产人之事。今恐无凭，立此退契文书为照。

洪武廿五年七月廿二日

李彦善（押）契

依口代书人　李德有（押）

【注】

[一]原件藏天津图书馆。因山在祁门县，故归入祁门。

[二]上人，上辈人。用受得，即「买受得。」

[三]亲眷，卖主谢允恭与在先之买主谢翊先家同姓谢氏，为亲属。谢允恭犯「重复交易」之罪，谢翊先愿私了。

七九四　明洪武二十八年（一三九五）祁门县谢曙先卖屋基白契[一]

十西都谢曙先，今有梯己摽分得见住祖屋基壹片[二]，坐落本都七保，土名中村，丈量经理新唐字陆伯伍拾贰号成熟地贰角伍拾壹步。其地东至翊先同号地，原摽分自厅心直出至谢开先基地；西至谢开先住基地，曲尺砌塝里底谢满生地；南至谢开先住基地洋（阳）沟向东塝上自己路壹条在内，北至山脚。今自情愿将前项四至内地尽行立契出卖与兄谢翊先名下，面议时值价银宝钞壹伯伍拾贯。其钞当日收足无欠，其地今从卖后，一任买人于地内迁造屋宇安歇，永远为业。未卖之先，即不曾与家外人重复交易。如有四至亩步及一切不盟（明），并是卖人自行祇（支）当，不及买人之事。所是原有摽帐，日后不在行用。今恐无凭，立此文契为照。

洪武贰拾捌年九月十五日

谢曙先（押）契

依口代书堂兄　谢开先（押）

前项基地自卖之后贰家各无言悔。如先悔者，甘罚花银伍两与不悔人用；仍依此文为使。再批。（押）

【注】

［一］原件藏北京大学图书馆。

［二］梯己，亦作「体己」，指私房财物。

七九五　明洪武二十九年（一三九六）祁门县谢翊先卖山地白契[一]

祈门十西都谢翊先承有山壹片，坐落土名本都七保，土名周家山，系经理唐字　　号。东至坑，西至降，南至里小岭，从坑心直上至降及谢诉山，北至岭。前项四至内山地并苗尽行立契出卖与休宁卅三都李彦善名下[二]，面议时价花银壹两重，其银当成契日一并收足。其未卖之先，即不曾与家外人交易。如有占拦及一切不盟（明），并是卖人衹（支）当，不涉买人知（之）事。今恐无凭，立此文书为用。所有上手赤白契随便缴付。

洪武廿九年七月卅日　　　　　　　　　　谢翊先（押）

今上领契内价银并收讫。同年　　月　　日　　再批。（押）

【注】

［一］原件藏北京大学图书馆。

［二］休宁，县名，今属安徽，在祁门县东。

七九六　明洪武三十年（一三九七）祁门县李都锡卖山地红契[一]

十东都李都锡承祖□□□坐落本都伍〔保〕，土名下坑蒲勾坑，系经理□□□□□号，计山伍亩有令（零）。其山：东〔至〕山培坞田所，直上至降；西至李胜原坟，随垄直下至外坑；南至蒲勾坑口水坑；北至大降。今自情愿将前项四至内山地并苗尽行立契出卖与

同书人

李伯成名下，面议时值价钞壹伯伍拾贯文。其钞当日收足无欠。其山今从出卖之后，一任买主自行长养杉苗，永远管业。未卖之先，即不曾与家外人重复典卖交易。如有家外人占拦，并是卖人之(支)当，不涉买主之事。所有上手，兵火不全，未曾缴付；日后不在行用。今恐无凭，立此文契为照者。

洪武三十年十月初三日　李都锡(押)契

依口代书人　李子英(押)

康熙十年三月廿日吴加兴户将此老契转卖与胡应麟，得价收讫。　孙章　吴日昌(押)

所是契内价钱并收足讫。　同前年　月　日。　再批。

【注】

[一] 原件藏北京大学图书馆。

七九七　明建文元年(一三九九)祁门县谢署先卖山地红契[一]

祁门县十西都谢署先[二]，承祖父有山壹片，坐落本都七保吴坑源，系经理唐字贰阡(仟)叁拾九号尚山壹拾九亩。其山东至长山岭，真(直)上至大降；西至坑底谢翊先坑，直上至降；南至降；北至底㑃(坳)，随小岭下横路口低(抵)翊先与李彬存共山。今来无钞支用，出卖与休宁县卅三都保江安评、王友贞等名下[三]，面议时价宝钞六十五贯文。其钞、契文两下当日收足。其山好打(歹)，买人自见。如有来历四至不名(明)，尽是卖者支当，不涉买者支(之)事。如有本宅上守(手)老契文书入[日]照出，不在行用。两下并无潘(翻)悔。如有先悔者，甘罚宝钞贰拾贯与不悔人用。今恐无凭，立此文契为用。

崇祯四年九月初四日志孟于上年间已用价赎回壹半，今转与本堂祀匣讫。

建文元年十月二十八日　谢署先(押)

见人　许　胜(押)

代书人男　福住(押)

其山共拾玖亩

内敦本堂该玖亩五分
仍玖亩五分作六分派
内城该一分
　绞该一分
　常卓该一分
　润该一分

【注】

[一]原藏北京大学图书馆。

[二]谢署先，即谢曙先。

[三]都保，「保」上脱数字。据康熙壬申本《休宁县志》卷一《方舆·隅都》所载，「三十三都共七图（保）」。那么，此契保上所缺脱数字当是一至七之间的某个数字。都、保为保甲制的两级单位，与都、图同义。不论民间契约，还是历史文献，保与图都可以通用。如康熙三十八年刊《徽州府志》方舆卷一《地志·厢隅乡都》载歙县乡村建置时，就是图、保混合使用，「仁礼乡：四都下五保、七都上五保；……一都：六图……二都：三图……」而记休宁县、祁门县等县的隅、乡、都建置时，下属单位一律称「图」。都、保又为一级单位。「（宋）熙宁初，王安石变募兵而行保甲……十家为一保，选主户有干力者一人为保长；五十家为一大保，选一人为大保长；十大保为一都保，选为众所服者为都保正，又以一人为之副。应主客户两丁以上，选一人为保丁。」后此制「推之五路，以达于天下。」（《宋史》卷一九二《兵志六·保甲》）实际上，有的地区到元朝才于乡下设都，改里为图。（见清道光七年刊《祁门县志》卷三《舆地志·疆域·都鄙》，又见康熙三十二年刊《休宁县志》卷一《方舆·建置沿革》表二。）但民契上常有沿用都、保等旧称的。

七九八　明建文二年（一四〇〇）祁门县宋孟义等卖山契[一]

在城宋孟义同侄宋和，尚共有承佥业宋子恭名目山一号，坐落五都五保，土名桑园坞，计山九亩有零，系经理水字一千八十九号。因侄宗荫，先年间将伊分籍出卖与五都洪宽名下[三]，身余同侄亦将前号坞口山咀□截，计一亩三角，新立四至：东弯，西、南田，北自山。今将前项四至内山本身同侄分籍，并无存留，尽数立契出卖与五都洪　名下凑便为业。面议时值价钞陆贯、夏绵布四疋。其钞布并契当日两相交付明白。其山听经买主永远管业，本家即无重复[交易。如内外人]拦占，并是卖人之事。自卖之后，二家各无悔异。如先悔者，甘罚契内钞布一半与不悔人用，仍依此契为准。今恐无凭，立此卖契为照。

建文二年八月二十二日　　立契人　宋孟义

同侄　宋　和
见人　康伯俊
　　　饶天祖

【注】

[一] 录自北京图书馆藏明抄本祁门《洪氏历代契约抄》。

[二] 分籍，指分得的一份（山地）。因登记在册，故曰「分籍」。

七九九　明建文三年（一四〇一）祁门县谢阿汪卖山地红契[一]

十西都谢阿汪同孙寄诚、亲眷叶仕宏商议[二]，曾于建文三年二月十九日，为户门无钞之（支）用，亦同仕宏出契，将本都胡藤坑山地一片，计山五亩，系经理六千五伯号，内风水壹穴[三]，出卖与同都汪祖受名下管业。当有（由）祖受赍此文契与业人谢淮安观看，淮安随即揭照本都经理并无此号山地。得此状投在城里长方子清[四]，有本城叶仕宏错卖山地。子清就便前来查踏，谕判所是前项山地不明。仕宏同谢阿汪自情愿将胡藤坑山地再行立契出卖与汪祖受名下，实系经理壹阡（仟）陆伯玖拾捌号，计山壹亩贰角。其山东至自地及坑，西至降，南至谢洪山及谢进田，北至谢洪山。今将前项四至内山地尽数再立文契，如始面议时值价钱宝钞叁拾贯文整，其钞并契当日两相交付。其山地未卖之先，即不曾与家外重复交易。如有家外人争占，并是出产人自行祗（支）挡，不涉受产人之事。自立文契之后，两家各无言海（悔）。如有先海（悔）者，甘罚宝钞贰拾贯文与不海（悔）人用，然（仍）依此文为照。今恐人心无凭，立此文契为用。

建文三年闰三月十四日

主盟[五]　谢阿汪（押）契
孙　谢寄诚（押）
亲眷　叶仕宏（押）
谕判里长　方子清（押）

【注】

[一] 原件藏北京大学图书馆。

［二］谢阿汪，已婚妇女的一种称谓，为夫家姓谢，本人姓汪者之称，后代则称「谢门汪氏」或「谢汪氏」。

［三］风水，此处指坟墓。

［四］里长，一里之长。《明史》卷七七《食货一·户口》：「洪武十四年诏天下编赋役黄册，以一百十户为一里，推丁粮多者十户为长，余百户为十甲，甲凡十人。岁役里长一人，甲首一人，董一里一甲之事。先后以丁粮多寡为序，凡十年一周，曰排年。」

［五］主盟，卖方之作主者。因产主去世后，产业为儿孙继承，立契亦由继承产业者出面。如儿孙幼小，则由母或祖母以「主盟」的名义出面立契。如儿子虽长，但母亲或祖母健在者，亦有书「主盟」或「主盟母」、「主盟祖母」者。

八〇〇　明建文三年（一四〇一）祁门县朱安寿等卖田白契[一]

十二都第三图住人朱安寿同弟九，户内有田二号[二]：系九保乙字六伯六十二田，取陆分捌厘捌毛，土名前岩。东　，西　，南　，北　。又将仝保六伯六十三号田，取陆分捌厘捌毛，土名同处。东　，西　，南　，北　。佃自每年硬上干稻壹拾贰祖（砠）[三]。今为僨（趱）运粮储，缺少盘缠津贴[四]，同母亲胡氏嘀（商）议，自情愿将前项四至内二号田尽行立契出卖与汪猷观名下，面议时价花银壹两壹钱，时价该秈谷肆拾肆称[五]。其价银当（日）收足讫无欠；其田今从出卖之后，一任买人自行闻官受税收苗，永远管业为定。如有四至不明及重迭交易、内外人占拦，并是出产人自行祇（支）当，不及买者之事。所有入户契文与别产相连[六]，缴付不便，日后要用，索出参照不词。今恐无凭，立此卖契文书为用。

建文　三年八月初九日出产人　朱安寿（押）契

朱　九（押）

母亲　胡　氏（押）

领价银人婿　胡　重（押）

依口代书人　李资襄（押）

今就领去契内价花银并收足讫。同日再批（押）

【注】

［一］原件藏北京大学图书馆。

［二］图，为明代的地方基层行政单位，约与里、保一级相当。名称源于鱼鳞图册。《明史》卷七七《食货一·户口》：「洪武十四年，诏天下编赋役黄册，以一百十户为一里……里编为册，册首总为一图。」图上为都，图下为甲。宋、元时期多称「都、保」，明代有些地区仍沿有「都、保」之称，江南地区多秒

「都、图」。又清外方山人《谈征·言部·都图》:「宋时登科录,必书某县某都某图某里人。《萧山县志》曰:『改乡为都,改里为图,自元始。』《嘉定县志》曰:『图即里也,不曰里而曰图者,以每里册籍首列一图故名曰图是矣。』今俗省作图。谢少连作《歙志》,乃曰图音鄙,《左传》都、鄙有章,即其立名之始。其说凿矣。」参看本书前录《建文元年谢署先卖山红契》注[三]。

[三] 砠(音同租),重量单位,通用于明清时的徽州祁门、休宁、黟县一带。一砠为二十斤、二十五斤、三十斤不等。以二十斤、二十五斤为常见,从当地习惯。有些契约上注明所用砠为若干斤,为缔约双方当时的协议。

[四] 津贴,明代里甲差役中有头户、贴户之分。头户为实际服役户,贴户为出支办费用户,为津贴、助役者。

[五] 秈谷,俗名「早稻」。

[六] 入户契文,此田产归业主时的契约,即「上手契」。

八〇一 明洪武三十五年(一四〇二)祁门县程寄堡卖山地红契[一]

祁门十一都程寄堡承故兄程庆寿批拨山地壹片,坐落本都六保,土名朱三坑,系经理坐字七伯捌拾号,计山弍拾亩有零。其山东至溪及田,西至降,南至长垄,北至吴宅姜坑。其山地通山八分中合得壹分。今为无物支用,情愿将前项合得分数山地并大小苗木尽行立契出卖与同都人吴永昭名下,面议时价花银贰两整(其银折钞贰拾贯)[二]。其银当收足讫。其山地并苗,今从出卖之后,一任买人自行闻官受税,收苗长养,永远管业。未卖之先,即不曾与家外人交易。如有家外人占拦,并是出卖〔人〕祗(支)当,不及买人之事。所有尚(上)手赤契,见有在程闰收执。要用之日,本人赍出不词。今恐无凭,立此出卖山地并苗木文契为用。

洪武三十五年十一月十九日[三]　　程寄堡(押)文契

遇见人　江　乞(押)

【注】

[一] 原件藏天津市图书馆。

[二] 花银,通常指成色较纯的银子。明王佐《新增格古要论·银》:「银出闽、浙、两广、云南、贵州、交阯等处山中,足色成锭者,面有金花,次者绿花,又次者黑花,故谓之花银。」本契文「贰」下脱一「拾」字。因洪武八年始造大明宝钞,「每钞一贯,准钱千文,银一两」。(《明史》卷八一《食货五·钱钞》)本契谓「其银折钞贰拾贯」,当为银贰拾两。

[三] 洪武三十五年,为建文四年。是年六月,燕王棣兵破京师(今江苏南京),建文帝不知所终,棣自立为帝。七月,诏:「今年以洪武三十五年为纪,明年为永乐元年。」(《明史》卷五《成祖本纪》)

八〇二　明永乐二年（一四〇四）祁门县胡童卖田白契[一]

十二都十保住人胡童承父户下田壹号，系本都十保体字叁伯捌拾玖号田，取捌分柒厘陆毫。东至汪赉田，西至山，南至朱舟保田，比（北）至塘。土名方家塘下。今来缺物支用，自情愿将前项四至内田，尽行立契出卖与本图汪猷干名下，面议时值价秈谷壹拾贰租（硙）。其谷当成契日一并收足，其田今从出卖之后一任买人自行闻官受税收苗管业为定。如有内外人占拦及四至不盟（明）、重迭交易，并是出卖人祗（支）当，不及买人之事。所有上手来脚契文与别产相连，缴付不便；日后要用，于本家索出参照不词。今恐人心无凭，立此卖契为用。

永乐贰年九月十九日　　　　出产人　胡　童（押）契

见人　胡隆舟（押）

今领去前项契内价秈谷并收足讫。　同日再批。　（押）

【注】

[一] 原件藏北京大学图书馆。

八〇三　明永乐三年（一四〇五）休宁县发给汪猷干买田土契税文凭[一]

直隶徽州府休宁县□□□□□　　拾贰

都汪猷干用价谷折钞贰佰玖拾壹

贯，买到同都胡童等田土。见行[二]。

永乐叁年贰月廿六日

官（押）

撰册　陈廷忠（押）

【注】

[一] 原件藏北京大学图书馆。

[二] 自「拾贰都」至「见行」和契后年月日之数字及陈廷忠，均为墨笔填写，其他字为木板刻字。

八〇四　明永乐三年（一四〇五）祁门县谢寄诚卖田白契[一]

十西都谢寄诚，今承祖有田壹号，坐落本保，土名程坑口，系经理伐字伍伯陆拾肆号，计田叁亩。其田东至路，西至溪，南至溪，北至谢家田。曾于洪武廿六年出卖一半与本都谢永护□□。今合得壹半，立契出卖与本都人汪祖受名下，面议时价货大绵布玖疋。其布当〔立〕契日一并交付无欠。其田未卖之先，即不曾与家外人交易。如有家外人占拦，并是出卖人自行承当，不涉买人之事。自承（成）交之后，贰家各无言悔。如有先悔，甘罚契内价钱壹半与不悔人用。所是税粮见（现）在本户供解，候官司推收之日[二]，一听买人起割前（去）[三]，本家不在（再）阻挡。今恐无凭，立此文契为用。契内价货准钞叁伯（佰）贯（押）

永乐三年六月初二日

出契人　谢寄诚（押）契

主盟祖母　汪　氏　谢敬东（押）

见人　胡卷祖（押）

【注】

[一] 原件藏北京大学图书馆。

[二] 推收，产权过户。《元典章·户部·田宅·典卖》：「今后典卖田宅，先行经官给据，然后立契，依例投税，随时推收。」明清沿用此制。

[三] 起割，亦称「过割」，义与「推收」同。《大明律》卷五《户律·田宅》：「凡典卖田宅，不过割者，一亩至五亩笞四十，每五亩加一等，罪止杖一百，其田入官。」

八〇五　明永乐四年（一四〇六）休宁县汪伯敬卖田契[一]

十一都汪伯敬承祖并父买田一备，坐落本都六保，土名梓坑，吴八住前，系经理坐字二伯一十号，计田一亩八分有令（零）。其田东至自田，西至詹永成田，南〔至〕坑，北至山，计租一十八秤。又取坐字二伯五十八号，土名檞背，计田三分八厘九毛。其田东至溪，西至本宅地，南至谢乙地，北至汪宅田。本边三分中合得一分。又取二伯五十九号，计田乙亩有令（零）。东至溪，西、南至汪宅地，北至李宅地。又取梓坑口王起住地，坐字五百二十三号起，至五伯二十六号止，计地二亩二分七厘五毛。其地新立四至：东起吴宅田，西、北至坑，南至山塝。其王起住地并屋宇承祖并父买李宗祥、李原等，本边三分中合得乙分。今将契内田地、火佃基屋本边合得分数尽行立契出卖与汪仕同名下收租为业[二]，三面议作时值价钞五百八十贯文整云云。所有原买李宗祥、李原等来脚契文与兄弟相共，不及缴付。

永乐四年二月十八日

立卖契人　汪伯敬

见　　人　汪伯信

代 书 人　李德本

【注】

[一] 录自北京图书馆藏明抄本休宁《汪氏历代契约抄》。

[二] 火佃，佃户。火佃基屋是供佃户居住的房屋。凡住用地主房屋的佃户，不付房租，但要为主人服杂役。火佃亦称佃仆、住佃、庄佃、庄仆、地仆、伴偕等。

八〇六　明永乐四年(一四〇六)祁门县李务本卖田白契[一]

十西都李务本，今为家□无钱支用，与母亲商议，自愿将户内土名黄坞口，田贰亩贰分玖〔厘〕二毛(毫)：土名根丘，田捌分捌厘柒毛；土名胡二坞，田壹亩陆分叁厘柒毛；又将土名李木坞口田壹亩肆分肆厘二毛；又将南山桥头贰分玖厘贰毛；又将郡坑原田肆亩玖分贰厘壹毛，其田亩步字号四至，自有本保清元文册及元(原)买文契可照。今曾(情)愿将前项陆处田亩尽行立契出卖与谢能静名下，面议时价宝钞柒百贯。其钞当日收去，其田一听买人入段收苗受税[二]，永远管业。未卖之先，即不曾与内外人重伏(复)交易。如有一切不明及家外人占拦，并是卖人之(支)当，不及买人之事。今恐无凭，立此文契为用。

永乐四年三月廿日

卖人　李务本(押)契

母亲　谢　氏(押)

依口代书人　李胜舟(押)

【注】

[一] 原件藏北京大学图书馆。

［二］段，田中分界为段。「入段」，为「入户」之意。

八〇七　明永乐五年（一四〇七）祁门县李务本卖田白契（甲）[一]

十西都李务本，今为无力用度，今日曾（情）愿将本家自己田一段，坐落本保土名恨丘，经理塘字肆伯壹十六号[二]，计田壹亩有零。其田东至路，西至超路田，南至谢定显田，北至能静（田）[三]；又将土名杨源震村过水坵，经理塘字二百二拾三号。其田东至谢开先田，西至谢显先田，南至开先田，北至显先田，砌塝为界；又将本保黄坞田，系经理唐字　　号，计田　　有零。其田东至谢又田，西至坑，南至尚贤田，北至坑；将本都六保土名轮子坑口，经理陶字弍拾叁号，其田陆亩　　。其田东至路及坑，西至山、李叔俊田，南至官路，北至坑；又将本保土名胡二坞，经理唐字　　号。其田东至坑，西至谢冲然田，南至坑，北至山；又将土名郡坑源，经理唐字　　号。其田东至山，西至谢超然等田，南至山，北至路及坑。今将前项田亩尽行立契卖与谢能静名下，面议时价宝钞肆伯弍拾贯。其钞并契当日两相交付。其田一听买人自行入段收苗，永远管业。未卖之先，即不曾与内外人重伏（复）交易。如有家外占栏（拦），并系出产之（支）当，不及受产人事。及税粮见（现）在务本户内，候官司过割之日[四]，一听于本户起割前去无词。今恐无凭，立此文契为用。

永乐伍年叁月二十日　　　　出卖人　李务本（押）契

　　　　　　　　　　　　　母　亲　谢　氏（押）

　　　　　　　　　　　　依口代书人　李胜舟（押）

【注】

［一］原件藏北京大学图书馆。

［二］塘字，以下均作「唐字」。当以「唐字」为是。

［三］能静，即「谢能静」。

［四］官司过割之日，即大造之时。

八〇八　明永乐五年（一四〇七）祁门县李务本卖田白契（乙）[一]

十西都李务本承祖有田壹段，坐落西都六保，土名伦子坑口，计田陆亩有零，其田系经理陶字贰拾叁号。东至路及坑，西至山及李叔俊田，南至官路，北至路及坑；又将本都七保，土名过水坵，系经理唐字　　号。东至谢开先田，西至谢显先田，南开先田，北至显先田。计田叁角有零[二]。今为户门无钱货支用，奉母指令，将前捌至内田亩尽行立契出卖与十西都七保住人谢能静名下，面议时值价货大棉布壹拾疋，中棉布壹拾贰疋，共准价钱叁伯贯[三]，其钞并契当日两相交付。其田一任买人自行入段收苗管业。未卖之先，即不情（曾）与内外交易。如有家外人占拦，并是出产人之（支）当，不涉买人之事。今自成交之后，二家各无悔易（异）。如先悔者，甘罚宝〔钞〕叁百贯与不悔人用；仍依此文为始。所是税粮，见在本户，候过割之日，一听买人收割前去。今恐无凭，立此文契为用。

永乐五年四月十五日

出契人　李务本（押）契
母　亲　谢　氏（押）
代书人　李仲积（押）

【注】

〔一〕原件藏北京大学图书馆。
〔二〕角，四分之一亩。
〔三〕准价，折价，合价。

八〇九　明永乐六年（一四〇八）祁门县郑永宁卖田契[一]

在城郑永宁，今为无钞货支用，情愿将本家田一备，坐落五都十保，土名金家段，计田肆亩壹分七厘叁毫。东、西、北至路，南至周田。今将前项四至内田尽数立契出卖与五都均祥名下为业，面议时值价钞叁百五贯文。其田未卖之先，即不曾与家外人重复交易。如有家外人占拦，并是出卖人之（支）当，不涉买人之事。自卖之后，二家各无悔异。如先悔者，甘罚契内价一半与不悔人用。所税粮候大造[二]，过割入户供解无词。今恐无凭，立此为照。

永乐六年十一月初五日

立契人　郑永宁
代书人　郑伯善

【注】

〔一〕录自北京图书馆藏明抄本祁门《洪氏历代契约抄》。

〔二〕大造，明朝每隔十年，重新编造黄册（户口册）一次，谓之大造。在大造之年，凡前此买卖田地宅舍者，一律要办理过割手续以免有增产无税和产去税存的情况。《明史》卷七七《食货一·户口》：「洪武十四年，诏天下编赋役黄册……每十年有司更定其册，以丁粮增减而升降之。」

八一〇　明永乐七年（一四〇九）祁门县汪祖应卖山地白契〔一〕

十西都汪祖印（应）同直（侄）汪兴祖，昨用价买到本都土名十保胡滕坑，经〔理〕伐字一千六百九十八、九十九、七百号，共计山肆亩贰角。又将土名岭西，原安葬祖母墓林山地，系经伐字壹千四百卄五号。期（其）前项式处山地俱有原买文契。其四至亩步字号，照依原买契为文。今为户门无〔钱〕支用，自情愿立契出卖与本都谢能静名下。面议时价宝钞贰佰壹拾贯，其钞并契当日两相交付。其山地壹听买人谢能静永远管业。未卖之先，则未曾与家〔外人〕交易。如有一切不明，并是卖人之（支）当，不涉买人之事。今恐无凭，立此契为用。

永乐七年二月十三日

出契人　汪祖应（押）契

汪兴祖（押）

依口代书人　谢子成（押）

【注】

〔一〕原件藏北京大学图书馆。

八一一　明永乐八年（一四一〇）祁门县谢达先卖山地白契〔一〕

十西都谢达先昨用价买受本都七保谢愿郎等名下山地一片，坐落本保吴坑源，土名苍背坞，系经理唐字二千二十二、二千二十三号，计山弍拾玖亩。东至大坑上长岭，西坞心坑，南大降，北至神林太双坑口。原与谢翊先相共，本宅合得壹半。今将前项四至内山地尽行立契出卖与谢能静名下。面议时价宝钞四伯弍拾贯，其钞并契当日两相交付，其山地并地内大小杉苗一听买人自行永远管业。未卖之先，即不曾与家外人重复交易。如有一切不名（明）及家外人占拦，并是卖人之（支）当，不及买人之事。所是原买文契检寻未着，不及缴付；日后寻见，自行付还。倘有漏落，不在行用。今恐无凭，立此文契为用。

永乐捌年拾月初四日　　谢达先（押）契

书契男　谢思忠（押）

【注】

〔一〕原件藏北京大学图书馆。

八一二　明永乐八年（一四一〇）祁门县李务本卖田地山场白契〔二〕

十西都李务本自叹吾生世，幼丧父亲，惟与母谢氏孤苦难立，再继义父胡惟善不幸亦已殁身。今务本年一十四岁，感患甚危，恐难存命，思知二父俱亡，全无追修斋七；有母谢氏，亦无依靠；兼以二妹年幼，未曾婚聘。今与母亲商议，情愿将承父户下应有田山、陆地、住基、屋宇，尽行立契出卖与同都住人母舅谢能静名下，面议时价宝钞肆仟贰拾贯。其钞并契当日两相交付。其田地山场，今将字号四至条段亩步开列于后：

一、唐字四百一十六号，计捌分捌厘柒毛（毫）。东至谢能静田，西至谢能迁田，南至路，北至能静田，土名青林原根丘。

一、唐字弍百二十三号，土名过水丘，计田捌分壹厘壹毛（毫）。东、南至谢开先田，西、北至谢显先田。

一、唐字弍百号，土名黄坞口，计田弍亩弍分玖厘弍毛（毫）。东至山，西至北至地，南〔至〕尚贤田。

一、唐字六百七十八号，土名南山桥头，计田弍分玖厘弍毛（毫），东至溪，西、南、北至谢开先田。

一、唐字六百十一号，土名李木坞口，计田壹亩肆分肆厘弍毛（毫），地壹分捌厘叁毛（毫）。东至谢景继地，西至谢显先地，南、北〔至〕山。

一、陶字弍拾叁号，六保，土名伦子坑口，计田伍亩弍角五十步。东、北至境，西至□李叔俊田，南至行路。

一、唐字七百四十一号，土名郡坑源，计田伍亩，东至山，西至坑，南至山，北至坑。

一、唐字七百七十一号，土名郡坑口，计田　　，东至田，西至路，南至甽，北至坑。

一、唐字六百二十五号、二十六号、二十七号，土名见住基，吴升住基及东畔红梅园，共计地弍亩，开住后竹园山地壹角。东至显先田及坟，西至路及显先地，南至田及溪，北至大开岭与水，下至显先地。

一、户下各处田山陆地字号亩步不等，一时誊写该载不尽，自有经理及原买文契可照。

右许前项田山、基地、屋宇自卖之后，一听能静照契收租受税，永远〔管〕业。未卖之先，即不情（曾）与家外人重复交易。如有一切不明及家外人占拦，一听立〔契〕人行官理治；仍依此文为凭。今恐无凭，立此文契为用。

永乐捌年四月十五日

李务本（押）契
主盟母亲　谢氏荣娘（押）
见交易人　谢曙先（押）
依口代书族叔　李仲积（押）

【注】

〔一〕原件藏北京大学图书馆。

八一三　明永乐九年（一四一一）祁门县僧禧怡云卖山地红契[一]

十一都永喜庵僧禧怡云承师祖山一片[二]，坐落本都五保，土名瓦瑶（窑）坑，系经理汤字五伯十二号，计十二亩二角。其山四至：东至田，西至降，南〔至〕李家山，北至自山；又取五伯（佰）十四号山十四亩，本庵内该〔得〕七亩。东至田，西至降，南、北山；又取五伯□□□□山□□亩，内该一十三亩[三]。其山东至降；西至田，双□□田；南至岭，出至岭脚；北〔至〕降，直出至荒田。今将前项山地骨一十二至，凭中立契出卖与同都住人汪德淳名下为业。凭中面议价钞柒伯伍拾头文正[四]。其钞契当日一并两相交付，后再不立领。未卖之先，即无重复交易。如有来历不明，尽是卖人之（支）当，不及买人之事。今从卖后，以（一）听买人入山长苗管业，本庵即无言说。今恐无凭，立此文契为照。

永乐九年三月十六日

立契僧人　禧怡云（押）契
见人　李友德（押）

【注】

〔一〕原件藏天津市图书馆。
〔二〕永喜庵，万历、康熙、道光诸《祁门县志·舆地志》均作永禧寺。

［三］内该，当作「本庵内该得」。

［四］头，货币单位「贯」的俗称。

八一四　明永乐十一年（一四一三）祁门县谢曙先卖山地红契[一]

十西都谢曙先昨用价买受本都七保土名社屋坑，经理系唐字七伯八十二号、七伯八十三号、七伯八十四号、七伯八十五号、七伯八十六号、七伯八十八号接连六号，共计山　　亩。其山东至　　，西至　　，南至　　，北至　　。又将土名古溪唐坑，经理唐号七伯四十七号，计上山三角四十五步，夏（下）山三角。其山东至田，西至降，南至唐坑口，北至饭罗崒[二]。又将土名上村枏百竹坞，经理唐字二伯五十一号，计山弍厶（亩）。其山东至　　，西至　　，南至　　，北至　　。今为户门无钱支用，情愿立契将前项一十二至内山地尽行立契出卖与同都谢能静名下，面议时价宝钞壹伯捌拾头。其钞并契当日两相交付明白。其山一听买人永远管业。未卖之先，即不曾与家外人重复交易。如有一切不明，并是出卖人之（支）当，不及买人之事。所是原买文契检寻未见，不及缴付。倘有失落，不在行用。自成之后，各不悔易。如先悔者，甘罚宝钞壹伯（佰）头与不悔人用，仍依此文为始。今恐无凭，立此文契为用。

永乐十一年九月刀（初）十日　　谢曙先（押）

书契男　谢能政（押）

【注】

［一］原件藏北京大学图书馆。

［二］崒（音同矬），亦作嵯，此处为山名。

八一五　明永乐十四年（一四一六）祁门县谢俊杰等卖火佃住基地文契[一]

十西都谢俊杰同弟俊贤、俊良，今为户门家缘无钞支用，奉母亲凌氏指令，自情愿将火佃汪祖住基地壹片，坐落本宅门前，土名柿树下，系经理吊字陆百玖拾贰号、玖拾叁号，内基地壹亩拾壹步。东至洋（阳）沟塝，西至田，南、北至熟田。其地内有汪祖住歇瓦屋叁间并小屋，上瓦下磉，肆围壁尺俱全。其地并屋与兄祯祥兄弟相共。祯祥兄弟玖分内得陆分，俊俊杰兄弟玖分中合得叁分[二]，内取壹分尽数立契出卖与叔谢振安名下，面议时价宝钞贰百壹拾贯，其钞当日收足无欠。其火佃汪祖家一听振安使用倩唤[三]，本家即无阻当。即不移居他处。如有移居他处，一听振安报闻追理，还原无词。自卖之后，两家各无悔易(异)。如先悔者，甘罚宝钞壹百贯与不悔人用；仍依此文为始。未卖之先，即不曾与家外人重复交易。如有家外人占拦，并是卖人之(支)当，即不涉买人之事。其税粮候重造黄册之日，一听振安于故父积善户内照依分数收割入振安户内，俊杰兄弟即无阻当。所有尚(上)手文契未曾缴付，日后不在行用。今恐无凭，立此文契为用照。

永乐十四年丙申岁四月十九日　　出契人　谢俊杰(押)契

谢俊贤(押)

谢俊良(押)

主盟母亲　凌氏来娘(押)

【注】

[一]原件藏中国历史博物馆。

[二]俊俊杰，衍一「俊」字。

[三]倩唤，作为奴仆使唤。明梅膺祚《字汇·人部》：「倩，使人。」仆人亦称作「倩」。张居正《张文忠集》书牍八《答应天巡抚宋阳山》：「顷小儿回籍应举，自行顾倩。」

八一六　明永乐十四年(一四一六)祁门县王亥卖房地契[一]

十西都王亥，今为户门无钞支用，自情愿将自己房屋三间及将住地一片，坐落东都四保，土名方村源，系经理有字一千一百八十号，内取地七分五厘；又将一号系有字一千八十一号，内除地四分。其地东至自地，西至王家田，南至住后竹山，北至□□及行路；又将土名程家坞口空闲地一片，系经理有字一千一百七十三号，计地二分九厘四毫。东至自地，西至自地，南至山地，北至王地；又将内取竹山一亩，东至鲍家山地，西至汪真五山，南至高尖地，北至自地，土名住后。立契出卖与五都洪宽名下为业，面议时值价钞八百贯文正，前去度用。其契当日两相交付明白。自卖之后，二家各无悔异。如先悔者，甘罚钞资四贯与不悔人用；仍依此文契为准。未卖之先，即无家外人重复交易。如有家外人占拦，并是卖人之(支)当，不干买人之事。其税粮候造册听自收割入户供解[二]，即无悔阻。今恐无凭，立此文契永远为照。

永乐十四年五月初九日

立契人 王 亥

见人 谢功汝

依口代书人 汪永祥

【注】

[一] 录自北京图书馆藏明抄本祁门《洪氏历代契约抄》。

[二] 造册，编造黄册。即大造时过割推收，以便纳税。

八一七　明永乐十四年（一四一六）祁门县李祁生卖山地红契[一]

十西都李祁生承祖户复振有山弍号，坐落本都八保土名蒋（将）军坞，系吊字壹阡（仟）弍伯弍拾叁号，计山叁角。其山东至谢千四山，西至岭，南至谢千三山，北至尖；又壹阡（仟）弍伯弍拾肆号，土名同处，计山弍角。其山东至岭，西至坞心，南至谢胜地，北至谢千四山。今为身役[二]，缺少盘缠，情愿将前项八至内山地尽行出卖与李仲政名下，面议时价钞壹伯弍拾贯前去支用。其山今从卖后，一听买人永远管业。未卖之先，即不重复交易。如有一切不明，并是卖人祇（支）当，不涉买人之事。其山来历，只凭该保经理照证。恐有外人占拦，本家承管。契后别不立领。今恐无凭，立此出卖文契为用。

永乐十四年六月念二日[三]

卖人 李祁生（押）契

代书人 李诱循（押）

见人 洪福原（押）

【注】

[一] 原件藏北京大学图书馆。

[二] 役，明代赋役法，以黄册为准。《明史》卷七八《食货二·赋役》：「民始生，籍其名曰不成丁，年十六曰成丁。成丁而役，六十而免。又有职役优免者。役曰里甲，曰均徭，曰杂泛，凡三等。以户计曰甲役，以丁计曰徭役，上命非时曰杂役，皆有力役，有雇役。」本契李祁生服役，需自备盘缠，以致出卖祖遗产业，可知在明朝前期，服役已是人民的重大负担。

[三] 念二日，二十二日。念，二十。或写作「廿」。清顾炎武《金石文字记》三《开业寺碑》：「碑阴多宋人题名，有曰：『……元祐辛未阳月念五日题。』以廿

为念，始见于此。」

八一八　明永乐十四年（一四一六）祁门县谢则贤卖山地红契[一]

十西都谢则贤，今有祖产山地壹片，坐落本都七保吴坑源，土名黄土垄（岭），经理系唐字弍阡（仟）弍号，山壹拾弍亩弍角，地弍角。其山东至岭坳，西至大坑，南至坦里小弯心，下至坑；比（北）至坑心，随坑下至大坑。其山与兄谢则成相共，于内则贤合得壹半。今将前项四至内合得分数山地骨并苗尽数立契出卖与本都谢能静名下，面议价钞叁伯贯整。其钞当日收足，其山地一听买人自行永远管业。未卖之先，即不曾与家外人交易。如有家外人占拦，并系卖人祇（支）当，不涉买人之事。自成交之后，弍家各无悔易。如有先悔者，甘罚宝钞壹伯贯与不悔人用；仍依此文为始。所是上手文契系同分兄则成收存，不及缴付。要用之日，赍出无词。今恐无凭，立此文契为用。

永乐拾肆年十一月十五日

谢则贤（押）契

见人侄　谢震安（押）

【注】

［一］原件藏北京大学图书馆。

八一九　明永乐十五年（一四一七）休宁县汪社富卖田契[一]

十一都汪社富，承父有田一备，坐落本都六保，土名前岸山下，系经理坐字三百三拾号，共计田二角伍十步。内除门前田三分卖与休宁县三十三都李彦仁家，仍有本家住基田三分有令（零），于内正屋三间并四围小屋在内。其基地东至山，西至彦仁田篱榩为界，南至汪永年基田，北至汪宅田。今为门户无钞用度，自情愿将基地并屋宇，除永年基田外，五分中除一分卖与李玄宗、李宗礼名下。除一分卖与汪永年名下，除二分卖与汪永怀名下，今将五分中取一分卖与同都汪仕同名下，面议时值价钞九十贯正云云。所有来脚契文，系社富收执，日后要用，赍出参照无词。

永乐十五年八月十五日

出卖契人　汪社富

依口代书人　汪伯春

【注】

[一] 录自北京图书馆藏明抄本休宁《汪氏历代契约抄》。

八二〇　明永乐十五年(一四一七)祁门县李双荫卖山契[一]

拾西都李双荫承故父李子善昨用价买得本都方远等名下土名金坑山壹亩,经理唐字壹阡(仟)柒拾伍号。东至弯口,西溪[二],南田,北岭;又土名水坞山,计山弍亩壹角廿步。东尖;西岭,上降,下双坞口;南岭,上尖,下双坞口;北降。系经理壹千九十伍号[三];又土名高田岭下生坟坞口,经理壹千壹佰壹十五号,计山弍亩弍角。东止(至)坑,西大岭下溪及石咀;南李教谕山[四],从鸡心岭上尖及坦,下汪茂卿田末,北社公田末及坑[五];又土名江桐坞山肆亩,经理壹千壹佰壹拾柒号。东坞心,上尖;西长弯心,南大降,北田;又土名程婆坞口,经理壹千壹佰十九号山四亩。东降,下程婆坞口大坑,西田及坑,南大岭,上尖,下石岩,下谢元美田末;北坞口;又土名羊鹅坞,经理壹千壹佰廿伍号山玖亩。东程波坞长弯心,上岭,下坑;西坞心,上降;南大降,抵李葵山;北方社田。今将前项廿四止(至)内山地骨并苗,尽行立契出卖与同都谢能静名下。面议时价宝钞陆伯贯,其钞并契当日两相交付。其山地一听买人永远管业。未卖之先,即不曾与内外人重复交易。如有一切不明,并是卖人之(支)当,不涉买人之事。所是原买父契随即缴付。倘有失落,不在行用。今恐无凭,立此卖为用。

永乐十五年十月廿五日　　　　李双荫(押)契

【注】

[一] 原件藏芜湖安徽师范大学图书馆。

[二] 契文四至多脱「至」字。

[三] 以下「经理」字号缺「×字」,似均为「唐字」。

[四] 教谕,县学官名号。《明史》卷六九《选举一》:洪武二年,「大建学校,府设教授,州设学正,县设教谕,各一。」教授,从九品,学正、教谕,未入流。「李教谕山」以山主之职称为名。

[五] 社公田,社仓或社学之公有田。社,社仓或社学的省称。社为地方群众性的公益组织,多用捐助、集募等方式积有或多或少的财产,以助公益。《明会要》卷五六《社仓》:「令各府按设社仓,令民二三十家为一社,择家殷实而有行义者一人为社首,处事公平者一人为社正。」《续文献通考》卷五〇《学校·郡国乡党之学》:「令各府州县,访保明师,民间幼童年十五以下者,送社读书。」

八二一　明永乐十五年（一四一七）祁门县谢孟辉卖火佃住基田房白契[一]

十西都谢孟辉，今有承祖火佃住基田壹号，坐落本都七保，土名九亩段上四亩，系经理唐字　　号，共计田肆亩，与谢从正相共，本家合得壹半，计田弍亩。除将外截，今该本家田壹亩卖与李从舟讫。今将里截住基弍亩，其基田东至甽口田，西至培，南至同号外截田，北至山。于内祖造厅楼房屋并四围厨房小屋，上至瓦片，下至基田，租与火佃黄金住、程纹得、黄虎等安歇。各家老小累年租谷未还。其基并金住等本家合得一半，计基田一亩，于内取壹半，计基田伍分，并火佃黄金住等歇住屋宇一应等等物，立契出卖与本都谢能静名下，面议时价宝钞叁仟四伯头正[二]。其钞当入收足，其火佃黄金住歇基田屋宇一听买人照依分法，永远叫唤管业[三]。如有抗拒不伏（服）[四]，听自追取往年租谷不词。之先，即无重复交易。如有一切不明，并是卖人之（支）当，不涉买人之事。自成交之后，二家各无言悔。如有先悔者，甘罚契内价钞一半与不悔人用；仍依此文为始。其税粮见在本户，候重造黄册，一听买人收割，合得基地伍分，入户供解，本家即无异言。其上手文契检寻未见，不及缴付；倘有失落，不在用。今恐无凭，立此文契为用。

永乐十五年十月二十五日　　　　谢孟辉（押）契

代书人　谢能政（押）

【注】

[一] 原件藏北京大学图书馆。

[二] 头，货币单位「贯」的俗称。

[三] 叫唤管业，「叫唤」指对火佃黄金住等的役使。「管业」指「基田屋宇」等。火佃近于世仆，因之亦可被转让，近似于买卖。

[四] 不伏，指「不肯服侍」，即「不应役使」。

八二二　明永乐十六年（一四一八）休宁县吴希政卖山地白契[一]

十一都吴希政承祖父有山地□□□□号，卅三都三保[二]，土名皇二坞，系殊字四百卅八号，计山柒厘四毛；又取四保贵字四百卅九号，土名辰山下，计山九厘四毛；又取五保贱字四百六十一号，（土名）破塘，计山壹分贰厘五毛；又取九保赤岭山，系卑字壹阡(千)玖十八号,伍分叁厘壹毛;又取七保上坞,系别字卅二号,计山一分一厘五毛。共山柒号,计贰拾捌至[三]。所有亩步四至,自有经理该载明白,未曾书填。今为户门无钱支用度,情愿将前项柒号内山地并大小苗木本边合得分数,尽行立契凑(出)卖与同分兄吴希仁名下。面议时价宝钞贰阡(千)贯正。当立契日一并收足,契后再不立领。其山地并苗木今从卖后,一听买人自行受税,永远管业。未卖之先,即不曾重复典卖。如重复典卖及家外人占栏(拦),并系卖人自行理直。今恐无凭,立此文契为用。

永乐十六年九月初四日

立契人　吴希政(押)契

见　人　吴希和(押)

吴希睦(押)

【注】

[一]原件藏北京大学图书馆。

[二]卅三都,在休宁县西部,与祁门交界处。

[三]共山柒号,计贰拾捌至。契文开列仅有五号山地,计贰拾至。契文似有脱漏。

八二三　明永乐十七年(一四一九)祁门县谢孟辉卖山地白契[一]

十西都谢孟辉承祖有山一片,坐落本都七保大坑培,土名汪家前山,系经理唐字壹阡(仟)伍伯玖拾柒号,共计山叁亩叁角一十八步。其东至弯心;西至谢祥坟地,系小杨坑口;南至大坑培、大溪;北至苦竹降、田弯口坟、小岭;上至降。今将前项四至内山地并地(内)大小杉苗,及见(现)作者,尽行立契出卖(于)本都李从舟名下,面议时价钞货式伯伍拾贯,前去用度。其钞货并契当即两相交付。其山地未卖之先,即不曾与家外人重复交易。如有一切不明及家外人占拦,并是卖人祇(支)当,不及买人之事。所是上手与别产相连,不及缴付;要用之日,赍出无词。今恐无凭,立此卖契为用者。

永乐十七年正月十二日

谢孟辉(押)契

依口代书　谢能政(押)

【注】

[一]原件藏北京大学图书馆。

八二四　明永乐十七年(一四一九)祁门县谢曙先卖山地白契[一]

西都七保谢曙先[二]，今于户门无钞用度，自情原(愿)将梯己标分得七保土名吴坑源，经理一千九百五十九号，东至降，西至田及溪，南至岭，下至田，北至岭下溪。计山地贰亩。今将前项四至山地骨并山(杉)描(苗)尽行立契出卖与同都谢能静名下，面议价钞叁拾头前去用度。其钞并契当日两相交付明白。其山地余(如)有来历不明，自是卖人之(支)当，不及买人之事。未卖之先，即不曾与家外人交易。自卖之后，一听买人收苗，永远管业，本家并无言说。今恐无凭，立此文契为用。

永乐十七年十月初三日

谢曙先(押)契

代书男　谢能政(押)

【注】

[一]原件藏北京大学图书馆。

[二]西都，据《祁门县志》卷三《舆地·都图》载：「明仍元所置为乡六，为都二十二，并三四为一，析十都为东西。」西都即十西都的省称。

八二五　明永乐十八年(一四二〇)祁门县李从舟卖山地红契[一]

十西都李从舟昨用价买到本都李有循名下山式片，坐落土名本都七保鲍六家弯，经理唐字一千三伯四十三号，夏山伍亩，夏地二十八步，东至岭，下至汪八坞口田；西至弯心；南至尖；北至田。又将同保土名大坑培，经理唐字一千三伯九十三号山四厶(亩)，其山东至田末第二坑心，上至降；南至大降；西至大弯心；北至溪。又将用价买受到本都谢孟辉名下，土名大坑培，尚山壹亩式角，经理唐字一千二伯四十五号，东至岭及自山，西至自山，南〔至〕溪，北至降。又将土名大坑培，经理唐字一千二伯四十六号，其山计柒亩，东至小弯心，上至降，抵元三孙；西至石屋外弯心，上至岭；南至大溪及田；北至降。今将前项山地肆处，计一十六至，内取壹半，立契出卖与本保谢能静名下，时价宝钞陆伯伍拾贯。其钞当日收足，其山地骨并地内大小杉苗一听买人自行永远同共管业，本家即无言说。未卖之先，则不曾〔与〕他人重复〔交易〕[二]。如有一切不明，并是卖人之(支)当，不及买人之事。所是上手并来契肆纸[三]，见在李从舟收执。要用之日，赍出照证不词。今恐无凭，立此为用。

永乐拾捌年三月十六日　　李从舟（押）契

【注】

[一] 原件藏北京大学图书馆。

[二] 不曾他人重复，有脱漏，当作「不曾与他人重复交易」。

[三] 来契，即来脚契。

八二六　明永年二十年（一四二二）休宁县汪仕达卖山地契[一]

十一都汪仕达，今有祖墓一所，坐落本都八保，土名潭子口，曾祖坟畔余地。与众言议，今将本家合得分数立契逊让与同堂族弟汪仕同安葬伊母李氏、华氏二孺人[二]。凭众议价钞略取价货三百五十贯，当立契日收足无欠。其新造风水穴，听仕同永远掌管云云。

永乐二十年六月十五日　　出卖人　汪仕达

依口代书主盟族长[三]　汪伯春

【注】

[一] 录自北京图书馆藏明抄本休宁《汪氏历代契约抄》。

[二] 孺人，明清时期七品官的母亲或妻的封号。亦对于长辈或年长妇人的尊称。

[三] 族长，掌管宗族事务的人。明傅岩《歙纪》卷五《纪政绩·修备赘言》：「徽俗重长上，一家则知有族长、门长。」《重修古歙东门许氏宗谱》卷八《家规》：族长「分莫逾而年莫加，年弥高而德弥邵，合族尊敬而推崇之，有事则必禀命焉。此亦宗族之遗意也」。族长为本地区同姓中辈分最高、年龄亦长、权势较大或在族众中享有盛名的人充当。其职责有主持宗祠祭祀、主管族产、制定族规、解决族人争端、处置族人违犯族规家法诸事。参看叶显恩《明清徽州农村社会与佃仆制》第四章《徽州的封建宗法制度》。

八二七　明永乐二十一年（一四二三）祁门县洪伯骥卖田契[一]

东都洪伯骥，今有水田一备，坐落土名方村，计田捌分玖厘贰毫。其田东至洪田，西至李田，南至徐田，北至王田。今将前项四至内田立契出卖与五都洪宽名下为业，面议时值钞壹百捌拾贯文前去用度。所〔有〕税粮候大造黄册之日，听自收割入户，本家即无阻当。今恐无凭，立此文契为照。

永乐二十一年二月十四日　　　　　　出契人　洪伯骥

【注】

〔一〕录自北京图书馆藏明抄本祁门《洪氏历代契约抄》。

八二八　明永乐二十一年（一四二三）祁门县李仲得卖山地契〔一〕

东都李仲得，今有承祖山一号，坐落在本都四保，土名青龙坞，系有字二千　号，计山肆亩有零。其山东降，西岭，南尖，北王山及田。今来立契出卖与五都洪宽名下为业，面议时值钞叁拾贯，明白收足。自交易之后，听自买人永远管业。倘有家外人争论悔异一切等事不明，并是卖人之（支）当，不涉买人之事。所有上手老契未曾缴付；日后赍出，不在（再）行用。今恐无凭，立此契文为照。

永乐二十一年二月十六日　　　　　　立契人　李仲得

见　人　吴永潜

陈本道

【注】

〔一〕录自北京图书馆藏明抄本祁门《洪氏历代契约抄》。

八二九　明永乐二十一年（一四二三）祁门县胡福应买山地契税文凭〔一〕

直隶徽州府祁门县□□□□□十二都胡福应

用价钞货陆佰贯，买□到十西都

谢阿胡名下山地为业[二]。□□□□□
文凭。合行出给者。
工本　　右付本人收执
永乐廿一年叁月拾捌日　司吏
税课局[三]（押）

【注】

[一] 原件藏北京大学图书馆。

[二] 自「十二都」至「山地」和契后年月日之数字及押字，均为墨笔填写，其他字为木板刻字。

[三] 税课局，县级官府，掌管税收及税契等事。《明史》卷七五《职官四·税课司》：「府曰司，县曰局。大使一人，从九品，典税事。凡商贾、侩屠、杂市，皆有常征，以时榷而输其直于府若县。凡民间贸田宅，必操契券请印，乃得收户，则征其直百之三。明初，改在京官店为宣课司，府州县官店为通课司，后改通课司为税课司、局。」

八三〇　明永乐二十一年（一四二三）祁门县谢孟辉卖山地红契[一]

十西都谢孟辉今有承祖山地，坐落本都七保，土名社屋坑，经理唐字七伯捌拾玖号。其山东至降，西至弯心，南弯口，此（北）尖。计山叁亩伍拾厘，夏地壹角四厘。其山地与谢从政相共，本家合得壹半。又将土名黄村查弯山，系唐字九伯号，夏山壹亩弍角，地弍十步。东土堑陇，西岭及能迁山，南行路、岭田，北地。又将土名李大原高坞口，系唐字一千弍佰伍拾壹号、伍拾弍号、伍拾叁号、伍拾肆、伍拾五、五十六号，接连六号，共计山壹拾捌亩壹角。东田，下岭里坑心，随坑下至大坑；西至桥外水坑心及能静山；南田，出下至墓林下外荒田；北降。又将土名桃木坞，系壹千五百八十九号山壹亩，东坞口陇，西岭，南降，北田。今将前项壹拾陆至内山地骨并苗尽行立契出卖谢能静名下，面议价钞货捌佰陆拾贯。其钞货并契当日两相交付，其地山一听买人自行永远管业。未卖之先，即不曾与家内外人交易。如有一切不明，并是卖人之（支）当，不涉买人之事。所是上手文契一时检寻未出；倘有漏落，不在行用。今恐无凭，立此文契为用。

永乐廿一年三月十一日　　谢孟辉（押）契

又将土名社屋坑唐字七伯八十七号，计山弍角。东至降，西小坞，南小陇，北官路。其山与谢从政相共，三分中本宅合弍分，凑卖与谢能静名下。再添谷五十斤。其山一听买人永远管业。同前　年　月　日，再批。谢孟辉（押）

【注】

［一］原件藏北京大学图书馆。

八三一　明永乐二十二年（一四二四）祁门县李茂昭卖山地契[一]

西都李茂昭，承祖有山四号[二]，坐落东都四保，土名方村等处：一号系有字二千七百五十九号，计七分五厘，内地叁拾壹步。其东至汪山，西至田塍[三]，上降；南至岭，北至田。又一号土名金龙坞，系有字二千五百五十二号，山叁分有令（零），东湾心及王山，西亭心及王山，南岭，北田。又一号下山坞，系二千五百五十一号，山叁拾步，东至田，上降；西田；南降；北田及岭。又一号土名林家坞，二千五百五十号，计山壹角，东岭，西田，南、北王家山。又一号计山五分，坐落西都九保，土名开溪口堨头，民字一千叁百二十八号。其山东田，西降，南谢家山，北一都界田。今将前项山地尽数立契出卖与五都洪宽名下为业，面议价钞肆拾贯。其钞并契当日两相交付。其山自从卖后，一任买人永远管业。未卖之先，即无家外人交易。如有内外占拦，并是卖人之（支）当，不及买人之事。今恐无凭，立此为照。

永乐二十二年七月廿四日　　　　立契人　李茂昭

【注】

［一］录自北京图书馆藏明抄本祁门《洪氏历代契约抄》。

［二］四号，为「五号」之误。

［三］塍（音同丞），「塍」的异体字。田埂，田间界路。

八三二　明洪熙元年（一四二五）休宁县吴希和等卖山地红契[一]

十都吴希和、希睦承祖有山叁号。坐落本都壹保岩山，系经理罪字五百卅一号，计山十一亩多。今其山东至教军坦，上至降，西至汪达及许六一山，南至高大降，比（北）至双穹口。又一号罪字五百廿二号，计山二亩多，今其山东至两边垄，上至降；西至坞头尖；南至下边降；比（北）至北边尖，下至田。又一号罪字五百卅三号，计山三亩多。今其山东至上岩山及石咀，西至石龟坑，南至下边降，北至下边小降出溪。今将前项山十二至内，取希和、希睦合得分法，尽行立契出卖与同都人吴希善名下。面议时价宝钞贰伯壹拾贯，其钱当立契日一并收足，契后再不立领。其山未卖之先，即无重复〔交易〕，及一切不明，并是卖人祇（支）当，不及买人之事。所有来脚契文不及缴（交）付。要用之日，将出照证。〔今恐〕无凭，立此文契为用。

洪熙元年三月十六日　　　　吴希和（押）契

同卖人　吴希睦（押）

见　人　吴景暘（押）

【注】

〔一〕原件藏北京大学图书馆。

八三三　明洪熙元年（一四二五）祁门县洪伯骥卖田契[一]

东都洪伯骥[二]，今将田一号，计田叁分，坐落本都四保，土名方村。其田东至洪山，西至洪地，南至白地，北至洪田。内塘一所，递年听自放水浇田，本家即无言说。今将前项四至内田尽数立契出卖与五都洪宽名下为业，面议时值价钞壹百贯。其钞并契当日交付明白。其田未卖之先，即无重复交易。如有来历不明，并是卖人之〔支〕当，不涉买人之事。今恐无凭，立此为照。

洪熙元年十二月二十六日　　　　立卖契人　洪伯骥

中见人　谢宗富

【注】

〔一〕录自北京图书馆藏明抄本祁门《洪氏历代契约抄》。

〔二〕东都，「十东都」的省称。

八三四　明宣德元年(一四二六)休宁县汪志忠等卖山地契[一]

在城汪志忠同弟得忠，承祖有山地一片，坐落十一都八保，土名潭子口，系经理问字　号，计山　。其山东至　，西至　，南至　，北至　。其山并地四至字号亩步自有保簿可照[二]。今自情愿将前项四至内山地原与族众相共，本家八分中合得四分，尽行立契出卖与十一都汪仕同名下，面议时值价钞二伯头正。

宣德元年二月廿三日

出卖人　汪志忠　同弟　汪得忠

见　人　朱彦云

【注】

〔一〕录自北京图书馆藏明抄本休宁《汪氏历代契约抄》。

〔二〕保簿，一保的鱼鳞图册。

八三五　明宣德元年(一四二六)祁门县谢祯祥卖山地红契[一]

拾西都谢祯祥等，今有承祖买受得四都谢奎山地壹片，坐落本都七保，土名古溪，计山叁亩。其山东至　；西至岭，下至溪；南至溪，北至　，系经理唐字七伯四拾六号。又将土名古溪山叁角壹拾步，地叁步，系经理七伯四拾五号。〔东〕至小垄，下至溪；西至小岭，下至大坞口；南〔至〕大溪；北至岭。今为无钱支用，将前项捌至内山地尽行立契出卖与东都谢能静名下，面议时价钞资伍贯。其钞并契当日两相交付。其山未卖之先，即不曾与家外人重复交易。如有一切不明，并是卖人之(支)当，不及买人之事。自成交之后，式家各无悔易(异)。如有先悔者，甘罚宝钞壹伯贯与不悔人用；仍依此文为始。今从卖后，一听买人自行永远管业。所是上手文契检寻未着；日后赍出，不在(再)行用。今恐无凭，立此文契为用。

宣德元年丙午岁八月初七日

谢祯祥(押)契

谢云祥(押)

谢应祥(押)

谢永祥(押)

谢胜贞(押)

【注】

［一］原件藏北京大学图书馆。

八三六　明宣德三年（一四二八）休宁县汪六干卖田白契[一]

永康里拾都汪六干[二]，今将承父户有田壹片，坐落十二都，系体字伍伯壹拾贰号田，内取叁分叁厘五毛，土名十亩丘。其田东至水坑，西至胡胜堆，南至陈再兴田，北至路。佃人程庆，上租叁砠半[三]。今来缺物支用，情愿立契出卖与十二都汪希美名下，面议时值价□□布肆匹。其价当日收足，别不立领扎（札）。田今从出卖之后，一听买人自行收苗受税，永远管业。如有内外人占拦，重复交易，一切不明，并是出卖〔人〕祇（支）当，不及买者之事。所有上手来脚与别产相连，缴付不便；日后要用，本家将出参照不词。今恐无凭，立此文契为用者。

宣德三年闰四月　　日　　汪六干（押）契

见　人　胡志静（押）

今领去契内价布并收足讫。　再批。　（押）

【注】

［一］原件藏北京大学图书馆。

［二］永康里，据《休宁县志》卷一《方舆·沿革》表二载，属履仁乡。

［三］此契似为出卖田底权者。「上租叁砠半」为田底租。上租，上等租。砠，重量单位，通常为二十斤。

八三七　明宣德三年（一四二八）祁门县李茂昭卖山地白契[一]

西都李茂昭共有承祖山地，坐落本都八保，土名孙二坞，经理勇字一千一百九十一号山弍亩，壹千壹百九十四号山壹角三十步，一千一百九十五号山三角。又土名将军坞，一千二百二十二号、二十三号山三角，一千二百二十四号山弍角。前项山地与李子熹相共，本宅合得壹半。又将土名古溪、隐浆二千一百五十八号山叁亩，二千一百五十九号地壹角，二千一百六十号、六十一号山弍亩三十六步，地三十步；二千一百六十二号山壹十五步，二千一百六十三号山弍角，二千一百六十四号山二角，二千一百六十六号山弍亩，二千一百六十七号、六十八号山壹亩三角，地四十步；二千一百七十一号、七十二号山弍亩，二千一百七十三号、七十四号、七十五号、七十六号、七十七号山弍亩壹角卅步，地壹亩五十步；二千一百八十二号山廿肆亩，二千一百捌十叁号、八十号、八十一号，二角廿四步[二]。除坟外，前项古溪隐浆山地，本宅壹拾弍分之中，合得壹分。今为无钞支用，情愿将前项叁处合得分法山地尽行立契出卖与谢能静名下，面议时价宝钞贰伯伍拾贯。其钞当日收足，其山今从卖后，一听买人永远管业。未卖之先，即不曾与家外人交易。如有内外人占拦，并是卖人之（支）当，不及买人之事。所有上手文契检寻未着，不及缴付；倘有失落，不在（再）行用。自成交之后，两家不许言诲（悔）。如有先诲（悔）者，甘罚宝钞壹伯贯与不诲（悔）人用；仍依此文为始。其山四至自有原抄付单目及该保经理可照。今恐无凭，立此文契为用。

宣德三年八月十五日　　李茂昭（押）契

见交易男　李同售（押）

【注】

[一]原件藏北京大学图书馆。

[二]二角，上脱一「山」或「地」字。

八三八　明宣德五年（一四三〇）祁门县徐汪富卖山地白契[一]

十一都住人徐汪富承祖父有山壹片，坐落本保黄充源，土名大坞，系经理　字　号，共计山　亩有令（零）。其山东至　，西至　，南至　，北至　，本家玖分中合得壹分。又取　保地名庄后坞，系经理　字　号，共计山　亩有令（零）。其山东至田，西至降，南至胡家山，比（北）至坞头，本家捌分中合得壹分。今将前项弍处山地并苗尽行立契出卖与同都吴景祯名下。面议时价大绵布壹拾伍匹，其布当日收足，契后再不立领。其山今从卖后一听买人自行永远管业，本家即无言说。未卖之先，即不曾与家外人重复典卖交易。如有家外人占拦，并是本家自行之（支）当，不及买人之事。所有来脚契文一时检寻未见；日后寻着缴付。今恐无凭，立此出卖文契为用。

宣德五年三月廿二日　　出契人　徐汪富（押）

见　人　吴隆宗（押）

【注】

〔一〕原件藏北京大学图书馆。

八三九　明宣德八年（一四三三）休宁县汪仕端等卖屋基菜园契〔一〕

十一都汪仕端同弟汪仕美、汪仕旻，今因门户无钱支用，兄弟商议愿将原买火佃谢週缘等住基地、菜园地二号，坐落本家住上边，系经理坐字二伯五十九号、二伯六十号，计地乙亩乙分八厘三毛。其地东至溪，西至洋沟及江家田，南至本家田，北至本家住田。今将前项四至内住屋基地并菜园地四十分中原买得二分，凭中尽行立契出卖与　　名下为业，三面议时值价钞八百头正。

宣德八年十二月初七日

立契人　汪仕端　汪仕美

汪仕旻

中见人　汪伯敬　谢富善

【注】

〔一〕录自北京图书馆藏明抄本休宁《汪氏历代契约抄》。

八四〇　明正统元年（一四三六）休宁县汪敬伯卖山地契〔一〕

十一都汪敬伯同侄汪仕美，今将前项承祖有山一片，坐落本都六保，土名黄坑源黄家住前，系经理坐字　　号，计山　　亩。其山东至坑及下坞口，西至黄家山，南至下坞进黄家墓林，北至把柴坞口及黄家山为界。今将前项四至内山地本家合得分数，除祖坟禁步外〔二〕，尽行立契出卖与族人汪仕同名下，面议时价交官棉布叁匹正。

正统元年五月十一日

出卖人　汪敬伯

同卖人　汪仕美

【注】

〔一〕录自北京图书馆藏明抄本休宁《汪氏历代契约抄》。

〔二〕禁步，坟墓区。坟墓四边划定的范围，禁止耕种，不许破坏。据程文彝《葬记》所载徽州墓葬的「穿圹之制」所云：「造坟禁步，一品九十步，每品减十步，七品以下不得过三十步，庶民九步，皆从坟心数起。封土为冢，一品一丈八尺，每品减二尺，七品以下不得过六尺。」（见康熙《休宁县志》卷七《艺文·纪述》）

八四一　明正统元年（一四三六）休宁县汪仕美卖山地契〔一〕

十一都汪仕美，今将承祖有山一片，坐落本都八保，土名潭子口，系经理问字　　号，计山　　亩有令（零）。其山东至降，西至横路及田，南至外垄，直下至石咀；北至许家墓林。今将前项四至内山地并苗木除祖坟一所禁步外，其余山地本家十二分合得乙分，尽行立契出卖与族兄汪仕同名下，面议时价交官棉布三匹正。

正统元年五月十一日　　　　出卖人　汪仕美

见　人　汪敬伯

【注】

〔一〕录自北京图书馆藏明抄本休宁《汪氏历代契约抄》。

八四二　明正统元年（一四三六）祁门县李仕希卖山地红契〔一〕

十西都李仕希承祖用价买受得谢景春、李孟先名下本都柒保，土名吴隐坑，经理系唐字三伯肆号，计山柒亩式角。其山东至垄，下至石充；西至外岭，下至小坞口田；南至大降，北至坑及田。又土名吴隐坑头，唐字叁伯伍号，计山壹亩。其〔山〕东至坞心，上至尖；西至小岭，下至石充；南〔至〕大降；北至坑。又土名吴隐坑头，唐字叁伯陆号，计山二亩三十步。其山东至小岭，上至降，下至弯口田；西至坞心坑，上至尖；南至大降；北至弯口田。叁号共乙拾式至。其山原与李和荫等相共，除和荫壹半已行卖与能静外，本宅合得壹半。今自情愿将前项合得分法山地尽行立契出卖与谢能静名下，面议时价稻谷壹伯秤，计价宝钞叁伯贯。

其谷并契当日两相交付。其山地骨并苗木尽听买人自行永远管业，本家即无言说。未卖之先，即不曾与家外人交易。如有一切不明，并是卖人之(支)当，不涉买人之事。自成之后，各不许悔易(异)。如有先悔易(异)者，甘罚契内价钱壹半与不悔人用；仍依此文为始。所是上手文契一时检寻未见，未曾缴付；倘有失落，不在(再)行用。今恐无凭，立此文契用。

正统元年五月十一日　　　　李仕希(押)契

【注】

[一] 原件藏北京大学图书馆。

八四三　明正统二年(一四三七)祁门县冯子永等卖山契[一]

在城冯子永同弟子良，今为户门无钱用度，自情愿将拾西都捌保土名小山背、承祖经理吊字贰阡(仟)壹百捌拾玖号山壹角，玖拾号计山叁角。其山东至弯心，上降；西至长岭降；南至双坞口处田；北至坞头坳。今将前项四至内山尽数立契出卖与西都谢能静名下为业，面议时价梅花银肆钱，在手前去用度。其价并契当日两相交付明白，其山听自能静入山永远管业。未卖之先，即无家外人重复交易。如有一切不明，并系卖人之(支)当，不涉买人之事。自卖之后，二家各无言悔。如先悔者，甘罚银壹钱与不悔人用；仍依此文为用。今恐无凭，立此文契为照者。

正统贰年肆月初贰日　　　　立契人　冯子永(押)契

同弟　子良(押)

依口奉书弟　冯宗义(押)

【注】

[一] 原件藏芜湖安徽师范大学图书馆。

八四四　明正统四年（一四三九）休宁县汪思和卖田地白契[一]

十二都汪思和承父分拨与在户内地田共壹片，系九保乙字捌百捌拾玖号，田共柒厘叁毫，地捌分叁厘捌毫；又捌百玖拾号，地一分弍厘柒毫。除先同兄思济、侄存义，将北头地一截，量该地叁分四厘伍毫，出卖与同里汪希美名下管业外，所有南头地壹片，三分中思和合得一分，该田弍厘伍毫，地弍分柒毫。今新立四至，硬取东边临墙壹分，东至汪泽方西墙，西至本号地，南至路，北至原卖与汪希美地，土名石渠口村。今来缺用，愿将前项新立四至内合得分数地田尽行立契出卖与同都里人汪希美名下，面议时价花银壹拾肆两整[二]。其价当日收讫。其地田今从出卖之后一任买人自行管业，闻官受税。如有四至、来历及重复交易一切不明等事，并是出卖人自行祗（支）当，不及买人之事。所有来脚契文不及缴付；日后要用，本家索出参照不词。今恐无凭，立此文契为用者也。

正统四年正月初四日

出产人　汪思和（押）契

见人　王彦德（押）

胡春寿（押）

【注】

[一] 原件藏北京大学图书馆。

[二] 花银，明初政府规定，以大明宝钞为通货，禁在交易中使用金银。但民间仍有用银交易之事。永乐九年（一四一一），金银铜钱曾一度解禁。至洪熙元年（一四二五），又禁金银布帛交易。英宗时，情况大变。前此在交易中以宝钞为价值尺度和流通手段，此后，白银代替了宝钞而取得货币的职能，而宝钞则几乎不用。《明史》卷八一《食货五·钱钞》：「英宗即位，收赋有米麦折银之令，遂减诸纳钞者，而以米银钱当钞，弛用银之禁，朝野率皆用银，其小者乃用钱，惟折官俸用钞，钞壅不行。」

八四五　明正统六年（一四四一）休宁县徐子茂卖田地白契[一]

十一都徐子茂买受得地壹片，坐落本都伍保言精坑，系经理汤字　　号，计地壹亩有令（零）。其地东至山，西、北至山，南至坑。又取本都弍保东坑侯家坞开垦田叁分，其田与景祯熟田共号，不开四至。今将前项弍处田地尽行立契出卖与同都人吴景祯名下，面议时价花银壹两伍钱正，立日一并收足，契后再不立领。其田地今从卖后，一听买人自行闻官受税，永远管业。未卖之先，即不曾与家外人重复交易。如有一切不明并是卖人之（支）当，不及买人之事，所有来脚契文与别产相连，不及缴付。今恐无凭，立此文契为照。

出卖人　徐子茂（押）契

代书人　吴景明（押）

正统六年十月十八日

再加价银壹两。　再批　（押）

【注】

［一］原件藏北京大学图书馆。

八四六　明正统六年（一四四一）祁门县倪惟章卖山地红契[一]

十六都倪惟章同孙胜安、弟太安，今有祖产山地壹号，坐落本都伍保，土名张山崲，经理系常字七伯八十号，土名罗村，计山弍亩。东山，西坞，南夆（降），北田；又七伯八十六号，土名张山崲，计山弍亩。东地，西山，南夆（降），北田。今将前项八至内该得分籍尽数立契出卖与十六都王胜宗名下为业，面议时价大绵布叁匹。在手前去足讫。其山好歹买人自见。来历不明，卖人自行成（承）当，不涉买人之事。自卖之后，二家各无言悔。为有先悔者，甘罚契内壹半入官工（公）用；仍如文契为照。今恐无凭，立此文契为用者。

倪惟章（押）契

倪胜安（押）

倪太安（押）

依口代书人　唐永富（押）

正统六年十一月廿八日

【注】

［一］原件藏北京大学图书馆。

八四七　明正统十一年（一四四六）休宁县汪仕盛卖山地契[一]

十一都汪仕盛，今有承祖分得祖坟山地乙片，坐落本都六保，土名庄坑黄家住后，系经理坐字　　号，亩步四至并照依该保经理为业。今为家累缺物用度，自情愿将前项山地本家合得分法尽行立契出卖与侄汪异常名下，面议时价银二钱正。

正统十一年二月十三日

出卖人　汪仕盛

见　人　汪福兴

依口代书人　朱彦云

【注】

[一] 录自北京图书馆藏明抄本休宁《汪氏历代契约抄》。

八四八　明景泰四年（一四五三）休宁县朱兴卖田文契[一]

三十都朱兴，今承佃到本图绝户凌舟员户有地壹号[二]，坐落本都九保，土名小塘充，系业字贰伯肆拾号，供（共）地陆分弍厘伍毛。其地东西四至自有保簿该载明白。今来缺物支用，自情愿将前项四至内地本家合得分数内取地壹分伍厘弍毛，出卖与同都人孙兴原名下，面议时值价银柒钱正。其价当日收足；其地一听买人文（闻）官受税，永远管业为定。如有内外人占拦，及重复交易一切等事，并是出卖人理直，不及买人之事。所有税粮见在本户。日后过割，即无异说。今恐人心无凭，立此出卖文契为用者。

景泰四年二月十五日

出卖人　朱　兴（押）契

领价男　朱永真（押）

见　人　吴永祥（押）

代笔表兄　吴振邦（押）

道烁炫二人公业[三]

今领契内价银并收足讫。　同日再批　（押）

【注】

[一]原件藏北京大学图书馆。

[二]承佃，卖主朱兴「承佃」凌舟员之地，今又将此地出卖，知所卖为「田面权」。绝户，老而无子之家。

[三]焃，同「赫」。公业，二人以上合伙经营的产业。又称「合业」。

八四九　明景泰五年（一四五四）休宁县汪异辉退还荒地契[一]

十一都汪异辉原买到在城汪志忠、得忠名下十一都六保土名庄坑头黄家住后，坐字四百九十三号荒地乙角三十步，合得乙半。自愿退还原主汪得忠叔侄名下，当收价银八钱正。

景泰五年正月十六日　立契人　汪异辉

见　叔　汪仕美

【注】

[一]录自北京图书馆藏明抄本休宁《汪氏历代契约抄》。

八五〇　明景泰七年（一四五六）祁门县周文俊卖山地红契[一]

在城周文俊曾于正统十二年间，用价买受到十西都谢孟辉名下山地壹片，坐落十西都八保，土名下坞，系经理吊字弍百叁拾叁号、贰百叁拾肆号，共计山地肆亩令（零）。其山东至岭；西〔至〕岭，随岭下至坞口田；南至降，上尖；北至坞口及坑。今将前项四至内山地肆分中本家买得壹分，计山壹亩令（零），于内长养木植在上，今立契转卖与在城宋干乞、余富宗二人名下为业，面议时价梅花银陆两肆正[二]。其山未卖之先，即无家外人重复交易。如有不明，买（卖）之（支）当，不涉卖（买）人之事。自卖之后，各无言悔。如有先悔者，甘罚银贰两正与不悔人用；仍依此文为始。所有上手赤契随时缴付宋干乞等名下收照。所有税粮仍在谢孟辉户内[三]，候造册之时，听自宋干乞收户供解，本家即无异说。今恐无凭，立此文契为用。

景泰七年九月初十日　立契人　周文俊（押）契

见　人　周文杰（押）

【注】

[一] 原件藏北京大学图书馆。

[二] 梅花银，纹银的一种。明清时期以纹银为标准银，成色较高。纹银表面有皱纹，行状各异，以纹定名，有细丝银、狮银、梅花银等。

[三] 税粮仍在谢孟辉户内，此山地原为谢孟辉所有。谢于正统十二年（一四四七）卖与周文俊。从此时至周于本年（景泰七年，一四五六）转卖时，尚未逢「十年大造」，因之税粮仍在谢氏户内。

八五一　明景泰八年（一四五七）祁门县李添兴卖屋白契[一]

十一都李添兴，今为无钱支用，自情愿将自己成造厨屋、猪栏，共计弍间，上至椽瓦，下至地脚，并四围板壁，一并尽行出卖与侄李聪名下，面议时值价钱白银肆两叁钱。其银当日一并收足。其屋今从卖后，以（一）听买人自行永远管业，日后本家子孙则无异议。未卖之先，则不曾为家外人重复交易。有一切不明，并是卖人之（支）当，不及买人之事。自成交易之后，二家各不许悔。如有先悔者，甘罚银一半与不悔人用，仍依此文为始。今恐无凭，立此文契为照。

景泰八年正月二十日[二]

出卖人　李添兴（押）契

依口代书人　张廷茂（押）

见　人　李仕翰（押）

【注】

[一] 原件藏北京大学图书馆。

[二] 景泰八年，是年正月壬午（十八日），英宗复位。丙戌（二十二日），诏赦天下，改景泰八年为天顺元年。（见《明史》卷一二《英宗后纪》）

八五二　明天顺元年（一四五七）休宁县汪彦华等卖地契[一]

在城汪彦华同弟叔佑、季盛，今有与族众相共坟山并地一备，坐落十一都八保土名潭子口，系经理问字　　号，计山地　　亩有令（零）。其山地四至字号亩步，自有该保经理可照。今因管业不便，自情愿将前项四至内山地，本家八分中合得一分，除祖坟禁步外，尽行立契出卖与十一都族弟汪异常名下，面议时价白银六钱正。

天顺元年三月十七日

出卖人　汪彦华　汪叔佑
　　　　汪季盛
见　人　朱彦云

【注】

[一] 录自北京图书馆藏明抄本休宁《汪氏历代契约抄》。

八五三　明天顺二年（一四五八）休宁县汪彦华等卖地契[一]

在城汪彦华同弟叔佑、季盛，今与族众相共汪景诜经理有坟山地，坐落十一都六保，土名庄坑头黄坑山，系经理坐字六百二十六号，计山乙亩二角。又取同处坟前朝山，系坐字六佰三十六号，计山五亩有零。又取坟前地乙块，系坐字四百九十三号，计地乙角三十步。其前项山地东西四至照依该保经理为业。其山地分发（法），通数八大分中本家合得乙分。今来为因管业不便，自情愿尽行立契出并与十一都族弟汪异常名下凑便管业，面议时值价白银三钱正。

天顺二年六月十五日

出卖人　汪彦华　汪叔佑　汪季盛
见　人　朱彦云

【注】

[一] 录自北京图书馆藏明抄本休宁《汪氏历代契约抄》。

八五四　明天顺三年（一四五九）休宁县汪异衙等卖山地契[一]

十一都汪异衙等，今将承祖众房共有山地乙片，坐落本都八保土名潭子口，系经理问字壹千弍百五拾号，计山叁亩叁角；又取壹千弍百五十一号山弍角弍十步，乙千弍百五十二号地十步，山乙角；乙千弍百五十三号山乙角，地拾步，乙千弍百五十四号山柒亩弍角，四十步。其五号内山地并茶园，四至自有本保经理该载，不及开写。今将前项五号山地，本家合得乙半，内存留祖坟、族坟、古坟，并本家原开造风水乙穴，本家自行存留，不在契内。其余山地并茶园，本家合得一半。今为家园无钱支用，尽行立契出卖与同都章希宁名下，面议时价白脸银七两四钱整[二]。其银并契当日两相交付。其山地今从出卖之后，一听买人永远收苗管业。未卖之先，即无重复典卖交易。如有来历不明，并是出卖人自行抵（支）当，不及买人之事。所有来脚契文，本家存留，不及缴付。日后要用，将出参照无词。今恐无凭，立此卖文契为用。

天顺三年六月初三日

出卖人　汪异衕有然[三]

同卖人　汪　琳有免　汪珍有芳

汪异瑜有余

父有诚生四子：熺、焕、炬、煌

侄　汪文喜等

【注】

[一]录自北京图书馆藏明抄本休宁《汪氏历代契约抄》。

[二]白脸银，白银的俗称。

[三]有然，「有然」、「有免」等均为该人之号。此种书名之后，不画押（押字）而书号之制，不很通行。

八五五　明天顺七年（一四六三）休宁县汪异信卖田房契[一]

十一都汪异信，承祖田一备，坐落六保，土名前岸，系坐字三百二十九号，计田四分有令（零）。其田新立四至：东至山，西至田，南至汪希文住基，北至王佛得住基。于内造屋与谢永付、章付住歇[二]。今将前项四至内田并房屋叁大分取乙分，尽行立契出卖〔与〕族兄汪异常名下，面议时价白银乙两九钱正。

天顺七年正月十五日

出卖人　汪异信

【注】

[一]录自北京图书馆藏明抄本休宁《汪氏历代契约抄》。

[二]谢永付、章付，二人为火佃。

八五六　明天顺七年（一四六三）祁门县洪暹亮等卖山地白契[一]

十东都洪暹亮同弟洪都亮承祖父有山地，坐落十都伍保祊坑源，土名梅枝坞，与兄景亮□相共，系经理汤字伍百柒拾柒号，计山四拾弍亩捌分四厘弍毫，通山弍拾捌分，合得弍分。又取土名大坑，系汤字伍百陆拾叁号、五百六拾四号，计山壹百四拾捌亩有零，通山弍拾捌分中，合得弍分有令（零）。并买吴希睦分法在内。又取同保黄二坞，系汤字伍百陆拾号、五百六十壹号、五百六十二号，共计山壹百壹十玖亩，通山弍十一分，合得弍分。又取同保□众段，系伍百七十二号，计壹亩〔有〕令（零），通山二十一分，〔合〕得弍分。又取同土名朱垄坑高仓坞、潘权岭伍百伍十弍号、五百五十叁号，计山叁拾亩令（零），通山十二分，合得弍分。又取同保庄背坞，系汤字伍百叁十一号，计弍亩有令（零），通山十五分，合得弍分。今将前项陆处山地并在山苗木，暹亮、都亮二人合得分数，尽行立契出卖与十一都李诗忠名下，面议时价白银弍拾玖两正。期（其）价当日收足，契后再不立领。其山未卖之先，即不曾与家外人重复典卖交易。如有一切不明，并是卖人之（支）当，不及买人之事。所有上手契文与族众相共，不及缴付；日后要用，将出照证无词。其前项山地四至，自有该保经理可照。今恐无凭，立此文契为用。

所有梅枝坞程舟佃种豆租自行存留，不在（再）出卖。（押）

天顺七年八月初十日

出卖人　洪暹亮（押）契

同卖人　洪都亮（押）

见　人　吴仲成（押）

【注】

[一]原件藏北京大学图书馆。

八五七　明成化元年（一四六五）休宁县汪异信卖山地契[一]

十一都汪异信与族众相共承祖有祖坟山地一片，坐落本都六保，土名庄坑头黄家住后，系经理坐字号。又取同处地系坐字号。其前项二处山地字号亩步四至自有保簿经理可照。今将前项并在山苗木山地骨，本边合得分法，自情愿尽行立契出卖与族兄汪异常名下，面议时价白银三钱正。

成化元年六月十九日

出卖人　汪异信
见　人　朱彦云

【注】

［一］录自北京图书馆藏明抄本休宁《汪氏历代契约抄》。

八五八　明成化二年（一四六六）休宁县汪异辉卖山地契[一]

十一都汪异辉，今有与众相共承祖坟山地一片，坐落本都八保，土名祖公潭子口。内取祖坟垄一条，新立四至。其山东至垄心低头及高山为界，西至祖坟前田为界，南至弯坑，直出至田；北至弯坑，直出至田。今将前项四至内山地骨苗木通山一十二分中合得一分，自情愿尽行立契出卖与同都族兄汪异常名下，面议时价白银一两二钱正云云，所有原买恭叔公契字系侄汪庆祯收执。

成化二年十月十一日

立契人　汪异辉
见　人　朱颜云

【注】

［一］录自北京图书馆藏明抄本休宁《汪氏历代契约抄》。

八五九　明成化二年（一四六六）休宁县汪异信卖房屋基地契[一]

十一都汪异信承祖同众有火佃章付、谢三、谢岩保等住歇房屋并基地，坐落本都六保，土名前岸山下，系经理坐字三百二十九号，约计田四分有令（零）。新立四至：东至山，西至田，南至汪希文住基，北至杨佛得住基。又取同保土名住前，火佃谢乞住歇基地并房屋地，系经理坐字五百四十乙号，计地叁十步。新立四至：东至王九洋沟为界，西至谢乞住后洋沟为界，南至地，北至坑及汪兴行路。今将前项八至内基地并房屋，上至椽瓦，下至地栿、软磉及披梧小屋[二]，四围板壁。二处通共六分中取乙分，尽行立契出卖与同都族兄汪异常名下，面议时价白银一两八钱正。

成化二年十二月十一日

出卖人　汪异信

见　人　朱彦云

【注】

[一] 录自北京图书馆藏明抄本休宁《汪氏历代契约抄》。

[二] 栿（音同伏），房梁。地栿，房屋的立柱。磉（音同嗓），柱下石。软磉，地基。披棓（音同棒）小屋，放农具的小屋。棓，连枷。《方言》卷五：「佥，自关而西谓之棓。」郭璞注：「棓，今连枷，所以打谷者。」

八六〇　明成化三年（一四六七）休宁县汪庆祯卖田契[一]

十一都汪庆祯承父祖户下有山地一片，坐落八保章村源口坟庵山地，承祖分数并祖父续置原买汪伯敬名下山地，系问字五百八十六号地叁分三厘三毫。又取同处潭子口问字一千贰百五十号山叁亩三角，乙千二百五十一号山贰角贰十步，乙千二百五十二号地十步，山一角；乙千二百五十三号山一角，地十步；乙千二百五十四号山柒亩二角四十步。共山地六号并茶园及地开田，四至自有该保经理开载，不及开写，今将前项六号山田地，其田乙百四十四分中，本边合得一分；其山并茶园地四十八分，合得乙分。今将前项六号山田地骨合得分数，尽行立契出卖与章希宁名下，三面议时值价银乙两二钱整云云。

化成三年六月初六日

立契人　汪庆祯

见　人　朱彦仁　王思隆

【注】

[一] 录自北京图书馆藏明抄本休宁《汪氏历代契约抄》。

八六一　明成化六年（一四七〇）祁门县李通卖山地红契[一]

十西都李通承祖并昨用价买得堂叔李贵得山地并墓林壹片，坐落东都土名五保[二]土名江坑岭上，系经理虞字五伯五十贰号。东至降，西至田，南至江坑岭上，北至竭新田。其山与李仲芳等相共，李通承祖十捌分中合得壹分。又已用价银买得堂叔李贵得山地并墓林，通山大叁中买得壹分。今将前项山地并老嫩大小树木合得分数，情愿出卖与十东都住人族弟李杭芳名下，面议时价白银伍钱正。其价并契当日两相交付明白。其山并墓林老柴木植，一听买主入山斫砍、搬挪栽苗，本家即无言说。如有先悔者，甘罚契内银叁钱入官公用。然（仍）易（依）此契为准。未买之先，即未曾与家外人重伏（复）交易。如有一切不明等事，并是卖人之（支）当，不及买人之事。今恐无凭，立此文契为用。本家自行祖坟一穴。

成化陆年正月廿日

立契人　李　通（押）契
依口代书人　李存芳（押）
见　人　李朝宗（押）
同见人　胡富润（押）

【注】

［一］原件藏北京大学图书馆。
［二］土名五保，「土名」二字衍。

八六二　明成化九年（一四七三）休宁县汪异荣卖田房契[一]

十一都汪异荣承祖父有田乙备，坐落六保，土名庄坑前岸，系坐字三百二十九号，其田新立四至：东至山脚，西至吴子实田，南至汪文住屋[二]，北至杨佛得住屋。计田二角，于内做造屋与章付等住歇。今无钱支用，自情愿将前项四至内田并房屋通与七分中取乙分出卖与同宗汪异常名下，面议时值价白银壹两六钱正。其田异荣边六分中合得乙分，除前项卖外，其余分法存留，不在出卖之限。再批。

成化九年七月十八日

立契出卖人　汪异荣
主盟人　汪仕美

【注】

［一］录自北京图书馆藏明抄本休宁《汪氏历代契约抄》。
［二］汪文，本书前引《明天顺七年（一四六三）休宁县汪异信卖田房契》作「汪希文」。

八六三　明成化十三年（一四七七）祁门县吴奖卖地屋红契[一]

十一都吴奖承祖父之火佃地并屋一备[二]，坐落本都一保土名下福州[三]，系经理罪字　　号，约计地六分。新立四至：东至□□地，西至路，南至吴地，北至火墙为界，于上造屋，方信住歇。自情愿将本边地屋四分中合得一分，尽行立契出卖与同都吴　　名下为业，面议价银壹两伍钱正。其价并契当日两相交付，契后再不立领。未卖之先，即无重复交易。如是一切不明，并是卖人之（支）当，不及受买人之事。所有税粮，候造册之日听自于本户起割前去，入伊户供解，本家即无异说。今恐无凭，立此文契为用。

成化十三年三月初九日

立契人　吴　奖（押）

中见人　吴　伦（押）

【注】

[一] 原件藏北京大学图书馆。

[二] 火佃地，出租地。此种出租地与一般出租地有一些不同。主要是耕种此等地的火佃要为地主服劳役。是否另缴实物地租，要根据立契时双方的协议。

[三] 下福州，亦称福州，村名，在祁门县东五十二里。（《祁门县志》卷三《舆地志·疆域》）

八六四　明成化十三年（一四七七）休宁县李彦清卖房基红契[一]

趋化里九保住人李彦清同弟彦威[二]、侄文广、文灿等共承祖父有基地贰号，系经理卑字伍百柒拾伍号，又伍百柒拾陆号。其贰号地新立四至：东至本家基田，西至溪，南至李用端众堂基地，北至李仕贞基地。四至内共计地玖分有令（零）。又取同片基田一号，系经理卑字伍百柒拾柒号，内取外截。新立四至：东至李云宪墙头，直下埋石，至黄文琳下厫，由进埋石，直下李仕希墙头为界；西至本家基地，南至本家原卖与李元杰基田，北至李仕希石墙。四至内约计田伍分。今于本户解查军役[三]，欠少盘缠无措，自有基屋住歇，自情愿将前项捌至内空闲基地田骨并果树木，尽行立契出卖与同保人李希泰、希暹、希圣、希升名下。面议时值价白脸银捌拾两整。其价、契当日两相交付足讫。其基田地，今从出卖之后，一听买人闻官受税，竖造房屋，永远住歇管业，本家即无异说。未卖之先，即无重复交易。如有家外人占拦及一切不明等事，并是卖人之（支）当，不及买人〔之〕事。所有税粮，候造册日一听本户起割，本家即无难易(异)。所有原赎黄孟承卖契一道，随时缴付。又有承租来脚文契不曾缴付，日后要用，将出无词。今恐无凭，立此出卖文契为用者。

成化拾叁年陆月初八日

立契出卖人　李彦清(押)契
同　弟　李彦威(押)
同　侄　文广(押)　文灿(押)
见　人　吴公俊(押)　李用亨(押)
李元轩(押)　李添祥(押)
奉书侄　李文仁(押)

所是前项契内价银并收足讫。　同年月日再批。(押)

【注】

[一] 原件藏北京大学图书馆。

[二] 趋化里，在休宁县虞芮乡。

[三] 军役，明代有军户，服军役。《明史》卷七七《食货一·户口》:「凡户三等：曰民，曰军，曰匠。民有儒，有医，有阴阳。军有校尉，有力士、弓、铺。匠有厨役、裁缝、马船之类。」

八六五　明成化十六年(一四八〇)休宁县汪文炬卖山地契[一]

十一都汪文炬，承祖坟山地分法一片，坐落土名庄坑头黄家住后。该得本边分法并在山立木，尽行立契出卖与同都汪文燧名下，面议时价白银三钱正。

成化十六年六月十五日

立契人　汪文炬
见　人　汪文焕

【注】

[一] 录自北京图书馆藏明抄本休宁《汪氏历代契约抄》。

八六六 明成化二十年(一四八四)休宁县金守一卖田地山白契[一]

十一都六保金守一,今为正统年间蒙

上司牓文,将本图事故人户分派十年里长认纳[二],本户分得项忍原承项庆成户内[三],经理本都九保爰字六伯八十五号田壹分捌厘捌毫,土名淡竹坞。其田东金仲宝[四],西金尚志山,南陈永道田,北金尚志山。又将七伯四号山壹亩有零,土名淡竹坞口。东至坞口陈永道田;西至田,坞口;南至水坑;北至降。又将十保育字八百四十八号地,合得三分二厘,土名鲍前。其地四至自有保簿该载,不及开写。今为缺物应用,情愿将前项四至内田地山,立契出卖与同都人金尚志名下,面议取时值价艮(银)叁两贰钱。其艮(银)当日收足,别无领札。今从佃卖之后[五],即无重复交易一切等事。如有此等,并是卖人衹(支)当。其税候造册年一听于本户收割前去无词。今恐人心无凭,立此卖契为照。

成化二十年正月十五日　　立契人　金守一(押)契

今随契内价银并收足讫。　同日再批。　(押)　领

【注】

[一] 原件藏北京大学图书馆。

[二] 事故,《明史》卷七八《食货二·赋役》:「有流移亡绝,田弃粮存者,谓之事故。」十年里长,《明史》卷七七《食货一·户口》:「洪武十四年,诏天下编赋役黄册,以一百十户为一里,推丁粮多者十户为长……岁役里长一人……先后以丁粮多寡为序,凡十年一周,曰排年。」亦即所谓「十年里长」。本契谓「事故人户」之田,由「里长认纳」,这是当时的通常做法。同上《赋役》:「坍江、事故虚粮,里甲赔纳,或数十石或百余石者有之。」坍江谓「江水泛溢沟塍淹没者」。里甲即里长、甲首。本契卖主在正统年间,曾为「十年里长」之一。

[三] 项庆成,为此田地山之原主。后项忍原承户,直至弃逃,未改换业主姓名。

[四] 其田四至均省「至」字。「东金仲宝」句下脱一「山」或「田」字。

[五] 佃卖,出卖租佃权,即田面权。按:在明代,事故田,由官府收管,分配给农民耕种,谓之「官田」。如景泰中,给事中徐俊民言:「今之田赋,有受地于官,岁供租税者,谓之官田。」就包括了事故田。此种田的所有权,即田底权,属于国家。如金守一等,只有田面权。

八六七　明成化二十年（一四八四）祁门县程永善卖山地红契[一]

十六都程永善等，今有祖产山壹号，坐落客十四都七保，土名十八公坞。与十四都倪文和、程友善相共，本家四分中该得壹分……尽数立契出卖与同都倪克轩、克忠名下为业，面议时价白银玖两贰钱。在手足讫，其价并契当日两相交付。来历不明，卖人自理，不涉买人之事。自成之后，三家各〔无〕言悔；如〔先〕悔者，甘罚艮（银）五钱[二]。今恐无凭，立契为用。

成化二十年十二月十九日

立契　程永〔善〕（押）

同侄　程进保（押）

毛　保（押）

代书人　程　禄（押）

【注】

〔一〕原件藏北京大学图书馆。

〔二〕五钱，「五钱」下当有「与不悔人用；仍依此契为准」等内容。

八六八　明弘治四年（一四九一）休宁县李琼卖地白契[一]

拾壹都李琼承祖原用价买得本都吴希明地壹号，坐落东都三保，土名厚坑口，系经理谷字捌伯伍拾贰号，计地壹角拾步，是故祖存日用工改坑掘山挑担填砌，约计地伍分有零。其地东至甽，西至路及山，南至砌石磡为界，北至坑。其地与兄李球、侄李湞兄弟相共。琼边合得壹半，尽行立契出卖与侄李信名下为业，面议时价银陆拾两整。其价并契当日两相交付，契后再不立领。未卖之先，即无重复交易。如有来历一切不明，尽是卖人之（支）当，即不虑（累）及买人之事。所有来脚契文随时付与。其税粮，候造册之日听自起割前去供解。今恐人心无凭，立此文契为用。其契内只添写「得」字壹个。再批。（押）

弘治四年正月二十四日

立契人　李　琼（押）契

【注】

[一] 原件藏北京大学图书馆。

八六九　明弘治五年（一四九二）祁门县僧以明卖山地红契[一]

五都珠溪寺住人以明[二]，今有山叁号，坐落六都六保，土名白茅坑，计山共玖拾捌亩，其山系经理衣字叁拾玖号、五十贰号、伍拾肆号，其叁号山一十二至自有本保经理可照。以明边合得前项山壹半，自情愿尽数立契出卖与六都释昂名下为业[三]，面议时价银柒两正。其价并契当日两相交付明白。未卖之先，即无重复交易。如有不明，卖人之（支）当，不系（及）买人之事。其山并见在杉苗木，买人自见多少好歹。自成之后，各无悔易（异）。如先悔者，甘罚银贰两入官公用，仍依此契为准。又有批受王胜寿，经理系衣字肆拾号，计山贰拾伍亩，亦坐落土名连界同处，亦卖在契。今恐无凭，立此文契为照。

弘治五年三月初二日

立契住人　以　明（押）

中见人　程　宪（押）

【注】

[一] 原件藏北京大学图书馆。

[二] 珠溪寺，《祁门县志》卷一〇《舆地志·寺观》曰：唐光化时建，明洪武时重建。住人，僧寺之主，意谓居住寺中。亦称住持，谓总持寺中事务。以明，珠溪寺住人法号。

[三] 释昂，即僧人名昂者。佛姓释迦氏，略称释氏。梁释慧皎《高僧传》五《释道安》：「初，魏晋沙门，依师为姓，故姓名不同。安以为六师之本，莫尊释迦，乃以释命氏。」僧亦曰释。

八七〇　明弘治五年（一四九二）祁门县吴琢卖竹山红契[一]

东都吴琢票（标）分得竹山地壹号，坐落伍保，土名汪村段住前，系经理壹字　号，计山地叁分伍厘。其山新立四至：东至田头及李廷秀坟，西坑、南田、北路。今将前项四至内地骨并竹木尽行情愿出卖与本都叔吴玙名〔下〕，面议时价白银肆两壹钱整。其价并契当日两相交付。今从卖后，一听买人自行长养管业。未卖之先，即不曾与家外人重复典卖交易。一切来历不明，并是卖人之(支)当，不及买人之事。所有来脚契字，是叔收执，文清收管。入(如)后要用，将出照证无词。今恐无凭，立此文契为照。

弘治五年十二月初八日　　　　立契出卖人　吴　琢(押)契

所有竹山地叁大分中，吴姬该得壹分，泰超该得贰分。再批。(押)

吴泰超批。(押)　　　　中见人　金毛田(押)

【注】

[一]原件藏北京大学图书馆。

八七一　明弘治六年(一四九三)祁门县方邦本卖山地契[一]

在城[二]方邦本原用价买到在城叶春等山一备，坐落五都五保，土名仁家坞，系经理水字一千四十号，计山二十九亩。其山东至方山，西至洪山，南至降，北至地。前项山骨并康新祖、王宁宗二约新栽杉苗在上，方伯起内该山骨并苗一分，邦本价买叶春、仕荣等，内该贰分，该山壹亩玖零[三]，伯起该山玖亩零。又地贰号，俱坐落五都五保，土名仁家坞，系经理水字　　号，蒋友强名目地叁亩，东西四至自有本保经理可查。又地柒分零，系尧文惠名目，四至自有本保经理可照，内除方岳一半叁分五厘。今邦本该山骨并苗壹拾玖亩零地，叁亩叁分五厘山，自情愿尽数立契出卖与五都洪浒、洪达等名下为业，面议时价白纹银叁拾两正。其价并契当日两相交付明白。其山地未卖之先，即无家外(人)重复交易。来历不明，卖人之(支)当，不涉买人之事。自成之后，二家各无悔异。如有先悔者，甘罚银五两与不悔人用；仍依此契为准。所有原收叶春户山税，照依原收七亩前去入户交纳。候造册日听自山地税粮收割伍分。今恐无凭，立此文契为用。

再批：原契字并康新祖、王宁宗山约共计五帋[四]，所有尧仕荣契一帋与别产相连，未曾缴付；日后赍出，不在行用。

再批：方岳该地叁分伍厘令(零)，立契出卖与洪浒等名下为业，面议价银贰两整。日后凭此为照。方岳　批

弘治六年九月十八日　　　　立契人　方邦本

见　人　饶永善

王宁宗

王文兴

【注】

[一] 录自北京图书馆藏明抄本祁门《洪氏历代契约抄》。

[二] 在城，祁门县城里的居民。「在城曰坊。」

[三] 壹亩玖零，当作「壹亩玖分有零。」脱「分有」二字。本契下文「零」上多脱一「有」字。不再注。

[四] 原契字，上手契。山约，山地合伙、栽苗等所立文书。

八七二　明弘治六年（一四九三）祁门县方岳卖田契[一]

在城方岳，今有承祖田，坐落五都黄岗洪家段，计田叁亩：坐落梨树坵，大小肆丘，岳该（得）田肆分乙厘五毫。又将原买洪家段山脚，岳该得分截。二处尽数立契出卖与五都洪达等名下，面议时值价柒两整。其价并契当日两相交付明白。来历不明并是卖人之（支）当，不涉买人之事。自成之后，各不许悔。如先悔者，甘罚银乙两入官公用，仍依此契为准。所有税粮候（造）黄册之年[二]，听收去供解，本家即无阻当。今恐无凭，立此文契为照。

弘治六年十月初七日立

契人　方　岳

见人　饶友善[三]

方　策

【注】

[一] 录自北京图书馆藏明抄本祁门《洪氏历代契约抄》。

[二] 候黄册之年，「候」下脱一「造」字。《明史》卷七七《食货一・户口》：明户口之制，里编为册。「册凡四：一上户部，其三则布政司、府、县各存一焉。上户部者，册面黄纸，故谓之黄册。」「每十年有司更定其册，以丁粮增减而升降之。」「候造黄册之年」即「十年大造」时。

[三] 饶友善，本书下条作「饶永善」。

八七三　明弘治六年（一四九三）祁门县方邦本卖田契[一]

在城方邦本，今有五都五保，土名黄岗下段，地名梨树坵，大小肆坵，计田叁亩，与兄邦仁、邦义、方岳、方容相共，四至内田，邦本该捌分叁厘零〔二〕。其田东西四至自有本保经理可照。又一号地名方盘坵，计田壹亩，邦本内该叁分叁厘叁毫，其田四至自有本保经理可照。又一号坐落洪山下，新开甽内田叁分伍厘壹，与黄谆相共，邦本陆分中内该一分，计五厘零。今将梨树坵，计田捌分叁厘，方盘坵内计田叁分叁厘叁毫，甽田伍厘，共叁处，共计田壹亩贰分壹厘叁毫。今立契出卖与五都洪达等名下，面议时值价白银拾陆两壹钱正。其田叁处听自洪达等管业，未卖之先，即无家外人重复交易。来历不明，卖人之（支）当，不涉买人之事。自成交之后，二家各无悔异。如先悔者，甘罚银五两与不悔人用，仍依此契为准。所有税粮听自买人收税入户供解〔三〕。今恐无凭，立此文契为照。

弘治六年十月初七日

立契人　方邦本

见　人　饶永善

方　策

【注】

〔一〕录自北京图书馆藏明抄本祁门《洪氏历代契约抄》。

〔二〕该，下脱「得」或「分得」等字。下同。

〔三〕收税，误，当作「收割」。

八七四　明弘治六年（一四九三）祁门县李滋卖山地红契〔一〕

十一都李滋原用价买得本都李湧山一备，坐落本都三保，土名石埸山，系经理谷字　号。其山亩步约计　。其山新立四至：东至溪，西至降，南至李济山，北至本家并李常寿山。今将前项四至内，山八分买一分。今自情愿将前四至内山地并苗木八分〔买？〕壹分，尽行立契出卖与□□□□□□□□卖□价白银壹两伍钱。其价并契当日两相交付明白，契后再不立领。今从卖后，一听买主永管业〔二〕，即无言说。未卖之先，即无重复交易。一切不明，并是之（支）当〔三〕，不及买人之事。所有来脚契文〔四〕，与汪兄相共〔五〕，不及缴付。日后要用，将出参照无词。今恐无凭，立契为照。

弘治陆年十二月初八日

立契人　李滋（押）

见人　李渊（押）

【注】

[一]原件藏北京大学图书馆。契上红印作「祈门县印」。

[二]永管业，当作「永远管业」。

[三]并是之当，当作「并是卖主之当」。

[四]来脚契，即「上手契」。

[五]汪兄，当是本家李汪兄。

八七五　明弘治十一年（一四九八）休宁县胡社隆等卖山地红契[一]

十一都胡社隆同侄胡存志、存振共承祖有山壹片，坐落本都二保，土名杨村，本家住基上。系经理周字　　号，约计山地　　亩。其山新立四至：东至降，分水为界；西至亭地；南至李孟祥竹山；北至吴宅山。今将前项四至内山地本边承祖分数，三人共取三分中一分，情愿立契出卖与同都住人吴信名下。面议时价白银五钱整，其价并契当日两相交付。今从卖后，一听买人永远管业。来历一切不明，并是卖人〔支〕当，不及买〔人〕之事。今恐无凭，立此文契为照。

弘治十一年九月初五日　　立契人　胡社隆（押）契

同卖人　胡存志（押）

胡存振（押）

【注】

[一]原件藏北京大学图书馆。

八七六　明弘治十五年（一五〇二）祁门县谢守中卖山地红契[一]

十西都谢守中，今有承祖山壹源，坐落本保土名徐八下坞，系唐字　　号。新立大四至，东至谢仕美、谢广等山，西至谢用和等山，南〔至〕坞口，比（北）至大降。计山地贰坞，亩步、字号、四至俱照经理为用。前项大四至内山地骨并在山地大小苗木，守中四大分中合得壹分，约计山地　　。今为无钱支用，自情愿尽行立契出卖与同都谢　　名下为业，面议时值价白银叁两叁〔钱〕正。

其价并契当〔日两〕相交付。其山未卖之先，即无家人重〔复〕交易。如有来历一切不明，并是本家之（支）当，不及买人之事。其山中垄于先年安葬父坟一穴，本家自行存留，无许侵葬。其穴外四围，亦听本家栽养庇荫（荫）树木。其山听自买人通行为业。成交之后，贰家各不许悔。如先悔者，甘罚银壹两与不悔人用；仍依此文为准。今恐无凭，立此文契为用。

弘治十五年十二月廿一日

立契人　谢守中（押）契

【注】

〔一〕原件藏北京大学图书馆。

八七七　明弘治十六年（一五〇三）休宁县叶思和等卖田和田面文契[一]

十都柒保住人叶思和同弟思琳、思杰，今将承父户下原佃到本图汪子寿户田壹号，坐落本都柒保周字伍百叁拾伍号内田陆分捌厘捌毫，土名冷水坑。其田东至水坑，西至汪子寿田，南至汪原通山，北至水坑。又将同号内思杰已买田肆分壹厘陆毫，土名同处。东至水坑，西至汪子寿田，南至汪原通山，北至水坑。今来本家管业不便，自情愿将前项同号佃与买四至内田[二]，尽行立契出卖与同都住人胡澄名下，三面议时值价白文（纹）银拾两正。其银当成契日一并交收足讫，别不立领札。其田今从出卖之后，一听买人自行管业，闻官受税。如有内外人占拦及重复交易一切不明等事，并是出卖人祇（支）当，不及买人之事。所有上手来脚与别产相连[三]，缴付不便；日后要用，本家索出参照无词。今恐人心无凭，立此出卖文契为照。

弘治十六年十一月廿一日

立契出卖人　叶思和（押）契

同卖产弟　叶思琳（押）

叶思杰（押）

中见人　张孟威（押）

代笔星源　汪洪承（押）

今就契内领去价银并收足讫。同年月日再批（押）领

【注】

[一]原件藏北京大学图书馆。

[二]佃与买，「佃」指田面权，「买」指私有权，包括卖田面权和田底权。

[三]来脚，即来脚契、上手契。

八七八　明弘治十七年(一五〇四)祁门县方相卖田契[一]

在城方相，今将承祖田一号，坐落五都五保，土名洪家段方盘坵。计田壹亩，本家三分合得一分。该田叁分叁厘有零，尽数立契出卖与五都洪绩等六房名下为业，面议时值价文(纹)银四两正。其价并契当日两相交付。其田未卖之先，即无重复交易。所有税粮，候造册之日听自收割入户供解。其田来历不明，卖人承管，不涉买人之事。自成之后，各不许悔。如先悔者，甘罚银乙两与不悔人用。今恐无凭，立此契为照。

弘治十七年闰四月十三日　　立契人　方　相

见人　谢　琦

【注】

[一]录自北京图书馆藏明抄本祁门《洪氏历代契约抄》。

八七九　明正德二年(一五〇七)祁门县谢绰卖园地山场红契[一]

拾西都谢绰，今将族弟谢绩承祖园地壹备，坐落本都七保，土名暘源中村碓下溪，系唐字　号。新立四至，东至谢广家住塝，直上至山；西至谢以和家田，直上至墓林；南至大官路及李喜同住基地；北至谢纯兄弟住塝。其地与叔玉澄、玉渊、玉深等三大房相共，弟绩贰拾肆分中合得壹分。今内取贰步；又将山一备，坐落本保土名枫木坞，系唐字一千六十九号，计山五亩。东至岭，下至鲍家坞口田；西至长岭，下至坳及田；南至降及尖；北至大坑及田。其山与本家叁大房叔兄弟等相共，弟绩贰拾肆分中合得壹分；又将山壹备，坐落土名磨刀石，系唐字一千六百拾贰号，计山壹亩，东至坑，西至岭心，下至坑，上至降；南至弯心，下至双坑口；北至竹子岭咀相对，上至岭。其山与本家三大房相共，弟绩与绰拾贰分中〔合得〕壹分。又将山壹备，坐落土名大坑天井坵，系唐字一千二百五十号，计山肆亩。东至小坑，上至降，下至田，末及溪；西至外长岭，上至降，随岭下至桥新田；南至溪及田，北至降。其山与谢玉洪及本家三大房相共，玉洪家合得一半，本家三大房合得一半，弟绩肆拾捌分中合得一分。今为弟绩欠债无还，自情愿将前项碓下溪地内取贰步，枫木坞山贰拾肆分中壹分，磨刀石山壹拾贰分中壹分，天井坵山肆拾捌分中壹分，尽行立契出卖与同都谢玉浩名下为业，面议时值价银共陆两整。其价并契当日两相交付。其地及山听自买人管业。未卖之先即无家外人重复交易典当。如有来历一切不明，尽是卖人之（支）当，不涉买人之事。所有前地税粮，候造册之年听自买人照依步数起割，前去供解无词。自成交之后，各不许悔。如有悔者，罚艮（银）伍钱与不悔人用；仍依此文为始。今恐无凭，立此文契为照者。内涂水竹坞字陆个。再批（押）

正德贰年闰正月拾壹日

立契出卖人　谢　绰（押）契

中　见　人　谢玉渊（押）

谢　纯（押）

谢　绂（押）

【注】

[一]原件藏北京大学图书馆。

八八〇　明正德二年（一五〇七）祁门县饶杲等卖田契[一]

在城一图饶杲同弟饶旭等共承祖摽分水田一处，坐落五都五保，土名塘坞，系经理水字　　等号。东至　　，西至　　，南至　　，北至　　。四至内田荒熟共计贰拾亩。今将本家兄弟合得壹亩，尽数立契卖与五都洪六大房名下为业，面议时值价银柒两伍钱正。其价并契当日两相交付明白。其田未卖之先，即无家外人重复交易。如有来历不明，卖人之（支）当，不涉买人之事。自成之后，各不许悔。如先悔者，甘罚银贰两入官公用。所有税粮候造册日听自买主收割入户供解。今恐无凭，立此文契为照。

正德二年四月二十八日

立卖契人　饶　旭　饶　昂

饶　杲

见　人　毕六乞　汪志宗
饶　瑛　谢　琦

【注】

〔一〕录自北京图书馆藏明抄本祁门《洪氏历代契约抄》。

八八一　明正德七年（一五一二）祁门县黄镒卖田契[一]

在城黄镒，今自情愿将受批到同市饶希渊[二]，坐落五都，土名塘坞五保，经理水字　号。其田新立四至：东、西至山，南至田，北至山。其田壹拾亩〔有〕零，与饶荣保、汪嵩等相共。四至内本身合得分籍田贰亩，尽数立契出卖与五都洪　名下为业，面议时值价纹银壹拾肆两，在手足讫。其价并契当日两相交付明白。其田未卖之先，即无家外人重复〔交易〕。来历不明，卖人之〔支〕当。自成〔交〕之后，二家各不许悔。如先悔者，甘罚银伍两入官公用，仍依此契为准。所有税粮，随即推割。今恐无凭，立此文契为照。

【注】

〔一〕录自北京图书馆藏明抄本祁门《洪氏历代契约抄》。

〔二〕受批，买到。同市，同在一县城。

八八二　明正德十年（一五一五）休宁县汪文燧卖山地契[一]

十一都汪文燧承祖共有祖坟山地一片，坐落六保，土名庄坑头黄家住后。原买汪文炬分法并在山大小木植[二]，尽行立契出卖与族兄汪异常名下，面议时值白银贰钱正。

正德十年四月廿二日　　立契人　汪文燧

【注】

[一]录自北京图书馆藏明抄本休宁《汪氏历代契约抄》。

[二]汪文炬分法，分法，应得山地数量或比例，见上手契。

八八三　明正德十二年（一五一七）歙县鲍升等卖房地白契[一]

廿二都九图住人鲍升、昱、杲三人，今将续买到建字　　地柒步，于上瓦屋半间，砖墙壁植。上至青天，下至连地，东至收产人地，西至巷，南至鲍原本地，北至癸本地，四至明白。凭中立契出卖与鲍曙名下为业。当日三面言议时值价白银叁拾捌两整。其银契当即两相交付明白，即无欠少，亦无准折。自前至今，并不曾与他人重复交易。如有内外人拦占，俱是出产人之当，不干买主之事。其税银候造黄册之年，听从收割[二]入户支解[三]，本家即无难异。自卖之后，各无返悔。如有悔者，甘罚白银拾两与不悔人用。恐后无凭，立此卖屋并地文契为照。

正德十二年二月二十八日　　　　立契出卖人鲍升（押）

鲍福本四分之一，丈量至四边墙，余地四分九厘，凭原中授银价艮（银）弍两伍钱整，批此为照。（押）

鲍昱（押）

鲍杲（押）

中见人鲍旻（押）

鲍显（押）

遇见人鲍社相（押）

【注】

[一]原件藏北京大学图书馆。

[二]收割，推收过割。推收又称起割、过割。房地产一经买卖，产权过户称作推收，或称过割。此词始于元朝，明清相沿成定制。《元典章·户部·田宅·典卖》载：「今后典卖田宅，先行经官给据，然后立契，依例投税，随时推收。」《大明律》卷五《户律·田宅》载：凡典卖田宅，「不过割者，一亩至五亩笞四十，每五亩加一等，罪止杖一百，其田入官」。

[三]支解，承办缴纳租税。

八八四　明正德十四年(一五一九)祁门县谈玘等卖山地红契[一]

十六都谈玘同弟谈璧、谈旺、谈□,今有承祖山壹备,坐落本都伍保,土名东源东边。新立四至,外从桃树场旦里陇直上至降,直进至源谈永肆为界,四水乡内本位兄弟该得分籍;又买得本都汪仪原买受得谈珙、谈端分籍。今将前项四至内本位兄弟分殳(数)并买受分殳(数),尽数立契出卖与叔谈永肆名下为业,面议时价文(纹)银叁两七钱整。在手足讫,其价、契当付[二]。自成〔交〕之后,各无言悔。如先悔者,甘罚艮(银)伍钱与不悔人用;仍依此契为始。如其山未卖之先[三],家外人即无重复交易。来历不明,卖人自理,不涉买人之事。今恐人心无凭,立此为照。

正德十四年正月初五日

立契人　谈　玘(押)契

同　弟　谈　璧(押)

谈　旺(押)

谈　□(押)

中见人　谈　静(押)

【注】

[一] 原件藏北京大学图书馆。

[二] 当付,当作「当日两相交付」。

[三] 如其山,「如」衍。

八八五　明正德十四年(一五一九)祁门县谈珙卖山地红契[一]

十六都谈珙有先年间同众买受得胡元清名目山坊壹段,坐落五保,土名东源,本位合得分范[二];又将其山东边除先年卖与外,其余大小木苗不计块数,尽数立契出卖与叔永贤名下为业,面议时价文银伍钱整。在手足讫,其价并契当日两相交付。自成交之后,各不许悔。如违,甘罚艮(银)贰钱与不悔人用;仍依此文为始。其山木苗未卖之先,即无重复交易。今恐无凭,立此文契为照。

正德十四年正月拾七日　　立契人　谈　珙(押)契

中见人　谈　庄(押)

依口代书人　谈　玘(押)

【注】

[一] 原件藏北京大学图书馆。

[二] 分范，分法，分籍。本契未详载，当见保簿经理或上手契。

八八六　明正德十五年(一五二〇)休宁县郑良楠兄弟卖山地白契[一]

叔良楠同弟良汇、良标、良枋共承祖父买受山一片[二]，坐落本都六保，土名许家坞，系万字五十五号、五十六号；又土名笙竹坞，系五十七号；又买受同保土名查□坑，系七伯四十六号、七伯五十三号、五十五号、五十四号、五十六号，系买郑明南南谷、王心敬名目山场；又买受同保土名岭背源，系七保□号；又标分祖产山一备，坐落十六都十保，土名吴保岭，系一千六伯九十四号、一千六伯九十五号、一千六伯九十六号、一千六伯九十七号、一千六伯九十八号、一千六伯九十九号、一千七伯号。其前项山坊□□分为率，本位兄弟合得一分。今为无钱用度，自情愿将前项本位兄弟该得分籍山坊，并在山大小杉木及□松等木，尽数立契出卖与共业侄郑璋兄弟四人名下为业，面议时价纹银陆拾两整。其价、契当日两相交付。其山卖之先，与家外人即无重复交易。来历不明，卖人自理，不涉买人之事。所有亩步四至并照本保经理为始。所有上手文契与弟良模等封锁一处，未曾缴付；日后倘若要照证，本家自行赍出，无得执匿。今恐无凭，立此文契为照者。再批：标分得同保南山坞李六七住前坑边系五十八号、五十九号、六十号，尽在前契内。枋批。

正德十五年二月初九日　　立契叔　良楠(押)契

同弟　良汇(押)

良标(押)

良枋(押)

中见人　良棣(押)

【注】

[一] 原件藏北京大学图书馆。

[二] 良棣，姓郑，为买主郑璋之叔辈。

八八七　明正德十五年（一五二〇）祁门县王祐清卖山地红契[一]

十八都王祐清，今无钱用度，自情愿将祖买守（受）得汪任才名目，经理山场一号[二]，坐落本都三保，土名王家坞。东至黄山，西至田及坑，南至凹，比（北）至小垅心，直上至降及黄山，约计三亩。本位该〔得〕山贰分，尽数立契出卖与同都叶庭祥名下为业，面议时值价银五钱二分整。在手足讫。其山亩步四至，自有本保经理可照。其山未卖之先，与家外人即无重复交易。来历不明，卖人自理，不涉买人之事。成交之后，二家各无悔易（异）。如先悔者，甘罚契价一半入官公用；仍依此文为用。今恐人心无凭，立此文契为照者。

再批：其山内杉苗竹木并听庭祥为业，本家并无异词言说。

正德十五年三月初二日　　立契人　王祐清（押）　契

中　人　王庭琳（押）

依口代书中人　王庭琥（押）

【注】

[一] 原件藏北京大学图书馆。

[二] 山场，当作「山字」。「场」为「字」之误。

八八八　明正德十五年（一五二〇）休宁县郑昭兄弟卖地契[一]

十五都郑昭同弟侄郑皎、郑喜、郑涓，共承祖产地一号，坐落本都三保，土名程明三住基[二]，共地五分二厘，本家该〔得〕实地二分六厘二毛。先年间祖父内取三厘卖讫。仍有二分三厘二毛。又内除正浩分籍卖讫，本位同弟侄该得实地一分九厘四毛，内取一分对与良址、郑笏、璋等[三]，已讫。仍有实地九厘四毛，尽数立契出卖与族兄郑良址、郑笏、璋等名下为业。面议时价文（纹）银九两正，在手足讫去……

再批：前卖地九厘四毛，以十分为率，良址买四分，郑笏兄弟买二分，郑璋兄弟买四分。外，笏兄弟先买正浩分籍，该地三厘八毛六〔丝〕六〔忽〕。

正德十五年三月初四日

立契人　郑昭　号　契
同卖弟　郑皎　郑喜　书　郑涓　号
中见人　郑选　抄白　郑琼　亲契　址收

【注】

〔一〕录自北京图书馆藏明抄本休宁《郑氏历代契约抄》。契后杂于人名中之「抄白」、「亲契」等皆为事项。
〔二〕土名，下脱土名名称。
〔三〕对与，兑换。指双方交换土地，属于买卖性质。

八八九　明正德十五年（一五二〇）祁门县吴显浩卖山地白契〔一〕

十五都四图住人吴显浩，为因缺少使用，今自情愿将承祖本都食字六伯二十四号山共壹亩，本身分下合得贰分伍厘。土名前山林。其山东至二保界，西至路，南至路，北至吴显助地及景南地。今将前项四至内山及山脚地，凭中立契出卖与本都三图吴濬名下永远为业。当日三面议作时值价艮（银）壹两叁钱正，当即银、契两相交付明白，即无欠少，亦无准折。其山于上祖坟四所，安葬在西北边山脑上。止存祖坟禁步二毛，其余山并上大小木植柴条，一概尽行出卖，即无存留毛厘卖不尽亩步。自卖之后，听从买主日下管业。其山存（从）前即不曾与他人重复交易。如有内外人拦占，并系出产人之（支）当，不干收产人之事。本家子孙不在取赎识认之限〔二〕。其税粮候造黄册，听从过割入户支解，本家即无难异。今恐无凭，立此卖契永远为照。

正德十五年十二月十八日

情愿立契出卖人　吴显浩（押）契
中见人　吴　厚（押）

【注】

〔一〕原件藏北京大学图书馆。

[二] 取赎，备价赎回。典当、活卖物业，本人或其子孙、本家人等根据协议或社会习惯，可以取赎。《大明律》卷五《户律·田宅》：「其所典田宅园林碾磨等物，年限已满，业主备价取赎。若典主托故不肯放赎者，笞四十，限外递年所得花利追征给主，依价取赎。其年限虽满，业主无力取赎者，不拘此律。」杜卖即卖绝之产，不得取赎。本契作为卖主的担保事项写入。

八九〇　明正德十五年（一五二〇）祁门县谈静卖山场红契[一]

十六都谈静于先年间同众买受得伍保土名东源胡元清经理名目并山场；又同叔永贤、谈永芳等买受得谈珙同侄强京栽坌杉木不计块数[二]；又同谈祁栽坌杉木壹块；又同众栽坌杉苗壹块；又外同众栽坌树苗壹块。今将前项山场并各号本位合得栽买杉苗分籍，尽数立契出卖与叔永贤名下凑便管业，面议时价文（纹）艮（银）壹两柒（钱）正。未卖之先，家外即无重复交易[三]。自成交之后，各无悔异。今恐人心无凭，立此文契为照。

正德十五年十二月廿七日　　立契人　谈　静（押）契

依口代书人　谈　玘（押）

【注】

[一] 原件藏北京大学图书馆。

[二] 栽坌（音同笨），即「力坌」。叶显宗说：「『力坌』即『田皮』。『例如有的松杉树苗便是由佃仆出备的，因而形成了力坌。……力坌是佃仆所出工本的代价，它成为佃仆的一种财产，是可以占有或典卖的。』」（《明清徽州农村社会与佃仆制》第二五六页）栽坌，主人与佃仆分成，一般为对分。

[三] 本契下省「担保事项」。如省「如有内外人拦占，并系出产人支当，不干收产人之事」等语。以下此等省略不再注。

八九一　明正德十六年（一五二一）祁门县江球卖山竹园白契[一]

九保住人江球承祖父山一号，坐落本家后山，系经理乙阡（仟）玖拾四号；又取乙阡（仟）玖拾陆竹园地一号，六分中合得一分。今自情愿出卖与房叔旭、献二家名下[二]。三面议时值价银叁两陆钱整，其银当日交足。出卖之后，即无重复交易，亦无家外人占拦。所有税粮候造册之日听自本户起割前去，即无阻挡。恐后无凭，立此卖契为照者。

其竹木归在数内，内一千九四号山，球卖与应春管业。

江球批破

正德十六年六月　日　　立出卖人　江　球（押）

其竹地、基地卖与李尚礼名下。□江批。

中见人 江 敏(押)

江 政(押)

所有前项价银当日收足(押)领

【注】

[一] 原件藏北京大学图书馆。

[二] 房叔，同姓近房或远房叔父。房叔一般比族叔的血缘关系稍近。

八九二 明正德十六年(一五二一)祁门县江球卖山竹园推单[一]

九保住人江球，今立推单山乙千九拾四号，又乙千九十六号竹园地，候造册之日，听自闻官受税，本户即无阻挡。恐后无凭，立此推单为照。

正德十六年六月 日

立推单人 江球(押)

见 人 江敏(押)

【注】

[一] 原件藏北京大学图书馆。

八九三 明嘉靖元年(一五二二)祁门县方侊卖田契[一]

在城方侊原与兄贰契共买水田壹亩陆分，坐落五都五保，土名黄岗上塘坞大塘尾，内取横路下田，计实田叁百捌拾肆步。东至桐子坞口田，西至田，南至田，北至横路。今将前项四至内田本身该得一半，计实田捌分，自情愿立契出卖与五都洪积、洪暄、洪琬、洪千、洪侃、洪起等名下为业，面议时值价纹银玖两整。其价并契当日交付。其田未卖之先，即不曾与家外人重复交易。如有来历不明，并是出产人之（支）当，不涉买人之事。自成之后，不许悔异。如有悔者，甘罚银贰两与不悔人用，仍依此契为准。所有税粮见造黄册推入买人户内，即无异词。所有上手文契与侄相共，不便缴付。今恐无凭，立契照者。

嘉靖元年正月十八日　　　　立契人　方　侊

　　　　　　　　　　　　　见　人　汪　文

【注】

〔一〕录自北京图书馆藏明抄本祁门《洪氏历代契约抄》。

八九四　明嘉靖四年（一五二五）歙县吴克顺兄弟卖山地白契[一]

十五都三图住人吴克顺同弟吴颐，今为缺少见年均援艮（银）两[二]，自情愿将承祖己分下竹字百七十五号下地叁步半，计税壹厘伍毛，土名张二塘下。东至张塘，西至自山，南至自山，北至吴贤孙山。于上房屋及火佃洪社员、天付、天才、天海等及各人子孙未并名目；又将竹字百七十一号山七毫，土名檡山，东至　　，西至　　，南至　　，北至　　。今将二项地山凭中出卖与本图吴　　名下为业。三面言定时值价艮（银）叁两正。其艮（银）、契当即两相交付明白，即无欠少，亦无准折之类。其地山卖前即不曾与他人重复交易。其火佃自卖之后，听从买主日下叫唤工活，本家即无难易（异）。如有内外人拦占，俱系出卖人之（支）当，不甘（干）收产人之事。其税粮候造黄册，仰于本户入买主户下支解。今恐人心难凭，立此卖契为照。

再批：山于（与）上树木尽行卖乞（讫）。（押）

嘉靖四年六月初七日　　　　　　　吴克顺（押）

　　　　　　　　　　　立卖契人　吴　颐（押）

　　　　　　　　　　　凭中人　　吴象贤（押）

【注】

〔一〕原件藏北京大学图书馆。

〔二〕均援，「援」为「徭」之误。均徭，役名。《明史》卷七八《食货二·赋役》：「役曰里甲，曰均徭，曰杂泛，凡三等。以户计曰甲役，以丁计曰徭役，上命非时曰杂役。皆有力役，有雇役。」「一岁中诸色杂目应役者，编第均之，银、力从所便，曰均徭。」

八九五　明嘉靖十一年（一五三二）休宁县查阿金等卖田红契[一]

十四都八图住妇查阿金、查阿胡，原承故夫祖买业十都张售户，并换胡寿户周字一千二伯五十号田九分二厘六毛，土名安里，佃人程税得。又将祖分并续置本族查齐售、查添互□字二伯五十八号程税得等住地立至，土名安里。其田地东西四至□□保簿该载明白[二]，不在开写。今因缺少食用，自情愿浼中将前项田地尽行立契出卖与十都胡相名下为业。三面议定时估价银叁两伍钱正。其银当日收足，其田地今从出卖之日，一听买人收租永远管业。如有内外人占拦及重复交易，一切不明等事，尽是卖人之当，不及买人之事。所有来脚与别产相连，缴付不便，日后要用，本家索出参照毋词。其税粮随即推入□人户内。今恐人心无凭，立此卖契为照。

嘉靖十一年正月二十七日

立卖契妇　查阿金（押）
查阿胡（押）
奉书男　查世直（押）
侄查盛（押）
中间人　查　互（押）
查岩大（押）

今就契内领去价银足讫。同年月日。再批（押）领。

【注】

［一］原件藏北京大学图书馆。

［二］保簿，鱼鳞图册，存在保中的底簿。

八九六　明嘉靖十三年（一五三四）歙县洪深卖山地红契[一]

十六都二图住人洪深，今为欠少使用，自情愿将续至（置）到敢字　号山一片，约至二分五厘，土名石栢山后。其山东〔至〕尖，西至水坑，南至洪宽山，北至谢宅并王家山。其山多寡自有四至佚（挟）定；又将歙县非字　　号山叁厘，开垦成园，大小贰片。其园东至汪家园，西至朱家山，南至孙宅低园，北至汪家园并朱家山。其园每年上分麦豆伍平斗，佃人自种。今将前项捌至内尽行立契出卖与同都毕荣积名下。时值价白文（纹）银壹拾伍两正。其价银当时一并收足，即无欠下，亦无准折。其山未卖之先，即不曾与他人重复交易。倘有内外人拦占，并是出卖人祇（支）挡（当），不及买人之事。其税粮至大造之年于本户起割，即无难异。其山并园听从买人自行管业收苗受税。其有来脚契文别产相连，缴付不便。今恐人心无凭，立此卖契为照。今就契内其价银当日凭中三面收足。　再批为照。

嘉靖十三年三月二十二日

立契出卖人　洪　深（押）
中　人　王　旺（押）
代笔人　洪　宽（押）

【注】

［一］原件藏北京大学图书馆。本契主洪深与代笔人洪宽与永乐时祁门县之洪深、洪宽同姓名。

八九七　明嘉靖十四年（一五三五）祁门县谈璜兄弟卖山地红契[一]

十六都谈璜同弟谈鼎，今有祖产山壹号，坐落本都伍保，土名东源都四单山。新立四至，里至谈魁山埋石[二]，外至汪高山，上至降，下至田。今将前项四至内山场、山土并在山木苗，自情愿将本位兄弟分籍尽数立契出卖与伯谈魁□名下为业，面议时价文（纹）银陆钱三分整。在手足讫。其价契当付[三]。成交之后，各不许悔。如先悔者，甘罚艮（银）二钱与不悔人用；仍依此契为始。其山好歹，买人自见。来历不明，卖人理值（直），不干买人之事。未卖之先，即无家外人重复交易。今恐无凭，立此文契为照。

再批：其前山，本位兄弟壹拾肆〔分〕中，合得壹分，并买受在内。为照。

嘉靖十四年八月廿日

立契人　谈　璜（押）
同弟　谈　鼎（押）
中见代书叔　谈　壮（押）

【注】

［一］原件藏北京大学图书馆。

[二] 埋石，埋石为界。此石名「至石」或「志石」。

[三] 当付，全文当作「当日两相交付」。

八九八　明嘉靖十五年（一五三六）休宁县胡瑟卖山地红契[一]

同户胡瑟，今为纳粮缺用银，今自情愿将前周字三百四十四号，土名余四坌山，本身合得壹分捌厘，杉笛（苗）在上。其山东西四至自有保簿可查，不在（再）开写。今自情愿出卖与同户胡朱名下，三面议时值价银贰两整。其银当日收足。其山今从出卖之后，一听买人自行管业投税为定。如有不明等事，尽是出卖人之（支）当，不及买人之事。所有来脚契文，乃是祖产，不在（再）缴付。今恐人心无凭，立此文契为用。

嘉靖拾伍年二月廿九日　　　　立　胡　瑟　契文（押）契

中见人　赵　佪[二]（押）

契内内少贰钱[三]

今就契内价银并收足讫。同日再批。　（押）　领

【注】

[一] 原件藏北京大学图书馆。

[二] 佪，疑「囝」字之误。囝（音同检），儿子，儿女。《全唐诗》卷二六四顾况《囝》：「囝生闽方，闽吏得之。」注：「闽俗呼子为囝。」今西南地区方言读仔，吴方言读囡，都泛指小孩。

[三] 似衍一「内」字。

八九九　明嘉靖二十一年（一五四二）休宁县方锡兄弟卖风水田红契[一]

四都五图住人方锡、方鏖，今为缺少使用，自情愿将承得故父户下风水田一丘[二]，坐落土名稿荡丘，系水字　　号，计税壹亩式分。其田东至人行大路，西至本家田，南至方朋田，比（北）至人行路为界。今将前项四至内田，计税壹亩式分，内取捌分立契出

卖与从弟朔翰名下为业，当日凭中叁面议作时值价文(纹)艮(银)叁拾陆两整。其艮(银)当成契日一并交收足讫，即无欠少分文，亦无准折重复之类。如有内外人拦占，尽是出产人之(支)不当，不及受产人之事。其税粮，大造在迩，本户起割，即无难易。其田日后如要并作风水，亦是二家商议，眼同照分[三]，凭阄用事[四]。本家□人无得阻当(挡)，妄生异说，更有公议合同为据。今恐人心难凭，立此文契为照。今就契尾实领价艮(银)足讫[五]，别不立领札[六]。

嘉靖二十一年二月廿五日

自愿立契人　方　锡(押)

方　鏖(押)

中见叔兄　方　旭(押)

方　尧(押)

方　框(押)

方　广(押)

方　溶(押)

【注】

[一] 原件藏北京大学图书馆。

[二] 风水田，用作墓地的田地。

[三] 眼同照分，二家亲临现场划分田界。

[四] 凭阄，凭拈阄以决事物的去取、胜负或分配。如书记号或字于若干小片纸上，做成纸团，有关人各取其一，以决定其做法。

[五] 契尾，非指官府的税据「契尾」，而是本契尾部，在尾部批领。

[六] 领札，领到契价的收据。

九〇〇　明嘉靖二十一年(一五四二)徽州府给付休宁县朔翰买田税契号纸[一]

直隶徽州府为税契事，伏睹

《大明律》内壹欵：「凡典买田宅不税契者，笞伍拾，仍追田宅价钱壹半入官。」钦此。钦遵外，今访得各县税契并无银两贮库，多是署印官员并该房吏典侵银入巳(己)，盗用印信，拟合议处[二]。为此，本府出给年月印信号纸[三]，发仰该县收贮。如遇买主税契，每两收银叁分贮库；填入循环文簿[四]，送府查考。故违者，依律究治。须至号纸者。

计开

休宁县四都五图朔翰买到同都方锡田，用价银叁拾陆两，该税银壹两捌分。

右给付买主　　　　　　　　　　　　收照

嘉靖二十一年三月初九日给

府（押）

【注】

[一]原件藏北京大学图书馆。

[二]议处，讨论处理。

[三]印信号纸，盖有徽州府官印、编有字号的契税收据。

[四]循环文簿，每日登记契税收入的文簿。一般为两本，甲本「送府查考」，乙本留县继续登记税收。这样一方面加强府对县的契税监督，又不影响县的税收工作。甲本送府，乙本退县。因甲乙文簿循环往复，故有此名。

九〇一　明嘉靖二十四年（一五四五）歙县李天赐兄弟卖山地红契[一]

十二都李天赐同弟天兴、天盛，今为无银支用，自情愿将本户王字捌百六十一、六十二号山一处，土名柴榨坞，共粮税壹拾式亩。壹拾式分中兄弟该得壹分，该税壹亩。其山新立四至：上至尖，下至溪，里至李巨杏梅坞山，外至李森山。其山新立四至内弟兄分下，尽行立契出卖与同都李七名下为业，当〔日〕三面议值时价白文（纹）银壹两壹钱正。其价并契当日两相交付明白。所有税粮，候造黄册之年，听自买主收割过户解纳，再不另立推单、收领。未卖之先，即无重复交易。及来历不明，俱是卖人之（支）当，不干买人之事。自成之后，两各无悔。如先悔者，甘罚契外银式钱与不悔人用。今恐人心无凭，立此典卖文契为照。

嘉靖廿四年四月廿三日

立契出卖人　李天赐（押）契

同　弟　李天兴（押）

李天盛（押）

中见人　李朋一（押）

上件契内价银当日尽行收足。再批。　　契

【注】

[一]原件藏北京大学图书馆。

九〇二　明嘉靖二十五年(一五四六)祁门县李迟得卖田红契[一]

十西都李迟得，今有承祖买受标分得田乙备，坐落土名本保金坑水坞山口，系经理塘字　　号，计田大小二丘，共计田　　。新立四至：东至李闰宅田，西至谢玉凤田，南至坑，此(北)至员唐田及山。其田元(原)与春得相共。今卖与谢相。其田本身合得乙半，计太(大)租二称十斤[二]，今因甲首无钱充当[三]，与母商议，自情愿将前田合得分法田托兄凭中立契尽数出卖与同都谢名下为业，面议时价文艮(纹银)乙两八钱正。价契当日两相交付。其田未卖之先，积(即)无重复交易。来历不明，尽是卖人之(支)当。所有税粮，定听本主升科[四]。成交之后各不许悔。如先悔者，甘罚艮(银)二钱与不悔人用；仍依此文为始。所有上手文契标书与别产相连[五]，不及缴付，要用赍出照证无词。今恐无凭，立此卖契为照。

立契出卖人　李迟得(押)

主盟母亲　谢　氏(押)

生母　洪　氏(押)

依口代书兄　李仙得(押)

李春得(押)

中见人　汪来志(押)

嘉靖廿五年十月初四

【注】

[一]原件藏北京大学图书馆。

[二]大租，田骨(田底)租为「大租」，田皮(田面)租为「小租」。这是当时徽州地区出现了一田二主后产生的地租名称。称，亦写作「秤」。明《重订增补释义经书四民便用杂字通考全书·外卷·论两斤起于黍》：「十五斤为一秤。」主要是徽州地区的情况。但民间以十斤为一秤者，使用时，变化很多。如「加六秤」每秤为十六斤，「加八秤」每秤为十八斤。

［三］甲首无钱充当，明代每十户为一甲，设甲首一人，董一甲之事，任期一年。居民任甲首，亦「先后以丁粮多寡为序。」参看《明史》卷七七《食货一·户口》。

［四］升科，亦作「升科」。登记田产，以便纳税。

［五］标书，分家文书，亦称「阄书」。

九〇三　明嘉靖二十七年（一五四八）临安卫舍丁董一言卖房红契粘连董一言收据、通海县官版税给[一]

立绝卖房契人系临安卫右右千户所[二]董千户下舍丁董一言同男董志良，为因家下急钱使用，别无得处，情愿将自己原买到楼房一所[三]，前后上下四间，并天井平房一间[四]，门扇俱全。东至郑秀房，南至张儒房，西至街，北至祁发信房，四至分明。坐落北门内正街。其房因为歪斜倒塌，不堪住坐，凭中议作时价纹银贰拾肆两重。其银恐有杂色[五]，不及银水[六]，每两估时价海肥玖拾卉[七]，共该肥贰千壹百陆拾卉整。立契绝卖与前前所乡百户所军丁钟大用、钟大节名下[八]，永远为业，听从修理住坐。当日房银两相交付白了当[九]。自卖之后，倘有□（分）换及各人争竞，卖主已面承当。成交之后，二家各无番（反）悔。如有悔者，□罚白米伍斗入官公用。其银足色[十]，并无□□私债准□，是二家两相情愿，别无异词。今恐人心难凭，立此绝卖房卖[十一]，永远为照。

实绝卖楼房一所，四至、价值在前，门扇俱全。

嘉靖贰拾柒年柒月贰拾柒日

立绝卖房契人　董一言（押）
同男　董志良（押）
同伯　董　辅（押）
在中人　李　秉（押）
张　儒（押）
说合人　程　铎（押）
朱文贤（押）
程　科
邻佑人　祁发信（押）

在见人　杨大章（押）
　　　　程文杰（押）
　　　　程文见
致仕官　徐　谦（押）
　　　　缪宠之（押）
知见人　汪　洋（押）

永远绝契存照

附件一　董一言收据

出收付人系临安卫通海右右千户所舍丁董一言，今情愿将自己买到楼房一所，凭中出卖与□所□人钟发玘住坐。其房价照数收足了当。恐后无凭，立此收付照□者。实收道（到）海巴（𧵳）二千一百陆拾索整。

嘉靖二十七年八月初九日

伯　父　董　辅（押）
出收人　董一言（押）
说合人　李　丙（押）
在中人　朱文贤（押）
知见人　程文杰（押）
　　　　杨大章（押）
代书人　汪　洋
　　　　程　科（押）
　　　　缪充之（押）

收付存照

附件二　通海县官版税给

临安府通海县为税契事：检会到

□□□款与卖田地头匹[十二]等□税者，笞伍拾，仍追田宅头匹价钱壹半入官[十三]。系官物内□□分为□及□付告人充赏。每契一本，纳贰本铜钱肆拾。□□□□□□收余者□□款□□□□。今据通海前前千户所百户所中所下军丁钟大用、钟大节告称：□□价艮巴（银𧵳）二千一百六十卉，□绝董一言房一所，具状□□□县税给。[十四]除正课□叁拾分中取壹责令经该□□收□□□外，□□□□□□□□付告人收执。须至出给者。

右付□钟大节准此

嘉靖二十九年八月　　　　　　　　　　杨一元承

县一□

此房通前至后实卖，愿者成交。

【注】

[一]马德娴《嘉靖时用贝买楼房的契纸》（《文物》一九六三年十二期第十四至十七页），有契约（契纸）和附件一：董一言收据（收款存照）；附件二：通海县官版税给（验契执照）的录文和照片。文曰：「云南省博物馆从通海征集到明嘉靖二十七年（公元一五四八年）用贝币（当地人称海𧵳亦写作『巴』）买楼契纸一件，后附收付存照一件，又附官家发给验契执照一件。俱系棉纸本，三件共裱成一大张。最后另纸写『此房通前至后实卖，愿者成交』，贴在纸后。原契长 75.5 厘米，宽 44 厘米。收付执照长 37.3 厘米，宽 23 厘米。验契执照长 38 厘米，宽 24.2 厘米。三纸共戳有官家验契朱印十一个。印文不清，但形式和明代县官印信相同（图一、二）。」

原契行书，文八行，每行字数不等。纸末上端书「永远绝契存照」六个大字。以下称马德娴文为「马文」。方国瑜著《云南史料目录概论》卷九「明时期文物」（选录）已收有此契，题曰：《临安卫董千户舍丁卖房契纸》（中华书局一九八一年第一版第一二〇六至一二〇九页。有录文，亦有考证。以下称方国瑜文为「方文」）。

[二]《明史》卷九〇《兵二·云南都司》有「临安卫」和「通海前前千户所、通海右右千户所」。卫驻临安府，两所均驻通海县。府、县均治今云南建水县。

[三]方「录文」夺「情愿」之「情」字。

[四]天井，宅院中房子和房子或房子和围墙所围成的露天空地。南方人家将此空地用砖石砌成水池，以便积聚从屋檐流下的雨水，形成天井，用于洗盥。北方称为院子，另有用途。

[五]杂色，各种颜色。言银色不纯正，有次货。

[六]银水，银子的成色。《古今小说·蒋兴哥重会珍珠衫》：「只要价钱上相让多了，银水要足纹的。」

[七]海𧵳，即贝、𧵳。马文曰：「云南民间存有的明代卖纸多系用贝做货币，而尤以各地寺庙的常住田碑及修桥补路的碑记，多以贝作货币。」方文曰：「银两与海𧵳兑换价格，此𧵳九十卉（索）。按杨慎《滇程记》载《杨林驿》曰：『货始用海𧵳，九索当白金一钱。』即银一两兑海𧵳九十索。时为

嘉靖三年杨慎被谪戍云南，过杨林驿（昆明城东二日程）所记。与嘉靖二十七年在通海之时价相当。惟各地价格不同。」「各时期价格也不同。」方文举有众多事例。今从略。

索、卉，马文曰：据谢肇淛《滇略》，滇中用贝「俗名曰𧵅。其用以一枚为一妆，四妆为一首，四首为一缗，亦谓之苗；五缗为一卉，卉即索也」。又曰：「代书人缪充之」就是「知见人缪宠之」。「李秉」或就是「李丙」，马文误「时价」为「时值」。

〔八〕舍丁、军丁，明代军户名。方文曰：「买卖双方之户籍，卖主为临安卫右右千户所董千户下舍丁董一言，买主为前前所乡百户所军丁钟大用。按景泰《云南通志·通海御》曰：『在通海县北城内，洪武十五年建。内有临安卫前前、右右千户所二，每所领所镇抚一，百户所十。』又万历《云南通志·通海御》曰：『在通海县治北，洪武十五年建。隶临安卫，领前前、右右二所，正副千户一十三人，百户二十三人。』又有『舍丁一千三百二十五名，军余一千五百名』。则通海御为临安卫所属二千户所，有卫指挥佥事领之正户（千户一十三人，百户二十三人）。此外，贴户舍丁一千三百二十五人。出卖房产之董一言即其中之一户，隶董千户管辖；而董千户则为千户十三人之一也。又买房产主，契约原文作『前前所乡百户所军丁钟大用』，『乡』字当是姓氏（可能释文有误），称军丁当是正丁，而非余丁也。双方并军籍户。」又曰：「明制，军民分治，虽府、卫同城，军、民错杂而居，惟军户属卫所管辖，隶都司，归于军都。民户属府州县管辖，隶布政司，归于户部，区分显然。此契约买卖双方并军户，而房产验契税不属卫所而属府县者，即因房地之事统归布政司也。万历《云南通志·兵食志》所载都司屯征无房产。又《赋役志》载布政司课程有税契一项」。

〔九〕白了当，原契似在「白」上夺一「明」字。马文录作「明白了当」，方文照录马文。特此注明。

〔十〕足色，金银的成色十足，精纯，不含杂质。明徐爱《传习录》上：「人到纯乎天理方是圣，金到足色方是精。」

〔十一〕绝卖，也叫杜卖，卖死。即将不动产的所有权卖给别人，永远不得回赎。

〔十二〕头匹，牛马驼骡驴等大牲畜的总称或其计量单位。亦作「头疋」。《元典章·圣政一·劝农一·劝农桑》：「不以是何诸色人等，毋得纵放头疋，食践损坏桑果田禾。」明于谦《备边保民疏》：「今易州、蔚州、浑源、昌平等处近边百姓，自去岁被掠人口，抢去头匹。」

〔十三〕笞，古代的一种刑罚，即以杖抽打。《唐律疏议一·笞刑》：「当劓者笞三百，此即笞杖之目，未有区分。」自隋至清，笞为五刑（死、流、徒、杖、笞）中最轻的一种。《大明律》卷五《户律·典买田宅》条：「凡典买田宅不税契者，笞五十，仍追田宅价钱一半入官。」

〔十四〕税给，赴县投税给据。给即税单。

九〇四　明嘉靖三十年（一五五一）徽州胡音十卖儿婚书〔一〕

立卖婚书十二都住人胡音十，今因缺食，夫妇商议，自情愿将男胡懒囝〔二〕，乳名昭法，命系辛丑年三月十五日申时〔三〕。凭媒浼中出卖与家主汪　名下为仆〔四〕，三面议作财礼银叁两伍钱整。其银当日收足。其男成人，日后听从家主婚配，永远子孙听家主呼唤使用，不得生心异变。如有等情，听从家主呈公理治。恐后无凭，立此卖男婚书存照。

长命富贵，

婚书大吉。

嘉靖三十年二月三十日

立婚书人　胡音十(押)书
媒人　胡永道(押)
中见人　汪玄寿(押)

【注】

[一]原件藏安徽省博物馆。

[二]個(音同简)，应作「囝」。参看前录《嘉靖十五年胡瑟卖山红契》注[二]。

[三]「命系辛丑」句，命即「元命」，再逢生年的干支，即六十一岁时。本契谓生年的干支。辛丑，嘉靖二十年(一五四一)，为胡懒個出生之年。至嘉靖三十年被卖时，年仅十周岁。申时，为胡懒個出生时辰。

[四]凭媒浼中，媒，买卖儿女时的中介人。浼，亦作浼，即请托、央求。

九〇五　明嘉靖三十年(一五五一)祁门县吴奇勋卖山地白契[一]

十一都吴奇勋承父有竹山地一备，坐落二保，土名杨村，系经理周字　　号。其山地东至胡李山地，西至李梯亲竹山，南至降，本家墙外山，北至路。与相兄相共[二]，本(边)该壹半，各分为业，自有合同画图一样两张为照。自情愿将本边为业壹半，并竹松等木，尽行立契出卖与兄吴奇才名下为业，面议时值价白纹银拾四两叁钱整。其价并契当日两相交付，契后再不立领。今从卖后，一听买人永远斫竹栽苗管业。未卖之先，即无重复典卖交易。如有一切不明等事，并是卖人之(支)当，不及买人之事。来脚与兄相共，不及缴付。与兄分业画图，合同照样画写一张，付与存照。今恐无凭，立此文契为照。

嘉靖叁拾年陆月弍拾壹日

立契人　吴奇勋(押)契
中见人　朱细囝(押)

【注】

[一]原件藏北京大学图书馆。

[二]相兄，「相」字衍。

九〇六　明嘉靖三十一年（一五五二）祁门县李虎卖房基地红契[一]

九保住人李虎承故兄李桂并父陆续置买基地壹备，坐落土名山村中段，系经理卑字伍伯七十五号、伍伯七十六号、伍伯七十七号，共地贰亩，本家该得捌分有令（零）。其地东至李应时等田，西至溪，南至应时等土库墙脚，北至路。今将四至内基地，除本家住房，内取该分基地四分，出卖与族人李应时名下为业。当日凭中议作时值价银捌两整。其基地未卖之先，即无重复交易。一切不明等事，尽是卖人之（支）当，不及买人之事。如亩步短少，先尽买主管业四分；其余多少，俱是卖主受业。所有税粮，候造册之日，听自买主于显琳户起割前去供解[二]。原买李茂清、李阿旺、同男李湖、江文宽、李旭等来脚契文随时缴付。恐后无凭，立此为照。

所是前项契内价银当日两相交付足讫。再批。（押）

嘉靖卅一年七月廿四日

立卖契人　李　虎（押）

中见人　李廷瑾（押）

李应和（押）

【注】

[一] 原件藏北京大学图书馆。

[二] 显琳，卖主李虎父兄之前的业主。

九〇七　明嘉靖三十一年（一五五二）祁门县给付黄仁买田契尾[一]

直隶徽州府祁门县为陈愚见筹边饷，以少裨安攘大计事：奉

本府帖文[二]：奉

户部札付前事[三]，该本部题广西清吏司案呈奉本部送于户科抄出兵科给事中黄元白题前事[四]。内开：嘉靖三十年，分例该大造黄册。各布政司俱行有例[五]：凡买田地过割之人有定：每田地（价银）一亩（两），纳税银三分。查照州县大小，分别上中下三等，严造税银青册一本[六]，明白开具，随黄册同解赴司[七]，以凭查兑。等因，行县遵行间，续奉府帖，准直隶太平府关奉[八]

钦差巡抚都察院右佥都御史彭　批[九]：据本府知府姚　、应天府通判张　会议呈前事[十]，内开：休宁、婺源、祁门、黟县、绩溪俱为上等，各该买业人户该房纳税银，每价银一两，纳税银三分贮库；仍造青册同银年终解府，类解户部。等因。奉此，除遵行外，今据九都一图六甲黄科户户丁仁原用价银肆拾两柒钱买受十八都叶表土名方坑等处契一纸，赴县投税，照例征收税银共该壹两弍钱弍分乙厘，贮库类解外，今给祁字　　号契尾一纸，粘附本契照证，以杜隐射奸弊[十一]。须至出给者。要有本县亲笔花押大书「税明」二字为真[十二]。

右给付黄科户户丁黄仁准此

嘉靖三十一年七月廿七日户　　　　吏汪大成　承

县（押）

【注】

[一]原件藏北京大学图书馆。

[二]帖文，一种文告。

[三]札，通称「札子」，上司行下之公文。

[四]题，即「题本」，奏章的一种。凡兵刑钱粮，地方民务所关，大小公事，皆用题本，由官员用印具题，送通政司转交内阁入奏。另一种为「奏本」，为私事启请者，不准用印。清吏司，户部属下十三清吏司，各置郎中一人，正五品，分辖浙江、江西、湖广、陕西、广东、山东、福建、河南、山西、四川、广西、贵州、云南省。《明史》卷七二《职官一·吏部》：「十三司各掌其分省之事，兼领所分两京、直隶贡赋，及诸司、卫所禄俸，边镇粮饷，并各仓场盐课、钞关。」又曰：「广西司带管太常寺、光禄寺、神乐观、牺牲所、司牲司、太仓银库、内府十库，在京沈阳左、沈阳右、留守前、宽河、蔚州左五卫，及二十三马房仓，各象房、牛房仓，京府各草场。」给事中，官名。明设给事中分治六房之制，定为吏、户、礼、兵、刑、工六科。清孙承泽《天府广记》卷一〇《六科》：「吏、户、礼、兵、刑、工科各都给事中一人，左右给事中各一人。……凡章奏出入，咸必经由。有所遗失抵牾，更易紊乱，皆得驳封。事有关系，抄发过部，略用参语，谓之抄参。部覆录入疏中。凡朝政之得失，百官之贤佞，皆许联署以闻。实兼前代谏议、补阙、拾遗之职也。」

[五]布政司，明代省级行政机构。洪武九年（一三七六），罢行省平章政事，改设承宣布政使司，设左、右布政使各一人，从二品，掌一省之政。

[六]青册，明洪武十四年（一三八一），诏天下编造赋役册。此后每十年更定其册，谓之大造。册凡四：一上户部，册面黄纸，谓之「黄册」。其二上布政司和府，册面青色，谓之「青册」。有司征税、编徭，则自为一册，谓之「白册」。

[七]司，户部十三清吏司。

[八]直隶太平府，治当涂，今属安徽。

[九]巡抚都察院右佥都御史，官名。明都察院有左、右都御史，正二品，左、右副都御史，正三品，左、右佥都御史，正四品。其在外加都御史或副、佥

都御史衔者，有总督，有提督，有巡抚等。

[十]应天府，治上元县、江宁县，今江苏南京市。

[十一]隐射，本作「影射」，朦混之意。《大明律》卷五《户律》二《田宅·欺隐田粮》：「若将田土移丘换段，那移等则，以高作下，减瞒粮额及诡寄田粮，影射差役，并受寄者，罪亦如之，其田改正，收科当差。」

[十二]本契尾缺有关买卖双方的都图、买卖内容、契价、税银等记载。因均载于正契，故省。下同。

九〇八　明嘉靖三十二年（一五五三）休宁县汪焞卖山地红契[一]

十都住人汪焞，今将承祖该业周字叁伯卅九号山，土名湖高塘。内取本身合得山取壹厘，东西四至保簿该载，不在（再）开写。今自情愿凭中立契将前号山内取壹厘出卖与同都胡辅名下为业。当日三面议作时值价文艮（纹银）壹钱正，其艮（银）当日收足。其山今从出卖之后，一听买人自行管业。如有内外人占拦及重复交易，一切不明事，尽是出卖人之（支）当，不及买人之事。所有税粮，候造册年推入买人户内无词。今恐人心无凭，立此卖契为照。

嘉靖叁拾二年五月十四日　　立契人　汪　焞（押）

中见人　汪文福（押）

今就契内领去价银并收足讫。　同日再批领（押）

【注】

[一]原件藏北京大学图书馆。

九〇九　明嘉靖三十二年（一五五三）祁门县李春得卖开荒田白契[一]

十西都李春得原买受承祖标分得开荒田壹备，坐落本保，土名坞头坞，系经理塘字　号，新立大四至：东至谢健新开田，西至山，南至甽，比（北）至坞头。本身合得分法，该田四丘，计硬早租捌秤内取四秤出卖与同都谢昺名下为业[二]。三面议时值价纹银贰两伍分整。其价并契当日两相交付足，其田未卖知之先[三]，即无家外人重复交易。如有来历一切不明，并是卖人之（支）当，不及买人之事。所有税粮，系是买受开荒田，无粮过割。日后听自买人升科供解，本家即无异言。如有此等，情愿取赎无词。成交之后，各不许悔。甘罚银贰钱与不悔人用[四]；仍依此文为始。今恐无凭，立此文契为照。

嘉靖卅二年七月初十日　　　　立契人　李春得（押）
　　　　　　　　　　　　　　代　书　李　豪（押）
　　　　　　　　　　　　　　中见人　李原得（押）

【注】

［一］原件藏北京大学图书馆。
［二］旱租，亦称旱谷，即以旱稻为租者。
［三］知之先，「知」，衍。
［四］甘罚，上当有「如先悔者」。

九一〇　明嘉靖三十三年（一五五四）祁门县李柏卖地红契[一]

芹溪住人李柏，今将承父标分苧地一备，土名坐落朱太园，计地贰分。新立四至：东至侄廷金地，西至塝，北至侄孙应春地，南至买主地；外边塝头有白果木壹根，合身分数。今将前项情愿立契出卖与族侄李玠名下永业。三面议作时值价纹银壹两陆钱伍分整。其银契当日两相交付足讫。其地未卖之先，则无重复交易，亦无家外人占拦。一切不明等事，尽是卖人之（支）当，不及买人之事。所有税粮候造册之年，听自买主李塘户照依弟李梅原卖税粮推割无词。契后再不立领。恐后无凭，立此卖契为照。

前项白果壹根，松、梅合得分数卖讫。再批。

得价肆钱五。

　　　　　　　　　　　　　　同卖人　李　松（押）
　　　　　　　　　　　　　　　　　　李　梅（押）
嘉靖三十三年三月初四日　　立出卖契人　李　柏（押）
　　　　　　　　　　　　　　中见弟　李　虎（押）
　　　　　　　　　　　　　　侄　　　孙应物（押）

【注】

〔一〕原件藏北京大学图书馆。

九一一　明嘉靖三十五年（一五五六）休宁县吴心一卖山契〔一〕

十一都吴心一今有承祖佥业山壹备，坐落土名祊坑源、院儿坑、吴宅坑、院儿坑、麻榨坑、麻榨坑〔二〕，系经理汤字六百六十号、六百十七号、六百廿九号、六百卅号、六百卅一号、六百卅二号，共山五号〔三〕。其山四至自有经理该载，不及详写。今将前项廿（四）至内山骨分得身分数，尽行立契出卖与同都　黄新宇名下为业。三面议时值价白银壹两整。其价并契当日两相交付。契后再不立领。未买（卖）之先，即无重复交易。如有一切不明，并（是）卖人承当，不及受买人之事。分得本身分数即无存留。今恐无凭，立此为照。

再批：加六百卅二号山乙号，其有四至，照依鳞册载明。

嘉靖卅五年二月廿五日

立契人　吴心一（押）契

中见人　吴　敷（押）

方　什（押）

吴祯祥（押）

【注】

〔一〕原件藏芜湖安徽师范大学图书馆。

〔二〕土名六处可能与下开六处字号相对应。

〔三〕共山五号，当作「共山六号」。

九一二　明嘉靖三十五年（一五五六）祁门县胡芳等卖山地红契〔一〕

同户胡芳同侄胡时光等，今将周字四伯贰拾七号合山壹厘肆毛，土名下降；又将五伯九十九号合山壹厘，土名横山坞；又将周字五伯四十贰号，内取山柒厘贰毛，土名高山。其（除）山脚先年开垦成田，本家存留外，又将周字七百贰拾陆号合山壹厘壹毛，土名汪九塘。其山东西四至，自有保簿，不在（再）开写。今自情愿将前山四号共计山壹分柒毫，尽行立契出卖与同户弟相名下为业。面议时值价白文（纹）银壹两贰钱整，其价当日收足；其山并苗木今从出卖之后，一听买人管业。如有来历不明及重复交易一切等事，尽是卖人之（支）当，不及买人之事。其税粮候至大造之年扒与认纳毋词[二]。今恐人心无凭，立此出卖文契为照。

其汪九塘、横山坞二号，本家并无系忽存留。再批。

嘉靖三十五年三月十一日

立卖契人　胡　芳（押）契

同　侄　胡时光（押）

胡时然（押）

胡弥寿（押）

中见人　李　义（押）

今就契内领去价钱并收足讫。同日再批（押）领。

【注】

[一] 原件藏北京大学图书馆。

[二] 扒与，扒，剥下，脱掉。「扒与」之义同「过割」「推收」。

九一三　明嘉靖三十六年（一五五七）祁门县黄仁卖田地屋基契[一]

九都黄仁原陆续买受十八都叶廷表等民水田、塘屋、山坊、庄屋基地一备。坐落本都　保方坑、正源、甘子坞及小路三处等田，共计荒熟地五十亩有零。与周相共，身八分中合得五分，该田叁拾贰亩有零。其田四至经理可照。又买在城叶赉等方坑正源民田壹亩贰分，旧家坞田壹亩六分，张家坞口田肆分，叶山坞口田贰亩贰分，叶山坞口段田八分，其田上手文契可照。今将前项本身该得分剂（籍）荒熟田共计叁拾柒亩有零，庄屋基地并塘地该得分剂（籍），自情愿凭中尽数立契出卖与五都洪氏族众等名下为业[二]，面议时值价纹银贰百叁拾玖两正。其价并契当付明白[三]。未卖之先，即无家外人重复交易。来历不明，卖人之（支）当，不涉买人之事。自成之后，各无悔异。如先悔者，甘罚银叁拾两入　官公用；仍依此为准。所有税粮，候造册之年，照依原额过割供解无词。今恐无凭，立此为照。

嘉靖三十六年二月十一日

立契人　黄　仁　代书弟　黄　佐

中见人　方廷用　胡子彦
　　　　吴　泰

【注】

〔一〕录自北京图书馆藏明抄本祁门《洪氏历代契约抄》。

〔二〕洪氏族众，此田卖归洪氏一族为祀业田。

〔三〕当付，为「当面交付」的省文。

九一四　明嘉靖三十六年（一五五七）祁门县洪瓒等卖田契[一]

五都洪瓒、洪珙、洪瑚、洪应阳、舜民等，今将承祖买受民水田壹备，坐落东都四保，土名南边庄屋上厫高基，计田贰坵，计壹亩捌分。其田新立四至：东至洪瓒等地，西至六房庄基地，南至塘塍及地[二]，北至塘田及路。今将四至尽数立契出卖与寿二公六房子孙共造庄屋[三]，面议时值价足纹银壹拾玖两正。其价并契当日两相交付明白。其田未卖之先，即无家外人重复交易。来历不明，卖人之（支）当，不涉买人之事。自成之后，各无悔异。如先悔者，甘罚银三两入众公用，仍依此文〔为〕准。所有税粮，随即拨与六房供解[四]。今恐无凭，立此为照。

嘉靖三十六年五月初一日

立契人　洪　瓒　洪　珙
　　　　洪　瑚　洪应阳
　　　　洪舜民
中见人　洪　儒　洪　宏
　　　　洪　田　洪　立
　　　　洪尚志　洪新德
　　　　洪胜孙　洪嘉宾
　　　　洪太初

【注】

［一］录自北京图书馆藏明抄本祁门《洪氏历代契约抄》。

［二］塍，「塍」的异体字。田界。

［三］寿二公六房子孙，祁门洪氏宗族的一支。此田卖归本支公有。

［四］拨与，同「扒与」，即「过割」。

九一五　明嘉靖三十七年（一五五八）祁门县李求保卖田骨红契[一]

十西都李求保，今将承祖买受荒田乙备，坐落本保土名后塘坑大圣前，系经理塘字　　号，四至自有本保经理可照。计田乙丘，与叔社暹相共，本身合得一半，计大租乙秤。今为无钱支用，自情愿将前田合得大租乙秤凭中出卖与同都谢　名下收租管业[二]，面议时价纹银柒钱整。其田未卖之先，即无家外人重复交易。来历不明，卖人之（支）当，不及买人之事。前田原系荒田，即无升科之书[三]。自成交之后，二家各不许悔。如有先悔者，甘罚壹钱与不悔人用。今恐无凭，立此文契为照。

嘉靖卅七年润（闰）七月初九日　　出卖契人　李求保（押）

代书人　李社暹（押）

中见人　谢天诏（押）

再批：前田东至田，西、南至坑，北至田塝，其田乙坵，标得求保己业。叔社暹标得后塘坑冲下田□分。前契内田乙坵，租乙秤，卖与谢求全业。

李求保（押）　代书人李三保（押）

【注】

［一］原件藏北京大学图书馆。

［二］大租乙秤，田底租十五斤或二十斤。秤的标准各地不一。

［三］无升科，未报官府登记纳税。

九一六　明嘉靖三十八年（一五五九）祁门县李仙得卖田骨红契[一]

十西都李仙得，今有承祖摽（标）分荒田乙备，坐落七保上村，土名茶培坞口，系经理塘字　号。新立四至：东三保田，西至迟得田，南果田，北至行路及下田。其田本兄弟三人相共，计田三分，本身合得摽（标）分贰分，计早谷租乙秤[二]。今因无钱支用，自情愿将前摽（标）分田骨二分立契出卖与同都谢　名下收租管业，凭中面议时值价文（纹）银伍钱正。其价并契当日两相交付。未卖之先，即无家外人重复[三]。来历乙切不明，卖人之（支）当。其田原额系是荒田，未曾升科，无税可推[四]。再无异言[五]。成交之后，各不许悔。如有悔者，甘罚良（银）一钱公用，仍依此文为准。今恐无凭，同立此卖契为昭（照）。

嘉靖卅八年六月十七日　　立契出卖人　李仙得（押）

中见人弟　李迟得（押）

再批：前田本家兄弟摽（标）得，坐落中段，共租三十斤，仙得摽（标）分租乙秤。今卖与谢求干，随时管业收租。弟　夏得该得租十斤。

【注】

[一]原件藏北京大学图书馆。

[二]早谷租，亦称「早租」，以早稻为租者。

[三]重复，下脱「交易」二字。

[四]无税可推，因未升科，无税，不需推收。

[五]再无异言，上脱「日后买主升科」一句。

九一七　明嘉靖三十八年（一五五九）祁门县谢真佑等卖田红契[一]

拾西都谢真佑同弟谢武佑，共有承祖摽（标）分荒田乙备，坐落本保土名黄村查弯山，系经理唐字　号，山内计田　，计早租叁秤。新立肆至：东路及山，西山，南本家田，北谢録等田。今为无钱支用，同弟谪（商）议，自情愿将前项田骨并租尽行立契出

卖与同堂　　名下永远收租为业[二]，凭中面议时价纹银壹两伍钱整。其价并契当日两相交付。其田卖之先，即无家外重复交易。来历一切不明，卖人之（支）当，不及买人之事。其田原系荒田，未曾升科，无税可推。日后听买主升科，即无异言。成交之后，各不许悔。如先悔者，甘罚银叁钱与不悔人用；仍依此文为始。今恐无凭，立此卖契为照。契内两旁添「壹两」二字。武佑书。

立卖契人　谢真佑（押）契

同卖弟　谢武佑（押）

中见人　谢立荣（押）

嘉靖叁十八年八月初六日

【注】

［一］原件藏北京大学图书馆。

［二］田骨并租，田底权与田面权。

九一八　明嘉靖三十九年（一五六〇）祁门县李权卖水田红契[一]

十西都李权，今有承祖水田二备，俱坐落本保黄村，土名青林源，唐字四伯一十号，与本家兄弟相共，计大租一十二秤，权四大分中合得一分，该租二秤[二]；又唐字四伯一十三号，与本家兄弟相共，计租柒秤，权四大分中〔合得〕一分，该租壹秤拾五斤。前二号田亩步四至自有本保青荒可照。佃人黄金旺、金龙、长龙。权今因无钱支用，自情愿将前二号田合得分法，凭中尽行立契出卖与同都谢　　名下收租为业，面议时价纹银贰两玖钱整。其价并契当日两相交付。其田未卖之先，即无家外人重复交易。来历一切不明，卖人承当，不及买人之事。所有税粮，议候大造之年，听买主入本户起割税粮四分叁厘零入户供解，再无异言。成交之后，各毋悔易（异）。如先悔者，甘罚艮（银）五钱公用；仍依此文为始。今恐无凭，立此卖契为照。

立契出卖人　李　权（押）契

中见人　谢　华（押）

嘉靖三十九年三月二十六日

【注】

［一］原件藏北京大学图书馆。

[二] 二秤，似为「三秤」之误。

九一九　明嘉靖三十九年（一五六〇）休宁县给付洪容买田契尾[一]

休宁县为稽查开籍以杜飞诡[二]，以培

国本事：奉府帖奉[三]

钦差总理粮储提督军务巡抚右佥都御史张　札付前事内开：凡有民人置买田地，即时告纳该管州县，给与税契执照[四]。如有隐匿税银，加倍追罚；仍将所买田地壹半入官。等因。奉此，除依奉外，今后但有民人置买田产者，每价契一两，例上税银叁分，贮库作正支销。如有隐匿不报者，许令卖主首告，依律治罪[五]；仍追契价壹半入官。今据本县拾肆都十一图洪容于嘉靖卅伍年九月买十七都六图张　　户计税壹分壹厘，价贰拾叁两整，该税银陆钱玖分。所有契尾粘连即钤。须至出给者[六]。

右给付买主洪容收执准此

嘉靖叁拾玖年伍月卅日

县（押）

【注】

[一] 原件藏北京大学图书馆。

[二] 飞诡，「飞洒诡寄」一语的省称。飞洒，以自己土地之税粮，分为细小的数目，加入他人土地的税粮中。诡寄，把自己土地之税粮，加入他人土地的税粮中。这是当时大地主为逃避税役，勾结地方胥吏而采用的非法行为。飞洒多是将税粮转嫁到贫弱小农或逃亡灭绝户名下。诡寄多是将田地寄在有优免特权的仕宦、缙绅之家或里长等名下。（参看清黄六鸿《福惠全书》九《编审部·总论》，《大诰续诰》第四十五《靠损小民》）诡寄又称「花诡」「铁（帖）脚诡寄」。《明史》卷七七《食货一·田制》：「明太祖即帝位……而两浙富民畏避徭役，大率以田产寄他户，谓之铁脚诡寄。」《明太祖实录》洪武二十年二月戊子条则谓之「通天诡寄」。

[三] 府帖，徽州府的公文。

[四] 税契执照，买卖田宅立契约后，向官府纳契税，官府在契约上加盖印信，另给收据，即所谓「税契执照」，亦称「契尾」，粘帖于正契之尾部。

[五] 依律治罪，《大明律》卷五《户律·典买田宅》条：「凡典买田宅不税契者，笞五十，仍追田宅价钱一半入官。不过割者，一亩至五亩，笞四十；每五亩加一等，罪止杖一百，其田入官。」

［六］给，契尾，税契执照。

九二〇　明嘉靖三十九年（一五六〇）祁门县谢复华卖田红契[一]

拾西都谢复华，今将买受本家成田壹备，坐落本保土名栈培山，系经理唐字　　号，四至悉照经理为准。本身该得大租贰秤[二]，计成田贰分[三]。今因管业不便，立契出卖与族叔祖谢　　名下为业，面议时值价纹银乙两贰钱五分整。其价并契当日两相交付明白。未卖之先，即无家外人重复交易。来历不明，卖人之（支）当，不及买人之事。所有税粮悉照原额。候造册之年，听自买主起割入户供解。上手文契与别产相连，不及缴付，日后要用，赍出照证无词。自成，贰房各不许悔。如先悔者，甘罚艮（银）五钱与不悔人用；仍依此文为始。恐后无凭，立此为照。

再批：前田合得税粮贰分，候造册之年，照数起割无词。

其田经理土名九亩段，伪名栈培山[四]。

嘉靖卅九年十月廿日

立卖田契人　谢复华（押）契

中见人　谢天诏（押）

【注】

［一］原件藏北京大学图书馆。

［二］大租，田骨租。此为卖田底权者。

［三］成田贰分，税粮贰分。

［四］正文谓「土名栈培山」。

九二一　明嘉靖三十九年（一五六〇）祁门县洪应阳兑佃契[一]

五都洪应阳，今将摽（标）分得续抄没水田一备[二]，坐落土名余村官路下田一坵，计壹亩叁分。其田新立四至：东至山，西、南至山，北至官路。今将前项四至内田尽数立契出兑佃与寿二公六房子孙禋祀为业[三]，面议时值价工食文（纹）银柒两柒钱正。其价、契当日两相交付明白，未兑佃之先，即无家外人重复交易。来历不明，兑佃人之（支）当，不涉买人之事。自成之后，各无悔异。如〔先〕悔者，甘罚银乙两公用；仍依此契为准。所有税粮随时过割供解，即无异言。今恐无凭，立此为照。

嘉靖三十九年十二月二十日　　　　立契人　洪应阳

　　　　　　　　　　　　　　　中见人　洪　立

【注】

〔一〕录自北京图书馆藏明抄本祁门《洪氏历代契约抄》。

〔二〕抄没水田，罪犯被没收入官的水田。

〔三〕兑佃，转让田面权。田底权属官府。禋祀，祭祀。《左传·隐公十一年》，郑伯曰：「吾子孙其覆亡之不暇，而况能禋祀许乎？」杜预注：「絜齐以享谓之禋祀，谓许山川之祀。」本契谓将田兑佃与洪氏宗族一支，做禋祀之用。

九二二　明嘉靖四十年（一五六一）祁门县吴镇兄弟卖田山红契[一]

十东都吴镇同弟吴岩承祖有山一号，坐落土名汪坑，系经理虞字三百七十七号，山叁亩五十叁步。东至双坑口，西至李宄山[二]，南坑，北田[三]。本身兄弟该得四分之一。尽行立契山骨并苗木出卖与

李　　名下。[四]今因缺少店租银捌钱，自情愿将汪坑山骨并苗木，兄弟分数，尽行卖与李源名下永远为业。未卖之先，即无重复交易。如有一切不明，卖人之（支）当，不及买人之事。今恐无凭，立此卖契为照。

嘉靖四十年三月初八日　　　　立卖契人　吴　镇（押）

　　　　　　　　　　　　　　　同弟　吴　岩（押）

　　　　　　　　　　　　　　　见人　吴　迪（押）

【注】

〔一〕原件藏北京大学图书馆。

〔二〕宄（音同轨），李宄，人名或山名。

〔三〕南、北，各省一「至」字。

〔四〕自「尽行」至「名下」，衍。与下文重。

九二三　明嘉靖四十年（一五六一）祁门县洪世仁兑佃契[一]

五都洪世仁，今将摽（标）分续抄没水田一备，坐落余村庄基下手官路下田一坵，计壹亩叁分〔有〕零[二]。其田新立四至，东至洪田，西至张田，南至洪田，北至官路。今将前项四至内田，即无毫厘存留，尽数立契出兑佃与寿二公分下子孙为禋祀，面议时值价纹银捌两壹钱正。其价并契当日两相交付明白。其田未出兑之先，即无家外人重复交易。来历不明，兑佃人之（支）当，不涉买人之事。自成之后，各无悔异。如有悔者，甘罚银贰两入官公用；仍依此契为准。所有税粮听自本户随时收割，本家即无异词。今恐无凭，立此为照。

嘉靖四十年三月初九日

立卖契人　洪世仁

中见人　洪　立

【注】

〔一〕录自北京图书馆藏明抄本祁门洪氏《寿公祀业抄白簿》。

九二四　明嘉靖四十年（一五六一）祁门县谢题卖田红契[一]

西都谢题承祖父弓受荒田一备[二]，坐落本保，土名宝金坑乐南坞，经理唐（塘）字　　号，计田　　坵。东至山，西至山，南至田，北至田。计早谷租贰秤拾捌斤。今因春莫婚归宁回家[三]，无以为礼，与兄谢三郎、谢显谪（商）议，自情愿托兄显代笔，将前田骨并租尽行立契出卖与同都谢大礼名下永远收租为业，面议时价文（纹）银壹两肆钱整。其价并契当日两相交付明白。其田未卖之先，即无重复交易。来历一切不明，本身同二兄承当，不及买人之事。其田原额荒田，未曾升科，日后后听买主升科[四]，本身并无异言。上手买契原物在谢铉处，日后开书缴付。倘壹时不便缴付，赍出不在（再）行用。成交之后，各不许悔。如先悔者，甘罚银叁钱与不悔人用；仍依此文为始。今恐无凭，立此卖契为照。

嘉靖肆拾年九月六日

立契出卖人　谢　题（押）

代书同领价兄　谢　显（押）

中见人　谢云绪（押）

谢天诏（押）

谢天勋（押）

【注】

［一］原件藏北京大学图书馆。

［二］弓受，丈量分到。弓，丈量田地的工具和计算单位。五尺为一弓，即一步。二百四十方弓（步）为一亩。

［三］归宁，已嫁女子回娘家省亲。《诗·周南·葛覃》：「害澣害否，归宁父母。」

［四］日后后，衍一「后」字。

九二五　明嘉靖四十一年（一五六二）祁门县李春得卖田红契[一]

拾西都李春得，今有承祖买受摽（标）分荒田乙备，坐落土名上村屋头坞，显（系）俓（经）理唐（塘）字　　号。新立四至：东至天旺田，西至山，南至先得田，北至迟得田。计田乙坵，计硬早租肆秤。今因户役无钱支用[二]，自情愿将前田骨内取实租贰秤，立契出卖与谢大名下永远收租为业。凭中面议时价文（纹）银壹两正。其价并契当日两相交付明白。未卖之先，即无重复交易。来历乙切不明，卖人之（支）当，不及买人之事。其田原系积荒，未曾升科受税。日后听买主升科，本家再无异言。成交之后，各不许悔。如先有悔，罚艮（银）二钱与不悔人用；仍依此文为准。上手老契与本家兄弟相共，不及缴付；要用将出。今恐无凭，立此卖契为照。

嘉靖四十一年三月初六日　　立契出卖人　李春得（押）

依口代书中见人　李三保（押）

见　　人　李迟得（押）

春得承去耕种，秋成交租不欠少。再批。（押）

【注】

[一]原件藏北京大学图书馆。

[二]户役，按户口征发的徭役。

九二六　明嘉靖四十一年（一五六二）祁门县给付方琮买地契尾[一]

直隶徽州府祁门县为乞究民情，以公

国课事：奉

本府帖文：抄奉

钦差巡抚右佥都御史方　及□

巡按直隶监察御史刘　□据本府□□祁门县中□本县知县孙关开税契缘由[二]，申奉详允：前事备帖□县内开：每契价壹两，许纳税银贰分，仍严禁里书、算人等，如未经过税者，不许私自过割。奉此，依奉行。据

五都　图　洪庭高户 丁户洪　儒□□分　厘，地　亩　分　厘，山贰分　厘，价银共拾两。　契　纸赴县查明纳税银贰钱

贮库类解外，今给地字六号契尾壹，给粘附本契收照施行。须至出给者。

右给付买主方琮准此

嘉靖肆拾壹年十一月　　日

县　（押）

【注】

[一]原件藏北京大学图书馆。

[二]巡按直隶监察御史，明代派遣监察御史分赴各省区巡视，考核吏治，通称「巡按」。

九二七　明嘉靖四十二年（一五六三）祁门县洪应阳卖田契[一]

五都洪应阳，今摽（标）分官田二备[二]，坐落本都八保土名程兆坑乙号，计田壹亩叁分柒厘。其田新立四至：东至行路，西至田，

南至路，北至田。又一号同处，计田陆分叁厘。实新立四至：东至田，西至田，南至路，北至山。今将前项八至内田，自情愿尽数立契出卖与六房

寿公子孙名下[三]，永远标（禋）祀为业，三面议时值价纹银壹拾贰两伍钱正。其价并契当日两相交付明白。未卖之先，即无家外人重复交易。来历不明，卖人之（支）当，不涉买人之事。自成之后，各无悔异。如有悔者，甘罚银　两公用；仍依此契为准。所有税粮随时割与本户供解。今恐无凭，立此为照。

嘉靖四十二年六月十五日

立卖契人　洪应阳

中见人　洪　立

【注】

[一] 录自北京图书馆藏明抄本祁门洪氏《寿公祀业抄白簿》。

[二] 官田，所有权属于官府的田地。《明史》卷七七《货食一·田制》：「明土田之制，凡二等：曰官田，曰民田。初，官田皆宋、元时入官田地。厥后有还官田，没官田，断入官田，学田，皇庄，牧马草场，城壖苜蓿地，牲地，园陵坟地，公占隙地，诸王、公主、勋戚、大臣、内监、寺观赐乞庄田，百官职田，边臣养廉田，军、民、商屯田，通谓之官田。其余为民田。」清顾炎武《日知录》卷一〇《苏松二府田赋之重》：「官田，官之田也，国家之所有。而耕者犹人家之佃户也。」

[三] 寿公子孙，洪氏宗族的一支。本契虽谓「出卖」，但似为「兑佃」，为「出卖」田面权。

九二八　明嘉靖四十三年（一五六四）休宁县金阿吴卖田骨红契[一]

二十八都五图住妇金阿吴，将夫存日用价买土名石桥头田，仍实租伍秤零拾斤[二]。今为夫故，缺少斋经[三]，自情愿央中将田租伍秤零十斤，其四至自有来脚原契，尽行立契出卖与亲伯金胜兴名下，当日三面议取时值价白纹银陆两零陆分正。其银当日收足。其田今从出卖之后，一听买人随即收租如定。日前并无重复交易不明等事。如有内外人言说，尽是卖妇之（支）当，不及买人之事。其税粮待过（造）册之日自行起推[四]，不在（再）难易（异）。今恐人心无凭，立此出卖文契为照。

嘉靖四十三年二月廿二日

情愿立契出卖妇　金阿吴（押）契

中见亲姑夫　黄　昌（押）

金胜才(押)
金胜四(押)
金大雷(押)
代书亲叔　金胜童(押)

科川均

其前项契内价银当日随手一并收足。同日再批。　领

【注】

[一] 原件藏北京大学图书馆。
[二] 实租，不是名义上的租数，而是实纳租数，又称硬租。
[三] 斋经，为举行斋供需要之钱。
[四] 起推，起割推收，即「过户。」

九二九　明嘉靖四十四年（一五六五）祁门县洪福佑卖田骨契[一]

五都洪福佑，今将承祖摽分民田壹亩伍分，土名余村杨树坵。其田新立四至：东至　　，西至　　，南至　　，北至　　。今将前项本身该得摽（标）分田四至内尽数立契出卖与寿二公　名下为业，面议时值价纹银捌两柒钱正。其价并契当日两相交付明白。其田未卖之先，即无家外重复交易。来历不明，卖人之（支）当，不涉买人之事。所有税粮候造册听自扒与供解[二]。今田计硬早租壹拾伍秤，鸡谷拾觔[三]，听自收租管业。自成之后，各无悔异。如先悔者，甘罚银伍钱与不悔人用；仍依此契为准。今恐无凭，立此卖契为照。

嘉靖四十四年五月十一日　　　　立契人　洪福佑
　　　　　　　　　　　　　　　中见人　陈　桂

【注】

〔一〕录自北京图书馆藏明抄本祁门洪氏《寿公祀业抄白簿》。

〔二〕扒与供解，推收过户，并缴纳租税。

〔三〕鸡谷，一种附加地租。起初为佃户在向地主交地租之前，先要交送一只鸡给地主，称为「信鸡」。后来，信鸡折谷交纳，称为「鸡谷」。一只信鸡折谷六斤或十斤不等。鸡谷成为正租的一部分。

九三〇　明嘉靖四十五年（一五六六）祁门县吴顺等卖山红契〔一〕

十东都吴顺同兄吴昊、喜孙、胜孙，因清明回家，有东都里长取讨粮差无措〔二〕。土名汪坑充下，系经理虞字叁百九十号、九十一号；又取土名小刘口，虞字　　号，四至自有经理该载，不及开写。自情原（愿）将前山骨并苗木尽行立契出卖与东都李　源名下为业，三面议时值价银伍钱整。其价并契当日两相交付。未卖之先，即无重复交易。如有一切不明，卖人之（支）当，不涉买人之事。今恐无凭，立此卖契为照。

嘉靖四十五年三月初十日　　立卖契人　吴　顺（押）

同卖　兄　吴　昊（押）

母　汪　氏（押）

胜　孙（押）

见人　吴　迪（押）

【注】

〔一〕原件藏北京大学图书馆。

〔二〕「无措」下有脱文。

九三一　明隆庆元年（一五六七）休宁县吴七十兄弟卖苎田红契〔一〕

卅一都吴七十同弟周福，承祖父有苎田壹塔〔二〕，坐落土名珠帘门前，系职字　　号，计经理壹分乙厘。其苎田新立四至：东至吴苍苎田，西至吴洽苎田，南至塝，北至溪；又将土名云头苎田一塔，系职字叁伯伍拾三号，计经理四厘壹毛。其田新立四至：东至吴涯苎田，西至吴子钧苎田，南至路溪，北至山。其苎田与吴苍曰字田相共，本边同弟六分中合得一分，该得经理陆毛六系六。今来无物支用，自情愿将前项八至内苎田骨并租苗柿树尽行立契出卖与吴得涯名下，三面议时值价白文（纹）银壹两陆钱正。其价、契当日两相交付。其苎田今从出卖之后，一听买人收苗受税，永远管业。未卖之先，即无重复交易。及家外人占拦、一切不明等事，并是出卖人之（支）当，不及买人之事。所有税粮，候造册之日，听自买人到本户起割前去，本家即无异说。今恐无凭，立此出卖文契为照。

隆庆元年十一月二十七日　　立契出卖人　吴七十（押）契

吴周福（押）

中见人　吴　班（押）

今领去契内价银并收足讫。同前月日。再批。（押）　领

【注】

〔一〕原件藏北京大学图书馆。

〔二〕苎田，种苎麻的田地。苎麻，纤维细长，韧性强，可作衣物材料。

九三二　明隆庆二年（一五六八）休宁县吴阿叶卖屋地红契〔一〕

伍都贰图住人吴阿叶同男吴付奴，今因父故，缺少埋葬食用，与侄吴乙商议，自情愿将住屋南边余屋并续置承祖楼屋贰间，坐落土名七公段，系珠字　号。新立四至：东至权（秉）曹等田，西至曹家水渠，南至王社龙地，比（北）至本家屋滴水沟外空地为界。其屋地与王教化相共，四分中本身合得叁分，该地肆厘。凭中将前项四至内屋地尽行立契出卖与西南贰图曹　名下为业。面议时值价白银叁两整，今收足讫。其价、契当日两交足讫，别不立领札。自从出卖之后，一听买人管业。如有内外生说阻当，尽是出卖〔人〕之（支）当，不及买人之事。其税候造册之年，本户自行起割。其有上手来脚缴付不便，日后要用，本家别存照。今恐无凭，立此文契为照。

隆庆二年十一月廿四日　　立卖契人　吴阿叶（押）契

男　付　奴（押）
侄　吴　乙（押）
中见人　叶　使（押）
叶　虎（押）
依口代笔人　余博石（押）

【注】

〔一〕原件藏北京大学图书馆。

九三三　明隆庆二年（一五六八）祁门县冯祖胜卖田骨红契（甲）〔一〕

十西都冯祖胜，今有承父冯六保标分荒田一备，坐落本保土名姜五坳〔二〕。新立四至：东至本身大丘田，西至黄金万佃玄田，北至山畔，南至路圳。计荒田　　，计该实早租一秤十斤。今因无钱支用，自情愿将前田骨并租凭中立契尽行出卖与谢　　名下收租为业〔三〕，面议时价文艮（纹银）七钱伍分正。价、契当日两相交付明白。其田未卖之先，即无家外人重复〔交易〕。来历一切不明，卖人承当。其田系是积荒，无税，听自升科。其田本身承当耕种交租不少〔四〕，再不别立租批〔五〕。并无存留。成交之后，各不许悔。如有悔者，甘罚艮（银）一钱，与不悔人用；仍依此文为准。今恐无凭，立此卖契为照。

隆庆二年十一月廿六日

立契出卖人　冯祖胜（押）契
中见人　冯金胜（押）
主盟父　冯六保（押）

【注】

〔一〕原件藏北京大学图书馆。
〔二〕姜五坳，即「姜坞坳」。
〔三〕田骨并租，田骨和田皮。
〔四〕「其田本身」句，言田主冯祖胜卖田后，仍为新田主耕种此田。此为「卖马不离槽」。但他已沦为佃户。
〔五〕租批，租约，租契。

九三四　明隆庆二年（一五六八）祁门县冯祖胜卖田骨红契（乙）[一]

十西都冯祖胜，今有承父冯六保标分荒田一备，坐落本保土名姜坞坳[二]，经理唐字　　号。新力（立）四至：东至谢永地塝，西至永买祖胜小坵田，南至路及金胜田，比（北）至金胜田。其田共一大坵，是父冯六保标与祖胜乙半，坐落南边。今因无钱支用，自情愿将前骨田内取荒田　　，计实旱祖（租）谷一秤十斤[三]，立契出卖与谢　　名下收祖（租）为业，面议时价文艮（纹银）柒钱伍分整。价、契当日两相交付明白。未卖之先，即无家外人重复〔交易〕。来历一切不明，卖人承当。其田系是积荒，无税，听自升科。本身承当耕种交租不少，再不另立租〔批〕。成交后，各不许悔。如有悔者，甘罚艮（银）一钱与不悔人用，仍依此文为准。今恐无凭，立此卖契为照。

隆庆二年十二月初六日　　　　立契出卖人　冯祖胜（押）契

书契主盟父　冯六保（押）

隆庆三年十二月廿二日，冯祖胜又将前田实祖（租）十斤，尽行出卖与谢　　名下收租为业，当得受价文艮（纹银）二钱正。不立契，亦无存留，凭此卖契为照。　冯祖胜（押）

【注】

〔一〕原件藏北京大学图书馆。

〔二〕姜坞坳，亦写作「姜五坳」。

〔三〕旱租，豆、麦、粟租。

九三五　明隆庆三年（一五六九）祁门县李守新卖山地白契[一]

十东都李守新，今将承祖并弟守愚有山，本家汪村段后山，并住后。其山新立四至：东至吴迪山塝石为界，西至时嘉山，南至住基地，北至山尖降。今将前项四至内山骨并松竹杉杂等木尽行立契出卖与叔祖李时嘉名下为业。凭中面议时值价纹银贰两伍钱整。其价并契当日两相交付。未卖之先，即无重〔复〕交易。本家尽契，即无存留。其山听自买主永业[二]。如有一切不明等事，尽是卖人之（支）当，不及买人之事。所有青龙墩墙里山地，俱在前契之内。恐后无凭，立此卖约为照。

隆庆三年八月初八日

同弟　李守愚（押）
立卖契人　李守新（押）
中见人　李正时（押）
依口代书　李若时（押）

契内山并青龙墩里山地尽行得价转卖与亲人吴自新兄弟名下为业。
万历十八年正月廿二日李著明代批（押）

【注】

[一] 原件藏北京大学图书馆。
[二] 永业，为「永远管业」的省文。

九三六　明隆庆三年（一五六九）休宁县黄球卖火佃屋地红契[一]

永丰里住人黄球[二]，今将承祖土名桑林干、材字　号、胜良等住地，东至路，西至黄盛园地，南至吴宅地，北至吴黄园地；又将戴天云、程会得始佃火佃住地，东至人行路，西至吴宅火佃屋地及黄家园地，南至大路，北至吴宅地。四至内地本身该得分数内取地贰拾步，计田税捌厘肆毫；又将后底积字　号火佃屋四重[三]，见旺方、九成、九得、九富、杨音、九方、吴三住地。东至黄相等园地及塘，西至黄玺、黄相、黄铸等屋墙，南至黄玺、黄逊己火佃等地，北至大路。四至内地本身该得分数内取地陆步半，计地税贰厘柒毫叁系。今将前项四至内地、火佃贰处，凭中立契出卖与黄顺德祠堂众为业，三面议取时值价白银壹拾壹两柒钱整。其银当成契日随手收足；其地今从出卖之后，一听买主管业受税为定。如有内外人拦占及重复交易，尽是卖人祇（支）当，不及买人之事。其税粮，候造册之年，本户自行推出。前贰处地除卖出外，余者本身存留。今恐无凭，立此卖契为照。

隆庆叁年十月十六日

立卖契人　黄　球（押）
中见人　吴悔觐（押）

前项契内价银当成契日一并随手收足。同日再批。（押）领

【注】

［一］原件藏北京大学图书馆。

［二］永丰里，宋朝时属嘉善乡，明朝撤销嘉善乡，并入和睦乡，属十九都。（见康熙《徽州府志》卷一《舆地·厢隅乡都·休宁县》）

［三］火佃屋，住佃户的房屋。

九三七　明隆庆四年（一五七〇）休宁县王昙卖山地红契[一]

卅一都王昙承祖有山一备，坐落卅二都，土名盘坑石叶，职字弍伯一十四号，计税弍分伍厘，与吴家共业。共该本家壹分伍厘，该身十股之[一]（一），该税壹厘伍毛。又取西照山，系职字弍伯六十六、六十七号，共计税本家该伍分壹厘贰毛八，该身十股之一，该税伍厘一毛二八[二]；又取土名小舍坞，职字壹伯卅六号，共计税叁亩伍分，本家共合得壹半，该身十股之七[三]，该税壹分七厘伍毛，又取土名杨梅树坞，职字贰百六十三号，共计税贰亩，本家共该叁分叁厘三毛四，该身十股之一，计税叁厘三毛三四。其山四至自有保簿开载，不及开写。今来无物支应（用），自情愿将前项四处山场并苗骨尽行立契出卖与同都人吴宗祐名下为业，当日言议时值价白银壹两陆钱正，其价、契当日两相交付明白。未卖之先，自卖之后，并无重复交易。家外人占拦，一切来历不明事情，尽是卖人承当，不及买人之事。其山出卖之后，听自买人收苗受税，永远管业，即无异说。所税粮侯（候）造册之日，听自至王昙户起割前去，本家即无阻当。今恐人心无凭，立此出卖文契为照。

隆庆四年正月二十日　　　　立卖契人　王　昙（押）契

　　　　　　　　　　　　　　见人　吴　椿

【注】

［一］原件藏北京大学图书馆。

［二］二八，当作「二丝八忽」。下同。

［三］十股之七，「七」当是「一」之误。

九三八　明隆庆五年（一五七一）祁门县张积兄弟卖房白契[一]

九保住人张积、张成兄弟，原承父用价买到房东李曙屋产一听，坐落土名山村上段。东至珊地，西至锡地，南至梅地，比（北）至本处住屋。四至内屋周围板壁出路，上至青天，下至地骨，该兄弟四股之一，情愿凭中出卖与张良名下永远为业。当日凭中议作时值价纹银贰两捌钱整。其艮（银）、契当日两相交付足讫，契后再不立领。未卖之先，即无重复交易。一切不明等等，尽是卖人之（支）当，不及受人之事。恐后无凭，立此卖契为照。

隆庆伍年二月十三日

立卖契人　张　积（押）契
　　　　　　　成（押）
代书房东人　李　芸（押）
中见房东　李尚义（押）
　　　　　李廷鹏（押）
主盟母　茴　香（押）

【注】

[一]原件藏北京大学图书馆。

九三九　明隆庆五年（一五七一）休宁县吴玄助卖山地红契[一]

二十二都一图住人吴玄助，今因缺欠甲首艮（银）两[二]，自情愿将承祖户下山一片，坐落土名苦楝树墩，系正字　号，计山税壹分柒厘。见东至水渠及路，西至吴惟田，南至吴花九田，北至塘源吴宅坟。于上大楝树壹根。今将前项四至内山四分中，兄弟合得壹分，计税肆厘，除存留祖坟穴外，并株（楝）树尽行立契出卖与同都吴　名下为业，三面议定时值价银玖钱正。其银当成契日一并收足；其山今从出卖之后，一听买人开造风水、收柴、受税为定。如有内外人阑（拦）占及重复交易不明等事，尽是卖人之（支）当，不及买人之事。其税粮候至造珊（册）之年，本户自行推出[三]，即无难异。今恐无凭，立此卖契为照。

隆庆五年五月　日

立卖契人　吴玄助（押）契
同卖人　吴玄施（押）

依口代书中人　吴道正（押）
　　　　　　　吴存逸（押）

前项契内价银随手一并收足。同年月日。再批为照。（押）领

【注】

〔一〕原件藏北京大学图书馆。

〔二〕甲首，甲，十户。甲首为一甲之长。负责催办钱粮，勾摄公事。《明史》卷七八《食货二·赋役》引应天巡抚欧阳铎等所造经赋册，「以八事考里甲：曰丁田，曰庆贺，曰祭祀，曰乡饮，曰科贺，曰恤政，曰公费，曰备用。……著为例。」这八项费用皆以赋税形式强加在人民头上。本契所谓「缺欠甲首银两」即缺欠此类赋税。

〔三〕推出，即「推收」，田地过户。

九四〇　明隆庆六年（一五七二）祁门县谢道立卖坦地红契[一]

十西都谢道立，今有承祖开掘荒成坦壹备[二]，坐落本保，土名大坑培，即汪七坞口，系经理唐（塘）字　　号，共坦　　个。新立四至，东、西至垅，南至金字面，北至山脚。今因管业不便，将四〔至〕内坦地尽数立契出卖与族侄谢云佑兄弟名下，三面言议时价纹银叁钱正。价、契当日两相交付明白。未卖之先，即无家外人重复交易。来历一切不明，卖人之（支）当，不涉买人之事。自成之后，各不许悔。如〔先〕悔者，甘罚契内艮（银）一半公用；仍依此契〔为〕始，今恐无凭，立此卖契为照。再批：金字面该道立分籍，听自荣佑管业。

隆庆陆年闰二月三十五日　　　　立卖契人　谢道立（押）
　　　　　　　　　　　　　　　中　　人　程记寿（押）

【注】

〔一〕原件藏北京大学图书馆。

〔二〕坦，平地。

九四一　明隆庆六年（一五七二）休宁县毕通芳卖房红契[一]

十六都住人毕通芳，今因缺用，自情愿央中，将承父分得敢字　　号庄下地四分内，通芳分得一分，土名柏山前，造屋叁间，蓬头二个，石明堂一个，横楼叁间，出入空房三间，粪缸壹，砖墙石脚、街沿、板壁、门窓、户扇、地板、楼梯，一应俱全。四分内合得壹分。东至洪家地，西至本墙，南至毕寿滴水坑为界，北至洪家地。凭中出卖与同都十三图王保名下为业。当日凭中，三面议定屋地时值价纹银拾捌两正。当成契日，一并收足。未卖之先，并无准折典当之类，亦无重叠交易。字号不清，亩步多寡，现业四至挟定。其屋听从买主撰（选）日拆卸。税〔粮〕原在姚鹏〔锦〕户下起割[二]，即无难异。倘有内外人拦占，尽是卖人之（支）当，不及买人之事。今恐人心无凭，立此卖契为照。

计开：前面照墙砖石与前楼无干，听后楼买主拆卸，即无难异。再批为照。

今将前项屋地价银收足备是实。再批为照。

隆庆六年七月初八日

立卖屋地契人　毕通芳（押）
依口代笔亲兄　毕九隆（押）
中　　人　王文镐（押）
　　　　　王　福（押）
族　　侄　毕渊潮（押）
　　　　　毕源渊（押）
见　　人　王元泗（押）
同见人　毕逊芳（押）
　　　　　毕德芳（押）
见　　人　毕廷汝（押）

税契银叁钱陆分

契

【注】

[一]原件藏北京大学图书馆。

九四二　明隆庆六年(一五七二)休宁县毕九隆卖房红契[一]

十六都住人毕九隆，今因缺用，自情愿央中将承父分受得敢字　　号庄下地，四分内隆合得一分，土名柏山前，造屋叁间，蓬头二个，石明堂一个[二]，横楼叁间，出入小空屋叁间，粪缸壹，无留；并内墙壁石脚、街沿、板壁、门窗、户扇、地板、楼梯，一应俱全。内合一分[三]。东至洪家地，西至本家墙，南至毕寿滴水坑，北至洪家地。凭中三面出卖与同都十三图王保名下为业。议定屋地时值价白纹银拾伍两正，当成契日一并收足。其屋地未卖之先，并无准折典当之类，亦无重叠交易。字号不清，亩步多寡，现业〔四至〕挟定。听从买人撰(选)日拆卸。税粮原于姚锦鹏[四]户内起割，即无难异。倘有内外人拦占，尽是卖人之(支)当，不及买人之事。今恐无凭，立此卖契为照。

计开：前面照墙砖石与前楼无干，听后楼买主拆卸，即无难异。

再批为照。(押)

今将前项价良(银)尽行收足，再不另立领帖。为照。

隆庆六年七月初八日

立卖契　毕九隆(押)

中见人　王文镐(押)

王　福(押)

族　姓　毕渊潮(押)

见人　王元泗(押)

同见人　毕逊芳(押)

毕德芳(押)

税契银叁钱

契

【注】

[一]原件藏北京大学图书馆。

[二]石明堂，坟前祭台。用石砌成的明堂。

［三］内合一分，当作「四分内合得一分」。

［四］姚锦鹏，毕氏以前的业主。

九四三　明隆庆六年（一五七二）祁门县李守新等卖山地白契[一]

中东都李守新，今将承祖并弟守愚有山，本家汪村段后山并住后，其山新立四至，东至吴迪山界石为界，西至时嘉山，南至住基地，北至山尖降。今将前项四至内山骨并松竹杉杂等木尽行立契出卖与叔祖李时嘉名下为业。凭中面议时值价纹银弍两伍钱整[二]，其价并契当日两相交付。未卖之先，即无重（复）交易。本家尽契，即无存留。其山听自买主永业。如有一切不明等事，尽是卖人之（支）当，不及买主之事。所有青龙墩墙里山地俱在前契之内。恐后无凭，立此卖约为照。

契内山并青龙墩里山地，尽行得价转卖与亲人吴自新兄弟名下为业。

万历十八年正月二十二日　李署明代批（押）[三]

同弟　李守愚（押）

隆庆六年八月初八日　立卖契人　李守新（押）契

中见人　李正时（押）

依口代书　李若时（押）

【注】

［一］原件藏北京大学图书馆。

［二］纹银，明清时期以纹银为标准银，是成色最好的银。纹银以表面皱纹定名，如梅花银、细丝银、狮银等。

［三］自「契内山并」以下至「李署明代批」，为「万历十八年『转卖』时的批字」。

九四四　明隆庆六年（一五七二）祁门县给付叶乞保兄弟买地契尾[一]

直隶徽州府祁门县为税契事，伏睹

《大明律》内一款：「凡买田宅不税契者，笞伍拾，仍追田宅价钱壹半入官。」[二]钦遵外，隆庆伍年玖月，内奉府帖：为严税契，革侵隐以杜宿弊事，内开：人民未曾税契，有碍推收。查照。嘉靖肆拾壹年攒造黄册事例[三]，印刷契尾，每两仍旧纳银贰分，类

总解府转解。等因。申呈

抚按两院详允[四]：每价壹两照依旧例纳税贰分，刊刷契尾，置立文簿，挨次挂号，赍申印盖转发，用尽许另申请再给。等因。奉此，今据买主报税在官，合行付给，以便推收。如有隐匿不行报官，及里书私自过割者，查出定如律一体严究不恕。须至出给者。

一、据本县十八都一图叶天灼契买到本都二图汪寄保等地税民山伍分，用价银肆钱，该税银捌厘。（编号略）

右给付买主叶乞保兄弟收执准此

隆庆六年八月廿　日　给　司吏胡云凤承

契尾（押）

【注】

［一］原件藏北京大学图书馆。

［二］凡买田宅，「凡」下脱一「典」字。以下所收契尾的引文多如此，不再注。

［三］攒造黄册：即所谓「十年大造」。《明史》卷七二《职官一·户部》：「尚书掌天下户口、田赋之政令。……十年攒黄册，差其户上下畸零之等，以周知其登耗。凡田土之侵占、投献、诡寄、影射有禁，人户之隐漏、逃亡、朋充、花分有禁，继嗣、婚姻不如令有禁。皆综核而纠正之。」攒造即编造总册。

［四］抚、按两院，巡抚和巡按。明朝巡抚例兼都御史或副、佥都御史衔，亦称抚院。巡按为十三道监察御史，属都察院，亦称按院。

九四五　明隆庆六年（一五七二）祁门县方烈卖开荒田红契[一]

拾壹都方烈，今有承父买受荒田壹备，坐落六保，土名梓坑头大茔弯，系经理坐字　　号，计田陆分伍厘有令（零），计田　拞。新立四至：东至方熙田，西至熙汪田，南至山，北至山。其田与兄方熙相共，本边一半。该田叁分贰厘伍毛，自情愿尽行立契出卖与同都亲人汪　　名下为业，三面议时值价白纹银贰两贰钱伍分整。其价、契当日两相交付，契后再不立领。未卖之先，即无重复交易。如有来历一切不明等事，并是卖人之（支）当，不及买人之事。所有前田原系开荒，无粮推割。有来脚与兄相连，不及缴付。恐后无凭，立此卖契为用。

隆庆六年十二月初一日　　立卖契人　方　烈（押）　契

见　人　汪　郎（押）

【注】

［一］原件藏北京大学图书馆。

九四六　明万历元年（一五七三）休宁县吴长富等卖房基白契[一]

卅二都吴长富同兄吴冠、吴寄玄，原买弟吴得、吴林有房基地半间，坐落土名珠帘，系职字三百十二号，计经理　　。其基地新立四至：东至墙脚，西至本房众路，南至五大房众路，北至吴长富基地。其基地与嵩相共，本边合得四分之叁分，该经理四厘二毛（毫）一丝。今来无物支用，自情愿将前项四至内地骨，上至并椽瓦[二]，尽行并四围板壁、门榄（栏）[三]，尽行立契出卖与同里人吴得崖名下，三面议时值价白银贰两整。其价、契当日两相交付。其基地今从出卖之后，一听买人受税永远管业。未卖之先，即无重复交易。及家外人占拦、一切不明等事，并是出卖人之（支）当，不及买人之事。所有税粮，候造册之日听自买人到吴玩户起割前去，本家即无异说。今恐人心无凭，立此出卖文契为用。

万历元年正月廿九日

立契出卖人　吴长富（押）契

同卖人　吴　冠（押）

吴寄玄（押）

代笔人　吴　班（押）

今领去契内价银并收足。

【注】

［一］原件藏北京大学图书馆。

［二］上至并椽瓦，「并」字衍。

［三］尽行，此二字衍。

九四七　明万历二年（一五七四）祁门县吴天相卖火佃基地红契[一]

十一都吴天相，今将承祖椿祥佥业火佃基地并续买吴镒分数，坐落贰保，土名朱村坑上，计地一亩叁分柒厘。其地四至，自有该保经理开载，不及开写。今将前项四至内地骨房屋砖瓦木料，并人口七房本身该得分数内，取壹半立契出卖与亲人李　　名下为业。三面议定价银伍两整，其价并契当日两相交付。今恐无凭，立此卖契为照。

万历二年二月二十七日　　立卖契人　吴天相（押）

中见人　吴功第（押）

【注】

［一］原件藏北京大学图书馆。

九四八　明万历二年（一五七四）祁门县张胜祖卖田骨白契[一]

立文契人张胜祖，今立文契将承祖续置羽字　　号，土名团鱼石，田税壹亩叁分伍厘，计秈租拾叁砠正；又将翔字　　号，土名卬家冢，田税壹亩叁分陆厘，计秈租拾贰砠。佃人杨祖，前田佃人金海。二号共田税贰亩柒分壹厘，二号共计秈租贰拾伍砠。自情愿凭中立契出卖与九都程銮名下为业，当日三面议作时值价白纹银贰拾壹两正。其银当成契日一并交收足讫，别不立领扎（札）。今从出卖之后，一听买人收苗管业。如有内外人拦占及重复交易，一切不明等事，尽是卖人之（支）当，不涉买人之事。共税粮下轮大造，本户自行推割。今恐人心无凭，立此存照。

每砠计贰拾伍觔（斤），系本家秤[二]。再批。

万历二年八月初三日　　立文契人　张胜祖（押）契

中见人　佘　四（押）

今就契内领去前项价银并收足讫。同年月日。再批。（押）领

【注】

[一]原件藏北京大学图书馆。

[二]砠，一般为二十斤。本契所注「本家秤」为二十五斤。参看本书前录《建文三年祁门朱安寿等卖田白契白契》注[三]。

九四九　明万历三年（一五七五）休宁县李元明卖竹山红契[一]

十一都李元明，承父摽（标）分竹山壹备，坐落本都二保，土名杨村溪塝上，系经理周字号七伯十八号。其山新立四至：东至降，西至溪，南至胡山，北至叔山。其山不计亩步，自有经理该载。不及开□，埋石为界。今将前项四至内山骨[二]并苗木，尽行立契出卖与东都胡　　名下为业。凭中面议时值价白纹银贰两玖钱整。其价契当日两相交付，契后再不立领。未卖之先，即无重复交易。如有一切不明，尽是卖人之（支）当，不及买人之事。来脚契与叔相共，不及缴付，日后要用，将出存照。今恐无凭，立此文契为照。

万历叁年五月初二日

立契人　李元明（押）

中见人　胡　深（押）

【注】

[一]原件藏北京大学图书馆。

[二]山骨，即山底。指山的所有权。

九五〇　明万历四年（一五七六）祁门县吴阿汪卖地红契[一]

十一都吴阿汪今因该欠里长，无银完官[二]，承夫续买得民园壹块，坐落土名福州，本家祖坟墙外，计民地壹亩伍分。新立四至：东至塝，西至吴佛坟，南至路，北至本家坟墙脚；又取土名前头园民地壹分伍厘，其地与族伯吴俊德相连。今将前项地凭中出卖典（与）族伯吴明俊名下为业。面议时价白纹银柒两柒钱整。其价、契当日两相交付，契后再不立领。未卖之先，即无重复交易。如有一切不明，尽是卖人之（支）当，不及买人之事。所有税粮，俟造册之年，听自起割前去入伊户供解。今恐无凭，立此卖契为照。

万历四年十二月十六日

立卖契人　吴阿旺（押）
同男　吴万生（押）
奉书男　吴福生（押）
中见人　吴华时（押）

【注】

［一］原件藏北京大学图书馆。

［二］无银完官，无银钱缴纳赋税。明嘉靖以前，赋役以丁粮完纳。自一条鞭法行后，「凡额办、派办、京库岁需与存留、供亿诸费，以及土贡方物，悉并为一条，皆计亩征银，折办于官，故谓之一条鞭」（《明史》卷七八《食货二·赋役》）。

九五一　明万历四年（一五七六）休宁县汪大贵卖山地红契[一]

一都五图住人汪大贵，今为本家缺少使用，甘愿将承祖父分下本身阄分得山一业[二]，土名石塘坞，宿字　　号，计山税弍亩贰分，三分中本身阄分约乙分，在左边。该山税柒分叁厘叁毛。其山东至山顶分水为界；西至汪三保园为界，南至汪大全园，北至城西汪宅山为界。今将前项四至内山本身合得分数尽行立契出卖与五都二图叔名下为业。三面议作时值价白纹银拾壹两整，其艮（银）当成契日一并交收足讫，别不立领扎。今从出卖之后，一听买人随即管业，收苗受税。其税粮候致大造之年，本户自行推入买人户内，即无阻当。如有内外人拦占及重复交易一切不明等事，尽是出卖人之（支）当，不及买人之事。其上手来脚与别产相连，缴付不便，日后要用，索出参照。今恐人心无凭，立此出卖文契为照。

万历肆年十二月二十七日

立出卖文契人　汪大贵（押）
吴　铁（押）
中见人　汪大成（押）
依口代书人　程社岩（押）

今就契内价银并收足讫，同年月日再批为照。

【注】

[一] 原件藏北京大学图书馆。

[二] 一业，同「一备」、「一块」。

九五二　明万历五年（一五七七）休宁县丁祥等卖山地红契[一]

拾壹都丁祥同坊市黄金奇共置得十二都何子求山田场地乙局[二]，坐落土名十二都董家坞。今经理系辰字　　号，其山田地东止（至）买主山，西止（至）程宅山，分水为界；南止（至）程宅田及张田山，北至大降。四大止（至）内，该山乙十捌亩陆分，田并舍基捌分，地叁亩伍分。今因前山与程宠山相连，管业不便，情愿托中立契出卖与十都程宠名下为业，当中三面议作时值价银肆拾两正前去支用。所卖前项系是自意情愿，即非抑勒抵拆（折）等情。及日前未卖之先，与内外人等并无重张不明。如有不明，本家自理，不干买人之事。契内价钱当日尽行收足，再不别立领钱文帖，只收契后书押为照。其山日后听从做造风水，钼挖山（杉）苗，□砍杉木，在山听从搬卖，本家无阻。税粮随产拱（供）解。后遇大造，听从前去何子求户内收付[三]。今恐无凭，立此卖契为照。

万历五年三月初四日　　立契出卖人　丁　祥（押）契

黄金奇（押）

知觉原中　何　高（押）

言议中见　何　四（押）

何三凤（押）

何子龙（押）

所有契内价钱当日尽行收足。再批为照。

（押）

本家今将置得何子求土名董家坞山场田地风水山杉木乙局，四水归内，尽业卖与十都程宠为业。自今卖后，听从做造风水钼挖杉苗，本家日后并无异说。今恐无凭，立此再批。退业为照。

万历五年三月初四日　　退业人　丁　祥（押）

黄金奇（押）

中见人　同　前

原契寄在屋东王庭龙家，日后缴付不误。再批。

【注】

[一] 原件藏北京大学图书馆。

[二] 坊市，街市。这里作「街坊」「邻居」之意。

[三] 何子求，原卖主，未过割推收。

九五三　明万历五年(一五七七)祁门县李桃等卖田园及田面红契[一]

十一都李桃同侄李仁祥、李考祥、侄孙李合明共有承父祖置买田园乙局，坐落福州黄土园。以上造盖书屋三重，两边过廊及四围土墙，墙外余屋不计间数，并四围园地，黄土园、吴村、乌鸹塔、水磨后，经理四处佥业，并买火佃胡天互、洞佃信、王佃住基，共计民地壹拾捌亩。又取田贰亩陆分，坐落陈塘堀圻，计秈租贰拾肆秤。其田园四至自有经理该载，不及开写。今自情愿凭中尽行出卖与亲人吴俊德名下为业。面议时值价白纹银贰伯叁拾两整。自从卖后，一听买人收租移住管业。所有税粮，候造册之年，听自于本户收割前去，本家即无异说。如有来历不明，尽是卖人之(支)当，不及买人之事。火佃分数粘草于后，以便查考。今恐无凭，立此文契为照。

万历五年三月十二日

立卖契人　李　桃(押)

李仁祥(押)

考祥(押)

李合明(押)

中见人　吴功第(押)

李文贵(押)

【注】

[一] 原件藏北京大学图书馆。

九五四　明万历五年(一五七七)祁门县李尚义卖田红契[一]

芹溪李尚义，今将承父本家叔侄兄弟众存基地壹俻，坐落土名山村中段，系经理卑字　　号。东至弟尚文字号地，西至溪，南至众存路地，北至众存路地。计地　　分，于上起造春屋一所，合得本身四股之一，并同书原众存革字号余地后路三尺，尽行立契情愿出卖与弟尚文侄万望兄弟二家名下，对半均业。前项基屋地骨并周围出路，该己分清，并无存留。当日凭中得受时值价白文艮（银）叁拾伍两正，艮契当日两相交足讫。契后再不立领。未卖之先，即无重复交易。一切不明等事，尽是卖人之（支）当，不及受人之事。税银同户，听自分割供解，即无异说。恐后无凭，卖契为照。

契内基地望兄弟一半，于万历二十九年十一月换对与叔文全业，讫。契内革字号余地后路三尺，亦于万历二十九年十一月对换与侄望兄弟全业，讫。

李尚义批。（押）　　李尚茂　（押）[二]

万历五年十月廿七日　　立契　李尚义（押）

中人　　应箕（押）

所有契内价银尽行收足　再批　（押）

【注】

[一] 原件藏北京大学图书馆。

[二] 自「契内基地」至「李尚茂（押）」皆为万历二十九年批字。

九五五　明万历六年（一五七八）祁门县李明时卖山地白契[一]

东都李明时原买叔春从通山十二分之乙，坐落土名黄宅岭坞。其山李玩通山六分之一，春从一半[二]，卖与李明时。今自情愿将前山骨并苗木尽行立契转卖与兄源名下与业，凭中面议时价艮（银）伍钱正，其价、契当日两相交付明白。系经理虞字四百六号、四百七号、四百八号。其山四至自有系经理开载，不及书写。今恐无凭[三]，未卖之先，即无重复交易。与（如）有来历不明，尽是卖人之（支）当，不及买人之事。立此卖契存照。

所有原买春从契随时交付明白。再批。（押）

万历六年正月廿日　　立卖契人　李明时（押）　契

中见人　　世明（押）

【注】

[一] 原件藏北京大学图书馆。
[二] 春丛一半，非通山的一半，似是李玩所有「通山六分之一」的一半，是为「通山十二分之一」。
[三] 今恐无凭，此句应写在「不及买人之事」后。

九五六　明万历六年(一五七八)休宁县吴沅卖山地红契[一]

三十一都一图吴沅，今有承祖松木山地壹备，坐落本都土名李村上塘山瓦窑墩金竹坞，系称字八百八十五号、八百八十六号、六百零四号，共山地贰亩叁分。东西四至：东至汪岭塘荒山，西至清棣山；南至降，北至田。本边柒分中合得壹分，计山地叁分叁厘。今为缺少支用，自情愿将前项叁号山地并上松木，尽行断骨立契出卖与亲人吴栋名下[二]，叁面议作时值价银肆两叁钱整。其银、契当日两相交付明白。自卖之后，一听买人永远收税管业，本边并无存留异说。未卖之先，并无重复交易及家外人占拦等事。如有等情，并是卖人之(支)当，不及买人之事。税粮在本户随即交割明白，日后并无异说。今恐人心无凭，立此出卖文契为用。

万历陆年贰月十四日　　　　　　立出卖契人　吴　沅(押)契
　　　　　　　　　　　　　　　　　　　　　吴　潮(押)
　　　　　　　　　　　　　　　　　　　　　吴　桢(押)

今领去契内价银当日并收足讫。再批。(押)　领

【注】

[一] 原件藏北京大学图书馆。
[二] 断骨，卖断。

九五七　明万历七年(一五七九)休宁县陈应明卖基地白契[一]

六都陈应明今有买受程良柏基地壹备，坐落本都四保土名柱林坊下西边，其地共计陆拾贰步。新立四至：东至众路，西至新路，

南至路及溪，北至程错浙等地。其地与浙、良、极等相共，本身实买得程良柏实地壹拾壹步，自情愿尽数立契即无存留，凭中出卖与同都程浙名下为业[二]，面议时价纹银叁两伍钱正。其价并契当相付明[三]。其地未卖之先，即无家外人重复交易。来历不明，卖人之（支）当，不干买人之事。自成之后，各不许悔。如先悔者，甘罚契内银壹半与不悔人用，仍依此契为准。所有税粮，候造册之年照依原额推入买人户内供解无词，今恐无凭，立此卖契为照。

万历七年十月初十日

立卖契人　陈应明（押）契

中见人　程源淮（押）

【注】

[一] 原件藏北京大学图书馆。

[二] 程浙，可能即本契「北至」之「程错浙。」

[三] 当相付明，当作「当日交相分付明白」。

九五八　明万历七年（一五七九）徽州程时庵卖义男白契[一]

立文书程时庵，今将讨养义男可旺转卖与本都三图程　　名下为义男，三面议定财礼银贰两五钱正。其银当即收讫，听从过门娶妻婚配使唤。日后永远即无取赎等情。系是两相情愿，亦非准折之类。倘有内外人异说，俱是本家承当。今恐无凭，文（立）此文书为照。

万历七年四月廿四日

立文书　程时庵（押）

凭　中　程敬山（押）

男　程　注（押）

程　论（押）

【注】

[一] 原件藏安徽省博物馆。

九五九　明万历七年（一五七九）祁门县吴自兴等卖田红契[一]

十一都吴自兴同弟自章，今承父原买得族叔祖吴元和民田一备，坐落本都一保，土名下福洲本家门首[二]，系经理罪字　　号，计田肆分。其田新立四至：东至　　，西至　　，南至　　，比（北）至　　。又取同处墩下土名尖角，计田柒分。其田新立四至：东至吴田，西至吴田，南至吴田，北至吴田；又取同处民地一备，坐落本都壹保下福洲箬（菩）篱下，系经理罪字　　号，计地柒分有零。其地新立四至：东至路，西至　　，南、北至吴地。今将前项壹拾贰至内田地骨立契出卖与族叔吴　　名下为业。三面议时值价白纹银壹拾叁两整。其价并契当日两相交付，契后再不立领。未卖之先，即无重复交易。如有一切不明，并是卖人之（支）当，不及买人之事。所有税粮，候造册之年，一听买人起割入伊户供解无词。恐后无凭，立此文契为照。　　内改肆、割贰字[三]。再批。

所有来脚契文与别产相连，不及缴付。再批。

其田地佃价收讫，一听买人耕种无词。兴批。

万历柒年七月初三日　　　　立卖契人　吴自兴（押）契

同弟　吴自章

中见人　吴功第（押）

吴孟贤（押）

【注】

[一] 原件藏北京大学图书馆。

[二] 福洲，亦写作「福州」。

[三] 契文涂改情况。

九六〇　明万历八年（一五八〇）休宁县朱文范卖房基红契[一]

二十七都立卖契人朱文范，今因缺欠，均徭无办[二]。自情愿将承伯祖房屋三间，抵换江村坞田共叁坵与法旺做屋住歇，共税陆分捌厘，内取贰分出卖与成保贵名下为业。新立四至：东至路，西至朱伯春田，南至朱伯春田，北至买人地。今开四至明白，三面议定值价文（纹）银叁两正，其银当日收足。其税粮待造册之年自行退入买人户内开收管业。如有内外人争论及重复交易、一切不明等事，尽是卖人之（支）当，不干买人之事。今恐无凭，立此卖契为照。

万历八年七月　　日

立卖契人　朱文范（押）契
中　人　程万鉴（押）
家　长　朱镇璨（押）
中　人　朱天禄（押）
朱文魁（押）
文邦（押）
本　管　王应云（押）

再批：契内价银当日并收足讫，别不立领。（押）

【注】

〔一〕原件藏北京大学图书馆。

〔二〕均徭，明代的徭役之一，按人口多少、财产厚薄分摊。出人力或出银雇役从便。《明史》卷七八《食货二·赋役》：「一岁中诸色杂目应役者，编第均之，银、力从所便，曰均徭。他杂役，曰杂泛。」

九六一　明万历八年（一五八〇）祁门县吴世宾卖竹山红契[一]

十一都吴世宾，今承祖父有竹山壹备，坐落土名杨村，系经理周字七伯十八号。其山新立四至：东〔至〕降，西至石墙，南至俊德山，比（北）至胡桐山。其山本边该得分法（数）尽行立契出卖与族弟吴　　名下为业。三面议时值价银贰两伍分正。其价并契当日两相交付，契后并不立领。未卖之先，即无重复交易。如有一切不明，并是卖人之（支）当，不及买人之事。自卖之后，一听买人管业，本家即无异说。今恐无凭，立此卖契为照。

老栗木壹根，荒地壹块，亦在内。再批。

万历八年八月初十日

立卖契人　吴世宾（押）
中见人　吴文明（押）

【注】

[一]原件藏北京大学图书馆。

九六二　明万历八年(一五八〇)祁门县胡长女等卖地红契[一]

十一都胡长女同弟社保承父续买得民地一备，坐落本都一保，土名下福洲本家住后墙内[二]，系经理罪字　　号，新立四至：东至墙外地，西至吴初得地，南至正屋后滴水沟，随沟横楼柱为界。低屋二间并地在内，地至墙外路地，四至内地约计捌分有零。今兄弟自情愿尽行立契出卖与吴　　名下为业。面议时值价白文银叁两陆钱叁分正。其价契当日两相交付，契后再不立领。未卖之先，即无重复交易。如有一切不明，尽是卖人之(支)当，不及买人之事。所有税粮候造册之日[三]，听自起割供解毋词。今恐无凭，立此文契为照。

万历八年十二月　　　　立卖契人　胡长女(押)

同弟　胡社保(押)

中见人　吴□□(押)

今将前项四至内地卖价银叁两伍分(钱)□卖与吴俊恒名下为业，所有□□□□□□□□□别无词。恐后无凭，立此为照。

万历十一年四月十八日　　　　吴彦五批契(押)

代书代　吴凤阳(押)

中见人　吴统□(押)

【注】

[一]原件藏北京大学图书馆。

[二]福洲，一作福州。村名。

[三]造册，编造赋役黄册，即大造时过割推收，以便纳税。

九六三　明万历九年(一五八一)祁门县谢佑卖山场红契[一]

拾西都谢佑，今为房弟问孝户丁问师该纳万历八年分(份)九甲粮银[二]。因问师向外未归，无从措纳，自情愿将问师名下原承伯汉继、伯祖赞分下七保唐（塘）字号山场，通山该得问师名下叁拾陆分之壹，凭中立契出卖与同都李　　名下为业，面议时值价纹银陆钱伍分整。契、价当日两相〔付〕交明白。未卖之先，即无家外人重复交易。来历不明，并是卖人之（支）当，不及买人之事。成交之后，听自买人入山管业，本家即无异言。前山场除祖坟不卖外，其余承佥业并买受[三]，尽听买人照同业人管业无词。今恐无凭，立此文契为照。

万历九年四月廿七日

立卖契人　谢　佑（押）
中见人　谢荣生（押）
谢社保（押）
谢高圣（押）

【注】

〔一〕原件藏北京大学图书馆。

〔二〕户丁，家中的成丁男子。《明史》卷七八《食货二·赋役》：「丁曰成丁，曰未成丁，凡二等。民始生，籍其名曰不成丁，年十六曰成丁。成丁而役，六十而免。」

〔三〕此句有错字。

九六四　明万历九年（一五八一）祁门县吴厥盛卖房基红契[一]

十一都吴厥盛今将□□□住基乙片，坐落土名□□□□□首，计地壹分有零。其地新立四至：东至径并砌地，西至大路，南至新墩，北至伯吴大菜园地。今将前项基地自情愿凭中将后重基地与叔申立相共，本兄弟该得一半。又与兄付保相共，本身该得一半。内屋乙间，先年当与本管吴世昌处，仍有后重堂前，并明堂及北边厨房地，本身该得一半。又将前重堂屋地及余地，本身该得分数，今将前项四至内地尽行立契出卖与同都吴俊德名下为业。三面议时价银伍钱正，其价契当日两相交付，契后再不立领。未卖之先，即无重复交易。如有一切不明，尽是卖人之（支）当，不及买人之事。所有税粮等当造册之年，听自起割，前去入伊户供解。本家即无异说。所有伯吴社赔淑（叔）吴俨二人分数，身与兄付保代应户门，□事二人均业。恐后无凭，立此卖契为照。

万历九年五月廿四日

立卖契人　吴厥盛（押）
依口代书本管　吴孟贤（押）

【注】

[一] 原件藏北京大学图书馆。

九六五　明万历九年（一五八一）歙县给付江钺买田契尾[一]

直隶徽州府歙县为查理税契事，照奉

本府帖文，奉

院道详批[二]：税契年分银两，候作解部之数，各县遵行。其税契尾须该府填号给发，方免挂漏；并县用印。等因。仰县：凡有人民税契，每契文一道，粘连契尾一纸。每契价壹两照依旧例纳税银贰分。备行到县。奉此。今当大造之年，合行刊刷契尾请印，以便民人报纳施行。须至契尾者。

计开：

一、据二十七都四图江钺契价银玖两肆钱

二十五都三图程社祥计税

该纳税银壹钱捌分捌厘。

府字五千三百六十二号[三]

右给付买主江钺收照

万历九年九月　十　八　日　户给

县

直隶徽州府歙县契尾

【注】

[一] 原件藏北京大学图书馆。

[二] 院、道，院，本契尾指巡抚或巡按。道，有分守道，属布政使司；有分巡道，属按察使司；有兵备道等，为专职道。本契尾中之「道」，应为分守道，地位在府之上。《明史》卷七五《职官四·布政司》：「参政、参议分守各道，及派管粮储、屯田、清军、驿传、水利、抚民等事，并分司协管京畿。」或为兵备道。

[三] 此行为款缝，存右半字。

九六六　明万历九年（一五八一）休宁县给付丘义邦买田契尾[一]

直隶徽州府休宁县为税契事，伏覩

《大明律》内壹款：「凡买田宅不税契者，笞伍拾；仍追田宅价钱壹半入官。」钦遵外，照奉

本府帖文：奉

院
道详批：税契年分银两，候作解部之数，各县遵行。其税契尾，须该府填号给发，方免挂漏[二]；并县用印。等因。仰县：凡有人民税契，每契文壹道，粘连契尾壹纸。每契价壹两，照依旧例纳税银贰分。备行到县。奉此。今当大造之年，合行刻刷契尾请印，以便民人报纳推收。如有隐匿不行报官，及里书私自过割者，查出定行如律一体重究。须至契尾者。

计开：

一、据五都二图　契价银

都　图　计税

该纳税银

右给付买主　丘义邦收执准此

万　历　玖　年　十二月　四　日给

契　尾

直隶徽州府休宁县契尾

【注】

[一]原件藏北京大学图书馆。

[二]挂漏，「挂一漏万」的省称。指事多而有疏忽遗漏。

九六七　明万历九年（一五八一）祁门县谢大用卖田骨红契[一]

拾西都谢大用今有买受水田二备：壹备坐落八保，土名石坑口。其田与时拱相共，系经理吊字　号，新立四至：东至畔，西至

坑，南田，北田。计税租捌秤，本身该得肆秤。又壹备坐落土名石坑里截，系经理吊字　　号。新立四至：东至坑，西至山，南至胡求胜田，北至来则田。计租式秤，计田式坧，今自情愿出卖〔于〕房叔谢知人名下收租为业，共计租陆秤，三面议值价纹银叁两整。其价并契当日两相交付明白。来历不明，卖人之（支）当，不及买人之事。所有税粮与买人共户，随时推扒供解。到成交，各不许悔。如悔者，甘罚银壹两公用，仍依此文为始。今恐无凭，立此为照。所有来脚文契与别产相连，不及缴付。日后要用，赍出照证无词。

万历九年十二月十四日

立契人　谢大用（押）契
中见人　谢知通（押）
谢时拱（押）

【注】

[一] 原件藏北京大学图书馆。

九六八　明万历十年（一五八二）休宁县张椿等卖族田红契[一]

环珠里张椿[二]、张楠、张楫、张采、张楣、张棐、张烜、张烛、张蒸等，今因逆仆徐长保、徐记、徐如等意欲脱壳[三]，诬主告在察院[四]，批府问理[五]。本房原众议有合同九股，出备盘费。今因人心不一，众议将承祀户下田，今丈果字一千五百六十七、六十八、六十九、七十、七十一等号[六]，土名殿后下山，共田五号，计中则税伍亩肆分捌厘柒毫，计秈租贰拾伍砠，每砠重　　；佃人胡黑九；四至照依新册。今众情愿凭中出卖与　　名下为业，三面议作时值价白纹银壹拾捌两整。其银当成契日两相交明，别不立领札。今从出卖之后，以听买人随即收苗管业。如有内外人拦占及重复交易、一切不明等事，尽是卖人之（支）当，不及买人之事。其税见遇大造，随即推入伊户，即无异说。今恐人心无凭，立此文契为照。

万历拾年十二月初八日

立契人　张　椿（押）
张　楠（押）
张　楫（押）
张　楣（押）

张　采(押)
张　烜(押)
张　烛(押)
张　蒸(押)
中见人　张子陵(押)
张敦化(押)
叶玄寿(押)

【注】

[一]原件藏北京大学图书馆。
[二]环珠里，元属良安乡，明属安乐乡，在休宁县北。（见《休宁县志》卷二《方舆·沿革》表一）
[三]脱壳，指奴仆要脱离主人，另谋出路。
[四]察院，明朝改御史台为都察院，简称察院。设都御史，「职专纠劾百司，辩明冤枉，提督各道，为天子耳目风纪之司」。又设十三道监察御史，巡按地方，称巡按御史。其驻节的官署，亦称察院。（参看《明史》卷七三《职官二·都察院》）
[五]府，徽州府。由察院批至徽州府审理此案。
[六]今丈，新丈字号。

九六九　明万历十一年(一五八三)休宁县李元明卖田红契[一]

十一都李元明，今将承祖摽分民田壹俻，坐落三保长洲乌(坞)角园。新丈量亩步计三伯十六步，其字号九十三号，与春本桃房相共。本身该得硬租陆秤[二]。其田新立四至：东至　，西至　，南至　，北至　。今将前项四至内田骨本身分数尽行出卖与同都亲人吴曦[三]名下为业。三面议值价银叁两柒钱整。其价并契当日两相交付，契后再不立领。未卖之先，即无重复交易。所有税粮听自过户供解无词。如有一切不明，尽是卖人之(支)当，不及买人之事。今恐无凭，立此卖契为照。

万历十一年五月廿四日　立卖契人　李元明(押)
中见人　谢兴孙(押)

其前田得受原价出卖与族人为业，税粮候造册之年起割供解无词。立此为照。佃人吴　(押)

万历式拾式年二月廿二日

立卖契人　吴建旸兄弟（押）
中见人　吴仲和（押）

其前田照原价卖与书院名下永永管业。存照。

万历廿七年十二月十五日　李之章契　（押）

所有以前代纳尽行收讫无欠。其税照册□□□

【注】

〔一〕原件藏北京大学图书馆。

〔二〕硬租，实际应缴的租额，不是名义上的租数，又称实租。

〔三〕田骨，田底权。

九七〇　明万历十二年（一五八四）休宁县程济之卖田红契〔一〕

二十五都人图立卖契人程济之，今将承祖户下田民田一业，坐〔落〕广坞，田大小四坵今丈过，男字三千六十七号，计税贰分八厘。其田东至王哲田，西至程伯鲁，南至程孙二家山，北至徐盛山。又将男字三千六十九号，计税壹亩伍分，土名广坞。二号田共上秈租壹拾式砠。其田东至程孙山脚，西至王哲田，南至程孙山，北至徐盛山。今将前项二号共八至内田尽行立契出卖与本都八图程　　名〔下〕为业。今凭中三面议作时值价文银拾伍两五分（钱）整。其银当成契日一并交收足讫，别不立领扎。今从出卖之后，一听买主收苗管税，即行管业。如有内外人拦占，及重复交易，一切不明等事，尽是出卖人之当，不及买人之事。其税粮候至大造之年，本户自行推割，即无难异。今恐人心无凭，立此卖契为照。

万历十二年十二月三十日

立卖契人　程济之（押）
凭中见人　吴胜保（押）

契内价银一并交收足讫，同年月日，再批为照。（押）领

【注】

〔一〕原件藏北京大学图书馆。

九七一　明万历十三年（一五八五）祁门县李尚忠卖山地红契[一]

芹溪李尚忠，今将土名山村下末山壹号，原系卑字伍佰壹十三四号，今新丈作字　　号，本家原买到茗州吴氏上截山，四至自有老脚可查[二]，自情愿该身山骨分数尽行出卖与应澄尚文名下为业[三]，凭中议作时值价纹银壹两玖钱整。其银契当日两相交足讫。未卖之先，即无重复交易。但有来历不明等事，尽是卖人之（支）当，不及受人之事。所有税粮候造册之〔日〕，听自起割无词。恐后无凭，立此卖契为照。

万历十三年正月初十日　　立契人　李尚忠（押）

中见人　李廷银（押）

李世階兄弟同尚文叔侄于万历十三年共备价银捌两肆钱，买到本族应辰、尚忠本村后山二号分数，二家安葬祖考。今议将辰原卖契是澄房收执，忠卖契是文房收执。日后两家要用，各将出参照。其税粮照收契之□当推入户各家供解。万历二十年九月十三日　李应澄

同弟　应　津批（押）

应　溪　（押）

【注】

[一] 原件藏北京大学图书馆。

[二] 老脚，同来脚，上手契。

[三] 分数，应分得的部分。

九七二　明万历十三年（一五八五）休宁县巴鼎卖山白契[一]

四都九图立卖契人巴鼎，今因缺少使用，自情愿将承父阄得土名安坞来龙山一业，系金字叁千贰百拾捌号。其山东至山脚，西至降，南至本家下坟山坞心，北至金家山坞心为界。大田之内本身合得分法，计税叁合二勺六股之中[二]，合得己名下壹股，于内松杂木尽行立契出卖与侄孙巴长名下为业。当日三面议作时价纹银拾两整。其银当成契日一并交收足讫，即无少分文，亦无准折债负之类。如有内外应人拦占，尽是卖主之（支）当，不涉买主之事。其税粮随产支解。□原无来脚可缴。今恐无凭，立此卖契

为照。

今就契内领去前项价银，另不立领扎，同年月日。再批。

万历十叁年三月二十五日

立卖契人　巴鼎（押）

在见侄孙　巴劲（押）

【注】

［一］原件藏北京大学图书馆。

［二］合、勺，均为旧时容量单位。合，读音同「哥」，一升的十分之一。勺，一升的百分之一。

九七三　明万历十三年（一五八五）休宁县叶社良卖山地红契[一]

十一都叶社良用价买到同都吴梦相兄弟名下山壹备，并生基穴，坐落五保土名血岭源，系经理满字壹百一号，起至弍伯弍拾叁号止，亩步四至自有经理该载，不及细开。其山与李仕杰等相共，本家通山大路边，北培山叁拾分中合得壹分，南培碎石坞里片山地叁拾分中合得壹分。碎石坞外片山地肆拾伍分合得壹分。今自情愿凭中将前项山地穴坟从分数尽行立契出卖与同都吴名下为业，听自造作风水。三面议做时值价文（纹）银壹两肆钱整。其价契当日两相交付明白，契后再不立领。未卖之先，即无重复交易。如有来历不明，尽是卖人之（支）当，不涉买人之事。自从卖后，听自人山开造风水，本家无以生情拦阻。所有来脚契文，随即缴付。今恐无凭，立此卖契为照。

万历拾三年十一月十六日

立契人　叶社良（押）

中见人　吴邦颜

叶　付

【注】

［一］原件藏北京大学图书馆。

九七四　明万历十四年（一五八六）休宁县汪尚赞卖山地红契[一]

十二都立契人汪尚赞今为缺用，自愿将承祖业山一片，土名公段墩后，系九保乙字捌伯（佰）叁拾八号，行众捌厘叁毛；又捌伯叁拾九号，众该壹分令（零）九毛；又捌伯四拾号，众该壹分弍厘伍毛；又捌百八十弍号，众该四厘弍毛。前项山四号，行众共叁分五厘九毛五系，并四号内开恳（垦）菜园地，于内十八股之中本身合得乙股，该山乙厘九毛五系五勿[二]，尽〔行〕出卖与族人名下。又将捌伯捌拾四号山，行众共四厘弍毛；又捌百八十五号，行众共弍厘乙毛，土名住后山，于内十八股之中本身合得乙股；又续买汪森分数，共该本身四毛乙系，今内取山壹毛出卖与族人名下；又将九伯拾弍号，土名干塘坞，行众弍分弍厘九毛，于内十八股之中，本身合得乙股；又续买汪森分数，共该本身乙厘九毛乙系九勿五，今内取山壹毛四系五勿，出卖与族人名下。其前项山共柒号内共取山税贰厘弍毫，并在山树木，凭中立契，三面议作时值价文（纹）银伍两伍钱整，出卖与族人汪文甫名下为业。其银，契当成之日两相交足。其山树木出卖之后，听从买人即便管业。其山四至自有保簿该载，不在（再）开写；其税粮在老户内，候至造册之年，一听买人收割过户，本家并无异说。前项未卖之先，并无重复交易。一切不明等事，如有，是卖人祇（支）当，不及买人之事。今恐人心无凭，立此契文为照。

万历十四年十一月十三日立卖契人　　汪尚赞（押）契

中见人　胡　柴（押）

今就领去契内价银并收足讫。再批。（押）　领

【注】

[一] 原件藏北京大学图书馆。

[二] 系、勿，田地的微量单位。明《通考全书·外卷·算法类·论田亩起于忽》：「忽长六寸，阔一寸。十忽为系，十系为毫，十毫为厘，十厘为分，十分为亩，百亩曰顷。长六十步，阔十五步，为一亩。长五尺，阔五尺，为一步。」「忽」亦作「勿」。「丝」亦作「系」。

九七五　明万历十五年（一五八七）休宁县李元明卖田房白契[一]

十一都李元明，今有承祖父买基地瓦楼房正屋并田壹备，坐落本都三保，土名寺家段，系经理　字八伯（佰）卅肆号，新丈田壹拾贰亩捌分捌厘玖毛，计步　　。新丈地仝号，计肆亩玖分叁厘陆毛四丝九忽。计步：东至畔，西至大路，南至胡学甫及张君美田，北至路。与本房春本兄弟共业，本身该得六股之一。又取土名塘坑口田乙备，系经理　字八伯陆拾八号，新丈田肆伯八拾肆步，计田乙亩九分柒厘肆毛二丝。其田新立四至：东至路，西至路，南至路，北至春本田。与春本兄弟共业，本身该得六股之一。今将前项八至内基地田骨上厅瓦屋叁间，西厅瓦屋叁间，门屋五间，横楼瓦屋九间，又土库瓦屋五间并弍过厢，又楼屋叁间，又尹

家住屋叁间，并四围板壁、门墙、石头土墙、门屋墙，本身该得六分之一。自情愿将前项田基地骨尽行立契出卖与本都许润名下为业，三面议作时值价银壹百陆两整。价、契当日两相交付明白。未卖之先，即无重复交易。如有一切不明，尽是卖人之（支）当，不及买人之事。所有税粮，候造册之年听入本户起割，前去供解无词。其前田屋基，本身即无存留，听自受主管业，本家即无异说。所有来脚契文与春本相共，不及缴付；日后要用，将出存证。今恐无凭，立此卖契为照。

万历拾伍年七月初四日

立卖契人　李元明（押）

中见人　李钦明（押）

李高明（押）

叔　祖　李　樾（押）

弟　李时泽（押）

【注】

［一］原件藏北京大学图书馆。

九七六　明万历十五年（一五八七）歙县鲍篪卖地白契［一］

二十二都九图立卖契人鲍篪，于兄年同姪鲍仁和收到曙兄建字号屋地，于万历十年丈量，改四字一千八佰三十八号，中堂土库楼房上下二广，计地柒步，篪名下合得一半，该房一广，计地叁步半，四围壁柱。其地东至惠冈地，西至庵路心，通行出入；北至敬之地，南至砖墙石磉。今将四至明白，为因欠缺用度日，情愿凭中姪立契出卖与姪孙鲍善纪名下为业。其屋地当日三面议定时值价纹银壹拾柒两正。其屋地银当即两相交易，即无威逼威交，亦无准折之类。如有内外人拦占，系是出产人支当，不干收产人之事。其税粮候造册之年，听从买主起割入户支解。今恐人心难凭，立此文契为照。

万历拾伍年拾月二拾日

立卖契人　鲍　篪（押）

同男　鲍元和（押）

凭中人　鲍仁和（押）

【注】

［一］原件藏北京大学图书馆。

九七七　明万历十六年（一五八八）休宁县黄镡卖田红契[一]

二十三都一图立卖契人黄镡，今因缺欠支用，自情愿将承祖分下一则地一片[二]，坐落土名村心原，系积字一千三百七十二号。今蒙清丈，改作万字二千九十六号。见住火佃程文进、程玘、三保、乜郎、玄力等住屋[三]。其地见东至黄钟等地，西至黄钟等墙地，南至黄钟等地，北至人行大路。今将四至内地内取实地壹步，计税伍毫，凭中立契，三面议定出卖与黄远轩祠内为业。当日三面议定时值价文银壹两弍钱正，其良（银）当日一并收足。其地今从出卖之后，一听买主祠内管业，收税如定。倘有内外人拦占及重复交易不明等事，尽是卖人acting（支）当，不及买主之事。所有税粮候至大造之年，本户自推出，即无异说。今恐人心无凭，立此卖契为照。

万历十六年四月初十　日

立卖契人　黄　镡（押）

中　见　黄　昂（押）

黄　沾（押）

前项契内价银当日收足，同日再批为照。（押）　领

【注】

［一］原件藏北京大学图书馆。

［二］一则地，上等地。

［三］火佃，原指分租制之佃产，后亦称庄仆为火佃、伙佃。

九七八　明万历十七年（一五八九）徽州曹至定兄弟卖义男及其妻儿白契[一]

立卖契人曹至定兄弟□□因缺少使用，自愿将义男伯和□妻并幼男社林出卖与曹□□□名下，接受财礼文良（纹银）陆两肆钱正。其良（银）当即收足。其伯和夫妻并男随即过门使唤，即无异说。今恐无凭，立此卖契为用。

万历十七年正月初六日

立卖契　曹至定（押）

同弟　曹至静（押）

曹岩老（押）

曹富老（押）

主盟母　洪　氏（押）

万历三十三年十一月二十七日，

外祖洪钟□□用财礼银文（纹）银陆两四钱赎回母子二人，著令山根看守

洪思南□□□坟墓及坟前祠屋并祠右□库屋、山塘田地等业。自进屋看守之后，务宜小心谨慎待后□□□□□子孙永远听用。

曹□□（押）

【注】

［一］原件藏安徽省博物馆。

九七九　明万历十七年（一五八九）祁门县吴世光卖山地红契[一]

二十五都三图立卖契人吴世光，今为缺少使用，自情愿将续置到壁字九百五十号、九百九十九号山一业，今新丈固字七千二百八十三号，土名张坑山塘坑后坞亚，计积伍拾壹步叁分陆厘。看守人方。其山东至降，至江山，沿降转弯，至坞心转过直出至吴山岭降；西至田，沿田山脚转弯，至坞心，直出至吴山合水为界；南至吴山枫树，直上为界；北至张坑塘塍，直上至江钦山为界。今将前项四至内山，并松杉树木柴薪尽行凭中立契出卖与本都四图吴　　名下为业。三面议定时值价白纹银壹拾弍两整。其银当成契日一并收足，即无欠少，亦无准折。未卖之先，即不曾与他人重复交易。自卖之后，听从买主便行管业。倘有内外人等拦占，尽是卖人祇（支）当，不涉买人之事。税粮候大造之年，听从本户过割无异。来脚文契随即缴付。契内价银随契领足，再不另立领帖。今恐无凭，立此卖契为照。

万历十七年七月廿一日

立卖契人　吴世光（押）契

中见人　程社取（押）

【注】

[一]原件藏北京大学图书馆。

九八〇　明万历十八年（一五九〇）祁门县程浙等卖屋基红契[一]

同居兄程浙同弟程渠，今有买受基屋一重，坐落善和村中石鳞堂。其地屋新立四至：东至程浹屋地，西至程浙渠地墙，北至墙心及路，南至众路。其地屋与钫叔等相共，本身兄弟八分中该得一分。今凭中将前项四至内地楼屋本身兄弟分截即无存留，立契出卖与同居弟程浹名下为业。面议时价文艮（银）贰拾伍两整。其价并契当日两相交付明白。来历不明，卖人之当，不干买人之事。未卖之先，即无家外人重复交易。自成之后，各不许悔。如先悔者，甘罚艮（银）伍两，与不悔人用；仍依此契为准。所有税粮候造册之年，照丈量步数推入买人分下供解无词。今恐无凭，立此文契为照。

再批：石鳞堂前后路，本身兄弟八股之壹亦卖在契内，再批。

万历十八年三月十五日

立契人　程　浙（押）

同弟　程　渠（押）

程　浹（押）

中见人　程　源（押）

【注】

[一]原件藏北京大学图书馆。

九八一　明万历十八年（一五九〇）祁门县史廷鐩等卖地红契[一]

芹溪史廷鐩、祯、祥等，今将续买地一块，坐落土名尖角，系新丈□字八十二号，计税壹分，四至自有丈册早载不述。今将前项地骨尽行立契出卖本祖敦睦堂祭祀为业。三面议作时值价银伍分（钱）整。其价契当日两相交付足讫，契后再不立领。未卖之先，即无重复交易。所有税粮候册时听其起割供解无词。其木听移无阻。恐后无凭，立此为照。

万历十八年九月初六日

史廷鐩

国祯（押）

国祥（押）

成　名

中见人　尚　忠（押）

尚　茂（押）

【注】

[一] 原件藏北京大学图书馆。

九八二　明万历十九年（一五九一）休宁县汪耀卖山地红契[一]

立卖契人汪耀[二]，今因缺用，自情愿将承祖山，今编潜字一千一百八十三号山，土名竹林头，本身该山三毛六系；潜字四千四十号山，土名新田坞，本身该山弍厘八毛；潜字四千一百八十九号山，土名七塘，本身该山柒毛；潜字四千四百九十号山，本身该山柒毛弍系，土名后山；潜字四千柒百拾号、四千柒百拾壹号、四千柒百拾贰号山，土名狮安塘，共三号，本身该山肆厘五毛；潜字四千柒百拾别（捌）号山，土名狐狸岭，本身该山四厘弍毛；潜字四千柒百叁拾玖号山，土名大独耸，本身该山弍厘五毛；又将类字五千四百陆拾玖号山，土名含坑沙塔滩弯（湾），本身该山贰毛。前项共山拾号，汪文甫共该山壹亩柒分五厘，本身十二股中合得一股，共该山一分五厘陆毛。同日又将潜字叁千陆百三十八号地田，本身该陆厘，土名盘野；又将潜字四千四拾号地，土名新田坞，本身该地弍厘；潜字四千一百八十八号地，土名七塘，本身该地弍毛；潜字四千五百八十八号地，土名江坵，本身该地三厘五毛。前项地共该玖厘弍毛。前项山地今凭中立契尽行出卖与汪文甫名下为业，三面议作时值价艮（银）壹两肆钱整。其艮（银）当成契之日一并收足。未卖之先，并无重复交易。如有内外人占拦、一切不明等事，尽是卖人之（支）当，不及买人之事。今恐人心无凭，立卖契为照。

万历十九年五月　　日

立契人　汪　耀（押）契

中见人　胡新寿（押）

契内业今曜户兄汪唤将原价赎回。

万历弍拾年三月初六日。汪文甫、众批照。

崇祯拾壹年十月初一日，为此契业，因汪唤子　　文一　仕　熙（押）

辂胤里役无措[三]，复将此契业二房公议，仍　　文二　仕　端（押）

退归文甫，辂胤得受原价。其税永　　文三　仕　刚（押）
远在文甫户，公众管业，以免辂胤日前分段
参差之说，批此为照。
　　文一　若洋（押）　若渎（押）
　　文二　国明（押）　国贤（押）
　　文三　大有（押）　辂胤（押）
今就前项内契价艮（银）并收足讫。同日再（押）批

【注】

[一]原件藏北京大学图书馆。

[二]汪耀，当作「汪曜」。下批有「曜户兄汪映」一语，知汪氏兄弟之名皆从「日」旁。

[三]里役，同「甲役」，即差役。崇祯时，民人的差役繁重，痛苦不堪。《明史》卷七八《食货二・赋役》：「崇祯三年，河南巡抚范景文言：『民所患苦，莫如差役。钱粮有收户、解户，驿递有马户，供应有行户，皆佥有力之家充之，名曰大户。究之，所佥非富民，中人之产辄为之倾。自变为条鞭法，以境内之役均于境内之粮，宜少苏矣；乃民间仍岁奔走，罄资津贴，是条鞭行而大户未尝革也。』」

九八三　明万历十九年（一五九一）祁门县给付某人买田契尾[一]

直隶徽州府祁门县为查理税契事，奉
本府信牌：蒙
钦差兵备副使袁　批[二]：据本府呈详大造将期，乞从民便，先行属县一体税契推收，缘由前事，仰县印刷契尾，编定号簿，送府请印刷发县。凡遇人民税契，每契壹纸，给尾壹张。每价壹两，纳税银贰分。如有买产人户匿契不印，照律追价一半入官。等因。奉此，合行刊刷契尾，以便民人投税遵行。须至契尾者。

计开

一、据　都　图　契买到　都　图　契价银
参两伍钱，该纳税银柒分。

右给付买主收照

直　隶　徽　州　府　祁　门　县

契尾　万历拾九年八月廿五　日户房吏方逢龄　承
县（押）

【注】

〔一〕原件藏北京大学图书馆。

〔二〕兵备副使，兵备道长官。明制，在各省重要地区设置专职的整饬兵备道员，通称「兵备道」。《明史》卷七五《职官四·各道》：「兵道之设，仿自洪熙间，以武臣疏于文墨，遣参政副使沈固、刘绍等往各总兵处整理文书，商榷机密，未尝身领军务也。至弘治中，本兵马文升虑武职不修，议增副佥一员。敕之。自是兵备之员盈天下。」

九八四　明万历十九年（一五九一）祁门县吴孟贤卖地红契[一]

十一都吴孟贤，今将续买吴孟轲、良鳌民地乙备，坐落本宅正屋后，计地柒厘三毫二丝。又取下付住基本身该合分数，并续买侄具得分数，计地六毛四系九忽。四至自有清丈经理，不及开写。自情愿将前项八至内地骨，尽行立契出卖与侄俊德名下为业。三面议时价白纹银壹两捌钱整。其价、契当日两相交付明白，契后再不立领。未卖之先，即无重复交易。〔如有〕来历不明等事，尽是卖人之（支）当，不及买人之事。所有税粮，今当大造，随即推割入伊户供解无词。所有上手来脚契文，与别产相连，不及缴付。日后要用，将出参照。恐后无凭，立此卖契文照。

万历十九年十一月廿四日　　立卖契人　吴孟贤（押）
　　中见兄　吴孟华（押）

【注】

〔一〕原件藏北京大学图书馆。

九八五　明万历二十年（一五九二）祁门县谢阿胡卖山地白契[一]

十西都谢阿胡，今有故夫谢大武承祖标分山地坦并竹园乙备，坐落本保，土名苦竹降，计地五十六步八分，系冬字一千八百九十

二、三号，亩步四至自有清丈新册可查，于内本身六分之中合得壹大分，其竹园山亦六分中合得壹大分。今因缺用，户役无措，自情愿托凭伯祖将前地坦并竹园尽数立契出卖与同堂太祖谢云佑名下永收租为业[二]。当日面议时值价纹银叁钱伍分正，其价并契当日两相交付明白。未卖之先，即无重复交易。如有来历不明，卖人承当，不涉买人之事。成交之后，各无悔异。如先悔者，甘罚银一钱与不悔人用；仍依此文为始。所有地税乙分四厘，今当造册，随时听自买人于谢时户起割入谢云佑户供解无词[三]。今恐无凭，立此卖契为照。

再批：所树木并栗树合得分籍，听云佑管业。　　鲁（押）

万历二十年三月廿三日　　立卖契妇　谢阿胡（押）

代书伯祖　谢宗鲁（押）

谢廷计（押）

税

【注】

[一] 原件藏北京大学图书馆。

[二] 永收租为业，「永」下脱一「远」字。此为卖山地骨之语。

[三] 谢时，谢大武之前辈，或为原业主。

九八六　明万历二十一年（一五九三）休宁县朱春卖田山红契[一]

二十七都五图住人朱春，今将自己防老田壹坵[二]，土名江村坞，系能字二千九百九十号。东至朱家田，西至朱互田，南至朱互田，北至本家田，计租壹砠，计税玖厘柒毛，计价纹银捌分正。又将土名前边山与互文林相共山壹处，系能字三千二百八十三号。东至汪成山，西至本家山，南至山降，北至水坑。六股身得壹股，计税□□□□，计价纹银叁钱伍分正。今开四至明白，立契出卖与本族朱贵等名下为业，三面共议时价纹银壹两壹钱伍分正。其银当日收足，所卖其田山式处，任凭买主管业。后遇造册之年，听凭照号收税。如有重复不明等事，俱是卖人理直，不涉买人之事。今恐无凭，立此卖契为照。

其干旱，长塘车水灌救为照。

万历式拾壹年九月十二日　　立契人　朱　春（押）契

中　人　朱天禄（押）

同日再批：契内田山价银壹两壹钱伍分收足。为照。（押）领

【注】

[一]原件藏北京大学图书馆。
[二]防老田，养老田。

九八七　明万历二十一年（一五九三）祁门县李一郎等卖山地红契[一]

十东都李一郎、四郎承祖摽（标）分山乙备[二]，坐落本保，土名太白坞，系经理虞字叁百七十八、叁百七十九、叁百捌十号，共计山四十六亩。中片内新立四至，裹至过桥埁头，随垄分水，上至降尖，外至乹坑[三]，直上高尖心，掘沟为界；下至田。今将前中片内四至山骨、苗木，尽行立契出卖与叔世宝名下为业。凭中面议时价银肆两陆乄（钱）整。其价并契当日交付明白。未卖之先，即无重复交易。如有不明等事，尽是卖人之（支）当，不及买人之事。今恐无凭，立此卖契为照。

万历廿一年十月十三日

立卖契姪　李一郎（押）
四郎（押）
见叔　世珍（押）

【注】

[一]原件藏北京大学图书馆。
[二]摽分，标其财产的品类数量或价值而分之。指析居分财。
[三]乹，同「乾」，今简体作「干」。

九八八　明万历二十二年（一五九四）休宁县吴有祈等卖坟山红契[一]

三都四图立卖契人吴有祈同堂弟有则等，为因吴旦、吴化、吴富祖、吴傧，十九年盗卖自祖已买众祖坟右边金廷庆山业[二]，新丈

土名后坞，剑字　　号，与张桃埋葬。讦告断明，系祈等已业，今奉　　本府毕爷公判[三]：张桃出银九两与身，以偿吴旦住基地价。其山除已契卖与吴名下本山右边山税壹厘捌毫外，今凭亲族赵冕、吴玄桥等，情愿立契取右边山税壹毫，其山东至降心，西至祖坟，南至顶尖，北至赵吴坟，卖与张桃前葬坟茔为业。其官判民银两当即收领明白。今从出卖之后，一听张桃管业，不得再葬。吴旦等不得再盗卖以致侵害。如有内外人生奸异说，尽是卖人承当，不涉买人之事。其税粮候大造之年，吴儒户自行起割，并无难异。今恐人心无凭，立此卖契为照。

万历贰十贰年叁月十八日

立卖契人　吴有祈（押）

同堂　弟　吴有则（押）

吴有伦（押）

从堂　弟　吴有纲（押）

凭族　人　吴玄桥（押）

吴　烒（押）

吴　傧（押）

吴邦俊（押）

亲　人　赵　冕（押）

主盟祖母　孙　氏（押）

今就契内价银一并收足，另不立领札。同年月日再批。（押）

【注】

［一］原件藏北京大学图书馆。

［二］十九年，明万历十九年（一五九一）。盗卖，盗卖触犯刑律。《大明律》卷五《户律二·田宅·盗卖田宅》：「凡盗卖换易及冒认，若虚钱实契典买及侵占他人田宅者，田一亩、屋一间以下，笞五十，每田五亩、屋三间加一等，罪止杖八十，徒二年。系官者，各加二等。」「田产及盗卖过田价，并递年所得花利，各还官给主。」

［三］本府，徽州府。

九八九　明万历二十二年（一五九四）休宁县孙可进卖田骨红契[一]

休宁县十六都二图立卖契人孙可进，今将承祖置到歙县廿五都三图新丈淡字二十七号，计田税五分六厘一毫，土名黄石坑，递年上租五硙，佃人[二]，自其田东至王家田，西至高塝，南至王家田，北至汪家田。今将前项四至内田，尽行立契出卖与同都毕名下为业。凭中三面议定时值价纹银贰两陆钱正。其银当成契日一并收足，即无欠少，亦无重复准折等情。自卖之后，听从买人管业收苗纳税，本家并无存留。倘有字号不清，亩步多寡，俱照四至见（现）业为定。倘有内外人拦阻，尽是卖人之（支）当，不涉买人之事。其税粮轮造册之年，听于孙祖法户内起割[三]，推入买人户内办纳，即无难异。其有来脚契文、丈票，被盗失去无存。今恐无凭，立此卖契为照。

万历二十二年十二月　日　　立卖契人　孙可进（押）

中　人　毕　瑶（押）

毕进禄（押）

正契

【注】

[一] 原件藏北京大学图书馆。

[二] 佃人，姓名缺载。知所卖为田骨。

[三] 孙祖法，为卖主孙可进之先辈，原产主。

九九〇　明万历二十三年（一五九五）祁门县谢宗鲁卖山地红契[一]

十西都谢宗鲁承祖能亨公买受黄村上四亩庄基地屋乙备，与敦本堂三大房相共，悉照新丈册归户，地弍拾七步捌分有零，系乙千伍拾号、乙千五拾弍号[二]，于上造屋安歇火佃黄应祖、旺寿、旺圣、国保等，四至自有新丈册可照；又将承祖住后山弍号，系山经理唐字乙千五百弍拾乙号、乙千五百弍拾捌号；又将栗树下山地乙备，系新丈乙千五百捌十三号[三]，俱与敦本堂相共[四]。其山并山地四至悉照丈册可照。今因无钱支用，自情愿凭中将前火佃地屋并后山地本身合得分法，并故叔鉴分法，本身合得一半。能亨公派下，通共合得乙拾弍分中乙分，尽数立契出卖与谢敦本名下为业使唤，本身即无分毫存留，三面议时值价纹银柒钱伍分整。其价并契当日两相交付明白。未卖之先，即无家外重复交易。来历不明，卖人之（支）当，不及买人之事。成交之后，各无悔异。如有悔者，甘罚契内银乙钱与不悔人用，仍依此文为始。所有税粮乙厘，候大造之年听自买人于本身户内起割，前去供解无词。今恐无凭，立此卖契为照。

再批：其前住后山祖坟穴及禁步不卖外，其余山骨并竹木，听自买主管业。

万历二十三年二月十九日

立卖契人　谢宗鲁(押)
见　人　谢廷计(押)

【注】

[一] 原件藏北京大学图书馆。
[二] 以上两号均缺「字号」之「字」。
[三] 缺「字号」之「字」。
[四] 敦本堂，谢敦本之堂号。

九九一　明万历二十三年(一五九五)祁门县汪应祥卖房屋红契[一]

二十五都三图立卖契人汪应祥，今缺少使用，自情愿凭中将承祖并续置地，坐落土名居安，系新丈皇字二阡(仟)伍百叁拾陆号。今将土库壹所，东至人行墙外众地界，西至墙外巷路界，南至远弍屋地界，北至远屋地界。续置合得楼上下歇房弍间，计地伍步玖分，于上砖瓦、石料、楼梯、床(窗)、板璧(壁)俱全；又将同前号众厅屋及坦地，四至未开，内取厅该分地壹步伍分，坦地四步；又将东边厨屋壹所，系皇字弍阡(仟)号，东至本家墙地界，西至水沟路界，南至众路地界，北至节屋地界，内取西边厨屋楼上下贰间，墙梯板壁俱全，内取该分并余地共肆步；又将碓基并佃屋，系皇字弍千伍百肆拾号，其地东至黄伍百叁拾四号，土名居安，东至黄家墙地界，西至水沟界，南至路，北至沟界，内取该分地壹步陆分。今将契内前项陆处共计壹拾陆步，共计上地壹拾捌步，共计税玖厘，凭中立契照该分出卖与堂兄汪　　名下为业，当日三面议作时值价纹银贰伯贰拾两整。其银、业当日两相交明。其银当成契日壹并尽行收足，并无欠少分文，亦无准折债负及逼勒等情，及重复交易、一切不明等事。如有内外人拦占，尽是卖主之(支)当，不及买人之事。其税粮，册年本户自行交割[二]，并无难异。今恐人心无凭，立此卖契为照。

今随契内纹银当日尽行收足。同年月日，再不另领[三]。再批为照。(押)

万历弍拾叁年十二月十七日

立卖契人　汪应祥(押)契
凭中人　黄廷谟(押)

黄廷讽（押）
汪　俊（押）

【注】

[一] 原件藏北京大学图书馆。
[二] 册年，造黄册之年，即所谓大造之年。
[三] 不另领，即「不另立领」或「不另立领札」。

九九二　明万历二十四年（一五九六）祁门县吴孟贤卖房地红契[一]

十一都吴孟贤原买得孟初房地壹备，坐落土名前头墩，系清丈经理藏字乙千二百十六号，计地一十五步乙分，该地〔税〕伍厘玖毫陆系。四至清丈册俱载，不及开写。今情愿凭中立契出卖与吴俊德名下为业。三面议时值价白银贰两捌钱伍分整。其价、契当日两相交付明白，契后再不立领。未卖之先，并无重复交易。如有来历不明，尽是卖人之（支）当，不及买人之事。所有税粮，候造册之年，听自起割入伊户供解无词。今恐无凭，立卖契为照。

所有上手原买契文与别产相连，不及缴付；日后要用，将出参照无词。吴再批。

万历廿四年八月十七日

立卖契人　吴孟贤（押）
中见人　吴养弘（押）
吴京生（押）
吴自茂（押）

【注】

[一] 原件藏北京大学图书馆。

九九三　明万历二十四年（一五九六）休宁县程明德卖地山红契[一]

立卖契人程明德，今将续置新丈芥字陆千九伯（佰）伍拾弍号，土名梨木园，计地税玖厘陆毫；又将芥字柒千弍十四号，土名梨木园，计地税式分陆厘伍毫；又将芥字陆千壹伯九十号，土名店基头，计地税壹分叁厘叁毫；又将芥字陆千式伯（佰）号[二]，计地税伍厘叁毛柒系；又将芥字陆千式伯（佰）三号，土名店前，计地税式厘式毛；又将芥字六千四百□号，土名双木林，计山税壹厘。共五号地税伍分六厘九毫七系。今自情愿将前项地山六处尽行出卖与户兄程銮名下为业，凭中三面议作时值价银叁拾式两整。其银当成契日一并交收足讫，别不立领札。今从出卖之后，一听买人收苗管业。如有内外人拦占及重复交易、一切不明等事，尽是卖人之（支）当，不及买人之事。所有来脚与别产相连，缴付不便。日后要用，索出参照。其四至照宝（保）簿管业。其税粮随即扒与买主办纳无词。立（今）恐无凭，立此文契存照。

万历贰拾四年闰捌月初一日　　立卖契人　程明德（押）契

中见人　程祖印（押）

程员满（押）

今就契内价银并收足讫。同年月日。再批。（押）　领

【注】

[一]原件藏北京大学图书馆。

[二]缺「土名××」。

九九四　明万历二十五年（一五九七）休宁县毕尚文等卖地红契[一]

拾六都二图立卖契人毕尚文、尚质，今为无钱使用，将承祖分受到淡字四伯二十叁号地壹片，土名柏山脚墩上园，计税式分捌厘。东至　，西至　，南至　，北至坟。今将四至内地本身合得壹半，情愿立契出卖与叔源潮名下为业。三面议定时值价纹银壹两叁钱整。其银成契之日一并收足，即无欠少，亦无准折。其地未卖之先，即不曾与他人重复交易典当之类。其地听从买人随即管业，收苗，受税。其税听于本家歙县廿五都三图九户下起割，推入买人户下解纳，即无难异。倘字号不清，亩步多寡，自有现业（四至）狭（挟）定。今恐无凭，立此卖契，永远存照。

契内价银随契领足，再不另立领帖。共计分叁斗，本身合得一半。

其来脚契文与别产相连，缴付不便。再批存照。（押）

万历廿五年十月　日

立卖契人　毕尚文（押）
同　弟　毕尚质（押）
中　人　毕尚威（押）
毕文振（押）

正契

【注】

[一]原件藏北京大学图书馆。

九九五　明万历二十六年（一五九八）休宁县黄廷楠卖地红契[一]

二十七都二图立卖契人黄廷楠，今因缺用，自情愿央中将身自己原买本都二三图吴文夆等及黄廷对庙岭街西屋地壹片，计地步。其地东至官街，西至黄家山脚，南至本家原买吴阳泰等地，北至高塝众地。今将大四至内取北边空地伍拾壹步，计税式分有零，系信字二千二百四十三等号，其地东至官街，西至黄家山脚，南至本家屋地，北至高塝众地。今将四至内地尽行立契出卖与堂兄廷彩名下为业。当日面议时值价银壹拾陆两整。其银当成契日随手一并收足。其地今从出卖之后，一听买主自行管业，造屋住歇，如有内外人拦占，及重复不明等事，尽是卖主之（支）当，不涉买主之事。其税粮本户随即扒纳[二]，并无难异。今恐人心难凭，立此卖契永远存照。

万历式拾六年四月廿五日

立卖契人　黄廷楠（押）
同父　黄天爵（押）
兄　黄廷恩（押）
黄　宇（押）
中见人　黄　秀（押）
依口代书人　潘　三（押）

前项契内价银当成契日随手一并收足，同日再批（押）　领

【注】

[一] 原件藏北京大学图书馆。

[二] 扒纳，扒同推。扒纳即推收纳粮之意。亦即将税粮从卖主名下挪到买主名下交纳。

九九六　明万历二十六年（一五九八）绩溪县王万孙卖地红契[一]

绩溪县十一都四图立契人王万孙，因为欠少支用，自情愿将自己分下经理到本都染字乙千乙百号垦地叁拾弍步半，土名龙棚山脚。其东至坑，西至乙千乙百乙号地，南至胡廷光山地，北于坑。其四至明白，尽行立契出卖与歙东黄　　名下。三面议定时值价纹银壹两整。其银入手应用，其地日下听凭管业[二]。其税粮造册之年依契过割，不在（再）阻当，二各只（？）无悔异。今恐人心无凭，立此卖契为用。

万历廿六年七月初四日　　立契人　王万孙（押）

代笔中人　王高孙（押）

所是前项价银一并尽行领讫。为照。（押）

【注】

[一] 原件藏北京大学图书馆。

[二] 听凭管业，「听凭」下当有「买人」或「买主」等。

九九七　明万历二十七年（一五九九）休宁县吴尚源卖田红契[一]

卅一都吴尚源有民地壹备，坐落土名汪田口及石龟前，原系八保登字　　号。今新丈讚字伍千九百捌拾柒号。其山新立大四至：东至野鸭坦过峡处，西至石龟前路水坑，南至田及小路，北至田及小路，四至明白。内取山界山壹分正，自情愿立契出卖户侄孙吴元肇名下迁造坟墚（茔）为业。三面议作时值价纹银拾两整，其价契当日两相交付。未卖之先即无重复交易。其山听自买人管业。今恐人心无凭，立此出卖存照[二]。

契内改过新字号五千玖百捌拾柒号上再批。

万历廿七年四月十五日

立卖契人　吴尚源（押）

中见人　宋　琐（押）

吴元科（押）

今领去契内价银并收足讫。同日再批（押）领

【注】

[一] 原件藏北京大学图书馆。

[二] 出卖，脱「契」或「文契」等字。

九九八　明万历二十八年（一六〇〇）休宁县吴阿项卖山红契[一]

廿五都三图立卖契人吴阿项，因欠少使用，自情愿将续置到罔字七千五百零九号山一业，〔土〕名后坞金坑，计税三分一厘五毛（毫）整。其山东至高尖江钺山、张天法山，西至昞山尖降，南至廿六都界山尖，北至张天法山。合各于上长养柴薪竹木。今将前项四至尽行立契出卖本都四图族伯吴　　名〔下〕为业。三面议定时值价纹银叁拾弍两。其价当成契日一并收足，即无欠少，亦无准折。其山未卖之先，即不曾与他人重复交易。如有内外人拦占，尽是出卖人支当，不及买人之事。其山内竹木柴薪，听从买人随即管业，本家即无存留。倘有字号不清，亩步不尽，自有新立肆至挟定。其税听从本户花扒解纳[二]，即无异说。今恐无凭，立此卖契为照。契内价银随契领足，再不另立领帖。再批。

万历弍拾八年九月拾五日

立卖契人　吴阿项（押）

奉书男　吴宗美（押）

中见人　吴宗道

中见人　毕英庆（押）

【注】

[一]原件藏北京大学图书馆。

[二]花扒解纳，推收过户，并缴纳租税。

九九九　明万历二十八年（一六〇〇）祁门县李尚忠卖田地红契[一]

芹溪李尚忠今将承祖阄分田地壹备[二]，坐落土名下段，系新丈作字八百七十七号下地壹坵，计税壹分弍厘玖毫；又同处九百十壹号下田四坵，计税陆分玖厘；又同处九百十四号下田壹坵，计税壹分四厘壹毛；又同处九百七十号，下田弍坵，计税伍分叁厘；又同处壹千零四号下田壹坵，计税叁分伍厘六毛；又同处九百陆十伍号下田弍坵，与琨房诰等共业，本身合得壹分陆厘；又同处八百八十伍号下地壹坵，计税玖厘陆毛；又同处八百七十八号下地壹坵，与琨房共业，本身合得壹分壹厘四毛；又同处九百十五号下田壹坵，与澄共业，本身合得壹半，计税柒厘。前共田壹钱玖分肆厘柒毫，地叁分肆厘[三]。自将前项田地尽行出卖与本祠敦睦堂名下祭祀为业[四]。三面议作时值价银壹拾壹两肆钱三分正。其价、契当日两相交付足讫，契后再不立领。未卖之先，即无重复交易。所有税粮，候册年听于四甲李永昌户起割供解[五]。恐后无凭，立此契照。

万历廿捌年九月　　日

立文契人　李尚忠（押）
中见人　李尚茂（押）
李有亲（押）
奉书男　李华国（押）

【注】

[一]原件藏北京大学图书馆。

[二]阄分，拈阄分得。谓析居时分得的财产。

[三]此田、地，为「田税」、「地税」。但统计数字有误。应为「地税叁分叁厘玖毫」。

[四]敦睦堂，李氏宗祠。宗祠有为本宗族所公有的用于祭祀祖宗的产业。

[五]李永昌，李尚忠的先辈，原业主。

一〇〇〇　明万历二十九年（一六〇一）休宁县江仲炎卖山地白契[一]

东北隅三图江仲炎[二]，今将新丈寸字五千四百号山一业，土名长头园，计税贰厘叁毛。东至路，西至黄太初坟坝，南至路，北至何岩寿坟。今将四至明白，凭中尽行出卖与七都一图黄正初名下为业。三面议定价纹银肆两贰钱正。其银当日收足；其地听凭买人日下管业。其税候册年起割入户支解。倘有内外人等异说，俱系卖人承当，不干买人之事。今恐无凭，立此卖契为照。

万历二十九年六月十五日

立卖契人　江仲炎（押）
中见人　游仁甫（押）
张爱龄（押）
江景周（押）
江敬所（押）

【注】

[一] 原件藏北京大学图书馆。

[二] 东北隅三图，「明洪武十九年，休宁县置乡隅都图，在城置四隅，乡村置十二乡、三十三都」。四隅为：东北隅，下置三图；西北隅，下置二图；东南隅，下置三图；西南隅，下置二图。（见清康熙三十二年刊《休宁县志》卷一《方舆·建置沿革》）隅即近城地区所划行政区域。

一〇〇一　明万历二十九年（一六〇一）祁门县吴孟荣等卖地红契[一]

立卖契人吴孟荣、孟桃、官六、圣孙、良鹏五大房等，今将承祖香火楼后众存地壹块，计地陆厘正，三至东、西、南，俊德地；北至香火楼。今将前项四至内地出卖与侄俊德名下，前去起造书屋。三面〔议〕时值价文（纹）银壹两贰钱整。其价当日两相交付，契后再不立领。未卖之先，再无重复交易。一切不明，并是卖人之（支）当，不及买人之事。所有税粮，今当大造，随即起割入户供解。其价银本边五大房入永兴会生利拜扫之用[二]。恐后无凭，立此卖契为照。

万历二十九年六月十六日

立卖契人　吴孟荣（押）

孟华（押）
孟贤（押）
兴得（押）
汪氏（押）
良鹏（押）
记明（押）
孟桃（押）
兆得（押）
圣孙（押）
良玉（押）
四孙（押）
官六兄　弟叔侄（押）
中见人　吴自茂（押）

【注】

［一］原件藏北京大学图书馆。

［二］永兴会，吴氏宗族的会堂组织。拜扫，祭扫。上坟、扫墓。

一〇〇二　明万历二十九年（一六〇一）芜湖县黄应聘卖地红契[一]

立卖契人黄应聘，今将芜湖县续买地壹号，坐落土名升仙埠[二]，系　字　号，计地　，计税伍分伍厘。其地东至汪万权屋墙脚，西至后家屋墙脚，南至本家墙脚，北至长山墙脚。四至内地与应中共业，本身合得壹半，计地　，计税　。今将前项四至内地合得分数，立契出卖与　亲人朱　名下为业，当日凭中面议时值价纹银壹伯（佰）壹拾两整。其银、契当日两相交付明白。其地今从出卖之后，一听买人自行管业为定。如有内外人拦占及重复交易、不明等事，尽是卖人抵（支）当，不及买人之事。其税粮随即推收，恐后无凭，立此卖契存照。

万历贰拾玖年捌月拾贰日　　立卖契人　黄应聘（押）

中见人　黄奇坚（押）

【注】

[一]原件藏北京大学图书馆。

[二]垾（音同旱），小堤。或「岸」的俗字。

一〇〇三　明万历三十年（一六〇二）徽宁等处兵备道给付休宁县吴巨买田契尾[一]

契

宙字玖百拾叁号契尾壹道

钦差整饬徽宁等处兵备道，为时值大造，积弊当厘[二]。敬

陈税契末议[三]，以塞贪窦，以一法守事：奉

两院案验[四]，准户部咨：该本部题

准内开：其契尾，直隶用各司道印信，转发州县收贮。遇有民间置买田产，即令卖主买主同

赴本县投契纳税；买主随递纳粮认状；官司给与印信契尾，填写年月银数，各用本县印信钤盖，当给买主收执。大造之

时，方准过割推收。查无契尾，依律治罪；仍追产价一半还官。等因。奉此，拟合给发。为此，仰将发去契尾，如遇民间

买产投契纳税者，填给为照。须至契尾者。

计开：

休宁县九都三图　户户丁吴巨用价贰拾叁两无

钱买明　户户丁朱烟　田地　山塘　照例

应纳税契银无两陆钱玖分无厘。当堂投契交纳讫。

右仰给付买人吴巨准此

万历三十年三月廿八　日给

兵备道（押）

尾

契尾纸价出自官□收□□□许赴告究。

【注】

〔一〕原件藏北京大学图书馆。

〔二〕厘，整理，订正，改革。

〔三〕末议，谦称自己的议论。

〔四〕两院，抚院和按院，即巡抚和巡按。案验，查讯证实。

一〇〇四　明万历三十年（一六〇二）休宁县余积万卖田红契[一]

十七都二图出卖〔立〕文契人余积万，今因缺少使用，自情愿将续〔置〕田壹坵，坐落土名石排，系宿字叁千零陆号，新丈过伍〔字〕伯贰拾陆步〔有〕零，计税贰亩九分柒厘，计租贰拾肆砠。取现四至：东至余家、戴家高基园，西至高塝水渠，南至金、黄二家田，北至金家田。今将前项四至内田凭中三面立契尽行出卖与东北隅贰图查　　名下为业。凭中三面议作时值价纹银贰拾玖两整。其银当成契日一并交收足讫，即无欠少分文，亦无准折债负之类。倘有内外人拦占及重复交易、来历不明一切等情，尽是出卖人之（支）当，不涉买主之事。其税粮，今〔当〕大造之年，本户随即起割，无得难异。今从出卖之后，听从买主收苗受税管业无辞。其上手来脚与别产相连，缴付不便，日后将出参照。今恐人心难凭，立此出卖文契，永远存照。

今就契内价银一并尽行收讫。同年月日再批存照。（押）领

万历叁拾年六月初一日

立卖契人　余积万（押）

同　男　余尚隆（押）

中见人　詹汝洪（押）

余岩钺（押）

汪大宗（押）

吴良济（押）

【注】

〔一〕原件藏北京大学图书馆。

一〇〇五　明万历三十一年(一六〇三)休宁县李寿卖茶山红契[一]

三十都立契人李寿有茶山乙号，坐落三十一都，土名庙山，系今清丈讚字七千三百八号。今凭中内取山税伍厘，新立四至：东至荒陆，西、南、北俱至本家山。言定眼同埋石定界。今取前项四至内山，凭中立契出卖与三十一都吴　　名下〔为〕业[二]，听自开造坟茔。面议作时值价纹银叁拾七两整，其银契当日两相交明。一切不明等情，本家自理。其税粮现在本户，听自起割前去。本家内外人等，亦无得生情难异。今恐人心无凭，立此文契为照。

万历三十一年五月十三日

立卖契人李　寿(押)

中见人吴　银(押)

贤(押)

山邻吴　满(押)

鸾

今领去契内价银并收足讫。同日再批(押)领

【注】

[一] 原件藏北京大学图书馆。

一〇〇六　明万历三十二年(一六〇四)休宁县张士第卖田红契[一]

五都四图立卖契人张士第，今将承父田壹业，土名下西义，新丈剑字四千乙百贰拾捌号，计秈租拾柒砠[二]，计税贰亩四分叁厘，新立四至：东至　　，西至　　，南至　　，北至　　。四至内田与叔等共业，三股中本身合得壹股，该秈租伍砠零拾柒觔，该税捌分壹厘。凭中立契出卖与本家玄帝会内为业[三]，三面议作时值价纹银伍两贰钱整。其银当日收足，别不立领。今从出卖之后，壹听本会收苗管业，税粮候至册年本户自行起割，推入张明社户内办纳粮差[四]，并无难异。如有来历不明及重复交易等事，尽是卖人之(支)当，不涉买人之事。今恐无凭，立此卖契为照。

万历叁拾贰年正月拾伍日　　立卖契人　张士第（押）

亲　叔　张天瑞（押）

兄　张士尊（押）

代书人　张士芸（押）

今就契内价银并收足讫，别不立领。再批（押）照。

【注】

[一]原件藏北京大学图书馆。

[二]砠，本契之「砠」为二十五斤。由十七砠之三股之一股为「伍砠零拾柒觔」可知。

[三]本家玄帝会，张氏宗族的会堂名称。以供奉道教的玄天上帝得名。玄天上帝省称玄帝，为北方之神。

[四]张明社，可能是玄帝会的管理人。

一〇〇七　明万历三十二年（一六〇四）祁门县李尚玄卖园地红契[一]

拾壹都李尚玄今承祖有园壹备，坐落本保土名后村，系罪字四伯四十三号，计税八分四厘四毛，计麦、豆租各贰秤零伍斤[二]；又取同处四百五十四号，计税六分乙厘叁毛，计麦、豆租各贰秤；又取后村溪边四百六十一号，计税六分五厘四毛，计麦、豆租各贰秤。又取土名右畊塝，系五百四十六号，计税七分六厘二毛一，计麦、豆〔租〕各贰秤叁斤六两。其地四至自有经理该载，不及开写。前四处共计麦、豆租各捌秤零捌觔六两。今自情愿将前项园骨并租[三]尽行出卖与吴　　名下为业。三面议作价纹银拾肆两伍钱整。其价契当日两〔相〕交付，契后再不立领。未卖之先，即无重复交易。倘有一切不明，尽是卖人之（支）当，不及受人之事。所有税粮，候下次册年听自起割过伊户供解无词。今恐无凭，立此卖契存照。

万历三拾贰年二月初四日　　立卖契人　李尚玄（押）

中见人　李文焯（押）

李尚群（押）

吴顺祖

佃　人　保儿

初得

法得

【注】

〔一〕原件藏北京大学图书馆。

〔二〕麦、豆租，实物地租的一种，主要用作园地租。亦有粟租。统称旱租。

〔三〕园骨并租，园底权并园面权。

一〇〇八　明万历三十三年（一六〇五）祁门县汪元德卖园地红契[一]

三都六图立卖契人汪元德，今因缺用，自情愿将土名下塘地园壹片，新丈步字号系乙千五百八十号，计中地式伯（佰）九十七步二分，计税乙亩乙分捌厘七毛，计豆租伍官斗。其园东至　　，西至　　，南至　　，北至　　。今将前项四至内园地凭中尽行立契出卖与同都四图何　　名下为业。三面议作时值价银叁两整。其银当成契日一并交收足讫。其豆园随即交买人管业，作种收苗、收税。其有内外人拦占及重复交易一切不明等事，尽是卖人之当，不涉买人之事。其税粮候大造之年，本户自行起割推入买人户内办纳。即无难异。今凭（恐）无凭，立此卖契存照。今就契内领去前项并讫。再批为照。（押）

万历叁拾叁年八月十一日

立卖契人　汪元德（押）

中见人　何素宇（押）

【注】

〔一〕原件藏北京大学图书馆。

一〇〇九　明万历三十三年（一六〇五）歙县鲍登元卖厅地红契[一]

二十二都九图立卖契人鲍登元，今因缺少使用，自情愿凂中将承祖建字号今丈四字一千八百三十七号厅地壹步，名街南住基，其地东至龙大甫等众地，西至鲍慈甫地，北至街，南至本家众地。今将四至明白，凭中立契出卖与堂叔鲍　名下为业。三面议定时值价纹银肆两正。其银契当即两相交付明白。其地从前至今，即不曾与他人重复交易，亦无威逼准折等情，系是两相情愿。其地原众造厅屋楼房，四围砖墙、石脚、椽瓦、门窗、户扇、壁植等项俱全，听凭日下管业。其税粮候大造之年，听凭过割入户支解，即无难异。倘有内外人等异说，俱身一面承当，不干买主之事。今恐无凭，立此卖契为照。

万历三十三年九月二十六日

立卖契人　鲍登元（押）

愚亲叔　鲍公杰（押）

凭　中　鲍慈甫（押）

鲍孟起（押）

【注】

[一]原件藏北京大学图书馆。

一〇一〇　明万历三十五年（一六〇七）休宁县朱应武卖山地白契[一]

卅一都立卖契人朱应武，今买卖缺本[二]，自情愿今将承祖父山地六处，坐落土名吴白桥，系赞字四千四百八十三/五百三十三号，计地税贰分五厘。东至降，西至地，南至国虎山，北至三奇山。又将土名柿树湾口，计税一分三厘。东至坟地，西降，南至煌山地，比（北）至坟垄。又将土名桥亭湾阳培，计税五厘。东至三奇山，西至朱义山，南至湾，比（北）至降。又取同处阴培，计税六厘。东至垄，下至园；西至世潘山，南至降，比（北）至园。又取土名竹湾口，计税一厘。东至祠山，西至新盛山，南湾心，比（北）至降。又取竹园地壹块，系赞字四千五百七号，计税六厘一毛。东至塘，西至尚德地，南至新淋山，北至坟坟（地）。今自情愿将六处山地骨并苗竹木尽行立契出卖与同宗人朱　　名下为业，三面议作时值价纹银三两六钱整。其银、契当日两相交付明白。系是两相情愿，并无逼勒成交。倘有家外人占栏（拦）及一切不明等事，并是卖人知（支）当，不及买人之事。所有税粮，听到册年到本户起割前去认纳，本家即无阻当。恐后无凭，立此卖契为照。

万历三十五年六月二十日

立卖契人　朱应武（押）契

中见叔　朱新盛（押）

今领去契内价银并收足讫。同年月日再批。（押）领

【注】

〔一〕原件藏北京大学图书馆。

〔二〕买卖缺本，经商缺少本钱。

一〇一一　明万历三十六年（一六〇八）休宁县谢庚生等卖塘地红契〔一〕

拾西都谢庚生、钦宥共有承父买受共业荒塘地壹备，坐落本保土名铁店园，系经理唐字贰阡伍伯玖拾贰号，新立四至：东大路，西谢言地，南山嘴，北大路。今自情愿将父买受□□□取壹半，计四分之一，该税壹分五厘。又将承本房摽与本家该得□贰分之乙，计税五厘，弍行共税弍分，尽数立契出卖与同分房叔谢　　名下为业。面议时值价纹银壹两伍钱整。价契当日两相交付明白。未卖之先，并无家外重复交易。如有来历不明，尽是卖人承当，不及买人之事。成交之后，两不许悔。如先悔者，甘罚银五㦮（钱）与不悔人用，仍依此文为准。所有税粮悉听买人过割供解无词。恐后无凭，立此卖契为照。

万历叁拾六年七月初四日

立卖契人　谢庚生（押）

谢钦宥（押）

亲笔无见

【注】

〔一〕原件藏北京大学图书馆。

一〇一二　明万历三十七年（一六〇九）祁门县周阿吴卖竹山红契〔一〕

东都□□周阿吴今有承祖竹山乙块，坐落土名本家住后，系新丈经理虞字　　号，计山乙块。新立四至：东至洪山及田，南至本家开地，西至胡梅山坟心，直上地至尖〔二〕。将前项四至内山骨竹本（木），尽行立契出卖与同都洪胡名下为业。凭中三面议时直（值）价纹银壹两伍钱整。其价并契当日两相交付，契后再不立领。未卖之先，即无重复交易，并无家外人占拦。一切不明等事，尽是卖人之（支）当，不及买人之事。所有来脚契文与别产相连，不及缴复（付）。今恐无凭，立此卖契为照。

万历卅七年八月初八日

立卖契人　周阿吴（押）

奉书男　吴元宽（押）

依口代书中见　胡　梅

【注】

〔一〕原件藏北京大学图书馆。

〔二〕缺「北至」。

一〇一三　明万历三十七年（一六〇九）祁门县李国永卖基地红契[一]

立卖契人李国永，今将承祖父阄分原买李逞众厅后前重上边下第伍间、基地壹间，新丈作字捌百贰拾四号，土名山村中段。东至　　，西至捌百贰拾叁号李敦地厅屋，南至　　，北至买主自地。计地捌步，计税叁厘柒毛；又原买文玉、李偃前屋后空地西边进山第叁块，新丈作字捌百贰拾伍号，土名山村中段，东至　　，西至　　，南至　　，比（北）至　　。计地陆步，计税贰厘柒毛。前贰项基地共计壹拾四步，共税六厘四毛。今因缺少钱粮，自情愿将前项地贰备出卖与李有望兄弟名下为业。凭中三面议作时值价银叁两整。其银、契当日两相交付足讫，契后再不立领。未卖之先，即无重复交易。如有家外人占拦、来历不明等事，尽是卖人之（支）当，不及受人之事。所有来脚契文，系祖兄弟长房收执，本身阄书为证[二]，不及缴付。要用之日，将出参照无词。其税粮听自册年于七甲李用康户起割[三]，入三甲李有望户供解。恐后无凭，立此卖契为照。

万历卅七年九月十六日

立卖契人　李国永（押）

主盟母　李阿胡（押）

中见人　李应溪（押）

李有亲（押）

【注】

〔一〕原件藏北京大学图书馆。

〔二〕阄书，分家文书。

〔三〕李用康，可能是卖主李国永的祖父。

一〇一四　明万历三十七年(一六〇九)徽州洪三元卖身婚书[一]

立卖身婚书人洪三元同妻李氏、男国胜，今因欠少食用，自愿浼(浼)中出卖与洪相公名下为仆，得受财礼银壹拾伍两正。住居潭渡祠屋，看守坟墓。每年正月初二日上门叩岁，清明拜扫，中元节及送寒衣。主人上坟，务要在祠伺候。所种田园纳租，每年麦豆粟各壹石叁斗，干洁送纳，不致欠少。以上如有违失，听凭责治无辞。今恐无凭，立此婚书为照。

万历己酉年十月　　日

立婚书人　洪三元(押)
中　王　益(押)
媒　世光妻(押)

【注】

[一] 原件藏安徽省博物馆。

一〇一五　明万历三十七年(一六〇九)休宁县汪德新卖山地白契[一]

十六都汪德新，今有承祖山壹号，坐落本都下十保，土名吴家坞，俗名月弦。其山新立四至：东大降，西荒田，南汪师保山，北至垄弯分水，抵荒田。其山与汪灿等相共，本位通山合得壹半。所有在山浮木先年卖讫，不在契内存留。祖坟叁所，生坟壹所，禁步不卖，买主无得侵害；又山壹号，连界与汪、宋等相共。坟山东至大降，西至荒田，南至月弦山，北至本家祖坟。右手由弦直上至大降。其山本位四呈(成)中合得壹呈(成)。今因无钱解纳匠役[二]，自情愿将前行四至内山尽数立契出卖与同都倪彦弼名下为业，前去听自扦(迁)葬风水，本家无得异说。当日面议时价文(纹)银壹拾伍两正，在手足讫，契、价两付明白。来历不明，卖人自理，不干买人之事。自成之后，二家各无悔异。如〔先〕悔者，甘罚契内银壹半公用；仍依此文为始。今恐无凭，立此为照。

万历三十七年十二月十九日立

立契人　汪德新(押)
李一化(押)

中见人　汪应龙（押）

　　　　倪大进

　　　　王　伦

　　　　郑兴奇（押）

【注】

〔一〕原件藏北京大学图书馆。

〔二〕匠役，工匠徭役，由匠户充当。《明史》卷七八《食货二・赋役》：「凡军、匠、灶户，役皆永充。军户死若逃者，于原籍勾补。匠户二等：曰住坐，曰轮班。住坐之匠，月上工十日。不赴班者，输罚班银月六钱，故谓之输班。监局中官，多占匠役，又括充幼匠，动以千计，死若逃者，勾补如军。」

一〇一六　明万历三十八年（一六一〇）祁门县谢大纲卖田骨红契[一]

西都谢大纲，今有承祖标分水田壹备，坐落八保，土名三角丘，共租贰十秤，与继善相共。本身该得伍秤，内取贰秤，出卖与谢　　名下永远收租为业[二]，三面言议时值价文艮（纹银）壹两五分正。其价并契当日两相交付明白，亩步四至自有新丈鳞册可证[三]。来历不明，卖人之（支）当，不及买人之事。自成之后，各不许悔。如先悔者，甘罚艮（银）贰钱公用。所有税粮候大造之年，听自买主过割入户供解。今恐无凭，立此卖契为照。

万历三十八年六月廿一日

立卖契人　谢大纲（押）

中　见　人　谢可立（押）

依口代笔　谢可忠（押）

【注】

〔一〕原件藏北京大学图书馆。

〔二〕此为卖收租权的一部分，实是卖田骨（田底权）的一部分。田底权与田面权分离既久，田底权的收益已为定租制，因之用地租数量来表示权益的多少。

[三] 鳞册，鱼鳞图册。俗称「保簿」。

一〇一七　明万历三十八年（一六一〇）歙县鲍世元卖基地白契[一]

二十二都九图立卖契人鲍世元，今因乏本，自愿浼（浼）十中将承祖土名申明亭基地一业，于上盖造土库楼房，该身合得一半；并自己续买前后新丈四字等　　号。其地于上盖造门屋横批起坐。其屋通前至后四至照依清册。凭中立契出卖与本家弟　元则名下，本纹银壹伯柒拾两正。其银当即收足，其业凭买人日下照管居住。此系两相愿，即无威逼等情，并无他人重复交易。如有内外人异说，俱系元一面承当，不干买人之事。其税候大造之年，听凭割入。今恐无凭，立此卖契为照。

其契原未印，元则批。（押）

万历叁拾捌年六月初六日

立卖契人　鲍世元（押）

凭中人　鲍秋元（押）

鲍推立（押）

【注】

[一] 原件藏北京大学图书馆。

一〇一八　明万历三十九年（一六一一）祁门县吴士瑾卖田骨红契[一]

十一都吴士瑾，今有承父摽（标）分田乙备，坐落五保，土名[二]，汤字九百六十壹号，计硬租玖秤[三]，税捌分三厘捌毛。其田新立四至：东　，西　，南　，北　。自有经理开载，不及详写。今将前项四至内田骨，自情愿凭中出卖与族人　名下为业。三面议时价纹银陆两叁钱正。其价、契当日交付，契后再不立领。未卖之先，并无重复交易。如有一切不明等情，尽是卖人承当，不及买人之事。所有税粮，候大造之年听自起割入伊户供解无词。存照。

其田系碣头江家门前。[四]

万历三十九年正月二十五日

立契人　吴士瑾（押）

中见叔　自　慊（押）

【注】

[一] 原件藏北京大学图书馆。

[二]「土名」，下有脱漏。

[三] 硬租，实际应缴的租额。

[四] 碣头，当是本田所在地的「土名」。本契补写于此。

一〇一九　明万历三十九年（一六一一）休宁县吴阿程卖山红契[一]

廿五都三图立卖契人吴阿程，原因夫该到族侄给主银两[二]。今不幸夫估（故），阿无措，自愿浼（浼）托亲族说合[三]，将夫手续置到罔字柒阡（千）九百廿四号山一业，土名松木坞，计税叁分陆厘整。其山东至吴良栢山，西至吴时章，南至尖顶，北至山脚。今将四至内尽行出卖与族侄吴尚完名下为业，三面议定时值价纹银伍拾两整。未卖之先，即不曾与他人重复交易。倘有内外人等异说，尽是卖主承当，不干买人之是（事），其税日下起割，即无异说。今恐无凭，立此卖契为照。

万历卅九年七月十三日

立卖契人　吴阿程（押）

中见亲族人　吴良榆（押）

吴良栢（押）

吴时章（押）

时洋（押）

依口代笔人　李玄生（押）

吴良恺（押）

【注】

[一] 原件藏北京大学图书馆。

[二] 该，欠。

[三] 说合，介绍以成其事。此介绍人即中人，亦称「说合人」。

一〇二〇　明万历三十九年（一六一一）歙县鲍公杰卖田红契[一]

二十二都九图立卖契人鲍公杰同侄鲍登云、鲍登元，今因年老乏用，情愿浼（浼）中将续买堂兄鲍公礼兄的茔田回字二千一百七十号田贰分四厘一毛三系，土名德公塘；又将女字四百乙十一号承祖分受地贰分陆厘陆毫陆系八〔忽〕，土名付亭山；又将被字三千五百六十号地三分合得二分，计地四分九毫（厘）五毛，土名鸟儿窝。其四至不等，俱照清册。三面议定时值价银伍两正，凭中立契出卖与堂侄鲍　　名下为业。其银契当即两相交付明白。即无威逼准折等情，系是两相情愿。其地从前至今，即未曾与他人重复交易。如有内外人等异论，俱身等一面承当，不干买主之事。其税粮即今大造之年，听凭过割入户支解，即无难异。今恐无凭，立此卖契为照。

其契内女字四百一十一号地，因系年高眼目昏花错写，凭中懋甫改正（押）

其契内回字二千一百七十号，系相本公膳茔田，原系时、晧、曙三分取租摽（标）挂，今于万历三十九年内，时分原取晧分，今出卖，于曙分东白名下为业。其祖东白分二分，其摽挂系曾派时、晧、曙轮流各祭一年。晧分田，杰等授价，该杰等祭。又女字四百一十一号地租，东白分租二分，存□训分一分，系杰等代收。凭中鲍君命批（押）

万历叁拾九年十二月二十三日

立卖契人　鲍公杰（押）

同　　侄　鲍登云（押）

鲍登元（押）

凭中人　鲍懋甫（押）

鲍君命（押）

【注】

［一］原件藏北京大学图书馆。

一〇二一　明万历四十年（一六一二）祁门县徐汝鸾卖地红契[一]

九都十四图立卖契人徐汝鸾同弟汝鹏、汝凤，今将自己续买新丈岗字二千零叁号，地贰亩伍分陆厘伍毛，其地东至翟家坟塓手，西至黄田，南至黄田，北至自地；又将岗字二千零四号，地肆分零四毛，东至姚地，西至田，南至自地，北至黄地。二号共计地税贰亩玖分陆厘九毛，土名下性山，原有埋石为界，凭中立契尽行出卖与十五都三图吴　　名下为业，迁造风水。三面议定时值价纹银肆拾壹两整。其银当即收足，其地听从日下管业、迁葬。其地从前至今，即无与他人重复交易。如有内外人等异说，俱系卖人承当，不干买人之事。所卖地内本家即不存留毛税，亦无古今坟穴。其税现造黄册，听从过割入买人户内支解，不在（再）难异。今恐无凭，立此卖地契为照。

内添人字一个。其原契并翟家合同一并缴付吴收。再批。（押）

万历肆拾年叁月　　日

立卖契人　徐汝鸾（押）

同　弟　徐汝鹏（押）

徐汝凤（押）

凭　中　徐鹤龄（押）

黄大绶（押）

【注】

[一]原件藏北京大学图书馆。

一〇二二　明万历四十年（一六一二）休宁县汪以正等卖铺地红契[一]

西北隅一图立卖契人汪以正同弟汪汝顺，今将承祖所遗铺屋为业，土名白舟干，新丈　　字陆百七十六号，计田成地五拾四步九分九厘，计税叁分九厘三毫。其铺地新立四至：东至渠，西至路，南至夏积胜屋地，北至路。今将前项四至〔内〕尽行立契出卖与查　　名下为业。三面议作价白纹银□□□□两整。其银当成契日一并交收足讫，别不立领。□□□□卖之后，一听买人管业。已前并无重复交易。一切等事如有不明，尽是卖人承当，不涉买人之事。其税粮一遇大造，随推买人户内办纳粮差，并无异说。一此为照。

万历四十年四月初二日

立卖契人　汪以正（押）

汪汝顺（押）

中见人　汪望渠（押）

汪仲美（押）

【注】

[一]原件藏北京大学图书馆。

一〇二三　明万历四十年(一六一二)祁门县朱忠孝卖地红契[一]

立卖契人朱忠孝，今将承祖得续置汤字四伯叁拾壹号，今咸字肆千叁伯贰拾四号，土名程春住基，计上地捌拾壹步玖分，计地税四分玖毛五，于上本家周围安砌石脚做造砖墙俱全。东至朱桐屋，西至火儿屋，南至高基地，北至桐地。今因管业不便，凭中出卖与堂兄保荣文名下为业。当日三面议作时值价纹银壹伯(佰)叁拾肆两整。其银契当日两相交足，别不立领。其地自出卖之后，听从买人管业。如有内外人占拦及重复交易等情，尽是卖人之当，不及买人之事。其税今轮大造，听在十甲本户起割无辞。今恐无凭，立此存照。南至本家新造墙外地。再批(押)

万历肆拾年五月十八日

立卖契人　朱忠孝(押)

凭中兄　朱积名(押)

【注】

[一]原件藏北京大学图书馆。

一〇二四　明万历四十年(一六一二)祁门县刘万富卖坟地红契[一]

四都九图立卖契人刘万富，今因缺少粮□使用，自情愿将被字四千五百六十二号土名坐落杨村山花池祖坟壹块，其地二十六步三分八厘正。其地东至　　，西至　　，南至　　，北至　　。今将四至明白，本家止存坟冢留地陆步三分八厘。余地二十步，凭中尽行〔立契〕出卖与本图鲍　　名下为业。三面议定时值价银叁钱正。其银契当即两相交付明白。即无欠少威逼准折等情。其税粮听凭目下于刘永真户内起割入户支解。其坟地即无与他人重复交易。如有内外人等争论，俱由卖人一面承当，不干买主之事。今恐无凭，立此卖契为照。

万历四十年伍月廿九日

立卖契人　刘万富(押)

凭　中　人　周良辅(押)

凭中族姪人　刘社老（押）
刘观积（押）

【注】

[一]原件藏北京大学图书馆。

一〇二五　明万历四十年（一六一二）歙县吴春买地收税票[一]

德字　一百六十号[二]

歙县为黄册事：据十五都三图　甲户丁吴春买到本都本图　甲下户丁吴忠荣已经纳税印契讫，合填印票给发本人付该图册里照票收入本户造册当差。敢有不行税契、通同册里私相过割者，查出依律并究，决不姑恕。须票。

国字六百七十九号地拾步，土名后村。

收　税　票

万历四十年　六月　日户给

县（押）

【注】

[一]原件藏北京大学图书馆。

[二]此行为款缝，存左半字。

一〇二六　明万历四十一年（一六一三）休宁县毕源振卖房红契[一]

立卖契人毕源振，今因弟源宪原欠社会银无办[二]，自情愿将承祖国字　号，土名栢山前基地，税贰厘贰毫，于上楼房右边，弟阄分壹间并厅堂出入，自情〔愿〕央中出卖与族侄　名下为业。三面议定时价银玖两肆钱正。其银当日一并收足。其房未卖之先，即无重复交易典当等情。倘有内外人拦阻，尽是卖人成（承）当，不涉买人之事。其税粮在毕威文户下起割[三]，在本户自行办纳，即无〔难〕异。恐后无凭，立此卖契存照。

其契内价银一并收足，再不另立领帖。（押）

万历四拾一年六月十六日

立卖契人　毕源振（押）

中　　人　毕尚文（押）

应鸿（押）

应鹤（押）

自立（押）

希贤（押）

契

【注】

[一]原件藏北京大学图书馆。

[二]社会，村中的结社，为自愿的、互助性的群众组织。

[三]毕威文，毕源振兄弟的先辈。

一〇二七　明万历四十一年（一六一三）休宁县汪阿程卖屋地红契[一]

二十一都九图立卖契人汪阿程，为因阿老[二]，棺衾无措[三]，祖宗暴露有年，自情愿央中将夫续置新丈驹字一千六百十六号屋地，土名后底坦，计地拾捌步四分六厘，计税七厘八毫四系。其地东至众存水沟，西至汪如愿地，南至众存路砖墙外汪守贵地，北至七分众路。今将前项四至内屋地并四围砖墙门窗户扇尽行立契出卖与房侄汪诚名下为业，凭中三面议作时值价纹银叁拾叁两整。其银当成契日一并收足，并不欠少分纹（文）。先前亦无重复典质等情[四]。如有内外人言说，尽是卖人祇（支）当，不涉买人之事。所有夏秋二税[五]，即于本家户内起割，推入买人户内办纳，即无难异。恐后无凭，立此卖契为照。

前项契内价银随契一并领足，再批为据。

万历四拾一年七月十一日

立卖契人　汪阿程（押）

同媳　汪阿戴（押）

奉书代笔孙　孙子成（押）
中人　汪希文（押）

【注】

[一] 原件藏北京大学图书馆。

[二] 阿老，老妻对夫之称。

[三] 棺衾，棺木和覆盖尸体的单被。《孝经·丧亲》：「为之棺椁衣衾而举之。」疏：「衾谓单被，覆尸所用。」一般指丧葬需用之物。

[四] 典质，典当、抵押。《说文·贝部·质》：「质，以物相赘。」

[五] 夏秋二税，明朝赋税名称。《明史》卷七八《食货二·赋役》：「赋役之法，唐租庸调犹为近古。自杨炎作两税法，简而易行，历代相沿，至明不改。……两税，洪武时，夏税曰米麦，曰钱钞，曰绢。秋粮曰米，曰钱钞，曰绢。……万历时，小有所增损，大略以米麦为主，而丝绢与钞次之。」万历九年（一五八一）以后，一条鞭法在全国实施，夏秋二税与赋役、杂税合编为一条，无论税粮、差役一律改为征银，差役由官府用银雇人充当。

一〇二八　明万历四十一年（一六一三）休宁县孙汝祯卖地红契[一]

怀仁里住人孙汝祯[二]，今将续置到国字贰伯六十五号地壹业，土名下塘坑边，计地　　，该税　　。其地　，东至　　，西至　　，南至　　，北至　　。今将前项四至内地本身续置得壹拾捌步叁分，尽行立契出卖与徐　　名下为业。三面议定时值价银陆两整。其银当成契日一并尽行收足，即无欠少，亦无准折。其地未卖之先，并不曾与他人重复交易及典当他人。其税粮即于本家孙伯嵩户内起割，推入买人户内输纳。其地今从出卖之后，一听买人管业、收苗、受税。倘字号不清，亩步多寡，并照现业为足。如有内外人等拦占言说，尽是出卖人之（支）当，不涉买人之事。今恐无凭，立此卖契为照。

其来脚契文随即缴付存照。今就契内前项价银随契领足。再批。

万历四十一年十月　　日

立卖契人　孙汝祯（押）
中　人　程里全（押）

【注】

[一] 原件藏北京大学图书馆。

[二] 怀仁里，宋朝时属黎阳乡，明朝分为黎阳东乡、黎阳西乡，怀仁里划归黎阳东乡十六都。（见《休宁县志》卷一《方舆·建置沿革》表一、二，《隅都》表）

一〇二九 明万历四十二年（一六一四）休宁县王元浚卖房红契[一]

立卖人王元浚，今因欠用，自情愿将续置到国字一百伍七号[二]，土名栢山前基地，税　　，于上造屋。四至照新丈为规，计楼屋叁间，厨楼叁间，门屋叁间，四围砖墙门窗户扇屎岗（缸）等项[三]，一应俱全。与侄柱楼合业，本身合得壹半。央中出卖与毕名下执业。三面议定时值价文（纹）银伍拾两。其银当成契日一并收足，并无欠少，亦无准折。其屋未卖之先，并不曾与他人重复交易。自卖之后，听曾（从）收人管业。其税粮候册年听从王云汉户内起割，推入买人户内解纳，即无难异。倘有内外人言说，尽是卖人成（承）当，不涉买人之事。倘后无凭，立此卖契存照。

契内价银随契一并收足，再不另收[四]。原本身分法，阄得左边[五]。批照。

万历四十贰年九月　　日

立卖契人　王元浚（押）
中　　人　王元演（押）
　　　　　孙怀石（押）
　　　　　王仁斋（押）
　　　　　王明斋（押）
　　　　　毕自立（押）
　　　　　毕自圣（押）
　　　　　毕视泉（押）

【注】

[一] 原件藏北京大学图书馆。

[二] 伍七号，当写作「伍拾七号」。

[三] 屎缸，厕所。

[四] 不另收，不另立领帖。

［五］阄得，分家抓阄所得。

一〇三〇　明万历四十二年（一六一四）休宁县吴阿程卖山地白契[一]

二十五都三图立卖契人吴阿程，今因欠少使用，自情愿将故夫续置到谈字一千七百八十一号，土名社公山，计税伍毫；又将谈字一千七百八十一号，土名仝，计税六毫伍系。前并后式处山，二号共计税乙厘乙毫伍系。其山东至田；西至青龙坝，埋石为界；南至田；北至程家坟，埋石。今将二处八至内山并柴薪树木尽行立契出卖与本都本图王积仁名下为业。三面议定时价纹银伍拾伍两整。契内价银照契一并收足，即无欠少，亦无准折。其山未卖之先，即不曾与他人重复交易等情。倘有内外人言说，尽是出卖人之（支）当，不干买人之事。自卖之后，听从买人随即管业，扦造风水，本家即无难异。其税听从于原卖主游文光学户下起割，推入买人户内支解。倘有字号不清，亩步不尽，自有土名八至挟定。其来脚二昤随即缴付。今恐无凭，立此卖契为照。

契内价文银一并收足，再不另立领帖。山内即无新坟旧冢，并无毫忽存留。再批（押）

万历四十二年十二月十八　日

立卖契人　吴阿程（押）

中见人　王招寿（押）

王六郎（押）

里长　吴　益（押）

奉书男　王文清（押）

亲人　朱止昭（押）

【注】

［一］原件藏北京大学图书馆。

一〇三一　明万历四十三年（一六一五）休宁县汪时进卖山地红契[一]

一都五图立卖契人汪时进，今因缺少使用，自愿凂中将承故父续置山一业，坐落土名陈百九充，系宿字一千二百七十一号，计山税捌分四厘玖毫。东至山脚，西至降，南至二十五都界，北至买人山；又将土名门前低基，宿字一千弍伯七十二号，计山税弍分。

东至田，西至降，南至金汪等山，北至程家山；又将土名黄泥塘，宿字一千三百零二号，计山税壹亩壹分肆厘弍毫。东至　　，西至　　，南至　　，北至　　；又将土名皮匠山，计山税伍分，与续后吴宅共业，吴该壹半，计税弍分伍厘。东至　　，西至　　，南至　　，北至　　。今将前项山四号，共壹拾陆至内山，共计税弍亩肆分肆厘壹毫，并松柿等木尽行立契出卖与同都吴大积 玄德名下为业。凭三面言议时值价文银弍拾伍两整。其银当成契日一并尽收足讫，别不立领札。今从出卖之后，本山柿树等木一听买人随即管业，收苗受税。其税粮候大造之年，本户推入买人户内办纳粮差，即无刁难异说。倘来历不明及重复交易，尽是卖人之（支）当，不涉买人之事。其上手来脚一道随即缴付。又皮匠山来脚契一道，与祖产相连，缴付不便，日后要用，别出参照。今恐人心难凭，立此卖契存照。

万历四十三年六月初三日

立卖契人　汪时进（押）
中　见　人　汪继盛（押）
汪野九（押）
吴　文（押）

今就契内价银并收足讫。同年月日再批。（押）

【注】

[一] 原件藏北京大学图书馆。

一〇三二　明万历四十三年（一六一五）歙县鲍公杰等卖土库房基地红契[一]

二十二都九图立卖契鲍公杰、鲍登元、鲍登云，今将新丈新买到鲍公礼兄名下回字一千八百卌八号土库房楼壹方，计地叁亩伍分，坐落东边楼上。□□上至椽瓦，下至石脚，周围墙壁门窗户扇俱全。东至房墙，西至巷路，南至墙，北至收产人房。今将四至明白，凭中立契出卖与
本家堂姪鲍　名下为业。三面议定时值价纹银拾两正。其银当即收足，其房业即时交付管业。系是二各情愿。从前至今，即不曾与他人重复交易。倘有内外人等异说，俱身一面承当，不干买主之事。其税候大册之年，听凭迁割入户支解，即无难异。今恐

无凭，立此卖契为照。

其房低矮，未曾起高，照原价银拾两转卖，日后再无异说，执此存照。登元批（押）

其原买鲍公礼兄来脚房契壹帋，于万历卅九年回禄无存，凭中鲍懋甫等。再批为照。（押）

万历四十三年闰八月（廿）念八日

立卖契　鲍公杰（押）

鲍登云（押）

鲍登元（押）

凭中人　鲍午阳（押）

鲍邦化（押）

鲍懋甫（押）

鲍保宇（押）

鲍秋仁（押）

鲍志甫（押）

【注】

［一］原件藏北京大学图书馆。

［二］亩积、坐落的文字似有错讹。

一〇三三　明万历四十四年（一六一六）休宁县吴能阳卖地红契[一]

卅都吴能阳，今将原买父长益并买伯长善有地贰号，坐落本都村心，土名衙前，今丈系字五千六十五号[二]，共税贰分八厘六毛，与众相共。东西四至自有𤒧（鳞）册该载，不及开写；又将南边下首新丈系字五千七十乙号，共税四分叁厘六毛，与众共业，该身税五大分之二，计税玖厘叁毛八[三]。东至街，西至墙及元栢街头地，南至买人地，北至买人及岩祈等地。今因缺用，自情愿将前项四至内贰号地尽行立契断骨出卖与兄　　名下为业[四]，凭中三面议作时值价纹银伍两贰钱整。其价契当日两相交足。其地今从出卖之后，一听买人随即管业造屋。未卖之先，即无重复交易。及家外人占拦，一切不明等事，尽是卖人之（支）当，不及买人之事。所有税粮，现在本户随即分□认纳，不必另立推单[五]。今将阄分合同并来脚随即缴付[六]。于上李木乙枤。恐后无凭，立此出卖契文存照。

所有长善伯来脚契文另产相连，未曾缴付。再批。

万历四十四年四月初四日

立契断骨出卖契人　吴能阳（押）契

代笔弟　能　言（押）

注（主）盟母　程　氏（押）

中见人　吴有恒（押）

此契已改新丈欲字号，此不作行用。

【注】

［一］原件藏北京大学图书馆。

［二］今丈，「今」为「新」字之误。

［三］此税数字有误。

［四］断骨出卖，绝卖，卖断。

［五］推单，田宅买卖后，由官府填给的推收证明。由县政府印制编号填写发给。

［六］阄分合同，与本产业有关的分家文书。

一〇三四　明万历四十五年（一六一七）休宁县张文谅卖田红契[一]

立卖契人张文谅，今因缺少使用，自情愿将新丈米字弍仟四百卅弍号，土名交草坳，计九保私租弍砠，佃人潘仪；又将米字弍千四百卅五号，土名余豪冢，计九保私租贰砠，佃人潘廷济；又将米字弍千四百九十五号，土名官山，计九保私租贰砠，佃人潘廷法。四至照依保簿，其田税共捌分四厘。今凭中三面议作时值价银伍两柒钱壹分，出卖九都吴时远名下为业。其田即便听从买主管业。其银当日收足。其税粮候大造之年，在张文谅户起割，即无难异。及重复交易一切不明等事，尽是卖人之当，不及买人之事。今恐无凭，立此文契存照。

万历肆拾伍年拾壹月十七日

立卖契人　张文谅（押）
中见人　张文诗（押）
潘　仪（押）

今□契内领去前项价银并收足讫。同年月日。再批。领

【注】

〔一〕原件藏北京大学图书馆。

一〇三五　明万历四十七年（一六一九）祁门县汪泰和卖山地红契[一]

十八都二图立卖契人汪泰和，今因缺少用度，自情愿托中将承祖分受己山壹业，系爱字弍千叁百十壹号，计山税壹分弍厘五丝，土名上婆山。其山东至　，西至　，南至　，北至　；又将爱字弍千三百十号，计山税壹分肆厘捌毫，土名歇塘山。其山东至　，西至　，南至　，北至　。今将前项八至内俱凭清册，其坟山汪春（泰）和仅存留坟穴弍拾柒冢，听众标挂。余山空地，凂中立契尽行出卖与汪　名下为业。卖过之后，余山空地毫无存留。日后汪泰和再不得生情入山扦葬。在山树木俱尽行出卖。三面议定时值价银捌两伍钱整。其银契即日两相交收足讫。并无重复交易，亦无准折等情。如有来历不明，卖主一力承当，不干买人之事。其税粮候大造册之年，听在本家汪晋户内随即起割，推入买人汪时爵户内支解，家外人等无得生情异说。今恐无凭，立此卖契为照。

万历四十七年九月十六日

立卖契人　汪泰和（押）
中见人　汪时信（押）
朱　芳（押）

【注】

〔一〕原件藏北京大学图书馆。

一〇三六　明万历四十六年(一六一八)休宁县程一澜卖田塘白契[一]

立卖契人程一澜,今将承祖阄分芥字捌千柒百拾号,土名杨木坞,田壹坵,计税肆分弍厘九毛,计生秈租叁砠。四至照依鳞册管业,佃人郑积义[二];又将芥字捌千柒伯玖号,土名杨木坞塘,内取塘税壹厘;又芥字捌千陆伯(佰)伍拾肆号,土名泥塘源,田壹坵。东至塘塝及井,西至自田,南至郑保福山,北至路。四至内取税陆厘捌毛,计芋头租半砠[三],佃人郑积义。以上田塘叁号,共计税伍分零柒毛,共计生租叁砠半[四]。今因管业不便,自情愿凭中出卖与同都郑一辅名下为业,三面议作时值价银叁两伍钱整。其银当成契日一并交收足讫,别不立领札。自从出卖之后,其田一听买人收租管业。如有内外人拦阻及重复交易、一切不明等事,尽是卖人之(支)当,不累买业人之事。其税粮候至册年,在程上达户内起割,推入买人户内办纳粮差。所有来脚契文与别产相连,缴付不便。今恐无凭,立此卖契存照。

万历肆拾陆年陆月初十日

立卖契人　程一澜(押)
中见人　郑积盛(押)
　　　　郑积义(押)
书　契　程启阳(押)

今就契内价银一并收足讫,别不立领札。同年月日再批。(押)契

【注】

[一]原件藏北京大学图书馆。
[二]有永久性的佃人,说明此田已发生田骨与田皮分离的情况。本契所卖为田骨。
[三]芋头租,为塘租和泥塘源田租。
[四]生租叁砠半,应收秈租和芋头租合为三砠半。

一〇三七　明万历四十六年(一六一八)休宁县王中极母子卖屋地红契[一]

休宁县十六都二图王中极同伯母王阿程,今因缺少使用,自情愿浼中将父续置到新丈国字二伯四十八号,地名鱼地屋,计地九十

九步壹分八厘，于上造房屋二间；又水坑边粪磡（缸）一个，并地砚房、砖墙、木板、石脚、学堂出路、舂碓、周围余地等项[二]，共计税　。三分之内，本身同伯母合得二分，计地六十六步壹分贰厘，计税　。四至照丈册籍为定[三]，尽行立契出卖与本都毕名下为业。三面议定时值价银贰拾伍两整。其银当成契日一并收足，即无欠少，亦无准折。其屋地未卖之先，则不存（曾）与他人重复交易及典当等情。倘有字号不清、亩步多寡，自有四至墙壁侠（挟）定。余（如）有内外人拦阻，尽是卖人之（支）当，不涉买人之事。其房屋空地墙壁等项听从买主随即管业，本身同伯母二股毫无存留，亦无异说。其地税量（粮）候造册之年，于王洪满户下起割[四]，推入买人户下解纳，即无难易（异）。恐后无凭，立此卖契存照。

其来脚契文丈票随即缴付。其契内价艮（银）随即领足，再不立另（领）。

其已石桥二根随契交明管业，与外人无干。又得受艮（银）壹钱伍分正。（押）

万历四十六年九月初九日

立卖契人　王中极（押）

同伯母　王阿程（押）

侄　王　照（押）

中　人　毕玉郎（押）

契照

【注】

[一] 原件藏北京大学图书馆。

[二] 砚房，疑为碾房。舂碓，捣去谷皮的器具。

[三] 照丈册籍，「照」下脱一「新」字。

[四] 王洪满，可能是王中极之父或原业主。

一〇三八　明万历四十七年（一六一九）祁门县孙世忠卖地红契[一]

立卖契人孙世忠今将赎（续）买到二十都五图胡周育名下在字三千弍百十一号地乙业，土名大湾丘，计税乙分伍厘陆毫正。其田东至周田，西至出产人坟田，南至路宅田，北至吕宅田。今将四至开明，因身管业不便，凭中立契出卖与曹　名下为业，听凭阡（迁）升[二]。三面议定时值〔价〕陆两弍钱。其银并契当即两相交付明白。倘有胡姓人等异说，俱身一面承当。今恐无凭，立此卖契为照。原契一氏（纸）缴付收执。

万历四拾七年六月初十日　　　　立卖契人　孙世忠（押）

代笔男　孙之震（押）

凭中人　洪念章（押）

汪明启（押）

天启元年三月初一日，原买孙世忠空地一业。今因管业不便，凭中转卖与胡　　名下为业。契内原价一并收足，再不另立文约，批载原契存照。

曹民表批（押）

【注】

〔一〕原件藏北京大学图书馆。

〔二〕阡升，当为「迁升」，即「迁造风水」与「首报升科」。

一〇三九　明万历四十七年（一六一九）休宁县毕自立卖山地红契〔一〕

十六都二图立卖契人毕自立，今因缺用，自情愿将父遗原买到休宁县石牌头吴宅阡（迁）墓山地二片，计税壹分伍厘六毛，要字陆千六十弍号。东至　　，西至　　，南至　　，北至　　。与兄弟合业。本身分得一半，出卖〔与〕族兄历纲名下，听从阡（迁）墓。当日凭中言定时值价纹银叁拾捌两整。其银就〔当〕日收足，其地即时管业。倘有字号不清，每亩步多寡，自有四至挟定。其税粮候册年汪宅户下起割〔二〕，并无难异。但有亲人拦阻，卖主一应承当，不涉买人之事。原来脚契文与兄合业，缴付不便。恐后无凭，立此卖契存照。

契内税粮字号、四至，回家再填。（押）

万历四十七年十弍月　　日　　　　立卖契人　毕自立（押）

毕　煌（押）

中人　徐君求（押）

卖契

【注】

［一］原件藏北京大学图书馆。

［二］汪宅，本契谓本山地原为毕氏买自「吴宅」。此处之「汪宅」或即「吴宅」之误，或「吴宅」为「汪宅」之误，或吴宅前之业主。

一〇四〇　明万历四十八年（一六二〇）休宁县吴阿程卖屋基白契[一]

廿五都三图立卖契妇吴阿程同男文清，今因本县主爷追还结主银无措[二]，自情愿浼中将故夫续置到罔字八千贰百廿八号，土名汉洞村心厅基壹业，叁大分中该身壹分，共计税五分九厘弍毛叁，该身税壹分壹厘捌毛，于上原造厅屋壹所，门窗户壁俱全。东至吴松柏住屋滴水为界，西至众水巷为界，南至坦及大路为界，北至吴昭住屋滴水为界。大四至内叁大分中该身壹分尽行立契出卖与廿五都四图吴　　名下为业，凭中三面议定时值价纹银贰拾叁两伍钱整。其银当成契日一并收足，即无欠少，亦无准折。其厅屋未卖之先，即不曾与他人重复交异（易）。自卖之后，听从买主就便管业。倘有内外亲族人等异说，尽是卖人承当，不涉买人之事。倘有字号不清，亩步不尽，自有土名四至挟定。其税粮候至册年于吴高户下起割[三]，推入买人户下解纳。其有来脚契文与别产相连，缴付不便；日后查出，不在（再）行用。今恐无凭，立此卖契为照。

万历四十八年正月廿八日

立卖契妇　吴阿程（押）

中见人　吴良恺（押）

吴应角（押）

【注】

［一］原件藏北京大学图书馆。

［二］县主爷，县令。主银，为供郡主、县主禄饷而征收的赋税。诸王之女封郡主、县主，各有禄饷。《明史》卷八二《食货六・俸饷》：「正统十二年，定王府禄米，将军自赐名受封日为始，县主、仪宾自出阁成婚日为始，于附近州县秋粮内拨给。」仪宾即郡主、县主之婿的名称。取《易・观爻》「观国之光，利用宾于王」之意。谓明习国仪，作宾于王家。明朝嘉靖四十四年颁布《宗藩条例》，禄米折银、钞给发，为本色银占二分，折钞占八分。

虽谓于「秋粮内拨给」。从本契看去，知为正税之外的附加税。

[三] 吴高，当是卖主吴阿程之夫。

一〇四一　明万历四十八年(一六二〇)祁门县吴自茂卖塘地红契[一]

立卖契侄自茂今有承祖山塘地乙备[二]，坐落土名李税坞，系清(新)丈罪字一千五百四十二号，计塘地积共税　。东至山，西至山，南至路，比(北)至吴塘。四至内及外里大小塘弍所，该得本身四股之壹。今情愿出卖与族叔　名下为业。得受价银壹拾贰两整。其艮(银)契当日两相交付明白，契后再不立领。未卖之先，即无重复[交易]。如有不明等情，尽是卖人之(支)当，不累买人之事。所有税粮，候册年起割入伊户供解。恐后无凭，立此存照。

万历四十八年五月二十二日

立卖契侄　自茂(押)

见　人　汝琦(押)

【注】

[一] 原件藏北京大学图书馆。

[二] 自茂，姓吴，为买主之族侄。

一〇四二　明泰昌元年(一六二〇)休宁县孙潮阳卖田骨白契[一]

挟下孙潮阳今将田一号，坐落本都九保，土名康家坵，加八晚租贰秤[二]，鸡谷贰觔，立契出卖与信二侍公名下为业，凭中面议时价纹银壹两贰钱整，在手足讫。其价、契两相交付明白。所有税粮，候大造随照新丈推扒供解无辞。今恐无凭，立此为照。

泰昌元年十二月初十日

立契　孙潮阳(押)

见侄　有伦(押)

【注】

〔一〕原件藏北京大学图书馆。

〔二〕加八晚租贰秤，晚租亦曰大谷，即以秋稻为租者。关于「加八」和「秤」，章有义《明清徽州土地关系研究》第三十四页：「计租以秤、斤论。十六两为一斤。秤有加六和加八之别，加六租每秤等于十六斤，加八租每秤等于十八斤。」明《通考全书·外卷·算法类·论两斤起于黍》：「十五斤为一秤。」按：此书为「徽郡载惺庵订补」，当反映徽州地区的情况。

一〇四三　明天启元年（一六二一）徽州朱震洪等卖田租红契[一]

十都三图立卖契人朱震洪仝朱震远，今因管业不便，自情愿凭中将承父续置成字弍千伍百弍拾号田坵，计上田税壹畆五分九厘五毛，土名长塘，计秈租壹拾弍大硐[二]，佃人许雷、江三德等。又将同处土名长塘内本身该分塘税叁分柒厘整，随田浇荼，递年硬纳塘租纹艮（银）壹钱柒分。又将莱字弍伯壹拾九号田本壹坵，计田税壹亩伍分伍厘四毛，土名大强坵，计秈租壹拾大硐半，佃人胡序。其田东西肆至俱照清丈册籍管业。今将前项弍号田租凭中尽行立契出卖与[三]　　堂兄名下为业。当日三面议定时值价纹银壹拾捌两整。其银当成契日一并收足，别不立领札。其田今从出卖之后，一听买〔主〕收租受（完）税管业为定[四]。如有内外人拦占及重复交易，一切不明等事，尽是卖人之（支）当；不涉买人之事。其税粮在遇册年在三甲内朱　户起割，推入买人户内办纳粮差；本身即无异说。其上手来脚契文，随即缴付。今恐无凭，立此卖契为照。

天启元年正月十一日

立卖契人　朱震洪（押）

朱震远（押）

凭中人　陈警吾（押）

朱震立（押）

今交契内价银一并收足，别不立领札。同年月日再批（押）

【注】

〔一〕原件藏北京大学图书馆。

〔二〕秈租，早稻租。大硐（音同租），硐为重量单位。一硐为二十斤、二十五斤、三十斤不等。二十斤、二十五斤为常见，契约双方可以协商确定契约上所用硐为若干斤。大硐当为通行的最高斤数。

[三] 田租……出卖，只出卖田租，不出卖田地，就是出卖租佃权，即田面权，不出卖所有权。原佃人不随田面权主转移而变换。

[四] 此句脱一「主」字。又受税当作「完税」或「纳税」。

一〇四四 明天启元年（一六二一）休宁县徐学买田契尾[一]

徽州府契尾

黄字贰百陆拾叁号

直隶徽州府，为查理税契，以厘夙弊事：照奉　部文，改用府印契尾[二]，自万历四十八年正月为始。如无府印契尾，不许过割推收。奉此[三]，随经申详。　抚院[四]开：部议税契，改用府尾。正谓亲睹易核；且便于请发耳。仰府查照通行各属，不许参差。如有势豪抗违，里书勒措[五]、阻挠新法者，拿究。此缴。奉此，再照。《大明律例》一款一：「典买田地山塘基宅不税契者，笞五十，仍追产价一半入官。」奉此，拟合行县税契推收。为此，仰县官吏即照颁发鸳鸯契尾[六]，如式刊刻印刷，并编定字号文簿，送府钤印，发县推收。示谕买户人民知悉，赍契赴县，请给契尾。大纸给付买主粘契收照；小纸同薄（簿）申府类报。每价乙两，上纳纳税银叁分，总类解府转解　户部济边[七]。人户印契，务要一契一尾，毋许一二三张粘连一尾。如有契印而无尾者，即系漏税，查出随追半价入官。若以县尾而无府尾者，不得蒙眬推收，致减国课。如违，册里书算等役[八]一并依律以漏税治罪，决不轻贷。须至契尾者。

计开：

一休宁县八都四图徐学赍　契壹纸，用价银肆拾捌两，买到二十五都二图人叶通山，上纳税银壹两肆钱肆分整。

右给付买主徐学收照

天启元年七月　　日给

府（押）

【注】

[一] 原件藏北京大学图书馆。

[二] 部、府，部，户部。府，地方政区之一级，高于县级。本契尾所指为「徽州府」。

[三] 奉此，公文用语。结束所引上级来文，继以「奉此」引起下文。

[四] 抚院，巡抚官署俗称。巡抚为一省的最高长官。

[五] 勒措，勒索，留难。亦作「措勒」。《大明律附例》七：「各处司府州县并各钞关，解到布绢钱钞等项，赴部给文送甲字等库验收。若有指称权贵名色，措勒解户，诓诈财物者……拿送法司究问。」

[六] 鸳鸯契尾，契尾形式的一种。一张契尾分为大小两部分。大者称大纸，也叫做契本，为正式的纳税收据，简称契据、税给。小者称小纸，为契据的存根，也叫做契根。大、小纸相连之缝，编写上字号，叫做款缝。在税契给据时，要首先填妥字号，盖以官印，然后沿缝掣下给付。字号和官印在大小纸上各留半字。

[七] 济边，接济边防。明万历之后，常以济边为借口，增加税额。万历四十六年，骤增辽饷三百万。此后年有增加。至崇祯时，增至九百万。参看《明史·食货志二》。

[八] 册里，书筭，主管征收田赋的保甲长及差役等。

一〇四五　明天启元年（一六二一）歙县朱得卖山地红契[一]

十一都朱得同弟朱圣孙，今承祖坟山壹遍（片），坐落本都二保，土名中塘山，周字　号，计山贰亩。其山东至长垄，西至田，南至垄，随垄下至大溪；北至里大弯口望中小垄，上至尖。于内本家在上祖坟陆穴，本家存留。其余山并山脚地尽行立契出卖与亲人吴　名下为业。三面议定时价文（纹）银伍钱叁分整。其银、契当日两相交付明白，契后再不立领。未卖之先，即无重复交易。所有不明等情，尽是卖人之（支）当，不及买人之事。今恐无凭，立此卖契为照。所有来脚契文全部缴付。

天启元年八月廿二日

立卖契人　朱　得（押）

秉笔同卖弟　圣孙（押）

中见人　吴汝玠（押）

李　丁（押）

【注】

[一] 原件藏北京大学图书馆。

一〇四六　明天启二年（一六二二）歙县朱廷桂卖坟地红契[一]

卅七都一图立卖契人朱廷桂，今将寸字壹千壹百叁拾柒号内黄坟路下坟地，凭中量过，横肆丈，直贰丈壹尺。其地东至本号内受产基地[二]，西至卖人地，南至卖人地，北至路，四至明白。又本号内屋基地肆拾步贰，共计税叁分整，立契出卖与黄　名下为业。三面议定时值价银捌两整，其银当日收足。其地日后黄宅不致（准）迁造新坟，有损朱姓坟茔、住屋。今恐无凭，立此卖契为照。其税听凭过割入户支解，不在（再）难异。照。（押）契内价银收讫，再不另立收领。存照（押）

天启贰年伍月廿四日

立卖契人　朱廷桂（押）
封君主盟　汪石洲（押）
中见人　胡宗儒（押）
　　　　高　池（押）
男　笔

【注】

[一]原件藏北京大学图书馆。
[二]受产基地，「产」下脱一「人」字。

一〇四七　明天启二年（一六二二）休宁县姚世杰加价复卖房屋红契[一]

廿一都立卖契人姚世杰，原因四十六年[二]身等兄弟将父遗化字四千七百〇七号房屋壹间，计税拾捌步贰，土名坐落塘美村。东至出产人屋，西至大路，南至巷路，北至本家众厅墙。四至明白，出典与廿一都一图汪国清名下居住。今身乏用，自愿加价复卖。因汪见身兄弟居外，未知此屋新扒与身，不肯受业，致告本县。今蒙县主爷爷天断[三]，连前典银共价捌两，身愿遵断照数收足。如有内外人等异说，俱〔是〕身承当，不干买人之事。其税日下听凭起割入买人户下支解，再无异说。今恐无凭，立此卖契为照。

天启贰年柒月拾三日

立卖契人　姚世杰（押）
凭中人　姚世本（押）
　　　　鲍之仁（押）
　　　　鲍应贤（押）

鲍希尹（押）
鲍明老（押）
姚周保（押）

【注】

〔一〕原件藏北京大学图书馆。
〔二〕四十六年，万历四十六年。
〔三〕县主爷爷天断，指县令的断决。

一〇四八　明天启二年（一六二二）歙县汪鸣阳卖田红契〔一〕

歙县七都十图立卖契人汪鸣阳同侄汪允端，今因缺欠粮差使用，自愿将己户内谈字乙十八号田一业，计税壹亩伍厘肆毫，土名黄石坑。其田东至　　，西至　　，南至　　，北至　　；又淡字三十七号，塘税贰厘壹毫；又九十四号，塘税贰厘玖毫。今将田四至明白并塘凭中立契出卖与休宁县十六都毕　　名下为业。三面议定时值价文（纹）银柒两贰钱正。其银当即收足，再不另立领帖。其田未〔卖〕之先，即无重复交易，亦无准折等情。既卖之后，听从买人便行管业。其税即于本身户内起割，推入二十五都六图毕日来户下解纳。如有内外人等异说，系身承当，不干买人之事。今恐无凭，立此卖契为照。

天启二年八月　　日

立卖契人　汪鸣阳（押）
同　侄　汪允端（押）
中间人　章金扬（押）
章碧泉（押）

【注】

〔一〕原件藏北京大学图书馆。

一〇四九　明天启二年（一六二二）歙县吴恩益卖地红契[一]

歙县廿五都三图立卖契人吴恩益，今为欠少使用，自情愿将续置到淡字二百六十一号，土名尖山地一业，大小　　片，计税玖分，每年上麦、豆捌斗[二]。号内本身存留东边地税壹分，养坟壹冢。其地东至本身坟，西至孙地，南至王地，北至吴地。今将前项四至内地税捌分，凭中立契，尽行出卖与休宁十六都毕　　名下为业。三面议定时值价纹银陆两捌钱正。其银当成契日一并收足，再不另立帖领帖[三]。其地未卖之先，即不曾与他人重复交易，亦无准折等情。既卖之后，听从买主便行管业，其税粮即于本图吴添法户下起割推入　　都　　图毕日来户内解纳，即无难异。倘有内外人言，尽是卖人承当，不涉买人之事。今恐无凭，立此卖契存照。

天启二年拾月　　日

立卖契人　吴恩益（押）

中见亲人　陶以尧（押）

章含礽（押）

【注】

[一] 原件藏北京大学图书馆。

[二] 麦、豆捌斗，麦豆租为旱租。

[三] 不另立帖领帖，「立」下衍一「帖」字。

一〇五〇　明天启四年（一六二四）歙县李大勋卖山白契[一]

十一都立卖契人李大勋同弟大度，今将承祖续买李渡全业荒山乙备，坐落五保，土名礽坑源枫木坞，系经理汤字六百五十三号，计山五十亩；六百五十四号，计山壹十乙亩；六百五十五号，计山乙十乙亩。三号共计七十乙（二）亩[二]，四至自有经理该载，不及开写。今自情愿将前项三号内荒山尽行立契出卖与亲人吴　　名下为业，

面议时值价文（纹）银柒两正。今从卖后，听自买主入山长养苗木。其价、契当日两相交付明白，契后再不立领。未卖之先，并无重复交易。如有不明等情，尽是卖人之（支）当，不及买人之事。所有来脚契文与别产相连，不及缴付。日后要用，将出参照无

词。今恐无凭，立纸契为照。

天启四年三月初二日　　立卖契人　李大勋（押）

李大度（押）

〔下缺〕

【注】

〔一〕原件藏北京大学图书馆。

〔二〕七十乙亩，当作「七十二」亩。

一〇五一　明天启四年（一六二四）祁门县陈嘉言卖屋红契〔一〕

五都六图立卖契人陈加言，今因缺少使用，自情愿浼中承祖遗地乙业，土名后塘问道亭，新丈厕字　　号。新立四至：东至大路并田角，西至张赵山脚，南至张赵山脚并本家田，北至大路及文泥灶、己地屋。计步　　，计税　　，与兄共业。四股中本身合得贰股，计步　　，计税　　。于上做造瓦屋四间，本身合得西边弍间半。其屋瓦料门壁石脚俱全。今凭中立契出卖与同都张　　名下为业，三面言议时值价文（纹）银伍两贰钱整。其银当日收足讫；其地屋听从买人管业，并无难异。倘有内外人拦阻及重复交易，一切不明等事，尽是卖人之（支）当，不涉买人之事。其税候至册年本户自行起割，并无难异。今恐人心无凭，立此卖契存照。

天启四年四月初八日　　立卖契人　陈加言（押）

中见兄　陈加诏（押）

陈加护（押）

中见人　张　泮（押）

张元顺（押）

今就契内价银壹并收足讫。同年月日。再批。（押）领

【注】

［一］原件藏北京大学图书馆。

一〇五二　明天启五年（一六二五）休宁县黄鼎臣卖房地红契[一]

立卖契人黄鼎臣同弟鼎铭，今因缺少使用，自情愿央中将承祖阄分与叔共业，本身合得一半，坐落土名五城上街南。今将屋地壹拾玖步叁分八厘，计税九厘，系长字一千二百六十号。其地东至黄明得厨地，西至黄汝培地，南至黄明得地，北至本家楼地。又将巷路地伍分贰厘，其地东至　　，西至　　，南至　　，北至　　。今将前项八至内地央中尽行出卖与叔黄元傅名下为业，当日凭中三面议取时价银伍拾捌两整。其银当成契日随手一并收足。如有内外人拦占及重复交易不明等事，尽是卖人之（支）当，不涉买人之事。其地今从出卖之后，一听买人自行管业。其税候册年本户自行起推，并无异说。其屋地上下瓦砖四围墙壁俱全。恐后无凭，立此卖契文存照。

天启五年正月廿九日

立卖契人　黄鼎臣（押）
同　弟　　鼎铭（押）
　　　　黄　衮（押）
中见人　黄伯庸（押）
　　　　　伯贞（押）

本项契内价银当成契日随手一并收足。同日再批。（押）领

【注】

［一］原件藏北京大学图书馆。

一〇五三　明天启五年（一六二五）祁门县李承美等卖田租红契[一]

十西都立卖契人李承美，今有同分兄承志等，共买受水田肆备，共计晚租拾壹秤零肆两。该身壹半，计田弍备。壹备坐落六保，

土名吴家坞口，大租壹秤拾叁觔陆两[二]。又壹备坐落六保，土名枫木坵，大租叁秤拾叁觔八两，共实硬租伍秤柒觔[三]。其田，四至亩步悉照丈册所证。今因户役编粮无措[四]，自情愿将前田本身该得伍秤柒觔尽数立契出卖与同都谢　名下收租为业。三面言议时值价纹银叁两弍钱整。其价并契当日两付明白。未卖之先，即无重复交易。来历不明，卖人承当，不及买人之事。所有税粮该则伍分壹厘，候大造之年听买人起割过户供解无词。自成之后，各无悔异。如悔者，甘罚白银贰钱公用，仍依此文为准。今恐无凭，立此卖契为照。所有原买老契与兄相共，不及缴付，日后要用，赍出照证无词。

天启五年三月十八日

立卖契人　李承美（押）

　　　　　李天第（押）

中见人　李天济（押）

吴家坞口田佃人　李明富（押）

枫木丘田佃人　张长才（押）

　　　　　汪　九（押）

【注】

[一]原件藏北京大学图书馆。

[二]大租，田骨租。秤，十五斤或二十斤。

[三]硬租，又称实租，指实纳租数。

[四]户役，按户口征发的徭役。编粮，丁粮。为「编赋役黄册」中所规定的丁粮。

一〇五四　明天启六年（一六二六）休宁县徐堂都卖风水山红契[一]

立卖风水契人徐堂都，今因缺用，浼中将续置夜字一千五伯四十一号，土名上前山井后后底山，原共山税叁分柒厘。东至尖及方宅山为界，西至山脚篱笆及吴家坟为界，南至徐宗祠山篱笆为界，北至方宅山篱笆为界。四至内山十八股内本身合得壹股，该山税贰厘有零。凭中尽行立契出卖与洪　名下葬坟为业。三面议作价白纹银壹拾壹两整，其银、契当日两相交足，别不立领。今从出卖之后，一听买人阡（迁）作风水葬坟管业；仍在山大小苗木及竹，照依合同内股均分。如有来历不明及重复交易，内外人生说一切等事，尽是卖人之（支）当，不及买人之事。其山税候至册年在七都二图八甲徐宗祠户听从起割过户，本家即无阻异。今恐无凭，立此卖契存照。

顺治拾壹年拾月拾九日，君璋叁房徐应继同弟应绶，凭中方元起、方治仙、方子宁、徐君佐，在山坑方以沛家，伍房眼同取回保命脉来龙祖冢[二]。

天启六年五月初六日

立卖风水契人　徐堂都（押）契

许　朋（押）

中见人　汪文煌（押）

徐廷春（押）

今就契内价银并收足讫，别不立领。同年月日再批。（押）　领

【注】

[一] 原件藏北京大学图书馆。

[二] 清顺治十一年的「取回」批凿。命脉，生命与血脉，犹言命根子。来龙，风水术称主山为来龙，即龙脉的来源。明吾丘瑞《运甓记·牛眠指穴》：「此间前冈有块好地，来龙去脉，靠岭朝山，处处合格。」

一〇五五　明天启七年（一六二七）歙县吴远庵卖地白契[一]

立卖契吴远庵同侄充甫等，有承祖地一备，坐落土名乌鸡塔，系经理罪字一千二百九十五、六两号，其地本房该分地五步有零。今将前地情愿出卖与族弟熙宇名下为业盖屋。得受价银叁两整。其银、契当日交付明白。其税粮候大造之年听从过割当差。今恐无凭，立此卖契存照。

本家存留坟穴壹所。

天启七年二月初十日

立卖契　吴远庵（押）

同　侄　充甫（押）

穉　圭（押）

中见人　吴辉先（押）

【注】

［一］原件藏北京大学图书馆。

一〇五六　明天启七年（一六二七）徽州吴英卖田红契[一]

立卖契人吴英今将承祖续置田弍坵，坐落土名银瓶坵，计租叁拾弍秤，系新丈身字三千肆百九十一号内上田肆百叁拾肆步七分伍厘，计税四亩四分二厘四毫五。其田见东至　　，西至　　，南至　　，比（北）至　　。今将前项四至内田尽行立契出卖与廿三都三图胡　　名下为业，凭中三面议定时值价纹银叁拾两整。其银当成契日一并随手收足。其田今从出卖之后，一听买主自行管业收租受税为定。如有重复不明等情[二]，尽是卖主之（支）当，不涉买主之事。所有税粮听从推割[三]，并无难异。恐后无凭，立此卖契存照。

天启七年二月　　日　　立卖契人　吴　英（押）

中见叔　吴元缜（押）

前项契内价银当成契日随手一并收足。再批为照。（押）领。

【注】

［一］原件藏北京大学图书馆。

［二］重复不明，一般写作「重复交易及一切不明」。

［三］推割，即「推收过割」。

一〇五七　明天启七年（一六二七）休宁县程永德卖田红契[一]

休宁县十五都五图立卖契人程永德，今因缺少使用，自情愿浼（浼）中将承父续置土名灯心塘田壹坵，系位字弍千九伯五十六号。新丈廿玖步，计税壹分弍厘。其田东至闵家坟坝，西至闵家山脚塘路为界，南至闵家坟地，北至卖人低田为界。今将前项四至内田尽行立契出卖与十四都三图朱　　名下为业，扦（迁）造风水。三面言议时价纹银拾贰两整。其银业当成契日两相交收足讫。并无重复交易，亦无准折等情。倘有内外人拦阻，及来历不明，尽是卖主承当，不涉买人之事。其税粮候大造年在本都图三甲程永德户内起割，推入买人户内解纳，即无难异。其上手来脚随即缴付。今恐无凭，立此卖契永远存照。

天启七年十月廿八日　　　　立卖契人　程永德（德）
　　　　　　　　　　　　　中见人　朱加秀（押）
　　　　　　　　　　　　　　　　　程云南（押）
　　　　　　　　　　　　　　　　　叶齐郁（押）

〔后缺〕

【注】

〔一〕原件藏北京大学图书馆。

一〇五八　明天启七年（一六二七）歙县吕必达卖田地红契[一]

歙县十八都一图立卖契人吕必达，今因管业不便，自情愿将续置田地弍业，土名乌瑶塘，系育字七百八十五号，计田税壹钱贰分叁厘。其田东至汪允地，西至胡长田，南至汪允地，北至汪允地并汪玘坟山为界；又将土名佛母山，系育字七百零八号，计地税壹亩壹分肆厘。其地东至汪商地，西至汪家地，南至汪助田，北至汪标地为界。前后八至内尽行凭中立契出卖〔与〕十八都三图程文进军庄户内名下为业[二]，三面言议时值价纹银柒两整。其艮（银）契两相交足，并无欠少分文，亦无准折重复典卖等情。如有来历不明及外人拦阻，尽是卖主承当，不涉买人之事。其税在本家吕永盛户内，听从买人依新例随即起割[三]，推入买人户内支解。其业一听买主自管耕种，毋得异说。今恐无凭，立此卖契存照。

天启七年十二月廿四日　　　　立卖契人　吕必达（押）
　　　　　　　　　　　　　　中　见　人　汪贵所（押）

〔后缺〕

【注】

〔一〕原件藏北京大学图书馆。

［二］军庄户，即军户。《明史》卷七七《食货一·户口》：「凡户三等：曰民，曰军，曰匠。」卷七八《食货二·赋役》：「凡军、匠、灶户，役皆永充。军户死若逃者，于原籍勾补。」

［三］新例，天启元年所颁条例。《明史》卷七八《食货二·赋役》：「天启元年，给事中甄淑言：『辽饷加派，易致不均。盖天下户口有户口之银，人丁有人丁之银，田土有田土之银，有司征收，总曰银额。按银加派，则其数不漏。东西南北之民，甘苦不同，布帛粟米力役之法，征纳不同。惟守令自知其甘苦，而通融其征纳。今因人土之宜，则无偏枯之累。其法，以银额为主，而通人情，酌土俗，颁示直省。每岁存留、起解各项银两之数，以所加饷额，按银数分派，总提折扣，裒多益寡，期不失饷额而止。如此，则愚民易知，可杜奸胥意为增减之弊。且小民所最苦者，无田之粮，无米之丁，田鬻富室，产去粮存，而犹输丁赋。宜取额丁、额米，两衡而定其数，米若干即带丁若干。买田者，收米便收丁，则县册不失丁额，贫民不致赔累，而有司亦免逋赋之患。』下部覆议，从之。」

一〇五九　明崇祯元年（一六二八）休宁县张梦鸾卖山地红契［一］

卅一都一图立卖契人张梦鸾同弟梦鹍、侄大绶，今将承父阄分基地壹备，坐落土名下丘田，系赞字四千弍百九拾六号，计积步壹拾贰步整，计地税　　整。其地东至龙蛟鹍墙脚，西至路塝沟，南至榜墙脚，北至巷路及淳兄弟墙脚；又取土名张亥山山壹备，系赞字四千四十五号，计税弍厘伍毛；又取四千乙伯十四号，土名胡岭坞，山壹分捌厘伍毛；又取四千弍伯号，土名渔良坑，山壹分壹厘五毛；又取三千九伯拾陆号，土名小塘坞，山叁厘柒毛伍系；又取四千弍百九拾九号，土名塘坑口墩，计地捌步柒分，计税叁厘肆毛捌系。以上共山肆号，墩壹号［二］，东西四至，丈册该载［三］。今因缺用，自情愿央中将前项贰拾肆至内基地墩及山骨并苗木尽行立契出卖与叔祖　　名下为业，三面议作时值价纹银陆拾两整，其银、契当日两相交付明白。今从出卖之后，一听买人造屋收受税，永远管业为定。未卖之先，即无重复交易。一切不明等事，尽是卖人之（支）当，不及买人之事。所有税粮在于本户听买人随即请纳，不另立推单。今恐无凭，立此卖契存照。

崇祯元年五月初七日

立卖契人　张梦鸾（押）
同　弟　梦鹍（押）
侄　大绶（押）
中见人　张应推（押）
张成双（押）
张灿文（押）
张焕文（押）

今将契内价银一并收足，另不立领札。同日。再批。（押）

【注】

〔一〕原件藏北京大学图书馆。

〔二〕以上共山肆号，墩壹号，以上所卖，共地山陆号。第一号为基地，已写明四至。以下「山肆号，墩（地）壹号」，未写四至，因之本契写明：「东西四至，丈册该载。」

〔三〕丈册，鱼鳞图册的俗称。

一〇六〇　明崇祯元年（一六二八）休宁县李一骥卖山红契[一]

休宁三十三都六图双溪立卖契人李一骥，有祖山一号，土名观音堂，原卑字五百十八号，今新丈作字一千十四号[二]，原额山三角，与李毓共业。东至地，西至坑，南至地，北至山。李家合得南边山一半，埋石定界。计山税三分七厘五毛。在山松木廿七根，与叔祖侄兄弟纲时、爱时、振时、习日、高升、身兄弟共业；又取承祖本山脚地一号，新丈作字一千五十九号，丈则三百步，计税八分六厘。东至塝，西至一千五十八号地，南至山，北至一千五十六号地，共计地税　　整。前山地原父时兴于天启五年卖与毓堂，身兄弟于天启七年身兄弟备价赎回[三]。今因钱粮无措，自情愿将前山并地该身二十四分之一，并在山松木、杂木、山骨、地骨尽行立契出卖与同都山村李　　名下为业。凭中面议时值价银贰两伍钱整。其银契当日两相交讫，本身毛（毫）无存留。未卖之先，并无重复交易。如有家外人占拦等情，尽时是卖人之（支）当[四]，不及受〔人〕之事。所有税银，见在六图八甲胡仁户[五]，听自起割入四图五甲李　　户供解。其父原卖与毓堂原契，系叔祖应纲收执。恐后无〔凭〕，立此卖〔契〕为照。

立卖契人　李一骥（押）

中 见 人　李尚杰（押）

有道（押）

江喜义（押）

崇祯元年十月　　日

【注】

［一］原件藏北京大学图书馆。

［二］下一条契约《李一骥卖山推单》作「一千六十四号」。疑本契文「千」下脱一「六」字。以推单所列为是。本契其他有关山地字号均近于「一千六十四号」可证。

［三］身兄弟备价赎回，「身兄弟」三字衍。

［四］尽时是，「时」字衍。

［五］胡仁，原业主。此产归李一骥父时，未过割推收。

一〇六一　明崇祯元年（一六二八）休宁县李一骥卖山推单[一]

立推单人李一骥，今将土名观音堂山，作（字）一千六十四号，该身廿四分之一，该山税一厘六毛；又同处地税作字一千五十九号，该身地税三厘五毛，得价卖与山村李　　讫。其税见在六图八甲胡仁户。遵奉新例[二]，听自起割入四图五甲李　　户。不及面会里书，亦不及另立推单，今恐无凭，立此为照。

崇祯元年十月　　日

立推单　李一骥（押）

中　见　李尚杰（押）

有道（押）

江喜义（押）

【注】

［一］原件藏北京大学图书馆。

［二］新例，指天启元年条例。主要内容有：「米若干即带丁若干。」「买田者，收米便收丁。」（见《明史》卷七八《食货二·赋役》）参看本书上引天启七年吕必达契注三。

一〇六二　明崇祯二年（一六二九）休宁县汪时行等卖山地红契[一]

四都六图立卖契人汪时行、时遴、时选等，今因缺少使用，自情愿将承祖山园一业，坐落土名庄边山，系结字六伯九十九号。内将汪时遴分下应得左边山顶上下园共计　　片。其园东至山脊园为界，西至三分汪家众园为界，南至汪家园塝山脊为界，北至金家山地为界。又将同号山顶第二级园壹片，其园东至山顶汪家园为界，西至金家山园为界，南至山脊为界，北至汪家园为界。今将八至内共计山地园税肆分五厘。又将同号三分众园壹坵，坐落本家坟前低（底）基，内取左边园壹片，计税壹分。其地东至汪家山塝为界，西至低（底）基汪家园为界，南至汪家高塝为界，北至本家存留厝基园为界。又将时行分下同号坟前园下二级塘一口，计税伍厘。其塘东至汪家园为界，西至汪家园为界，南至汪家园为界，北至路为界。今将前项同号山园塘肆共壹拾六至，共计园塘税陆分，共计荳租陆斗[二]，尽行立契出卖与十四都八图金　　名下为业。当日凭中三面议作时值价纹银壹拾叁两整。其银当成契日随即交收足讫，并无欠少分文。其业并无重复典卖。及来历不明，尽是卖人之（支）当，不涉买主之事。其税粮今奉新例，随即推与买人户内办纳粮差。今恐无凭，立此卖契存照。

其契内价银，随即领去足讫，契后再不立领札。再批。

崇祯贰年六月　　日

立卖契人　汪时遴（押）

汪时行（押）

汪时选（押）

主议汪时遴母　汪阿俞（押）

俞恭松（押）

中见人　朱仁所（押）

汪斯美（押）

【注】

[一]原件藏北京大学图书馆。

[二]荳租，属旱租类。旱租包括豆、麦、粟等旱地作物。

一〇六三　明崇祯三年（一六三〇）休宁县金一诺卖房红契[一]

十四都八图立卖契人金一诺，今因乏用，自情愿将承祖阄分土名潜阜街，系制字　　号，泰山楼屋壹所；又右手平屋贰间，共计地贰拾步零叁分柒厘，计税壹分贰厘。其屋东至本家楼墙为界，西至古老方墙为界，南至墙外袁巷为界，比（北）至墙外一经地为界。今将四大至并屋上下砖瓦墙壁门窗天井石料一并俱全，尽行出卖与堂弟　名下为业，三面议定时值价纹银贰拾肆两整。其银当成契日一并收足，并无利债准折及重复等情。倘有来历不明，尽是卖主之(支)当，不涉买主之事。三面议定通天巷听从出入。今恐无凭，立此卖契为照。

崇祯叁年七月十一日

立卖契人　金一诺(押)
中　人　金寄孙(押)
金一爵(押)
金嘉锡(押)

【注】

〔一〕原件藏北京大学图书馆。

一〇六四　明崇祯四年(一六三一)休宁县张初还卖山地红契〔一〕

立卖契人张初还，今将续置山一备，坐落土名景纲坑，讲字四千一百六十四号，计山税壹亩式分叁厘。又取土名明岭山壹备，谢字四千一百十五号，计山税式亩陆分□□□□册开载。今因管业不便，自愿凭中将前项八至内山骨自情愿尽行立契出卖与兄凤池名下为业。三面议作时值价纹银式十六两整。其银契即两相交付明白。出卖之先，并无重复交易。一切不明等事，尽是卖人之(支)当，不涉买人之事。所有税粮在于本户听自起割认纳。另不立推单〔二〕。所有来脚契文，与别产相连，不便缴付。日后要用，刷此参照。今恐无凭，立此卖契为照。

土名景纲坑新编第二十五段第一一〇四号。

崇祯四年闰十一月廿二日立

卖契人　张初还(押)
中见人　汪城秀(押)
吴应禄(押)
张和生(押)
张灿文(押)

张耀文（押）

张应惟（押）

张梦龙（押）

张成烈

就契内价银一并收足，同日再批。

【注】

［一］原件藏北京大学图书馆。

［二］推单，田宅易主，携契向官府申报过户，官府给予的证明。又称「推收单」「除户执照」「推收执照」等，皆由官府印制编号填写发给买主。

一〇六五　明崇祯五年（一六三二）休宁县金运卖楼屋红契[一]

十六都十一图立卖契人金运，今因缺少使用，自情愿浼（浼）中将父原续至置坐落土名屯溪上街，系大字号，今编有字九伯九十五号住屋楼房五间，本身合得西边壹半，计地贰拾步。东至杨家屋地为界，西至本家墙脚滴水为界，南至众路吴家墙为界，北至朱家墙为界，并路直出官街，四至清白。计税壹分整。四围门壁及床窗瓦砖石、上幔下幔俱全[二]，并天井明堂及石俱全。今将前项四至现业浼（浼）中尽行立契出卖十八都十图戴　　名下为业，三面议定时值价银叁拾两整，其银当成契日壹并交〔收〕足讫，并无欠少分文，易（亦）无准折债负之类。日前并无重复交易。所有内外人拦占及一切不明等事，尽是卖人抵（支）当，不涉买主之事。所有楼屋贰间半，随即交与买人管业。今恐无凭，立此卖契存照。　　所有上手来脚契文一帋随即缴付。

同年月日，契内价银尽行收足。

外又得价银陆两，共叁拾陆两整。再批。

崇祯五年十二月廿四日

立卖契人　金　运（押）

中见人　戴　有（押）　程　旺（押）

吴成顺（押）　金　明（押）

【注】

［一］原件藏北京大学图书馆。

[二] 宬（音同浅），唐玄应《一切经音义》卷一六引《字书》：「宬，宬也。」又引《通俗文》：「小户曰宬。」《集韵》释为古户字。黄侃《蕲春语》：「今吾乡谓宬皆曰宬子。」按：山东日照近代称小壁柜为「壁宬」「宬子」。

一〇六六　明崇祯六年（一六三三）休宁县夏源卖店屋交业重复割根文书（红契）[一]

休宁县一都一图立交业重复割根文书人夏源[二]，店屋壹所[三]，原于崇祯五年三月初九日，凭亲族中人卖与夏有恒名下为业[四]。当收价银叁伯壹拾肆两正。于崇祯陆年三月十三日凭中刘见云又立收割根加色等项文（纹）银叁拾两正[五]，已收足讫无异。目下过册[六]，又因小忿讦告铅山县[七]。任爷又凭亲族劝处受业者[八]，亏（规）劝夏有恒，义（议）处：又加银利、家伙搬移各项[九]，一应等件，共银肆拾陆两正。原身卖契内前进店屋壹间，原身典与吴新桥开药店，典价文（纹）银叁拾两，即将屋价内存除银叁拾两，即待新桥至日，眼同并原中刘见云取赎与夏有恒管业。而身不再得生情异说。又屋门前墙已倒坏，有恒来春重砌修理；又后边厨下屋已朽烂，有恒来年亦要作建。其店屋落在江西铅山石塘地方。铅山县县主　任爷即着令面质亲族，找契内价银。其价文约在徽[十]，缴付不便。日后捡出，不再行用。有恒恐身籍徽民，恐家中人缠害，其文书听有恒往县请印，以革一处之弊[十一]。今同亲族三面立此杜绝文约为照[十二]。

立文书人　夏　源（押）
刘见云（押）
中　人　汪道元（押）
汪君美（押）
夏尚胥（押）
家族人　夏尚耀（押）
夏时霖（押）

崇祯陆年拾月十五日

【注】

[一] 原件藏北京大学图书馆。

[二] 交业重复割根文书，为先典后卖断的文书，或叫做找绝文书、绝找文书。

[三]店屋，用作商店的门面房。在广信府铅山县。今江西铅山东南。

[四]卖与，这是第一次卖与，为「活卖」，或谓之「不卖死」。性质与典当类似。不过典当规定有回赎的期限，活卖无回赎或找价期限。亦有人说：典当是使用及收益权的转移，活卖则具有所有权转移的性质。

[五]割根加色等项纹银，为断骨卖绝而再增加的银钱等，一般谓之「绝找」。

[六]过册，过割推收。

[七]讦（音同结）告，或谓「告讦」。攻击或揭发别人。《汉书·赵广汉传》：「吏民相告讦。」师古曰：「面相斥曰讦。」

[八]任爷，姓任的县主爷，即铅山知县。当地民间多称知县为「县主」「县主爷」。亦冠姓称之。

[九]加银利，加价。

[十]徽，徽州。卖主夏源为徽州休宁县人。此卖产虽在铅山县，其「找契」却在老家休宁。

[十一]二处，休宁属南京徽州府。铅山属江西广信府。

[十二]杜绝文约，绝卖契约。亦称「杜卖契」或「断骨卖契」等。立「杜绝文约」后，不再找价或回赎。

一〇六七　明崇祯七年（一六三四）休宁县程时佳卖山地红契[一]

十八都二图立卖契人程时佳，今将承祖土名叶家林山壹号，系垂字壹伯零陆号，共计税壹亩内取山税叁厘。今新立大四至，其山东至吴氏并卖主山地埋石为界，西至大松树并本家坟坝埋石为界，南至降脊柏树埋石为界，北至低田为界。今将前项四至内地尽行立契出卖与二十三都九图　鲁名下为业。当日凭中三面议定时值价纹银壹拾两整，其银当成契日一并交收足。其山地自今出卖之后，一听买主开造风水，并无准（难）异。前后并无重复交易、不明等情。倘有内外人拦占等事，尽是卖人祇（支）当，不涉买主之事。其地听从买主收苗受税。其税粮随即起推，并无难异。其地亩不明，自有四至辖（挟）定。所有来脚契文缴付不便，恐后无凭，立此卖契存照。

崇祯七年十月　日

立卖契人　程时佳（押）
主盟祖母　程阿余（押）
中　　人　许芝兰（押）
　　　　　胡瑞甫（押）
　　　　　程圣甫（押）
　　　　　吴伯贤（押）

代书长男　程应和（押）

前项契内价银随手收足，同年月日。再批。为照。领（押）

【注】

［一］原件藏北京大学图书馆。

一〇六八　明崇祯七年（一六三四）歙县汪惟石卖山红契[一]

十五都十一图立卖契人汪惟石，今将承祖有字二千贰百捌拾叁号山，税壹分陆厘柒毛捌钱；又有字弍千弍百捌拾肆号山，税壹分陆厘柒毛捌系。土名白仙坞。四至照依清册。凭中立契出卖与本都四图陈宗训名下为业。三面议定时值价纹银捌钱五分正。其银、契当即两相交付明白，并无欠少准折之类。曾（从）前并不重复交易。倘有内外亲房人等异说，系身一面承当，不干买人之事。其税听凭买人目下过割入户支解，本家不得难易（异）。今恐无凭，立此卖契为照。

其山：南边小插角，并北边大尖，中陇过为界，管业。再批。

崇祯柒年十二月廿二日

立卖契人　汪惟石（押）

凭　　中　方玉峰（押）

方云竹（押）

汪退思（押）

弘光元年二月[二]，同众面议，界至明白……

南至小插角，并北边大尖，中陇过界；东至照依清册，西至照依册。无异。

【注】

［一］原件藏安徽省博物馆。

［二］弘光，南明福王朱由崧年号（一六四五）。

一〇六九　明崇祯八年(一六三五)歙县汪阿孙等卖地官契[一]

立卖契人汪阿孙同小叔汪懋辅[二]，今将有字贰伯六十三号，计地税乙分六厘，土名运里[三]。今因夫故，逢年荒歉，衣食无措，自情愿浼(浼)中将故夫有字贰伯九十八号，计税贰分三厘乙毛，土名陈村尾，四至炤(照)依清册原契，尽行出卖与十五都三图吴名下为业，扦(迁)造风水。三面议定，时值价肆两五钱正。其银当即收足，其地听从管业。其地从前至今，并不曾与他人重复交易。如有亲房内外人等异说，俱系卖人承当，不干买人之事。所卖地内本家无毛税，亦无新坟旧冢。其税粮听凭买人目下过割入户支解，亦无难阻。其地原有废椁四只，凭买主拆毁，听扦(迁)造取用。其地原有界至为证。今恐无凭，立契存炤(照)。其来脚原契日后简(检)出，不在行用。再批。

崇祯八年一月十九日

立卖契人　汪阿孙(押)
小叔　汪懋辅(押)
中　见　人　陈克明(押)
吴源长(押)
依口代笔弟　汪德恒(押)

【注】

[一] 原件藏北京大学图书馆。
[二] 小叔，妇女对夫之小弟的称谓。《尔雅・释亲》：「夫之弟为叔。」
[三] 自「今将」至「运里」，亦为卖地，文字颠倒。

一〇七〇　明崇祯八年(一六三五)休宁县胡嘉诰卖田骨白契[一]

立卖契人胡嘉诰，今将承父阄分鹹字壹千六伯贰拾捌号，田税贰分柒厘五毛，计秈租贰砠拾肆片，土名程婆墓，佃人胡冬保。今凭中立契出卖与同户胡　　名下为业。三面议作时值价纹银叁两叁钱整。其银、契当日两相交讫。其田今从出卖之后，一听买人即便收租管业。其税粮系同一户随契推扒与买人认纳粮差，再不另立推单。其田倘有内外占拦及重复交易，一切不明等事，尽是卖人之（支）当，不涉买人之事。其田东西四至，自有保簿该载，不在（再）开写。今恐无凭，立此卖契，永远存照。

崇祯捌年弍月二十七日　　立卖契人　胡嘉诰（押）契

中见人　吴有庆（押）

胡嘉禬（押）

今就契内领去价银并收足讫。同日再批。（押）领

【注】

[一] 原件藏北京大学图书馆。

一〇七一　明崇祯八年（一六三五）歙县程近仁卖山地红契[一]

立卖契人程近仁，系休宁县十六都一图人，今将续置到歙县山贰号，系相字五千叁伯贰拾叁号，土名程半坑，计税贰分柒厘捌毛陆系。其山东至　，西至　，南至　，北至　。又将罔字七千五伯〇拾号，土名金坑舌大青堆，计税贰分伍厘叁毛贰系，其山东至　，西至　，南至　，北至　。以上山贰号并于上蕃养树木柴庄，凭中立契尽行出卖与吴　名下为业，三面议定时值价纹银叁两整。其山（银）当即一并收足，并无欠少准折等情。未卖之先即不曾与他人前后交易。自卖之后听从买主便行管业。其税于二十五都六图十甲程时悦户下起割，推入与二十五都四图吴康进下解纳无异。倘有字号不清，亩步不壹，自有四至挟定。如有内外人等异画（说），壹（尽）是卖人承当，不干买主之事。今恐无凭，立此卖契存照。

崇祯捌年捌月拾壹日　　立卖山契人　程近仁（押）

程养元（押）

居间　程贲时（押）

吴于敏（押）

【注】

[一]原件藏北京大学图书馆。

一〇七二 明崇祯八年（一六三五）歙县李有立卖山红契[一]

十一都李有立，今有承祖山四号，坐落本都四保，土名尚坑，系经理　　字　　号，东至　　，西至　　，南至　　，比（北）至　　；又取本都二保土名水口山，系经理周字　　号，东至　　，西至　　，南至　　，比（北）至　　；又取二保土名径并坳口，系经理周字　　号，东至　　，西至　　，南至　　，比（北）至　　；又取东都三保土名大栢（柏）坑，系经理谷字　　号，东至　　，西至　　，南至　　，比（北）至　　；其山亩步自有经理该载，不及开写。其前山十六至内与叔兄弟相共，该得本身拾二分之一。今将前项山骨并苗木尽行立契出卖与弟　　名下为业。凭中面议时价文（纹）银贰两整。其价并契当日两相交付明白，契后再不立领。未卖之先，并无重复交易。如有一切不明等情，尽是卖人之（支）当，不及买人之事。今恐无凭，立此为照。

崇祯八年十月初二日

立卖契人　李有立（押）

中　见　人　李维弘（押）

弟　　有美

【注】

[一]原件藏北京大学图书馆。

一〇七三 明崇祯八年（一六三五）休宁县方长孺卖使婢婚书[一]

休宁县一都二图立卖婚书人

方长孺，今有使婢旺俚，家下人多，不用，自愿凭中将使婢旺俚出卖与同乡

程　　名下乳女。三面言定时值财礼纹银贰拾贰两整，其人、银当即两相交付明白。倘日后家人积贵回来[二]，将原礼三年满取续（赎）。如若不回，叁年之外听凭配人，无得异说。所有婢女月仂[三]，来正领回[四]，无得阻碍。倘有风烛不常[五]，天之命也。今恐无凭，立此婚书永远存照。

外主母画字银壹两[六]。又批。刘德甫（押）

崇祯捌年拾月二十日

同母　吴　氏（押）
立卖婚书人　方长孺（押）
凭　中　人　程明吾（押）
刘德甫（押）
任　　媒　叶始光（押）

【注】

[一]原件藏中国社会科学院历史研究所。
[二]家人积贵，方家的男奴仆名积贵者。
[三]月仂（音同勒），每月的零用钱。仂，余数，零数。亦作「阞」。
[四]来正，人名。
[五]风烛不长，喻生命不长。《乐府诗集》四一古辞《怨诗行》：「百年未几时，奄若风吹烛。」
[六]主母，奴婢称男主人为主父，女主人为主母。

一〇七四　明崇祯八年（一六三五）歙县张晋阶卖地红契[一]

立卖契人张晋阶，歙县西南隅二图人[二]，今将有字贰百玖拾捌号，地税壹分，土名运里，出卖与十五都三图吴　　名下为业，听凭扦（迁）造堆壖。三面议定时值价银叁两正。其银当即两相交付明白，并无准折等情。其地从前并未典当他人及重复交易。倘有内外人等异说，俱是卖人承当，不干买人之事。其税听凭过割入户支解，毛无难易。为因钱粮无措，故将此地出卖。今恐无凭，立此卖契为炤（照）。

崇祯八年十二月日

立卖契人　张晋阶（押）
中　见　人　吴百阳（押）

克　明（押）
吴元长（押）
吴风竹（押）
陈君显（押）
吴德徵（押）
吴惟美（押）
吴不代

【注】

［一］原件藏北京大学图书馆。

［二］西南隅，歙县城厢关隅之一。《歙县志》卷一《舆地志·都鄙》：「元明于附郭立关隅八。」

一〇七五　明崇祯九年（一六三六）休宁县汪大辂卖房红契[一]

立卖契人汪大辂，今因缺用，同男国佐等商议，将承祖经（阄）分阁房壹眼，系潜字四千五百十号，土名承恩堂，坐落中庭阁西边房壹眼。东至阁巷，西至墙，南至汪大彻房，北至楢梣巷路。计税壹厘，并炤（照）房分开井路道，一并今自央中出卖与族　名下为业，三面议作时值价纹银壹拾肆两整。其银、契当日两相交明。其房即听买人管业。未卖之先，并无重复交易。如有重复及一切不明等情，尽是卖人之（支）当，不涉买人之事。其税在九甲汪文甫户，即听过税入买人户内，外人不得拦阻异说。今恐无凭，立契存炤（照）。

崇祯九年正月二十八日

立卖契人　汪大辂（押）
奉书男　国　佐（押）
凭　中　汪大彻（押）
汪钟洪（押）
汪斯益（押）

今就领去契内价银并收足讫。同日。再批。（押）

【注】

〔一〕原件藏北京大学图书馆。

一〇七六　明崇祯九年（一六三六）歙县吕希正卖山地红契〔一〕

二十四都二图立卖契人吕希正，今因管业不便，自愿将己续置山一业，系才字三千三百六十五号，土名高石下来龙山。其山东至张光宝山，西至佘一中山，南至自地，北至岭脊，计税壹分壹厘贰毛五系。又才字二千九百八十号地壹业，土〔名〕高石下。其地东至吕地，西至佘田，南至田地，北至受产人山，计税贰分壹厘壹毛壹系。今将八至明白，凭中立契出卖与十五都三图吴　名下为业，三面议定时值价纹银叁两伍钱整。其艮（银）当日一并收足，其山并地听凭买主管业，任凭阡（迁）葬。其山与地在先即不曾与他人重复交易、典当等情。系是两意情愿，并非威逼成交准折之类。倘有内外人等前来异说，俱是卖人一面承当，不干买人之事。其山并地并无新坟旧冢。其税在本家吕道光、道行、道恩户下，候大造年，听凭印契过割入户支解，即无难易。今恐无凭，立此卖契为照。又添二字改一字。

其来脚契与他业相连，缴付不便。再批为照。

崇祯玖年五月初十日

立卖契人　吕希正（押）

说合中人　洪一兆（押）

洪国泰（押）

见　　人　程德辉（押）

李邱峰（押）

吴元长（押）

【注】

〔一〕原件藏北京大学图书馆。

一〇七七　明崇祯十年（一六三七）祁门县谢自杰卖田地红契[一]

三、四都立卖契人谢自杰[二]，今有承祖并买受水田一备，坐落西都八保，土名清山坞木桥头，系冬字乙百七十四号，计田叁坵。该身内得硬大租式秤拾柒觔捌两[三]，计田柒拾捌步玖分。又乙备，土名界坞，冬字七十乙号，计田壹坵，该身硬大租壹秤，计式拾四步七分伍厘。前田式备共计大租叁秤拾柒觔捌两。又将西都八保，土名竹园下江清，新造住基地内，取基地伍步，系经理字　　号。所有四至息（悉）照鳞册可证。前田并地共叁处，凭中立契出卖与西都族叔　　名下永远管业，当日三面言议时值价纹银叁两式钱整。其契、价当日两明。未卖之先，即无重复交易。来历不明，卖人之（支）当，不及买人之事，自成之后，各无悔异。如悔者，甘罚白银壹两公用。今恐无凭，立此卖契存照。

再批：所有税粮，候大造之年推与卖人供解无词。存照。

崇祯十年四月初六日　　　　立卖契人　谢自杰（押）

依口奉书见侄　其斌（押）

【注】

[一] 原件藏北京大学图书馆。

[二] 三、四都，“明仍元所置为乡六，为都二十二，并三、四都为一，析十都为东、西”（《祁门县志》卷三《舆地志・都图》）。

[三] 硬大租，实际要缴纳的田骨租。

一〇七八　明崇祯十一年（一六三八）休宁县张尚洋卖山田红契[一]

立卖契人张尚洋今将续置芥字　　号，土名丸摇塘，山田一坵，计捌保秈租壹拾贰砠零拾伍觔[二]，计税壹亩陆分贰厘，佃人徐华；又将芥字　　号，土名观音塘，田一坵，计八保秈租肆砠零贰拾觔，计税陆分，佃人汪明；又将果字　　号，土名后田一坵，计秈租叁砠壹拾伍觔，计税肆分陆厘，佃人罗龙；又将果字　　号田一坵，土名店前，计八保秈租捌砠零捌觔，计税九分五厘，佃人吴法；又将果字　　号田一坵，土名店前，计秈租陆砠零拾伍觔，计税捌分贰厘。今将前项田五坵，共计八保秈租叁拾伍砠零贰拾叁觔，今因管业不便，自愿凭中立契出卖与房弟　名下为业，当日三面议作时值价银叁拾伍两伍钱正。其银当成契日一并交收足讫，别不立领扎(札)。今从出卖之后，一听买人收苗管业。如有内外人拦占及重复交易、一切不明等事，尽是卖人之(支)当，不及买人之事。

其税听从买主起割过户。今恐人心无凭，立此文契存照。

其店前秈租陆砠拾五斤，系方九佃种。

内改「弟」字一个。再批。(押)

崇祯拾壹年二月廿日

立契人　张尚洋(押)

中见人　张荣卿(押)

代书男　张文彬(押)

今就契内领去前项价银并收足讫。同年月日再(押)批

【注】

[一]原件藏北京大学图书馆。

[二]本契用「砠」为二十五斤。

一〇七九　明崇祯十二年(一六三九)歙县谢正己卖地白契[一]

立卖契人谢正己今有承祖标分地壹备，坐落土名前山；又壹备，土名竹园，下地壹块。贰号俱与兄相共，本身合得壹半；又壹备，土名茶培坞，荒坦大小叁块。今因管业不便，自情愿托中尽数立契出卖与房　弟谢正仁名下为业，当日凭中言议价纹银乙两式钱整。其价并契当日两明。其地未卖之先，即无家外人重复交易。来历不明，卖人成(承)当，不及买人之事。所有亩步四至悉明，鳞册可证。所有税粮随即扒与买人供解毋词。自成之后，各不许悔。如悔者，甘罚银式钱公用，仍依此文为准。今恐无凭，立此卖契存照。

再批：所有栗树大小叁根，尽在契内。照。

崇祯拾弍年五月二十二日

立卖契人　谢正己（押）
中　见　兄　谢正名（押）
谢正思（押）
弟　谢正心（押）

【注】

［一］原件藏北京大学图书馆。

一〇八〇　明崇祯十二年（一六三九）歙县郑瑞卿卖山红契[一]

十八都六图立卖契人郑瑞卿，今将承祖山一业，土名中耿村，系臣字三千八百八十五号，计税贰厘，四至在册[二]。凭中立契出卖与十五都四图吴　　名下为业。三面议定时值价纹银壹拾两正。其银、契当即两相交明，再不另立收领。其业听凭买主迁造风水。在先并未与他人重复交易，亦无短少准折等情。其税遵奉新例，随即过割入买人户内支解，并无留难异说。倘有内外人等争论，俱系卖人承当，不干买主之事。今恐无凭，立此卖契为照。

崇祯十二年五月　　日

立卖契人　郑瑞卿（押）
中人　吴公叔（押）
郑孺立（押）
郑明吉（押）
郑子厚（押）
郑养瑞（押）

【注】

［一］原件藏北京大学图书馆。
［二］册，鱼鳞图册。简称「鳞册」。

一〇八一　明崇祯十二年（一六三九）歙县郑瑞卿卖山官契[一]

直隶徽州府歙县　奉文加增每两纳税五分

玄字八百八十七号，契纸产价壹拾两，税银伍钱，领契纸　坊长[二]　里长

立卖契人郑瑞卿，歙县忠鹄乡十八都六图人，今将承祖山一业，土名耿村，系臣字三千八百八十五号，计税贰厘，四至在册。凭中立契出卖与十五都四图吴　名下为业。三面议定时值价纹银拾两整。其银、契当即两相交明，再不另立收领。其业听凭买主扦（迁）造风水。在先并未与他人重复交易，亦无短少准折等情。其税遵奉新例，随即过割入买人户内支解，并无留难异说。倘有内外人等争论，俱系卖人承当，不干买主之事。今恐无凭，立此卖契为照。

崇祯十二年五月

立契人　郑瑞卿（押）

中见人　吴公叔（押）

郑明南（押）

郑儒立（押）

（以下为契尾，略）

【注】

[一]原件藏北京大学图书馆。

[二]坊长，管理城镇街坊的小吏。同里长。《明史》卷七七《食货一·户口》：「在城曰坊，近城曰厢，乡都曰里。」

一〇八二　明崇祯十二年（一六三九）绩溪县王应禄卖山地红契[一]

绩溪县十一都四图中土立卖契人王应禄、应顺，今因欠少良（银）两支用，自情愿将本家柒字乙千伍百叁十号内山一业，计税肆

厘，土名金字培，东、西、北俱至黄山，南至卖人山地，眼同钉界为定，并上所养大松木拾捌根，并小松木，凭中立契出卖与歙县七都一图黄　　名下为业。三面议定时值价真文艮(纹银)捌两伍钱正，其银当即收足。其税听凭目下过割经管，不在(再)难易(异)。并无重复交易等情。今恐无凭，立此为用。

所有契内价银乙并收足，再不另立收领为用。(押)

崇祯十二年十一月初二日　　立卖契人　王应禄(押)

王应顺(押)

中　见　人　王四老(押)

【注】

[一] 原件藏北京大学图书馆。

一〇八三　明崇祯十三年(一六四〇)休宁县李焕时卖田红契[一]

十七都四图立卖契兄李焕时，今因第三男贸易乏本，自情愿央中将续置田壹坵，计租九砠半，计税　　；又塘税合得六厘，坐落土名下目林，系新丈发字　　号。其田东至本家有分塘田，西至本家田，南至程家田，北至卖主田为界；又将下目林新丈发字　　号田壹坵，计租伍砠半，计税　　。其田东至本家新置田，西至程、李田，南至李家田，北至程家田；又将土名竹杯头田壹坵，系新丈发字乙百八十号，计租贰砠，计税　　，积步五十步。其田东至本家高塝，西至卖主田，南至程家高田，北至人行高路。今将壹拾贰至内田尽行央中出卖与本都图族弟李　　名下为业。当日三面议定时值价白银叁拾贰两正，其银当成契日一并交收足讫。其田自从出卖之后，听从买主管业，收苗收税(租)为定。其税粮候大造之年，本户自行推出，并无难异。倘有内外人拦占及重复交易一切不明等事，尽是卖主之(支)当，不涉买主之事。其有上年来脚契文与别产相连，缴付未便，日后刷(将)出不在(再)行用。今恐人心难凭，立此卖契存照。

今随契内价银当日一并交收足讫。

崇祯拾叁年正月　　日　　立契人　李焕时(押)

同　男　李正幼(押)

中　人　李焕贵(押)

永远存照

李联芳（押）

李天隆（押）

【注】

［一］原件藏北京大学图书馆。

一〇八四　明崇祯十三年（一六四〇）大兴县傅尚志卖房官契（甲）[一]

顺天府大兴县今据张名用价叁拾叁两买得傅尚志房税银贰钱陆分肆厘[二]

立卖房契人傅尚志同寡母张氏，因无钱使用，有故父遗下破瓦房壹所，分卖门北面贰间，贰层两间，北厢房壹间，大小共五间，门窗户壁上下土木相连，坐落南城正东坊二牌十铺总甲林孝地坊[三]。今凭官房牙说合[四]，情（愿）出卖与　张名下住坐，永远为业。三言（面）议定，时值价银叁拾叁两整，其银当日公同收足，外无欠少。自卖之后，如有亲族人等争竞者，卖主母子一面承管。两家情愿，各不返悔。如有先悔之人，甘罚白米拾石入官公用。立此卖契，永远为照。

崇祯十三年九月十六日

同　母　张　氏（押）

立契人　傅尚志（押）　房牙　王臣（印）[五]

中见人　　　　总甲　林孝（押）

右　邻　王仲金（押）

右　邻　向（巷）　口　伊亲（依口）代书　周泽原（押）

（下连契尾，略）

【注】

［一］原件藏北京大学图书馆。

［二］大兴县，治北京城东北教忠坊。今北京东城区大兴胡同。民国时期，迁南苑。

［三］南城正东坊，南城即北京外城，正东坊为正阳门大街以东至崇文门大街之间的居民区。总甲，元明以来的职役名称。居民每百家设总甲一人，掌户籍赋役等事。

［四］官房牙，官府承认的房屋买卖经纪人。牙，商业经纪人。宋刘攽《贡父诗话》：「刘道原（恕）云：『今有人谓驵侩为牙。本谓之互郎，主互市事也。唐人书互相𠄟，以𠄟以牙，因转为牙。』」（《类说》五六）。亦称牙人、牙侩、牙郎。

［五］印，长方黑色印文：「大兴县官房牙王臣。」

一〇八五　明崇祯十三年（一六四〇）大兴县傅尚志卖房官契（乙）[一]

顺天府大兴县今据费名用价贰拾叁两伍钱买傅尚志房税银贰钱陆分

立卖房契人傅尚志同寡母张氏，因无钱使用，有故父遗下破瓦房壹所，分卖门面三间，二牌八铺正房贰间，南一间，系边房，二牌十铺地坊通后贰层，前后共伍间，门窗户壁上下土木相连，坐落南城正东坊二牌八铺，连十铺总甲林孝地坊。今凭官房牙李龙说合，情愿出卖与　　费名下住坐，永远为业。三言议定时值价银叁拾贰两伍钱整。其银公同当日收足，外无欠少。自卖之后，如有亲族人等争竞，自有卖主母子一面承管。两家各不许返悔。如有先悔之人，甘罚白米拾石入官公用。立此卖契，永远为照。

崇祯十三年九月　　日

同母　张　氏（押）

立契人　傅尚志（押）　房牙　李　龙（印）[二]

中见人

左邻　巷　口　　总甲　林　孝

右邻　燕良臣（押）　代书　周泽原（押）

（下连契尾，略）

【注】

［一］原件藏北京大学图书馆。

［二］印，长方黑色印文：「大兴县给官牙李龙。」

一〇八六　明崇祯十四年（一六四一）歙县吴日高卖田塘红契[一]

廿五都四图六甲立卖契人吴日高，今将承祖罔字七千六百九十二号田一业，土名花梨塘，计税七分八厘。东至　　，西至　　，南至　　，北至　　。又将罔字七千六百九十一号塘一业，土名花梨塘，计税九厘八毛。凭中立契出卖与本图本甲侄　　名下为业。三面言定时价纹银陆两，当日收足。其税粮另立推单，吴永和户下交纳[二]。未卖之先，并不曾与他人重复交易。既卖之后，听凭买（主）管业收割，倘有内外亲族人等，毋得异说。如有异说，俱系卖主承管，不涉买主之事。恐后无凭，立此卖契存炤。

崇祯拾肆年五月　　日

立卖契人　吴日高（押）

吴长富（押）

托中人　吴洪川（押）

吴祥甫（押）

吴于敏（押）

【注】

[一] 原件藏北京大学图书馆。

[二] 吴永和，买主。

一〇八七　明崇祯十五年（一六四二）歙县徐天禄兄弟卖地红契[一]

十一都一图四甲下立卖契人徐天禄同爨弟天福[二]，今有承祖并续买地壹号，坐落本都三保长州，土名后山地，系清丈发字二百七十五号，积地贰叁拾贰步[三]，计税玖分〇叁毛（毫）捌忽叁徵（微）贰抄（沙）[四]。其地东自地，西山，南山，北山。其四至内地骨并杂木，本身兄弟该得壹半。今因年荒无措，自情愿托中将前项四至内地骨并杂木尽行立契出卖与同都李宗祀　　名下为业[五]，三面议估时值价纹银壹两贰钱正。其银契当日两相交明，契后再不立领。未卖之先，并无重复交易。如有不明等情，尽是卖人承当，不及买人之事。所有税粮随即起割与李昌义户供解无词[六]。今恐无凭，立此卖契存炤。

崇祯十五年三月　　日　　　　立卖契人　徐天禄（押）

天　福（押）
中见人　李仰吉（押）
吴记皋（押）
党　兄[七]　徐天祈（押）

【注】

[一]原件藏北京大学图书馆。

[二]同爨弟，当作「同同爨弟」。同爨，同居，同炊。《礼·檀弓上》：「或曰：同爨缌。」《南齐书》卷三七《刘悛传》：「汉寿人邵荣兴六世同爨。」皆谓同居。

[三]贰叁拾贰步，上「贰」下似脱一亩积单位。

[四]微、沙，微量单位。明徐三省《世事通考全书》外卷《算法类·小数名》：「十挨（埃）曰尘，十尘曰沙，十沙曰纤，十纤曰微，十微曰忽，十忽曰系，十系曰毫，十毫曰厘，十厘曰分，十分曰钱，十钱曰两，十六两为一斤。」

[五]宗祀，宗祠，宗庙祭祀。《孝经·圣治》：「昔者，周公郊祀后稷以配天，宗祀文王于明堂，以配上帝。」

[六]李昌义，李氏宗祀的管理人。

[七]党兄，同「族兄」，本家兄弟。《礼·坊记》：「子云：睦于父母之党，可谓孝矣！」党，亲族。

一〇八八　明崇祯十五年（一六四二）绩溪县胡梦桓卖山地红契[一]

绩溪县十一都三图立卖契人胡梦桓同侄自奇，今将准字乙千九十九号，山税伍分，土名龙培山脚。其山四至，系本家山里边，东至脊；南至本号山，眼同钉界为规；西至同号地；比（北）至边黄山里脊。又将同号地壹伯壹拾步，四至眼同钉界。并界内现有松木，立契出卖与歙东黄　　名下养木荫庇。三面议定时值价真纹银拾两整，其银随只（即）收足。其山地听凭目下管业。其税依契割入买人户内支解，只无异言。并无内外亲房人等阻当（挡）。如有此等，俱身之（支）当，不干买人之事。二各无异。恐后无凭，立此卖契存炤。

崇祯拾伍年十一月十二日

立卖契人　胡梦桓（押）
同　侄　胡自寄（押）
胡自训（押）

契证所是前项契内价足，乙并收乞(讫)，再不另立收领。存炤。(押)

中见人　胡自景(押)
　　　　周敬塘(押)
　　　　胡尧臣(押)
　　　　胡承之(押)
　　　　胡梦栋(押)
　　　　周尔瞻(押)
　　　　王松老(押)
　　　　胡克俊(押)
执　笔　胡自美(押)
　　　　胡继大(押)

【注】

[一] 原件藏北京大学图书馆。

一〇八九　明崇祯十六年(一六四三)歙县鲍学朋卖风水地官契[一]

直隶徽州府歙县[二]

字　　号契纸□价　　税银　　领契纸　坊长　里长

立卖契人鲍学明二十都一图西乡　　人，今将被字三千四百六十五号地肆分壹厘伍毛叁丝，土名麻园，四至炤(照)清册管业。今因欠粮在狱，无从措输，自愿将身新买到二十二都九图鲍观复名下风水一业，凭中炤(照)契原价叁两陆钱整，出卖与二十二都拾图谢　　名下为业。听凭迁造风水，再无异说。其银当日收足，其地随即过税交业。系身自愿，并无威逼准折等情。倘有新旧卖主人亲房异说，系身一面承当，不干买主之事。其地从前至今，并无重复等情。其税听买目下过割入户支解。今恐无凭，立此卖契永远为炤。

原来脚契壹纸，其银当日收足，再不另立收领。再批。(押)

崇祯十六年叁月

立契人　鲍学朋（押）
中见人　鲍和甫（押）　曹禄祥（押）
鲍寄高（押）

【注】

[一] 原件藏北京大学图书馆。

[二] 此为歙县印官版契纸。契文照草契填写，其后刊印文告。大意是为整饬契税征解，户部于崇祯八年颁文，层层下达，要求严格征税手续，杜绝弊端，防止国课流失，以济边孔急。后列作法若干条，本件文字已年久洇湮不清。其后作大字，为「右契纸付业户　收执」。

一〇九〇　明崇祯十七年（一六四四）歙县谢泰来卖基地红契（附扒单）[一]

立卖契人谢泰来，今有承祖并买受坐落本保，土名黄瓜园，系汪辛保住基荒地壹备，系经理吊字　号，本身合得贰拾步零柒分。今因缺少钱粮无措[二]，今自情愿托中将前地尽数立契出卖与房侄正仁名下，前去永远管业。三面言议时值价纹银叁钱伍正[三]。当日在手足讫，契价两明。所有亩步四至悉烦本家鳞册图式可证。其税粮今仝本户随即推扒与买人供解毋词。倘有来历不明，尽是卖人成（承）当，不干买主之事。自成之后，各无悔异。如悔者，甘罚白银契内一半公用；仍依文契为准。今恐无凭，立此卖契存炤。

再批：所有上手老契在侄处，日后赍出，不能行用。（押）

税明

崇祯十七年四月十二日

立卖契人　谢泰来（押）
依口代书人　严秀毛（押）
中见侄　谢明元（押）

同日立扒单人谢泰来[三]，今将土名黄瓜园汪辛保住基地共计贰拾步零七分，抵税四厘乙毛（毫）六系正，得价足讫，随即扒与买人供解无词。今恐无凭，立此扒单存炤。

立扒单人　谢泰来（押）
依口代书　严秀毛（押）
中见侄　谢明元（押）

【注】

[一]原件藏北京大学图书馆。
[二]缺少，下有脱漏，当作「缺少银两」等。
[三]扒单，即推收单。明清时期，推收单多为官府印制，在缴纳契税时，由官府填写，付给买主，为推收过割之证明。本「扒单」，是买卖双方协议，在卖契上批凿过户者。

一〇九一　明崇祯十七年（一六四四）祁门县鲍元则卖房地红契[一]

二十二都九图立卖契人鲍元则，今将续买到新丈四字壹千捌百叁拾　　号，土名街南住基，炤（照）[二]册计实地　　东至敦睦堂地，西至书香园地，南至德扬地，北至街心。于上土库楼屋前后门面、厨房、石台、四围墙垣、砖瓦石脚在内，一应等项，凭中炤原契尽行出卖与本族鲍　　名下为业。三面议定时值价纹银壹百两整。其银契当即两相交付明白。并无私债准折等情，系是两相情愿。从前至今不曾与他人重复典当交易。如有内外人等异说，俱系出产人承当，不干买人之事。其税听凭目下过割入户支解，即无难异。今恐无凭，立此卖契为炤。

其契内银一并收足，再不另立收领，元则批。（押）

崇祯拾柒年陆月初四日　　立卖契　鲍元则（押）
凭中代笔　鲍于庭（押）
鲍用恒

【注】

[一]原件藏北京大学图书馆。

一〇九二　南明弘光元年（一六四五）休宁县黄震卖楼屋白契〔一〕

廿四都六图立卖契人黄震，今因缺少使用，情愿央中将自己承祖楼屋壹所，坐落土名芳干田，系养字　号，其屋东至　，西至　，南至　，北至　。共地　步，共税　，本身合得一半，计地　，计税　。又将门前地乙片，土名　系养字　号，计地　，计税　。其地东至　，西至　，南至　，北至　。今将前项八至内屋、地，上至瓦砾，下至地磉并四围砖墙、石脚、门窗、户扇、阁桥板一应等件俱全，尽行立契出卖与同都一图亲人许　名下为业。当日凭中三面议定时值价银柒拾两正，其银当成契日随推，并无异说。倘有来历不明及重复交易等情，尽是卖人之（支）当，不涉买主之事。今恐无凭，立此卖契存炤。

弘光元年三月　日

立卖契人　黄　震

凭亲见人　许懋初

许凤石

许朋石

程众允

前项契内银两当成契日随手一并收足。同年月日再批。领号。

【注】

〔一〕原件藏中国国家图书馆。又北京大学图书馆藏清抄本休宁许氏《卖契底簿》有抄件。

一〇九三　南明弘光元年（一六四五）休宁县许肇隆卖地白契〔一〕

二十四都一图立卖契〔人〕许肇隆，今将承祖火佃地〔土名大溪〕边竹园〔二〕，系常字四千八百卅三号，计共地　。其地东至　，西至　，南至　，北至　。于内本身合得分数柒步，该税贰厘八毫，并在地火佃屋砖墙石塝地仆出入路道等项，尽行立契出卖与族叔许　藻名下为业。三面议定时值价银乙两弍钱整，其银当成契日随手一并收足，其屋地今从出卖之后，一听买人自行管业受税为定。如有内外人拦占及重复交易一切不明等事，尽是卖人之（支）当，不涉买人之事，其税粮，册年本户即行起推，并无难异[三]。今恐无凭，立此卖契存招。

弘光元年三月　　日　　　　　　立卖契　许肇隆（押）

　　　　　　　　　　　　　　　中　见　许凤石（押）

税收成贵户原一甲许志有户推。

前项契内价银自成契日随手一并收足。同年月日批（押）　领。

【注】

[一]原件藏中国国家图书馆。又北京大学图书馆藏清抄本休宁《许氏卖契底簿》有抄件。

[二]此四字系据休宁《许氏卖契底簿》补。

[三]难异，抄件为「异说」。

一〇九四　卖田契格式（甲）[一]

立卖田契人某都某图某人同某等，今因缺少钱粮，无从辨纳[二]，是以父子兄弟商议，情愿凭中将受分祖父早晚田地一段，坐落土名某处，共计几十几亩，载种租若干，田塘水圳俱已脚踏，四至明白。或少则就开东至某处，西至某处，南至某处，北至某处。或多则止云四至载明在后。内有瓦草房几间，门窎户扇，园林竹木，一应俱全。或随各处地方，如有石硫、石碾、牛车、风车、斛桶、碓、磨、牛栏、猪圈[三]，又在人酌量添减。尽行出卖与某名下为业。当日三面言议时值价银若干，随契交足，俱系一色细丝[四]，不欠分毫。其田请问亲房族内人等，不愿成交。亦无重复交易，并无债负准折。所买所卖，系是二比情愿。原非逼勒。如有不明，俱在卖主一任承管，不干业主之事。自买以后，照契管业。所有田上税粮，悉依丈量方口，包与卖主输纳[五]。俟过大造黄册，过割入户当差，再无异说。今恐人信（心）难凭，立此卖田文契，子孙永远为照。

【注】

[一]明陈继儒《尺牍双鱼》卷十《关约、契帖》。原题《卖田契》。

[二]辨纳，即「办纳」。「辨」通「办」。

[三] 石硫，即碌碡（音同遛轴）。亦作「磟碡」。为破土块、碾场脱谷的农具。《玉篇·石部·磟》：「磟碡，平田器。」
[四] 细丝，银色之一种。
[五] 包与卖主输纳，当作「刨与买主输纳」。

一〇九五　卖田契格式（乙）[一]

某都某人今为无银用度，情愿将己分官、民田几坵[二]，计丈得几亩几分，坐落土名某处。东至某人田，西至某处，南至某处，北至某处。今将四至明白，欲行出卖。除问亲房人等，不愿承买，凭中说合，出卖与某宅为业[三]。三面商议，卖值时价纹银若干两，其银当日交足，其田即听银主管业，照田收租。至造册之时，除割收户当差，不得刁蹬勤贴赎回等情[四]。其田的系己业，如有来路不明，卖主支当，不涉银主之事。所买所卖，二家各无返悔。今恐无凭，立契存照。

【注】

[一] 明徐三省《世事通考·外卷·文约类》。原题《田契》。原注：「如典田则云出典与某宅。至期取，不得留难云云。」「取」下脱一「赎」字。
[二] 官民田，或为官田，或为民田。卖官田则是卖田面权，因田底（骨）权属于官府。
[三] 以上体现「先取问有服房亲，次及邻人，四邻不要，他人并得交易」之制。
[四] 勤贴，「勤」似为「勒」之误。勒，强制。勒贴，强制要求贴补。

一〇九六　卖坟地契格式[一]

立卖坟地文契人某都某图某，有山一片/园一所，坐落地名某处，东至某，西至某，南至某，北至某。该载民米多少。今因无钱用度，凭中卖与某名下为业。当日三面言议时值价银若干，即时交足。所卖山/园一任买主完葬坟茔，不得生情阻当、勒贴。其地的系应分物业，与房族人等无干，亦无重叠不明等事。如有此等，俱系卖主承当，不干买主之事。所有钱粮照数包纳。待大造日，听从收割入户。今恐无凭，立契为照。

【注】

［一］明陈继儒《尺牍双鱼》。原题《卖坟地契》。

一〇九七　卖屋契格式（甲）［一］

立卖房屋基地人某同某等，今因饥寒无措，情愿将自己受分房屋并基地几间，东至某，西至某，南至某，北至某。已上四至明白，上连瓦盖，下连地基，（或不卖地基，止用下半磉石［二］），门窗户扇，一任完全，寸土木石，不到损折，托中某人，尽行出卖与某为业，当日三面言议时值价银若干整，银、契两相交讫，并无分毫悬欠。先时俱过亲房族内人等。凡包套重叠、典卖不明人（之）类，一切俱无。如有不明，出卖人自管明白，不干买主之事。所作交易，系自二比情愿，故（固）无逼勒、债负准折等情。自卖已后，听从买主管业，无得别生异说。如有悔者，甘罚契内价银一半与不悔人用。恐后无凭，立此卖契为照。

【注】

［一］明陈继儒《尺牍双鱼》。原题《卖屋契》。

［二］磉石，柱下石。

一〇九八　卖屋契格式（乙）［一］

某都某人，今为无银用度，情愿将自己该分祖上遗下房屋几间，大小若干，或带菜园旷地在内。东至某人屋，西至某房，南至某处，北至某处。今将四至明白，欲行出卖，投请房族，无人承买，凭中引到某处，三面言议时值价纹银若干两正。其银即日交足，其房任从买主管业，卖主并无寸瓦片石一木在内。候造册之年，听从除割收，永为己业。其房的系即己应分，并不曾典揖交加，不明荐事。如有各色出，自卖主支当，不涉置买主之事。此系书根，各无反悔。今欲凭立契存照。

【注】

［一］明徐三省《世事通考・外卷・文约类》。原题《屋契》。原注：「如典屋则云：出典与某宅，银不起利，屋不起租。至期取赎，不得留难云云。」

一〇九九　卖男契书格式[一]

某都某人，今亲生男立名某，年登几岁。为因家贫，日食无借，或因欠少官粮，情愿托中引到某宝[二]，得酎（酬）劳银若干。立契之日，一并交足。本男即听银主抚养成人，与伊婚娶，终身使用。朝夕务要勤谨，不敢牒闪懒惰。如有此色出，自某支当，跟寻道还。倘有不虞，系即己命。本男的系亲生，并无重宜（叠）、来历不明等事。今欲有凭，立文契并本男手印为照。

【注】

[一] 明徐三省《世事通考·外卷·文约类》。原题《卖男契书》。

[二] 应作「某家」。

一一〇〇　钱粮收帖格式[一]

某都某图某里长今收到本都某甲某图排年户首某户丁某名下米丁若干，一应收完。恐后无凭，立此收帖存照。

【注】

[一] 明徐三省《世事通考·外卷·文约类》。

附　买地券

一一〇一　明洪武三十年（一三九七）滁州王氏妙安买地陶券[一]

一　陇西郡李氏，祖贯滁州[二]三才乡，河北保任
二　中军都督府佥事骠骑将军李瑛
三　故母夫人王氏妙安[三]，祔葬于祖茔之左[四]。请
四　术士白彦奇，发山川毓秀，坤位之灵；运以
五　震山胎伏，坎山入坐，丙午揖潮，六秀案拱，
六　八山荫护，气脉同宗；回龙顾祖，金钱银货，
七　安厝〔宅兆〕。东至甲乙青龙，西至庚辛白虎，
八　南至丙丁朱雀，北至壬癸玄武。中官戊己
九　坤宫。□□祭闻五土，立券千载，同盟冢圹，
十　卫安体魄。吉气福荫后人，券吉著膺坤德。
一一　显妣王氏夫人执券，永兹冥格。
一二　天运洪武三十年岁次丁丑四月望日骠骑将军孝男李瑛券。
一三　　阴阳地理仙师郭景纯盟
一四　　承授地理术士白彦奇书[五]

【注】

[一]朱振文、夏天霞《安徽滁州市南小庄发现明墓》，《考古》一九九六年第十一期第八十七页图四《买地券拓本》。文曰：「买地券一块，陶质，置于后室。上阴刻楷书十四行，二百二十字，字内填朱砂。」又《中国古代砖刻铭文集》（上）第五〇五页，图版一九三八《李瑛为母王妙安买地券砖》（下）图版说明一九三八。一九九三年安徽滁州珠龙乡南小庄出土。干刻铭文。正书，十四行，行十五字左右，计二百一十二字。传玺按：此券实为二百一十三字。

［二］滁州，治今安徽滁州市。

［三］《安徽滁州市南小庄发现明墓》曰：「墓主人王妙安之夫李茂之为明洪武年间中军都督府佥事，寻拜骠骑将军，为正二品。」王氏是诰命夫人。

［四］祔葬，合葬。亦谓葬于先茔之旁。《礼记·丧礼小记》：「祔葬者不筮宅。」孙希旦集解：「祔葬，谓葬于祖之旁也。」

［五］此券行文简明扼要，格式讲究，书法清秀；又将盟者阴阳地理仙师和书者承授地理术士两位的身份和姓名并刻于券末，以示郑重，处处体现了券主身份之高贵。

一一〇二　明正统九年（一四四四）合肥县陶时买地砖券[一]

（正面）

阴　契

一　维

二　大明正统玖年，岁次甲子，十二月初一日乙巳朔，葬日庚申越[二]，

三　直隶庐州府合肥县在城右三厢长宁坊居住迁启孝陶盛，伏缘故

四　弟陶时，于正统八年六月初七日吉时还山安厝之后，累生灾咎，亡魂不能安

五　妥，夙夜忧思，不遑所措。遂今日者，择此高原，来去朝迎，地占袭吉。地属

六　本县南乡第一保之原，墙为宅兆，作丁未山结穴，癸丑向[三]。□已出钱綵买

七　到墓地一方。南北长一十二步，东西阔二十四步。东至甲乙青龙，南极丙丁朱雀，西抵

八　庚辛白虎，北拒壬癸玄武；内方勾陈，管分四域；丘丞墓伯，封步界畔；道路将军，

九　齐整阡陌。致使千秋百载，永无殃咎。若有干犯，并令将军、亭长缚付河

十　伯。今备牲宰、酒脯、百味、香新，共为信契。财地交相各已分付。令工匠修

一一　营安告，永保□吉。

一二　知见人，岁月主；代保人，今日直符。故气邪精，不得干恪。有此先

一三　居者，永避万里。若违此约，地府主吏自当其祸。助葬主里外存亡，

一四　悉皆安吉。急急如五帝使者女青律令！

一五　券立两本：一本付后土，一本乞付墓中，令亡弟陶时收把准备。恐有邪神野鬼安

一六　行争占，仰亡过陶时执此前赴

一七　大玄都[四]省陈告付，永远照用。今分券背上又书「合同」二字，令故气伏尸永不侵争。

一八 张坚固

一九 李定度

二〇 给

（背面）

券文

一 太乙金章[五]，神气辉光[六]。

二 六丁左侍，六甲右旁[七]。

三 青龙拱卫，白虎趋锵。

四 朱雀正视，玄武当堂。

五 蛇鼠远迹，邪精伏藏。

六 亡魂安妥，子孙吉昌。

七 五方五土[八]，不得飞扬。

八 川源吉水，永镇山岗。

【注】

[一]《中国古代砖刻铭文集》（上）第五。五页，图版第一九三九《陶时买地券砖》（正背）。（下）图版说明一九三九。一九八八年安徽合肥市桐城路出土。干刻铭文。正书，两面刻，正面二十行，行字不等，计四百零四字，额横题四字，背面道教咒语八行，行八字，计六十四字。后刻道教符箓。长宽约31厘米。著录，汪炜等《安徽合肥出土的买地券述略》（《文物春秋》二〇〇五年第三期）

[二] 庚申越，至十二月十六日。

[三] 丁未山，癸丑向，座西南偏南，朝西北偏北。

[四] 大玄都，传说中的神仙居处。托名汉东方朔著《海内十洲记·玄洲》：「上有大玄都，仙伯真公所治。」

[五] 太乙金章，天神和金印。太乙，亦作「太一」，天神名。《史记·封禅书》：「天神贵者太一。」司马贞《索隐》引宋均云：「天一、太一，北极神之别名。」金章，古代称官印之金印、铜印，亦称高官的官服。

[六] 神气辉光，神气，神妙灵异之气。辉光，即光辉。

[七] 六丁、六甲，道教所说的两种神灵名称。名称均用天干地支相配而轮值时日。六丁为丁卯、丁巳、丁未、丁酉、丁亥、丁丑，属阴神；六甲为甲寅、甲辰、甲午、甲申、甲戌、甲子，属阳神。皆供天帝驱使。道士亦可用符箓召请以驱鬼。

[八] 五方五土，五个方向和五色土壤。五方，东、南、西、北和中央。五土，青、赤、白、黑、黄五色土。天子封皇子为王者，封于东方则授以青土；南方则授以赤土；西方则授以白土；北方则授以黑土；中央则授以黄土。东汉蔡邕《独断》：「苴以白茅，授之各以其所封之色，归国以立社，故谓之

受茅土。」

一一〇三　明正统十一年（一四四六）南昌县余妙果买地砖券[一]

太上女青符

一　青乌子[二]曰：「天生万物，人最为灵。生存凡世，殁故地藏。葬不斩草立券，谓
二　之盗葬。」今为亡人而作券，文曰：「大明国江西南昌府南昌县在城高士
三　坊居住孝信[三]陈以贵、以纲、以安、以华，孝媳妇刘氏、杨氏、罗氏、杨氏、蔡氏，
四　孝女陈氏，孝孙[四]陈鑚、錋、镧、钧、铭、关子、灵官、保关、帅保、孟哲，孝夫陈志海[五]
五　哀眷等[六]，痛念命妣陈母余氏妙果，原命生于洪武十九年，丙寅岁，九月
六　初九日辰时，大限[七]殁于正统十一年六月二十一日未时。原亡人生存
七　之日，将阳钱[八]九九之数，在于后土阴官处买得阴地一穴，坐落灌城乡
八　悬塌里[九]铁冶界南。其地系东南辰巽，行龙作戌乾向[十]；东有甲乙青龙，南
九　有丙丁朱雀，西有庚辛白虎，北有壬癸玄武，上至苍天，下至幽泉，中至
十　亡人安身之处。四至之内，安厝万年。福荫儿孙，富贵双全。名山秀水，尽
一一　属亡人受用。敢有下邪小鬼侵犯墓坟，急准
一二　太上女青律令，先斩后奏。
一三　符券到处，星火奉行。
一四　元始符命，　告下什方。　都卫形魂，
安镇玄堂。
一五　五方五煞，　不得飞扬。　子子孙孙，
永世吉昌。
一六　一如诰命。
一七　「車玄」　（符）　正
一八　天运正统拾壹年丙寅岁九月十七　日给券人　金主簿
一九　时见人　李定度
二十　读书人　张坚固

券

二一　　　　　　　　　　为书人　石功曹

二二　今付亡者陈孺人余氏妙果收执，冥中照证

【注】

[一]《考古》一九八七年第三期第二二九页，陈柏泉《江西出土地券综述》图九《明正统十一年余妙果地券》；陈柏泉《江西出土墓志选编》附录《唐至明地券文》三八《明余妙果地券》，江西教育出版社一九九一年版，第五八四—五八五页。该券于一九五五年出土于南昌市。券高、宽均为38厘米。砖质，写刻填朱，二二行。券尾有符箓。券石藏江西省博物馆。传玺按：该券上有题额，作「太上女青符券」，正楷，大字，自左至右横书。券文正楷，小字，直书，自左右行，满行二七字，软硬抬头讲究。此制在历代券文中极少见，很有研究价值。但为了照顾本书体例，该券文及其题额均改为右起左行。

[二]青乌子，传说中的古代堪舆家。或说黄帝时人，或说秦汉时人。《广韵・平青》引汉应劭《风俗通》：「汉有青乌子，善数术。」

[三]孝信，居丧期的佛教信士。

[四]孝孙，居丧期的孙辈。

[五]孝夫，余妙果之夫。

[六]哀眷，居丧期之亲属。

[七]大限，生命的极限，死期。唐权德舆《古兴》诗：「人生大限虽百岁，就中三十称一世。」余妙果享年六一岁。

[八]阳钱，人世间使用的钱。

[九]悬塌里，陈柏泉录文作「悬榻里」。

[十]戌乾向，西北方向。此言其坟墓坐东南向西北。

一一〇四　明正统十二年（一四四七）遵化县太监王法兴买地瓦券[一]

一　维

二　大明正统拾贰年，岁次丁卯，捌月庚申朔，越初拾日己巳

三　　信官王法兴致告于

四　后土皇地祇五方五帝山川百灵：今命阴阳，拣到福地，宜于顺天府蓟州

五　　遵化县兴仁乡尹家峪，迁作子癸山，午丁向[二]，分金坐壬子[三]，广德龙为

六　寿基，遂用阳钱五谷九万九千九百九十九贯九文九分九厘九毫，

七　东王公、西王母处，买到选择杨救贫妙行真人长生帝旺年月，行年
八　得长命富贵，利宜修营山向，选吉得
九　尊帝二星，盖照山向。其地东至青龙，西至白虎，南至朱雀，北至玄武。四至分
十　明。书契人：张坚固；牙保人：李定度。修造之后，永保信官王法兴。寿比南
一一　山，福如东海。官禄荣显，子姪蕃昌。百年之后，永享安乐。故气邪精，不
一二　得忏恡。如违，依
一三　《女青天律》治罪。今立券者。
右给付受地太监王法兴准此

【注】

[一]《考古》一九九七年第四期，刘震、刘大文《河北遵化县发现一座明墓》第九三页图三《买地券拓本》。第九四页(二)随葬器物：「买地券一方。青陶瓦制，梯形。高33、上边24.1、下边23厘米。券文楷书阴刻，填朱。地券记载该墓营建于明正统十二年。」共有十四行，满行二十八字。

[二]子癸山，午丁向，坐北向南。

[三]壬子，属北方。

一一〇五　明景泰元年（一四五〇）定辽中卫崔源买地石券[一]

墓

一　维景泰元年，岁次庚午，七月癸卯朔　越十七日，
二　辽东都司北城官舍居住孝男崔胜等，
三　伏念先考昭勇将军都指挥崔公讳源[二]奄世，未
四　卜茔坟，夙夜忧思，不惶所厝。须凭日者，择此高
五　源（原），来去朝迎，地占袭吉。地属辽阳城南，千山之
六　岭，堪为宅兆。梯己出备钱綵，买到墓地一方。南
七　北长四十六步，东西阔三十八步，左至青龙，右
八　至白虎，前至朱雀，后至玄武。内方勾陈，管擘四

九　域；垣承墓伯，封步界畔；道路将军，齐整阡陌，致
十　使千秋百载，永无殃咎。若有干犯，并令将军亭
一一　长缚付河伯。谨以香仪供卫，信契财地两相交
一二　领。令工匠修营安厝已后，永保休吉。子孙兴旺，
一三　人马平安。
一四　知见人：岁月主，代保人：今月(日)直符。故气邪精，
一五　不得干恡。先有居者，永避万里。若违此约，地
一六　府主吏自当其祸。荫助葬主，里外安吉。
一七　急急如五帝使者女青律令。券立二本，一本奉付
一八　后土，一本给付墓中，令昭勇将军都指挥崔公
一九　源收把，准备永远照用。今分□墓上，又书「合
二十　同」二字，令故气伏尸永不侵争。

券

【注】

[一]《文物》一九七八年第十一期，辽宁省博物馆文物队、鞍山市文化局文物组《鞍山倪家台明崔源族墓的发掘》第二二页图一六《崔源墓券拓片》，第二五页《崔源墓券》：「券石方形，上部抹去二角。每边长 37、厚 7.1 厘米。券文楷书，上部横錾『墓券』二字。券文二十行，满行十八字。」券额和券文均右起左行。

[二]该「简报」第二五页有《崔源墓志》：「志石方形，边长四一厘米。志盖篆书『昭勇将军崔公墓志铭』三行九字。志文楷书，二十八行，满行二十九字。」略谓：「公姓崔氏，讳源，字本清，其先沈阳人。……明习孙吴。永乐间，随驾北征，累功进升武略将军。宣德元年，同太监亦信下奴儿干等处招谕，进指挥佥事。正统……十有二年又征之，有功，进指挥使……」

一一〇六　明景泰五年(一四五四)鄱阳县周宽、田氏买地石券[一]

据祖贯北京顺天府通州武清县[二]灰埚口社人氏。见任淮府仪司仪卫正，今寓江西饶州府鄱阳县南隅延宾坊下棚巷居，奉道孝孙信官周源等，伏为祖考武德将军周宽神主存日[三]，享年八十一岁，原命前辛丑年[四]十月二十四日未时受生，大限于正统辛酉年[五]三月初三日戌时身故。再为祖妣赠宜人[六]田氏妙贞香魂存日，享年六十九岁，原命前丁未年[七]六月二十日辰时受生，大

限于宣德乙卯年[八]三月初三日子时，在广东韶州府曲江县东门里拔萃坊身故，焚化停寄于妙果寺，至今理宜投请安葬。据词得此，谨依先天地理阴阳诸书，择选年庚山向大利代迁。用价银六两，买到鄱阳县东北关后山坠芝山寺山园地一大段，坐落寺前西边山脚下。东至高堑，南至土井相井，西至山脚堑路，北至本寺园地。四界分明，凭中人交足，从便迁葬。仰寺坛土地龙神，毋得阻截地脉。其地坎艮山行龙，乃果麒麟狮子大座之地。震申山庚向，合得水星来到，星金之穴，阳山阳向，午水来潮。土金星作案，左青龙回顾，叠叠高峰，挂榜御街。水流辛戌，荫益五万年，家道兴隆。亥子寅辰年月，主生贵子，加升官职，世代延洪。自葬之后，仰烦东岳城隍，本境里社土地，长风水龙神，毋得阻当穴道，等因。如有此等，仰周宽、田氏妙贞宜人，一同执此地契碑牌，径赴三天门下陈告，依女青天律施行。须至出给者。右给付武德将军周宽，赠宜人田氏妙贞神主。准此。

大明景泰五年四月二十八日，孝孙信官周源。

先天出卖地人：白鹤大仙人

先天引见人：东王公

先天依口代书人：西王母

先天太上敕旨：今日今时。

情愿领地价，龙神守穴。土地领见钱六千贯，交足无欠。神霄玉府上卿掌雷霆省府院便宜事曾道兴押。

【注】

[一]陈柏泉《江西出土墓志选编》附录《唐至明地券文》三九《明周宽暨田氏地券》，江西教育出版社一九九一年版，第五八五—五八七页。该券于一九八八年出土于波阳县。券高61、宽47厘米。石质，写刻，二四行。券额刻有「先天炁雷府」，周边刻券草纹。券石藏波阳县博物馆。录文后原注：「周宽（一三六一—一四四一），河北武清县人。淮王朱瞻墺于宣德四年（一四二九）八月就藩于广东韶州府，为王府仪卫，随王至韶州。正统元年（一四三六）一月，淮王移国江西饶州，又随王至饶州，居波阳县。正统六年（一四四一）亡故，与田氏合葬于波阳。」

[二]武清县，今属天津市。

[三]神主，为死者立的灵牌或神位。

[四]前辛丑年，元至正二十一年（韩林儿宋龙凤七年，公元一三六一）。

[五]正统辛酉年，明正统六年（一四四一）。

[六]宜人，封建时代妇人因丈夫或子孙而得的一种封号。自北宋政和年间始，有国夫人、郡夫人、淑人、硕人、令人、恭人、宜人、安人、孺人等名号，随其夫或子孙的官品而别。明清以五品官妻、母封宜人。

[七]前丁未年，元至正二十七年（一三六七）。

[八]宣德乙卯年，明宣德十年（一四三五）。

一一〇七　明景泰七年（一四五六）登州卫后所李某某买地瓦券[一]

一 大明国景泰七年，岁次丙子，二月庚子朔，越十五日甲寅。
二 登州卫后所百户[二]唐□所军人，在城东南隅居住，葬主孝
三 男李□□缘
四 □淹逝，未卜茔坟，夙夜忧思，不遑所厝。遂令日者择此高
五 原，来去朝迎，兆占袭吉。地[三]葛子场之原，堪为宅兆。梯已出
六 青钱綵买到墓地一方，南北长一十二步，东西阔一十步，
七 东至青龙，西至白虎，南至朱雀，北至玄武。内方勾陈，管分
八 □□□，丘承墓伯，封步界畔。道路将军，齐整阡陌。致使
九 千年百载，永无□□。若有干犯，并令将军、亭长缚付河伯。
十 今□此□□□，百味香新，共为信契。财地交相各已分付。今[四]
一一 工匠修茔安厝已后，永保休吉。
一二 知见人：岁月主。代保人：今日直行[五]。故气邪
一三 精不得干□。先有居者，永避万里。若违此
一四 约，地府主吏自当其祸。助葬主□外存亡
一五 悉皆安吉。急急如
一六 五帝使者女青律令
一七 奉付[六]
一八 后土地□□神

【注】

[一]罗振玉《地券征存·明李□□买地券》。券高一尺五寸三分，广一尺五寸四分。十八行，行二十二字，正书。唐风楼藏，今已破碎，但存一二片。

[二]登州卫后所百户，治今山东蓬莱。百户，官名。为卫所之官，掌兵百人，官与兵多世袭。（见《明史·职官志一》）

[三]地，同「兆」。《龙龛鉴·支部》：「地，禛也。」《五音集韵·小韵》：「兆，俗作地。」禛（音同真），至诚感神而得福。《说文·示部》：「禛，以真受福

也。」

［四］今，为「令」之误。

［五］今日直行，或当是「今日直（值）符」之误。

［六］奉付，或当作「券付」。

一一〇八　明景泰七年（一四五六）上元县金福满买地砖卷[一]

维

大明景泰七年，岁次丙子，十月丁酉朔，越二十五日辛酉，大吉宜良。贯籍应天府上元县十三坊铁狮子衙官舍居住[二]。祭主孝男金福满洎家眷等[三]：伏缘故太监金英神主存日，阳年六十三岁。原命甲戌相八月十二日吉时受生，大限于景泰七年六月初一日申时分寿终。自从顷逝，未卜营（茔）坟。夙夜忧思，未遑所厝。遂凭术者择此高原，龟筮协从，相地得吉。地属应天府江宁县安德乡英台寺山之畔，依辛酉山，乙卯向，堪为宅兆。谨用钱九万九千九百九十九贯文，兼备綵币，买地一方。东西一百二十步，南北一百二十步。东至青龙，西至白虎，南止朱雀，北至玄武。内方勾陈分掌四域，丘丞、墓伯谨肃界畔，道路将军齐整阡陌。今具牲牢醴斋，共为信契。财、地交相各已分付。令工匠修茔安厝已后，永保安吉。

知见人，岁月主；代保人，今日直符；故气邪精不得忏恡。先有居者永避万里。若违此约，地府主吏自当其祸。助葬主内外存亡，悉皆安吉。急急如

五常（帝）使者女青律令　　　　券付

亡过太监金英神魂收执，永为照证。

【注】

［一］《文物参考资料》一九五四年第十二期第六十四页，华东文物工作队《南京南郊英台寺山明金英墓清理记》。地券为方形，全文计十九行，每行最多二十五字，少则一字。

［二］上元县，与江宁县同为应天府治。今江苏南京。

［三］洎（音同记），及，到。此处同「暨」。

一一〇九　明成化六年（一四七〇）光山县胡熙买地砖券[一]

一　　维大明成化六年，庚寅岁，十二月甲辰朔二十七

二　日庚午，河南汝宁府光州光山县安定乡第三都
三　遥紫畈宫堰社居祭主胡义、胡礼、胡智等，伏为
四　显考封户科给事中[二]胡公讳熙神主奄逝未卜安
五　厝，特择本畈西冈之原，来去朝迎，地占悉吉，堪为
六　宅兆。先备钱綵，买到墓地一穴。南北二丈四尺，东
七　西二丈四尺。东至青龙，南至朱雀，西至白虎，北至
八　玄武；内方勾陈，管分擘四域；丘丞墓伯，封步界畔；
九　道路将军，齐整阡陌，致使千年百载永无殃咎。若
十　有干犯，并令将军、亭长缚付河伯。今备牲牢、酒脯，
一一　共为信契。财地交相各已分付。安厝已后，永保迪
一二　吉。知见人，岁月主；代保人，今日直符。故气邪精
一三　不得干恡。先有居者，永避万里。若违此约者，
一四　地府主吏自当其祸。助葬主里外存亡，悉皆安吉。
一五　急急如
一六　五帝使者女青律令！
一七　　右契付故者封户科给事中胡熙逝灵执照

【注】

[一]《中国古代砖刻铭文集》(上)第五〇六页，图版一九四一《胡义等为父胡熙买地券砖》明成化六年(一四七〇)。(下)图版说明一九四一。一九四九年以后河南新县出土，藏新县文物管理委员会。干刻铭文。正书，一七行，行二十字，计二九〇字。长 33，宽 32，厚 5 厘米。著录：《新中国出土墓志·河南〔贰〕》附二(五)。附注：券原为二方，现仅存一方。

[二]给事中，官名。明代中央机构，分吏、户、礼、兵、刑、工六科，每科设都给事中一人，左右给事中各一人，给事中若干人，钞发章疏，稽察违误，其权颇重。

一一一〇　明成化十二年(一四七六)庐陵郡主朱氏买地券[一]

太上高皇帝敕□□[二]，大明江西宁府奏：敕庐陵郡主朱氏[三]，原命生于前丁亥年四月二十五日未时[四]，不幸终于丙申年七月初

十日酉时[五]。因往南山采药，路逢仙人，辞酒一盅，醉而不返。就将银钱九百九十九贯，于东王公、西王母名下，买到阴地一穴。坐落南昌府南昌县仪凤乡四十七都，地名赤岸山。午向。东至青龙，西至白虎，南至朱雀，北至玄武，上至青天，下至黄泉，五方四至为界安葬田。郡主朱氏在上，万万于年。主贵富于千年，佑儿孙于万代。人兴财旺，物畜丰肥。阴倡阳和，家安人乐。

〔后缺〕

【注】

[一]见《考古》一九八七年第三期第二一九页，陈柏泉《江西出土地券综述》附录八。

[二]太上高皇帝，朱元璋谥曰高皇帝，庙号太祖。当称「太祖高皇帝」。当时的买地券受道教影响，多书有「太上」「太上老君」字样。本券因此有「太上」之语。

[三]宁府，宁献王权。权为朱元璋第十七子，洪武二十四年（一三九一）封。逾二年，就藩大宁（治今内蒙古宁城县西老哈河北岸大名城）。永乐二年（一四〇四）二月，改封南昌（今江西南昌市）。正统十三年（一四四八）去世。敕，诰敕，诰命。皇帝的封赠命令。庐陵，县名。吉安府治，今江西吉安市。庐陵郡主朱氏，宁王朱权之女。《明史》卷五十四《礼八·册亲王及王妃仪》附《册公主仪》：「凡皇姑曰大长公主，皇姊妹曰长公主，皇女曰公主，亲王女曰郡主，郡王女曰县主，孙女曰郡君，曾孙女曰县君，玄孙女曰乡君。郡主以下，受诰封，不册命。」

[四]原命，即「元命」。朱氏之「元命」，即其出生年为「前丁亥」，是永乐五年（一四〇七）。其六十一岁（虚）为「后丁亥」，是成化三年（一四六七）。

[五]丙申年，成化十二年（一四七六）。时朱氏虚年七十岁。

一一一一　明成化十八年（一四八二）北京内官监太监张端买地砖券[一]

一　维

二　大明成化十八年，岁次庚寅[二]，十月丙寅朔，越十九日甲申，兹缘

三　内官监太监[三]近故张公讳端之灵存日，享年六十四岁。原命己亥

四　相[四]二月十一日未时受生，原籍浙江嘉兴府平湖县[五]二十五

五　都生长人氏。大限于成化十八年九月二十四日子时[六]，在于

六　内府病故。未卜茔坟，夙夜忧思，不遑所厝。今在顺天府宛平县香

七　山乡，相地袭吉，谨用钱财九万九千九百九十九贯文，在于

八　后土阴官处，买地一所，迁作坤山艮向[七]。东至青龙，西至白虎，南至

九　朱雀，北至玄武；内方勾陈，分擘四域；丘丞墓伯，封步界畔；道

十 路将军，齐整阡陌。致使千秋万载永无殃咎。若辄干犯词(诃)禁，

一一 将军、亭长者缚付河伯。今以三牲酒礼[八]，钱财兼用五綵币帛[九]，

一二 供为信契。然伸安葬之后，山神送喜，地域呈祥。水涌山环，绕

一三 佳城之郁郁[十]；藏风聚气，拱福祉以绵绵[十一]。子孙延昌盛之祐，孝

一四 眷享康宁之福。知见人，岁功曹、月主登明；代保人，今日直符、

一五 太乙主领。内外存亡，悉皆安吉。故气邪精，不得忏恡。若违此

一六 约，地府主吏自当其罪。急急如如

一七 五帝使者女青律令！券书一样二本，后有「合同」，一本给付

一八 后土阴官，一本给付亡者收执照用。

一九 诰下符命 永镇佳城

二十 㕕(符篆)[十二]

【注】

[一]《中国古代砖刻铭文集》(上)五〇六页，图版一九四二《张端买地券砖》。(下)三四六页，图版说明一九四二《张端买地券砖》。北京海淀香山出土，藏北京石刻艺术博物馆。干刻铭文。正书，一九行，行二三字，计三八七字。长、宽各59厘米。著录：《新中国出土墓志·北京》附二(五)。附注：券原为二方，现仅存一方。

[二]明成化十八年岁次庚寅，误，当作「壬寅」。

[三]内官监太监，明朝的十二监太监之一。《明史》卷七四《职官志三·宦官》：「宦官·十二监。(本注：每监各太监一员，正四品；左、右少监各一员，从四品；左、右监丞各一员，正五品；典簿一员，正六品；长随、奉御无定员，从六品。)司礼监、内官监、御用监、司设监、御马监、神宫监、尚膳监、尚宝监、印绶监、直殿监、尚衣监、都知监。」内官监本注：「掌印太监一员，总理、管理、佥书、典簿、掌司、写字、监工无定员，掌木、石、瓦、土、塔材、东行、西行、油漆、婚礼、火药十作，及米盐库、营造库、皇坛库，凡国家营造宫室、陵墓，并铜锡妆奁器用暨冰窨诸事。」

[四]己亥相，相，相属，用以记人生年的十二生肖。《说郛》卷七三引宋洪巽《旸谷漫录》：「子鼠、丑牛、寅虎、卯兔、辰龙、巳蛇、午马、未羊、申猴、酉鸡、戌犬、亥猪为十二相属。」张端生于明永乐十七年，公元一四一九年。其生肖为亥猪。

[五]淛江，即浙江。淛是「浙」的异体字。《史记·项羽本纪》：「秦始皇帝游会稽，渡浙江。」《索隐》：「韦昭云：『浙江在今钱塘。』……盖其流曲折。《庄子》所谓『淛河』，即其水也。淛、折声相近也。」亦地区名，后代犹用之。即浙江省。如元王祯《农书》卷一三：「梧桐角，淛东诸乡农家儿童，以春月卷梧桐为角吹之，声遍田野。」参阅清顾祖禹《读史方舆纪要·浙江一》。

[六]大限，寿数，死期。唐韩愈《昌黎集》二二《祭薛中丞文》：「长途方骋，大限俄穷。」

[七] 坤山艮向，座西南，朝东北。

[八] 三牲酒礼，儒家以牛、羊、豕为三牲。《礼·祭统》：「三牲之俎，八簋之实，美物备矣。」《礼·宰夫》：「凡朝觐会同宾客以牢礼之法。」汉郑玄注：「三牲，牛羊豕具为一牢。」道教以麞、鹿、麂为玉署三牲。宋陶穀《清异录·玉署三牲》：「道家流书，言麞、鹿、麂是玉署三牲，神仙所享，故奉道者不忘。」

[九] 币帛，缯帛。古代用于祭祀、进贡、馈赠的礼物。唐封演《封氏闻见记·纸钱》：「按古者享祀鬼神，有圭璧、币帛，事毕则埋之。后代既宝钱货，遂以钱送死。」五綵，亦作「五采」，指青、黄、赤、白、黑五种颜色。亦泛指多种颜色。

[十] 佳城，喻指墓地。《西京杂记》卷四：「滕公驾至东都门，马鸣，跼不肯前。皆以前脚跼地。久之。滕公惧，使卒掘马所跼地。入三尺所，得石椁。滕公以烛照之，有铭焉……曰：『佳城郁郁，三千年，见白日。吁嗟滕公居此室！』滕公曰：『嗟乎！天也！吾死其即安此乎？』死遂葬焉。」《文选·沈约〈冬节后至丞相第诣世子车中作〉诗》：「谁当九原上，郁郁望佳城。」李周翰注：「佳城，墓之茔域也。」按：滕公。夏侯婴号。

[十一] 绵绵，本字作「緜」。《玉篇》作「绵」。连续不断貌。《诗·大雅·緜》：「緜緜瓜瓞。」

[十二] 骑缝半字。

一一一二　明正德七年（一五一二）庐陵县旷钰买地石券[一]

大明国江西道吉安府庐陵县宣化乡三十五都梅花社社背居住孝男旷造、旷遹、旷速、孝妻王氏，洎于孝眷人等，伤心痛念先考旷公讳钰，字弘信，号信古，生于正统戊午年三月十八日午时[二]，不幸于正德壬申年八月初六日未时[三]，缘为在家，出不择日，行不选路，□往□□□□花□，遇仙人赐酒，玉女献香，不觉乐陶，忘返归路，抛弃□□，享年七十有五。是乃生用阳宅以住居，死作阴坟以安厝。遂将阳钱九万九千九百九十九文，凭牙保买到地主东王公、西王母鬻地一区，巽巳山，乾亥向[四]，所在地名东庄田。东至甲乙，南至丙丁，西至庚辛，北至□□，上至皇天，下至黄泉。据青乌子白鹤仙化卜今吉辰。安厝之后，□□□坟，二十四□龙神奠妥。千年逢吉，万古无凶。富贵绵延，儿孙昌盛。或有山林草野、竹木精灵侵夺，□□仰守坟将军为墓使者擒拿拷问，并依女青大律，毋得轻恕。

为此，今恐亡人无凭，故立券文，永久为照用。

大明正德七年岁次壬申，十二月十四日甲寅良吉，秉告于东王公、西王母。

牙保人：张坚固；为书人：李竟渡；证见人：□□□；读契人：□□□；寻地人：青乌子；迁穴人：白鹤仙。

敕。（太上九尊破地仙师灵符一道）

【注】

[一]《庐陵古碑录》第一四二页。原题《旷公信古翁地券》。原注：「嘉靖乙酉，改葬罗侯壬山丙向。」「一五〇六（原注「一五〇六」，当作「一五一二」）、青石质、40×35×3、敦厚、二〇〇三年二月二十八日。」江西人民出版社二〇〇七年出版。

[二]正统戊午，正统三年，公元一四三八年。

[三]正德壬申，正德七年，公元一五一二年。

[四]巽巳山，乾亥向，座东南偏南，朝西北偏北。

一一一三　明正德八年（一五一三）徐州王道买地砖券[一]

一　维
二　大明正德八年，岁次癸酉，二月朔越二十二辛酉
三　日安葬，直隶徐州一乡七图祭主王粲主王粲等，伏为显
四　考义官王道，享春秋五十有一。元命丙寅[二]正月二
五　十九日亥时受生，于弘治九年[三]六月十九日终于
六　正寝。谨备金钱九万九千九百九十九贯文，兼五
七　綵信币，买到本州小山□□生地一穴，斩草兴工
八　营葬。知见，岁月主；代保人，东王公、西王母，见人，直
九　符使者。其地坐申向寅[四]，山水朝迎，龙虎拱伏。朱雀、
十　玄武，前后收道；内方勾陈，管分掌四域；丘丞墓伯，
一一　封步界畔；道路将军，齐整阡陌。万岁千秋，永保休
一二　吉。设有故气邪精，不得干犯。先游地魂，悉从诃禁，
一三　将军、亭长缚付河伯。□使存亡均安，后胤荣显。敢
一四　□□□□仪以告。急急如五帝主者女青律令！　立
一五　券一道，乞付墓中显考。□□一道，永远合同照证。

【注】

[一]《中国古代砖刻铭文集》(上)第五〇七页,图版一九四四《王粲等为父王道买地券砖》。(下)第三四六页,图版说明一九四四。江苏徐州出土。干刻铭文。正书,正向,倒向间刻,一五行,行一九字,计二六七字。尺寸不详。著录:《中国砖铭》图版一一七五。

[二]丙寅,明英宗正统十一年,公元一四四六年。

[三]弘治九年,公元一四九六年。

[四]坐申向寅,座西南偏西,朝东北偏东。

一一一四　明正德十年(一五一五)永新县萧氏孺人买地石券[一]

《青乌经》[二]云:「墓不斩草,买地不立券,谓之盗墓。」乃立券文:

维大明正德十年,岁在乙亥,丑月念一日癸酉[三],孤哀子颜道成、孝妇孙氏伏为:先妣萧氏孺人,生正统丙辰十二月初八日戌时[四],殁正德甲戌正月十九日戌时[五],年七十有九。今卜本月本日,安厝于本里利原月岭,午丁山,子癸向[六],为之宅兆。谨以冥货极九阳之数[七],币帛依五方之色[八],就于后土阴宫买地一区。东至青龙,西抵白虎,南极朱雀,北距玄武。内方勾陈,分治五土。彼疆尔界,在截其所。神武所步,鉴(竖)亥所度。丘丞墓伯,禁切呵护。粲彼罔蒙,投畀兕虎。弗迷兽异,莫予敢侮。千万亿年,永无灾苦。敢有干犯,神弗置汝。山堂亭长,收付地下。主者按罪,弗敢云赦。乃命翰林子墨客卿,作为券文。亡灵之执,永镇幽宅。天光下临,地德上载。藏辰令翔,神迎鬼避。涂车刍灵,是为器使。夔灵魑魅,莫能逢旃。妥亡祐存,罔有不祥。子子孙孙,克诚克昌。山灵地神,实闻此言。谓予不信,有如曒日[九]、梅仙[十]其时在旁见知。

急急太上女青律令(地券灵符一帧)

【注】

[一]高立人主编《庐陵古碑录》第三九七页。青石质,57×47,敦厚,二〇〇六年四月十二日。江西出版集团江西人民出版社二〇〇七年出版。

[二]青乌经,传说上古或秦汉时期的堪舆家青乌子著《相冢书》,亦称《青乌经》。后代泛称堪舆学著作为《青乌经》。

[三]丑月念一日癸酉,是年十二月二十一日。

[四]正统丙辰,正统元年,公元一四三六年。

[五]正德甲戌,正德九年,公元一五一四年。

[六]午丁山,子癸向,坐南朝北。

[七]极九阳之数,通称「九九之数」。自唐朝后期以来,买地券多写作「九万九千九百九十九文」。传说古代有山名曰九阳。《吕氏春秋·求人》:

（禹）南至交阯、孙朴、续樠之国，丹粟、漆树、沸水、漂漂，九阳之山。」高诱注：「南方积阳，阳数极于九，故曰九阳之山也。」称用冥货「极九阳之数」，极言其多。

[八] 五方之色，古代以青、赤、黄、白、黑五色分别代表东、南、中、西、北五方。《论语·阳货》：「恶紫之夺朱也。」南朝梁皇侃疏：「谓青、赤、黄、白、黑，五方正色。不正谓五方间色，绿、红、碧、紫、骈黄色是也。」

[九] 皦日，明亮的太阳。多用于誓辞。《诗·王风·大车》：「谓予不信，有如皦日。」孔颖达疏：「谓我之言为不信乎，我言之信有如皦然之白日。」

[十] 梅仙，仙人。西汉梅福字子真，九江寿春人，曾为郡文学、南昌尉。王莽专权，弃官离家。东汉以后，关于他成仙的传说甚多，江南各地以至闽粤，多有他所谓修炼成仙的遗迹。如梅岭，山名，亦名飞鸿山，在今江西省南昌市湾里区。据传梅福曾学道于此，因以得名。岭上有梅仙坛。

一一一五　明正德十一年（一五一六）北京神宫监太监李公买地砖券[一]

一　维正德十一年，岁次丙子，九月己卯朔，二十八日丙午，
二　祭官　御马监[二]等监太监田春、崔文　锦衣卫[三]千户孝弟
三　李赞洎家眷等，即痛念
四　神宫监太监[四]李公神主存日，享年六十八岁。原命己巳相[五]，七
五　月十七日辰时受生，大限于正德十一年九月初六日午
六　时倾逝。当备衣冠大殓[六]，停棺在堂，不敢久留，遂凭白鹤仙
七　人将己钱九万九千九百九十九贯及五綵信币，与东王
八　公、西王母，买到阴地一所，坐落顺天府宛平县香山乡小
九　南庄风水一穴，作酉山卯向之原[七]。东至朱雀，南至白虎，西
十　至玄武，北至青龙[八]，上至青天，下至黄泉。内方勾陈，分长四
一一　域[九]。当日明立地券，永为亡者安身清吉之所。万古佳城，千
一二　年宅兆。日听凤凰鸣，夜听金鸡唱。千年不改，万年不移，如
一三　有远近竹木精灵、泥神石精、山魈魍魉、古墓伏尸等祟亡
一四　相侵占，使亡者不安，生人受害，如有事，请亡者执此地券
一五　上告　武夷仙山[十]，照依　女青天律治罪施行。
一六　今恐无凭，故立此地券与亡人收执为照证者。
一七　出卖人：东王公、西王母。评议人：李定度。主盟人：张坚固

一八　勅(道教符箓)[十二]

【注】

[一]《中国古代砖刻铭文集》(上)第五〇七页,图版一九四五《李公买地券砖》。(下)第三四七页,图版说明一九四五。一九九七年北京海淀区北京理工大学出土,藏海淀区文物管理所。干刻铭文。正书,左行,一七行,行二二字,计三四八字。尾刻符箓。长62、宽62、厚12厘米。著录:《新中国出土墓志·北京》附二(六)(作「李瑾」)。传玺按:此券正文为正书、右行、一七行。

[二]御马监,十二监之一。掌印、监督、提督太监各一员,正四品。

[三]锦衣卫,官署名。明洪武十五年(一三八二)设置。原为护卫皇宫的亲军,掌管皇帝出入仪仗。后兼管刑狱,赋予巡察缉捕权力。明中后期,与东西厂并列,成为特务组织。

[四]神宫监太监,十二监太监之一。掌太庙各庙洒扫、香灯等事。

[五]己巳相,十二相属之一,为巳蛇。李公之「原命己巳相」为正统十四年,公元一四四九年。

[六]大殓,亦作「大敛」。丧礼之一。将已穿着装裹完毕的尸体放入棺材中。《仪礼·既夕礼》:「大敛于阼。」郑玄注:「主人奉尸敛于棺。」

[七]酉山卯向,坐西朝东。

[八]四神均错位,当作「东至青龙,南至朱雀,西至白虎,北至玄武」。

[九]分长四域,当作「分掌四域」。

[十]武夷仙山,古代传说中武夷山的仙人所居。《史记·封禅书》:「古者天子常以春秋解祠,祠黄帝用一枭破镜……武夷君用干鱼。」司马贞索隐引顾氏曰:「《地理志》云:建安有武夷山,溪有仙人葬处,即《汉书》所谓武夷君。」明吴栻《武夷杂记》:「又考古秦人《异仙录》云:始皇二年,有神仙降此山,曰余为武夷君,统录群仙,受馆于此。史称祀以干鱼,乃汉武帝时事也。今汉祀亭址存焉。」

[十一]骑缝半字。

一一一六　明正德十二年(一五一七)德州卫刘法传夫妇买地砖券[一]

明

一　　维

二　大明正德十二年,岁次丁丑,三月丙子朔,越初七日壬午,立券

三　安葬,宜当时良。今据

四　直隶德州卫右所第四屯营见在街北居住大葬祭主刘端等,

五　伏缘殁亡祖公公刘法传、娘娘许氏奄逝,未卜茔坟,夙夜忧思,

堂　券　式

六　不遑所厝。遂令日者[二]择此高原，来去潮迎[三]，地占袭吉。地属住宅

七　正西落北辛处，贵地壬山丙向之原[四]，堪为宅兆。梯已去备钱彩

八　九万九千九百九十九贯文，买到墓地一方，南北长二十步五

九　厘，东北阔二十步，计积四百一步，共地一亩八分八厘。东至青

十　龙，西至白虎，南至朱雀，北至玄武。内方勾陈，管分擘四域；丘承

一一　墓伯，封步界畔；道路将军，齐整阡陌，致使千年百载，永无殃咎。

一二　若有干犯，并令将军、亭长缚付河伯。今备牲牢、酒脯、百味、香新，

一三　共为信契，财地交相各已分付。今工匠修营安厝已后，永保大吉。

一四　　知见人：岁月主。代保人：今日直符。故气邪精不得干恡。先有居者，永避

一五　万里。若违此约，地府主吏自当其祸。助

一六　　葬主里外存亡，悉皆安吉。急急如

一七　五帝使者女青律令！

一八　券立二本，一本奉付

一九　后土，一本乞付墓中今亡人刘法传、许氏收把，准备□身永

二〇　　远照用。今分券背上又书「合同」二字，令故气袱（伏）尸永不侵争。

二一　　　岁主直符戊申之神

二二　　　月主直符壬申之神

二三　　代保人今日直符己酉之神

二四　正德十二年三月初七日大葬祭主刘端等□

【注】

[一]《中国古代砖刻铭文集》（上）第五〇八页，图版一九四六《刘端等为刘法传、许氏买地券砖》（第一种）。（下）第三四七页，图版说明一九四六。近年山东德州出土，济南徐国卫藏砖。干刻铭文。正书，额四字横题：券文二四行，行字不等，共计四四〇字。长宽各37.5厘米。同时出土买地券一式二块，文同。一块左行，额书「明堂券式」四个大字，本书已录，即本券。一块右行，额书「墓中券式」四个大字，款式、质地料均同，未录。

[二]日者，以占候卜筮和看风水为业的人。《史记》有褚少孙补《日者列传》。

[三]潮迎，当作「朝迎」。

［四］壬山丙向，坐北朝南。

一一一七　明正德十六年（一五二一）庐陵县刘氏孺人买地石券[一]

维正德十六年辛巳□□仲春吉二月拾一日宜良，贯江西道吉安府庐陵县宣化乡二十六都永阳居住奉柩孝男彭魁章、孝媳康氏、孝媳傅氏三娘、孝孙彭珊、孝孙妇陶氏秀娘、女孙独娘、孙婿王廷偕孝眷等，即日痛念先考母刘氏孺人。原命生于丙辰[二]闰六月二十四日辰时，殁于辛巳[三]二月十一日辰时。古往今来，自起祖昆仑分支，谨于择选宅兆，谨备冥钱玖玖之数，兼五方镇信缯练，今卜佳城，龟筮协从，相地为吉。烦土府龙山川主者，排八卦而立五星，买地壹区。今选祖所本里马园背原，作戌乾山，辰巽向[四]，以戌辰为主，永为龟窆而安厝之。东止青龙，南止白虎，西止朱雀[五]，北止玄武。内方勾陈，分治五土。彼疆此界，有截其所。神禹所度，坚固[六]真步。丘丞墓相，谨切呵护。驱彼□□，投此兕虎。弗异迷兽，莫予敢侮。千龄亿年，永无灾苦。所有干犯，神罚治汝。幽堂□□，□付地下。主者按罪不宥赦，翰林子墨作券文。亡人执掌，永镇幽宅。天光下临，地德上载。臧辰合朔，神迎鬼避。途车刍灵，是为器使。夔灵魑魅，未敢擅便。后土之神，伏望圹幽堂靖，原故气消除。亡者子子孙孙□□□□□□□神仙□□令。

（令符一道）

【注】

［一］《庐陵古碑录》第一五〇—一五一页。原题《明彭母刘氏地券文》。原注："一五二一、青石质、45×33×3、敦厚、二〇〇三年二月二十八日。"江西人民出版社二〇〇七年出版。

［二］丙辰，孝宗弘治九年，公元一四九六年。

［三］辛巳，武宗正德十六年，公元一五二一年。

［四］戌乾山，辰巽向，坐西北偏西，朝东南偏东。

［五］当作"南止朱雀，西止白虎"。

［六］坚固真步，当作"竖亥真步"。

一一一八　明嘉靖十二年（一五三三）盐山县李明买地砖券[一]

一　　维

嘉靖十二年，岁次癸巳，二月甲戌朔越十一日，破土立券。十七日安□
直隶河间府沧州盐山县礼义乡新民里，今在本县新街西居住□
李忠等，伏缘考亲李明奄逝，未卜茔坟，夙夜忧思，不遑所厝。遂令日
者择此高原，来去朝迎，地占袭吉。地属本县利方之原，堪为宅兆。□
已出备钱綵九万九千九百九十贯文[二]，买到墓地一方，南北长一十三步
三分六厘，东西阔一十二步五分。东至青龙，西至白虎，南至朱雀，北至玄武。内
方勾陈，管分擘四域。丘承墓伯，封步界畔。道路将军，齐整阡陌。
使千秋百载，永无殃咎。若有干犯，并令将军、亭长缚付河伯。令备
牲牢、酒脯、美味香新，共为信契。财地交相，各已分付。令工匠修茔安
告已后，永保休吉。
知见人，岁主癸巳，月主乙卯。代保人，今日直符己巳。故气邪
精，不得干犯。先有居者，永避万里。若违此约，地府主吏自当其祸。
助葬主里外存亡，悉皆安吉。急急如
五帝使者女青律令！　券立二本，一本奉付
后土阴君，一本乞付墓中。今分券背上书合同二字，令故气伏□□□□
年直符丙辰
代保人今月直符癸未
日直符己巳
付祖耶耶李刚[三]，祖□□□□□
李忠（押）
嘉靖十二年二月十一日买地立券安坟祭主人
李孝（押）
李贤（押）
李良（押）

合同[四]

【注】

[一]《中国古代砖刻铭文集》(上)《黑白图版》第五〇页,编号一九五一;(下)《图版说明·明》第三四九—三五〇,编号一九五一,《李忠等为父李明买地券砖》。一九九四年河北盐山县盐山镇出土。干刻铭文。正书左行,一九行,行三〇字,计四一三字。长 38、宽 37、厚 6.5 厘米。著录:王志斌《河北盐山出土明代买地券》(《文物春秋》二〇〇一年六期)。附注:同时出土买地券砖两块,此为其中之一。两块砖文同,上下扣合,右侧合缝处刻「合同」二字。传玺按:此券当是右行者。收入本书析作二四行。左行券文不录。

[二]九十下夺一「九」字。

[三]耶耶,当作「爷爷」。

[四]骑缝半字。

一一一九　明嘉靖十二年(一五三三)泰州徐蕃夫妇买地石券[一]

嘉靖十乙年十一月初四日,
大明国直隶扬州府泰州北关厢居住,原任保
定府知府徐嵩并弟岱,为父工部右侍郎、北屏
府君,母淑人张氏亡故,奉
朝旨谕葬。卜得本州东门外石桥河西,
系额废寺基,用金钱壹拾万贯文,立券承买,于
十二年三月初一日丑末寅初安葬。其地长四
十丈,阔二十丈,坐壬山丙向[二],子午分龙。周围筑
墙定界,四至明白,尽属亡命管业。千秋万岁,永
无殃咎。山妖土怪及旧祀邪淫不得妄有侵犯。
如违,定照上青女青律令施行。
右券一道刻石,工部右侍郎徐公夫妇永执照。

【注】

[一]《文物》一九八六年第九期第三页。江苏泰州市博物馆《江苏泰州市明代徐蕃夫妇墓清理简报》。原件于一九八一年年底出土于泰州市东郊鲍

坝菜园。《明史》卷一八八有传。中华书局校点本第四九七六页：「徐蕃，泰州人。弘治六年进士。授南京礼科给事中。武宗嗣位，复先朝所汰诸冗费，蕃等力争，不纳。后起江西参议，从都御史陈金讨平东乡寇。嘉靖时，累官工部右侍郎。」

［二］壬山丙向，子午分龙，墓穴用天干地支定方位，为坐北朝南。

一一二〇　明嘉靖二十六年（一五四七）庐陵县熊清秀买地砖券[一]

青乌子曰：「葬不斩草，埋地不立券，谓之盗葬。」乃作券文曰：

维大明嘉靖二十六年丁未岁，正月旦日甲寅良吉，贯江西吉安府庐陵县城西，宣化乡二十六都淳溪图安原社建普济雷坛居住孝男周启艮，法号正玄；启巽，法名瑞；启兑，启图；孝媳黄氏凤秀，黄氏闰玉，刘氏善玉；孝孙子学、子享、子孝；孝女桃娇、孝眷等，痛念明故先妣女官熊氏清秀孺人，原命生于弘治庚戌年[二]五月十六日丁卯戌时，曾于嘉靖丁酉年[三]十二月望日庚申，状投法官周震、王静忠、周愔玄保举，引诣平原法师周道正门下，奏授灵宝升玄曲，赦血湖宝箓紫府侍真夫人，辅正驱邪、护身保命之职为任。当给束身文凭，二道阴阳执照，不幸殁于嘉靖丙午年[四]十二月十九日壬寅午时，享年五十有七。生居华屋，死用冢宅。今备冥钱千贯，买到本里二十七都义平里灶长岭之原吉地一穴，东至甲乙青龙，南至丙丁朱雀，西至庚辛白虎，北至壬癸玄武，上至皇天，下至后土。以上六至为界明白，于内修建茔墓一穴，作卯乙山酉辛向[五]，以为女官万年之安宅。矧□年月，禀列宿之精灵：葬后，儿孙钟山川之秀气，人兴财旺，屋润家兴。若此境之内，倘有邪妖不正之神妄来侵夺者，凭此，山家太岁押赴阴司，依女青真人律令治罪施行。

今恐无凭，立此与亡人执照。故券。

出卖人：东王公；同卖人：西王母；西来人：张坚固；为书人：李定松。

泰山都省萧真人律令（灵符一帧）

【注】

［一］《庐陵古碑录》第二五五—二五六页。原题《明故周母熊氏孺人地券文》。原注：「一五四七、青砖质、40×38×4、敦厚、二〇〇三年二月二十七日。」江西人民出版社出版。

［二］弘治庚戌年，弘治三年，公元一四九〇年。

［三］嘉靖丁酉年，嘉靖十六年，公元一五三七年。

［四］嘉靖丙午年：嘉靖二十五年，公元一五四六年。

［五］卯乙山，酉辛向，坐东朝西。

一一二一　明嘉靖二十九年（一五五〇）庐陵县欧阳氏买地石券[一]

大明国嘉靖廿九年十二月庚申朔越十四日，夫萧大琏，哀子资侨、信、伉、仰，孝媳刘、叶、王、刘氏。伏为亡母欧阳氏生成化庚寅[二]三月二十三午时，享年七十岁，不幸于嘉靖廿八年三月二十七午时殁于正寝[三]。今卜本里泉水涡龟形戌山辰向[四]以为宅兆之所。堇（谨）以冥钱九九之数，及币帛依五方，就于后土灵官鬻地一区。

东至青龙，西抵白虎，南极朱雀，北距玄武。

内方勾陈，下殆五土。彼疆我界，有截其所。

神禹所度，竖刁（竖亥）所步。五道将军[五]，夷厥险阴。

丘丞墓伯，禁切呵护。驱彼魍魉，投畀豺虎。

弗迷异兽，莫予敢悔。天光下临，地德上载。

水秀山明，生炁会聚。亡人执之，永无灾苦。

安舆而立，呜呼千古。子子孙孙，为祭祀主。

敢有干犯，神弗置汝。山灵地祇，明听斯语。

急急如混沌赤文女青律令（符三道）

元始符命，普告十方。部卫形魄，安置玄堂。

水土聚旺，精邪伏藏。五方五炁，不得飞扬。

若子若孙，世代其昌。地下主者，信受奉行。

上清三洞五雷经录、九天金阙御史、清微采访事、臣曾碧

【注】

［一］《庐陵古碑录》第三七一页。原题《故萧母欧阳氏老孺人地券文》。原注：「一五五〇、青石质、54.5 × 42、敦厚、二〇〇六年四月十二日。」

［二］成化庚寅，成化六年，公元一四七〇年。

［三］嘉靖廿八年，公元一五四九年。自成化六年至本年，为七十九岁左右，似与「享年七十岁」不合。

［四］戌山辰向，坐西北偏西，朝东南偏东。

［五］五道将军，迷信传说中东岳的属神，掌管人的生死。《三国典略》：「巫曰：『五通将军入宅者不祥。』」《留青日札》：「今谓五道将军，盗神也。」亦

作「道路将军」。

一一二二　明嘉靖三十一年（一五五二）武昌县信女喻氏买地砖券[一]

一　大明国湖广武昌府武昌县市东秀衣
二　坊贾地信女喻氏，生于乙巳年正月十九[二]
三　日子时，卒于嘉靖三十年三月十六日
四　戊时，葬于嘉靖三十一年十二月十二
五　日寅时。在本县洪道乡寒桃村
六　□山保，扦作□山寅兼□艮三分□
七　堇。
八　大明嘉靖三十一年十二月十二日吉作。
九　　　　孝男　周志文
十　　　　　　　周志洪

【注】

［一］《中国古代砖刻铭文集》（上）《黑白图版》第五一一页，编号一九五六；（下）《图版说明·明》第三五一页，编号一九五六，《喻氏地券砖》。一九七八年湖北鄂州市百子畈出土。干刻铭文。正书右行，一〇行，行一五字左右，计一一二字。长宽各34厘米。著录：熊亚云《鄂州出土墓志·地券辑录及讨论》（《东南文化》一九九三年第六期）。

［二］乙巳年，明嘉靖二十四年，公元一五四五年。

一一二三　明嘉靖三十二年（一五五三）江都县应鹏买地砖券[一]

一　维嘉靖三十二年癸丑十一月二十五日丁卯
二　□□□江都县[二]东水关河东清平界永真乡居
三　□□□□□□□元妻徐氏、冢妇胡氏、介妇王[三]

四　□□□□□三里桥之原，地脉灵长，山水朝迎
五　□□□□□□宅兆，用财买得应鹏墓地一方，
六　□□七十一步，东至苍龙，西至白虎，南至朱雀，
七　□□□□□□□□，分□四域。丘丞墓伯，封步
八　□□□□□军，齐整阡陌。致使故气邪精不得
九　□□□□此约，并令将军亭长缚付河伯。今备
十　□□□□□为信券。涓年之季冬十二日甲申[四]
一一　□葬俾□□□宁，永安佳原。百世千秋，子孙多
一二　□□□□如　五帝使者女青律令。
一三　□□□□　后土冥官幽穴之神[五]

【注】

[一] 罗振玉《地券征存·残买地券》。券高一尺一寸五分，广一尺一寸七分。十三行，行十八字，左行，左侧有「合同」二半字，正书。
[二] 江都县，治今江苏扬州市。
[三] 元妻，嫡妻。冢妇，嫡长子之妻。介妇，非嫡长子之妻。《礼·内则》：「舅没则姑老，冢妇所祭祀宾客，每事必请于姑，介妇请于冢妇。」
[四] 涓年，选择吉利的年份，即指嘉靖三十二年（一五五三）。季冬，冬季第三个月，即农历十二月。
[五] 幽穴之神，地下、阴间的神灵。

一一二四　明嘉靖四十一年（一五六二）庐陵县萧止斋买地石券[一]

维「葬地不斩草，埋（买）地不立券，未知（谓之）盗葬。」故作券文：

大明国江西道吉安府庐陵县宣化乡三拾壹都，今有孝男广谟、广谅、广诚、广让，孝媳刘氏、叶氏、黄氏，孝孙萧泾、萧泮、萧汪、萧沅、萧汶，孙妇梁氏、尹氏、严氏、刘氏，曾孙萧梧、萧柱、萧桐等，将金钱银钱玖万九千九百贯文，买到地名大背虎形，坤山艮向[二]，安葬亡人萧钦仰[三]，要作千千年风水，荫益万万代儿孙。伏愿：一要子孙昌盛，二要广进田庄，三要堆金积玉，四要牛马满山岗，五要黄金满屋，六要鹅鸭满池塘，七要多生贵子，八要早登科第，九要首登龙虎榜[四]，十要身到凤凰台[五]。自此安葬之后，血财大旺，牛生金角，马化龙池，鸡生凤凰之子，鹅生白雁之儿。大发兹财家富足，金银财谷积如山。东至甲乙木，西至庚辛

金，南至丙丁火，北至壬癸水，中央戊己土。以上四至明白，再无勾绞相连。若有古墓妖精作怪，仰九牛破地大将军先斩后奏。急急如律令！

奉行令（灵符一帧）

出卖人：张坚固；中议人：李定度；正见人：天边雁；过钱人：水中鱼；交契人：杨救贫。

付与亡人萧公钦仰执此地券为后照用。嘉靖四十一年十二月二十八日立此地券文。

【注】

[一]《庐陵古碑录》第一七五—一七六页。原题《明故萧公止斋地墓券文》。原注：「一五六二、青石质、57 × 40 × 3、敦厚、二〇〇三年二月二十七日。」江西人民出版社二〇〇七年出版。

[二] 坤山艮向，坐西南，朝东北。

[三] 萧钦仰，名严，别号止斋，其字钦仰，补郡博士弟子员。参看《庐陵古碑录》第一七四页《明故止斋萧处士墓志铭》。

[四] 龙虎榜，科举高中之意。唐贞元八年（七九二），欧阳詹与韩愈、李绛等二十三人于陆贽榜联弟，詹等皆俊杰，时称「龙虎榜」。见《新唐书·文艺传下·欧阳詹》。后因谓会试中选为登龙虎榜。

[五] 凤凰台，令人向往之台名。在今江苏南京市南面。唐李白《登金陵凤凰台》诗：「凤凰台上凤凰游，凤去台空江自流。」

一一二五　明万历二年（一五七四）沅州林佐买地砖券[一]

（正面）

一　天师给由阴阳地契券付故考林公讳佐冥府执照

二　伏以　上有天象，日月光明。下有地旺，山水朝迎。中有戊己，五炁和□。三元钟秀，四

三　□□□。龙真穴正，宜葬亡魂。今明朝湖广都司沅州卫指挥舍人[二]，住居地城

四　北门威振坊，土地分明。故林佐生于乙丑[三]七月初三日申时，殁于万历元年九月十四日戌时。

五　□□棺柩处，今白鹤仙人寻遇风水一穴，座落土名城东杨渡坊老祖畔，申山寅向[四]，

六　庚申三分为茔，四至明白。□士使用冥钱玖万玖千玖百玖十贯文，凭中□进大开皇帝

七　□分明，远小大利。于甲戌年丙年月甲申日戊辰时[五]，禄马双朝，太阳主照，安葬林

八　佐受地，荫旺人财、田畜、子孙□秀，瓜瓞绵绵[六]。厝后不许侧近占墓山□□□□□

九　□仙□□林佐魂墓。如有此等，仰当境土地天□□郎，一并拿赴　九天太山门正地

十　司郡都司，女天律究治施行。仍属亡人，受地官祭务□永保。须至契券者。是照。

一一　□□□开四□：东至甲乙，南至丙丁，西至庚辛，北至壬癸，上至皇天，下至后土，永远受用。

一二　明朝万历二年五月　　日。天地开通，太阳寿吉，大开皇帝

一三　中议人

一四　中证人

一五　百子千孙，万年发福　交钱人

一六　点穴人

一七　右契给付亡人林佐冥府执照

（背面）

一　明故显考林公讳佐地契券记

二　（符箓内有「九天玄女急急敕」[七]句）

三　明朝万历二年仲夏吉立券志

【注】

[一]《中国古代砖刻铭文集》（上）《黑白图版》第五一二页，编号一九五八；（下）《图版说明·明》第三五二页，编号一九五八，《林佐买地券砖》。一九九五年湖南芷江县垅坪乡林氏家族墓地出土。干刻铭文。正书，两面刻，正面正向、倒向间刻，一四行（本书作一七行），行三二字左右，计三九一字。背面二五字，中画符箓。长37×34×2.2厘米。著录：芷江县文物管理所《湖南芷江木油坡明墓群清理报告》（《江汉考古》一九九七年二期）。传玺按：由于出土券文斑剥严重，识读困难，原释文的错误较多，券文多处不通。本书收入时，以原释文为基础，做了进一步考订，确认字文较多。但仍存在不少问题。只可供研究者参考。本书恕不一一注出。

[二]湖广都司，明朝初年以元朝的湖广等处行中书省置湖广布政使司，其最高军事机构为湖广都指挥使司，简称湖广都司。沅州卫，设于沅州（今湖南芷江）的最高军事机构，约有士卒五千六百人，卫的军事长官称指挥使。指挥舍人为其亲信部属。

[三]乙丑，林佐殁于万历元年（一五七三）。此前有两个乙丑年。即嘉靖四十四年（一五六五）和弘治十八年（一五〇五）。林佐生年当以弘治十八年为是。

[四]甲山寅向，坐西南偏西，朝东北偏东。

[五]甲戌年丙午月甲申日，万历二年（一五七四）二月二十一日。

［六］瓜瓞绵绵，喻子孙众战。《诗・大雅・緜》：「緜緜瓜瓞，民之初生。」疏：「大者曰瓜，小者曰瓞；而瓜蔓近本之瓜必小于先岁之大瓜，以其小如瓝，故谓之瓞。」緜，亦作绵。瓝，音同帛，小瓜。

［七］九天玄女，亦称「元女」「玄女」「九天娘娘」。中国古代神话中的女神，后为道教所信奉。

一一二六　明万历六年（一五七八）新都县孙大镇墓砖券[一]

魁罡镇墓券文

一　维大明国四川成都府新都县利水乡普利寺近塋奉

二　神立券镇墓。亡人孙氏大之神主存阳命，丁丑年十二月初二日丑时[二]，系本地

三　分孙宅生长人氏。终年六十一岁，卒于万历伍年四月十四日亥时。故自

四　亡停柩卜厝，于万历六年十一月二十五日辰时安葬。□独曰：

五　普告三界[三]，赫赫辉旸。宝券灵文，永镇玄堂。

六　白虎正西，玄武北方。青龙东界，朱雀南方。

七　五行运化，开发流洋。太上符命，祛邪除殃。

八　天圆地方，律令九章。天有九柱，地有九梁。

九　上覆天盖，下布魁罡[四]。五行八卦，定吉中央。

十　太上秘偈[五]，镇司幽堂。登天券式，降印合相。

一一　右券给付亡人孙氏大收领　奉

一二　万历六年岁次戊寅十一月二十五日吉时立

【注】

［一］《中国古代砖刻铭文集》（上）《黑白图版》第五一二页，编号一九五九；（下）《图版说明・明》第三五三页，编号一九五九，《孙大墓镇墓券砖》。四川成都新都县出土，现藏新都县文管所。干刻铭文。正书，额横题左行。文左行一二行，行字不等，共计一三六字。有界栏。长49、宽45、厚7厘米。著录：《中国砖铭》图版一一八〇。本券不是买地券，而是镇墓券。因券文极近于买地券，有参考价值，因之收录。

［二］丁丑年，明正德十二年（一五一七）。

［三］三界，佛教用语。佛教把生死流转的人世间分为三界，即欲界、色界、无色界。

［四］魁罡，指北斗星的河魁与天罡（亦作冈）二星，主吉凶。

［五］偈，佛经中的喝词。通常以四句为一偈。

一一二七　明万历八年（一五八〇）华阳县李廷声买地砖券[一]

一　大明国四川成都在城寓石马巷前正街居住，
二　万历丁丑科进士[二]、原任山东临清州知州、孝子
三　李元龄，奉神立券。敬为　故显考少湖李公
四　讳廷声之灵。存阳弘治甲子相闰四月初一日[三]
五　辰时生，原系江西南昌府丰城县归德乡黄城
六　里八十七都辛溪地分生长人氏，享年七十五
七　岁。终于万历七年正月初三日丑时奄逝。龟筮
八　叶从，相地袭吉。宜于成都府华阳县[四]庆丰里观
九　音庵后山之原，安厝宅兆。谨备冥钱九万九千
十　九百九十九贯文[五]，兼五彩信币，诣
一一　皇天后土处，买到坐子向午墓地一穴[六]。左至青龙，
一二　右排白虎、前迎朱雀，后送玄武。内方勾陈，分擘
一三　四域，丘丞墓伯，封部界畔。道路将军，齐整阡陌。
一四　致使千秋万载，永无殃咎。若有干犯，并令将军、
一五　亭长缚付河伯。今备牲牢、酒脯、云钱，共为信券。
一六　财地交相分付。工匠修营，至今日安厝，永保后
一七　清吉。知见人，岁月主。代保人，直符。故气邪精，不
一八　得忓恡。先有居者，远避万里。若违此约，地府主
一九　吏自当其祸。助葬主内外存亡，悉皆安吉。急急如
二十　五帝使者女青律令！　施行。
二一　右券文一本付给显考李公讳廷声正魂。准此。
二二　万历八年庚辰岁十二月十九日甲寅子时告下。
二三　孝子李元龄、亨龄、贞龄，孙李鏊立券。

【注】

［一］《中国古代砖刻铭文集》（上）《黑白图版》第五一三页，编号一九六〇；（下）《图版说明·明》第三五三页，编号一九六〇，《李元龄为父李廷声买地券砖》。四川成都新都县出土，现藏新都县文管所。干刻铭文。正书，二三行，行一八字，计三九七字。长 37.5、宽 33.5、厚 2.4 厘米。著录：《中国砖铭》图版一一八一。附注：或为石质。
［二］万历丁丑科，万历五年（一五七七）在北京举行的进士科考试。
［三］弘治甲子，弘治十七年（一五〇四）。
［四］华阳县，今四川成都市。
［五］冥钱，即阴间的货币。亦称冥货。
［六］坐子向午，坐北朝南。

一一二八　明万历年（一五八二）吉安府胡氏孺人买地砖券[一]

吉安府永阳生员刘时夷携子秀，[二]，以先母胡氏孺人生弘治甲寅[三]三月二十一日丑时，殁隆庆□□六月初七日未时，今卜本年万历十年□月十八日寅时之吉，改附葬祖□□□六都永阳炭庄长岭，乙山辛向[四]，□□□用□九万九千九百九十九□□□五彩礼帛，置地一区。东至青龙，南至朱雀，西至白虎，北至玄武。内方勾陈，□□□□□□□□谨肃□封；道路将军，齐□□□□□相干犯，□禁将□□行敕将首□今后共为信誓，财地相交，令付工匠修营，□□作保无咎。若违此约，地府驱使自当□□主□内外，存亡悉吉。

急急如玉帝主□律令、唵（灵符一帧）

孝男时夷，孙子秀立

【注】

［一］《庐陵古碑录》第一九〇页。原题《先母胡氏孺人墓券》。原注：「一五八二、青砖质、长 35、宽 36、厚 4、敦厚、二〇〇三年二月二十七日。」江西人民出版社二〇〇七年出版。
［二］永阳，镇名，在今江西吉安市西南。明置巡检司于此。
［三］弘治甲寅，弘治七年，公元一四九四年。
［四］乙山辛向，坐东朝西。

一一二九　明万历十四年(一五八六)华亭县许潮买地砖券[一]

一　维大明万历十四年，岁次丙戌，十
二　月初十辛未日寅时立。系下隶松
三　江府华亭县[二]白砂乡十三保东寒
四　字圩横泾水西居住信人许潮，本
五　命癸卯[三]，行年四十四岁，十一月初
六　十戌时建生。年月通利，理合置造
七　寿基生椁，坐落祖茔之左，格作子
八　山午向[四]。分金设用金钱九万九千
九　九百九十九贯九文[五]，兼五彩礼致
十　信币，置地一穴，四域[六]，丘丞墓陌[七]谨
一一　肃界封。道路将军，齐肃阡陌。若辄
一二　干犯诃禁，将军河泊[八]。今以牲牢、酒，
一三　共为信誓。今修茔之后，永保太平。

【注】

[一]《中国古代砖刻铭文集》(上)《黑白图版》第五一三页，编号一九六二；(下)《图版说明·明》第三五四页，编号一九六二；《许潮生圹买地券砖》。民国年间上海松江县出土，吴县王謇旧藏。干刻铭文。正书，正向、倒向间刻，一三行，行一三字，计一六九字。有界格。长25.2、宽24.7厘米。附注：此为生圹地券。此砖拓片由济南聚雅斋徐国卫先生提供。传玺按：编号一九六三为《许潮妻张氏生圹买地券砖》(万历十四年)，券文与许潮雷同；编号一九六七为《许潮妻张氏生圹买地券砖》(万历四十年、正侧)，残。两券均未收入本书。

[二]华亭县，今上海松江区。

[三]本命癸卯，明嘉靖二十二年(一五四三)生。

[四]子山午向，坐北朝南。

[五]分金，甘愿奉献的钱财。贯九文，「九」字衍。

[六]四域，当作「分掌四域」。券文多处缺漏。

[七] 墓陌，当作「墓伯」。

[八] 河泊，当作「河伯」。

一一三〇　明万历十七年(一五八九)上海县潘云买地券[一]

维大明万历十七年，岁次乙丑，〔五〕月乙巳朔越二十六日庚午，〔籍〕贯直隶松江府上海县高昌庙二十五保城隍庙界肇嘉滨(浜)水南奉道[二]信士潘云五十六岁，原命甲午十一月初四日受生[三]，大限于今年五月二十三日正寝[四]。停柩在堂，未遑安厝。择取吉地一穴，坐落淡井庙界肇嘉滨水北，祖茔之穆[五]，坐壬向丙[六]。涓今吉辰[七]，斩草向金井流日，用工营建定北，择于十月二十一日乙未吉时安厝。谨用金钱九万九仟九百九十九贯文，兼五綵信帛，送土府开皇土主门下，给取券书热(执)照。其地左至青龙，右至白虎，前至朱雀，后至玄武。内方勾陈，分掌四域；丘丞、墓伯，谨肃界封；道路将军，齐整阡陌。若辄干犯何(呵)〔禁〕，将军、落长即行敕付河伯。谨以牲醴之仪共为信契。财地交相分付。工匠修〔茔〕安厝，永保无咎。若违此约，地府主吏自蒙华祸。主掌内外悉皆安吉。山明水秀，地久天长，福及后者。急急如五帝女青君主者律令。敕谨券。

【注】

[一]《考古》一九六一年第八期第四二五页，上海市文物保管委员会《上海市卢湾区明潘氏墓发掘简报》。

[二] 上海县今属上海市。

[三] 甲午，当作「甲午岁」，明世宗嘉靖十三年(一五三四)。

[四] 正寝，古代天子、诸侯常居治事之所。也称路寝。《公羊传·庄公三十二年》：「八月癸亥，公薨于路寝。路寝者何？正寝也。」后亦泛指居屋之正室。人年老病死，称为寿终正寝。

[五] 祖茔之穆，古代宗法制度，宗庙或墓地的辈次排列，以始祖居中，二世、四世、六世位于始祖的左方，称「昭」；三世、五世、七世位于右方，称「穆」，用来分别宗族内部的长幼、亲疏和远近。「祖茔之穆」即在祖茔之右方。

[六] 坐壬向丙，坐北朝南。壬，北方。《说文·壬部》：「壬，位北方也。」

[七] 涓，选择，择取。《文选》晋左太冲(思)《魏都赋》：「涓吉日，陟中坛，即帝位，改正朔。」

一一三一　明万历二十七年(一五九九)兰州戴廷仁买地砖券[一]

一　万历二十七年，岁次己亥，八月丁巳朔[二]，趞(越)二十一日丁酉祭之(主)

二　孝子戴云鹏、云鹤，孝孙男戴光国、光图、光圜，伏缘显考
三　诰封明威将军戴公讳廷仁，神魂
四　自从奄游以来，未卜茔地。风在西□□□□游令□者卜□
五　高原，来去朝迎地，占卜兰州卫西□□□□，作丁山癸向[三]，□
六　为宅兆。出给价银买到兰州卫□□□□□□□□□拾□
七　东西阔拾丈。自备银钱九万九千九百九十九文□五□
八　信帛于
九　皇天后土处买地龙子岗□地一□……
十　朱雀，后至玄武，上指……
一一　者（青）天，小（下）指黄泉[四]。中央系□者
一二　……□□□掌四□，丘承墓作（伯），
一三　……千秋万岁，永无□咎。若有子（干）
一四　……□宝牲牢酒□，百□□□，共为
一五　……□□修茔已□，米（永）□□吉。右券
一六　……身永为□
一七　……主传送之□
一八　……曹之神、□□□神、□之神
一九　……右□人□三□
二十　……□□□□□□□。

【注】

[一]《文物》一九九八年第八期，甘肃省文物考古研究所《兰州市兰工坪明戴廷仁夫妇墓》第六〇—六一页，《戴廷仁买地券》：「砖买地券一件，方形，烧制火候不高，右上角残。砖边长45、厚6厘米。券文朱书，共二十行，行满二四字。」

[二]丁巳朔，当作「丁丑朔」。

[三]丁山癸向，丁属南方，癸属北方。丁山癸向谓座南朝北。

[四]此行当作「青天，下指黄泉」。本券释文多误。如第四行「风在西□」，当作「夙夜忧□」。第十一行「者天，小指黄泉」，当作「青天，下指黄泉」等。

一一三二　明万历三十一年(一六〇三)思南府张守宗买地砖券[一]

一　……
二　……
三　□□上□□□山峙川流
四　孝男张国重、国□、国还、国
五　□□□孙张昱、(张)晟、张勖……
六　□□时寿享七十八□□
七　□□万历癸卯年
八　仙师□□□□□□
九　□□□□□□钱九
十　□皇后□□□□□
一一　□□□□□葬万胜(山)
一二　乙酉至庚寅□□□□
一三　丁□北□□□公中止
一四　□□□□□□□八月丘
一五　□□□□□□□西□取
一六　捧棺□□□□□□
一七　□□□□□□□
一八　□□□□□□才右合十六人□
一九　□(万历三)十壹年癸卯岁

【注】

[一]《文物》一九八二年第八期，贵州博物馆刘恩元《贵州思南明代张守宗夫妇墓清理简报》。第三二页："买地券砖，一件，长 29.5、宽 28、厚 5 厘

米。近正方形。正面用朱笔划小方格，铭文为朱笔楷书，共十九行，行十八字。能辨认的有以下六十余字（图一〇）。前十六行，每行顺逆相间。地券背面中间画符箓文，右边是「□年太岁□盟早荫□□□□」，左边是「□□□□香气爇□□□安」。《简报》三二页《几点认识》：「一、关于墓主：按墓碑中间题『明赐进士出身户部山西司员外郎诏晋中宪大夫□□□张老先生之墓』。据康熙《贵州通志·人物志》及《思南府续志·选举志》：张守宗，水德司（今思南）人，明嘉靖二十八年举人，嘉靖二十九年进士，历任户部山西司员外郎。《思南府续志·古迹志》载，张守宗墓在『河东万胜山顶』。从该墓的地理位置以及残留墓碑、买地券砖铭文来印证，与方志的记载相合。据买地券砖铭文，知墓主张守宗死于万历三十一年（一六〇三年），享年七十八岁。则张守宗当生于嘉靖五年（一五二六年）。……四、关于买地券砖及镇墓符砖：该墓出土的买地券砖，形式别致，铭文每行正倒相间，内容除叙述墓地形势和墓主简历外，并有『仙师』、『皇后』等字样；同出的四块镇墓符砖，其中两块『元始安土玉符』砖，符箓中间有『金木水火土』等字，后面的长篇咒文中有『九宫八卦太岁神君』，另两块符砖铭文有『身披北斗，头戴三台』之语。这些都具有浓厚的道教色彩。说明明代道教已在贵州十分盛行。」传玺按：思南府，明永乐十一年（一四一三）置，治所在水德江长官司，后改安化县，即今贵州思南县。

一一三三　明天启七年（一六二七）仁和县郎兆玉买地砖券[一]

一　　维

二　大明国浙江杭州府仁和县[二]羲同坊二图土地范明

三　大王祠下居住信士郎斗金、奎金、壁金，有父亲郎兆

四　玉，别号明怀，

五　赐进士第、奉政大夫、直隶淮安府同知[三]，于天启元年

六　六月十四日戌时，往九仙山采药，[四]，忽遇大仙赐酒三

七　杯，酩酊一梦不还。就凭白鹤仙指引，用九万九千九

八　百九十九贯文，买到皇天后土真龙福地一穴，坐

九　落钱塘县[五]定北五图徐村五名显圣坞三位夫人祠

十　下。东至青龙，西至白虎，南至朱雀，北至玄武，上至青

一一　天，下至黄泉。今具六至明白，给付与明怀翁，为万年

一二　阴宅。倘有邪神野鬼魑魅魍魉侵僭坟穴者，将券[六]捉

一三　至东岳圣帝案前[七]，以法驱遣。自安葬之后，□荫科甲

一四　联芳，位登台鼎[八]。子孙荣盛，永保千秋。此券。

一五　天启七年七月二十一日申时立券人皇天后土王　　荣

一六　　　　　牙人张坚固　华
一七　　　　　　　廷宝　富
一八　　　　　□人白鹤仙　贵
一九　　地券

【注】

[一]罗振玉《地券征存·明郎斗金等为父买地券》。券高一尺七寸二分，广一尺六寸七分。十九行，行二十一字。三、五、七、九、一一、一三行倒写，每行顺逆相间。正书。近出杭州。

[二]仁和县，治今浙江杭州市。

[三]淮安府，治今江苏淮安县。同知为知府之副职。

[四]九仙山，仙人所居之山。南朝梁武帝《登名山行》：「采药逢三岛，寻真遇九仙。」《云笈七签》卷三：「九仙者，第一上仙，二高仙，三火仙，四玄仙，五天仙，六真仙，七神仙，八灵仙，九至仙。」

[五]钱塘县，治今浙江杭州市。

[六]将券，可能是「将军主吏」之误。

[七]东岳圣帝，即东岳天齐仁圣大帝，简称「东岳天齐大帝」「东岳大帝」「东岳圣帝」，是道教所奉泰山神。传说东岳大帝掌管人间生死。《云笈七签·五岳真形图序》：「东岳泰山君领群神五千九百人，主治死生，百鬼之主帅也。」

[八]台鼎，台阁鼎辅之官，高官。

一一三四　明崇祯六年(一六三三)合肥县郎朝用买地砖契[一]

一　伏以三皇五帝，八卦之宫，地理之间，物各有主。川之融结，风水之秀气，其
二　生也居之以宫，其死也葬之以礼。不立文契，无以为凭。今据
三　大明国直隶庐州府合肥县在城左二厢布政坊居住主祭孝子郎应选，
四　伏缘久故显考郎太公讳朝用，显妣宋氏孺人，二位之柩，自从奄逝，未终
五　大葬。夙夜忧思，不遑所厝。遂令日者择此高原，卜到大西门外，坐
六　□八里岗，庐州卫军人李应华屯地岗垅一块，正作佳城。午山子向[二]
七　之原，堪为宅兆。出给钱彩九万九千九百九十九贯文，买到

八 皇天后土住下阴地一穴。其地左按青龙，右按白虎，前按朱雀，后按玄

九 武。内方勾陈，分掌四域。致使千秋万载，永无殃咎。更祈亡者安稳，生者

一〇 □福。富贵绵远，子孙兴盛。人财两旺，永保吉兆。立券二本，此一本给付

一一 墓中 考、妣魂下收执付身，永远照用。今券后书「合同」二字，故气伏尸永不侵争。

一二 大明崇祯六年，岁次癸酉，三月廿四月安葬立。代保人，今日直符天罡等神。

合同契二张，永远吉兆[三]

【注】

[一]《中国古代砖刻铭文集》（上）《黑白图版》第五一六页，编号一九七一；（下）《图版说明·明》第三五七页，编号一九七一，《郎朝用买地券砖》。一九八五年安徽合肥市杏花乡五里岗大队望塘队出土。干刻铭文。正书，一二行，行二七字左右，尾刻九大字，共计三三二字。长、宽 31、厚 4 厘米。著录：汪炜等《安徽合肥出土的买地券述略》（《文物春秋》二〇〇五年三期）。

[二] 午山子向，坐南向北。

[三] 骑缝半字。原释作「存一柩二张永远吉兆」，似不准确。拙释与券文「券后书合同二字」一致。

一一三五 明崇祯九年（一六三六）新都县陈宗孔买地砖券[一]

永 镇 幽 堂

一 维大明崇祯九年，岁次丙子，十二月[二]初一日辛未，至二十

二 六日丙申良旦，奏

三 四川成都府新都县八阵乡军屯镇下坝观音堂住居，奉

四 神吉山付券资冥孝信 即日投京上吉

五 山家后土、上皇地祇、高皇大帝御前，但以孝信伤心，奉为

六 故考陈公宗孔之神主来也，庚子相[三]四月初一日寅时，本居生

七 长人氏。于崇祯三年八月二十一日酉时故。自亡之后，彩（踩）踏风水，

八 贵地点穴，坐向艮□加旦小三分[四]。山水还（环）绕[五]，地脉清奇，四段

九 扶雍。后亡□□宗，幸值五音太极，八卦相生。□帛褚财付券。

十 付亡考墓中，永远执照。

一一 右券给付亡考真魂正魄，墓中执照。

【注】

[一]《中国古代砖刻铭文集》(上)《黑白图版》第五一七页，编号一九七二；(下)《图版说明·明》第三五八页，编号一九七二，《陈宗孔买地券砖》。四川成都新都县出土，现藏新都县文管所。干刻铭文。额正书横题，一行四字；文正书，小字十行，行字不等，尾大字一行，共二一〇字。长38、宽30.5、厚3厘米。著录：《中国砖铭》图版一一八六。附注：或为石质。

[二]原释「十一月」，误。十一月朔为「辛丑」，其二十六日为丙寅。

[三]庚子，明万历二十八年(一六〇〇)。

[四]加旦，当作「加丑」。

[五]还绕，当作「环绕」。

一一三六　明崇祯九年(一六三六)泰州沈南堂夫妇买地砖券[一]

一　　伏以

二　大明国淮东道直隶扬州府泰州三十五都管下白驹场

三　东街居住，奉

四　神斩草，开山破土，立券安葬。信士孝子沈培、沈庄洎家

五　眷等，即日上千洪造所，通情旨，投词状：伏　为故先考沈

六　公南堂存日，阳年六十六岁，丙寅相[二]二月十一日辰时受生，卒

七　于崇祯四年二月初十日丑时。先妣葛氏老娘七十二岁，甲

八　子二月二十四日午时，卒于八年[三]乙亥八月十二日亥时。柩供在堂，

九　未及安厝。卜取今年月日辰时发纼[四]，未时安葬。堇(谨)备资财

十　□礼□□金币钱马□献上

一一　玉府阳元真□九垒高皇大帝，未龙土水八山二十四向，青竜[五]、

一二　白虎、朱雀、玄武。内方勾陈，墓神土府，阡陌将军，五方五道灵

一三　墓，一切神祇，左右高望南北水秀之方，乞纳留物，庶慊之焦，

一四　伏□亡者早得超升。魂登九品[六]，山精邪怪不敢欺侫。如违此□，

一五　土府神员守冢使者法律治之，以祈亡魂安定，魄故九□□

一六　□□眷，百子千孙，万代荣昌。牛马增益，寿命延常。四时八

一七　节，家业峥嵘。生意盈益，百事亨通。重兴□□，吉祥如意。

一八　崇祯九年岁次丙子季冬望月庚寅日[七]孝子沈庄培竖。

【注】

[一]《中国古代砖刻铭文集》（上）《黑白图版》第五一七页，编号一九七三；（下）《图版说明·明》第三五八页，编号一九七三，《沈培沈庄为父沈公母葛氏买地券砖》。江苏泰州出土。干刻铭文。正书，左行，一八行，行二三字左右，计三五七字。尺寸不详。著录：《中国砖铭》图版一一八七。

[二]丙寅，明嘉靖四十五年（一五六六）。

[三]此言受生于甲子年，即明嘉靖四十三年（一五六四）。卒于明崇祯八年（一六三五）。

[四]发纼，出殡。纼，牛鼻绳，泛指牵引牲口的绳索。引申为牵引柩车的绳索。明何景明《祭李默庵先生文》：「山川伊阻，不能弃官赴公丧。执纼道輀，我怀之悲，惟公有灵鉴之。」

[五]竜，同「龙」，为「龙」之俗体。

[六]九品，高位。

[七]季冬望月庚寅日，本年十二月辛未朔二十日（庚寅日）。

一一三七　明崇祯十五年（一六四二）庐陵县旷声和买地石券[一]

大明崇祯拾肆年□□□腊朔九□□□，吉安府庐陵县宣化乡三十伍都社坪居孝子旷□□□□，以先考太仆卿声和翁府君[二]，生万历□□□□月念六日戌时，殁于崇祯十三年子月十三巳时，停柩□葬。今□□□□□□后狮形，癸山丁向[三]，幸蓍龟□□□□□□谨凭□□仙师，肃置金银财帛九万九千九百九十九贯文，□□□□□□□皇后上元君位下，买到本□东至青龙，西至白虎，南至朱雀，北至玄武，上止青天，下止黄泉，中止亡人□□□□□□□□□四域，丘丞墓伯，谨守封□□□□□□□□阡陌，若□干犯诃禁，将军即行敕付河伯。今以牲仪酒礼共□□□□□两相交讫。谨择于壬午年[四]正月十贰日□时，天福地瑞，大吉良辰，奉柩安葬。山川钟灵，神祇保佑，永锡祚胤。若违斯约，地府主吏自當厥咎，神其掌握。内□□□长□□吉。急急奉太上玉帝律令。敕。

【注】

[一]《庐陵古碑录》第二一三页。原题《明旷声和墓地券》。原注：「碑文隔行颠倒旋读。」「一六四二、青石质、56 × 34 × 2、二〇〇三年二月二十八

日。」江西人民出版社二〇〇七年出版。

[二]太仆卿，《明史》卷七十四《职官志三》：太仆寺，卿一人，从三品。掌牧马之政令，以听于兵部。其下属有少卿、寺丞等官。

[三]癸山丁向，坐北朝南。

[四]壬午年，崇祯十五年，公元一六四二年。

一一三八　明崇祯十六年(一六四三)华亭县夏允彝妻陆氏买地砖券[一]

一　维大明崇祯拾陆年，岁次癸未，孟
二　夏月[二]十六己卯日午时下砖。系直
三　隶松江府华亭县修竹乡四十三
四　保一区旧坊一图大树大王庙界
五　言止字圩面阳居住，奉神立券，待
六　封陆氏，庚年三十一岁，本命癸丑
七　年[三]十二月二十八日子时生，年运
八　通利，理宜预筑长生寿域，今卜吉
九　地，在本保三区十三图中在字圩号
十　内田，建成一穴，立亥山巳向[四]，丁巳
一一　丁亥分金。左青龙，右白虎，前朱雀，
一二　后玄武。内勾陈[五]天星生贵子，八卦
一三　旺儿孙。山神不可占，凭此立券立。

【注】

[一]《中国古代砖刻铭文集》(上)《黑白图版》第五一八页，编号一九七五；(下)《图版说明·明》第三五九页，编号一九七五，《夏允彝妻陆氏生圹买地券砖》，一九五三年上海松江县夏允彝墓出土。干刻铭文。券盖正书五字组成圆形；券文正书。额一行五字，正文横题。左向、右向间刻，一三行，行一三字，共计一八〇字。尺寸不详。释文：券盖：「九十九、廿一。」券额：「早发寿魁元。」著录：朱江《四件没有发表过的地券》(《文物》一九六四年第一二期)。附注：此为生圹地券。券盖上刻有「九十九」和「廿一」几个数字组成的表示一百二十岁的祝福。

[二]孟夏月，夏季第一个月，即农历四月。

[三] 癸丑年，明万历四十一年（一六一三）。
[四] 亥山巳向，坐西北偏北，朝东南偏南。
[五] 内勾陈，当作「内方勾陈」。

一一三九　明史瑄买地砖券[一]

合同[二]

一　付亡人史瑄，手把准，
二　永远照用，故气伏
三　尸，永不侵争。

【注】

[一]《中国古代砖刻铭文传》（上）《黑白图版》第五二〇页，编号一九八五；（下）《图版说明·明》第三六一页，编号一九八五《史瑄买地券砖》。乾刻铭文。正书，三行，行下八字，左边刻二大字，计二二字。尺寸不详。著录：《中国砖铭》图版一二五二。传玺按：券文的四面和四角有八卦围绕。
[二] 骑缝半字。

一一四〇　明残买地砖券[一]

一　□□中托人事，择此岗原，地占袭吉。域属金川
二　门外镇南卫刘家地。迁作辛山乙向[二]堪为宅
三　兆。梯己出备钱财，买到墓地一块。左至青
四　龙，右至白虎，前至朱雀，后至玄武。丘承（丞）墓
五　伯，分擘四隅，以为界畔。道路将军，齐整阡
六　陌。致使百载千年永无殃咎。若有干犯，
七　并令将军，亭长缚付河伯。今备祭仪，略
八　为信契。财地相交，各已分[三]。命工匠人等修

九 营安厝之后，永保存亡贞吉。故券用者。

十 地司起煞，太岁至德，猛吏殷元帅。

【注】

[一]《中国古代砖刻铭文集》(上)《黑白图版》第五二〇页，编号一九八四；(下)《图版说明·明》第三六一页，编号一九八四，《买地券砖》。藏中国历史博物馆。干刻铭文。正书，一〇行，行一三至一八字不等，计一五七字。长 28.2、宽 27.3、厚 3.4 厘米。著录：《中国历史博物馆藏法书大观》卷三，图版一二九页。附注：按惯例券首应有买地人姓名、年款等，疑刻于另一砖上。

[二] 辛山乙向，坐西朝东。

[三] 各已分，当作「各已分付」。

一一四一 明王少松夫妇买地券[一]

一 □恩□难忘。奄逝以来，未卜茔原。夙夜思之(缺三、四字)

二 □命堪舆，卜得东庄舍前新地一隅，方广百步，

三 亥山巳向[二]，来龙□□山水朝迎，龙虎拱卫，六秀□

四 穴安葬，永为宅兆。愿

五 青龙白虎呈祥， 朱雀玄武迪吉。祈

六 恩永保， 子孙兴旺， 人眷安康。

七 存殁两利， 发福攸长。

八 如 □帝使者女青律令。 右券给付

九 墓中显 考少松王公 妣□氏孺人 冥中执证

【注】

[一] 罗振王《地券征存·明残买地券》。券高一尺六寸，广一尺二寸三分。存字九行，前泐一二行，不可知。行字不等，正书。年月泐。

[二] 亥山巳向，坐西北偏北，朝东南偏南。

（二） 典当契约和格式

一一四二　明景泰元年（一四五〇）祁门县李孝宗典山红契[一]

九保李孝宗承祖父有山壹片，坐落本保后山，土名甬坞，系经理卑字伍伯柒拾一壹号，计山五分。其山东至降，西至田，南至弯心，直上至降；北至垄，直上至降。通山四分中合得壹分，计山壹分贰厘五毛。今来无物支用，自情愿将前项四至内合得分数，除坟茔外，山骨并竹木尽行立契出典与本保李用忠名下。典去青尖银壹两重，前去用度。其银照依大例供息[二]，约在来年终，将本息送还。如过期，一听受典人自行受税，永远收苗管业。未典之先，即无重复交易。如有家外人占拦及来历一切不明等事，并是出典人祇（支）挡，不及受典人之事。无力取赎，此契一准卖契，再不立断契[三]。今恐无凭，立此典契为用者。

崇祯三年缴与绍龙名下收执。

景泰元年十一年廿五日　　　　立典契人　李孝宗（押）契

依口代书人　李仕忠（押）

其前项契内价银系是希观已银名字，已作用忠收买。恐后无凭，立此为用。景泰七年十月十三日。

所是前项契内价钱并收足讫。同月日再批。（押）　　谢子春再批（押）

【注】

[一] 原件藏北京大学图书馆。

[二] 大例，通行的办法。约为月利二分五百。

[三] 断契，断卖的契约。

一一四三　明隆庆六年（一五七二）祁门县叶思华当山白契[一]

十一都叶思华，今将水碓坵山一片，在山浮松杉等木，自情愿当与同都吴富高名下。当日凭中议定价银贰两贰钱整。其银约至本年十月将本利一并送还。其银每月加利银肆分伍厘算。如过十月无艮（银）送还，听自本主人山砍斫其木，凭中估价，本家即无阻当异说，亦无家外人等拦阻。如有此等，尽是卖（当）人之（支）当，不及受主之事。恐后无凭，立此当契为照。

隆庆六年四月五日

同男卖（当）人　叶週林（押）
立契人　叶思华（押）
中见人　叶思五（押）
叶天祥（押）
叶记社（押）
代笔人　吴吉甫（押）

【注】

［一］原件藏北京大学图书馆。

一一四四　明万历五年（一五七七）祁门县毕伴当当牛文约[一]

五都毕伴当[二]，今将本身黑古（牯）牛一头[三]，当到洪六房文（纹）银壹两正[四]。其银每月加利二分五厘筭。其银约至本年秋间本利一色送还，不致少欠。今恐无凭，立此为照。

万历年三月初日立

当约人　毕伴当　号
中见人　洪冬芳　号

【注】

［一］录自北京图书馆藏明抄本祁门《洪氏历代契约抄》。
［二］伴当，仆从，也泛称同伴。本契或是人名。
［三］牯牛，母牛。亦称阉过的公牛。《玉篇》卷一二三《牛部》：「牯，牡牛。」
［四］当，抵押，谓毕伴当以黑牯牛一头为抵押，借到洪氏的银钱。

一一四五　明万历十四年（一五八六）祁门县仆人胡喜孙当男契[一]

五都仆人胡喜孙，今为娶长媳缺少财礼[二]，自情愿将三男胡社禄当到　房东洪寿公祀文（纹）银乙两柒钱正。其银照例每月加利二分筭，约至来年八月，将本利一并送还，不致少欠。今恐无凭，立此当约为照。

万历十二月初四日

立当约人　胡喜孙

依口代书人　洪天南

中见人　洪德聚

【注】

［一］录自国家图书馆藏明抄本祁门《洪氏历代契约抄》。

［二］长媳，胡社龙妻。

一一四六　明万历三十三年（一六〇五）祁门县洪嘉永典殿屋合同[一]

立典约合同洪嘉永，今托中典到　寿公标（禋）祀店（殿）屋内取中间一间[二]，后厨房并楼不在内，三面议定典价文（纹）银二两。其店（殿）并契银当日两相交明。其店（殿）房门壁俱全，住歇日后不得损坏。日后二家不用，听将原价赎回毋词。今恐无凭，立此合同二帋，各收一帋为照。

万历三十三年六月刀（初）八日[三]

立典约合同　洪嘉永　号

中间头首　洪旺富　号

洪应会　号

洪朝显　号

【注】

［一］录自国家图书馆藏明抄本祁门《洪氏历代契约抄》。

[二] 禋（音同因）祀，对天神之祭，或泛指祀。

[三] 刀，「初」字的民间简化体，民国时期民间还通用。

一一四七　南明弘光元年（一六四四）休宁县黄应中当地契[一]

卄四都一图立当契人黄应中，自情愿将地契贰道、契尾乙张，今当到许　名下，银六拾两零七钱贰分，其银炤当铺每月加利乙分钱算。约至三年以赎，如过期不取，听从炤契管业，并无异说。今恐无凭，立此当契为炤。

平合义和当右兑

税收成贵户原一甲许志有户推

弘光元年四月初五

立当约人　黄应中

中　见　许见可

系常字四千八百八十八

八十九号

九十

【注】

[一] 录自北京大学图书馆藏《休宁许氏清抄本卖契底簿》。

一一四八　南明弘光元年（一六四四）休宁县许嵩寿当田契[一]

立当契人许嵩寿，今将土名大堨干田租拾柒砠，佃人干郎，凭中出当与

许　　名下，本九八银拾两正，其银每月加利式分钱算。约至周年本利取赎，如过期不取，听从执此管业，并无异说。今恐无凭，立当契存炤。

其银米平兑

弘光元年五月十三日　　　　立当契人　许嵩寿

中　人　许君用

许元杰

顺治十一年俊得侄转典还欠票本银拾两。

【注】

[一] 录自北京大学图书馆藏清抄本休宁《许氏卖契底簿》。

一一四九　当田契约格式[一]

立当田契人某都某图某人，今因家下无银用度，日食不敷，情愿将祖父遗下自己受分基趾[二]，沟地水陆田塘一段，坐落土名某处，计几十几亩，该租若干，四至明开在后。先召亲房，后问田邻，无人承当。时凭户族邻中，出卖与某名下承当为业。三面言议，实典纹银若干整，即日交完无欠。其田听从当主管业。每年议纳粮银若干。银无起利，田不起租。不拘年限，银到田还。但或未收花利，遽然取赎，约罚银若干。比(此)系两愿，各无反悔。今恐无凭，立此当田文契为照。

【注】

[一] 明陈继儒《尺牍双鱼》。原题《当田契》。

[二] 基趾，与「基址」「基阯」通。建筑物的最下层。亦谓产业。《汉书》卷七一《疏广传》：「子孙几及君时颇立产业基阯。」

一一五〇　当屋契约格式[一]

立当房屋文契人某，今因无钱使用，情愿将自己续置房屋几间。东至某，西至某，南至某，北至某。已上四至明白，凭中典与某名下，实得纹银若干。其房听从当主择日搬住。议定银无利息，房无租税[二]。至某年为期，备银照契取赎。至期无银，当主仍旧居住。如未及期取赎，约罚若干。此房并无重叠不明等事[三]。如有不明，出典人承当，不干当主之事。今欲有凭，立契为照。

【注】

［一］明陈继儒《尺牍双鱼》。原题《当屋契》。

［二］房无租税，当作「房不起租」。

［三］并无重叠不明等事，当作「并无重叠交易及一切不明等事」。

（三）租佃、佃仆文约和格式

一一五一　明弘治八年（一四九五）祁门县康荣得租地批[一]

三、四都康荣得，今租到五都洪　　名下仁家坞口地一号，新立四至：东、北至路，西、南至山塝，前去耕种。每年议还硬租豆壹官斗。秋成之日，送还，不致少欠。今恐无凭，立此租批为照[二]。

弘治八年七月初八日立

文　　人　康荣得

代书人　康荣达

【注】

[一] 录自中国国家图书馆藏明抄本祁门《洪氏历代契约抄》。

[二] 租批，租契。批，字条。

一一五二　明弘治十一年（一四九八）休宁县汪志广租屋基批[一]

十一都汪志广，今为住屋狭窄，自情愿立还租批，租到屋东汪异耕、汪文昶兄弟侄、汪文朗兄弟侄、汪廷振、汪文明、汪文晍弟侄己地[二]，贴本家正屋厫边量定基地叁间，造屋住歇。面议每年交还租谷贰称，做工准还[三]。如不遂命，听自取讨租谷无词。立此租批贰帋为照。

弘治十一年十一月十五日

立租批人　汪志广

见　　人　吴久付

代书人　王宗武

【注】

[一]原件藏北京大学图书馆。

[二]弟侄，弟上脱一「兄」字。

[三]以为房东做工，折还租谷。

一一五三　明弘治十三年（一五〇〇）祁门县胡成租田地约[一]

五都住人胡　成，今租到五都洪　名下田地贰丘，土名墉山塘下，每年议还租谷四秤零拾觔（斤）。每年秋成之日，听自本主称收。有外截听胡　成开阔，亦不加租。今恐无凭，立此批租约为照。

立租约人　胡　成

代书人　饶永善

弘治十三年十一月十三日

【注】

[一]录自中国国家图书馆藏明抄本祁门《洪氏历代契约抄》。安徽博物馆藏《洪氏誊契簿》所载胡晟租田契与此抄契同，仅有几处文字有异，今录如下：抄契「胡成」，誊契作「胡晟」；誊契「土名」之上有「坐落」二字，抄契无；抄契「开阔」，誊契作「开活」；抄契作「批租约」，誊契作「租约」。

一一五四　明正德九年（一五一四）祁门县胡乞等请坟山应役还报文约[一]

二十一都胡乞、胡进童等，原于成化二十三年有祖胡富丧柩无地安葬，是父叔胡　卯、胡　成恳托谢汝英、饶永善求浼到五都伍保土名塘山，水字一千三十七号山脚内地风水一穴，安葬祖柩。但系洪戾、洪家段等处祖坟山地，一应事务：拜祭、婚姻、丧葬应付使唤，本家子孙至今应付使唤毋违。今又有父胡　卯、叔胡　成夫妇丧柩亦无葬地，又托饶英等浼求洪家，又允本家于前坟山脚地内陪祖安葬空坟二穴。其坟穿心，坟得九步，听自本家子孙拜扫，再后不许入山侵葬。及自葬坟之后，但有洪　到黄岗，一应事务，听从使唤；以准山租[二]，毋致违文。抵拒不服使唤，听自陈理，甘当举坟还山无词。今恐无凭，立此为照。

正德九年十二月二十一日

立还文[三]　胡　乞　胡进童

　　　　　　胡三乞　胡祖得
中　人　饶社得　王　兆
代笔人　饶　英

【注】

[一] 录自中国国家图书馆藏明抄本祁门《洪氏历代契约抄》。
[二] 以准山租，以杂役折抵山租。
[三] 还文，以杂役还报山租文约。

一一五五　明正德十五年（一五二〇）祁门县汪文等租山地合同[一]

一都汪文等原有伍都洪渊等承祖土名塘坞，系经理水字　　号山及山脚地七亩。其山东至田，西降，南至大湾口，北自地坟。于内先年是渊等内取外截山脚地卖与故祖汪泰昇，田外存即田里截祖坟并山脚地祀业。今因祖坟不安，另行迁葬。其山脚地约贰分，新立四至：东田，西降，南小湾，北汪文住基。今将前项四至田地写立合同文约，租与汪文凑阔造屋，子孙永远住歇，每年议还租谷贰秤。本家因有祖坟在汪文住前，因本家寫远[二]，照管不便，是文兄弟自行照管，长养庇荫柴薪，是积等愿将租递年以准长养工食[三]。倘有人等侵及，文等即便报知。如违，互隐不举，听自积等告理，即将前租照数追还。自立合同租与汪文造屋之后，洪家子孙亦不致半途取地拆屋误陷无词。立此合同租约一样二帋，各收永远为照。

正德十五年十一月廿一日

立合同人　汪　文
中见代书人　饶　英

【注】

[一] 录自中国国家图书馆藏明抄本祁门《洪氏历代契约抄》。
[二] 寫（音同吊）远，深远，深邃，很远。
[三] 此句谓以地租折做汪文照管洪氏祖坟的工食，不再收租。

一一五六　明嘉靖九年（一五三〇）祁门县胡三乞等租田帖[一]

二十一都现住五都住人胡三乞、尚德等，今租到五都洪　　名下田一备，计一丘，坐落土名塘下坟边。东、南至洪山、西至洪田及洪地，北至潘田。其田每年议还硬租早谷五秤[二]。若交银，每年交文（纹）银贰钱伍分[三]。其银每年收租之时送上门交还，不致少欠。每年信记鸡乙只[四]。今恐无凭，立此为照。

嘉靖九年七月　　日　　　　情愿立租帖人[五]　胡三乞

胡尚德

中见　饶　英

依中代书人　万　慈

【注】

[一] 录自中国国家图书馆藏明抄本祁门《洪氏历代契约抄》。

[二] 硬租，又称「实租」。不是名义上的租数，而是实纳租数。

[三] 此为货币地租的萌芽和早期形式。

[四] 信记鸡，「记」字衍。信鸡，为稻谷成熟，尚未收割时，佃户向田主报信时的礼物。初为礼节性的携带物品，后成为固定的剥削项目，甚至成为固定的一项地租额。

[五] 租帖，租契。

一一五七　明嘉靖十四年（一五三五）祁门县潘九等请坟山应役约[一]

五都住人潘九、二保等，因父病危，思无葬地，托到饶瑛兄弟浼求本家住后洪大昇山内塘塍边旧坟前暂借浮厝丧[二]，背后洪家迁造风水，立时将柩另移，毋敢停执。日后洪家挂扫迁葬，自当应付使唤，不敢躲拒。如违，听自陈理。今恐元凭，立此为照。

嘉靖十四年十二月十三日　　　　立约人　潘　九

中见人　潘二保
　　　　饶　瑛

【注】

[一] 录自中国国家图书馆藏明抄本祁门《洪氏历代契约抄》。

[二] 浮厝，停柩待葬。

一一五八　明嘉靖二十二年（一五四三）祁门县朱元等住屋应役契[一]

二十一都朱元同弟侄四房等，原承祖朱美得投　房东寿宽、朝奉，用财搬养与娶祖母夏奴，用价买受东都基地造屋住居。因子孙繁衍，又用价买田，与做造余屋及住后山与林家坞安葬祖父坟墓。向服使令，并无违逆。今因原旧正屋损坏有碍，欲行改正。告禀房东洪起等与资造。蒙众议，当与纹银陆两做造正屋。日后朱　元等众居住，并无违逆欺背。立此受做造银契为照。

再批：成丁自十八岁以上，六十岁止者，除婚姻、丧祭外，每年一丁，自情愿纳应听工役文（纹）银四分，至冬交还六房。当年头首，不致短少。

嘉靖二十二年十一月　　日

朱　元号　朱　胜号
朱元保号　朱乞保号
朱　金号　朱二保号
朱迟保号　朱　六号

【注】

[一] 录自中国国家图书馆藏明抄本祁门《洪氏历代契约抄》。

一一五九　明嘉靖三十八年（一五五九）祁门县汪互等住屋应役文书[一]

五都住人汪　互、陈　球、汪　常等，今住到同都

房东洪　　名下，土名余村官路边一号庄基地，并后山坦十亩有零。今是汪　互三门住歇。自后互等三门人等，凡遇房东公众差遣及各竖造并嫁娶、丧葬事务，各门照柱（规）应付使用，不敢拒避。其住房屋并后山坦，永许互等三门子孙永远住业应主[二]。日后毋许私自拆盗卖。如有此等情，听自房东告理，甘当背义情罪。今恐无凭，立此为照。

嘉靖三十八年九月十一日立　　　　立书人　汪　互

陈　球

汪　常

【注】

[一] 录自中国国家图书馆藏明抄本祁门《洪氏历代契约抄》。

[二] 应主，应主差役。

一一六〇　明隆庆三年（一五六九）祁门县毕伴当租山地约[一]

五都住人毕伴当，今租到五都

六大房洪　　名下承租洪大昇经理水字一百八十八号。东至洪山及田，西至洪地，南至分脊埋石为界，北至洪地及田。内新长松苗，是洪祖坟庇荫，毋许私自入山砍斫。日后成材，眼同本主砍斫，三分均分。如私自砍斫，听自呈　官理治毋词。又租到洪地一备，东至洪山及田，西至洪坟及路，南至洪山，北至洪田及地。挨田外截原已开荒，当年起还洪租纹银一分。又里截荒地一条，挨田直出开荒耕种。除隆庆四年无租，续后逐年交租二分，共前地租叁分。逐年至清明标挂交还，不致欠少。今恐无凭，立此租约为照。

隆庆三年八月廿二日　　　　立还租约人　毕伴当

【注】

[一] 录自中国国家图书馆藏明抄本祁门《洪氏历代契约抄》。

一一六一　明隆庆五年（一五七一）祁门县庄仆胡初等住屋佃田应役文约[一]

五都庄仆胡初同男胡喜孙、胡寄互[二]，原承祖应付五都洪　　名下婚姻、丧祭、工役，并无违背。今二男长大，无屋居住，无田耕种，蒙
洪寿二分（公）秩下子孙洪六房等重造楼屋五间，并左右余屋，在于土名塘坞坟前，与身及二男居住；取田贰拾亩有零，与身男耕种。今重立还文约，自后身秩下子孙永远应付洪主婚姻、丧祭使唤，毋敢背义抵拒等情，子孙亦不敢私自逃居他处，及工顾过房；其所取田地，亦不得私自典卖他人。如违呈治，准不孝论[三]。今欲有凭，立此文约为照。

隆庆五年正月初一日

立约仆　胡　初
长男　胡喜孙
中弟　胡　兴

【注】

[一] 录自中国国家图书馆藏明抄本祁门《洪氏历代契约抄》。
[二] 胡寄互，亦作「胡寄护」。
[三] 准不孝论，按不孝治罪。《大明律》卷一《名例·十恶》：「七曰不孝。」又「谓告言咒骂祖父母、父母、夫之祖父母、父母；及祖父母、父母在别籍，异财若奉养有缺；居父母丧，身自嫁娶，若作乐、释服从吉；闻祖父母、父母丧，匿不举哀；诈称祖父母、父母死。」

一一六二　明万历十年（一五八二）祁门县山仆胡胜保等租地约[一]

五都洪寿〔公〕六房山仆胡胜保、胡迟保、胡记、胡初等，今租到
洪寿公地一号，坐落本都屋后。其地东至水圳并屋，西至圳，北至圳，南至山，计地叁百壹拾捌步五分。洪主原与身等造灰舍六间在上，计地四拾贰步五分，不行起租；仍空地贰百七拾六步；又地一号，土名老塘下，丈地壹百壹拾五步陆分。前项贰号地，系胜保等立约租种，递年议定租银壹钱五分正，约在逐年岁除日辞年不敢少欠。外有住屋后及下厫地内榫树壹〔拾〕叁根[二]递年听洪主眼同采摘，主分贰分，力分乙分毋词。立此租约为照。

万历十年七月二十八日

立租约人　胡胜保　胡迟保

胡记　胡初

代笔人　程顺

【注】

［一］录自中国国家图书馆藏明抄本祁门《洪氏历代契约抄》。

［二］椑（音同悲）树，果木名。柿的一种。果实小，色青黑，捣碎浸汁，称柿漆，可染渔网，漆雨伞、雨帽等。今称油柿。

一一六三　明万历十二年（一五八四）祁门县仆人胡喜孙等请坟山应役文约[一]

立应付仆人胡喜孙、胡寄护[二]，原父胡初、母潘氏同身兄弟于先年间蒙主洪寿公六大房造屋与住，取田与耕，看守恩主坟茔（茔），向来立还应付文约，遵守毋异。今母潘氏于万历十二年十一月十二日病故，身与父弟思议无山安葬，自愿托凭亲族恳求本主洪六大房，将五都土名茶园山一号内迁地乙柩葬母潘氏。其地深进七尺，对宽五尺。身思父胡初年老，仍恳求本主穴内左边存留乙柩，日后其父胡初百年之日安葬。亦要请主到山看明，亦不得私自安葬。其本身兄弟子孙思约恩主义重，不敢私自离他处居住；应付工夫悉照前文，永远遵守，无得背义抵拒等情[三]。如违，甘当不孝罪论，立此应付文约为照。

万历十二年十一月十八日

立应付文约仆人　胡喜孙

弟　胡寄护

男　胡社龙　胡新龙

族叔　胡九

中见母舅　潘胜保

【注】

［一］录自中国国家图书馆藏明抄本祁门《洪氏历代契约抄》。

［二］胡寄护，亦作「胡寄互」。

[三] 背义，亦作「背逆」。

一一六四　明万历三十三年（一六〇五）祁门县仆人胡胜保等四大房应役文书[一]

立还文书仆人胡胜保、胡住保、胡迟保、胡寄四大房子孙人等，原祖胡昂、胡晟乞求山主洪寿公地一号，坐落本都土名塘下山，安葬上祖胡富夫妇。后又续葬，共一十五棺，共与禁步九步，内存本主小棺一穴，石碑一个。先年已还文书，所与禁步外不得侵葬。如还本主山场安葬，必先禀求允与方敢。子孙永远应服，不敢盗葬抵拒。如违，听主呈　官，准背逆论。今因本主送学应付不至，当欲呈　官理治。是四房等自知理亏，恳求宽宥。自今已后，凡　主家婚姻、丧祭，理宜应付。蒙主念住居遥远，近庄庄仆足用，只每年清明时，着二人上门听用祭扫。如遇入学纳监科贡公用呼唤[二]，四房子孙每房各着一人听用一日，不敢抵拒。其主家本处坟山各要小心看守无违。立文之后，四房子孙人等永远应付。如违，听主呈官理治，准背逆罪论[三]。今恐无凭，立此为照。

万历三十三年十二月十七日

立还文书仆人　胡胜保

胡喜保

胡乙　胡承明

胡岩贵

胡住保

胡初

胡八　胡喜孙

胡永

胡夏隆

胡迟保

胡社乞

胡寄

胡乞保

胡社富

胡祖右

奉书人　胡承明

【注】

[一] 录自中国国家图书馆藏明抄本祁门《洪氏历代契约抄》。

[二] 入学纳监科贡，谓出外入学诸事。《明史》卷六十九《选举一》：「学校有二：曰国学，曰府、州、县学。府、州、县学诸生入国学者，乃可得官，不入者，不能得也。入国学者，通谓之监生。举人曰举监，生员曰贡监，品官子弟曰荫监，捐赀曰例监。同一贡监也，有岁贡，有选贡，有恩贡，有纳贡。同一荫监也，有官生，有恩生。」明景泰时，因边饷不足，乃定捐监之制。最初仅限于生员，后来扩大及于平民，都可按例纳资入国子监，为监生。

[三] 背逆，亦作「背义」。

一一六五　明万历三十四年（一六〇六）祁门县仆人朱天元等还兴养文约[一]

立还兴养文约仆人朱天元、朱虎生、朱寄德等，承祖朱美得生有三房子孙，俱是　洪寿公造屋住庄东都地方。屋后山二片，系本主物业，堪栽苗木。向因仆下子孙繁衍，人心不一，以致山场无人兴竹，难以成林。今朱天元、虎生、寄德等思见山系　主业，屋在山前，因此同心会议，愿立兴养文约，买种栽种，育养成林，以为庇阴（荫）。仆下子孙敢有恃顽到山挖笋一条，甘罚文（纹）银一钱；砍竹一根，甘罚文（纹）银二钱；纵放牛畜践踏笋苗，照竹笋每根如前甘罚无词。议约森严，永远遵守。倘故违者，愿以背逆论。如　本主六房子孙到山私挖私砍者，仆下兴养之人执赃投明，不敢护（互）相容隐，查出一齐同究。今恐无凭，立此兴养文约，永远遵守为照。

合同

万历三十四年二月十五日

立还兴养文约仆人　朱天元号

朱新旺号　朱应旺号　朱应孙号

朱应林号　朱池龙号　朱周保号

朱初生号　朱礼生号[二]

二房　朱虎生呈　朱鸾生号　朱凤生号

朱奇生号　朱兴生号　朱鹤生号

朱龙生号　朱鹗生号　朱鳌生号

朱鲸生号　朱鲤生号

三房　朱寄德号　朱　元号　朱应清号

朱应涓号　朱兆滨号　朱迟富号

朱寄隆号

【注】

[一] 录自中国国家图书馆藏明抄本祁门《洪氏历代契约抄》。

[二] 以上长房。

一一六六　明万历四十年（一六一二）祁门县仆人汪新奎等应役文书（红契）[一]

立还文书仆人汪新奎、汪新贵、汪五十等，今因不合，弟侄往声振老爹家中吊香，承赐酒过饮，放肆无知，以至建阳、朝奉投各门主公理论。身祖汪社祖于正统年间，造屋在朱村坑上东边租田内，贴过工食银拾贰两；又嘉靖二年被火，无处安身，向各主家告禀，蒙贴工食银拾两，松木五根，小杉木壹千贰佰根；又嘉靖三十肆年、隆庆肆年，蒙批岩山虎形山壹备，于上葬祖。世世蒙主家惠及于生死，感恩于未报。今身等愿到主家待罪。后世子孙无知，悉听恩主呈　官理治无词。其常贮及喜庆，照旧规应役。所领工食银约二纸，即缴与汪新奎领回讫。今自情愿立还应役文书存照。

万历肆拾年十一月　　日

立还文书仆人　汪新奎（押）

汪新贵（押）

汪五十（押）

中见家主　吴应祖（押）

吴志和（押）

吴自功（押）

依口代笔主（人）　吴孟贤（押）

【注】

〔一〕原件藏北京大学图书馆。

一一六七　明崇祯五年（一六三二）徽州余廷桂佃田约〔一〕

立承佃头田约人余廷桂，今承到

廷枢弟名下土名枧头田，佃交客租六砠。因他无人耕作，我自承揽，当交酒席银叁钱整。倘日后廷枢弟有便人种作，即要退还本家，无得生端异说。但席银叁钱，言定三年之后无银退还。今恐无凭，立此承佃头田约存照。

崇祯五年四月十八日

立承佃头人　余廷桂（押）
凭中人　韩本立（押）
代书人　余廷樟（押）

【注】

〔一〕原件藏天津市图书馆。

一一六八　明租田契约格式（甲）〔一〕

立佃帖人某，因无田耕种，情愿凭中佃到某主名下田若干，其田每年秋收，照田支纳租米，不致少欠。如遇年成水旱，请田主临田踏看，除租均分。如有荒芜田地，依数赔还。恐后无凭，立此佃契存照。

【注】

〔一〕明陈继儒《尺牍双鱼》。原题《佃帖》。

一一六九　明租田契约格式（乙）〔一〕

立租约人某都某人，今租到某都某人名下土名某处田若干耕种，议定每年租谷若干□，或挑租上纳□，或种田均分。其租不致短少，凭此为照。

【注】

［一］明徐三省《世事通考·外卷·文约类》。原题《租田约批》。原注：「如主人招佃，则云召与人名下耕种。」又注：「如山园，依上式。」

一一七〇　明赁房契格式［一］

立赁房契人某，今因无房居住，情愿凭中赁到某名下瓦草房几间，家火几件，逐一开载明白。每年该赁房银若干，其银陆续支用。自立契之后，如有房屋倒坏，俱在主人承顾。若门户器用稍有失错，赁房人自当赔偿。今恐无赁，立此赁房文契为照。

【注】

［一］明陈继儒《尺牍双鱼》。原题《赁房契》。

一一七一　明租店约批格式［一］

某都某人，今租到某都某人名下土名某店房几间开张。认定每年租银若干。或四季交纳，不致拖欠。凭此为照。

【注】

［一］明徐三省《世事通考·外卷·文约类》，原题《租店约批》。原注：「如主人召租，则云租与某人居住，或开张店铺。」

一一七二　明雇船只文约格式［一］

某处船户某人，今凭某人保委，将自己船只揽载各客人货物，至某河下交卸，议脚与若干。所装货物，不许漏湿损坏。如遇□滩搁浅，若有疏虞，船户甘认，照数赔还。今欲有凭，立契为照。

【注】

〔一〕明徐三省《世事通考·外卷·文约类》。原题《雇船只文约》。

一一七三　明包工议约格式〔一〕

立议约人某，今包到某人器用几併(件)，用心作造。当日凭中面议：高若干，大若干，俱有旧式照样。该银多少，本银工价一应在内，务宜细察精巧。造完之日，价银依议交足。如有不照原样，悉随减价无说。恐后无凭，立此存照。

【注】

〔一〕明徐三省《世事通考·外卷·文约类》。原题《议约》。

一一七四　明雇工人文约格式〔一〕

立雇约人某都某人，今因生意无活，自情托中帮到某都某名下替身农工一年，议定工银若干。言约朝夕勤谨，照管田园，不懒惰。主家杂色器皿，不敢疏失。其银归按季支取，不致欠少。如有荒失，照数扣算。风水不虞，此系天命。存照。

【注】

〔一〕明徐三省《世事通考·外卷·文约类》。原题《雇工人文约》。

一一七五　明典雇男子书式〔一〕

某处某人，有亲生男名某，见年几岁。今因荒歉不能供赡，托得某人为保，情愿将男典雇与某处某人宅，充为小厮，当三面得典雇钱若干，交领足讫。自工雇后，须用小心伏事，听候使令，不敢违慢，亦得擅自抛离，拐带财物在逃。如有此色，且某自当报寻前来，依数陪还无词。男某在宅，向后倘有不虞，皆天命也，且某即无它说。今立文字为用者。

年　月　日　父亲姓　某押　文字

保人姓　某押

【注】

［一］明刊《新编事文类聚启札青钱》。转引自杨国桢《明清土地契约文书研究》第六三—六四页。（人民出版社一九八八年第一版）

一一七六　明典雇女子书式［一］

某处某人，有亲生女名某姐，见年几岁，不曾受人定聘。今为日食生受，托某人为媒，情愿将某姐雇与某人宅为妾，得财礼若干。所雇其女，的系亲生，即非诱引外人女子，于条无碍。如有此色，且某自用知当，不涉雇主之事。如或女子在宅，恐有一切不虞，皆天之命也，且某更无它说。今恐无凭，故立典雇文字为用者。

年　　月　　日　　　　父亲姓　某押　文字

　　　　　　　　　　　媒人姓　某押

【注】

［一］明刊《新编事文类聚启札青钱》。转引自杨国桢《明清土地契约文书研究》第六四页。（人民出版社一九八八年版）

（四）借贷契约和格式

一一七七　明万历五年（一五七七）安宁州张瑚借银约[一]

立借银约人张瑚，系安宁州民[二]，□新化州吏[三]。为因缺用，情愿凭中立约，借到本州民赵　　名下松纹银壹两伍钱[四]，每月共行利𧵳伍索[五]其银限至本年三月终一并归还。如若短少分纹，将约赴官理取。今恐人信（心）难凭，立此借约存照。（押）

实计借纹银壹两伍钱，每月共巴伍索，将号票壹张作当。

万历伍年贰月拾伍日立

借□约人　张　瑚（押）

中证代保人　戴　　（押）

信行

【注】

[一]《历史研究》一九五六年第九期李家瑞《古代云南用贝币的大概情形》。

[二]安宁州，治今云南安宁县。

[三]新化州，治今云南新平县西北新化。

[四]松纹银，即松江银。

[五]𧵳（音同巴）：明末清初以前云南通行的一种贝币。亦称海𧵳，俗呼作「叭」、「𧵳子」、「𧵳儿」。《明史》卷八一《食货志·钱钞》曰：「滇中产铜，不行鼓铸，而反以重价购海𧵳，非利也」。康熙《新兴州志·赋役·市肆》亦记载曰：「明嘉靖、隆庆间，两经鼓铸，彝俗格不能行。天启六年，因科臣潘士闻建言巡抚闵洪学力行之，钱法始通。（见闵洪学奏疏）明末每银一两敌贝三五百索，顺治四年至七百索而废。」索，一索𧵳为八十枚，一百索𧵳值银一两。明人朱国桢云：「贝之为索，犹钱之为缗也。」（见《涌幢小品》卷三十《西南夷十四则》），《新兴州志》亦有记载：「云南开化最迟，明初仍多用贝，其名曰𧵳，一枚曰庄，四庄曰手，二十手曰索，二十索曰袋，五袋（即一百索），值银一两，已八千枚矣。」李文在第九六页还介绍了明万历时，楚雄县存在「兑换贝币（𧵳）的巴行」的情况。巴行是官府支持的兑换银钱的铺行。

一一七八　明万历十年（一五八二）安宁州孙惟忠借海𧵍文约[一]

立借海𧵍文约人孙惟忠[二]，系安所□□下军[三]，为因家下缺钱使用，别无借处，情愿立约，借到本戴老爷名下海𧵍贰百卉，每月行利巴捌卉[四]，限至次年二月终一并交还。中间不至少欠，无件变卖交还。今恐人信唯（难）冯（凭），立此借约存照。（押）

实计海𧵍贰百，卉按月行巴捌卉足。（押）

万历拾年贰月捌日立约

借到海𧵍人　孙惟忠（押）

代保人　廖可久（押）

【注】

［一］《历史研究》一九五六年第九期李家瑞《古代云南用贝币的大概情形。》

［二］海𧵍，海贝，贝币。参上条注［五］。

［三］安所，屯田军驻扎之村落。下军，屯田军卒。

［四］巴，即𧵍。卉（音同萨），同贝币计算单位「索」。《滇略》卷四《俗略》：「海内贸易，皆用银钱，而滇中独用贝。贝又用小者，产于闽、广。近则老挝等海中，不远数千里而捆致之，俗名曰𧵍。其用以一枚为一粧，四粧为一丁，四手为一缗，亦谓之苗，五缗为一卉。卉即索也，一索仅值银六厘耳。……卉，《说文》云：『三十并也。』则古以六十枚为一卉，今以八十，后转为索。」李文误作「卉」。本书径改。

一一七九　借贷契约格式[一]

立揆约人某都某人，今欠银引，自愿凭中揆到某都某人名下纹银若干，归身使用。其银议作某货若干，其货约至某时交完，不敢违误。凭此为照。

【注】

［一］明徐三省《世事通考·外卷·文约类》。原题《揆客木约》。

（五）伙山经营合同

一一八〇　明正统九年（一四四四）祁门县朱忠伙山地合同[一]

十一都朱忠，有本都吴景祯承父买得山地，坐落本都七保，土名赤桥下末，系朝字一千五十贰号，计山壹亩弍角七步半。东至田，西至李家山，南至田，北至降。其山系是荒山成茅。今将前项四至内叁分中内取壹分，合与朱忠名下[二]，前去用工𠝹作掘茅[三]。遍山务要三尺远栽种杉苗一根，又可管雇（顾），不得他人偷砍。候木长大，同景祯宅砍斫分木。其山脚永远同共管业。自合之后，杉苗日后子孙不许在山卖与他人。如若卖与他人，此契不用[四]。今恐无凭，立此合同为用。

正统九年十二月初一日

立合同人　朱　忠（押）
依口代书人　胡永祥（押）

【注】

[一]原件藏北京大学图书馆。
[二]合与，与某人合伙。实是租佃性质。
[三]𠝹（音同抛），农具。两刃木柄，可刈草。亦写作「拋」。
[四]此句不通，当是罚则。

一一八一　明景泰元年（一四五〇）祁门县方茂广出伙山地合同[一]

十一都方茂广用价买受山一片，坐落本都七保，土名赤桥下末，系经理朝字壹阡（仟）伍拾弍号，计山壹亩贰角有零。其山东至田，西至李宅地，南至田，北〔至〕降。其山于因无苗，今自情愿将前项四至内山地脚出合与同都朱忠名下前去掘茅栽种杉苗[二]。其山地并苗木议作对半管业，本家得壹半，朱忠栽种杉苗得壹半。其山今后之后，务要遍山密种杉苗，无毁花答荒废[三]。日后子孙与家并作对半，永远管业。毋许私自入山斫砍。今立合同贰本，各收壹本，日后为照。今恐无凭，立此出合合同为用。

景泰元年二月十五日　　　　立合同人　方茂广（押）

今立合贰本各收壹本日后为照[四]

【注】

［一］原件藏北京大学图书馆。与下件为一式二本。

［二］出合与，同「合与」。与某人合伙。

［三］毁、荒废，破坏，废弃。《大明律》卷五《户律》二《田宅·弃毁器物稼穑等》：「凡弃毁人器物及毁伐树木稼穑者，计赃准窃盗论，免刺。」《大明律》又规定：「已入籍纳粮当差田地，无故荒芜」，「罪止杖八十」。（同上《荒芜田地》）花答，疏密不一。亦作「花谈」。

［四］此行为骑缝，存左半字。

一一八二　明景泰元年（一四五〇）祁门县朱忠承伙山地合同[一]

十一都朱忠承合到同都方茂广名下山壹片，坐落本都七保，地名赤桥下末，系经里（理）朝字壹阡（仟）五十弍号，计山壹亩贰角有令（零）。其山东至田，西至山咀及田，南至地，北至降。今合与本家掘茅栽种杉苗，其山地脚并苗木议作两半管业，本主得乙半，本家栽种杉苗得乙半。其山四至内今合之后，本家自行锄掘茅脑栽种杉苗，即不花答荒废。今立合同之后，两家子孙永远共同砍木管业，无许私自入山砍斫。今立合同贰本，各收壹本。今恐无凭，立此合同为用者。

景泰元年二月十五日　　　　立合同人　朱　忠（押）

依口代书男　朱思张（押）

今立合贰本各收壹本日后为照[二]

【注】

［一］原件藏北京大学图书馆。与上件为一式二本。

［二］此行为款缝，存左半字。

一一八三　明成化六年（一四七〇）祁门县徐志文兄弟伙山批[一]

十一都徐志文、徐志才，今讨到同都吴斯哲名下山一片[二]、坐落六保，土名大寒坑口，前去烧荒种拨。凭中面议贴备工食银八钱正，栽种杉苗，无问平栈高低密种。候三年之后，请本主人相倪[三]，如有不行，栽种荒废，甘罚加倍公用，仍行栽种无词。立此山批为用。

立山批人　徐志文（押）　批

同弟　徐志才（押）

见人　谢　三（押）

成化六年十月二十日

【注】

［一］原件藏北京大学图书馆。

［二］讨到，领受到。

［三］倪（音同匿），亦作「睨」，斜视。这里作亲眼看见。

一一八四　明弘治十一年（一四九八）祁门县饶永善断山文约[一]

五都饶永善今承断到五都洪达等名下山乙号，坐落土名俞塘坑口庙背。其山新立四至：东至胡成见长养柴木刹，直上至降，西至坞口合山，南至降，北至水甽。今将前项四至内山写立合同断去长养柴木。日后成材，眼同砍斫，对半均分；及原栽木，亦照原约相分。自立文约之后，二家不许私自入山盗砍及费（废）山场。如有盗斫，听自赍文陈理无词，甘罚白银贰两入官公用，仍依此文为准。今恐无凭，立此合同为照。

文约人　饶永善

中见人　程九保

弘治十一年六月二十一日立

【注】

[一] 录自北京图书馆藏明抄本祁门《洪氏历代契约抄。》

一一八五　明弘治十二年（一四九九）祁门县胡六等伙山合同[一]

十一都胡六有山壹号，坐落六保，土名寒坑口。今合与同都徐思礼、思护、徐马前去劉（钹）掘柴脑务，在今秋无问平栈，务要挨密栽种猫竹、杉木、松木。议作叁分，本家得弍分，思礼、思护、徐马三人共得壹分。其竹木成林之日，二家毋许私自入山砍卖。如有私砍竹木壹根，罚银壹钱；笋壹根，罚银五分。自合之后，思礼、思护、徐马各人务要日夜自行到山看倖。遍栽竹木，毋得荒废花搭[二]。壬戌年，请山主到山看倖，如有荒废花搭〔砍木〕，听本家告理。其山除浮木合分，山骨本家得存留，思礼等再无分法。在山浮木毋许思礼、思护、徐马变卖他人。如不遵文约，罚变卖之人钱□公用，仍依此文为准，□□□□。

立此合同文约为照。

弘治十二年三月二十五日　　立合同人　胡六（押）

见人　胡宪（押）

【注】

[一] 原件藏北京大学图书馆。

[二] 花搭，栽种得竹木大小疏密不一致。搭今作搭。

一一八六　明弘治十三年（一五〇〇）祁门县朱文琛等伙山合同[一]

十一都朱文琛与族兄朱友文、友学等，共有承祖坟山壹片，坐落本都七保，土名章八坞口，系经理朝字壹阡（千）卅陆号。其山亩步四至，自有经理该载，本边该得壹半。今将本边分数内取壹半合与同都方桂名下，前去裁（栽）养竹木。日后成材，并作对半均分。朱文琛该得壹半，方桂长养，该得壹半，准作栽种工食，务要用心管顾。眼同砍斫，无许私自砍斫发卖。如有私自不令知会，砍斫壹根，甘罚白银壹钱入官公用。其山骨本家自行存留，日后子孙佥（迁）葬风水，无得异说。在山浮竹木，两家子孙永远两半管业，各无异言。今恐无凭，立此合同为用。

弘治十三年十月廿八日　　立合同人　朱文琛（押）

中见人　朱兆保（押）

【注】

[一] 原件藏北京大学图书馆。

一一八七　明正德二年（一五〇七）祁门县胡进童兄弟断山合同[一]

五都住人胡进童同弟三乞，今承断到五都洪积等山二号，坐落俞塘坑。一号系水字一千二十四号，其山四至照依经理；一号一千三十三号。塘塝上是王文兴栽，塘塍外是本家栽坌松杉[二]。里至塘塍陇心上，外至余山上，南至坑，北至降。今断去用心遍山栽坌，日后长大对半均分，毋许荒费（废）。其力不许私卖他人[三]。违者甘罚银壹两公用，仍依此文为准。今恐无凭，立此为照。

正德二年闰正月十七日

立合同人　胡进童

胡三乞

代书人　饶永喜

【注】

[一] 录自北京图书馆藏明抄本祁门《洪氏历代契约抄》。

[二] 栽坌，亦叫「力坌」，即「田皮」。佃仆在主人山场上自栽的树木。

[三] 力，即「力坌」。雇工、佃仆亦称「力」。

一一八八　明嘉靖二十七年（一五四八）祁门县毕伴当断山木文约[一]

五都住人毕伴当，今断到同都洪辉、洪珏、洪儒三大房承祖洪大东众业山一号[二]，系经理水字乙千三十号，计山柒亩贰角，坐落土名俞塘坑小坞。东、西至降，南至方山及小坞口，北至宋山及上培。今蒙县明文，兴利除害，将前号山断去[三]，称（乘）时栽种松杉等木，不致抛荒。五年之内，请主入山点苗打柴，听主入山眼同均分。其松杉本成材之日，眼同砍卖，主力均分[四]。自断之后，毋许私自砍斫。如砍一根，罚银乙钱入官公用，仍依此文为始。今恐无凭，立此文为照。

嘉靖二十七年八月十六日立　　断约人　毕伴当
　　　　　　　　　　　　　依口代书　毕五保

【注】

[一] 原件藏北京大学图书馆。
[二] 断，截取。这里与「拨给」、「合与」相类，租佃性质。
[三] 断去，当是「断来」、「断给」之意。
[四] 主力，山主洪氏与劳力毕伴当。力，雇工、佃仆。

一一八九　明弘光元年（一六四五）徽州王君宇等出断山木文约[一]

立出断约人王君宇同康以正，今有山弍号，坐落六保，土名低田坑、中田坑，系忠字阄，又义字阄。其前山在山浮杉木自愿凭中出断与
谢陈名下，前去入山砍斫、挖脑穿根鱼燐细□，见青截杪，搬拕至谢陈门首[二]，成牌（排）点数交家。每佰根议做工食银壹两整，其银陆续支付，不致短少。开山神诲，收山朔望神诲，尽是家管。所有在山木无得私自带回。如有，察出，见一罚十。自出断之后，二各无悔。如（先）悔者，甘罚银壹两公用无词。其木自乙尺乙寸起至大止。今恐无凭，立此为照。

　日后无许加减，无词。

断约式帋，各收壹帋为照。

弘光元年正月初四日　　立出断约人　王君宇（押）
　　　　　　　　　　　　　　　　　康以正（押）
　　　　　　　　　　　代笔中见人　方君命（押）

【注】

[一] 原件藏安徽省图书馆。

[二] 拕(音同拖),牵引。「拖」的本字,也作「扡」。

一一九〇　明弘光元年(一六四五)徽州火佃朱成龙等承山约[一]

立承揽火佃朱成龙、成孙、成志、记胜等,今承到

房东谢　　名下山壹备,坐落本保,土名刀鞘坞。四至字号悉炤拚约为证[二],前去拨作锄种麻粟[三]。□年粟,以准栽苗工食。次年麻,请主到山看视,三七抽分,主得三分,力得七分。其栽苗无问平栈[四],五尺一株,不致拦残芫废。三年之后,请主到山点青(清)。日后待木成材,主得七分,力得三分。如违,听主理论。今恐无凭,立此承约存炤。

再批:信记俱在酌内讫。

　　倚式侔,各收为炤(照)。

法弟(押)

成孙(押)

弘光元年二月初四日　　立承约火佃　朱成龙(押)

成志(押)

记胜(押)

代笔房东　谢正宗(押)

【注】

[一] 原件藏安徽省博物馆。

[二] 拚,舍弃。

[三] 拨,同劖。农具,两刃木柄,可刈草。

[四] 栈,不平,高峻。

一一九一　明伙资经商合约格式[一]

立合约人某某等,窃见财从伴生,事在人为。是以两人商议,合本求财。当凭中见某各出本银若干作本,同心竭力,营谋生意。所获利钱,每年面算明白,量分家用;仍留资本以为渊源不竭之计。至于私己用度,各人自备,不许扯动此银,并乱帐目。故特

歃血定盟[二]，务宜一团和气，苦乐均受；慎毋执拘争忿，不得积私肥己。如此议者[三]，神人犯其殛[四]。今恐无凭，立合约一样二纸，为后照用。

【注】

[一] 明徐三省《世事通考·外卷·文约类》。原题《合约》。

[二] 歃血，结盟各方口含牲畜之血或以血涂口旁。

[三] 如此议者，「如」下脱一「违」或「渝」字。

[四] 神人犯其殛，意为神人将杀死违约者。《左传》成公十二年：「有渝此盟，明神殛之。」杜注：「殛，诛也。」

（六） 族产管理合同和格式

一一九二　明成化二十一年（一四八五）休宁县汪文暲等坟地合同[一]

十一都汪文暲同弟文明，原于正统元年，是祖将八保土名潭子口山地出卖与族伯祖汪仕同，本家存留祖坟禁步。是文暲将祖安葬。有族兄汪廷振言说，凭众议立合同，日后再不侵葬。其余山地听自廷振兄弟照祖卖契管业，本家即无言说。今恐无凭，立此合同为照。

成代二十一年十一月廿五日

立合同人　汪文暲

汪文明

代书人　汪文朗

【注】

[一] 录自中国国家图书馆藏明抄本休宁《汪氏历代契约抄》。

一一九三　明弘治六年（一四九三）祁门县江庭杰等重修房屋合同[一]

九保住人江庭杰同弟庭富、庭相、江希胜、希旺、仕进共有承祖房屋壹片，坐落土名下大岭坞口，计字号地、山字号共叁个[二]，自有老契可证，不及开写。今因旧屋住歇年久，今兄弟叔侄商议，将屋宇重造。恐人事不齐，今凭亲人李希礼言议，将屋基并余地山，议作对半管业，均做均分。其议定，江希胜同弟希旺合得壹半，江庭杰、庭富、庭相兄弟合得壹半。今凭众议之后，各人日后一应等件并地骨、在山竹栗杂木等件，俱照各人分开疆界照分管业，无许侵占所有众存基地。造屋亦要照分均出银两。买料、应办物件等项，务要依时先付银两纳众，无得推却。候监（建）造屋宇完成，听从照分抽阄，各自装拆住歇，各不许占强欺弱。今议之后，无许故违。如有此等，甘罚花银伍两入众公用，仍依此文为准。今恐人心无凭，立此合同一样式本，各收壹本，与各家子孙凭此照证管业，各无异说。凭此为照。

外见有厅屋叁间，后面小屋三间，照依对半管业住歇，各无占己欲有。拆倒横屋旧料门窗、户扇、板壁、柱口方铁瓦等项，并系众存，凑造屋宇，无许各人怀私。如有怀私一块入己者，甘罚白银壹钱入众公用。立此为照。

一、计开：

住歇住基房屋对半管业，江庭杰、庭富、庭相叁人管业壹半。（下略）江希胜同弟希旺合得壹半，江仕进分数在内。

一、分开后山竹园 上边一阄希胜检业[三]。下边弍阄庭杰、庭相业。

一、分开余地。

一、分溪边竹园地 上边壹阄作弍产，下边弍阄作弍产。（批略）

弘治六年十二月初九日　　议立合同人　江庭杰

庭富（押）

庭相（押）

希胜（押）

希旺（押）

仕进（押）

言议亲人　李希礼（押）

中见人　李思谦（押）

依口代书人　吴文临（押）

【注】

［一］原件藏北京大学图书馆。

［二］计字号，「字号」二字与下重，衍。

［三］阄，自此以下竹园之「阄」，疑为「丘」字之误。

一一九四　明嘉靖三十年（一五五一）祁门县洪氏祖产规约[一]

桃源洪氏承　祖原有各项规约[二]，向来世守无异。迩来子侄繁衍，多有违犯，甚为忝坏。今众共行申议紧要条约数款于后，世世子孙永宜遵守。如有恃顽不服者，呈　官理治，准不孝论。毋违。

一、盗砍各处坟林庇荫树木枝桠及柴椿者，照旧罚银叁钱；或系成材树木，估值轻重，甘倍行罚。其柴木刀斧器械，俱给赏捕捉之人。拿获之所，当时即竹板重责二十，即时拘出该罚银数。若不交出罚银，则行禀众，将犯人拴锁，众厅呈　官理治。必待交讫罚银，然后疏放[三]。

一、盗砍坟林庇荫小柴者，照旧罚银五分。拿获之所，责十五板，追出罚银。其柴及力斧俱给尝捕获之人。毋违。

一、盗取松毛树叶者，拿获之所，重责十板，所取毛叶器具尽行烧毁不恕。

一、本家来龙山场栽养竹笋庇荫各项己山，亦毋许私自砍穵（挖）[四]。每年冬听众公议，齐邀入山，谅行砍取。如有私自砍取者，每砍竹一根，罚银三分。其笋并不许掘穵（挖）。如私穵（挖）者，拿获之人即将穵（挖）笋器具并笋俱给尝捕捉人不恕。

一、为首者务宜公直勤谨。如有犯约者，头首容情不举□□，亦照所犯者一体行罚。本族人等有在家者，亦须协直扶助。如有徇情反行劝放回避者，定行罚银乙钱不恕。

一、违约之人如有恃顽不服及故令僮仆逃走，将命图抵者，即以故杀家人、违反教令论[五]，并不得干赖族众。

一、众厅毋许私用工匠造作器皿；如违，罚银一钱，立时逐出不恕。

一、大门前及直出正路，毋许堆放器皿柴木、拴系骡马作践，不便。如违，将作践物烧毁。恕有不愿烧毁者，罚银三分。如有恃顽不服者，众行面叱，加罚不恕。

一、大厅除冠、婚、丧、祭及喜庆、延宾、斋醮外[六]，如有设太山者，每次出银二分。做戏者，每棚出银二分。

一、大厅等闲，俱要关锁，为首者收贮钥匙。本族每有正项事条，至头首处关出钥匙。事完日，打扫洁净，请头者看验厅屋洁净、椅桌存毁与否，即将钥匙交还。其会出税银，务必须先收会出银，交与钥匙。为首之人如有徇情私与钥匙，及不收现银者，罚令加倍赔出入众毋词。

嘉靖三十年正月初一

族众会议人洪护号　洪耿号　洪锡号　洪世仁号
洪起号　洪珏号　洪章号　洪立号
洪昆号　洪炤号　洪珍号　洪童号
洪仁号　洪宏号　洪一孙号　洪尚志号
洪信号　洪瓒号　洪田号　洪产号
洪旻号　洪球号　洪镒号　洪坊号
洪杲号　洪瑚号　洪鎡号　洪秀号
洪辉号　洪坤号　洪谏号　洪石号

洪坚号　洪舜民号　洪俪号　洪钟号
洪墀号　洪柯号　洪标号　洪秀芳号
洪儒号　洪祖号　洪地号　洪音号
洪光号　洪镗

【注】

[一]录自中国国家图书馆藏明抄本祁门《洪氏历代契约抄》。

[二]桃源，村名，在祁门县西九十五里，属十九都。（见《祁门县志》卷三《舆地志·疆域·都图》）

[三]疏放，任意，无拘束。这里当作「释放」解。或为「释放」之误。

[四]空，「挖」的本字。见《说文·穴部》、《广雅疏证·释诂》（卷三上）。

[五]将命图抵，以杀人图赖。故杀家人，《大明律》卷十九《刑律》二《人命》：「凡祖父母、父母故杀子孙及家长故杀奴婢，图赖人者，杖七十，徒一年半。」违反教令，《大明律》卷二十二《刑律》五《诉讼子孙违犯教令》：「凡子孙违犯祖父母、父母教令及奉养有缺者，杖一百。」

[六]斋醮，请僧道设斋坛，向神佛祈祷。

一一九五　明嘉靖三十五年（一五五六）祁门县吴松等二宅伙山合同[一]

十一都福川吴松、吴杞、吴添奇、吴岊弍宅[二]原有承祖椿祥经理山一号，坐落一保，土名岩山敦军坦，系经理五佰三十一号，计山壹拾壹亩，向来荒费（废），无人栽种。今二家商议，各出备工食银两，雇债落平务栽枞苗人等，栽种枞苗在内，二家同心看倖长养。诚恐人心不一，议立合同，将山内所栽枞苗木，毋许各家伴仆及闲杂人等私入山内偷抢损害，以致不得成材，空负栽种工食。但有私入山内偷抢损害者，拿获送　官理治不恕。倘在别山讨柴经过该段，二家亦无许妄认损害，因而生事。在山枞木长成材之日，二家照依承祖并议价分数及各备栽种工食分数多寡，公道发卖，毋争论。自议之后，各宜遵守，务要同心看倖，协力长养，毋许违文。如违，甘罚白银弍两入众公用，仍依此文为用。恐后无凭，立此合同，一样二帋各收一帋为照者。

计开：前山五百三十一号山内，东边从高山下小金字面直出至田山，及系吴添奇、吴岊等宅，栽种管业。吴岊买风水在内。又连界上两边一垅，直出至田，系吴松兄弟已行栽种管业，吴松兄弟亦开风水在内。其枞苗栽至坟后，直上至小金字面为界。两家各便管业，毋许争论。再批。

仍有金土坞，系椿祥经理五百二十二号，计山弍亩。日后栽种工食务要照前两家对半均出，长养毋词。

嘉靖三十五年二月初十日

立合同人　吴　松（押）

吴　杞（押）

吴添奇（押）

吴　岊（押）

中见人先生吴甫（押）

合同一样二张各收一张为照[三]

【注】

[一] 原件藏北京大学图书馆。

[二] 岊（音同杰），山曲。此处用作人名。

[三] 存右半边。

一一九六　明嘉靖三十六年（一五五七）祁门县洪昆等三房管理坟地合同[一]

五都桃源洪昆[二]、洪儒、洪珏三大房等，原承祖共业本都土名松木林剑字　　号山地壹备，内因昆房安藏相孺人壹穴在山地咀上。今本年十一月内，是昆房子孙又挨旧穴边右左傍葬陆柩，辉又将己祖葬伊祖坟穴内[三]，私砍荫木壹根。是儒、珏二房子孙自思共业山地，亦依辉等挨葬壹穴在上。今昆、辉房情愿托中劝浼儒、钰二大房将坟就便昆、辉二房安葬修造，愿出银二十五两正与儒、珏等房改移另葬[四]。自后松木林、相孺人坟及新旧坟穴边，除已安葬外，三大房子孙再不许仍前私自侵葬。如有违文侵葬故害者，呈　官理治，罚银拾两入　官公用；仍令改正。其空闲山地树木，扔系三大房共业庇荫，毋许违文私自砍斫反生，私自佃买异议。今恐无凭，立此合同为照。

嘉靖三十六年十二月十一日

立合同人　洪昆号　洪炤号

洪儒号　洪宏号

洪珏号　洪珍浩

劝谕里长　陈廷震号　洪田号[五]

洪立号

再批：三大房子孙凡有己坟在众山上者，不问新旧，自立文之后，俱

不许侵葬禁步之内。如违照文改正，甘罚无词。谢廷松批

洪尚号

洪莹号

中见人　陈　权号

【注】

[一] 录自中国国家图书馆藏明抄本祁门《洪氏历代契约抄》。

[二] 洪昱（音同显），人名。《玉篇》卷二十《日部》："昱，日光照也。"

[三] 辉，洪辉。属洪昱一大房。

[四] 愿出银，「愿」字上当有「昱、辉二房」四字。

[五] 洪田、洪立、洪尚、洪莹，此四人都是「立合同人」。原件排列于里长陈廷震之后。

一一九七　明隆庆元年（一五六七）祁门县李梅等伙养松木合同[一]

芹溪李梅、李琏、李应辰等三房，原承祖山一号，坐落土名里后坞，安葬旭升公。梅房因下臂（手）空虚，长养松木伍拾柒根，今建立祠堂缺少工食，众议将无碍处四十二根卖价备用。仍众存下手壹拾伍根，遮庇风水。日后三房子孙不得侵害砍斫，各无异说。恐后无凭，立此合同为照。

计开：前项松木，毋许私自砍斫，俱系三房众存。再批。

合同壹样叁张为照[二]

隆庆元年十月十六日

立合同人　李　梅（押）

同立合同人　李　琏（押）

李应辰（押）

尚　义（押）

尚　忠（押）

代笔人　李　钥（押）

中见人　李　佑（押）

【注】

[一] 原件藏北京大学图书馆。

[二] 款缝半字。

一一九八　明隆庆二年（一五六八）祈门县李廷锡等伙山戒约合同[一]

立戒约合同人李廷锡、应辰、廷凤、应春等，今有土明赤岭山朔木坑共业卑字等号山苗，因廷凤私自砍斫，做造店房，尚礼不忿[二]要行闻

官。今凭亲族劝谕，议立合同戒约，今后不拘有分无分之家，不许私自砍斫，以致虚赅国税。务要齐心协力，长养成材。拚山日，照经理佥业续买文书分价。如有仍前盗砍，根数者，罚银伍分；十根以上者，罚银壹两，入祠公用。拿获者，赏银贰钱。如有强梁不规者，有分之人津贴盘缠告

官治罪，仍依此文为准。立此戒约合同为照。

戒约合同四张各执壹张照[三]

隆庆二年九月廿日

立戒约合同人　李廷锡（押）

应辰（押）

廷凤（押）

应春（押）

见立合同人　应濂（押）

为文（押）

【注】

[一] 原件藏北京大学图书馆。

[二] 尚礼，李应辰的子侄辈。

[三] 款缝半字。

一一九九　明隆庆五年（一五七一）祁门县洪儒等族众护山林誓词[一]

桃源洪儒、洪瑩、洪谏、洪应阳、洪天宁、洪立、洪时孙、洪嘉凤人等族众，承祖□立禁约：四围庇荫山场树木，毋许子孙盗砍，违者呈治。一向遵守无异。土名梨树坞口王戊山地一备，系经理剑字四百一十五、六号，族众议让祖鎰、尚学葬坟。在山木树，向众传业庇荫。今因风折抱大木数根，天柱、天逵、继周等陡起贪心，不通众知，倚富统人锯扛肥己。身等遵祖文约理说，恶亏捏称佃业[二]，又称继承，复称契买，出词不一，吞占显然。据称佃业、继买，何无凭证？此等子孙，上灭祖训[三]，下欺族众，合闻　官惩治，诚恐人心不齐，临时或有退缩及徇私顺情等弊，今族众歃血为盟[四]，每房各议二人，同心协力，恢复祖业庇荫树木，后人不敢效尤。自盟誓之后，遵文者祖宗互（护）佑，百事昌盛。违文者，徇私者，必遭天谴[五]，子孙不得昌大。今恐无凭，立此誓词为照。

隆庆五年六月十九日

盟人　洪一孙　洪儒洪　立
　　　洪　谏　洪应阳　洪时孙
　　　洪天宁　洪嘉凤

一议出力人　洪　立　洪时孙　洪天道
　　　洪　儒　洪嘉凤　洪冬芳
　　　洪　言　洪太兴　洪天祥
　　　洪嘉鹉　洪山英　洪　应
　　　洪文琼　洪天庞　洪　墀

【注】

［一］录自中国国家图书馆藏明抄本祁门《洪氏历代契约抄》

［二］恶亏捏称，「恶亏」上当有「天柱等」三字。「捏称」是指「虚构」、「编造」的话。

［三］祖训，祖先的训诲。此处谓上述「承祖□立禁约」。

［四］歃血为盟，一种盟誓方式。古时会盟，与会各方以歃血为信。其法是与会各方口含牲畜之血，或以血涂口旁，表示信誓。《淮南子·齐俗训》：「故胡人弹骨，越人契臂，中国歃血也，所由各异，其于信一也。」

［五］天谴，遭受天的惩罚。

一二〇〇　明隆庆六年（一五七二）祁门县饶有寿窃杉赔偿文书[一]

五都饶有寿，今于旧年十二月间，擅入洪家段坞山上窃砍杉木四根，是洪获遇，要行呈治。有寿知亏，托中凭约正劝谕免词[二]，自情愿将本身原代洪家茶园坞头栽松木，计七十根，本身力坌叁拾五根[三]，尽数拨与洪名下，准偿木命。其前分坌树木，日后成材，听洪砍斫，本家即无异言。日后即不敢仍前入山砍斫。如遇违德，听自呈治毋词。今恐无凭，立此为照。

隆庆六年正月初六日

立还文书人　饶有寿

代　笔　饶　松

约　正　洪　莹

【注】

[一]录自中国国家图书馆藏明抄本祁门《洪氏历代契约抄》。

[二]约正，地保。

[三]力坌（音同笨），亦作「力坌」或「力」，指劳力者与田（山）主合伙经营，劳力者所得分成的利益。

一二〇一　明万历十二年（一五八四）休宁县汪廷元等族产开支合同[一]

三十都汪廷元、汪文魁同侄汪尚贤、汪盛时、汪应凤、汪随时等，承祖三房共充本图三甲里长，历系三房轮流充当[二]，周而复始，合同存证。至隆庆六年间，子侄蕃衍，人心旁午[三]，或以丁粮推挨[四]。以故呈明县主，新立汪廷新收入三房众粮存众朋[五]。当至万历三十年，孟房汪文和、仲房汪健，季房汪文魁等叔侄朋充已讫[六]。今轮万历拾贰年里役，轮该孟房廷元、尚贤，仲房盛时、随时，季房文魁、应凤三房朋充。但近奉

上司明文：新行条编事例：钱粮关系恐致推挨误事。为此，三房议立合同：原祖遗下本都弯田、捌田等处田，十三都斩竹坞，十都倍军丘、池下丘等田，共计租贰拾伍砠，递年存众收贮入仓；并立一匣存众，眼同收支。如遇清军查盘及管粮使用盘费俱是存众出办支用无词。不许推挨及往外稽延，以致临期误事。务要亲自经历，毋得违误。如违执此，理论无词。如差人勾摄下乡，存众吃用，算还口食。每经催科各排年钱粮[七]，必由走乡眼同封包，投县交纳贮帐。直书某人名经手，庶免偏累。恐后无凭，立此合同壹样叁张，各执壹张存照。

如有因而需索罗执生事者，即在本人祇（支）当，各不干涉，无干人之事。再批。

合同一样三张各执一张存照[八]

万历拾贰年伍月初壹日

立合同人　汪廷元（押）

汪文魁（押）

汪尚贤（押）

汪盛时（押）

江应凤（押）

汪随时（押）

汪文和（押）

汪　宏（押）

汪　健

汪元祯（押）

【注】

［一］原件藏北京大学图书馆。

［二］关于三房轮流充当甲长：《明史》卷七十七《食货一·户口》：「洪武十四年，诏天下编赋役黄册，以一百十户为一里，推丁粮多者十户为长，余百户为十甲，甲凡十人。岁役里长一人，甲首一人，董一里一甲之事。先后以丁粮多寡为序，凡十年一周，曰排年。」

［三］旁午，纵横交错，纷繁复杂。《汉书》卷六十八《霍光传》：「受玺以来二十七日，使者旁午，持节诏诸官署征发，凡千一百二十七事。」颜注：如淳曰：「旁午，分布也。」师古曰：「一从一横为旁午，犹言交横也。」

［四］推挨，拖延时间。

［五］众朋，里甲设置的粮仓，朋同棚。

［六］朋充，里甲粮长轮流输纳线粮。明朝初期设立正副粮长，有的地区按里甲轮充粮长，经办一乡赋税。粮万石则设正副各一人，以时输纳。充任粮长者，多当地大户，其责是「专一征税粮」。（《明宣宗实录》洪熙元年闰七月丙辰）这里所讲「三房朋充」即指汪氏家族三房轮流充当里甲长，兼掌轮纳钱粮。关于里甲粮长设置、职责，《明史》卷七十八《食货志二·赋役》亦有记载。

［七］排年钱粮，见注［二］。「钱粮」即「田租」。《明史》卷七十八《食货志二·赋役》亦有记载。

［八］骑缝半字。

一二〇二　明万历十四年（一五八六）休宁县汪文魁等四房合股造屋合同[一]

叁拾都议立合同人汪文魁同侄汪应秋、应凰、应云、朝宗，承祖并续置基地壹片，系业字一千贰佰四十玖号、壹千贰佰玖十四号、壹千贰佰五十八号、壹千贰佰四十壹号，除造叁房众厅众路外，仍厅后该业地肆拾捌步柒分，今伯侄四房众议：魁、凰贰人多买基地，出与应秋、应云、朝宗抵平，议作五股造屋，魁做壹股半，秋、宗造做壹股，应凰做壹股半，应云做壹股。其造屋银两照股均派，砖瓦、木料、石工匠应等项俱作五股均出。造完之日，亦作五股分房，毋得狗（苟）私拒众。如有生情悔异，甘罚白米贰拾石公用，仍依此文为准。今恐人心无凭，立此合同壹样四张，各执一张为是。

万历十四年十一月十八日

五议合同人　汪文魁（押）

汪应秋（押）

汪应凰（押）

汪应云（押）

汪朝宗

中见人　汪新法

【注】

[一] 原件藏北京大学图书馆。

一二〇三　明崇祯元年（一六二八）祁门县吴可祖等维护族产合同[一]

立议合同人吴孝五祠可祖、良翰、建暘、应鸿、文瑞等，今为震坑口厚坑山八号，系祖吴钦远金业，内葬善四公坟冢，向被豪李兴占蓄养，未得清业。有李得和长养谷字八百六十三号，与胡伯远共业。吴钦远该业山贰拾柒亩贰角。李相告争在府，吴恐失业，亦将清业告府。保簿不依[二]，枉断冒认。众斯父不甘，连名具呈。批　县究问，并无吴契假造。吴德明伪契做卖一半，且卖契假做洪武初年，而金业在洪武十一年，明假无疑。众议祖业不容欺占，必要往上告理，一应费用照丁科派一单，完后派一单，务要齐心催办。所有在心善后公堂，亦急催取，免致临期有误。其斯文出理，务要仝心，为祖家族众争气，不可临事退避。其钱当催办，不可累斯文之事。自立之后，如有卖国坐视坏事者，众罚不许入祠，以维（？）不孝论。今恐人心不一，立此合同存照。

合同[三]

崇祯元年九月初一日立合同人 吴可祖(押)

征银阄定 吴良翰(押) 吴建暘(押)

前屋 一 吴应鸿 吴自茂(押)

金壁 二 吴自功(押) 吴应庭

淹屋 三 吴文玮(押) 吴自肇(押)

外门 四 吴士瑾 吴汝琛

陈塘 五 吴自良(押) 吴汝琇 吴文瑞(押) 吴士琦(押) 吴增孙(押) 吴启悦(押)

【注】

[一] 原件藏北京大学图书馆。

[二] 保簿,存于保中的鱼鳞图册。这里指保长。

[三] 骑缝半字

一二〇四　坟山禁约格式[一]

某境某人等今有祖坟,坐落某处栽培松柏,遮荫风水,俱已成林。屡被无籍之徒盗破,致害无补。除已往外,今合重佥约:自今伊始,再有仍前砍害者,轻则会众依约行罚,众(重)则佥呈送官惩治。间有捉获卖放,被人首出[二],与盗砍同。官有条约,详陈于后。

【注】

[一] 明徐三省《世事通考·外卷·文约类》。原题《坟山禁约》。

[二] 首出,告发。

（七） 换产分产契约

一二〇五　明永乐年十一年(一四一三)休宁县吴希仁对换田地白契[一]

十一都吴希仁，昨用价买到汪伯敬六保田乙备，坐落庄坑谢乙榭背，系经理坐字　号。内买得伯敬一半，与胡丑甫相共，计租谷叁秤。其田四至、字号、亩步并依经理可照。今将前项田亩租数对与汪伯春梓坑口汪起住前硬租叁秤，每秤贰拾斤净[二]。对换之后，各照管业，两无推说，税粮亦无推收。又取买得伯敬门首苧地乙块，取汪乞住畔下畈路下苧地[三]，约计五分有令(零)，四至并依原买来契可照。今将前项苧地价钞六伯贯准还伯春名下庙前新开田[四]，价足讫，两无欠少。自立对契之后，各无悔异。如先言悔者，甘罚宝钞五百头与不悔人用[五]，仍依此文为始。所有原买苧地契文随即缴付，榭背田契与别产相连，不及缴付，要用之日，赍照毋词。今恐无凭，立此文契为用。契内原价六百头折讫。

永乐十一年九月廿五日　　吴希仁

【注】

[一]录自中国国家图书馆藏明抄本休宁《汪氏历代契约抄》。

[二]据此，知所对换为田骨。

[三]汪乞住，与「王起住」似是一人，为汪伯春之佃户。

[四]钞，大明宝钞。准还，当作「准换」，即折价对换。

[五]五百头，即五百贯。

一二〇六　明景泰七年(一四五六)休宁县汪志忠兄弟对换坟地文约[一]

在城汪志忠同弟汪得忠，承祖与族众相共有地乙片，坐落十一都六保土名庄坑头黄家住后，与众祖坟山相连。其地字号、四至、亩步，只凭该保经理为业，通众本家合得一半。今来为因管顾不便，今自情愿尽行对换族弟汪异常名下一都二保土名三里冈桐木岭祖坟山地一片。今从对换之后，两下各照对换文约管业云云。

景泰七年正月十五日　　对换人　汪志忠　汪得忠
　　代书男　汪　启

【注】

［一］录自北京图书馆藏明抄本休宁《汪氏历代契约抄》。

一二〇七　明万历十七年(一五八九)祁门县李新明等以房兑田红契[一]

十一都李新明、吴彦五二家为店基溪潭等地讦告[二]，蒙县主常爷委中以情劝谕，李新明将店量拨数间给吴，吴彦五量出价银给李。今二家思系至亲，不愿终(争)讼，李愿将里坑口渡头李店基贰间，其店新立四至：东至路及塝，西至本家店，南至溪，北至街。凭中立契，兑换吴长洲堨头田骨内取硬租拾柒秤整。自兑换之后，其田听李收租管业，其店听吴改造管业，两家即无异说。所有税粮，候造册之年，两家各照清丈亩步起割入各户供解。其溪潭地，各照保簿字号管业，毋得混争。如违，甘罚白银拾两入官公用；仍以此文为准。念恐无凭，立此兑换文契为照。

兑换裔存照[三]

万历拾柒年玖月拾捌日　　立兑换契人　李新明(押)
　　中人　余龙源
　　光荣宇

【注】

［一］原件藏北京大学图书馆。

［二］讦(音同杰)，《玉篇》卷九《言部》：「讦，攻人之阴私也。」

［三］骑缝半字。

一二〇八　明天启二年（一六二二）歙县黄垂继等保坟移屋合同（红契）[一]

一□约合同人黄垂继、黄愿治等、朱廷桂等，今因黄赠（增）坟一业，扦葬土名[二]就田路上，朱廷桂住屋在左边路下，有碍黄坟。呈院批　县勘断[三]，着令朱廷桂移屋黄买地。今凭汪封君亲人等劝谕，将屋移于左手厨灶之左毗连。黄愿贴搬移银贰拾贰两整[四]。其地号内原丈五分五厘，县断五分与黄，五厘与朱。今眼丈屋地肆拾步，朱又将黄坟前路下地横肆丈，直贰丈壹尺，于上原造小堆，凭中着黄出价收买，二共计实税叁分。号内余地不得执断争税，朱不得执税争地；黄收地保坟，不许另造新坟，有碍朱；朱亦不许坟前余地造屋，复碍黄坟。二各如违，听凭公理治。立此合同，一样二纸，各收一纸，永远存照。

其搬移银照合同内收讫（押）

天启二年五月二十四日

立合同人　黄垂继（押）

黄愿治（押）

朱廷桂（押）

主　盟　汪石洲（押）

中　　　胡宗儒（押）

代　笔　汪兆葵（押）

【注】

[一] 原件藏北京大学图书馆。

[二] 土名，缺载。

[三] 院，监察御史府。县，歙县政府。

[四] 贴，贴补，给予。

（八）分产合同和格式

一二〇九　明洪武二十年（一三八七）祁门县王寄保批产契[一]

五都王寄保娶妻陈氏，生育子女，不幸俱已夭亡。今身夫妇年老病疾，虑恐无常[二]，思无结果，同妻商议将吾分下承祖王祥孙、王德龙经理名目产土[三]，尽数批与侄婿洪均祥、侄女寄奴娘承业，管顾吾夫妻生侍送终殡葬之资；承祀侄婿子女，毋得违文背弃。如违，甘当不孝情罪毋词。自批之后，一听均祥已业，毋许家外非故异词争夺。今恐人心无凭，立此批约，永远为照。

洪武二十年九月初八日

立批契人　王寄保

中　见　谢　宁

王志保

【注】

[一] 录自中国国家图书馆藏明抄本祁门《洪氏历代契约抄》。

[二] 无常，佛教谓世间一切事物不能久住，都处于生灭成坏之中，故称无常。《大般涅槃经》一《寿命品》第一：「是身无常，念念不住，犹如电光暴水幻炎。」

[三] 经理名目，鱼鳞图册上所载地图字号亩步等。

一二一〇　明洪武二十二年（一三八九）祁门县王阿许分产标帐[一]

五都王阿许不幸夫王伯成身故，并无亲男，仅有三女。长女名关弟娘，昨曾招到十八都曹孟芳过门为婿[二]，与关弟娘合活[三]，长下外甥添德，年纪十一岁。第二女寄奴[四]，招聘到同都洪均祥到家成婿合活，亦有孙名柳相[五]，年纪七岁。第三女佛奴[六]，招到　都谢允忠到家，与女佛奴娘成家合活。俱各立事。昨阿许同夫伯成克勤克俭[七]，陆续置受些小田地。今思年老，若不标分各人管业[八]，诚恐日后互相争战（竞）不便。今将户下应有田山、陆地、屋宅、池塘、孳畜等物品搭，写立天、地、人三张，均分为

三、各自收留管业。今将各人条段处所字号数目开具于后：

一、十保一百九十五号田一亩八分八毫，计一坵，土名麻榨坞口。

一、同保一百八十五号田二亩二分六厘二毫，计二坵，土名门首。

一、同保一百九十号田三分八厘一毫，计一坵，土名门首。

一、同保一百九十四号田共五亩一分二厘二毛，内取半该二亩五分六厘[九]，计七坵，土名门首。

一、同保六十四号田九分五厘八毫，计一坵，土名官路下。

一、同保二百三号田一亩六分六厘七毫，计二坵，土名桃木源。

一、同保二百一十一号田二亩四分三厘三毫，计一坵，土名大源口。

一、同保二百九号田二亩一分六厘七毫，计一坵，土名大源口。

一、同保一百九十七号田一亩一分捌厘，计一坵，土名桃木源堨头。

一、同保七十六号，内取一亩贰分七厘三毫，计二坵，土名桑树下。

一、九保一号田八分九厘六毫，计一坵，土名石南树下。

一、众共十保七十号田二亩七分二厘七毫，计一坵，土名韩家岭，三分均分。

一、十保一百十七号田共贰亩七分五厘二毫，计二坵，土名汪村。此备准还洪均祥众反过户门钱粮。

一、户下诸处山塘地及住房叁间并小屋及地上新瓦仓柜并系众用。

一、东都土墙坵田，计贰亩四分八厘三毫，系老孺人自收支用。日后百年，亦行均分。

右前地字号系是女婿洪均祥、寄奴娘阄拈抽分，得自行管业收苗。今从标分后，务要承接香火[十]，奉祀祖先，轮流供膳，侍奉阿许百年，毋得疏散。所是门户须要同共供解输纳税，毋得怠慢。自标分之后，不许争论。倘有争占，准不孝论，更异名胜。

祖宗后裔者　　标帐

洪武二十二年二月　日　　主盟标分岳母　王阿许

依口代书人　郑均玉

地、人二张[十一]，分得大红牸一头，小红牸牛一[十二]，二分相共耕种，毋得争论。所是亡夫王伯成存日曾写立批契贰纸，随寻未着。日后寻出，不在(再)行用。再批。

【注】

［一］录自中国国家图书馆藏明抄本祁门《洪氏历代契约抄》。

［二］过门，女子嫁到男家，或男子招赘入女家，均谓之「过门」。后者俗称「倒插门」。

［三］合活，当为「合和」之讹。合和，婚配之意。《管子·入国》：「凡国都皆有掌媒，丈夫无妻曰鳏，妇人无夫曰寡，取鳏寡而合和之。」或后讹为「一起生活」。下同。

［四］寄奴，亦称「寄奴娘」。

［五］亦有孙，当作「亦有外孙」或「亦有外甥」。

［六］佛奴，亦称「佛奴娘」。

［七］克勤克俭，能勤劳而又节俭。《书·大禹》：「克勤于邦，克俭于家。」

［八］标分，标其财产的品类数量而分之。指析居分财。「标」亦作「摽」。

［九］六厘：下脱「一毫」二字。

［十］香火，香烟灯火，用于祭祀鬼神祖宗。

［十一］地、人二张，标帐三张中的二张。

［十二］牸（音同字），母牛。

一二一一　明永乐二十年（一四二二）祁门县胡仕批山契［一］

岳父胡仕原承祖买受山贰号，一号买受汪真五，字号坐落东都四保，土名木瓜坞，系经理二千五百六十号；又一号买受方通，字号土名郭公坑，系经理二千一百柒十号。其山二号亩步四至自有经理可照。今前二号山因管业不便，自情愿批与女婿洪宽名下永远为业，本家子孙日后即无家外人异言争论。今恐无凭，立此批约为照。

永乐二十年九月二十二日

立批契人　胡　仕

奉　书　男　胡阴周

见　　　人　曹添得　郑伯善

【注】

［一］录自中国国家图书馆藏明抄本祁门《洪氏历代契约抄》。

一一一二 明宣德七年（一四三二）休宁县谢得亨等分山合同[一]

卅三都谢得亨同吴彦端、李仲接等，共有山壹片，坐落九保土名赤岭山，系卑字壹千九十柒号，计山叁亩七分伍厘。今为宣德七年砍木下山，各人争论分数。索出契字参看[二]，有吴彦端、李仲接二家契字少明。今凭众议，通山以捌分为率，得亨陆分，彦端合得壹分，仲接兄弟合得壹分。自立合，壹样叁本，各收壹本为照。日后各家无许争论，子孙只凭此合同，永远管业。今恐无凭，立此合同为照。

宣德柒年三月廿二日立合人

李仲接（押） 合
李仲威（押）
李仲义（押）
李仲和（押）
吴彦本（押）
吴彦端（押）
谢得亨（押）
见立合人 李 修（押）
见 人 李凡昌（押）
李思道（押）
谢得超（押）
代书人 汪贵用（押）

【注】

[一] 原件藏北京大学图书馆。

[二] 契字，契约。这里指原来的契约。

一一一三 明正统二年（一四三七）祁门县洪阿王分产合同文书[一]

五都洪阿王有夫洪均祥抚育四子，〔夫〕存日，有次男宽，永乐六年充本县儒学生员[二]，所有本户田地山塘新业，立文标分为四。

除土名大路田及本都郭公坑等处田，共贰拾亩有零，未曾标分。后于十七年有存留本都郭公坑田壹拾亩，拨与男宽收浮租以准衣鞋之类。为男已故，今蒙本县佥点孙洪浒充儒学生员，亦累衣冠，无人管顾。〔夫〕将原扒（拨）与宽前田拾亩，除卖一亩五分，仍有捌亩五分，拨与孙洪浒，照例以收浮租支用。其田日后并系户内三分为业。今将存与洪阿王口食大路新处田共壹拾亩有零，内卖壹亩五分，止有八亩有零。今将土名大坵田内取叁亩五分；又将土名王村大路下内取七分，标与故男宽，充生员往回进京盘费[三]。又将大坵内取二亩五分，标与另户男彦宗为业。仍有田壹亩，标与四男景富为业。又将土名王村大路下田内取壹亩，标与孙洪深为业。自立合同文书四纸，各收一纸为照永远。自拨之后，子孙依奉我命，不许争占。如有争占，准不孝论。今恐无凭，立此合同文书为照。

正统二年十月初四日

嘱立文母亲　洪阿王
奉嘱男　王彦宗
　　　　洪景富
孙　洪深　洪渊
亲眷　汪敬先　陈本道
　　　谢子敬

【注】

[一] 录自中国国家图书馆藏明抄本祁门《洪氏历代契约抄》。

[二] 生员，凡经过本省各级考试取入府、州、县学的，都称生员，俗称秀才。《明史》卷六十九《选举一》：「迄明，天下府、州、县、卫、所，皆建儒学。」又曰：「洪武二年，太祖初建国学……于是大建学校，府设教授，州设学正，县设教谕，各一。俱设训导，府四、州三、县二。生员之数，府学四十人，州、县以次减半。师生月廪食米，人六斗，有司给以鱼肉。学官月俸有差。生员专治一经，以礼、乐、射、御、书、数设科分数。务求实才，顽不率者黜之。」

[三] 生员进京，生员进京入国子监就读，国子监亦称「国学」。《明史》卷六十九《选举一》：「入国学者，通谓之监生。举人曰举监，生员曰贡监，品官子弟曰荫监，捐赀曰例监。同一贡监也，有岁贡，有选贡，有恩贡，有纳贡。」

一二一四　明景泰六年（一四五五）祁门县方伯起等分山合同[一]

在城方伯起、叶仕彰管山一备，坐落五都五保，土名仁家坞，计山二十九亩，系经理　字一千四十号。东至方山陇心，西洪山，南降，北地[二]。今将前项山场三分相分，伯起山骨一半，仕彰山骨一半，三分内得一分与五都表叔饶仕荣。同众相共，各不许私自入山迁造风水。若有一家入山迁造风水一穴，出银伍两入众公用。有税粮在二户供解，候造册听自仕荣照依经理亩步，在方伯起户、叶仕彰户[三]，二家各无言说。今将前项山场写与叶茂芳、得芳名下，前去尽山栽坌杉苗[四]。日后长大，照依乡例对半均分。自立文书之后，各不异言。失误垦开，听自遵约人赍文告理，甘罚违约人名下银五两入　官公用，仍依此文为准。今恐人心不一，立此合同二纸为照。

景泰六年九月二十六日　　立约人　方伯起　　同约人　叶仕彰

中见人　饶仕荣

【注】

[一]录自中国国家图书馆藏明抄本祁门《洪氏历代契约抄》。

[二]以上四至省三「至」字。

[三]户，下脱「起割」二字。

[四]栽坌，徽州俗语。指出劳力者使用主家山场栽种杉苗，对半均分其利益。

一二一五　明天顺六年（一四六二）祁门县陈宽兄弟分地产合同[一]

在城陈宽同弟陈洪，原故父陈本道；在城方帅保，故父方思可，共买五都周音保名下地一片，坐落五都，土名王村官路里。所有地亩税粮向在方帅保户供解。其地是二家造屋召人住歇，耕种田地；年深向未均分。今凭托亲眷谢子敬亲眼同丈量，对半均分。陈宽阄得里截东边地一半：东至高塝，西至埋石，方帅保分籍地为界；南至官路，北至坟山外截地。西边地一半系方帅保阄得：东至埋石及陈宽分籍地为界，西至陈宽塘地墙脚为界，南至官路，北至坟山。二家俱照合同文约阄扒管业。如违，甘罚白银三两入官公用，仍依此文为始。今恐无凭，立此合同文约为照。

天顺六年三月十五日　　立约人　陈　宽　陈　洪

见人　陈天麟　方祖善

洪景富　谢子恭　洪　深

程彙坚

代书人　谢子敬

【注】

[一]原件藏北京大学图书馆。

一二一六　明成化二年（一四六六）祁门县谢友政等划分山界合同[一]

一都谢友政原有开垦山一号，坐落本都四保，土名紫草坞，系经理有字二千六百八号，计山四亩。东坑，西降，南、北山[二]。又有五都洪渊原买山二号，亦坐落同处，有字二千六百六号、二千六百七号，共计山叁亩。东坑，西降，南李山，北山。为因南北相连，俱各至山，原无硬界[三]，以致互争。二家凭亲眷谢以端，三面到山眼同立界：将南、北二至，里截二号山地，北至抵友政山外湾外弦直上至降，系洪渊管业；外截山一号，南至抵洪渊山外湾外弦直上至降，友政管业。二家毋许侵界异词争占。如违，甘罚银贰两公用，仍依此文为准。立此合同为照。

成化二年八月二十九日立

约人　谢友政

亲眷　谢以端　谢文立

见人　洪景富　洪　深

（图略）

【注】

[一]录自中国国家图书馆藏明抄本祁门《洪氏历代契约抄》。

[二]四至均省「至」字。下同。

[三]硬界，明确划定的界限。

一二一七　明成化四年（一四六八）祁门县毕仕文划分山界合同[一]

五都毕仕文，曾于上年间承祖管业葬坟，在所在五都五保，土名塘坞[二]，其山一向栽木葬坟管业至今。有本都洪渊、瀚查出，系伊祖洪大昇经理名目。二家今不愿紊繁，俱凭中饶永善劝说，将前项内除中截葬坟山约计壹田，东至田，西至降，南至葬坟湾外小金字面当心为界，北至塳咀为界，其余两边空山下古坟尽听洪家管业。自立合同之后，二家遵文照界，各无异言。所中截仕文葬坟约计壹亩，照文内开写四至，听仕文管业，洪家子孙无争。今恐无凭，立此合同文书为照。

成化四年五月十二日立

合同人　毕仕文

中见人　饶永善　陈文胜

余仕亨

奉书侄　毕　廷

【注】

[一] 录自中国国家图书馆藏明抄本祁门《洪氏历代契约抄》。

[二] 在所，二字衍。

一二一八　明成化六年（一四七〇）祁门县洪景富等分山地合同文书[一]

五都洪景富等承祖洪大东　经理山地。有侄洪渊，原承洪大昇经理山地。于上年间，景福（富）将庄边山陆亩对卖与本都饶荣保后[二]，侄洪渊状告到府[三]。今凭亲眷程永亮等劝谕，不愿紊繁，将原对山退还。有侄渊承祖洪大昇经理山场内拨土名俞塘坑水字一千二十一号，计山柒拾亩；又将土名蒋家坞水字一千三十九号，计山五亩。贰号山场系是景福、洪深、洪瀚等管业；其余大昇经理山地，并系侄渊承户管业。自立合同文书之后，景福等即无异词争论。如违，甘罚白银拾两入官公用。今恐无凭，立此合同文书为照。

成化六年正月二十八日

立文书人　洪景富　洪　深

洪　瀚

亲　眷　程永亮　邱舍宏

【注】

［一］录自中国国家图书馆藏明抄本祁门《洪氏历代契约抄》。

［二］对卖，兼有「对换」、「出卖」的性质。其价，部分为财产，部分为现钱。

［三］府，徽州府。

一一一九　明成化十年（一四七四）祁门县饶云宗划分山地界文约［一］

五都饶云宗原买本都洪景富庄边，系经理水字一千一伯四号，共计山地四亩。其山东、西汪地，南官路、北降。其山地与洪深、渊合，该一分，计二亩六分有零。今凭邱思义为中，将山田地画图埋石，分拨立界各业。云宗分得山脚开田，一块坐落下末山，一块坐落上截东北边。东本家自山，西洪山，埋石为界；南洪地，横过两头埋石，及至郑成墙；北降。洪深、洪渊分得山地相共。东至郑成墙脚，直出至路；西至陇心及汪山；南直截至下截，至饶新开田；北至饶山，横过埋石，下截山亦直上至降。其山地自分之后，各照图形埋石为界管业，俱各毋许越界侵占。违者，甘罚银二两入官公用，仍依此文为始。今恐无凭，立此文约一样二纸，各收为照。

成化十年六月二十一日

立约分人　饶云宗

中　邱思义　陈文胜

饶克敏　程邦本

代书人　毕　廷

（图略）

【注】

［一］录自北京图书馆藏明抄本祁门《洪氏历代契约抄》。

一一二〇　明成化十五年（一四七九）祁门县饶荣宗等划分地界合同［一］

五都饶荣宗承祖饶得祥名目地二号，俱坐落五都，土名洪家段，系经理水字一百八十号，荒熟地壹亩五十二步；一百八十六号地壹亩。与本都洪〔景〕富等承祖墓地水字一百八十七号及江富地，共四亩叁角拾步；及在城汪琴承祖汪医谕名目，水字一百八十九号，地叁角四十步。三家地土相连，未曾明界，今互告拘提。凭中人陈文胜等劝凂，不愿紊繁，同众到地眼同踏勘，将前项地土各照经理亩步多寡，新立四至，埋石定界。明白写立画图合同文书一样三张，各收一纸，永远为照。自立合同文书之后，各家子孙不许恃强侵界。如违，甘罚白银十两入官公用，仍依此立(合)同为准。今恐人心无凭，立此为照。所有地坦开写于后。

成化十五年六月十六日

立合同人　饶荣宗　汪　琴
　　　　　洪景富　汪　深
　　　　　洪　渊
见人　　　陈文胜　饶克敏
　　　　　邱思常　邱思义
　　　　　邱　宪　王　毛

（图略）

【注】

〔一〕录自中国国家图书馆藏明抄本祁门《洪氏历代契约抄》。

一二二一　明成化十六年（一四八〇）祁门县汪濂等划分山界合同文约〔一〕

在城汪濂等，今有汪千十一进山一号，坐落五都五保茶园坞，系经理水字一千八十八号，计山捌亩叁角，坐落里截，与五都汪浒等承祖洪大东山一号，坐落五都茶园坞西培外截，计山壹拾贰亩。二家南北互界不明，今凭亲眷等眼同定界：汪濂管受里截，南至西培小弯口为界；外截系是洪浒等，北至小弯口为界。自立合同文书之后，二家各依定界管业。日后子孙各要遵守文书，永远管业，不许违文侵占。如违，听自告官陈理，甘罚银五两入官公用；仍依此文为始。今人心无凭〔二〕，立此合同文约为照。

成化十六年四月十三日

立合同人　汪　濂　汪　潭
中见亲眷　邱思义　邱思常
　　　　　谢以昊　光彦昹

【注】

[一] 录自中国国家图书馆藏明抄本祁门《洪氏历代契约抄》。

[二] 今人心无凭，「今」下脱一「恐」字。

一二二二　明正德十四年（一五一九）休宁县郑良曙叔侄分产合同文约[一]

奇峰郑良曙同弟良址、侄郑笏、郑梅、郑山、郑章等，承祖产，除先年标分各业及今众存祭祀田租外，仍有未分并众续置田地塘园。今凭表侄朱镛等为证，俱照亩步租数品搭均匀，编为和、气二字号，阄分为定。其见住宅基前田及小墩头田上下弍坵并西峰堂前田，俱凭量埋石为界，具图于左。又各处土名亩步租数开具于后。自立分约之后，各宜遵守管业，毋得悔易（异）。如悔易（异）者，甘罚花银一十两入　官公用，仍依此文约为准。今恐人心无凭，立此合同文约一样二纸，永为照者。

（图略）

一、和字号　　良址叔侄分得：

本都三保：

一、石印丘田二亩四分〇四，　计租一十九平（秤）半[二]。

一、塘坞中截田七分，　计租七平半。

一、张四坟坞口田六分二，　计租六平。

本都六保：

一、扛牛坵田一亩二分五，　计租一十四平。

一、马鞍丘田二丘四亩四分五三，　计租三十八平。

一、言坑口坑边田一亩三分一六，　计租一十三平。

一、压蛇坞口田二分二五，　计租二平。

一、何三坞口坑边内得田，　计租一平。

一、梨木坞内得，　计租一十二平。

十二都九保：

一、纸焙丘，　计租十二平。

一、上湖丘三处共田十亩九分九，　　计租三十八平。
一、下湖丘，　　计租三十六平。
一、气字号　　良曙叔分得：
本都三保：
叶家山内得田七分九六，　　计租七平半。
王村塘下大路边内得田四分，　　计租二平半。
王村塘该田八分，及四围塝上地在内，　　计租十五平。
塘坞头内得田四分，　　计租三平。
本都六保：
黄龙源查家坞口内得田一亩三分八五，　　计租一十二平。
兰溪上段井丘内得田一亩二分一二，　　计租一十二平。
下段木于丘田七分七八，　　计租七平。
二亩丘田一亩一分七九，　　计租一十二平。
三亩丘田四亩四分二五，　　计租廿八平。
羊鹅坑口荒田，　　计租四平半。
檀木坑荒田，　　计租二平半。
二十都五保：
薛家坞口田三亩一分三一，　　计租三十六平。
九保方村下田五亩二分五八，　　计租三十六平。
九保奎儿坞口田二亩二分八〇，　　计租廿平。

再批：众共有未分田地山场及漏关未上单者[三]，后查出，俱系众业，各不许执异。又西峰堂前田分为里外二截，俱在山边路下开沟，以通水利，不许阻塞。编立和、气奇文约，永为照。

正德十四年己卯岁三月初十日　　立合同文约人　郑良曙　号　约
同立约弟　郑良址　号
侄　郑　笏　号

郑梅号
郑山号
郑章号
表侄 朱镛号
朱镳号
见人 连亮号

【注】

[一]录自中国国家图书馆藏明抄本休宁《郑氏历代契约抄》。

[二]平，当作「秤」。十五斤为一秤。以下同。

[三]关，文书，契约。漏关，因漏掉而未开载于合同文约上。

一一二三 明正德十五年（一五二〇）休宁县郑笏兄弟分产合同[一]

奇峰郑笏同弟郑珪、郑凤，今凭中将众三保土名西峰堂前上坦下截民田并吴陂头坑东田一坵，除众共存二分外，其余田本位兄弟三人该得分籍田租以三分率[二]，内将二分摽与凤股为业，内将一分摽与笏、珪二股名下为业。又将淡竹坞田下地俱摽与笏股名下为业。又将黑竹坞头地俱摽与珪股名下为业。又将前山弯荒地并上坦地与叔良址未分地，俱摽与凤股名下为业。又将六保土名胡大源田租内取三平（秤）摽与笏、珪二股名下为业。自立文之后，各宜遵守，永远为业，不许悔异。如悔者，甘罚白银二十两入　　官公用，仍以此文为始。今恐无凭，立此合同永为照者。

正德十五年十二月二十二日

立约人 郑笏号 约
同弟 郑珪 郑凤号
族叔 郑良址 郑昂新（押）
从弟 郑梅 郑山
郑章 郑瓘

【注】

〔一〕录自中国国家图书馆藏明抄本休宁《郑氏历代契约抄》。

〔二〕分籍田租，实为「分籍田骨」，田骨、田皮已分离。本契所分为田骨之租。

一二二四　明嘉靖十一年（一五三二）休宁县郑梅兄弟分产合同〔一〕

奇峰郑梅同弟璋、瓘、侄谅等，承祖买受山一源，坐落本都三保，土名笙竹坞，经理系一千一百九号。今因其山住近人众，共业不便，托凭亲族为证，立为天、地、人、和画图埋石为界，阄定各业。其山上培存田地塝二丈，下培存田地塝二丈五尺。自立文之后，各宜遵守，毋得悔异。如有悔者，甘罚白银五两入官公用，仍依此文为始。今恐无凭，立此合同四纸，各收一纸为照者。

嘉靖十一年三月二十八日

立合同文约人　郑　梅　约

天字号系　梅兄弟　郑　璋　郑　瓘　号

地字号系　谅、谦、诏　郑　箣　郑　琼　号

人字号系　梅

和字号系　瓘兄弟　郑　瑶　郑　谅　号

郑　谦　郑　诏　郑　倓　号

亲眷　胡　嵋　书见叔　良枋　号

（图略）

【注】

〔一〕录自中国国家图书馆藏明抄本休宁《郑氏历代契约抄》。

一二二五　明嘉靖三十四年（一五五五）祁门县吴岜兄弟分房园合同〔一〕

福川十一都〔二〕吴岜伯侄同弟吴世杰、弟侄等承祖有基地乙片〔三〕，向未标分。今因人众，住歇不便，凭中言议，除正堂屋外〔四〕，将本边基地并菜园余地作田字。前后相搭，两半均分，名为仁、义二勾（股）〔五〕。贴正屋前地搭菜园后地，作仁字勾；正屋后地搭菜园前地，作义字勾。其基地众存四围路道阔挟长短，自有画图丈尺。通众往来，日后毋许阻塞。今众议搭均分之后，各便于上造

屋，照依画图勾搭，遵守管业。如有反覆（复）悔异者，准以不孝罪论。预立合同四张，各收一张存照。

前一重屋连行磉[六]高丈八。

二重连行磉高丈八五寸。

三重连行磉高丈九。

第四重连行磉高丈九五寸。

五重连行磉高二丈。

六重连行磉高二丈一尺。

仁字阄，杰、昌、忠三人勾得。

义字阄，岊伯侄勾得。

合为照[七]

嘉靖三十四年四月廿一日

立合同人　吴　岊　（押）
吴志杰　（押）
志昌　（押）
达德　（押）
尚忠　（押）
代书人流溪　吴　甫　（押）
丈量画图人　朱世顺　（押）
中　见　吴天奇　（押）

【注】

［一］原件藏北京大学图书馆。

［二］福川，为祁门县十一都一保之「福州」。

［三］吴岊（音同杰），人名。岊，山曲。吴世杰，下署「吴志杰」，是。与「吴志昌」为弟兄。

［四］正堂屋，即「堂屋」、「正屋」。

［五］勾，当作「股」，下同。

［六］磉（音同嗓），柱下石。俗称「石磉」。

［七］骑缝半字。

一二二六　明嘉靖三十七年(一五五八)祁门县李应时等分宅地合同[一]

立阄单合同人芹溪李应时、应元、应期等，原祖遗本村与故叔祖世美共业新旧土库房屋二宅，并近宅前后余地，本家兄弟向未阄分。今请凭族众将前项逐一议处搭钉，作天、地、人三阄，对众拈定，各遵永远管业，并无悔异。今立分单合同一样三张，各执一张为证者。

天字阄系李应时辰抽得[二]

计开

老土库正房正重北边头一间厨屋，与本业相连壹间，厕(侧)屋弍间半，该三分之壹楼仓搂新叁楼梯口仓楼壹间半，补其众存。老土库楼上坐起壹间，除至亲佳客来与会饮外，其余一应佃仆工作人等，毋许登楼坐宿。其楼梯口仓房壹间，并阁厢难以分拨，众议照分法，自嘉靖卅八年起，时还(兄?)业四年，阳兄弟业壹年，期业壹年，周而复始[三]。

新土库自应祥间壁正房壹间，楼上仓壹间，厨厕(侧)屋自南边起第壹间，并第陆间。

原买李文希、文义、李春下屋基地，西自旧塝起第叁块，东至西陆尺陆寸，南至本家老土库墙脚，北自下门厅心，直出至路。

原买江宗汉田，南自应祥界第叁块。

新土库上廒菜田南，自李时蹬第壹块。

众存

新土库阁厢楼上下各叁间，人客往来，无许私占。又存原买江文方、李老道、添祥等基田地未分。又存江宗汉北边土墙石脚壹条未分。

外与应祥众存新土库门首田壹块，又新土库上廒李时墙外田壹块未分。

嘉靖三十七年十月十一日　　立阄单合同人　李应时(押)

李应阳(押)

李应元(押)

李应辰(押)

李应期(押)

李应和(押)

合同众议[四]

议立合同人　李廷谨（押）
代书合同人　李应祥（押）

【注】

［一］原件藏北京大学图书馆。
［二］此件为「天字阄」合同一张。「地字阄」、「人字阄」两张的形式均雷同，未录。
［三］时、阳、期，均为李氏兄弟之名。
［四］骑缝半字。

一二二七　明万历三十九年（一六一一）休宁县吴公储祖孙分产合同[一]

立合同人吴公储枝下子孙吴应祖、吴荣时□承祖本宅下屋住基地，先年已凭众照房分数开明白。原立有合同画图存证。所有连众门前路边地式重：京生兄弟勽得地字三勽乙重[二]；可祖兄弟勽得天字三勽一重。原议时前余地贴此二勽外，仍余地前众存路三尺，直道上下至绍祖地勽止。今因京生兄弟造屋，须得前路，以便起造。众等跟族面议，愿将前路地出卖与京生兄弟凑便为业。议出价银拾式两整。入匣，日后为起造香火楼之资。两下再无异说。其可祖屋基内路地三尺，原系镇、钦二房众存未卖，听镇、钦二房存业。恐后无凭，立此合同存照。

万历三十九年六月初一日

立合同人　吴　燻（押）
吴公储
吴荣时
吴应祖（押）
吴俊祖（押）
吴显祖（押）
吴幹祖（押）
吴继祖
吴和德
吴应脊

吴华时
吴亨元
吴京祖
中见族长　吴孟贤（押）
吴尚质（押）
吴建旸（押）
吴文光（押）
代笔人　吴自功（押）

【注】

[一] 原件藏北京大学图书馆。

[二] 勼，《说文》：「勼，聚也。从勹，九声。读若鸠。」与「阄」谐音，可借用。又《玉篇·勹部》：「勼，解也。」亦通。

一一二八　明万历四十六年（一六一八）祁门县吴自显等分基地合同[一]

立阄分基地合同人吴自显、吴汝琇、汝珍等，原有胡二毛住基地向未阄分[二]。今因二家起造房屋[三]，不便管业，凭中保作天、地贰阄，东边作天字阄，系汝琇阄得；西边系自显阄得。照汝琇等家册税，该显边地陆拾伍步。自今阄后，自二家起造房屋，各无异议。俱扦作坐东向西。倘有不遵前向者，甘罚白银拾两，与遵向人用；仍依此文为准。今恐无凭，立此合同，一样贰张，各执乙张存照。

合同一样贰张各执一张存照[四]

吴尚质（押）
吴自弘叔侄

万历四十六年闰四月十五日立

阄分基地合同人　吴自显（押）
吴汝琇（押）
吴汝珍（押）
中见人　吴自茂（押）
吴汝玫（押）

自显阄内地：东至自弘叔侄地，计陆步柒分；西至众大路，计伍步捌分；南至众叁尺路，计拾步肆分；北至通众四尺路，计拾步肆分。

代书文光依众批　　　　吴良翰（押）

吴自登（押）

代　书　吴文光（押）

原存后门众路贰条，南边存叁尺，北边存肆尺。今凭众议，二路甚不紧慎，酌议将南边前截三尺路，并存在北边，共阔伍尺伍寸，直通往来。后截南边照旧众存叁尺，茂、玫菜园，再无阻塞异说。

吴自功再批（押）

【注】

〔一〕原件藏北京大学图书馆。

〔二〕胡二毛，似是吴家的火佃。

〔三〕二家，吴自显与后署押之吴自弘叔侄、吴尚质为一家，吴汝琇、汝珍为一家。

〔四〕骑缝半字。

一二二九　明崇祯三年（一六三〇）祁门县吴自弘等分田合同[一]

立合同人在京吴自弘、吴汝琦、吴仪瀚等[二]，福州吴汝琇、吴汝珍、吴宜生、明〔房〕[三]并监分田[四]，及明俊众存。明俊、懿众存监分田地不便拨卖，今尽开出付家□甲首、火佃[五]□节，并意外之事，俱琇等三房承认，永远不致泒（？）累，南京□□自拨卖。今恐无凭，立此合同一样二纸，家中、南京各收一纸存照。

计开

明房己园田地　中村墓，杨林壹亩贰分。又赤桥坟边地捌分。□关村地叁分五厘。上福州徐京付住基贰分五厘。培篱下地玖分陆厘。中塘山地壹亩五分。周姑园肆厘五毫。杨村上厂头地贰分。杨村水埠口贰□，下福州水磨后塝下地壹分五厘。〔崖〕儿里五厘。〔福〕州东头壹亩陆分。胡丰才基地叁分。

明俊众存　杨村竹山。本家散下田陆分。孟初叔屋后地壹□□，该十二分之一。旺相坑山与李公明相共养木。相□□

明懿众存　本家后门口上园地柒分，明该壹分七厘五毫。东□外家中。近将本门童兴堂、怡兴堂会分散南京三房分得□□

秤零柒觔（斤）。前头园麦、豆各拾捌觔。待八姪。

崇祯叁年拾壹月贰拾□□〔日〕

合同壹样贰纸南京祁门各执〔壹纸〕[六]

【注】

〔一〕原件藏北京大学图书馆。

〔二〕居南京者。

〔三〕福州，祁门县十一都一保村名。

〔四〕监分，监督分田。监督者为族长。

〔五〕甲首，即甲长。明民户一百户内设里长一名，甲首十名，轮年应役，催办钱粮勾摄公事。见《大明律例附例》四。火佃，佃户，亦称佃仆、住佃、庄佃、庄仆、地仆、伴当等。

〔六〕骑缝半字。

一一三〇　明崇祯六年（一六三三）歙县方继缵伯侄三房分山合同[一]

立合同兄方继缵同侄承裕、承福三房人等，今有承祖贤贵、吴万等五大房山一备，坐落七保，土名赤桥下未，系经理朝字壹千五十二号，计山地壹亩弍角柒步半。东至朱七坞口冈，西至李家山，南至田地及径（陉），北至降。晟房仅存贤贯（贵）分数十二股之二，其余山骨并苗木尽是本家先年买业，所有朱忠发养分法苗木，本家曾买茂广房全业。二家清业之后，各宜遵守，蓄木成材之日拚（弄）砍[二]，各照分数均派，两下毋得争论。恐后无凭，立此合同贰张，各收壹张为照。

合同内晟公房所存贤贯（贵）名下分数，于乾隆贰拾肆年十月　日转凑静公祀为业，当日议价捌两整，合同并价即时两缴讫。

中见祀侄孙　莘 同批（押）
　　　　　　和声 同批（押）

立合同兄　继缵（押）

合同贰张各执壹张存照[三]

崇祯六年十一月初一日

同侄　承裕

承福

同立合同弟　玄宇（押）

侄　承禧（押）

代书中见叔　凤阿（押）

志茂（押）

弟　世显（押）

侄　席珍（押）

【注】

［一］原件藏北京大学图书馆。

［二］拼（音同弄），把玩，戏耍。同「弄」。

［三］骑缝半字。

一一三一　明崇祯八年（一六三五）休宁县胡嘉寿等分地合同[一]

立合同人胡嘉寿，今承祖父同伯叔阄分己□□□乙丘，系咸字二千六百三十八号，土名安仁里。先年，东头品分贰阄，亨房拈得外阄四围，亨房自己砌石填泥、安墙脚石，俱已完讫。其砌石外两家〔空地〕未分。今将本田品搭贰阄，钉界丈量画图[二]，三面凭中对天张阄填注，各遵合同界址，永远管业为定。日后子孙各无生情翻悔。倘两家造屋，各自砌石，各自造墙，并不得侵界等情。今恐人心无凭，立此合同一样二张[三]，各执一张，永远存照。

贴西边空田壹亩，系胡嘉祥等阄得，永远管业。

此空地两家砌石为界。贴东边空田壹亩，系胡嘉寿阄得，永远管业。

系亨房乙丘。亨房旧基。系亨房己墙山，系嘉寿旧基。

奇分单各执奇一张永远存照[四]

崇祯捌年十二月二十日

立合同人　胡嘉寿（押）

中见　汪德吾

【注】

［一］原件藏北京大学图书馆。文下有横批，「肆丈乙尺五寸」，其他文字残损不清。

［二］画图，上有大弧形线条，下分注三家的产业。自右而左，为胡嘉祥家，胡嘉寿家，亨房。此即契文所说：「今将本田品搭贰阄，钉界丈量画图。三面凭中对天张阄填注，各遵合同界址，永远管业为定。」弧形线条及其下的三条批注，象「对天张阄填注」。

［三］二张，为胡嘉寿与亨房两家「各执一张」者。

［四］骑缝半字。

（九） 招赘、婚约

一二三二　明万历二十一年（一五九三）徽州程祜一投赘应役文约[一]

十六都程祜一今因无妻空身，托媒投赘　房东郑臣五公焦坑口庄人郑五孙媳吴氏为妻[二]，抚育子女成人，养郑五年老，及承种田地，照管山场，永远应付。自投赘之后，务要小心伏（服）侍，毋得言语抵畜（触），私自回祖。如违，听自房东理治，纳还财礼银壹拾五两整。今恐无凭，立此为炤。

万历二十一年六月廿日

立投约人　程祜一（押）

代书媒人　鲍　志（押）

【注】

［一］原件藏中央文化部文物局。见《文物》一九六〇年第二期第十二页，傅衣凌《明代徽州庄仆文约辑存》图一和释文。

［二］庄人，佃户，亦称火佃、佃仆、庄仆、伴当等。

一二三三　明天启三年（一六二三）祁门县张积投赘应役文约[一]

港口庄人张积今空身投到

十五都奇岭郑老爹家浮梁锁埠坟下[二]，招赘原庄人天寿妇为妻。自情愿托中立还文约，前去看守坟墓，耕种田地，照管山场，小心伏（服）侍，永远应付。不敢私自逃回，侵犯抵触等情。其原夫子女抚养婚娶，悉身承管。所种田地，不敢私自变卖。如违，听自

房东理治无词。今恐无凭，立还投主文约为照。

天启三年十一月十八日

立投主文约庄人　张积（押）

中见亲叔　张贞（押）

张仙（押）

【注】

［一］原件藏中央文化部文物局。见《文物》一九六〇年第二期第十二—十三页，傅衣凌《明代徽州庄仆文约辑存》图二和释文。

［二］奇岭，村名。在祁门县城南七十里。

一二三四　明崇祯十四年（一六四一）徽州谢良善等代庄仆招亲婚书[一]

安山立代招婚书房东谢良善、谢用明等，今有庄仆汪有寿，自幼父母继亡，次弟逃散，三弟众卖樟树度活。今有寿孑立，日食难度，飘流无倚，向在外境佣工糊口，房屋倾颓，二门主众商议久已拆毁，身无所栖；且年登二旬有五，无力婚娶，若不代为招亲，汪仆一脉诚恐湮没矣。今有本族谢正仁家有使女[二]，是有寿浼求二门房东主婚，前往招到房东谢正仁使女为妻，议定填工贰拾贰年，以准婚娶财礼之资。工满，听自夫妇回宗。日后生育，无问男女，听留一赔娘。所有二门主众当受酒礼银讫。二门人众，每房议一、二人画押为凭，余外房东家不齐，不得生端异说。今恐无凭，立此招亲婚书为炤。

再批：二门婚姻丧祭，炤旧应副毋词。众批。

谢孟礼（押）

谢正宗

谢正修（押）

谢士俊（押）

谢良善（押）

谢用明（押）

谢用时（押）

谢泰来（押）

谢廷庸（押）

谢友端（押）

谢正宪（押）

崇祯十四年八月二十二日　　立代招亲婚书

顺治九年十二月卅日，汪有寿因前妻富喜不幸先年病故，思以失配，无力再娶，托凭二门主众复浼求妻主，将使女联喜另招为妻，所有礼良（银）无措，众议有寿身照旧外填工拾年，以准复招财礼。日后生育男女，听妻主使唤，二门毋得言。此炤。　　众批。

谢正绶（押）
谢士荣（押）
谢立成（押）
谢　嘉（押）书

【注】

［一］原件藏中央文化部文物局。见《文物》一九六〇年第二期第十三——十六页，傅衣凌《明代徽州庄仆文约辑存》图六和释文。
［二］使女，名「富喜」。

一一三五　嫁弟、侄遗孀婚书格式[一]

主婚房长某人，有弟、侄某人近故，侄、弟妇某氏自愿守志，奈家贫，日食无楷（继），或跟内家，则云兼以弟、侄等棺衾银两无可别出理还，一凭媒某氏议配某人为婚，水日受到聘礼银若干两正，其银一并得足，某氏即听从某宅择吉过门成婚。此系两愿，各无异说。今欲有□□，立婚书为照。

【注】

［一］明徐三省《世事通考·外卷·文约类》。原题《嫁妇契书》。

（十）排年合同、钱粮收帖、田禾禁约格式

一二三六　明弘治四年（一四九一）祁门县李本宏等排年里甲合同[一]

拾西都排年里甲李本宏等承奉

上司明文[二]，为清理田山事：今蒙本府委官同知大人甘　案临催并解切[三]。缘图下各户，田土坐落各处，都保星散，一时难以查考。只得虚提字号条段亩步，四至朦胧。选官造册，答应回申。中间字号四至多有差错，或语报他人字号四至者有之，或捏故冒占愚懦小民者有之，或开报未尽者有之。思得此册，实为民患。众议写立合同，各收为照。日后排年里甲人等各户事产，只照青册经理契字买业开耕为准，不以此册为拘。如有刁诈狡猾之徒指以此册为由，颠倒是非，冒心违文，设词争竞者，听受害人赍此告理，追罚白银伍拾两公用；仍依此文为始。今恐人心不一，立此合同，一样各收一纸为照者。

弘治四年四月初八日　　议立合同人　李本宏（押）

谢玉清（押）
谢志当（押）
谢文质（押）
谢彦荣（押）
谢道昭（押）
李本洪（押）
谢仕善（押）
李文焕（押）
谢以和（押）
谢用和（押）
谢以荣（押）
谢以达（押）

谢永和（押）
谢玉洪（押）
李祺庆（押）
谢振民（押）
胡　休（押）

【注】

〔一〕原件藏北京大学图书馆。

〔二〕排年里甲，按年依次为里长、甲长者。《明史》卷七十七《食货一·户口》：「洪武十四年，诏天下编赋役黄册，以一百十户为一里，推丁粮多者十户为长，余百户为十甲，甲凡十人。岁役里长一人，甲首一人，董一里之事。先后以丁粮多寡为序，凡十年一周，曰排年。」又《大明律》卷四《户律一·户役·禁革主保里长》附例四：「凡各处人民，每一百户内，议设里长一名，甲首一十名，轮年应役，催办钱粮，勾摄公事。」

〔三〕同知，知府之副贰，正五品。《明史》卷七十五《职官四·府》：「同知、通判，分掌清军、巡捕、管粮、治农、水利、屯田、牧马等事。」甘某为徽州府同知。

一一三七　明崇祯十年（一六三七）祁门县李自茂兄弟排年充役合同〔一〕

立合同人李自茂兄弟仝兄自华，今因新例排年投携。崇祯十年轮该湘房充管〔二〕。茂往外生意，不便充当。今说兄华一人充当，茂兄弟津贴工费银玖钱整。日后轮湘房，是茂兄弟充当，华亦照合同津贴充役之人无词。今华充管，不累茂兄弟之事，不得生情异说。恐后无凭，立此合同存照。

合同弍帋各收壹帋（押）〔三〕

崇祯十年七日初七日

立合同人　李自茂（押）
仝兄　自华（押）
见人　邦豪（押）
之竞（押）
代笔人　之焜（押）

【注】

[一] 原件藏北京大学图书馆。

[二] 充作排年的里、甲长，或粮长。

[三] 骑缝半字。

一一三八　钱粮收帖格式[一]

某都某图某里长今收到本都某甲某图排年户首某户丁某名下米丁若干，一应收完。恐后无凭，立此收帖存照。

【注】

[一] 明徐三省《世事通考·外卷·文约类》。

一一三九　田禾禁约格式[一]

大国以农为本，本固则邦宁。民以食为先，食足则信孚。此农布之至重，王政之首务也。切照本乡居民稠密，别无经营，惟资耕种，以充岁计。是以既勤东作[二]，庶有望于西成[三]。今当禾苗盛长之时，不许纵放牛马践伤，鹅鸭踏食。各家须要守固阑关爱目[四]某月某日，今众议约：以后倘有无籍者，不依禁约，照例惩罚。如有抗拒不遵，定行望究，众力攻之，以一科十。若纵放不遵，依法行据。示众通知，必敬必戒。故约。

【注】

[一] 明徐三省《世事通考·外卷·文约类》。原题《禁田禾》。

[二] 东作，春耕生产。《书·尧典》：「寅宾日出，平秩东作。」孔《传》：「岁起于东，而始就耕，谓之东作。」《艺文类聚》卷二《天部下·雨》南朝宋傅亮《喜雨赋》：「且东作之未晏，庶雨露之夙濡。」

[三] 西成，丰收，丰登。西，饱。《释名·释天》：「酉，秀也。秀者，物皆成也。」

[四] 此句似有误。

八　清代契约　附　买地券

（一）买卖契约、契尾、投税执照、推收单　附　买地券

一二四〇　清顺治二年（一六四五）休宁县许在中卖地契[一]

廿四都一图立卖契人许在中，今将承祖并续置土名麻窄墩，系常字四千八百卅七号，计地弍百弍拾八步叁分六厘，计税　　。其地东至　　，西至　　，南至　　，北至　　。又将土名同前，系常字四千八百卅八号，计地乙百弍拾四步四分弍厘，计税　　。其地东至　　，西至　　，南至　　，北至　　。今将前项八至内，共计地叁百伍十弍步七分有零，计税乙亩四分七毫及在地竹木石塝等件尽行立契出卖与同族叔　　名下为业，凭中三面议定，时值价银柒拾两整。其银当成契日，随手一并收足。地自从出卖之后，一听买人自行管业，收留受税为定。如有内外人拦占及重复交易不明等情[二]，尽是卖人祇（支）当，不涉买人之事。其税候新例，本身自行起推，并无难异。今恐无凭，立此卖契存炤。

顺治乙酉年十二月　　日　　立卖契人　许在中

中见人　许懋初

许凤石

许纯我

许见可

黄嘉香

其许高惠来脚赤契一道，缴付买主收执。税收其亨户原三甲许道浩户推。

前项契内价银当成契日随手一并收足。同年月日。再批。

【注】

[一] 录自北京大学图书馆藏清抄本休宁《许氏卖契底簿》。

[二] 重复交易，法律用语，谓将已典卖过了的财产背着买主再次卖与别人。《大清律》卷九《户律·典买田宅》：「若将已典卖与人田宅朦胧重复典卖者，以所得价钱，计赃准窃盗论，免刺，追价还主，田宅从原典买主为业。若重复典买之人有牙保知情者，与犯人同罪，追价入官；不知者不坐。」

一二四一　清顺治二年（一六四五）休宁县许元秀卖屋地白契[一]

廿四都一图立契人许元秀，今因缺少使用，自情愿央中承父屋地坐落土名鱼池地，系常字五千二百十二号，计地玖拾壹步贰分，计税叁分陆厘五毫。其地东至　　，西至　　，南至　　，北至　　。又将常字五千弍百十三号，计地弍拾壹步七厘六毫，计税捌厘柒毫，其地东至　　，西至　　，南至　　，北至　　。又将常字五千弍百十四号，计地五十叁步七分五厘五毫，计税弍分壹厘五毫，其地东至　　，西至　　，南至　　，北至　　。前项十二至内共地共税　　。于上造楼屋乙所，平屋　　间，上至瓦枥，下至石磉，四围砖墙石脚门窗户扇一应等件　　。该地　　，计税　　。尽行立契出卖与　　叔名下为业。凭中三面议定，时值价银柒拾两整。其银当成契日一并收足。其地屋自从出卖之后，一听买主自行管业受税为定。如有内外人拦占及重复交易一切不明等情，尽是卖人秪（支）当，不涉买主之事。其税粮册年自行起推，并无难异。恐后无凭，立此卖契为炤（照）。

顺治乙酉[二]　　月　　日　　立卖契人　许元秀

中见人　吴汉卿

许懋初

许丽先

前项契内价银随手一并收足。同年月日。再批。

【注】

[一] 原件藏北京大学图书馆。

[二] 顺治乙酉，顺治二年（一六四五）。

一二四二　清顺治三年（一六四六）休宁县许公养卖在会田租契[一]

立卖契人许公养，今将承父买得社会一户[二]，在会田租家伙等项，尽行凭中出卖与族人　　名下。三面议定价银壹两五钱整，其银随手收足，其社会内听从管业受胙无异[三]。立此卖契存炤（照）。

顺治三年二月　　日　　　　　　　　　　立卖契人　许公养

　　　　　　　　　　　　　　　　　　　中见人　许长孺

许楣文元上首二张来脚，缴还契内。

己亥年秋季做过[四]。

【注】

[一] 录自北京大学图书馆藏清抄本休宁《许氏卖契底簿》。

[二] 社会，民间由宗族或村民自愿组成的公益性、互助性组织，入会者以一定数量的田宅或其他财物入股，收益按股分配。此类组织往往有迷信色彩。

[三] 胙，祭祀祖先、神鬼求福用的肉。《说文·肉部》：「胙，祭福肉也。」此肉祭后分给入股各家。

[四] 己亥年，顺治十六年（一六五九）。此字为以后批者。

一二四三　清顺治三年（一六四六年）休宁县许在中卖园地契[一]

廿四都一图立卖契人许在中，今将承祖园地乙片，坐落土名沙下园，系常字四千八百六十八九号，计地十九步八分四厘，六十九号地乙十七步三分。其地东至　　，西至　　，南至　　，北至　　。又将承祖及本身续置李辅、李玄福园地乙片，坐落土名留子园地，系常字四千八百六十五号，本身买合得该地柒拾步，计税叁分。其地东至　　，西至　　，南至　　，北至　　。今将前项十二至内地并树木石塝等件，尽行立契出卖与族叔　　名下为业。当日凭中，三面议定，时值价银拾叁两正。其银当成契日，随后一并收足。其园地自从出卖之后，一听买人自行管业钉（订）界为定。如有内外人拦占及重复交易，一切不明等事，尽是卖人祇（支）当，不涉买人之事。其税候新例，本户自行起推，并无难异。今恐无凭，立此卖契存炤（照）。

其上首来脚契叁道缴付买人收执。再批。　　立卖契人　许在中

顺治丙戌年正月　日　　中见人　许凤石

共税四分弍厘七毛。收其魁户原三甲许道户推

前项契内价银随手一并收足。同年月日。再批。　号　领。

【注】

[一] 录自北京大学图书馆藏清抄本休宁《许氏卖契底簿》。

一二四四　清顺治三年（一六四六）休宁县许在中卖伙佃园地契[一]

廿四都一图立卖契人许在中，今将承祖及续置得许涂伙佃园地乙片[二]，土名大溪边，系常字四千八百卅三号，该许伯和公地五十五步七分，本身续置许涂分该地四步六分五厘，该税[三]。其地东至四千八百廿四号九云地，西至四千八百廿号世寿地，南至大溪，北至四千八百卅二号大道地。又将园地一片，土名大溪边，常字四千八百卅四号，计地弍百六十八步三分六厘，本身及续置该地卅七步弍分七厘，计税乙分四厘九毛。其地东至四千八百卅五号伯怀地，西至四千八百卅三号惟宝地，南至大溪，北至四千八百卅六号九云地。又将地一片，土名同前，系常字四千八百卅五号，计地四十二步七分三厘五毛，本身及续置该地五步九分四厘，计税弍厘三毛七。其地东至四千八百四十一号九云地，西至四千八百卅四号九云地，南至大溪，北至四千八百卅六号自地。又将地一片，土名大溪边，系常字四千八百卅六号，计地乙伯六十五步，本身及续置该地弍十弍步九分二厘，计税九厘乙毛七。其地东至四千八百卅九号崇灿地，西至四千八百卅二号大道地，南至四千八百卅四号九云地，北至本家买度之地。今将前项十六至内伙佃园地，本身合得园地十八分之一，续置许涂伙佃园地十二分之一，共地七十步零七分八厘，共计税弍分八厘三毛，及在地伙佃屋砖石木料、园地、石塝一应等项，尽行立契出卖与叔　　名下为业。当日凭中三面议定，时值价银四两弍钱正。其银当成契日随手一并收足。其伙佃园地自从出卖之后，一听买人自行管业收留受税为定。如有内外人拦占及重复不明等情[四]，尽是卖人之（支）当，不涉买人之事。其税候新例，本户即行起推。今恐无凭，立此卖契存炤（照）。

其续置许涂来脚赤契弍张，缴付买主收执。再批号。

顺治丙戌年四月廿五日[五]　　立卖契人　许在中

凭中　许凤石

税收其魁户原三甲许道浩户推

前项契内价银当成契日随手收足。同年月日。　再批。

【注】

[一]录自北京大学图书馆藏清抄本休宁《许氏卖契底簿》。
[二]伙佃，原指分租制之佃户，后亦称庄仆为伙佃。
[三]该税，当作「计税」，下脱税额。
[四]重复不明，为「重复交易、一切不明」的省文。
[五]顺治丙戌年，顺治三年（一六四六）。

一二四五　清顺治三年（一六四六）休宁县汪学朱母子卖房地红契[一]

东北隅三图立卖契人汪学朱、主盟母刘氏[二]，今因缺少使用，将承祖阄分基地土库房屋一所，土名南街宣仁巷[三]，新丈宇字七十号上则地贰百乙十四四分九厘步有零[四]，计税一亩七厘二毫。自前至后入深壹拾肆丈有零，横阔肆丈有零，于上临街楼屋一层，计四间，楼上楼下房伍间，门床竹籬尺壁俱全[五]，又砖墙木洞门厅、前回廊屋中门全，石礓天井、暖厅一所，上下锡枧床全，后中庭门庭床全，左右两边小天井锡枧全；暖厅右边前偏厅内复造楼房屋乙所，计门床、地板桥、楼梯、接步台、石砖墙、石井一口、石井川乙箇，全朝上接步石横墙一伏；后偏厅计楼房屋两间，中间天井石礓、砖墙、门床、地板游摜阁桥、锡枧、楼梯、步石、尺壁俱全，木洞门两扇全，又内砖墙、木洞门、中间天井、香火楼一层、梯一条，并神像座全；楼上计房二眼，四围门壁、游摜、大小床、锡枧俱全；楼下计房四眼，地板、接步石全，中间坐几、掩门四扇；后面走马楼屋一层，梯一条；楼上计房七眼，内有夹阁并梯全；楼下计房八眼，地板、接步石、门床、尺壁、游摜、锡枧俱全；中间天井石井一口，石古一介，石凳一付；楼上楼下四围门床、尺壁、游摜、锡枧俱全；又砖墙、砖洞门，墙后厨、碓房、厕所、披屋五间，前后四面有土库墙、各房门床、尺壁俱全。其地东至金宅屋，西至本家三房众屋。今将前项四至内本身合得一半，照旧管业[六]，计横阔二丈有零，入深七尺（丈）有零，于上地税伍分三厘六毫，本身合得楼上楼下房并屋堂、坐几、中庭、厨房、碓、鸡房、厕所，及各项余地一半，自情愿浼中尽行立契出卖与堂兄　汪学益名下为业。当日三面议作时值并搬移九五色纹银玖伯叁拾两整，其银当成契日一并交收足讫，别不立领扎（札）。今从出卖之后，一听买人随即照旧管业。如有内外人拦拈（占）及重复交易、一切不明等事，悉是卖人承当，不涉买人之事。亩步不明，四至辖定。其税粮与兄共图甲，随扒入兄办纳粮差。其来脚因分年久，查觅未获，未缴付；日后刷出参照。今恐无凭，立此卖契存照。

顺治叁年十月二十六日　　立卖契人　汪学朱（押）

主盟母　刘氏（押）

凭中亲族　夏孟坚　汪拱北（押）　刘其顺（押）

王道吾（押）　金季耀（押）　金嘉仲（押）　夏隆吉（押）　金子厚（押）　邵友夏（押）

查仲三　邵道可（押）　邵君章　夏文玉（押）　金子宣　金春如（押）

汪羽圣（押）　汪叔羽（押）　汪幼羽（押）　汪用卿（押）　汪元甫（押）　汪亮卿（押）

汪献可（押）　汪元直（押）　汪时甫（押）　汪葵若（押）　汪闲先（押）　汪绳亦（押）

汪任公（押）　汪仲德（押）　汪希韩（押）　汪玄期（押）　汪子长（押）

今就契内价银一并交收足讫，不另立领札。同年月日再批（押）。

【注】

[一]原件藏北京大学图书馆。

[二]东北隅，明清时期，县城内的基层行政区划有以「隅」为单位的，相当于农村的「都」。清康熙修《休宁县志》记载，休宁县城划分为四个政区，即「东北隅」「西北隅」「东南隅」「西南隅」。隅下设图。东北隅下辖三图。

[三]南街宣仁巷，清康熙修《休宁县志》卷一《方舆·隅都》载有两个宣仁巷，一个在西北隅，不属南街；另一个在西南隅，属南街。

[四]上则，上等。

[五]𡩋（音同遗），窗子、小门。

[六]照旧管业，衍。

一二四六　清顺治三年（一六四六）休宁县许九老卖地房白契[一]

廿四都立卖契许九老同男松寿等，为因岁歉，乏用度命，将自己续置得土名沙下园地弍片，系常字四千八百卅一/卅二号，计地　步，

计税　　。其地做造土库楼屋乙所，厨屋三间，砖墙石壁、户扇俱全，上至瓦，下至石磉，并共号余地上栗树、皂皓树，尽行一并在契内。其地东至　　，西至　　，南至　　，北至　　。今将前项　　至内地、屋尽行立契出卖与族叔许　　名下为业。当日凭中，三面议作时值价银壹伯柒拾玖两整。其银当日收足，其屋听从受主管业无异。如有内外人拦占及重复交易，一切不明等事，尽是卖人祇（支）当，不涉买主之事。其税粮遵例即行起推，并异说刁难。恐后无凭，立此卖契存炤。

顺治三年十月　　日　　立卖契人　许九老

同男　许松寿

嘉寿

润寿

胜寿

中见人　许朋石

许献可

许际可

前项契内银当成契日，随手一并收足。同年月日。再批。　　领号

【注】

[一] 原件藏北京大学图书馆。

一二四七　清顺治六年（一六四九）休宁县吴启祐卖园契[一]

二十五都三图立卖契人吴启祐，今将彼字乙千〇三十四号，土名黄赋干。计地税九分七厘五毛，其地东至　　，西至　　，南至　　，北至　　。今将前项四至内地尽行出卖本都五图毕名下为业，凭中三面议定时值价纹银陆两五钱整。其艮（银）当成契收足，不另立领。其园面交买人收租管业。未卖之先，不曾与他人重复交易，卖后听从买人管业。倘若内外异说，卖人之（支）当，不干买人之事，字号不清，亩步不尽，自有土名四至挟定。□税粮听凭即改扦收税解纳，并无异说。今恐无凭，立卖契存照。

顺治六年三月　　日　　立卖契人吴启祐　号

居间吴仲正　押

毕国忠　押

【注】

[一]录自北京大学图书馆藏清抄本休宁《毕氏抄契》。

一二四八　清顺治七年（一六五〇）休宁县吴启祐卖地契[一]

二十五都三图立卖契人吴启祐，今将续置到彼字三千三百四十五号土名汪祈山[二]，该身地税乙分六厘六毛，计租一斗六升。其地东至　，西至　，南至　，北至　。今将前项四至内地尽行立契出卖与毕　名下为业，当得价纹银壹两五钱正。其再不另立领约。未卖之先，不曾与他人重复交易，卖后听从买主扦造收税管业[三]。倘内外异说，卖人之（支）当，不涉买人之事。今恐无凭，立此卖契存炤。

顺治七年　月　日　　立卖契人　吴启祐　号

居间

【注】

[一]录自北京大学图书馆藏清抄本休宁《毕氏抄契》。

[二]《休宁县志》图十八《县境图》中二十五都境内有汪祈村。

[三]扦造，下当有「风水」二字。

一二四九　清顺治八年（一六五一）休宁县许元秀卖真君会契[一]

廿四都乙图立卖契人许元秀，今自情愿央中将承父阄分得辛卯年做过真君会半股并在会家火（伙）、田园、银两帐目一切等项[二]，尽行立契出卖与族伯　名下为业，当日三面议定，作时值价银壹两叁钱整。其银随手收足，其会听从买主管业坐会收租。如有内外人拦占及重复（交易）一切不明等事，尽是卖人之（支）当，不涉买人之事。恐后无凭，立此存炤。

顺治十一年　月本家用价银壹两与雪侄赎回[三]。

顺治八年四月初四　　日　　　　　　　　　　立卖真君会　许元秀
　　　　　　　　　　　　　　　　　　　　　　中见人　许仰春

【注】

［一］录自北京大学图书馆藏清抄本休宁《许氏卖契底簿》。
［二］辛卯年，即顺治八年（一六五一）。
［三］此条为后来的批凿。

一一五〇　清顺治八年（一六五一）休宁县汪国震卖田契［一］

二十一都三图立卖契人汪国震，今将承祖并续置到白字号，今丈宾字号，土名观音塘坞，伙佃国贵三工半，国贞二工、添寿二工、国祥二工，今将前项共计九工半，递年交纳工租壹铢九分［二］，共计地　　步，计税　　，凭中三面立契出与汪　　名下为业，三面议定时值价银壹两整。其银当日一并收足，其伙佃工一听买人管业无异［三］。如有内外言说，尽是出人之（支）当，不涉买人之事。先年并无〔重〕复交易等情。所有税粮随之扒入买人户内输纳无异。恐后无凭，立此卖契存炤。

顺治八年四月　　日　　　　　　　　　　立卖契人　汪国震
　　　　　　　　　　　　　　　　　　　　中见人　汪存荐
　　　　　　　　　　　　　　　　　　　　代书　汪致和

【注】

［一］录自中国社会科学院经济研究所藏《休宁潜溪汪姓置产簿》。
［二］工租，以工计租。铢，钱。一工为壹钱九分，九个半工当合租银壹两捌钱。
［三］伙佃工听买人管业，表明是「卖田不卖佃」。

一一五一　清顺治八年（一六五一）休宁县许元绍卖双忠会契［一］

廿四都一图立卖约人许元绍，今因缺食，自情愿将承父阄分得双忠会半户［二］，其会内本身合得分数尽行出卖与叔　　名下收管，当日议定，时值价银乙两五钱正。其银一并收足，其会一听买人管业，春秋收胙，并无异说。今恐无凭，立此存炤。

顺治八年五月　　日

立卖约人　许元绍

主盟母　吴　氏

代书兄　许文先

中见人　许孟远

【注】

[一] 录自北京大学图书馆藏清抄本休宁《许氏卖契底簿》。

[二] 半户，当是「半股」。

一二五二　清顺治八年（一六五一）休宁县许阿吴卖田租契[一]

廿四都一图立卖契妇许阿吴，今自情愿将承租阄分田乙号，土名廿亩，系敢字乙千乙百四十三号，新丈　　字　　号，计租八砠零弍十　　，计税乙亩乙分六厘。其田东至　　，西至　　，南至　　，北至　　。今将前项四至内田租，尽行立契出卖与许　　名下为业。当日凭中，三面议定时值价银捌两整。其银随手一并收足。其田今从出卖之后，一听买人自行管业收留受税为定。如有内外人拦占及重复交易一切不明等事，尽是卖人之（支）当，不涉买人之事。其税奉例即行起推无异。今恐无凭，立此卖契存炤（照）。

顺治八年七月　　日

立卖契人　许阿吴　系得保嫂

代书人　许尔煌

中人　许于时

许仲乐

税收　贵户原三甲许二老户推。

前项契内银两当成契日随手一并收足。同年月日。再批。　　号。

【注】

[一]录自北京大学图书馆藏清抄本休宁《许氏卖契底簿》。

一二五三　清顺治八年(一六五一)大兴县张国瑚卖房官契[一]

立卖房契人张国瑚,因无钱使用,将自置瓦房一所,共计大小五间,门窗户壁上下土木相连。坐落南城新南坊二牌十铺总甲魏朝地方。今凭官牙说合,出卖与秦　名下住坐为业。三言议定时值价银捌拾捌两整。其银当日公同收足,外无欠少。自卖之后,倘有亲族人等争竞者,有卖主一面承当。两家情愿,各无返悔。如有先悔者,罚白米拾石入官公用。恐后无凭,立此卖契为照。

顺治八年八月十二日

立卖契人　张国瑚(押)

中见人　朱　标(押)

左邻　房牙　王臣(章)

右　代书

(以下为大兴县验讫文告。字迹不清。略)

【注】

[一]原件藏北京大学图书馆。

一二五四　清顺治八年(一六五一)休宁县程启吾卖田契[一]

廿五都一图立卖契人程启吾,今自情愿央中将自己续置田乙坵,土名府基,原毁字七百〇六号,新丈常字　号,计租十五砠,计税　。其田东至　,西至　,南至　,北至　。又将田乙坵,土名上村干,毁字　号,新丈常字　号,计租九秤,计税　。其田东至　,西至　,南至　,北至　。又将田乙坵,土名八亩坵,毁字五百九十一号,新丈常字号,计租捌秤,计税　。其田东至　,西至　,南至　,北至　。又将田乙坵,土名八亩坵,毁字五百八十九号,新丈常字　号,计租四砠,计税　。其田东至　,西至　,南至　,北至　。又将塘一口,土寿基,计　步,计税　。又将下中塘内取十步，计税　。今将前项十六至内田共租卅六秤，塘一口，下中塘十步，尽行立契出卖与廿四都一图亲人许　名下为业。当日凭中议定时值价银九五色银叁拾弍两弍钱正[二]。其银当日随手一并收足，其田听从买主管业收留受税为定。如有内外人拦占及重复交易一切不明等事，尽是卖人之(支)当，不涉买人之事。其税今奉新例即行起推。今恐无凭，立此卖契存炤。

契内改一字，加一字。再批。

塘税弍厘五毫。

共税肆亩九分四厘柒毫，收许素户，原一图九甲程世禄户推。

顺治八年九月　日　立卖契人　程启吾

代书人　程嘉谟

凭中　汪惟诚

许希周

程仲先

前项契内价银随手一并收足。同年月日。再批。　领

【注】

[一]录自北京大学图书馆藏清抄本休宁《许氏卖契底簿》。

[二]九五色银，银的成色的一种。宁寿堂《银谱》："九五　面上系(丝)鳞活，有神，底里蜂窝有粗细，有浅深，有油润。剪开，青白色，有细马牙。此九五色也。"原注："马牙，银子剪开后，每块茬口处所显示的纹状。"《银谱》原为抄本，归谢国桢先生收藏。商鸿逵先生点校，并跋曰："封面首标『乾隆辛酉岁菊月立大吉』，即乾隆六年(一七四一年)九月，当为写定年月。其署名『宁寿堂』，当为钱庄字号。"(见中国社会科学院历史研究所清史研究室编《清史资料》第三辑，中华书局一九八二年出版。)

一二五五　清顺治九年(一六五二)休宁县蒋孟起卖田契[一]

廿五都五图立卖契人蒋孟起，今将承父续置到彼字五千一百〇八号，新丈可字五千〇八十三，土名韩家林，计田税一亩二三二一〇[二]。其田东至　，西至　，南至　，北至　。又将彼字五千一百〇九号，新丈可字五千八十四号，土名同，

计田税三八六六一四[三]。其田东至　，西至　，南至　，北至　。又将彼字五千一百〇十号，新丈可字五千八十五号，土名同，计田税五三二五九四。其田东至　，西至　，南至　，北至　。又将彼字五千一百十一号，新丈可字五千八十六号，土名同，计田税五九二七五。其田东至　，西至　，南至　，北至　。又将彼五千一百十四号，新丈可字五千八十九号，土名同。其田东至　，西至　，南至　，北至　，计田税叁一四五〇九勿。又将彼字五千一百号，新丈可字五千七十五号，土名新坟□，计地税五八三二四。其地东至　，西至　，南至　，北至　。又将彼字五千九十七号，新丈可字五千七十二号，土名同，计地税四九三七五勿。其地东至　，西至　，南至　，北至　。又将彼字五千二百八十七号，新丈可字五千一百六十二号，土名后底山，计地税九三二一四勿。其地东至　，西至　，南至　，北至　。又将彼字五千二百九十号，新丈可字五千二百六十五号，土名同，计地税一一□□勿。其地东至　，西至　，南至　，北至　。又将彼字五千五百九十三号，新丈可字五千五百六十八号，土名下园，计地税一三九二八。其地东至　，西至　，南至　，北至　。又将彼字五千五百九十四号，新丈可字五千五百六十九号，计地税乙分，土名同。其地东至　，西至　，南至　，北至　。又将彼字五千五百九十五号，新丈可字九千五百七十号，土名同，计地税弍六七八六。其地东至　，西至　，南至　，北至　。又将彼字五千五百九十六号，新丈可字五千五百七十一号，土名同，计地税弍一四二八。其地东至　，西至　，南至　，北至　。又将彼字五千五百九十七号，新丈可字五千五百七十二号，土名同，计地税四分乙厘四毛二系八勿。其地东至　，西至　，南至　，北至　。又将彼字五千一百廿七号，新丈可字五千一百〇二号，土名韩家林，计地税乙二四。其地东至　，西至　，南至　，北至　。又将彼字五千一百十五号，新丈可字五千九十号，土名门前塘，计塘税弍分六厘九毛五丝。其塘东至　，西至　，南至　，北至　。今将田地塘共计十六号，以上六十四至内地田塘尽行立契出卖与本图四甲毕　名下为业。凭中三面议定时值价纹银伍拾两整。其银当成契日一并收足，即无欠少，亦无准折等情。其田地未卖之先，即不曾与他人重复交易。倘有内外人等异说，尽是卖人承当，不涉买人之事。其税粮于七甲蒋超户下起割，推入四甲毕洪滨户下解纳。今恐无凭，立此卖契存照。其有来脚契文与别业相连，缴付不便。日后检出，不在行用。再批押。

又将新丈可字五千〇九十七号，土名韩家林，计塘税叁厘弍毛。其塘东至　，西至　，南至　，北至　。今将四至内塘并前尽行出卖与毕无异。再批。

蒋孟起新亲笔押

顺治九年四月　日

立卖契人　蒋孟起（押）

中见堂叔　蒋文宽（押）

【注】

[一]录自北京大学图书馆藏清抄本休宁《毕氏抄契》。

[二]为「一亩二分三厘二毫一丝」省。

[三]为「三亩八分六厘六毫一丝四忽」省。下略。

一二五六　清顺治九年（一六五二）休宁县许元秀卖银盔会契[一]

廿四都一图立卖契人许元秀，今自情愿央中将承父遗下银盔会半股并在会田产等项，尽行立契出卖与族伯　　名下为业。当日三面议作时值价银玖钱整。其银随手收足，其会听从买主管业，轮流做会为定。如有内外人拦占及重复一切不明等情，尽是卖人之（支）当，不涉买人之事。恐后无凭，立此存照。

顺治九年四月　日

立卖银盔会　许元秀

中见人　许仰春

【注】

[一]录自北京大学图书馆藏清抄本休宁《许氏卖契底簿》。

一二五七　清顺治十年（一六五三）休宁县汪君善卖伙佃工契[一]

二十一都三图立卖契汪君善，今因缺少使用，央中将承祖业到字　　号，土名观音塘坞火（伙）佃乙工半，住佃人佛仂；又将土名西山，字　　号，火（伙）佃乙工，住佃人叶九龙、迟久等，共计工五工正。其工伙佃凭中三面出卖与堂兄汪　　名下为业。[二]当日受价银　　正。其工随即听买主叫工管业为定。先年并无重复交易。如有内外言说，尽是卖人之（支）当，不涉受业人之事。恐后无凭，立此卖契存照。

顺治十年二月　　日　　　　卖契人　汪君善
　　　　　　　　　　　　　中见人　汪受升

【注】

〔一〕录自中国社会科学院经济研究所藏《休宁潜溪汪姓置产簿》。

〔二〕三面，下有脱漏。当作「三面议定时值价银若干」等。

一二五八　清顺治十一年（一六五四）大兴县王家栋卖房官契〔一〕

立卖房契人王家栋同母傅氏，因为无钱使用，有父遗下瓦房贰间，门窗户壁、上下土木相连，坐落南城新南坊一牌十铺总甲魏朝地方。〔二〕今凭官房牙说合，出卖与　　费名下住坐永远为业，三面议定时值价银贰拾两整。其银当日收足，外无欠少。自卖之后，倘有亲族人等并满汉争兢（竞）者，有卖主一面承管。两家情愿，各无返悔。如有先悔之人，甘罚白米五石入官公用。恐后无凭，立此卖契存照者。（押）

伯　父　王志元（押）

同　母　傅　氏（押）

顺治十一年五月初九日　　立卖契人　王家栋（押）　弟　家良（押）

中见人　□□□

顺天府大兴县验讫　　右邻　房牙　王臣（印）

左邻　总甲　魏朝

顺天府大兴县为严催税契银两以佐军需事，蒙　　代书

本府信票，奉

部院宪牌前事，内开：准户部咨前事，准此。拟合统行。为此，票仰该府官吏查照咨文内事理，即严督该县：凡民间置买房地，即赴税契，听其久远管业。如无印信宪验，被讦告，即作私占，依律问罪等因〔三〕，到县。蒙此，除出示外，拟合刊示，永为遵奉施行。

一、典买房地，奉
旨一概每两叁分，毋得参差。　置房屋、田地、内荡不赴税契者，即系私占，依律问罪。
一、成交房屋地土，俱要按月报县。有逾期投税者，房牙听此。

【注】

[一]原件藏北京大学图书馆。

[二]南城，清朝分北京外城为五个区，正阳门外为「中城」，其左为「南城」「东城」，其右为「北城」「西城」。南城在天坛之直北。总甲，每百户设总甲一人，掌户籍赋役等事。

[三]依律问罪，《大清律例》卷九《户律·典买田宅》：「凡典买田宅不税契者，笞五十，（仍追）契内田宅价钱一半入官。不过割者，一亩至五亩笞四十，每五亩加一等，罪止杖一百，田入官。」

一二五九　清顺治十一年（一六五四）休宁县许实章卖山契[一]

廿四都一图立卖契人许实章，今因钱粮无办，自情愿央中将承父荒山乙片，坐落土名茶坑，原额敢字乙千三百六十五号，新丈五字　号，计山税乙亩二分。其山东至　，西至　，南至　，北至　。又将土名同前荒山乙片，原额敢字乙千三百七十号，新丈五字　号，计山税六分。其山东至　，西至　，南至　，北至　。又将土名同前荒山乙片，原额敢字乙千三百七十二号，新丈五字　号，计山税乙亩。其山东至　，西至　，南至　，北至　。又将土名同前荒山乙片，原额敢字乙千三百八十号，新丈五字　号，计山税三分。其山东至　，西至　，南至　，北至　。今将前项乙十六至内共山叁亩一分，于内先年卖过与许士先乙亩乙分，仍山税弍亩，尽行立契出卖与族叔　名下为业。当日凭中三面议定时值价银陆两整，其银随手一并收足，其山并无柴薪树木。自从出卖之后，一听买人自行管业、蓄养柴薪树木、收留受税为定。如有内外人拦占及重复交易、一切不明等情，尽是卖人之（支）当，不涉买人之事。其税今临册年，本户即行起推，并无难异。今恐无凭，立此卖契存炤（照）。

顺治十一年十一月　日

立卖契人　许实章
主盟母　许阿程
代书人　许蓝田

税收成贵户，原四甲许立保户推。

前项契内价银当成契日随手一并收足。同年月日。再批。

【注】

［一］录自北京大学图书馆藏清抄本休宁《许氏卖契底簿》。

一二六〇　清顺治十二年（一六五五）休宁县汪君宜卖伙佃契[一]

立卖契人汪君宜同弟汪原明，今因缺少使用，央用（中）将承祖续置到白字号、土名西山火（伙）佃陆工，住人九龙，进富、迟九；又将土名观音塘坞火（伙）佃壹工半，住人七十仂；又将　字号、土名西坑火（伙）佃叁工半，住人天赦、显付，共三号，计工拾壹工，一并出卖与汪名下为业。三面议取时值纹银壹两整，其银当日一并收足，其业听从买人管业。倘有内外人言说，尽是卖人之（支）当，不涉买人之事。所有税粮候册年于本家户口起割，推人买人户内办纳。恐后无凭，立此卖契为炤。

前项银契内价已随契领足。再批。

顺治十二年二月初九日

立卖契人　汪君宜

汪厚明

中　　见　汪秀升

【注】

［一］录自中国社会科学院经济研究所藏《休宁潜溪汪姓置产簿》。

一二六一　清顺治十二年（一六五五）休宁县吴允和卖山契[一]

立卖契吴允和，今将彼字壹千壹百陆拾叁号，土名洪山尖，计税壹分陆厘陆毫伍系。其山东至　，西至　，南至　，北至　。四至内山凭中出卖与　毕　名下为业。三面议定，时值价纹银壹拾伍两整，并银当即收足，其山听凭管业，扦造风水。

其税即于四图六甲吴家济户下起割，推入五图四甲毕　户下解纳无异。今恐无凭，立此契为照。

倘有内外人异议，尽是本家承当，不涉买人之事。再批。

顺治十二年三月日

立卖契　吴允和押

代笔　程元□押

居间　毕功甫押

毕北元押

此原契顺治十四年冒□往泰州后□回家被火焚。

此山于康熙五十年秋间绳武君往立契出与草市孙宅。

【注】

[一]录自北京大学图书馆藏清抄本休宁《毕氏抄契》。

一二六二　清顺治十二年（一六五五）休宁县许敬斋卖地契[一]

廿四都一图立卖契人许敬斋，今将承祖土名大溪边一片地，系常字四千八百廿九号，新丈盖字　号，敬斋合得九步半，计税三厘八毛。其地东至　，西至　，南至　，北至　。今将前项四至内地尽行立契出卖与族弟　名下为业。当日凭中三面议定时值价银伍钱整。其地自从出卖之后，一听买人自行管业为定。倘〔有〕重复交易不明等事，尽是卖人之（支）当，不涉买人之事。其税今轮册年，本户即行起推，并〔无〕难易。今恐无凭，立此卖契存照。

顺治十二年七月　日

立卖契人　许敬斋　号

中人　黄　善　号

前项契内价银当日随手一并收足。同年月日。再批。

【注】

[一]录自北京大学图书馆藏清抄本休宁《许氏卖契底簿》。

一一六三　清顺治十五年（一六五八）大兴县王仲经卖房官契[一]

立卖房契人王仲经，因乏用，将自置瓦房壹所，门面贰间，贰层贰间，坐北朝南，小土房壹间，大小共计五间，门窗户壁上下土木相连。坐落　南城新南坊，二牌十铺地方。凭中说合，情愿出卖与

胡　　名下住座，永远为业。三面言定时值价银壹佰贰拾两整。其银当日收足，外无欠少。自卖之后，倘有亲族人等争兢，有卖主一面承管。两家情愿，各无返悔。如有先悔之人，甘罚白米廿石入官公用。恐后无凭，立此卖契存照。

内有老红契半张。（押）

同侄男　王永节（押）

　　　　　　寿（押）

顺治十五年二月初四日

立卖契人　王仲经（押）

中见人

左邻　房牙　王　臣（章）

右邻　总甲　宋　福（戳）

代书

顺天府大兴县验讫

（以下官方文告同顺治十一年略）

【注】

[一]原件藏北京大学图书馆。

一一六四　清顺治十七年（一六六〇）北京张文元卖房白契[一]

立卖契人张文元，因为无钱使用，今将自己瓦房二间，门面房壹间，二层房壹间，今凭中人王明宇说合，情愿出卖与　费　　名下

子孙永远为业。三面议定时值价银伍拾两。其银当日亲手一并收足，外无欠少。此系二家情愿，各不许返悔，如有先悔之人，罚白米五石，入官公用。如有子侄弟男争兢者，系卖主一面承管。恐后无凭，立此卖契存照。

顺治拾柒年叁月二十一日　　立卖契人　张文元＋

张文光〇

中人　张韩真＋

王明宇＋

信行

【注】

［一］原件藏北京大学图书馆。

一一六五　清顺治十八年（一六六一）休宁县郑日孜兄弟卖地红契[一]

二十三都四图立卖契人郑日孜同弟日旦、日休，今因欠少钱粮无措，自愿将续置段字乙千二百二十九号，计地税肆分玖厘柒毫，土名车水基。其地东至　　，西至　　，南至　　，北至　　。四至俱炤清册。凭中立契出卖与本都七图族兄名下为业。三面议定时值价纹银肆两正。其银当即收足，其地听凭目下管业。从前至今并无重复交易。倘有亲房内外人等异说，俱系卖人承当，不干买人之事。今恐无凭，立此卖契为炤（照）。

顺治十八年十二月日　　主盟母　方氏

立卖契人　郑日孜

同弟　日旦

日休

中人　郑君德

郑叔清
郑仲和

【注】

[一]原件藏安徽省博物馆。编号二·二七五八四。

一二六六　清康熙五年（一六六六）休宁县吴明伯卖坟地契[一]

立卖契人吴明伯同婶吴阿程，今因欠少钱粮使用，自情愿英（央）中将承祖续置到原彼字五千七百三十四号，新丈　　号地一业，计税柒厘，土名上菜园。其地东至　　，西至　　，南至　　，北至　　。内存畄坟坑余地[二]，尽行出卖与本都本图毕　　名下为业。三面议定，时值价纹银叁两整，其银当成契日一并收足。其地随即管业，听凭阡（扦）造风水。倘有内外人等异说，尽是卖人承当，不涉买人之事。其税于吴正贤名下起割，推入买人户下解纳。今恐无凭，立此卖契存照。

康熙五年六月　　日　　立卖契人　吴明伯号

仝婶　吴阿程号

中见　李汝和号

吴于礼号

【注】

[一]录自北京大学图书馆藏清抄本《休宁毕氏抄契》。

[二]畄，「留」字俗体。《改并四声篇海·田部》引《并了部头》：「畄，音留，义同。俗用。」坟坑，同「坟穴」。《广韵·屑韵》：「坑，穴也。」

一二六七　清康熙五年（一六六六）休宁县吴右卿卖地契[一]

二十五都四图立卖契人吴右卿，今将续置到原彼字叁千叁百四十柒号，土名汪祈山，计地税捌厘。其地东至毕地，西至吴地，南至毕等地，北至毕地。今将前项四至内地凭中立契出卖与毕　　名下为业。三面议定时值价九五色银叁两整[二]。其银当成契日一并收足，其地听凭买人割税管业。倘有人异议，俱是卖人承当，不涉买人之事。今恐无凭，立此卖契存照。

其业系毕宅坟前炤吴右界石管业。再批。号

康熙五年六月　　日

卖契人　吴右卿号

居间　吴于礼号

李汝和号

吴淑伦号

程瑞甫号

程不易号

【注】

〔一〕录自北京大学图书馆藏清抄本休宁《毕氏抄契》。

〔二〕九五色银，银的成色的一种。

一二六八　清康熙八年（一六六九）大兴县刘寡等卖房民契稿[一]

立卖房契人刘寡因为乏用，今同表小叔房向明，将故夫刘继德遗下自置瓦房壹所，门面贰间，到底叁层，共计房陆间，门窗户壁，上下土木相连。坐落北城日南坊头铺总甲胡安国地方。今凭中说合，情愿出卖与杨名下住坐，永远为业。三言议定时值房价白银贰百捌拾两整。其银当日交足，外无欠少。自卖之后，倘有亲族并旗下满汉人等争兢（竞）等情，有卖主同小叔、孙婿并中人一面承管。两家情愿，各无返悔。如有先悔之人，甘罚契内银一半入官公用。恐后无凭，立卖房文契永远存照。

誊过官纸

康熙捌年柒月十五日

立卖房契人　刘寡（押）

同表小叔　房向明（押）

外孙　婿梁

左邻

大吉利

右邻　张

中人　张国志（押）　白光瑞（押）　徐绳武（押）

房牙　张宝（押）

总甲　胡立国（押）

代书　徐贵（押）

【注】

［一］原件藏北京大学图书馆。

一二六九　清康熙八年（一六六九）大兴县刘寡等卖房官契[一]

立卖房契人刘寡因为乏用[二]，今同表小叔房向明将故夫刘继德遗下自置瓦房壹所，门面贰间，到底叁层，共计房陆间，门窗户壁、上下土木相连。坐落北城日南坊头铺总甲胡安国地方。今凭中说合，情愿出卖与杨名下住坐，永远为业。三言议定时值房价白银贰百捌拾两整。其银当日交足，外无欠少。自卖之后，倘有亲族并旗下满汉人等争竞（竞）等情，有卖主同小叔、孙婿并中人一面承管。两家情愿，各无返悔。如有先悔之人，甘罚契内银一半入官公用。恐后无凭，立卖房文契永远存炤。

立卖房契人　刘寡胡氏（押）

同表小叔　房向明（押）　外侄婿梁文科（押）

中保人　张国志（押）　白光瑞（押）　徐绳武（押）

左邻

右邻　张

房牙　张宝（章）

捴甲　胡立国（押）

康熙捌年柒月十五　日

代书　徐贵（押）

顺天府大兴县

顺天府大兴县为察取钱粮项款以便酌定经制事：蒙

本府信票，据经历司案呈，蒙

巡按察院　宪牌奉　都察院勘札，准　户部咨行前事缘由，转行所属，一体遵奉施行等项，准案。但格式模糊，相应更换。诚

恐法久废施，合抄

清律一款附后，以示置产人户各遵律例，毋得自取罪戾，追悔无及。须至收纸者。

一、奉

旨：税例每两以三分为准。

一、律例

「凡典买田宅不税契者，笞五十；仍追契内田宅价钱一半入官。」律例开载，法在必行。

一、示房牙知悉，如不勤催投税，定行重责加（枷）示。

【注】

［一］原件藏北京大学图书馆。

［二］刘寡，当作「刘寡妇」。后书「刘寡胡氏」。

一一七〇　清康熙八年（一六六九）大兴县杨某买房投税契尾［一］

顺天府颁

顺天府为察收钱粮项款以便酌定经制事：据经历司案呈，蒙

巡察院黄　宪票前事，奉

都察院勘札，准

户部咨江南司案呈，奉本部送户科抄出江宁

巡抚上

题的事等因，奉

圣旨（以下不清）

县题前来，相应覆　请恭候

大兴县契尾

命下臣部转行，遵奉施行。等因。奉
圣旨：依议。钦此。钦遵抄部咨院备札前来。奉此，拟合　仰该司至　堂，遵照
圣旨及部文内事理，转行所属一体遵奉施行。等因到司，案呈到府。准此，　宪遵照
明旨事理，拟合颁发新式契尾，严令各属，责成里甲房牙：凡有置房产、田地等项，印给契尾与受业人户填价值税银数目，每两税银三分，粘于契后，登簿类报遵行外，但今契板模糊，相应更换。仍照旧遵行，毋得违错。须至契尾者。

计开

一、户杨名

价银贰百捌拾两整

遵例纳税银捌两肆钱正

康熙八年七月　　日给

府（押）右给业户杨名准此

【注】

[一] 原件藏北京大学图书馆。

一二七一　清康熙九年（一六七〇）休宁县吴一化卖地红契[一]

二十一都六图八甲立卖契人吴一化，今因缺少使用，自愿将化字一千八百九十八号地七毫；又将化字一千八百九十九号地一分九厘，土名义合墩，上店屋地基一业，四至照依清册，凭中立契出卖与二十一都二图许荫祠名下为业，三面议定得受价纹银一两八钱正。其银契当即两相交付明白，并无欠少、准折等情。倘有内外人等异说，俱身承当，不涉买人之事。今恐无凭，立此卖契存照。

契内价银一并收足，再不另立收领。再批。

康熙九年十二月初六日

立卖契人　吴一化

主盟母　吴阿郑

凭中　许公硕

许六吉
吴君祥
程社明

【注】

[一] 原件藏安徽省博物馆。编号二·二三〇四一。

一二七二　清康熙十年（一六七一）休宁县王子受卖基地红契[一]

二十七都五图立卖契人王子受，今因乏用，情愿将承父阄分自己名下基地一片，坐落土名陈村街心，系新丈良字乙千五伯（佰）贰十六号，计地五十三步三分五厘，计税贰分六厘七毫七系五勿（忽）。其四至自有保簿开载，不在行写。今凭中立契尽行出卖与族侄　名下为业，当日三面议作时值价银叁拾两正。其地未卖之先，并无重复交易。及内外人拦阻、一切不明等事，尽〔是〕卖人承当，不涉买人之事。今卖之后，听从买人管业，本家并无生情异说。其税随即推入买人户内输纳无辞。今恐无凭，立此卖契存炤。

康熙拾年十月　日

立卖契人　王子受（押）
凭中人　金尔玉（押）
王翰周（押）
王庆之
王遐甫（押）
王声远（押）
王又华（押）
王子文（押）

今领去契内价银一并收足乞（讫）。同年月日再批　领

【注】

［一］原件藏北京大学图书馆。

一一七三　清康熙十二年(一六七三)大兴县刘门王氏卖房民契稿[一]

立分卖房契人孀妇刘门王氏同男刘良栋、次男刘良臣、相，因为乏用，今将故夫主自置盖肆层内坐西向东厢房壹连叁间，门窗户壁、上下土木相连，坐落中城中东坊二铺总甲庞忠地方。今凭中人于腾跃说合，情愿出分卖与沈一彬名下住座为业。三言议定时值房价银壹百捌拾两整，其银当日同中亲手收足，外无欠少。自卖之后，倘有亲族弟男子侄并满洲人等，如有指房借贷满、汉银债等情争兢(竞)者，有卖房主母子一面承管。两家情愿，各无返悔。如有先悔之人，甘罚在契内银一半入官公用。恐后无凭，立此卖房契永远存照。

康熙拾贰年叁月　　日

立卖房契人　刘门王氏

臣

同男　刘良栋

相

同中保人　于腾跃

左邻　孙

右邻　沈

房牙　孟海鼎(章)

总甲　庞　忠(押)代书

大吉利

【注】

［一］原件藏北京大学图书馆。

一二七四　清康熙十二年（一六七三）大兴县刘门王氏卖房官契[一]

立分卖房契人孀妇刘门王氏同男刘良栋、次男刘良臣相，因为乏用，今将故夫主自置盖肆层内坐西向东厢房壹连叁间，门窗户壁、上下土木相连，坐落中城中东坊二铺总甲庞忠地方。今凭中人于腾跃说合，情愿出分卖与沈一彬名下住座为业。三言议定时值房价银壹百捌拾两整，其银当日同中亲手收足，外无欠少。自卖之后，倘有亲族弟男子侄并满洲人等，如有指房借贷满、汉银债等情争兢（竞）者，有卖房主母子一面承管。两家情愿，各无返悔。如有先悔之人，甘罚在契内银一半入官公用。恐后无凭，立此卖房契永远存照。

康熙拾贰年伍月　日

立卖房契人　刘门王氏

同男　刘良栋　相

中保人　于腾跃

左邻　孙

右邻　沈

房牙　孟梅鼎（章）

总甲　庞忠（押）代书

顺天府大兴县

（文告略）

宙字四号

【注】

［一］原件藏北京大学图书馆。

一二七五　清康熙十二年（一六七三）管理直隶钱谷守道给发大兴县某产户契尾[一]

管理直隶钱谷守道丁　为严催税契银两以佐军需事[二]：案蒙

抚院金　宪票准　户部咨前事等因[三]，通行在案。今复蒙

本院宪票：为酌改道臣以专责任事：照得民间置买房地，输纳税银，例给钤印契尾备照。直属各州县衙所用契尾等项，已经本院

题明，悉归该道综理。该道应设立循环印刷契尾，先期颁发各属。凡有收过税银，照数填入契尾，给发业主收执。每于季终，将各州县衙所收过税契银两，汇造细册，送院查核，仍于年终将收解过银数汇册报销等因。蒙此，拟合刊刷契尾颁发。为此尾[四]，仰大兴县掌印官：凡民间典买房屋地土等项，着买产人户照契内价银每两纳税叁分，照价核算，收贮报解。每契一纸粘尾一张，印钤给发买主收执。季终造册报道，以凭核对汇报　本院咨查。收过税银，该县遵照季终起解本道，转户部充饷。如有隐漏，兼以多报少者，查出定行揭参。须至契尾者。

契　尾

计开：

里　社　产户　买房地　契价银壹百捌拾两整，纳税银伍两肆钱。

右给　产户　准此

康熙十二年五月　日

直隶守道（押）

【注】

[一] 原件藏北京大学图书馆。

[二] 钱谷守道，布政使的辅佐官，由参政或参议充任，驻守一地，因称「守道」。主一省或数府州的钱谷事，因称「钱谷守道」。

[三] 抚院，清朝前期，总督、巡抚例兼都察院右都御史、右副都御史、右佥都御史衔。因有「抚院」之称。乾隆十三年停右都御史衔。参看《清史稿》、卷一一五《职官二·都察院》、卷一一六《职官三·总督巡抚》。

[四] 为此尾，衍「尾」字。

一二七六　清康熙十二年（一六七三）大兴县欧阳敬顶房民契稿[一]

立顶房契人欧阳敬[二]，因为乏用，将自置门面瓦房壹间半，弍层房壹间半，厢房壹间、门面接檐房壹间半，前后共计瓦房伍间半，门窗户壁俱全。坐落北城日南坊瑠璃厂西门内北面三铺地方[三]。今凭中保人说合，情愿出顶与郭　名下住座为业。三言议定时值顶房价银弍伯（佰）两整。其银当日亲手收足，外无欠少。自顶之后，倘有亲族及满、汉弟男子侄人等争竞者，敬一面承管。两家情愿，各无返悔。如先悔之人，甘罚契内银一半入官公用。恐后无凭，立此顶契永远存照。

康熙拾弍年捌月　　日

立顶房契人　欧阳敬（押）
同男　欧阳仁（押）
中保人　王
左邻　余补庵（押）
右邻　官是道
房牙　张　宝
总甲　杜　登（押）
代书　桂　攀（押）

大吉利

【注】

［一］原件藏北京大学图书馆。
［二］顶，有代价地出让。就是转卖居住权。
［三］北城三铺地方：清朝前期，北京内城由满族旗人居住，归八旗分管。外城由东而西，纵分为东、南、中、北、西区，名五城。城下设坊，以居汉民。北城在今宣武区，三铺地方在今南新华街西。

一二七七　清康熙十二年（一六七三）大兴县欧阳敬顶房官契[一]

立顶房契人欧阳敬，因为乏用，将自置门面瓦房壹间半，弍层房壹〔间〕半，厢房壹间，门面接檐房壹间半，前后共计瓦房伍间半，

门窗户壁俱全。坐落北城日南坊瑠璃厂西门内北面三铺地方。今凭中保人说合，情愿出顶与

郭　名下住座为业。三言议定时价顶房价银弍百两整。其银当日亲手收足，外无欠少。自顶之后，倘有亲族及满、汉弟男子侄人等争竞者，敬一面承管。两家情愿，各无返悔。如先悔之人，甘罚契内银一半入官公用。恐后无凭，立此顶契，永远存照。

康熙拾弍年玖月　　日

立顶房契人　欧阳敬

同男　欧阳仁

中保人　王

左邻　余补庵（押）

右邻　官走道

房牙　张　宝

总甲　杜　登　　代书　桂攀

顺天府大兴县

顺天府大兴县为察取钱粮项款，以便酌定经制事：蒙

本府信票据经历司案呈：蒙

巡按察院　宪牌奉　都察院勘札准　户部咨

行前事缘由，转行所属一体遵奉施行等项，准案。但格式模糊，相应更换。恐法久废施，合抄清律一款附后，以示置产人户各遵律例，毋得自取罪戾，追悔无及。须至收纸者。

一、奉　　　　一、律例

旨：税例每两以三分为准。　「凡典买田宅不税契者，笞五十；仍追契内田宅价银一半入官。」律例开载，法在必行。

一、示房牙知悉：如不勤催投税，定行重责枷示。

【注】

［一］原件藏北京大学图书馆。

一二七八　清康熙十六年(一六七七)休宁县吴雨生卖地契[一]

二十五都四图立卖契吴雨生，今因钱粮紧急，自将承父分授到彼字三千三百六十七号，土名汪祈山，计税贰分贰厘九毛五丝乙忽，其地东至　　，西至　　，南至　　，北至　　。以上一号四至内凭中出卖与毕　　名下为业。三面议定时值估价纹银壹两整，其银当成契日一并收足，其地听从开荒管业。未卖之先，并未曾与他人重复交易等情。所有内外人异说，尽是卖人承当，不涉买人之事。再有来脚契文与别业相连，缴付不便。其税于七甲下吴戬谷户起割，推入五图四甲毕洪滨户下解纳。今恐无凭，立此卖契为照。

康熙十六年四月　　日

立卖契　吴雨生　号

中见　章圣先　号

吴若思　号

【注】

[一] 录自北京大学图书馆藏清抄本《毕氏抄契》。

一二七九　清康熙十六年(一六七七)大兴县费福盛补税房官契[一]

顺天府大兴县今据费福盛用工价壹伯两遵纳税银叁两整

立投税房契人费福盛，原有明季自置破烂房贰间，空地乙段，自行修盖瓦房，大小共计捌间，门窗户壁、上下土木相连，唑(坐)落南城正东坊总甲傅科地方。现今

费福盛名下住座永远为业，共用过砖瓦木工价银壹伯两整，情愿遵　例赴县投纳　国课，以为永远基业。恐后无凭，立此存炤(照)。

康熙拾六年八月　　日

立投税房契人　费福盛

同

中保人

左邻

顺天府大兴县

（下略）

右邻

房牙　王臣

总甲　傅科

代书

【注】

［一］原件藏北京大学图书馆。

一一八〇　清康熙十八年（一六七九）休宁县许元声卖地红契[一]

二十一都二图立卖契人许元声，今因乏用，自愿将承祖分受化字一千捌伯七十四号地，计税贰分叁厘五毛，土名傍溪地；又化字一千八伯（佰）六十九号地叁厘六毛贰系五忽，土名溪边巷口。四至照依清册，凭中立契出卖与本祠名下为业。三面议定时值价纹银叁两正。其银契当即两相交付明白，并无欠少准折等情。其地从前不曾与他人重复交易。其税仰于一甲卖人户下起割，入本祠户下支解。今恐无凭，立此卖契为照。

契内价银一并收足，再不另立收领。再批。

康熙十八年二月　　日

立卖契人　许元声

凭中人　许季清

许良玉

【注】

［一］原件藏安徽省博物馆。编号二·二三〇一一。

一二八一　清康熙十八年（一六七九）大兴县张维翰等卖房官契[一]

顺天府大兴县□□□□

立卖房契人张维翰同男张于廷、张于陛，因为乏用，今将承祖自置遗下瓦房壹所，门面房贰间，前接檐房贰间，通后伍层，共计瓦房拾贰间。门窗户壁、上下土木相连。坐落中城中东坊二铺总甲辛魁地方。今凭中保人范廷祚说合，情愿出卖与　汪　名下住坐为业。三言议定时值卖房价银伍百伍拾两整。其银当日同中亲手收足，外无欠少。自卖之后，倘有亲族人等争竞，及有指房借贷满、汉银债等情争竞者，有卖房主并中保人一面承管。两家情愿，各无返悔。如有先悔之人，甘罚契内银一半入官公用。恐后无凭，立此卖房契永远存照。内有原房老红契壹张，自己投税红契壹张，置主收存。

康熙拾捌年　月　日

立卖房契人　张维翰

同男　张　于廷
　　　　　于陛

中保人　范廷祚

左邻

右邻

房牙　孟　学（章）

总甲　辛　魁（押）　代书张星（押）

顺天府大兴县

顺天府大兴县为察取钱粮项款以便酌定经制事：蒙

本府信票，据经历司案呈，蒙

巡按察院　宪牌奉　都察院勘札，准　户部咨行前事缘由，转行所属，一体遵奉施行等项，准案。但格式模糊，相应更换。诚恐

法久废施，合抄

清律一款附后，以示置户人户各遵律例，毋得自取罪戾，追悔无及。须至收纸者。

一、奉

旨：税例每两以三分为准。

一、律例

「凡典买田宅不税契者，笞五十；仍追契内田宅价钱一半入官。」律例开载，法在必行。

一、示房牙知悉，如不勤催投税，定行重责枷示。

【注】

［一］原件藏北京大学图书馆。

一二八二　清康熙十九年（一六八〇）休宁县吴茂之卖地契[一]

二十都二图立卖契人吴茂之，今因欠少粮差，自情愿将承祖分受化字一千五百一十号地，税壹分伍厘五毛四系，土名水口山。四至炤（照）依清册，于上有大松树六根，一应在内，凭中立契出卖与荫祠名下为业。三面议定时值价银四两正。其银契当即两相交付明白，并无欠少准折，其地从前并不曾与他人重复交易。倘有亲房内外人等异说，俱系卖人承当，不干买人之事。其税听凭目下过割管业。今恐无凭，立此卖契存炤（照）。

契内价银一并收足，再不另立收领。再批。

立卖契人　吴茂之
凭中人　汪公渭
代笔人　吴君祥

康熙拾九年二月十三日

【注】

［一］原件藏安徽省博物馆。编号二·二三〇〇一。

一二八三　清康熙十九年（一六八〇）休宁县许振远卖地红契[一]

立卖契许振远，今将父分受场字二千零四十七号地壹亩陆分贰厘叁毛，土名稍盘塘，四至照依清册，凭中立契出卖与许荫祠为业。三面议定得受时值价纹银叁两伍钱正。其银当即收足，其地听凭过割税管业无词。从前并未与他人重复交易。倘有亲房内外人等异说，俱身承当，不涉买人之事。今恐无凭，立卖契为照。

契内价银收足，不另立收领。再批。

康熙十九年二月　　日

立卖契　许振远

凭中　许辑五

许圣如

许香清

【注】

[一] 原件藏安徽省博物馆。编号二·二三〇〇四。

一二八四　清康熙十九年(一六八〇)休宁县鲍嘉祥卖地红契[一]

鲍嘉祥二十三都壹图，今将七甲下常字肆仟贰百伍拾号，计地税壹分，土名汪家林，四至炤(照)依清册，凭中立契出卖与本甲鲍名下为业。三面议定时值价纹银捌钱整。其银当日收足，其地听凭随即过割入户管业无异。从前并无重复交易，亦无威逼等情。倘有内外人等异说，俱系卖人承当，不涉买人之事。今恐无凭，立此卖契存炤(照)。

康熙拾玖年七月　　日

立卖契人　鲍喜祥

同　侄　鲍子高

中见人　鲍信甫

鲍汝嘉

鲍公度

代　书　鲍开文

【注】

[一] 原件藏安徽省博物馆。编号二·二七二四七。

一二八五　清康熙十九年（一六八〇）歙县郑元瑞卖山官契[一]

歙字壹号契纸给发拾陆都贰图册里

立卖契人郑元瑞，系十七都二图，今将承祖分受育字三千二百二十九号，土名乌鸡山计地税乙分四厘。凂中出卖与吴　名下为业，议定时价文银捌两正。银契当即两相交明。其山东至路，西至本家山界，南至塘，北至山。眷照依清册钉（订）界交业，定凭扦造风水，本家止留历坟[二]。本户地税即于本图十甲下黄明户内推入十六都二图吴怀仁户内支解。倘有内外异说，卖人理直。今恐无凭，立此卖契为照。

　　内有东北角桕子树贰根，交买人管业。在（再）批。

康熙十九年八月日

立卖契人　郑元瑞（押）

亲　兄　郑元甫（押）

中见人　吴养之（押）

朱□亨（押）

代　笔　章建达（押）

居　间　吴笃生（押）

（下略）

【注】

[一] 原件藏北京大学图书馆。

[二] 历坟，寿坟。

一二八六　清康熙二十年（一六八一）宛平县郭慎言出顶房草契[一]

立顶房契人郭慎言，因为乏用，将自置门面瓦房壹间半、二层瓦房一间半、厢房一间、门面接檐房一间半，前后共计房五间半。门窗俱全，坐落北城日南坊琉璃厂西门内路北三铺地方[二]，今凭中保人说合，情原出顶与

沈　　名下住座为业，三言议定时值顶房价银壹百六十三两整。其银当日亲手收足，外无欠少。自顶之后，倘有亲族及满汉弟

男子侄名下人等争竞者，有慎言等一面承管。两家情愿，各无返悔。如先悔之人，甘罚契内银一半入官公用。恐后无凭，立顶房契永远存照。

康熙二十年十一月十三　日

立出顶房契人　郭慎言（押）

名　下　曹盘吾

陈进臣

梁九一

中　人　程浩然

罗锦文

张明宇

樊子明

左　邻

右　邻　官定道

房　牙

总　甲

【注】

[一]原件藏北京大学图书馆。

[二]在今北京西城区宣武门外西南。

一二八七　清康熙二十三年（一六八四）休宁县王自长等卖竹园红契[一]

立卖契人王自长、王自泰，今因钱粮无办，自情愿央中将承祖并新置竹园地共壹拾四号，其地步亩自有归户佥业票拾四张炤（照）数定则，四置（至）自有保簿开载，不在（再）行写。所有在地竹木茶丛尽行凭中出卖与户侄　　名下为业。当日得受价九五色银叁拾贰两整[二]。其银当日两相交明，别无领扎（札），其业随即交与买主听从管业无辞。未卖之先，并无重复交易。倘有来历不明等情，一切内外人拈（占）拦，尽是出卖人承当，不涉买主之事。其税在本户随即扒与买人名下输纳无辞。今恐无凭，立此出卖契存炤。

契内本家存地税贰分，以保坟墓。其地言过日后买主还得开穴。再批。

计开归户票壹拾四张，字号开列于后，其归户票当日缴付买主收执。

新丈良字乙千六伯廿一号　又乙千六伯廿二号　又乙千六十二号

乙千六百廿三号　乙千六百廿六号

乙千六百廿七号　乙千六百廿八号

乙千六百廿九号　乙千六百卅号

乙千六百卅一号　乙千六百卅二号

乙千六百卅三号　〔乙千六百卅四号〕

乙千六百四十八号

康熙贰十三年四月　　日

立〔卖〕契人　王自长（押）

王自泰（押）

凭中人　王希舜（押）

【注】

〔一〕原件藏北京大学图书馆。

〔二〕九五色银，银的成色的一种。

一二八八　清康熙二十六年（一六八七）大兴县费福盛等卖房民契稿〔一〕

立卖房契人费福盛同义男费国栋、同孙费逢泰、逢嘉、逢运、逢时、逢亨，因乏用，将自置头层瓦房弍间、二层烂房弍间、灰棚半间，共计大小伍间。门窗户壁、上下土木相连。坐落　　南城正东坊一牌三铺地方。今凭中说合，情愿出卖与

王　　名下住居为业，言定时值价银壹百弍拾两整。其银当日收足，外无欠少。自卖之后，倘有满、汉亲族人等争竞，有卖主一面承管。两家情愿，各无返悔，如先悔者，甘罚契内银一半入　　官公用。恐后无凭，立此卖契永远存照。

内有老红契张半，付买主收存。再照。

康熙二十六年十月　日

立卖房契人　费福盛（押）
同义男　费国栋（押）
时（押）
嘉（押）
同　孙　费逢泰（押）
运（押）
亨（押）
中保人　董有林（押）
祝国盛
左　邻
右　邻
房　牙
总　甲　孟　元（押）

永远大吉

【注】

[一] 原件藏北京大学图书馆。

一二八九　清康熙二十六年（一六八七）大兴县费福盛等卖房官契[一]

顺天府大兴县今据王名用价壹佰贰拾两遵例纳税银叁两陆钱

立卖房契人费福盛同义男费国栋、孙费逢泰、逢嘉、逢运、逢时、逢亨，因乏用，将自置头层瓦房贰间、贰层烂房贰间、灰棚半间，共计大小伍间，门窗户壁、上下土木相连。坐落　南城正东坊一牌三铺地方。今凭中说合，情愿出卖与　王　名下住居为业[二]。言定时值价钱壹佰贰拾两整。其银当日收足，外无欠少。自卖之后，倘有满、汉亲族人等争竞，有卖主一面承管。两家情愿，各无返悔。如先悔者，甘罚契内银一半入官公用。恐后无凭，立此卖契永远存炤。

内有老红契张半，付买主收存。再炤。

立卖房契人　费福盛

同义男　费国栋

孙　费逢时　费逢嘉　费逢泰　逢运　逢亨

中保人　董有林　祝国盛

左　邻

右　邻

房　牙　王国珍

总　甲　孟　元

康熙二十六年十月　　日

（后连刻「收纸」）

顺天府大兴县

顺天府大兴县为察取钱粮项款以便酌定经制事：蒙

本府信票，据经历司案呈：蒙

巡按察院　宪牌：奉　都察院勘札：准户部咨行前事缘由，转行所属，一体遵奉施行等项，准案。但格式模糊，相应更换。诚恐法久废弛，合抄

清律一款附后，以示置产人户各遵律例，毋得自取罪戾，追悔无及。须至收纸者。[三]

一、奉

旨：税例每两以三分为准。

一、律例

「凡典买田宅不税契者，笞五十，仍追契内田宅价钱一半入官。」律例开载，法在必行。

一、示房牙知悉，如不勤催投税，定行重责枷示[四]。

（转卖亲笔缴契）

立缴契人王君甫，今因管业不便，自愿亲笔出缴与祝　名下为业，前去管业。其契内价银俱收了足无欠。今欲有凭，立下缴契为证。

立缴契人　王君甫（押）

康熙念六年十二月　　日

亲笔

【注】

[一]原件藏北京大学图书馆。

[二]王名，王君甫。

[三]收纸，纳税收据。

[四]枷示，带枷示众。明沈德符《万历野获编·台省·台省之玷》：「御史王学敏，受巡检陈永证贿，嘱郎中崔镛荐升知县。事觉，上命杖一百，枷示三月。」清黄六鸿《福惠全书·莅任·堂规式》：「敢有指官强买、短少价值者，除追偿外，重责枷示革役。」

一二九〇　清康熙二十七年（一六八八）大兴县周进孝等卖房民契稿[一]

立卖房契人周进孝同弟周永福，因乏用，将自置瓦房壹所，共计大小伍间。门窗户壁上下土木相连。坐落　南城正东坊一牌二铺地方。凭中说合，情愿出卖与祝　名下住座为业。三面言定时值价银壹伯（佰）伍十两整。其银当日收足，外无欠少。自卖之后，倘有满、汉亲族人等争竞，有卖主一面承管。两家情愿，各无返悔。如有先悔之人，甘罚契内银一半入　官公用。恐后无凭，立此卖契存照。

内有老红契式张，明季老契壹张，共叁张，付祝名下收存。

康熙二十七年六月　　日

立卖房契人　周进孝

同　弟　周永福

祝国盛

同中人　董　林

永远大吉利

左邻　　张世杰
右邻
房牙
总甲　赵　德(押)

【注】

[一]原件藏北京大学图书馆。

一二九一　清康熙二十八年(一六八九)休宁县程圣期父子卖山红契[一]

二十五都五图立卖契人程圣期同男嘉顺，今因钱粮无办，自情愿央中将承祖遗下山一号，坐落土名朱旱坞，原系女字新丈号，计山税　　整。其山东至降，西至倪家田，南至倪家山，比(北)至降顶。今将前项四至内山尽行立契出卖与本都二图许名下为业。当日凭中三面言定时值价银陆两整。其银当日一并收足，其山随即交与买主管业，收养树木柴薪、收苗受税。倘有来历不明及重复交易，并内外人拦阻生端等情，尽是卖人承值，不涉买主之事。其税粮奉新例随即起推入买主户内办纳粮差，并无异说。恐后无凭，立此卖契存炤(照)。

康熙二十八年三月日

立卖契人　程圣期(押)
同男　嘉顺(押)
中见人　王民泰(押)
程祥甫(押)
程子通(押)
代书人　程宗舜(押)

契内银两当成契日随手一并收足，另不立领。同年月日。再批(押)

【注】

[一]原件藏北京大学图书馆。

一二九二　清康熙三十年（一六七一）休宁县黄子美收税归户票[一]

收税归户票

休宁县贰拾玖都柒图奉

县主　验契推收事，本图捌甲黄子孝[二]户丁子美[三]，

今买地壹宗，土名五城中街南，系信字壹千柒百肆拾柒号，计地税贰毫伍系整。

于康熙贰拾贰年叁　月用价银陆钱整，

买到　本都本图柒甲黄汝章户丁阿金，今照推票入册归户，给发小票，业主收执存照。

康熙叁拾年又柒月初三日　册里黄明昌

书　算

【注】

[一]原件藏北京大学图书馆。

[二]孝，学的俗体。

[三]户丁，旧时谓家中的成年男子。

一二九三　清康熙三十一年（一六九二）大兴县夏瑚等卖房民契稿[一]

立卖房契人夏珍 瑚 琏 同 母梁氏 叔应龙，今将自置房一所，共瓦房九间，土房二间。坐落朝阳关外北二条胡同[二]，坐南向北。今卖与正白旗林名下居住为业。言明时值价银贰佰两整。其银当日交足，不致欠少。倘日后族宗争兢（竞），在本房上〔主〕一面承管。恐后无凭，立此卖契存照。内有红契一张。

同母　梁氏（押）叔应龙（押）

康熙叁拾壹年肆月　初九日

立卖契人　瑚（押）

夏珍（押）

琏（押）

中保人　高维瞻（押）

高应祥（押）

于天祥（押）

陈永泰（押）

王宗贵（押）

高　伸（押）

【注】

［一］原件藏北京大学图书馆。

［二］朝阳关，北京城朝阳门关厢的简称。今朝阳门外大街向北，自西而东，依次有八条胡同平行，名头条胡同、二条、三条至八条。

一二九四　清康熙三十二年（一六九三）大兴县祝国盛卖房民契稿［一］

立卖房契人祝国盛今因乏用，情愿将自置瓦房壹所门面肆间，通后四层共计房大小壹拾捌间，门窓户壁俱全，上下土木相连。坐落　南城正东坊一牌三铺地方。凭中保说合，出卖与

俞　名下住座为业。时值房价银肆百两整。其银当日亲手收足，外无欠少。自卖之后，倘有满、汉亲族人等争竞，并弟男子侄指房别借旗下债务等情，俱系卖主中保一面承管。两家情愿，各无返悔。如有先悔之人，甘罚契内银一半入　官公用。总（恐）后无凭，立此卖契永远存照。

新旧老红契拾壹张，俱付俞姓收存。

眷过官契

康熙三十二年三月日　　立卖房契人　祝国盛（押）

中保人　张賛元（押）
左邻
右邻　巷　口
房牙　陶玉枢（押）
总甲　孟　德（押）
代书　王君标（押）

⿱大吉利

【注】

〔一〕原件藏北京大学图书馆。

一二九五　清康熙三十四年（一六九五）大兴县赵德兴等卖房民契稿〔一〕

立卖房契人赵德兴同男赵天成、同表弟孙德望、同母甥孙江三晋，因为故母赵门孙氏丧故，无银殡葬。今将孙氏　夫赵进忠自置遗下柴儿胡同街北瓦房壹所，门面破烂房叁间，贰层房叁间，内有烂厢房壹间，后有路地壹条。共计大小破烂房柒间，门窗户壁上下土木相连。坐落　北城日南坊头铺地方。今凭中保人说合，情愿出卖与廖　名下住坐永远为业。三言议定时值房价银壹百玖拾两整。其银当日亲手收足，外无欠少。自卖之后，倘有满、汉亲族人等并指房借贷银债，此房并无契约。如日后有人执契争竞等情者，有卖主德兴同男天成同表弟德望同母甥孙江三晋等一面承管。两家情愿，各无返悔。如有先悔之人，甘罚契内银一半入官公用。恐后无凭，立此卖契永远存照。此房明契贰张，银主收执。

康熙三十四年九月　日

立卖房契人　赵德兴（押）
同男　赵天成（押）
同表弟　孙德望（押）
同母甥孙　江三晋（押）
中保人　李起龙（押）
把守福（押）

左邻
右邻
房牙
总甲
代书

永远杳利

【注】

[一]原件藏北京大学图书馆。

一二九六　清康熙三十五年（一六九六）休宁县朱鸣玉卖田红契[一]

立卖契朱鸣玉，今因缺用，自愿央中将承父田乙号，坐落土名洪山下，计租壹拾陆砠，系良字壹千叁百九拾九号，计税壹亩伍分五厘陆毫，其大四置（至）自有保簿开载，不在（再）行写。今凭中出卖与汪　　名下为业，当得价玖伍色银壹拾肆两肆钱[二]。自卖之后，听凭买人管业收租，并无异说。其税粮随即推入买人户内输纳无辞。所有来脚当日一并付讫。自未卖之先，并无重复交易。及一切不明等事，尽是卖人承当，不涉买人之事。恐后无凭，立此卖契存炤（照）。

契内加「陆毫」贰字（押）

立卖契　朱鸣玉（押）
中见　王公佩（押）
朱秀玉（押）

康熙叁拾伍年五月　　日

【注】

[一]原件藏北京大学图书馆。

[二]九五色银，银的成色的一种。

一二九七　清康熙三十五年（一六九六）徽州吴以立卖田外加银收票[一]

立收票吴以立，今收到

程　　名下转买土名苦株墩，内地税柒厘伍毫。因契内时价不敷，凭中公议，外加银壹拾伍两整[二]。当日收讫，此照。

康熙叁拾伍年十二月日

收票　吴以立（押）

中见　　吴大生（押）

余亲

【注】

[一] 原件藏天津市图书馆。

[二] 外加银，原价外的找补田价。

一二九八　清康熙三十六年（一六九七）大兴县萧兆善等卖房民契稿[一]

立卖房契人萧兆善、萧兆和，因为乏用，今将祖上遗下破烂瓦房壹所，门面叁间，到底叁层，灰房壹间，共计房拾间，后有地一块，门窗户壁，上下土木相连。坐落中城中西坊四铺地方。今凭中保人说合，情愿卖与

周　　名下住坐为业。三言议定时值房价银壹伯柒拾伍两整。其银当日交足，外无欠少。自卖之后，如有亲族满、汉弟男子侄人等争竞等情，有卖主弟兄同中保人一面承管。两家情愿，各无返悔。如有先悔者，甘罚契内银一半入官公用。恐后无凭，立此卖契永远存照。

内有原房明季老契壹张，白底契壹张，买主收存。

康熙三十二年九月　　日

立卖房契人　　萧兆善（押）

萧兆和（押）

史尔躬
中保人　张淑颜（押）
王公作（押）
左　邻　张国柱（押）
右　邻
房　牙
总　甲
代　书

永远为业

【注】

[一] 原件藏北京大学图书馆。

一二九九　清康熙三十六（一六九七）大兴县萧兆善等卖房官契[一]

顺天府大兴县今据周名用价壹百柒拾伍两整遵纳税银伍两贰钱伍分

立卖房契人萧兆善、萧兆和，因为乏用，今将祖上遗下破烂瓦房壹所，门面叁间，到底叁层，灰房壹间，共计房拾间，后有落地壹块，门窗户壁、上下土木相连。坐落中城中西坊四铺地方。今凭中保人说合，情愿卖与周　名下住坐为业。三言议定时值房价银壹百柒拾伍两整。其银当日交足，外无欠少。自卖之后，如有亲族满、汉弟男子侄人等争竞等情，有卖主弟兄同中保之一面承管。两家情愿，各无返悔。如有先悔者，甘罚契内银一半入官公用。恐后无凭，立此卖契永远存照。

内有原房明季老契壹张，白底契壹张，卖主收存

康熙叁拾陆年拾壹月　　日　　立卖房　萧兆善
萧兆和
张淑颜　史尔躬　王公作

张国柱

顺天府大兴县

【注】

[一]原件藏北京大学图书馆。

一三〇〇　清康熙三十六年(一六九七)休宁县方仲瑜卖地红契[一]

四都五图立卖契人方仲瑜，今因管业不便，自愿央中，将承祖阄得分下下则地为业[二]，土名前堘墩，新丈岁字七千七百伍拾九号，共计地税弍分肆厘柒毛。身分厘，合得地税壹分叁厘。除本家葬过坟壹穴，仍存地税〔壹分〕叁厘。今凭中将地税壹分正，尽行出卖与十四都十图汪　　名下为业。其地东至方自昆更楼滴水为界，西至买主七千七百五十八号为界，南至七千七百六十号低(底)基园为界，北至七千八百十五号低(抵)基园为界。自卖之后，听从买主荫护风水，以为来龙。今面议作时值价纹银伍两正。其银业当成契日两相交收足讫，并无欠少分文，亦无准折债负之类。倘有内外人异说，尽是卖人承当，不涉买主之事。业系承祖，并无来脚可缴。其税粮在本都五图九甲方禄户内起割，推入十四都十图一甲汪永垂户内自行办纳粮差无阻。今恐无凭，立此卖契存炤。

契内地税壹分叁厘，仲瑜已合得地税壹分，仍存叁厘，系侄方伯和弘君兄弟二人之业，听从立契凑业。再批。(押)

康熙三十六年十一月　　日

立卖契人　方仲瑜(押)

方自昆(押)

中见人　方宗维(押)

方尔玉(押)

方弘君(押)

【注】

[一]原件藏北京大学图书馆。

[二]下下则地，下等土地。则，等级之意。《尚书·禹贡》曰：「咸则三壤，成赋中邦。」孔传：「皆法壤田上中下大较三品，成九州之赋。」又《汉书·叙

传下》：「《坤》作地势，高下九则。」师古注引刘德曰：「九则，九州土田上中下九等也。」上则田分上上、上中、上下，中、下亦然，故下下则田为最贫脊的下等田。清分田为三等九则，按等则课税。

一三〇一　清康熙三十六年（一六九七）休宁县方伯和等卖园地红契[一]

四都五图立卖契人方伯和、弘若，今因乏用无办，自愿托中将祖遗园壹业，土名前塝墩，新丈岁字乙千七百五十九号，身与叔方仲瑜等合得地税壹分叁厘。除仲瑜卖过税壹分，仍有税叁厘乃系身兄弟己业。今凭中立契尽行出与十四都十图汪　　名下为业。其园东至乙千七百十号根基园，西至自崑园，南至路，北至自崑园为界，四至明白。三面议作时值纹银捌钱正，其艮（银）、业当成契日两相交收足讫。倘有内外人异说，卖主之（支）当，不涉买主之事。其税粮在四都五图九甲方孙户内起割，推入十四都十图一甲汪永垂户内，自行办纳无阻。今恐无凭，立此存炤（照）。

仝年十一月方仲瑜卖契注有本家葬过坟乙穴仍存。

税叁厘系伯和、弘若家之坟，今凭中将此税卖讫，仅存坟穴标挂。再批。（押）

康熙三十六年十二月二十九　　日

立卖契人　方伯和、弘若（押）

中见　詹兆玉（押）

方自崑（押）

代笔叔　方仲瑜（押）

【注】

［一］原件藏北京大学图书馆。

一三〇二　清康熙三十七年（一六九八）大兴县正白旗林森卖房民契稿[一]

立卖房契人系正白旗郭永泰牛录下林森，因乏用，将自置瓦房一所，共计拾贰间，坐落朝阳门外二条胡同中[二]。坐南向北。东至赵宅，西至王宅，南至陈宅，北至官街，四至分明。凭中说合，卖与本旗陈普牛录下王　名下。言定价银贰伯陆拾两。其银当日交足，并无欠少。如有亲族争兢（竞）等情，系卖主、保人一面承管。立字之后，两家情愿，并无返悔。先悔之人，罚契内银一半入官公用。恐后无凭，立契存照。原有老红契一张，付王姓存照。

笪　秀

保人　拨什库李福元仝保

刘进修

康熙三十七年十一月　日　　立契人　林　森（押）

永远执照

【注】

[一] 原件藏北京大学图书馆。

[二] 朝阳门外亦称朝阳关外。

一三〇三　清康熙三十八年（一六九九）大兴县张维翰等卖房官契[一]

顺天府大兴县今据汪名用价伍百伍拾两整遵纳税银拾陆两伍钱整

立卖房契人张维翰同男张于廷、张于陛，因为乏用，今将故祖自置遗下瓦房壹所，门面房两间、前接檐房贰间，通后伍层，共计瓦房拾贰间，门窗户壁、上下土木相连，坐落中城中东坊二铺总甲辛魁地方。今凭中保人范廷祚说合，情愿出卖与汪　名下住坐为业，三言议定时值卖房价银伍百伍拾两整，其银当日同中亲手收足，外无欠少。自卖之后，倘有亲族人等争兢（竞）及有指房借贷满、汉银债等情争兢者，有卖房主并中保人一面承管。两家情愿，各无返悔，如有先悔之人，甘罚契内银一半入　官公用。恐后无凭，立此卖房契永远存照。　内有原房老红契壹张、自己投税红契壹张买主收存。

康熙叁拾捌年陆月　日　　立卖房契人　张维翰

同男　张于廷

张于陛

中保人　范廷祚
左邻
右邻
房牙　孟学（章）
总甲　辛魁（押）　代书　张星（押）

顺天府大兴县（文告略）

【注】

[一]原件藏北京大学图书馆。另有民契稿，内容雷同，未收。其买主汪某之投税契尾收录如下。

一三〇四　清康熙三十八年（一六九九）管理直隶钱谷守道给发大兴县汪某契尾[一]

契尾

管理直隶钱谷守道参政加五级高　　为严催税契银两以佐军需事，蒙

前抚部院宪票准　户部咨前事等因[二]，通行在案。又续蒙

前院宪票：为酌改道臣以专责任事：照得民间置买房地价值，理应例给钤印契尾备照。直属各州县衙所用契尾等项，已经本

题明，悉归该道综理。该道应设立循环印刷契尾，先期颁发各属。凡有收过税银，照数填入契尾，给发业主收执。每于季终，

本院咨查。其收过税银，遵照于季终起解本道，转解

户部充饷。如有隐漏，兼以多报少者，查出定行揭参。须至契尾者。

计开：

业户　买房地　用价伍百伍拾两，纳税拾陆两伍钱。

右给业户汪名准此

康熙叁拾捌年陆月　日

【注】

[一]原件藏北京大学图书馆。其前为张维翰等卖房官契。另有民契稿内容雷同，未收。

[二] 抚部院，巡抚例兼兵部右侍郎、都察院右副都御史。

一三〇五　清康熙三十八年（一六九九）大兴县史应麒卖房民契稿[一]

立卖房契人史应麒，因为乏用，今将故祖自置遗下门面瓦房壹间，通后伍层，共计房伍间，门窗户壁、上下土木相连。坐落　中城中东坊二铺[二]总甲辛魁地方。今凭中保人李培之说合，情愿出卖与汪其睿名下住坐为业。三言议定时值卖房价银贰伯伍拾两整。其银当日同中亲手收足，外无欠少。自卖之后，倘有亲族人等争竞，及有指房借贷满汉银债等情争竞者，有卖房主并中保人一面承管。两家情愿，各无返悔，如有先悔之人，甘罚契内银一半入官公用。恐后无凭，立此卖房契永远存照。　内有原房老红契贰张，清红契贰张，买主收存。

康熙叁拾捌年陆月　　日

立卖房契人　史应麒（押）
同中保人　李培之（押）
左　邻
右　邻
房　牙　孟学
总　甲　辛魁
代　书　张星

大吉利

【注】

[一] 原件藏北京大学图书馆。

[二] 今北京东城区前门大街东。

一三〇六　清康熙三十九年（一七〇〇）休宁县册里给吴儒归户小票[一]

归　休宁县贰拾捌都玖图册里黄一鸾、书算　　奉

户存照

县主　验契推收事：据

本图柒甲吴儒户户丁　亮　新置田壹宗，土名圩山下，系长字壹千五十九号经业，计田税玖分壹厘肆毫正。

于康熙三十九年　月用价银陆两正，买到二十九都捌图八甲黄承积户户丁业。其该税如数入册讫。

给此归户小票付业主存照。[二]

康熙三十九年二月廿五日给（章）

【注】

[一]原件藏北京大学图书馆。

[二]归户小票，发给置买田产的业主的纳税收据。小票又称小纸。

一三〇七　清康熙四十年（一七〇一）休宁县金阿谢卖地红契[一]

二十四都二图立卖契妇金阿谢，今因缺少粮差使用，自情愿凭中将承祖翁遗存阄分土地下园菜地壹片，系新丈此字贰千叁百叁拾四号，计税壹厘肆毫伍丝，其地东至　，西至　，南至　，北至　。今将前项四至内地凭中立契出卖与廿七都二图陈名下为业。当日三面言定时值价纹银贰两整，其银当日一并收足。其地随即交与买人管业、造房、收苗受税，并无内外拦阻及重复交易。一切不明等事，尽是卖人承当，不涉买人之事，其税今奉新例随即起割推入人户内办纳粮差，其归户听以执承租册挪佥与买人归户，无得异说。今恐无凭，立此卖契存照。

康熙肆拾年十月二十八日　立卖契妇　金阿谢（押）

同　男　金国宝（押）

中　见　金茂济（押）

依口代书　金公约（押）

【注】

[一]原件藏天津市图书馆。

一三〇八　清康熙四十年（一七〇一）休宁县印发业户收税票之一[一]

业户割税票

休宁县为推收过税事：据　　都　　图　　甲业户买到　　都　　图　　甲户丁　　名下业价契文已经税印，合给印票，付业户执赴该图图正照票佥业归户，仍赴册里推收，核入实征。业户自行纳粮当差，不得隐瞒。敢有不行税，无此合同印票、私相推收、不纳税粮者，查出依律究治，决不轻贷。须至票者。

康熙肆拾　　年　　月　　日给

县

字　　号合同串票

【注】

[一] 原件藏北京大学图书馆。

一三〇九　清康熙四十年（一七〇一）休宁县印发业户割税票之二[一]

业户割税票[二]

休宁县为推收过税事，据　　都　　图　　甲业户买到　　都　　图　　甲户丁　　名下，业价契文已经税印，合给印票，付业户执赴该图图正照票合业归户，仍赴册里推收，核入实征。业户自行纳粮当差，不得隐瞒。敢有不行税，无此合同印票私相推收，不纳税粮者，查出依肆完治，决不轻贷。须至票者。

康熙肆拾　　年　　月　　日给

县

（印）

【注】

〔一〕原件藏北京大学图书馆。

〔二〕割税票与收税票的内容雷同。

一三一〇　清康熙四十一年(一七〇二)大兴县王日章等卖房官契[一]

顺天府大兴县今据李名用价贰百陆拾两，遵纳税银柒两捌钱。

立卖房契人系正白旗陈普牛录下王日章、同牛录下拨什库温〔如〕良，因为乏用，今将自置瓦房壹所，门面叁间，到底叁层，后院土房叁间，共计大小瓦土房拾贰间。门窗户壁、上下土木相连。坐落东城朝阳关外坊头牌头铺总甲赵梁地方。今凭中保人说合，情愿出卖与

李　　名下住坐为业。三言议定时值房价银贰伯(佰)陆拾两整，其银当日亲手收足，外无欠少。自卖之后，倘有亲族并旗下人等，如有指房借贷满、汉银债等情争兢(竞)，有卖房主同拨什库一面承管。两家情愿，各无返悔。如有先悔之人，甘罚契内银一半入官公用。恐后无凭，立此卖契永远存炤。内有原房夏名下红契壹张，林、王名下白契贰张，买主收执。

立卖房契人　王日章

同　拨什库温如良

王朝栋

中保　魏朝相

龙起渊

左邻　王

右邻　赵

房牙　梅　发(章)

总甲　赵　梁(押)

康熙肆拾壹年伍月　　日

顺天府大兴县

(文告)

【注】

〔一〕原件藏北京大学图书馆。民契稿内容雷同，仅多「大吉利」三字，未收。

一三一一 清康熙四十四年（一七〇五）大兴县李自兴等卖房民契稿〔一〕

立卖房契人李自兴同弟李自荣，因为乏用，今将自置瓦房壹所，门面叁间，到底叁层；后院内土房叁间，共计大小瓦土房拾贰间，门窗户壁上下土木相连。坐落东城朝阳关外〔二〕坊头牌头铺总甲赵梁地方。今凭中保人说合，情愿出卖与

贺　　名下住座为业。三言议定时值房价银贰佰肆拾两整。其银当日亲手收足，外无欠少。自卖之后，倘有亲族并旗下人等，如有指房借贷满、汉银债等情争竞者，有卖房主一面承管。两家情愿，各无返悔。如有先悔之人，甘罚契内银一半入官公用。恐后无凭，立此卖房契永远存照。内有原房老白契二张，红契二张，买主收执。

康熙肆拾肆年伍月　　日

立卖房契人　李自兴（押）　李自荣（押）

同中保人　陈三畏（押）　王朝栋（押）

左　邻　于

右　邻　赵

房　牙

总　甲

代　书

大吉利

【注】

〔一〕原件藏北京大学图书馆。

〔二〕朝阳关外，北京朝阳门外关厢的简称。

一三一二 清康熙四十四年（一七〇五）江南安徽等处承宣布政使司颁给休宁县陈二纯契尾〔一〕

江南安徽等处承宣布政使司为　圣治已极降平等事〔二〕，康熙肆拾叁年肆月初贰日奉

督抚部院宪牌内开：康熙肆拾叁年叁月贰拾壹日准　户部咨江南清吏司案呈奉本部送户科抄出[三]，该本部□安拟□　遵前事，康熙肆拾贰年拾贰月拾柒日题，康熙肆拾叁年正月贰拾捌日奉

旨：该部知道。钦此。抄出到该部。臣等查得：先经浙江道御史王　条奏疏称：江南所属州县每年税契银两，除民间自行投报外，每图仍派银伍两。县大图多者，比至肆伍千两，而解司不过壹贰百。今臣愚以为宜饬布政司严行契尾号簿，按季清查，尽收尽解。如有妄派民间，藩司立即揭参[四]。藩司失察，一并议处。又南粮提解及袋钱等项，每石约费三四钱不等。请放给兵粮之时，令督抚核查兵籍，给与印档，拨赴近州县自领，酌与往来船脚之费。等因。臣部以江南诸省税契银两，俱系各州尽收尽解布政司库，原无定额。至兵丁原系为防守汛地而设[五]，今拨赴附近州县兵丁自领，其有无悮（误）于防守，并有无实益于民间之处，具题行令该督抚查明，具题去后。今据江宁巡抚宋、安徽巡抚刘，会同江南、江西总督阿、总漕桑[六]，统称：江苏、安徽等属田房税银，原系州县尽收尽解，并无私派图民之弊。若用司颁契尾发令州县登填，则征收实数更易稽核等语。嗣后用司颁契尾立簿，发令州县登填，仍将征收实数按季造册报部查核。又疏称：各标营兵米俱以本郡之米给本处之兵[七]。民无旁费，兵不远涉，久称兵民两便。仍然旧例遵行，等语。应将御史王　条奏兵丁拨赴近州县自领米石之处，毋庸议，仍照旧例遵行可也。康熙肆拾年贰月贰拾柒日题：本月贰拾壹日奉

旨依议。钦此。抄部送司。为此，令咨前去，钦遵查照施行。等因，到院备行到司，奉此。除经通行所属一体钦遵外，令亟刊尾给发。为此，仰州县官吏遵照　部文，奉　旨及　宪行事理，凡遇民间置买田地、山塘、房屋、芦洲产业，查照契内每价壹两征税叁分，着令业户照数填簿内，一面将原契粘连本司编号契尾，填明钤印，给发执据；仍将征收实数按季造册送司，以凭详送　院部查核。其税银务遵按季解司充饷，事关　国课，无论绅衿军民，一体输纳。如有隐匿不税，以及不用司颁契尾者，即系漏税，该印官据实详报，定将产业依律没官，业户立拿究治。倘敢纵容经胥藉端需索尾费[八]，或征税多而解报少，一经察实，则严参复提，重究不贷，须至契尾者。

计开：徽州府休宁县/州　业户　用价银贰两

买者　图　甲　卖主金阿谢

田　山　房屋
地　塘　芦洲　于康熙　年　月　日完纳税银陆分

右给业户陈二纯　准此

康熙肆拾肆年　月　日　给

布政使司

【注】

［一］原件藏北京大学图书馆。

［二］承宣布政使，官名。明代始置。清制，布政使位于总督、巡抚之下，专管一省或一地区的财赋、地方官考绩等事。

［三］清吏司，清朝在全国范围置十四清吏司，属户部，掌辖区内的民赋、八旗诸司廪禄、军士饷糈、各仓及杂税等。

［四］藩司，布政使司的俗称。布政使亦称「藩台」。

［五］汛地，军队防守之地。

［六］总漕，即「漕运总督」，主督促南方各省征集漕粮，并通过运河向京师输送事。

［七］标营，绿营兵驻北京者称巡捕营，隶属于步军统领（或称九门提督）。驻各省者，其最高组织为标，由总督统辖的称「督标」，由巡抚统辖的称「抚标」，由提督统辖的称「提标」，由总兵统辖的称「镇标」，又由八旗驻防将军、河道总督、漕运总督统辖的，分别称「军标」、「河标」、「漕标」。标下设协，协下设营，营下设汛。统称「标营」。

［八］胥，小吏。

一三一三　清康熙四十五年（一七〇六）休宁县项国正卖女婚书［一］

立议墨婚书人项国正，今因家下日食艰难，无得取办，同妻商议，自愿将亲生次女名唤凤弟，系庚辰年四月十二日辰时诞生［二］，央媒出继与汪宅名下为女，当日得受财礼银五两整。自过门之后，听从改名养育。长成人，一听汪宅议婚遣嫁，不涉项姓之事，亦不许项姓往来。倘有风烛不常，各安天命。今恐无凭，立此婚书永远存照。

康熙四十五年四月初二日

立婚书

同妻　吴　氏　项国正（押）

凭媒　美德伯婆　中秋姑

【注】

［一］录自中国社会科学院经济研究所藏《休宁潜溪汪姓置产簿》。

［二］庚辰年，康熙三十九年（一七〇〇）。项凤弟被卖时，仅为虚岁七岁。

一三一四　清康熙四十五年（一七〇六）休宁县许遂之卖地红契[一]

二十一都二图立卖契人许遂之，今因欠少使用，自愿将续置化字叁千九拾六号，计地税柒厘三毫，土名梓树下，四至依照清册，凭中立契出卖与本都本图二甲族　名下为业。三面议定得受时值价纹银伍两正。其银当日收足，其地即交管业、扦造风水无异。从前至今，并不曾与他人重复交易。倘有亲房内外人等异说，俱身承当，不涉买人之事。今恐无凭，立此卖契存照。

其契内价银一并收足，再不另立收领。再批。

康熙四十五年四月　　日

立卖契人　许遂之

中　　人　汪舟五　张于舟　许公益　许锡周　许士杨

依口代笔　许谏廷

【注】

[一]原件藏安徽省博物馆。编号二·二七七五七。

一三一五　清康熙四十八年（一七〇九）休宁县余有善卖房地红契[一]

四都八图三甲立卖楼屋并地步积契人余有善，今因钱粮无办，自情愿央中将承父续置土名潘村内高基江后山金坐垓地方。□□□□□□□□□□□□□□□后水□买得余郎伯分下已业楼房壹所，系原霜字，今新丈调字二千三百零叁号。砖瓦木石门房等项一应俱全，共积叁拾步，计税壹分二厘正。凭册对查，本身合得一半。上至青天，下至黄泉，东至余君信屋，西至路，南至门前坦，北至余一桂屋，四至明白。凭中立契出卖与同都　　名下为业。当日得受时值九三色价银拾两正，契银户役即两相交讫，并无逼勒准折等情。其业从前亦无重复交易。自卖之后，听从买主管业召租，无得异说。倘有门房内外人等生情拦阻，尽是卖人承当，不涉买人之事。其税粮在四都八图三甲余仁法户内起割，推入四都二图余奉先户内支解（解）。恐后无凭，立此卖契永远存照。

共有上首来脚赤契壹纸，□分扒典亲弟有理共业，不便缴付。再批（押）

康熙四十八年三月　　日

立卖契人　余有善（押）

凭　中　查元瑞（押）
吴天易（押）
吴伯玑（押）
李汝隆（押）

【注】

［一］原件藏北京大学图书馆。

一三一六　清康熙四十八年（一七〇九）休宁县余有理卖房地红契[一]

四都八图三甲立卖契楼屋并地步积契人余有理，今因钱粮无办，自愿央中将承父续置土名江后山屋竹墣，向系余郎伯己业。承父买得楼房壹所，原系霜字号，新丈调字弍千三百零三号，计积弍十步，计地税捌厘，砖瓦木石、门壁等一应俱全。凭册对查，与兄有善共业，本身合得一半。上至青天，下至地脚，东至余君信屋，西至路，南至门前出入坦，北至余一桂屋，四至明白。凭中立契，出卖与仝都二图余　　名下为业。当日得受时值价九三色平价银拾两整[二]。其银契比即两相交讫，并无逼勒准折等情。其业从前并未与他人重复交易。自卖之后，听从买主管业召租，无得异说。若有异说，尽是卖人承当，不涉买人之事。其税粮在本图三甲余仁法户内起割。推入本都二图四甲余奉先户内支解粮差。共有上首来脚契文壹纸，随即缴付。今欲有凭，立此卖契存照。

康熙四十八年五月　　日

立卖契人　余有理（押）
中　　见　郑仲吉（押）
依口代书　吴伯器（押）

【注】

［一］原件藏北京大学图书馆。

［二］九三平价银，九三为银的成色的一种。成色是言金属货币中所含的金属纯度。九三银之外，又有九四、九五、九六、九七、九八等成色银。清郑观应《盛世危言·铸银》：「时价虽有长落，成色毫无添补。」平价银，符合国家规定含银量。杨培新《我国的货币制度是独立、统一和稳定的货币

制度》：「在银两制度的情况下，由于各种秤的分量不一致，分为库平、天平、漕平、市平等。民间多行用市平。」

一三一七　清康熙四十九年（一七一〇）徽州俞遇体卖义男文书[一]

本乡立卖身文书人俞遇体，今有义男年壹拾四岁[二]，丁丑十二月十二日子时生[三]，原姓江名云。今因支给无办，自情愿将义男立书，出卖与本乡村主姚上卿名下为仆，三面议取身价银叁两整。其银当日收足，其男听从买主使用。如有来历不明，逃失拐带等情[四]，尽是卖人祇（支）当，不涉买主之事。倘有风烛不常，一听天命。恐后无凭，立此卖身文书存照。

康熙四十九年六月　　日　　　　立卖身文书人　俞遇体（押）

【注】

［一］原件藏安徽省博物馆。编号二·二七二五二。

［二］义男，徽州地区男仆的雅称。

［三］丁丑，康熙三十六年（一六九七）。

［四］逃失拐带，《大清律例》卷八《户律·收留迷失子女》：「凡收留良人家迷失道路乡贯子女，不送官司而卖为奴婢者，杖一百，徒三年。」

一三一八　清康熙五十年（一七一一）休宁县查嗣典卖山红契[一]

立卖契查嗣典，今将自置新丈良字一千五百叁拾号，土名陈村任后山，全税共陆分，其四至自有保簿开载明白，不在（再）行写，于内收取山税叁分，凭中立契出卖与

王鸣和名下为业，得受价九五色银陆拾两整[二]。其银当日一并收足讫。其业未卖之先，并无重复交易及内外人争执。倘有此情，尽是卖人承当，不涉买主之事。其山任凭买主收税永远管业，并无异说。恐后无凭，立此卖契存照。

其来脚契文仍存查处收贮，倘日后买主要用，交出同照。又批（押）

康熙五拾年正月　　日　　　　立卖契　查嗣典（押）

凭　中　金天如（押）

陈玉其(押)　王子遐(押)　金尔成(押)　王子厚(押)
陈公肃(押)　王公遇(押)　查振士　汪友筠
王公佩(押)　王依水(押)　王思诚(押)　王楚珮(押)
王含辉(押)　王见三(押)　朱云超　王谷臣(押)
汪殿元(押)
奉　书　查祖发(押)

【注】

［一］原件藏北京大学图书馆。

［二］九五色银，银的成色的一种。

一三一九　清康熙五十年(一七一一)休宁县胡希臣等卖地红契[一]

十七都四图立卖契人胡希臣、惟达、胡阿吴、杏繁、星朗、子开、赞皇、苑林，今因钱粮紧急，自情愿将祖遗受拱字三千二百五十七号，计地税玖厘肆毫壹系，土名后村空地一片，四至照依清册。凭中立契出卖与胡名下为业。三面议定时值价银式两整。其银当即收足；其地即交与买人管业，日后听凭兴造，其税早晚过割入户支解。从前并未与他人重复交易，亦无欠少准折之类，并无异说。倘有内外人争论，俱系出产人承当，不涉买人之事。恐后无凭，立此卖契存照。

康熙五十年三月　　日　　立卖契　胡希臣
胡惟达　胡阿吴　胡杏繁　胡星朗
胡子开　胡赞皇　胡苑林
居　间　胡季和　胡纯友　胡惟野
代　笔　胡广洪

【注】

［一］原件藏安徽省博物馆。编号二·二七五八五。

一三二〇　清康熙五十年（一七一一）休宁县胡子开卖地红契[一]

十七都四图立卖契人胡子开，今因钱粮紧急，自情愿将祖遗受拱字三千二百五十八号，计地税四厘八毫，土名后村新坦；又拱字三千二百五十九号，内税该身分法叁厘弍毫，土名同空地共计一片，四至照依清册。三面议定时值价银弍两。其银当即收足，其地即交与买人管业，日后听凭兴造。其税早晚过割入户支解。从前并未与他人重复交易，亦无欠少准折之类，并无异说。倘有内外人争论，俱系出产人承当，不涉买人之事。恐后无凭，立此卖契存照。

康熙五十年三月　　日

立卖契人　胡子开

居　间　胡季和　胡纯友　胡惟野　胡星朗

代　笔　胡广洪

【注】

[一] 原件藏安徽省博物馆。编号二·二七五八五。

一三二一　清康熙五十年（一七一一）休宁县册里给发黄尚义户税票之一[一]

税

休宁县贰拾玖都伍图册里遵奉

县主明示：验契推收，攒造实征事：今据本图柒甲黄尚义户户丁　　一收信字壹千柒百肆拾叁号，土名五城街南，地税壹厘柒毫伍系整。　　于康熙　　年　　月买到本都柒图柒甲黄大有户户丁

票

康熙伍拾年拾月　　日。　　册里程武功票照（章）

契价

庆字叁拾捌号串票[二]

【注】

[一] 原件藏北京大学图书馆。

［二］骑逢半字。

一三二二　清康熙五十年（一七一一）休宁县册里给发黄尚义户税票之二[一]

税票

休宁县贰拾玖都伍图册里遵奉

县主明示：验契推收，攒造实征事：今据本图柒甲黄尚义户户丁　一收信字壹千柒百肆拾叁号，土名五城街南，

地税叁厘整。　于康熙　年　月买到本都柒图柒甲黄汝章户户丁

康熙伍拾年拾月　日。　册里程武功票照（章）

契价

庆字叁拾玖号串票[二]

【注】

［一］原件藏北京大学图书馆。

［二］骑逢半字。

一三二三　清康熙五十二年（一七一三）大兴县茆门杨氏等卖房民契稿[一]

立卖房契人孀妇茆门杨氏同男茆铎，同表兄张国柱，因乏用，今将故夫主自置遗下瓦房贰间，门窗户壁、上下土木相连。坐落北城圣中坊二铺总甲刘祥地方。今凭中保人说合，情愿出卖与

张　名下住座，永远为业。三言议定时值房价银陆拾两整。其银当日亲手收足，外无欠少。自卖之后，倘有满、汉亲族人等争竞，并此房来历不明，执契争竞等情，有卖主孀妇杨氏同男铎同表兄国柱同中保人一面承管。两家情愿，各无返悔。如有先悔者，甘罚契内银一半入　官公用。恐后无凭，立此卖契存照。小房只有茆姓本白契壹张，并无别契。再照。

康熙伍拾贰年拾月　日

立卖房契人　孀妇茆门杨氏（押）

同男茆　铎（押）

同表　兄张国柱（押）

中保人　徐赞公（押）
房牙　朱德扬
总甲　刘　祥

奁利

【注】

［一］原件藏北京大学图书馆。

一三二四　清康熙五十四年（一七一五）休宁县查法兄弟卖风水地契［一］

立卖契人查法同弟查红，今为无银支用，自情愿将承祖风水地一处，土名下蜀，系经理往字五十五号，计地税伍厘整。其风水地新立四至：东至叶姓田，西至余姓田，南至汪姓界，北至水沟。今将前项四至内地寸土不留，尽行立契出卖与汪名下为业。三面议定时值价白纹银九两整，其银当日收足。其地即听买主迁葬管业无阻。其税即听收割过户输纳。及重迭交易、内外人声说等情，尽身之（支）当，不管买主之事。自成之后，两各无悔。如有先悔者，甘罚契外银五钱与不悔人用。今恐无凭，立此卖契存照。

康熙五十四年九月　　日

立卖契人　查　法
同　弟　查　红
中见人　朱伯成　何显耀　何国祥

上件契内价银当日尽行收足。再批

【注】

［一］原件藏安徽省博物馆。编号二·二七七二二。

一三二五　清康熙五十五年（一七一六）休宁县王胜先等卖屋地红契［一］

立卖契王胜先同弟王位成，今因乏用，自情愿央中将承曾祖名下屋地壹号，坐落土名陈村田西，系原得字壹千五百零叁号，新丈良字壹千五百零四号，并在上店屋与叔祖五股共业，该身祖名下业地壹拾肆步叁分八厘六毫九系，该税柒厘壹毫九系叁忽弍，内又与亲叔兄弟两半均分，该身兄弟业地柒步壹分九厘叁毫四系五忽；税叁厘五毫九系六忽六。又屋地壹号，土名同，系原得字壹千五百零四号，新丈良字壹千五百零五号，并在上楼屋厨屋与买人共业，该身祖名下业地肆拾弍步五分四厘六毫二系，该税弍分壹厘弍毫柒系叁忽，亦与亲叔兄弟均业，该身兄弟业地弍拾壹步弍分柒厘叁毫，该税壹分零六毫叁系六忽五。弍〔号〕共计地弍拾捌步四分六厘六毫四系五忽，弍〔号〕共计税壹分肆厘弍毫叁系叁忽壹。今将弍号地并在上屋该身兄弟分数壹并出卖与堂叔名下为业，当日议得时值价银叁拾伍两整，当日壹并收足，别无领扎（札）。其屋地自卖之后，听从买主随即管业无辞。其地弍号四至自有保簿开载，不在（再）行写。其税今值册年，在本甲王文户内起割，推入买人王翰输纳无辞。恐后无凭，立此卖契存照。

康熙伍拾伍年玖月　日　立卖契　王胜先（押）

同　弟　王位成（押）

凭　中　金天如（押）

王天署（押）

【注】

[一] 原件藏北京大学图书馆。

一三二六　清康熙五十五年（一七一六）休宁县朱美文等卖山红契[一]

立卖契朱美文同弟朱象方，今因缺用，今自情愿将祖遗下山壹号，土名社屋前，系良字陆百廿八号；又山乙号，土名同，系良字陆百四拾壹号；又山壹号，土名芝麻坞，系良字陆百五拾四号；又良字陆百五拾五号，每号各取山税壹分，四号共计山税四分。又山壹号，土名屏风坑，字五千四百拾陆号，取山税四分；又山壹号，土名横源，系必字五千三百陆拾六号，取山税壹分陆厘五毫。总共计山陆号，计税九分六厘五毫，出卖与　亲人王名下为业。当日得受山价银伍两整，当成交日，一并收足。其山悉听买人随即收税管业，开造生苗，不致异说。倘有内外人占阻，尽是卖人承当，不涉买人之事。其税候册年推入户内输纳无辞。今恐无凭，立此卖契存照。

康熙五十五年十二月　　日

立卖契人　朱美文（押）
同　弟　朱象方（押）
中　人　王依水（押）　朱尔昌（押）

【注】

［一］原件藏北京大学图书馆。

一三二七　清康熙五十七年（一七一八）休宁县许云升卖地红契［一］

二十四都一图立卖契许云升，今将祖遗地业一号，土名苧园，系新丈盖字肆千七百八十六号。其地东至　　，西至　　，南至　　，北至　　。今将前项四至内地本身合得分数，内取地税壹厘，凭中立契出卖与族　　名下为业，扦造风水。当日议定时值价银肆两整。其银随手收足，其地任从买主管业、收苗受税，各无异说。其地倘有来历不明及重复交易、内外人争执等情，尽是卖主理值（直），不涉买主之事。其税奉例起推，并无难异。今恐无凭，立此卖契存照。

康熙五十七年三月　　日

立卖契　许云升（押）
同　弟　许佳公（押）
见　中　许子广（押）　许子周（押）　许斯民（押）　许思恭（押）
　　　　许子轩（押）　许思圣（押）　许纯嘏（押）　许君韬（押）

前项契内价银当日随手一并收足。同年月　日再批。领（押）

【注】

［一］原件藏北京大学图书馆。

一三二八　清康熙五十七年（一七一八）大兴县李门陈氏卖房官契[一]

顺天府大兴县今据黄名用价贰百壹拾两遵纳税银陆两叁钱

立卖房契人孀妇李门陈氏同男李时鹏、同婿史晋公，今因乏用，将故夫主自置遗下房一所，门面两间、弍层两间，后有厢房壹间，共计房五间，门窗户壁、上下土木相连，坐落　北城日南坊头铺总甲赵义地方。今凭中保说合，情愿卖与黄建业名下永远为业。三言议定时值卖房价银弍百壹拾两整。其银当日亲手收足，外无欠少。自卖之后，倘有满汉亲族人等争竞等情，有李姓同亲一面承管。两家情愿，各无返悔。如有先悔之人，甘罚契内银一半入官公用。恐后无凭，立此卖房契永远为照。

此房有红契叁张，白契壹张，共计红白契肆张。再照。

康熙伍拾柒年月　日

立卖房契人孀妇　李门陈氏

同男　李时鹏　婿史晋公

中保人

左邻

右邻

房牙　朱鹏程（印）

总甲　赵　义　代书　李永鉴

顺天府大兴县

顺天府大兴县为察取钱粮项款，以便酌定

经制事，蒙

本府信票据经历司案呈蒙

巡抚察院　宪牌奉　都察院勘札，准　户部咨行前事缘由，转行所属，一体遵奉施行等因，准此。但格式模糊，相应更换，诚恐法久废弛，合按

清律一款附后，以示置产人户各遵律例，毋得自取罪戾，追悔无及，须至收纸者。

一、奉

旨税例每两以三分为准。「凡典买田宅不税契者，笞五十，仍追契内田宅价银一半入官。」律例开载，法在必行。

一、示房牙知悉。如不勤催投税，定行重责枷示。

【注】

[一]原件藏北京大学图书馆。

一三二九　清康熙五十八年(一七一九)休宁县王阿朱卖园地红契[一]

二十七都五图立卖契王阿朱，为因夫故身老，子媳继亡，日给无措。自情愿央亲伯侄作中，将承翁遗园地壹号，坐名陈村街西，系原必字，新丈效字三千三十号，其地与伯侄共业，该阿夫名下五股之一。今将该身分数内取地弍拾弍步，计税壹分壹厘。其大四至自有保簿开载，不在(再)行写。今立小四至：东至路，西至本家书屋，南至本家存地，比(北)至路。凭伯侄作中，出卖与堂侄鸣和名下为业。当日三面议作时值价银壹拾弍两整。其银契当日两相交明，别无领札。其地听从买人随即管业。倘有内外占阻异说，尽是卖人及伯侄承当，不涉买人之事。其税在本都图本甲王广生户内起割，推入买人户内输纳无辞。今恐无凭，立此卖契存炤。

康熙五十捌年四月　　日

立卖契　王阿朱(押)

代书亲伯　王季五(押)

作中亲侄　王沧州(押)　王遴选(押)　王深如(押)

【注】

[一]原件藏北京大学图书馆。

一三三〇　清康熙五十九年(一七二〇)北京尚进忠等卖地白契[一]

立卖地契人尚进忠同大爷[二]起凤，因为无银使用，今将祖置地一段，会同中人赵国祚说合，卖与大觉寺[三]，用为香火之地。言明每亩时值价银壹两叁钱。其地共玖亩，坐落黄家洼，四至都至常住之地。共该价银拾壹两柒钱正。其银当日交足，并无欠少。自立契之后，并无弟男子侄净(争)斗。如有争斗，都在卖主一面成(承)管。恐后无凭，立此永远存照。

同大爷　　起凤(押)

康熙五十九年十二月十五日立

卖契人　尚进忠(押)

同中人　赵国祚(押)

赵惟明(押)

张熹忠(押)

大吉

【注】

[一]原件藏北京海淀区大觉寺文物陈列馆。

[二]大爷，大伯父。

[三]大觉寺，在今北京海淀区北安河乡阳台山东麓。始建于辽咸雍四年(一〇六八)，名清水院。金改名灵泉佛寺。明宣德四年(一四二九)扩建后，改名大觉寺。清康熙五十九年(一七二〇)、乾隆十二年(一七四七)，两次大规模重修。一九七九年定为北京市级文物保护单位。

一三三一　清康熙五十九年(一七二〇)安远县唐旭午母子绝卖田契[一]

安远县永安坊住人唐旭午[二]，今因无银缺用，母子商议，分授禾田壹处，在于齐径社下，计田壹百伍拾把；又及大丘壹丘，东至圳为界，西至唐宅田为界，南至圳为界，北至本宅田为界，四至分明；又及河唇田壹丘。共大小叁丘，共计老额租壹拾捌桶。今将要行出卖与人，上问房亲，下问四邻，三请中人说合本坊欧阳元臣出手向前承买，当日三面言定时值绝卖价纹银捌拾两，其银及契即日两交明白，不欠分文。什实现银，并无货物准折。系是二比情愿，遵奉上例正价、敷价，当即母子亲手亦(一)应领讫。其田原系自耕，绝卖之后退出，任凭买人过手，招耕管业，卖人不得阻当。其田秋粮柒合，遇造推收。其上手所买老契，有田相连，未曾付出，不为应用。恐口无凭，亲立绝卖契书日后永远为照。

康熙伍拾九年十二月　　日

亲立绝卖契人　唐旭午(押)

在堂母　谢　氏(指模)

在场人　唐周望(押)

见　钱　阳方楚(押)

说合中人　唐位选(押)

唐玉先(押)

【注】

[一] 原件承江西师范大学黄今言教授惠赠。
[二] 安远县，今属江西省。

一三三二 清康熙六十年(一七二一)休宁县方自崑卖坟地红契[一]

四都五图立卖契人方自崑，今因母老病笃，后事无办，自愿央族将祖遗下坟地一业，土名前塍墩，系岁字乙千七百五十九号，共计下积地税式分四厘七毛，共计积八十六步四分乙厘二毛五系。其地东至乙千七百六十号，西至乙千七百五十八号买主全业，南至乙千七百六十号，北至乙千八百十五号低(底)基火(伙)佃屋为界。以上四至内地身族方仲瑜同侄方弘若兄弟共该税乙分三厘，已于先年尽卖与买主讫，身净该地税乙分乙厘七毛，于上葬过坟一棺。今凭中立契尽行出卖与十四都十图汪士望名下为业。当日得受时值价文银伍两整，其银当即收清，其地即交买主管业，听从荫护风水。身家仅存坟堆标挂号内，并无余税存留。从前并无重复交易及来历不明等情，亦无准折债负之类。倘有内外人生端异说，尽身承值，不涉买主之事。其税粮在本都图拾甲方植户内起割，推入十四都十图一甲汪永垂户内，自行办纳粮差无阻。业系祖遗，并无来脚契文可缴。倘有，日后刷出，不在(再)行用。今恐无凭，立此卖契存炤(照)。

(改字略)

雍正元年五月十八日，方相如回家，此园系自崑兄弟二人均业。当日同原中是日一并找价清楚，日后毋得返悔。方相如亲笔批。(押)

康熙六十年六月　　日

立卖契人　方自崑(押)

中见人　方维新(押)　方宗维(押)　鲍仲序(押)

【注】

[一] 原件藏北京大学图书馆。

一三三三 清康熙六十年(一七二一)休宁县方自崑收契外价字据[一]

四都五图立收契外价人方自崑，今收到

汪士望名下买土名前塍墩，系发字乙千七百五十九号，计地税乙分乙厘七毛。除正契得受价文银伍两正，今又收契外价文银陆两正，共合得受文银壹拾壹两，是身一并收清足讫。今恐无凭，立收契外价付买主存炤。

康熙六十年六月　　同日

立收契外价银人　方自崑（押）

中见人　方维新（押）　鲍仲序

【注】

［一］原件藏北京大学图书馆。

一三三四　清康熙六十年（一七二一）武进县刘文龙卖田租契[一]

立卖契刘文龙，今将惊字号平田一丘，计一亩八分，央中卖与陈名下收租[二]，得受价银七两。每年完租夏麦五斗四升，冬米一石八斗。如有不清，听凭业主自种[三]，立此存照。

康熙六十年七月　　日

立卖契　刘文龙

凭中伯　之球

兄　文信

代笔　张茂之

【注】

［一］录自中国第一历史档案馆藏《刑科题本》乾隆四十一年（一七七六）十一月初十日杨景素题。

［二］卖田租就是买田皮权。参看本书下录《清雍正七年（一七二九）武进刘文龙卖田找契》。

［三］业，拥有田皮权者。

一三三五　清康熙六十一年（一七二二）休宁县王阿苏母子卖地红契[一]

立卖地契人王阿苏同男王三元、三富、三贵，今因急用，自情愿央中将祖遗下地乙号，坐落土名街头基地，系新丈良字一千六百十捌号，计地柒拾五步，计税三分七厘五毛。其四至自有保簿开载，不在（再）行写。今凭中出卖与族叔鸣和名下为业。三面议定时值价银肆两正。其银契比日两相交明，别无领扎（札）。未卖之先，并无重复交易。及一切不明等情，尽是卖人承当，不涉受业〔人〕之事。其地买人随即管业，本家并无异说。其税候册年推入买人户内输纳无辞。今恐无凭，立此卖契存照。

康熙六十一年正月　　日

立卖地契人　王阿苏（押）
同　男　王三元（押）　王三富（押）　王三贵（押）
见　中　王天木（押）　王谷臣（押）
代　书　王若薇（押）

【注】

〔一〕原件藏北京大学图书馆。

一三三六　清康熙六十一年（一七二二）大兴县周朝相等卖房民契稿〔一〕

立卖房契人周朝相同男周文魁，因为乏用，今将自置瓦房壹所，门面房叁间，贰层房叁间，院内对面厢房肆间，共计大小房拾间，后有落地壹条，门窗户壁、上下土木相连。坐落中城中西坊二铺总甲韩盛地方。今凭中保人童德公、卞起龙说合，情愿出卖与程希蛟名下住坐为业。三言议定时值卖房价银叁百伍拾两整。其银当日同众亲手收足，外无欠少。自卖之后，倘有亲族长幼兄弟子侄人等争竞，又指房借贷满、汉银债并库银、皇债等情争竞者，有卖房主父子同中保人一面承管。两家情愿，各无返悔。如有先悔之人，甘罚契内银一半入官公用。恐后无凭，立此卖房契永远存照。

内有原房周姓红契壹张，上首明季老契壹张，白底契壹张，共计叁张，买主收存。

康熙陆拾壹年伍月　　日

立卖房契人　周朝相（押）
同　男　周文魁（押）
同中保人　童德公（押）
卞起龙（押）

誊过官契（戳）

左邻

右邻

房牙

总甲（章）

代书

畬利

【注】

[一]原件藏北京大学图书馆。

一三三七　清康熙六十一年（一七二二）大兴县周朝相等卖房官契[一]

顺天府大兴县今据程名用价叁伯伍拾两遵纳税银拾两伍钱

立卖房契人周朝相同男周文魁，因为乏用，今将自置瓦房壹所，门面房叁间，贰层房叁间，院内对面厢房肆间，共计大小房拾间，后有落地壹条。门窗户壁、上下土木相连。坐落中城中西坊二铺总甲韩盛地方，今凭中人童德公、卞起龙说合，情愿出卖与程希蛟名下住坐为业。三言议定时值卖房价银叁伯伍拾两整。其银当日同众亲手收足，外无欠少。自卖之后，倘有亲族长幼兄弟子侄人等争竞，及指房借贷满、汉银债，并库银、皇债等情争竞者，有卖房主父子同中保人一面承管。两家情愿，各无返悔。如有先悔之人，甘罚契内银一半入　官公用。恐后无凭，立此卖房契永远存照。

内有原房周姓红契壹张，上首明季老契壹张，白底契壹张，共计叁张，买主收存。

康熙陆拾壹年陆月　　日

顺天府大兴县

立卖房契人　周朝相

同男　周文魁

中保人　童德公　卞起龙

左邻

右邻

房牙　（大兴县官房牙李师）

总甲　韩　盛　代书

（文告与前同，略）

【注】

[一] 原件藏北京大学图书馆。

一三三八　清雍正元年（一七二三）休宁县李阿程卖田红契[一]

二十五都三图立卖契人李阿程，今因缺少钱粮无办，自情愿央中将故夫亲置遗下田一丘，坐落土名老鸦丘，系新丈恭字叁百肆拾柒号，计田税壹亩壹分玖厘五毫，计租拾弍砠。其田东至　，西至　，南至　，北至　。今将前项四至内田立契尽行出卖与西南隅一图程　　名下为业[二]，当日凭中三面言定时值价九七色银拾两整，其银当日随手一并收足。其田出卖之后，听从买主管业收苗受税无异。倘有来历不明及重复交易一切不明等情，尽是卖人承当，不涉买主之事，其税粮奉新例随即起推入买主户内办纳粮差，并无拦（难）异。恐后无凭，立此卖契存照。

其田日后听从卖主原价取收，上手来脚契付买主收执。再批

雍正元年十月　　日　　立卖契妇　李阿程（押）　同男　李志德（押）

中见人　李魁武（押）　巴馨录（押）　程子盛（押）　程宪章（押）　程廷贤　程仲陵（押）

依口代书　李焕章（押）

今将前项契内价银随手一并收足，不另立领。同年月日，再批（押）。

【注】

[一] 原件藏北京大学图书馆。

[二] 西南隅，休宁县城内按照方位划分为四区，居西南者名「西南隅」。「隅」相当于「都」。

一三三九　清雍正元年（一七二三）休宁县发给黄修龄收税票[一]

收税票

休宁县贰拾玖都柒图遵奉

县主老爷　验契推收事：本图　拾　甲黄修龄户丁

今买地壹宗，土名五城中街，系信字壹千伍百肆拾壹　号

计地　税壹分整　　改正一千七百四十乙号

于　本　年　叁　月用价银

买到　本都本图本甲黄龙寿户丁　仲明

孔昭　士彩

今照推票入册归户，给发小票，业主收执存照

雍正元年拾月　　日册里黄明昌

书　算

【注】

[一]原件藏北京大学图书馆。

一三四〇　清雍正二年（一七二四）大兴县杨门吕氏卖房民契稿[一]

立卖房契人杨门吕氏同男增寿、同娣丈刘国经、同外甥刘乾，今因乏用，将故夫遗下原买吕姓瓦房壹所，门面房叁间，壹过道，到底叁层，厢房壹间，共计大小房拾间，门窗户壁、上下土木相连，坐落北城灵中坊头铺总甲褚国良地方。今凭中保人说合，情愿出卖与

李邦彦名下住座，永远为业。三言议定时值房价银贰百两整。其银当日亲手交足，外无欠少。自卖房之后，倘有满、汉亲族弟男子侄人等争竞，及债负等情，有出卖房主杨门吕氏母子同亲同中保人一面承管。两相情愿，各无返悔。如有先悔之人，甘罚契内银一半入官公用。恐后无凭，立此卖房契存照。

此房内有杨姓本身红契壹张，上首红契壹张，共红契贰张，买主收存。

雍正二年九月　　日

立卖房契人　杨门吕氏（押）
同男　增寿（押）
同姊丈　刘国经（押）
同外甥　刘乾（押）
张沛然（押）
中保人　刘国经（押）
刘楚白（押）
翁之珮（押）
左邻
右邻
房牙　邓云昇
总甲　褚国良
代书　萧悦候

永远沓利

【注】

［一］原件藏北京大学图书馆。

一三四一　清雍正三年（一七二五）休宁县许灵苑卖地红契[一]

立卖契许灵苑、许阿汪，今将场字弍千弍百十弍号，地税九分叁厘弍毫，土名社屋山，四至照依清册，凭中立契卖与荫祠名下为业[二]。得受时值价银十两整，其银当即收足。其税听凭过割管业，并无异说。其地从前并无重复交易等情。倘有亲房内外人等异说，俱系卖人承当，不涉买人之事。今恐无凭，立此存照。

契内价银收足，不另立收领。再批。

雍正三年十月　　日

立卖契　许灵苑　许阿汪
凭　中　许正六　许宗岳

代　表　许彝士

【注】

〔一〕原件藏安徽省博物馆，编号二·二三一七六。
〔二〕荫祠，「荫」上脱一「许」字。

一三四二　清雍正四年（一七二六）大兴县刘门王氏母子卖空地白契〔一〕

立卖空地契约人刘门王氏同子永文武，因无银乏用，有祖遗空地一块，坐落草厂三巷，地宽一丈，长六丈二尺，今卖到俞　　名下，言定卖价银捌两。自卖之后，倘有弟男子侄亲族人等争竞，有卖主、中保人一面承管。恐后无凭，立此卖约存照。

中保婿　刘起凤（押）
立卖空地人　刘门王氏（押）
子刘永文武（押）

雍正四年六月　　日

卖契约存照

【注】

〔一〕原件藏北京大学图书馆。

一三四三　清雍正五年（一七二七）休宁县叶仲文卖地红契〔一〕

二十一都一图立卖契人叶仲文，今因欠少使用，自愿将祖父分受本股已业原化字贰佰七十一号，地税乙分四厘六毫；又弍佰七十二号，地税四分六厘五毛，土名大塘山。四至照依清册。凭中立契出卖与二十一都二图许荫祠名下为业。三面议定得受时值价纹银伍两壹钱整。其银契两相交付明白，并无欠少等情。其地并不曾与他人重复交易。其税听凭目下过割入户支解。倘有亲房人等异说，俱系卖人承当，不涉买主之事。今恐无凭，立此卖契存照。

再批：契内价银乙并收足，再不另立收领。

雍正五年正月　　日

立卖契人　叶仲文

凭　中　叶尔荣　叶御升　许誉章　许道升　叶廷芳

代　笔　叶从先

【注】

[一]原件藏安徽省博物馆。编号二·二三一八一。

一三四四　清雍正五年(一七二七)大兴县沈福寿等卖房民契稿[一]

立卖房契人沈福寿同弟沈福保、同孀祖母沈门李氏、同孀伯母沈门颜氏、同孀母沈门赵氏、同姑父张思圯、同表叔高光弼、同表兄徐良德，今因乏用，将故祖　置遗下破烂瓦房壹所，门面贰间，落地壹段，贰层坐北向南房贰间，叁层房坐北向南肆间，共计房陆间，后有落地壹条，门窗户壁、上下土木相连。坐落　　中城中东坊二铺总甲杨奎地方。今凭中保人说合，情愿出卖与尹　　名下住座，永远为业。三言议定时值卖房价纹银贰百两整。其银当日亲手收足，外无欠少。自卖房之后，倘有家下弟男子侄满、汉亲族人等争竞，及指房借贷　皇债库银等情，有卖房主沈姓一面承管。两相情愿，各无返悔。如有返悔之人，甘罚契内银一半入官公用。恐后无凭，立此卖房契永远存照。

此房内有沈名下本身红契一张，买主收存。上首红契失落无存，买主深知底理。再照。

如有指上首红契争竞者，有卖房主沈姓并亲族同中保人一面承管。又照

雍正伍年叁月　　日

立卖房契人　沈福寿(押)

同　　弟　沈福保(押)

同孀祖母　沈门李氏(押)

同孀伯母　沈门颜氏(押)

永远executing

同　孀母　沈门赵氏（押）
同　姑父　张思圯（押）
同　表叔　高光弼（押）
同中保人表兄　徐良德（押）
房　牙
总　甲　杨　奎
代　书　龚　雯

【注】

［一］原件藏北京大学图书馆。另有官契内容雷同，版式与本书所收同一时期者并同。未收。

一三四五　清雍正五年（一七二七）休宁县黄士凤卖地红契[一]

二十都一图立卖契人黄士凤，今因欠少使用，自情愿将承祖分受已业场字一千九百二十五号，地税三分四厘，土名上后坞，四至照依清册，凭中立契出卖与本都二图许荫祠名下为业。三面议定得受时值价纹银二两一钱整。其银、契当即两相交付明白。并无欠少、准折等情。其地从前至今并未曾与他人重复交易。倘有亲房内外人等异说，俱系出卖人承当，不涉受业人之事。今恐无凭，立此卖契存照。

契内价银一并收足，不另立收领。再批

雍正五年五月　　日

立卖契人　黄士凤
凭中　黄子高　许玉章　许敦吉　许道升　许元礼

【注】

［一］原件藏安徽省博物馆。编号二·二三四〇五。

一三四六　清雍正五年（一七二七）休宁县王绍周等卖基地红契[一]

立卖契侄王绍周自新所有公共祖遗良字乙千伍百零四号基地，并在上店屋祖名下并收叔祖子受公兑换租，共该地贰拾捌步柒分柒厘式毫九系六忽；又良字乙千伍百零伍号，租该地肆拾贰步玖分六厘式毫。两号租共该地柒拾壹步柒分叁厘肆毫九系六忽。内除大伯姆王阿吴卖过本身该分地壹拾柒步捌分式厘捌毫式系与四叔鸣和为业，仍存地伍拾叁步玖分零陆毫七系六忽，身兄弟与叔均业，该身兄弟式拾陆步玖分伍厘三毫四系八忽；又承父买大伯玉臣转买程梦卿地式拾陆步壹分柒厘壹毫一系，式号地内身兄弟实共该地伍拾叁步壹分式厘肆毫四系八忽，内存乙千五百零五号空地柒步陆分柒厘柒毫肆系捌忽，两号内仍净该身兄弟分业地肆拾步肆分肆厘柒毫，计税式分式厘柒毫式系三忽五。并在上店屋楼屋尽行一并出卖与四叔鸣和名下为业，当日得受时值价银陆拾两整。比日银契两相交明，别无领札。其税今现在祖（租）户得业办纳。倘日后买主另立已户，任凭照契推入买人户内办纳无辞。立此卖契存照。

雍正伍年五月　　日

卖契侄　王绍周（押）　王自新（押）

中见叔　王中美（押）　兄王胜先（押）　弟王位成（押）　王若临（押）　王伦表（押）

【注】

[一] 原件藏北京大学图书馆。

一三四七　清雍正五年（一七二七）休宁县许思圣卖田红契[一]

二十四都一图立卖契人许思圣同侄许扬武，今因钱粮无办，自情愿将　祖遗下田壹丘，坐落土名苦马坞，系惟字伍拾陆号，计田税捌分肆厘，计租伍秤。其田东至　，西至　，南至　，北至　。今将前项四至内田尽行凭中立契出卖与族　　名下为业，当日时值价九七色银叁两整[二]。其银当成契日随手一并收足。其田自卖之后，听从买主管业收苗受税为定。如有内外拦阻及重复交易不明等情，尽是卖人承值，不涉买主之事。其税本户即行起推，并无异说。今恐无凭，立此卖契存照。

外又加价银伍钱整。许思圣再批（押）。

雍正伍年八月　日　　立卖契人　许思圣（押）

【注】

[一]原件藏北京大学图书馆。

[二]九七色银，银的成色的一种。

一三四八　清雍正五年（一七二七）大兴县成奇卖房并出租官地契[一]

立卖契人系正黄旗云泰牛录下成奇[二]，因为无银使用，今将自盖灰瓦房四间，情愿卖与本旗猛　名下为业，言明房价银卅伍两正。其银当日交足，并无欠少。此系两家情愿，并无反悔。自卖知（之）后，听凭卖（买）主改造居住，永无异言。此房在北小街口内路西。有官地一段，租与猛名下盖房，言明每年二月、八月两季纳租银一两九钱。恐后无凭，立买（卖）契存照。

中保人　高　璨（押）

雍正伍年捌月　吉日　　立买（卖）契人　成　奇（押）

信行

【注】

[一]原件藏北京大学图书馆。

[二]牛录，官名。满族清朝建国初期的基本户口和军事编制单位，努尔哈赤定三百人为一牛录，「以牛录额真领之」（见《清史稿》卷一百三十《兵志·八旗》）；牛录遂为官名。清太祖天命五年（一六二〇）改「牛录额真」为备御官。清太宗八年（一六三四）定八旗官名，备御官为「牛录章京」，汉译「佐领」，掌所属户口、田宅、兵籍、诉讼等。

一三四九　清雍正五年（一七二七）休宁县朱祝三卖地红契[一]

二十七都五图立卖契朱祝三，今因钱粮无办，自情愿央中将承祖遗业式号，土名棋盘角，效字三千乙百十六号，计地九拾四步八分，计税式分七厘式毛整；壹号土名林下培尾，郊字三千乙百十三号，计地柒拾式步，计税式分〇五毛九系式忽整。其大四至自有保簿开载，不在(再)行写。今凭中立契将前项地业出卖与本图

王　　名下为业，当日得受时值价银式两整。比日银契两相交明，别无领扎(札)。其地未卖之先，并无重复交易。及一切不明等事，尽是出卖人承值，不涉受买人之事。自卖之后，听从随即管业。其税在本图三甲朱正茂户起割，推入买人户内办纳无辞。今恐无凭，立此卖契存照。

雍正五年十二月　　日

立卖契　朱祝三(押)

中见　陈叙美(押)　王天木(押)

依口代书　朱殿臣(押)

【注】

[一] 原件藏北京大学图书馆。

一三五〇　清雍正六年(一七二八)休宁县王谷臣卖竹园契[一]

二十七都五图立卖契人王谷臣，今因缺用，自情愿央中将自己续置竹园壹片，坐落土名上坞，系新丈良字壹千陆百式拾壹号，计地肆拾玖步伍分，计税壹分玖厘捌毫；良字壹千陆百式拾式号，计地叁拾壹步捌分，计税壹分式厘柒毫；良字壹千陆伯式拾叁号，计地叁拾叁步壹分，计税壹分叁厘式毫；良字壹千陆百式拾陆号，计地叁伯叁拾步捌分，计税捌分捌厘叁毫；良字壹千陆百式拾柒号，计地壹伯捌拾柒步，计税伍分叁厘伍毫；良字壹千陆伯式拾捌号，计地壹伯玖拾柒步伍分，计税伍分陆厘肆毫；良字壹千陆百式拾玖号，计地陆拾柒步肆分，计税式分柒厘；良字壹千陆伯叁拾号，计地式拾式步柒分，计税玖厘捌毫；良字壹千陆百叁拾壹号，计地式伯零肆步捌分，计税捌分壹厘玖毫；良字壹千陆百叁拾式号，计地式伯零肆步，计税捌分壹厘陆毫；良字壹千陆伯叁拾叁号，计地陆拾捌步叁分，计税式分柒厘叁毫；良字壹千陆伯叁拾肆号，计地玖拾步，计税叁分陆厘；又良字壹千陆百肆拾捌号，土名黄干坑，计地玖拾式步肆分，计税肆分陆厘式毫。共地壹拾叁号，通共计地壹千伍百伍拾柒步叁分，共计税伍亩伍分叁厘柒毫。内上年推过地税壹分柒厘叁毫肆系叁忽，净计税伍亩叁分陆厘伍毫伍丝柒忽。今将前项地并在上壹应竹树、茶丛、果木、花卉、篱笆、石砌等项，一并尽行出卖与族姓　　名下为业，本家并无丝毫存留。凭中三面议作时值价银叁拾两整，当日一并收足，别无领札。其地未卖之先，并无重复交易。今卖之后，随交买人管业。倘有内外人生情异说、占阻等情，尽是卖

人理值，不涉买人之事。其税在本都本图柒甲王永昌户内起割，推人买人一甲王翰户内办纳。今恐无凭，立此卖契存照。

契内卖过竹园地内西培之上本家开有生茔壹穴，存税壹分。日后用事，买人不得阻难。除生茔之外，尽属买人之业，本家并无丝毫存留，不得于上动取一草一木。再批。（押）

契内税亩除本家存生茔税外，净实该税伍亩弍分陆厘伍毫伍丝柒忽。又批。

雍正六年二月　　日　　立卖契人　王谷臣　（押）

中见人　金本裕　（押）　王君贤　（押）　王君儒　（押）

王绍周　（押）

依口代笔　王大任　（押）

今领去契内价银一并收足讫。同年月日。再批。（押）领

【注】

［一］原件藏北京大学图书馆。

一三五一　清雍正六年（一七二八）休宁县朱蜚英卖田红契[一]

二十七都弍图立卖契朱蜚英，今因虚粮，匠班无办[二]，自愿央中将本甲朱应章户田塘壹业，坐落土名陈村上街田塘，系新丈良字乙千六百二十号，计税壹分叁厘陆毫正，计田叁拾步正，凭中立契出卖与仝都五图一甲王　　名下为业。当日三面议定得受价纹银壹两伍钱整。比日银契刃（两）相交明，别无领札。未卖之先，并无重复交易。及一切不明等情，尽是卖人承值，不涉买主之事。其税在本都弍图十甲朱应章户内起割，推入本都五图一甲王翰户内自行办纳，无得异说。今恐无凭，立此卖契存照。

雍正六年二月　　日　　立卖契　朱蜚英（押）

凭中　金企南（押）

【注】

［一］原件藏北京大学图书馆。

［二］匠班，即匠班银。明朝对匠户征收的代役金为匠班银。清朝沿用明制，户口仍有军户、民户、匠户之别。顺治二年（一六四五）虽废除匠籍，手工业者取得了身份的自由。但是，匠班银实际上并未取消，而是并入田赋征收。这份田契就证明直至雍正六年仍征收匠班银。

一三五二　清雍正六年（一七二八）休宁县王阿朱卖地红契[一]

立卖契嫂王阿朱，今因乏用，自愿央中将祖遗地壹号，系良字乙千五百零四号，其地阿翁兄弟五大房共业，翁名下该地除先年阿叔中美、维镳卖过之外，仍该净存地贰步叁分八厘六毫六系（丝），计税乙厘乙毫九丝三忽三。今央中出卖与堂叔鸣和名下为业。三面议作时值价银九五色贰两整[二]。其银契两相交明，其地悉听买人随即管业。倘有内外人拦占，尽是卖人承当，不涉买人之事。其税候册年在王生户内起割，推入买人王翰户内输纳无辞。今恐无凭，立此卖契存照。

雍正六年三月　　日

立卖契　嫂王阿朱（押）

凭　中　伯王天署（押）

　　　　侄王位成

代　书　侄王敬直（押）

【注】

［一］原件藏北京大学图书馆。

［二］九五色银，银的成色的一种。

一三五三　清雍正六年（一七二八）宛平县屈必达等分卖房民契稿[一]

立分卖房契人屈必达/显、必伸/明，今因乏用，将原买徐之洪瓦房壹所，今将门面房贰间，门窗户壁上下土木相连。坐落北城日中坊四

铺地方。今凭中保人说合，情愿出分卖与

张　名下住坐，永远为业。三言议定时值房价银壹伯壹拾两正。其银当日亲手交足，外无欠少。自分卖房之后，倘有屈姓弟男子侄人等，并指房借贷　皇债库银，满、汉债负等情，有出分卖房主屈姓弟兄同中保人一面承管。两相情愿，各无返悔。如有先悔之人，甘罚契内银一半入官公用。恐后无凭，立此分卖房契存照。

此房内有屈姓上首老红契壹张，赎回废典红契壹张，共契贰张，买主收存。其房本身契帋仍在本房主屈姓收存。再照。

雍正六年五月　　日

立分卖房契人　屈必显（押）
达（押）
伸（押）
明（押）
中保人　潘汉章（押）
左邻
右邻
房牙
总甲　王德
代书　萧悦候

永远吝利

【注】

〔一〕原件藏北京大学图书馆。

一三五四　清雍正六年（一七二八）休宁县吴尔仁等卖山红契〔一〕

十三都四图立卖契人吴尔仁同弟吴伯先、吴子敬、吴廷侯等，为因钱粮无办，公众嘀议，自情愿央中将承祖遗下二十六都杨木坑山壹号，系原才字叁千弍百八十九号，新丈洁字一千弍百八十九号，计原丘山税叁分弍厘，内系姚姓存坟穴弍厘，本家先年祖手原卖过壹分与王宅外，本家仍净存税弍分。其山东至壹千叁百十一号山，西至壹千弍百六十六山〔二〕，南至路，北至降。今央中将所存式分内取山税壹分正，立契出卖与二十七都五图　王　名下为业，当日三面议作时值价银拾壹两整。其银契比日两相交明，别无领札。其山一听买人随即管业开造安葬。未卖之先，并无重复交易，如有内外人拦阻及一切不明等情，尽是出卖人理值，不涉买人之事。其税候册年在十三都四图壹甲吴兰户下起割过户无阻。所有来契别产相连[三]，不便缴付，日后要用，将出参照。今恐人心无凭，立此出卖文契存照。

其税原在吴兰户，今改吴芳户内推出。再批。（押）

雍正陆年陆月　　日

立卖契人　吴尔仁（押）
同弟　吴伯先（押）　吴子敬（押）　吴廷侯（押）
中见原卖主　朱润身（押）
汪友成（押）　吴耀廷（押）　朱子行（押）　王思诚（押）　王大任（押）
依口代书人　姚翰章（押）

【注】

[一] 原件藏北京大学图书馆。
[二] 六十六，下脱一「号」字。
[三] 来契，即「来脚契」。别产，「别」上脱一「与」字。

一三五五　清雍正七年（一七二九）宛平县汤起雯卖地基白契[一]

立卖地基人汤起雯，缘因家中缺用，情愿将自己祖遗房屋基地式间出卖与

周处名下管业。三面议定纹银式两伍钱正，其银笔下交足。自卖之后，任凭银主管业起造，各无异言。倘有亲族人等争竞等情，俱系卖主一面承值，不涉买主之事。恐后无凭，立此卖契，永远存照。

再批：老契向系遗失，日后寻出作故纸论。此照。

其基地坐落中城西五铺地方[二]。

雍正七年四月　日

立卖契人　汤起雯（押）

中保人　傅起元（押）

卖契

【注】

［一］原件藏北京大学图书馆。

［二］中城，北京外城分为五区，皆以「城」名。中城在正阳门外至永定门间。

一三五六　清雍正七年（一七二九）武进县刘文龙卖田租找契［一］

立找契刘文龙，向有惊字号平田一亩八分，卖与陈名下收租。今因原价轻浅［二］，央中找得银一两整，其田仍照契，业主收租。立此存照。

雍正七年八月　日

立找契　刘文龙

中　张芳之　万瑆瑞

【注】

［一］录自中国第一历史档案馆藏《刑科题本》乾隆三十二年（一七六七）正月二十三日明德题。

［二］刘文龙于康熙六十年（一七二一）将此田租卖于陈姓。刘文龙仍是田骨（所有权）的拥有者。

一三五七　清雍正七年（一七二九）休宁县吕华周卖地契［一］

二拾都二图立卖契人吕华周，今将承祖遗受凤字三千贰百九拾号，地税壹分，土名柿树下。其业眼同订界：东至田，西至出产人业，南至吕思铭地，北至胡及出产人业。以上四至开明，凭中立契出卖与二十一都二图许名下为业。三面议定得受价纹银贰拾两整。其银当即收足，再不另立收领。其税业随交买人过割入户支解管业扦造，并无留难。此系两相情愿，并无欠少准折等情，从前亦未与他人重复交易。倘有内外人等异说，俱系出卖人承当，不涉买人之事。今恐无凭，立此卖契存照。

雍正七年十月　　日　立卖契人　吕华周

亲　房　吕惟中

凭　中　吕天遂　吕天载　吕公羡　吕育文　吕元载　吕明五　吕圣臣　吕子坤　吕必通

吕喜毛　吕阿吴　洪礼天　洪震南　仇野苍　范文贤　许禹苍　江　华

代笔人　吕汉章

【注】

[一] 原件藏安徽省博物馆。编号二·二七七九五。

一三五八　清雍正八年(一七三〇)大兴县那兴卖房便民契稿[一]

立卖房契人那兴，因为乏用，今将自置铺面房壹所，门面房壹间，接连三层，共计房叁间，后有落地壹条，门窗户壁、上下土木相连。坐落中城中西坊二铺总甲曹德地方。今凭中保人郑兴仁、陈起龙、龚汉光、高名扬、姜赞周、何东阳说合，情愿出卖与孔　名下住坐，永远为业。三言议定时值卖房价银壹百壹拾两整。其银当日同众收足，外无欠少。自卖之后，倘有亲族长幼兄弟子侄人等争竞，及指房借贷满、汉银债并库银皇债等情争竞者，有卖房主同中保人一面承管。两家情愿，各无反悔。如有先悔之人，甘罚契内银一半入官公用。恐后无凭，立此卖房契永远存照。

内有原房红契肆张，赎回批□红典契壹张，共计红契伍张，买主收存。

雍正捌年肆月　　日　立卖房契人　那　兴(押)

同保人　龚汉光(押)

高名扬(押)

鄭兴仁(押)

陈起龙(押)

姜赞周(押)

何东阳(押)

左邻

右邻

房牙

总甲（章）

代书

便民契稿

成交后，该牙即挂循环印簿，三日内着买卖主执稿赴县填给司颁契纸。如迟，以漏税论。

【注】

［一］原件藏北京大学图书馆。

一三五九　清雍正八年（一七三〇）大兴县那兴卖房官契纸[一]

契

立卖契那　兴今将自己户下共房叁间　百　拾　顷　亩　分　坐落中城中西坊二铺

东至　，南至　，西至　，北至　。出卖与孔　名为业，要价（银壹佰壹拾两整）。并无重叠典卖、亲邻争执情弊。

欲后有凭，立此存照。

雍正捌年五月　日

立卖房契人　那　兴

同中保人　龚汉光　高名扬　郑兴仁　陈起龙　姜赞周　何东阳

揔　甲　曹　德（章）

纸

大兴县　　　　玖百玖拾捌号[二]

【注】

[一] 原件藏北京大学图书馆。

[二] 骑缝半字。

一三六〇　清雍正八年（一七三〇）休宁县吕汉章卖地红契[一]

二拾都二图立卖契人吕汉章，今因乏用，自愿将祖遗受原丈凤字、新丈驹字三千乙百弍十七号，计地税弍分零五毫五系八勿，土名幽充坝。其业东至本家山，西至塘，南至鲍田，北至鲍田。四至开明，凭中立契出卖与二拾一都一图许名下为业。三面议定得受时值价银肆两整。其银当即收足，其税业随交过割入许户管业支解，悉凭取用更改。此身情愿，并无威逼准折情由，从前亦未与他人重复交易。倘有内外人等前来异说，俱身乙并承当，不涉受业人之事。今欲有凭，立此卖契存照。

雍正八年五月　　日　　　立卖契人　吕汉章

亲　侄　吕坤远　吕阿谢　吕华周　吕元载　吕子坤

吕天遂　洪礼天　范文贤　吕文锦

亲　笔

【注】

[一] 原件藏安徽省博物馆。编号二·二七七九四。

一三六一　清雍正八年（一七三〇）台湾县林日融等卖房民契稿[一]

立尽卖契人林日融、日朗等，有承父自置瓦店壹座，共五间，并楼带井壹口半。上及瓦木，下及地基砖石版筑，门窗户扇等料齐全。坐落西定坊南壕街，坐南朝北。东与柯家公壁，西与吴家公壁，北至港，南至近寮港，四至明白为界。今因乏银，别□兄弟相商，情愿将此公店壹起凭中引与　陈宅[二]出头承买。三面言议时价银壹仟叁百四拾两广[三]。其银即日凭中交讫。其瓦店共伍间齐全，即付银主前去掌管，永为己业。此瓦店系承父自置之业，与房亲仝叔兄弟侄无干。□约雍正七年以前店租，系融完纳。雍正八年起，系银主自纳。并无来历不明及重张典挂等情。如有等情，系融抵当，不干银主之事。此系二比甘愿，各无反悔。及后来不得言取言赎。恐口无凭，对中立尽卖契壹帋，并上手缴连，共贰帋，付执为炤。（押）

即日收过契内银壹仟叁佰肆拾两广，再炤。（押）

代书人　郑瑞仪（押）

仝收银侄　陆　盛

仝收银母　郑氏（押）

立卖契人　林　日融（押）　日朗（押）

中保人　陈　攘（押）

中见人　洪希仁（押）

知见粮　长李喜（押）

雍正八年九月　　日

【注】

[一] 台湾历史博物馆编辑委员会编《府城文物特展图录》第七七页《清房屋官契》（图片）之《奉部设立卖断房屋官契》后部粘连之民契纸。原《官契》为雍正十二年所发给之卖房契，已按年代编入本书。本契标题是本书编者拟定的。

[二] 陈宅，买主陈朝祖。《官契》有「引卖陈朝祖处」。

[三] 广，《官契》作「壹仟叁百肆拾无两无钱无分正」。

一三六二　清雍正八年（一七三〇）北京正黄旗成奇卖旧房白契[一]

立卖拆货字正黄旗云泰牛录下成奇，今有倒塌破房两间料，卖与本旗下　猛名下，价银四两整。其银当日交明。此系两相情愿，自卖之后，忍（任）凭买主盖造房屋居住，永无异言。恐后无凭，立此字为照。

雍正八年拾月　　日

中正人　高璨(押)
立卖字　成奇(押)
见立　常安(押)

【注】

[一]原件藏北京大学图书馆。

一三六三　清雍正八年(一七三〇)北京祖洪卖地白契[一]

立卖契文约人祖洪，因手乏无钱使用，将自置地一段，东西畛[二]，东至沟，西至郝姓，南至郝姓，北至赵姓，四至分明。计地叁拾亩，此地坐落在北安河村北。今同中说合，情愿卖与大觉寺常住，永远为香火之地。言明清钱肆佰伍拾吊整。其钱笔下交足，并无欠少。自立卖之后，倘有重租盗典等情，俱在卖主一面承管，与买主无涉。此系两家情愿，各不返悔。恐后无凭，立此卖契为证。

中保人　宝均(押)
立卖契人　祖洪(押)

雍正八年十二月初一日

永远执照

【注】

[一]原件藏北京海淀区大觉寺文物陈列馆。

[二]畛，界限。《小尔雅·广诂》："畛，界也。"

一三六四　清雍正十年(一七三二)大兴县贺门周氏等卖房民契稿[一]

立卖房契人孀妇贺门周氏同男贺士芳庄明，因为乏用，今将故夫遗下自置瓦房壹所，门面房叁间，到底叁层，后院内土房叁间，共计瓦土房拾贰间。门窗户壁、上下土木相连。坐落　东城朝阳关外坊头牌头铺总甲孟德地方。今凭中保人说合，情愿出卖与

张　名下住居为业。三言议定时卖房价银贰伯贰拾伍两整。其银当日同众亲手收足，外无欠少。自卖之后，倘有亲族满、汉人等争竞等情，有卖房主同中保人一面承管。两家情愿，各无返悔。如有先悔之人，甘罚契内银一半入　官公用。恐后无凭，立此卖房契永远存照。

内有原房夏名下红契壹张，李名下红契壹张，贺名下红契壹张，林名下白契壹张，王名下白契壹张，共计红白契字伍张，买主收存。

雍正拾年捌月日

立卖房契人　贺门周氏（押）

庄

同男　贺士芳（押）

明

中保人　张天爵（押）　刘维屏（押）

汪运珍（押）　许芝秀（押）

左邻　董

右邻　王

代催房哥　刘世宗

总甲　孟　德

代书　王起业

【注】

[一]原件藏于北京大学图书馆。

一三六五　清雍正十一年（一七三三）大兴县黄绅等卖房便民契稿[一]

立卖房契人黄绅纶纯，今因乏用，将原买孀妇李门陈氏门面瓦房弍间，二层房弍间，灰棚壹间，共计房棚伍间，门窗户壁、上下土木相连，后有落地一条，坐落北城日南坊头铺地方。今凭中保人说合，情愿出卖与

杨　名下永远为业。三言议定，时值卖房价银壹百叁拾两整。其银当日亲手交足，外无欠少。自卖之后，倘有满、汉亲族弟男子侄官债库银，指契借贷争竞等情，有房主同中保人一面承管。两相情愿，各无返悔。如有先悔之人，甘罚契内银一半入　官公用。恐后无凭，立此卖卖房永远存照。

此房有黄姓本身印契壹张，上首印契叁张，白契壹张，共计红白契伍张。再照。

雍正拾壹年叁月　日

立卖房契人　黄绅纶
纯

中保人　钱云升（押）
王德公（押）

左　邻

右　邻

房　牙　萧珮声

总　甲　胡德盛

代　书　王德公

成交后，该牙即挂循环印簿，三日内，着买卖主执稿赴县填给司颁契纸。如迟，以漏税论。

便民契稿

【注】

[一] 原件藏于北京大学图书馆。

一三六六　清雍正十一年（一七三三）休宁县汪松如卖仆人文书[一]

四都三图立卖文书人汪松如，本家一仆名唤登科，系湖广人氏[二]。年命上首原文书注明。因仆长大未有婚配，自情愿凭媒说合，卖与同都十图汪名下为仆，当日得受身价银六两整。其银当日是身一并收讫，其仆随即过门，听从汪家更名使唤[三]，任从婚配。并无来历不明及内外人生情异说。如有偷窃逃走等情，尽是〔身〕承当。倘有风烛不常，各安天命。今〔恐〕无凭，立此转卖文书，永远存照。

雍正十一年六月　　日　　　　立卖文书人　汪松如（押）

包媒　程孔友（押）

凭中　黄鲁言（押）

黄圣传（押）

媒钱三钱五分，又程孔友过手四钱，共计柒钱零五分。

付还黄岳父九五兑九六银七两。

酒水在外未算。

【注】

〔一〕录自中国社会科学院经济研究所藏《休宁潜溪汪姓置产簿》。

〔二〕湖广，包括湖北、湖南地区。

〔三〕汪家更登科名作「进禄」，亦写作「进六（读『陆』）。」

一三六七　雍正十一年（一七三三）休宁县包媒程孔友为汪松如卖仆立包字[一]

立包字程孔友[二]，今因四都三图汪姓仆人登科，是身为媒，卖与同都十图汪名下使唤。其仆如有来历不明及偷窃逃走等情，是身承当。包寻送还，无得异说。立此包字存照。

雍正十一年六月　　日　　　　立包字　程孔友（押）

此仆汪姓先卖与黄姓。将满一月，因各事不合，后央媒仍着原主出笔卖与吾家，而黄姓有汪姓文书存据未缴，候缴后再批。[三]

【注】

[一] 录自中国社会科学院经济研究所藏《休宁潜溪汪姓置产簿》。
[二] 包字，保证书，担保书。
[三] 此为买主批凿文字。「黄姓」在前一《卖仆人文书》中称「黄岳父」。

一三六八　雍正十二年（一七三四）休宁县汪氏为仆人进禄逃走写给巢县知县禀状[一]

雍正十二年二月二十四日进禄逃走。三月初一日巢县朱公存案抄白：

具禀人跪禀，为恳恩赏案以杜后患事：身去岁用价银六两买仆人名唤进六[二]，本属湖广人氏。服用未及一载，目下潜逃[三]。虽未拐带，身惧仆漂荡在外，恐入匪类，一经陷累，身难展辩。合叩预情，伏乞宪天太老爷电准赏案，永杜祸害。沾恩上禀。

【注】

[一] 录自中国社会科学院经济研究所藏《休宁潜溪汪姓置产簿》。本禀状因内容与上两契相联，因编于此处。
[二] 进六，「登科」改名，亦作「进禄」。
[三] 奴仆潜逃，奴仆私逃是触犯清律的。《大清律例》卷二十八《刑律·斗殴下·条例》规定：「凡民人家奴生奴仆、印契所买奴仆，并雍正十三年以前白契所买及投靠养育年久，或婢女招配生有子息者，俱系家奴，世世子孙永远服役，婚配俱由家主，仍造册报官存案。其婢女招配并投靠及所买奴婢，俱写立文契报明，本地方官钤盖印信。如有干犯家长及家长杀伤奴仆，验明官册印契，照奴仆本律治罪。至奴仆不尊约束，傲慢顽梗，酗酒生事者，照满洲家人吃酒行凶例，面上刺字，流二千里，交与地方官，令其永远当苦差。有背主逃匿者，照满洲家人逃走例，折责四十板，面上刺字，交与本主；仍行存案。容留窝藏者，照窝藏逃人例治罪。」

一三六九　清雍正十一年（一七三三）休宁县王阿郑等卖山红契[一]

立卖契王阿郑同侄王鼎旭，今因夫亡，葬事无办，自情愿将承祖山四号：一号，土名青山，原得字四百三十号，今良字同，计税六厘；一号土名午坞，原得字九百四十八号，大四房总共乙亩八分八厘，该身分数乙分零七毛八系；一号土名牛塘充，原得字四百十八号，计税乙分三厘五毛；一号土名程约充，原必字二千五百二十四号，计税八厘。四号共计税叁分八厘弍毛捌，凭中出卖与房叔翁鸣和名下为业，当日得受价银叁钱正。其山未卖之先并无重复交易。出卖之后，任从收税管业。倘有一切不明等情，尽是卖人理值，不涉买主之事。恐后无凭，立此存照。

雍正十一年六月　　日

立卖契　王阿郑（押）
同侄　王鼎旭（押）
代书中见　王尧有（押）

【注】

［一］原件藏北京大学图书馆。

一三七〇　清雍正十一年（一七三三）北京芦国柱等失落红契字据［一］

立字人芦国柱、张成，金（今）失落红契四张无存。今卖到
王
九各下为业。失落红契四张，日后如有张芦二姓查出，以为故帋［二］。倘有别姓之人争兢（竞），有张、芦二姓一面承管。日后不与总甲、房牙相干。恐后无凭，立字存照。

雍正十一年八月　　日

立字人　芦国柱（押）
　　　　张　成（押）

信行

【注】

［一］原件藏北京大学图书馆。

［二］故帋，废纸。帋，同纸。

一三七一　清雍正十一年（一七三三）休宁县毕天保卖地红契［一］

廿一都一图立卖契人毕天保，今因欠少使用，自情愿将祖遗场字二千二百零二号，土名金线充，地税贰分五厘，四至在册。凭中

立契出卖到许荫祠名下，三面言定得受时值银贰两陆钱整。其银契两相交付明白，其税随即过割入户管业。从前至今并未曾典当他人。倘有亲房内外人等异说，俱系出业人承当，不涉受业人之事。今恐无凭，立此卖契存照。

契内价纹银乙并收足。

雍正十一年九　月　日　　立卖契人　毕天保
　　中人代笔　毕君聚

【注】

[一] 原件藏安徽省博物馆。编号二·二三三六九。

一三七二　清雍正十一年（一七三三）徽州程崇文等卖神会田契[一]

立卖契程崇文支裔房长程君所、廷木、锦章、公五等为因会中乏用，将本会续置土名苦竹干归字号，交租叁秤，佃人吴六顺，计税肆分伍厘；又将苦竹干归字　号，交租贰秤，佃人吴道士，计税叁分；又将浪岩坞，交租肆秤，佃人程圣，归字　号，计税　；又将曹庄门前，交租贰秤半，佃人程标，归字　号，计税叁分四厘叁毛五系。其租拾壹秤半，出卖到程　处为业。得受时值价九五银拾陆两壹钱。自卖之后，任从〔买主〕管业收谷，册年过税。四至鱼鳞册据。并无重复不明等情。恐后无凭，卖契存照。

雍正十一年九月　日　　立卖契　程崇文支裔　程公龄　程君所　程廷木　程锦章　程公五
　　上年值会　程岐宗并代书
　　本年值会　程锦章

契上契价银当日一并收足。再批。

【注】

[一] 原件藏安徽省博物馆。编号二·一六八一九。

一三七三　清雍正十一年（一七三三）休宁县吴文宰卖屋地红契[一]

二十七都五图立卖契人吴文宰，今因缺用，自情愿将续置陈永锡地壹号，坐落土名田西，系新丈效字叁千二十九号，计地叁拾柒步叁分柒厘，计税壹分捌厘陆毫捌系伍忽；于上平屋叁间，前后两进，其屋上至椽瓦，下至地脚，四围墙垣门壁装折俱全。照册四至：东至西街，西至三千二十八号及三十号地，南至三千二十三号地，北至古路及良字号界。今凭中一并尽行立契出卖与王　名下为业，当日议作时值价银叁拾叁两整。其银当日一并收足，别无领札。其屋地未卖之先，并无重复交易及一切不明等情。今卖之后，听从买人随即收税管业，并无异说，如有内外人拦阻，尽是卖人理值，不涉买人之事。其税在五图十甲吴文兴户内起割，推入买人五图一甲王翰户内输纳无辞。

今恐无凭，立此卖契存照。

随契缴付原买陈永锡来脚赤契一纸，并交买人收执。再批。

雍正拾壹年〔月〕　日

立卖契人　吴文宰（押）

凭中　王大任（押）

依口代笔中　朱隆友（押）

【注】

[一]原件藏北京大学图书馆。

一三七四　清雍正十二年（一七三四）休宁县陈公达卖地红契[一]

二十七都一图立卖契人陈公达，今因钱粮紧急，无处措办，自愿央中将承祖地壹号，坐落土名七门住基，系效字弍千八百九十七号，计地　，计税　。今将号内该身分数取地拾捌步，计税玖厘。其地东至巷，西至街，南至买人屋外地，北至面仝钉（订）界。今凭中立契出卖与王　名下为业，当日三面议定得受时值价银壹拾两整。其地未卖之先并无重复交易。今卖之后，听从买人随即管业监（建）造，并无异说。倘有内外人拦阻及一切不明等情，尽是卖人理值，不干买人之事。其税在本家九甲陈正茂户内起割，推入买人户内输纳无辞。今恐无凭，立此卖契存照。

雍正十二年二月　　日

立卖契人　陈公达（押）

凭中亲弟　陈立三（押）　房侄陈良甫（押）　族兄　陈于前（押）

　　　　　陈天任（押）　金本裕（押）

依口代书　胡兆祥（押）

【注】

［一］原件藏北京大学图书馆。

一三七五　清雍正十二年（一七三四）休宁县陈立山卖地红契[一]

二十七都一图立卖契人陈立山，今因钱粮紧急，无处措办，自情愿央中将承祖遗地壹号，坐落土名七门住基，系效字贰千八百九十七号，计地　　，计税　　。今将号内该身分数内取地壹拾捌步，计税玖厘。东至本家屋地，西至大街，南至买人地，北至王家墩外，又至横巷，内该身分下取地壹步，计税五毫，号仝前。今凭中立契出卖与王　　名下为业，当日三面议定得受时值价银拾陆两整。其银比日一并收足。其地未卖之先，并无重复交易。今卖之后，听从买人随即收税管业监（建）造，并无异说。倘有内外人拦阻及一切不明等情，尽是卖人理值，不涉买人之事。其税在本都一图九甲陈正茂户内起割，推入买人王翰户内输纳无辞。今恐无凭，立此卖契存炤（照）。

契内傍加「屋」字「横」字。再批。

雍正十二年四月　　日

立卖契人　陈立山（押）

凭中房侄　陈良甫（押）　族兄　陈正夫（押）

代　　书　王若征（押）

【注】

［一］原件藏北京大学图书馆。

一三七六　清雍正十二年（一七三四）台湾县林日融等卖房屋官契[一]

奉部设立卖断房屋官契

立卖断契台湾县[二]人林日融日朗，今将己分房屋并楼带井间，榭屋[三]瓦店壹座壹口半间，坐落本县西定坊南和街铺地方。东至柯家公壁，西至吴家公壁，南至近寮港，北至港，上至瓦盖，下并地基。今因乏用，凭中保引卖陈朝祖处，实得价银壹千叁百肆拾无两无钱无分正。戥色[四]。其银当日收讫，分厘不欠。其屋听从永远掌业。起盖、修葺、住居。其价已足，□系卖断，永不得言找、言尽[五]、取赎。如有勒找、勒尽、勒赎，以及令老幼妇女登门索讨，任凭买主执契呈官究治。此屋系自己物业，与房分伯叔兄弟无干，亦未重张典挂他人财物。如有来历不明，系卖主及保人之事，与买主无涉。今欲有凭，立卖断契同上手原契共〔贰〕纸，统付为照。

仝收银母　郑氏

仝收银侄　盛陆

知契　洪希仁

雍正拾贰年拾月[六]　日　立卖契人　林日融日朗

屋邻

知见　粮长李喜

中人　陈攘

代书　郑瑞仪

每契壹纸卖钱伍文，解司以为油红纸张之费，毋得多取，苦累小民。

藩字第叁百叁拾捌号

（此处粘连雍正八年九月　日林日融、林日朗立民契，内容与官契基本相同。已收入雍正八年中。）

【注】

［一］台湾历史博物馆编辑委员会编《府城文物特展图录》第七七页《清房屋官契》（图片），民族文物馆提供。说明：「清雍正十二年台湾县发给之房屋卖断官契。」（台湾历史博物馆一九九五年十二月出版）

［二］台湾县，清康熙二十三年（一六八四）置，治今台湾省台南市。光绪十三年（一八八七）改名安平县。

［三］榭屋，建在高台上的木屋，多为游观之所。《尔雅·释宫》：「阇谓之台，有木者谓之榭。」郭璞注：「台上起屋。」郝懿行义疏：「榭者，谓台上架木为屋，名之为榭。」宋陆游《长安道》：「歌楼舞榭高入云，复幕重帘昼烧烛。」

［四］戥，色，银子的分量和成色。戥，戥子。天平秤上用做重量标准的金属块（片），叫做砝码（法马）。清吴荣光《吾学录·权量》：「权之属曰法马，曰秤，曰戥。」如秤金银等贵重物品者。色，金银的纯度。

［五］尽，与「賮」、「赆」通。原意为赠送的礼物、钱财。言尽，勒索财物。《说文·贝部》：「賮，会礼也。」段玉裁注：「以财货为会合之礼也。」《汉书·高帝纪上》：「萧何为主吏，主进。」师古曰：「进者，会礼之财也。字本作賮，又作赆，音皆同耳。古字假借，故转而为进。」勒尽与言尽意相近。

［六］齐年盖月方印，右半为汉篆四字，作「台湾县之印」；左半为满文，应与汉文意同。

一三七七　清雍正十三年（一七三五）休宁县王德培卖屋地红契［一］

二十七都五图立卖契人王德培，今因钱粮无办，自情愿央中将承祖遗下地壹号，坐落土名街头住基，系新丈良字乙千五百九拾弍号，计地叁拾步零三分，计税壹分伍厘壹毫五系；又地乙号，土名仝，系良字乙千伍佰九拾二号，计地壹拾捌步，计税玖厘二。共计地肆拾捌步三分，共计税弍分肆厘壹毫五系。其四至：东至本户大路，西至本户祖坟，南至买人业，比（北）至清明路。其四至内地并屋三间，上至青天，下至地皮，砖墙门壁俱全，今凭中立契出卖与族伯　　名下为业，当日得受价银柒两陆钱整。其银契比日两相交明，别无另扎（领札）。其屋地听从买人随即收税管业。未卖之先，并无重复交易。今卖之后，倘有内外人拦阻及一切不明等情，尽是卖人理值，不涉买人之事。其税在本都本图七甲王永昌户内起割，推入买人本都本图一甲王翰户内输纳无辞。今恐无凭，立此卖屋地文契存照。

雍正拾叁年正月　　日

立卖屋地文契人　王德培（押）

凭　中　王大任（押）　金本裕（押）

【注】

［一］原件藏北京大学图书馆。

一三七八　清雍正时（一七二三—一七三五）休宁县收税合同串票[一]

业户收税票

休宁县为推收过税事：據　都　图　甲业户

买到　都　图　甲户丁　　名下，业价契文已经税印，合给印票，付业户执，赴该图图正照契佥业归户。仍赴册里推收，核入实征业户，自行纳粮当差，不得隐漏。敢有不行税契，无此合同印票，互相推收，不纳税粮者，查出依律究治，决不轻贷。须至票者。

雍正　年　月　日给

县

字　号合同串票[二]

业户割税票

休宁县为推收过税事：据　都　图　甲业户

买到　都　图　甲户丁　名下业价契文已经税印，合给印票，付业户执赴该图图正照契佥业归户。仍赴册里推收，核入实征业户，自行纳粮当差，不得隐漏。敢有不行税契，无此合同印票，互相推收，不纳税粮者，查出依律究治，决不轻贷。须至票者。

雍正　年　月　日给

县

【注】

[一]原件藏北京大学图书馆。

[二]此串票为前后两联。前联「业户收税票」为业户赴县税契后所掣给，亦称「印票」，是税契的凭据。后联「业户割税票」为业户持收税票赴所属图佥业归户、再赴册里推收、核入实征业户时，填写的票据，业户收执备查。两票内容文字雷同。

一三七九　清乾隆元年(一七三六)大兴县尹瑄卖房官契稿[一]

立卖房契人尹瑄，因为乏用，今将自盖坐北向南瓦房壹所，门面贰间，贰层瓦房贰间，东挎(跨)灰棚贰间，叁层瓦房肆间，共计房棚捌间，后有落地壹条。门窗户壁、上下土木相连。坐落中城中东坊贰铺总甲杨魁地方。今凭中保人高良辅说合，情愿出卖与白　　名下住坐，永远为业。三言议定时值卖房价银壹佰伍拾两整。其银当日同中亲手收足，外无欠少。自卖房之后，倘有亲族兄弟子侄长幼人等争竞，及指房借贷满、汉银债并库银王债等情争竞者，有卖主瑄同中保人一面承管。两家情愿，立此卖房契存照。计开：瓦房壹所，坐北向南，门面贰间，贰层瓦房贰间，东挎(跨)灰棚贰间，叁层瓦房肆间，共计房棚捌(拾)间，落地壹条。内有原房尹名下本身红契壹张，上首红契壹张，共计贰张，买主收存。再照。

乾隆元年拾壹月　　日

立卖房契人　尹　瑄(押)
同中保人　高良辅(押)
人
左邻
右邻
房牙
总甲　杨　魁(印)

凡民间置买田房，例应买主输税。成交后，该牙即执稿赴县挂号，并催业户照例输纳，填写契照钤印，给业户收执，以便稽查捏造等弊。如违，究治不贷。

大字第　　号

大兴县契稿

【注】

[一] 原件藏北京大学图书馆。

一三八〇　清乾隆元年（一七三六）大兴县尹瑄卖房官契[一]

顺天府大兴县为钦奉

上谕事，蒙　布政司宪牌内开：蒙

总督部院宪牌内开：准　户部咨称：奉

上谕：民间买卖田房，例应买主输税交官，官用印信钤盖契纸，所以杜奸民捏造文契之弊，原非为增国课而牟其利也。后经田文镜创为契纸、契根之法[二]，预用布政司使印信，给发州县。行之既久，书吏夤缘为奸，需索之费数十倍于从前，徒饱吏役之橐，甚为闾阎之累，不可不严行禁止。嗣后民间买卖田房，着仍照旧例自行立契，按则纳税。地方官不得额外取丝毫。将契纸契根之法永行停止。至于活契典业者，乃民间一时借贷银钱，原不在买卖纳税之例；嗣后听其自便，不使投税用印收取税银。其地方官征收税课多者，亦停其议叙，仍著各省督抚严饬藩司，时加密访。倘有吏胥索诈侵蚀等弊，立即严行究处，无得稍为宽纵。再在京两翼收税之处，亦照此例行。钦此。为此，转行所属，一体钦奉遵行。又蒙

本府正堂宪牌内开，同前事各等因。蒙此，当经出示，遍行晓谕在案。第查兴邑，为五方杂处之地，幅员辽阔，惟恐小民一时不能周知，致滋借端私派、额外索诈之弊。今本县仰体

皇上恤民至意，刊刷便民执照，敬将

上谕备列于首，务使家喻户晓，人各咸知。而私派索诈等弊自可永杜矣。嗣后除活契典业概免投税外，凡居民置买田房，立契后，即亲自赴县投税，并将原契粘连钤印，给发业户收执，以杜奸民捏造之弊。须至执照者。

今据白名用价壹百伍拾两遵纳税银肆两五钱

立卖房契人尹瑄，因为乏用，将自盖坐北向南瓦房壹所，门面贰间，贰层瓦房贰间，东挎灰棚贰间，叁层瓦房肆间，共计房棚捌（拾）间，后有落地壹条，门窗户壁、上下土木相连，坐落中城中东坊贰铺[三]。今凭中保说合，情愿卖与白　名下住坐，永远为业。三言议定，时值卖房价银壹百伍拾两整。其银当日同众亲手收足，外无欠少。自卖之后，倘有亲族人等争竞及指房借贷皇债等情，有卖主同中保一面承管。恐后无凭，立此存照。

此房内有原房（主）尹名下本身红契壹张，上首红契壹张，共计贰张，买主收存。

乾隆元年拾贰月　日

立卖契人　尹瑄　　中保人　高良辅

左邻　　房牙　刘文贵（章）

右邻　　总甲　杨　魁

顺天府大兴县[四]

【注】

[一]原件藏北京大学图书馆。

[二]田文镜（一六六三—一七三二），清汉军正黄旗人。雍正时，历任河南巡抚、河南总督加兵部尚书衔、河南山东总督兼北河总督等。对辖区政务多有所兴革。后为官「苛刻搜求，属吏竞为剥削，河南民重受其困」。又河南被水，他「匿灾不报，百姓流离」。雍正帝不满，故以老病辞官。（参见《清史稿》卷二九四《田文镜传》）契纸、契根之法，「契纸」亦称「契本」，即「正契」；「契根」即「存根」，备查。此法为防止书吏夤缘为奸。

[三]中城，北京正阳门外至永定门间。

[四]骑缝半字。

一三八一　清乾隆元年（一七三六）休宁县佘宜寿卖屋白契[一]

四都二图立卖契人佘宜寿，为因乏用，自愿将续置楼屋一所，土名杨源村，系新丈闰字贰千叁佰捌拾柒号。其屋东至本屋前檐滴水外，西至后檐滴水外，南至墙外滴水外，北至墙外滴水外。计中则地税壹分整，计积贰拾五步，楼上下共陆间，一应砖瓦木石装折俱全，凭中出卖与

佘　　名下为业。当日三面议定时值价银九三色陆拾肆两整。比即银契两相交易，并无准折逼勒重复等情，亦无内外上下人等生情异说。如有此情，尽是卖者承当，不涉买者之事。其业即交买主管业，其税在本图五甲汪　　户内起割，推入买者四甲佘

户办纳粮差。恐后无凭，立此卖契永远存照。

契内改如字壹个，再批。又屋内后披，一并在内，又批。（押）所有原买契文壹纸，当即缴付买主收讫。（押）

乾隆元年十二月　日

立卖契人　佘宜寿（押）

凭中　佘文如（押）

佘渭文（押）

佘天沐（押）
佘名远（押）
汪御华（押）
汪德兆（押）
执笔　汪鸣冈（押）

【注】

［一］原件藏北京大学图书馆。

一三八二　清乾隆元年（一七三六）休宁县陈仑友等卖塘契[一]

立卖契陈仑友、瞻五，今因钱粮应用，自情愿将承祖遗下塘税壹号，坐落土名湖塘，系效字弍千九百乙拾八号，内该身分数取塘地弍拾八步，计税壹分肆厘，其大四至自有保簿开载，不在行写。今凭中立契出卖与王　名下为业，当日三面议作时值价银壹两贰钱整。其银契比日两相交明，别无另扎（领札）。其塘未卖之先并无重复交易，今卖之后，听从买主随即管业，并无异说。倘有内外人拦阻，尽是卖人理值，不涉买人之事。其税候册年在一图十甲陈本立户内起割，推入买人五图一甲王翰户内办纳无辞。今欲有凭，立此卖契永远存照。

契内添「买人」二字。再批（押）

乾隆元年十二月　日　　立卖契　陈仑友（押）
瞻五（押）
凭中　王徽五（押）

【注】

［一］原件藏北京大学图书馆。

一三八三　清乾隆元年（一七三六）山阴县潘禹安绝卖田民契[一]

立绝卖文契潘禹安，今将自己户内河字八百九十壹号田肆分，浼（浼）中出卖于　张处为业。三面议定价银肆两正。自卖之后，任凭过户收花。欲后有凭，存此为照。

计开

河字八百九十壹号田肆分正，坐落周家径。

契内银两，当日一并收足。

乾隆元年十二月　日　立绝卖文契　潘禹安（押）

中见　张东周（押）　张益斋（押）　张三重（押）　潘南柱（押）

绝卖文契

【注】

[一]原件藏北京大学图书馆。

一三八四　清乾隆元年（一七三六）山阴县潘禹安绝卖田官契[一]

绝　卖　文

山阴县十七都坊　立卖田文契人潘禹安，今将自己户内河字号田肆分零，情愿浼（浼）中出卖于本县张　处名下为业。当中三面议定时价银式两整，当日收足。并无重叠戤典争执等情。俗有推头通例，每两出银　×，即时交收过割，承纳粮差。此照

计开：

河字八百九十一号田肆分正，坐落周家径字号

字　号　　字　号

旧管都　名下完粮开除

新版十七都七图蔡堰庄　名下入册纳粮

乾隆元年十二月　日

立卖契人　潘禹安（押）
中人　潘禹桎（押）
契内银两当下一并完足（押）　张三重（押）
张东周（押）

契

条约五款列后

一、绝卖者不用此契，止作戤当。戤当者若用此契，竟作绝卖。
一、契不许请人代写。如卖主一字不识，止许嫡亲兄弟子侄代写。
一、成交时即投税。该房查明卖主户册，号下注明其年月日卖某人讫。
一、由贴不许借人戤当，如违者不准告照。
一、买产即便起业，勿许旧主仍佃，以杜影骗。

【注】

[一] 原件藏北京大学图书馆。

一三八五　清乾隆三年（一七三八）天津县张士元等卖房红契[一]

立卖房文契人张士元同祖母张杨氏，因乏用，将祖遗草房拾弍间，连过道，计南房六间，北房六间，房平厦二间，门窗户搭俱全。坐落刘家胡同一道街南五师房后檐。北至官街，东至师，西至荣，四至分明。上下土木相连，老城旧基为界，天沟滴水炤旧，央官经纪沈起凤说合，情愿卖与
江名下永远为业。三面议定时值价纹银壹伯（佰）两正。其银笔下交足。并无私债、折准零星等弊。自卖之后，如有弟男子侄族中人等争竞违碍者，尽在卖主一面承管，不与买主相干。此系两家情愿，各无返悔。欲后有凭，立此卖房文契永远存照。

计开　南北长六丈七尺，东西前宽六丈二尺，后宽六丈三尺。老契二纸，买主收执。

乾隆三年五月　二十　日

立卖房契人　张士元（押）

永远为业

同祖母　张杨氏（押）
同东南邻　师君爱（押）
同西邻　荣大来
同中人　黄殿仁（押）
常显明（押）
袁进功（押）
叶俊公（押）
马杰之（押）
陈其善（押）
沈起凤（押）
同官经纪　吴岐山（押）
乡地　左　杰（押）
王国秀（押）
（章「天津县官经纪沈起凤」）

【注】

[一] 原件藏北京大学图书馆。

一三八六　清乾隆三年（一七三八）休宁县金玉书卖山契[一]

廿七都三图立卖契人金玉书，今因钱粮正用，自情愿央中将承祖金汝学分授山一号，土名虎爪山，系新丈洁字一千贰百六十一号，计该山税贰厘五毛；又山一号，土名虎爪山，系新丈洁字一千贰百六十六号，计山税贰厘五毛；又山一号，土名吴家林，系新丈洁字乙千贰百六十五号，计该分山税壹厘。以上共山三号，共计山税陆厘[二]。其各四至自有册载，不在（再）行写。今立契出卖与廿七都五图

王名下为业，当日得受时值价银陆两柒钱正。其银一并收足，别无领札。其山未卖之先，并无重复交易及门户上下有分人等争拦等情。如有，尽是卖人理直，不涉买人之事。自卖之后，任从买人开穴取用、造作风水，无异说。其税在廿七都三图一甲金守

思户内起割，推人买人廿七都五图一甲王翰户内输纳无辞。恐后无凭，立此卖契存炤。

契内加「陆厘」贰字。再批。（押）

乾隆三年十二月　　日　　立卖契人　金玉书（押）

凭中　金云昭（押）　王思诚（押）　汪容舒（押）

【注】

[一] 原件藏北京大学图书馆。

[二] 陆厘，此二字原为补加小字。

一三八七　清乾隆五年（一七四〇）大兴县李星垣等分卖房官契稿[一]

立分卖房契人李星垣同管业人徐起，因为乏用，今将指俸认买王姓官房壹所，门面房叁间，贰层房叁间，厢房贰间，叁层房叁间，肆层灰棚贰间，伍层房贰间，陆层房贰间，共计大小房棚拾柒间，后通湿井胡同，门窗户壁、上下木相连。坐落中城中西坊贰铺总甲安泰地方。今凭保人龚瑞亭、尚公亮、中保人崔凤山、崔元龙、姜赞周、田亮公说合，情愿出卖与王　名下住坐，永远为业。三面言定时值分卖房价银叁百捌拾两整。其银当日收足，外无欠少。自分卖之后，如有亲族长幼兄弟子侄人等争竞，及指房借贷满、汉银债，并库银皇债等情争竞者，有分卖房主同保人及中保人一面承管。恐后无凭，立此分卖房契永远存照。

此房系分买，有　批呈壹纸，粘连存照。

乾隆伍年叁月　　日　　立卖房契人　李星坦（押）

同管业人　徐　起（押）

龚瑞亭（押）

另誊官契税讫（戳）　　同保人　尚公亮（押）

同中保　崔凤山（押）　姜赞同（押）
崔元龙（押）　田亮公（押）
史子晖（押）

左　邻

右　邻

房　牙

总　甲　总甲案泰（章）

代　书　汪秀源（押）

大兴县契稿

【注】

[一] 原件藏北京大学图书馆。

一三八八　清乾隆五年（一七四〇）大兴县李星垣等卖房官契[一]

顺天府大兴县今据王名下用价叁百捌拾两遵纳税银拾壹两肆钱

立分卖房契人李星垣同管业人徐起，因乏用，今将指俸认买王姓官房壹所，门面房叁间，贰层房叁间，厢房贰间，叁层房叁间，肆层灰棚贰间，伍层房弍间，陆层房贰间，共计大小房棚拾柒间，后通湿井胡同，门窗户壁，上下土木相连。坐落中城中西坊贰铺。凭中分卖与

王　名下住坐，永远为业。三面言定时值分卖房价银叁百捌拾两整。其银当日收足，外无欠少。自分卖之后，如有亲族长幼兄弟子侄人等争竞，及指房借贷满、汉银债，并库银皇债等情争竞者，有分卖房主同中保人一面承管。恐后无凭，立此存照。

此房分卖，有　批呈壹纸，粘连存照。

乾隆伍年叁月　日　　立卖房契人　李星垣　同管业人　徐起　房牙　朱　隆（章）「大兴县官房牙朱隆」

龚瑞亭

尚公亮　总甲　安　泰

崔凤山

崔元龙
史子晖　代书　汪秀源
同中保　姜赞周
田亮公

顺天府大兴县

【注】

[一]原件藏北京大学图书馆。

一三八九　清乾隆五年（一七四〇）山阴县发给陈元章买田收户执照[一]

收户执照[二]

绍兴府山阴县正堂加三级纪录三次刘　为设立收照联单以杜私偷并严苛索事：据业户　　赉同契、旗[三]，将十八坊都二图茅晋公户内后开号亩收入十七坊都四图陈元章户内承纳乾隆六年银米为始。其收田需费，遵照　宪颁定价，每田一亩，给钱拾文，山地池塘每亩给钱伍文。如庄书多索，许即禀究。合给收照归户。此照。

计开：

鳞字贰十三　中田壹亩叁分肆厘五毫。

四十八　田贰亩伍分肆厘。

乾隆五年七月　日给

县　经收庄书　不许需索

此单本县捐刷印发，该承毋许借端勒取单钱。

【注】

［一］原件藏北京大学图书馆。

［二］亦印作「除户执照」「业户收照」「推户执照」「推收执照」「推户执单」，民间俗称「官单」或「除单」。

［三］契、旗，「契」，契约。「旗」，民间的「推单」。民间在买卖田宅等成交之后，在尚未向官府投税印契，并尚未申请官给「推单」之前，钱主和业主双方先协议立一民间「推单」，在官给「推单」之前，起正式推单的法律作用。

一三九〇　清乾隆五年（一七四〇）休宁县金若涛活卖地红契[一]

二十七都五图立卖契金若涛，今因急用，自情愿央中将自己原买侄金企南地壹片，坐落土名陈村基地，系新丈良字壹千五百叁拾四、五、六、七等号，内该地　　，计税　　。其四至自有册载，不在（再）行写。今凭中立契出卖与王　　名下为业，当日三面议作时值价银拾两整。其银契比即交明，别无另扎（领札）。未卖之先，并无重复交易。今卖之后，悉听买人收税管业，并无异说。如有内外人等争拦及一切不明等情，尽是卖人承值，不涉买人之事。其税在本图十甲金正茂户内起割，推入本图一甲王承启户内办纳无辞。今恐无凭，立此卖契存照。

其地议定准在来年八月内任凭原价取赎；如过八月，永远绝卖，不得取赎。再批。（押）

乾隆五年九月　　日

立卖契人　金若涛（押）

当凭原卖主　金企南（押）

凭　　中　王大任（押）

代　　书　王炳犀（押）

【注】

［一］原件藏北京大学图书馆。

一三九一　清乾隆陆年（一七四一）大兴县孙赓臣等顶卖房官卖[一]

顺天府大兴县今据金名用价贰百两遵纳税银陆两

立顶卖瓦棚房契人孙赓臣同兄孙博仁、孙博义，因为乏用，今将自置坐西向东门面瓦房贰间，前接檐房贰间，共计瓦棚房肆间，门窗户壁俱全。坐落　中城中东坊头铺总甲陶成地方。今凭中保人吴玉公、钱玉升、李正蒲、赵存诚说合，情愿顶卖与金　名下住坐，永远为业。三言议定时值顶卖房价银贰百两整。其银当日同中亲手收足，外无欠少。自卖房之后，倘有亲族人等争竞，及指房借贷满、汉库银皇债争竞者，有卖主同中保人一面承管。恐后无凭，立此顶卖房契永远存照。

内有原房孙名下本身红契壹张，上首红契弍张，投税红契壹张，批毁红典契壹张，共计伍张，手本弍个，俱在买主收存。再照。

乾隆陆年柒月　日　立卖契人　孙赓臣　房牙　朱　隆（章）

孙博仁

孙博义　李正蒲　总甲　陶　成

顺天府大兴县　中保人　吴玉公　赵存诚

钱玉升　代书　龚　雯

左右邻

【注】

[一]原件藏北京大学图书馆。

一三九二　清乾隆六年（一七四一）休宁县王敬直等卖田红契[一]

立卖田契侄王敬直、王若临、王受谦、王棣怀，今因正（乏）用，自情愿将承父续置田叁号：一坐落土名横圩，系良字七十号，计租玖砠零伍觔（斤），计税玖分捌厘九毫捌丝；一坐落土名孙家井，系良字捌百零贰号，计租玖砠，计税玖分陆厘捌毫；一坐落土名泥塘下，系良字贰千七百六十号，计租贰砠，计税壹分九厘乙毫。三〔号〕共计租贰拾砠零伍觔，计税贰亩壹分肆厘捌毫捌丝；其各号四至自有保簿开载，不在（再）行写。今凭中立契出卖与堂叔　名下为业，当日三面议作时值价银贰拾四两整。其银当即收讫，别无另扎（领札）。其田未卖之先，并无重复交易。今卖之后，悉听买人随即收税过户管业，并无异说。如有一切不明等情及内外人等占拦，尽是卖人理值，不涉买人之事。其税在本都图甲王永户内起割，推入买人王　办纳无辞。恐后无凭，立此卖契存照。

乾隆六年十一月　　日

立卖田契侄　王敬直（押）　王若临（押）　王受谦（押）　王棣怀（押）
代笔　中见　王大任（押）

【注】

［一］原件藏北京大学图书馆。

一三九三　清乾隆六年（一七四一）休宁县金魁岸卖地红契[一]

立卖契人金魁岸，今因乏用，将祖遗下地两号，坐落土名陈村街心巷路，新丈良字乙千伍伯贰拾伍柒号，内取地贰步，税壹厘正，凭中立契出卖与

王　名下为业，当日三面得受价银壹两正。其银当日两相交明，其地即交买主管业。倘有来历不明，卖业人理值，不涉得业者之事。其税在本都本图拾甲金正茂户内起割，推入本图一甲王子启户内输纳无辞。恐后无凭，立此卖契存照。

乾隆陆年十二月　　日

立卖契人　金魁岸（押）
凭中　王敬直　王自新
堂兄　金企南

【注】

［一］原件藏北京大学图书馆。

一三九四　清乾隆七年（一七四二）宛平县孙门郭氏等卖房官契[一]

顺天府宛平县今据韩名下用价银

立卖房契人孀妇孙门郭氏同男孙大锟，今因乏用，将故夫遗下自置盖瓦房一所，门面四间，二层四间，对面厢房四间，小灰棚一

间，四院小厢房一间，共计房十四间，后有落地一条，门窗户壁、上下土木相连。坐落中城中西坊二铺大马神庙西头路南，揔甲杨泰地方。今凭中保人说合，情愿出卖与

韩　名下永远为业。三面言定时值卖房价纹银壹千两正。其银当日收足，外无欠少。自卖之后，如有亲族长幼人等及指房借贷官银私债等情，有卖主同中保人一面承管。恐后无凭，立此卖契永远存照。

内有原房孙姓两置红契二张，上首程姓红契一张，周姓红契一张，明季老契一张，又上首陈姓白契一张，累落白字伍张，共计白红契十一张，付置主收存。并照。

乾隆七年五月　日

立卖房契人　孙郭氏　同男大锟

中保人　黄亭一

王　俭

房牙　李廷辉

代书　杨　泰

【注】

[一]原件藏北京大学图书馆。

一三九五　清乾隆七年（一七四二）休宁县汪静方兄弟卖地红契[一]

二十一都四图立卖地契人汪静方同弟汪历源，今因缺用，自愿将己买凤字三千贰百五十七号，土名幽村狮脚下厝基地右边贰棺，计地税五厘。凭中立契出卖与二十一都二图许名下为业。三面议定得受时值价纹银陆两整。其银当即收足，其地随即眼同钉（订）界过割入买人户管业输粮，听凭起造风水用事，无得异说。其地从前并未当卖典租他人。此系两相情愿，并无逼勒准折等情。如有税亩不清、并房内外人等异说，俱系卖人一力承当，不干买主之事。恐后无凭，立此卖契永远存照。

四至开列于后：

东至路，西至吕宅山，南至坝手外吕山，北至本家基地。

乾隆七年十一月　日

立卖契人　汪静方　仝弟汪历源

凭中　汪永锡　范文贤　吕汉章　吕元祥　鲍慎徽
代笔　汪梅公

【注】

[一]原件藏安徽省博物馆。编号二·二七七六二。

一三九六　清乾隆八年(一七四三)休宁县程永乾活卖田红契[一]

廿五都六图立卖契人程永乾，今因钱粮无办，自愿央中将承祖遗下田壹丘，坐落土名上栗树，岂字贰千壹百拾九号，计租六砠，计税玖分壹厘柒毫整；又将田壹丘，系岂字贰千壹百廿四号，土名栗树下，计租柒砠，计税玖分柒厘整。其田东至　　，西至　　，南至　　，北至　　。今将前项八至内田，尽行立契出卖与西南隅一图九甲程　　名下为业，当日凭中三面议定时值价九伍色足银拾叁两整。其银随即一并收足，其田即交买主管业收苗受税为定。其税奉新例，即行起推买主户内办纳粮差，并无异说。倘有内外人拦阻，以及重复交易等情，尽是卖人承值，不涉买主之事。其田三面言定，日后听从卖人原价取赎[二]，无得异说。今恐无凭，立此卖契存照。

乾隆十五年六月　　日凭中三面加田便九伍色银陆两伍钱正，是身当日一并收足。三面言定嗣(俟)后永远不得取赎[三]。再批。(押)

其上首来脚赤契被毁无存，未有缴付。再批。(押)原中程德光(押)程清如(押)

契内加「足」、「主」贰字。再批。(押)

乾隆八年九月　　日　　立卖契人　程永乾　(押)

亲叔　程文祥　(押)

中见　程彬臣　(押)　程清如　(押)　朱孔昭　(押)　程德光　(押)

程仲陵　(押)

【注】

[一]原件藏北京大学图书馆。

[二]此句说明此契为「活契」，类于典当契。

[三] 乾隆十五年六月，原卖主再向原买主「找」银陆两伍钱，声言「嗣后永远不得取赎」，从此「绝卖」。

一三九七　清乾隆八年（一七四三）山阴县唐魁先卖山坟契[一]

今立卖山坟契人唐魁先，将自己户内十七都五图祸字三十九号内迁坟山一穴，出卖与陈　处，忍（任）凭造葬。三面义（议）定价银乙两正。当日收用。恐后无凭，立此存照。

乾隆八年十月　日　立卖山坟契人　唐魁元（押）　同侄　绒武（押）

见中人　吴伦先（押）

卖山坟契

【注】

[一] 原件藏北京大学图书馆。

一三九八　清乾隆八年（一七四三）徽州陈孟悦卖空宅地契[一]

立契人陈孟悦，因为度日不过，今凭中人张敬路等说合，将门前空宅一所，计地大厘五厘，东至陈克顺，西至夥道[二]，南至陈孟周，北至卖主，四至明白。情愿卖于陈孟麟，永远为业。言定价银　两整。上自青天，下至黄泉。其银当面交足，外无欠少。恐后无凭，立契为证。

中人　张敬路　陈孟曾

乾隆八年十一月十七日　立契人　陈孟悦

上有伙道四尺通道，长可三步，横可四步。

【注】

[一] 原件藏北京大学图书馆。

[二] 伙道，共用的通道。

一三九九　清乾隆八年（一七四三）总管内务府给发额森特买官房执照[一]

执

总管内务府官房收租库为给发执照事：照得

奏准官房派员估价，许令官员拜唐阿兵丁人等[二]，指俸饷认买查得坐落正阳门外高井胡同[三]，所有刘永栻名下，入官日，立明价银伍拾柒两。据内府正白旗四格佐领下库守额森特认买[四]，自乾隆四年十二月起由户部将伊钱粮银每月坐扣银壹两伍钱捌分肆厘，扣至七年十一月止，共坐扣三十六个月，银伍拾柒两，已经完结。相应将正阳门外高井胡同刘永栻房五间，准其认买完结，永远承业，各从其便。为此给发执照。须至执照者。

照

乾隆八年月　　日　　　　给

库

【注】

[一] 原件藏北京大学图书馆。

[二] 拜唐阿，清朝兵制中的一种杂役兵，其专业有网户、粘杆、备箭、宰牲等。（见《清史稿》卷一三〇《兵志·八旗》）

[三] 高井胡同，在今北京东城区前门东南，今名好景胡同。

[四] 佐领，清朝官名。入关前初名「牛录额真」，后改称「牛录章京」，汉译「佐领」。

一四〇〇　清乾隆十年（一七四五）大兴县张承训卖房官契[一]

顺天府大兴县今据杨名用价壹伯两遵纳税银叁两

立卖房契人张承训，今因乏用，将自置门面瓦房贰间，门窗户壁、上下土木相连，坐落北城日南坊四铺地方。今凭中保人说合，情愿出卖与

杨　　名下住座，永远为业。三言议定时值房价银壹伯两整。其银当日亲手交足，外无欠少。自卖之后，倘有张姓弟男子侄人等并指房借贷　王债库银，满、汉债负等情，有卖主张姓同中保人一面承管。两相情愿，各无返悔。存照。

此房内有张姓本身红契壹张，上手老契壹张，赎回废典契壹张，共计叁张，买主收存。

乾隆拾年肆月　　日

立卖房契人　张承训　徐永祥（章）
左英良　杨德成
武君玺
王国柱

顺天府大兴县

【注】

［一］原件藏北京大学图书馆。

一四〇一　清乾隆十年（一七四五）宛平县朱国祥卖房官契[一]

顺天府宛平县今据皂名下用价银壹千叁百两正

立卖房契人朱国祥，因乏用，将原买戴姓瓦房一所，门面楼檐房四间，一过道，通后三层，共计瓦房二十间，后有落地一条，门窗户壁、上下土木相连。坐落南城东茶食胡同口内路北。今凭中保人说合，两相情愿，出卖与皂　　名下永远为业。三面议定时值卖房价银壹千叁百两正。其银当日亲手收足，并无欠少。自卖之后，倘有亲族长幼人等争竞等情，有卖房主同中保人一面承管。恐后无凭，立此卖契永远存照。

内有原房朱姓红契一张，上首戴姓红契一张，上上首李、陈、王三姓红契三张，共计红契五张，买主收存。

乾隆拾年八月　　日

立卖房契人　朱国祥
张　德　承亮公
中保人　刘兴业　周明亮
杨　明　李锦荣

另誊税讫（戳）

顺天府宛平县

房牙
总甲
里长
代书

【注】

[一]原件藏北京大学图书馆。

一四〇二　清乾隆十年（一七四五）休宁县陈修龄等卖基地红契[一]

二十七都一图九甲立卖契人陈修龄仝嫂陈阿汪、侄良甫，为因钱粮正项急用，自情愿央中将承祖遗下基地一号，土名陈村街心住后，系新丈效字弍千八百九十七号，内取地叁拾壹步[二]，计该税壹分五厘五毫。新立小四至，东至贰千八百九十六号地及良字号界，并卖人自地，西至本号地，南至路，北至买人众墙脚滴水。四至内地并园内树木茶窠，尽行今凭中立契出卖与仝都图三甲王　名下为业，当日三面议定得受时值价银十五两正。比日银契两相交明，别无领扎（札）。其地未卖之先，并无重复交易。今既卖后，听从买人筑墙改造取用，均无异说。倘有不明及内外人拦阻等情，俱是卖人理值，不涉买人之事。其税随即在本图九甲陈正茂户内起割，推入买人三甲王起元户办纳无辞。恐后无凭，立此卖契存照。

契内基地凭图正陈于前[三]，照弓口册清量[四]，效字弍千捌佰九十七号，计地贰拾壹步有零。又良字乙千六佰六十四号，计地拾步，二〔号〕共计地叁拾壹步有零。当凂原中清丈，三面交明，买主照良效两字号输粮管业。日后本家及内外人等无得生情异说。故复批明，永远存照。陈良甫再批。（押）

乾隆拾年九月　　日

立卖契人　陈修龄（押）

仝嫂　陈阿汪（押）

侄　陈良甫（押）

凭中　陈于前（押）　王立中（押）　王宜中（押）　王徽五（押）

代书人　陈廷美（押）

【注】

［一］原件藏北京大学图书馆。

［二］叁拾壹步，当是「贰拾壹步」之误。

［三］图，鱼鳞图。

［四］弓口册，丈量田地的清册，往往与鱼鳞图合一。

一四〇三　清乾隆十年(一七四五)兴宁县蔡刘氏母子卖田契[一]

立卖契人蔡刘氏，今因乏食，母子商议，愿将承祖分下口食，坐落土名蕉头窝田三丘，又大路边田二丘，共田种五升整，内载粮米七合二勺[二]，要行出卖。先招后招，无人成交。自请中人，遂与刘璋如承买，就日亲领到田，踏看界址分明，回家立契。三面言定，时价足色银九两整[三]。当日银契两交明白，并无短少债贷准折等情。其田自卖之后，任从买主另批别佃，过户当差，永远管业，廷献兄弟日后永不得收赎，亦不得借端加增等情[四]。恐口无凭，立卖契为照。

立笔男　蔡廷树

中人　马俊荣

在场　林清桂

见人　蔡廷辅

立卖契人　蔡廷献　蔡廷树[五]

乾隆十年十一月二十七日

【注】

［一］录自中国第一历史档案馆藏《刑科题本》，乾隆十一年十一月十六日阿克敦题。兴宁县今属广东。

［二］合勺，都是容量单位。一升为十合，一合为十勺。

［三］足色银，银的成色的一种。简称「足纹」。宁寿堂《银谱》：「足纹，面上白突平，系一根到心，蜂窝白细，边有霜白，剪开，如石灰并粉脚一样。此银足。」(中国社会科学院历史研究所清史研究室编《清史资料》第三辑，中华书局一九八二年出版)

［四］加增，即「加找」，「找价」。

［五］蔡廷树，契文作「廷献兄弟」。当是廷献之弟。

一四〇四 清乾隆十一年（一七四六）山阴县孙茂芳叔侄卖田官契[一]

绝卖文契

山阴县十八都坊立卖田契人孙茂芳圣思，今将自己户内师字田一亩六分零情愿凭中出卖与 县陈 处名下为业。凭中三面议定时价银拾伍两正，当日收足。并无重叠戤典争执等情[二]。俗有推头通例，每两出银 ，即时交收过割，承纳粮差。此照。

计开：

师字四百十三 号 湖田一亩六分 字 号

字 号 字 号

旧管 都 图 庄 名下完粮开除

新收 都 图 庄 名下入册办粮

乾隆十一年二月 日 立卖契人 孙茂芳（押） 同侄 圣培（押） 圣思（押）

其良（押）

中人 宋兆先

今收到契价银一并完足（押） 代书 莫汉公（押）

条约五款列后：

一、绝卖者不用此契，止作戤当；戤当者若用此契，竟作绝卖。

一、契不许倩人代写，如卖主一字不识，止许嫡亲兄弟子侄代写。

一、成交时即投税。该房查明卖主户册，号下注明某年月日卖某人讫。

一、由帖不许借人戤当，如违者不准告照。

一、买产即便起业，勿许旧主仍佃，以杜影骗。

【注】

[一]原件藏北京大学图书馆。为木版官印卖契纸。只有人名、地亩、字号等为填写者。原契上有横刻左行「绝卖文契」四个大字。

[二]戤（音同盖）典，即「典当」或「抵押」。《字汇补·戈部》：「戤，以物相质。」

一四〇五　清乾隆十一年（一七四六）休宁县黄芳如买地收票照会之一[一]

收票照会

休宁县贰拾玖都柒图奉

县主　验契推收事：本图拾甲黄芳如户丁

买地壹宗，土名五城中街，系信字壹千柒百肆拾叁号，

计地税壹分壹厘整。

于　　年　　月得价银

买　　本　　都本图本甲黄修龄户丁

为业。今照单割付业主赴该图入册。此照。

乾隆拾壹年拾一月　　　日册科黄明昌

【注】

[一]原件藏北京大学图书馆。

一四〇六　清乾隆十一年（一七四六）休宁县黄芳如买地收票照会之二[一]

收票照会

休宁县贰拾玖都柒图奉

县主　验契推收事　本图拾甲黄芳如户丁

买地壹宗土名五城中街，系信字壹千柒百叁拾陆 肆拾贰等号，

计地税陆分贰厘壹毫贰系整。

于　　年　　月得价银

买　　本　　都本图本甲黄修龄户丁

为业。今照单割付业主赴该图入册。此照。

乾隆拾壹年拾一月　　　日册科黄明昌

【注】

［一］原件藏北京大学图书馆。

一四〇七　清乾隆十二年（一七四七）大兴县臧门张氏等卖房官契[一]

顺天府大兴县今据高名用价契买遵例纳税事

立卖房契人孀妇臧门张王氏，同男臧照禄祺祯，今因手用，将故夫遗下自置盖院内西灰梗房肆间半，随房院落门窗户壁、上下土木相连，坐落中城中东坊二铺高井胡同路北总甲邢顺地方。今凭中保人等说合，情愿分卖与高　名下永远为业。三面言定时值卖房价银陆拾两整。其银当日收足，外无欠少。自卖之后，如有亲族长幼人等争竞，及指房借贷官银私债等情，有卖主同中保人一面承管。恐后无凭，立此卖契永远存照。

内有原房臧姓稿底契壹张，上首无底红地契壹张，付置主收存。此房系分卖，所有臧姓红契尾面并上首红地契底壹张，仍在臧姓收存。注明与此房无涉。又照。

乾隆拾贰年肆月　　日

立卖房契人　张王氏　同男臧照禄祺祯　房牙　李廷辉

同中保人　贾文德　臧世裕　总甲　邢　顺　代书

顺天府大兴县

【注】

［一］原件藏北京大学图书馆。

一四〇八　清乾隆十二年（一七四七）宛平县陈元龙卖房白契[一]

立卖房人陈元龙，将原买杨姓瓦房式间，式层房式间，共计房肆间瓦房，落地壹条。坐落韩家台[二]口内路南。今凭中保人说合，

情愿出卖与

崔名下，任凭析住。言定房价钱伍拾弍吊正[三]。言明六月内钱房两交。自卖之后，倘有亲族人等争竞，并借贷债负等情，有出卖房主同中保人一面承正。恐后无凭，立此卖房存照。

内有陈姓本身红契壹张，上首红契一张，共计弍张，付买主收存。

当日收钱肆千正，下欠钱四十八千正。付清完。

乾隆十二年五月初三日

立卖房人 陈元龙（押）
宋文昇（押）
中保人 刘纯一（押）
吴玉公（押）

【注】

[一] 原件藏北京大学图书馆。

[二] 韩家台，「韩家潭」之讹称。在今北京西城区东北韩家胡同。清初有韩姓官员居此，地势低洼积水，因而得名。

[三] 吊，清时钱币单位，一千个制钱为一吊。吊亦写作「千」，读同「吊」。多用于纸币，称「吊票」。本契后书「肆千」「四十八千」，均应读「吊」。

一四〇九 清乾隆十四年（一七四九）武进县刘文龙卖田租再找契[一]

又立找契刘文龙，向有悰字号平田一亩八分，卖与陈名下，原价轻浅，找过一次[二]，仍未敷足，今再央中向找银七两，前后共银十五两。自找之后，田虽原主承种，如有租息不清，听凭业主收回自耕。恐后无凭，立此存照。

韩隆十四年二月　　日

立找契 刘文龙
中 王元 陈瑞章
代笔 元襄

【注】

[一]录自中国第一历史档案馆藏《刑科题本》乾隆三十二年（一七六七）正月二十三日明德题。

[二]上次找价在清雍正七年（一七二九）。参看本书前录该年《武进县刘文龙卖田租找契》。

一四一〇　清乾隆十四年（一七四九）宛平县刘洪基卖房白契[一]

立卖契人系顺天府宛平县民刘洪基义商议，今有祖房壹所，坐落西直门内河漕沿南大桥北边，坐东向西。门面房叁间，后有住房捌间，共拾壹间，门窗户壁、上下土木相连。情愿卖与

高　　名下为业。价银壹伯（佰）两。其银当日收足，并不欠少。言明本日腾房交与买主。如有亲族人等争竞拖欠官银，重复典卖等情，俱系卖主保人一面承管。恐后无凭，立此永远存照。

中保人　张会拯（押）

立卖契人　刘洪基（押）义（押）

乾隆拾肆年捌月　　日

【注】

[一]原件藏北京大学图书馆。

一四一一　清乾隆十五年（一七五〇）饶阳县李如柏卖场地文约[一]

立文人李如柏，因无银使用，今将庄内场二段，粮尺柒分壹厘捌毛。东至赵奇刚，西至李全贵，北至道，南至李春贵，四至明白。凭中人李来奉说，卖于王振西永远为业，言定共作价银拾贰两捌钱贰分肆厘。其银当日交足，外无欠少。恐后无凭，立文存照。

上带树株。

乾隆十五年　　月　　日　　立

大段中尺，　　小段中尺，

横可十步零五寸，　　横可二步，

长可二十五步二尺五寸。　　长可六步三尺。

【注】

[一] 原件藏北京大学经济系。饶阳县今属河北省。

一四一二　清乾隆十六年(一七五一)天津县江通侯叔侄卖房地基契[一]

立卖房并地基文契江通侯、侄江澍,因乏用,将自置灰草房拾肆间,门窗户壁俱全,地基壹段,弓口四至分明,坐落刘家胡同二道街,浼(浼)中齐兆堂说合,情愿卖与

丁　名下子孙永远为业。三面议定时值价纹银壹伯(佰)捌拾两整,其银笔下交足无欠。并无私债折准零星交价等弊,笔下卖绝。自卖之后,如有户族弟男子侄争竞为碍,俱在卖主一面承管,不与买主相干。此系两相情愿,各无返悔。恐后无凭,立此卖契永远存照。

计开:

东至买主,　　南至买主,

西至吴姓,　　北至官街。

南北长六丈七尺,　　东西前宽六丈二尺,后宽六丈三尺。

老契壹纸买主收执。

乾隆十六年十一月初二　日

立卖契　江通侯(押)　侄江澍(押)

同中　齐兆堂(押)

街邻　何文彬(押)　吴廷一(押)　黄殿一(押)　王东觐(押)

官经纪　沈起凤(押)

乡地　吴云客(押)　徐洪如(押)　赵国仁(押)

永远为业

(天津县官经纪沈起凤印)

【注】

[一]原件藏北京大学图书馆。

一四一三　清乾隆十六年（一七五一）直隶等处承宣布政使司颁给宛平县金名房税契尾[一]

钦命直隶等处承宣布政使司布政使明　　为遵
旨议奏事：蒙
前任总督部院方　宪牌，乾隆拾肆年拾贰月拾玖日，准
户部咨开：本部议复河南布政使富明条奏：买卖田产契尾，量为变通。嗣后布政司颁发契尾格式，编列号数，前半幅照常
细书业户等姓名、买卖田房价银、税银若干；后半幅于空白处预钤司印。投税时，将价、税银数　大字填写钤印之处。令
业户看明，当面骑字截开。前幅给业户收执，后幅同季册汇送布政司查核。等因。咨院行司。蒙此，拟合刊刷颁发。为此，
仰宛平县掌印官：凡民间典买房屋地土等项，着业户照契内价银，每两纳税银叁分，填写明白。将司颁契尾照议当面骑字
截开，前幅给发业户收执，后幅随季册送司，年终汇册报查。如有官吏改换侵隐情弊，查出揭参究处。须至契尾者。[二]

契尾

计开：

业户金名　买阮祺地　顷　亩　分坐落中西坊处　用价银伍百两。
　　　　　　　　房　拾　伍　间　　　　　　　投税银拾伍两。

布字壹千柒百叁拾叁号

右给业户　金名准此

乾隆拾陆年拾贰月

业户金名买阮祺价银伍佰两税银拾伍两[三]

【注】

[一]原件藏北京大学图书馆。
[二]本契尾格式自此时起，在北京地区一直沿用到清朝末年。
[三]骑缝半字。

一四一四　清乾隆十七年（一七五二）大兴县潘士英等卖房官契稿[一]

立卖房契人潘士英同男潘文谟耀，今因乏用，将自置瓦房壹所，门面房贰间，壹过道，连前后檐[二]，到底肆层院内厢房壹间，共计大小房玖间，后有落地壹条，门窗户壁、上下土木相连。坐落中城中西坊头铺总甲宋英地方。今凭中保人李志栋、韩亮公、白以忠、叶永盛、张荣、杜九卿、刘国祥说合，情愿出卖与

陈　名下永远为业。三面言定时值卖房价银叁百两整。其银当日收足，外无欠少。自卖之后，如有亲族长幼兄弟子侄人等争竞，及指房借贷满、汉银债，并官银库债等情争竞者，有卖房主父子同中保人一面承管。恐后无凭，立此卖房契永远存照。

内有原房潘姓红契壹张，上首红契伍张半，赎回无用红典契贰张，共计红契捌张半，买主收存。

乾隆拾柒年拾壹月　　日　　立卖房卖人　潘士英（押）

同男　潘文谟（押）

耀（押）

叶永盛（押）

韩亮公（押）

同中保人　李志栋（押）　杜九卿（押）

白以忠（押）　刘国祥（押）

张　荣（押）

大兴县契稿

左邻

右邻

房牙　李良弼

总甲　宋　英

凡民间置买田房，例应买主输税。成交后，该牙即执稿赴县挂号，并催业户照例输纳，填写契照钤印，给业户收执，以便稽查捏造等弊。如违，宽治不贷。

字第　　号

【注】

［一］原件藏北京大学图书馆。与下件《潘士英等卖房官契》《陈名房税卖尾》相连。

一四一五　清乾隆十七年（一七五二）大兴县潘士英等卖房官契［一］

顺天府大兴县今据陈名用价叁百两遵纳税银玖两

立卖房契人潘士英同男潘文谟、文耀，今因乏用，将自置瓦房壹所，门面房贰间，壹过道，连前接檐，到底四层，院内厢房壹间，共计大小房玖间，后有落地壹条，门窗户壁、上下土木相连。坐落中城中西坊头铺总甲宋英地方。今凭中保人李志栋等说合，情愿出卖与陈　名下永远为业。三面言定时值卖房价银叁百两整。其银当日收足，外无欠少。自卖之后，如有亲族长幼兄弟子侄人等争竞，及指房借贷满、汉银债，并官银库债等情争竞者，有卖房主父子同中保人一面承管。恐后无凭，立此卖房契永远存照。

内有原房潘姓红契壹张，上首红契伍张半，赎回无用红典契贰张，共计红契捌张半，买主收存。

乾隆拾柒年拾贰月　　日

男　潘文谟、文耀

立卖契人　潘士英

房牙李良弼

总甲宋英（章）

中保人　叶永盛　张　荣　代书

韩亮公　杜九卿

李志栋　刘国祥

白以忠

左邻

右邻

顺天府大兴县

【注】

［一］原件藏北京大学图书馆。与上件《卖房契稿》、下件《陈名房税契尾》相连。

一四一六　清乾隆十七年（一七五二）直隶等处承宣布政使司颁给大兴县陈名房税契尾[一]

契

钦命直隶等处承宣布政使司布政使王　　为遵

旨议奏事：蒙

总督部院方　宪牌：乾隆拾肆年拾贰月拾玖日准

户部咨开：本部议复河南布政使富明条奏：买卖田产契尾，量为变通。嗣后布政司颁发契尾格式，编列号数，前半幅照常细书业户等姓名、买卖田房价银、税银若干；后半幅于空白处预钤司印。投税时，将价、税银数大字填写钤印之处。令业户看明，当面骑字截开。前幅给业户收执，后幅同季册汇送布政司查核。等因。咨院行司。蒙此，拟合刊刷颁发。为此，仰大兴县掌印官：凡民间典买房屋地土等项，着业户照契内价银，每两纳税银叁分，填写明白。将司颁契尾照议当面骑字截开，前幅给发业户收执，后幅随季册送司，年终汇册报查。如有官吏改换侵隐情弊，查出揭参究处。须至契尾者。[二]

计开：

业户　陈名　买潘士英　地　顷　亩　分　坐落　中城　处　用价银叁百两

房　玖　间　坐落　中西坊　处　投税银玖两

布字贰　百捌拾　捌　号

尾

右给业户陈名准此

乾隆拾柒年拾贰　月　日

业户陈名用价银叁百两，税银玖两[二]

【注】

[一]原件藏北京大学图书馆。

[二]骑缝半字。

一四一七　清乾隆十七年（一七五二）大兴县汤六十三卖房基地民契纸[一]

立卖契人汤六十三，今有房基地壹块，坐落李纱帽胡同北口内中间路西地方。东至官街为界，南至官地为界，西、北俱至周姓墙界，四至分明。今因乏用，情愿凂中说合，将此房基出卖与周姓名下管业盖造。三面议定契价纹银伍百两正。其银笔下交足，并无欠少。自卖之后，两边情愿，各无翻悔。倘有亲族人等争竞等情，俱系中保人刘镇同卖主汤六十三等壹面承管。恐后无凭，立此卖契永远存照。

再：此地并无红白老契，银主深知根底，故不用牙总戳记[二]，情愿自行投税。并炤。

乾隆拾柒年拾弍月　　日

立卖契人　汤六十三（押）

中保人　刘　镇（押）

卖契

【注】

[一] 原件藏北京大学图书馆。

[二] 牙总戳记：牙，官房牙；总，总甲，北京外城坊巷的头人。他们各有戳记，用于民间契约，具有官方性质。

一四一八　清乾隆十九年（一七五四）大兴县陈门王氏卖地红契[一]

立卖地契文约人陈门王氏同亲生子陈永祥，因度日艰难，烦乡亲说合，自情愿将坐落塔院庄南黎家窝地一段叁亩，东至旂地，南至旂地，西至河岸，北至民地，出卖与白琦名下永远为业，任凭耕种修培树木。当日言明时值价小钱叁拾捌千整，合银六两叁钱肆分，其钱笔下交足。并非私债准折，亦无亲族人等争执。自卖之后，听凭永远管业。并无旁人争论。尽在卖主一面承管。此系两相情愿，永无返悔。恐后无凭，立此卖契永远为炤（照）。

计开：

坐落庄南地一段叁亩，内有树陆颗（棵），系关厢里四甲纳粮民地。

乾隆拾玖年贰月初三　　日

立卖地人　陈门王氏（押）

同　子　陈永祥（押）

中　见　潘玉峰（押）

代笔人　姚郁文（押）

永远为业

【注】

[一] 原件藏北京大学图书馆。

一四一九　清乾隆十九年(一七五四)天津县丁予范卖房并地基红契[一]

立卖房并地基文契丁予范同子师震，因乏用，将自置江姓正灰草房拾间，南房贰间，东房贰间，系民地民房，坐落刘家胡同后二道街，此房东至丁姓，西至遆姓[二]，北至街道，南至丁姓后院，雨水仍由丁姓院出，四至分明，土木相连。凭中说合，卖与王永名下永远为业。三面议定，时值卖价足纹银壹伯柒拾柒两整，一切亲族人等画字礼在内，其银笔下收足，毫无私债准折，零星等事。自卖之后，倘有户族弟男子侄别姓人等争竞、违碍，俱在卖主并中人一面承管，不与买主相干。系两家情愿，各无返悔。欲后有凭，立此绝卖文契存照。

计开：原买老契壹纸。

东至丁姓，南至丁姓，

西至遆姓，北至官街。

南北长六丈七尺，东西前宽六丈二尺，后宽六丈三尺。

乾隆十九年八月二十一日

立卖主　丁予范(押)

同子　丁师震(押)

同中　何文彬(押)　□□□(押)

□邻　遆永年(押)　丁太升(押)　沈永□(押)

官经纪□□□(押)　□　□王成业(押)

(天津县官经纪□□□印)

【注】

[一] 原件藏北京大学图书馆。

[二] 逓（音同提），姓。《集韵·齐韵》：「逓，姓也。」《通志·氏族略三》：「逓氏，音帝，今同州、澄城多此姓。本铜鞮氏，避事改焉。」

一四二〇 清乾隆十九年（一七五四）宛平县柴博元等卖房地民契稿[一]

立卖契人襄陵县柴博元、吴玉山、郭四智等，缘立会馆[二]，使用贾姓银叁百两。今合县首中人等公议[三]，将原与太平县[四]李书科等分得韩家潭[五]西北角北房三间、南房三间、空地两块，抵卖[六]于贾姓　名下，作价银壹百弍拾两。自卖之后，任凭贾姓管业，合县人等，不许争执阻当。恐后无凭，立此卖契存照。

计粘连分单壹纸。

乾隆拾玖年九月廿五日　　立卖契人　柴博元（押）　吴玉山（押）　郭四智（押）

【注】

[一] 原件藏北京大学图书馆。

[二] 会馆，明清时期，由于商贸等需要，许多省区同乡在京城或大埠设立馆舍，以供同乡聚会或寄宿。一般称同乡会馆。

[三] 县首，襄陵县在京同乡中的代表人物。

[四] 太平县，治今山西襄汾县西南汾城。

[五] 韩家潭，亦称韩家台，在今北京西城区。

[六] 抵卖，折价抵账。

一四二一 清乾隆二十一年（一七五六）山阴县孙明皋出田推旗[一]

立推旗人孙明皋，今将自己十七都七图户内孙荣户内龙字一百十一号中田五厘，出推于陈公元户内入册输粮。此照

乾隆二十一年　〔月〕　日　　立推旗　孙明皋（押）

见推　刘克明(押)

代书　孙雄飞(押)

推旗[二]

【注】

[一]原件藏北京大学图书馆。

[二]推旗，亦称「推单」，买卖房地产过户的证明。

一四二二　清乾隆二十二年(一七五七)休宁县汪阿郑卖田契[一]

十七都七图立卖契人汪阿郑，今因种作缺乏人力，自愿将阿夫遗下田壹业，坐落土名亥干，系新丈来字壹佰零伍号，计积七十贰步六分乙厘伍毫，上则田税叁分捌厘贰毫壹丝捌忽捌微。其田东至　，西至　，南至　，北至　。又将同处田壹业，系来字壹佰肆拾号，计积肆佰捌拾贰步四分，中则田税贰亩乙分玖厘贰毫伍丝。其田东至　，西至　，南至　，北至　。以上八至内田凭中立契，尽行出卖与叁都五图　吴名下为业，当日三面议定得受时值炻色价银捌拾陆两陆钱整[二]。其银当成契日一并收足讫，其田随即交与买人管业收留。未卖之先，并无重复交易以及来历不明、内外人等生情异说。如有此情，尽是卖人承当，不涉买人之事。其税今奉新例随即起割推入买人户内办纳粮差。所有来脚赤契贰纸、归户贰纸缴付收执。今欲有凭，立此卖契永远存照。

今就契内价银一并收足讫，另不立领札。再批押。内改「来」、「贰」两字。又批押。

乾隆二十二年三月　　日

立卖契人　汪阿郑

同男　东选

凭中　汪含光　俞怡廷(押)　汪凤容　吴□□　吴其有

【注】

[一]录自北京大学图书馆藏清抄本休宁《吴氏契底簿》。

[二]炻，即「九五」。「九五色价银」言价银的成色。

一四二三　清乾隆二十二年（一七五七）山阴县胡德言出湖田推旗[一]

立推旗胡德言，今将自己户内卅三都四图胡睿礼户内菜字七百八十四号湖田贰亩伍分叁厘四毛，出推于十七都四图陈元户内。二十二年入册，二十三年输粮为始。此炤。

乾隆二十二年六月　日

立推旗　胡德言（押）
见推　胡星远（押）
代书　胡则有（押）

推旗

【注】

[一] 原件藏北京大学图书馆。

一四二四　清乾隆二十二年（一七五七）休宁县汪昭万卖地契[一]

十七都七图立卖契人汪昭万，缘因先年父手置买三都五图，坐落土名亥干，字叁佰捌拾捌号巷路壹道[二]，计地税叁厘肆毫零四忽五微。今因乏用，自愿央中将此原税加立卖契出卖还三都五图原业人吴　名下管业，当日三面议定得受原买价九五色银贰两整。其银当成契日，是身一并收足讫，即将巷路地原买契壹纸、原归户壹纸共两纸，随即缴还原业主管业。其税在本家汪斯户内起割，推入原业主赎回人户内办纳粮差。未卖之先，并无当押他姓及本家内外人生情异说。如有此情，尽是卖人成（承）当，不涉赎回人之事。今欲有凭，立此卖契永远存照。

今就契内价银一并收足讫，另不立领札。再批。

乾隆弍拾弍年六月　日

立卖契人　汪昭万
凭中　吴其有（押）　汪含光　吴纯文

【注】

[一] 录自北京大学图书馆藏休宁吴氏清抄本《契底薄》。

［二］似有脱漏。

一四二五　清乾隆二十三年（一七五八）大兴县王文学卖房官契稿[一]

立分卖房契人王文学，今因乏用，将自置瓦房壹所，门面房叁间，到底叁层，头层房后院内有东游廊叁间，共计大小房、游廊拾贰间。后有落地壹条。门窗户壁、上下土木相连。坐落中城中西坊二铺总甲杨成地方。今凭中保人李圣言、张培玉说合，情愿出分卖与

张　　名下永远为业。三面言定时值分卖房价银伍百两整。其银当日收足，外无欠少。自分卖之后，如有亲族长幼兄弟子侄人等争竞，及指房借贷满、汉银债并官银库债等情争竞者，有分卖房主同中保人一面承管。恐后无凭，立此分卖房契永远存照。

内有原房王姓本身红契上半张，院宪批呈壹张，共计壹张半，买主收存。其王姓本身红契下半张，上首红契壹张，仍付原业主王姓收存。

乾隆贰拾叁年捌月　　日

立卖房契人　王文学

同中保人　李圣言

张培玉

左邻

右邻

房牙　李良弼

总甲　杨成（戳）

凡民间置买田房，例应买主输税。成交后，该牙即执稿赴县挂号，并催业户照例输纳，填写契照钤印，给业户收执，以便稽查捏造等弊。如违，究治不贷。

谦字第叁弍号

大兴县契稿

【注】

［一］原件藏北京大学图书馆。

一四二六　清乾隆二十三年（一七五八）大兴县王文学卖房官契[一]

顺天府大兴县今据张名用价契买遵纳税银事：

立分卖房契人王文学，今因乏用，将自置瓦房壹所，门面房叁间，到底叁层，头层房后院内有东游廊叁间，共计大小房、游廊拾贰间。后有落地壹条。门窗户壁、上下土木相连。坐落中城中西坊二铺总甲杨成地方。今凭中保人李圣言、张培玉说合，情愿出分卖与

张　　名下永远为业。三面言定时值分卖房价银伍百两整。其银当日收足，外无欠少。自分卖之后，如有亲族长幼兄弟子侄人等争竞，及指房借贷满、汉银债并官银库债等情争竞者，有分卖房主同中保人一面承管。恐后无凭，立此分卖房契永远存照。

内有原房王姓本身红契上半张，院宪批呈壹张，共计壹张半，买主收存。其王姓本身红契下半张，上首红契壹张，仍付原业主王姓收存。

乾隆贰拾叁年捌月　　日

立卖房契人　王文学　房牙　李良弼（戳）

中保人　李圣言　总甲　杨成（戳）

张培玉　代书

右
邻
左

（批）

我生得四子，大名大德，有三十岁；第二大纪，有廿九岁；第三大爵，有廿七岁；第四大炜，有八岁。干井胡同分第四儿子收受。

五十二年八月廿八日亲笔。

新契二儿子借去押银，约九月还房契。

顺天府大兴县

【注】

[一] 原件藏北京大学图书馆。

一四二七　清乾隆二十三年（一七五八）徽州张尧玉等卖地契[一]

立杜卖地契张尧玉仝弟依玉等兄弟商议，情愿将祖遗张家坦公共熟地、荒地、树木，四至界墈，上以山顶为界，下以天河为界，左以魏宅坟山为界，右以余家冲为界。界内截出分授己名下熟地、荒地、树木大小片数不计，凭中踏看明白，并无遗留，立契出卖与江名下在上兴种蓄树管业。当日得受时值地价银拾两整，高堂劝仪并一切杂项在内。此系情愿，并无逼勒等情。今欲有凭，立此卖地契永远存照。

乾隆二十三年十一月二十日

立卖地契　张依玉　尧玉　德玉　元玉
户　尊　张大伦
凭　中　江良楚　杨高伯　黄鲁祥　叶左聘
兄　国正
叔　怀宗　怀三
兄　国彬
弟　国文　金以升　叶层宵
依口书　叶蕴山

【注】

[一] 原件藏安徽省博物馆。编号二·二九六四六。

一四二八　清乾隆二十三年（一七五八）大兴县刘珮卖房白契[一]

立卖契人刘珮，因乏用，将石大人胡同[二]中间座南向北，公府对过曹乱瓦房陆间，凭中人说合，卖与正白旗汉军　刘名下永远为业。言明价银陆拾伍两整。如有亲族人等争兢，有卖主一面承管。恐后无凭，立此存照。

内有焦名下白纸一张，买主收存。此外并无契纸，日后如有人执契争竞者，有卖主一面承管。

乾隆二十三年十二月　　日

中人　周国选（押）
何廷璧（押）
立卖契人　刘　珮（押）
知根底保人　周文义（押）
广　德（押）
朝　官（押）

【注】

［一］原件藏北京大学图书馆。

［二］石大人胡同，在今北京东城区东南部。明称石大人胡同，因武清侯石亨宅第得名。一九一二年中华民国外交部设此，更名外交部街至今。

一四二九　清乾隆二十三年（一七五八）休宁县汪尔征卖地红契[一]

本都本图立卖契人汪尔征，今将祖遗受化字乙千四百七十八号，地税四厘，土名下水口。凭中出卖与许荫祠名下为业，得受时值价银贰两。其银当即收足，其税随即过割入买户支解。此系两愿，并无准折等情，从前至今亦无重复交易。倘有亲房内外人等异说，皆系卖人承当，不涉受业人事。今恐无凭，立此卖契存照。

乾隆二十三年十二月　　日

立卖契人　汪尔征
凭中　汪根实　汪光宁
亲笔

【注】

［一］原件藏安徽省博物馆。编号二·二三四七八。

一四三〇　清乾隆二十三年（一七五八）休宁县汪阿方卖地红契[一]

本都本图立卖契人汪阿方，今因钱粮紧急，自愿将承祖分受化字乙千四百七十八号，地税四厘，土名下水口。凭中立契出卖与许荫祠名下为业，得受时值价银拾肆两正。其银当即收足，其税随即过割入买户支解，其地即交管业。于上许文会原先具养杂木树，今一并点明交与许〔荫〕祠无异。此系两相情愿，并无威逼准折等情，从前至今亦无重复交易。倘有亲房内外人等异说，系身承当，不涉受业人事。今恐无凭，立此卖契存照。

再批：计树贰十八根，其树价一并收足。再不另立收领。

乾隆二十三年十二月　日　　立卖契人　汪阿方

凭中　汪尔征　汪光宇

奉书男　汪根实

【注】

[一] 原件藏安徽省博物馆。编号：二·二三四七八。

一四三一　清乾隆二十四年（一七五九）大兴县王佩玉卖房官契[一]

顺天府大兴县今据王名用价契买遵例纳税事

立卖房契人王佩玉，今因乏用，将自置房壹所，东灰棚贰间，贰层瓦房贰间，后层瓦房肆间，贰层东挎灰棚贰间，共计房棚拾间，后有落地壹条，门窗户壁、上下土木相连，坐落中城东二铺高井胡同路北。今凭中保人说合，情原卖与王　名下永远为业。三面言明卖价纹银叁百两整。其银当日收足，外无欠少。自卖之后，如有亲族人等争竞，有卖主一面承管。恐后无凭，立此存照。

此房有原卖王姓本身红契壹张，上首白三姓红契叁张，共计肆张，跟随。并照。

乾隆贰拾肆年壹月　日　　立卖契人　王佩玉（押）　房牙

中保人　朱宁和（押）　总甲

顺天府大兴县

【注】

[一]原件藏北京大学图书馆。

一四三二　清乾隆二十四年（一七五九）休宁县吴清宇活卖地红契[一]

二十一都二图立卖地契人吴清宇，今将续置化字三千二百六十六号，地税五分八厘六毫，土名鲍宅充；又化字三千二百六十九，又十号，地税壹亩零六厘二毫，土名亭儿上；又化字三千四百一十三号，地税四分六厘四毫，土名唐模塘，四至载册。凭中立契出卖与本都本图许荫祠名下。三面议定得时值九色银贰拾贰两整。其银当即收足，其地税即交管业过割入户输粮。此系两相情愿，并无威逼准折等情。倘有亲房内外人等异说，俱系出卖人承当，不涉受业人之事。恐口无凭，立此卖契存照。

其地言定五年之内取赎。五年之外不准□酌使用。五年内自认，五年外不认。此批。

乾隆二十四年十月　　日

立卖地契人　吴清宇

凭中　吴衡鉴　吴善长

代笔　吴仪一

【注】

[一]原件藏安徽省博物馆。编号二·二三四七七。

一四三三　清乾隆二十五年（一七六〇）休宁县汪思成卖地红契[一]

二十一都六图立卖契人汪思成今将己置场字贰千零四十九号，地税壹亩贰分，土名上后坞。今凭中立契出卖与许名下为业，三面议定得受价九色银拾叁两整。其银当即收足，其地听凭过割入户管业收租，无得异税。倘有亲房内外人等异说，俱系出卖人一并承当，不涉受业人之事。恐口无凭，立此卖契永远存照。

乾隆二十五年四月　　日

立卖契人　汪思成

中　人　许永年　许永宁　许开万　汪亲万　汪文彩

代笔 汪和五

【注】

[一]原件藏安徽省博物馆。编号二·二三四七九。

一四三四 清乾隆二十七年(一七六二)休宁县八图发给业主童世远佥票[一]

佥票

二拾九都八图奉

本县明示:将本图丈过田地山塘,每号照丈积步,依则清查,分亩给发小票。业人亲领,前付该图,亲供造册归户,凭此票照。

(契买本都八图里九姑塚住陈有元妻黄氏正屋西首□屋壹大间,并出入路地)[二]

今丈使字壹千柒百贰拾叁号,土名九姑塚。丈积分庄中田成地柒步整。该税叁厘贰毫整。现业本都十图 甲童世远户丁爱孙。

乾隆贰拾七年三月 日 八图公正 黄五林(公章)

【注】

[一]原件藏北京大学图书馆。

[二]括号内为加批文字。

一四三五 清乾隆二十七年(一七六二)大兴县周进孝等卖房官契[一]

顺天府大兴县今据祝名用价壹百伍拾两遵纳税银肆两伍钱

立卖房契人周进孝同弟周永福,因乏用,将自置瓦房壹所,共计大小伍间,门窗户壁、上下土木相连,坐落 南城正东坊一牌三铺总甲地方。今凭中说合,情愿出卖与

祝 名下住座为业。三面言定房价银壹百伍拾两整。其银当日收足,外无欠少。自卖之后,倘有满、汉亲族人等争竞,有卖主一面承管。两家情愿,各无返悔。如有先悔之人,甘罚契内银一半入 官公用。恐后无凭,立此卖契存照。

内有老红契式张,明季契壹张,共叁张,付祝名下收存。

乾隆二十七年六月　　日　　　　立卖房人　周进孝

弟　周永福　　祝国盛

黄有林　　张世杰

王国珍（戳）

赵　德（押）

顺天府大兴县

顺天府大兴县为察取钱粮项款以便酌定经制事：蒙

本府信票，据经历司案呈，蒙

巡按察院　宪牌奉　都察院勘札，准　户部咨行前事缘由，转行所属，一体遵奉施行等项，准案。但格式模糊，相应更换。诚恐法久废弛，合抄

清律一款附后，以示置产人户各遵律例，毋得自取罪戾，追悔无及。须至收纸者。

一、奉　　　　一、律例

旨：税例每两以三分为准。　凡典买田宅不税契者，笞五十；仍追契内田宅价钱一半入官。律例开载，法在必行。

一、示房牙知悉，如不勤催投税，定行重责枷示。

【注】

［一］原件藏北京大学图书馆。

一四三六　清乾隆二十八年（一七六三）休宁县赵尔坚等卖地红契[一]

二十一都一图立杜卖契人赵尔坚仝弟细大、观禄、细华等，今因管业不便，将祖遗化字乙千八百五十三号，地税五厘六毛五系；又仝号地税四毛三系，土名大园西边窖乙只，并路在内出入，凭中立契出卖与二十一都二图程　名下为业，三面言定时值价纹银捌两整。其银当即收足，其税即交买人管业支解。从前至今并无典当他人、重复交易。此系两相情愿，并无威逼等情。倘有亲房内外人等异说，俱系出卖人承担，不涉买人之事。今恐无凭，立此卖契永远存照。

乾隆二十八年三月　　日

立杜卖人、赵尔坚
同弟　赵细大　赵观禄　赵细华
凭中人　汪成万　程合喜　吴坤载　汪耀先
吴尚林　汪有德　汪盛如　汪麟凤
依口代笔　吴天祁

【注】

[一] 原件藏安徽省博物馆。编号二·二三一一四。

一四三七　清乾隆二十八年(一七六三)休宁县戴运嫂卖地契[一]

十八都八图立杜卖绝契人戴运嫂，今因急用，自愿央中将承夫遗下地一业，土名金家园，系新丈朝字　　号，内取地一穴，东至　　，西至　　，南至　　北至　　。今将四至内地凭中立契出卖与王名下为业。三面议定得受契价银肆钱伍分整。其银当成契日一并收足，其地随即交与买人管业，听从扦造风水，无得难阻。日前并无重复交易及一切等情。倘有内外人言异说，尽是出卖人承值，不涉买主之事。今恐无凭，立此杜卖契永远存照。

二十九年五月收银壹钱，是身银去生息，永远代王宅纳粮无异。再批。　运嫂收

乾隆二十八年五月　　日立卖契人　戴运嫂
凭中人　叶重

【注】

[一] 原件藏安徽省博物馆。编号二·二七二六八。

一四三八　清乾隆二十八年(一七六三)大兴县李圣言卖房官契稿[一]

立卖房契人李圣言，今因乏用，将自置盖瓦房壹所，门面房叁间，外壹通道，到底叁层，院内前后厢房捌间，前后通街，东边外跨门

面房壹间，后有灰棚壹间半，共计大小房棚拾玖间半。门窗户壁、上下土木相连。坐落中城中西坊二铺地方。今凭中保人等说合，情愿出卖与

孙　　名下永远为业。三面言定时值卖房价银柒百两整。其银当日收足，外无欠少。自卖之后，如有亲族长幼人等争竞，及指房借贷满、汉银债并官银私债等情，卖主同中保人一面承管。恐后无凭，立此卖房契永远存照。

内有原房李姓两置红契贰张，上首红契伍张，赎回批毁红白典契叁张，共计红白契纸拾张，买主收存。

乾隆贰拾捌年伍月　　日

立卖房契人　李圣言（押）

赵天福（押）

同中保人　李仙源（押）

童君伯（押）

刘法鏸（押）

房　牙　李良弼

总　甲　杨　德

凡民间置买田房，例应买主输税。成交后，该牙即执稿赴县挂号，并催业户照例输纳，填写契照钤印，给业户收执，以便稽查捜造等弊。如违，究治不贷。

□字第拾壹号

大兴县契稿

【注】

［一］原件藏北京大学图书馆。

一四三九　清乾隆二十八年（一七六三）大兴县李圣言卖房官契[一]

顺天府大兴县今据孙名用价契买遵纳税银事

立卖房契人李圣言，今因乏用，将自置盖瓦房壹所，门面房叁间，外壹过道，到底叁层，院内前后厢房捌间，前后通街，东边外跨门面房壹间，后有灰棚壹间半，共大小房棚拾玖间半。门窗户壁、上下土木相连。坐落中城中西坊贰铺地方。今凭中保人等说合，

情愿出卖与

孙　名下永远为业。三面言定时值卖房价银柒百两整。其银当日收足，外无欠少。自卖之后，如有亲族长幼人等争竞，及指房借贷满、汉银债，并官银私债等情，卖主同中保人一面承管。恐后无凭，立此卖房契永远存照。

内有原房李姓两置红契贰张，上首红契伍张，赎回批毁红白典契叁张，共计红白契纸拾张，买主收存。

乾隆贰拾捌年陆月　　日　　立卖契　李圣言　　房牙李良弼（戳「大兴县官房牙　李良弼」）

赵天福

同中保人　李仙源　　总甲　杨　德

童君伯

刘法翩　　代书

顺天府大兴县

【注】

［一］原件藏北京大学图书馆。

一四四〇　清乾隆二十九年（一七六四）宛平县孙门刘氏等卖房官契稿［一］

立卖房契人孀妇孙门刘氏同男孙朝统，今因乏用，将自置瓦房壹所，门面房叁间，外壹过道，到底叁层，院内前后厢房捌间，前后通街，东边外跨瓦房壹间，后有灰棚壹间半，前有门面房地基壹块，西边临街板壁壹槽，共计大小房棚拾玖间半，叁过道，门窗户壁俱全，佛龛照壁上下土木相连，坐落中城中西坊二铺干井儿胡同西口内路南地方，总甲杨德。今凭中保人等说合，情愿出卖与

刘　名下永远为业。三面言定时值卖房价银柒百两整。其银当日收足，外无欠少。自卖之后，如有亲族长幼人等争竞，及指房借贷满、汉银债，并官银私债等情，有卖主同中保人一面承管。恐后无凭，立此卖房契永远存照。

（不清）计红白契拾壹拾，买主收存。

乾隆二十九年四月　　日　　立卖房契人孀妇孙门刘氏（押）

同　男　孙朝统（押）

同中保人　陈建公（押）
刘法䰈（押）
胡廷臣（押）
房　牙　李良弼
总　甲　杨　德（戳）

昌字第拾贰号

宛平县契稿

另眷税讫（戳）

【注】

［一］原件藏北京大学图书馆。

一四四一　清乾隆二十九年（一七六四）休宁县里长程文明等代户卖厝地契[一]

立卖契三都六图一甲起至十甲止，里长程文明、闵永盛、吴应兆、任良德、汪九章、吴尚贤、金尚文、朱文翰、陈天宠等，缘因图内二甲吴一坤户里里役户丁吴国瑞[二]，先年原同余尚镇户两下朋充[三]，立有合墨[四]，轮流里役，催办钱粮完公。吴姓后只一丁，远年在外，更无信息，历年各里代完户内虚粮，赔贴排年此费。其户内细查得吴国瑞先年已当过土名长汀暑字柒伯三拾四号厝基地一业；余尚镇户丁余宪章又曾当上加当[五]。今因宪章故后，惟有随母带来一子名孙仂，全然不知门户钱粮、花户名姓住趾（址），无处催办。十数年来累身等各甲赔贴虚粮排费，户内全无出息花利可收。所以旧年三月，闵公升、陈绪五等控禀　胡县主案下奉批，准拘追差催数次，无奈孙仂实贫无措，不能赎回，立有限状在案，即此赔贴无休，势必务要误公。故众里公议[六]，以公业完公事。将此号内厝基地原当在吴名下安厝风水[七]，今照册细细查明，填清字号、土名，仍照吴姓原厝屋为中心，左边取地柒尺，右边取地捌尺，左右两边共取地壹丈五尺；前至田为界，后至塝为界。号内挖取地税叁厘整，众等央中再四说合，将前项开载明白，公众立契照，四至内地出卖与同都五图吴名下为业，听从扦作风水。当日三面议定，得受九五色价银肆拾伍两整，其银当成契日是身等一并收足。代吴一坤户置买田园、收租作利，完纳钱粮贴费，以免误公。其地向系买人原厝风水坐上，随即交割明白管业。倘日后吴一坤户有支丁回家生端，里排内自有公论。再或里排内外有人异说及号错讹，尽在出卖有名人等是问，一力承当，全不涉买人之事。其税奉例随在吴一坤户内起割，推入买人户内办纳粮差。今将号内挖取地税叁厘整，归户一纸，交付买人收执。今欲有凭，十里公立杜卖契永远存照。

今就契内价银一并收足讫，另不立领扎。再批。

乾隆二十九年十二月　日

现年人等

立卖契　一甲　程文明　户丁　永嘉　天仂

三甲　闵永盛　户丁　公升

四甲　吴应兆　户丁　以明

五甲　任良德　户丁　万荣

六甲　汪九章　户丁　斗铭

七甲　吴尚贤　户丁　礼豫　汝瞻

八甲　金尚文　户丁　西龙

九甲　朱文翰　户丁　敬三　敬孚

十甲　陈天宠　户丁　绪五

凭中　吴秀文　吴其有　查南友　潘风滨　刘贵臣　吴日先

【注】

［一］录自北京大学图书馆藏清抄本休宁《吴氏契底簿》。

［二］户丁，家中的成年男子。

［三］朋充，共同充当里役。

［四］合墨，合同。

［五］余宪章典地契约收入本书，见《清乾隆三年（一七三八）休宁县余宪章典地契》。

［六］众里，即「众里长」。

［七］吴名，姓吴名柏。　参看本书下录《清乾隆四十七年（一七八二）休宁县里长程文明等代户卖空地契》。

一四四二　清乾隆三十年（一七六五）宛平县陈大有卖房官契稿[一]

立卖房契人陈大有，今因乏用，将自置瓦房一所，门面房贰间，壹过道，连前接檐到底肆层，院内厢房壹间，共计大小房玖间，原买自盖后，有落地壹条，门窗户壁、上下土木相连。坐落中城中西坊头铺总甲宗英地方。今凭中保人等说合，情愿出卖与高　名下永远为业。三面言定时值卖房价银肆百玖拾两整。其银当日交足，外无欠少。自卖之后，如有亲族长幼兄弟子侄人等争竞，及指房借贷满、汉银债并官银私债等情，有卖主同中保人一面承管。恐后无凭，立此卖契永远存照。

内有原房陈姓红契壹张，上首红契陆张半，赎回无用红典契贰张，共计红契玖张半，买主收存。

立卖房契人　陈大有（押）
同中保人　魏含光
　　　　　张　浩（押）
房牙　李良弼
总甲　宗　英

乾隆三十年六月　　日

宛平县契稿

【注】

［一］原件藏北京大学图书馆。

一四四三　清乾隆三十二年（一七六七）休宁县孙廷秀卖田契[一]

三都六图立杜卖契人孙廷秀，今因急用，同母嘀议，央中将承祖遗下暑字贰千一伯八十四号地乙业，自开垦成田一坵，成园一片，及未开空地一并在内，共计本号地税一亩六分九厘七毛，坐落土名寺西，四至照册，立契尽行出卖与同都五图　吴名下为业，当日三面言定得受时值价银九五色银贰拾贰两正。其银当成契日是身一并收足讫，其田随即交与买人管业收苗。未卖之先，并无典当交易以及不明等情。如有此情，尽是身一力承当，不涉买人之事。其税奉例随即起割，推入买人户内办纳粮差。其上首来脚契文与别业相连，不便缴付。今将本号归户一纸缴付收执。今欲有凭，立此杜卖契永远存照。

立杜卖契　孙廷秀
主盟母　孙金氏
凭中　楚臣（押）　汪东茂　吴其有　富保

乾隆卅二年六月　　日

【注】

［一］录自北京大学图书馆藏清抄本休宁《吴氏契底簿》。

一四四四　清乾隆三十二年（一七六七）休宁县汪如川卖地契[一]

十七都七图立卖契汪如川，今因急用，自情愿将父遗下，坐落土名亥圩（干），系新丈暑字叁伯拾叁号，计田税壹亩伍分捌厘柒毫伍丝贰忽；又将土名亥干，系新丈暑字叁伯拾号，计田税壹亩肆分叁厘陆毫伍丝；又将土名皂荚，系新丈来字壹伯五拾叁号，计田税伍分玖毫壹丝叁忽；又将土名亥干，系新丈来字壹佰肆拾柒号，计田税柒分壹厘柒毫壹忽；又将土名任远亥干，系新丈寒字贰佰捌拾捌号，计田税壹亩壹分壹毫五丝五忽；又将土名任远亥干，系新丈寒字贰伯玖拾五号，计田税壹亩壹分壹厘整。以上陆号贰拾四至在册，不必载明，六〔号〕总共计田税陆亩肆分陆厘壹毫柒丝壹忽整，凭中立契尽行杜卖与三都五图吴名下为业，当日三面公估，得受时值九五色价银贰伯贰拾贰两整。其银当成契日一并收足讫，其田随即交与买人管业收租。未卖之先，并无重复交易及内外人生端异说等情。如有此情，尽是卖人承当，不涉买人之事。其税奉例随即起割，推入于买人户内办纳粮差。今将暑字号归户贰纸，又来字号归户贰纸缴付买人收执。其两号赤契与别业相连，未便缴付。又将契内寒字两号归户贰纸、赤契贰纸缴付买人收执。今欲有凭，立此杜卖契永远存照。

今就契内价银是身一并收足讫，另不立领。再批押。

乾隆三十二年十二月　　日

立杜卖契　汪如川

凭　中　周翰耀（押）　吴秀文　吴其有

依口代书　李仪斌

【注】

［一］录自北京大学图书馆藏休宁吴氏清抄本《契底簿》。

一四四五　清乾隆三十四年（一七六九）大兴县金秉智等卖房官契稿[一]

立顶卖房契人金秉智同胞弟秉信，今因乏用，将故父遗下瓦房一所，门面房贰间，前接檐贰间，共计房肆间，门窗户壁俱全。坐落中城中东坊头铺总甲甄照地方。今凭中保人说合，情愿出卖与张鼎名下永远为业。三面言定时值卖房价银贰百捌拾两整。其银当日收足，外无欠少。自卖之后，如有亲族长幼人等争竞，及指房借贷满、汉官银私债等情，有卖主同中保人一面承管。恐后无凭，立此卖房契永远存照。

内有原房金姓红契壹张，上首红契叁张，投税红契壹张，批毁红典契壹张，白典字一张，共计红白契纸柒张，标手一个，付买主收存。

乾隆三十四年十月　　日

立卖房契人　金秉智（押）

同胞弟　金秉信（押）

同中保人　程兴道（押）

房牙　李良弼（戳）

总甲　甄　照（戳）

代书　胡岐泰（押）

凡民间置买田房，例应买主输税。成交后，该牙即执稿赴县挂号，并催业户照例输纳，填写契照钤印，给业户收执，以便稽查捏造等弊。如违，究治不贷。

禄字第叁肆号

大兴县契稿

【注】

〔一〕原件藏北京大学图书馆。

一四四六　清乾隆三十四年（一七六九）休宁县程永胙卖园地契〔一〕

十六都十一图立杜卖契人程永胙，今因急用，自愿将祖遗下服字四千九百零九号，土名何子坦，计地七十步，计税（内除三穴）叁厘。其地东至　　，西至　　，南至　　，北至　　。今将前项四至内地凭中立契尽行出卖与程名下为业，当日三面言定时值九七色银叁两整。其银成契日一并收足，其园地随即交受主管业收苗受税，听凭扦造风水，眼同钉（订）界，只交现业为定。倘有字号不清，税亩多寡，只以现业为定。日前并无重复交易等情。倘有内外人言论，尽是出卖人承值，不涉买主之事。其税粮在于本都图程禄户内起割，推入本都图二甲程济华户内办纳无异。今恐无凭，立此杜卖契永远存照。

乾隆三十四年十二月　　日

立杜卖契人　程永胙

凭　婶　程阿芳
凭　中　程永微
依口代笔　程商年

【注】

[一] 原件藏安徽省博物馆。编号二·二七二六八。

一四四七　清乾隆三十四年(一七六九)休宁县汪蔚文叔嫂活卖田契[一]

十八都四图六甲立卖契人汪蔚文同嫂汪黄氏、侄汪尚禹，今因正用，自愿央中汪君禄等，将承祖遗下田壹丘，计租五硙。坐落土名三百充口，系新丈发字壹仟陆百壹拾八号，计税捌分整，承准塘水税四厘。其田系汪尚禹分法壹半，汪蔚文同嫂合壹半。凭中立契出卖与程处为业，三面议定时值九五色银拾五两整。其银当成契日一并收足；其田在本都图甲汪有源户内起割，推入十八都八图七甲程茂户内办纳粮差、收苗受税无异。并无内外人言，亦无别处重交[二]。如有不明等情，尽是卖人承值，不涉买主之事。其田日后不论年月远近，任从三人公同原价赎回，无得异说。所有使用如过五年之外取回，卖主不得认还。恐口无凭，立此卖契存炤(照)。

乾隆三十四年十二月　日

立卖契人　汪蔚文
同　嫂　汪黄氏
侄　汪尚禹
凭　中　汪君禄　汪宇清　程廷锦　程　顺

契内价银同年月日一并收足。

【注】

[一] 原件藏安徽省博物馆。编号二·一六八一九。
[二] 重交，「重复交易」省。

一四四八　清乾隆三十五年（一七七〇）休宁县陈冬九绝卖园红契[一]

四都贰图立杜绝卖契人陈冬九，为因乏用，自愿将园贰业：坐落土名粟山，系新丈闰字贰千乙百七十二号，计地税九厘六毫五系；又将土名肖庄，系新丈闰字贰千捌百五十号，计地税贰厘三毫三系乙忽。二业四至在册，凭中立契出卖与李文达名下为业，当日得受时值价九三色银肆两正。比即银业两相交明，并无准折逼勒成交。自卖之后，听从买人管业耕种。如有外人生端异说，尽是出业〔人〕承当理值，不涉买人之事。其税粮原在本都本图二甲佘长户内起割，任从买人推入户内支解粮差。今欲有凭，立此杜卖契永远存照。

其上首赤契乙纸，当即交明，此照。

乾隆三十五年六月　　日　　立杜卖契人　陈冬九（押）

凭中代笔　余思远（押）

【注】

[一]原件藏北京大学图书馆。

一四四九　清乾隆三十五年（一七七〇）天津县邵进惠卖地红契[一]

立杜绝卖地契人邵进惠，因乏手，央中人说合，将自己本身祖遗应分车辋地拾捌亩，每亩价白银叁两陆钱。又小南北地拾贰亩，每亩价白银叁两肆钱。共地贰段，计地叁拾亩，情愿绝卖与张圣辅名下永远管业。言明共时值价白银壹百零伍两陆钱，其银笔下交足，并不欠少，亦无私债零星折准。自卖之后，如有弟男子侄族人争竞为难，及不交原地亩，俱在卖主一面承管。此系二家情愿，并无反悔。欲后有凭，立此绝卖契存照。

再批：原有红契一纸失落无存，日后寻出，作为故纸。又天津县钱粮照册封纳。

乾隆三十五年十一月十八日　　立杜绝卖契人　邵进惠（押）

同中人　龙国彪（押）　郎瑞生（押）　郝士福（押）

高明远（押）

同　子　邵　训（押）　原（押）　浩（押）

弓口开后：

车辋地：南北长贰百玖拾弓。西至高，东至陈。　南宽十四弓半，中宽十三弓半，北宽十六弓。

小南北地：南北长一百七十弓。东至香火地，西至郎。　南宽十六弓，中宽十六弓，北宽十八弓。

永远为业

【注】

[一]原件藏北京大学图书馆。

一四五〇　清乾隆三十五年（一七七〇）宛平县高殿抡卖房官契[一]

顺天府宛平县今据海名下用价银捌百柒拾伍两正

立卖房契人高殿抡，今因乏用，将自置瓦房壹所，门面房贰间，壹通道，连前接檐到底肆层，院内厢房贰间，共计大小房拾间，前有顶排，后有落地壹条，门窗户壁、上下土木相连。坐落中城中西坊头铺总甲宋英地方。今凭中保人等说合，情愿出卖与正蓝旗满洲海　名下永远为业。三面言定时值卖房价银捌百柒拾伍两正。其银当日收足，外无欠少。自卖之后，如有亲族长幼人等争競，及指房借贷满、汉官银私债等情，有卖主同中保人一面承管。恐后无凭，立此卖房契永远存照。

内有原房高姓红契壹张，上首红契柒张半，赎回无用红典契贰张，共计红契拾张，付买主收存。

乾隆三十五年十月　　日　　立卖房契人　高殿抡

同卖人　张　亮　李耀祖
中保人　王廷瑞　陈　荣
　　　　江廷玉
房　牙　李良弼
总　甲　宋　英
里　长
代　书

另誊税讫（戳）

【注】

[一]原件藏北京大学图书馆。

一四五一　清乾隆三十五年（一七七〇）宛平县高殿抡卖房官契稿[一]

立卖房契人高殿抡，今因乏用，将自置瓦房壹所，门面房贰间，壹过道，连前接檐到底肆层，院内厢房贰间，共计大小房拾间，前有顶排，后有落地一条，门窗户壁、上下土木相连。坐落中城中西坊头铺总甲宋英地方。今凭中保人等说合，情愿出卖与正蓝旗满洲海　　名下永远为业。三面言定时值卖房价银捌百柒拾伍两整。其银当日收足，外无欠少。自卖之后，如有亲族长幼人等争竞，及指房借贷满、汉官银私债等情，有卖主同中保人一面承管。恐后无凭，立此卖房契永远存照。

内有原房高姓红典壹张，上首红契柒张半，赎回无用红典契贰张，共计红契拾张半，买主收存。

乾隆三十五年十一月[二]　　日

立卖房契人　高殿抡（押）
　　　　　　张　亮（押）
　　　　　　王廷瑞（押）
同中保人　　江廷玉（押）
　　　　　　李耀祖（押）
　　　　　　陈　荣（押）

宛平县契稿

房　牙　李良弼（押）

总　甲　宋　英（押）

盛字第拾肆号

【注】

［一］原件藏北京大学图书馆。

［二］此官契稿晚于上收官契一个月。

一四五二　清乾隆三十六年（一七七一）休宁县张君球绝卖坟基契[一]

立绝卖契张君球，今将河字叁百廿号田内坟基壹块约贰分零，情愿凭中出卖于本族　张英堂户内永作祭产，当得价银陆千文正。自卖之后，任凭管业收花。倘有别房争执，一应卖主承值。立此卖契为照。（押）

立绝卖田契　张君球（押）

见中　王圣华（押）

代笔　张望青（押）

乾隆叁拾陆年贰月　　日

今收到契价钱一并完足（押）

绝卖文契

【注】

［一］原件藏北京大学图书馆。

一四五三　清乾隆三十六年（一七七一）大兴县庞赞虞卖房白契[一]

立卖契庞赞虞，今将自置东猪市口三里河桥西边路北[二]住房，门面三间，到底四层，连楼檐共计破烂房拾弍间，出卖与杨　　名下为业。时值价银壹伯捌拾两。其银亲手收足，并无欠少。自卖之后，各无返悔，恐后无凭，立此字存照。

内有红白累落契帋九张，买主收存。

乾隆叁拾六年肆月　　日

立卖契　庞赞虞（押）

中保人　梁广生（押）

【注】

［一］原件藏北京大学图书馆。

［二］东猪市口三里河桥，在今北京东城区。猪市口，明称猪市口，因猪市在此得名。嘉靖年间修筑外城后，形成街巷。其范围泛指今前门大街与珠市口东、西大街交会处及附近地区。入清后渐雅化而称珠市口。其在原崇文区部分，有三里河、三里河街、三里河桥。

一四五四　清乾隆三十七年（一七七二）宛平县程廷秀卖房官契稿[一]

立卖房契人程廷秀，今因乏用，将祖遗瓦房一所，门面房叁间，贰层房叁间，院内厢房肆间，共计房拾间，后有落地一条，门窗户壁、上下土木相连。坐落中城中西坊二铺大马神庙西头路南总甲杨德地方。今凭知底保人等说合，情愿出卖与孙　　名下永远为业。三面言定时值卖房价银肆百两整。其银当日收足，外无欠少。自卖之后，如有亲族长幼人等争竞，及指房借贷官银私债等情，有卖主同中保人一面承管。恐后无凭，立此卖房契永远存照。

内有原房程姓红契壹张，上首周姓红契壹张，明季老契壹张，共计叁张，买主收存。再批。上首白契底一张，失落无存。日后如有人争竞者，有知底保人史姓一面承管。又照。

乾隆三十七年八月　　日

立卖房契人　程廷秀（押）

同知底保人　史　洪（押）

于存礼（押）

段士德（押）

同中保人　闫自富（押）

张浑祥（押）

萧以德（押）

宛平县契稿

房　牙　李华峰(戳「宛平县官房牙李华峰」)

总　甲　杨　德

【注】

[一] 原件藏北京大学图书馆。

一四五五　清乾隆三十七年(一七七二)宛平县程廷秀卖房官契[一]

顺天府宛平县今据孙名下用价银肆百两正

立卖房契人程廷秀，今因乏用，将祖遗瓦房一所，门面房三间，二层房三间，院内厢房四间，共计房拾间，后有落地一条，门窗户壁、上下土木相连。坐落中城中西坊二铺大马神庙西头路南，总甲杨德地方。今凭知底保人等说合，情愿出卖与孙　　名下永远为业。三面言定时值卖房价银肆百两正。其银当日收足，外无欠少。自卖之后，如有亲族长幼人等争竞，及指房借贷官银私债等情，有卖主同中保人一面承管。恐后无凭，立此卖房契永远存照。

内有原房程姓红契一张，上首周姓红契一张，明季老契一张，共计叁张，买主收存。再批。上首白契底一张，失落无存。日后如有人争竞者，有知底保人史姓一面承管。又照。

立卖房契人　程廷秀

同知底保人　史　洪

于存礼　张泽祥

中　保　段士德　萧以德

阎自富

房　牙　李华峰(戳)

总　甲　杨　德

里　长

代　书

乾隆三十七年八月　　日

另誊税讫(戳)

【注】

[一]原件藏北京大学图书馆。

一四五六　清乾隆三十七年(一七七二)休宁县给发业户黄惟相收税票[一]

宁字千四百十九号[二]

江南徽州府休宁县设立推收之法等事：案奉

各宪详定成例：民间买卖税产，设立联单，随时推收过户，不得留难，等因，遵奉在案。今据二十九都捌图七甲业户黄申之，买到

二十九都七图十甲黄芳如户丁文昭字乙千七百四十六号，土名五城中卫后地税地五十步 税二分五厘眼同对明，图册契税相符，合给印票，赍

赴本图册科，收入黄惟相户完粮，不得违悮。须至票者。

乾隆三拾七年玖月　　日给黄惟相佥讫

县

过户之后，票内注明册科某人收讫

字千四百十九号

【注】

[一]原件藏北京大学图书馆。

[二]骑缝半字。

一四五七　清乾隆三十八年(一七七三)宛平县陈文举等卖房官契[一]

顺天府宛平县今据孙名下用价银贰拾伍两正

立卖破烂房契陈文举同陈文魁，今因乏用，将自置破烂灰棚三间，前后随房院落门窗户壁、土木相连，坐落中城中西坊二铺大马

神庙西头路南总甲杨德地方。今凭知底中保人等说合，情愿出卖与

孙　名下永远为业。三面言定时值卖房价银贰拾伍两正。其银当日收足，外无欠少。自卖之后，如有亲族长幼人等争竞及指房贷官银私债等情，有卖主同中保人一面承管。恐后无凭，立此卖契永远存照。

内有原房陈姓白字一张，上首白字五张，买主收存。此房日后如有人另执契纸争竞等情，有卖主并知底保人一面承管。又照。

乾隆三十八年正月　日　　立卖破烂房契人　陈文举

同　陈文魁

张　聪　李德修

中保人　阎自富　章　祥

段士德

房　牙　李华峰（戳）

总　甲　杨　德

代　书

【注】

[一] 原件藏北京大学图书馆。

一四五八　清乾隆三十八年（一七七三）大兴县邵声远买房官契[一]

顺天府大兴县今据马名用价契买遵例纳税事

立卖契人邵声远，因乏用，将自置房壹所，坐落长巷下叁条胡同路北，对面房陆间，外有过道。情愿卖与

马　名下永远为业。觌面[二]言明时价纹银贰百两整。其银当日收足，外无欠少。自卖之后，如有亲族人等争竞，及指房借银，有卖主一面承管。恐后无凭，立此存照。

外有红契拾肆张，银主收存。

乾隆叁拾捌年肆月　日　　立卖契人　邵声远亲笔

顺天府大兴县

房牙

总甲

代书

【注】

[一]原件藏北京大学图书馆。

[二]觌面，当面。觌，音同狄。

一四五九　清乾隆三十八年（一七七三）宛平县严汉等卖房民契稿[一]

立绝卖房契人严汉同男克昌，因乏用，凭中保说合，将自置北城小安南营瓦房壹所，门面叁间，弍层；厢房弍间，共计大小房捌间，外有板墙壹座，缘系破烂，门窗户壁、上下土木相连。情愿出卖与

许　　名下永远为业。认（任）凭翻造，时值价纹银弍佰肆拾两整。其银当日亲手收足。自卖之后，倘日后有严姓并王姓弟男子侄亲族人等争竞者，系卖主严姓同中保人一力承管，与买主毫无干涉。欲后有凭，立此绝卖文契存炤。

再批：有严姓本身买房红契壹张，因王姓红契被窃落，有严姓保王姓议据壹张，一併交银主收存，并照。

乾隆三十八年七月　　日

立绝卖房契人　严　汉（押）　同男克昌（押）

中保人　王廷桂（押）　杨国华（押）

立契大吉

【注】

[一]原件藏北京大学图书馆。

一四六〇　清乾隆三十八年（一七七三）宛平县严汉等卖房官契[一]

顺天府宛平县今据许名下用价银贰百肆拾两正

立绝卖房契人严汉同男克昌，因乏用，凭中保说合，将　北城小安南营瓦房一所，门面三间，二层厢房二间，共计大小房八间，外有板墙一座，缘系破烂，门窗户壁、上下土木相连。情愿出卖与
许　名下，永远为业。认(任)凭翻造。时值价纹银贰佰肆拾两正。其银当日亲手收足。自卖之后，倘日后有严姓并王姓弟男子侄亲族人等(约有二十余字不清)立此绝卖文契存照。
(上首契处理，文字不清)

立卖房契人　严　汉
男　克　昌
中保人　王廷桂　杨国华
周士镇　钱如松
土永禄　李显明
马照麒　唐茂源
房　牙
总　甲
里　长
代　书

乾隆三十八年七月　日

另謄税讫(戳)

【注】

[一] 原件藏北京大学图书馆。

一四六一　清乾隆三十八年(一七七三)大兴县于君弼投税房官契稿[一]

立投税房契人于君弼，因有故父遗下原典徐姓不赎破烂西灰棚五间，随房院落一块，于姓自行起盖正瓦房贰间，正灰房壹间，共计房棚捌间，土木相连，坐落中城中东坊二铺高井胡同路北地方。情愿遵例赴县投税红契，以为永远管业。此房于姓起盖三间，用过木植砖瓦灰工连前置价，二共房价银壹百伍拾两整。其中并无假捏情弊。如虚，愿情甘罪。恐后无凭，立此投税房契永远存照。

内有原房白字三张，明季老红契一张，业主于姓收存。

立投税房契人　于君弼（押）
同中保人　胡文远（押）
房　牙　李华峰
总　甲　于　德

乾隆三十八年七月　　日

凡民间置买田房，例应买主输税。成交后，该牙即执稿赴县挂号，并催业户照例输纳，填写契照钤印，给业户收执，以便稽查捏造等弊。如违，究治不贷。

川字第肆拾号

大兴县契稿

【注】

[一]原件藏北京大学图书馆。

一四六二　清乾隆三十八年（一七七三）大兴县于君弼投税房官契[一]

顺天府大兴县今据于名用价契买遵例纳税事

立投税房契人于君弼，因有故父遗下原典徐姓不赎破烂西灰棚五间，随房院落一块，于姓自行起盖正瓦房贰间，正灰房壹间，共计房棚捌间，土木相连，坐落中城中东坊二铺高井胡同路北地方。情愿遵例赴县投税红契，以为永远管业。此房于姓起盖三间，用过木植砖瓦灰工连前置价，二共房价银壹百伍拾两整。其中并无假捏情弊。如虚，愿情甘罪。恐后无凭，立此投税房契永远存照。

内有原房白字三张，明季老红契一张，业主于姓收存。

乾隆叁拾捌年拾月　　日

立投税契人　于君弼　房　牙　李华峰（戳）

顺天府大兴县

中保人　胡文远　总　甲　于　德

代　书

【注】

[一]原件藏北京大学图书馆。

一四六三　清乾隆三十八年(一七七三)休宁县黄景如收税归户票[一]

收税归户票

休宁县贰拾玖都壹图奉

县主　验契推收事：本图拾甲黄景如户丁

今买地　宗，土名五城中街，系信字 壹千柒佰叁拾肆号，计税柒分肆厘柒毫柒丝。
壹千柒佰叁拾捌号，计税叁分壹毫捌丝捌忽。

计地税壹亩肆厘玖毫伍丝捌忽整。

于本　年本月用价银

隆户一分九厘叁毛。

尚贤户四厘四毛五丝八忽。

买到仝都仝图肆甲黄茂户八分一厘式毛。　户丁

今照推票入册归户，给发小票，业主收执存照。

乾隆三十八年十弍月　日册里黄茂有(章)

癸拾陆号合同[二]

【注】

[一]原件藏北京大学图书馆。

[二]骑缝半字。

一四六四　清乾隆三十九年（一七七四）宛平县孙刘氏等卖房官契[一]

顺天府宛平县今据刘名下用价银柒佰两正

立卖房契人孀妇孙刘氏等，因乏用，将自置瓦房一所，门面房叁间，外一过道，到底三层，院内前后厢房捌间，前后通街，东边外跨瓦房一间，后有灰棚一间半，前有门面房地基一块，西边临街，板壁一槽，共计大小房棚拾玖间半，叁过道，门窗户壁俱全。佛龛照壁、上下土木相连。坐落中城中西坊二铺干井儿胡同西口内路南地方。今凭中保人等说合，情愿出卖与

刘　名下永远为业。三面言定，时值卖房价银柒百两正。其银当日收足无欠。自卖之后，如有亲族长幼人等争竞，及指房借贷满、汉官银私债等情，有卖主中保人一面承管。须至执照者。

再：内有原房孙姓红契一张，上首李姓红契二张，累落红契伍张，赎批毁红白典契三张，共计红白契纸拾壹张，买主收存。并照。

立卖房契人　孙刘氏

同卖人　男　孙朝统

中保人　刘法龍　胡廷臣　陈建公

房　牙　李良弼（戳）

总　甲　杨　德（戳）

里　长

代　书

乾隆三十九年四月　　日

【注】

[一] 原件藏北京大学图书馆。

一四六五　清乾隆三十九年(一七七四)宛平县高芝秀卖碓房红契[一]

立卖房契人系顺天府宛平县人高芝秀，今因乏手，凭中保说合，将自置铺面瓦房一处，坐落河漕沿后车儿胡同西口外北边路东。有门面房二间，灰房一间，后有房一间，共计肆间。门窗户壁相连，开碓房生理。情愿卖与白名下永远为业。言定卖价纹银玖拾两整[二]。其银笔下交足，并不欠少。自卖之后，如有来历不明、重复典卖、满、汉亲族人等争竞等弊，有业主同保人一面承管。恐后无凭，立卖契存照。

乾隆叁拾玖年五月　　日

中保人　王　琏(押)

立卖契人　高芝秀(押)

存原红契一张，此旧契一张因年久□无存。倘有，作为费(废)纸。

【注】

[一] 原件藏北京大学图书馆。

[二] 纹银，亦称「足纹」。作为标准银，有「十足成纹」之称。清政府对银两的铸造采取自由放任政策。《清文献通考·钱币考》:「其用银之处，官司所发，例以纹银。至商民行使，自十成至九成、八成、七成不等。遇有交易，皆按照十成足银递相核算。盖银色之不同，其来已久。」根据其成色高低和轻重，折合钱数。银钱比价，官方原定纹银一两等于制钱一千文。实际上，因银、铜本身价值随时变动，银两与制钱的市场比价也随时发生变化。大抵在乾隆朝以前，银钱市场比价多在法定比价之下；其后，由于私铸劣钱增加和白银外流，钱贱银贵，每两银换钱常至一千数百文。(参看《中国近代史词典》第三七二页。上海辞书出版社一九八二年版)

一四六六　清乾隆三十九年(一七七四)宛平县高芝秀卖房红契[一]

立卖房契人系顺天府宛平县人高芝秀，今因乏手，凭保说合将自置铺面瓦房一处，坐落河漕沿后车儿胡同西口外北边路东，有门面瓦房二间半，后有房一间，外有过道门半间，共计四间，门窗户壁、上下土木相连，开设草铺鞋甫(铺)生理，情愿卖与赵名下永远为业。言定卖价纹银捌拾两整。其银笔下交足，并不欠少。自卖之后，如有来历不明，重复典卖，满、汉亲族人等争竞等弊，有业主同保人一面承管。恐后无凭，立卖契存照。

此房原系自盖，并无红白契纸，

银主深知底里，情愿投税。

乾隆叁拾玖年五月　　日

中保人　王　琏（押）

立卖契人　高芝秀（押）

【注】

［一］原件藏北京大学图书馆。

一四六七　清乾隆三十九年（一七七四）山阴县发给陈洪英买田推户执照[一]

推户执照

绍兴府山阴县正堂赵　　为请严实力设局推收等事：遵奉宪行，今据十八都二图章德沛户内赉同契旗，将后开号亩除入十七都四图陈洪英户下入册承粮。合行填给除单存照。

计开：

龙字一百十一、二，　　中田壹分。

乾隆叁拾玖年十一月二十五日给

【注】

［一］原件藏北京大学图书馆。

一四六八　清乾隆四十年（一七七五）宛平县海庆卖房官契稿[一]

立卖房契人正蓝旗满洲海庆同管业人蒋国栋，今因乏用，将自置瓦房一所，门面房贰间，壹过道，连前接檐到底肆层，院内厢房贰间，共计大小房拾间，前有顶排，后有落地一条，门窗户壁、上下土木相连。坐落中城十西坊头铺观音寺前路南总甲宋英地方。今凭中保人等说合，情愿出卖与

厢红旗满洲富　　名下永远为业。三面言定时值卖房价银壹千两整。其银当日收足，外无欠少。自卖之后，如有亲族长幼兄弟子侄人等争竞，及指房借贷满、汉银债并官银私债等情，有卖主同中保人一面承管。恐后无凭，立此卖房契永远存照。

内有原房海名下红契壹张，上首红契捌张半，赎回无用红典契贰张，共计红契拾壹张半，买主收存。

乾隆肆拾年伍月　日

立卖房契人　海　庆（押）

同管业人　蒋国栋（押）

同中保人　高鸿远（押）

高辅臣（押）

房　牙　李华峰

总　甲　宋　英（戳）

代　书　胡岐泰

宛平县契稿

另眷税讫（戳）

顺字第贰拾柒号

【注】

[一]原件藏北京大学图书馆。

一四六九　清乾隆四十年（一七七五）休宁县黄景如买地收税归户票[一]

收税归户票

休宁县贰拾玖都壹图奉

县主　验契推收事：本图拾甲黄景如户丁

今买地　宗，土名五城街北，系信字壹千柒伯四十弍号，

计地税陆厘整。

于　　本年本月用价银

买到　同都柒图拾甲黄芳如户丁

今照推票入册归户，给发小票，业主收执存照。

乾隆四十年七月　　日册里黄茂有

丙字柒号合同

【注】

[一] 原件藏北京大学图书馆。

一四七〇　清乾隆四十年（一七七五）大兴县刘应科卖房官契[一]

顺天府大兴县今据赵名用价契买遵例纳税事

立卖房契人大兴县民刘应科，今因手乏，将原置糙烂房陆间，后又添盖房叁间半，共房玖间半。坐落崇文门内石大人胡同中间路南。同中说合，出卖与大兴县民

赵文英名下为业。言定卖价银肆百两整。其银笔下交足，并无欠少。自卖之后，如有亲族人等争竞，有卖主一面承管。恐后无凭，立此卖契永远存照。

外有上首焦名白契壹张，本身刘名红契壹张，跟随并照。　　　十九三　爱新觉罗氏[二]

乾隆肆拾年玖月　　日

立卖房契人　刘应科

知根底保人　刘玉秀

中　　　人　阎永福

顺天府大兴县

【注】

[一] 原件藏北京大学图书馆。

[二] 此行为另批小字。

一四七一　清乾隆四十年（一七七五）山阴县钱圣华出田地推单[一]

十八都一图钱圣华户后开入十七都四图陈洪英户输四十一年分粮米为始[二]。此炤。

龙字一百十二，　　中田正壹分。

附　　一　　地壹分柒厘。

俟投税，另换官单。并炤。

乙未十二月　　日单

【注】

[一]原件藏北京大学图书馆。

[二]粮米，钱粮。亦书作「银米」，或只书「粮」。

一四七二　清乾隆四十年（一七七五）大兴县孙起龙卖房官契[一]

顺天府大兴县今据韩名用价契买遵例纳税事

立卖房契人孙起龙，今因乏用，将自置瓦房壹所，门面贰间，贰层贰间，共房肆间，后有房身空地壹块，门窗户壁、上下土木相连。坐落中城中东坊贰铺高井胡同路北总甲邢德地方。今凭中保人等说合，情愿出卖与韩　　名下永远为业，叁面言定时值卖房价银壹百贰拾两整。其银当日收足，外无欠少，自卖之后，如有亲族长幼人等争競，及指房借贷官银私债等情，有卖主同中保人一面承管。恐后无凭，立此卖契永远存照。

内有原房孙姓红契壹张，上首库执照壹张，共计贰张，付置主收存，并照。

乾隆肆拾年　　月　　日

立卖房契人孙起龙　房牙　李华峰

中保人卜汉英　总甲　邢　德

代书

顺天府大兴县

【注】

[一]原件藏北京大学图书馆。

一四七三　清乾隆四十一年（一七七六）宛平县贾垂基卖房红契[一]

立卖契人襄陵县贾垂基[二]，今因缺用，情愿将自置瓦房陆间[三]，前后空地两块，门窗户壁俱全，坐落韩家潭。凭中说合，绝卖于章　名下永远为业。三面议定时值价银贰伯壹拾两整，其银当日亲手收足。自卖之后，认（任）凭业主改造管业。如有亲族及襄陵人争竞，有贾姓与中保人一面承管。欲后有凭，立此卖契存照。

外有分单壹张，红契壹张，付业主收存。

乾隆四十一年正月　　日

立卖契人　贾垂基（押）

毛季颜（押）

中　见　人　田国生（押）

周　兴（押）

贾耀元（押）

卖契

【注】

〔一〕原件藏北京大学图书馆。为民契稿。

〔二〕襄陵县，治今山西襄汾县西北襄陵。

〔三〕自置瓦房，贾垂基于清乾隆十九年（一七五四）买此房地。

一四七四　清乾隆四十一年（一七七六）休宁县吴凌云退田批据[一]

立批据三都四图六甲吴凌云，今批至同都五图三甲族弟　吴祥云名下。缘因本家承祖遗下田一业，坐落土名贵枝树，系新丈暑字四百九十四号，计税一亩九分七厘，其田向系本家收租。近因查图册，此号之田实系三都五图三甲吴遐宾户业，细查本家又无此号田契归户凭据，方知向来错管。今既照册查明，知错不能再错，是以向遐宾支丁祥云言明，一以失业多年，难以细查凭据。今凭亲族公处，着祥云出九五色银五十一两付凌云收得；此号田退出，仍归遐宾支丁祥云名下为业，免致日后生端。其税细查，向未过户，今亦不复起割推收。倘日后有人刷出此号契佥契兆等字样者，均不作有用。倘本家生端异说者，尽是凌云一力承当，不涉祥云之事。今将本田佃户租批缴付祥云收，听从另招招佃种作收租[二]，各无异说。今欲有凭，立此批据付祥云永远收执为照。

乾隆四十一年四月　日　　立批据　吴凌云

凭　中　吴象南　闵国佐　吴廷彩　陈晋山　吴位侯　黄会美

【注】

[一]录自北京大学图书馆藏休宁吴氏清抄本《契底簿》。

[二]「招」下衍一「招」字。

一四七五　清乾隆四十一年（一七七六）宛平县曹门王氏等卖房官契[一]

顺天府宛平县今据章　名下用价银　捌拾两正

立卖房契人孀妇曹门王氏同男廷弼，因乏用，将故夫遗下住房一处：门面房一间，二层房一间，后院东小房一间，共房三间，门窗户壁，上下土木相连，坐落北城灵中坊，并铺韩家潭中间路南，总甲黄得祥地方。今凭中保人说合，情愿出卖与

章　名下住坐，永远为业。三面言定卖房价银捌拾两正。其银当日交足，外无欠少。自卖之后，尚有满、汉亲族人等指房指契借欠官银，私相争竞，有卖房主同中保人一面承当。两家情愿，各无返悔。恐后无凭，立此卖房契永远存照。

此房有曹姓本身红契一张，上首朱姓张姓红契二张，废白契一张，共四张，付买主收存再照。

乾隆四十一年十二月　　立卖房契人　曹门王氏（押）

同　男廷弼

于国柱

中保人　周　要

房　牙　陈永宽

总　甲　黄得祥

里　长

代　书　杨大山

【注】

[一]原件藏北京大学图书馆。

一四七六　清乾隆四十二年（一七七七）台湾县吴顺兴买房执照[一]

执

正堂加五级郁　为给照管业事：　照得潘复和置买田房产业，奉

文查抄入官，业经勘明估价造册详报。现奉

宪檄，饬照抄发册内各原买原典契价银两变解等因。业经列单出示，晓谕召买在案。兹据业户吴顺兴　呈请，情愿备缴价

银壹百壹拾捌员[二]柒钱伍分，折库纹银柒拾捌两叁钱柒分伍厘[三]，当官承买潘复和原买蔡时俊竹仔街屋壹所，年带历饷

所有上手及原典买各契券经解送

藩宪查验。承蒙发下，合行给照管业。为此，照给业户吴顺兴，即将承买潘复和入官项下店屋坐址、四至并价值，开列于后，

准于乾隆肆拾贰年拾壹月为始，前去掌管收租纳饷，永为己业。合给印照执凭。须至印照者。

照

计开

业户：　顺兴[四]缴价银壹百壹拾捌员柒钱伍分，

折库纹银柒拾捌两叁钱柒分伍厘。承买潘复和原买蔡时俊屋壹所，坐落竹仔街。东至潘家入官公壁，西

至吴家公壁，南至后水沟，北至街路。四至填明新界。

右照给顺兴准此

乾隆肆拾贰年拾壹月初二日给[五]

县行

台字陆捌

【注】

[一]台湾历史博物馆编《府城文物特展图录》第七六页《执照》，长47、宽44厘米，民族文物馆提供。说明：「清乾隆四十二年台湾县发给买卖房田产业之执照。」

[二]员，通「圆」，银币单位。

[三]折库纹银，库，库平，旧中国部库征收租税、出纳银两所用衡量标准，清康熙时制定。以库平计其重量之银，名库银或库纹银。纹银，亦称「足

纹」，旧时中国的一种标准银。清政府对银两的铸造采取自由放任政策。《清文献通考·钱币考》：「其用银之处，官司所发，例以纹银。至商民行使，自十成至九成、八成、七成不等。遇有交易，皆按照十成足银递相核算。」各地用银的名目极多，根据其成色高低和轻重折合钱数，流转使用。纹银作为标准银，有「十足成纹」之称。其实纹银成色，较之各地通用宝银（元宝银）的成色为低，故宝银折成纹银时，须要申水。申水，旧时两种价格不同的货币互相兑换时，由一方加价给另一方作为补贴。

〔四〕顺兴，未写姓「吴」字。

〔五〕年月处有正方印，右半汉篆四字：「台湾县印」；左半满文，意与汉文同。

一四七七　清乾隆四十三年（一七七八）山阴县许绍衣卖田杜绝找契[一]

立杜绝找契许绍衣，缘有羽字肆伯叁拾乙号（六八）湖田陆亩伍分叁厘壹毛，出卖于张处为业。得过价银壹伯壹拾两。今因正价不足，仍浼原中找得银柒拾两壹钱伍分。自找之后，任凭银主过户，永远管业。立此杜绝找契为照。（押）

再批具：老契有别爿田亩，仍存本家。此照。（押）

乾隆　四　十　三　年　六　月　　日立杜绝契许绍衣（押）

中　人傅允中（押）　陈德安（押）

张仁芳（押）　许培五（押）

代　笔许上良（押）

今收到契内银一并完足。炤。（押）

杜绝找契

【注】

〔一〕原件藏北京大学图书馆。

一四七八　清乾隆四十三年（一七七八）山阴县张恒一绝卖湖田官契[一]

绝卖文契

山阴县十七都七图立戤契人张恒一[二]，今将自己户内淡字号四亩弍分伍厘正等，出卖与本县大成会名下为业。三面议定时值估价银陆拾两正。其银当日一并收足。自卖之后，永不找贴，永无回赎，任凭银主管业，收户办粮。并无重叠交关。倘有事端，卖主自行承值，不涉买主之事。欲后有凭，立此绝契为照。

计开坐落沈家泾土名

淡字八伯四十四号湖田壹亩玖分捌厘壹毛。

八伯四十五号湖田弍亩弍分陆厘玖毛。

再批：此田不拘年月远近，原价过月回赎，不收植花。其银每两作钱壹千文九九六串。赎时认还收除加税契之费，中酒俱无。并照。

都　图　户

计付老正找契式纸（押）

乾隆四十三年十月　日立绝卖契人　恒一（押）

克昌（押）

中人　绣甫（押）

虞廷（押）

代书　元圃（押）

今收到契银一并完足再照。

再批：此田价银于乾隆四十五年十月五日还

次男张　交银二　会项将来听次男自行回赎。再照（押）。

代书　来若（押）

计开条款例

一、凡用此契者，竟作绝契。

一、卖主不识字者，许兄弟子姪代书。

一、成交后即粘契尾投税，验明推收。如违治罚。
一、契内如有添注涂抹字样者，作捏造论。
一、房屋间架仍载明空处。
一、典戭用此契者，须注明年限回赎字样。如不注者，仍作绝卖。

以上数条不过大概，倘民情尚有未尽者，许于空隙处填写。

【注】

[一] 原件藏北京大学图书馆。

[二] 戭契，典契。《字汇补·戈部》：「戭，以物相质。」契文「再批」亦曰：「此田不拘年月远近，原价过月回赎。」可是契中一再言：「出卖与本县大成会」、「永不找贴，永无回赎」、「立此绝卖契为照」、「立绝卖契人恒一」，并有画押。内容矛盾。

一四七九　清乾隆四十三年（一七七八）大兴县于君弼卖房民契稿[一]

立卖房契人于君弼同男于涟，因乏用，将故父遗下原置徐姓不赎破烂灰棚五间，随房院落一座，自行起盖正瓦房二间、正灰棚一间，共用过艮（银）一百五十两。又于三十九年间，西边灰棚四间崩塌，后行盖灰梗房二间，灰棚二间，共用过银七十两。共计瓦灰棚灰梗房捌间，门窗户壁、上下土木相连，并大门东边房基一块，瓦房西边空地一块，大门官中出入。坐落中城中东坊二铺地方高井胡同路北。凭中说合，情愿出卖于

顾洪海名下为业。三面议定，房价纹艮弍百弍拾两正，其银当日亲手收足，外无欠少。自卖之后，任凭艮主改造。倘有满、汉亲族人等争竞，及指借贷官艮私债等情，有卖主并中保人一面承管。恐后无凭，立此卖契存照。

再批：红契弍张，白契三张，共计红白契五张，买主永远收存。

乾隆四十三年十二月　　日

立卖契人　于君弼（押）　同男于涟亲笔

中保人　顾宝宸（押）
贾文彬（押）
李元泰（押）
李元浦（押）
（以下字迹不清）

信行

【注】

[一]原件藏北京大学图书馆。

一四八〇　清乾隆四十三年(一七七八)大兴县于君弼卖房官契[一]

顺天府大兴县今据顾名用价契买遵例纳税事

立卖房契人于君弼同男于涟，因乏用，将故父遗下原置徐姓不赎破烂灰棚伍间，随房院落壹座，自行起盖正瓦房贰间，正灰棚壹间，共用过银壹百伍拾两。又于叁拾玖年间，西边灰棚肆间崩塌，后行盖灰梗房贰间，灰棚二间，共用过银七十两。共计瓦灰棚灰梗房捌间，门窗户壁、上下土木相连，并大门东边房基一块，瓦房西边空地一块，大门官中出入。坐落中城中东坊二铺地方高井胡同路北。凭中说合，情愿出卖于

顾洪海名下为业。三面议定，房价纹艮弍百弍拾两正，其银当日亲手收足，外无欠少。自卖之后，任凭银主改造。倘有满、汉亲族人等争竞，及指借贷官艮私债等情，有卖主并中保人一面承管。恐后无凭，立此卖契存照。

再批：红契弍张，白契三张，共计红白契五张，买主永远收存。

乾隆四十三年十二月　　日　　立卖契人　于君弼(押)　同男　于涟亲笔

顾宝宸(押)　房牙

贾文彬(押)　总甲

代书

顺天府大兴县　　中保人　李元泰(押)

李元浦(押)

顾嘉禾

【注】

[一]原件藏北京大学图书馆。

一四八一　清乾隆四十三年(一七七八)大兴县张起凤等卖房官契稿[一]

立卖破烂房契人张起凤同孀嫂张氏，今因乏用，将祖遗认买瓦房壹所，门面贰间，贰层贰间共计房肆间，后有房身空地壹块，门窗户壁、上下土木相连。坐落中城中东坊二铺高井胡同路北总甲邢德地方。今凭中保人等说合，情愿出卖与孙起龙名下永远为业。三面言定时值卖房价银壹百两整。其银当日收足，外无欠少。自卖之后，如有亲族长幼人等争竞，及指房借贷官银私债等情，有卖主一面承管。恐后无凭，立此卖契永远存照。

内有原房认买内务府印契执照壹张，付置主收存。

乾隆四十三年十一月　　日

立卖房契人　张起凤(押)

同孀嫂　张　氏(押)

同中保人　胡文远(押)

刘文业(押)

房　牙　李华峰(戳)

总　甲　邢　德(戳)

大兴县契稿

凡民间置买田房，例应买主输税。成交后，该牙即执稿赴县挂号，并催业户照例输纳，填写契照钤印，给业户收执，以便稽查捏造等弊。如违，究治不贷。

□字第　弍号

【注】

[一]原件藏北京大学图书馆。

一四八二　清乾隆四十四年（一七七九）大兴县张起凤等卖房官契[一]

顺天府大兴县今据孙名用价契买遵例纳税事

立卖破烂房契人张起凤同孀嫂张氏，今因乏用，将祖遗认买瓦房壹所，门面贰间，贰层贰间，共计房肆间，后有房身空地壹块。门
窗户壁、上下土木相连。坐落中城中东坊二铺高井胡同路北总甲邢德地方。今凭中保人等说合，情愿出卖与
孙起龙名下永远为业。三面言定时值卖房价银壹百两整。其银当日收足，外无欠少。自卖之后，如有亲族长幼人等争竞，及指
房借贷官银私债等情，有卖主一面承管。恐后无凭，立此卖契永远存照。
　　内有原房认买内务府印契执照壹张，付置主收存。

乾隆肆拾肆年叁月　　日
顺天府大兴县

立卖契人　张起凤　　房牙　李华峯
同孀嫂　张　氏　　总甲　邢　德
同中保人　胡文远　　代书
　　　　　刘文业

【注】

［一］原件藏北京大学图书馆。

一四八三　清乾隆四十四年（一七七九）大兴县朱翊鹏等卖房官契[一]

顺天府大兴县今据孙名用价契买遵例纳税事

立卖房契人朱翊鹏鳌，因乏用，将原买俞姓瓦房壹所，另行盖过门面房肆间，通后叁层，前后对面厢房陆间，南跨对面瓦房贰间，前
后灰棚贰间，共计房棚贰拾贰间。门窗户壁、上下土木相连。坐落南城正东坊叁铺草厂下叁条胡同路东，总甲张成地方。今凭
中保人郑珩、杨元成、蒋广华说合，情愿卖与
孙　　名下永远为业。三面言定时值卖房价银壹千壹百两整。其银当日收足，外无欠少。自卖之后，如有亲族长幼人等争竞，

及指房借贷官银私债争竞等情，有卖房主同中保人一面承管。恐后无凭，立此卖房契永远存照。

内有原房朱姓红契壹张，上首红白契拾肆张，盖房砵批呈子贰张，共计拾柒张，置主收存。

乾隆肆拾肆年叁月　日　立卖契人　朱翊鹏　鳌　房牙　刘永明（戳）

杨元成　总甲　张　成

中保人　郑　珩

蒋广华　代书

顺天府大兴县

【注】

[一] 原件藏北京大学图书馆。

一四八四　清乾隆四十四年（一七七九）大兴县张炳补税房官契稿[一]

立补税房契人张炳，因父遗零置房壹所，北边门面房身地壹块，南边瓦房叁间，贰层房伍间，叁层房伍间，后有落地壹条，共计房拾叁间，门窗户壁、上下土木相连。坐落南城正东坊叁铺草厂下叁条胡同南口内路西总甲张成地方。原置价银贰百两。因无总契，今遵例赴县补税总契，永远为业。其中并无假捏情弊。如虚情，甘认罪。恐后无凭，立此补税房契永远存照。

此房所有契纸俱系零置，当面销毁无存。又炤。

乾隆肆拾肆年玖月　日　立补税房契人　张　炳（押）

保人

左
右 邻

房牙　刘永明

总甲　张　成（戳）

大兴县契稿

凡民间置买田房，例应买主输税。成交后，该牙即执
稿赴县挂号，并催业户照例输纳，填写契照钤印，
给业户收执，以便稽查捏造等弊。如违，究治不贷。
成字第玖陆号

【注】

[一] 原件藏北京大学图书馆。

一四八五　清乾隆四十四年（一七七九）大兴县张炳补税房官契[一]

顺天府大兴县今据张名用价契买遵例纳税事

立补税房契人张炳，因父遗零置房壹所，北边门面房身地壹块，南边瓦房叁间，贰层房伍间，叁层房伍间，后有落地壹条，共计房拾叁间，门窗户壁、上下土木相连。坐落南城正东坊叁铺草厂下叁条胡同南口内路西，总甲张成地方。因无总契，今遵例赴县补税，总计红契，永远管业。共计原置价银贰百两整。其中并无假捏情弊。如虚情，甘认罪。恐后无凭，立此补税房契，永远存照。

此房所有契纸俱系零星，当面销毁无存。又照。

乾隆肆拾肆年玖月　　日　　　立补税房契人　张　炳　房牙　刘永明（戳）

王鹏显　总甲　张　成

顺天府大兴县　　　中保人　李国柱

李文彬　代书

【注】

[一] 原件藏北京大学图书馆。

一四八六　清乾隆四十四年（一七七九）大兴县张炳卖房官契[一]

顺天府大兴县今据宋名用价契买遵例纳税事

立卖房契人张炳因乏用，将父遗北边门面房身地壹段，南边门面瓦房叁间，贰层瓦房伍间，叁层瓦房伍间，后有落地壹条，共计房拾叁间，门窗户壁、上下土木相连。坐落南城正东坊叁铺草厂下叁条胡同南口内路西总甲张成地方。今凭保人李国柱、王鹏显、李文彬说合，情愿卖与

宋　名下住坐，永远为业。三面言定时值卖房价银陆百肆拾两整。其银当日收足，外无欠少。自卖之后，如有亲族长幼人等争竞，及指房借贷官银私债争竞等情，有卖房主同保人一面承管。恐后无凭，立此卖房契永远存照。

内有原房张姓补税红契壹张，置主收存，并照。

乾隆肆拾肆年玖月　　日　　立卖房契人　张　炳　　房牙　刘永明（戳）

李国柱　　总甲　张　成

顺天府大兴县　　保　人　王鹏显

李文彬　代书

【注】

[一]原件藏北京大学图书馆。

一四八七　清乾隆四十四年（一七七九）休宁县王震万兄弟卖基地红契[一]

立杜卖基地文契王震万森庭，今因正用，将承祖遗下基地壹号，坐落土名田西，系新丈良字壹千五百零四号，计地叁步，计税柒厘五毫，央中说合杜卖与

王西虞户名下为业，当日得受价银贰两四钱正。比日银契两相交明，别无另扎（札）。其地任从管业，无得异说。未卖之先，并无重复交易及一切内外人争拦等情，尽是卖人理值，不涉买人之事。其税在本都五图一甲王日隆户起割，推入本都壹图三甲王西

虞户内办纳无辞。今恐无凭，立此杜卖文契存照。

契内地上批芭（枇杷）树壹根，一并卖乞（讫）。又批。（押）

乾隆四十四年十月　　立杜卖基地文契　王震万（押）

同　弟　王森庭（押）

凭　中　金承吉（押）　王翰臣（押）

比日银契刃（两）相交明，别无另扎（领札）。又批。（押）

文契大吉

【注】

[一]原件藏北京大学图书馆。

一四八八　清乾隆四十四年（一七七九）休宁县王森庭卖地红契[一]

立杜卖地契王森庭，今因急用，自愿将　祖遗下地壹号，土名黄圩宅，系良字壹千六伯三十七 四十三号，计地一伯八十四步叁分，计税捌分玖厘。其地先年已卖过西边一半与庭芳名下，仍存东边一半，并出路地步尽行央中出卖与智祀会内为业，当日得受时值价艮（银）壹两伍钱正。其地未卖之先并无重复[二]；今卖之后，任凭管业开种。倘有来历不明，尽是卖人理值，不涉受业之事。恐后无凭，立此卖契存照。

其税在廿七都五图一甲王承启，今起割推入智祀户内办纳。又批。

乾隆四十四年十一月　　日　　立卖契　王森庭（押）

凭　中　又沂（押）　云五　翰臣（押）

【注】

［一］原件藏北京大学图书馆。

［二］重复，为「重复交易」之省文。

一四八九　清乾隆四十五年（一七八〇）宛平县卞定卖房官契稿［一］

立卖房契人卞定，今因乏用，将自置盖瓦房一所，门面房五间，接檐五间，二层房五间，三层房五间，院内前后厢房六间，共计房贰拾陆间，前有顶排五间，后有落地一条，门窗户壁、上下土木相连，坐落中城中西坊二铺煤市街小马神庙东口外南边路西总甲杨成地方。今凭中保人说合，情愿出卖与厢蓝满洲

承昌名下永远为业。三面言定，时值卖房价银叁千肆百两整。其银当日收足，外无欠少。自卖之后，如有亲族长幼人等争竞，及指房借贷官银私债等情，有卖主同中保人一面承管。恐后无凭，立此卖房契永远存照。

内有原房卞姓红契一张，上首孔姓、富姓、芮姓红契三张，共计红契四张，付置主收存。

乾隆四十五年七月　　日

立卖房契人　卞　定（押）

同中保人　尹光祖（押）

房牙　李华峰（戳）

总甲　杨　成（戳）

合字第叁拾叁号

宛平县契稿

另誊税讫（戳）

【注】

［一］原件藏北京大学图书馆。

一四九〇　清乾隆四十五年（一七八〇）大兴县朱国祥卖房白契［一］

立卖房契人朱国祥，因乏用，将原买戴姓瓦房壹所，门面接檐房肆间，壹过道，通后叁层，共计瓦房弍拾壹间，后有落地壹条。门

窗户壁、上下土木相连。坐落南城东茶食胡同口内路北。今凭中保人说合，两相情愿，出卖与皂　　名下永远为业。叁面议定时值卖房价银壹千叁佰两整。其银当日亲手收足，并无欠少。自卖之后，倘有亲族长幼人等争竞等情，有卖房主同中保人壹面承管。恐后无凭，立此卖契永远存照。

内有原房朱姓红契壹张，上首戴姓红契壹张，上上首李、陈、王叁姓红契三张，共计红契伍张，买主收存。

乾隆肆拾伍年捌月　　日

立卖房契人　朱国祥（押）

中保人　杨　明（押）
张　德（押）
刘兴业（押）
承亮公（押）
周明亮（押）
李锦荣（押）

【注】

［一］原件藏北京大学图书馆。

一四九一　清乾隆四十五年（一七八〇）大兴县刘应科卖房白契［一］

立卖字人大兴县民刘应科，因手乏，将原置糟烂房，用后又添盖房三间半，共房九间半。坐落崇文门内石大人胡同中间路南。同中说合，卖与大兴县民赵文英名下为业。言定价银肆伯两整。其银笔下交足，两无欠少。恐有亲族人等争竞，立字存照。

外有上首焦名白契一张，本身刘姓红契一张，跟随并照。

代书人　刘　钧（押）

知根底保人　刘玉秀（押）

乾隆四十五年九月　　日　　　　立字人　刘应科（押）

中人　陶永福（押）

信行

【注】

[一] 原件藏北京大学图书馆。

一四九二　清乾隆四十六年（一七八一）大兴县赵文英卖房白契[一]

立卖房契人系大兴县民赵文英，因手乏，将自置瓦房玖间半。坐落石大人胡同中间路南。同中人说合，卖与佟名下为业。言定卖价银肆百两正。其银笔下交足，并无欠少。自卖之后，如有亲族人等争竞，有卖主一面承管。恐后无凭，立卖字存照。

外有印契乙张，白契乙张，跟随。

乾隆四十六年二月　　日　　　　立卖房人　赵文英（押）

中保人　赵国栋（押）

广　泰（押）

信行

【注】

[一] 原件藏北京大学图书馆。

一四九三　清乾隆四十六年（一七八一）山阴县高兆忠卖粪池并屋契[一]

立卖粪池屋契人高兆忠，缘有先年周氏出戤黄门第台门西粪池一个并屋一椽，今因缺用，凭中转卖与周允展兄处为业。三面议定仍照原价银拾两正，其艮（银）当日收用。自卖之后，恁（任）凭买主管业，凭（并）无有分人争执。如有争执等情，卖主自行理值，不涉银主之事。欲后有凭，立此卖粪池屋契存炤（照）。

再批：周氏出戤与高氏老契原已遗失，检出作废纸论。并照。

今收到契内艮（银）一并完足。

乾隆四拾六年十一月　　立卖粪池契人　高兆忠（押）

见中叔　克敬（押）　周宪章（押）

代书　兆络（押）

粪池契

【注】

［一］原件藏北京大学图书馆。

一四九四　清乾隆四十六年（一七八一）宛平县阮祺等卖房红契[一]

立卖房契人阮祺，今因乏用，将自置瓦房壹所，门面三间，到底三层，头层房后院内有东游廊三间，西厢房壹间，二层后院内东西厢房各壹间，共计大小房、游廊拾伍间，后有落地壹条。门窗户壁、上下土木相连。坐落中城中西坊二铺地方。今凭中保说合，情愿出卖与

金　　名下永远为业。三面议定时值价银伍伯（佰）两正。其银当日收足，外无欠少。自卖之后，如有亲族长幼兄弟子侄人等争竞，及指房借贷满、汉债并官银库债等情争竞者，有卖主同中保人一面承管。恐后无凭，立此卖契，永远存照。

内有原房王姓本身红契上半张，院宪批呈壹张，张姓本身红契壹张，阮姓白契壹张，共计叁张半，买主收存。

乾隆肆拾陆年玖月　　日

立卖契人　阮　祗（押）
阮　祺（押）
同中保人　张永龄（押）
王　浩（押）
邱景乔（押）
刘　钧（押）

【注】

〔一〕原件藏北京大学图书馆。

一四九五　清乾隆四十六年（一七八一）大兴县张清卖房官契〔一〕

厢黄旗满洲拱照佐领下武备院正卿布延达赉今买得大兴县民人张清，有房陆拾玖间，坐落东单牌楼石大人胡同路南地方，价银叁千两，佐领拱照、骁骑校玛兰太、领催鄂凌阿、买主布延达赉仝保〔二〕。此照。

纳税银玖拾两

立卖契人　张　清（押）
骁骑校　玛兰太（押）
领催　鄂凌阿（押）

乾隆四十六年十月　　日

佐领拱照（押）

（满文略）

【注】

〔一〕原件藏北京大学图书馆。

［二］此行文字自「佐领」以下，似有错乱。当是：「佐领拱照，骁骑校玛兰太，领催鄂凌阿仝保。买主：布延达赉。」佐领，清朝八旗组织基本单位名称。是满语「牛录」的汉泽。掌管所属户口、田宅、兵籍、诉讼等。其长亦称佐领，清太宗天聪时改名「牛录章京」，官价正四品。

一四九六　清乾隆四十六年（一七八一）大兴县苗德补税房官契稿[一]

立补税房契人苗德，原有祖遗门面瓦房贰间，贰层房两间，后有落地壹块，共计房肆间，门窗户壁、上下土木相连，坐落南城正东坊叁铺草厂上叁条胡同南头路东总甲张成地方。原价银肆拾伍两整。因无红契，今遵例赴县补税管业。其中并无假捏情弊。如虚情，甘认罪。预（欲）后有凭，立此补税房契永远存照。

内有苗姓古式壹张、上首张姓白契壹张，白姓红契壹张，仍系苗姓收存。

补税房契人　苗　德（押）

保人　尤文魁（押）

左邻

右邻

房牙　刘永明

总甲　张　成（印）

乾隆肆拾陆年捌月　　日

凡民间置买田房，例应买主输税。成交后，该牙即执稿赴县挂号，并催业户照例输纳，填写契照钤印，给业户收执，以便稽查捏造等弊。如违，究治不贷。

□字第　　号

大兴县契稿

【注】

［一］原件藏北京大学图书馆。

一四九七　清乾隆四十六年（一七八一）大兴县苗德卖房官契稿[一]

立卖房契人苗德，因乏用，将祖遗门面瓦房贰间，贰层房贰间，后有落地壹块，共计房肆间，门窗户壁、上下土木相连。坐落南城正东坊叁铺草厂上叁条胡同南头路东总甲张成地方。此房糟拦（烂），无力修盖，今凭保人尤文魁说合，情愿卖与何　　名下，听凭盖造为业。三面言定时值卖房价银捌拾两整。其银当日收足，外无欠少。自卖之后，如有亲族长幼人等争竞，及指房借贷官银私债争竞等情，有卖房主同保人一面承管。恐后无凭，立此卖房契永远存照。

内有原房苗姓补税红契壹张，古式壹张，上首张姓白契壹张，白姓红契壹张，共计肆张，置主收存。

乾隆肆拾陆年捌月　　日

立卖房契人　苗　德（押）

保人　尤文魁

左右邻

房牙　刘永明

总甲　张　成（戳）

大兴县契稿

凡民间置买田房，例应买主输税。成交后，该牙即执稿赴县挂号，并催业户照例输纳，填写契照钤印，给业户收执，以便稽查捏造等弊。如违，究治不贷。

攸字第七壹号

【注】

[一] 原件藏北京大学图书馆。

一四九八　清乾隆四十七年（一七八二）大兴县苗德补税房官契[一]

顺天府大兴县今据苗名用价契买遵例纳税事

立补税房契人苗德，原有祖遗门面瓦房贰间，两层房两间，后有落地壹块，共计房肆间，门窗户壁、上下土木相连，坐落南城正东坊叁铺草厂上叁条胡同南头路东总甲张成地方[二]。因无红契，今遵例赴　县，照依原价银肆拾伍两整补税管业。其中并无假捏情弊。如虚情，甘认罪。欲后有凭，立此补税房契，永远存照。

内有苗姓古简壹张，上首张姓白契壹张，白姓红契壹张，仍系苗姓收存。又照。

乾隆肆拾柒年伍月　日　　补税　苗　德　房牙　刘永明（印）

保人　尤文魁　总甲　张　成

顺天府大兴县

【注】

[一]原件藏北京大学图书馆。

[二]草厂上叁条胡同，今北京东城区西兴隆街西南「草厂三条」。

一四九九　清乾隆四十七年（一七八二）直隶等处承宣布政使司颁给大兴县苗德补房税契尾[一]

契尾

钦命直隶等处承宣布政使司布政使明　为遵

旨议奏事蒙

前任总督部院方　宪牌：乾隆拾肆年拾贰月拾玖日准

户部咨开：本部议覆河南布政使富明条奏：买卖田产契尾，量为变通。嗣后布政司颁发契尾格式，编列号数，前半幅照常细书业户等姓名、买卖田房价银、税银若干；后半幅于空白处预钤司印。投税时，将价、税银数大字填写钤印之处。令业户看明，当面骑字截开。前幅给业户收执，后幅同季册汇送布政司查核。等因。咨院行司。蒙此，拟合刊刷颁发。为此，仰大兴县掌印官：凡民间典买房屋地土等项，着业户照契内价银，每两纳税银叁分，填写明白。将司颁契尾照议当面骑字截开，前幅给发业户收执，后幅随季册送司，年终汇册报查。如有官吏改换侵隐情弊，查出揭参究处。须至契尾者。[二]

计开：

业户何名　买　地　顷　亩　分　坐落　处　用价银捌拾两，

房　间　投税银贰两肆钱。

布字　　叁百肆拾贰　号

右给业户　　准此

乾隆肆拾柒年　月　日

业户苗德用价银捌拾两，税银弍两肆钱[三]

【注】

[一] 原件藏北京大学图书馆。

[二] 本契尾格式自此时起，在北京地区一直沿用到清朝末年。

[三] 骑缝半字。

一五〇〇　清乾隆四十七年（一七八二）大兴县苗德卖房官契[一]

顺天府大兴县今据何名用价契买遵例纳税事

立卖房契人苗德，今因乏用，将祖遗门面瓦房贰间，贰层房贰间，后有落地壹块，共计房肆间，门窗户壁、上下土木相连。坐落南城正东坊叁铺草厂上叁条胡同南头路东总甲张成地方。此房糟烂，无力修盖。今凭保人尤文魁说合，情愿卖与何　名下，听凭盖造为业。三面言定，时值卖房价银捌拾两整。其银当日收足，外无欠少。自卖之后，如有亲族长幼人等争竞，及指房借贷官银私债等情，有卖房主、保人一面承管。恐后无凭，立此卖房契永远存照。

内有原房苗姓补税红契壹张，古简壹张，上首张姓白契壹张，白姓红契壹张，共计肆张，置主收存。又照。

乾隆肆拾柒年伍月　日

立卖房契人　苗　德　　房牙　刘永明（戳）

保人　尤文魁　　总甲　张　成

代书

顺天府大兴县

【注】

[一]原件藏北京大学图书馆。

一五〇一　清乾隆四十七年（一七八二）大兴县潘、朱两姓顶卖房白契[一]

立顶卖房契人潘朱，今有流（琉）璃厂西门内日南坊三铺潘姓，有破烂门面房三间，后层三间，共六间，顶卖银三百三十两。其银当日收足。朱姓有门面房一间半，后层有破烂房五间，共七（六）间半，顶卖一百七十两。其银当日收足。潘朱二姓之房，因土木相连，其房日久已将坍塌，潘朱二姓今情愿顶卖于吴姓名下永远为业。自顶卖之后，认（任）凭吴姓拆造起盖，并无异说。倘有官项私债、弟男子侄争论，潘朱二姓一面承管。恐后无凭，立此永远顶卖契存照。

外有潘姓红契一张，朱姓红契一张，吴姓收存。

中保人　宋永恺（押）　张石存（押）　张　伦（押）

乾隆肆拾柒年叁月十六日立

潘（押）朱（押）亲笔合卖

【注】

[一]原件藏北京大学图书馆。

一五〇二　清乾隆四十七年（一七八二）宛平县潘成顶卖房白契[一]

立顶卖房潘成，今因乏用，愿将自置琉璃厂西门内街北门面叁间，后层叁间，共前后陆间。凭中保说合，情愿顶卖与吴名下永远为业。三面议定价值银叁伯贰拾两整。其银当日亲手收足，外无欠少。自顶卖之后，任凭买主翻盖。倘有官银私债，弟男子侄、满汉亲族人等争竞，有顶卖主潘成一面承管。恐后无凭，立此顶卖文契永远存照。

此房有高、韩二姓红契二张，潘姓本身红契一张，共计三张。吴姓收存。

中保人　张石存（押）
朱康臣（押）
张　伦（押）
宋永暄（押）
立顶卖房契人　潘　成（押）

乾隆四十七年三月十二日

【注】

[一] 原件藏北京大学图书馆。

一五〇三　清乾隆四十七年（一七八二）宛平县朱康臣顶卖房白契[一]

立顶卖房朱康臣，今因自置琉璃厂西门内路北铺面房（柒）间半[二]，前后共计房柒间半，本置价壹伯柒十两整。近因房屋日久，将已坍塌，不愿起造。今情愿转顶卖与吴鲁峰名下为业。三面议定照原卖价足文银壹伯柒拾两。自卖之后，恁凭吴姓拆造翻盖，并不与朱姓相干。倘有弟男子侄、亲族人等争竞。朱姓一面承管。恐后无凭，立此顶卖契永远存照。

此房有沈、郭二姓红契二张，朱姓本身红契一张。吴姓收存。

乾隆四十七年三月十二日

立顶卖房契人　朱康臣(押)

宋永瑄(押)

中保人　张石存(押)

张　伦(押)

【注】

[一]原件藏北京大学图书馆。

[二]柒间半，原脱一「柒」字，据补。

一五〇四　清乾隆四十七年(一七八二)休宁县里长程文明等代业户卖空地契[一]

三都六图立杜卖契一甲程文明户、三甲闵永盛户、四甲吴应兆户、五甲任良德户、六甲汪九章户、七甲吴尚贤户、八甲金文礼户、九甲朱文翰户、十甲陈天宠户，缘因本图二甲吴一坤户丁远年在外，杳无音信。所有甲内钱粮及里排贴费无从措办。曾于乾隆弍十七年，查出一坤户内有空地一片，坐落土名长汀，系新丈暑字七百卅四号，于康熙年间，被同甲余宪章零星出当与人作厝风水，而宪章又已故殁，仅存螟蛉一子，乳名孙仂，屡年误公，遗累身等。是以公同具呈在前任　胡县主台前控理，蒙批差押取赎还公，奈孙仂贫乏无银，向取其甲内钱粮并各贴费，延损不管，递年累及身等各甲赔贴。是以公同酌议，似此赔贴无偿，情理不甘。于廿九年将号内余姓原典与吴柏处厝基地一段，央中关说各甲，立契杜卖与吴柏处久永存坟。卅三年、四十年，因公无办，又凑税两契。其契价银两，除还各甲赔项及代一坤户修理祖茔外，仍余银存十甲陈景山处生息，代办二甲公事用。不料景山客死于外，其银无从追出，来年又值二甲总催，无人办理，兼令费用无处措办，是以集各甲嘀议，管理既无人承认，公举费用又无出办，仍旧公派，赔累无休，将来势必误公。今凂中再次向吴柏处说合，将原卖过暑字七伯卅四号厝地外，仍有左右空地及前余姓当与朱、汪名下菜园厝地，绘图划定步则四至，眼同钉(订)界，计步壹伯弍十八步三厘七毛五丝，计中则地税五分一厘弍毛壹丝五忽，凭中立契杜卖与

吴柏户处为业，保护风水及厝作风水。当成契日，得受契价㐲色银五拾两整。其银身等领去，公同酌议，代二甲立一急公会，各甲遵守久远办公。倘日后吴一坤户丁回家，及有一切内外人等生情异说者，身等自有公论，决不干涉受业人之事。其余姓出当与朱姓、汪姓当契，面同用价取出，并本号挖取新佥票共四纸，一并缴付受业人收执。其税粮随即在二甲吴一坤户内起割，推入买人三都五图吴柏户内办纳粮差。今欲有凭，公同立此杜卖契文久远存照。

乾隆四十七年拾弍月　日　立杜卖契文

一甲　程文明　侄程兆成
三甲　闵永盛　闵贻谷
四甲　吴应兆　吴誉章
五甲　任良德　任敬荣
六甲　汪九章　汪　起
七甲　吴尚贤　吴文远
八甲　金文礼　金献廷
九甲　朱文翰　朱宗瑄
十甲　陈天宠　陈兴仁
凭册里　陈腾□　陈师濂
凭图正　陈晋山
凭中　陈敷五　朱宗海　吴　予　朱君辅　吴右□　黄云山
朱光远　汪璧友　金士松(押)　吴秀文　吴永兆(押)　吴士英
代笔　朱昆香

【注】

[一] 录自北京大学图书馆藏休宁吴氏清抄本《契底簿》。

一五〇五　清乾隆四十七年(一七八二)大兴县白玉宗卖房官契[一]

顺天府大兴县今据王名用价契买遵例纳税事

立卖房契人白玉宗，今将自置房壹所，门面贰间，弍层瓦房贰间，后层瓦房肆间，弍层东挎灰棚贰间，共计房棚捌(拾)间，后有落地壹条。门窗户壁、上下土木相连。坐落中城东二铺高井胡同路北。今凭中保说合，情愿卖与王　名下住坐居，永远为业。三面议定时值卖价纹银壹百柒拾两整。其银当日亲手收足，并无欠少。自卖之后，倘有亲族人等争竞，有卖主仝中保一面承管。恐后无凭，立此存照。

此房内有乾隆元年原房白姓红契壹张，雍正五年尹姓红契壹张，康熙十二年沈姓红契壹张，以上共计红契叁张跟随。

乾隆肆拾柒年拾贰月　日

立卖房契人　白玉宗　房牙

中保人　李学川　总甲

代书

顺天府大兴县

【注】

[一]原件藏北京大学图书馆。

[二]捌间，当是拾间。

一五〇六　清乾隆四十八年（一七八三）宛平县陶德风卖房白契[一]

立卖契人陶德风，今因乏用，央中说合，情愿将父遗香炉营五条胡同[二]路西坐北向南五檩瓦房壹间，坐南向北硬山棚檩棋盘灰房壹间，共房弍间，卖与

李处为业。卖价纹银叁拾两正。其银当日收足，并无欠少。自卖之后，任凭银主转卖、改造，不找不赎。恐后无凭，立此存照。

中保人　陶有光（押）

立卖契人　陶德风（押）

乾隆四十八年八月　日

【注】

[一]原件藏北京大学图书馆。

[二]香炉营五条：在今北京西城区中部。头条东起宣武门东河沿街东段，西至该街西段，西街基本平行。其南，依次有香炉营二条至六条。五条为一短东西巷，南与北柳巷相交。

一五〇七　清乾隆四十八年（一七八三）宛平县张玉琳等卖房白契[一]

立卖字人顺天府宛平县民人张玉琳同子张永祐、张永福，因乏用，有自置正瓦房六间，坐落在西直门内前桃园胡同路南，情愿卖

与同县民人祁名下永远为业。言定价纹银壹伯（佰）弍拾伍两整。其银当日交足，并无欠少。自卖之后，如有亲族人等争竞，有中保人一面承管。恐后无凭，立卖字存照。

外有民红契壹张跟随。

中保人　张文辰（押）

乾隆四十八年十二月　日　立卖契人　张玉琳（押）

张永祐（押）

张永福（押）

说和人　刘若本（押）

王　荣

【注】

[一] 原件藏北京大学图书馆。

一五〇八　清乾隆四十九年（一七八四）大兴县杨永住卖房民契稿[一]

立卖铺面房契人系顺天府大兴县民人杨永住，今有自置铺面房壹处，门面两间，楼房上下四间，土木相连。坐落在正阳门[二]外大栅栏西头观音寺前路南。今因手乏，无银使用，凭中说合，情愿卖与碗（宛）平县民人李名下永远为业。言定卖价纹银陆伯（佰）两整。其银当日交足，并无欠少。自卖之后，如有来路不明，重复典卖，止（指）契借银，亲族人等争竞等情，有卖主同中保说合人一面承管。恐后无凭，立卖房契存照。

内有杨姓本身红契壹张，有张姓红契壹张，上手老红契壹张。

赎回废契壹张。　共计四张，买主收存。

乾隆四拾玖年弍月　日　立卖铺面房契人　杨永住（押）

卫德荣（押）

中保说合人　陈　忠（押）
曹世魁
王国泰
孟　六（押）
吉　祥（押）
宁　琏（押）

【注】

[一]原件藏北京大学图书馆。

[二]正阳门，今北京前门。元大都为丽正门，明正统时改称正阳门，清因之。

一五〇九　清乾隆四十九年（一七八四）宛平县杨永住卖房官契[一]

顺天府宛平县今据李名下用价银陆百两正

立卖铺面房契人系顺天府大兴县民人杨永住，今有自置铺面房一处，门面二间，楼房上下四间，土木相连。坐落在正阳门外大栅栏西头观音寺前路南[二]。今因手乏，无银使用，凭中说合，情愿卖与宛平县民人李维周名下永远为业。言定卖价纹银陆百两正。其银当日交足，并无欠少。自卖之后，如有来路不明，重复典卖，指契借银，亲族人等争竞等情，有卖主同中保说合人一面承管。恐后无凭，立卖房契存照。

内有杨姓本身红契一张，有张姓红契一张，上首老红契一张，赎回废契一张，共计四张，买主收存。

乾隆四十九年二月　日

立卖房契人　杨永住

说合中保人　卫德荣
陈　忠
曹世魁
王国泰
孟　六
吉　祥

另眷税讫（戳）

房牙 宁连

总甲

里长

代书

【注】

[一] 原件藏北京大学图书馆。

[二] 观音寺，在今北京西城区前门外大栅栏街与煤市街拐角处。

一五一〇 清乾隆四十九年（一七八四）大兴县齐爕分房投税民契纸[一]

具投税人顺天府宛平县监生齐爕[二]，今有祖遗自盖房壹所，坐落在阜城门内西四牌楼北边路西后车儿胡同西口内路北，门房叁间，东顺山伍间，南倒座壹间，灰棚壹间，共计玖间半。此房并无红白契纸，后有自置瓦房正房叁间相连。今分与五房齐永龄名下为业，作价银弍百两整。今遵例投契。倘有来路不明、亲族人等争竞等情，本业主同长兄三房齐永照、四房齐永弼情干（甘）认罪。恐后无凭，投契为证。

外有自置民红契壹张跟随。

知情人 生员齐永照[三]（押）

廪膳生员齐永弼[四]（押）

乾隆四十九年正月　　日　　立投契人　监生齐　爕（押）

【注】

[一] 原件藏北京大学图书馆。

[二] 监生，明清时期在国子监肄业的学生，统称监生。其名目有举监、贡监、生监、恩监、荫监等。一般又指由捐纳而取得应试资格者为监生。

[三] 生员，明清时期凡经考试取入府、州、县学的，通名生员，习称秀才。

［四］廪膳生员，习称「廪生」。清代生员经岁科两试一等前列的，取得廪生名义由官府发给廪膳。为资深生员。

一五一一　清乾隆四十九年（一七八四）大兴县齐夔分房投税官契[一]

顺天府大兴县今据齐名用价契买遵例纳税事

具投税人顺天府宛平县监生齐夔，今有祖遗自盖房壹所，坐落在阜城门内西四牌楼北边路西后车儿胡同西口内路北，门房叁间，东顺山伍间，南倒座壹间，灰棚壹间，共计玖间半[二]。此房并无红白契纸。后有自置瓦房正房叁间相连。今分与五房齐永龄名下为业，作价银贰百两整。今遵例投契。倘有来路不明、亲族人等争竞等情，本业主同长兄三房齐永熙、四房齐永弼情干（甘）认罪。恐后无凭，投契为证。

外有自置民红契壹张跟随。

立投契人　监生齐夔　房牙

知情人　生员齐永熙　廪膳生员齐永弼

乾隆肆拾玖年贰月　日

顺天府大兴县

【注】

［一］原件藏北京大学图书馆。

［二］应为「共计房棚拾间」。民契同。

一五一二　清乾隆四十九年（一七八四）休宁县佘方氏卖园红契[一]

四都二图立卖契佘方氏，今因正用，愿将承遗分受园一业，土名绕山，系闰字弍千零九十四号，计地税弍分弍厘三毛八丝五忽。四至在册不开，凭中立契出卖与　敦睦堂记[二]名下为业。当日三面议定，得受时值价银纹色肆两正[三]。其银比即收足。其园即交敦睦记管业[四]，并无准折等情。其税在佘和户内起割，推入佘奉光户内办纳粮差。今恐无凭，立此卖契存照。

乾隆四十九年叁月　　日

立卖契　佘方氏（押）

家族叔　佘魁五

佘永锡（押）

佘礼如（押）

佘永璧（押）

佘永康

佘万育（押）

佘骥光（押）

佘又思（押）

代笔　佘　显（押）

【注】

[一] 原件藏北京大学图书馆。

[二] 敦睦堂记，旧时较大的地主、商人用的堂号。

[三] 〤，旧时商用苏州数码「九三」。亦作〤。

[四] 敦睦祀，当作敦睦堂记或敦睦记。

一五一三　清乾隆四十九年（一七八四）宛平县李声远卖房白契[一]

立卖契人李声远，今因乏用，央中人说合，将自置香炉营五条胡同[二]路西坐北向南五檩瓦房壹间，坐南向北灰棚壹间，共弍间，卖与

张处为业。言明实价大制钱肆拾串正，作银肆拾两。其钱当日交足，并无欠少。自卖之后，凭钱主转卖、改造，不找不赎。恐后无凭，立此存照。

内有红契壹张，付买主收存。

乾隆肆拾玖年伍月　　日

立卖房契人　李声远（押）
中保人　车永贵（押）

【注】

[一] 原件藏北京大学图书馆。

[二] 香炉营五条，参见《清乾隆四十八年（一七八三）宛平县陶德风卖房白契》注[二]。

一五一四　清乾隆四十九年（一七八四）宛平县王明善投税房红契[一]

立投税文契系宛平县民王明善，今有祖遗房一所，共计糟乱房二十六间，土木相连，坐落在前门外小市路北。今遵例赴县投税，作银叁伯（佰）两整。恐后受罚，并无红白契纸在外典当，亦不敢虚捏假冒顶替，姓名是实。如虚情，甘认罪。并照。

祁　大（押）
中保人　王　升（押）
刘　成（押）

立投税房契人　王明善（押）

乾隆四十九年七月　　日

存照

【注】

[一] 原件藏北京大学图书馆。

一五一五　清乾隆四十九年（一七八四）宛平王明善卖房民契纸[一]

立卖房契人王明善，今因乏手，有自置铺面房壹处，坐落前门外东猪市口东边路北。门面伍间，东西厢房拾间，腰房肆间半，后东厢式间，东灰棚式间，西厢房壹间，后正房伍间，共计房式拾玖间半。凭中说合，情愿卖于崔名下为业。言明卖价壹仟壹伯(佰)两整。其银笔下交足，并不欠少。自卖之后，如有满、汉亲族人等争竞等情，有卖主同中保人一面承管。恐后无凭，立此卖房文契永远为照。

中保人　关　祥(押)

乾隆四十九年九月　　日

立卖契人　王明善(押)

魏德容(押)

王景昌(押)

说合人　曹　贵(押)

陈　忠(押)

祁　临(押)

曹士魁(押)

永远大吉

【注】

[一] 原件藏北京大学图书馆。

一五一六　清乾隆四十九年(一七八四)大兴县王明善卖房官契[一]

顺天府大兴县今据崔名用价契买遵例纳税事

立卖房契人王明善，今因乏手，有自置铺面房壹处，坐落前门外东猪市口东边路北。门面伍间，东西厢房拾间，腰房肆间半，后东厢式间，东灰棚式间，西厢房壹间，后正房伍间，共计房式拾玖间半。凭中说合，情愿卖于崔名下为业。言明卖价壹仟壹伯(佰)两整。其银笔下交足，并不欠少。自卖之后，如有满、汉亲族人等争竞等情，有卖主同中保人一面承管。恐后无凭，立此卖房文契永远为照。

乾隆肆拾玖年玖月　日

立卖房契人　王明善　房牙
中保人　关祥　总甲
曹贵　代书
陈忠
说合人　王景昌
祁临
曹世魁
魏德容

顺天府大兴县

(后粘连契尾)

钦命直隶等处承宣布政使司布政使(下略)

【注】

[一]原件藏北京大学图书馆。

一五一七　清乾隆四十九年(一七八四)宛平县齐焘等卖房红契[一]

立卖房契人系顺天府宛平县民人齐焘、齐焕,今将本身自盖瓦房叁间,坐落在后车儿胡同西口内路北破大门内,土木相连。今情愿卖于张　名下为业。言定卖价纹银壹伯(佰)式拾两整,其银当日亲手收足,并不欠少。自卖之后,如有来路不明、重复典卖、亲族人等争竞等情,有卖主同中保人一面承管。恐后无凭,立卖契存照。并无红白老契,银主深知根底,情愿成交。并照。

乾隆四十九年十月　日立契人　齐　焘(押)
焕(押)
中保人　善宁(押)

永远信行存照

【注】

［一］原件藏北京大学图书馆。

一五一八　清乾隆五十年（一七八五）宛平县齐燮卖房红契[一]

立卖房契人顺天府宛平县监生齐燮，今因乏手，将自置住房壹所，坐落在阜城门内北边后车儿胡同西口内路北。有门房叁间，东顺山伍间，南倒座壹间，大正房叁间，东灰房壹间，共计房拾式间半。北至后院，东至后沿墙，土木相连。烦中说合，情愿卖与宛平县民人张　　名下永远为业。言定西市二两平卖价纹银式百两整。其银当日交足，并无欠少。自卖之后，如有重复典卖、亲族人等争竞等情，有中保说合同业主一面承管。恐后无凭，立此卖契存照。

外有自置民红契壹张，自盖投税民红契壹张，共计红契式张跟随。

乾隆五十年六月廿四日

立卖房契人　监生齐燮（押）

中保人　廪膳生员齐永弼（押）

王　二（押）

吴兴太（押）

说合人　陈福太（押）

何文亮（信）

王吉升（押）

信行

【注】

［一］原件藏北京大学图书馆。

一五一九　清乾隆五十年（一七八五）大兴县何建中卖房民契纸[一]

立卖房契人何建中，今因乏用，将原置自盖门面房贰间，弍层贰间，叁层房壹间，两小间，灰棚半间，共计大小房棚柒间半，后有落地壹块，门窗户壁、上下土木相连。坐落南城正东坊三铺草厂上三条胡同南头路东。今凭中说合，情愿出卖与李　　名下永远为业。言明卖价纹银肆百两整。其银当日收足，外无欠少。自卖之后，倘有亲族长幼人等争竞，及指房借贷官银私债等情，有卖主何姓一面承管。恐后无凭，立此卖房契永远存照。

再批：外有原房苗姓补税红契壹张，古式壹张，上首张姓白契壹张，白姓红契壹张，何姓本身红契壹张，共计伍张，付置主收存。并照。

中人　段锡嘏（押）

卖房人　何建中（押）

乾隆五十年六月

【注】

［一］原件藏北京大学图书馆。

一五二〇　清乾隆五十年（一七八五）大兴县何建中卖房官契[一]

顺天府大兴县今据李名用价契买遵例纳税事

立卖房契人何建中，今因乏用，将原置自盖门面房贰间，弍层贰间，叁层房壹间，两小间，灰棚半间，共计大小房棚柒间半，后有落地壹块，门窗户壁、上下土木相连。坐落南城正东坊三铺草厂上三条胡同南头路东。今凭中说合，情愿出卖与李　　名下永远为业。言明实价纹银肆百两整。其银当日收足，外无欠少。自卖之后，倘有亲族长幼人等争竞，及指房借贷官银私债等情，有卖主何姓一面承管。恐后无凭，立此卖房契永远存照。

再批：外有原房苗姓补税红契壹张，古式壹张，上首张姓白契壹张，白姓红契壹张，何姓本身红契壹张，共计伍张，付置主收存。并照。

乾隆伍拾年柒月　日　　立卖房契人　何建中　房牙

中人　段锡嘏　总甲

代书

顺天府大兴县

【注】

［一］原件藏北京大学图书馆。

一五二二　清乾隆五十年（一七八五）北京厢黄旗布延达赉卖房民契稿[一]

立卖房契人系厢黄旗满洲拱照佐领下副都统[二]布延达赉，有自置住房一所，坐落石大人胡同，今改造前门，坐落总布胡同，后门坐落石大人胡同[三]。房屋门面拾弍间，车房壹间，垂花弍门壹间，厅房叁间，东西耳房弍间，东西厢房陆间，厅房后路顶陆间，三层上房叁间，东西耳房弍间，东西厢房陆间，四层临街后门房拾伍间，后门旁西厢房弍间，东跨所房叁间，前檐抱厦叁间，马蓬灰梗叁间，西跨所正房叁间，倒坐叁间，西厢房叁间，茅房肆间，总计灰瓦大小房共捌拾壹间。门窗户壁、上下土木相连，随房院落。今因乏手，凭中保人说合，情愿卖与厢黄旗汉军李奉尧佐领下闲散人毓文名下永远为业。言定房价纹银肆千弍百两整。其银笔下交足，并无欠少。此房实系自置改造巳（己）产，自卖之后，倘有亲族人等争竞等情，有卖主中保人一面承管，与买主无干。恐后无凭，立此卖房契永远存照。

乾隆五十年　月　日　　立契人　布延达赉

中人　谢　永

【注】

［一］原件藏北京大学图书馆。

［二］副都统，清朝八旗组织中每旗的最高长官名「都统」，是满语「固山额真」的汉译。副都统，是满语「梅勒章京」的汉译。布延达赉虽曾任副都统，但属籍满洲拱照佐领之下。

［三］石大人胡同，总布胡同，两胡同均在今北京东城区东南部，东西向平行，石大人胡同在北，总布胡同在南。今总布胡同分为东西两段，名东总布胡同与西总布胡同。布延达赉住房在今石大人胡同与西总布胡同之间，布氏改造住房后，原在石大人胡同之前门成为后门，在总布胡同另建前门。

一五二二　清乾隆五十年（一七八五）户部督理左翼税务监督发给北京厢黄旗汉军毓文房税执照[一]

执　钦差户部　督理左翼税务监督德[二]　为发给执照事：今据厢黄旗满洲拱照佐领下副都统布延达赉，有房捌拾壹间，坐落总布胡同路北地方。今卖与本旗汉军李奉尧佐领下闲散人毓文[三]名下，价银肆千弍百两。佐领拱照、骁骑校玛兰泰[四]、

照　领催永明[五]、卖主布延达赉仝保。此照。

纳税银壹百贰拾陆两

立卖契人布　延达赉（押）

骁骑校　玛兰泰（押）

领　催　永　明（押）

乾隆五十年十一月　　日

佐领拱照

【注】

[一] 原件藏北京大学图书馆。满汉文对照。

[二] 左翼税务监督：见雍正五年户部发执照条注[二]。

[三] 闲散人，无具体官位者。

[四] 骁骑校，清朝禁卫军之一骁骑营的军官。为八旗都统直属部队。

[五] 领催，骁骑营属下的职官，管理册籍、俸饷等。

一五二三　清乾隆五十一年（一七八六）休宁县孙廷爵卖田契[一]

十七都七图立杜卖契人孙廷爵，今因钱粮紧急无办，自愿凂中将父遗下田一业，坐落土名亥圩（干），系新丈寒字三百十八号，计田税一亩六分一厘七毛一丝，四至在册，凭中立契出卖与三都五图　吴音名下为业。当日三面言定，时值公估价瓲色银三十八两正。其银当成契日是身一并收足讫，其田随即交与买人管业，听从换佃收租。其田日前并无重复交易及来〔历〕不明、内外人拦阻生端异说。如有此情，尽是卖人承当，不涉买人之事。其税奉例随即在本家四甲孙文龙户内起割，推入买人户内办纳粮差。所有上首来脚契文与别业相连，不便缴付。今将本号老签当付买人收执。今欲有凭，立此杜卖契文久远存照。

今就契内价银一并收足讫，另不立领札。再批。

乾隆五十一年四月　日

立杜卖契人　孙廷爵
凭堂兄　孙文焕
凭中　孙□□　吴侣珩　吴琢
代书　金在□

【注】

[一]录自北京大学图书馆藏休宁吴氏清抄本《契底簿》。

一五二四　清乾隆五十一年（一七八六）宛平县徐琨等卖房红契[一]

立卖契人系顺天府宛平县民徐琨琭，今因手乏，情愿将本身祖遗自置房十六间，正房五间，出廊沿（檐）正房二间，南房六间，正灰房二间，东灰房一间。座落在西直门内火药局路东小胡同内。凭中说合，情愿卖与孟名下为业。言定清钱捌伯（佰）吊整。其钱当日交足，并无欠少。如有亲族人等争竞，有卖主一面承管。恐后无凭，立卖契存照。

再批：此房实系祖遗自盖，并无红白老契，置主深知根底，情愿成交。并照。

乾隆五十一年八月十八日

立卖契人　徐琨（押）
琭（押）

中保人　李景升（押）

信行

【注】

[一] 原件藏北京大学图书馆。

一五二五　清乾隆五十一年(一七八六)大兴县闫亮宽卖房地民契纸[一]

立卖契人闫亮宽，今因乏用，将自置住房一所，坐落在中城草厂头条胡同北口内路西，共计九间，业已坍塌六间，现存灰棚三间并坍塌房余地基。凭中保人说合，一共(并)出卖于

朱宅盖房修理，永远为业。言明卖价银九八色二两平乙百两正。

当日交足无欠。自卖之后，倘有满、汉亲族人等争执，有中人同卖主闫亮宽一面承管，于买主无干。恐后无凭，立卖契存照。

中保人　程景文(押)

赵君安(押)

立卖房契人　闫亮宽(押)

乾隆五十一年八月　　日

卖契

【注】

[一] 原件藏北京大学图书馆。

一五二六　清乾隆五十一年(一七八六)大兴县闫亮宽卖房地官契[一]

顺天府大兴县今据朱名用价契买遵例纳税事

立卖契人闫亮宽，今因乏用，将自置住房壹所，坐落在中城草厂头条胡同北口内路西，共计玖间。业已坍塌六间，现存灰棚叁间，同坍塌房基余地。凭中保人说合，一并出卖于

朱　　名下，盖房修理，永远为业。言明卖价弍两平九八色银壹百两正。其银当日交足无欠。自卖之后，倘有满、汉亲族人等争

执，有卖主闫亮宽同中人一面承管，与买主无干。恐后无凭，立卖契存照。

乾隆伍拾壹年玖月　日　　立卖房契人　闫亮宽　房牙
　　中保人　程景文　总甲
　　　　　　赵君安　代书

顺天府大兴县

【注】

[一]原件藏北京大学图书馆。

一五二七　清乾隆五十二年（一七八七）休宁县许配孚卖田红契[一]

立杜绝卖田契许配孚奉母命，弟兄商议，今因管业不便，情愿将己身分授水田一业，坐落霍家坂，计种壹石陆斗，大小二坵。其田使水包家沟、河皮堰二水浇灌，以及塘堰水分沟路，并荒熟旱地，悉照旧例，比日立契出卖与吴名下子孙永远执业，当日凭中评定时年时价河平银肆拾两[二]，比日亲手收讫。外高堂伯叔兄弟亲族交庄过割书契，一切杂项喜礼银拾两，卖主领去给散，与买主无干。自卖之后，无得异说。其田上载弓口八斗，卖除买收入册完纳。此系二家情愿，并无异说。立此杜卖契，永远存证。

凭中　王朝与　孙维周　李营塏　宋得友　同见

乾隆五十二年十二月初二日　亲笔

【注】

[一]原件藏北京大学图书馆。

[二]河平银即漕平银，每两约合库平银九钱八分。主要为东南各省征收漕粮时使用。

一五二八　清乾隆五十三年（一七八八）总管内务府给发赵秉冲买官房执照[一]

总管内务府官房租库为给发执照事，照得本府

奏准鬻卖官房，准令八旗官员兵丁柏（拜）唐阿人等交纳现银并坐扣俸饷[二]，认买在案。今据内阁中书赵秉冲交纳现银认买正阳门外虎坊桥住房叁拾伍间，价银壹千壹百陆拾伍两等因，奏准买给在案。查此项房价银两业已照数交纳广储司银库讫，相应给发执照。须至执照者。

执照

乾隆五十三年四月廿日　　给

库

【注】

[一]原件藏北京大学图书馆。

[二]柏（拜）唐阿，八旗中的一种杂役兵。

一五二九　清乾隆五十三年（一七八八）天津县王照廷等卖连基房民红契[一]

立卖连基民房杜绝文契人王照廷奎，因乏用，将自置坐落荣家胡同内路东正灰草房肆间，壹通道，南椽箔灰草房叁间，东灰草房贰间，女宗斯半间，男宗厮半间，大门楼并虎座屏门，院内通坎新板墙、板断间、全副客位槅扇、一切门窗炕灶等物俱全。东至毛姓，西至胡同，北至汪姓，南至沈姓，四至分明。上下土木相连，水道滴水照旧行走。日后起盖改修，俱按老山老城[三]旧址为界。今烦中说合，情愿绝卖与

王晖皓明名下永远为业。三面议定时值卖价元宝银壹百玖拾两整[四]。其银笔下交足无欠。并无债折零星等弊。自卖之后，倘有远近长幼亲族以及邻佑争竞违碍，俱在卖主中人一面承管，与买主无干。此系两相情愿，各无返悔。欲后有凭，立此绝卖房并地基文契存照。原买老契叁张，面交买主收存。又照。

再批：正房后有滴水式尺玖寸。此照。

乾隆五十三年五月十九　日　　立卖连基民房杜绝契　王照廷（押）奎（押）

同中　孙永科（押）

同邻　江雅南（押）

同地方　谈起凤（押）

官经纪　沈义兴（戳）

永远为业

【注】

［一］原件藏北京大学图书馆。

［二］宗厮，本宗族男女仆人、雇工的住房。

［三］老山老城，旧有的山墙、旧有的水池。山，山墙，人字形屋顶的房屋两侧的墙壁。城，坎，坑。《淮南子·主术训》：「若发城决唐，故循流而下，易以至。」高诱注：「城，水城也；唐，堤也。皆所以畜水。」

［四］元宝银，一般称宝银。我国旧时铸成马蹄形的银锭，常作货币流通。清郑观应《盛世危言·铸银》：「纹银大者为元宝，小者为锭。或重百两，或重五十两，以至二、三两。」

一五三〇　清乾隆五十三年（一七八八）天津县王松龄等卖房地民契纸[一]

立卖房连地基杜绝文契人王松龄、同胞弟静五、同胞侄秉惠盖廷秉恕秉慈，因二门侄秉恕秉慈养膳无资，公同议明，情愿将自置盖坐落刘家胡同二道街路南临街正灰房陆间，大门过道在内，东灰房叁间，院内板墙壹道，南灰房叁间，东虎坐门壹座，南院正灰房叁间，厦子一间。一切门窗户壁、雨搭断间、槅扇粧修等物俱全，上下土木相连，北道滴水照旧行走，日后起盖改修周围，各接老山老城为界。东至□□，西至汪姓，南至毛姓，北至官街，四至分明。今凭中说合，情愿卖与王然烱名下永远为业。三面议定时值买价元宝银叁伯陆拾柒两整。其银笔下同众二门秉恕亲手收足，毫无欠少。亦无债折零星等事。自卖之后，倘有长幼族人争竞、违碍，俱在卖主一面承管，与买主无干。此系两相情愿，各无返悔，欲后有凭，立此卖房文契存照。　再批：原买契壹张，并交买主收存。

乾隆五十三年八月十一　日

立卖房连地基杜绝文契　王松龄（押）

同胞弟　静五（押）

盖廷（押）

同侄　秉恕（押）

秉慈（押）

秉惠（押）

同中　孙永科（押）

同邻　汪雅南（押）

地方　张呈祥（押）

经纪　沈义兴（戳）

永远为业

【注】

[一]原件藏北京大学图书馆。

一五三一　清乾隆五十四年（一七八九）大兴县王佩五卖房红契[一]

立卖房契人王佩五，今因乏用，将自置房壹所，东灰棚二间，二层瓦房二间，后层瓦房四间，二层西挎灰棚二间，共计房棚十间，后有落地一条，门窗户壁、上下土木相连。坐落中城东二铺高井胡同路北。今凭中保人说合，情愿卖与王　名下住坐居永远为业。三面议定时值卖价纹银叁百两整。其银当日亲手收足，并无欠少。自卖之后，倘有亲族人等争竞，有卖主一面承管，恐后无凭，立此存照。

此房内有乾隆四十七年原房王姓红契一张，乾隆元年白姓红契一张，雍正五年尹姓红契一张，康熙十二年沈姓红契一张，以上共计红契四张跟随。

乾隆五十四年四月　日

立卖房人　王佩五（押）

中保人　朱宁和（押）

信行大吉

【注】

[一] 原件藏北京大学图书馆。

一五三二　清乾隆五十四年（一七八九）大兴县韩青云卖房官契稿[一]

立卖房契人韩青云，今因乏用，将故父遗下自置瓦房壹所，门面贰间，贰层贰间，共计肆间，后有落地壹条，门窗户壁、上下土木相连，坐落中城中东坊二铺高井胡同路北总甲邢顺地方。今凭中保人等说合，情愿卖与

倪　名下永远为业。三面言定时值卖房价银柒拾伍两整。其银当日收足，外无欠少。自卖之后，如有亲族长幼人等争竞、及指房借贷官银私债等情，有卖主同中保人一面承管。恐后无凭，立此卖契永远存照。

内有原房韩姓红契壹张，上首孙姓红契壹张，执照壹张，共计叁张，付置主收存。

乾隆伍拾肆闰伍月　　日

立卖房契人　韩青云（押）

同中保人　何维岳（押）

徐　补（押）

房牙　李廷辉（戳）[二]

总甲　邢　顺（戳）[三]

大兴县契稿

【注】

[一] 原件藏北京大学图书馆。

[二] 戳文，顺天府官房牙经纪李廷辉。

[三] 戳文，中东总甲邢顺（押）。

一五三三　清乾隆五十四年（一七八九）大兴县韩青云卖房官契〔一〕

顺天府大兴县今据倪名用价契买遵例纳税事

立卖房契人韩青云，今因乏用，将故父遗下自置瓦房壹所，门面贰间，贰层贰间，共计肆间，后有落地壹条，门窗户壁、上下土木相连，坐落中城中东坊二铺高井胡同路北总甲邢顺地方。今凭中保人等说合，情愿卖与倪　名下永远为业。三面言定时值卖房价银柒拾伍两整。其银当日收足，外无欠少　。自卖之后，如有亲族长幼人等争竞、及指房借贷官银私债等情，有卖主同中保人一面承管。恐后无凭，立此卖契永远存照。

内有原房韩姓红契壹张，上首孙姓红契壹张，执照壹张，共计叁张跟随。并照。

乾隆伍拾肆闰伍月　　日　　　立卖契人　韩青云　　房牙　李廷辉

中保人　何维岳

徐　补　　总甲　邢　顺

顺天府大兴县

【注】

〔一〕原件藏北京大学图书馆。后粘连契尾，略。

一五三四　清乾隆五十四年（一七八九）休宁县周又京卖地山红契〔一〕

十九都二图立杜卖契周又京，今因正用，自愿将自买己业被字壹千五百五拾贰号，地税陆毫，土名汪家林；又被字壹千五百五拾叁号，地税捌厘肆毫玖系，土名同；又被子壹千五百五拾捌号，地税壹分肆厘肆毫，土名同；又被字壹千五百陆拾壹号，山税壹分陆厘，土名八公塘上，于上原造厝屋贰棺。凭中说合，尽行出卖与十六都二图胡名下永远为业。三面议定得受时值价九四平九色银伍拾两整。其银当即收足，其山地税亩并厝屋即交管业，其税随即过割入买人户内支解输粮，其厝屋听凭拆毁改造扦葬取用。此系两相情愿，并无威逼准折等情，从前亦无典卖他人重复交易等事。倘有内外人等异说，俱系出卖人承肩理直，不涉受业人之事。今欲有凭，立此杜卖契永远存照。

来脚赤契一并缴付买人收执。

乾隆五十四年六月　日

立杜卖契　周又京

凭　中　周恒山　周恭友　胡曦庭　王成美

胡瑞和　吕会丰　江衡光

代　笔　吴柏裳

【注】

[一] 原件藏安徽省博物馆。编号二·二一五七九。

一五三五　清乾隆五十五年（一七九〇）徽州汪永周兄弟卖阴地契[一]

立杜卖山地契人汪永周同弟永茂，今将自己祖坟前阴地壹片，坐落百子山狮形尾大兔子凸，上至祖坟拜台，下〔至〕新立界石为界，下凭程、杨二姓棉地后坳为界，左右俱照汪人老界新立界石为界。四至明白，界内尺木寸土不留，情愿凭中出杜卖与马名下为业。当日得受山价制钱拾陆千文整[二]。比日钱契两交。自卖之后，听马择吉扦葬蓄荫管业，汪人无得异说。此系二意情愿，并无勒逼等情。倘有内外亲疏人等异说，尽是汪人一力承管，不干马人之事。今欲有凭，立此杜卖山地契永远存照。

老契一纸，上葬父坟，不便缴出。境内古坟三冢，听马标祭。又批。

乾隆五十五年六月初二日

杜卖山地契人　汪永周　汪永茂

代　笔　程宾玉

凭　中　陈永长　许清海　黄朝贵　张友升

汪以爵　杨仁义　方纯玉　张立贵　华云龙

杨桂兰　张其山　汪佩玉　潘学林

【注】

[一] 原件藏安徽省博物馆。编号二·七九三三。
[二] 制钱，按照政府定制由官府铸造的铜钱。

一五三六　清乾隆五十五年（一七九〇）宛平县伍皂住卖房民契纸[一]

立卖房契人伍皂住，有原买朱姓瓦房壹所，门面接檐房肆间，壹过道，通后叁层，共计破烂瓦房式拾壹间，后有落地壹条，门窗户壁、上下土木相连。坐落在南城东茶食胡同口内路北。今因乏用，凭中说合，两相情愿出卖与
王　　名下永远为业。三面议定，卖价纹银六百两整。其银当日交足，并无欠少。自卖之后，倘有重复典卖、拖欠官银私债、亲族人等争竞等情，有卖房主壹面承管。恐后无凭，立此卖契永远存照。

内有原房伍姓红契壹张，上首朱姓红契壹张，上上首戴、李、陈三姓红契三张，共计红契五张，买主收存。

中保人　刘报儿（押）
　　　　任双全（押）

乾隆五十五年九月　　日　　　　立卖房契人　伍皂住（押）

【注】

[一] 原件藏北京大学图书馆。

一五三七　清乾隆五十五年（一七九〇）宛平县伍皂住卖房官契[一]

顺天府宛平县今据王名下用价银陆百两正
立卖房契人伍皂住，有原买朱姓瓦房壹所，门面接檐房肆间，壹过道，通后叁层，共计破烂瓦房式拾壹间，后有落地壹条，门窗户壁、上下土木相连。坐落在南城东茶食胡同口内路北。今因乏用，凭中说合，两相情愿，出卖与
王　　名下永远为业。三面议定，卖价纹银六百两整。其银当日交足，并无欠少。自卖之后，倘有重复典卖、拖欠官银私债、亲

族人等争竞等情，有卖房主壹面承管。恐后无凭，立此卖契永远存照。

内有原房伍姓红契壹张，上首朱姓红契壹张，上上首戴、李、陈三姓红契三张，共计红契五张，买主收存。

乾隆五十五年九月　　日立卖房契人　伍皂住

中保人　刘报儿

任双全

房　牙

总　甲

里　长

代　书

另誊税讫（戳）

【注】

［一］原件藏北京大学图书馆。

一五三八　清乾隆五十五年（一七九〇）大兴县杨国琳等卖房民契纸[一]

立绝卖房契人杨国琳同次子墀，今因乏用，情愿将祖遗住房弍所：东边门面房叁间，弍层房叁间，东厢房壹间，后有落地壹段，灰棚壹间；西边板墙壹道，门面房弍间，弍层房弍间，后有落地壹段，灰棚壹间，共计房棚壹拾叁间，上下土土木相连，门窗户壁、隔断俱全。坐落北城日南坊柴儿胡同中间路北地方。凭中说合，情愿绝卖与陈名下永远为业。三面言定，实指房价玖捌色银玖百两正弍两平。其银当日亲手凭中一并收足，并无欠少。自卖之后，永不再找，任凭银主管业、改造。倘有亲族人等争竞，有卖主同中保人一面承管。恐后无凭，立此绝卖房契永远存照。

内有杨姓本身红契弍张，上手红白契纸共拾弍张，银主收存。

乾隆五十五年十月　　日　　立绝卖房契人　杨国琳（押）　同子墀

大吉

中保人　李邦宁（押）
杨俊业（押）
杨振远（押）

【注】

[一]原件藏北京大学图书馆。粘连于官契之后。

一五三九　清乾隆五十五年（一七九〇）大兴县杨国琳等卖房官契[一]

顺天府大兴县今据陈名用价契买遵例纳税事

立绝卖房契人杨国琳同次子墀，今因乏用，情愿将祖遗住房弍所：东边门面房叁间，弍层房叁间，东厢房壹间，后有落地壹段，灰棚壹间；西边板墙壹道，门面房弍间，弍层房弍间，后有落地壹段，灰棚壹间，共计房棚壹拾叁间，上下土木相连，门窗户壁、隔断俱全。坐落北城日南坊柴儿胡同中间路北地方。凭中说合，情愿绝卖与陈　名下永远为业。三面言定，时值房价玖捌色银玖百两正弍两平。其银当日亲手凭中一并收足，并无欠少。自卖之后，永不再找，任凭银主管业、改造。倘有亲族人等争竞，有卖主同中保人一面承管，恐后无凭，立此绝卖房契永远存照。

内有杨姓本身红契弍张，上手红白契纸共拾弍张银主收存。

中保人　杨俊业
李邦宁
杨振远

立卖契人　杨国琳　仝子墀　房牙
总甲

乾隆伍拾伍年拾月　日

顺天府大兴县

【注】

〔一〕原件藏北京大学图书馆。

一五四〇　清乾隆五十六年（一七九一）大兴县张门孙氏等卖房白契〔一〕

立卖房契人张门孙氏仝孙张培溁泽，因手乏无钱使用，将自置瓦房壹所，门面三间倒底肆层，共计瓦房拾式间，上下土木相连。坐落齐化门〔二〕外鸡市口内二巷中间路南。今同中说合，情愿卖与王名下居住，永远为业。言定卖价清钱伍伯（佰）吊整。其钱当面交足，并无欠少。自卖之后，如有亲族人等争论，并无重复典当〔三〕，有卖主一面承管。恐后无凭，立此卖契存照。

原有红契肆张，白契式张，共计红白契六张，交与买主收存。

说合人　李朝辅（押）

乾隆伍拾陆年式月廿六日　　立卖契人　张门孙氏（押）　同孙张培溁（押）泽（押）

永远存照

【注】

〔一〕原件藏北京大学图书馆。

〔二〕齐化门，元大都东三门之一，明清称朝阳门，民间仍长期称齐化门。

〔三〕并无，衍文。

一五四一　清乾隆五十六年（一七九一）大兴县朱贵卖房民契纸〔一〕

立卖房契朱贵，今因乏用，将自置新盖房壹所，坐落草厂头条胡同〔二〕北口内路西，计房叁层，〔三〕厢房肆间，共拾六间。门窗户壁

粧修俱全。凭中说合，一并卖与

朱名下永远为业。言定卖价弍两平纹银壹千弍百两，当日交足无欠。自卖之后，倘有亲族人等争竞，有中保人同卖主一面承管，于买主无干。恐后无凭，立卖契存照。

中保人　陈　忠（押）

钱在东（押）

立卖契　朱　贵（押）

代笔　赵　谦（押）

乾隆五十六年二月　　日

信行

【注】

[一] 原件藏北京大学图书馆。

[二] 草厂头条胡同，今在北京东城区西北部。明称羊房草场一条。原为宫廷羊房储存草料之所，后形成十条胡同，此为第一条，故名。清改称草厂头条，沿用至今。

[三] 似夺「每层有房肆间」等内容。

一五四二　清乾隆五十六年（一七九一）大兴县朱贵卖房官契[一]

顺天府大兴县今据朱名用价契买遵例纳税事

立卖房契朱贵，今因乏用，将自置新盖房壹所，坐落草厂头条胡同北口内路西，计房叁层[三]，厢房肆间，共拾六间，门窗户壁粧修俱全。凭中说合，一并卖与

朱　名下为业。言定卖价贰两平纹银壹千贰百两。当日交足无欠。自卖之后，倘有亲族人等争竞，有中保人同卖主壹面承管，于买主无干。恐后无凭，立卖契存照。

外有本身红契壹张跟随。并照。

中保人　陈　忠

钱在东

乾隆伍拾陆年拾贰月　　日

立卖契人　朱　贵　房牙
总甲

代　笔　赵　谦

【注】

[一] 原件藏北京大学图书馆。

[二] 同上《民契纸》注。

一五四三　清乾隆五十六年（一七九一）曲阜县孔府佃户袁朝熏卖庄田契[一]

立契约人袁朝熏，因无钱使用，将西北坡东西地一段，计地一大亩四分，同中说合，出卖于纪太中名下承粮，永远为业。言定时值价钱每亩七千整[二]，卖日交足，无欠少。南至赵均，北至孔姓，东至珍头，西至路，四至分明。恐后无凭，立约存证。

中长九十八步二分，东阔九步四分，西阔十一步。

乾隆五十六年三月　　日立

中人　齐相鲁

【注】

[一] 录自《孔府档案选编》上册。

[二] 七千，即「七千文」。千，同于「贯」「吊」。旧时民间径读作「吊」。「七千」即「七吊」。

一五四四　清乾隆五十七年（一七九二）大兴县崔永泰卖房民契纸[一]

立卖房契人崔永泰，今因乏用，将自置铺面房一处，坐落前门外东珠市口东边路北，门面五间，东西厢房拾间，腰房肆间半，后有东厢房弍间，东灰房弍间，西厢房一间，后有正房五间，共计房弍拾玖间半。今凭中说合，情愿卖与索　名下永远为业。三面言明，卖房价银柒伯（佰）两整。其银当日亲手交足，外无欠少。自卖之后，倘有重复典卖满、汉亲族长幼等争竞等情，有卖主同中保人一面承管。恐后无凭，立此卖房契永远存照。

此房本身崔姓红契一张，上首投税红契一张，共计红契式张跟随。

乾隆五十七年四月　日　　立卖房契人　崔永泰（押）

管业人　王永泰（押）

中保人　田重喜（押）

林　魁（押）

富　升（押）

说合人　向翰文（押）

王泰安（押）

永远大吉

【注】

［一］原件藏北京大学图书馆。

一五四五　清乾隆五十七年（一七九二）大兴县崔永泰卖房官契[一]

顺天府大兴县今据索名下用价契买遵例纳税事

立卖房契人崔永泰，今因乏用，将自置铺面房壹处，坐落前门外东猪市口[二]东边路北，门面五间，东西厢房拾间，腰房肆间半，后有东厢房贰间，东灰房贰间，西厢房壹间，后有正房伍间，共计房贰拾玖间半。今凭中说合，情愿卖与索　名下永远为业。三面言定，卖房价银柒百两整。其银当日交足，外无欠少。自卖之后，倘有重复典卖满、汉亲族长幼等争竞等情，有卖主同中保人一面承管。恐后无凭，立此卖契永远存照。

外有本身崔姓红契壹张，上首投税红契壹张，共计红契贰张跟随。　并照。

乾隆五十七年四月　日　　立卖房契人　崔永泰（押）　房牙

管业人　王永泰（押）　总甲

顺天府大兴县

田重喜（押）

中保人　林　魁（押）

富　升（押）

说合人　向翰文（押）

王泰安（押）

【注】

［一］原件藏北京大学图书馆。

［二］东猪市口，民契纸作「东珠市口」。明称猪市口，因猪市在此而得名。清前期沿之，后雅称珠市口。东猪市口在今珠市口东大街。

一五四六　清乾隆五十七年（一七九二）休宁县王亮采等卖厝地红契[一]

立杜卖厝地契王亮采、室人王陈氏，今因家用无措，自愿将己置厝地壹号，土名长枫树，系良字弍千零廿五号，计地拾步，计地税肆厘，并地上原造厝屋壹所，砖瓦石脚俱全。今凭中立契尽行出卖与

房侄孙王既堂名下为业，三面议定得受时值价银拾弍两整。比即银契两相交明，别无另札。今卖之后，随即交与买人管业，任从改造厝葬取用，无得异说。其地未卖之先，并无重复交易。及内外人拦阻一切等情，尽是卖人理值，不涉买人之事，其税在王叔卫户内提入买人名下办纳无辞。今恐无凭，立此杜卖契文，久远存照。

当付原买来脚契乙纸，收税票乙张。

立杜卖厝地契　王亮采（押）

室陈氏（押）

依口代书　王翰臣（押）

乾隆五十七年十月　　日

【注】

［一］原件藏北京大学图书馆。

一五四七　清乾隆五十八年（一七九三）曲阜县孔府卖地契[一]

今将杨家楼庄家西场园东西地一段，计地十五小亩六分，出卖于朱深名下承粮为业，言定卖价每亩京钱九千文，共价一百四十千零四百文。其钱当交不欠。自卖之后，土上土下尽系买主，并无违碍。如有违碍，卖主一面承管。恐后无凭，立约为证。

乾隆五十二年二月二十九日　　　　立约

【注】

[一] 录自《孔府档案选编》上册。

一五四八　清乾隆五十八年（一七九三）大兴县陈门徐氏卖房民契纸[一]

立卖房契陈昌玉之母徐氏，今因回南乏用，情愿将自置住房贰所：东边门面房叁间，贰层房叁间，东厢房壹间，后有落地壹段，灰棚壹间；西边板墙壹道，门面房贰间，贰层房贰间，后有落地壹段，灰棚壹间，共计房棚壹拾叁间，上下土木相连，门窗户壁、隔断俱全。坐落北城日南坊柴儿胡同[二]中间路北地方。凭中说合，情愿绝卖与龚名下永远为业。三面议定寔指（时值）房价京平九丝银壹千两正。其银当日亲手凭中一并收足，并无欠少。自卖之后，永不再找，任凭银主管业、改造。倘有亲族人等争竞，有卖主同中保人一面承管。恐后无凭，立此绝卖房契永远存照。

内有陈姓本身红契壹张，上手红白契拾叁张，银主收存。

立绝卖房契人　陈门徐氏（押）

陈朝枢（押）

陈亦球（押）

中保人　明廷瑞（押）

徐廷纶（押）

乾隆五十八年十一月　　日

大吉

【注】

[一] 原件藏北京大学图书馆。官契见下文乾隆六十年。

[二] 柴儿胡同，今北京西城区前门西河沿街南。

一五四九　清乾隆五十八年（一七九三）休宁县许质先叔侄卖房红契[一]

二十一都二图立卖契人许质先同侄必焕，今因正用，情愿将自置化字贰千陆百肆拾叁号，地税玖厘陆毫壹系，土名里住基，于上朝南楼屋叁间，斜角坐屋壹披，四面墙垣门窗户扇一应俱全。东至许纶执伯父地，西至许景洛伯父地，南至此屋大门墙外卖人公地，北至许纶执伯父地。凭中立契出卖与汝肩再侄名下为业。三面议定得受曹（漕）平九四兑元丝银贰百柒拾两整[二]。其银当即收足，其税即推入买人户内输粮，其屋即交买人管业，听凭改造无辞。此系两相情愿，并无威逼准折等情，从前至今亦无典当他人、重复交易之事。倘有亲房内外人等异说，俱系卖人承担，不涉买人之事。今恐无凭，立此卖契永远存照。

此屋从前本无出路，所有出入巷路尽系卖主公业，听凭行走无辞。倘此屋日后转手他人，原业主另议。又批。

乾隆五十八年十二月　　日

立杜卖契人　许质先

同　侄　许必焕

凭中堂伯　许景洛　许纶执

中　人　许泽坤　汪金六

代　笔　许竹勋

【注】

[一] 原件藏安徽省博物馆。编号：二·二七七四五。

[二] 元丝银，亦作「圆系银」「圆丝银」。有「假圆丝银」即「九七色银」和「真圆丝银」即「九八色银」之分。

一五五〇　清乾隆五十八年（一七九三）宛平县齐至祥卖房白契[一]

立卖房契人系顺天府宛平县齐至祥，今因乏手，凭中保说合，将自置铺面瓦房一处，坐落在何沟沿后车儿胡同西口外路东[二]，有

门面房五间，后有九间，共计房十四间。上下土木相连。情愿卖与
魏德 名下永远为业。言定卖价银四百六十两整。其银当面交足，并无欠少。自卖之后，如有来路不明、重复典卖、亲族人等争竞等情，有本业主同中保说合人一面承管。恐后无凭，立卖契存照。
外有高姓红契一张，又有齐姓民红契一张，共二张，付买主收存。

乾隆五十八年　月　日　　立卖房契人　齐至祥（押）
中保人　张明禄（押）
范　云（押）
说合人　陈　喜（押）
薛　成（押）
崔　四（押）
李　四（押）

永远存照

【注】

［一］原件藏北京大学图书馆。

［二］今西城区西直门内赵登禹路中段路东。

一五五一　清乾隆五十九年（一七九四）宛平县齐焞卖房红契[一]

立卖契人系宛平县民齐焞，有自置瓦房一所，四间，空院一块，添盖房六间。坐落在西城石碑胡同西口外沟沿南边路东。凭中说合，卖与
邱 名下为业。言定价银叁伯伍拾两整。笔下交足。自卖之后，倘有亲族人等争竞，有卖主一面承管。恐后无恁，立卖契存照。
外有民红契二张跟随。

中保人　齐世杰（押）

乾隆五十九年十月　日　　立卖契人　齐　焞（押）

【注】

〔一〕原件藏北京大学图书馆。

一五五二　清乾隆五十九年（一七九四）大兴县朱恒祥卖房民契纸〔一〕

立卖房契朱恒祥。今情愿将草厂头条胡同北口内路西向东，三层前后两院、肆厢房、叁过道，共计拾陆间。门窗糊（户）壁俱全。凭中说合，价纹京平银伍伯伍拾两。其银当日收足。卖与王宅名下，久远为业。自卖之后，各无反悔。倘有官项私债并弟兄子侄等争竞，与买主无干，并卖主、中间一面承管。恐后无凭，立此卖契永远存照。

上首有红契两张，交买主收存。

中保人　陈茂荣（押）
徐载明（押）

乾隆五十九年十一月十一日　　立卖契　朱恒祥（押）

【注】

〔一〕原件藏北京大学图书馆。

一五五三　清乾隆六十年（一七九五）大兴县宋毓偁卖房民契纸〔一〕

立卖契人宋毓偁，因乏用，将祖遗房一所，计灰瓦房十八间，游廊三间，上下土木相连。坐落草厂下三条胡同〔二〕南头路西。今凭中说合，出卖与刘　名下为业。三面言定实卖价市平纹银式千壹百两整。其艮（银）仝日交足，并无短少。日后并无亲族人等争竞、空口典卖等情。如有亲族争竞，自有卖主、中人一面承管。恐后无凭，立此卖契存照。

外有红白契四张，买主收存。

中保说合人　郭恒岳（押）
程元文（押）
郭淑圣（押）

立卖契人　宋毓俩（押）

乾隆六十年十月十八日

【注】

［一］原件藏北京大学图书馆。

［二］草厂下三条胡同，在今北京东城区西北部。原为明朝宫廷羊房储存草料之所，后形成十条胡同，此为第三条。清代因之。

一五五四　清乾隆六十年（一七九五）大兴县宋毓俩卖房官契[一]

顺天府大兴县今据刘名用价契买遵例纳税事

立卖契人宋毓俩，因乏用，将祖遗房一所，计灰瓦房十八间，游廊三间，上下土木相连。坐落草厂下三条胡同南头路西。今凭中说合，出卖与

刘　名下为业。三面言定实卖价市平纹银弍千壹百两整。其艮（银）仝日交足，并无短少。日后并无亲族人等争竞、空口典卖等情。如有亲族争竞，自有卖主、中人一面承管。恐后无凭，立此卖契存照。

外有红白契四张，买主收存。

中保说合人　郭恒岳（押）
程元文（押）
郭淑圣（押）

立卖契人　宋毓俩（押）

乾隆六十年十月十八日

【注】

［一］原件藏北京大学图书馆。

一五五五　清乾隆六十年（一七九五）大兴县陈门徐氏卖房官契[一]

顺天府大兴县今据龚名用价契买遵例纳税事

立绝卖契人陈昌玉之母徐氏，因乏用，将自置住房贰所：东边门面叁间，二层叁间，东厢房壹间，后落地壹段，灰棚壹间；西边板墙壹道，门面贰间，二层贰间，后落地壹段，灰棚壹间，共拾叁间，土木相连。坐落北城日南坊柴儿胡同中间路北。凭中说合，情愿卖与

龚　名下为业。言定价京平元丝银壹千两。其银当日收足，并无欠少。自卖之后，倘有亲族人等争竞，有卖主同中保人一面承管。恐后无凭，立此绝卖契永远存照。

内有陈姓本身红契壹张，上首红白契拾叁张，银主收存。

中保人　陈朝枢

陈亦球

周廷瑞

徐廷纶

立卖契人　陈门徐氏

乾隆陆拾年拾壹月　日

顺天府大兴县

【注】

[一] 原件藏北京大学图书馆。

一五五六　清乾隆六十年（一七九五）大兴县朱恒祥卖房官契[一]

顺天府大兴县今据王名用价契买遵例纳税事

立卖房契人朱恒祥有自置房壹所，计三层，前后两院，肆厢房，叁过道，共拾六间。门窗户壁俱全，坐落草厂头条胡同北口内路西向东。凭中说合，情愿卖与

王　名下永远为业。言明卖价银叁仟两整[二]。其银当日交足，并无欠少。自卖之后，倘有亲族人等争竞、及指借官项私债等

情，有卖主中保人一面承管。恐后无凭，立契永远存照。
内有红契贰张，交买主收存。

中保人　陈茂荣
　　　　徐载明
立卖契人　朱恒祥
房牙
总甲

乾隆陆拾年拾壹月　　日

顺天府大兴县

【注】

[一]原件藏北京大学图书馆。
[二]乾隆五十九年的民契纸作「价纹京平银伍伯伍拾两」。

一五五七　清乾隆六十年（一七九五）宛平县张凤山卖房白契[一]

立卖契人宛平县民张凤山，有自置五檩正瓦房三间，倒座瓦房三间，共房六间。坐落新街口[二]广济寺东夹道[三]。今因手乏，无钱使用。情愿将此房卖与宛平县民陶玉名下永远为业，言明实假（价）清钱叁伯（佰）肆拾吊整。外有修理钱式伯（佰）吊，共钱伍伯（佰）肆拾吊。其钱当日交足，并无欠少。自卖之后，如有来路不明、重复典卖、亲族人等争竞之处，有卖主并保人一面承管。恐后无凭，立卖契存照。

立卖契人　张凤山（押）
保　　人　刘永馨（押）

乾隆六十年十二月　　日

【注】

[一]原件藏北京大学图书馆。

[二] 新街口，在今北京西城区北部。明代，因在新街路口得名。泛指新街口南北大街与西直门内大街交会处及附近地区。

[三] 广济寺：在今西城区阜城门内大街东口。原为金中都北部的西刘村寺。元改建。明改名弘慈广济寺。后屡扩建。

一五五八　清乾隆某年江南安徽等处承宣布政使司颁发休宁县李文达纳税契尾[一]

契　尾

江南安徽等处承宣布政使司为遵

旨议奏事，奉

督抚部院牌准　户部咨开：嗣后布政司颁发给民契尾格式，编列号数，前半幅照常细书业户等姓名，买卖田房数目，价银税银若干；后半幅于空白处预钤司印，以备投税时将契价税银数目大字填写钤印之处。令业户看明，当面骑字截开。前幅给业户收执，后幅同季册汇送布政司查核。等因。奉

旨依议，钦此。钦遵咨院行司。奉此，合印契尾颁发。凡有业户呈契投税，务遵定例，照格登填。仍令业户看明，当面骑字截开，前幅粘给业户收执，后幅汇同季册送司查核，转报院部。毋违。须至契尾者。

计开：业户李文达买陈冬九田房间亩，用价银肆两，纳税银壹钱弍分。

布字叁千壹百叁拾号　右给业户　准此

乾隆　年　月　日

业户李文达买陈冬九田房价银肆两　税银壹钱弍分[二]

【注】

[一] 原件藏北京大学图书馆。

[二] 骑缝半字。

国家古籍整理出版专项经费资助项目

主编　张传玺

参编　陈秉才　史金波　张守清　光　磊　于振波

　　　孙家红　张怡青　黄义军　龚汝富

国家古籍整理出版专项经费资助项目

主编　张传玺

参编　陈秉才　史金波　张守清　光　磊　于振波

孙家红　张怡青　黄义军　龚汝富

张传玺　主编

中国历代契约粹编

（下册）

北京大学出版社
PEKING UNIVERSITY PRESS

下册目录

附 买地券

（四） 借贷契约

（五）族产管理合同与析产阄书

（八）认罚书、保证书、官府告示……一七八七

（九）过继、婚嫁类文书……一七九一

（十）教育类文书……一七九八

九　民国至土地改革时期契约　附　买地券

（一）　买卖契约、产业执照、投税凭和推收证……一八〇一

附 买地券

(二) 典当契约

（六）学徒合伙阄书类合同

（七）结婚、通行、保证类文件

一五五九　清嘉庆元年(一七九六)宛平县海大卖房红契[一]

立卖契人系宛平县民海大，有祖遗自盖房一处，坐落在后车儿胡同西口内路北，计门房三间，正房三间，东厢房两间，西厢房三间，共房拾壹间。此房因年久无力修理，凭中说合，情愿卖与本县民齐炘名下永远为业。言定价银壹百弍拾两整。其银笔下交足，并不欠少。此房并无红白底契，情愿赴　县纳税。买主深知根底，如有差错，情干(甘)认罪。自卖之后，倘有亲族人等争竞，未路不明，根底不清等情，有中保说合人一面承管。恐后无凭，立此存照。

说合人　钱　　三(押)

知根中保人　张二麻子(押)

立卖契人　海　　大(押)

嘉庆元年三月日

永远存照

【注】

[一] 原件藏北京大学图书馆。

一五六〇　清嘉庆元年(一七九六)大兴县王文学卖房红契[一]

立卖房契人王文学，今将本身自置瓦房一所，前层房三间，二层房三间，三层平台房三间，共计房九间相连，西边空地一段。门窗户壁、上下土木相连。坐落前门外粮市店湿井胡同，系中城中西坊二铺地方。今凭中说合，情愿卖与徐名下为业。三面言定，时置价京平纹银陆百两正。其银当日收足，并无欠少。自卖之后，倘有亲族人等异言，有卖主一面承管。恐后无凭，立此卖契永远存照。

计王姓旧红契一张，又分卖与王姓红契半张，又照。

中保人　王　　荣(押)

嘉庆元年三月　　日　　立卖契人　王文学(押)

【注】

[一] 原件藏北京大学图书馆。

一五六一　清嘉庆元年(一七九六)休宁县方其玉杜卖园地红契[一]

四都二图立杜卖契人方其玉，今因正用，自愿将自置山园地壹业，坐落土名下庄地，系余字弎百八十二号，计下积地税贰分捌厘伍毫柒系正。计步积壹百步。东至高傍，西至低傍及吴姓坟碑石为界，南至高傍及眼同钉石为界[二]，北至高傍。以四至凭公正丈明眼同钉石为界。凭中立契，杜卖与同都二图　　余廷辅名下为业。三面议定得受时值九七色[三]足兑价银肆拾两正。其银比即□□收足，其园地随交买人管业。其业听从扦葬风水，并无异言。在前亦无重复交易等情，以及来历不明及门房人等生端阻揽，尽是出卖人承当理直，不涉〔买〕人之事。其税粮在本家八甲方魁户内起割，听从推入本都二图二甲佘光裕户内，自行办纳粮差。所有来脚赤契一纸，比即缴付收执。恐后无凭，立此杜卖契文久远存照。

契内加买字壹个再批。

嘉庆元年十一月　　日

立杜卖契人　方其玉(押)

凭房长　方佩芝(押)

中　程雨堂(押)

吴玉宾(押)

佘骥光(押)

【注】

[一] 原件藏北京大学图书馆。

[二] 眼同，双方亲临现场办理。

[三] 九七色银，银的成色的一种。详见《雍正元年休宁县李阿程卖田红契》注三。

一五六二　清嘉庆元年(一七九六)休宁县程隆起卖田红契[一]

二十五都五图立杜卖契人程隆起，今因正用无办，自愿央中将承父遗下分受己田两号，坐落土名五分塘，系养字二千壹百八十二号，计田税壹亩壹分陆毛，计租八硙。又土名假五坵，系养字一千二百弍十五号，计田税壹亩柒厘伍毛，计租柒硙。其田四至照麟册管业分明。凭中尽行立契出卖与本都本图十甲程德恒名下为业，当日三面言定得受九七色价银叁拾两整。其银成契之日一并收足，其田即交买人管业耕种收苗，其税即行在本家又七甲程必朋户内起[二]，推入十甲程继尧户内办纳粮差无得异说。如有内外人等拦阻生端，及重复交易一切不明等情，尽是卖人承值，不涉买人之事。所有上首来脚契文与别业相连，不便缴付。恐后无凭，立此杜卖契文久远存照。

又将养字弍千壹百叁拾弍号，土名五荒塘之税壹厘整；又养字弍千弍百拾伍号，土名水山仁塘，税叁厘正[三]。再批。（押）

嘉庆元年十二月　　日　　立杜卖契人　程隆起（押）

凭　中　程德和（押）　程文耀（押）　程兆飞（押）　许　茯（押）

依口代书　许寅清（押）

前项契内价银成契之日一并收足，不另立领。再批。（押）　领

【注】

[一] 原件藏北京大学图书馆。

[二]「起」下脱一「割」字。

[三] 此批未说明将税如何处理。

一五六三　清嘉庆二年（一七九七）宛平县田永安卖房红契[一]

立卖房契人系宛平县民田永安，有自置住房五间，自修盖房三间，共房八间，坐落在小市东二条胡同内路南。凭中说合，卖与赵名下为业。言定价银壹伯伍拾两，其银当日交足无欠。自卖之后，如有亲族人等争竞等情，有卖主一面承管。恐口无凭，立契存照。有红契一张。

中保　曾九德（押）

嘉庆二年三月　　日　　立卖契人　田永安（押）

【注】

［一］原件藏北京大学图书馆。

一五六四　清嘉庆二年（一七九七）大兴县张懋懿卖房白契［一］

立卖房契人系大兴县民张懋懿，今因乏用，将祖遗铺面房一所，门面房弍间，前后上下楼房陆间，共计房八间。坐落在正阳门外肉市路西。凭中保人说合，情愿卖与刘名下永远为业。三面言定，卖价纹银叁佰两整。其银笔下交足，并无欠少。自卖之后，倘有亲族人等争论，指房借代（贷）官银私债及重复典卖等情，俱有原卖主仝中保说合人一面承管。恐后无凭，立此卖契永远存照。

外有民红契二张跟随买主收存。

又有老契五张失落，俟后查出，作为废纸。

中保人　金在兴（押）

说合人　徐文玉（押）

刘廷玉（押）

嘉庆弍年四月　　立卖房契人　张懋懿（押）

永远存照

【注】

［一］原件藏北京大学图书馆。

一五六五　清嘉庆二年（一七九七）大兴县萧天铨等卖房红契［一］

立卖房契人萧天铨銈，今因乏用，将祖遗自盖正房二间半，西厢房灰棚二间，倒座灰棚一间，共计瓦房、灰棚五间半，门窗户壁俱全，上下土木相连。坐落在东长安门外低头胡同路南，年深槽（糟）烂坍塌，不能修理。今凭中人说合，情愿卖与张名下永远为业。三面言定，卖价纹银壹佰伍拾两整。其银笔下交足，并无欠少。自卖之后，倘有红白契纸并亲族弟兄子侄长幼人等争竞及重复典押等情，俱有本卖主仝中保人一面承管。恐后无凭，立此卖契存照。

中保人 戴廷圣（押）
佟朝才（押）
立卖房契人 萧天铨（押）
鋕（押）

嘉庆二年五月 日

【注】

[一] 原件藏北京大学图书馆。

一五六六 清嘉庆二年（一七九七）大兴县孙懋源卖房民契纸[一]

立卖房契人孙懋源，因乏用，将原买朱姓瓦房壹所，门面肆间，通后各层，前后对面厢房陆间，南跨对面瓦房弍间，前后灰棚弍间，共计房棚弍拾弍间，外有临街板墙壹槽，门窗户壁、上下土木相连。坐落南城正东坊叁铺草厂下三条胡同路东总甲地方。今凭中人杜明山、黄永升、夏永泰、顾林说合，情愿卖与茹名下永远为业。三面言定，时值卖房价纹银壹千贰百两整。其银当日收足，外无欠少。自卖之后，如有亲族长幼人等争竞及指房借官银私债争竞等情，有卖房主同中保人一面承管。恐后无凭，立此卖房契永远存照。

内有原房孙姓红契壹张，上首红白契拾伍张，盖房硃批呈子贰，共计拾捌张，置主收存。

立卖房契人 孙懋源（押）

中保人 杜明山（押）
黄永升（押）
夏永泰（押）
顾 林（押）

嘉庆弍年捌月 日

【注】

[一] 原件藏北京大学图书馆。

一五六七　清嘉庆二年(一七九七)大兴县刘枢德卖房红契[一]

立卖字人刘枢德,原有自置银局房壹所,共计游廊灰瓦房式拾壹间,坐落在草厂三条胡同南口内路西,今卖于双名下为业,言明卖价银贰阡(仟)捌佰两整。其银笔下交足,并无欠少。自卖之后,倘有亲族人等争竞,有卖主一面承管。欲后有凭,立卖字存照。

立卖字人　刘枢德(押)
中见人　刘廷辅(押)

有红契三张跟随。

嘉庆弍年十二月初二日

信行

【注】

[一] 原件藏北京大学图书馆。

一五六八　清嘉庆三年(一七九八)宛平县蒲通卖房红契[一]

立卖房契人顺天府宛平县民蒲通,祖遗原有空地一块,自盖灰瓦房,坐落在西直门内大沟沿后车儿胡同口外街东小灰门内二门里。正瓦房三间,正灰棚一间,东瓦房三间,前后有院,共房七间。今因乏手,凭中说合,情愿卖于(与)王廷相名下永远为业。言明卖价银壹佰两整。其银当日交足,外无欠少。自卖之后,如有亲族人等争竞等情,俱有卖主中保一面承管。恐后无凭,立卖契永远存照。

中保说合人　赵兴福(押)
　　　　　　李　玉(押)
嘉庆三年正月　日立卖契人　蒲　通(押)

信行

【注】

[一] 原件藏北京大学图书馆。

一五六九　清嘉庆三年（一七九八）顺德县胡赞勷兄弟永卖基塘契[一]

立明永卖基塘文契人胡赞勷、贤勷、社成、焕成，系马宁都[二]甘竹堡一图八甲胡源富人。今有承祖父遗下经分名下土名薪苹洲沙海基塘壹口，并十二份之一路脚长基壹丘，共该两丘，实中税壹亩柒分正。今因急用，兄弟商议，自愿将此基塘出卖与人，取要价银六十两。先召房亲人等，价高不买。次凭中人梁俊广执帐问到本堡卅图一甲梁永顺（按：名二字圈去）户丁柱平承买，当中还实时价银四十柒两番面司码，签书、酒席、洗业一应俱在价内。三面言定，二家允肯。先月写立定帖，今卜吉日写立文契交易，其价银即日交与赞勷兄弟亲手接回应用，并无低伪、少欠分厘。自卖之后，任从买主收税归户，办纳粮差。日后不得多推少承，从前亦无重典重按。此系明买明卖，实银实数，毫无加写。此业不是留祭烝尝[三]。倘有来历不明及界至不明，系卖主同中理明，不干买主之事。业依时值，日后不得称说价轻收赎、须索等情。属在相信，不在多写。今欲有凭，立此文契一纸并上手文契一纸，共二纸，交与柱平永远收执为照。

一、实卖到土名薪苹洲海基塘壹口并十二份之一路脚长基壹丘，共该税壹亩柒分正，水路木□岸路一应通行。另十二份海边路脚长基壹丘，该中税五厘。

此税于咸丰十年收入本甲梁翁和户完纳粮务。[四]

一、实接到价银四十柒两番面司码。

见证中人　梁俊广

立明永卖基塘文契人　胡　赞勷、社成
　　　　　　　　　　　　贤勷、焕成　同的笔

嘉庆三年二月初七日

【注】

[一] 原件藏美国斯坦福大学胡佛研究所东亚图书馆。转录自杨国桢《明清土地契约文书研究》人民出版社一九八八年出版，第三六九—三七〇页。

[二] 马宁都，在广东顺德县马宁镇，地临海岸。

［三］烝尝，祭祀。冬祭曰烝，秋祭曰尝。《诗·小雅·楚茨》：「絜尔牛羊，以往烝尝。」

［四］此行为咸丰十年（一八六〇）的批凿。

一五七〇　清嘉庆三年（一七九八）宛平县杨孔照卖房官契［一］

顺天府宛平县今据韩名下用价银

立卖房契人系顺天府宛平县民人杨孔照，今因乏用，将自置铺面瓦房一所，顶排三间，门面三间，到底三层，中有东厢房二间，后有西厢房二间，共计瓦房十三间。前后门窗户壁俱全，上下土木相连。坐落在中城中西坊头铺总甲观音寺前路南。今凭中保说合，情愿出卖与

韩名下永远为业。三面言定实值卖房价纹银京平九百两整。其银当日笔下交足，并无欠少。自卖之后，倘有满、汉亲族长幼弟男子侄人等、并官银私债执契争竞、重复典卖等情，俱有卖主仝中保说合人一面承管。恐后无凭，立卖契永远存照。此房内有原房杨红契一张，上首红契（拾张），赎回无用红典契二张，共计红契十三张，付买主收存。

立卖房契人　杨孔照

说合人　高　镕　路凤侣

刘　申

深知情底保人　徐水恒

房牙

总甲

里长

代书

嘉庆三年九月　　日

【注】

［一］原件藏北京大学图书馆。

一五七一　清嘉庆三年（一七九八）宛平县姜嵩年等卖房官契[一]

顺天府宛平县今据韩名下用价银

立卖房契人姜嵩年、大年，今因乏用，将祖遗置盖铺面瓦房一所，门面房一间，后接楼房上下四间，共计房楼五间，门窗户壁、上下土木相连。坐落中城中西坊二铺，情煤市街路东总甲杨泰地方。今凭知底保人等说合，情愿出卖与韩名下永远为业。三面言定时值卖房价银五百五十两正。其银当日收足，外无欠少。自卖之后，如有亲族长幼弟兄争竞、及指房借贷官银私债等情，有卖主仝知底保人一面承管。恐后无凭，立此卖契永远存照。

内有原房姜姓红契一张，上首红契五张，赎回红典契二张，共计红契八张，付置主收存。

嘉庆三年十二月　　日

立卖房契人　姜嵩年、大年
知底保人　周　泰
中保人　王　俭
房　牙　李廷辉
总　甲　杨　泰
里　长
代　书

【注】

[一] 原件藏北京大学图书馆。

一五七二　清嘉庆三年（一七九八）大兴县李允恒卖房民契纸[一]

立卖房契人李　　令（今）因乏用，将自买何姓门面房二间，二层二间，三层房一间，两小间，灰棚半间，共计大小七间半；后有落

地一块。门窗户壁、上下土木相连。坐落南城正东坊三铺地方草厂上三条胡同南头路东。令(今)〔凭中说合〕情愿实卖与[二]

娄　名下永远为业。言明实价纹银叁佰五十两整。其银当日收足，外无欠少。自卖之后，倘有亲族长幼人等争竞，及指房借贷官银私债等情，有卖主李姓一面承管。恐后无凭，立此房契，永远存照。

立卖房人　李允恒(押)

见中　杨永发(押)

嘉庆　年　月　日[三]

大兴县税讫(戳)

再批：有原苗姓补税红契一张，古式一张，上首张姓白契一张，白姓红契一张，何姓红契一张，李姓本身红契一张，共计六张，付置主收存。

【注】

[一] 原件藏北京大学图书馆。

[二] 原稿作「令　　情愿实卖与」，今据官契改补。「实」字也是衍字。官契无。

[三] 立契时间缺载，官契作「嘉庆叁年」。

一五七三　清嘉庆三年(一七九八)大兴县李允恒卖房官契[一]

顺天府大兴县今据娄名下用价契买遵例纳税事

立卖房契人李允恒，今因乏用，将自置何姓门面房贰间，二层贰间，三层房壹间，两小间，灰棚半间，共计大小房柒间半。后有落地壹块。门窗户壁、上下土木相连。坐落南城正东坊三铺草厂上三条胡同南头路东。今凭中说合，情愿卖与娄姓　名下永远为业。言明寔卖价银叁百伍拾两整。其银笔下交足，并无欠少。自卖之后，倘有亲族长幼人等争竞、及指房借贷官银私债等情，有卖主李姓一面承管。恐后无凭，立卖房契存照。

中保人　杨永发

立卖契人　李允恒　房牙

总甲

嘉庆叁年　月　日

顺天府大兴县[二]

【注】

[一] 原件藏北京大学图书馆。

[二] 骑缝半字。

一五七四　清嘉庆四年（一七九九）北京李永泰卖荒坡白契[一]

立卖契文约人李永泰，因为手乏，无钱使用，今将本身祖遗荒坡壹段，内有四至：东至李富财，西至本主，南至本主，北至西观音庵，四至分明。今同说合，情愿卖与李成□名下，永远为业。言定卖价文银七两整。其银当面交足，并无短少。恐后无凭，立卖契永远存照。每年随带钱粮钱壹文，交与里长。

同族人　李成福（押）

立卖契人　李富财（押）

李永泰（押）

王良柏（押）

王良芳（押）

李之亮（押）

中保人　靳其孺（押）

李进忠（押）

觉　明（押）

嘉庆四年二月初六日

凭据

【注】

[一] 原件藏北京海淀区大觉寺文物陈列馆。

一五七五　清嘉庆四年（一七九九）大兴县索善来母子卖房民契纸[一]

立卖房契人系大兴县民索名之子索善来，同母曲氏，今有自置甫（铺）面房一处，坐落在前门外东珠市口东边路北地方。门面房五间，东西厢房拾间，腰房四间半，后有东厢房二间，东灰房二间，西厢房一间，后有正房五间，共计灰瓦房弍拾九间半。今凭中说合，情愿出卖与

苏　名下永远为业。三面言明，卖房价纹银捌伯两整。其银笔下交足，并无欠少。自卖之后，倘有满、汉亲族人等争竞，如重复到典等情，有卖主同保人一面承管。恐后无凭，立此卖房契永远存照。

此房上首有民红契弍张，有索姓民红契壹张，共计民红契纸叁张跟随。

另誊税讫（截）

嘉庆四年六月　日立卖房契人母同子　索善来（押）

中保人　武　栋（押）

刘　贵（押）

杨　大（押）

说合人　毛　二（押）

周德福（押）

刘殿臣（押）

信行存照

【注】

[一] 原件藏北京大学图书馆。

一五七六　清嘉庆四年（一七九九）大兴县索善来母子卖房官契[一]

顺天府宛平县今据苏名下用价银

立卖房契人系大兴县民索名之子索善来，同母曲氏今有自置甫（铺）面房一处，坐落在前门外东珠市口东边路北地方。门面房五间，东西厢房拾间，腰房四间半，后有东厢房二间，东灰房二间，西厢房一间，后有正房五间，共计灰瓦房弍拾九间半。今凭中说合，情愿出卖与

苏　名下永远为业。三面言明，卖房价纹银捌伯两整。其银笔下交足，并无欠少。自卖之后，倘有满、汉亲族人等争竞，如重复到典等情，有卖主同保人一面承管。恐后无凭，立此卖房契永远存照。

此房上首有民红契式张，有索姓民红契壹张，共计民红契纸叁张跟随。

嘉庆肆年陆月　　日　立卖房契人　母同子索善来

杨　大　刘　贵

另誊税讫(截)　说合中保人　刘殿臣　周德福

武　栋　毛　二

房牙

总甲

里长

代书

【注】

[一]原件藏北京大学图书馆。

一五七七　清嘉庆四年(一七九九)满洲图们泰卖房旗契[一]

立卖房契人正红旗满洲笔帖式图们泰，今因手乏，有祖遗瓦房九间，灰棚五间，共计房十四间。此房座落在中城高井胡同路北，平(凭)中说合，今情愿卖与顺天府宛平县民张名下永远为业。言定卖价纹银三伯(佰)两整。此银笔下交足，并无欠少。自卖之后，如有亲族人等争竞、重复典卖、拖欠官银，俱系卖主、中保一面承管。恐后无凭，立卖契存照。

有旗红契一张跟随

中保人　存　福(押)

说合人　邢德功(押)

嘉庆四年七月初十日立卖房契人　图们泰(押)

【注】

[一]原件藏北京大学图书馆。

一五七八　清嘉庆五年(一八〇〇)大兴县高宾卖房官契稿[一]

立卖房契人高宾，今因乏用，将自置院内西灰梗房肆间半，随房院落、门窗户壁、上下土木相连。坐落中城中东坊二铺高井胡同路北总甲邢顺地方。今凭中保人说合，情愿出卖与刘　名下永远为业。三面言定时值卖房价银壹百两整。其银当日收足，外无欠少。自卖之后，倘有亲族长幼人等争竞、及指房借贷官银私债等情，有卖主仝中保人一面承管。恐后无凭，立卖契永远存照。

内有原房高姓红契壹张，上首藏姓稿底契壹张，无底红地契壹张，共计契帋叁张，付置主收存。

嘉庆伍年贰月　　日

立卖房契人　高　宾(押)

同至亲中保人　马　太(押)

房牙　李廷辉(顺天府房行经纪李廷辉)(戳)

总甲　邢　顺(中东总甲邢顺)(戳)

大兴县契稿

【注】

[一]原件藏北京大学图书馆。

一五七九　清嘉庆五年(一八〇〇)大兴县高宾卖房官契[一]

顺天府大兴县据刘名下用银契买遵例纳税

立卖房契人高宾，今因乏用，将自置院内西灰梗房肆间半，随房院落、门窗户壁、上下土木相连。坐落中城中东坊二铺高井胡同路北总甲邢顺地方。今凭中保人说合，情愿出卖与刘　名下永远为业。三面言定时值卖房价银壹百两整。其银当日收足，外无欠少。自买(卖)之后，倘有亲族长幼人等争竞及指房借贷官银私债等情，有卖主仝中保人一面承管。恐后无凭，立卖契永远存照。

内有原房高姓红契壹张，上首藏姓稿底契壹张，无底红地契壹张，共计契帋叁张，付置主收存。

同至亲中保人　马　太
立卖房契人　高　宾　房牙　李廷辉
总甲　邢　顺

嘉庆伍年贰月　　日

【注】

［一］原件藏北京大学图书馆。

一五八〇　清嘉庆五年（一八〇〇）大兴县刘志和卖房官契［一］

顺天府大兴县今据松名下用价契买遵例纳税事

立顶卖房契人刘志和，今因乏用，将自置铺面房壹所，门面楼房上下肆间，后接楼房上下肆间，共计楼房捌间。门窗户壁俱全。坐落中城中东坊头铺肉市内路西总甲刘升地方。今凭知底保人等说合，情愿出卖与松　名下永远为业。三面言定时值卖房价银壹千壹佰两整。其银当日收足，外无欠少。自卖之后，如有亲族长幼人等争竞，及指房借贷官银私债，与上首业主授受不清、匿契重复典卖等情，有卖主仝知底保人一面承管。恐后无凭，立此卖契永远存照。

内有原房刘姓红契壹张，上首张姓红契壹张，金姓无底红契壹张，共计红契叁张，付置主收存。所短之契，上首刘姓契内赘明。又照。

仝深知人　赵廷贵
底理保　李永福
刘志和　房牙　李廷辉
仝中保人　高鸿远
刘殿臣　总甲　刘　升
张序堂

嘉庆伍年正月

【注】

［一］原件藏北京大学图书馆。

一五八一　清嘉庆五年（一八〇〇）宛平县白士秀卖房民契纸[一]

立卖契人宛平县民白士秀，今因乏手，凭中说合，情愿将自置铺面瓦房一处，坐落在大沟沿后车儿胡同西口外北边路东，有门面房二间，灰房一间，后院房一间，共计四间，门窗户壁俱全，开设茶馆生理，情愿卖与本县民人金　名下永远为业。言明卖价纹银壹佰式拾两。其银笔下交足，并无欠少。自卖之后，如有来历不明，重复典卖、亲族人等争竞等情，有业主同保人一面承管。恐后无凭，立卖契存照。

外有民红契纸壹张跟随。

知情中保人厢黄旗笔帖式　刘　乐（押）
立卖房契　白士秀（押）
说合人　王忠贤（押）
王仲和（押）
李　二（押）
肖文远（押）
顺三格（押）

嘉庆五年二月二十八日

永远存照

【注】

[一] 原件藏北京大学图书馆。

一五八二　清嘉庆五年（一八〇〇）宛平县白士秀卖房官契[一]

顺天府宛平县今据金名下用价银

立卖契人宛平县民白士秀，今因乏手，凭中说合，情愿将自置铺面瓦房一处，坐落在大沟沿后车儿胡同西口外北边路东，有门面房二间，灰房一间，后院房一间，共计四间，门窗户壁俱全，开设茶馆生理，情愿卖与本县民人金　名下永远为业。言明卖价纹银壹佰式拾两。其银笔下交足，并无欠少。自卖之后，如有来历不明，重复典卖、亲族人等争竞等情，有业主同保人一面承管。恐后无凭，立卖契存照。

外有民红契纸壹张跟随。

嘉庆五年二月　　日

立卖房契人　白士秀
知底中保人　刘　乐
　　　　　　王志贤
　　　　　　王仲和
说合人　肖文远
　　　　顺三格
　　　　李　二
总　甲
里　长

【注】

[一]原件藏北京大学图书馆。

一五八三　清嘉庆五年（一八〇〇）大兴县白其坦卖房民契纸[一]

立卖房人白其坦，今将自置瓦房壹所，前后肆层门面叁间，共计拾式间。门窗户壁、上下土木相连。坐落东城朝阳关外鸡市口内二条胡同西头路南。今烦中人说合，情愿卖与杜名下永远为业。寔卖价市平纹银式伯两整。其银笔下交足，并无欠少。立卖字以后，倘有亲族人等争竞，并官银私债等弊，有卖房人壹面承管。此房两姓情愿，各无反悔。恐后无凭，立卖字为据。

原有红契四张，白契五张，共计九张，交买主收存。

中保人　李友德（押）
立卖房字人　白其坦（押）

嘉庆五年六月廿一日

永远为业

【注】

[一] 原件藏北京大学图书馆。

一五八四　清嘉庆五年（一八〇〇）大兴县张玉补税房官契稿[一]

立补税房契人张玉，因有原买破烂房棚拾肆间，门窗户壁、上下土木相连。今自行起盖门面叁间，两层；后街门面叁间半，两层；院内厢房壹间。坐落中城中东坊贰铺銮庆胡同路南，后通高井胡同总甲邢顺地方。今凭知底保人，情愿遵例赴县补税红契，以为永远管业。此房原买价银叁百两整。其中并无假捏情弊。如虚情，甘认罪。恐后无凭，立补税契存照。

内有原房张姓原买白契壹张，标手壹张，上首老红契壹张，共计红白契纸叁张跟随。

立补税房契人　张　玉（押）

同知底保人　萧世铨（押）

房牙　李廷辉（戳）

总甲　邢　顺（戳）

凡民间置买田房，例应买主输税。成交后，该牙即执稿赴县挂号，并催业户照例输纳，填写契照钤印，给业户收执，以便稽查捏造等弊。如违，究治不贷。

如字第贰拾号

大兴县挂号讫（截）

嘉庆伍年柒月　　日

大兴县契稿

【注】

[一] 原件藏北京大学图书馆。

一五八五　清嘉庆五年（一八〇〇）大兴县张玉补税房官契[一]

顺天府大兴县今据张名下用价契买遵例纳税事

立补税房契人张玉，因有原买破烂房棚拾肆间，门窗户壁、上下土木相连。今自行起盖门面叁间，两层；后街门面叁间半，两层；院内厢房壹间。坐落中城中东坊贰铺銮庆胡同路南，后通高井胡同总甲邢顺地方。今凭知底保人，情愿遵例赴县补税红契，以为永远管业。此房原买价银叁百两整。其中并无假捏情弊。如虚情，甘认罪。恐后无凭，立补税契存照。

内有原房张姓原买白契壹张，标手壹张，上首老红契壹张，共计红白契纸叁张跟随。

此契内房于嘉庆七年四月内将后层銮庆胡同房七间分卖与王名下为业，此契内只存高井胡同房拾壹间。批明，此照。

嘉庆伍年柒月　　日

立补税房契人　张　玉　房牙　李廷辉

同知底保人　萧世铨　总甲　邢　顺

【注】

［一］原件藏北京大学图书馆。另有同年同月典契已收。

一五八六　清嘉庆六年（一八〇一）北京厢黄旗佐领毓文卖房契[一]

立卖房契人系厢黄旗汉军世袭昭信阳本身佐领毓文，有自置住房壹所，前门坐落总布胡同[二]，后门坐落石大人胡同[三]，房屋门面拾式间，车房壹间，垂花式门壹间，厅房三间，东西耳房式间，东西厢房陆间，厅房后垂花门壹间，垂花门内路顶房陆间，东西厢房陆间，叁层上房叁间，东西耳房式间，四层临后街门房拾伍间，后门傍西厢房式间，东跨所正房叁间，前檐抱厦叁间，倒坐房叁间，灰便房叁间，西跨所正房叁间，倒坐房叁间，西厢房叁间，茅房叁间，总计灰瓦大小房共捌拾肆间，门窗户壁、上下土木相连，随房院落。今因乏手，凭中保人说合，情愿卖与厢红旗满洲二甲喇杨安泰佐领下工部堂主事文彬名下[四]，永远为业。言定房价银肆千月（两），二两平整。其银笔下交足，并无欠少。此房实系自置添房已产。自卖之后，倘有亲族人等争竞等情，有卖主、中保人壹面承管，与买主无干。恐后无凭，立卖房契永远存照。

中保人　尚永兴（押）　李长安（押）　倭升额（押）

嘉庆陆年四月　　日

立卖契人　毓　文（押）　毓　瑞（押）　毓　纯（押）

【注】

[一]原件藏北京大学图书馆。

[二]总布胡同，今北京东城区西总布胡同。

[三]石大人胡同，今东城区外交部街。

[四]甲喇，清朝八旗官名。初称「甲喇额真」，在固山额真之下，辖牛录额真五。后改称「甲喇章京」，汉译「参领」。（参看《清朝文献通考》卷一七九《兵考一》、吴振棫《养吉斋丛录》卷一）

一五八七　清嘉庆六年（一八〇一）户部督理左翼税务监督发给北京厢黄旗佐领毓文卖房纳税执照[一]

钦差户部督理左翼税务监督扎　为发给执照事：据厢黄旗汉军伯兼佐领毓文仝弟等有房捌拾肆间，坐落崇文门内总布胡同路北地方。卖与厢红旗满洲杨安泰佐领下主事文彬名下[二]，价银肆千两。佐领毓文、骁骑校马京、领催王自盛仝保。此照。左三

爱新觉罗氏

纳税银壹百弍拾两

毓　瑞（押）

立卖税人　毓　文（押）

毓　纯（押）

骁骑校　马　京（押）

领　催　王自盛（押）

嘉庆　六年四月

佐领毓文

（满文略）

【注】

[一]原件藏北京大学图书馆。

[二]主事，清朝各部司官中最低之一级。官阶为六品。

一五八八　清嘉庆六年（一八〇一）山阴县高兆原兄弟卖田官契[一]

绝卖文契

山阴县卅六都三图立出卖田契人高兆原同弟兆岳丰，自己户内驹字号田壹亩　分，凭中保等出卖与本县族　处名下为业。三面议定时值估价银贰拾伍千文正，其银当日一并收足。自卖之后，永不找贴，永无回赎，任凭银主管业，收户办粮。并无重叠交关。倘有事端，卖主自行承值，不涉买主之事。欲后有凭，立此绝契为照。

计开：坐落对江□。其田任凭钱主管业，收花入册轮（输）粮。契价以（已）足，遵新例壹契杜绝。并照。

驹字八十六号田内迁壹亩正。其田东至高姓田，南至高姓田，西至卖主四分田，北至高姓田为界，四至分明，并照。

字　号

字　号　　如有老契检出，作废纸之论。又照。

字　号再批：

旧管　都　图　户

新收　都　图　户

今收契内钱一并完足。（押）

嘉庆陆年九月　日

立绝卖契人　高兆原（押）

岳（押）

丰

中人　徐沩传

兄　兆禄（押）

叔　克全（押）

兄　兆德（押）

代笔　周孝思（押）

计开条款例：

一、凡用此契者，竟作绝卖。

一、卖主不识字者，许兄弟子侄代书。

一、成交后即粘契尾于后，验明推收。如违治罚。

一、契内如有添注涂抹字样者，作捏造论。

一、房屋间架仍载明空处。

一、典戳用此契者，须注明年限回赎字样。如不注者，仍作绝卖。

以上数条不过大概。倘民情尚有未尽者，许于空隙处填写。

【注】

[一] 原件藏北京大学图书馆。

一五八九　清嘉庆七年（一八〇二）宛平县王国华卖房民契纸[一]

立卖房契人王国华，今因乏用，将自置房壹所，东灰棚二间，二层瓦房二间，后层瓦房四间，二层东跨灰棚二间，共计房棚十间，后有落地一条。门窗户壁、上下土木相连。坐落中城东二铺高井胡同路北。今凭中保人说合，情愿卖与史　名下住坐，永远为业。三面议定时值卖价纹银肆百肆拾两整。其银当日亲手收足，并无欠少。自卖之后，倘有亲族人等争竞，有卖主一面承管。恐后无凭，立此存照。

此房内有乾隆四十七年原房王姓红契一张，乾隆元年白姓红契一张，雍正五年尹姓红契一张，康熙十二年沈姓红契一张，乾隆五十四年王姓红契一张，以上共计红契五张跟随。

嘉庆七年四月　　日　　立卖房人　王国华（押）

中保人　史慎初（押）

沈　治（押）

另誊税讫（戳）

信行大吉

【注】

[一] 原件藏北京大学图书馆。

一五九〇　清嘉庆七年(一八〇二)宛平县王国华卖房官契[一]

顺天府宛平县今据史名下用价银

立卖房契人王国华，今因乏用，将自置房壹所，东灰棚二间，二层瓦房二间，后层瓦房四间，二层东跨灰棚二间，共计房棚十间，后有落地一条。门窗户壁、上下土木相连。坐落中城东二铺高井胡同路北。今凭中保人说合，情愿卖与史　名下住坐，永远为业。三面议定时值卖价纹银肆百肆拾两整。其银当日亲手收足，并无欠少。自卖之后，倘有亲族人等争竞，有卖主一面承管。恐后无凭，立此存照。

此房内有乾隆四十七年原房王姓红契一张，乾隆元年白姓红契一张，雍正五年尹姓红契一张，康熙十二年沈姓红契一张，乾隆五十四年王姓红契一张，以上共计红契五张跟随。

立卖房契人　王国华

中保人　史慎初

沈　治

房　牙

总　甲

里　长

嘉庆七年四月　　日

【注】

[一] 原件藏北京大学图书馆。

一五九一　清嘉庆七年(一八〇二)宛平县孙门郭氏等卖房官契稿[一]

立卖房契人孀妇孙门郭氏同男孙大锟，今因乏用，将故夫遗下自置盖瓦房壹所，门面肆间，贰层肆间，对面厢房肆间，小灰棚壹间，西院小厢房壹间，共计房拾肆间。后有落地壹条。门窗户壁、上下土木相连。坐落中城中西坊二铺大马神庙西头路南总甲杨泰地方。今凭中保人说合，情愿出卖与

韩　名下永远为业。三面言定时值卖房价纹银壹千两整。其银当日收足，外无欠少。自卖之后，如有亲族长幼人等争竞，及指房借贷官银私债等情，有卖主同中保人一面承管。恐后无凭，立此卖契永远存照。

内有原房孙姓两置红契贰张，上首程姓红契壹张，周姓红契壹张，明季老契壹张，又上首陈姓白契壹张，累落白字伍张，共计红白契帋拾壹张，付置主收存。

嘉庆七年五月　日

立卖房契人　孀妇孙门郭氏（押）
同男　孙大锟（押）
同中保人　黄亭一（押）
王　俭（押）
房牙　李廷辉（戳）
总甲　杨　泰（戳）

宛平县契稿

【注】

[一]原件藏北京大学图书馆。

一五九二　清嘉庆七年（一八〇二）大兴县倪相臣卖房民契纸[一]

立卖房契人倪相臣，今因乏用，将自置瓦房壹所，门面贰间，贰层，共计房肆间，后有落地壹块，门窗户壁、上下土木相连。坐落中城中东坊二铺高井胡同路北。今凭中保人说合，情愿出卖与

柳　名下永远为业。三面言定时值卖房价京钱壹百叁拾千整。其钱当日收足，外无欠少。自卖之后，如有亲族长幼人等争竞及指房借贷官银私债等情，有卖主同中保人一面承管。恐后无凭，立此卖契永远存照。

内有原房倪姓红契壹张，上首韩姓红契壹张，孙姓红契壹张，执照壹张，共计肆张，付置主收存。

另誊官稿

嘉庆七年八月十二日

立卖房契人　倪相臣（押）

同中保人　程文彩（押）
李文绅（押）
石起山（押）
王　奎（押）　代笔（押）

【注】

[一] 原件藏北京大学图书馆。

一五九三　清嘉庆七年（一八〇二）大兴县倪相臣卖房官契稿[一]

契

立卖房契人倪相臣，今因乏用，将自置瓦房壹所，门面贰间，贰层，共计房肆间，后有落地壹块，门窗户壁、上下土木相连。坐落中城中东坊二铺高井胡同路北。今凭中保人说合，情愿出卖与柳　名下永远为业。三面言定时值卖房价京钱壹百叁拾千整。其钱当日收足，外无欠少。自卖之后，如有亲族长幼人等争竞及指房借贷官银私债等情，有卖主同中保人一面承管。恐后无凭，立此卖契永远存照。

内有原房倪姓红契壹张，上首韩姓红契壹张，孙姓红契壹张，执照壹张，共计肆张，付置主收存。

嘉庆柒年十一月　日

立卖房契人　倪相臣
程文彩（押）
中人　李文绅（押）
石起山（押）
说合人　王奎豹（押）
房牙　李廷辉（戳）
总甲

尾

大兴县契稿　字第　号

凡民间置买田房，例应买主输税。成交后，该牙即执稿赴县挂号，并催业户照例输纳，填写契照钤印，给业户收执，以便稽查捏造等弊。如违，究治不贷。

【注】

[一] 原件藏北京大学图书馆。

一五九四　清嘉庆七年（一八〇二）宛平县赵谦士卖房民契纸[一]

立卖房契赵谦士，今将交价置买房钱库官房壹所，连添灰棚并以半作间，共计肆拾间，坐落正阳门外虎坊桥东路北。门窗户壁、壹切装修在内，上下土木相连。凭中议定，京平足纹银叁千两，出卖于　张名下永远为业。价银当日全数收清，并无欠少。自卖之后，如有亲族人等争论，有卖主与中人承管。欲后有凭，立此卖契存照。

内有房钱库原给赵印照壹张，又赵未买之先，勤补堂吴接租六行堂姚议单壹张，又合同壹张，一并交张收存。

嘉庆七年十二月　　日

见　陈曙初[二]（押）

立卖契　赵谦士（押）

中　马柳溪（押）

马喆初（押）

另誊税讫（戳）

信行

【注】

[一] 原件藏北京大学图书馆。

[二] 官契作「陈曙祁」。

一五九五　清嘉庆七年（一八〇二）宛平县赵谦士卖房官契[一]

顺天府宛平县今据张名下用价银

立卖房契赵谦士，今将交价置买房钱库官房一所，连添灰棚并以半作间，共计四十间。坐落正阳门外虎坊桥东路北。门窗户壁、一切装修在内。上下土木相连。凭中出卖与

张　名下永远为业。议定京平足纹银叁千两。价银当日全数收清，并无欠少。自卖之后，如有亲族人等争论，有卖主与中保承管。欲后有凭，立此卖契存照。

内有房钱库原给赵印照一张，又赵未买之先，勤补堂吴接租六行堂姚议单一张，又合同一张，一并交张收存。

嘉庆七年十二月十一　日

立卖房契　赵谦士

陈曙祁[二]

马柳溪

马喆初

另誊税讫（戳）

【注】

[一] 原件藏北京大学图书馆。

[二] 民契纸作「陈曙初」。

一五九六　清嘉庆八年（一八〇三）休宁县朱维吉活卖租佃契[一]

立卖租佃契朱维吉，今因正用，愿将续置田壹号，坐落土名板操坞，系醎字　号，计税式亩，计田大小柒丘，今出卖与亲侄　名下为业。当日得受九七色九五平足兑银肆拾伍两整[二]；其田即听买收租[三]，无得异说。未卖之先，并无重复交易等情。如有，自理，不涉受业人之事。其税在祖户扒纳。其田日后听从原价取赎。恐口无凭，立此卖租佃契存照。

嘉庆八年三月　日

立卖租佃契人　朱维吉（押）

奉书男　文秦（押）

今领去契内价银当日一并收足。同日再批。（押）

【注】

[一] 录自中国社会科学院经济研究所藏《休宁朱氏置产簿》。

[二] 九七色，银的成色的一种。宁寿堂《银谱》：「九七　名假圆系，系圆面青，边底蜂窝细深。剪开，豆青色。此九七色。」

〔三〕听买收租，「买」下脱一「人」字。

一五九七　清嘉庆八年(一八〇三)大兴县张宁氏等卖房民契纸〔一〕

立卖破烂房契人张宁氏同子张德，因乏用，将分授故舅破房壹处，门面叁间，院内南北小房肆间，东灰房叁间，共计拾间。门窗户壁、破烂不全，上下土木相连。坐落草厂下五条胡同内路东地方。今凭中保人说合，情愿出卖与汪　名下住坐为业，听凭改盖。时值卖破烂房价银捌拾两整。其银当日交足，并不欠少。自卖破烂房之后，倘有亲族弟男子侄人等争竞、及指房另借各项官私债负、来历不明、异说等情，有张姓母子同中保人一面承管。恐后无凭，立此卖房契永远存照。

此房内有红白契纸标手共计拾式张跟随。又炤。

嘉庆捌年拾月　　日立卖破烂房契人　张宁氏(押)

同子　张　德(押)

中保人　赵有仁(押)

龚正武(押)

永远存照

【注】

〔一〕原件藏北京大学图书馆。

一五九八　清嘉庆八年(一八〇三)大兴县张宁氏等卖房官契〔一〕

顺天府大兴县今据汪名用价契买遵例纳税事

立卖破烂房契人张宁氏同子张德，因乏用，将分授故舅破房壹处，门面叁间，院内南北小房肆间，东灰房叁间，共计拾间。门窗户壁、破烂不全，上下土木相连。坐落草厂下五条胡同内路东地方。今凭中保人说合，情愿出卖与汪　名下住坐为业，听凭改盖。时值卖破烂房价银捌拾两整。其银当日交足，并不欠少。自卖破烂房之后，倘有亲族弟男子侄人等争竞、及指房另借各项官私债负、来历不明、异说等情，有张氏母子同中保人一面承管。恐后无凭，立此卖房契永远存照。

此房内有红白契纸标手共计拾贰张跟随。又炤。

嘉庆捌年十一月　　日　　立卖契人　张宁氏　仝子

中保人　龚正武

赵有仁

张　德

说合人　　总甲

代书

【注】

[一] 原件藏北京大学图书馆。

一五九九　清嘉庆九年（一八〇四）大兴县孙懋源卖房官契[一]

顺天府大兴县今据茹名下用价契买遵例纳税事

立卖房契人孙懋源，因乏用，将原买朱姓瓦房壹所，门面肆间，通后叁层，前后对面厢房陆间，南挎对面瓦房贰间，前后灰棚贰间共计房棚贰拾贰间，外有临街板墙壹槽。门窗户壁、上下土木相连。坐落南城正东坊三铺草厂下三条胡同路东总甲地方。今凭中人杜明山等说合，情愿卖与

茹　名下永远为业。三面言定时值卖房价纹银壹千贰伯两整。其银当日收足，外无欠少。自卖之后，如有亲族长幼人等争竞，及指房借贷官银私债争竞等情，有卖房主同中保人一面承管。恐后无凭，立此卖房契存照。

内有原房孙姓红契壹张，上首红白契拾伍张，盖房硃批呈子贰，共计拾捌张，置主收存。

中保人　夏永泰

杜明山

黄永升

顾　林

嘉庆九年三月　　日　　立卖契人　孙懋源　　房牙

说合人　总甲
　　　　代书

顺天府大兴县

【注】

[一] 原件藏北京大学图书馆。

一六〇〇　清嘉庆九年（一八〇四）宛平县茹琏卖房民契纸[一]

立卖房契人茹琏，今因乏用，将自置瓦房一所，计门面房肆间，通后叁层，前后厢房陆间，灰棚叁间，前层南院跨所瓦房弍间，共计房式拾叁间，门面板搭壹槽，门窗户壁下下土木相连。坐落南城正东坊三铺地方。今凭中保人茹玉章说合，情愿卖与王　名下住坐，永远为业。三面言定时值卖房价纹银壹千壹百两整。其银当日收足，并无欠少。自卖之后，如有弟男子侄、亲族长幼人等争竞，及指房借欠官项私债等情，有卖主同中保人一面承管。恐后无凭，立此卖契，永远存照。

内有茹姓本身红契壹张，上首孙、俞、朱红白累落契　付买主收存

另誊税讫（戳）　知底中保人　茹玉章（押）

嘉庆九年三月　日　立卖房契人　茹　琏（押）

【注】

[一] 原件藏北京大学图书馆。

一六〇一　清嘉庆九年（一八〇四）宛平县茹琏卖房官契[一]

顺天府宛平县今据王名下用价银

立卖房契人茹琏，今因乏用，将自置瓦房一所，计门面房四间，通后三层，前后厢房六间，灰棚三间，前层南院跨所瓦房二间，共计房二十三间，门面板搭壹槽，门窗户壁俱全，上下土木相连。坐落南城正东坊三铺地方。今凭中保人茹玉章说合，情愿卖与

王　名下住坐，永远为业。三面言定时值卖房价足纹银壹千壹百两正。其银当日交足，并无欠少。自卖之后，如有弟男子侄、亲族长幼人等争竞，及指房借欠官项私债等情，有卖主同中保人一面承管。恐后无凭，立此卖契永远存照。内有茹姓本身红契一张，上首孙、俞、朱红白累落契　付买主收存。

嘉庆九年三月　日

立卖房契人　茹　琏[二]
中保人　茹玉章
房　牙
总　甲

【注】

[一] 原件藏北京大学图书馆。
[二] 茹琏买此房时所用为「大兴县官契」。

一六〇二　清嘉庆九年（一八〇四）山阴县徐大有出田推旗[一]

立推旗人徐大有，今将自己十六都三图海字叁百八十五号中田叁亩柒分七厘徐大有户内出推于本都王尧仁户内，九年入册，十年输粮米为始。并照。

嘉庆九年六月　日

立推旗　徐大有（押）
见推　柳渭川（押）

推旗

【注】

[一] 原件藏北京大学图书馆。

一六〇三　清嘉庆九年（一八〇四）宛平县易文周等卖房官契[一]

顺天府宛平县今据王名下用价银

立卖房契人易文周同男易扬廷，今因乏用，将自置瓦房一所，门面三间，二层三间，二台三间，共计房九间。随房院落西跨空地一条。门窗户壁、上下土木相连。坐落中城中西坊二铺湿井胡同路南总甲杨泰地方。今凭至亲知底保人说合，情愿出卖与王　名下永远为业。三面言定时值卖房价银伍百伍拾两正。其银当日收足，外无欠少。自卖之后如有亲族长幼人等争竞、及指房借贷官项私债等情，有卖主同中保人一面承管。恐后无凭，立此卖契永远存照。

内有原房易姓红契一张，上首徐姓红契一张，王姓红契半张，王姓红契一张，共计红契三张半，买主收存并照。

嘉庆九年七月　　日

立卖房契人　易文周　同男扬廷
刘文奉
知底中保人　王　顺
杨文泰
房　牙　李廷辉
总　甲　杨　泰

另誊税讫（戳）

【注】

[一] 原件藏北京大学图书馆。

一六〇四　清嘉庆九年（一八〇四）宛平县王亨泰卖房红契[一]

立卖房契人王亨泰，因乏用，将自置住房壹处：门面弍间半，到底弍层；厢房弍间，共计柒间，后有落地壹条。门窗户壁、上下土木相连。坐落北城灵中坊并铺地方韩家潭中间路南。今凭中说合，情愿卖与孙　名下住坐为业。言明卖价纹银京平弍百玖拾两整[二]。其银当日文足，外无欠少。自卖之后，倘有亲族人等争竞等情，有卖房主同中保人一面承管。两家情愿，各无返悔。恐后无凭，立此卖房契永远存照。

此房有王姓本身红契壹张，上首张姓红契壹张，上上首王姓红契壹张，又上上首崔姓白契一张，累落杨、陈姓红契二张，共计红白契陆张，付买主收存。此照。

嘉庆九年拾月二十二日　　立卖房契人　王亨泰（押）

中保人　田奕堂（押）

【注】

[一] 原件藏北京大学图书馆。

[二] 京平银，平银指官平银，与市平银相对称。官平银是政府规定的、用以衡量银两的标准。市平银是民间授受银两所通用的衡量标准。各地市平银不同，天津的称津平银，北京的称京平银。

一六〇五　清嘉庆九年（一八〇四）宛平县李德卖房官契[一]

顺天府宛平县今据孙名下用价银

立卖房契人李德，因乏用，将自置住房一处，门面三间，到底三层，厢房一间，共计大小房十间，外一过道，门窗户壁俱全，上下土木相连。坐落北城灵中坊头铺总甲宫顺地方。今凭中保人说合，情愿卖与

孙　名下永远为业。言明卖房价银肆百两正。其银当日交足，外无欠少。自卖之后，倘有亲族长幼弟男子侄指房执契借欠官项私债争竞等情，有卖房主同中保人一面承管。恐后无凭，立此卖房契永远存照。

此房有本姓本身红契一张，上首吕、杨二姓红契二张，共计三张，付买主收存再照。

嘉庆九年十一月　　日　　立卖房契人　李　德

李　姥

刘文禄

中保人　高彩章

尹炳均

孙魁元

房　牙　尹起龙

总甲
里长

【注】

[一] 原件藏北京大学图书馆。

一六〇六　清嘉庆十年(一八〇五)宛平县陆莲湖等卖房官契[一]

顺天府宛平县今据丁名下用价银

立卖房契人陆莲湖同男静斋、咏斋等，今因乏用，将自置瓦房一所，门面三间，到底三层。头层房内后院内有东游廊三间，西厢房一间，二层后院内东西厢房各一间，共计大小房、游廊拾五间，后有落地一条。门窗户壁、上下土木相连。坐落中城中西坊二铺地方。今凭中说合，情愿出卖与丁宅永远为业。三面议定时价足纹京平银捌百伍拾两。其银当日收足，外无欠少。自卖之后，如有亲族长幼兄弟子侄争竞及指房借贷满、汉债、并官银库债等项争竞者，有卖主同中保人一面承管。恐后无凭，立此卖契永远存照。

内有原房本身王姓红契上半张，院宪批呈一张，张姓本身红契一张，阮姓白契一张，金姓本身红契一张，粘连契尾，六姓红契共十五张半[二]，买主收存。再批：二层后院内有东厢房一间，糟烂拆毁，改造板挞一道。头层房内新添花镜一架，碧纱一堂。前院板挞一道，游廊花窗上下俱全。案楼三副，坑架一副，风门大小六副，天蓬一架。买主收存。

嘉庆十年正月　日

立卖房契人　陆莲湖　仝男　静斋　咏斋
中保人　萧洪宽
房牙
总甲
里长

【注】

[一] 原件藏北京大学图书馆。

[二] 六姓红契共十五张半，契上所记，与此数不合。所记为：四姓，红白契共三张半，另有批呈一张。

一六〇七　清嘉庆十年（一八〇五）新都县谢大鹏父子卖水田契[一]

立杜卖水田文契人谢大鹏，同子谢典章、典超，情因负债无措，父子商议，愿将〔分〕受新〔三〕甲枧槽堰水田一分共计大小拾块，载粮五钱六分，自请中证说合，出卖与刘、陈、张等名下承买为业。比日凭中、邻踏明界至：东南与张姓田为界，西以官沟为界，北与卖主胞兄田为界。四至分明，毫无紊乱。比弓议价，每弓较官弓长三寸过丈[二]，共计田式拾捌亩零柒厘伍毫。每亩议定时价银肆拾壹两，共价银壹千壹佰伍拾壹两零柒分。其田实摊还众帐银叁佰□□□□□□□□〔契〕价两交。自卖之后，任凭买主输耕管业。所有画字情礼[三]，均议价内。卖主族姓人等，不得异言。此系买卖二家情愿。恐后无凭，立杜卖文契，交与买主人等赴公税拨为据。

外批：承买人　□□□　刘万盛　刘华仁　刘义和

陈通易　陈　富　张　琢　朱国佐

甲约[四]　杨成宗

街约　邱玉麟　石　芳　魏巨川　陈凤彰

丈手　尹崇元

中证　张　贵　伍克明　朱应举

代字　康树仁

脱兄　谢大昆　谢大伦

血侄　谢典常　谢典珠

邻右　李世雄　张懋修　张　典　刘应尧

嘉庆十年九月十五日　立卖契人　谢大鹏　同子谢典章 超

【注】

[一]原件藏四川省新都县档案局。录自四川新都县档案史料组编《清代地契史料》第三页。

[二]较官弓长三寸，比官弓长出三寸。官弓，为一弓五尺。乡弓无一定标准。在四川一弓有五尺二寸、五尺四寸、五尺八寸，乡弓加三等不同计量长度。较官弓长三寸，即乡弓加三。

[三]画字情礼，「中礼银」和「笔资银」等。

[四]甲约，与下之「街约」，同为居民间之小吏。经乡、党小吏认可，负责传达政令、征收租税及管理民事。

一六〇八　清嘉庆十年（一八〇五）大兴县汪朝基卖房官契稿[一]

立卖房契人汪朝基，因乏用，将自置门面瓦房叁间，院内南北厢房肆间，贰层瓦房叁间，共计房拾间。门窗户壁、上下土木相连。坐落南城正东坊叁铺草厂下伍条胡同路东地方。今凭深知底里保人说合，情愿卖与郑　名下永远为业。三面言定时值卖房价银壹百伍拾两整。其银当日收足，外无欠少。自卖之后，如有亲族长幼人等争竞及指房借贷债负等情，有卖房主同深知底里保人一面承管。恐后无凭，立此卖房契存照。

内有原房汪姓自税红契壹张，累落红白契标手拾贰张，共计拾叁张，买主收存。

嘉庆拾年拾月　　日立卖房契人　汪朝基（押）

　许天禄（押）

同深知底里保　萧文惠（押）

　耿德成（押）

说合人

房　牙　胡德泰

总　甲

大兴县契稿

凡民间置买房产成交后，该牙眼同填写官发契稿，催令依限纳税。如有私相买卖，不经官牙，希图漏税者，该牙查明禀报，以凭按例究办。须至稿者。

勤字第参陆号

【注】

[一]原件藏北京大学图书馆。

一六〇九　清嘉庆十年（一八〇五）大兴县汪朝基卖房官契[一]

顺天府大兴县今据郑名下用价契买遵例纳税事

立卖房契人汪朝基，因乏用，将自置门面瓦房叁间，院内南北厢房肆间，贰层瓦房叁间共计房拾间。门窗户壁、下下土木相连。坐落南城正东坊叁铺草厂下伍条胡同路东地方。今凭深知底里保人说合，情愿卖与郑　名下永远为业。三面言定时值卖房价银壹百伍拾两整。其银当日收足，外无欠少。自卖之后，如有亲族长幼等争竞及指房借贷债负等情，有卖房主同深知底里保人一面承管。恐后无凭，立此卖房契存照。

内有原房汪姓自税红契壹张，累落红白契标手拾贰张，共计拾叁张，买主收存。

许天禄

中保人　萧文惠

耿德成

嘉庆拾年拾月　　日立卖契人　汪朝基　房牙　胡德太

说合人　　总甲

代书

顺天府大兴县[二]

【注】

[一]原件藏北京大学图书馆。

[二]骑缝半字。

一六一〇　清嘉庆十一年（一八〇六）菏泽县杨君俭卖地白契[一]

立卖契杨君俭将东西地一段，三亩三分六厘三毫。东至车路，西至大路，南至杨君赐，北至杨君召。同人杨金升说，卖与杨玉林名下为业。言定共价钱四十千伶三百五十文[二]。成日交足，立字存证。

嘉庆十一年二月　　日立

长活一百一十七步一小尺[三]。

东活七步四小尺五寸。

中活七步五寸。

西活五步二小尺二寸。

【注】

[一] 原件编者藏。菏泽县，今山东菏泽市。

[二] 千，读「吊」，一千个制钱或值一千个制钱的纸币。四十千，即四十吊。伶，当作「零」。

[三] 活，借作「阔」字。鲁西一带常用之。

一六一一　清嘉庆十一年（一八〇六）新都县程鹏飞卖水田红契[一]

立杜卖水田文契人程鹏飞，今因需银使用，无处设办，母子商议，愿将祖置分受已名下二堰灌溉水田二块出卖。先尽族邻，无人承买；自请中证说合，出卖与吴一甲仁圣宫承买为业。比日凭中议定乡弓每亩价银肆拾陆两弍钱，共计丈叁亩二分伍厘五毫八系九忽，共合价银壹佰伍拾两零肆钱二分整。即日银契两交清楚，不少分厘。其田，东、南以水沟为界，西与卖主田坎为界，□□□□□□（四界）分明，并无紊乱。载粮七分整。此系二家情愿，两无逼勒，亦无货帐准折等情。自卖自之后，任随仁圣宫耕输管业，程姓人等不得异言生端。今恐人心不古，故立杜卖一契，交与仁圣宫首事等，赴公税拨、合户，永远存据。

乡　　约[二]　曾启葵

中　　人　朱席珍代字　曾启菁

山　　主　涂文宗　涂文桂　涂有贵　曾文扬

经理首事　李冲凌　向怀信礼　康候祚　向常新　向　明

在堂祖　程天成元顺

嘉庆十一年十月廿三日

立杜卖文契人　程鹏飞

在场人　严国型　吴兰永

堂　兄　程永隆

【注】

[一] 录自四川新都县档案史料组编《清代地契史料》第四页。

[二] 乡约，乡间小吏，由知县任命，负责传达政令，征调租税、徭役，管理民事等。

一六一二　清嘉庆十一年(一八〇六)休宁县吴惟大卖佃契[一]

立杜卖佃契人贰十六都四图吴惟大[二]，今因急用，自愿央中将承祖遗下佃业乙号，坐落土名马颈坳，计佃贰亩贰分，计田大小四丘，凭中出卖与贰十七都贰图朱　名下为业。当日三面议定，时值价银拾九两整。其银当日一并收足，其佃即交买人管业；另发耕种，本家内外人等无得生情异说。未卖之先，并无重复交易及一切不明等情。如有，尽是出卖人理值，不涉买人之事。今恐无凭，立此杜卖佃契，久远存照。

嘉庆十一年十二月　日

杜卖佃契人　吴惟大(押)　吴希万(押)

凭中亲

友　余品三(押)

依口代书　项君锡(押)

【注】

[一] 录自中国社会科学院经济研究所藏《休宁朱氏置产簿》。

[二] 卖佃契，出卖佃耕权(或称「田皮权」)的一种契约。这种田皮使用权的卖买，实际上是买卖「小租」。出卖田皮权又称「小卖」。据张鸿《量沙纪略》记载：「自左文襄派委盘升以后，有地粮分卖之举，银课租钱互相买卖者曰『小租』，地产互相买者曰『大租』。『小租』有完粮之责，而无管地之权。『小租』纳粮于官甚微，每年向『大租』取偿者，每亩二三百文。倘『大租』将地买卖，必须向『小租』过户；『小租』将粮买卖，亦须通知大租。此等积习最为恶劣。」(《初集》页四《大小租地之沿革》)凌焘《江西视臬纪事》卷二亦云：「业主得买其田骨为『大买』，垦户得顶其田皮为『小买』。

业主只管收租赁耕，转顶权自佃户，业主不得过问。」本契是吴惟大所卖佃契，就是对田皮的「小卖」。本契下为同年同月吴惟大又立杜卖田租契，与本契实为「一田二契」。田租契即出卖田骨之契，是「大卖」。「大卖」必须起割税粮，「小卖」则无须过户。

一六一三　清嘉庆十一年（一八〇六）休宁县吴惟大卖田租契[一]

立杜卖田租契人贰拾六都四图吴惟大，今因急用，自情愿央中将祖遗下田租壹号，坐落土名马颈坳，系新丈慕字四千贰佰九十、九十一号，计田大小四丘，计税贰亩贰分整，其田四至自有册载，不及开写，凭中出卖与贰十七都贰图朱敦素名下为业。当日三面议定，时值价银贰拾两整。其银当日一并收足，其田即交买人管业收租办赋，本家内外人等，毋得生情异说。未买（卖）之先，并无重复交易及一切不明等情。如有，尽是出卖人理值，不涉受业人之事。其税在本家吴奇玄户内起割，推入买人户内办纳无辞。恐口无凭，立此杜卖田租契文，久远存照。

其来脚契文与别产相连，未便交付，日后检出，不作行用。又批（押）

嘉庆十一年十二月　　日　　立杜卖田租契人　吴惟大（押）

侄　吴希万（押）

凭中亲

友　余品三（押）

今领去契内价银当日一并收足讫

今领去契内价银当日一并收足讫。同日再批（押）

依口代书项君锡（押）

【注】

〔一〕录自中国社会科学院经济研究所藏《休宁朱氏置产簿》。

一六一四　清嘉庆十二年（一八〇七）宛平县范从仁卖房白契[一]

立字人范从仁，因将故叔自置煤市街[二]路东灰房弍间，院墙弍段，烦中人说合，情愿绝卖与张名下永远为业[三]。其价京钱壹佰吊正。其钱笔下交足，并无短少。自卖之后，任凭张姓掌管。倘有范姓本族并亲眷人等阻搁，俱有范从仁一面承管。恐后无凭，故立此纸永远存照。

说合人　徐上宁（押）

立卖字人　范从仁（押）

嘉庆拾弍年叁月初七日

永远存照

【注】

[一] 原件藏北京大学图书馆。

[二] 煤市街，在今北京西城区。北起廊房头条，中与大栅栏街相交，南至珠市口西大街。清已成街，因煤市得名。

[三] 张名下，即「张玉名下」。

一六一五　清嘉庆十二年（一八〇七）宛平县范从仁卖房白契附字[一]

立字人范从仁，因将故叔自置煤市街路西瓦房弍间，卖与张玉名下永远为业。外有斜对过茅房棚壹间，灰棚壹间，院墙弍段，一并随价之内[二]。恐后无凭，又立一纸存照。

立字人　范从仁（押）

嘉庆拾弍年叁月初七日　立

【注】

[一] 原件藏北京大学图书馆。

[二] 此件为《范从仁卖房白契》的附件。

一六一六　清嘉庆十二年（一八〇七）宛平县茹玉田卖房民契纸[一]

立卖房契茹玉田，今有自置瓦房壹所，门面三间半，到底三层，前院厢房四间，院内板墙壹槽，后院厢房四间，院内小砖墙一槽，后有落地一块，灰棚四间，车大门一座，临街板墙壹槽，小灰棚一间。计瓦房十八间半，灰棚五间。坐落甘井胡同西头路南。凭中说合，情愿卖与

吴名下为业。言明卖价㓦平足纹银壹千捌百两[二]。其银笔下交足，外〔无〕欠少。自卖之后，倘有亲族人等争竞，有茹姓、中保人一面承管。恐后无凭，立此为扻（据）。

计红白契帋玖张。

中保人　茹玉璋（押）

嘉庆拾弍年八月二十六日　立卖契人　茹玉田（押）

【注】

[一] 原件藏北京大学图书馆。

[二] 㓦，当作㖊，苏州码二两。

一六一七　清嘉庆十二年（一八〇七）宛平县茹玉田卖房官契[一]

顺天府宛平县今据吴名下用价银

立卖房契茹玉田今有自置瓦房壹所门面三间半，到底三层，前院厢房四间，院内板墙壹槽，后院厢房四间，院内小砖墙一槽，后有落地一块，灰棚四间，车大门一座，临街板墙壹槽，小灰棚一间。计瓦房十八间半，灰棚五间。坐落甘井胡同西头路南。凭中说合，情愿卖与

吴名下为业。言明卖价㓦平[二]足纹银壹千捌百两。其银笔下交足，外〔无〕欠少。自卖之后，倘有亲族人等争竞，有茹姓中保人一面承管，恐后无凭，立此为枇。

计红白契帋玖张。

嘉庆十二年八月　　日

立卖房契人　茹玉田

中保人　茹玉璋

房　牙

总　甲

里　长

代　书

【注】

[一] 原件藏北京大学图书馆。

[二] 参见上条注[二]。

一六一八　清嘉庆十二年(一八〇七)新都县谢大鹏等卖水田红契[一]

立杜卖水田文契人谢大鹏，同子典章、典超，情因负债无措，父子商议，愿将分受新三甲枧槽堰水田伍分，载粮壹分，其田因在先年所卖弍拾捌亩之内截丈余留之田，今仍自请中证说合，出卖与刘、张、陈等名下承买为业。比日凭中邻踏明界至：东至张姓田为界，南、西、北买主田为界。四至分明，毫无紊乱。共议价银叁拾两整，即日契价两交。自卖之后，任凭买主耕输管业。所有画字情礼，均议价内。卖主人等不得异言，此系买卖二家情愿。恐后无凭，立杜卖文契交与买主人等赴公税拨，合户为〔据〕。

街约　石　芳　邱玉林　魏巨川　陈俸章[二]

族中　谢典珠　谢典常　刘积铭　朱应举

谢大鹏亲笔立卖契(押)

嘉庆十二年九月十六日

【注】

[一] 录自四川新都县档案史料组编《清代地契史料》第三页。

[二] 邱玉林、陈俸章，本书前录《清嘉庆十年(一八〇五)新都谢大鹏父子卖水田契》作「邱玉麟」「陈凤彰」。

一六一九　清嘉庆十三年（一八〇八）宛平县张玉投税房官契稿[一]

立投税房契人张玉，因有原买范从仁叔遗灰房式间，院墙式段，门窗户壁、上下土木相连，坐落中城中西坊二铺煤市街路东总甲杨泰地方。今凭知底保人等，情愿遵例赴县投税红契，以为永远管业。此房投税价银伍拾两整。其中并无假捏情弊。如虚情，甘认罪。恐后无凭，立此投税红契永远存照。

内有原存张姓原买白契壹张跟随。

立投税房契人　张　玉（押）

知底保人　徐上宁（押）

房　牙　李廷辉

总　甲　杨　泰

嘉庆十三年伍月　　日

宛平县契稿

【注】

[一] 原件藏北京大学图书馆。

一六二〇　清嘉庆十三年（一八〇八）北京孙兰谷卖院地白契[一]

立卖契孙兰谷，今将百顺胡同路北后院内东北首：东西宽壹丈肆尺，南北长玖尺伍寸，卖与章二兄名下。东西外皮与章宅后檐相齐，南北与章宅上房腿子外皮相齐，得价银拾两。永无返悔。立此卖契存拠（据）。

立卖契　孙兰谷（押）

中人　石甫柱（押）

嘉庆拾叁年九月初七　　日

【注】

[一] 原件藏北京大学图书馆。

一六二一　清嘉庆十四年（一八〇九）大兴县刘枢德卖房官契[一]

顺天府大兴县今据　名用价契买遵例纳税事

立契房契人刘枢德，因乏用，将自置银局房一所，共计游廊灰瓦房贰拾壹间，坐落在草厂三条胡同南口路西。今凭中保说合，情愿卖与

双　名下永远为业。言明卖价银贰千两伯两整。其银笔下交足，并无欠少。自卖之后，倘有亲族人等争竞，有卖主一面承管。恐后无[二]，立此卖契存照。

外有红契叁张跟随。

中保人　刘廷辅

立卖契人　刘枢德　房牙

说合人　总甲

代书

嘉庆十四年六月　　日

【注】

[一] 原件藏北京大学图书馆。

[二]「后」下脱一「据」或「凭」字。

一六二二　清嘉庆十四年（一八〇九）大兴县双寿卖房红契[一]

立卖契人双寿，有自置银局房壹所，坐落在前门外草厂三条胡同南口内路西，开设永成应昌银局，前后共计灰瓦房游廊共二十一间，土木相连。今因手乏，凭中说合，情愿卖于

姚名下为业。言定卖价银纹银二两平壹仟两。其银笔下交足，并不欠少。如有重复典卖及托（拖）欠官项私债、并亲族人等争

竞，有原业主一面承管。恐后无凭，立此卖字存照。

外有民红契三张，又红契一张，一并跟随。

立卖契人　双　寿（押）

管业人　李　福[二]（押）

大兴县挂号讫（戳）

嘉庆十四年六月

信行

【注】

[一] 原件藏北京大学图书馆。

[二] 本月，本房业主双寿自原业主刘枢德买本房的原价为银贰千两佰两整。参见本书《清嘉庆十四年（一八〇九）大兴县刘枢德卖房官契》。

一六二三　清嘉庆十四年（一八〇九）休宁县童春晖归户签票[一]

签

二拾九都八图奉

本县明示：将本图丈过田地山塘，每号照丈积步依则清查，分亩给发小票，业人亲领前付该图，亲供造归户。凭此票照，契买本乡一图五甲陈长宝业。

今丈使字壹千柒百弍拾三号，土名九姑冢，丈积中田成地陆步整。该税

票

现业二十九都十二图十甲童春晖，户丁绣文。

嘉庆十四年四月　　日　　公正　黄五林（戳）

【注】

[一] 原件藏北京大学图书馆。

一六二四　清嘉庆十五年（一八一〇）大兴县柳文达卖房官契稿[一]

立卖房契人柳文达今因乏用，将原买破烂房四间，自行起盖门面房贰间，贰层房贰间，前院内厢房一间，后有落地壹块，内有添盖

厢房壹间，灰棚壹间，共计房柒间，随房院落、门窗户壁、上下土木上连。坐落中城中东坊二铺高井胡同路北地方。今凭中保人说合，情愿出卖与

何　名下永远为业。三面言定时值卖房价银叁百两整。其银当日收足，外无欠少。自卖之后，如有亲族长幼人等争竞，及指房借贷官银私债等情，有卖主同中保人一面承管。恐后无凭，立此卖契永远存照。

内有原房柳姓红契壹张，上首倪姓、韩姓、孙姓三姓红契叁张，执照壹张，盖房标手壹张，共计红契连执照、标手陆张，付置主收存。

立卖房契人　柳文达（押）

中保人　武　珍（押）

说合人　胡世达（押）

房　牙　李廷辉

总　甲

凡民间置买房产成交后，该牙眼同填写官发契稿，催令依限纳税。如有私相买卖，不经官牙，希图漏税者，该牙查明禀报，以凭按例究办。须至稿者。

字第　　号

嘉庆十五年贰月　　日

大兴县挂号讫（戳）

大兴县契稿

【注】

[一]原件藏北京大学图书馆。

一六二五　清嘉庆十五年（一八一〇）大兴县柳文达卖房官契[一]

顺天府大兴县今据　　名用价契买遵例纳税事

立卖房契人柳文达，将原买破烂房肆间，自行起盖门面房弍间，弍层房弍间，前院内厢房壹间，后有落地壹块，盖厢房壹间，灰棚壹间，共计房柒间，通房院落、门窗户壁、土木相连。坐落中城中东坊高井胡同路北地方。今凭中说合，卖与

何　名下为业。言定卖价银叁百两正。其银交足，并不欠少。自契之后，如有亲族长幼人等争竞、及指房借代（贷）官银私债

等情，有卖主同中保人一面承管。恐后无凭，立此永远存照。

内有原房柳姓红契壹张，上首倪姓、韩姓叁姓[二]红契叁张，执照壹张，盖房标手壹张，共计红契连执照、标手陆张，付置主跟随收存。

嘉庆拾伍年贰月　日

中保人　武　珍

立卖契人　柳文达　房牙　李廷辉

说合人　胡泌达　总甲

代书

【注】

[一] 原件藏北京大学图书馆。

[二] 夺「孙姓」二字。参看上件《柳文达卖房官契稿》。

一六二六　清嘉庆十五年（一八一〇）宛平县韩书庵卖房官契稿[一]

立卖房契人韩书庵，今因乏用，将自置铺面房一所，门面房三间，到底三层，前有顶排三间，中有东厢房二间，后有西厢房二间，共计房十三间，门窗户壁、上下土木相连。坐落中城中西坊头铺观音寺前路南总甲李成地方。今凭中保人说合，情愿出卖与部　名下永远为业。三面言定时值卖房价银壹千柒拾伍两正。其银外无欠少。自卖之后，如有亲族长幼人等及指房借贷官银私债争竞等情，有卖主同中保人一面承管。恐后无凭，立此卖契存照。

内有原房韩姓红契一张，上首红契十一张半，赎回无用红典契二张，共计红契十四张半，付置主收存。

嘉庆拾伍年肆月　日

立卖房契人　韩书庵（押）

兴　义（押）

中保人　七十七（押）

李玉麟（押）

李上如（押）

房　牙　李廷辉（戳）

总　甲　李　成（押）

宛平县契稿

凡民间置买房产成交后，该牙眼同填写官发契稿，催令依限纳税。如有私相买卖，不经官牙，希图漏税者，该牙查明禀报，以凭按例究办。须至稿者。

万字第卅四号

【注】

[一]原件藏北京大学图书馆。

一六二七　清嘉庆十五年（一八一〇）宛平县韩书庵卖房官契[一]

顺天府宛平县今据部名用价契买遵例纳税事

立卖房契人韩书庵，今因乏用，将自置铺面房一所，门面房三间，到底三层，前有顶排三间，中有东厢房二间，后有西厢房二间，共计房十三间，门窗户壁、上下土木相连。坐落中城中西坊头铺观音寺前路南总甲李成地方。今凭中保人说合，情愿出卖与部　名下永远为业。三面言定时值卖房价银壹千柒拾伍两正。其银外无欠少。自卖之后，如有亲族长幼人等及指房借贷官银私债争竞等情，有卖主同中保人一面承管。恐后无凭，立此卖契存照。

内有原房韩姓红契一张，上首红契十一张半，赎回无用红典契二张，共计红契十四张半，付置主收存。

嘉庆十五年四月　日　立卖房契人　韩书庵

中保人　兴　义（押）

七十七（押）

李玉麟（押）

李上如（押）

房　牙　李廷辉

总　甲　李　成

里　长

代　书

【注】

[一]原件藏北京大学图书馆。

一六二八　清嘉庆十五年(一八一〇)宛平县丁象山卖房民契纸[一]

立卖房契人丁象山，今因乏用，将自置瓦房壹所，门面三间，到底三层，头层房内后院内有东游廊三间，西厢房一间，二层后院内东、西房各一间，共计大小房、游廊拾伍间，后有落地一条。户窗户壁、上下土木相连，坐落中城中西坊二铺地方。今凭中说合，情愿出卖与

钱姓永远为业。三面议定，时值京平足纹银伍百伍拾两，其银当日收足，外无欠少。自卖之后，如有亲族长幼兄弟子侄争竞及指房借贷满、汉债并官银库债等项争竞者，有卖主同中保人一面承管。恐后无凭，立此卖契永远存照。

内有丁姓原房契壹张，本身红契上半张，院宪批呈壹张，张姓本身红契壹张，院姓白契壹张，金姓本身红契壹张，粘连契尾；陆姓红契壹张，共计陆张半，买主收存。再批：二层后院内有东厢房一间，因房糟烂拆毁，改造板挞一道，头层房内新添花龛一架，碧纱一堂，前院板挞一道，游廊、花窗上下俱全，案楼三副，坑架一副，风门大小陆副，天蓬壹架，买主收存。

嘉庆十五年九月　日　立卖契人　丁象山(押)

中保人　张兆源(押)

【注】

[一]原件藏北京大学图书馆。

一六二九　清嘉庆十五年(一八一〇)宛平县丁象山卖房官契[一]

顺天府宛平县今据　名用价契买遵例纳税事

立卖房契人丁象山，今因乏用，将自置瓦房壹所，门面三间，到底三层，头层房内后院内有东游廊三间，西厢房一间，二层后院内

东、西房各一间，共计大小房、游廊拾伍间，后有落地一条。户窗户壁上下土木相连，坐落中城中西坊二铺地方。今凭中说合，情愿出卖与

钱姓永远为业。三面议定，时值京平足纹银伍百伍拾两，其银当日收足，外无欠少。自卖之后，如有亲族长幼兄弟子侄争竞及指房借贷满、汉债并官银库债等项争竞者，有卖主同中保人一面承管。恐后无凭，立此卖契永远存照。

内有丁姓原房契壹张，本身红契上半张，院宪批呈壹张，张姓本身红契壹张，院姓白契壹张，金姓本身红契壹张，粘连契尾；陆姓红契壹张，共计陆张半，买主收存。　再批：二层后院内有东厢房一间，因房糟烂拆毁，改造板挞一道，头层房内新添花龛一架，碧　纱一堂，前院板挞一道，游廊、花窗上下俱全，案楼三副，坑架一副，风门大小陆副，天蓬壹架，买主收存。

立卖契人　丁象山（押）

中保人　张兆源（押）

嘉庆十五年九月　　日

【注】

[一]原件藏北京大学图书馆。

一六三〇　清嘉庆十五年（一八一〇）乖西副长官司苗民袁正明完税存照[一]

开州[二]乖西司[三]刘　　为征收

存　事：据票给花户[四]袁正明完

条差〇斗〇升捌合〇勺〇

照　抄[五]，如数完纳。出票存照。

嘉庆十五年十月十九日给

【注】

[一]何先龙、赖光洪、万江《开阳发现百年门帖和存照：见证贵州数百年户籍史和苗汉融合史》，《中国文物报·收藏鉴赏周刊》二〇一〇年九月一日第八版。文章说：「近日，开阳县文物普查组在该县双流镇双永村苗族村寨瓜瓢寨调查发现了一批清代文书档案，其中有一份一八一五年（嘉庆二十年）的加盖『开州之印』的门帖（户口册），白绵纸，长二五厘米，宽一四点五厘米。（内容略）另有一八一〇年（嘉庆十五年）袁正明的『存

照」(完税凭证)一份,加盖『乖西司刘』印章。(内容略)」又说:「开阳县自古就是苗、布依等各族聚居地」,「袁正明及其妻子、子女、儿媳等都是苗族」。

[二] 开州,明崇祯四年(一六三一)置,治今贵州省开阳县。

[三] 乖西司,有两个「司」并存,又不同姓。一为乖西长官司。长官姓杨氏,苗族。据说其祖先名杨立信,庐陵(今江西庐陵县)人。五代时,从征黑羊箐,有功,授职土,历代沿袭。明洪武五年(一三七二),为乖西蛮夷长官司,治今开阳县西北。此后历代世袭,直至民国初年。一为乖西副长官司,副长官姓刘氏,苗族。其家史大致与长官杨氏相似,其祖先刘启昌也来自庐陵,五代时从征黑羊箐,因功授职土,世代相袭。明洪武五年授乖西副长官,治今开阳县东北。本《存照》所载「乖西司刘」,当是「乖西副长官」刘洪勋。民国《开阳县志稿·土司》载:乾隆四十八年(一七八三),刘洪勋「袭」。嘉庆八年(一八〇三),以疾去职。十九年(一八一四),子尚忠袭。道光十一年(一八三一)九月,尚忠卒,子标袭」。刘洪勋是否曾以疾去职,并不影响「乖西司刘」照常征粮征差。(参看《明史》卷三一六《贵州土司列传·贵阳》;《清史稿》卷五一五《贵州土司列传·开州》;龚荫《中国土司制度》第七六〇至七六三页,云南民族出版社一九九二年第一版。)

[四] 花户,旧时称户口册上的人户为花户。花,言其参杂不一。

[五] 抄,古容量单位。六百粟为一抄,一升的千分之一。《孙子算经》卷上:「量之所起,起于粟。六粟为一圭,十圭为一撮,十撮为一抄,十抄为一勺,十勺为一合,十合为一升。」

一六三一　清嘉庆十五年(一八一〇)宛平县张光德卖房官契稿

立卖房契人张光德,因乏用,将自置铺面房壹处,门面房一间,后有房壹间,共计房式间,随房院落、门窗户壁、上下土木相连,坐落北城日南坊香炉管五条胡同东头路南地方。今凭中保人说合,情愿卖与

吕　名下永远为业。言明卖房价银柒拾两整。其银当日交足,并无欠少。自卖之后,倘有亲族长幼弟男子侄指房执契借欠官银私债争竞等情,有卖房主同深知情底保人并中保人一面承管。恐后无凭,立此卖房契永远存照。

此房有张姓本身红契一张,上首李姓红契一张,共计红契式张,付买主收存。再照。

立卖房契人　张光德(押)

深知情底保人　凌文禄(押)

中保人　李万成(押)

房　牙　范光先(戳)

嘉庆拾伍年拾弌月　日

凡民间置买房产成交后,该牙眼同填写官发契稿,

另誊税讫(戳)

催令依限纳税。如有私相买卖，不经官牙，希图漏税者，该牙查明禀报，以凭按例究办。须至稿者。

宙字第九十号

【注】

[一]原件藏北京大学图书馆。

一六三二　清嘉庆十六年（一八一一）新都县周文江等卖水田红契[一]

立写卖水田文契人周文江夫妇、父子，情因拖欠萧起富当价银两无偿，控经县主，愿施火神庙清平会内，又无银两交还。愿将分受石头堰灌溉水田大小三块，计丈肆亩壹分四厘四毫八丝九忽，载粮柒分肆厘，自行请凭中证说合，抵卖与清平会首事高绮、曹昉、刘朝先、傅瑞、喻志元等名下，承买以作焚献。比日凭中议定：官弓每亩作价银肆拾两整，共价银壹佰陆拾伍两柒钱九分。〔契〕银一手交清，并无下欠，亦无准折等事。其田上段式块，东至周元田界，南至甘姓田界，西至周文〔恭〕田界，北抵官路界。下段田一块，东至周宁生基址界，西、南至周象坤田界，北至王姓田界。四至分明，并无紊乱。自卖之后，任随会内首事耕管，周姓人等不得异言生端。一卖千秋，永不赎取。致（至）于书押化（画）字，并在价内[二]。恐口无凭，立卖契一纸，赴公税拨，永远存据。

中证　鲁　明　陈元相　张万和　黄均元

黄文龙　罗正先　王汝元

甲约　黄廷贵

族邻　周文溥　周象坤　周宁生　周　嵘

甘廷柱

代字　许　焕

立卖契约人　周文江　男凤章　凤纲同立

嘉庆十六年又三月一日

【注】

[一]录自四川新都县档案史料组编《清代地契史料》第五页。

[二] 此句言「中礼银」和「笔资银」等。

一六三三　清嘉庆十六年（一八一一）天津县王晖兄弟卖房地基民契[一]

立卖房连地基杜绝文契人王晖（皓、明），因乏用，将自置坐落荣家胡同内路东，大门一座，虎坐屏曲尺板墙一道，正灰草房肆间，正房东过道一条，正房后有滴水地基式尺玖寸，南灰房叁间，东灰草房式间，南面通连拐角一条，东房北板墙一道，凡一切门窗户壁隔扇板断间炕灶地墁等物俱全；上下土木相连，水道滴水照旧行走。日后起盖改修，各按老山老城为界。西至胡同，东至毛姓，南至王姓，北至汪姓，四至分明。今凭中说合，情愿绝卖与永和号田名下久远为业。三面言明，时值卖价津平白银式百伍拾两整[二]。其银笔下收足无欠，亦无债折零星等事。自卖之后，倘有本族远近长幼以及邻右争竞违碍者，有卖主兄弟等一面承管，不与买主相干。此系契明价足，两相情愿，各无返悔。欲后有凭，立卖房连地基杜绝文契存照。

又批：原买红契壹张，并交买主收执。

嘉庆拾陆年叁月十八日

立卖房连地基杜绝文契人　王　皓（押）
晖（押）
明（押）
同中友　王盛公（押）
官经纪　杨思义
（天津县官房经纪杨思义印）

久远为业

【注】

[一] 原件藏北京大学图书馆。

[二] 津平白银，清朝民间授受银两所通用的衡量标准，称为「市平」。各地「市平」不同，北京称「京平」，天津称「津平」。

一六三四　清嘉庆十六年（一八一一）大兴县陈安泰等卖房官契稿[一]

立卖房契人系大兴县民陈安泰同胞弟，今因乏用，将祖遗自置瓦房壹所，坐落在朝阳门外鸡市口内贰条胡同路南。门面正房叁间，院内东、西厢房肆间，上南房叁间，后院南房叁间，到底叁层，共计瓦房拾叁间。房随院落、上下土木相连，门窗户壁俱全，四至俱已分明。今烦中人说合，情愿卖与

李　名下永远为业。言明实价市平纹银叁佰两整。其银笔下交足，并无欠少。自立此卖字以后，倘有亲族人等争竞，并重复典卖，官钱私债异说等情，俱有原业主陈姓并中保人一面承管。两家情愿，各无返悔。恐后无凭，立此卖字永远存照。

立字以后，倘有以先此房老红契白纸立言明，作为废纸不用。为照。

外有各姓红白契纸拾壹张，又白底纸壹张，共计拾贰张，李姓收存。

清泰（押）

立卖房契人　陈安泰（押）

明泰（押）

深知根底中人　陆　崑（押）

说合人　马德胜（押）

房　牙（戳）

总　甲

凡民间置买房产成交后，该牙眼同填写官发契稿，催令依限纳税。如有私相买卖，不经官牙，希图漏税者，该牙查明禀报，以凭按例究办。须至稿者。

寿字第弎拾弎号

嘉庆拾陆年闰叁月　日

大兴县挂号讫（戳）

大兴县契稿

【注】

［一］原件藏北京大学图书馆。

一六三五　清嘉庆十六年（一八一一）宛平县娄天重卖房白契[一]

立卖契人娄天重，将自置房大小共计拾间，坐落草厂上三条胡同路东。今情愿卖与陈姓为业。三面议定，京平纹银伍百两正。其银当日收足。自卖之后，倘有亲族人等争竞，有房主并中人承管。恐后无凭，立此卖契存照。

此房有娄姓本身红契壹张，上首红白契陆张，共柒张。

嘉庆十六年八月　　日

立契人　娄天重（押）

陈宗懿（押）[二]

王尽思（押）

金志云（押）

娄德涵（押）

【注】

[一] 原件藏北京大学图书馆。

[二] 陈宗懿以下四人当是中保人。

一六三六　清嘉庆十七年（一八一二）北京田永和卖房白契[一]

立卖房连地基杜绝文契人田永和，因乏用，将自置坐落荣家胡同内路东，大门壹座，虎坐屏、曲尺板墙壹道、正灰草房肆间，正房东过道壹条，正房后有滴水地基贰尺九寸，南灰房叁间，东灰草房贰间，南面通连拐角壹条，东房北板墙壹道。凡壹切门窗户壁、隔扇板断间炕烬地墁等物俱全，上下土木相连，水道滴水照旧行走。日后起盖改造，各按老山老城为界[二]。西至胡同，东至毛姓，南至王姓，北至汪姓，四至分明。今凭中说合，情愿绝卖与存义堂名下永远为业。三面言明时值卖价津平白银贰百壹拾伍两。其银笔下收足无欠。亦无债折零星等事。自卖之后，倘有本族远近长幼以及邻右争竞违碍者，有卖主一面承管，不与买主相干。此系契明价足，两相情愿，各无返悔。欲后有凭，立卖房连地基杜绝文契存照。

又批：有原买王姓契壹纸，老红契壹纸，俱交买主收执。

立卖房连地基杜绝文契人　田永和（押）

嘉庆十七年六月初二　　日

（以下不清）

【注】

［一］原件藏北京大学图书馆。

［二］堿，同「坎」。小坑，低洼地。《淮南子·主术训》：「若发堿决唐，故循流而下易以至，背风而驰易以远。」高诱注：「堿，水堿也。唐，隄也。皆所以蓄水。」于省吾新证：「堿乃坎之借字。」

一六三七　清嘉庆十七年（一八一二）永安县冯门蔡氏卖小租约[一]

立卖小租约冯门蔡氏二十七都黄历大洋[二]，土名楝头，原计递年实还冯宅主人正租早谷贰硕大，外有小租谷贰硕大。今来要物应用，情愿将此小租，托中送与冯汉琳族侄边出头承卖小租为业，当日凭中三面言议，将值年小租九八色银壹拾伍两正[三]。其银即日交收足讫，不欠分厘。其小租应族侄前去收租管为业[四]，卖人不得阻占异说等情。其小租的系自己物业，与别房亲伯叔兄弟人等各无干涉。如有来历不明，系是卖人出头抵当，不涉买主之事。其小租自卖之后，不敢添修取赎异说。此乃明正交易，并无准折抑勒情由，亦无重叠典挂之类。今来二家甘心意允，各无反悔。欲后有凭，立卖小租约存照。

计开田段：

一批：二十七都黄历大洋土名楝头正租谷贰硕大，外有小租谷贰硕大。再照。

一批：中礼银肆钱五分正。再照。

一批：笔资银一钱正。再照。

嘉庆壬申十七年十月　　立约

【注】

[一] 录自傅衣凌《明清农村社会经济》第五七—五八页，三联书店一九八〇年版。

[二] 小租，田皮租。

[三] 九八色银，银的成色的一种。宁寿堂《银谱》：「九八　名真圆系（丝），系（丝）圆面白，系（丝）细，边上起霜白，底白细深。剪开，微白色。此九八色。」（见中国社会科学院历史研究所清史研究室编《清史资料》第三辑，中华书局一九八二年出版）

[四] 管为业，「为」衍。

一六三八　清嘉庆十八年（一八一三）休宁县蔡阳卖文武会契[一]

立绝卖　神会人蔡阳，今将炳文房名下

文武会一脚，凂中出卖于族处孟殿房，三面议定，当得价钱四千四百文。自卖之后，任凭更名入会，每年二月初二日、五月十三日

领胙。恐后无凭，立此存照。

嘉庆十八年正月　　立卖会人　蔡阳（押）

代笔　舜臣（押）

见中　雨仓（押）　茂华（押）　泰辉（押）

【注】

[一] 原件藏北京大学图书馆。

一六三九　清嘉庆十八年（一八一三）宛平县张凤山卖房民契纸[一]

立卖字人系宛平县民张凤山，有自置瓦正房三间，倒坐瓦房三间，坐落在西直门内新街口路北广济寺东胡同内路东第一门内。门窗俱全，土木相连。今因手乏，无钱使用，凭中保说合，情愿卖与宛平县民刘鉴名下永远为业。言定卖价银壹佰伍拾两，式两秤[二]。其银当日交足，并不欠少。自卖之后，如有来路不明、重复典卖情弊，有中保说合人等一面承管。倘有亲族人等争竞，有张凤山承管，与置主无甘（干）。恐后无凭，立卖字永远存照。

外有原民红契一张跟随。

中保人　陶　玉（押）

立卖字人　张凤山（押）

嘉庆十八年正月　日

信行

【注】

〔一〕原件藏北京大学图书馆。

〔二〕秤，当作「平」。平，银量的轻重。

一六四〇　清嘉庆十八年（一八一三）休宁县李天喜卖园契〔一〕

四都二图四甲立杜卖园契人李天喜，今因乏用，自愿将父遗园弍业，坐落土名粟山，系新丈闰字弍千壹佰柒拾弍号，计地税九厘陆毫五丝；又将土名新庄，系新丈闰字弍千捌伯五拾号，计地税弍厘叁毫叁丝壹忽。弍业四至在册，凭中立契出卖与佘名下为业，当日三面议定，得受九三色九五兑银陆两肆钱正。其银、业比即两相交名（明），并无准折逼勒等情。自卖之后，听从买人管业耕种。如有内外人等生端异说，尽是出业人承管理值，不涉买人之事。其税粮原在本都本图四甲李切户内起割，推入本都本图二甲致和户办纳粮差。今口无凭〔二〕，立此杜卖契，永远存照。

来脚契弍纸，收税票乙纸，扦（签）业票乙纸，缴付。此批。（押）

嘉庆拾捌年五月　日

立杜卖园契人　李天喜（押）

凭　中　佘右李（押）　李永宁（押）　李容光（押）

【注】

〔一〕原件藏北京大学图书馆。

〔二〕今口，当作「今恐」。

一六四一　清嘉庆十九年（一八一四）宛平县郜福海卖房民契纸[一]

立卖房契人郜福海，今因乏用，将自置铺面房一所，门面三间，到底三层，共计房十三间，门窗户壁、上下土木相连。坐落中城中西坊头铺观音寺街路南地方。今凭管业知底中保人等说合，情愿出卖与名下永远为业。三面言定，卖价纹银五百两。其银笔下收足，并不短少。自卖之后，如有亲族长幼人等争竞及指房借贷官银私债等情，有卖主同管业知底中保人等一面承管。恐后无凭，立此卖契永远存照。

计开：本业郜姓民红契一套，上业主红契六套，付置主收存。再，以上老红契年分太远，遗失无存。合并声明。

道光式十一年拾式月过辛丑奈字拾伍号官稿税红契，又照[二]。

嘉庆拾玖年式月　　日

立卖房契人　郜福海（押）

管业人　金　瑞（押）

知底保人　张鸿亮（押）

中保人　敦　福（押）

七十七（押）

王廷玉（押）

信行存照

【注】

[一] 原件藏北京大学图书馆。

[二] 此契原为白契，道光二十一年（辛丑）补税，并另填写官契。

一六四二　清嘉庆十九年(一八一四)北京厢蓝旗李玉华卖房院契[一]

立卖字人系厢蓝旂包衣常住佐领下马甲李玉华[二]，有本身空院一块，自盖硬山灰棚二间，坐落在干(甘)石桥红庙内五条胡同中间路北，因年久椽檩糟朽，无力修理，仝中说合，情愿卖与宛平县民周姓　　名下永远为业。言明卖价钞陆拾吊正。其钱当日交足，并无欠少。自卖之后，如亲族人等争竞，有中保人一面承管。恐后无凭，立字为证。

中保人　富　老(押)

主字人　李玉华(押)

嘉庆十九年三月初六日

信行

【注】

[一] 原件藏北京大学图书馆。

[二] 包衣，满语「包衣阿哈」的简称。汉译为「家奴」「奴隶」「奴仆」或「奴才」。清朝时期的满族包衣因战功而置身显贵地位，但对原主人仍保持其奴才身分。马甲，骑兵，下级军官。八旗骁骑营之马甲，每佐领下为二十人，汉军每佐领下四十二人。(参看魏源《圣武记》附录卷一一《武事余记》)

一六四三　清嘉庆十九年(一八一四)宛平县张玉卖房官契稿[一]

立卖房契人张玉，今因乏用，将自置东灰房壹间，北灰房壹间，院墙壹段，门窗户壁、上下土木相连。坐落中城中西坊二铺煤市街路东总甲杨泰地方。今凭知底中保人等说合，情愿出卖与徐　　名下永远为业。三面言定时值卖房价银伍拾两整。其银当日收足，外无欠少。自卖之后，如有亲族长幼人等争竞，及指房借贷官银私债等情，有卖主同知底中保人等一面承管。恐后无凭，立此卖房契永远存照。

内有原房张姓投税红契壹张，张姓原买白契式张，共计红白契叁张，付置主收存。

宛平县挂号讫(戳)

嘉庆拾玖年叁月　　日立卖房契人　张　玉（押）

知底保人　黄　忠（押）

中保人　张永琦（押）

张永和（押）

房牙　李廷辉[二]（戳）

总甲　杨　泰[三]（戳）

宛平县契稿

凡民间置买田房，例应买主收税。成交后，该牙既执稿赴县挂号，并摧业户照例输纳，填写契照钤印，给业户收执，以便稽查捏造等弊。如违，究治不贷。

字第　　号

【注】

[一] 原件藏北京大学图书馆。

[二] 李廷辉戳作「顺天府房行经纪李廷辉」。

[三] 杨泰戳作「西二铺总甲杨泰」。

一六四四　清嘉庆二十年（一八一五）新都县赵铸等卖水田红契[一]

立杜卖水田文契人赵铸，同子其型等，情因无银使用，将己名下祖父遗留分受水四甲　小白水堰灌溉水田一块，东大路为界，南大路为界，西、北买主田为界，四界分明，并无紊乱。比日凭中比准乡弓〔过丈〕，二亩二分五厘零，随载条粮银四分。出卖□□□□□□□与慈义寺文昌会名下〔承买〕耕输管业。比日凭中议定，价值九九色〔银〕[二]□□□□□□□□□书押画字，一并在内，〔当即〕银契两交，并无拖欠。一卖千秋，永不回赎，自卖□□□□□□□□等耕输管业，卖主不得〔异〕言生端。此系二家情愿，并无贷帐准折逼勒〔等〕情，□□□□凭众立杜卖文契一纸，〔交与〕文昌会会首人等，赴公税拨，永远存据。

约　董学礼　柳星□　周　树　周布南

刘怀义　周思□　　同

引进中证人　郭绍义　邹盛经　赵大琦　张武坊

嘉庆二十年正月三十日立杜卖水田文契赵铸同子其型等 在

蒋文琅 雷光远 赵鸣高

【注】

［一］录自四川新都县档案史料组编《清代地契史料》第五页。

［二］九九色银，银的成色的一种。宁寿堂《银谱》：「九九 面上系（丝）细，系（丝）不到心，面上青，边上有霜白，蜂窝细深。剪开，脚细青白。」（见中国社会科学院历史研究所清史研究室编《清史资料》第三辑，中华书局一九八二年出版）

一六四五 清嘉庆二十年（一八一五）宛平县李玉兴卖房白契［一］

立卖房契人系宛平县民人李玉兴，有祖遗房一所，坐落在宣武门内杆石桥西红庙五条胡同北头路西，西厢瓦房二间，独门独院。门窗户壁、上下土木相连。今因手乏，凭中说合，情愿将此房卖与本县民人

孙 名下永远为业。言定卖价纹银弍两平伍拾两整。其银当日交足，并无欠少。此房实系祖遗，并无红白契纸是实。自卖之后，如有来路不明、重复典卖、亲族人等争竞等情，俱有出卖房主同中保说合人一面承管。恐后无凭，立卖房契，永远为业。

中保说合人 王廷玉（押）

立卖房契人 李玉兴（押）

嘉庆二十年三月初二日

永远为业

【注】

［一］原件藏北京大学图书馆。

一六四六　清嘉庆二十年（一八一五）休宁县发给童春辉户佥票[一]

二拾九都八图奉

票　本县明示：将本图丈过田地山塘，每号照丈积步依则清查。分亩给发小票，业人亲领，前付该图亲供造册归户，凭此票照。

佥　今丈使字壹千壹伯陆拾柒　号，土名麻榨坞。佥讫。丈积地或田壹伯零叁步捌分叁厘，该税叁分陆厘陆毫正。

现业廿九都十二图拾甲童春辉户丁琇文

嘉庆二十年四月　　日　　公正　黄五林（戳）

【注】

[一]原件藏北京大学图书馆。

一六四七　清嘉庆二十年（一八一五）大兴县姚振卖房民契纸[一]

立卖契人姚振，有自置银局房壹所，坐落在前门外草厂三条胡同[二]南口内路西，开设永成德隆银局。前后共计灰瓦房游廊共贰拾壹间，土木相连。今因手乏，凭中说合，情愿卖与李名下为业。言定卖价纹银弍两平壹千两整。其银笔下交足，并无欠少。如有重复典卖及托（拖）欠官项私债，并亲族人等争竞，有原业主一面承管。恐后无凭，立此卖字存照。

外有民红契五张一并跟随。

管业知底保人　刘梓坚（押）

中保人　王　安（押）

闫光山（押）

立卖契人　姚　振（押）

嘉庆二十年五月

信行

【注】

［一］原件藏北京大学图书馆。

［二］草厂三条，在今北京市东城。北起西兴隆街，南至北芦草园胡同。原为明朝宫廷羊房储存草料之所，后形成十条胡同。清朝属南城。

一六四八　清嘉庆二十年（一八一五）大兴县姚振卖房官契[一]

顺天府大兴县今据　名用价契买遵例纳税事

立卖契人姚振，有自置银局房壹所，坐落在前门外草厂三条胡同[二]南口内路西，开设永成德隆银局。前后共计灰瓦房游廊共式拾壹间，土木相连。今因手乏，凭中说合，情愿卖与李名下为业。言定卖价纹银式两平壹千两整。其银笔下交足，并无欠少。如有重复典卖及托（拖）欠官项私债，并亲族人等争竞，有原业主一面承管。恐后无凭，立此卖字存照。

外有民红契五张一并跟随

中保人　王　安（押）

管业知底保人　闫光山（押）

立卖契人　刘梓坚　房牙

姚　振　总甲

说合人　代书

嘉庆二十年六月

顺天府大兴县[三]

【注】

［一］原件藏北京大学图书馆。

［二］草厂三条，在今北京市东城。北起西兴隆街，南至北芦草园胡同。原为明朝宫廷羊房储存草料之所，后形成十条胡同。清朝属南城。

［三］骑缝半字。

一六四九　清嘉庆二十年（一八一五）宛平县郭慎言顶房官契稿[一]

立顶房契人郭慎言，因为乏用，将自置门面瓦房壹间半，二层瓦房壹间半，厢房壹间，门面接檐房壹间半，前后共计房伍间半。门窗俱全。坐落北城日南坊瑠璃厂西门内路北三铺地方。今凭中保人说合，情愿出顶与沈　名下住座为业。三言议定时值顶房价银壹百陆拾叁两整。其银当日亲手收足，外无欠少。自顶之后，倘有亲族及满汉弟男子侄名下人等争竞者，有慎言等一面承管。两家情愿，各无返悔。如先悔之人甘罚契内银一半入官公用。恐后无凭，立顶房契永远存炤。

嘉庆式拾年拾壹月　　日　　　立出顶房契人　郭慎言

中保人　曹盘吾　朱进臣（以下不清）

罗锦文　张明宇

大字壹百叁拾捌号[二]

【注】

[一] 原件藏北京大学图书馆。

[二] 骑缝半字。

一六五〇　清嘉庆二十一年（一八一六）大兴县刘成名卖房民契纸[一]

立卖房契人刘成名，今因乏用，将自置院内西灰梗房肆间半，随房院落、门窗户壁、上下土木相连。坐落中城中东坊二铺高井胡同路北。今凭中保人说合，情愿出卖与张　名下永远为业。三面言定时值卖房价银壹百两整。其银当日收足，外无欠少。自卖之后，如有亲族长幼人等争竞及指房借贷官银私债等情，有卖主同中保人一面承管。恐后无凭，立此卖契永远存照。

内有原房高姓红契壹张，上首臧姓稿底契壹张，无底红地契壹张，共计契纸叁张，付置主收存。

代笔　陈春熙（押）

嘉庆二十一年五月日　　　立卖房契人　刘成名（押）

同中保人　娄玉兴（押）

【注】

［一］原件藏北京大学图书馆。

一六五一　清嘉庆二十一年（一八一六）大兴县刘成名卖房官契[一]

顺天府大兴县今据　名用价契买遵例纳税事

立卖房契人刘成名，今因乏用，将自置院内西灰梗房肆间半，随房院落、门窗户壁、上下土木相连。坐落中城中东坊二铺高井胡同路北。今凭中保人说合，情愿出卖与

张　名下永远为业。三面言定时值卖房价银壹百两整。其银当日收足，外无欠少。自卖之后，如有亲族长幼人等争竞及指房借贷官银私债等情，有卖主同中保人一面承管。恐后无凭，立此卖契永远存照。

内有原房高姓红契壹张，上首藏姓稿底契壹张，无底红地契壹张，共计契纸叁张，付置主收存。

中保人　娄玉兴

嘉庆二十一年五月　日　立卖契人　刘成名　房牙

总甲

说合人　代书　陈春熙

顺天府大兴县

【注】

［一］原件藏北京大学图书馆。

一六五二　清嘉庆二十一年（一八一六）天津县刘宜圃卖房官契[一]

本名刘宜圃

立绝卖契存义堂，今因乏用，凭众将坐落

村地○○顷　亩○分

荣家胡同街房路东院大门壹座，虎坐板墙壹道，南灰房叁间，板墙壹道，东灰草房贰间。正灰草房肆间，卖与

任倚云名下永远为业，当日凭经纪三面议定时价

银　千　百　两○钱○分○厘

钱○千○百　千肆百肆十千文　整。其价当日交足，

并无短少。自卖之后，倘有远近亲族人等借端生事，卖主一面承当。欲后有凭，立此绝契永远存照。再批：起造改修按老山老城旧至为界。北正房后滴水地基贰尺九寸。滴水水道照旧行走。（押）

东至毛姓　　南至王姓　　如有四邻出争违，有卖主刘宜圃一

西至官胡同　北至汪姓　　面承管，不与买主相干，此照。（押）

共过　银○百○十○两○钱○分○厘○毫

　　　米○石○斗○升○合○勺○抄

官契

嘉庆二十一年七月十一日

立契人　存义堂（押）

同　中　梅一飞（押）　赵荫棠（押）

亲　族　刘大会（押）　刘　中（押）

经　纪　杨思义（押）

【注】

［一］原件藏北京大学图书馆。

一六五三　清嘉庆二十一年（一八一六）大兴县张英卖房官契稿［一］

立卖房契人张英，今因乏用，将自置住房壹处，西灰梗房肆间半，门窗户壁、上下土木相连。坐落中城中东坊二铺高井胡同路北总甲杨坤地方。凭知底保人等说合，情愿出卖与

邢　名下永远为业。三面言定时值卖房价银壹百两整。其银当日收足，外无欠少。自卖之后，如有亲族长幼人等争竞，及指房借贷官银私债等情，有卖主同知底保人等一面承管。恐后无凭，立此卖房契永远存照。

内有原房张姓红契壹张，上首红契叁张，保帖壹张，共计红契连保帖伍张，付置主收存。

立卖契人　张　英（押）

知底保人　刘　瑞（押）

说合人

房　牙　李廷辉（戳）

总　甲　杨　坤（戳）

凡民间置买房产成交后，该牙眼同填写官发契稿，催令依限纳税。如有私相买卖，不经官牙，希图漏税者，该牙查明禀报，以凭按例究办。须至稿者。

中城字第伍拾壹号

嘉庆贰拾壹年拾壹月　　日

大兴县契稿

【注】

［一］原件藏北京大学图书馆。

一六五四　清嘉庆二十一年（一八一六）大兴县张英卖房官契[一]

顺天府大兴县今据　名用价契买遵例纳税事

立卖房契人张英，今因乏用，将自置住房壹处，西灰梗房肆间半，门窗户壁、上下土木相连。坐落中城中东坊二铺高井胡同路北

总甲杨坤地方。凭知底保人等说合，情愿出卖与

邢　名下为业。言定卖价银壹百两正。其银当日收足无欠。自卖之后，如有亲族长幼人等争竞，及指借等情，有卖主同知底

保人等一面承管。恐后无凭，立此卖房契永远存照。

内有原房张姓红契壹张，上首红契叁张，保帖壹张，共计

红契连保帖五张，付置主收存。又照。

知底中保人　刘　瑞

立卖契人　张　英　房牙　李廷辉

说合人　总甲　杨　坤

代书

嘉庆二十一年　月　日

顺天府大兴县[二]

【注】

[一] 原件藏北京大学图书馆。

[二] 骑缝半字。

一六五五　清嘉庆二十二年（一八一七）宛平县猛昭文等卖房白契[一]

立卖字人系顺天府宛平县民猛昭文，同胞弟猛启治文，今有祖遗空地一段，自盖正瓦房三间，东房三间，西箱（厢）房三间，南院正瓦

房三间，西箱（厢）房弍间，前后共房十四间，土木箱（相）连。今因手乏用，同中说合，情愿卖与

陈名下永远为业。言明卖价清钱陆伯吊整。其钱当面交足，并无欠少。自卖之后，如有〔重〕复典卖、亲族人等争竞等情，有卖主

同中保人一面承管。恐后无凭，立卖字存照

说合人　郭景瑞（押）
中保人　翟发喜（押）
立卖字人　猛昭文（押）　同胞弟　猛启文（押）　猛治文（押）

嘉庆式拾式年四月十六日

信行

【注】

［一］原件藏北京大学图书馆。

一六五六　清嘉庆二十三年（一八一八）大兴县松龄卖房民契纸[一]

立卖房契人松龄，今因乏用，将自置铺面房一所，门面楼房上下肆间，后接楼房上下肆间，共计捌间，门窗户壁俱全。坐落正阳门外肉市路西。今凭深知底保人等说合，情愿出卖与雷　名下永远为业。言定时值卖价清钱壹仟吊正。当日收清，并无分文欠少。自卖之后，如有亲族长幼人等争竞，以及指房借贷官项私债，及与上首业主授受不清，匿契重复典卖等情，有卖主仝深知底保人一面承管。恐后无凭，立此卖契永远存照。内有原房松姓红契壹张，上首刘姓红契壹张，张姓红契壹张，金姓无底红契壹张，共计红契肆张，付置主收存。所短之契，上首刘姓契内注明。又照。

立卖房契人　松　龄（押）
徐润斋（押）
刘吉祥（押）
说合中保人　陆　德（押）
郭广裕（押）
汪泰泉（押）
深知底保人　李如琢（押）

嘉庆二十三年七月　　日

大兴县挂号讫（戳）

【注】

[一] 原件藏北京大学图书馆。

一六五七　清嘉庆二十四年（一八一九）大兴县李茂卖房民契纸[一]

立卖房契人李茂，因乏用，将自置住房壹所，门面叁间，到底叁层，前院对面厢房肆间，共计瓦房拾叁门。随房院落门窗户壁俱全，土木上下相连。坐落东城朝阳坊二铺鸡市口内二条胡同路南代役总甲地方。今凭知底保人说合，情愿出卖与陈景安　名下永远为业。三面言定实值卖房价银式佰伍拾两整。其银笔下交足，外无欠少。自卖之后，如有亲族长幼人等争竞，及指房借贷官银私债等情，有卖主并知底保人情愿一面承管。恐后无凭，立此卖契存照。

内有原房李姓本身红契壹张，上首累落红白契字拾壹张，共计拾式张，付置主收存。

立卖房契人　李　茂（押）

说合人

房　牙　刘　珍（戳）[二]

代役总甲　杨　成（戳）[三]

嘉庆贰拾肆年二月　　日

【注】

[一] 原件藏北京大学图书馆。

[二] 戳文，顺天府官房行经纪刘珍。

[三] 戳文，东城关外二铺总甲杨成。

一六五八　清嘉庆二十四年（一八一九）大兴县苏明卖房民契纸[一]

立卖房契人系大兴县民苏明，今有自置甫（铺）面房一处，坐落在前门外东珠市口东边路北地方，门面房五间，东西厢房拾间，腰房四间半，后有东厢房二间，东灰房二间，西厢房一间，后有正房五间，共计灰瓦房式拾九间半。今凭中说合，情愿出卖与

赵　　名下永远为业。三面言明，卖房价纹银陆佰两整。其银笔下交足，并无欠少。自卖之后，倘有亲族人等争竞，如重复到典等情，有卖主同保人一面承管。恐后无凭，立此卖房契永远存照。

此房上首有民红契式张，有索姓民红契壹张，有苏姓民红契壹张跟随，共计民红契肆张跟随。

中保人　照名（押）

嘉庆二十四年四月　　日　　立卖房契人　苏明（押）

邢大（押）

中保说合人　沈祥（押）

康大（押）

大兴县挂号讫（戳）

【注】

［一］原件藏北京大学图书馆。

一六五九　清嘉庆二十四年（一八一九）大兴县苏明卖房官契[一]

顺天府大兴县今据　名用价契买遵例纳税事

立卖房契人系大兴县民苏明，今有自置甫（铺）面房一处，坐落在前门外东珠市口东边路北地方，门面房五间，东西厢房拾间，腰房四间半，后有东厢房二间，东灰房二间，西厢房一间，后有正房五间，共计灰瓦房式拾九间半。今凭中说合，情愿出卖与赵　　名下永远为业。三面言明，卖房价纹银陆佰两整。其银笔下交足，并无欠少。自卖之后，倘有亲族人等争竞，如重复到典等情，有卖主同保人一面承管。恐后无凭，立此卖房契永远存照。

此房上首有民红契式张，有索姓民红契壹张，有苏姓民红契壹张跟随，共计民红契肆张跟随。

中保人　照名（押）

嘉庆二十四年四月　　日　　立卖房契人　苏明（押）

房牙

总甲

代书

中保说合人　邢大（押）
沈祥（押）
康大（押）

顺天府大兴县[二]

【注】

[一] 原件藏北京大学图书馆。

[二] 粘连半字。

一六六〇　清嘉庆二十四年（一八一九）大兴县发给赵正叙卖房契尾[一]

钦命直隶等处承宣布政使司布政使加十级纪录二十次温　　为遵

旨议奏事，蒙

前任总督部院方　宪牌：乾隆十四年十二月十九日，准户部咨开：本部议覆河南布政使富明条奏：买卖田产契尾，量为变通。嗣后布政司颁发契尾格式，编列号数，前半副照常细书业户等姓名、买卖田房价银若干；后副于空白处预钤司印。投税时，将价税银数用大字填写钤印之处，令业户看明，当面骑字截开，前副给业户收执，后副同季册汇送布政司查核。等因，咨院行司。蒙此，拟合刊刷颁发。为此，仰　　掌印官：凡民间典买房屋地土等项，着业户照契内价银，每两投税三分，填写明白。将司颁契尾照议当面骑字截开，前副给发业户收执，后副随季册送司年终汇报册查。如官吏改换侵隐，情弊查出，揭参究处。须至契尾者。

计开

业户　　价地　顷　亩　分坐落处

布　　字第叁百贰拾叁号

右给业户　　准此[二]

嘉庆贰拾肆年三月　　日

业户赵正叙价银壹仟陆佰两税银肆拾捌两[三]

【注】

[一] 原件藏北京大学图书馆。

[二] 本契尾文字与乾隆时江南安徽等处承宣布政使司颁发休宁县契尾转述层奉公文文字稍异。似有夺漏不当之嫌。其重要者，依次摘录如下：「布政司颁发给民契尾。」「买卖田房数目，价银税银若干」。「以备投税时，将契价税银数目大字填写。」「等因。奉旨依议。钦此钦遵咨院行司。」前后副当作前后「幅」。

[三] 骑缝半字。

一六六一　清嘉庆二十五年(一八二〇)大兴县赵正叙卖房民契纸[一]

立卖房契人赵正叙，今因乏用，将自置甫(铺)面瓦房壹处，坐落在前门外东珠市口东边路北地方，门面瓦房五间，东西厢房拾间，腰房四间半，后有东厢房二间，东灰房二间，西厢房一间，后有正房伍间，共灰瓦房弍拾九间半。今凭中说合，情愿卖与王　名下，永远为业。三面言定，卖房价纹银壹仟陆佰两整，其银笔下交足，并无欠少。自卖之后，倘有亲族人等争竞等情，有卖主同中保人一面承管。恐后无凭，立此卖房契存照。

内有原房赵本身红契一张，上首苏姓红契乙张，索姓红契乙张，崔姓红契乙张，王姓投税红契乙张，共计红契伍张，付买主收存。

立卖房契人　赵正叙(押)
张振升(押)
张　育(押)
中保人　祁　德(押)
张　锦(押)
安　泰(押)

嘉庆二十五年三月　　日

永远大吉

【注】

[一] 原件藏北京大学图书馆。

一六六二　清嘉庆二十五年（一八二〇）大兴县赵正叙卖房官契[一]

顺天府大兴县今据　名用价契买遵例纳税事

立卖房契人赵正叙，今因乏用，将自置甫（铺）面瓦房壹处，坐落在前门外东珠市口东边路北地方，门面瓦房五间，东西厢房拾间，腰房四间半，后有东厢房二间，东灰房二间，西厢房一间，后有正房伍间，共灰瓦房弍拾九间半。今凭中说合，情愿卖与

王　名下，永远为业。三面言定，卖房价纹银壹仟陆佰两整，其银笔下交足，并无欠少。自卖之后，倘有亲族人等争竞等情，有卖主同中保人一面承管。恐后无凭，立此卖房契存照。

内有原房赵本身红契一张，上首苏姓红契乙张，索姓红契乙张，崔姓红契乙张，王姓投税红契乙张，共计红契伍张，付买主收存。

张振升　张锦

中保人　祁德　安泰

张育

立卖房契人　赵正叙（押）　房牙

总甲

说合人　代书

嘉庆二十五年三月　日

【注】

[一] 原件藏北京大学图书馆。

一六六三　清嘉庆二十五年（一八二〇）宛平县祁义正卖房白契

立卖房契人系宛平县民祁义正，原有自置住房一所，坐落在西直门内前桃园胡同西口内路南，共计正瓦房陆间。今因乏手，凭中说合，情愿卖与

张　名下，永远为业。言明卖价氶钱叁佰伍拾吊整。其钱笔下交足，并无欠少。自卖以后，如有来历不明、重复典卖以及亲族

人等争竞等情，俱有卖业人仝中保说合人一面承管。恐后无凭，立卖契存照。

外有民红契式张，一并根（跟）随。

说合人 蒋福（押）

付宁安（押）

知根底保人 刘嘉成（押）

立卖房契人 祁义正（押）

嘉庆二十五年冬月二十八日

信行

【注】

［一］原件藏北京大学图书馆。

一六六四 清道光元年（一八二一）宛平县李维周卖房官契稿[一]

立卖房契人李维周，因乏用，将自置铺面房壹处，现开设黄酒铺泰源。楼门面房式间，楼上下房四间，共计房六间。门窗户壁，上下土木相连。坐落北城日南坊四铺前门外观音寺前路南地方。今凭中保人说合，情愿出卖与王　名下永远为业。言明卖房价银六伯两整。其银当日交足，并无欠少。自卖之后，倘有亲族长幼弟男子侄指房执契借贷官银私债，及重复典押争竞等情，有卖房主同深知情底保人并中保人一面承受。恐后无凭，立此卖房契永远存照。

此房有李姓本身红契壹张，上首杨姓红契壹张，上上首张姓红契壹张，老红契壹张，赎回废红契壹张，共计红契伍张，付买主收存。再照。

立卖房契人 李维周（押）

深知情底保人 王廷玉（押）

中保人 赵天祥（押）

道光元年五月　　日

宛平县挂号讫（戳）

房牙　范光先（戳）

凡民间置买房产成交后，该牙眼同填写官发契稿，催令依限纳税。如有私相买卖，不经官牙，希图漏税者，该牙查明禀报，以凭按例究办。须至稿者。

玉字第拾玖号

宛平县契稿（戳）

【注】

［一］原件藏北京大学图书馆。

一六六五　清道光元年（一八二一）大兴县闫文瑞卖房民契纸［一］

立卖房契人闫文瑞，原有自置盖住房壹所，今因手乏用，将高井胡同路北房门面三间半，三层三间，东厢房壹间，共计房拾壹间，随房院落、门窗户壁、上下土木相连。今凭中保人等说合，情愿出卖与

娄　名下永远为业，任凭银主改造。三面言定时值买房价银叁伯（佰）两正，其银当日收足，并无欠少。自卖之后，倘有亲族长幼人等争竞、官银私债等情，全有闫姓同中保人一面承管。恐后无凭，立此卖契存照。

内有原房张姓投税红契壹张，张姓买契一张，老红契一张，标手壹张，共计红白契纸伍张，付银主收存。

立卖房契人　闫文瑞（押）

中保人　殷士魁（押）

吴乐亭（押）

高鋐源（押）

刘毓芳（押）

道光元年伍月拾叁日

大兴县挂号讫（戳）

信行大吉

【注】

[一] 原件藏北京大学图书馆。

一六六六　清道光元年（一八二一）大兴县闫文瑞卖房官契[一]

顺天府大兴县今据娄名用价契买遵例纳税事

立卖房契人闫文瑞，原有自置盖住房壹所，今因手乏用，将高井胡同路北房门面三间半，三层三间，东厢房壹间，共计房拾壹间，随房院落、门窗户壁、上下土木相连。今凭中保人等说合，情愿出卖与娄　名下永远为业，任凭银主改造。三面言定时值买房价银叁伯（佰）两正，其银当日收足，并无欠少。自卖之后，倘有亲族长幼人等争竞、官银私债等情，全有闫姓同中保人一面承管。恐后无凭，立此卖契存照。

内有原房张姓投税红契壹张，张姓买契一张，老红契一张，标手壹张，共计红白契纸伍张，付银主收存。

中保人　殷士魁

吴乐亭

高鋐源

刘毓芳

立契契人　闫文瑞

房牙

总甲

代书

道光元年六月　　日

顺天府大兴县[二]

【注】

[一] 原件藏北京大学图书馆。

[二] 骑缝半字。

一六六七　清道光二年(一八二二)大兴县王臣卖房民契纸[一]

立卖房契人王　臣,今因乏用,将自置瓦房壹所,门面三间半到底三层,前院对面厢房二间,后院对面厢房二间,灰棚半间,共计房拾伍间。门窗户壁、上下土木相连。坐落中城中东坊二铺草厂头条胡同北口内路西。凭知底中保人等说合,情愿出卖与卢　名下永远为业。三面言定时值价京平足纹银肆百两整,其银当日收足,外无欠少。自卖之后,如有亲族长幼人等争竞及指房借贷官钱私债等情,有卖主同知底中保人等一面承管。恐后无凭,立此卖房契永远存照。

跟随红契三套。

道光二年三月初四日立

卖房契人　王　臣(押)

知底中保人　盛松云(押)　茅德辉(押)

大兴县挂号讫(戳)[二]

【注】

[一]原件藏北京大学图书馆。

[二]此契原是白契,至道光五年(一八二五)二月,始投税领官契,因之此契收入本书称民契纸。

一六六八　清道光二年(一八二二)曲阜县齐朱氏婶侄卖地契[一]

立卖约齐朱氏同侄女张齐氏、侄秉寅,因丧葬无资,凭中说合,将齐王官庄家后东西地二段共七亩正[二],出卖于孔秋涯名下承粮为业。言定每亩京钱三十五千,共京钱二百四十五千。其价当日交足,土上土下尽系买主。四至分明,并无违碍。如有,卖主一面全管。恐后无凭,立约存证。

中　人　陈景昌　陈鸣玉

道光二年后三月十三日立卖约

【注】

[一]原件编号：孔档3786·23，《曲阜县齐王庄佃户所立》。转录自杨国桢《明清土地契约文书研究》第二〇三页。

[二]此地为孔府官庄地。齐朱氏为孔府佃户，出卖者为所种官庄地之田面权（田皮）。亦叫做「顶租」。

一六六九　清道光二年（一八二二）太谷县张光塘卖地红契[一]

立卖地约人白城里一甲张光塘，自因无银使用，今将自己祖遗北良冈白地壹段，计地陆亩正，东至四兴隆，西至买主，南至小道，北至崖底，四至明白，同众说合，出卖与太谷县墩坊都八甲　温余庆堂名下永远承业[二]。言定卖价白银壹伯零捌两正。其银笔下交足，并无短欠。恐口无凭，立卖约永远存照。

道光二年七月初七日　　立卖约人　张光塘（押）

随地内原粮式斗四升。　　中见人　范　昌（押）　庞蕴璧（押）　武广成　书

【注】

[一]原件藏北京大学图书馆。

[二]太谷，今属山西。

一六七〇　清道光二年（一八二二）山阴县周铁湖田出推草单[一]

今推廿二都一图自己周铁户内羽字六百三十二号湖田壹亩壹分五厘肆毫，出推于十七都七图石圣户内入册，输次年银米为始。此照。

道光二年十二月　日　　立草单二十二都一图（印）[二]

【注】

[一]原件藏北京大学图书馆。

［二］印为圆形太极图，上刻三字，「平安」二字为阳文，「书」字为阴文。

一六七一　清道光三年（一八二三）大兴县王瑞卖房官契稿[一]

立卖房契人王瑞，因乏用，将原买郑姓门面房叁间、院内厢房肆间、北灰棚壹间，共计房棚拾壹间，门窗户壁土木相连，坐落南城草厂下五条胡同路东地方[二]。今凭知底保人及中保人说合，情愿卖与刘　名下永远为业。三面言定时值卖房价银弍百伍拾两正。其银当日交足，并无欠少。自卖之后，倘有亲族长幼人等争竞及指房借贷官银私债等情，有卖房主同知底保人及中保人一面承管。恐后无凭，立此存照。

此房有王、郑、汪叁姓红契叁张。上首□落红白契、标手拾弍张，共计拾伍张，置主收存。又照。

立卖房契人　王　瑞（押）
同知底保人　耿成蓭（押）
中保人　刘　成（押）
说合人　崔　振（押）
房　牙　李振魁（戳）[三]
代　书　刘云升（戳）

凡民间置买房产成交后，该牙眼同填写官发契稿，催令依限纳税。即有私相买卖，不经官牙，希图漏税者，并中保人私拿官用，该牙查明禀报，以凭按例究办。须至稿者。

道光三年二月　　日

大兴县挂号讫（戳）

大兴县契稿

【注】

［一］原件藏北京大学图书馆。
［二］草厂下五条，在今北京东城区草厂五条。
［三］戳文：「顺天府官房行经纪李振魁」。

一六七二　清道光三年（一八二三）北京孙弘宽等占地白契[一]

立契文约人孙弘宽庆亮兄弟三人，因为手乏，无钱使用，今将自己本身山地一段二沿，坐落在大觉寺下坎，东至孙姓，西至常姓，南至大道，北至张姓，四至分明。今同乡亲人情愿出占与大觉寺常住名下[二]，永远为业，占为香火。明占价清钱七拾壹吊[三]，其钱当面交完，并不短少。言定立字以外，如有亲族人等争竞者，有契主、团头一面承管[四]。二家情愿，不许返悔。恐后无凭，立占契永远存照。

每年随代钱粮钱壹百文。

道光三年十一月初三日

立占契人　孙弘宽（押）　庆（押）　亮（押）

中见人　高连科（押）　管希荣（押）

杨　顺代笔（押）

同团头　赵连秋（押）

立占契永远存照

【注】

[一] 原件藏北京海淀区大觉寺文物陈列馆。

[二] 出占，自愿出卖。

[三] 占价，估量价钱。

[四] 团头，地方头人，类似保长。

一六七三　清道光三年（一八二三）宛平县孙永禄卖房白契[一]

立卖房契人宛平县民孙永禄，有本身自置瓦房两间，坐落在红庙五条胡同路西，因雨水摊（坍）塌改盖正灰棚叁间，今因手乏，凭

中说合，情愿卖与

刘　名下为业。言明卖价清钱捌拾吊整。其钱笔下交足，并无欠少。自卖之后，如有来路不明、重复典卖、亲族人等争竞等情，俱有出卖房主同中保说合人一面承管。恐后无凭，立卖契存照。

此院内南头有外借院子壹条。

中保说合人　卫（押）

立卖房契人　孙永禄（押）

道光三年　日

【注】

［一］原件藏北京大学图书馆。

一六七四　清道光四年（一八二四）大兴县徐天培卖房白契[一]

立卖房契人徐天培，因乏用，将自置铺面瓦房壹处，另行盖过，门面房二间，接檐房二间，后院壹条，南房二间，共计房六间。门窗户壁、土木上下相连。坐落东茶食胡同荷苞厂口路南地方。今凭知底保人说合，情愿卖与

高　名下永远为业。三面言定，实卖房价银二伯伍拾两整。其银笔下交足，外无欠少。自卖之后，如有亲族人等争竞、以及指房借贷官银私债等情，有卖主同知底中保人一面承管。恐后无凭，立此卖契存照。

内有原房徐姓本身红契壹纸，上首梁、武、金、苏、王、卢六姓红契陆张，赎回张姓红契壹张，王姓白字壹张，共计红白契字玖张，付置主收存。

立卖房契人　徐天培（押）

知底中保人　董玉麟（押）

张　育（押）

王永年（押）

陈天瑞（押）

道光肆年二月　日

信行

【注】

[一] 原件藏北京大学图书馆。

一六七五　清道光四年(一八二四)宛平县胡端书补税房民契纸[一]

立补税房契人胡端书同子学醇，今将道光四年三月间[二]，原置到富平县绅士杨树年雷奉朝王廷瑗空地基一块[三]，破烂房二间，坐落在宣武门外北城灵中坊大安南营路南地方[四]，今自改盖住房壹处，计正瓦房三间，东西厢房二间，平台一间，二层瓦房二间，东西厢房四间，三层瓦房二间，门房半间，过道半间，平台一间，共计大小灰瓦房棚十七间，临街门楼一座，随房院落、门窗户壁俱全，上下土木相连。改盖房共用过木植工料连原置价京平纹银弍千五百两正，今情愿遵例赴宛平县挂号讫(戳)县补税，以便管业。恐后无凭，立此补税房契永远存照。

道光四年二月　　日

立补税房契人　胡端书　同子　学醇

中保人　赵士天　董逢琏

代笔人　章益三

【注】

[一] 原件藏北京大学图书馆。

[二] 应作「四年二月」。

[三] 富平县，在今陕西渭北。

[四] 大安南营，今北京西城区大栅栏大安澜营胡同。

一六七六　清道光四年（一八二四）宛平县胡端书补税房官契[一]

顺天府宛平县今据　　名用价卖买遵例纳税事

雷奉朝
王廷瑗

立补税房契人胡端书同子学醇，今将道光四年三月间，[二]原置到富平县绅士杨树年空地基一块[三]，破烂房二间，坐落在宣武门外北城灵中坊大安南营路南地方，今自改盖住房壹处，计正瓦房三间，东西厢房二间，平台一间，二层瓦房二间，东西厢房四间，三层瓦房二间，门房半间，过道半间，平台一间，共计大小灰瓦房棚十七间，临街门楼一座，随房院落、门窗户壁俱全，上下土木相连。改盖房共用过木植工料连原置价京平纹银弍千五百两正，今情愿遵例赴县补税，以便管业。恐后无凭，立此补税房契永远存照。

道光四年二月　　日立补税房契人　胡端书　同子　学醇
中保人　赵士天　董逢琏
房牙
总甲
里长

【注】

[一] 原件藏北京大学图书馆。
[二] 应作「道光四年二月」。
[三] 富平县，在今陕西渭北。

一六七七　清道光四年（一八二四）宛平县杨树年卖房地民契纸[一]

立卖契富平县绅士杨树年，因修理会馆无资，将安南营废地一块，破房二间挽（浼）中出卖于胡姓盖房使用。其地南通小安南营，北通大安南营，南北共长十二丈五尺；东邻王姓，西邻李姓，东西共宽三丈三尺五寸。言明价银八十两。同中面交，永无返悔。倘有本县人讹诈胡姓，有绅士与中人送官究处。恐后无凭，立案存据。

外有邢部四川司主事同功元印结一张存案。

中保人　赵士文（押）
董逢琏（押）
雷奉朝（押）
杨树年（押）
王廷瑗（押）

道光四年三月　　日

附：清道光四年（一八二四）富平县在京会馆补税领房地契呈文

举人　王廷瑗
具呈陕西西安府富平县进士　杨树年呈为补赏印契以修公产事：窃京城久有敝县会馆三所，因年久无资修理，以致房屋糟朽，
武举　雷奉朝
围墙坍塌，会试人等难以露处。遂公同商议，将大安南营通小安营之会馆，已成废地，内有不堪居住之房二间，挽（浼）中人出卖于胡姓盖房使用。得价银捌拾两，交全盛木厂赵姓包修东馆。并非侵吞入己。所有红〔契〕因年久遗失，伏乞太老爷补税红契一张。将职等具呈词一并腾格，则合县顶感无既矣。

县批：原契因何遗失，未据声明。且系一县公举，所呈未足凭信。即取同乡京官切实印结，送案备查。

道光四年三月十九日

【注】

〔一〕本件与下附文均藏北京大学图书馆。

一六七八　清道光四年（一八二四）宛平县杨树年等卖房地官契[一]

顺天府宛平县今据　名用价契买遵例纳税事

立卖契富平县绅士杨树年，因修理会馆无资，将安南营废地一块，破房二间挽（浼）中出卖于胡姓盖房使用。其地南通小安南营，北通大安南营，南北共长十二丈五尺；东邻王姓，西邻李姓，东西共宽三丈三尺五寸。言明价银八十两。同中面交，永无返悔。倘有本县人讹诈胡姓，有绅士与中人送官究处。恐后无凭，立案存据。

立卖房地契人　雷奉朝

杨树年

中保人　王廷瑗

赵士文

董逢琏

房　牙

总　甲

里　长

道光四年三月　　日

【注】

[一] 原件藏北京大学图书馆。

一六七九　清道光四年（一八二四）休宁县许元宫等卖山地红契[一]

二十一都二图立杜卖山地契人支丁许元宫同嫂许阿胡，今因正用，自愿将承祖遗受场字贰千贰百捌拾壹号，地税捌厘柒毫五系，土名后库，四至照依清册，凭中立契出卖与本都本图族名下为业。三面议定得受时值价尣平尣元系银拾两整[二]。其银当即收足，其地税即交管业，推入许荫祠户内支解输粮。此业从前至今并未典当他人，亦无重复交易。设若字号讹错，换号不换业。此系两相情愿，并无威逼准折等情。倘有亲房内外人等异说，俱系出卖人一并承当，不涉受业人之事。今欲有凭，立此杜卖地契久远存照。

再批：原来赤契乙纸交收。四至开明：东至路，南至姚屋檐水五寸[三]，西至本家屋檐水五寸，北至山塝。眼同指业订界为规。又照。

道光四年四月　日立杜卖地税契人支丁　许元宫

同嫂　许阿胡

凭中　许特人　许贡南　许秋举　许景福

执笔　许元宫

【注】

[一] 原件藏安徽省博物馆，编号二·二三二五二。

[二] 尣，即「九四」。乂，苏州码，即「四」。尣，即「九六」。「尣元系银」即「九六圆系银」，银的成色的一种。宁寿堂《银谱》：「九六　名为乾扇，面上系（丝）曲细活，边有真神。底里蜂窝有油润，深尖细窝多。剪开，脚豆青色，无马牙。此九六色。」（见中国社会科学院历史研究所清史研究室编《清史资料》第三辑，中华书局一九八二年版）

[三] 屋檐水，即「屋檐滴水」。

一六八〇　清道光五年（一八二五）山阴县张守常活卖文武帝会契[一]

立卖契人张守常，今因缺钱应用，愿将自己祖遗岳宗房文武帝会壹脚，每年应领胙肉陆斤，酒资钱弍伯文正，卖与族弟处，得受制钱四千叁伯文正。其钱当日收足，听凭领受胙肉酒资[二]。三面议定，俟岳宗房轮应值年之次年，原价回赎；其余年分俱不准回赎。恐后无凭，立此存照。（押）

再批：玖年九月间[三]，张室傅氏　找得绝价钱柒伯（佰）文[四]，更名入会。见找雨苍[五]。（押）

原代　守诚[六]（押）

道光五年二月　日立卖契人　张守常（押）

见中代笔　张守诚（押）

卖契

【注】

〔一〕原件藏北京大学图书馆。
〔二〕听凭，「凭」下脱「买主」或「受业人」等字。
〔三〕玖年，道光九年（一八二九）
〔四〕绝价，活卖的最后一次找价，找后即卖断。
〔五〕见找，找绝卖价时的见证人，名张雨苍。
〔六〕原代，道光五年（一八二五）立活卖契时的「代笔」人张守诚。今为找绝卖价时的代批字人。

一六八一　清道光五年（一八二五）大兴县王臣卖房官契[一]

顺天府大兴县今据　名用价契买遵例纳税事

立卖房契人王　臣，今因乏用，将自置瓦房壹所，门面三间半到底三层，前院对面厢房二间，后院对面厢房二间，灰棚半间，共计房拾伍间。门窗户壁、上下土木相连。坐落中城中东坊二铺草厂头条胡同北口内路西。凭知底中保人等说合，情愿出卖与卢　名下永远为业。三面言定时值价京平足纹银肆百两整，其银当日收足，外无欠少。自卖之后，如有亲族长幼人等争竞及指房借贷官钱私债等情，有卖主同知底中保人等一面承管。恐后无凭，立此卖房契永远存照。[二]

跟随红契三套。

底　中保人　盛松云
知　　　房牙　茅德辉
立卖契人　王　臣
说合人　　　总甲
　　　　　　代书

道光五年二月　　日

顺天府大兴县[三]

【注】

［一］原件藏北京大学图书馆。

［二］此卖房契原立于道光二年（一八二二）三月初四日，为白契。后于道光五年二月投税，始填写领受此官契。原白契收入本书称民契纸。

［三］骑缝半字。

一六八二　清道光五年（一八二五）督理街道衙门给发大兴县傅有年翻盖房执照［一］

执

钦命督理街道衙门　为给发执照事：据东城　傅有年报：缨子胡同路西［二］，旧有临街住房柒间，换料翻盖院内房叁拾余间，一并换料改修东西厢房、正房一案，

本衙门批：「旧有临街住房七间，照旧翻盖。院内房三十余间，一并改修东西厢房、正房。不得侵越。倘有不符，定行究办。」在案。仰部遵批办理。该处兵役人等，毋得拦阻，该户民亦毋得借端越修，致干究处。须至执照者。

右给户人傅有年准此

照　道光伍年拾月　日

【注】

［一］原件藏北京大学图书馆。

［二］缨子胡同，在今北京东城区。北起手帕胡同，南至广渠门内大街。明代即称缨子胡同，因制作帽缨子的作坊在此得名。

一六八三　清道光六年（一八二六）太谷县吕德吉卖房地红契［一］

立卖地契人，白城里四甲吕德吉，自因无银使用，将自己置到土房壹所，计地壹亩六分六厘，上下土木相连。又东边圐圙地壹段［二］，计地壹亩六分。西、北俱至买主，东至吕德牲，南至道心。四至分明。情愿卖与三槐堂温名下永远承业［三］，同中言定价银贰伯壹拾伍两正，其银笔下交清。恐口无凭，立约为证。（押）

道光六年七月初九日　立（押）

中见人　吕德厚（押）　吕奇献（押）　吕奇清（押）

【注】

［一］原件藏北京大学图书馆。
［二］圐圙（音同枯略），又作「唠啰」。蒙语指围起来的草场，现多用于村镇名称。也译作「库伦」。这里指草场地。
［三］三槐堂温，「三槐堂」为温姓家族的堂号。

一六八四　清道光六年（一八二六）太谷县王景荣卖地红契［一］

立卖地契人，在城里二六甲王景荣，自因无银使用，今将祖遗贾家园地壹段，计地壹亩半，四至未开，情愿卖与三槐堂温名下永远承业。同中言定价银贰拾五两正，其银当交不欠。恐后无凭，立卖契存证（押）

原随粮壹斗壹升贰合半。

立（押）

道光六年七月二十七日　　中见人　李廷佑（押）

【注】

［一］原件藏北京大学图书馆。

一六八五　清道光六年（一八二六）大兴县郑门廉氏等卖房官契稿［一］

立卖房契人郑门廉氏同弟廉智，因乏用，将夫遗门面瓦房叁间，院内对面厢房肆间，又添盖北灰棚壹间，贰层房叁间，共计房棚拾壹间。门窗户壁、土木相连。坐落南城草厂下伍条胡同路东地方。今凭知底保人说合，情愿卖与王　名下永远为业。三面言定时值卖房价银贰百伍拾两整。其银当日交足，外无欠少。自卖之后，如有亲族长幼等争竞，及指房借贷官银私债等情，有卖房同知底保人一面承管。恐后无凭，立此卖房契存照。

内有原房郑姓红契壹张，上首汪姓自税红契壹张，累落红白契、标手拾贰张，共计拾肆张，置主收存。

大兴县挂号讫(戳)

道光六年捌月　　日

立卖房契人　郑门廉氏(押)
同弟　廉　智(押)
知底保人　周　安(押)
张祀宗(押)
说合人　王　斌(押)
房　牙　刘云升(戳)[二]
总　甲

凡民间置买房产成交后，该牙眼同填写官发契稿，催令依限纳税。如有私相买卖，不经官牙，希图漏税者，该牙查明禀报，以凭按例究办。须至稿者。

南字第丙　号

大兴县契稿

【注】

[一] 原件藏北京大学图书馆。

[二] 戳文作「顺天府大兴县官房行经纪刘云升」。

一六八六　清道光六年(一八二六)北京正黄旗汉军吉昌卖房白契[一]

立卖房契人系正黄旗汉军黄垤祥佐领下千总吉昌[二]，原有置住房一所，坐落在西直门内前桃园胡同西口路南，共计正瓦房陆间。今因手乏，凭中说合，情愿卖与本旗蒙古希林佐领下护军玉庆[三]永远为业。言明卖价□清钱肆百伍拾吊整。其钱其钱[四]笔下交足，并无欠少。自卖以后，如有来历[不]明[五]、重复典卖以及亲族人等争竞等情，俱有卖业说合人一面承管。恐后无凭，立卖契存照。

外有民红契式张，一并根(跟)随。

说合人　富兴阿（押）

立卖契人　千总吉昌（押）

道光六年九月初七日

永远信行

【注】

［一］原件藏北京大学图书馆。

［二］千总，清朝绿营军制守备以下有营千总。京师内九门、外七门，每门设千总把守，称为门千总。

［三］护军，清朝以守卫宫城的八旗兵为护军，设护军统领以下各职。

［四］衍「其钱」二字。

［五］原夺「不」字，补。

一六八七　清道光六年（一八二六）太谷县吴德魁等卖地红契［一］

立卖地契人吴德魁（绅达成、泰连福、义达魁、缙达礼），自因手中不便，将圐圙地弍段，计地拾亩零肆分弍厘伍毫。北一段东、西至贾姓，南至买主，北至吕德合；东一段东、西至买主，南至吴德梅，北至吴达通。四至明白。情愿出卖与三槐堂温名下永远承业，同中言定价钱弍伯伍拾两正，其银当交不欠。日后倘有户内人等争碍，与买主无干，卖主一面承当。恐口无凭，立契存照。（押）

道光六年十月十五日　　立（押）

中见人　吕奇荣（押）　吕渭纶（押）　吴德合（押）

【注】

［一］原件藏北京大学图书馆。

一六八八　清道光七年（一八二七）北京薛卜炎等卖房地红契[一]

立卖房连地基杜绝文契人薛卜炎泰瞻同胞侄德馨德昆，因乏用，今将父遗坐落刘家胡同后二道街路南，正灰房六间，连大门过道在内，东灰房弍间，南草房弍间，草厦子壹条，一切门窗、户壁、板墙、断间隔扇、帘架等物俱全。东至王姓，西至汪姓，南至杨姓，北至官街，四至分明。其房各按老城旧址为界，水道滴水照旧行走通流。凭中说合，情愿卖与任秀坡名下永远为业。三面言明时值卖价银弍百弍拾两整。笔下交足，分毫不短。并无私债折准零星等事。自卖之后，倘有本族长幼人等争竞违碍者，俱在卖主一面承管，不与买主相干。此系两家情愿，各无返悔。欲后有凭，立此卖契存照。

又批：原买契壹纸，老契肆纸，交付收执。

道光七年二月十九　　日

立卖房连地基杜绝文契　薛　卜　炎（押）

泰　瞻（押）

同胞侄　薛　德　馨（押）

薛　德　昆（押）

同邻佑　王　玉　山（押）

张　玉　山（押）

朱　立　兴（押）

张　永　庆（押）

汪　乐　山

王　兴　业（押）

杨　　姓

官经纪　王　兴　业（押）

地　方　赵　连　璧（押）

永远为业

【注】

[一] 原件藏北京大学图书馆。

一六八九　清道光七年（一八二七）南海县李恒谦卖田红契[一]

立永卖民田契人李恒廉，系南海县五斗口司佛山镇人氏[二]。今因急用，兄弟祖母商议，愿将此祖遗下经分名下田三丘：一丘坐落土名栅下海边，一丘坐落土名围眼基，一丘坐落土名二步闸，共该今丈税四亩七分。出帐召人承买，取今时价银二佰七十两。先召房亲人等，各不就买。次凭中人引至义仓承买，依口还实价银二佰七十两正。所有签书、折席俱在价内。三面言定，二家允肯，预日写立空帖，竖明界杙[三]，卜今书立大契交易[四]。银契两相交讫，并无低伪少欠。此系明卖明买，并非债折抑勒加写，又非烝尝办祭。其田果系恒谦名下之业。倘有来历不明，别人争认，系卖主同中理明。该田于道光六年（一八二六）十二月内典与李粹钰堂，今备足典价赎回。至上手印契，日久霉烂，不能付执，当中将分单注明为据。今欲有凭，立此永卖契一纸，并赎回李粹钰堂典契一纸，付执为照。

一、实卖出田三丘，共该税四亩七分，载在佛山堡一百一十四图再七甲李象观户内，任从割归二十图另户灵应祠户。

一、实收到卖田价银二百七十两司码。

道光七年又五月，南海县主李验契，价银二百七十两，布颁棠字四十四号。

中人　李锦章　何挺南

见卖田堂兄　李泽沾

祖母　黄　氏

同卖田弟　应　堂　应　柱

道光七年二月初十日

立明卖田契人李恒谦的笔

【注】

[一] 录自杨国桢《明清土地契约文书研究》第三七〇—三七一页。

[二] 南海县，今广州市。

[三] 杙，一头尖的短木，小木桩。界杙，界桩。

[四] 卜今，「卜今吉日」省。

一六九〇　清道光七年(一八二七)宛平县韩九峰卖房民契纸[一]

立卖房契人韩九峰，今因乏用，将自置盖瓦房壹所，门面肆间、贰层肆间、对面厢房肆间、小灰棚壹间、西院小厢房壹间，共计房拾肆间，后有落地壹条，门窗户壁、上下土木相连，坐落中城中西坊二铺大马神庙[二]西头路南总甲杨泰地方。今凭中保人说合，情愿出卖与

阮　名下永远为业，三面言定时值卖房价纹银捌百伍拾两整。其银当日收足，外无欠少。自卖之后，如有亲族长幼人等及指房、借贷官银、私债等情，有卖主同中保人一面承管，不与买主相干。恐后无凭，立此卖契永远存照。（押）

内有原房韩姓红契壹张，上首孙姓两置红契贰张，程姓红契壹张，周姓红契壹张，明季老契壹张，又上首陈姓白契壹张，累落白字伍张，共计红白契拾贰张，付置主收存此照。（押）

道光柒年玖月　日

立卖房契人　韩九峰（押）
同保中人　魏寿山（押）

【注】

[一]原件藏北京大学图书馆。
[二]大马神庙，今北京西城区前门大街西，珠市口西大街北培英胡同一带。

一六九一　清道光七年(一八二七)宛平县韩九峰卖房官契[一]

顺天府宛平县今据　　名用价契买遵例纳税事

立卖房契人韩九峰，今因乏用，将自置盖瓦房一所，门面四间，二层四间，对面厢房四间，小灰棚一间，西院小厢房一间，共计房十四间，后有落地一条。门窗户壁、上下土木相连，坐落中城中西坊二铺大马神庙西头路南总甲杨泰地方。今凭中保人说合，情愿出卖与

阮　名下永远为业。三面言定，时值卖房价纹银捌百伍拾两正。其银当日收足，外无欠少。自卖之后，如有亲族人等及指房借贷官银私债等情，有卖主同中保人一面承管。恐后无凭，立此卖契永远存照。

内有韩姓红契一张，孙姓两置红契二张，程姓红契一张，周姓红契一张，明季老契一张，陈姓白契一张，累落白字五张，共计红白契十二张，付置主收存。又照。

道光七年九月　　日

立卖房契人　韩九峰
中保人　魏寿山
房　牙
总　甲
里　长

【注】

[一] 原件藏北京大学图书馆。

一六九二　清道光七年（一八二七）大兴县辛万里卖房民契纸[一]

立卖房契人辛万里，今因乏用，将自置瓦房一所，门面房三间半，二层东西厢房二间，三层瓦房三间，共计瓦房十二间，门窗户壁、上下土木相连。坐落中城中东坊二铺高井胡同路北总甲张凯地方。凭知底中保人说合，情愿出卖与郭名下永远为业。三面言定值价文银叁佰两正。其银当日收足，外不欠少。自卖之后，如有亲族长幼人等争竞及指房借贷官银私债等情，有卖主同知底保人一面承管。恐后无凭，立此卖契永远存照。

内有辛姓红契一张，上首红白契五张，共计红白契六张，付置主收存。又照。

深知底保人　姜　耷（押）
　　　　　　闫　福（押）
　　　　　　张　明（押）
　　　　　　石名玉（押）
立卖房契人　辛万里（押）

此契謄官稿税讫（戳）。

道光七年拾一月十五日　　吉　立

【注】

[一] 原件藏北京大学图书馆。

一六九三　清道光八年(一八二八)永安县邓祖仁叔侄找尽足价田约[一]

立找尽足价人邓祖仁同侄增盛,原有承祖父遗下受分苗田一段,坐落土名二十七都黄历桂口营尾,原计递年实收正租早谷二石大,冬牲一只,于先年已得卖价足讫。今又要物应用,仍托原中前向冯燕魁姻亲边,另备办出找尽足价银十两正。其银即日交收足讫,不欠分厘,其田应买主前去召佃收租管理为业,卖人不敢阴占异说等情。其苗现存三十一都一图二甲邓载兴户,候大造黄册之年,应买主前向册房推收入户完粮,日后不敢再言找赎、异说等情。、的系二房受分物业,与别房叔伯叔兄弟人等各无干涉,亦无重叠典挂等弊。如有来历不明,卖人出头抵(支)当,不涉买主之事。此乃平正交易,并无准折抑勒情由,今来二家甘心意允,各无反悔。欲后有凭,用立找尽足价约,永远存照。

一批:外合得中礼银三钱正。再照。一批:笔资银八分正。再照。

道光戊子八年二月　　日

立找尽足价约人　邓祖仁(押)

同侄　增盛(押)

代字原中　李浚源(押)

【注】

[一] 录自傅衣凌《明清农村社会经济》第二三二页,三联书店一九八〇年版。

一六九四　清道光八年(一八二八)大兴县娄天重卖房官契[一]

顺天府大兴县今据　名用价契买遵例纳税事

立卖契人娄天重,将自置房大小共计拾间,坐落草厂上三条胡同路东。今情愿卖与陈姓名下为业。三面议定京平文银伍百两正。其银当日收足。自卖之后,倘有亲族人等争竞,有房主并中人承管。恐后无凭,立此卖契存照。

此房有娄姓本身红契一张，上首红白契陆张，共柒（张）跟随。

中保人　金志云
　　　　陈宗懿

道光八年七月　　日立卖契人　娄天重　房牙
　　　　　　　　　　　　　　王尽思　总甲
　　　　　　　　说合人　　　娄德润

顺天府大兴县[二]

【注】

[一] 原件藏北京大学图书馆。
[二] 骑缝半字。

一六九五　清道光九年（一八二九）宛平县张商年卖房白契[一]

立卖房契人张商年，今有瓦房一所，大小共计四十间，座落虎坊桥东大街路北。情愿卖与刘名下为业。言明契价京平纹银三千两正。当下交足。自卖之后，倘有亲族人等争竞，有卖主王一面承管，恐口无凭，立此存照。

外计官单一纸，本身红契一纸，一并交付。

道光九年七月　　日　　　张商年（押）
　　　　　　　　　　见中　张雯若（押）

【注】

[一] 原件藏北京大学图书馆。

一六九六　清道光九年（一八二九）户部发给张泰履捐监生执照[一]

户部执照

户部为遵

旨等事：据监生张泰履[二]，浙江绍兴府山阴县人，年拾捌岁，身中，面麻，无须。遵酌增事例，捐未入流[三]。双月选用银壹百肆拾两，单月即用银柒拾两。不论双单月，即用银柒拾两。其银或□捌拾两，准以未入流。不论双单月即用所捐银两于道光柒年拾贰月拾肆日付库收讫。相应发给执照，以杜假冒。须至执照者。

本员三代：曾祖肇雯，祖恭远，父荣昌。

右照给张泰履　收执

道光玖年拾贰　月　贰拾　日

部行

【注】

[一] 原件藏北京大学图书馆。

[二] 监生，明清时期在国子监肄业者，统称监生。监生有由学政考取，或由皇帝特许者，亦有由捐纳而取得应试资格者。如未入府、州、县学而欲应乡试，或未得科名而欲入仕者，都必先捐监生，作为出身，但不一定在监读书。

[三] 未入流，古代官制有流内流外之说。官阶在九品以内者为流内，九品以外者为流外，也叫做未入流。官价从九品以外登入九品以内者谓之入流。

一六九七　清道光九年（一八二九）国子监发给张泰履捐监生监照[一]

监

国子监[二]为奏明请

旨事：照得本监条奏各省报捐之贡监生[三]，除一面给发实收，即造具该生年貌清册，送监登记号簿，给予监照，以凭查核等因，于乾隆拾壹年贰月贰拾日具奏。本日奉

旨依议行钦遵在案。今准户部册报：张泰履系浙江绍兴府山阴县人，年拾捌岁，身中，面麻，无须。籍由俊秀[四]。于道光柒年拾贰月拾肆日，遵酌增事例捐监，加捐未入流。选用注册存案外，相应给予监照，以杜假冒积习宿弊。须至监照者。

三代：曾祖肇雯，祖恭远，父荣昌。

照　右照给张泰履收执

道光玖年拾贰月廿一日给　更正

监行

【注】

［一］原件藏北京大学图书馆。

［二］国子监，清朝为最高教育管理机关兼为最高学府。

［三］贡监生，明清在国子监肄业者统称监生。监生有举监、贡监、生监、恩监、荫监等名目。以贡生资格入国子监读书者，称为贡监或贡监生。

［四］俊秀，清朝汉族官吏无出身者称俊秀。《清会典·吏部四·文选清吏司》：「凡官之出身有八……无出身者，满洲、蒙古、汉军曰闲散，汉曰俊秀。」

一六九八　清道光十年（一八三〇）休宁县给发包查收税归户票[一]

收　休宁县贰拾玖都壹图奉

税　县主　验契推收事：本图十甲包查户丁

归　今买　宗，土名五城中街后，系信字壹千柒百四拾陆号，计地税贰分五厘整。

户　于　年　月用价银

　　买到本都八图七甲黄甲之户丁

票　奉照推票入册归户，给发小票业主收执存照。

道光十年正月　日册书黄茂有（戳）

号合同

【注】

［一］原件藏北京大学图书馆。

一六九九　清道光十年（一八三〇）大兴县辛万里卖房官契稿[一]

立卖房契人辛万里，今因乏用，将自置瓦房一所，门面房三间半，二层东西厢房二间，三层瓦房三间，共计瓦房十二间，门窗户壁、上下土木相连。坐落中城中东坊二铺高井胡同路北总甲张凯地方。今凭知底保人说合，情愿出卖与郭　名下永远为业。三面言定时值价纹银叁伯两正。其银当日收足，外不欠少。自卖房之后，如有亲族长幼人等争竞，及指房借贷官银私债等情，有卖主同知底保人一面承管。恐后无凭，立此卖契永远存照。

内有原房辛姓红契一张，郭姓自立白契一张，上首红白契五张，共计红白契七张，付置主收存。

道光拾年叁月　　日立卖房契人　辛万里
姜　聋
深知底中保人　闫　福
张　明
说合人　石名玉
房　牙　刘宗兴
总　甲

大兴县挂号讫（戳）

凡民间置买房产成交后，该牙眼同填写官发契稿，催令依限纳税。如有私相买卖，不经官牙，希图漏税者，该牙查明禀报，以凭按例究办。须至稿者。

惠字第　　号

大兴县契稿

【注】

[一] 原件藏北京大学图书馆。

一七〇〇 清道光十年（一八三〇）大兴县辛万里卖房官契[一]

顺天府大兴县今据　名用价契买遵例纳税事

立卖房契人辛万里，今因乏用，将自置瓦房一所，门面三间半，二层东西厢房二间，三层瓦房三间，共计瓦房十二间，门窗户壁上下土木相连。坐落中城中东坊二甫（铺）高井胡同路北总甲张凯地方。今凭知底保人说合，情愿出卖与郭　名下永远为业。三面言定时值价纹银叁伯两正。其银当日收足，外不欠少。自卖房之后，如有亲族长幼人等争竞，及指房借贷官银私债等情，有卖主同知底保人一面承管。恐后无凭，立此卖契永远存照。

内有原房辛姓红契一张，上首红白契五张，共计红白契六张，付置主收存。[二]

知底保人　姜　聋

　　　　　闫　福

　　　　　张　明

　　　　　石名玉

立卖房契人　辛万里　户牙　刘宗兴

说合人　总甲

道光十年三月　日

【注】

[一] 原件藏北京大学图书馆。

[二] 在民契纸所记上首契中，有「郭姓自立白契一张」，官契删去，改「七张」为「六张」。

一七〇一 清道光十年（一八三〇）大兴县刘起昌卖房地民契纸[一]

立卖房连地基杜绝文契人刘起昌，因乏用，今将自置坐落荣家胡同内路东。大门壹道，虎座板墙壹道，正灰草房肆间，南灰草房叁间半，东灰草房弍间。一切门窗户壁俱全。东至孙姓，西至胡同，南至刘姓，北至汪姓，四至分明。其房各按老城旧址为界，水道滴水照旧行走通流。凭中说合，情愿绝卖与贾富祥名下久远为业。三面言明时值卖价元宝银壹百伍拾两整，笔下交足，分毫不短。并无私债折准零星等事。自卖之后，倘有本族长幼人等争竞违碍者，俱在卖主一面承管，不与买主相干。此系两家情愿，各无返悔。欲后有凭，立此绝卖契存照。

外有原买印契壹纸，老契肆纸，交付买主收执。又照。

道光十年三月初三日　　立卖房连地基杜绝文契人　刘起昌

同中人　李君龙

郑四海

邻佑　孙德福

刘元芳

汪乐山

官经纪　王兴业

地方　李吉升

久远为业

【注】

［一］原件藏北京大学图书馆。原件盖有大兴县方印。

一七〇二　清道光十年（一八三〇）北京正黄旗蒙古玉庆卖房红契［一］

立卖房契人正黄旗蒙古七甲喇希林佐领下护军玉庆，原有自置住房一所，共计六间，坐落在西直门内前桃园西口路南。今因手乏，无钱使用，情愿同保说今（合）人卖与本旗本甲喇双喜佐领下护军富山名下永远为业。言明卖价钱𤋳清钱叁伯六拾吊整。其钱一聿（已笔）下交足，并无欠少。自卖之后，如有来历不明、根底不清、重复典卖，以及亲族人等争竞等情相（者），有卖主说合一面承管，不与置主相干。恐口无凭，立字存照。

外有民红纸二张，一并跟随，共伍张。

中保人　禄保（押）

道光十年七月十六日　　　立

【注】

〔一〕原件藏北京大学图书馆。

一七〇三　清道光十年（一八三〇）大兴县刘明山卖房民契稿[一]

立分卖房契人系大兴县民刘明山，因乏用，今将自置铺面房壹处，坐落朝阳门外老街元老胡同口外西边路北。门面瓦房弌间半，弌层瓦房弌间半，后院壹块，后正瓦房弌间，共计瓦房柒间。门窗户壁俱全，土木上下相连。现开设恒聚布铺、程隆盛茶叶铺生理，烦知根底保人说合，情愿将此房分卖与朱　凤名下永远为业。三面言定实卖价纹银肆伯两整。其银笔下交足，外无欠少。自卖之后，倘有亲族人等争竞，以及重复盗典、来历不明、异说等情，有深知根底保人并中保人仝原业主一面承管。俱系言明情愿，各无返悔。恐后无凭，立此卖契存照。

内有原房刘姓本身红契壹张，上首赵姓红契壹张，赵姓官执照壹张，共计叁张，付置主收存。

立卖房契人　刘明山（押）

同深〔知〕情底保人　高　祥（押）　赵永林（押）　赵文焕（押）

底知中保人　穆峰林（押）　张　育（押）　高云秀（押）　李廷尉（押）

说合人　刘　泰（押）

房　牙　刘　珍（戳）[二]

道光拾年九月　　　日

大兴县契稿

【注】

[一] 原件藏北京大学图书馆。

[二] 戳文作「顺天府官房行经纪刘珍」。

一七〇四　清道光十二年（一八三二）山阴县张雨苍卖始祖会契[一]

立绝卖会契人张雨苍，今将分受

始祖会内尔绵房所置又素房壹脚，每年二月十九、十二月廿三两期，每期领胙肉弍斤、大首壹双[二]。出卖与族孙篆生，面议会价

钱叁千伍百文，九八足串，其钱当日收清。此会系在第一扇应道光念叁年与六吉房合同值年。此系两愿，并不回赎，立此存照。

再批：老契检出作废纸论。并照。

立绝卖会契人　张雨苍（押）

见中　张伟周　张镜湖

代书　张凤霞（押）

道光十二年十二月　　日

绝卖会契

【注】

[一] 原件藏北京大学图书馆。

[二] 大首，大馒头。

一七〇五　清道光十三年（一八三三）山阴县张沈氏等卖神会股白契[一]

立绝卖会契人张沈氏仝媳张周氏。缘氏子张凤东外出，家中缺用，情愿浼中将祖遗沛苍房观音会壹脚，又沛苍房　财神会壹脚，绝卖与　族处，得受契价大钱壹千叁伯文正。其钱当日收清。此后听凭买主每年照会内定期领胙。遇应值之年，值年永不回赎。恐后无凭，立此存照。

道光拾叁年陆月　　日

立绝卖会契人　张沈氏（押）
仝媳　张周氏（押）
中人　张镜湖
代笔　张德澜（押）

绝卖会契

【注】

［一］原件藏北京大学图书馆。

一七〇六　清道光十四年（一八三四）宛平县吕礼堂卖房民契纸［一］

立卖房契人吕礼堂，因乏用，将故父遗铺面房一处，门面一间、接檐一间，后有房一间，共计三间。随房院落，门窗户壁、上下土木相连。坐落北城日南坊香炉营五条胡同东头路南地方。今凭知情保人说合，情愿卖与胡　　名下永远为业。言明卖房价银柒拾伍两整。其银当日交足，并无欠少。自卖之后，倘有亲族人等指房借贷官银私债争竞等情，有卖房主同保人一面承管。恐后无凭，立卖房契存照。

此房有吕姓本身红契一张，张姓红契一张，李姓红契一张，共计红契三张付买主收存。又照。

立卖房契人　吕礼堂（押）
知情底保人　朱宜亭（押）

宛平县挂号讫（戳）

道光拾四年四月　　日

永远为业

【注】

[一] 原件藏北京大学图书馆。

一七〇七　清道光十四年(一八三四)休宁县仇启玉卖地红契[一]

二十都二图乙甲立杜卖地税契人仇启玉,今因钱粮急用,自愿将承祖遗受凤字七百十八号内分庄地税壹分贰系,土名轩唐。东至地塝,西至无碑坟,南至熟地,北至田塝。四至开明。凭中立契尽出杜卖与二十一都二图一甲许修业户为业。三面言定得受时值价纹银九四平足兑陆两整。其银当即收足,不复另立收领,其地税随即自行订界过割,交买人户内支解输粮,其地听凭扦造风水,无得异说。其地从前已典许姓,并未典当他人重复交易之事。此系两相情愿,并无勉强等情。倘有亲房内外人等异说,俱系出卖人一力承担,不涉受业人之事。恐口无凭,立此杜卖地税契永远存照。

再批:上首原来赤契因远年遗失,倘日后寻出,已作废纸,不得为凭。　仇启玉又批。

道光拾四年十月　　日　　立杜卖地税契人　仇启玉

【注】

[一] 原件藏安徽省博物馆。编号:二·二九二三五。

一七〇八　清道光十五年(一八三五)大兴县傅有年卖房地民契纸之一[一]

立卖契傅有年,今因乏用,将祖遗自置坐落崇文门外缨子胡同南头路西地基,南北十一丈,东西十三丈;靠街房七间,过厅三间,两间耳房,南厢房三间,北厢房三间,要(腰)房六间,对面厢房二间,后罩房五间。北邻赵姓,南邻纸行会馆,西邻张家花园,门前官街。凭中说合,卖于韩宅名下永远为业。言明地基房间共计价纹银壹千两整。其银笔下交足,并无欠少。自卖之后,倘有亲族人等出为争竞及来历不明等事,有卖主及说合中保人一面承管。恐后无凭,立卖契存证。老红契因年久遗失,下落无存。如若老红契出现,作为废纸一张。立字　　照。

大兴县挂号讫(戳)

立卖契　傅有年
立买契　韩　姓

知情底保中人　张　喜
卢廷朴
尹　福
施月虎

道光十五年十月十七日

【注】

[一] 原件藏北京大学图书馆。

一七〇九　清道光十五年(一八三五)大兴县傅有年卖房地民契纸之二[一]

立卖字人傅有年,今因手乏,将自置地坐落崇文门外缕(缨)子胡同南头路西地方。空地一块,门面柒间,三面有邻。凭中说合,情愿卖与韩名下为业,任凭盖房使用。当面言明价京钱壹伯伍拾吊整。其钱笔下交足,并无欠少。自卖之后,倘有亲族人等出为争竞,及来路不明等事,有卖主及说合中保人一面承管。恐后无凭,立此卖字存据。

立卖字人　傅有年(押)
鲁廷朴(押)
知情底保人　施月虎(押)
张　喜(押)

约自盖灰瓦房叁拾余间,通共核算工料及地基折价银壹阡(千)两整。

道光十五年十月十九　　立

【注】

［一］原件藏北京大学图书馆。

一七一〇　清道光十五年（一八三五）大兴县傅有年卖房官契［一］

顺天府大兴县今据　名用价契买遵例纳税事

立卖契傅有年，今因乏用，将祖遗自置坐落崇文门外缨子胡同南头路西地基，南北十一丈，东西十三丈；靠街房七间，过厅三间，两间耳房，南厢房三间，北厢房三间，要（腰）房六间，对面厢房二间，后罩房五间。北邻赵姓，南邻纸行会馆，西邻张家花园，门前官街。凭中说合，卖于韩宅名下永远为业。言明地基房间共计价纹银壹千两整。其银笔下交足，并无欠少。自卖之后，倘有亲族人等出为争竞及来历不明等事，有卖主及说合中保人一面承管。恐后无凭，立卖契存证。老红契因年久遗失，下落无存。如若老红契出现，作为废纸无用。合并批明。又照。

知底中保人　张喜　卢廷朴　尹福　施月虎

立卖契人　傅有年　　房牙

说合人　　总甲

代书

道光十五年月　　日

顺天府大兴县［二］

【注】

［一］原件藏北京大学图书馆。
［二］骑缝半字。

一七一一　清道光十六年（一八三六）山阴县蒋天球卖土谷神会白契[一]

立卖土谷神会人蒋天球，今因缺用，情愿凂中将自己祖遗神会出卖与王姓为业，面议会价大钱拾千文正，九九足串，其钱当日收用。自卖之后，任凭王姓值年当会，收花领胙五估（股）之一估（股）。其会田乙亩六分，又小田弍分，照估（股）按年轮值，永不再找，永不回赎。恐后无凭，立此杜绝神会契存照。田亩坐落蒋姓屋后，土名蔡堰柯，西桥十七都一图蒋土谷会承粮。（押）

再批：拾月廿四日收租米九扣小斗乙石六斗。小田租文乙百五十文，承堂粜米钱若干，卖猪肉十二斤，水果四包，小首弍百卅个，挂面乙斤，鱼一尾，纸烛炮、完粮钱会，上只有钱足串六百文，其余文值年倍贴。廿五日五人吃酒点心，廿五日领熟胙，小首廿四个，四菓。结账若有余文，五估（股）分派，用饮福完必（毕）。

立卖神会人　蒋天球（押）

会中　蒋荣业（押）　蒋承先（押）　詹门俞氏

亲笔无代[二]（押）

蒋宁山（押）

道光拾六年八月　　日

契内价钱一并收足。

卖神会契

【注】

[一] 原件藏北京大学图书馆。

[二] 亲笔无代，书契约者为卖主蒋天球亲笔，有押字可证。

一七一二　清道光十六年（一八三六）休宁县发给黄报慎佥业归户票[一]

佥

贰拾玖都拾图图正孙我怀遵奉[二]

县主明示：清丈田土。今将本图丈过田地山塘

依则派税给票，付与业人领去该图，亲供

归户存照。

业　　计开：
可字壹千叁伯玖拾玖号中则田弍伯捌拾捌步陆分陆厘伍毫
土名张二兄　计田税壹亩叁分壹厘弍毫弍丝弍忽正

归　　见业廿九都八图十甲黄报慎户丁桐山　佥

户　　道光拾陆年九月　　日　　图正[三]　孙我怀　量　孙　秀给
画　程祖护

票　　书　孙实宾　算　汪祖支

【注】

[一] 原件藏北京大学图书馆。
[二] 本行上盖戳「孝义堂」。
[三] 图正处盖戳「孙我怀图正记」。

一七一三　清道光十六年(一八三六)休宁县王雨村出田开票[一]

立出开票王雨村，今将卅六都三图王汝震户内万字九百拾叁号田叁亩伍分四厘弍毛五丝，出开与本都图高　　户内入册输粮，自道光十七年为始，此照。

道光十六年十二月　　日立开票王雨村(押)
亲笔无代

开票存照

【注】

[一] 原件藏北京大学图书馆。

一七一四　清道光十七年（一八三七）休宁县仇连贵卖地契[一]

二十都二图立杜卖地税契人仇连贵，今因钱粮紧急无措，自愿将承祖遗受凤字乙千三百五十一号，地税六厘，土名轩塘下。其地前至本家坟，后至山顶，左至界木，右至许界。其地听凭取用。四至开明，眼同指业订界为规。凭中立契出卖与二十一都四图叶名下为业。三面言定得受时值地价足大钱壹千文整。其钱当即收足，其地税仍存本家户内支解输粮。其价外另收足大钱贰百文，以作每年生息上粮之需。其地听凭买人早晚迁造风水取用。其地从前至今，并无典买（卖）他人，亦无重复交易。此系两相情愿，并无准折等情。倘有亲房内外人等异说，俱系出卖人乙并承当理直，不涉受业人之事。今欲有凭，立此杜卖地税契永远存照。

再批：原来赤契年远遗失，无从缴付。

道光拾七年三月　　日　　立杜卖地税契人　仇连贵

凭　中　刘廷有　胡耻夫

代　笔　仇干堂

【注】

[一] 原件藏安徽省博物馆。编号二·二九二三八。

一七一五　清道光十七年（一八三七）山阴县张永泉卖田官契[一]

绝

山阴县十七都七图立绝卖田契人张永泉，今将自己户内淡字号田壹亩贰分另，凂中情愿出卖与本县吴处名下为业。三面议定时值估价银陆拾叁千六百正[二]。其银当日一并收足。自卖之后，不准回赎，亦无重找，凭凭银主管业收户办粮。并无重叠交关。倘有事端，卖主自行承值，不涉买主之事。欲后有凭，立此绝契为照。

计开：再批：其田自卖之后，凭凭钱主过户管业收花，永不回赎。遵例一契杜绝。老契牵连不付。沿河田磡在内，其钱照城盘大钱式为界。（押）

东至　　西至　　南至　　北至

卖

淡字四百六十号中田壹亩弍分六厘六毫，入十七都七图吴后山户

文 字号

旧管 都 图 户

新收 都 图 户

坐落蔡山桥 土名庵上坂

道光拾七年八月 日

立绝卖契人 张永泉(押)

中人 友文(押)

秦廷佐(押)

吴文华(押)

代书 张文澜(押)

契 今收到契内价钱一并完足(押)

计开条款例

一、凡用此契者，竟作绝卖。

一、卖主不识字者，许兄弟子侄代书。

一、成六后，即粘契尾，投税验明推收。如违，治罚。

一、契内如有添注涂抹字样者，作捏造论。

一、房屋间架仍载明空处。

一、典戤用此契者，须注明年限回赎字样。如不注者，仍作绝卖。

以上数条不过大概。倘民情尚有未尽者，许于空隙处填写。

【注】

[一]原件藏北京大学图书馆。

[二]千，同「吊」。

一七一六　清道光十八年(一八三八)天津县任秀坡卖房地红契[一]

立杜绝卖房连地基文契人任秀坡，因手乏，奉母命将自置改造坐落刘家胡同后二道街路南，大门过道壹间，门房壹间，相连客座壹间，屏门肆扇；内西书房叁间，板墙壹道；西厨房弍间，二门壹道；北正瓦房叁间，南瓦房叁间，板段间肆槽；东西厢房肆间，板段间壹槽；男女中断二条门壹合。凡有一切门窗户壁、炕灶、格扇、帘架、地墁等物俱全，上下土木相连，滴水水道照旧滴流。日后起盖改修，各按老山旧址为界。东至王姓，西至汪姓，南至孙姓，北至二道街。四至分明。今烦中说合，情愿卖与丁雨泉名下久远为业。三面言明，卖价津平元宝银陆百两整。其银笔下收足，毫不短少。亦无债折零星等事。自卖之后，倘有远近亲族并邻居人等出争，俱在卖主一面承管，与买主无干。此系两家情愿，各无返悔。欲后有凭，立此存照。

再批：原买印契壹纸，上道老契伍纸，并交买主收执。又照。

道光拾八年闰四月十九日

立杜绝卖房连地基文契人　任秀坡（押）

同邀中　郑怀朴（押）

同中人　刘三畏（押）

同邻居　王祝霖（押）　孙玉华（押）　汪　姓

久远为业

【注】

[一] 原件藏北京大学图书馆。

一七一七　清道光十八年（一八三八）大兴县柴姓卖房白契[一]

立卖房契人柴姓，今因手乏无钱，今将自买民红契住房一所，坐落在旧鼓楼大街路东口袋胡同内路北大门，共房叁拾壹间，内外装修，门窗户壁、风门纸糊、锭钉，上下相连，壹应俱全。当面言明，情愿卖与庆　名下永远为业。言明卖价银钱贰仟柒百伍拾吊正。其钱笔下交足，并无欠少。自卖之后，有亲族人等争竞，以及来路不明，有卖主同中人壹面承管。恐后无凭，立此卖契，永远存照。原有民红契二张跟随。

中保说合人　韩永泰（押）

燕廷贵（押）

知情底保人　刘得隆（押）

刘松泉（押）

道光十八年五月廿五日立卖契人柴姓（押）

永远存照

【注】

[一]原件藏北京海淀区大觉寺文物陈列馆。

一七一八　清道光十八年（一八三八）大兴县马赐山卖房白契[一]

立卖字人马赐山，今因欠项，无力归还，将住房一所，北房三间半，南房三间半，坐落在前门外长行下三条胡同。凭中说合，卖与蒋名下永远为业。言明作价银叁伯两整。自卖之后，永无反悔。如有族人争竞等情，有卖主与中保人一面承管。恐后无凭，立此存据。

外贴身红契一张。

立字人　马赐山（押）

中保人　高显庭（押）

马承绮（押）

道光拾捌年捌月廿日

【注】

[一]原件藏北京大学图书馆。

一七一九　清道光十九年（一八三九）休宁县发给童绣文佥业归户票之一[一]

佥　贰拾玖都拾图图正孙我怀遵奉[二]

业　县主明示：清丈田土。今将本图丈过田地山塘依则派税给票，付与业人领去该图，亲供归户存照。

归　计开：系买同都十图弍甲孙世同户出

可字壹千叁伯零弍号下下则田玖拾弍步陆分陆厘正　土名石磲　计田税叁分陆厘陆毫弍系正

户

见业二十九十二图十甲童绣文户丁　　佥

道光十九年十月　　日

图正　孙我怀　量　孙　秀给

书　孙实宾　算　汪祖支　画　程祖护

票

【注】

［一］原件藏北京大学图书馆。

［二］本行上有戳「孝义堂」。

一七二〇　清道光十九年（一八三九）休宁县发给童绣文佥业归户票之二［一］

佥

贰拾玖都拾图图正孙我怀遵奉

业

县主明示：清丈田土。今将本图丈过田地山塘

依则派税给票，付与业人领去该图，亲供

归户存照。

归

计开：系买同都十图弍甲孙世同户出

可字叁千叁伯号中则田肆伯柒步玖分肆厘捌毫正

土名黄家庄，　　计田税壹亩捌分伍厘弍毫陆系肆忽

户

见业二十九都十二图十甲童绣文户丁　　佥

道光十九年十月　　日

图正　孙我怀　量　孙　秀给

书　孙实宾　算　汪祖支　画　程祖护

票

【注】

［一］原件藏北京大学图书馆。

一七二一　清道光十九年（一八三九）休宁县发给黄贻泽佥业归户票之一[一]

佥　贰拾玖都拾图图正孙我怀遵奉[二]

县主明示：清丈田土。今将本图丈过田地山塘

业　依则派税给票，付与业人领去该图，亲供

归户存照。

归　计开：系买同都同图同甲黄美堂户丁应标出

户　可字叁千陆拾玖号中则田弍伯叁拾伍步肆分

土名竹峇溪田税壹亩柒厘正

票　见业二十九都八图十甲黄贻泽户丁桐山　佥

道光十九年十月　　日

图正　孙我怀[三]　　量　孙　秀　给

书　孙实宾　　画　程祖护

筭　汪祖支

【注】

[一] 原件藏北京大学图书馆。

[二] 本行上有戳「孝义堂」。

[三] 图正处有戳记。

一七二二　清道光十九年（一八三九）休宁县发给黄贻泽佥业归户票之二[一]

佥　贰拾玖都拾图图正孙我怀遵奉[二]

县主明示：清丈田土。今将本图丈过田地山塘

业　依则派税给票，付与业人领去该图，亲供

归户存照。

归户票

计开：系买同都同图同甲黄美堂户丁应标等出

可字捌伯伍拾弍号下则田柒拾玖步玖分叁厘

土名寺山台　计田税叁分柒毫伍丝正

见业二十九都八图十甲黄贻泽户丁桐山　佥

道光十月　日

图正　孙我怀[三]

书　孙实宾

量　孙　秀

画　程祖护　给

算　汪祖支

【注】

[一]原件藏北京大学图书馆。

[二]本行上有戳「孝义堂」。

[三]图正处有戳记。

一七二三　清道光十九年(一八三九)休宁县发给童绣文佥业归户票之三[一]

贰拾玖都拾图图正孙我怀遵奉[二]

县主明示：清丈田土。今将本图丈过田地山塘

依则派税给票，付与业人领去该图，亲供

归户存照。

佥业归户票

计开：系买同都十图弍甲孙世同户出

可字壹千叁伯捌拾肆号下则田捌拾陆步叁分正

土名汪坳尾　计田税叁分壹厘伍毫正

见业二十九都十二图十甲童绣文户丁　佥

道光十九年十二月　日

图正　孙我怀[三]

书　孙实宾

量　孙　秀

画　程祖护　给

算　汪祖支

【注】

[一]原件藏北京大学图书馆。
[二]本行上有戳「孝义堂」。
[三]图正处有戳记。

一七二四　清道光十九年(一八三九)休宁县发给童绣文佥业归户票之四[一]

佥业归户票

贰拾玖都拾图图正孙我怀遵奉[二]

县主明示：清丈田土。今将本图丈过田地山塘依则派税给票，付与业人领去该图，亲供归户存照。

计开：系买同都八图十甲黄质义户出

可字肆伯柒拾弍号中则田柒拾玖步伍分

土名九亩坵　计田税叁分陆厘弍毫伍系正

见业廿九都十二图十甲童绣文户丁　佥

道光十九年十二月　日

图正　孙我怀[三]

书　孙实宾

量　孙　秀　给

画　程祖护

算　汪祖文

【注】

[一]原件藏北京大学图书馆。
[二]本行上有戳「孝义堂」。
[三]图正处有戳记。

一七二五　清道光十九年（一八三九）休宁县发给童绣文佥业票之一[一]

佥　业　票

二十八都九图为遵奉

县主清编鳞册佥业归户：今据二十九都十二

图十甲童绣文户户丁　　用价买

到仝都八图十甲黄承泽户户丁

土名高塘，系国字柒伯捌拾柒号田业壹宗，计田税肆分壹厘，计步

其税现收入二十九都十二图十甲童绣文户户丁　　收籍为纳。

道光十九年十二月　　日　　图正吴耀明验明票处。

【注】

[一] 原件藏北京大学图书馆。

一七二六　清道光十九年（一八三九）休宁县发给童绣文佥业票之二[一]

佥　业　票

二十八都九图为遵奉

县主清编鳞册佥业归户：今据二十九都十二图十甲童绣文户户丁　　用价买

到仝都八图十甲黄承泽户户丁

土名犂尖坧，系国字壹千壹伯叁拾肆号田业壹宗，计田税叁分柒厘伍毛。计步

其税现收入二十九都十二图十甲童绣文

户户丁　　收籍为纳。

道光十九年十二月　　日　　图正吴耀明验明票处。

【注】

[一] 原件藏北京大学图书馆。

一七二七　清道光十九年(一八三九)休宁县发给童绣文佥业票之三[一]

佥　二十八都九图为遵奉

县主清编鳞册佥业归户：今据二十九都十二图十甲童绣文户户丁　　用价买

到仝都八图十甲黄承泽户户丁

业　土名犂尖坵，系国字壹千壹伯肆拾壹号田业壹宗，计田税叁分叁厘柒毛捌系，计步

其税现收入二十九都十二图十甲童绣文

票　户户丁　　收籍为纳。

道光十九年十二月　　日　　图正吴耀明验开票处。

【注】

[一] 原件藏北京大学图书馆。

一七二八　清道光十九年(一八三九)休宁县发给童绣文佥业票之四[一]

佥　二十八都九图为遵奉

县主清编鳞册佥业归户：今据二十九都十二图十甲童绣文户户丁　　用价买

到仝都八图十甲黄承泽户户丁

业　土名岩山杆，系国字贰千柒伯捌拾玖号田业壹宗，计田税柒分壹厘贰毛叁系，计步

其税现收入二十九都十二图十甲童绣文

票　户户丁　　收籍为纳。

道光十九年十二月　　日　　图正吴耀明验开票处。

【注】

[一] 原件藏北京大学图书馆。

一七二九　清道光十九年（一八三九）休宁县发给童绣文佥业票之五[一]

佥　业　票

二十八都九图为遵奉

县主清编鳞册佥业归户：今据二十九都十二图十甲童绣文户户丁　　用价买

到仝都八图十甲黄承泽户户丁

土名高塘，系国字柒伯捌拾伍号田业

壹宗，计田税玖分捌厘五毛，计步

其税现收入二十九都十二图十甲童绣文

户户丁　　收籍办纳。

道光十九年十二月　　日　　　　图正吴耀明验开票处。

【注】

[一] 原件藏北京大学图书馆。

一七三〇　清道光十九年（一八三九）菏泽县杨振冈卖地官契暨契尾[一]

立字人杨振冈，因为无乡[二]使用，今将南北地一段，二亩六分九厘六毛七系。南至杨玉林，北至大路，东至杨君贵，西至杨玉林，四至分明。今同人杨君美说，卖于杨振青名下永远为业。言明共价大乡十三千文。当日足交足[三]。立字为凭。

官□朱铎[四]

南活六步[五]

中活六步二小尺七寸

北活六步四小尺三寸

长阔九十九步四小尺

道光十九年

契

山东等处承宣布政使司为遵

旨议奏事：乾隆十四年十二月二十二日奉准

户部咨开：河南布政使富　条奏：民间买卖田产，经收税银，将契尾粘同用印存贮，申送府州藩司查验，毋庸议。至于贪吏，以大报小，如民争执讦讼，实缘弊生，不可不量为变通。臣等酌议，请嗣后布政司颁发给民契尾格式，编列号数，前半幅照常细书业户等姓名，买卖田房数目、价银、税银等；后半幅空首处预钤司印，以备投税时，将契价、税银数目，大字填写钤印之处，令业户看明，当面骑字截开，前幅给业户收执，后幅同季册汇送布政司查核。此系一行笔迹，平分为二，大小数目委难改换。其从前州县，布政司备查契尾，应行停止，以省繁文。庶契尾无停搁之虞，而契价无参差之弊。于民无累，于税无亏。侵蚀可杜，而争讼可息矣。又于乾隆三十二年八月二十六日，奉准

户部咨开：直隶按察使裴　条奏：嗣后州县给发契尾，如田房契价，在千两以下者，为数无多，应仍照价办理，毋庸申送道府查验。其契价在千两以上者，应如该按察使所请，令各该州县，将所□□业户原契按月申送□直隶州查验。直隶州则申送该管道员。查验相符，即将契尾截裁两半，□定限十日发还州县，给业户收领，存候汇送藩司稽核。仍令各该督抚随时察访。倘州县申送而道府直隶州逾限不给；以及查验不力，仍有私改侵吞情弊，自应分别处分。如州县不按月申送查验，及道府直隶州误逾定限，不行给还，查明至十日以上者，罚俸六个月；二十日以上者，罚俸一年；一月以上者，降一级留任。或道府直隶州已按期给发，该州县不即给业户收执，亦照例议处。仍令道府直隶州及各州县于契尾上注呈验并给发月日，以备查核。须至契尾者。

民户

计开

山东　府　业　道光　年　月　买　地　房　坐落

菏泽县布字二万九千五百九十五　号右给业户　准此

地　房　价银

纳税银

道光十九年　月　日右契

于道光　年　月　投税，遵例粘同契尾，月　日呈验。月　日

到本　查验相符，骑字截开，于　月　日发回。月　日到

本　。于　月　日将前幅给业户收执，契根存　汇缴。

尾

买　价银　税银[六]

【注】

[一]原件编者藏。

[二]分，「钱」字的俗写。

[三]足交足，上「足」衍。

[四]「官」下当是「中」字，就是「官牙」，菏泽县清末民初的民契中有「官中」一名。

[五]活，当读「阔」。

[六]民契、契尾及骑缝处盖有两方汉、满两种文字的官印。一曰：「山东等处承宣布政使司之印」，一曰「菏泽县印」。

一七三一　清道光二十年（一八四〇）休宁县宋万元卖地契[一]

十五都一图一甲立杜卖地税契人宋万元，今因钱粮急需，自愿将自置凤字壹仟叁佰肆拾贰号地税壹分，土名轩塘下，凭中立契出卖与二十一都二图二甲许名下为业。三面言定得受时值价曹（漕）平纹银伍两整。其银当即收足，不复另立收领。其地税随即过割入买人户内支解输粮。其四至自行眼同订界。凭中交与许姓管业，任凭扦造风水作用。倘有号头讹错，换号不换业。此业自昔至今，并未典当他人，亦无重复交易。此系两相情愿，并无谋买盗卖威逼准折等情。倘有亲房内外人等异说，俱系出卖人一力承担，不涉受买人之事。今恐无凭，立此杜卖地税契永远存照。

计开四址（至）：前至余坟，后至山脊，左至本家，右至仇坟。

再批：原来赤契因有他号相连，未便捡出执付。又照。

道光贰拾年　二　月　　日　　立杜卖地税契人　宋万元

凭中　宋慎修　胡敬裕　仇照林　汪易三

奉书男　宋全福

【注】

[一]原件藏安徽省博物馆。编号二·二七七三七。

一七三二　清道光二十年（一八四〇）休宁县发给黄正仁收税归户票[一]

收税归户票

休宁县贰拾玖都壹图奉

县主　验契推收事：本图六甲黄正仁户丁惇大，

今买　宗，土名西坑口上宅墩，系信字叁百玖拾号，

计地税肆分叁毫贰丝整。

于　　年　　月用价银

买到仝都仝图五甲金恒有户丁秋岩

今照推票入册归户，给发小票业主收执存照。

道光式拾年五月　　日册　　黄茂有（戳）

号合同[二]

【注】

［一］原件藏北京大学图书馆。

［二］骑缝半字。

一七三三　清道光二十年（一八四〇）大兴县韩克莽卖房民契纸[一]

立卖房契人韩克莽，因乏用，将自置住房壹处，共计瓦房灰棚叁拾柒间，随房院落、门窗户壁、上下土木相连。坐落东城崇南坊二□胡同南头路西总甲王文志地方。今凭知底保人说合，情愿出卖与史　名下永远为业。三面言定实卖房价银壹千两整。其银笔下交足，并不欠少。自卖之后，倘有亲族人等争竞，以及指房借〔贷官钱〕私债，根底不清，重复各等情，有卖主仝知底保人一面承管。恐后无凭，立此卖契永远存照。

此房系门面瓦房六间半，二层房三间，耳房二间，对面厢房陆间，叁层房五间，对面厢房六间，又小厢房三间，后有落地一条，灰棚一间，南挎□三间半，灰棚一间，后有院落一块，灰棚一间，共计大小灰瓦房棚叁拾柒间。内有原房韩姓本身红契一张，原买白字一张，付置主收存。合〔併〕批□。

知根底保人　安德禄

　　　　　　侯　升

立卖房契人　韩克蒡

　　房牙　刘　珍（戳）[二]

　　总甲　王文志

道光二十年八月　　日

【注】

[一] 原件藏北京大学图书馆。

[二] 戳文作「顺天府官房行经纪刘珍」。

一七三四　清道光二十年（一八四〇）大兴县韩克蒡卖房官契稿[一]

立卖房契人韩克蒡，因乏用，将自置住房壹处，门面瓦房陆间半，式层房叁间，耳房式间，对面厢房陆间，叁层房伍间，对面厢房陆间，又小厢房式间，后有落地壹条，灰棚壹间，南挎门面房叁间半，灰棚壹间，后有院落壹块，灰棚壹间。共计大小瓦房灰棚叁拾柒间，随房院落，门窗户壁，上下土木相连。坐落东城崇南坊式铺缪子胡同南头路西总甲王文志地方。今凭知底保人说合，情愿出卖与

史　　名下永远为业。三面言定实卖房价银壹阡两整。其银笔下交足，外无欠少。自卖之后，倘有亲族人等争竞，以及指房借贷官银私债、根底不清、重覆各等情，有卖主同知底保人一面承管。恐后无凭，立此卖契存照。

内有原房韩姓本身红契壹张，原买白字壹张，共计式张，付买主收存。

道光九拾年捌月　　日　　　　立卖房契人　韩克蒡（押）

大兴县挂号讫（戳）　　　　　知根底保人　安德禄（押）

　　　　　　　　　　　　　　　　　　　　侯　升（押）

大兴县契稿

说合人
房牙　刘珍戳[二]
总甲　王文志(戳)[三]

凡民间置买房产成交后，该牙眼同填写官发契稿，催令依限纳税。如有私相买卖，不经官牙，希图漏税者，该牙查明禀报，以凭按例究办。须至稿者。

庚
子必字第贰拾肆号[四]

【注】

[一] 原件藏北京大学图书馆。
[二] 刘珍戳文「顺天府官房行经纪刘珍」。
[三] 王文志戳文「东城三四铺总甲王文志」。
[四] 庚子，道光二十年。

一七三五　清道光二十年(一八四〇)宛平县胡学醇卖房民契纸[一]

立卖房契人胡学醇，今因手内乏钱，将自置瓦房壹所，坐落大安南营中间路南[二]，计正瓦房叁间半，东西厢房贰间，平台一间，二层瓦房叁间，东西厢房肆间，三层瓦房叁间，平台壹间，茅棚壹间，共计大小灰瓦房棚拾捌间半。临街门楼壹座。其地南通小安南营，北通大安南营，随房院落、门窗户壁俱全，上下土木相连。今凭深知情底保人沈凤蕉说合，情愿卖与李　名下永远为业。当面言明实置房价京钱肆千伍百吊。其银当日交足，并无欠少。自卖之后，倘有亲族弟男子姪指房指契借贷官银私债、及重复典押等情，有卖主胡姓同知情底保一面成(承)管。恐后无凭，立此契与买主永远存照。(押)

计本身红契壹纸，杨姓红契壹纸，共贰纸，付买主收存。(押)

道光贰拾年拾壹月　日

立卖房契　胡学醇(押)

同子　安　甫（押）
深知情底保人　沈凤蕉（押）
马耀恒（押）
中保　彭有生（押）
陈耀宗（押）

另誊官稿

【注】

［一］原件藏北京大学图书馆。

［二］大安南营，今名大安澜营胡同，在今北京西城区。明称安南营，为兵营，后成巷。清称大安南营，以别于其南小巷小安南营。一九一二年后演变为安澜营。

一七三六　清道光二十年（一八四〇）宛平县胡学醇卖房官契稿[一]

立卖房契人胡学醇，今因手内乏钱，将自置瓦房壹所，坐落大安南营中间路南，计正瓦房叁间半，东西厢房贰间，平台一间，二层瓦房叁间，东西厢房肆间，三层瓦房叁间，平台壹间，茅棚壹间，共计大小灰瓦房棚拾捌间半。临街门楼壹座。其地南通小安南营，北通大安南营，随房院落、门窗户壁俱全，上下土木相连。今凭深知情底保人沈凤蕉说合，情愿卖与李　名下永远为业。当面言明实置房价京钱肆千伍百吊。其银当日交足，并无欠少。自卖之后，倘有亲族弟男子姪指房指契借贷官银私债，及重复典押等情，有卖主胡姓同知情底保一面成（承）管。恐后无凭，立此契与买主永远存照。计本身红契壹纸，杨姓红契壹纸，共贰纸，付买主收存。又照。

道光贰拾年拾壹月　　日

立卖房契　胡学醇　同子安甫
深知情底保人　沈凤蕉
中　马耀恒
彭有生
房牙　顾春和

宛平县契稿

凡民间置买房产成交后，该牙眼同填写官发契稿，催令依限纳税。如有私相买卖，不经官牙，希图漏税者，该牙查明禀报，以凭按例究办。须至稿者。

字第　号

【注】

[一] 原件藏北京大学图书馆。

一七三七　清道光二十年（一八四〇）浮梁县詹时雍伯侄卖田契[一]

立杜断卖契人新正都詹时雍同利器原关分得三弟时翰名下田一丘，共计全租七十秤。今因正用缺费，伯侄商议，自愿托中将前田尽行立契出卖与本族谱局名下前去耕种收租管业。当中三面言定时值价纹银六十五两整，其银当日收讫。其田未卖之先，并无重叠交易等情。如有来历不明，卖人自理，不涉买者之事。自卖之后，承祧之子毋得生端异说[二]。所有粮税当日照册推付。今欲有凭，立断骨契存照。

立杜断卖契人　詹时雍亲笔押

同侄　利器（押）

中人戚　曹成万（押）

族叔　奉之

道光廿年十二月十六日

【注】

[一] 录自光绪《饶南詹氏宗谱》卷二第三二页。黄今言教授录自江西景德镇市。浮梁县治今景德镇市北浮梁镇。

[二] 承祧，承奉祖庙的祭祀。祧，远祖庙。又嗣子亦称「承祧之子」。

一七三八　清道光二十一年（一八四一）山阴县张永濂卖火神会、始祖会契[一]

立出卖火神会、始祖会契人张永濂，今将雨苍公置卖（买）炳文房火神会一脚，又我待房始祖会一脚，火神会每年六月廿三日领胙肉三斤，始祖会每年二月十九日、十二月廿三日每期领胙肉弍斤、大馒头两个。将此两会情愿凂中出卖与　族处，三面议定会价钱陆千文。其钱九六足串，当日一并收清。始祖会系在弟一扇仝子元房合扇，应道光弍十五年分值年。火神会应在道光叁十一年值年。自卖之后，任凭钱主至期值年领胙，各无异言。此系两意，欲后有凭，立此卖会契存照。

再批：老契纸捡出，作废纸之伦。并照。（押）

道光弍十壹年弍月　　日

立出卖会契人　张永濂（押）
见　肇德（押）
中　心如（押）
代笔　文澜（押）

会契

【注】

[一] 原件藏北京大学图书馆。

一七三九　清道光二十一年（一八四一）大兴县贾履平等卖房地民契纸[一]

立卖房连地基杜绝文契人贾履平同姪康宁，因乏用，今将兄遗坐落　运署后荣家胡同内路东，大门壹道，院内板墙壹道，屏门陆扇，正灰草房叁间，又正草房壹间，南灰草房叁间，又南草房壹间，正草厦壹角，院基壹段。一切门窗户壁、炕炰板段肆槽等物俱全。东至孙姓，西至胡同，南至王姓，北至陆姓，四至分明。其房各按老墄旧址为界，水道滴水照旧行走通流。今凭中说合，情愿绝卖与

丁雨泉名下久远为业。三面言明，时值卖价银弍百两整。笔下交足，分毫不短。并无私债折准零星等事。自卖之后，倘有本族长幼人等争竞违碍者，俱在卖主一面承管，不与买主相干。此系两家情愿，各无返悔。欲后有凭，立此绝卖契存照。（押）

外有原买印契壹纸，老契伍纸，交付买主收执。又照。（押）

道光二十一年四月初一　　日

立卖房连地基杜绝文契人　贾履平（押）
同姪　贾康宁（押）

久远为业

同中人　刘三畏（押）

　　　　陆祥生（押）

邻佑　　孙玉华（押）

　　　　王　姓

官经纪　王兴业（押）

地方　　李吉升（押）

【注】

［一］原件藏北京大学图书馆。

一七四〇　清道光二十一年（一八四一）休宁县发给童绣文归户小票之一［一］

二十九都十二图册科黄汝清奉

县主　验契推收。据本图人户契买产土，该税数入册讫，合给归户小票，付业主存照。

计开

本图十甲童绣文　　新收土名五城

计地税式分柒厘柒毫四丝式忽五微整

系信字壹千陆伯玖拾柒号，于内合小式百□年　　月用价买到同都壹图伍甲全长源户丁全黄氏

道光式十乙年五月　　日册科黄汝清给票（章）

字　　号［二］

归　户　存　照

【注】

［一］原件藏北京大学图书馆。

［二］骑缝半字。

一七四一　清道光二十一年(一八四一)休宁县发给童绣文归户小票之二[一]

归　二十九都十二图册科黄汝清奉

户　县主　验契推收。据本图人户契买产土，该税数入册讫，合给归户小票，付业主存照。

计开

本图拾甲童绣文　新收土名

存　计地税式分柒厘柒毫四系式忽五微整

系信字壹千陆伯玖拾柒号，于内合小号廿三年　月用价买到同都壹图伍甲全进户丁秋岩业。

照　道光式拾乙年五月　日册科黄汝清给票。

字　号[二]

【注】

[一] 原件藏北京大学图书馆。

[二] 骑缝半字。

一七四二　清道光二十一年(一八四一)休宁县发给童春柳归户小票[一]

归　二十九都十二图册科黄汝清奉

户　县主　验契推收。据本图人户契买产土，该税数入册讫，合给归户小票，付业主存照。

计开

本图拾甲童春柳户丁绣新收土名牛鼻搞

存　计山税式分整

系盖字式千式伯拾伍号于　年　月用价买到式十四都肆图又陆甲吴楷华户丁　业。

照　道光二十乙年六月　日册科黄汝清给票。

字　号[二]

【注】

[一]原件藏北京大学图书馆。

[二]骑缝半字。

一七四三　清道光二十一年（一八四一）休宁县发给童绣文清业票[一]

清 业 票

休宁县二十九都七图奉

县主明示：为奉

旨清丈事：本图内田地山塘今逐号照亩步数依则计税，清票发付业主存照。

今丈信字壹阡陆百玖拾柒号，土名五城。原额上则地，丈积伍拾伍步肆分捌厘伍毫正。

计税贰分柒厘柒毫肆丝弍忽伍微正。

见业二十九都十二图十甲童绣文户佥收执。

道光弍十一年五月　　日公正黄世善　　票

小号第二十三号[二]

【注】

[一]原件藏北京大学图书馆。

[二]批于版印清业票外。版内外盖有七方公章。

一七四四　清道光二十一年（一八四一）休宁县发给童绣文佥业票之一[一]

二十九都二图图正吴世昌，弓手张三如，画手黄世顺，

副黄焕，书手黄弋，算手吴万顺。

佥

原买廿九都三图五甲江德厚户业，册里黄余庆。

原额信字　　号。

业

今丈短字叁千四伯捌拾四号　　土名坋里

计中则地四拾步正，计地税壹分六厘正。

票

见业弍十九都拾弍图拾甲童绣文户佥分庄分法地业。

道光弍十乙年六月吉日。图正吴世昌付佥票。

【注】

[一] 原件藏北京大学图书馆。

一七四五　清道光二十一年（一八四一）休宁县发给童绣文佥业票之二[一]

佥

二十九都二图图正吴世昌，弓手张三如，画手黄世顺，

副黄焕，书手黄弋，筭手吴万顺。

业

原买廿九都三图五甲江德厚户业，册里黄余庆。

原额信字　　号。

票

今丈短字叁千四伯捌拾五号　　土名坋里

计中则地四拾步正，计地税六厘正。

见业弍十九都拾弍图拾甲童绣文户佥分庄分法地业。

道光弍十乙年六月吉日图正吴世昌付佥票。

【注】

[一] 原件藏北京大学图书馆。

一七四六　清道光二十一年（一八四一）休宁县发给童绣文佥业票之三[一]

佥

二十九都二图图正吴世昌，弓手张三如，画手黄世顺，

副黄焕，书手黄弋，筭手吴万顺。

业票

原买廿九都三图五甲江德厚户业，册里黄余庆。

原额信字　　号。

今丈短字叁千四伯捌拾叁号。　土名坟里。

计中则地拾五步正，计地税陆厘正。

见业弍十九都拾弍图拾甲童绣文户佥分庄分法地业。

道光弍十乙年六月吉日图正吴世昌付佥票。

【注】

[一] 原件藏北京大学图书馆。

一七四七　清道光二十一年（一八四一）休宁县发给童绣文归户小票[一]

归户存照

二十九都十二图册科黄汝清奉

县主　验契推收。据本图人户契买产土，该税数入册讫，合给归户小票，付业主存照。

计开：

本图拾甲童绣文户丁　　新收土名五城，计地税捌分柒毫肆丝伍忽整。

系信字壹千陆伯玖拾七号，于　　年　　月用价买到仝都壹图伍甲金恒有户丁林乔业。

道光二十乙年柒月　　日册科黄汝清给票（戳）

癸字拾叁号[二]

【注】

[一] 原件藏北京大学图书馆。

[二] 骑缝半字。「癸」字近似。

一七四八　清道光二十一年（一八四一）喀喇沁左旗王华池倒地红契[一]

立倒契文约[二]人王华池，因手乞凑，今将自己北山地一段，同众人说妥，情愿倒与王典名下耕种为主，永远为业。言明倒价东分（钱）[三]贰拾伍吊。其分笔下交足不欠。每年秋后交钱租伍佰文，并无杂项。恐口无凭，立倒契为证。四到分明：东到于姓，西至王富池，南至沟心，北至沟心。（清字第壹仟壹百陆拾伍号）

上则叁亩

中见人　王喜孟　孟　海　王孝林

代字人　王富池

甲　长　胡有志（章）

牌　长　李福申（押）

大清道光廿一年十一月廿六日　立

第一号

【注】

[一]手录友人藏品。

[二]倒契，卖契。倒，全盘出卖。此制留有收定租权。

[三]东钱，清代地区货币名称。民国二十年，黄世芳、俞荣庆修《铁岭县志》卷六《财政》曰：「东钱，乃关东独行，一钱也。……不行于他处，独行于京东永平府属及关东各地，故曰东钱。」东钱与官钱行短陌制，即以不足一百实数的钱当作一百使用。《志》载有与铜制钱的比值或折算方法。关于「短陌」，可参看清顾炎武《日知录》卷一一《短陌》。永平府治今河北卢龙县，一九一三年废。清朝末年，大清东三省官钱局发行「东三省官银号」纸币。华光普编著《中国纸钞目录》（中国民族摄影艺术出版社一九九九年版）第八十四页图片：大清东三省官钱局《东三省官银号拾角》，规格：长12.8、宽8厘米，可参考。

一七四九　清道光二十一年（一八四一）山阴县张叶氏母子绝卖财神会等白契[一]

立出绝卖会契人张叶氏仝男永濂，今因粮米紧急，愿将分授置财神会八脚、观音会八脚、大成会三脚、子母会三脚、火神会五脚、

始祖会四脚出卖与　族处，三面议定会价五拾千文，九六足串，其钱当日一并收足。自卖之后，任凭钱主按时办祭，值年领胙，收花完粮。所有各会内房分胙、资开列于左。言明永不回赎。此照。（押）

再批：老契久系遗失，捡出作废纸之论。所有代完粮串米票　　纸附存。并照。（押）

财神会：九月十七日领胙钱七十文，荆山房、茂华房、应远房、应远房、应远房、圣祥房、圣瑞房、简侯房。[二]

观音会：二月十九日、六月十九、九月十九三期领胙钱壹百卅文，鹤午房、音远房、则兼房、荆山房、元甫房、□卫房、电威房、尔绵房。

大成会：八月廿七日领胙肉六斤，胙钱百文，待之房、尔绵房、欵夫房。

子母会：三月二十日领肉弍斤，赤霞房、汉素房、与耕房。

灯会：正月十三日散胙，雨苍房三脚[三]。

火神会：六月廿三日领胙肉三斤，钱百文，茂华房、音远房、茂华房、寄山房、尔绵房。

始祖会：二月十九、十二月廿三日两期领胙肉四斤，音远房、越才房、岳宗房、彦房。

立出绝卖会契人　张叶氏（押）　仝男永濂（押）

见中　德澜（押）　星如（押）　肇坤（押）　心如（押）　宋隆

代笔　张文澜（押）

道光廿一年十月　　日

绝卖会契

【注】

[一] 原件藏北京大学图书馆。

[二] 原件为三个「应远房」。无「音远房」。

[三] 灯会，契约正文中未写有出卖灯会会股事。

一七五〇　清道光二十一年（一八四一）山阴县张王氏活卖大成神会白契[一]

立出卖神会契人张德培室王氏，今将自己雯岩房大成神会壹脚，八月廿七日领胙肉六斤、胙钱百文、大馒头两个，出卖与　族处，面议会价钱壹并收清，计九六足串钱伍千文。言明当会之后，照契原价回赎。此系两愿，恐后无凭，立此神会契存照。

其钱当日一并清。回赎之日，听还中酒钱式百五十文。并照。

道江式十一年十一月　　日　　立出神会契人　张德培室王氏（押）

见中　唐如进（押）　赵如茂（押）　张永濂（押）

代笔　文澜（押）

神会契

【注】

［一］原件藏北京大学图书馆。

一七五一　清道光二十一年（一八四一）山阴县张王氏活卖火神会白契[一]

立出卖会契人张德培室王氏，今将祖置圣祥房、孔环房火神会两脚，每年六月廿三日领胙肉三斤、胙钱壹百文、大馒头两个，计两脚出卖与　族处。面议会价九六足串大钱伍千文，其钱当日收到。言明值会之后，照契原价回赎。此系两愿，恐后无凭，立此神会契存照。

再批：回赎之日听还中酒钱式百五十文。并照。

道光式十一年十一月　　日立出卖神会契　张德培室王氏（押）

见中　唐如进（押）　赵如茂（押）　张永濂（押）

代笔　文澜（押）

火神会契

【注】

[一]原件藏北京大学图书馆。

一七五二　清道光二十一年(一八四一)山阴县张王氏活卖文武会白契[一]

立出卖神会契人张德培室王氏，今将祖置汝昭房、廷英房文武会两脚，每脚弍月初二日胙肉三斤、胙钱壹百文、大馒头两个，五月十三日照式领胙。出卖契　族处，面议会价钱壹拾千文，其钱九六足串。言明值会之后，照契原价回赎。此系两愿。恐后无凭，立此神会契存照。

其钱当日一并收到。回赎之日，听还中酒钱伍百文。

道光弍十一年十一月　　日

立出神会契　张德培室王氏(押)

见中　唐如进(押)　赵如茂(押)　张永濂(押)

代笔　文澜(押)

【注】

[一]原件藏北京大学图书馆。

一七五三　清道光二十一年(一八四一)山阴县王存仁卖土谷神会白契[一]

立出卖土谷神会契人王存仁，今因缺用，情愿凂中将自己置卖蒋天求名下土谷神会一脚出卖与　张处为业，面议会价大钱拾千文正，九九足串。自卖之后，任凭钱主收花、值年、完粮米、领胙，定期每年十月廿五日伍估(股)之一，照估(股)按年轮值。其会田淡字　号壹亩六分零，又小田弍分。坐落蒋姓屋后。十七都一图蒋土谷会承粮。自卖之后，永不找价，永不回赎，永远杜绝。恐后无凭，立出杜绝卖契存照。

再批：十月廿四日收租米壹石六斗，小田租钱壹百五十文。承堂粜米，其钱卖猪肉拾弍斤，水果四色，小首弍百卅个，挂面乙斤，鱼一尾，纸烛炮，系完粮，粮水钱六百文足。如少值年，家(加)倍贴。卖后，五人吃点心加酒。廿五日祀神后，五人饮胙，每估(股)小首廿四个，水果派分加捐资、小首等。账若有余钱，五估(股)派分熟胙，照估

(股)分派。并照。

契价当日一并收清。并照。

再批：计附老契一纸。并照。

道光廿一年十一月　日

立出卖土谷会人　王存仁(押)

见中　蒋天求(押)　荣业　承先(押)　赵如民(押)　吴忠元(押)

代笔　张文澜(押)

【注】

[一] 原件藏北京大学图书馆。

一七五四　清道光二十一年(一八四一)宛平县郜福海卖房民契纸[一]

立卖房契人郜福海，今因乏用，将自置铺面房壹所，门面房叁间、到底三层，共计房拾叁间。门窗户壁、上下土木相连。坐落在中城中西坊头铺观音寺前路南地方。凭经手管业深知根底中保人说合，情愿出卖与福　名下永远为业，三面言定时值卖房价银伍伯两整。其银当日收足，外不欠少。自卖之后，倘有亲族长幼人等争竞、及指房借贷官银私债等情，有卖主同经手知底中保人一面承管。恐后无凭，立此卖房契永远存照。

内有原房郜姓红契壹张，上首韩、杨、富、海、高、陈六姓红契陆张，共计红契柒张，付置主收存。再批：其上首红契伍张半，赎回无用红契式张，实系失落无存。日后寻出，作为废纸无用。有人执契争竞等情，有郜姓同管管[二]业知底中保人一面承管。又照。

道光贰拾壹年拾式月　日

立卖房契人　郜福海

管业人　金　瑞

知底保人　张鸿亮　敦　福

宛平县挂号讫(戳)

中保人　七十七
代催房牙　王廷玉
　　　　　顾春和

【注】

[一]原件藏北京大学图书馆。

[二]衍一「管」字。

一七五五　清道光二十一年（一八四一）宛平县福畊楼卖房民契纸[一]

立卖房契人福畊楼，今因乏用，将自置铺面房壹所，门面房叁间，到底三层，共计房拾叁间。门窗户壁、上下土木相连。坐落在中城中西坊头铺观音寺前路南地方。凭经手管业知底中保人等说合，情愿出卖与陈　名下永远为业。三面言定时值卖房银壹千弍伯两整。其银当日收足，外不欠少。自卖之后，如有亲族长幼人等争竞、及指房借贷官银私债等情，有卖主同经手知底中保人一面承管。恐后无凭，立卖房契永远存照。

内有原房福姓民红契壹张，上首郜、韩、杨、富、海、高、陈七姓红契柒张，共计红契捌张，付置主收存。其上首失契原批注明。倘有人执契争竞、重复典卖、来历不明等情，均有业主福姓同经手管业人及知底中保人等一面承管。又照。

立卖房契人　福畊楼
经手管业人　李　升
深知底保人　董天智
　　　　　　姚　福
　　　　　　徐　岩
中保人　胡余轩
　　　　王　恒
代催房牙　顾春和

道光弍拾壹年拾弍月　　日

宛平县挂号讫（戳）

【注】

[一] 原件藏北京大学图书馆。

一七五六　清道光二十二年（一八四二）休宁县叶丁氏等卖地红契[一]

立杜卖契东南隅三图一甲叶长发户二房叶丁氏仝侄若云等、三房叶余氏、叶潘氏、叶汪氏仝子侄方川等，今因钱粮正事需用，自愿将二、三两房共置己业，坐落土名南街，系新丈癸字拾五号三等正地壹拾肆步捌分；又塘成上地壹伯柒拾五步壹分肆厘，共计地税壹亩壹分陆厘柒毫柒丝；又癸字拾陆号、拾捌号、拾玖号、贰拾号叁肆等正地陆拾贰步捌分；又上地陆伯贰拾玖步肆分壹厘玖毫，内癸字拾陆号，原日夏姓拨出地贰拾贰步伍分与姚廷臣，该号后段墙外，坐东照西靠南空地为界，今照旧共计地税肆亩叁分玖厘玖毫贰丝壹忽；又癸字贰拾壹号叁等正地，叁拾贰步玖分陆厘；又上地贰伯陆拾玖步肆分壹厘五毫，共计地税贰亩柒毫。以上柒号总计地壹仟壹伯捌拾肆步五分弍厘肆毫，总计地税柒亩伍分柒厘叁毫玖丝壹忽。各号四至俱凭图册丈明钉（订）界，照鳞册管业。今将柒号基地并四围倒塌短墙及墙脚并井叁只，以及临街朽烂未修店面伍间，椽瓦木石墙垣俱全，壹并央中说合，照原买契现业，本家毫忽无存，尽行立契出卖与捌都伍图伍甲汪培元文会户为业，三面公估时值价银曹（漕）平纹银贰伯两整。其银当日收足讫，是氏仝子侄等一并均分。其地随即交与买人管业，听从起造取用蓄养树木。并无内外人拦阻以及重复交易、分法不清并来历不明等情。如有此情，尽是出卖人承当，不涉买人之事。所有上首老来脚契文，因许姓未从交出，今将上首夏姓卖与许姓赤契壹帋，并许姓卖与身家契壹帋，归户柒纸付买人收执。其税随即在本家叶长发户内起割，推入汪培元户内办纳粮赋。今欲有凭，立此杜卖契永远存照。

契内改「柒」字壹个。再批。

道光贰拾贰年叁月　日　立杜卖契　叶长发户二房叶丁氏（押）

仝　侄　叶若云（押）　叶步蟾（押）　叶惠生（押）

三　房　叶余氏（押）　叶潘氏（押）　叶汪氏（押）

仝子侄　叶方川（押）　叶心如（押）　叶观英（押）　叶含英（押）　叶齐英（押）　叶世僖（押）

凭　中　叶萼庭（押）　叶乾初（押）　叶永滋（押）　程维则（押）　夏蕙田（押）　程师孟（押）

吴城山（押）　黄　成（押）　林　泰（押）

代　笔　叶永滋（押）

今就契内价银当成契日是氏仝子侄一并收足讫，不另立领。仝年月日再批。（押）

【注】

［一］原件藏北京大学图书馆。

一七五七　清道光二十二年（一八四二）山阴县张王氏母子活卖始祖会白契［一］

立出卖会契人张王氏同男春圃，今将自己　祖置始祖会两脚，出卖于　族处，面议契价钱陆千文，其钱九六足串。自卖之后，任凭钱主至弍月十九日、十弍月廿三日两期，每期领胙肉四斤、大馒头四个。言明值会之后，钱到回赎。其钱当日一并收足。恐后无凭，立此存照。（押）

道光廿弍年三月　　日立出卖始祖会人　张王氏（押）　同男春圃（押）

见中　维仁（押）　永濂　赵如茂（押）

代笔　张文澜（押）

会契

【注】

［一］原件藏北京大学图书馆。

一七五八　清道光二十二年（一八四二）山阴县蒋德润卖土谷神会白契［一］

立卖土谷神会人蒋德润，今因缺用，情愿浼（浼）中将自己祖遗神会出卖与张处为业，面议会价大钱拾千文正。其钱九六足串，其钱当日一并收到。自卖之后，任凭钱主值年当会，收花领胙五估（股）之一。其会田壹亩六分，又小田弍分，照估（股）按年轮值，永不再找，永不回赎，永远杜绝。恐后无凭，立此杜绝契存照。

再批：其田亩坐落蒋姓屋后，土名蔡堰柯西桥。十七都一图蒋土谷会承粮。并照。

道光弍十弍年四月　　日　　立出卖神会契人　蒋德润（押）

见中　蒋承先（押）　承荣（押）　荣业（押）　王国兴（押）　赵如茂

代笔　张文澜

土谷神会

【注】

［一］原件藏北京大学图书馆。

一七五九　清道光二十二年（一八四二）宛平县许祖恩卖房民契纸[一]

立卖房契人许祖恩，今因乏用，将祖遗破烂住房一所，门面房三间，二层房三间，对面厢房二间，共计房八间，院内板挞一槽，门窗户壁俱全，土木相连。坐落在北城灵中坊并铺小安南营路西地方。今凭知底中保人说合，情愿出卖与黄　名下永远为业。三面言明，实卖房价银壹百弍拾两整。其银笔下交足，并无欠少。自卖之后，倘有远近亲族弟男子侄争竞，及重复典押等情，有卖主同中保人一面承管。恐后无凭，立此卖房契存照。

此房内有许姓本身红契壹张，上首严姓红契壹张，共计红契弍张跟随，置主收存。又照。

道光二十二年七月　　日　　立卖房契人　许祖恩

深知情底保人　朱瑞清

中保人　彭有声

房牙　顾春和

宛平县挂号讫（戳）

【注】

［一］原件藏北京大学图书馆。

一七六〇　清道光二十二年（一八四二）宛平县许祖恩卖房官契稿[一]

立卖房契人许祖恩，今因乏用，将祖遗破烂住房壹所，门面房三间，二层房三间，对面厢房二间，共计房八间，院内板挞一槽，门窗户壁俱全，土木相连。坐落在北城灵中坊并铺小安南营路西地方。今凭知底中保人说合，情愿出卖与黄　名下永远为业。三面言明，实卖房价银壹百弍拾两整。其银笔下交足，并无欠少。自卖之后，倘有远近亲族弟男子侄争竞、及重复典押等情，有卖主同中保人一面承管。恐后无凭，立此卖房契存照。

此房内有许姓本身红契壹张，上首严姓红契壹张，共计红契弍张跟随，置主收存。又照。

立卖房契人　许祖恩（押）
深知情底保人　朱瑞清（押）
中保人　彭有声（押）
房牙　顾春和（戳）

道光贰拾贰年柒月　日

凡民间置买房产成交后，该牙眼同填写官发契稿，催令依限纳税。如有私相买卖，不经官牙，希图漏税者，该牙查明禀报，以凭按例究办。须至稿者。

芥字第肆拾号

宛平县契稿

【注】

[一] 原件藏北京大学图书馆。

一七六一　清道光二十二年（一八四二）宛平县黄祥卖房民契纸[一]

立卖房契人黄祥，今因乏用，将自置住房一所，门面房三间，二层房三间，对面房二间，共计房捌间，院内板挞一槽。门窗户壁俱全，土木相连。坐落在北城灵中坊并铺小安南营路西地方。今凭知底中保人说合，情愿出卖与任　名下永远为业。三面言明，实卖房价银贰百两整。其银笔下交足，并无欠少。自卖之后，倘有远近亲族弟男子侄争竞、及重复典押等情，俱有卖主仝知底中保人一面承管。恐后无凭，立此卖房契永远为证。

此房内有黄姓本身红契壹张，上首许、严二姓红契式张，共计红契叁张跟随，置主收存。又照。

房牙　顾春和

中保人　张　景

深知情底保人　彭有声

立卖房契人　黄　祥

道光二十二年七月　　日

宛平县挂号讫（戳）

【注】

［一］原件藏北京大学图书馆。

一七六二　清道光二十二年（一八四二）宛平县黄祥卖房官契稿[一]

立卖房契人黄祥，今因乏用，将自置住房一所，门面房三间，二层房三间，对面房二间，共计房捌间，院内板挞一槽。门窗户壁俱全，土木相连。坐落在北城灵中坊并铺小安南营路西地方。今凭知底中保人说合，情愿出卖与

任　　名下永远为业。三面言明，实卖房价银贰百两整。其银笔下交足，并无欠少。自卖之后，倘有远近亲族弟男子侄争竞、及重复典押等情，俱有卖主仝知底中保人一面承管。恐后无凭，立此卖房契永远为证。

此房内有黄姓本身红契壹张，上首许、严二姓红契式张，共计红契叁张跟随，置主收存。又照。

立卖房契人　黄　祥（押）

深知情底保人　彭有声（押）

中保人　张　景（押）

房牙　顾春和（戳）[二]

道光贰拾贰年柒月　　日

凡民间置买房产成交后，该牙眼同填写官发契稿，催令依限纳税。如有私相买卖，不经官牙，希图漏税者，该牙查明禀报，以凭按例究办。须至稿者。

宛平县契稿

芥字第肆拾号

【注】

[一] 原件藏北京大学图书馆。

[二] 戳文作「北城顺天府房行经纪顾春和」。

一七六三　清道光二十二年（一八四二）宛平县陈门王氏卖房民契纸[一]

立卖破烂房契人陈门王氏，今因乏用，将故夫遗下住房一处，前后通街。西房四间，南房二间，灰棚一间，后院西房三间，小灰棚一间，共计破烂房棚十一间。门窗户壁、上下土木相连。坐落在中城中西坊小李纱帽胡同北口内路西，后通留守卫路东地方。凭经手至亲保人及中保人说合，情愿出卖与郝本崇名下永远为业。三面言定时值卖房价银贰百伍拾两整。其银当日收足，外不欠少。自卖之后，如有亲族长幼人等争竞，及指房借贷官银私债等情，有卖主同经于至亲保人并中保人一面承管。恐后无凭，立此卖房契永远存照。（押）

内有原房陈姓红契一张，上首周姓红契一张，老红契六张，共计红契八张，付置主收存。又照。（押）

立卖房契人　陈门王氏

经手至亲保人　冯公好

中保人　张　钰

方一元

房牙　代催　顾春和

道光二十二年八月　　日

宛平县挂号讫（戳）

【注】

[一] 原件藏北京大学图书馆。

一七六四　清道光二十二年（一八四二）宛平县陈门王氏卖房官契稿[一]

立卖破烂房契人陈门王氏，今因乏用，将故夫遗下住房一处，前后通街。西房四间，南房二间，灰棚一间，后院西房三间，小灰棚一间，共计破烂房棚十一间。门窗户壁、上下土木相连。坐落在中城中西坊小李纱帽胡同北口内路西，后通留守卫路东地方。凭经手至亲保人及中保人说合，情愿出卖与郝本崇名下永远为业。三面言定时值卖房价银贰百伍拾两整。其银当日收足，外不欠少。自卖之后，如有亲族长幼人等争竞，及指房借贷官银私债等情，有卖主同经手至亲保人并中保人一面承管。恐后无凭，立此卖房契永远存照。（押）

内有原房陈姓红契一张，上首周姓红契一张，老红契六张，共计红契八张，付置主收存。又照。（押）

立卖房契人　陈门王氏（押）

经手至亲保人　冯公好（押）

中保人　张　钰（押）

方一元（押）

催　代　房牙　顾春和（戳）

凡民间置买房产成交后，该牙眼同填写官发契稿，催令依限纳税。如有私相买卖，不经官牙，希图漏税者，该牙查明禀报，以凭按例究办。须至稿者。

姜字第捌号

道光贰拾贰年捌月　　日

宛平县契稿

【注】

[一] 原件藏北京大学图书馆。

一七六五　清道光二十二年（一八四二）休宁县程抡英佥业照会[一]

佥　业　照　会

休宁县贰拾玖都陆图奉

县主明示：为清各省之地等事，奉

旨颁看清丈。今将本图丈过田土，照丈积步该税逐号开列小票，付业主领赴该图，亲供归户存照。

一、新丈长字捌百壹拾柒号，土名上堨。

原额　则

见业二十九都十二图四甲程抡英户丁程大德。丈积中田壹百肆拾式步伍分整。

计契税陆分伍厘整

道光二十二年十月　　吉日公正李应盛箓　给

【注】

[一] 原件藏北京大学图书馆。

一七六六　清道光二十二年（一八四二）徽州钱邦贵卖亲生女文契[一]

立绝卖亲生女文契人钱邦贵，今因衣食不周，难以度日，情愿将亲生女名领儿，行庚年十四岁，十月初六日申时生，自投引牙[二]，情愿出契卖与

朱奶奶名下为婢。当日请凭引牙说合，卖得价纟大钱式万文整[三]。当日其钱契下交清，无欠分文。此女未卖之先，并未许配人家。既卖之后，听凭买主取名唤（换）姓，早晚使唤。日后长大成人，听其买主择配。此系两愿，非逼成交。并无反悔，永无异说。如有来历不明，以及走失拐逃，并一切等情，俱系出笔人一面承当[四]。倘若天年不测，各安天命。恐后无凭，立此绝卖亲生女文契永远存证。

道光二十二年十一月初六日　　立绝卖亲生女文契人　钱邦贵[五]（押）

见卖人　陈高元（押）

引领人　曹学山（押）
引领人　抗有金（押）
引领人　袁冷氏（押）

官牙人（李堂正戳记）[六]

【注】

[一] 原件藏安徽省博物馆。编号二・二〇七六〇。
[二] 引牙，牙人、官牙兼说合人。
[三] 〤，旧时商界通用的苏州码「九十七」。〤大钱即「九七大钱」。
[四] 出笔人，即「出契人」「出卖人」。
[五] 女生，「生女」之误。即「亲生女」。
[六] 此契只有官牙戳记，无官印，为白契。

一七六七　清道光二十三年（一八四三）大兴县陈允吉卖房红契[一]

立卖房契人陈允吉，因乏用，将原置杨姓破烂瓦房一所，门面瓦房三间半，接檐房三间半，东西厢房四间，四层房三间半，后有落地一块，灰棚一间，共计破烂瓦房式拾式间，灰棚一间。门窗户壁土木相连。坐落中城中东坊东珠市口大街路北地方。今凭深知底保人及中保人说合，情愿卖与

金　　名下，认凭拆改另盖，永远为业。三面言定，照现时值卖破烂房价银叁百两正。其银笔下交足，并无欠少。自卖之后，倘有亲族长幼人等争竞、及指房借贷官银私债、根底不清等情，俱有出卖房主同深知底保人及中保人等一面承管。恐后无凭，立此卖房契永远存照。

此房有陈姓本身红契一张，原典白契一张，上首累落红白契纸八张，街道执照一张，共计拾壹张，置主收存。又照。

中保人　张　钰
同深知底保人　程大明
立卖房契人　陈允吉
房牙　李振魁

道光二十三年正月　　日

【注】

[一] 原件藏北京大学图书馆。

一七六八　清道光二十三年（一八四三）大兴县王瑞卖房红契[一]

立卖房契人王瑞，因乏用，原买郑姓门面房三间，二层房三间，院内厢房四间，北灰棚一间，共计房棚拾壹间。门窗户壁土木相连。坐落南城草厂下五条胡同路东地方。今凭知底保人及中保人说合，情愿卖与刘　名下永远为业。三面言定时值卖房价银弎百伍拾两正。其银笔下交足，并无欠少。自卖之后倘有亲族人等争竞、及指房借贷官银私债等情，有卖主同知底保人及中保人一面承管。恐后无凭，立此存照。

此房有王、郑、汪三姓红契三张，上首累落红白契标手拾弎张，共计拾伍张，置主收存。又照。

中保人　刘　成
　　　　崔　振

道光二十三年二月　　日

立卖房契人　王　瑞
同知底保人　耿成庵
房牙　李振魁
代书　刘云升

【注】

[一] 原件藏北京大学图书馆。

一七六九　清道光二十三年（一八四三）北京正黄旗满洲祥云保卖房白契[一]

立卖契人系正黄旗满洲三甲阿林保佐领下护军祥云保，有自置住房一所，共计七间。大正房三间，南房两间半，过道门半间，东灰棚一间，坦（坍）塌。今因手乏，无钱使用，同中保人情愿卖与本旗马甲奎秀名下永远为业。言明卖价清钱肆百二十吊整。其钱笔下交足，并无欠少。自卖之后，如有亲族人等争论，有本卖房之人一面承管。自卖之后，任凭买主拆盖，与祥云保毫无相干。恐后无凭，立卖字存证。内有红契一张。

立卖字人　祥云保（押）
　　　　　奎　秀（押）
中保人　　扎郎阿（押）
　　　　　关　祥（押）

道光二十三年四月初一日　　立

【注】

［一］原件藏北京大学图书馆。

一七七〇　清道光二十三年（一八四三）休宁县发给童春晖归户小票[一]

二十九都十二图册科黄汝清奉

县主　验契推收：据本图人户契买产土，该税数入册讫，合给归户小票，付业主存照。

计开：

本图拾甲童春晖户丁　　新收土名古溪，计田税捌分肆厘捌毫伍丝柒忽正。

系信字壹千柒伯弍拾壹号，于　年　月用价买到仝都壹图伍甲金进户户丁秋岩业。

道光弍拾叁年柒月　吉　日册科黄汝清给票。

癸字弍拾叁号[二]

归　户　存　照

【注】

［一］原件藏北京大学图书馆。

［二］骑缝半字。「癸」字。

一七七一　清道光二十三年（一八四三）宛平县吴植民顶卖房官契稿[一]

立顶卖房契人吴植民，今因乏用，遵母命，将祖遗改盖铺面房壹处：门面房五间，排子五间，接檐房三间，东院厢房肆间，西院厢房式间，北上房五间，后有落地壹条，灰棚壹间，共计房棚排子贰拾柒间，随房院落门窗户壁俱全。坐落在北城日南坊三铺琉璃厂西门内路北地方。今凭知底中保人说合，情愿出顶卖与

谦益堂张　　名下永远为业。三面言明，实顶卖房价市平足色银贰千捌伯两整。其银当日笔下交足，分毫不欠。自卖之后，倘有远近亲族长幼弟男子姪人等争竞，及重复典卖、指房执契押借官银私债，并来路不明等情，均有卖房主仝知底保并中保人等一面承管。恐后无凭，立此顶卖房契永远为据。

此房内有关姓本身两置红契壹张，上首朱、潘二姓红契式张，朱姓上首红契式张，潘姓上首红契式张，共计累落红契柒张，随置主收存。又照。

立杜绝顶卖房契人　吴植民（押）

深知根情底保人　周小鹤（押）

杨春帆（押）

夏廷煌（押）

中保人　谢树斋（押）

郭声如（押）

房牙　顾燮堂（戳）

代书　王佐亭（戳）

道光贰拾叁年拾月　　日

凡民间置买房产成交后，该牙眼同填写官发契稿，催令依限纳税。如有私相买卖，不经官牙，希图漏税者，该牙查明禀报，以凭按例究办。须至稿者。

字第　　号

宛平县契稿

【注】

[一] 原件藏北京大学图书馆。

一七七二　清道光二十四年（一八四四）大兴县史清源卖房民契纸[一]

立卖房契人史清源，因乏用，将自置住房一处，门面瓦房六间半，二层房三间，耳房二间，对面厢房六间，三层房五间，对面厢房六间，又小厢房二间，后有落地一条，灰棚一间，南跨门面房三间半，灰棚一间，后有落地一块，灰棚一间，共计大小瓦房灰棚叁拾柒间，随房院落、门窗户壁、土木相连，坐落东城崇南坊二铺缨子胡同[二]南头路西地方。凭知底保人说合，情愿出卖与王　　名下永远为业，三面言定实卖房价银壹千两正。其银笔下交足，外无欠少。自卖之后，倘有亲族长幼人等争兢（竞），以及指房借贷官银私债等情，有卖主同知底保人一面承管。恐后无凭，立此卖契永远存照。

内有原房史姓本身红契一张，上首韩姓红契一张，原买白字壹张，红契一张，共计肆张，付置主收存。又照。

王锡三

知底中保人　池　升

蔡光灿

道光二十四年十月　　日　　立卖房契人　史清源

房牙　刘云凯

【注】

[一] 原件藏北京大学图书馆。

[二] 缨子胡同，在今北京东城区，北起手帕胡同，南至广渠门内大街。明朝因制作帽缨子的作坊在此处而得名。

一七七三　清道光二十四年（一八四四）大兴县史清源卖房官契稿[一]

立卖房契人史清源，因乏用，将自置住房壹处，门面瓦房陆间半，贰层房叁间，耳房贰间，对面厢房陆间，叁层房伍间，对面厢房陆间，又小厢房贰间，后有落地一条，灰棚壹间，南跨门面房叁间半，灰棚壹间，后有落地一块，灰棚壹间，共计大小瓦房灰棚叁拾柒间。随房院落、门窗户壁、土木相连。坐落东城崇南坊二铺缨子胡同南头路西地方。凭知底保人说合，情愿出卖与

王　　名下永远为业。三面言定寔卖房价银壹阡两整。其银笔下交足，外无欠少。自卖之后，倘有亲族长幼人等争竞，以及指房借贷官银私债等情，有卖主同知底保人一面承管。恐后无凭，立此卖契存照。

内有原房史姓本身红契壹张，上首韩姓红契壹张，原买白字壹张，标手壹张，共计肆张，付主收存。

立卖房契人　史清源（押）

知底中保人　王锡三（押）

池　升（押）

说合人　蔡光灿（押）

房牙　刘云凯（戳）[二]

总甲

道光贰拾肆年伍月　　日

大兴县挂号讫（戳）

大兴县契稿

凡民间置买房产成交后，该牙眼同填写官发契稿，催令依限纳税。如有私相买卖，不经官牙，希图漏税者，该牙查明禀报，以凭按例究办。须至稿者。

兴字第肆号

【注】

[一] 原件藏北京大学图书馆。

[二] 戳文作「顺天府房行经纪刘云凯」。

一七七四　清道光二十四年（一八四四）山阴县张文澜卖始祖会并河租白契[一]

立出绝卖会并河租契叔祖文澜，缘吾祖履新公名下遗有与耀文房合扇始祖会壹脚，河租壹脚，前于嘉庆年间，胞叔云亭公，曾将是会并门前河租，均亲笔立票出卖与圣国公之孙霞川为业。经文赎回，转绝卖与族侄孙处，面议价钱肆千文，其钱当日收用。自此绝卖之后，永不回赎，永不找价，永远杜绝。恐后无凭，立此绝卖契存照。（押）

计附粘赎回原票两纸。并照。（押）

道光式拾肆年陆月　　日　　立绝卖会、河租契　张文澜(押)

见中　维仁(押)　永濂　德润　肇坤(押)

代书　禄奇(押)

绝卖会胙河租契

【注】

[一] 原件藏北京大学图书馆。

一七七五　清道光二十四年(一八四四)宛平县袁楚堂卖地基民契纸[一]

立卖地契人袁楚堂，今因乏用，将祖遗原典来刘姓破烂房式间半，今已坍塌无存，只有空地壹块，四至分明。此地坐落在中城中西坊李纱帽胡同路北拐角地方。今凭至亲知底保人说合，情愿出绝卖与郝　名下永远为业。三面言明，实卖价纹银式拾两整，其银笔下交足，并无欠少。自卖之后，倘有上首典卖不清，刘、袁二姓远近亲族弟男子侄指房持契借欠官银私债，及重典卖争产等情，有卖主同至亲知底保人一面承管。再自卖之后，任凭置主起盖房屋补税红契，永远管业，不与袁姓相干。恐后无凭，立此绝卖地契永远为证。

再批：此地内原有白契一张，因年深失落无存，现在并无红白契纸跟随。倘日后有人持契争竞等情，为谢公平是问。又照。

道光廿四年六月　　日　　立卖地契人　袁楚堂(押)

至亲知底保人　谢公平(押)

中保人　王致莽

永远为业

【注】

[一] 原件藏北京大学图书馆。

一七七六　清道光二十四年(一八四四)宛平县郝良臣补税地红契[一]

立补税地契人郝良臣，原有自置袁楚堂空地壹块，旧有房基为齐，四至分明，坐落在中城中西坊小李纱帽胡同北口拐角路北地方[二]。今因无凭执业，情愿遵例赴县补税红契，以便永远管业。原置地价纹银式拾两整。其中并无虚捏假冒情弊。如虚，有税契人同知底具结保人一体均甘认罪。欲后有凭，立此补税契永远为证。

此地内有郝姓本身原置白地契一张跟随。

立补税地契人　郝良臣(押)

知底共结保人　顾榭棠(押)

道光式拾肆年柒月　　日

宛平县挂号讫

【注】

[一] 原件藏北京大学图书馆。

[二] 小李纱帽胡同，今北京西城区大栅栏小力胡同。

一七七七　清道光二十四年(一八四四)大兴县邢春荣卖房民契纸[一]

立卖房契人邢春荣，今因乏用，将自置住房壹处，西灰梗房四间半，门窗户壁、上下土木相连。坐落中城中东坊高井胡同路北地方。今凭知底说合，情愿出卖与

郑　名下永远为业。三面言定时值卖价银壹百叁拾两整，其银当日笔下交足，并无欠少。自卖之后，倘有远近亲弟男子侄人等争竞，及指房执契借贷官银私债等，及重复盗典盗卖，来路不明，有知情底保一面承管。恐后无凭，立此卖房契为证。

内有原房邢姓本身红契壹张，张、刘、高三姓红契三张，上首王姓红契一张，共计红契五张，付置主收存照。再批：保帖一张，邢姓失落无存。照。

立卖房契人　邢春荣(押)

知情底保人　商馥（押）
中保人　沈崇本（押）
张　坤（押）
李纯一（戳）

道光二十四年十月　　日

【注】

［一］原件藏北京大学图书馆。

一七七八　清道光二十五年（一八四五）宛平县陈桂卖房红契［一］

立卖房契人陈桂，今因乏用，将自置铺面房一处，门面房二间，接檐房二间，三层房三间，四层房二间，五层房二间，西跨房二间，共计房拾弍间，随房院落、门窗户壁俱全，土木相连，坐落在北城日南坊五铺南横街中间堂子胡同对过路北地方［二］，今凭知底中保人等说合，情愿出卖与

胡　　名下永远为业。三面言明实卖房价银伍伯（佰）两整。其银当日笔下交足，并不欠少。自卖之后，倘有远近亲族长幼弟男子侄争竞，及重复典卖，指房执契在外借欠官银私债，并来路不明等情，均有卖房主同知底中保人等一面承管。恐后无凭，立此卖房契永远存照。

外有陈姓本身并上首魏、刘、孙三姓红契四张跟随。又照。

道光二十五年三月　　日

管业人　于九畴
立卖房契人　陈　桂
深知情底保人　强忠瑞
郭　成
余　英
中保人　任德魁
董天智
陈德顺

宛平挂号讫（戳）

范润年
房牙　顾燮堂

【注】

[一] 原件藏北京大学图书馆。

[二] 堂子胡同，在今北京宣武门外大街菜市口东，潘家胡同北头。

一七七九　清道光二十五年（一八四五）大兴县郭彤墀卖房民契纸[一]

立卖房契人郭彤墀，今因乏用，将自置瓦房壹所，门面房叁间半，二层东西厢房弍间，一层瓦房叁间，自盖；灰棚壹间，共计瓦房拾叁间。门窗户壁、上下土木相连。坐落中东坊二铺高井胡同路北。凭知底中保人说合，情愿卖与徐　名下永远为业。言定卖价纹银叁佰两整，其银当日收足，外不欠少。自卖之后如有亲族长幼人等争竞，及指房借贷官银私债等情，有卖主同知底保人一面承管。恐后无凭，立此卖契存照。

内有辛姓红契壹张，郭姓红契壹张，上首红白契五张，共计红白契柒张，付置主收存，又照。

知底保人　郑长林（押）
王　永（押）
蒋玉峰（押）

道光弍拾伍年肆月初柒日　　立卖契人　郭彤墀（押）

【注】

[一] 原件藏北京大学图书馆。

一七八〇　清道光二十五年（一八四五）山阴县张叶氏等绝卖萧墙笔据[一]

立绝卖笔据张叶氏等，窃惟我

七世祖养吾公，于老台门后进起造厅楼壹座，后边石萧墙围列。先年厅楼被风吹倒，将木料售价立议归入宗祠，议内曾经注明「石萧墙不准拆卖」字样。今氏子永濂积欠道光贰拾贰及贰拾肆两年廿贰都壹图张聚户内陈粮钱拾余千。蒙　县主音饬差押追将及两月，无从设法完纳，不得已，妄生觊觎，令张肇恩雇石匠混拆萧墙。经族长查知，就近控蒙　巡司拘究。氏等情极，恳求房族劝处理息，将石萧墙贰拾陆堵，出卖与族内大成会为业，当得价洋拾圆[二]，洋价壹千叁百捌拾文。自卖之后，听凭族中堵列，以为老台门后进保障，不涉养吾公派下子孙之事。永不回赎，永不再找，永远杜绝。欲后有凭，立此绝卖笔据存照。

道光贰拾五年柒月　　日　　立绝卖笔据人　张雨苍室叶氏（押）

永槐室宋氏（押）

德培室王氏　宗　爕（押）

国明（押）

见中　赵如茂（押）

代笔　张禄奇（押）

绝卖笔据

【注】

[一] 原件藏北京大学图书馆。

[二] 洋拾圆，「洋」，亦称「洋钱」「大洋」，即「银元」。中国自明朝后期，即有外国银元流入并通用。清朝道光（一八二一—一八五〇）以前，开始仿铸银元。初由各地自行仿铸。由于仿铸地区不同，所铸银元也有各种名称，如有「广板」「福板」「杭板」「苏板」等。本契之「价洋拾圆」，当是用「杭板」。

一七八一　清道光二十五年（一八四五）山阴县张德坤卖田红契[一]

绝卖　山阴县十七都七图立绝卖田契人张德坤，今将自己户内淡字号中田弍亩八分零，凂中情愿出卖与本县宗祠处名下为业。三面议定时值估价银捌拾伍两正，其银当日一并收足。自卖之后，不准回赎，亦无重找。恁凭银主管业收户办粮。并无重叠交关，倘有事端，卖主自行承值，不涉买主之事。欲后有凭，立此绝契为照。

契　文

计开：再批：银价百两作钱乙千八百文，当日一并收足。立此永远杜绝契存照。（押）

东至　，西至　，南至　，北至。

淡　字二百六十三　号中田壹亩八分零五毫七系。

谈　字二百七十四　号中田壹亩正。自卖之后，听凭宗祠管业。恐后无凭，立此存照。（押）

字　号

字　号

旧管　都图　户

新管　都图　户

坐落蔡堰黄婆溇　土名长二亩　门前田

道光念（廿）伍年柒月　日　立绝卖契人　张德坤（押）

中人　张孝思（押）

张淮仁（押）

秀林（押）

明远（押）

南全（押）

亲笔无代（押）

计开条款例

一、凡用此契者，竟作绝卖。

一、卖主不识字者，许兄弟子侄代书。

一、成交后，即粘契尾，投税验明推收。如违，治罚。

一、契内如有添注涂抹字样者，作捏造论。

一、房屋间架仍载明空处。

一、典戤用此契者，须注明年限回赎字样。如不注者，仍作绝卖。

以上数条不过大概。倘民情尚有未尽者，许于空隙处填写。

【注】

[一] 原件藏北京大学图书馆。

一七八二　清道光二十五年（一八四五）宛平县钱调园卖房红契[一]

立卖房契人钱调园，今因乏用，将自置住房一处，东院瓦房陆间、西厢房壹间、外院灰棚一间、西院瓦房式间、灰棚一间，共计房棚拾式间，随房院落、门窗户壁俱全，土木相连，坐落在北城日南坊并铺韩家潭中间路南地方[二]，今凭经手知底中保人说合，情愿出卖与

陆　　名下永远为业。三面言明寔卖房价银式百两整。其银当日笔下交足，并不欠少。自卖之后，倘有远近亲族长幼弟男子侄争竞及重复来路不明等情，均有卖房主同知底中保人等一面承管。恐后无凭，立此卖房契永远为证。

此房内有钱姓本身红契一张，上首高、周二姓红契式张，上上首章、贾二姓红契式张，分单一张，又上首章、曹、朱、张四姓红契肆张，章姓白契一张，共计红白契分单拾壹张跟随，置主收存。又照。

立卖房契人　钱调园

经手知情底保人　张梦花

中保人　方一元

杨永顺

房牙　顾燮堂

道光式拾伍年捌月　　日

宛平县挂号讫（戳）

【注】

[一] 原件藏北京大学图书馆。

[二] 韩家潭，今北京西城区虎坊桥北，陕西巷西。

一七八三　清道光二十六年（一八四六）喀喇沁左旗常明等卖山荒地白契[一]

立卖山荒地柴木人常明、我立黑共议，今田手乏，今将南山坡一段，上至山顶；下至百姓，有界石为正；北至义头地，南至山领。又东偏

坡地，上至七十地，下至百姓，四至分明，央烦中人说允，情愿卖与赵福来名下耕种，永远为业。许种许兑，由其自便，永无更改。全众言定价钱贰千叁百文，其钱当日收清不欠。恐后无凭，立契存照。言明每年纳租平泉市斗一斗，草肉遂租，册年　□后交租[二]。

说合人　乃　亲

托托海

八大拉

代字人　崔　广

道光二十六年四月廿五　　日　　立卖　根不拉　立

房牙　顾燮堂

宛平县掛号讫（戳）

【注】

[一]原契为汉蒙文对照。今孙家红收藏。

[二]从卖后犹收地租和草肉（遂租）看，似不卖断土地所有权。

一七八四　清道光二十六年（一八四六）山阴县吴士猷卖田官契[一]

山阴县廿一都一图立绝卖田契人吴士猷，今将自己户内淡字号田弍亩六分零，浼（浼）中情愿出卖与本县族处名下为业。三面议定时值估价银壹伯（佰）两正。其银当日一并收足。自卖之后，不准回赎，亦无重找。恁凭银主管业，收户办粮。并无重叠交关。倘有事端，卖主自行承值，不涉买主之事。欲后有凭，立此绝契为照。

计开：再批：其田自绝卖之后，恁凭银主入册输粮管业收花。今遵新例，一契杜绝。并照。（押）

绝

东至　　，西至　　，南至　　，北至　　。

再批：当付正找老契两帋，并照。

卖

淡字八百七十五号湖田弍亩六分六厘一毛正。

旧管　　都　　图　　户

新收　都　图　户
坐落小洋坂　土名
立绝卖契人　吴士猷（押）
中人　吴士泰（押）
诗丹（押）
维扬（押）
家文（押）
代书　春亭（押）

文　道光念（廿）六年五月　日
今收到契价完足（押）

契
计开条款例
一、凡用此契者，竟作绝卖。
一、卖主不识字者，许兄弟子侄代书。
一、成交后，即粘契尾，投税验明推收。如违，治罚。
一、契内如有添注涂抹字样者，作捏造论。
一、房屋间架仍载明空处。
一、典戤用此契者，须注明年限回赎字样。如不注者，仍作绝卖。
以上数条不过大概。倘民情尚有未尽者，许于空隙处填写。

【注】
［一］原件藏北京大学图书馆。

一七八五　清道光二十六年（一八四六）宛平县孙秩东卖房民契纸［一］

立杜绝卖房契人孙秩东，今因乏用，将祖遗叁置改盖住房壹处两所：西院门面房叁间半，二层房叁间半，西厢房贰间，东厢房壹间，后有落地壹条，灰棚贰间，临街板墙壹道，内有茅楼壹间；东院门面房叁间半，二层房叁间半，东厢房贰间，西厢房壹间，后有落地壹条，前后灰棚贰间，共计灰瓦房棚贰拾伍间。随房院落、门窗户壁俱全，上下土木相连。坐落在北城灵中坊并铺韩家潭西头路南地方［二］。今凭经手知底中保人等说合，情愿出杜绝卖与

李　名下永远为业。三面言明实杜绝卖房价银壹千伍伯两整。其银当日笔下交足，并不欠少。自卖之后，倘有远近亲族长幼弟男子侄争竞、及重覆(复)典卖、并来路不明各等情，均有卖房主同知底中保人等一面承管。恐后无凭，立此杜卖房契永远为照。

此房内有孙姓叁置本身红契叁张，上首王、张、王、崔、陈、杨六姓红白契六张，郝、蔡二姓红契贰张，李、杨、吕三姓红契叁张，共计红白契拾肆张跟随，置主收存。外有赎回废白典契四张，一并跟随。又照。

立杜绝卖房契人　孙秩东

深知情底保人　俞门郝氏　仝子良善

知底保人　李荣阳　赵颖川

胡祥龄　顾炳南

胡执亭　王金泉

黄振云　周　文

中保人　丁靖廷　杨永顺

戴育之　刘云会

房牙　顾燮堂

代书　王佐亭

道光贰拾陆年伍月　日

宛平县挂号讫(戳)

【注】

[一] 原件藏北京大学图书馆。

[二] 韩家潭，今北京西城区虎坊桥北。

一七八六　清道光二十六年(一八四六)歙县江长发转卖婢女契[一]

立转卖婢女身文契人歙邑北乡十七都四图琶塘村人江长发[二]，今因钱粮无措，自情愿将身买绩邑林溪汪星吉之孙女名唤荣俤[三]，年方十三岁，于道光十四年八月三十日辰时建生。今央凭媒出卖与黟邑胡　名下为婢[四]。三面言定得受身价洋银拾叁两五钱正。其洋银当日是身亲手收足，其婢女即送过门，听从更名呼唤使用。

未卖之先，并无许字他人，亦非继女养媳。自卖之后，此女长养成人，听从东人婚配。身家不得私自择许，亦不得引诱潜逃，以及偷窃衣物等情。若有此情坐，身即行寻交归偿。倘有风烛不常，各安天命。或有不合使用，即听另卖。抑若逃出疏虞，不干东人之事。此女倘有时行疾病，闻信即到，领回调养。所给饭食医药，不争多寡。病愈即行送来，决不逗遛在家。今欲有凭，立此卖身文契存照。

道光廿六年十月　　日

立转卖婢女身契人　江长发（押）
凭媒　休邑西乡西村王氏百弟[五]（押）
依口代笔人□□　王黑塔（押）

【注】

[一] 原件藏安徽省博物馆。编号二·七二六〇。
[二] 歙邑，即歙县，今属安徽省。邑，县城。
[三] 绩邑，即绩溪县，今属安徽省。
[四] 黟邑，即黟县，今属安徽省。
[五] 休邑，即休宁县，今属安徽省。王氏百弟，女，即「王百弟」。

一七八七　清道光二十六年（一八四六）歙县江长发同媒人王百弟卖婢女包字[一]

立包字人歙邑江长发、仝媒人王百弟、王黑塔，缘身将亲买婢女一名，名唤荣弟[二]，年方十三岁。今因钱粮无措，央媒卖与胡　名下为婢。尤恐隔邑[三]，人性不定，私自窃物潜逃。如有逃走等情，坐身及媒人等找寻送门。倘若不获，甘赔身价无辞。恐口无凭，立此包字存据[四]。

道光廿六年十月　　日

立包字人　江长发（押）
媒人　王百弟（押）
代笔包人　王黑塔（押）

江长发系潜口之下伊村，杏花三月茂盛，观者云集，极热闹。伊村与绩邑林溪隔山卅里之遥，向有亲眷熟悉。此婢父母双亡，仅存祖父汪星吉。今系祖父出卖与伊，听从转售也[五]。

【注】

[一] 原件藏安徽省博物馆。编号二·七二六〇。本契与上引《清道光二十六年（一八四六）歙县江长发转卖婢女契》为同一内容。
[二] 荣弟，亦作「荣俤」。
[三] 隔邑，买主胡姓为黟邑人。
[四] 包字，为上述《转卖婢女契》之外的保证书。
[五] 此为此包字的原批。

一七八八　清道光二十六年（一八四六）休宁县发给童秀峰佥票之一[一]

丙字第壹百柒拾肆号

佥

二拾九都八图奉

本县明示：将本图丈过田地山塘，每号照丈积步，依则清查，分亩给发小票，业人亲领，前付该图亲供造册归户，凭此票照。

票[三]

今丈使字壹千肆伯叁拾柒号，土名稠木坞。

丈积山　　该税肆厘整。

现业二十九都一图十甲童绣峰户丁绣文。

道光二十六年十月　　日　　公正　黄五林（戳）[二]

【注】

[一] 原件藏北京大学图书馆。
[二] 戳文作「二十九都八图公正黄五林图记」。
[三] 佥票两字间盖有「奉司院示佥存库」章。

一七八九　清道光二十六年（一八四六）休宁县发给童秀峰佥票之二[一]

佥

丙字第壹百柒拾陆号

二拾九都八图奉

本县明示：将本图丈过田地山塘，每号照丈积步，依则清查，分亩给发小票，业人亲领，前付该图亲供造册归户，凭此票照。

今丈使字壹千肆伯拾贰号，土名瓦窑前。

丈积山　　该税壹分整。

现业二十九都一图十甲童秀峰户丁绣文

票[三]

道光二十六年十月　　日　　公正　黄五林（戳）[二]

【注】

[一] 原件藏北京大学图书馆。

[二] 戳文作「二十九都八图公正黄五林图记」。

[三] 佥票两字间盖有「奉司院示佥存库」章。

一七九〇　清道光二十六年（一八四六）休宁县发给童秀峰佥票之三[一]

佥

丙字第壹百柒拾柒号

二拾九都八图奉

本县明示：将本图丈过田地山塘，每号照丈积步，依则清查，分亩给发小票，业人亲领，前付该图亲供造册归户，凭此票照。

今丈使字壹千肆伯贰拾叁号，土名中山寺。

丈积山　　该税壹分柒厘整。

现业二十九都一图十甲童秀峰户丁绣文。

票[三]

道光二十六年十月　　日　　　　公正　黄五林（戳）[二]

【注】

[一] 原件藏北京大学图书馆。

[二] 戳文作「二十九都八图公正黄五林图记」。

[三] 佥票两字间盖有「奉司院示佥存库」章。

一七九一　清道光二十六年（一八四六）山阴县杨汉卖田官契[一]

绝卖文契

山阴县十八都四图绝卖田契人杨汉，今将自己户内潜字号湖田叁亩陆分正，浼（浼）中情愿出卖与本县大成会名下为业。三面议定时值估价银壹伯零五两。其银当日一并收足。自卖之后，不准回赎，亦无重找，恁凭银主管业收户办粮。并无重叠交关。倘有事端，卖主自行承值，不涉买主之事。欲后有凭，立此绝契为照。

计开：再批：自卖之后，恁凭银主过户管业收花，永不再找，永不回赎，永远杜绝。并照。（押）

潜字四拾陆号湖田叁亩陆分正。

遵新例，一契杜绝。

再批：此田三面议定，各将田亩总换，故立议单两纸，各执一纸存照。

再批：老契因有己田牵连，故未交出，并照。坐落西泽，土名石明宕。

道光二十陆年拾月　　日　　立绝卖契人　杨汉（押）

沈岳蕾

中人　丁国泰

赵如茂

倪文成

今收到契内价银一并完足（押）

代笔　张德润

计开条欵例

一、凡用此契者，竟作绝卖。

一、卖主不识字者，许兄弟子侄代书。

一、成交后，即粘契尾，投税验明推收。如违，治罚。

一、契内如有添注涂抹字样者，作捏造论。

一、房屋间架仍载明空处。

一、典戳用此契者，须注明年限回赎字样。如不注者，仍作绝卖。

以上数条不过大概。倘民情尚有未尽者，许于空隙处填写。

【注】

〔一〕原件藏北京大学图书馆。

一七九二　清道光二十六年（一八四六）大兴县郑万春补税房民契纸〔一〕

立补税房契人郑万春，因有原两置邢史二姓破烂坍塌灰瓦房棚二处，另行拆改翻盖住房一所，临街头层南瓦房四间，西跨通天亮过道一条，院内东西厢房对面四间，又东西平台对面弍小间，后层正瓦房四间，东跨小院一条，小平台一间，后有落地一条，前后共计瓦房平台拾伍间，随房院落、门窗户壁俱全，上下土木相连。坐落在正阳门外深沟内高井胡同路北地方。今因改盖房间，契据不符，情愿遵例赴

县　补税红契，以便永远管业。照原置业用过工料价银壹千两整。其中并无虚捏假冒、根底不清各等情弊。如有前项情弊，俱有补税房契人均甘认罪。欲后有凭，立此补税红契永远存照。

内有原房

史姓本身红契壹张，上首王、白、尹、沈、王五姓红契伍张，共计陆张。

邢姓本身红契壹张，上首张、刘、高、王四姓红契肆张，共计伍张。

弍共计拾壹张，白契弍张，一并跟随。又照。

道光二十六年十一月　　日

立补税房契人　郑万春

房牙　李纯一

大兴县挂号讫（戳）

【注】

[一]原件藏北京大学图书馆。

一七九三　清道光二十六年（一八四六）大兴县郑万春补税房官契稿[一]

立补税房契人郑万春，因有原两置史邢二姓破烂坍塌灰瓦房棚二处，另行拆改翻盖住房一所，临街。头层南瓦房四间，西跨通天亮过道一条，院内东西厢房对面四间，又东西平台对面弍小间，后层正瓦房四间，东跨小院一条，小平台一间，后有落地一条，前后共计瓦房平台拾伍间，随房院落、门窗户壁俱全，上下土木相连。坐落在正阳门外深沟内高井胡同路北地方。今因改盖房间，契据不符，情愿遵例赴

县　补税红契，以便永远管业。照原置业用过工料价银壹千两整。其中并无虚捏假冒、根底不清各等情弊。如有前项情弊，俱有补税房契人均甘认罪。欲后有凭，立此补税红契永远存照。

内有原房　史姓本身红契壹张，上首王、白、尹、沈、王五姓红契伍张，共计陆张。

邢姓本身红契壹张，上首张、刘、高、王四姓红契肆张，共计伍张。

弍共计拾壹张，白契弍张，一并跟随。又照。

立补税契人　郑万春

中保人

房牙　李纯一

道光弍拾陆年拾壹月　　日

大兴县契稿

凡民间置买房产成交后，该牙眼同填写官发契稿，催令依限纳税。如有私相买卖，不经官牙，希图漏税者，该牙查明禀报，以凭按例究办。须至稿者。

丙午果字第叁拾号

【注】

[一]原件藏北京大学图书馆。

一七九四　清道光二十七年（一八四七）北京正黄旗满洲玉安卖房旗契[一]

立卖契人系正黄旗满洲三甲爱仁佐领下养育兵奎秀之子玉安。有自置房一所，坐落在教场小四条胡同[二]，正房三间，南房两间半，过道门半间，共计六间。今因手乏，无钱使用，同中保人情愿卖与本旗蒙古六甲穆特布佐领下笔帖式[三]隆泰名下永远为业。言明价清钱捌佰吊整。其钱笔下交足，并无欠少。自卖之后，如有亲族人等争论，有本卖房同中保人一面承管。自卖之后，任凭买主拆盖，与卖主毫无相干。恐后无凭，立卖字存照。

外有红契一张，白契二张。

立卖字人　玉　安（押）

中保人　巴　彦（押）

道光二十七年四月初一日　立

【注】

[一] 原件藏北京大学图书馆。

[二] 教场小四条胡同，在今西城区宣武门外大街路西。

[三] 笔帖式，清朝低级官吏。满语，汉译为书记手。在各衙署中掌理翻译满、汉章奏文书。以满洲、蒙古和汉军旗人充任。官职分六、七、八品及无顶戴四级。

一七九五　清道光二十七年（一八四七）宛平县商永福卖空院白契[一]

立卖字人商永福，自置孟名下卖给佟大木厂拆货空院一块，北面旧有墙根脚为其（界），南至崔家房后，西至崔家墙根，东至孟家墙根，西南角门通大街。坐落在西直门内火药局路东小胡同内路东。因手乏，同中说合，卖与杨文学名下为业。言明清钱弍拾吊。

此钱笔下交足，并无欠少。恐后无凭，立字为证。

立卖字人　商永福（押）

中保人　张万年（押）

外有拆过居民红契一套根（跟）随。

道光廿七年十一月十七日　　立

【注】

[一] 原件藏北京大学图书馆。

一七九六　清道光二十八年（一八四八）新都县萧周氏等捆卖水田、旱地官契[一]

新都县契格

立杜捆卖水田[二]、沟边、旱地文契人萧周刘氏，同子天福、天佑等，情因无银费用，母子弟兄请同房族商议，将先祖遗留分受已名下新二甲莲花堰过枧槽灌溉水田弍块，约计乡弓叁亩零，载粮柒分整（出卖）。即日凭中证踏明四至：东抵蒋姓田埂脚为界，南以放水官沟心为界，西以放水官沟心为界，北以张姓、蒋姓田为界，四至分明，毫无紊乱。比日自行请中，先尽房族。不愿承买，转请中证再四说合，情愿扫土捆卖与文昌宫乐岁承买[三]，耕输管业。以及卖主亲属族内人等书押画字一并搭在价内。即日眼同凭中证踏明界址，议定九九色银柒拾玖两捌钱。当凭中证银契两交，并无下欠分厘。其界内桥梁、道路、河边、沟边、前后左右树木、茨草、片石、萌茅荒边余地、斜陂陡坎、道路甲田、起水石堰、放水石堰、砖石瓦块、马头石、拦水石，一并在内。至于军需、差徭、仓谷、社谷、甲田等项，未立契以前，卖者承当；立契以后，买者承认。自卖之后，任随买主过耕，栽种、开垦、挖高补低、修造房屋，卖主族内亲属人等，不得异言生端。此系二家情愿，并无逼勒准折等情，亦无包买包卖等弊。一买千秋，永无赎取。今恐人心不古，特立捆卖文契一纸，交与文昌宫乐岁，赴公税拨、合户，永远存照为据。

外注涂「埂脚」二字，添「为界」二字。

经理首事　萧凤仪　史重常　王文禄　胥子儒

薛珍芳　黄先绪　林启凤　徐光耀　同

约　黄义林

族邻　萧凤羽　张中才　蒋正华

中证　黄廷凤　林启成　萧天寿　萧天棕　在

首事等　萧天长　笔（押）

道光二十八年三月十一日　　　　立杜卖文契人　萧周刘氏（押）　同子　天福佑（押）（押）

【注】

［一］录自四川新都县档案史料编《清代地契史料》第十五—十六页。

［二］捆卖，一并出卖。

［三］扫土捆卖，乾净地、一点不留地出卖。

一七九七　清道光二十八年（一八四八）大兴县陆源卖房民契纸［一］

立卖契人陆源，今因乏用，将自置旧灰瓦房大小共计拾间，坐落在草厂上三条胡同路东。今情愿卖与　　名下永远为业。三面议定京平纹银壹佰两。其（银）当日交足。自卖之后，倘有亲族人等争竞，有房主并中人承管。恐后无凭，立此卖契存照。

有上首陈姓红白契纸八张，添陆姓本身红契一张，共九张。

大兴县挂号讫（戳）

道光式拾捌年八月廿八　　日　　　　立卖契人　陆源（押）

中保人　萧四（押）

【注】

［一］原件藏北京大学图书馆。

一七九八　清道光二十八年（一八四八）大兴县陆源卖房官契稿［一］

立卖房契人系大兴县民陆源，因乏用，将自置旧灰瓦房大小共计拾间，坐落在草厂上三条胡同路东。今凭中人说合，情愿卖与

于　　名下永远为业。三面议定卖价京平纹银壹百两整。其银当日交足，并不欠少。自卖之后，倘有亲族人等争竞，及重复拖

欠各等情，均有卖主仝中保人一面承管。恐后无凭，立此卖契存照。

外有陆姓本身红契乙张，上首陈姓红白契纸捌张，共计玖张跟随。又照。

道光二十八年　　月　　日　　立卖房契人　陆　源

中保人　萧　四

【注】

[一] 原件藏北京大学图书馆。

一七九九　清道光二十九年（一八四九）山阴县蒋承先绝卖土谷神会白契[一]

立出绝卖会契人蒋承先，今将自己祖遗

蒋土谷神会壹脚，每年十月廿五日照祭簿领胙，浼（浼）中情愿出卖与　张处，面议卖价钱拾千文。自卖之后，听凭钱主至期领胙，如遇值年，收花办祭。倘有同姓近房争执等情，承先自行理值，不涉钱主之事。此系两愿，各无异言。永不回赎，永不找价，永远杜绝。欲后有凭，立此存照。

再批：其老契会簿年远遗失，故不捡交。契内卖价钱当日照数一并收完。并照。（押）

道光式拾九年二月　　日　　立出绝卖会契人　蒋承先（押）

见中　赵如茂（押）　张德先

代笔　禄奇（押）

绝卖会契

【注】

[一] 原件藏北京大学图书馆。

一八〇〇　清道光二十九年（一八四九）新都县温鼎兴捆卖水田红契[一]

立杜捆卖水田文契人温鼎兴，今因要银使用，无从设办，父子商议，愿将所买老一甲戳箕堰灌溉水田一块，木经（金）尺五尺八寸为一弓，约计三亩零，自行请中说合，先尽族邻，无人承买，今出售与老六甲王家菴文昌会首事等名下捆买为业。比日凭中证捆作价银六十二两五钱，其载粮七分五厘。其田东、南俱与温姓田为界，西抵温、陈二姓田埂为界，北至戳箕堰放水沟心为界。四至〔分明，毫无〕紊乱。即〔日〕银契两〔交，并〕无〔下〕欠分厘。任随首事等税拨。其有书〔押〕画字〔概包〕价内[二]。此〔系两家〕情〔愿，并〕无准折等情。一卖千秋，永无赎取。今恐人心不古，立契一纸，交与王家庵文昌会首事等，永远存据。

外注明添「界」字一个。

中　柳启全　罗永碑　黎耀龙　同
约　柳启洄　陈　光
在会人　李春华　黄恒耀　刘荣汉　温吉厚
乔焕勋　郑时光　温显承　字　在

道光二十九年三月二十二日　立文契人　温鼎兴　同子　温显春

【注】

〔一〕录自四川新都县档案史料组编《清代地契史料》第十七页。
〔二〕书押画字，谓「中礼银」等。

一八〇一　清道光二十九年（一八四九）宛平县王芗泉等卖房民契纸[一]

立分卖房契人王芗泉仲平，今因乏用，将住房壹所，前后通街，上首原系两置。今将契内后层湿井胡同路南门面房伍间，二层房伍间，后院小灰棚壹间，对面厢房弍间，西垮（跨）院南北对面房弍间，西灰棚叁间；又另置东垮（跨）院门面房叁间，二层房三间，东厢房弍间，共计两置房棚弍拾陆间。门窗户壁，上下土木相连。坐落中城中西坊二铺地方。凭中保人说合，情愿出分卖与郑　名下永远为业。三面言定，时值卖房价银伍百两整。其银当日收足，外无欠少。自分卖之后，如有亲族长幼人等争竞、及指房借贷官银私债等情，有卖主同中保人一面承管。恐后无凭，立此分卖房契永远存照。

再批：内有原房分来上首马姓红契壹张，又东院王姓本身红契壹张，上首易、徐、王三姓红契叁张，老红契半张，共计两院红契伍张半，付置主收存。　再批：西院王姓总红契、上首马姓红契并执照、保帖共计伍张，俱分在前街干井胡同房间内执业，不与此契相干。又照。

道光弍拾玖年拾月　　日

立分卖房契人　王芗泉仲平
中保人　尹有序
房牙　叶嵩龄

宛平县挂号讫（戳）

【注】

［一］原件藏北京大学图书馆。

一八〇二　清道光二十九年（一八四九）宛平县王芗泉等卖房官契稿［一］

立分卖房契人王芗泉仲平，今因乏用，将住房壹所，前后通街，上首原系两置。今将契内后层湿井胡同路南门面房伍间，二层房伍间，后院小灰棚壹间，对面厢房弍间，西垮（跨）院南北对面房弍间，西灰棚叁间；又另置东垮（跨）院门面房叁间，二层房三间，东厢房弍间，共计两置房棚弍拾陆间。门窗户壁、上下土木相连。坐落中城中西坊二铺地方。凭中保人说合，情愿出分卖与郑　　名下永远为业。三面言定，时值卖房价银伍百两整。其银当日收足，外无欠少。自分卖之后，如有亲族长幼人等争竞、及指房借贷官银私债等情，有卖主同中保人一面承管。恐后无凭，立此分卖房契永远存照。

内有原房分来上首马姓红契壹张，又东院王姓本身红契壹张，上首易、徐、王三姓红契叁张，老红契半张，共计两院红契伍张半，付置主收存。　再批：西院王姓总红契、上首马姓红契并执照、保帖共计伍张，俱分在前街干井胡同房间内执业，不与此契相干。又照。

道光弍拾玖年拾月　　日

立分卖房契人　王芗泉（押）仲平（押）
中保人　尹有序（押）
房　牙　叶嵩龄（戳）

宛平县契稿

凡民间置买房产成交后，该牙眼同填写官发契稿，催令依限纳税。如有私相买卖，不经官牙，希图漏税者，该牙查明禀报，以凭按例究办。须至稿者。

【注】

[一]原件藏北京大学图书馆。

一八〇三　清道光二十九年（一八四八）宛平县刘东藩等卖房红契[一]

立卖契彰德府刘东藩有同姪芝昌处夥置庄产一所，大小共计瓦房灰棚四十间，坐落虎坊桥东路北。情愿卖于袁年槐　名下为业。言明契价纹银弍千壹百两，当下交足。自卖之后，倘有争端，卖主一面承管。恐后无凭，出此为照。

外计官单一纸，本身红契一纸，并原买红契草契，统为交给，以便查照。

道光二十九年　月　日　立卖契　刘东藩（押）

同明见　刘怀武（押）

杨蔺士（押）

张缄瓶（押）

【注】

[一]原件藏北京大学图书馆。

一八〇四　清道光三十年（一八五〇）休宁县发给童秀峰收税归户票[一]

休宁县贰拾玖都壹图奉

县主　验契推收事，本图拾甲童秀峰户丁

今买　宗，土名五城中街后，系信字壹千柒伯四拾陆号。计地税式分五厘　整。

于　年　月用价银

收

税

归户票

买到同都同图　拾甲包查户丁查济川

今照推票入册归户，给发小票业主收执存照。

道光叁拾年正月　吉　日册　黄茂有

号合同[二]

【注】

[一]原件藏北京大学图书馆。

[二]骑缝半字。

一八〇五　清道光三十年（一八五〇）督理街道衙门给发宛平县李瑞修房执照[一]

执照

钦命督理街道衙门　为给发执照事：据北城

李瑞报：韩家潭中开路南，旧有院板墙三间半，比东邻伸出六尺八寸，比西邻伸出五寸。因酙旧照旧修理油饰，

本衙门批：「查验相符，准照旧修理油饰」在案。仰即遵批办理。该处兵役人等，毋得拦阻。该户民毋得借端越修，致干究处。须至执照者。

右给户人李瑞准此

道光三十年三月　日

【注】

[一]原件藏北京大学图书馆。

一八〇六　清道光三十年（一八五〇）北京正黄旗蒙古隆泰卖房白契[一]

立卖房契正黄旗蒙古六甲穆特布佐领下笔帖式隆泰，有自置房一所，坐落西直门内曹公观后身教场小四条胡同，正房三间，南房两间，共房五间。今因手乏，无钱使用，同中保人情愿卖与本旗六甲隆　庆佐领下伊清阿名下永远为业。言明价钱八百五十吊整。其钱笔下交足，并无欠少。自卖之后，如有亲族人等争论，有本卖房住（主）一面承管。自卖之后任凭买主拆盖。恐后无凭，

立卖存照。

外有红契一张、白契三张，共四张跟随。

立卖房契人　隆　泰(押)

中保人　德　福(押)

道光三十年五月初一日　　立存照

信行

【注】

[一] 原件藏北京大学图书馆。

一八〇七　清咸丰元年(一八五一)北京正红旗蒙古松山卖房白契[一]

立卖房契人系正红旗蒙古瑞林佐领下马甲松山[二]，今因手乏，无钱使用，将自置房弍所，坐落在新街口北板桥二条胡同路南[三]。正房伍间，灰棚壹间，南房三间，西厢房二间，共计房拾壹间。上下土木相连，门窗户壁俱全。今凭中保说合，情愿卖与正黄旗汉军陈名下永远为业。言明卖价全钱九伯七拾吊正。其钱笔下交足，并无欠少。自卖之后，如有来路不明、重复典卖、亲族人等争竞、白字复出等情，有原卖主一面承管。任凭置主拆盖挪移。孔(恐)口无凭，立卖字存照。外有旗红契一张，民红契一张，白契二张，壹并跟随。

中保说合人　金伍(押)

王二(押)

王大(押)

李大(押)

立卖契人　松山(押)

伊子　他思呵(押)

咸丰元年六月十四日

信行存照

【注】

[一] 原件藏北京大学图书馆。

[二] 马甲，清朝禁卫军兵员的一种，如骁骑营辖下有马甲，从各佐领所房人丁中抽调。清魏源《圣武记》卷一一：「然惟骁骑营之马甲、领催、匠役隶之。」原注：「满洲、蒙古每佐领下马甲二十人……汉军每佐领下马甲四十六人。」

[三] 北板桥二条胡同，在今北京西城区积水潭之西。

一八〇八　清咸丰元年（一八五一）天津县丁雨泉等卖房地红契[一]

立卖房连地基杜绝文契人丁雨泉同孙仁桐轩，因乏用，将自置坐落栏家胡同后二道街路南。大门过道贰间，门肆扇，风门一个；倒座壹间，格扇四扇，避风一个；书房叁间，风门一个，板墙一道；西屋壹间，过道一间，男中厮夹道叁间，风门一个，西南角门二道；北止（正）房叁间，风门一个；南房叁间，风门一个；西厢房贰间，风门一个；东房贰间，风门一个；柴棚一间，西院大道小门一扇；北房叁间，南房叁间，北房壹间，南房一间，柴棚一间，板墙一道，后门壹道，院基随房，一切门窗户壁隔扇屏门屋内断间闸板归卖契之内，四至列后。其房地基各按老城旧址为界，水道滴水仍照旧日行走通流。凭中说合，情愿卖与嘉乐堂宋廷梁名下永远为业。三面言明，卖价时值元宝银伍百两整。笔下交足，分文不少。并无私债折准等事。自卖之后，有族门邻佑争竞违碍者，俱在卖主承管，不与现买主相干。此系两家情愿，各无返悔。欲后有凭，立此杜绝卖契存照。

外有原买契贰张，上首老契拾纸，交现买主收存。

咸丰元年九月十九　　日　　立卖房连地基杜绝文契人　丁雨泉（押）

同孙人　丁仁轩（押）

丁桐轩（押）

同中友人　马绍棠（押）

曹雨泉

宋镜湖

同四邻人　陆祥生（押）

孙正平（押）

王　姓

官经纪　李友芝（押）

永远为业

王兴业（戳）[二]

地方　宋连升（押）

【注】

[一] 原件藏北京大学图书馆。

[二] 戳文作「天津县官经纪王兴业（押）」。

一八〇九　清咸丰元年（一八五一）山阴县周文炘卖田官契[一]

山阴县卅六都三图立绝卖田契人周文炘，缘有祖遗分授自己户内方字号乙亩八分五厘。浼（浼）中情愿出卖与本县　处名下为业。三面议定时值估价银肆拾千文正。其钱当日一并收足。自卖之后，不准回赎，亦无重找，恁凭银主管业收户办粮。并无重叠交关。倘有事端，卖主自行承值，不涉买主之事。欲后有凭，立此绝契为照。

绝卖文契

计开：再批：老契遗失。若日后捡出，作废纸之论。并照。

方字陆佰七拾式号，田乙亩八分五厘正。

今遵例，一契杜绝。　坐落程东仁体常坟前。　土名

今收到契内钱一併完足。（押）

咸丰元年十一月　日

立绝卖契人　周文炘（押）

中人兄　文炜（押）

弟　文怡（押）

族　巨川（押）　禹平

汝安（押）　高堂炘

静川（押）

王乐山（押）

代书　周文炜（押）

计开条款例

一、凡用此契者，竟作绝卖。

一、卖主不识字者，许兄弟子侄代书。
一、成交后即粘契尾投税，验明推收。如违治罚。
一、契内如有添注涂抹字样者，作捏造论。
一、房屋间架仍载明空处。
一、典戤用此契者，须注明年限回赎字样。如不注者，仍作绝卖。
以上数条不过大概，倘民情尚有未尽者，请于空隙处填写。

【注】

[一] 原件藏北京大学图书馆。

一八一〇 清咸丰元年（一八五一）山阴县吴志道卖田官契[一]

山阴县廿一都一图立绝卖田契人吴志道，今将自己户内淡字号田弍亩陆分零，浼（浼）中情愿出卖与本县沈处名下为业，三面议定时值估价银柒拾千文正[二]，其银当日一并交足。自卖之后，不准回赎，亦无重找，恁（任）凭银主管业收户办粮。并无重叠交关。倘有事端，卖主自行承值，不涉买主之事。欲后有凭，立此绝契为照。

计开：再批：其田自绝卖之后，恁（任）凭银主入册输粮管业收花，永远杜绝。并照。（押）

东至　，西至　，南至　，北至　。

绝　字　号

卖　淡字八百七十五　号湖田弍亩六分六厘壹毫正，连田礁石一应在内。并附老契两纸。又照。（押）

文　字　号　旧管　都　图　户

契　字　号　新管　都　图　户

坐落小洋坂，土名坟头三亩。

咸丰元年十一月　日　立绝卖契人　吴志道（押）

今收到契内价钱一并完足。（押）　中人　如　山（押）　华行富（押）　钱继荣（押）

代笔　吴循善（押）

计开条款例：

（略）

【注】

[一]原件藏北京大学图书馆。

[二]时值估价，这样的用语一般见于典契或活卖契上。本契因谓是「绝契」，「不准回赎」，因之作为死契编入。

一八一一　清咸丰元年（一八五一）山阴县高竹轩推收执照[一]

推　绍兴府山阴县正堂胡　　为请严推收以杜漏税事：遵奉

收　宪行：今据叁拾陆都柒图高　　前户内赍同契旗[二]，将复开号推除，入本都本图高竹轩户下入册承粮。合行统给除单照，得契依则收税。倘隐漏不税，照例追罚。执照。

计开

执　不字十五号　　　　山壹亩正（押）

承纳次年银为始。此照（押）

照　咸丰元年十二月　　日税字　　号

【注】

[一]原件藏北京大学图书馆。

[二]契旗，契为契约。旗为民间的推单。

一八一二　清咸丰元年（一八五一）宛平县鲍继培投税房契[一]

立投税房契人掌山西道御史鲍继培，今因与曹姓原置安徽人汪姓住房一所，前后共计弍拾捌间，门窗院落一应俱全。坐落前门内西首碾儿胡同[二]，置价纹银壹千两正。此房上首累落红白契纸陆张。现因紧连坐落江米巷一所[三]，计房弍拾肆间，与此房向系一契两宅。拨开总契，经江米巷一所业主曹姓出售，外任将上首总契六张跟随出卖。外任不能呈验，理合拨税新契，以凭执业。并无将契押借，重复典当情事。为此，邀同保结投税，所具投税契纸是实。

咸丰元年　月　日　立投税契人　鲍继培

知底保人　康锡龄

【注】

[一] 原件藏北京大学图书馆。

[二] 碾儿胡同，今作「辇儿胡同」。

[三] 江米巷，今名「西交民巷」。

一八一三　清咸丰二年（一八五二）山阴县发给魏呈祥湖田推收执照[一]

推　收　执　照

绍兴府山阴县正堂胡　为请严推收以杜漏税事：遵奉宪行，今据拾柒都柒图石林户内赍同契旗，将后开号亩除入十八都一图魏呈祥户下入册承粮。合行填给除单，并将契随收投税。倘逾限不税，照例追罚。执照。

计开：

师字一百七十六、七，八十二、三号，湖田肆亩捌分式厘正。又，二百二十一号，田肆亩肆分捌厘壹毫。

承纳次年银米为始。此照。

咸丰式年正月　日　税字　号

【注】

[一] 原件藏北京大学图书馆。

一八一四　清咸丰二年（一八五二）山阴县沈香谷卖田官契[一]

山阴县十七都壹图立绝卖田契人沈香谷，今将自己户内淡字号湖田弍亩陆分零，浼中情愿出卖与本县张处名下为业，三面议定时值估价银陆拾两正，其银当日一并收足。自卖之后，不准回赎，亦无重找，恁（任）凭银主管业收户办粮，并无重叠交关。倘有事端，卖主自行承值，不涉买主之事。欲后有凭，立此绝契为照。

绝卖文契

计开老契弍帋。并照。（押）

东至　，西至　，南至　，北至　。

淡字八百七十五号湖田弍亩陆分陆厘壹毛

字　号

字　号

字　号

旧管　都　图　户

新管　都　图　户

坐落小洋坂，土名坟头三亩。

咸丰弍年弍月　日　立绝卖契人　沈香谷（押）

中人　李沛苍　沈东塘（押）　张南金（押）

代笔　如淦（押）

今收到契内价银一并完足。并照。（押）

计开条款例：（略）

【注】

［一］原件藏北京大学图书馆。

一八一五　清咸丰二年（一八五二）山阴县石广平出田推旗[一]

立推旗人石广平，今将十七都七图石圣户内潜字弍百九十六号湖田肆亩六分七厘柒毫、十七都一图石圣户内翔字陆百五十六号中田壹亩六分叁厘五毫，出推于　　都　　图　　户内为业。当年入册，次年银米为始。恐后无凭，立此推旗存照。（押）

咸丰弍年五月　　日

立推旗　石广平（押）

见推　单祥桂

代书　石萃洲（押）

推旗

【注】

［一］原件藏北京大学图书馆。

一八一六　清咸丰二年（一八五二）菏泽县杨榴柱卖地白契[一]

立字人杨榴柱，因为无𫁟使用[二]，今将自己东西地一段，计地一厶三卜五兀[三]，各有四至为界。同人杨成科说[四]，卖与杨似玉名下永远为业。言明共价大𫁟十一千文，当日交足。恐后无凭，立字为证。

咸丰二年十一月十五日立

【注】

［一］原件为编者藏品。

［二］𫁟，「钱」字的简化俗体字。

［三］厶、卜、兀，为「亩」、「分」、「厘」三字的简化俗体字。

［四］此句当作「同中人杨成科说合」。

一八一七 清咸丰三年（一八五三）休宁县金丹华杜卖田红契[一]

二拾二都五图立杜卖田契人金丹华，今因正用，自愿央中将承祖遗下田壹丘，土名呈枧充，系伏字三千弍百五拾七号，计田税九分四厘七毫七系；又田壹丘，土名首坑，系育字乙千六十三号，计田税壹亩四分六厘弍毫八系；又田壹丘，土名湖头井，系育字九百三十五号，计田税四分壹厘八毫八系五忽。其田四至俱照鳞册管业。当日凭中立契尽行出卖与拾九都壹图余　名下为业，三面言定得受时值价足兑纹银肆拾两正。其银成契日随手一并收足讫，亦不另立领札，其税在于十九都壹图拾甲金钦顺户内起割，推入于十九都壹图拾甲余镇远户内办纳粮差无异。倘有内外人言，以及先后重复交易、来历不明等情，尽是出卖人承值，不涉受买人之事。恐口无凭，立此杜卖契久远存据。

当缴原买赤契叁张，佥票叁张，一并缴付。所有收税票与别产相连，未便缴付。契内加「壹」字壹个，改「札」字壹个。此批。

（押）

咸丰叁年拾壹月　　日　　立杜卖田契人　金丹华（押）外贸妻代

凭堂伯　金宗孟（押）

凭　中　程含贞（押）　程厚滋（押）　程殿英（押）

代　书　程殿通（押）

【注】

[一] 原件藏北京大学图书馆。

一八一八 清咸丰四年（一八五四）天津县陆长庆等卖房地红契[一]

立卖房连地基杜绝文契人陆长庆泰，因乏用，将自置坐落二道街荣家胡同口路南。大门前道半间，正破底房叁间，东西厢房肆间，南底房叁间，南房贰间半，院基一段。一切门窗户壁俱全。东至买主，西至官街，南至买主，北至官街，四至分明。其房地基各按老城旧址为界，水道滴水仍照旧日行走通流。凭中说合，情愿卖与嘉乐堂宋名下永远为业。三面言明，卖价时值足白银玖拾两整，笔下交足，分文不少。并无私债折准等事。自卖之后有族门争竞违碍者，俱在卖主一面承管，不与现买主相干。此系两家情愿，各无返悔。欲后有凭，此杜绝卖契连地基存照。

外有原买契壹纸，交现买主收存。又照。

咸丰四年四月廿八　日　立卖房连地基杜绝文契人　陆长庆（押）
泰（押）
同中人　刘清长（押）
徐君喜（押）
官经纪　王永年（戳）
地方　宋连升（押）

永远为业

【注】

[一]原件藏北京大学图书馆。

一八一九　清咸丰四年（一八五四）宛平县鲍继培等卖房白契[一]

立卖房契人掌山西道监察御史鲍继培同子东植，今因乏用，将自置住房一所，坐落在前门内碾儿胡同中间路北。大栅栏门一间，东西车房四间，垂花门一间，东西厢房六间，北上房五间，后照房九间，灰棚二间，东小院东灰棚一间，共计房二十九间，大院一块，砖井一眼，上下土木相连，门窗户壁俱全，凭中说合卖与王名下永远为业。当面言明价银市平松江银五百五十两整。其银笔下交足，并不短少。倘有弟男子侄争竞及押借等情，有卖主同众人一面承管。恐后无凭，立此卖字为证。

外有靠身红契壹张跟随。

深知底保人　王鹤孙（押）
卖房人　鲍继培（押）
子　鲍东植（押）
说合人　张桂兴（押）
保　人　赵其德（押）

咸丰四年五月初四日　　立

【注】

[一] 原件藏北京大学图书馆。

一八二〇　清咸丰四年(一八五四)宛平县王梦熊卖房白契[一]

立卖房契人王梦熊，今因手下乏用，将自置住房一所，坐落在碾儿胡同[二]，共计房贰拾九间，凭中保人说合，卖与汇名下为业。言明房价银五百两整。笔下交足，并无短少。自卖房之后，如有亲族人等争竞等情，及来历不明等事，有王姓及中保人一面承管。恐口无凭，立此永远为据。

外随红契一张，白字二张。

立卖字　王梦熊(押)

中保人　车　福(押)

张　宝(押)

咸丰四年六月初六日　　立

【注】

[一] 原件藏北京大学图书馆。

[二] 碾儿胡同，今作「辇儿胡同」。在今北京西城区前门西大街与西交民巷之间，三路平行。

一八二一　清咸丰四年(一八五四)宛平县何宝臣卖房白契[一]

立卖房契人何宝臣同男何均，今因乏用，将自置住房壹所，门面房弍间，弍层房弍间，院内东厢房壹间，后院内东厢房弍间，共计房柒间。门窗户壁俱全，上下土木相连。坐落在前门外高井胡同中间路北地方。今凭知底保人说合，情愿出卖与鲁　　名下永远为业。三面言定，价银壹伯两。其银笔下交清，外无欠少。自卖之后，倘有亲族长幼弟男子姪等人争竞，以及指房借贷官银私债，重复典押等情，均有出卖房人并中保人一面承管。恐后无凭，立此卖房契存照。

内有原房何姓本身红契壹张，上首柳、倪、韩、孙四姓红契肆张，热（执）照壹张，标手壹张，共计红契热（执）照标手柒张，交置主收存。又照。

咸丰肆年捌月初一日

立卖房契人　何宝臣（押）
同男　何均（押）

中保人　李德明（押）
何　玉（押）
邢贵祥（押）
孙玉龙（押）

知情底保　胡勤学（押）
李秀峯（押）

【注】

[一] 原件藏北京大学图书馆。

一八二二　清咸丰四年（一八五四）宛平县李缪氏等卖房白契[一]

立杜绝卖房契人李缪氏同子庚生，今因乏用，将故夫遗下住房壹处两所：西所门面房叁间半、二层房叁间半、西厢房弍间、添盖东厢房弍间，后有落地一条、灰棚弍间、临街板墙一道，内有茅楼壹间；东院门面房叁间半、二层房三间半、东厢房弍间、添盖西厢房弍间，后有落地一条、前后灰棚弍间。共计灰瓦房棚弍拾柒间，随房院落门、窗户壁俱全，上下土木相连。此房坐落在北城灵中坊并铺韩家潭西头路南地方。今凭知底中保人说合，母子议定情愿杜绝卖与徐　名下永远为业。三面言明，寔卖房价银壹千两整，其银笔下交足，并无欠少。自卖之后倘有远近亲族弟男子姪争竞及重复典卖来路不明等情，均有卖主母子同知底中保人一面承管。恐后无凭，立此杜绝卖房契永远存照。

此房内有李姓本身红契壹张，上首孙姓三置红契叁张，上上首王张王崔陈杨六姓红白契陆张、郝蔡二姓红契弍张、李杨吕三姓红契三张，共计红白契拾伍张，外有赎回废白契肆张一并跟随置主收存。又照。

咸丰肆年玖月初肆日

立杜卖房契人　李缪氏(押)　同子庚生(押)
深知情底保人　范顺年(押)
　　　　　　　刘云会(押)
中保人　潘润昌
房牙　顾燮堂

【注】

[一]原件藏北京大学图书馆。

一八二三　清咸丰四年(一八五四)徽州张起父子卖地文约[一]

立卖地文约人张起同子张朝远,因乏用,将祖遗老粮民地壹段拾弍亩伍分,烦中说合,情愿卖与金玉垣名下为业,言明共价银拾陆两(每两时值价东钱弍拾陆千),其银笔下交足不欠。自卖之后,认(任)凭买主过割税契,不与卖主相干。如有重复典当,尽在中人一面承管。恐后无凭,立卖字存证。

东　崔姓,南　大道,
计开　四至　至　至
西　王姓,北　沙河。

咸丰肆年玖月十一日

立卖地人　张起(押)
　　　　　同子张朝远(押)
中保说合人　刘广才
代笔人　张履安(押)

卖字为证

【注】

[一]原件藏北京大学图书馆。

一八二四　清咸丰四年(一八五四)宛平县郑星垣卖房民契纸[一]

立卖房契人郑星垣，今因乏用，将原分置住房一所，门面房五间，后院小灰棚一间，对面厢房二门，西挎院南北对面房二间，西灰棚三间；又东挎院门面房三间，二层房三间，东厢房二间，共计房棚二十六间。门窗户壁俱全，上下土木相连。坐落中城中西坊二铺湿井胡同路南地方。凭知底中保人等说合，情愿出卖与张　名下永远为业。三面言定时值卖价房价银式伯伍拾两整。其银当日收足，外不欠少。自卖之后，如有亲族长幼人等争竞、及指房借贷官银私债等情，有卖主同知底中保人一面承管。恐后无凭，立此卖房契永远存照。

内有原房郑姓本身红契乙张，上首马、王、易、徐、王五姓红契五张，老红契半张，共计陆张半，付置主收存。又照。

咸丰四年十二月　日

立卖房契人　郑星垣
知底保人　夏永立
中保人　李兴吉
司振恒
房牙　叶嵩龄

宛平县挂号讫(戳)

【注】

[一] 原件藏北京大学图书馆。

一八二五　清咸丰四年(一八五四)宛平县郑星垣卖房官契稿[一]

立卖房契人郑星垣，今因乏用，将原分置住房一所，门面房五间，后院小灰棚一间，对面厢房二门，西挎院南北对面房二间，西灰棚三间；又东挎院门面房三间，二层房三间，东厢房二间，共计房棚二十六间。门窗户壁俱全，上下土木相连。坐落中城中西坊二铺湿井胡同路南地方。凭知底中保人等说合，情愿出卖与张　名下永远为业。三面言定时值卖价房价银式伯伍拾两整。其银当日收足，外不欠少。自卖之后，如有亲族长幼人等争竞，及指房借贷官银私债等情，有卖主同知底中保人一面承管。恐后无凭，立此卖房契永远存照。

内有原房郑姓本身红契乙张，上首马、王、易、徐、王五姓红契五张，老红契半张，共计陆张半，付置主收存。又照。

立卖房契人　郑星垣（押）
知底保人　夏永立（押）
中保人　李兴吉（押）
　　司振恒（押）
房牙　叶嵩龄（戳）
知情底保　张云轩（押）

咸丰四年十二月　　日

宛平县契稿

凡民间置买房产成交后，该牙眼同填写官发契稿，催令依限纳税。如有私相买卖，不经官牙，希图漏税者，该牙查明禀报，以凭按例究办。须至稿者。

字第　　号

【注】

[一]原件藏北京大学图书馆。

一八二六　清咸丰五年（一八五五）北京厢红旗蒙古舒翼卖房白契[一]

立卖字人系厢红旗蒙古达林佐领下生病笔帖式舒姓，今自置鼓楼大街口袋胡同住房一所，共房叁拾叁间半，上下土木相连，情愿同中保人卖与麟姓名下，永远为业。言明卖价八底清钱贰阡（仟）柒伯吊整，笔下交足，并无欠少。倘有亲族人等争竞者，俱有舒姓一面承管。恐口无凭，立字存照。

外有民红契三套，白契两张跟随。

任义和（押）
中保人　赵　泰（押）
　　孟　兴（押）
立卖字人　舒　翼（押）

咸丰伍年四月初九　　日

信行

【注】

[一] 原件藏北京海淀区大觉寺文物陈列馆。

一八二七　清咸丰五年（一八五五）新都县温敦友杜卖水田红契[一]

立杜卖水田文契人温敦友，今因要银使用，愿将分受己名下老二甲矮子堰灌溉水田一段，大小四块，载粮壹钱式分叁厘二毛（毫）六系（丝）六合（忽），要行出售。先请房族，无人承买。自行请中说合，情愿卖与弥牟镇培文会首事等名下承买为会业。比日凭中证说合，较准夏洪兴铺算盘尺五尺八寸为一弓过丈。丈计五亩六分六厘九毛五系（丝）正。每亩议作九九色时市价银叁拾式两六钱，共合银壹佰捌拾肆两八钱三分整。即日银契两交，并无下欠分厘。其有书押画字、沟边、田埂、出入道路，一并包在田内受价。其田界址：东上节以廖姓田为界；东下节挨大路以廖姓田埂为界，南以水沟为界；西上节以大路小沟为界；中节以廖姓大路为界；下节挨大路以温姓屋侧田埂为界；□节以温姓田埂为界，下节以沟为界。四界分明，毫无紊乱。此系二家情愿，并无债帐准折逼勒套哄等情。自卖之后，任随首事拨税输耕，不得异言。今欲有凭，特立文契一纸，交与培文会首事，永远存据。

外注明内添「埂」字壹个。

周镜山　唐凤池　约　唐全
邝田玉　温春玉　邻　廖玉瑞　同
温永林
陈月浦　温首斋
温际泰　夏克宽
前班当年承买首事　温际泰
温舜福　闵永恕　中证　吴启相　在
温子善
王敬斋　温锡海

咸丰五年十二月初二日　立杜卖水田文契人温敦友亲笔（押）

【注】

[一] 录自四川新都县档案史料组编《清代地契史料》第二十—二十一页。又据该书图版校正。

一八二八　清咸丰六年（一八五六）休宁县汪若阶卖坟地红契[一]

四都拾图拾甲立杜卖契人汪若阶，今因安葬祖柩无资，自愿将承祖遗下坟地一业两号：坐落土名前塍墩，系新丈岁字一千七百五十八号，计下则田税陆分陆厘四毫九丝。其地东至一千七百五十九号，西至一千七百五十六号，南至一千七百五十五号，北至一千七百五十七号。又同土名岁字一千七百五十九号，计下则地税式分四厘七毫。其地东至一千七百六十号，西至一千七百五十八号，南至一千七百六十号，北至一千八百十五号。以上两号，今凭中立契尽行出卖与四都二图二甲佘名下为业，三面议定时值价纹银式拾两整。其银当成契之日，是身一并收讫。其业凭图丈明，眼同钉石为界，此即交与买人永远管业，听从扦葬风水。此系两相情愿，日后不得异说。未卖之先，并无重复交易以及来历不明等情。自卖之后，倘有内外亲房人等生端异说，尽是出卖人一力承当，不涉买人之事。其税在四都十图十甲汪瑞户内起割，推入四都二图二甲佘源字户内自行办纳粮赋。当交未印契一纸，签票式纸，税票一纸，上首来脚赤契四纸，批凭一纸，旧契一纸，契外价字一纸，一并捡交受业人收执。恐口无凭，立此杜卖契永远存照。汪若阶昔年号内葬过坟七冢。今身税已杜卖佘姓讫，议定日后惟与汪姓存冢挂标，汪姓不得再行迁葬。已葬冢外，不得擅侵地步。又业内蓄养树木当日随契卖讫。同日又批。（押）

契内改「等」字、「来」字、「脚」字、「旧」字、「据」字、「后」字，共改六字。又批。（押）

咸丰六年七月　　日

立杜卖契人　汪若阶（押）

凭中　汪廷桢母朱氏（押）　金勋民（押）

汪子禅（押）　佘廷光（押）

依口代书　金勋民（押）

【注】

[一] 原件藏北京大学图书馆。

一八二九　清咸丰六年（一八五六）宛平县张静山卖房白契[一]

立卖房契人张静山，今因乏用，将原分置住房一所，门面房五间，后院小灰棚一间，对面厢房二间，西挎院南北对面房三间，西灰棚三间,又东挎院门面房三间,二层房三间,东厢房二间,共计房棚二十六间。门窗房间户壁俱全,上下土木相连,坐落中城西坊二铺湿井胡同路南地方。今凭知情底保说合,情愿出卖与名下永远为业。三面当同言明,对交房时笔下房价交足银式伯伍拾两,并无欠少。自卖之后,如有亲族长幼人等争竞,及指房借贷官银私债等情,有卖主同知底中保人一面承管。恐后无凭,立此卖房契永远存照。

内有原房郑姓本身红契一张,上首马、王、易、徐、王五姓红契五张,老红契半张,共计陆张半;张姓红契一张,总共柒张半,付置主收存。又照。

咸丰六年十二月二十五　日　立

知底保人　宋　魁(押)
　　　　　许秀峰(押)
卖房契人　张静山(押)
中保人　杨永顺(押)
　　　　肖文义(押)
　　　　孙大有(押)
　　　　杨玉吉(押)

【注】

[一]原件藏北京大学图书馆。

一八三〇　清咸丰七年(一八五七)江南安徽等处承宣布政使司颁发给休宁县余镇远买田纳税契尾[一]

江南安徽等处承宣布政使司为遵

旨议奏事:奉

抚部院劄:准

户部咨开:嗣后布政司颁发给民契尾格式:编列号数,前半幅照常细书业户等姓名,买卖田房等产数目,价银税银若干;后半幅于空白处预钤司印,以便投税时将契价税银数目大字填写钤印之处。令业户看明,当面骑字截开。前幅给业户收执,后幅同季册汇送布政司查核。等因,奉

旨依议钦此。钦遵在案。嗣奉

尾

户部议改新章，诸多窒碍。业经本司详请具奏，仍照旧办理。现奉

抚宪劄行折稿到司，奉经通行饬遵在案，合亟刊刷契尾印发。自咸丰五年十一月初一日为始，凡有业户呈契投税，务遵定例，大字填写，与业户当面截开，分别粘给。其后幅仍接季送司查验，转报院部毋违。须至契尾者。

计开：业户余镇远买金丹华田房亩间用价银肆拾两，纳税壹两式钱

布字壹千叁百式拾柒号右给业户　　准此

咸丰柒年柒月　日

业户余镇远买金丹华价银肆拾两，纳税壹两式钱[二]

【注】

[一]原件藏北京大学图书馆。

[二]骑缝半字。

一八三一　清咸丰七年（一八五七）山阴县高可德绝卖屋官契[一]

绝

山阴县卅六都三图立绝卖屋契人高可德仝男启华祥自己户内

使字号屋叁间地基壹亩，凂（浼）中情愿出卖与本县　族处名下为业，三面议定时值估价银陆拾阡（仟）文正，其银当日一并收足。自卖之后，不准回赎，亦无重找，恁（任）凭银主管业收户办粮。并无重叠交关。倘有事端，卖主自行承值，不涉买主之事。欲后有凭，立此绝契为照。

其屋上连椽瓦，下连基地石板石块，四围门窗板壁均全，走路河埠出入一应在内。自绝卖之后，恁（任）凭钱主居住管业改造。并照。（押）

卖

计开：

字　号

东至　，西至　，南至　，北至　。

使　字五百　号　地壹亩

文　字　字号　老契附

旧管　都　图　户

新管　都　图　户

契　遵例一契杜绝。坐落　南岸　土名　仓□底

今收到契内钱一并完足。（押）

咸丰柒年八月　日

立绝卖契人　高可德（押）　同男启华（押）　启祥（押）

计开条款例（下略）

中人兄　可言

弟　可永（押）　周巨川（押）　高福康

代书男　启华（押）

【注】

[一] 原件藏北京大学图书馆。

一八三二　清咸丰七年（一八五七）菏泽县杨在枝卖地白契[一]

立字人杨在枝，因为无㳒[二]使用，今将自己南北地一段，计地二厶五卜[三]，各有四至为界。同中人杨道林说，卖与杨似玉伏玉名下，永远为业。言过大㳒四千五百文，当日交足。恐后无凭，立字为（证）。

杨　伏玉一股　似玉二股

咸丰七年十二月十五日　立

【注】

[一] 原件编者藏。

[二] [illegible]，「钱」的俗体字。

[三] 厶、卜，「亩」、「分」的俗体字。

一八三三　清咸丰八年（一八五八）宛平县赏辅臣卖房官契稿[一]

立卖房契人赏辅臣，因乏用，将原置住房壹所：门面房肆间，弍层房肆间，叁层房肆间，前后院内厢房陆间，南跨院内西房壹间，东房壹间，共计房弍拾间；随房院落、临前街板壁壹围，门窗户壁俱全，上下土木相连。坐落南城草厂下三条胡同路东，后通草厂下四条胡同路西地方。今凭深知根底保人并中保人说合，情愿出卖与

张　　名下永远为业。三面言定，照时值卖房价银叁伯两整。其银笔下交足，外无欠少。自卖之后，倘有亲族长幼人等争竞、以及指房借贷官银私债等情，均有原业主同深知底保人一面承管。恐后无凭，立此卖契存照。

此房原有赏姓本身红契壹张，上首累落红白契纸拾柒张，标手弍张，共计弍拾张；外有张姓原买白字壹张，一并收存。又照。

咸丰捌年叁月　　日

立卖契房人　赏辅臣（押）

深知根底人　何琴山

马　森

中保人　肖永春

毕锦堂

说合人

房牙　李振现（戳）

大兴县契稿

凡民间置买房产成交后，该牙眼同填写官发契稿，催令依限纳税。如有私相买卖，不经官牙，希图漏税者，该牙查明禀报，以凭按例究办。须至稿者。

戊午果字第柒号

【注】

［一］原件藏北京大学图书馆。

一八三四　清咸丰九年(一八五九)正黄旗蒙古伊清阿卖房白契［一］

立卖房契正黄旗蒙古六甲隆庆佐领下护军伊清阿，有自置房一所，坐落西直门内曹公观后身教场小四条胡同；正房三间，南灰棚三间，共计房六间。今因手乏无钱，同中保人说合，情愿卖与王　姓名下永远为业。言明价钱壹千弍伯吊整。其〔银〕笔下交足，并无欠少。自卖之后，如有亲族人等争论，有卖房主一面承管。自卖之后，亲族拆盖［二］。恐后无凭，立存　照。

外有红契一张，白契四张根(跟)随。

立卖房契　伊清阿(押)

中保人　德　寿(押)

李　俊(押)

咸丰九年二月　　日

信行

【注】

［一］原件藏北京大学图书馆。

［二］此句原作「如有亲族折盖」，为笔误，但只涂去「如有」，仍误。当作「任凭买主拆盖」。

一八三五　清咸丰九年(一八五九)休宁县发给童秀峰佥业票之一［一］

佥

已字十二号

休宁县二十九都十二图奉

县主明示：为奉

业

旨清丈事，将本图内丈过田地山塘，逐号照丈积步依则清查，分亩给发小票，付业主执此凭照。

今丈器字壹千壹百叁拾捌号，土名墓山。

丈积空　　山，计税叁厘。

见业二十九都一图十甲童秀峰户丁坤房

咸丰九年五月　　日经理公正（戳）[二]　票

票

【注】

[一] 原件藏北京大学图书馆。

[二] 戳文作「黄源发印」，篆文。

一八三六　清咸丰九年（一八五九）休宁县发给童秀峰佥业票之二[一]

佥

业

票

已字十二号

休宁县二十九都十二图奉

县主明示：为奉

旨清丈事，将本图内丈过田地山塘，逐号照丈积步依则清查，分亩给发小票，付业主执此凭照。

今丈器字壹千壹百叁拾玖号，土名墓山。

丈积空　　山，计税叁厘。

见业二十九都一图十甲童秀峰户丁坤房

咸丰九年五月　　日经理公正（戳）[二]　票

【注】

[一] 原件藏北京大学图书馆。

[二] 戳文作「黄源发印」，篆文。

一八三七　清咸丰九年(一八五九)休宁县发给童秀峰佥业票之三[一]

佥　业　票

已字十四号

休宁县二十九都十二图奉

县主明示：为奉

旨清丈事，将本图内丈过田地山塘，逐号照丈积步依则清查，分亩给发小票，付业主执此凭照。

今丈器字壹千壹百叁拾陆号，土名余庆塘。

丈积空　　山，计税叁厘。

见业二十九都一图十甲童秀峰户丁坤房

咸丰九年五月　　日经理公正(戳)[二]　票

【注】

[一] 原件藏北京大学图书馆。

[二] 戳文作「黄源发印」，篆文。

一八三八　清咸丰九年(一八五九)北京正蓝旗满洲麟春卖房白契[一]

立卖房契，系正蓝旗满洲人麟春，今有自置住房一所，座落在总布胡同中间路北地方：大门一间，面房二间，西厢房二间，共房五间；空院一块。门窗户壁俱全。凭中说合，情愿卖与王名下永远为业。卖价钱四百伍拾吊正。其钱笔下交足，并无欠少。自卖之后，如有亲族争论，以及根底不清等情，俱有原业主承管。恐后无凭，立卖契存照。

外有粘连旗红契一套跟随。

咸丰九年拾月　　日立卖契人　麟春(押)

中保人　萧八(押)

【注】

[一]原件藏北京大学图书馆。

一八三九　清咸丰九年（一八五九）宛平县李小娄卖房白契[一]

立卖房契人李小娄，今因乏用，将原置住房一所，临街过道大门一间，内正房叁间，东西厢房肆间，又内院正房叁间，东西厢房肆间，游廊叁间，灰棚半间，共计瓦房游廊拾捌间半。随房院落门窗户壁俱全，上下土木相连。坐落在南城草厂下三条胡同南口路西地方。今凭经手承办管业人马德山说合，情愿出卖与李德胜名下永远为业。三面言定，时值卖房价银弍百两整。其银当日收清，并不短少。自卖之后，如有满汉亲族长幼弟男子侄人等争竞，以及指房借贷官银私债、重复典押等情，并上业不清、公产未授各等情，俱有卖主同经手承管业人并中保人均情愿承管。恐后无凭，立此卖契永远存照。

此房内有李姓本身红契一张，上首姚嫂弍姓红契弍张，再上首刘、宋、张叁姓红契叁张，共计红契六张，交付置主收存。又照。

立卖房契人　李小娄（押）

知情底保人　张云轩（押）

经手承办管业人　马德山（押）

毕锦堂（押）

中保说合人　孙大有（押）

张　钰（押）

咸丰玖年十弍月　　日

永远为业

【注】

[一]原件藏北京大学图书馆。

一八四〇　清咸丰十年（一八六〇）大兴县王辑五卖房白契[一]

立卖房契人大兴县民王姓，今有自置瓦房壹所：大门一间，南房弍间，西厢房弍间，共计五间；空院一块，座落在东单牌楼北总布胡同中间路北。今因手乏，情愿卖与钱　　名下为业。言明价钱肆伯吊整。其钱笔下交足，并无欠少。自卖之后，倘有来历不明以及亲族人等争论、重复盗典等事，俱有原业主一面承管。恐后无凭，立字存照。

外有粘连旂（旗）红契[二]一套、白契一张跟随。

立卖房人　王辑五（押）

咸丰拾年四月　　日　　　　立

【注】

［一］原件藏北京大学图书馆。

［二］旗红契，清朝在旗居民间买卖田宅的契约。

一八四一　清咸丰十年（一八六〇）萧山县王乐山绝卖屋官契[一]

萧山县二拾四都壹图立绝卖屋契人王乐山，今将自己户内驹字号店屋壹所，凂中情愿出卖与山阴县高处名下为业。三面议定时值估价银壹伯肆拾两正。其银当日一并收足。自卖之后，不准回赎，亦无重找，凭凭银主管业收户办粮。并无重叠交关。倘有事端，卖主自行承值，不涉买主之事。欲后有凭，立此绝契为照。

计开：契上所卖之屋只有式股之壹股。内壹股系胞弟售与潘处管业。　　东至潘姓屋，西至潘姓屋，南至河埠，北至高处滴水。

驹字四伯号：基地四分正。其地上坐北朝南。店面壹间，台门半个，台门对出翻轩壹间，店面后中通大堂屋壹间，后天井壹个，稻地台门步路河埠壹应在内。上连椽瓦，下连基地，石块、石板，四围门壁俱全。　　再批：稻地台门、步路、河埠，出入公用。

今收到契内银壹并完足（押）　　坐落钱清江沿下西弍堡。　　土名槐树下西首。

咸丰拾年拾弍月　　　　日立绝卖屋契人　王乐山（押）

绝卖文契

中人　高敬安（押）

周巨川（押）

侄　本成源（押）

亲笔无代（押）

再批：老契捡出作废帋论。

再批：字号亩分倘于鳞册不附，谨遵新例，照依现在四至管业。再照。

计开条款例

一、凡用此契者，竟作绝卖。

一、卖主不识字者，许兄弟子侄代书。

一、成交后，即粘契尾，投税验明推收。如违，治罚。

一、契内如有添注涂抹字样者，作捏造论。

一、房屋间架仍载明空处。

一、典戤用此契者，须注明年限回赎字样。如不注者，仍作绝卖。

以上数条不过大概。倘民情尚有未尽者，许于空隙处填写。

【注】

［一］原件藏北京大学图书馆。

一八四二　清咸丰十一年（一八六一）北京正黄旗汉军王长春卖房白契[一]

立卖房契人系正黄旗汉军头甲李春林佐领下马甲王长春。今有自置房一所，坐落在西直门内曹公观后身教场小四条胡同路北：正房三间，南灰棚三间，共计房六间，上下土木相连。今因手乏无钱，同中保人说合，情愿卖与陈姓名下永远为业。言明卖价全钱壹千弍伯吊整。其钱笔下交足，并无欠少。自卖之后，如有亲族人等争论，本卖主一面承管。自卖之后，任凭买主拆盖。恐后无凭，立卖字存照。

外有红契一张、白契五张根遂（跟随）。

立卖房契人　王长春（押）

中保人　恒　明（押）

咸丰拾壹年二月初九日

【注】

[一] 原件藏北京大学图书馆。

一八四三　清咸丰十一年（一八六一）宛平县郝本崇卖房民契纸[一]

立杜卖房契人郝本崇，今因乏用，将自置房叁间，现开设合茂隆油盐铺生理。其房乃自行播（翻）盖。坐落在中城中西坊五铺李纱帽胡同北口内路北地方。上下土木相连。凭知底中保人说合，情愿出卖与张　名下永远为业。三面言定时值卖房价银贰拾两整。其银当日收足，外不欠少。自卖之后，如有亲族长幼人等争兢（竞），及指房借贷官银私债等情，有卖主同知底中保人一面承管。恐后无凭，立此卖房契永远存照。

内有原房郝姓本身红契壹张，上首袁姓白字壹张，付置主收存。又照。

立杜绝卖房契人　郝本崇

知情底保人　杨永顺

陈云祥

萧文义

中保人　孙大有

张绍林

房牙　叶嵩龄

咸丰拾壹年贰月　日

宛平县挂号讫（戳）

【注】

[一] 原件藏北京大学图书馆。

一八四四　清咸丰十一年（一八六一）宛平县张云轩卖房官契稿[一]

立卖房契人张云轩，今因乏用，将原置房叁间，现开设合茂隆油盐铺生理，乃自行播（翻）盖。坐落中城中西坊五甫（铺）李纱帽胡同北口内路北地方。凭知底中保人说合，卖与蒋　名下永远为业。三面言定时值卖房价银式拾两整。其银当日收足，外无欠少。自卖之后，如有亲族长幼人等争竞，及指房借贷官银私债等情，有卖主同知底中保人一面承管。恐后无凭，立此卖房契永远存照。

内有原房张姓红契壹张，上首郝、袁二姓红白契式张，共计叁张，付置主收存。

咸丰拾壹年式月　　日

立卖房契人　张云轩（押）
经手知底保人　马祥瑞（押）
中保人　薛朝富（押）
房牙　叶嵩龄（章）

凡民间置买房产成交后，该牙眼同填写官发契稿，催令依限纳税。即有私相买卖，不经官牙，希图漏税者，并中保人私拿官用，该牙查明禀报，以凭按例究办。须至稿者。

宛平县契稿

【注】

[一] 原件藏北京大学图书馆。

一八四五　清咸丰十一年（一八六一）新都县刘长庚杜卖水田红契[一]

立杜卖水田文契人刘长庚，情因需银使用，无处出办，母子商议，愿将开濛所□龙门书院新二甲水田大小式块，官弓过丈二亩，仍卖与书院所管白沙会名下，累年所积银两归书院承买为业。比日凭证言明，每亩议定时市价银式拾柒两整。式亩共该价银伍拾肆两整。即日银契两交，并无下欠。自卖之后，即日将田交〔出〕，任凭书院耕输〔管业，不得〕异言生端。此系二家情愿，并无逼勒准折等弊。一卖千〔秋〕，〔永无赎取〕（下残）

咸丰十一年四月初四日

立杜卖水田文约人　刘长庚　立

经买首士　赵玉山　梁选楼　李松臣字

中证经手　付理菴　冯丹崖　魏高轩

【注】

[一] 录自四川新都县档案史料组编《清代地契史料》第二十二页。

一八四六　清咸丰十一年(一八六一)山阴县王子厚卖田出开票[一]

立出开票王子厚[二],今将自己卅六都三图王静志户内方字九百七十号田内迁玖分陆厘壹毫五丝正,情愿出开与本都本图户内入册输粮,次年银米为始。恐后无凭,立此开票存照。

咸丰十一年八月　　日

立出开票　王子厚(押)

见开　王竹村(押)　王笠庵(押)

代书　叶瘦生(押)

【注】

[一] 原件藏北京大学图书馆。

[二] 出开票,同「推旗」。

一八四七　太平天国壬戌十二年(清同治元年,一八六二)忠王李秀成发给常熟县陈金荣田凭[一]

田

忠王李为

给田凭以安恒业而利民生事[二],今据　　县

潘军中营高旅帅下花户陈金荣,有自置

田肆亩四分八厘分,座落　　都六图

地方。每年遵照

天朝定制，完纳银米，不得违误。所有自份田产，并无假冒隐匿等弊。给凭之后，如有争讼、霸占一切情事，准该花户禀请究治。为此给凭，永远存执。须至田凭者[三]

天父天兄天王太平天国壬戌拾贰年[四]　月　日给

凭

【注】

[一] 录自罗尔纲《太平天国文物图释》第一三九页。原件高30厘米，宽27.5厘米。

[二] 忠王李，太平天国忠王李秀成。

[三] 田凭，太平天国颁发的土地证。太平天国后期，在苏、浙凡设立乡官之区，为查清登记田亩，收取钱粮赋税，对土地所有者或耕种者，按统一格式，发给凭证，承认其土地所有权。

[四] 此纪年为太平天国历法，时称「天历」，亦称「太平新历」。此历法为冯云山创制，于一八五二年（咸丰二年）始行用于太平天国所占地区。用太平天国名号纪元，以干支纪年、月、日，地支中的「丑」、「卯」、「亥」，改为「好」、「荣」、「开」，星期顺序仿照西法。一八五九年，洪仁玕改订历法，称「天国新历」。

一八四八　清同治元年（一八六二）宛平县李缪氏等卖东院房官契稿[一]

立分杜绝卖房契人李缪氏仝子庚生，原有故夫遗下住房两处。今因乏用，将东院住房一所，门面房三间半，二层房三间半，东厢房二间，添盖西厢房二间，后有落地一条，前后灰棚二间，共计灰瓦房拾叁间。随房院落、门窗户壁俱全，上下土木相连。此房坐落在北城灵中坊并铺韩家潭西头路南地方。今凭中保人说合，情愿分杜绝卖与徐亦仙名下永远为业。三面言明实卖房价银贰伯两整。其银笔下交足，并无欠少。自分卖之后，倘有远近亲族弟男子侄争竞等情，均有卖主母子仝中保人一面承管。恐后无凭，立此分杜绝卖房契永远存照。

再批：所有西所住房，业经分卖与徐氏三房椒怀名下为业，分去李姓本身红契下半张，上首孙姓两置红契二张，累落红白契六张，系徐椒怀执业。现在此房只有李姓本身红契上半张，上首孙姓红契一张，又李、杨、吕三姓红契三张，废白契四张，共计红白契捌张半，跟随徐氏二房亦仙名下执业。各房各契两无干涉。

立分杜绝卖房契人　李缪氏　仝子庚生

中保人　范顺年

杨永顺

房牙（戳）

凡民间置买房产成交后，该牙眼同填写官发契稿，催令依限纳税。如有私相买卖，不经官牙，希图漏税者，该牙查明禀报，以凭按例究办。须至稿者。

收字第贰拾伍号

同治元年　月　日

宛平县契稿

【注】

［一］原件藏北京大学图书馆。

一八四九　清同治元年（一八六二）宛平县李缪氏等卖西院房官契稿[一]

立分杜绝卖房契人李缪氏仝子庚生，原有故夫遗下住房两处。今因乏用，将西院住房一所：门面房三间半，二层房三间半，西厢房二间，添盖东厢房二间，后有落地一条、灰棚二间，临街板墙一道，内有茅楼一间，共计灰瓦房拾肆间。随房院落、门窓户壁俱全，上下土木相连。此房坐落在北城灵中坊并铺韩家潭西头路南地方。今凭中保人说合，情愿分杜绝卖与徐椒怀名下永远为业。三面言明寔卖房价银贰伯两整。其银笔下交足，并无欠少。自分卖之后，倘有远近亲族弟男子姪争竞等情，均有卖主母子仝中保人一面承管。恐后无凭，立此分杜绝卖房契永远存照。

再批：所有东所住房，业经分卖与徐氏二房亦仙名下为业，分去李姓本身红契上半张，上首孙姓红契一张，李、杨、吕三姓红契叁张，废白契四张，系徐亦仙执业。现在此房只有李姓本身红契下半张，上首孙姓两置红契二张，累落红白契捌张，共计红白契拾张半跟随徐氏三房椒怀名下执业。各房各契两无干涉。又照。

立分杜绝卖房契人　李缪氏　仝子庚生

中保人　范顺年

杨永顺

同治元年　月　日

房　牙　顾燮堂（戳）[二]

凡民间置买房产成交后，该牙眼同填写官发契稿，催令依限纳税。如有私相买卖，不经官牙，希图漏税者，该牙查明禀报，以凭按例究办。须至稿者。

收字第贰拾陆号

【注】

[一] 原件藏北京大学图书馆。

[二] 戳文作「北城顺天府官房经纪顾燮堂」。

一八五〇　清同治二年（一八六三）宛平县畅昌光等倒铺底白契[一]

立倒铺底文约人畅昌光远生、王广清，今在西直门内路北开设聚泰粮店生理一处，因缺少资本，不能承做，今同众东人说合，情愿将铺中一应傢俱（家具）全出倒与邓宅名下承做为业。同众言明，倒价钱壹仟肆百吊整，其钱笔下交清，并不短欠。所有众东夥合同六张，本柜上现交出壹张，下短合同四张未交[二]。今因道路遥远不能交出；日后倘在（再）有聚泰店合同，作废纸。斩断葛藤，永无反悔。如若在（再）有亲族人等争论，有倒铺底人一面承当。恐口无凭，立倒约为证。（押）

外有傢俱（家具）单壹张。

外有无用合同壹张，头号；又交出三号合同壹张。下短二、五、四、六号合同四张，并为废纸无用。

畅汉禹

同治二年二月初四日　　倒铺人　畅昌光远生、王广清　立

在中人　郝文祥（押）　张作相（押）　陈卷书（押）　畅汉禹书代笔（押）

【注】

[一] 原件藏北京大学图书馆。

[二] 外有无用合同一张。

一八五一 清同治二年（一八六三）山阴县张金坡卖房官契[一]

绝卖文契

山阴县十七都七图立绝卖屋契人张金坡，今将分授自己户内淡字号屋叁间，凂中情愿出卖与本县族处名下为业，三面议定时值估价钱壹百四十千文正。其钱当日一并收足。自卖之后，不准回赎，亦无重找，恁凭银主管业收户办粮。并无重叠交关。倘有事端，卖主自行承值，不涉买主之事。欲后有凭，立此绝契为照。（押）

计开

字　号

东至　，西至　，南至　，北至　。

再批：此屋向系松野公公户承粮，鼎轩本派下子孙毋庸推收。是屋上连椽瓦，下连基地，四围门壁俱全。倘有争执等情，不涉钱主之事。并照。（押）

坐落蔡堰。新造门内东首第九第十第十一厢房三间，并退堂半个，又照。（押）

旧管　都　图　户

新管　都　图　户

同治贰年六月　日

立绝卖契人　张金坡（押）

同男　正轩（押）

炳轩（押）

见中侄　春霖

廷沛

代书　莫琢堂（押）

计开条款例

一、凡用此契者，竟作绝卖。

一、卖主不识字者，许兄弟子侄代书。

一、成交后，即粘契尾，投税验明推收。如违，治罚。
一、契内如有添注涂抹字样者，作捏造论。
一、房屋间架仍载明空处。
一、典戤用此契者，须注明年限回赎字样。如不注者，仍作绝卖。
以上数条不过大概。倘民情尚有未尽者，许于空隙处填写。

【注】

[一] 原件藏北京大学图书馆。

一八五二　清同治二年（一八六三）山阴县周沈氏卖田官契[一]

山阴县卅六都叁图立绝卖田契人周沈氏仝男之沂，今将自己户内万字号中田壹亩正，浼中情愿出卖与本县高处名下为业。三面议定时值估价银伍拾千文正。其银当日一并收足。自卖之后，不准回赎，亦无重找，恁凭银主管业，收户办粮。并无重叠交关。倘有事端，卖主自行承值，不涉买主之事。欲后有凭，立此绝契为照。（押）

计开　　东至　　，西至　　，南至　　，北至　　。

万字九百六十一号

旧管周东安户　都　图

遵例：一契杜绝。如日后老契捡出，作废纸论。

今收到契内钱一并完足。坐落里东江桥南，土名门前坂

同治弍年柒月　　日

立绝卖契人　周沈氏（押）　男之沂（押）

中人　周　镇（押）

鎔（押）

周德贵（押）　高云岸（押）

周莲塘（押）　周荣昌（押）

代书　周大本（押）

书　文　卖　绝

计开条款例

一、凡用此契者，竟作绝卖。

一、卖主不识字者，许兄弟子侄代书。

一、成交后即粘契尾投税，验明推收。如违治罚。

一、契内如有添注涂抹字样者，作捏造论。

一、房屋间架仍载明空处。

一、典戤用此契者，须注明年限回赎字样。如不注者，仍作绝卖。

以上数条不过大概。倘民情尚有未尽者，许于空隙处填写。

【注】

[一] 原件藏于北京大学图书馆。

一八五三　清同治二年（一八六三）山阴县周沈氏等卖田出开票[一]

立出开票人周沈氏全男之沂，今将祖遗分授三十六都三图万字九百六十一号乐安户中田壹亩正，出开[二]与本都本图高　户内入册输粮，以次年银米为始。恐后无凭，立此开票存照。

同治弍年七月　日

立出开票人　周沈氏（押）

见开　周　镇（押）

周莲塘（押）

代笔　周大康（押）

开票

【注】

[一] 原件藏北京大学图书馆。

[二] 出开，划拨出所卖田地亩分，及相应的粮差负担。

一八五四　清同治二年（一八六三）新都县温袁氏母子杜卖水田基地房屋红契[一]

立写一捆扫土杜卖水田、基地、房屋、竹木文约人温袁氏，同子温永恕，情因需银使用，母子商议，愿将己名下分受祖业老一甲古老堰灌溉水田弍段，大小叁块；基地壹方，草房一向叁间。先尽房族，无人承买。自行请中，卖与龙门书院斋长郑思纯、叶文光买为公业。自引买主凭中，清踏界址：其田第一段，东、南以沟心为界，西与温立祖会田埂脚为界，北与温姓田为界。第二段，东、北与温姓田为界，西、南与温姓田埂脚为界。四至分明，毫无紊乱。出路照旧，水路在温立祖会田内过水。会内人等不得异言。其田旧有败水缺，依古通流，界主不得阻塞。载粮式钱零柒厘九毛整。本温鉴亭名下拨出。至于社仓、公田，随粮经管。比日凭中议定：木金尺五尺八寸为一弓过丈，田内起弓，田内止弓，沟边、田埂、房屋、基地、竹木一并搭在田内受价，每亩作时价银四十柒两整。当即眼同过丈，共计田柒亩壹分陆厘肆毛，共合价银叁佰叁拾陆两柒钱整。在城内西街万兴隆钱铺秤码交兑。其银面针（真）无假，当下银契两楚。有所卖主人等书押画字、脱业离庄，一并包在价内。此系二家甘愿，两无逼勒准折等情。自卖之后，任随斋长招佃开垦，修阴造阳，耕输管业，卖主不得异言。一卖千秋，永无赎取。今恐人心不古，特立文契一纸交与斋长赴公拨税，永远存案为据。

约族中　黎家兴　温君九　温朴初　同
温竹坡　柳一生　字　在

同治二年十月初八日

立写杜卖水田房屋基地竹木文契人　温袁氏
同子　永恕

【注】

[一] 录自四川新都县档案史料组编《清代地契史料》第二十三—二十四页。

一八五五　清同治三年（一八六四）宛平县汇海卖房白契[一]

立卖房人候选通判汇海，现因手乏，将自置王姓房壹所，座落在前门内碾儿胡同路北。大栅栏门一间，西平台二间，平门一槽，东西厢房六间，北上房五间，后照房九间，东院房一间，共房二十四间，大院一块，砖井一眼。凭中说合，出卖给程名下为业。三面言明卖价市平松江银伍百伍拾两整。其银笔下交足，并不欠少。自卖之后，如有亲族人等争论，俱有汇姓同中保人一面承管。恐口无凭，立此卖字永远存照。

再：此房原契内房间数目，汇姓置后自行拆盖。

计：鲍姓红契一张，白契一张，王姓白字一张，汇姓白字一张，跟随。

深知底保　王　寿（押）

中保人　杨松福（押）

日立卖字人　汇　海（押）

同治叁年玖月拾陆

【注】

［一］原件藏北京大学图书馆。

一八五六　清同治三年（一八六四）新都县黄廷万父子杜卖基地水田红契［一］

立写一捆扫土杜卖水田、基地、房屋、旱地、林园竹木文契人黄廷万，同子昌喜等，情因移窄就宽，父子商议，愿将己名下所买老二甲兴隆堰、新开堰灌溉水田三段，大小弍拾块，旱地二块，基地一所，木金尺五尺八寸为一弓，约计拾捌亩零，载粮叁钱八分，黄四发名下退拨。其社仓、公田，随粮派拨。宅内草房大小七间，门扇窗格俱全，桑树弍拾余株，果木数株，慈竹数丛，粪池弍口，水井壹口，井石俱全，周围杂色竹木篱园，一并在内。其基地水田西面，上以毛姓田为界，下以本书院地为界，南面左以墙外魏姓旱地为界，右以曾姓、张姓墙脚为界，东面上以曾姓、陈姓墙脚为界，下以曾姓高田埂为界。上段田内有陈姓祖坟六冢，古坟四冢，俱系有坟无地，所有坟上芭茅、刺草，尽归买主砍伐。上段灌溉高田有筒车一道，石椿两根，一桥一道。至于桥梁路道依古通行。中段水田，东、北以三费局田石椿为界，西以小沟心为界，北以杨姓坟后高埂脚为界。荒包一段，北以刘姓、曾姓石椿为界。旱地一所，西面上以本书院篱脚为界，下以刘姓坟埂脚为界，东以杨姓坟埂为界，北以刘姓林边为界。下段水田，南以本书院大路为界，西以小沟廖姓田为界，东、北以冯姓田为界。高田一块，东以刘姓大路为界，北以杨姓旱地路为界。四界分明，毫无紊乱。界内斜坡、陡坎、杂草、竹木，以及书押画字，一并搭在田内受价。先尽亲族，无人承实。自行请中说合，比日凭证议明九九色银捆作价银捌佰捌拾弍两整［二］，卖与龙门书院斋长叶文光、赵宗抃买为书院管业。其银眼同过针，新都市秤交兑。当日银契两楚，并无下欠分厘。此系二家甘愿，并无准折逼勒等弊。自卖之后，任随买主阳修阴造，挖高填低，卖主不得异言。一卖千秋，永无赎取。今恐人心不古，特立文契一纸，交与书院斋长赴　公拨税，永远收存。

中　许复兴　周辅堂
证　邝心斋　字
约　吴　潮　曾大鹏
邻　陈三多

同治三年十月二十五日　立一捆扫土杜卖基地水田文契人　黄廷万　同子昌喜等

【注】

〔一〕录自四川新都县档案史料组编《清代地契史料》第二四——二五页。
〔二〕九九色银，银的成色的一种。

一八五七　清同治三年（一八六四）大兴县陈心耕卖房民契稿[一]

立卖房契人陈心耕，今因乏用，将自置铺面房一所，共计房拾叁间，门窗户壁、上下土木相连。坐落在中城中西坊头铺观音寺前路南地方。凭经手管业知底中保人等说合，情愿出卖与

周　名下永远为业。三面言定寔值卖价银贰百两整。其银笔下交足，外无欠少。自卖之后，倘有亲族长幼弟男子侄争竞等情，以及指房借贷官银私债等情，均有卖房人同知底中保人一面承管。恐后无凭，立此卖房契永远存照。

计开：门面房叁间，到底叁层。内有陈姓本身红契壹张，上首福、邵、韩、杨、富、海、高、陈八姓红契捌张，共计玖张，付置〔主〕收存。批明并照。再：上上首失契，前契内业经注明。又照。

知情保人　王守愚
立卖房契人　陈心耕
赵　舒
魏齐轩
中保人　陆如山
萧　亮
潘明甫
多德泰

同治三年十二月　日

【注】

[一] 原件藏北京大学图书馆。

一八五八　清同治三年（一八六四）大兴县陈心耕卖房民契纸[一]

立卖房契人陈心耕，今因乏用，将自置铺面房壹所，门面房三间，到底三层，共计房拾叁间。门窗户壁、上下土木相连。坐落在中城中西坊头铺观音寺前路南地方。凭经手管业知底中保人等说合，情愿出卖与

周　名下永远为业。三面言定寔值卖价银贰百两整。其银笔下交足，外无欠少。自卖之后，倘有亲族长幼弟男子侄争竞等情，以及指房借贷官银私债等情，均有卖房人同知底中保人一面承管。恐后无凭，立此卖房契永远存照。

原房有陈姓本身红契壹张，上首福、邵、韩、杨、富、海、高、陈八姓红契捌张，共计玖张，付置收存。又照。　上上首失契，前契内业经注明。又照。

知情保人　王守愚（押）

赵　舒（押）

魏霁轩（押）[二]

中保人　陆如山（押）

萧　亮（押）

潘明甫（押）

多德泰（押）

卖房契人　陈心耕（押）

大兴县挂号讫（戳）

同治叁年十弍月　日立

【注】

[一] 原件藏北京大学图书馆。

[二] 上录《陈心耕卖房民契稿》作「魏齐轩」。

一八五九　清同治三年（一八六四）休宁县邵金氏母子杜卖荒山官契[一]

县给契纸

契纸系本县捐廉刊刷发给，不取民间分文。惟该册税书经理发给以及倒换簿□往来饭食，准业户每张给钱叁拾文。不准多索。□□□□

立杜卖契一都一图五甲邵金氏同子大晋，前因岁杪堕欠众房钱粮[二]，倒归氏家赔纳。钱粮、门户正用无措，愿将承祖有忠、开祥遗下荒山壹业，坐落土名黄塘壊，系新丈天字玖伯九十六号，计山税玖分柒厘。照原管定四至：东至钉石，西至钉石，南至山塝，北至天字玖伯玖拾柒号山。又土名同，天字玖伯玖拾捌号，计山税壹分陆厘。东至钉石，西至钉石，南至天字玖伯玖拾柒号山，北至山塝以上。捌至内山税壹亩壹分叁厘。央中立契，一并杜卖与八都五图五甲汪　名下为业，当得受三面议定价曹（漕）平纹银拾壹两正。其银当成契日一并收足讫；其山随交买人管业，听从扦葬风水，保护坟茔。并无重复交易、分法不楚以及内外人拦阻生端异说等情。如有此情，尽是卖人承当，不涉买人之事。其税遵例随在邵云祥户内起割，推入买人汪诒裕户内办纳完粮。所有契凭遭寇遗失，当将本业业补佥归户式纸交付买人收执。日后如有本业只字，不论内外人捡出，概作废纸。恐口无凭，立此杜卖契永远存照。

契内多写「业」字壹个，添写「有」字壹个。又批。（押）

同治叁年拾弍月　日　立杜卖契　邵金氏（押）　同子　大晋（押）

凭中　汪诰书（押）　汪世祥（押）　汪泽涵（押）

金慎修（押）　方播书（押）

代笔　朱森山（押）

今就契内价银当成契日比即一并收足讫，不另立领。同年月日再批。

【注】

[一] 原件藏北京大学图书馆。

[二] 岁杪，岁末、年末。杪，末尾；末端。《广雅·释诂一》：「杪，末也。」清段玉裁《说文解字注·木部》：「杪，引伸之凡末皆曰杪。」《礼记·王制》：「冢宰制国用，必于岁之杪。」郑玄注：「杪，末也。」

一八六〇　清同治四年（一八六五）蓟州纯介庭卖地红契[一]

立卖契人纯介庭，今因乏手，将祖遗民地一段，计四亩，坐落蓟州城西羊圈庄西[二]。四至开后。烦中说合，情愿卖与本庄　乔起名下为业，言明卖价蓟钱四拾吊正[三]，其钱笔下交足无欠。自卖之后，听凭置主过隔（割）税契，不与弃主相干。倘有亲族争论及□舛错，有弃家、中人一面承管。恐口难凭，立此文约存照。

南　沙河，东　沙河，

一至　至

北　车道，西　沙河。

叶柳桥（押）

王荣先（押）

中保人说合　刘孟奎（押）

赵　忠（押）

同治四年正月十九日　　立契人　纯介庭亲笔（押）

永远为业

【注】

[一] 原件藏北京大学图书馆。

[二] 蓟州，治今天津市蓟县。

[三] 蓟钱，清蓟州铸钱局所铸铜钱。顺治初，各省、镇遵式开铸，先后开山西、陕西、密云、蓟、宣、大同、延绥、临清、盛京……铸局。各省、镇并铸开局地名一字，如太原增「原」字，宣府增「宣」字之类。「蓟钱」之称亦属此类。（见《清文献通考》卷十三、十四《钱币》，《清史稿》卷一二四《食货·钱法》）

一八六一　清同治四年（一八六五）大兴县钱恒卖房红契[一]

立卖房契人系大兴县民钱恒，今有自置住房一所，坐落在总布胡同中间路北地方[二]，大门一间、南房二间、北房三间，共房六间、空院一块、大门二扇，门窗户壁俱全，凭中说合，情愿卖与　毛名下永远为业。卖价钱伍百捌拾吊正，其钱笔下交足，并无欠少。自卖之后，如有亲族争论以及根底不清等情，俱有原业主承管。恐后无凭，立卖契存照。

外有粘连旗红契一套、白契二张跟随。

同治四年四月初五日

立卖房契人　钱　恒（押）

知情底保人　王玉德（押）

【注】

［一］原件藏于北京大学图书馆。

［二］在今北京东城区东总布胡同北。

一八六二　清同治四年（一八六五）大兴县毛锦卖房红契[一]

立卖房契人毛锦，今有自置住房一所，坐落在总布胡同中间路北地房（方）[二]，大门一间、南房二间、北房三间，共房六间，空院一块、大门二扇，门窗户壁俱全，凭中说合情愿卖与李　名下永远为业。卖价钱伍百捌拾吊正。其钱笔下交足，并无欠少。自卖之后，如有亲族争论以及根底不清等情，俱有原业主承管。恐口无凭，立卖契存照。

外有粘连旗红契一套、白契三张跟随。

同治四年闰五月拾一日

立卖房契人　毛　锦（押）

知情底保人　绳秀峰（押）

【注】

［一］原件藏于北京大学图书馆。

［二］在今北京东城区东总布胡同北。

一八六三　清同治四年（一八六五）宛平县程世荣卖房白契[一]

立卖契人程世荣，今因乏用，将自置汇姓住房壹所，在碾儿胡同中间路北，共计房贰拾肆间，大院壹块，井壹眼。今凭说合，卖与李名下为业。当面言明房价市平银伍百伍拾两整。其银当日交清，并无短少。自卖之后，如有亲族人等以及弟男子侄争竞、并来历不明等情，俱有程姓仝中人一面承管。恐后无凭，立此卖字为证。

外有鲍姓红白契二张，王姓白契一张，汇姓白契一张，程姓白契一张。

知情底保　恩　成（押）

立卖字人　程世荣（押）

同治肆年陆月贰拾　日

【注】

[一] 原件藏北京大学图书馆。

一八六四　清同治四年（一八六五）宛平县李璧山卖房白契[一]

立卖房契人李璧山，今因乏用，将先父所遗瓦房壹所，坐落大安南营中间路南：计瓦房三间半，东西厢房弍间，平台一间，二层瓦房三间，东西厢房四间，三层瓦房三间，平台壹间，茅棚一间，共计大小灰瓦棚房等拾捌间半；临街砖门楼一座。其地南通小安南营，北通大安南营。随房院落、门窗户壁俱全，上下土木相连。今凭知情底保说合，情愿出卖与徐　名下永远为业。当面言明，实置房价银叁佰两整。其银笔下交足，并无欠少。自卖之后，倘有亲族人等指房借贷官银私债及重复典押等情，俱有卖主同知情底保人一面承管。恐后无凭，立此契与买主永远存照。

再批：此房有李姓本身红契壹张，上首胡姓红契一张，再上首杨姓红契一张，共计红契叁张，交付置主收存。又照。

立卖房契人　李璧山（押）

知情底保人　杨永顺（押）

同治四年玖月二十一日

中保人　高　升（押）

【注】

[一] 原件藏北京大学图书馆。

一八六五　清同治四年（一八六五）开州陈百合卖地红契[一]

立字人陈百合，因为无钱使，今自己西花地一段，五亩八分。南至冯，北至卖主，西至冯，东至道。四至分明。有中人陈玉平说合，卖于高成龙为业。言明共价大钱陆拾捌千肆百文。当日交足。恐后无凭，立字为证。

同治四年　十月[二]　立

南卅四步三小尺　东　卅三步二小尺

长阔中四十二步　横阔

北四十七步一小尺　西　卅三步三小尺

怀家庄　河南铺高玉龙收清河庄五地方陈思名下粮四亩。[三]

【注】

[一] 友人赠原件复印稿。

[二] 上有「直隶开州之印」满汉文正方印两方。开州，今河南濮阳市。

[三] 原文如此。

一八六六　清同治四年（一八六五）休宁县发给童秀峰归户小票[一]

贰拾玖都壹图遵奉

归　县主　验契推收事：今据本图人户新置户业，其该税如数入册，合给归户小票，付业主收执为照。

计开

户　本图拾甲童秀峰买过器字壹千壹伯叁拾八九号

存　土名暮山　计税壹分捌厘柒厘正

买到　陆　都捌图伍甲　黄发益

契价　于　年

照　同治肆年拾月　日册里（戳）　票（戳）

【注】

［一］原件藏北京大学图书馆。

一八六七　清同治四年（一八六五）宛平县杨文学等卖房白契[一]

立卖房契人系宛平县民杨文学同子杨福禄，今有自盖房一所，坐落在西直门内火药局路东小胡同内路东。西灰房三间，南平台一间，上下土木相连，门窗户壁俱全。因手乏无钱，同中说合，情愿〔卖〕与正黄旗汉军陈名下为业。言明卖价全钱贰百陆拾吊整。其钱当日交足，并无欠少。自卖之后，如有来路不明、重复典卖、亲族人等争竞等情，俱有原业主同中保人一面承管。恐后无凭，立卖字存照。

外有民红契一张，白字一张，跟随。

中保说合人　郭宏义（押）

立卖字人　杨文学（押）

杨福禄（押）

同治四年十一月十三日

【注】

［一］原件藏北京大学图书馆。

一八六八　清同治五年（一八六六）大兴县周德圃等卖房白契[一]

立卖房契人周德圃、子衡，今因手乏，将本身自置瓦房叁间，门窗户壁俱全。坐落在干石桥内红庙。今凭中人说合，情愿将房卖与王　名下。明言价钱贰伯吊整。其钱笔下交足，并不欠少。自卖之后，倘有弟男子姪争净（竞）等情，具有周姓一面承管。恐口无凭，立此卖字存照。

再批：外有白纸拾张，一并付置主收存。

立卖字人　周德圃（押）、子衡（押）

中保人　徐　姓（押）

同治五年四月　　立

【注】

[一] 原件藏北京大学图书馆。

一八六九　清同治六年（一八六七）喀喇沁左旗萧全兑地白契[一]

立兑地契文约人萧全，因窘无奈，今将自己熟地壹段，此地坐落西山坡。计开四至：东至萧姓，西至徐姓，南至小西沟，北至大沟。四至分清。自烦中人说允，情愿兑与赵德玉名下耕种为主，永远为业。同众言明，卖价中钱叁拾吊整。其㦮（钱）笔下交足，不欠官差。壹亩租子合价叁佰文，别无杂项。此系两家情愿，各无返悔。空口无凭，立契存证。

许昌安（押）

中人　徐　文（押）

徐　双（押）

代笔　李凤仪（押）

同治六年十二月初四日　　萧　全（押）立

【注】

［一］手录友人藏品。契约上盖有「康德五年八月廿六日验讫」和「作废」两章，当是更换了新契。康德是伪满洲帝国皇帝溥仪的年号，康德五年为公元一九三八年（民国二十七年）。喀喇沁左旗时属热河省，今属内蒙古自治区。

一八七〇　清同治六年（一八六七）休宁县发给童秀峰佥票[一]

丁字第陆拾伍号

佥

二拾九都八图奉

本县明示：将本图丈过田地山塘，每号照丈积步，依则清查，分亩给发小票，业人亲领，前付该图亲供造册归户，凭此票照。

今丈使字叁千壹百陆拾式号，土名言山根

丈积中田陆拾陆步　　该税叁分

票

现业二十九都壹图十甲童秀峰

同治六年十二月　　日　　公正黄五林（戳）

【注】

［一］原件藏北京大学图书馆。

一八七一　清同治七年（一八六八）新都县温何氏母子杜卖车水田红契[一]

立杜卖车水田文契人温何氏同子温扬奎，情因要银使用，无处出办，是以母子商议，将祖父遗留分受己名下，回二甲肚脐堰灌溉车水高田大小叁块，载粮六分出售。先尽房族，无人承实。自请中证说合，情愿卖与弥牟镇南华宫文昌会承买为业。比日凭中证议定：乡弓木金尺五尺八寸为壹弓过丈。丈计叁亩四分捌厘叁毫四丝六忽整。每亩作价银五十四两四钱伍分正。其田共合价银壹佰捌拾玖两陆钱捌分正。水口田东与温姓田埂为界，南抵温姓田为界，西抵温姓田埂为界，北与萧姓大路脚为界。二块东与温姓放水〔沟〕心为界，南抵温姓田为界，西与温姓大路脚为界，北与温姓田埂为界。三块东与温姓出入大路为界，南与温姓田为界，西与温姓田埂为界，北与温姓大路脚为界。即日眼同族中证约邻踏明界限，立有灰椿。四至分明，毫无紊乱。车水码头与温洪恩、温显鉴、温杨□、温贞女四家公共码头车水灌溉。所有书押画字，一并包在田内受价。此系二家情愿，并无债账准折逼勒等情。即日银契两交，并无下欠分厘。自卖之后，任随文昌会经理首事赴公税拨、耕输管业，阴修阳造，挖高补低，卖主房族子孙，不得异言生端。今恐人心不古，特立文契一纸，交与南华宫文昌会首事永远存据。

总理　黄耀堂　王惠科　何　彩　陈静明　罗裕盛　同
值年　陈耆龄　黄湘浦　陈渥
邻　萧学林
约　温洪盛
族　温显鉴
中　崔锡光　刘洪兴　陈钟贤　陈裕堂　在
证　陈其昌　罗士章　字
丈手　崔正纪

同治七年三月初九日　卖主　温何氏同　子温扬奎

【注】

[一] 录自四川新都县档案史料组《清代地契史料》第二五——二六页。

一八七二　清同治七年（一八六八）大兴县李蕴亭卖房民红契[一]

立卖房契人李蕴亭，今有自置住房一所：大门一间，南房二间，北房三间，后院一块，大门二扇。门窗户壁俱全，上下土木相连。坐落在总布胡同中间路北地方。今因手乏，凭中说合，情愿卖与　爱新觉罗氏[二]

张　名下永远为业。三面言明，卖价银陆拾两整。其银笔下交足，并无欠少。自卖之后，如有亲族人等争论，以及根底不清等情，有原业主仝中人一面承管。恐后无凭，立此卖契永远存照。

外有粘连老红契乙套，白字四张，跟随。又照。

同治七年闰四月　　日　　立卖房契人　李蕴亭

中保人　王玉德
　　　　王九成

【注】

[一] 原件藏北京大学图书馆。

[二] 爱新觉罗，满族姓氏之一，原为建州女真族姓之一。满语「爱新」，汉语意译为「金」；「觉罗」，意即「姓」。姓爱新觉罗的满人常以「金」为汉姓，本此。在清朝统治时期，爱新觉罗是清皇室的姓氏。其下书「张」姓，当是爱新觉罗氏演化出之后裔分支姓氏之一。

一八七三　清同治七年（一八六八）宛平县胡叔平卖房白契[一]

立卖房契人胡叔平，今因乏用，将自置铺面房一所：门面一间，接檐一间，后有房一间，共计三间，随房院落、门窗户壁，上下土木相连。坐落北城日南坊香炉营五条胡同中间路南地方[二]。今凭知底保人说合，情愿卖与樊名下永远为业。言明卖价银贰拾五两。其银笔下交足，并不欠少。自卖之后，倘有亲族人等指房借贷官银私债争竞等情，有卖房主同保人一面承管。恐后无凭，立卖房契存照。（押）

再：此房有胡姓本身红契一张，吕姓红契一张，张姓红契一张，李姓红契一张，共四张，一并交与置主收存。又照。外有标首一张。

深知情底保人　李凤翔（押）
知情底保人　陈松樵（押）
中保人　于锦春（押）
　　　　于元圃（押）
立卖房契人　胡叔平（押）

同治七年　七月　日

【注】

[一] 原件藏北京大学图书馆。

[二] 香炉营，在今北京西城区。明已成巷，称香炉营。清时巷名自北而南为头条至六条。

一八七四 清同治七年（一八六八）新都县温兴隆父子杜卖水田红契[一]

立杜卖水田文契人温兴隆同子立正，今因要银使用，无从出办，父子商议，愿将父分受己名下，回三甲瓦子堰，过枧高沟灌溉水田弍块，要行出售。先尽房族，无人承买。自行请中说合，情愿卖与三圣宫文昌会总理温祥发、温鹏举名下，承买为会业。比日凭中证议定，以木金尺五尺四寸为一弓过丈，每亩作价银肆拾捌两整。共丈计田壹亩六分弍厘五毛陆系陆忽，共合价银柒拾捌两零肆分整，载粮叁分弍厘整。即日银契两交，并无下欠分厘。其书押画字、田埂、沟埂，一并搭在田内受价。其田界限：东与温永锌田为界，南与温兴元田为界，西与沟心为界，北与冯家碾文昌会田为界。二段：东与温文枚田为界，南与财神会田埂为界，西与卖主坟脚为界，北与卖主墙脚为界。此块田在温曹氏田内过水灌溉。四界分明，毫无紊乱。自卖之后，任随首事税拨耕输，轮流管业，房族人等，不得异言生端。此系二家情愿，并无债账准折逼勒等情。今欲有凭，特立文契一纸，交与首事永远存据。

温永铣 字

约 吴朝庆

族 温永凤 温兴元

邻 温永锌 温永霈 同在

族 温德三

中 温永尚

证 温聚亭

立杜卖水田文契人温兴隆（押）同子立正（押）

同治柒年拾月初四日

【注】

[一] 录自四川新都县档案史料组《清代地契史料》第二七页。

一八七五 清同治七年（一八六八）休宁县发给童秀峰收税票[一]

休宁县贰拾玖都壹图遵奉

县主明示：验契推收攒造粮册事：今据本图拾甲

收

童秀峰户丁　买过靡字壹千壹百陆拾伍号
四百弍十陆号
弍千壹百七拾柒号
弍十陆号

税

计税　地陆分弍厘柒毫四系捌忽整　土名旱冲
地壹亩陆分弍厘整　枫树坞
伍分伍厘捌毫整　前山于
地肆分伍厘壹毫整　马墓

票

同治七年十弍月　买仝都弍图四甲
黄起凤　户丁定基
同治七年十弍月　日(戳)[二]票

【注】

[一] 原件藏北京大学图书馆。
[二] 戳文作「弍拾玖都弍图册书黄茂有」。

一八七六　清同治八年(一八六九)新都县温曾氏母子卖水田红契[一]

立字卖水田文契人温曾氏，同子兴隆元，今因要银使用，无从出办，母子商议，愿将己名下回三甲瓦子堰，□□灌溉水田大小弍块，载粮弍分陆厘一毛，其粮温永兴名下拨出，水分照旧规一并出卖。先尽房族，无人承买，自行请中说合，情愿卖与万寿宫真君会首事温吉璜、温万丰、温德源、温德庆名下承买为会业。比日凭中木金尺五尺四寸为一弓过丈，每亩议作价银四十四两整。共丈计田玖分九厘零七系四合，共合价银四十三两六钱。即日银契两交，并无拖欠分厘。其书押画字，田埂沟埂，一并搭在田内受价。其田界东与温姓墙为界，南与温姓田为界，西与沟心为界，北上即(节)与真君会田埂为界，下节与观音会田埂为界。弍段东与财神会田为界，南与大路心为界，北与余姓坟脚为界，西与温姓田埂为界。此块温永洪田内过水灌溉。四至分明，毫无紊乱。自卖之后，任随买主税拨耕输。此系二家情愿，并无债账准折逼勒等情。今欲有凭，特立文契壹纸交与首事，永远存据。

约　吴朝庆

邻　温德文　温永洪

证　温祥发　温德有　温德咸

中　温祥瑞　温会同　温德英

证　温聚亭　温德三　温永尚　温兴隆　字

同治八年一月三十日　　立卖水田文契人　温曾氏　同子兴隆、兴元　　立

【注】

[一] 录自四川新都县档案史料组编《清代地契史料》第二八—二九页。

一八七七　清同治八年（一八六九）新都县冉王氏母子捆卖水田红契[一]

立捆卖水田文契人冉王氏，同子冉万銮，情因要银使用，母子商妥，愿将分受己名下新三甲内官堰灌溉水田壹块，官弓约计弍亩零，载粮壹分正。其田界限东至薛姓高埂脚为界，东上节至卖主田底为界，南至薛姓田为界，西至大路心为界，北至关帝会田为界。踏清四址，毫无紊乱。自行请中，先尽房族，无人承买。转请中证说合，甘愿卖与广慈会会首等出银承买，以作祀田。比日凭中证言明，其田一块捆作时市九九色价银捌拾柒两正[二]，其卖者人等书押画字一并包在价内。即日银契两交，并无下欠分厘。其银当即眼同针錾，自认无假。自卖之后，任随买主挖高填低，阳修阴造，卖者人等不得异言。再有放〔灌〕水道，要由卖者田为湃出。此系二家甘愿，并无货物债账、他故逼勒等弊。今恐无凭，特立文契一纸，交与广慈会会首等赴　公税拨，永远存据。

约　罗兴顺

中证　黄斐然　字

族　冉万纲　冉万经

邻　薛孚任

在会首事　林起凤　史德清　徐光耀　萧天清

薛瑱芳　黄光绪　胥有贵　王正林

同治捌年二月十三日　　立杜卖水田文契人　冉王氏同　子冉万銮　　立

【注】

[一] 录自四川新都县档案史料组编《清代地契史料》第二七—二八页。

[二] 九九色价银，价银的成色。

一八七八 清同治八年（一八六九）萧山县潘陈氏卖田官契[一]

绝卖文契

萧山县廿都上四图立绝卖契人潘陈氏仝男纯甫，自己户内场字号田捌亩捌分壹厘正。凂中情愿出卖与山阴县高处名下为业。三面议定时值估价银柒拾两正。其银当日一并收足。自卖之后，不准回赎，亦无重找，恁凭银主管业收户办粮。并无重叠交关。倘有事端，卖主自行承值，不涉买主之事。欲后有凭，立此绝契为照。（押）

计开：卖契同别户牵连不便。并照。（押）

场字乙千一百十七号，壹亩八分。

场字乙千二百十七号，五亩六分四厘。南至大路，东至钟姓田，西至钟姓田，北至潘姓田。四至今照。

场字乙千二百五十七号，壹亩三分七厘。南至陈姓田，东至沟，西至陈姓田，北至湖。四至今照。

同治捌年四月　　日

立绝卖契人　潘陈氏（押）

仝男　纯甫（押）

见中人　潘建元（押）　高温仙（押）

丁尚贵（押）　许艺芬（押）

陈均雪（押）

代笔　陈匡涛（押）

今收到契内钱

一并完足（押）

计开条款例

一、凡用此契者，竟作绝卖。

一、卖主不识字者，许兄弟子侄代书。

一、成交后即粘契尾投税，验明推收。如违治罚。

一、契内如有添注涂抹字样者，作捏造论。

一、房屋间架仍载明空处。

一、典戤用此契者，须注明年限回赎字样。如不注者，仍作绝卖。

以上数条不过大概，倘民情尚有未尽者，许于空隙处填写。

【注】

[一] 原件藏北京大学图书馆。

一八七九　清同治八年（一八六九）新都县韦星发兄弟杜捆卖水田旱地红契[一]

立杜捆卖水田、旱地、沟边文契人韦星发、星映，情因需银应用，无处设办，母子商议，愿将先父遗留水四甲踏马堰起水灌溉水田一段，大小六块，官弓约计拾亩零，载粮壹钱四分整，所有出入桥梁路道、放水消水沟渠，仍照旧规，卖主不得阻拦，荒坡古埂，芭茅茨草，斜坡陡坎，书押画字，一并搭在田内受价出售。先尽房族，无人承买。自请中证说合，情愿扫土捆卖与储才馆承买耕输管业。比日凭中议定，时值九九色价银肆佰伍拾捌两整。即日银契两清。其田东以刘姓大路心为界，南以董姓沟心为界，西以陈姓田埂脚为界，北以陈姓田埂脚为界，又北以陈姓沟心为界。四至分明，毫无紊乱。自卖之后，任随买主挖高填低，阳修阴造，卖主不得异言。此系二家甘愿，并无货债准折逼勒等情。一卖千秋，永无赎取。今恐人心不古，特立文契一纸赴公税拨，永远存据。

中证　张敬轩　陈焕堂　赖成章　刁卓堂　刁玉生　魏方亭

约　林明发　同　在

甲邻　洪占春　陈子良　刘子安　魏焕章　字

同治八年十二月初四日　　立杜捆卖水田旱地沟边文契人韦星发、星映

【注】

[一] 录自四川新都县档案史料组编《清代地契史料》第三〇页。

一八八〇　清同治八年（一八六九）休宁县发给黄忠佥票[一]

贰拾玖都捌图奉

佥　本县明示：将本图丈过田地山塘，每号照丈积步，依则清查分亩，给发小票。业人亲领，前付该图亲供造册归户，凭此票照。

今丈使字壹仟陆伯玖号，土名茅山塘。

丈积山，计步　　该税叁厘

现业廿九都捌图拾甲黄忠　户丁子谦佥

票　同治捌年十二月　　日　　公正黄五林（戳）[二]

【注】

[一] 原件藏北京大学图书馆。

[二] 戳文作「二十九都八图公正黄五林图记」楷书。

一八八一　清同治八年（一八六九）新都县赖庆佑兄弟等伙卖水田红契[一]

立写伙卖水田文契人赖庆佑、庆祥、庆亿，同侄永铃、永钋、永锟、永恒，侄孙贞烈等，今因要银使用，无从出办，弟兄叔侄商议，愿将祖遗分受己名下新三甲内官堰起水灌溉水田壹段，大小叁块，内有一块在赖永贵田中过水灌溉，载粮壹钱伍分整。先尽房族，无人承买。自行请中说合，情愿出卖与张家庵文昌会培文会首事等名下出银承买为业，以作每年义学延师之资。比日凭中议定：正才尺五尺二寸乡弓，每亩作价银肆拾弍两陆钱整。共丈计田柒亩一分陆厘叁毛弍丝伍忽，共成价银三百零五两壹钱伍分肆厘整。泰兴场公议称交兑，面针无假。是日银契两楚，无毫尾欠。其田界限东至□□□□□为界，南至赖永贵、赖贞荣田埂为界，西至赖永贵田埂为界，北至大沟水心为界。四至分明，毫无紊乱。界内田埂沟边、斜坡陡坎、桥梁堰石、大路沟道，书押画字、脱业立（离）庄，一并搭在田内受价。其有所欠官项，自有卖主承认。既卖之后，任随会上开垦栽蓄。此系二家甘愿，并无准折逼勒等弊。一卖千秋，永无赎取。恐口无凭，特立文契一纸，交与首事等赴公税拨，永远存据。

族中邻　赖永镕　曾和兴　曾异山　黄彩堂

赖庆高　赖永贵　……柳一山　字

立伙卖水田文契人　赖庆佑、庆祥、庆亿、永铃、永钋、永锟、永恒、贞烈

同治八年　月　日

【注】

〔一〕录自四川新都县档案史料组编《清代地契史料》第二八页。

一八八二　清同治九年（一八七〇）新都县黎书简兄弟等杜卖水田房屋红契〔一〕

立捆杜卖水田、基地房屋、竹树文契人黎书简、书元、书常、书鉴同子炳清等，情因移业就业，需银使用，无处设办，弟兄叔侄商议，甘愿将公尔遗留及私己分受回二甲石头堰起水灌溉水田二大段，大小共弍拾陆块，乡弓约计肆拾亩零，基地二段，载粮捌钱肆分整，砖草房一向三间，左横草房一间，连磨角四间，右横草房一向共四间，粪池一眼，水井一口，河边客户草房一向四间。以上各处房屋门扇、窗格俱全，周围墙园竹树一院，外有河边、沟边、田埂、大小桥梁，出入路经，砖堰石堰，斜坡陡坎，荒包古埂，放水沟道，湃水沟渠，一并出售。先尽房族，无人承买。自行帖请中证说合，情愿一捆卖与清节堂名下出银承买为业。当凭中证三面议定，一捆共作时值九九色价银弍仟一百捌拾两整。随即眼同中证约邻踏明四界。基地一段，宅后与哈姓连界，左以哈姓出路为界，宅后高埂归堂内管业，宅右基地高田，与赵姓旱地连界，有赵姓出路一条，高田埂脚与曾姓连界。河边基地一段，南以河心为界，西与曾姓田连界。宅右边高田九块，东北与黎姓田为界，宅左田一块，与哈姓出路连界，东与曾姓田为界，西与黎姓旱地为界。左边上田二块，东与曾姓田埂为界，西、南与黎姓旱地为界，北与放水沟心为界。宅前田四块，东与黎姓田连界，西与马姓田连界，又东折与李姓田连界。宅右下面田九块，北与沟心为界，东与吴姓田连界，南与大路心为界，南上又与沟心为界。大路右边大田一块，东与吴姓连界，南与沟心为界，西与黎姓田埂连界。四界分明，毫无紊乱。其田依古放流，轮次一昼一夜，放水湃水仍照旧规。至于挖高补低，阴修阳造，卖主与田邻人等均不得异言生端。即日择明立契，银契两楚，毫无尾欠分厘。此系二家情愿，〔并无〕债赈准折等弊。一卖千秋，永不赎取。今恐人心不古，特立文契一纸，交与清节堂赴公税拨，永远管业存据。

首事　郑执奄　赵玉山　向桂一　杨俊如　王西园　魏虚斋

王吁良　魏炳寅　王煦亭　王良生　刘锡庚　傅理庵

中证　李汝清　萧天长　萧季庵

族　黎炳清

田邻　吴顺成　马李氏　李文发　李文卓　哈廷良　赵世才

约　张昌行

立契人　黎书元 简常 同子炳清立 鉴

同治九年二月二十八日

【注】

［一］录自四川新都县档案史料组编《清代地契史料》第三一—三二页。

一八八三　清同治九年（一八七〇）山阴县潘纯甫出田开票[一]

立出开票人潘纯甫，缘有廿四都上四图园春户内场字壹千四百十七号田壹亩八分正。长春户内场字壹千弍百五十七号田壹亩叁分七厘，出开于本都上六图高鹉户内入册输粮，次年为始。立此开票存照。

立开票人　潘纯甫（押）

见中　建元（押）

大孝（押）

代笔　陈巨源（押）

同治九年七月　日

开票

【注】

［一］原件藏北京大学图书馆。

一八八四　清同治九年（一八七〇）新都县胡尚书捆杜卖水田红契[一]

立写一捆杜卖水田文契人胡尚书，情因要银使用，愿将己名下分受新一甲杨柳堰黄中沟灌溉水田一块，官弓约计壹亩肆分零，载粮叁分，自请中证说合，先尽房族，无人承买。比日凭证议定作时值价九九色银伍拾玖两肆钱整，其田先小春连青卖与朱衣会名下管业耕种。即日共交价银伍拾玖两肆钱整。比时契明价足，不欠分厘。卖主书押画字并包价内受价。其田界址，田埂五根俱归买主管业。东、南、北与张姓田为界，西与沟为界。四界分明，毫无紊乱。自卖之后，任随买主税拨另佃，永无翻悔。此系两家情愿，并无逼勒准折等情。恐口无凭，立一捆卖田文契，交与买主永〔远〕存照为据。

首事　汪雨亭　胡海门　李文焯□□□　刘礼堂　冯道滨　冯道辰

约族　骆三泰　胡尚平　同在

中证　何长盛　字

立一捆杜卖水田文契人　胡尚书　立

同治九年闰十月二十二日

【注】

〔一〕录自四川新都县档案史料组编《清代地契史料》第三二页。

一八八五　清同治九年（一八七〇）内务府厢黄旗内管领周庆禄认卖房执照〔一〕

执

立执照契人内务府厢黄旗内管领〔二〕周庆禄，今将前门外肉市南头路东铺面房一所〔三〕，言明此房价银业已两相交代明白，各无返悔。其地基尚在办理交价认买。俟办妥时，有置房主胡姓〔四〕存银壹伯伍拾两，作为地价。一俟执照领时，银照两交，期至腊月封印为满〔五〕。如办不妥，周姓每月认出地租银式两柒钱。恐后无凭，立此为证。

拾年正月二十一日同原中人

因减地租，使银四拾五两。〔六〕

立字人　周庆禄（押）

知情底保人　惠　吉（押）

中　人　宗瑞亭

张裕庭

龚永利（押）

照

同治玖年拾壹月初一　日

立执照

【注】

[一]原件藏北京大学图书馆。

[二]管领，清朝王府官员职称之一，相当于管事。清昭梿《啸亭杂录·王府官员制度》：「定制：亲王长史一员，头等护卫六员……四、五、六品典仪各二员，牧长二员，管领四员。」

[三]肉市，在今北京东城区前门大街北头路东。

[四]胡姓，山西平遥县商人胡吉诚。

[五]腊月封印，旧时官署于岁暮年初停止办公，称「腊月封印」或「封印」。清富察敦崇《燕京岁时记·开印封印》谓：清朝于每年十二月（腊月）十九至二十二日四天之内择吉封印，为期一月。至明年正月十九、二十、廿一三天之内择吉开印。

[六]此段文字为后来的批注。「拾年正月二十一日」为次年「开印」后。

一八八六　清同治九年（一八七〇）休宁县发给童秀峰收税票之一[一]

休宁县贰拾玖都壹图遵奉

县主明示：验契推收、攒造粮册事：今据本图拾甲

童秀峰　户丁　买过能彼字列后。

计田税叁亩叁分壹厘叁毫五丝。土名列后。　于

同治玖年拾壹月，买贰拾捌都玖图陆甲

吴万顺　户丁鸣九

同治玖年拾壹月　吉日「弍拾玖都弍图册书黄茂有」（戳）[二]票

契尾　契价

计开

能字壹千弍百捌拾壹号，土名上灌，田壹亩零叁厘整。

又　壹千零拾壹号，土名长充口，田五分弍厘四毫弍丝整。

又　柒百五拾五号，土名胡八坑，田五分玖厘整。

青皮塘，田肆分整。

收　税　票

彼字　　　　　　　　　　朱基充，田柒分陆厘玖毫叁丝整。

共计田叁亩叁分壹厘叁毫五丝整。

【注】

[一] 原件藏北京大学图书馆。

[二] 本票面盖此类印戳十处。

一八八七　清同治九年(一八七〇)休宁县发给童秀峰收税票之二[一]

休宁县贰拾玖都壹图遵奉

县主明示：验契推收攒造粮册事：今据本图十甲童秀峰户丁　买过可信字等号列后。

收　计田税玖亩柒毫叁系叁忽整。土名列后。于

同治十年十一月　(日)买本都捌图拾甲

黄贻泽户丁

税　同治十年十一月　日式拾玖都弍图

册书黄茂有西(章)

契尾

契价

票　计开

(地亩税款略)

【注】

[一] 原件藏北京大学图书馆。

一八八八　清同治九年（一八七〇）休宁县发给童秀峰收税票之三[一]

收　休宁县贰拾玖都壹图遵奉
县主明示：验契推收、攒造粮册事，今据本图十甲
童秀峰户丁　买过使字壹千陆伯玖号
计山税叁厘整。土名茅山塘。于
税　同治玖年十弍月　买仝都八图十甲
黄忠户丁
票　同治玖年十弍月吉日（戳）[二]票
契尾
契价

【注】

[一] 原件藏北京大学图书馆。
[二] 戳文作「弍拾玖都弌图册书黄茂有」篆书。

一八八九　清同治十年（一八七一）宛平县阮俭斋卖房民契纸[一]

立卖房契人阮俭斋，今因乏用，将自置盖瓦房壹所，门面房四间，二层房四间，对面厢房四间，小灰棚一间，西院小厢房一间，共计房棚拾肆间。后有落地壹条。随房院落、门窗户壁俱全，上下土木相连。坐落中城中西坊二铺大马神庙西头路南总甲杨泰地方[二]。今凭知底中保人说合，情愿出卖与缪子集名下永远为业。三面言明时值卖房价银足色壹百伍拾两整。其银当日交足，外无欠少。自卖之后，如有亲族长幼人等及指房借贷官银私债等情，有卖主同中人一面承管，不与买主相干。恐后无凭，立此卖契永远存照。

内有原房阮姓红契一张，韩姓红契一张，孙姓两置红契二张，程姓红契一张，周姓红契一张，明季老契一张，又上首陈姓白契一张，累落白字五张，共计红白契拾叁张，付置主收存。又照。

同治十年八月　　日立卖房契人　阮俭斋

房牙人　叶嵩龄

宛平县挂号讫（戳）

【注】

[一] 原件藏北京大学图书馆。

[二] 大马神庙，在今北京前门外珠市口西大街北培英胡同附近。

一八九〇　清同治十年（一八七一）宛平县阮俭斋卖房官契稿[一]

立卖房契人阮俭斋，今因乏用，将自置盖瓦房壹所，门面房四间，贰层房肆间，对面厢房肆间，小灰棚壹间，西院小厢房壹间，共计房〔棚〕拾肆间。后有落地壹条。随房院落、门窗户壁俱全，上下土木相连。坐落中城中西坊二铺大马神庙西头路南总甲杨泰地方。今凭知底中保人说合，情愿出卖与缪子集名下永远为业。三面言明时值卖房价银足色壹伯伍拾两整。其银当日交足，外无欠少。自卖之后，如有亲族长幼人等及指房借贷官银私债等情，有卖主同中人一面承管，不与买主相干。恐后无凭，立此卖契永远存照。（押）

内有原房阮姓红契壹张，韩姓红契壹张，孙姓两置红契贰张，程姓红契壹张，周姓红契壹张，明季老契壹张，又上首陈姓白契壹张，累落白字伍张，共计红白契拾叁张付置主收存。

同治拾年捌月　　日　　立卖房契人　阮俭斋

房牙　叶嵩龄　印

宛平县契稿

凡民间置买房产成交后，该牙眼同填写官发契稿，催令依限纳税。如有私相买卖，不经官牙，希图漏税者，并中保人私拿官用，该牙查明禀报，以凭按例究办。须至契稿者。

字第　　号

【注】

［一］原件藏北京大学图书馆。

一八九一　清同治十年（一八七一）宛平县缪子集卖房红契［一］

立卖房人缪子集，今因乏用，将祖遗自盖瓦房壹所，门面房四间，二层房四间，对面厢房四间，小灰棚一间，西院小厢房一间，共计房棚拾肆间。后有落地壹条，随房院落、门窗户壁俱全，上下土木相连。此户坐落在中城中西坊二铺大马神庙西头路南总甲杨泰地方。今凭知底中保人说合，情愿将此房出卖与刘　名下永远为业。三面言明实卖房价银陆百两整［二］，其银笔下交足不欠。自卖之后，如有远近亲族长幼人等争竞以及指房执契借贷官银私债、重复典卖、分授不清等情，俱有卖主仝知底中保人一面承管。恐后无凭，立此卖房契永远存照。

内有原房缪姓本身红契壹张，上首阮姓红契壹张，韩姓红契壹张，孙姓两置红契贰张，程姓红契壹张，周姓红契壹张，明季老契壹张，又上上首陈姓白契壹张，累落白字伍张，共计红白契拾肆张，付置主收存。又照。

同治十年八月　　日

立卖房契人　缪子集

知底保人　水禹川

张元通

房牙人　叶嵩龄

宛平县挂号讫（戳）

【注】

［一］原件藏北京大学图书馆。

［二］此房是缪子集于本月以壹佰伍拾两银买阮俭斋的，倒手即以陆佰两银卖出。（参看本书上条）

一八九二　清同治十年（一八七一）新都县庄炳南叔侄捆杜卖水田红契［一］

立捆杜卖水田文契人庄炳南，同侄庄肇基、肇科、肇传等，情因需银应用，难以设办，叔侄商议，愿将祖遗新三甲内光堰起水灌溉水田一分，三房分受外，除留公共水田二段，大小四块，乡弓约丈四亩零，载粮九分整出售。先尽房族，无人承买。叔侄商议妥贴，伙同请中证说合，情愿杜卖与梓橦宫阃文会名下，承买为业。比凭中证议定，沟边、田埂，出入路道，石堰、石桥，放水、过水沟基，书押画字，一并包在价内，一捆作九九色价银一百柒拾一两捌钱整。是日眼同约邻中证，踏明界限。上段水田二块，东至廖、赖二姓田为界，南至廖姓田为界，西至放水沟为界，北至卖主田埂为界。下段水田二块，东至庄姓田为界，南至庄姓放水沟埂为界，西至庄姓放水沟埂为界，北至大路心为界。四至分明，毫无紊乱。概行卖净，界内寸土无留。是日银契两交清楚，并无下欠分厘。自卖之后，任随买主耕输管业，卖主房族人等不得异言生端。此系二家情愿，并无债账准折，亦无他人佃当不明等情。一卖千休，永无赎取。今恐人心不古，故立杜卖文契一纸，交付与买主赴　公税拨，永远存据。

总理　黄文贵　庄显山　林启凤　陈启庆

约族中证　张三合　庄高亭　林裕泰　黄文寿

庄肇维　庄厚亭　字　林文谟

同治十年十二月二十日　立捆杜卖水田文契人　庄炳南　同侄肇基、肇科、肇传　立

【注】

〔一〕录自四川新都县档案史料组编《清代地契史料》第三四页。

一八九三　清同治十年（一八七一）睿亲王府百岁卖房红契〔一〕

立字人睿亲王府管理家务事百岁，为本府有闲房一所，共计九间半，坐落在石大人胡同府影壁后路南。今凭中人，让与恩宅名下为业。作价银肆百两整。其银笔下收清。立此执照为证。此房系本府亲军校佟怀明呈进

外随红契二套，白契二张。

立字人　百岁（押）

中保人　桂祥（押）

同治十年十二月　日

信行

【注】

[一] 原件藏于北京大学图书馆。

一八九四　清同治十年（一八七一）大兴县顾洪海卖房民红契[一]

立卖房契人顾洪海，今因乏用，将祖遗住房一处：破烂灰房五间，随房大院一块，南北七丈零五寸，东西三丈九尺四寸。四至分明，门窗户壁、上下土木相连。坐落中城中东坊二铺高井胡同路北地方。今凭知底中保人说合，情愿将此房出卖与王庆吉名下永远为业。三面言明卖房价银伍拾两整。其银笔下交足，并无欠少。自卖之后，如有亲族人等争竞，以及指房执契借贷官银私债、重复等情。俱有出卖房主并知情底保人一面承管。恐后无凭，立此卖契永远存照。

内有原房顾姓红契壹张，上首于姓红契壹张，共计红契弍张跟随。又照。

中保人　潘明甫

　　　　萧　亮

知情底保人　孟瑞岐

　　　　于松亭

立卖房契人　顾洪海

说合人　王学之

房牙　叶嵩龄

同治十年十二月　　日

【注】

[一] 原件藏北京大学图书馆。

一八九五　清同治十年（一八七一）太湖分府邱亿园清丈执业方单[一]

清　太字第弍万玖仟弍拾玖号[二]

丈　江苏太湖分府[三]樊　为颁给方单事：照得东山[四]田地山荡，自遭兵燹之后[五]，粮赋缺额，科则舛错。兹遵宪[六]饬督董，逐细丈正，秉公定则，并按户绘其鱼鳞图册[七]，永远遵守。合行给单执业单[八]，仰该业户查照，则额亩分归于版图办赋。嗣后无论何项产业，均以现给新单为凭。所有昔年一切单契，概作废纸。倘有买卖更易，务将此单立契转交，仍由得业之人赍同单契赴本分府衙门投税过户，推换的业姓名方单。或非全号弃卖，亦须将单交买业同契呈验，改正亩数，分换二单，各给一单。其回赎之产，并着随契掣单。执据无单，即系虚产。须至单者。

计开

西至　号　二十九都七图密字圩一丘二十六号

南　北

至　至

积步捌拾伍步伍分

核计叁分伍厘陆毫

系壹升五合　则

每年额征

上
下忙银

号　号　南米

东至　号

右给的业粮户邱亿图　准此

同治十年十二月　日给

分府　此单无故遗失，不准补给。随时禀明注册记档，按产照契填明四至。倘猝遇水火盗贼失弃，显有证迹者，准据实禀候，查照根册补给。单内号则亩分，俱系大书。如有洗补改花，即系舞弊，许该业户禀究。

第弍万九千廿九号

执　业　方　单

【注】

［一］原件藏北京大学图书馆。

［二］骑缝半字。

［三］太湖分府，清乾隆元年（一七三六）置太湖厅，治洞庭东山，隶苏州府。

［四］东山，今洞庭东山之东山镇。清乾隆元年置太湖厅治此。

[五] 兵燹，指太平天国革命时的战争。

[六] 宪，旧指朝廷委驻各行省的高级官吏。如清朝称巡抚、藩司、臬司为三大宪。引申为对上司的尊称。

[七] 鱼鳞图册，鱼鳞图之名始见于南宋。《宋史》卷一七三《食货志·上一》曰：「宁宗嘉定十年（一二一七），魏豹文知婺州，「凡结甲册、户产簿、丁口簿、鱼鳞图、类姓簿二十三万九千有奇，创库柜以藏，历三年而后上其事于朝」。鱼鳞图亦称砧基簿。至明朝初年，为确保国家对民间地税的征收。派官「分行州县，随粮定区。区设粮长四人，量度田亩方圆，次以字号，悉书土名及田之丈尺，编类为册，状如鱼鳞，号曰鱼鳞图册」（《明史·食货志一》）。此制一直沿用到清朝末年。

[八] 原文如此。似衍一「单」字。

一八九六　清同治十一年（一八七二）宛平县全吕氏补税房红契[一]

立补税契人全吕氏，原有祖遗自置住房一所，坐落在前门外安南营西口路南[二]，南房二间，北房二间，西平台二间，后院灰棚一间，共计房七间。价银柒拾两正。此房老契实因赴江苏候补被贼乱遗失无存，今情愿遵例赴县补税，以便管业。其中并无虚捏重复情事。如虚，同知底保人情甘认咎。恐后无凭，立此补税契据为照。

知情铺保（宏义酒店）[三]

立补税人　全吕氏（押）

再批：此房老契倘日后查出，作为废纸。

宛平县挂号讫

同治拾壹年肆月　　日

【注】

[一] 原件藏北京大学图书馆。

[二] 安南营，今北京前门外大栅栏大安澜营胡同。

[三] 戳记。铺保，以商店为保者。

一八九七　清同治十一年（一八七二）大兴县徐树棠卖房白契[一]

立卖房契人徐树棠，今因乏用，将祖父置瓦房壹所：门面房叁间半，二层叁间半，东西厢房二间，叁层瓦房叁间，共计拾贰间。门窗户壁、上下土木相连。坐落中东坊二铺高井胡同路北。凭知底中保人说合，情愿卖与

李　名下永远为业。言定卖价纹银叁佰两整。其银当日收足，外并不欠少。自卖之后，如有亲族长幼人等争竞，及指房借贷官私债等情，有卖主同知底保人一面承管。恐后无凭，立此字存照。

内有郭姓红契壹张，辛姓红契卖张，共计红白契纸捌张，付置主收存。

周俊甫（押）

知底保人　张广居（押）

陶子林（押）

立卖房契人　徐树棠（押）

同治拾壹年伍月拾陆日

【注】

〔一〕原件藏北京大学图书馆。

一八九八　清同治十一年（一八七二）宛平县谦益堂张卖房官契稿〔一〕

立卖房契人谦益堂张，今因乏用，仝经手人王友斋，将自置铺面房壹处：门面房五间，排子五间，接檐房五间，东院厢房四间，西院厢房二间，北上房五间，后有落地一条，灰棚一间，共计灰瓦房排贰拾柒间，随房院落、门窗户壁俱全。坐落在北城日南坊三铺琉璃厂西门内路北地方。今凭经手知底中保人说合，情愿杜绝顶卖与徐　名下永远为业。三面言明寔卖房价银捌佰伍拾两整。其银笔下交足，毫无欠少。自卖之后，倘有远近亲族弟男子姪指房执契借欠官银私债及重复典卖争竞等情，均有卖主、经手人人中保人一面承管〔二〕。恐后无凭，立此顶卖房契永远存照。

此房内有谦益堂张姓本身红契一张，上首吴姓红契一张，上上首朱潘二姓红契二张，又宋姓上首红契一张，又潘姓上首红契二张，共计红契捌张跟随，置主收存。又照。

立杜绝顶卖房契人　谦益堂张（押）

经手深知情底保人　王友斋（押）

马晓堂（押）　宋良臣（押）

中保人　张　成（押）　范瑞亭（押）

同治拾壹年八月十七日

宛平县契稿

房牙　顾夔堂（戳）[三]

凡民间置买房产成交后，该牙眼同填写官发契稿，催令依限纳税。如有私相买卖，不经官牙，希图漏税者，并中保人私拿官用，该牙查明禀报，以凭按例究办。须至契稿者。

【注】

[一] 原件藏北京大学图书馆。

[二]「经手人」下衍 一「人」字。

[三] 戳文作「北城顺天府房行经纪顾夔堂」。

一八九九　清同治十一年（一八七二）大兴县李小娄卖房红契[一]

立卖房契人李小娄，今因乏用，将自置住房一所，共计灰瓦房拾捌间半。坐落在南城草厂下三条胡同南口内路西[二]。随房院落、门窗户壁俱全，上下土木相连。今凭经手承办管业人马得山说合，情愿出卖与李德胜名下永远为业。三面言定时值卖房价银式百两整。其银当日交清，并不欠少。自卖之后，如有远近亲族长幼弟男子侄争竞，未分之公产，以及指房借欠官银私债，来历不明、重复典卖等情，俱有卖主同经手承办管业人并中保人一面承管。恐口无凭，立此卖契存照。

此房内有李姓本身红契一张，上首姚准又二姓红契二张，上首刘、宋、张三姓红契三张，共计红契六张，交付置主收存。计开：房间临街过道大门一间，内正房三间，东西厢房四间，又内院正房三间，东西厢房四间，游廊三间，灰棚半间，共计瓦房游廊拾捌间半。批明并照。

立卖房契人　李小娄

经手承办管业人　马得山

知情底保人　张云轩

同治十一年十月　日

大兴县挂号讫

中保说合人　毕锦堂
孙大有
张　钰

【注】

［一］原件藏北京大学图书馆。
［二］草厂下三条胡同，今北京东城区，北起兴隆街，南至北芦草园胡同。

一九〇〇　清同治十一年（一八七二）山阴县曹福承推旗[一]

立推旗人曹福承，今将十一都一图自巳曹光和户内调字一千八百三十七号中田壹亩五分八厘五毛[二]，二千八百三十八号中田壹亩壹分〇九毛，二千八百三十九号中田壹亩壹分六厘五毛，二千八百四十壹号中田壹亩六分五厘五毛，二千八百四十四号中田捌分九厘，雨字二百十二号中田弍亩六分八厘六毛，二百十四号中田壹亩五分四厘弍毛，出推于本都本图高衔庆户内，承纳次年银米为始。此照（押）

同治拾壹年拾月　日

立推旗人　曹福承（押）
见推叔祖　曹复三（押）
亲笔（押）

推旗

【注】

［一］原件藏北京大学图书馆。
［二］自巳，疑为「自己」之误。

一九〇一　清同治十年（一八七二）宛平县全吕氏等卖房官契稿[一]

立卖房契人全吕氏仝子竹轩，今因乏用，将祖遗住房一所：南北房四间，西平台二间，后院灰棚一间，共计灰瓦房柒间。随房院

落、门窗户壁俱全，上下土木相连。坐落在北城日南坊并铺大安南营西口内路南地方。今凭知底中保人说合，情愿出卖与

徐　　名下永远为业。三面言明寔卖房价银壹伯两整。其银笔下交足，并无欠少。自卖之后，倘有远近亲族弟男子侄指房执契借欠官银私债及重复典卖争竞等情，均有卖主母子仝知底中保人一面承管。恐后无凭，立此卖房契永远存照。

此房内有全姓本身补税红契壹张跟随置主收存。又照。

同治拾壹年拾壹月　　日

立卖房契人　全吕氏（押）　仝子竹轩（押）

深知情底保人　吕春皋（押）

叶秀臣（押）

中保人　于松亭（押）

张春泉（押）

张渠轩（押）

房牙　顾爕堂（戳）

宛平县契稿

凡民间置买房产成交后，该牙眼同填写官发契稿，

催令依限纳税。如有私相买卖，不经官牙，希图漏

税者，并中保人私拿官用，该牙查明禀报，以凭按例究办。须至契稿者。

字第　　号

【注】

[一] 原件藏北京大学图书馆。

一九〇二　清同治十二年（一八七三）宛平县邢寿昌卖房白契[一]

立卖房契人邢寿昌，今因乏用，将自置铺面房壹处：门面房贰间，随房院落、门窗户壁俱全，上下土木相连。此房坐落在琉璃厂东门外南边桶子胡同东口内路北地方。今凭知底中人说合，情愿出卖与

徐　　名下永远为业。三面言明寔卖房价银肆拾两整。其银笔下交足，并无欠少。自卖之后，倘有远近亲族弟男子侄指房执契借欠官银私债及来路不明重复典卖争竞等情，均有卖主仝知底中人一面承管。恐后无凭，立此卖房契永远存照。又照。

此房内有邢姓本身红契壹张，上首王姓红契壹张，尽上首孙姓典红契壹张，尽上首陈、沈、蒋三姓白契三张，共计红白契纸陆张，一并跟随置主收存。又照。

同治拾贰年拾壹月　日

立卖房契人　邢寿昌(押)
知情底保人　费寿山(押)
中保说合人　宋良臣(押)

【注】

[一] 原件藏北京大学图书馆。

一九〇三　清同治十二年(一八七三)宛平县贾贯之倒煤厂约[一]

立倒约人贾贯之，今在磨石口村东头设立聚盛煤厂生理[二]。因生意折本，不愿承做，今同中人说合，情愿将聚盛厂字号家倨(具)铺底等物，一并出倒与张崇文名下，永远为业，所有该外、外该帐目，一概不与倒主相干。倘有亲族人等争论，有贾贯之并中保人一面承管。言明倒价纹银壹伯式拾两正，此银笔下交足，并不欠少。此系两家情愿。恐口无凭，立约为证。

同治十二年九月初六日

立中保人　牛恭谦(押)
承总寺(押)
李发万(押)
贾贯之亲笔(押)

【注】

[一] 原件藏北京大学图书馆。
[二] 磨石口村，今北京石景山区模式口。

一九〇四　清同治十三年（一八七四）新都县黄益贞祖孙杜卖水田等红契[一]

立杜卖水田、沟坎、田埂、大小水沟、平梁石堰、斜坡陡坎、荒边余地、零星边隅、浮沉水土、砖头瓦块、芦茅茨草，一切等项文契人黄益贞、孙绍儒，情因乏银使用，无从措办，是以公孙商议，再三筹妥，愿将己名下先年所置老二甲天星堰起水、由高堰至桥中贰堰引灌水田贰段，大小四块，载粮一钱七分八厘三毛整，在黄世英名下拨册。其田先尽房族，无人承买。甘愿以木金尺五尺八寸弓过丈。熟田起弓，熟田止弓，自行请中证说合，每亩实议作九九色价银肆拾一两玖钱捌分整，愿杜卖与义和团总领史义山、林中美等[二]承买耕输管业。随经协同约邻中证踏界过界，共量计捌亩九分壹厘四毛四丝八忽，共合田价银三百七十四两贰钱三分整。当即银契两楚，眼同过针。并无低假，亦无下欠厘〔毫。其〕田东、南底（抵）老二甲公田为界，西抵卖主出路为界，北抵曾姓水沟为界。田界分明，毫无紊乱。所〔有先年放水〕，在桥中贰堰闸水灌溉，卖主田邻人等永不得移堰迁沟阻拦。至于卖主房族书〔押画字一切〕情礼，并包在田内受价。其余出入路径、桥梁上下，人畜两走，俱照常往来相通，毋得阻挡。以及〔公田〕等项，亦系随粮拨交。自卖之后，任随买主挖高填低，阴修阳造，招佃收租，卖主不得异言。此系二家均各情甘意愿，并无货债准折逼勒等弊。一卖千秋，永无赎取。今恐人心不古，特立杜卖文契一纸，交与义和团总领团首，赴　公税拨铃（铃）印，耕输管业，永远收执存照。

约　唐晓亭

中　王大明　程永昌　团内人等仝在

证　万聚兴　刘海山　字

刘顺邦

同治拾叁年三月初五日立杜卖水田文契人黄益贞（押）　孙绍儒（押）

【注】

〔一〕录自四川新都县档案史料组编《清代地契史料》第三五——三六页。又据该书图版校订。

〔二〕此义和团为清末四川新都县的地方组织，与稍后活跃于山东、河北等地反帝爱国群众组织同名，但无直接关系。后者初称义和拳，一八九九年，始改称义和团。

一九〇五　清同治十三年（一八七四）大兴县王升卖房民红契[一]

立卖房契人王升，今因乏用，将自置铺面房一处，坐落在崇文门外东茶食胡同中间偏东路北地方：门面瓦房四间半，接檐瓦房四间半，后院正瓦房五间，东西厢房六间，小西厢房一间，共计房贰拾壹间。门窗户壁俱全，上下土木相连。凭中保说合，情愿卖与高　名下永远为业。言定卖价银叁百两整。其银笔下交足，并无欠少。自卖之后，倘有亲族人等争论，重复典卖，指借官银私债，或未分明之公产等情，俱有卖主并知情底保人等一面承管。恐后无凭，立此卖契永远存照。

外有王姓本身民红契壹张，上首伍、朱、戴、李、陈五姓民红契伍张，共计陆张，一并跟随。又照。

同治拾叁年拾月　日

知情底保人　强虎臣

立卖房契人　王　升

姜德源

中保说合人　何　玉

郭进才

【注】

［一］原件藏北京大学图书馆。

一九〇六　清同治十三年（一八七四）大兴县王升卖房官契[一]

立卖房契人王升，今因乏用，将自置铺面房壹处，坐落在崇文门外东茶食胡同中间偏东路北地方：门面瓦房四间半，按檐瓦房四间半，后院正瓦房五间，东西厢房六间，小西厢房壹间，共计房贰拾壹间。门窗户壁俱全，上下土木相连。凭中保说合，情愿卖与高　名下永远为业。言定卖价银叁百两整。其银笔下交足，并无欠少。自卖之后，倘有亲族人等争论，重复典卖，指借官银私债，或未分明之公产等情，俱有卖主并知情底保人等一面承管。恐后无凭，立此存照。

外有王姓本身民红契壹张，上首伍、朱、戴、李、陈五姓氏红契伍张，共计六张，一并跟随。又照。

管业

知情底保人　强虎臣（押）
姜德源（押）
中保说合人　何　玉（押）
郭进才（押）
立卖房契人　王　升（押）

同治拾叁年拾月　　日

大兴县挂号讫（戳）

永远为业

【注】

［一］原件藏北京大学图书馆。

一九〇七　清同治十三年（一八七四）休宁县发给黄元保归户小票［一］

归　户　存　照

贰拾玖都柒图遵奉

县宪　验契推收事：今据本图人户新置户业，其该税如数入册，合给归户小票，付业主收执为照。

计开

本图拾甲黄元保，户丁司年，买过使字壹仟陆百玖号。

土名茅山塘。计税伍厘。
伍厘。

买到　同　都　八图拾甲黄永继户

契价　　于　年

同治拾叁年十一月吉日册里（戳）　票（戳）

【注】

[一]原件藏北京大学图书馆。

一九〇八 清同治十三年(一八七四)新都县黄赖氏母子捆杜卖水田房屋红契[一]

立捆杜卖水田、基地、房屋文契人黄赖氏，同子黄明春、黄明德、黄明芳、黄明志、黄明华，母子弟兄商妥，情因要银应用，愿将先祖分受己名下新二甲、新三甲、龙门堰灌溉水田二段，一并出售。上段五块，乡弓约计陆亩零。上段大田连屋当门二块：东至卖主田埂为界，南至大路为界，西至杜姓大路为界，北至杜姓沟埂脚为界。其田与黄姓田湃水屋侧一块：东至杜、吴二姓田埂为界，南至卖主院脚为界，西至卖主坟圈脚为界，北至连小田在内，与杜姓沟心为界。又车水田一块，东至吴姓田埂为界，南至杜姓坟圈脚为界，西、北至廖姓田埂心为界。下段一连四块，乡弓约计九亩零：东至廖姓田埂为界，南至张姓高埂为界，西至廖姓大路为界，北至上二块张姓田埂为界，北至下二块北至张姓田为界。房屋半院正房一线牵出，当中为界。正房串架一间半，磨角一间，串架横房三间，房门四扇，窗格俱全，上齐草桷，下齐砖磉，粪池二口，上有房屋俱全。当门基地边，其(有)坟一冢，俱系灰桩坟脚为界。田角新坟一冢，坟脚为界。下段四块，甲田在内，石□洞堰起水，新二甲龙门堰灌溉，载粮九分，在黄五福名下退拨，大堰每年派水工田贰亩零。上段五块在曾家堰起水，新三甲龙门堰灌溉，载粮一钱九分，在黄万兴名下退拨。大堰每年派水工田四亩，房屋基地□□〔院〕内有柑子树一根，柏树一根，棕树三根，泡桐树三根，周围篱寨、慈竹、芦竹，院外桑树一根，进行兼搭。自行请中，先尽房族，无人承买。转请中证说合，甘愿卖与新二甲梓橦宫闽文会首事人等名下〔出银承买〕，以作祀田为业。其田一捆共作时市九九色价银，凭中议定共捌佰贰拾八两四钱整。其进出路道、牵牛吃水水缺、推车碾米路道，斜坡陡坎，浮沉沙石，茅头刺草，出入石桥，放水石堰并放水溉(湃)水沟基，卖主人等不得阻碍。本年差务，卖主承当，不得与买主相干。卖主人等书押画字小礼，并包在价内。自卖之后，任随买主挖高填低，阴修阳造，卖主人等不得异言生端。此系二家心愿意情，并无货物债账他故逼勒等弊。一卖千秋，永不赎取。故立文契一纸，交与闽文会首事人等赴公税拨，永远存据。

约　庄二合　王联升

族　黄魁三

邻　张广盛

中　廖观辰　赖永容

证　罗荣芬　庄厚亭　笔

首事　黄文贵　庄显□　陈启庆　林启凤

同在

立捆杜卖水田基地房屋文契人　黄赖氏

同子　黄明春　黄明德　黄明芳　黄明志　黄明华

同治十三年十二月初四　日

【注】

[一]录自四川新都县档案史料组编《清代地契史料》第三六—三七页。

一九〇九　清同治十三年（一八七四）大兴县高心泉等卖房白契[一]

立卖房契人高心泉、瑜亭、芝卿，今因乏用，将自置铺面房壹处：门面房四间半，接檐房四间半，后院正瓦房五间，东西厢房六间，小西厢房壹间，共计瓦房弍拾壹间；随房落地后院壹块，东西四丈，南北五尺，四至分明。此房门窗户壁俱全，上下土木相连。坐落在崇文门外东茶食胡同中间偏东路北地方。凭中说合，情愿卖与

魏　名下永远为业。言定卖价银叁百两整。其银笔下交足，并无欠少。自卖之后，倘有亲族人等争论，重复典卖，指借官银私债，或未分明之公产等情，俱有卖主并中保人等一面承管。恐后无凭，立此存照。

外有高姓本身民红契壹张，上首王、伍、朱、戴、李、陈六姓民红契六张，共计民红契柒张，一并跟随。此照。

知情底保人　管春瑞（押）

　　　　　　赵锡善（押）

中保说合人　李瑞明（押）

　　　　　　瑜　亭（押）

立卖房契人　高心泉（押）

　　　　　　芝　卿（押）

同治拾叁年十二月　日

永远为业

【注】

[一]原件藏北京大学图书馆。

一九一〇　清光绪元年(一八七五)宛平县王佛保卖房白契[一]

立卖房字人王佛保,今因乏用,将自置铺面房一所,开设和茂酒铺。门面房弍间,楼房上下四间,共计房六间。门窗户壁、上下土木相连。坐落在前门外观音寺前路南地方。今凭知底中保人说合,情愿卖与徐　名下永远为业。三面言明实房价银壹伯两正。当时交足,并无欠少。自卖后,倘有亲族人等争竞,有中保人并原房主一面承管。恐口无凭,立契永远存照。

此房内有王姓本身红契乙张,上首李姓红契乙张,张姓红契乙张,杨姓红契乙张,老红契乙张,回赎红契乙张,共计红契六张,交置主收存。

光绪元年六月十九　日

立契人　王佛保(押)
经手中保　朱韵秋(押)
中人　徐林怀(押)

永远收存

【注】

[一]原件藏北京大学图书馆。

一九一一　清光绪元年(一八七五)北京厢红旗满洲英恒卖房白契[一]

立卖字人厢红旗满洲荣贵佐领下候选道英恒,有祖遗自盖住房一所,座落在东单牌楼总捕胡同中间路北大门。共灰瓦房大小玖拾间,砖井贰眼。今凭中说合,卖与正白旗满洲吏都左侍郎恩　名下为业。言明卖价京平纹银壹千叁伯(佰)两。其银笔下交足不欠。自卖之后,如有亲族争竞等情,有英姓一面承管。恐后无凭,立字为证。

外有旗红契贰套,白字贰张,一并跟随。

光绪元年玖月拾伍日

立卖字人　英恒（押）
中保人　玉俭（押）
赓瑞（押）

【注】

[一] 原件藏北京大学图书馆。

一九一二　清光绪元年（一八七五）宛平县蒋门韩氏卖房白契[一]

立卖房契人蒋门韩氏，今因乏用，将自置铺面房叁间，上下土木相连，坐落中城中纱帽胡同北头路北地方[二]。今凭中保人说合，情愿出卖与

徐　名下永远为业。三面言明寔置价松江银肆拾两整。其银笔下交清，并无欠少。自卖之后，倘有亲族长幼弟男子侄人等争竞，及指房借货官银私债等情，有业主及知情底保人一面承管。恐后无凭，立此卖房契永远存照。

内有蒋姓本身稿纸壹张，张姓红契壹张，上首郝、袁二姓红白契弍张，共计四张，付置主收存。

光绪元年十一月初五日

立卖房契人　蒋门韩氏（押）
深知底保人　宋　安（押）
张蕖轩（押）
中保人　田竹轩（押）
常成泰（押）

【注】

[一] 原件藏北京大学图书馆。
[二] 纱帽胡同，在今北京西城区。

一九一三　清光绪元年（一八七五）新都县寿佛会首事黄华炆等捆卖水田红契[一]

立字捆卖水田文契人康家渡寿佛会首事黄华炆、张礼均、刘尊贤、黄华焕、陈际隆、陈泽山，今因移远就近，要银使用，合会人等商议，愿将新邑新三甲内官堰灌溉水田五尺四寸乡弓一块，丈计一亩五分零，载粮三分三厘三毫正，在赖福兴册内退拨。其田东与买主田为界，南与赖姓田埂为界，西与大路心为界，北与文昌会田为界。四至分明，毫无紊乱。自行央请中证说合，甘愿卖与新都县状元会首事杨荫山、赖达卿、刘集三、鞠藩卿等出银承买为业。比日凭中证议作捆卖时值价银七十三两四钱正。永兴场公议平交兑，银契两交。其银面针无假，毫无下欠分厘。其田埂、沟边、石堰、码头、□□□□□会内人等书押画字、交老契、离庄，一并捆在价内受价。自卖之后，任随买主招佃过耕，卖主会内人等不得异言生端。此系二家甘愿，并无债账准折逼勒等情。一卖千秋，永不赎取。今恐人心不古，特立捆卖文契一纸，交与买主会内人等永远为据。

中　陈伯亭　赖兴发　赖魁廷　同
证　赖永□　黄钦文　张赓杨
约　朱国华　王联升　赖永贵
邻　陈泽山　字　在

光绪元年十一月十六日　前名　立

【注】

[一] 录自四川新都县档案史料组编《清代地契史料》第三八页。

一九一四　清光绪二年（一八七六）大兴县张习之卖房民红契[一]

立卖房契人张习之，今有自置住房一所：大门一间，南房二间，北房三间，后院一块，大门二扇。门窗户壁俱全，上下土木相连。坐落在总布胡同中间路北地方。今因手乏，凭中说合，情愿卖与恩宅名下永远为业。当面言明卖价市平足银壹百两整。其银笔下交足，并无欠少。自卖之后，如有亲族人等争论，以及根底不清等情，有原业主仝中人一面承管。恐后无凭，立此卖契永远存照。

外有粘连老红契一套、白字五张跟随。又照。

立卖房契人　张习之(押)
中保人　朱芬圃(押)
邢五箴(押)

光绪弍年新正月弍拾日立

【注】

[一]原件藏北京大学图书馆。

一九一五　清光绪二年(一八七六)大兴县申兰坡卖房民红契[一]

立卖房契人申兰坡，有自置住房一所，坐落在正阳门外长巷[二]下三条胡同内中间路北。临街瓦房叁间半，院内北房叁间半，东房一小间，后有空院壹块。门窗户壁俱全，上下土木相连。今因手乏，情愿卖与孙名下永远为业。言明卖价松江市平银四百柒拾两，当下交足，并不欠少。自卖之后，倘有亲族人等争竞，或官欠私债不明，一切各情俱有说合保人与卖主一面承管，不与买主相干。此后两家情愿，各无反悔。恐后无凭，立此卖字存据。

内有买主帖(贴)身白契二张，上手马姓帖(贴)身民红契一张，一并跟随。

又批：其马姓之契写有红白契十四张字样，仍照原议，卖主承受，不与买主相干。

立卖契人　申兰坡(押)
说合保人　谭　文(押)
张永发(押)

光绪二年三月二十二

【注】

[一]原件藏北京大学图书馆。

[二]长巷，在北京东城区。明称长巷儿一条胡同，因胡同狭长得名。清称长巷头条。清末分其北段称上头条，其东有上二条、上三条；其南段下头条，其东有下二条，下三条。

一九一六　清光绪二年（一八七六）休宁县黄跃天杜卖山业红契[一]

式拾玖都叁图玖甲立杜卖山业契人黄跃天，今因正事需用，自愿央中将承祖遗下山业壹宗，坐落土名王侯相，系新丈靡字壹千肆百壹拾捌号，内取山税壹分伍厘整。其山上至降顶，下至山脚，东至本号山业钉石为界，西至本号山业钉石为界。今将前项契内所载山业字号税亩，凭中立契杜卖与仝图式甲黄　　名下为业，当日三面言定得受时值卖价曹（漕）平纹银壹拾两整。其银当成契日随即一并收足；其山即交受买人管业，任从开穴扦葬取用。其税另立推单，即从式拾玖都叁图玖甲黄文德户内起割，推入仝都仝图式甲黄起发户内收籍办纳粮赋无异。其业未卖之先，并无重复交易。自卖之后，倘有来历不明以及内外人言一切生说等情，尽是出卖之人承值，不涉受买人之事。今欲有凭，立此杜卖山业契存照。

当日缴付分佥据壹张，以作来脚付受者收执作据[二]。仝日批。（押）

其该业税粮实收入本图式甲黄起发户内完纳。黄跃天亲笔批明。（押）

光绪贰年柒月　　日　　立杜卖山业契人　黄跃天（押）

凭中　黄金爵（押）　黄省三（押）　黄仰之（押）　黄兰亭（押）

黄观禄（押）　黄观全（押）　黄进禄（押）

代笔　黄子俊（押）

【注】

[一] 原件藏北京大学图书馆。

[二] 受者，当作「受业者」。来脚，即「来脚契」「上首契」。

一九一七　清光绪二年（一八七六）大兴县王嘉会卖房民红契[一]

立卖房契人王嘉会，今因乏用，将自置房一所：门面房伍间，厢房拾间，腰房肆间半，东西厢房肆间，后正房伍间，灰棚壹间，共计灰瓦房棚贰拾玖间半。随房院落、门窗户壁俱全，上下土木相连。坐落在中城中东坊东珠市口东边路北地方。今凭经手知底保人并中保人并中保人说合，情愿出卖与

沈　名下永远为业。三面言明，寔卖房价银叁百两整。其银笔下交足，并无欠少。自卖之后，倘有远近亲族弟男子侄指房执契借欠官银私债，及来路不明、重复典卖争论等情，均有卖主仝经手知底保人并中保人一面承管。恐后无凭，立此卖房契永远存照。

此房内有王姓本身红契乙张，上首赵、苏、索、崔、王五姓红契伍张。共计累落红契陆张，一并跟随置主收存。又照。

光绪二年　月　日立卖房契人　王嘉会

经手知底保人　温万清

中保人　陈天瑞

薛清远

说合人　董全盛

李廷尉

房牙　李德峻

【注】

[一] 原件藏北京大学图书馆。

一九一八　清光绪二年（一八七六）大兴县王嘉会卖房官契稿[一]

立卖房契人王嘉会，今因乏用，将自置房一所：门面房伍间，厢房拾间，腰房肆间半，东西厢房肆间，后正房伍间，灰棚壹间，共计灰瓦房棚贰拾玖间半。随房院落，门窗户壁俱全，上下土木相连。坐落在中城中东坊东珠市口东边路北地方。今凭经手知底保人并中保人说合，情愿出卖与

沈　名下永远为业。三面言明，寔卖房价银叁百两整。其银笔下交足，并无欠少。自卖之后，倘有远近亲族弟男子侄指房执契借欠官银私债，及来路不明、重复典卖争论等情，均有卖主仝经手知底保人并中保人一面承管。恐后无凭，立此卖房契永远存照。

此房内有王姓本身红契乙张，上首赵、苏、索、崔、王五姓红契伍张，共计累落红契陆张，一并跟随置主收存。又照。

光绪贰年　月　日　立卖房契人　王嘉会（押）

经手知底保人　温万清（押）
中保人　薛清远（押）
陈天瑞（押）
说合人　董全盛（押）
李廷尉（押）
房牙　李德峻（戳）

凡民间置买房产成交后，该牙眼同填写官发契稿，催令依限纳税。如有私相买卖，不经官牙，希图漏税者，该牙查明禀报，以凭按例究办。须至稿者。

字第　　号

大兴县契稿

大兴县挂号讫（戳）

【注】

［一］原件藏北京大学图书馆。

一九一九　清光绪二年（一八七六）大兴县沈荣轩卖房民红契[一]

立卖房契人沈荣轩，今因乏用，将自房壹所，门面房伍间，厢房拾间，腰房四间半，东西厢房四间，后正房五间，灰棚一间，共计瓦房灰棚弍拾玖间半。随房院落，门窗户壁俱全，上下土木相连。此房坐落在中城中东坊东珠市口东边路北地方[二]。今凭知底中保人说合，情愿出卖与

师　竹　堂名下永远为业。三面言明实卖房价银壹仟柒佰伍拾两正。其银笔下交足，并无欠少。自卖之后，倘有远近亲族人等争竞，并指房执契借欠官银私债及来路不明、重复典卖等事，均有卖主同中保人一面承管。恐后无凭，立此卖契永远存照。

此房内有沈姓本身红契一张，上首王、赵、苏、索、崔、王六姓红契六张，共计累落红契七张，一并交买主收存。

光绪弍年　　月　　日　立卖房契人　沈荣轩（押）
知底中保人　王敬亭（押）

【注】

[一] 原件藏北京大学图书馆。

[二] 东珠市口，在今北京东城区。

一九二〇　清光绪二年（一八七六）户部督理左翼税务监督发给芳纳税执照[一]

执

钦差户部督理左翼税务监督岳　为给发执照事：据内务府镶黄旗吉瑞管领下候补郎中芳　买得徐聿修名下铺面房肆间，坐落正阳门外煤市街路东地方，价银伍拾两。

纳税银壹两伍钱

照

光绪贰年　　月　　日立买契人　芳

（满文内容同，略）

【注】

[一] 原件藏北京大学图书馆。

一九二一　清光绪三年（一八七七）大兴县王庆升卖房官契稿[一]

立卖房契人王庆升，因乏用，将故兄遗下破烂住房一处，院内灰房共计伍间，随房大院壹块，南北柒丈零伍寸，东西叁丈九尺四寸，四至分明，门窗户壁、上下土木相连。此房坐落中城中东坊二铺高井胡同路北地方。今凭深知根底至亲保人说合，情愿将房出卖与

王　　名下，任凭拆改添盖，永远为业。三面言明买卖房价银贰佰两整。其银当日笔下全中亲手收足，并无欠少。自卖之后，倘有远近亲族长幼弟男子侄隔门另户人等争竞，以及指房契在外押借银钱私债、希图重复典卖及根底不清、来历不明，或未分明族中之公产，或隐契内纸片不举等情，俱有出卖房主叔嫂仝深知根底至亲保人均愿承管，不与现置主相干。恐后无凭，立此卖房契存照。

内有原房王姓本身无底红契壹张，上首顾、于式姓红契式张，共计叁张，交付置主收存为照。

再批：王姓本身契内原有稿契壹张，实系在王庆吉手内失落无宗（踪）。日后找出作为废纸无用。批明存照。

光绪叁年肆月　日

立卖房契人　王庆升（押）
仝嫂　张门王氏（押）
深知根底至亲中保人　邢海山（押）
说合人
房牙　李德峻（戳）[二]

大兴县契稿

凡民间置买房产成交后，该牙眼同填写官发契稿，催令依限纳税。如有私相买卖，不经官牙，希图漏税者，该牙查明禀报，以凭按例究办。须至稿者。

行字第　捌号

【注】

[一] 原件藏北京大学图书馆。

[二] 戳文作「顺天府房行经纪李德峻」。

一九二二　清光绪三年（一八七七）大兴县王子贤补房税红契[一]

立补税房契人王子贤，今有原置王庆升破烂住房共计伍间，随房院落壹块，现今添改盖头层瓦房三间半，对面厢房六间，弍层瓦房三间半，共计房拾叁间，前后随房院落、门窗户壁俱全，上下土木相连。此房坐落在正阳门外高井胡同路北地方。今因另行改盖，房间契据不符，今将改盖房间注明，遵例赴县补税红契，以便永远管业。照原置并用过工料价银弍百两整。其中并无虚捏假冒、根底不清、来历不明各等情弊。如有前项情弊，俱有补税房契人同原深知根底保人均甘认罪。欲后有凭，立此补税红契永远存照。

内有原房王姓本身无底红契壹张，上首顾姓红契壹张，于姓红契壹张，又王姓原买稿契壹张，共计红契、稿契肆张，一并跟随执业，永远存照。

立补税契人　王子贤

原知根底中保人　邢海山

说合人

房牙　曹富臣（戳）[二]

代笔人　李秋桐

凡民间置买房产成交后，该牙眼同填写官发契稿，催令依限纳税。如有私相买卖，不经官牙，希图漏税者，并中保人私拿官用，该牙查明禀报，以凭按例究办。须至契稿者。

字第　　号

光绪叁年六月　　日

大兴县挂号讫（戳）

大兴县契稿

【注】

[一]原件藏北京大学图书馆。

[二]戳文作「顺天府房行经纪曹富臣」。

一九二三　清光绪三年（一八七七）大兴县杨德林卖房白契[一]

立卖房契人杨德林，因乏用，将原置张姓住房壹处：门面瓦房肆间，贰层瓦房肆间，叁层瓦房肆间，前后院内厢房陆间，灰棚贰间，南跨院西房壹间，东房壹间，共计房棚贰拾贰间，随房院落，临前街砖墙一道，门楼一坐，门窗户壁俱全，上下土木相连。坐落在南城草厂[二]下三条胡同路东，后通下四条胡同路西地方。今凭深知根底中保人说合，情愿出卖与樊　名下永远为业。三面言明，卖价市平松江银捌伯伍拾两。其银笔下交足，外无久少。自卖之后，倘有亲族人等长幼弟男子侄各门另户人等争竞，以及指房指契在外押借银钱私债，并亏欠官项、希图重复典买、根底不清、来历不明、并未分明之公产、隐匿契字不举，并无各等情弊。如有前项情弊，俱有出卖房主仝深知根底保人均愿承受，不与置主相干。恐后无凭，立此卖房契永远存照。

内有原房张姓本身稿契壹张，上首赏姓红契壹张，上上首累落红白契拾柒张，标手贰张，杨姓红契壹张，共计红白契稿契标手贰拾贰张，交付置主收存。又照。再批：契内所短张姓原买白字壹张，实系张连坡手内失落无存。如日后有人执出片纸争产，俱有张姓仝中人承管，不与樊姓相干。批明并照。

中人　崔永旗（押）

立卖契人　场德林（押）

光绪叁年捌月　　日

【注】

[一]原件藏北京大学图书馆。

[二]草厂，在今北京东城区。明称羊房草场一条。原为宫廷羊房储存草料之所，后形成十条胡同。

一九二四　清光绪三年（一八七七）大兴县王子贤卖房民红契[一]

立卖房契人王子贤，因乏用，将另行改盖住房一所：临街头层瓦房叁间半，院内东厢房叁间，西厢房叁间，二层房叁间半，共计瓦房拾叁间。大房后有落地一块，随房院落、门窗户壁俱全，上下土木相连。坐落在中城中东坊高井胡同路北地方。今凭深知根底保人说合，情愿将此房出卖与

刘　　名下永远为业。三面言明，宣卖房价银伍百两整。其银当日笔下仝中亲手收足，并无欠少。自卖之后，倘有亲族长幼弟男子侄人等争竞，以及指房借贷官银私债，希图重复典卖，或隐匿契纸不举等情，俱有出卖房主仝深知根底保人一面承管，不与现置主相干。恐后无凭，立此卖房契永远存照。

内有原房王姓本身红契壹张，上首王、顾、于三姓红契叁张，共计红契肆张，一并交付置主收存。又照。

立卖房契人　王子贤

中保人　陈香谷

房牙　曹富臣

光绪三年十一月　　日

【注】

[一]原件藏北京大学图书馆。

一九二五　清光绪三年（一八七七）大兴县王子贤卖房官契稿[一]

立卖房契人王子贤，因乏用，将另行改盖住房壹所：临街头层瓦房叁间半，院内东厢房叁间，西厢房叁间，二层北瓦房叁间半，共

计瓦房拾叁间，大房后有落地一块，随房院落、门窗户壁俱全，上下土木相连。坐落在中城中东坊二铺高井胡同路北地方。今凭深知根底保人说合，情愿将此房出卖与

刘　名下永远为业。三面言明：寔卖房价银伍百两整。其银当日笔下仝中亲手收足，并无欠少。自卖之后，倘有亲族长幼弟男子侄人等争竞，以及指房借贷官银私债、希图重复典卖、或隐匿契纸不举等情，俱有出卖房主仝深知根底保人一面承管，不与现置主相干。恐后无凭，立此卖房契永远存照。

内有原房王姓本身红契壹张，上首王、顾、于三姓红契叁张，共计红契肆张，一并交付置主收存。又照。

光绪叁年拾壹月　　日　　立卖房契人　王子贤

中保人　陈香谷

说合人

大兴县挂号讫（戳）　　房牙　曹富臣（戳）

大兴县契稿

凡民间置买房产成交后，该牙眼同填写官发契稿，催令依限纳税。如有私相买卖，不经官牙，希图漏税者，并中保人私拿官用，该牙查明禀报，以凭按例究办。须至契稿者。

字第　　号

【注】

［一］原件藏北京大学图书馆。

一九二六　清光绪三年（一八七七）大兴县师竹堂张卖房官契稿［一］

立卖房契人师竹堂，今因乏用，将自置住房壹所：门面房伍间、院内东西厢房陆间，中层房伍间，后院内东西厢房拾间，后层北上房伍间，共计房叁拾壹间，随房院落、门窗户壁俱全，上下土木相连。此房坐落在中城中东坊东珠市口东边路北地方。今凭知底中保人说合，情愿出卖与

樊　名下永远为业。三面言明，实卖房价市平松江银壹阡两整。其银笔下交足，并无欠少。自卖之后，倘有远近亲族长幼人等争竞，并指房执契借欠官银私债，及来路不明、重复典卖各等情，均有卖房主仝知底中保人一面承管。恐后无凭，立此卖房契永远存照。

此房内有张姓白契一张，沈姓红契一张，上首王、崔、索、苏、赵、王六姓红契六张，共计红白契捌张，一并交置主收存。

又照。

立卖房契人 师竹堂张

知底中保人 王群发

说合人 崔永杰

房牙 张辅廷（章）[二]

凡民间置买房产成交后，该牙眼同填写官发契稿，催令依限纳税。即有私相买卖，不经官牙，希图漏税者，并中保人私拿官用，该牙查明禀报，以凭按例究办。须至稿者。

字第 号

光绪叁年 月 日

大兴县契稿

【注】

[一] 原件藏北京大学图书馆。

[二] 戳文，顺天府房行经纪张辅廷。

一九二七 清光绪四年（一八七八）宛平县周廷熙卖碓房白契之一[一]

立定卖契人系宛平县民周廷熙，与本族众东远近亲友人等商允，因无钱承做，将自己祖业遗留宝兴〔局〕碓房一座，坐落在安匠营路西，共铺内房十八间，外有铺后身住房一所，共计房十四间，铺内生意系厢红旗满洲头甲双瑞佐领下、正红旗满洲三甲翔凤佐领下、厢蓝旗满洲二甲德本佐领下共三个牛录配车拉脚字具军账，以及外交众军账目，铺内一切所存家器东西等物，并宝兴字号，周姓毫无除留，托中人姜容庄、王作芬说合，情愿卖与屈福禄、李瀛洲名下承做，永远为业。同众言明，京平松江银叁阡（仟）两整。当交定银贰佰拾伍两整。同中保人言明，置卖两家不准反悔。倘若置主不置，将定银作为罚银。卖主不卖，将罚银加倍。自立定契后，宝兴局所欠外人铺宅账目，有周姓一面承领。倘若账目了结不清，于置主不接。恐口无凭，立定契为证。

中保人　姜容庄
　　　　王作芬

立卖字人　周廷熙（押）仝侄文　钧（押）
　　　　　　　　　　　　　　镐（押）
　　　　　　　　　　　　　　铨（押）
　　　　　　　　　　　　　　镇（押）
　　　　　　　　　　　　　　鉴（押）
　　　　　　　　　　　　　　锦（押）

光绪肆年捌月式拾日　　立

【注】

［一］原件藏北京大学图书馆。

一九二八　清光绪四年（一八七八）宛平县周廷熙卖碓房白契之二［一］

立实卖字人系宛平县人周廷熙，与本族众东人等商允，将自己祖业遗留鞍匠营西口内路西宝兴局碓房生意一处［二］，厢红旗满洲头甲双端佐领下、又正红旗满洲三甲翔凤佐领下、又厢蓝旗满洲二甲喇德本佐领下，共三个牛录兵丁米石配车拉脚［三］，各有字据，以及垫办官项钱文账目俱有字据，外交众军账目、铺底家俱等件并无除留。今因无力成（承）做，托出知情底保人说妥，情愿将原字号宝兴局碓房卖于屈福禄李瀛洲名下承做，永远为主。同众亲友言明价银京平松江银式仟壹佰两整。当日笔下交足，并无短少。宝兴局所欠外人账目，以及铺内众东有存钱之项，当日周姓同中保人立券一并算清完结，决无返悔。自卖之后，倘有本族子侄远近亲友人等争竞、账目不清、根底不明，只有原业主、知情底保人等一面承管，不与新置主相干。恐后无凭，立字存照。

中保人　陈华亭（押）　刘辅臣（押）　姜华南（押）

光绪肆年捌月二十七日　　　立卖字人　周廷熙　同子侄等（押）

钧（押）

镐（押）

铨（押）

文镇（押）

鉴（押）

锦（押）

【注】

［一］原件藏北京大学图书馆。

［二］鞍匠营，现名「鞍匠胡同」，在今北京西城区。

［三］牛录，即「牛录额真」，后改称「牛录章京」，汉译「佐领」。

一九二九　清光绪四年（一八七八）大兴县李遇隆卖房白契［一］

立卖房契人李遇隆，今因乏用，将祖遗瓦房壹所：门面房叁间半，二层叁间，东西厢房贰间，叁层瓦房叁间，东西平台贰间，共计拾肆间，门窗户壁俱全，上下土木相连。坐落中东坊二铺高井胡同路北。凭知底中保人说合，情愿卖与名下永远为业。言定卖价纹银　佰两整。其银当日收足，外并不欠少。今卖之后，如有亲族长幼人等争竞、及指房借贷官私债等情，有卖主同知情底保人一面承管。恐后无凭，立此字存照。

内有上首图姓红契壹张，张姓白契壹张，补税张姓红契壹张，兰姓红契壹张，娄姓红契壹张，辛姓红契壹张，郭姓红契壹张，徐姓白契壹张，本身李姓白契壹张，共红白契玖张付置主收存。

知底保人　初克俭（押）

中保人　金云汀（押）

光绪肆年拾壹月初拾日　　　立卖房契人　李遇隆（押）

永远为业

【注】

[一] 原件藏北京大学图书馆。

一九三〇　清光绪四年(一八七八)喀喇沁左旗那木郎倒地红契[一]

立捣契[二]地文约人那木郎，因为手乏不凑，今将自己本身熟地两段，坐落东黄家杖子东道道下。计开四至：东、西二至沟，南至杨侄，北至道。四至分明。自烦众人说妥，情愿倒与李长财名下耕种，永远为业。阴阳二用、载树穿井，许倒许兑，任置主自便，不与倒主相干。同中言明，倒地价钱贰拾吊整。其钱笔下出足不欠。按每年秋后交纳租钱五百文，外无杂差。此系两家情愿，各无返悔。恐口无凭，立倒契为证。

中见人　温德束
　　　　时德富
　　　　薛文得
代字　　满　周
　　　　李兴唐
　　　　　　立

光绪四年十二月十三日

(满文契，略)

【注】

[一] 手录友人藏品。

[二] 捣契，同倒契。即卖卖。

一九三一　清光绪五年(一八七九)堂邑县娄士林卖宅基契[一]

立卖契人娄士林，因为不便，今将自己宅基一段，计宅五分五厘五系(丝)，同中娄崧岭说合，言明共价钱四十九千二百八[二]，情愿卖于武学正名下为业[三]。恐口无凭，立契存正。

土木相连，官中箒喜。

光绪五年四月十三日　　立

【注】

[一] 录自《武训地亩帐》，人民出版社一九七五年一月影印本第七页。《地亩帐》为文约抄本。

[二] 四十九千，即「四十九吊」，一吊值一千个制钱（铜钱）。千，在这里可读「吊」。

[三] 武学正，即武训，清末山东堂邑县（今属聊城）人。少孤贫，从母乞食。稍长，且佣且乞。自恨不识字，提出「修个义学为贫寒」。遂以乞讨所得放债置地。后在堂邑、馆陶、临清等地置地二百三十余亩（一说三百余亩），以之设义塾于柳林村，塾分二级，称蒙学、经学。继又资助馆陶、临清的书塾或设义塾。因「行乞兴学」，先后经山东巡抚张曜、袁树勋疏请嘉奖，清政府授以「义学正」称号。因之，人称他为武学正、武义学正或义学正。一八九六年（光绪二十二年），卒于临清义学庑下。

一九三二　清光绪五年（一八七九）宛平县刘辅臣卖房民红契[一]

立卖房契人刘辅臣，今将自置瓦房壹所：门面房四间，二层房四间，对面房四间，小灰棚壹间，西院小房壹间，共计房棚拾四间；后有落地一条，随房院落，门窗户壁俱全，上下土木相连。此房坐落在中城中西坊二铺大马神庙西头路南总甲杨泰地方。今凭知底中保人说合，情愿出卖与

王　名下永远为业。三面言明实卖房价银陆百两整。其银笔下交足不欠。自卖之后，如有远近亲族长幼人等争竞，以及指房执契借贷官银私债、重复典卖、分授不均等情，有卖主同知底中保人一面承管。恐后无凭，立此卖房契永远存照。

内有原房缪姓本身红契壹张，上首阮姓红契壹张，韩姓红契壹张，孙姓两（置）红契贰张，程姓红契壹张，周姓红契壹张，明季老契壹张，又上上首陈姓白契壹张，累落白字五张，内有原房刘姓本身红契壹张，共计红白契拾五张，付置主收存。

又照。

立卖房契人　刘辅臣（押）

知底保人　李世平（押）

刘玉书（押）

李铭丹（押）

汪　福（押）

光绪五年四月　　日

【注】

［一］原件藏北京大学图书馆。

一九三三　清光绪六年（一八八〇）大兴县雷门丁氏卖房民契纸[一]

立顶卖铺面房契人雷门丁氏，仝经手管业人陈云从，因乏用，将雷姓祖遗铺面房一处：门面顶排弍间，后接檐楼房上下捌间，共计拾间。门窗户壁俱全。坐落在正阳门外肉市路西地方。今凭深知根底经手管业人并中保人说合，情愿出卖与陈　名下永远为业。三面言明，寔卖房价银贰百两整。其银笔下交足，并无欠少。自卖之后，倘有亲族长幼弟男子侄人等争竞，以及指房借贷官银私债各等情，俱有出卖房主仝深知根底保人等均愿一面承管。恐后无凭，立此卖房契永远存照。

内有原房雷姓本身并上首松、刘、张、金四姓，共计红契伍张，一并交付置主收存。又照。

中保人　汪华峰

方凤泉

立顶卖房契人　雷门丁氏

深知根底经手管业人　陈云从

房　牙　曹富臣

代笔人　李秋桐

光绪六年二月　　日

【注】

［一］原件藏北京大学图书馆。

一九三四　清光绪六年（一八八〇）大兴县雷门丁氏卖房官契稿[一]

立顶卖铺面房契人雷门丁氏，仝经手管业人陈云从，因乏用，将雷姓祖遗铺面房一处：门面顶排弍间，后接檐楼房上下捌间，共计拾间。门窗户壁俱全。坐落在正阳门外肉市路西地方。今凭深知根底经手管业人并中保人说合，情愿出卖与陈　名下永远为业。三面言明，寔卖房价银贰百两整。其银笔下交足，并无欠少。自卖之后，倘有亲族长幼弟男子侄人等争竞，以及指房借贷官银私债各等情，俱有出卖房主仝深知根底保人等均愿一面承管。恐后无凭，立此卖房契永远存照。

内有原房雷姓本身并上首松、刘、张、金四姓共计红契伍张，一并交付置主收存。又照。

立卖房契人　雷门丁氏（押）
深知根底经手管业人　陈云从（押）
汪华峰（押）
中保人　方凤泉（押）
说合人
房　牙　曹富臣（戳）
代笔人　李秋桐（押）

光绪陆年贰月　日

大兴县挂号讫（戳）

凡民间置买房产成交后，该牙眼同填写官发契稿，催令依限纳税。如有私相买卖，不经官牙，希图漏税者，并中保人私拿官用，该牙查明禀报，以凭按例究办。须至契稿者。

字第　号

大兴县契稿

【注】

[一] 原件藏北京大学图书馆。

一九三五　清光绪六年（一八八〇）宛平县吴秀峰卖房民契纸[一]

立卖房契人吴秀峰，今因乏用，将自置住房壹所另行改盖：北房叁间半，东西厢房陆间，南房叁间半，木板墙壹道，灰棚壹间，后院北房叁间半，东西厢房陆间，南房叁间半，院内木板墙壹道，共计瓦房式拾柒间。上下土木相连，内外门窗户壁俱全。此房坐落在前门外干井胡同中间路南地方[二]。今凭中保人说合，情愿出卖与樊　名下永远为业。三面言明，实卖房价银市平松江银壹千式伯（佰）两整。其银笔下交足，并不欠少。自壹（卖）之后，倘有远近亲族人等争竞，以及弟男子侄指房执契借贷官银私债、重复典卖各等情，俱有卖房主同保人一面承管。恐后无凭，立卖契永远存照。

内有吴姓本身红契壹张，上首茹、刘、孙、李肆姓红契肆张，共计红契伍张交置主收存。

另誊税讫（戳）

光绪六年陆月　　日

立卖房契人　吴秀峰

中保人　程小亭

李　泰

【注】

［一］原件藏北京大学图书馆。

［二］干井胡同，今作「甘井胡同」，在北京西城区，前门大街西。

一九三六　清光绪六年（一八八〇）大兴县李氏张室等卖房民红契［一］

立卖房契人李氏张室同男有义仁志，今因乏用，将祖遗住房一处，临街过道门一间，北首砖墙一道，院内北房三间，西首灰棚一间，东西厢房四间，南油（游）廊三间，后院北房三间半，东西厢房四间，南油（游）廊三间，西灰棚一间，共计灰瓦房弍拾叁间。后有落地一条，随房院落、门窗户壁俱全，上下土木相连。坐落南城草厂下三条胡同南口内路西地方。今凭知底中保人说合，情愿出卖与樊　名下永远为业。三面言明实卖房价银市平松江银壹阡（仟）两整。其银笔下交足，外不欠少。自卖之后，如有远近亲族长幼人等［争竞］，以及指房执契借贷官银私债、重复等情，俱有出卖房主并知底中保人一面承管。恐后无凭，立此契存照。

内有原房李姓红契一张，上首累落红契六张，共计红契七张跟随。

光绪六年四月　　日

立卖房契人　李氏张室（押）

仁（押）

同男　李有义（押）

志（押）

至亲保人　张凤祥

知底保人　王　大（押）
　　　　　石　顺（押）
　　　　　杨　义（押）
中保人　　藉　大（押）
　　　　　白士山（押）
　　　　　韩　四（押）

【注】

[一] 原件藏北京大学图书馆。

一九三七　清光绪六年（一八八〇）宛平县李瀛洲卖碓房东股字据[一]

立卖字人李瀛洲，前与屈姓合伙开设宝兴局碓房生意一处，坐落宫门口内鞍匠营路西。今因乏用，将宝兴局生意拾成之中应得银钱东股三成五厘情愿卖与屈德禄名下承做，永远为主。同众言明：卖价市平松江银捌佰伍拾两整，当交不欠。自卖之后，所有宝兴局银钱货物、内外账目及铺底房间等项，概不与李姓相干。原与屈姓立有合同一纸[二]，交付屈姓，并无别项字据。此生意系自置自卖，亲族人等俱不得争论。倘有争论等情，有李姓一面承管。恐后无凭，立卖字存照。

光绪六年七月十六日

立卖字人　李瀛洲（押）
中保说合人　刘兆麟（押）　赵星五（押）　初仲寅（押）
　　　　　杨惠施（押）　姜伯方（押）　王作芬（押）　姜容庄（押）

【注】

[一] 原件藏北京大学图书馆。

[二] 宝兴局碓房，原为周廷熙等的产业。光绪四年（一八七八），卖与李瀛洲、屈福禄。今李又将其所有东股再卖与屈德禄。

一九三八　清光绪六年（一八八〇）山阴县高镜润卖田官契[一]

绝卖文契

山阴县三十六都三图立绝卖田契人高镜润，今将分授自己户内草字号田五亩八分四厘三毫，凂中情愿出卖与本县钟处名下为业。三面议定时值估价银弍伯元正[二]。其银当日一并收足。自卖之后，不准回赎，亦无重找，恁凭银主管业收户办粮。并无重叠交关。倘有事端，卖主自行承值，不涉买主之事。欲后有凭，立此绝契为照。

计开：今收到契内洋一并完足。（押）

东至　，西至　，南至　，北至　。

草字壹千六伯九十五号　　坐落　南钱清　土名

光绪六年十二月　日立绝卖契人　高镜润（押）

中人　萼楼

代笔　沈桂鲁（押）

计开条款例

一、凡用此契者，竟作绝卖。

一、卖主不识字者，许兄弟子侄代书。

一、成交后即粘契尾投税，验明推收。如违治罚。

一、契内如有添注涂抹字样者，作捏造论。

一、房屋间架仍载明空处。

一、典戤用此契者，须注明年限回赎字样。如不注者，仍作绝卖。

以上数条不过大概，倘民情尚有未尽者，请于空隙处填写。

【注】

［一］原件藏北京大学图书馆。

［二］洋，银元。始自外国流入，俗称洋钱，简称大洋或洋。明朝末年流入的银元为西班牙在西属墨西哥铸之「本洋」。墨西哥独立后改铸「鹰洋」，亦流入中国。中国在道光朝前后，地方官民亦仿铸银元。光绪时，国家开始用机器大量铸造，因背面中央有蟠龙纹，故称「龙洋」。

一九三九　清光绪七年（一八八一）新都县邓益润兄弟等杜卖水田青苗红契[一]

立杜卖水田连秧、青豆苗文契人邓益润、益顺、益万同侄荣禄等，情因双亲去世，要银使用，无处出办，是以兄弟叔侄商议，将祖父遗留分受己名下回三甲、老流堰起水，下有小堰起水灌溉水田一段，大小五块，载粮一钱三分柒厘七毛六丝四合，在邓文模名下拨册。其田先尽房族，无人承买。自行请中说合，甘愿以乡弓木（金尺）五尺八寸为一弓过丈。田内见苗起弓，田内止弓。田埂茨草、沟边路道、大小堰道、堰田堰地，归于买主所管，一并议在田内受价。每亩凭中证实议时值九九色价银肆拾玖两捌钱整，愿杜卖与义和团总领史义山、林秀山等[二]承买耕输管业。随经协同约邻中证踏界过量，共量计陆亩八分八厘八毛一丝九合，共合价银叁百四十三两零三分贰厘。当即银契两楚，眼同过针，并无低假，亦无下欠。其田东抵曾姓田为界，南抵邓姓田为界，西抵邓姓田埂为界，北抵卖主田埂为界。四界分明，毫无紊乱。其田水路有水田一块，在邓必升业内有放水沟一条，永远灌溉。又有水田一块，每年在卖主业内有放水沟一条，永远灌溉。二家不得阻塞，田邻亦不得移堰阻塞。至于卖主房族人等书押画字，一并包在价内。其余放水湃水，出入路径、桥梁，人畜两走，俱照常往来相通，田邻毋得阻挡。以及公田、堰田等项，一并随粮拨交。自卖之后，仍随买主挖高填低，阴修阳造，招佃收租，卖主不得异言。此系二家情甘意愿，无有货债准折逼勒等情。一卖千秋，永无赎取。今恐人心不古，立杜卖文契一纸，交与义和团总领团首，赴公税拨立户，耕输管业，永远存据。

外注明内涂「新」字，改「回」字。

约　邓大章
族　邓益彬
中　邓必升　史兴顺　罗国恒　凌二兴
证　黄慎庵　字　同
邻　曾升祥
团　刘顺用　吴义合　丁元金
首　史凤建　史玉山　在
等　巫兴盛

光绪七年五月十三日　　立杜卖水田文契人　邓益润(押)　益万(押)　同侄荣禄(押)立
　　　　　　　　　　　　　　　　　　　　　　　顺(押)

【注】

［一］录自四川新都县档案史料组编《清代地契史料》第五一页。据该书图版七二校订。

［二］此义和团为清末新都县的地方组织，与稍后在山东、河北的反帝爱国组织义和团无关。参看本书《清同治十三年（一八七四）新都县黄贞祖孙杜卖水田等红契》注二。

一九四〇　清光绪八年（一八八二）宛平县张赵氏等卖房官契稿［一］

立卖房契人张赵氏仝子国兰、馨，今因乏用，将自置住房一所：门面房三间半，到底三层厢房六间，灰棚一间，共计房棚拾柒间半。门窗户壁俱全，上下土木相连。坐落在中城中西坊五铺小李纱帽胡同北口内路西地方。今凭知底中保人说合，情愿出卖与张　名下永远为业。三面言明：寔卖房价银伍百两整。其银笔下交足，并不欠少。自卖之后，倘有远近亲族弟男子侄指房执契借欠官银私债、重复典卖、争竞等情，均有卖主仝知底中保人一面承管。恐后无凭，立此卖房契永远存照。

此房内有张姓本身白契一张，上首陈姓红契一张，郝、陈、周三姓红契叁张，累落红契陆张，共计红白契拾壹张，一并跟随置主收存。又照。

光绪八年三月　　立卖房契人　张赵氏(押)仝子国兰(押)、馨(押)

知底保人崔永杰(押)

房　牙顾振霖(戳)

宛平县契稿

凡民间置买房产成交后，该牙眼同填写官发契稿，催令依限纳税。如有私相买卖，不经官牙，希图漏税者，并中保人私拿官用，该牙查明禀报，以凭按例究办。须至契稿者。

【注】

〔一〕原件藏北京大学图书馆。

一九四一　清光绪八年(一八八二)灵石县田门刘氏等卖窑院红契粘连民国三年(一九一四)原卖主新补卖窑院官契〔一〕

国字式式叁叁八〇四七五号价银拾叁吊税银〔二〕

立卖契人田门刘氏,因急需钱款,情愿将自己〔窑院〕托中卖与王保清为业。其房地坐落　处。南至　,北至　,东至　,西至　。四至登载分明。经原中人　等并牙纪　公同议定实价足银制钱十三吊正。兹将卖价当面如数收讫。所有房地间亩应照契面即归　永远管业。粮银　照契过割,由买主自行遵例完纳。至所买之房地间亩,实系　产业,与别房伯叔兄弟侄无干,亦未曾典当抵押他人财物,以及来历不明各等情。如有以上一切情弊,　情愿出头承当,与买主毫不牵涉。自卖断之日,两相允愿,各无翻悔。恐口无凭,填写官契存执为证。

应纳粮银

原中人(押)

立卖契人(押)

代笔人(押)

中华民国三年十一月十九日

字第九千七百七十五　如地亩畸零不止一段,应另书清单,逐段开明四至,粘连契纸,由该管县知事盖用印信。

官

立卖死契窑院人田门刘氏同侄田然魁,今将原置到圪桐院中窑、西窑两孔,情愿出卖与王保清永远作业。东至霍姓窑界,南至沟心,西至沟心,北至窑背,四至分明。同中言明价钱壹拾叁吊正。其钱当日交足,并无短少。两家情愿,并无反悔。恐后无凭,立卖死契窑院字为证。

光绪八年三月十四日　　立卖死契窑院人　田门刘氏(押)

同姓田然魁(押)

契

同中说合人　刘五山(押)
贾可成(押)
同族侄　田明登(押)
书人　史藩侯(押)

【注】

[一]原件编者藏。民契为原卖契，官契为民国三年由原卖主新补者。

[二]骑缝半字，两契粘连处有图章，字迹模糊。

一九四二　清光绪八年(一八八二)内务府恒春等卖房民红契之一[一]

立卖房契人内务府厢黄旗福恒管领下恒春、芳，今因乏用，将祖遗自置铺面房一处：门面一间，后接楼房上下四间，计房五间。门窗户壁俱全，土木相连。坐落在中城中西坊煤市街路东[二]。今同中保，情愿卖与周名下永远为业。言明卖价银叁伯两整。其银笔下交足，并不欠少。自卖之后，倘有亲族人等争竞，以及重复典卖，并官银私债，公产未分，来路不明，俱有业主同中保人一面承管。不与置主相干。恐口无凭，立卖字存为证。

外有恒姓本身旗红契一套，上首旗民红契九套，跟随。

光绪捌年四月十五日

立卖房　恒　春(押)
芳(押)
中保说合人　信永宽(押)
王玉崐(押)
柳春荣(押)

【注】

[一]原件藏北京大学图书馆。

[二]煤市街，在今北京西城区。清代成街，因煤市得名。

一九四三　清光绪八年（一八八二）宛平县恒春等卖房民红契之二[一]

立卖房契人恒春、芳，今因乏用，将祖遗自置铺面房壹处：门面壹间，后接楼房上下肆间，共计房伍间。随房院落、门窗户壁俱全，上下土木相连。此房坐落在中城中西坊煤市街路东地方。今凭中保人说合，情愿卖与周　名下永远为业。三面言明，卖房价银陆拾两整。其银笔下交足，并无欠少。自卖之后，倘有远近亲族弟男子侄争竞，以及重复典卖，并指房执契借贷官银私债等情，均有卖主仝中保人一面承管。恐后无凭，立此卖房契永远存照。

此房内有旗红、民红契纸共计拾张，交置主收存。又照。

立卖房契人　恒　春芳

中保人　信永宽　王玉崐

房　牙　周鸿业

光绪捌年肆月拾伍日

宛平县挂号讫（戳）

【注】

[一] 原件藏北京大学图书馆。

一九四四　清光绪八年（一八八二）宛平县恒春等卖房官契稿之一[一]

立卖房契人恒春、芳，今因乏用，将祖遗自置铺面房壹处：门面壹间，后接楼房上下肆间，共计房伍间。随房院落、门窗户壁俱全，上下土木相连。此房坐落在中城中西坊煤市街路东地方。今凭中保人说合，情愿卖与周　名下永远为业。三面言明，卖房价银陆拾两整。其银笔下交足，并无欠少。自卖之后，倘有远近亲族弟男子侄争竞，以及重复典卖，并指房执契借货官银私债等情，均有卖主仝中保人一面承管。恐后无凭，立此卖房契永远存照。

此房内有旗红、民红契纸共计拾张，交置主收存。又照。

光绪捌年肆月拾伍日

宛平县契稿

立卖房契人 恒春 芳

中保人 信永宽

王玉崐

柳春荣

房牙 周鸿业

凡民间置买房产成交后，该牙眼同填写官发契稿，催令依限纳税。如有私相买卖，不经官牙，希图漏税者，并中保人私拿官用，该牙查明禀报，以凭按例究办。须至契稿者。

字第　　号

【注】

[一]原件藏北京大学图书馆。

一九四五　清光绪八年（一八八二）宛平县恒春等卖房官契稿之二[一]

立卖房契人恒春 芳，今因乏用，将祖遗自置铺面房壹处：门面壹间，到底四层，共计房四间，门窗户壁俱全，上下土木相连。此房坐落在中城中西坊煤市街路东地方。今凭中保人说合，情愿卖与周　名下永远为业。三面言明：卖房价银伍拾两整。其银笔下交足，并无欠少。自卖之后，倘有远近亲族弟男子侄争竞，以及重复典卖，并分公产来历不明，指房执契借欠官银私债等情，均有卖主全中保人一面承管。恐后无凭，立此卖房契永远存照。

此房内有民、旗红契叁张，白契两张，共计红白契纸伍张，一并跟随。又照。

立卖房契人 恒 春（押）

芳（押）

中保人 信永宽（押）

王玉崐（押）

柳春荣（押）

光绪捌年四月十五日

宛平县契稿

周鸿业（戳）

凡民间置买房产成交后，该牙眼同填写官发契稿，催令依限纳税。如有私相买卖，不经官牙，希图漏税者，并中保人私拿官用，该牙查明禀报，以凭按例究办。须至契稿者。

【注】

［一］原件藏北京大学图书馆。

一九四六　清光绪八年（一八八二）宛平县满洲德康卖房民红契［一］

立卖房人系正蓝旗满洲四甲瑞福佐领下护军德姓，自置房一所，坐落在西直门内北沟沿后车儿胡同西口外路东，正瓦房六间，西灰棚一间，共计灰瓦房七间。房门窗户壁土木相连，截断俱全。今凭中保人说合，将此房情愿卖与刘姓名下永远为业。言明房价银壹佰柒拾两。笔下交足，并不欠少。自卖之后，亲族人等争竞等，有卖房中保人一面承管。恐口无凭，立字存照。

外有民红契两套，白字跟随。

之（知）情底保　瑞　明（押）

中保人说合人　韩梅初（押）

卖房人　德　康（押）

宛平县挂号讫（戳）

光绪八年九月初一日

【注】

［一］原件藏北京人学图书馆。

［二］以上两句自「房门」至「俱全」，应移补在前句「瓦房七间」之后。

一九四七　清光绪八年(一八八二)休宁县发给童秀峰佥业照会之一[一]

佥　　休宁县贰拾玖都陆图奉

业　　县主明示：为清各省之地等事，奉

旨颁行清丈。今将本图丈过田土，照丈积步该税，逐号开列小票，付业主领赴该图，亲供归户存照。

一、新丈长字伍拾五六八七九等号　土名茅坛

照　　原额　则　见业弍拾九都壹图十甲童秀峰户

丈积

共计田税壹亩伍分七厘三毫正

会　　光绪八年十二月　　日公正李应盛等　给票

【注】

[一] 原件藏北京大学图书馆。

一九四八　清光绪八年(一八八二)休宁县发给童秀峰佥业照会之二[一]

佥　　休宁县贰拾玖都陆图奉

业　　县主明示：为清各省之地等事，奉

旨颁行清丈。今将本图丈过田土，照丈积步该税，逐号开列小票，付业主领赴该图，亲供归户存照。

一、新丈长字柒百四十弍号　土名野湖凌

照　　原额　则　见业本都一图十甲童秀峰户

丈积

共计田税六分九厘三毛五丝

会　　光绪八年　　月　　日　　公正李应盛等给票

【注】

[一] 原件藏北京大学图书馆。

一九四九　清光绪十年(一八八四)大兴县鲁门孟氏等卖房白契[一]

立卖房契人鲁门孟氏同子鲁庆林松寿，今因乏用，将自置住房壹所：门面房弍间，弍层房弍间，院内东厢房壹间，后院内东厢房弍间，共计房柒间。门窗户壁俱全，上下土木相连。坐落前门外高井胡同中间路北地方。今凭知底保人说合，情愿出卖与王名下永远为业。三面言定价银叁伯伍拾两整。其银笔下交足，外无欠少。自卖之后，倘有亲族长幼弟男子侄人等争竞，以及指房借贷官银私债、重复典押等情，均有出卖房人并中保人一面承管。恐后无凭，立此卖房契存照。

此房内有鲁姓白契壹张，上首何姓红契壹张，上上首柳、倪、韩、孙四姓红契四张，执照，共计红白契纸、执照柒张，交置主收存。

中保人　刘升(押)

光绪拾年弍月弍拾八日　立卖房契人　鲁门孟氏(押)　同子庆林(押)

松(押)

寿(押)

【注】

[一] 原件藏北京大学图书馆。

一九五〇　清光绪十年(一八八四)休宁县发给童秀峰佥归税票[一]

佥

甲字拾弍号合同[二]

休宁县贰拾玖都拾图，遵奉

归税票

县主明示：清丈田地山塘，依则步亩，给发小票，付与业户领执，该图画入册，亲供输课。毋得隐漏。执此凭照。

计开

新丈可字伍伯陆拾号　土名孙家充口

计积步　下则田，税柒分陆厘柒毫玖系叁忽。

买佥入二十九都壹图拾甲童秀峰户丁云亭业

光绪拾年三月　　日公正（戳）　票

【注】

[一] 原件藏北京大学图书馆。

[二] 骑缝半字。

一九五一　清光绪十一年（一八八五）宛平县李三洪卖房白契[一]

立字人卖房契系宛平县民李三洪，祖遗空地一块，坐落在百花神处中间[二]，南至道边，北至闫姓，东至陶姓，西至梁姓，四至分明。李姓自盖房一所，北灰房三间、南灰瓦房三间，坐落在百花神处中间路北花墙门，共计房六间，上下土木相连，门窗户壁俱全。因罚无钱使用，同中人说合，情愿卖与厢兰旗满洲五甲拉赵觉佐领下松桂名下永远为业。言明房价银伍拾两，当面交足，无欠少。此房并无有红白契纸。年深日久，失落无存。自卖房之后，如有红白契纸付出，坐（作）为费（废）纸。如有来路不明，亲族人等争论等情，俱有李三洪情愿意当堂任（认）罪。恐口无凭，立此字为证。

卖房　李三洪（押）

中保人　苏　启（押）

代笔　李　保（押）

光绪拾壹年九月初八日吉立

【注】

[一] 原件藏北京大学图书馆。

[二] 百花神处，今作「百花深处」。在今北京西城区，东起护国寺东巷，西至新街口南大街。

一九五二　清光绪十一年(一八八五)宛平县刘魁卿卖房民红契[一]

立卖契字人刘魁卿,今因乏用,将自己祖遗瓦房一所:临街房叁间半,东西厢房六间,后层北房三间半,共计瓦房拾叁间;大房后有落地壹块。随房院落、门窗户壁俱全,上下土木相连。此房坐落在中城中东坊二铺高井胡同路北地方。今凭深知根底保人说合,情愿将房出卖与

樊　名下永远为业。三面言明实卖房价银壹阡伍百两。其银当日同中亲手收足,并无欠少。自卖之后,倘有亲族长幼弟男子侄人等争竞,以及指房借贷官银私债,希图重复典卖,隐匿契纸不与等情,俱有出卖房主同深知根底保人一面承管。不与现置主相干。恐口无凭,立此卖房契永远存照。

内有刘姓本身红契一张,上首□、王、顾、于红契四张,共计伍张,一并交付置主收存。

知情底保人　王相南(押)

光绪拾壹年十二月二十六日　立卖房契人　刘魁卿(押)

中保人　王子贤(押)

代笔人　刘思农(押)

宛平县挂号讫(戳)

【注】

[一]原件藏北京大学图书馆。

一九五三　清光绪十一年(一八八五)大兴县樊长清预定买房红字据[一]

立字人樊长清,今买到

刘宅住房一所,坐落在高井胡同路北。言明价银壹千四百五十两。当日付银壹千零五十两。下欠银四百两,俟明年二月内,银房两交。如两家倘有迟悮,立罚银贰拾两。恐口无凭,立字为照。[二]

光绪拾壹年十二月二十六日　立字人　樊长清(押)

中保人　王子贤（押）
王相南（押）
代笔人　刘恩农（押）

【注】

［一］原件藏北京大学图书馆。

［二］后粘连契尾。又有骑缝残半字。

一九五四　清光绪十一年（一八八五）北京厢蓝旗松桂买房投税字据[一]

立投税人厢蓝旗满洲五甲兆珏佐领下鸟枪护军松桂买到李三洪住房一所[二]，南灰瓦房三间，北灰房三间，共计房六间。坐落在百花神处中间路北花墙门。南至道，北至阎姓，东至陶姓，西至梁姓，四至分时。言明房价银伍拾两整。其银笔下交足，并不欠少。此房无有红白契纸，年深日久失落无存。如有红白契纸，付出，付（赴）翼投税[三]。如有来路不明、亲族人等争伦（论）等情，俱有松桂当堂认罪。恐口无凭，立字为证。

投税人　松　桂（押）

光绪拾壹年　月　日　立

【注】

［一］原件藏北京大学图书馆。

［二］鸟枪护军，清朝在北京设有内、外火器营，各有鸟枪护军二千五百余人。

［三］赴翼投税，清代于京师设左翼税务监督和右翼税务监督，简称「左翼」、「右翼」，合称「两翼」，经管官房地和旗人房地买卖、税契及给印照等事。光绪修《钦定大清会典事例》卷一一一七《八旗都统·田宅》：「（乾隆）四十六年议准：旗人无论官员及闲散人等，置买房地不赴两翼纳税过契，赴大兴、宛平两县私税民契者，照违制律，官员议处，闲散人等鞭责发落，仍令赴左右翼补税换照。」又《清史稿》卷一一四《职官志一·户部》：「京师崇文门，正监督、副监督，左翼、右翼各一人。」

一九五五　清光绪十二年（一八八六）大兴县耿门李氏等卖房官契[一]

顺天府大兴县今据夏宅用价叁百陆拾两遵例税银拾两捌钱

立卖房契霜妇耿门李氏，同小叔耿有禄、外甥潘子成梁成美，因夫故，无银殡葬，将先夫遗下破烂房壹所：门面叁间，到底叁层，共计玖间；后有院落壹段，门窗户壁、上下土木相连。坐落东城朝阳关外坊二条巷内[二]，总甲李忠地方。今两家对面讲明，情愿出卖与镶白旗下夏宅住坐为业。三面议定时值房价银叁佰陆拾两整。其银当日本人亲手收足，外无欠少。自卖之后，如有家下亲族并旗下人等争竞者，有卖主同小叔外甥一面承管。两家各无返悔，如先悔之人，甘罚契内银一半入官公用。恐后无凭，立此卖契存炤。卖主同众言明，老契系明季税契，并无新契。如后人执出清契者，卖主小叔等一面承管。

光绪拾贰年陆月　　日　　立卖房契人　耿门李氏

小叔　耿有禄　外甥潘子成梁成美

中保人　张门陈氏　赵云龙

房牙　马　龙（戳）

总甲　李　忠

【注】

[一] 原件藏北京大学图书馆。

[二] 朝阳关，朝阳门外关厢。今北京朝阳区朝外大街西北。

一九五六　清光绪十二年（一八八六）天津县张纯卖地给天主堂契[一]

立卖地契人张纯，今将自置东沽郝家庄船坞地壹段[二]，卖于本处天主堂公产，永远为业。言明价银四百两整。东西长壹百丈，南北宽拾捌丈。东至山成玉[三]，西至河沿，南至山成玉，北至谢姓。其银笔下交足。自卖之后，倘有族人争论等情，尽在卖主一面承管，不与买主相干。恐口无凭，立卖契为证。

随带老契壹张，每年粮草两吊[四]。

同中人　柴天宠（押）　周志清（押）

立卖地契人　张　纯（押）

光绪十二年月拾四日立

【注】

［一］原件藏天津市图书馆。

［二］东沽，在今天津市塘沽一带。

［三］山成玉，人名。其下脱「房」或「田地」等名称。

［四］粮草两吊，此是所卖地每年之税。

一九五七　清光绪十三年（一八八七）东明县杨万林黑地补印证明[一]

立字人杨万林老契失去。自己地一段，计地一亩八分，系南北畛，四至分明。今作时价钱九千文。恐后无凭，立字为证。

大清光绪十三年六月十六日[二]

黑地补印，未用官契[三]

长阔八十九步

东横五步

西横四步三尺七寸[四]

【注】

［一］原件藏北京大学图书馆。东明县今属山东省菏泽市。

［二］本件的价钱和年月上均盖有汉满文「东明县印」。

［三］此八字为朱批。

[四] 此弓步为批注。

一九五八　清光绪十三年（一八八七）休宁县给发童秀峰佥业归户票[一]

佥　业　归　户　票

合同丁字念伍号[二]

休宁县贰拾玖都壹图遵奉

县主明示：丈量田地山塘，照依亩步税则，给发小票，执据自赴该册里，收税输课，毋致隐漏。须至票者。

计开：

新丈彼字伍百柒拾捌号，土名楼下。

拟积步　　中则田税壹亩玖厘正。

佥入本都本图拾甲童秀峰户丁筠庭执业。

光绪拾叁年拾月吉日图正　　票

【注】

[一] 原件藏北京大学图书馆。

[二] 本行为骑缝半字。

一九五九　清光绪十四年（一八八八）山阴县高鹤椿绝卖山地官契

绝

山阴县三十六都三图立出卖山契人高鹤椿（梅），今将祖遗内授不字壹佰七十弍号山弍亩正，凂中情愿出卖与本县旗　处名下为业。三面议定时值估价钱玖仟肆佰六十文正。其银当日一并收足。自卖之后，不准回赎，亦无重找。恁凭银主管业，收户办粮。并无重叠交关。倘有事端，卖主自行承值，不涉买主之事。欲后有凭，立此绝契为照。（押）

计开：再批：今收到契内钱一并完足。（押）

卖

东至本姓山，西至族姓山　南至旗姓山　北至旗姓山

不字壹百七十弍号山弍亩正。

契　文

字　号

字　号

字　号

旧管　高信章三十六都三图

新管　本都本图

坐落种子山　土名东湾底

光绪十四年四月　　日

立绝卖契人　高鹤　椿(押)

梅(押)

中人叔　高正荣(押)

兄　高鹤松(押)

周文汾(押)

代笔　王云亭(押)

计开条款例

一、凡用此契者,竟作绝卖。

一、卖主不识字者,许兄弟子侄代书。

一、成交后,即粘契尾投税,验明推收。如违治罚。

一、契内如有添注涂抹字样者,作捏造论。

一、房屋间架仍载明空处。

一、典戤用此契者,须注明年限回赎字样。如不注者,仍作绝卖。

以上数条不过大概,倘民情尚有未尽者,许于空隙处填写。

一九六〇　清光绪十四年(一八八八)郧县王全仁卖水田文约[一]

永立卖水田文约人王全仁,因使用不给,父子商议,愿将祖遗所受分之水田一分,计大小九丘,实种籽五斗。坐落西北乡武阳保娘娘庙之东,系中堰挪渠。东:上至黄姓地,中至王姓坟地边栽石,下至张姓地边;西:上至史姓田边,下至渠,南至府城隍庙田边,北至肖姓田边。以上四至明白,金石土木相连。凡土上土下所有之物一并在内,随带民粮[二]一斗零四合五勺。凭中说合,出卖于清真寺内管业。时值卖价钱二百六十五串文整[三]。比时钱、约两交，亲手收讫无欠。自卖之后，永断葛滕[四]，并无相摘之处。此田一任清真寺管业，租、耕两便，王姓亲族人等不得异言反覆。如有此异言之处，尽在全仁一身承担。恐后无凭，持立永卖文约，付与寺中永远存据。

大清光绪十四年十月十六日

立

永卖水田文约字人　王全仁　随代（带）老红约一纸。

同中　李生华　曹启文

同子　王有礼　王有智

代笔　姚明典

书丹阿訇[五]　武炳坤

稿公　张麟玉

刻匠　邵如林

龙飞光绪十六年岁次庚寅桂月[六]吉日立

【注】

[一] 余振贵、雷晓静主编《中国回族金石录》（宁夏人民出版社二〇〇一年出版）第三八四页《湖北郧县清真寺购买水田碑》。现存城关清真寺内。光绪十年立卖田文约，十六年立碑。

[二] 民粮，亦称钱粮。旧时田赋，或征收粟米，或折征银钱，或二者并征。因称钱粮。因征自百姓，简称民粮。清顾炎武《钱粮论》上：「今之言赋，必曰钱粮。夫钱，钱也；粮，粮也。」

[三] 串，旧时制钱一千文之称。

[四] 葛滕，即「葛藤」。此处比喻事物纠缠不清。

[五] 阿訇，波斯语Akhund的音译，又译「阿洪」「阿衡」，原意为「教师」。在通用波斯语的穆斯林中，是对伊斯兰教学者或教师的尊称。在中国，是伊斯兰教宗教职业者的通称，一般主持清真寺教务和为满拉教经，而其中担任教坊的最高宗教首领和「经文大学」教师的阿訇，称作「教长阿訇」、「开学阿訇」。满拉，中国通用汉语地区的穆斯林对在清真寺学经的学员的称谓。书丹，古时刻碑，先用朱笔在石上写所要刻的文字，称「书丹」。后泛指书写碑志。

[六] 桂月，农历八月。清厉荃《事物异名录・岁时・八月》：「《提要录》：『八月为桂月。』」

一九六一　清光绪十五年（一八八九）新都县僧照清等扫土捆卖水田旱地红契[一]

立一指明界限扫土捆卖水田并田内青苗，以及旱地、菜园地、房屋基址共连一段文契人僧照清同徒侄通林，情因师尊上晓下云将田土重当，无银尝退押债，历年收谷无几，养献不足，叔侄商议，愿将先祖遗留水三甲东林寺后天开堰起水灌溉水田八块、旱地菜地一段，约计十亩零，拨粮九分八厘整。水田、旱地南与大北路连界，转南一节田坎一直至小沟与庙田脚连界，西、北两方与大沟心为界，转东与官田水田脚为界，屋当门一直至大路与官田旱土联界；串架草房三间，门扇窗格俱全。其四界限，就日凭中众约邻指明踏界，毫无紊乱，亦无除留。央中再三说合，情愿一捆扫土并田内禾苗、水田、旱地、菜园、房屋基地、砖石瓦块，一并摘卖与旃坛寺老关帝会，立粮四分九厘整；新武圣会，立粮四分九厘整。两会伙买，各立一户。以上定约所载之物，比日凭中证共议作时值新邑市秤九九色价银三百九十九两整[二]。首事刘福森、袁春阳等措银承买耕输管业，注粮请□。其价银即日凭证银契两交明楚，并无欠下分厘，并无货债准折。自卖以后，其有出入路径〔依古行〕走，沟渠水道照旧放流，亦任随开垦栽蓄。原有佃当零星诸事，俱照定约所行，无庸再注。此系情甘两愿，并无逼勒等弊。一卖千秋，永无赎取。恐〔口〕无凭，因凭中证团保约邻，立一捆卖文契交与两会首事，赴公税拨，两会朋执存据。

光绪十五年六月十七日

僧　照清　徒侄　通林立

同　中　王有盛　魏兴盛　周惠仙　周利堂

约　朱甫臣　赵访尧　袁耀山　米时万

在　邻　梓橦会　林双玉　向阳春

代笔人　谢福兴

【注】

[一] 录自四川新都县档案史料组编《清代地契史料》第七〇页。

[二] 新邑，新都县的代称。

一九六二　清光绪十五年（一八八九）台湾县林西嫂番田丈单[一]

字第贰万叁千伍百肆陆号合同[二]

丈　单

台湾布政使司为掣给丈单事，照得全台田园奉

爵抚部院刘

奏明清丈升科[三]。今　　县丈报列字第

业

号田　　主林西嫂[五]坐落内武定里堡

番田[四]

庄中则田叁〇甲叁分肆陆贰忽正

园贰坵壹甲零分柒厘肆丝陆忽正其四至并赋则由县编造图册外，合行掣给丈单，永远管业。嗣后倘有典卖，应将丈单随契流交推收过割。须单[六]。

右给本县业主林西嫂收执

光绪拾伍年正月　　日给

字第贰万叁千伍百肆陆号

台湾布政使司

遵奉[七]奏明，随收清丈经费番银[八]　元　角　办讫

（以下开列七项田园亩积，字迹不清，略）

【注】

［一］台湾历史博物馆编辑委员会编《府城文物特展图录》（台湾历史博物馆一九九五年出版）第七七页《清丈单》，图片长28、宽31厘米。民族文物馆提供。说明：「清光绪十五年，台湾巡抚兼布政使司刘铭传发给之丈量土地的官方证明。买卖土地时，丈单随契交割。」

［二］骑缝半字。上盖两印，一为「福建台湾布政使司关防」（长方半印），一为正方，印文不清。

［三］清丈升科，清丈高山族人已开垦田地，造册纳税。据《清史稿·刘铭传传》（卷四一六）记载：清光绪十年（一八八四），中法战争爆发。为防法军侵台，清政府任命刘铭传为福建巡抚并兼督办台湾防务。次年，台湾改省，刘任台湾巡抚。刘赴台施政，招抚高山族人，广开田亩，兴教文化，「丈田清赋，溢旧额三十六万两有奇，增茶、盐、金、煤、林木诸税。始至，岁入九十余万，后增至三百万。筑砲台，兴造铁路、电线，防务差具」。本

「丈单」及其附件是具体说明此事的珍贵例证。

[四] 番田，台湾高山族已开垦田地的泛称。所有权属于高山族人。

[五] 业主林西嫂，高山族人。

[六] 须至，当是「须至丈单者」一语之省。须至，旧时公文及执照、履历类文书结句的习惯用语。清翟灏《通俗编・政治》：「须至：今公文中习为定式。问其义，则无能言之。」

[七] 遵奉以下，为清丈经费单及开列的七项田园亩积清单，因字迹不清，略。

[八] 番银，外国银元的泛称，以墨西哥的「鹰洋」为主。亦俗称番饼。清朝中期以前，中国无自铸银元。道光、咸丰、同治年间，各地自行仿铸银元，但成色低下，流通不广。光绪十四、十五年间，广东地方当局设立银元局，仿照鹰洋的重量、成色和形式，用机器大量铸造，是中国正式自铸银元的开始。银元的正面铸有「光绪元宝」四字，背面中央有蟠龙纹，故称「龙洋」。刘铭传赴台征税用番银，可以理解。

一九六三　清光绪清十五年（一八八九）宛平县马进山卖房地白契[一]

立卖字人马进山，因一时不便，今有自置土房拾壹间，又有空地壹块，座落在阜城门外南河沿路西。有亲友说合，情愿卖于洪姓名下永愿（远）为业，言明卖价松银八拾两正。笔下交足，并无欠少。自卖知（之）后，有亲祖（族）人等争鬪（斗）[二]，有马进山壹面承管。恐口无凭，立字为正。

又有椿树一棵，葡萄式架。

马玉祥（押）

同亲友　杨福禄（押）

凤　山（押）

立卖房人　马进山（押）

代笔人　洪恒足（押）

光绪十五年正月廿式日立

西至墙，北至墙，南至菜园，东至河沿，四至分名（明）。

【注】

[一] 原件藏北京大学图书馆。此契似为初议之约。无官印。契价为「松银八拾两」。后至五月初二日立红契，卖价改为「松江银四拾四两」。此契大约作废。

[二] 鬪，即鬭之俗体，《切韵・侯韵》：「鬭，通俗作鬪。」三国魏曹植《名都篇》：「鬪鸡东郊道，走马长楸间。」

一九六四　清光绪十五年（一八八九）宛平县马进山卖房地民红契[一]

立卖字人马进山，因一时不便，今有自置土房拾壹间，空地壹块，椿树一棵，葡萄两架，西至墙，北至墙，南〔至〕菜园，东至河沿。座落在阜城门外南河沿路西。托亲友说合，情愿卖于洪姓名下永远为业。言明卖价松江银四拾四两整。笔下交足。并不欠少。恐口无凭，立字为正。要友（有）亲祖（族）人等净（争）论，有马进山一面成（承）管。

马玉祥（押）
同亲友　杨福禄（押）
凤　山（押）
立卖字人　马进山（押）
代笔人　洪恒足（押）
立买字人　洪长顺（押）

光绪十五年五月初式日立

宛平县挂号讫（戳）

【注】

[一]原件藏北京大学图书馆。契内有四个别字，今改正于括号内。

一九六五　清光绪十六年（一八九〇）大兴县孙文泉卖房官契稿[一]

立卖房契人孙文泉，今因乏用，将祖遗住房壹所：临街南房叁间半，院内北房叁间半，东平台房壹间，后有空地壹块，随房院落、门窗户壁俱全，上下土木相连。此房坐落在正阳门外长巷下三条胡同内中间路北地方[二]。今凭知底保人说合，情愿将此房出卖与

范　　名下永远为业。三面言明，寔卖房价京平松江银陆佰肆拾两正。其银笔下交足，并无欠少。自卖之后，倘有远近亲族长幼弟男子侄人等争竞，以及指房契在外借贷官银私债、希图重复典卖、根底不清，以上各等情，均有出卖主孙姓一面承管，不与新置主相干。恐口无凭，立此卖房契永远执业存照。

再批：内有原房孙姓本身红契壹张，上首申、蒋二姓白字弍张，上上首马姓红契一张，又有孙姓标手一张，共计伍张，一并根（跟）随。批明又照。

再批：马姓上首累落红白契帋均以（已）失落无存。倘若日后有人指（执）出片帋争竞等情，均有出卖主孙姓承管。批明又照。

立卖房人　孙文泉（押）
知情底保人　宋忠芝（押）
说合人　章仪轩（押）
李桥川（押）
房　牙　甘德业（戳）

凡民间置买房产成交后，该牙眼同填写官发契稿，催令依限纳税。如有私相买卖，不经官牙，希图漏税者，并中保人私拿官用，该牙查明禀报，以凭按例究办。须至契稿者。

地字六拾七号

光绪拾陆年四月拾贰日

大兴县契稿

【注】

[一]原件藏北京大学图书馆。

[二]长巷：在今北京东城区。明称长巷儿一条胡同，因胡同狭长得名。清称长巷头条，清末分为长巷上头条、下头条等。

一九六六　清光绪十六年（一八九〇）休宁县发给童光裕收税票之一[一]

收

休宁县贰拾玖都七图遵奉

县主明示：验契推收、攒造粮册事，今据本图拾甲童光裕　户丁　买过使字弍千弍伯弍十六 四十四号

计山税五厘弍毫五丝 玖厘肆毫　土名上宅岗瑶，　于

税　　年　　月　　买仝都八图三甲

黄永薪户丁隆昌

光绪十六年十二月吉日　　票

契尾

契价

票　　寅字十三号[二]

【注】

[一]原件藏北京大学图书馆。

[二]此五字原批在本票外左上角白纸上。「寅」当是庚寅年，即光绪十六年。

一九六七　清光绪十六年（一八九〇）休宁县发给童光裕收税票之二[一]

休宁县贰拾玖都七图遵奉

收　县主明示：验契推收、攒造粮册事，今据本图拾甲

童光裕户丁　买过使字式千式百五拾九号，

计田税壹分四毫壹丝，土名上宅岗窑边，于

税　　年　　月　　买仝都八图拾甲

黄兴礼户丁子峰

光绪十六年十二月吉日　　票

契尾

票　　契价

寅字拾四号[二]

【注】

[一]原件藏北京大学图书馆。

[二] 此五字原批在本票外左上角白纸上。

一九六八　清光绪十七年(一八九一)休宁县发给童秀峰归户佥票[一]

佥

式拾玖都捌图奉

本县明示：将本图丈过田地山塘，每号照丈积步，依则清查，分亩给发小票，业人亲领，前付该图亲供造册归户，凭此票照。

票

今丈使字壹千陆伯玖号，土名茅山塘

丈积　不计步　该税叁厘

现业二十九都一图十甲童秀峰　户丁

光绪拾柒年二月　　日　公正黄五林(戳)

【注】

[一] 原件藏北京大学图书馆。

一九六九　清光绪十七年(一八九一)北京厢蓝旗爱山卖地白契[一]

立卖地契文约人系厢蓝旗满洲松山佐领下刑部笔政爱山，今因手乏，情愿将自置米粮民地壹段，计地捌亩正，此地座落在西便门外枣林村北后地方，地内有树木大小玖伯(佰)玖拾棵，竖石门壹座。今同中人说合，情愿出卖与宛平县民屈姓名下永远为业。公同言明卖价银　　两。其银笔下交足，并无欠少。自卖以后，安茔、养树、盖房、一切修理等事，任其置主自便，不与卖主相干。再以后倘有亲族人等争竞，以及拖欠官粮、私债、重复[二]、盗典等事情，均有卖主同中人一面承管。恐后无凭，立卖地契，永远存照。

计开四至：南至官道，北至邢姓，东至李姓，西至李姓。四至注明。又照。

随字有民红契伍套。

知情底保人　周永兴(押)

立卖地字人　笔政爱山(押)

说合人　郭益斋(押)

光绪拾柒年拾弍月　　日立

【注】

[一] 原件藏北京大学图书馆。

[二] 重复，「重复交易」省。

一九七〇　清光绪十八年（一八九二）宛平县张福等卖房民红契[一]

立卖房契文约人张廉福，今因乏用，将自置铺面房一所，座落在西养马营内路南[二]。门面勾连搭八间，内有东西灰棚八间、西院南灰棚五间，有北房三间；后有空院一块，内有砖井一眼、大小树木，前后土木相连。今同中人说合，情愿出卖与屈姓名下为业，言明卖房价京平足银　　两整，其银笔下交足，并不欠少。立字以后任凭置主自便，不与契主相干。倘有亲族人等争竞者，以及来历不明重复盗典等情，均有卖房主同中人一面承管。各无（反）返悔，恐后无凭，立卖契永远为证。

大清光绪十八年弍月初二日

立卖房契人　张　廉（押）
福（押）
知情底保　何　瑞（押）
代字人　边煜锟（押）

执照

【注】

[一] 原件藏北京大学图书馆。

[二] 西养马营，今北京西城区阜城门南大街东烟筒胡同北。

一九七一　清光绪十八年（一八九二）山阴县章芳洲出田推旗[一]

立出推旗章芳洲，今将自己十八都二图下里章涣坪户内火字九百二十七号中田弍亩弍分正，又火字壹千〇五十一号中田壹亩正，情愿出推于本都本图文广镒户内入册输粮，承纳次年银米为始。此照。

光绪十八年二月　　日　　立出推旗　章芳洲（押）

见推　章筠山（押）

亲笔无代

推旗

【注】

［一］原件藏北京大学图书馆。

一九七二　清光绪十八年（一八九二）北京正蓝旗宗室溥斌补地税红契［一］

立投税契人正蓝旗满洲英敷佐领下宗室溥斌，原有祖遗地贰顷肆拾亩，坐落武清县所属甄家营等村地方［二］。价银肆百两。因无税过红契，今情愿补税红契，以凭执照。并无舛错及重复盗典轇轕不清等事。相应出具图片，呈报贵左翼税契可也［三］。

光绪拾捌年柒月　　日立投税契人溥斌

【注】

［一］原件藏北京大学图书馆。

［二］武清县，今属天津市。

［三］左翼，「左翼税务监督」的省称。为户部设于京师的经管官房地和旗人房地买卖、税契及给发印照等事的机构。

一九七三　清光绪十八年（一八九二）户部督理左翼税务监督给发北京正蓝旗宗室溥斌地税执照［一］

执　照

钦差户部督理左翼税务监督巴　　为给发执照事：据正蓝旗满洲英敷佐领下宗室溥斌原有祖遗地贰顷肆拾亩，坐落武清县所属甄家营等村地方。价银肆百两。此照。

纳税银拾贰两

光绪拾捌年柒月　日　立契人宗室溥斌

【注】

[一]原件藏北京大学图书馆。

一九七四　清光绪十八年(一八九二)大兴县郑弼庵卖房民契稿[一]

立卖房契人郑弼庵,因乏用,将故父遗下住房壹所：临街头层瓦房四间,西跨通天亮过道壹条,院内东西厢房对面四间,又东西平台对面式小间;后层正瓦房四间,东跨小院壹条,小平台一间,后有落地壹条,前后共计瓦房平台拾伍间。随房院落、门窗户壁俱全,上下土木相连。此房坐落在正阳门外深沟内高井胡同路北地方。今凭深知根底中保人等说合,情愿将房出卖与王国选名下永远为业。三面言明实卖房价银叁百两整。其银当日笔下同中亲手收足,并无欠少。自卖之后,倘有远近亲族长幼弟男子侄人等争竞,以及指房借贷官银私债、希图重复典卖、根底不清、来历不明各等情,俱有出卖房主同深知根底中保说合人等一面承管,不与现置主相干。恐后无凭,立此卖房契,永远执业存照。

深知根底中保人　陈翰卿(押)

经手人　董永德(押)

代笔人　杨星桥(押)

李秋桐(押)

王尚林(押)

誊过官稿(戳)

光绪拾捌年　月　日　立卖房契人　郑弼庵(押)

【注】

[一]原件藏北京大学图书馆。

一九七五　清光绪十九年（一八九三）大兴县郑弼庵卖房民红契[一]

立卖房契人郑弼庵，今因乏用，将故父遗下住房壹所：临街头层瓦房四间，西跨通天亮过道壹条，院内东西厢房对面四间，又东西平台对面贰小间；后层正瓦房四间，东跨小院壹条，小平台一间，后有落地壹条，前后共计瓦房平台拾五间。随房院落、门窗户壁俱全，上下土木相连。此房坐落在正阳门外深沟内高井胡同路北地方。今凭知深根底保中保人等说合，情愿将此房出卖与王　　名下永远为业。三面明言寔卖房价银叁百两整。其银笔下交足，并无欠少。自卖之后，倘有远近亲族长幼弟男子侄人等争竞，以及指房执契借贷官银私债、希图重复典卖、根底不清、来历不明各等情，俱有出卖主仝深知根底中保人、说合人等一面承管，不与现置主相干。恐后无凭，立此卖房契永远执业存照。

再批：内有郑姓原置白契两张，又郑姓本身补税红契壹张，上首两置：史姓红契一张，又上首王、白、尹、沈、王五姓红契五张；邢姓红契一张，又上首张、刘、高、王四姓红契四张。以上通共计红白契拾肆，一并跟随。批明又照。

光绪拾玖年正月廿九日　　立卖房契人　郑弼庵

杨星桥

李秋桐

深知根底中保人　陈翰卿

董永德

王尚林

房牙　甘德业

大兴县挂号讫（戳）

【注】

［一］原件藏北京大学图书馆。

一九七六　清光绪十九年（一八九三）大兴县郑弼庵卖房官契稿[一]

立卖房契人郑弼庵，今因乏用，将故父遗下住房壹所：临街头层瓦房四间，西跨通天亮过道壹条，院内东西厢房对面四间，又东西平台对面贰小间；后层正瓦房四间，东跨小院壹条，小平台一间，后有落地壹条，前后共计瓦房平台拾五间。随房院落、门窗户壁俱全，上下土木相连。此房坐落在正阳门外深沟内高井胡同路北地方。今凭知深根底保中保人等说合，情愿将此房出卖与王　　名下永远为业。三面明言寔卖房价银叁百两整。其银笔下交足，并无欠少。自卖之后，倘有远近亲族长幼弟男子侄人等争竞，以及指房执契借贷官银私债，希图重复典卖，根底不清，来历不明各等情，俱有出卖主仝深知根底中保人、说合人等一面承管，不与现置主相干。恐后无凭，立此卖房契永远执业存照。

再批：内有郑姓原置白契两张，又郑姓本身补税红契壹张，上首两置：史姓红契一张，又上首王、白、尹、沈、王五姓红契五张；邢姓红契一张，又上首张、刘、高、王四姓红契四张。以上通共计红白契拾肆，一并跟随。批明又照。

光绪拾玖年正月廿九日

立卖房契人　郑弼庵

深知根底中保人　杨星桥

李秋桐

陈翰卿

董永德

说合人　王尚林

房牙　甘德业（戳）

凡民间置买房产成交后，该牙眼同填写官发契稿，催令依限纳税。如有私相买卖，不经官牙，希图漏税者，并中保人私拿官用，该牙查明禀报，以凭按例究办。须至契稿者。

地字六拾七号

大兴县挂号讫（戳）

大兴县契稿

【注】

［一］原件藏北京大学图书馆。

一九七七　清光绪十九年（一八九三）北京正白旗博室爱新觉罗氏补房税呈文[一]

具呈人正白旗满洲原任刑部员外郎博启善之妻爱新觉罗氏为

呈明补税以凭执业事：窃氏夫翁原任大学士恩在日，时价买住房三所[二]，内石大人胡同南一所[三]，已竟（经）纳税；共总布胡同路北二所，因有修改，未能即时投税。今将石大人胡同路南一所归并一处，改建修盖，均归东单牌楼北边总布胡同路北。计大门一间，双马石大门内西门房十间，东边车门五间，北马棚三间，井一眼，西月亮门中厕屋二间，东二门一间，西二门一间，游廊十六间，东大厅三间，东耳房穿堂一间，西耳房一间，东厢房三间，西厢三间，西大厅三间，带前抱厦三间，东西耳房各一间，西厢房三间，东厅后垂花三门一间，东跨院北房三间，南房三间，内有小院，中厕一间，正所北房三间，随东西耳房各一间，东厢房三间，随南耳房一间，西厢房三间，随南耳房一间，东院北房三间，东房三间，西院北房三间，西厢房三间，西厨房二间，后照房十五间，东中厕一间，西中厕一间，西平台二间，井一眼，共总灰瓦房壹百拾伍间，井二眼，合修理置（值）价共用银叁千两。理合遵例赴翼报明补税，以凭执业。谨呈。

光绪十九年三月　　日

【注】

[一] 原件藏北京大学图书馆。

[二] 大学士恩，恩承，字露圃，叶赫那拉氏，满洲正白旗人。光绪十一年，授体仁阁大学士。十五年转东阁大学士。十八年卒，谥文恪。

[三] 石大人胡同，今北京东城区东单外交部街。

一九七八　清光绪十九年（一八九三）宛平县王静斋卖房民红契[一]

立卖房契人王静斋，今将自置住房壹所：门面房弍间，弍层房弍间，院内东厢房壹间，后院内东房弍间，共计瓦房柒间。门窗户壁俱全，上下土木相连。坐落在前门外高井胡同中间路北地方。今中友说合，卖典樊名下永远为业。三面言明，价银柒百两整。其银笔下交足，外无欠少。自卖之后，倘有契纸不清及重复典卖等情，均有原业主并中友承管。恐后无凭，立此卖字为据。

此房内有本身白契一张，鲁姓白契壹张，上首何、柳、倪、韩、孙五姓红契伍张，执照壹张，共计红白契纸捌张，交付置主收存，又批。

中友　樊笠夫（押）

章诚之（押）

光绪拾玖年捌月　　日　　立卖房契人　王静斋（押）

宛平县挂号讫（戳）

【注】

［一］原件藏北京大学图书馆。

一九七九　清光绪十九年（一八九三）北京博室爱新觉罗氏卖房民红契[一]

立字人博室爱新觉罗氏遵

先翁遗命，将自置住房壹所，无论卖与亲朋人等为业，留与自身养濂（廉），不与远族近枝（支）人等相干。恐口无凭，立字存记。

立卖字人正白旗满洲秀龄佐领下原任刑部员外郎博启善之妻爱新觉罗氏有自置住房壹所，坐落在东单牌楼北总布胡同口内路北大门，共计瓦房、灰棚、穿廊共壹百拾五间。凭中说合，情愿卖与　庆宅名下永远为业，当下言明市平松江银贰仟捌百两正。其银笔下交足，并无欠少。自卖之后，如有亲朋族人等争论，有中见人与卖主一面承管，不与买主相干。恐口无凭，立字存照。

门窗户壁装修土木相连，院内甜水井贰眼。

中见人　海宴如（押）　中人　张庆祥（押）　杨心慧（押）　郝锡九（押）　张维树（押）

毓子让（押）　王万卿（押）　王振瀛（押）　并书　果瀛（押）　方庆春（押）

知情地（底）保　孙佩之（押）

光绪十九年十月十六日　立卖房契人　博室爱新觉罗氏（押）立

【注】

［一］原件藏北京大学图书馆。

一九八〇　清光绪二十年（一八九四）宛平县洪长顺卖地白契[一]

立卖地字文约人洪长顺，因手乏无钱使用，今将自置空地壹块，坐落在阜城门外南河沿路西[二]。南至菜园，北至徐姓，东至河沿，西至菜园，四至分明。自托中人说合，青（情）愿卖于史齐霖名下永远为业。言明卖价银壹百叁拾两正，笔下交足，并无欠少。

卖业之后，并无亲族人等争竞。如有争竞者，有卖主人一面承管，中保人一面承管。恐口无凭，立字为证。

随代（带）红契一张，白字一张。

中保人　夏门胡氏（押）

代笔人　赵英华（押）

立卖地人　洪长顺（押）

光绪二十年八月初六日

【注】

［一］原件藏北京大学图书馆。

［二］南河沿路，现名「阜成门南河沿」。

一九八一　清光绪二十年（一八九四）宛平县骈廷选倒铺底文书［一］

立倒铺底人骈廷选同子德茂，今因手乏无钱，今在西直门内大街桦皮厂东头路北聚泰成粮店一座，门面叁间。今因同中保人，情愿将聚泰成粮店一座出倒铺底家倨（具）俱全，合同白字根字同共拾张，外有骈廷选自身一张，家伙单一张，家伙折一个，俱全出倒与伊宅名下永远为业。同中保人言明，倒价银壹百伍拾两整。此银笔下交足，交无欠少。如有亲族人等争论，有倒铺底人一面承管。恐口无凭，立倒字为证。

立倒铺底人　骈廷选

中保人　姜润齐

光绪式拾年拾壹月拾五日

同治式年八月初七日立聚泰成粮店，原有合同四张，下短一张式号。在（再）有聚泰成粮店式号合同，作为废帋，斩断无用［二］。

【注】

［一］原件藏北京大学图书馆。

［二］此为批注。

一九八二　清光绪二十年（一八九四）宛平县刘堃卖房白契［一］

立卖房契人宛平县民刘堃，今因手乏无钱，将自置房一所，坐落在王府苍马构胡同口外路北，今改口内路东门。一宅分为两院：南院两房三间，北院正房三间，共房六间。门窗户壁一应俱全。今凭中保人说合，情愿卖与屈宅名下永远为业。言明卖价银　两整。其银笔下交足，并无欠少。自卖之后，如有亲族人等争竞，有卖主中保人一面呈（承）管。恐后无凭，立字存照。

外有红契两张，白契壹张。

立卖房人　刘　堃（押）

中保说合人　瑞春蒲（押）

郑如山（押）

光绪式拾年冬至月式拾四月　立

【注】

［一］原件藏北京大学图书馆。

一九八三　清光绪二十一年（一八九五）新绛县兰永瑞卖房白契［一］

立卖房院人兰永瑞，因为使不便，今将自己南院北房叁间，东边小院壹间，西边窑院壹座，官院门楼壹半，土木相连，门窗足全，东西二至兰子温，北至道，南至院，四至分明。同中说合，今卖与族侄兰子温名下永远为业。时直价银肆拾两整，当日银业两交。恐口无凭，立文约为证。

立卖契人　兰永瑞（押）

画字银四两

光绪式拾壹年叁月初十日

后批：原无力执业，同中说合，三年交完。光绪式拾壹年交银拾伍两，廿式年交银拾伍两，廿叁年交银拾肆两。

本年叁月初十日使银拾两，十二月刀一日[二]使银伍两正，廿二年正月廿五日使银伍两正，二月廿五日使银陆两正，十二月刀三日使银四两，廿三年正月廿五日使银拾四两正。

同中人　水旺（押）

谕（押）

已科（押）

【注】

[一] 手录友人藏品。与新绛县红契同出。

[二] 刀，「初」字的俗体。多见于民间历书、版画。

一九八四　清光绪二十一年（一八九五）汉州胡邓氏母子杜卖水田房屋官契[一]

字第千零柒拾捌号　　他州县不许借用

立遵谕割田偿倩（债）杜卖水田、房屋、基地人胡邓氏、子联芳兄弟等，情因故父礼门生前借过任王氏、王子楚名下会银未还，构讼在案。奉臬宪批准[二]，成都县提案讯明，应当归胡联芳弟兄填还。联芳弟兄无银承还，是以母子弟兄商议，愿将故父遗留高坪铺勒马堰水灌溉高低水田大小贰拾块，约计贰拾捌亩五分，基地壹亩五分，草房五间，瓦屋壹间，共议作时值价钱壹仟壹百肆拾千文整，尽此钱抵还任王氏、王子楚二人名下承买为业。此凭书差中证眼同看明，不过丈计。其田四界插花难以备载，均照旧界管业。占勒马堰水，空三放四，逢白一天，逢黑一夜，与唐姓照亩均放。泉塘一口，均车载粮陆钱，在卖主户内拨出，拨与买主立册。其有界内古垱、古埂、斜坡、陆陂、放败沟道、上流下通、出入路径、人畜往来、车步码头，宅内宅外、沟边、田边大小竹林、茅头、茨草，一并随田搭卖，毫无除留。书押、画字、串底、流水、离庄、脱业索钱，一并议在价内受价。惟起佃退押出自卖主。自卖后，任随买主税拨、耕输管业，阴阳二宅开垦，卖主房族人等不得异言生枝。此系二家遵谕甘愿，并无勒逼等情。恐口无凭，特立杜卖文契为据。

汉

州

遵

州正堂龚批[三]：立粮名牟村一甲祭田会。

契

光绪二十一年三月十二日　　前名卖主　胡邓氏　仝子联芳面立

族　胡小蘧
中
证　刘义斋
人　王仁安

计开条款例：

一、置买田宅不税契者笞五十，仍追田宅价钱一半入官。不过割者，一亩至三亩笞四十，每五亩加一等，其田入官。有过割者，必须验契盖印方准入册拨粮。

一、征收田房税契，须业户亲自赍契投税，粘连司印契尾，给发收执者。若业户观望，雇人代投，致被假印诓骗者，照不应重律，杖八十，责令换契重税。

一、民间置买田宅，有私用白纸立契，匿不投税者；有先用白纸立契，延搁多日始换契式投税者。此等债契许卖主中证乡约人等禀明查究，扶同徇隐，并究。

一、各该乡约分给契式，不准私取分文。如违，许业户禀究。有写错者，仍将原纸交该乡约缴销，另换契式填写。

（此处原连白契草，正文与官契同，略。只录批凿。）

立收清字据人胡邓氏、子联芳弟兄，今收到田价一切钱壹仟壹伯肆拾串，当日收清是实。

【注】

[一] 原件藏北京大学图书馆。汉州，属四川成都府。今为广汉县。

[二] 臬宪，为「按察使」的俗称。亦称「臬台」「臬司」「廉访」。《清史稿》卷一一六《职官志三·外官·按察使》：「提刑按察使司按察使，省各一人。正三品。……掌振扬风纪，澄清吏治。所至录囚徒，勘辞状，大者会藩司议，以听于部、院。兼领阖省驿传。三年大比充监试官，大计充考察官，秋审充主稿官。」

[三] 州正堂，州正印官（知州）的俗称。

一九八五　清光绪二十一年（一八九五）宛平县满洲塔思哈卖房白契[一]

立卖字人厢红旗满洲头甲凌通佐领下礼部委署主事塔思哈，有祖遗自置房壹所，座落在养马营胡同[二]达子庙[三]西对过路南门，正瓦房三间，南瓦房三间，西瓦房二间，共房八间。今同中人说合，情愿将房卖与屈姓名下永远为业。言明卖价银弍佰九拾两正。其银笔下交足，并不欠少。自卖之后，如有来历不明，以及重复典卖、亲族争论等情，有卖主人一面承管。空口无凭，立文约存照。

外有红契壹套，白字壹张，相随。

中保人　赵瑞全（押）

立字人　塔思哈（押）

光绪二十一年冬月念二日立

【注】

[一] 原件藏北京大学图书馆。

[二] 养马胡同，在今北京西城区西部，阜城门南大街东，武定侯街南。东养马营在东北，西养马营在西南。

[三] 达子庙，在西养马营北。

一九八六　清光绪二十一年（一八九五）北京厢蓝旗德广投地税契[一]

立投税契人系厢蓝旗宗室六族寿全佐领下德广，今有祖遗老圈地三顷[二]，坐落在顺天府宛平县署庞格庄西，大高各庄西北、西南、正西一带地方[三]，共计大小三十六段，价银叁佰两正。因年深久，红契失落，情愿自投赴翼纳税[四]，亦（以）后日立业信守。

光绪二十一年十月　　日

立投税契人　德广（押）

【注】

[一] 原件藏北京大学图书馆。

[二] 老圈地，清初八旗所圈占的土地，亦称旗地。

[三] 庞格庄等村，今属北京市大兴区。

[四] 税契执照见下条。

一九八七　清光绪二十一年(一八九五)户部督理左翼税务监督给发北京厢蓝旗宗室德广地税执照[一]

执　照

钦差户部督理左翼税务监督刚　为给发执照事：今据厢蓝旗六族宗室寿全佐领下宗室德广有祖遗地叁拾陆段叁顷，坐落宛平县庞格庄西、大高各庄西等处地方[二]。因红契遗失，情愿作价银叁百两。此照。

纳税银玖两　　　印

光绪贰拾壹年拾月　　日立契人　德广

(满汉文对照，满文略。)

【注】

[一] 原件藏北京大学图书馆。

[二] 正契见本书上条。

一九八八　清光绪二十二年(一八九六)蓟州乔顺卖房官契[一]

立卖房契人乔顺，今因手乏，将民房一所，坐落　　县厅州

乡庄村　街　庄村　街　坐　向　街坐门　一

合　东邻　南邻　西邻　北邻　统计共

房　间棚　间。门窗户壁俱全，上下土木相连，凭中人牙纪　说合，情愿卖与　县厅州　乡　庄村李宅名下永远为业，言明卖价

平银制钱[二]肆拾千整。其钱笔下交清，并不欠少。自卖之后，如有重契、盗典、盗买以及指房借贷官银折债，暨远近亲族人等争竞等情，俱有中人一面承管。恐口无凭，立卖房契，永执为据。

随交上手累落红契　张，白字　张。

中人

牙纪

写契投税章程列后，

一、律载：置买田房不税契者，笞五十[三]；仍追契内田宅价钱一半入官。又户部则例内载：凡置买田房不赴官纳税请粘契尾者，即行治罪，并追契价一半入官。仍令照例补纳正税。凡民间置卖田房，自立契之日起，限一年内投税。典契十年限满，照例纳税。逾限不税，发觉，照律例责追。

一、民间嗣后买卖田房必须用司印官纸写契。违者作为私契，官不为据。此项官纸每张应公费制钱一百文向房牙买用，准该牙行仍按八成缴官，价制钱八十文。

一、民间买卖田房契价，务须从实填写，不准暗减，希图减税。违者由官查出，照契价收买入官，另行作变。倘以卖为典，查出即令更换卖契，仍将典价一半入官。

一、民间嗣后买卖田房，如不用司印官纸写契，设遇旧业东、亲族人等告发，验明原契年月，系在新章以后，并非司印官纸，即将私契涂销作废，仍令改写官纸，并照例追契价一半入官。

一、民间嗣后买卖田房，其契价作为百分，纳税三分三厘整。譬如契价库平足银一百两[四]，完税三分三厘，即库平足银三两三钱。如有以钱立契者，仍照例制钱一千作银一两，完税三分三厘。税银按数交清，总以粘有布政司大印之契尾，用本管州县骑缝印为凭。此项契尾公费每张改交库平足银三钱。否则，系经手人愚弄，应即向经手人追闻控究。

一、民间嗣后买卖田房，务须令牙纪于司印官纸内签名，牙纪行用与中人、代笔等费，准按契价给百分中之五分，买者出三分，卖者出二分。系牙纪说成者，准牙纪分用二分五，中人、代笔分用二分五。如系中人说成者，丈量立契，只准牙纪分用一分。如牙纪人等多索，准民告发，查实严办。

一、民间置买房地契后，牙纪盖用戳记，准买卖两家亲友酌添数人，以免牙纪拈持而为日后证据。

一、未定新章以前，民间所执之契或有遗失，因虞首报受罚，迁延不税，限一年内照章换用官纸，准其呈明补税，宽免科罚。逾限不税，发觉，照例责追。

一、未定新章以前，民间所存远年近年小契即未粘有本司大印契尾之契，统限一年内缴换司印官纸，从宽减半投税。逾限如不缴换，发觉照私契论。原契上出主、中人向画押记，如换官纸后，仍令补押，恐启刁难之端，且迁徙事故必多碍难。应令业主自誊官纸，将原契粘连钤印，以归简易而示体恤。

一、以上九条，买卖田房，民间均当切实遵办。如官吏、牙纪、书差人等于前定各数外多方勒索，准民赴司控告。

一、官牙领出司印官纸，遇民间买用不准，该牙纪勒指不发，例外多索，犯者审实，照多索之数加百倍罚。令牙纪交出充公，免予治罪，仍于(予)斥革。如罚款不清，暂行监禁。

一、牙纪于更定新章以后，见有新立之私契，因贪使用钱，不即告官者，别经发觉，并照所得用钱数目加二十倍照官牙第一条罚办。

一、牙纪遇民间写契暗减卖价者，准禀官究办。如牙纪扶同舞弊，一经查出，并照所减之契价照官牙第一条罚办。

一、嗣后遇有民间用司印官纸写契后，责成牙纪将存根填好截下，按月同纸价呈送本管州县，分别存转。

一、嗣后凡遇契价与存根不符及契纸已用而存根不缴者，即系牙纪主使漏税，应将牙纪斥革，仍予监禁十年。

一、置买田房，牙纪与卖主及邻佑、里书知之最悉。如未定新章以前之白契，小契限满，买主仍未补税，准牙纪与卖主及邻佑、里书告发，查实于罚款内提五成充偿。牙纪与卖主及邻佑、里书人等如有挟嫌诬告及吏役因缘舞弊滋扰者，一经查实，除照例枷责外，并予永远监禁。

一、凡税契事宜，均由房地牙，又名土木牙，或又名五尺及官中者评价成交，社书等总其成而已。何人有契未税，房地牙均了如指掌。嗣后即责成房地牙分投查劝，每房地牙一名能劝征税银一千两以上者，准摘偿百分之五。

以上八条，牙纪人等均当切实遵办。

光绪廿二年正月初九日　　　立卖房契人

【注】

[一] 原件藏北京大学图书馆。

[二] 平银：指官平银。官平银与市平银相对称。官平是漕平、库平、关平的统称，是政府规定的，用以衡量银两的标准。市平为民间通用衡量银两的标准。

[三] 律载：《大清律例》记载。

[四] 库平：清朝部库征收租税、出纳银两所用的衡量标准。库平一两等于三七·三〇一克。

一八九　清光绪二十二年（一八九六）内务府汉军庆绪卖房白契[一]

立卖字人内务府正黄旗汉军包衣[二]长瑞管领下候补员外郎庆绪[三]，今遵父命，将本身自置住房一所，坐落东单牌楼总布胡同内路北大门，共计大小瓦房、平台、游廊、中厕、灰棚壹百壹拾柒间，内外檐装修门、窗、户、壁、纱屉、玻璃、床、炕俱全，院内甜水井两眼，上下土木相连。今托中人说〔合〕情愿出卖与庆德堂名下永远为业。仝中人三面言明，价京平松江银壹万贰仟伍百两整。其银笔下交足，并无欠少。自卖之后，任凭置主投税自便，不与卖主相干。如有亲族人等争论，有卖主一面承管。两家情愿，各无返悔。恐后无凭，立字存照。

本身旗红契壹套，上手红契七套，白字五张。

光绪二十二年十二月十四日

立卖字人候补员外郎庆绪（押）

中保人　余子庄（押）

乔意轩（押）

亲笔立

【注】

[一] 原件藏北京大学图书馆。

[二] 包衣：满语包衣阿哈的简称，指满洲贵族家内奴隶。清朝包衣分上三旗（镶黄、正黄、正白）包衣，隶属于内务府；下五旗（镶白、正红、镶红、正蓝、镶蓝）包衣，隶属于各旗。清朝有包衣出身而因功得官者，但对其主子仍保留奴才身份。

[三] 候补员外郎：没有补授实缺的郎官。清朝理藩院、太仆寺、内务府均设有员外郎。

一九〇　清光绪二十三年（一八九七）宛平县塔思哈卖房白契[一]

立卖契字人镶红旗满洲头甲喇凌通佐领下礼部主事塔思哈[二]，有自置房壹所，坐落在宫门口中廊下北头往西路北小胡同内路北。大门壹间，正房叁间，东厢房三间，西厢房叁间，耳房式间，破烂南房伍间；又在胡同内路西灰棚肆间，共计房式拾壹间，门窗户壁、内檐装修俱全，上下土木相连。今因手乏，情愿将住房卖与屈宅名下永远为业。言明卖价市平足银陆佰两整。其银笔下交足，并无欠少。自卖之后，如有来历不明等情，俱有原旧业主一面承管。恐后无凭，立字为证。

光绪二十三年二月二十六日吉

立卖契字人　塔思哈（押）　立

【注】

[一]原件藏北京大学图书馆。

[二]嚩，同「呖」。音赖。《玉篇·口部》：「嘱、嚩，二同。声也。」

一九九一　清光绪二十三年（一八九七）侯马县焦宽廉卖房官纸[一]

官　纸

立卖永远死卖文字人焦宽廉，因一时不便，今将自己蔴底死业东平房叁间，北耳楼上下四间，其房至数随代方圆地基，先从东至大路，南至大路，西南至大门，西至院心，北至山翅，上至檩梁椽柱，下至顶石根基，以及门窗户扇炉炕，一切在内。以上各至以里，土木金石相连，人行车牛水流出入照旧通行。央中说合，情愿出卖死与族侄焦五女名下为死业居住。同中言明，受过时值死价大钱肆拾肆仟文整。即日钱业两明各无异说。如有户族人等争端者，有卖主一面承当，不于（与）买主相干。此系两家情愿，永无返悔。恐口无凭，立卖永远死契壹纸存证为用者。

光绪二十三年三月廿日立永远死卖天字焦宽廉

后批：随代而坑壹个。又照。

同中人　焦骡女　兴　邦　陈锦富　秉　直　焦拴柱

锦溪　里第捌号

【注】

[一]手录友人藏品。

[二]原件有骑缝方印章，满汉文对照，文曰：「山西侯马县印。」

一九九二　清光绪二十三年（一八九七）北京镶蓝旗六族宗室德广卖地白契[一]

立卖地字据人镶蓝旗六族宗室德广，今因手乏，今将祖遗地陆顷，坐落在宛平县属辖庞各庄西大高各庄一带等处[二]。今凭中保人说合，情愿卖与
守善堂王宅名下永远为业，言明卖价京平松江银肆百两整。其银笔下交足，并不欠少。地亩彼此对清。自卖之后，如有亲族人等争论，以致（及）重复典卖等情，俱有德广并中保人一面承管，不与新业主相干。口说无凭，立字为证。

立卖地字人　德　广（押）

中保人　继瑞峰（押）　常山（押）

光绪二十三年十月十六日立

【注】

［一］原件藏北京大学图书馆。

［二］庞各庄、大高各庄，今均属北京市大兴区。有东高各庄和西高各庄。

一九九三　清光绪二十四年（一八九八）某地张允吉卖园子白契[一]

立卖契人张允吉，因钱粮无凑，情愿将自己空园子一段，六亩式分四厘八毛三系一忽四末。其园子东至马元富，西至买主，南至马元富，北至张龙吉，四至分明。今凭中人焦伾吉，说妥卖于马连登永远为业。言定价钱柒拾吊正，当日交足，分文不欠。恐后无凭，立文存证。

中人　焦伾吉（押）　王川海（押）

立

光绪廿四年正月廿五日　吉

东段东西长可　五×

南北可壹×七——、

西段南北长可廿式×⋯——、

东西可六×⋯——、

【注】

[一] 原件藏北京大学图书馆。

一九九四　清光绪二十四年(一八九八)户部管理右翼税务监督发给北京正黄旗汉军继祥地税执照[一]

钦差户部管理右翼税务监督宗室奕　为发给执照事：今据正黄旗汉军包衣世奎佐领下继祥买得德广名下地陆顷，坐落宛平县庞各庄西、大高各庄等处地方，价银肆百两。此照。

右翼管税关防印

纳税银拾贰两

立契人继祥

户字叁百柒拾捌号

光绪贰拾肆年柒月　日

(满汉文对照，满文略)

【注】

[一] 原件藏北京大学图书馆。

一九九五　清光绪二十五年(一八九九)喀喇沁左旗孙明出租白地契[一]

立兑契文约人孙明，因乏手无凑，今将自己本身白地[二]壹段，坐落北台子。自烦中人说合，情愿兑契蒋德发[三]名下耕种，永远为业。土木石树相连。自凭置主自便，不与去主相干。每年秋后，交租式石叁斗六升租，交三台蒙古收吃[四]。外有差肉十五斤。别无杂项。空口无凭，立兑契为正。差十八亩，四至分明。北到沟，南至杨姓，东至王姓，西至杨姓，立兑契中，钱二百八十七千整。其钱笔下交足不交(欠)。

大清光绪廿五年十一月一日　　立

王秀文

中人 曹　才
　　 彭　福

湛德祿

代笔人杨清隆

（后粘连民国九年（一九二〇）蒋得发执据，本书已收。）

【注】

［一］手录友人藏品。

［二］白地，未耕种的生地，或地上无附着物者。

［三］蒋德发，承租者。在《民国九年（一九二〇）热属验发特别契纸执据》（本书已收）中作「蒋得发」。

［四］三台蒙古，此土地的原主，拥有土地所有权。孙明相当于二地主。

一九九六　清光绪二十五年（一八九九）休宁县发给童敦和拨税票[一]

拨　税　票

县主验契推收事：今据本图人户新拨产业，其该税如数入册，合给小票付业主收执为照。

二十九都八图册里黄致和奉

计开

本图拾甲黄云壑户丁弄喜新字　于列

土名　未列　计田税玖亩玖分四厘五毫捌系叁忽，该完

言列

银壹两五厘

米捌合四勺

拨到原都原图原甲原户　户丁童敦和

光绪贰拾伍年十二月吉日册里黄致和给票（戳）

【注】

[一] 原件藏北京大学图书馆。

一九九七　清光绪二十六年（一九〇〇）永嘉县金银苍卖杉树林白契[一]

立卖契金银苍，今因缺钱应用，自情愿将自己衫（杉）树一处，坐落五十二都西社三里，土名风树塆[二]，计衫（杉）树壹片；又一处，坐亦头塆，计树壹片；又一处，坐上圳头，计树壹片；又一处，坐下圳底，共衫（杉）树四片，大小在内。今凭中出卖过张其春边与业。当日得受价银英洋四元[三]。上年账项清楚，即收完足。自卖之后，其衫（杉）树任凭张边管样坎圻[四]。倘有内外人等争执之理，金边事行支解，不染张边之事。此系两造情愿，各无反悔。今欲有凭，立卖契为照。

见中侄　金定庚（押）

立卖契　金银苍（押）

代笔　徐定浩（押）

光绪念陆年十二月　　日

【注】

[一] 友人赠原件复印件。

[二] 塆，音「湾」。山沟，山坳。亦指山村。

[三] 英洋，当作「鹰洋」，清末民初通用于市面上的一种银元，正面图案为凸起的鹰，为墨西哥铸造。亦有称曰「英洋」者。郑观应《盛世危言·铸银》：「尝考中国洋钱多来自墨西哥。……以钱面作鹰文，故曰鹰洋。又以英人贩运居多，亦曰英洋。」

[四] 坎圻，当作「坎坼」。

一九九八　清光绪二十七年（一九〇一）休宁县发给童光裕收税票[一]

收　　休宁县　都　图遵奉

县主明示：验契推收、攒造粮册事：今据本图拾甲童光裕户户丁朗夫，买过器字叁百贰拾贰叁号

税　计田税陆分捌毫正 壹亩肆分贰厘玖毫正 土名西湧口。于

光绪念柒年　　月　　买本都本图壹甲

詹士文户户丁添富

光绪念柒年肆月　　日　　票

契尾

契价

名字第拾捌号合同照验对明注册[二]

票

【注】

[一] 原件藏北京大学图书馆。

[二] 骑缝半字。第一字不清晰，可能有误。

一九九九　清光绪二十九年（一九〇三）北京厢黄旗汉军高士奇卖旗地红契[一]

立卖契人厢黄旗汉军双顺管领下高士奇[二]，因正用无钱，今将本身旗地一段[三]，坐落在永平府乐亭县西南董家圈等处地方[四]，计地拾顷零柒拾叁亩。每年起租东钱贰仟陆陌（佰）零六吊整，共合卖价捌百陆拾两，其银笔下交足。同中人说合，情愿卖与高恩荣名下永远为业。自卖之后，倘有亲族人等争竞等情，尽在去主、中人一面承管，并无异说。此系二家情愿，各无返悔。恐口无凭，立卖契为证。

中人　王玉成（押）　田书宝（押）　高士林（押）　高恩玉凭　高成仙（押）

光绪贰拾玖年六月十三日立卖契人亲笔书

【注】

[一] 原件藏北京大学图书馆。

[二] 管领，官名，清朝内务府和八旗皆有设置，初为正五品，道光以后改为从五品。

[三] 旗地，清朝宗室勋戚、八旗官员兵丁、驻防官兵所圈占或拨给的土地的通称。旗地原不准典卖。至咸丰时始开禁约。

[四] 乐亭县，今属河北省。

二〇〇〇　清光绪二十九年（一九〇三）户部督理左翼税务监督给发北京镶黄旗汉军高恩荣地税执照[一]

钦差户部督理左翼税务监督兜　为给发执照事：光绪十六年闰二月初六日准户部咨送原奏章程内开：屯旗税契宜仍复旧制赴翼投税。凡屯居旗人于咸丰二年以后契买旗地，除已升科者毋庸置议外，未升科者一律免其升科。自此次出示之日起，限六个月仍照旧例赴翼投税。其远年未经投税者，亦宽其既往，准其六个月内赴翼补税。倘逾限并不投税补税，一经发觉，照例惩办。等因一折，于光绪十六年闰二月初四日具奏。本日奉旨依议。钦此。钦遵行知到翼。本翼复核，六个月限满后，准其仍照赴翼投税。各等因。今据镶黄旗汉军双顺管领下高恩荣买得高士奇名下起租地壹段拾顷零柒拾叁亩，坐落永平府乐亭县西南董家圈等处地方，价银捌百陆拾两。

执照

立契人　高恩荣

纳税银贰拾伍两捌钱。

光绪贰拾玖年拾月　　日

（满汉文对照，满文略）

【注】

[一] 原件藏北京大学图书馆。

二〇〇一　清光绪二十九年（一九〇三）宛平县阿克敦卖荒草凹地官草契[一]

宅发别誊官纸壹千叁百拾式号

立卖地字文约人阿克敦，今因乏手无银使用，今托中保人卖与李姓名下，今将本身地荒草凹地壹段，计地六亩。此地坐落在广安门外土城村内北头[二]，南北地壹段，东至王姓，西至王姓，南至官道，北至官道，四至分明。价艮（银）拾贰两正，其银笔下交足，并无欠少。此系两家情愿，如有亲族人争论，不与至（置）主相干，有去主、中保人壹面承管。恐口无凭，立字为证。

中保人说合　泰山涌（押）　李　元（押）

卖地人　阿克敦（押）

白纸坊五七甲

里长　董永生（戳记）

大清光绪贰拾玖年冬月二十八日　　　代笔人　刘锡堂（押）

【注】

〔一〕原件藏北京大学图书馆。

〔二〕土城村，亦名「土桥村」，在今北京广安门外西南方大红庙南。今与小红庙村合并，名「小红庙」。

二〇〇二　清光绪三十年（一九〇四）宛平县瑞霱文出倒铺底白契[一]

立倒铺底庄（装）修家倨（具）人黑公府瑞霱文，今因同中人说合，将西直门内大街路北铺面房三间，到底三层，情愿出倒与宝泉名下永远为业。家倨（具）铺底庄（装）修俱全，合同白字根字共拾壹张，有本身倒字壹张，家倨（具）单壹张，同共拾三张。同中人言明，倒价银京平足银叁佰两整。抱（刨）去租价银捌拾两整，下找银贰佰贰拾两整。其银笔下交足，并无欠少。自倒之后，如有亲族人等争论，有倒铺底人、中保人一面承管。有内外欠账目自有承做人刘姓一面承管。恐口无凭，立倒字为证。

立倒铺底人　瑞霱文（押）

中保人　屈星垣（押）

恒师桥（押）

玉春圃（押）

立

光绪叁拾年六月初六日

（粘连骑缝处）

此联粘连原铺底字据，加签骑缝处印，不得分离。否则无效。

步军统领衙门清理京城官产处为发给查验铺底联单事：今查得本处所属坐落

路北，门牌七十二号，市房肆间。业经三处验明，确有壹部分铺底内有私户共式间，共计价洋叁百两。除填存根备查外，合行发给联单，粘连铺底字据，加盖骑缝处印证明，仰即特赴

左右翼照章投税。此照[二]。

中华民国十一年十二月六日

【注】

［一］原件藏北京大学图书馆。
［二］此单当是民国时期所发。

二〇〇三　清光绪三十一年（一九〇五）宛平县孙士奎卖房民红契[一]

立卖房契人孙士奎，今因乏用，将祖移（遗）自置铺面房一所：门面五间，顶排自建搭叁层，共计瓦房拾伍间，后有落地一条。门窗户壁俱全，上下土木相连。坐落中西中城坊（中城中西坊）弍铺煤市街小马神庙口外南边路西总甲扬泰地方。今凭知底保人说和（合），情愿出卖与樊姓名下永远为业。三面言定，时值卖房价市平松江银壹千两整。其银当日笔下交足，并无欠少。自卖之后，如有亲族人等争竞，及指房执契借贷官项私债等情，有卖主同知底保人一面承管。恐后无凭，立此契存照。

另誊税讫（戳）

内有原房陈姓红契一张，上首承姓红契一张，卞姓红契一张，孔姓红契壹张，共计四张。又批：内有孙姓白字一张，共计五张。

付置主收存。共有累落芮、富二姓红契二张，承姓失落无存。日后寻出，作为故纸。倘日后有人执出此契争竞等情，有卖主同知底保人一面承管。又照。

知情底保人　杨静斋（押）
立卖房契人　孙士奎（押）
中人　宋德铭（押）

宛平县挂号讫（戳）

光绪三十一年六月二十九日

【注】

［一］原件藏北京大学图书馆。

二〇〇四　清光绪三十二年（一九〇六）滦县姚燮玺退卖旗地契[一]

立退契人姚燮玺[二]，因正用，今将祖遗旗地一段，计伍亩玖分玖厘，坐落大吕庄南，四至弓尺开列于后，同中说合，情愿退与刘炬名下永远为业，言明地价钱壹仟壹百零吊壹百伍拾文。其钱笔下交完，并不短欠。自退之后，俱由刘姓自便，不与姚姓相干。二家情愿，各无返悔。其地等弊如有舛错，有退主、中人一面承管。恐口无凭，立退契存照。

东　　南　横地　　南　九弓一尺五寸，

计开四至　至吕姓，至　。弓尺中宽九弓一尺五寸，

西　　北　坟　　北　九弓　尺八寸。

北头西边力把南北宽　二弓一尺，二弓四尺五寸。长四十三弓、长壹百四十一弓叁尺

明德惠钱每□一千

中人　姚英　温瑞代笔

光绪三十二年三月初九　日　　立退契人姚燮玺

【注】

[一] 原件藏中国社会科学院经济研究所。

[二] 退契，出卖旗地的契约。

二〇〇五　清光绪三十二年（一九〇六）蓟州僧觉亮卖租子白契[一]

立卖租子文约人邦均镇药王庙住持觉亮[二]，今将本庙祖遗历年应起现租蓟钱贰拾贰吊壹百贰拾文[三]，共佃花户九名[四]，底单可证。此租坐落羊圈子庄东。自烦中说合，情愿将此租按所起数目统卖李云生名下[五]，历年收租为业。同中言明作卖价蓟钱叁百吊整，其钱笔下交清不欠。自卖之后，兑明花户，交付底单。如有舛错，尽在契主、中人一面承管。此系两家情愿，各无返悔。恐口无凭，立卖契为证。

中人赵　信（押）　王　俊（押）

光绪叁拾贰年八月贰拾五日

立卖租邦均药王庙住持觉亮（押）

代笔人　王浩然（押）

永远为凭

【注】

［一］原件藏北京大学图书馆。

［二］邦均镇，清朝属顺天府蓟州。今属天津市蓟县。

［三］蓟钱，通行于蓟州地区的货币。

［四］花户，因某种需要而编制的户口册统称花名册，其户则称「花户」。

［五］只卖租子，即卖田皮。

二〇〇六　清光绪三十三年（一九〇七）山阴县高仰山出田开票［一］

立出开票人高仰山，今有廿四都上六图高鹏户内场字壹千弍百拾柒号田伍亩陆分肆厘正，出开于本都上六图沈如松户内入册输粮，次年银米为始。立断开票存照。

光绪卅叁年五月　　日

立出开票人　高仰山（押）

见开　高朗垒（押）

镜洲（押）

代笔　高显章（押）

开票

【注】

［一］原件藏北京大学图书馆。

二〇〇七　清光绪三十三年（一九〇七）宛平县苏贤仿卖房白契［一］

今立卖房契人苏贤仿，今因手乏，今将祖遗住房一所，坐落在阜城门内王府仓胡同西头路南。内有北房四间，南房四间，后照房四间，灰棚一间，屏台半间，共计灰瓦房十三间半。今凭中说合人情愿卖与　屈姓名下为业。言明价京平十足银　其银笔下交足，并不欠少。自立卖契之后，倘有亲族人等争竞者，均有中保人及卖主一面承管。此系两家情愿，并无返悔。恐口为（无）凭，特立卖字为据。红契一套跟随。

光绪三十三年十二月十三日

立卖字人　苏贤仿（押）

中保人　杨月波（押）

【注】

［一］原件藏北京大学图书馆。

二〇〇八　清光绪三十四年（一九〇八）永嘉县郑孟方等卖田白契［一］

立僦字郑孟方、孟池仝侄等［二］，今因有皮骨田壹处［三］，坐落五十弍都西庄三里垟豆坑底屋之后园底安着［四］。计田壹丘，并皮骨在内。今凭中出僦过张奇春边为业。当日得受价英洋弍拾弍元正［五］。即收完足，并无存留。自僦之后，其田任凭张边择日平基，兴造受用。郑边并无异言。倘有不青（清），郑边自行支解，不染张边之事。此系契明价足，永后不找不赎。恐口无凭，立僦字永远为照。

得宣（押）

立就字　郑孟方（押）　得藏（押）

孟池（押）　得作（押）

中代　郑象连（押）

光绪叁拾肆年八月　　日

【注】

［一］友人赠原件复印件。

［二］僦字，出租田房或其他器物的文书，或雇佣文书。

［三］皮骨田，皮与骨，均言对田地的权利。「皮」，亦称「田皮」，即田面使用权；「骨」，亦称「田骨」「田底」，即田地所有权。

［四］垟，音「羊」，方言多用于地名，如浙江有翁垟、上家垟。

［五］英洋，亦作「鹰洋」，墨西哥的鹰面纹银元。

二〇〇九　清光绪某年（一九〇？）宛平县徐聿修卖房白契[一]

立卖房契人徐聿修，有自置铺面房一所：门面房一间，到底四层，共计房四间。坐落在正阳门外煤市街路东[二]。现开设烟局。今因乏用，同中保说合人，情愿卖与内务府候补郎中芳名下为业。言定卖价银伍拾两整。其银笔下交足，并不欠少。自卖之后，如有亲族人等争论，以及重复典卖，并来路不明等情，俱有原业主同中保说合人一面承管。恐口无凭，立卖字为证。

外随民红契二套，白契二张，一并跟随。

中保说合人　李祥林（押）

赵廷崑（押）

光绪　年　月　日　立卖房契人　徐聿修（押）

永远为业

【注】

［一］原件藏北京大学图书馆。

［二］煤市街，在今北京西城区。

二〇一〇　清光绪某年（一九〇？）宛平县张得裕卖房官契稿[一]

立卖房契人张得裕，今因乏用，将自置住房壹所：门面房叁间半，到底三层厢房陆间，灰棚一间，共计房棚拾柒间半，门窗户壁俱全，上下土木相连。坐落在中城中西坊五铺小李纱帽胡同北冈路西地方。今凭知底中保人说合，情愿出卖与樊名下永远为业。三面言明，寔卖房价银伍百两整。其银笔下交足，并不欠少。自卖之后，倘有远近亲族弟男子侄指房执契借欠官银私债、重复典卖、争竞等情，均有卖主仝知底中保人一面承管。恐后无凭，立此卖房契永远存照。

此房内有张姓本身红契、原买白契一套，上首陈姓红契一张，郝、陈、周三姓红契三张，累落红契六张，一并跟随，置主收存。又照。

光绪　年　月　日立卖房契人　张得裕（押）

知底保人　叶秀臣（押）

宛平县契稿

官牙　顾振霖（戳）

凡民间置买房产成交后，该牙眼同填写官发契稿，催令依限纳税。如有私相买卖，不经官牙，希图漏税者，并中保人私拿官用，该牙查明禀报，以凭按例究办。须至契稿者。

字第　　号

【注】

［一］原件藏北京大学图书馆。

二〇一一　清宣统元年（一九〇九）宛平县谭曰智倒铺底白契［一］

立倒铺底人谭曰智，金（今）有德裕布棚铺一座，在锦什坊街路东临街门面房一间［二］，内有后院一块，归杨姓，每月取银壹两肆钱正。北两间归张姓，每月取钱九吊。铺内家倨（具）一应铺底在内，所有材料等项，均归铺底之内。因自己不能成（承）做，内有中人说合，情愿倒于郭金甫永远为业。同中人言明，倒价银叁佰伍拾两正。其银笔下交足，并不短欠。若有内外两欠账目，有谭姓一面承管，不与新业主相干。如有亲族人等挣（争）论，有谭姓一面承管。恐后无凭，立字为证。

中保人　刘芹斋（押）　谭恩海（押）

谭曰智亲笔立

宣统元年贰月初弍日　　立

【注】

［一］原件藏北京大学图书馆。

［二］锦什坊街，在今北京阜成门内太平桥大街西。明称金城坊胡同，又名金城坊街，因金城坊得名。清改今名。

二〇一二　清宣统元年（一九〇九）宛平县王维三卖房白契[一]

立卖房字人山东青州府乐安县[二]王维三，今因手乏，愿将置房一所，坐落在阜城门内南顺城街中间路东：随墙门一座，院内东灰瓦房叁间，后院北灰棚叁间，共计房六间。以上门窗户壁俱全，上下土木相连。今凭中人说合，情愿卖（与）屈姓名下永远为业。言明价银京平足银贰百伍拾两整。其银笔下交足，并无欠少。自卖之后，如有来路不明，以及亲族人等争论、重复、盗典各项情事，具有中人、卖主一面承管。不与买主相干。恐口无凭，立卖字存照为证。

立卖房字人　王维三（押）

中　保　人　海　福（押）

武之勤（押）

红契两章（张）根（跟）随。

宣统元年四月初叁日

【注】

[一] 原件藏北京大学图书馆。

[二] 乐安县，金改千乘县置乐安县，治今山东广饶县，一九一四年改为广饶县。

二〇一三　清宣统元年（一九〇九）新都县易三合捆杜卖水田民红契[一]

立捆杜卖水田、秧田、荳草、沟边、田埂等项人易三合，情因需银使用，弟兄叔侄同堂商议，愿将新邑西关外水四甲小白水堰起水灌溉水田一段，官弓约计贰亩五分零，载粮贰分肆厘整，其粮在易应辉名下分拨。所有沟边、田埂、斜坡、陡坎、堰基堰石、团会存底、公田积谷、以及秧苗豆草一切等项概无除留，一并搭在田内受价。先尽房族，无人承买，自请中证说合，甘愿一捆卖与四配四圣会出银承买管业。当凭中证，议作时值新邑市秤九九色价银九十九两八钱整。书押画字，并包价内。其湃水路、人畜路径，仍照旧规。所有以前公项，概有买主承认。本年公款方归买主承当。其田界址：东以易姓田边为界；直上曲转一节，以田埂小路为界，又一节以小沟心为界；南亦以小沟心为界，曲转至西一节，以小沟心为界，又一长节，均以陈姓田埂脚为界；北以王姓田边为界，四至分明，毫无紊乱。自杜卖一纸，交与四圣会经理钟云贵、值年杨朝玱等，赴公税拨，永远执据。

族　易国征　易正隆
中证　刘惠堂　朱禹真
约　李永照　字　杨和臣
领　陈登榜　王积馀　易国栋　易正兴

立卖易三合文契易国先（押）
泰
治

宣统元年五月初六日

【注】

［一］录自四川新都县档案史料组编《清代地契史料》第一三五页。

二〇一四　清宣统二年（一九一〇）喀喇沁左旗李成玉倒兑地白契[一]

立倒兑地契文约人名李成玉，因昔年墙阴边界不清，与李蕴一人相争。邀请乡邻调初（解）说和。因墙阴长五拾贰弓，宽不（？）五尺。计开四至：东至卖主；南至袁始墙阴；西至值（置）主；北至小道。四至分明。自烦中人说妥，情愿倒兑与李蕴名下耕种为主，永远为业。言明不许使土养树。自立契之后，一概由置主自便。上下土木石相连，永不与契主相干。同中言明，倒价东钱二拾吊整。其钱笔下交足不欠。上代租贰佰文，每年秋后交纳。别无杂相（项）。各无返悔。空口无凭，立杜契为证。此地坐落治至房后东。

李景杨
李成福
中人　李成名
袁文振
许　镇

大清宣统贰年二月十三日　　　　立契为证

代字　林松林
　　　许　殿

【注】

[一] 手录友人藏品。

二〇一五　清宣统二年(一九一〇)宛平县郭金甫倒铺底白契[一]

立倒铺底人郭金甫有德裕布棚铺一座[二]，在锦什坊街路东临街房两间、门面一间、钩连搭四间、后院一所。门面房归杨姓，每月取银壹两肆钱。北两间归张姓，每月取钱九千。铺内家伙一应铺底在内，所有沙篙、布活、栏杆、挂檐、挂平、窗户、隔扇、花牙、斗方，另有一纸。因自己不能成(承)做，情愿倒于天聚永王姓成(承)做。同中言明倒价银叁佰贰拾两正，其银当日交清。若有内外两欠帐目，有郭金甫承管，不与倒主相干。如有亲族人等争论，有郭金甫一面承菅(管)。恐后无凭，立字为证。

中保人　王晋阶(押)　陈铭恩(押)　钟长明(押)　吴廷兰(押)

郭金甫亲笔　立

宣统弍年陆月拾玖日　　　　立

【注】

[一] 原件藏北京大学图书馆。

[二] 德裕布棚铺是郭金甫于宣统元年(一九〇九)自谭曰智手中买得。参看本书前录《清宣统元年(一九〇九)宛平县谭曰智倒铺底白契》。

二〇一六　清宣统二年(一九一〇)临晋县张文秀卖地民红契[一]

立写卖地文字人张文秀，因为不便，今将自己村东地壹段，内有王家坟地壹分，又有西甲老坟地弍分，除过，下余计地伍亩。其地南北畛：东至王姓，西至本主，南至张顺才，北至大道。四至分明。斜道至坡，车马通行。立契出卖于王云章名下永远为业。仝中言明，每亩价银式两捌钱整。（共价银以乂刃）[二]其银当日交足，并不短少。随带军粮叁分式厘，粮草随地封纳。恐口无凭，立字为据。

管事人　张之恒
　　　　张之船　仝在

西张家营

宣统式年九月初九日　　立约

【注】

[一] 手录友人藏品。上有篆文红印作「临晋县知事之关防」。

[二] 括号内字及苏州码为侧批，为「共价银十四两」。

二〇一七　清宣统二年（一九一〇）新都县邱清亭一捆扫土杜卖水田荒熟地等官契[一]

立一捆扫土杜卖水田、荒熟余地、沟边、田埂、小春田面等项文契人邱清亭，情因移窄就宽，需银使用，母子夫妇合家同堂商议，愿将己名下分受之业，系水四甲小白水堰起水灌溉水田一段，大小二块，官弓约计二亩五分零，荒边余地一节，载粮一分七厘整，其粮在邱世森名下拨册立户。其田界址：南以朱姓田脚为界，西以邱姓田埂脚为界，北与邱姓田脚为界，过小沟荒边余地，东以大沟心为界，南与廖姓田脚为界，北与邱姓田脚为界。界内有古坟三冢，均系有坟无地，只得启迁，不得进葬。凡属堰基、堰石、古包、古埂、斜坡、陡坎、沟边、田埂、芦茅、茨草、起水湃水沟渠，车牛人畜出入桥路，依古行走。小春田面、仓敖（廒）、积谷，一并注明出售。有未注明者，日后查出，仍归买主管业。并无毫厘隐匿，亦无寸土寸物除留。先尽房族，无人承买。自行请族中，托外证，甘愿一捆扫土杜卖与慈义寺观音会名下出银承买管业耕输。比日当凭族中证三面言明，议作时值九九呈（成）色价银一百三十两整。当日契立价清，并无下欠分厘。所有书押画字、给老契、大小礼信，均包价内。自卖之后，任随买主挖高填低，阴修阳造，卖主族邻人等不得异言生端。至于先年及本年公款未完纳者，均归卖主完纳，不与买主相干。其中并无笼套，乃明买明卖。此系两家甘愿，并无货债准折逼勒等情。一卖千休，永无赎取。今恐人心不古，特立扫土杜卖文契一张，交与买主赴公投税，拨册立户，永远执此存照为据。

族　邱鹳亭　邱旭亭　同

中　王寿山　刘煦亭
证　庄润芝　代笔　在

立捆卖水田等项文契人　邱清亭

宣统二年十一月初十日

【注】

〔一〕录自四川新都县档案史料组编《清代地契史料》第一三七页。

二〇一八　清宣统三年（一九一一）新都县徐贵元杜扫卖产业红契〔一〕

立杜扫卖产业文契人徐贵元，情因要银使用，夫妇商议，愿将先父所置分受自己名下产业一股出卖，座落新邑高一甲，地名窑坝子，载条粮银贰钱一分一厘整，田土大小十二块。自筒车堰起水，河道沟堰车湖照旧管业，公共使水灌溉田亩，筒车壹架，堰头、水沟、枧槽、沟埂、沟底、水分，照旧捌股使水，公共灌溉田亩，八日内一轮，本股该轮一日一夜，买主与徐华元同占一股，平分灌溉。其余七日七夜，该以外七股运水灌溉田亩。界内有水沟处逢沟过水，无水沟处照旧逢田过水。无论本庄外姓，均不得异言阻挡。修整筒车、沟埂、堰头、水路工费，八股照派。买主与徐华元原来同为一股，各半均派。草房屋左边半院，共五间，梁桷檀枋、楼椽、门窗、户格俱全。粪池一口，林园一段，竹木杂植齐全。比日卖主协同连庄胞弟徐华元，凭中引买主，分别眼同指界，踩明界址：其上堂屋后面，依自己滴水与徐华元相连为界，前面由中宫一线直下，抵至天井下阶檐为界。右曲至下堂屋对大门中宫一线直下。抵至垣坝外脚为界，沿垣坝脚左转至林园脚，弯环曲上，与徐、官二姓相连田脚为界。其林园依自己磨角墙对上与徐姓相连为界。其田地东界共田七块，由屋前左向公共过水沟面当头起，左上与官姓相连，公共过水沟面路心为界。又上与徐姓相连，亦公共沟面路心为界。左转直上右曲横过与徐姓相连，俱埂心为界。抵至小北路右转直下，抵至石桥前自己田角，与徐、薛、官三姓相连，俱大路心为界。右转横过左曲右转，又横过抵至小大路与赵、薛两姓相连，俱埂心为界。右转回上抵至公共车湖沟过沟当头，均依路心为界。南界共田二块，由小大路石桥逾过，左上左曲转由井田埂横过，又右转直上，右曲横过，与官姓相连，依自己田边为界。抵至自己田角右转直下抵至大路与赵姓相连，仍依自己田边为界。由大路右转回上依大路心为界。北界共田土三块，屋右上节菜地一段，田一块，下横过与徐姓相连埂心为界，抵至田角右转直上，依自己田埂外脚为界。右转回上与官姓相连，抵至自己菜地，依自己田土脚为界。又弯至自己河面漕田一块，上与官姓相连，依自己□□边为界。下依河心为界，左与徐姓相连，依自己田边为界，右与陈姓相连，小沟心为界。界内田亩均由河边自己车湖车放使水灌溉。各界分明，毫无紊乱。一切已注未注，均搭在内，一并扫卖，寸地寸物毫无除留。先尽族邻，无人承买。自请中证人等说合，卖与□□堂名下承买为业。比日凭中照值议断，共作时值银六百玖拾八两正，依隆兴场市秤交兑，书押画字[二]，并包价内。当即银契两交清楚，并无尾欠。至有水分界址不明，陈粮衔差佃（典）当不清，一力有卖主承担，不与买主相干。此系买卖两家甘愿，并无勉强，亦无包买包卖债货准折等情。自卖以后，任随买主自耕另佃，阳造阴修，权宜管业，不得异言。〔一卖〕千秋，永无赎取。恐口无凭，卖主凭证立杜扫卖产业文契一纸，交买主执存，永远为据。

外注明：宣统三年又六月二十日，凭证议定老契归徐华元执管。恐异日水分界址不清，任买主提出看明。界内有粪房一间，粪池一口，任徐姓整补使用，买主不得故意催逼。倘他日拆去，地迹归买主管业。　吴德炳注。

族　徐华元　吴德炳　董从善

中证　钟圣征　钟恒春　李华卿　笔

边邻　薛海山　官太保　官正隆　赵光正　官□隆　陈吉五

徐华元　官联□　官四义　官明春　官氏祠　陈五福

官庆元　官国钦　官永年

宣统三年六月二十六日立杜扫卖产业文契徐贵元

（四川布政使司票据关防）

（新都县经征分局之关防）

【注】

〔一〕录自四川新都县档案史料组编《清代地契史料》第一三八——一三九页。

〔二〕书押画字，指「中礼银」等。

二〇一九　清宣统三年（一九一一）北京颜士超卖宅白契[一]

立文契人颜士超，今遵母命，因无钱使用，将自己住宅一位，官（？）伍分柒厘柒毫叁丝。其宅上带北屋三间，东屋四间，西屋三间，小西屋一间，南屋三间，大门一所，门屋一间，二门一所，厦子二间，小北屋一间，井棚一所，井一眼，栏一所。其宅东至颜锡鼎，西至颜士泰，北至买主，南至街中，四至明白。仝中说妥，情愿卖于福庆堂颜名下永远为业。言定时值价京钱贰仟伍百吊整，外送二伯母京钱伍百吊正，其钱当日交足，并不短欠。恐后无凭，立文契为证。

后开：

土上土下并无除留，此宅上石榴树一株，枣树一株，大门外槐树一株，仝中作钱贰拾吊正。此钱当交。

此宅：

西北中长拾叁步玖分柒，东西可拾步零伍分尽。

又除去东北隅东西可贰步伍分贰，南北长尽出。

代字丈量

中人　颜士泰（押）　王东峩（押）　颜怀棣（押）　王宇沂（押）

宣统叁年柒月二十四日　　前名　立

【注】

[一]原件藏北京大学图书馆。

二〇二〇　清末郁林州刘应生卖火土田基与福音堂契[一]

立卖断永远火土田基契字人刘应生，今因家下无银使用，叔侄兄弟商议，愿将祖手遗下之业、土名坐落楼梯坪火土地基一块，其中草木竹棘墙基石菓大小各物一概并卖。东与地基为界，南与刘顺明为界，西与大路为界，比（北）与地基为界，四至明白。先向房族人等，无人承买，请中送□福音堂来起力牧师向前承买为业。当日三面言定时值断价银六大元正，即日亲手接受，并无短少分厘。二比情〔愿〕，两无逼勒，不是贪图谋买，亦非债货准执[二]。其火土地基自卖之后，任从买者管业，永无取赎敷找。房族人等不得节外生枝。以上来历不明，不干买者之事，自有卖者担当。恐口无凭，立卖断永远契一纸，付与买者收执为据。（押）

当日批明无粮。其田四分正。（押）

立笔人　自己（押）

中人　刘应姝（押）

潘信光

【注】

[一] 原件藏广西壮族自治区博物馆。郁林州治南流县(今广西玉林县)。

[二] 债货准执,当作「债货准折」或「债货准折」。

二〇二一　清买田契式[一]

立卖田文契人某人,系某乡某都某图人。今因缺少钱粮,无从办纳,情愿央中说合,将自己受分祖遗田或云自置民田几丘几十亩几分:地几亩几分,塘几口。坐落某地方。四至开后。出卖与本县某　名下,执业耕种为主。当日三面得受时值价银若干,其银亲手收足。系是两相情愿,并无逼勒成交,亦无私债准折。两家情愿,各无反悔。如有反悔,甘罚银若干。倘有亲人等争论,及重复典当等情,俱系中人一面承当。自卖之后,听凭买主照契管业。所有田土税粮,悉依原数过户、当差,再无异论。今欲有凭,立此卖田文契,永远存照。

计开

一、东至某处　西至某处　南至某处
　　北至某处　库房几间　田器几副

一、本田上契几纸

一、本田每年交纳租米几石几斗,差照粮科派。本年差粮及上年挂欠,俱系卖主承管。下年过割,方是买主承执。

一、角牛、稻种若干,麦种若干,约收稻几石,麦几石。

乾隆　　年　　月　　日　　立此卖田契人某人押
亲戚某人押
中人某人押

【注】

[一] 清王相汇选,吴之振校订新刻徽郡原本《增订世事元龙通考》卷四《文契类》。乾隆三十四年存素堂梓行。徽郡,徽州。

二〇二二　清推单式[一]

立推单人某人系某县某乡某甲人。今将本甲某户下田若干或地若干或山若干，共平米若干，推与某　名下，某图某甲某户下，收户当差。所推是实。恐后无凭，立此推单存照。

乾隆　　年　　月　　日　　　　立推单人某人押

凭中人某人押

造　册某人押

【注】

［一］清王相汇选，吴之振校订新刻徽郡原本《增订世事元龙通考》卷四《文契类》。乾隆三十四年存素堂梓行。

二〇二三　清买房文契式[一]

立杜卖房文契人某人，今因年荒乏用，将自置祖遗住房一所，坐落某处，计门面几间，几进，装修开后[二]。情愿央中说合，出卖与本府某　名下执业。当日凭官牙时值估价纹银若干。其银亲手收足。系两相情愿，并非逼勒成交，亦非私债准折。自卖之后，听凭买主翻盖居住，并无反悔。倘有重复典当，亲族争论等情，俱系中人、卖主承当，与买主无涉。今欲有凭，立此杜卖房文契，永远存照。

计开

上业红契几纸　　装修墙壁门扇若干

乾隆　　年　　月　　日　　　　立杜卖房文契人押

兄弟子侄押

亲　中人某人押

邻　官牙某人押

【注】

[一] 清王相汇选，吴之振校订新刻徽郡原本《增订世事元龙通考》卷四《文契类》。

[二] 开后，「开列于后」之省语。

二〇二四　清买坟山契式[一]

立卖坟山文契人某人，今有祖遗坟山一段，坐落某乡某处。计山地几亩几分几厘，四至开后。出卖与某名下。当日三面言定价银若干。其银当日亲收足[二]。自卖之后，听凭买主造坟阡葬[三]，栽种树木，荫护风水，并无异说。倘有亲族等争论，俱系卖主一面承当。今欲有凭，立此文契永远存照。

乾隆　年　月　日　　立卖坟山文契人某人押

中人某人押

【注】

[一] 清王相汇选，吴之振校订新刻徽郡原本《增订世事元龙通考》卷四《文契类》。

[二] 亲下夺一「手」字。

[三] 阡，墓道，坟墓。唐杜甫《杜工部草堂诗笺》八《故武卫将军挽词》之三：「哀挽青门去，新阡绛水遥。」

二〇二五　清买驴马契式[一]

立卖马/驴文契人某人，今有某色騸马一匹/驴或草驴或叫驴一头[二]，年齿在口。凭牙卖与某　名下畜养骑坐。三面言定时值价银若干。其银当日收足，其驴马好歹，买主自见。倘有来历不明，俱系牙人、卖主承当，不干买主之事。恐后无凭，立此卖驴马文契存照。

乾隆　年　月　　日立卖驴马契人押
　　　　　　　　　牙人某押

【注】

[一] 清王相汇选，吴之振校订新刻徽郡原本《增订世事元龙通考》卷四《文契类》。

[二] 騔，音塔。有「騳騔」一词，在本文不通。似为「騀」误。《集韵·魂韵》：「騀，野马属。」草驴，母驴。叫驴，公驴。

二〇二六　清买牛契式[一]

立卖牛契人某人，今将自己家栏牯黄牛一头，年齿在口，凭中卖与某　名下耕作。三面言定，时值价银若干。其银当日收足。其牛好歹，买主自见。如有来历不明，俱是中人承当。今恐无凭，立此卖牛文契存照。

乾隆　年　月　日　　某人押
　　　　　　　　　　中人押

【注】

[一] 清王相汇选，吴之振校订新刻徽郡原本《增订世事元龙通考》卷四《文契类》。

二〇二七　清买妾批式[一]

某县某里　有亲生女名　，年几岁。今当长成，凭媒议配某里　为侧室，本日受到聘银若干。本女即听　择吉过门成亲。熊罴叶梦[二]，瓜瓞绵延[三]。本女系亲生子，并无受他人财礼重配、来历不明等情。如有此色，及逃闪，厶自跟寻送还[四]。倘凤水不虞[五]，乃天之命，与银主无干。今欲有凭，立婚书为照。

【注】

［一］清康熙刻本《尺牍合璧》卷三《利函》第四十三至四十四页。

［二］熊罴叶梦，《诗·小雅·斯干》：「吉梦维何，维熊维罴。……大人占之，维熊维罴。男子之祥。」后遂以熊罴连称，指为生男之兆。旧时祝人生男曰熊梦，或称熊罴入梦。

［三］瓜瓞绵延，瓜一代接一代生长，比喻子孙繁盛。《诗·大雅·緜》：「緜緜瓜瓞，民之初生，自土沮漆。」疏：「大者曰瓜，小者曰瓞。」

［四］厶，俗「某」字。《穀梁传·桓公二年》：「蔡侯、郑伯会于邓。」注：「邓，厶地。」《释文》：「本又作某。不知其国，故云厶地。」

［五］凨，同「风」。《宋元以来俗字谱》：「风」，《通俗小说》、《太平乐府》作「凨」。

二〇二八　清买养男批式［一］

厶［二］县厶里厶厶，有亲生男名厶厶，年厶岁。今因乏银用度，托中就与厶宅边卖酬劳银若干。银即收讫。厶听厶宅抚养使唤，壮长婚娶。终身为仆，不敢逃回。如有此情，厶当跟寻送回。倘凨水不虞，乃天之命，不干银主之事。本男的系厶厶亲生子，如有重叠交加、来历不明等情，亦不干买主之事。今欲有凭，立妾（文）契［三］并本男手印一张，付与银主为照。

【注】

［一］清康熙刻本《尺牍合璧》卷三《利函》第四十三页。

［二］厶，俗「某」字。

［三］原作「立妾契」，欠通。似应作「立文契」。

二〇二九　清养女婚书式［一］

立出继养女婚书人某人，同妻某氏，今有亲生第几女某名，年几岁，某年某月某日时生。因年荒无食或言妻病不能抚养，情愿同妻商议，央中说合，过房与

某　门下为养女。当受礼物几事。其女过房，听从

恩父恩母排行称唤，早晚听凭　恩父母教训。成人一任恩父母择婚配婿，与本生父母无干。自过房后，不得时常往来，致女违恋

生异。此女的系亲生，并未受人聘定。如有异说，每年偿还恩养银若干。今欲有凭，立此过房婚书存照。

乾隆　年　月　日　　立此过房文契人某人押

同妻押

中亲押

【注】

［一］清王相汇选，吴之振校订新刻徽郡原本《增订世事元龙通考》卷四《文契类》。

二〇三〇　清买婢婚书式[一]

立卖女婚书人某人，同妻某氏，系某乡某图人。今有亲生第几女，年几岁。为因年荒无食，夫妻情愿央中媒说合，出卖与某　名下为义女。当日得受财礼银若干，亲手收讫。自卖之后，听主更名使唤。成人，凭主婚配，不致异说。此女的系亲生，并未受人聘定及重复转卖、来历不明、走失、拐带等情。倘有事端，俱是中媒一面承当。若有天年不测，各听天数。今欲有凭，立此杜卖婚书存照。

乾隆　年　月　日　　立杜卖女婚书人某人押

妻某人押

官媒中人押

【注】

［一］清王相汇选，吴之振校订新刻徽郡原本《增订世事元龙通考》卷四《文契类》。

二〇三一　清买养女批式[一]

某县某里厶厶[二]，有亲生女名厶厶，年几岁。今因乏银用度，托中卖与厶宅，酬劳银若干，银即收讫。女听厶宅抚养为婢，壮长配嫁，不敢逃闪。如有逃闪，厶当跟寻送回。倘凤水不虞，听天之命，与银主无干。此女的系厶亲生子，并无重叠交加、受人财礼等情。今欲有凭，立文契并本女手印一张，付与银主为照。

【注】

［一］清康熙刻本《尺牍合璧》卷三《利函》第四十三页。

［二］厶，俗「某」字。

二〇三二　清买仆婚书式［一］

立卖男婚书人某人，系某乡某图人。今有亲生第几子某名，几岁。为因年荒无食，同妻商议，央中说合，出卖与某　名下为义男。当月得受财礼银若干，亲手收足。自卖男之后，听凭　本主自己更名使用。倘有走失、拐带，及旗下来历不明等情，俱系中媒一面承当。若遇天年不测，各听天命。如有生心回赎，每年偿还饭米银几两无辞。今欲有凭，立此卖男婚书永远存照。

乾隆　年　月　日

立卖男婚书人某人押
妻某人押
官媒某人押

【注】

［一］清王相汇选，吴之振校订新刻徽郡原本《增订世事元龙通考》卷四《文契类》。

二〇三三　清投身文契式［一］

立投身文契人某人，系某乡某图人，年若干。今因年荒无食，情愿央中说合，将自身（或同妻某氏）投到某　名下为义男。当日得受身价银若干，亲手收讫。并非私债准折，逼勒成交。自投之后，听凭主人更名使用。倘有懒惰违拗，凭　主责治。若有来历不明、拐带、走失，俱系中媒一面承当，不许生心回赎。如要赎身，每年偿还饭米银几两无辞。今恐无凭，立此投身文契存照。

乾隆　　年　　月　　日立投身文契人某人押

同妻某氏押

中媒保人　押

【注】

［一］清王相汇选，吴之振校订新刻徽郡原本《增订世事元龙通考》卷四《文契类》。

附　买地券

二〇三四　清康熙十八年(一六七九)通州程衡、夫人邓氏买地砖券[一]

一 维

二 康熙十八年,岁次巳未,二月丙寅朔,十三日戊寅,祭主孝男程之璋,今因

三 先考奄逝以来,未卜造茔。今有风水[二]喻声看得本州[三]北门外冰窖西张起

四 敬民地一方。有父在日,于康熙八年十二月十三日同官经纪韩相,用银

五 二百五十两买为永远给地四十亩。今内选一方,以为宅兆。择今特来开

六 山立向,立券裁穴。本月十九日,鸣吠[四]良辰。请

七 皇清诰封资政大夫显考,讳衡字平世,程公立祖[五],随请

八 皇清诰封夫人显妣邓氏,同享茔宅。考、妣阳年俱享耋寿,此地宜坐壬山

九 丙向辛亥辛巳分金[六],依龙于乾脉转子宫。卜曰:数里来龙会水潮,合连三案

十 喜迢迢。申子辰年生贵子,寅午戌岁着宫袍。子孙兴隆千载贵,人丁茂

一一 盛万年高。今虔备云马金资[七],九九之数,兼五彩信帛,致祭于

一二 皇天、后土,恩赐与龙子岗中[八]。左有青龙,右有白虎,前至朱雀,后至玄武,上指

一三 青天,下指黄泉。中穴系程公之墓,千秋百世,永护祯祥。

一四 知见神岁主之神,　代保神功曹之神,　验地神白鹤仙人,

一五 书契神青衣童子,　左邻人东王公,　右邻人西王母。故气邪

一六 精不得干恡,里外存亡悉皆安吉。急急如

一七 五帝使者女青律令。券立二本,一本安立明堂[九],一本给付程公墓中[十]。

一八 安镇祖穴,永为执照

【注】

[一]胡海帆、汤燕编著《中国古代砖刻铭文集》(上)《黑白图版》第五二二页，编号一九八八；(下)《图版说明·清》第三六二页，编号一九八八，《程之璋为父程衡、母邓氏买地券砖》。一九九八年北京通州区永顺镇卢庄村出土。藏通州区博物馆。乾刻铭文。正书，左行，一八行，行字不等，满行二八字，计四〇一字。长44、宽42.5、厚6.5厘米，著录《新中国出土墓志·北京》附二(九)。附注：券为龟首。

[二]风水，风水先生，为人选看住宅基地和坟地等地理形势的迷信职业者。他们认为风水的好坏，能决定宅主或葬者一家的祸福。

[三]本州，北京通州，今通州区。

[四]鸣吠，鸡鸣犬叫。晋陶潜《桃花源》诗：「荒路暧交通，鸡犬互鸣吠。」

[五]立祖，为死者程公将下葬时作祭。

[六]壬山丙向：壬，北；丙，南。即背向北，面向南。

[七]云马，形容马匹众多。或谓骏马的美称。

[八]龙子岗，旧时风水学的术语。亦称「龙穴」。谓山的气脉所集结处，宜作墓穴。清蒋平阶《秘传水龙经》卷三：「横宫龙穴生荣显，借命穿龙主发财。」

[九]明堂，墓前祭台，又称为券台。《后汉书·独行传·范冉》：「其明堂之奠，干饭寒水，饮食之物，勿有所下。」李贤注：「此言明堂，亦神之堂，谓圹中也。」宋陶榖《清异录·丧葬》：「庵暮前甃券砖表之面，方长，高不登三尺，号曰券台。」

[十]此券当是一式二本，券文同；但一为左行，一为右行，本券为左行者。

二〇三五　清康熙三十年(一六九一)北京祖光玺买地砖券[一]

一　维
二　大清康熙三十年，岁次辛未，九月二十二日之吉。
三　兹为
四　皇清诰授资政大夫祖翁白玉讳光玺者，自备净钱[二]九九之
五　数，兼五彩信帛，于
六　皇天后土之前，买到龙子□阴地一方。左至青龙，右至白虎，前
七　至朱雀，后至玄武，上指
八　青天，下指黄壤，中□□□白玉，永为阴宅。内方勾陈，分
九　掌四域。丘丞墓伯，封步界畔。道路将军，齐整阡陌。

十　千秋万岁，〔永无殃咎〕。□□□□，远避万里。安葬之后，

一一　□□□吉。□□□□□□□乙亥，日直符癸酉

一二　时直符己未，左邻人东王公，右邻人西王母，验契人白鹤仙，

一三　书契人青衣〔童子〕[三]。急急如

一四　五帝使者女青律令。

【注】

[一] 胡海帆、汤燕编著《中国古代砖刻铭文集》（上）《黑白图版》第五二二页，编号一九八九；（下）《图版说明·清》第三六二—三六三页，编号一九八九，《祖光玺买地券砖》。北京平谷县靠山集乡出土，一九九二年入藏平谷县文物管理所。乾刻铭文。分刻二砖，券身两面刻，正书，正面一四行，行字不等，计一八七字。有竖界栏。四周环刻一六字；背面刻一六字，中刻符咒。券盖无字，刻有八卦及星象图。均五三·五×五二·五厘米。正面右、左、上、下环刻：「百子千孙，富贵命长，佳城永闭，地道遐昌。」（每侧一句四字）背面符咒中刻：「土公青龙，土母白虎。」两旁刻：「故气伏尸，永不侵争。」传玺按：「富贵命长」，「佳城永闭」两语，似应当释作「富贵寿长」，「佳城永固」。四句的次序应作：「佳城永固，地道遐昌，百子千孙，富贵寿长。」

[二] 净钱，用于冥间或鬼神的钱财。

二〇三六　清康熙五十三年（一七一四）长洲县顾芝岩买地砖券[一]

一　维大清康熙伍拾叁年腊月贰拾捌日，长洲

二　县[二]凤池乡张明土地界中居住信官孝子顾

三　楷仁，植义梓材松龄为显考诰授光禄大夫

四　宗人府府丞芝岩府君[三]，生于顺治叁年陆月

五　贰拾捌日戊时，卒于康熙伍拾年柒月拾□

六　日未时，享年陆拾陆岁。今卜吴县[四]南宫乡兴

七　福土地界中穹隆山紫藤坞之原，谨凭白鹤

八　仙师，置金钱财帛玖万玖千玖佰玖拾玖贯

九　文，致敬于开皇后土元君位下，买到本山。东

十　至青龙，西至白虎，南至朱雀，北至玄武，上至

一一 青天，下至黄泉，中至吉穴。内方勾陈，分掌四
一二 域；丘丞墓伯，谨守封界；道路将军，齐肃阡陌。
一三 若有干犯诃禁，将军即付河泊[五]。虔备牲牢酒
一四 礼，共盟信誓，财地相交。谨择康熙伍拾叁年
一五 拾贰月贰拾捌日申时，奉柩安葬。神祇[六]保佑，
一六 永锡洪庥。若违斯约，地府主吏自当厥咎。内
一七 外存亡，永贞叶吉[七]。急急奉太上五帝律令。敕。

【注】

[一] 胡海帆、汤燕编著《中国古代砖刻铭文集》(上)《黑白图版》第五二三页，编号一九九○；(下)《图版说明·清》第三六三页，编号一九九○《顾楷仁为父买地券砖》。一九六○年前后江苏苏州出土。乾刻铭文。正书，文正向、倒向间刻，一七行，行一七字，计二八九字。有方界格。尺寸不详。著录：《中国砖铭》图版一一九七。

[二] 长洲县，治今江苏苏州市。

[三] 宗人府，明清官署名，管理皇室宗族事务的机构。清朝，其长官称宗令，左右宗正、左右宗人，以亲王以下皇族充任。其事务长称府丞、理事官。

[四] 吴县，治今苏州。

[五] 河泊，当作「河伯」。

[六] 神祇，神灵。祇，地神。

[七] 叶吉，和谐吉祥。叶，读同协，意同。

二〇三七 清康熙五十三年(一七一四)长洲县张太夫人买地砖券[一]

一 维大清康熙伍拾叁年腊月贰拾捌日，长
二 洲县凤池乡张明土地界中居住信官孝子
三 顾楷仁，植义梓材松龄为显妣诰封一品夫
四 人张太夫人，生于顺治贰年正月初肆日未
五 时，卒于康熙伍拾壹年肆月初柒日戌时，享
六 年陆拾捌岁。今卜吴县南宫乡兴福土地界

七　中穹隆山紫藤坞之原，谨凭白鹤仙师，置金
八　钱财帛玖万玖千玖佰玖拾玖贯文，致敬于
九　开皇后土元君位下，买到本山。东至青龙，西
十　至白虎，南至朱雀，北至玄武，上止青天，下止
一一　黄泉，中止吉穴。内方勾陈，分掌四域。丘丞墓
一二　伯，谨守封界。道路将军，齐肃阡陌。若有干犯
一三　诃禁，将军即付河泊(伯)。虔备牲牢酒礼，共盟信
一四　誓，财地相交。谨择康熙伍拾叁年拾贰月贰
一五　拾捌日申时，奉柩安茔。山川钟灵，神祇保佑，
一六　永锡洪庥。若违斯约，地府主吏自当厥咎。内
一七　外存亡，永贞叶吉。急急奉太上五帝律令。敕。

【注】

[一]《中国古代砖刻铭文集》(上)《黑白图版》第五二三页，编号一九九〇(不清楚)；(下)《图版说明·清》第三六三—三六四页，编号一九九一，《顾楷仁为母张氏买地券砖》。一九六〇年前后江苏苏州出土。(与《顾芝岩券》共存)著录：朱江《四件没有发表过的地券》(《文物》一九六四年一二期)。

二〇三八　清嘉庆十七年(一八一二)宛平县匡士亮买地砖券[一]

千

一　维大清嘉庆十七年，岁次壬申，九月二十五日。今据顺天
二　府宛平县正阳门外东北园坐西向东居住。伏缘清故显
三　考讳士亮匡公，生于乾隆十五年九月二十三日亥时，卒
四　于嘉庆十五年九月初五日亥时。自从掩逝以来，未卜茔
五　地，夙夜忧思，不遑寝处。遂今日者卜此高原[二]，来去朝迎，地
六　占袭吉。地属左安门外陈寺庄西，曰壬水之原，宜坐辛山

载

七　乙向[三]，堪为宅兆。已备净钱九万九千九百九十九贯，兼五

八 彩信帛，于

九 皇天后土处，买到龙子冈上阴地一方，东西二十一步，南北

十 二十七步。左至青龙，右至白虎，前至朱雀，后至玄武，上指

一一 青天，下指黄泉，中分吉穴，立祖昭穆[四]，永为阴宅。内方勾陈，分

一二 长四域[五]。丘丞墓伯，封步界畔；道路将军，齐整阡陌。致使千

一三 秋百载，永无殃咎。若有干犯合禁[六]，管者并令将军、亭长缚

一四 付河伯。今备珠宝、牲牢、酒脯、百味香新，共为信契，财地交

一五 相各已分付。今工匠修茔安厝已后，永保全吉。

一六 知 见 人 岁 主 太冲之神[七] 左 邻 人 东王公

一七 月 主 人 神 后 之 神 右 邻 人 西王母

一八 代 保 人 日直符从魁之神 验 地 人 白鹤仙

一九 时 直 符 胜 光 之 神 书 契 人 青衣童子

二〇 故气邪精，不得干犯。先有居者，永避万里。若违此约，地府

二一 主吏自当其祸。助葬主内外存亡，悉皆安吉。急急如

二二 五帝使者女青律令。券立二本：一本奏上

二三 后土地祇，一本给付墓中立祖显考讳士亮匡公随身收执。

二四 嘉庆十七年九月二十五日 立券

永

吉

【注】

[一]《中国古代砖刻铭文集》（上）《黑白图版》第五二四页上，编号一九九四；（下）《图版说明・清》第三六四—三六五页，编号一九九四。《匡士亮买地券砖》（第一种）。一九四九年后北京出土，藏北京石刻艺术博物馆。乾刻铭文。正书，额横题四字，末行刻「符篆」。有竖界栏。长宽各 51 厘米。著录：《新中国出土墓志・北京》附二（一三）；《北京文物精粹大系・石刻卷》图版二八三。附注：同时出土买地券砖一式二块，文同。一块左行，一块右行，此为左行者。传玺按：此两券的券文虽同，但其题额与符篆则不同。题额作「穴点天然」者应作「第一种」，本券（原作第一种）题额作「千载永吉」者应作「第二种」。第一种之符篆在券首，符篆空隙处填有：「后土皇帝」、「土公青龙」、「土母白虎」、「天皇守墓神君」等字。两道符篆间所填相同。第二种券文，即右行者的券文，不再载录。

[二]日者，古时以占候卜筮为业的人。《墨子・贵义》：「子墨子北之齐，遇日者。」《史记・日者列传》裴骃集解：「古人占候卜筮，通谓之『日者』。」

［三］辛山乙向，坐西向东。

［四］立祖昭穆，为祖宗立牌位或选定墓穴。昭穆是古代区别辈分亲疏的宗法制度。以祖居中，二、四、六世居左，谓之「昭」；三、五、七世居右，谓之「穆」。宗庙祭祀、墓地的位次，均照此规定排列。

［五］分长，当作「分掌」。

［六］合禁，当作「呵禁」。

［七］太冲，谓极其虚静和谐的境界。

二〇三九　清道光八年（一八二八）泰和县萧亮亭买地石券［一］

立地券萧承荣、承梁，原籍庐陵县儒林乡十五都金滩滩头里。乾隆四年己未，祖父鹤峰公大人随太祖敬斋公大人，徙居泰和县信实乡四十九都五图白沙泰山，此山总名甘草岙。太祖敬斋公大人于雍正十二年甲寅，备价与泰和社背曾外祖傅岩肖公族众买为己业，现有印契存据，其山契载四至明白。乾隆五十三年，祖父同叔祖锦堂公，共造生坟五席，呼作回龙顾祖形，酉山卯向兼辛乙三分［二］。今承荣兄弟奉葬严父大人亮亭公于中左席。大人生于乾隆二十一年丙子四月初一日子时，殁于乾隆五十七年壬子八月初五日酉时，得年三十有七。今承荣等，痛念太祖暨列祖等一生勤劳，精于堪舆，长为子孙久远计，泣而志之，不敢忘。

（嘉庆三拾肆年）〔道光八年〕大岁戊子拾贰月拾捌日之吉哀子傅修、兄勉材稽首泣血立石

【注】

［一］《庐陵古碑录》第二七三页。原题《萧亮亭地券》。原注：（嘉庆三拾肆年）〔道光八年〕大岁戊子。「一八二八、青石质、62×39×3、敦厚、二〇〇三年二月二十五日。」传玺按：此券具有纪产碑性质。

［二］酉山卯向兼辛乙三分，坐西朝东。

二〇四〇　清道光九年（一八二九）北京海淀某人残买地券［一］

〔前缺〕

一　陈［二］，分长四域［三］。丘丞墓伯，封步界畔。道路

二　将军，齐整［四］。致使千秋百载，永无殃咎。若

三　有干犯合禁[五]，管者并令将军、亭长付缚

四　河泊[六]。今备珠宝、牲牢、酒脯、百味香新，共

五　为信[七]。财地相交，各已分付。工匠修茔已

六　后，永保万年全吉。

七　　知见人，岁主之神　　　月主人之神。

八　　伏保人，日直符之神。　　时直符之神。

九　　左邻人，东王翁[八]。　　右邻人，西王母。

十　　验地人，白鹤仙。　　　书契人，青衣童子。

一一　道光九年十一月二十一日未时立

【注】

[一]《中国古代砖刻铭文集》（上）《黑白图版》第五二五页，编号一九九六；（下）《图版说明·清》第三六六页，编号一九九六，《佚名氏买地券砖》。一九四九年后北京海淀区出土，藏海淀区文物管理所。著录：《新中国出土墓志·北京》附二（一四）。附注：券文缺前半，当刻于另一砖上。

[二]本句当作「内方勾陈」。

[三]分长，当作「分掌」。

[四]齐整，当作「齐整界畔」。

[五]合禁，当作「呵禁」。

[六]河泊，当作「河伯」。

[七]共为信，当作「共为信誓」。

[八]东王翁，当作「东王公」。

二〇四一　清代买地券格式[一]

大清国广东广州府厶县厶都厶图厶村阳居[二]，孝男厶姓厶名，有显考厶府君，妣厶民安人[三]，生于皇帝厶年厶月厶时，终于厶年厶月厶时，享寿几多岁。未卜安葬，敬请白鹤仙师，寻得玉龙大地一段，地主武夷王。今备价银九万九千九百九十九两，凭中人张坚固、李定度，交与地主武夷王，买到厶山形一穴，坐落土名厶处山上地面，坐厶向厶，兼厶三分。左至青龙，右至白虎，前至朱雀，后至玄武，上至天门，下至地户。中间一穴，的系故考妣寿地，永远居住。其价银

一足交与地主武夷王，分毫不欠。其地即日交与孝男，开茔安厝孝妣。凡有别神，不得争占。如有违命，许虎牙将军拿解酆都冥王殿前[四]，按律究办。从今葬下，房屋发福，户户添丁，代代扬名。子孙千亿，大吉大利。立券为凭。

旹酆[五]

作中 张坚固
李定度

皇帝△年△月△ 日立地契 武夷王
东王公 证
西王母 证

【注】

[一]清代佚名《家亢帖式》抄本，原题《山契式》。手录友人藏品。

[二]厶，「某」字的俗写。

[三]安人，对妇人的尊称。

[四]酆都，旧时传说为阴曹地府，人死后的去处。唐段成式《酉阳杂俎·玉格》：「有罗酆山，在北方癸地，周回三万里，高二千六百里，山上有六洞，洞中有六宫，辄周围千里，是为六天鬼神之宫。」本谓罗酆山洞天六宫为鬼神活动之所，后用以附会丰都县（今属重庆市）。丰都县，隋置县，明改「丰」为「酆」。清俞樾《茶香室丛钞·酆都阴君》：「酆都县平都山为道书七十二福地之一，宜为神仙窟宅，而世乃为鬼伯所居，殊不可解。」冥王殿即阎王殿、阎罗殿。

[五]旹，古「时」字。《楚辞·九章·思美人》：「迁逡次而勿驱兮，聊假日以须旹。」朱熹集注：「旹，古『时』字。」

（二） 典当契约

二〇四二 清顺治二年（一六四五）休宁县许在中当屋契[一]

廿四都一图立当契人许在中，今将承祖阄分得楼屋乙所，土名　，系常字　。计地　，计税　。其屋地东至　，西至　，南至　，北至　。其四至内屋本身合得一半。今将前项四至内屋及门窗户扇等件俱全，尽行立契出当与族叔　名下为业。当日得受当价银九七色叁拾五两。其银炤（照）典利每月乙分弍厘钱起息。其银约至三年内本利取赎。如过期，当契准作卖契行用。如有内外人拦占及重复交易，一切不明等事，尽是当人祇（支）当，不涉受当人之事。其税粮候册年本户自行起推，并无难异。今恐无凭，立此当契存炤（照）。

顺治乙酉[二]十二月　　日　　立当契人　许在中
　　中见人　许懋初
　　许凤石

前项契内价银当成契日随手一并收足。同月日。　再批。

【注】

[一] 录自北京大学图书馆藏清抄本休宁《许氏卖契底簿》。

[二] 乙酉，顺治二年，公元一六四五年。

二〇四三 清顺治三年（一六四六）休宁县许应斗典田契[一]

廿四都一图立典契人许应斗，今将续置得田十四号，坐落土名上方坞，系常字三千六百五十四号起，五十七号止，计租柒砠。又将上充田大小九丘，系女字六千贰百七号、贰百十一、十二、十三、十四、十五、十七、十九、廿号，共计租贰拾四砠。又土名菖蒲坑，系女字六千贰百七十七号，共租贰拾四砠。叁共计租伍拾五砠，出典与族弟许名下，纹银贰十伍两整。当日三面言定，银不起利。其田听从受典人收租无异，其田主回家将原价取赎，无得阻当。今恐人心难凭，立此典契存炤（照）。

其银足九六色合屯米。

顺治丙戌年[二]八月初一　日　立典契人　许应斗

中见人　许兆文

抄白

上方坞七砠　佃人和力

七充廿四砠　佃人长九

菖蒲廿四砠　佃人汪宜

顺治十一年九月同许君美议立合同　年贴纳税粮银陆钱六分。

【注】

[一] 录自北京大学图书馆藏清抄本休宁《许氏卖契底簿》。

[二] 丙戌，顺治三年（一六四六）。

二〇四四　清顺治四年（一六四七）休宁县吴纳善典田契[一]

廿八都三图立典契人吴纳善，今因缺少粮银，自情愿将田乙号土名竹坞，计田叁丘，计租五秤拾五斤，计税　。系　字　号，其田东西四至炤（照）依丈册。又将羊山伯丘租乙秤，计税　，系　字　号，其田东西四至照依丈册。又将下龙降租叁秤，计税　。系　字　号，其田东西四至照依丈册。又将下龙降井　田乙丘，计租乙秤贰十斤，通共计租拾乙砠五觔。凭中三面议作时值典价纹银伍两正。其银随手一并收足，其田一听买人之（自）行管业收谷为定。如有内外人拦占及重复交易一切不明等事，尽是出典之人抵（支）当，不涉受典之人。其田在收谷期原价取赎，议定炤（照）典利每月三分钱起息，本利一并付还无悮（误）。如过期，一听典人收谷，并无异说。今恐无凭，立此典契存炤（照）。

顺治四年三月　日　立典契人　吴纳善

中见人　黄　镐

代书　吴　征
佃户　吴六十

【注】

[一] 录自北京大学图书馆藏清抄本休宁《许氏卖契底簿》。

二〇四五　清顺治四年（一六四七）休宁县曹彬之当田契[一]

十九都九图立当契人曹彬之，今自情愿将自己续置得田乙丘，土名会里府基，系毁字七百号，计谷租拾伍秤，计税　。其田东至　，西至　，南至　，北至　。又将田乙丘，坐落土名上村干，系毁字　号，计谷租九秤，计税　。其田东至　，西至　，南至　，北至　。又将田乙丘，坐落土名八亩丘，系毁字　号，计谷租捌秤，该税　。其田东至　，西至　，南至　，北至　。又将田乙号，坐落土名八亩丘，系毁字　号，计谷租四秤，该税　。其田东至　，西至　，南至　，北至　。又将塘一口，下中塘拾步，计税　。今将前项十六至内至（之）田共谷租卅六秤、塘一口、下中塘十步，尽行立契出当与廿四都一图亲人许　名下为业。当日三面议作时值当价银九伍色叁十两正。其银随手当日一并收足，其田一听当人自行管业收租作利为定。如有内外人拦占及重复交易不明等事，尽是出当人祗（支）当，不涉受当人之事。上首来脚契乙张缴付当人为主，议定三年之内，原价取赎。如过期，当契准作卖契行用，听从过税，并无异说。今恐无凭，立此当契存炤（照）。

顺治四年十月廿日　　立当契人　曹彬之　号

凭中　程缉之　君宠　号　许希周　仲光

前项契内当银随手一并收足。同年月日再批

【注】

[一] 录自北京大学图书馆藏清抄本休宁《许氏卖契底簿》。

二〇四六　清顺治八年（一六五一）休宁县黄阿金当田契[一]

廿四都七图立当契人黄阿金，今因缺少钱粮无办，自情愿央中将自己田乙丘，土名沈家等丘，系岂字　号、新丈盖字　号内取谷租四砠，计税　，其田东至　，西至　，南至　，北至　。今将四至内立契出当与本都一图许　名下为业，议作时值价银八色贰两四钱正。言定递年取租作利，其银随手一并收足。倘有重复交易一切不明等情，尽是出当人之（支）当，不涉受当人之事。其田约至三年内取赎，如过期不取，当契准作卖契，无得异说。今恐无凭，立此当契存炤（照）。

顺治八年六月　日　立当契人　黄阿金

代书侄　黄君调

中见亲　许于时

前项契价银当日随手一并收足。同年月日再批。

【注】

[一] 录自北京大学图书馆藏清抄本休宁《许氏卖契底簿》。

二〇四七　清顺治十一年（一六五四）休宁县张喜德当水碓屋契[一]

廿四都三图立当契人张喜德，今自情愿将水碓屋基地乙片，坐落土名子洲，系新丈身字　号。其地东至　，西至　，南至　，北至　。今将前项四至内地屋　步　，计税　并地上屋碓车磨等件俱全，尽行立契出当与廿四都乙图许　名下。本纹银柒拾伍两整，每周年加利柒两正，其银约在三年内还足无误。如过期不赎，当契准作卖契行用，一听当主自行管业。恐后无凭，立此当契存炤（照）。

并原来脚赤契壹道。再批。

顺治十一年十一月　日　立当契人　张喜德　号

代书婿　方通甫　号
中见人　胡国辅　号　张振之　号　张　甫　号　张德甫　号
许懋初　号　许明良　号　许行可　号

【注】

［一］录自北京大学图书馆藏休宁许氏清抄本《卖契底簿》。

二〇四八　清顺治十三年（一六五六）休宁县许弘遂出典田契［一］

廿四都一图立出典契许弘遂，今自情愿央中将承父阄分得田乙号，坐落土名何家林，计田租陆砠，新丈　　字　　号，计税　　。其田东至　　，西至　　，南至　　，北至　　。又将土名棉桐树下，田租捌砠，新丈　　字　　号，计税　　。其田东至　　，西至　　，南至　　，北至　　。今将前项八至内田乙拾肆秤，尽行立契出典与伯　　名下为业。当日凭中三面议作时值得受典价九贰色银玖两整，其银随手收足。其田自从出典之后，一听受典人收租作利，并无难异。倘有内外拦占及重复不明等事，尽是出典人承当，不涉受典人之事。今恐无凭，立此出典契存炤。

顺治十三年十二月　　日　　立出典契　许弘遂　号
中见　许文先　号　许圣仪　号　许公惠　号

前项契内价银随手一并收足。同年月日。再批。号　领。

【注】

［一］录自北京大学图书馆藏清抄本休宁《许氏卖契底簿》。

二〇四九　清顺治十四年（一六五七）休宁县许必祎当田契［一］

廿四都一图立当契人许必祎［二］、必禧，今因欠缺使用，自情愿央中将承祖分得田乙号，坐落土名梓木坞，系新丈盖字乙千四百零贰号，共计田租廿四秤，本身兄弟合得乙拾贰秤。当日凭中出当与同族许　名下，本文(纹)银贰两六银(钱)正，其银随手收足，其利每月三分钱筭(算)。约至来年取收。如不取收，听凭收租，并无难异。今恐无凭，立此当契存炤(照)。

立当契人　许必祂　号　许必禧　号

主盟母　李　氏

代书兄　许必正　号

中见　许明良　号

顺治十四年正月　　日

【注】

[一] 录自北京大学图书馆藏清抄本休宁《许氏卖契底簿》。

[二] 祂(音同轨)，已毁庙的远祖。本契为人名。

二〇五〇　清康熙二十二年(一六八三)南安州苏世茂活卖田收付合同文书[一]

立收付合同文书人苏世茂，系南安州县□[二](下缺)

民张国用名下额卡喇水山场，田价纹银拾捌两整。当日收足明白。日后不致加收。今恐无凭，立此收付存炤(照)。

外

当年里长不得扳扯国用[三]。如有扳扯，世茂一色承当，永远代为[四]。至于钱粮□□事项，分厘不得短少。立此合同，永远为炤。

康熙二十二年三月二十八日　　立收付合同文书人　苏世茂

凭中人　张黑□　苏光□　苏光保　王小根

知见人　张　□
苏七保

收付合同为炤

【注】

［一］原件藏云南省社会科学院历史研究所。三份粘连在一起，粘连处都钤有大红县印。证明此三份为一起活卖事项。第一份为正契，二、三两份为找约。正契即写有「日后不致加收」字样，似为杜卖，可是后来在二十七年中又「找」两次。第一次「找约」又写有「日后不致重收」；过了两年，又有第二次「找」，「找约」上又写明「日后不致重找」。后来是否又再「找」，本契约上无明确反映。看来「日后不致重收(找)」一类的话并不等于「杜卖」、「杜绝」，只有写明「立此杜绝找契为照」的，大约不再发生「找」之事。当然个别「活卖」关系中虽已立「杜绝找契」，仍有再「找」者。此活卖之原业主姓苏氏，不知为什么在二十五年后，出面「找」的为谭氏父子。可能中间已转手。

［二］南安州，治今云南双柏县北云龙镇。一九一三年降为县。县，衍。

［三］扳(音同班)扯，论争，辩驳。

［四］文字有脱漏。

二〇五一　清康熙二十七年(一六八八)休宁县朱国昌当园约[一]

立当约人朱国昌，今因缺用，自情愿央中将承祖茶柯竹影园一片，坐落土名里边坞，央中出当与族叔名下，银壹两贰钱五分整。其银利二分申(生)息。一年无利，听从管业，并无一(异)言。今恐无凭，立此当约存照。

康熙二十七年十二月　　日

立当约人　朱国昌　(押)
中见人　项益先　(押)

【注】

［一］录自中国社会科学院经济研究所藏《休宁朱氏置产簿》。

二〇五二　清康熙三十四年（一六九五）大兴县李溶发兄弟典房草契[一]

立典房契人李溶发同兄李士赟同弟李泓发浃发，因父已故，乏用殡葬，今将故父遗下自置瓦房壹所，门面房叁间，壹过道通后叁层，左右厢房肆间，共计大小房拾叁间，叁过道，门窗户壁俱全，坐落　南城东南坊三铺总甲赵耕地方[二]，今凭中保人马如龙等说合，情愿出典与

周　名下住座。三言议定典房价银肆百捌拾两整。其银当日同众亲手收足，外无欠少。言定五年为满，银到归赎，房无房租，银无利息。大修房主，小修典主。但此房原无阎姓老契，其情中保人深知。自典之后，倘有宗族弟男子侄及旗下满汉人等争竞，并执本房契约在外典当、借贷银债等情，有典房原主兄弟同中保人一面承管。两家情愿，各无返悔。如有先悔之人，甘罚契内银一半入官公用。恐后无凭，立此典房契存照。其典价银系玖叁成色。又照。

此房有本房红契壹张，并付。俟赎房之日，一并交还。再照。

誊过官契

康熙叁拾肆年伍月　　日

立典房契人　李溶发（押）
同兄　李士赟（押）
　浃发（押）
同弟　李泓发（押）
中保人　马如龙（押）　谢廷俊（押）　张世铭（押）　赵进臣（押）
　李结庵（押）
左邻
右邻
房牙　李　蕴
总甲　赵　耕（押）

大吉利

代书　韩廓如

【注】

[一] 原件藏北京大学图书馆。

[二] 南城东南坊，今北京东城区天坛公园北。

二〇五三　清康熙三十八年（一六九九）宛平县余国福等典房官契[一]

立典房契人余国福同男余光辉，因为乏用，今将故父自置遗下琉璃厂西门内街北门面叁间，前有接檐房叁间，共计大小瓦房陆间。门窗户壁俱金。坐落北城日南坊三铺总甲张懋地方[二]。今凭中保人说合，情愿出典与高　名下取租营业。三言议定时值典房价银贰百壹拾两整。其银当日亲手收足，外无欠少。言明叁年为满，银到归赎。其房大小修理，俱依余姓。自典之后，倘有满、汉亲族人等争竞等情者，有国福同男光辉同中保人陈必显等一面承管。两家情愿，各无返悔。如有先悔之人，甘罚契银一半入官公用。恐后无凭，立此典契存照。

银水系纹银钱法择兑。再批。

康熙三十八年十一月　　日

立典契人　余国福

同男　余光炜

中保人　陈必显　朱国用

刘进忠　赵国祥

房牙　朱可用（戳）

顺天府大兴县

顺天府大兴县为察取钱粮项款以便酌定经制事：蒙本府信票据经历司案呈，蒙

巡抚察院　　宪牌奉　　都察院勘札准

户部咨行前事缘由，转行所属一体遵奉施行等因。准此，但格式模糊，相应更换。诚恐法久废弛，合抄清律一款附后，以示置产人户各遵律例，毋得自取罪戾，追悔无及。须至收纸者。

一奉　　一律例

旨税例每以三分为准。「凡典买田宅不税契者，笞五十，仍追契内田宅价银一半入官。」律例开载，法在必行。一示房牙知悉，如不勤催投税，定行重责枷示。

【注】

[一] 原件藏北京大学图书馆。

[二] 北城日南坊，在今北京西城区南新华街西。

二〇五四　清康熙四十一年（一七〇二）北京明良栋转典房白契[一]

立转典房契人明良栋，因为无银使用，情愿将瓦房二间转典到徐　名下，文银肆拾贰两整（又欠贷银四两正）。言定三年为满，二家情愿，银到归赎。恐后无凭，立此存照。如有反悔，罚银拾两如（入）官工（公）用。

保人　张兴祖（押）

中保人左邻　孙光祖（押）

立转典房契人　明良栋（押）

五十七年壹百[二]。

康熙肆拾壹年玖月廿五日

信行

【注】

[一] 原件藏北京海淀区大觉寺文物陈列馆。

[二] 为小字批注。当是康熙五十七年所批。

二〇五五　清康熙四十七年（一七〇八）南安州谭濬哲父子找约（红契）[一]

立找约人谭濬哲同男谭克盛[二]，今凭中找到张怀轩弟兄三人名下银伍钱，系是额可郎田价[三]。日后不致重收[四]。此炤（照）。

立找约人　谭濬哲（押）

康熙四十七年八月初四日

同男　谭克盛（押）

凭中　杨乃藻

苏仰之

找约存炤

【注】

［一］粘连于本书前录《清康熙二十二年（一六八三）南安州苏世茂活卖田收付合同文书》之后。

［二］原出业人姓苏氏，非谭氏。

［三］原受业人为张国用，或为张怀轩之长辈。额可郎，正契作「额卡喇」。

［四］日后不致重收，即不再重找。此契应为「死找契」，或「绝找契」；但由下文所录康熙四十九年谭克盛找约知并未断绝。

二〇五六　清康熙四十七年（一七〇八）休宁县项福生当园契［一］

立当契人项福生，今将自己本身分下园乙丘，计税一亩，坐落土名江思桥，系历字三十三号，四至在册。今因乏用，情愿凂中出当与汪名下为业。当日得受价纹银四两五钱整。每年豆麦谷三季，交干麦二斗五升，夏季交干豆贰斗，秋季交干谷一石。其银当日一并收足。并无准折债负重复等情。两下无得异说。今恐无凭，立此当契存照。

康熙四十七年十二月初一日

立当契人　项福生（押）

凭中　项文甫（押）

毕君达（押）

【注】

［一］录自中国社会科学院经济研究所藏《休宁汪氏置产簿》。

二〇五七　清康熙四十九年（一七一〇）南安州谭克盛找约（红契）［一］

立找约人谭克盛，为因缺用，今找到张怀轩弟兄三人名下银叁钱。收足明白。日后不致重找。此照。

康熙四十九年四月拾肆日　　　　立找约人　谭克盛(押)

找帖存照

【注】

[一] 粘连于本书前录《清康熙四十七年(一七〇八)南安州谭濬哲父子找约》之后。

二〇五八　清康熙四十九年(一七一〇)休宁县项福生当女契[一]

立当契人项福生，今因缺用，自情愿将女一个当与汪名下，本纹银五两整。其利银即清，交与人汪名下不误。其女喜弟，年长八岁，六月二十一日子时生。今恐无凭，立此当契存照。

约纸共二张，共五两整。

康熙四十九年八月初六日　　　　立当契人　项福生(押)

【注】

[一] 录自中国社会科学院经济研究所藏《休宁汪氏置产簿》。

二〇五九　清康熙五十四年(一七一五)北京厢黄旗杨哈那典地文约[一]

立典地卖文约人厢黄旗三眼儿牛录杨哈那，因为手乏，今将本身地贰拾捌亩，同中人说合，情愿典与高　名下，耕种肆年为满。言定典价老白银拾玖两陆钱整。其银当日交足，外无欠少。地肆年以后，银到归赎。两家情愿，不许返悔。若有返悔者，罚契内银壹半若干，入官公用。恐后无凭，立此典契存照。

同庄头[二]　信忠义(押)

康熙伍拾肆年拾贰月贰拾贰日　　　　立文约人　杨哈那(押)

中见人　王世卿(押)
　　　　傅国相(押)
　　　　王嘉同(押)

大吉利

【注】

[一]原件藏北京海淀区大觉寺文物陈列馆。

[二]庄头，官庄的管理人。《清史稿·食货志一》：「初设官庄，以近畿民来归者为庄头，给绳地，一绳四十二亩。其后编第各庄头田土分四等，十年一编定。」

二〇六〇　清雍正元年(一七二三)大兴县王景伊转典房官契[一]

顺天府大兴县今据孙名用价壹百两遵纳税银叁两

立转典房契人王景伊、同胞弟王穆如，因为乏用，今将故父原典汪姓瓦房壹所，门面房贰间、前接檐房贰间、叁层房贰间、肆层房贰间，共计房捌间。后有落地壹条，门窗户壁，上下土木相连。坐落中城中东坊二铺总甲杨奇地方[二]。今凭原业主汪瑞符同中保黄贤宁说合，情愿转典与

孙　名下住坐为业，三面议定时值转典房价银叁百两整。其银当日同中亲手收足，外无欠少。自转典房之后，倘有亲族兄弟子侄长幼人等争竞，及借贷满汉银债并库银、皇债等情争竞者，有转典房主王姓同原业主汪瑞符并中保人黄贤宁一面承管。此房言明叁年为满，银到归赎。两家情愿，各无返悔。如有先悔之人，甘罚契内银一半入　官公用。恐后无凭，立此转典房契存照。

内有原房红白契纸贰张，银主收存。外有上首红契贰张，仍在原业主汪姓存改。再批。

雍正元年拾月　　日

立转典房契人　王景伊
同胞弟　王穆如　原业主　汪瑞符
中保人　黄贤宁
左邻
右邻

顺天府大兴县

顺天府大兴县为察取钱粮项款以便酌定经制事：蒙本府信票据经历司案呈，蒙

巡抚察院　宪牌奉　都察院勘札准

户部咨行前事缘由，转行所属一体遵奉施行等因。准此，但格式模糊，相应更换，诚恐法久废弛，合抄清律一款附后，以示置产人户各遵律例，毋得自取罪戾，追悔无及。须至收纸者。

一奉　一律例

旨税例每以三分为准。「凡典买田宅不税契者，笞五十，仍追契内田宅价银一半入　官。」律例开载，法在必行。

一示房牙知悉，如不勤催投税，定行重责枷示。

房牙　冯守礼（戳记）

总甲　杨　奇　代书　龚雯

【注】

［一］原件藏北京大学图书馆。

［二］中城中东坊，在今北京前门大街东。

二〇六一　清雍正九年（一七三一）北京孙显明典屋白契[一]

立典屋文契侄孙显明，缘因缺用，情愿将自己黄门第内西边照厅壹间，窨后屋半间，止壹椽，凭中出典与叔公处管业。当得典价银捌两式钱正。其银当日收用。自典之后，凭管业居住，不俱（拘）年月，恁凭原价回赎[二]。恐后无凭，立此典屋文契存照。

再批：其银水九七戥天平□折兑外，北修理银捌钱正。保照。　中费无[三]。

附老契乙帋。台门道地公合出入使用。（押）

雍正玖年柒月　日　立典屋契侄　孙显明（押）

代书侄　静修（押）

今收到契内银一并完足。

倘日后原契主要赎，听其自取可也，不得阻滞。

静修笔（押）

典屋契

【注】

[一] 原件藏北京大学图书馆。

[二] 恁凭，同「任凭」。《古今小说·杨谦之客舫遇侠僧》：「财物恁凭长老、奶奶取去。」

[三] 中费，中礼银，中介费。

二〇六二　清雍正十二年（一七三四）镇洋县殷门顾氏等找绝田契[一]

立找绝田文契殷门顾氏同叔殷足，为因钱粮急迫，曾有契卖东一都短字圩田七亩八分，卖到潘处为业，已经得价。因原价不敷，复央原中金胜贤三面议定，找绝银七两整，契下一并收足。自找之后，再无不尽不绝[二]。欲后有凭，立此找绝田契为照。

雍正十二年五月　　日

找绝田文契　殷门顾氏

同叔　殷　足

原中　金胜贤

【注】

[一] 录自中国第一历史档案馆藏《刑科题本》乾隆十五年（一七五〇）二月三十日黄廷桂题。

[二] 这次虽谓「找绝」，次年又有「贴绝」之事发生。可知此次虽「找」而未「绝」。参看本书下录《清雍正十三年（一七三五）镇洋县殷门顾氏嫂叔贴绝田文契》。镇洋县，清雍正二年（一七二四）置，治今江苏太仓市。一九一二年并入太仓县。

二〇六三　清雍正十三年（一七三五）镇洋县殷门顾氏等贴绝田契[一]

立贴绝田文契殷门顾氏同叔殷足，为有昔年契卖东一都短字圩田七亩八分，卖与潘处为业。已经得价得找外[二]，因原价不敷，复央原中金胜贤，三面议得贴绝银四两整，契下一并收足。自贴之后，再无不尽不绝，永远潘姓为业，与殷姓无干。欲后有凭，立此贴绝田文契为照。

雍正十三年五月　　日

立贴绝田文契　殷门顾氏
同叔　殷　足
原中　金胜贤

【注】

[一] 录自中国第一历史档案馆藏《刑科题本》乾隆十五年(一七五〇)二月三十日黄廷桂题。

[二] 殷门顾氏这次「贴绝」实为第二次「找绝」。第一次「找绝」在雍正十二年五月。参看本书上条《清雍正十二年(一七三四)镇洋县殷门顾氏嫂叔找绝田文契》。此次「贴绝」之后,复有「找绝」之事发生。参看本书下录《清乾隆二年(一七三七)镇洋县潘门薛氏母子杜绝田契》。

二〇六四　清乾隆二年(一七三七)镇洋县潘门薛氏母子杜绝田契[一]

立杜绝田文契潘门薛氏同男凤观,为有先夫潘仲卿祖遗东一都短字圩官田七亩八分,于康熙四十七年得价卖与殷处,殷亦转卖潘晋扬处[二],见在管业。今田尚亏原价,为此协同原中,向潘晋扬找绝田价银二十四两整[三],契下一并收足。自找之后,其田任凭潘姓建房造坟,开河掘沟,与潘、殷二姓永无干涉。欲后有凭,立此杜绝田文契为照。

乾隆二年九月　　日

立杜绝田文契　潘门薛氏
同男　凤观
过手　殷门顾氏

【注】

[一] 录自中国第一历史档案馆藏《刑科题本》乾隆十五年(一七五〇)二月三十日黄廷桂题。

[二] 殷氏转卖潘处,参看本书前录《清雍正十二年(一七三四)镇洋县殷门顾氏等找绝田契》。

[三] 潘门薛氏向潘晋扬找绝田价,对潘晋扬来说,已是为此田的第三次「找绝」了。前两次「找绝」,分别前《清雍正十二年(一七三四)镇洋县殷门顾氏等找绝田契》和《清雍正十三年(一七三五)镇洋县殷门顾氏等贴绝田契》。清朝的法律规定,「绝卖」之后,不许再「找贴」。如《大清律例·户律·田宅·典买田宅》:「卖产立有绝卖文契,并未注有找贴字样者,概不准贴赎。如契未载绝卖字样,或注定年限回赎者,并听回赎。若卖主无力回赎,许凭中公估,找贴一次者,另立绝卖契纸。若买主不愿找贴,听其别卖,归还原价。倘已经卖绝,契载确凿,复行告找告赎,及执产动归原先尽亲邻之说,借端措勒,希图短价,并典限未满而业主强赎者,俱照不应重律治罪。」但民间俗例,在南方的许多地区盛行卖产后「找贴」。

找一至三次而再立契声言「找绝」者极多。一九五九年三月，我在云南楚雄时，承中央民族学院历史系韩公仟同志惠示其在楚雄县第六区力伯所乡大益居村收集到的康熙时土地买卖契约一张，一为正契，其后粘连不同时间的「找」契共八张，全长丈余，时至道光年间，粘连之骑缝处均钤有本县红印。

二〇六五　清乾隆三年（一七三八）休宁县金能五等绝卖园地契[一]

立卖契金能五、学先祖遗园地一片，计四号，坐落土名陈村住基，系良字乙千五百廿四号，计地卅九步；良字乙千五百卅五号，计地廿步；良字乙千五百卅六号，计地十八步八分四厘，良字乙千五百卅七号，计地十四步八分五厘。四号共计地九十贰步二分九厘，共计税四分六厘三毫四系五忽。先年父叔手将地立契出当与王　名下为业。今因急用，自情愿将父名下该业一半，共计地四十六步三分四厘五毫，该税贰分三厘乙毫七系贰忽五，一并绝卖与王　名下为业。除父叔得过当价外，凭中三面议得加绝卖价银拾两整，当即一并收足。自今卖之后，悉听买人管业无辞。其税在廿七都五图十甲金正茂户内起割，推入买人一甲王承启户内输纳。倘有内外人争拦异言，尽是卖人理值，与买人无涉。今恐无凭，立此卖契存照。

其地言定五年内取赎；如过五年悉听买人收税过户，永远绝卖，不得取赎。再批。（押）

其银九七色平入山号足兑。又批。（押）

乾隆叁年贰月　　日　　立卖契　金能五（押）　金学先（押）

（下略）　　见　中　王敬直（押）　王自新　王大任（押）　金朝言（押）

今领去契内当银一并收足讫。同年月日再批。（押）

【注】

[一] 原件藏北京大学图书馆。

二〇六六　清乾隆三年（一七三八）休宁县余宪章典地契[一]

三都六图二甲立典契人余宪章，今因本甲吴一坤户绝，其钱粮排役是身办纳。先年吴一坤户丁吴国瑞将暑字　　号、土名后塘地一块出当与孙宅，当价银捌两。孙转将厝地一大棺典与吴宅安厝[二]，原价捌两。今身俱以赎回。又因钱粮无办，凭排友中见，将原厝地一大棺复以典与同都五图三甲　吴奇玉名下，当日得受九五色银拾两整。其银不起利，地不起租。其地议定十二年后原价取赎，不得加典勒买等情。如有人言事端，尽是出典人承当，不涉当人之事。今恐无凭，立此典契存照。

乾隆三年四月　　日

立典契人　余宪章
见典兄　余孔章
凭排友　朱自远　吴汝瞻
中见　孙鸣远　孙毓文　吴昆远　吴仲贞
吴公望　吴奎章　吴纯文　吴昭

【注】

[一] 录自北京大学图书馆藏清抄本休宁《吴氏契底簿》。

[二] 一大棺，指埋葬棺材之地面面积。

二〇六七　清乾隆十年(一七四五)山阴县赵墅樵戤卖田官契[一]

绝

山阴县十三都一图立戤卖田契人赵墅樵，今将自己户内翔字乙百伍拾肆号田，情愿凭中出卖与本县陈　处名下为业。凭中三面议定时价银式拾两整。当日收足。并无重叠戤典争执等情。俗有推头通例，每两出银　，即时交收过割，永纳粮差。此照。

卖

计开：

翔字乙百伍拾叁号田[二]壹亩肆分玖厘柒毛。

坐落蜀山念鱼坟。册系壹亩伍分。

计付老契约内纸共式张。

文

乾隆拾年捌月　　日

立卖契人　赵墅樵(押)
〔中人〕　钱禹钦(押)
冯吉生(押)
赵殿擎(押)

契

宋绍先（押）

计开条款例

一、凡用此契者，竟作绝卖。
一、卖主不识字者，许兄弟子侄代书。
一、成交后即粘契尾投税，验明推收。如违治罚。
一、契内如有添注涂抹字样者，作捏造论。
一、房屋间架仍载明空处。
一、典戤用此契者，须注明年限回赎字样。如不注者，仍作绝卖。
以上数条不过大概，倘民情尚有未尽者，请于空隙处填写。

【注】

[一] 原件藏北京大学图书馆。
[二] 卖文作「翔字乙百伍拾肆号田」，与「计开」异。

二〇六八　清乾隆十年（一七四五）徽州汤社九典田约[一]

立典约人汤社九，今因缺用，将承祖佃头一处，土名水磨堨，计额租十一砠，凭中出立约，典与卢名下为业，三面议定时值价九七色七两五钱正[二]，其银当日收足，其田即听管业，耕种交租，无得声（生）情异说。恐后无凭，立此典约存照。其麦本家存留。其田言定十年为率，听自本家备原价赎回。

再批：厕水乙个，本家存留。其地不得超租。批照。

乾隆十年十二月　　日

立约　汤社九
见人　卢君用　余　启
代笔　余启成

【注】

[一] 原件藏南京大学历史系图书资料室。

[二] 九七色，「色」下脱一「银」字。

二〇六九　清乾隆十一年（一七四六）北京僧圆通当香火地契[一]

立当契文约人圆通，因为无钱使用，今将阜头村北香火地一段十亩[二]，清源（情愿）当与阜头村羊　名下耕种为业。三年一（以）外，钱道（到）地归本主。言明清钱拾五吊整，当日交足，外无欠少。孔（恐）后无平（凭），立字存（照）。凡反者，罚一钱（钱一）半[三]，入官公用。

乾隆十一年十月初十日

立字人　圆　通（押）

代书人　秦国弼（押）

觉　寿（押）

同中人　通　一（押）

肖从海（押）

当契

【注】

[一] 原件藏北京海淀区大觉寺文物陈列馆。

[二] 阜头村，今名东埠头，在海淀镇西北十二公里，京密引水渠北侧。明已成村，称铺头村，又名幞头村，清改称阜头村。

[三] 此句有错讹。

二〇七〇　清乾隆十二年（一七四七）大兴县孙殿公转典房白契[一]

立转典房契人孙殿公同母王氏[二]，因为乏用，今将故父原典王姓瓦房壹所，门面弍间，前接檐房弍间，叁层房弍间，肆层房弍间，共计房捌间，后有落地一块。门窗户壁、上下土木相连。坐落中城中东坊二铺总甲杨奇地方。今凭中胡北海说合，情愿转典与　名下为业。三面议定时通转典房价银叁百两。其银当日同中亲手收足，外无欠少。自转典房之后，倘有亲族兄弟子侄长幼人等争竞，及借贷满汉银债并库银皇债等情争竞者，有转典房主孙姓同中一面承管。此房言明叁年为满，银到回赎。两家情愿，各无返（反）悔。如有先悔之人，甘罚契内银一半入官公用。恐后无凭，立此转典房契存照。

内有原房红契纸弍张，白古简一张，银主收存。

中　人　胡北海（押）

立转典人　孙殿公（押）

乾隆拾弍年八月　　日

【注】

[一] 原件藏北京大学图书馆。

[二] 转典，典房人将原房主之房再次出典与第三者。

二〇七一　清乾隆十四年（一七四九）北京蒋洪燕转典房白契[一]

立转典文契人蒋洪燕，今因无钱使用，将自典得徐名下灰棚四间内将灰棚贰间转典与沈名下为业。言明青钱贰拾捌吊正[二]，其钱当日一并收足。三年后，钱到归赎。倘有亲友争论，中保人一面承管。欲后有凭，立此典契存照。

又乾隆十五年叁月内，将房从新换柱盖造，用钱拾伍千贰百文。另有细帐附后。再照。

外有旧契壹纸。

中保人　马成相（押）

立转典契　蒋洪燕（押）

原典主　徐哲生（押）

乾隆十四年七月　　日

典契存照

乾隆十五年三月十九日修理用帐：

工钱拾千文；碎砖，钱二千贰百文；

椽子二十六根，钱五百七十文；

麻刀四十斤，钱八百文；

添瓦一百块，钱三百六十文；

运木料，钱二百文；

运砖，钱二百五十文；

青白灰二千二百斤，钱八百八十支。

共钱拾五千贰百六十文。

又自买砂滚子砖一千二百块，钱六千文；

各项钉拾叁斤，钱九百文。

【注】

［一］原件藏北京大学图书馆。

［二］青钱，即铜钱，制钱。青铜所铸，其色青。亦作「清钱」。

二〇七二　清乾隆十七年（一七五二）宛平县卢邦彦典房白契[一]

立典契人顺天府宛平县生员卢邦彦，因无银使用，今将自己典的房三间，坐落在红庙南边街西[二]。西瓦房两间，倒坐灰棚房一间，共房三间，转典于宛平县民人董名下。言定价银纹银四拾两整。其银当日交足，并无欠火。如有亲族人争论，有中保人一面承管。恐后无凭，立字存照。

外有白契一张跟随。

中保人　李文德（押）

典字人　卢邦彦（押）

乾隆十七年三月十六

信行

【注】

［一］原件藏北京大学图书馆。

［二］红庙南边街，在今北京东城区。清称红庙，因寺得名。今称红庙街。

二〇七三　清乾隆十八年（一七五三）山阴县谭元烽活卖田官契[一]

山阴县十三都六图立卖田契人谭元烽，今将己户内中田柒亩肆分内迁东边田叁分正，　字号　分零，情愿浼（浼）中出卖与本县族处名下为业，凭中三面议定时价银陆两正，其银九七色戥天平整，当日收足。并无重叠戳典争执等情。俗有推头通例，每两出银伍分，即时交收过割，承纳粮差。此照。

计开：

号三百四十二号中田柒亩肆分内迁东边叁分正。

字　号　字　号

不拘年月远近，原价回赎。并炤（照）。

字　号　字　号

字　号　字　号

字　号　字　号

土名柒亩，坐落

绝卖文契

乾隆拾捌年十一月　日

立契人　谭元烽（押）

今收到契内银一并完足。（押）

同母　潘氏

见中　巨川（押）　连城

代书　方回（押）

条约五款列后：

一、绝卖者不用此契，止作戳当；戳当者若用此契，竟作绝卖。

一、契不许倩人代写，如卖主一字不识，止许嫡亲兄弟子侄代书。

一、成交时即投税。该房查明卖主户册，号下注明某年月日卖某人讫。

一、由贴不许人押当，如违者不准告照。

一、买产即便起业，不许旧主仍佃，以杜影骗。

【注】

[一]原件藏北京大学经济学院。

二〇七四　清乾隆十八年(一七五三)永安县冯玮玉典小租约[一]

立典约人冯玮玉,原有承父遗下受分赔田一段[二],坐落土名黄历曲尾垄,小租谷一硕二斗正。自己养膳未分。今来要物用急,前向陈羲麟表叔边典得铜钱一千文,其钱每百随月纳息二文算。其钱言约来年十一月尾,本利一足付还。如是至期无还,其田即便退与陈宅去管理召佃,管理收租为业,冯宅不得意(异)说等情。其田并无重叠典挂之类,并无拈折抑勒情由。如有来历不明,冯宅自己抵当。恐口无凭,立典约存照。

外有上手一纸缴照。

一批:递年实还刘宅主人正租谷一石正。

乾隆癸酉十八年十二月　　日

立典约人　冯玮玉(押)

同男　冯木蛟(押)

现佃　冯木声(押)

亲笔

【注】

[一]录自傅衣凌《明清社会经济》第四一页,三联书店一九八〇年版。

[二]赔田,向地主承领自垫本开荒田。

二〇七五　清乾隆二十年(一七五五)山阴县柳依仁绝找屋白契[一]

立绝找文契柳依仁,缘由有龙字壹百十二号平屋壹间,上连基地,石砌四围门壁俱全,于乾隆弍拾年拾月间凂中契卖于陈处,当受过正价银叁拾两正。因时价未足,凂原中向陈处找得银弍拾肆两正。是找之后,任凭改造收除过户管业,永不回赎、永不再找。各无异言。恐后无凭，立此绝找文契为照。

乾隆式拾年拾弍月　　日　　立绝找文契　柳依仁(押)

今收到契内银一并完足(押)　　中人族长叔　圣范(押)　汉章(押)

良公(押)　汉三(押)

君颜(押)

怀宇(押)　勝祥(押)

良碧(押)　体仁(押)

楚玉(押)

找衡(押)　德成(押)

吕佩(押)　大超(押)

刘克明(押)　光成(押)

宋绍光(押)　配乾(押)

李其全(押)

代笔　柳谨廷(押)

绝找屋文契

【注】

［一］原件藏北京大学图书馆。

二〇七六　清乾隆二十一年(一七五六)大兴县陈世英转典房白契[一]

立转典房契人陈世英，因乏用，将原典沈姓典徐姓自盖灰棚肆间，分典出贰间。坐落琉璃厂东门外南边桶子胡同东口内路北。今凭中保说合，情愿出转分典与

孙　名下取租受业。三面议定典房价纹银贰拾伍两整。其银当日陈姓亲手收足，外无欠少。言明远年近日银到回赎。自转出之后，倘有陈姓满汉亲族弟男子侄人争论债负等情，有出转房陈世英同中保人一面承受。欲后有凭，立转出房契存照。

此房有上首蒋、沈贰姓白字贰张，陈姓本身白字壹张，共计白字叁张，付银主收存。再照。
外有修理清单壹张，银主收存。（押）

立转示房字人　陈世英（押）
中保人　刘光普（押）
刘国泰（押）
杨元成（押）

乾隆贰拾壹年肆月二十一日

大吉利

【注】

［一］原件藏北京大学图书馆。

二〇七七　清乾隆二十二年（一七五七）宛平县万育堂典房民红契[一]

立典契万育堂，今有自置瓦房七间，坐落在东夹街道。现在房三间半，门窗户门不全，三间倒坏，木料砖瓦不全，还有厂棚一间，以（一）共七间半。今情愿出典与宛平县民人张凤山为业。三面议定时直（值）典价银七十两正。其银当日一并交足，并无欠少。恐后无凭，立此典契存照。

此房原有康熙年间老白契一张，其人俱已故绝。深知根底，情愿投税。又照

外有老契一帋，跟随。

中见人　李文举（押）
余松友（押）
立典契　万育堂
代笔　方秉权（押）

乾隆弍十二年九月　日

信行存照

【注】

[一] 原件藏北京大学图书馆。

二〇七八　清乾隆二十七年(一七六二)山阴县孙张氏戤田白契[一]

立戤契人孙张氏，今因缺用，将自己分受田、淡字九百七十一号湖田肆亩正，内迁壹亩出戤于　叔处，当收价银念伍两。任凭官(管)业、收花、入册输粮。立此存炤。

今收到契内银壹并完足。

再批：其银九七色，天平足兑。

再批：不论年月回赎。

乾隆二十七年十一月　　日立

戤契人　孙张氏　同男大临(押)

中见　宣丽东(押)

叔　可均(押)

戤契

【注】

[一] 原件藏北京大学图书馆。

二〇七九　清乾隆三十一年(一七六六)山阴县王圣吉卖田杜绝找价白契[一]

立杜绝找契人王圣吉，缘有淡字捌百四十四、五号田，共肆亩贰分伍厘，出卖与　处为业，得过正价银捌拾两正。今因契价不足，又浼原中找得时值价银叁拾玖两正。自找之后，任凭过户管业，永不再找，遵例杜绝。欲后有凭，立此存照。(押)

乾隆叁拾壹年捌月　　日立杜绝找契人　王圣吉（押）　同弟王有声（押）

今收到契内价银一并完足。（押）　中人　沈岳如（押）　周伯兴（押）　陈子裕（押）

代书　张仲昭（押）

杜绝找契

【注】

[一] 原件藏北京大学图书馆。

二〇八〇　清乾隆三十四年（一七六九）北京正黄旗那兰泰转典房白契[一]

立典契人正黄旗满洲额尔登布佐领下养育兵那兰泰[二]，因手内无钱使用，今将原典瓦房六间，坐落在西直门内前桃园胡同西口路南，凭中保说合人，情愿典与　　张名下为业。实价钱壹百捌拾五吊整。此钱当日交足，并无欠少。言明五十年以后许原业主赎，不许那姓赎。此房甚是糟烂，墙框摊（坍）塌，拆盖准其典主收拾，俱上文约。此房如有亲族人争竞，来路不明、拖欠官银、重复典卖，有中保人一面承管。恐后无凭，立老典契存照。

中保人领催[三]　增　保（押）

立字人　那兰泰（押）

说合人　胡　德（押）

乾隆叁拾肆年九月初陆日立

信行

【注】

[一] 原件藏北京大学图书馆。

[二] 养育兵，清朝顺治十七年（一六六〇）始建的八旗兵中的一种兵士，从满、蒙、汉各旗中挑选，负责训练兵卒的技艺。初有四千八百人，至乾隆时，已有二万余人。其待遇如步军，每月银一两五钱（见魏源《圣武记》卷一一《武事余记》）。汉军不给米，满、蒙军银饷之外，另给米俸。

[三] 领催，八旗兵中佐领的下属，每佐领下设一至五名领催，从马甲之优秀者选任，「以司册籍俸饷」（《圣武记》卷一一《武事余记》）。

二〇八一　清乾隆三十四年（一七六九）徽州许阿江当田契[一]

本都本图立当契人许阿江，今因缺少使用，将承祖分受化字二七〇四号田九分九厘八毫，土名沙丘，凭中亲侄，当与　族名下为业，受纹银十两整。其租议定每年交纳风车净谷二十二斗，挑上门，不得短少。如有欠少，听凭耕种管业，无得异说。恐口无凭，立此当契存照。

再批：其银以情借，恳约于年内本利立清。今将其田以信立契为凭，准于年内送还不误。又照。

乾隆卅四年十月　　日　　　　立当契人　许阿江

凭中亲侄　许清远

【注】

[一] 原件藏安徽省博物馆。编号：二·二三五七二。

二〇八二　清乾隆三十九年（一七七四）永安县冯九珠当约[一]

立当约堂弟九珠原有承祖遗下受分粪寮一只，坐落土名大舍树干。今来要物用急，托保前在与　堂兄九珙侄祚彻当得铜钱二千文，其钱每百随月纳利二文，言约至乙丑年[二]十一月本利一足付还。如是无还，即便退与兄侄前去自己管理，当人不敢阻占。其粪寮并地基坜盖木料一完，并无重叠典挂之类。今来二家甘心意允。欲后有凭，立当约照。

乾隆甲午年十月　　日　　　　立当约堂弟　九珠（押）

代字在见兄　九环（押）

【注】

[一] 录自傅衣凌《明清农村社会经济》第二一页，三联书店一九八〇年版。永安县，今福建省永安市。

[二] 乙丑年，当是嘉庆十年（一八〇五）。

二〇八三　清乾隆四十三年（一七七八）山阴县张恒一出戤湖田找契[一]

立找契恒一[二]，缘有淡字八伯四十四/八伯四十五号湖田四亩贰分伍厘，出戤于大成会为业，得过正价钱陆拾千文正，又找得钱四拾贰千文正，九九六串。其田仍不拘年月远近，原价回赎。恐后无凭，立此找契存照。

再批：对月回赎会上收花。并照。（押）

今收到契内价钱一并完足。并照。（押）

乾隆四十三年拾月　　日

立找契　恒一（押）

见中　克昌　　建勋　　绣甫（押）　　孔嘉　　虞廷（押）　　式平

代书　元圃（押）

找契

【注】

[一] 原件藏北京大学图书馆。

[二] 木契载有人名共八人，均未书姓。据本书下录《清乾隆五十一年（一七八六）山阴县张以修戤田杜绝找价白契》，张以修当是恒一本人或其晚辈。又据《清乾隆四十四年（一七七九）山阴县张娄氏绝找田白契》，克昌、绣甫均姓张氏，据此，知本契所载八人亦均姓张氏。

二〇八四　清乾隆四十四年（一七七九）山阴县张娄氏活卖田官契[一]

山阴县十六都二图立卖田契人张娄氏，今将自己户内淡字号田叁亩陆分整，情愿凂中出卖与本县孔会处名下为业。凭中三面议定时值价银陆拾两整，当日收足，并无重叠戤典争执等情。俗有推头[二]通例，每两出银伍分，即时交收过割，永纳粮差。此照。

计开

绝

卖

淡字一千零三十二号湖田叁籼陆分肆厘壹毛。

土名　坐落蔡山桥坂

文

乾隆四十四年正月　日　立卖田契人　张娄氏(押)

中人　张采若

张克昌

张绪甫

契

代书伯　张越才(押)

条约五款列后：

一、绝卖者不用此契，止作戤当。戤当者若用此契，竟作绝卖。

一、契不许请人代写。如卖主一字不识，止许嫡亲兄弟子侄代写。

一、成交时即投税。该房主查明卖主户册号下，注明某年月日卖某人讫。

一、田帖不许借人押当。如违者，不准告照。

一、买产即便起业，不许旧主仍佃，以杜影骗。

(契后粘连契尾，已残)

【注】

[一] 原件藏北京大学图书馆。

[二] 推头，地方政府对「交收过割」征收的捐税。

二〇八五　清乾隆四十四年(一七七九)山阴县张娄氏绝找田契[一]

立找田契人张娄氏，缘有自己户内淡字一千〇三十二、三号湖田叁亩陆分肆厘壹毛，出卖与本族孔会处，当得正价银陆拾两。今因契价不足，凭中又找价银肆拾玖两贰钱叁分正[二]。自找之后，任凭过户管业收花，永不再找，永不回赎，永远杜绝。恐后无凭，立此找契存炤。(押)

乾隆四十四年二月　日　立找契人　张娄氏（押）

中人　张采若　张克昌　张绪甫

今收到契内银一并完足（押）　代书伯　张越才（押）

绝找田契

【注】

[一] 原件藏北京大学图书馆。

[二] 此田为本年正月刚「绝卖」者，一月之后，即「因契价不足」而「又找」，再立「绝找田契」。

二〇八六　清乾隆四十六年（一七八一）山阴县安民卖田找价白契[一]

立找契侄安民，缘有淡字九百七十一号湖田叁亩捌分五厘六毫，出卖于叔处，得正价银壹百两。今找得钱拾叁千陆百五十文。自找之后，永不再找。立此存炤（照）。

再批：其价虽足，情听回赎。

乾隆四十陆年　月　日　立找契侄安民[二]（押）

找契

【注】

[一] 原件藏北京大学图书馆。

[二] 「年」下脱一「月」字。

二〇八七　清乾隆四十九年（一七八四）宛平县厢白旗满洲明崑典房白契[一]

立典祖遗住房契，系厢白旗满洲恒龄佐领下马甲明崑。因父病故，手乏无资，指锦什坊街王府仓中间路北本身住房壹所：正瓦房叁间，西耳房壹间，东厢房贰间，西厢房贰间，南房代（带）过道门叁间，共计房拾壹间，情愿典与屈宅名下为业。言明典价京平足银肆佰伍拾两整。并无修理银两。言明议典贰年。其银笔下交足，并不欠少。自典之后，如有亲族人等争论，以及来路不明，重租到典等情，均有原业主明姓一面承管，不如（与）新典主相干。此系两家情愿，各无返悔。倘　年后不赎，准许典主人遵例投税，永远为业。恐口无凭，立典契为证。

立典契人　明崑（押）

子伊洪额

代笔人　徐献庭（押）

【注】

[一] 原件藏北京大学图书馆。

二〇八八　清乾隆五十一年（一七八六）休宁县汪贞隆当山契[一]

三都三图立当契人汪贞隆，今因急用，自情愿将祖遗下山一业，土名外坞，新丈辰字贰千四百九十三号，除上年卖与　吴音名下地税一亩之外，所存余山四至约取税五分为界，今又凭中立契出当与同都五图吴音名下为业，当日得受㐌色当价五两正[二]。其银成契之日是身一并收足讫，其山即交业。倘有来历不明及重复交易、内外人生端异说等情，尽是出当承当[三]，不涉受当人之事。今将本号归户一纸，来脚契一纸交付收执。日后听从原价取赎，并无异说。今恐无凭，立此当契存照。

乾隆五十一年四月　　日

立当契人　汪贞隆

凭中　邵金在　吴侣珩

依口代笔　程秉仪

【注】

[一] 录自北京大学图书馆藏休宁吴氏清抄本《契底簿》。

[二] 㐌色，「色」下脱一「银」字。即「九五色银」。

[三] 出当，「当」下脱一「人」字。

二〇八九　清乾隆五十一年（一七八六）山阴县张以修戳田杜绝找价白契[一]

立杜绝找契张以修，今有淡字八百四十四 八百四十五号湖田四亩贰分伍厘，出戳于大成会为业，得过正、找价钱壹伯〇贰千文。因契价不足，又找得钱玖千壹百廿文。自找之后，永不再找，永不回赎。立此杜绝找契存照。（押）

乾隆五十一年六月　　日　　立杜绝找契　张以修（押）

中人　汝昭（押）　虞廷　建勋（押）　孔嘉（押）

今收到契内价钱一并完足。存照。（押）

杜绝找契

【注】

[一]原件藏北京大学图书馆。参看本书《清乾隆四十三年（一七七八年）山阴县张恒一出戳湖田找契》。

二〇九〇　清乾隆五十二年（一七八七）北京明依等典园地白契[一]

立典契文约人明依同徒行义，因为手乏，无钱使用，今将自己杂菜园地二坡二段，□□合四亩，河滩南北。今同说合人情愿典与普照寺心亮名下摘收耕种，言明典价清钱壹百吊整。其钱笔下交足，并不欠少。同衷（中）言明，伍拾年于外，秋后元（原）价许赎，园地归本主。此系两家情原，各无返悔。如有返悔者，干（甘）罚契内钱一半入官公用。恐后无凭，立典字存照。

乾隆伍拾贰年六月廿日

立契人　明　依（押）

同徒　行　义（押）

通　宝（押）

永　德（押）

中保人　明　礼（押）

信行执照

赵国宝（押）
代字人　任良明（押）

【注】

［一］原件藏北京海淀区大觉寺文物陈列馆。

二〇九一　清乾隆五十四年（一七八九）宛平县董廷辅典房白契［一］

立典契人董廷辅，系顺天府碗（宛）平县民。因手乏，无钱使用，将本身自直（置）红庙檐瓦灰栋房二间，同中说合，情愿典与刘名下为业。言明房价清钱壹佰伍拾吊正。其钱当日交足，并无欠少。以典十年为满。十年外有本原业主准其钱到回赎。如无本原业主，不准董姓回赎。如有来路不明亲族人等争竞者，有中保说合人以（一）面承管。恐后无冯（凭），立契存照。

外盖房一间，作艮（银）三十两。

中保人　骁骑校厄勒浑（押）
说合人　于　姓（押）
乾隆五十四年　月　日　立典契人　董廷辅（押）

【注】

［一］原件藏北京大学图书馆。

二〇九二　清乾隆五十六年（一七九一）大兴县杨余全转典房白契［一］

立典房契杨余全，今将原典庞姓破房空地自盖瓦房一所，坐落东猪市口路北［二］，门面三间、一过道、一老一接檐到底四层，前院厢房四间，后院厢房四间，后有落地一条，灰棚一间，门户窗壁俱全。凭中说合典与陈名下取租为业。时值典价十足下火纹银玖百两整。其银当日收足，外无欠少。言定一年为满，银到回赎。自典之后，倘有亲族人等争竞，中保一面承管。恐后无凭，立此典字存照。

典主如欲将此房转手，必通知业主公同见面，日后听凭业主取赎。又照。

此房有杨姓本身典庞姓一纸，庞典孙二纸，孙典王二红典纸，王典汪字二纸，汪原买史、张二姓红买契二张，首尾接连，与杨姓起盖街道执照一张，共计十纸，俱交银主收存。

此房未赎以前，大小修理，银主通知业主自行修理，与银主无干。又照。出入俱系贰两秤。

日后赎房必与路南房同赎。特据。

乾隆五十六年正月二十八日　　立典房契　杨余全（押）

中人　刘　德（押）　萧以德（押）　霍国泰（押）

嘉庆四年五月十二日，先收典价纹银叁百叁拾两整。下银伍百柒拾两，不俱年月日时，银到回赎。

杨舒之（押）

再批：本年八月找艮（银）五百两，实卖与陈宅为业。

大吉

【注】

［一］原件藏北京大学图书馆。

［二］今北京前门外珠市口东大街西口。

二〇九三　清乾隆五十六年（一七九一）北京王得坤典土坡地白契[一]

立典字人王得坤，将自己本身家窑土坡一段，情愿典与大觉寺常住使土。其地坐落在村西路南，北至河滩，南至张姓地，西至张姓地堦，东至下坎本家地。此副地许常住走车拉土。仝中言明典价清钱柒吊。其钱当日交足，并无短少。自典之后，过十年后方许钱到回赎。恐口无凭，立典契为证。

乾隆五十陆年二月二十六日　　立典约人　王得坤（押）

中见人　刘成章（押）
赵之相（押）

【注】

〔一〕原件藏北京海淀区大觉寺文物陈列馆。

二〇九四　清乾隆五十七年（一七九二）山阴县舜卿戤荡官契〔一〕

戤荡文契

山阴县十七都七图立戤荡契人叔舜卿，今将自己户内淡字号荡叁亩玖分，凂中情愿出戤与本县侄处名下为业。三方议定时值估价钱伍千伍百文。其银当日一并收足。自卖之后，不准回赎，亦无重找。恁凭银主管业，收户办粮。并无重复交关。倘有事端，卖主自行承值，不涉买主之事。欲后有凭，立此绝契为照。

计开：淡字廿二号，坐落直汀。再立：月房鱼租伍拾觔。（押）

再批：其粮仍归原户。其荡不拘年远月近，钱到回赎认还。中酒钱叁百文。并照。

旧管　都　图　户

新收　都　图　户

坐落直汀。　土名

乾隆伍拾柒年五月　日　立戤荡契人　叔舜卿（押）

今收到契内价钱，一并完足。中人　天佐（押）

圣佐（押）

代笔　款夫（押）

计开条款例

一、凡用此契者，竟作绝卖。

一、卖主不识字者，许兄弟子侄代书。

一、成交后，即粘契尾，投税验明推收。如违，治罚。

一、契内如有添注涂抹字样者，作捏造论。

一、房屋间架仍载明空处。

一、典戤用此契者，须注明年限回赎字样。如不注者，仍作绝卖。

以上数条不过大概，倘民情尚有未尽者，许于空隙处填写。

【注】

[一] 原件藏北京大学图书馆。

二〇九五　清乾隆六十年（一七九五）山阴县张清远绝卖会找契[一]

立绝卖会找契赟可房[二]，缘有观音会壹脚，于五十九年戤与克昌房[三]，得过正价钱伍百文，今因缺用，又找钱贰百文。自找之后，永不回赎，永不再找。立此存照。

立绝找契　张清远（押）

中见侄　德明（押）

乾隆陆拾年贰月　　日

绝找会契

【注】

[一] 原件藏北京大学图书馆。此为「戤」后的「绝找契」。

[二] 赟可房，张氏家族中之张赟可一房（支）。

[三] 克昌房，张氏家族中之张克昌一房（支）。

二〇九六　清乾隆六十年（一七九五）北京孙廷佐典坟地白契[一]

立典契文约人孙廷佐，因乏手，无钱使用，将□家坟地一段，烦中说合，情愿典与大觉寺常住以为耕种。供（共）众言明，清钱贰拾吊整。其钱笔下交足，并无欠少。其地土木相连。俩（两）家情愿，各无饭（返）悔。三年以后，钱到回赎。恐后无凭，立此文约存照。

中人　李　喜（押）
地主　孙廷佐（押）

乾隆陆拾年后二月[二]初七日

信行大吉

【注】

[一] 原件藏北京海淀区大觉寺文物陈列馆。

[二] 后二月，闰二月。

二〇九七　清嘉庆二年（一七九七）山阴县张畲邨等押地基白契[一]

立押地基人张畲邨等，今有望重东山台门西首第贰间平屋壹间，缘本年五月间，因失火烧毁，无力起造，浼中押于求仲房名下为业。押得价钱拾伍千文九八足底。其钱当日收足以作起造本屋之费。自押之后，任凭管业居住。钱不起利，屋不起租。不拘年限日期，钱到回赎。欲后有凭，立此押契存照。（押）

立押屋契人　张畲邨（押）
同弟　云路（押）　季芳（押）
侄　洪（押）
兄　遂初（押）　达夫　可均（押）
见中　杨奏成（押）　景贤（押）
代书　张雨苍（押）

嘉庆贰年八月　　日

押屋契

【注】

[一] 原件藏北京大学图书馆。

二〇九八　清嘉庆三年（一七九八）台湾新港社红毛婆番山台等典园契[一]

立典契人新港桥头红毛婆番山台、番妇地猫厘、二榜、加宁哦、于双等[二]，有承祖父自己阄分应份田壹所，大小共五丘，坐落土名八角蓊洋。东至自己蓊地，西至番大普田，南至大普田，北至宗德田。四至明白为界。今因乏银费用，先尽问番亲叔兄弟侄，不肯承受。外将此田托中引就典过郑雪老出头承典。三面言议着时价佛头银壹佰叁拾壹大员[三]正。其银即日仝中交讫。其田随踏界[四]付银主前去掌管、招佃、耕作。历年贴纳番饷银肆钱，限至六年终为满，听山台等备足契面银赎回。原典契如是至限无银可赎者，将田付银主依旧管耕，不敢阻当、异言生端滋事。保此系是山台等承祖父自己阄分应份之业，与番房亲人等无干，并无重张典挂他人财帛，以及来历交加不明等情为碍。如有此情，山台等出头抵当，不干银主之事。此系二比甘愿，各无反悔。口恐无凭，仝中立典契汉番字壹帋[五]，并缴连上手番契壹帋，共贰帋，付执为炤（照）。（押）

即日仝中见收过契面内佛头银壹佰叁拾壹大员完足。再炤。（押）

再加添银玖大员，合共契内银壹佰肆拾大员。再炤。（押）

为中人　番安刘

立典契人　红毛婆番山台（押）　番妇地猫厘（押）

二榜（押）

加宁哦

于双（押）

知见人　堂母舅登山（押）

代书人　蔡廷桂（押）

嘉庆叁年肆月　　日

（下为用罗马拼音「新港文书」书写的契约，内容与汉文契相同。略。）

【注】

[一] 台湾历史博物馆编写《府城文物特展图录》第六九页《满汉文番契》。长47、宽49.5厘米，民族文物馆提供。说明：「为嘉庆三年，新港社番所立之典园契约，汉番文并列。荷人据台，教台南县新港地区的平埔族以罗马拼音记录其语言，为台湾原住民有文字记录之始，世称『新港文书』。」传玺按：《满汉文番契》似有误，当作《汉番文典契》。

[二] 红毛婆番，明、清期时，中国人称呼荷兰人为红毛、红毛番。亦泛指西洋或西洋人。称台湾高山族即原住民为「番」。「红毛婆番」系台湾番族，属

于台湾县（今台南市）新港社番的一支。据黄叔璥《番俗六考》云：「新港番，原住小琉球，后迁于此。」

［三］佛头银，时人对有人头像的西班牙银元的俗称。亦称佛銗、本洋、银洋钱。佛銗是佛朗机（时人对葡萄牙和西班牙的泛称）银銗的省称。銗，饼状金银块。《类篇·金都》：「饼，金饼。」郑观应《盛世危言·铸银》：「又有『本洋』者，则来自西班牙属土小吕宋（今属菲律宾）。」大员，即一圆。

［四］踏，音同「查」。踏，踩。踏界，踩认界线。

［五］汉番字壹帋，即本契，前半用汉字书写（如所录）。后半用罗马拼音（新港文书）书写，与汉契内容相同，未录。

二〇九九　清嘉庆四年（一七九九）宛平县内务府汉军福柱典房白契[一]

立典字人系正白旗内务府汉军厄勒锦佐领下生员福柱，今因手乏，凭中人说合，情愿将自盖瓦房一所，共计三十一间，此房坐落在西四牌楼北石碑胡同路南[二]。今典与厢黄旗满洲三甲喇　松龄佐领下穆兰泰名下为业。言明典价银壹千两整。其艮（银）笔下交足，并无欠少。言明八年之后，银到许赎。如到年限不赎，不必之（知）会。亲主本家自行补税。如有来路不明、重复典卖、亲族人争竞等情，有中保人一面承管。恐后无凭。立字存照。

中保人　门十（押）

齐四（押）

立字人　福柱（押）

嘉庆四年二月十日

【注】

［一］原件藏北京大学图书馆。

［二］西四牌楼，在今北京西城区中部。明永乐年间，在皇城北门（神武门）西1.5公里处建有四座牌坊，东曰行仁，西曰履义，南北曰大市街，统称西四牌楼，其所在地区简称西四。

二一〇〇　清嘉庆四年（一七九九）宛平县刘升典房白契[一]

立出典房契人系宛平县民人刘升。有自典瓦房一所，坐落西单牌楼[二]北甘石桥西口内红庙五条胡同北头路西。西厢房式间。今因手乏，凭中人说合，情愿典与厢蓝旗满洲达忠阿佐领下监生额霖布名下为业居住。言明寔典房价八底钱壹伯壹拾吊整。并无虚价。其钱当日交足，并无欠少。言明以典八年，钱到归赎。如有修理之处，将用过钱文落在契上。日后赎房时，一并给还。自典之后，不至年数要赎房，找给房租钱。此房倘有来路不明、重复典卖、亲族人等争竞等情，有中保人同业主以（一）面承管。

恐后无凭，立典字存照。

外有董姓房契二张根(跟)随。

嘉庆四年九月十七日

中保人长发号干果铺　长三(押)

立典房契人　刘陞(押)

【注】

[一] 原件藏北京大学图书馆。

[二] 西单，在今北京西城区东南部。明于长安街上东西端各建一座单牌楼，因在承天门(今天安门)西，故称西单牌楼，其所在地区简称西单。

二一〇一　清嘉庆五年(一八〇〇)大兴县张玉分典房白契[一]

立分典房契人张玉，原有自置住房壹所。今因乏用，将高井胡同路北，门面房三间半，式层房三间半，三层房三间，东厢房壹间，共计房拾壹间，随房院落、门窗户壁，上下土木相连。今凭中保人等说合，情愿出分典与

阎　名下，住座为业。三面言定时值分典房价满钱捌百吊整。其钱当日收足，外无欠少。言明一典叁年为满，钱到回赎。大修理业主，小修理钱主[二]。自典之后，如有亲族长幼人等争竞及指房借贷官银私债等情，有张姓同中保人一面承管。恐后无凭，立此典契存照。

内有原房张姓投税红契壹张[三]，张姓白买契壹张，标手壹张，老红契壹张，共计红白契纸肆张，付钱主收存。

立典房契人　张　玉(押)

中保人　萧文会(押)

萧世铨(押)

李起祥(押)

嘉庆伍年柒月　　日

大吉利

【注】

[一] 原件藏北京大学图书馆。

[二]大修理、小修理，意为「大修理归业主负责，小修理归钱主负责」。

[三]此投税红契，即本年本月在大兴县「补税房官契」，见本书前录官契稿。

二一〇二　清嘉庆十年（一八〇五）宛平县厢蓝旗满洲额林布典房契[一]

立典房契人系厢蓝旗满洲达忠阿佐领下中书额　有自置红庙五条胡同北口内路西[二]厢房二间。凭中说合，情愿典给顺天府宛平县民人董姓名下为业。言定实价钱壹佰壹拾吊整。其钱当日交足，并无欠少。一典八年为满，钱〔到〕许赎。如有来路不明、重复典卖、亲族人等竞争等情，有中保说合同本业主一面承管。恐后无凭，立典字存照。

外有董、刘、额等姓白纸叁张根（跟）随。

中保人　沈　大（押）

中保人　刘　生（押）

立典房契人　额林布（押）

说合人　成　福（押）

说合人　李　二（押）

嘉庆拾年六月廿八　日

【注】

[一]原件藏北京大学图书馆。

[二]红庙，在今北京东城区西部。清称红庙，因寺得名。

二一〇三　清嘉庆十一年（一八〇六）宛平县正黄旗满洲平德典房白契[一]

立典字人系正黄旗满洲文春佐领下前锋校平德[二]，有自置房一所，坐落在教场小四条胡同路北第三个门[三]，正房三间，东厢房一间，南房三间。因手乏，无钱使用，情愿典与本旗永来佐领下护军奎福名下为业[四]。言定价清钱四百吊整。其钱笔下交足，并无欠少。言定一典五年后，钱到回赎。自典之后，后有来路不明、重复典卖，有业主一面承管。内有红契一张。恐后无凭，立典字存照。

立典字　前锋校平德（押）

嘉庆拾壹年拾月　　吉立

【注】

[一] 原件藏北京大学图书馆。

[二] 前锋校，清朝禁卫军之一前锋营的中级将校，正六品。

[三] 在今北京西直门内西教场胡同东。

[四] 护军，当作「护军校」，清朝禁卫军之一护军营的中级将校，正六品。

二一〇四　清嘉庆十三年（一八〇八）宛平县正黄旗满洲乌尔衮保典房白契[一]

立典房契人系正黄旗满洲巴特玛佐领下内阁侍读乌尔衮保，因手乏用，凭中说合，将祖遗房二所：东所倒座正瓦房三间，西瓦房二间，倒座阳瓦灰房一间；西所正瓦房五间，共计拾壹间。门窗俱全，坐落新街口北东二条胡同。情愿典于内务府厢黄旗福珠隆阿佐领下护军嵩瑞名下为业。言定典价京全钱伍佰弍拾吊。修理房屋知会原业主。上纸其钱笔下交足，并无欠少。自典之后，如有来路不明，重复典卖，亲族人等争竞等情，有中保人一面承管。计原红契二所共弍张跟随。恐后无凭，立字存照。

立字人　乌尔衮保（押）

嘉庆十三年四月初六日

中保人　三等男宁安（押）

同原业主言明：十四年碎修，使钱六十吊。

十九年大修，使钱三百八十吊。

坍塌损坏，回赎之日补还钱财。[二]

信行

【注】

[一] 原件藏北京大学图书馆。

[二] 以上为后来批注。十四年、十九年均为嘉庆时。

二一〇五　清嘉庆十三年（一八〇八）山阴县吴育堂等加典价白契[一]

加典契

立加典契吴育堂等，缘为横楼并凤翥堂祖屋被吴达才霸占收租。不得已，呈官究处，用去讼费无措。育等在家四人公同嘀（商）酌，愿将静啸斋加典价〤色曹（漕）平九五兑银四拾两正[二]。日后再不准加典。今欲有凭，特批原典契存照。

嘉庆　十　三年八月　　日立典契　吴育堂（押）　吴立人（押）　吴仲宣（押）　吴绥远

主议　吴严氏（押）

中见　吴吉甫（押）　吴尔堂（押）　吴敬夫　知

信行

【注】

[一] 原件藏北京大学图书馆。

[二] 〤，旧时商用苏州码「九七」。

二一〇六　清嘉庆十三年（一八〇八）宛平县王有宁典房白契[一]

立典房字人宛平县民王有宁，有自典房一所，坐落在阜城门内养马营西口内路南[二]，共房十三间。因年深坍塌四间，下剩临街正阳瓦灰梗房五间，院内正阳瓦灰梗房四间，共九间，上下土木相连。今因手乏，凭中说合，情愿将此房典与本县民人李　名下为业。言明典价钱贰伯伍拾吊整。其钱当日交足，并无欠少。言定一典八年为满，钱到许赎。如过年期，无力回赎，准其典主李姓税契，不与王姓相干。自典之后，院内认平（任凭）现典主添盖。如有来利（历）不明、重复、亲族人等争竞等情[三]，俱有出典主同中保人一面承管。恐后无凭，立字存照。

中保人　刘有年（押）

嘉庆拾叁年八月　　日　　立典房契　王有宁（押）

【注】

〔一〕原件藏北京大学图书馆。

〔二〕养马营，今北京西城区阜城门南大街中部路东。

〔三〕重复，下脱「典卖」二字。

二一〇七　清嘉庆十八年（一八一三）曲阜县孔府当祭田约[一]

圣公府今将营里庄东东西地二大亩六分六厘[二]，出当于王文照名下耕种。三年为满，言定当价京钱一百千，其钱当日交足不欠。年满之日，原钱取赎。恐后无凭，立约存证。

中人　张魁圃　王廉

每年粮银钱九百六十文。

嘉庆十八年六月二十二日　立约

【注】

〔一〕原件藏山东曲阜文物管理委员会。

〔二〕圣公府，即衍圣公府，习称孔府。

二一〇八　清嘉庆二十年（一八一五）大兴县厢白旗满洲苏那叔嫂典房红契[一]

立典契人系厢白旗满洲嵩明佐领下马甲苏那同嫂，有祖遗住房一所，座落在东单牌楼北边总布胡同中间路北，共计房拾三间。今因乏用，凭中说合，典与正蓝旗满洲佐领□麟名下为业。言明典价二两〔京〕平纹银贰伯两整。一典捌年为满，银到许〔赎〕。如捌年后不能回赎，由其置主遵例过契。自典之后，倘有重复典卖、亲族人等争竞，有典主一面承管。恐后无凭，立典契存照。

立契人　苏那（押）

说合人　魏三（押）　白七（押）

嘉庆二十年五月　　日立

信行

【注】

[一]原件藏北京大学图书馆。

二一〇九　清嘉庆二十五年（一八二〇）宛平县胡荫元转典房白契[一]

立转典契人胡荫元，有韩家潭房一所[二]，原系孙姓典押，京平纹银叁千两，已经年满，尚未回赎。今因手乏，情愿转典与名下为业。典价京平纹银贰千两，言明叁年内取赎。倘孙姓无论何时回赎，仍由胡姓经手自行清理，与转典业主无干。其银笔下交清，交无短少。恐后无凭，立此为据。

外有孙姓典契一张，红契十四张，交业主收执。又据。

再如有墙壁坍塌之处，原典之人自行修补，与业主无涉。又批。

中人　杜　淦（押）

立转典起据人　胡荫元（押）

嘉庆二十五年十二月二十二日

【注】

[一]原件藏北京大学图书馆。

[二]韩家潭，今北京和平门外南新华街东韩家胡同。

二一一〇　清道光元年（一八二一）山阴县张炳戤屋白契[一]

立戤屋契张炳，今将自己老台门西首南来第玖侧平屋壹间出戤与土谷尊神〔会〕为业。当得戤价钱肆千文，其钱照晚米行九九足串。自戤之后，每年认租钱肆伯捌拾文，限定拾月内寿诞演戏付值年家应用。如租不清，任凭管业另召。恐后无凭，立此戤屋契存照。（押）

立戤屋契　张　炳（押）

见中　泰辉（押）　秀林（押）

代笔　张　瞻（押）

道光元年拾月　　日

今收到契内价钱一并完足（押）

戤屋文契

【注】

〔一〕原件藏北京大学图书馆。

二一一一　清道光二年（一八二二）山阴县张文澜戤文武会等白契〔一〕

立戤契人张文澜，今将炳文房名下文武会一脚，立诚房名下始祖会一脚，凂中出戤与族处，面议戤价肆千五百文正，其钱当日收足。赁（任）凭更名入会领胙。恐后无凭，立此存照。

再批：原老契两支（纸）作底，一并存照。

再批：肆年之外，周对年，钱到回赎。并无中酒〔二〕。并照。（押）

再批：其钱九九足制钱。并照。

道光玖年三月再批：找绝德（得）钱贰千文，永远杜绝。并照。（押）

见找　张雨苍（押）

立戤会人　张文澜（押）

见　中　张德澜（押）

亲笔无代

道光贰年叁月　　日

戤会契

【注】

[一] 原件藏北京大学图书馆。

[二] 中酒，中礼银和酒席银。

二一一二　清道光六年（一八二六）永安县陈夏莲典小租约[一]

立典约人陈夏莲同男扬紫，原有承父遗下受分耕作赔田一段[二]，坐落土名二十八都岩尾洋。原计递年实还冯宅主人正租谷贰硕大外，有自己小租谷一硕伍斗官[三]。今来因物用急，情愿将小租谷托中送与冯田凤姻亲边出头承典为息。当日凭中三面言议，照依时价估值得典价银伍两正，折青钱肆千文。其钱即日交收足讫，不欠只文。其谷递年到收成之日，送至典主家下风扇交量，一足明白，不敢拖欠升合。如是欠少，任典主自己下伙耕作管理，陈宅不得霸占异说等情。

道光丙戌六年四月　　日　　立约（下略）

【注】

[一] 录自傅衣凌《明清农村社会经济》第五二页，三联书店一九六一年出版。永安县属福建。

[二] 耕作赔田，向地主承领自垫本开荒田。上引书第五二页：「永安的赔田，又是怎样的起源呢？关于这点，就我手边所得的资料，同样的，一系农民在开垦时，赔下许多的本钱与劳力，因而增加生产，不久，这逾量生产的权利渐为佃户所有，而得到地主的承认。故称为赔头谷田或耕作赔田。」这种为佃户所有的权利就是田面权，或谓之田皮权。这种田面权的拥有者称为「赔主」。《南平县志》卷五《田赋志·清吴子华》等《沥陈丈量利弊》：「他邑之田，一苗一田。南邑之田，有苗主，有赔主，有佃户。赔主向佃收谷，苗主向赔收租。赔主日与佃亲，其田之广狭肥瘠，悉已稔知。苗主不知耕佃，其田之荒垦上下，无从稽察，徒抱租簿内之土名，向赔收租，不审其田在何图里，坐何村落。」这是「一田三主」。

[三] 小租，小租有多种内容。本契的「小租」为田面权所收之租。亦称「小苗」。

二一一三　清道光六年（一八二六）宛平县厢黄旗满洲松瑞典房白契[一]

立典字人内务府厢黄旗满洲嘉珲佐领下护军校松瑞因手乏，无钱使用，将自典房二所。此房坐落在新街口板桥二条胡同路南。正房五间，南房三间，西房二间，共房十间。土木相连，门窗户壁俱全。今凭中说合，情愿典与正红旗蒙古瑞林佐领下马甲松　名下为业。言明典价钱八百五十吊整。其钱彼（笔）下交足，并无欠少。以及重复典卖、亲族人等争竞等情，俱有原典人护军校松瑞、中保人马福一面承管。恐后无凭，立典字存照。红契二张、白字一张跟随。

说合人　王氏（押）
立典字人　松瑞（押）
知情中保人　马福（押）

道光六年五月二十一日

信行

【注】

[一] 原件藏北京大学图书馆。

二一一四　清道光六年（一八二六）大兴县厢白旗满洲苏那叔嫂典房杜绝白契[一]

立杜绝字人，系厢白旗满洲嵩明佐领下马甲苏那同嫂　氏，有本身自置住房一所，共计十三间半。座落在总布胡同路北，典给正蓝旗满洲佐领麟名下永远为业[二]。今因无力回赎，当面言明，将房价前后找请（清），并无欠少。已后如折（拆）挪改移，转行典卖，以及遵例税（契），均与原业主无干。恐后无凭，立杜绝字存照。

立杜绝人　苏那（押）
中见人　白七（押）
　　　　魏三（押）
　　　　赵大（押）

道光六年　　月　　日立

杜绝存照

【注】

[一]原件藏北京大学图书馆。

[二]苏那叔嫂将房典与麟，事在嘉庆二十年(一八一五)，典契已收入本书。

二一一五　清道光九年(一八二九)宛平县刘文斌典房白契[一]

立典住房契人刘文斌，今因乏用，将自置正灰房叁间，门窗户壁俱全，坐落在红庙五条胡同路西[二]。今凭知情底保人说合，情愿典与

姜　名下为业。三面言明实典价钱壹伯吊整。其钱笔下交足，并无欠少。言定一典壹年为满，钱到许赎。如壹年内回赎，按月包租，言明壹分五厘行息。自典之后，如有亲族人等争竞，并重复典当等情，俱有业主同知情底保人一面承管。恐后无凭，立典房契存照。

外有白契纸柒张，付钱主收存。

知情底保人　赵永林(押)

赵天祥(押)

立典房契人　刘文斌(押)

道光九年拾贰月贰拾壹日

信行存照

【注】

[一]原件藏北京大学图书馆。

[二]红庙，原名「红庙街」，今作「宏庙胡同」，在北京西单北大街西。

二一一六　清道光十二年(一八三二)北京陈德典园地契[一]

立典杂菜园地文约人陈德，因为手乏，无钱使用，今将本身祖遗杂菜园地一段，坐落在塔院东边，计贰亩半，土木相连。恳烦中人说合，情愿典与大觉寺常住耕种摘收。言定典价清钱叁拾贰吊正。其钱当日交完，并无欠少。言明摘收拾年，钱到许赎，地归本

主。此系两家情愿，并无反悔。恐口无凭，立字为证。

十年之内，契主如若回赎，按三分利息归还。十年之外回赎，照原典价钱数，利息一概不要。立字为凭。

中见人　张国富（押）

张　龙（押）

立典字文约人　陈德亲笔（押）

道光拾贰年新正月初十日

费布一张

执照

【注】

［一］原件藏北京海淀区大觉寺文物陈列馆。

二一一七　清道光十三年（一八三三）山阴县詹元魁出当重阳会股契[一]

立出当重阳会[二]人詹元魁，承祖遗下有重阳会半股。今因应用，自情愿央中出当与　宋桃花兄名下为业。三面凭中议作时值价实银四两正。所银当即是自收讫。所会自当之后，息（悉）听当人□业。饮酒、领胙、收租无□□□□之□与本家内外人等，并无重复交易不明等情。如有，自理，不干当人之事。恐口无凭，立此当契存据。

道光十三年十二月　日

立出当会人　詹元魁（押）

中见　詹亨德（押）

依书人　江秀三（押）

立断骨重阳会詹元周找大钱乙千乙百文。（押）

【注】

［一］手录友人藏品。

［二］重阳会，道教全真派道徒的原始互助性组织。全真派道教是金代王重阳在山东宁海（今牟平）全真庵创立的。

二一一八　清道光十四年（一八三四）山阴县潘价藩出田推旗[一]

立出推旗人潘价藩[二]，今将廿四都上四图钱清庄潘炳燮户内食字号壹千六百十号田，弍分七厘二毛；又壹千六百十一号田，三分六厘八毛；又壹千六百十二号田，叁分六厘七毛；又壹千六百十三号田，六亩四分四厘五毛；又将潘继恩户内食字壹百五十六号田，九分五厘[三]，出推于　　都　　图　　处　　户内入册输粮　银米，次年为始。此照。

道光拾四年九月　　日

立出推旗人　潘价藩（押）

见推　振　翎（押）

张成学

代笔　张炳顺（押）

推旗

【注】

[一]原件藏北京大学图书馆。

[二]推旗，民间推收单，为财产转户及相应的赋役转户的依据。

[三]以上五份田共计亩积八亩四分〇二毫。

二一一九　清道光十四年（一八三四）山阴县潘价藩杜绝找田白契[一]

立杜绝找田契人潘价藩，将自己户内食字号田捌亩四分零四毛[二]，先经绝卖于　处得过正价钱弍伯五拾弍千文正[三]。今因缺用，情愿凂中绝找到　处[三]，找价钱壹伯念六千文正，其钱当日收用。自绝找之后，永不再找，永不回赎。此系两边情愿，各无反悔。恐后无凭，立此杜绝找田文契，永远存照。

再批：细号、坐落，正契载明。并照。

今收到找价钱壹并完足。并照。（押）

道光拾四年拾月　日

立杜绝找田契人　潘价藩(押)
中人　振　翎(押)　张成学　金凤楼
代笔　张炳顺(押)

立杜绝找契

【注】

[一] 原件藏北京大学图书馆。
[二] 上件《潘价藩出田推旗》的「食字号田」五块共「八亩四分二毫」。本件作「零四毛」。稍异。
[三] 绝找，亦谓之「死找」。已有「绝卖」字样，仍可再「找」。

二一二〇　清道光十五年(一八三五)山阴县华陈氏母子卖田官契[一]

山阴县廿一都壹图立绝卖田契人华陈氏仝男信仁[二]，自己户内淡字号田弍亩陆分陆厘壹毛，愿出卖与本县吴　处名下为业。三面议定时值估价银壹伯千文正。其银当日一并收足。自卖之后，不准回赎，亦无重找。恁凭银主管业，收户办粮。并无重叠交关。倘有事端，卖主自行承值，不涉买主之事。欲后有凭，立此绝契为照。

计开：

东至　，西至　，南至　，北至　。

淡字八百七十五号湖田弍亩陆分陆厘壹毛正(押)

字　号

旧管　华永茂　都　图　户

新收　坐落小洋坂　土名

道光十五年十月　日

立绝卖契　华陈氏(押)
男信仁(押)
华国元(押)
中人　华信礼
信富

今收到契内价钱一并完足(押)

信福（押）

李景堂（押）

关茂祥（押）

王启东（押）

张仁德（押）

代笔　华永康（押）

计开条款例：

一、凡用此契者，竟作绝卖。

一、卖主不识字者，许兄弟子侄代书。

一、成交后，即粘契尾投税，验明推收。如违，治罚。

一、契内如有添注涂抹字样者，作捏造论。

一、房屋间架仍载明空处。

一、典戤用此契者，须注明年限回赎字样。如不注者，仍作绝卖。

以此数条不过大概。倘民情尚有未尽者，许于空隙处填写。

【注】

[一] 原件藏北京大学图书馆。

[二] 此契虽言「绝卖」。至本年十二月，又凂原中「找得钱肆拾柒千正」，并另立「杜绝找契」。（此件亦收入本书）可见此「卖田官契」虽有「绝卖」字样，但在民间盛行「找」习的情况下，有的「绝卖」，实为「活卖」，有抵押、典当的性质。

二一二二　清道光十五年（一八三五）山阴县华陈氏母子杜绝找田价契[一]

立杜绝找契人华陈氏同男信仁，今将祖遗永茂户内淡字田弍亩陆分陆厘壹毛正，前径出卖于本县吴处为业[二]，得过正价钱壹伯千文正。因契价不足，仍凂原中三面议定时值估找得钱肆拾柒千正。自找之后，任凭钱主管业，过户承粮，永不再找，永不回赎，永远杜绝为照。

淡字八百七十五号湖田弍亩陆分陆厘壹毛正。（福）

道光十五年十二月　　日　　立杜绝找契人　华陈氏(押)　男信仁(福)

中人　华信礼　信富　信福(押)　国元(押)　李景堂(押)

吴茂祥(押)　王启东(押)　张仁德

代笔　永康(押)

杜绝找契

【注】

[一]原件藏北京大学图书馆。

[二]华陈氏等于道光十五年十月将此田「立绝卖契」出卖于吴处，今又再找。

二一二二　清道光二十年(一八四〇)山阴县孙惠天等典屋白契[一]

立典契人孙惠天(邦、南)，今因缺用，愿将祖遗堂楼壹间，典与胞伯为业。计价制钱肆拾玖千文、九九六串。其钱当日收足。自典之后，听凭管业居住。仍无论年月，钱到回赎。欲后有凭，立此存照。

今收到契内钱一并完足。并照。(押)

道光式拾年六月　　日　　立典屋契人　孙惠天(押)　邦(押)　南(押)

见中　孙孟如(押)　惠文(押)

代笔　赵心齐(押)

随带原典正、找老契各一纸。内找契系与　伯处现住东间楼房伙写。并照。

【注】

[一] 原件藏北京大学图书馆。

二一二三　清道光二十一年（一八四一）山阴县高蘅畹杜绝找田白契[一]

立杜绝找田契人高蘅畹缘有卅六都三图自己木草字号共田肆拾捌亩零柒厘四毫，前经出卖与族　处为业，得过正价钱壹千柒伯千文正。因契价未足，仍浼原中绝找到族　处，得找钱壹千零捌拾捌千文正。自找之后，永不再找，永不回赎，永远杜绝。立民找田文契存照。

草字弍千弍百六十号，田弍亩捌分五厘；
草字乙千六百九十五号，田五亩柒分四厘叁毛；
草字乙千〇六十五号，田六亩四分叁厘五毛；
草字乙千〇五十七号，田叁亩四分九厘弍毛；
木字乙千乙百七十号，田弍亩一分六厘弍毛；
木字乙千六百五十乙号，田叁亩六分捌厘五毛；
木字乙千六百卅弍号，田捌分正；
木字乙千九百六十八号，田弍亩六分柒厘九毛；
木字一千六百廿七号，田壹亩。伍厘；
木字九百六十六号，田叁亩四分五厘柒毛；
木字九百九十四号，田弍亩叁分乙厘；
木字九百八十二号，田弍亩九分四厘；
木字九百四十七号，田四亩六分叁厘叁毛；
木字乙千〇卅四号，
木字乙千乙百六十七号，田伍亩八分叁厘八毛。

道光念壹年四月　日

立杜绝找田文契人　高蘅畹（押）
见中　高一民（押）　钱再荣（押）　高廷善
高东秋　高雪轩　高金枝
代笔　严箸娟（押）

杜绝找契大吉

【注】

[一] 原件藏北京大学图书馆。

二一二四　清道光二十一年（一八四一）大兴县王灿如典屋白契[一]

立出典屋文契人王灿如，今将自己分授黄门地抬门西边平屋一间，情愿凂中出典与　俞处。时值典价钱念千文正。其钱当日收用。自典之后，恁凭钱主管业居住。上连椽瓦，下连基地，四围门壁在内。自典之后，并无有分人争执。如有争执等情，典主自行理值，不涉钱主之事。恐后无凭，立典屋契存照。

再批：拾年以后恁凭钱到回赎。拾年之内，不准回赎。并照。

立典屋文契　王灿如（押）

见中弟　克安（押）

宗佑（押）

高廷祝（押）

俞国祥（押）

亲笔无代（押）

道光式十一年十一月　　日

典屋契存照

【注】

[一] 原件藏北京大学图书馆。

二一二五　清道光二十一年（一八四一）山阴县张永濂活卖田官契[一]

山阴县十七都七图立出卖田契人张永濂，今将自己户内淡字号式田乙分一，凂中情愿出卖与本县唐处名下为业。三面议定时值估价银壹百千文正。其银当日一并收足。自卖之后，不准回赎，亦无重找[二]。任凭银主管业收户办粮。并无重（复）交关。倘有事端，卖主自行承值，不涉买主之事。欲后有凭，立此绝契为照。

绝

计开：

卖

东至王姓田为界，西至孔会田为界，

南至宋姓田为界，北至王姓田为界。

淡字乙千七十四号湖田弍亩乙分乙厘，出卖于唐处名下为业，三面议定五年之内不准回赎。五年之外，照契原价回赎，听还中酒、税契，其钱九九六串。

并照。（押）

旧管十七都七图张天荣户

新收十七都七图唐如俊户

坐落　　　　土名沈鸡中

道光二十一年十一月　　日　　　　立出卖契人　张永濂（押）

今收到契价钱一并完足（押）　　　　中人　　维仁（押）

唐高名

契

文

计开条款例

一、凡用此契者，竟作绝卖。

一、卖主不识字者，许兄弟子侄代书。

一、成交后，即粘契尾，投税验明推收。如违，治罚。

一、契内如有添注涂抹字样者，作捏造论。

一、房屋间架仍载明空处。

一、典戤用此契者，须注明年限回赎字样。如不注者，仍作绝卖。

以上数条不过大概。倘民情尚有未尽者，许于空隙处填写。

【注】

［一］原件藏北京大学图书馆。

［二］「不准回赎，亦无重找」之话，为此官契刻印的原文。在此契之批注中说明「五年之外，照契原价回赎」。此契非「绝卖」，而是「活契」。

二一二六　清道光二十一年（一八四一）山阴县张叶氏等活卖田官找契［一］

绝

山阴县十七都七图立找卖田契人张叶氏仝男永濂，自己户内淡字号田弍亩乙分乙，凂中情愿出卖与本县唐处名下为业。三面议定时值估价银钱柒拾伍千文正。其银当日一并收足。自卖之后，不准回赎，亦无重找。任凭银主管业收户办粮。并无重〔复〕交关。倘有事端，卖主自行承值，不涉买主之事。欲后有凭，立此绝契为照。

计开

东至　西至　南至　北至

淡字乙千七十四号湖（田）弍亩乙分乙厘，前经出卖于唐处，德（得）过价钱壹百千文□□□价不足，承凂原中，找得契价钱柒拾伍千文[二]。言明承照原契，五年之后，照契钱到回赎，中酒前契听还。并照。（押）

旧管十七都七图张天荣户

新收十七都七图唐如俊户

坐落　　土名沈鸡中

道光二十一年十弍月　日　立出卖契人　张永濂（押）

今收到契价钱一并完足（押）　中人　维仁（押）

唐高名

卖 文 契

计开条款例：

一、凡用此契者，竟作绝卖。

一、卖主不识字者，许兄弟子侄代书。

一、成交后，即粘契尾，投税验明推收。如违，治罚。

一、契内如有添注涂抹字样者，作捏造论。

一、房屋间架仍载明空处。

一、典戤用此契者，须注明年限回赎字样。如不注者，仍作绝卖。

以上数条不过大概。倘民情尚有未尽者，许于空隙处填写。

【注】

〔一〕原件藏北京大学图书馆。

〔二〕此为张叶氏与子永濂在卖田之后一个月，即再次「找得契价，钱柒拾伍千文」。

二一二七　清道光二十二年(一八四二)山阴县张永濂出找绝卖神会白契[一]

立出找绝卖神会契人张永濂,前于道光式十乙年二月间,将炳文房火神会壹脚,在道光叁拾壹年值祭[二];始祖会壹脚,我待房在道光式拾五年值年收花、办祭、完粮,得过卖价陆千文,出卖于族处。今因钱价不足,仍凂愿(原)中找得绝价钱四千文。自找之后,永不〔再〕找价[三],永远杜绝,永不回赎;任凭钱主领胙、办祭、收花、完粮。恐后无凭,立此找绝契存照。(押)

契价找钱一并收足。(押)

道光式十弍年十一月　　日

立出绝神会契　张永濂(押)

原中　肇坤(押)

心如

见找　僧法慧(押)

代笔　张文澜(押)

找绝会契

【注】

[一] 原件藏北京大学图书馆。

[二] 道光(一八二一—一八五〇)只三十年。

二一二八　清道光二十三年(一八四三)山阴县张永濂戤鱼荡白契[一]

立戤鱼荡人张永濂,今将自己祖遗十七都七图张百四户内淡字十六号大洋鱼荡叁亩五分,出戤于莫处。面议戤价钱贰千捌百文,言明秋收每年鱼租叁拾五斤。不伦(论)年远日近,钱到对月回赎,中酒一应俱无。并照。(押)

道光廿三年正月　　日

立戤鱼荡契人　张叶氏(押)

契价钱当日收用。并照（押）

戥鱼荡契

同男　永濂（押）

见中　张维仁（押）　文澜（押）　唐其平（押）　赵如茂（押）

代笔　张绍浦（押）

【注】

［一］原件藏北京大学图书馆。

二一二九　清道光二十二年（一八四二）休宁县史致渊找绝房白契［一］

立绝卖房人史焜善，因患病，出名长子致渊。因手乏，今将道光七年典与郑　名下房四处，以前典房之日，此房糟烂，砖瓦无整块，木无正根，今托中人说合，恳请找价卖与郑　名下，言定找价京钱贰伯吊整。其钱笔下交足，并无欠少。自卖之后，倘有亲族弟男子侄人等争论者，有卖房本人致渊并中保人一面承管。恐口无凭，立此存照。

道光二十二年十一月　日

深知情底保人　史芸谷（押）

立绝卖房人　史致渊（押）

亲笔无代

【注】

［一］原件藏北京大学图书馆。

二一三〇　清道光二十五年（一八四五）山阴县宋氏等活卖田官契［一］

绝

山阴县叁拾六都叁图，立绝卖田契人宋氏张氏仝男心衡文广，祖遗户内万方字号田拾六亩玖分八厘，凭中情愿出卖与本县　族处名下为业。三面议定时值估价银𢆯钱伍百陆拾千正。其银当日一并收足。自卖之后，不准回赎，亦无重找［二］。恁凭银主管业，收户办粮。并无重叠交关。倘有事端，卖主自行承值，不涉买主之事。欲后有凭，立此绝契为照。

计开

万字乙千一百卅八号田弍亩七分　东　南　西　北

方字捌拾号田四亩六分九厘弍毛（方字捌拾弍号田四亩六分九厘弍毛）　东　南　西　北

方字拾五号田弍亩五分八厘　东　南　西　北

方字拾弍号田弍亩弍分四厘　东　南　西　北

方字六百卅三号田乙亩七分七厘七毛　东　南　西　北

都　图　法暘公祭户

都　图　户

坐落　土名

卖　文　契

道光廿五年正月　日立绝卖契人　宋氏（押）　心衡（押）

张氏（押）　仝男　文广（押）

中人　王雨村（押）　张薇人（押）　宋砚农（押）

计升堂（押）　本如埙（押）　本如篪（押）

本文行　本廷华

代笔　祝凤阶（押）

计开条款例

一、凡用此契者，竟作绝卖。

一、卖主不识字者，许兄弟子侄代书。

一、成交后，即粘契尾，投税验明推收。如违，治罚。

一、契内如有添注涂抹字样者，作捏造论。

一、房屋间架仍载明空处。

一、典戤用此契者，须注明年限回赎字样。如不注者，仍作绝卖。

以上数条不过大概。倘民情尚有未尽者，许于空隙处填写。

【注】

[一] 原件藏北京大学图书馆。

[二] 本契为活契。至本年四月「绝找」后，才立「杜绝找契」。见本书下条。

二一三一　清道光二十五年（一八四五）山阴县宋氏等杜绝找田红契[一]

山阴县叁拾陆都叁图立杜绝找田文契人宋氏 张氏仝男心衡 文广，今将祖遗万字乙千一百卌号田弍亩七分，方字八号田四亩六分九厘、十号田弍亩五分八厘弍毛、十弍号田弍亩弍分四厘、六百卌三号田乙亩七分七厘七毛，共田拾叁亩九分八厘九毛。前经绝卖与族处为业，得过正价𠃊钱伍百陆拾千文正[二]。因价未足，仍浼中绝找到　族处，当得找价𠃊钱贰百肆拾千文正，其钱当日收足。自杜绝找之后，永不再找，永不回赎，永斩葛籐（藤）。立此杜绝找田文契，永远存照。

计开

万字乙千一百卌八号，　田弍亩七分；

方字拾号，　田四亩六分九厘；

方字拾号，　田弍亩五分八厘弍毛，

方字拾弍号，　田弍亩弍分四厘，

方字六百卌三号，　田乙亩七分七厘七毛，

四至正契载明。

今收契内价钱一并完足。

道光廿五年四月　日　立杜绝找田文契人　宋　氏（押）　张　氏（押）　仝男心衡（押）　文广（押）

见中　王雨村（押）　张薇人（押）　宋砚农（押）　计升堂（押）

本如埙　本如篪（押）　本文行　本廷华

代笔　祝凤阶（押）

找契存照

【注】

［一］原件藏北京大学图书馆。

［二］〩〥：旧时商界通用的苏州码「九十五」。〩〥钱即「九五钱」。

二一三二　清道光二十六年（一八四六）山阴县张许氏等戳田官契［一］

山阴县十七都七图立戳卖田契人张霞川室许氏，自己户内淡字号宕田四分正，凂中情愿出卖与本县族处名下为业。三面议定时值估价钱拾千文正。其钱当日一并收足。自卖之后，不准回赎，亦无重找。恁凭银主管业，收户办粮。并无重叠交关。倘有事端，卖主自行承值，不涉买主之事。欲后有凭，立此绝契为照。

计开

东至　，西至　，南至　，北至　。

淡字号宕田肆分正。自此出戳之后，言明照契壹分起息，不论年远日近，随时钱到照契回赎。其戳价钱照乡货米行式。并照。（押）

坐落战□头下。土名

立戳卖契人　张霞川室许氏（押）

同男　肇坤（押）

见戳　肇基（押）

肇圻（押）

肇墉（押）

中人　张城（押）

永濂（押）

代书　绿漪（押）

道光念六年肆月　日

今收到契内戳价钱

照数收完（押）

戳卖文契

计开条款例

一、凡用此契者，竟作绝卖。

一、卖主不识字者，许兄弟子侄代书。

一、成交后，即粘契尾，投税验明推收。如违，治罚。

一、契内如有添注涂抹字样者，作捏造论。
一、房屋间架仍载明空处。
一、典戳用此契者，须注明年限回赎字样。如不注者，仍作绝卖。
以上数条不过大概。倘民情尚有未尽者，许于空隙处填写。

【注】

〔一〕原件藏北京大学图书馆。

二一三三　清道光二十六年（一八四六）宛平县李门吕氏等典房白契[一]

立当契人李门吕氏同外孙高麻，兹因乏用，凭中人崔富来刘廷桂说合，情愿将自置后院西草房弍间，坐落在西门内大栅栏口对过。当与黄名下为业。当价津钱壹百千正，其钱笔下交足。言明壹当叁年为满，钱到回赎。大修由主，小修由客。此是叁面言明，两家情愿，各无返回（悔）。恐后无凭，立此当契存照。

道光弍拾陆年六月初九　日

立当契人　李门吕氏（押）
高麻子（押）
中人　崔富来（押）
刘廷桂（押）

【注】

〔一〕原件藏北京大学图书馆。

二一三四　清道光二十六年（一八四六）山阴县张叶氏等活卖田官契[一]

山阴县十七都七图绝卖田契人张叶氏仝男永濂[二]，今将自己户内淡字号田叁亩壹分零，凭中情愿出卖与本县大成会名下为业。

三面议定时值估价银陆拾两正。其银当日一并收足。自卖之后，不准回赎，亦无重找，恁凭银主管业收户办粮。并无重叠交关。倘有事端，卖主自行承值，不涉买主之事。欲后有凭，立此绝契为照。

计开

东至王姓田为界，西至大成会田为界，南至宋姓田为界，北至王姓田为界。

淡字壹千〇七十四号田叁亩壹分陆厘伍毫。自卖之后，任凭钱主管业收花，永不再找，永不回赎，永远杜绝。

计附：老契叁帋，赎回康姓戤契两帋。并照。

坐落蔡僧桥。土名河坞中。

道光二十陆年拾月　日　立绝卖契人　张叶氏　仝男永濂（押）

今收到契价银一并完足。

中人　维仁（押）

唐其平（押）

赵如茂（押）

代笔　张德润（押）

绝卖文契

计开条款例

一、凡用此契者，竟作绝卖。

一、卖主不识字者，许兄弟子侄代书。

一、成交后，即粘契尾，投税验明推收。如违，治罚。

一、契内如有添注涂抹字样者，作捏造论。

一、房屋间架仍载明空处。

一、典戤用此契者，须注明年限回赎字样。如不注者，仍作绝卖。

以上数条不过大概。倘民情尚有未尽者，许于空隙处填写。

【注】

［一］原件藏北京大学图书馆。

［二］此类非「绝卖契」，而是卖契。在本年十二月即又「找得钱七十二千文」，并又另立「杜绝找契」。此契已收入本书。

二一三五　清道光二十六年(一八四六)山阴县张叶氏等出找绝契[一]

立出找绝契人张叶氏同男永濂，缘有淡字壹千零柒拾四号田叁亩壹分陆厘五毫，出卖于　大成会为业，得过契价银陆拾两。今因时价不足，三面议定，找得钱柒拾弍千文。自找之后，永不再找，永不回赎，永远杜绝。欲后有凭，立此杜绝找契存照。

道光念陆年拾弍月　　日

立出找绝契人　张叶氏　同男永濂

中人　维仁　唐其平　赵如茂

代笔　张德润

找绝契

【注】

[一]原件藏北京大学图书馆。

二一三六　清道光二十六年(一八四六)山阴县张永濂卖田笔据[一]

立笔据张永濂，缘有淡字壹千〇柒拾肆号田叁亩壹分陆厘五毫，老契载明粮分，十陆都二图张粹，十七都七图张天荣、念弍都一图张取，叁户完纳。因前卖别爿淡字号田亩，将张粹、张聚两户内淡字壹千七十四号田弍亩零错除无存，只留张天荣户淡字壹千〇七十四号田壹亩零。若辗转除正，实因年远无从查收。幸与　大成会祭田淡字壹千卅弍、壹千卅叁号田亩毘连，可以开通并爿。再三情恳，出卖与　大成会为业，得过契价银陆拾两柒钱拾弍千文。另除立契据外，现将钱粮缺少缘由，立此笔据载明契照。

道光二十六年拾弍月　　日

立笔据　张永濂(押)

见中　维仁(押)　唐其平(押)　赵如茂(押)

代笔　德润(押)

笔据

【注】

[一] 原件藏北京大学图书馆。本件与上件为同时立者。

二一三七　清道光二十七年（一八四七）宛平县胡大绝典地字据[一]

立绝典字人胡大，因手乏无钱，十八年十月廿日将本身自种地三段共九亩半，同中说合，情愿典与　王姓名下耕种。一典五年为期，典价清钱八十七吊正。廿二年八月十二日又找典价清钱七吊，共计九十四吊正。五年期过，手乏无力还钱赎地，仍同中人说合重典清钱九十五吊正。廿七年九月廿六日立字，前后典价王姓共交清钱一百八十九吊正，八年以内钱到许赎。今同中人说合，情愿找价　王姓永远为业，任凭税契、挖井、盖房、安葬。两相情愿，各无返悔。言明地价清钱贰百七十五吊正。其钱笔下交足，并不欠少。亦无亲族人等争竞。立字之后，若有亲族人等争竞，有立字说合中保等人一面承管。恐口无凭，立绝典字据永远为证。

道光十八年十月廿
廿七年九月廿六日典字贰张跟随。

计开四至：

五亩半　东至韩姓，西至大道，南至刘姓，北至杜姓。

二亩半　东至苇坑，西至道，南至陆姓，北至陈姓。

一亩半　东至陆姓，西至王姓，南至王姓，北至陆姓。

三段共九亩半地。

知情中保人　安　大（押）

杜　秀（押）

立绝典地字人　胡　大（押）

代笔人　马兴安（押）

道光二十七年十月十二　日

【注】

[一] 原件藏北京大学图书馆。

二一三八 清道光二十七年(一八四七)萧山县高周氏杜绝找埂地契[一]

立出杜绝找埂地文契人高周氏仝男启顺、启镇,今将祖遗自己户内二十四都上弍图外庄高可廷户内驹字壹千零卅六号埂地五分弍厘正,前经出卖与 族处为业。今因契价不足,仍凂愿(原)中,三面议定时值钱价洋艮(银)念五元,其洋当日收足。自绝找之后,永不再找,永不回赎,任凭钱主管业收花,并无有分人争执。如有争执等情,出卖人自行理值,不涉钱主之事。此系两边情愿,各无异言。恐后无凭,立此绝找埂地契存照。

再批:坐落四至,正契载明。并照。

今收到契内洋一并收足,又照。(押)

立杜绝找埂地契人 高周氏(押)

仝男 启顺(押) 启镇(押)

见中 伯可英(押) 宏炘(押) 福康(押) 王灿如(押)

代笔 高可永(押)

道光念柒年拾弌月 日

杜绝找契存照

【注】

[一]原件藏北京大学图书馆。

二一三九 清道光二十九年(一八四九)山阴县周献廷活卖田官契[一]

绝

山阴县三十六都三图立出卖田契人周献廷,今将自己户内万字号八百卅二号中田壹亩五分柒厘弌毛,凂中情愿出卖与本县高处名下为业。三面议定时值估价洋叁拾元正。其银当日一并收足。自卖之后,不准回赎,亦无重找,恁凭银主管业收户办粮。并无重叠交关。倘有事端,卖主自行承值,不涉买主之事。欲后有凭,立此绝契为照。

计开:四至:东至陆姓田,南至周姓田,西至周姓田,北至高姓田,四至分明。并照。

卖

万字八百卅弌号,田壹亩五分柒厘弌毛。

如有老契捡出，作废昏论。并照。

今收到契内银一并完足（押）

坐落大坟头　　土名坟头五亩间壁

道光式拾玖年拾式月　日　　立绝卖田契人　周献廷（押）

古题

见中人胞兄　立人

仰山（押）

族长　巨川（押）

代笔堂弟　周健才（押）

契　文

计开条款例

一、凡用此契者，竟作绝卖。

一、卖主不识字者，许兄弟子侄代书。

一、成交后即粘契尾投税，验明推收。如违，治罚。

一、契内如有添注涂抹字样者，作捏造论。

一、房屋间架仍载明空处。

一、典戤用此契者，须注明年限回赎字样。如不注者，仍作绝卖。

以上数条不过大概，倘民情尚有未尽者，许于空隙处填写。

【注】

［一］原件藏北京大学图书馆。

二一四〇　清道光二十九年（一八四九）山阴县周献廷杜绝找田白契［一］

立杜绝找田文契人周献廷，今将祖遗分授万字八百卌一号田壹亩五分柒亩式毛，前经出卖于高处为业，得过正契价洋叁拾元。因正契内价洋不足，仍浼原中，三面议定时值找到高处田价钱叁拾捌千柒百陆拾文，其钱当日收用。自杜绝找之后，凭（任）凭钱主管业收花、过户入册输粮，永不再找，永不回赎。此系两边情愿，各无异言。恐后无凭，立此杜绝找田文契存照。

再批：其田坐落、四至，正契载明。如有老契捡出，作废无论。此照。
今收到契内钱一并完足。（押）

道光二拾九年拾弍月　　日　　立杜绝找田文契人　周献廷（押）
见中胞兄　古愚
立人
堂弟　仰山（押）
族长　巨川（押）
代笔堂弟　周鸿才（押）

杜绝找田文契存照

【注】

［一］原件藏北京大学图书馆。

二一四一　清道光三十年（一八五〇）山阴县张沈氏戤卖田官契[一]

戤　山阴县十七都七图立戤田契人张沈氏全男泰义，自己户内淡字号中田大小连两𤰝，凂中情愿出戤与本县宗祠处名下为业。三面议定时值估价银弍千大钱文正。其银当日一并收足。自戤之后，不准回赎，亦无重找，恁凭银主管业收户办粮。并无重叠交关。倘有事端，卖主自行承值，不涉买主之事。欲后有凭，立此绝契为照。

卖　计开

淡字号连大小𤰝田两块，自戤之后，每年应付春秋两祭利钱，每期弍百文。恐后无凭，立此存照。

文　再批：钱不清，听凭值祭之家管业。又照。

坐落蔡堰　　土名宋家娄底

道光三十年肆月　　日　　立绝卖契人　张沈氏（押）

男　泰义（押）

中人　源川

学忠（押）

代笔　维仁（押）

契

计开条款例

一、凡用此契者，竟作绝卖。

一、卖主不识字者，许兄弟子侄代书。

一、成交后即粘契尾投税，验明推收。如违治罚。

一、契内如有添注涂抹字样者，作捏造论。

一、房屋间架仍载明空处。

一、典戤用此契者，须注明年限回赎字样。如不注者，仍作绝卖。

以上数条不过大概，倘民情尚有未尽者，许于空隙处填写。

【注】

[一] 原件藏北京大学图书馆。

二一四二　清道光三十年（一八五〇）山阴县赵高氏等活卖田官契[一]

山阴县四十五都壹图立卖田契人赵高氏仝男兆金，自己户内知字号江田柒亩柒分四厘，凂中情愿出卖与本县高处名下为业。三面议定时值估价钱贰伯四十千文正。其钱当日一并收足。自卖之后，不准回赎，亦无重找，恁凭银主管业收户办粮。并无重叠交关。倘有事端，卖主自行承值，不涉买主之事。欲后有凭，立此绝契为照。

绝

再批：其田言明限定三年之内，仍照契内原价回赎。如叁年之外，不准回赎，以活作绝契论。倘回赎之时，听还收。除钱拾千文，其钱九四足串。其洋照钱清米行式。如有老契捡出，作废纸论。此照。

计开：

卖

知字四百五十叁号，　　江田柒分柒厘。

又字四百卅柒号　江田叁分正。
又字叁百四十一号　江田叁亩六分弍厘。
又字八百零一号　江田壹亩五分。
知字八百零四号　江田壹亩五分五厘。
坐落石牌坂　土名大塗
今收到契内钱一并完足(押)
立出卖契人　赵高氏仝男兆金(押)
道光叁拾年八月　日
中人　胞叔赵渔塘(押)
雅堂(押)
元培(押)
周巨川(押)
高福康
王萃仙(押)
代笔　赵信甫(押)

契　文

计开条款例
一、凡用此契者，竟作绝卖。
一、卖主不识字者，许兄弟子侄代书。
一、成交后即粘契尾投税，验明推收。如违治罚。
一、契内如有添注涂抹字样者，作捏造论。
一、房屋间架仍载明空处。
一、典戳用此契者，须注明年限回赎字样。如不注者，仍作绝卖。
以上数条不过大概。倘民情尚有未尽者，许于空隙处填写。

【注】
[一]原件藏北京大学图书馆。

二一四三　清道光三十年(一八五〇)山阴县赵高氏等出田推旗[一]

立出推旗人赵高氏同男兆金，四拾五都壹图，今将自己赵高顺户内知字三百四十一号江田三亩六分弌厘，又四百五十三号江田七分七厘，又万隆户内知字四百卅七号江田三分，八百〇一号江田乙亩五分，又八百〇四号江田乙亩五分五厘。凭中出推于本都本图高豫顺户内，过户入册输粮，承纳次年银米为始。此照。(押)

立出推旗人　赵兆金(押)
见推叔　渔塘(押)
代笔　赵信甫(押)

道光叁拾年八月　日

推旗

【注】

[一]原件藏北京大学图书馆。

二一四四　清道光三十年(一八四六)萧山县王莫氏等卖基地官契[一]

萧山县廿四都上四图立绝卖屋契人王莫氏仝男王本智，自己户内驹字号基地壹分正，凂中情愿出卖与本县　高处名下为业。三面议定时值估价银肆拾两正。其银当日一并收足。自卖之后，不准回赎，亦无重找，恁凭银主管业收户办粮。并无重叠交关。倘有事端，卖主自行承值，不涉买主之事。欲后有凭，立此绝契为照。

绝

再批：道地走路台门河埠一应出入公用，并照。(押)

计开：

驹字肆佰号。东至汪姓屋，西至杨姓屋，

南至道地，北至后街。

卖

旧管　都　图　户

新　都　图　户

文

今收到契内银一并完足（押）　　坐落江沿下　土名西二堡

道光三十年十弍月　日　　立绝卖契人　王莫氏　仝男本智（押）

中人　王太礼（押）　王灿如（押）

王景唐　高福康

高宏炘　张顺川（押）

亲笔无代（押）

契

计开条欵例

一、凡用此契者，竟作绝卖。
一、卖主不识字者，许兄弟子侄代书。
一、成交后，即粘契尾投税，验明推收。如违，治罚。
一、契内如有添注涂抹字样者，作捏造论。
一、房屋间架仍载明空处。
一、典戤用此契者，须注明年限回赎字样。如不注者，仍作绝卖。

以上数条不过大概。倘民情尚有未尽者，许于空隙处填写。

【注】

[一] 原件藏北京大学图书馆。

二一四五　清咸丰元年（一八五一）萧山县王莫氏等出田开票[一]

立出开票人王莫氏仝男本智，今将萧山县廿四都上四图钱清庄本智户驹字四佰号地壹分正，情愿出开与本都本图高　　户内入册输粮，承次年为始。欲后有凭，立此开票存照。

咸丰元年正月　日　　立出开票人　王莫氏（押）

仝男　本智（押）

见中　本礼（押）

开票存照

张顺冲(押)
亲笔无代(押)

【注】

[一]原件藏北京大学图书馆。

二一四六　清咸丰元年(一八五一)萧山县王莫氏母子绝找屋白契[一]

立绝找屋契人王莫氏同男本智,今将自置驹字四佰号大堂屋一间,又阁一个,前连阶沿,后连退堂,上连椽瓦,下连基地、石板、石块,四围门窗、板壁、扶梯,一切装修在内。前经出卖与高处,现因契价不足,仍凂愿(原)中绝找到高处银叁拾伍两正,其银当日收用。是找之后,任凭银主管业改造,并无分人争执。如有等情,出卖之人自行理值,不涉银主之事。是找之后,永不再找,永不回赎,永斩葛籐(藤),永远杜绝。立此杜绝找屋文契存照。(押)

再批:道地走路台门河埠,一切出入公用。并照。(押)

再批:四至正契载明。并照。(押)

今收到契内银一并完足。(押)　　坐落江沿下,土名西二堡。

咸丰元年正月　　日　　立绝找屋契人　王莫氏(押)　同男本智(押)

见中　王本礼(押)　王灿如(押)　王景唐

高福康　高宏炘(押)　张顺利(押)

亲笔无代(押)

找屋文契

【注】

[一]原件藏北京大学图书馆。

二一四七　清咸丰元年(一八五一)山阴县高宗华卖山官契[一]

山阴县三十六都三图立绝卖山契人高宗华等,自己户内不字号山　　亩陆分,凂中情愿出卖与本县　族　处名下为业。三面议定时值估价银洋拾捌元正，其银当日一并收足。自卖之后，不准回赎，亦无重找。任凭银主管业，收户办粮。并无重叠交关。倘有事端，卖主自行承值，不涉买主之事。欲后有凭，立此绝契为照。

再批：自绝卖之后，任凭银主管业收花、过户入册输粮、开掘造葬无阻。又照。

计开：

不字十四五号 山内迁陆分正

字 号 旧管 都 图 户

字 号 新 都 图 户

今收到契内洋一并完足。

坐落清源庵后 土名珠纱帽

咸丰元年六月 日 立绝卖契人 高宗华（押）

中人侄 良宏（押） 良珠（押）

良清（押） 良茂（押） 良岳（押）

良洪（押） 良坤 良锦

侄孙 茂德 德慎

见中 德恒 德常

周巨川 王德权

代字 高宗贯

绝 卖 文 契

计开条款例

一、凡用此契者，竟作绝卖。

一、卖主不识字者许兄弟子侄代书。

一、成交后即粘契尾投税，验明推收。如违治罚。

一、契内如有添注涂抹字样者，作捏造论。

一、房屋间架仍载明空处。

一、典戤用此契者，须注明年限回赎字样。如不注者，仍作绝卖。

以上数条不过大概。倘民情尚有未尽者，许于空隙处填写。

【注】

[一] 原件藏北京大学图书馆。

二一四八　清咸丰元年(一八五一)山阴县高宗华等杜绝找山白契[一]

立杜绝找山文契人高宗华等，今将三十六都三图祖遗不字十四五号山内迁陆分正，前经出卖与族处为业，得过正契价洋拾捌元。因正契内价洋不足，仍凂原中绝找到族处洋柒元，其洋当日收足。自杜绝之后，任凭洋主开掘造葬，管业收花，过户入册输粮。此系两相情愿。永不再找、永不回赎、永斩葛藤，永远存照。

再批：四址坐落，正契载明。此照。

今收到契内洋一并完足。并照。

咸丰元年九月　　日　　立杜绝找山文契人　高宗华(押)

侄　良茂(押)　良洪

见中　高德恒　德常　周巨川　王德权

代字　高宗贵

立杜绝找山文契

【注】

[一] 原件藏北京大学图书馆。

二一四九　清咸丰元年(一八五一)山阴县孙禀善活卖田官契[一]

绝卖文契

山阴县三十六都三图立出卖田契人孙禀善，今将自己户内及字号中田壹亩叁分三厘五毛，凂中情愿出卖与本县高　处名下为业。三面议定时值估价钱叁拾伍千文正。其钱当日一并收足。自卖之后，不准回赎，亦无重找，任凭银主管业收户办粮。并无重叠交关。倘有事端，卖主自行承值，不涉买主之事。欲后有凭，立此绝契为照。[二]

再批：今收到契内钱一并完足(押)

计开：

及字乙千弍百四十九号中田壹亩叁分弍厘五毛。

旧管孙景兴都　图　户

新　都　图　户

今遵新例，一契杜绝。并照。　坐落下浦西　土名

东至陈姓水沟，西至山坳，南至高姓田，北至陈姓田。

咸丰元年十月　日

立绝卖田契人　孙禀善(押)

中人　赵源昌(押)

王萃仙(押)

王成林(押)

亲笔(押)

计开条款例

一、凡用此契者，竟作绝卖。

一、卖主不识字者，许兄弟子侄代书。

一、成交后，即粘契尾，投税验明推收。如违，治罚。

一、契内如有添注涂抹字样者，作捏造论。

一、房屋间架仍载明空处。

一、典戤用此契者，须注明年限回赎字样。如不注者，仍作绝卖。

以上数条不过大概，倘民情尚有未尽者，许于空隙处填写。

【注】

［一］原件藏北京大学图书馆。

［二］此契实是活契。本年十二月所立「杜绝找田文契」已收入本书，可参考。

二一五〇　清咸丰元年（一八五一）萧山县孙禀善出田开票［一］

立出开票人孙禀善，今将三十六都三图孙景兴户内及字乙千二百四十九号中田壹亩叁分三厘五毛，情愿出开与本都本图高户内入册输粮无阻，以次年银米为始。此照。

咸丰元年十月　　日　　立开票人　孙禀善（押）

见　王萃仙

亲　笔（押）

开票

及字乙千二百四十九号，中田壹亩三分三厘五。佃户童步金，三员外一亩四分。

出卖主赵源昌。

【注】

［一］原件藏北京大学图书馆。

二一五一　清咸丰元年（一八五一）山阴县周文炘卖田官契［一］

山阴县卅六都三图立绝卖田契人周文炘，缘有祖遗分授自己户内方字号乙亩八分五厘，凂中情愿出卖与本县　处名下为业。三面议定时值估价钱肆拾千文正。其钱当日一并收足。自卖之后，不准回赎，亦无重找，恁凭银主管业收户办粮。并无重叠交关。倘有事端，卖主自行承值，不涉买主之事。欲后有凭，立此绝契为照。

再批：老契遗失。如日后拾出，作废纸之论。并照。

计开：

绝

方字陆百七十弍号，田乙亩八分五厘正。

旧管　都　图　户

新管　都　图　户

今遵新例，一契杜绝。

今收到契内钱一并完足（押）　坐落　土名

咸丰元年十一月　日

立绝卖田契人　周文炘（押）

中人　兄文炜（押）

弟文炤（押）

巨川（押）　禹平

族　汝安（押）　高定炘

静川（押）

王乐山（押）

代书　周文炜（押）

卖　文　契

计开条款例

一、凡用此契者，竟作绝卖。

一、卖主不识字者，许兄弟子侄代书。

一、成交后，即粘契尾，投税验明推收。如违，治罚。

一、契内如有添注涂抹字样者，作捏造论。

一、房屋间架仍载明空处。

一、典戤用此契者，须注明年限回赎字样。如不注者，仍作绝卖。

以上数条不过大概。倘民情尚有未尽者，许于空隙处填写。

【注】

[一]原件藏北京大学图书馆。

二一五二　清咸丰元年(一八五一)山阴县周文炘杜绝找田白契[一]

立杜绝找田文契人周文炘，今将祖遗分授卅六都叁图方字陆伯柒十弍号田壹亩捌分伍厘，前经出卖与　　处为业，得过正契价钱肆拾千文。今因时值契价不足，仍凂原中，三面议定时值估价绝找到　　处钱叁拾柒千柒伯文。自绝找之后，任凭钱主管业，收花过户，入册输粮。凭(并)无有分人争执。如有等情，出卖之人自应理值，不涉钱主之事。永不再找，永不回赎，永远杜绝。立此杜绝找田文契存照。

再批：老契四至、坐落，正契载明。并照。

今收到契内钱一并完足。并照。(押)

咸丰元年拾弍月　　日　　立杜绝　文契人　周文炘(押)

兄　文炜(押)

弟　文炤(押)

族　巨川(押)　海安(押)　静川(押)　王乐山(押)

代书　周文炜(押)

杜绝找田文契

【注】

[一]原件藏北京大学图书馆。

二一五三　清咸丰元年(一八五一)山阴县孙禀善杜绝找田白契[一]

立杜绝找田文契人孙禀善，缘有及字乙千弍百四十九号田壹亩叁分叁厘五毫，前经出卖与高处为业。得过正契价钱叁拾伍千文正。今因契价不足，仍凂原中绝找到高　处钱拾玖千文正，其钱当日收足。自绝找之后，永不再找，永不回赎，永远杜绝。此系两边情愿，各无异言。恐后无凭，立此杜绝找田文契存照。(押)

再批：户管、坐落、四至，正契载明。并照。(押)

咸丰元年十二月　　日　　　　　　　　　　立杜绝找田文契人　孙禀善(押)

见中　赵源昌(押)　王萃仙(押)　成林(押)

亲笔(押)

杜绝找契

【注】

[一]原件藏北京大学图书馆。

二一五四　清咸丰三年(一八五三)宛平县袁午桥典房产白契[一]

立典契袁午桥,今有自置房产一所,共计大小瓦房灰棚肆拾间,门窗户壁一切装备俱全。坐落虎坊桥东路北,情愿典于王名下。言明捌年为满,典价京平纹银叁千两。当下交足,并无短少。恐后无凭,立此为照。

外计官照一纸,本身红契一纸,并赵张刘原契二纸,统为交给,以便查照。

咸丰三年二月　　日　　　　　　　　立

立典契　袁午桥(押)

同人　曹岚樵(押)

【注】

[一]原件藏北京大学图书馆。

二一五五　清咸丰四年(一八五四)萧山县王本仁出田推票之一[一]

立出推票人王本仁,今将萧山廿四都上四图王本智户内驹字四伯号地壹分式厘五毫,情愿出推与本都本图高　　户内入册输粮,次年银粮为始。并照。

咸丰四年拾壹月　日

立出推票人　王本仁（押）

见推叔　德权（押）

周镳湖（押）

代笔弟　本礼（押）

推票存照

【注】

［一］原件藏北京大学图书馆。

二一五六　清咸丰四年（一八五四）萧山县王本仁出田推票之二[一]

立出推票人王本仁，今将萧山廿四都上四图王亭户内驹字四伯号地壹分正，情愿出推与本都图　户内入册输粮，入次年银粮为始。并照。

咸丰四年拾壹月　日

立出推票人　王本仁（押）

见推　德权（押）

灿如

周镳湖（押）

高杏村

代笔弟　本礼（押）

推票存照

【注】

［一］原件藏北京大学图书馆。

二一五七　清咸丰四年（一八五四）萧山县王本仁卖屋官契[1]

绝卖文契

萧山县廿四都上四图立出卖屋契人王本仁，今将自己户内驹字号基地　亩壹分正，凂中情愿出卖与本县　高处名下为业。三面议定时值估价银陆拾两正，其银当日一并收足。自卖之后，不准回赎，亦无重找，任凭银主管业，收户办粮。并无重叠交关。倘有事端，卖主自行承值，不涉买主之事。欲后有凭，立此绝契为照。

计开：再批：道地走路、台门、河埠一应出入公用。并照。（押）

驹　字　肆伯　号基地壹分正。东至汪姓屋，西至钱主屋，南至道地墙滴水，北至后街路，四至分明。并照。（押）

字　号

字　号

字　号

旧管　都　图　户

新　都　图　户

今收到契内银一并完足，并照。（押）坐落：江沿下西弍堡　土名槐树下。

咸丰四年拾壹月　日　立出卖屋契人　王本仁（押）

见中叔　德权（押）　灿如

弟　景唐

中人　高杏村　宏炘　王成林

周镳湖（押）　山甫（押）

代笔弟　本礼（押）

计开条款例：

一、凡用此契者，竟作绝卖。

一、卖主不识字者，许兄弟子侄代书。

一、成交后即粘契尾投税，验明推收。如违，治罚。

一、契内如有添注涂抹字样者，作捏造论。

一、房屋间架仍载明空处。

一、典戤用此契者，须注明年限回赎字样。如不注者，仍作绝卖。以上数条不过大概。倘民情尚有未尽者，许于空隙处填写。

【注】

[一] 原件藏北京大学图书馆。

二一五八 清咸丰四年（一八五四）萧山县王本仁杜绝找屋白契[一]

立杜绝找屋文契人王本仁，今将祖遗分授驹字四伯号地壹分正，地上坐北朝南大楼屋壹间，上连椽瓦，中连楼板阁栅，下连基地、石板、石块，四围门窗板壁一切装修在内，前经出卖与高　处为业[二]，得过正价银陆拾两。今因契价未足，仍凂原中绝找到原处找价银叁拾伍两，其银当日收足。自找之后，任凭钱主管业居住收息，并无有分人争执。如有等情，出卖之人自行理值，不涉钱主之事。此系两边情愿，各无异言。永不再找，永不回赎，永远杜绝。欲后有凭，立此杜绝找屋文契存照。

再批：其屋四至坐落，正契上载明。老契日后捡出作废纸论。再批：道地、河埠、走路一切出入公用。并照。（押）

今收到契内找价银一并完足。并照。（押）

咸丰四年拾弍月　　日

立出杜绝找屋文契人　王本仁（押）

见中叔　德权（押）　灿如

弟　景唐

中人　高杏村　宏炘　王成林　周镳湖（押）　山甫（押）

代笔弟　本礼（押）

【注】

[一] 原件藏北京大学图书馆。

[二] 参看本书前录《清咸丰四年（一八五四）萧山县王本仁卖屋官契》。此契载「立此绝契」。

二一五九　清咸丰四年（一八五四）山阴县顾席氏戤卖田官契[一]

绝卖文契

山阴县四十六都上三图立戤卖田契人顾席氏同男岳熙[二]，自己户内彼字等号江、中田拾肆亩叁分零，凂中情愿 出卖与本县张处名下为业。三面议定时值估价钱叁伯千文正，其银当日一并收足。自卖之后，不准回赎，亦无重找；任凭银主管业，收户办粮。并无重叠交关。倘有事端，卖主自行承值，不涉买主之事。欲后有凭，立此绝契为照。

计开：

东至　，西至　，南至　，北至　。

彼　字六百号、六百四、五号　江田伍亩正。

罔　字四百八十二　号　江田肆亩捌分陆厘叁毛。

短　字六百三十九、四十　号　江田叁亩肆分正。

率　字一千四百七十四　号　中田壹亩伍分捌厘。　再批：附老契四纸。并照。（押）

旧管　都　图　户

新管　都　图　户

坐落　土名

咸丰四年拾弍月　日　立绝卖契人　顾席氏（押）　同男岳熙（押）

中人　顾岳元（押）　岳珍（押）

代笔　张如淦（押）

今收到契价钱当日一并完足（押）

计开条款例（略）：

【注】

[一] 原件藏北京大学图书馆。

[二] 此契为官印木版契纸，用于「戤典」或「买卖」。卖契则改「戤」字为「绝」字。

二一六〇　清咸丰五年（一八五五）徽州黄彩堂加当价白契[一]

立加当价契黄彩堂，今因岁暮需用，将咸丰元年十一月所当土名员清宅租谷叁砠，央中情商到

尊 名下再加当价尳平足色元银贰两正，其银比经如数收讫。其租不论年期，前后两契当价，任凭照 契壹并缴价取赎无异。恐后无凭，立加当价契存据。

咸丰五年十二月 日 立加当价契 黄彩堂（押）

凭中 黄芝田（印） 黄洪远（押）

亲书

前项契内当价成契之日随手一并收足。同日又批 （押） 领

【注】

[一] 原件藏北京大学图书馆。

二一六一 清咸丰七年（一八五七）山阴县高可德等活卖田官契[一]

山阴县三十六都叁图立绝卖田契人高可德仝男启华启祥自己户内驹字号门面溇式亩，埂田壹亩五分，凂中情愿出卖与本县族处名下为业。三面议定时值估价银壹佰壹拾两正。其银当日一并收足。自卖之后，不准回赎，亦无重找，恁凭银主管业收户办粮。并无重叠交关。倘有事端，卖主自行承值，不涉买主之事。欲后有凭，立此绝契为照[二]。

绝 卖 文

计开：东至溇、田至湖高姓田，西至叶高、高高姓田，南至杨高姓田，北至高周高姓田。四至分明。并照。（押）

驹字五十号荡式亩

驹字 田壹亩五分 如有老契检出，作为废纸论。

遵例一契杜绝。 坐落对江坂 土名刘白潘埂田

咸丰柒年八月 日 立绝卖契人 高可德仝男启华（押）启祥（押）

契

计开条款例

一、凡用此契者，竟作绝卖。

一、卖主不识字者，许兄弟子侄代书。

一、成交后，即粘契尾，投税验明推收。如违，治罚。

一、契内如有添注涂抹字样者，作捏造论。

一、房屋间架仍载明空处。

一、典戤用此契者，须注明年限回赎字样。如不注者，仍作绝卖。

以上数条不过大概。倘民情尚有未尽者，许于空隙处填写。

中人兄　可言　弟可永（押）

周巨川（押）　高福康

代书男　启华（押）

【注】

[一] 原件藏北京大学图书馆。

[二] 此契非「绝契」。本年十二月，再「找到族处」，另立「杜绝文契」，始「永不回赎，永斩葛籐（藤）」。此「杜绝卖荡、埂田契」已收入本书。

二一六二　清咸丰七年（一八五七）山阴县高可德父子杜绝卖荡埂田白契[一]

立杜绝卖荡埂田文契人高可德同男启华祥[二]，今将祖遗驹字号荡式亩，埂田壹亩五分，前经出卖与族处为业，得过正价钱壹伯壹拾阡（仟）文[三]。因契价不足，仍浼原中，三面议定时值，找到族处钱叁拾肆阡（仟）文正，其钱当日收用。自绝找之后，凭（任）凭钱主管业，收花过户，入册输粮。并无有分人争执。如有等情，卖主自行理值，不涉钱主之事。永不再找，永不回赎，永斩葛藤。此系两相情愿，各无异言。恐后无凭，立此杜绝文契存照。（押）

坐落、四至，正契载明。并照。

今收到契内钱一并完足。（押）

咸丰七年十二月　日　　立杜绝文契人　高可德（押）　同男启华（押）
　　　　　　　　　　　　　　　　　　　　　　　　　　　　祥（押）

见中兄　可言

弟　可永（押）　周巨川（押）　高福康

代书男　启华（押）

杜绝文契存照

【注】

［一］原件藏北京大学图书馆。

［二］荡，苇塘、鱼塘。埂田，圩田、围田。清段玉裁《说文解字·土部》：「今江东语，谓畦埒为埂。」

［三］八月原契作「时值估价银壹佰壹拾两正。其银当日一并收足」。

二一六三　清咸丰八年（一八五八）山阴县张德润绝卖田官契[一]

山阴县十七都柒图立绝卖田契人张德润，今将祖遗自己户内淡字号中田内迁五分正，凂（浼）中情愿出卖与本县族处名下为业。三面议定时值估价钱陆拾千文正，其银当日一并收足。自卖之后，不准回赎，亦无重找，恁（任）凭银主管业收户办粮。并无重叠交关。倘有事端，卖主自行承值，不涉买主之事。欲后有凭，立此绝契为照。

计开：

东至　，西至　，南至　，北至　。

绝

淡字肆百拾捌　号　中田五分正

卖

再批：自卖之后凭（任）凭钱主开掘造葬，各无异言。并照。

再批：此田原系拾柒都七图张圣勑户内承粮。因老户公产，推收未便，公同酌议帮粮钱肆千文，每年起息，以作完粮之用。并照。

再批：陌兑田议单壹纸。并照。

文

字　　号

旧管　都　图　户

新管　都　图　户

坐落　私湖溇　土名四亩

契

立绝卖契人　张德润（押）

中人　均□（押）　南金（押）　廷沛（押）　春霖（押）

见中　和轩（押）　德光（押）　城□　源川

代笔　钱收堂（押）

咸丰捌年拾弍月　　日

今收到契价钱一并完足。

计开条款例：（下略）

【注】

［一］原件藏北京大学图书馆。

二一六四　清咸丰十年（一八六〇）大兴县僧同寿典房契[一]

立典字文据大兴县民住持僧同寿，今将祖遗倒坐房壹间，因手乏，无钱使用，今情愿指为借钱。今仝众说合，住持僧同寿将祖遗房壹间，情愿典盛姓名下为业，典价叁佰拾贰吊正。其钱笔下交足，并不欠少。钱无利息，房无租价。言明二年为满，钱到回赎。如若年分不满回赎，应按月包利息。今蒙中保人说合，两家情愿，并无反悔，为此立字存照。

中保人　谢申德（押）

姜　愷（押）

咸丰拾年叁月廿一日立　住持僧同寿（押）

【注】

［一］原件藏北京海淀区大觉寺文物陈列馆。

二一六五　清同治三年（一八六四）山阴县曹全氏杜绝找田白契[一]

立杜绝找契人曹全氏，缘六月间将十一都　一图曹光和户内中田拾亩零六分叁厘贰毫，凂中出典与高处为业，已得过典钱叁百千文正。今因契价不足，仍凂原中找到高处，找价钱叁百叁拾柒千九百念文正。其字号千头俱已载明典契。自找之后，永不再找，永不回赎，永远杜绝。欲后有凭，立此杜绝找契存照。

同治叁年十一月　　日

立杜绝找契人　曹全氏（押）
见中叔　　复三（押）
内侄　全吟舫（押）
命笔　孙福承（押）

找契

【注】

[一] 原件藏北京大学图书馆。

二一六六　清同治五年（一八六六）喀喇沁左旗董云彩当地白契之一[一]

当

同治五年正月弍十捌日

董云彩南杖子地，租分（钱）弍千[二]。又七十五垅地，租分（钱）一千四百文。一吃（契）五年为满。言明租价东钱[三]八千四百。当日借分（钱）三千三百。

中见人　王　贵
代字人　董　经

【注】

[一] 手录原件友人藏品。

[二] 弍千，三吊。《说文·三部》：「弍，古文三，从弋。」租分即当价。人们对于「当」和「租」的概念界限不清，因之既言「当价」，又称「租分」。

[三] 东钱，货币名。清代中后期流通于今辽宁、内蒙古东南部、河北北部的一种短陌货币。有纸币，有铸币；有官制，亦有商制。制钱一百六十枚等于东钱壹千（吊）。民国前期停止使用。

二一六七　清同治六年(一八六七)喀喇沁左旗董云彩当地白契之二[一]

当

同治六年正月弍十二日,

董云彩小河东地壹段,不拘年限,钱到许赎。言明当价东钱弍百肆拾吊。赎地年前交价。每年秋后交租分(钱)陆吊。

母作的事　董　忍

中见人　史宏阑

　　　　葛中玉

代笔人　刘钟华

【注】

[一] 手录友人藏品。

二一六八　清同治六年(一八六七)喀喇沁左旗章京李万银当地白契[一]

当

章京李万银[二]箭上保什户

小河堐东头河东地半段,耕种五种,五年为满,地价[三]东钱弍拾吊。当日借押契钱拾柒吊伍佰,三分[四]。仝日借(钱)叁吊。

满　喜

杜老个之

　冷

代字　拉　什

　　　韩存平

同治陆年拾壹月初七日　立

【注】

[一] 手录友人藏品。

[二] 章京，满语音译，官名。又是在满族官员中对上级自称的称谓。
[三] 地价，当价。借押契钱，在立契时领当价的一部分钱。
[四] 三分，即「三分行息」。

二一六九　清同治六年（一八六七）喀喇沁左旗章京李万银当园子白契[一]

当　小河堐五道街门前园子，租粮叁斗七升半。以当五年为满。当租价东钱柒吊，当日借押契钱壹拾吊弍百五十文。仝日借分（钱）式千。

章京李万银箭上保什户

立　满喜　老个之　杜冷

代字人　拉什　韩存平

同治陆年拾壹月初七日

【注】
[一] 手录原件友人藏品。

二一七〇　清同治六年（一八六七）喀喇沁左旗王德当地白契[一]

当　王德小山后地壹段，五年为满。
言明当价东钱肆拾叁吊。
当日借契东钱拾伍吊，三分。

立

中见代满汉字人　拉什[二]　韩存平

同治陆拾壹月拾伍日

【注】

[一]手录友人藏品。

[二]未见满文契约。

二一七一 清同治八年(一八六九)萧山县潘陈氏等卖田官契[一]

绝卖文契

萧山县二十四都上四图立绝卖田契人潘陈氏仝男纯甫,自己户内场字号田捌亩捌分壹厘正,浼(浼)中情愿出卖与山阴县高处名下为业。三面议定时值估价银柒拾两正。其银当日一并收足。自卖之后,不准回赎,亦无重找,恁凭银主管业收户办粮。并无重叠交关。倘有事端,卖主自行承值,不涉买主之事。欲后有凭,立此绝契为照。(押)

计开:老契因别产牵连,不便并发。并照。

场字乙千一百十七号田壹亩八号。　南至大路,东至钟姓田,西至钟姓山,北至潘姓田。四至分明。

×字乙千二百十七号田五亩六分四厘。

×字乙千二百五十七号田壹亩三分七厘。　南至陈姓田,东至沟,西至陈姓田,北至湖。四至分明。

坐落石鳅里　土名

同治捌年四月　日　立绝卖契人　潘陈氏(押)　仝男纯甫(押)

今收到契内钱一并完足(押)

见中人　潘建元(押)

大孝(押)

高渔仙(押)

丁尚贵(押)

许艺芬(押)

陈均雪

代笔　陈巨源(押)

计开条款例

一、凡用此契者,竟作绝卖。

一、卖主不识字者,许兄弟子侄代书。

一、成交后,即粘契尾投税,验明推收。如违治罚。

一、契内如有添注涂抹字样者，作捏造论。
一、房屋间架仍载明空处。
一、典戤用此契者，须注明年限回赎字样。如不注者，仍作绝卖。
以上数条不过大概。倘民情尚有未尽者，许于空隙处填写。

【注】

[一] 原件藏北京大学图书馆。

二一七二　清同治九年（一八七〇）山阴县潘陈氏母子杜绝找田红契[一]

立杜绝找田文契人潘陈氏同男纯甫，缘有祖遗分授场字号共田捌亩捌分壹厘正，前经凭中出卖与高　处为业，得过正契价银柒拾两正。今因时价不足，仍浼原中杜绝找到原主处，时值绝找价银陆拾弍两正。自找之后，任凭银主管业管（收）花、入册输粮，并无有分人争执等情。倘有等情，绝找之人自行理值，不涉银主之事。此系两边情愿，各无异言，各无皤（返）悔。永不再找，永不回赎。恐后无凭，立此杜绝找田文契，永远存照。（押）

再批：细号、四至、坐落，载明正契。并照。

立杜绝找田文契人　潘陈氏（押）　男纯甫（押）
见中　潘建元（押）　大孝（押）　高渔□　丁尚贵（押）
许艺芬（押）　陈均雪
代笔　陈巨源（押）

同治九年五月　日

今收到找契价银一并完足。（押）

杜绝找田文契存照

【注】

[一] 原件藏北京大学图书馆。

二一七三　清同治九年（一八七〇）内务府厢黄旗周庆禄预卖房执照[一]

立执照契人内务府厢黄旗内管领周庆禄，今将前门外肉市南头路东铺面房一所，言明此房价银，业已两相交代明白，各无返悔。其地基尚在办理交价认买。俟办妥时，有置房主胡姓存银壹伯伍拾两[二]，作为地价。一俟执照领附，银照两交。期至腊月封印为满[三]。如办不妥，周姓每月认出地租银弍两柒钱。恐后无凭，立此为证。

拾年正月二十一日同原中人因减地租，使银四拾五两[四]。

立字人　周庆禄（押）
知情底保人　惠　吉（押）
宋瑞亭（押）
中人　张裕庭（押）
龚永利（押）

【注】

［一］原件藏北京大学图书馆。

［二］胡姓，胡吉盛。见本书本年《胡吉盛预买房执照》。

［三］封印，旧时官署停止办公。详情参看本书本年《胡吉盛预买房执照》注四。

［四］同治九年立契，同治十年批注。

二一七四　清同治九年（一八七〇）大兴县胡吉盛预买房执照[一]

立执照契人山西平遥县人，今将肉市南头路东[二]铺面房壹所，当面言明此房价银业，已两相交代明白，各无返悔。其地基尚在办理交价认买。拟办妥时，有置房主胡姓存银壹伯伍拾两，作为地价。一似（俟）执照领时，银、照两交。期至腊月封印为满[三]。如办不妥，周姓每月出地租银弍两柒钱[四]。恐后无凭，立此为证。

此银用时，在前门大街路西兴顺钱铺取用，交官地价使用。拾年正月二十二日，同原中人因减地租，使银肆拾五两[五]。

立字人　胡吉盛（押）
中保人　张裕庭（押）
宋瑞亭（押）

同治玖年拾壹月初壹日立此照

【注】

[一] 原件藏北京大学图书馆。
[二] 肉市，在今北京东城区前门大街北头路东。
[三] 封印，旧时官署于岁暮年初停止办公，称为「封印」。清富察敦崇《燕京岁时记·开印封印》谓清朝于每年十二月十九至二十二日四天之内择吉封印，为期一月。至明年正月十九、二十、二十一三天之内择吉开印。
[四] 周姓，周庆禄。见本书本年《周庆禄预卖房执照》。
[五] 此为次年的批注。

二一七五　清同治九年（一八七〇）喀喇沁左旗杜冷当地白契[一]

同治九年十月廿六日　　面立

当杜冷七十年个垅地，沟南堐地一段。耕种陆年为满。言明是价东份（钱）捌拾吊整。当日借押契东分（钱）壹佰壹拾吊，三分。又借分叁拾吊。天利。

中见人　董廷先
代字人　董支亭

满契找分（钱）陆吊[二]

【注】

[一] 手录友人藏品。

[二] 满契缺。

二一七六　清同治十年（一八七一）北京睿亲王府管事百岁让房红契[一]

立字人睿亲王府管理家务事百岁，为本府有闲房一所，共计九间半，坐落在石大人胡同府影壁后路南。今凭中人让与[二]恩宅名下为业，作价银肆百两整。其银笔下收清，立此执照为证。

此房系本府亲军校玲怀明呈进。

外随红契二套，白契二张

立字人　百岁（押）

中保人　桂祥（押）

同治十年十二月　日

信行

【注】

[一] 原件藏北京大学图书馆。

[二] 让与，此为有偿「让与」，将产权出让，为出卖性质。有「外随红契」等可证。

二一七七　清同治十一年（一八七二）永济县仝三星出典柿树契[一]

立写出典柿树文字人仝三星堂，今将村北下堐自己地内柿树叁株出典于娘娘庙收摘柿果，典价银捌两整，三年为满。如过三年，银便许回[二]。其树生地南北畛[三]，南至小道，北至阡头，西至锡秀，东至本主。四至分明，立契存证。

同治十壹年十一月二十日

立字人　仝三星

中人　仝作楫在

【注】

［一］友人赠原件复印件。

［二］即「银到许回赎」。

［三］畛，界限。

二一七八　清光绪五年（一八七九）山阴县张硕轩出典屋白契［一］

立出典屋契人张硕轩，缘有自己分授台门内东边北来小天井间壁第一小间平屋一间，内有地阁板；又第二平屋一间，四围门壁俱全。今出典于春霖兄处为业，计典屋价钱四拾伍千文九八大钱。言明钱到回赎。自出典之后，任凭钱主管屋居住。恐后无凭，立此为据。（押）

再批：契内价钱一并收足。（押）

光绪五年九月　　日　　立出典屋契人　张硕轩　（押）

中人　　其槎　（押）　施秋槎　（押）

亲笔无代　（押）

典屋契

【注】

［一］原件藏北京大学图书馆。

二一七九　清光绪七年（一八八一）山阴县高声甫杜绝卖屋文契［一］

立杜绝卖屋文契人高声甫，今因正用，情愿凂中将祖遗分授万字坐西朝东平屋壹间，又间壁半间，系声甫得三股之一内，上连椽瓦，下连石砌基地，四围门窗户壁一概俱全，绝卖与嫂处为业，三面议定时值估价银七两正。自绝之后，赁（任）凭钱主管业居住、召租、出典，并无有分人争执，亦无重叠戤押等情。如有等情，出卖人自行理值，不涉钱主之画。此系两边情愿，各无异言，永无反悔。欲后有凭，立此卖屋文契永远存照。（押）

光绪七年拾壹月　　日　　立出杜绝卖屋契人　高声甫（押）

再批：其中间本属初阳房出公用。前经如篪作鳞　高镜涵（押）

有买此屋者公议，照股分派作墙分隔，

因此将自己股内平屋一间，又半间　中人　高宏炘（押）　高宗潮（押）

绝卖与嫂处为业。嗣后如欲隔绝者，　亲笔无代

竟可由三股中分隔两股，以为钱主

之用。又照。

又批：其屋共有五椽，直至滴水，出入直至河□通径，凡厅堂逍地、街内均可公用无阻格。坐落厅□堂后进两边间屋，其银向归公中老户完纳，故不另注。

新例一契，杜绝后到契内价银一并完足。又照。（押）

【注】

［一］原件藏北京大学图书馆。

二一八〇　清光绪七年（一八八一）山阴县高声甫杜绝找屋文契［一］

立杜绝找屋文契人高声甫，今将祖授平屋壹间又半间，系声甫三股之一内，前经绝卖与嫂处为业。兹因价钱不足，仍凂愿（原）中绝找到契价银叁两正。自找绝之后，赁（任）凭钱主管业、居住、召租、出典、改造、格绝，并无有分人争执，亦无重叠戤押等情。如有等情，出卖之人自行理值，不涉钱主之事。此系两边情愿，各无异言，永无反悔。欲后有凭，立此杜绝找屋文契，永远存照。（押）

再批：此屋出入、坐落，并另半间作墙分隔等情，正契注明，故不再载。并银米亦与正契证明，公中老户完纳，故不作推。并照。（押）

光绪七年拾二月　日　立杜绝找契人　高声甫（押）

高镜涵（押）

中人　高宏炘（押）　高宗潮（押）

亲笔无代

【注】

[一]原件藏北京大学图书馆。

二一八一　清光绪八年(一八八二)宛平县李耀臣典房白契[一]

立典房契人李耀臣，今将自置住房壹所，在前门内碾儿胡同中间路北[二]，共计房贰拾肆间，大院壹块，砖井一眼。今将自置房典与樊名下，当面言明典房契银肆百两整。其银笔下交清，并无欠欠。每月按壹分伍厘行息，约至壹年整，银到赎回。自典之后，倘有争竞等情，有典契人一面承管。恐口无凭，立此典房契字为照。

计红白契纸共伍张。　另立利息折为证。

按月到琉璃厂路北宝丰斋凭折取息。

亲笔无中

光绪捌年贰月中浣日[三]　立典契人李耀臣亲笔(押)

【注】

[一]原件藏北京大学图书馆。

[二]碾儿胡同，今作「辇儿胡同」。

[三]浣，旧称农历每月的上、中、下旬为上浣、中浣、下浣。

二一八二　清光绪八年(一八八二)喀喇沁左旗四地柏当房白契[一]

当

光绪八年十月十三日　立

四地柏[二]小河堐四道街房身，租分(钱)弍千伍佰文，五年为满。当租分(钱)伍吊整正。

中见人　张卜宁卜
五德

代满汗[三]字人　金力得　韩存祥

【注】

[一] 手录友人藏品。

[二] 四地柏，亦写作「四地板」，音译。

[三] 汗，当作「汉」，即汉族。

二一八三　清光绪八年（一八八二）喀喇沁左旗大力马当地契[一]

当　大力马箭上七十五个垅地壹段，六年为满。当价东分（钱）柒拾吊整。仝日借押契东分（钱）伍佰叁拾吊整[二]，三分行息。满契找分六吊，不许多要。

光绪八年十一月十三日　立

中见人　黑之根　张卜宁卜　索郎

代满汉[三]字人　金立德　韩存祥

【注】

[一] 手录友人收藏。

[二] 所借押契钱数目较所当得钱数目为大。不知为何。

[三]「汉」字原契作「汗」字。

二一八四　清光绪九年（一八八三）山阴县高声甫活卖田官契[一]

绝卖文契

山阴县三十六都叁图立绝卖田契人高声甫，今将祖遗自己户内万字号田壹亩肆分正，凂中情愿出卖与本县族处名下为业。三面议定时值估价银拾五两正。其银当日一并收足。自卖之后，不准回赎，亦无重找，恁凭银主管业收户办粮。并无重叠交关。倘有事端，卖主自行承值，不涉买主之事。欲后有凭，立此绝契为照。（押）

计开

万字捌百九五六号田壹亩四分正。

旧管三十六都三图高辉石户

新管　　都　图　　户

坐落　陈家溇　土名

光绪九年弍月　　日　　立绝卖契人　高声甫（押）

中人　宏炘（押）

杏邨

梅坡

又韩

代笔　蓴楼（押）

今收到契内银一并完足。又照（押）

计开条款例

一、凡用此契者，竟作绝卖。

一、卖主不识字者，许兄弟子侄代书。

一、成交后，即粘契尾，投税验明推收。如违，治罚。

一、契内如有添注涂抹字样者，作捏造论。

一、房屋间架仍载明空处。

一、典戤用此契者，须注明年限回赎字样。如不注者，仍作绝卖。

以上数条不过大概。倘民情尚有未尽者，许于空隙处填写。

【注】

[一] 原件藏北京大学图书馆。

二一八五　清光绪九年(一八八三)山阴县高声甫推旗之一[一]

立出推旗人高声甫，今将三十六都三图高辉石户内万字捌百九十五六号中田壹亩四分正，出推与本都本图高　　户入册输粮，以次年银米为始。恐后无凭，立此推旗永远存照。

光绪九年三月　　日

立推旗人　高声甫(押)

见推　宏炘(押)

杏郁(押)

代笔　萼楼(押)

【注】

[一] 原件藏北京大学图书馆。

二一八六　清光绪九年(一八八三)山阴县高声甫活卖园地官契[一]

山阴县三十六都三图立绝卖地契人高声甫，今将祖遗自己户内万字号园地壹坵，凂中情愿出卖与本县族处名下为业。三面议定时值估价银伍两正。其银当日一并收足。自卖之后，不准回赎，亦无重找，凭凭银主管业收户办粮。并无重叠交关。倘有事端，卖主自行承值，不涉买主之事。欲后有凭，立此绝契为照。(押)

计开：

东至坟前大路，西至银主东路，南至银主墙界，北至池沿。

字号。再批：其地凭凭银主改造作墙，并无阻格。如有分人争执等情，出卖之人自行理直，不涉银主之事。此系两边情愿，各无异言，永无反悔。其银米向归公中老户完纳，改不作推。今遵新例，一契杜绝。今收到契内银一并完足。并照。(押)

光绪九年三月　　日立绝卖契人　高声甫（押）

中人　维贤（押）　宏炘（押）

杏邨　蕚楼（押）

又韩　梅坡（押）

菊生　佐廷

亲笔无代（押）

契　　文

计开条款例

一、凡用此契者，竟作绝卖。

一、卖主不识字者，许兄弟子侄代书。

一、成交后即粘契尾投税，验明推收。如违治罚。

一、契内如有添注涂抹字样者，作捏造论。

一、房屋间架仍载明空处。

一、典戤用此契者，须注明年限回赎字样。如不注者，仍作绝卖。

以上数条不过大概，倘民情尚有未尽者，许于空隙处填写。

【注】

[一] 原件藏北京大学图书馆。

二一八七　清光绪九年（一八八三）山阴县高声甫杜绝找田白契[一]

立杜绝找田文契人高声甫，前为先代正用，已将祖遗万字捌百九十五六号中田壹亩四分正出卖与族处为业，得过正契价银拾五两。兹因契价不足，而且不敷所用，仍凂原中绝找到原主，三面议定时值估绝找价银拾弍两正。自绝找之后，任凭银主管业、收花、入册输粮，永不再找，永远杜绝。此系两边情愿。各无异言，各无反悔。并无有分人争执，亦无重叠交关。如有重叠等情，出卖之人自行理值，不涉银主之事。契内价银当日一并收足。欲后有凭，立此杜绝找田文契存照。（押）

再批：老契因年远遗失，检出作废纸论。其田之细号、亩分、坐落、四至，已经正契载明，故不再注。（押）

立杜绝找田文契人　高声甫(押)
见中　宏炘(押)　杏邨(押)　梅坡(押)　义韩(押)
代笔　蕚楼(押)

光绪九年三月　　日

杜绝找契大吉

【注】

[一]原件藏北京大学图书馆。

二一八八　清光绪九年(一八八三)山阴县高声甫绝找屋白契[一]

立绝找屋文契人高声甫,今因正用,将祖遗分授朝南堂房平屋壹间、退堂半间,上连椽瓦,下连石砌基地,四围门窗户壁楼地搁一概俱全,前经出卖与族处为业。兹因价银不足,仍浼愿(原)中绝找到契价银拾伍两正。自绝找之后,凭银主管业、居住、朝祖(召租)、出典,并无有分人争执,亦无重叠戤押等情。出卖主人自行理直[二],不涉银主之事。此系两边情愿,各无异言,永无返悔。欲后有凭,立此杜绝找屋文契,永远存照。(押)

再批:此屋出入、坐落、四至,正契注明,故不再注。银米亦与正契注明,公中老契完纳,故不作推。又照。(押)

立找屋契人　高声甫(押)
维宝(押)　义韩　佐庭　宏炘　杏邨
蕚楼(押)　梅坡(押)　菊生(押)
亲笔无代

光绪九年三月　　日

找屋文契

【注】

[一]原件藏北京大学图书馆。
[二]此句上脱「如有等情」字样。

二一八九　清光绪十年（一八八四）山阴县高声甫推旗之二[一]

立出推旗人高声甫，今将三十六都三图高晹谷公祭户内赖字壹千六百柒拾五号中田式亩式分正[二]，出推与本都本图高　户入册输粮，以次年银米为始。恐后无凭，立此推旗永远存照。

光绪拾年四月　　日

立推旗人　高声甫（押）

见推　　宏炘（押）

鹤楼（押）[三]

亲笔无代

推旗大吉

【注】

[一]原件藏北京大学图书馆。

[二]在本年本月高声甫所立「绝卖文契」中，写作「中田式亩六分」。

[三]「鹤楼」亦作「萼楼」。

二一九〇　清光绪十年（一八八四）山阴县高声甫活卖田官契[一]

山阴县三十六都三图立绝卖田契人高声甫，今将祖遗自己户内赖字号中田式亩六分，凂中情愿出卖与本县族处名下为业。三方议定时值估价银三拾三千六百文正。其银当日一并收足。自卖之后，不准回赎，亦无重找。恁凭银主管业，收户办粮。并无重复交关。倘有事端，卖主自行承值，不涉买主之事。欲后有凭，立此绝契为照。（押）

计开：

东至河，西至山脚，南至杨姓田，北至本姓田。

找

卖

赖字壹千陆百柒拾五号中田式亩六分正。

再批：其田内有田中晹谷公坟基内迁四分正。其粮仍在晹公祭户内完纳。又照。（押）

再批：其田石堪石块一应在内。此系两边情愿，各无异言，永无返悔，并无分外争执，亦无重叠交关争执等情。出卖之人自行理值。不涉买主之事。欲后有凭，立此永远存照。（押）

再批：附老契帋，并照。（押） 坐落砖窑里。

光绪拾年柒月　日　立找卖契人　高声甫（押）

中人　宏炘（押）　杏村

鹤楼（押）　沈松晋（押）

高梅坡（押）　兰生（押）

菊生（押）　达夫（押）

亲笔无代（押）

文　契

计开条款例

一、凡用此契者，竟作绝卖。

一、卖主不识字者，许兄弟子侄代书。

一、成交后，即粘契尾投税，验明推收。如违，治罚。

一、契内如有添注涂抹字样者，作捏造论。

一、房屋间架仍载明空处。

一、典戤用此契者，须注明年限回赎字样。如不注者，仍作绝卖。

以上数条不过大概，倘民情尚有未尽者，许于空隙处填写。

【注】

[一] 原件藏北京大学图书馆。

二一九一　清光绪十年（一八八四）永嘉县张明泮当林木白契[一]

立当字公张明泮今因缺钱应用，自情愿将自己有松木壹处[二]，坐落五十二都西社三里，土名茅山，首坤安著。计松木壹片，大少（小）在内，四股内承壹股。今凭中立字出当与侄孙廷为业。当日得受当去谷三桶[三]，即日收受院（完）足，并无存留。自当之后，面断无银交还，其松木悉听任凭侄孙边管梓（业），批坢坎折，公边并无异言。倘有外人争执之理，公边自行支解，不染侄孙之事。此系两造情愿，各无反悔。今欲有凭，立当字为照。

光绪拾年九月　　日

见中兄　　明云（押）
　　　　　明伦（押）
立当公　张明泮（押）
代笔侄　　敬樨（押）

【注】

［一］友人赠品。
［二］松木，当作「松木林」。
［三］桶，量器。

二一九二　清光绪十年（一八八四）山阴县张硕轩加典屋白契［一］

立出典屋契人张硕轩，缘有自己分授台门内东边北来小天井间壁第一小间平屋一间，又第二平屋壹间。于五年间已出典于　春霖堂兄处为业，得过典屋价钱四拾五千文。今因缺用，仍浼中又加典得九八大钱拾五千文。当日言明，以后只准备价回赎，不准加典。恐后无凭，立此加典屋存照。（押）

光绪拾年十二月　　日

出加典屋契人　张硕轩　（押）
　中人　其槎　施秋槎
　　　　亲笔无代（押）

加典屋契

【注】

［一］原件藏北京大学图书馆。

二一九三　清光绪十一年（一八八五）北京厢蓝旗满洲松桂典房白契[一]

立典房契人厢蓝旗满洲兆珏佐领下松桂，因手罚（乏）无钱，同中说合，情原典与桂宅明（名）下为业。此房坐落在百花神处路北[二]，正房三间，南房三间，上下土木门窗户必（壁）俱全。言明典价市平松江银五十两正。其银笔下交足，并不欠少。自典之后，如有重复典卖、亲族人等争论，有松桂一面承管。恐口无凭，立字存照。外有红契一张，白字□张，一并跟随。

中保人　全聚五（押）

立典字人　松桂（押）

光绪十一年十月十二　　日

【注】

［一］原件藏北京大学图书馆。

［二］百花神处，今北京新街口南大街东「百花深处」。

二一九四　清光绪十一年（一八八五）喀喇沁左旗王德当地白契[一]

光绪拾壹年十一月初五日　　　　立

立当契人王德，因当差不凑，今将自己小山后地一段，烦人说妥，情愿当与韩存玺名下耕种，五年为满。言明当价东钱四拾吊整。当日借押契东分（钱）弎拾吊整，三分行息。其钱笔下交足不欠。恐口难凭，立当契文约为证。

中见人　四地板

拉什[二]

代字人　韩存平

【注】

[一] 手录友人藏品。

[二] 拉什，当是代满字人。满文契未见。

二一九五　清光绪十一年（一八八五）山阴县张硕轩出戤值祭票[一]

立出戤值祭票人硕轩，缘有　高高祖汉云公暨　高祖求仲公两代值年，系派下三房克昌公三老房轮值。吾　克昌公派下建勋在闲、硕轩其槎两房轮当，轮应硕轩值年者陆年一转。缘今年硕所值是两代祭祀，并经理宗祠收花、完粮。不料租钱用去，粮未完纳。时近岁暮，另无设法。故浼中与　堂兄春霖熟商，将是两代祖宗当年出戤于　春霖哥处收花办理。戤淂（得）九八大钱玖拾千文，以应完粮急需。自出戤之后，轮应硕轩处年头，任凭　兄处将各祭田赊租，并现租暨各神会宗祠酒钱三七世捐项首钱，均归　兄处收取，并办祭、完粮，一概均不涉硕轩之事。惟完粮、办祭外有余伏（富）钱文，以作戤本陆年之息。若以后回赎时，议明将硕处年头当毕限是年十二月内，钱到回赎。如年外回赎者，言明玖拾千文，按月壹分利息作算，核计本利若干，如数交还，始能回赎。倘无力回赎，仍归兄处收花、办祭、完粮，一概循旧。此承堂兄圆便成全之事，以后决无异言。恐后无凭，立此出戤年头票存照。（押）

再批：此戤之年，系光绪十七年，分值年归兄办理为始。并照。（押）

再批：是戤钱洋照西路九八大钱作算，又照。（押）

再批：票内戤钱一并收足。又照。（押）

再批：是两代祭田，向有该佃押租。恐嗣后将租钱扣留，以除押租，故先议明，仍须三老房另行派出归还，庶几值年家不致落空。又照。（押）

光绪拾壹年十二月　　日　　立出戤当年票人　张硕轩（押）

中人　宝山（押）　何氏

李氏　其槎（押）

莫雅山（押）

亲笔无代

戤年头票

【注】

［一］原件藏北京大学图书馆。

二一九六　清光绪二十二年（一八九六）喀喇沁左旗王客当租契［一］

立当租契约人王客，因手乏，今将自己所吃粮租一斗七升，自烦中人（说）妥，情愿当于王振山名下自吃不交。言明当价东钱五吊一佰文。其钱面交不欠。恐口无凭，立钱到许赎文约为证。

中见人　张春年

李春旭

代字人　李春三

大清光绪廿十二月十二日　　立

【注】

［一］手录友人藏品。

二一九七　清光绪二十四年（一八九八）永济县仝锡钵出典柿树文字［一］

立写出典柿树文字人仝锡钵，因为□用不便，今将自己村东窑梭柿树一株，南北畛；村东北寺角，南北畛柿树一株。今央人说合，出典于

娘娘庙为业。共柿树二株，典价银壹两伍钱整。一典三年为满，银便许回。恐口无凭，立字存用。

光绪廿四年八月初六日　　立字人　仝锡钵（押）

光绪廿七年八月初八日[二]　　中见人　仝尊爵在

(缺)银壹两叁钱,三年为满。

(缺)九年八月廿二日

(缺)银壹两弍钱。

【注】

[一]友人赠原件复印件。

[二]自此以下为「找」价批注。上部残缺。

二一九八　清光绪三十年(一九〇四)宛平县鲍门陈氏老典墓地文约[一]

立老典永远为业地字文约人鲍门陈氏[二],因手乏,无钱史(使)用,有本身□王姓地壹段,座(做)埋坟茔史(使)用,计地贰亩。此地座(坐)落在广安门外太平桥北边路西[三],东至大道,西至王姓,南至王姓,北至河沟,四至分明。今托中保人说合,情愿将此地老典与王庆云名下种地,永远为业。内有土坟二座。言明立字后不准鲍姓栽树盖房打井,一概不准,准其鲍姓殡葬史(使)用。言明典价钱八十吊整,其钱笔下交足,并不欠少。鲍姓首(手)内收存半张老文约、白纸字作为废纸。久知后,不准鲍姓作地租重租、典卖者,一概不准。其立字后,如有鲍姓亲族人等反悔,有鲍门陈氏同中保一面承管。口说无凭,立字为正(证)。

中保人　孙永福(押)　申永泰(押)　刘文奎(押)

立字人　鲍门陈氏(押)

烦代笔人　王永顺(押)

光绪三十年三月初九日

【注】

[一]原件藏北京大学图书馆。

[二]老典,长期出典。

[三]太平桥,在今北京广安门外莲花池南。

二一九九　清光绪三十年（一九〇四）大兴县孙大典地白契[一]

立字人大兴县民孙姓，因手无钱使用，有本身地二段，情愿典张姓名下耕种[二]，地座落广西门南边大道东一段[三]，大道西一段，东至慌皆（荒街），西至慌皆（荒街），南至慌（荒）街，北至小道。一典五年为满，典价钱壹佰吊正。其钱笔下交足，并不欠少。钱无利钱，地无典价。恐口无凭，立字存照。五年后准孙姓绪（续）价回赎。典地后有亲足（族）人等净（争）伦（论），有中保人一面承管。

光绪卅年拾月拾六日

立字人　孙大（押）　孙四（押）

典地人　张三

中保人　姜三（押）

【注】

[一] 原件藏北京大学图书馆。

[二] 典，「典」下脱一「与」字。

[三] 广西门，原「光熙门」之讹。原为元大都城九门之一。明初，改大都为北平，将北城墙南移五华里，此门作废，而地名延用至今。地在朝阳区太阳宫一带。

二〇〇〇　清光绪三十一年（一九〇五）北京张吴氏出典楼房白契[一]

立出典屋契人张吴氏同男其芳，今因缺用，凂中将祖遗分授新台门东边第贰进第二三侧楼两间，又楼下小灶头壹间出典与槎侄居住。当得典价洋玖拾元正。三面议定以拾伍年为限，拾伍年内不准回赎，限外任凭钱到回赎。自典之后，任凭钱主管屋居住。其屋四围门壁俱全。此系两相情愿，以（一）无翻悔。恐后无凭，立此典屋契存照。

再批：契内价钱一并收足。并照。　（押）

光绪叁拾壹年九月　　日

立出典屋契人　张吴氏（押）

典屋契

同男　其芳

中人　张何氏　馥堂（押）

代笔　馥堂（押）

【注】

［一］原件藏北京大学图书馆。

二二〇一　清光绪三十四年（一九〇八）宛平县何景山当地白契[一]

立当地文约人何景山，今因乏手不便，本身有自置自种园地壹段，计地壹亩。此地坐落在广安门外仓（苍）蝇馆村北头路东。东至潘姓地界，西至大道，南至陈姓地界，北至邹姓地界，四至分明，内有麦苗相随。今烦中人说合，情愿将此地当与狄万昆名下承种。言明一当陆年为满，银到回赎。实当价京平松江银贰拾两正。其银笔下交足，并不欠少。银无利息，地无租价。此地自宣统元年春种起，至六年秋后为满。自当之后，如若原根不清，亲族人等争论者，均有立字人与中人承管，一概不与置地主相干。以上俱是当面同中人言明，两家情愿，各无反悔。恐口无凭，立此文约为证。

中保说合人　韩景泰（押）

王永安（押）

立当地文约人　何景山（押）

代笔人　焦国安（押）

光绪叁拾四年十二月初一日

【注】

［一］原件藏北京大学图书馆。

二二〇二　清宣统二年（一九一〇）宛平县孟门王氏母子典地字据[一]

立典地字人孟门王氏同子祥茂，因乏用，有祖遗佃户地一段，计地壹亩伍分。此地座落广安门外孟家村外东北。东至主，西至置主，南至本族，北至本族，四至分明。今托中保人说合，情愿将此地出典与本族弟　孟守海名下承种。同中言明，一典三年。实典价京平松江银拾两整，其银立字笔下交清，并不欠少。自宣统叁年春种起，至　宣统伍年秋后为满。年满银到，许回赎。立字之后，若有远近人等争论者，有本业主、中保人一面承管。三言议定，恐后无凭，两家情愿，立典地字为证。

粮随地纳

宣统贰年七月初三日

立典地字人　孟门王氏　同子孟祥茂（押）

中保说合人　孟守信（押）　孟万龙（押）　谢和林（押）　王玉和（押）　孟守余（押）

代笔人　孟立荣（押）

【注】

[一] 原件藏北京大学图书馆。

二二〇三　清宣统二年（一九一〇）宛平县屈星垣倒房白字据[一]

立倒字人屈宅，今典得孟宅住房壹所，座落在西直门内曹公观后中街路东门内，北房三间，南房三间，西房壹间，共记（计）房七间。典价市平足银贰百两正，银房两清。言明贰年后银到许赎。倘八年后不赎，此倒字作废，准许典主遵例税契。各家情愿，各无返悔。恐后无凭，立倒字存照。外有红白契纸叁套跟遂（随）。

宣统贰年七月

立倒字人　屈星垣（押）

中保人　隆喜（押）　德耀亨

腊月初十日续借银伍十两正。仍同原中保人。

【注】

[一] 原件藏北京大学图书馆。

二二〇四　清宣统二年（一九一〇）徽州陈永发出当田租红契[一]

二十都捌图八甲立出当田租人陈永发，今因缺少钱用，自愿将承祖遗下得受己业、土名松尖、本佃租壹宗计田大小　坵，计原租拾秤正，今实当出柒秤足，计田税壹亩零捌厘正，其税照依鱼鳞册四至为证。今来凭中同男立契出当与程家益名下为业。当日三面言定时值当价英洋贰拾捌元正，其洋当日亲手一并收领。其田租即是（时）交业，听从受业人照契管业收租无异。本家不得欠缺租谷，其田税在于陈英户丁永发名下，即时起推入于同都同图三甲程志兴户丁益记名下办纳国课无辞。倘有内外人言说、先后重复交易一切等情，尽是身一力承值，不与受业人之事。其租不拘年月远近，听备原价取回无异。恐后无凭，两无言说，立此当契存据。

其推税事用当是言定，是身承认。倘要准四年之后取，受业人照认。四年之前推收，本家一并照认无异。（押）

其来路契税先年被水遗失，末（无）从交付。其推税事，出当之日受业承认[二]。日后取回，本家照认无异。再批。（押）

立出当田租契人　陈永发（押）

凭中人同男　天金（押）

依口代书人　曹定和（押）

宣统贰年十壹月　　日

【注】

[一] 原件藏北京大学图书馆。

[二] 受业，「业」下脱一「人」字。

二二〇五　清宣统三年（一九一一）北京厢白旗明昆典房白契[一]

立典祖遗住房契，系厢白旗满洲恒龄佐领下马甲明昆，因父病故，手乏无资，指锦什坊街王府仓中间路北本身住房壹所[二]：正瓦房叁间，西耳房壹间，东厢房贰间，西厢房贰间，南房代（带）过道门叁间，共计房拾壹间。情愿典与屈宅名下为业，言明典价京平足银肆佰伍拾两整，并无修理银两。言明议（一）典贰年。其银笔下交足，并不欠少。自典之后，如有亲族人等争论，以及来路不明、重租到（倒）典等情，均有原业主明姓一面承管，不如（与）新典主相干。此系两家情愿，各无返悔。倘　年后不赎，准许典主人遵例投税，永远为业。恐口无凭，立典契为证。

立典契人　明　昆（押）　子伊洪额

代笔人　徐献庭（押）

立借字人厢白旗满洲恒龄佐领下马甲明昆，今因父病故，手乏无资，指王府仓中间路北本身住房一所，房契作押，借到屈宅纹银肆伯五十两整，每月按贰分五厘行息，期至一年内归还。恐口无凭，立字为证。

立借字人　明　昆（押）

宣统三年七月二十六日

【注】

［一］原件藏北京大学图书馆。

［二］王府仓，今北京阜城门内西南王府仓胡同。

二二〇六　清宣统三年（一九一一）宛平县王海典房白契[一]

立典自置住房契，系宛平县民王海，因手乏不便，亲托中人说合，愿将自置住房壹所，坐落在阜城门外关厢中间路南铁铺胡同内路南正房三间半，情愿典与屈宅名下为业，当面言明典价银市平银壹百两正。其银笔下交足，并不欠少。自典之后，如有亲族人等争论，以及来路不明，重租到（倒）典等情，均有原业主王姓一面承管，不与新典主相干。此系贰家情愿，各无返悔。言定议贰年准许银到回赎。倘八年后不赎，准许典主遵例投税永远为业。恐后无凭，立典契存照。共有红白契叁张。

铺　保　兴隆号轿子铺（印）

中保人　郭　瑞（押）

立典人　王　海（押）　立

宣统三年七月二十六日

【注】

［一］原件藏北京大学图书馆。

二二〇七　卖田洗贴契式[一]

立尽洗贴契人　　，前年卖与　　宅田租若干，载产若干，共银若干，价值未敷。今再就宅尽洗贴出纹银若干，价值已足。嗣后绝不言贴、言赎。　　宅永为己业。若遇大造之年产米，听就本户某图某甲照数取入。宅某图某甲某户纳米当差，不敢沮当。今欲有凭，立契为照。凡洗贴契同此式。

【注】

[一] 清康熙刻本《尺牍合璧》卷三《利函》第四十三页。

二二〇八　典田文契式[一]

立典田文契人某人系某都某图人。今因乏用，倩（情）愿央中说合，将祖遗自置民田若干亩，庄房几间，塘坝几口，坐落某处地方。四至开具于后，出典与本县某　名下执业。三面言定实典价银若干，其银当日收足无欠。每年差粮俱系田主承当，与典主无涉。自典之后，听凭典主收割籽粒。约至几年或云不俱年限，银到归赎。倘或典主未收花利，遽言取赎者，甘罚白银若干。今欲有凭，立此典田文契存照。

计开：四至某处　田器几具

一、原卖田印契几纸

一、每年租稻几石几斗，麦几石几斗

乾隆　　年　　月　　日　　　　立典田文契人某人押

亲邻某人押

中人某人押

粮里排年押

【注】

[一] 清王相汇选，吴之振校订新刻徽郡原本《增订世事元龙通考》卷四《文契类》。

二二〇九　典房文契式[一]

立典房文契人某人，今将祖遗自置住房一所，坐落某处，计门面几间，几进。出典与

某　　名下执业。当日凭中收受典价纹银若干。自典之后，听凭典主执业居住。房不起租，银不起利。三年之后，银到归赎。不取赎，听典主或住或转典，一从其便。典期未满，如不许取赎。倘有赎者，一应税契、中牙使费，俱系房主承认无辞。今欲有凭，立此典房文契存照。

计开：上业印契一纸　装修墙壁门扇一单。每年房号、房钞、地租，房主自出。总甲工食、门差，典主承办。

乾隆　　年　　月　　日　　　　立典房契人押

兄弟子侄押

亲　中人某人押

邻　官牙某人押

【注】

[一] 清王相汇选，吴之振校订新刻徽郡原本《增订世事元龙通考》卷四《文契类》。

二二一〇　找田价文契式之一[一]

立绝找田价文约人某人，向年有田一契，出卖与

某　　名下，得价银若干。执业已久，内有鱼塘一口，或庄房几间或田器几具，缘其契未曾得价。今因年荒无措，央中商议，求找纹银几两。当日亲手收受。自找之后，并无丝毫异论。如有再兴事端，俱系中人承当。今欲有凭，立此找绝田塘文契约存照。

乾隆　年　月　日　　　　立找绝田价文约文某人押

【注】

[一] 清王相汇选，吴之振校订新刻徽郡原本《增订世事元龙通考》卷四《文契类》。原题《找田价文契式两式》，收入本书析作「之一」「之二」两篇。本篇为之一。

二二二一一　找田价文契式之二[一]

立劝找杜绝议约人某人、某人，向年某人有田一契，出卖与某　名下，得价若干。执业已经几年，曾于某年找过田价几次。近知功令森严，不许找赎已卖田产。其奈某人老病饥寒，或云父母疾病将危，分文无措。某等切系亲邻，不忍坐视，只得共向某　名下求浼义助纹银几两，当〔日〕付某人亲手收受。自立议之后，永无异说。倘再有事端，俱系劝议人一面承当。今欲有凭，立此劝找杜绝文约存照。

乾隆　年　月　日　　　　立议约人某人押

某人押

卖主某人押

【注】

[一] 清王相汇选，吴之振校订新刻徽郡原本《增订世事元龙通考》卷四《文契类》。原题《找田价文契式两式》。本篇为之二。

二二二一二　找房价文约式之一[一]

立杜绝找房价文约人某人，向于某年将住房一所出卖与某　名下，价银若干，已经收足。向年曾用过修理房屋墙垣银两，或言有装修。因志在回赎，故未经上契。今历年已久，无力取赎，央中公议，于买主名下找银若干两。其银当日亲手收讫。自找之后，一任买主修造，永远执业，不得另生他议。如有异说，俱系原中一面承当。今欲有凭，立此杜绝找价文契存照。

乾隆　年　月　日立杜绝找房价人某人押
中人押

【注】

[一] 清王相汇选，吴之振校订新刻徽郡原本《增订世事元龙通考》卷四《文契类》。原题《找房价文约式两式》，收入本书析作「之一」、「之二」两篇。本篇为之一。

二二一三　找房价文约式之二[二]

立劝议杜绝找房价文约人某人、某人，今因向年某人有房一所，出卖与某名下税契执业已久。因装修找价未清，以致结讼。某等谊在亲邻，不忍坐视，公同劝息，于某名下议找纹银若干，卖主亲手收受。自今以后，永无异说。倘再有事端，俱系议约人一面承当。今欲有凭，立此劝息杜绝找价文约存照。

乾隆　年　月　日

立公议约人某人押
得价卖主某人押

【注】

[二] 清王相汇选，吴之振校订新刻徽郡原本《增订世事元龙通考》卷四《文契类》。原题《找房价文约式两式》。本篇为之二。

（三） 租佃、雇工类契约

二二一四 清顺治八年（一六五一）休宁县吴氏租水碓房找约[一]

立租约人吴氏，今自情愿央中租到族叔祖许　名下先年故夫卖过土库屋壹所，坐落大溪边，得银四两整。原议屋将皂结树壹株、栗树壹株已交管业，递年准租银。今年春夏二季间，因水碓遭洪水发涨，尽行飘（漂）流。今修理水碓欠缺备办木料并工匠使用。复央原中加于故夫卖契内价银陆两整，其银当日随手收足。凭中三面议定，每周年加租利银贰两乙钱陆分，递年听屋东陆续春谷，以碓分银准租赁每袋谷计五砠议开贰分五厘算。两边情愿，不致（准）增减。恐后无凭，立此租约议墨存炤（照）。

顺治八年七月初一　　日

立租约人　吴　氏

原中人　许朋石

代书亲房人　许际可

顺治十一年七月初八日，因碓车又遭水推损坏，重修[二]，复央中将原契内加价纹银捌两，递年交屋租赁利贰两捌钱捌分。并前屋价银，共利伍两零肆分。以后确分每袋作叁分算，退还租赁。其四千八百卅二号余地并栗树、皂结树，又加契价银贰两，并前银肆两，二共陆两，议不起利。听买主管业余地、树木。凭中再批。

立租约人　吴　氏　同男　许圣寿

原　中　许朋石

代书亲　许元秀

【注】

[一] 录自北京大学图书馆藏清抄本休宁《许氏卖契底簿》。原题《九老嫂租约》。

[二] 重修，谓需要重修。

二二一五　清康熙三十八年(一六九九)徽州仆人胡文鼎应役文约[一]

立应役仆人胡文鼎等，向来应役冠、婚、丧、祭[二]，火(伙)佃信记(鸡)而外，又有祖例柴薪，每年每丁纳银一钱。自明迄今，胡姓交纳无异。今因柴薪银自十六岁以起，至六十岁止，递年自愿五月十三日每丁各纳文(纹)银一钱正入匣[三]。凡火(伙)佃信记(鸡)，一切应役[四]，皆不敢抗违。如有不遵，听东呈官理治。存炤(照)。

康熙三十年八月十四日

立应役仆人　胡文鼎

胡文晟　智达　智得　佛保　天生

【注】

[一] 原件藏中国社会科学院历史研究所。

[二] 冠，「男子二十加冠曰冠」。(见《礼记·冠仪》)

[三] 入匣，入柜。指向主人交纳柴薪银。

[四] 一切应役，冠、婚、丧、祭应役、伙佃信鸡、柴薪均在其内，都是正额田租以外的剥削。

二二一六　清康熙三十九年(一七〇〇)永安县冯兆周承佃文约[一]

二十七都住人冯兆周，今来要田耕作，今特托保向前在张公法主边佃得谷田一段[二]，坐落二十八都桂口上坂垅尾。递年到秋熟，备办早谷□硕大，冬、食牲各乙只[三]，送至值年会首家下交收。不敢拖欠升合，亦不许卖弄界至水浆等情。如有此色，应许众等另行改佃下伙，不敢阻占。今来二家甘心意允，亦复有凭，立承佃为照。

康熙叁拾玖年柒月

立承佃人　冯兆周

保　佃　陈

【注】

[一] 录自傅衣凌《明清时代福建佃农风潮考略》，载《福建文化季刊》第一卷第一期，一九四一年。

[二] 张公法主，张公，佃户对张姓佃主的尊称。法主，神会首领。

［三］冬牲，鸡鸭之类。食牲，猪类。

二二一七　清康熙五十三年（一七一四）山阴县胡子顺认租文票[一]

今立认租文票人胡子顺，缘有剑字号田壹片[二]，计田肆分伍厘。缺田布种[三]，情愿认到谭处，凭中面议，每年租米陆斗叁升。不论荒旱，约至秋收，壹并交还，不敢少欠。立此为昭（照）。

再批：每年（从）钱粮粮米内叩（扣）玖升[四]。

康熙五十三年三月

立租票人　胡子顺（画约）
代书中人　瑞生（画约）

【注】

［一］原件藏北京大学经济系。
［二］缺少田主，下文「谭」氏当是田主。
［三］缺田，当是「胡子顺」缺田。
［四］粮米，「粮」上脱一「从」字。粮米，即租米。

二二一八　清康熙五十八年（一七一九）休宁县王佛佑租房批[一]

立租批仆王佛佑，今凂中租到家主名下房屋乙半[二]，坐落土名竹林塝，通前至后出入门面堂地基，每年议定银乙两整。其租银三面议定，四季交纳，不得欠少分文。倘有租银不清，任从家主另行招租，无得异说。今欲有凭，立此租批存照。

康熙五十八年十一月

立租批仆人　王佛佑
凂中家人　汪禹功

【注】

〔一〕录自中国社会科学院经济研究所藏《休宁潜溪汪姓置产簿》。

〔二〕乙半，一片。

二二一九　清康熙六十一年(一七二二)会昌县罗必先赁田字据〔一〕

立赁耕人罗必先，今来赁到田东吴御天手内田业一处〔二〕，土名密坑大湾子、下禾塘，又及梅子湾等处，左右前后山林竹木田畔山冈等处，计载正租桶五角二斗正〔三〕，外碗子脚谷每角二升，春牲每年一只，冬银每角六厘，外又纳顶耕花利三角三斗正〔四〕，其租今年赁耕种还租。自赁之后，递年秋日精炕过〔五〕、尖桶送门交收，大小丰熟各无加减，抛荒失界，赁十作九，再行批赁，田东自己要耕之日，后不得异说。立赁字为照。

立赁字人　必先（押）

见人　蒂佐（押）

康熙六十一年正月　　日

【注】

〔一〕录自中国第一历史档案馆藏《刑科题本》，乾隆九年六月十一日，江西巡抚塞楞额题。

〔二〕田东，田主。古代和旧时主位在东，宾位在西，所以主人称东。

〔三〕租桶，即租斗。地主收租时的量器，比通用量器大得多。《宁都直隶州志》卷一四《武事志》：宁都「以二十升为一桶，曰租桶。及枭，则桶一十六升，曰衙桶」。租桶的大小，各地不一。

〔四〕碗子脚谷，饭食路费。春牲，禽畜。冬银，取暖费。顶耕花利，顶佃田礼银。以上均为正租之外的附加租。

〔五〕炕（音同消），晒干。《玉篇·火部》：「炕，暴也。」《广韵·肴韵》：「炕，乾也。」

二二二〇　清雍正二年(一七二四)永安县邓秀忠转让赔田约〔一〕

二七都黄历住人邓秀忠承父受分赔田一段，坐落二十七都早岭后黄泥垅。原计实还林宅主人正租谷二硕大，今来要物用急，托中送至本里冯九环出头承赔，当日凭中三面言议，定价九八色银伍两伍钱正。其银即日交收足讫明白，不欠分厘。其田即便退与赔主前去自己耕作管理为业[二]。如有来历不明，系是邓宅自己出头抵当，不涉赔主之事，今来二家甘心意允，各无反悔。今欲有凭，立赔约为照。

立赔约　邓秀忠
中人　冯予受
代字　冯如祜

雍正甲辰二年八月　　日

【注】

[一]录自傅衣凌《明清农村社会经济》第四四页，三联书店一九六一年版。
[二]赔主，一种拥有田面权的人。参看本书前录《清道光六年（一八二六）永安县陈夏莲典小租约》注[二]。

二二二一　清乾隆二年（一七三七）徽州汪星聚租厝基地批[一]

立租批汪星聚，今租到
程宅珠塘尾牌楼山空厝基地壹块，听造享堂，眼同钉（订）界用事。三面言定每周年九色租银叁两整，其银四季交纳，不致欠少。议定前后左右地不另租。今欲有凭，立此租批存照。

三年五月典讫。

立租批　汪星聚（押）
居间　潘绍虞（押）　汪公秀（押）
代书　程友恭（押）

乾隆贰年拾月　　日

【注】

[一]原件藏北京大学图书馆。

二三二二　清乾隆八年（一七四三）山阴县吴子麟等出租票[一]

立出租票吴子麟、子周，有番轩贰股，出租与陈处，面议每年租价钱肆百文，其钱九四足，三月内一季交收。立此出租票存照。

乾隆八年三月　　出租票吴子麟（押）　吴子周（押）
见租柳依仁（押）　孙尔照（押）

出租票

【注】

[一] 原件藏北京大学图书馆。

二三二三　清乾隆二十八年（一七六三）江阴县胡弘仁赁田文票[一]

立凭（赁）文票人胡弘仁，缘因本身缺田布种，情愿浼中凭（赁）到谭　处昆字号田一片，贰亩贰分。每亩租米壹石四斗，共租米叁石〇捌升。约至秋收一并奉还，不敢少欠。恐后无凭，立此为照。

乾隆廿八年伍月　　日　　立凭（赁）票人　胡弘仁（押）
见中　谭德全

凭（赁）租文票

【注】

[一] 原件藏北京大学经济学院。

二二二四　清乾隆四十八年（一七八三）大兴县李德租房基地合同[一]

立合同人系大兴县民人李德，凭中说合租到　明府正阳门外肉市南边街东房基地一块[二]，自盖房开设铺面生理，言明房基租价每月广平纹银拾两正。其租银自立合同之后，按月付给，俟房间告竣之日，立折兑于此铺，按月取租。自开设之后，倘有空闲，仍按月包租，永不拖欠。如有租银拖欠，将地基仍归本府。自开设铺面之后，永远租与民人，并无返悔。恐后无凭，立此合同二张，各存一纸，永远为照。

于咸丰六年八月间，言明俟后每月租银改为银钞壹两伍钱，现银壹两伍钱，共计叁两，在粮食店中和园承取。

中保说合人　马永祥（押）
　　　　　　刘昆山（押）
立租地基合同人　李　德（押）
本府人　阿　廪（押）　赵　铠（押）
　　　　郭友德（押）　高元凤（押）

乾隆四十八年四月初四日

合同贰张各存壹纸永远为照[三]

【注】

[一] 原件藏北京大学图书馆。
[二] 肉市，今北京前门外肉市街。
[三] 骑缝半字。

二二二五　清嘉庆二年（一七九七）徽州鲍日怀租田批[一]

立批租人鲍日怀，今租到许名下场字号田[二]丘，计田税二亩正。每年秋收交纳时租谷四十八斗整。其谷挑上门，照依时年车收[三]，不得欠少。若有欠少，任凭本家起业，另招他人作种。如遇干旱年岁，眼同监割分租。恐口无凭，立此租批存照。

嘉庆二年二月　　日

立租批人　鲍日怀
凭中　张正和

【注】

［一］原件藏安徽省博物馆。

［二］车收，风车净谷，使去杂质。

二二二六　清嘉庆十五年（一八一〇）徽州唐廷仰租田批［一］

立租批唐廷仰今租到

金宅名下伍锡塘田大小四丘，计田廿七砠，三面言定交纳下午过风租肆石伍斗整。倘若年岁丰旱，照依大历（例）。今恐无凭，立此租批存照。

嘉庆拾伍年十二月　　日

立租批　唐廷仰　（押）
凭　中　金蕴千　（押）

【注】

［一］原件藏天津市图书馆。

二二二七　清嘉庆十九年（一八一四）徽州汤士亨租田批［一］

立祖（租）批人汤士亨，今租到

金齐房名下田一丘，土名宁下，计田亩半，言定每年交纳下午过风干谷一石八斗正。年成丰俭（欠），照例交纳，不得短少。如遇荒歉之年，临田监割。若不愿作，将田交还田东，听本自拟；佃户佃人不准自拟，两无异说。恐口无凭，立此租约存照。

嘉庆拾九年拾二月　　日

立租批人　汤士亨（押）

凭中　朱三元（押）

包中　金冠群（押）

【注】

［一］原件藏天津市图书馆。

二二二八　清道光九年（一八二九）山阴县高华昌认租屋票［一］

立认租屋票人高华昌，今因缺屋居住，情愿凂中认租到族处台门西边平屋两间，面议每年租价钱肆千文正。约致（至）上冬一并交清，不致拖欠。恐后无凭，立此认租屋票存照。

道光九年十二月　　日

立认租屋票人　高华昌　（押）

见中　高文瀛

代笔　王大川　（押）

认租屋票

【注】

［一］原件藏北京大学图书馆。

二二二九　清道光三十年（一八五〇）山阴县赵酉金赁租田票［一］

立赁租田票人赵酉金，今因自己缺用，□□□□□高处知字号□田八亩正，共计租米拾壹石弍斗，言好每年不拘天荒水旱，任新种禾，每年拾壹吊陆百八十文，其钱九四足串，其泽照　清米乃弍得五，每年中秋交粮，不得拖欠。恐后无凭，立此赁田票为照。（押）

道光卅年八月　　日

立赁租票人　赵酉金（押）

见人　赵源福（押）

周臣明（押）

代笔　赵伍甫

【注】

［一］原件藏北京大学图书馆。

二二三〇　清咸丰七年（一八五七）北京程永福租种官地执照［一］

礼部　为换给执照事：前据催头王进禄招得佃户程永福领种

部

本部北厂官地壹块［二］，共地柒亩，每年应征额租银叁钱捌分捌厘捌毫［三］，仍照道光初年每银壹两折收制钱玖百文旧章，共折收制钱叁百伍拾文。为此，开明段落、四至，给与印照，于每年征租时，按额定银数合钱交纳。如有情愿按亩交银者，亦听其便，毋许拖欠。如无本部印照者，即为私种。给照之后，若有盗卖及私行典押者，一经本部查出，典者、受者一并从严究办不贷。须至执照者。

计开

一块　东至程姓，西至道，南至程姓，北至李姓。

一块　东至　，西至　，南至　，北至。

一块　东至　，西至　，南至　，北至。

一块　东至　，西至　，南至　，北至。

一块　东至　，西至　，南至　，北至。

一块　东至　，西至　，南至　，北至。

照

右给北厂地户程永福　准此

咸丰柒年拾弍月　日

部

秀字第壹百叁拾壹号

【注】

[一] 原件藏北京大学图书馆。

[二] 催头，即官庄（粮庄）之「庄头」。北厂官地，清朝设在张家口的官田，为牧场，由礼部主管。设粮庄亦归之。

[三] 额租，定额租，正租。

二二三一　清咸丰十一年（一八六一）天津县望海楼看人陈三、崇禧观住持陈修智永远出租院基给法国教会契[一]

立永远租契望海楼看人陈三[二]，崇禧观住持陈修智，窃因　贵国租用望海楼并崇禧观各处院基，另行建盖房间，当经会同勘明，共地拾伍亩伍分伍厘，租于　贵国建盖房间应用。按照广东租地之式，每年每亩给租价大制钱壹千零伍拾文[三]。所有院内楼台亭阁碑亭，议明永不拆毁。如遇天灾，亦不赔修。恐后无凭，立永远租契存照。

计粘地图壹纸（四至弓口载明）

咸丰十一年十二月

【注】

[一] 录自天津市博物馆。

[二] 望海楼，在今天津市河北区狮子林桥头东侧。咸丰十一年（一八六一）六月，法国驻华公使哥士耆就援约与三口通商大臣崇厚订立《天津紫竹林法国租地条款》，并选择了海河北岸三岔河口的望海楼一带作为未来的教会堂址。后来，法国又把望海楼侵占为领事馆。同治元年（一八六二），在法国胁取强租压力之下，崇厚终于把三岔口河畔望海楼一带十五亩地方永租给法国教会，作为「大法国传教建造天主堂之用」。同治九年（一八七〇）六月，因教堂残害中国儿童，激起天津人民反抗，怒烧望海楼教堂和法国领事馆。后来清政府向侵略者屈服，惩办了爱国人民，并赔款重新修建了教堂，平息了天津教案事件。崇禧观，又名香林院，清康熙初年建造，位于海河三岔口北岸，与望海楼毗邻，是当时天津名胜。一八六一年以后，被天主教会拆除，在原地基上建造了望海楼天主堂。

[三] 大制钱，清朝后期的一种官铸青铜制钱。清朝在咸丰初年，小钱杂出，钱法混乱。又因镇压太平天国，兵饷不足，加之币材（铜斤）短缺，曾铸当千、当五百、当五十、当二十、当十、当五等大钱。但因流通困难，这种当五和当二十以上各种大钱旋被废弃，仅铸当十大钱作为流通中的主要钱币。文为当十，其实值仅抵制钱二文。

二二三二　太平天国十二年（一八六二）萧山县右军帅给付来兰堂收租票[一]

业户收租票

莆珊县右军　帅　来　为

给照收租事[二]，今据业户来兰堂

收到租　石　斗　升，当

于收菁后，将此票付交佃户收执为据，以凭查对。此照。

太平天国壬戌十二年九月　日给

右字第□□□号佃来兰堂租四石六斗

【注】

[一] 录自罗尔纲《太平天国文物图释》页一七九。原件高 26 厘米，宽 16.5 厘米。

[二] 莆珊县，即浙江萧山县。为避萧朝贵之「萧」，冯云山之「山」而改。

二二三三　清同治三年（一八六四）通商大臣签给法国商人生利永远租天津紫竹林地段契[一]

钦命兵部侍郎镶黄旗汉军副都统办理三口通商大臣兼管天津等关崇[二]　为给发永远租契事：案照本大臣于咸丰十一年四月与法国哥大臣议定《天津城东南炮台至紫竹林地方租地盖房章程条款》[三]，会同画押用印。咨呈总理各国事务衙门，并送法国驻京全权大臣公署，及天津本大臣与领事官署查照存执在案[四]，以备将来法国商人租地立契。等因。兹据法国领事官德　照会内开：照得咸丰十一年间，贵大臣与本国钦差大臣哥　所议租紫竹林地基第十二条款内载：法国商人租地以后，领事官立即照会贵大臣，以便写立永远租契，并开姓名、租地多少、价银若干等语[五]。所以本领事遵照办理。现因本国商人生利用紫竹林地基一段，计十一亩九分二厘五毫，按照每亩三十两核算，共该银三百五十七两七钱伍分整；并天津县移送来册，内开二十四户房价制钱七百八十六千文[六]。领事官将一半交地方官天津县，以作钱粮之用；另一半存留本署，以为各项工程使用。于每年十二月十五日，将来年租价如数清还，不得迟延短少等情。因此，请烦贵大臣立即预备永远租契二纸，一纸给该商收执，一纸存留本署，以备稽查等因前来，本大臣覆查无异。除将租价房价搬费银两交由领事官照数应付该地业主、房主收讫外，合行给发永远租契，以凭存查备案。须至契者。计开：

法国商人生利租地一块，系业主赵中和紫竹林南首地一亩二分四厘七毫四丝三忽。按照每亩三十两，共发地价银三十七两四钱二分二厘六毫；又叶逢春紫竹林南首地二亩一分三厘二毫五丝，按照每亩三十两，共发地价银六十三两九钱七分五厘；又朱姓紫竹林南首地三亩六厘八毫四丝三忽，按照每亩三十两，共发地价银九十二两五分七厘九毫；又王祥紫竹林南首地三分五厘六毫二丝五忽，按照每亩三十两，共发地价银十两六钱八分七厘五毫；又李玉玺紫竹林南首地四分九厘六毫，每亩按三十两，共发地价银十四两八钱八分；又段连旺紫竹林南首地四分六厘六毫一丝，每亩按三十两，共发地价银十三两九钱八分三厘；又袁佩荣领张姓紫竹林南首地八段，计四亩一分五厘八毫三丝，每亩按三十两，共发地价银一百二十四两七钱四分九厘。每年完租价大制钱二千文，一半交领事官转交地方官入官，一半留领事官署办公。

以上法商生利共租用紫竹林地十一亩九分二厘五毫。东至法商生利前租地界，南至英商租用地界，西至法商生利前租地界，北至紫竹林庙。计粘抄房户赵中和等房间数目并房价钱数单一纸。

右契除给领事府备查外，照录一纸给法国商人生利收执。

通商大臣（签押）

同治三年十二月十三日

【注】

[一] 原件藏天津市博物馆。

[二] 崇，崇厚（1826—1893），满洲镶黄旗人。完颜氏，字地山，一八六〇年（咸丰十年）《天津条约》《北京条约》订立后，清政府于次年初设立总理各国事务衙门，下设三口通商大臣，常驻天津，办理天津、牛庄（后改营口）、登州（后改烟台）三口通商事务，并管理天津关税。崇厚于始设三口通商大臣时即任此职，前后共十年。

[三] 即中法《议定紫竹林地基条款》。一八六一年（咸丰十一年）旧历四月二十四日，由「三口通商大臣崇」和「大法钦命协办全权事宜参赞大臣哥」定议签署。紫竹林，位于天津城东南的海河沿河一带，当时是百户人家的小村庄。因是通衢要道，上下设有渡口、码头，驳船运卸货物，多经此地。清政府在这里设哨把守。英、美、法三国在此处划定租界的目的，就是为了扼据此要路。

[四] 《议定紫竹林地基条款》：「以上十二款，本大臣与哥大臣商量定议，当即缮写四纸，画押用印：一存钦命总理各国事务衙门，一存驻扎京都大法钦差全权大臣公署，一存钦命办理三口通商事务衙门，一存大法国领事官署，以为永远凭据。」

[五] 《议定紫竹林地基条款》第十二款：「法国商人每名租地以后，领事官立即照会本大臣，以便写立永远租契，开明姓名何人，租地多少，价钱若干，房价若干，并搬费钱，以及每年照完何数，详细开载，付该商永远为据。」第三款：「居住本地民人每户要收搬费银一十两。」

[六]「房价制钱」以下似有脱漏。

二二三四　清光绪五年（一八七九）徽州胡仁和堂租厝基地文约[一]

立承租厝基地约人胡仁和堂，今凭中租到黄正善堂名下厝基地两椎，坐落土名龙湾方墩，坐北朝南。是身租来厝椎两殡，当日三面言定按年交纳地租，大典钱壹仟文正，其钱凭折支付，不得短少。当付押租净光本洋壹元交地东收存。如不欠租，退地之日，将押租兑还租客。所有厝屋砖瓦椽料等，均系承租人自备，□造扦（迁）移之日，任凭折抵无异。今欲有凭，立此租地约存照。

光绪五年四月　　日

租厝基地人　胡仁和堂（押）
凭中　黄少愚　（押）
代书　胡延年　（押）

【注】

[一] 原件藏天津市图书馆。

二二三五　清光绪三十年（一九〇四）宛平县慎俭堂（谭姓）租铺底字据[一]

立成（承）做买卖人慎俭堂谭姓，今租到杨鉴明自置铺底，座落在锦什坊街武定侯东口外路东门面壹间，到底三层[二]，有后院子壹块。因自己不能成（承）做，同中人说合，情愿租给谭姓名下成（承）做，言明押租市平松银叁拾两正[三]，其银笔下交足，并无欠少。言明每月家俱（具）房银市平松江银壹两四钱正。以租拾年为满，银到归赎。同中言明，如若年头不到交房者，押租银全罚；如若年头不到要房者，罚银陆拾两。每月言明家伙房银壹两四钱，言明三个月房银不到者，准其铺东将买卖收回。铺内家俱（具）令（另）有清单壹纸。恐口无凭，立字为证。

成（承）做人慎俭堂谭姓（押）
中　人曾濂溪（押）　刘旺江（押）

信行[四]

【注】

[一] 原件藏北京大学图书馆。

[二] 武定侯，今北京阜成门内东南武定胡同。

[三] 松银，「松江银」省。

[四] 信行，骑款缝半字。

二二三六　清宣统三年（一九一一）宛平县洪贵保出租羊肉铺字据[一]

立租字人洪贵保，今有祖遗羊肉铺一座，坐落在阜城门内锦什坊街水车胡同东口外路西[二]，门面排了贰间，钩连褡四间、小后院一块，门面木板排子俱全，屋内隔断一糟，门窗户壁俱全。因自己不能承做，有中人说合，情愿将此铺租与王德全名下承做。一租拾年为满，言明押租洋元壹百元整。其银笔下交足，并不欠少。每月家伙钱京足银四两整，铺内家俱另有清单，家俱钱另有折，按月在本铺支取，不许拖欠。如有拖欠家伙钱三个月不到，准其本铺主洪姓将买卖收回，押罚租洋银伍拾元。不许转租转倒。如年限不到要买卖者，罚洋银伍拾元。自立字之前，如有欠理（里）欠外帐目，以及亲族人等争论等情，均有洪姓一面承管，不与王姓相干。自此立字之后，至限满不满交买卖者，如有欠理（里）欠外帐目不清，以及铺保水印借贷等情，均归租买卖人王姓领出，不与本铺主洪姓相干。年满之日，银元回赎。年终令（零）碎修理，租买卖人王姓修理。如大木落架，两家商议，每月　宅房钱□吊四百文，月捐钱五吊，令（零）碎花销等项，均归王姓付给。此系两家情愿，各无反悔，立此租字与钱人为凭为证。并不更改字号，每节给铺东羊肉拾斤。

立租字人　洪贵保（押）

中说合人　刘　钰（押）　王有瑞（押）　杨鉴明（押）　洪金榜（押）　郑永庆（押）

代笔人　刘至堂（押）

宣统叁年闰六月初九日　立

【注】

[一] 原件藏北京大学图书馆。

[二] 水车胡同，今北京阜成门内东南，西为「小水车胡同」，东为「大水车胡同」。

二二三七　清乾隆时包佃田文约样式之一[一]

立佃田约人一式某人，今因无田耕种，情愿央中佃到

田主某　名下田若干亩，每年包租秋收稻米几十石，夏季小麦几十石。塘鱼几十斤，按季交纳，不致欠少。如遇天年旱涝，预请

田主踏勘均分。早晚须要辛勤耕种，不得懒惰抛荒，有悮　主业。今欲有凭，立此包佃田约存照。

计开：领到

田地若干　　牛只几头　　庄房几间

【注】

[一] 清王相汇选，吴之振校订，新刻徽郡原本《增订世事元龙通考》卷四《文契类》。缺少立文约时间。

二二三八　清乾隆时包佃田文约样式之二[一]

立佃田文约人某人，今因无田耕种，佃到

田主某　名下田地几十几亩，每年夏秋二季麦稻上场，请

主眼同收割。除原种还主外，不论多寡，主佃均分，送至主家交纳。自佃之后，早晚辛勤耕种，不得懒惰抛荒、有误收成外，不许私自偷割作弊欺瞒。如有等情，凭主究治无辞。今欲有凭，立此佃田文约存照。

计开　照前

【注】

[一] 清王相汇选，吴之振校订。新刻徽郡原本《增订世事元龙通考》卷四《文契类》。缺少立文约时间。

二二三九　清乾隆时赁房租约式[一]

立租约人某人，今赁中租到

某　名下佃房几间。三面言定，每月租银若干，按月交付，不致欠少。今恐无凭，立此租约存照。

乾隆　　年　　月　　日　　　　　　　　某人押

中人某人押

【注】

[一] 清王相汇选，吴之振校订，新刻徽郡原本《增订世事元龙通考》卷四《文契类》。

二二四〇　乾隆时包造房屋文约式[一]

立包造房屋匠人某人，今包到

某　名下房屋一所，计门面几间、几进、几架，楼房几间、几架，下房几间、几架，披房几间，上连盖瓦，下连地平，楼梯、地板、床扇，装修砖墙、板壁，一色俱全。凭中议定：瓦本、砖石工本、饭食，一总在内，共银若干。当付银若干，眼同买木。余银动工时，陆续支给。自包之后，限某月日完工，不得迟误日期。其房高大丈尺，木料围圆，砖瓦厚薄，俱要如式，不得减损。倘不如式，必须更换。其工银随付随用，不致迟延，两无耽误。今恐无凭，立此包造房屋文约存照。

计开　大小房屋共几间，楼高几丈几尺，深若干。平房高几丈几尺，深若干。包山墙几面，厚几尺。砖地平几处。天井砖地全，屏门几扇，大小门几扇，上下隔间，装修俱全。

乾隆　　年　　月　　日　　　　　　　　某人押　　中人　押

【注】

[一] 清王相汇选，吴之振校订，新刻徽郡原本《增订世事元龙通考》卷四《文契类》。

二二四一　乾隆时造坟看坟文约式[一]

立包管造看坟山文约人某人，今包管修造某　名下坟山一座，计坟堆几位，罗圹周围几丈几尺，神路一道计几丈，松柏几十株，共土石人工各项价银几两几钱。其银先收几两，余者成工找足。其坟堆高大几尺，罗圹高厚几尺，神道阶阔几尺，俱要如式。松柏栽后如有践踏损折，俱系包管人赔补。几年之内，堆圹路道坍塌，俱系包管修理。自包管看坟之后，不许牛马作践[二]，及前后左右损坏坑坎、有伤风水、盗伐树木等情。倘有差池，俱系包管看坟人赔补。今恐无凭，立此看山文约存照。

乾隆　年　月　日　　立包管看山人　押

中人　押

【注】

[一] 清王相汇选，吴之振校订，新刻徽郡原本《增订世事元龙通考》卷四《文契类》。

[二] 作践，糟蹋、摧残。宋苏轼《申三省起请开湖六条状》：「及土役既毕，则房廊邸店，作践狼藉。」

二二四二　清乾隆时包看柴山文契[一]

立包管柴山人某人，今包管到

在城某　名下柴山一段，计几亩，坐落某处。除本山大树几十株不许砍伐，每年秋季，包到松枝叶柴几百几十担，送至本主家下交纳，不致短少斤两。余存柴草，看山自卖，以为工力之费。今欲有凭，立此包管柴山文约存照。

乾隆　年　月　日　　立约包管柴山人某人押

中人某人押

【注】

[一] 清王相汇选，吴之振校订，新刻徽郡原本《增订世事元龙通考》卷四《文契类》。

二二四三　清乾隆时包作器物约式[一]

立包约人某人，今包到

某　名下某器物若干，凭中议定高大厚薄，俱有式样。该工本银若干，当日收过若干，余银工成找足。限定某日造完。务宜精工坚固，不得省减工本。如不照式，听凭退回另造。所作如式，亦不得短少价值。恐后无凭，立此包约存照。

乾隆　年　月　日　　立包约人某人押

【注】

[一] 清王相汇选，吴之振校订，新刻徽郡原本《增订世事元龙通考》卷四《文契类》。

二二四四　清乾隆时雇船文约式[一]

立雇船文约船户某人，今凭牙埠保秀[二]将自己民船一只，揽到某客人某货若干，装载至某地方交卸。凭埠头[三]三面言定船钱、水脚共银若干，先收过若干，余银到地头找足。自本客上船之后，所装货物须要小心遮盖，不许上漏下湿。如有疏虞损坏，俱要船户赔偿无异。今欲有凭，立此雇船文契存照。

乾隆　年　月　日　　船户某人押　　埠头某押

【注】

[一] 清王相汇选，吴之振校订，新刻徽郡原本《增订世事元龙通考》卷四《文契类》。

[二] 牙埠，船行。

[三] 埠头，船行中的头人，介绍船户与客商之间的买卖、货运关系。

二二四五　清康熙时雇长工契式[一]

立字△△，为无经纪，将身出雇与△宅耕田，年约辛劳工资若干。自当朝夕勤谨照管田园，不敢躲懒。工银按季支取，不得短少。其衣服冠履系△自备，不预银主之事。如有风水不虞，此系己命由天，不得生端。今欲有凭，立契存照。

【注】

［一］清康熙刻本《尺牍合璧》卷三《利函》第四十三页。无立契时间。

二二四六　清康熙时雇当里长合约[一]

立合约人△△，因△△系△图△甲△△△户丁，本年应当里长，以诸事不谙，户丁星散，不能答应。恐致误公，凭中商议，请托△△代当。自某年某月某日起，一应大当事宜：催粮比校，朔望画卯，迎送官府，杂派解费，一切事务，俱△△代理。共约辛劳银若干。其银定某月交一半，□月交明。合约之后，不得推委、致累等情。今欲有凭，立合同二纸为照。雇当小催，就中删酌。

【注】

［一］清康熙刻本《尺牍合璧》卷三《利函》第四十一页。

（四）借贷契约

二二四七　清康熙四十二年（一七〇三）休宁县项福生借银约[一]

立借约人项福生，今因缺少使用，今借到汪名下本纹银乙两整。其银每年加谷利四斗，其有来年八月交谷利清白。如迟，将窝下田乙丘二亩七分抵还不误。借约存照。

康熙四十二年十一月日

立借约人　项福生（押）
中见人　毕君达（押）

【注】

[一] 录自中国社会科学院经济研究所藏《休宁汪氏置产簿》。

二二四八　清康熙四十八年（一七〇九）休宁县项福生借谷约[一]

立借约人项福生，今凭包中毕君达借到汪名下干谷一石整[二]，约至来年新出加利三斗，一并送还，不得欠少。今恐无凭，立此借约存照。

康熙四十八年八月

立借约人　项福生（押）
包中　毕君达（押）

【注】

[一] 录自中国社会科学院经济研究所藏《休宁汪氏置产簿》。

[二] 包中，「保证人」「中介人」的合称。包，担保、保证。包中，同于「中保」。

二二四九　清乾隆十六年（一七五一）北京沈大可指房借银约[一]

立借约人沈大可，今因无钱使用，将自典得徐名下灰棚贰间，指房借到陈名下纹银贰拾伍两正[二]。其银当日收用，其房归　陈名下为业，取租叁年之后，银到归赎。倘有亲友争论，中保一面承管。欲后无凭，立此指房借约存照。

外有旧契贰纸。

乾隆十六年九月　　日

立借约人　沈大可（押）

中保人　宋嵩山（押）

借契存照

【注】

[一] 原件藏北京大学图书馆。

[二] 指房，以某房为抵押。

二二五〇　清乾隆二十五年（一七六〇）开泰县毛来廷借银约[一]

立借约人毛来廷，今因生理，缺少银用无出，自己问到穆姓醮会上众人穆连生等[二]，揭借过纹银四十八两整，入手领回应用。其银言定每月二分五厘行息，不得短少。如无银还，将曲尺田一丘作抵，约谷十石，任从耕种，不得异言。今恐无凭，立此借约为据。

乾隆二十五年七月二十五日亲笔立

【注】

[一] 录自中国第一历史档案馆藏《刑科题本》乾隆三十二年七月二十五日贵州巡抚鄂宝题。开泰县，治今贵州黎平县。

[二] 醮会，举办神会。

二二五一　清乾隆三十二年（一七六七）山阴县张达夫借银欠票[一]

立欠票人张达夫，因前借款重叠，刻因游广应用，凂亲族相商，借到克昌二哥处规银五伯念两正[二]。三面议明利息情让。后有申色，即当交还，决不食言。

乾隆三十二年九月　　日

立此欠票存照。（押）

立欠票人　张达夫（押）

中人　王鲁山（押）　陈铭嶷（押）

张　舜臣（押）
　　宁一

代书　镇南（押）

兴隆吉祥票

【注】

[一] 原件藏北京大学图书馆。

[二] 念，同「廿」，二十。清顾炎武《金石文字记·开业寺碑》：「碑阴多宋人题名。有曰：『……元祐辛未阳月念五日题。』以『廿』为『念』，始见于此。」元祐辛未，北宋哲宗元祐六年（一〇九一）。阳月，农历十月的别称。

二二五二　清乾隆四十二年（一七七七）山阴县张达夫等清欠议单[一]

立议单张达夫、张可均、张克昌、王鲁山、赵铭彝，因乾隆十九年，达夫借鲁山之父纹银壹百两，原将达夫自己分授蔡堰东边大房大楼并小堂前厕房等屋作抵。适鲁山之父选授广东[二]，达夫央可均挽求，情愿将所借之银壹佰两另立欠票五张，分作五年拨还，其利念在至亲，情让。不料鲁山之父任粤多年[三]，达夫亦因手中空乏，竟未清楚。丁酉年[四]鲁山旋里，索讨前项，达夫又在拮据。幸伊侄克昌黔省告归[五]，可均等酌议，鲁山住居在城，达夫分授之屋在乡，未便管业。况所抵之屋，达夫复典与克昌之父，得过钱壹百千文。如归屋，又经复典；如还银，达夫难以措办。再四思维，事在两岐。且此项银两并未收利。至亲情分，势不可缓。鲁山原借过克昌纹银叁百两正，在措还之际，达夫央赵铭彝向克昌即于典屋内加找银壹百两，对还鲁山欠项。当日达夫所立欠约五张，交明克昌收据。鲁山就在叁百两之内扣去银壹百两，另立贰百两欠约，亦交克昌收执。缓时清还。各尽亲亲之谊，实为一举两便。恐后无凭，立此存据。

乾隆四十二年十二月　　日

立议单　张克昌
　　　　张达夫
　　　　张可均
　　　　赵铭彝
　　　　王鲁山

【注】

［一］原件藏北京大学图书馆。

［二］选授，经过选定，授以官职。王鲁山之父选授广东，似因科举高中，被选授广东任职。

［三］粤，广东省的简称。

［四］丁酉年，清乾隆四十二年（一七七七）。

［五］告归，旧时官吏告老回乡或请假回家。「伊侄克昌黔省告归」，似克昌在贵州为官。黔，贵州省的简称。

二一五三　清乾隆四十七年（一七八二）永安县邓成孙借钱限批[一]

今　得

冯木升表叔边限得铜钱二千一百四十文正，其钱贴纳利二文算[二]。其钱匀至二月，本利一足付还，不敢欠少。立限批为照。

乾隆四十七年十二月　　日

立限批人　邓成孙（押）　法生（押）

代字人　法光（押）

【注】

［一］录自傅衣凌《明清农村社会经济》第三九页，三联书店一九八〇年版。

［二］此句谓每月每百文贴纳利二文。

二二五四　清乾隆五十年（一七八五）山阴县王鲁山借钱字据[一]

信　券

立借约王鲁山，因进京缺费，今借到

四姨父大人处制钱式拾千文正[二]，按月式分行息。其本利均约本年十月内回里日一并交还，决不负约。恐后无凭，立此为据。

再者，其钱拾足六成。此照。（押）

乾隆五十年七月　　日

立借约　王鲁山（押）

亲笔无中

【注】

[一] 原件藏北京大学图书馆。

[二] 制钱，明清时期官局所铸的有孔铜钱，因形式、文字、重量、成色都有定制，故名。《明史·食货志五》：「凡纳赎收税，历代钱、制钱各收其半。无制钱，即收旧钱，二以当一。制钱者，国朝钱也。」参阅清缺名《钱币考上》。

二二五五　清乾隆六十年（一七九五）永安县张佩行借钱扦批[一]

今　在

冯焕周表兄扦得谷价钱二千四百七十文。将本年值收明□太祖祭田，土名黄历溪坑，冯宅自己耕作，正租早谷共十担大，分折出三担大，任冯宅到秋之日，扣除收入，填还本利清楚。不论谷价高低，各随造化，二家甘允。恐口无凭，立扦批为照。

乾隆乙卯六十年五月　　日

立扦批　张佩行（押）

天理为保亲笔

【注】

[一] 录自傅衣凌《明清农村社会经济》第四〇页，三联书店一九八〇年版。

二二五六　清道光四年（一八二四）山阴县赵锡元债务收清票[一]

立收清票赵锡元，缘

石圣翁曾借　先祖父钱陆拾千文，立有借票为据。今将是钱陆续归还。借票向已遗失。日后检出，作废纸论。欲后有凭，立此收清票存照。（押）

立收清票　赵锡元（押）

见收叔　行惠（押）

弟　锡增（押）

代笔　锡祥（押）

道光肆年伍月　日

收清票

【注】

[一] 原件藏北京大学图书馆。

二二五七　清同治六年（一八六七）北京厢蓝旗固普齐光借钱字据[一]

立借字人系厢蓝旗满洲四甲拉（喇）保庆佐领下马甲固普齐光，为伊子笔帖式恒顺承袭世官佐领扎克丹之缺[二]，与已故佐领德凌为嗣，因无钱办理部中查核办谱文书等项，今同本佐领下领催倭姓、屈姓向信成局说妥，借到清钱壹阡（仟）吊正，笔下交足。言明每月行利壹分贰厘，每年二、八月俸银俸米按三成三分归还。言明归本撤利，归完为止。恐口无凭，立字存照。

外有欠下配车拉脚钱壹阡（仟）伍伯吊正，有原字一张。

又有屡次袭官之人阿拉京阿、乌凌阿、厄扎克丹四人欠下清钱贰阡(仟)贰伯陆拾柒吊伍伯文。

以上二共欠清钱叁阡(仟)柒伯陆拾柒吊伍伯文，以交多年，暂无归项，亦无利息。以待新借之钱壹阡(仟)吊正归完接归；陈欠之钱，在(再)面议归还。

固普齐光(押)

立字人　恒顺(押)

中保人　倭屈姓(押)

代笔人　达姓(押)

同治六年伍月二十八日

八年四月廿日办红事，借钱伍百吊正，明言每月壹分行息，按前账归还。

十年十二月廿一日，借三佰廿六吊。言明一分行息。

佐领　恒顺(押)

中保人　瑞霖(押)

【注】

[一] 原件藏北京大学图书馆。

[二] 笔帖式，官名。清朝各衙署中的低级官员。满语原称「笔特赫式」，意为文书官，由旗人担任。清前期地位较高，后期地位日低。

二二五八　清光绪四年(一八七八)北京厢蓝旗德本借钱字据[一]

立借字人系厢蓝旗满洲二甲喇世袭一等子爵加云骑尉世管佐领德本[二]，因置办官事军装器械帐房等项无钱办理，同领催常永陆续借到宝兴局名下清全钱贰阡(仟)吊整。其钱笔下交足，并无欠少。同众言明钱无利息，每甲米季给坐甲米一分满归，归完为止。情愿将本佐领下应领众军米石车脚交于宝兴局配车拉脚。因众军米石关奚(系)重大，以借此钱作为车底押账。倘若以后有车辆不齐，再(在)本佐领有升转之日，不拘何人承袭此职，管此图书，将此钱一并归清。恐口无凭，立借字为证。

光绪肆年玖月贰拾贰日

立借字人　佐领　德　本(押)

中保人　同领催常　永(押)

屈福禄(押)

【注】

[一]原件藏北京大学图书馆。

[二]子爵,清朝武职爵位,正一品,多封与功臣、外戚。云骑尉,正五品,多由功臣和外戚充任。

二二五九　清光绪九年(一八八三)宛平县张长春借银字据[一]

立借字人铺东　(押)(「西裕号」)

张长春,因自置西裕号钱铺生理壹处[二],坐落在广宁伯街西口外路西[三]。因乏无力承做,同中人言明,指稼俱(家具)铺底,今借到屈宅市平高银叁伯两正,按壹分四厘行息,言明三个月归还。恐口无凭,立借字为证。

光绪九年十一月廿六日立

【注】

[一]原件藏北京大学图书馆。

[二]钱铺,为资本、规模较小的金融店铺,属于早期小型钱庄性质,兼营存、放款业务。

[三]广宁伯街,在今北京西城区二龙路北。参看《光绪十三年北京西裕号烟钱铺张姓借银字据之一》注[二]。

二二六〇　清光绪十二年(一八八六)北京正红旗德培借押账字据[一]

立借押账字人系正红旗满洲三甲喇世管佐领德培同族祖长庆堂叔祥明伊母言明,因置办官事、军装、器械、账房等,无钱办理,情愿将本佐领下应领众军米石交与宝兴局配车拉脚。今借到宝兴局名下清全钱壹万肆仟吊正。其钱笔下交足，并无欠少。同众言明每月利按六厘行息。每甲米季给利，因配车拉脚，众军米石关系甚重，以借此钱作为车底押账。再以后倘若本佐领有升转之日，不拘何人承袭此职，管受图书，若有挪移车脚之事，将此押账接补兵丁、当差盘费、军账钱文，一并归清，方可挪车。恐后无凭，立借押账字为证。

中保人　族祖长庆（押）　堂叔祥明（押）

立字人　德培（押）　同伊母（押）

光绪十二年八月初拾日　立借押账字人　德培

十三年十月十七日，因本身放定，治办家务无资办立（理），同领催祥明又续借清全钱伍佰吊整。

中保人　领催祥明（押）

立借字人　德培（押）

光绪拾二年八月初拾日借到清全钱壹万肆仟吊正[二]

【注】

[一] 原件藏北京大学图书馆。

[二] 此行为款缝，存右半字。

二二六一　清光绪十三年（一八八七）北京西裕号烟钱铺张姓借银字据之一[一]

立字人张宅，因自己西裕号烟钱铺生意亏虚，难以承作。今借到屈宅市平松江银叁伯两正，言明每月壹分四厘行息。倘月（利）至期不附（付），情愿将广宁伯街[二]西头西裕号铺底任屈姓收管。此系当面讲清，决无争执。若有亲族阻当，保人一面承当。恐口不凭，立字为据。

保人　王集镐　宁致中

光绪拾叁年捌月初八日

原有旧约一张，在本铺存。

【注】

[一] 原件藏北京大学图书馆。

[二] 广宁伯街，在今北京西城区中部。明代称广宁伯胡同，因永乐年间广宁伯刘荣宅在此得名。清改今名。

二二六二　清光绪十三年（一八八七）北京西裕号烟钱铺张姓借银字据之二[一]

立字人张姓，因西裕号生意空乏，无力承办。又借　屈宅纹银壹伯正，言明每月壹分伍厘行息。如月利至期不附（付），愿将自己真武庙街路西天兴号烟铺一座，所有铺底傢俱，任屈姓收管。此系当面言明，决无争竞。倘有亲族阻当，有保人一面承管。恐后不凭，立字为证。

保人　王集镐
　　　宁致中

光绪拾叁年八月初八日

【注】

[一] 原件藏北京大学图书馆。

二二六三　清光绪十三年（一八八七）北京王凤祥借银字据[一]

立借字人王凤祥，因立生意手乏，情愿指地契一张，今中保人王（姜）姓，借到屈宅市平纹银壹佰两整。同众言明，每月利按二分五厘行息，期至十乂年二月归还[二]。恐后无凭，立字为证。

中保人　王寿峰（押）
　　　　姜　正（押）

立借药（约）人　王凤祥（押）

光绪拾五年七月拾五日立借字人王凤祥（楼），今因生意无力成（承）做，同中人又续借市平纹银贰佰两整，言明每月按贰分五厘利行息，期至拾六年九月一并归还。立字为证。

立借字人　王凤祥（押）
　　　　　　　楼（押）

光绪拾叁年十二月初八日

【注】

［一］原件藏北京大学图书馆。

［二］苏州数码「十四年」。

二二六四　清光绪十六年（一八九〇）北京正红旗蒙古桂希氏借银字据［一］

立借字人系正红旗蒙古六甲喇德祥佐领下已故内阁中书桂山之妻桂希氏，本身原有自置住房一所，座落在丰盛胡同路南门，正房三间，耳房一间，南房三间，东厢房二间，西佩（配）房二间，后照房四间，大门一间，共房十六间。今因手乏，以此房契字据为凭，同中保人说合，借到

屈宅十足京平纹银叁百两正。每月按利共纹银伍两行息，言明一年归还。公同言明每月初十日凭折取利银伍两京平。至限归还，不准搨（拖）欠。倘若银两不符，及房间重复倒典、转租转卖、拆毁，以至亲族人等争伦（论）等项情弊，俱有中保说合人一面承管。恐口无凭，立字为证。

随字外有红契二张，白契二十八张，一并跟随。

立借字人　桂希氏（押）

中保说合人　德胜（押）　清玉（押）

立

光绪十六年十一月初九日

【注】

［一］原件藏北京大学图书馆。

二二六五　清光绪十七年（一八九一）北京厢红旗满洲塔思哈借银字据[一]

立借字人厢红旗满洲头甲凌通佐领下礼部笔帖式塔思哈，今因手乏，托中保说合人指本身自置住房壹所，正房三间，东厢房三间，西厢房三间，耳房弍间，南房六间，灰棚四间，共房弍拾壹间，坐落宫门口中廊下路北小胡同内路北大门，将此房红契作押，借到

屈宅纹银陆佰两京平。言明每月壹分五厘行息，有锦什坊街路西德合桢房保本保利。一年后归。归时市平。如利息三月不到，准屈姓找价收房。空口无凭，立字存照。

红契壹套，老红契弍套，共三套，并无白字。

立借字人　塔思哈（押）

清裕（押）

中保人　王保之（押）

光绪十七年七月十二日立

【注】

[一] 原件藏北京大学图书馆。

二二六六　清光绪十八年（一八九二）澳门孙逸仙（中山）借银单据[一]

揭本生息赠药单[二]

立揭银人孙逸仙[三]，缘逸仙订议在澳门大街开办药房一间[四]，需银寄办西国药料[五]。今托吴节薇兄担保，镜湖医院药局本银贰千大员[六]，（约）毛重壹千四百四拾两，每百员每月行息壹员算[七]。其息仍托逸仙代办西药。逸仙自愿赠医[八]，不受谢步[九]。此本限用五年为期。到期不还或过期不测，无力填还，担保人吴节薇兄自愿填还，并无异论。欲后有凭，立明领揭银单一纸，当众答名，担保人亲笔签名，交与镜湖医院药局收执存据。

担保还银人吴节薇的笔。

知见人　黎若彭　阮建生
　　　　黎晓生　曹渭泉
　　　　张桢伯　宋子衡

光绪十八年十月三十日立领揭银人孙逸仙

【注】

[一] 侯杰、王晓蕾《「医人」与「医国」：孙中山改变了中国》,《中国图书评论》二〇一一年第四期第三八页插图《一八九二年，孙中山开设中西医药局的借款单》。文章说：一八九二年九月，孙中山「开始在澳门镜湖医院担任义务西医师，成为澳门第一位中国籍西医师。同年十二月，孙中山与镜湖医院订立贷款合同，以揭本生息的方式，在草堆街八〇号自办中西药局。这是中国人在澳门办的第一所私人药局。后来，孙中山行医的议事亭前地十四号，被澳门人亲切地称为『孙医馆』」。

[二] 揭，借债，亦称揭债、揭借，简称「揭」。此句意为：借本钱，所生利息用于购药，以备医疗之需的单据。

[三] 孙逸仙（一八六六——一九二五），广东香山（今中山）人，名文，字德明，号日新，改号逸仙。一八九七年（光绪二十三年）在日本化名中山樵，后遂以中山名世。一八七八到檀香山，就读于教会学校。一八八四年入香港拔萃书室，后转域多利书院。一八八六年入广州博济医院附属南华医学校学医，第二年转香港西医书院。一八九二年毕业后，先后在澳门和广州开设西药房，日益致力于挽救民族危亡的政治活动。

[四] 药房，以出售西药为主，有的兼售中成药。孙中山在他所开药房坐堂，义务看病。

[五] 寄办，亦作「置办」，即购置、采办。

[六] 员，货币单位。与「圆」通。大员指一般银圆（元）。清魏源《圣武论》卷六：「而英夷国中缴烟价、罢关税，各缺银千余万员。」

[七] 一银元之重量约合文银七钱二分。其行息为月利百分之一。

[八] 赠医，义务看病。

[九] 谢步，病人的酬谢。

二二六七　清光绪十九年（一八九三）北京正红旗德培借钱字据[一]

立借字人系正红旗满洲三甲喇世管佐领德培，因本身日前伊父病故殡葬；因本身承袭佐领佃办当差，办勅书官项；又因伊母病故殡葬，本身授室等项，手乏无赀，同中保人祥　孙义安　杜宏业　祥禄　领催祥明　陆续借到宝兴局清全钱柒仟叁佰柒拾吊整。同众言明，由光绪拾九年八月季起，每年二、八月俸季给俸米票壹张，收利跟到底。每季给俸银拾两满归本，每甲米季给步甲米贰分归本。待过四年后，每俸季给俸银贰拾两归本。以上分理俱有中人手成。如有言不应点，俱有中保人一面承管。倘若挪移车脚等项，将此钱一并还清，方可挪车。同中保人言明，永不续借钱文。恐后无凭，立此字为证。

中保人　孙义安（押）　祥　禄（押）

领催　祥　明（押）　杜宏业（押）

立借字人　世管佐领德　培（押）

立

光绪拾九年七月

【注】

[一] 原件藏北京大学图书馆。

二二六八　清光绪二十年（一八九四）北京张福借银约[一]

立借约人张福，今借到屈宅纹银壹百两正，言明止（指）龙泉厂原倒聚盛厂傢俱（家具）铺底清单各壹张。恐口无凭，立约为证。

中保人　何瑞（押）

光绪二拾年十一月

【注】

[一] 原件藏北京大学图书馆。

二二六九　清光绪二十一年（一八九五）北京厢红旗额勒恒泰借银字据[一]

立借字人系厢红旗满洲崇保下云骑尉额勒恒泰，因手乏，情愿借到屈宅纹银贰拾两，言明每月叁分行息。自本年八月俸银上归银拾两，次年二月俸上归银拾两。归本彻（撤）利，归完将字彻（撤）回。恐口无凭，立字为证。

借银人　额勒恒泰（押）

中保人　爱兴阿（押）

光绪二十一年五月初八日　　立

【注】

［一］原件藏北京大学图书馆。

二二七〇　清光绪二十三年（一八九七）北京信成局借银字据[一]

立借字　信成局今借到

宅纹银壹百两整，言明每月

按壹分五厘行息。

恐口无凭，立字据为证。

中保人文姓

光绪二十三年十月　　立

【注】

［一］原件藏北京大学图书馆。

二二七一　清光绪三十二年（一九〇六）北京正红旗胜魁借银字据[一]

立借字人正红旗满洲四甲喇常凌佐领下马甲胜魁，今因手乏，指原有住房壹所，坐落锦什坊街小水车胡同中间马杓胡同北口内路东[二]，瓦房叁间、灰棚小壹间，门窗户壁俱全。随同民红契、旗红契各壹张，外老白字四张，以房契作押，同中人借到屈星垣名下市平足银壹佰壹拾两整。因素好关情，每月作利息壹两六钱，另立息折。五年为期，准其赎房。如无力回赎，准许屈星垣收房抵价。恐后无凭，立字为证。

立借字人　胜　魁（押）

中保人　玉　升（押）

代笔人　侯仁甫（押）

于宣统叁年九月初十日胜魁同子奎玉，因聘女无资，央求屈星垣以房又续借京足银陆拾五两整，后作为房价壹佰七拾五两归屈姓业产。星垣因至交，不忍收房，再缓壹年，准其回赎。如无力回赎，屈姓再可收房。此房暂租景姓居住，并有住房人景福亲写租折，每月按贰两五钱归屈姓扫取，不与胜姓相干。恐口无凭，立租房折为据。

立续借字人　胜　魁（押）

光绪叁拾贰年六月十六日吉　　立

【注】

〔一〕原件藏北京大学图书馆。

〔二〕马杓胡同，在北京阜成门内东南小水车胡同与王府仓胡同之间。

二一七二　清光绪三十三年（一九〇七）北京河顺莱局绪绵借银字据〔一〕

立字人河顺莱局，因手乏无银，今借到屈宅银京平足银陆拾两。笔下交足，并不短少，言明每月按三分行息。如本利不到，有海姓宜（一）面呈（承）管〔二〕。恐口无凭，立〔字〕为证。

立借银人　绪绵〔三〕

中保人　海福

光绪叁拾三年十一月　　立

【注】

〔一〕原件藏北京大学图书馆。

〔二〕此句当是谓「有中保人海福一面承管」。

〔三〕绪绵，厢蓝旗满洲三甲玉崑佐领下领催。

二二七三　清光绪三十四年（一九〇八）北京厢蓝旗满洲绪绵借银字据[一]

立字人厢蓝旗满洲三甲玉崑佐领下领催绪绵，今因手乏无银，借到屈宅银叁佰两整。并无利息。同中人言明，每月归钱粮壹分，言明，按拾年归还。如若每月不归者，有中人一面承管。恐口无凭，立字为证。

立字人　绪绵（押）

中保人　海福（押）

光绪叁拾肆年九月　　　立

【注】

[一]原件藏北京大学图书馆。

二二七四　清宣统元年（一九〇九）北京镶红旗恩龄借银券[一]

立券人系镶红旗满洲头甲喇子爵兼佐领恩　，因本佐领下办公借到宝兴局京平纹银伍伯肆拾两正，其银笔下交清。同本佐领下办事人员言明，将本佐领下众军米石交与宝兴局配车拉脚，每季给土道壹分半作为利息，日后将此银归清，听其本佐领自便。恐后无凭，立券存照。

立券　恩龄（押）

中　普润（押）　承续（押）　崇贵（押）

宣统元年六月初十日吉立

【注】

[一]原件藏北京大学图书馆。

二二七五　清宣统元年（一九〇九）北京正红旗麟泰限期还债甘结[一]

具结人正红旗满洲四甲玉禄佐领下骁骑校麟泰[二]，今因拖欠屈宅房租伍拾余两，实系自羞自愧，与情理上有亏，出于本心，据约奉还限期，准于正、贰月内全数奉还清理，万不敢改章法。情愿出结表心，以作证据，为此具实存照。

立结人　麟泰（押）

率男　凤祥　霱岐　福　等四人谨具

宣统元年腊月卅日　　立

【注】

[一] 原件藏北京大学图书馆。

[二] 甲，下脱一「喇」字。骁骑校，清朝八旗骁骑营军官，正六品。

二二七六　清宣统二年（一九一〇）北京厢白旗恒惠借银字据[一]

立借字人厢白旗满洲恒龄佐领下废员恒惠，今因手乏无资，借到屈宅纹银贰百两整，每月按二分五厘行息，期至一年内归还，每月行息当面言明，十月地租一并付利。有本身房契一套八张、老红契两张在内作押。恐后无凭，立字为证。

立字人　恒惠（押）

宣统二年五月二十四日　　立

【注】

[一] 原件藏北京大学图书馆。

二二七七　清宣统二年（一九一〇）北京王维三借银字据[一]

立借字人王维三，今因手乏无资，托中人海姓借到屈姓京平足银壹百贰拾两，并无利息，言明每月归银拾贰两，拾个月归完。又托中人海姓当日借银壹百两，每月按二分五厘行息。恐后无凭，外有：铺底字一套作押，白字叁章（张）。

中人　海　福

铺保　大聚永（印）

立

宣统贰年七月初一

【注】

[一] 原件藏北京大学图书馆。

二二七八　清宣统二年（一九一〇）北京正红旗麟泰借银约[一]

立借约人系正红旗满洲四甲玉禄佐领下骁骑校麟泰[二]，今有至要急难之项，手乏[三]，求中借到屈宅名下纹银壹佰两正，言明照叁分行息，准一年内限期归完，每月随付利银。恐口无凭，立字存证。

立字人　麟泰（押）

中保

宣统贰年八月廿六日　吉　立

【注】

[一] 原件藏北京大学图书馆。

[二] 甲，即甲喇。

[三] 手乏，一般作「手乏无资」。

二二七九　清宣统三年（一九一一）北京厢黄旗桂全借银字据[一]

立字人厢黄旗汉军头甲本佐领桂全[二]，今借到屈宅京平足银叁拾两正，言明每月行息肆分，由本年秋季米票归本。空口无凭，立字为证。

立字人　桂　全（押）
中保人　奎　（押）
立

宣统叁年贰月初六日

【注】

[一] 原件藏北京大学图书馆。
[二] 甲，即甲喇。

二二八〇　清宣统三年（一九一一）北京明昆借银字据[一]

立借字人厢白旗满洲恒龄佐领下马甲明昆，今因父病故，手乏无资，指王府仓中间路北本身住房一所房契作押[二]，借到屈宅纹银肆伯五十两正。每月按贰分五厘行息，期至一年内归还。恐口无凭，立字为证。

立借字人　明昆（押）
立

宣统三年七月二十六日

【注】

[一] 原件藏北京大学图书馆。
[二] 王府仓，今北京阜成门内东南王府仓胡同。

二二八一　清康熙时借银约式[一]

立借约人△△，今因乏银使费，托保借得△宅纹银若干两。每两每月行利几分。约至本年△月，母利一齐送还，不敢过期短少等情。今欲有凭，立约为炤。

【注】

［一］清康熙刻本《尺牍合璧》卷三。

二二八二　清康熙时胎头借银约式[一]

立借约人△△，因乏艮（银）使费，将某物托保就与△宅边为胎，典出员艮若干两。每两每月行利几分。限至本年△月，母利一齐清还，不敢少欠。如过期不还，愿将某物公佑变卖抵本，各无异言，今欲有凭，立约为照。

【注】

［一］清康熙刻本《尺牍合璧》卷三。

二二八三　清乾隆时借约式[一]

立借约人某人，今因缺本，央中借到

某　名下本纹银若干，言定每月几分起息，按月交付。其本约至某年某月一并付还，不致短少。今欲有凭，立此借约存照。

乾隆　年　月　日立借约某人押

中人某人押

【注】

［一］清王相汇选、吴之振校订《增订世事元龙通考》卷四《文契类》。

（五）族产管理合同与析产阄书

二二八四　清乾隆十一年（一七四六）山阴县汉云等赎祭田议约[一]

立议约汉云等，缘曾祖美成府君向有姜、河字号田轮流值祭。于雍正五年间，坟地被占搆讼一事，遂将姜字　号田陆亩零出典于三重处，得银柒拾贰两；姜字　号田壹亩捌分零，出典于吴处，得银贰拾两；河字　号田壹亩叁分零，出典于罗庵僧处，得银壹拾陆两。历今年久，捐复无期。祖宗之祭典虽可照常，子孙之谳仪已难仍旧。众议，近日田价昂贵，其姜字号找价约可赎回吴、僧两爿。若去此陆亩，复归叁亩，则各房饮福足以办矣。弟三重近日未作有余，必将此田绝售他姓，似觉有乖颜面。今三重曲为调处，愿将僧处之田先行赎回归公，另将己户淡字号田乙亩整，亦暂归公，输粮办祭。于乾隆十二年长房为始，所有吴处之田，俟三重稍为从容，一并赎回归公。其淡字号田仍还三重。姜字号田陆亩零即属三重己产。另写绝卖文契，永远管业。各房俱已允议，并无争执。立此议单存炤（照）。

乾隆十一年十一月　日　　立议约　汉云（押）　巨林（押）　益斋（押）

修五（押）　三重（押）　献可

合同议单[二]

【注】

[一] 原件藏北京大学图书馆。

[二] 骑缝半字。

二二八五　清乾隆十四年(一七四九)山阴县善周等分族产议单[一]

立议单善周、韦三等，为立议存据事，切吾祖明我公所遗淡字号，土名早稻田七分，三房轮值收花，由来久矣。不意乾隆陆年间适有堂侄在恭去世，无处安葬，因出价银贰两，将公堂早稻田内阡壹块暂厝。今于乾隆拾四年间，太卿房尔调乏用，将所遗早稻田内阡壹块出卖于　赵处茔葬，得价银贰两正。其多余之公产，理应楚发房、湘涵房两房均分管业，不涉太卿房之事。此议至公，彼此允协，各无异辞。欲后有凭，立此存据。

再批：其在公所出贰两之价，当即修理台门用去。并照。

再批：淡字号田共计壹拾五林(亩)。三面议定，将东首稻田分授湘涵房管业，西首分于楚发房管业。并照。

合同[二]

乾隆十四年七月　　日立议单　善周(押)
韦三(押)
允议　尔调之　圣木(押)
际明(押)
代书　瀛一(押)

议单

【注】

[一] 原件藏北京大学图书馆。

[二] 骑缝半字，存左半。

二二八六　清乾隆三十三年(一七六八)山阴县天锡等赎族田议单[一]

立议单房长天锡等，缘

七世祖东泉公卜葬丞相涂，右葬八世慕东伯祖，俱经历有年所，两祖坟中及坟后向有余地，其东泉公围塘后，即淡字九百八十三号湖田贰亩陆分壹厘伍毛。原系汉昭房之产，与

祖茔余地毗连，历被各佃侵削。因属共祖近房，循情未议。迨汉昭房将此田出售顾姓为业，又复多年。至卅一年间，讵有马浩如

者，贪人吉壤，谋买此田，希图越佔。除顾姓原价，浩如自邀中证代赎，共出价银壹百两，婪秀图葬。而汉昭室陈氏女流未谙，欲得重价，谬令卓山代笔，将坟后余地朦胧插入契内。是固（故）陈氏之不应，而卓山、叔度、允恭亦不得辞其咎。后于卅二年冬，马浩如竟在余地空隙处，依藉已经开掘成田为词，巍造石矿（圹）三穴，相距数武，逼近祖坟。殊不知东西现有原形疆界，其被占被挖情形，确凿不爽。为子孙者，未免目击心伤。求仲出而争论，奈浩如恃富不理，遂控经县主批查批勘，求仲等绘送鳞图，粮厅诣坟貌勘，在求仲果以理正言顺，不畏其强。马姓究属理曲词穷，徒费无益。始有退让原田之说，第原田向来滩卸，值价不过七十金，而照价回赎则价在百两，况汉昭房子孙外出者多，难以集事。窃思夺回原田，不容茔葬，诚孝子贤孙之盛举。幸求仲独出百金，并零星讼费贰拾两不计外，赎回原田，以免各房讼累。其田暂归求仲管业。此虽求仲一力承办之慷慨，在锡等公议，汉昭房均属子孙，既经错悮于前，奚可脱然于后？自应俟其子孙生色归家，备银百两，仍向求仲处赎此田亩，以盖前愆，庶几情理兼至。两相允协，立此议单存据。

乾隆三十三年三月　　日立议单房长　天锡（押）　巨林（押）　孝先（押）　献可（押）　崧年（押）

望青（押）　汉杰（押）　镇南（押）　端木（押）

凤来（押）　佳木（押）　楚木（押）

允议　又武　求仲　允恭（押）　汉昭室陈氏　因可

代书　卓山（押）

【注】

［一］原件藏北京大学图书馆。

二二八七　清道光六年（一八二六）侯官县林则徐兄弟析产阄书[一]

阄　书

余世居玉融[二]。始祖高德公，宋进士。传十□世至　榕山公，余支祖也。公生二子，长存素公，余之五代祖，墓在玉融。存素公生高祖学弢公，迁居省垣[三]，生曾祖启采公，墓俱在北关外飞来峰下。启采公生祖北塘公，墓在北关外铜盘山。北塘公，余未逮事[四]。余生时，祖母郑尚存。乾隆二十三年，祖母将祖遗田宅匀作五股，均分五男。余父系第四房，阄分稻谷三十挑，住屋数间，另有书田十担，此玉融祖例也。父身列黉宫[五]，未经中式[六]。亦生五男，都无生业，家口浩繁。十余年间□□□□父游学山东、河南等省；母为余长兄芝岩公娶室谢氏。未几，祖母归天，母胡孺人继逝，余第五弟天裕亦夭亡。父游学方归，为余次兄孟昂公娶妇郑氏。缘外欠颇多，利息重积，将住屋售人以偿债务。逾年之间，父亦逝世。家无一尺之地，半亩之田。既无田产可分，自无阄书可据。兄弟四人，各散谋生，自食其力。第三兄孟典公未尝娶妻，寄人庑下，代理家计。余教读营生，父母归土后汗积两年，娶妻陈氏。生男两人[七]，长则徐，次霈霖，女八人。又积两年，典得左营司小屋一座，以为遮头之所。外作蒙馆舌耕[八]，二男受学；内作女红之所[九]，女子帮助。半饥半寒，迁就度日。迨长男入泮[十]，中式后，始就张中丞兰渚之聘[十一]，年得脩金二百两零，代予显考钱塘公还刘则方借认之债。又谢家凑去十千文写给断契，此余买宅之权舆也[十二]。越两年，张中丞荐余将邑义学[十三]，年得脩金二百两零。长兄芝岩公逝世，一切棺椁衣裳（衾）、治丧葬埋之事，系余捐资料理。族戚因长兄之子元庆系余胞侄，劝给月间伙食，限以年数，立有字据。余将上手无产可分、亦无阄书可据等语插入字中，免致将来唇舌，经族戚画有花押。厥后长子成进士，入词垣[十四]，出膺浙江杭嘉湖道外任，荐升江苏臬司兼署藩篆[十五]，所得廉俸，撙节之下，积蓄些微。余主讲将邑九年，亦省食俭用，积蓄些微，零星买置住屋，递年得收租钱以帮伙食，历年掌业无异。道光甲申秋[十六]，陈氏恭人弃余归仙，棺椁衣衾以及葬埋坟墓糜费孔多，均系长男出赀经理，克展孝心，颇称无憾。服未阕时已有二次督催之命[十七]，素服从事，旋因病疟回家。逾数月，服尚未阕，又有两淮盐院之命。缘长男病虐未痊，力恳孙制军代奏开缺[十八]。自臬署闻讣算起，至本年十一月初三日止，禫服亦阕[十九]，理应诣阙谢恩，恭请简用，未敢一日暇居。余又年已垂暮，窃念次子霈霖虽出继第三兄，并无遗业可守，意欲将所置房屋留两座作余养赡。余没后，或作祠堂杂用，或作祭典。将某屋某屋分与长子掌业，某屋某屋分与次子掌业。又念长女邓门、次女翁门、五女程门妆奁本薄，现已孀居，将龙门口四桐店面分给三人碎用[二十]，以补从前所不足。系长男本意，余赞成之。第四女夫妇俱亡，不必计算。三女、六女、七女、八女夫妇齐眉[二十一]，无烦余之代筹。长孙汝舟，例应抽取完娶项下，但念长男现在居官，长孙年纪又轻，尚可宽容，不必亟为筹画。标载一笔，以存长孙名分。今欲有凭，立阄书两纸，一付长男存照，一付次男存照。自阄分后，各自立志，丕振家声[二十二]，克勤克俭，浸昌浸炽[二十三]，毋负余之苦心，是所厚望也。所有房屋开列清单，以便查考。所有借人居住之屋，俟其有力，自行搬出。若余子孙要转售他人，此亦大不好光景，借居之人亦不得占住阻留也。

道光六年岁次丙戌十一月初三日立阄书父　旸谷

从命长男　则徐（押）　次男　霈霖（押）

长　孙　汝舟（押）　次孙　龙言（押）　三孙　聪彝（押）

在见胞侄　春三（押）　逢吉

堂侄　光锐（押）　光仪

从堂弟　孟理（押）　侄　梦熊（押）

女婿 李汉渠（押） 沈兼三（押） 陈世翔（押） 叶凯勤
外孙 邓在莆（押） 翁祖烈（押） 程维祺（押）
峦兄 陈芷亭（押）
内侄 陈名悦 名乐（押） 名章（押）
交次男霈霖收掌存照

【注】

［一］《文物》一九八五年第十二期第七一九页，杨秉纶《林则徐兄弟析产〈阄书〉》。《阄书》为纸本，纵 33、横 158 厘米，全文一千二百六十七字。《阄书》一式两份。此件为林则徐之弟霈霖收执的一份。亦见本期图版伍：一、二。此件当称《林旸谷析产阄书》。林旸谷为林则徐之父。侯官，今福建福州市。林则徐：清朝后期的政治家。嘉庆十六年进士。道光十七年（一八三七）任湖广总督，禁止吸食鸦片，卓有成效。次年，授钦差大臣，赴广东查禁鸦片输入。并主持虎门销烟，屡败英国侵略者的挑衅。后受投降派诬害，被革职。

［二］余，林宾日之自称。宾日，则徐父，原名天翰，字孟养，号旸谷。以教书为业。

［三］省垣，福建省会侯官，今神州。

［四］未逮，不及。

［五］黉宫，学校。

［六］中式，科举考试被取录叫做中式。

［七］生男两人，宾日实生三男，长男鸣鹤夭殇。

［八］作蒙馆舌耕，用作为塾舍教学。舌耕，谓教学先生恃口说以谋生，犹农夫耕田得粟，故曰「舌耕」。旧题晋王嘉《拾遗记》六《后汉》：贾逵「门徒来学，不远万里。或襁负子孙，舍于门侧，皆口授经文。赡献者积粟盈仓。或云：逵非力耕所得，诵经口倦，世所谓舌耕也。」

［九］女红，同「女功」、「女工」。《汉书·景帝纪》：后二年（前一四二）四月，诏曰：「雕文刻镂，伤农事者也；锦绣纂组，害女红者也。」颜注：「红读曰功」。

［十］入泮，科举时代，学童考入县学为生员，叫做入泮。因古代学宫亦称泮宫。

［十一］张中丞，即张师诚，字兰渚，浙江归安人。《清史稿》有传。《林则徐传》曰：「（则徐）年二十，举乡试。巡抚张师诚辟佐幕。」

［十二］权舆，起始。《诗·秦风·权舆》：「不承权舆。」郑笺：「权舆，始也。」

［十三］将邑，将乐县。属福建延平府。

［十四］词垣，谓翰林署。嘉庆十六年（一八一一），林则徐中进士，选庶吉士，授编修。

［十五］江苏臬司兼署藩篆，臬司，提刑按察司。藩篆，承宣布政使司。篆，官印的代称。亦借指官职。《清史稿·林则徐传》：「道光二年（一八二

二）……迁江苏按察使，治狱严明。四年，大水，署布政使，治赈。」署，代理。

[十六] 道光甲申，道光四年（一八二四）。

[十七] 服未阕时已有二次督催之命，服未阕，谓「应服三年之丧而未满」。《林则徐传》：「寻丁母忧，命赴南河修高家堰堤工，事竣回籍。六年，命署两淮盐政，以未终制辞。服阕，补陕西按察使。」

[十八] 孙制军，为体仁阁大学士、两江总督孙王庭。《清史稿》有传。

[十九] 禫（音同旦），祭名，丧家除服之祭礼。

[二十] 桐，福州地方习惯用字，意「座」。

[二十一] 齐眉，即「举案齐眉」，比喻夫妇相敬爱。

[二十二] 家声，家族的名声。振家声，显扬家族的名声。

[二十三] 昌炽，昌盛。

二二八八　清咸丰七年（一八五七）□州徐天□等分家单[一]

立分单人徐天□眼同胞侄德元、乘元：因家不和，难以同居，不如分金各度。是以约到族人，将田园宅舍斟酌均分而同立焉。徐德元分到祖宅贴东边一所：北屋四间，西头伙山伙界；屋后粪场[二]一半；南屋二间，西头伙墙伙界；东屋二间，大门一间，圈[三]一个，西园子贴南头六厘三毫五丝。原头贴两头场园边一所，大分五分，东直路中间二分□厘七毛七丝五忽，西□顶四分四厘一毛六丝二忽。

分到郝北地一亩一分。二毫，东空位□[四]路南南北地一亩九，西坡南北贴东边一亩六分三厘八毛五丝，东□路北南地二亩八分五厘九毛丝八忽。欲后有恁（凭），各人存照。宅基二分　半。[五]

族人　徐天才
　　　　天香
　　　　起岗
　　　　天统

借字人[六]　徐起峻

咸丰柒年三月二十五日　　立

【注】

[一] 原件写于橙黄细麻布上，长宽27、宽18.5厘米。手录友人藏品。

[二] 粪场，晒粪、捣粪的广场。

[三] 圈，音同倦，养家畜的栅栏。如猪圈。

[四] □，无考。或为「窪」字，凹陷、低下。

[五] 骑缝半字。此份分书只记录了徐德元所分的一份产业。徐天□与徐东元所分，当另有分书记载。

[六] 借字人，清为代字之人，犹「倩书人」。

二二八九　清咸丰九年（一八五九）山阴县高宗华等经管族产合同议单[一]

立合同议单房长高宗华、宗富等，缘有山邑祖遗不字号柴山壹爿，坐落前梅茅蓬山。今因族再侄敬安为先人下葬此山，是以华等邀集各房公议，情愿将祖遗不字号清源观后池上山内迁壹亩出推与再侄处造葬。今敬安愿将自置不字号土名筲箕背山念亩推入茅蓬祖山内，以作公产。此系三面公议，两相允协，各无异言。自议之后，任凭收除管业、开掘营造，凡我各房子孙毋得滋挠阻指（止）。恐后无凭，立出合同议单壹样两纸，各执壹纸，永远存照。

再批：敬安所置之山系本族良坤锦出卖，今归茅蓬祖山内，原契当交族房收执。并照。

咸丰九年十月　　日

允议　高宗华（押）　宗富（押）　良元（押）　良珠（押）　良清（押）

良茂（押）　良岳（押）　茂德（押）　良坤（押）　良锦（押）

见议族长　之英（押）

中　周巨川　高德恒　德常（押）

代笔　高宗贵（押）

【注】

[一] 原件藏北京大学图书馆。

二二九〇　清咸丰十年（一八六〇）山阴县张维仁等有关族人张余氏完纳粮米议据[一]

立议据族长维仁等，缘族内

瑞功公置有公同房屋、祭田，向将淡字号田贰亩零租花留作完纳

国课之用。嗣因秀卿与克友两房将淡字号完粮田亩出卖。所有拾伍都壹图张瑞功户粮米，秀卿、克友两房分完[二]。今克友已

故，其室余氏同男德宝将自己房屋售出，情愿捐钱念千文，归宗祠董事经理。俟有合意田产，另行置买收花，完纳张瑞功户壹半粮米。自　咸丰拾年为始，拾年以前旧欠粮米仍归克友自行承值。欲后有凭，立此合同议据两纸，壹交董事、壹交克友之室余氏收执。

再批：拾伍都壹图张瑞功钱粮尚未过□。另加。并照。

咸丰拾年陆月　　日　　立出议据族长　张维仁（押）　张文贵（押）　大义（押）　学忠（押）

董事　南金（押）

允议克友室　余氏（押）

见议　肇德（押）

代笔　德润（押）

合同议据[三]

【注】

[一] 原件藏北京大学图书馆。

[二] 分完，分别完纳国课。

[三] 骑缝半字。

二二九一　清同治元年（一八六二）山阴县张维仁族人顶庵产合同议单[一]

立合同议据人张维仁等，缘蔡堰村向有石城傍山岩为庵，安放无祀神主，历有年所。以后添造佛殿，召僧主持，守清规无异。至去年，因遭兵荒，庵中香火断绝，僧人无从觅食，逃窜他处。适有游僧奕轮并该庵支派僧定秀、定懋等，同居庵中，与绍城逃长毛合炊为伍[二]，被柯营查获。僧定秀等将逃长毛护放，僧奕轮亦即逃避。柯营当将僧定秀拿带进营，一面欲将庵堂拆毁，庵产变卖。乃奕轮逃无着落，住持僧隐秀又无招寻。维仁等不忍任其拆毁，故特邀集村人公同酌议，将该庵出顶，零（另）召住持接管。所有物件产业，给有交单。议得顶价钱捌拾千文，料理柯营之用。使无祀神主不致失所，庵堂产业可保无虞。倘日后僧人回庵时，将议单给其阅看，听其备价回赎，俾接管之有据，全庵堂之世守也。立此合同议据两帋，壹帋交顶住接管之人收执，壹帋归于族长收存[三]。此议存照。（押）

再批：该庵向有规例，每年于弍、四两月偿还张姓祇园洞租钱陆千文。惟是款租钱亦归接住之人应付。又照。（押）

又批：所有庵内淡字号田亩，本年租花已经前住持出租，接管之人于次年承收田产租息。并照。（押）

壬戌年　柒　月　　日立合同议单人族长　张维仁

房长　张满堂

允议　张高锦　张兹荣　兹美　来顺　兹华　鸢　金坡

德英　文贵　文光　泰义　城　大英

肇懋　大兴　鼎轩

合同议据[四]

【注】

[一] 原件藏北京大学图书馆。

[二] 绍城，浙江绍兴。逃长毛，逃散的太平天国士卒。太平军都蓄长发，因被称为「长毛」。

[三] 族长，张维仁，为张姓出资顶庵产的代表。

[四] 此行为款缝，存左半字。

二二九二　清同治十一年（一八七二）山阴县沈氏等分公屋合同议单[一]

立分公屋议单人沈氏 何氏 炳轩 春霖 缘我 硕轩

高祖求仲公遗下田亩房屋，均作我曾祖克昌公三房，早经分居。所有未分留存三房坑厕并公用之屋，以及求仲公名下续置房屋，共计屋四间，坑厕壹个，台门西首西来第三间平屋壹间，西边坑厕壹个，与建勋房坑厕间壁又台门东边第壹门房屋半间，东边进来第四平屋壹间，又东边第七小堂屋壹间。刻因派下间有分爨缺屋需用，我等议：将留存公屋坑厕仍作三股搭匀，定以台门西首西来第三间平屋壹间、西边坑厕壹个作一股；又台门东边门房屋半间，又东边台门进来第四平屋壹间作壹股；又东边北来第七间小堂屋壹间作壹股。即三房拈阄撮分：克昌公曾孙媳沈氏 硕轩撮得台门西首西来第三间平屋壹间，西边坑厕壹个；建勋公曾孙春霖撮得台门进来东边第壹门房屋半间，又东边台门进来第四平屋壹间；在闲公曾孙媳何氏炳轩撮得东边第七间小堂屋壹间。自分之后，自当照议撮定，各管各业。惟沈氏与硕轩两房业已分居，所分进前项池屋，亦应计值阄分，沈氏转拈分得台门西首西来第三间平屋壹间，硕轩拈分得西边坑厕壹个，均系言定，各无异言。但沈氏所分之屋在西边，春霖所分之屋在东边，两家用场较为不便，当经通融商办，彼此互相易换。春霖当贴与沈氏钱柒千文，以照平允。是以台门西首西来第三间平屋壹间归春霖，东边台门进来第四间平屋壹间归沈氏。此系两相情愿，自后各照兑定管业，永无翻悔。用将三老房公屋分开，以及沈氏与硕轩转分，并与春霖兑换，均系三面议定，毋须另立议据，各相允洽。欲后有凭，立此分屋并转分、兑换缘由附此，立总议单三纸，老房各执壹纸为据。

再批：立此合同分屋并转分兑屋缘由议据三纸，当交克昌房硕轩收存壹纸，又当交建勋房春霖收存壹纸，又当交一在闲房炳轩收存壹纸[二]。现各登明，以便检阅。并照。

同治拾壹年正月　日立合同议单人　沈氏（押）　同男其槎（押）

何氏（押）　春霖（押）　炳轩（押）　硕轩（押）

议中堂叔　文光（押）　朵卿（押）　宝山（押）　莫雅山（押）

代笔　杜绍英（押）

合同议单[三]

【注】

[一] 原件藏北京大学图书馆。

[二] 当交一，「一」字，衍。

[三] 骑缝半字。

二二九三　清光绪三年（一八七七）永嘉县张氏宗祠产业管理公据[一]

立公据：张氏太祖派下有祖业等项，子孙勤俭守业，难成耕畴一事。立造宗祠，安房太祖，四季八节，轮流祭飨。派下三业，各房推分。垟头祖下二号山三号分文[二]。垟头坑内坐贰股，白岩、上埠内承壹股，亦不许钱粮卖买钱文，亦有杂木不许乱分。照据管公分文。有祖宗之业，有各处项号差钱粮，垟总坐一半。名上垟内坐壹半。倘有钱文多少，照依推算分明有荒熟在内，照依统照各半众分。日后每房不许争端。再有，后四处有杂木，出到钱文，归为太祖之众公用。钱文不许乱掌，亦不乱用。如若乱用，每年加三分之息。各房永复亦无反悔。今欲有凭，立公据为照。

郑瑞炽（押）

徐存芳（押）

凭中公　郑希莫（押）

张循菲（押）

循明（押）

敬樨（押）

明泮（押）

竒大吉[三]

日立公据　张永焙

明进（押）

茂宇

茂金（押）

光绪叁年二月

白岩　张朝　武（押）

旺（押）

上埠　张　度南（押）

壬场（押）

【注】

[一] 友人复印原件寄赠。

[二] 垟头及以下白岩、上埠等均为地名。亦指处于该地的田地。垟，方言，「音羊」。

[三] 骑缝半字。

二二九四　清宣统元年（一九〇九）北京绪绵兄弟分担欠账文约[一]

立分账目字据文约人绪绵、绪山，兹因家中手乏无银用，所欠曲宅京足银捌拾两正未还，每月按三分行息。今因弟兄不合（和）另居，各分帐目银四拾两。此银原未家中堂前大人亡故花费使用[二]，并无望（妄）费。今有中人说合，当面言明，各自情愿补还曲宅银四拾两。空口无凭，各无返悔，立字为证。各纸一张存照。

宣统元年四月初贰日

立字人　绪　绵（押）
　　　　　　山（押）
中保人　海　福（押）
　　　　李振兴（押）
代笔人　栢岫山（押）

【注】

[一] 原件藏北京大学图书馆。

[二] 原未，「未」当是「本」或「来」之误。

二二九五　清康熙时兄弟分业阄书[一]

立分业兄弟△△△△等，窃慕往古同居之风，岂宜一旦分析而处。第生齿日烦（繁），田宅见窄，是以兄弟和同商议，邀请尊长亲戚，将祖父遗传田宅财物，品搭均分，祷祁（祈）分阄为定。诸凡开载明白，俱系至公无私。各宜安分，照阄管业。其祖先祭祀，及官府门户，依次轮流直当。今恐无凭，立阄书一样几纸，各执一纸，永为存照。

计开

公祭田若干，几房轮流。

长房△△田若干，宅若干，园若干，财若干，器物若干。

长孙△田若干，宅若干，财若干，园若干，器物若干。

二房△田若干，山园若干，宅若干，财若干，器物若干。

余房如式

知见族长△△号

康熙三十八年正月　　日

△△
△△
△△同立阄书
△△
知见房长△△号

【注】

[一] 清康熙刻本《尺牍合璧》卷三第四十页。

二二九六　清康熙时父在分业阄书[一]

盖闻兄弟一气而分形，子孙异枝而同本。祖先固乐其永好，世代难保无乖情。故田取肥，宅取广，谁知许武之爱弟[二]；器取败，田取荒，仅传蕃苞之善兄。世事如棋，人心不古。欲其无生嫌隙，何必勉强同居。今我年及髦（耄耋），意在息肩。将祖先遗传物业及自己创置赀财，分为几阄，寿（祷）神拈定，安分照管。毋得纷更老人养赡之资。虽曰薄乎数，百代祭祀之费不可倾也。今恐无凭，立阄书一样几纸，永为子孙存照。

今开

养赡田若干，宅若干，财若干，器物若干

长子阄如式

长孙阄如式

余子阄如式

知见族长△△号

△△手书号

康熙三十八年正月　　日

知见房长△△号

【注】

[一] 清康熙刻本《尺牍合璧》卷三第三十九页。

[二] 许武，《后汉书》卷七六《循吏列传·许荆》：「（许）武，太守第五伦举为孝廉。武以二弟晏、普未显，欲令成名，……共割财产以为三分，武自取肥田、广宅、奴婢强者，二弟所得并悉劣少。乡人皆称弟克让而鄙武贪婪，晏等以此并得选举。」

二二九七　清乾隆时兄弟分关式[一]

立分关兄某人，同弟某人、某人，盖闻江河别派，同分银汉之源；花萼联辉，实共蟠根之本。乐虽殊而埙篪之响则合，居虽异而手足之情实亲。念某

先考某号府君，生某兄弟几人。不幸早逝。上赖

母亲某氏孺人抚育成人，次第婚配。荷

天祖祖宗之祐，饱暖康宁，以致今日。所虑者，子侄众多，勤惰不一，恐其日后消长难料，苦乐不均。为此，遍请

诸亲族长、邻友，眼同　老母公议，将所有祖父所遗，并续置产业，均匀品搭几分（份），平分兄弟几人，各得一分（份）。内除某处产业一分（份），以为　老母送终之用。自分之后，每月轮流供膳老母，不致奉养有缺，以取罪戾。兄弟各宜和睦，努力成家，光前裕后，不坠先人之绪，实乃家门之庆幸也。今将应分产业开具于后，兄弟几人各执分关纸，永远存照。

右分关一纸　付长房某人收执。

计开

产业等项照前式

（遗嘱分书式）

乾隆　　年　　月　　日　　立分关兄某人押

弟某人押

余亲同前押

【注】

[一] 清王相汇选，吴之振校订，《增订世事元龙通考》卷四《文契类》。

二二九八　清乾隆时遗嘱分书式[一]

立遗嘱老父某人，年几岁，原系某处人，自某年来某处生理创业成家。娶妻某氏，生子几人，女几人。几子已娶，几女已嫁。余子

女几人尚幼，不幸老病，淹缠不起。因念诸子年各不等，恐后家业消长不一，苦乐不均。趁此一息尚存，遍请亲族邻友，将自置产业，开记分明，均平品搭，诸子分受。外余某处产业银两，以作第几子娶亲，及第几女赔(陪)嫁之用。外余银若干，以为老父送终之费用。自分之后，诸子各体孝弟之心，须念父母创立(业)艰难，务必土(?)心生理，努力作家，以光门户。父母存日，诸子轮流供膳，不得违逆推诿。母亲终老之费，诸子公同发送。已上财产，诸子媳及诸亲友眼同公派。此外并无余财，及偏大向小之事。日后倘有兴衰，各安天命。今欲有凭，凭众开立遗嘱分关，一样几纸，付诸子各执一张，永远存照。

右遗嘱一张付长男某人收执。

计开　次男以下照此式样

某处田若干亩　庄房几间　某处房几间　某处店面本银若干　现银若干两　某处欠约、当约几纸　本银若干两

乾隆　年　月　日老父遗嘱押　诸子押　孙某押

婿某押　亲友邻人押

【注】

［一］清王相汇选，吴之振校订，《增订世事元龙通考》卷四《文契类》。

（六）商业类合同

二二九九　清顺治十一年（一六五四）休宁县许君美等代纳粮银合同[一]

廿四都一图立议约合同人许君美、君素，原有许君美将土名菖蒲坑上方等处田租伍拾伍秤，曾于崇祯年契卖许应斗为业，后于顺治四年九月，应斗将田出典与许君赞收租作利。君赞又于顺治十年复将田转典与君素。今轮册年，应斗全家出外，无人收税过户。君素典业，向无收税纳粮之例；且田系外村山坞，历年收租不足对拆。今凭原中议定，田税原寄许君美甲下，递年许君素代纳粮银陆钱陆分整，照后开付各甲完纳。候许应斗回日，取田推税筭还许君美、君素代纳粮银。两相情愿，并无异说。今恐无凭，立此合同一样式张，各执一张存照。

顺治十一年九月　　日　　立议约合同人许君美　号

许君素　印

许简臣　号

许懋初　号

许朋石　号

佃人　春孙　佃人汪宜兄　佃人朱和

计开：

菖蒲坑田租贰拾肆砠，田税在甲。

菖蒲坑上兖田租贰拾肆砠，田税在甲。

上方田租柒砠，　田税在甲。

【注】

[一] 录自北京大学图书馆藏休宁许氏清抄本《卖契底簿》。

二三〇〇　清康熙五十九年（一七二〇）山阴县张北枢让股替单[一]

立替单人张北枢，原合伙在玉祁复源油坊生理，该身十二股之一。今因生意艰难，自情愿将该身股数出替与同伙　弟侄名下，自替之后，两无异说。今恐无凭，立此替单存炤。

康熙五十九年八月　　日

立替单人　张北枢（押）
中见伍　元有（押）　于万（押）　韬文（押）

【注】

［一］原件藏北京大学图书馆。

二三〇一　清乾隆十七年（一七五二）宛平县李书科等按股分房单[一]

立分单太平县李书科[二]、襄陵县贾垂基[三]等，今承王秉才等和议得百顺胡同共房四十八间[四]，太平县首事二十一人，襄陵县首事三人，按股分房。太平县分得房大小四十二间，仍执契管业，与襄陵县无涉。襄陵分得西北角北房三间，南房二间，行走韩家潭，另开门户管业，与太平人无涉。此系两家情愿，永无争端，恐后无凭，立此分单一样两张，各执一张，永远存照。

东至墙界，西至墙界，北至韩家潭路[五]，南至滴水檐为界。

议和人　李领善（押）　王秉才（押）　李景隆（押）
原和人　张　重（押）　宋世美（押）　田鼎生（押）　杜绳武（押）
文　举（押）　刘廷臣（押）　王　明（押）　刘永德（押）

给贾垂基等收执

立分单人　李书科等（押）　贾垂基等（押）

乾隆十七年十一月　　日

分单一样两张各执一张[六]

【注】

［一］原件藏北京大学图书馆。
［二］太平县，治今山西襄汾县西南汾城。
［三］襄陵县，治今山西襄汾县西北襄陵。
［四］百顺胡同，在今北京前门外珠市口西大街北。

［五］韩家潭，今「韩家胡同」。

［六］骑缝半字。

二三〇二　清嘉庆二十二年（一八九六）山阴县莫祝三等出租矿山议据［一］

立议据人莫祝三、张富等，缘有莫宅与张宅并石城庵毗连之所倒化巨石一带，今凭中出租周、金两姓开采，得钱壹佰陆拾千，凭（任）凭开采净尽。现在化石坐田系张宅之公产，乃石城住持有走路进出，是以议明，莫宅得钱一半，张姓与石城住持酌分。今张宅持有遗拾老契为据。莫宅于嘉庆十九年间，契买祸字山廿五亩零，承粮井之界限确实。嗣后，右壁灶梁洞系莫姓宗祠之产，公议禁止，并不出租采凿在内。恐日后房分多人，故邀集莫宅、张宅支派，各书花押，立此一样议据，各执一纸存照。

嘉庆二十二年四月　　日立允议人　莫祝三（押）　张　富（押）　莫德相（押）　张宁一（押）

莫耀庭（押）　张贯千（押）　莫君标（押）　张学仁（押）　莫德洪（押）

张维仁（押）　莫德裕（押）　莫天维（押）　莫敬斋（押）

中人　李廷相（押）　张茂台（押）

【注】

［一］原件藏北京大学图书馆。

二三〇三　清道光十二年（一八三二）山阴县高鸣岐等议立会约［一］

承蒙□义

诸亲友八人雅爱，玉成叁拾千文［二］，认会壹个，其钱九八足串制钱。面议每年一转，定于拾个月，一转为期。至期各赍现钱赴首会处交进会者收。惟祈始终如一是荷。

今将

芳名并点式列后：

首会

式会　九峰相公　　点钱玖千五伯文

三会　□□相公　　点钱捌千五伯文

四会　宝基相公　　点钱七千五伯文

五会　春博十弟　　点钱陆千壹百五十文

六会　洪春相公　　点钱伍千捌百文

七会　玉汝四弟　　点钱伍千文

八会　书外相公　　点钱肆千文

金会　儒伟相公　　点钱叁千式百五十文

道光拾式年五月　　日立首会高鸣岐　具

【注】

〔一〕原件藏北京大学图书馆。

〔二〕八位会员实交收肆拾玖千柒伯文。

二三〇四　清道光十六年（一八三六）山阴县高嘉生等议立会约〔一〕

承蒙

诸亲友人雅爱，玉成叁拾千文，认会壹个，其钱九五足串制钱。面议每年壹转，定于十月二十八日为期。至期各赍现钱赴首会处照例，乐认定者，挨次进收。惟祈始终如一是荷。

今将认定芳名并应点数目列后：

首会　　照数点还

式会　本九峰相公　　点钱柒千式百五十文

三会　施嘉义姊夫　　点钱陆千壹百五十文

四会　施嘉信姊夫　　点钱伍千叁百文

五会　本供音相公　　点钱四千四百文
六会　本廷昌弟　　点钱叁千捌百文
七会　本成晋大爷　　点钱叁千壹百文

道光十六年十一月　　日立首会高嘉生具

【注】

［一］原件藏北京大学图书馆。

二三〇五　清道光三十年（一八五〇）永济县王仁包差合同[一]

立写承办差务人王仁，今包到

太全里[二]西五甲差事：车马、包夫、短差、底车、轿车、骡子、局税、鸡双、鹅、鸭、局内原差收科、工食、下处火药、铅蛋、骆驼、号草、支房麸料、草豆、月饼、扇子，一切俱包在内。总代签票外，县扶济兵差、麸料、草豆、城内香钱布施，一概承当，不于（与）里人相干。当面言明：每两包差钱肆百弍拾文整。　按粮计算，按四季二、五、八、十一月十六日支取，当日清完，不许托（拖）欠。旦（但）有外县扶济兵差、车辆、马匹，里人出钱，不于（与）包差人相干。恐后无凭，立包约存照。

承保人　屈盛在

一甲　李振堂（押）
　　　王武桐（押）
二甲　吕文盛（押）
　　　史大连（押）
五甲　毋　朋（押）
　　　苗荣秀（押）仝在
七甲　仝清和（押）
　　　李么兴（押）

五甲

道光三十年正月廿六日

九甲 王福桂（押）
郭廷梁（押）
立写承办人王仁（押）
合立陆章（张），各执壹章（张）[二]

【注】

[一]友人赠原件复印件。
[二]骑缝半字。

二三〇六　清咸丰五年（一八五五）宛平县畅昌远等开粮店入股合同[一]

立合同人畅昌远、三合堂、畅昌光、武荣光、王时恩，今因义气相投，合伙经营，协力同心。今商议在西直门内路北开设聚泰粮店生理壹座。重新振立，各入资本开例于后：

畅昌远入资本京钱壹仟吊整，作为钱股壹俸；三合堂入资本京钱伍百吊整，作为钱股伍厘；畅昌光入资本京钱五百吊整，作为钱股伍厘。武荣光入资本京钱弍百吊整，作为钱股弍厘；王时恩入资本京钱弍百吊整，作为钱股弍厘。武荣光顶身力壹俸弍厘；王时恩顶身力壹俸。钱股人俸共作为肆俸六厘。日后天赐万金，按钱股人俸均分。今立合同一样六张，各执壹张，本铺存留壹张，立此合同为证。

咸丰伍年四月初壹日　　立

畸[二]

中人　王时凤（押）　时荣先（押）　薛兴吉（押）

【注】

[一] 原件藏北京大学图书馆。

[三] 此合字为款缝，存右半字。

二三〇七 清同治二年（一八六三）宛平县邓德升等开粮店入股合同[一]

立合同人邓德升、张作相、武荣光、武吉荣今因义气相合，在西直门内大街路北设立聚泰成粮店壹座[二]，邓德升入京本全钱伍仟吊，作为钱股贰俸；张作相入京本全钱壹仟弍佰伍拾吊，作为钱股五厘；武荣光入京本全钱壹仟贰佰伍拾吊，作为钱股五厘，随人力壹俸；武吉荣人力壹俸。共入原本钱柒仟伍百吊，共钱股叁俸。日后天赐获利，按股均分。自后至立，务要东伙同心协力，经理生意。倘有私心肥己者，神灵鉴察。所有傢俱（家具）铺底，系公中置到钱壹仟肆百吊。共立合同四张为证，铺东各执壹张，铺内柜存壹张。蒙

同治贰年八月初七日　　吉立

公立合同壹样四张各执壹张合同[三]

中人　陈卷书（押）　董文治（押）

头号

【注】

[一] 原件藏北京大学图书馆。

[二] 聚泰成粮店，原名「聚泰粮店」。参看本书前录《清咸丰五年（一八五五）宛平县畅昌远等开粮店入股合同》。

[三] 骑缝半字，存左半字。

二三〇八　清同治七年（一八六八）宛平县武荣光退聚泰成粮店股约[一]

立辞退约人武荣光，情因西直门内路北原有聚泰粮店一座，系于同治二年王畅二姓出倒与邓宅为业，彼时内有武荣光钱股人力，业已注销，并未同王畅二姓书名倒字纸上，复同事共业。今承做几年，生意不佳，递年乏本，目下歇业不做，难以经理。同中言明，武荣光情愿辞退出铺。日后聚泰成财发万金，俱系邓宅经理，不与武荣光自己相干。所有该外银钱，外该本铺钱项，皆邓宅还收，利害不与武荣光相干。支使银钱全然注销外，送盘费银叁拾五两，其银当交不欠。至此以后，倘有武姓亲族人等争碍，有自己一家承当，不与邓宅相干。此系同中人言明，两出情愿，各无反悔。恐口无凭，立辞退约为证。

同治七年拾壹月初拾日

自立

中人　高照宽　樊维城　郭峰玉　程金达　陈卷书　张起蒴　孙培基

【注】

[一] 原件藏北京大学图书馆。

二三〇九　清光绪二年（一八七六）宛平县邓德升退聚泰成粮店股约[一]

立退约人邓德升，今因铺内本短不作[二]，今在西直门内大街路北聚泰成粮店一座，门面叁间，情愿交退出铺事不管，不与邓德升相干，情愿交与张作相永远为业[三]。日后有亲族人等争论，有邓德升一面承管。恐口无凭，立退字为证。

中人　于　姓（押）

立

光绪弍年四月初拾日

【注】

［一］原件藏北京大学图书馆。
［二］不作，不能承作。
［三］张作相，聚泰成粮店原股东之一。参看本书前录《清同治二年（一八六三）宛平县邓德升等开粮店入股合同》。

二三一〇　清光绪四年（一八七八）宛平县屈福禄、李瀛洲伙营碓房合同[一]

立合同人屈福禄、李瀛洲，置到鞍匠营宝兴局碓房一座[二]，家器俱全，价银壹仟柒佰两整，生意按拾成股分，各领成股，永远为业。屈福禄名下置生意六成五厘，作本银壹仟壹佰零五两正；李瀛洲名下置生意三成五厘，作本银五佰九拾五两正。自立合同之后，屈、李二姓决无争论。惟每年生意余利，总按十二成分批，屈姓仍按六成五厘分批余利，李姓仍按三成五厘分批余利。下剩二成，屈、李姓情愿给姜容庄一成，永远为业；其余一成作为财神股存在柜中。恐以后分批余利无信，各执合同存照。

立合同人　屈福禄（押）
　　　　　李瀛洲（押）
领事人　姜容庄（押）
中见人　王作芬（押）　初仲寅（押）　姜容彬（押）

光绪四年九月初四日

同心奋力山成玉，桃园结义维千秋

【注】

［一］原件藏北京大学图书馆。
［二］鞍匠营，今名「鞍匠胡同」，在北京西城区福绥境西弓匠胡同北。
［三］此行为款缝，存中间三分之一字。

二三一一　清光绪六年（一八八〇）宛平县屈德禄、姜容庄伙营碓房合同[一]

立合同人屈德禄、姜容庄合伙在宫门口内鞍匠营路西开设宝兴局碓房生意壹处[二]，出备作本银贰仟两整。同众言明生意作为十成，屈名下应得东股生意九成，姜名下应得东股生意一成。每年赚得余利，各按成股分披。世世相承，永远为业。自立合同之后，愿两家和衷共济，同襄骏业，则获利益无疆矣。欲后有凭，立此合同二纸，各执一纸存照。

立合同人　屈德禄（押）　姜容庄（押）

中见人　刘兆麟（押）　赵星五（押）　王作芬（押）　初仲寅（押）

光绪六年七月十六日

【注】

[一]原件藏北京大学图书馆。

[二]宝兴局碓房原业主为屈福禄、李瀛洲。参看本书上条。

二三一二　清光绪七年（一八八一）京都福兴润民信局掣给朱大老爷邮件收妥回条[一]

轮　今收到　安信壹封，即送至杭州，呈交名内

船　织造街所查收不误[二]。此照。

信　朱大老爷　收[三]。号钱壹千[四]。

光绪柒年陆月廿一日　京都福兴润信局回条[五]。

句　开设在京都前门外打磨厂长巷三条胡同北口路南鸿泰店[六]

【注】

[一]马骏昌、周新棠、阎荣贵、宋福祥《北京邮史》图版第二页第三图《京都福兴润信局收据》。传玺按：此件为清朝后期民间商人在北京开设的一家

商业性信局的回执单据。《北京邮史》第二五页说：「乾隆年间，北京共开设了四家民信局，它们的字号和开办年月是：广泰（乾隆十六年五月），福兴（乾隆十八年二月），协兴昌（乾隆二十年正月），胡万昌（乾隆年间）。民国初年，上述民信局全都设在繁华的前门外打磨厂内，揽收案往三江、两湖、云贵、四川等地的书信。」由此可知，福兴润信局的历史已久。至开出本《回条》时，犹开设在打磨厂长巷三条胡同北口路南之鸿泰店内。且以「轮船信局」之名号与杭州等三江地区借运河通邮。

[二] 织造街所，杭州地区的一间邮务局所。

[三] 朱大老爷，是在北京向福兴润信局投递信件后收到信局回条（回执）的当事人。

[四] 号钱壹千，号钱，亦称「号金」「保险费」。《北京邮史》第三六页说：「民信局收取信资，一般分『酒力』、『号金』两种。『酒力』也称『酒资』，是普通信资，多由发信人付给。『号金』又称『保险费』，多由收件人付给。」壹千，即「壹吊」「壹吊钱」，由「壹千钱」演化而来。宋元以前，一千钱称一贯。宋元以后，纸币盛行，其小额者，称文，如「伍拾文」；大额者，称贯，或贯文。如「伍贯」「壹贯文」。贯与千等，「壹贯文」渐为「壹千文」取代，「壹千文」省称「壹千」。一千文亦称「壹吊钱」或「壹吊」。「壹千钱」「壹千文」亦径读作「壹吊钱」或「壹吊」。在钱上，「吊」与「千」通，都读「吊」音。初时，一吊为「一千钱（文）」。后来在不同时间，不同地区，名称不改，而换算率有很大不同。有以一百个制钱（文）折合十个铜元，抵一吊（壹千）钱者；也有二百五十个制钱折合二十五个铜元，而称一吊（壹千）钱者。

[五] 京都，北京的俗称。

[六] 打磨厂长巷三条胡同，在今北京前门外左首西打磨厂街中段路南，有长巷头条、长巷三条等。因胡同狭长得名，通向东南方。打磨厂原是明朝打磨制作铜器、铁器、石器的作坊集中的地方，因此而得名。清朝前中期，前门一带商业繁盛，民信局多设在打磨厂一带：多时达到十几家。各家在北京设总号，在有些大城市设分号，或与各地民信局有联系。各信局划定地区范围，有序地经营通邮业务。

二三一三　清光绪十年（一八八四）宛平县张作相退聚泰成粮店股约[一]

立退约人张作相，今因铺内本短，不能承作，今在西直门内大街路北聚泰成粮店一座，门面叁间，情愿交退出铺事不管，不与张作相相干，情愿交与骈廷选永远为业。日后有亲族人等争论，有张作相一面承管。恐口无凭，立退字为证。

中人　骈廷魁（押）

立

光绪拾年伍月拾叁日

【注】

[一] 原件藏北京大学图书馆。

二三一四 清康熙时合财经纪约[一]

立合约人△△、△△等，窃见才（财）从力生，事在人为。是以两人商议，合本求财。当凭中见，每人各出银本若干，同心竭（协）力，开张△△铺。买贷若干，获利若干，逐用清算。铺中使费，就中公取存数。至于私家用度，每月止定支取若干，不得借私侵支，混乱账目。特为歃血定盟，务宜一团和气。苦乐均受，慎无执性争忿，贪取肥己。如犯此议，神人共诛。念恐无凭，立此合约。一样二纸，永为后照。

【注】

［一］清康熙刻本《尺牍合璧》卷三，第四十一页。

二三一五 清乾隆时合伙合同式[一]

比（此）合同分关后，俱写一样几纸，永远存照。字式不拘几张，俱要骑缝连写大字，以防改换。

立合同人某人、某人，今因合本生理，凭中亲议定：某人出本银若干，某人出本银若干 如本银一样则云：各出本银若半。开张某店生理 如作客则云：出外生理。当目对神盟誓：协力同心，公同运营。每月算账一次 如出外则：每回算账。除本银不动外，所得利息，平半均分 如多寡则云：照本银分算。非算帐目，不得妄自支用。倘有存私自利，昧己瞒心，神明鉴察。查出，见一罚十，以惩欺弊。今欲有凭，立此合同文契一样几张，各执一纸，永远存照。

右合同一纸，付某人收执。

乾隆　　年　　月　　日立合同　某人押　某人押　中人押

【注】

［一］清王相汇选，吴之振校订《增订世事元龙通考》卷四《文契类》。

（七） 捐赠文书

二三一六　清乾隆五年（一七四〇）山阴县张门邵氏舍田书[一]

立舍书张门邵氏，缘先夫张汉良存日，欲妆　关帝圣像，以展敬礼。不意夙愿未酬，即先溘逝。予承先人遗意，于康熙五十一年虔塑
法身一座，供于桑园庵内，时致香资，以伸诚敬。但念计非远图，恐至（致）中断。今特捐田壹亩伍分，收除庵内，　永为供
神世产。嗣后庵内僧徒不得任意侵蚀，本家后裔毋许借词收回。庶朝夕瞻礼，长存香火之资，伏腊岁时不乏蘋蘩之荐矣[二]。立
此舍书，永远存照者。

计开田亩字号：

姜字一千七十七　中田九分一厘三毫

姜字一千七十八　中田五分五厘八毫五丝

乾隆五年八月　日　　立舍书　张门邵氏　同男张峻业（押）

代书兄　邵宜皆（押）

舍　书

【注】

[一] 原件藏北京大学图书馆。

[二] 蘋蘩：蘋，水草；蘩，白蒿。用于祭神。《左传·隐公三年》：「苟有明信，涧谿沼沚之毛，蘋蘩蕴藻之菜……可荐于鬼神，可羞于王公。」

二三一七　清乾隆十六年（一七五一）宛平县戒坛寺僧成喆为广善米会施舍香火园地碣[一]

伏以

天道往还，因时育物。地理妙灵，遇运则兴。大法无穷，惟赖释子而宏化；功德浩漠，独藉檀越以资成。戒坛寺千古大刹[二]，仗基园而能广行教化；马鞍山万载奇峰[三]，非源水岂得普被群生。山僧成喆，居此山三十余年，存怀莫释，秖在求天。一念颇降甘淋（霖）。虽然执持丛林，宗风何以丕振。愿

佛圣以垂慈，赖

龙天而默祐。幸感得京都西直门广善米会众发诚心，愿买水园地，供奉常住，以作永远功德。余闻此言，即寻得山北二里许，名曰秋坡，有园地一段，水井一眼，果树若干。地主名李文科同侄李训，愿割园地四亩，水井一眼，果树在内，卖与戒坛寺，永远为业。即立文约，将四至开列：北至官园，东至官园，西至官[四]，南至井边小道。共作价银三十两。又卖王家岭王国臣民地一段，一十八亩。东至道，西至沟，南至王天玉，比（北）至王近仁。共作价银四十五两。又买石厂村赵成连民地二段，二十二亩。东至官道，南至本主，西至贾姓，北至王姓。共作价银七十五两。此三宗地共四十四亩，每年取租银十六银（两），内有果品卖艮（银）四两五钱。以上地亩俱系广善米会所治，以作永远香火。正是千古功德，一时成就矣。余恐众善人施则无验，后望何据？故立碣以标名云尔。

大清乾隆十六年九月初一日　　　　谷旦[五]

（碑阴有广善米会会首、副会首及会众名号从略）

【注】

[一] 原碑在北京门头沟区戒坛寺戒坛殿后。传玺于一九八七年四月十一日参加「秦汉美术研讨会」时手录。

[二] 戒坛寺，又名戒台寺，建于唐武德五年（六二二），称慧聚寺。辽时高僧法均在此建坛传戒。明正统时重修，改名万寿寺。清时多次重修扩修。

[三] 马鞍山，在北京门头沟东南边境。戒坛寺建于此山之东部。王家岭、石厂村在马鞍山东北麓。

[四] 官，下脱一「园」字。

[五] 谷旦，良辰。《诗·陈风·东门之枌》：「谷旦于差，南方之原。」

二三一八　清嘉庆七年（一八〇二）北京贫僧信悟带庙产园地投入大觉寺执照[一]

立字人信悟[二]，因老迈年残，四肢不能动转，耳目眩晕，难以自爨；又加度（渡）日贫乏，艰难太甚，实出无奈，叩讫（乞）大觉寺和尚施恩，情愿带自己园地投入常住。望讫（乞）和尚慈悲怜悯，收留栖身，养命得安也。所带园地，并无法族亲人争竞，更有族中

人保荐具字为质。所带园地破庙开列于后：

杨树凹果园一段：南至廊下，北至大岭，东至常住，西至本庙。

妄八坑果园一段：北至岭，西至道，东至观音庵，南至道。

河东果园一段：南至山，北至道，西至东屋，东至观音庵。

八亩地一段：东至李姓，南至李姓，西至东屋，北至道。此八亩地典与妙洪，典价钱十五吊。

四亩地一段：东至常住，北至道，南至道，西至观音庵。此四亩地典与马姓，典价钱二十三吊。

家门口白果园一段：南至觉明，西至山，北至道。

红果园一段：北至官园，西至官园，东至胜果寺。此红果园典与赵姓，典价钱八吊。

庙前道北杂果园一段：东至胜果寺，西至官园，南至道，北至本庙。

本庙四至：东至三教庵，西至本庙，南至三教庵。

又欠万顺号钱七吊五百文。

再无他事。

立字人　信悟（押）

觉明（押）

中保人　永德（押）

觉经（押）

觉心（押）

嘉庆七年七月十四日

执照为凭

【注】

[一] 原件藏北京海淀区大觉寺文物陈列馆。

[二] 信悟，原住庙宇不可知，但知在大觉寺附近。

二三一九　清嘉庆八年（一八〇三）北京大觉寺常住碧天供养圣地文约[一]

立供养圣地文约人碧天[二]，因北廊下三教院住持[三]法长初创开山[四]，未得没后安葬之地。今有大觉寺常住、监院，同众诸山言明[五]，情愿供养茔地一段，坐落在西竺寺天王殿前涌（甬）路南边[六]。南朝阳庵，北涌（甬）路彼岸，西至□□，东至赵姓，四至分明，情愿供养。任凭建塔修茸，永远传代埋葬。此系俩家情愿，并无反悔。恐后无凭，立供养字存照。

道生（押）
觉生（押）
觉明（押）
觉晶（押）
诸山
永德（押）
心亮（押）

立字人　碧天（押）
监　院　宽如（押）

嘉庆八年十一月二十九日

立字存照

【注】

［一］原件藏北京海淀区大觉寺文物陈列馆。

［二］供养，佛教用语，亦作「供施」「供给」等。一般指以香花、灯明、饮食、衣服等供佛、菩萨及亡灵，也指斋僧尼。《增一阿含经》卷十三：「国土人民，四事供养：衣被、饮食、床卧具、病瘦医药，无所渴乏。」本文约是言供养茔地，即所谓「圣地」。

［三］住持，佛教僧职，亦作主持。原为久住护持佛法的意思。亦称长老、方丈。道教亦用此称，指道观中的负责人。

［四］开山，佛教用语。言在名山创立寺院，或最初在某名山建立寺院的人，如称开山祖师。

［五］诸山，诸位寺院的住持。山，住持简称。

［六］甬路，甬道，两侧筑墙的通道。或庭院里正中的通路。

二三三〇　清嘉庆二十五年（一八二〇）北京戒台寺现住方丈临远等转让庙产文书[一]

立字人戒台寺方丈临远、监院怡然，常住旧有香火庙一处，坐落昌平州西门外延庆寺，随庙香火地壹顷有余，原系戒台祖遗旧产。因道途遥远，不能照应，情愿与大觉寺方丈慧徹焚修办理，永远为业。恐后无凭，立字存照。

嘉庆二十五年二月十三日

立字人　临远（押）
　　　　怡然（押）
接住人　慧彻[二]（押）

【注】

［一］原件藏北京海淀区大觉寺文物陈列馆。

［二］接住，接受庙产的新住持。一般前任住持称「前住」，现任称「现住」，后任称「后住」，已故称「故住」，新接任称「接住」。

二三三一　清道光十八年（一八三八）山阴县孙惠国等祖坟地使用允议书[一]

立允议人孙惠国、孙惠邦，缘祖坟安葬古城无量寺后，土名莫家山之字号山内。被管山人王圣华拔界盗卖与魏美斌厝葬父坟。民等呈叩县主，蒙批严提讯究等谕。今有亲友魏文斌等出为圆议，因将魏美斌受愚王圣华契买。若衷允将美斌拆去伊母寿圹[二]，独留父棺安葬是山，不准再行添葬。立此允议，以为后据。

道光拾捌年拾月　日

立允议人　孙惠国
　　　　　孙惠邦
圆议　魏文斌
　　　章憇泉（押）
　　　王彩峰
　　　胡冠九

胡仲芳
金宗显
魏义生

【注】

［一］原件藏北京大学图书馆。

［二］矿，当作「圹」，墓穴。

二三三二　清道光二十八年（一八四八）山阴县余春晖借墙搭楼披笔据[一]

立笔据人余春晖，缘陈姓正屋外北边，有衖堂一埭[二]，直至河埠，与余春晖公共出入之业。今余春晖因屋不敷，上搭楼披。本属公产，不应自主，凂中情（请）恳搭造。今陈姓推念世谊，通情应允。所有北首栋梁，靠搭陈姓北边楼屋柱品。恐后无凭，立此笔据存照。（押）

立笔据人　余春晖（押）
见中　孙宏匡（押）
亲笔无代（押）

道光念捌年十一月　　日

【注】

［一］原件藏北京大学图书馆。

［二］衖（音同巷）堂，小巷，弄堂。《尔雅》卷五《释宫》：「宫中衖谓之壸。」注：「巷，閤间道。」

二三三三　清咸丰三年（一八五三）济南张金氏等施地文约[一]

为施地入寺、请师诵经修坟事：张金氏同子寿龄，今将灵官庙西叉路口池北所当王杰南北地一段，官亩六亩，当价京钱一百二十千正，情愿付于饮虎池小寺内，永远为业。并原约一纸交住持[二]米国炳、同姓张玉策二位师傅，各种三亩，以为每日给张贞魁并日后丁、金氏祭扫修坟费。若张玉策后代无念经之人，将地三亩仍交寺中，住持着上坟之人耕种。如此地原主回赎，寺中另为置地，照旧为理。此系三家情愿，各无返悔。倘后人反悔者，罚银二百两，入官充饷。每年粮钱一千贰百文，两家种地，两家分纳。若后日地归住持，种地者完纳。恐后无凭无，立勒石文约存证。

亲友　黑清太　邱殿魁　赵长安

同族人　金　文　张　礼　赵宇亮等廿人公立

施地人　张金氏　子寿龄

大清咸丰三年六月　谷旦[三]

【注】

[一] 金振贵、雷晓静主编《中国回族金石录》（宁夏人民出版社二〇〇一年版）第三七七页《山东济南清真南大寺张金氏捐地契约碑》。

[二] 住持，佛教寺院主管僧的职称，起于禅宗。也称「方丈」。后道观中负责人亦有此称。

[三] 谷旦，良晨，晴朗美好的日子。《诗・陈风・东门之枌》：「谷旦于差，南方之原。」旧时常用为吉日的代称。

（八） 认罚书、保证书、官府告示

二三二四　清嘉庆十四年（一八〇九）北京邢秉礼等盗伐寺树认罚保证书[一]

立伐御路[二]树株人 地方刘鹏金 乡长邢秉礼 木匠王　瑞 随人陈有才，因本村西门真武殿[三]渗漏坦（坍）塌，仝议砌盖。木料短少，无奈伐路树枝岔（杈），备（被）大觉寺当家师亲见拿住。今有合村众乡亲仝求常住，当家师大开慈善，立字实（释）放。自此之后，四人各栽树拾棵管活。从此之后，御路树木再有人折伐，有四人看守，拿送常住，送官治罪。如有树株短少，四人不到者，有众乡亲壹面承管。恐后无凭，立字存正（证）。

嘉庆拾肆年二月初二日

立字人 邢秉礼（押）
刘鹏金（押）
王　瑞（押）
陈有才（押）

中保众乡人 张　安（押）
张德珮（押）
张　镜（押）
权国平（押）
姜文亮（押）
天　然（押）

立字存照

【注】

[一] 原件藏北京海淀区大觉寺文物陈列馆。

[二] 御路，即御道，供帝王车驾通行的道路。多见于京都及大寺、名胜地区。北魏杨衒之《洛阳伽蓝记·永宁寺》：「永宁寺，熙平元年灵太后胡氏所立也，在宫前阊阖门南一里御道西。」宋孟元老《东京梦华录·序》：「雕车竞驻于天街，宝马争驰于御路。」清李斗《扬州画舫录·草河录上》：「扬州御道，自北桥始。」

[三] 玄武，即「真武帝君」。古代传说为北方之神，其象为龟蛇合体。同青龙、白虎、朱雀，合称四方四神。宋真宗因避所尊圣祖赵玄朗讳，改「玄武」为「真武」。大中祥符（一〇〇八—一〇一六）间，尊为「镇天真武灵应佑圣帝君」，简称「真武帝君」。

二三二五　清道光十九年（一八三九）北京李万春等窃犬认错凭据[一]

立字人李万春、曹文兴，贾　禄、曹臭儿，因家贫无聊，稚子帝（啼）饥，偶蹈非为，诬窃大觉寺肥犬一疋，被人觑露，触怒圣寺行控。情自知非，觳觫遍体。央恳乡邻说情，在圣寺蒙上人大发慈心[二]，不控无知。似此大德，不惟我等感念，而且举家托恩无极。以后再不作此非为，有犯边地。倘异日圣寺园地被窃，或亲身捉余，或风闻的实，任上人、中保一齐禀官究治无辞。所虑者，城门失火，殃及池鱼。谅上人佛心常存，慈悲永矢，实窃尚且宽恕，不窃岂忍诬余。九顿谢宥，感德无极。谓余不信，甘具此字，永存后日为执。

道光十九年十一月卅日

立字人　李春万（押）　曹文兴（押）
　　　　贾　禄（押）　曹臭儿（押）

凭据

【注】

[一] 原件藏北京海淀区大觉寺文物陈列馆。

[二] 上人，佛教称谓。一般指持戒严格，精于义学之僧。《释氏要览》卷上：「内有智德，外有胜行，在人之上，名上人。」

二三二六　清乾隆时戒赌酒誓样式[一]

立戒赌酒誓约人某人，今因年少无知，误结匪友，串诱赌博饮酒，不务正业。时常酒后抵触尊长或云累无财物，家计不支。今蒙诸长亲高邻益友再三谆劝，善言戒谕。某自知非理，悔之无及。自今对神盟誓，改过自新，永戒赌博饮酒，誓不再犯。如违此誓，神灵鉴察，立降灾殃。仍凭诸亲长执此到官，甘罪无辞。今欲有凭，立此誓约，长久存照。

乾隆　　年　　月　　日　　　　立誓约人某人押

亲长某人押

【注】

［一］清王相汇选，吴之振校订《增订世事元龙通考》卷四《文契类》。

二三二七　清乾隆时伏约式之一［一］

立伏约男某人，于本月某日，醉后误被匪友诱赌归家未会赌友则云醉后归迟，衙泗怪母诫诲，反行嗔逆。当日母欲告官惩治。情知不孝，浼中叔父、母舅诸长亲劝免。为此，伏求母亲宽恕，无如初犯。以后改过自新，用心生理，孝养无缺。倘有再犯，听凭诸位长亲执此到官，自甘罪责不恕。今欲有凭，立此伏约存照。

乾隆　　年　　月　　日立伏约男某押

长亲某押

伏约，伏于母亲而不言父者，盖得罪于父，重则若理，轻则责治，否则宽恕。惟寡母不能治悔子，故必用长亲戒论劝免，用此伏约以警之耳。

【注】

［一］清王相汇选，吴之振校订《增订世事元龙通考》卷四《文契类》。

二三二八　清乾隆时伏约式之二[一]

立伏约人某人，今因本月某日某夜，不合擅入邻人某宅，形迹似贼或云窃取什物，致被捉获。本宜送官治罪，某情知非理，告求亲邻某人劝解，姑免究治。为此，甘立伏约存证。倘有再犯，执此到官，决不轻恕。今恐无凭，此约存照。

乾隆　　年　　月　　日　　立伏约某人押

亲邻某人押

【注】

［一］清王相汇选，吴之振校订《增订世事元龙通考》卷四《文契类》。

二三二九　清康熙时禁田禾式[一]

立禁约人　　等，为严禁田禾事：窃见国以农为本，民以食为天。故及时耕种栽布禾苗，输纳　朝廷粮税，供贴父母妻子，终岁勤苦，所系一家，此命故关迫有无耶！人等岗知稼穑之艰难，徒徇一己之私欲，或纵牛羊践蹈，或放圭鹅躁食，遍地荒芜，举目惨伤。特会乡众，歃血立盟，尽行禁止。凡民人等，务宜体谅遵守。各家俱要严固栏匣，毋得仍蹈前弊。同盟之人，逐一轮次早夜巡察。不拘何人田地，若迁（遇）牛羊圭鹅等畜践食禾苗，即时拿获，会众赔偿。倘有恃强不服者，必鸣于官府。阿纵不举者，连坐以问罪。使物不滋害，人得安生，钱粮有所出，家口有所赖矣！特禁。

【注】

［一］清康熙刻本《尺牍合璧》卷三《利函》第四十至四十五页。

（九）过继、婚嫁类文书

二三三〇　清嘉庆九年（一八〇四）山阴县张王氏立继子书[一]

立继书亲赵铭彝、族张圣吉、允乾等，缘克昌身故无子，于今二十余载，尚未定继。先是克昌出仕黔南，于乾隆四十三年告病回家，旋于次年身故，时伊弟建勋、在闲二人俱未生子，无可承继。克昌之父求仲、母傅氏痛子情深，望孙更切，随于克昌木主内空立来培之名，盖取急来培植之意。及至乾隆五十三年，建勋始生一子，即取名来培。五十四年，在闲生一子名来墉。俱系一子，不能承继，故傅氏于五十五年逝世，其主内另立来圻之名，承重求仲之意，以建勋、在闲二人内续生之子，即为克昌继子。后在闲生次子，求仲即以来圻命名，并令克昌妻王氏当时即为领养。王氏以来圻方在襁褓，抚育为难，是以不即领养，而求仲旋即病故。此后因循至今，又隔十载，此克昌身故，继未定立之始末原由也。今建勋亦已去世，仅遗来培独子。王氏视来圻年已长成，意中欢爱，特邀铭彝等代为议继。查来圻既为王氏钟爱择定，又有祖命在先，在闲岂议所当辞？其为来圻应继，更无别议。自继之后，母子相为倚依。所有克昌名下一切田房产业，除彤山羽字四百三十六、七号田七亩零，给已出嫁女俞张氏外，其余尽归来圻承受。立此合同继书二纸，付各执一纸，以垂永久，生生世世矣。

嘉庆九年三月　日立继书亲族　赵铭彝（押）　韩警盘（押）　张圣吉（押）　张允乾（押）

张魁成（押）　张舜贤（押）　张雨苍（押）

张国祥（押）　张达夫（押）　张可均（押）

择继　张王氏（押）

允继　张在闲（押）

执笔　赵铭彝（押）

合同继书[二]

【注】

[一]原件藏北京大学图书馆。

[二]此行为款缝，存右半字。

二三三一　清嘉庆十八年（一八一三）武定彝族那振祖入嗣慕连土司甘结[一]

具结族侄那振祖[二]，系多嘎古村[三]。今于沙婶母台前遵奉结得公议嗣续一案[四]，于上年十月内，蒙何州主传唤那昌祖、绍祖、绶祖、绳祖、絅祖、绅祖等人验看[五]。业经婶母将昌祖詈斥，另立在案。复奉婶母传唤众族公同商议，择贤另立在〔案〕等因。情愿具结与婶母台前。自此之后，凡族内身无过犯之侄，任随选择继立，永无争竞[六]。如违，甘罪。具结是实。

嘉庆十八年正月十九日具结族侄那振祖

【注】

[一]（云南）楚雄彝族文化研究所编《清代武定彝族那氏土司档案史料校编》第一六〇至一六一页，中央民族大学出版社一九九三年版。

[二]那振祖，云南武定彝族慕连土司的第九代孙。高祖那健，是第五代土司那魁之弟，曾祖那德傅，祖那挺秀，父那宗善，早死。母李氏。振祖为独子，过继慕连土司承嗣时，改名振兴，时年三十四岁。后为第十一位慕连土司。详见《燕京学报》新一期第三五五页，张传玺《云南彝族慕连土司史迹补正·一慕连土司那氏世谱·那振兴》。

[三]多嘎古，彝语村名。后称乃母崮、能睦窗等，谐音。汉语称新衙门，因那振兴（祖）的祖辈都有土舍或土同之称，因有此村名。

[四]沙婶，慕连第八代第十位土司那显宗之妻沙氏（沾益彝族土司沙应显之女）。另有妾九人，均未生子。

[五]何州主，武定直隶州之知州，姓何氏。那昌祖等，均为那振祖同辈男青年，有可能入选为嗣者。

[六]后来那振祖（兴）被那沙氏选中，妾大傅氏、二傅氏、张氏（汉族）等均同意。

二三三二　清嘉庆十八年（一八一三）武定彝族那李氏情愿以子那振祖过继慕连土司夫人那沙氏为子文据[一]

立永远二比情愿两承宗祧。孀妇那李氏[二]，系多嘎古村住。为族长显宗身故无嗣[三]，弟媳沙氏，大、二傅氏，张氏[四]等，以氏子振祖贤孝，向氏乞为嗣续。而言将来孙枝茂盛，两承宗祧。氏见其情切，且系族长，不可无嗣，义不容辞，当即应许。自愿将振祖过继与族长为子。自此之后，听凭弟媳沙氏等教训扶持，永无翻悔异言。此系两相情愿，欲后有凭，立此为照。

嘉庆十八年二月初六日立，二比情愿两承

宗祧

文据　那李氏

凭头人：铺子、倍思、哈由

母言，振祖代笔

【注】

[一] 云南楚雄彝族文化研究所编《清代武定彝族那氏土司档案史料校编》，中央民族大学出版社一九九三年版，第一六一页。

[二] 那李氏，那振祖之生母，那宗善之妻。

[三] 族长，那显宗是那氏一族的长支。

[四] 大、二傅氏、张氏，土司那显宗的正妻，那沙氏，彝族。第一、二妾，彝族，为姐妹，姓傅，称大傅氏、二傅氏。张氏为第三妾，昆明汉族。在慕连土司区内的兰启依（汉名画石板）有土司墓地，内有那显宗和二傅氏、张氏三人的墓及神道碑。

二三三三 清嘉庆十八年（一八一三）武定彝族慕连土司遗孀那沙氏以那振祖继嗣甘结[一]

具遵结孀妇那沙氏等系暮（慕）连乡万德村住……查例立爱立贤，氏等情愿给与振祖承继宗祧。蒙萧州主查例，准氏等立爱立贤，给与振祖承嗣。振祖虽属独子，自愿出结承嗣……今蒙恩仍赏准照例与振祖立继承嗣，氏等允服，自愿出结存案[二]。自此之后，小心教育振祖管业，并约束头人，不敢玩法滋事生端。如违重罪，遵结是实。

嘉庆十八年十一月十二日具遵结孀妇那沙氏

【注】

[一]（云南）楚雄彝族文化研究所编《清代武定彝族那氏土司档案史料校编》第一七九至一八〇页，中央民族大学出版社一九九三年版。

[二] 那沙氏收那振兴为嗣时，那振兴已三十四岁，又有很好的汉文修养，自主管事，母子关系长期不睦。那沙氏多次向官府提出要求退嗣。知府不准，那沙氏勉强又立此甘结。

二三三四 清道光九年（一八二九）山阴县张何氏立继子书[一]

立继书亲吴惟吉等、族张葵扬等，缘象高系界堂胞兄，而界堂出继与长房伯克昌为嗣者也[二]。象高娶妻无出，界堂生子二人，长钋、次金。道光三年象高身故。先是病草时，界堂游幕括苍，曾向界堂室顾氏面云：「次子金，伊所欢爱，应继与为子。」故金禀明祖母吴氏，为象高服三年丧，吴氏时嘱象高室何氏写立继书。因循不果八年，吴氏逝世，金亦即服承重。此象高择金为子之始末原由也。兹何氏视金年渐长成，意中喜悦，乘今界堂在家，主定继书，本属同父周亲，特邀惟吉等代为议继。查张金与象高昭穆相当，伦序不失；既为象高欢爱，两次服成，界堂自无异议。且五服之中，别无可继之侄。何氏现遵遗命，意亦钟爱，定继立书，其为张金应继毫无疑义。自继之后，母子相为依倚，所有象高名下一切田房产业，均归张金承受。立此合同继书二纸，付各执一纸，以垂永久，生生世世矣。

道光九年五月　日立继书亲　吴惟吉（押）　择继　张何氏（押）　顾圣思（押）

允继　张界堂（押）　执笔　吴廷玉（押）

族　张葵扬（押）　张雨苍（押）　张舜贤（押）　张应远（押）

张舜臣（押）　张文澜（押）

合同继书[三]

【注】

[一] 原件藏北京大学图书馆。

[二] 本契主张氏四代及其过继情况（……→为过继线，……表过继子）

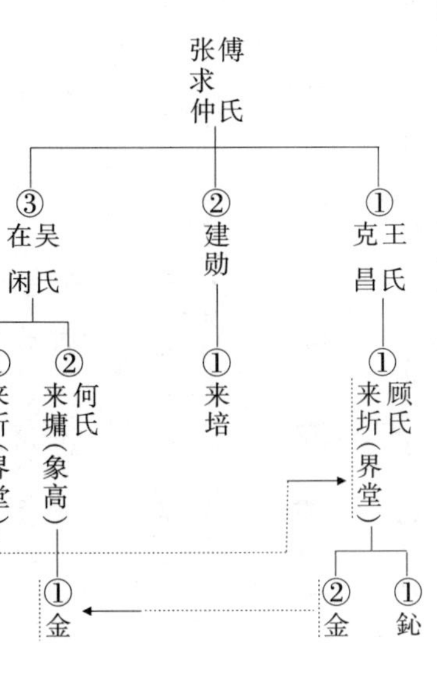

[三] 此行为款缝，存右半字。

二三三五　清同治十二年（一八七三）喀喇沁左旗李俊立过继子单[一]

立过子单人李俊，因为无儿，今将大哥有子，商议清（请）合营左邻友社（右舍）乡亲说合妥，情愿次子过与二弟养老送终，披麻代（戴）〔孝〕，万贯家财自收家产。仝众人言明：每年秋后，交谷子五斗，蒿粮（高粱）五斗，秫秸[二]一伯个，支（制）钱十一吊。别无杂差。弟兄二人情愿立过子单，永远不许返悔。若有悔者，左众人一面承官（管）。恐口无凭，立过子单为证。

家长二爷　李　贵
对门　时望勇
右邻居　李文智
赵　魁　赵　元　李尚林　时德富
杨　刚　杨　武　刘玘旺　李兴德
代字人　李兴唐

同治十二年六月十叁日立过单文契

【注】

［一］手录友人藏品。

［二］秫秸，高粱杆。一捆俗称「一个」，重约十公斤。

二三三六　清康熙时再嫁带子书式[一]

主婚吴岳恕有胞弟△，娶妇林氏，生子彬英，方四岁，不幸△身故。林氏三年丧毕，志欲终守。奈家贫子幼，日食无措。不得已，凭媒议，配△△为婚。本日收到聘礼若干。姘听△△择吉过门成亲。侄彬英年幼，难离母膝，暂同林氏到△△家抚养。至十岁余，稍通言语，方回吴家教养长成。此系两愿，再无异言。今欲有凭，立婚书为照。

【注】

［一］清康熙刻本《尺牍合璧》卷三《利函》第四十四页。

二三三七　清康熙时服内出嫁书式[一]

主婚△△，有弟侄△△，近已身故。弟侄妇△氏自愿守志，奈家贫，日食无措，兼以弟侄赊欠棺衾银两，及葬埋功果之费[二]无所出，不得已，凭媒人，配△△为婚。本日收到聘礼若干，分还诸费。妇即听从△△择吉过门成婚。此系两愿，再无异言。今欲有凭，立婚书为照。

【注】

[一] 清康熙刻本《尺牍合璧》卷三《利函》第四十四页。

[二] 功果，指念佛、诵经、斋醮等祈求功德的活动。

二三三八　清乾隆时嫁后再婚书[一]

立主婚族长某人，今有弟侄孙某人身故。侄孙妇某氏孝服已满，自甘守志。奈家贫无食若死不久，则云棺木银两无以偿还，只得凭媒某氏说合，出嫁与某人为妻。收到财礼银若干，以完欠负。某氏听从某宅择吉过门婚配。此系两家情愿，各无异说。今欲有凭，立此婚书存照。

乾隆某年月　　日

立婚书族长某押

官媒某人押

【注】

[一] 清王相汇选，吴之振校订《增订世事元龙通考》卷四《文契类》。

二三三九　清乾隆时养老女婿约式[一]

立养老文书女婿某人，今有

岳父某号，岳母某氏，二位年老无子。亲生一女，赘身为婿。当凭主亲，三面议定：岳父产业、资本，俱系婿身管理。奉养岳父、岳母，如同父母，孝敬终身，养生送老，承继香烟。此系两相情愿。当日请过妻党诸亲，以后各无争论。倘因家计消长，生心违逆，奉养不周，凭岳父母执此究理，一同不孝之罪。恐后无凭，此养老文书，永远为照。

乾隆　年　月　日

立养老文书女婿某人　押
主亲　押　父党诸亲　押
邻友　押　妻党诸亲　押

【注】

［一］清王相汇选，吴之振校订《增订世事元龙通考》卷四《文契类》。

二三四〇　清乾隆时过房养子婚书式［一］

立过房养子婚书人某人同妻某氏，今有亲生第几子某名，年几岁，某年月日时生。为因男女众多，不能瞻（赡）顾，同妻商议，将男出继与某　门下，过房为子。当日得受礼物几事。自过房之后，听凭　恩父恩母改姓更名，如同亲子。攻书、习礼、教育。成人娶妻婚配，以承后嗣。倘　恩父恩母之后生男，一体分产，并无亲疏各异。此系两相情愿，并无反悔。恐后无凭，立此过房婚书，永远存照。

乾隆　年　月　日

立此过房文契人某人押
同妻某氏押
中亲　押

【注】

［一］清王相汇选，吴之振校订《增订世事元龙通考》卷四《文契类》。

（十）　教育类文书

二三四一　清同治十一年（一八七二）婺源县詹兴洪为子詹天佑官派留学具结[一]

具给人詹兴洪今与　　具结事：兹有子天佑[二]，情愿送赴

宪局带往花旗国肄业[三]，学习机艺。回来之日，听从中国差遣；不得在外国逗遛（留）生理。倘有疾病生死，各安天命。此结是实。

童男，詹天佑。年十二岁，身中，面圆白。

徽州府婺源县人氏。

曾祖父　贤

祖　世鸾

父　兴洪

同治十一年三月十五日　　詹兴洪（押）

【注】

[一] 中国文化研究院《洋务运动》文稿D29。《签订留学「生死合同」》，作者雷颐，中国社会科学院近代史研究所研究员。转引自李喜所等编《近代中国的留美教育》，天津古籍出版社二〇〇〇年出版，第十二页。

[二] 天佑，詹天佑，安徽婺源（今属江西）人，生于广东南海（今广州）。为我国第一批三十名留学美国的幼童之一。回国后主持修建了我国自建的第一条铁路——京张铁路（今京包线北京至张家口段），在技术上有许多革新创造。

[三] 花旗国，清末广东人称美国国旗为花旗，俗称美国为花旗国。

二三四二　清乾隆时经学关书式[一]

盖闻美锦不制，曷成黼黻之华；良玉不雕，奚称瑚琏之美。暗必求明，端藉燃藜之照；蒙以养正，斯成作圣之功。恭惟

某号某姓老先生，天子文坛标帜，学海津梁。友声远著，时叨三益之良；子弟胥从，何啻四科之盛。敬于明年春月恭请尊师俯临绛席，训诲子弟，讲究课业，俾诸侃周狂简，委资品裁；陶铸之功，成德达材，咸沛时雨春风之化。匪惟小子有造，而弟辈亦戴高深于永世矣！谨将门生姓名及脩金数目开列于后：

计开　门生某人　脩金若干　供膳　一人承备或
　　　某人若干　某人若干　按口轮供

乾隆　年　月　吉日立关书　某人押
　　　　　　　　　　　　　某人押

【注】

［一］清王相汇选，吴之振校订《增订世事元龙通考》卷四《文契类》。

二三四三　清乾隆时蒙馆关书式［一］

立关书某人某人，今于某年奉请到

某老师在于某宅教诲里中诸家子侄，议定诸生名数。脩金开具于后：

计开　门生某人　脩金若干　每次轮供几日
　　　门生某人　脩金若干　每次轮供几日

乾隆　年　月　日立关书　某人押
　　　　　　　　　　　　某人押

【注】

［一］清王相汇选，吴之振校订《增订世事元龙通考》卷四《文契类》。

二三四四　清乾隆时学艺文约式之一［一］

立投师学艺人某人，今因无艺资生，凭亲长说合，投到

本师某　名下习学某行手艺。当日三面言定，学至几十个月为满。艺成，治备酒礼谢师（或云每在（月）贴。备饭米若干）。自学之后，听凭师长教训。如有懒惰误事，听凭　本师责治无辞。今欲有凭，立此投师文约存照。

乾隆　年　月　日　　立投师文约花押

父兄　押

中亲　押

【注】

［一］清王相汇选，吴之振校订《增订世事元龙通考》卷四《文契类》。

二三四五　清乾隆时学艺文约式之二（斯文贵重手艺用此）［一］

立盟书某人，今有子侄某名，央托亲友说合，拜从某老师门下习学某行手业。三面言定，学习三年为满。艺成之后，置酒席，备谢礼仪若干，不致欠缺。入门遵依本师教诲，用心精艺，不得违拗、疏旷、怠惰。如有闲旷，按日补艺无辞。今欲有凭，立此关书存照。

乾隆　年　月　日　　立关书某人　押

父兄某人　押

弟子某人　押

亲友某人　押

【注】

［一］清王相汇选，吴之振校订《增订世事元龙通考》卷四《文契类》。

九　民国至土地改革时期契约　附　买地券

（一）买卖契约、产业执照、投税凭和推收证

二三四六　民国元年（一九一二）即墨县孙积德堂卖地官契[一]

田房卖契约

立卖契约人孙积德堂[二]，今将即墨县[三]第　五　区不其乡孙家沟岔庄，本业房地一段所计中亩亩间式分正厘　毫，经中议定实价银铜元拾元正。　出卖于孙少甫　名下永远为业。其价当交不欠，粮银照契过拨。如有违碍，有卖主一面全管。恐后无凭，立契约为证。

计开：

坐　落：村后南北一段。

房宅间数

地亩弓步：南北长七丈，东西横拾丈〇式尺八寸。

四至：东至路，西至孙，南至孙，北至业主。

中人　孙复江

证人　孙复珍

伏笔　孙中谔

中华民国元年式月三日立卖契约

【注】

[一] 原件藏青岛市博物馆。

[二] 堂，旧时用于官宦财势之家的名号。

[三] 即墨县，今山东即墨市，属青岛市。

二三四七　民国元年（一九一二）即墨县唐元勋卖山坡地白契[一]

立卖约人唐元勋，因无钱使用，将自己山坡零地　处，坐落在在[二]流清河西崖，共有地十五块，税分五分，请人说允，情愿卖与曲春福永远为主。议定京平五十吊文，当交无欠。恐后无凭，立字为据。

四至东至朱许初，南至钟岳开，
西至曲志善，北至河　涯。

说合人　董得福

中见人　王守民

民国元年三月初九日　　唐元勋　自立

（该契于民国二十伍年验讫，嗣后产权以查验证书为主要文件。合行批注发还。）[三]

【注】

[一] 原件藏青岛市博物馆。

[二] 衍一「在」字。

[三] 此为民国二十五年（一九三六）税务局验契戳记。

二三四八　民国二年（一九一三）日照县郑培鹤卖地红契[一]

奉

母命立卖契郑培鹤[二]，因正用不足，今将自置中地壹亩壹分弍厘七毛九忽五，央中说妥，情愿卖于族叔全禄永远为业。言明价每亩京攵[三]钱四拾五千文，作洋四十元。钱契当日两交不欠。如有违碍等情，卖主全管。恐后无凭，立卖契存照。

计开：

座落东南卖主林后，南北地三阡。

四至分明：南至水沟分水为界，西至培荚，北至卖主林有志石，东至水沟。

又一阡：南至水沟分水为界，东至水沟分水为界，北至田家林有志石，西至卖主。

弓口　长三十五步五，南可八步三，中可八步七，北可九步三。

长二十六步六，南可三步五，中可三步五，北可三步七。

二四承粮

民国弍年二月初六日

立卖契　郑培鹤

中人　全四

见人　培基

全训

代字　全泽

全禄执[四]

民国十九年一月郑禄田名下过粮

钱粮名郑禄田

【注】

[一] 原件为宋健青先生惠赠。

[二] 郑培鹤，山东省日照县邹疃村人。今属日照市岚山区。

[三]「攵」，苏州码「九九」。「九九钱」指一千文实付九百九十文。

[四] 执，当是「执契」。

二三四九　民国二年（一九一三）即墨县兰廷灶卖地白契[一]

立契约人兰廷灶，因钱财不足，将自己祖业零地，坐落在流清河口山坡地二块，税分一分。请人说允，情愿卖与胡田德收业。言明价洋弍元，当交不欠。恐后无凭，立字为证。

四至：

东　至　李克金，南　至　路，

西　河，　北　至　李克金。

说合人　唐京玉

中见人　唐京海

立字人　唐永林

立

民国二年七月十九日

【注】

[一] 原件藏青岛市博物馆。

二三五〇　民国三年（一九一四）山东省国税厅发给顾士芝买地契[一]

买

明字第二萬二千四百肆号[二]

山东国税厅筹备处为发给契纸事：案监民国肇造，庶政更新。凡为中华民国之人民，受有中华民国之地产，自应执民国国家之契据，始能得民国国家之保护。其理至明，其法至当。兹本处□□财政部电令：制定民国新契纸，即自民国二年八月初一日为始，无论军屯卫灶一律行用。凡民国执有前清买契者，无论已完税、未完税，红契、白契，均须呈验注册，给予新契

契

纸，概免收税。契价在三十圆以上者，收契纸价洋一圆，注册费洋一角。其不及三十圆者，不收纸价，但收注册费洋一角；一律发给新契纸，以使各家业户等永远执据。此项新契，以六个月为限期，截至民国三年一月底。限满过期不验者重罚；并遇诉讼等事无效。该业户等具有国家思想，应尽国民义务，自必一体遵用。上以裕国课，下以息民争也。

兹据　集城乡县业户顾士芝报称：住居

庄伊　于前清光绪二十四年正月初三日，价买王启民名下坐落　集城乡　庄地一段，计地　房一所，计房　间，合地　亩

分　厘弓步，评列于后。实用价银钱二十两，合银　千　百　十　两　钱　分。先已未投税。呈验契尾一纸，原契　契，并缴

契纸价洋一圆，注册费洋一角，请准注册发契。除遵章注明本县　字第　号册外，合行给契收执。须至契　者。

计开弓步

中华民国三年一月九日给业户　收执

应完地丁正银　实漕粮正米

【注】

[一] 原件藏北京大学图书馆。

[二] 骑缝半字。

二三五一　民国三年（一九一四）北京左右翼牲税征收局发给正黄旗汉军继祥地税新照[一]

左右翼牲税征收局遵照

财政部划一契纸章程[二]：无论已税未税之旧契，均应呈验注册，加给新照。如不呈验，于诉讼时，不能作为凭据。等因。今据正黄汉继祥呈验已税旧契一件[三]，计　地陆顷，　坐落宛平县庞各庄西、大高各庄等处地方，原买价银　肆佰两正。既经纳税，自应加给新照，以为呈验注册之凭证。此照。

亨字第肆伯肆拾号。
中华民国叁年叁月拾捌日

监印员 王和祥
校对员 章崇泽
缮写员 曾敬轩

【注】

[一] 原件藏北京大学图书馆。
[二] 左右翼牲税征收局，民国初年沿用清代设于北京的税务机构。
[三] 正黄汉继祥，即「正黄旗汉军包衣世奎佐领下继祥」。参看前录《清光绪二十四年（一八九八）户部管理右翼税务监督发给北京正黄旗汉军继祥地税执照》。

二三五二 民国三年（一九一四）北京正红旗满洲胜奎父子卖房白契[一]

立卖房人正红旗满洲四甲常凌佐领下马甲胜奎同子奎玉，有自置瓦房三间，东灰棚壹间，门窗俱全，院中榆树壹棵。坐落在锦什坊街小水车胡同内马杓胡同北口内路东[二]。因手乏，经中卖于仁厚堂名下为业。同中明言房价京平足银弍百叁拾伍两整。其银笔下交足，并不欠少。立字之后，倘有亲族人等争论，俱有卖契人及说合人一面承管。恐后无凭，立字为证。

旗红契壹张[三]，民红契壹张，随白字四张，一并跟随。

立卖契人 胜 奎
奎 玉（押）
说合人 王子久（押）
瑞子东（押）
英少亭（押）
郑子明（押）
林子厚（押）

中华民国三年七月二十一号甲寅又五月廿九日[四]

成耀山（押）
尚松山（押）
吉阔臣（押）
代笔　张善廷（押）

【注】

［一］原件藏北京大学图书馆。
［二］马杓胡同，今名「南水车胡同」，在今北京西城区丰盛胡同附近。
［三］旗红契，由户部督理左、右翼税务监督给发的契纸。
［四］甲寅又五月廿九日，为「甲寅岁闰五月二十九日」。甲寅岁即民国三年（一九一四）。

二三五三　民国三年（一九一四）京兆财政分厅发给李宅房产新契纸［一］

新　契　纸

蓟县第　拾伍万柒千壹百拾捌　号。　纳费　壹角。

京兆财政分厅　　为发给契纸事：前奉

财政部颁行划一契纸章程九条通饬遵办。等因。所有民间田房旧契，无论旗产、民产，典契、卖契，已税、未税，以及印契实在遗失或田房与契载不符，并有产而无契据者，均应一律照章报验注册，换给新契纸，以为各该业户等执据。兹奉

大总统教令：公布验契条例十七条，契税条例十二条，亟应遵照办理。凡呈验旧契，以六个月为限。逾限如不呈验，照章科罚，并于诉讼时不能作为凭据。嗣后成立之新契，仍一律照章纳税，毋得隐匿，致干罚办。须至契纸者。

计开：

京兆蓟县业户李宅，住居　　乡　　庄　于　　乡　　庄　地　段，房一所，

光绪廿二年正月初九日，价

计地　亩　分　厘　合　弓　步　东　南　西　北
房一所　间

制钱四十吊，合银

用价平银　　万　千　百　十　两　钱
兹据呈验　契，并缴查验费免收，注册费一角，已予遵章注册讫。
中华民国三年十二月　　日
右给业户　　收执

【注】
[一] 原件藏北京大学图书馆。

二三五四　民国四年（一九一五）北京厢白旗满洲明昆父子卖房白契[一]

立卖房字人系厢白旗满洲恒龄佐领下已故恒惠之子明昆仝子伊洪额，因手乏无资，有祖遗住房一所，坐落在阜城门内王府仓胡同西头路北正房叁间，东西厢房四间，南房二间，门道一间，西耳房一间，共计房拾壹间，门窗户壁俱全，上下土木相连。今凭中人说合，情愿将此房卖与　屈姓名下永远为业，明言卖价银壹佰伍拾圆正。其银笔下交足，并无欠少。自卖至后，如有亲族人等争论，以及重复典卖情弊，俱有卖主一面承管。恐口无凭，立字为证。

计红契二张，白字一张。

内右二区门牌十九号　　立卖字人　明　昆（押）　仝子伊洪额（押）
中保人　徐献亭（押）

（印花）
中华民国〔四〕年五月

【注】
[一] 原件藏北京大学图书馆。

二三五五　民国四年（一九一五）侯马县关居易卖地官契[一]

官

立卖契人关居易，今因急需钱款，情愿将平地贰亩托中卖与关镕为业，其地坐落关村东处。南至郭裕，北至汧，东至关老惠，西至关悦。四至登载分明。经原中人毛文彬等，并牙纪公同议定实价足银叁拾陆两五钱。兹已将卖价银当面如数收记，所有地二亩应照契面即归关镕永远管业。粮银照契过割，由买主自行遵例完纳。至年卖之地二亩，实系自己产业，与别房伯叔兄弟侄无干。未曾典当抵押他人财物，以及来历不明各等情。如有以上一切情弊，关居易情愿出头承当，与买主毫不牵涉。自卖之日，两相允愿，各无翻悔。恐口无凭，填定官契，有执为证。

应纳粮银

原中人　毛文彬
　　　　关存智
立卖契人　关居易
代笔人

中华民国四年二月十一日

如地亩畸零不止一段，应另书清单，逐段开明四至，粘连契纸，由该管县知事盖用印信。

契

汾字第一千三百十八号[二]

【注】

[一] 手录友人藏品。红印不清，有「山西国税厅」字样。

[二] 骑缝半字。

二三五六　民国四年（一九一五）北京蒙古喀尔喀部前辅国公鄂多台地产补契[一]

立补契字人喀尔喀图什业图汗部落镇国公衔辅国公鄂多台[二]，查由前清雍正年间赏给和惠和硕公主祭田地一项，坐落京兆尹属下蓟县城南十五里裴家屯等处[三]，共地二十九顷七十七亩〇七厘六毫，每年经汪永泰承催征租，赴府交纳。由壬子年九月初

九日[四]
隆裕皇太后赏给作为私产[五]。庚子变乱，印册遗失。现有历年租账为凭，按照财政部新章，邀保补契。特立此契，以昭信守。

计开：

蓟县属裴家屯、八沟庄、侯庄子、周各庄、史家屯、新房子庄、西河套、凉水泉等处。以上地共十四段二十九顷七十七亩〇七厘六毛。

补契人　鄂多台（押）印

中华民国四年八月二十八日

又顺义县本城南门外白坟顶等处，共地二十九顷七十七亩八分，每年经武殿镛、武殿山二人承催征租。二张前后同文，改地名。

计开：

顺义县本城南门外白坟顶、杨各庄东南、西南、张家坞、王各庄、王会庄、山辛庄、葫芦峪等处。以上共地二十一段廿九顷七十七亩八分。

补契人　年月日同前

又公主园寝地一顷，亦补契。

补契费每张二元二角。于八月廿八日交京兆尹。（古旧历）七月十八日，随契交纳。

【注】

[一] 录自《鄂庚垣（鄂多台）手写日记》第六册民国四年七月十六日记。

[二] 喀尔喀，蒙古六万户之一，共十二部，为内喀尔喀五部，外喀尔喀七部。图什业图汗，外喀尔喀部之一，又译为「土谢图汗」。镇国公、辅国公，清朝显贵爵位，次于贝子。鄂多台（一八六三—？），号庚元（垣），蒙古土谢图汗部中右旗人。法政学堂修业，任翊卫副使。民国初年曾任参议员、军部咨议员、蒙藏院委员。

[三] 蓟县，今属天津市。

[四] 壬子，民国元年，公元一九一二年。

[五] 隆裕皇太后（一八六八—一九一三），光绪帝皇后，满洲镶黄旗人，叶赫那拉氏慈禧太后的侄女。

二三五七　民国四年（一九一五）新绛县李文炳卖地官契[一]

国字第捌拾弍万叁千玖百叁拾玖号□银　税银[二]

立卖契人李文炳，今因急需钱款，情愿将 房地 间亩 托中卖与安国泰

官　为业。其房地坐落　处。南至　，北至　，东至　，西至　。四至登载分

明。经原中人　等并牙纪　公同议定实价足银壹百伍拾两整。已将卖价当面如数收讫。所有房地 间亩 应

照契面即归　永远管业。粮银　照契过割，由买主自行遵例完纳。至所卖之房地 间亩 实系　产业，与别房伯叔兄

契　弟侄无干，亦未曾典当、抵押他人财物，以及来历不明各等情。如有以上一切情弊，　情愿出头承当，与买主毫不牵

涉。自卖断之日，两相允愿，各无翻悔。恐口无凭，填写官契，付执为证。

应纳粮银

原中人（押）

中华民国四年七月　日　立　卖契人（押）

代笔人（押）

如地亩畸零，不止一段，应另书

字第　号[三]　清单，逐段开明四至，粘连契

纸，由该管县知事盖用印信。

【注】

［一］手录友人藏品。契上有篆红印三方：一、「山西民政长印」；二、「山西国税厅筹备处验契关防」；三、「新绛县知事之关防」。

［二］骑缝半字。

［三］盖有「新绛县知事之关防」印一角。当是骑缝，与存根连印。

二三五八 民国五年（一九一六）北京左右翼税务监督公署加给于进禄验地契执照[一]

验 契 执 照

左右翼税务监督公署遵照

财政部划一契纸章程：无论已税未税之旧契，均应呈验注册，加给新照。如不呈验，于诉讼时，不能凭据。等因。今据于进禄呈验已税旧契一件，计地贰拾亩，坐落北野场村西南地方，原置价银叁拾两整。既往纳税，自应加给新照，以为呈验注册之凭证。此照。

天字拾捌号

中华民国　　年伍月　　日

（洪宪）[二]

监印员　刘伟度

缮写员　金发祥

【注】

[一] 原件藏北京大学图书馆。

[二]「中华民国」四个手写字下压原版「洪宪」二字。「洪宪」为袁世凯称帝年号，时间为一九一六年元月至三月二十二日。据此知此执照颁给时间在民国五年。

二三五九 民国五年（一九一六）菏泽县杨鸿恩卖地民红契粘连官买契[一]

买

山东国税厅筹备处为发给契纸事：案监民国肇造，庶政更新。凡为中华民国之人民，受有中华民国之地产，自应执民国国家之契据，始能得民国国家之保护。其理至明，其法至当。兹本处遵照财政部电令：制定民国新契纸，即自民国二年八月初一日为始，无论军屯卫灶，一律行用。凡民间执有前清买契者，无论已完税未完税，红契白契，均须呈验注册，给予新契纸，概免收税。契价在三十圆以上者，收契纸价洋一圆，注册费洋一角。其不及三十圆者，不收纸价，但收注册费洋一角；一律发给新契纸，以为各该业户永远执据。此项验契以六个月为限。即截至民国三年一月底限满，过期不验者重罚；并遇诉讼等事无效。该业户等具有国家思想，应尽国民义务，自必一体遵用。上以裕国课，下以息民争也。兹据　　县业户

报称：住居　　集城乡　　庄

伊　于前清　　年　　月　　日价买

名下坐落　　集城乡　　庄地一段，计地　　间，合地　　亩　　分　　厘，弓步，详列于后。房一所，计房

实用价银钱　　合银　　千　　百　　十　　两　　钱　　分。先已未投税。呈验契尾一纸，原契　　纸，并缴契纸价洋一元，注册费洋一角，请准注册发契。除遵章注明本县　　字第　　号册外，合行给契收执。须至契纸者[二]。

计开　弓步

中华民国　四　年　　月　　日给业户　　收执

契

应
实完地丁正银　　漕粮正米

两契粘连处[三]

立文约杨鸿恩，今将自己南北地二段，计地六亩九分五厘七毫四系九忽，其地各有四至分明为界。南至朱家，北至大路，东至朱家，西至买主。同中人说〔合〕，卖于杨万珩名下永远为业。言明每亩价　　。共合价洋肆拾伍元。钱当日交明价足。恐口无凭，立字为证。

同人

杨君用开户 〡〢〨〩 〣〡〤 保正冯琢

杨学勤地

中长阔九十九步

南　六步

北横　六步四尺三寸

杨鸿恩、杨世振开户 〤〣〇〥 〡〢ㄙ

中长阔一百〇二步一尺五寸

南　九步四尺八寸

北横　十步二尺二寸[四]

民国五年[五]　　　　立字

【注】

[一] 原件编者收藏。

[二] 本契纸为官印契纸，名曰「买契」。上盖长方形关防，篆文，曰「山东国税厅筹备处关防」，齐年盖月。

[三] 两契粘连处为骑缝，盖有篆文方印，文曰「菏泽县印」。

[四] 以上均为批注。两条开户的亩积均用苏州数码，「亩」用俗写「ㄙ」字。前一条为「二亩六分五厘二毫三丝七忽」，后一条为「四亩三分零五毫一丝二忽」。两数相合，与契内总亩积「计地六亩九分五厘七毫四丝九忽」一致。苏州数码简称「苏州码」或「码子」，写苏州数码称作「画码子」。苏州码初流行于苏州一带的码头地区，主要在商行、店铺等单位。由于书写方便，迅速通行于全国的码头、商埠等地，官府税务部门也相继采用于非正式的文件和记账中。一般写法，从一到十作：〡、〢、〣、〤、〥、〦、〧、〨、〩、〇；百、千、万作：〣、千、万。例如十三，作〡〣；一百二十五作：〡〢〥。〡、〢、〣的写法，视其必要，也可横写。如有一谜语作：左看三十二，右看二十三，当中一齐看，三百二十三。打一汉字。谜底是「非常」之「非」。

[五] 官印「买契」上之「中华民国四年」当是预填之年，民红契上之「民国五年」当是立卖契之年。

二三六〇　民国七年（一九一八）芮城县刘宗汉等卖院基白契[一]

立卖文约人刘管管、刘宗汉，因为不便，今将自己今有村中东白衣堂院基壹所，东至宋始，西至大卷，南至买主，北至大卷[二]，四至分明，土木相连。今立契出卖于姚凤来名下永远为业。同中言明，时值大头价银肆两整，当是交足不欠。此基若有争端，有卖主壹面承当。恐口无凭，立卖约为证。

民国七年正月　廿六日　立

计批

割事画字银壹两整

中见人　王长盛　王金海　刘占都　洪涛　同在

【注】

[一]手录友人藏品。

[二]「大卷」似「大巷」之误。

二三六一　黄帝纪元（民国七年，一九一八）闻喜县张礼卖院地民红契粘连张元兴官买契[一]

买字第陆千弍百陆十八号完税叁分[二]

买主姓名　张元兴

不动产种类　院　地

座　落

面　积　陆分五厘三毛

四　至　东至张天息　南至推主[三]　西　至推主　北　至崖

卖　价　伍钱

应纳税额　　叁分

原契一张　　　　卖主　张礼

立契年月日　民国七年

中人　郭生财

契[四]

中华民国　七　年　月　日　县给

买字第　号　日[五]

立推契人张礼，因为不便，今推到张元兴名下院地壹所，基地陆分伍厘叁毫，内有窑三孔。东至张天恩，西至推主，北至崖，南至推主护崖地。四至分明，出入依旧，土木相连。同中说合，永无言词。恐口无凭，立字据为证。　作价银五钱。

黄帝纪元[六]弍月初四日

代笔人　王所敬

中人　郭生财

张万清

张长发

【注】

[一] 据友人藏品手录。

[二] 骑缝半字。

[三] 推主，即买主。因卖主将田地房舍卖出后，要经官府办理产权和税役转户手续。「推」即「推出」之意，因而有「推主」之名。

[四] 「契」字旁有苏州数码「一万零九百八十三」。

[五] 骑缝半字。

[六] 黄帝纪元，是年当作黄帝纪元四千六百十五年（民国七年）。黄帝纪年是清末革命党人为否定清朝以皇帝纪年而采用的「革命」纪年方法。中国同盟会机关报《民报》于一九〇五年创刊，署是年为黄帝纪元四千六百〇三年。孙中山就任临时大总统时，宣告「中华民国改用阳历，以黄帝纪元四千六百九年十一月十三日为中华民国元旦」，即一九一二年元旦。本契以黄帝纪元而不用民国纪元，可能与袁世凯在一九一五年十月宣布于次年元旦废除民国纪元，改为所谓「洪宪元年」有关系。次年三月二十二日，袁世凯又宣布取消帝制。不久即忧郁病死，可是政局在数年之间

仍极度混乱，民间书写纪元一度无所适从。

二三六二　民国九年（一九二〇）喀喇沁左旗蒋得发特别契纸执据[二]

热属验发特别契纸执据

承业人姓名	不动产种类	座落地名	亩数	四至	典当价值及年限	例兑价值	原契几张	立契年月日
蒋得发	地	北台子	一段	东至照契 南至照契 南至照契 北至照契	〇	中钱二百八十七吊	照契	照契

出兑典孙明中人照契

中华民国九年　二月　日　给

【注】

[一]原件友人收藏。原件各栏，均为汉、蒙文对照。骑缝红印亦为汉、蒙文对照。但字迹已不清，「喀喇沁」「契」等字仍少见。收入本书，蒙文略。

二三六三　民国十年（一九二一）平陆县姜中魁卖地民红契[一]

立卖地文契人姜中魁，因不便，今将自己寺后堰地壹段壹亩，东至官地，西至堰下路心，南至堰下路心，北至董鸿德。四至分明，土木相连。今立契出卖于姜存德名下永远为业。仝人言明，面受时值价大洋壹拾元整，当日交足不欠。恐后无凭，立约存照。

随带本地熟粮叁升

日后老约若出，作于无校（效）。

公证人　姜步廷（章）[二]

中见人　姜克吉

喜全

河清

民国拾年拾弍月拾捌日　　立

（即阳十一年一月十五日）

【注】

[一]手录友人藏品原件。

[二]文作「平陆县××村村长图记」。

二三六四　民国十年（一九二一）菏泽县杨万行买税契（后粘连杨世振卖地官契）[一]

荷泽县□□收税银元百十元四角二分[二]

山东财政厅　　为

发给税契纸事：案照本厅遵奉

财政都令：制定契纸，凡民间价买房地，无论军屯、卫灶，一律行用。应完税银，仍循向章实契，照契价百分之六纳税，并随

买

收纸价银元五角，注册费银元一角。其有故违定章，延不投税，或减写契价者，照章究罚不贷。该业户等具有国家思想，应尽国民义务，自必一体尊用。上裕国课，下息民争也。兹据　县　集城乡　庄业户　报称：　年　月　日价

税　买　名下坐落　集城乡　庄房地段所　间合地　亩　分　厘　毫，弓步列后。实用价银钱　百　十　千　百　文，合银元　千　百　十　元　角　分。凭中

等，交清无欠。当呈新契一纸，随带原契　纸，并随缴六分税银元　百　十　元　角　分，暨纸价银元五角，注册费银元一

契　角，请准完税注册，粘发契纸。除注明本县　字第　号册外，合行发给新契，俾资执据。须至契纸者。

计开：弓步

民国十年　月　日给业户　执据

地丁正银　漕粮正米

（两契粘连处）[三]

【注】

[一] 原件编者收藏，与下条粘连在一起。

[二] 骑缝半字，有两字模糊。

[三] 骑缝半字，其下为下条所录。

二三六五　民国十年（一九二一）菏泽县杨世振卖地官契（前粘连杨万行税契纸）[一]

荷　立卖契约人杨世振，今将本县　集都乡　庄本业房地一段所　计　间四亩八分八厘八毫一丝〇忽，经中议定，实价银元三十七元，

出卖于

泽　杨万行名下永远为业。其价当交不欠，粮银照契过拨。如有违碍，由卖主一面承管。恐口无凭，立契约为证。

计开　杨鸿恩西段长阔三十二步〇二寸。

县　田　房　卖　契　约

坐落　东段长阔三十一步三尺二寸。

房宅间数　南　十一步四尺九寸。
北横　十二步一尺。

地亩弓步　杨鸿亮东段长阔二十三步。
西　长阔二十四步。
南　十二步〇五寸。
北横　十二步一尺。

四至　杨鸿亮东长阔四十一步〇二寸。
西长阔四十步〇二尺八寸。
老坟西边　二阔同十二步一尺六寸。[一]

中人
证人
代笔　朱体盈
立卖契约
每张铜元伍枚

中华民国十年七月　　日

菏字第　　号[二]

【注】

[一] 以上均为批注。

[二] 骑缝半字。

二三六六　民国十一年（一九二二）芮城县李顺喜卖地基白字[一]

立卖地基字人李顺喜，因不便，今将自己地基壹块，东西宽〥〡丈，南北长〣〢丈[三]。东、北至卖主，西至买主，南至道，四至分明，金石东内。同说合出卖于堂兄李壬亥名下，永远为业。同人主明，卖价大洋拾元正。当日银业两交，并不短少。二家情愿，各无异说。恐后难凭，立字存证。

画字大洋壹元[三]

民国十壹年七月初壹日

立

同中人　李满堂
　　　　　怀珠

【注】

[一] 手录友人藏品。

[二] 上苏州码为「一丈五(尺)」「二丈三(尺)」。

[三] 此为中人和代笔人的酒礼银。

二三六七　民国十一年(一九二二)□□县许恭卖地红契[一]

立卖死契人许恭,因为不便,今将自己祖业地塔嘴地一段,三亩。今开四至:东至卖主,石骨堆在内;西至马学周;南至李姓;北至路。四至分明,大小根条在内,各照旧界,水流行道依旧往来。今情愿出卖与陈玉林名下,丞(永)为死业。同中言明,死价大洋四拾伍元。其分(钱)笔下交足,分文不欠。两家情愿,不许反复。恐口无凭,立卖死契为证。(押)

立卖死契人许恭(押)

应带本地原粮银一钱二分正。[二](押)

同中人　史令德(押)

代笔人　史全德(押)

民国拾乙年十二月廿五日

【注】

[一] 手录友人藏品。上有红方印,印作「××县印」。

[二] 银、钱、分,分别写作「艮」、「分」、「卜」。

二三六八　民国十一年(一九二二)稷山县焦创荣卖地民红契[一]

立卖地契人焦创荣，因为使用不便，今将自己村西南下平井地壹段，计地壹亩，东西畛：东至小道，西至兰更蛋，南至永发号，北至管村朱家户。四至开明，土木相连。今出契卖与兰子让名下永远承业。同中言明，时值价银壹拾捌两整。当日银业两交，并不短欠。恐口不(无)凭，立契为证。

立契人　焦创荣

同中人　管闯果　兰丽水

民国十一年二月十九日

村长阎希让(章)[二]

【注】

[一] 手录友人藏品原件。

[二] 文作「稷山县××村村长图记」。

二三六九　民国十二年(一九二三)永济县贾清英卖地民红契[一]

立绝卖契人贾清英，因为使用不便，今将自己村北圪塼汧平地伍亩，其地东至杜买娃，西至梁文华，南至汧道，北至杜小许，四至分明，土木相连。今出绝卖于本村贾清杨名下为业。同中言明卖介大洋元壹拾肆元伍角整。如业上有违碍等情，于出元人如(无)干，有收元人一面在当。恐口难凭，立卖契为证。

立绝卖契人　贾清英(押)

民国拾弍年阴历拾壹月弍拾陆日

薛村村副　贾金印(章：「薛村村副」)

同中人　贾德法

加海泉
贾清右内中人

【注】

[一] 手录友人藏品原件，上盖「永济县」印。永济县，今山西永济市。

二三七〇 民国十三年（一九二四）东明县杨鸿亮卖地民红契粘连民国十八年县验契纸[一]

财字第零零贰陆贰捌肆号[二]

国民政府财政部验契纸

河北财政厅印发

项目		内容
东明县		市乡所有者杨同住
不动产要项	地目	
	位置	
	面积	伍亩
	金额	叁百五十千文
	年月	民国十三年
取得原由		
四至界限	东	卖主
	南	顶头
	西	李
	北	大路
原有者		杨鸿亮
居间者		杨同志
税银		
缴纳年月		
呈验凭证		
沿革摘要		
区分种类		
验契纸价		一元五角
验明登注册籍号次		七八九
注册费		一角
教育费		二角

县县长

中华民国十八年六月　日

财字第零零贰陆贰捌肆号[三]

立卖契杨鸿亮，因家不便，今将自己南北地一段，计地五厶（亩）。南至顶头，北至大路，东至卖主，西至李家。四至为界。同人杨同志说，卖于杨同住名下永远为业。言明共价大钱三百五十千文。当日交足，立字存证。

（此处有「第二乡田房交易注证人王文章戳记」）

长阔八十四步二小尺

南北横二阔同十四步一小尺〇八分

杨同住

纸价一元五角

注册一角

教育二角[四]

民国十三年二月　　立

【注】

[一] 原件为编者收藏。

[二][三] 均骑缝半字，盖有「河北省财政厅印」及「东明县印」。东明县今属山东省。

[四] 以上四行为批注。

二三七一　民国十三年（一九二四）财政部发给松江县杨子鹤买官蒲滩执照[一]

财政部

财　政　部　为

给照执业事：今据江苏省财政厅详报松江县人杨子鹤承买坐落四十三保二十图外记圩第四号地方官有蒲滩，除由该县登记承买官产簿第九册第六十页，并将该官产四至丈尺亩间数，暨应缴价值分款开列外，合行给发执照。须至执照者。

计开：四至丈尺详载附图。

执

东至　　西至

四至　　面积东西　丈　尺，南北　丈　尺。

南至　　北至

共　顷　亩柒分壹厘柒毫。每亩价银叁元弍角。

间。

照　共价银弍元弍角九分四厘。　带收照册经费壹角壹分五厘。合并遵照。

右给承买人　杨子鹤　准此

（财政部印、江苏财政厅印、松江县印、清理江苏官产事宜关防、清理松江青浦金山官产事务所之钤记）（附四至图，略）

中华民国十三年　五　月　日

【注】

［一］原件藏北京大学图书馆。

二三七二　民国十三年（一九二四）松江县张巽号卖蒲滩官草契［一］

立卖契张巽号，今将自己坐落松江县后开保区图圩细号共蒲滩一条正，凭中庄保堂绝卖与杨子鹤名下为业，得受时值价银圆肆拾元正，当日契价两交。自卖之后，听凭过户承种，永远管业。此系两愿，各无翻悔。特凭中保立此契约，加粘官契为凭。

计开：四址（至）照册。

坐落四十三保　区二十图记字圩　号，内滩头十亩，田横共一亩。

四至：南至横港口，东至葛张田，西至河，北至费田。

中华民国十三年六月　日　　立绝卖契　张巽号（「桐雨楼」印）

代笔　自书（「桐雨楼」印）

保正　徐淡林

实收契内银洋俱足（「桐雨楼」印）

此系草契，非经粘入官契投税后不生效力。

定价每张铜元壹枚　字第　号。

中人　庄保堂（押）
盛小春（押）

【注】

［一］原件藏北京大学图书馆。

二三七三　民国十三年（一九二四）北京潘弘基卖房白契［一］

立卖房契人潘弘基，今因乏用，将原托亲张姓代置破烂瓦房壹间，后有空院壹段，门窗户壁上下土木相连，坐落北城林中坊头铺总甲张士奇地方［二］。今凭中保人说合，情愿出卖与宋　名下住座为业，三言议定时值房价银拾贰两整。自卖房之后，倘有人执契争竞及各项债负等情，有出卖房主潘姓同中保人等一面承管。恐后无凭，立此卖房契存照。

此房内有张姓红契壹张，买主收存。

民国十三年玖月

立卖房契人　潘弘基（押）
中保人　叶茂芝
钟汉臣
左右邻
房牙　邓君爱
总甲　张士奇
代书　萧悦侯

【注】

[一]原件藏北京大学图书馆。

[二]林中坊，今北京宣武门外大街东西草厂街附近。「北城」是清朝的旧地名，民国前期为「外右二区」。

二三七四　民国十四年（一九二五）沁源县杜增福买地官契[一]

买契

项目	内容
买主姓名	王水金
不动产种类	地
座落	
面积	
四至	东至 南至 南至 北至
卖价	一百卌元
应纳税额	七元八角　省付捐三元九角
原契几张	
立契年月日	十九年一月十一日

卖主　王马中

中人　乔三孩

中华民国十四年三月三日　县给

【注】

[一]手录友人收藏原件。

[二][三]骑缝半字。有红印二方，一为「山西财政厅印」，一为「沁源县印」。均为篆书阳文。

二三七五　民国十四年（一九二五）喀喇沁左旗赵山出兑房契[一]

立兑契文约[二]人赵山，因手不便，今将自己本身所分祖遗房院壹所，坐落路南，草房壹间半，门窗户对[三]砖瓦石块一共在内，土木树石相连。自烦中人说妥，情愿兑与赵珍名下居住，永远为业。同众言明，市面大洋票玖拾陆圆。其价现交不欠。言明房院无租，并无杂项。此院自兑之后，均由置主自便修院养树等情，永不与契主相干。如有舛错，尽在中人一面承管。此系两家情愿，各无返悔。恐口无凭，立兑契文约为证。

计开：四至东至置主，南至河心，西至胡姓，北至官街，四至分明。

中华民国十四年十一月十一日

立兑契文约为证

冯　德
中保人　王凤芝
张　恒
冯　和　代笔

【注】

［一］原件友人收藏。

［二］兑契，实是卖契用房兑换钱。

［三］户对，当作「户扇」。

二三七六　民国十四年（一九二五）喀喇沁左旗李福有等倒兑地白契[一]

立倒兑地契文约人名李福有生弟兄二人，因手乏不凑，今将自己白地壹段，坐落小马架五椿树沟里阳坡，四至于后。自烦中人说妥，情愿倒兑胞叔李润名下耕种为主，永远为业。上下土木石相连。自置之后，一概由置主自便，永不与弃主相干。同中人言明，倒兑价现大洋[二]肆拾元整，其分（钱）笔下交足，分文不欠。言明每年秋后交租小洋二毛，并无别项。两家情愿。恐口无凭，立倒兑契存证。

计开 上 王姓地

下 大沟

西至 小沟

东 李姓地

中人 张连甲

阎福财

代笔人 许金堂

中华民国拾四年拾二月初五日 立契

【注】

[一] 原件友人收藏。

[二] 现大洋，旧时指银元。亦称现洋。

二三七七 民国十五年（一九二六）濮阳县李玉文卖地民红契[一]

立卖契人李玉文，今将坐落濮阳县南乡两门庄两门村家南地一段，计官亩弍亩七分七厘八毫。东至李书堂，南至寨墙，西至张，北至大坑。凭官牙人李顺中、田永太说合，情愿卖于李怀书名下永远为业。言明卖价大钱五佰千文。笔下交清，并无短欠。日后如有纠葛，有说合人一面承当，与买主无涉。恐后无凭，立据为证。

南段长阔五十五步，北段长阔五十一步〇四寸

东横阔四步四小尺 东横阔十步

西横阔一步 西横阔七步三小尺六寸

买田房草

税钱 ⊥⊥チ

牙用 〢〨チ[二]

中华民国十五年弍月 十弍日立

两门庄 李玉文 博 名下开地 七分八厘七毛五系 一亩九分九厘九系五末（忽）

郭怀书收

□字第□□□□□号[三]

【注】

［一］友人赠原件复印件。

［二］税钱、牙用均苏州数码，税钱为六千六百文，即六吊六百文；牙用，即说合人钱为二千五百文，即二吊五百文。

［三］骑缝半字。

二三七八　民国十五年（一九二六）松江县杨子鹤卖滩头田官草契［一］

立杜绝文契杨子鹤，为因正用，愿将自己坐落松江县后开保区图圩细号，共滩头拾亩内田横壹亩柒分，凭中周发堂等杜绝卖与张康乐名下为绝业。得受绝价银洋伍拾捌元正，当时一并收足。自卖之后，听凭种蒲、养鱼、造屋、筑矿（圹）。并无门房上下及原主再言加赎枝节。此系两相情愿，各无反悔。恐后无凭，立此杜绝文契为据。

计开：交张巽号原契壹纸［二］。

坐落四十三保　区式拾图　记字圩细号、四至列后：田横滩头壹亩柒分　东至葛田，南至张横口，西至河，北至费田。

民国拾伍年夏历七月　日立绝卖文契　杨子鹤（押）

代笔　黄盟渊（押）

保正　徐淡林

中正　周发堂（押）

实收契内银洋足兑

（印花）

【注】

［一］原件藏北京大学图书馆。

［二］见本书前录《民国十三年（一九二四）松江县张巽号卖蒲滩官草契》。

二三七九　民国十五年（一九二六）松江县发给张康乐买田推收证[一]

于字第弍拾叁号

推收证

松江县为推收事：典买田房领官契投税之后，方准过户。此项推收证发由官契发行所转发。领契各户一律于投税之时，携带推收证，送由税契处加盖税讫戳记，将原证发交册书，专凭盖戳之推收证过户。倘无税讫戳记，即系原契尚未投税，不准先行过户。凡有过户田亩，册书将此证收存，按月缴县汇核。

计开：坐落四十三保弍拾图田横壹亩柒分〇厘〇毫。

民国十五年九月廿日　房间　给证

民国　年　月　日　由杨子鹤户过入张康乐户承粮。

民国　年　月　日册书　列册

【注】

[一] 原件藏北京大学图书馆。

二三八〇　民国十五年（一九二六）松江县发给张康乐买田中资捐收据[一]

教字第壹阡（仟）叁百捌拾贰号[二]

为掣给收据事，今于本月廿日，有本乡市廿图房间横头田壹亩柒分零，由原业杨子鹤绝活卖于张康乐为业，计价洋五十八元〇角〇分〇乙厘正。应得伍分中资[三]，共洋弍元九角〇分〇厘。按照征收中资捐细则，提十分之二中资洋〇元五角八分〇厘，已如数收讫。除存所汇总缴教育局外，合给收据为证。

给业户张康乐收执

民国十五年九月廿日（「松江县天马屯乡官契发行所戳记」）

【注】

［一］原件藏北京大学图书馆。

［二］骑缝半字。

［三］中资捐，教育附加税。

二三八一　民国十五年（一九二六）栖霞县范宝寿卖地官契[一]

栖霞县田房卖契约

元字六拾玖号

立卖契约人范宝寿，今将本县雍留社范家庄本业房所，地壹段，计二亩　分　厘　毫，经中议定，实价银元京钱八拾弍元，出卖于泉水社吴家村吴鹤运名下永远为业。其价当交不欠，粮银照契过拨。如有违碍，由卖主一面全管。恐口无凭，立契约为证。

五分八厘弍毛

计开：

坐落：在沟北头东西地壹段贰亩。东至水沟，西至岩，南至范姓，北至范姓。四至分明，并无除留。

房宅间数

地亩弓步

四至

崔永堂

中人　吴仁宽

吴维忠

证人　吴勋元

立卖契约　代笔　吴金堂

中华民国十五年冬月十二日

字第　号

【注】

[一] 原件藏青岛市博物馆。参看本书下条《民国十六年（一九二七）山东省财政厅发给栖霞县吴鹤运买地税契》。

二三八二　民国十六年（一九二七）山东省财政厅发给栖霞县吴鹤运买地税契[一]

买　税　契

山东财政厅为

发给税契纸事[二]：案照本厅遵奉财政部令：制定契纸，凡民间价买房地，无论军屯卫灶，一律行用。应完税银，仍循向章买契，照契价百分之六纳税，并随收纸价银元五角，注册费银元一角。其有故违定章延不投税，或减写契价者，照章究罚不贷。该业户等具有国家思想，应尽国民义务，自必一体遵用，上裕国课，下息民争也。兹据　县　乡/城/集　庄业户吴鹤运报称：　年　月　日，价买范宝寿名下坐落　乡/城/集　庄　地一段，计地/房一所，计房　间，合地　亩八厘　毫。　弓步列后，实用价钱/银　百十千百文，合银元八十弍元　角　分。凭中　等交清无欠。当呈新契一纸，随带原契　纸，并遵缴六分税银元　百　十四元九角弍分，暨纸价银元五角、注册费银元一角，请准完税注册，粘发契纸。除注明本县字第　号册外，合行发给新契，俾资执据。须至契纸者。

计开弓步

民国十六年一月　日　给业户　执据

应/实纳地丁正钱　漕粮正米

【注】

[一] 原件藏青岛市博物馆。

[二] 税契纸，本件名「买税契」，同于旧时契尾。参看本书上条《民国十五年（一九二六）栖霞县范宝寿卖地官契》。

二三八三　民国十六年（一九二七）北京李桂森卖汽车字据[一]

立卖车人李桂森，今有自置佛（福）特汽车壹辆[二]，因手中无钱使用，托中人说合，情愿卖与屈汉臣永远为业。定价大洋壹百贰拾元正，笔下交清，并无欠少。有保条壹纸很（跟）随。倘有亲族人等争论，具（俱）有中保人一面承管。恐口无凭，立字为证。

立卖车人　李桂森（押）
中保人　张续田（押）
代笔人　张志生（押）

信行

中华民国拾陆年壹月拾号

【注】

[一] 原件藏北京大学图书馆。

[二] 佛（福）特汽车，一种美国生产的汽车，以创办者亨利·福特的名字命名。

二三八四　民国十六年（一九二七）宛平县赵清玉卖房白契[一]

立卖字人京兆宛平人赵清玉[二]，有自置住房壹所，坐落在内右二区王府仓胡同门牌三十九号[三]。北瓦房三间，南瓦房三间，东耳房一间，东灰房二间，西灰房二间，外院北灰房二间，西灰房二间，南灰房三间，共计灰瓦房十八间。凭中人说合，情愿卖与屈汉臣名下永远为业，言明价现大洋贰仟伍百圆。当面笔下交足，并不欠少。自卖房后，如有亲族人等争论等情，俱有卖业主一面承管，并不与买主相干。恐口无凭，立字为证。

立卖字人　赵清玉（押）

中保人　穆子光（押）

程焕庭（押）

中华民国十六年八月十一日

【注】

［一］原件藏北京大学图书馆。

［二］京兆，民国二年（一九一三）划原顺天府置京兆地方，设京兆尹，直隶中央。此后直至民国十七年（一九二八）南京国民党政府成立，此制无变化。京兆地方领二十县，宛平县为其一，北京城的西半部属之。

［三］内右二区，光绪末年，废京城十坊旧制，另在内外城各设十区，分隶内外城巡警总厅。民国前期沿之，各区直属京师警察厅，内右二区在今阜成门内大街与宣武门西大街之间。

二三八五　民国十六年（一九二七）北京松海卖地白契[一]

立卖地人松海，因手乏无钱使用，有自置地一段壹亩五分，坐落在东直门外广西门内南边[二]。东至沙土窝，西至荒岗，南至地边，北至小道，四至分明。情愿卖与金光侪名下为业，使土盖房，葬坟，打井，上至青天，下至黄泉，俱不与松姓承管。言明卖价叁拾陆元正，其洋笔下交足，并不欠少。以后如有亲族人等争论，若有何等纠葛等情事，俱有松姓一面承管，不与金姓相干。此地红契因庚子年遗失，归金姓邀保补契。空口无凭，立字为证。

瑞宽（押）

立卖地人　松　海（押）

中保人　奎张氏（押）

中华民国十六年

【注】

［一］原件藏北京大学图书馆。

[二] 广西门，「光熙门」的讹误。光熙门为元大都东北门。其遗址附近形成村落，沿称「光熙门」。亦讹作「广熙门」。

二三八六 民国十七年（一九二八）大名县张秀卖地官草契粘连县发验契纸[一]

纸契验部政财府政民国

发印厅政财北河

县	市乡所有者 张连仲		
不动产要项	地目	庄	
	位置		
	面积	六分壹厘九毛	
四至界限	西		
	南		
	东		
	北		
取得原由	金额	京吊九十弍吊八百五十文[三]	
	年月		
原有者			
居间者			
税银		缴纳年月	
呈验凭证		沿革摘要	
区分种类		验明登注	
验契纸价		注册费	
册籍号次		教育费	
县县长			
中华民国　年　月　日			

买卖田房草契

大名县买　贰零壹贰叁捌捌号[四]

立卖契人张秀，今将空庄一所，地一段，房一所，坐落大名县中区　庄村，凭监证人田化南说合，情愿卖与

张连仲名下永远为业。言

明卖价京𰂞九拾弍吊八百五十文。笔下交清，并无短少。以后如有别项纠葛情事，俱有说合人一面承当，与买主无干。

恐口无凭，立据为证。

计开　西活（阔）十一步，东活（阔）十步弍尺

东　卖主　北长十三步四尺五寸

西至大道

南至大道　南长同

北　张

地　顷　〇亩六分壹厘九毫七丝

房　间　树株　井眼　粮名

向完银粮　随交粮契

监证人　（戳）[五]

立卖契人

中华民国十七年三月　日县政府给

字第　号[六]

【注】

［一］友人赠原件复印件。

［二］［四］［六］骑缝半字。

［三］𰂞，为钱的俗体。

［五］戳，木刻大型。文字有「大名县长李」「监证人田化南」「中华民国十八年八月发给」等。中间有草押不可识，当是县长之名。

二三八七　民国十七年（一九二八）松江县发给张康乐田地验契纸[一]

财字第陆拾捌万壹千伍百柒拾柒号[二]

国民政府财政部验契纸

江苏财政厅印发

项目	内容
所有者	松江县天马山乡市　张康乐
不动产要项·地目	田地
不动产要项·位置	四十三保二十图
不动产要项·面积	一亩七分
四至界限	东　南　西　北
取得原由·金额	五十八元
取得原由·年月	十五年七月
原有者	杨子鹤
居间者	周发堂等
税银	三元四角八分
缴纳年月	
呈验凭证	契纸
沿革摘要	
种类区分	田产
验契纸价	壹元捌角
登注明验号次册籍	二十图
注册费	壹角
教育费	两角

奉令带收登记费壹角　松江县县长邱铣

中华民国拾柒年伍月　日

财字第陆拾捌万壹仟伍百柒拾柒号[三]

【注】

[一] 原件藏北京大学图书馆。

[二][三] 此两行均为款缝。[二]存左半字，[三]存右半字。上均盖有「江苏财政厅印」，贴有印花税票三分。

二三八八　民国十七年（一九二八）松江县杨子鹤卖蒲荡官草契[一]

立杜绝文契杨子鹤，为因正用，愿将自己坐落松江县四十三保式拾图外记圩第四号土名澜缺潭蒲荡柒分壹厘七毫。凭中周发堂等杜绝卖与张康乐名下为绝业。得受绝价银洋玖拾元正，当日一并收足。自卖之后，听凭填满造屋，筑圹，养鱼，种竹等事。并无门房上下及原主再言加赎枝节。此系两相情愿，各无反悔。恐后无凭，立此杜绝文契为据。并无枝节。

计开：交民国拾叁年财政部执照壹纸[二]。四至：东至邵田，西至张田，南至北港，北至张田。

坐落：四十三保式拾图外记字圩细号、四至列后。

民国拾柒年九月十一日　立绝契　杨子鹤（押）

代笔　黄盟渊（押）

保正　徐淡林（印）

中证　周发堂（押）

郁云亭（押）

杨士章（押）

（「松江县天马山官契发行科印」）

实收契内银洋足兑　年月日保见证同前

【注】

[一] 原件藏北京大学图书馆。

[二] 见本书前录《民国十三年（一九二四）财政部给发松江县杨子鹤买官蒲滩执照》。

二三八九　民国十七年（一九二八）修水县杨北禄户清查田亩联单[1]

江西土地局
清查田亩联单

江西修水县今据安乡十四都甲业主杨北禄遵章填报后开田亩数目等项应给联单为凭。须至联单者。

项目	内容
一、田亩数	一亩五分厘
二、坐落地名	新屋背
三、四至	东至钟姓田　西至坑 南至宅后高墈　北至山
四、业主住址	大坝里
五、田价	每亩时价十六元　角　分 共计时价二十四元　角　分
六、田质	下
七、主要出产物	稻
八、承粮启名	杨禄兴户
九、向纳正杂税	元　角　分
十、附记	

民国十七年　十　月　日

说明

一、田亩数内得以丘为标准，每丘应填一份。
二、田质栏内得以上、中、下三等分别填报。
三、向纳正杂税栏内如业主不明性质者可从缺。
四、本联单篇幅大小应照此项格式为理，不得任意县印。
五、凡发给各都各局联单，均应由县政府钤盖骑缝县印。
六、各县汇报此项联单，应以一都为一本。

【注】

[一] 手录友人藏品。

二三九〇 民国十七年(一九二八)修水县杨北禄户清查田亩联单[一]

江西清查田亩土

江西修水县今据安乡十四都甲业主杨北禄遵章填报后开田亩数目等项应给联单为凭。须至联单者。

项目	内容
一、田亩数	一亩五分厘
二、坐落地名	大湾里
三、四至	东至山　西至曾姓土 南至钟姓田　北至山
四、业主住址	大坝里
五、田价	每亩时价十六元　角　分 分共计时价二十四元　角　分
六、田质	下

地联局单

七、主要出产物	稻
八、承粮启名	杨禄兴户
九、向纳正杂税	元　角　分
十、附记	
民国十七年　十　月　日	

说明

一、田亩数内得以丘为标准，每丘应填一份。
二、田质栏内得以上、中、下三等分别填报。
三、向纳正杂税栏内如业主不明性质者可从缺。
四、本联单篇幅大小应照此项格式为理，不得任意县印。
五、凡发给各都各局联单，均应由县政府钤盖骑缝县印。
六、各县汇报此项联单，应以一都为一本。

【注】

[一] 手录友人藏品。

二三九一　民国十八年（一九二九）元城县张文善自卖为人子契[一]

立卖人契文字人张文善，系直隶代明（大名）府原（元）城县西河在（寨）〔八〕[二]。年遭荒旱，衣食所迫，难以度日。无奈将自己本身，名教（叫）小二，情愿卖与韩兴盛名下作子，以承宗主嗣后。同人说合，得过大洋五十元整。其洋笔下交清。两出情愿，并无反悔。日后倘有人找信，有卖契作证。口说不凭，立卖人契为证。

民国拾捌年　二　月　二十六日立卖人契文字人张文善（手模）

同公证人　乔村村长（图印）[三]

同说合人　村副（图印）[四]

同说合人　王　昞（押）

王丙和（押）
王　阳（押）
田存盛（押）

【注】

［一］录自《光明日报》一九六三年五月二十一日。
［二］元城县，治今河北大名东北，已废。
［三］图印文曰：「山西沁县乔村村长图印」。
［四］图印文曰，「山西沁县乔村村副图印」。

二三九二　民国十九年（一九三〇）沁源县王水金买地官契[一]

买　契

买主姓名	王水金
不动产种类	地
座落	
面积	
四至	东至 南至 南至 北至
卖价	一百卅元
应纳税额	七元八角　省付捐三元九角
原契几张	
立契年月日	十九年一月十一日

卖主　王马中
中人　乔三孩

中华民国十四年三月三日　县给

【注】

［一］手录友人收藏原件。

［二］骑缝半字。有红方印，文作「山西财政厅印」，篆文。

［三］与后之骑缝共盖「山西财政厅印」。

二三九三　民国十×年（一九二×）北京孙德福兄弟卖地白契[一]

立卖地人孙德禄、福，因手足无钱使用，有自种地一段壹亩半，坐落在东直门外广西门（光熙门）内南边，东至沙土窝，西至荒岗，南至地边，北至小道，四至分明。情愿卖于松姓名下为业，使土盖房，葬坟，打井，上至青天，下至黄泉，俱不与孙姓承管。言明卖价银拾五两政（整），其银笔下交足，并不欠少。空口无凭，有立字一张为政（证）。

立卖地人　孙德禄（押）
　　　　　　　福（押）
中宝（保）人　田恩明（押）
代笔人　马　琳（押）

民国十×年

【注】

［一］原件藏北京大学图书馆。

二三九四　民国二十一年（一九三二）北京李经迈房产税契凭单[一]

为已税红契请领凭单，立字人李经迈，原有房产一处，座落在内一区西总布胡同十五号[二]，计房二十六间半，亭子一座，字纸炉一间，业经税契在案。今特照章请领凭单，以便管业，为此立字存查。

民国廿一年十月十七日　　立字人　李经迈

【注】

[一] 原件藏北京大学图书馆。

[二] 内一区，应为「内左一区」。今北京晨光街与天安门广场以东，至朝阳门南大街南段与建国门南大街之间。

二三九五　民国二十一年（一九三二）北京李经迈建房投税契[一]

立投税建筑契人李经迈，原有房产一处，坐落在内一区西总布胡同十五号，计房二十六间、亭子一座、字纸炉一间，业经税契在案。今添盖灰棚半间、工料洋　　元。兹遵章投税，以凭管业。

民国廿一年十月廿五日

【注】

[一] 原件藏北京大学图书馆。

二三九六　民国二十二年（一九三三）大名县张连仲买田官草契粘连官买契[一]

买	
买主姓名	张连仲[二]
不动产种类	
座落	
面积	弍亩叁分
四至	东田
	南大道
	西张
	北顶地
卖价	大钱陆拾五吊

契

应纳税额
原契几张
立契年月日

卖主 张连仲
监证人 田化棠

中华民国廿二年十二月 日 给

买卖田房草契

大名县买字第捌拾号[三]

立卖契人张连仲，今将自己北 地一段，坐落大名县二区 庄村，凭监证人田化棠
 房 所
说合，情愿卖与
张连仲名下永远为业。言明卖价京钱壹百叁拾吊[四]。笔下交情（清），并无短少。日后恐有中·别项纠葛情事，俱有说合人一面承当，买主无干。恐口无凭，立据为证。

计开

东 田 南阔八步壹尺五寸
西 张 北阔七步
南 至 大道 东长七十五步叁尺五寸
北 顶地 西长六十八步叁尺
地 项 弍亩叁分
房 间 树株 井眼
粮 名 向完粮银 随交根契

立卖契人
监证人

（戳）

中华民国廿二年十二月　　日县政府给

大名县买字第伍〇弍肆号[五]

【注】

[一] 友人赠原件复印件。

[二] 买主与卖主同姓名。

[三][五] 骑缝半字，但编号不一致。

[四] 买契与卖契上的契价不一样，相差一倍。

二三九七　民国二十五年（一九三六）清丰县陈义正卖房官地契[一]

契约纸

立卖契人陈义正，今将自己所有店上村[二]□街路房座地一段。计二分八厘九毛〇九丝间段。东至陈勤学，南至陈心平，北至陈良堂，西至陈贵，四至分明。仝中人说合，情愿出卖陈双印名下为业。言明共价抗钞壹仟九百元[三]，当日交足。如有亲族争执，当由卖主负责。恐后无凭，立卖契为证。第四区

卖主　陈义正

中人　陈献学

村长　杜兰阁

农会主任　杜海潮

计开

长阔伍拾弍步四尺四寸

横阔南宽阔三步〇二寸
北宽阔三步尺〇七分五厘

中华民国二十五年正月初八日

【注】

[一]友人赠原件复印件。

[二]店上村，属河南清丰县第四区。

[三]抗钞，抗日民主政府发行的地方货币。

二三九八　民国二十五年（一九三六）永济县李黑儿卖地白契[一]

立卖契人李黑儿，今因使用不便，情愿将自己家垴地壹块[二]，计数壹亩。其地东至堰，西至李振木，南至沟，北至小道，四至分明。经中说合，出卖于李炳顺名下为业。言明银洋捌元，即日银业两清。恐后无凭，立约为证。

中人　李印发

亲笔

民国弍拾五年七月廿七日　　立

【注】

[一]手录友人藏品。

[二]垴，音同岸。《改并四声篇海·土部》引《搜真玉镜》：「垴，音岸。」郑振铎《中国俗文字史》上册引敦煌变文《季布骂陈词文》：「后至五年冬三月，会垴灭楚静烟尘。」按：王重民校作「垓」。见《汉语大字典》一册四六六页。

二三九九　民国二十六年（一九三七）稷山县冯文元补税草契纸[一]

补　补字第陆陆肆号[二]

立补契据人冯文元，今有　　原置西埃上坐落村西南

草　窑　眼

契　房　间

地　叁　亩七分〇厘

东至冯五锁，西至贾因贵，南至道，北至道。因契约遗失，业经

投　按照契税章程第十二条之规定，报由

契　镇长副邀集产邻查明属实，出具切结，报由

县政府核准在案。理合按时值估价洋壹　拾　元整，

缮具补契照章投税，以为凭证。

纸　公证人村长副冯振照　产邻

税　书契人　史诚斋

中华民国二十六年五月　三日立补契人

每张收价二角　稷山县制[三]

补字第陆陆肆号[四]

【注】

[一]手录友人藏品。原件盖有篆书「稷山县政府印」红印、仿宋「稷山清河镇长图记」红章。

[二]骑缝半字。

[三]稷山县，今属山西省。

[四]骑缝半字。

二四〇〇　民国二十六年（一九三七）南京刘玉堂买地官契[一]

愿字第贰陆贰号完税九元一毛弍分五厘[二]

买契[三]

买主姓名	刘玉堂
不动产种类	
座落	
面积	一亩九分八厘
四至	东 南 西 北
卖价	一伯三十九元〇一分二厘
应纳税额	九元一毛式分五厘
原契几张	
立契年月日	

卖主 王连峰

监证人

中华民国二十六年六月 日给

【注】

[一]友人藏品。

[二]骑缝半字。

[三]在契额处盖有两方无框红字图章。居中者为竖排三行十二字，自右至左，作「抵押典卖与外国人作为无效」。偏左者，其首为自右至左横排二字「注意」。其下竖排三行二十四字，自右至左为「外国人假冒中国人名堂名或其他名义典买房地均作无效」。

二四〇一　民国二十六年（一九三七）日照县张仲贤卖宅基草契[一]

立草卖契张仲贤，因正用不足，将自己宅基壹处，堂屋四间，央中人说妥，情愿卖于族叔洪九居住，永远为业。言明时价国币叁佰叁拾元。当将款交妥，再立真契。恐后无凭，立草卖契存证。如有违碍等情，有卖主一面全管。

当　钞票洋壹佰元。

计开：

座落涛洛西北街糠巷西头路西宅基一处[二]，上带堂屋四间，官地小棚一间，天井一处。

四至：西至张，伙山；北至张，外有滴水半尺；东山外有滴水式尺，东至公水道；公小道；南至路。

中华民国式拾六年六月十九日

执契　张洪九

立草卖契　张仲贤

中人　张仲俭

张佃邦

见

宋及亭字代并

【注】

[一] 原件编者收藏。

[二] 涛洛，一般写作「涛雒」。今在山东日照市东港区。

二四〇二　民国二十六年（一九三七）日照县张仲贤卖宅基白契[一]

立卖契张仲贤，因正用不足，将自己宅基壹处，堂屋四间，公地小棚壹间，央中人说妥，情愿卖于族叔洪九居住，永远为业。言明时价国币洋捌拾元正，当日洋契两交不欠。如有违碍等情，有卖主一面全管。恐后无凭，立卖契存证。

计开：

座落涛雒西北街糠巷西头路西宅基壹处，上带堂屋四间，公地小棚壹间，天井壹处，门窗石产一切在内，出入照旧，水流旧道。

四至：西至张，系伙山；北至张，外有滴水半尺；东山外有滴水式尺，东至公水道；南至路。上带灶糠银壹分。

中人 张仲信
执契 张洪九
立卖契 张仲贤
见人 宋及亭
万岫亭
代 张传邦
字 丁履桂

中华民国二十六年八月二十四日

【注】

[一] 原件为编者收藏。

二四〇三 民国二十六年（一九三七）芮城县张周娃买地红契[一]

立卖地契文字人西张家村张周娃，因不便，今情愿将自己村北井灌坡地壹段，其地南北畛计地叁亩肆分。西至张姓，南至买主，北至堰根，东至张姓，四至分明，土木相连，尽地数内。今立契出卖于本村张兴战名下作主。同人言明，时值价大洋陆拾伍元整。其洋当日两相交清。恐口难凭，立字为证。

产邻 张明锁
张秉一

计开：本地原粮

管事人 张秉发
张荣春
代笔人 陈济亭

绝契

民国二十六年[二]十二月五日 立

【注】

[一]手录友人藏品。

[二]二十六年上盖红章，文曰：「芮城县第一区巨石门村公所图记」。芮城县今属山西省。

二四〇四　伪满康德七年（民国二十七年，一九三八）喀喇沁左旗于振雍户口申告完讫证[一]

骑缝印(印契)

临时国势调查申告完讫证

一、申告书（乙号）一连番号[二]：第二号。

一、申告之地址：热河省喀喇沁左旗[三]刘杖子村山咀子屯。

一、户长（或户之管理者）之姓名：于振雍

一、户之人员数：六

在	不在	计
六		六

右者业已申告完讫，特此证明

（右者申告済ナルコトヲ證ス）

康德七年十月一日

（管掌机关名）热河省喀喇沁左旗刘杖子村

喀喇沁左旗刘杖子村公所（戳）

第二八调查区

（调查员姓名）叶继隆（印）

注意：本证虽在临时国势调查终了后，由官公署亦有时要求提示，故应留意保管之。

（本證入臨时国势调查终了后ニアリテモ官公署ヨリヲソルルコトアルベキニ付大切ニ保管セレ度）

【注】

[一] 原件由孙家红先生收藏。上有日文对照。

[二] 番号，编号。

[三] 喀喇沁左旗，今辽宁喀喇沁左翼蒙古族自治县。

二四〇五　民国二十七年（一九三八）天津市刘景岐卖子字据[一]

立卖字据人刘景岐，之音（只因）年谌（馑）甚难，无人收食，将小孩六岁卖与丁万路之手，久后无有人来问。如有人来，有宗（中）保人为正（证）。刘景岐、冯景有见正（证），久后无有光（关）系。空口无凭，据具为正（证）。

郭潒汰

正父　刘景岐（手模）

宗保　冯景有（手模）

姨夫　郭潒汰（手模）

（小儿六岁，

民国二十七年生人，

二月二十二日生人。

未时）[二]

【注】

[一] 原件藏天津市历史博物馆。

[二] 此批在字据背面，当作「未时生人」。

二四〇六　民国二十八年（一九三九）菏泽县陈振宝田赋串票凭单[一]

县第二七七三　号[三]

菏泽县
民国二十八年
田赋第一期串票凭单

地主姓名	陈振宝	地主住址	吕区　都　庄
地亩数	三亩八分五厘一毫	全年应完正税数	元角分厘
本期应完正税数	〇元二角〇分二厘	一期应完附捐数	〇元二角七分二厘
共收本期正税附加合计			
中华民国二十八年　月　日完讫　征收员			

每凭单一张带收当十铜元二枚

此联给纳粮人

【注】

［一］原件编者收藏。

［二］骑缝半字。

二四〇七　民国二十八年（一九三九）东明县杨万行缴民军经费收据［一］

东明县
民军经费收据

今收到　乡　村花户杨万行［三］缴二八年上忙民军经费洋〇元四角四分二厘。除留存根备查外，合行发给收据为凭。

经手人

中华民国二十八年　月　日

【注】

[一]原件编者收藏。

[二]行，读音杭。

二四〇八　民国二十九年（一九四〇）菏泽县杨万行田赋并串凭单[一]

县第二七六一号[二]

菏泽县
民国二十九年
田赋第二三两期并串凭单

地主姓名	杨万行	地主住址	吕区　都　庄
地亩数	卅二亩六分〇二毫	全年应完正税数	元　角　分　厘
二期应完正税数	元角分厘	三期应完正税数	元　角　分　厘
三期应完县附加数	元角分厘	三期应完县附加数	元　角　分　厘
二三期正税附加合计	五元三角六分五厘		
中华民国二十九年　月　日　征收员			

此联交纳粮人

每凭单一张收洋一分

【注】

[一]原件编者收藏。

[二]骑缝半字。

二四〇九 民国二十九年（一九四〇）菏泽县陈振宝田赋串凭单[一]

县第二七七三号[二]

菏泽县
民国二十九年
田赋第一期串凭单

地主姓名	陈振宝	地主住址	吕区　都　庄
地亩数	三亩八分五厘一毫	全年应完正税数	元　角　分　厘
本期应完正税数	元　角　分　厘	一期应完附税数	元　角　分　厘
共收本期正税附加合计	○元四角七分五厘		
中华民国二十九年　月　日完讫　征收员			

此联交纳粮人

每凭单一张带收当十铜元二枚

【注】

［一］原件编者收藏。

［二］骑缝半字。

二四一〇 民国二十九年（一九四〇）菏泽县陈振宝田赋并串凭单[一]

县第二七七三号[二]

菏泽县 民国二十九年 田赋第二三两期并串凭单			
地主姓名	陈振宝	地主住址	吕区都庄
地亩数	三亩八分五厘一毫		元角分厘
二期应完正税数	元角分厘		元角分厘
三期应完正税数	元角分厘		元角分厘
二三期正税附加合计	元六角三分五厘		
中华民国二十九年 月 日完讫 征收员			

每凭单一张收洋一分

【注】

[一] 原件编者收藏。上部残。

[二] 骑缝半字。

二四一一 民国二十九年(一九四〇)万泉县李秀峰卖地官草契[一]

立卖契人三合里四甲李秀峰，今因正用，将自己坐落村东南东西地畛地一段，计数熟地玖亩、荒坡壹亩〇六分〇弍厘。东至堰，西至阡头，

草 南至周珠珠，北至周焕娃。上下金石土木一并相连。同中说合，情愿出卖与本里三甲孙凤道名下永远为业。言明时值价洋壹百零四元整。当日钱业两交，各无异说。自卖之后，倘有亲族邻佑争执情事，由卖主一面承当，与买主无干。恐口无凭，立卖契为证。

随带契 张原粮

公证人 村副 宁令学 村长 孙福成 说合人 孙振苏 孙荣斋

后批：内有坟地叁分

书契人李达权

邻

立卖契人李秀峰

中华民国二十九年二月一日

契

每纸收价贰角

万泉县制[二]

【注】

[一] 手录友人藏品。

[二] 原件上「万泉县政府印」。万泉县，今属张家口市。

二四一二　民国二十九年（一九四〇）万泉县孙凤道买地官契[一]

买契

买主姓名	孙凤道
不动产种类	
座落	
面积	十〇六分二厘
四至	东至埝　南至周珠珠 西至阡头　北至周焕娃
卖价	一百〇四元
应纳税额	六元二角四分
原契几张	
立契年月日	廿九年二月一日

街村长　孙福成

卖主　李秀峰

中人　孙荣斋

县给

中华民国廿九年　四月　日

【注】

［一］原件友人藏品。粘连于「李秀峰卖地官草契」后。

［二］前后骑缝处盖有「万泉县政府印」。

二四一三　伪满康德九年（民国二十九年，一九四〇）喀喇沁左旗白福合卖租契[一]

立卖租契文约白福合，因正用不足，今将自己本身租粮五斗，自烦中人说允，情愿卖与邹立学名〔下〕收用，永远为业。由其买主自便，不与卖主相干。同中言明卖价国币大洋肆拾伍元整。其洋笔下交清不欠。此系两家情愿，各无返悔。恐口无凭，立契存证。

中人　白玉山

李子玉（押）

代字人　刘恩章

康德[二]九年旧历三月初一日白福合手立卖契（押）

【注】

［一］手录友人藏品。

［二］康德，伪满洲国皇帝溥仪的年号。

二四一四　伪满康德九年（民国二十九年，一九四〇）喀喇沁左旗白珍退卖租契[一]

立退卖祖（租）契文约人白珍，只因无钱使用，今将自己本身租粮[二]贰斗七升，自烦中人说允，情愿〔卖与〕本地户邹立学名下永远为业收吃。由其置后，有买主自便，不与退主相干。同中人言明，卖价国币大洋贰拾捌圆整。其洋分文不欠，别无外项。此系两家情愿，各无返悔。恐后无凭，立卖契为证。

中人　赵德清

满洲康德九年三月初九日　白珍亲笔

【注】

[一]手录友人藏品。

[二]租粮，当是田（地）面权所有之租。

二四一五　民国二十九年（一九四〇）佛山镇刘垣开卖田红契[一]

立明永远断卖田契人刘垣开，今有水田壹丘，坐落芝安乡白沙桥村，土名王芝塱，期税壹丘，计种三分。段号列后。今因急需，愿将此田出让，召人承买。取时值价银土谷壹佰五拾斤正。先召亲房人等，各不承买；次凭中人刘显华引至刘纯开，看合承买。依口还足价银土谷壹佰五拾斤正。所有签书折席利是俱在价内。三面言明，二家允肯，当落定标贴明白，是日当中立契，交易清楚，银契互相交讫。此系明买明卖，不是债折逼勒等情。自卖之后，归买主永远管业。此田确系自己名份之业，并非烝尝留祭养口物业，亦无重复典按。如有来历不明、别人争认，卖主同中理妥，不干买主之事。今欲有凭，特立此断卖契壹纸，交与买主永远收执为据。

一、实卖刘垣开亲手收到刘纯开承买田价银土谷壹佰五拾斤

一、实　卖出田　　壹丘编入第五区芝安乡

白沙桥

△坊

第十一大段 ✕ 𝛿 号[二]种三分[三]。

中人　刘显华

监证人芝安乡三十四保长　刘昌开

明断卖契据人　刘垣开的笔

佛山文近堂制

中华民国廿九十二月十一立

【注】

[一] 原件友人收藏。

[二] 苏州码四十五号。

[三] 种三分，当是播种量，亦即亩积。

二四一六　民国三十年（一九四一）永济县柳湾学校卖坟地民红契[一]

立卖地文契人柳湾学校，今将枣树沟坟地两座，共计地壹分陆厘，仝人言明，价洋拾陆元陆角，今立契出卖于杨俊良名下为业作主。当日洋业两清。恐后无凭，立卖契为证。

管事人　学董　杨守财

郭建周

陈子云

村副[二]　杨家麟

闾长[三]　郭友梅（章：「柳湾第壹闾长」）

许白

绝契

民国叁拾年阴正月初九日

【注】

[一] 手录友人藏品。上有永济县三红印，篆书，字迹不清。永济县，今山西永济市。

[二] 村副，副村长。

[三] 闾长，旧时曾在乡村实行闾邻制度，同于保甲制度。五家为邻设邻长一人。五邻为闾，设闾长一人。以上为村长，有正副。

二四一七　民国三十年（一九四一）永济县万才娃卖窑院民红契[一]

立写卖窑院文字人万才娃，因为使用不便，今情愿自己本巷窑院一坐（座），窑两孔，所有窗门边具全，坐西向东。东至路心，西至堐上，南至万叙仓，北至万振邦。四至分明，土木相连，尽在数内。今立契出卖于万法存名下为业。同中言明时直价洋九十元整。当日洋业两相交清，并不欠少。日后有人争端，有卖主一面承当，不于（与）买主相干。恐口无凭，立字为证。字照。

立（押）

公证人　李全孝（章）

段　秀全（押）

中见人　六全（押）仝在

李茂盛（押）

笔人　常步云（押）

民国三十年三月十五日

计秕包割事画字洋　十元。

【注】

［一］手录友人藏品。上有两红印，一作「永济县大王编村村公所钤记」，篆书；一作「大王庄第一闾图记」，仿宋。

二四一八　民国三十二年（一九四三）绵上县胡云山卖地民红契粘连官卖契［一］

立卖地死契文约人胡云山，自因不便，今将自己神童脑白地叁亩，其地四至：西、南、北至堰，东至卖主畔石。四至开明。情愿出卖与闫治邦名下永远为业。仝中言明，时价本币大洋叁佰元正。其洋当日交足不欠。地内官银壹两捌分，神例叁亩。两出清（情）愿，并无异说。恐口难凭，立卖地契文约为证。

立卖地契文约人　胡云山（押）

村长　田连璧（章）

农会　王建业（手印）

公证　田富亮（印）

中人　闫通亨（指印）

闫立忠（指印）

民国叁拾弍年一月廿九日

地邻　胡云山（指印）

遇书　王建国（押）

【注】

[一] 友人赠原件复印件。民契与官契粘连，两契及两契粘连处均盖有篆书「绵上县政府印」。民契的年月日处盖有长戳，文曰：「绵上县第二区费家庄抗日村公所」。绵上县始置于隋朝开皇十六年（五九六），治今山西沁源县北。北宋庆历六年（一〇四六）徙治大觉寺地，即今沁源县西北绵上镇。元至元十年（一二七三）废。一九四一年，中共中央北方局和第十八集团军总部决定调整军区和军分区时，在今沁源地区分设沁源、绵上两县。绵上县在朱鹤岭以北，县政府驻东村、赤石桥、水峪等地。一九四五年四月，沁源与绵上又合并为沁源县。今县政府驻沁河镇。

二四一九　民国三十二年（一九四三）绵上县胡云山卖地官契（粘连于民契后）[一]

绵税字第叁壹捌号完税[二]

卖　契

立契人胡云山今将自己坐落神童脑窑〇眼〇房〇间〇等地叁亩〇分〇厘。东至卖主，西至堰，南至堰，北至堰。上下金石土木一并相连。同中说合，情愿出卖与闫治邦名下。言明时价洋叁百圆〇角。当日钱业两交，各无异说。自买之后，倘有亲族佑争执，或先典未赎情事，由原主一面承当，与买主无干。恐口无凭，立死契为证。

原契张数		公证人	田富亮	农会	田建业	说合人	闫立忠
原带粮数	壹钱捌分		买主	村长	田连璧	书契	王建国
税　款	贰拾四元	税契年月	三二、五、卅一	收款人	曹南仁		

中华民国三十二年一月廿九日立契人胡云山

【注】

[一] 与上件粘连。

[二] 骑缝半字。

二四二〇　民国三十二年（一九四三）番禺县陈氏卖子送帖（白契）[一]

立送帖人潘（番）禺县桂田乡黄大有妻陈氏[二]，非常时期，百物新贵，难以度日胡（糊）口，自到连平县贵东圩[三]，自养亲生子名叫亚岳，年方六岁，自愿托介绍罗元富送与大坑罗奕贤为孙子。当日经由介绍人三面言明，由大坑村罗奕贤办回旅行费米饭衣物等通用国币千百文正。即日钱交字付，亲接明白。两家心允，并无逼勒。如有日后亲房到来，另生枝节，来力（历）不明，系由介绍在场，送主代不收钱人料理明白[四]，不干饱养之事[五]。如有山高水底（低），各安天命。恐口无凭，立写送帖壹纸，交与罗奕贤收执为据。

介绍人

在场人

代书　禤福兴[六]

民国卅弍年五月初三日

【注】

[一] 原件藏广西壮族自治区博物馆。

[二] 番禺县，今属广东。

[三] 连平县，今属广东。

[四] 此句不明确。

[五] 饱养，「养」下脱一「人」字。似应作「抱养」。

[六] 禤（音同轩）福兴，人名。

二四二一　民国三十二年（一九四三）卫河县齐至堂买地民红契粘连官买契纸[一]

买　契　纸

晋冀鲁豫边区政府 冀鲁豫边区行署 为发给契纸事：查民间买典田房，一律应照章投税，领取正式契纸，以保其田房所有权。业经各县遵办在案。兹据卫河县[二]五区齐家村业户齐至堂报称：于三十二年　月　日价买/典王明雪名下地/房一段/间，计地弍亩叁分弍厘伍毫，实用本币四六〇元　角　分，声请纳税。除照章按百分之六税率收本币二七元六角。分并纸价壹元外，合行粘发连契纸为证。

计开

坐落			中证人	齐天作
地亩等级			缮契人	
面积长横阔			村农会主任	
界限	东至	南至	村长	
	西至	北至		

中华民国三十二年七月　日

（两契粘连处[三]）

（残）

北沙和地一段，计地弍亩叁分弍厘五毛四系。东至王，西至齐，北至齐，南至王，四至明白。今同中人齐喜青、齐天作说合，出卖与齐至堂名下为业。言明共价洋肆百六拾元，当日交足。恐后无凭，立字为证。

东活五步二尺五寸

长活（阔）一二步六寸，中活五步二尺六寸

西活五步三尺五寸

中华民国三十二年五月　立

善俗里齐家村齐至堂收王庄万岭名下桑地朴

二四三二 民国三十二年（一九四三）卫河县齐至堂买地官契纸[一]

卫河县收本市陆拾元 角 分[二]

晋冀鲁豫边区政府冀鲁豫边区行署 为

发给契纸事：查民间买典田房一律应照章投税，领取正式契纸，以得其田房所有权，业经各县遵办在案。兹据卫河县五区齐家村业户齐至堂报称：于三十二年 月 日价买典齐天兴名下地房一段，计地 亩肆分弍厘陆毫，间实用本市五〇〇〇元〇角〇分，声请纳税。除照章按百分之六税率收本市三〇〇元〇角〇分并纸价壹元外，合行粘发契纸为证。

计开

坐落		中证人	齐天作
地亩等级		缮契人	
面积长横阔		村农会主任	
界限 东至 西至 南至 北至		村长	

中华民国三十二年七月 日

契纸买

【注】

[一] 友人赠复印件。官契纸上盖有篆书「晋冀鲁豫边区政府冀鲁豫边区行署财务票照印」大方印。在官契纸与民契纸粘连处，盖有篆书「卫河抗日县政府印」大方印。

[二] 卫河县，濮阳市孙德萱先生告知：今河南清丰县西部与南乐县西部在一九四〇至一九四五年间，设卫河县，属于冀鲁豫边区行署。一九四六年撤卫河县，该地复归原县。

[三] 骑缝半字。

【注】

[一] 友人赠复印件。

[二] 骑缝半字。骑缝及年月日处均盖有篆书大印，文曰：「晋冀鲁豫边区政府冀鲁豫边区行署财务票照印」。骑缝处又盖有篆书大印，文曰「卫河抗日县政府印」。

二四二三　民国三十二年（一九四三）佛山镇刘文卖田红契[一]

立明永远断卖田契人刘文，今有水田壹丘，坐落芝安乡白沙桥村，土名王芝塱。期税壹丘，计种四分五厘。段号列后。今因急需，愿将此田出让，召人承买。取时值价银土谷弍佰弍拾斤正。先召亲房人等，各不承买；次凭中人刘国华引至刘纯开，看合承买。依口还足价银土谷弍佰弍拾斤正。所有签书折席利是俱在价内。三面言明，二家允肯，当落定标贴明白，是日当中立契，交易清楚，银契互相交讫。此系明买明卖，不是债折逼勒等情。自卖之后，归买主永远管业。此田确系自己名份之业，并非烝尝留祭养口物业，亦无重复典按。如有来历不明、别人争，认卖主同中理妥，不干买主之事。今欲有凭，特立此断卖契壹纸，交与买主永远收执为据。

一、实卖刘文亲手收到刘纯开承买田价银土谷土弍佰弍拾斤

一、实　　卖出水田壹丘，编入第五区芝安乡白沙桥△坊第十一大段九小段匚号四分五厘[二]。

中人　刘国华

监证人芝安乡三十四保长　刘昌开

明断卖契据人　刘文的笔

佛山堂近文制

中华民国卅年十二月日立

【注】

[一] 手录友人原件。

[二] 苏州码二十三号四分五厘。

二四二四　民国三十三年（一九四四）稷山县孙子选卖房院红契[一]

立卖房院人孙文选，因使用不便，情愿自己村中座北向南院落一座，内计东房三间，院基一块，出入通路正南。其内门窗俱全，土木金石等一们并相连。东至孙生斗，西至十甲院基及业主，南、北俱至道。其业四至开明。今来立契，情愿卖于本村孙玉玺名下为业居住。当日同中言明，受过时值价洋国币壹仟元。立契之日洋业两交，并无悬欠，日后如有亲族相争，有卖主一面承当，于买主无甘（干）。恐后无凭，立卖契永远存照。

孙文选具（押）

村副　孙长源（押）

同中说合人孙　全德（押）

振喜（押）

代笔人孙金川书

民国三十三年[二]阴年三月十五日

【注】

[一] 手录友人藏品。

[二] 「三十三年」处盖有红章，文曰：「稷山县第二区西七乡图记」。稷山县今属山西省。

二四二五　民国三十三年（一九四四）南乐县豆海新买地官契纸[一]

南乐县本币壹百弍拾玖元六角〇分[二]

买　契　纸

晋冀鲁豫边区政府
冀鲁豫边区行署　为

发给契纸事：查民间买典田房，一律应照章投税，领取正式契纸，以保其田房所有权，业经各县遵办在案。兹据

县三区任豆拐村业户豆海新报称：于　年　月　日价买典王庚文名下地房一段间，计地陆亩〇分〇厘〇毫。

实用本币二千一百六十元〇角〇分，声请纳税。除照章按百分之六税率收本币一百廿九元六角〇分并纸价伍

元外，合行粘发契纸为证。

计开

坐落		中证人	
地亩等级		缮契人	
面积长横阔		村农会主任	
界限东至西至	南至北至	村长	豆周书

中华民国三十二年七月　日

【注】

[一] 友人赠原件复印件。

［二］骑缝半字。

二四二六　民国三十三年（一九四四）南乐县王庚文卖地官契纸［一］

契　约　纸

立卖契约人王庚文，今情愿将自有南地一段计地六亩〇分〇厘〇毫，经中证人其同言明，以价洋二千一百六十九元〇角〇分，出卖于豆海新名下耕种为业。地价数当日收足。其地按数遇推。恐后无凭，立卖契约为证。

计开

坐　落：任拐庄南

地亩等级：二等

四　至：东至大道，西至顶头，南至豆，北至卖主。

长　科：二百一十八步

横　大步一尺五寸七分八厘九毛三系九呼

村长　豆同书

农会主任　豆周君

中证人　任长寿

代笔　任鸿猷

中华民国三十三年　月　日

【注】

［一］本件粘连在上件《官契纸》后。

二四二七　民国三十三年（一九四四）晋绥边区行政公署发给兴县田升富买地契[一]

晋绥边区行政公署田房买契

买主姓名	田升富	不动产种类	地
座落	东角塔	面积	柒[二]
东至	高崖	西至	任姓地
南至	尖埈下水	北至	坪畔
原契张数	壹	立契日期	卅三年十二月十五日
卖价	农洋壹仟元〇角〇分[三]		
应纳税额	农洋陆拾元〇角〇分		

村长　朱培祥

卖主　田骡作

中人　田兴海

中华民国卅三年六月廿一日（此契纸收工料洋伍元整）

县政府给[四]

【注】

[一] 本契承山西吕梁教育学院王雪农同志惠赠复印本。

[二] 柒，下脱一「垧」字。垧，田地的亩积单位。各地的亩积数量不同，东北地区一般合十五亩，西北地区合三亩或五亩。

[三] 农洋，抗日战争时期，由中国共产党领导的晋绥边区「西北农民银行」发行的一种纸币。亦称「西农币」「西农票」，在账簿中多写作「农洋」。

[四] 县政府，兴县政府。兴县属山西，抗日战争时期属晋绥边区，本契上无县名，骑缝盖有「晋绥边区行政公署关防」。

二四二八　民国三十三年（一九四四）兴县田骡作卖地官草契[一]

立卖契人田骡作，今将自己田家沟村坐落到东角塔地柒垧。东至高崖，西至任姓地界，南至尖堎下分水石，北至坪畔。上下金石土木一并相连[二]。情愿出买（卖）与田升富名下为业。同中言明农洋价壹仟元整，当日钱业两交，各无异说。自卖之后，倘有亲族邻佑争执，由卖主一面承当，与〔买〕主无干。恐口无凭，立契为证。

村长朱培翔[三]　中人　田兴引

田兴海

草　随带旧契　张，原粮壹钱。

附注　村农会杨兆怀　书契人　田兴邦

产邻　立契人　田骡作

契　中华民国三十三年十二月十五　日

（每张收纸张印刷费本币弍元）

业弍买字第弍壹叁柒号[四]

【注】

〔一〕本契承山西吕梁教育学院王雪农同志惠赠复印本。

〔二〕本契纸原文为地契、房契两用者。此句为房契内容。

〔三〕「朱培翔」，亦作「朱培祥」。

〔四〕骑缝半字。

二四二九　民国三十四年（一九四五）卫河县齐张兰补税契纸[一]

卫河县收本币　仟　百拾　元　角[二]

补契纸

07 85 82

晋冀鲁豫边区政府 冀鲁豫边区行署 为

发给契纸事：查民间买典田房，一律应照章投税，须取正式契纸，以保其田房所有权，业经各县遵照在案。兹据

卫河县三区齐村业户齐张兰报称：于年　月　日价买典　名下地房　段，间，计地伍亩四分伍厘〇毫，实用本币壹仟

陆伯元〇角〇分，声请纳税。除照章按百分之　税率收本币肆拾捌元〇角〇分，并纸价八元外，合行粘发契纸为证。

附开

坐落		中证人	
地亩等级		缮契人	
面积长横阔		村农会主任	齐继姜
界限 东至 西至	南至 北至	村长	崔法旺

中华民国卅四年四月　日

【注】

[一] 友人赠原件复印件。

[二] 骑缝半字。盖篆文印：「晋冀鲁豫边区政府冀鲁豫边区行署财务票照印」。

二四三〇　民国三十四年(一九四五)南乐县李同寅官买地契纸[一]

南乐县收本币柒仟捌佰零柒元零角零分[二]

买　契　纸

晋冀鲁豫边区政府冀鲁豫边区行署　为

发给契纸事：查民间买典田房，一律应照章投税，领取正式契纸，以保其田房所有权。业经各县遵办在案。兹据

县　区　村业户李同寅报称：于　年　月　日价买/典　名下地段/房间，计地肆亩叁分叁厘柒毫。实用本币柒千八百〇七元〇角〇分，声请纳税。除照章按百分之三税率收本币二百三十四元〇角，并纸价拾元外，合行粘发契纸为证。

计开

坐落	地亩等级	界限 至东	至西	至南	至北
四区五娄		李	道	工	道

长横阔	中证人	缮契人	村农会主任	村长
东段 长九十一步正 南四步二尺五 北六步四尺七 小地 〢一〦〨〨〣 厶卜	西段长九十八步一尺 南七步四尺五寸 北二步三尺五寸	小地 〢一〦〨〥〨 厶卜	运如壁	工名南

中华民国卅四年六月　日

【注】

[一] 友人赠原件复印件。上盖两方印章，一为「晋冀鲁豫边区政府冀鲁豫边区行署财务票照印」，一为「南乐县政府印」，均为篆文。

[二] 骑缝半字。

[三] 苏州数码。厶，亩的俗体。卜，分的俗体。前后两数依次为二亩一分六厘八毫八丝三忽，二亩一分六厘八毫五丝八忽。

二四三一　民国三十五年（一九四六）清丰县陈双印买地契纸[一]

买契纸

晋冀鲁豫边区政府 冀鲁豫边区行署　为

发给契纸事：查民间买典田房，一律应照章投税，领取正式契纸，以保其田房所有权，业经各县遵照在案。兹据

清丰县九区店上村业户陈双印报称：于卅五年　月　日价买陈义正名下地房一段间，计地〇亩陆分四厘九毫，实用本币

壹千玖百元〇角〇分，声请纳税。除照章按百分之　税率收要币　元　角　分，并纸价八元外，合行粘发契纸

为证。

计开

坐落	地亩等级	面积横阔	界限	
			东至	西至
			南至	北至
中证人	缮契人	村农会主任		村长
		杜海朝		

中华民国卅五年九月　日

【注】

[一] 友人赠原件复印件。

二四三二　民国三十六年（一九四七）佛山镇刘进开卖田红契[一]

立明永远断卖田契人刘进开，今有田壹丘，

坐落芝安乡白沙桥村，土名南向门田。期税壹丘，计种三分，段号列后。今因急需，愿将此田出账，召人承买。取时值价银土谷贰佰贰拾觔正。先召亲房人等，各不承买；次凭中人刘忠达引至刘纯开看合承买。依口还足价银贰佰贰拾觔正。所有签书折席利是，俱在价内。三面言明，二家允肯，当经落定标贴明白。是日当中立契，交易清楚，银契互相交讫。此系明买明卖，不是债折逼勒等情。自卖之后，归买主永远管业。此田确系自己名份之业，并非烝尝留祭养口物业，亦无重复典按。如有来历不明、别人争认，卖主同中理妥，不干买主之事。今欲有凭，特立此断卖契壹纸，交与买主永远收执为据。

一、实刘进开亲手收到刘纯开承买田价银土谷贰佰贰拾觔。

一、实　卖出田壹丘，编入第四区芝安乡白沙桥△坊第十大段十小段□十号

中华民国三十六年二月十一日立

中人　刘忠达

监证人　芝安乡三十里保　保长刘昌开

明断卖契据人　刘进开的笔

佛山近文堂制

【注】

［一］手录友人藏品。

二四三三　民国三十六年（一九四七）佛山镇黄渭南卖田红契[一]

立明永远断卖田契人太平乡黄渭南，今有水田壹丘，坐落芝安太平乡，土名大塱围下。期税壹丘，计种□亩。段号列后。今因急需，愿将此田出帐召人承买。取时值价银土谷五佰斤。先召亲房人等，各不承买；次凭中人刘芬引至刘燕纯人等，看合承买；依口还足价银土谷五佰斤正。所有签书折席利是，俱在价内。三面言明，二家允肯，当经落定标贴明白。是日当中立契，交易清楚，银契

互相交讫。此系明买明卖，不是债折逼勒等情。自卖之后，归买主永远管业。此田确系自己名份之业，并非烝尝留祭养口物业，亦无重复典按。如有来历不明，别人争认，卖主同中理妥，不干买主之事。今欲有凭，特立此断卖契壹纸，交与买主永远收执为据。

一、实黄渭南亲手收到刘燕纯承买价银土谷五佰斤

一、实　卖出水田壹丘，编入第四区芝安乡

白沙桥村　第十大段八小段□十号

△坊

中人　刘芬

监证人　芝安乡三十里保长刘昌开

明断卖契据人　太平乡黄渭南的笔　近文堂佛山制

中华民国卅六年二月廿九日立

【注】

[一] 手录友人藏品。

二四三四　民国三十六年（一九四七）大位村土地改革委员会发张忠让土地证[一]

为实行土地改革，实现耕者有其田，经全村农民会议土地改革委员会批准。

今将本村学校牌楼坟东边地一段，计地弍亩。其地系南北界：东至云香妈，西至王道善，南至大路，北至大河，四至明白。今分配给张忠让名下，永远为业。其地原有红契草约，今后一律作废。其地权与原业主无干。空口不凭，立字为证。

立字为证。

计开

承业人　张忠让

大位村土地改革委员会[二]　村长（印章）

主任（指印）

民国卅六年二月　日

【注】

［一］《中国文物报》二〇〇〇年七月二十六日第四版李建兴《废除封建土地制度的历史见证——沁阳发现解放区第一次土改时期的土地证》。原件为纸质墨书。

［二］墨书上盖纵长十厘米、宽三厘米的无框大红宋体阳文「大位村土地改革委员会」印章。

二四三五　民国三十六年（一九四七）大名县王心田卖地官契约纸[一]

契约纸

立卖契人王心田，今将自有庄南地段房壹间，计地六亩五分三厘〇毫〇系。经中证人言明，每亩价洋一万二仟〇佰拾伍元〇角，共价洋七万八仟三佰六拾元〇角，出卖于刘永洪名下为业。当日收足。其地按数过拨。恐后无凭，立此契约为证。

计开

六区黑马庄税

坐落	地亩等级	界限 南	界限 北	界限 东	界限 西
庄南	六级	横头	道	王	王

长横阔：阔壹佰三十五步；南北阔十壹步三尺

村长	农会主任	妇会主任
刘庚荣	刘永彬	王李氏

中证人：刘永彬

缮契人：

中华民国三十六年四月　日

二四三六　民国三十六年（一九四七）南乐县王殿升买地官契纸[一]

南乐县收本币[二]

买契纸

晋冀鲁豫边区政府冀鲁豫行署

发给契约事：查民间买典田房，一律应照章投税，领取正式契纸，以保其田房所有权。业经各县遵办在案。兹据南乐县区西韩森固村业户王殿升报称：于　年　月　日价买典　名下房地　间段，计地四亩二分一厘○毫，实用本币　元○角○分。声请纳税。除照章按百分之　税率收本币　元○角，并纸价六十元外，合行粘发契纸为证。

计开

坐落：西北

地亩等级：

南中　壹百六十九步
北长　五步二尺七寸
横阔　五步三尺
六步四尺

限界		
北至	村长	王德立
南至	农村任[三]	王同善
西至	缮契人	
东至	中证人	

中华民国三十八年二月一日　发

（南乐县民主政府印）[四]

【注】

[一] 友人赠原件复印件。

【注】

[一] 友人赠原件复印件。

[二][四] 骑缝半字。

[三][五] 「村农会主任」省。

二四三七　民国三十六年（一九四七）南乐县胡兆玉卖地官契约纸[一]

契约纸

第弍区西韩森固村立契约人胡邦兆玉今愿将自己

庄西北　级房地一段间计小地四亩二分一厘〇毫。东至

西至　南至　北至　。四至分明。同中证人说合

情愿卖王殿升名下为业。议定共价洋　元。

恐口无凭，立契约为证。

长阔壹佰六十九步　契税洋

南横阔五步弍尺七寸　村长　王德立

中　五步叁尺　农主[五]　王同善

北　六步四尺　中证人

中华民国三十六年　月　日

【注】

[一] 本件粘连在上件《官契纸》后。

[二] 「村农会主任」省。

二四三八　民国三十八年（一九四九）魏县张连仲土地房产所有证[一]

魏字式式捌捌式壹号[二]

土地房产所有

华北区土地房产所有证第一联　字第式式捌捌式壹号[三]

魏县（市）第四区罗胜屯村居民张连仲、张贤、关氏、翟氏、老关，依据《中国土地法大纲》之规定，确定本户全家/本人所有土地共计捌段拾捌亩式分五厘肆毫；房产共计房屋捌间，地基式段壹亩〇分玖厘玖毫。均作为本户全家/本人私有产业。有耕种、居住、典卖、转让、赠予等完全自由，任何人不得侵犯。特给此证。

计开

土地					
座落	种类	亩数	四至	长横阔	备考
西北地	旱	肆陆捌亩	南至大路　北至顶头　东至田　西至范	东长伍拾叁步叁尺捌寸　西长伍拾壹步四尺五寸	南活[四]式拾叁步叁尺　北活拾捌步
西地	旱	壹亩	南至大路　北至顶头　东至田	东长叁拾壹步壹尺五寸　西长叁拾式步式尺二寸	南活拾步零叁尺九寸　北活拾步零柒寸
西地	旱	式陆伍亩	南至顶头　北至大路　东至张　西至田	东长肆拾叁步　西长肆拾四步叁尺	南活拾步四尺五寸　北活拾壹步叁尺九寸
西地	旱	肆叁伍亩	南至顶头　北至大路　东至田	东长玖拾陆步式尺七寸　西长捌拾捌步叁尺五寸	南活拾壹步式尺叁寸　北活拾壹步叁寸
西南地	旱	叁柒四式亩	南至顶头　北至大路　东至田　西至张	东长柒拾叁步式尺　西长肆拾玖步〇式寸	南活拾壹步〇式寸　北活拾肆步壹尺五寸
北地	旱	式叁亩	南至顶头　北至大路　东至田　西至张	东长柒拾伍步叁尺五寸　西长陆拾捌步叁寸	南活捌步壹尺五寸　北活柒步

有　证

房产	座落	种类	间数	地基亩数	地基四至	地基长横阔	备考
	南北街路西	土瓦房	捌间	〇 肆捌〇	东至大路 西至张 南至顶头 北至路	东长拾叁步伍寸 西长拾陆步壹尺	南活柒式尺伍寸 北活捌步壹尺
		场		阔 陆玖	东至顶头 西至庙 南至大路 北至田	南长拾叁步肆尺 北长拾叁步伍寸	东活拾步式尺 西活拾壹步

中华民国三十八年二月一日　发

（「土地房产所有证」存根处，骑缝篆文「魏县县政府印」。）

【注】

[一] 友人赠原件复印件。

[二] 骑缝半字，上盖篆文大印「魏县县政府印」。

[三] 盖有仿宋体正方印，文曰「魏县第四区罗胜屯村公用图记」。

[四] 契内「活」字均为「阔」字省。

二四三九　民国三十八年（一九四九）清丰县齐志堂土地房产所有证[一]

清丰字第一捌式壹〇号[二]

华北区土地房产所有证第一联清丰字第一捌式壹〇号

县第五区齐家村居民齐志堂

依据《中国土地法大纲》之规定，确定本户全家本五人所有土地共计十段二十八亩八分八厘六毫；房产共计房屋七间，地基二段，一亩〇分二厘八毫。均作本户全家本五人私有产业，有耕种、居住、典卖、转让、赠予等完全自由，任何人不得侵犯。特给此证。

计开

土地房产所有证

土地

座落	种类	亩数	四至	长横阔	备考
东	毛砂	亩 七	四至齐	长六十八步 北二步三尺五寸 南二步一尺	
西北	毛砂	三亩 八五	南岳 东马 北齐 西程	长六十二步三尺六寸 西十步三尺五寸 中十三步三尺四寸 东十四步四尺二寸	
北	毛砂	五亩 五三	东王 三至齐	长四十一步三尺 东十七步四尺五寸 西十七步〇五寸	
仝	毛砂	二亩 六〇	四至齐	长一佰六步一尺 北五步一尺 中四步一尺七寸 南四步三尺九寸	
仝	毛砂	二亩 九六	四至齐	长五十八步一尺七寸 南七步〇八寸 中六步四尺五寸 北六步四尺七寸	
仝	毛砂	三亩 九五	四至齐	长一佰一十步〇二尺五寸 南四步四尺中四步二尺 北三步二尺八寸 又长七十八步 南北五步	
仝	荒	四亩 八	西马 三至齐	长四十五步一尺五寸 东八步三尺五寸 西九步二尺七寸 长八十步〇二尺 西北步 东十步〇二尺	

房产

座落	种类	间数	地基亩数	地基四至	地基长横阔	备考
街北	土	七		东路三至齐	南北十三步〇五寸 东西七步一尺六寸五分	
			亩 八〇四	北路三至齐	东西十五步一尺三寸 南北六步一尺七寸	

中华民国三十八年五月　日　发

【注】

［一］友人赠原件复印件。

[一] 骑缝半字。清丰县今属河南省。

二四四〇　民国三十八年（一九四九）清丰县陈双印土地房产所有证粘连一九五一年陈春喜土地房产所有证[一]

土地房产所有证

华北区土地房产所有证第一联清丰字第式陆柒柒捌号

卫河县第六区店上村居民陈双印[二]

依据《中国土地法大纲》之规定，确定本户全家人所有土地共计三段四亩四分一厘四毫； 房产共计房屋三间，地基壹段，〇亩三分〇厘七毫，均作为本户全家人私有产业，有耕种、居住、转让、赠予等完全自由，任何人不得侵犯，特给此证。

计开

土地					
座落	种类	亩数	四至	长横阔	备考
西地		亩 六八 九	东至陈琴学 南陈心平 西陈金贵 北陈良堂	长活五十二步四四，南宽三步。二寸，北宽三步一尺	
西地		一亩 二二 五	东陈金贵 南大道 西陈所印 北杜金选	长一百〇九步二六，宽活二步三四。	
西地		二亩 五	东至陈金贵 南陈海印 西至陈俊泽 北大道	长活九十步〇四五，宽活六步三尺	

房产						
座落	种类	间数	地基亩数	地基四至	地基长横阔	
西街路北	瓦房	二间	亩 三分四	东至陈锦 南陈开印 西至公路 北陈刘仲	长阔十六步一五 宽四步一六五	
	土房	一间	亩			

中华民国三十八年十二月八日　发

清字第叁肆壹捌　　　　号[三]

土地房产所有证

清丰县人民政府土地房产所有证　清字第三四一八号

查店上村陈春喜，依法买到李纪法后列财产。经查无讹，业经按章完纳契税，合亟发给此证，以便取得产权。此证。

田房种类	西北	数额	壹亩〇分〇厘〇毫〇丝
总值	洋九百拾柒万元	税率	百分之六
税额	洋弍万弍千弍百元	经征员	

一九五一年八月十五　　日

【注】

[一] 友人赠原作复印件。

[二] 卫河县，一九四〇年至一九四五年间，划河南清丰县西部与南乐县西部设卫河县。一九四六年撤卫河县，有关地区复归原县。

[三] 骑缝半字。

二四四一　一九五〇年绥中县王国章户土地执照[一]

辽西省绥中县还字第〇九八五六号

根据《中国土地法大纲》平分土地以后，人民政府确保农民土地所有权，发给此执照。

土地执照

户主姓名	全家人口	住址	共有人姓名
王国章	贰口人	第二区红庙子村河龙屯	王国章　王查氏

项目/地段	座落	地号	种类	亩数	东至	西至	南至	北至
第壹段	西山	张贰百肆拾壹	旱田旱田	肆亩	河沟	梁	谭有礼	谭有信
第贰段	西沟坟			壹亩伍分	王国林	河沟	河沟	荒山
第叁段	窪地		旱田	陆分	河沟	河沟	河沟	王国福
第肆段	北园子		旱田	壹分	王国儒	王国儒	王田恩	王国恩
共计	△垧陆亩贰分							

东北行政委员会颁发

一九五〇年十二月一日[二]

【注】

[一]原件友人收藏。中上有毛泽东像，四周有农耕花边。

[二]齐年盖有篆书红印，文曰：「东北行政委员会之印」。

二四四二　一九五〇年赣县赖定吉等土地房产所有证[一]

赣湖九字第 0581 号

江西省赣县土地房产所有证

第九区中村镇乡中村居民赖定吉、丘凤、学宏、刘香子、贤仁、杨招喜依据《中国人民政治协商会议共同纲领》第廿七条「保护家民已得土地所有权」暨《中华人民共和国土地改革法》第三十条「土地改革完成后，由人民政府发给土地所有证」之规定，确定本户全家所有土地，

共计可耕地叁叁丘(块)拾亩分伍厘毫
非耕地拾伍丘(块)亩肆分伍厘毫

房屋柒间，地基　亩　分捌毫均作为本户全家私有产业，有耕种、居住、典卖、转让、赠与、出租等完全自由，任何人不得侵犯。给此证。

县长「程远大印(章)」

土地房产所

种类	座落及小地名	丘或间数	四至	长宽尺度	附属物	备考
水田	(以下略)					
水田	(以下略)					
荒土	(以下略)					

一九五 年	月	日发			
旱土（以下略）					
旱土（以下略）					
荒土（以下略）					

有　证

【注】

〔一〕原件铅印，红方印齐年盖月，印文作「赣县人民政府印」。友人收藏。

二四四三　一九五〇年赣县赖定伸等土地房产所有证之一

土　地　房

江西省赣县土地房产所有证

赣湖九字第 0581 号

第九区中村乡中村镇居民赖定伸、学纲、学礼、学徽、贤仪
吉　学麟　清　太　王福秀，依据《中国人民政治协商会议共同纲领》第廿七条「保护家民已得土地所有权」暨《中华人民共和国土地改革法》第三十条「土地改革完成后，由人民政府发给土地所有证」之规定，确定本户全家所有土地，

共计 可耕地叁叁丘（块）拾亩分伍厘毫
非耕地拾伍丘（块）亩肆分伍厘毫

房屋式间，地基壹块　分捌毫均作为本户全家私有产业，有耕种、居住、典卖、转让、赠与、出租等完全自由，任何人不得侵犯。给此证。

县长「程远大印（章）」

种类	座落及小地名	丘数或间数	面积（市亩）	四至	长宽尺度	附属物	备考

产	所	有	证		
老厅	潘屋坑	壹间	伍厘	东山足 南定吉、贤仪 西余坪 北学徽	
碓𥕢	下屋背	壹间	壹厘	东王氏 南山足 西水圳 北学林	
余坪	老厅门	壹块	壹分叁厘	东西檐水 南檐水 北大路	
荒土	厅堂背山	壹块		东山顶 西山圳 南学太山 北祖兰	
荒土	竹窝汙	壹块		东山顶 西学徽 南祖椿 北陈人琪	
荒土	横坑子	壹块		东社官埂 西定吉 北山顶 南山足	

一九五 年 月 日发

【注】

[一] 原件铅印，红方印齐年盖月，印文作「赣县人民政府印」。友人收藏。

二四四四 一九五〇年赣县赖定伸等土地房产所有证之二

赣湖九字第 0581 号

土地

江西省赣县土地房产所有证

第九区中村镇乡中村居民赖定伸、刘后娇　男

依据《中国人民政治协商会议共同纲领》第廿七条「保护家民已得土地所有权」暨《中华人民共和国土地改革法》第三十条「土地改革完成后，由人民政府发给土地所有证」之规定，确定本户全家所有土地，

房产所有证

房屋式间，地基壹块　分捌毫均作为本户全家私有产业，有耕种、居住、典卖、转让、赠与、出租等完全自由，任何人不得侵犯。给此证。

县长「程远大印（章）」

种类	座落及小地名	丘数或间数	面积（市亩）	四至	长宽尺度	附属物	备考
房屋	左边横屋	壹间	弍厘	东赖贤仪　西赖学徽　南赖定吉　北赖学林			
房屋	左边屋	壹间	弍厘	东私厅　西学纲　南己屋　北			
房屋	左边私厅	壹间	弍厘	东贤仪　西己屋　南定吉屋　北坪			
荒土	斋公坑	壹块		东山顶　西山足　南定吉　北学徽山			
荒土	坑尾社官面	壹块		东山顶　西山足　南赖宅　北学太山			
荒土	大东山	壹块		东张毛　西学　南坑空　太山顶			

一九五　年　月　日发

【注】

［一］原件铅印，红方印齐年盖月，印文作「赣县人民政府印」。友人收藏。

二四四五　一九五〇年南乐县王学义土地房产所有证存根[一]

土地房产所有证存根

华北区土地房产所有证第三联（村存）

字第二五四五〇号

中华民国卅九年元月　日

项别	
县(市)区名	南乐县第五区
村名	葛苑村
户主人口	王学义　九口
土地	共七段八亩四分八厘　毫
房产	房屋（窑洞）共五间　地基共二段　亩四分四厘　毫

土地

坐落	种类	亩数	四至	长横阔	备考
庄东南	青沙	一亩七一	东王　西　南丁　北	长活七十二步三尺八寸　南活五步二尺　北活五步四尺六寸	
庄北	红土	三亩〇三	东葛　西　南路　北横	长活六十步二尺　南活十一步四尺五寸　北活十二步一尺二寸	
庄东南	青沙	一亩〇九	东　西　南　北	长活六十九步四尺　南活三步二尺二寸　北活四步〇五寸	
庄东	毛沙	亩六九	东　西　南　北	长活二十二步二尺　东活七步一尺　西活七步二尺二寸	
捌		亩〇四		长活五步一尺五寸　活式步〇三寸	
庄东南	青沙	亩九六	东　西　南　北	长活三十二步三尺　东活六步三尺五寸　西活七步	
庄南	青土	亩九七	四至王	长活二十八步〇四寸　南活八步一尺四寸　北	

房产

坐落	种类	间数	地基亩数	地基四至	地基长横阔
街南	庄	五间	亩四四	东　西　南　北	南长活十一步一尺　东北长活十一步四尺　东活七步二尺　西
小拐			亩		长活五步　活四步式尺二寸
			亩		

【注】

[一] 友人赠原件复印件。原件上有篆书方印「南乐县政府印」。又有「中华民国卅九年」字样。

二四四六　一九五〇的南乐县王屈氏土地房产所有证存根[一]

土地房产所有证存根

项别	
县（市）区名	南乐县第五区
村名	葛苑村
户主人口	王屈氏　一口
土地	共一段三亩　分　厘　毫
房产	房屋（窑洞）共　间　地基共　段　亩　分九厘　毫

华北区土地房产所有证第三联（村存）　字第二五四〇二号

中华民国一九五〇年元月　日

土地

坐落	种类	亩数	四至	长横阔	备考
庄东	毛沙	三亩	东西王　南北丁	长活一步三尺八寸 南五步二尺　活　北五步四尺六寸	
		亩			
		亩			
		亩			
		亩			

房产

坐落	种类	间数	地基亩数	地基四至	地基长横阔	备考
街南	场		亩〇九	东至张　西至王　南北至王	长活九步一尺 活弍步弍尺六寸	
			亩			
			亩			

【注】

[一] 友人赠原件复印件。原件上盖篆书方印，文曰：「南乐县政府印」。

二四四七　一九五〇年南乐县霍顺土地房产所有证存根[一]

土地房产所有证存根

华北区土地房产所有证第三联（村存）

字第二五四二五号

中华民国卅九年元月　日

别项	
县区（市）名	南乐县第五区
村名	葛苑村
户主人口	霍顺　三
土地	共二段二亩二分四厘六毫
房产	房屋（窑洞）共三间　地基共三段　亩一分八厘四毫

土地

坐落	种类	亩数	四至	长横阔	备考
庄北下坝	红土	一亩一分九厘六	东西至葛　南至高　北至王	中长活五十步　南北横活三步〇三寸五分　三步〇三寸	
庄南地		一亩五厘	东至苏　西至芦　南至路　北至葛	中长活玖十四步　南北横活四步	
		亩			
		亩			
		亩			

房产

坐落	种类	间数	地基亩数	地基四至	地基长横阔	备考
街南	庄	四	亩一七五	南至霍　北至张　东至葛　西至霍	中长活柒步　南北横活五步四尺九　六步〇三寸	
街北	夥巷		亩〇〇六	东西至霍　南至街　北至霍	中长活三十步〇四尺　宽活式尺五寸	
	空庄		亩〇〇三	东至□　西至霍　南至路　北至张	中长活三步四尺　东西横活式步二尺	

【注】

［一］友人赠原件复印件。上盖篆书方印，文曰：「南乐县政府印」。

二四四八　一九五〇年南乐县葛苑村公会土地房产所有证存根[二]

土地房产所有证存根

项别	
县(市)区名	南乐县第五区
村名	葛苑村
户主人口	葛苑村公会
土地	共十一段六亩三分六厘一毫
房产	房屋（窑洞）共二十四间　地基共十一段六亩三分五厘　毫

华北区土地房产所有证第三联（村存）　中华民国一九五〇年　月　日　字第　号

土地

坐落	种类	亩数	四至	长	横阔	备考
庄西	坑	一亩九三	东王西路　南横北路	长活三十三步一尺	南活十七步二尺五寸　北活十步三尺	
庄西	坑	一亩〇二	东路西王　南丁北路	长活二十六步三尺	南活十一步三尺　北活六步四尺	
庄西	坑	一亩一一	东路西王　南北路	长活八十九步	南活七步　北活四步二尺	
东庙		亩一二	东□西□　南路北丁	长活六步二尺五寸	南北活四步三尺	
西庙		亩二二	□□□□　南路北王	长活八步	南北活八步	
庄北	学校	亩三二	东路西　南北张	长活十步二尺五寸	南北活七步一尺六寸	
街北	碾磨	亩一五	东路西　南街北张	长活七步二尺五寸	东西活五步	
街北	民兵队部	亩二七	东葛西路　南街北葛	长活十步〇四尺	南北活六步	
小拐		亩〇一	东西葛　南北葛	长活三步	东西活二步三尺	

房

坐落	种类	间数	地基亩数	地基四至	地基长横阔	备考
街南	村公所	二十四间	亩一二厘	东路西葛　南北葛	长活七步三尺五寸　南北活四步	

产	
小拐	
亩	亩
长活三步〇五寸　东北活三步一尺	

【注】

[一] 友人赠原件复印件。上盖篆书方印，文曰：「南乐县府印」。

二四四九　一九五〇年南乐县葛河土地房产所有证存根[一]

土地房产所有证存根

别项	
华北区土地房产所有证第三联(村存)	中华民国　年　月　日　字第二五四七〇号
县区(市)名	第五区南乐县
村名	葛苑村
户主人口	葛河
土地	共二段二亩四分六厘
房产	房屋(窑洞)共二间　地基共一段〇亩二分

土地					
坐落	种类	亩数	四至	长横阔	备考
庄北	黄土	亩 二六	东葛　西葛　南葛　北葛	长阔八步二尺三寸　南北阔七步	
庄北	黄土	亩 二	东葛　西葛　南横　北路	长阔壹百七十步　南北阔三步一尺	
		亩			
		亩			

房产					
坐落	种类	间数	地基亩数	地基四至	地基长横阔
街南	庄		亩 二	东葛　西路　南　北葛	长阔八步　活六步
			亩		
			亩		

【注】

[一] 友人赠原件复印件。本件对空白处有所省略。

二四五〇 一九五〇年邺县苏云龙土地房产所有证[一]

土地房产所

邺县字第柒式玖肆肆号[二]

平原省土地房产所有证　　民字第柒式玖肆肆号[三]

邺县第壹区杨家庄村居民苏云龙、杨云、毛、闺女，依据《中国土地法大纲》之规定，确定本户全家本四口人所有土地共计耕地非耕地式段，叁亩伍分伍厘〇毫；房产共计：房屋式间半，地基壹段，〇亩壹分肆厘伍毫。均作为本户全家本四口人私有产业，有耕种、居住、典卖、转让、赠予等完全自由，任何人不得侵犯。特给此证。

代县长　刘殿巍

代副县长　邢振汉

计开

土地					
坐落	种类	亩	数	四至	长宽尺度
东南地	水地	式亩	壹分四叁	东至苏村社 西至苏永旺 南至西苏永 北至戈有材	长叁拾伍步式尺式寸伍 宽拾肆步式尺捌寸柒分伍
南地	水地	壹亩	叁分玖柒	东至苏庆龙 西至苏金敬 南至杨金惠 北至戈德花	长叁拾壹步肆尺壹寸式分伍厘 宽拾步式尺陆寸柒伍厘分
附着物：水旱井价五厘					

有证

房产						
坐落	种类	间数	地基亩数		地基四至	地基长宽尺度	附着物
西头路东	平棚	二间半	○亩	一分四五	东至苏起龙 西至大街 南至苏奉龙 北至苏庆龙	长四步四尺一 宽三步四尺四五	南边五尺宽，伙路通行

一九五零年五月拾陆日发

【注】

〔一〕友人赠原件复印件。

〔二〕骑缝半字。盖有篆书「郸县县政府印」。

〔三〕平原省，一九四九年置，省会在今河南新乡市，辖今河南北部及山东西部。一九五二年撤销。

二四五一　一九五三年凌源县孙鸿臣买地官契纸之一〔一〕

热河省〔二〕人民政府印发价契纸　第热凌地字一二二一二号

新主	姓名	孙鸿臣			
	住址	六区毛杖子村			
旧主	姓名	孙景明			
	住址	六区毛杖子村			
土地等级面积及价格	等级	面(大亩)积	价格		
	拾柒级	壹亩弍分	肆拾柒万弍仟元		
	合计	壹亩弍分	肆拾柒万弍仟元		
旧主交出之证件	证件名	字号	件数		
证明人	张心琢				
中证人	孙玉树				
契约代笔人	王殿儒				

坐落与段数	凌源县[三]毛杖子村家沟外柳棵子			
四至	东	孙洪臣[四]	西	王喜
	南	河沟	北	小道
公粮划拨	孙洪臣交纳			
立契月日	一九五一年三月十三日立			
期限	永远为业			

附记

右给孙鸿臣 收执

热河省人民政府主　席沈　越
副主席杨西民
张正德

地

一九五三年十月三日[五]

【注】

[一] 手录友人藏品。

[二] 热河省，一九二八年以热河特别区改置。治今河北省承德市，辖境包括今河北北部和辽宁、内蒙古部分地区。一九五五年撤销。

[三] 凌源县，今属辽宁凌源市。

[四] 即孙鸿臣。下同。

[五] 盖有仿宋红印，文作「热河省人民政府印」，下边阴刻五字，作「契纸专用印」。

二四五二 一九五三年凌源县孙鸿臣买地官契纸之二[一]

热河省人民政府印发价契纸 第热凌地字一二二一三号

项目		内容	
新主	姓名	孙鸿臣	
新主	住址	六区毛杖子村	
旧主	姓名	孙业明	
旧主	住址	六区毛杖子村	
土地等级面积及价格[二]	等级	面(大亩)积	价格
	式柒式级	玖分	肆拾柒万式仟元
	合计	壹亩式分	肆拾七万式仟元
坐落与段数		凌源县毛杖子村何家心子	
四至	东	契主	
	西	孙姓	
	南	大道	
	北	李桐	
公粮划拨		孙鸿臣交纳	
立契月日		一九五一年三月十四日立	
期限		永远为业	

旧主出交之证件	证件名	字号	件数

证明人	中证人	契约代笔人
张心琢	王固田	孙鸿文

附记

右给孙鸿臣 收执

热河省人民政府主　席沈　越
副主席杨西民
张正德

一九五三年十月三日[三]

地

【注】

[一] 手录友人藏品。

[二] 本栏之土地等级、面积及价格似均有错误。

[三] 齐年盖月仿宋红印同「之一」。

二四五三　一九五四年南乐县李同寅买房地产补契[一]

补契

立卖契人　今情愿将自己坐落街北房间四等地一亩二分六厘〇毫，每亩应产量一石二斗五。同中言明，价洋　元，卖与李同寅名下为业。卖价当日付清，各无异说。嗣后若有产权纠蕴（葛），概与买主无干。恐口无凭，立字为证。

长阔	四十二步二尺四寸	
横阔	南　六步三尺五寸 中阔　七步一尺三寸 北　七步一尺三寸	
立契年月日		村　长　运济泽（章）
东　至	运	说合人
西　至	李	
南　至	道	书契人　李士廉
北　至	工	立契人　李同寅

公元一九五四的三月六日

【注】

[一] 友人赠原件复印件，盖章仿宋，文曰：「南乐县第四区西五娄公所」。

二四五四　一九五四年南乐县政府发给李同寅土地房屋买契[一]

土地房屋买契

河南省南乐县人民政府　为

发给土地房屋买契印契纸，以作产权凭证事：兹据　区　村

持草契纸前来申请验契投税，经审查，各方并无差异。依据中央人民政府政务院颁布之

《卖税暂行条例》第三条之规定，完纳契税，依法保障其产权。此证。

计开：产权细目及投税数额

新业主	姓名	李同寅	面积	长阔	肆拾弍步弍尺肆寸
	住址	四区西五娄		横阔	南陆步叁尺五寸 中柒步壹尺叁寸 北柒步壹尺叁寸
类别	土地	壹亩弍分陆厘〇毫〇丝	四至	东至	运
	房屋			西至	李
坐落				南至	道
价值				北至	工
税率			原契张数		
应纳税额			立卖契人 中证人		
立契年月日					
备考					

一九五四年四月五日

【注】

[一] 友人赠原件复印件。上盖红印作仿宋体，文曰：「南乐县人民政府印」。

附 买地券

二四五五 民国十年（一九二一）南通县张謇赠女美术家沈雪宧墓地券[一]

中华民国男子张謇[二]，有地八十三方丈强，在南通黄泥山之东南麓，割为美术家沈雪宧女士墓兆[三]。背有山障，面有沟玦，沙有皋衡，流有窦泄。有畷者桓[四]，有巍者阙。狼峰军峰应其秀，龙阜虎阜拱其穴[五]。是惟女士主，人若樵与牧，有禁在明；幽若精魅，亦不得犯义而侵越。敢告司土[六]，守此无缺。

民国十年辛酉

【注】

［一］《张季子九录·文录》卷四，一九三一年，中华书局排印本，第六—七页。标题：《地券》。

［二］张謇，江苏南通人，字季直，清朝光绪二十年（一八九四）状元。是著名的维新派人物。一生主要从事于实业和教育事业。在南通、上海等地创办了许多纺纱、铁冶、轮运、垦牧等工厂、公司，还创办了多所师范、女师、图书馆、博物苑等学校和文化机构。

［三］沈雪宧，清末民初的女刺绣艺术家，刺绣工艺美术教育家。江苏吴县（今苏州）人。清光绪三十年（一九〇四甲辰），慈禧太后七十寿辰，她进献八幅通屏《八仙上寿图》，得到慈禧和农工商部大臣载振嘉奖。一九一〇年，南京举办「南洋劝业会」，她以绣品《意大利君后像》参展，获一等奖。次年，又以该品参展意大利「都朗赛会」，并作为国家礼品送意大利，意大利国王和皇后回赠最高级的「圣玛丽宝星章」和嵌有意大利皇家徽章的钻石金壳怀表。一九一四年，张謇在南通女子师范学校附设绣工科，又称南通女工传习所，聘沈任所长兼刺绣教员，历时八年，毕业者百五十余人。一九一五绣品《耶稣殉难像》在美国旧金山举办的「太平洋万国巴拿马博览会」展出，获一等奖。一九二一年，沈病逝于南通，葬于南通黄泥山之东南麓。张謇割赠宽敞的墓地，并为之撰墓碑，文曰：「世界美术家吴县沈雪宧女士之墓」。

关于沈墓所在地，文献亦有记作「葬于南通马鞍山麓」者。黄泥山与马鞍山本为两座山，以其相距不远，旧时人们对其相近之地的名称混而不分，致有上述两出之误。一九八一年，地方政府合二山为一，名「黄马山」，设有藩围，沈墓在黄马山东大门内的南侧。

［四］畷，桓《说文》：「畷，两陌间道也。……从田，叕声。」《说文》：「桓，行马也。从木，亘声。」行马，古代官府门前所设的障碍物，用木头交叉制成。「有畷者桓」，谓有些荒野小路则堵塞之。

［五］指上述墓区的山川形胜：墓区共有五座小山，除黄泥山、马鞍山两座外，还有健山、军山、狼山，即券文中所谓「狼峰」、「军峰」、「龙阜」、「虎阜」者。五座小山原为海中小岛，后代海水东退，变为陆地小山。

［六］司土，远古管理土地之官。文献作「司徒」，金文作「司土」。后代民间奉司土为土地神。

（二）　典当契约

二四五六　民国二年（一九一三）三月徽州地区方禹锡典田契[一]

立典契人方禹锡，今因无钱应用，自情愿〔将〕祖所置弓田，土名坐落大塥，弓田壹亩整，四至在册不开，凭中出典与本家玉昆先生名下为业。当得时值典价洋蚨（帖）肆元整[二]。其田水照旧灌荫，其田粮差听在本名户内收纳；其租谷每年秋收后交扇飏谷壹百斤，不得短少。如少，听其照契执业。倘有家外人言，系身承当。无论年月远近，听身原价取回。恐口无凭，立此典契为据。

民国贰年三月　　日　　立典契人　方禹锡

子　藻华

凭　中　先发

【注】

[一] 原件藏安徽省博物馆。编号二·二七三二〇。

[二] 洋蚨，新式钞票。蚨，音扶，虫名，即青蚨。古代传说以其血涂钱上，钱在使用后飞归原主。因有「青蚨还钱」之说。后人因称钱为青蚨或蚨钱。

二四五七　民国二年（一九一三）腊月徽州方禹锡典田契[一]

立典田契人方禹锡，今因用度不凑，自情愿将祖业土名坐落下塥坡下弓田壹坵，计弓田壹亩壹分。四至在册不开，凭中立契出典与本家裕老先生名下为业。当得时值典价洋捌元整，比即契价两交。订议定每年秋收交典谷贰佰斤净整，不得短少。如少，听受者执管，身无异说。不论年月远近，听身原价取回，受典者不能执留。未典无重，即典无悔。倘有家外人言，系身承管，不干受主之事。恐口无凭，立此典契为据。

民国贰年岁次癸丑腊月　　日

立典契人　方禹锡

男　藻华

奉书男　藻芸

凭中族　方有赍

【注】

〔一〕原件藏安徽省博物馆。编号二·二七三二〇。

二四五八　民国六年（一九一七）北京汪可裕典地文约〔一〕

立典地纹（文）约人汪可裕，因乏手不便，今有本身祖遗老粮民地壹段，此地座落广安门外柳巷村北边〔二〕。南至官道地界，北至萧姓地界，东至安姓地界，西至李姓地界，四至分明，计地伍亩。本身烦托中人说合，情愿将此地典与屈振兴名下承种。三面言明典价银圆四拾伍圆正。其银笔下交足，并不欠少。言明银无利息，地有租价。每年钱粮置地主代交。三面言明，壹典伍年，冬后为满，银到原价回赎。由中华陆年春种起，至中华拾年冬后满。立字以后，倘有原根不清，亲族人争论等情，具（俱）有去业主与中人壹面（承）管，不与置主相干。此系两家情愿，各无反悔。恐口无凭，立此字为证。

中保人　杨德保（押）

立字人　汪可裕（押）

代笔人　郭玉山（押）

中华陆年阴历润（闰）二月初十日

【注】

〔一〕原件藏北京大学图书馆。

〔二〕柳巷村，旧名柳村路，今鸭子桥路。

二四五九　民国六年（一九一七）北京何景山当地白契〔一〕

立当地字人何景山，有典地壹亩，此地座落在广安门外苍蝇馆村北头路东。南至陈姓地界，北至本家地界，东至潘姓地界，西至大道口，四至分明，计壹亩。当面言明典与　屈振兴名下承种，当面言明当价银圆拾柒圆正。其银笔下交足，并不欠少。言明银无利息，地无租价。字立以后，如有原根不清，新族人争论等情，具（俱）有去地人壹面承管，不与置主相干，此系两家情愿，各无反悔。恐口无凭，立字为证。自六年春种。

中华陆年阴历又二月十三日　　立

代笔人　何景山（押）

【注】

［一］原件藏北京大学图书馆。

二四六〇　民国七年（一九一八）新绛县安世昌换新官典契[一]

典契

新字第陆千壹佰贰拾号□叁拾弍两合银圆四拾一元□□[二]

山西省财政厅长为发给契纸事：今据　县业户安世昌报称：于前清　年　月　日价典闫世中名下坐落　庄城村

平地一段十五亩　分　厘

房一所　间

东至　，西至　，南至　，北至　。当日同中言明典价银卅弍两合洋　元　角　分　厘钱。已交清无欠。原执有□契　纸。兹遵章缴费一元〇角，呈验原契，请给民国新契。除由县登记　字第　号簿册外，合行填发新契，俾资执据。须至契纸者。

应纳粮银

中华民国七年十月　日

给业户安世昌　执据

山西　县公署发给

【注】

［一］手录友人藏品。契文上盖篆文红印两方：「山西财政厅印」「新绛县印」。

[二] 骑缝半字。

二四六一　民国八年(一九一九)新绛县焦创荣典地白契[一]

立典地契人焦创荣，因为不便，今将自己村西店后地壹段，东西畛：计地壹亩，东至道，西至道，南至王福堂，北至朱春林。四至分明，土木相连。今出契典于兰三栋名下，一典五年为满。同中言明时值典价大洋式拾元整。当日分(钱)业两交，并不短少。恐口不凭，立字为证。

中华民国八年阴历十月初十日

焦创荣立

同人　焦昌荣

管仲和

【注】

[一] 手录友人藏品。

二四六二　民国十一年(一九二二)绍兴县魏维珍转典屋官契[一]

绍兴县十九都壹图立出典屋契人魏维珍，典进沈　户内皇字号蓬山杨溇楼屋两全间，侧楼下壹间，浼中情愿转典与本县张处名下为业。三面议定时值估价划洋壹佰壹拾元，其银当日一并收足。自典之后，不准再找，亦无重找。恁(任)凭银主管业，收户办粮。并无重叠交关。倘有事端，卖主自行承值[二]，不涉典主之事。欲后有凭，立此典契为照。押

计开：

东至　，西至　，南至　，北至　。

典

皇字　号坐落蓬山杨溇石桥里面老屋台门内，第式进，坐西朝东楼屋上下两全间，沿廊直出壹埭。南首坐南朝北，侧楼中间，楼下壹间。又坭堂前有过楼壹埭，台门外右边肥池壹个，分为式格。四围门窗户壁壹应俱全。屋内扶梯两步，大灶壹座，铜汤锅壹个，又板壁壹堂。并照。押

屋

再批：其屋三面议定时值典价划洋壹伯壹拾元正，其洋当日壹并交足。自典之后，恁凭洋主管业居住。倘有争执等情，出主自行理值，不涉洋主之事。并照。押

再批：言定其屋五年为限。限内回赎，听还修理划洋叁拾元正。如限外回赎，无论年远月近，听还修理划洋念元正[三]。

又有中酒[四]，无论年限，均归对听。并照。押

民国拾壹年四月　　日　　　　立典屋契人　魏维珍（押）

中人　王七斤（押）

沈寅生（押）

钱大寿（押）

杨庆城（押）

庆升（押）

王长生（押）

代书　杨寅生（押）

契内价洋壹并完足。押

契文

再批：堂前道地河埠出入公用。并照。

再批：沈姓老契仍存魏处。并照。

再批：此屋中酒计划洋拾无，以后回赎，魏氏听还划洋弍元七角五分。并照。

计开条款例：

一、凡用此契者音（皆）作绝卖[五]。

一、卖主不识字者，许兄弟子侄代书。

一、成交后，即粘契尾，投税验明、推收。如违，治罚

一、契内如有添注、涂抹字样者，作捏造论。

一、房屋间架仍载明空处。

一、典戤用此契者，须注明年限回赎字样。如不注者，仍作绝卖。

以上数条不过大概。倘民情尚有未尽者，许于空隙处填写。

【注】

［一］原件藏北京大学图书馆。

［二］卖主，当作「典主」。因此为「典房文契」。

［三］念元，二十元，亦写作「廿元」。清顾炎武《金石文字记三·开业寺碑》：「碑阴多宋人题名，有曰：『……元佑辛未阳月念五日题。』以廿为念，始见于此。」五代时，已有读二十为「念」者。如五代丘光庭《兼明书》卷五：「今人呼菘为蔓菁……魏武之父讳嵩，故北人呼蔓菁，而江南不为之讳也。亦由吴主之女名二十，而江南人呼二十为念，而北人不为之避也。」

［四］中酒，中礼银，酬谢中介人的费用。
［五］此契纸额原作「绝卖文契」。用为本契时，改「绝卖」两字为「典屋」。

二四六三　民国十三年（一九二四）永嘉县戴得喜田皮白找契［一］

立找契戴得喜，今将自己有田皮壹处［二］，坐落五十二都西社三里张家岸门前山外坵安着，计田皮叁角，计正租谷六十七觔。今又找过表叔张奇春边为业［三］。当日得受计找价大洋拾壹元正，即收无存。自找之后，其田皮任凭张边耕种，戴边不许异言。倘若内外人不清，戴边自行支解，不染张边之事。此系两造情愿，各无反悔。今欲有凭，立找契为照。

再明：前有账项入在契内。此照。

凭中子　宝煦（押）

立找字　戴得喜（押）

代笔　郑叔华（押）

民国拾叁年十二月　　日

【注】

［一］友人赠原件复印件。
［二］田皮，田面。旧时长江下游南北地区在田地的租佃过程中，出现了一田二主现象，田主有田底权，也叫做田骨权，有收田租（田底租、田骨租）的权利。佃户可将其田面（或叫做田皮，即栽种）权转租他人，有收田面或田皮租的权利。此即「一田二主」。如再转租，可形成一田三主现象。
［三］找，土地房产等抵押典当的一种权利。如抵押之后，业主在一段时间之后再向钱主索要一些财物，俗称「找」。有一次找、多次找者。如业主无力回赎，最后作价将所有权交给业主，即称「死找」，也称「杜绝」或「绝卖」。明焦竑《俗书刊误·俗用杂字》：「补其不足之数曰找。」

二四六四　民国三十二年（一九四三）松江县周雨香活典田面官副契［一］

立活典田面副契周雨香，用价储备钞式阡（仟）元正［二］，凭中姚国安买张康乐名下坐落松江县后开保区图圩号，共田面柒亩五分。当日银契两交，言定六年为期。如有原价，听凭回赎。此系两相情愿，并无贷债准折，以及虚卖实收等情。自卖之后，随即过户，承办条银　　漕米　　，一并收户。恐后无凭，立此活典田面副契为据。租还张康乐本仓限内算清。如有拖欠，自原（愿）不必满期扣租放赎。尚有坟□一亩半，由承顶人照望，上不种各物。

计开：四址(至)悉照正契。

坐落四十三保　区二十图外记字圩，四至细号列后：弍拾肆号田面柒亩半，实租柒石捌斗。

立活典副契　周雨香(押)

典主　张康乐

买主　周雨香(押)

保正　许子侯(押)

代笔　姚国安(印)

中证　姚国安(印)

民国叁拾弍年三月　日

合同

年　月　保

实交契内法币足兑[三]

见　仝　前

【注】

[一] 原件藏北京大学图书馆。

[二] 储备钞，抗日战争时期汪伪政府中央储备银行于一九四一年开始发行的纸币。流通于华中、华东、华南等地区。名「中央储备银行兑换券」，简称「中储券」。

[三] 法币，国民党政府于一九三五年由中央、中国、交通银行(后加中国农民银行)所发行的纸币。

二四六五　民国三十二年(一九四三)松江县周树春活典田面官副契[一]

立活典田面副契周树春，用价储币弍阡(仟)五百元正，凭中姚贤良买张康乐名下坐落松江县后开保区图圩号，共上田陆亩零。当日银契两交，言定陆年为期。如有原价，听凭回赎。此系两相情愿，并无贷债准折以及虚卖实收等情。自买之后，随即过户，承办条银　　漕米　　，一并收户。恐后无凭，立此活典副契为据。另有坟地六亩，由承种人终年照望，石驳甬道、月台等，一切在内。坟山上不种杂物，余地带种。

计开：四址(至)悉照正契。

坐落四十三保三区二十图上养字圩，四至细号列后：十五号上田面六亩零，正租四石五斗，租还本仓。

民国三十二年三月　日　立活典副契　周树春（押）

保正　许子侯（印）

代笔　姚国安（印）

中证　姚贤良（押）

年　月　保

实交契内储币足兑

见　同　前

【注】

[一]原件藏北京大学图书馆。

二四六六　民国三十二年（一九四三）松江县杨雪余活典田面官副契[一]

立活典田面副契杨雪余，用价通用国币五千元正[二]，凭中朱九雍买朱安修敬修德畴咏义名下坐落松江县后开保区图圩号，共田柒亩另正，当日银契两交，言定六年为期。如有原价，听凭回赎。此系两相情愿，并无贷债准折以及虚卖实收等情。自买之后，随即过户，承办条银漕米，一并收户。恐后无凭，立此活典副契为据。

计开：四至：东至河，西至周田，南至坟河，北至周田。

坐落四十三保式区拾图名字圩，四至细号列后：拾壹式号田面柒亩另正，正租捌石捌斗正。

民国叁拾式年古历四月中　日立活典副契　杨雪余（押）

正副契合同㕮[三]　合同　典主朱安修　敬修　朱德畴　咏义　买主杨雪余

保正　赵杏生(印)
代笔　朱金生(印)
中证　朱九雍(印)
见证　朱耀斗

年　月　保

实交契内法币定兑

见　仝　前

【注】

［一］原件藏北京大学图书馆。

［二］国币，当时对法币的一般名称。参看前录一九四三年松江周雨香契注［三］。

［三］骑缝半字，存右半。

二四六七　民国三十七年（一九四八）徽州地区陈金焕典田白契[一]

立典田契人陈金焕，情因正用不凑，同族商议，愿将廷铗公位下弓田，坐落竹塘边，土名柘林芦溪坂中。计壹坵，共计壹亩贰分整。四至在册不开，凭中立契出典与浩十公位下为业。当得典价谷肆佰斤正，即日亲手收讫，外不立收。自典之后，各无悔意。其田无能（论）年月远近，系身备原价赎回，受典者不能执留。恐口无凭，立此典契为据。

外批：出典者承回薪种，言定每年实拂额租谷壹佰斤正，至秋交纳，不得短少。原笔有照。

民国叁拾柒年古八月　日

立典田人　陈金焕
凭中族　俭发　时青　来发
代笔　发荣

【注】

［一］原件藏安徽省博物馆。编号：二·二七三二〇。

（三） 租赁、雇佣契约

二四六八　清宣统四年（民国元年，一九一二）白云堂等送脚帖[一]

天

月初四　下　脚分〡□〣〩冯崇柱〢[二]
〨〩　白　宽〦十

第吉号立揽脚户人白云堂等，今揽到本店客人

德和厚记名下次布（?）半担　　至□□

顺

忻州城[三]交卸。言明每作脚价钱捌百文。

如路途货物短少损坏，脚户按市价赔赔[四]。关钱在客[五]。此帖为□

计开：

花

内另夹布弍疋，吴桥布弍疋[六]。

新市李村布壹大卷〣〢

过卡局厘全□□叁百陆拾文。

店

本局[八]爷查收[九]。限捌天送到。如误期，脚钱对扣付与。

宣统四年弍月初拾日

【注】

［一］原件友人收藏。本版为浅黑色有格楷书，印在白毛头纸上。人名字号、货物等为毛笔填写。全版贴在深蓝麻布上。

［二］本文所涉数字多使用苏州码。

［三］忻州，今山西忻县。

［四］赔赔，包赔。全部赔偿。《龙龛手鉴·贝部》：「赔，俗。音包。」《字汇补·贝部》：「赔，班抛切，音包。见《金镜》。」

[五]关钱，向关卡缴纳的货物通过税。下文「过卡局缴厘金」即指此类事。
[六]吴桥，县名，治今河北吴桥县(桑园镇)东吴桥。
[七]新市、李村，乡镇名，均在今河北新乐市南。下批二字为苏州码三十二。
[八]本局，脚户人白云堂的交货单位。
[九]宣统四年，为公元一九一二年，即中华民国元年，其农历二月初十日为公历三月十八日。

二四六九　民国十六年(一九二七)北京赵显庭租汽车字据[一]

立租车字据人赵显庭，今租到

屈宅乌克兰福特两部，言明每月租价肆拾元，按期交款。车身机件若有损失，随时修理，或按原价赔偿。若有失约，均有铺保担负完全责任。恐口无凭，立字为证。

立字据人　赵显庭(押)

铺保(「大中汽车行」印)

民国拾陆年贰月贰拾号

【注】

[一]原件藏北京大学图书馆。

二四七〇　民国十八年(一九二九)霍丘县赵连城揽约[一]

立揽约人赵连城，今揽到汪雅林下龙池保南湖地一份，计种二百亩。当日言明主种田，牛石磙四条，借贷贰拾元[二]。自揽之后，粮稞对分。日后若有欠租少稞等情，尽在借贷内扣留。三年六季为满。恐口无凭，立揽约为据。

同人　唐镜秋

张伯年

民国十八年　　月　　日

【注】

[一] 录自郭汉鸣等著《安徽省之土地分配与租佃制度》，南京正中书局一九三六年版六十二页。霍丘县今属安徽。

[二] 借贷贰拾元，租用石磙等的费用。

二四七一　伪满大同二年（民国二十二年，一九三三）哈尔滨特别市公署发给佟连登租房捐收据[一]

（注意）此据应行保存，以备下月纳捐[二]时缴验。如无此据，即以未纳捐论。

哈尔滨特别市公署为发给收据事：兹据本市五区五街门牌第三五号住户佟连登，租住业主刘少卿房共二间，每月租价共丄文元○角[三]，应遵章报缴九十十一月份百分之二房捐国币○元五角七分○厘[四]。业经如数收讫。除分填存根缴查外，合行发给收据。

哈尔滨特别市公署第二办事处经征员（栗卫坡章）

「大满洲国」大同[五]二年十一月二十九日

【注】

[一] 原件友人藏品。

[二] 捐，杂税的一种。

[三] 苏州码，九元六角。

[四] 国币，此处指伪满洲国「中央银行」发行的钞票。

[五] 大同，溥仪就任伪满洲国执政时的年号。

二四七二　伪满大同三年（民国二十三年，一九三四）喀喇沁左旗杨玉春还租甘结[一]

立完账单甘结字，今有杨玉春，因民国八年欠下租子谷壹升半整，算到大同康德三年秋天，拾陆年，弍斗四升。五月初一日取结前后，算结国票[二]玖毛五分下，合白高粮壹斗弍升正。初一日取白高粮柒升正，下欠白高粮半斗秋天取，别无可说。空口无凭，立此账目为证。

大同叁年五月初一日　　立单

经中人　项老云　（押）
　　　　郑辑武代字（押）

项成龙秋天在取。

【注】

[一] 原件友人收藏。错别字很多，径改。

[二] 国票，伪满国币。

二四七三　民国二十四年（一九三五）六安县永盛寺租田房等批[一]

立批水田字人永盛寺，今批到　祝培名下水田一份，计种六石。坐落黄家庙下保，小地名陈家营，庄基半所，草房五间，板门一对，门窗俱全。石滚（磙）一条，稻场、洋（阳）沟、粪窖、猪圈、茅厕、菜园、棉地、松山、草山、私塘一口，使水到底。当时同中当存寄庄洋七十元[二]，每年稻租二十石正，合江家市斗过风交量。每年新米一斗，酱麦一斗[三]，磙作，估作不明，四六均分。树只许栽插，不许砍伐。房屋只许修盖，不许倒坏。辞田不种，原寄庄无息退回。恐口无凭，立此批字为据。

任中人　陈慰华
　　　　陈善勋
　　　　陈坯元
　　　　陈爱亭

二十四年七月初二具　　　　　　陈子惠

【注】

[一] 录自郭汉鸣等著《安徽省之土地分配与租佃制度》，南京正中书局一九三六年版第六十一页。六安县，今为市，属安徽。

[二] 寄庄洋，押租钱。

[三] 新米、酱麦均为副租。

二四七四　民国二十八年(一九三九)上海盛佳笙租厂房契[一]

立租契人佳笙为开设

胜佳袜厂，今向贝勒路、杜神父路、南文德里[二]十五号丁宅租得前客堂及后客堂各一间，为厂基。双方言明：接月租金[三]，除电灯自备外，房租连水费，国币洋叁拾捌元五角正[四]。惟日后房主在二房东[五]方面抬高租价或费者，其接月增加之数目，二房东应向各三房客[六]处照数推派征收。三房客俱各公认之数目，先付后住，不得拖欠。以后如不愿继续承租，或丁府[七]收回自用，须事先于两星期以前通知对方。否则，均依壹个月房金计算。恐口无凭，立此租契存照。

计开：付租金[八]

立租契人

盛佳笙(章：佳笙)

中华民国念八年拾壹月十五

【注】

[一] 原题《胜佳袜厂租折》，原件今由孙家红收藏。

[二] 贝勒路、杜神父路、文德里，在旧上海法租界，今名依次为上海市黄陂南路(近兴业路)、永年路、吉安路(旧名茄勒路)一百六十三弄。

[三] 接月，相连接的月份。

[四] 国币，旧指中国国定的银本位货币。清宣统三年(一九一〇)，规定国币单位，定名曰「圆」。一九三五年，国民党政府废止银本位币，采用法币，沿称国币。

[五] 二房东，指把租来的房屋转租给他人而从中谋利的人。

[六] 三房客，向二房东承租房的客人。

[七] 丁府，本房房主。

[八] 付租金之账目记于此租契之后。自民国二十八年十一月十五日起，至十二月十五日止，作为一周月。按月支付房租金。初时付国币。自民国三十一年（一九四二）四月一日起，改付「储钞」。储钞即汪精卫伪国民政府设立在南京的中央储备银行于一九四一年一月至一九四五年八月发行的「中储券」。此账折记支付房租金至民国三十二年（一九四三）一月一日止。本书从略。

二四七五　民国三十年（一九四一）修水县私立梯云小学校董廖承安出租水田契约[一]

校舍字第肆拾号[二]

立出租水田契约人修水县私立梯云小学校校董委员会常务校董廖承安，今将本校所管坐落修水县东二区长溪乡校舍字第四〇号水田迟早租壹庄，计田租壹拾元正。出租与曾昺兼香香，即系曾良旭父子名下耕作，当收无息稳租法币壹拾元正。自出租立约日起，依民法第四百四十九条，十年更新契约。在契约存续中，任从承租自由耕种收益；但不得作其他用途，或转租他人；并应以善良管理之。注意：如有毁损减失等情，应依民法第四百三十二条负损害赔偿责任。无论天年如何，应以干净挑送过量，不得辞短少升合。如有拖欠短小，除在稳租法币上扣抵外，并撤佃别租。系三面订定，自无异说。立此出租水田契约是实。

四址承租契约载明不赘。

立出租契约人校董（廖承安章）

中人林介人（林介人印）

民国三十年十二月卅日[三]

【注】

[一] 原件友人收藏。

[二] 骑缝半字。

[三] 有齐年盖月篆文红章，文曰：「修水县私立梯云小学校董会钤记」。

（四）借贷契约

二四七六　民国元年（一九一二）北京王维三借银字据[一]

立约字据人王维三，今因手乏，亲托中人借到

屈宅京平足银壹百两整，凭中人言明每月归银拾贰两整。出心从愿，并无反悔。照字以上等情，此节嗣后如有舛错，均有海福一面承管，认（任）凭中人海福说妥。恐后无凭，立约存照。

中人　海福

王维三亲笔自立（押）

中华民国元年壬子年九月廿壹日　立

【注】

[一]原件藏北京大学图书馆。

二四七七　民国二年（一九一三）北京王子厚续立还债新约[一]

今续立新约执据人系阜成门外西永恒杠房铺东王子厚[二]，因前清时手乏无资，借到

屈宅京足银壹佰弍拾五两，每月利息弍钱五分。因屡讨未附（付），以致拖欠利息百数余两。迨至民国二年，屈星垣在初级审判听（厅）涉讼，当经该厅判决壹百陆拾两整，按四个月归清。奈王子厚未能认可，复在地方上诉。情知理曲，故王子厚托出中人侯仁甫、万宋氏代为调停，谋按判词所判壹佰六拾两止利归本。复经中人从中缓办，准按每月归本银弍两，每节归本银拾两，一年应归本银五拾四两，准按三年偿清。另立折取，每月在阜成门外西永恒杠房讨取。同中人当面言明，不准拖欠。若再拖欠者，准

其屈姓复控，中人作证。倘三年偿清时，当将新旧字抧一并撤回。恐口无凭，立字为据。

立字人西永恒杠房　王子厚亲笔

中保人　侯仁甫（押）

万宋氏（押）

中华民国二年四月十五日

癸丑年三月初九日立

【注】

[一] 原件藏北京大学图书馆。

[二] 杠房，旧时称出租殡葬用具和提供人力、鼓乐等的铺子。

二四七八　民国五年（一九一六）北京王延柱欠银字据[一]

立欠银字人山东□安县人王延柱，因伊父王维三置卖材料，借到屈宅京平足银式伯两整。王维三于民国三年旧历六月初三日病故，王延柱因伊父灵回家[二]，将本铺材料布匹租出五年，于民国玖年十二月为满，即将本铺材料布匹等变卖归还。恐口无凭，立字为证。

外有借字式张。

立字人　王延柱（押）

中华民国伍年十一月十日　立

【注】

[一] 原件藏北京大学图书馆。

[二] 伊父灵，「伊」上脱漏「搬运」等字。

二四七九　民国十三年（一九二四）北京马天骥借钱字据[一]

立借字人马天骥，今因正用，凭屈老太太介绍，借到　李宅大洋壹佰圆。自三月初七日起，每月行利贰分，六个月归还。此后如有本利不到，俱有中保人屈老太太负完全责任。恐口无凭，立字为证。外立抟一个[二]，以便取利。

立字人　马天骥（押）

中保人　屈老太太

立

甲子年三月初七日[三]

【注】

[一] 原件藏北京大学图书馆。

[二] 抟，借作「折」，俗称「折子」或「账折子」。为一有硬纸布面的小套装一硬纸折叠小本而成。约一寸宽、两寸长。便于随手记账。

[三] 甲子年，民国十三年，公元一九二四年。

二四八〇　民国十三年（一九二四）北京屈化氏借钱字据[一]

立借字人屈化氏，今托中人说合，情愿以自置住房一所，共计房十二间，上下土木相连，门窗户壁俱全，坐落在内右二区王府仓路南门牌三十三号[二]，随带红契贰套，租折壹个，一并作押，借到何宅现大洋肆佰元正。言明每月按贰分行息，每月凭房租折取房租十五元，除利捌元，下余柒元退回屈宅。倘此房空租，屈宅按月付利，不得拖欠。如有拖欠，准何宅另行税契。归还期限一年。自立字之后，准屈宅随便回赎，以后倘有重契、盗典各种纠葛不清等情，俱有中人、借主担负完全责任。恐口无凭，立借字为证。

立借字人　屈化氏（押）

中保人　海子仁（押）

立

中华民国甲子年五月廿九日

【注】

[一] 原件藏北京大学图书馆。

[二] 右二区，今北京阜成门内大街南至宣武门西大街地区。

[三] 骑缝半字。

二四八一　民国十四年（一九二五）北京张续田等借钱字据[一]

立借字人张续田、崔久峰、屈汉臣，因立大中汽车行无钱使用，今借到屈老太太现洋肆百元正。今有大中车行汽车底捐贰个作押，言明每月利息贰分行息。恐口无凭，立字存照。

立借字　崔久峰（押）
张续田（押）
屈汉臣（押）

中华民国十四年夏历九月二十日　立

【注】

[一] 原件藏北京大学图书馆。

二四八二　民国十五年（一九二六）北京张续田等借钱字据[一]

立借款字据人张续田等，今因正用，经友人戴绍棠作保，指本铺水印，借到王伏猷先生名下现大洋[二]壹佰元正。言明每月按贰分行息。借用期限以陆個月为满。如至期不能归还，或拖欠利息，均有保人戴绍棠担负完全责任代偿。恐口无凭，立借为证[三]。

附随息折一个。

立借款字据人　崔九峰（押）
张续田（押）
屈汉臣（押）

中证人　许贵发（押）

保人　戴绍棠（押）

大中华民国拾伍年贰月叁日立

【注】

[一]原件藏北京大学图书馆。

[二]现大洋，即现洋。旧时指银元。

[三]借下脱一「据」字。

二四八三　一九三二年浏阳县工农兵苏维埃政府借李成泰纸庄银洋字据[一]

一　借据

二　兹借到张坊区李成泰纸庄

三　银洋柒拾园整，期限壹年。

四　此具据为凭[二]。　经手人（谢贵生章）[三]

五　公历一九三二年四月廿日　给

（朱文印章）

【注】

[一]《中国文物报》二〇〇九年十月二十八日第二九〇期《收藏鉴赏》周刊李智勇《红色苏维埃时期借据的鉴别与特点》一、「红色借据的特点」二、「浏阳县工农兵苏维埃政府」的借据，有图片和录文。原文曰：「一位余姓的同志在浏阳东乡老苏区收集了二件收据，均盖有『浏阳县工农兵苏维埃政府』长四方仿宋体统一朱文印章。」「其中一件（即本件）在25厘米高、17厘米宽的米黄色土纸上。（土纸：原文三、『借据的材料、形式、特点及鉴别』曰：『从大量的民间收集和珍藏的各种借据的纸张材料上看，多为当地特有的土纸。这种土纸早在宋元时期就很有名气，明清时期作为地方特产而著名，并出口到日本、东南亚等地。特别是浏阳张坊的土纸就以纸薄质坚、色白柔软、光滑耐用、便于书写和印刷、能长期保存不被虫咬而出名。因进贡京城书院而被称之为「二贡纸」。它以当地嫩楠竹为原料做成，完全靠手工制作，延续到民国后期，就逐步被机械造纸所取代。……从二十世纪六七十年代开始，这种土纸就再也看不到了。……由于纸张的独有特性，在其上所书写的毛笔字迹的墨色十分细腻，浓

淡干湿表现得十分清晰，墨迹浸透纸背而不浑浊，经过数十年历史沉淀，墨色更显沉稳庄重。』）用行楷书体写有［即以上录文］。在『经手人』下方盖有『谢贵生』私章，有特点的是在私章内的空白处加了一个红色五角星。」（图略）

［二］录文「此具」下夺一「据」字，今据图片补。

［三］谢贵生私章作正方形。

二四八四　一九三二年浏阳县工农兵苏维埃政府借富石区农互会干谷凭证[一]

一　今借到

二　富石区[二]

三　农互会干谷壹佰叁拾

四　肆斤。以此为凭。

五　经手人（章）

公历一九三二年十月十五日（公章）[三]

【注】

［一］出处同上件。原文曰：「另一件（即本件）在31厘米高、13.6厘米宽的米黄色土纸上，用行书体写［即以上录文］。在『经手人』下方盖有四方私章，但已无法分辨字迹。」（图略）

［二］富石区，图片作「富石区」。录文作「乌石区」，误。

［三］长戳。

二四八五　一九三三年灌田乡苏维埃政府借罗永甫银洋凭据[一]

一　罗永甫兄：

二　□□需款［孔急］[二]，闻你经

三　济丰裕，特向你借银洋

四　贰拾元。此资本府急角，

五 限明天付来。如你推挨[三]，定六会执行□令。为盼。此致

七 □□[四]高连兴印

八 二月十三日

九 （中华苏维埃共和国湘鄂赣省宜春县武东区灌田乡苏维埃政府）[五]

封面[六]

一 交

二 罗永甫收

三 内详

四 （中华苏维埃共和国湘鄂赣省宜春县武东区灌田乡苏维埃政府）[七]

【注】

[一]《中国文物报》二〇〇九年十月二十八日第二九〇期《收藏鉴赏》周刊李智勇《红色苏维埃时期借据的鉴别与特点》一之三「措辞最强硬的借条」，有图片和录文。原文曰：「二〇〇七年底，鉴定中心接受一件21厘米高、37厘米宽，从折痕上依然看出原来为四折的便笺式借据的鉴定。该借据在米黄色土纸底子上已经做了简单的托裱。从残缺的字迹中可以辨别出[即以上录文]。在落款处加上『高连兴印』朱文私章，以及『中华苏维埃共和国湘鄂赣省宜春县武东区灌田乡苏维埃政府』的仿宋体长方印。在借据的左边倒过来的『交，罗永甫收，内详』三行七字，上面同样加盖有与右边一样的『中华苏维埃共和国湘鄂赣省』的长方印。（图四）此印章在『灌田乡苏维埃政府』字体前的十八个文字用二列竖写组成，但是借据没有落年款。根据『中华苏维埃共和国湘鄂赣省』的文字内容分析，此借据应该写于一九三一年底以后至一九三三年底前。因为在一九三一年的十一月七日，在江西瑞金召开的第一次全国工农兵代表大会上宣告中华苏维埃共和国临时中央政府成立，最晚在一九三三年十月，蒋介石发动第五次围剿期间。此借据的措词是所见过的借据中最强硬的。从『二月十三日』的时间上分析，此借据写于春节前后，经济比较紧张时期。」

[二]需款，以下两字录文缺释，据图片，上字作「孔」，清晰。下字作「急」或「办」字。

[三]如，录文「如」下夺「你」字，据图片补。

[四]据图片，似当作「二十二年」，即「一九三三年」。

[五]长戳。

［六］封面，原借据无信封、封面。是将借据折叠后批在上面，并盖以公章的。此种做法简便，后在抗日战争和解放战争时期的解放地区，极为通行。详见注［一］。

［七］长戳。

二四八六　伪满大同二年（民国二十二年，一九三三）喀喇沁左旗项钢还账完单[一]

立完单账目文契约人项钢，因昔年管饭账，〔欠〕大洋拾壹元。至大同弍年冬耕，中人说结，远年近月，项钢（还）大洋拾陆元整。日后永不许正（再）找。此系三面言明，弍家情愿，各不返悔。空口何凭，立完单为证。

周子芳

李全

中人　马清云仝押

项老云

项如龙

项有龙代字

大同弍年十弍初三日　立完单

【注】

［一］原件孙家红收藏。

［二］骑缝半字。「各指」当「各执」。

二四八七　民国二十三年（一九三四）芮城县张荣智借大洋文字[一]

立揭[二]大洋文字人张荣智，因不便，今揭到本村学校名下大洋弍拾元整，同中言明：每年按利弍分生息。约期九三两月上息。到期若不上息，情愿将自己南崖地壹段，计地伍亩伍分。其地东西畛，四至古界，准保查洋人经业还债，或典或卖，绝不阻挡。恐后无凭，立字为证。

保查洋人　张风仪（押）
张风鳌
立

民国二十三年阴历三月初三日

【注】

［一］手录友人藏品。

［二］揭，借债字据。

二四八八　民国三十三年（一九四四）新绛县南棍儿借麦文约[一]

立写借麦文约人南棍儿，因家中度用不足，今借到积善堂名下干小麦壹石正。同中言明，期至明五月初五日以前如数归还。若至期不交，同中得负全责任。恐口不凭，立据存证。

立据人　兰天成（章）
南棍儿（章）立
同中人　安德顺（章）
王逢霖

民国叁拾叁年阴〔历〕十一月廿五日

【注】

［一］手录友人藏品原件。

（五） 赠送、捐献、薪俸字据

二四八九 民国八年（一九一九）北京大学发给讲师耿丹薪俸存根[一]

存

大字第一百十六号　九月份

第一项第一目第三节　耿丹[二]薪俸

金额　伍十三元　中政各伍成[三]

根

右款已照数发讫

中华民国八年十一月三日

【注】

[一] 二〇〇五年四月，北京大学保持共产党员先进性教育活动工作小组编《北京大学保持共产党员先进性教育活动学习资料汇编》第二编第六八页《耿丹》插图《耿丹东北大领取薪金的照片》。

[二] 耿丹，湖北省安陆人。一八九一年生。一九一九年六月留英回国后，东北京大学任经济系、政治系讲师。一九二〇年底到武汉参加革命，一九二六年参加中国共产党。曾任国民革命军第十五军副军长。一九二七年八月被反动派杀害。

[三] 中政各伍成，批注。似中、政（两系）各发（薪俸）伍成。又同有《北大第三院教员支薪表》一部的照片，写明：「姓名：耿丹；专任、兼任：讲师；每周钟点：三；前月支薪数目：〇五三；本月支薪数目：〇五三。」（一九二〇年四月份）可参考。

二四九〇 民国十三年（一九二四）北京孙鸿仁批地赠妹字据[一]

立字据孙鸿仁，因其二妹依撒伯尔遵圣教规例，愿身不嫁，立志守贞。蒙本堂神父允准，情愿央同中人将自己南洼子地两块[二]，计地二亩，批与己妹以作终身养资。自批之后，无论何人不得出阻，致令反复。恐口无凭，立字存证。

南洼子。四至

坐落

一块坐落南洼子。四至孙

立字人　孙鸿仁(押)

中人　孙鸿松

中华民国十三年阴〔历〕正月十六日　立

【注】

〔一〕原件藏北京大学图书馆。

〔二〕南洼子，在今北京朝阳区酒仙桥东。

二四九一　民国十五年(一九二六)山东省图书馆馆长丁麟年领取薪俸收据〔一〕

薪俸收据

馆字第五七五号　一月分

第　项第　目第　节馆长

金额大洋肆拾元

右款已照数领讫，此据

领款人丁麟年(印)

中华民国十五年一月　日

第一号〔三〕

【注】

〔一〕政协日照市委员会编《日照进士录》第一编《东港卷·丁麟年》第一五〇页插图《丁麟年薪俸收据》。中国文史出版社二〇一〇年出版。丁麟年，山东日照县涛雒镇人。父丁宋存，道光十五年进士，曾任湖北粮道。麟年，光绪十八年(一八九二)进士。曾任陕西省同州府知府。维新派人士。辛亥革命后，弃官回乡。民国九年(一九二〇)就任山东省图书馆馆长。民国十九年(一九三〇)，病逝于青岛。病重时，保荐同乡青年学者王献唐代已任职。

［三］此为小长戳，只有「第　号」二字。「一」为墨笔填写者。木版。

二四九二　民国三十六年（一九四七）晋察冀边区工业局颁发献金立功收据[一]

献　字第　号[二]

今收到　献　字第　号[三]

同志　月份献　米　斤

按市价每斤　元，折合边币　元整。

除照收转呈边区政府外，特此致谢。

局长　姚依林[四]

副局长　刘再生

刘　鼎

中华民国三十六年　月　日

晋察冀边区工业局

【注】

［一］《中国文物报·收藏鉴赏周刊》，二〇〇九年十一月十一日第八版。西柏坡刘杉《谭洪书献金立功收据》，有图版两幅，有证明和录文。图版之人名、月份、米类、重量、单价等，由于年代久远，已模糊不清，在图版上成为空白。两件收据为同一版式，本书只收一件。今将刘文节录作注[三]。

［二］骑缝半字。

［三］刘文节录文下：「在西柏坡纪念馆收藏着晋察冀边区政府发给谭洪书同志的两件『献金立功收据』。这两件收据均为白色油印品，长14厘米，宽10厘米，纸张焦脆，边沿破损，字迹模糊，背面裱衬。收据四周是红色花边，花边上方镶嵌着毛泽东同志和朱德同志两人的头像。在花边的左下方注：晋察冀边区工业局。收据的内容底部是『献金立功收据』六个端正的红色行书字。收据内容分别是：『今收到谭洪书同志，八月份献小米31斤，按市价每斤1.85元，折合边币57.35元』；9月份献小米53斤，每斤1.775元，折合边币94.075元（空白处由于年代久远，已模糊不清）。除照收转呈边区，特此致谢。局长姚依林，副局长刘再生、刘鼎。中华民国三十六年九月九日、中华民国三十六年九月二十七日。』收据编号分别为02509、02227，献金者姓名、数量、时间和开出收据时间均用紫色颜料所写……」「一九四七年，谭洪书在晋察局边区工业局直属的兵工厂二局四十七队任材料股长时，生活条件异常艰苦。因革命需要，家中四口人的全部生活费用都在供给的150斤小米上。但谭洪书一家

人为了祝贺解放军在战场上的节节胜利，支援部队的战斗，两次捐献小米给部队，而自己一家人却挖野菜、剥树皮充饥。边区政府为了致谢谭洪书同志一家，分别于一九四七年九月九日与一九四七年九月二十七日，开给谭洪书同志这两件献金立功收据。」「一九九七年五月二十三日，这两件献金立功收据经国家文物局专家鉴定，为国家一级文物。」

［四］姚依林，曾任中央商业部长、国务院副总理。

（六） 学徒合伙阄书类合同

二四九三　民国五年（一九一六）天津县李兆富学徒保单[一]

立保单李兆富，今保到崔鸣礼现年二十三岁，系山东人，现住新城县城北崔家庄[二]。情愿在天津源兴厚织染工厂学习工艺。今蒙收录，遵章三年半毕业。届期去留听便。倘期未满，半途告退，托故不到及不服约束等事，本保人情愿将全部学食各费一并赔缴。如私自逃走及有意外各事，均有本保人一面承管。所具保单是实。

中华民国五年二月十八日　　立保单人　李兆富（押）

【注】

［一］原件藏天津市博物馆。

［二］新城县，民国初年改为桓台县。今原山东省。

二四九四　民国六年（一九一七）山阴县张绍增等公举柜董议单[一]

立议单房长张绍增等，缘我　七世祖东泉公，八世祖思东公祭祀向设柜董，经理祭产，代完　国课；并逐次给发值年人办祭等项钱文，历久无异。近年来，从前议举柜董相继物故[二]，事多参差。诚恐日后子派繁衍，弊窦丛生，难保不误粮失祭。除将祭祀新立祭簿照办外，为此公同议举：以美成房派下申甫、宪章，受成房派下子迁、维垣四人为柜长，经理收租、发款、纳课一切事宜。再以宝珊、其芳二人为助理柜员，襄理其事，不得预问银钱，以重公款。凡房分中有事集议，必须公同讨论，毋得推诿、托故不到，庶于公私两有裨益。此系公众允洽，各无异议。爰立议单七纸，房长与柜董七[三]人分执一纸，永远存照。

中华民国六年丁巳七月　日　　立议单房长　绍增（押）

申甫（押）

柜长　子迁（押）
宪章（押）
维垣（押）
柜员　宝珊（押）
其芳（押）
茂荫（押）
又亭（押）
宝生（押）
沛然（押）
允议　沛堂
其椿（押）
其本（押）
其瑞（押）
执笔　其昌（押）

合同议单[四]

【注】

[一] 原件藏北京大学图书馆。

[二] 物故，死亡。《汉书·苏建传》附《苏武传》：「武官属前以降及物故。」颜注：「物故谓死也。言其同于鬼物而故也。」

[三] 柜董，为柜长四人，柜员二人。

[四] 此行为款缝，存右边少量笔画，可能为七纸一起叠书。

二四九五　民国十一年（一九二二）澜沧县傣族天保违禁罚款执照[一]

执

云南禁烟局为发给执照事：案据澜沧县呈报：

该民于孟连区腊区村地方[二]，违禁种烟壹亩五分。悉照《禁种罂粟章程》第十六条之规定，处以罚金叁元。已据如数缴清，合行填给执照为据。

照

中华民国十一年六月三日

经手人　杨士铭

右给　天保　收执

【注】

［一］《中国文物报》一九九九年四月十八日，郑静《「烟亩罚金」遗害无穷》。原件藏孟连民族历史博物馆。

［二］孟连区，今云南孟连傣族、拉祜族、佤族自治县。

二四九六　民国十六年（一九二七）北京崔久峰等调整大中汽车行股权字据[一]

立字人崔久峰，现于八月初七日，将所有账目算清，共亏洋陆百捌拾伍元伍毛六仙[二]。今有中人张绪田说合，久峰担任四百三拾五元五毛六仙，显庭担任弍百五拾元正。今将大中车行营业归久峰一人负任，将营业于两月后换于久峰名下。本行有汉臣欧（乌）克兰车一部，现下久峰修理。若修理完全，再定干戈。由八月初七日起，以后本行出有以外保责（债）情形，与汉臣无干。空口无凭，立字为证。

立字人　崔久峰（押）

中　人　张绪田（押）

代笔人　赵茂卿

立字

民国拾六年八月初七日

【注】

［一］原件藏北京大学图书馆。

［二］毛、仙，货币单位「角」、「分」的俗称。

二四九七　民国十六年（一九二七）新绛县李张氏分家合同[一]

立主分家文字人李张氏，所生三子长顺顺 二太智 三秉顺，因户大分枝，难以同居。邀请亲族商议，将家业田地三分均分，新旧账债三分均代。与母拨到桑信道平地弍拾亩零伍分，以为在世养费。百年升天，准为葬费。下余地土三分均，费用不足，三分均滩（摊）。与长门拨到半坡地弍亩，准为奉祠；与二门拨到西嵱活业地肆亩，场园壹块，准与父子娶亲费用；与三门拨到西嵱活业地柒亩柒分，准为与儿合婚盖房费用。各出情愿，永无言嗣（词）。恐后难凭，立分单为证。一样三张，各执一纸。

长门分到老院一所，门前房两间，西边土房一间，代（带）基底。坡顶地肆亩，枣树坟地弍亩玖分柒厘，陈家凸地弍亩捌分代（带）沟，西沟地一所，南车巷路西基底一块。

二门分到西院一所，门前砲房一间，基底至路，以所场东西基底净三丈。东坡地叁亩，三官庙地叁亩，陈家凸地弍亩壹分，车路通行。

三门分到南车巷东边场院一所，坡顶地肆亩，东沟口地叁亩弍分，南坪壹亩伍分，陈家凸地弍亩壹分。

家保

中管人　李正家

三造书

胞伯父　李有银

计开：三门地内与二门拨坟地伍厘，粮随地过。不准栽树。

大中华民国十六年十月初十日

合同各执一张[二]

【注】

［一］手录友人藏品。

［二］骑缝半字。

二四九八　民国十二年（一九三三）新绛县兰清奎兄弟让地合同[一]

立写合同人兰三来、清奎，因玉皇庙墙西有两家所官场基一块，清奎之场基宽于三来之场基壹半有余，兄弟二人因此起讼。经官厅判决，既属亲族，理宜互相让步。准三来让地，清奎出洋捌元。后经村公所调解，就庙西墙下阔壹丈九尺四寸以内，全归三来经管，壹丈九尺四寸以外，皆属清奎所有。就北崖下有三来伙路壹条，准其行走。田苗树木于三来无干。恐口不凭，立写合同两张，各执壹张为照。

民国二十二年十二月十五日　　立

壹样两张各执壹张[二]

同村公所公立

【注】

[一] 手录友人藏品。白契。

[二] 骑缝半字。

二四九九　民国二十二年（一九三三）盐山县刘常滋分家书[一]

立分书人刘常滋、刘常宗暨侄邦岩，因人众事繁，家务碍难处理，爰请堂兄常青、常龄，世谊韩廉泉、王之让、王金堂公议，将所有田宅物业平均三份，拈阄分得，永无反悔。恐后无凭，立分书各执一册为证。

常滋（画押）

常宗（画押）[二]　立

邦岩（画押）

中华民国廿二年十二月十一日

兹将常滋分得田宅开列于后

计开：

长行地第一玖久亩零三厘，西长行地捌亩肆分贰厘，老坟东地东边一段计地陆亩，又老坟东地中段壹亩肆分玖厘捌毫柒丝，大道边中段壹亩捌分陆厘伍毫。

宅基中段，南北科拾步，房屋门窗全带，院中伙道前后通行。东南湾子一段，在西边。

场园地中段，南北拾陆步，东西拾肆步，靠东边外有车道壹步柒分，南北通行合用。配磨一盘，井眼合用。

【注】

[一] 本分书是老友刘凤翥惠赠。刘凤翥按：《常滋分书》中的刘常滋是我的祖父。祖父兄弟四人：长泰（一八七〇—一九三〇）、长和（一八七三—一八九六）、长滋（一八七四—一九五六）、长宗（一八七八—一九五四）。邦岩（一八九五—一九六八，长泰独生子）为我的堂伯父。一九五六年冬，我嫂子王兰英移居包头时，把《常滋分书》委托伯兄凤鸣（一九二四—一九六六）保管。一九六六年夏，家乡『四清』兼『文革』时，凤鸣被抄家和游街，不堪其辱而跳井自尽。包括《常滋分书》、《出嗣证书》和《继嗣证书》在内的图书、文具、板柜、桌椅、衣物、碗碟等均被抄走。当年冬季，生产队搞生产鞭炮的副业，我堂弟凤亭（邦岩次子）有做鞭炮的手艺，被派去干活。他在废纸（生产鞭炮的原料）中发现了《常滋分书》、《出嗣证书》和《继嗣证书》，就悄悄地把这三件文献拣出来带回家中。一九六八年夏，我堂伯母（凤亭之母）来北京帮助照看我的儿子京雷，遂把这些文献交给我。我一直带在身边。一九六九年，中国科学院哲学社会科学部全体人员在学部集中时，我的几本日记和《常滋分书》、《邦岩分书》、《出嗣证书》和《继嗣证书》均被蔡某偷走，交给了宣传队，这些文献遂下落不明。幸亏我事先有抄件保存，后来凭抄件辩明了『四清』中的政治冤枉，落实了政策。」

[二] 常宗，或作「常忠」。

二五〇〇　民国二十二年（一九三三）盐山县刘邦岩分家书[一]

立分书人刘常滋、刘常宗暨侄邦岩，因人众事繁，家务碍难处理，爰请堂兄常青、常龄，世谊韩廉泉、王之让、王金堂公议，将所有田宅物业平均三份，拈阄分得，永无反悔。恐后无凭，立分书各执一册为证。

常滋（画押）

常宗（画押）

邦岩（画押）

中华民国廿二年十二月十一日

兹将邦岩分得田宅开列于后

计开：

长行地第二段计地拾贰亩三分贰厘，棋盘地东段柒亩玖分壹厘，许三、四份葬坟。长行地第四西头叁亩捌分壹厘陆毫。老坟东地东边壹亩零柒厘柒毫。大道边东段壹亩捌分陆厘伍毫。

宅基南段，南北科拾壹步，房屋门窗全带，门前站脚地东西陆步，南北□步，陆分贰厘。小园地一段。场园地北头一段，南北拾陆步，东西拾肆步，靠东边外有车道壹步柒分，南北通行合用。井眼合用。

【注】

［一］本分书是老友刘凤翥惠赠。刘凤翥按：『《邦岩分书》中的刘邦岩（一八九五—一九六八）是我的堂伯父。一九六六年冬，我回原籍中辩四清中误划的家庭出身事，住在邦岩伯父家。临走时，伯父把《邦岩分书》送给我，以备日后伸冤使用。』『一九六九年，中国科学院哲学社会科学部全体人员在学部集中时，我的几本日记和《常滋分书》、《邦岩分书》、《出嗣证书》和《继嗣证书》均被蔡某偷走，交给了宣传队，这些文献遂下落不明。幸亏我事先有抄件保存，后来凭抄件辩明了『四清』中的政治冤枉，落实了政策。』

二五〇一　民国二十三年（一九三四）美国普爱伦与中国古董商岳彬合伙盗卖洛阳龙门宾阳洞《帝后礼佛图》合同［一］

立合同人普爱伦、彬记［二］。今普君买到彬记石头平纹人围屏像拾玖件，议定价洋一万四千元。该约定立之日为第一期，普君当即由彬记取走平像人头六件，作价洋四千元，该款彬记刻已收到。至第二期，彬记应再交普君十三件之头。至与（于）全部平像身子，如彬记能一次交齐，而普君再付彬记价款四千。如是，该身仍分二次交齐，而此四千价款，亦分二期，每期二千。以上之货，统计价洋一万四千元。至与（于）日后下存应交之货何年运下及长短时间，不能轨（规）定。倘该山日后发生意外，即特种情形不能起运，则该合同即行作废，不再有效。此乃双方同意，各无返悔。空口无凭，立此合同为证。该合同以五年为限，由廿三年十月廿一起，至廿八年十月廿一日止［三］。在此五年内，如不能将货运齐，该约到期作废。

立合同人　普爱伦（签字）

彬　记（盖章）

民国廿三年国历十月廿一日立

合　各持一纸　同

【注】

[一]《中国文物报》一九九八年二月二十五日第四版陈重远《解开〈帝后礼佛图〉之谜》，对美国人普爱伦和中国古董商岳彬于一九三四年盗走河南洛阳龙门宾阳洞中北魏著名浮雕《孝文帝礼佛图》、《文昭皇太后礼佛图》（简称《帝后礼佛图》）一事的发现、盗走经过、签立的合同原件、今日收藏状况（《孝文帝礼佛图》陈列在纽约艺术博物馆、《文昭皇太后礼佛图》陈列在堪萨斯纳尔逊艺术馆）等及其真伪问题，都有所介绍。

[二]普爱伦、彬记，「普爱伦是美国的一位古董商。在北京王府井的大甜水井胡同（在今王府井大街西至晨光街，明代因巷内井水甘甜得名，后代因之）住过。『九一八事变』前后，军阀混战，各霸一方。普爱伦去过洛阳，参观龙门石窟，走进宾阳中洞，洞前壁有四层浮雕，第三层浮雕左边的是《孝文帝礼佛图》，右边是《文昭皇太后礼佛图》。他把这两块浮雕拍了照，拿回北京给岳彬瞧，并说他喜欢这两块浮雕，要岳彬想办法凿下来运往美国」。彬记，中国古董商人岳彬之古要铺商号名，时在北京炭儿胡同（在宣武区东北部，明代为琉璃厂存炭之所，后成街巷，故名）。

[三]廿三年十月廿一起，后书民国廿三年，当为公元一九三四年。国历之十月廿一日为公历是年之十一月二十七日。下之廿八年十月廿一，为公元一九三九年十二月一日。

二五〇二　民国二十六年（一九三七）新绛县关单氏等分家书[一]

立分书人关单氏，因为年迈力衰，不能主持家政。有子永泉、永庚二人，年逾而立[二]，使其各立门户。邀集亲友族人，将　祖遗产业，按两股分配妥当，令其各自照管，以期奋志向前，而免日后争执。其应分之产业，详列于后：

长门分得红砖塔地八分，芝荆地四亩，沟楞地叁亩六分，书房院内西房尽南壹间半，西北马棚壹间，西南耳房壹间，东南厨房壹间，靠城空地壹段，厕地在内院，东场基壹段，门外空地壹段，老牙胡同空地壹方，北院南房尽西壹间，西房尽南空地基壹间半。大院南上房系官。

二门分得尖斜地叁亩，白塔地四亩，沟楞地尽北弍亩六分，大院西房尽南壹间半，南上房后厕地壹方，南上房系官，北院上房壹间，牌楼南边空地壹方，马房壹间半，与映漧系官[三]。

所有土厂地四亩六分弍厘，归我养生送终之费。书房院西房尽北壹间半，分与我住。异日我老后，归与长孙毛娃。又有居水岭地壹亩半，亦应分与长孙毛娃。长二两门不得争论。

场园老牲口，分与长门。因有欠外债务大洋壹百五拾元，亦归长门承还，与二门无干。此系各出情愿，并无异说，同亲友族人取其同意。恐后无凭，立此分书两张，令其各执壹纸存证。

所有农器傢具以及厨下使用乙切什物，当时同众搭配均匀，分晰清楚，以免日后争论。

场园南北十千（杆）〇三尺，东西十千〇四尺。批照。

孙秀齐（押）
同亲友族人　单　英（押）
关逢春（押）
关如川（押）

欠外债项列下：

豫丰厚　大洋五拾元，月利弍分。
福德源　本洋叁拾元，月利弍分。
单　瑛　大洋陆拾元，无利。
大郎会　本洋六元，月利〢〥分[四]
大阳会　本洋弍元，月利弍分。
娘娘会　本分（钱）四千，月利弍分。

民国二十六年古历四月十九日

关单氏同　长子永泉立（押）
次子永庚立（押）

【注】

[一] 手录友人藏品。此件与新绛县红契同出。
[二] 而立，三十岁。《论语·为政》：「子曰：吾十有五而志于学，三十而立。」后因称三十岁为「而立」之年。
[三] 漟，音同唐。《玉篇·水部》：「漟，溪也。」
[四] 〢〥，苏州码「二分五」，即「二分五厘」。

二五〇三　民国三十三年（一九四四）浙江黄陈氏等分产合同[一]

长房藏执

立合同议据人黄攀彬同黄陈氏所生二子，长房瑞意，幼房瑞祥。当初分居时，田产房屋以及零器具，均先父自行主持，尚未均匀。迄今物价台（抬）高，百货飞涨，对于田产一项，变动异常。二房相较，差之太远。故此敦请亲族将先父所拨祀产，坐落东门外新屋里地方，充满[二]应有大小皮田[三]，一概津贴幼房瑞祥承管，准于过户完粮收租、换证。此系双方情愿，并无强迫。恐后无凭，立此合同议据弍支（纸），各执壹帋，永远存照。

瑞意（押）

立合同议据人　黄陈氏（押）

瑞祥（押）

亲叔证明　黄攀忠（押）

代字人　黄攀鸿（押）

中华民国卅三年农历四月

合同大吉[四]

【注】

[一] 原件粉红裱纸，长 50 宽 25 厘米，孙家红收藏。

[二] 以下似有缺文。

[三] 皮田，只有面权的田地，亦称田皮。

[四] 骑缝半字。

二五〇四　民国三十七年（一九四八）太原地区郑庆□分家阄书[一]

余以农工起家，薄有田产。三子业已成立，长、次均成家室，各生子女。惟少子弱冠之年[二]，尚在中学校修业，未曾定聘。兹因食指浩繁[三]，持家不易。爰将所有田亩，除持作养膳、礼本、贴长、书田外[四]，其余匀作松、竹、梅三房均分，各自掌业。但愿既分之后，式相好，毋相尤[五]，各矢勤俭之苦心，并增农学之特色[六]。葛藟能庇本根[七]，瓜瓞自卜绵延矣[八]！是乎？叙规则列左：

养膳：供给两老。俟百年后，照次第轮流祭扫

礼本：贴少子迎娶之需，系永久的世业，不得移作别费

贴长者：贴长孙喜庆纪念品。谚所谓衣食是也。

书田者：为子孙作育人才奖励品。要达到中学校以上毕业，才准沾润[九]。如未经中校毕业，可暂寄膳田份下，照次值轮。或二三人有同等毕业，亦作二三份匀之。沾润一生为限。

养膳份下

壹　十九段田　下览洋　181　丈壹亩捌分四厘

式　十九段田　下览洋 148　丈壹亩七分五厘

叁　第十段田　崔塘洋 195　丈壹亩九分

四　第十段田　首龙桥 309　丈壹亩零五分

五　二十段田　横岗　丈壹亩九分

六　二十段田　崑石店前 409　丈五分六厘

七　大庙前园　丈叁分

八　古产后园　丈弍分

九　二十段田　崑石洋 499　丈壹亩壹分五厘

礼本份下

壹　十四段田　古槐下营前 137　丈五分五厘

式　十二段田　古槐上段 新 413 旧号 417

叁　十四段田　古槐碓营顶 402　丈六分

四　田　龙田洋　丈捌分弍厘

贴长份下

壹　十九段田　宗祠前 237　丈壹亩叁分

书田份下

壹　二十段田　墘面[十] 509　丈六分五厘

式　二十段田　东井 657　丈壹分弍厘

叁　二十段田　竹榎头 543　丈五分

四　二十段田　崑石洋 601　大捌分

五

六　十九段田　□边　丈叁分六厘

例外未分者，后园应三份之弍，日后兄弟无论何房，有力起盖时，君子成人之美[十一]，合让为先。取得特权，不得异说。或二人同时有力，三人均有力，则照序同时并举，更盛事矣！余拭目望之。

松房份下

壹　第十段田　官路下　218　丈壹亩五分五厘

弍　二十段田　崑石洋　360　丈四分正

叁　本住屋房里灶前　共二椆

四　门前粪池半口

竹房份下

壹　二十段田　崑石□里洋　482　丈壹亩叁分

弍　十三段田　崑石洋　104　丈五分正

叁　厝屋东边墙外弍椆

四　粪池车后巷壹口

梅房份下

壹　第九段田　578　垅里　丈壹亩弍分

弍　粪池地一口　在后巷

中华民国三十七年八月初三日

立阄书[十二]父庆□（印）

长男新焕

次男新岩

三男租水（章）

见阄母舅　石孔平（押）

代笔表兄　林仁毅（押）

长发其祥

【注】

［一］手录友人藏品。

［二］弱冠，古时男子二十成人，初加冠。《礼·曲礼上》：「二十曰弱冠。」

［三］食指，家庭或族群人口。明钱子正《溪上所见》诗：「家贫食指众，谋生拙于人。」清魏源《军储篇四》：「岂独八旗之不善节啬，亦其食指浩繁矣哉！」

［四］养膳，犹养赡。礼本，谓天地、先祖、君师为礼之三本。本，根本。《大戴礼记·礼三本》：「礼，上事天，下事地，宗事先祖，而宠君师，是礼之三本也。」《荀子·礼论》：「礼有三本：天地者，生之本也；先祖者，类之本也；君师者，治之本也。……故礼，上事天，下事地，尊先祖而隆君师，是礼之三本也。」

贴长，补贴长孙。

书田，以耕田比喻读书，故称书田。旧时地主官僚家庭，从所有田地中拨出一部分，以地租所得，作为族中子弟读书补贴，谓之书田。

［五］式相好，毋相尤，遵守礼仪而彼此亲密，不要互相指责。《诗·小雅·斯干》：「兄及弟矣，式相好矣。」《资治通鉴·（晋）海西公太和五年》：「吾闻东朝比来始更悔悟，主、后相有尤。」胡三省注：「相尤，言相责过。」

［六］农学，指研究农业生产的科学。明徐光启《农政全书》卷五：「余读《农书》，谓王君（王祯）之诗学胜农学，其农学绝不及苗好谦、畅师文辈也。」

按：本契文是以「勤俭之苦心」与「农学之特色」句相对应，似此「农学」词应为「耕读」之意。旧时农村的殷实人家的春联，上联「耕读为我业」对下联「勤俭是家风」。可参考。

［七］葛藟，植物名，亦单名藟，亦名千岁荔藟，藁芜，属葡萄科，为自生之蔓性植物。《诗·周南·樛木》：「南有樛木，葛藟累之。」《左传·文公七年》：「葛藟犹能庇其本根，故君子以为比。」

［八］瓜瓞，喻子孙蕃衍，绵延不绝。《诗·大雅·绵》：「绵绵瓜瓞，民之初生，自土沮漆。」朱熹集注：「大曰瓜，小曰瓞。瓜之近本初生常小，其蔓不绝，至末而后大也。」

［九］沾润，比喻受益。

［十］堖面，地名。堖（音同前），附近。

［十一］君子成人之美，谓君子帮助他人做成好事。《论语·颜渊》：「君子成人之美，不成人之恶，小人反是。」朱熹集注：「成者，诱掖奖劝，以成其事也。君子小人，所存既有厚薄之殊，而其所好又有善恶之异。故其用心不同如此。」

［十二］阄书，分家文书。阄，为了赌胜负、决名次而抓取的东西。亦有抽签者，抓带有记号的纸团、纸片或其他代用品。《说文》：「阄，斗取也。」

二五〇五　民国三十八年（一九四九）新绛县方门张氏等分家单［一］

立主分人方门张氏，所生三子，长子克第，次子克礼，三子克公。因兄弟不和，家道不倡，难以管理。今同亲族，将田产、房屋、家俱（具），按三份均分。自分之后，各执壹纸，再无争执等情。恐后难凭，立此分单存证。

长子克第所分之地、房，家俱（具），开列于后：

东厢房南三间（代楼式间），代后院。东半面地底，四方坪地肆亩，抽提（屉）桌子壹张，箱子壹对，箱架子代凳子壹件，杌子壹个，铫子壹个，风匣壹个，大行壹个，大黑瓮壹个，柜子壹件，锤子作官。村西口份肆亩居东，燕粉地式亩居西。

方相山
方孟子
同亲族　方长庚
方民生
方本固
民国三拾八年九月弍拾六日　立

【注】

［一］手录友人藏品。

［二］骑缝半字。

（七）结婚、通行、保证类文件

二五〇六　民国九年（一九二〇）北京邮务管理局发给局员戴德洪通行执照[一]

北京邮务管理局　　为

发给执照事[二]：照得本管各局之执事人员等，现均发给执照，以便出入各城[三]所有经过之警段，无论昼夜，务望查照放行，万勿阻止，致误要公可也。须至执照者。

右给本局局员戴德洪　收执

执照

中华民国九年七月十四　日第三四二号

【注】

[一] 马骏昌、周新棠、阎荣贵、宋福祥《北京邮史》图版第九页铅版第一图《北京邮政管理局颁发的通行执照》（中华民国九年）。

[二] 执照，官府所发给的凭证。

[三] 各城，北京城分为内城和外城，每城又划分为若干区。

二五〇七　一九三二年贵溪县苏维埃政府颁发给李春生、胡柑仂结婚证[一]

兹有李春生、胡柑仂二人情意甚洽，业经宋长先介绍，愿意结为夫妻。除二区苏证明，并经本县苏政府批准注册外[二]，特给此证为据。

右给　李春生　收执

介绍人：宋长先

证婚人：江醮才

（左联为胡柑仂）

主婚人：

结婚：胡柑仂

（左联为李春生）

公历　　年　　月　　日

【注】

[一]《中国文物报》二〇〇二年十月二日第五版贵溪吴厚荣《罕见的红色结婚证》。原文曰：「这张结婚证用红色厚土纸刻字油印，长27.3厘米，宽25.5厘米。右边原与存根相连，已沿骑缝裁下，填写着证号：结字第壹贰叁零号。结婚证分左右两联，男女双方各执其一，中间骑缝也填写着证号。」「『结婚证』三个大字印于上方梯形框格内，中下部长方框格里的文字如下（录如右）。因年代久远，发证机关所盖公章已褪色不可见；又因破损，发证时间也不明。」笔者查阅《江西省革命烈士英名录》（一九八二年版），见第三四册第六四页上载有：『李春生，男，牺牲时三十五岁，籍贯贵溪县，党员，一九二九年参加革命，贵溪县二区区委书记。一九三二年下半年在周坊蔡家案与（因）俘虏兵反抗牺牲。』「笔者又访问周坊村当年曾任第一区妇女部长的方省花老人（现年八十六岁），据她回忆：第二区区委书记李春生的妻子胡柑仂是区里的妇女干部。由此可知：这张结婚证的持有人夫妻俩都是苏区革命干部，发证时间应在一九三二年上半年以前。」

[二]二区苏，第二区苏维埃政府。本县苏政府即贵溪县苏维埃政府。

二五〇八　民国二十七年（一九三八）黄越明为北京邮局员工沈宗淇所出铺保[一]

邮政员工保证书

立保证书人黄越明系广西省苍梧县人，在柳江□地方开设新西山商店[二]商号。兹因被保人沈宗淇系湖南省长沙县籍，现
中山南路机关充任职务
充邮政职务。本保证人愿遵守邮局规章，具书担保被保人在服务邮政期间，无论调派何地，充任何职，因何行为致邮局受有损失，或虽非邮局损失，而其行为结果是以邮政信誉时，本保证人均愿立时照赔，并抛弃民法第七四五条之权利。所是保证书是实。

立保证书人　黄越明

被保证人　沈宗淇

见保人

中华民国廿七年七月一日

【注】

[一] 马骏昌、周新棠、阎荣贵、宋福祥《北京邮史》图版第十五页铅版第一图《邮政员工保证书》。

[二] 新西山商店，开设地址不明确。其业主是黄越明，为北京邮局员工沈宗淇的保证人。此为「铺保」，以商店名义出具证明所做的保证。

二五〇九　民国二十三年（一九三四）竹溪县李立青卖妻主婚字[一]

立主婚字人李立青，今因妇夫不和，日食难度，无去（处）生方。只得母子商议，殃（央）托媒证说合，娘婆弍家情愿，将命妻出卖与
李立周名下为婚，当日三面言定财礼
钱若干。娘婆二家有人生端异言，有主婚人壹身承躭（担），
不与最（娶）家相涉。自出知（之）后，
永无反悔。并无逼勒等情。水流东海，
永不回头。二家不得异言。恐口无凭，
立主婚字永远兴隆发达。存照。
（五指模）

凭媒证人　刘山成
　　　　　王银元
请笔依口　刘金梁书
李立青母子等（押）立

中华民国弍拾叁年八月拾一日

【注】

[一] 原件藏广西壮族自治区博物馆。竹溪县今属湖北。

二五一〇　民国二十五年（一九三六）盐山县刘常滋以长子邦振出嗣证书[一]

立出嗣证书兄常滋，余生两子，长名邦振，次名邦安。胞弟常忠乏嗣[二]，照例邦安应继。惟弟爱邦振心切，余亦手足情笃。今凭
亲族戚友，情愿以邦振继胞弟为嗣，以承宗祧。徜后弟与弟妇天年不测之时，葬祭应归嗣子办理，所遗田宅什物亦概归嗣子管

业，他人不得觊觎。恐后无凭，立此出嗣证书为证。

立出嗣证书　常滋（书押）
胞侄　邦岩（书押）
从兄　常青（书押）
从兄　常龄（书押）
从侄　邦庆（书押）
戚侄　杨朝林（书押）
世弟　王青槐（书押）
代笔　王之让（盖章）

中华民国二十五年旧历十月廿四日

【注】

［一］本出嗣证书是老友刘凤翥惠赠。刘凤翥按：『《出嗣证书》中的常滋（一八七四—一九五六）是我祖父，常忠（一八七八—一九五四）是我的叔祖父，邦振（字赞麟，一九〇二—一九五六）是我的伯父，邦安（字怀静，一九〇五—一九四八）是我的父亲。我父亲与伯父他们二人之所以没有办理分家手续，是因为由于祖父做主已经于一九三六年把伯父过继给叔祖父了，我父亲与伯父也就用不着再分家了。我们家乡是老解放区，一九四六年秋进行了土地改革，当时我家定的中农成分，既没有往外拿土地，也没有分土地。一九六六年我们家乡的四清工作队接着搞『文革』，说我家在解放前三年（一九四二—一九三五）与邦振伯父『合着过日子，人共八口』，从而把我的家庭出身定为『地主』。解放前我家确实『人共八口』，即祖父常滋、祖母王氏、父亲邦安、哥哥凤歧、嫂子王兰英、弟弟凤梧、妹妹凤英和我。当时伯父家也是『人共八口』，即叔祖父、叔祖母、伯父、伯母、凤鸣兄和嫂子、凤阁、凤瑞。『人共八口』就不能『合着过日子』，后来凭着《出嗣证书》《常滋分书》《邦岩分书》和《继嗣证书》等文献抄件辩明政治冤情，落实了政策，恢复了我的中农出身。一九八一年盐山县革命委员会为刘凤翥家恢复原中农成分而发给的通知（〇〇〇八六六号）

刘凤翥：

经县革委会研究，你家的阶经成分自八一年五月二九日由四清错划地主，改为原中农成分。特此通知。

盐山县革命委员会（盖章）

一九八一年五月廿九日

（注：此通知由本户保存）」

[二] 刘常忠即刘常宗。

二五一一　民国二十五年（一九三六）盐山县刘常忠以侄邦振继嗣证书

立继嗣证书弟常忠，我生不辰，艰于嗣续。胞兄常滋有两子，长邦振，次邦安。照例邦安应继，惟余爱邦振心为尤切，胞兄手足之情最笃，今凭亲族戚友，情愿过邦振承继为嗣。余夫妇生养死葬应归嗣子办理，以后所遗田宅什物亦概归嗣子管业，他人不得觊觎。恐后无凭，立此合同付常滋兄手执为证。

立继嗣证书　常忠（书押）
胞侄　邦岩（书押）
从兄　常青（书押）
从兄　常龄（书押）
从侄　邦庆（书押）
族侄　之臣（书押）
内侄　杨朝林（书押）
世弟　王青槐（书押）
世侄　王金堂（书押）
世侄　韩廉泉（书押）
代笔　王之让（盖章）

中华民国二十五年旧历十月廿四日

二五一二　民国三十一年（一九四二）广西省袁道大卖妻婚约[一]

立婚约字人袁道大，娶妻吴氏，年方廿四岁。情因夫妇不睦，家境赤贺（贫），难以活。只得邀请母族商议，出醮于黄荣兴名下为正妻[二]。当日凭媒说合，礼金法币弍百弍拾元正。包公堂出政坐（证做）主婚，花红彩礼一应在内，嫁庄（妆）衣双百项等件吴氏自〔带〕，此即现付清楚。恐口无凭，特立婚约字存证。（指模）

张国才（押）
凭媒人　袁粮茂（押）
万毛吉（押）
坐（做）婚人　袁有江（指模）
主婚人　袁道大（指模）
伐（代）笔人　袁克江（押）

民国卌一年二月十乙日　立

【注】

［一］原件藏广西壮族自治区博物馆。

［二］出醮，已婚的妇女再嫁，又称「再醮」「改醮」。

二五一三　民国三十五年（一九四六）浙江光义祥招赘冀三聘合同[一]

合同式

立写合同字据人冀三聘光义祥，情因义祥年高乏子，无人奉养，诚恐百年，莫有可靠。今同说合人，冀三聘情愿于义祥承嗣为子。义祥以女为百年佳偶。进门更名换姓，亲族人等毫无异说。此系各出情愿。恐口无凭，立写合同为证。

民国三十五年正月十一日立合同人光三聘光义祥[二]

同家族
光　月月
五成

合同字据壹样两张执壹张[三]

同中人　光明章
　　　　王元早
　　　　董根华
　　　　光天合

【注】

［一］原件红裱纸制，长 57、宽 20.5 厘米，今归孙家红收藏。

［二］光三聘，冀三聘入赘光家后，从「光」姓。

［三］骑缝半字。

二五一四　民国三十七年（一九四八）广东省聂罗氏嫁媳担承字（白契）［一］

立躭（担）承字人聂罗氏，今因年迈，账借胜重，并无交还，子亡孙幼，年荒乱［二］，孀妇身中无靠，婆媳二人商议，户内亲疏人等商议，情愿自由请凭央谋（媒），四方八面找寻，聂张氏自由送到汤彻喜名下为妻，自备烧安费价洋棉线伍拾斤正。让日亲手领足，无欠分文。自由之后，永无反悔异言。若有反悔异言，有出嫁主聂罗氏一身承躭（担），不如（与）讨主汤彻喜相干，特立躭（担）承字存挂。

　　　　　　　　　　　　张进之（押）
凭央谋（媒）证人　许明贵（押）
　　　　　　　　　　　　龙修旺代笔

民国叁拾七年古七月初四日立躭（担）承字聂罗氏（指模）　户内亲疏人等当面立。

【注】

［一］原件藏广西壮族自治区博物馆。

［二］年，下脱一「景」或「境」字。

二五一五　民国三十八年（一九四九）新会县黄笑珍卖侄女送帖[一]

立明送叔伯堂侄女帖人新会县人梁门黄笑珍[二]，缘因前沦陷时期[三]，叔伯堂侄女名叫彩盛，其父母与胞兄沦陷被饿早丧，留下其女彩盛，年幼流难落来，适遇认识，乃系叔伯堂侄女，是以怜悯收留，在家中怃（抚）养多年。近因米粮饥馑，难以供给，是以与夫君梁贤宽商量，愿将叔伯堂侄女送与人为育女。今得乾雾乡梁门龙效婆介绍乾雾乡梁永业堂，求他收容，愿将带来叔伯堂侄女一口，姓黄名彩盛，转送为育女。蒙他允肯，并送回劬劳抚养米饭谷玖石正。自后，黄彩盛在永业堂家中抚养，任从改名使唤，长大择婚，不得索补索赎。若有山高水低，各安天命，不得借端生事。此系梁门黄笑珍与堂侄女乃是自愿，并无诱拐不轨行为。如有来历不明，此系梁贤宽、黄笑珍负完全责任，不干梁永业堂之事。特立送帖壹纸，交与梁永业堂收执为据。

计开：

一、实送到叔伯堂侄女黄彩盛年方拾七岁，三月初三戌时。

一、实接到梁永业堂送回劬劳抚养谷玖石正。

见送介绍人梁门龙效婆（指模）

民国叁拾捌年　五月初叁日立送叔伯堂侄女人乾雾乡梁门黄笑珍（指模）

夫□梁贤宽

【注】

［一］原件藏广西壮族自治区博物馆。

［二］新会，今属广东。

［三］沦陷时期，一九三八年十月至一九四五年八月日本侵略军占据时期。

二五一六　民国时期锦屏县苗族姜姓卖童养媳文书稿[一]

立断卖童（养）媳嫁婚字人△处△姓△名[二]，兹因先年凭媒订到△△处△姓名之女为媳[三]。过门抚养多载，尚未与儿圆婚[四]。

欲思异日到期完成。谁料儿、媳二运、六命弗合，刑克有碍。奈因高峰种菜，两下无缘。况吾子云亡，鸳鸯拆散。万难得已，自云方才出口另嫁[五]。四处开放，只得专人登门访查。问到平略街△△名下作合[六]，结配为婚。当日凭中媒证，言定聘礼足银若干，其银[七]。二比原择定于△月△吉日良辰[八]，卖主自愿将媳送出沿途，俱立卖婚契据。可以银人两交，二比不得异言。交婚之后，不许猖狂人等拦阻去路、妄为等语。倘后别人内中彫娑潘、姜二姓[九]，远近族房亲友及团甲、地方首士粪（纷）杂人等前往路途，藉此妄为诈搕等情[十]，俱归我卖主尚（上）前承躭（担），不关潘姓之事。恐有人心不古，今欲有凭，书立卖婚断字一纸，交付杨姓之手，永远荣华为据。惟贺夙结丝萝，佳偶天成。可喜二造螽斯瓞瓞，瓜结绵绵[十一]。世代桂子兰芝，富贵悠久长庆矣！

△△中证媒翁

或亲笔或请书

【注】

[一] 陈金全、杜万华主编《贵州文斗寨苗族契约法律文书汇编——姜元泽家藏契约文书》第五四三页《某某卖童养媳契》，人民出版社二〇〇八年七月版。收入本书时，编者改用今标题，并据原书图片对原录文做了校订。原无使用时间，约为民国时期遗物。

[二] 名，原契作「各」，误。今改之。

[三] 据契文，立卖契人当是文斗寨姜姓，童养媳原母家为潘姓。

[四] 圆婚，即「圆房」。旧时指新婚夫妇开始同房。

[五] 方才，才开始。原释文作「方谗」，误。

[六] 平略街△△，当是平略街杨姓。

[七] 其银，下有缺文，语意不完。

[八] 原释文有脱漏，今据图片重释。

[九] 彫娑：当是「挑唆」之意。

[十] 搕，间科，碰，敲。《玉篇·手部》：「搕，打也。」诈搕，欺诈勒索。

[十一] 螽斯瓞瓞，瓜结绵绵，原释有误。《诗·大雅·绵》：「绵绵瓜瓞，民之初生，自土沮漆。」疏：「大者曰瓜，小者曰瓞。」比喻子孙繁盛。

二五一七　一九五〇年万县农民协会通行证[一]

万县周溪区天城乡第九保农协会办公处证明书　公元一九五〇年五月廿九日[二]

兹有地主△△△[三]，抗粮不纳。为全部公粮完清起见，特派本保自卫队员刘顺富、牟奇富二人，身带有长步枪弍支，随同该地主之佃户杨春元，一道将故意玩疲抗粮不缴之地主△△△押回本保究追，以昭政令，而利公粮。中间不虚，证明是实。尚希沿途政乡保团卡，验明放行，勿得阻滞。

此证

右给队员　刘顺富
　　　　　牟奇富　执照

农民协会主任　何培森（戳）
副主任　王玉堂（押）
保　长　文海清（戳）
副保长　孔令文（戳）

【注】

［一］原件由孙家红收藏。

［二］本行盖有两块仿宋红章，上为长戳，文曰：「万县周溪区天城乡第九保农民协会」。下为正方章，文同。天城乡，今重庆万州区天城镇。

［三］地主原具姓名，本书公开出版时隐去。

（八） 禁种鸦片具结

二五一八 民国二十八年（一九三九）云南傣族勐卯（瑞丽）司属吭头禁种具结[一]

勐卯司属吭头帕戛坎贞等[二]，今于瑞丽设治局台前[三]具呈证明切结事[四]：缘吭头等对于二届烟亩罚金，因遭吭逆之乱，人民逃亡，因之分厘未收。今特缮具联名切结，邀准豁免，以苏民困。中间不虚，切结是实。

具结勐卯司属吭头：法破吭暮线

户弄吭帕戛满

户费吭布雷恳

弄坑吭坦哏

蛮艾吭帕戛坎

弄湖吭帕夏吾

鸾波吭劳骚

遮线吭帕戛兵线

遮洞吭帕戛岳坎

二十八年六月六日[五]

附：瑞丽设治局长陈文锦向云南省民政厅呈文

瑞丽设治局长陈文锦今于与印结事实[六]，结得瑞丽区所欠二届烟亩数罚金新币陆百陆拾陆元四角八仙陆厘[七]，全数实欠在民，经手人并未收过分厘，中间不虚，理合出具印结是实。

民国二十八年七月八日局长陈文锦[八]谨呈

【注】

[一] 德宏（傣族景颇族自治州）州志编委会办公室编《德宏史志资料》第五集第二二〇页，一九八五年十二月版，内部发行。

［二］勐卯司，即勐卯安抚司，安抚使姓衎（音看）氏。始封于明万历二十六年（一三九三）。勐卯，傣语地名，今汉语称瑞丽，属云南省。㽘，我国傣族封建领主制度下的农村行政单位。一个㽘管理数个村寨，相当于汉族地区的乡。㽘头，傣语与汉语混合的名称，亦称「老㽘」，即㽘的头人。傣语称「布㽘」。帕戛，傣语，汉译「佛门弟子」之意，为做过某种礼佛活动之后，由当家佛爷赐给的高级荣誉称号。佛爷，老和尚。

［三］瑞丽设治局，为云南省于民国二十四年（一九三五）起，在土司统治地区设置的十六个设治局之一。设在勐卯土司区者称瑞丽设治局。设治局全称为政治设治局，为筹设县治的过渡机构。

［四］切结，表示切实负责的保证书。

［五］上脱「民国」二字。

［六］印结，盖有印章的保证文书。结，表示负责或承认了结的字据。

［七］仙，旧时云南、广东等地区称辅币「分」为「仙」。是英文cent的音译。今香港、澳门等地犹如此。

［八］此处陈文锦原作「陆文锦」，不知姓「陈」还是姓「陆」。

二五一九　民国三十五年（一九四六）云南傣族遮放宣抚司多英培禁种切结［一］

具切结遮放宣抚司多英培［二］，今于专员李台前实结得职司所辖区域内［三］本季违种烟苗，遵照禁烟法令一律铲除，不使遗留根株。其人民已收者，当负责缴浆焚毁。至于本年秋季当严予禁绝，决不使烟籽入土。倘有违种，发现烟苗情事，甘受最严厉之处分。中间不虚，理公出具切结是实。

具切结人遮放宣抚司多英培

民国三十五年四月

【注】

［一］德宏州志编委会办公室编《德宏史志资料》第五集第二一一页，一九八五年十二月版，内部发行。

［二］遮放宣抚司，实为「遮放副宣抚司」，治遮放，今云南潞西县遮放镇。《民国龙陵县志》卷六记载：「遮放副宣抚司，陇川之弍也。明正统元年（一四三六），多怀们从征猛（勐）卯夷有功，授遮放副宣抚司，居遮放。孙思谭于万历中从征蛮莫、缅瓦、陇川，累功，益以陇川江外地。传至多尔忠，清兵平滇，尔忠投诚，仍授世职。」

［三］遮放司辖区，以遮放为中心，大略：东至六十里，以三台山顶为界；南至八十里，以畹町河为界；西至八十里，以腊烈小河为界；北至一百里，以三棵麻栗树为界。土司多英培在新中国建立后，曾任潞西县副县长，仍管遮放地区。